ISBN 978-0-267-86901-5
PIBN 10412262

LAS

OMEDIAS

DE

DRO CALDERON

DE LA BARCA,

COTEJADAS

CON

RES· EDICIONES HASTA AHORA PUBLICADAS,

CORREGIDAS Y DADAS Á LUZ

POR

JUAN JORGE KEIL.

EN CUATRO TOMOS,

DORNADOS DE UN RETRATO DEL POETA,

BADO POR UN DIBUJO ORIGINAL.

TOMO CUARTO.

LEIPSIQUE,

ADO EN CASA DE ERNESTO FLEISCHER,

(PLAZA-NUEVA, No. 626.)

1830.

SEÑOR,

Los contemporaneos vieron con admiracion desde el último siglo renacer en la ilustre Corte de Weimar la imágen de las antiguas nobles Cortes de Italia, y en los Soberanos de este feliz pais revivir el espíritu de las augustas casas de Médicis y Este. Plenamente convencidos de su alta vocacion, estos Príncipes se dedignaban exponerse á la equívoca gloria de las miradas del vulgo, ejercitando por sí mismos diversas artes y ciencias, y se gloriaban en favorecer y patrocinar de un modo verdaderamente regio muchos calificados ingenios, que se unian en los rayos de este nutritivo sol y centro, y sacaban dél virtud y entusiasmo para sus tareas. Porque si es adorno para el hombre particular en su angosto orbe una singular perfeccion y maestría, al Príncipe adorna mas el cuidado general, y el proporcionado y vivífico amor de toda empresa buena y digna. Todo lo bueno y bello, nacional ó extraño, hallaba una benigna acogida y un seguro asilo en los magnánimos Príncipes de este pais, que adornaban su diadema con nuevas preciosas y no transitorias piedras, y el nombre de Weimar era y es nombrado en los mas remotos paises de este y el otro hemisferio con reverencia y no sin envidia. Con tales intenciones reinaban los gloriosos padres de V. A. R., y con las mismas góbierna V. A. R. sus felices estados.

Estos y semejantes discursos me dieron aliento para que yo me atreviese á publicar bajo los auspicios del esclarecido y elevado nombre de V. A. R. esta nueva edicion de las Obras dramáticas de D. Pedro Calderon de la Barca, el Fénix de los poetas españoles. En el teatro de Weimar vieron los Alemanes por la primera vez representados diversos dramas de este célebre varon en su verdadera forma y sin mutilacion trasladados de la mas pomposa y sonora lengua del mediodía á nuestro idioma, no menos excelente y enérgico, y mas flexible y rico que todos, y V. A. R. honró estos ensayos con su aprobacion y aplauso. Dígnese tambien V. A. R. acoger ahora con la misma benignidad el original de estas obras inmortales, y permítame aprovechar esta ocasion para reiterar el profundísimo obsequio y debido rendimiento, que profeso á V. A. R., y que profesaré hasta el fin de mis dias.

S E Ñ O R,

á los Reales Pies de Vuestra Alteza,

LEIPSIQUE, ABRIL, 1830.

JUAN JORGE KEIL.

EL EDITOR AL QUE LEYERE.

Los aficionados á la literatura dramática española reciben en este cuarto tomo la conclusion de las Comedias de D. Pedro Calderon de la Barca. Estos cuatro tomos contienen las 108 Comedias de este poeta comprendidas en las ediciones de Don Juan de Vera Tásis y Villaroel, y de Juan Fernandez de Apóntes. No obstante la diligencia que se ha hecho en descubrir las demas, que Calderon reconoce por suyas en la carta, que escribió al Duque de Veragua, *) y que faltan en las ediciones arriba mencionadas, ha sido imposible, con mucho pesar mio, hallarlas, excepto una sola, es á saber la Comedia intitulada: S. Francisco de Borja. Por esto suplico á los que aprecian las obras de este insigne varon, y desean contribuir al bien comun de la literatura, que, si por ventura tienen algunos manuscritos ó impresiones sueltas de estas Comedias, **) me hagan el favor de comunicármelas ó en original, ó exactamente copiadas, ofreciéndoles yo sacarlas á luz con el debido recuerdo de quien las hubiere franqueado.

Me daré por satisfecho, si con el esmero, que he puesto en publicar la presente edicion, logro complacer al público literario amante de la poesía española. Las obras de Calderon han padecido igual fortuna, que casi todas las impresas despues de la muerte de sus autores, que suelen darse al público comunmente corrompidas y afeadas con errores y equivocaciones. En este caso se hallan las Comedias de Calderon. Las ediciones hasta ahora publicadas estan tan desfiguradas con erratas y defectos, causados por copistas ignorantes é impresores poco cuidadosos, que he juzgado como indispensable el corregirlas, aunque imperfectamente, en una nueva edicion. Traté por eso de emendarlas, y he corregido muchísimos yerros y pasages corrompidos, he restituido el metro de muchos versos desfigurados, y cambiado la ortografía antigua en la que ahora se usa en España, sin contar las correcciones de apuntes, que estorbaban no poco su inteligencia, y que eran innumerables. Esto, empreso por un extrangero, parecerá á al-

---

*) Esta carta, en la cual remitió Calderon á este Señor la memoria de las Comedias y Autos, que tenia trabajados hasta el dia de su fecha, que fue el 24 de Julio de 1680, está inserta en el *Theatro hespañol de D. Vicente Garcia de la Huerta*, Part. II. Tom. III.

**) Las Comedias que faltan y de las que se trata aqui, son las siguientes: La Virgen de los Remedios; la Virgen de la Almudena, primera y segunda parte; D. Quijote de la Mancha; la Celestina; el acaso y el error; el carro del cielo; certámen de amor y zelos; la Virgen de Madrid; el condenado de amor; el sacrificio de Efigenia, y desagravios de Maria.

gunos atrevimiento; y lo es en realidad, segun la pequeñez de mis fuerzas. Porque enmendar obras de este género es negocio dificultosísimo, que exige una profunda erudicion, y que pide gran conocimiento de la lengua y mucho espacio. Mas quien coteje esta impresion con las otras verá cuan mejorada sale, aunque no puedo menos de confesar, que estas obras necesitan de otra mano mas ejercitada que la mia.

El cuidadoso exámen y el cotejo de las diversas ediciones, que he tenido presentes, como son las dos susodichas y diferentes impresiones sueltas, me han dado motivo para hacer y sentar por escrito copiosas observaciones, que acaso llegarán á publicarse, si Dios me da vida y salud. Tengo ánimo de reunir en un tomo quinto estas observaciones. Este tomo contendrá la Comedia arriba mencionada de S. Francisco de Borja, y las que quizá se hallaren desde aqui á su aparicion, las variantes de las diferentes impresiones, algunas notas conducentes á la perfecta inteligencia de ciertos lugares difíciles, la explicacion de los principales y poco frecuentes nombres propios, no menos que de las mas obscuras alusiones, en que abundan las Comedias españolas, como igualmente las fuentes de las que sacó Calderon los planes de sus Comedias, y la fijacion del tiempo, en que probablemente las escribió.

Estoy muy distante de pretender llenar cabalmente mi objeto, y desconfío con sobrada razon de mis fuerzas, para creerme capaz de poder desempeñar dignamente semejante empresa, mayormente en un pais extrangero, y falto de los medios, que ofreçerian las bibliotecas de España. Pero haré todo cuanto cabe en mí, y daré por bien empleadas mis tareas, si este ensayo da orígen á que personas mas eruditas se propongan ilustrar un autor, que puede considerarse cual un héroe entre los dramáticos españoles, y que no ha hallado hasta ahora un comentador entre sus compatriotas.

Recibe entre tanto, amigo lector, mi ofrecimiento con la benignidad, que de tí confio, para que me sea nuevo estímulo en la continuacion de semejantes empresas. El cielo te guarde!

Leipsique, 20 de Abril, 1830.

Dr. Juan Jorge Keil,

Consejero de la Corte de S. A. R. el Granduque de Weimar y Eisenach, Capitular del cabildo de Wurzen y miembro de diversas Academias literarias.

INDICE

DE LAS COMEDIAS

CONTENIDAS EN ESTE CUARTO TOMO.

LXXX.	DARLO TODO, Y NO DAR NADA .	Pag. 1.
LXXXI.	LA DESDICHA DE LA VOZ .	- 34.
LXXXII.	EL PINTOR DE SU DESHONRA	- 62.
LXXXIII.	EL ALCALDE DE ZALAMEA	- 85.
LXXXIV.	EL ESCONDIDO Y LA TAPADA	- 111.
LXXXV.	LA CISMA DE INGLATERRA	- 136.
LXXXVI.	LAS MANOS BLANCAS NO OFENDEN	- 159.
LXXXVII.	LOS CABELLOS DE ABSALON	- 193
LXXXVIII.	NO SIEMPRE LO PEOR ES CIERTO	- 218.
LXXXIX.	LAS CADENAS DEL DEMONIO	- 243.
XC.	LOS TRES AFECTOS DE AMOR	- 264.
XCI.	LA BANDA Y LA FLOR	- 291.
XCII.	CON QUIEN VENGO VENGO .	- 315.
XCIII.	GUÁRDATE DE LA AGUA MANSA .	- 342.
XCIV.	EL ALCAIDE DE SÍ MISMO	- 370.
XCV.	LUIS PEREZ EL GALLEGO	- 392.
XCVI.	ANTES QUE TODO ES MI DAMA	- 415.
XCVII.	LAS ARMAS DE LA HERMOSURA	- 444.
XCVIII.	AMADO Y ABORRECIDO	- 474.
XCIX.	LA SEÑORA Y LA CRIADA	- 503.
C.	NADIE FIE SU SECRETO	- 527.
CI.	LAS TRES JUSTICIAS EN UNA	- 550.
CII.	AMAR DESPUES DE LA MUERTE	- 574.
CIII.	UN CASTIGO EN TRES VENGANZAS	599.
CIV.	DUELOS DE AMOR Y LEALTAD	- 622.
CV.	CÍFALO Y PÓCRIS	- 658.
CVI.	EL CASTILLO DE LINDABRÍDIS	673.
CVII.	BIEN VENGAS, MAL, SI VIENES SOLO	- 700
CVIII.	CADA UNO PARA SÍ	724.

LXXX.

DARLO TODO, Y NO DAR NADA.

PERSONAS.

ALEJANDRO.
EFÉSTION.
DIÓGENES.
APÉLES.
ZÉUXIS.

TIMÁNTES.
Un Sacerdote de Júpiter.
CHICHON, *gracioso.*
ESTATIRA, *Infanta.*
SIROES, *su hermana.*

CAMPASPE
NISE
CLORI
Soldados.
Músicos.
} *damas.*

JORNADA I.

*Suenan á una parte cajas y trompetas, y á otra
instrumentos músicos, y mientras se dicen dentro
los primeros versos, sale* DIÓGENES, *viejo venerable, vestido pobremente, con una vasija de
barro en la mano.*

Unos [dent.] ¡El gran Alejandro viva!
Mus. ¡Viva el gran Príncipe nuestro!
Unos. Cuyos lauros......
Mus.   Cuyos triunfos......
Unos. Siempre invictos......
Mus.   Siempre excelsos......
Unos. Á voces van diciendo:......
Mus. Que á su imperio le viene el mundo estrecho.
Todos. Pues todo el mundo es linea de su imperio.

Dentro ALEJANDRO.

Alej. Haga el ejército alto
En estos campos amenos,
Á vista de Aténas, griega
Patria de ciencias é ingenios.
Uno [dent.] Haga repetida salva
La música, confundiendo
En instrumentos sonoros
Militares instrumentos.
Unos. Alto, y pase la palabra.   [*Caja.*
Otros. Alto, y prosigan los versos.
Todos. ¡El gran Alejandro viva!
¡Viva el gran Príncipe nuestro!

Sale DIÓGENES.

Diog. ¿Qué contrarias harmonías
En no contrarios acentos,
Aqui de estruendos marciales,
Aqui de dulces estruendos,
La esfera del aire ocupan,
Hasta penetrar el centro
Deste pobre albergue, donde
Yo, reino y rey de mi mesmo,
Habito solo conmigo,
Conmigo solo contento?
¿Mas quién me mete en dudarlo?
Sea lo que fuere, puesto
Que no me puede añadir
Ni gusto ni sentimiento

El saber con qué razon
La media razon del eco
Suena en su cóncavo espacio,
Una y otra vez diciendo:......
Él y tod. Que á su imperio le viene el mundo estrecho;
Pues todo el mundo es línea de su imperio.

Sale CHICHON, soldado.

Chic. Por esta parte me dicen,
Que una fuente hay, y aunque tengo
Trabada lid con el agua,
Por haber mi casa hecho
Alianza con el vino,
La he de buscar con todo eso;
Que el cansancio, con que entramos
En Grecia marchando, muertos
De sed y calor, bien pueden
Honestar la tregua, siendo
En Grecia agua mi socorro,
Mientras no hallo vino greco.
¿Por dónde irá la bellaca?
Pero aqui hay gente. — Buen viejo,
Decidme, hácia donde corre
Una fuente, que deseo,
Por mas que corra, alcanzarla;
Bien que dudando y temiendo,
El que la he de hallar riendo.
Diog. Venid conmigo; que yo
Allá voy; á cuyo efecto
Me hallais, ya lo veis, cargado
Deste rústico instrumento.
Chic. Moza de cántaro, ya
Dijo no sé qué proverbio;
Viejo de cántaro, no
Lo dijo hasta hoy. Pues qué es esto?
¿No hay quien venga en vuestra casa
Por agua, sino vos?
Diog.   Necio
Debeis de ser.
Chic.   ¿Y de qué
Lo inferis?
Diog.   De qué? Si puedo
Servirme yo á mí, culpeis,
Que otro no me sirva, puesto
Que solo está bien servido
Él que se sirve á sí mesmo.
Chic. ¡Mal fardado y sentencioso!

        ¿Pobreton y circunspecto?
        Sois filósofo?

Diog.   No sé;
        Mas sé, que quisiera serlo.

Chic.   Pues en tanto que llegamos,
        Decidme, asi os guarde el cielo,
        ¿Cómo, cuando estas campañas
        Estan con tantos diverses
        Aplausos de paz y guerra
        Cubiertas, vos, acudiendo
        Á tan civil ejercicio,
        Vais penetrando lo espeso
        Destos montes, apartado
        De tanto heróico comercio,
        Sin que la curiosidad
        Os lleve siquiera á verlo?

Diog. Pues qué hay que ver?

Chic.   Qué hay que ver?
        Cuando no fuera el inmenso
        Aparato, con que vuelve
        Coronado de trofeos
        Un ejército, triunfante
        De toda Persia, trayendo
        Prisioneras á las hijas
        De Dario, su supremo
        Rey, que, puesto en fuga, él solo
        Escapó la vida huyendo;
        Cuando no fuera el aplauso,
        Con que le recibe el pueblo
        En estas montañas, donde
        Ha de alojar este invierno,
        ¿El ver no mas á Alejandro
        No bastaba? á cuyo esfuerzo,
        Como esas canciones dicen,
        Viene todo el mundo estrecho.

Él y mus. Pues todo el mundo es línea de su imperio.

Diog. Necio te llamé una vez,
        Y ahora á llamártelo vuelvo.
        ¿Alejandro es mas que un hombre,
        Tan vanamente soberbio,
        Que llora, que hay solo un mundo,
        Para verle á sus pies puesto?
        ¿Pues por qué me he de mover
        Á verle, cuando mi afecto
        Mas fuera, si fuera un hombre
        Tan sabio, prudente y cuerdo,
        Que llorara, que no habia
        Otros muchos mundos nuevos
        Solo para despreciarlos
        Mas, que para poseerlos?
        Pero esta filosofía
        No es para tí, á lo que infiero
        De tu trage y tus razones.

Chic. Por qué?

Diog.   Porque al culto atento
        Dese humano Dios, aplaudes
        Su ambicion, no conociendo,
        Que con cuanto puede, no
        Puede enmendar un defecto,
        Con que, para desengaño
        De lo poco que es su imperio,
        Le dió la naturaleza
        En los ojos.

Chic.   Yo confieso,
        Que atravesados es grande
        La fealdad, que tiene en ellos;
        Mayormente encarnizado
        Y lagrimoso el izquierdo,
        Sobre cuyo hombro derriba
        La cabeza, quizá el peso
        Del laurel. ¿Pero qué importa
        Ser horroroso su aspecto,
        Si no le pasan al alma
        Imperfecciones del cuerpo?

Diog. Si; mas debiera sin ellas
        Pasar al conocimiento
        De que es todo su poder
        Caduco y perecedero,
        Pues con cuanto puede, no
        Puede enmendarse á sí mesmo.
        Y dejando para otra
        Ocasion el argumento,
        Que no acaso este principio
        Quizá á mejor fin asiento,
        Aquesta es la fuente. Toma;
        Este vaso es cuanto puedo
        Ofrecerte.

Chic.   Para qué?

Diog. Para que bebas, cogiendo
        El agua con mas descanso.

Chic. Mano con que beber tengo. —
        Mi señora Doña Clara,
        Cuyo corriente despejo
        Entre esotras flores viene
        Buscando la flor del berro,
        En forma de besamanos,
        Como suelen desde lejos
        Los que afectan cortesia,
        Á usted saludo, y protesto
        La nulidad de la fuerza,
        Que la sed me hace; advirtiendo,
        Que no sirva de ejemplar
        Para otra vez.

Llega á un lado del tablado, donde habrá entre flores
        agua, y bebe con la mano.

Diog.   Qué es aquello?
        Con la mano al labio sirve
        El cristal. Al fin es cierto,
        Que no hay loco de quien algo
        No pueda aprender el cuerdo;
        Pues si la naturaleza
        Me dió mas noble instrumento,
        Que el deste barro, de quien
        Servirme pueda, no quiero
        Ofenderla mas, pues basta
        El agravio, que la he hecho
        En no saberlo hasta ahora. [*Quiebra el barro.*

Chic. Yo he bebido. Mas qué es eso?

Diog. Romper ese inútil barro.

Chic. Pues por qué?

Diog.   Porque no tengo
        De tener nada, que sea
        Para la vida superfluo.
        Si puedo vivir sin él,
        Ya que de tu sed lo aprendo,
        ¿Para qué le quiero yo?

Chic. ¿De suerte, que de provecho
        No es lo que no es tan forzoso,
        Que no se viva sin ello?

Diog. Claro está; pues para sola
        Una vida que tenemos,
        Cuanto en ella está de mas,
        Está en el juicio de menos;
        Y ya que de tí enseñado
        Hoy en una parte quedo,
        Vélo tú en otra de mí.
        Considerando, advirtiendo,
        Qué caso hará de Alejandro,
        Ni de todos sus anhelos,
        Sus aplausos, sus victorias,
        Sus conquistas y trofeos,
        Quien se embaraza con solo
        Un tosco vaso grosero,
        El dia que llega á ver,
        Que no tenerle es lo mesmo
        Que tenerle. Y porque mas
        Se esmere el conocimiento
        Desta verdad, di á Alejandro,

Que Diógenes, un viejo
Misero y pobre, que en estas
Soledades vive atento
Mas á saber, que á adquirir,
No solo va á verle, pero
Por no verle, al tiempo que
Con tanto heróico festejo,
   [*Dentro instrumentos y voces.*
Segun esas voces dicen,
Viene atravesando al templo
De Júpiter, donde yace
El hadado nudo ciego
De Gordio, huyendo su vista,
Va penetrando lo espeso
Destas rústicas montañas.
Y añade, que, si él es dueño
Del mundo, lo soy yo mas;
Pues en contrarios extremos,
Él lo es, porque le estina,
Y yo, porque le desprecio;
Por mas que esas voces digan
Una y otra vez al viento :......
Él y tod. Que á su imperio le viene el mundo estrecho,
Pues todo el mundo es linea de su imperio. [*Vase.*
Chic. Extrañas borracherías
Son las de todos aquestes
Filósofos; pues por solo
Haber dicho muy severo,
Cuanto en la vida de mas
Está, en el juicio de menos,
Se andará toda la vida
Por aquesos vericuetos,
Con su filosofía acuestas,
Padre conscripto del yermo.   [*Ruido dentro.*
¿Pero qué ruido es aquel
Que hacen al umbral del templo
Alejandro y un anciano
Sacerdote, á lo que veo,
De un yugo asidos los dos?

Salen ALEJANDRO *y un Sacerdote, asidos
de un yugo, enredadas las coyundas, y gente.*
Sac.   Advierte......
Alej.   Yo nada advierto.
Sac.   El agüero teme.
Alej.   Aparta;
Que para mí no hay agüero.
Sac.   Pues óyeme, y haz despues
Tu gusto.
Alej.   Di; ya te atiendo.
Sac.   Grecia, esta parte del Asia,
Sin Rey se vió mucho tiempo,
Sujeta á las sediciones,
Parcialidades y encuentros
De tiranos, que querian,
Alegando los derechos
De las armas, serlo á costa
De robos, muertes é incendios;
En cuyo comun desórden,
Necesitado el consejo,
Mas que corregido, vino
Á este inhabitado templo
De Júpiter á pedirle
En tantas ruinas remedio.
Él, ó agradecido al voto,
Ó compadecido al ruego,
En voz de su estatua dijo,
Que entregasen el gobierno
De Asia al que en un monte hallasen
Labrando el inculto seno
De sus bárbaras entrañas,
Dos blancos novillos puestos
En el yugo de su arado;
Por señas, que en medio dellos

Un águila abatiria
Su mas remontado vuelo.
Tan antiguo es en el mundo
El dar el águila imperios.
Sucedió asi; pero apenas
Los que le buscaban, viendo
El oráculo cumplido
En Gordio, un galan mancebo,
A sus plantas se arrojaron,
Las señas obedeciendo,
Cuando los novillos, que antes
El yugo arrastraban tiernos,
Embravecidos lidiaron
Por arrojarle violentos
De sus cervices; que un bruto
Aun se desdeña de serlo
El dia, que llega á ver
Con magestad á su dueño:
Si ya no fue, que al jurarle
Rey, el yugo sacudieron,
Como quien dice: mas le has
Menester para otros cuellos,
Pues ya los de un vulgo debes
Domar antes, que los nuestros.
Rompidas pues las coyundas,
Dellas este nude hicieron,
Tan sin principio en sus lazos,
Tan sin fin en sus extremos,
Que no fue posible, que
Se les desatase. Y siendo
Asi, que á sacrificarlos
Entraron con él al templo,
Segundo oráculo en él
Dió el gran simulacro inmenso;
Pues en segunda voz dijo,
Que el que deshiciese el ciego
Nudo, no solo del Asia
Tendria el dilatado imperio,
Pero de la ignota parte,
Que impide el Peloponeso
Monte descubrir, sería
Monarca tambien, rompiendo
Lo impenetrable de tanto
Altivo, tanto soberbio
Escollo armado de hiedra,
Como se le pone en medio.
Con esta noble codicia
Muchos de ser los primeros,
Que abriesen el arduo paso
Para esotro mundo nuevo,
El ciego nudo intentaron
Deshacer osados; pero
No solo de su ambicion
Consiguieron el efecto,
Mas de su ambicion quedaron
Castigados; pues es cierto,
Que nadie lo intentó, que
Á pesar de su despecho,
No quedase desde alli
Á mil desdichas expuesto,
Como en venganza de tanto
Sacrilego atrevimiento.
Tradicion es, que ninguno
Vivió feliz, y que muertos
Con violencia fueron todos,
Ya á la ira del acero,
Ya á la ruina del acaso,
Ó á la traicion del veneno.
Y asi á tus plantas postrado,
Humildemente te ruego
Adviertas, que......
Alej.   Calla, calla!
Que de escucharte me ofendo.
Por el mismo caso que

Es tan repetido el riesgo,
Le he de despreciar. En vano,
[*Hace fuerza á desatar el nudo.*
En vano (ay de mí!) lo intento,
Si ya no es que haga la industria
Lo que la fuerza no ha hecho. —
¿Dijo el oráculo mas,
Que el que deshaga este ciego
Nudo, será vencedor
De ignotas gentes?

Sac.　　　　Es cierto.
Alej. Pues yo lo seré, pues yo
Dejaré el nudo deshechô.
[*Saca la daga, y rompe la coyunda.*
Sac. Qué haces?
Alej.　　　　Cortarle, pues tanto
Menta, para deshacerlo,
Cortar, como desatar.
Chic. Yo tambien me hiciera eso.
¡Miren qué dificultad,
Que la hace cada dia un maestro
De niños, cuando el muchacho
Se da nudos!
Sac.　　　　¡Oh, el inmenso
Júpiter quiera, que sea
Desde hoy verdad el proverbio
Del tanto monta!　　　　[*Vase.*
Alej.　　　　Sí hará;
Y para que llegue á verlo
El mundo, apenas descanso
Cobrará, cobrará aliento
Mi ejército en Grecia, cuando
Romperé á ese corpulento
Gigante de piedra, que
Con su frente abolla el cielo,
Con su peso unde la tierra,
Con su bulto estrecha al viento,
El paso, hasta desmentir
Estos fatales agüeros,
Que amenazaron á tantos.
¿Porque para quién el cielo
Guarda un mundo, sino para
Alejandro?
Chic.　　　　Bueno es eso,
Para un recado, que yo
Te traigo.
Alej.　　　　De quién?
Chic.　　　　De un viejo,
Dialéctico á todo trance,
Filósofo á todo ruedo,
Que por no verte, señor,
Como habia, de tí huyendo,
De echar por aquesos trigos,
Echó por aquesos cerros,
Diciendo á voces, que es mas
Monarca del mundo entero,
Que tú.
Alej. Cómo?
Chic.　　　　Como él
Hace del mundo desprecio,
Cuando tú ganas el mundo.
Alej. No dice mal, si eso es cierto.
Pero dime, ¿por no verme
Fue por otra parte huyendo
De mi vista?
Chic.　　　　Sí, señor.
Alej. Pues no ha de lograr su intento;
Que si él, por altivo, no
Quiere verme á mí, yo quiero
Verle á él, por desengañado.
Adónde es su albergue?
Chic.　　　　Pienso
Que á la falda dese monte.
Alej. Llévame allá; que deseo

Ver, quien es dueño del mundo,
Él dejando, ó yo adquiriendo.
Chic. Yo te guiaré, aunque otra vez
Encuentre con quien me ha muerto.
Alej. ¿Pues quién te ha muerto?
Chic.　　　　Una fuente,
Que al paso á todos saliendo
No solo mata la sed,
Pero la sed y el sediento.

Sale EFÉSTION *con un pliego.*

Efes. Dame, gran señor, tus plantas.
Alej. Esperad, despues iremos;
Que antes es esto, que todo. —
Efestion, qué hay de nuevo?
Efes. Que ya Rojana, de Chipre
Reina, heredera de Vénus,
Tanto, que igual le sucede
En la hermosura y el reino,
Es tu esposa, en este vienen
Confirmados los conciertos.
Alej. Los brazos toma en albricias;
Que, si la verdad confieso,
Desde que ví su retrato,
De amor vivo y de amor muerto
Quedé así vista, sin que
De Marte el rigor violento
Borrado de mi memoria
Su memoria haya. Mas esto
No hará novedad á quien
Sepa, que Amor, niño tierno,
En brazos creció de Marte
Desde la cuna, teniendo
Sus estragos por arrullos,
Y sus iras por gorgeos.
Efes. Con unas armas presumo,
Que quiere entrambos afectos
Amor confrontar.
Alej.　　　　Di, cómo?
Efes. Como si abrasó tu pecho
Con un retrato, con otro
Quiere en ella hacer lo mesmo,
Que la envie el tuyo solo
Me mandó. Y yo, previniendo
No perder espacio alguno,
Hice sacar un pequeño
Á tres pintores, que en Grecia
Concurren, en este tiempo
Los mas famosos, de una
Estatua, que está en un templo
De Júpiter, tres retratos,
Y traigo á los tres con ellos,
Porque tienen variedad
En ideas y bosquejos,
Porque elijas tú el que ha de ir.
Alej. Mucho me holgaré de verlos.
Efes. Timántes, Zéuxis y Apéles
Son los tres.

Salen TIMÁNTES, ZÉUXIS *y* APÉLES.

Chic.　　　　Qué es lo que veo! [*aparte.*
Aqui Apéles? ¿Si osaré
Hablarle?
Alej.　　　　Noticias tengo
De la elegancia con que
Los tres sutiles y diestros
Ejerceis el mejor arte,
Mas noble y de mas ingenio.
Tim. Si los Príncipes le honraran,
Señor, como vos, bien creo,
Que se adelantaran mas
Sus artífices.
Zeux.　　　　Y es cierto,
Pues sus estudios tuvieran

Vuestros honores por premio.

Apel. Mayormente, cuando fuera,
Como ahora, su heróico empleo
Vuestra persona; pues ella
Hiciera su nombre eterno.

Alej. Veamos el vuestro, Timántes.

Tim. Huélgome, que sea el primero,
Porque habiendo visto esotros,
No hiciérades deste aprecio. [*Dale un retrato.*

Alej. Este no es retrato mio.

Tim. Cómo?

Alej.   Como en él no veo
Esta mancha, que borron
Es de mi rostro, poniendo
En disimularla todo
Su primor el pincel vuestro.
Lisonjero habeis andado
En no decírmela, siendo
Casi traicion, que en mi cara
Me mintais. Infame ejemplo
Da ese retrato, á que nadie
Diga á su Rey sus defectos.
¿Pues cómo podrá enmendarlos,
Si nunca llegó á saberlos?
Tomad, tomad el retrato,
Castigado el desacierto   [*Rómpele.*
De la lisonja, con que
Perezca, por lisonjero.

Tim. Señor,......

Alej.   No mas. — Dadme, Zéuxis,
El vuestro vos.

Zeux.   Por lo menos [*aparte.*
Yo en él no le callo nada. [*Dale un retrato.*

Alej. Mas parecido está el vuestro;
Pero no menos culpado.

Zeux. En qué, señor?

Alej.   En que viendo
Estoy mi defecto en él,
Tan afectado, que pienso,
Que en decírmele no .mas
Todo el estudio habeis puesto;
Con que igualmente ofendido
Deste, que desotro, quedo;
Pues lo que en uno es lisonja,
Es en otro atrevimiento.
Tampoco aqueste ejemplar
Quede al mundo, de que necio
Nadie le diga en su cara
Á su Rey sus sentimientos;
Que, si especie de traicion
El callarlos es, no es menos
Especie de desacato
Decírselos descubiertos.
Y asi perezcan entrambos,
Breves átomos del viento,
El uno por mentiroso,   [*Rómpele.*
Y el otro por verdadero. —
Apéles, vuestro retrato
Veamos.

Apel.   Con temor le ofrezco.[*Dale un retrato.*

Alej. Por qué? si al verle, me dais
Á entender prudente y cuerdo,
Que solo vos sabeis, como
Se ha de hablar á su Rey, puesto
Que á medio perfil está
Parecido con extremo;
Con que la falta ni dicha
Ni callada queda, haciendo,
Que el medio rostro haga sombra
Al perfil del otro medio.
Buen camino habeis hallado
De hablar y callar discreto;
Pues sin que el defecto vea,
Estoy mirando el defecto,

Cuando el dejarle debajo
Me avisa de que le tengo,
Con tal decoro, que no
Pueda, ofendido el respeto,
Con lo libre del oirlo,
Quitar lo útil de saberlo.
Este retrato ha de ir;
Que, aunque haya de saber luego
Rojana esta imperfeccion,
Por ahora por lo menos,
Si viere que se la finjo,
No verá que se la miento.
Y para que quede al mundo
Este pólitico ejemplo
De que ha de buscarse modo
De hablar á un Rey, con tal tiento,
Que ni disuene la voz,
Ni lisonjee el silencio,
Nadie, sino Apéles, pueda
Retratarmo desde hoy, siendo
Pintor de cámara mio.

Apel. Humilde tus plantas beso.

Alej. Y tú á Zéuxis y á Timántes [*á Efestion.*
Haz que les den al momento
El precio de sus retratos;
Que, porque yerre un ingenio
Tal vez, no se han de pagar
Los estudios con desprecies.
Y para que en mi servicio
Entre con mas lucimiento
Apéles, haz que le den
Al punto medio talento
Por este retrato.

Efes.   ¿Sabes [*á él aparte.*
Lo que monta?

Alej.   No por cierto.

Efes. Veinte mil escudos son.

Alej. No mas? Pues dale otro medio.

Efes. Mira, que es precio excesivo
Para Apéles.

Alej.   Calla, necio;
Que si él es Apéles, yo
Soy Alejandro, y midiendo
La distancia desde mí,
Nada es excesivo precie.

Apel. Otra vez beso tus plantas;
Y á tantas honras me atrevo
Á suplicarte, que una
Añadas.

Alej.   Yo te la ofrezco.

Apel. Qué es?

Apel.   Licencia de volver
Á mi casa el breve tiempo
Que tarde en traer mi familia.

Alej. Ve; mas has de volver presto. [*á Chichon.*
Vos, soldado, mientras yo
Abre en mi tienda este pliego,
Aqui esperad; que hemos de ir
Á aquella visita.

Apel.   ¡Cielos,
Gran dicha ha sido la mia!

Tim. Corrido voy!

Zeux.   Yo voy muerto!

Efes. Mientras á su tienda vuelve
El César, id repitiendo:......

Todos ¡El gran Alejandro viva!
¡Viva el gran Principe nuestro!
[*Vanse todos, y quedan Apéles y Chichon.*

Chic. Aunque hablarte habia dudado,
No me sufre el corazon
No besar tus pies.

Apel.   Chichen?
Tú seas muy bien hallado.
¿Por qué no hablarme querias,

Viéndome hoy aqui?
Chic. Porque,
Como tu casa dejé,
Pensé, que de mí tendrias
Queja.
Apel. Cuando esclavo fueras,
Cuanto mas criado, no
Tuviera esa queja yo:
Pues si bien lo consideras,
Hago á Júpiter testigo,
Que este brazo me cortara,
Si este brazo imaginara,
Que no estaba bien connigo.
Chic. No era estar contigo mal,
Pensar, que estaria, señor,
Siendo soldado, mejor;
Bien que de discurso tal
Te han vengado mis sucesos;
Pues fueron necios errores,
Por no moler tus colores,
Venirme á moler mis huesos.
Locamente me dejé
Llevar de la vanidad,
Pensando, que era verdad
Esto de la guerra, y que
Á cuatro dias seria
Por lo menos General.
Hame dicho el dado mal,
Tanto, que la suerte mia
De mochillero no pasa;
Y asi, ya que aqui has venido,
Haz, que aqueste pan perdido
Se vuelva otra vez á casa.
Ya de Alejandro criado
Eres, y un talento tienes
De hacienda, con que á ser vienes
El mas rico de tu estado.
Fuerza es que has de recibir
Quien te sirva; ¿pues á quién,
Como á mí, sabiendo bien
Lo mal que te he de servir?
Apel. Y esa es conveniencia?
Chic. ¿Pues
Qué conveniencia mayor,
Que ver desde ahora, señor,
Lo que has de pasar despues?
¿Seria mejor, que entrara
A servirte un mogigato,
Que á dos dias de beato
El tercero te robara?
¿Cuanto mas bien te está, que
Yo entre, con conocimiento,
Que te quitaré el talento,
Mas no te le robaré?
Apel. ¿Aun todavía te estás,
Chichon, de aquel mismo humor?
Chic. Humores locos, señor,
No convalecen jamas.
Pero dime, que quedamos?
Apel. En que yo nunca podré
Negarte mi casa.
Chic. Pie
Y mano te beso.
Apel. Vamos
A saber lo que es servir.
Chic. Si no lo sabes, sospecha,
Que es religion bien estrecha.
[*Dentro instrumentos.*
Apel. Cómo? ¿Mas qué es lo que á oir
Llego?
Chic. Un templado instrumento.
Apel. Y al compas suyo, parece
Que sonora voz ofrece
Nuevas cláusulas al viento,

Desde aquella quinta.
Chic. Aqui,
Si no miente el juicio mio,
Prisioneras de Darío,
Que estan las hijas oí.
Y como consigo tienen
Las beldades soberanas
De tantas damas persianas,
Como en su servicio vienen,
Querrán aliviar su pena.
Apel. No es novedad en su esquivo
Hado cantar el cautivo
Con el son de la cadena.
Oye; que la simpatía
Tras sì arrastrarme procura,
Que tienen con la pintura
La música y la poesía.
[*Cantan dentro en lo alto á un lado.*
Voz 1. Sobre los muros de Roma,
De quien es espejo el Tiber,
Prisionera de Aureliano,
Cenobia al aire repite:
Toda la mus. ¡Ay de aquella que vive
En campos extrangeros sola y triste!

Dentro ESTATIRA.
Esta. ¡Ay de aquella que vive
En campos extrangeros sola y triste!
Chic. No conforman tono y letra
Mal á su estado, pues son
De Cenobia á la prision.
Apel. ¡Qué sentido no penetra
La música!
Chic. En la batalla
Suele Alejandro mandar
Á sus músicos cantar,
Para animarse.
Apel. Oye y calla.
[*Al otro lado en lo alto cantan.*
Voz 2. Aquella ilustre matrona,
Que no se rindió invencible
Á tantas armadas huestes,
Á solo un dolor se rinde.
Toda la mus. ¡Ay de aquella que vive
En campos extrangeros sola y triste!

Dentro SIROES.
Siro. ¡Ay de aquella que vive
En campos extrangeros sola y triste!
Apel. Sus penas dan que sentir.
Chic. Por eso debe de ser
Alejandro no las ver.
Apel. Ni yo las quisiera oir.
Voz 1. Y como el llanto tal vez
Templa lo que el mal aflige,......
Voz 2. En lágrimas y suspiros
Al aire y al agua dice:......
Las dos. ¡Ay de aquella que vive......
Toda la mus. ¡Ay de aquella que vive......
Las dos y tod. En campos extrangeros sola......!

Dentro ruido de espadas, y dice dentro CAM-
PASPE *lastimada.*
Cam. Ay triste!
Sold.[*dent.*] Prendedla, ó muera!
Apel. Oye, espera!
¡Qué es lo que llego á escuchar!
Chic. Aqueste es otro cantar.
Cam. Ay de mí!
Sold. Prendedla, ó muera!
Apel. De unos soldados seguida,
De aquel monte, al parecer,
Una montaraz muger

Baja, en su sangre teñida,
Defendiéndose valiente
De todos.   [*Quiere ir adentro.*

Chic.   Adónde vas?   [*Detiénele.*
Apel. ¿Cómo eso dudando estás?
     Á socorrerla......

Chic.   Detente!
Apel. Desos cobardes villanos.
Chic. ¿De qué sabes que lo son?
Apel. De que con infame accion
     Ponen en muger las manos.
Chic. Ya no podrás; que en un vuelo,
     De sus armas acosada,
     Desde el monte despeñada
     Da á tus pies.

Sale CAMPASPE *cayendo, vestida de cazadora
rústica, con la espada en la mano, ensangrentado el rostro.*

Cam.   Válgame el cielo!
Apel. Hermosa deidad del monte,
     Que con despeñado ultraje,
     Á no desmentirlo el trage,
     Te tuviera por Faetonte;
     Pues te traes la luz tras tí
     De toda esa azul esfera,
     Vive, porque ella no muera.
Cam. ¡Ay infelice de mí!
     Si acaso, jóven gallardo,
     Desdichas de muger mueven
     Tu pecho, y piedad le deben,
     Que me defiendas aguardo
     Desa gente, que hoy espera
     Prenderme ó matarme.
Apel.   En mí
     Tendrás quien te ampara aqui.
Chic. En mí no.

Salen los Soldados que pudieren.

Sold.   Prendedla, ó muera!
Apel. ¿Qué es prenderla ni matarla,
     Habiendo llegado donde
     Mí valor, que corresponde
     Á su obligacion, guardarla
     Sabrá, sin que de su muerte
     Ni de su prision logreis
     El intento que traeis?
Sold. De qué suerte?
Apel.   Desta suerte. —
     Ponte, Chichon, á mi lado.   [*Riñen.*
Chic. ¿No basta que sea Chichon,
     Sino tambien coscorron?
Sold. 1. Muera quien libre y osado
     Ampara una delincuente.
Apel. Huye, señora; que yo
     Te guardo el paso.
Cam.   Eso no;
     Que, restándote valiente
     Tú por mí, no he de dejarte.
     En este umbral te mejora.
       [*Pónese á una puerta.*
Chic. Marimacha es la señora.
Sold. 1. Ni guardarla es, ni guardarte.
Apel. Ay de mí!   [*Cae.*
Cam.   Qué estoy mirando?
Apel. Matar á un tiempo y morir.

Dentro mugeres y ESTATIRA.

Mug. No salgas.
Esta.   He de salir.
     [*Pásase Chichon contra Campaspe.*
Chic. Páseme acá, que van dando.
Sold. 2. ¿Ya qué defensa hay que aguardes?
     Date, pues que no hay mas plazos,

     Á prision.
Cam.   Hecha pedazos.

Salen ESTATIRA, SIROES, CLORI, NISE
y Soldados.

Esta. ¿Contra una muger, cobardes?
Sold. Advierte......
Esta.   No digais nada.
     Ese jóven retirad;
     Y si no ha muerto, cuidad
     De su salud, albergada
     En vuestra guardia. — Y ahora
     Vosotros esta muger
     Dejad, pues se llega á ver
     En mi amparo.
Sold.   Ya, señora,
     Tu respeto nos ha puesto
     Freno.
Esta.   Retiraos de aqui.   [*á Campaspe.*
Cam. ¿Qué es lo que pasa por mí?   [*Retirase.*

Salen ALEJANDRO *y* EFESTION.

Efes. Aqui es el ruido.
Alej.   Qué es esto?
Sold. 1. Esto es......
Esta.   No prosigais, no,
     Villanos; que no ha de usar
     Nadie á hablar ni á respirar
     Adonde estuviere yo.
Efes. Que son las Infantas mira.   [*á Alejandro.*
Alej. Ya hablarlas cosa es forzosa. —
     ¿Qué es esto, Siroes hermosa?
     ¿Qué es esto, bella Estatira?
     Que ya mi valor aplica
     La venganza á vuestros pies.
Chic. ¿Estatira y Siroes?
     ¿Son Infantas de botica,
     Donde todo es gerigonza?
Nis. Asi una y otra se llama.
Chic. Pues dadme desa una drama,
     Que esta ella dará una onza.
Esta. Esto es el poco decoro,
     Que debe á tu Magestad
     La sagrada inmunidad
     De la guerra, pues no ignoro,
     Que, si á mi hermana y á mi
     Prisioneras nos tratara
     Conforme á la ilustre y clara
     Real sangre nuestra, no asi
     Sus soldados se atrevieran
     Á profanar desleales
     El respeto á estos umbrales;
     Pero si ellos consideran
     El despego con que no
     Quiso hablarnos, quiso vernos,
     Desde que llegó á tenernos
     En su campo, hasta que dió
     Esta ocasion el acaso,
     ¿Qué mucho, que á su ejemplar
     El tumulto popular
     No haga de nosotras caso?
     Sin ver, que el ser prisioneras
     No es ser esclavas, pues una
     Cosa es mostrar la fortuna
     En nosotras sus severas
     Iras, y otra no tener
     En la ley de la prision
     El trato y la estimacion,
     Que no perdió nuestro ser
     Con la libertad, el dia
     Que padre y patria perdió;
     Que, aunque á Júpiter juró,
     Que libres no nos veria,
     Á cuyo efecto en rescate

Nuestro tan grande tesoro
Pidió en piedras, plata y oro,
Que no es posible se trate
Cumplir: no por eso habia
Yo de dejar de ser yo.
Y para que vea si dió
Ejemplar á la osadía
De sus soldados, habiendo
Oido en mi cuarto el rumor,
Ví desde ese mirador
Un infeliz, defendiendo,
Su esposa ó su dama sea,
La vida de una muger,
Que lo mismo viene á ser
Cuando en su amparo se emplea,
Para cumplir con su fama;
Pues consecuencia es forzosa,
Que no defienda á su esposa
Quien no defiende á su dama.
Robársela pretendian
Sin duda; pues al llegar,
Que la habian de llevar,
En altas voces decian.
Él, mirándose acosado,
Para resguardo tomó
Esta puerta, donde no
Le valió el noble sagrado,
Pues en ella y á mis pies,
Aun defendiéndole yo,
Herido ó muerto cayó.

Alcj.   Una y otra queja es
Muy digna de tí; y ahora,
Respondiéndote, primero,
Que te desenoje, quiero
Satisfacerte, señora,
A la primera que das
De no haberte visto; pues
Piedad, no despego, es,
Huir tu vista; que si estás
De mis armas prisionera,
¿Para qué te habia de ver?
Puesto que no habia de ser,
Que la libertad te diera.
Ver yo presa una beldad,
Para dejármela presa,
Es cosa, en que no interesa
Crédito mi autoridad;
Y mas si llorara; siendo
Asi, que vivo temblando
Mas á una muger llorando,
Que á un ejército venciendo.
Si á Júpiter le ofrecí
No libraros, noble indicio
Fue del mayor sacrificio,
Que hacer pude; y si pedí
Perlas de tan gran valor,
Fue de mi estimacion muestra.
Pues aun una esclava vuestra
Valiera precio mayor;
Y pues piadosa mi accion
Ya en aquesta parte deja
Hoy respondida la queja,
Paso á la satisfaccion. —
¿Cómo, cobardes villanos,   [*á los Soldados.*
Haceis de delitos tales
Cómplices estos umbrales?
¡Por los Dioses soberanos,
Que vuestras vidas......!

Sold. 1.   Señor,
No, mal informado, des
Crédito al enojo, pues
No es tan ciego nuestro error,
Como imaginas; que aquella
Muger, que hasta aqui llegó,

Y aquel jóven defendió,
No era por ser dueño della,
Sino porque altivo y fuerte
Se empeñó, habiendo intentado
Prenderla, por haber dado
A Teagenes la muerte.

Alcj.   ¿Quién muerte á Teagenes dió?

Sold. 1. La muger que seguí fue.

Alcj.   Muerte á Teagenes? por qué?

Sale CAMPASPE.

Cam.   Eso he de decirlo yo.
Invicto Alejandro, á cuyo
Valor son materia fácil,
Si á tu duracion aspiran,
El bronce, el mármol y el jaspe;
Pues á tu sagrado nombre
Apellidan inmortales
Esculpidas letras de oro
En láminas de diamante:
Tú, que desde los primeros
Años de tantas campales
Lides saliste bien, como
Brazo derecho de Marte,
Siendo, en la tierra tus huestes,
Y siendo, en el mar tus naves,
Siempre vencedor de todos,
Nunca vencido de nadie;
Hijo del grande Filipo;
Esto que te diga baste,
Pues no hay que ser mas, que ser
Hijo de Filipo el grande;
A tus plantas delincuente
Hoy una muger se vale,
Mas en la fe de tus iras,
Que no en la de tus piedades.
No pues generoso quiero
Que me escuches, sino antes
Severo; porque es mi culpa
Tan heróicamente amable,
Que, á precio de que la sepas,
No rehuso que la mandes
Castigar, como el padron
Diga en mi huesa: aqui yace
Quien osó morir valiente,
Porque osó vivir constante.
Hija soy de Timoclea,
Griega matrona, á quien hacen,
Como á deidad destos montes,
Sacrificios estos valles.
Difunto su ilustre esposo,
Çonmigo, en años infante,
A llorar su viudedad
Se vino á estas soledades,
Donde una hermosa alquería,
Que en la cerviz dese Atlante,
Verde pedazo de cielo,
Registra montes y mares,
Fue su albergue, y fue mi cuna,
Sin que nunca á ver llegase,
Ni mas políticas gentes,
Ni mas pobladas ciudades,
Que estos riscos y estas breñas;
En cuyas austeridades
Crecí, tan hijos del campo
Mis afectos montaraces,
Que pirata de la selva,
Que bandolera del aire,
En griego idioma, la reina
De las fieras y las aves,
El nombre de Timoclea,
Último don de mi madre,
No sin jactancia al oírle,
Me trocó en el de Campaspe,

Como quien dice, campestre
Deidad de uno y otro márgen.
Pero qué mucho? si como
Yo el venablo desembrace,
Como yo la flecha vibre,
No hay en térm:nos distantes
Pluma, que el Abril matice,
Ni piel, que el Diciembre manche,
Que por feroz se redima,
Ni que por veloz se salve,
Hasta que ala ó testa en
Boreal venatorio exámen,
Á mis umbrales, no sea
Adorno de. mis umbrales;
Tanto, que el que peregrino
A ellos llega con pie errante,
Al ver colgadas las armas,
En su frontispicio, sabe
Que, como reina de montes,
Tengo guarda de animales.
Parece que del fracaso,
Que hoy á tus plantas me trae,
La digresion me retira;
Pues no; que, para que pasen
Mis desdichas á su extremo,
Es fuerza prevenir antes,
Que caen sobre sugeto
Tan fiero y tan intratable
Como el mio, porque hay
Delitos menos culpables
En unos sugetos, que otros;
Y para haber de juzgarse,
Conviene, que el juez distinga
Sobre qué sugeto caen,
Porque tiene no sé qué
Prerogativas aparte.
Para ser tal vez altiva,
La que nunca ha sido fácil.
Y asi, asentado que yo
Siempre en ejercicios tales
Ignoré de Flora y Vénus
Las dos profanas Deidades,
Tanto, que amor á mi oido,
Si.acaso le nombra alguien,
Me suena como ruidoso,
Pero no como suave,
Voy á que habiendo tu gente
Alto hecho en ese admirable
Pais de Grecia, porque en él
De tantas marchas descanse,
Una desmandada tropa
Destos soldados, que infames
Califican lo que es hurto,
Con nombre de que es pillage,
Como si mudara especie
La ruindad, por mudar frase,
Á mi alquería llegó,
(Vergüenza es que en esto hable,
Mas mejor estan desnudas,
Que vestidas, las verdades)
Donde vilmente enconados
En robar dos recentales,
Se trabaron de cuestion
Con los bárbaros gañanes,
Que mis labranzas cultivan
Y que .mis ganados pacen.
Á este ruido pues llegamos,
Casi á concurrir iguales,
Yo, que del monte venia,
Y uno de tus Capitanes,
Cuyo nombre no le supe,
Hasta oir aqui nombrarle.
Saludámonos corteses,
Y ácudiendo á reportarles,

Retiré mi gente yo,
Y él la suya, sin que pase
Mas adelante su duelo,
Que no pasar adelante.
¿Quién creerá, que nuestras guerras
Naciesen de nuestras paces?
Hasta dejarme en mi quinta,
Me fue acompañando. Nadie
En lo galante se tie,
Porque suele lo galante
Afeitar á lo traidor
La tez. bien como sagaces
Las astucias de las flores,
Las asechanzas del áspid.
Despidióse de mi; y cuando
Tranquilas seguridades
De la paz de mis sentidos,
Ociosamente agradables,
Me adormecían, al son
De unos sonoros cristales,
Que en un jardin entonaban
En bien templados compases
La natural harmonía
De las copas de los sauces,
Sentí ruido, y ví por una
Pared de hiedra.arrojarse
Un hombre al jardin, rompiendo
La muda clausura al parque.
Turbóme. no conocido
Primero; pero al instante
Que destinguí de mas cerca
El rostro, persona y trage,
Conocido, me turbó.
Por dar de ladron señales,
Que por las paredes entre
El que ya las puertas sabe.
Qué es esto? dije, y no pude
Proseguir, porque á la cárcel
De mis ya presos alientos,
Torció el corazon la llave.
Lo mismo debió (ay de mí!)
De sucederle y pasarle
Á él; porque, aunque hablar quiso,
Fue solo con el semblante:
De suerte, que por algun
Espacio los dos iguales
Hablamos como por señas,
Él suspenso y yo cobarde,
Hasta que, ya prorumpida
En mal troncadas mitades
La voz, vino á decir una
Para mí tan disonante.
Que él pensó que era lisonja,
Y yo pensé que era ultraje.
Amor fue, como quien pone,
Cuando algun volúmen hace,
La inscripcion en el principio,
Para que ninguno extrañe
La materia ó la cuestion,
Que ha de tratar adelante.
No le dí yo tanta espera:
Porque al ir á pronunciarle,
Veloz la espalda volví;
Mas no tanto, que en mi alcance
No le valiese la accion
Lo que la voz no le vale.
La mano me echó. y yo viendo,
(¡O aqui el aliento me falte!)
Que libertades no dichas
Eran hechas libertades.
Dictada, no sé de quien,
De mi honor ó mi corage,
Me hallé su espada en la mano,
Sin saber quien se la saque

De la cinta; bien que ahora
Lo sé, pues para acordarme
Que fue él, el corazon,
Al ver, que en dudar le agravie,
Como quien dice: yo fui,
En mudos impulsos late.
Él haciendo licencioso,
Con risueñas falsedades,
De mi amenaza desprecio,
De mi cólera donaire,
Segunda vez á mi mano
La mano osó, pero en balde;
Pues cuando pensó, que eran
Mugeriles ademanes,
La esmeralda de las flores
Tiñó de su rojo esmalte.
Muerto soy! dijo; y al eco
De sus repetidos ayes,
Los que de escolta tenia,
A golpes la puerta abren.
Furiosos entran, y viendo
El desangrado cadáver,
Conmigo embisten. Yo entonces
Por un postigo, que cae
Al monte, me puse en fuga;
Ellos tras mí al monte salen.
Tal vez lidio y tal vez corro,
Hasta que, sin que me amparen
Valor ni fuga, cayendo
Vine desde el monte al valle,
Donde un generoso jóven,
Ó de honrado, ó de arrogante,
Puesto en mi defensa, impide
Que me prendan ó me maten,
Tan á toda costa, que
Fue su vida mi rescate;
De suerte, que, de dos vidas
Deudora, á tus plantas reales,
De dos muertes delincuente,
Me arrojo, para que pague,
No la muerte que yo hice,
Sino la que esotros hacen;
Pues mas culpada en aquesta,
Que en esotra soy, si añades
Al blason de la primera,
De la segunda el desastre.
Con que á tus plantas, señor,   [De rodillas.
Poniendo á un tiempo delante
Sobre la sangre de uno,
De otro la espada y la sangre,
Humilde te pido, asi
Del Peloponeso pases   [Llorando.
Las siempre intrincadas breñas,
Cuyo nevado turbante
Sobre sus penachos vea
Tremolar tus estandartes,
Bien como el gran César vió
Teñir de púrpura el Gánges.
Trascendiendo desde el Tigris
Su lábaro hasta el Eufrátes,
Que acabes, señor, conmigo,
Para que conmigo acaben
Tantas ansias, tantas penas,
Tantas iras, tantos males,
Tantos estragos, y tantos
Escándalos y pesares,
Como amenazan mi vida,
Y como mi alma combaten.
Alej. Con llanto y valor á un tiempo
Los dos extremos tomaste
Á mi inclinacion, muger,
Sin saber determinarme,
Si me obligues porque lloras,
Ó porque matas me agrades. —

Prended á aquesos soldados.
[*Prenden á los Soldados, y quieren llevar á Chichon.*
Chic. A mí no; que yo á esperarte
Estaba, para ir á aquella
Visita.
Alej.   Es verdad; dejadle
Á ese solo.
Chic.   Tus pies beso. —
El demonio, que aqui aguarde,   [*aparte.*
Ni diga que es su criado,
Ó muera Apéles ó sane.   [*Vase.*
Alej. Mira, Estatira, si fueron
Ó rigores ó piedades
Las que usé contigo, pues
Lo hice por no obligarme
Á sentir, si tú sintieses,
Ni á llorar, si tú llorases.
Y pues con este ejemplar
Respondo á las dos iguales,
De parte de mi justicia,   [á *Campaspe.*
Si no te sigue otra parte,
Perdonada estás, muger;
Y para de aqui adelante,
Ó no mates, ya que llores,
Ó no llores, ya que mates. —
Ven, Efestion.
Efcs.   Qué llevas?
Que dice mucho el semblante.
Alej. No sé; pero mucho temo
Llanto y valor de Campaspe.   [*Vanse los dos.*
Esta. Aunque parezca, que no
Es cortesano hospedage
El que una presa se atreva
Á convidar con su cárcel,
Si el horror de vuestra casa,
Ó de aquestas soledades
El riesgo, en tiempo de guerras
Permiten, ya que llegásteis
Aqui, que os quedeis conmigo
Será para mí de grande
Lisonja.
Cam.   Vuestros pies beso.
Y pues que no puede nadie
Pagar, sino es recibiendo,
El favor, que se le hace,
Le admito, hasta que de aquestos
Soldados asegurarme
Pueda.
Esta.   Con nada pudisteis
Mejor el deseo pagarme.
Venid. — Ay Siroes!
Siro.   Qué llevas?
Que dices mucho, aunque calles.
Esta. No sé; pero mucho temo,
Imaginándole antes
Tan fiero á Alejandro, ver
Á Alejandro tan afable.   [*Vanse las dos.*
Nis. Dicha ha sido para todas
Tal huéspeda.   [*Vase.*
Clor.   De mí parte
Yo me doy la norabuena.   [*Vase.*
Cam. ¡El cielo la dos os guarde! —
¡O qué de cosas, fortuna,
Llevo que comunicarte!
¡Quiera Júpiter, no sea
Á las futuras edades
La tragedia de aquel jóven
Asunto á la de Campaspe!

JORNADA II.

Salen ALEJANDRO, EFESTION *y Soldados.*

Alej. Y en fin, qué supiste?
Efes.   Supe,
Que piadosamente bella
Se compadeció Estatira
De sus contadas tragedias;
Y que, porque no volviese
Por ahora á una desierta
Alquería donde estaba,
Mientras la gente de guerra
En estos montes se aloja,
Á tantos riesgos expuesta,
La rogaba, se quedase
En su compañía, y ella
Lo aceptó, de suerte, que,
Donde hoy Campaspe se alberga,
Es la quinta de Estatira.
Alej. Ambas anduvieron cuerdas,
Una en ofrecerlo, y otra
En aceptarlo, aunque fuera
Mejor para mí, que no
Anduviesen tan atentas.
Efes. Pues por qué?
Alej.   Porque en su casa
Me fuera mas fácil verla;
Pues no faltara ocasion
Para entrar tal vez en ella,
Con achaque de la caza.
Efes. Quizá está la conveniencia
En la dificultad.
Alej.   Cómo?
Efes. Como las correspondencias
Aun mas prendadas se gastan
Con la lima de la ausencia;
Pues siendo así, ¿qué será
La aun no prendada?
Alej.   Eso fuera
En otro, pero no en mí.
Efes. Por qué?
Alej.   Porque mi violenta
Condicion, bien como rayo,
Se irrita en la resistencia.
Solo porque inconveniente
Ya en el primer paso encuentra,
Nace con mayor instancia,
Y crece con mayor fuerza.
Pero dime, ¿quién á tí
Te contó lo que me cuentas?
Efes. Tienen Sirocs y Estatira
Consigo mil damas bellas,
Que afuer de palacio tratan
La prision, y no desdeñan
Los públicos galanteos
De algunos amantes. Destas
Nise, una de las que cantan,
Porque tal vez se diviertan,
Á título que llevaba
Un papel mio una letra
Para cantar, que los versos
Suelen tener dos licencias,
Me la dió de hablarla hoy,
Y de una en otra materia
Me dijo lo que te he dicho.
Alej. Pues tú, para que yo sepa
De Campaspe, has de asistir
Desde hoy con mayor fineza
Á esa dama, y disponer,
Que nos sirva de tercera.
Efes. ¿Tanto la primera vista

De una montaraz belleza,
Y mas cuando ya Rojana
Dicen, que embarcada queda,
Pudo rendirte?
Alej.   ¿Qué quieres,
Si, como ya dije, al verla
Una vez matando altiva,
Otra vez llorando tierna,
Á mi ánimo y mi piedad
Supo tomar las dos sendas;
De suerte, que el albedrío
No tiene por donde pueda
Escapar, pues á ambas partes
Halla cerrada la puerta?
Efes. Mejor medio hay.
Alej.   Qué es?
Efes.   Que ya
Que de Estatira la queja
Logró tus satisfacciones,
Las prosigas; pues con verla,
Verás con ella á Campaspe.
Alej. Bien á mi amor aconsejas;
Y asi, en viendo ese prodigio,
Que es oráculo de Aténas,
Á quien por curiosidad
Aun antes de la primera
Luz, porque no huya de mí,
Vengo buscando á esta selva,
Me pasaré por la quinta.
Efes. De la boca de una cueva,
Que á la falda de aquel risco
Melancólica bosteza,
Ya el soldadillo, que fue
Á buscarle, sale.

Sale CHICHON.

Chic.   Llega,
Señor; que en casa está el viejo.
Alej. ¿Dijístele, que á sus puertas
Estaba Alejandro?
Chic.   Sí.
Alej. ¿Pues cómo no sale á ellas,
Habiendo mi nombre oido,
Á recibirme siquiera?
Chic. Como dice, que es temprano,
Porque el sol aun no calienta;
Que, en saliendo el sol, saldrá.
Alej. Y qué hacia?
Chic.   En una media
Tinaja, llena de lana,
Metido hasta la cabeza
Estaba, que parecia
Degollado de comedia,
Sin que haya en todo el espacio
Mas cama, silla, ni mesa,
Que un candil y cuatro libros.
Alej. ¿Hombre, que en tanta miseria
Vive, de saber que yo
Vengo á verle, ni se altera,
Ni se sobresalta mas?
Chic. Y porque mejor lo veas,
Oye, que vuelvo á llamarle. —
Señor Diógenes, advierta,
Que viene á verle Alejandro.

Dentro DIÓGENES.

Diog. ¿Hele dicho yo que venga?
Pues si yo no se lo he dicho,
Que se espere, ó que se vuelva.
Alej. No hay mas que decir.
Efes.   Ó mucha
Constancia ó locura es esta.
Alej. Sea lo que fuere, ya
Hice capricho de verla;

Si es constancia, por aprecio,
Y si es locura, por fiesta. —
Bien podeis salir; que ya
El sol sus rayos despliega.

Sale Diógenes.

Diog. Pues á ver el sol saldré;
Que al fin es el que me alienta,
Me anima y me vivifica.
Alej. ¿De suerte que, si no fuera
Por el sol, lo que es por mí
No saliérais?
Diog.   Lo que hiciera
No sé; mas sé, que él me trae
En la regular tarea
De las noches y los dias
Esta luz hermosa y bella,
Y que vos no me tracis nada.
Alej. Sí traigo.
Diog.   Qué?
Alej.   La respuesta
De un recado, que me dió
Vuestro ese soldado.
Diog.   Qué era?
Que como cosa de poca
Sustancia no se me acuerda.
Alej. ¿De poca sustancia es
Decir, que en mi competencia
Sois vos mas dueño del mundo,
Que yo?
Diog.   Asi, ya se me acuerda,
Es verdad, yo se lo dije.
Y si de escucharlo os pesa,
Perdonad, lo dicho dicho.
Alej. Antes me huelgo, y por esa
Razon vengo á visitaros;
Pues es justo, que á ver venga
Alejandro á un igual suyo.
Diog. Pues como entre iguales sea
La visita. Ahí hay un tronco,
Sentaos; que yo en esta peña
Procuraré acomodarme.
[*Siéntanse, y* Chichon *hace que quita un
piojo á* Diógenes.
Alej. Agradezco la licencia. —
Qué es eso?
Chic.   Deste Monarca
La caballería ligera,
Que en desmandadas patrullas
Va saliendo á pecorea
Con el dia.
Diog.   Quita, necio.
Chic. Ya quito.
Alej.   Locuras deja. —
Y pasando, como amigos,
Del cumplimiento á la queja,
Dicenme, que, por no verme,
Echásteis por otra senda.
Diog. Tambien me dicen, que vos,
Por verme, echásteis por esta.
Alej. ¿Y es la misma razon huir
Vos, que yo buscar?
Diog.   La mesma;
Pues ni otro huyera de vos,
Sino yo, ni otro viniera,
Sino vos, á verme á mí;
Y asi es clara consecuencia,
Que, haciéndolo por hacer
Los dos lo que otro no hiciera.
Ni en vos hay queja, ni en mí
Culpa.
Alej.   Y eso en qué se prueba?
Diog. En que esto de los caprichos
Mas quiere maña, que fuerza.

Alej. No decis mal. Pero vamos
Á saber de qué manera
Sois vos mas dueño del mundo,
Que yo.
Diog.   ¿Pues no es evidencia,
Que es mas rico el que le sobra,
Que el que le falta la hacienda?
Alej. Claro está.
Diog.   Luego si á vos
Sola una parte pequeña,
Que os falta, os trae desvelado,
Y no veis la hora de verla
Debajo de vuestro imperio,
Y á mí nada me desvela,
Porque no se me da nada,
Que sea mia, ó no lo sea,
Mas rico soy yo, que vos;
Pues á vos os falta esa
Parte que deseais, y á mí
Me sobran todas aquellas
Que no deseo. Y si no,
Pasemos á la experiencia
Á cual está mas contento,
Vos con toda esa grandeza,
Magestad y pompa, ó yo
Con toda aquesta miseria,
Hambre y desnudez?
Alej.   No quiero
Aventurar el apuesta.
¿Pero la posteridad
De una heróica fama eterna
Será vuestra ó será mia?
Diog. Será mia y será vuestra.
Alej. Cómo?
Diog.   Como quien dijere,
Que vino Alejandro á Grecia,
Dirá, como visitó
Á Diógenes en ella;
Con que en la historia vendremos
Á correr los dos parejas,
Vos por hacer la visita,
Y yo por no agradecerla.
Fuera de que, ¿qué me importa,
Que fama tenga ó no fama tenga,
Si un aliento de la vida
Hoy calladamente suena
Mas, que despues todo el ruido
De sus trompas y sus lenguas?
Alej. Pues siendo asi, que la vida
Es lo que se goza della,
Vos no la gozais, yo sí.
Y para que lo veais, sea
Este tambien mi argumento,
Para que á escuchar no vuelva,
Que no vengo á traeros nada.
¿Qué quereis que mi grandeza
Os dé?
Diog.   Con que no me quite,
Mi vanidad se contenta.
Alej. Con que no os quite?
Diog.   Sí.
Alej.   Pues
Decidme, porque lo sepa,
¿Qué es lo que yo os quito?
Diog.   El sol,
Que va tomando la vuelta.
Y asi pasaos aqui, no
Me quiteis por vida vuestra
Lo que no me podeis dar.
Alej. Yo os estimo la advertencia.
Y pues que ya os doy el sol,
Daros lo demas quisiera.
¿Qué quereis que por vos haga?
Diog. Á tan general promesa,

Liberal y generosa,
Darme por vencido es fuerza.
Ahora bien, haced por mí......

Alej. Decid, nada os enmudezca.
¿Qué quereis que haga por vos?
[Levánta Diógenes una flor del suelo.
Diog. Sola otra flor como esta.
Alej. Eso fuera ser criador;
No cabe en la humana esfera
Tan soberano atributo.
Diog. ¿Pues qué hay que os desvanezca?
Si vuestro poder no basta
Á hacer una inútil yerba,
Que da el prado tan de balde,
Que la pace cualquier fiera,
Que cualquier ave la pica,
Y la aja cualquier huella,
Id con Dios; y á los que estudian
Las desengañadas ciencias,
Que en ese azul libro y ese
Verde libro nos enseñan,
Ya caractéres de flores,
Y ya imágenes de estrellas,
Porque aprendamos á un tiempo
Divinas y humanas letras,
Investigando ingeniosos
Aquella causa primera
De todas las otras causas,
No vengais á hacerles pruebas
De qué quieren ó qué estiman;
Que no hay que estimen ni quieran,
Sino solos desengaños.
Y porque mejor se vea
Cual es mas rico tesoro,
La magestad ó la ciencia,
Ya que la primera huisteis,
Yaya la segunda apuesta,
Á cual necesita antes,
Ó yo de vuestras riquezas,
Ó vos de mis ciencias.
Alej.   Yo   *[Levántase.*
Quiero, porque no parezca,
Que ambas apuestas rehuso,
Entrar satisfecho en esta,
De que nunca necesite
De vos.
Unos [dent.]   Al valle!
Otros [dent.]   Á la selva!
Alej. Mirad, qué ruido es aquese.
[Vase un Soldado.
Diog. ¿Y qué perderá el que pierda?
Alej. Darse por vencido al otro.
Diog. Norabuena.
Alej.   Norabuena.
Diog. Pues á Dios.
Alej.   Á Dios.
Efes.   ¿Posible
Es, que has tenido paciencia
Para sufrir este loco?
Alej. Mal, Efestion, le afrentas;
Que si hubiera de dejar
De ser quien soy, y estuviera
En mí elegir lo que habia
De ser, ten por cosa cierta......
Efes. Qué?
Alej.   Que, no siendo Alejandro,
Ser Diógenes quisiera.
Efes. En los bronces de la fama
Vivirá en el mundo eterna
Esa sentencia.
Chic.   Y quizá
Habrá en el mundo poeta,
Que della se ria, diciendo,
Que es delirio, y no sentencia,

Que celebra el lisonjero.
Unos [dent.] Al monte!
Otros.   Al valle!
Otros.   Á la selva!

Sale el Soldado.

Sold. Estatira y Siroes,
Como ya mandaste, al verlas,
Aliviarlas la prision,
Usando de la licencia,
Al coto, que de su estancia
Las altas paredes cerca,
Dicen, que á caza han salido.
Alej. ¿Si habrá salido con ellas
Campaspe?
Efes.   ¿Pues quién lo duda,
Y que suya, señor, sea
Toda aquesa montería,
Y á enseñar el monte venga?
Alej. Pues un caballo me dad;
Que como acaso quisiera
Salirles al paso. — Amor,
Guia mis plantas, y emplea
Tus dos mejores alhajas
En los dos, el arco en ella,
Pues cazadora es, y en mi,
Pues que voy ciego, la venda.
[Vanse todos, y queda Chichon.
Tod. [dent.] ¡Á la selva, al valle, a monte!
Chic. ¡Que haya en el mundo quien tenga
Inclinacion á la caza,
Y se ande buscando fieras,
Habiendo rubias y romas!
Pero ahora que se me acuerda
De un amo, que Dios me dió
Y me quitó á la hora mesma
Qué se habrá hecho? Porque
Como con tan grande priesa
Mandó á su guarda Estatira
Quitarle de su presencia,
Y ellos allá le llevaron.
Á tiempo que en la pendencia
Yo habia vuelto la casaca,
Y disimular fue fuerza
Ser mi amo, nunca mas
Supe dél. ¿Qué diligencia
Haré? ¿Pero quién me mete
En que publique el hacerla
Mi ruindad? Si hubiere muerto
No hayan miedo, que acá vuelva
Á acusar la rebeldía,
Ni á tomar la residencia;
Y si no, no faltarán
Disculpas, cuando parezca.
Y asi es lo mejor, no darme
Por entendido.   *[Vase.*
Unos [dent.]   Á la selva!
Otros. Al valle!
Otros.   Al monte!

Sale Campaspe con arco y flechas.

Cam.   Fortuna,
Ya que á mi patria me vuelvas,
Pues son mi patria los montes,
Permite, (ay de mí!) que sea
Para que halle, como
En mi propia esfera,
Piedad en sus riscos,
Blandura en sus peñas.
En tanto que la batida
Hácia los puestos se acerca.
Que todas las damas ya
Han tomado, aunque parezca
Que contra mi mismo

Natural me mueva
Á emplear mis desdichas
Antes que mis flechas,
En esta escondida parte
Desahogar quiero la fuerza
De una prision voluntaria,
Que á todas horas me niega
Poder aun conmigo
Hablar. ¡Ay de aquella
Que siente, sintiendo
Que el sentir se sienta!
Y pues tan á todas horas
Los testigos, que me cercan,
No me dejan respirar,
¿Qué mucho (ay de mí!) que vengan
Buscando mis ansias,
Buscando mis penas
Para mis suspiros
Aires de mi tierra?
Troncos, riscos, plantas, flores,
Brutos, aves, peces, fieras,
Cristales, fuentes, arroyos,
Cielo, sol, luna y estrellas,
Decidme, pues visteis
Todas mis violencias,
Si tuve yo culpa
Ó desgracia en ellas?
Pues siendo asi, que desgracia
Tuve, y no culpa, ¿qué idea,
Qué aprehension, qué fantasía,
Qué ilusion, qué sombra es esta,
Que á cualquiera parte,
Que los ojos vuelva,
Vaga me persigue,
Vana me atormenta?
De aquel infelice jóven,
Que ví muerto en mi defensa,
Tan vivas las señas traigo,
Que á todas partes las señas,
Que estan me parece
Con la faz sangrienta,
Diciéndome:......   [Ruido dentro.

Dentro ALEJANDRO.

Alej.   ¡Dioses,
   Piedad!
Todos [dent.]   Qué tragedia!
Cam.   ¿Qué voces (ay infelice!)
Las que iba á alentar alientan,
Porque en el decirlas yo
Aun ese alivio no tenga?

Dentro ESTATIRA y SIROES.

Esta.   Acudid volando!
Siro.   Socorred apriesa!
Alej. [dent.] ¡Cielos......
Todos [dent.]   Qué desdicha!
Alej.   Piedad!
Todos.   Qué violencia!

Sale ESTATIRA con arco.

Esta.   ¿No hay quien su vida socorra?
Cam.   ¿Qué es esto, Estatira bella?
Esta.   Que dentro de la batida
Cayó sitiada una fiera
Destas, que los griegos montes
En sus entrañas engendran,
Salpicada á manchas,
Cuya ligereza
Nunca trae ociosas
Ni garras ni presas.
Los sabuesos y ventores,
Que las traillas sujetan,

Porque se lograsen ántes,
Que sus lides, nuestras flechas,
Tomaron el viento
De la tigre apenas,
Cuando á los collares
Rompieron las cuerdas.
Entre estos pues dos lebreles,
Atados á una cadena,
Salieron juntos, á tiempo
Que en un caballo atraviesa
La senda Alejandro,
Y hollando la senda,
Á los pies del bruto
Se enlazan y enredan,
De suerte, á los alborotado
Se desboca y desatienta,
Sin que el freno le corrija,
Ni le gobierne la rienda,
Llevándole al choque
De una y otra peña,
Á dar donde el bruto......
Cam.   Oye, aguarda, espera;
Que primero que él peligre,
Sabré peligrar yo, atenta
Á la piedad, que conmigo
Usó.   [Vase.
Esta.   Jupiter lo quiera!
Que, aunque es mi enemigo,
Ya en mas noble guerra,
Que su vida, el alma
Es su prisionera.
Veloz entre las dos lides
De los canes y la fiera,
Y del caballo y los canes
Su agilidad interpuesta,
El arpon dispara,
De suerte, que hecha
Blanco de sus plumas
Una mancha negra,
Que entre el codillo y la espalda
Señala, bien como en muestra
De que está alli el corazon,
Le hiere en él. ¿Quién creyera,
Viviendo con alas
El corazon, que ella
Le dé al corazon
Alas con que muera?
Á cuyo tiempo acudiendo
Al bruto, que desalienta
La enredada lid, le corta
Entrambos pies; de manera,
Que el que amenazado
Precipicio era,
Dispone, que en fácil
Caida se resuelva.
Y tan fácil, que en los brazos
Le recibe, porque tengan
Los zelos siquiera un dia
Alguien que los agradezca,
Ó dígalo yo,
Que agradezco verla.

Sale CAMPASPE con un cuchillo de monte en la mano, y ALEJANDRO cayendo.

Alej.   El cielo me valga!
Cam.   Descansa y alienta;
Que ya de entrambos peligros
Seguro estás.
Alej.   ¿Quién pudiera,
Sino tu deidad, Campaspe,
Ser quien dos vidas me ofrezca?
¿No bastaba altiva,
No bastaba tierna,
Sino liberal,

Para que no tenga
Retirada el albedrío?

Salen SIROES, NISE *y* CLORI, *todas con
arcos y flechas.*

Todas. Aqui está Alejandro.
Siro.   Sean
Las albricias de la vida
Tus pies.   [*Arrodíllanse todas.*
Alej   Alzad de la tierra.
Esta. Á todas nos toca,
Á tus plantas puestas,
Darla á ella las gracias,
Y á tí norabuenas.

Sale EFESTION.

Efes. Ya que seguir del caballo
No pude la ligereza,
Dame, gran señor, tus plantas;
Bien que llego con vergüenza,
Al ver, que á vista de tantos
Te socorra y favorezca
Una muger.
Alej.   No fue tal,
Sino una deidad suprema,
Que en oposicion de otras
Su divinidad ostenta,
Haciendo, que el mal
En bien se convierta.
¿Mas quién, sino el sol,
Venciera una estrella?
El nudo rompí gordiano,
Cuya osadía violenta
Me dispuso á lo fatal
Del agüero, que en sí encierra;
Y pues que ya la amenaza
Frustrada y vencida queda,
¿Quién duda, que es deidad, quien
Le quita al hado las fuerzas? —
Y asi, en hacimiento noble
De gracias, Campaspe bella,
Tu retrato en ese templo
Colgaré, para que sea
Padron á los siglos,
Qué diga á sus puertas,
Que él solo la tabla
Fue de mi tormenta.
Cam. En menos costa, señor,
La vanidad mia quisiera,
Que la deuda me pagárais,
Si la obligacion es deuda.
Alej. En qué? Que palabra os doy,
Que no haya en mi obediencia
Dificultad imposible.
Cam. En que os vais á vuestra tienda
Á repararos; porque
No habrá para mi fineza,
Sino en la seguridad,
Señor, de la salud vuestra.
Alej. Aunque lo que pedis es
Tan á costa de la ausencia,
Esto es cumplir mi palabra. —
Dios guarde á vuestras Altezas.   [*Fase.*
Efes. Hermosa Nise, pues ves,
Que ir tras Alejandro es fuerza,
Acuérdate de mi amor.
Nis. No haré tal; que será ofensa.
Efes. Ofensa acordarte?
Nis.   Sí;
Pues se olvida el que se acuerda.
[*Vase Efestion.*
Esta. Bien puedes, Campaspe, (ay cielo!)
De tan noble aceiou como esta
Estar muy desvanecida.

Siro. Y mas si en el templo llegas
Á ver tu retrato.
Cam.   Á mí
Nada hay que me desvanezca,
Sino merecer el nombre
De una humilde esclava vuestra.
Pero ya que de mi poca
Politica he dado muestras,
Diciendo cuan ruda hija
Soy destos troncos y peñas,
No por vanidad, sino
Por noticia,......
Esta.   Di.
Cam.   Quisiera
Saber, qué cosa es retrato.
Siro. ¿Nunca ha visto tu rudeza
El primor de la pintura?
Cam. Pintura ya sé qué sea;
Que en el templo he visto tablas,
Que, de colores compuestas,
Ya representan paises,
Ya batallas representan,
Siendo una noble mentira
De la gran naturaleza;
Pero retrato no sé
Qué es.
Esta.   Pues que es lo mismo, piensa,
Con la circunstancia mas
De que la copia parezca
Al original de quien
Se saca.
Cam.   ¿Y de qué manera
Se saca?
Esta.   Veráslo, cuando
Á hacer el retrato vengan.
Y ahora quédate aqui,
Para que á la quinta puedas
Guiar la gente, mientras yo
Doy á la quinta la vuelta. —
Clori! Nise!
Las dos.   Qué nos mandas?
Esta. Para templar mis tristezas,
Los instrumentos bajad
Á los jardines.
Siro.   Qué llevas?
Esta. ¿Qué me andas preguntando
Siempre? Lo que fuere sea.   [*Vase.*
Siro. ¡Qué notable condicion!   [*Vase*
Nis. Ven, probaremos la letra,
Clori, de aquel cortesano,
Antes de cantarla.
Clor.   Fuerza
Es, Nise, que tú la aplaudas,
Pues eres tú á quien celebra.
Nis. La cortesanía me mueve
Mas, que la lisonja, fuera
Que de ser querida, Clori,
Á ninguna muger pesa.   [*Vase.*
Clor. Ni ninguna de ver, que otra
Es la querida, se huelga.   [*Vase.*
Cam. Ya que segunda vez, cielos,
Sola en mis montes me dejan,
Paréntesis á mis ansias
Lo que ha sucedido sea;
Y demos, discurso,
Segunda vez vuelta
Á aquella memoria,
Que tanto me cuesta.
¿Qué aprehension, qué fantasia,
Qué ilusion, sombra ó idea
(Aqui quedé) es esta, que
Á cada paso me cerca,
Sin que el claro dia,
Ni la noche negra,

Ó la luz me alumbre,
Ó el sueño me venza?
Parece, (ay de mí!) que al dar
Al dia y la noche quejas
De lo que la una me aflige,
Lo que la otra me desvela,
Una y otra quieren
Hoy satisfacerlas,
Pues que mis sentidos
Turban, y potencias.
Permite, infelice jóven,
Que horroroso representas
Siempre tu sombra á mi vista,
Siquiera un instante treguas
Á tantos temores;
Que no te hago ofensa,
Pues son muerte y sueño
Una cosa mesma.
Y puesto que ya la gente
Toda á la quinta se acerca,
Y yo no hago falta, o tú
Intrincado seno, alberga
Vivo un cadáver.   [*Duérmese.*

                Sale APÉLES.

Apel.   Fortuna,
¿Adónde mis pasos llevas,
Sin saber, qué puerto
Elijan ni tengan
Tantas ansias, tantas
Desdichas y penas?
¿Quién creerá, que haber caido
Tan sin sentido, en defensa
De aquel prodigio, que hallarme
Sin saber á quien le deba
La piedad, adonde
La humilde miseria
De un cuerpo de guardia
Herido me tenga;
Que haber callado mi nombre,
Porque Alejandro no sepa,
Que reñí con sus soldados;
Que mal cobradas las fuerzas,
Salga á ver el dia,
Siguiendo esta senda
Sin guia, sin rumbo,
Sin norte, ni estrella:
Nada me aflige, ni nada
Me turba ni desconsuela,
Sino solo no saber,
Qué muger, cielos, fue aquella,
Que el verla (ay de mí!)
Pagándome en verla,
Hizo mi fortuna
Próspera y adversa?
Decidme, montes, pues fuísteis
Testigos de mis tragedias,
Decidme, aves, fieras, plantas,
Flores, troncos, riscos, peñas,
Si hallaré, pues mi hado
Perdido no encuentra
Quien de mí me diga,
Quien me diga della?
¿Murió en faltándola yo?
        [*Habla entre sueños* C a m p a s p e.
Cam. No......
Apel. ¿Tuvo, cuando ausente estuve,......
Cam. Tuvo......
Apel. Quien venciese en su disculpa?
Cam. La culpa......
Apel. ¿Qué eco á mi voz respondió?
Cam. Yo.
Apel. Cielos! ¿si es verdad ó no,
Que el aire me ha respondido?

Pues ha sonado en mi oido......
Los dos. No tuve la culpa yo.
Apel. Si oí bien ó mal, ¿ habrá quien......
Cam. Bien......
Apel. Me diga, y si verdad fue,......
Cam. Que......
Apel. Que en mi desdicha fue dicha?
Cam. La desdicha......
Apel. ¿Tuvo amparo cuando anduve?
Cam. Tuve.
Apel. Otra vez fuerza es que hube
De dudar, si es que colijo,
Que el eco otra vez me dijo......
Los dos. Bien, que la desdicha tuve.
Apel. Mas no, ilusion es ligera;
Que el eco no habló en lo hueco;
Pues no me dijera el eco
Lo que yo no le dijera;
Y asi por toda esta esfera
Desta voz iré buscando
El dueño. Qué estoy mirando!   [*Vela.*
¿Cómo es posible, que siendo
Ella la que está durmiendo,
Sea yo el que estoy soñando?
¿Cómo puede ser, o bella
Deidad, si eres mi homicida,
Que yo te busque con vida,
Y que tú te halles sin ella?
Si á mí me tocó el perdella,
Y á tí el haberla guardado,
¿Cómo sin ella te he hallado?
Vuelve, vuelve en tu sentido;
Que el haberla tú perdido,
No es haberla yo ganado.
Si la despertaré? Sí,
Aunque su enojo me asombre;
Que muger, que ha muerto un hombre,
No es justo que duerma asi. —
Bella deidad!
      [*Despiértala, y ella huye dél, al verle.*
Cam.   Ay de mí!
Apel.   Qué miro!
Apel.   Qué mal anduve!
Cam. Sombra, ilusion,......
Apel.   Necio estuve.
Cam. No me des muerte, pues no,
No tuve la culpa yo,
Bien que la desdicha tuve.
      [*Huye ella, y él la sigue.*
Apel. ¿Quién te da la culpa á tí,
Ni la desdicha te da?
Pues nada es desdicha, ya
Que otra vez tus ojos ví.
Cam. No me aflijas, pues no fui,
Ni de tu esplendor la nube,
Ni quien tu aliento detuve;
Que, si otro muerte te dió,
No tuve la culpa yo,
Bien que la desdicha tuve.
Déjame pues, no el empeño
Crezcas á mi fantasía,   [*Huyendo.*
Pasando á la luz del dia
Las negras sombras del sueño.
Apel. Hallado y perdido dueño
De un alma, que te ha buscado
Tan á costa del cuidado,
Que á un mismo tiempo ha venido
A hallar lo que habia perdido,
Y á perder lo que habia hallado,
No de mí huyas,......
Cam.   Ay de mí! [*Cúbrase un poco.*
Apel. Que no soy ilusion yo.
Cam. Luego no eres sombra?
Apel.   No.

Cam. Luego estás con vida?
Apel.   Sí.
Cam. No te mataron?
Apel.   No fui
Tan dichoso.
Cam.   Dicha fuera?
Apel. Morir por tí, claro era.
Cam. ¿Pues yo no te ví á mis pies
Muerto?
Apel.   Ahora tambien me ves
Aun mas, que la vez primera.
Cam. Cómo?
Apel.   Como allá la herida
Del cuerpo me dejó en calma,
Y aqui la herida del alma,
O bellísima homicida,
Ha vuelto á darme la vida,
Para que de una manera
Aqui viva, y allá muera,
Sin morir y sin vivir.
Cam. Quien te pudiera decir
Lo que en albricias te diera
De las nuevas que me das.
Apel. De cuál dellas? ¿de que muero,
Ú de que vivo?
Cam.   No quiero
Declararme, jóven, mas;
Baste decir, que jamas
Tuvo mi hado siempre esquivo
Mas gozo del que recibo,
Al oir ambas nuevas bellas.
Apel. Sí; mas dime de cual dellas,
De que muero, ú de que vivo?
Cam. No sé. Pero gente allí   [Ruido dentro.
Hay; no contigo me vea.
Apel. ¿Será posible lo sea
Él volver á verte?
Cam.   Sí.
Apel. ¿Dónde he de buscarte?
Cam.   Aqui.
Apel. Vendrás?
Cam.   Hablad, alma, vos. [aparte.
Apel. Qué dices?
Cam.   Que sí.
Apel. \   Á los dos [Ruido dentro.
Un hombre se va acercando.
Cam. Pues quédate tú.
Apel.   Hasta cuándo?
Cam. Hasta otra alba.
Apel.   Á Dios.
Cam.   Á Dios.   [Vase.

Sale CHICHON.

Chic. Aunque de lejos te ví,
Las señas no me mintieron.
¿Es posible, que volvieron
Mis ojos á verte?
Apel.   ¿Así,
Traidor, infame, villano,
Me recibes, despues que
Tan poca tu lealtad fue,
Que dejándome......?
Chic.   La mano
Ten; que no me pagas bien,
Despues que herido te ví,
Lo que he pasado por tí.
Apel. Tú por mí?
Chic.   Yo por tí. ¿Quién,
Al verte en sangre teñido,
Como un leon embistió
Con todos tres, sino yo?
¿Quién, dejando á este partido
Por medio, de un tajo tal,
Qué puso en puntos al arte,

Pasó á este de parte á parte,
A tiempo que en diagonal
Círculo aquel me embistió?
¿Quién, dando al otro un hurgon,
La herida de conclusion
Hizo al que se le seguia?
¿Y quién, tomando á destajo,
Que nadie le quede á vida,
Le dió á este la zambullida,
Y á aquel la de uñas abajo?
Apel. Oye, aguarda! ¿De qué modo
Son, si todos eran tres,
Ya seis los muertos?
Chic.   ¿No ves,
Que maté sombras y todo?
En fin, tropezando, (¡extraña
Desdicha es la del tropiezo!)
Las garras me echó al pescuezo
El barrachel de campaña;
En un cepo me metió,
Donde he estado hasta este dia,
Que un amigo, que tenia,
La cuartada me probó.
Apel. La cuartada? ¿Cómo asi,
Si á tantos diste?
Chic.   Porque
Fue fácil el probar, que
Los dí sin estar allí.
De no verte noche y dia,
Fue la causa mi prision.
Apel. Calla; ya sé cuales son
Tu locura y cobardía.
          [Hablan los dos á parte.

Salen EFESTION y ALEJANDRO.

Efes. En fin vuelves?
Alej.   ¿Qué he de hacer,
Si estoy fuera de mi centro,
Donde á Campaspe no encuentro?
¿Cómo podria saber
Por donde iria?
Efes.   Hácia alli
Dos hombres, señor, estan;
Ellos quizá lo sabrán.
Alej. Oye; no es Apéles?
Efes.   Sí.
Alej. Ventura es haber venido
Á tan buen tiempo.
Apel   Crueles
Son tus locuras.
Alej.   Apéles!
Apel. Las plantas, señor, te pido.
Alej. Aunque de lo que has tardado
Queja pudiera formar,
Los brazos te quiero dar,
Por el tiempo á que has llegado.
Apel. Pues él no sabe de mí   [aparte á Chichon.
Mas de que me tuvo ausente
Su licencia, nada cuente
Tu voz.
Chic.   No haré.
Apel.   Feliz fui,
Ya que en la vuelta tardé,
En venir en ocasion,
Que me alcance el perdon
De la tardanza.
Alej.   No sé
Como encarecerte cuanto
Estimo el llegarte a ver.
Dia en que te he menester·
Apel. Mucho, gran señor, me espanto,
Cuando ser tu esclavo trato,
Que me recibas asi.
En qué te sirvo?

Alej.
Por mí
Hoy has de hacer un retrato
De tan hermoso sugeto,
Que no hayas menester,
Como en el mio, poner
Perfil á ningun defeto.

Apel. Muy poco haré en eso yo,
Para lo mucho que escucho.

Alej. Aunque es poco, importa mucho,
Que todo tu estudio no
Perdone al arte este dia
La elegancia, con que sueles
Esmerar de tus pinceles
La gala y la valentía.
Una muger has de ver,
Y esta me has de retratar
Con tal alma, que el hablar
La falte, por no querer;
Bien que en esta parte no
Vendrá á ser tuya la palma;
Pues si la vieres con alma,
Es, que se la he dado yo.

Apel. Digo, señor, que pondré
Al retrato tal cuidado,
Que, aunque en el lienzo pintado,
Tan fuera del lienzo esté,
Que llegue tu amor feliz
Á persuadirse, no en vano,
Que echarla puede la mano
Entre el cuadro y el matiz.

Chic. Y yo, que ya soy criado
De Apéles, la moleré
Mas, que á los matices.

Alej.
¿Qué
Te obliga á no ser soldado?

Chic. Haber dado una menguada
En pensar, que es peor estado
El ser moza de soldado,
Que el ser moza de soldada.

Alej. Pues bien puedes prevenir
Pinceles, tabla y colores;
Aunque mejor á las flores
Se los pudieras pedir,
Pues todas los dieran fieles,
Mezclando á tan altos fines
Entre rosas y jazmines
Azucenas y claveles. —
Y pues que ya no está aqui,
¿Quién duda en la quinta está?
Llévale, Efestion, allá,
Y de mi parte les di
Á Estatira y Siroes,
Que á hacer el retrato envio
Del templo, aunque mi albedrío
No sé lo que hará despues. —
Y tú, porque sea mejor [á *Apéles.*
El primor de tu pintura,
Pintame á mí su hermosura,
Y píntala á ella mi amor. [*Vase.*

Efes. Venid conmigo, porque
Lo que importa prevenir
Se disponga antes de ir.

Apel. En todo obedeceré
Vuestras órdenes.

Efes.
Con ella
Podrá ser veais otra dama
De no menor lustre y fama,
Y quizá, Apéles, tan bella.

Apel. Mucho me holgaré, aunque en mí
Nada llenará mi idea;
Que no es posible, que sea
Igual á la que yo ví. [*Vanse.*

Salen ESTATIRA, CLORI, NISE *y Músicos con*
instrumentos.

Esta. Vuelve, Nise, á repetir
La letra; que hacerte quiero
Esta lisonja, si infiero,
Que se debió de escribir
Por tí.

Nis.
Muchas hay, señora,
De mi nombre, no seria
Por mí; que la humildad mia
No se halla merecedora
Deste aplauso.

Esta.
Cuya es?

Nis. De un discreto cortesano,
Cuyo ingenio soberano
Goza el mas alto interes
Del crédito y la opinion,
Por galan, noble y discreto.

Esta. Bien lo dice en su conceto
El aire de la cancion.

Nis. [*cant.*] Á Nise adoro, y aunque
La dije mi frenesí,
Ni sé si me quiere, ni
Por qué ha de quererme sé.

Salen al paño EFESTION *y* APÉLES.

Efes. Esperad, no interrumpamos
Esta voz, que dulcemente,
Por la letra y quien la canta
Me ha suspendido dos veces.

Apel. Ya hice yo reparo en uno
Y otro, que son muy parientes
Música, poesía y pintura;
Y á lo que á mí me parece,
Si se hubiera de glosar
La cancion, no fácilmente
Se le hallaran dos sentidos.

Efes. Escuchad, que á cantar vuelven.
[*Canta toda la Música.*

Music. Á Nise adoro, y aunque
La dije mi frenesí,
Ni sé si me quiere, ni
Por qué ha de quererme sé.

Efes. Ya que han cesado, esperad,
Que á pedir licencia llegue.

Esta. ¿Quién es quien se entra hasta aqui?

Efes. Quien con dos disculpas tiene
Seguro, que vuestro enojo
Sus sagradas iras temple.
La primera es la dulzura
Con que este canto suspende,
Tanto, que no deja accion
Para que otra accion se acierte;
Y la segunda, venir
De parte de quien merece
Vuestra audiencia á cualquier hora.

Esta. ¿Quién en vuestro juicio tiene
Ese mérito?

Efes.
Alejandro.

Esta. ¡Si tan feliz mi amor fuese, [*aparte.*
Que lograse en su memoria
Algun alivio mi suerte! —
Pues bien, que os manda Alejandro?

Efes. Que deis licencia, que llegue
Á retratar á Campaspe;
Que ya sabeis como tiene
Ofrecido su retrato
Á las sagradas paredes
De Júpiter, el no igual
Arte del divino Apéles.

Esta. Esto y lo que yo pensaba
Todo es uno. Decid que entre.
[*Entra Apéles.*

Apel. Á vuestras plantas, señora,
Antes de veros, alegre,
Feliz, contento y ufano
Venia, por parecerme,
Que habia de conseguir
El empeño á que me atreve
La obediencia de mi dueño;
Mas despues de veros, vuelve
Atras mi esperanza.

Esta. Cómo?

Apel. Como pintarse no pueden
Las perfectas hermosuras,
Sin que el crédito se arriesgue.
Cuando en un rostro hay lunar
Ó desproporcion, que acuerde,
Cuando se mira el retrato,
De su dueño las especies,
Es fácil el retratarle;
Mas cuando es tan excelente,
Que no hay término en sus partes,
Que desigualado deje
Especies á la memoria,
No se imita fácilmente.
Y asi habreis de perdonarme,
Cuando el retrato no acierte,
Si está en vuestra perfeccion,
Y no en mí, el inconveniente.

Esta. Cortesano sois, pintor,
Y es preciso que me pese,
Que vuestra cortesanía
Tenga mas peligro, que ese.

Apel. Por qué?

Esta. Porque no soy yo
La del retrato; y si viene
Á estar en lo mas hermoso
El riesgo al no parecerse,
Es mas hermosa, que yo,
Con que vuestro empeño tiene
Mas que vencer. Y porque
Lo veais, yo haré que en breve
Venga á veros mas airosa
Y mas prendida, que suele,
Porque tenga en sus adornos
Yo alguna parte. — Esto es verme [*aparte.*
Obligada á no mostrar
La envidia, que el alma siente;
Y para hacer la deshecha
Mejor, esto ha de ser. — Venme,
Nise, cantando ese tono,
Y vosotros desde ese
Cenador cantad, en tanto
Que la pintan, porque temple
La penalidad de estar
Suspensa el tiempo que fuere
Necesario.

Clor. Porque sea
Todo á propósito, puede
Ser el tono que cantemos
El del retrato de Irene.
[*Vanse los Músicos.* —

Nis. Fuerza es que tras ella vaya. —
Esperad; que, si pudiere, [*á Efestion.*
Volveré á veros.

Apel. Yo en tanto
Voy á ver, si Chichon viene
Con el bastidor, el lienzo,
Los matices y pinceles. [*Vase.*

Esta. No cantas, Nise?

Nis. ¿Pues cuándo
No es mi oficio obedecerte?

Esta. ¡O cuan á costa del alma [*aparte.*
Finge la que calla y siente!

Nis. [*cant.*] A Nise adoro, y aunque
La dije mi frenesí,

Ni sé si me quiere, ni
Por qué ha de quererme sé.
[*Entranse Estatira y Nise cantando.*

Efes. Por si no volviere Nise,
Como ha ofrecido, hacedme
Merced de decirla, Clori,
Cuanto el alma la agradece
El que haya hecho tanto aprecio
De cortesanía tan leve,
Como aquel mote.

Clor. ¿Por qué
Que le cante os desvanece?

Efes. Porque es su ingenio el que adoro,
Y asi estimo que el mio precie.

Clor. ¿Y es galantería ó locura
Alabar, cuando eso fuese,
Una dama á otra?

Efes. No sé;
Pero si es locura, tiene
Disculpado frenesí.

Clor. Pues sabed, que á las mugeres,
Sin que os importe nada,
La agena alabanza ofende.

Efes. Groserías de rendido
Groserías son corteses;
Que no os quita á vos el ser
Discreta y hermosa el verme
Menos bien empleado en Nise,
Que estuviera en vos.

Sale NISE.

Nis. ¿No puede
Ser fino con una dama
Un hombre, sin que sea aleve
Con otra?

Efes. Yo, Ni....., con Clo......

Clor. Si, cuando......?

Nis. Qué te enmudece?

Efes. No saber,
Pues una y otra se ofende
De lo que quiero y no quiero,
Cual me olvida ó cual me quiere.

Clor. ¿Yo, por qué habia de olvidarte? [*Vase.*

Nis. ¿Yo, por qué habia de quererte? [*Vase.*

Efes. Oye, Nise; escucha, Clori.

*Salen CHICHON con todo aderezo de pintar,
y APÉLES.*

Chic. Ya estan aqui caballete,
Pinceles, lienzo, paleta,
Colores, piedra y aceite.

Apel. Ponlo aqui, que hay buena luz; —
Y avisad vos, que ya puede
Salir la dama.

Efes. Ay de mí!

Apel. ¿Qué es lo que ahora os suspende?

Efes. Dijisteis, que no era fácil
La glosa de aquel metete;
Y ya se ha facilitado
Con lo que aqui me sneede,
Despues que de aqui salisteis.

Apel. De qué suerte?

Efes. Desta suerte.

Apel. Dejad, para que la entienda,
Que de los versos me acuerde:
A Nise adoro, y aunque......

Efes. Hablando de Nise bella
Con Clori, me preguntó,
Qué inclinaba mas mi estrella?
Á que mi amor respondió,
Que el ingenio, que hay en ella;
Con que no solo mostré,
Que adoro á Nise, sino

Lo que en ella adoro, en fe
De que se sepa, que yo
Adoro á Nise; y aunque......
Apel. La dije mi frenesí.
Efcs. Clori, al parecer quejosa;
Que no hay muger que otra quiera,
Que sea discreta ni hermosa,
Ó de vana ó de zelosa
Un loco me dijo que era.
Yo el serlo la concedí,
Pues por Nise el juicio pierdo.
Mas de tal locura en mí
Por lo menos, que era cuerdo
La dije mi frenesí.
Apel. Ni sé si me quiere, ni......
Efcs. Oyendo nuestras cuestiones,
Nise llegó, y yo quedé
Tan turbadas mis acciones,
Que, cuanto desde allí hablé,
Fueron troncadas razones.
Ni, dije, por verme si
Con tí, á Clo tengo quejó;
Y asi entre las dos partí,
Ni sé si me olvida Clo,
Ni sé si me quiere Ni.
Apel. Por qué ha de quererme sé.
Efcs. Ambas riéndose, al ver
Mi turbacion singular,
Falsas quisieron saber,
Por qué una me ha de olvidar,
Por qué otra me ha de querer.
Yo respondí, si amor fue
Fino y necio en declararme,
Bien de una y otra la fe,
Pues sé porque ha de olvidarme,
Porque ha de quererme sé.
Mas quédese aqui la tema
De si puede ó si no puede
Glosarse; y vamos á que
Ya hácia aqui la dama viene,
Que habeis de retratar.
Apel.   ¿ Cuál
Es?
Efes. La que mirais presente.

    Sale CAMPASPE *vestida de gala.*

Apel. Qué miro! (ay de mí infelice!)   [*aparte.*
¿No es esta (cielos, valedme!)
En la pendencia y el monte
La de mi vida y mi muerte?
Cam. Hasta ver lo que es retrato,
El alma traigo pendiente. —
Sois el pintor?
Efcs.   No, señora.
El que mirais es Apéles.
Cam. ¿El del monte y la pendencia,
(Valedme, cielos!) no es este?
Apel. Yo soy, señora, (no acierto
Á hablar) el que á copiar viene
Vuestra hermosura; porque
Como el que una carta teme
Que se pierda y la duplica,
Yo asi es forzoso que intente
Duplicar vuestra hermosura,
Con temor de que se pierde.
Cam. No os entiendo, ni sé como,
Si el duplicarse es hacerse.
De una dos, en la pintura
Se pierda, porque se aumente.
Apel. Fuera fácil con saber,
Que en mi desdichada suerte
Quizá el hacer de una dos,
Es, porque os pierda dos veces.
Cam. Vuelvo á decir, que no sé

Por qué lo decis.
Apel.   No puede
Explicarse mas el alma.
Cam. Pues dejad la voz pendiente
Hasta otra alba, como os dije.
Apel. Ya no es posible que espere
Esa luz.
Cam.   Por qué?
Apel.   Porque
Tanto el órden se pervierte
De todo en mí, que aun el alba
Desde ahora me anochece.
Cam. Tercera vez no os entiendo.
Pero sea lo que fuere;
Mirad, que es fuerza acudir,
Siquiera por los presentes,
A lo que venis.
Apel.   Traed
En que esta dama se siente.
Chic. Aqui un taburete está,
Y es dicha ser taburete,
Porque quepa el guardainfante,
Ya que ellos son solamente
Los que medran, no teniendo
Brazos.
[*Siéntase ella, y él pone el bastidor, toma la paleta,
y Chichon muele los colores, y pinta Apéles.*
Cam. ¿Qué hago yo aqui, para que él
Desde allí les represente
Á otros mi imágen?
Apel.   No hagais
Mudanza, para que llegue
Á coger mas fijo el aire.
Cam. ¿Que no haga mudanza quieres?
Apel. Es fuerza que, si la haceis,
Todo lo que pinte, yerre.
Cam. Buen arte es el que no admite
Mudanzas en las mugeres.
Chic. Por eso otras, que se pintan
De matices diferentes,
No solo se mudan, pero
Se enmudan con los afeites.
Apel. Calla tú, y muele, Chichon.
Chic. ¿Cuándo callan los que muelen?
Cam. ¿Pues qué hace aquel allí?
Chic.   Un chiste
Te lo dirá brevemente:
Á una mozuela la dije,
Repartiendo unos cachetes
Un dia entre sus mejillas,
Y sus labios, y sus dientes,
Mi oficio es moler colores,
Hija mia, no te quejes.
Apel. Ó vete allá fuera, ó calla.
Chic. Por mas fácil tengo el vete.   [*Vase.*
Efes. En tanto que vos pintais,
Voy á ver, si hablar pudiese
Á Nise en esos jardines.
Apel. Pues solo he quedado, atiende,   [*Vase.*
Que cumpliendo de pintor
Y de criado las leyes,
Pintaré al olio tus gracias,
Y mis desgracias al temple.
    [*La Música dentro.*
Music. Condicion y retrato
Teman de Irene,
Que ha de dar muerte á todos,
Si la parece.
Apel. Hermosísima deidad,   [*Pintando.*
Que árbitro absoluto eres
De mi muerte y de mi vida,
¿Cómo dices que no entiendes
Mi dolor, si mi dolor
Hablando tan claramente

Está en mis mismas acciones,
Cuando hay poder, que me fuerce
Á que le lleve tu imágen,
Porque en tu imágen le lleve
El ídolo de su amor,
En cuyas aras......?

Cam.   Suspende
La voz; que te entiendo menos,
Cuando á tu dolor parece
Que se explica mas. ¿Qué imágen,
Qué ídolo, qué amor es ese?

Mus. Cuando libre el cabello
No la obedece,
Como á un negro le trata,
Pues que le prende.

Apel. La imágen deste retrato,
El ídolo al ofrecerle
Alejandro en sacrificio
Á su amor, pues que pretende,
Que viva á sus ojos vayas,
Con el alma, que él te ofrece.

Cam. Á mí Alejandro?

Apel.   Eso dudas?
¿Pues qué á pintarte le mueve?

Cam. Darle al templo por memoria
De que la vida le diese.

Mus. Quien se abrasa, y no sabe
Donde hallar nieve,
Sepa donde ella vive,
Que allí está enfrente.

Apel. Ay, que no es eso! Porque
¿Qué culto fuera decente
El dar al templo tu imágen,
Si dirán cuantos la vieren,
Mas, que honrando tus acciones,
Disfamando tus desdenes,
Que, si á él le diste la vida,
Á mí me diste la muerte?
Porque te adora, (ay de mí!)
Te retrata.

Cam.   ¿Pues qué adquiere
Para un amor un retrato?

Apel. Mentir las horas de ausente.

Mus. Arcos son sus dos cejas
Triunfales siempre,
Pues celebran las ruinas
De los que vence.

Cam. ¡Que mal has hecho en decirme,......

Apel. Qué?

Cam.   Que Alejandro me quiere!

Apel. Por qué?

Cam.   Porque lo ignoraba,
Si tú no me lo dijeses.

Apel. Antes bien, porque al dolor
En algo le lisonjee
Ser yo quien lo diga.

Cam.   Cómo?

Apel. Como la herida mas fuerte,
Si propia mano la cura,
Menos, que la agena, duele.

Mus. Son sus ojos preciados
Tan de valientes,
Que al mirarlos entre ojos
Traigo mi muerte.

Apel. Fuera de que ¿cómo puedo
Yo excusarlo, si hay quien fuerce......

Cam. Á qué?

Apel.   Á que aquesta vez hable,
Porque calle para siempre?

Cam. Con todo, que has hecho mal,
Otra vez digo, si atiendes,
Que no hay muger, que no quiera
Ser querida; con que viene
Á ser ruindad de tu parte,

La que de mi parte puede
Ser vanidad.

Apel.   Antes bien,
Que el que rendido padece,
Cuanto mas padece, goza;
Y asi es fineza que pienses,
Que quiero padecer yo
Lo que á tí te desvanece.

Mus. Un pleito á sus mejillas
Mayo y Diciembre
Ponen, porque les hurta
Púrpura y nieve.

Cam. Bien puede ser, que fineza
Sea; mas no lo parece
Interponer un respeto,
Que declarado no deje
Albedrío á la esperanza.

Apel. Eso será en quien la tiene.
¿Pero qué esperanza ya
Es posible que le quede
Á quien Alejandro fia
Su amor, y no solamente
Fia su amor, mas le hace
Instrumento de que llegue
Á su noticia? ¡Mal haya
Habilidad tan aleve,
Que, traidoramente noble,
Contra su dueño se vuelve!
    [*Arroja los pinceles, y ella se levanta.*

Cam. Qué habilidad?

Apel.   Esta mia.

Cam. Contra tí? Pues de qué suerte?

Mus. Si se enoja, y sus labios
Rigores vierten,
Allá van los jazmines
Con los claveles.

Apel. Siendo áspides para mí
Las puntas de los pinceles,
Que, entre flores de matices,
Su mortal veneno vierten.
¡Mal haya, digo otra vez,
Habilidad, que me fuerce
Á que estudie tus facciones,
Para que en cada una encuentre
Otra perfeccion, que diga,
Cuan bella, o Campaspe, eres
Ya dos veces á mis ojos,
Porque te pierda dos veces!

Cam. Dos veces?

Apel.   Sí.

Cam.   De qué modo?

Apel. Verdadera y aparente.

Cam. ¿Aparente y verdadera?
De qué suerte?

Apel.   Desta suerte.
Mírate, para que veas
Lo que pierde el que te pierde.
    [*Pónela delante el retrato.*

Mus. Condicion y retrato
Teman de Irene;
Que ha de dar muerte á todos,
Si la parece.

Cam. Qué es lo que miro! ¿Es por dicha
Lienzo ó cristal trasparente
El que me pones delante,
Que mi semblante me ofrece
Tan vivo, que aun en estar
Mudo tambien me parece?
Pues al mirarle la voz
En el labio se suspende
Tanto, que aun el corazon
No sabe como la aliente.
¿Soy yo aquella. ó soy yo yo?
Torpe la lengua enmudece,

Quizá porque el alma, en medio
De las dos, dudando teme
Donde vive ó donde anima,
No sabiendo á un tiempo, entre
Una y otra imágen mia,
De cual de las dos es huésped.
¿Esta habilidad tenias?
¿Segundo ser darle puedes
A un cuerpo? ¿Pues cómo, cómo,
Si tan divino arte ejerces,
Tan bajamente le empleas,
Que para otro dueño engendres
La copia de lo que dices
Que amas? Vete de aqui, vete;
Que en una parte me admiras,
Y en otra parte me ofendes.

Apel. Esto es fuerza.
Cam.   No es sino
Bajeza.
Apel.   Es desdicha fuerte.
Cam. No es sino culpa.
Apel.   Es violencia.
Cam. Es ruindad.
Apel.   Es dura suerte.
Cam. Es infamia.
Apel.   Es tiranía.
Cam. Es poco ánimo.
Apel.   Es decente
Respeto.
Cam.   Es indigna accion.
Apel. Es obediencia.
Cam.   Es aleve
Vasallage.
Apel.   Es rendimiento.
Cam. Es......
Apel.   Es......
Los dos.   Ira, rabia y muerte.
Cam. Gente viene á nuestras voces.
Apel. No entienda nada esta gente.
Cam. En qué quedamos?
Apel.   En que
Dueño de mi dueño eres.
Para siempre á Dios, Campaspe.
Cam. Para siempre á Dios, Apéles.

JORNADA III.

Salen ALEJANDRO, EFESTION *y* CHICHON.

Chic. Aunque llamado de tí
Vengo, los pies no te pido.
Alej. Por qué?
Chic.   Porque los darás,
Segun liberal te miro,
Y estará mal despeado
Un Monarca tan invicto.
Alej. Supla de los pies la falta
Desta sortija el zafiro.
Chic. ¡O mal haya el asonante,
Que ser diamante no quiso!
Alej. Alza del suelo; que quiero,
Pues sé que estás en servicio
De Apéles, saber de tí,
Qué extraño accidente ha sido
Este que oigo que le ha dado.
Chic. ¿Pues quién bastará á decirlo,
Si nadie basta á saberlo?
Lo primero, anda aturdido
Tanto, que con nadie habla,
Señor, que no sea consigo;
Lo segundo, si se viste,

Es con tan gran desaliño,
Que ni es él ni su figura;
Lo tercero, su retiro
Son estas montañas, donde
Solo se sale á dar gritos;
Su llanto es cosa de risa,
Su risa cosa de vicio,
Su comer cosa de juego,
Su llorar cosa de niños,
Su dormir cosa de locos,
Y nada cosa de juicio.
Alej. No le hacen remedios?
Chic.   Cuantos
Físico el arte previno
Á su curacion, se han hecho;
Pues como un poeta dijo,
Le han puesto mil cataplasmas,
Cataplastos, cataplistos;
Y no basta, aunque le pongan
Cata Francia Montesinos,
Para saber qué mal tiene.
Alej. Pésame, porque le estimó
De suerte, que de mi imperio
Diera el medio por su alivio;
Pues cuando no le tuviera
La inclinacion que publico,
Por primoroso en su arte,
Por el retrato, que hizo
De Campaspe, le quedara
Sumamente agradecido.
Ve y dile, que venga á verme.
Chic. Yo iré, si en eso te sirvo;
Pero tú verás en él
Un mal tan fuera de estilo,
Que una vez hipocondría,
Y otra vez dria con hipo,
Rebienta de que es discreto,
Y apenas es entendido.   [*Vase.*
Efes. Verle quieres?
Alej.   Sí; que, puesto
Que á su salud solícito
Medios, uno, que he pensado,
Me ha de decir lo escondido
De su pecho.
Efes.   Y qué es el medio?
Alej. Acudir á los motivos
De la filosofía, pues
Es su principal oficio
De las causas naturales
Investigar los principios.
Y asi á Diógenes mandé,
Que me llamasen al mismo
Tiempo, que tambien á Apéles
Llamo; porque quiero
En una parte, y en otra
Curioso, ver determino,
Como uno siente sus penas,
Y otro hace dellas juicio.
Efes. ¿Dónde á Diógenes mandaste,
Que vinieses?
Alej.   Á este distrito,
Que hay de mi tienda á la quinta
De Estatira, porque he oido,
Que todas estas mañanas
Sale á su apacible sitio
Con sus damas, donde hacen
Músicas y regocijos
Suave la prision, y quiero
Ver, si ver puedo el divino
Sol de Campaspe, buscando
Algun ingenioso arbitrio
Para apartarla de esotras;
Y si la verdad te digo,
No sé qué diera, porque

Hallase el amor camino
De reducirla á mi tienda.

Efes. Uno mi ingenio previno.

Alej. Qué es?

Efes.   Fingir, que llegó al campo
De Teagénes un hijo,
Pidiendo justicia della
Por el pasado homicidio;
Y no pudiendo á la parte
Tú dejar de dar oidos,
Llevártela presa.

Alej.   Eso
Es valernos de un delito.
Pero despues lo veremos
Mejor, porque ahora miro
Á Diógenes y á Apéles
Venir donde les han dicho.

Sale por una puerta DIÓGENES *y por otra*
APÉLES.

Diog. Á mí Alejandro? ¿Pues qué [aparte.
Tiene Alejandro conmigo?

Apel. ¡Quiera amor, no me declaren [aparte.
De una vez mis desvaríos!

Diog. ¿Qué es, señor, lo que me mandas?

Apel. ¿En qué, gran señor, te sirvo?

Alej. Escúchame tú primero; [á Diógenes.
Despues hablaré contigo. [á Apéles.
¿Bien, Diógenes, te acuerdas [aparte á él.
De aquella apuesta que hicimos,
De quien necesitaria
Antes, tú de mi dominio,
Ó yo de tu ciencia?

Diog.   Sí.

Alej. Pues yo me doy por vencido,
Confesando, que primero
De tu ciencia necesito,
Que tú de mi poder.

Diog.   ¿Pues
No era uno y otro preciso,
Si el rico sin ella es pobre,
Y el pobre con ella es rico?

Alej. Aun por eso quiero ver
Lo que en la tuya consigo.
Ese jóven, á quien yo
Por inclinacion estimo,
Favoreciéndole el astro
De algun benévolo signo,
Padece un grave accidente;
Y tal, que, siendo entendido,
Hábil, galan y discreto,
En pocos dias le admiro
Alterada la razon,
Prevaricado el sentido,
Necio, inútil, desairado,
Sin discurso y sin aliño.
Nadie de su mal conoce
La causa, ni él ha sabido
Decirla á nadie; de suerte
Que, dándose por vencidos
De la sabia medicina
Los mas doctos aforismos,
Le dejan morir, sin que
Le hagan ningun beneficio.
Yo, viendo la obligacion
En que te pone el retiro,
Que profesas, de saber
Los secretos escondidos
De la gran naturaleza,
Quiero ver, como haces juicio
Deste accidente; y asi
Que le asistas determino
Unos dias, para que,
Si averiguas el principio

De su mal, sepa que sabes;
Y si no, sepa que ha sido
Locura tu ciencia, pues
Para nada es de servicio.

Diog. Que es el corazon del hombre
Animal de pliegues, dijo
Aristóteles, mostrando,
Que es de un color, si encogido
Está; y si está dilatado,
De muchos; con que previno,
Que en queriendo averiguarle,
No se le da punto fijo;
Pues al irle desdoblando,
Todo es colores distintos.
Siendo asi, locura fuera
Decir yo desvanecido,
Que entenderé el suyo; pero
No por eso desconfio
De saberlo. Háblale tú,
Sin darte por entendido,
Porque no esté con cuidado,
Viendo que con él le asisto.

Alej. Pues disimula. — ¿Dónde ibas,
Apéles, cuando te dijo
Aquel soldado, que yo
Te llamo?

Apel.   Si verdad digo, [con tristeza.
Á decir mis sentimientos
Á estas peñas, á estos riscos,
Arboles, plantas y flores,
Que, como fieles testigos,
Saben lo mejor, y ignoran
Lo peor.

Alej.   No te he entendido.

Apel. Es, que saben escucharlos,
Y es, que no saben decirlos. [suspira.

Alej. ¿Pues y no fuera mejor
Comunicarlos rendido
Á quien sentirlos supiera?

Apel. No, señor; que fuera alivio;
Y yo estoy tan bien hallado
Con ellos, y ellos conmigo,
Que ellos y yo no queremos
Partir con nadie el sentirlos.

[Esto y lo demas deste género dice Diógenes á Alejandro aparte.

Diog. El primer color de que
Muestra el corazon teñido,
Es melancólico humor.

Alej. Descansa, Apéles, conmigo.
Qué tienes?

Apel.   No sé que tengo. [suspirando.

Alej. ¿Es faltarte en mi servicio
El cariño de tu patria?

Apel. No está en mi patria el cariño.

Alej. Necesitas de algo?

Apel.   Solo [con algun despecho.
De mi muerte necesito.

Diog. Ya de cólera y de ira
Despliega el segundo viso.

Alej. ¿Pues de mí no le harás,
Sabiendo lo que te estimo?

Apel. ¿Á quién pudiera mejor?
Pero humilde te suplico, [turbado.
No conjures mi silencio;
Que es mi mal tan exquisito,
Tan intratable mi pena,
Tan sin uso mi martirio,
Que embargando el corazon
Acá dentro los suspiros,
Aunque decirlo quisiera, [torpe la voz.
No puedo.

Diog.   De algun nocivo
Veneno parece que

Da aquesta congoja indicio.
Apel. Fuera de que, si adelanto [*cobrándose algo.*
El tormento con que vivo,
Aunque pudiera decirle, .
No le dijera, si miro, [*con despecho.*
Que fuera avivar la llama......
Diog. Todo esto parece hechizo.
Apel. Al incendio de que muero,
Si viera,...... [*á voces.*
Diog. Ya esto es delirio.
Apel. Que alguno piadoso hacia
Tan grande crueldad conmigo,
Como quitarme el dolor. [*con ira.*
Diog. Ya esto es rabia.
Apel. Pues le admito,
Como conveniencia, tanto,
Que á faltarme él, imagino...... [*con inquietud.*
Diog. Ya esto es desesperacion.
Apel. Que me faltara un amigo
Tan del alma, que sin él
Me diera muerte á mí mismo.
Diog. De desordenado amor
Parece este afecto hijo.
Alej. No hay remedio?
Apel. No hay remedio;
Que mi mortal parasismo
No consta de mí, porque
Consta de ageno albedrío.
Diog. Ya lo confirman los zelos.
Alej. ¡O qué de cosas has visto [*á Diógenes.*
En un instante!
Diog. ¿Qué quieres,
Si va desplegando á giros
Dobleces el corazon,
Cuyos afectos distingo
Á partes, y del primero
En el postrero me afirmo.
Alej. ¿Cómo quieres que amor sea,
Si ser melancolía has dicho,
Ira, cólera, veneno,
Desesperacion, delirio,
Hechizo y rabia?
Diog. ¿Pues quién,
Sino amor, hubiera sido,
Como conveniente, amando
Con no ordenado apetito
Su daño, melancolía,
Ira, cólera, nocivo
Veneno, delirio y rabia,
Desesperacion y hechizo?
Apel. Y asi otra vez y otras mil
Humilde, señor, te pido, [*con terneza.*
No apures mis sentimientos;
Porque el mal, que lloro y gimo,
No tiene definicion.
Y pues cuando mas me explico,
Es cuando me explico menos,
Concede á mis desvaríos
La licencia de callarlos;
Que, aunque yo quiera decirlos,
No me es posible, porque......
[*Dentro Música.*
Voz 1. Solo el silencio testigo
Ha de ser de mi tormento.
Apel. Ya aquesa voz te lo ha dicho,
Aunque no bien; que si dice,
Que solo ha de ser testigo
De su tormento el silencio,
Hay mas que decir, que dijo;
Porque aun el silencio no
Es capaz del dolor mio;
Pues cuando el silencio quiera,
Ó cruel ó compasivo,
Lo que no digo, decir,

No podrá; porque al decirlo......
[*Dentro la Música.*
Voz 2. Aun no cabe lo que siento
En todo lo que no digo.
Diog. Vuelvo á afirmarme, señor,......
Alej. En qué?
Diog. En que lo dicho dicho.
Este hombre está enamorado.
Alej. No disuenan los indicios;
Pero quédese ahora asi,
Con órden, de que advertido
Has de averiguarlo mas,
Mientras yo otro afecto sigo,
Si no tan cruel, no menos
Poderoso. — Ven conmigo,
Efestion; que, si hablar
Á Campaspe no consigo,
Quizá podrá ser, me valga
De aquel tu pasado arbitrio. [*Vanse los dos.*
Diog. ¡Buena comision me queda! [*aparte.*
Mas ya que Alejandro hizo
Capricho el examinarme,
Tambien yo he de hacer capricho
El satisfacerle á él. —
¿En fin, no es posible, amigo,
Que sepamos vuestras penas?
Apel. y mus. Solo el silencio testigo
Ha de ser de mi tormento.
Diog. Pues advertid, que ya ha habido
Silencio tan bachiller,
Que dijo lo que no dijo.
Apel. Pues este no lo dirá.
Diog. Por qué?
Apel. Porque enmudecido......
El y mus. Aun no cabe lo que siento
En todo lo que no digo.
Diog. Pues guardaos de mí; que yo
He de saber lo escondido
De vuestro pecho, despues
No digais que no os lo aviso. [*Vase.*
Apel. No hareis tal; que yo sabré,
Homicida de mí mismo,
Darme la muerte, primero
Que nadie sepa, que ha sido
Con las honras de Alejandro
Mi amor tan vil asesino,
Que da la muerte pagado,
Hecho usura el homicidio.
¡O nunca me honrara tanto,
Que es fuerza que agradecido
De alimentos mi dolor
Viva de sus beneficios!
¿Cómo puedo ser yo ingrato,
Arrojándome atrevido
Á competirle su amor,
Si, cuando (ay de mí!) me animo
Solo á amar, me sale al paso,
Demas del respecto digno
Á la magestad, demas
De la confianza que hizo
De mí, fiándome su amor,
Su deseo tan benigno,
Que intentando mi salud
Por tan extraños caminos,
Un cariño me baraja
La suerte de otro cariño?
¿Y tanto, que, aunque Campaspe,
Que al alba esperaba, dijo,
Ni á ella, ni al alba ví, haciendo
De su favor desperdicio?
Pues qué remedio?

Dentro CAMPASPE.
Morir
Cam.

Será mi menor peligro.
Apel. Infausto oráculo, ¿quién
Es con quien hablas?

Dentro ALEJANDRO.

Alej. Contigo
Moriré yo.
Apel. Otro temor?
Cam. [*dent.*] No he de oir.
Alej. [*dent.*] Bello prodigio,
Espera.

Sale CAMPASPE *huyendo*, ALEJANDRO *tras
ella; y en viendo á* APÉLES, *se detiene.*
Cam. Ya he dicho, que antes
Moriré.
Alej. Tambien he dicho
Yo, que contigo mi muerte
Me ha de hallar.
Apel. Qué veo! [*aparte.*
Cam. Qué miro! [*ap.*
Apel. Campaspe son y Alejandro [*aparte.*
Mis fatales vaticinios.
Cam. Apéles es quien su vista [*aparte.*
Rémora á mi planta ha sido.
Alej. ¿Por qué, divina Campaspe,
Cuando apartada te he visto
Desa dulce alegre tropa,
Que con aplausos festivos
Al alba saluda, y hecho
Humano girasol, sigo
Los siempre lucientes rayos
De tus dos soles divinos,
De mí huyes?
Cam. Porque sé,
Que no es tu afecto tan digno,
Como debiera.
Alej. ¿Pues quién
Le ha malquistado contigo?
Cam. Apéles, que no aqui en balde
Trajo el cielo por testigo. —
Asi he de hablar con entrambos. [*aparte.*
Apel. Ofendida de mi olvido, [*aparte.*
Sin duda de mí se venga.
Alej. Apéles? Qué es lo que he oido?
Apel. Yo, Campaspe?
Cam. Tú; pues tú,
Haciendo el retrato mio,
Me dijiste, que me amabr,
Y que no era el sacrificio
A Júpiter, sino á Amor;
Con que mi honor advertido
De su peligro es forzoso
Que huya de su peligro;
De suerte, que tú eres causa
De que él sienta mis desvios;
Pues si no fuera por tí,
Quizá dél no hubiera huido,
Porque yo no lo supiera,
Si tú no lo hubieras dicho.
Apel. Pues con dos sentidos habla, [*aparte.*
Responderé en dos sentidos. —
Si yo te ofendo, Campaspe,
Es, porque otro dueño sirvo,
Que su amor y tu hermosura
Mandó pintar á dos visos;
Y pues para ella es ofensa,
Lo que para tí es servicio, [*á Alejandro.*
Agradéceme este enojo.
Alej. No te disculpes conmigo,
Pues las señas de culpado
Resultan en las de fino;
Y ya que mi amor te debe
En este primer aviso

Vencer las dificultades
De dar á un amor principio,
Débate ahora, pidiendo
Licencia á tus desvaríos,
Que intercadentes parece
Que dan treguas al sentido,
Avisar si viene gente,
Mientras á Campaspe digo
Lo menos de lo que siento.
Apel. ¿Esto mas, cielos impíos? [*aparte.*
Cam. ¿Esto mas, hados crueles? [*aparte.*
Apel. Qué violencia!
Cam. Qué conflicto!
[*Retírase Apéles al paño, oyendo lo que los
dos hablan.*
Alej. Desde el instante, divina
Campaspe, que de tu brio
Y de tu llanto fue objeto
La piedad del pecho mio,
Tàn postrado á tu altivez,
Á tu queja tan rendido
Quedó mi afecto......

Sale APÉLES.

Apel. Señor,
Siroes viene hácia este sitio.
Alej. Saldréla al paso, porque
No llegue á verme contigo. —
No la dejes ir tú, en tanto [*á Apéles.*
Que yo vuelvo. [*Vase.*
Apel. ¿Quién ha visto
Tal género de tormento?
¿Tal linage de martirio?
[*Hablan bajo, apriesa y á hurto, como rezelándose
de Alejandro.*
Cam. Quien cobarde complaciendo
Al lisonjero artificio,
No quiso á su dama tanto,
Como á su privanza quiso.
Apel. Si yo tuviera eleccion
Entre aquesos dos cariños,
El elegido me diera
Contra el desdeñado alivio;
Pero si me he de morir
Á manos del elegido,
¿Qué me culpa el desdeñado?
Cam. El temor con que remiso,
No sabiendo entre dos muertes
Elegir la de mas brio,
Se deja morir de humilde,
Pudiendo morir de altivo.
Apel. Es lealtad.
Cam. Es cobardía.
Apel. Eso es volver al principio.
Cam. No es, sino llegar al fin.
Apel. No es, si......
Cam. Sí es, si......

Sale ALEJANDRO.

Alej. Á nadie miro
En todo el monte.
Apel. Debió
De echar por otro camino.
Alej. Vuelve á avisar, si viniere. —
[*Fuélvese Apéles al paño.*
Y tú, hermoso dueño mio,
Acuérdate, que me diste
La vida.
Cam. ¿Y ese es motivo
Para obligarme á quererte?
Alej. Claro está; porque quien hizo
Un beneficio, quedó
Obligado al beneficio.
Dar una cosa, y quitarla,

Una vez dada, es estilo
Muy villano. ¿Por qué piensas
Que vive cuanto ves vivo?
Porque los Dioses, que fueron
Quien les dió la vida, han sido
Los que á su conservacion
Se obligaron.

        Sale Apéles.

Apel.   Señor,......
Alej.   Dilo.
Apel. Estatira hácia alli viene.
Alej. Irla al paso determino.
Y pues yo á lo mismo vuelvo,
Vuelve tambien tú á lo mismo.   [*Vase.*
Cam. ¿Quién en igual confusion
De dos amantes se ha visto?
Apel. ¡Si de haberle dado vida
Te hace cargo tan preciso,
Cuanto mas, que haberla dado,
Es haberla recibido!
Si él te la debe á tí, tú
Me la debes á mí, indicio
Mas noble; que el de obligado
Fue siempre el de agradecido.
Cam. Es verdad. ¿Mas cómo puedo
Serlo yo, si desperdicio
Se hace el agradecimiento?
Apel. Sabe el cielo si le estimo.
Cam. En qué he de verlo yo?
Apel.   En sola
Una cosa, que te pido.
Cam. Qué es?
Apel.   Que, porque mas no pierda,
Que lo que pierdo en oirlo,......
Cam. Di.
Apel.   Ningun favor me hagas;
Que yo me doy á partido
De que nada en mí sea amor,
Porque todo en tí sea olvido,
Tan á nadie quieras, que
Ni á mí me quieras.

        Sale Alejandro.

Alej.   No he visto
Por aqui á nadie.
Apel.   Debió
De echar por otro camino.
Alej. No es, sino que yo estoy loco,
Pues de otro loco me fio.
Retírate de aqui, y no
Me vuelvas con otro aviso.
Apel. ¿Quién creerá, que su favor [*aparte.*
Es mi mayor enemigo?   [*Vase.*
Cam. ¿Quién creerá, que el desdeñado [*aparte.*
Ausente al favorecido?
Alej. Volviendo á cobrar, Campaspe,
De aquel mi discurso el hilo,
Que no es baja frase, puesto
Que es frase de laberinto......

     Dentro Estatira *á una parte.*
Esta. Mudad de tono y de letra.

     Dentro Siroes *á otra parte.*
Siro. Mudad de letra y sentido.

       Sale Apéles.
Apel. Estatira y Sirocs
Por aqui vienen.
Alej.   ¿No he dicho,
Que mis delirios me bastan,
Sin creer á tus delirios,
Y que aqui no vuelvas?

Apel.   Yo
Pienso, que en eso te sirvo.
Alej. Loco está, no hagas dél caso.
Y asi segunda vez digo,
Que por mas que ingrata acudas
Á tus desdenes esquivos,
Siendo escollo á los embates
De lágrimas y suspiros,
He de esperar tus favores,
Sin que me dé por vencido
Á que no ha de haber mudanza,
Pues que por algo se dijo......
     [*Dentro un Coro á una parte.*
Cor. 1. Escollo armado de hiedra,   [*léjos.*
Yo te conocí edificio.
Cam. No está tan loco, señor,
Como á tí te ha parecido,
Apéles, pues es verdad,
Que hácia aqui Estatira vino.
Y pues te debo el reparo
De que no te vean conmigo,
Débate la ejecucion.
Vete, llevando sabido,
Que, aunque á siglos tu deseo
Mida el tiempo amante y fino,
En mí no ha de haber mudanza;
Que no ha de ser mi albedrío......
     [*Dentro otro Coro á otra parte.*
Cor. 2. Ejemplo de lo que acaba   [*léjos.*
La carrera de los siglos
Apel. Mira si hácia esotra parte
Sirocs viene.
Alej.   Irme es preciso,
Por no despertar sospechas. —
¡Viven los cielos divinos, [*aparte.*
Que aunque delito parezca
Valerme de otro delito,
Que, pues no me vale el ruego,
Ha de valerme el arbitrio!   [*Vase.*
Cam. ¿Y los dos en qué quedamos?
Apel. En que leal determino,
Que, siendo tú lo que pierdo,
Piensen todos, que es el juicio.
Cam. Aunque de tu amor me ofendo,
Quizá de tu honor me obligo,
Viendo, que de puro noble,
Sin razon y sin aviso......
Cor. 1. De tu que fuiste primero   [*mas cerca.*
Estás tan desconocido.
Apel. ¿Qué mucho todos por loco
Me tengan? si yo lo afirmo
Siempre que á mi pensamiento,
No me estés cuerdo, le digo,
Trayéndome á la memoria
El favor, si me el olvido,
Para que dél muera, pues
Solo el instante eres mio,......
Cor. 2. Que de tí mismo olvidado,
No te acuerdas de tí mismo.
Cam. Mucho se acercan; tampoco
Á tí te vean.
Apel.   No miro
Por donde escapar; que tienen
Tomados ambos caminos.
Cam. Entre estas ramas te esconde,
Mientras pasan.
Apel.   Imagino,
Que tú me descubras.
Cam.   Cómo?
Apel. Como, alumbrando este sitio,......
Los dos Cor. Ya fuiste lisonja al sol,
Y de sus rayos registro,......
Cam. Escóndete; que no haré;
Que arden muy lentos, muy tibios

Rayos, que no abrasan.
Apel.   Sí hacen,
Si no que estan á impedirlos
Muchas nubes.
Cam.   Mira que
Llegan ya.
Apel.   Desde este sitio
Seré, mirando tus ojos,
En sus hojas escondido.   [*Escóndese.*
Los dos Cor. Si cortesano del bosque,
De las estrellas vecino,......

Salen ESTATIRA, SIROES, CLORI, NISE *y*
           Músicos cantando.

Esta. Campaspe, ¿qué soledad
Es esta?
Siro.   ¿Tanto retiro
De nosotras?
Cam.   Un discurso
Ocupado y pensativo
En sus penas solo halla
En la soledad asilo.
Esta. Pues qué tienes?
Cam.   ¿La memoria
De mi casa no es preciso
Que me deba algun cuidado?
Y así á las dos os suplico,
Me deis licencia de que
Á ella vuelva, pues ya miro
Aquel pasado suceso
Tan entregado al olvido,
Que nadie se acuerda dél.
Esta. Como el irte haya nacido
De tu conveniencia, y no
Del poco agasajo mio,
Tuya es la eleccion.
Cam.   El cielo
Sabe, que en el alma imprimo
Vuestros favores, ansiosa
De que no pueda serviros;
Pero sabré agradecerlos,
Siempre que á vuestro servicio
Mi vida importe.
Siro.   Los brazos
Nos da, y á Dios.
Apel.   Hado impío,   [*al paño.*
¿Qué ausencia será esta? ¿Quién
Alcanzara sus designios?
Cam. Esto es hurtarme á Alejandro; [*aparte.*
No ha de saber donde asisto.

Al entrarse salen unos Soldados con armas.

Sold.1. Hermosa Campaspe, espera.
Cam. Qué quereis?
Sold.   Fuerza es decirlo,
Bien que á mi pesar.
Esta.   Soldados,
¿Qué armas, qué gente, qué ruido
Es aqueste?
Sold.   Perdonadme,
Señora; que á haberos visto
Aquí, no llegara; pero
Ya que llegué, me es preciso
Decir el órden que traigo.
De Teagénes un hijo
Á pedir justicia viene
De Campaspe; y como ha sido
Justo á la segunda parte
Guardar el segundo oido,
Aunque de Alejandro ya
Tiene el perdon conseguido,
Para que dé sus descargos,
Es fuerza parezca en juicio.
Presa me mandan llevarla.

Apel. Qué oigo!
Cam.   Qué escucho!
Esta.   Advertidos!
¿No fuera bien, que esperárais,
Que no estuviera conmigo,
Para intimarla esa órden?
Sold. Sí, señora; mas ya he dicho,
Que no os ví.
Esta.   Pues ya me veis,
Y si no tratais de iros......
Cam. No, señora, hagais empeño
Por mí; que de mi delito
La razon me pondrá en salvo. —
La hora de irme no miro,   [*aparte.*
Por no empeñarle otra vez. —
Y así á cuantos me oyen pido,
Desde la cumbre del monte,
Hasta la falda del risco,
Nadie en mi defensa salga;
Que, aunque voy presa, yo fio,
Que voy en mi libertad,
Pues voy yo misma conmigo. —
Vamos, soldados.
            [*Vanse Campaspe y los Soldados.*

            Sale APÉLES.

Apel.   Espera;
Que no sabes el peligro,
Campaspe, á que vas.
Siro.   Qué es esto?
Apel. Correr á mi precipicio,
Viendo á Campaspe en poder
De Alejandro y sus ministros.
Clor. Descubrióse la maraña.   [*aparte.*
Nis. Dió la tramoya consigo   [*aparte.*
En tierra.
Esta.   ¿Pues cómo vos
Osais estar escondido
En esta parte?
Apel.   No sé;
Mas sabrélo, si la libro
Del riesgo á que va.
Esta.   Teneos;   [*Detiénenle.*
Que lo que yo no consigo
Por mí, queriendo ella ir presa,
Por vos no he de conseguirlo.
Apel. No os importa tanto á vos,
Como á mí.
Esta.   Aunque me hayan dicho
Su despecho en no empeñaros,
Vuestro arrojo en descubriros;
Que, aunque al vivo la pintais,
Pintais su amor mas al vivo.

Sale DIÓGENES, *y viendo gente, se detiene.*
Diog. Vuelvo á buscar aquel jóven, [*aparte.*
Para ver, si algo averiguo.
Esta. Tengo de saber qué es esto.
Apel. De vista se ha perdido.
Diog. Con unas damas está.
¡Quién hallara algun indicio!
Esta. No habeis de seguirla.   [*Detiénele.*
Apel.   ¡Cielos,
En vano el dolor resisto!
Esta. ¿Qué es esto? digo otra vez.
Apel. Yo otra vez y otras mil digo,
Que es que voy á ver, y ciego,
Que es que voy á hablar, y sigo. [*temblando.*
Esta. Ahora enmudeceis? ¿ahora
Callais? ¿ahora suspendido
Las articuladas voces
Trocais en mudos gemidos?
¿Qué pasmo fue, qué letargo,
El que yerto, helado y frio

Apel. Os ha dejado?
　　　　　　　Ay de mí!
¿Qué es esto, que mis sentidos
Ha turbado de manera,
Que ni oigo, ni hablo, ni miro?
Qué espero? Piérdase todo,
Pues que todo se ha perdido.
¡Fuego, fuego; que me abraso,
Que me ahogo, que me aflijo!
　　　　　　　[*Arroja los vestidos.*
Todos. Qué haceis?
Apel.　　　　　Arrojar lo ropa,
Viendo arder en tan activo
Incendio de mi cadáver
Todo el humano edificio.
¡Piedad, cielos divinos!
¡Mas ay, que mas que apague el llanto mio,
El aire encenderá de mis suspiros.
Siro. Él está loco; huye dél.　　　　[*Vase.*
Clor. y Nis. Todas haremos lo mismo.　[*Vanse.*
Esta. Llegó á su extremo el furor.　[*Vase.*
Diog. Atiende, discurso mio, [*aparte.*
Quizá dirá su locura
Lo que su razon no dijo.
Apel. ¡Piedad, cielos divinos!
¡Mas ay, que mas que apague el llanto mio,
El aire encenderá de mis suspiros.

　　　　　Sale CHICHON.

Chic. Si no me engañan los ecos,
Hácia aqui la voz he oido. —
Señor, es hora de hallarte?
¿Cómo desnudo te miro?
¿Has jugado á la pelota?
¿Vienes de nadar del rio,
Ó vas á esgrimir?
Apel.　　　　　No es,
No es, sino que en el navío,
Que en el mar de amor sulcaba
Rizados campos de vidrio,
Tormenta corrí de zelos,
Y en sus ruinas encendido,
Etna soy, rayos aborto,
Volcan soy, llamas respiro.
¡Piedad, cielos divinos!
¡Mas ay, que mas que apague el llanto mio,
El aire encenderá de mis suspiros.
Chic. ¿Qué navío ni qué haca?
¿Qué mar ni qué desatino?
¿Qué tormenta ni qué alforja?
Vuelve á cobrar tus vestidos,
Espada, capa y sombrero;
　　　　　　[*Recoge los vestidos.*
Pero no cobres el juicio,
Que diz que está bien hallado
Quien le tiene bien perdido.
Apel. Pues nadie mejor, que yo.
Y porque lo creas, ¿has visto
A Campaspe?
Cam.　　　　　Sí, señor.
Apel. Dónde estaba?
Chic.　　　　　En mi vestido;
Que como para picaños
El peinador no se hizo,
Al peinarme esta mañana,
Todo de caspa teñido,
Le ví á modo de nevado,
Pero no á modo de limpio.
Apel. Calla, calla; que no entiendes
Mi dolor Lo que te digo
Es, que si has visto á Campaspe
En poder de un dueño impío,
Que no valiéndole el ruego,
El engaño le ha valido?

Chic. Seguirle quiero el humor. — [*aparte.*
¿No quieres que la haya visto,
Si ella y ese ingrato dueño,
Haciéndose mil cariños,
Él iba á caza de mirlas,
Y ella á caza de chorlitos?
Apel. Mientes, mientes; porque presa
La tienen.
Chic.　　　　¿Pues no es lo mismo
Estar presa, que ir á caza?
Apel. ¡Viven los cielos divinos,
Que te ha de costar la vida,
Villano, el no haberla visto!
Chic. No costará, porque yo
Huir sé desde tamañito.
Mas quién está aqui? [*Al ir huyendo de Apéles, y él siguiéndole, da con*
　　　　　　　　Diógenes.
Diog.　　　　　Yo soy.
Apel. ¿Pues qué haceis aqui escondido
Vos, viejo honrado? [*Cógele del brazo.*
Chic.　　　　　Eso sí;
Ríñele muy bien reñido;
Que es mucha filosofía
Acechar, sin ser vecino. —
Quiero entre tanto llamar
Gente para reducirlo
A casa. [*Vase.*
Diog.　　¿Yo, señor, cuando......?
Apel. No, no teneis que eximiros.
Diog. ¿Quién me metió en venir, cielos, [*aparte.*
De la quietud en que vivo,
Á dar en manos de un loco?
Apel. ¿Pensais, que no os he entendido?
¿Que queríades saber,
Que el sol, que idólatra sigo,
Es Campaspe? ¿y que es Campaspe
Á quien Alejandro quiso,
Á cuya causa, por no
Ofender al dueño mio,
Entre un amor y un respeto,
Falso amante, criado fino,
Me dejé morir, trocando
Sus favores á desvíos,
Sus agrados á desdenes,
Y sus memorias á olvidos?
Pues no, no habeis de saberlo,
Porque yo no he de decirlo.
¡Piedad, cielos divinos!
¡Mas ay, que mas que apague el llanto mio,
El aire encenderá de mis suspiros! [*Vase.*
Diog. Mejor esperé, que el furor
Dijera lo que no dijo
El dolor. Y pues acaso
Á las manos se me vino
El desengaño del niño,
Diré yo, que lo he sabido
Por mis ciencias, á Alejandro;
Pues como achaques del siglo
Hasta la ciencia es forzoso
Valerse del artificio. [*Vase.*

　　　Salen ALEJANDRO *y* EFESTION.

Efes. Estas dos nuevas, señor,
Á un mismo tiempo han venido.
Aléj. Ambas de pesar han sido,
Y no sé cual es mayor.
Rojana murió?
Efes.　　　　El furor
Del mar, como la presuma
Vénus de Chipre, con suma
Violencia, quiso en su esfera,
Que una de la espuma muera,

Si otra nace de la espuma.
Á esto se llega enviar
Darío cuanto pediste,
Porque imposible creíste,
Que lo pudiese juntar
En rescate singular
De sus hijas; con que ha sido
Fuerza, habiendo prometido,
Que libres no se han de ver,
Ó tu palabra romper,
Ó faltar á lo ofrecido
Al gran Júpiter.

Alej. Y di,
Entre uno y otro pesar,
¿Sabes si han ido á buscar
Á Campaspe?

Efes. ¿Tanto en tí
Puede una pasion, que asi
Todo lo olvidas por ella?

Alej. ¿Qué te admiras, si mi estrella
Tan poderosa es, que no
Pierdo nada, como yo
No pierda á Campaspe bella?
En llegando á amar, no hay fama,
No hay aplauso, no hay blason,
Honor, vida, alma ni accion,
Que no sea de la dama,
Que por entonces se ama;
Y así, aunque frustrados veo
Un fin y otro, en este empleo
De ambos el despique fundo.

Efes. ¿Quien creerá, que cabe un mundo,
Donde no cabe un deseo?

Salen al paño CAMPASPE *y Soldados.*

Sold. 1. Aqui has de esperar; que aqui
La audiencia ha de ser.
          [*Vanse los Soldados.*

Cam. Sí haré,
Pues de mi justicia sé,
Que ella volverá por mí.

Alej. Pero no es aquella?

Efes. Sí.

Alej. Pues por si al llegarse á ver
Engañada en mi poder,
Acudiere su pasion
Á las lágrimas, que son
Las armas de la muger,
Harás, porque no se entienda
El menor eco del llanto,
Que de la música el canto
Suene al umbral de la tienda,
Cuyas cláusulas pretenda
La harmonía acompañar
Del estruendo militar,
Pues sin dar sospecha, han sido
Salvas, que ya han divertido
Otras veces mi pesar. —
          [*Vase Efestion.*
¡Divina Campaspe bella!

Cam. Dame, gran señor, tus pies.

Alej. Tú aqui? Pues qué es esto?

Cam. Es,
Sobre el rigor de mi estrella,
La fuerza de una querella,
Que, aunque ya tu perdon ví,
Presa me trae.

Alej.   Presa?

Cam. Sí.

Alej. Engáñaste; que es error.

Cam. Cómo?

Alej. Como, siendo amor
Quien se querella de tí,
No hay que temer la crueldad

De la prision suya; pues
De quien él querella, es
De quien está en libertad,
No de quien su voluntad
Presa tiene; y siendo asi,
Que tú eres la libre aqui,
Y yo el preso, tu temor
En mí está, no en tí.

Cam.   Es error;
Pues si un temor (ay de mí!)
Pierdo, otro cobra mi fama,
Al ver traicion la prision.

Alej. Lo que en paz fuera traicion,
Ardid de guerra se llama.

Cam. Traicion es cuanto disfama
Las sacras leyes de amor.
[*Canta la música á un lado, suenan las cajas y trom-*
petas á otro lado, y los dos representan, todo
á un tiempo.

Mus. [*dent.*] En repúblicas de amor
Es la política tal,
Que el traidor es el leal,
Y el leal es el traidor.

Alej. Bien por mí te ha respondido
Voz, que publica constante,
Que no ha sido leal amante
El que á vencer un olvido
Traidor amante no ha sido.

Cam. Antes respondió tan mal,
Que me ha dejado mortal,
Oir, que en odio del honor......

Mus. [*dent.*] En repúblicas de amor
Es la política tal,......   [*La caja.*

Alej. Ya son tus quejas en vano.
          [*Quiere asirla la mano.*

Cam. Deten la mano; porque,
Si antes mi delito fue
El dar la muerte á un tirano
En defensa de mi mano,
Ahora lo será, señor,
No dársela.

Alej.   Tu rigor
Baste, pues en lance igual......

Mus. [*dent.*] El traidor es el leal,
Y el leal es el traidor.   [*La caja.*

Cam. Advierte!   [*Como luchando los dos.*

Alej. Qué he de advertir?

Cam. Mira!

Alej. Qué puedo mirar?

Cam. Que ayer me libró el matar,
Y hoy me librará el morir.
          [*Quiere sacarle la espada, y él lo impide.*

Alej. No hará.

Cam. ¡Válgame el pedir
Á cielo y tierra favor!

Alej. Su voz confunda el rumor.
[*La música y las cajas y la representacion todo*
á un tiempo.

Mus. En repúblicas de amor
Es la política tal,
Que el traidor es el leal,
Y el leal es el traidor.

Cam. Ni eso te valdrá tampoco.

Dentro APÉLES, DIÓGENES *y voces.*

Apel. Mentis todos!

Todos [*dent.*]   Guarda el loco!

Unos [*dent.*] Teneos!

Diog. He de entrar.

Sale EFESTION.

Efes.   Señor!

Alej. Qué es eso, Efestion? ¿Qué voces
Á una y otra parte varias,
Demas de las que he mandado

De instrumentos y de cajas,
Son las que se oyen?
Efes. Apéles,
A quien furioso llevaban
Á su albergue unos soldados,
Escuchañdo lo que cantan,
Diciendo, embistió con todos,
Que es mentira, que no haya
Lealtad en amor, á tiempo
Que Diógenes la entrada
De tu tienda solicita,
Sin que le impida la guarda.
Alej. Retírate tu à esta puerta, [*á Campaspe.*
Hasta que sepa, qué causa
Á los dos mueve.
  [*Retírase Campaspe al paño.*
Cam. ¡Fortuna,
Quien (ay infelice!) hallara
Por donde escapar! En vano
Lo intento, porque cerrada
Está por aqui la tienda.
Fuerza es esperar.

Sale DióGENES.
Diog. Las plantas
Me da, señor, en albricias
De que ya mi ciencia alcanza
El accidente de Apéles.
Alej. Si en otra ocasion llegaras,
Fueras mas bien recibido.
Mas ya que llegaste, habla,
Di, qué accidente es?
Diog. Amor.
Alej. Si no dices mas, no basta
Para que te crea, pues esa
Fue la primera palabra
Que dijiste, y no por eso
Fue cierto; y como no añadas
Mas, lo mismo será ahora.
Diog. ¿Bastará decir la dama
Y el competidor?
Alej. Sì.
Diog. Pues
Si eso es todo lo que falta
Al crédito de mis ciencias,
Y á sus conjeturas sabias,
Aunque yo no la conozco,
Perdone esta vez su fama.
La dama es Campaspe, y tú
El que de zelos le mata;
De suerte, que amor y zelos
Son de sus penas la causa.
Alej. Qué dices? Ay infelice!
Cam. ¡Cielos, la suerte está echada!
Diog. Que es Campaspe á quien adora.
Alej. No prosigas, calla, calla;
Que en tí, porque me lo dices,
Mas, que en él, porque me agravia,
Pues ya es cómplice al dolor
Quien el dolor adelanta,
Tengo de vengar mis zelos.
  [*Empuña la daga, y detiénele Efestion.*
Efes. Advierte, señor.
Diog. Bien pagas
Su fineza y mi fineza.
Alej. ¿Qué fineza, si tirana
Tu voz, su intencion traidora,
Me han dado la muerte ambas?
Cam. ¡Ay de quien sobre sí, cielos,
Todo este escándalo aguarda!
Diog. La suya pues es tan grande,
Tan noble, tan leal, tan rara,
Que, á despecho del favor,
Que quizá en Campaspe halla,

Se deja morir, por no
Ofender la confianza,
Respeto y decoro, que
Tan á su costa te guarda.
La mia pues que te pongo
En ocasion de que hagas
Una accion tan generosa,
Como agradecer las ansias
Del que en abono de todos
Los que encarecen que aman,
Diciendo, que amantes pierden
Por su dama el juicio, anda
Tan fiel contigo y con ella,
Que en las desdichas que pasa
Pierde por la dama el juicio,
Y por tí el juicio y la dama.
Alej. No con razones me arguyas
Sofisticamente falsas;
Que no hay en zelos razon
Mayor, que el que no la haya.
Y asi en tí ahora, y despues
En él, si es que ella le ama,
Que yo lo sabré, mis zelos
Vengaré.
Cam. Qué oigo!
Efes. Repara. [*Detiénele.*
Diog. Buena ocasion se ofrecia
De volver á la pasada
Cuestion, de cual de los dos
Es mas invicto Monarca.
Alej. Cómo?
Diog. Como si antes de ahora
No creia á quien contaba,
Que, esclavo de tus pasiones,
La destemplanza te agrava,
La lascivia te posee
Y la ira te arrebata,
Ahora lo creo, al mirar
Lo que una aficion te arrastra;
Y siendo asi, que esa ira,
Ambicion y destemplanza,
Lascivia y envidia yo
Esclavas traigo á mis plantas,
¿Cuál será mas poderoso,
Yo, que mando á quien te manda,
Ó tú, que sirves á quien
Me sirve á mí? Con tan clara
Consecuencia logra ahora
Mi muerte; pero á lograrla
Mira quien eres, pues eres [*Hincase de rodillas.*
Esclavo de mis esclavas.
Efes. A tanta osadia no tengo
De impedirte ya.
Cam. El le mata.
Alej. ¿Mira quien eres, pues eres [*aparte.*
Esclavo de mis esclavas?
¿Tanto una ciega pasion
Desluce el decoro, ultraja
El respeto, que ocasiona
A que pueda cara á cara
Atrevérsele la voz
De un mísero, en confianza
De que diciendo verdad,
La muerte no le acobarda?
Pues no ha de ser, no ha de ser;
Que no ha de decir la fama,
Que dijeron á Alejandro
De Diógenes las canas:
Mira quien eres, pues eres
Esclavo de mis esclavas;
Sin que tratase enmendar
De sus defectos la causa. —
Alza, Diógenes, del suelo;.....
Cam. ¿Cómo tan afable le habla?

Alej. Y dime otra vez, ¿por mí
Apéles muere con tanta
Fineza, que leal y noble,
Aunque Campaspe le ama,
A Campaspe olvida?
Cam. Él
Mi amor averiguar trata.
Voces [*dent.*] Guarda el loco! guarda el loco!
Diog. Esas voces lo declaran
Mejor que yo.
Alej. Dejad que entre.

Salen APÉLES *desnudo,* CHICHON *con los
vestidos, y otros deteniéndole.*

Apel. Par diez, aunque lo estorbara
Todo el mundo, entrara yo,
Sin que tú me lo mandaras;
Porque al que pide justicia,
No ha de haber puerta cerrada.
Chic. Y mas cuando una locura
Le sabe falsear las guardas.
Alej. ¿Pues de quién justicia pides?
Apel. Desos que infieles te cantan,
Que en repúblicas de amor
La política es tan mala,
Que el traidor es el leal,
Porque yo sé, que te engañan,
Y que hay lealtad en amor
Tan grande...... Pero esto basta;
Que no quiero que la sepas,
Porque parece que falta
Á la fineza el que hace
La fineza con jactancia.
Alej. Repórtate; y pues está
Tu queja tan bien fundada,
Yo te guardaré justicia. —
Ea valor! la mas alta [*aparte.*
Victoria es vencerse á sí;
No diga de tí mañana
La historia, que toda es plumas,
El tiempo, que todo es alas,
Que tuvo en su amor Apéles
Mas generosa constancia,
Que yo. Si él por mí se deja
Morir con lealtad tan rara,
¿Por qué, pudiendo él hacerla,
No he de poder yo pagarla? —
Campaspe!
Cam. Sin duda en él [*aparte.*
Y en mí se venga. — Qué mandas?
Alej. Que seas heróico asunto,
Que en láminas de oro y plata
De mis liberalidades
Corone las esperanzas.
Alábense otros, que dieron,
Ya á las letras, ya á las armas,
Coronas, reinos, provincias,
Ciudades, templos y estatuas;
Que no ha de alabarse alguno,
Que sacrificó á las aras
De la lealtad mayor triunfo,
Ni dió mas, pues dió su dama,
El dia que en su poder,
Ó gustosa ó no, la halla.
Dale pues la mano á Apéles,
Porque, esposa suya, vayas
Donde no te vean mis ojos. —
Tú, Diógenes, repara
En la dádiva mayor,
Si soy esclavo de esclavas,
Ó si soy dueño de mí. —
Y tú mira la distancia [*á Apéles.*
Que hay de tu amor á mi amor,
Pues tú me la das pintada,

Y yo te la vuelvo viva,
Para que diga la fama,
Que lo dí de una vez todo,
Pues dí la mitad del alma.
Cam. Esto es querer apurar, [*aparte.*
Si es verdad, que enamorada
Estoy de Apéles. Yo haré,
Que mal la experiencia salga.
Apel. Qué escucho? Campaspe es mia?
¿Quién, cielos, con tan extraña
Novedad en mis sentidos
Me restituye á la clara
Luz del dia? ¿Cómo estoy
Aqui asi? — Dame la capa,
Dame la espada, Chichon; —
Y tú, gran señor, las plantas;
Que no en vano te apellida
Dios la voz de tantas varias
Naciones, pues dar un cielo,
No es don de humano Monarca; —
Y tú, Campaspe, la hermosa
Blanca mano me da.
Cam. Aguarda.
Alej. No se la das?
Cam. No.
Alej. Por qué?
Cam. Porque no quiero que haga
Ferias de mi libertad
Tu vanagloria. — ¡Mal haya [*aparte.*
Temor, que de puro fina,
Quiere que parezca ingrata! —
Dejo aparte, que yo á Apéles
No amo; mas cuando le amara,
No dejara de sentir
El desaire con que tratas
Á lo que dices que quieres;
Que somos todas tan vanas,
Que aun de lo que aborrecemos
Nos hace el cariño falta.
¿De cuándo acá fue el amor
Prenda para enagenada?
¿De cuándo acá el albedrío
De un dueño á otro dueño pasa?
¿Es inquilino el afecto,
Para andar mudando casas,
Vecino ayer de una gloria,
Y huésped hoy de una infamia?
¿Es joya la inclinacion?
¿Es la voluntad albaja?
¿Es el deseo presea,
Ni menage la esperanza,
Para hacer dádiva dellas,
Tan bajamente contraria,
Que da con un baldon, yendo
A buscar una alabanza?
Liberalidad bien puede
Ser que sea el dar la dama;
Pero liberalidad
Tan neciamente villana,
Que piensa, que lo da todo,
Siendo asi, que es cosa clara,
Que no da nada; porque
El dia que no da el alma,
Qué da en lo demas? Con que,
Si presumes que le pagas
De lo vivo á lo pintado
El logro á Apéles, te engañas:
Pues si él dió un retrato, no
Le vuelves mas que una estatua:
Porque que sin albedrío
Con una muger se abraza,
Logra, pero no merece,
Consigue, pero no alcanza;
De suerte, que no pudiendo,

Cuando la fuerza te valga,
Darle ni el alma ni el gusto,
Darle sin gusto y sin alma
Todo lo que puedes, es,
Darlo todo, y no dar nada.

Apel. Qué escucho, cielos? ¿ Campaspe   [*aparte.*
Asi mis finezas trata?

Chic. Paréceme, que bien puedes
Volverme capa y espada,
Y volverte á jugador
De pelota; pues es clara
Cosa, que de borra y viento
Ya está el pelotero en casa,
Siendo de borra tu amor,
Y de viento tu esperanza.

Alcj. Por mas que deslucir quieras
Mi accion, noblemente vana,
No has de poder; que una cosa
Es hacerla, otra lograrla.
Y asi, para haberla yo hecho,
¿Qué importara, que tú......?

Sold. [*dent.*]   Plaza!

Alej. Qué es aquello?

Efes.   Que á tu tienda
Llegan con todas sus damas
Estatira y Siroes.   [*Vase.*

Alcj. Ya como libres se tratan,
En fe del rescate, fuerza
Es, que á recibirlas salga.
Despues diré lo que iba
Á decir. — Tú no te vayas,   [*á Diógenes.*
Hasta ver el fin.   [*Vase.*

Diog.   No haré,
Aunque de mi pobre estancia
La ausencia siento.   [*Vase.*

Chic.   ¿Qué mucho,
Si quedó allá la tinaja?
Que, aunque no es de vino hoy,
Haberlo sido ayer basta,
Para que haga compañía.
¡Mas miren aqui, qué caras!
Bien se vé, que estan reñidos,
Pues que se han quitado el habla.
Veamos por cual de los dos
Quiebra.

Apel. ¿Para qué, tirana,......?

Chic. Luego ví, que era él lo mas
Delgado.

Apel.   ¿Para qué, ingrata,
Traidoramente apacible,
Cariñosamente falsa,
Alentaste tantas veces,
Ya amorosa y ya enojada,
Mis esperanzas, si habias
El dia, que de pagarlas
Tuvieses mas ocasion,
De engañar mis esperanzas?
¿Qué victoria te promete
Un rendido, para que hagas
Suertes en él, tan ociosas,
Como restituirle el alma,
Para que con ella sienta
Mas tu rigor? Y asi, ingrata,
Ó vuélveme mi locura,
Ó tómate tu mudanza.

Cam. Que me baldones permito
De mudable, de liviana
Y de inconstante, (ay Apéles!)
Porque alcanzo, que no alcanzas,
Que quizá ha sido fineza
El desden de que te agravias.

Apel. ¿Qué fineza, si no es mas
Que, al verte de un Rey amada,
Haber hecho fantasía

Del gusto, mostrando vana
El que el ruido del poder
Suena siempre en consonancia?

Cam. Si supieras, que él queria,
Por tomar de tí venganza,
Y de mí saber no mas,
Si te amo ó no, no culparas,
Que hubiese sido cautela
Contra cautela la traza,
Que halló mi amor, á pesar
De mi amor.

Apel.   ¿Pues no importara
Menos, que él me diera muerte,
Que dármela tú? ¿Qué gana
Mi vida, di, si, porque
Él no me mate, me matas?

Cam. ¿Luego fuera mas fineza,
A todo trance empeñada,
Arriesgarlo todo?

Apel.   Sí;
Que mejor le está á una dama
Ser fina, que cautelosa.

Cam. Cautela hay menos culpada
De lo que fuera quizá
La fineza.

Apel.   Es ignorancia.

Cam. No es, sino atencion. ¿Querias,
Que mi amor le confesara,
Y te diera muerte?

Apel.   Sí;
Que el dia que mi honor salva
Ver, que el dia que seas mia,
No toca á mi confianza
Interpretar los sentidos,
Sino entender las palabras;
Fuéraslo (ay de mí!) el instante
Que en darme muerte tardara,
Muriera feliz, no triste.

Cam. Pues si eso es lo que te agrada,
Á tiempo estás, que la mano,
Que no te dí...... Pero aguarda; [*Ruido dentro*
Que vuelven todos.

Apel.   ¡O cuanto
Perezosa se dilata
Siempre la dicha!

Chic.   Hecho un bobo
Me estoy oyéndolos. ¿Qué haya,
Habiendo amor de obra gruesa,
Quien gasta el de filigrana,
Todo retruecanos, todo
Tiquimiquis?

Salen todos.

Esta.   Tu palabra
Es ley, y cumplirla debes.

Alej. Quien, por cumplir una, falta
Á otra, no yerra; y asi
Es bien que el camino parta
Entre las dos.

Siro.   De qué suerte?

Alej. Que libre, Sirocs, te vayas,
Llevando á Persia el tesoro,
Que era rescate de entrambas; —
Y tú te quedes en Grecia. [*á Estatira.*

Esta. Yo en Grecia?

Alcj.   Sí; mas no esclava,
Sino esposa mia, supuesto
Que murió en el mar Rojana.

Esta. La ventura agradeciera,
Puesta, señor, á tus plantas,
A no saber, que Campaspe
Te tiene cautiva el alma;
Y entrar tropezando en zelos,
Justamente me acobarda.

Alej. Habérsela dado á Apéles,
Ese temor satisfaga.
Y porque lo veas, volviendo,
Campaspe, á la accion pasada,
Á Apéles le da la mano.
Cam. Sí haré de muy buena gana
Ahora, que es porque yo quiero,
Y no porque tú lo mandas.
Alej. Aunque deslucir mi accion
Intentes, no estes muy vana;
Que nada le das tampoco.
Cam. Cómo?
Alej.   Como, si le amabas,
Es dar lo que ya era suyo,
Darlo todo, y no dar nada. —
Y pues esto ha sido un solo
Paréntesis de las armas,
Prosiga al Peloponeso
El ejército la marcha;
Que he de cumplir el agüero,
Venciendo naciones varias.
Esta. Con esa satisfaccion
Á tus pies estoy.

Alej.   Levanta.
Nis. Yo he de quedarme contigo.
Alej. Con Efestion casada.
Diog. Y yo volverme á mi monte,
Donde te ruego no vayas,
Ni me llames otra vez;
Que no sabes lo que cansa
Esto de andar componiendo
De amor y zelos las ansias.
Siro. Dichosa yo, que la vuelta
Daré á mi padre y mi patria.
Esta. Mas dichosa yo, que quedo
Al logro de mi esperanza.
Apel. Dichoso yo, que he alcanzado
Ver el fin de penas tantas.
Chic. Mas dichoso yo, que libre
Quedo, cuando otros se casan.
Y pues mas desocupado
Estoy, humilde á esas plantas
Seré quien pida por todos
El perdon de nuestras faltas;
Aunque es, darnos lo que es nuestro,
Darlo todo, y no dar nada.

LXXXI.

LA DESDICHA DE LA VOZ.

P E R S O N A S.

Don Juan de Silva.
Don Pedro.
Don Luis, viejo.
Don Diego, su hijo.

Octavio, viejo.
Luquete, gracioso.
Perez, escudero.
Celio, criado.

Doña Beatriz } damas.
Doña Leonor }
Isabel } criadas.
Ines }

JORNADA I.

Salen Doña Beatriz *leyendo un papel,* Ines *y* Perez, *escudero.*

Beat. [*lee*] „Amiga mia, ya sabes
Cuanto es hoy célebre dia
En Madrid, porque los Reyes,
Que eternas edades vivan,
Salen en público á Atocha,
Á ver su imágen divina,
En hacimiento de gracias
De sus victorias invictas.
Á mí me han dado un balcon
Donde verlo. No querria
Tener holgura sin tí;
Y asi mi amistad te avisa
Desto, para que, si quieres,
Con coche y balcon te sirva.
Dios te guarde. Tu mayor
Servidora, Doña Elvira.' —
[*repr.*] Perez!
Per.　　　　Señora?
Beat.　　　　　Diréisle
Á Doña Elvira mi amiga,
Que á la merced que me hace
Estoy muy agradecida;
Mas que no me atreveré
Á lograrla y recibirla,
Sin que primero á mi hermano
Licencia para ir le pida.
Que se lo diré en viniendo,
Y avisaré á la hora misma
Con Ines; que me perdone
El que ahora no la escriba.
Per. Yo lo diré desa suerte.　　　[*Vase.*
Ines. Mucho, señora, me admira
Ver, que tanto de un hermano
Á la obediencia te rindas,
Que á tentaciones de coche
Y de balcon te resistas.
Beat. No es todo, Ines, obediencia
Solo á mi hermano debida,
Puesto que él jamas, Ines,
Entra ó sale en mis visitas.
Tú sabes, que tengo causa,
En quien postrada y rendida,

Es la atencion mas forzosa,
Es la obediencia mas digna.
Ines. Qué? ¿Lo dices por Don Juan?
Beat. ¿Por quién quieres que lo diga,
Si él solamente es el dueño
De mi alma y de mi vida?
Ines. ¿No pudiera ser por otro
De tantos como te miran?
Beat. No; que muger como yo,
Aunque haya mil que la sirvan,
No hay mas de uno que la agrade.
Ines. Yo pensé, que la porfía
De Don Diego......
Beat.　　　　Calla, Ines,
Ni aun su nombre no me digas,
Porque aun su nombre me ofende.
Ines. Si esto te cansa y fastidia,
Hablemos solo en Don Juan.
Ahora estaba en esa esquina,
Hecho humano girasol
Del sol de tus zelosías,
Al tiempo, que por la calle
Don Diego á caballo iba,
Tan galan, que......
Beat.　　　　Tente, espera;
Y para que no prosigas
La pintura del caballo,
Que es circunstancia precisa
De todas las relaciones,
Á Don Juan, Ines, avisa
Con una seña, que suba
Á hablarme; porque queria
Avisarle, de que voy
Esta tarde á esta visita.
Ines. Si viene tu hermano?
Beat.　　　　　¿Luego
Ha de venir tan aprisa?
Llámale.
Ines.　　　　Ya es excusado;
Que yo por señas le diga
Que suba, porque sin señas
Está, señora, acá arriba.

Sale Don Juan.

Juan. Aunque sea atrevimiento
Entrarme, Beatriz, de dia
De aquesta suerte en tu casa,
Perdona tan atrevida

Accion; porque zelos nunca
Mejor los respetos miran.

Beat. De haber entrado, Don Juan,
Aqui, no es bien que me pidas
Perdon, pues que te llamasen
Habia dicho yo misma;
De venir pidiendo zelos,
Sí; de suerte, que tus iras
El modo han errado; pues
Conociendo, que tenias
Hoy un perdon que pedirme,
Equivocadas te obligan,
Que lo que has de decir, calles,
Y lo que has de callar, digas.

Juan. No son tan necias mis penas,
Que equivocadas elijan
La menos forzosa causa.
Zelos dije que venia
Á pedir, zelos, mil veces
Es fuerza que lo repita,
Sin que de pedirte zelos
Jamas el perdon te pida.

Beat. ¿Pues qué causa he dado yo?

Juan. Estando ahora á esa esquina
Parado, (porque al fin soy
De tu calle estatua viva)
Por ella pasó Don Diego,
Mirando tus zelosías,
Tan atento, que ellas solas
Fueron centro de su vista.
Al llegar á tus umbrales,
Llamó el caballo en que iba,
Al principio con tropeles,
Y despues con harmonias;
Y sacando de las piedras
Fuego, á su dueño decia:
No temas, no te acobardes,
Pues ves, que una piedra, herida
De un eslabon, con centellas
Responde; á servir te anima;
Que ningun pecho es materia
Ni tan dura ni tan fria.
Mal hayan las atenciones
De tu honor, que yo le haria
Dejar la calle, si no
Las advirtiera. ¡O qué indigna
Ley del duelo es en las damas,
Que el que aventura, no estima,
Siendo asi, que zelosas iras
El que con zelosas iras
Reportado no aventura
Hacienda, honor, alma y vida!

Beat. Don Juan, noble dueño mio,
Cuando los zelos se indician
De causa, bien dices; pero
Sin ella no; pues serian
Extremos sin ocasion,
Locuras, y no caricias.
Yo no la he dado á Don Diego,
Para que en mi calle asista,
Para que á mis rejas mire,
Para que mis pasos siga:
Luego tú no la tendrás
Para las quejas que animas,
Para los zelos que formas,
Para los riesgos que avisas.
¿Por dicha hasle visto hablar
Con alguna criada mia?
¿Has hallado algun criado
Suyo con quien él me escriba?
¿Pues qué culpa tendré yo
Desto, si en la mas altiva
Dama es peligro y no culpa
El ser de algunos bien vista?

Juan. Ay, Beatriz! que aunque es verdad
Todo cuanto significas,
Aun no basta, para que
Al que ama no le afilija,
Que otro mire la que ama,
No mas de que porque la mira;
Si bien agradezco ya
Aquel susto á mis desdichas,
Por ver las satisfacciones
Con que mis penas alivias.
Quédate con Dios; que habiendo,
Beatriz, merecido oirlas,
No será bien malograrlas,
Estando aqui.

Beat.   Aunque peligra
Mi vida, no has de irte ahora,
Sin que primero te diga,
Que esta tarde......

Ines.   Mi señor
Ya por la escalera arriba
Sube.

Beat.   Ay de mí!

Juan.   Qué he de hacer?

Beat. Á esa cuadra te retira;
Que, entrando en su cuarto, puedes
Salirte.   [*Escóndese D. Juan.*

            Sale DON PEDRO.

Ped.   Las penas mias   [*aparte.*
Disimulen cuanto sienten
Ver, que de noche y de dia
Don Diego en aquesta calle
Tan continuamente asista.
¿Si sabe, que yo á su hermana
Adoro? ¿Si solicita,
Buscándome á mí, vengarse?
Pero no, pues se retira
Siempre que me vé. No sé
Destos extremos que diga,
Sino que soy desdichado,
Puesto que en una hora misma
Con su ausencia y su asistencia
Mis desgracias solicita.

Ines. Hablando consigo á solas,
Toda la color perdida,
Viene.

Beat.   Ay infelice de mí!
Si sabe algo, ó lo imagina.

Juan. La suerte está echada, cielos!   [*al paño.*

Ped. Beatriz, hermana, qué hacias?

Beat. Apuremos de una vez   [*aparte.*
Todo el pecho á la malicia. —
De tí con Ines hablaba.

Ped. De mí? Pues qué le decias?

Beat. Cuanto es grande la tristeza,
La pena y melancolía,
Con que estos dias te veo
Siempre con ceño me miras
Y con sequedad me hablas,
Volviéndote tan aprisa,
Que no parece que vienes,
Don Pedro, á tu casa misma,
Sino que de cumplimiento
Vienes á alguna visita.
Qué traes? qué tienes? qué es esto?

Ped. No sé, hermana, como diga,
Cuanto mi pecho y mi amor
Aquestas quejas te estiman,
Y que los zelos de hermana,
Tan como dama, me pidas.
Mas esta inquietud, en que
Has reparado, es nacida
De causa, que no te importa
Saberla, ni á mí decirla,

Aunque, porque no presumas,
Que no es, Beatriz, para dicha,
Quiero mudar parecer.
Yo adoro la mas divina
Perfeccion, que en un sugeto
Ha desmentido á la envidia,
Y como en fin en amor
El que favores consiga
Un amante, comunmente
No es mérito, sino dicha,
Dichoso yo, he merecido
Ver á mis ansias rendida
La mas airosa belleza,
La discrecion mas altiva,
Que en los imperios de amor
Vió de laureles ceñida
El triunfo de sus arpones
Y el aplauso de sus iras.
Con tanta fortuna pues
Entré, Beatriz, á servirla,
Que, en competencia del mas
Galan, que en la corte habita,
El mas discreto, el mas noble
Caballero, mi porfía
Fue la que pude obligarla;
Y porque mejor lo diga,
Aunque tú no le conozcas,
Por si oyeres algun dia
Su nombre, el competidor
Es, Beatriz, Don Juan de Silva.

Beat. (Ha traidor!) No le conozco.
Juan. ¿Quién vió suerte mas esquiva?   *[al paño.*
Ped. Por vanidad le he nombrado,
Porque mirando excedia
Á sus méritos mi suerte,
Es lograrla el repetirla.
De la dama el nombre es justo
Que callarle me permitas,
Pues basta saber, que tiene
Ilustre sangre y antigua.
Para casarse con ella
La festeja y solicita,
Y ella á mí me favorece;
De que tan desvanecida
Mi presuncion está, que
No cabe en mí la alegría;
Si bien hoy mejor dijera
La tristeza; pues cuando iba
Tan viento en popa mi suerte
Del mar de amor las tranquilas
Ondas sulcando, en un punto
Brama el golfo, el viento espira,
Amenazando al piloto
Montañas de nieve riza.
Desta tormenta la causa,
Que ya en lejos se divisa,
La ausencia es; porque á su padre
El Rey con un cargo envia,
A que es forzoso que vaya
Con su casa y su familia.
Esta es la ocasion, porque
Tan extraño me imaginas;
No es otra (al cielo pluguiera!).   *[aparte.*
Y asi, hermana, no te aflijas
De verme triste, pues sabes
Ya la causa, que me obliga
A estarlo; y quédate á Dios,
Sin que el irme tan aprisa
Te parezca sequedad;
Que son pensiones precisas
De los vasallos de amor,
Tributar á su divina
Deidad inquietudes, ansias,
Divertimientos, envidias,

Anhelos, suspiros, quejas,
Lágrimas, melancolías,
Sentimientos, penas, llantos;
Porque en la gran monarquia
De sus tiranos imperios
No hay ventura sin desdicha.   *[Vase.*

                Sale DON JUAN.
Beat. Muchísimo me ha pesado,
Mi señor Don Juan de Silva,
Que aqui os hallase esta pena.
Mas decidme por mi vida,
Cuando entrásteis tan zeloso
Dentro de mi casa misma,
¿Era de mí, ó de mi hermano?
Porque grande error seria,
Que sea él quien dé los zelos,
Y sea yo á quien se pidan.
Juan. Aunque con tal falsedad
De mis pesares te rias,
Y aunque pudiera, Beatriz,
En venganza desa risa,
No darte satisfacciones,
Óyelas, por ser debidas,
Ya que no á tu sentimiento,
A tu decoro. Yo habia,
Antes, Beatriz, que te viera,
(Poco importa que lo diga)
Querido (no te ofendí,
Pues que no te conocia)
A esa divina hermosura,
A quien......
Beat.   Tente, no prosigas;
Que no quiero saber mas;
Porque no ha de ser la mia
Hermosura pecadora,
Siendo la suya divina. —
Cierra esas puertas, Ines,
Y ve luego á Doña Elvira,
Que venga por mí en su coche;
Que ya no tengo á quien pida
Licencia para salir
De casa; que á la visita,
Que me convidó, me lleve,
Ó que andemos todo el dia
Desde palacio hasta Atocha,
Calle abajo y calle arriba,
Puesto que el señor Don Juan
Me da con sus groserías
Ya libertad de conciencia.
Juan. Advierte......
Beat.   Nada me diga
Vuestra voz; que habeis andado
Muy necio. ¿En mi cara misma,
Quise, y divina hermosura?
Mas no me espanta ni admira,
Que el mas entendido suele
Decir mayor bobería.
Juan. Encarecer yo belleza,
Que de la tuya excedida,
Al verte, quedó, es lisonja,
No ofensa; porque seria
Victoria sin enemigo,
Competencia sin envidia.
Beat. En declarados desaires
No hay, Don Juan, sofisterías.
Para casaros con ella
Servis esa peregrina
Beldad; mi hermano os compite,
Si no el mérito, la dicha.
Yo no soy muger, que es justo
Que por venganza se sirva.
Idos con Dios; que no habeis
De sanear á costa mia

Juan. Unos zelos.

Juan.   Beatriz bella,......
Beat. Nada he de escucharos.
Juan.   Mira,
Que es engaño,......
Beat.   Ya lo veo.
Juan. Que presumas,......
Beat.   ¡Qué porfía
Tan necia!
Juan.   Que por venganza......
Beat. Es en vano cuanto diga
Vuestra voz.
Juan.   Te adoro.
Beat.   Nada
Aquesa disculpa alivia.
Juan. Pues muera de desdichado
Quien con verdades no obliga.
Beat. Y de desdichada muera
Quien se cree de mentiras.   [*Vanse.*

Salen LUQUETE *é* ISABEL.

Luq. Gracias al cielo, Isabel,
Que puedo contigo hablar
Un rato en mi amor cruel.
Isab. Menos gracias puede dar,
Que yo no he de hablar con él.
Luq. Enojada?
Isab.   Y mucho.
Luq.   ¿Pues
Qué causa es la que yo he dado
Para tanto ceño?
Isab.   ¿Es
Muy poco el haber estado
Hasta ahora con Ines?
Luq. Con qué Ines?
Isab.   Con la criada
Desa mi señora, á quien
Don Diego sirve.
Luq.   Engañada
Estás.
Isab.   Yo lo sé muy bien
Todo.
Luq.   Pues no sabes nada;
Que, aunque es verdad, que Don Diego,
Mi señor y tu señor,
Rendido, abrasado y ciego
Tiene á Beatriz tanto amor,
Yo á Ines á hablarla no llego,
Sino tal vez, que enviado
De mi amo á su casa voy,
Criado, tan bien criado,
Que su recado la doy,
Y no la doy su recado.
Si miento en lo que te digo,
Muera de sed.
Isab.   Si testigo
Eres tú mismo de que
Me has contado, que Ines fue
Piadosa un tiempo contigo,
¿Cómo quieres, que yo, ahora
Que á su ama tu amo enamora,
Crea, que ha de ser cruel?
Luq. Porque á tí sola, Isabel,
Mi alma estima y mi fe adora;
Solamente á tí te quiero,
De Inesilla no se trate;
Que, aunque fue mi amor primero,
Fue amor de medio mogate,
Y este es de mogate entero.
¿Fuera de que puede haber .
Satisfaccion, como ver,

Que, tratando de irse hoy
Mi amo á Sevilla, me voy
Con él, solo por tener
Ocasion de verte á tí?
Ya que tan dichoso fui,
Que en la casa, que vivimos,
Á dos hermanos servimos.
Isab. Y esa es satisfaccion?
Luq.   Sí.
¿Pues qué mayor, que olvidar
Á Madrid por tu belleza?
Isab. Yo te creo, que el dejar
Á Madrid es gran fineza,
Porque es bonito lugar.
Pero mi ama viene alli
Con su padre hablando. Vete,
Porque no nos vean aqui
Hablando á los dos, Luquete.
Luq. Quedamos amigos?
Isab.   Sí.
          [*Vase Luquete.*

Salen DON LUIS *y* DOÑA LEONOR.

Leon. ¿Y cuándo piensas, señor,
Que iremos?
Luis.   Yo bien quisiera
Que fuera luego, Leonor,
Por tener la primavera
En Sevilla. Mi temor
Es, que me han de detener
Algunos dias aqui
Los despachos.
Leon.   Yo saber
Quisiera, señor, de tí,
Como piensas disponer
La jornada. ¿Qué criados
Son los que hemos de llevar,
Y dónde, recien llegados,
Nos hemos de aposentar?
Luis. No tengas tú esos cuidados,
Que los criados, que iran,
Son los que ahora en casa estan;
Que allá, si menester hemos
Criados, los recibiremos;
Con que la costa ahorrarán
Del camino; y la posada
Ya desde aqui la prevengo,
Pues casa tiene buscada
Un grande amigo, que tengo
En Sevilla; con que nada
Falta, sino que me den
Los despachos, y partir.
Y asi, que á esto acuda, es bien.
Quédate á Dios; que he de ir
Ahora á buscar á quien
Los tiene á su cargo.
Leon.   ¿Dia
De tan comun alegría,
Cuyo lucimiento pasa
Por las puertas de tu casa,
Vas á eso?
Luis.   Sí, Leonor mia;
Que es primera obligacion.
Tú y tu hermano esta atencion
Me debe; pues claro fuera,
Que, si yo hijos no tuviera,
No tuviera yo ambicion.   [*Vase.*
Leon. Isabel, cuando rendida
Á tantas penas estoy,
Mil veces digo afligida,
Sin duda que inmortal soy,
Pues que no pierdo la vida.
Isab. ¿Qué pena tienes, señora,
Que sentir de nuevo ahora?

Leon. Bien has preguntado, pues
De nuevo el sentir no es
Quien antiguos males llora;
Pero ya que á mi tormento
La causa preguntas nueva,
Todas decirlas intento,
Por ver, si dellas se lleva
Alguna porcion el viento.
Yo sé bien, que tú lo sabes;
Mas que esto repita deja;
Que al fin los que son mas graves
Á los visos de la queja
Suelen parecer suaves.
Yo pues, que un tiempo viví
Libre de amor, yo que fui
Al imperio de su fe
Pais tan rebelde, que
Ningun tributo le dí,
Hoy á su poder rendida,
Tanto su deidad airada
De mí cobra, que ofendida,
Por no perdonarme nada,
No me perdona la vida.
Bien pensarás, Isabel,
Que es de mi pena cruel
Don Pedro la causa, viendo,
Que de su amor no me ofendo,
Y gusto de hablar con él?
Pues no; que Don Juan ha sido
De Silva el que ha merecido
Deberme tantos enojos,
Teniendo en labios y ojos
Al corazon desmentido.
El tiempo, que me sirvió
Don Juan, constante encubrí
Mi afecto; pero aunque yo
Con la voz le despedí,
Con el alma, Isabel, no.
Él pues, de mí despreciado,
De mi desden ofendido,
Huyó, y necio mi cuidado
No supo, que habia querido,
Hasta que se vió olvidado.
Supe despues, que servia
Otra dama; y mis desvelos
Crecieron desde aquel dia,
Porque al soplo de los zelos
Arde la nieve mas fria.
Sentí, padeci, lloré
Desdichas, miedos, temores,
Y con recatada fe
Suspiré, gemí y callé
Penas, ansias y rigores.
En este tiempo (ay de mí!)
Don Pedro me festejó,
Y yo, por vengar asi
Lo que Don Juan me agravió,
Sus finezas admití,
Creyendo, que si sabia
Don Juan, que otro me adoraba,
Con los zelos volveria;
Porque en efecto juzgaba
Su voluntad por la mia.
No me salió industria tal
Tan bien como imaginé,
Antes me salió tan mal,
Que un mismo veneno fue
Para los dos desigual,
Pues su efecto obró cruel
Siempre en mí, y en él jamas.
Y asi, cuanto yo, Isabel,
Mas con zelos quise, mas
Olvidó con zelos él.
De suerte que, ya empeñada

En favorecer á quien
Nunca quise, y olvidada
De quien siempre quise bien,
Pierdo la suerte trocada.
Cuanto mas Don Juan me olvida,
Favorezco de zelosa
Mas á Don Pedro; y mi vida,
Estando de uno quejosa,
Está de otro agradecida.
Porque Don Pedro, engañado
Del afecto, que en mí vé,
Me sirve con tal cuidado,
Con tan cortesana fe,
Tan fino y enamorado,
Que aqui noble, alli rendida
Vino, y dos veces vencida
No sé en tormento tan fiero,
Ni como atraiga al que quiero,
Ni al que me quiere despida.
Y en fin, cuando discurriendo
Entre dos afectos, cuando
Entre dos dudas temiendo
Estoy, á Don Juan amando,
Y á Don Pedro agradeciendo,
Mi padre se va, y yo muero,
Pues al que quiero no espero
Ver, ni ser vista de quien
Me quiere á mí. Mira bien,
Si es mi mal harto severo,
Harto fuertes mis desvelos,
Harto grande mi dolor,
Harto tristes mis rezelos,
Pues dejo todo mi amor,
Y llevo todos mis zelos.
Isab. No sé qué te responder.

            Sale Don Diego.

Dieg. Leonor!
Leon.   Qué traes? ¿qué turbado
Me llegas, Don Diego, á ver?
Dieg. No te aflija mi cuidado;
Mas que pesar, es placer.
Ya te he dicho algunas veces,
Leonor mia, hermosa hermana,
Que para aquestos requiebros
Licencia se tiene el alma;
Ya te he dicho, como adoro
Una deidad soberana,
En quien belleza é ingenio,
Si no se exceden, se igualan
Tan conformes......
Leon.   No prosigas
De nuevo sus alabanzas;
Porque, aunque no me dan zelos,
Me da envidia el escucharlas.
Ya sé, que es muy entendida,
Muy hermosa, muy bizarra,
Rica, noble y en efecto
Que, no perdonando gracia
Alguna, sobre otras muchas,
Estremadamente canta,
Tanto, que en Madrid Sirena
De Manzanares la llaman.
Vamos al caso.
Dieg.   Este pues
Bello imposible, que á tantas
Finezas incontrastable
Desveló mis esperanzas,
De una amiga persuadida,
Por no decir engañada,
Convidada á estos balcones,
Hoy viene, Leonor, á casa.
Leon. Á casa? ¿Pues cómo, siendo
Muger, dime, á quien alabas

Dieg. De igual recato?
     No hay cosa,
Que no la intente quien ama.
Es pues el caso, que tiene
Una amiga, á quien las trazas
De mi amor han grangeado,
Para que mis partes haga
Con ella. Á esta anoche dije,
Que para hoy la convidara
Á un balcon, adonde viese
El lucimiento y la gala,
Con que hoy sus Magestades
Por aquesta calle pasan.
Escribió un papel, y aunque
No respondió entonces nada,
La envió á decir despues,
Que la merced aceptaba,
De modo, que ella con otras
Amigas (ventura rara!)
Viene adonde pueda hoy
Despacio verla y hablarla.
Bien pudiera yo, supuesto
Que de aqueste cuarto aparta
El mio esa puerta, y que
Por otra parte se manda,
Traerlas, Leonor, á mi cuarto,
Sin haberte dicho nada;
Pero quiero, que por mí
Hoy una fineza hagas;
Que yo te la pagaré
Con la joya y con la gala,
Que mas de tu gusto fuere.
Esto es, que tus criadas
La sirvan una merienda,
Que he prevenido, y que añadas
Á ella el aliño, que siempre
Á los hombres mozos falta.

Leon. Solo quisiera, Don Diego,
Ya que de mi amor te pagas,
Que el ir fuera permitido
A servirla y festejarla
Yo misma; pero, aunque sea
Ilustre y noble esa dama,
No habiéndonos visitado
Nunca, no será acertada
Accion, que por entendida
Me dé yo de que está en casa.
Mas descuida de cuanto es
Festejo suyo. — Á esa esclava
Di, Isabel, que saque al punto
Plata y ropa reservada;
De todos mis escritorios
Las bujerías y alhajas
De mas buen gusto, abanicos
De Nápoles, guantes de ámbar,
Pastillas de olor y boca,
Tocados, cintas y bandas;
Que es muy justo regalar
Á mi señora cuñada,
Y yo quiero añadir esto
Á lo que Don Diego manda.

Dieg. Yo te agradezco, Leonor,
Con extremo tu bizarra
Galantería.

   Sale LUQUETE.

Luq.   Señor,
Ya el coche á la puerta aguarda,
Con un catorce de sotas.

Dieg. Luquete, á enseñarles baja
La puerta del cuarto, en tanto
Que yo por aquesta sala
Salgo á él, no se hallen solas. —
Hermana, á Dios. — ¡O mal haya [*aparte.*

La ausencia, que nos espera,
Cuando nace mi esperanza!
   [*Vase cerrando una puerta.*

Leon. ¿Viste, Isabel, en tu vida
En tanto gusto, alegría tanta?

Isab. Al principio de un amor
No hay ninguno, que no haga
Estos extremos, señora.
Déjale, que entrando vaya
En los favores, verás
Con la pereza que anda.

Leon. ¡O fuego de Dios en todos!
¿Creerás, que me ha dado gana
De verla?

Isab.   Sí; que á ninguna
Muger curiosidad falta
De ver á otra.

Leon.   Por la llave
He de ver, si es tan bizarra
Y hermosa, como mi hermano
La encarece. [*Mira por la cerradura.*

Isab.   Qué ves?

Leon.   Nada;
Porque estan tapadas todas.
Mas mira, Isabel, quien anda
Allí.

Isab. Don Pedro es, señora.

Leon. Ay de mí! que he dado causa,
Por solo tomar con él
De mis desaires venganza,
Para estos atrevimientos.

   Sale DON PEDRO.

Ped. Viendo, Leonor soberana,
Lejos á tu padre, y viendo,
Que dia de fiesta tanta,
Acudiendo á sus festejos,
No estará Don Diego en casa,
Me he atrevido á entrar á verte.

Leon. Pues ha sido temeraria
Accion, señor; y mirad
Cuanto el discurso os engaña;
Pues está en casa mi hermano,
Porque ha traido á su dama
De su cuarto á los balcones,
Y no ha salido de casa.
Idos con Dios, antes que
Me suceda una desgracia.

Ped. Perdonad, Leonor, y sea
Disculpa de mi ignorancia
La obediencia con que os sirvo.

Isab. La puerta abren.

Leon.   Pena extraña!

Ped. Pues si yo me voy ahora,
Fuerza es verme. En esta cuadra
Me escondo. [*Escóndese.*

Leon.   Válgame el cielo!
Qué empeñado lance!

   Sale DON DIEGO.

Dieg.   Hermana,
Mucho me huelgo de que
Ocasion tan presto haya,
En que te empiece á pagar
Finezas, que por tí aguarda
Recibir el bien que adoro.
Ella pues, aunque enojada
Al principio se mostró
De haber venido á mi casa,
Ya, á ruego de las amigas,
Con quien viene, mas humana,
Aunque á harto disgusto suyo,
Por divertir lo que aguardan,
Se quieren entretener

Cantando. Aquella guitarra,
Con que divertirte á tí
Suelen, Leonor, tus criadas,
Me da.

Leon.   Dónde está?
Isab.   En aqueste
Tocador.
Dieg.   Iré á sacarla.
Isab. Para echarme por ahí
Cuanto está compuesto.
Leon.   Aguarda,
Que ella te la sacará.
       [*Saca Isabel la guitarra.*
Isab. Vesla aqui.
Dieg.   Disimulada
Tú hácia la puerta te llega;
Yo haré descuido la maña,
Y abierta la dejaré;
Oirás, Leonor, qué bien canta.   [*Vase.*
Ped. Podré salir?
Leon.   No, Don Pedro;
Que se ha puesto cara á cara
Mi hermano, y como la puerta
Abierta dejó, que salgas,
Sin verte, (ay Dios!) no es posible.
Ped. Pues qué haré?
Isab.   Escóndete, y calla.

    Canta DOÑA BEATRIZ *dentro.*

Beat. Pena ausencias no te den,
Jilguero, que al viento igualas;
Que si yo tuviera tus alas,
Yo fuera volando donde está mi bien.
Isab. Linda voz!
Leon.   No sé si es buena,
Porque confusa y turbada
En mis penas (ay de mí!)
No he atendido á lo que canta.
Ped. ¡Cielos, qué es esto que escucho! [*aparte.*
¿Esta voz no es de mi hermana?
Sí; porque para dudarlo
Aun no tiene aliento el alma.
Beat. [*canta*] De ausencia la pena suma
No aflija á quien es veloz;
Que yo, antes que de la voz,
Me valiera de la pluma.
Volar, no gemir, presuma,
Quien puede seguir su bien;
Vuela, vuela, no te den
Temor, o jilguero, ni flechas ni balas;
Que si yo tuviera tus alas,
Yo fuera volando donde está mi bien.
Ped. Ay de mí infeliz! ¿Qué es esto
Que por mí en un punto pasa?
¿Don Diego, que tantas veces
Me dió, aunque con otra causa,
Cuidado en mi calle, tiene
En su aposento á mi hermana?
¿Mi hermana (ay de mí otra vez!)
Tan alegre y tan hallada
En el cuarto de Don Diego,
Que, por divertirle, canta?
¿Yo en el de Leonor (ay cielos!)
Oyéndolo? (pena extraña!)
¿Mas qué aguarda mi valor?
¿Mi sufrimiento, qué aguarda?
¡Vive Dios, que he de entrar donde
Estan, y tomar venganza
De los dos, aunque aventure
Á Leonor!

      Sale DON DIEGO.

Dieg.   Perdona, hermana;
Que como ya pasa el Rey,

Se ponen á las ventanas;
Y porque han sentido gente,
Cerrar la puerta me mandan. [*Entrase cerrando.*
Ped. Romperéla yo!   [*Saliendo.*
Leon.   Don Pedro,
Qué es esto?
Ped.   Leonor, aparta!
Leon. Qué intentas hacer?
Ped.   No sé. —
¿Quién vió duda mas extraña? [*aparte.*
Llamar yo ahora, es causar
Escándalo sin venganza;
Dejar de llamar, flaqueza;
Cualquiera ruido es infamia.
Alli aventuro mi honor;
Aqui aventuro á mi dama.
¿Qué sera lo mejor, cielos?
Leon. En la accion que te embaraza,
En la pasion que te sobra,
Y en la color que te falta,
Echo de ver, que te importa
Mucho esa dama que canta.
Y si son zelos, Don Pedro,
No ha de pagarlo mi fama.
Vete, vete de aqui luego;
Porque será accion tirana,
Ser yo á la que das la muerte,
Siendo ella la que te agravia.
Ped. Solo que me pidan zelos [*aparte.*
De mis desdichas me falta.
Pero pues Leonor no sabe
Quien es, la mas acertada
Accion aqui es, (ay de mí!)
Que no lo digan mis ansias.
Mejor es disimular,
Que en empeños de honra tanta,
Lo que no vengan las obras,
No han de decir las palabras.
Un camino se me ofrece,
Con que quede asegurada
Mi opinion con mas cordura
Y menos aventurada. —
Leonor, quédate con Dios;
Que no he de decir palabra,
Hasta que el tiempo te diga,
Cuanto me debe tu fama
En aquesta ocasion. — ¡Cielos, [*aparte.*
Dadme remedio ó venganza! [*Vase.*
Leon. Qué es esto, Isabel?
Isab.   ¿Pues yo
Qué sé? Mas como él se vaya,
Mas que sea lo que fuere.
Leon. ¿Quién vió acciones tan contrarias?
Cierra esas puertas. — ¡Fortuna,
Duélete de mis desgracias!   [*Vanse.*

    Salen DON JUAN *é* INES *con luces.*

Juan. ¿Dónde tu señora fue?
Ines. Con Doña Elvira salió
En un coche; pero yo
Adonde fueron no sé.
Juan. Todo eso, Ines, es mentira;
Pues yo he andado con cuidado
Buscándola, y no he hallado
El coche de Doña Elvira.
Ines. Doña Elvira la llevó,
Sin que á mí me lo dijera.
Y cree, que si lo supiera,
Que te lo dijera yo.
Juan. Todo lo que estás diciendo,
Es concierto de las dos;
No ha salido, vive Dios,

De casa, y estás fingiendo
Conmigo, porque pretende
Beatriz, dándome rezelos,
Vengarse de aquellos zelos
De hoy, sin ver, que no la ofende
Mi amor, por haber amado,
Antes de haberla querido,
Á otra dama, cuyo olvido,
De cenizas sepultado,
Muere en mi pecho.

Ines.   Bien creo,
Que el ir seria porque
Lo sintió; pero ella fue.

Juan. Si yo su casa no veo,
No te he creer, Ines.

Ines. Pues entra, y verás, que no
Te trato mentira yo.

Juan. Pues por quejarme despues,
Si está en su cuarto Beatriz
He de ver, viven los cielos,
Y satisfaré sus zelos. —
¡Haz mi osadía feliz,
Amor!

Ines.   Mas mira, señor,
Que al punto te has de salir;
Que es hora ya de venir.

Juan. Sí haré. Hasta que su rigor
Satisfaga, no saldré.

Ines. ¿Quién vió locura mas rara?
Que no crea......

Voz [dent.]   Para, para.

Ines. Este es el coche. Qué haré?
Que si le halla aqui, (ay de mí!)
Sin duda me ha de matar,
Porque yo le dejé entrar.
Mas callaré, que yo fui
Cómplice en esto; y despues
Al verle ella, diré yo,
Que no sé por donde entró.

       Sale DOÑA BEATRIZ.

Beat. Quítame este manto, Ines.

Ines. ¿Que traes, señora, que vienes
Disgustada, al parecer?

Beat. ¿Qué tengo, Ines, de traer?
Muchos males, pocos bienes.
¿Mi hermano á casa ha venido?

Ines. No, señora.

Juan.   Ya llegó   [al paño.
Beatriz.

Beat.   Pues calla el que yo
Fuera de casa he salido;
Que si el mentir es forzoso,
Al decirle donde fui,
Mentir, diciendo, que aqui
He estado, es menos dañoso;
Y entra á acostarme; que no
Podré fingirlo mas bien,
Que hallándome...... ¿Pero quién
Está en esta cuadra?

Juan.   Yo.   [Saliendo.

Beat. Ines, qué es esto?

Ines.   Señora,
Yo no sé nada.

Juan.   No des
Culpa á nadie, solo es
La culpa de quien te adora.
Yo he entrado aqui, por tener
Ocasion para decirte,......

Ines. Tu hermano.

Beat.   Vuelve á encubrirte.
       [Éntrase D. Juan.

      Sale DON PEDRO.

Ped. ¡Cielos, aquesto ha de ser, [aparte.
Pues es el medio mejor
Apelar á la cordura,
Que al despecho, que es la cura
Mas eficaz del honor! —
Beatriz!

Beat.   Señor?

Ped.   ¿Quién aqui
Está?

Beat.   Sola á Ines no ves?

Ped. Pues salte allá fuera, Ines.

Beat. La puerta me cierras?

Ped.   Sí.
Porque quiero hablar contigo
Claramente; y es error,
Que en las sumarias de honor
Se examine otro testigo.

Juan. Ya este lance no consiente   [al paño.
Apelacion. Él me vió.
Qué aguardo?

Beat.   Qué intentas?

Ped.   Yo
Te lo diré brevemente.
¿Dónde esta tarde has estado?

Beat. Yo no he salido, señor,
De casa.

Ped.   Con eso añades
Otro indicio á tu traicion.
Tan desdichada en mentir,
Como en cantar fuiste hoy.
Ya me he declarado, ya
Verás en qué empeño estoy,
Habiendo dicho, que sé,
Que has estado, Beatriz, hoy
En el cuarto de Don Diego
De Lara.

Beat.   Válgame Dios! [aparte.

Juan. ¿En el cuarto de Don Diego
Beatriz? Hay pena mayor?

Ped. Él te adora.

Beat.   Qué desdicha!

Ped. Yo lo sé......

Juan.   Qué confusion!

Ped. De su asistencia......

Beat.   Qué agravio!

Ped. En mi calle;......

Juan.   Qué rigor!

Ped. Tú le admites......

Beat.   Qué violencia!

Ped. Pues á su casa......

Juan.   Qué accion!

Ped. Te vas á estar......

Beat.   Qué fortuna!

Ped. Tan hallada,......

Juan.   Qué dolor!

Ped. Que cantes;......

Beat.   Qué sentimiento!

Ped. Por hacerle......

Juan.   Qué pasion!

Ped. De tu hermosura y tu agrado
Amorosa ostentacion.

Beat. ¡Que quien esto oyó no muera!

Juan. ¡Que viva quien esto oyó!

Ped. Pero aunque aqui, aleve hermana,
Solo un remedio me dió
Mi obligacion y mi sangre,
Yo quiero partirle en dos.
Mira cuan dichosa eres,
Pues cuando mas te buscó
La fuerza de mi desdicha,
Te hace la fuerza eleccion.
Dos caminos dice pues,

Que quiere darte; estos son,
Ó que te cases con él,
Ó te dé la muerte yo. .
Y aun aquesto mas, tirana,
Tienes que agradecer hoy
Á tu estrella, pues yo traigo
La ofensa y la intercesion,
Rogándote con tu vida.
Y no porque sea Leonor
Á quien yo adoro, porque
En llegando mi pasion
Á acordarse de la honra,
Se ha olvidado del amor.
Lo que yo quiero de tí,
Es solo, que me des hoy
El modo con que yo puedo
Conseguir esto mejor.
Hágalo la conveniencia,
Y no la resolucion,
Sabiendo en qué estado estan
Mis desdichas; pero no,
Turbada estás, y no quiero,
Que te haga la turbacion
Decir lo que no dijeras
Sin ella. Tu hermano soy,
Tus aumentos solicito,
No me dan admiracion
Fortunas de' amor; y asi .
Cóbrate, y piensa mejor
Lo que me has de responder;
Que yo doy á tu pasion
Tiempo; mas mira, Beatriz,
Que es muy poco el que te doy.   [*Vase.*]

Sale DON JUAN.

Beat. ¡Hay muger mas desdichada!
Juan. No lo has sido mucho, no,
     Pues te ruegan con lo mismo
     Que deseas.
Beat.   Plegue á Dios......!
Juan. No prosigas; que no tengo
     De creerte nada yo;
     Porque cada razon mas
     Es mas otra sinrazon.
     Don Diego, Beatriz, te adora,
     Tú le favoreces. ¡O
     Quien muriera al pronunciarlo!
     Tu hermano, con la atencion,
     Que debe á su honor, pretende'
     Casarte. ¿Pues qué temor
     Te aflige? para qué lloras?
     ¿Para qué esas ansias son,
     Si estais ya (ay de mí infelice!)
     Tan convenidos los dos,
     Que ya de su casa has ido
     Á tomar la posesion?
Beat. Don Juan, mi señor, mi bien.
Juan. Beatriz, mi mal, mi pasion,
     Qué me quieres?
Beat.   Que me escuches.
Juan. Para qué?
Beat.   Para que, (ay Dios!)
     Donde mi culpa has oido,
     Oigas mi satisfaccion;
     Que es mi hermano quien la pide,
     Y eres tú á quien se la doy.
Juan. No la tienes.
Beat.   .   Sí la tengo.
Juan. ¿Querrás decirme tu error?
Beat. ¿Qué error, si engañada fui?
Juan. No te entiendo, vive Dios!
     Si, donde vas engañada,
     Cantas con tan dulce voz,
     Dónde lloras?

Beat.   Eso fue
     Á mucha importunacion
     De otras amigas, Don Juan,
     Que alli fueron con las dos,
     Y antes tambien, por no hacer
     Con extremos de dolor
     Capaces á las demas,
     Que era segunda intencion.
Juan. ¿Ves todas esas disculpas?
     Pues necias disculpas son.
Beat. Pues qué he de hacer?
Juan.   Qué? En volviendo
     Tu hermano, con la ocasion,
     Que él mismo ha facilitado,
     Decirle todo tu amor.
     Casáraste con Don Diego,
     Casaráse él con Leonor.
Beat. No pases mas adelante;
     Que ya conozco, que son
     Tus zelos, no por dudar
     Las disculpas que te doy,
     Sino por estar mi hermano
     En parte donde me oyó.
Juan. Solo á mi pena faltaba
     Ahora este torcedor.
     Pero poco te valdrá
     Haberle hallado, pues yo,
     Por no escuchar eso ahora,
     Y despues (fiero rigor!)
     La respuesta, que has de dar,
     Aunque aqui en secreto estoy,
     Por ir huyendo de tí,
     Me echaré por un balcon.
Beat. Tente!
Juan.   Suelta!
Beat.   Ya la puerta
     Mi hermano abre. Expuesta estoy
     Á morir, antes que dé
     La respuesta, que él pidió.
     Caballero eres, Don Juan,
     Muger afligida soy,
     Y pues tu obligacion sabes,
     Cumple con tu obligacion.
Juan. Sí haré; que is guardar tu vida
     Ahora, y despues mejor yo.   [*Escóndese.*]

Sale DON PEDRO.

Ped. Poco plazo da una pena.
     Beatriz, ¿qué te aconsejó
     Tu discurso?
Beat.   Que me des
     Una y mil muertes, señor,
     Antes que le dé la mano
     Á Don Diego; porque yo
     En mi vida le he querido;
     Que el ir á su casa hoy,
     Fue sin saber donde iba.
Ped. Aun esa es culpa mayor,
     Pues te confiesas tan vil
     Muger, que á entrar se atrevió
     Donde no supo que entraba;
     Y asi, osado mi valor,
     Sabrá quitarte la vida.   [*Saca la daga.*]

Sale DON JUAN *y mata las luces.*

Juan. Sabré guardársela yo.
Ped. No podrás; que es muy valiente
     El acero del honor.
Juan. Toma la puerta, Beatriz.
Beat. Sin saber donde, me voy.   [*Vase.*]
Ped. ¡Cielos, doleos de mí!
     Hombre, sombra ó ilusion,
     Dónde estás?
Juan.   Hácia esta puerta.

Salen DON DIEGO *y* LUQUETE.

Luq. Tente, no entremos, señor,
En cuchilladas del limbo.

Dieg. Estando en la calle yo
De Beatriz, y oyendo dentro
De su casa tal rumor,
Mal haré en no entrar.

Ped. Traed luces.

Sale INES *con luces.*

Ines. Aqui estan.

Luq. ¡Qué confusion
Tan notable!

Dieg. ¿Qué es aquesto,
Señor Don Pedro?

Ped. Traidor
Caballero, habiendo estado
Mi hermana en tu casa hoy,
Y tú en mi casa escondido,
Preguntas qué es? Pero yo
Te lo diré con la espada,
Que es la lengua del honor.

Luq. Siempre he visto, que quien pone
Paces, lleva lo peor.

Dieg. Responderé con la mia;
No porque tengas razon
En todo lo que me dices,
Sino porque mi valor
Á nadie volvió la espalda.

Juan. ¡Válgame mi industria hoy! — [*aparte.*
Habiendo yo entrado al ruido,
Y hallándome entre los dos,
Embarazar vuestro duelo
Es toda mi obligacion.

Luq. ¿Aqueste fue el que entró al ruido?
Pensé, que habia sido yo.

Ped. Duelos de honor no embarazan
Los que caballeros son.

Dieg. Yo soy el que ahora ha entrado.

Ped. ¡Cobarde satisfaccion!

Dieg. En mí nada puedo serlo.

Ped. Don Juan, pues ilustre sois,
Valedme á mí, que ofendido
Dese caballero estoy,
Pues es él y su criado......

Luq. Él es solo, yo no soy.

Juan. Sí haré, — por vengar con esta [*aparte.*
Disculpa mis zelos hoy.

Dieg. Aunque los dos me embistais,
Me defenderé á los dos.

Ped. No podrás; que yo bastara
Solamente. [*Riñen.*

Dieg. Muerto soy! [*Cae dentro.*

Juan. Vengué mis zelos, y dí [*aparte.*
La vida á Beatriz, amor.

Ped. Don Juan, pues tan noblemente
Vuestro esfuerzo me amparó,
Seguidme; que habeis de ser
En todo restaurador
De mi honra; y pues no puedo
Dejaros ahora yo
Por mí empeñado, corramos
Una fortuna los dos
En alcance de una ingrata.

Juan. De no dejaros os doy
Palabra, porque sin mí
No podais hallarla vos.

Ped. De casa ha faltado; vamos
En su alcance.

Juan. Vamos.

Ped. No
Huirá, pues lleva consigo
La desdicha de la voz.

JORNADA II.

Salen OCTAVIO *viejo y* CELIO *criado.*

Octa. ¿Está todo prevenido?

Cel. Todo está como lo ordenas.

Octa. Bien es menester, pues hoy
Don Luis á Sevilla llega,
Segun la carta me dice
De la pasada estafeta.

Cel. Pues qué te escribio?

Octa. Ella misma
Lo dirá mejor, que es esta:
[*lee*] ,,Ya hubiera muchos dias, que estuviera en
,,esa ciudad, si la desgracia de D. Diego
,,mi hijo lo hubiera permitido. Él esta ya
,,convaleciente de sus heridas; y asi saldré
,,mañana de la corte. Avísoos de todo,
,,porque me espere un criado vuestro á la
,,entrada de esa ciudad el Miércoles de la
,,semana que viene, para enseñarme la casa
,,donde me teneis aposentado. Dios os
,,guarde. Vuestro amigo. D. Luis de Lara.''
[*repr.*] Esto me escribe, de suerte,
Que hoy en todo el dia es fuerza
Que esté aqui Don Luis, á quien
Confieso tantas finezas.

Cel. Pues si has de ir á recibirle,
Ya el coche puesto te espera.
Pero hay un inconveniente
Para salir tan apriesa.

Octa. Qué es?

Cel. Una muger tapada,
Sin que decir quien es quiera,
Por ti pregunta, y te pide
De entrar á hablarte licencia.

Octa. Muger á mí? Dila que entre.
Quién puede ser?

Sale DOÑA BEATRIZ *tapada y sin galas.*

Beat. Quien desea
Á solas, señor Octavio,
Hablaros.

Octa. Salte allá afuera,
Celio, y vete, por si aqui
Me detengo, hácia la puerta
De Carmona. Enseñarásles
La casa, si acaso llegan
En este tiempo. — Ya estais [*Vase Celio.*
Sola.

Beat. Cerrad esta puerta.

Octa. Ya lo está; hablad.

Beat. Conocéisme? [*Descúbrese.*

Octa. No sé qué respuesta sea
Digna respuesta, señora,
En confusion como esta;
Porque, si digo que no,
Hago traicion, hago ofensa
Al noble conocimiento,
Que debo á la sangre vuestra;
Y si digo que sí, hago
Agravio á vuestra nobleza,
Viéndoos en esta ciudad
Y ese trage; de manera
Que el desconoceros es
Ingratitud y bajeza,
Y el conoceros es culpa.
Y asi turbada y suspensa
Mi voz entre el no y el sí
Dudando está la respuesta.

Beat. Pues si de cualquiera suerte

Yo tengo de ser por fuerza
Del sí ó el no la quejosa,
Y me dais á elegir, sea
El sí el que digais; que yo
En fortuna tan adversa,
Para que me conozcais,
Os doy, Octavio, licencia.

Octa. Pues dadme á besar, señora,
La mano, y ahora merezca
Saber qué es esto.

Beat.   ¡O si aqui
Hablara el dolor sin lengua!
Yo, Octavio, muerto mi padre,
Con quien amistad estrecha
Tanto tiempo profesásteis,
(¡Dios en el cielo le tenga!)
Quedé en poder de mi hermano
Don Pedro. Esto bien pudiera
Excusarme de decirlo,
Pues lo sabeis; pero es fuerza,
Por ir á lo que se ignora,
Pasar por lo que se sepa.
Mi hermano, mozo en efecto
Rico y galan, todo era
Bizarrías, todo amores,
Todo galas, todo fiestas,
Haciéndome su descuido
Testigo de todas ellas,
Sin darme mas alimentos,
Que escándalos por herencia.
Mas (ay de mí!) todo esto
Es andar buscando necias
Disculpas. Mejor será,
Sin valerme, Octavio, dellas,
Decir de una vez mi error;
Pues en las cosas mal hechas
Ni es el ejemplo disculpa,
Ni el delito consecuencia.
Un caballero de ilustre
Sangre, de bizarras prendas,
Puso los ojos en mí,
Y yo, á su mérito atenta,
Con la palabra de ser
Mi esposo, que no pudiera
Mi honor con menos fianza
Obligarse á tanta deuda,
Le favorecí. Á este tiempo
Otro caballero, que era
Su competidor, dispuso
Una traicion con mi ofensa.
Tuve yo una amiga, á quien
La amorosa diligencia
Grangeó deste nuevo amante,
Y convidada á una fiesta
Me llevó á su misma casa.
(¡Quien excusarse pudiera
De decirlo! No es posible!)
Cantar me hicieron en ella,
Á ruego de otras amigas.
Si hice mal, harto me cuesta.
Oyó mi hermano mi voz,
Y aunque deciros pudiera,
Como estaba donde pudo
Oirla, he de callarlo; que esta
Atencion me ha de deber
Hoy una dama en su ausencia,
Que el ser desdichada yo,
No es bien que otra lo padezca.
Vino á casa, y vino á tiempo
Que estaba escondido en ella
Mi esposo. Quiso al principio
Valerse de la prudencia;
No bastó; sacó la daga
Para mí, y en mi defensa

Salió mi zeloso amante,
Dejando las luces muertas,
Porque con la obscuridad
Mejor escapar pudiera
Yo la vida, y......

Voz [*dent.*]   Para, para!
Celio. Señor!
Beat.   Golpes á esa puerta
Dan.

Octa.   Un huésped, que hoy espero,
Segun ese ruido muestra,
Debe ya de haber llegado.
Que salga, señora, es fuerza,
Á recibirle, dejando
Vuestra relacion suspensa.
Perdonadme, y esperad;
Que presto daré la vuelta.

Cel. [*dent.*] Mira, que el señor Don Luis
Ya con sus hijos se apea.

Beat. Acudid, señor Octavio,
Á aquesa precisa deuda;
Que yo esperaré.

Octa.   Este cuarto,
Que es el mio, oculta os tenga,
Mientras salgo á recibirlos.

Beat. ¡Que mis ansias no consientan
Aun tiempo para decirlas,
Porque es medio de vencerlas!   [*Escóndese.*

Octa. ¿Quién vió tan raro suceso?

         Sale C E L I O.

Cel. Señor!
Octa.   Ya voy; qué voceas?
Cel. Que estan ya aqui. Pero dime,
¿Y la muger, que encubierta
Contigo quedó?

Octa.   Despues
Lo sabrás; porque ya entran
Don Luis, Don Diego y Leonor. —

Salen D O N L U I S, D O N D I E G O, D O Ñ A L E O N O R
é I S A B E L *de camino.*

Una y mil veces merezca
Besar, señor, vuestra mano,
Pues tal mi dicha á ser llega,
Que os llego á ver en mi casa;
Pero mal dije, en la vuestra.

Luís. Señor Octavio, los brazos
Muda retórica sean,
Que con el alma os respondan,
La voz supliendo á la lengua.

Octa. Vos, señora, perdonad
La cortedad de la esfera,
Que os admite, siendo vos
Todo el sol de la belleza.

Leon. Bésoos por tanta
Cortesana lisonjera
Merced, como haceis, señor,
Á esta servidora vuestra.

Octa. No sabré encarecer, cuanto,
Señor Don Diego, me pesa,
Que no traigais la salud,
Que mi aficion os desea;
Si bien se pueden mezclar
Pésames y norabuenas
En esta ocasion, porque
Tuvimos muy malas nuevas
Al principio.

Dieg.   El cielo os guarde;
Que de cualquiera manera,
Á vuestro servicio vengo,
Donde mas ansias padezca.   [*aparte.*

Octa. Cansados vendreis; no es justo
Que mas aqui en pie os detenga.

Venid; que aquel es el cuarto,
Que aderezado os espera.
Luis. Vamos, Leonor, porque es bien
Que descanses y que venzas
Las fatigas del camino.
[*Vanse D. Luis, D. Diego, Octavio y Dᵃ. Leonor.*
Cel. ¡Oye vuesasted, mi reina!
Isab. Sí, por la gracia de Dios.
Cel. Pues muy bien venida sea
Á esta su casa.
Isab.   Y qué mas?
Cel. Donde por suyo me tenga.
Isab. ¿Para qué le quiero yo?
Cel. Ya sabe usted, que es fuerza
Dar un abrazo á quien viene,
Como vuesarced, de fuera;
Y á ninguno en cortesía
Este favor se le niega.
Isab. Despues hablaremos deso.
Cel. Melindricos? Bueno fuera
Perder ahora la ocasion.   [*Quiere abrazarla.*

         Sale LUQUETE.
Luq. ¿Dónde pondré esta maleta,
Isabel? Mas ya sé donde.
Cel. Dónde?
Luq.   Sobre su cabeza.
Cel. Maletazo?
Isab.   Caballeros,
Mi honor la furia detenga;
Que antes que todo es la dama.
Cel. Que viene mi amo agradezca.

         Sale OCTAVIO.
Octa. Sois vos Isabel?
Isab.   Yo soy.
Octa. Pues vuestro amo os espera.
Isab. Á ver qué me manda iré.   [*Vase.*
Luq. Id, pícara, y para esta.   [*Vase.*

       Sale DOÑA BEATRIZ.
Octa. Vete, Celio.   [*Vase Celio.*
       Hasta volver
Á oiros, de dudas llena
El alma tuve; y asi,
Dejando en su cuarto apenas
Los huéspedes, vuelvo á veros.
Beat. Yo quedé, si bien se acuerda
Mi memoria confundida,
Señor, entre tantas penas,
En que, en matando las luces
Mi esposo, tomé la puerta.
Á la calle salí, donde,
Sin discurso y sin prudencia,
Con la noche y con el miedo
Andaba dos veces ciega.
Ví una luz en una casa
Enfrente de la mia abierta;
El dueño era un hombre pobre,
Que, movido de mis quejas,
Salió á la calle á mirar
Lo que sucedia en ella;
Y al cabo de poco rato
Volvió con esta respuesta:
Toda esa casa de enfrente
Está de justicia llena,
Porque en ella ha sucedido
Una muerte. Considera,
Como yo me quedaria,
Escuchando tales nuevas,
Siendo preciso, que el muerto
Mi hermano ó mi esposo fuera,
Á quien yo habia dejado
Riñendo en mi casa mesma.

Y prosiguió: lo que yo
De los que salen y entran *
Saber he podido, es,
Que el dueño, señora, della,
Es el que esta muerte ha dado
Á otro, en valiente defensa
De su honor, á quien en una
Silla ahora á su casa llevan.
Huyó el matador, y estan
Embargándole la hacienda.
Yo pues oyendo que estaba
Muerto mi esposo, y que era
El homicida mi hermano,
Triste, confusa y suspensa
Quedé, sin dar por entonces
Ni aun al aliento licencia,
Hasta que volví, (ay de mí!)
Diciendo desta manera:
Yo estoy fuera de mi casa,
Sin poder volver á ella;
Porque en sabiendo mi hermano
De mí, darme muerte es fuerza.
Don Juan, que era á quien tocaba
Morir hoy en mi defensa,
Ya lo ha hecho, adelantando
La mas costosa fineza.
Acudir á que me ampare
Su competidor, bajeza
Será, y aun despues de muerto
No le he de hacer tal ofensa.
Valerme de deudos mios,
Es irme á morir yo mesma,
Pues todos interesados
Estan en mi propia afrenta.
Encerrarme en un convento,
Es ponerme á la vergüenza,
Sabiendo todos de mí:
Luego á mi suerte no queda
Otro recurso en tal caso,
Que el irme donde no sepa
Nadie en el mundo de mí.
Si lo erré, disculpa tenga,
En que siempre en sus consejos
Son las desdichas muy necias.
Con esta resolucion,
Obligando con ternezas
Al dueño de aquella casa,
Hice que otro dia vendiera
No sé qué joyuelas mias,
Que acaso las saqué puestas;
Y siendo adorno hasta entonces,
Desde allí fueron hacienda.
Compré este humilde vestido,
Y dile órden de que fuera
Á buscarme en que salir
De Madrid aquella mesma
Noche, sin decir adonde:
Que el que huir no mas intenta,
No hace eleccion de caminos,
Sino el primero que encuentra.
Halló un coche, que á Sevilla
Venia, y diciendo que era
Para una muger casada,
Que iba al pleito de una hacienda,
Se concertó. Partí en él;
Llegó á Sevilla, y en ella
En una posada he estado
Casi un mes, sin que me atreva
Á salir de la posada,
Hasta que mi dicha ordena
Veros pasar por la calle.
Dije á un mozo, que supiera
Vuestra casa, donde vengo
Á echarme á las plantas vuestras;

Que si no es á vos, señor
Octavio, no me atreviera
Á fiar de otro ninguno.
Si la amistad se os acuerda,
Que con mi padre tuvisteis,
Mis desdichas os merezcan
Amparo y favor. No quiero
Que hagais por mí otra fineza
Mayor, que solo buscarme
Una casa, donde pueda
Pasar la vida sirviendo,
Disfrazada y encubierta.
Y sobre todo os suplico,
Que la mayor merced sea
Tener secreto mi nombre,
Y que nadie quien soy sepa;
Que no tiene otro consuelo
Perseguida la nobleza,
Que es el vivir ignorada;
Pues lo que mas la atormenta
En las deshechas fortunas,
Es pasarlas con vergüenza.

Octa. Tanto, señora, he sentido
Oir las desdichas vuestras,
Como ver, que yo no basto
Á enmendarlas y vencerlas.
Pero lo que yo os ofrezco,
Es, que vida, alma y hacienda
Siempre esté á vuestro servicio;
Á cuyo efecto desde esta
Hora estareis en mi casa,
Beatriz, segura y secreta,
Si bien no servida como
Mereceis.

Beat.   Aunque agradezca
Esa merced, para mí
Hoy, señor, no es conveniencia
El estar donde no esté
Sin rastro, indicio ni seña
De quien soy; y fuera desto,
Vos sois solo, no hay en ella
Muger, cuya compañía
Honeste mas mi asistencia;
Y asi......

Octa.   No me digais mas;
Que, aunque lo llore y lo sienta,
Yo he pensado donde esteis.
Aqueste huésped, que hoy llega
Á mi casa, no trae toda
La familia que convenga
Á su puesto y calidad;
Y asi que reciba es fuerza
Mas criados. Trae consigo
Sin estado una hija bella,
Y en su compañía estareis
Muy bien, y de mí mas cerca;
Con que estareis en mi casa,
Y con buen título en ella.

Beat. Haced vos lo que quisiéreis;
Que esa será la mas cuerda
Resolucion.

Octa.   Pues en tanto
Que voy á tratarlo, en esa
Cuadra esperad; que muy presto
Volveré con la respuesta.   [*Vase.*

Beat. Ya no soy quien soy, fortuna,
Sino una humilde y sujeta
Muger. Á Dios, vanidad,
Estimacion y soberbia,
Que ya espirásteis en mí,
Pues, muerto Don Juan, no queda
Á mi vida mas accion,
Que el alma con que lo sienta.   [*Vase.*

Salen DON JUAN *y* DON PEDRO.

Juan. Ya, Don Pedro, sabeis, que desde aquella
Noche infeliz, que me llevó mi estrella
Por vuestra calle, y que escuchando el ruido
De las espadas, me arrojé atrevido
Á entrar hasta allá dentro,
Donde riñendo con Don Diego encuentro
Vuestro valor (mas esto es excusado);
Me puse á vuestro lado,
De vuestro honor movido. — Mejor, cielos, [*ap.*
Decir pudiera, de mis mismos zelos. —
Ya sabeis, que, teniendo allí por cierto
Los dos, que le dejábamos por muerto,
Juntos de allí salimos,
Vuestra hermana buscando, á quien no vimos
Ni rastro ó seña della. —
¡Ay Beatriz, tan ingrata como bella! — [*ap.*
Y ya sabeis tambien, que retraídos,
Por la herida, estuvimos escondidos
En un convento, donde
Mi valor, que hoy á todo corresponde,
Palabra os dió (ay de mí!) de no dejaros,
Hasta satisfaceros y vengaros;
Y ya sabeis......

Ped.   Tened; que es excusado,
Pues eso entre los dos todo ha pasado,
Repetirlo de nuevo.
Ya la amistad sé yo, Don Juan, que os debo;
Pues habiendo los dos de unos amores
Sido competidores,
En viéndome empeñado
En un trance de honor, puesto á mi lado,
Os olvidásteis de la competencia,
De amor y gusto haciendo diferencia.
(¡Ay Leonor, cuan en vano
Te adoro, ya enemigo de tu hermano!)
Tratásteis, como noble, de ampararme
Entonces, y despues de no dejarme;
Fuera de que, aunque vos, es cosa clara,
Me dejárais á mí, yo no os dejara;
Porque haciendo vos sido
Quien por mí se empeñó tan atrevido,
Mal en extremo hiciera,
Si de vos me apartara; que no fuera
Justo, que en ocasion tan importuna
No corriéramos buena una fortuna.
Y asi, pues retraídos
Los dos, en un delito introducidos,
Palabra el uno al otro habemos dado
De acompañarnos en cualquier estado,
Yo por parte del riesgo que os alcanza,
Y vos, porque ya os toca mi venganza,
¿Para qué es bueno el repetirlo ahora?

Juan. Para saber mi pecho lo que ignora.
¿A qué habemos venido
Á Sevilla los dos? Que no he querido
Preguntarlo, hasta verme
En ella, por no hacerme
Sospechoso en la duda.

Ped. Pues yo es razon que á deshacerla acuda.
Convaleció Don Diego,
Que esto supimos luego,
Donde ocultos habíamos estado,
Y su padre al oficio, que le han dado
Aqui, á Sevilla vino,
Adonde determino
Acabar de vengarme,
Si tanta dicha el cielo quiere darme.
Mi hermana no parece.
Al pronunciarlo hasta la voz fallece,
Tanto, que, si no fuera
A vos que lo sabeis, no lo dijera.
¿Quién duda, que habrá sido

Don Diego, quien oculta la ha tenido?
Porque saliendo ella
Huyendo de mi casa (dura estrella!)
¿Dónde ampararse habia,
Sino en el dueño de la ofensa mia?
Que, aunque él quedó por muerto,
Y no pudo ampararla entonces, cierto
Será, que ella despues se haya valido
Dél, ó como su amante ó su marido.
Y asi, con la sospecha que ahora tengo,
Á Sevilla á los dos buscando vengo,
Para darlos la muerte;
Pues que la ley del duelo nos advierte,
Que el que hizo cuanto pudo (ha ley severa!)
En la ocasion primera,
Su agravio por entonces satisfizo,
Si hace despues lo que primero no hizo.

Juan. Vos me habeis satisfecho.
Pero ya es otro el riesgo que sospecho.

Ped. Cuál es?

Juan.   Si conocidos
Aqui somos los dos, somos perdidos.
El padre trae oficio poderoso,
En llegando á saberlo, es muy forzoso......

Ped. No digais mas; que todo prevenido,
Don Juan, desde la corte lo he traido;
Que á Sevilla es muy cierto,
Que no viniera á andarme descubierto,
Pues fuera solo publicar mi agravio,
Sin vengarle.

Juan.   Y qué habeis de hacer?

Ped.   Octavio,
Un hombre de negocios poderoso
En Sevilla, aunque viejo, muy brioso,
Fue de mi padre amigo.
Á este de todo le he de hacer testigo;
Y poniendo en sus manos
Mi honor, le he de obligar en tan tiranos
Lances á que me ampare, que no dudo
Lo haga, si á él en tanto empeño acudo.
Tendrános en su casa
Escondidos, sabiendo cuanto pasa
Con espías de dia;
Y en cerrando la noche obscura y fria,
Don Juan, con las noticias que tomemos,
Los dos de embozo á la ciudad saldremos
Á conseguir, ó de una ó de otra suerte,
Ó bien mi desgravio ó bien mi muerte.

Juan. Á todo con vos vengo.

Ped. Pues oid ahora el modo que prevengo
Para hablarle. Yo soy muy conocido
Aqui, que muchas veces he venido
Á negocios, no es bien ir á buscalle,
Porque no me conozcan por la calle;
Y asi yo en la posada
He de quedarme. Vos, puesto que nada
Aventurais ahora,
Pues toda la ciudad quien sois ignora,
Os habeis de ir á hablalle.
Su casa es en la calle
De las Armas. Diréisle, que le espero
En la posada, donde hablarle quiero;
Que con recato venga;
Que no dudo, que en él amparo tenga.

Juan. Yo voy á obedeceros.

Ped. Yo espero aqui. ¡Ha, Don Juan, cuanto á deberos
Llego en la pena mia!
Sola esa dicha me quedó aquel dia. [*Vase.*

Juan. ¿Quién creerá, o hado enemigo,
Que me traiga tu rigor
Á ser amigo mayor
De mi mayor enemigo?
Piensa Don Pedro, que sigo
De su venganza obligado;

Y tan otro mi cuidado
Del suyo, Beatriz, ha sido,
Que él te busca de ofendido,
Pero yo de enamorado.
Que, aunque es verdad, que tambien
Estoy ofendido yo
De los zelos, que me dió
Don Diego, no fuera bien
Tratar de venganzas quien
Aguarda satisfacciones.
Y asi con dos atenciones
Han de mostrar mis desvelos,
Que una cosa son mis zelos,
Y otra mis obligaciones.
Con él voy; porque si aqui
Dispone el hado cruel,
Ay Beatriz! que te halle él
No te pueda hallar sin mí.
Si él, por vengarse de tí,
Te busca, por defenderte
Le acompaño yo; de suerte,
Que con amistad tingida,
Cual es tu muerte ó tu vida,
Dirán tu vida y tu muerte.
Ahora bien, voy á buscar
Á este Octavio, á este su amigo,
Para que sea testigo,
Si la llegamos á hallar,
De la accion mas singular,
Que vió el mundo; pues mi estrella
Tantos riesgos atropella,
Que, yendo dos á buscalla,
Es uno para matalla,
Y otro para defendella.   [*Vase.*

Salen OCTAVIO *y* DOÑA LEONOR.

Octa. Como os he dicho, señora,
Es virtuosa y bien nacida;
Y que no pensó en su vida
Verse en lo que se vé ahora.
Murió su padre, y quedó
Huérfana y pobre; y aunque
Hasta hoy un convento fue
Donde siempre se crió,
Poca salud ha tenido
Culpa de haberle dejado;
Que médicos la han mandado
Curarse fuera. Esta ha sido
La causa, porque hoy está
Desacomodada fuera;
Y que de aquesta manera
Piensa, que mejor podrá
Grangear con que poder
Tomar, señora, el estado
De monja, que ha deseado:
Que aquesto de no tener
Para el dote, lo estorbó;
Que aunque es cosa verdadera,
Que ella con menos pudiera
Tomarle, que otra, pues no
Hay mejor voz en España,
Que la suya, á cuyo intento,
Sin dote, hay mas de un convento
Que la ruegue, pero extraña
Tanto es su necesidad,
Que aun eso poco le falta;
Y asi en la ilustre, en la alta
Virtud de vuestra piedad
Su amparo espera, y yo os ruego,
Que si habeis de recibir......

Leon. No teneis mas que decir.
Señor Octavio. Haced luego

Que venga á casa; que, aunque
Necesidad no tuviera
Della, yo la recibiera,
Pues sus buenas partes sé,
Y pues vos me lo pedis.

Ccta. Dios os guarde. Y pues licencia
Tengo de vuestra clemencia,
Hablaré al señor Don Luis.

Leon. No hay para qué; que criadas
Yo las he de recibir;
Que soy la que he de vivir
Con ellas. Y asi excusadas
Esas prevenciones son,
Pues querer yo bastará.

Octa. Al punto á besar vendrá
Vuestra mano.   [*Vase.*

Leon.   Corazon,
Ya que solo habeis quedado
Conmigo, hablemos yo y vos;
Que ha mil siglos, que los dos
Hemos sufrido y callado.
Á dos pasiones rendida
Á un tiempo me ví, y postrada,
De Don Juan enamorada,
Y á Don Pedro agradecida.
Este ya desempeñó
La poca voluntad mia,
Que por tema le tenia;
Pues fue el que á mi hermano hirió.
Mas (ay de mí!) aquel á quien
Siempre yo adoré leal,
Y disimulando mal,
Encubrí el quererle bien,
No se ha olvidado; pues hoy,
De tanta ausencia á despecho,
Vive dentro de mi pecho.
Ay Don Juan! ¡y cuanto estoy
Arrepentida de haber
Tratádote con rigor!
¿Quién pensara, que el honor
Demérito podia ser?
¿Quién una dama será,
Con quien, de mí despicado,
Don Juan vive enamorado?
Quién será aquella?

Salen Isabel *y* Doña Beatriz.

Isab.   Aqui está.
Leon. Quién?
Isab.   La persona por quien
Octavio te ha suplicado.

Beat. Y quien toma por sagrado
De su fortuna al desden
Hoy el centro soberano
De vuestros pies, donde espera
Que sea merced primera
Besar vuestra blanca mano.

Leon. Alcese, amiga, del suelo. —
¡Bonita cara, Isabel! [*aparte á ella.*
Beat. ¡Qué mal me ha sonado el él! [*aparte.*
Y aun el amiga! — Consuelo
Á mi suerte no he debido
En mi vida, hasta llegar
Á dicha tan singular,
Como haberos conocido
Por dueño y señora mia.

Leon. Dios la guarde. — ¡Qué entonada [*aparte.*
Criada!

Beat.   Qué ama tan mirlada! [*aparte.*
Leon. Cómo se llama?
Beat.   Lucía.
Leon. Bien puede quitarse el manto.
Beat. ¡Que en esto me llegue á ver! [*aparte.*
Leon. ¿Y qué labor sabe hacer?

Beat. Deso servir puedo en cuanto,
Señora, querais mandar,
Pues sé todo lo que es
La labor blanca, y despues
En cañamazo labrar,
Bordar de broca y pasado;
Valonas y enaguas sé
Aderezar; luego haré
Varias flores al tocado;
Redes, encajes y puntas
Sé, señora, hacer tambien.

Leon. Mucho es que en tal cara esten
Todas esas gracias juntas,
Y aun otra mas que ha callado.

Beat. Ninguna presumo yo
Que en mí haya.

Leon.   Cómo no?
Si aqui Octavio la ha alabado
De que no hay voz en España
Mejor, que la suya.

Beat.   Octavio
Á mí me ha hecho un agravio,
Y á vos, señora, os engaña;
Que, sin destreza ó primor,
Que pueda ser maravilla,
Solo canto á la almohadilla,
Mientras hago mi labor.
Y esto aun lo pienso olvidar.

Leon. ¿Por qué, si el cielo la dió
Esta gracia?

Beat.   Porque yo
Soy desgraciada en cantar.

Leon. Desgraciada en cantar?
Beat.   Sí;
Porque es tanta mi desgracia,
Que lo que es para otras gracia,
Es desgracia para mí.

Leon. De qué suerte?
Beat.   Mi pesar
Se suele aumentar cantando.
Por esto lo digo.

Leon.   Cuando
Treguas la permita dar
Su tristeza, estimaré
Oirla algun tono, á fe mia. —
Isabel, dile á Lucía
Lo que ha de hacer, para que
Sepa en que se ha de ocupar.   [*Vase.*

Isab. Yo se lo diré despues;
Que, atenta á tanto interes,
Primero la quiero dar
Los brazos de amistad fiel,
Siendo fiador en los dos
Este nudo.   [*Abrázanse.*

Beat.   Guarde Dios
Á la señora Isabel.

Isab. Y la señora Lucía
Sea bien venida á casa.

Beat. ¿Qué es esto que por mí pasa, [*aparte.*
Deshecha fortuna mia!
Pero ya no es tiempo desto;
Que hasta estilo he de mudar,
Si no en sentir, en hablar. —
Señora Isabel, supuesto
Que vengo á ser desde hoy
Su compañera y su amiga,
Será justo que me diga
Desta casa donde estoy
Las costumbres, porque en nada
Ande ignorante mi error.
¿Es la señora Leonor
Muy mal acondicionada?
¿Es devota de la paz,
Ó es cofrada de la riña?

Isab. De todo tiene la viña,
Uvas, pámpanos y agraz.
Es muger; que habiendo ya
Dos años que estoy con ella,
Aun no acabo de entendella
La condicion. Ahora da
En que reine la tristeza.
Beat. ¿Y no se sabe de qué?
Isab. Yo para mí bien lo sé.
Beat. ¿Es achaque de belleza,
Con su poquito de zelos?
Isab. Y aun su muchito.
Beat.   Y de quién?
Isab. De un hombre á quien quiso bien,
Y por su honor con desvelos
Le despreció, y él muy presto
Se fue á buscar otro amor.
Beat. No era muy bobo el señor.
Isab. Ausentámonos con esto,
Y ella y su hermano han llegado
Aqui con pena cruel,
Ella hipocóndrica, y él
Mal herido y bien curado.
Beat. Cómo?
Isab. Como allá le hirieron
En casa de una señora,
De que aun no está sano ahora.
Beat. Poco agasajo le hicieron
En casa de la tal dama.
Y él qué persona es?
Isab.   Un hombre
Muy galan y gentil hombre.
Beat. ¿Cómo su merced se llama?
Isab. Don Diego.
Beat.   Un Don Diego fue [*aparte.*
Mi mal. — Y dónde está?
Isab.   Yo
Sé, que de casa salió;
Mas donde salió no sé.
Beat. Señor mayor, qué hombre es?
Isab. Es un viejo impertinente,
Muy ministro y muy prudente,
De aquellos que en todo un mes
Lo que riñen hablan.
Beat.   Bien.
¿Y qué mas familia tray?
Isab. Criadas de cocina hay,
Y otros criados tambien;
Y entre ellos un picaron.
Mas no quiero hablarte dél;
Tú le verás.

          Sale DOÑA LEONOR.

Leon. Isabel!
Isab. Señora?
Leon.   Mi turbacion
Diga lo que no podrá
Decirte la lengua mia.
Isab. Qué ha sucedido?
Leon.   Lucía;
Éntrese allá dentro.
Beat.   Ya
Obedezco. — ¡Que por mí [*aparte.*
Esto pase! ¡O si vivieras,
Don Juan, y en esto me vieras!   [*Vase.*
Isab. Ya estás sola.
Leon.   Escucha.
Isab.   Di.
Leon. Estando ahora, Isabel,
Vacilando y discurriendo,
No te digo en qué, tú sabes
Mis menores sentimientos,
Me puse á la zelosía,
Que cae sobre ese primero ·

Patio de casa, jugando
En los claveles de un tiesto,
Cuando ví entrar por la puerta
De la calle un caballero
Vestido de color. Dióme
El corazon en el pecho
Golpes, aun antes de verle
La cara, como diciendo:
Mírale bien, que es Don Juan.
¡O, en amorosos afectos,
Cuanto, antes que los ojos,
Vé el corazon desde adentro!
Aseguréme otra vez
Y otras mil de si era cierto;
Que como era dicha mia,
La dudé, estándola viendo.
Entró en casa, y en el cuarto
De Octavio llamó. Yo vengo
Solo á decirte, (ay de mí!)
Que mi amor en un momento
Ha hecho mil discursos, todos
En favor de mis deseos.
Y en fin, sea lo que fuere
Su venida, yo no tengo
Valor para mas recato,
Honor para mas silencio.
Y pues mi hermano y mi padre
Ahora á la audiencia fueron,
Por aquesa zelosía
Le llama, Isabel, al tiempo
Que salga.
Isab.   Con un criado
De Octavio hablando le veo.
Leon. Sí; que como él no está en casa,
No habrá querido entrar dentro.
Isab. Ya se va.
Leon.   Llámale aprisa.
Isab. Ha señor Don Juan!

       Dentro DON JUAN.

Juan.   No creo,
Que es á mí, porque en Sevilla
Quien me conozca no tengo.
Isab. Á vos es; subid por esa
Escalera.
Juan.   Ya obedezco.

       Sale DON JUAN.

¿Quién es quien me llama?   Yo,
Leon. Señor Don Juan, que deseo
Saber á qué es la venida
Á Sevilla; que, aunque tengo
De vos muchas quejas, no
Me acuerdo dellas, en viéndoos
En mi casa; porque fuera
Ruindad en un noble pecho,
Que se vengara en su casa.
Juan. ¡Quién vió mas raro suceso! [*aparte.*
¿Mas cómo podré saber
Los designios de Don Diego,
Si trajo á Beatriz ó no,
Mejor que espias teniendo
En su casa? Sean amigos
Fortuna una vez é ingenio. —
Por dos cosas desconozco
Este favor, que hoy merezco
De vos, porque es favor una
Y otra; porque á escuchar llego,
Que teneis quejas de mí,
Siendo yo quien á desprecios
Alimentado he vivido
Tantos años, y ahora vengo
Á Sevilla á vuestra casa,

Hermosa Leonor, por veros;
Que no sin causa buscaron
Hoy á Octavio mis intentos.
Leon. Albricias, alma! Ya sabe   [*aparte.*
Decir verdad el contento. —
¿Pues cómo licencia os dió
Aquel divino sugeto,
Que enamorábais? Que ya
De todo noticia tengo.
Juan. No me la dió, porque yo
No se la pedí; que habiendo
Sido por solo venganza
Ese cortes galanteo,
Faltando vos, faltó todo.
¡Asi, Leonor, de otros zelos
Pudiérais vos disculparos!
Leon. Si son unos, que yo pienso,
Es muy fácil; que yo nunca
Le dí lugar á Don Pedro,
Y mas desde que á mi hermano
Hirió. Vos no sabeis esto?
Juan. Algo oí; mas nunca yo
Lo que no me toca inquiero.
Isab. ¡Ay desdichada de mí!
Leon. Pues qué hay, Isabel?
Juan.   Que es eso?
Isab. Que debe de ser comedia
Sin duda esta de Don Pedro
Calderon; que hermano ó padre
Siempre vienen á mal tiempo,
Y ahora vienen ambos juntos.
Leon. Entrate en ese aposento.
Isab. ¿Si le vé la criada nueva?
Leon. Todo eso importa menos,
Que verle ellos. Elijamos,
Pues nos da á escoger el riesgo,
Fuera de que ella no está
Hácia aqui; el recibimiento
Es este; y pues hay en él
Esa cuadra, nada temo;
Que, en entrando ellos al cuarto,
Podrá irse.
Isab.   Escóndete presto.
Juan. ¿Quién en el mundo se vió,
Sin pensar, en tanto empeño?   [*Escóndese.*

Salen Don Luis, Don Diego *y* Luquete.

Luis. Leonor, qué hacias?
Leon.   Aqui
Estaba, señor, diciendo
Á Isabel, cuanto me agrada
Esta ciudad.
Luis.   Yo me huelgo
De que te parezca bien.
Leon. Y tanto, que te prometo,
Que, desde que en ella estoy,
He tenido algun contento.
Dieg. Aqueso no diré yo;   [*aparte.*
Que ni le tengo, ni espero,
Pues de Beatriz no he sabido
Desde aquel triste suceso,
En que yo pagué el agravio,
Que estaba Don Juan haciendo.
Luis. Hola! sacad unas luces.
¿No veis que va anocheciendo?

Sale Doña Beatriz *con luces.*

Beat. Ya estan las luces aqui.
Dieg. Válgame el cielo! Qué veo?   [*aparte.*
Beat. Válgame el cielo! Qué miro?   [*aparte.*
Dieg. Beatriz no es esta?
Beat.   Don Diego?
Dieg. Disimulemos, fortuna.

Beat. Corazon, disimulemos.
Luis. ¿Qué nueva criada, Leonor,
Es la que en casa tenemos?
Leon. Una, que Octavio ha traido,
Pidiendo con muchos ruegos,
Que la reciba, señor;
Y sabiendo yo, que en esto
Te hacia gusto, la he traido
Á casa.
Luis.   Muy bien has hecho;
Que por Octavio y por ella
Es ya dos veces acierto.
Beat. Como le tenga en serviros,
Mayor ventura no espero.
Luq. ¡Qué magnifica criada!   [*aparte los dos.*
Isab. Pues no la mire.
Luq.   Sí quiero;
Que me debes un abrazo,
Y he de cobrarle, si puedo.
Dieg. Luquete!   [*aparte á él.*
Luq.   Señor?
Dieg.   Estoy
Yo por dicha absorto ó ciego,
Ó esta es Beatriz.
Luq.   Pocas veces
La ví el rostro descubierto;
Pero paréceme, que
Se parece como un huevo
Á un estribo de gineta.
Dieg. Necio estás.
Luq.   Tú estás mas necio,
Pues quieres, que sea Beatriz
La que en Sevilla sirviendo
Está por órden de Octavio.
Dieg. No hablemos ahora en esto,
Porque mi padre y mi hermana
No entren en algun rezelo;
Que despues sabremos como
Puede ser. Y asi ahora quiero
Hacer mejor la deshecha,
Disimulando y fingiendo. —
Isabel, toma una luz,
Y llévala á mi aposento.
Isab. Venga á servir á su amo.
Luq. Á buen banquete por cierto
Me convida.
Dieg.   ¿Quién se vió
En tanta confusion, cielos?

[*Vanse Don Diego, Isabel y Luquete,
llevando luces.*

Luis. Tú tambien, Leonor, al mio
Ven, porque contarte quiero
La demostracion, que toda
Sevilla conmigo ha hecho.
Traiga, señora, esa luz.   [*Vase.*
Beat. Ya allá hay luces.
Leon.   Pues me veo   [*aparte.*
En tal peligro, si acaso
Don Juan se queda aqui dentro,
Mejor es, aunque aventure
Una parte á mi respeto,
Fiarme de aquesta criada,
Ya que de Isabel no puedo. —
Lucía!
Beat.   Señora mia?
Leon. La confianza, que tengo
De tus buenas partes, me hace
Fiar de tí el dia primero
Que te conozco.
Beat.   Qué mandas? —
Muerta estoy!   [*aparte.*
Leon.   Un caballero,

Que de Madrid ha venido,
Favores mios siguiendo,
En aquesa cuadra está
Encerrado; y yo te ruego,
Que, pues ya á mi hermano miro
Retirado en su aposento,
Y yo con mi padre voy,
En tanto que le entretengo,
Le saques de aqui.

Beat.   Sí haré.

Vuelve desde el paño DON LUIS.

Luis. No vienes, Leonor?
Leon.   Diciendo,
Señor, estaba á Lucía,
Que gustaré por extremo
De oirla cantar una letra,
Porque gran noticia tengo
De su buena voz.
Luis.   Á todos
Nos dará oírla contento.
Leon. Haz lo que te digo.
Luis.   Qué es?
Leon. Que busque algun instrumento.   [*Vase.*
Luis. Haz lo que Leonor te dice.   [*Vase.*
Beat. Una y mil veces lo ofrezco. —
Cielos, qué pasa por mí?
A la casa de Don Diego
Me ha traido mi fortuna;
El golfo tomé por puerto.
Ya no es posible, que en ella
Esté un instante· Mas esto
Mas espacio ha menester
Para discurrir en ello,
Y ver el modo. Acudamos
Á sacar de aqueste empeño,
Ahora á Leonor; que, por ser
Trance de amor, se lo debo,
Cuando no porque de mí
Ella se ha fiado. Luego
Se lo diré á Octavio todo. —
Escondido caballero,
Seguidme; que yo os pondré
En la calle.

Sale DON JUAN, *y viéndose, se admiran los dos.*

Juan.   Sí haré.
Beat.   Cielos!
¿Qué es lo que mirando estoy?
Juan. ¡Cielos! qué es lo que estoy viendo?
Beat. Son tantas cosas, Don Juan,
Las que en un instante mesmo
Mi imaginacion perturban,
Confunden mi entendimiento,
Que no sé á cual (ay de mí!)
Atender debo primero,
Y por acudir á todas
Á ninguna acudo. Pero
Dije mal; que donde hay
Tan mal pagados afectos,
Tan mal sentidas fortunas,
Como yo por tí padezco,
Haré mal en que no sean
Ellas las que en tanto empeño
Arrastren á las demas
Admiraciones que tengo.
¿En fin, para haberte visto
Venir á Leonor siguiendo,
Y para hallarte en su casa
Escondido y encubierto,
He llorado yo ·tu muerte?
¡O mal hayan sentimientos
Tan bien nacidos! Mas no;

Vive tú; que yo agradezco,
En albricias de tu vida,
Este dolor á mis zelos.
Juan. Pluguiera al cielo, tirana,
Que estuviéramos á tiempo
De que yo pudiera darte
Satisfaccion de todo eso.
¿Mas para qué he de gastar
Este instante, que aun no tengo,
En darte satisfacciones,
Que no han de ser de provecho?
En casa estás de tu amante.
No discurramos en esto,
Sácame de aqui; el dolor
No me haga hacer extremos,
Que á Leonor, á tí y á mí
Nos esten mal.
Beat.   Aunque veo
El peligro con que estamos,
No has de irte, sin que primero
Veas, que en todo encontrados
Estan los estilos nuestros;
Pues por no satisfacerme
Huyes tú, y yo te detengo
Por satisfacerte á tí.
Juan. Podrás?
Beat.   Sí.
Juan.   Pluguiera al cielo!
Beat. La noche······
Juan.   Qué?
Beat.   Que quedaste······
Juan. Di.
Beat.   Con mi hermano riñendo······
Juan. Saliste á la calle.
Beat.   Donde
Oí······
Juan.   Qué?
Beat.   Que él te habia muerto;
Y asi······
Juan.   Veniste á buscar
(Buena disculpa!) á Don Diego.
Con que aun la satisfaccion,
Es otra culpa; pues veo,
Que te dejó aqueste gusto,
De mi muerte el sentimiento.
Fuera de que aun es mentira
Cuanto dices; pues yo quiero,
Que al principio te dijesen
Que yo era el herido, ¿luego
No era fuerza que llegara
El desengaño, y mas viendo,
Que era Don Diego el herido?
Beat. ¿Cómo el herido Don Diego?
Eso aun no sé yo hasta ahora.
Juan. Si quieres que yo crea eso,
Y que, hallándote en su casa,
Ignores todo el suceso,
Es querer, que me dé muerte·
Beat. Escucha, y sabrás······
Juan.   No quiero
Saber nada. Vamos, vamos
De aqui.
Beat.   ¡Ay Don Juan, ya te entiendo!
Todo aqueso es barajar
Mi razon, por ir huyendo,
Antes que empiece á quejarme
Yo.
Juan.   ¿Puede, di, no ser cierto,
Que te he hallado en esta casa?
Beat. Tampoco puede ser menos
De haberte yo hallado á tí
En ella.
Juan.   Yo en fin te encuentro

En poder de mi enemigo.
Beat. Y yo en el cuarto encubierto
De mi enemiga te hallo.
Juan. Tú veniste con Don Diego.
Beat. Eso es mentira. Tú sí
Veniste á Leonor siguiendo.
Juan. Harásme que pierda el juicio.
Beat. Harásme que pierda el seso.
Juan. ¿Cómo......
Beat. 　　　　Yo......
Juan. 　　　　　　　Puedes......
Beat. 　　　　　　　　　　　Aqui......
Juan. Estar......?
Beat. 　　　　Viniendo......

Sale Doña Leonor.

Leon. 　　　　　　Qué es esto?
¿Pues cuando me importa tanto
Hacer lo que te encomiendo,
Lucía, te paras á hablar?
Juan. Lucia la llama? Cielos! [*aparte.*
¿Qué es lo que aqui estoy mirando?
Leon. Don Juan, á mi padre dejo
Divertido en sus papeles,
Mi hermano de su aposento
Sale; vete, antes que pueda
Verte. Otra vez nos veremos
Mas despacio, en que podrá
Agradecerte mi pecho
Haber venido por mí
Á Sevilla. Vete presto.
Juan. Si haré; que me importa mucho
El salirme de aqui huyendo. —
¡O cuantas cosas llevamos [*aparte.*
Que discurrir, pensamiento! [*Vase.*
Leon. Cierra, Lucía, esa puerta.

Salen Don Diego y Luquete.

Dieg. Á ver si está sola vuelvo [*aparte los dos.*
Beatriz, por saber......
Luq. 　　　　　　Leonor
Con ella está.
Dieg. 　　　　Pues no quiero
Despertar yo la malicia,
Sino esperar mejor tiempo. —
Tú aqui, Leonor? Dónde sales?
Leon. Lucía me estaba diciendo,
(Concede con cuanto diga, [*á Dª. Beatriz.*
Que me va la vida en ello)
Viéndome triste, que quiere
Divertir mis sentimientos,
En ese jardin cantando,
Y á éliba.—Ven; que oírte quiero. [*á Dª. Beatriz.*
Beat. Mandarme ahora cantar [*aparte.*
Solo falta á mi tormento.
Mas disimular me importa
Por esta noche á lo menos;
Que mañana buscaré
En Octavio otro remedio. [*Vanse las dos.*
Dieg. Ver tengo, si lo que oigo
Conviene con lo que veo.
Cantar es la mayor seña
De ser ella. Si hoy no pierdo
El entendimiento, es
No tener entendimiento. [*Vase.*
Luq. Pues no le perderás hoy,
Si solo consiste en eso.

Sale Octavio.

Octa. ¿Qué hace el señor Don Luis?
Luq. En su cuarto está escribiendo.
Octa. Pues no le quiero estorbar.
Diré'sle, Luquete, luego,

Que entrar no quise en el mio,
Sin verle; pero atendiendo
Á su ocupacion, me voy;
Que mañana nos veremos.
Luq. Yo se lo diré. — ¡Que quiera [*aparte.*
Mi amo persuadirse necio
Á que es Beatriz, por quitarme
Á mí la accion y el derecho
De vengar aquel abrazo! [*Vase.*
Octa. Aqueste es mi cuarto. — Celio!

Sale Celio.

Cel. Señor?
Octa. 　　　¿Ha venido alguien
Á buscarme?
Cel. 　　　　Un caballero
Preguntó por tí esta tarde.
Octa. Quién era?
Cel. 　　　　Era forastero,
No le conocí.

Sale Don Juan.

Juan. 　　　　Fortuna, [*aparte.*
En hablarle me resuelvo
Á este caballero, antes
Que se vea con Don Pedro,
Por informarle de todo,
Para que él ponga remedio. —
¿Sois vos el señor Octavio?
Octa. Qué mandais?
Juan. 　　　　Buscándoos vengo,
Y ya con segundo fin,
Señor, que os busqué primero,
Porque importa descubriros
Aqui un extraño suceso.
Octa. Decid.
Juan. 　　Yo venia de parte......

Sale Don Pedro.

Ped. Yo lo diré ya; pues viendo
Que tardábais, y era noche,
Á dos cuidados atento
Vine, buscándoos á vos,
Y á hablar á Octavio. No habiendo
Juan. Venido hasta ahora á casa,
Le esperé.
Octa. 　　　Señor Don Pedro,
Dadme mil veces los brazos.
Juan. ¿En qué confusion me veo? [*aparte.*
Octa. Sin duda á Beatriz buscando [*aparte.*
Viene.
Ped. 　　Menores extremos
Desempeñar no pudieran
La confianza, que tengo
De vos, en fe de la cual
Hoy á buscaros me atrevo,
Para haceros de mi vida,
De mi alma y de mi honor dueño.
Octa. Él sabe della sin duda, [*aparte.*
Pues viene en su seguimiento.
Yo en cualquier lance á Beatriz
Tengo de amparar primero.
Quedemos solos los tres;
Que descubriros mi pecho
Importa.
Octa. 　　　Déjanos solos.
　　　　　　[*Vase Celio.*
　　　　Sentaos.
Ped. 　　　Yo, Octavio, me veo
En la mas triste fortuna
Á que haber llegado puedo,
Pues me veo (¡ha quien pudiera
Decirlo con el silencio!)

Sin honor, y en vuestro amparo,
Que le he de cobrar, espero,
Consistiendo en vuestra casa
De mi fortuna el remedio.

Octa. ¿En qué puedo yo serviros? —
¡Cielos, él sabe, que tengo [*aparte.*
Hoy en mi casa á su hermana!

Juan. ¿Quién se vió en tan raro empeño, [*aparte.*
Mi obligacion de una parte,
Y de otra mis sentimientos?

Ped. Yo, Octavio, á Sevilla hoy
A satisfacerme vengo
De un agravio, de quien fue
Causa (falte aqui mi aliento!)
Una hermana, que faltó
De mi casa.

Octa.　　　　　Extraño empeño!
Pues dónde está?

Ped.　　　　　No lo sé.

Octa. Eso sí, del mal el menos. — [*aparte.*
Pues qué pretendeis?

Ped.　　　　　Hallarla.

Octa. De qué suerte?

Ped.　　　　　Estadme atento.

　　　Canta dentro DOÑA BEATRIZ.

Beat. Yo quiero bien;
Mas no he de decir á quien.

Ped. Ya lo sé; que esta es su voz.

Octa. Perdióse todo el secreto. [*aparte.*

Juan. Llegó el lance en que es forzoso [*aparte.*
Descubrir yo mis intentos.

Octa. Qué decis?

Ped.　　　　　Que esta es su voz,
Y vos la teneis ahí dentro.

Octa. Entrad, ved todo mi cuarto;
Vereis, que os engaña el viento.

[*Vuelve á cantar D*a. *B e a t r i z, y ellos representan,*
todo á un tiempo.

Beat. Es tan sagrado el respeto
De la hermosura que adoro,
Que se ofende mi decoro
Aun dentro de mi conceto.
Morir y callar prometo;
Y si el callar y el morir
Por señas han de decir
Mi fineza y su desden,
Yo quiero bien;
Mas no he de decir á quien.

Ped. ¿Pues dónde puede tan cerca
Estar?

Octa.　　　No sé. Todos esos
Huertos de la vecindad
Confinan por aqui, y dellos
En alguno podrá ser
Que esté; mas yo no la tengo. —
¡O quien pudiera dar solo [*aparte.*
Un breve espacio á su riesgo!

Ped. Pues en cualquiera que sea,
Me he de arrojar.

Juan.　　　　　Deteneos;
Que no es fácil, y es hacer
Público el agravio vuestro.

Octa. Vuestro amigo os aconseja
Lo mejor.

Ped.　　　Soltad!

Juan.　　　　　Teneos! [*Deteniéndole.*

Ped. ¿A esto venísteis conmigo?

Juan. Sí; que á que no os perdais vengo,
Solo á que os vengueis. — Esto es [*aparte.*
Dar para escaparla tiempo.

Ped. Pues yo me quiero perder,
Porque no he de estar oyendo,
Que esté una ingrata cantando,

Estándome yo muriendo.　　　　[*Vase.*

Octa. No le dejeis.

Juan.　　　　　¡Ay Beatriz,
En qué peligro te ha puesto
La desdicha de la voz!　　　　[*Vase.*

Octa. Cierra aquesas puertas, Celio;
No la vea él esta noche;
Que mañana habrá remedio.

━━━━━━━

JORNADA III.

━━━━━━━

Salen OCTAVIO, DON JUAN *y* DON PEDRO.

Ped. ¿En fin tengo de escuchar
Yo sus voces, sin que intente
Desesperado arrojarme
Adonde quiera que fuere,
Y con mi sangre y su vida
Los dulces ecos alegres,
Cisne de honor, convertirlos
En exequias de su muerte?
Sea pues lo que quereis
Los dos, que favorecerme
Debiérais, no reportarme
En una ocasion tan fuerte.

Octa. Los dos lo hacemos, por ver,
Cuanto es grande inconveniente
Querer arriesgarlo todo,
Sin que nada se remedie.
En uno desos jardines,
Que confinan con aqueste
Cuarto, se escuchó la voz;
¿No fuera accion imprudente
Dejaros solo hacer ruido
Sin efecto? Considere
Vuestro honor, que del honor
Son tan severas las leyes,
Que mandan, que el ofendido
Sin ningun riesgo se vengue.

Juan. Yo vengo con vos, Don Pedro,
Y en todo trance valiente
Me tendreis á vuestro lado;
Mas disponedlo de suerte,
Que sea uno el empeñaros
Y el desempeñaros. Entre
A parte con el valor
La cordura; que mil veces
Hemos visto, que sin ella
El mas osado se pierde.

Octa. Yo os ayudaré el primero.

Juan. Pensemos lo que conviene
Con mas atencion, y luego
Que se discurra y se piense
El modo, en su ejecucion
Vida, honor y alma se arriesguen.

Octa. Aunque es verdad, que no estoy
Yo informado (¡ha si supiese [*aparte.*
Disimular lo que sé!)
De todo lo que os sucede,
Bien se deja conocer
Por señas tan evidentes,
Que á vuestra hermana buscais.
Ya por lo menos se tiene
Noticia, que está aqui cerca;
Pues yo cautelosamente
Procuraré saber donde,
Quien la trajo, ó con quien viene,
Y en qué casa está. Y en tanto
Que desto á informarme llegue,
Vos quedaos escondido
En este cuarto; que puede

El ser visto embarazar
Nuestros designios; de suerte
Que, en volviendo yo informado,
Vereis el mas conveniente
Modo; y habiendo elegido
El que á vos os pareciere,
Entonces muramos todos. —
Asi mi valor pretende *[aparte.*
Poner en salvo á Beatriz.

Juan. El mas cuerdo arbitrio es este. —
Asi mi ofendido amor *[aparte.*
Es bien que dar tiempo intente,
Para que á Beatriz avise.

Ped. Yo quiero, que no se queje
De mí mi honor, que no hice
Cuanto pude por tenerle;
Y asi me quiero dejar
Regir de los dos en este
Caso, yerre con disculpa,
Ya que con disculpa yerre.
Con quien puede haber venido
Esa ingrata hermana aleve
Á esta ciudad, (ay de mí!
¡Cuanto pronunciarlo sienten
Mis labios!) es con Don Diego
De Lara, un hombre, que viene
Aqui con Don Luis de Lara,
Su padre, á un cargo; porque este
Fue á quien yo y Don Juan dejamos
Por muerto, y á quien valientes
Siguiendo los dos venimos.
Y asi saber os conviene,
Si él vive por aqui cerca;
Que, siendo asi, es evidente,
Que fue en su casa el cantar.

Octa. ¿Quién vió confusion mas fuerte? *[aparte.*
Las heridas de Don Diego
Fueron por ella, y la tiene
En su casa, siendo yo
Quien á ella la lleva. ¿Pueden
Juntarse en solo un discurso
Tantas dudas diferentes?
El uno de mí se fia,
Y á esto á mi casa viene;
Al otro le traigo yo,
Por las finezas, que debe
Á su padre mi amistad.
La dama (penas crueles!)
Se ampara de mi piedad,
Y todos tres finalmente
Estan dentro de mi casa.
Qué he de hacer? Ya se me ofrece
Un medio. Hablaré á los dos;
Y á no bastar, nada teme
Mi valor; pondréla en salvo,
Que es lo primero; pues tienen
En los hombres nobles tales
Privilegios las mugeres,
Que han de ser las preferidas,
Y venga lo que viniere. —
Ya, pues de todo advertido
Voy, con vos Don Juan se quede;
Que pues cómplice con vos
Fue, si acaso sucediese
Verle, nuestra diligencia
Podrá embarazar el verle.
Y mirad lo que os suplico,
Que no habeis de salir deste
Cuarto.

Ped. Esa palabra os doy.

Octa. En ninguna parte puede *[aparte.*
Mas seguro estar, que aqui. —
Yo la acepto. — No rezeles, *[aparte.*
Si procedes bien ó mal,

Pensamiento; bien procedes;
Que amparar á la muger
Es lo mas preciso siempre. *[Vase.*

Juan. ¿Cómo ahora, al oir Octavio, *[aparte.*
Que Don Diego (ay de mí!) fuese
De Don Pedro el enemigo,
Siendo Don Diego su huésped,
Y estando con él Beatriz,
Tener á Don Pedro quiere
En su casa, y á informarse
De donde ella está se ofrece?
No sé qué intento es el suyo.
¿Pero quién á mí me mete
En pensar dudas agenas,
Estando las mias presentes?
Beatriz está en gran peligro;
Y aunque á mí Beatriz me ofende,
Soy noble; avisarla ahora
Es lo que mas me compete.
¿Cómo podré de Don Pedro
Apartarme un solo breve
Instante, pues para hablarla
Ocasion Leonor me ofrece?

Ped. ¡O quien aqui se quedara *[aparte.*
Solo, por ver, si pudiese
Descubrir desde aqui algo!

Juan. Ya una industria se me ofrece. *[aparte.*

Ped. ¿Qué estais pensando, Don Juan?

Juan. Don Pedro, en unos papeles,
Que son de mucha importancia,
De la maleta; y el huésped
Donde llegamos ayer,
Viendo, que ninguno vuelve,
Podrá abrirla rezeloso.

Ped. Decís bien; y me parece
Preciso, que vos, que sois
Menos conocido en este
Lugar, vais á asegurarle,
Porque en sospecha no entre.

Juan. Yo fuera, si no temiera......

Ped. ¿Qué os embaraza y suspende?

Juan. Dejaros solo.

Ped. ¿Qué importa,
Que solo, Don Juan, me quede?
Id pues; que en casa segura
Quedo.

Juan. Si bien lo supiese! — *[aparte.*
Pues con esa confianza
Voy, volveré brevemente.

Ped. Vacilando me hallareis
En mis desdichas crueles. *[Vase.*

Juan. Beatriz, á avisarte voy *[aparte.*
De los peligros que tienes. *[Vase.*

Salen DON DIEGO *y* LUQUETE.

Luq. Apenas ha amanecido,
¿Y ya, señor, te levantas?

Dieg. Sí; que en confusiones tantas
Mal descansar he podido.

Luq. ¿En fin, en que es Beatriz, das,
Esta criada?

Dieg. Sí, ella es,
Ó yo estoy loco.

Luq. Ea pues,
Persuádete á que lo estás.

Dieg. Yo la he de hablar y saber,
Qué causa aqui la ha traido,
Ya que tiempo no he tenido
Antes de ahora; porque ayer
La ví en casa, y de mi hermana
Un punto no se apartó.
Y asi, por hablarla, yo

Luq.   Me vestí tan de mañana.

Dieg.   Ella viene.

     - Pues de aqui
Te retira, porque quiero
Solo hablarla.   [*Vase Luquete.*

Sale DOÑA BEATRIZ.

Beat.   Tarde espero   [*aparte.*
Que haya dicha para mí.
Hablar á Octavio quisiera
En su cuarto, para que
Sepa, que esta casa fue
De mi mal causa primera,
Para que me ausente della;
Pues consolada no puedo
Estar yo, sin tener miedo
Al influjo de mi estrella.
Voy; pero......

Dieg.   ¡Gracias al cielo,
Que puedo, hermosa Beatriz,
Aqueste instante feliz
Hablarte, sin el rezelo,
Que de mi hermana he tenido!
Dame mil veces los brazos;
Que bien tan dichosos lazos
Mi vida te ha merecido,
Tan á riesgo suyo, pues
Por tí la tuve perdida,
Siendo mas feliz mi vida,
Muerta entonces, que despues
Restaurada; que, aunque yo
Quejarme de tí pudiera,
Pues Don Juan de Silva era
Quien con tu hermano riñó,
Cuando yo entré, no ha quedado
Para la duda razon,
Mirando tu estimacion
En tan infeliz estado.
Qué es esto? ¿ Cómo has venido
Aqui? Las lágrimas deja;
Pues que ya toda mi queja
En lástima has convertido.

Beat.   Saben los cielos, señor
Don Diego, cuanto quisiera,
Que tambien se convirtiera
Hoy mi venganza en dolor,
Antes de llegar á oiros,
Y antes de llegar á hablaros.
Mas ya que es preciso daros
Noticia de mí, y pediros,
Que me ampareis, mis enojos
Faciliten mis agravios,
Sean llanto de los labios
Las razones de los ojos,
Que está mi remedio en vos.
Y asi escuchad.

Dieg.   Proseguid.

Beat.   Yo......

Sale OCTAVIO.

Octa.   Beatriz, Don Diego, oid;
Que pues buscando á los dos
Vengo, porque importa hablar
Á cada uno de por sí,
Mejor será, pues aqui
Juntos hoy os puedo hallar,
Juntos hablaros; que no
Se aventurará el secreto
De uno en otro, á cuyo efecto
Mi obligacion os buscó;
Á vos, porque asi pretendo   [*á Dª. Beatriz.*
Decir el riesgo en que os veis;
Y á vos, porque lo escucheis.   [*á D. Diego.*

Dieg.   Ya os escucho.

Beat.   Ya os atiendo.

Octa.   Vos, Don Diego, no ignorais,
Pues que su amante habeis sido,
Quien es Beatriz, y sabeis
El como á Sevilla vino. —
Vos, Beatriz, no me podeis
Negar, pues me lo habeis dicho,
Que el que vuestro hermano hirió,
Vuestro esposo hubiera sido.
Pues siendo asi, que he llegado
Yo á saber destos avisos,
Que es Don Diego esposo vuestro,
Pues fue Don Diego el herido
En vuestra casa, á quien vos
Por muerto tuvísteis, digo,
Que ya no es tiempo de que
Deis mas larga á los designios
De vuestro amor, porque anda
De un noble pecho ofendido,
De vos muy cercano el riesgo,
Y en vuestro alcance el peligro.
En Sevilla está Don Pedro,
Vuestro hermano y enemigo;
Y de donde vos estais
Ya tiene muchos indicios;
Que, cuando anoche cantásteis,
Lo oyó; que en efecto ha sido
La desdicha de la voz
Oirla, el que no se quiso
Que la oyese. Ved ahora,
Si habiendo hasta aqui venido
Buscándoos, juntos os halla,
Cuanto el empeño es preciso.
Y asi, pues los dos estais
Tan amantes y tan finos,
Que á vos por ella os hirieron,
Y ella á vos os halla vivo,
Habiéndoos llorado muerto,
De que yo soy buen testigo,
El mejor fin, que podeis
Dar á este noble delito
De amor, es, que vuestro hermano
Casados os halle, arbitrio
Para el desempeño airoso,
Para el desagravio digno.

[*Mientras Octavio está hablando, los dos están*
suspensos, y Dª. Beatriz llora.

¿ Pues cómo, cuando pensé
Hallaros agradecidos
Á vuestra fortuna, dando
Feliz fin á los prodigios
De tan peligroso amor,
El uno y otro indecisos
Dais lágrimas á la tierra
Vos? vos al aire suspiros?
¿ No fuisteis, decid, Don Diego,
Vos quien mas á Beatriz quiso?

Dieg.   Tanto, que fui en su hermosura
De amor idólatra Indio.

Octa.   ¿Vos, Beatriz, no me dijisteis,
Que á quien Don Pedro habia herido,
Vuestro esposo era?

Beat.   Es verdad.

Octa.   No os hirió á vos?   [*á D. Diego.*

Dieg.   Y al divino
Cielo pluguiera, que nunca
Hubiera convalecido.

Octa.   No es quién vos dijisteis?   [*á Dª. Beatriz.*

Beat.   No;
Que tuve error al decirlo.

Octa.   ¿No estábais vos en su casa   [*á D. Diego.*
Aquella noche escondido?

Dieg.   No; que solo al ruido entré.   [*á Dª. Beatriz.*

Octa.   ¿ Pues cómo vos me habeis dicho,

Beat. Que el que llorábais......?

No supe

Quien hubiese entrado al ruido.

Octa. ¿Luego era el competidor
Don Diego, y no el elegido?

Los dos. Sí.

Octa. Pues peor está, que estaba,
Si, cuando el fin imagino
Facilitado, se vuelve
Á quedar en su principio.
Y asi acortemos discursos;
Que hay mucho que hacer. Yo miro,
Beatriz, muy cercano el riesgo;
No tengo de permitiros
Padecer en mi poder.
Y asi conmigo venios
Donde yo os guarde.

Dieg. Eso no;
Que una cosa en su peligro
Es el ser yo caballero,
Y otra el no ser su marido.
Yo soy á quien hoy Don Pedro
Busca, como á su enemigo;
Beatriz en mi casa está.
Ved cuanto es para mí indigno,
Que otro me excuse el efecto
De lo que yo causa he sido.
Y asi yo debo ampararla,
Ya que por fortuna vino
Á mi casa; no se diga
De mí, que solo he tenido
El brio para quererla,
No para guardarla el brío.

Octa. Ella se amparó de mí,
Y la he de llevar conmigo.

Beat. Mirad, que......

Octa. Yo......

Dieg. Yo...... [*Alborótanse.*

Salen DON LUIS *y* LUQUETE.

Luis. Qué es esto?

Dieg. Disimular es preciso, [*aparte.*
No entienda nada mi padre.

Octa. Fingid vos, pues que yo finjo. — [*aparte.*
Nada; alabóme Don Diego
Aqueste aderezo mio,
Y estábasele ofreciendo;
Rehusó, á lo que yo porfio;
Y asi, que vos se le deis
De parte mia, os suplico.

Luis. Pues disimulan, no quiero [*aparte.*
Darme yo por entendido. —
Desempeñamos tan mal
Mercedes y beneficios
Vuestros, que no extraño, que
Tomarle no haya querido. —
De Octavio quiero saber, [*aparte.*
Qué ha sido aquesto. — Venios
Conmigo, Octavio; que tengo
Un negocio que deciros. —
Vete de aqui.

Dieg. Sí haré.

Beat. Cielos! [*aparte.*
¿Á quién habrá sucedido
Tanto tropel de desdichas?

Luq. Señor, qué es esto? Qué ha sido? [*ap. á D. Diego.*
¿Es Lucía, ó es Beatriz?

Dieg. Lucía; estaba sin juicio.

Luq. Quién lo duda? — ¡Albricias, alma, [*aparte.*
Que desta vez me enlucio!

Dieg. Que es ella, negar me importa, [*aparte.*
Hasta el fin que solicito. —
Beatriz, en mi casa estás; [*aparte á ella.*
No temas ningun peligro;

Sírvete de algo, ya.
Que de todo no te sirvo. [*Vase.*

Luis. Venid.

Octa. Por no darle mas [*aparte.*
Sospechas, sus pasos sigo. —
Está advertida, Beatriz, [*aparte á ella.*
De que vuelvo al punto mismo;
Y en tanto, que deste cuarto
No salgas, Beatriz, te aviso. [*Vanse los dos.*

Beat. ¿Habrá mas ansias, mas penas [*aparte.*
Que padecer? Que bien dijo
El que dijo, que los males
Eran cobardes, pues miro,
Que nunca he visto uno solo,
Y cobran mayores brios,
Cuando al que embisten le ven
Mas postrado y mas rendido.

Luq. Animo, amor, esto es hecho. [*aparte.*
Sombrero y zapatos limpio.

Beat. ¿Mi hermano en Sevilla, cielos!
Y ya con claros indicios
De la parte donde estoy,
Por haber mi voz oido?

Luq. Linda cosa fuera amor,
Si no tuviera principio.

Beat. ¡Mal haya mi voz, amen,
Pues mi mayor enemigo
La desdicha de mi voz
En cualquiera parte ha sido!

Luq. Pero qué temo? Quizá
Será muger de capricho.

Beat. Faltar desta casa ahora
No puedo, habiéndome dicho
Octavio, que aqui le espere;
Estarme en ella, divinos
Cielos, es estar haciendo
Mas continuado el delito.

Luq. Yo llego á lo Sevillano,
Que será el mejor estilo.

Beat. Y estas confusiones son
Sin tocar (rigor esquivo!)
En los zelos de Don Juan,
Que no importaran los mios.
¡Cual estoy yo, pues mis zelos
Son los que menos estimo!

Luq. Seora madre de mi vida,
Ya voaced habrá sabido,
Que el enamorarse un hombre
Muchas veces no es de vicio.

Sale ISABEL *al paño.*

Isab. Zelos, vamos poco á poco;
Que hay en el campo enemigos.

Beat. Eso solo le faltaba [*aparte.*
Á mi discurso afligido,
Que un pícaro se me atreva.

Luq. Yo lo estoy desde que he visto
Esa cara y ese talle.

Beat. ¿Fortuna, á que me has traido?

Isab. Demos otro paso mas.

Luq. Yo quiero pues.

Beat. Pues yo envido. [*Dale un bofeton.*

Sale ISABEL.

Isab. Lleve ese, y venga por otro,
Seor Luquete.

Luq. Vive Cristo......

Isab. Ahora no me negarás,
Picaño, que yo lo he visto.
¿Peor que mi abrazo no es esto?

Luq. Y como, tambien lo digo;
Pues tu ofendes abrazando,
Y yo escupiendo colmillos.

Isab. ¡Que grande gusto me has hecho,

      Ay amiga, en despedirlo.
Luq. ¡Y á mí, que grande disgusto!
Beat. En nada, Isabel, te sirvo;
      Que yo asi despido siempre
      Á picaños atrevidos.
Luq. Y para siempre jamas
      Yo me doy por despedido.

        Sale DOÑA LEONOR.

Leon. Lucía, Isabel, ¿con quién
      Hablábais aqui?
Luq.   Conmigo
      Hablando estan por la mano.
Leon. Luquete, allá fuera idos.
Luq. Que me lo hubieras mandado,
      Te lo hubiera agradecido,
      Una hora antes.
Isab.   Para esta,
      Infame.
Luq.   Aqueso es muy lindo!
      Ahora la juras? ¿No llevo
      Ya adelantado el castigo?   *[Vase.*
Leon. Amigas, pues que las dos
      Sois de mis males testigos,
      Sed de mis penas las dos
      Tambien lisonjero alivio.
Isab. Ya sabes con el amor
      Y lealtad que te servimos.
Leon. Ya sabeis, como Don Juan
      De mí enamorado vino
      Á Sevilla; ya te dije
      Anoche, como me dijo,
      Que á darme satisfacciones
      Solamente habia venido
      De unos zelos, que me dió
      En Madrid; pues aunque fino
      Á una dama festejaba,
      Era mañoso artificio,
      En cortesana venganza
      De mis desdenes esquivos,
      Pues yo, hasta volver á oir
      Tal desengaño, no vivo.
      Si tú quisieres, Lucía,
      (¡Con qué vergüenza lo digo!)
      Hacer por mí una fineza,
      Verás como te la estimo.
Beat. ¿Qué es, señora, lo que mandas?
Leon. Yo, como mi padre vino,
      Y no pude con espacio
      Hablarle, (o rigor impío!)
      No pregunté su posada,
      Adonde yo le dé aviso
      De las horas á que puede
      Hablarme; y asi te pido,
      Que, pues eres de Sevilla,
      Y sabrás, que esto es preciso,
      Mejor, que Isabel, las calles,
      La posada en que ha vivido
      Busques, Lucía, y le lleves
      Al instante un papel mio.
      No lo harás?
Beat.   Sí, mi señora.
      ¿Pues no, si en eso te sirvo?
Leon. Dios te guarde! Ponte el manto,
      Mientras yo el papel escribo. —
      Isabel, vén á sacarme
      La escribanía.   *[Vanse las dos.*
Beat.   ¿Ha podido
      Llegar á mas mi fortuna,
      Que á darme tan buen oficio?
      Pero puesto que á Don Juan
      Hablar asi solicito,
      Buscarle de espacio quiero,
      Y darle de todo aviso,

      Aunque Octavio, que de casa
      Hoy no saliese, me dijo.
      Iré por el manto.

        Sale DON JUAN.

Juan.   Espera,
      Beatriz; que una hora escondido
      En ese portal de enfrente
      He estado, mal dije, un siglo,
      Esperando á que Don Luis
      Se fuese, que con su amigo
      Octavio se ha estado hablando,
      Y por eso no he podido
      Entrar antes.
Beat.   La señora
      Leonor, por quien has venido
      Á Sevilla, á solo darla
      Satisfaccion de que ha sido
      Cualquier otro amor venganza
      De sus desdenes esquivos,
      Te agradezca la asistencia.
      Espera, mientras la digo,
      Que no te escriba un papel,
      Que ya por él has venido.
Juan. Beatriz, los lances estan
      En estado tan prolijo,
      Que piden medios, no quejas.
      Y pues yo zelos no pido
      De que en casa de Don Diego
      Te estés, habiéndome visto
      En Sevilla, no gastemos
      Tiempo en estos desatinos,
      Y calla tus zelos tú,
      Pues que yo no hablo en los mios.
      Tu hermano en Sevilla está;
      Á darte muerte ha venido,
      Ó á casarte con Don Diego.
      Para mí todo es lo mismo.
      Pero habiendo sido yo
      Quien mas, Beatriz, te ha querido,
      Quien mas, Beatriz, te ha adorado,
      Bien pensaba el no decirlo;
      Mas como ha tanto que saben
      Estas voces el camino,
      Que hay del corazon al labio,
      Solo el uso las ha dicho.
      No será justo que sepa
      Yo que te busca el peligro,
      Y no te avise dél. Mira
      Lo que has de hacer; prevenido
      Para todo me hallarás
      Cuanto sea tu servicio:
      Bien por la parte de noble,
      No por la parte de fino:
      Que, en habiéndote dejado
      Segura del despecho mio,
      Palabra te da de que
      Me ausente el fiero martirio
      De verte en agenos brazos.
      Y asi, lo que te suplico,
      Es, que asegures tu vida,
      Hallándote (trance esquivo!)
      Desposada con Don Diego
      Tu hermano; que otro camino
      Tu seguridad no tiene.
      Si á esto inconveniente ha sido
      De Don Diego algunos zelos,
      Y en tu estimacion previno
      Poner duda, esto lo infiero,
      De que sirviendo te miro
      Con otro nombre en su casa,
      Dimelo; que yo, yo mismo
      Tomaré de tu opinion
      La causa, y en desafio

La muerte le sabré dar,
Porque se case contigo;
Que quiero mas tu opinion,
Ay Beatriz! que el gusto mio;
Que no quiso como noble
Quien como zeloso quiso.

Beat. Don Juan, aquesa fineza
Yo la agradezco y la estimo;
Mas para valerme della
No es tiempo. Yo no he tenido
Con Don Diego mas empeño,
Que traerme mi destino,
Sin saber cómo, á su casa.
Si desto quieres testigos,
Lo es Octavio; y sin Octavio,
Séalo lo que te digo.
Sácame de aquesta casa,
Llévame, Don Juan, contigo;
Que, aunque hoy Octavio y Don Diego
Se han en mi amparo ofrecido,
Quiero que veas, que solo
El que tú me das estimo;
Y hálleme mi hermano luego
Casada, pero contigo.

Juan. Beatriz, ya te he dicho, cuanto
Mas tu opinion solicito,
Que mi gusto. Yo no puedo
Casarme (muero al decirlo!)
Con quien (tiemblo al pronunciarlo!)
En poder (grave martirio!)
De otro amante (triste suerte!)
He hallado; (rigor esquivo!)
Y asi......

Beat.   No me digas mas;
Que ya sé, que no ha nacido
Ese escrúpulo, Don Juan,
De tu amor; que, habiendo oido
Mi resolucion, debieras
No dudar, pues si se ha visto
Huir de un marido á un amante,
Alterando yo el estilo,
No habia de querer ahora
Huir de un amante á un marido.
Leonor es desta tibieza
Causa; por ella has venido,
Y...... Pero no digo nada;
Harto en lo que callo digo.

Juan. Harás que me dé la muerte
Despechado el honor mio,
Si no quieres,......

Beat.   Qué?

Juan.   Que tenga
Causa.

Beat.   En qué?

Juan.   En haber sentido
Hallarte en cas de Don Diego.

Beat. Bien, que lo sientas, lo estimo;
Mas no que lo sientas tanto,
Como que hagas desperdicio.

Juan. De qué?

Beat.   De aquesta ocasion
Que te doy.

Juan.   Si, habiendo dicho,
Que hasta estar desengañado,
No me he de casar contigo,
Quieres que te lleve, vamos.

Beat. Tanto de mi verdad fio,
Que con esa condicion
He de aceptar el partido.
Espera, pondréme un manto.   [*Vase.*

Juan. Amor, ya me determino
Á todo, ya nada temo,
Llevando á Beatriz conmigo,
Y que......

Sale Doña Leonor.

Leon.   Ya está aqui el papel,
Lucía. Pero qué miro?
Don Juan, mi señor, en vano,
Si estás presente, te escribo,
Pues la lengua del papel
Para la ausencia se hizo;
Y asi le rompo al mirarte,
Siendo ya los brazos mios
Mejores cifras de amor.

Juan. Muerto soy, si aqui no finjo;   [*aparte.*
Porque el enojarla ahora,
Será estorbar mis designios. —
Leonor, señora, mi bien,
Cuanto aquese agrado estimo,
Mejor lo dirá la muda
Retórica de un rendido,
Haciendo de tales lazos
Cadenas al albedrío.

Al irse á dar los brazos, sale Doña Beatriz
con manto.

Beat. Vamos, Don Juan. — Mas qué veo?   [*aparte.*

Leon. Lucía, no necesito
Ya de que vayas, supuesto
Que primero Don Juan vino,
Que fueses tú; y asi el manto
Te quita.

Beat.   Ya me le quito,
Pues no tengo que ir adonde
Iba, en habiéndole visto.

Leon. ¿En fin, Don Juan, que la dama
Á quien amabas rendido
En Madrid, era por tema?
Qué dudas? qué temes? Dilo
Una y mil veces, que yo
Tantas estimaré oirlo.

Beat. Sí dirá.

Juan.   Verdad es, que,
Por quien hasta aqui he venido,
Es por quien estoy mirando;
Pues ni tengo ni he tenido
Dicha, sino solo ver
Una hermosura que miro. —
No tienes de que enojarte,   [*aparte las dos.*
Beatriz; por tí lo digo.

Beat. Favor; que es comun de dos,
Ni le quiero, ni le estimo.

Leon. ¡O cuánto, Don Juan, me agrada
Esas finezas oiros!
Todas mi amor las merece.

Sale Isabel *asustada.*

Isab. Señora!

Leon.   Qué ha sucedido?

Isab. Qué ha de suceder? ¿No es
Él venir alguien preciso?
Octavio y Don Diego á un tiempo
Por dos puertas han venido
Á casa, y en este cuarto
Entran.

Beat.   ¿Quién jamas ha visto   [*aparte.*
Mas penas?

Leon.   Don Juan, ya sabes
Desde anoche este retiro,
Éntrate; y las dos entrad
En esta sala conmigo;
Que, estando haciendo labor,
Mejor la deshecha finjo. —
Tú no salgas, hasta que   [*á D. Juan.*
Una seña te dé aviso;
Aquesta será la voz
De Lucía. Habiendo oido

Que canta un tono, sal luego;
Que es señal, que se habrán ido.
Beat. ¿Yo cantar ahora, cielos?
Leon. Esto, Lucía, es preciso,
Para que Don Juan se vaya.
Beat. Solo el ser para su alivio,
Pudiera hacerme cantar,
Cuanto era el llorar mas digno.
Isab. Que entran ya.
Juan. 　　　　　¿Quién se vió á un tiempo
Á tantas penas rendido?
Beat. Ay ingrato!　　　　　　　[*aparte los dos.*
Juan. 　　　　　¿Pude yo
Excusarlo?
Beat. 　　　　　¿Quién te hizo
Fuerza?
Juan. 　　　La ocasion.
Beut. 　　　　　　　¡Qué buena
Disculpa! Yo me retiro.
Juan. Yo me quedo, no me halle
Hoy la desdicha escondido.
　　　[*Escóndese, y vanse todos.*

　　　Salen OCTAVIO y DON DIEGO.

Octa. Señor Don Diego, con vos
Yo no he de tener pendencia,
Pues ha de ser conveniencia
Cuanto tratemos los dos.
Siendo asi, no embaraceis
La accion, que me toca á mí,
Que traje á Beatriz aqui,
Sacarla de aqui.
Dieg. 　　　　　¿No veis,
Que, habiéndola hallado yo
En mi casa, aunque haya sido
Siempre amante aborrecido
De su rara beldad, no
Será bien visto, que sea
De otro amparada? Y mas siendo
Yo, como estais vos diciendo,
Á quien su hermano desea
Dar la muerte, ¿cómo puedo
Excusar el lance, pues
Lo que conveniencia es,
Podrán decir que fue miedo?
Octa. Ella á Sevilla se vino,
Porque el herido juzgó
Que era su esposo, y creyó,
Que era muerto; y pues previno
En mí hallar favor y amparo,
Es cierto, que he de guardarla.
Yo la traje aqui, y llevarla
Me toca.
Dieg. 　　　Yo, aunque su raro
Rigor siempre examiné,
Y un favor no merecí,
Habiéndola hallado aqui,
Sin apurar como fue,
La he de librar; que á ninguno
Le toca mas, ni aun á vos.
Octa. Eso es, por guardarla dos,
No favorecerla uno;
Y asi, pues es un efeto
El que los dos procuramos,
Hoy los dos nos avengamos
Á sacarla deste aprieto.　　　　[*Vanse.*

　　　Sale DON JUAN al paño.

Juan. En verme aqui retirado,
Mil veces dichoso he sido,
Pues un desengaño he oido,
Con que quedo asegurado.

Descúbrense en un corredor DOÑA BEATRIZ,
DOÑA LEONOR *é* ISABEL *con almo-
hadillas, haciendo labor.*
Isab. Los dos, sin pasar, señora,
De la sala, se volvieron.
Leon. Fuéronse ya?
Isab. 　　　　Ya se fueron.
Leon. Pues, Lucia, ahora, ahora,
Para que Don Juan se vaya,
Que, á trucco de asegurarle,
No quiero volver á hablarle.
Beat. Pues quiere el cielo, que haya　[*aparte.*
Para Don Juan conveniencia
En mi voz, quiero cantar,
Á pesar de mi pesar.
El llanto le dé licencia
Hoy á mi acento veloz;
Que si á él servirle procura,
Ya será una vez ventura
La desdicha de mi voz.
[*cant.*] Ya no les pienso pedir
Mas lágrimas á mis ojos,
Porque dicen, que no pueden
Llorar tanto, y ver tan poco.

　　　Sale DON PEDRO.

Ped. Donde Octavio me dejó,
Esperando (ay de mí!) estaba
La respuesta de mi agravio,
Que ha todo un siglo que tarda,
Cuando la voz de Beatriz
Escuché, y siguiendo el alma
Su acento, sali del cuarto;
Pasando de sala en sala
Á esotro de enfrente, cielos,
Averigüé donde canta.

　　　Sale DON JUAN.

Juan. Saldré, pues ya me asegura
La voz.
Ped. 　　　Entraré á buscarla.
Juan. Don Pedro!
Ped. 　　　　Don Juan?
Juan. 　　　　　　　Teneos!
Dónde vais?
Ped. 　　　　Ya es excusada
Persuasion, que habiendo visto,
Que Octavio y que tú me engañas,
Octavio, pues esa fiera
Tiene dentro de su casa,
Y tú, pues de adentro sales,
Y ambos á dos me lo callan,
Sin esperar mas razones.
Tengo de entrar á matarla.
Juan. Mirad á qué os empeñais,
Porque tengo de guardarla.
Ped. Vos de mí?
Juan. 　　　　Yo.
Leon. 　　　　　Qué es aquello?
Lucía, mira quien anda
Alli.

　　　Sale DOÑA BEATRIZ.

Beat. 　　Qué es esto, Don Juan?
Ped. ¿Qué ha de ser, aleve hermana?
Sino yo, que á darte muerte
Vengo.
Beat. 　　Los cielos me valgan!
Juan. No temas; que en tu defensa
Perderé honor, vida y alma.
Ped. ¿Á eso conmigo veniste?
Juan. Sí; que esto solo fue causa.

Ped. Eres amigo traidor.
Juan. Soy leal amante, que basta.   [*Riñen los dos.*

    Sale DOÑA LEONOR.

Leon. Qué es esto? — Ay de mí infelice!   [*aparte.*
    Don Pedro, á quien yo engañaba,
    Zeloso sin duda viene
    Buscándome, y como halla
    Á Don Juan aqui, de zelos
    Los dos por mi amor se matan. —
    Caballeros!
Ped.   ¿Leonor, tú
    En este cuarto? Ya pasan
    Á mayores mis desdichas,
    Pues en la casa se ampara
    De Don Diego mi enemigo.
    Mataréla.
Juan.   He de librarla.
Leon. Don Pedro, si es que buscando
    Vienes á la que te engaña,
    No á costa de tanto honor
    Quieras hoy tomar venganza.
Ped. Buscando vengo, Leonor,
    Á quien me ofende y me agravia.
    Y tengo de darla muerte.
Juan. Ya he dicho, que yo ampararla.
Leon. Por mí lo dicen los dos.

    Salen DON LUIS *y* LUQUETE.

Luis. ¿Qué ruido es este en mi casa?
Luq. Qué sé yo?
Leon.   Mi padre, cielos! [*aparte.*
    ¡Aqui el ingenio me valga! —
    Qué ha de ser? Que aquestos dos
    Caballeros hoy con tanta
    Osadía se han entrado
    Buscando aquesa criada,
    Que, sin mirar el respeto
    Que deben......
Beat.   Desdicha extraña! [*aparte.*
Leon. Á mi decoro y el tuyo,
    En mi presencia se matan. —
    Lucía, conven en esto, [*aparte á Dª. Beatriz.*
    Pues tú no aventuras nada,
    Y me das la vida á mí.
Juan. Ya Leonor desengañada [*aparte.*
    De todo está, pues á voces
    Toda la verdad declara.
Luq. Isabel, qué ha sido esto?
Isab. Yo, Luquete, no sé nada.
Luis. Deteneos, caballeros;
    Que estoy yo en medio. ¿No basta
    Ser aquesta casa mia,
    Y de mi hija esa criada,
    Para tener mas respeto?
Leon. El lo creyó. Albricias, alma! — [*aparte.*
    Lucía, por solo un Dios,
    Que finjas que eres la causa.
Beat. Bueno es pedirme que finja [*aparte.*
    Lo mismo que por mí pasa.
Luis. Lucía, ¿estas ocasiones
    Dais vos?
Beat.   Soy muy desdichada!
    En tu casa estoy; mi vida
    Defiende de una desgracia;
    Porque quien me busca, intenta
    Darme la muerte.
Leon.   Bien hayas [*ap. á ella.*
    Tú, pues que finges por mí
    El ser aqui la culpada.
Ped. Señor Don Luis, no os espante
    Este despecho, esta rabia;
    Que esa muger, que hoy aqui

    He hallado, yo he de llevarla
    Conmigo.
Juan.   No ha de llevar,
    Si primero no me mata.
Leon. Bien disimulan los dos. [*aparte.*
Luis. ¿Aun viéndome aqui, no basta
    Para reportaros? Como......?
Ped. No me obligueis á que haga
    Decir el despecho.
Luis.   Qué?
Ped. Que esa muger es mi hermana.
    Mirad, como, declarado,
    Puedo dejar de llevarla.
Juan. Eso me hará á mí decir,
    Que es mi esposa; (es cosa clara)
    Y asi mirad, como puedo
    Dejar tambien de ampararla.
Ped. Vuestra esposa?
Juan.   Sí.
Leon.   ¡Que bien [*aparte.*
    Los dos de librarme tratan
    Del empeño, con fingirla
    Uno esposa y otro hermana!

    Salen OCTAVIO *y* DON DIEGO.

Luis. Pues siendo eso asi......
Dieg.   Señor,
    ¿Tú con la mano en la espada?
Octa. Qué es esto?
Luis.   Apenas lo sé.
    Cosas son desa criada,
    Que á mi casa habeis traido.
Dieg. Este no es Don Pedro? — ¿Tanta
    Es, Don Pedro, la osadía
    De tu briosa arrogancia,
    Que asi en mi casa te entras?
    [*Saca la espada y embistele.*
Luis. ¡Hijo, espera; tente, aguarda!
    No tomes desa manera
    Cosas de poca importancia.
    Por una criada ha sido.
Dieg. No ha sido; que esa criada
    Es Doña Beatriz, por quien
    Me hirió Don Pedro en su casa.
Luq. Aun le dura esta locura.
Leon. Eso solo me faltaba.
Luis. Cómo? Que este es tu enemigo?
Octa. ¿Quién vió dudas tan extrañas? [*aparte.*
    En medio de dos amigos,
    No sé á cual de los dos valga.
Juan. Don Pedro, tu hermano soy,
    Y ya á tu lado me hallas.
Dieg. Y aqueste es Don Juan de Silva,
    Que con él riñendo estaba,
    Cuando yo entré.
Juan.   Es la verdad,
    Que Beatriz es de mi alma
    Dueño, y venimos los dos
    Hoy á Sevilla á buscarla,
    Él para darla la muerte,
    Y yo para asegurarla.
Dieg. ¿Luego casado con ella
    Estais?
Juan.   Sí; que, si faltaba
    Un desengaño á mi amor,
    Ya le hallé.
Leon.   ¿Qué es lo que pasa [*ap. las dos.*
    Por mí?
Isab.   ¡Que bien disimulan
    Por tu honor y por tu fama!
Ped. Señor Don Diego, yo os dí
    Una herida; si vengarla
    Quereis, ya que restaurado

Veo el honor de mi hermana,
Ha de ser con un rendido,
Porque yo estoy á las plantas
Del señor Don Luis, que quiero
Que estas amistades haga
Otra conveniencia.

Luis.   Cuál?
Ped. Leonor divina, á quien ama
Mi vida.
Luis.   De un enemigo
Hacer un amigo es tanta
Grangería, que os aceto
Esta merced.

Leon.   Esperanzas, [*aparte.*
Pues ya no teneis remedio,
Disimulad vuestras ansias.
Luq. De todos ninguno queda [*á D. Diego.*
Mas airoso en esta danza,
Que tú.
Dieg.   Pues por qué?
Luq.   Porque
Te hieren, y no te casas.
Beat. La Desdicha de la voz
Aqui, Senado, se acaba;
Y yo rendida os suplico,
Que perdoneis nuestras faltas.

EL PINTOR DE SU DESHONRA.

Don Juan Roca.	Belardo, *vejete.*	Flora } *criadas.*
Don Luis, *viejo.*	Juanete, *criado, gracioso.*	Julia }
Don Alvaro, *su hijo.*	Celio } *criados.*	Máscaras.
Don Pedro, *viejo.*	Fabio }	Marineros.
El Príncipe de Ursino.	Porcia, *hija de D. Luis.*	Músicos.
	Serafina, *hija de D. Pedro.*	

JORNADA I.

Salen Don Juan *vestido de camino por una puerta, y* Don Luis *por otra.*

Luis. Otra vez, Don Juan, me dad,
Y otras mil veces los brazos.
Juan. Otra y otras mil sean lazos
De nuestra antigua amistad.
Luis. Cómo venis?
Juan.   Yo me siento
Tan alegre, tan ufano,
Tan venturoso, tan vano,
Que no podrá el pensamiento
Encareceros jamas
Las venturas que poseo,
Porque el pensamiento, creo,
Que aun ha de quedarse atras.
Luis. Mucho me huelgo de que
Os haya en Nápoles ido
Tan bien.
Juan.   Mas dichoso he sido
De lo que yo imaginé.
Luis. Cómo?
Juan.   Ya os dije, señor
Don Luis, cuando por aqui
Pasé, que, aunque siempre fui
Poco inclinado al amor,
De mis deudos persuadido,
De mis amigos forzado,
Traté de tomar estado;
Siendo asi, que, divertido
En varias curiosidades,
Dejé pasar la primera
Edad de mi primavera.
Luis. Ya sé las dificultades,
Que hubo en vuestra condicion
Para esa plática, y que
Siempre, que en ella os hablé,
Hallé vuestra inclinacion
Muy contraria, habiendo sido
De vuestro divertimiento
Lo postrero el casamiento;
Pues en libros suspendido,
Gastábais noches y dias;
Y si, para entretener
Tal vez fatigas del leer,

Con vuestras melancolías
Treguas tratábades, era
Lo prolijo del pincel
Su alivio, porque aun en él
Parte el ingenio tuviera.
De cuyo noble ejercicio,
Que en vos es habilidad,
Ó gala, ó curiosidad,
Pudiera otro hacer oficio;
Pues es tanta la destreza,
Con que sus líneas formais,
Que parece que le dais
Ser á la naturaleza.
Cuando vuestro huésped fui,
Y en esto ocupado os via,
Me acuerdo lo que os reñía.
Juan. Pues siendo todo eso asi,
Ya rendido á la atencion
De mis deudos, ó á que fuera
Lástima que se perdiera,
Faltándome sucesion,
Un mayorazgo, que creo
Que es ilustre y principal,
Y no de poco caudal,
Correspondí á su deseo.
Y otra, lo que no habia
Hecho en mi menor edad,
Lugar á la voluntad,
Que hasta entonces no tenia,
Tomar estado traté,
Dando á mi prima la mano,
Que es hija del Castellano
De Santelmo.
Luis.   Ya lo sé,
Y ya os dije, cuando aqui
Al pasar mi huésped fuisteis,
La buena eleccion que hicísteis.
Juan. Pues mas lo es hoy.
Luis.   Cómo asi?
Juan. Como, aunque mi pecho ingrato,
Por las noticias que tuvo
Desde allá, inclinado estuvo
De Serafina al retrato,
Despues que vió á Serafina,
Tan del todo se rindió,
Que aun yo no sé si soy yo.
Luis. Es su hermosura divina,
Es su ingenio singular.

De uno y otro soy testigo.

Juan. Hoy en fin viene conmigo
   Á ser Vénus deste mar,
   Ó Flora de sus riberas,
   Por no perder la ocasion
   Para nuestra embarcacion,
   En llegando las galeras.
   Su padre con ella viene,
   Que hasta Gaeta ha querido
   Acompañarla. Esta ha sido
   La causa porque previene
   Mi amistad adelantarme,
   Porque como os ofrecí
   Ser vuestro huésped aqui,
   Cuando volviese á embarcarme,
   He querido preveniros
   Del forzoso inconveniente
   De venir con tanta gente;
   Y asi me atrevo á pediros,......

Luis. Qué?

Juan.   Que licencia me deis
   Para ir á mi posada,
   Que estará ya aderezada.

Luis. Notable agravio me haceis.
   ¿Soy hombre yo, que pudiera,
   Igual dicha deseando,
   Nada embarazarme, cuando
   Todo Nápoles viniera
   Con vos?

Juan.   Ya sé lo que os debo;
   Pero......

Luis.   No hay que responder.
   Ó á mi casa, ó á no ser
   Mas amigos.

Juan.   No me atrevo
   Á aventurar amistad
   Tan segura y verdadera.

Luis. ¿Tan gran desaire pudiera
   Hacerse á mi voluntad?
   ¿Y mas, cuando por solo esto,
   Si os digo verdad, estoy
   En el gobierno hasta hoy?

Juan. Cómo?

Luis.   Como habia dispuesto
   Retirarme á mi hacenduela,
   Postrado á los desengaños
   De mis ya prolijos años;
   Que como no me desvela
   El adquirir, desde el dia
   Que á Don Alvaro perdí,
   Estoy ya violento aqui.

Juan. Confieso, que no querria
   Hablaros en esto; pero
   Ya la plática salió.
   Nunca dél supisteis?

Luis.   No,
   Sino el aviso primero,
   Que fue, habiéndose embarcado
   Á negocios, que en España
   Tuvo, que esa azul campaña
   Le sepultó, derrotado
   El bajel. Desto tuvimos
   Aviso, porque una nave,
   Que de la tormenta grave
   Venir á abrigarse vimos,
   Contó, como á pique habia
   Visto irse su bajel.

Juan. ¿Y cómo supo ser él?

Luis. Como era desdicha mia.
   Venia de Barcelona,
   Donde el viage habia de hacer,
   Y lo confirma el no haber
   Noticia de su persona.
   Mas no hablemos mas en esto.

¿Cuándo decis que vendrá
   Vuestra esposa?

Juan.   Ya estará
   Cerca de aqui.

Luis.   Pues id presto
   Á esperarla, y á decirla
   De mi parte, que ir no puedo
   Á servirla, porque quedo
   Ocupado acá en servirla.

Juan. Desa suerte lo diré,
   Pues vos......

Luis.   No me digais mas.
   [*Vase D. Juan.*

Porcia!

   Sale PORCIA.

Porc. Señor?

Luis.   Ya sabrás
   (Mil veces te lo conté)
   Las grandes obligaciones,
   Que á Don Juan Roca he tenido.

Porc. Que eres su amigo, te he oido
   Decir en mil ocasiones.

Luis. Pues has de saber, que ya
   Con su esposa por aqui
   Vuelve.

Porc. Serafina?

Luis.   Sí.
   Y hasta embarcarse será
   Mi huésped.

Porc.   Yo lo agradezco
   De mi parte.

Luis.   Qué te obliga?

Porc. Ser Serafina mi amiga,
   Y pensará, que la ofrezco
   El hospedage.

Luis.   Está bien;
   Y supuesto, siendo asi,
   Que por tí, Porcia, y por mí
   Agasajarlos es bien,
   Te ruego, que á tus criadas
   Las mandes aderezar
   Ese cuarto en que han de estar.

Porc. Prevenciones excusadas
   Son. ¿Cuándo no está, señor,
   Uno y otro apercibido
   Para huéspedes, si has sido
   Aun mas, que Gobernador,
   Hostalero.

Luis.   Mi contento
   Es festejar á quien pasa.

   Sale JUANETE *de camino.*

Jua. Paz sea en aquesta casa;
   Y á ese propósito un cuento.
   Llegando una compañia
   De soldados á un lugar,
   Empezó un villano á dar
   Mil voces, en que decia:
   Dos soldados para mí.
   ¿Lo que excusar quieren todos,
   Dijo uno, con tales modos
   Pides? Y él respondió: sí;
   Que, aunque molestias me dan
   Cuando vienen, es muy justo
   Admitirlos, por el gusto
   Que me hacen, cuando se van.
   Con esto pues, y con que
   Mi amo aqui manda esperar,
   Dadme los dos á besar,
   Vos la mano, y vos el pie.

Luis. Juanete, seas bien venido;
   Que ya te echaba mi amor
   Menos, viendo á tu señor.

Porc. ¿Cómo de boda te ha ido?
Jua.   Convidóle á merendar
Un cortesano en el rio
Á un forastero, y muy frio
Le dió un pollo al empezar.
Pidió de beber, y estaba
Tan caliente la bebida,
Como fria la comida.
Viendo pues, que nada hallaba
Á propósito, cogió
El pollo, y con sutil traza
Le echó dentro de la taza.
El amigo, que tal vió,
Qué haceis? dijo. Él impaciente
Respondió: asi determino
Hacer, que el pollo enfrie el vino,
Ó el vino al pollo caliente.
Lo mismo me ha sucedido
En la boda, pues me han dado
Moza novia, y desposado
No mozo, con que habrá sido
Fuerza juntarlos ya fiel,
Porque él con ella doncella,
Ó él me la refresque á ella,
Ó ella le caliente á él.
Porc. Deja locuras, y di,
¿Cómo Serafina viene?
Jua. En coche.
Porc.   ¿Y eso qué tiene
Que ver con lo que yo aqui
Te pregunto?
Jua.   Mucho, puesto
Que quien dice en coche, dice
Contenta, ufana y felice.
Luis. Por qué lo dices?
Jua.   Por esto:
Murió una dama una noche,
Y porque pobre murió,
Licencia el Vicario dió
Para enterrarla en un coche.
Apenas en él la entrában,
Cuando empezó á rebullir,
Y mas, cuando oyó decir
Á los que la acompañaban:
Cochero, á San Sebastian.
Pues dijo á voces: no quiero!
Da vuelta al Prado, cochero;
Que despues me enterrarán.
Luis. ¿Á quién tu lengua perdona
Con aquesos cuentecillos?
Jua. Á cuatro ó cinco chiquillos
Daba un dia en Barcelona
De comer su padre......
Voz [*dent.*]   Para!
Porc. Ya parece que han llegado.
Jua. De la boca me han quitado
El cuento.

     Sale J U L I A.

Jul.   Señor, repara,
En que ya el huésped, que esperas,
Llega.
Luis.   Á recibirle vamos.
Jua. En los chiquillos quedamos.
Porc. Ya suben las escaleras,
Y llegan hácia esta parte.

Salen D o n J u a n, *que trae de la mano á* S e r a -
f i n a, *vestida de camino,* D o n P e d r o
y F l o r a.

Luis. Dadme, o bella Serafina,
Cuya hermosura divina
Rayos con el sol reparte,
Á besar la mano, en muestra

Del contento y alegría,
Que hoy tiene esta casa mia
En solo parecer vuestra.
Y perdonad, si no es
Capaz esfera, señora,
De las luces del aurora.
Porc. Eso á mí me toca, pues
Es mia la obligacion
Y la vergüenza de ver,
Que no pueda merecer
Dichas, que tan grandes son.
Tú seas muy bien venida.
Ser. Habiendo de responder
Á los dos, bien menester
Será, que partido os pida,
Que á dos favores (ay Dios!)
Estilo no hallo oportuno;
Y asi no respondo al uno,
Por no agraviar á los dos.
Ped. Mucho me pesa de que
Don Juan no os haya excusado,
Señor Don Luis, este enfado.
Luis. No me corrais; pues en fe,
Señor Don Pedro, de ser
Yo vuestro servidor,
Me hace Don Juan este honor.
Jua. } ¿Hay paciencia para ver   [*aparte.*
Una plática molesta
De cumplimiento?
Flor.   ¿Peor
No es oir á un preguntador?
         [*Disparan dentro.*
Juan. Vamos. Mas qué salva es esta?

     Sale F a b i o.

Fab. La atalaya ha descubierto
De Nápoles dos galeras,
Que, costeando sus riberas,
Vienen ya tomando el puerto.
Luis. ¡Qué placer me da el oir
Que vienen!
Jua.   Es gran placer,
Al ver los huéspedes, ver
La recua en que se han de ir.
Luis. Junto viene todo el bien,
Pues en ellas imagino,
Que el gran Príncipe de Ursino
Vuelve á Nápoles, á quien
Es forzoso que reciba.
Y aunque en mi casa le hospede,
Si quien no es su dueño, puede
Disponer della......
Juan.   Asi viva,
Que me hagais merced de darme
Licencia......
Luis.   No hay para qué
Volver á esto; que yo sé
Que sabré desempeñarme. —
Porcia, lleva á Serafina
Bella á su cuarto, y los dos
Esperadme en él.
Ped.   Con vos
Saldremos á la marina.
Luis. De los dos acompañado,
Llegue, si es él, mas honrado,
Jua. Y yo entre todos iré,
Por ver, si entre los corrillos
De la bulla hago lugar......
Luis. Para qué?
Juan.   Para acabar
El cuento de los chiquillos.
[*Vanse, y quedan* P o r c i a, S e r a f i n a *y las criadas.*
Ser. Fuéronse?

Porc.　　　　Sí; ya se fueron.
Ser. ¿Pues qué aguarda mi pasion?　　*[Llora.*
Porc. ¿Qué lágrimas esas son?
Ser. Son, amiga, las que fueron;
　　Y pues tú no las ignoras,
　　No será facilidad
　　Fiarlas á tu amistad.
Porc. No sé mas de ver que lloras.
Ser. Sí sabes, si ya no es,
　　Que, de mi olvido ofendida,
　　Te das por desentendida.
Porc. No sé qué te diga.
Ser.　　　　Pues
　　Quedemos solas ahora,
　　Verás si soy la que era.
Porc. Julia, salte tú allá fuera.
Ser. Vete tú con ella, Flora.
Jul. Ven, si desde el mirador
　　Ver las galeras quisieras.
Flor. Eso es echarme á galeras,　*[aparte.*
　　Y á dormir fuera mejor. *[Vanse las criadas.*
Ser. Estamos ya solas?
Porc.　　　　　　Sí.
Ser. No nos oye nadie?
Porc.　　　　　　No.
Scr. Quién supo mis dichas?
Porc.　　　　　　Yo.
Ser. Pues oye mis penas.
Porc.　　　　　　Di.
Ser. Ya te acuerdas, Porcia mia,
　　De aquel venturoso tiempo,
　　Que en Nápoles las dos fuimos
　　Tan amigas, que pudieron
　　Juzgar nuestros corazones,
　　Regidos de un movimiento,
　　Que habia en un cuerpo dos almas,
　　Ó estaba un alma en dos cuerpos.
　　Ya te acuerdas...... No te extrañe
　　El ver, que desde aquí empiezo
　　Las fortunas de un amor,
　　Que sabes tú, y yo padezco;
　　Porque habiendo de ser este
　　El vale último, el postrero
　　Trance de mi vida, es bien,
　　Pues·las exequias celebro
　　Á una difunta esperanza,
　　Que nada te calle, puesto
　　Que cuanto diga de mas,
　　Tendré que sentir de menos.
　　En fin, ya te acuerdas, digo,
　　De cuanta ocasion tuvieron
　　Nuestras continuas visitas
　　Para hablarnos, para vernos
　　Yo y Don Alvaro tu hermano.
　　¿Cómo (ay infeliz!) refiero
　　Su nombre, sin que el dolor,
　　Áspid que abrigué en el pecho,
　　Pisado de la memoria,
　　Que le alimenta acá dentro,
　　No rebiente, inficionando
　　El aire con mis alientos?
　　Mas ay de mí! que no fuera
　　Tan mortal, tan cruel, tan fiero
　　Veneno, que me matara
　　De una vez, como veneno,
　　Que obstinadamente tibio ,
　　Y porfiadamente lento,
　　Á todas horas está
　　Atormentando y no hiriendo.
　　De aquellas pues continuadas
　　Visitas, Porcia, nacieron
　　Su atencion y mi cuidado,
　　Su inclinacion y mi afecto;
　　Que, aunque es verdad, que al principio

Le respondí con despegos,
Acá en el alma quedaba
(Si ahora la verdad confieso)
Cierto género de agrado,
Cierta especie de contento,
Que ni bien era cariño,
Ni bien dejaba de serlo,
Porque á media luz no mas
Andaba mi pensamiento
En crepúsculos de amor,
Si agradezco ó no agradezco.
Muy pocas mugeres, Porcia,
Ó ninguna, se ofendieron
De ser amadas. Quien mas
Llore su aborrecimiento,
Á los desaires atienda
De su dama, y verá en ellos,
Que, aunque el valor los anima,
Andan, en visos y lejos,
Rebozados los favores,
Á sombra de los desprecios.
Dígalo yo, y aun tú puedes
Decirlo tambien , supuesto
Que tantas veces me viste
Culpar sus atrevimientos.
Escribióme, ya lo sabes;
Rompí el papel, no fue exceso;
Quiso hablar, no le di oidos;
Volvió á escribir, hice extremos;
Valióse de tí, liado
De tu amistad, culpé el medio;
Persuadísteme, enojéme;
Porfió, hice sentimientos;
Vile llorar, y reíme:
Siendo así, que á todo esto,
Quien me viera el corazon,
Viera con cuanto tormento
Hace el honor repugnancias.
Cuando hace el amor esfuerzos.
Una noche, que yo acaso
Estaba tomando el fresco
Á una reja, que caia
Sobre el mar, pudo encubierto
Llegar á hablarme; y despues
De los usados afectos
De un rendido, que, por ser
Lugares comunes, dejo,
Palabra me dió de esposo;
Con cuyo honestado medio,
Si no mejoró su dicha,
Mejoró su fingimiento;
Pues corriendo desde entonces.
Mas licencioso el respeto,
Fue el desden el embozado,
Y el favor el descubierto.
Este he dicho, por si acaso
Lo ignoras, que el mas pequeño
Escrúpulo no se quede
Contra mi honor. En efecto
Desde aquella noche (ay triste!)
Hablándonos en secreto,
Creció amor correspondido,
Aunque vulgares conceptos
Dicen, que el amor sin trato
No es amor, ni puede serlo.
En este medio mi padre
Trataba mi casamiento
Con Don Juan Roca mi primo;
Y el tuyo en aqueste medio
Tambien trató de ausentarse,
Por venir á este gobierno,
Desde donde le envió
Á España á no sé qué pleitos;
Y confiriendo los dos,

Si seria buen acuerdo,
Que entre mi boda y su ausencia
Nos declarásemos, viendo
Que no era justo enojar
Á entrambos padres á un tiempo,
Sin reservar al delito
Sagrado en que retraernos,
Hasta la vuelta ajustamos
Callar. ¿Cuándo, cuándo, cielos.
Le estuvo mal al amor
El valerse del silencio?
Despedímonos, fiando
Él de mi parte el ingenio,
Con que habia de apartar
De mi padre los intentos;
Yo fiando de la priesa
En que habian sus deseos
De dar la vuelta á mis brazos;
Mas...... ¡O qué necios, qué necios
Son los que no tienen mas
Que una esperanza, y sabiendo,
Que al viento se la quitaron,
Vuelven á dársela al viento!
Mi padre pues deseaba
Ejecutar los conciertos
Tratados...... Jesus mil veces!

Porc. Qué tienes?
Ser.   No sé qué tengo.
No será nada. Y yo, atenta
Á mi amor' y á su respeto,
Me valia de razones
Contra la razon, diciendo,
Que el haber de irme sin él
Á España...... Otra vez ha vuelto
Á afligirme la congoja.
¡Válgame Dios, yo me muero!
Porc. Sosiégate, y no prosigas,
Si te aflige hablar en esto.
Ser. Claro está, pues entra ahora
El decir, que en este tiempo
Llegó la nueva de que
Habia Don Alvaro muerto,
Derrotado desos mares,
Donde ahora (válgame el cielo!)
Con la muerte agonizando,
Parece que le estoy viendo.   [*Desmáyase.*
Porc. Serafina! Amiga! Extraño
Accidente la ha cubierto
El corazon. — Julia! Flora! —
Nadie oye; todas subieron
Á ver desde el mirador
Las galeras en el puerto. —
Flora! Julia!

Sale JUANETE.
Jua.   Aunque no soy
Flora ni Julia, me atrevo
Á entrar hasta aqui, porque
Á pedir albricias vengo.
Porc. ¿De qué has de pedirme albricias,
Si.buena nueva no espero?
Jua. Por eso será mejor.
Y por decirla de presto,
Tu hermano, señora, vive.
Porc. Qué, qué dices?
Jua.   Lo que es cierto.
Con el Príncipe de Ursino
En las galeras ha vuelto.
Porc. Pues cómo?
Jua.   No sé de comos;
Que yo decirte no puedo
Mas de que asi como ví
Que el aviso no fue cierto,
Y ví á tu padre abrazarle,

Me he adelantado, creyendo,
Que, cuando nada me valga,
Me valdrá contar un cuento.
Porc. Aunque las albricias mando,
Y aunque la nueva agradezco,
Tengo mucho que sentir,
Mas quizá de lo que siento;
Que este desmayo me quita
Grande parte del consuelo.
Jua. Desmayo? ¡Cuerpo de Dios,
Que yo pensé que era sueño!
Por eso no me asustaba.
Asústome ahora, y vuelvo
Á decirlo á mi señor.   [*Vase*
Porc. Oye! — Él se va, y yo me quedo
Con dos gustos y una pena,
Tan sola, como primero.
Iré á llamar quien me ayude,
Pues Serafina no ha vuelto. —
[*Deja á* Serafina *en una silla desmayada, y vase*

Sale DON ALVARO *por otro lado.*
Alv. No me ha sufrido el deseo
De ver á mi hermana hacer,
Que asista á los cumplimientos
Del Príncipe; y así á verla
Primero, que todos, vengo.
Fuera de que el haber visto
Con mi padre allá á Don Pedro,
El padre de Serafina,
Me trae con mejor afecto
Á saber, si tiene nuevas
Della. Mas qué es lo que veo!
¿En mi casa Serafina
Tan sola, y rendida al sueño?
Poca dicha es de un ausente
Hallar su dama durmiendo.
Serafina, dueño mio!
[*Habla entre sueños, y despierta luego.*
Ser. Déjame! Por Dios, te ruego,
Don Alvaro, no me mates!
Alv. Sosiégate.
Ser.   ¿Cómo puedo,
Si estoy mirando (ay de mí!)
Mi fantasía con cuerpo,
Con voz mi imaginacion,
Con alma mi pensamiento?
Alv. ¡Mi bien, mi dueño, mi esposa!
Si el verme, por dicha, ha hecho
Horror á tus ojos, mira,
Que vivo estoy.
Ser.   Ya te entiendo.
Y si en venganza me buscas
De que tu fineza ofendo,
De que mi palabra rompo,
Bastante disculpa tengo.
Contando á tu hermana estaba,
Que, hasta saber, que habías muerto,
No me persuadió mi padre
Á haber elegido dueño;
Viuda de tí me creí.
Alv. Ahora conozco, ahora advierto,
Que debe de ser verdad
El asombro tuyo, puesto
Que no es posible estar tú
Casada, y no estar yo muerto.
Vuelve, vuelve, y no el espanto
Te haga decir desaciertos.
Vivo estoy; y aunque corrí
La tormenta que dijeron,
Y se fue el bajel á pique,
Pude sobre sus fragmentos
Sustentarme, hasta llegar

Las galeras, que acudieron,
Por ser á vista de tierra,
Á socorrerme. Si tengo
Culpa en no escribirlo, ha sido
No haber ocasion de hacerlo.
Dame los brazos.

Ser.   Tambien
Ahora conozco, ahora veo,
Que debe de ser verdad
Que vives, Alvaro, puesto
Que soy yo tan desdichada,
Que aun una dicha, que tengo,
No lo es ya, pues muerto ó vivo,
De cualquier modo te pierdo.

Alv. ¿Luego......

Ser.   Qué pena!

Alv.   Es verdad,......

Ser. Qué ansia!

Alv.   Que tú,......

Ser.   Qué veneno!

Alv. Serafina,......

Ser.   Qué dolor!

Alv. Como has dicho,......

Ser.   Qué tormento!

Alv. Estás......

Ser.   Qué rigor!

Alv.   Casada?

Ser. ¿Cómo puedo, cómo puedo
Decir que sí, si estás vivo,
Ni decir que no, si miento?

Alv. ¿Pues cómo, ingrata, pues cómo......?

Salen PORCIA, FLORA *y* JULIA.

Porc. Llegad las dos! Mas qué veo?

Flor. Buena mi ama?

Jul.   Mi amo vivo?

Porc. Pues cesen mis sentimientos,
Y dame, Alvaro, los brazos.

Alv. Ay Porcia! si esos extremos
Son porque me ves con vida,
Te engañas; que no la tengo.
Dime, Porcia, dime, Flora,
Y dime tú, Julia, presto,
Si es cierto, que se ha casado
Serafina?   [*Apártanse á un lado.*

Salen DON JUAN, DON PEDRO *y* JUANETE.

Juan.   ¿Qué ha sido esto,
Mi bien, mi dueño, mi esposa?

Alv. Ya no os pregunto si es cierto.

Ped. Á los dos ese criado
Dijo tu desmayo.

Ser.   Un hielo
El corazon me cubrió.

Porc. Y tanto, que te prometo,
Que por muerto le he tenido
Gran rato dentro del pecho.

Ser. Y es verdad; todo mi mal [*aparte.*
Fue, que le tuve por muerto.

Juan. ¿Y cómo, mi bien, te sientes?

Ser. Aunque rendida me siento
Al dolor, sabré al dolor
Ponerle tantos esfuerzos,
Que no le dé otro cuidado.

Jua. Aqui viene bien mi cuento.
Á cuatro ó cinco chiquillos......

Juan. Quita, loco!

Ped.   Aparta, necio!

Jua. Ello, hay cuentos desgraciados.

Porc. Retírate á tu aposento. [*á Serafina.*

Ped. Ven, repararás el susto.

Juan. Ven, mi amor, mi bien, mi cielo.

Alv. Que esto escuche! Qué esto vea! [*aparte.*

Ser. ¡O si fueran los postreros [*aparte.*

Pasos, que diera en mi vida!

Porc. Ya ves, que dejar no puedo [*á D. Alvaro.*
De ir con ella. Aguarda aqui,
Alvaro; que al punto vuelvo.
[*Vanse, quedando D. Alvaro á una parte. y
Juanete á otra.*

Jua. Pues yo no he de rebentar,
Alguien lo ha de oir. Sobre eso
Haré, que me oigan los sordos.

Alv. ¿Qué es esto que miro, cielos?
¿Serafina se ha casado,
Y viéndola yo en agenos
Brazos, no pierdo la vida?

Salen el PRÍNCIPE, DON LUIS, CELIO
y acompañamiento.

Prin. Cada dia que aqui llego,
Os debo nuevas finezas.

Luis. Yo soy, señor, el que os debo
Nuevas honras cada dia,
Y nunca os las agradezco;
Y esta de haberme traido
Hoy á Don Alvaro, creo
Que no pagaré en mi vida.

Prin. Fue notable su suceso.
Á vista de tierra estaba
Tormenta el bajel corriendo,
Como ya dije, y pasando
Las galeras, recogieron
Los desperdicios del mar,
Y á Don Alvaro con ellos.
Estaba yo en Barcelona
Esperando viage, y viendo
Que llegaba derrotado,
Procuré albergarle, siendo
Desde alli mi camarada.

Alv. No, sino criado vuestro.

Luis. ¿Has visto á tu hermana?

Alv.   Sí,
Señor.

Luis.   O cuanto me huelgo!

Prin. ¡Qué buen dia habrá tenido!

Alv. No mucho; porque sospecho,
Que un accidente, que ha dado
Aqui á una amiga, la ha puesto
En cuidado de asistirla.

Luis. Accidente? — Dadme, os ruego,
Licencia para saber,   [*vase.*
Gran señor, qué ha sido esto.

Alv. Á mí para ir á buscar
Un grande amigo que tengo. —
No es, sino enemigo, pues [*aparte.*
Voy á buscarme á mí mesmo.   [*vase.*

Prin. Celio, que hemos malogrado
Toda la fineza creo.

Cel. Por qué?

Prin.   Porque, si no veo
Á Porcia, ¿de qué el cuidado
Ni la priesa me ha servido?

Cel. Si su padre te previene
De que somos huéspedes tienes,
No te des ya por sentido
Del descuido.

Prin.   ¿Cómo no,
Si son siglos los instantes?

Cel. Notables sois los amantes.

Prin. Nunca tú has amado?

Cel.   Yo
Miron del amor he sido,
Y á pagar de mi dinero,
Á la que me quiere, quiero,
Y á la que me olvida, olvido.

Prin. Pues ya no extraño, que aqui
Me culpas; que quien no tiene

Amor, juzgo no se aviene
Con quien ama.

Ccl.　　　　　Cómo?
Prin.　　　　　　　　　Asi:
Quien vé de lejos danzar
Al que mas airoso ha sido,
Como no oye el dulce ruido
De la música, en juzgar
Que está loco, juzga bien:
Pues sin compas las acciones
Parecen desatenciones;
Lo que no sucede á quien
De cerca oye la harmonía,
Que es alma de su primor.
Asi el que ignora de amor
Una y otra fantasía,
Á cuyo compas quien ama
Se mueve, estar loco puede
Juzgar; lo que no sucede
Á quien la dulzura inflama,
Que le negó la distancia;
Pues atento al blando son,
No oye voz, no mira accion,
Que no le haga consonancia.
Acércate pues un puco
Al ruido de amor, verás,
Que está danzando á compas
El que piensas que está loco.

Ccl. Bien pudiera replicar,
Que en quien se acerca ó se aleja,
Aun siendo á compas, no deja
De ser locura el danzar;
Pero no es tiempo, pues ví,
Que á verte Porcia salió.

Sale PORCIA.

Porc. Aqui mi hermano quedó.
Prin. Pues ya, Porcia, no está aqui.
Y si en esto habeis querido
Decir, que en dejaros ver
No tengo que agradecer,
No me doy por entendido
Del disfavor.

Porc.　　　　　Son errores;
Que cuando tan feliz fuera,
Que esa atencion os debiera,
En quejas, no en disfavores,
La lograra.

Prin.　　　　En quejas?
Porc.　　　　　　　　Sí.
Prin. ¿De quién tenerlas podeis,
Sabiendo yo, que sabeis
Las finezas que hubo en mí,
Desde el venturoso dia,
Que en Nápoles os amé?

Porc. De vos; pues de vos no fue
Estimada la fe mia
En esta prolija ausencia.

Prin. Yo sé que me disculpara,
Si gente, Porcia, no entrara.

Porc. ¿Cuánto diera Vuecelencia
Por el estorbo?

Sale SERAFINA.

Ser.　　　　　No puedo,
Ay amiga, sosegar,
Y á tí te vuelvo á buscar,
Perdido á mi muerte el miedo.
Mas ay Dios! quién está aqui?

Porc. El Príncipe.
Ser.　　　　　Vuecelencia
Perdone mi inadvertencia.
Confieso, que no le ví,
Como turbada venia.

Prin. Yo os agradezco la accion,

Porque en vuestra turbacion
Pueda disculpar la mia.

Ser. Pues si turbados los dos
Reconocemos estar,
Poco tenemos que hablar.
Mil años os guarde Dios!　　　[*Vase.*

Prin. En toda mi vida ví
Cortesanía mas bella.

Porc. Fuerza es, señor, ir con ella.
¿Veréisme esta noche?

Prin.　　　　　　　　Sí.
[*Vase* P o r c i a.
¿Has visto, Celio, en tu vida
Plática mas bien cortada?

Ccl. Si tan en sí está turbada,
¿Cómo estará prevenida?

Prin. ¿Quién aquesta dama es?
Ccl. ¿Yo cómo lo he de decir,
Si ahora acabo de venir?

Prin. Alvaro lo dirá, pues
Á tan buena ocasion viene.

Ccl. Qué te va en esto?
Prin.　　　　　　　Saber
No mas, quien será muger,
Que tanta hermosura tiene.

Sale DON ALVARO.

Alv. ¡Qué mal descansa un dolor!
Apenas de aqui me fui,
Cuando ya me vuelvo aqui.

Prin. Don Alvaro!
Alv.　　　　Gran señor?
Prin. ¿Quién es una hermosa aurora,
Huéspeda de Porcia bella,
Con quien el sol es estrella?

Alv. Esto me faltaba ahora. — [*aparte.*
Esta es, señor, Serafina,
Hija de aquel noble anciano,
De Santelmo Castellano.

Prin. Es su hermosura divina.
Alv. ¿Nunca la habíais visto?
Prin.　　　　　　　　　　No,
Hasta ahora.

Alv.　　　　Pues yo sí. [*aparte.*
Prin. Y en lo poco que la oí,
Discreta me pareció.

Alv. Es su ingenio singular.
¡Hay confusion mas extraña! [*aparte.*

Prin. Y qué hace aqui?
Alv.　　　　　　　Pasa á España.
Prin. Á qué?
Alv. ¿Hay mas preguntar? — [*aparte.*
Es que va á casaria á ella.

Prin. Con quién?
Alv.　　　　Con un deudo.
Prin.　　　　　　　　¿Y pues
Quién aquese deudo es
Tan feliz, que merecella
Pudo?

Alv.　　　Don Juan Roca, aquel
Caballero, que llegó
Con mi padre á hablarte.

Prin.　　　　　　　　No
Reparé entonces en él,
Como no le conocia;
Y aun si otra vez le viera,
No sé si le conociera.

Sale DON LUIS.

Luis. Si pudo la amistad mia
Mereceros, gran señor,
Una fineza, por mí
La habeis de hacer.

Prin.　　　　　　Cuanto aqui

Tarda vuestra voz, mi amor
Tardará en obedeceros.
Alv. ¡Hay confusiones mas fieras! *[aparte.*
Luis. El patron de las galeras
Dice, que solo á traeros
Hasta aqueste puerto viene,
Y que trae órden de que
En él un hora no esté.
Prin. Es verdad, ese órden tiene.
Luis. Ya os dije, que tengo aqui
Un huésped, á quien quisiera
Festejar dos dias siquiera.
Ha de ir en ellas; y asi,
El dilatarlas......
Prin.   No puedo;
Que está empeñado mi honor
Con palabra, que al señor
Don Garcia de Toledo
Le dí de no detenellas.
Harto lo siento por vos, —
Y porque imagino, (ay Dios!) *[aparte.*
Que se me va un bien en ellas,
Que...... Mas no imagino nada;
Que es necedad, que es locura,
Idolatrar hermosura
Antes perdida, que hallada.
          [Vase con Celio.
Luis. Pues si eso no puede ser,
Bien es que no se dilate
Su partida, y della trate.
Alv. Aunque hoy el Príncipe hacer
No ha querido, ó no ha podido,
Esta fineza por tí,
Tú has de hacer, señor, por mí
Otra, que humilde te pido.
Luis. Qué es?
Alv.   Á España me enviaste,
Y en el riesgo que me ví
Toda la hacienda perdí,
Que al partirme me entregaste.
Hallándome en Barcelona
Pobre y desnudo, me fue
Forzoso volver, porque
Mal pudiera mi persona
Ir á la corte á pleitear
Sin lucimiento y dinero.
Y es lo que pedirte quiero,
Que me vuelvas á enviar,
Pues hay hoy embarcacion.
Luis. No es el riesgo á que te ofreces,
Alvaro, para dos veces.
Alv. Por esa misma razon
Te lo suplico, porque
No se presuma de mí,
Que á la fortuna rendí
Valor, que de tí heredé.
Luis. Aunque agradezco el deseo,
No has de ir.
Alv.   Quién mi muerte ignora? *[ap.*
Luis. Por lo menos por ahora.   *[Vase.*
Alv. ¡En qué confusion me veo!
¿Posible, (ay de mí!) posible
Es, que Serafina, á cuya
Deidad, idólatra el alma,
Sacrificó la mas pura
Fe, que en profanos altares,
Sacrílegamente injusta,
El ara sin sangre mancha,
La imágen sin luz alumbra,
Se ha casado? ¿Pero quién
Á un infeliz desventuras,
Que padece como propias,
Como agenas las pregunta?
Cierta es mi muerte, pues es

Cierta la mudanza suya;
Creámosla de una vez.
¿De qué sirve andar en busca
De alivio? Que lo peor
No debe dudarse nunca;
Y es echar á mal la queja,
Lisonjear con la duda.
Y aun para que no me quede
En tanta queja ninguna
Esperanza de consuelo,
Tanto el tiempo me apresura
Los términos, que no deja
Lugar de quejarme. ¡Dura
Desdicha! Pero no tanto,
Que ya el dolor no lo supla.
Con mi hermana viene. ¿Quién
Creerá, que, cuando mas busca
Ocasion de hablar la voz,
Es cuando queda mas muda?
¡O qué de cosas tenia,
Antes de ver su hermosura,
Que decir! Pero al mirarla,
Ya no encuentro con ninguna.

          Salen PORCIA *y* SERAFINA.
Porc. ¿En fin es fuerza con tanta
Priesa partir?
Ser.   ¿Cuándo dura
Mas, que un instante, la dicha?
¿Mas, que un punto, el placer?
Alv.   Nunca.
Y estando yo aqui, ¿por qué
Á Porcia se lo preguntas?
Pues nadie mejor, que yo,
Aleve, falsa, perjura,
Te podrá decir, cuan breve
Es la edad de la ventura.
Ser. Señor Don Alvaro, puesto
Que satisfagais la duda,
Que acaso tuve, os suplico,
No prosigais; que es injusta
Penalidad oir la queja
Quien no ha de dar la disculpa.
Alv. ¿Por qué, ingrata, no has de darla?
Ser. Porque no tengo mas que una,
Y esta muchas veces ya
La he dicho.
Alv.   Es error; que nunca
Son para quien las estima
Las satisfacciones muchas.
Y una palabra en amor
Tanto los sentidos muda,
Que, aunque es una en quien la dice,
Siempre es otra en quien la escucha.
Vuelve pues, vuelve á decir
Esa razmi, en que fundas
Tu sinrazon.
Ser.   Ya no puedo,
Porque decir, que, viuda
De tí, me casé, fue bien,
Cuando tu vista me turba
Tanto, que es disculpa ahora
El dar entonces disculpa.
Alv. ¿Segun eso mejor fuera
Ser hoy, en la opinion tuya,
Muerto, que vivo?
Ser.   No sé;
Pues pudiera yo, segura
De quien soy, llorarte muerto;
Y vivo, fuera locura
Llorarte; pues la que entonces
Era lástima tan justa,
Seria liviandad ahora.

Trocando mi fama augusta
Lástima, que fue virtud,
Por satisfaccion, que es culpa.
  [*Quiere irse, y detiénela.*
Alv. Pues aunque muerto me llores
Ó me olvides vivo, escucha;
Que has de llevarte mis quejas,
Pues me dejas tus injurias.
Ser. No he de escucharte.
Alv.   Escucharme
Tienes.
Ser.   Porcia, ¿no me ayudas
Á defender de un peligro,
En que ves que se aventura
Honor, ser y vida?
Alv.   Porcia,
¿Tú ese peligro no excusas
Con mirar quien viene?
Porc.   Sí;
Que yo, entre los dos confusa,
Ni quito, ni pongo amor,
Pero hago en esta duda
Lo que debo á ser hermana.
Mi cuidado te asegura,
Quéjate, suspira, llora,
Pues no tienes mas fortuna.
Ser. Pues si he de escuchar por fuerza,
Antes que empieces, escucha:
Don Alvaro, yo te amé,
Cuando imaginé ser tuya,
Y pasando mi esperanza
Desde perdida á difunta,
Me casé. Ahora soy quien soy;
Sobre esto tus quejas funda.   [*Llora.*
Alv. ¿Qué he de decir, si tú lloras?
Ser. Engáñaste, si lo juzgas;
Si lloran, mienten mis ojos.
Alv. ¿Es posible que reduzcas
Tan fácilmente á ser iras
Ya las ternezas? ¿Tan tuyas
Son tus pasiones, que puedes,
Cuando de un rendido triunfas,
Llorar y no llorar? ¿Son
Las lágrimas por ventura
Tan bien mandadas, que saben
Obedecer? Pues si alguna
Fineza has de hacer por mí,
Sea enseñarme como usas
De las lágrimas, si á tiempo
Las viertes y las enjugas.
Ser. Cuando me acuerdo quien fui,
El corazon las tributa;
Cuando me acuerdo quien soy,
Él mismo se las rehusa;
Y asi, entre estos dos afectos,
Como el uno á otro repugna,
Las vierte el dolor, y al mismo
Tiempo el honor me las hurta;
Porque no pueda el dolor
Decir, que del honor triunfa.
Alv. ¿En fin, sientes......
Ser.   No lo niego.
Alv. Ser agena?
Ser.   Quién lo duda?
Alv. ¿Luego......
Ser.   No hagas consecuencias.
Alv. Podré desde hoy......
Ser.   No arguyas.
Alv. Fiado en tu llanto......
Ser.   En qué llanto?
Alv. Esperar,......
Ser.   Será locura.
Alv. Que algun dia......
Ser.   No es posible.

Alv. Se enmiende......
Ser.   No ha de ser nunca.
Alv. Mi desdicha,......
Ser.   Soy quien soy.
Alv. Restituyendo......
Ser.   Qué injuria!
Alv. Mi perdido bien......
Ser.   Qué engaño!
Alv. Á mis brazos?
Ser.   Tal pronuncias?
Alv. Sí; y á este efecto......
Ser.   Qué pena!
Alv. Tras tí......
Ser.   Tu peligro buscas.
Alv. Tengo de ir......
Ser.   Mi muerte intentas.
Alv. Á España,......
Ser.   Mucho aventuras.
Alv. Donde......
Ser.   Me hallarás agena.
Alv. Serás mia.
Ser.   Yo ser tuya?
Un rayo...... Válgame el cielo!
  [*Disparan dentro.*
Alv. ¡Ay de mí, cuanto me asusta,
Que el aire ejecute el trueno,
Cuando tú el rayo pronuncias!

         Sale PORCIA.

Porc. Mirad, que la pieza ya
De leva el partir anuncia,
Y vienen por tí tu padre
Y tu esposo.
Alv.   Suerte dura!
Porc. Grave pena!
Porc.   No te vean   [*á D. Alvaro.*
Con las dos.
Alv.   Sentencia injusta!
Á Dios, Serafina.
Ser.   Á Dios,
Don Alvaro.
Alv.   Piensa,......
Ser.   Juzga,......
Alv. Que yo he de adorarte mucho.
Ser. Que yo no he de amarte nunca.

JORNADA II.

Córrese una cortina, y vése SERAFINA *sentada
en una silla, y* DON JUAN *retratándola.*

Juan. ¿Cánsaste de estar asi?
Ser. Si es tu gusto el retratarme,
¿Cómo puedo yo cansarme
De lo que te agrada á tí?
Juan. Muchas veces te pedí,
Si bien loco, altivo y vano,
Que por mí tu soberano
Cielo hiciera esta fineza
De tener de tu belleza
Un retrato de mi mano;
Y aunque estoy agradecido
Al haberlo tú otorgado,
No sé si me hubiera holgado
De no haberlo yo pedido.
Ser. Cómo asi?
Juan.   Como rendido
Á tanto empeño, no sé
Si dél airoso saldré.
Ser. ¿Tú, que á tí solo excedias,
Tanto de tí desconfias?
Juan. Sí.
Ser.   Por qué?

Juan.   Escucha por que.
De la gran naturaleza
Son no mas que imitadores
(Vuelve un poco) los pintores;
Y asi, cuando su destreza
Forma una rara belleza
De perfeccion singular,
No es fácil de retratar,
Porque, como su poder
Tuvo en ella mas que hacer,
Da en ella mas que imitar.
Demas que en una atencion
Imprime cualquier objeto
Con mas señas un defeto,
Mi bien, que una perfeccion.
Y como sus partes son
Mas tratables, se asegura
La fealdad en la pintura;
Y asi con facilidad
Se retrata una fealdad
Primero, que una hermosura.

Ser. Confieso, esposo, que eso
Será en lo perfecto asi;
Pero no conviene en mí
La razon.

Juan.   Yo lo confieso
Tambien, que es tanto el exceso
De tu hermosura, que aun esta
Disculpa no lo es.

Ser.   Dispuesta
Á oir la razon estoy ya,
Que dicho el desaire está.

Juan. No está, si oyes la respuesta.
Deste arte la obligacion
(Mírarme ahora, y no te rias)
Es sacar las simetrías,
Que medida, proporcion
Y correspondencia son
De la faccion; y aunque ha sido
Mi estudio, he reconocido,
Que no puedo desvelado
Haberlas yo imaginado,
Como haberlas tú tenido.
Luego, si en su perfeccion
La imaginacion exceden,
Mal hoy los pinceles pueden
Seguir la imaginacion.
Y otra razon......

Ser.   Qué razon?

Juan. Fuego, luz, aire y sol niego
Que pintarse puedan; luego
Retratarse no podrá
Beldad, que compuesta está
De sol, aire, luz y fuego.
[Levántase, arrojando los pinceles.
Y asi me doy por vencido;
Y te pido, si mi amor
Volver quisiere á este error,
No le permitas, corrido
De ver, que no he conseguido
Retratarte parecida.

Ser. Aunque quedo agradecida
Á las razones que das,
Ofrezco no volver mas,
Si me costase la vida,
Á dejarme retratar
De tí, porque disgustado
No he de verte.

Juan.   Que me ha dado
Disgusto, enfado y pesar,
No te lo puedo negar,
Al ver, que solo á este intento
Me falta el conocimiento,

Que tengo de la pintura;
Mas culpa es de tu hermosura.

Sale JUANETE.

Jua. Aqui viene......
Juan.   Quién?
Jua.   Un cuento.
Sordo un hombre amaneció,
Y viendo que nada oia
De cuanto hablaban, decia:
¿Qué diablos os obligó
A hablar hoy de aquesos modos?
Volvian á hablarle bien,
Y él decia: ¡hay tal, que den
Hoy en hablar quedo todos!
Sin persuadirse á que fuese
Suyo el defecto. Tú asi
Presumes, que no está en tí
La culpa; y aunque te pese,
Es tuya, y no la conoces,
Pues das sordo en la locura
De no entender la hermosura,
Que el mundo la dice á voces.

Juan. Qué locura! — Ven conmigo.
Ser. ¿Adónde, mi señor, vas?
Juan. Hasta el muelle iré no mas;
Porque, si verdad te digo,
Divertirme será bien
Deste necio sentimiento.

Ser. ¿Pues es tu divertimiento
El no verme?

Juan.   Sí, mi bien;
Porque solo desa suerte,
Que yo me divierta, es justo;
Pues con no verte es el gusto
Mayor de volver á verte.

Ser. No cortesano, señor,
Con esas galanterías
,Las desconfianzas mias
Quiera divertir tu amor.
Ya sé, que te llevará
El aplauso, que pregona
La fama de Barcelona,
Viendo publicadas ya
Sus Carnestoléndas, pues
Mil disfrazadas bellezas
Merecerán tus finezas.

Juan. No desconfiada des
Ahora en pedirme zelos;
Que á tí en el mundo no hay quien
Darlos pueda.

Ser.   Yo sé bien,
Mejor que tú, tus desvelos.

Juan. Mejor que yo?
Ser.   ¿Qué muger
Propia, mas de su marido,
Que aun él mismo, no ha sabido?

Juan. ¿Eso cómo puede ser?
Jua. Cierto cura de un lugar
Con un vecino reñia
Donde su muger lo oia;
Y entre uno y otro pesar,
Airado el cura y sañudo
Dijo: aquel hombre inhumano,
Que, empezando en cor-tesano.
Viene á acabar en des-nudo.
Su muger á esta ocasion
Dijo con desenvoltura:
Testigos me sean, que el cura
Revela mi confesion.
Mira pues, si habrá sabido
La muger en sus defetos
De su marido secretos,
Que no sabe su marido.

Juan. ¡O qué tema tan cansado!
Jua. Aunque te enfades de oillos,
     A cuatro ó cinco chiquillos......
Juan. Calla!
Jua.   O cuento desdichado!
Juan. Quédate, mi bien, á Dios;
     Que al instante volveré.   [*Vanse los dos.*
Ser. Dios te guarde! — ¡O cuanto fue,
     Vendado y desnudo Dios,
     El imperio tuyo! ¡O cuanto
     Supo rendir y vencer
     De tus flechas el poder!
     Digalo yo, pues el llanto,
     Que jamas imaginé,
     Que ver enjuto podria,
     Tanto á un dia y á otro dia
     Domesticado se vé,
     Que no es posible......

     Sale Flora *alborotada.*

Flor.   Señora!
Ser. Qué tienes? qué ha sucedido?
Flor. Llamando á la puerta......
Ser.   Di.
Flor. Ví, que era un hombre vestido
     De marinero.
Ser.   Pues bien;
     Qué quiere?
Flor.   Tiemblo el decirlo.
     Darte......
Ser.   Qué?
Flor.   Una carta......
Ser.   Cuya?
Flor. De Porcia.
Ser.   ¿Y eso ha podido
     Turbarte?
Flor.   ¿Pues no, si es,
     Ya que la verdad te digo,
     Don Alvaro el marinero?
Ser. Le has visto tú?
Flor.   Yo le he visto.
Ser. ¿Dístete por entendida
     De que él fuese?
Flor.   Fue preciso.
Ser. Y qué te dijo?
Flor.   Que á tí
     Te lo dijese, me dijo.
Ser. Pues di, que no te atreviste,
     Medrosa de mi castigo;
     Y como que de tí sale,
     Añade, de cuanto es digno
     El disfraz, y haz de manera,
     Que sin verme, (estoy sin juicio!)
     Ni que sepa que lo sé,
     Se vuelva al instante mismo.
Flor. Yo lo haré asi.

     Sale Don Alvaro *de marinero.*

Alv.   Para qué?
     Que habiendo entrado atrevido
     Yo hasta aqui, porque de casa
     Salir á Don Juan he visto,
     Ya es excusado, que Flora
     Me diga lo que yo he oido.
Ser. Antes parece, que no
     Lo oísteis; pues habiendo sido
     Lo que os dije, que os volviéseis
     Sin verme, mas es indicio
     El atreveros á verme
     De no oirlo, que de oirlo.
Alv. Es verdad; pero eso fuera,
     Hermoso imposible mio,
     Si de un delito no fuese
     Consecuencia otro delito.

     Y pues á verte no mas
     En este trage he venido,
     Atento solo al recato
     Con que tu belleza estimo,
     Con que tu respeto adoro,
     Y con que tu opinion miro,
     No tanto extrañes el verme,
     Que, disgustada conmigo,
     Sea ofensa la fineza,
     Y desmérito el servicio.
Ser. Señor Don Alvaro, no
     Penseis, que el pararme á oiros,
     Es consentida licencia,
     Que para hablar os piné;
     Que no es, sino turbacion,
     De que cobrada os suplico,
     Me hagais merced de dejar
     La plática en los principios;
     Y si es verdad, que esto puede
     Ser que sea fineza, os pido
     La ilustreis con una accion
     Digna de vos.
Alv.   Cuál es?
Ser.   Iros
     Tan presto, que pueda yo
     Veros á vos persuadido
     Á que el amor de mi esposo,
     La paz del estado mio,
     La obligacion de mi sangre,
     El trato, el gusto, el cariño,
     Me han trocado de manera,
     Que robusta encina, fijo
     Escollo será mas fácil
     Á los embates continuos
     Del mar, ó á los destemplados
     Soplos del ábrego frio
     Moverse, que mi fineza,
     Si contrastase mi brio
     Todo el mar lágrimas hecho,
     Todo el aire hecho suspiros.
Alv. ¿Qué importará que blasonen
     Tus altiveces conmigo
     De ser al viento y al agua
     Dura encina, escollo altivo,
     Si, antes que rebelde tronco,
     Fuiste girasol, que al vivo
     Rayo de amor abrasado
     Enamoraste sus visos;
     Y edificio antes que escollo,
     En cuyo apacible sitio
     Vive amor idolatrado
     Deste humano sacrificio?
     Pues siendo asi, ¿cómo puedo
     Acobardar mis designios,
     Si antes de haber sido armada
     Encina de hojas, yo mismo
     Te conocí amante flor,
     Y antes tambien de haber sido
     Escollo armado de hiedra,
     Yo te conocí edificio?
Ser. No lo niego; mas tambien,
     Si me valgo dese indigno
     Concepto, que contra mí
     Hallaron tus desvaríos,
     Desa humilde fácil flor
     Hacer el tiempo ha podido,
     Con las raices, que ha echado
     Dentro de mi pecho invicto,
     Inmortal tronco, y tambien
     Dese amoroso edificio
     Caduca ruina; de suerte,
     Que uno atento al precipicio,
     Y otro á la raiz atento,
     Olvidaron sus principios

Tanto, que aun no conservando
La memoria del olvido,
Han sido, son y han de ser
En fuerza y en desperdicios
Ejemplo de lo que acaba
La carrera de los siglos.

Alv. ¿Qué siglos, si aun por instantes
Cuentan hoy mis desatinos
- La recien nacida edad
De tus rigores esquivos?
Ayer fue cuando me amaste;
No pues con tirano estilo
Te valgas del tiempo ya;
Que ni es, ni ha de ser, ni ha sido
Posible, que de un instante
Á otro, de uno á otro improviso,
Confesando tú, que fuiste
Primero flor y edificio,
Crea yo, que tan mudado,
¡O hermoso, o bello prodigio!
De lo que fuiste primero
Estás tan desconocido.

Ser. No la culpa dese error
Quieras partirla conmigo,
Don Alvaro; que no es bien
Dudar tú lo que yo afirmo.
Demas de que yo á este efecto
De tí mismo solícito
Valerme, tú mismo sabes
Mi honor, mi altivez, mi brio.
Y pues nadie, como tú,
Examinó en los principios
Lo ilustre de mis respetos,
Lo honrado de mis desvíos,
Lo atento de mis decoros,
Lo noble de mis designios,
Á tí mismo te examina
En mi favor por testigo;
Porque, si á tí mismo tú
No te vences, será indicio,
Que, de tí mismo olvidado,
No te acuerdas de tí mismo.

Alv. Sí. me acuerdo, sí me acuerdo.

     Dentro DON JUAN.

Juan. ¿Cómo, habiendo anochecido,
No hay aqui luz?

Flor.   Mi señor.

Ser. Muerta estoy!

Alv.   Estoy perdido!

Flor. ¡Que nunca falte á este paso
Galan, hermano ó marido!

Alv. Qué he de hacer?

Ser.   No sé.

Flor.   Yo sí.

Alv. Qué es?

Flor.   Esperar, escondido
En este cancel, que él
Entre en su cuarto.   [*Vase.*

Alv.   Esto elijo;
No por mi peligro tanto,
Como (ay Dios!) por tu peligro.   [*Escóndese.*

     Sale DON JUAN.

Ser. ¡Que esto sin mi culpa pueda [*aparte.*
Suceder, cielos divinos!

Juan. ¿Cómo no hay aqui una luz?

Ser. Descuido, señor, ha sido
De las criadas.

     Sale FLORA *con luces.*

Flor.   Aqui

Ser. Estan ya.   Mucho te estimo

(¡Esforcemos, corazon,   [*aparte.*
La pena que no resisto!)
El haber vuelto tan presto.

Juan. Unos parientes y amigos
Me obligaron á volver
Á casa, habiéndome dicho,
Que importaba que viniese
Á ella......

Ser.   Ay de mí! [*aparte.*

Juan.   Á darte aviso
De que han trazado una fiesta,......

Ser. Vivamos, alma! [*aparte.*

Alv.   De un hilo   [*al paño.*
Pendiente estuve.

Juan.   En que salen
Mañana á los regocijos
De Barcelona embozadas
Sus familias, permitido
Uso entre nosotros, pues
Lo mejor y mas lucido
Con sus mugeres, hermanas
Y hijas tienen por estilo
Gozar asi los disfraces,
Juegos y otros artificios.
Y como este es el primero
Año, que no los has visto,
Han querido festejarte.
Y aun á la vuelta, imagino,
Que en la quinta de Don Diego
De Cardona, que es el sitio
Mas deleitoso, porque es
Sobre el mar, han prevenido
Un banquete. De su parte
Y de la mia te pido,
Que te disfraces y salgas
Con ellas; que yo el vestido
Ó trage, que tú eligieres,
De aqui á mañana me obligo
Á traerte. Qué respondes?

Ser. ¿Tengo yo eleccion ni arbitrio
Mas, que tu gusto? Él es solo
Alma y ley de mi albedrio.
Y porque veas, señor,
Con cuanto gusto te sirvo,
Ven á mi cuarto; que quiero,
Ya que este favor recibo
De tí, enseñarte unas muestras
De tela, que habia traido
Á otro propósito; y quiero
Que veas la que yo elijo.

Juan. ¡Quien pudiera de diamantes,
No solo hacerte el vestido,
Mas, para que le pisaras,
Irte empedrando el camino!

Ser. Aunque yo no te merezca
Esas finezas, te afirmo,
Que las merece mi amor.
Ven pues.   [*Toma ella la luz.*

Juan.   Qué haces?

Ser.   Qué? Mi oficio.
Que es servirte.
       Toma, Flora,
Tú esa luz.

Ser.   Es desatino;
Que Flora no ha de hacer mas
De aquello, que yo la digo;
Pues ella me sirve á mí [*Hace señas á Flora.*
En ver como yo te sirvo.   [*Vanse los dos.*

Flor. Señor Don Alvaro, ya
Que está seguro el camino,
Seguidme.   [*Toma la otra luz.*

Alv.   Sí haré, con harto   [*Saliendo.*
Temor.

Flor.   De qué?

Alv. De haber visto
La verdad de cuan valiente
Es en su casa un marido.
[*Al ir tras ella suena ruido.*
Flor. Vamos de aqui. Mas no salgas;
Espera.
Alv. Qué ha sucedido?
Flor. Que viene Juanete.
Alv. Mata
La luz, haciendo algun ruido;
Que yo tomaré la puerta,
Sin que me vea.
[*Cae Flora y mata la luz.*

Sale JUANETE.
Flor. Hecho y dicho. —
Jesus mil veces!
Jua. ¿Qué es esto,
Flora?
Flor. Esto es haber caido,
Juanete.
Jua. ¿En la tentacion,
Ó en qué?
Flor. Qué sé yo en que ha sido?
Toma esta vela, y volando
Ve á encenderla.
[*Al ir á tomar la vela, tropieza con D. Alvaro.*
Jua. Jesu Cristo!
Flor. Qué es eso?
Jua. Ver, aunque á obscuras,
Cuan grande espanto has tenido,
Pues has barbado de espanto!
Alv. ¡Que hubiese de dar conmigo! [*aparte.*
Pero ya hallé con la puerta. [*Vase.*
Flor. Estás loco?
Jua. Lo que digo
Es cierto. Aqui anda mas gente. —
Señor!

Sale DON JUAN *con luz.*
Juan. ¿Qué voces, qué ruido
Es este?
Flor. No es nada.
Jua. ¿Cómo
Que no es nada? Es muchísimo.
Flor. Yendo á cerrar esa puerta,
Tropecé. Esto solo ha sido.
Jua. Mas ha sido, que eso solo;
Pues yo tambien......
Juan. Dilo, dilo.
Jua. Tropecé aqui con un hombre,
Que de tu cuarto escondido
Saha.
Juan. Válgame el cielo!
Hombre aqui?
Jua. Y nada lampiño.
Flor. Yo era, señor, con quien él
Topó.
Jua. No era, vive Cristo!
Miente, señor, por la barba.
Juan. Estás loco? Estás sin juicio? —
Mas (ay cielos!) yo lo estoy, [*aparte.*
Si en un instante colijo,
Que el llevarme Serafina
De aqui, y con traidor aviso
Dejar aqui á Flora...... ¿Pero
Qué es esto? (ay de mí!) Yo mismo
Miento, si lo digo, y miento
(Ay de mí!) si no lo digo. —
Toma, toma aquesta luz;
Que quiero, aunque no imagino
Que digas verdad, mirar
La casa. — Entra pues conmigo. —
Apuremos, corazon, [*aparte.*

Todo el veneno al peligro.
Jua. Eso bien podrás no hallarlo;
Mas, señor, lo dicho dicho.
[*Saca la espada, y éntranse D. Juan y Juanete*
con luz.

Sale SERAFINA.
Ser. Flora, qué ha sido esto?
Flor. Apenas
Sabré, señora, decirlo.
Don Alvaro iba á salir,
Juanete á este tiempo vino,
Maté la luz, encontróle,
Dió voces; Don Juan al ruido
Salió, y va á mirar la casa.
Ser. ¿Sabes si él habrá salido?

Salen DON JUAN *y* JUANETE.
Juan. La casa miré, y no hay nadie. —
Serafina, ven conmigo
Á mi cuarto; escogerás
Qué joyas y qué vestido
Has de llevar á la fiesta.
Ser. Tu gusto solo es el mio. —
¡Válgame Dios, qué de asombros [*aparte.*
En solo un instante he visto!
Juan. ¡Válgame Dios, qué de cosas [*aparte.*
Llevo que pensar conmigo!
Flor. Tú tienes culpa de todo.
Jua. Pícara, lo dicho dicho.
[*Vanse todos.*

Salen el PRÍNCIPE *y* CELIO *de noche.*
Cel. Notable es tu tristeza.
Prin. Ay Celio! tan rebelde la extrañeza
Es de mi pensamiento,
Que solo siento el bien del mal que siento.
Cel. Yo juzgaba estos dias
Pasados, que eran tus melancolías
Vivir de Porcia ausente;
Mas despues que su padre cuerdamente
Dejó el gobierno, y vino
Á Nápoles, ni creo ni imagino,
Que sea la causa ella;
Que pues favorecido de tu estrella,
Con la seña que tienes,
Á aquestas rejas cada noche vienes,
Y tu mal no mejora;
Y mas, señor, ahora,
Que Don Alvaro ausente
Aun te ha quitado aquese inconveniente.
Prin. ¿Qué importa, Celio, ver á Porcia bella,
Si de mi pena no es la causa ella?
Este divertimiento
Es no mas, que engañar el pensamiento.
Cel. ¿Pues qué causa has tenido
Para que no sea amor este, ni olvido?
Prin. Yo la causa dijera,
Si al hablar no temiera,
Que ha de calificarse por locura.
Cel. Ya que eso se asegura
De la objecion, explica tu tristeza.
Prin. ¿Acuérdaste de ver una belleza,
Que, huéspeda de Porcia, el mismo dia,
Que de España venia,
Fue á mis ojos, en espacio breve,
Monstruosa exhalacion de fuego y nieve?
Cel. Bien me acuerdo, por señas que ese dia
Se fue tambien, y novedad seria,
Que en la ausencia empezase tu violencia,
Cuando se acaban otras en la ausencia.
Prin. No, porque al primer paso,

Antes de ver las sombras del ocaso,
Tal vez el sol en nubes se obscurece,
Podremos decir dél, que no amanece;
No, porque al primer susto
Del relámpago y trueno
Tal vez se desvanezca el rayo, es justo
Decir, que no fue rayo de iras lleno;
No, porque de su seno
Nazca tal vez orilla
Del mar á breve edad la fuentecilla,
Donde su cuna en su sepulcro vea,
Dirán, que su cristal cristal no sea;
No, porque ardiente llama
Al primer resplandor con que se inflama
Expirase tal vez de un soplo herida,
Se dirá, que no tuvo ser ni vida;
Y no, porque tal vez en el primero
Albor la flor examinase el fiero
Hielo, que su esplendor adormeciese,
Se dirá de la flor, que flor no fuese:
Luego no, porque hallase en un momento
La nube, el mar, el soplo, el hielo, el viento,
Mi amor recien nacido,
Sol, rayo, fuente, llama y flor no ha sido.

Cel. Bien argüir pudiera
Contra aquesa razon, si ya no oyera
En el jardin sonoro el instrumento,
Que es la seña de Porcia.

Prin. Escucha atento;
Que el tono ha de decirme,
Si llegaré á la reja, ó si he de irme;
Pues de concierto estan nuestros desvelos,
Que llegue, si es amor; que huya, si es zelos.

Dentro canta P O R C I A.

Porc. ¿Para qué es, amor tirano,
Tanta flecha y tanto sol,
Tanta municion de rayos
Y tanto severo arpon?

Sale P O R C I A *á la reja cantando.*

Prin. Esperando, Porcia bella,
Estuve á ver, si tu voz
Me despedia con zelos,
Ó llamaba con amor.

Porc. Este es afecto, que, aunque
No fuera seña en los dos,
Siempre sucediera; pues
Cualquiera dama, señor,
Con el amor ó los zelos
Llama ó despide.

Prin. Es error;
Que yo sé alguna, que, estando
Al reves desa opinion,
Suele llamar con los zelos,
Y con los amores no.

Porc. Muy necio será el amante,
Que, viendo agravio y favor,
Haga de aqueste desprecio,
Y del otro estimacion.

Prin. No digo yo, que será
Cuerdo; solo digo yo,
Que lo rebelde tal vez
Hace su efecto mayor.

Porc. Bien mi firmeza amparara
La opinion desa opinion,
Si esta noche, como otras,
Tuviésemos ocasion
De hablar despacio.

Prin. ¿Pues qué
Nos lo embaraza?

Porc. El temor
De no estar ya recogido
Mi padre; pues le obligó .

El disgusto de la ausencia
De mi hermano á la atencion
De unos despachos; y asi,
Lo que haya de hablar con vos,
Es fuerza que este instrumento
Lo acompañe, porque no
Pregunte por mí, escuchando
Que aqui divertida estoy;
Y pueda tambien el ruido
De la música el rumor
Desmentir de nuestras voces.

Prin. No será esta la ocasion
Primera, que hablado haya
En cláusulas el amor
Y fantasías, que todas
Compuesta música son.

Porc. Pues escuchadme; que tengo
Mil cosas que hablar con vos;
Y aunque sea desta suerte,
Importa decirlas hoy.

[Toca y representa.
Mi padre dejó el gobierno,
Ya lo sabeis, por razon
De retirarse á vivir
Á la aldea de Belflor.
Mi hermano, que embarazaba
Aquesta resolucion,
Con haber sin su licencia
Idose, sin que él ni yo
Sepamos donde, le ha dado
De apresurar la ocasion;
De suerte, que irse mañana
Intenta de aqui. El dolor
Me enmudece, porque haya
En mí tan nueva pasion,
Que todos canten tañendo,
Y llorando sola yo.

Prin. Bien es menester, o Porcia,
Disfrazar al dulce son
Dese instrumento esa nueva;
Bien como para el dolor
Suele dorarse lo amargo
Del remedio; aunque mejor
Pudiera decir, que es
Cierta especie de traicion,
Halagar con la dulzura,
Y matar con el rigor.

Porc. ¿Quién mas, que yo, deseara......?

Sale J U L I A.

Jul. Que ha bajado mi señor
Al jardin; sus pasos siento.

Porc. Esto es cumplir con los dos.
[*cant.*] Si zelos han de vencerme,
Aunque blasones de Dios,
¿Para qué es, amor tirano,
Tanta flecha y tanto sol?

Prin. De zelos canta; señal
Cierta, que al jardin entró.

Cel. ¿Quién, sino tú, tuvo puesta
En música su pasion? [*Retiranse los dos.*

Llega por dentro D O N L U I S *á la reja.*

Jul. Quién va?

Porc. Quién es?

Luis. Yo soy, Porcia;
Que tanto me divirtió
Tu voz, estando escribiendo,
Que su dulce suspension
Me hizo bajar al jardin.
Bien que á pesar del dolor
De la ausencia de tu hermano

Porc. En estas rejas estoy
Gozando en ellas el blando

Viento, que corre veloz,
Con mi voz y este instrumento
Divertida.

Luis.   Qué mejor?
Y mientras yo me paseo
Por él, te ruega mi amor,
Vuelvas á cantar.

Porc.   Sí haré,
Si en eso gusto te doy;
Y mas si te alejas; pues
Volverá á ser la cancion.
            [*Vase D. Luis.*
[*cant.*] Amor, si de tus rigores
Te vences, ¿para qué son
Tanta municion de rayos
Y tanto severo arpon?

Llegan el PRÍNCIPE *y* CELIO.

Cel. Ya dice, que volver puedes,
Pues vuelve á cantar de amor.
Prin. Puedo llegar, Porcia?
Porc.   Sí;
Que, aunque mi padre bajó
Al jardin, podrás oírme
El aviso que te doy.   [*Tañendo.*
Mañana se va á su aldea;
En ella tiene, señor,
Un castillo, que del bosque
Es rústica poblacion.
Si en achaque de la caza
A él quisieres ir, mejor
En él tendremos mil veces
Para hablarnos ocasion.
Prin. Digo que iré, Porcia mia,
A verte.

Dentro DON LUIS.

Luis.   Porcia!
Porc.   Señor?
Luis [*dent.*] Ya es hora de recogerte.
Porc. Fuerza es irme.
Prin.   A Dios.
Porc.   Á Dios;
Y ya que el tiempo me quita
Aun esta breve ocasion,
Hablando contigo iré,
Si no de zelos, de amor
En otro sentido.
Prin.   Cuál?
Porc. Eso lo dirá mi voz.
Ay mortal ausencia!
Ay partida union!
Ay noche sin dia!
Ay dia sin sol!   [*Vase.*
Prin. Ya que de amor y de zelos
Variar hubo la cancion,
Fue de ausencia, pues asi
Tambien convenga á los dos;
Mas con una diferencia,
Que ella habla conmigo, y yo
Con aquel bello imposible,
Diciendo de ambos la voz......
         [*Ella dentro canta y él representa.*
Los dos. ¡Ay mortal ausencia!
Ay partida union!
Ay noche sin dia!
Ay dia sin sol!   [*Vanse los dos.*

Salen DON ALVARO *y* FABIO *de gala, con*
máscaras.

Alv. Aquesta la puerta es
De palacio, á quien la fama

De catalan nombre llama
La plaza del Clos; y pues
Es aqui donde á parar
Todas las máscaras vienen,
Donde los músicos tienen
Tablado para danzar,
Aqui es donde esperaré
Ver aquella disfrazada,
Que de Flora acompañada
Salió de casa, pues fue
Fuerza no haberla seguido,
Hasta que desta manera
De máscara me vistiera,
Para no ser conocido.
Fab. No dudes que aqui, señor,
Ocasion de hablar tendrás;
Pues al máscara jamas
Se le ha negado el favor
De hablar todo el tiempo que
El rostro tenga cubierto,
Como no sea descubierto
Quien sea.
Alv.   Notable fue
La introduccion destos dias,
Pues, aunque padre ó marido
Las acompañen, han sido,
Fabio, las galanterías
Permitidas.
Fab.   Y es de suerte,
Que con ser tan belicosa
Nacion esta, y tan zelosa,
No ha sucedido una muerte.
Alv. Ea, ya en la plaza entrando
Diversos disfraces ví.
Fab. Verlos podrás desde aqui
Pasar tañendo y cantando.

Dentro suena grita, córrese una cortina, y estan
en un tabladillo los músicos, y salen las mugeres
que pudieren por una parte bailando con máscа-
ras, y por otra los hombres con trages diferentes,
y despues DON JUAN *y* SERAFINA, JUANETE,
FLORA *y Damas.*

Mug. 1. Venin las miñonas,
Á bailar al Clos;
Tararera!
Que en las Carnestoltas
Se disfraz amor.
Tararera!
Homb. 1. Veniu los fadrines,
Al Clos á bailar;
Tararera!
Que en las Carnestoltas
Amor se disfraz.
Tararera!
Juan. ¿Qué, bien mio, te parece
Desta comun alegría?
Ser. Que no tuve mejor dia
En mi vida, y te agradece
Mi amor el haberme hecho
Tal festejo.
Juan.   Para mí [*aparte.*
Lo fuera tambien, si aqui
La confusion de mi pecho
Me le dejara gozar,
Aunque en vano me atormento
Con mi mismo pensamiento.
Jua. Volver quieren á bailar.
Mug. 1. Sonau, Músicos, sonan.
Homb. 1. Prevenid las castañetas.
Mus. Qué voleu?
Tod.   Las paradetas
Digan tois.

Mus.   Que me plau.

[*Bailan todos juntos, los unos quedan á una parte,*
y D. A l v a r o y F a b i o á otra.

Homb. 1. A ven por tot el llogar.

Mug. 1. Venin vosaltres conmi.

Jua. A ven, fadrines, de ají
Á altre carret á bailar.

Fab. Hasla conocido?

Alv.   Sí;
Y el alma me lo dijera,
Aun cuando yo no supiera
Que era ella.

Fab.   Pues aqui
Seguro puedes hablar,
Mientras embozado estés.

Alv. Gozaré la ocasion pues. —
Máscara, ¿quereis danzar   [*á Serafina.*
Conmigo?

Ser.   Vuestra esperanza
Tarde pienso que llegó.

Alv. Por qué tarde?

Ser.   Porque yo
No estoy para hacer mudanza;
Y es vana la pretension
Vuestra.

Alv.   Pues yo presumia,
Que una mudanza podria
Por mí hacerse.

Ser.   Es ilusion.

Alv. Alguna vez la habreis hecho.

Ser. Quizá que por eso estoy
Dispuesta á no hacerla hoy,
Porque la hice ya.

Alv.   Mi pecho
No debe desconfiar.

Juan. El máscara te ha pedido
Danza; si te ha conocido
Ó no, ya es fuerza el danzar;
Si te conoce, porque
Seria descortesía,
Y si no, porque seria
Cuidado.

Ser.   Yo danzaré,
Si tú licencia me das;
Que yo por tí me excusaba.

Juan. Por qué por mí?

Ser.   Porque estaba
Atenta á tu voz no mas.

Juan. Esto es permitido aqui. —
¿Quién será el que á Serafina   [*aparte.*
Mas, que á las demas, se inclina?

Alv. En fin, no respondeis?

Ser.   Sí.
¿Qué es lo que danzar quereis,
Máscara? que ser no quiero
Grosera.

Alv.   Toca el Rugero.

Ser. ¿Por qué el Rugero escogeis?

Alv. Porque, á vuestra vista atento,
Decir pueda en esta calma······

[*Tocan, y mientras danzan, representan, y la música*
responde, todo á compas, sin pararse nunca
los instrumentos.

Music. Reverencia os hace el alma,
Reina de mi pensamiento,······

Alv. Y mas, cuando en vos contemplo,
Que amor os debe adorar,······

Mus. Por ídolo de su altar,
Por imágen de su templo.

Ser. De nada ofenderme quiero;
Que quejarse de un rigor······

Mus. Licencia daba el amor,
Á que pueda un caballero······

Ser. Mas lo que excusar intento,

Es, que pueda vuestra llama······

Mus. En el sarao á su dama
Decirla su pensamiento.

Ser. Y asi, para cortesía,
Esto basta, perdonad.

Alv. Bien dice en su brevedad
Esa dicha, que era mia.

Ser. Mejor lo dirá adelante,
Avisándoos ofendida,······

Alv. Qué?

Ser.   Que me importa la vida,
Que os volvais luego al instante. —
Vamos, amigas, de aqui.

Cesan los instrumentos, y quedan todos suspensos.

Dam. 1. Con tanta priesa? ¿Por qué
Irte quieres?

Ser.   No lo sé.

Flor. No te agrada el puesto?

Ser.   Sí;
Pero ya parece que es
Hora que nos recojamos.

Homb. 1. Por la Tarazana vamos
Á mi quinta.

Juan.   Mejor es;
Que allá sin publicidad
Nos podremos divertir.

Mus. 1. Pues deja ya de venir
Gente, los puestos dejad.

Juan. Juanete, saber procura,
Siguiéndole hasta despues,
Ese máscara quien es.   [*Vanse.*

Jua. Mi cuidado te asegura
De vista, aunque al cabo vaya
Del mundo.

Fab.   ¿De qué has quedado
Tan triste?

Alv.   De ver cuan vanas
Para mi imposible amor
Son todas mis esperanzas.
Presumiendo hallar (ay triste!)
Algun alivio á mis ansias,
Fleté aquese bergantin,
Que surto en el mar me aguarda,
Y sin despedirme (ay cielos!)
De mi padre y de mi hermana,
Vine á ver á Serafina;
Mal dije, á esa fiera ingrata,
Esa Esfinge, esa Sirena,
Ese veneno, esa rabia.

Jua. Sin duda es fraile, y está   [*aparte.*
Convidado en otra casa,
Pues que va con tanta priesa.

Alv. Y pues que finezas tantas
Merecerla, al verme, Fabio,
No han podido una palabra
De agrado, y la última fue
Decirme, que el que me vaya
Su vida importa, ¿qué espero?
Crean mis desconfianzas
En una vez, que ya en bien
Se perdió; y pues siempre se halla
El principio del consuelo
Con el fin de la desgracia,
Tratemos de vivir. Toma   [*marinero.*
[*Quítase el capote y la máscara, y queda de*
Vuélvelos á quien le dió;
Que yo, mientras de aqui faltas,
La gente de mar haré
Que se junte, porque vayan
Por agua y viento mis dichas
A buscar sus esperanzas.

Jua. ¡Oigan qué trasformacion!   [*aparte.*

Aunque no le veo la cara,
Que es marinero sé ya,
Pues es el trage en que anda.
Fab. La resolucion mas cuerda
Es esa.
Alv. Porque no hagá
Mi pena, entrando en consejo
Conmigo, alguna mudanza,
Ya me hallarás embarcado,
Cuando vuelvas; porque es tanta
La fe, con que á Serafina
Ha querido y quiere el alma,
Que, si á su vida le importa
Mi muerte, es justo buscarla.
Jua. Voy tras él, porque no puede
Verle; mas seguirle basta.
Alv. Ha del mar!

Salen algunos Marineros.

Mar. 1. Señor?
Alv. ¿Es tiempo
Para partir, camaradas?
Mar. 2. El mejor tiempo es del mundo.
El mar se mira en bonanza.
Alv. ¡Pues alto, á embarcar, amigos! —
A Dios, á Dios, esperanzas; [*aparte.*
A Dios, Serafina.
Voces [*dent.*] Fuego!
Fuego!
Alv. ¿Qué voces son varias
Las que oigo?
Mar. Á lo que se vé,
Toda la quinta se abrasa
De Don Diego de Cardona.
Alv. Ay de mí! Que en ella estaba
Serafina. ¡Sentimientos,
No acudais á la venganza,
Sino al reparo! Venid
Conmigo; que fuera extraña
Fortuna de mis desdichas,
Si hubiese venido á darla
La vida, cuando ella piensa
Que la muerte.
Jua. Cielos, tanta
La violencia es del incendio,
Que en un instante á ser pasa
Volcan del mar.
Voces [*dent.*] Fuego! fuego!
Alv. Entre pavesas y llamas,
Monstruo de fuego, humo y polvo,
Un caballero á una dama
Saca en los brazos.

Sale DON JUAN con SERAFINA.

Juan. Amigos,
Si esta ruina, esta desgracia
Piadosos os ha traido,
Para socorrer á tanta
Gente como aqui perece,
La mas noble, la mas alta
Será, que aquesta hermosura
Tengais un instante en guarda,
En tanto que vuelvo yo,
Á costa de vida y alma,
Á su socorro; que son
Los que mi favor aguardan
Deudos, parientes y amigos.
Alv. Bien podeis, señor, dejarla.
Juan. Y á Dios; que el valor me lleva,
Y obligaciones me llaman
Á su empeño. [*Vase.*
Voces [*dent.*] Fuego! fuego!
Jua. ¡Señor, oye, espera, aguarda!
Otra vez se arroja allá.

¡El diablo que tras él vaya!
Alv. ¿Quién en el mundo habrá visto
Jamas dicha tan extraña?
¿En mis brazos Serafina
No está ya? ¿No está en la playa
Aguardando un bergantin?
¿Pues qué espera, pues qué aguarda
Mi amor? — Amigos, al mar!
Mar. 1. Qué es lo que intentas?
Mar. 2. Qué trazas?
Fab. Qué es esto, señor?
Alv. Despues
Lo sabreis. Diga la fama,
Que siempre la propia dicha
Está en la agena desgracia.
[*Vanse llevándola.*
Jua. Oyen ustedes! Qué digo?
¡Miren, que aquesa es mi ama!
Uno [*dent.*] Como la gente se salve,
La hacienda no importa nada.
Otro [*dent.*] De todos no ha perecido,
Sino solo una criada
De Serafina.

Sale DON JUAN.

Juan. Esperad,
Que allá con vosotros vaya. —
Amigos, esa hermosura,
Que os entregué desmayada,
Restituid á mis brazos;
Que ya......
Jua. Señor, con quién hablas?
Juan. Con unos hombres del mar,
Á quien dejé vida y alma
En Serafina. Haslos visto?
Que debieron de llevarla,
Sin duda, á albergar á alguna
De aquesas pobres barracas.
Jua. No la llevan sino al mar;
Pues aquel bergantin, que alas
Le da el viento y pies los remos,
Lleva á Serafina.
Juan. Calla,
Si no quieres, que mi aliento
Te abrase.
Jua. Gentil venganza!
Llévate tu esposa quien
De máscara se disfraza,
Siendo un pobre marinero,
Y he de pagarlo yo?
Juan. Aguarda!
¿El máscara era (ay de mí!)
El marinero, que estaba
Ahora aqui?
Jua. Sí, señor.
Juan. Matóme mi confianza.
¿Pero qué aguardo, que no
Me arrojo al mar, en venganza
De mi honor?

Salen todos los de la máscara.

Todos. Qué es esto?
Juan. Es
Una desdicha, una rabia,
Una afrenta, una deshonra
Tan grande, (ay de mí!) tan rara,
Que no me atrevo á decirla,
Hasta despues de vengarla;
Y ha de ser desta manera. —
Espera, ladron, pirata
Destos piélagos; que yo
Contra el fuego y contra el agua
Lidiaré igualmente. ¡Dadme,
Cielos, ó muerte ó venganza!
[*Éntrase, arrojándose al mar.*

Jua. Por aqueste, hombre á la mar,
Se dijo ya.
Tod. [*dent.*]   Al agua! al agua!
Jua. Á remo y vela el bajel
Huye, y él, racional barca,
En vano seguirle intenta.
Juan [*dent.*] Amparo, cielo!
Tod.   Él te valga!

JORNADA III.

Sale DON LUIS *leyendo una carta.*

Luis. „Mandáisme, que os avise de qué causa
„pudo tener á D. Juan Roca tantos dias sin es-
„cribiros, y aunque quisiera excusarme de
„hablar en esto, no puedo dejar de obe-
„deceros. Las Carnestoléndas pasadas, es-
„tando en la quinta de D. Diego de Car-
„dona, se prendió en ella tan grande fuego,
„que no sin peligro pudieron escapar la
„vida. D. Juan sacó á su esposa desma-
„yada, y dejándola, por acudir á los demas,
„en poder de unos marineros, que no falta
„quien diga, que eran Cosarios disfrazados,
„se hicieron á la mar con ella, arrojándose
„D. Juan desesperado al agua, de donde
„le sacaron casi muerto algunos, que acu-
„dieron á favorecerle; y apenas se hubo
„reparado, cuando faltó de su casa, sin
„llevar consigo mas que un criado, y hasta
„hoy no se ha sabido dél, ni de su esposa.‟
[*repr.*] No leo mas; que no es posible,
Que rendido, que postrado
El corazon á los ojos
No salga deshecho en llanto.
¡O, válgame Dios, á cuantas
Desdichas y sobresaltos
Nace sujeto el honor
Del mas noble, el mas honrado!
Aqui 'el serlo lo disculpe,
Pues á los ojos humanos,
Por mas que esta sea desdicha,
No deja de ser agravio.
Diera por saber adonde
Don Juan está, y á su lado
Correr su misma fortuna,
Cuanto soy y cuanto valgo,
Para que juntos los dos
No dejásemos espacio
Escondido de la tierra,
Que no inquiriésemos, dando
Con la muerte del ladron
Pirata asombros y espantos
Al mundo.

Salen PORCIA *y* JULIA.

Porc. Señor!
Luis.   Qué hay, Porcia?
Porc. ¿Qué es lo que tienes, que hablando
Contigo á solas estás,
Colérico y enojado?
Luis. No sé, Porcia, lo que tengo. —
Débame en aqueste caso, [*aparte.*
Ya que me debe el sentirlo,
Tambien Don Juan el callarlo. —
Una carta recibí
Acerca de los pasados
Pleitos de mi residencia.
Porc. Pésame de haberte hallado
Sin gusto, porque venia

Á pedirte mi cuidado,
Que me hicieras un favor.
Luis. Y en qué reparas?
Porc.   Reparo
En que quien sin tiempo pide,
Es fuerza que desairado
Quede.
Luis.   Para tí no hay tiempo.
Unos siempre mis halagos
Son contigo.
Porc.   Pues en esa
Confianza á hablarte aguardo.
Don Alvaro......
Luis.   No prosigas.
Porc. Ves si hay tiempo, ó no?
Luis.   Es engaño:
Pues en cualquiera diré,
Que no me hable en él tu labio.
Hartas veces te lo he dicho.
Porc. ¿Qué es lo que ha hecho mi hermano,
Señor, para que con él
Te dure el enojo tanto?
Luis. ¿Qué mas, que, sin mi licencia,
Sin saber como, ni cuando,
Ni donde, faltar de casa,
Y venir luego muy falso,
Con presumir, que ha de hallar
La puerta abierta, y los brazos?
Porc. De todo eso le disculpa
La libertad de los años:
Fuera de que, ¿qué delito
Es, señor, si lo miramos
Sin pasion, que un hombre mozo,
Viendo que has determinado
Querer vivir en aldea,
Entre dos rudos villanos,
Neciamente se despeche,
Y que, mal consejado,
Falte de tu vista un mes?
Que desde que vino ha estado,
Temeroso de tus iras,
En la casa retirado
Del monte, sin salir della.
Merézcate pues mi llanto,
Que vuelva á casa.
Luis.   Ahora bien.
Por tí en fin se ha de hacer algo.
Avísale de que venga.
Porc. ¡Guárdete el cielo mil años!
Y el aviso seré yo;
Que aquesta tarde cazando
Iré al monte, y le diré,
Que venga á besar tu mano.
Luis. Haz tú allá lo que quisieres. —
¿Qué hiciera yo, cielo santo, [*aparte.*
Por saber donde Don Juan
Está, y donde su contrario?
¡Que vive Dios, que se viera
En mí el ejemplo mas raro
De amistad, que ha visto el mundo! [*ase.*
Jul. Bien, señora, se ha logrado
La intencion.
Porc.   Es cierto, pues
No es cuanto dispongo y trazo
Amor de mi hermano solo,
Sino mio, procurando,
Que la casa desocupe
Del monte, porque sin tantos
Riesgos el Príncipe pueda
Ir allá tal vez, logrando
Mi amor la ocasion de verle.
Y así, Julia, á ese criado,
Que trajo el papel, dirás,
Que á caza esta tarde salgo;

Que bien puede en el castillo,
Pues ya conoce á Belardo
Su casero. entrar; que yo,
En diciéndole á mi hermano,
Como mi padre le espera,
Podré hablarle en él.

Jul.   No en vano,
Como es pobre amor, es todo
Trazas, cautelas y engaños.

Porc. Dame un arcabuz: que quiero
Por el camino ir tirando,
Y venga atras la carroza.

Jul. Aqui está.   [*Dale el arcabuz.*

Porc.   ¿Para qué me armo,
Amor, con armas de fuego,
Si, cuando á campaña salgo
Contra tí, me vences solo
Con una flecha y un arco?   [*Vanse.*

Salen D O N   A L V A R O *y* F A B I O.

Alv. Qué hace Serafina?

Fab.   ¿Ya
No sabes, que es excusado
El preguntarlo?

Alv.   Eso es
Decirme, que está llorando.

Fab. Es verdad.

Alv.   Desde el instante,
Que desmayada en mis brazos
Pasó del golfo del fuego
Á incendios de agua, trocando
Del un extremo á otro extremo
Dos elementos contrarios,
No se enjugaron sus ojos;
Pues apenas en el barco
Se vió en mi poder, cobrada
De aquel pálido desmayo,
Cuando á llorar empezó;
De suerte, que un breve espacio
No han podido mis caricias
Hasta hoy suspender su llanto.
Pensé yo,...... Mas no pensé;
Que aun tiempo para pensarlo
No tuve, que Serafina......

Sale S E R A F I N A.

Scr. Espérate fuera, Fabio;   [*Vase Fabio.*
Y tú escúchame; porque
Mi nombre oyendo en tus labios,
Y oyendo mi mal, del nombre
Tambien el intento, trato
De aprovechar la ocasion,
Porque de una vez salgamos,
Tú de dudas, yo de penas,
Y de confusiones ambos.
¿Pensaste, (ay de mí!) que fuera
Mi decoro tan liviano,
Tan fácil mi estimacion,
Mi sentimiento tan vano,
Mi vanidad tan humilde,
Mi tormento tan villano,
Y mi proceder tan otro,
Que me hubiera consolado
De haber en un dia perdido
Esposo, casa y estado,
Honor y reputacion,
Con solo hallarme en tus brazos,
Vencida de tus traiciones,
Forzada de tus agravios?

Alv. No pensé; pero pensé......

Ser. Qué?

Alv.   Que por el mismo paso,
Que fue tan desesperada
Mi accion, fueran tus agrados
Menos crueles, pues vemos,
Que amor en lo temerario
Vive, y disculpa no tiene
Un error enamorado,
Como no tener disculpa;
Tanto ama el que yerra tanto.

Ser. Esa razon tan sin ella
Para mí está, que antes saco,
Que quien lo destruye todo,
Nada estima; y asi, ingrato,
Y asi, aleve, y asi, fiero,
Traidor, injusto, tirano......
Pero no, no digo bien;
Ya de otro estilo me valgo.
Don Alvaro, mi señor,
Supuesto que ya este caso
Ha sucedido, y no tiene
Remedio, ¿para qué andamos
Arguyendo en lo que hubiera
Sido mejor? Ya los astros
Lo dispusieron asi,
Ya lo quisieron los hados,
Ya lo admitieron los cielos.
Pues bien, al remedio vamos,
Y débate yo el oírme,
Si es que he de deberte algo.
Yo, Don Alvaro, no aliento,
Sin temer, que inficionado
El aire de los suspiros
De Don Juan me encuentre. Paso
No doy, que, creyendo verle,
De mi sombra no me espanto,
Siendo aquestas ilusiones
Aquesta casa de campo,
Adonde tú me has traido,
Sepultura de mis años.
Tú, conseguida, no puedes
Conseguirme, pues es claro,
Que no consigue quien no
Consigue el alma; y es llano,
Que una hermosura, sin ella,
Es como estatua de mármol,
En quien está la hermosura
Sin el color del halago,
Vencida, mas no gozada.
¡O mal haya amor villano,
Que la fuerza del cariño
La funda en la de los brazos!
Don Juan es noble ofendido;
Solo en esto digo harto;
Que sepa de tí es forzoso;
Pues habiéndose quedado
Flora en Barcelona, ella
Lo habrá dicho. Pues pongamos
Á este miedo, á este peligro
Y á esta desdicha un reparo.
Este solo puede ser,
Que tu amor desesperado,
De que en mí ha de hallar consuelo,
Se resuelva en rigor tanto
Á perderme de una vez;
Sea mi sepulcro el claustro
De un convento, en que ignorada
Mi vida......

Alv.   Suspende el labio,
No prosigas; que primero
Que yo viva sin tí, un rayo
Me mate. Válgame el cielo!
   [*Disparan dentro un arcabuz.*

Ser. Ay de mí! Que ya este acaso
Segunda vez sucedió,

Alv.   Mi muerte está pronunciando.
No, no tenias; que yo, aunque
Me asusto, no me acobardo.
Hola! qué es eso?

Sale BELARDO, *vejete.*

Bel.   Que Porcia
Tu hermana viene cazando
Por el bosque, y ya á las puertas
Llega del castillo.
Alv.   En tanto
Que yo voy á recibirla,
Por si entrar quiere á este cuarto,
Serafina, al aposento
Te retira de Belardo.
Bel.   ¿Cómo ha de salir de aqui,
Si ya Porcia ocupa el paso?
Alv.   Pues éntrate en esa cuadra.
Ser.   ¡Cielo, tu favor aguardo!   [*Escóndese.*

Sale PORCIA *de caza.*

Alv.   Hermana Porcia, qué es esto?
Porc.   Llegar, Alvaro, á tus brazos
Con dos gustos; uno es,
Decirte, que mas humano
Mi padre me envia por tí;
Y otro, haber hecho, llegando
Á las puertas de la torre,
El tiro mas acertado,
Que hice en mi vida, porque
Tan veloz pasaba un gamo,
Que, con matarle corriendo,
Puedo decir, que volando.
Alv.   Que vengas gustosa estimo.
Porc.   Tan ufana me ha dejado
El tiro, que no quisiera
Esta tarde tan temprano
Dejar el monte; y asi,
Mientras yo quedo cazando,
Ve tú á la aldea, porque
Mi padre, que has estimado
El perdon, vea, en la priesa
Con que le besas la mano.
Alv.   Dices bien. Mas no te quedes
Tú aqui.
Porc.   Tras tí al monte salgo.
Alv.   Pues en él te dejaré.
Porc.   Norabuena. — Oyes, Belardo;   [*aparte á él.*
Di al Príncipe, que me espere
Aqui, si viniere acaso
Esta tarde.
Bel.   Asi lo haré.
Alv.   Belardo, oyes; en sacando   [*aparte á él.*
Yo de aqui á Porcia, retira
Á esa dama dese cuarto.
   [*Vanse los dos hermanos.*
Bel.   ¡Qué haya quien diga, señores,
Que es oficio aprovechado
El de alcahuete, y á mí,
No sepa valerme un cuarto!
Vé aqui á Don Alvaro y Porcia,
Que me hacen su secretario,
Y al cabo del año no
Me dan, sino sobresaltos.

Sale SERAFINA.

Ser.   Fuese Porcia?
Bel.   Ya se fue.
Ser.   Y lo estuve deseando,
Porque, si quisiera entrar,
No pudiera embarazarlo;
Que no tiene por de dentro,
Aunque la anduve buscando,
Llave ni aldaba esta puerta.

Pero ya segura salgo.
Bel.   No muy segura.
Ser.   Por qué?
Bel.   Porque hasta aqui viene entrando
Un hombre.
Ser.   Vuelvo á esconderme.   [*Escóndese.*
Bel.   Y yo á temblar.

Sale el PRÍNCIPE.

Prin.   Qué hay, Belardo?
Bel.   Seas, señor, bien venido.
Prin.   Habiendo Porcia avisado
De que hoy aqui la veria,
Faltando de aqui su hermano,
Vengo á verla. Dónde está?
Bel.   Con él salió ahora al campo;
Mas dijo, que aqui la esperes.

Sale PORCIA.

Porc.   No será mucho el espacio;
Porque apenas el camino
Dé la aldea tomé, cuando
Á verte vuelvo.
Prin.   ¿Era hora
De merecer favor tanto?
Bel.   ¿Cómo podré remediar,   [*aparte.*
Que la otra no esté escuchando?
Ser.   Porcia y el Príncipe son.   [*al paño.*
Porc.   El estar aqui mi hermano
Ha sido causa de que
Aquesta ocasion perdamos;
Pero ya este inconveniente
Mi ingenio lo ha remediado.
Prin.   Cómo?
Porc.   Haciendo con mi padre,
Que á casa le vuelva, dando
fin á su enojo.
Prin.   Yo estimo,
Como es justo, ese cuidado. —
Miento; que aun dura en mi pecho   [*aparte.*
Aquel incendio pasado;
Pero asi, loca memoria,
Si no te venzo, te engaño.
Bel.   Ella oye cuanto se dicen.   [*aparte.*
Ser.   ¿Á qué parte, amor tirano,
Iré, donde tú no reines?
Porc.   Siempre yo quejarme trato.
Prin.   Por qué ahora?
Porc.   Porque sé,
Que os tiene un hermoso encanto
En Nápoles divertido.
Prin.   ¿Quieres ver, cuanto eso es falso?
Pues ha muchos dias, que yo
De Nápoles tambien falto,
Porque una grande tristeza
Me tiene tan retirado,
Que en esta vecina quinta
Lloro tu ausencia; y es tanto
El gusto de vivir solo,
Que aquestos dias he dado
En no salir della, y tengo
Puesto el gusto en unos cuadros,
Que para una galería
Me hacen los mas celebrados
Pintores de toda Italia
Y aun de España, pues yo he hallado
Alguno, que á Apéles puede
Competir, y tan pagado
Desto estoy, que todo el dia
Solo en verles pintar gasto.
Porc.   Á mí mi desconfianza
Me habia dicho......
Bel.   Esto va malo.
Prin.   Qué tienes?

Porc.   Qué ha sucedido?
Bel.   Aunque no es nada, tu hermano
     Vuelve.
Porc.   Pues en esa cuadra
     Te esconde.
Prin.   Por tí lo hago
     Mas, que por mí.
Ser.   Mal podré
     Resistirlo.
Bel.   San Hilario!
     Zas, entróse ya.
    [*Éntrase el Príncipe donde está Serafina.*

      Sale Don Alvaro.
Alv.   No puedo [*aparte.*
     Asegurar el cuidado
     De que Porcia á Serafina
     No vea; y asi, tomando
     La vuelta, vengo á saber,
     Si la ha escondido Belardo.
Porc.   Ay de mí! Sin duda viene [*aparte.*
     De algun aviso informado.
Alv.   Aqui Porcia? Á qué habrá vuelto? [*aparte.*
Porc.   El llega. Si sabe algo? [*aparte.*
Alv.   Porcia!
Porc.   Hermano?
Alv.   ¿Cómo el monte
     Dejas tan presto?
Porc.   El cansancio
     Me rindió, y vuelvo á buscar
     En este sitio el descanso.
Alv.   Eso sí.
Porc.   Mas tú á qué vuelves?
Alv.   Á que, habiendo reparado
     La condicion de mi padre,
     Advierto lo mal que hago
     En ir sin tí.
Porc.   Aun eso bien.
Alv.   Porque, si vuelve á su enfado,
     Tú le reportes.
Porc.   ¿Pues hay
     Mas de que juntos volvamos?
Alv.   Eso quiero yo.
Porc.   Yo y todo.
Bel.   ¡Quien no os entendiera á entrambos! [*aparte.*
Alv.   Asi excuso, que no vea [*aparte.*
     Á Serafina.
Porc.   Asi trato [*aparte.*
     De que al Príncipe no vea.
Alv.   No vienes?
Porc.   Sí.
Alv.   Vamos.
Porc.   Vamos.
Alv.   Lindamente se ha dispuesto,...... [*aparte.*
Porc.   Lindamente se ha trazado,...... [*aparte.*
Alv.   Pues mi hermana no la ha visto.
Porc.   Pues no le ha visto mi hermano. [*Fanse los dos.*
Bel.   Si bien lo supieras! Pero
     Al fin de mayores daños
     Aqueste ha sido el menor. —
     Ha, señores encerrados,
     Sin estorbo salir pueden.

  Salen el Príncipe *y* Serafina *puesta la*
    mano en el rostro.
Ser.   En vano intentais usaros
     Á conocerme.
Prin.   Y aun vos
     Tambien lo intentais en vano
     No ser de mí conocida.
Ser.   Advertid......
Prin.   Quitad la mano
     Del rostro; que es poca nube
     Para esconder cielo tanto.

     Ya sé quien sois, y ya sé,
     Que ha sido de amor milagro
     El traeros donde os vea;
     Y aunque imposibles acasos
     Lo hayan dispuesto, no quiero
     Saberlos ni averiguarlos,
     Porque no me estará bien
     El perderos al hallaros
     En esta casa. Y asi,
     Porque me dure el engaño
     De la duda, ehjo el medio
     De estar creyendo y dudando.
Bel.   Solo esto faltaba ahora, [*aparte.*
     Que estuviese enamorado
     El amante de la hermana
     De la dama del hermano.
Ser.   Generoso Federico
     De Ursino, si intento en vano,
     Como decis, ocultarme
     De vos (o infelice!) en cuanto
     Al ser de vos conocida,
     No en cuanto al segundo caso;
     Pues yo tambien contra vos
     De dos razones me valgo.
     La primera es el secreto,
     Que de mi vista os encargo;
     Y la segunda es, pediros,
     Que os vais, para que, llorando
     Á mis solas mis desdichas,
     Pueda aliviarlas en algo.
Prin.   Una y otra razon vuestra
     Ya conmigo han alcanzado
     Su pretension; vuestro nombre
     Jamas saldrá de mi labio;
     Y apartándome de vos,
     (Bien que á mi pesar me aparto)
     Daré esta penosa ausencia
     En albricias deste hallazgo.
     Quedad con Dios, advirtiendo,
     Que me debeis mas cuidados,
     Que pensais.
Ser.   Reconocerlos
     Ofrezco, si no pagarlos.
     Id con Dios.
Prin.   Guárdeos el cielo.
Bel.   Ois; ¿ sabeis aquel adagio
     Los dos, cállate y callemos?
Prin.   Yo os lo ofrezco.
Ser.   Yo os lo encargo.
Prin.   Qué ventura!
Ser.   Qué desdicha!
Prin.   Favor, cielos!
Ser.   Piedad, hados!
Prin.   Que ya, viendo á Serafina,
     Espero vivir amando.
Ser.   Que ya, sabiendo quien soy,
     Por puntos mi muerte aguardo.   [*Vanse.*

    ———

  Salen Don Juan *con vestido pobre, y* Celio.
Cel.   Qué es lo que quereis?
Juan.   Hablar
     Con el Príncipe quisiera,
     Para que ese cuadro viera,
     Que acabo de retocar.
Cel.   Pues ahora no está aqui;
     Que á caza esta tarde fue.
Juan.   Vendrá presto?
Cel.   No lo sé.   [*Vase.*
Juan.   ¿Qué es lo que pasa por mí,
     Fortuna deshecha mia?
     Pero no lo digas, no;
     Que aun de tí no quiero yo

Oirlo, porque seria
Conmigo estar desairada
Mi pena al ver, que una vida,
Que perdonó acontecida,
No perdona pronunciada.
¡Válgame Dios, qué de cosas
Debe en el mundo de haber,
Fáciles de suceder,
Y de creer dificultosas!
Porque ¿quién creerá de mí,
Que, siendo (ay de mí!) quien soy,
En aqueste estado estoy?
¿Mas quién no lo creerá asi,
Pues todos la escrupulosa
Condicion del honor ven?
¡Mal haya el primero, amen,
Que hizo ley tan rigurosa!
Poco del honor sabia
El legislador tirano,
Que puso en agena mano
Mi opinion, y no en la mia.
¡Que á otro mi honor se sujete,
Y sea (o injusta ley traidora!)
La afrenta de quien la llora,
Y no de quien la comete!
¿Mi fama ha de ser honrosa,
Cómplice al mal, y no al bien?
¡Mal haya el primero, amen,
Que hizo ley tan rigurosa!
¿El honor, que nace mio,
Esclavo de otro? Eso no.
¿Y que me condene yo
Por el ageno albedrío?
¿Cómo bárbaro consiente
El mundo este infame rito?
¿Donde no hay culpa, hay delito,
Siendo otro el delincuente?
¡De su malicia afrentosa,
Que á mí el castigo me den!
¡Mal haya el primero, amen,
Que hizo ley tan rigurosa!
¿De cuantos el mundo advierte
Infelices, (ay de mí!)
Habrá otro mas que yo?

· *Sale* JUANETE *mal vestido.*

Jua.   Sí;
Pues cómplice de tu suerte,
Tu misma vereda sigo;
Luego otro hay mas desdichado.
Juan. Pues á este tiempo has llegado,
Ven discurriendo conmigo.
En busca de mi enemigo,
Patria y hacienda dejé.
Jua. Y no hallaste rastro, aunque
Ya le llevabas contigo.
Juan. No hallando huella en el mar,
Disfrazado, solo y triste......
Jua. Á Nápoles te veniste.
Juan. La causa me imaginar,
Que, si aqui fue amor primero,
Aqui vino á duda vendria.
Jua. Y aqui de un dia á otro dia
Nos hallamos sin dinero.
Juan. Á nadie quise llegar
Sin honra á decir quien era.
Jua. Yo, juro á Dios, lo dijera
Con hambre á todo el lugar.
¿Don Luis no es tu amigo?
Juan.   Sí.
¿Pero á qué amigo llegara
Yo á fiarme, en quien no hallara
Un testigo contra mí?
¿Yo á que ninguno supiera

Mi desdicha cara á cara,
Que con cuidado me hablara,
Y con lástima me viera?
No ha de saberse quien soy;
¡Pues no soy, mientras vengado
No esté; y asi me he aplicado,
En cuanto inquiriendo voy,
A que la curiosidad
Nombre de oficio me dé.
Jua. No eres el primero, que
Sustenta su habilidad.
Juan. Y asi, viendo que se hacia
Aquesta obra de pintura,
Como oficial (qué locura!
Pero honrada como mia)
En ella me acomodé;
Y si cuya era supiera,
Antes de hambre me muriera.
Jua. Hicieras mal. Mas por qué?
Juan. Porque ya una vez me vió
El Príncipe, y rezelara
El conocerme.
Jua.   Repara
En que tanto te trocó
La fortuna, que temer
No tienes, y estás de modo,
Que te has demudado en todo
Cuanto no es enflaquecer.
Fuera de que en este estado
Y en este trage, señor,
Fuera el presumirlo error,
Y mas de quien sin cuidado
Una vez sola te vió.
Pero este el Príncipe es.

Sale el PRÍNCIPE.

Juan. Dame, gran señor, tus pies.
Prin. Español, ¿qué te obligó
Á esperarme aqui?
Juan.   Creyendo
El gusto, que has de tener,
Príncipe invicto, en saber,
Que el cuadro, que estaba haciendo,
Está acabado, he querido
Ser yo el que antes te lo diga.
Prin. Mucho tu atencion me obliga.
¿Pero qué fábula ha sido
La que acabaste primero?
Juan. La de Hércules, señor,
En quien pienso que el primor
Unió lo hermoso y lo fiero.
Prin. Cómo?
Juan.   Como está la ira
En su entereza pintada,
Al ver, que se lleva hurtada
El Centauro á Deyanira.
Y con tan vivos anhelos
Tras él va, que juzgo yo,
Que nadie le vea, que no
Diga: este hombre tiene zelos.
Fuera de la tabla está,
Y aun estuviera mas fuera,
Si en la tabla no estuviera
El Centauro tras quien va.
Este es el cuerpo mayor
Del lienzo, y en los bosquejos
De las sombras y los lejos
En perspectiva menor
Se vé abrasándose, y es
El mote que darle quiero:
Quien tuvo zelos primero,
Muera abrasado despues.
Prin. No solo en esta ocasion
Que el cuadro agradezca es bien;

Pero el concepto tambien
Te agradece mi pasion.
Y pues á tiempo has llegado,
Que, trayendo mis desvelos
Zelos, me has hablado en zelos,
Te he de feriar un cuidado,
Á precio de una fineza,
Que quiero que hagas por mí.

Juan. Para servirte nací.
Prin. Sabrás, que de una belleza,
Que una vez ví solamente,
Tan rendido llegué á estar,
Que no la pude olvidar,
Con haber vivido ausente.
Hoy, bien acaso, he sabido
Donde retirada vive;
Y en tanto, que amor percibe
Modo en que pueda rendido
Solicitar sus favores,
Imagino, que no hubiera
Cosa, que mas divirtiera
Mis penas y mis rigores,
Que tener suyo un retrato.
Tú al fin, como forastero,
No la conoces, y quiero
Fiarle de tí.

Juan.   Solo trato
Servirte con alma y vida.
Mas no me atrevo, señor,
Si es beldad tan superior,
Sacarla tan parecida.

Prin. Por qué?
Juan.   Porque lo intenté
Alguna vez, y advertí,
Que la hermosura (ay de mí!)
No se pinta bien.

Prin.   Ya sé,
Que es difícil de pintar,
Si es perfecta la belleza;
Pero de tu gran destreza
Puedo el acierto fiar.
Y cuando por el acierto,
Español, no te eligiera,
Por el secreto lo hiciera.

Juan. Que te he de servir, es cierto.
Prin. Pues ven conmigo, advertido
De que, si nos dan lugar,
Á hurto la has de pintar.
Yo á la puerta prevenido
Á todo trance estaré,
Por lo que alli sucediere,
De que he de librarte infiere.

Juan. Digo, gran señor, que iré,
En tu palabra fiado,
Y despues en mi valor.
Que, aunque un humilde pintor
Soy, quizá, por ser honrado,
Vivo asi.

Prin.   De tí lo creo.
Cree de mí, que agradecido
Verás tu deseo cumplido.   [*Vase.*

Juan. No sabes tú mi deseo.
Jua. Señor, qué es esto?
Juan.   En aquella
Caja pequeña pondrás
Colores y los demas
Pinceles, y trae con ella
Unas pistolas.

Jua.   ¿Qué nueva
Aventura aquesta fue?
Dónde vas?

Juan.   Yo no lo sé;
Donde el Príncipe me lleva,
Ya que ultrajes de mi honra

Quieren que pintor me vea,
Hasta que con sangre sea
El pintor de mi deshonra.   [*Vanse.*

———

Salen DON ALVARO *y* DON LUIS.

Alv. Ya, señor, que he merecido,
Que mas humano me hables,
Habiendo debido á Porcia
Hacer estas amistades,
Segundo honor te merezca.
Qué es lo que tienes? ¿Qué traes,
Que las pasiones del pecho
Se te ven en el semblante?
Mira, que, como yo soy
La causa de tus pesares,
Me tiene desconfiado
Tu tristeza, viendo que haces,
Como en las farsas, extremos
Disimulados aparte.

Luis. Don Alvaro, mi tristeza
De causa distinta nace;
No tienes la culpa tú.
Esto que te digo baste
Por ahora.

Alv.   Poco fias
De mí.

Luis.   Quieres no apurarme?
No me obligues que te diga,
Que Don Juan Roca me trae
Con esta pena.

Alv.   Don Juan?
Luis. Sí.
Alv. Pues dime dél, qué sabes? —
Apuremos, corazon, [*aparte.*
Toda la malicia al lance.

Luis. Que es desdichado, por ser
Mi amigo.

Alv.   Duda notable! — [*aparte.*
¿Pues qué es lo que ha sucedido?

Luis. ¿Qué mas, que haberle un infame,
Aleve, traidor robado
(Aqui el aliento me falte;
Porque no es bien, que contigo,
Ni aun conmigo me declare;
Mas ya lo dije) á su esposa,
Sin ser posible ayudarle
Yo á vengar de su enemigo?

Alv. Ay de mí! Todo lo sabe; [*aparte.*
Pues dice, que no es posible
De su enemigo vengarle.
No sin mucha ocasion, cielos,
Conmigo llegó á enojarse.
¡Desdichas, no me mateis!
Pues ya (ay Dios!) que él llega á hablarme
Hoy tan claro, bien será,
Que yo de mano le gane,
Y cuente todo el suceso,
Tratando de disculparme. —
Señor, si......

Luis.   Nada me digas;
Que es en vano consolarme.
Ya sé que querrás decirme,
Que es necia fineza darme
Por entendido en desdicha,
En que no puedo ampararle;
Pues dél, ni de su enemigo,
Ni de su esposa se sabe
Desde el dia que robada
Faltó.

Alv.   Mejoróse el lance. [*aparte.*
¡Alentemos, corazon;
Que ya es el rezelo en balde! —

Qué desdicha! Si supiera
Yo del agresor cobarde
De su afrenta, le buscara,
Vive Dios, para matarle,
Solo en fe de ser tu amigo.
Luis. ¡O cuanto estimo escucharte!
Alv. Pues, señor, si tú no puedes,
Como dices, ayudarle,
Divierte tu pena.
Luis. Mal
Se divierten penas tales.
Pero con todo, porque
No presumas, que me falte
Lugar para tu consejo,
Al monte saldré esta tarde,
Ya que todos estos dias
Deste gusto me privaste.
Manda poner la carroza;
Que quiero, ya que las paces
Hicimos, dar por allá
La vuelta.
Alv. Yo pues delante
Iré, para que Belardo
De casa, señor, no falte. —
No es, sino por prevenir, [*aparte.*
Que Seratina se guarde. [*Vase.*
Luis. Paréceme bien.

Sale JULIA.

Jul. Aqui
Don Pedro, señor, el padre
De Serafina, te busca.
Luis. Pues dile que entre, no aguarde.
[*Vase Julia.*
Sin duda el mismo cuidado,
Que tengo, es el que le trae.

Sale DON PEDRO.

Ped. Señor Don Luis, vuestros brazos
Me dad.
Luis. ¿Ventura tan grande,
Señor Don Pedro, merecen
Retiradas soledades?
Ped. Un cuidado me ha traido.
Yo, señor Don Luis, (¡pesares,
Pues me afligis atrevidos,
No me consoleis cobardes!)
Traigo una pena estos dias,
Que de los olvidos nace
De mi hija y de Don Juan;
Pues no me escriben, y nadie,
Á quien yo escribo, responde
Á propósito. Pues sabe
El mundo, que la amistad
Vuestra ejemplo es de amistades,
Merced me haced de decirme,
Qué sabeis dél?
Luis. Duda grave! [*aparte.*
Pues decirlo y no decirlo
Es á su honor importante.
Mas menor inconveniente
Es que lo dude y lo calle;
Que en materias del honor
Hablar sin pensado exámen
Es muy difícil, aunque
Á muchos parece fácil.
Ped. Qué me respondeis?
Luis. Que ya
No extraño, que á mí me falten
Cartas, faltándoos á vos.
Ped. Pues paso mas adelante;
Pero dándome palabra
De que lo que os diga á nadie
Lo direis.

Luis. Sí doy.
Ped. Pues yo......

Sale PORCIA.

Porc. Si vas al monte esta tarde,
Señor,...... Mas quién está aqui?
Ped. Quien á vuestras plantas yace
Rendido siempre.
Porc. Los brazos,
Señor, esta deuda paguen.
Luis. Perdona, Porcia, que yo
Los cumplimientos ataje. —
Señor Don Pedro, venid
Conmigo; y puesto que parte
El camino de la corte
El monte, que os acompañe
Hasta él es justo; hablaremos
Sin estas dificultades.
Ped. Obedeceros me toca. —
Quedad con Dios. [*á Porcia.*
Porc. Él os guarde.
Luis. Ven tú en la carroza, pues
Ya va tu hermano delante. [*Vanse.*
Porc. Con mas gusto fuera sola,
Si fuera á ver á mí amante. [*Vase.*

———

Salen el PRÍNCIPE *y* DON JUAN, JUANETE
y BELARDO.

Prin. Aquesto has de hacer por mí; [*á Belardo.*
Y en prendas de que premiarte
Sabré, este diamante toma.
Bel. Poco entiendo de diamantes;
Que no valen, si se venden,
Lo que, si se compran, valen;
Pero volvamos al caso.
Mayores dificultades
Venceré por tí. — Venid [*á D. Juan.*
Conmigo vos; que yo en parte
Os pondré, que podais verla,
Sin ser sentido de nadie.
Juan. Guiad vos; que obedecer
Me toca, no hacer exámen.
Prin. Piensa, Español, que por mí
Aquestas finezas haces.
Juan. Servirte, señor, deseo.
Prin. Ningun temor te acobarde;
Que yo quedo aqui.
Juan. Temor?
Mal, señor, mi valor sabes;
Que no acobardan peligros
Á quien no matan pesares. [*Vase.*
Bel. Á Dios; y para otra vez
Doblones, y no diamantes. [*Vase.*
Juan. ¿De qué se queja el vejete?
Pues que yo he callado, calle.
Prin. ¿Qué tienes tú que decir?
Juan. Un cuento lo diga antes,
Si no es que llega primero
Alguno que me le ataje.
Á cuatro ó cinco chiquillos
Daba de comer su padre
Cada dia, y como eran
Tantas porciones iguales,
Un dia se olvidó de uno.
Él, por no pedir, que es grave
Desacato de los niños,
Estábase muerto de hambre.
Un gato maullaba entonces,
Y dijo el chiquillo: zape!
¿De qué me pides los huesos,
Si aun no me han dado la carne?

Á este propósito dije
Al viejo, no me maullase
Al oido, pues hasta ahora
Aun no me han dado que darle.

Prin. Ya te he entendido, y aquesta
Cadena del descuido salve.

Juan. Y á tí te salve y regine,
Deseslabonada á partes
La cadena del dominio
En la vida perdurable;
Aunque solo oir el cuento
Para mí es paga bastante.   [*Vanse.*]

Salen DON JUAN *y* BELARDO.

Juan. Quitémonos de la puerta,
Y esperemos á esta parte
Retirados.

Bel.   Desta cuadra
Al jardin la reja sale,
Donde ella suele venir
Á divertirse las tardes.
Entrad dentro, y no hagais ruido.

[*Abre una puerta, entra D. Juan por ella, y Belardo cierra con llave, y él se asoma á una reja.*]

Juan. No haré. Mas qué es lo que haces?
Bel. Por mas seguridad echo
Por acá fuera la llave.
Juan. No, no cierres. ¿No es mejor,
Que yo tenga á todo trance
La puerta abierta?
Bel.   No es.
Juan. Advierte.
Bel.   Calla, no hables;
Que es la que viene hácia aqui.
Juan. Pues ya es tiempo de que saque
La lámina y los matices.

Sale SERAFINA.

Ser. ¡O cuantas veces, pesares,
Os saco á campaña á solas,
Sin que en tan duro combate
Por vuestra parte ó la mia
La victoria se declare!
Juan. Aun no puedo verla el rostro,
Que está el villano delante.
Bel. Pues todo ha de ser. — Señora,
Lloras?
Ser.   No, amigo, te espantes,
Si ya no es de ver, que el llanto
No haga la pena suave.
Bel. Advierte......
Ser.   Nada me digas;
Y si quieres consolarme,
Sea con dejarme sola;
Que quiero á la sombra, que hacen
Estos emparrados, ver,
(Tal el desvelo me trae)
Si con el sueño firmar
Puedo treguas, si no paces.
[*Siéntase de espaldas á la reja.*]
Juan. De espaldas se ha puesto; no es
Posible que la retrate.
Bel. Pues no te sientes asi;
Mejor será hácia esta parte;
Porque desas rejas corre
Mas templadamente el aire.
[*Fuélvese de cara á la reja, y quédase dormida. Vase
Belardo, dejándola descubierta, y Juan al
verla se suspende.*]
Ser. Dices bien. — ¡O sueño, ven

Á dar alivio á mis males!
Bel. Ce, la dama es esta.   [*Vase.*]
Juan.   Ya
Aplico el pincel al naipe.
Mas ay de mí! ¡que su sueño
Es de dos muertes imágen!
Qué miro! Valedme cielos!
Que quiere hacer el dolor,
Que el retrato, que el amor
Erró, le acierten los zelos.
Todo horrores, todo hielos
Soy, sin ser, ni luz, ni trato,
Que de mi valor ingrato
Mudarme el arte procura,
Pues ha hecho una escultura,
Viniendo á hacer un retrato.
Tan fuera de mí he quedado,
Sin aliento y sin accion,
Que pienso que el corazon
Á otro pecho se ha mudado;
Si ya no es, que me ha dejado,
Por irla á reconocer,
Dudando, que puede ser,
Que, sin ver, hablar ni oir,
Se haya atrevido á dormir
Quien se ha atrevido á ofender.
¿Cómo en tan dura batalla
Tengo, á pesar de mi estrella,
Valor para conocella,
Y temor para matalla?
¿Mas si encerrado me halla
Él lance, qué he de intentar?
¡Que haya sabido el pesar
Hacer, que esté preso yo
Donde pueda verle, y no
Donde le pueda vengar!
Venganza ha de ser segura
La que ha de hacer el honor;
Que es la sobra de valor
Tal vez falta de cordura;
Fuera de que, si se apura
Su venganza á mi esperanza,
La media parte me alcanza;
Pues sufrir, temer, penar,
Corazon, hasta tomar
Por entero la venganza.
[*Despierta* SERAFINA *asustada, y levántase.*]
Ser. ¡Don Juan, esposo, señor,
Aguarda, espera! No manches
Tu noble acero en mi vida.
¡No me mates, no me mates!

Sale DON ALVARO.

Alv. ¿Qué es esto, mi bien?
Ser.   Haber
Visto entre sueños la imágen
De mi muerte. Nunca fueron
Tus brazos mas agradables.
Alv. La dicha de un desdichado
Siempre de un acaso nace.
Juan. Don Alvaro es, vive el cielo,
Hijo de Don Luis, su amante.
Alv. Repórtate; que á decirte,
Que viene hoy aqui mi padre,
Me he adelantado.
Juan.   Ya, cielos,
No hay sufrimiento que baste.
Cuantas razones propuse
Aqui para reportarme,
Al verla en sus brazos, todas
Es forzoso que me falten. —
¡Muere, traidor, y contigo
Muera esa hermosura infame!

*Dispara una pistola á él y otra á ella, y cayendo
los dos, vienen á parar, ella en los brazos de
DON PEDRO, y él en los de DON LUIS, que
salen al ruido, y PORCIA.*

Alv. Ay de mí!
Ser.   Válgame el cielo!
Juan. Ahora mas que me maten,
   Que ya no estimo la vida.
Todos. El ruido se oyó á esta parte.
Luis. Entrad todos.
Ped.   Qué ha sido esto?
Ser. Llegar, infelice padre,
   Muerta á tus brazos, porque
   No tengas tú que matarme.
Alv. Yo á tus plantas, porque en ellas
   Mi vida infeliz acabe.
Ped. Serafina!
Luis.   Alvaro!
Porc.   Cielos!
   ¿Quién vió tragedia tan grande?

      Sale el PRÍNCIPE *y* JUANETE.

Jua. Sin duda le han descubierto.
Prin. Al que pretenda injuriarle
   Le quitaré yo mil vidas,
   Puesto que está en esta parte
   En mi confianza. ¿Pero
   Qué espectáculo notable
   Es aqueste?
Juan.   Un cuadro es,
   Que ha dibujado con sangre
   El pintor de su deshonra.
   Don Juan Roca soy. Matadme
   Todos, pues todos teneis

Vuestras injurias delante;
Tú, Don Pedro, pues te vuelvo
Triste y sangriento cadáver
Una beldad, que me diste;
Tú, Don Luis, pues muerto yace
Tu hijo á mis manos; y tú,
Príncipe, pues me mandaste
Hacer un retrato, que
Pinté con su rojo esmalte.
Qué esperais? Matadme todos!
Prin. Ninguno intente injuriarle,
   Que empeñado en defenderle
   Estoy. — Esas puertas abre.
[Abre la puerta, que cerró BELARDO, *y sale D. JUAN.*
   Ponte en un caballo ahora,
   Y escapa bebiendo el aire.
Ped. De quién ha de huir? Que á mí,
   Aunque mi sangre derrame,
   Mas, que ofendido, obligado
   Me deja, y he de ampararle.
Luis. Lo mismo digo yo, puesto
   Que, aunque á mi hijo me mate,
   Quien venga su honor, no ofende.
Juan. Yo estimo valor tan grande;
   Mas por no irritar la ira,
   Me quitaré de delante.   *[Vase.*
Prin. Honrados proceden todos;
   Y para que en mí no falte
   Tambien otra ilustre accion,
   La mano á Porcia he de darle
   De esposo.
Porc.   Dichosa he sido.
Jua. Porque en boda y muerte acabe
   El pintor de su deshonra.
   Perdonad yerros tan grandes.

LXXXIV.

EL ALCALDE DE ZALAMEA.

PERSONAS.

El *Rey* Felipe Segundo.
Don Lope de Figueroa.
Don Alvaro de Ataide, *Capitan.*
Un Sargento.
Rebolledo, *soldado.*

Pedro Crespo, *labrador, viejo.*
Juan, *su hijo.*
Don Mendo, *hidalgo.*
Nuño, *su criado.*
Un Escribano.
Isabel, *hija de Crespo.*

Ines, *prima de Isabel.*
Chispa.
Soldados.
Labradores.
Acompañamiento.

JORNADA I.

Salen Rebolledo, Chispa *y* Soldados.

Reb. ¡Cuerpo de Cristo con quien
Desta suerte hace marchar
De un lugar á otro lugar,
Sin dar un refresco!
Todos.   Amen!
Reb. ¿Somos gitanos aqui,
Para andar desta manera?
¿Una arrollada bandera
Nos ha de llevar tras sí
Con una caja?
Sold. 1.   Ya empiezas?
Reb. Que este rato que calló
Nos hizo merced de no
Rompernos estas cabezas.
Sold. 2. No muestres deso pesar,
Si ha de olvidarse, imagino,
El cansancio del camino
Á la entrada del lugar.
Reb. ¿Á qué entrada, si voy muerto?
Y aunque llegue vivo allá,
Sabe mi Dios, si será
Para alojar; pues es cierto
Llegar luego al Comisario
Los Alcaldes á decir,
Que si es que se pueden ir,
Que darán lo necesario.
Responderles lo primero,
Que es imposible, que viene
La gente muerta; y si tiene
El concejo algun dinero,
Decir: señores soldados,
Orden hay, que no paremos;
Luego al instante marchemos.
Y nosotros, muy menguados,
Á obedecer al instante
Órden, que es en caso tal
Para él órden monacal,
Y para mí mendicante.
Pues voto á Dios, que si llego
Esta tarde á Zalamea,
Y pasar de allí desea
Por diligencia ó por ruego,
Que ha de ser sin mí la ida;

Pues no, con desembarazo,
Será el primer tornillazo,
Que habré yo dado en mi vida.
Sold. 1. Tampoco será el primero,
Que haya la vida costado
Á un miserable soldado;
Y mas hoy, si considero,
Que es el cabo desta gente
Don Lope de Figueroa,
Que, si tiene fama y loa
De animoso y de valiente,
La tiene tambien de ser
El hombre mas desalmado,
Jurador y renegado
Del mundo, y que sabe hacer
Justicia del mas amigo,
Sin fulminar el proceso.
Reb. ¿Ven ustedes todo eso?
Pues yo haré lo que yo digo.
Sold. 2. ¿Deso un soldado blasona?
Reb. Por mí muy poco me inquieta;
Pero por esa pobreta, ꞁ
Que viene tras la persona.
Chis. Seor Rebolledo, por mí
Voacé no se aflija, no;
Que, como ya sabe, yo
Barbada el alma nací;
Y ese temor me deshonra,
Pues no vengo yo á servir
Menos, que para sufrir
Trabajos con mucha honra;
Que para estarme en rigor
Regalada, no dejara
En mi vida, cosa es clara,
La casa del Regidor,
Donde todo sobra, pues
Al mes mil regalos vienen;
Que hay Regidores, que tienen ꞁ
Menos cuenta con el mes;
Y pues á venir aqui
Á marchar y padecer
Con Rebolledo, sin ser
Postema, me resolví,
¿Por mí en qué duda ó repara?
Reb. ¡Viven los cielos, que eres
Corona de las mugeres!
Sold. Aquesa es verdad bien clara.
Viva la Chispa!

Reb.   Reviva!
Y mas, si, por divertir
Esta fatiga de ir
Cuesta abajo y cuesta arriba,
Con su voz al aire inquieta
Una jácara ó cancion.
Chis. Responda á esa peticion
Citada la castañeta.
Reb. Y yo ayudaré tambien.
Sentencien los camaradas
Todas las partes citadas.
Sold. ¡Vive Dios, que ha dicho bien!
    [*Cantan Rebolledo y la Chispa.*
Chis. Yo soy titiri, titiri, tina,
Flor de la jacarandina.
Reb. Yo soy titiri, titiri, taina,
Flor de la jacarandaina.
Chis. Vaya á la guerra el Alférez,
Y embárquese el Capitan.
Reb. Mate moros quien quisiere;
Qué á mi no me han hecho mal.
Chis. Vaya y venga la tabla al horno,
Y á mí no me falte pan.
Reb. Huéspeda, máteme una gallina;
Que el carnero me hace mal.
Sold. 1. Aguarda; que ya me pesa
(Que íbamos entretenidos
En nuestros mismos oidos)
De haber llegado á ver esa
Torre, pues es necesario,
Que donde paremos sea.
Reb. ¿Es aquella Zalamea?
Chis. Dígalo su campanario.
No sienta tanto voacé,
Que cese el cántico ya;
Mil ocasiones habrá
En que lograrle; porque
Esto me divierte tanto,
Que como de otras no ignoran,
Que á cada cosita Horan,
Yo á cada cosita canto,
Y oirá ueed jácaras ciento.
Reb. Hagamos alto aqui, pues
Justo, hasta que venga, es,
Con la órden del Sargento,
Por si hemos de entrar marchando
Ó en tropas.
Sold. 2.   Él solo es quien
Llega ahora. Mas tambien
El Capitan esperando
Está.

    Salen el CAPITAN *y el* SARGENTO.
Cap.   Señores soldados,
Albricias puedo pedir;
De aqui no hemos de salir,
Y hemos de estar alojados,
Hasta que Don Lope venga
Con la gente, que quedó
En Llerena; que hoy llegó
Órden de que se prevenga
Toda, y no salga de aqui
A Guadalupe, hasta que
Junto todo el tercio esté,
Y él vendrá luego; y asi
Del cansancio bien podrán
Descansar algunos dias.
Reb. Albricias pedir podias.
Todos. ¡Vítor nuestro Capitan!
Cap. Ya está hecho el alojamiento;
El Comisario irá dando
Boletas, como llegando
Fueren.
Chis.   Hoy saber intento,

Por que dijo, voto á tal,
Aquella jacarandina:
Huéspeda, máteme una gallina;
Que el carnero me hace mal.
    [*Vanse todos, y quedan el Capitan y el Sargento.*
Cap. Señor Sargento, ¿ha guardado
Las boletas para mí,
Que me tocan?
Sarg.   Señor, sí.
Cap. ¿Y dónde estoy alojado?
Sarg. En la casa de un villano,
Que el hombre mas rico es
Del lugar, de quien despues
He oido, que es el mas vano
Hombre del mundo, y que tiene
Mas pompa y mas presuncion,
Que un Infante de Leon.
Cap. Bien á un villano conviene
Rico aquesa vanidad.
Sarg. Dicen, que esta es la mejor
Casa del lugar, señor;
Y si va á decir verdad,
Yo la escogí para tí,
No tanto porque lo sea,
Como porque en Zalamea
No hay tan bella muger,......
Cap.   Di.
Sarg. Como una hija suya.
Cap.   ¿Pues
Por muy hermosa y muy vana
Será mas, que una villana,
Con malas manos y pies?
Sarg. ¡Que haya en el mundo quien diga
Eso!
Cap.   Pues no, mentecato?
Sarg. ¿Hay mas bien gastado rato,
A quien amor no le obliga,
Sino ociosidad no mas,
Que el de una villana, y ver,
Que no acierta á responder
A propósito jamas?
Cap. Cosa es, que en toda mi vida,
Ni aun de paso, me agradó;
Porque en no mirando yo
Aseada y bien prendida
Una muger, me parece,
Que no es muger para mí.
Sarg. Pues para mí, señor, sí,
Cualquiera que se me ofrece.
Vamos allá; que por Dios,
Que me pienso entretener
Con ella.
Cap.   ¿Quieres saber
Cual dice bien de los dos?
El que una belleza adora,
Dijo, viendo á la que amó:
Aquella es mi dama; y no:
Aquella es mi labradora.
Luego si dama se llama
La que se ama, claro es ya,
Que en una villana está
Vendido el nombre de dama.
Mas qué ruido es ese?
Sarg.   Un hombre,
Que de un flaco rocinante
A la vuelta desa esquina
Se apeó, y en rostro y talle
Parece á aquel Don Quijote,
De quien Miguel de Cervántes
Escribió las aventuras.
Cap. ¡Qué figura tan notable!
Sarg. Vamos, señor; que ya es hora.
Cap. Lléveme el Sargento antes

Á la posada la ropa,
Y vuelva luego á avisarme.   [*Vanse.*

—————

Sale Mendo, *hidalgo ridículo,* y Nuño.

Men. Cómo va el rucio?
Nuñ.   Rodado,
Pues no puede menearse.
Men. ¿Dijiste al lacayo, di,
Que un rato le pasease?
Nuñ. Qué lindo pienso!
Men.   No hay cosa,
Que tanto á un bruto descanse.
Nuñ. Aténgome á la cebada.
Men. ¿Y qué á los galgos no aten,
Dijiste?
Nuñ.   Ellos se holgarán;
Mas no el carnicero.
Men.   Baste;
Y pues han dado las tres,
Cálzome palillo y guantes.
Nuñ. ¿Si te prenden el palillo
Por palillo falso?
Men.   Si alguien,
Que no he comido un faisan,
Dentro de sí imaginar,
Que allá dentro de sí miente,
Aqui y en cualquiera parte
Le sustentaré.
Nuñ.   ¿Mejor
No seria sustentarme
Á mí, que al otro, que en fin
Te sirvo?
Men.   Qué necedades!
¿En efecto, que han entrado
Soldados aquesta tarde
En el pueblo?
Nuñ.   Sí, señor.
Men. Lástima da el villanage
Con los huéspedes que espera.
Nuñ. Mas lástima da, y mas grande,
Con lo que no espera.
Men.   Quién?
Nuñ. La hidalguez. Y no te espante;
Que, si no alojan, señor,
En cas de hidalgos á nadie,
Por qué piensas que es?
Men.   Por qué?
Nuñ. Porque no se muera de hambre.
Men. ¡En buen descanso esté el alma
De mi buen señor y padre!
Pues en fin me dejó una
Ejecutoria tan grande,
Pintada de oro y azul,
Exencion de mi linage.
Nuñ. Tomáramos que dejara
Un poco del oro aparte.
Men. Aunque, si reparo en ello,
Y si va á decir verdades,
No tengo que agradecerle
De que hidalgo me engendrase;
Porque yo no me dejara
Engendrar, aunque él porfiase,
Sino fuera de un hidalgo,
En el vientre de mi madre.
Nuñ. Fuera de saber difícil.
Men. No fuera, sino muy fácil.
Nuñ. Cómo, señor?
Men.   Tú en efecto
Filosofía no sabes,
Y asi ignoras los principios.
Nuñ. Sí, mi señor, y aun los antes
Y postres, desde que como

Contigo; y es, que al instante
Mesa divina es tu mesa,
Sin medios, postres ni antes.
Men. Yo no digo esos principios.
Has de saber, que el que nace
Sustancia es del alimento,
Que antes comieron sus padres.
Nuñ. ¿Luego tus padres comieron?
Esa maña no heredaste.
Men. Esto despues se convierte
En su propia carne y sangre:
Luego si hubiera comido
El mio cebolla, al instante
Me hubiera dado el olor,
Y hubiera dicho yo: tate;
Que no me está bien hacerme
De excremento semejante.
Nuñ. Ahora digo, que es verdad.
Men. Qué?
Nuñ.   Que adelgaza la hambre
Los ingenios.
Men.   Majadero,
Téngola yo?
Nuñ.   No te enfades;
Que, si no la tienes, puedes
Tenerla; pues de la tarde
Son ya las tres, y no hay greda,
Que mejor las manchas saque,
Que tu saliva y la mia.
Men. ¿Pues esa es causa bastante
Para tener hambre yo?
Tengan hambre los gañanes;
Que no somos todos unos;
Que á un hidalgo no le hace
Falta el comer.
Nuñ.   ¡O quien fuera
Hidalgo!
Men.   Y mas no me hables
Desto, pues ya de Isabel
Vamos entrando en la calle.
Nuñ. ¿Por qué, si de Isabel eres
Tan firme y rendido amante,
Á su padre no la pides?
Pues con eso tú y su padre
Remediáreis de una vez
Entrambas necesidades;
Tú comerás, y él hará
Hidalgos sus nietos.
Men.   No hables
Mas, Nuño, en eso. ¿Dineros
Tanto habian de postrarme,
Que á un hombre llano por fuerza
Habia de admitir?
Nuñ.   Pues antes
Pensé, que ser hombre llano
Para suegro era importante;
Pues dé otros dicen, que son
Tropezones, en que caen
Los yernos; y si no has
De casarte, ¿por qué haces
Tantos extremos de amor?
Men. ¿Pues no hay, sin que yo me case,
Huelgas en Búrgos, adonde
Llevarla, cuando me enfade?
Mira, si acaso la ves.
Nuñ. Temo si acierta á mirarme
Pedro Crespo.
Men.   ¿Qué ha de hacerte,
Siendo mi criado, nadie?
Haz lo que manda tu amo.
Nuñ. Sí haré, aunque no he de sentarme
Con él á la mesa.
Men.   Es propio
De los que sirven refranes.

Nuñ. Albricias! que con su prima
　　Ines á la reja sale.
Men. Di, que por el bello oriente,
　　Coronado de diamantes,
　　Hoy, repitiéndose el sol,
　　Amanece por la tarde.

Salen á la ventana ISABEL *é* INES, *labradoras.*

Ines. Asómate á esa ventana,
　　Prima, asi el cielo te guarde,
　　Verás los soldados, que entran
　　En el lugar.
Isab.　　　　No me mandes,
　　Que á la ventana me ponga,
　　Estando este hombre en la calle,
　　Ines, pues ya, cuanto el verle
　　En ella me ofende, sabes.
Ines. En notable tema ha dado
　　De servirte y festejarte.
Isab. No soy mas dichosa yo.
Ines. Á mi parecer, mal haces
　　De hacer sentimiento desto.
Isab. Pues qué habia de hacer?
Ines.　　　　　　　　Donaire.
Isab. ¿Donaire de los disgustos?
Men. Hasta aqueste mismo instante,　[á *Isabel.*
　　Jurara yo, á fe de hidalgo,
　　(Que es juramento inviolable)
　　Que no habia amanecido,
　　¿Mas qué mucho que lo extrañe?
　　Hasta que á vuestras auroras
　　Segundo dia les sale.
Isab. Ya os he dicho muchas veces,
　　Señor Mendo, cuan en balde
　　Gastais finezas de amor,
　　Locos extremos de amante
　　Haciendo todos los dias
　　En mi casa y en mi calle.
Men. Si las mugeres hermosas
　　Supieran, cuanto las hace
　　Mas hermosas el enojo,
　　El rigor, desden y ultraje,
　　En su vida gastarian
　　Mas afeite, que enojarse.
　　Hermosa estais, en mi vida;
　　Decid, decid mas pesares.
Isab. Cuando no baste el decirlos,
　　Don Mendo, el hacerlos baste
　　De aquesta manera. — Ines,
　　Éntrate acá dentro, y dale
　　Con la ventana en los ojos.　　　[*Vase.*
Ines. Señor caballero andante,
　　Que de aventurero entrais
　　Siempre en lides semejantes,
　　Porque de mantenedor,
　　No era para vos tan fácil,
　　Amor os provea.　　　　　　　[*Vase.*
Men.　　　　　　Ines,
　　Las hermosuras se salen
　　Con cuanto ellas quieren. — Nuño!
Nuñ. ¡O qué desairados nacen
　　Todos los pobres!

Sale PEDRO CRESPO.

Cres.　　　　　　¡Que nunca　[*aparte.*
　　Entre y salga yo en mi calle,
　　Que no vea á este hidalgote
　　Pasearse en ella muy grave!
Nuñ. Pedro Crespo viene aqui.
Men. Vamos por esotra parte;
　　Que es villano malicioso.

Sale JUAN.

Juan. ¡Que siempre que venga halle　[*aparte.*

　　Esta fantasma á mi puerta,
　　Calzado de frente y guantes!
Nuñ. Pero acá viene su hijo.
Men. No te turbes ni embaraces.
Cres. Mas Juanico viene aqui.
Juan. Pero aqui viene mi padre.
Men. Disimula! — Pedro Crespo,
　　Dios os guarde.
Cres.　　　　　　Dios os guarde. —
　　　　　　　　　[*Vanse* MENDO *y* NUÑO.
　　Él ha dado en porfiar,
　　Y alguna vez he de darle
　　De manera que le duela.
Juan. Algun dia he de enojarme. —
　　¿De dónde bueno, señor?
Cres. De las eras; que esta tarde
　　Salí á mirar la labranza,
　　Y estan las parvas notables
　　De manojos y montones,
　　Que parecen al mirarse
　　Desde lejos montes de oro,
　　Y aun oro de mas quilates,
　　Pues de los granos de aqueste,
　　Es todo el cielo el contraste.
　　Allí el bieldo, hiriendo á soplos
　　El viento en ellos suave,
　　Deja en esta parte el grano,
　　Y la paja en la otra parte;
　　Que aun allí lo mas humilde
　　Da el lugar á lo mas grave.
　　¡O quiera Dios, que en las trojes
　　Yo llegue á encerrarlo, antes
　　Que algun turbion me lo lleve,
　　Ó algun viento me lo tale!
　　Tú, qué has hecho?
Juan.　　　　　　　No sé como
　　Decirlo, sin enojarte.
　　Á la pelota he jugado
　　Dos partidos esta tarde,
　　Y entrambos los he perdido.
Cres. Haces bien, si los pagaste.
Juan. No los pagué; que no tuve
　　Dineros para ello; antes
　　Vengo á pedirte, señor,......
Cres. Pues escucha antes de hablarme:
　　Dos cosas no has de hacer nunca,
　　No ofrecer lo que no sabes
　　Que has de cumplir, ni jugar
　　Mas de lo que está delante,
　　Porque, si por accidente
　　Falta, tu opinion no falte.
Juan. El consejo es como tuyo,
　　Y por tal debo estimarle;
　　Y he de pagarte con otro:
　　En tu vida no has de darle
　　Consejo al que ha menester
　　Dinero.
Cres.　　　Bien te vengaste!

Sale el SARGENTO.

Sarg. ¿Vive Pedro Crespo aqui?
Cres. ¿Hay algo que usted le mande?
Sarg. Traer á su casa la ropa
　　De Don Alvaro de Ataide,
　　Que es el Capitan de aquesta
　　Compañía, que esta tarde
　　Se ha alojado en Zalamea.
Cres. No digais mas, eso baste;
　　Que para servir al Rey,
　　Y al Rey en sus Capitanes,
　　Está mi casa y mi hacienda.
　　Y en tanto que se le hace
　　El aposento, dejad
　　La ropa en aquella parte,

    É id á decirle, que venga,
    Cuando su merced mandare,
    Á que se sirva de todo.
Sarg. El vendrá luego al instante.   [*Vase.*
Juan. ¡Que quieras, siendo tan rico,
    Vivir á estos hospedages
    Sujeto!
Cres.   ¿Pues cómo puedo
    Excusarlos ni excusarme?
Juan. Comprando una ejecutoria.
Cres. Dime por tu vida, ¿hay alguien
    Que no sepa, que yo soy,
    Si bien de limpio linage,
    Hombre llano? No por cierto.
    ¿Pues qué gano yo en comprarle
    Una ejecutoria al Rey,
    Si no le compro la sangre?
    ¿Dirán entonces, que soy
    Mejor que ahora? No; es dislate.
    Pues qué dirán? Que soy noble
    Por cinco ó seis mil reales;
    Y esto es dinero y no es honra:
    Que honra no la compra nadie.
    ¿Quieres, aunque sea trivial,
    Un ejemplillo escucharme?
    Es calvo un hombre mil años,
    Y al cabo dellos se hace
    Una cabellera. ¿Este
    En opiniones vulgares
    Deja de ser calvo? No.
    ¿Pues qué dicen al mirarle?
    Bien puesta la cabellera
    Trae fulano. ¿Pues qué hace,
    Si, aunque no le vean la calva,
    Todos que la tiene saben?
Juan. Enmendar su vejacion,
    Remediarse de su parte,
    Y redimir las molestias
    Del sol, del hielo y del aire.
Cres. Yo no quiero honor postizo,
    Que el defecto ha de dejarme
    En casa. Villanos fueron
    Mis abuelos y mis padres;
    Sean villanos mis hijos.
    Llama á tu hermana.
Juan.   Ella sale.

    Salen ISABEL é INES.

Cres. Hija, el Rey nuestro señor,
    Que el cielo mil años guarde,
    Va á Lisboa, porque en ella
    Solicita coronarse
    Como legitimo dueño;
    Á cuyo efecto marciales
    Tropas caminan, con tantos
    Aparatos militares,
    Hasta bajar á Castilla
    El tercio viejo de Flándes,
    Con un Don Lope, que dicen
    Todos, que es español Marte.
    Hoy han de venir á casa
    Soldados, y es importante,
    Que no te vean. Asi, hija,
    Al punto has de retirarte
    En esos desvanes, donde
    Yo vivia.
Isab.   Á suplicarte
    Me dieses esta licencia
    Venia yo. Sé, que el estarme
    Aqui, es estar solamente
    Á escuchar mil necedades.
    Mi prima y yo en ese cuarto
    Estaremos, sin que nadie,
    Ni aun el mismo sol, no sepa

    De nosotras.
Cres.   Dios os guarde. —
    Juanito, quédate aqui;
    Recibe á huéspedes tales,
    Mientras busco en el lugar
    Algo con que regalarles.   [*Vase.*
Isab. Vamos, Ines.
Ines.   Vamos, prima.
    Mas tengo por disparate
    El guardar á una muger,
    Si ella no quiere guardarse.   [*Vanse.*

    Salen el CAPITAN *y el* SARGENTO.

Sarg. Esta es, señor, la casa.
Cap. Pues del cuerpo de guardia al punto pasa
    Toda mi ropa.
Sarg.   Quiero
    Registrar la villana lo primero.   [*Vase.*
Juan. Vos seais bien venido
    Á aquesta casa; que ventura ha sido
    Grande venir á ella un caballero
    Tan noble, como en vos le considero. —
    Qué galan! qué alentado!   [*aparte.*
    Envidia tengo al trage de soldado.
Cap. Vos seais bien hallado.
Juan. Perdonareis, no estar acomodado;
    Que mi padre quisiera,
    Que hoy un alcázar esta casa fuera.
    Él ha ido á buscaros
    Que comais, que desea regalaros,
    Y yo voy á que esté vuestro aposento
    Aderezado.
Cap.   Agradecer intento
    La merced y el cuidado.
Juan. Estaré siempre á vuestros pies postrado. [*Vase.*

    Sale el SARGENTO.

Cap. Qué hay, Sargento? ¿Has ya visto
    Á la tal labradora?
Sarg.   Vive Cristo,
    Que con aquese intento
    No he dejado cocina ni aposento,
    Y no la he encontrado.
Cap. Sin duda el villanchon la ha retirado.
Sarg. Pregunté á una criada
    Por ella, y respondióme, que ocupada
    Su padre la tenia
    En ese cuarto alto, y que no habia
    De bajar nunca acá; que es muy zeloso.
Cap. ¿Qué villano no ha sido malicioso?
    De mi digo, que, si hoy aqui la viera,
    Della caso no hiciera;
    Y solo porque el viejo la ha guardado,
    Deseo, vive Dios, de entrar me ha dado
    Donde está.
Sarg.   ¿Pues qué haremos,
    Para que allá, señor, con causa entremos,
    Sin dar sospecha alguna?
Cap. Solo por tema la he de ver, y una
    Industria he de buscar.
Sarg.   Aunque no sea
    De mucho ingenio para quien la vea
    Hoy, no importará nada;
    Que con eso será mas celebrada.
Cap. Óyela pues ahora.
Sarg.   Di; qué ha sido?
Cap. Tú has de fingir...... Mas no; pues que ha venido
    Ese soldado, que es mas despejado;
    Él fingirá mejor lo que he trazado.

    Salen REBOLLEDO *y* CHISPA.

Reb. Con este intento vengo
    Á hablar al Capitan, por ver si tengo
    Dicha en algo.

Chis.   Pues háblale de modo,
Que le obligues; que en fin no ha de ser todo
Desatino y locura.

Reb. Préstame un poco tú de tu cordura.

Chis. Poco y mucho pudiera.

Reb. Mientras hablo con él, aqui me espera. —
Yo vengo á suplicarte...... *[al Capitan.*

Cap.   En cuanto puedo
Ayudaré, por Dios, á Rebolledo,
Porque me ha aficionado
Su despejo y su brío.

Sarg.   Es gran soldado.

Cap. ¿Pues qué hay que se le ofrezca?

Reb.   Yo he perdido
Cuanto dinero tengo, y he tenido
Y he de tener, porque de pobre juro,
En presente, en pretérito y futuro.
Hágaseme merced de que por via
De ayudilla de costa aqueste dia
El Alférez me dé......

Cap.   Diga, qué intenta?

Reb. El juego del boliche por mi cuenta;
Que soy hombre cargado
De obligaciones, y hombre al fin honrado.

Cap. Digo, que eso es muy justo,
Y el Alférez sabrá, que ese es mi gusto.

Chis. Bien le habla el Capitan. — ¡O si me viera *[ap.*
Llamar de todos ya la bolichera!

Reb. Daréle ese recado.

Cap.   Oye; primero
Que le lleves, de tí fiarme quiero
Para cierta invencion, que he imaginado,
Con que salir intento de un cuidado.

Reb. ¿Pues qué es lo que se aguarda?
Lo que tarda en saberse, es lo que tarda
En hacerse.

Cap.   Escúchame. Yo intento
Subir á ese aposento,
Por ver, si en él una persona habita,
Que de mí hoy esconderse solicita.

Reb. ¿Pues por qué á él no subes?

Cap.   No quisiera,
Sin que alguna color para esto hubiera,
Por disculparlo mas; y asi, fingiendo
Que yo riño contigo, has de irte huyendo
Por ahí arriba; entonces yo enojado
La espada sacaré; tú muy turbado
Has de entrarte hasta donde
La persona que busco se me esconde.

Reb. Bien informado quedo.

Chis. Pues habla el Capitan con Rebolledo *[aparte.*
Hoy de aquella manera,
Desde hoy me llamarán la bolichera.

Reb. Vive Dios, que han tenido   *[en alta voz.*
Esta ayuda de costa, que he pedido,
Un ladron, un gallina y un cuitado,
¿Y ahora, que la pide un hombre honrado,
No se la dan?

Chis.   Ya empieza su tronera. *[ap.*

Cap. ¿Pues cómo me habla á mí desa manera?

Reb. ¿No tengo de enojarme,
Cuando tengo razon?

Cap.   No, ni ha de hablarme;
Y agradezca que sufro aqueste exceso.

Reb. Ucé es mi Capitan, solo por eso
Callaré; mas por Dios, que si tuviera
La bengala en mi mano......

Cap.   Qué me hiciera?

Chis. Tente, señor! — Su muerte considero.

Reb. Que me hablara mejor.

Cap.   ¿Qué es lo que espero,
Que no doy muerte á un pícaro atrevido?

Reb. Huyo, por el respeto que he tenido
Á esa insignia.

Cap.   Aunque huyas,
Te he de matar.

Chis.   Ya él hizo de las suyas.

Sarg. Tente, señor!

Chis.   Escucha!

Sarg.   Aguarda, espera!

Chis. Ya no me llamarán la bolichera.

Salen JUAN *con espada, y* PEDRO CRESPO.

Juan. ¡Acudid todos presto!

Cres. Qué ha sucedido aqui?

Juan.   Qué ha sido aquesto?

Chis. Que la espada ha sacado
El Capitan aqui para un soldado,
Y esa escalera arriba
Sube tras él.

Cres.   ¿Hay suerte mas esquiva?

Chis. Subid todos tras él.

Juan.   Accion fue vana
Esconder á mi prima y á mi hermana. *[Entranse.*

Sale REBOLLEDO *huyendo, é* ISABEL *é* INES.

Reb. Señoras, pues siempre ha sido
Sagrado el que es templo, hoy
Sea mi sagrado aqueste,
Puesto que es templo de amor.

Isab. ¿Quién á huir desa manera
Os obliga?

Ines.   ¿Qué ocasion
Teneis de entrar hasta aqui?

Isab. ¿Quién os sigue ó busca?

Salen el CAPITAN *y el* SARGENTO.

Cap.   Yo;
Que tengo de dar la muerte
Al pícaro, vive Dios,
Si pensase......

Isab.   Deteneos,
Siquiera porque, señor,
Vino á valerse de mi;
Que los hombres, como vos,
Han de amparar las mugeres,
Si no por lo que ellas son,
Porque son mugeres; que esto
Basta, siendo vos quien sois.

Cap. No pudiera otro sagrado
Librarle de mi furor,
Sino vuestra gran belleza;
Por ella vida le doy.
Pero mirad, que no es bien
En tan precisa ocasion
Hacer vos el homicidio,
Que no quereis que haga yo.

Isab. Caballero; si cortes
Poneis en obligacion
Nuestras vidas, no zozobre
Tan presto la intercesion.
Que dejeis este soldado
Os suplico; pero no,
Que cobreis de mí la deuda,
Á que agradecida estoy.

Cap. No solo vuestra hermosura
Es de rara perfeccion,
Pero vuestro entendimiento
Lo es tambien; porque hoy en vos
Alianza estan jurando
Hermosura y discrecion.

Salen PEDRO CRESPO *y* JUAN, *con espadas*
desnudas.

Cres. ¿Cómo es eso, caballero?

Cuando pensó mi temor
Hallaros matando á un hombre,
¿Os hallo......

Isab.   ¡Válgame Dios! [*aparte.*
Cres. Requebrando á una muger?
Muy noble sin duda sois,
Pues que tan presto se os pasan
Los enojos.
Cap.   Quien nació
Con obligaciones, debe
Acudir á ellas; y yo
Al respeto desta dama
Suspendí todo el furor.
Cres. Isabel es hija mia,
Y es labradora, señor,
Que no dama.
Juan.   ¡Vive el cielo, [*aparte.*
Que todo ha sido invencion,
Para haber entrado aqui!
Corrido en el alma estoy
De que piensen, que me engañan,
Y no ha de ser. — Bien, señor
Capitan, pudiérais ver
Con mas segura atencion
Lo que mi padre desea
Hoy serviros, para no
Haberle hecho este disgusto.
Cres. ¿Quién os mete en eso á vos,
Rapaz? Qué disgusto ha habido?
Si el soldado le enojó,
¿No habia de ir tras él? Mi hija
Estima mucho el favor
Del haberle perdonado,
Y el de su respeto yo.
Cap. Claro está, que no habrá sido
Otra causa, y ved mejor
Lo que decis.
Juan.   Yo lo he visto
Muy bien.
Cres.   ¿Pues cómo hablais vos
Asi?
Cap.   Porque estais delante,
Mas castigo no le doy
A este rapaz.
Cres.   Detened,
Señor Capitan; que yo
Puedo tratar á mi hijo
Como quisiere, y no vos.
Juan. Y yo sufrirlo á mi padre,
Mas á otra persona no.
Cap. Qué habíais de hacer?
Juan.   Perder
La vida por la opinion.
Cap. ¿Qué opinion tiene un villano?
Juan. Aquella misma que vos;
Que no hubiera un Capitan,
Si no hubiera un labrador.
Cap. ¡Vive Dios, que ya es bajeza
Sufrirlo!
Cres.   Ved, que yo estoy
De por medio.   [*Sacan las espadas.*
Reb.   ¡Vive Cristo,
Chispa, que ha de haber burgon!
Chis. ¡Aqui del cuerpo de guardia!
Reb. ¡Don Lope, ojo avizor!

Sale DON LOPE *con hábito, muy galan, y bengala.*

Lop. Qué es aquesto? ¿La primera
Cosa que he de encontrar hoy,
Acabado de llegar,
Ha de ser una cuestion?
Cap. ¡Á qué mal tiempo Don Lope [*aparte.*
De Figueroa llegó!
Cres. ¡Por Dios, que se las tenia [*aparte.*

Con todos el rapagon!
Lop. Qué ha habido? qué ha sucedido?
Hablad; porque, vive Dios,
Que á hombres, mugeres y casa
Eche por un corredor.
¿No me basta haber subido
Hasta aqui, con el dolor
Desta pierna, que los diablos
Llevaran, amen, sino
No decirme: aquesto ha sido?
Cres. Todo esto es nada, señor.
Lop. Hablad, decid la verdad.
Cap. Pues es, que alojado estoy
En esta casa; un soldado......
Lop. Decid.
Cap.   Ocasion me dió
Á que sacase con él
La espada. Hasta aqui se entró
Huyendo; entréme tras él,
Donde estaban esas dos
Labradoras, y su padre
Ó su hermano ó lo que son
Se han disgustado de que
Entrase hasta aqui.
Lop.   Pues yo
Á tan buen tiempo he llegado,
Satisfaré á todos hoy.
¿Quién fué el soldado, decid,
Que á su Capitan le dió
Ocasion de que sacase
La espada?
Reb.   ¿Qué, pago yo [*aparte.*
Por todos?
Isab.   Aqueste fue
El que huyendo hasta aqui entró.
Lop. Denle dos tratos de cuerda.
Reb. Tra......? ¿Qué han de darme, señor?
Lop. Tratos de cuerda.
Reb.   Yo hombre
De aquesos tratos no soy.
Chis. Desta vez me le estropean.
Cap. ¡Ha, Rebolledo, por Dios, [*aparte á él.*
Que nada digas! Yo haré
Que te libren.
Reb.   Cómo no? [*aparte á él.*
Lo he de decir. Pues si callo,
Los brazos me pondrán hoy
Atras, como mal soldado. —
El Capitan me mandó,
Que fingiese la pendencia,
Para tener ocasion
De entrar aqui.
Cres.   Ved ahora,
Si hemos tenido razon.
Lop. No tuvisteis, para haber
Asi puesto en ocasion
De perderse este lugar. —
Hola! echa un bando, tambor,
Que al cuerpo de guardia vayan
Los soldados cuantos son,
Y que no salga ninguno,
Pena de muerte, en todo hoy. —
Y para que no quedeis
Con aqueste empeño vos,
Y vós con este disgusto,
Y satisfechos los dos,
Buscad otro alojamiento;
Que yo en esta casa estoy
Desde hoy alojado, en tanto
Que á Guadalupe no voy,
Donde está el Rey.
Cap.   Tus preceptos
Órdenes precisas son

Para mí.
[Vanse los Soldados.

Cres. Entraos allá dentro. *[á Isabel.*
[Vase Isabel.
Mil gracias, señor, os doy *[á D. Lope.*
Por la merced, que me hicísteis
De excusarme la ocasion
De perderme.

Lop. ¿Cómo habíais,
Decid, de perderos vos?

Cres. Dando muerte á quien pensara
Ni aun el agravio menor.

Lop. ¿Sabeis, vive Dios, que es
Capitan?

Cres. Sí, vive Dios;
Y aunque fuera el General,
En tocando á mi opinion,
Le matara.

Lop. Á quien tocara
Ni aun al soldado menor
Solo un pelo de la ropa,
Viven los cielos, que yo
Le ahorcara.

Cres. Á quien se atreviera
Á un átomo de mi honor,
Viven los cielos tambien,
Que tambien le ahorcara yo.

Lop. ¿Sabeis, que estais obligado
Á sufrir, por ser quien sois,
Estas cargas?

Cres. Con mi hacienda,
Pero con mi fama no.
Al Rey la hacienda y la vida
Se ha de dar; pero el honor
Es patrimonio del alma,
Y el alma solo es de Dios.

Lop. Vive Cristo, que parece
Que vais teniendo razon.

Cres. Sí, vive Cristo, porque
Siempre la he tenido yo.

Lop. Yo vengo cansado, y esta
Pierna, que el diablo me dió,
Ha menester descansar.

Cres. ¿Pues quién os dice que no?
Ahí me dió el diablo una cama,
Y servirá para vos.

Lop. ¿Y dióla hecha el diablo?

Cres. Sí.

Lop. Pues á deshacerla voy;
Que estoy, voto á Dios, cansado.

Cres. Pues descansad, voto á Dios.

Lop. Testarrudo es el villano; *[aparte.*
Tan bien jura como yo.

Cres. Caprichudo es el Don Lope; *[aparte.*
No haremos migas los dos.

JORNADA II.

Sale MENDO *y* NUÑO.

Men. ¿Quién te contó todo eso?

Nuñ. Todo esto contó Ginesa
Su criada.

Men. ¿El Capitan,
Despues de aquella pendencia,
Que en su casa tuvo, fuese
Ya verdad ó ya cautela,
Ha dado en enamorar
Á Isabel?

Nuñ. Y es de manera,
Que tan poco humo en su casa

Él hace, como en la nuestra
Nosotros. Él todo el dia
No se quita de su puerta;
No hay hora, que no la envíe
Recados; con ellos entra
Y sale un mal soldadillo,
Confidente suyo.

Men. Cesa;
Que es mucho veneno, mucho,
Para que el alma lo beba
De una vez.

Nuñ. Y mas no habiendo
En el estómago fuerzas
Con que resistirle.

Men. Hablemos
Un rato, Nuño, de veras.

Nuñ. ¡Pluguiera á Dios fueran burlas!

Men. ¿Y qué le responde ella?

Nuñ. Lo que á tí; porque Isabel
Es deidad hermosa y bella,
Á cuyo cielo no empañan
Los vapores de la tierra.

Men. ¡Buenas nuevas te dé Dios! *[Dale un bofeton.*

Nuñ. Á tí te dé mal de muelas,
Que me has quebrado dos dientes.
Mas bien has hecho, si intentas
Reformarlos por familia,
Que no sirve ni aprovecha.
El Capitan.

Men. ¡Vive Dios,
Si por el honor no fuera
De Isabel, que le matara!

Nuñ. Mas mira por tu cabeza.

Men. Escucharé retirado.
Aqui á esta parte te llega. *[Retíranse.*

Salen el CAPITAN, *el* SARGENTO *y*
REBOLLEDO.

Cap. Este fuego, esta pasion
No es amor solo, que es tema,
Es ira, es rabia, es furor.

Reb. ¡O nunca, señor, hubieras
Visto á la hermosa villana,
Que tantas ansias te cuesta!

Cap. ¿Qué te dijo la criada?

Reb. ¿Ya no sabes sus respuestas?

Men. Esto ha de ser, pues ya tiende *[al paño.*
La noche sus sombras negras,
Antes que se haya resuelto
Á lo mejor mi prudencia. —
Ven á armarme.

Nuñ. ¿Pues qué tienes
Mas armas, señor, que aquellas
Que estan en un azulejo
Sobre el marco de la puerta?

Men. En mi guadarnes presumo
Que hay para tales empresas
Algo que ponerme.

Nuñ. Vamos,
Sin que el Capitan nos sienta. *[Vanse.*

Cap. ¡Que en una villana haya
Tan hidalga resistencia,
Que no me haya respondido
Una palabra siquiera
Apacible!

Sarg. Estas, señor,
No de los hombres se prendan
Como tú; si otro villano
La festejara y sirviera,
Hiciera mas caso dél,
Fuera de que son tus quejas
Sin tiempo. Si te has de ir
Mañana, ¿para qué intentas
Que una muger en un dia

Te escuche y te favorezca?

Cap.   En un dia el sol alumbra
Y falta; en un dia se trucca
Un reino todo; en un dia
Es edificio una peña;
En un dia una batalla
Pérdida y victoria ostenta;
En un dia tiene el mar
Tranquilidad y tormenta;
En un dia nace un hombre,
Y muere: luego pudiera
En un dia ver mi amor
Sombra y luz, como planeta;
Pena y dicha, como imperio;
Gente y brutos, como selva;
Paz y inquietud, como mar;
Triunfo y ruina, como guerra;
Vida y muerte, como dueño
De sentidos y potencias.
Y habiendo tenido edad
En un dia su violencia
De hacerme tan desdichado,
¿Por qué, por qué no pudiera
Tener edad en un dia
De hacerme dichoso? ¿Es fuerza
Que se engendren mas despacio
Las glorias, que las ofensas?

Sarg. ¿Verla una vez solamente
Á tanto extremo te fuerza?

Cap.   ¿Qué mas causa habia de haber,
Llegando á verla, que verla?
De sola una vez á incendio
Crece una breve pavesa;
De una vez sola un abismo
Sulfúreo volcan rebienta;
De una vez se enciende el rayo,
Que destruye cuanto encuentra;
De una vez escupe horror
La mas reformada pieza;
¿De una vez amor, qué mucho,
Fuego de cuatro maneras,
Mina, incendio, pieza y rayo,
Postre, abrase, asombre y hiera?

Sarg. ¿No decias, que villanas
Nunca tenian belleza?

Cap.   Y aun aquesa confianza
Me mató; porque el que piensa
Que va á un peligro, ya va,
Prevenido á la defensa;
Quien va á una seguridad,
Es el que mas riesgo lleva,
Por la novedad que halla,
Si acaso un peligro encuentra.
Pensé hallar una villana;
Si hallé una deidad, ¿no era
Preciso que peligrase
En mi misma inadvertencia?
En toda mi vida ví
Mas divina, mas perfecta
Hermosura. ¡Ay, Rebolledo,
No sé qué hiciera por verla!

Reb.   En la compañía hay soldado,
Que canta por excelencia,
Y la Chispa, que es mi alcaida
Del boliche, es la primera
Muger en jacarear.
Haya, señor, gira y fiesta
Y música á su ventana;
Que con esto podrás verla
Y aun hablarla.

Cap.   Como está
Don Lope alli, no quisiera
Despertarle.

Reb.   ¿Pues Don Lope,

Cuando duerme con su pierna?
Fuera, señor, que la culpa,
Si se entiende, será nuestra,
No tuya, si de rebozo
Vas en la tropa.

Cap.   Aunque tenga
Mayores dificultades,
Pase por todas mi pena.
Juntaos todos esta noche,
Mas de suerte, que no entiendan,
Que yo lo mando. — ¡Ha Isabel,
Qué de cuidados me cuestas!
[*Vanse el Capitan y el Sargento.*

Sale la CHISPA.

Chis. Téngase!

Reb.   Chispa, qué es eso?

Chis. Hay un pobrete, que queda
Con un rasguño en el rostro.

Reb.   ¿Pues por qué fue la pendencia?

Chis. Sobre hacerme alicantina
Del barato de hora y media,
Que estuvo echando las bolas,
Teniéndome muy atenta
Á si eran pares ó nones.
Canséme, y dile con esta.   [*Saca la daga.*
Mientras que con el barbero
Poniéndose en puntos queda,
Vamos al cuerpo de guardia;
Que allá te daré la cuenta.

Reb.   ¡Bueno es estar de mohina,
Cuando vengo yo de fiesta!

Chis. ¿Pues qué estorba el uno al otro?
Aqui está la castañeta;
¿Qué se ofrece que cantar?

Reb.   Ha de ser cuando anochezca,
Y música mas fundada.
Vamos, y no te detengas;
Anda acá al cuerpo de guardia.

Chis. Fama ha de quedar eterna
De mí en el mundo, que soy
Chispilla la bolichera.   [*Vanse*

Salen DON LOPE *y* PEDRO CRESPO.

Cres. En este paso, que está
Mas fresco, poned la mesa
Al señor Don Lope. — Aqui
Os sabrá mejor la cena;
Que al fin los dias de Agosto
No tienen mas recompensa,
Que sus noches.

Lop.   Apacible
Estancia en extremo es esta.

Cres. Un pedazo es de jardin,
Donde mi hija se divierta.
Sentaos; que el viento suave,
Que en las blandas hojas suena
Destas parras y estas copas,
Mil cláusulas lisonjeras
Hace al compas desa fuente,
Cítara de plata y perlas,
Porque son en trastes de oro
Las guijas templadas cuerdas.
Perdonad, si de instrumentos
Solos la música suena,
Sin cantores, que os deleiten,
Sin voces, que os entretengan;
Que como músicos son
Los pájaros que gorgean,
No quieren cantar de noche,
Ni yo puedo hacerles fuerza.
Sentaos pues, y divertid

Lop. Esa continua dolencia.
No podré; que es imposible,
Que divertimiento tenga.
Válgame Dios!
Cres. Valga, amen!
Lop. ¡Los cielos me den paciencia! —
Sentaos, Crespo.
Cres. Yo estoy bien.
Lop. Sentaos.
Cres. Pues me dais licencia,
Digo, señor, que obedezco,
Aunque excusarlo pudiérais.   [*Siéntase.*
Lop. ¿No sabeis qué he reparado?
Que ayer la cólera vuestra
Os debió de enagenar
De vos.
Cres. Nunca me enagena
Á mí de mí nada.
Lop. ¿Pues
Cómo ayer, sin que os dijera
Que os sentárais, os sentásteis,
Y aun en la silla primera?
Cres. Porque no me lo dijisteis;
Y hoy, que lo decis, quisiera
No hacerlo; la cortesía
Tenerla con quien la tenga.
Lop. Ayer todo érais reniegos,
Porvidas, votos y pesias;
Y hoy estais mas apacible,
Con mas gusto y mas prudencia.
Cres. Yo, señor, respondo siempre
En el tono y en la letra,
Que me hablan; ayer vos
Asi hablábais, y era fuerza
Que fuera de un mismo tono
La pregunta y la respuesta.
Demas de que yo he tomado
Por política discreta,
Jurar con aquel que jura,
Rezar con aquel que reza.
Á todo hago compañía;
Y es aquesto de manera,
Que en toda la noche pude
Dormir, en la pierna vuestra
Pensando, y amanecí
Con dolor en ambas piernas;
Que, por no errar la que os duele,
Si es la izquierda ó la derecha,
Me dolieron á mí entrambas.
Decidme, por vida vuestra,
Cuál es? y sépalo yo,
Porque una sola me duela.
Lop. ¿No tengo mucha razon
De quejarme, si ha ya treinta
Años, que asistiendo en Flándes
Al servicio de la guerra,
El invierno con la escarcha,
Y el verano con la fuerza
Del sol, nunca descansé,
Y no he sabido, qué sea
Estar sin dolor un hora?
Cres. ¡Dios, señor, os dé paciencia!
Lop. Para qué? la quiero yo?
Cres. No os la dé.
Lop. Nunca acá venga,
Sino que dos mil demonios
Carguen conmigo y con ella.
Cres. Amen! Y si no lo hacen,
Es por no hacer cosa buena.
Lop. ¡Jesus mil veces, Jesus!
Cres. Con vos y conmigo sea.
Lop. ¡Vive Cristo, que me muero!
Cres. ¡Vive Cristo, que me pesa!

Saca la mesa JUAN.

Juan. Ya tienes la mesa aqui.
Lop. ¿Cómo á servirla no entran
Mis criados?
Cres. Yo, señor,
Dije, con vuestra licencia,
Que no entraran á serviros,
Y que en mi casa no hicieran
Prevenciones; que á Dios gracias,
Pienso, que no os falte en ella
Nada.
Lop. Pues no entran criados,
Hacedme merced, que venga
Vuestra hija aqui á cenar
Conmigo.
Cres. Dila, que venga
Tu hermana al instante, Juan.
[*Vase Juan.*
Lop. Mi poca salud me deja
Sin sospecha en esta parte.
Cres. Aunque vuestra salud fuera,
Señor, la que yo os deseo,
Me dejara sin sospecha.
Agravio haceis á mi amor,
Que nada deso me inquieta;
Pues decirla, que no entrara
Aqui, fue con advertencia
De que no estuviese á oir
Ociosas impertinencias;
Que si todos los soldados
Corteses, como vos, fueran,
Ella habia de asistir
Á servirlos la primera.
Lop. ¡Qué ladino es el villano!   [*aparte.*
¡O como tiene prudencia!

Salen INES, ISABEL *y* JUAN.

Isab. ¿Qué es, señor, lo que me mandas?
Cres. El señor Don Lope intenta
Honraros; él es quien llama.
Isab. Aqui está una esclava vuestra.
Lop. Serviros intento yo.
(Qué hermosura tan honesta!)   [*aparte.*
Que ceneis conmigo quiero.
Isab. Mejor es, que á vuestra cena
Sirvamos las dos.
Lop. Sentaos.
Cres. Sentaos; haced lo que ordena
El señor Don Lope.
Isab. Está
El mérito en la obediencia.
[*Siéntanse y tocan dentro guitarras.*
Lop. Qué es aquello?
Cres. Por la calle
Los soldados se pasean,
Tocando y cantando.
Lop. Mal
Los trabajos de la guerra,
Sin aquesta libertad,
Se llevaran; que es estrecha
Religion la de un soldado,
Y darla ensanches es fuerza.
Juan. Con todo eso es linda vida.
Lop. ¿Fuérades con gusto á ella?
Juan. Sí, señor, como llevara
Por amparo á Vuecelencia.
Uno [*dent.*] Mejor se cantará aqui.

Dentro REBOLLEDO.

Reb. Vaya á Isabel una letra.
Y porque despierte, tira
Á su ventana una piedra.
Cres. Á ventana señalada   [*aparte.*

Ya la música. Paciencia!
Voz [*cant. dent.*] Las flores del romero,
    Niña Isabel,
    Hoy son flores azules,
    Y mañana serán miel.
Lop. Música vaya ; mas esto [*aparte.*
    De tirar, es desvergüenza,
    Y á la casa donde estoy
    Venirse á dar cantaletas.
    Pero disimularé
    Por Pedro Crespo y por ella. —
    Qué travesuras!
Cres.   Son mozos. —
    Si por Don Lope no fuera, [*aparte.*
    Yo les hiciera......
Juan.   Si yo [*aparte.*
    Una rodelilla vieja,
    Que en el cuarto de Don Lope
    Está colgada, pudiera
    Sacar......   [*Hace que se va.*
Cres.   Dónde vais, mancebo?
Juan. Voy á que traigan la cena.
Cres. Allá hay mozos que la traigan.
Tod. [*dent.*] Despierta, Isabel, despierta.
Isab. ¿Qué culpa tengo yo, cielos, [*aparte.*
    Para estar á esto sujeta?
Lop. Ya no se puede sufrir,
    Porque es cosa muy mal hecha.
    [*Arroja D. Lope la mesa.*
Cres. ¡Pues, y como que lo es!
    [*Arroja Pedro Crespo la silla.*
Lop. Llevéme de mi impaciencia.
    ¿No es, decidme, muy mal hecho,
    Que tanto una pierna duela?
Cres. Deso mismo hablaba yo.
Lop. Pensé, que otra cosa era,
    Como arrojásteis la silla.
Cres. Como arrojásteis la mesa
    Vos, no tuve que arrojar
    Otra cosa yo mas cerca. —
    Disimulemos, honor! [*aparte.*
Lop. ¡Quién en la calle estuviera! — [*aparte.*
    Ahora bien, cenar no quiero;
    Retiraos.
Cres.   En hora buena.
Lop. Señora, quedad con Dios.
Isab. El cielo os guarde.
Lop.   ¿Á la puerta [*aparte.*
    De la calle no es mi cuarto,
    Y en él no está una rodela?
Cres. ¿No tiene puerta el corral, [*aparte.*
    Y yo una espadilla vieja?
Lop. Buenas noches.
Cres.   Buenas noches. —
    Encerraré por defuera [*aparte.*
    A mis hijos.
Lop.   Dejaré [*aparte.*
    Un poco la casa quieta.
Isab. ¡O qué mal, cielos, los dos [*aparte.*
    Disimulan que les pesa!
Ines. Mal el uno por el otro [*aparte.*
    Van haciendo la deshecha.
Cres. Hola, mancebo!
Juan.   Señor?
Cres. Acá está la cama vuestra.   [*Vanse.*

Salen el CAPITAN, SARGENTO, CHISPA *y*
REBOLLEDO *con guitarras, y Soldados.*
Reb. Mejor estamos aqui,
    El sitio es mas oportuno;
    Tome rancho cada uno.
Chis. Vuelve la música?

Reb.   Sí.
Chis. Ahora estoy en mi centro.
Cap. ¡Que no haya una ventana
    Entreabierto esta villana!
Sarg. Pues bien lo oyen allá dentro.
Chis. Espera.
Sarg.   Será á mi costa. [*aparte.*
Reb. No es mas de hasta ver quien es
    Quien llega.
Chis.   ¿Pues qué, no ves
    Un ginete de la costa?

    Salen MENDO *con adarga, y* NUÑO.

Men. Ves bien lo que pasa?
Nuñ.   No,
    No veo bien; pero bien
    Lo escucho.
Men.   ¿Quién, cielos, quién
    Esto puede sufrir?
Nuñ.   Yo.
Men. ¿Abrirá acaso Isabel
    La ventana?
Nuñ.   Sí abrirá.
Men. No hará, villano.
Nuñ.   No hará.
Men. ¡Ha zelos, pena cruel!
    Bien supiera yo arrojar
    Á todos á cuchilladas
    De aqui; mas disimuladas
    Mis desdichas han de estar,
    Hasta ver, si ella ha tenido
    Culpa dello.
Nuñ.   Pues aqui
    Nos sentemos.
Men.   Bien; asi
    Estaré desconocido.
Reb. Pues ya el hombre se ha sentado,
    Si ya no es, que ser ordena
    Alguna alma, que anda en pena
    De las cañas que ha jugado,
    Con su adarga acuestas, da
    Voz al aire.
Chis.   Ya él la lleva.
Reb. Va una jácara tan nueva,
    Que corra sangre.
Chis.   Sí hará.

    Salen DON LOPE *y* PEDRO CRESPO *á un*
       tiempo, con broqueles.

Chis. [*cant.*] Érase cierto Sampayo
    La flor de los Andaluces,
    El jaque de mayor porte,
    Y el rufo de mayor lustre;
    Este pues á la Chillona .'
    Halló un dia......
Reb.   No le culpen
    La fecha, que el asonante
    Quiere que haya sido en Lunes.
Chis. [*cant.*] Halló, digo, á la Chillona,
    Que, brindando entre dos luces,
    Ocupaba con el Garlo
    La casa de las azumbres.
    El Garlo, que siempre fue
    En todo lo que le cumple
    Rayo de tejado abajo,
    Porque era rayo sin nube,
    Sacó la espada, y á un tiempo
    Un tajo y reves sacude.
    [*Acuchillanlos D. Lope y Pedro Crespo.*
Cres. Seria desta manera.
Lop. Que seria asi no duden.
    [*Métenlos á cuchilladas.*
Lop. Huyeron, y uno ha quedado
    Dellos, que es el que está aqui.

Cres. Cierto es, que el que queda allí
Sin duda es algun soldado.
Lop. Ni aun este se ha de escapar
Sin almagre.
Cres. Ni este quiero
Que quede, sin que mi acero
La calle le haga dejar.
Lop. Huid con los otros!
Cres. ¡Huid vos,
Que sabreis huir mas bien! [*Riñen.*
Lop. ¡Vive Dios, que riñe bien!
Cres. ¡Bien pelea, vive Dios!

Sale JUAN *con espada.*

Juan. ¡Quiera el cielo, que le tope! —
Señor, á tu lado estoy.
Lop. Es Pedro Crespo?
Cres. Yo soy.
Es Don Lope?
Lop. Sí, es Don Lope.
¿Que no habíais, no dijisteis,
De salir? Qué hazaña es esta?
Cres. Sean disculpa y respuesta
Hacer lo que vos hicisteis.
Lop. Aquesta era ofensa mia,
Vuestra no.
Cres. No hay que fingir;
Que yo he salido á reñir
Por haceros compañía.

Dentro el CAPITAN *y los Soldados.*

Sold. Á dar muerte nos juntemos
Á estos villanos.
Cap. [*dent.*] Mirad!

Salen el CAPITAN *y los Soldados.*

Lop. Aqui no estoy yo? Esperad!
¿De qué son estos extremos?
Cap. Los soldados han tenido
(Porque se estaban holgando
En esta calle, cantando
Sin alboroto ni ruido)
Una pendencia, y yo soy
Quien los está deteniendo.
Lop. Don Alvaro, bien entiendo
Vuestra prudencia; y pues hoy
Aqueste lugar está
En ojeriza, yo quiero
Excusar rigor mas fiero;
Y pues amanece ya,
Órden doy, que en todo el dia,
Para que mayor no sea
El daño, de Zalamea
Saqueis vuestra compañía.
Y estas cosas acabadas,
No vuelvan á ser, porque
Otra vez la paz pondré,
Vive Dios, á cuchilladas.
Cap. Digo, que por la mañana
La compañia haré marchar. —
La vida me has de costar, [*aparte.*
Hermosísima villana.
[*Vanse el* Capitan *y los Soldados.*
Cres. Caprichudo es el Don Lope; [*aparte.*
Ya haremos migas los dos.
Lop. Venios conmigo vos,
Y solo ninguno os tope. [*Vanse.*

Salen MENDO *y* NUÑO *herido.*

Men. ¿Es algo, Nuño, la herida?
Nuñ. Aunque fuera menor, fuera
De mí muy mal recibida,

Y mucho mas que quisiera.
Men. Yo no he tenido en mi vida
Mayor pena ni tristeza.
Nuñ. Yo tampoco.
Men. Que me enoje
Es justo. ¡Que su fiereza
Luego te dió en la cabeza!
Nuñ. Todo este lado me coge. [*Tocan.*
Men. Qué es esto?
Nuñ. La compañía,
Que hoy se va.
Men. Y es dicha mia;
Pues con eso cesarán
Los zelos del Capitan.
Nuñ. Hoy se ha de ir en todo el dia.

Salen el CAPITAN *y el* SARGENTO.

Cap. Sargento, vaya marchando,
Antes que decline el dia,
Con toda la compañia;
Y con prevencion, que, cuando
Se esconda en la espuma fria
Del océano español
Ese luciente farol,
En ese monte le espero,
Porque hallar mi vida quiero
Hoy en la muerte del sol.
Sarg. Calla; que está aqui un figura
Del lugar.
Men. Pasar procura,
Sin que entiendan mi tristeza.
No muestres, Nuño, flaqueza.
Nuñ. ¿Puedo yo mostrar gordura? [*Vanse.*
Cap. Yo he de volver al lugar,
Porque tengo prevenida
Una criada, á mirar,
Si puedo por dicha hablar
Á aquesta hermosa homicida.
Dádivas han grangeado,
Que apadrine mi cuidado.
Sarg. Pues, señor, si has de volver,
Mira que habrás menester
Volver bien acompañado;
Porque al fin no hay que fiar
De villanos.
Cap. Ya lo sé.
Algunos puedes nombrar,
Que vuelvan conmigo.
Sarg. Haré
Cuanto me quieras mandar.
¿Pero si acaso volviese
Don Lope, y te conociese
Al volver?
Cap. Ese temor
Quiso tambien que perdiese
En esta parte mi amor;
Que Don Lope se ha de ir
Hoy tambien á prevenir
Todo el tercio á Guadalupe;
Que todo lo dicho supe,
Yéndome ahora á despedir
Dél; porque ya el Rey vendrá,
Que puesto en camino está.
Sarg. Voy, señor, á obedecerte.
Cap. Que me va la vida, advierte.
[*Vase el* Sargento.

Salen REBOLLEDO *y* CHISPA.

Reb. Señor, albricias me da.
Cap. ¿De qué han de ser, Rebolledo?
Reb. Muy bien merecerlas puedo,
Pues solamente te digo,......
Cap. Qué?
Reb. Que ya hay un enemigo

Menos á quien tener miedo.

Cap. Quién es? Dilo presto.

Reb.   Aquel
Mozo, hermano de Isabel.
Don Lope se le pidió
Al padre, y él se le dió,
Y va á la guerra con él.
En la calle le he encontrado
Muy galan, muy alentado,
Mezclando á un tiempo, señor,
Rezagos de labrador
Con primicias de soldado;
De suerte, que el viejo es ya
Quien pesadumbre nos da.

Cap. Todo nos sucede bien,
Y mas, si me ayuda quien
Esta esperanza me da
De que esta noche podré
Hablarla.

Reb.   No pongas duda.

Cap. Del camino volveré;
Que ahora es razon, que acuda
Á la gente, que se ve
Ya marchar. Los dos sereis
Los que conmigo vendreis.   [*Vase.*

Reb. Pocos somos, vive Dios,
Aunque vengan otros dos,
Otros cuatro y otros seis.

Chis. ¿Y yo, si tú has de volver
Allá, qué tengo de hacer?
Pues no estoy segura yo,
Si da conmigo el que dió
Al barbero que coser.

Reb. No sé qué he de hacer de tí.
¿No tendrás ánimo, di,
De acompañarme?

Chis.   Pues no?
Vestido no tengo yo;
Ánimo y esfuerzo, sí.

Reb. Vestido no faltará;
Que ahí otro del page está
De gineta, que se fue.

Chis. Pues yo á la par pasaré
Con él.

Reb.   Vamos; que se va
La bandera.

Chis.   Y yo veo ahora,
Porque en el mundo he cantado,
Que el amor del soldado
No dura un hora.   [*Vanse.*

Salen DON LOPE, PEDRO CRESPO *y* JUAN *su hijo.*

Lop. Á muchas cosas os soy
En extremo agradecido;
Pero sobre todas esta
De darme hoy á vuestro hijo
Para soldado, en el alma
Os la agradezco y estimo.

Cres. Yo os le doy para criado.

Lop. Yo os le llevo para amigo;
Que me ha inclinado en extremo
Su desenfado y su brio,
Y la aficion á las armas.

Juan. Siempre á vuestros pies rendido
Me tendreis, y vos vereis
De la manera que os sirvo,
Procurando obedeceros
En todo.

Cres.   Lo que os suplico
Es, que perdoneis, señor,
Si no acertare á serviros;
Porque en el rústico estudio,

Adonde rejas y trillos,
Palas, azadas y bieldos
Son nuestros mejores libros,
No habrá podido aprender
Lo que en los palacios ricos
Enseña la urbanidad
Política de los siglos.

Lop. Ya que va perdiendo el sol
La fuerza, irme determino.

Juan. Veré si viene, señor,
La litera.   [*Vase.*

Salen INES *é* ISABELA.

Isab.   ¿Y es bien iros,
Sin que os despidais de quien
Tanto desea serviros?

Lop. No me fuera, sin besaros
Las manos, y sin pediros,
Que liberal perdoneis
Un atrevimiento digno
De perdon; porque no el precio
Hace el don, sino el servicio.
Esta venera, que, aunque
Está de diamantes ricos
Guarnecida, llega pobre
Á vuestras manos; suplico
Que la tomeis y traigais
Por patena en nombre mio.   [*Ofrécesela.*

Isab. Mucho siento que penseis,
Con tan generoso indicio,
Que pagais el hospedage,
Pues de honra, que recibimos,
Somos los deudores.

Lop.   Esto
No es paga, sino cariño.

Isab. Por cariño, y no por paga,
Solamente la recibo.
Á mi hermano os encomiendo,
Ya que tan dichoso ha sido,
Que merece ir por criado
Vuestro.

Lop.   Otra vez os afirmo,
Que podeis descuidar dél;
Que va, señora, conmigo.

Sale JUAN.

Juan. Ya está la litera puesta.

Lop. Con Dios os quedad.

Cres.   El mismo
Os guarde.

Lop.   Ha buen Pedro Crespo!

Cres. ¡Ha señor Don Lope invicto!

Lop. ¿Quién nos dijera aquel dia
Primero que aqui nos vimos,
Que habíamos de quedar
Para siempre tan amigos?

Cres. Yo lo dijera, señor,
Si alli supiera, al oiros,
Que érais......

Lop.   Decid por mi vida.   [*Al irse ya.*

Cres. Loco de tan buen capricho.
           [*Vase D. Lope.*
En tanto que se acomoda
El señor Don Lope, hijo,
Ante tu prima y tu hermana,
Escucha lo que te digo.
Por la gracia de Dios, Juan,
Eres de linage limpio
Mas que el sol, pero villano.
Lo uno y lo otro te digo;
Aquello, porque no humilles
Tanto tu orgullo y tu brio,
Que dejes, desconfiado,
De aspirar con cuerdo arbitrio

Á ser mas; lo otro, porque
No vengas desvanecido
Á ser menos. Igualmente
Usa de entrambos designios
Con humildad; porque, siendo
Humilde, con recto juicio
Acordarás lo mejor;
Y como tal, en olvido
Pondrás cosas, que suceden
Al reves en los altivos.
¡Cuantos, teniendo en el mundo
Algun defecto consigo,
Le han borrado por humildes;
Y cuantos, que no han tenido
Defecto, se le han hallado,
Por estar ellos mal vistos!
Sé cortes sobre manera,
Sé liberal y partido;
Que el sombrero y el dinero
Son los que hacen los amigos;
Y no vale tanto el oro,
Que el sol engendra en el indio
Suelo, y que consume el mar,
Como ser uno bien quisto.
No hables mal de las mugeres;
La mas humilde, te digo,
Que es digna de estimacion;
Porque al fin dellas nacimos.
No riñas por cualquier cosa;
Que cuando en los pueblos miro
Muchos, que á reñir se enseñan,
Mil veces entre mí digo:
Aquesta escuela no es
La que ha de ser; pues colijo,
Que no ha de enseñarse un hombre ⌐ ⌐ ⌐
Con destreza, gala y brio
Á reñir, sino á por qué
Ha de reñir; que yo afirmo,
Que, si hubiera un maestro solo,
Que enseñara prevenido,
No el como, el por qué se riña,
Todos le dieran sus hijos.
Con esto, y con el dinero
Que llevas para el camino,
Y para hacer, en llegando
De asiento, un par de vestidos,
El amparo de Don Lope
Y mi bendicion, yo fio
En Dios, que tengo de verte
En otro puesto. Á Dios, hijo;
Que me enternezco en hablarte.

Juan. Hoy tus razones imprimo
En el corazon, adonde
Vivirán, mientras yo vivo.
Dame tu mano; — y tú, hermana,
Los brazos; que ya ha partido
Don Lope mi señor, y es
Fuerza alcanzarlo.

Isab.   Los mios
Bien quisieran detenerte.
Juan. Prima, á Dios.
Ines.   Nada te digo
Con la voz, porque los ojos
Hurtan á la voz su oficio.
Á Dios.
Cres.   Ea, vete presto!
Que cada vez, que te miro,
Siento mas el que te vayas,
Y ha de ser, porque lo he dicho.
Juan. El cielo con todos quede.   [*Vase.*
Cres. El cielo vaya contigo.
Isab. ¡Notable crueldad has hecho!
Cres. Ahora, que no le miro,
Hablaré mas consolado.

¿Qué habia de hacer conmigo,
Sino ser toda su vida
Un holgazan, un perdido?
Váyase á servir al Rey.
Isab. Que de noche haya salido,
Me pesa á mí.
Cres.   Caminar
De noche por el estío,
Antes es comodidad,
Que fatiga; y es preciso,
Que á Don Lope alcance luego
Al instante. — Enternecido   [*aparte.*
Me deja cierto el muchacho,
Aunque en público me animo.
Isab. Éntrate, señor, en casa.
Ines. Pues sin soldados vivimos,
Estémonos otro poco
Gozando á la puerta el frio
Viento que corre; que luego
Saldrán por ahí los vecinos.
Cres. Á la verdad, no entro dentro,   ,
Porque desde aqui imagino,
Como el camino blanquea,
Que veo á Juan en el camino. —
Ines, sácame á esta puerta
Asiento.
Ines.   Aqui está un banquillo.
Isab. Esta tarde diz que ha hecho
La villa eleccion de oficios.
Cres. Siempre aqui por el Agosto
Se hace.   [*Siéntanse.*

Salen el CAPITAN, *el* SARGENTO, REBO-
LLEDO, CHISPA *y* Soldados.

Cap.   Pisad sin ruido. —
Llega, Rebolledo, tú,
Y da á la criada aviso
De que ya estoy en la calle.
Reb. Yo voy. Mas qué es lo que miro?
Á su puerta hay gente.
Sarg.   Y yo
En los reflejos y visos,
Que la luna hace en el rostro,
Que es Isabel, imagino,
Esta.
Cap.   Ella es; mas, que la luna,
El corazon me lo ha dicho.
Á buena ocasion llegamos;
Si ya que una vez venimos
Nos atrevemos á todo,
Buena venida habrá sido.
Sarg. ¿Estás para oir un consejo?
Cap. No.
Sarg.   Pues ya no te le digo.
Intenta lo que quisieres.
Cap. Yo he de llegar, y atrevido
Quitar á Isabel de alli.
Vosotros á un tiempo mismo
Impedid á cuchilladas
El que me sigan.
Sarg.   Contigo
Venimos, y á tu órden hemos
De estar.
Cap.   Advertid, que el sitio,
Donde habemos de juntarnos,
Es ese monte vecino,
Que está á la mano derecha,
Como salen del camino.
Reb. Chispa!
Chis.   Qué?
Reb.   Ten esas capas.
Chis. Que es del reñir, imagino,
La gala, el guardar la ropa,
Aunque del nadar se dijo.

Cap. Yo he de llegar el primero.
Cres. Harto hemos gozado el sitio;
　Entrémonos allá dentro.
Cap. Ya es tiempo; llegad, amigos.
Isab. Ha traidor! Señor, qué es esto?
Cap. Es una furia, un delirio
　De amor.　　　　　　　　　*[Llévanla.*
Isab. [dent.]　　Ha traidor! Señor!
Cres. Ha cobardes!
Isab. [d. nt.]　　　Padre mio!
Ines. Yo quiero aqui retirarme.　　*[Vase.*
Cres. Como echais de ver, ha impíos!
　Que estoy sin espada, aleves,
　Falsos y traidores!
Reb.　　　　Idos,
　Si no quereis que la muerte
　Sea el último castigo.
Cres. ¿Qué importará, si está muerto
　Mi honor, el quedar yo vivo?
　¡Ha quien tuviera una espada!
　Porque, sin armas seguirlos,
　Es en vano; y si brioso
　A ir por ella me aplico,
　Los he de perder de vista.
　¿Qué he de hacer, hados esquivos?
　Que de cualquiera manera
　Es uno solo el peligro.

　　　Sale INES *con la espada.*

Ines. Ya tienes aqui la espada.　　*[Vase.*
Cres. Á buen tiempo la has traido.
　Ya tengo honra, pues ya tengo
　Espada con que seguirlos. —
　Soltad la presa, traidores
　Cobardes, que habeis cogido;
　Que he de cobrarla, ó la vida
　He de perder.
Sarg.　　　Vano ha sido　　*[Riñen.*
　Tu intento; que somos muchos.
Cres. Mis males son infinitos,
　Y riñen todos por mí.　　*[Cae.*
　Pero la tierra que piso
　Me ha faltado.
Reb.　　　Dadle muerte!
Sarg. Mirad, que es rigor impío
　Quitarle vida y honor;
　Mejor es en lo escondido
　Del monte dejarle atado,
　Porque no lleve el aviso.
Isab. [dent.] Padre y señor!
Cres.　　　　Hija mia!
Reb. Retírale, como has dicho.
Cres. Hija, solamente puedo
　Seguirte con mis suspiros.　　*[Llévanle.*

　　　Sale JUAN.

Isab. [dent.] Ay de mí!
Juan.　　　Qué triste voz!
Cres. [dent.] Ay de mí!
Juan.　　　Mortal gemido!
　Á la entrada dese monte
　Cayó mi rocín conmigo,
　Veloz corriendo, y yo ciego
　Por la maleza le sigo.
　Tristes voces á una parte,
　Y á otra míseros gemidos
　Escucho, que no conozco,
　Porque llegan mal distintos.
　Dos necesidades sigo
　Las que apellidan á gritos
　Mi valor; y pues iguales,
　Á mi parecer, han sido,
　Y uno es hombre, otro muger,
　A seguir esta me animo;

Que asi obedezco á mi padre
En dos cosas, que me dijo,
Reñir con buena ocasion,
Y honrar la muger, pues miro,
Que asi honro á la muger,
Y con buena ocasion riño.

　　　———

　　　JORNADA III.
　　　———

　　Sale ISABEL *llorando.*

Isab. Nunca amenezca á mis ojos
La luz hermosa del dia,
Porque á su nombre no tenga
Vergüenza yo de mí misma.
¡O tú, de tantas estrellas
Primavera fugitiva,
No des lugar á la aurora,
Que tu azul campaña pisa,
Para que con risa y llanto
Borre tu apacible vista! ·
Y ya que ha de ser, que sea
Con llanto, mas no con risa.
¡Detente, o mayor planeta,
Mas tiempo en la espuma fria
Del mar! ¡Deja, que una vez
Dilate la noche esquiva
Su trémulo imperio; deja,
Que de tu deidad se diga,
Atenta á mis ruegos, que es
Voluntaria, y no precisa!
¿Para qué quieres salir
A ver en la historia mia
La mas enorme maldad,
La mas fiera tiranía,
Que en venganza de los hombres
Quiere el cielo que se escriba?
Mas, ay de mí! que parece
Que es crueldad tu tiranía;
Pues desde que te he rogado,
Que te detuvieses, miran
Mis ojos tu faz hermosa
Descollarse por encima
De los montes. Ay de mí!
Que acosada y perseguida
De tantas penas, de tantas
Ansias, de tantas impías
Fortunas, contra mi honor
Se han conjurado tus iras.
Qué he de hacer? Dónde he de ir?
Si á mi casa determina
Volver mis erradas plantas,
Será dar nueva mancilla
Á un anciano padre mio,
Que otra bien, otro alegría
No tuvo, sino mirarse
En la clara luna limpia
De mi honor, que hoy desdichado
Tan torpe mancha le eclipsa.
Si dejo, por su respeto
Y mi temor, afligida,
De volver á casa, dejo
Abierto el paso á que digan,
Que fui cómplice en mi infamia;
Y ciega é inadvertida
Vengo á hacer de la inocencia
Acreedora á la malicia.
¡Qué mal hice, qué mal hice
De escaparme fugitiva
De mi hermano! ¿No valiera
Mas, que su cólera altiva

Me diera la muerte , cuando
Llegó á ver la suerte mia?
Llamarle quiero, que vuelva
Con saña mas vengativa,
Y me dé muerte. Confusas
Voces el eco repita,
Diciendo :......

Dentro CRESPO.

Cres.   Vuelve á matarme,
Serás piadoso homicida;
Que no es piedad el dejar
Á un desdichado con vida.

Isab. ¿Qué voz es esta, que mal
Pronunciada y poco oída
No se deja conocer?

Cres. Dadme muerte, si os obliga
Ser piadosos.

Isab.   Cielos, cielos!
Otro la muerte apellida,
Otro desdichado hay mas,
Que hoy á pesar suyo viva.
¿Mas qué es lo que ven mis ojos?

Descúbrese CRESPO *atado.*

Cres. Si piedades solicita
Cualquiera que aqueste monte
Temerosamente pisa,
Llegue á dar muerte...... Mas cielos!
¿Qué es lo que mis ojos miran?

Isab. Atadas atras las manos
Á una rigurosa encina......

Cres. Enterneciendo los cielos
Con las voces que apellida......

Isab. Mi padre está.

Cres.   Mi hija viene.

Isab. Padre y señor!

Cres.   Hija mia!
Llégate, y quita estos lazos.

Isab. No me atrevo; que si quitan
Los lazos, que te aprisionan,
Una vez las manos mias,
No me atreveré, señor,
Á contarte mis desdichas,
Á referirte mis penas;
Porque, si una vez te miras
Con manos y sin honor,
Me darán muerte tus iras,
Y quiero, antes que las veas,
Referirte mis fatigas.

Cres. ¡Detente, Isabel, detente!
No prosigas! que desdichas,
Isabel, para contarlas,
No es menester referirlas.

Isab. Hay muchas cosas que sepas,
Y es forzoso, que al decirlas
Tu valor se irrite, y quieras
Vengarlas antes de oírlas.
Estaba anoche gozando
La seguridad tranquila,
Que al abrigo de tus canas
Mis años me prometían,
Cuando aquellos embozados
Traidores, que determinan,
Que lo que el honor defiende,
El atrevimiento rinda,
Me robaron; bien asi,
Como de los pechos quita
Carnicero hambriento lobo
Á la simple corderilla.
Aquel Capitan, aquel
Huésped ingrato, que el dia
Primero introdujo en casa
Tan nunca esperada cisma

De traiciones y cautelas,
De pendencias y rencillas,
Fue el primero, que en sus brazos
Me cogió, mientras le hacían
Espaldas otros traidores,
Que en su bandera militan.
Aqueste intrincado oculto
Monte, que está á la salida
Del lugar, fue su sagrado.
¿Cuándo de la tiranía
No son sagrado los montes?
Aqui agena de mí misma
Dos veces me miré, cuando
Aun tu voz, que me seguia,
Me dejó; porque ya el viento,
Á quien tus acentos fias,
Con la distancia, por puntos
Adelgazándose iba;
De suerte, que las que eran
Antes razones distintas,
No eran voces, sino ruido;
Luego en el viento esparcidas,
No eran voces, sino ecos
De unas confusas noticias;
Como aquel que oye un clarin,
Que, cuando dél se retira,
Le queda por mucho rato,
Si no el ruido, la noticia.
El traidor pues, en mirando
Que ya nadie hay que le siga,
Que ya nadie hay que me ampare,
Porque hasta la luna misma
Se ocultó entre pardas sombras,
Ó cruel ó vengativa,
Aquella (ay de mí!) prestada,
Luz, que del sol participa,
Pretendió (¡ay de mí otra vez
Y otras mil!) con fementidas
Palabras buscar disculpa
Á su amor. ¿Á quién no admira
Querer de un instante á otro
Hacer la ofensa caricia?
¡Mal haya el hombre, mal haya
El hombre, que solicita
Por fuerza ganar un alma;
Pues no advierte, pues no mira,
Que las victorias de amor
No hay trofeo en que consistan,
Sino en grangear el cariño
De la hermosura que estiman;
Porque querer sin el alma
Una hermosura ofendida,
Es querer á una muger
Hermosa, pero no viva.
¡Qué ruegos, qué sentimientos,
Ya de humilde, ya de altiva,
No le dije! Pero en vano;
Pues (calle aqui la voz mia!)
Soberbio, (enmudezca el llanto!)
Atrevido, (el pecho gima!)
Descortes, (lloren los ojos!)
Fiero, (ensordezca la envidia!)
Tirano, (falte el aliento!)
Osado, (luto me vista!) ......
Y si lo que la voz yerra,
Tal vez con la accion se explica,
De vergüenza cubro el rostro,
De empacho lloro ofendida,
De rabia tuerzo las manos,
El pecho rompo de ira:
Entiende tú las acciones;
Pues no hay voces que lo digan.
Baste decir, que á las quejas
De los vientos repetidas,

En que ya no pedia al cielo
Socorro, sino justicia,
Salió el alba, y con el alba,
Trayendo la luz por guia,
Sentí ruido entre unas ramas.
Vuelvo á mirar quien seria,
Y veo á mi hermano. Ay cielos!
¿Cuándo, cuándo (ha suerte impía!)
Llegaron á un desdichado
Los favores mas aprisa?
Él, á la dudosa luz,
Que, si no alumbra, ilumina,
Reconoce el daño, antes
Que ninguno se le diga;
Que son linces los pesares,
Que penetran con la vista.
Sin hablar palabra, saca
El acero, que aquel dia
Le ceñiste. El Capitan,
Que el tardo socorro mira
En mi favor, contra el suyo
Saca la blanca cuchilla.
Cierra el uno con el otro,
Este repara, aquel tira;
Y yo, en tanto que los dos
Generosamente lidian,
Viendo temerosa y triste,
Que mi hermano no sabia,
Si tenia culpa, ó no,
Por no aventurar mi vida
En la disculpa, la espada
Vuelvo, y por la entretejida
Maleza del monte huyo;
Pero no con tanta prisa,
Que no hiciese de unas ramas
Intrincadas zelosías;
Porque deseaba, señor,
Saber lo mismo que huia.
Á poco rato mi hermano
Dió al Capitan una herida.
Cayó; quiso asegundarle,
Cuando los que ya venian
Buscando á su Capitan,
En su venganza se irritan.
Quiere defenderse; pero
Viendo que era una cuadrilla,
Corre veloz. No le siguen,
Porque todos determinan
Mas acudir al remedio,
Que á la venganza, que incitan.
En brazos al Capitan
Volvieron hácia la villa,
Sin mirar en su delito;
Que en las penas sucedidas
Acudir determinaron
Primero á la mas precisa.
Yo pues, que atenta miraba
Eslabonadas y asidas
Unas ansias de otras ansias,
Ciega, confusa y corrida,
Discurrí, bajé, corrí,
Sin luz, sin norte, sin guia,
Monte, llano y espesura,
Hasta que á tus pies rendida,
Antes que me des la muerte,
Te he contado mis desdichas.
Ahora, que ya las sabes,
Rigurosamente anima
Contra mi vida el acero,
El valor contra mi vida;
Que ya para que me mates
Aquestos lazos te quitan
Mis manos; alguno dellos ¡
Mi cuello infeliz oprima.   [*Desátale.*

        Tu hija soy, sin honra estoy,
Y tú libre; solicita
Con mi muerte tu alabanza,
Para que de tí se diga,
Que, por dar vida á tu honor,
Diste la muerte á tu hija.   [*Arrodíllase.*

Cres. Álzate, Isabel, del suelo;
No, no estés mas de rodillas;
Que á no haber estos sucesos,
Que atormenten y que aflijan,
Ociosas fueran las penas,
Sin estimacion las dichas.
Para los hombres se hicieron,
Y es menester que se impriman
Con valor dentro del pecho.
Isabel, vamos aprisa;
Demos la vuelta á mi casa;
Que este muchacho peligra,
Y hemos menester hacer
Diligencias exquisitas,
Por saber dél, y ponerle
En salvo.

Isab.   ¡Fortuna mia,   [*aparte.*
Ó mucha cordura, ó mucha
Cautela es esta!

Cres.   Camina! —
¡Vive Dios, que si la fuerza   [*aparte.*
Y necesidad precisa
De curarse hizo volver
Al Capitan á la villa,
Que pienso que le está bien
Morirse de aquella herida,
Por excusarse de otra
Y otras mil; que el ansia mia
No ha de parar, hasta darle
La muerte! — Ea! vamos, hija,
Á nuestra casa.

         Sale el Escribano.

Escr.   ¡O señor
Pedro Crespo! Dadme albricias!

Cres. Albricias? De qué, Escribano?

Escr. El concejo aqueste dia
Os ha hecho Alcalde, y teneis
Para estrena de justicia
Dos grandes acciones hoy.
La primera es la venida
Del Rey, que estará hoy aqui,
Ó mañana en todo el dia,
Segun dicen; es la otra,
Que ahora han traido á la villa
De secreto unos soldados
Á curarse con gran prisa
Á aquel Capitan, que ayer
Tuvo aqui su compañía.
Él no dice quien le hirió;
Pero si esto se averigua,
Será una gran causa.

Cres.   ¡Cielos,   [*aparte.*
Cuando vengarme imagina,
Me hace dueño de mi honor
La vara de la justicia!
¿Cómo podré delinquir
Yo, si en esta hora misma
Me ponen á mí por juez,
Para que otros no delincuan?
Pero cosas como aquestas
No se ven con tanta prisa. —
En extremo agradecido
Estoy á quien solicita
Honrarme.

Escr.   Vení á la casa
Del concejo, y recibida
La posesion de la vara,

Hareis en la causa misma
Averiguaciones.

Cres.   Vamos. —
Á tu casa te retira.   *[á Isabel.*

Isab. ¡Duélase el cielo de mí! — *[aparte.*
Yo he de acompañarte.

Cres.   Hija,
Ya teneis el padre Alcalde,
Él os guardará justicia.   *[Vanse.*

Salen el CAPITAN *con banda, como herido,*
y el SARGENTO.

Cap. Pues la herida no era nada,
¿Por qué me hicísteis volver
Aquí?

Sarg.   ¿Quién pudo saber
Lo que era antes de curada?
Ya la cura prevenida,
Hemos de considerar,
Que no es bien aventurar
Hoy la vida por la herida.
¿No fuera mucho peor,
Que te hubieras desangrado?

Cap. Puesto que ya estoy curado,
Detenernos será error.
Vámonos, antes que corra
Voz de que estamos aqui.
Estan ahí los otros?

Sarg.   Sí.

Cap. Pues la fuga nos socorra
Del riesgo destos villanos;
Que si se llega á saber,
Que estoy aqui, habrá de ser
Fuerza apelar á las manos.

Sale REBOLLEDO.

Reb. La justicia aqui se ha entrado.

Cap. ¿Qué tiene que ver conmigo
Justicia ordinaria?

Reb.   Digo,
Que ahora hasta aqui ha llegado.

Cap. Nada me puede á mí estar
Mejor, llegando á saber,
Que' estoy aqui, y no temer
A la gente del lugar;
Que la justicia es forzoso
Remitirme en esta tierra
Á mi consejo de guerra;
Con que, aunque el lance es penoso,
Tengo mi seguridad.

Reb. Sin duda se ha querellado
El villano.

Cap.   Eso he pensado.

Dentro PEDRO CRESPO.

Cres. Todas las puertas tomad,
Y no me salga de aqui
Soldado, que aqui estuviere;
Y al que salirse quisiere,
Matadle.

Salen PEDRO CRESPO *con vara, el* ESCRIBANO
y los mas que puedan con él.

Cap. ¿Pues cómo asi
Entrais? Mas qué es lo que veo!

Cres. Cómo no? Á mi parecer,
La justicia ha menester
Mas licencia, á lo que creo.

Cap. La justicia, cuando vos
De ayer acá lo seais,
No tiene, si lo mirais,
Que ver conmigo.

Cres.   Por Dios,
Señor, que no os altereis;
Que solo á una diligencia
Vengo con vuestra licencia,
Aqui, y que solo os quedeis
Importa.

Cap.   Salios de aqui. *[á los Soldados.*

Cres. Salios vosotros tambien. — *[á los otros.*
Con esos Soldados ten *[al Escribano.*
Gran cuidado.

Escr.   Harélo asi.

[Vanse el Escribano, los Labradores y Soldados.

Cres. Ya que yo, como justicia,
Me valí de su respeto,
Para obligaros á oírme,
La vara á esta parte dejo,
Y como un hombre no mas
Deciros mis penas quiero. *[Arrima la vara.*
Y puesto que estamos solos,
Señor Don Alvaro, hablemos
Mas claramente los dos,
Sin que tantos sentimientos,
Como han estado encerrados
En las cárceles del pecho,
Acierten á quebrantar
Las prisiones del silencio.
Yo soy un hombre de bien;
Que á escoger mi nacimiento,
No dejara, es Dios testigo,
Un escrúpulo, un defecto
En mí, que suplir pudiera
La ambicion de mi deseo.
Siempre acá entre mis iguales
Me he tratado con respeto;
De mí hacen estimacion
El cabildo y el concejo.
Tengo muy bastante hacienda,
Porque no hay, gracias al cielo,
Otro labrador mas rico
En todos aquestos pueblos
De la comarca. Mi hija
Se ha criado, á lo que pienso,
Con la mejor opinion,
Virtud y recogimiento
Del mundo; tal madre tuvo;
¡Téngala Dios en el cielo!
Bien pienso, que bastará,
Señor, para abono desto,
El ser rico, y no haber quien
Me murmure, ser modesto,
Y no haber quien me baldone;
Y mayormente viviendo
En un lugar corto, donde
Otra falta no tenemos
Mas, que decir unos de otros
Las faltas y los defectos;
Y pluguiera á Dios, señor,
Que se quedara en saberlos.
Si es muy hermosa mi hija,
Díganlo vuestros extremos,
Aunque pudiera, al decirlos,
Con mayores sentimientos
Llorar. Señor, ya esto fue
Mi desdicha. No apuremos
Toda la ponzoña al vaso;
Quédese algo al sufrimiento.
No hemos de dejar, señor,
Salirse con todo el tiempo;
Algo hemos de hacer nosotros
Para encubrir sus defectos.
Este ya veis si es bien grande;
Pues aunque encubrirle quiero,
No puedo; que sabe Dios,
Que á poder estar secreto

Y sepultado en mí mismo,
No viniera á lo que vengo;
Que todo esto remitiera,
Por no hablar, al sufrimiento.
Deseando pues remediar
Agravio tan manifiesto,
Buscar remedio á mi afrenta,
Es venganza, no es remedio.
Y vagando de uno en otro,
Uno solamente advierto,
Que á mí me está bien, y á vos
No mal; y es, que desde luego
Os tomeis toda mi hacienda,
Sin que para mi sustento,
Ni el de mi hijo, á quien yo
Traeré á echar á los pies vuestros,
Reserve un maravedí,
Sino quedarnos pidiendo
Limosna, cuando no haya
Otro camino, otro medio
Con que poder sustentarnos.
Y si quereis desde luego
Poner una S y un clavo
Hoy á los dos, y vendernos,
Será aquesta cantidad
Mas del dote que os ofrezco.
Restaurad una opinion,
Que habeis quitado. No creo,
Que desluzcais vuestro honor;
Porque los merecimientos,
Que vuestros hijos, señor,
Perdieren, por ser mis nietos,
Ganarán con mas ventaja,
Señor, por ser hijos vuestros.
En Castilla, el refran dice,
Que el caballo (y es lo cierto)
Lleva la silla. Mirad,   [*de rodillas.*
Que á vuestros pies os lo ruego
De rodillas y llorando
Sobre estas canas, que el pecho,
Viendo nieve y agua, piensa,
Que se me estan derritiendo.
Qué os pido? Un honor os pido,
Que me quitásteis vos mesmo;
Y con ser mio, parece,
Segun os le estoy pidiendo
Con humildad, que no es mio
Lo que os pido, sino vuestro.
Mirad, que puedo tomarle
Por mis manos, y no quiero,
Sino que vos me le deis.

Cap.   ¡Ya me falta el sufrimiento!
Viejo cansado y prolijo,
Agradeced, que no os doy
La muerte á mis manos hoy,
Por vos y por vuestro hijo;
Porque quiero que debais
No andar con vos mas cruel
Á la beldad de Isabel.
Si vengar solicitais
Por armas vuestra opinion,
Poco tengo que temer;
Si por justicia ha de ser,
No teneis jurisdiccion.

Cres. ¿Que en fin no os mueve mi llanto?
Cap.   Llantos no se han de creer
De viejo, niño y muger.
Cres. ¿Que no pueda dolor tanto
Mereceros un consuelo?
Cap.   ¿Qué mas consuelo quereis,
Pues con la vida volveis?
Cres. Mirad, que echado en el suelo
Mi honor á voces os pido.
Cap.   Qué enfado!

Cres.   Mirad, que soy
Alcalde en Zalamea hoy.
Cap.   Sobre mí no habeis tenido
Jurisdiccion. El consejo
De guerra enviará por mí.
Cres. En eso os resolveis?
Cap.   Sí,
Caduco y cansado viejo.
Cres. No hay remedio?
Cap.   El de callar
Es el mejor para vos.
Cres. No otro?
Cap.   No.
Cres.   ¡Pues juro á Dios, [*Levántase.*
Que me lo habeis de pagar! —
Hola!   [*Toma la vara.*

          Dentro el ESCRIBANO.

Escr. Señor?
Cap.   ¿Qué querrán
Estos villanos hacer?

     Salen el ESCRIBANO *y los Labradores.*

Escr. Qué es lo que mandas?
Cres.   Prender
Mando al señor Capitan.
Cap.   ¡Buenos son vuestros extremos!
Con un hombre como yo,
Y en servicio del Rey, no
Se puede hacer.
Cres.   Probaremos.
De aqui, si no es preso ó muerto,
No saldreis.
Cap.   Yo os apercibo,
Que soy un Capitan vivo.
Cres. ¿Soy yo acaso Alcalde muerto?
Daos al instante á prision.
Cap.   No me puedo defender, [*aparte.*
Fuerza es dejarme prender. —
Al Rey desta sinrazon
Me quejaré.
Cres.   Yo tambien
De esotra; y aun bien que está
Cerca de aqui, y nos oirá
Á los dos. Dejar es bien
Esa espada.
Cap.   No es razon,
Que......
Cres.   Cómo no, si vais preso?
Cap.   Tratad con respeto.
Cres.   Eso
Está muy puesto en razon. —
Con respeto le llevad
Á las casas en efeto
Del concejo, y con respeto
Un par de grillos le echad,
Y una cadena, y tened
Con respeto gran cuidado,
Que no hable á ningun soldado.
Y á todos tambien poned
En la cárcel, que es razon,
Y aparte, porque despues
Con respeto á todos tres
Les tomen la confesion.
Y aqui, para entre los dos,
Si hallo harto paño, en efeto
Con muchísimo respeto
Os he de ahorcar, juro á Dios!
Cap.   ¡Ha villanos con poder!

Salen REBOLLEDO, CHISPA, *el* ESCRIBANO
y CRESPO.

Escr. Este page, este soldado,
Son á los que mi cuidado
Solo ha podido prender;
Que otro se puso en huida.
Cres. Este el pícaro es que canta.
Con un paso de garganta
No ha de hacer otro en su vida.
Reb. ¿Pues qué delito es, señor,
El cantar?
Cres.   Que es virtud siento,
Y tanto, que un instrumento
Tengo en que canteis mejor
Resolveos á decir......
Reb. Qué?
Cres.   Cuanto anoche pasó,......
Reb. Tu hija, mejor que yo,
Lo sabe.
Cres.   Ó has de morir.
Chis. Rebolledo, determina
Negarlo punto por punto;
Serás, si niegas, asunto
Para una jacarandina,
Que cantaré.
Cres.   ¿Á vos despues
Quién otra os ha de cantar?
Chis. Á mí no me pueden dar
Tormento.
Cres.   Sepamos pues
Por qué?
Chis.   Eso es cosa asentada,
Y que no hay ley que tal mande.
Cres. Qué causa teneis?
Chis.   Bien grande.
Cres. Decid, cuál?
Chis.   Estoy preñada.
Cres. ¡Hay cosa mas atrevida! *[aparte.*
Mas la cólera me inquieta. —
¿No sois page de gineta?
Chis. No, señor, sino de brida.
Cres. Resolveos á decir
Vuestros dichos.
Chis.   Sí diremos;
Y aun mas de lo que sabemos;
Que peor será morir.
Cres. Eso escusará á los dos
Del tormento.
Chis.   Si es asi,
Pues para cantar nací,
He de cantar, vive Dios!
[cant.] ¡Tormento me quieren dar!
Reb. *[cant.]* ¿Y qué quieren darme á mí?
Cres. Qué haceis?
Chis.   Templar desde aqui,
Pues que vamos á cantar.   *[Vanse.*

Sale JUAN.

Juan. Desde que al traidor herí
En el monte, desde que
Riñendo con él, porque
Llegaron tantos, volví
La espalda, el monte he corrido,
La espesura he penetrado,
Y á mi hermana no he encontrado,
En efecto me he atrevido
Á venirme hasta el lugar,
Y entrar dentro de mi casa,
Donde todo lo que pasa
Á mi padre he de contar.
Veré lo que me aconseja

Que haga, cielos, en favor
De mi vida y de mi honor.

Salen INES *é* ISABEL *muy triste.*
Ines. Tanto sentimiento deja;
Que vivir tan afligida,
No es vivir, matarte es.
Isab. ¿Pues quién te ha dicho, ay Ines!
Que no aborrezco la vida?
Juan. Diré á mi padre...... Ay de mí!
No es esta Isabel? Es llano.
Pues qué espero?   *[Saca la daga.*
Ines.   Primo!
Isab.   Hermano!
Qué intentas?
Juan.   Vengar asi
La ocasion, en que hoy has puesto
Mi vida y mi honor.
Isab.   Advierte!
Juan. ¡Tengo de darte la muerte,
Viven los cielos!

Sale PEDRO CRESPO *con la vara.*
Cres.   Qué es esto?
Juan. Es satisfacer, señor,
Una injuria, y es vengar
Una ofensa, y castigar......
Cres. Basta, basta; que es error,
Que os atreveis á venir......
Juan. ¿Qué es lo que mirando estoy? *[aparte.*
Cres. Delante asi de mí hoy,
Acabando ahora de herir
En el monte un Capitan.
Juan. Señor, si le hice esa ofensa,
Que fue en honrada defensa
De tu honor.
Cres.   Ea, basta, Juan! —
¡Hola, llevadle tambien
preso!

Salen Labradores.
Juan. ¿Á tu hijo, señor,
Tratas con tanto rigor?
Cres. Y aun á mi padre tambien
Con tal rigor le tratara. —
Aquesto es asegurar *[aparte.*
Su vida, y han de pensar,
Que es la justicia mas rara
Del mundo.
Juan.   Escucha por que,
Habiendo un traidor herido,
Á mi hermana he pretendido
Matar tambien?
Cres.   Ya lo sé;
Pero no basta sabello
Yo como yo; que ha de ser
Como Alcalde, y he de hacer
Informacion sobre ello;
Y hasta que conste, qué culpa
Te resulta del proceso,
Tengo de tenerte preso. —
Yo le hallaré la disculpa. *[aparte.*
Juan. Nadie entender solicita
Tu fin, pues sin honra ya
Prendes á quien te la quita,
Guardando á quien te la quita.
          [Llévanle preso.
Cres. Isabel, entra á firmar
Esta querella, que has dado
Contra aquel que te ha injuriado.
Isab. ¿Tú, que quisiste ocultar
La ofensa, que el alma llora,
Asi intentas publicarla?
Pues no consigues vengarla,

Consigue el callarla ahora; |
Que ya, que como quisiera,
Me quita esta obligacion,
Satisfacer mi opinion,
Ha de ser desta manera.   [*Vase.*

Cres. Ines, pon ahí esa vara;
Que pues por bien no ha querido
Ver el caso concluido,
Querrá por mal.

   Dentro DON LOPE.

Lop.   Para, para!
Cres. Qué es aquesto? ¿Quién, quién hoy
Se apea en mi casa así?
¿Pero quién se ha entrado aqui?

   Sale DON LOPE.

Lop. O Pedro Crespo, yo soy,
Que, volviendo á este lugar
De la mitad del camino,
Donde me trae, imagino,
Un grandisimo pesar,
No era bien ir á apearme
Á otra parte, siendo vos
Tan mi amigo.
Cres.   Guárdeos Dios!
Que siempre tratais de honrarme.
Lop. Vuestro hijo no ha parecido
Por allá.
Cres.   Presto sabreis
La ocasion. La que teneis,
Señor, de haberos venido,
Me haced merced de contar;
Que venis mortal, señor.
Lop. La desvergüenza es mayor,
Que se puede imaginar,
Es el mayor desatino,
Que hombre ninguno intentó.
Un soldado me alcanzó,
Y me dijo en el camino,......
Que estoy perdido, os confieso,
De cólera.
Cres.   Proseguí.
Lop. Que un Alcaldillo de aqui
Al Capitan tiene preso;
Y vive Dios, no he sentido
En toda aquesta jornada
Esta pierna excomulgada,
Sino es hoy, que me ha impedido
El haber antes llegado
Donde el castigo le dé.
¡Vive Jesu Cristo, que
Al grande desvergonzado
A palos le he de matar!
Cres. Pues habeis venido en balde;
Porque pienso, que el Alcalde
No se los dejará dar.
Lop. Pues dárselos, sin que deje
Dárselos.
Cres.   Malo lo veo;
Ni que haya en el mundo, creo,
Quien tan mal os aconseje.
¿Sabeis por qué le prendió?
Lop. No; mas sea lo que fuere,
Justicia la parte espere
De mí; que tambien sé yo
Degollar. si es necesario.
Cres. Vos no debeis de alcanzar,
Señor, lo que en un lugar
Es un Alcalde ordinario.
Lop. ¿Será mas, que un villanote?
Cres. Un villanote será,
Que, si cabezudo da
En que ha de darle garrote,

Par Dios, se salga con ello.
Lop. No se saldrá tal, par Dios!
Y si por ventura vos,
Si sale ó no, quereis vello,
Decid donde vive ó no,
Cres. Bien cerca vive de aqui.
Lop. Pues á decirme vení
Quien es el Alcalde.
Cres.   Yo.
Lop. ¡Vive Dios, que lo sospecho!
Cres. ¡Vive Dios, como os lo he dicho!
Lop. Pues, Crespo, lo dicho dicho.
Cres. Pues, señor, lo hecho hecho.
Lop. Yo por el preso he venido,
Y á castigar este exceso.
Cres. Pues yo acá le tengo preso
Por lo que acá ha sucedido.
Lop. ¿Vos sabeis, que á servir pasa
Al Rey, y soy su juez yo?
Cres. ¿Vos sabeis, que me robó
Á mi hija de mi casa?
Lop. ¿Vos sabeis, que mi valor
Dueño desta causa ha sido?
Cres. ¿Vos sabeis, como atrevido
Robó en un monte mi honor?
Lop. ¿Vos sabeis, cuanto prefiere
El cargo que he gobernado?
Cres. ¿Vos sabeis, que le he rogado
Con la paz, y no la quiere?
Lop. Que os entrais, es bien se arguya,
En otra jurisdiccion.
Cres. Él se me entró en mi opinion,
Sin ser jurisdiccion suya.
Lop. Yo os sabré satisfacer,
Obligándome á la paga.
Cres. Jamas pedí á nadie, que haga
Lo que yo me puedo hacer.
Lop. Yo me he de llevar el preso;
Ya estoy en ello empeñado.
Cres. Yo por acá he sustanciado
El proceso.
Lop.   Qué es proceso?
Cres. Unos pliegos de papel,
Que voy juntando, en razon
De hacer la averiguacion
De la causa.
Lop.   Iré por él
Á la cárcel.
Cres.   No embarazo
Que vais; solo se repare,
Que hay órden, que al que llegare
Le den un arcabuzazo.
Lop. Como á esas balas estoy
Enseñado yo á esperar. —
Mas no se ha de aventurar [*aparte.*]
Nada en esta accion de hoy. —
Hola, soldado!

   Sale un Soldado.

    Id volando,
Y á todas las compañías,
Que alojadas estos dias
Han estado, y van marchando,
Decid, que bien ordenadas
Lleguen aqui en escuadrones,
Con balas en los cañones,
Y con las cuerdas caladas.
Sold. 1. No fue menester llamar
La gente; que habiendo oido
Aquesto, que ha sucedido,
Se han entrado en el lugar.
Lop. ¡Pues vive Dios, que he de ver,
Si me dan el preso, ó no!

Cres. ¡Pues vive Dios, que antes yo
Haré lo que se ha de hacer!   [*Éntranse.*

———

Tocan cajas, y dicen dentro DON LOPE, *el*
ESCRIBANO *y* PEDRO CRESPO.

Lop. Esta es la cárcel, soldados,
Adonde está el Capitan.
Si no os le dan, al momento
Poned fuego y la abrasad,
Y si se pone en defensa
El lugar, todo el lugar.

Escr. Ya, aunque la cárcel enciendan,
No han de darle libertad.

Lop. ¡Mueran aquestos villanos!

Cres. Qué mueran? Pues qué? no hay mas?

Lop. Socorro les ha venido;
¡Romped la cárcel, llegad,
Romped la puerta!

Salen los Soldados, y DON LOPE *por un lado,
y por otro el* REY, PEDRO CRESPO *y
acompañamiento.*

Rey.   Qué es esto?
¿Pues desta manera estais,
Viniendo yo?

Lop.   Esta es, señor,
La mayor temeridad
De un villano, que vió el mundo;
Y vive Dios, que á no entrar
En el lugar tan aprisa,
Señor, vuestra Magestad,
Que habia de hallar luminarias
Puestas por todo el lugar.

Rey. Qué ha sucedido?

Lop.   Un Alcalde
Ha prendido un Capitan,
Y viniendo yo por él,
No le quieren entregar.

Rey. Quién es el Alcalde?

Cres.   Yo.

Rey. ¿Y qué disculpa me dais?

Cres. Este proceso, en que bien
Probado el delito está,
Digno de muerte, por ser
Una doncella robar,
Forzarla en un despoblado,
Y no quererse casar
Con ella, habiendo su padre
Rogádole con la paz.

Lop. Este es el Alcalde, y es
Su padre.

Cres.   No importa en tal
Caso; porque, si un extraño
Se viniera á querellar,
¿No habia de hacer justicia?
Sí. ¿Pues qué mas se me da
Hacer por mi hija lo mismo
Que hiciera por los demas?
Fuera de que, como he preso
Un hijo mio, es verdad,
Que no escuchara á mi hija,
Pues era la sangre igual.
Mírese, si está bien hecha
La causa; miren, si hay
Quien diga, que yo haya hecho
En ella alguna maldad,
Si he inducido algun testigo,
Si está escrito algo de mas
De lo que he dicho, y entonces
Me den muerte.

Rey.   Bien está
Sustanciado. Pero vos

No teneis autoridad
De ejecutar la sentencia,
Que toca á otro tribunal.
Allá hay justicia, y asi
Remitid el preso.

Cres.   Mal
Podré, señor, remitirle;
Porque, como por acá
No hay mas, que sola una audiencia,
Cualquier sentencia que hay
La ejecuta ella; y asi,
Esta ejecutada está.

Rey. Qué decis?

Cres.   Si no creeis,
Que es esto, señor, verdad,
Volved los ojos, y vedlo.
Aqueste es el Capitan.

Aparece dado garrote en una silla el CAPITAN.

Rey. ¿Pues cómo asi os atrevisteis?

Cres. Vos habeis dicho, que está
Bien dada aquesta sentencia:
Luego esto no está hecho mal.

Rey. ¿El consejo no supiera
La sentencia ejecutar?

Cres. Toda la justicia vuestra
Es solo un cuerpo no mas;
Si este tiene muchas manos,
Decid, ¿qué mas se me da
Matar con aquesta un hombre,
Que estotra habia de matar?
¿Y qué importa errar lo menos,
Quien ha acertado lo mas?

Rey. Pues ya que aquesto es asi,
¿Por qué, como á Capitan
Y caballero, no hicísteis
Degollarle?

Cres.   Eso dudais?
Señor, como los hidalgos
Viven tan bien por acá,
El verdugo, que tenemos,
No ha aprendido á degollar;
Y esa es querella del muerto,
Que toca á su autoridad,
Y hasta que el mismo se queje,
No les toca á los demas.

Rey. Don Lope, aquesto ya es hecho,
Bien dada la muerte está;
Que errar lo menos, no importa,
Si acertó lo principal.
Aqui no quede soldado
Alguno, y haced marchar
Con brevedad; que me importa
Llegar presto á Portugal. —
Vos, por Alcalde perpetuo   [*á Crespo.*
De aquesta villa os quedad.

Cres. Solo vos á la justicia
Tanto supiérais honrar.

    [*Vase el Rey con el acompañamiento.*

Lop. Agradeced al buen tiempo
Que llegó su Magestad.

Cres. Par Dios, aunque no llegara,
No tenia remedio ya.

Lop. ¿No fuera mejor hablarme,
Dando el preso, y remediar
El honor de vuestra hija?

Cres. En un convento entrará,
Que ha elegido, y tiene esposo,
Que no mira en calidad.

Lop. Pues dadme los demas presos.

Cres. Al momento los sacad.

       Salen todos.

Lop. Vuestro hijo falta; porque

Siendo mi soldado ya,
No ha de quedar preso.

Crcs.   Quiero
Tambien, señor, castigar
El desacato que tuvo
De herir á su Capitan;
Que, aunque es verdad, que su honor
Á esto le pudo obligar,
De otra manera pudiera.

Lop. Pedro Crespo, bien está.
Llamadle.

Crcs.   Ya él está aqui.

Sale J u a n.

Juan. Las plantas, señor, me dad;
Que á ser vuestro esclavo iré.

Rcb. Yo no pienso ya cantar
En mi vida.

Clis.   Pues yo sí,
Cuantas veces á mirar
Llegue el pasado instrumento.

Crcs. Con que fin el autor da
Á esta historia verdadera.
Sus defectos perdonad.

LXXXIV.

EL ESCONDIDO Y LA TAPADA.

PERSONAS.

Don César ⎱
Don Felix ⎰ *galanes.*
Don Juan ⎱
Don Diego ⎰ *viejos.*
Octavio

Otañez, *escudero.*
Mosquito ⎱
Castaño ⎰ *criados.*
Gonzalo, *cochero.*
Lisarda ⎱
Celia ⎰ *damas.*

Beatriz ⎱ *criadas.*
Ines ⎰
Unos *Alguaciles.*
Un *Escribano.*
Criados.

JORNADA I.

Salen haciendo algun ruido Don César *y* Mosquito, *vestidos de camino, con botas y espuelas.*

Ces.   Pues no podemos entrar
En Madrid, hasta que sea
De noche ya, ata las mulas
Á esos troncos; y sobre esta
Tejida alfombra de flores,
Que bordó la primavera,
Entre estos estanques, donde
La casa del campo ostenta
Tanta variedad, podemos
Esperar á que anochezca.
Mosq.   Ya estan las mulas atadas;
Y aun fuera mas justo, que ellas
Nos ataran á nosotros.
Ces.   Por qué?
Mosq.   Porque son mas cuerdas.
Ces.   ¿Luego los dos somos locos?
Mosq.   Concedo la consecuencia;
Mas con una distincion.
Ces.   Cuál?
Mosq.   Tú por naturaleza,
Y yo por concomitancia;
Que es por lo que se me pega
De andar contigo.
Ces.   ¿Aqui pues
Qué hay, que locura sea?
Mosq.   ¡Cuerpo de Cristo conmigo!
Habrá tres meses apenas,
Que salimos de Madrid,
Por haber dejado en ella
Muerto á un noble caballero,
Que era hermano, por mas señas,
De una de aquellas dos damas,
Que á un mismo tiempo festejas,
Y por zelos de la otra;
Que como autor de comedias,
Tienes en tu compañia
Segunda dama y primera.
Pasamos á Portugal,
Y porque en una estafeta
Nos vino un pliego, (que yo
Aun no sé lo que contenga)

Sin mirar inconvenientes,
Dimos á Madrid la vuelta;
Y dices, que ¿qué locura
Hay aqui? ¿No consideras,
Que no hay Alcalde de corte,
Que no esté echando centellas
Por aquella boca, y que
Juran, que hemos de ver puestas,
Tú la cabeza á tus plantas,
Las plantas yo á otras cabezas?
Ces.   Confieso, que dices bien,
En que mi vida se arriesga
Hoy en Madrid; pero donde
Mi vida trae una pena
Misma, habiendo de morir
En Lisboa de una ausencia,
Ó en Madrid de mis desdichas,
Ya que dos muertes me cercan,
Y que me dan á escoger
El modo de morir, deja,
Que muera contento, donde
Lisarda hermosa lo vea.
Mosq.   Yo, aunque el martirologio
Romano aqui me trajeran,
Para que escogiera muerte
Á mi propósito, fuera,
Sin agradarme ninguna,
Vanísima diligencia,
Porque no hay tan bien prendida
Muerte, que bien me parezca.
¿Qué culpa tengo de que
Tú á morir contento vengas,
Para traerme de reata?
Ces.   Pues dime, ¿tú qué rezelas,
Si tú en nada estás culpado,
Ni te hallaste en la pendencia?
Mosq.   Pues si un triunfo matador
Arrastra los que se encuentra,
¿Un amo matador, dime,
No arrastrará (cosa es cierta)
Cualquiera triunfo criado?
Ces.   ¡No vi locura mas necia!
Mosq.   Y esto á una parte, señor;
¿Qué razon hay de que sea
Tan cerrado tu capricho,
Que, ya que me traes, no sepa
Á qué me traes? Dime pues

¿Qué es lo que en Madrid intentas?

Ces. Eso te diré, no tanto,
Mosquito, porque lo sepas,
Como por descansar yo
Con decirlo: que las penas
No tienen otro consuelo,
Sino el rato que se cuentan;
Que, como mugeres son,
Le despican con la lengua.
Lisarda, raro milagro,
Donde la naturaleza
Para modelo compuso
De una hermosura perfecta
La belleza y el ingenio,
Haciendo paces en ella,
Que hasta allí estaban reñidos
El ingenio y la belleza,
Fue (ya lo sabes) del templo
De amor la deidad mas bella,
Á cuyas aras no hay
Vida y alma, que no sea
Mudo sacrificio. Bien
Tantas víctimas lo muestran,
Como yacen á sus ojos
Rendidas, si no sangrientas.
Yo, que entre el mortal consuelo
De sus victorias apenas
La ví, cuando con la mia
Hizo número y no cuenta,
Idolatrando su imágen
Viví, sin que mereciera
Perdon por el sacrificio,
Ni mérito por la ofrenda.
Desvalido amante pues
Deste hermoso hechizo, desta
Hermosa muger, mi vida
Á tanto esplendor atenta,
La clicie fue de sus rayos,
Y el iman de sus estrellas.
Viendo pues, que á todo un sol
Alas fiaba de cera,
Y que al generoso vuelo
Solo monumento era
El mar de mi llanto, donde
Se apagaban sus centellas,
Dispuse olvidarla, como,
(Qué error!) como si estuviera
El olvidarla en la mano
De quien no estuvo el quererla;
Y por hacerme en efecto
Contraveneno á mis penas,
Venciendo amor con amor,
Puse los ojos en Celia;
Celia, que fuera milagro
De hermosura, si no fuera,
Porque Lisarda se alzó
Con todo el imperio della.
Si donde amé fui infelice,
Y los afectos se truecan,
Donde no amé, qué seria?
Saca tú la consecuencia.
O amor! si te llaman Dios,
¿Cómo de Dios desemejas
Tanto, que los fingimientos,
Y no las verdades, premias?
Ó deja, amor, de ser Dios,
Ó de ser ingrato deja;
Porque decir Dios é ingrato,
Ó suena mal, ó no suena.
De Celia en fin admitido,
Estaba siempre con Celia
Como extrangero mi amor,
Dejando á Lisarda bella
Acá en lo mejor del aima,

Donde adorada estuviera,
Cierto lugar reservado.
Escucha de qué manera.
Tiene un Príncipe, un Señor,
Lejos de sí un gran palacio,
Y en el suntuoso espacio
Cerrado el cuarto mejor.
Este se guarda en rigor;
Y aunque igual huésped por él
Pase, el Alcaide fiel
Dice: este cuarto oportuno
Es de mi Rey, y ninguno
Ha de aposentarse en él.
Asi el alma toda, que era
El palacio de mi amor,
Dejó á Lisarda el mejor
Cuarto, aunque no le viviera.
Este guarda de manera
El corazon, que nombró
Su Alcaide, que, aunque hospedó
Dentro á Celia, considero,
Que fue en otro cuarto; pero
En el de Lisarda no.
De aquella pues despreciado,
Y favorecido desta,
Engañado en esta el gusto
Con la memoria de aquella,
Neutral estaba mi vida,
Cuando en esta competencia
Sucedió, que Don Alonso,
Hermano infeliz de aquella
Bellísima ingratitud,
Que no ablandaron mis quejas,
Á Celia sirvió. ¿Habrá dicho
Algun hombre, que es la fuerza
De los zelos tal, que, donde
No hubo amor, haber pudiera
Zelos? Sí; porque los zelos
Son un género de ofensa,
Que se hace á quien se dan,
Y no es menester que sean
Hijos de amor; que tal vez
El pundonor los engendra;
Si bien estos dos linages
Son con una diferencia,
Que el alma en los del amor
Anda, por saber la pena,
Y en los del pundonor anda
El alma, por no saberla.
Dígolo, porque mil veces,
Aunque ví acciones y señas
Solo de parte dél, yo
Cuidé poco de entenderlas,
Hasta que, saliendo un dia
De la hermosa primavera
Celia al parque, Don Alonso
Al parque bajó con Celia.
Yo, que en el sitio esperaba,
Y le ví venir con ella,
Por ella y por él no pude
Disimular mas, sin mengua
De mi valor; y llegando
Á los dos, pronuncié apenas
La primera razon, cuando
Celia dijo: seais, Don César,
Bién venido; que os deseo,
Porque con vuestra presencia
Me dejará Don Alonso,
Ya que á hacerlo no le fuerzan
Tantos desengaños. Él,
Mal pensada la respuesta,
Dijo:...... Mas no sé que dijo;
Que nunca un noble se acuerda
De palabras, que el enojo

Pronuncia desde la lengua
Á las espadas; mas luego
Sacamos los dos las nuestras.
De una estocada cayó
En el suelo. Entonces Celia,
Confundida con la gente,
Que acudia á la pendencia,
Pudo, sin ser conocida,
Dar á su casa la vuelta,
Y yo libre fui á tomar
En la Encarnacion iglesia,
Donde estuve, hasta que fuimos
Á Portugal. Todas estas
Cosas sabes. Desde aqui
Las que no sabes empiezan.
Estando pues en Lisboa,
Recibí por la estafeta
De Celia una carta, en que
Dice...... Mas la carta es esta:
[*lee*] „Si no estuviera satisfecha de que vos lo
„estais de la poca culpa, que tuve en
„vuestra desgracia, fuera mi vida la se-
„gunda, que hubiérades quitado. Mi her-
„mano, como sabeis, está ausente, y no
„podeis tener retraimiento mejor, que mi
„casa; que en ella no os han de buscar.
„Y asi, para tratar mas cerca de vuestros
„negocios, os podeis venir á ella, donde
„estareis secreto, como deseais, si no ser-
„vido, como mereceis. Celia."
[*repr.*] Esta carta me ha obligado
Á que hoy á Madrid me venga;
Pues no hay retraimiento, donde
Seguro un hombre estar pueda,
Mosquito, como una casa
Particular; y desde ella
Podré de noche salir
Á las cosas de mi hacienda
Y de mi composicion;
Pues no negocia en ausencia
El pariente ni el amigo
Lo que el mismo dueño. Fuera
De que, si he de hablar verdad,
Ni esto ni aquello me fuerza
Tanto, como parecerme,
Qué podré adorar las rejas
De Lisarda alguna noche,
Ya que dispuso mi estrella,
Que, dando muerte á su hermano,
Toda la esperanza pierda
De merecer su hermosura;
Pues la que adorada era
Cruel conmigo, ¿qué será
Ofendida? La que fiera
Procedia á los halagos,
¿Qué ha de hacer á las ofensas?
Esto á Madrid me ha traido;
Pues, para adorar en ella
Las paredes de Lisarda,
Estaré en casa de Celia.
Mosq. Siempre fui de parecer,
Que por lo menos tuviera
Dos damas un hombre; porque
De dos la una, como apuesta,
No se puede errar el tiro.
Beatricilla é Ines sean
Testigos tambien; pues siendo
Las dos de Lisarda y Celia
Un algo mas que fregonas,
Y algo menos que doncellas,
Por si se pierde la una,
Que la otra no se pierda,
Las traigo en el corazon
Duplicadas como letras.

Pero dime, ¿qué papel
Me toca en esta comedia
Del caballero escondido?
Ces. Pues no estás culpado, fuera
Te quedarás á avisarme
De todo lo que suceda.
Mosq. ¿Y si, mientras se averigua,
Si lo estoy ó no, me pescan
El coleto?   [*Suena mucho ruido.*

Dentro LISARDA *y* BEATRIZ.
Lis.   Para!
Beat.   ¡Tente,
Borracho! Qué haces?
Ces.   Espera;......
Mosq. Por mi nombre me llamaron.
Ces. Que en una zanja de aquellas
Se ha atascado un coche.
Mosq.   Y todo
Sobre el arroyo se vuelca.
Ces. Mugeres son; fuerza es
Acudir á socorrerlas.   [*Vase.*
Mosq. Diós te haga caballero
Parante, por su clemencia;
Que harto tiempo has sido andante.
Ya la encerrada ballena,
Para escupir sus Jonases,
Por un costado revienta.
Beatricilla es, vive Dios,
La que sacaron primera.
Sin duda está aqui su ama.   [*Escóndese.*

Salen BEATRIZ *en brazos de* GONZALO,
y OTAÑEZ.
Beat. Ay de mí! Yo salgo muerta,
Roto el manto, la basquiña
Manchada, y en la cabeza
Mas de cuatro mil chichones.
Gonz. Voto á Dios!......
Beat.   Gonzalo, buena
Cuenta has dado de nosotras.
Gonz. Aquesta es la vez primera,
Que me ha sucedido.
Otañ.   Cierto;
Que si desta suerte empieza,
Que dentro de un año puede,
Á mi ver, poner escuela
De volcar coches.
Beat.   Parece,
Que toda su vida entera
No ha hecho otra cosa, segun
El primor con que los vuelca.
Otañ. Y señora?
Gonz.   Un caballero
La ha sacado medio muerta.
Otañ. Voy á avisar á mi amo,
Que allá en los jardines queda.   [*Vase.*
Gonz. Yo á la torre de las guardas,
Para que á ayudarme vengan.   [*Vase.*
Mosq. Beatriz!   [*Saliendo.*
Beat.   Mosquito? Qué es esto?
Mosq. Breve será la respuesta.
Vengo de lejas tierras, niña, por verte;
Hállote volcada, quiero volverme.
Beat. Y tu señor?
Mosq.   Vesle alli.
Beat. ¿Pues cómo desta manera?
Mosq. Qué sé yo? Mas lo que importa
Es, Beatriz, atar la lengua.
Beat. Haz cuenta, que deslenguada
Estoy.
Mosq.   Pues no es buena cuenta;
Que las deslenguadas hablan
Mas, que las lenguadas mesmas.

Saca á LISARDA DON CÉSAR.

Ces. Bien de océano español
Blasonar podrá esta esfera,
Pues acaba su carrera
Despeñado en ella el sol.
Cobre en su bello arrebol
El nácar; no triunfe asi
Hoy de tan bello rubi.
Ay Lisarda! ¿Quién pensara,
Que yo en mis brazos llegara
Á verte? Mas ay de mí!
Que, como estás sin sentido,
Estoy con ventura yo;
Pues tú con sentido no
Me lo hubieras consentido.
Desdichada dicha ha sido
La que tanto bien me ha dado;
Pues ya me cuesta el cuidado
De verte asi, que es forzoso
Que esté, aun cuando mas dichoso,
Desdichado el desdichado.
Hermosísimo desvelo,
Á cuyo desmayo pierde
El suelo su pompa verde,
Y su pompa azul el cielo,
Desentumeced el hielo
Al fuego de vuestro ardor.
Ved, que lloran el rigor
De tanto mortal desmayo,
Todo el cielo rayo á rayo,
Todo el suelo flor á flor.
Aquestas campañas bellas
Sin luz estan, ni arrebol.
Anocheced, si sois sol;
Pero dejadnos estrellas.

Lis. Ay de mí infeliz!   [*Vuelve en sí.*
Ces.   Ya en ellas
Hay nueva luz. Pues volvió
En sí, mi dicha acabó;
Mi desdicha digo esquiva;
Que, á precio de que ella viva,
No importa que muera yo.

Lis. ¿Que es lo que pasa por mí?
Ces. Cielos, pues se ha de ofender
De verme, no me ha de ver. [*Cúbrese el rostro.*
Lis. Qué es esto? Quién está aqui?
Ces. Quien, viendo, señora, allí,
Que su vereda el sol ciego
Errada llevaba, luego
Llegó á enmendar el acaso;
Porque no era digno ocaso
Tan clara agua á tanto fuego.

Lis. ¿Pues cómo, habiendo vos sido
Quien mi vida ha restaurado,
La voz habeis recatado,
El rostro habeis escondido?
Lo que decirs no he creido,
Ó son medios poco sabios;
Que esconder semblante y labios,
Ni han sido ni son oficios
De quien hace beneficios,
Sino de quien hace agravios.

Ces. Quien sirve por merecer,
No merece por servir;
Pues ya se da á presumir,
Que se lo han de agradecer.

Lis. Tan hidalgo proceder,
Ya es otro mérito, en quien
Hace suspension del bien.
Decid quien sois.

Ces.   No haré tal.
Lis. ¿Y he de proceder yo mal,
Porque vos procedais bien?
No; y asi he de ver ahora

Quien sois.

Ces.   Pues no lo veais,
Si agradecer deseais
Este secreto, señora.
Lis. Duda el alma, el pecho ignora
Por qué.

Ces.   Porque, si me veis,
De verme os ofendereis.
Y asi el decirlo dilato,
Por no perder este rato,
Que en duda lo agradeceis.
Lis. ¿Ofenderme yo de veros?
Ces. Como holgarme yo de hablaros.
Lis. ¿Pesarme á mí de miraros?
Ces. Sí, como á mí de perderos.
Lis. ¿Yo sentir el conoceros?
Ces. Como yo el riesgo, en que estoy.
Lis. Pues yo tengo de ver hoy,
Por qué el pesar ha de ser,
El sentir y el ofender.
Ces. Porque yo, señora, soy......   [*Descúbrese.*
Lis. Bien dijisteis, sí, que habia
De ofenderme al veros; bien,
Que el conoceros tambien
Pesar para mí seria;
Bien, que la ventura mia
Habia de sentir hablaros;
Pues ya, solo por sacaros
Verdadero, siento veros,
Me pesa de conoceros,
Y me ofendo de miraros.
¿Cómo, cómo habeis tenido
Atrevimiento de estar
En tan público lugar?
Ces. ¿Cuándo no fui yo atrevido?
Lis. ¿Cómo hasta aqui habeis venido?
Ces. Como igualando á los dos,
Si, por darle muerte (ay Dios!)
Á vuestro hermano, me fui,
Bien volví, pues que volví
Por daros la vida á vos.
Lis. Tanto á sentir he llegado
Verla de vos defendida,
Que he de aborrecer mi vida,
Por habérmela vos dado.
Ces. Lisonja de mi cuidado
Será ver tratar asi
Vuestra vida desde aqui,
Pues consuelo me parece;
Que, quien su vida aborrece,
¿Por qué ha de quererme á mí?
Beat. Mi señor, que se quedó
En esos jardines, viene
Hácia acá.

Ces.   Qué haré?
Lis.   Conviene   [*aparte.*
Proceder yo como yo. —
Don César, no penseis, no,
Que en mí mas poder alcanza
De mi enojo la esperanza,
Que la de mi rendimiento.
Obre el agradecimiento
Primero que la venganza.
Yo le tendré; idos de aqui.
Ces. Sí haré, pues vos lo mandais.
Lis. Y si una vida me dais,
Ya mi obligacion cumplí;
Pero advertid desde aqui,
Que no estais libre en lugar
Ninguno.

Ces.   Considerar
Debeis, que aqueso es decir,......
Lis. Qué?
Ces.   Que os busque.

Lis.   ¿ El despedir
Cómo puede ser llamar?

Ces. Piérdese una noche obscura
En un monte un caminante;
Y cuando con planta errante
Hallar la senda procura,
Mas se ofusca en la espesura.
El can, que despierto está,
Siente el ruido, y á hacer va
Que huya dél con pies veloces,
Llamándole con las voces,
Que, para que huya, le da.
Yo así confuso y perdido
Camino ni senda sé;
Bien, que no veo, se vé,
Pues á tus pies he venido.
Tú despierta siempre al ruido
Del desden velando estás;
Voces, porque huya, me das;
Mas como perdido estoy,
Donde oyendo la voz voy,
Me voy acercando mas.   [*Vase.*

    Salen DON DIEGO *y* GONZALO.

Lis. El coche!
Dieg.   Vos, majadero,
Mirad lo que haceis.
Gonz.   No quiero,
Que presumas......
Dieg.   No seais pues
Desvergonzado.
Beat.   Eso es
Decir, que no sea cochero.
Dieg. Lisarda, qué ha sido aquesto?
Lis. Que ese coche se cayó.
Dieg. Hízote mucho mal?
Lis.   No.
Dieg. Volvamos á casa presto.   [*Vanse.*

    Salen DON FELIX, CELIA *é* INES.

Cel. Extraña es tu condicion.
Fel. ¿Por qué no ha de ser extraña,
Si tú, para que lo sea,
Celia, me has dado la causa?
Cel. ¿Yo la causa, para que
De la guerra, donde estabas,
Te hayas venido á Madrid,
Á solo hacer en la casa,
Donde me mata tu ausencia,
Y donde viviendo me hallas,
Prevenciones de cerrar
Las puertas y las ventanas,
De modo, que en los tejados
Aun no has dejado una guarda
Sin reja? ¿Pues á qué efecto,
Siendo yo, Felix, tu hermana,
Sin mirar, que en mi respeto
Tu mismo respeto agravias,
Tan neciamente me zelas,
Tan locamente me guardas?
Fel. Celia, no puedo negar,
Que es necedad asentada
La desconfianza. Es cierto;
Pero no habiendo ventanas,
Es menor; pues en efecto,
Si no asegura, descansa.
Cel. Buena disculpa has hallado
De haber dado desde Italia
Vuelta á Madrid, tan á costa
De tu opinion y tu fama.
Partístete de la corte,
Lleno de plumas y galas;
No te debió de sonar

Bien el ruido de las cajas,
Ni oler la pólvora bien,
Echando menos el ámbar,
Y vienes haciendo extremos,
Por dar disculpa á tu......
Fel.   Basta,
Celia. — Salte tú allá fuera,
Ines.
Ines. Desta vez descansa [*aparte.*
Su corazon.   [*Vase.*
Fel.   Pues baldonas
Mi honor con soberbia tanta,
Diré lo que he pretendido
Disimular, aunque es baja
Accion, que zelos de honor
Se pidan tan cara á cara.
En Italia estaba, Celia,
Cuando la loca arrogancia
Del Frances sobre Valencia
Del Po...... ¡Pero qué ignorancia,
Ponerme contigo á hablar
Yo de guerras y de armas!
En Italia estaba, digo,
Cuando recibí una carta
De alguno, que, interesado
En el honor desta casa,
Me escribió, Celia, que un dia
De los que el Abril traslada
Al parque toda la corte,
Tú saliste disfrazada,
Y Don Alonso tras tí;
Y que, habiendo (suerte ingrata!)
Llegado al parque con él,
Sacó otro galan la espada,
Y le dió la muerte, siendo
Dicha entonces (pena extraña!)
No ser conocida; pues
Á serlo allí, cosa es clara,
Que tu honor en opiniones
Con la justicia quedara.
Estas cosas y otras, Celia,
Causa han sido de que haya
Vuelto; porque ¿qué me importa,
Que yo gane honor y fama,
Si tú en mi ausencia los pierdes?
¿Qué me importa, que yo haga
Acciones, que generosas
Soliciten mi alabanza,
Si me las desluces tú
Con acciones tan livianas?
No decir pensé mis penas;
Callar presumí mis ansias;
Pero ya que tú me obligas
Á que de los labios salgan,
Advierte, Celia, que solo
Una diligencia falta,
Y es enmendar con las obras
Lo que erraron las palabras.
Cel. ¿Pensarás, que convencida
Me dejan tus amenazas?
Pues no, Felix; porque donde
La proposicion es falsa,
No se sigue el argumento.
¿Yo he salido al parque al alba?
¿Yo seguida de ninguno?
¿Yo ocasion de cuchilladas?
Quien dices que lo escribió,
Te mintió; y yo......

    Sale INES.
         Aqui te llama
Ines. Don Juan de Silva, tu amigo.
Fel. Celia, no entienda Ines nada [*aparte á ella.*
Desto; que no es menester,

Que lo que entre los dos pasa
Lo sepan de ningun modo
Ni criados ni criadas;
Y retírate á tu cuarto,
Porque entre en aquesta sala
Don Juan.   [*Vase.*

Cel.   Ay de mí!
Ines.   Señora,
¿Que una plática tan larga
Hayais tenido?
Cel.   Don Felix
Ha sabido cuanto pasa.
Ines.   Y lo del tabique?
Cel.   No;
Eso solo se le escapa.
Por si hablan los dos en mí,
Escuchemos lo que hablan. [*Escóndense las dos.*

Salen D O N   J U A N *alborotado,* y D O N   F E L I X.

Juan.   Seas, Don Felix, bien hallado.
Fel.   Y vos, Don Juan, bien venido.
Juan.   ¡Gran dicha hallaros ha sido!
Fel.   ¿De qué venis tan turbado?
Juan.   Ya sabeis, que de Lisarda
Amante y primo adoré
La hermosura, mientras que
La dispensacion, que hoy tarda,
Viene á hacerme tan dichoso,
Que, premiando mi constante
Amor, de primo y amante,
Me llega á llamar. esposo.
Ya sabeis, como mató
Á su hermano y primo mio
Don César en desafío,
Por una muger, que yo
Nunca conocí. Pues hoy
Por vencer esta tristeza,
Salió al campo su belleza.
Yo, que de sus luces soy
Flor, que la vive adorando,
Á la casa la seguia
Del campo, donde ella habia
Con su padre ido; mas, cuando
Iba la puente á bajar,
El coche encontré en la puente,
Porque no sé, qué accidente
Tan presto la hizo tornar.
Llegando al sol, que conquisto
Á sacrificar mi vida,
De mi primo al homicida
Me pareció que habia visto
Entrar de camino. Yo
Le quise reconocer;
Mas, siendo al anochecer,
No fue posible; y por no
Errarlo, si no era él,
Todo el lugar le seguimos
Ese criado y yo, y vimos
Apear, (pena cruel!)
Adonde á ver, si es ó no es,
Quiero que vamos los dos,
Y que entreis delante vos,
Porque no se esconda, pues
De vos no se ha de guardar.
Esto habeis de hacer por mí,
Ya que de vos me valí,
Pues es forzoso amparar
Un amigo á un caballero,
Cuando no lo fuera yo,
Á cualquiera que......
Fel.   No, no
Digais mas; — (Si considero, [*aparte.*
Aunque hoy no es mucho el error,
Que si esta la muerte fue

Por Celia, asi vengaré
Con otra causa mi honor)
Que ya sé, que es recibida
Necedad, que, sin dudar,
Ni saber, ni preguntar,
Ofrezca un hombre su vida
Á quien le llama; y asi,
Ahorrad pláticas conmigo,
Y guiad; que ya yo os sigo.
Juan.   Menos de vos no creí.
Vamos; vereis, vive el cielo,
Si el venir mi honor castiga.
Fel.   ¡O á qué de cosas obliga
Esta necia ley del duelo!   [*Vanse.*

Salen C E L I A é I N E S.

Cel.   ¡Ay Ines, esto he escuchado!
Ines.   ¿De qué me hubiera servido
Servir, si no hubiera sido
De saber cuanto han hablado?
Cel.   Á César van á buscar
(Pena injusta! dura suerte!)
Para darle los dos muerte.
¿Quién pudiera imaginar,
Que yo á Don César llamara
Á que en mi casa viviera,
Que antes mi hermano viniera,
Que él, y él mismo le buscara
Para matarle, y asi
Satisficiera mi hermano
Sus zelos, pues es tan llano,
Que fue la muerte por mí?
Ines.   No des por hecho, señora,
Lo que, para haber de ser,
Aun faltan por suceder
Mas de mil cosas ahora;
El ser verdad su venida,
Que los dos le hayan de hallar
Luego, y luego le han de dar
Por la tetilla la herida.
Cel.   Bien mi temor desconfia,
Porque es tirana mi estrella.
                 [*Hacen ruido dentro.*
Ines.   Aguárdate. ¿No es aquella
La seña, que antes solia
Don César hacer?
Cel.   Sí.
Ines.   ¡Dios
Mejora los dias!
Cel.   Pues
Métele tú en casa, Ines,
Mientras le buscan los dos.
                 [*Vase Ines.*
Que hoy verá César, es llano,
Como mi ingenio le guarda
De su padre, de Lisarda,
De su primo y de mi hermano.

Salen I N E S, D O N   C É S A R y M O S Q U I T O.

Ces.   Hasta llegar á tus brazos,
Hermosa Celia, no sé,
Si tuve vida; y asi,
Pues que mis ojos te ven,
Dame, señora, á besar
Todo el chapin de tus pies.
Mosq.   Y á mí todo el ponleví
De tus zapatos, Ines:
Cel.   Seas, Don César, bien venido
Á aquesta casa; que, aunque
No pueda servirte en ella
Hoy, como yo imaginé,
Por causa de haber venido
Mi hermano,......
Ces.   La voz deten!

Qué dices? ¿Tu hermano está
Hoy en Madrid?

Cel.   El dia que
Escribí, que tú vinieras,
Supe, como venia él;
Que no te enviara á llamar,
Á no saberlo despues.

Ces.   No estaba en la guerra?

Cel.   Sí;
Y lo que le hizo volver
Tan presto, fue, haberle escrito
El suceso tuyo.

Ces.   Pues
Segun eso es en mayor riesgo
En tu casa estoy.

Cel.   Por qué?

Ces.   Porque no es posible estar
Un punto en ella.

Cel.   Sí es;
Que pueden, Don César, mucho
Amor, ingenio y muger.
Yo en casa, Don César, tengo
Prevenido donde estés,
Si no bien acomodado,
Seguro á lo menos bien.

Ces.   De qué suerte?

Cel.   Desta suerte:
Aquesta casa que ves
Tiene dos cuartos, el bajo
Y el alto, que es este, en que
Yo vivo; porque en esotro
Vive un extrangero, á quien
Vienen despachos de Roma.
Esto convino saber,
Por si acaso el dueño hallaba
Para toda ella alquiler.
Por de dentro della tiene
Secreta escalera, que
Comunica los dos cuartos,
Aunque condenada esté,
Por ser los huéspedes dos.
Aqueste tabique pues
Por la parte está de abajo;
De suerte, Don César, que
Yo por la parte de arriba
Con mil trastos le ocupé
El dia que por mi carta
Á mi casa te llamé,
Y de que venia mi hermano
Aviso tuve tambien.
Me hallé confusa, sitiada
De los dos, por no saber,
Qué hacer con los dos; y asi
Escucha lo que pensé.
Cerrar hice la escalera
Por acá arriba muy bien,
Tabicando sobre tabla
Una puerta; no me fue
Dificil tomar el yeso
Sobre tomiza ó cordel;
De suerte, que no quedó
Ni aun señal en la pared;
Mayormente, que la cuadra,
Donde cae, sirve tambien
De tocador mio, y la tengo
Colgada toda, con que
Está mas disimulada.
Aqui estarás, César, bien,
Todo el tiempo, que mi hermano
Dentro de casa no esté;
Y en estando en casa, dentro
Desta escalera.

Mosq.   ¡Pardiez,
Que habrá lindo San Alejo!

Ces.   Qué dices?

Cel.   Qué hay que temer?

Ces.   Mil inconvenientes, Celia.

Cel.   Di, cuáles son?

Ces.   Vamos pues,
Salvando dificultades.
¿Es posible no saber
Tu hermano, que esa escalera
Estaba aqui?

Cel.   Sí; porque,
En ausencia suya yo
Aqueste cuarto alquilé;
Y asi no sabe Don Felix
Todos los secretos dél.

Ces.   ¿Cómo, si vino zeloso
Tu hermano, te dejó hacer
Esa pared?

Cel.   Un criado,
Viendo su cuidado, fiel
Me avisó; y asi ya estaba
Hecha, cuando llegó él.

Ces.   Yo estimo, Celia, en el alma
El cuidado y la merced;
Mas ya que vino tu hermano
Á este tiempo, ¿para qué
Hemos de estar con cuidado
Tan grande? Y asi me iré
Contento de haberte visto.
Quédate con Dios.

Cel.   Deten
Los pasos, César; que no
De aqui has de salir, ni es bien;
Que está á gran riesgo tu vida.

Ces.   De qué suerte?

Cel.   Has de saber,
Que en la posada que estás
Te van á matar.

Ces.   Pues quién,
Quisiera saber.

Cel.   Don Felix;
Que aqui se lo dijo á él
Don Juan. Pero qué, llamaron?
                [*Llaman dentro.*

Ines.   Sí; y mi señor mismo es.

Cel.   Pues ya no puedes salir,
Por fuerza te has de esconder.

Ines.   El tabique sirva ahora,
Ya que no sirva despues.

Ces.   Por tu opinion solamente
Me escondo ahora; mas despues
Que se haya acostado, Celia,
He de salir.

Cel.   Presto ve, [*á Ines.*
Mientras allá abren la puerta,
Y en esa escalera, Ines,
Encierra á los dos.

Mosq.   ¿Á mí
Han de encerrarme tambien?

Ines.   Claro está; y no abras, en tanto
Que recogida no esté
La casa, y en lo mas bajo
Estad sin ruido.

Ces.   ¡Ha poder
De la fortuna, mi vida
Acabe ya de una vez!
                [*Vanse los dos con Ines.*

Salen DON JUAN *y* DON FELIX.

Fel.   Ya estoy en mi casa. Idos,
Don Juan.

Juan.   Pues della os saqué,
Y os conocieron á vos,
Y á mí no, hasta que quedeis
Seguro, no he de dejaros.

Cel. Pues viene Don Juan con él,   [aparte.
Sin duda á buscar á César
Vienen los dos.
Fel.   Sí ha de ser. —
Hola !

Sale un Criado.

Criad.   Señor ?
Fel.   Esta hacienda
Toda en salvo la poned
Abajo en el cuarto dese
Caballero milanes,
En tanto que hablo á mi hermana.
Juan. Yo el primero á todo iré.
                [*Vanse D. Juan y el Criado.*
Cel. La casa van despojando ;   [aparte.
Buscarle sin duda es.
Fel. Hermana !
Cel.   Felix, qué traes ?
Fel. Traigo una pena cruel.
Cel. Los dos han sabido allá,   [aparte.
Que aqui Don César esté.
Fel. Llamóme Don Juan de Silva,
Para que fuera con él
A buscar á su enemigo ;
(Dijera al mio mas bien).   [aparte.
Al fin llegué á la posada,
Y al huésped le pregunté,
Donde un forastero estaba,
Que hoy despues de anochecer
Llegó á su casa. Que no
Habia hecho mas, que haber
Dejádole alli dos mulas,
Dijo, é idose despues.
Esperándole estuvimos
Mas de dos horas ó tres,
Hasta que un hombre llegó
De color, y al parecer
De Don Juan, que yo jamas
Le ví, dijo, que era él.
Embestímosle los dos,
Desembarazóse bien,
Y al ruido de las espadas
Llegó justicia á querer
Conocernos, y Don Juan
Dió con el uno á sus pies.
Resistímonos en fin,
Hasta que no faltó quien
Entre las voces decia :
Don Felix de Acuña es.
Habiéndome conocido,
Apelamos á los pies.
A riesgo traigo la vida,
Por ser una muerte, y ser
En resistencia ; y asi,
Pues ausentarme ha de ser
Fuerza, no has de quedar, Celia,
Donde me escriban despues
Alguna cosa de tí,
Que no le esté á mi honor bien.
Y asi conmigo al instante
En casa de mi tio ven,
Donde quedarás guardada
De su cuidado ; porque
No he de ausentarme yo, en tanto
Que tú segura no estés.
Cel. Don Felix,......
Fel.   No hay que decirme.
Cel. Advierte......
Fel.   Aquesto ha de ser.
No hay, Celia, que replicar.

Sale I n e s.

Ines. En un instante se vé   [aparte.

Mudada toda la casa.
¿ Qué es lo que intentan hacer ?

Salen algunos Criados.

Criad. 1. Baja tú aquese escritorio.
Criad. 2. Tira deste brocatel ;
Que hasta las camas estan
Ya desarmadas tambien
Abajo, y no quede aqui
Solo un clavo en la pared.
[*Quitan las colgaduras, y queda debajo una pared
blanca, con dos puertas á los lados, y en medio
una blanqueada disimulada.*
Fel. Celia, vamos ; que esto es fuerza. —
Vente con tu ama, Ines.
Cel. ¿ Á quién, cielos, en el mundo   [aparte.
Esto pudo suceder ?
Ines. Mas que á los de la escalera   [aparte.
Los han de mudar tambien.
                [*Vanse los tres.*

Sale D o n   J u a n.

Juan. No se quede aqui ninguno ;
Salid, y cerrad despues.   [*Vanse todos.*

Abren la puerta de en medio D O N   C é s a r
y M o s q u i t o.

Ces. Mas de media noche es ya.
Mosq. ¡ Si se habrá olvidado Ines
De que nos tiene escondidos !
Ces. Pues ya tan quieta se vé
La casa, abre aquesa puerta ;
Despega un poco el cancel ;
Que, teniendo colgadura
Encima de la pared,
No nos podrán ver ; sabremos,
Qué ruido el que han hecho es.
Mosq. ¿ Dónde está la colgadura ?
Ces. Llama á Ines.
Mosq.   Ines, ce, ce !
Ces. Quedo ! no te vean ni oigan.
Mosq. ¿ Quién nos ha de oir ni ver,
Si estamos en el desierto ?
Por Dios, que á mi parecer
Alemanes han entrado
En esta casa.
Ces.   ¿ Por qué
Lo dices ?
Mosq.   Porque ha quedado
Desbalijada.
Ces.   ¿ Que estés
Tan loco, que digas eso ?
Mosq. Mas lo estás tú, en buena fe,
Si dices esotro. Sal,
Y verás, que no hay que ver ;
Pues, para que tú lo veas,
Sin duda, si es ó no es,
Solo han dejado una luz
Por descuido ó por merced,
Ni una silla, ni un bufete,
Ni un cuadro, ni un escabel,
Ni un baul, ni un escritorio,
Ni una cama, ni un cordel,
Ni un espejo, ni una cortina,
Ni una Celia, ni una Ines
Nos han dejado.
Ces.   Qué es esto ?
Que, aunque yo el ruido escuché,
Los golpes, sin las palabras,
No se daban á entender.
Gran novedad habrá sido
La que á esto ha obligado.
Mosq.   Aun bien,
Que viviremos mas anchos.

Pero pudieran haber
Ines y Celia dejado
✓ Siquiera un pan que comer.
Ces. ¡Que estés ahora de gracia!
Mosq. Esto de desgracia es.
Ces. Y asi, viendo lo que ha sido,
Y lo que aqui importa hacer,
Es irnos; porque, si Felix
Ha llegado ya á entender,
Que por causa de su hermana
Á Don Alonso maté,
Y que hoy estoy en Madrid,
¿Quién duda, que aquesto es
Por vengarse?
Mosq. ¿Pues por dónde
Hemos de salir? ¿No ves
Cerradas todas las puertas?
Ces. Por las ventanas.
Mosq. Tambien
Son todas rejas.
Ces. Por una
Guarda del tejado. Ven
Conmigo.
Mosq. Yo ruego á Dios,
Que una gatada no dé.
Ces. Cielos! ¿semejante caso
✓ Á quién pudo suceder?

JORNADA II.

Salen por una de las dos puertas Don César
y Mosquito.

Mosq. Esta es la casa sin duda,
Que aquel famoso Estremeño
Carrizales fabricó
Á medida de sus zelos;
Pues no hay puerta ni ventana,
Guarda, patio ni agujero
Por donde salga un Mosquito.
Dígalo yo.
Ces. Si el ingenio
Quisiera inventar un caso
Extraño, ¿pudiera hacerlo
Con mayores requisitos
Fingidos, que verdaderos
Estan presentes? ¿Habrá
Quien crea, que es verdad esto?
Venir llamado de Celia;
Tener aviso á este tiempo
De que su hermano venia;
Hacer con tanto secreto
Este tabique; llegar
Felix á Madrid primero
Que yo; esconderme por fuerza;
Y en estando una vez dentro,
Mudarse toda la casa;
Dejarme aqui; y en efecto
No haber por donde salir:
Cosas son, viven los cielos,
Que han menester mas paciencia,
Que la mia.
Mosq. Pues no es eso
Lo peor.
Ces. ¿Pues qué será,
Si esto no es?
Mosq. Que no tenemos
Que comér; porque el gigote,
Que se olvidó en un puchero
Á la lumbre, el medio pan
De la alacena, ya dieron

Fin. Y asi es fuerza rendirnos
Por hambre; porque no hay dentro
Del sitio para dos horas
Municion ni bastimento.
Ces. ¡Que tuviese yo una llave
Maestra de casa, al tiempo
Que, ausente su hermano, entraba
Á hablar á Celia, y que luego
Se la volviese el dia, que
De aqui me ausenté! ¿Mas esto
Quién lo pudo prevenir
Con humano entendimiento?
Mosq. Ya mal distinta la luz
En los distintos reflejos
Se va declarando. ¿En fin,
Qué piensas hacer?
Ces. Un medio
Solamente se me ofrece.
Mosq. Y es, señor?
Ces. Escucha atento.
En este cuarto de abajo
Á Celia oí, que un extrangero,
Hombre de negocios, vive.
Á este declararme pienso;
Que menos importará,
Que sepa uno mas aquesto,
Que dejarme matar; pues
No dudo, que es el intento
Este de haberse mudado
Don Felix.
Mosq. ¿Y cómo haremos
Para llamarle?
Ces. Dar golpes
Por la escalera.
Mosq. Yo apuesto,
Que piensan, que andan ladrones
Al primer golpe que demos,
Y que nos matan á palos
Antes de oirnos.
Ces. No creo,
Que hay otra cosa que hacer.
Voy á llamar. Mas qué es esto?
[*Al ir á llamar él, llaman de adentro.*]
Mosq. El extrangero de abajo,
Que llama antes que llamemos
Nosotros. ¿Mas cuanto va,
Que se mudaron á un tiempo,
Y estando él tambien cerrado,
Ha pensado allá lo mesmo?
[*Llaman otra vez.*]
Ces. Esto es llamar á la puerta.
Mosq. Quién es?
Ces. Tente! Qué haces, necio?
Mosq. Responder á quien nos llama,
Que la llave no tenemos;
Que vaya por ella.
Ces. Espera;
Que responder no es acierto.
Mosq. Déjame solo llegar
Á ver por el agujero
De la llave quién es.
Ces. Mira.
Mosq. ¡Buena hacienda habemos hecho! —
Ay, señores!
Ces. Qué hay, Mosquito?
Mosq. La justicia por lo menos
Es quien llama.
Ces. La justicia?
Mosq. Sí, señor.
Ces. Por Dios que es cierto!
¿Quién presumiera, que asi
Se vengara un caballero?
Mosq. Celia, señor, te ha vendido.
[*Golpe con martillo.*]

Ces. ¡Vive Dios, que aun no lo creo
De Celia!

Mosq.   Yo sí; ya escampa.

Ces. ¿No es descerrajar aquello?

Mosq. Sí. Ya conozco los golpes;
Que estos son los golpes mesmos,
Que, al empezar las comedias,
Se dan en los aposentos.

Ces. Qué hemos de hacer?

Mosq.   Confesarnos
Es el mas útil remedio.

Ces. Por si acaso es otra cosa,
Lo mejor es escondernos;
Y no sea lo de anoche,
Oir el ruido y no el suceso.

         [*Entranse en la escalera.*

Abren la puerta, y salen OCTAVIO, *Alguaciles, un Escribano y gente.*

Octav. ¿Para qué es romper la puerta?
Que, pues yo las llaves tengo,
Yo abriré. Y ya que lo está,
Diganme, sobre qué es esto,
Vuesas mercedes: que yo,
A los golpes que he oido, vengo
Desde ese cuarto, en que vivo.

Alg. Buscamos un caballero,
Don Felix de Acuña es
Su nombre, por haber muerto
Anoche un hombre en mi calle.

Octav. Aqui importa el fingimiento. —   [*aparte.*
Don Felix de Acuña?

Alg.   Sí.

Octav. Pues ya ha mas de mes y medio,
Que no vive en esta casa,
Y que yo las llaves tengo
Del cuarto, para alquilarle,
Con poderes de su dueño.
Bien lo muestra el verle asi.

Alg. Tarde venimos.

Escr.   Qué haremos?

Alg.   Poner esta diligencia
Por escrito.

        Sale OTAÑEZ.

Otañ.   Aqui Don Diego,
Mi señor, viene á saber,
Qué hay de aquel despacho.

Octav.   Necio,
¿Que estoy ahora, no veis,
Con estos señores? Luego
Bajaré; que en mi escritorio
Me espere.

        [*Vase Otañez.*

Alg.   Aqui no tenemos
Que hacer. Vuesasted se quede
Con Dios.

Escr.   Si hubiéramos hecho
Anoche la diligencia,
Quizás no se hubiera puesto
En salvo.

Alg.   Nadie nos dijo,
Aunque se anduvo inquiriendo
Anoche, adonde vivia.

        [*Vanse los Alguaciles y el Escribano.*

     Salen DON DIEGO *y* OTAÑEZ.

Dieg. Señor Octavio, viniendo
Tan de mañana á saber,
Si habia venido en el pliego,
Que anoche llegó de Italia,
La dispensacion, que espero,
Para casar á mi hija
Con su primo, que deseo

Salir ya deste cuidado;
Y esperando, por saberlo,
Allá abajo, ví bajar
Justicia; y asi.me atrevo
A subir acá, por ver,
Si en algo serviros puedo.

Octav. En cuanto. á vuestros despachos
Muy bien las albricias puedo
Pediros; que ya han venido.

Dieg. Mil años os guarde el cielo.

Octav. En esto de la justicia,
Es, que un noble caballero
Aseguró su persona
Y su hacienda; que él, atento
A su honor, dejar no quiso
Sola á su hermana; y diciendo
Estaba, que no vivian
Ya aqui.

Dieg.   ¡Ay de mí, lo que siento
El traer á la memoria,
A vista deste suceso,
Mis penas! Siempre son muchas,
Cada instante que me acuerdo
De la muerte de mi hijo,
Y que el que le mató huyendo
Tambien se libró de mí;
Que yo le hiciera......

Octav.   ¿En efecto
Nunca dél habeis sabido?

Dieg. Hásele tragado el centro
De la tierra. Mas dejadme,
Y no hablemos mas en esto.

Octav. Yo hablo, porque hablábais vos.
Vamos. ¿Mas qué tan atento
Mirais en aqueste cuarto?

Dieg. En que he venido á hacer, pienso,
De un camino, como dicen,
Dos mandados; porque, habiendo
La dispensacion venido,
He de traer desde luego
A mi sobrino á mi casa;
Y la que yo ahora tengo
No es capaz; demas que ha un mes,
Que ando buscándola, y creo,
Que este cuarto, por el barrio
Y vecindad, será bueno.

Octav. Yo me holgaré, que os agrade,
Por lo mucho que intereso.

Dieg. ¿Qué mas vivienda, que aquesta,
Tiene?

Octav.   No sé; que os prometo
Que, aunque dias ha que vivo
En él, es hoy el primero,
Que en él he entrado.

        [*Entran por una puerta, y salen por otra.*

Dieg.   En verdad
Que me agrada, sí por cierto;
Mayormente por tener
Estos cuartos diversos,
Pues en este, hasta casarse,
Estará Don Juan, y luego
Yo estaré, dejando esotro,
Que es el mayor, para ellos.
Qué gana este cuarto?

Octav.   Gana
Dos mil reales.

Otañ.   Es gran precio;
Que estan baratas las casas.

Dieg. Decidme quien es el dueño,
Porque lo vaya con él
A concertar.

Octav.   Para eso
Haced cuenta, que yo soy;
Pues de un amigo es, que á un pleito

Está á Granada, y poder
Para sus negocios tengo;
Y asi conmigo no mas
Se ha de tratar.

Dieg.   Segun eso
Ya queda el cuarto por mio,
Porque yo con vos no tengo
De recatear; y asi haced,
Porque vengan al momento
Á colgarle, que las llaves
Se den.

Octav.   Si ha de ser tan presto,
Mejor es, que os las lleveis,
Porque hoy una holgura tengo
En el campo, y en mi casa
No queda nadie. Bajemos
Donde la dispensacion
Os dé, y las llaves.

Dieg.   Contento
Voy del cuarto.

Octav.   No creereis,
Cuanto en que lo esteis me huelgo.

Dieg. Tendreis un criado en mí,
Y en Lisarda un ángel bello
Por vuestra, que es muy hermosa.
                        [*Vanse cerrando.*

Salen DON CÉSAR *y* MOSQUITO.

Ces.   Haslo entendido?

Mosq.   Algo dello.

Ces.   ¿Habrá mas y mas acasos?
¿Habrá mas y mas sucesos,
Que eslabonen mis desdichas,
Que logren mis sentimientos?
Un hombre mató Don Felix;
El mudarse nació desto;
Y buscando los despachos
Para hacer el casamiento
De Lisarda y de su primo,
Su padre (muero de zelos!)
Á Octavio subió á buscar
Á este cuarto; y al momento
Se contentó dél, y dél
Llevó las llaves él mesmo;
Y por remate de todo,
Porque aun solo este remedio
De llamar abajo falte,
Todos se van fuera. Cielos!
¿Hasta dónde echada está
La línea á mi sufrimiento?

Mosq. Alquilar un hombre un cuarto
Con ropa y servicio vemos
En la corte cada dia;
Pero el alquiler mas nuevo
Es, alquilar uno un cuarto
Con amo y criado dentro.
Mas bien, que en estos acasos
De pesar hay de consuelo
Otros.

Ces.   Cuáles son?

Mosq.   No haber
Octavio visto antes desto
Esta escalera, y estar
Desta casa ausente el dueño;
Pues si él viniera á alquilarla,
Su escalerla echara ménos,
Y fuera fuerza el hallarnos
Escalerados Don Diego.

Ces.   En fin, para haber de ser
Un tan extraño suceso,
No hay inconveniente alguno,
Segun todo se ha dispuesto;
Pero no se ha de rendir
Hoy el valor de mi pecho

Á fáciles imposibles.
                [*Saca la daga para abrir la puerta.*

Mosq. Qué haces?

Ces.   Declavar pretendo
Con esta daga la puerta,
Y salir de aqui primero,
Que mi enemigo me cierre
Hoy el paso, aunque sea al riesgo
De que en la primera calle
Me prendan; que ya no quiero
Vida, casada Lisarda
Con Don Juan; ni quiero (ay cielos!)
Esperar á ser testigo
Ya del daño, que me ha muerto.

Mosq. Dices bien, señor. Salgamos
De aqui, aunque descerrajemos
La puerta.

Ces.   No he de esperar
Mas desdichas. Mas qué veo?
Por la parte de allá fuera
Abren.

Mosq.   Pues al retraimiento.

Ces.   Por si es Don Diego, es forzoso.

Mosq. Mucho nos quiere Don Diego,
Pues que nos guarda con llave.

Ces.   ¡Que viniese á tan mal tiempo!

Mosq. Segun todo se hace apriesa,
Que sea el adrede, pienso.
                        [*Escóndense los dos.*

Salen BEATRIZ *y* OTAÑEZ.

Beat. Aquesta es la casa?

Otañ.   Sí.

Beat. Santíguome, y entro á vella
Con el pie derecho en ella.
Malo es abrirse hácia aqui
La puerta, y los escalones
Toman la vuelta al reves,
Bien ó mal; una, dos, tres;
Y las vigas no son nones.
Otañez, vuelva á señor,
Y diga, que, si no ha dado
El dinero adelantado
Desta casa, será error,
Si al dueño no se le obliga
Á mudar la puerta, es llano,
La escalera hácia esta mano,
Y añadir aqui una viga.

Otañ. ¡Mala mano te dé Dios,
Y mala viga tambien!
¿Mas esto del mal y el bien,
Esto de la una y las dos,
El pie derecho por guia,
Mirar puertas y escalones,
Son por tu vida lecciones
De la dueña de tu tia?

Beat. Claro está. Qué pensais vos?
Como eso, cuando acá estaba,
Cada dia me enseñaba,
Porque era un alma de Dios.

Otañ. Y se le echa bien de ver
En la cristiana doctrina,
Que enseñaba á su sobrina.
Mas, Beatriz, lo que has de hacer
Es, solamene tratar
De barrer la casa, y no
Contar sus vigas; que yo
Tengo un chozno familiar,
Que da de mí testimonio.

Beat. Si él es familiar, y está
Con vos,.....

Otañ.   Dilo.

Beat.   No será
Familiar, sino demonio.

Otañ. Picudita, bachillera,
Que desde vuestra niñez
Teneis para la vejez
Hecho el gasto de hechicera,
Hablad como habeis de hablar.
Beat. Arrendajo de Don Bueso,
Anatomia de hueso,
Almanac particular;
Vos, que sois en el abismo
Desa calcilla neutral
De vos mismo el orinal,
Y el músico de vos mismo,
Flaca cecina de yegua,
Baul de tabla y pellejo,
Me recorderis de viejo,
Parce mihi de la legua,
Puerto seco de la tos,
Quiroteca de Caifas,
Y trecientas cosas mas,
¿Cómo se ha de hablar con vos?
Otañ. Relamidilla, embustera,
Agradeced, que ha llegado
El coche, y que se ha apeado
Señora; que yo os hiciera
Llevar á la Inquisicion.

Sale LISARDA *con manto.*

Lis. Notable priesa ha tenido
Mi padre, pues ha querido
Mudarse sin dilacion,
Y que venga la primera
Yo á ver la casa, y mandar
Como se ha de aderezar.
Otañ. Tal huésped en ella espera.
Beat. Muy cuerdo mi señor anda,
En que tú vengas ahora,
Pues no agrada á una señora,
Sino solo lo que manda;
Que, si yo hubiera empezado
Á poner algo, sospecho,
Que, de cuanto hubiera hecho,
Nada te hubiera agradado.
Lis. Buena la casa parece.
Otañ. En este cuarto ha de estar
Don Juan, hasta efectuar
Las dichas, que amor ofrece.
Beat. Acudid, Otañez, vos
A ver apear la ropa
Del carro.
Otañ. Si en esto topa,
Ya acuden, válgame Dios!
Lis. No me traigan nada aqui.
Pues esta pieza ha de ser
Tocador, no es menester
Colgarla.
Beat. Guárdate alli
Del polvo.
Lis. O qué triste estoy!
Beat. ¿Hoy, que pedirte quisiera
Albricias, desa manera
Suspiras?
Lis. Sí; porque hoy
Mirando mis penas voy.
Beat. ¿Quién, señora, las causó?
Lis. Oye. Don Juan......

Sale DON JUAN.

Juan. Feliz yo,
Que á tan buen tiempo llegué,
Que en tus labios escuché
Mi nombre.
Lis. ¿Y no pudo no
Ser dicha, y desdicha sí,
El acordarme de vos?

Juan. No; que siempre es dicha,......
Lis. Ay Dios! [*ap.*
Juan. Que tú te acuerdes de mí;
Pues, aunque haya sido aqui
En daño mio, sospecho,
Que en el pecho satisfecho
Estoy; que el relox veloz
Obedece con la voz
Al artificio del pecho.
Lis. Sí; pero ninguno ignora,
Que con otro tal indicio
Muestra un hora el artificio,
Y da la voz otra hora.
Juan. ¿Pues por qué, prima y señora,
Hoy tanto rigor?
Lis. No sé;
Que á vos os lo callaré,
Por el autoridad mia.
Yo á Beatriz se lo decia,
Y á Beatriz se lo diré. —
Beatriz, mi primo Don Juan
Sin duda alguna ha creido,
Que el entrar á ser marido
Es salir de ser galan.
Poco cuidado le dan
Finezas, poco cuidado
Festejos; pues olvidado
Está ya, de que se infiere,
Que no quiere el que no quiere
Un poco desconfiado.
Ayer al campo salí,
Y á Don Juan en él no hallé;
En el campo peligré,
Y de otro amparada fui.
Y si á aquel agradecí
La fineza de mi vida,
A este, que de mí se olvida,
Castigarle puedo, pues
No es con este cruel, quien es
Con aquel agradecida.
Vine á casa, como viste,
Y Don Juan no pareció
En toda la noche. Yo,
Que ya sé, que esto consiste
En ese festejo, triste,
No zelosa, estoy, por ver,
Que Don Juan, antes de ser
Mi esposo, verme dilata,
Y que desde ahora me trata
Ya como propia muger.
Juan. Si supieras la razon,
Tú me disculparas ya.
Buenos testigos quizá
Aquestas paredes son.
Digan ellas la ocasion,
Digan ellas......
Lis. ¿Para qué,
Si yo con Beatriz hablé,
Me respondeis?
Juan. Culpa es mia.
Yo á Beatriz se lo decia,
Y á Beatriz se lo diré.
Bajando anoche á buscar
A mi prima, ví al que dió
Muerte á Don Alonso, y yo,
Con ánimo de vengar
Mi pena, le fui á buscar,
Llevando en mi compañía
A Felix, el que vivia
En esta casa. Llegamos
Donde á César esperamos,
Hasta que la rabia mia
Me hizo embestir á otro hombre
Por él. Justicia llegó;

Conocernos pretendió,
Y uno quedó (no te asombre)
Muerto, cuando oímos el nombre
De Don Felix repetido,
Y viéndose conocido,
Fuerza el ausentarse fue.
Esta es la causa, porque
De honrado y de agradecido
Yo no le pude dejar,
Hasta que en salvo estuviese
Él y su casa, é hiciese
Diligencias de alcanzar,
Si de mí llegaba á hablar
La justicia. Se ha sabido,
Que yo no fui conocido;
Con lo cual me he asegurado;
Que mal pudo otro cuidado
Tenerme á mí divertido.

Beat. Pues yo, que he sido la oidora
En sala de competencia,
Fallo por mí la sentencia,
Que, pues el uno á otro adora,
Os deis por buenos ahora.

Juan. Yo obedezco; y si hay disculpa,
Cese el rigor, que me culpa.

Lis. Yo creo, que así será;
Que para nada me está
Bien, que vos tengais mas culpa.

Juan. Ya que estás desenojada,
De la caida de ayer
La sangría......

Lis. Eso es querer
Volver á verme enojada. [*Vase.*

Juan. Será para una criada. —
Castaño, dale á guardar
Aqueso á Beatriz. [*Vase.*

    Sale CASTAÑO.

Beat. El dar
Tanto el ánimo recreá,
Que, aunque para mí no sea,
Lo tomaré, por tomar.
Y pues tan revuelta está
La casa toda, en aqueste
Aposento, que ha de ser
Ó tocador ó retrete
De mi señora, poniendo
Ve, Castaño, sútilmente,
No sé qué, que á mi ama traes.

Cast. Son mas de mil nosequees.
Espera; irélos trayendo;
Que aqui unos mozos los tienen.

Beat. Para ponerlos mejor,
Pongamos aqui un bufete.

[*Sacan un bufete, y desde la puerta van tomando unos azafates cubiertos.*

Cast. Estos son de Portugal
Dulces.

Beat. Di dulces dos veces,
Pues dos veces lo serán
Por dulces y Portugueses.

Cast. Chocolate de Guajaca
Esto, y estos, que aqui vienen,
Tocados, cintas y medias,
Guantes, pastillas, pebetes,
Faldriqueras, zapatillas,
Y bolsos estos.

Beat. Bien huelen.

Cast. Toda esta salsa, Beatriz,
Han menester las mugeres,
Para que no huelan mal,
Y mas las propias.

Beat. Tú mientes.

Cast. Esto es cuanto á esto; que aqui

Vienen joyas excelentes
En este contador, que hoy
Es contador de mercedes.

Beat. Bien está; pero aqui falta
Una alhaja.

Cast. Qué es?

Beat. Atiende.
Un cierto vestido mio,
Que destas bodas alegres
De ribete se me da.

Cast. Forzoso era que lo fuese;
Porque ya, Beatriz, di, ¿ cuál
Vestido no es de ribete?
Mas no le quise traer;
Que hay un grande inconveniente.

Beat. Di, cuál?

Cast. Á mí me han parlado,
Que de un bergante ausente,
Que por colada y tizona,
Era Mosquito dos veces,
Fuiste (sin ser la violada
Violante de Navarrete)
De sus botones ojal
Y de sus cintas ojete.
Hame dado pesadumbre
El caso, y no me parece,
Que será puesto en razon,
Que de Castaño se cuente,
Con él te vistes, y con
Otro te desnudas.

Beat. Tente!
¿ Pues dasme el vestido tú?

Cast. No; pero basta el traerle,
Que es como dar por tablilla
Á la bola, que está enfrente.

Beat. Aun siendo eso, no hay razon;
Que Mosquito solamente
Fue, en hacer faltas con él,
Pelota de mi trinquete.
Y si va á decir verdad,
Tú solamente me debes
Mas lágrimas en un hora,
Que Mosquito en treinta meses;
Que de lástima le quise,
Solo por ser buen pobrete,
Mientras hallaba otra cosa.

Cast. Tanto cuanto me enterneces.
Este es, Beatriz, el vestido
Hecho y derecho, y aqueste
El manto.

Beat. Y este un abrazo.

Cast. ¿ En fin solo á mí me quieres?

Beat. No está en uso querer solo
Á nadie; basta quererte.
Y pues con tu amo hoy
En casa vienes, advierte,
Que, si hay dares y tomares,
Habrá dimes y diretes.
Y á Dios por ahora; que es bien
Que aqueste aposento cierre
Con llave, porque ninguno
Aqui no salga ni entre.

Cast. Á Dios. [*Vase.*

Beat. Quédese el vestido
Con lo demas. ¡ Quien sirviese
Un ama, que fuera novia
Cada mes una ó dos veces! [*Vase.*

    Salen á la puerta DON CÉSAR *y* MOSQUITO.

Mosq. ¡ Vive Dios, que he de salir!

Ces. Dónde has de salir? Detente!

Mosq. Si hemos oido cerrar
La puerta deste retrete,
Y que han dejado en él dulces,

¿Cómo podrás detenerme,
Cuando, aunque fueran amargos,
Me supieran lindamente?

Ces. No hagas ruido.

[Saca la mano, y arroja el un azafate al tomar otro,
y derriba el bufete.

Mosq.   ¿Cómo no,
Si no me deja el bufete
Abrir la trampa? Ya alcanzo
Un azafate. ¡O si fuese
El de los dulces! Los guantes
Son. El demonio los lleve!
A echar vuelvo la redada.

Ces. Qué has hecho?

Mosq.   Ruido.

Ces.   ¿Tú quieres
Destruirme?

Mosq.   Comer quiero,
Como tú.

Ces.   Daréte muerte;
Que es veneno para mí
Todo lo que está presente.

Mosq. Morir de veneno ó hambre,
Muere á lo mas conveniente.

Ces. Harásme, que todo junto
Lo arroje, lo rompa y queme
Con el fuego de mi pecho,
Ó que lo inunde y anegue
Con el llanto de mis ojos.

Mosq. ¡Si tanto fuego tuvieses,
Y si tanta agua llorases,
Que hacer pudiéramos este
Chocolate! O Jesus mio!

Ces. ¡Que darse quejas oyese
Don Juan y Lisarda, cielos,
Ella con dulces desdenes,
El con amantes finezas,
Y yo escucharlo pudiese!

Mosq. Pues si á eso va, yo tambien
He escuchado claramente
Pisar al frison Castaño,
Y al haca morcilla en este
Pesebre de amor; empero
Digan lo que se dijeren,
Que de lástima me quiso,
Sea buen pobrete ó riquete,
Y coma yo lo que él trae;
Que otro despique no tienen
Zelos, sino valer algo,
Porque sabe lindamente
Lo que otro compra.

Ces.   En efecto
Ya aqui lo mas conveniente
Es, dejar anochecer,
Y despechado ó valiente
Determinarme á salir.

Mosq. Si tú en la calle tuvieses
Prevenidos para todo
Tus amigos y parientes,
Fuera seguro el empeño.

Ces. Tú, Mosquito, que no eres
Conocido, bien pudieras
(Pues hoy an la tanta gente
Resuelta en aquesta casa)
A salir de aqui atreverte.

Mosq. Por salir á beber algo,
No habrá cosa que no intente.

Ces. Tú has de salir y avisar
Desto á quien yo te dijere.

Mosq. Yo sí hiciera; pero temo......

Ces. ¿Tú, aunque te vean, qué temes?

Mosq. Ser tan Rey, que en la capilla
Me diga misa un Bonete.
Pero algo he de hacer por ti;

Y una cosa se me ofrece
Para salir encubierto,
Que no puedan conocerme.
El vestido de Beatriz
Me disfrazará. A ponerle
Ayuda.

Ces.   La puerta abren.

Mosq. Ya, por mal que nos suceda,
Hay que comer y vestir.
Venga ahora lo que viniere.

[Entranse los dos en la escalera.

Salen á la puerta LISARDA *y* BEATRIZ.

Beat. Digo, que en toda mi vida
No he visto tan excelentes
Y aliñados azafates.

Lis. Verélos, porque no piense
Don Juan, que no los estimo.
¿Pero qué estrago es aqueste?

Beat. Esto ya es hecho, porque es
Paso de la Dama Duende,
Y no he de pasar por él.

Lis. ¿Quién entró, que desta suerte
Lo ha puesto, Beatriz?

Beat.   Ninguno
Pudo entrar, porque yo siempre
Tuve la llave conmigo.

Lis. Pues siendo eso asi, tú tienes
La culpa, que lo dejaste
De modo, que se cayese.

Beat. Cómo pudo?

Lis.   ¿Quién querias,
Que para esto solo abriese?

Beat. Quien no abrió para esto solo.
¿Hay mas desdichada suerte,
Señores?

Lis.   Pues qué nos falta?

Beat. Mi vestido, y sin ponerle.

Lis. Qué vestido?

Beat.   El que me dió   *[Llorando.*
Don Juan.

Salen DON DIEGO *y* OTAÑEZ.

Dieg.   Qué ruido es aqueste?

Beat. Y el manto tambien.

Lis.   Aqui
Puso Beatriz todo este
Regalo, que envió Don Juan,
Y le hallamos desta suerte,
Y falta un vestido suyo.

Beat. ¡Ay, señor, y sin ponerle!

Otañ. Sí; pero no sin quitarle.
Si una viga mas tuviese
Esta casa, no faltara,
Beatriz, tu vestido.

Dieg.   Siempre
En las mudanzas de casas
Aquestas cosas suceden.
Id cogiendo todo eso;
Y tú trata recogerte   *[á Lisarda.*
En tu cuarto; porque el tiempo,
Que aqui Don Juan estuviere
Sin desposarse, ha de ser
El que menos ha de verte.

Lis. Tanto obedecerte estimo,
Que, porque á verme no entre
De noche en mi cuarto, quiero
Estar recogida. — Venme
A desnudar, Beatriz.

Beat.   Quien
Me ha desnudado á mí puede;
Que sabrá mejor que yo.   *[Llora.*

Lis. No llores; que fácilmente
Se remediará. — Aunque he dicho, *[aparte.*

Que tengo de recogerme,
No lo he de hacer, hasta ver,
Á qué hora Don Juan viene. —
Trae luz, Beatriz.

Beat. ¡Ay señores,
Mi vestido, y sin ponerle!
¡Notable desdicha ha sido!   [*Vanse las dos.*

Otañ. Ha estado aqui tanta gente
Hoy, que no es mucho que falte
Aun mas que esto.

Dieg. Otañez, ¿ tiene
Prevenido ya su cuarto
Don Juan?

Otañ. Y curiosamente
Aderezado.

Dieg. Id á ver,
Si en él falta algo, y ponedle
Luces; porque ya la noche
Cerrando baja. — ¡O qué alegre
[*Vase Otañez.*
Dia fuera para mí,
Si mi hijo viviera este!
¡O si me viera vengado
Del traidor, que le dió muerte!
Mas no quiso mi fortuna
Tantas dichas concederme,
Que llegase......

Sale CELIA *con manto.*

Cel. Caballero,
Si el amparar las mugeres
Heredada obligacion
Es de todos los que tienen
Noble sangre, pues con ella
Nacieron á ser corteses,
Amparad una muger,
Ya que la trajo su suerte
Á vuestros pies; que no en vano
Esta dicha he de deberle.
Un hombre, que de mi honor
Le hicieron dueño las leyes
Bárbaras, que dispusieron,
Que padezca el inocente
Los delitos del culpado,
Siguiéndome (ay de mí!) viene,
Y está en que no me conozca
El honor suyo y mi muerte.
Haced, por quien sois, señor,
Que hasta aqui (ay cielos!) no entre;
Porque yo, si no......

Dieg. Callad,
No digais mas; que no deben
Escuchar los caballeros
Mas razon á las mugeres,
Para ampararlas, que verlas
Afligidas. Á tenerle
Saldré, y aun á desvelarle
Las sospechas que trajere.
Y á no poder con razones,
Podré con la espada; que este
Pecho volcan es, que ostenta
Dentro fuego y fuera nieve.
Aqui esperad. Mas de aqui
No habeis de pasar; que en este
Cuarto una hija mia vive,
Y no quiero yo, que llegue
Á saber, que hoy en el mundo
Aquestas cosas suceden.   [*Vase.*

Cel. Bien hasta aqui ha sucedido
Este atrevimiento. Déme
Fortuna amor, si es que amor
Fortuna para sí tiene.
Acercaréme al tabique
De la escalera.   [*Abre la puerta.*

Salen DON CÉSAR *y* MOSQUITO *vestido de muger.*

Ces. Ahora puedes
Salir mejor; porque, siendo
Ahora cuando anochece,
Antes que se enciendan luces,
Podrá ser salir sin verte;
Que yo, hasta que eche de ver,
Que estás fuera, por si vuelves,
No me quitaré de aqui,
Á todo trance valiente.

Mosq. ¡Dios vaya conmigo, amen!

Ces. La seña, Mosquito, advierte,
Que ha de ser, cuando en la calle
Estés con armas y gente,
Disparar una pistola,
Porque á mi noticia llegue,
Para que yo salga.

Mosq. Salga
Yo ahora, que es lo que conviene.

Cel. Un bulto se va acercando
Á mí.

Mosq. Un bulto hácia mí viene.

Cel. No podré llamar á César,
En tanto que no se fuere.
[*Truecan lugares* Celia *y* Mosquito.

Mosq. Él no me ha visto, pues no
Me habla nada.

Cel. O si se fuese!

Mosq. ¡O si encontrase la puerta!

Sale DON DIEGO, *y llégase á* Mosquito.

Dieg. Señora, seguramente
Podreis salir; que en la calle
No hay un hombre que os espere.

Mosq. Es grande merced que me hacen.   [*aparte.*

Dieg. Este portal, el de enfrente
Y todos estan seguros.

Mosq. Lindamente me parece.   [*aparte.*
Si hay Ángeles entrecanos,
El de mi guarda es aqueste.

Dieg. Venid conmigo; que yo
Hasta donde vos quisiéreis
Iré con vos.

Mosq. Que me place.   [*aparte.*
Si esto ahora me sucede
Por un vestido inhumano,
Que á media pierna me viene,
Yo juro de no traer
Otro trage eternamente.
Bien hayan los tres poetas,
Que piadosos y corteses
Sacaron á luz los „Pri-
Vilegios de las mugeres.‟

Dieg. Pobre señora afligida,
Aun á hablarme no se atreve.   [*Vanse.*

Cel. Ya se van los que alli hablaban;
Razon no pude entenderles.
Ahora por la noticia
Desta casa, en pasos breves
Llegaré hasta la escalera. —   [*Llega.*
César, señor,......

Ces. ¿Por qué vuelves,
Mosquito?

Cel. No soy quien juzgas,
Don César.

Ces. No? Pues quién eres?

Cel. Detente; no te alborotes.
Celia soy.

Ces. Celia?

Cel. Sí; que este
Extremo de amor no mas
Que Celia supiera hacerle.

Dejéte anoche (fue fuerza)
Cerrado, (raro accidente!)
Y he enviado esta mañana
Á Ines, para que te diese
Aquella llave maestra,
Con que tú salir pudieses
De aqui, donde á tus desdichas
Les fuera mas conveniente.
Halló la justicia aqui,
Volvió despues (dura suerte!)
Y halló alquilada la casa
Á tu enemigo en tan breve
Tiempo. ¿Mas cuándo desdichas
Gastaron mas tiempo que este?
No se atrevió á entrar en ella.
Yo, viéndote en tan urgente
Peligro, aunque en casa estoy
De quien guardada me tiene,
Della he salido. No importa
El cómo; basta que puede
Mi ingenio haber hecho, que
El mismo Don Diego fuese
Quien me trajese hasta aqui,
Y á esta causa detenerme
No puedo. La llave es esta;
Con ella, cuando pudieres,
Saldrás. Y á Dios, César; que,
Si donde me dejó, vuelve
Don Diego, y no me halla alli,
Podrá ser,, que algo sospeche.

Ces. Oye, escucha.

Cel.　　　　No es posible;
Y mas ahora, que viene
Con luz. Cierra tú esa puerta,
Porque á tí no puedan verte;
Que á mí no importa, supuesto
Que aqui Don Diego me tiene;
Pues el llegar hasta aqui
Disculpará fácilmente
Mi mismo temor.

Ces.　　　　　¡Ay Celia,
Mucho mi vida te debe!
Amor, déjame pagar
Obligaciones tan fuertes.　　[*Cierra.*

Salen con luz OTAÑEZ, DON JUAN *y*
DON DIEGO.

Dieg. No quiso en fin la muger,
Que acompañándola fuese
Mas, que á esa primera calle.

Juan. ¡Extrañas cosas suceden!

Cel. No llego á hablar á Don Diego, [*Retírase.*
Hasta que solo se quede.

Dieg. Llevad esa luz al cuarto
De Don Juan, ya que merece
Mi casa desde este dia
Tan noble y honrado huésped;......

Juan. La dicha, señor, es mia.

Dieg. Que yo he de quedarme en este. [*Vase.*

Cel. ¿Pues cómo, sin acordarse [*aparte.*
Don Diego de que me tiene
Aqui, en su cuarto se ha entrado?
Sin duda, volviendo á verme
Adonde me dejó, y viendo,
Que faltaba, le parece,
Que me fui, sin esperarle.

Juan. Hoy tengo de recogerme
Temprano, porque Lisarda
No se enoje.

Cel.　　　Si ha de verme [*aparte.*
Don Juan, mejor es contarle
Lo que ha pasado; no lleguen
A echarme menos en casa,
Que es ya muy tarde.

Sale CASTAÑO.

Cast.　　　　　Aqui viene
Un caballero á buscarte.

Juan. Á estas horas? Dile, que entre.

Cast. Entrad.

Sale DON FELIX.

Fel. Á solas me importa [*á D. Juan.*
Hablaros.

Cel.　　Mi hermano es este. [*aparte.*

Juan. Salios los dos, y dejad
La luz sobre ese bufete.
　　　　[*Vanse Otañez y Castaño.*

Cel. En extraño aprieto estoy. [*aparte.*
Ni á salir puedo atreverme,
Ni estar aqui. Aqui me escondo,
Hasta que se vaya Felix.

Juan. Ya estais solo. Qué tracis?
Hablad.

Fel.　　Si haré, si pudiere.

Juan. Apasionado venis.
Mejor estareis en este
Cuarto; entrad donde os senteis.

Cel. ¡Ay de mí, si llega á verme! [*al paño.*

Fel. No he venido tan despacio.
Escuchad; yo seré breve.
Don Juan, si sois mi amigo,
Y si de que lo soy vuestro es testigo
Aquesta casa, donde (voz no tengo!)
Vos me buscásteis, y á buscaros vengo,
Que en un dia no mas estan trocados
En los dos con la casa los cuidados:
Oidme, aunque parezca villanía,
Venir tan puntual la pena mia
Á cobrar una deuda, á que obligado
Estais.

Juan.　　Á todo estoy determinado.
Decidme, qué mandais?

Fel.　　　　　Una fineza
Digna dese valor y esa nobleza.

Juan. Decid pues, qué quereis?

Fel.　　　　　Que, si habeis hecho
Mas diligencias, como yo sospecho,
De saber de Don César, homicida,
Que á vuestro primo le quitó la vida;
Si habeis rastreado (ay cielos!) ó sabido
Donde en todo Madrid está escondido,
Pues le habeis de buscar determinado,......

Juan. Qué?

Fel.　　Que habeis de llevarme á vuestro lado.

Juan. Eso, Felix, yo habia
De pediroslo á vos.

Fel.　　　　　La pena mia
Esto os ruega, porque (desdicha fuerte!)
Me importa mas, que á vos, darle la muerte.

Juan. ¿Pues qué os ha sucedido
Con él de anoche acá, que os ha movido
Á salir solo á esto?

Fel.　　　　　Yo os dijera
La causa, si la causa lo sufriera;
Que pronuncian de un noble (ay Dios!) los labios,
Ó mal, ó tarde, ó nunca los agravios.

Juan. Agravios, Felix?

Fel.　　　　Sí.

Juan.　　　　　No sois mi amigo,
Si mas claro no hablais aqui conmigo.

Fel. Sí hablaré, aunque el honor con la voz lucha.

Juan. Hablad, pues otro vos solo os escucha.

Fel. Yo tengo (dudo, ay Dios! como lo diga)
Una aleve, una fiera, una enemiga,
Un injusta tirana,
Una (qué sirven frases?) una hermana.
Ya lo dije, y en la ansia, que me aflige,

Solo es consuelo ver, que á vos lo dije.
Esta pues causa fiera,
De que yo desde Italia me viniera,
En Madrid me ha tenido,
Hermano, con cuidado de marido.
¡Mal haya parentesco tan injusto,
Que es tan todo al pesar, tan nada al gusto!
Que otros zelosos tienen ocasiones
De engañar con halagos sus pasiones;
Mas no un hermano, que entre sus desvelos
Halagos no halla en que engañar sus zelos.
En fin anoche á Celia (ya lo visteis)
Llevé á una casa (vos testigo fuisteis);
Pues hoy della ha faltado, (ay enemiga!)
Diciendo, que iba á ver á cierta amiga,
Y volviendo por ella,
No estaba de visita ya con ella.
La amiga pues turbada
Dijo, que de su casa disfrazada
Salió, porque la dijo ser su intento
El irme á ver á mí al retraimiento,
Y que importaba mucho sola fuese,
Porque al verla, de mí nadie supiese.
Direis, que esta desdicha en qué ha tocado
Á César? Pues dél nace mi cuidado.
Cuando en la guerra yo de paz gozaba,
El dueño de la casa, en que hoy estaba,
Me escribió, que la muerte,
Que á vuestro primo dió César, (¡o fuerte
Dolor!) por ella fue, y yo he inferido,
Que, habiendo ayer (ay Dios!) César venido,
Y hoy mi hermana faltado,
No le dé aquella causa este cuidado.
Y asi, pues á vos hoy en esto alcanza
Un enojo venganza,
Y en mí mi desagravio,
Cuerdo solicitad é inquirid sabio,
Donde está. Deudos tiene, amigos tiene,
Y buscarle entre todos nos conviene;
Que yo desesperado,
Ya que tan claramente aqui os he hablado,
Me voy huyendo, porque en tanto abismo
Aun yo tengo vergüenza de mí mismo. [*Vase.*

Juan. Esperad; que no tengo de dejaros
Ir solo, y es preciso acompañaros. —
Cerrad, hola, esta puerta,
Y, hasta que vuelva yo, á nadie esté abierta [*Vase.*

Cel. ¿Habrá, cielos, mas desdichas?
¿Habrá, cielos, mas temores,
Que en mi agravio se conjuren,
Que en mi daño se convoquen?
Qué he de hacer aqui?

Salen medio vestidas LISARDA *y* BEATRIZ.

Lis.   ¿Qué dices,
Beatriz?
Beat.   Digo lo que oyes.
Lis.   ¿Don Juan ha vuelto á salir
De casa á la media noche?
Beat. Sí, señora.
Cel.   Mas qué dudo?
Estas ciegas confusiones,
Si no...... Mas ay de mí!
Lis.   Aguarda. [*Repara en* Celia.
Beat. ¿Pues qué hay, que asi te alborote?
Lis. Quién eres?
Cel.   Una muger.
Lis. Á quien buscas aqui?
Cel.   Á un hombre.
Lis. Descúbrete.
Cel.   No haré.   [*Éntrase.*
Beat.   Esta
Es sin duda......   [*Da voces.*
Lis.   No des voces.

Beat. La que me hurtó mi vestido.
Lis. Huyendo de mí, se esconde.
Beat. No entres allá, sin llamar
Gente.
Lis.   ¡Qué poco conoces
De zelos! Toma esa luz.
Donde hay zelos, no hay temores.
        [*Éntranse las dos tras* Celia.

Sale DON CÉSAR.

Ces. Ya que, tan quieta la casa,
Ruido ninguno se oye,
Saldré, pues que tengo llave
Con que abrir, para ir adonde
Repare el daño de Celia,
Que escuché. ¿Ahora estais torpes,
Pies? Mirad, que las desdichas
Tienen pasos de ladrones.
La puerta hallé ya. Á Dios pues,
Infelices confusiones
De un desdichado. ¡Ay Lisarda,
Goza feliz tus amores,
Sin verlo yo!

Al abrir la puerta D. César, entra DON JUAN.

Juan.   Quién va allá?
Ces. Ay de mí!
Juan.   Quién es?
Ces.   Un hombre.
Juan. ¿Qué hombre en esta casa?
Ces.   Uno,
Que, si el mundo se le opone,
Ha de salir, sin que nadie
Le conozca ni lo estorbe.
Juan. Sí hiciera, á no ser yo quien
Á estorbarlo se dispone.

Vuelve á salir CELIA, *y* LISARDA *tras ella.*

Lis. Tengo de verte la cara.
Cel. No harás, aunque á eso te arrojes.
Lis. y Ces. Cómo has de estorbarlo?
Lis. y Cel.   Asi.
[*Mata* Celia *la luz, y sacan D. César y D. Juan*
      las espadas y riñen.

Dentro BEATRIZ.

Beat. Ruido de espadas se oye.
Ces. Alborotada la casa
Está. Vuelvo á entrarme donde
No me vean.
Lis.   Hola, luces!
Cel. El mismo secreto logre,
Escondiéndome en él.
Juan.   No
Te siguen mis pies veloces,
Por no dejar esta puerta.
Lis. Porque la puerta no tomes,
Della no me he de apartar.
Juan. Traed luces!
Lis.   Nadie me oye?
Ces. Quién va?
Cel.   César!
Ces.   Entra, Celia,
Y en la escalera te esconde.
[*Éntranse* Lisarda *y* D. Juan *por las puertas de*
los lados, y D. César *y* Celia *por la*
de la escalera.

Jornada III.

Salen Don César *de la escalera, como acabó*
la Jornada segunda, y saca á Celia *desmayada.*

Ccs.　Apenas...... Sin reparar
Mis desdichas en la ociosa
Murmuracion del que diga,
Que no está bien á la honra
De Celia haberse ocultado,
Iré pasando por todas
Estas calumnias injustas,
Atento á su vida sola. —
Desmayada ó muerta en fin
Ha estado apenas un hora;
Y aunque rendida, ya al susto
De que á su hermano le oiga,
Que la ha de dar muerte, ya
Á la pasion rigurosa
De verse en agena casa,
Donde sus peligros nota,
Mire yo, qué medio pueden
Darme mis ansias dudosas.
Llamar á quien con piedad
La vida á Celia socorra,
No es posible; pues dejarla
Morir sin remedio y sola,
Será crueldad. Si de cuantos
Oyeren despues mi historia,
Alguno ha de haber, que diga.
Que tuve que hacer, no esconda
Su ingenio, sino anticipe
El consejo á la congoja.
Irme y dejarla, es bajeza;
Y mas habiendo ella propia
Venido á darme la vida.
Declararme, es accion loca.
Si á darme la libertad
Has venido, o Celia hermosa,
¿Cómo eres tú misma, cómo
La que me la quita ahora?
¿En quién hallaré consuelo?
Mas á una persona sola
Me puedo fiar. Beatriz,
En quien mi pena amorosa
Halló favor, ó le hallaron
Mis dádivas generosas,
Valerla podrá; que en fin
Cualquier muger es piadosa,
Y de la que está afligida
El mejor médico es otra.
Yerre ó acierte, á ella quiero
Declararme; que, aunque ponga
Á riesgo todo el secreto,
¿Á qué mas riesgo, que ahora,
Puede estar entonces? Haga
Leal á mi pena traidora.
Este medio elijo, pues
No me dan otro, que escoja;
Y pues aclarando el dia
Viene en brazos de la aurora,
Á buscar voy un remedio.
Ya vuelvo. Celia, perdona.

　　[Déjala sentada y vase, y vuelve ella en sí.
Cel.　Ay de mí! Mi propio aliento
Es el que hoy mas me ahoga;
Pues aun para respirar
Le niega al pecho la boca.
Sin vida estoy, y con alma,
Toda viva, y muerta toda.
¿A quién dieron sus desdichas
En aire á beber ponzoña?
César, si acaso...... Qué es esto?

¿Fuera del tabique y sola
Estoy, sin hablar con nadie,
Que me escuche y me responda?
César! César! Me ha dejado,
Hase ido, es cierta cosa;
Pues él de aqui no saliera
Con tal riesgo su persona,
Sino para irse...... ¿Qué dudan
Mis desdichas, ó qué ignoran?
Pues dos veces serán ciertas,
Por ser desdichas y propias.
¡Ay ingrato, que primero,
Que á mí, tú en salvo te pongas!
Qué he de hacer? Si hablo á Lisarda,
Estando de mí zelosa,
Es error; si á Don Juan hablo,
Siendo Don Juan quien hoy toma
Á cargo el honor de Felix,
Es aventurarme loca.
Solo á Don Diego pudiera
Decir menos temerosa
Todo el suceso; que al fin
Es noble, y solo á la sombra
De las canas el honor
Seguramente reposa.
Esto es, si no lo mejor,
Lo menos malo, aunque ahora
Ejecutarse no pueda;
Porque ya una puerta y otra
De Lisarda y de Don Juan
Abren. Otra vez me esconda
Este sepulcro, que yo,
Al rigor de mis congojas,
Como gusano de seda,
Fabriqué para mí propia.
　　　　　[Entrase en la escalera.

Salen Lisarda *y* Beatriz, Don Juan *y* Castaño, *por las puertas de los lados.*

Lis.　Mira, si está ya vestido
Mi padre. Triste cuidado!
Juan.　Mira, si está levantado
Don Digo. Pierdo el sentido!
Beat.　En su aposento hay ruido.
Cast.　Ruido en su cuarto sentí.
Lis.　Contaréle lo que ví.
Juan.　Sin declararle por qué,
Licencia le pediré.
Lis.　Es Don Juan?
Juan.　　　　　Lisarda?
Lis.　　　　　　　　　　Sí.
Juan.　Qué es esto? ¿Tan desvelada
Te tiene aquel embozado,......
Lis.　¿Tan necio á tí te ha dejado
Aquella dama tapada,......
Juan.　Que á estas horas levantada
Estás?
Lis.　　　Que me hablas asi?
Juan.　Yo digo lo que yo ví.
Lis.　Yo digo lo que ví yo.
Juan.　Y eso no es mentira?
Lis.　　　　　　　　　　No.
Pero esotro es verdad?
Juan.　　　　　　　　　Sí.
Lis.　Mira, no me hagas, Don Juan,
Perder el juicio, por Dios.
Juan.　Perderémosle los dos,
Si en eso tus cosas dan.
Lis.　Pues que presentes estan
Solo los que han entendido
Todo lo que ha sucedido,
Hablemos con mas acuerdo.
Juan.　¿Cómo he de hablar, cuando pierdo
De imaginarlo el sentido?

Lis. Pues qué viste?

Juan. Un hombre ví,
Que deste cuarto salia,
Y con una llave abria.

Lis. Pues escucha ahora.

Juan. Di.

Lis. Si ayer, Don Juan, vine aqui,
¿Qué tiempo tuve, Don Juan,
Para dar á ese galan
Llave del cuarto? ¿No ves,
Cuanto mejor pensar es,
Que son ladrones, que estan
Mas hechos á esos excesos?

Juan. No son en las ocasiones
Tan valientes los ladrones.

Lis. Valientes hacen sucesos;
Y ayuda tambien á esos
Discursos haber habido
Un hurto, si ya no ha sido,
Que quieres decir tambien,
Que mi galan era quien
Hurtó á Beatriz el vestido.

Beat. Y nuevo.

Lis. Mas fundamento
Hubiera en lo que ví aqui.

Juan. Qué viste?

Lis. Una muger ví
Recogida en tu aposento.

Juan. ¿Fuera tal mi atrevimiento,
Que yo á tu casa trajera
Muger la noche primera
Que era huésped?

Lis. Quien le tiene
Tal, que á media noche viene,
Tenerle en todo pudiera.

Juan. Si de una á otra queja pasa,
Ambas las he de amparar.
¿Qué habia de ir á buscar,
Si estaba mi dama en casa?
Luego en suerte tan escasa
Bien claro te da á entender
El que yo tuve que hacer
Otra cosa, ó que no ha sido
Mi dama la que he escondido,
Pues que fuera la iba á ver,
Si no soy tan infeliz,
Y tengo tan mala fama,
Que presumas, que mi dama
Le hurtó el vestido á Beatriz.

Beat. Y sin ponerle.

Lis. Un matiz
Viste con igual porfía
Tu queja y la mia este dia,
Porque haya quien arguya,
Para creida la tuya,
Para dudada la mia.

Juan. Porque no tiene en la ira
Tan grande facilidad
El decir una verdad,
Como oir una mentira.
Fuera de que, si se mira
Igual la queja al dolor,
Aun en lo igual es mayor
La mia, y apurar es justo,
Que la tuya toca al gusto,
Lisarda, y la mia al honor.

Lis. Bien sabe mi vanidad,
Que de tal hombre no sé.

Juan. Verdad cuanto dije fue.

Lis. Será de otra calidad
Tu verdad de mi verdad.

Juan. Sí; que en mi duda el honor.

Lis. En mí acredita el valor.

Juan. Yo sé, que un hombre he encontrado.

Lis. Yo, que una tapada he hablado.

Sale Don Diego.

Dieg. Qué es esto?

Los dos. Nada, señor.

Dieg. ¿Tan presto los dos (ay Dios!)
Levantados? Don Juan, ¿pues
Tan mal hospedage es
Esta casa para vos,
Y aun para tí, que los dos
Estais á esta hora vestidos?

Juan. Disimulen mis sentidos. — [*aparte.*
¿No miras, que desvelados
Mal amorosos cuidados
Consienten ojos dormidos?

Lis. Si á mí me estuviera bien,
La misma respuesta diera.

Juan. ¡O quien creerla pudiera! [*aparte.*

Lis. ¡O quien no dudarla, quien! [*aparte.*

Dieg. La disculpa está muy bien
Fundada; y porque veais,
Si en obligacion me estais,
Para sacar madrugué
Una licencia, con que
Hoy desposaros podais,
De las amonestaciones
Supliendo la dilacion.

Juan. Yo estimo, como es razon,
Las muchas obligaciones,
En que cada dia me pones;
Pero basta haber traido
La dispensa, que ha suplido
El parentesco, y no es bien
Hacer dispensar tambien
El tiempo, que......

Lis. Y yo te pido,
Que lo dilates, señor,
Todo cuanto tú pudieres.

Dieg. Si esto pides, y esto quieres,
Aun nunca será mejor.
Pero paréceme error
Madrugar para tan vana,
Tan inútil, tan liviana
Pretension; y en fin, si no
Quereis hoy casaros, yo
Quizá no querré mañana.

Juan. Yo, señor, siempre......

Lis. Ay de mí! [*aparte.*

Juan. Me tendré por muy dichoso
En ser de mi prima esposo.
Excusarte pretendi
Nuevos cuidados; y asi......

Dieg. Claro está, que no habrá sido
Otra la causa, que ha habido;
Porque (aqui para los dos) [*aparte.*
Ni me la dijérais vos,
No, ni yo la hubiera oido.

Lis. Bien ves, cuan necio has estado.

Juan. ¿Has tú acaso, por tu vida,
Estado mas entendida?

Lis. Sí; pues he disimulado
Tanta parte á mi cuidado.

Juan. Yo no sé disimular
Á mi costa mi pesar;
Y hasta que sepa despues,
Quien el embozado es,
No me tengo de casar.
[*Vanse D. Juan y* Castaño.

Lis. Cielos! ¿habrá sufrimiento
Para tanta sinrazon?
¿Sospechas en mi opinion,
En mi fe deslucimiento,
Cuando mi honor, siempre atento
Á su vanidad, ha sido

Risco del mar combatido,
Roble del viento azotado,
Donde uno y otro cuidado
Se quedaron con el ruido?
Dígalo aquel, que sitiada,
Por agua y viento movida,
De lágrimas combatida,
De suspiros asaltada,
En vano solicitada
La admiró sin titubear;
Que al temer y al suspirar
No la hicieron movimiento,
Ni las ráfagas del viento,
Ni las ondas de la mar.

Beat. Sentir, señora, es error
Las cosas con tanto extremo.

Lis. Á nadie mas, que á mí, temo.

Beat. Entra en este tocador
Á aderezarte; que es mejor,
Que ya de ir á misa es hora.

Lis. Poco gusto tengo ahora
De tocarme; asi me iré.
Dame tú el manto, porque
No he de ir tarde asi.

Beat.   Señora,
El manto está aqui; que yo
Limpiándole ahora estaba.

Lis. Ponle, y ponte el tuyo. Acaba,
Y llama á Otañez.—¿Quién vió [*Vase Beatriz.*
Mas pesares? ¡En mí halló
Entrada indicio tan grave!
Mas ay, que no hay quien se alabe
De que se libró á esta ofensa,
Donde es vicio, que se piensa,
Mas que virtud, que se sabe.
¿Hombre en mi casa escondido,
Que pudo dar tal cuidado?

[*Tiene puesto el manto, siéntase en una silla y
quédase suspensa.*

Sale DON CÉSAR.

Ces. Ocasion de hablar no he hallado
Á Beatriz; pero harto ha sido
No ser de nadie sentido,
Y vuelvo, (ay Dios!) porque no
A Celia, que aqui quedó
Desmayada, hallen aqui. —
¿Todavía estás asi,
Mi bien?

Lis.   Quién me habla asi?

Ces.   Yo.

Lis. ¿Pues tú, Don César,......

Ces.   Qué azar!

Lis. En mi casa?

Ces.   Qué temor!

Lis. Tú en mi cuarto?

Ces.   Qué rigor!

Lis. Responde.

Ces.   No acierto á hablar,
Porque helado......

Lis.   Qué pesar!

Ces. El labio......

Lis.   Qué sinrazon!

Ces. Enmudece,......

Lis.   Qué traicion!

Ces. Y al verte......

Lis.   Qué atrevimiento!

Ces. Le falta aliento al aliento,
Y razon á la razon.

Lis. ¿Cómo, di, el rostro encubierto,
César, (ay cielos!) tuviste,
Cuando la vida me diste,
Y no ahora, que me has muerto?
Erradas, César, advierte

Tus acciones, por indicios
De trocados ejercicios;
Pues hacen tu voz y labios
Cara á cara los agravios,
Pero no los beneficios.
Si, cuando mas me adoraste,
De mí mas dejado fuiste,
Si del todo me perdiste,
Cuando á mi hermano mataste,
Baste ya, Don César, baste
La porfía; que esta fue
Tu estrella. Ya me casé;
Ya no te queda esperanza.
Si no vienes por venganza,
Di, por qué vienes? por qué?
Hable tu temeridad.

Ces. ¿Cómo la he de responder? [*aparte.*
Pues cuando yo quiera hacer
Virtud la necesidad,
Echando á su voluntad
La culpa, para movella,
Celia, pues no llego á vella,
Cobrada al desmayo, está,
Sin duda, oyéndome ya.
¡O qué tirana es mi estrella!
Qué dices?

Lis. Qué dices?

Ces.   Si yo supiera
Decir á lo que he venido,
¡Mi discurso enmudecido
Qué buen retórico fuera!
Solamente considera,
Pues que yo mismo lo ignoro,
Pues no lo digo y lo lloro,
Que vendré en mal tan severo,
Ó á vivir con lo que quiero,
Ó á morir con lo que adoro.
Si está en esta casa el bien,
Que yo adoré y yo perdí,......

Lis. César, no me hables asi;
Que ya no es justo ni es bien.
Cobarde la voz deten,
Y dime, si anoche fuiste
El que á esta casa veniste
Á darme la muerte.

Ces.   No.

Lis. Pues déte dos vidas yo,
Por una, que tú me diste.
Vete ya de aqui; porque,
Si mi padre ó si mi primo,
Á quien como esposo estimo,
Ya uno ó ya otro te vé,
Es fuerza que yo les dé
Satisfaccion.

Ces.   Que esto haya! [*aparte.*
Parad, desdichas, á raya.

Lis. Vete, antes que á verte lleguen.

Ces. ¿Quién creerá, que ya me rueguen, [*aparte.*
Que me vaya, y no me vaya?
Pues no he de dejar en tal
Peligro en Celia.

Sale BEATRIZ alborotada.

Beat.   Ay señora!

Lis. ¿Esto tenemos ahora?

Lis. Qué hay, Beatriz? Es otro mal?

Beat. Pendencia hay en el portal;
Y en las voces y el rumor
Es......

Lis. Quién?

Beat.   Don Juan, mi señor,
Con un hombre, que ha encontrado
En la calle.

Ces.   Mi cuidado [*aparte.*
Siempre viene á ser mayor.

Lis. Ay de mí! Si vé salir *[aparte.*
De aqui á Don César Don Juan,
Á evidencias pasarán
Sus sospechas; pues decir,
Que él se ha atrevido á venir
Sin mí, á estar aqui conmigo,
Haciendo á mi honor testigo,
Otra sospecha es cruel;
Pues no se viniera él
En casa de su enemigo,
Á no tener ocasion
Mayor, que á esto le obligara.
Ces. Déjame salir.
Lis. Repara,
Que estoy en gran confusion.
Mi opinion por mi opinion
Hoy aventurar intento. —
Llévale tú á tu aposento. *[á Beatriz.*
Ces. Mas seguro aqui estaré.
Déjame aqui.
Lis. Para qué?
Que esto es público á mi intento.
Ces. Si le descubro el secreto, *[aparte.*
No sé despues lo que hará
Por librarse; y pues está
Libre Celia deste aprieto,
Callarle quiero en efeto.
Beat. Ya sube por la escalera
Don Juan con otros.
Lis. ¿ Qué espera
Tu vida? Escóndete pues
Por mi honor hasta despues.
Ces. Solo por tu honor lo hiciera.
[Vase con Beatriz D. César.

Salen OTAÑEZ *y* CASTAÑO, *que traen agarrado*
á MOSQUITO, *y* DON JUAN.

Juan. Traedle los dos desa suerte,
Hasta que en este aposento
Diga, donde está su amo.
Mosq. ¡Séame testigo el cielo
De que se han hecho justicia!
¿Sin vara y sin mandamiento,
Cómo me pueden prender
Vuesas mercedes?
Lis. Qué es esto?
Mosq. Dos Alguaciles, señora,
Porfian, á lo que entiendo,
Por no decir, que hacen punta,
Pues á estocadas me han muerto,
En traerme aqui, sin saber
Por qué.
Lis. Ay de mí! Ya sospecho *[aparte.*
La causa. Aqueste es criado
De César. Cuando aqui dentro
Entró, se quedó en la calle,
Adonde le conocieron.
Juan. Yo te diré lo que ha sido.
Este hombre, que traemos,
Es de Don César criado.
Lis. Bien discurrí yo en lo cierto. *[aparte.*
Juan. Pasaba por esta calle
Mirando y reconociendo
Esta casa; y es sin duda,
Que, estando aqui de secreto
César, y habiendo sabido,
Que yo le busco resuelto,
Envia á saber mi casa
Para matarme; y yo quiero,
Que este criado me diga,
Donde está su amo,......
Lis. ¡Hoy muero, *[aparte.*
Si él lo dice!
Juan. Porque yo

Madrugue, y mate primero.
Metíle en este portal,
Donde amenazas y ruegos
No han torcido su lealtad.
Y asi por fuerza pretendo,
Que me lo diga; pues hoy
He de matarle, si luego
No dice, donde está César.
Mosq. Yo lo dijera bien presto, *[aparte.*
Si no me hubieran traido,
Donde él mismo me está oyendo.
Juan. Dónde está tu amo? Dilo.
Mosq. Sí diré.
Lis. Válgame el cielo! *[aparte.*
Hoy acabará mi vida,
Si dice, que está aqui dentro.
Mosq. No está muy lejos de aqui; —
Y es verdad. *[aparte.*
Lis. Ay de mí! *[aparte.*
Juan. Ea, presto!
Dilo pues!
Mosq. En Portugal
Entretenido le dejo
En ver unos folijones,
Que le dan mucho contento.
Juan. Si yo sé, que está en Madrid,
Y que ha venido encubierto
Tres dias ha, que se apeó
En una posada, y luego
Sé, que Celia está con él,
¿Cómo solicitas, necio,
Encubrirlo?
Mosq. ¿Pues hay mas
De que me den un tormento?
¿Quién querrá hacerse verdugo,
Ya que lo demas se han hecho,
Sin mas títulos?
Juan. Yo sé
Lo que se ha de hacer en esto.
Palabra á Felix he dado,
Que en público ni en secreto
No haré diligencia alguna,
Sin darle cuenta primero,
Como mas interesado
En la venganza, que emprendo;
Y asi me importa avisarle
De que á este criado tengo
En mi poder; y entre tanto
Que aqui con Don Felix vuelvo,
Que en un coche será fácil,
Quedará en este aposento
Ó retrete, que al fin es
Mas recogido y secreto,
Pues que solo tiene paso
Á mi cuarto; y asi cierro,
Porque, hasta hablar á mi amigo,
El lance apurar no puedo.
Lis. ¡Quiera el cielo, que se vaya, *[aparte.*
Porque pueda en este tiempo
Echar á César de casa! —
Don Juan, en todo obedezco.
Juan. Dejadle solo los dos,
Y á que nadie salga atentos,
No os quiteis dese portal.
Cast. En él, señor, estaremos,
Para que ninguno entre,
Ni el bergante salga.
Mosq. Quedo;
Que prender pueden ustedes,
Mas no hablar mal, caballeros.
Juan. Que, si la verdad no dices,
Morirás. Solo te dejo
Á que pienses lo mejor.
Aconséjate á tí mesmo,

Ó el secreto descubrir,
Ó dar la vida á este acero.
[Vanse todos, cerrando la puerta.
Mosq. ¿Dar á este acero la vida,
Ó descubrir el secreto,
Y aconséjate contigo?
Aqueste es, viven los cielos,
Un lance muy apretado.
¿Pero qué dudo ni temo,
Si la cárcel, donde estoy,
Es la misma, que le dieron
Á mi amo sus desdichas?
Y que él lo sabe ya, es cierto,
Pues esperando estará
La diligencia, qué dejo
Hecha para aventurarse
Á salir. — Llamarle quiero. —
Ha de la escalera! Bien
Puedes salir sin rezelo;
Que yo solo estoy aqui,
Porque no es nadie mi miedo.

Sale CELIA *tapada por la puerta de la escalera.*
Cel. Fuerza es abrir, porque no
Dé mas golpes este necio,
Y porque razon me falta.
Mosq. Señor, ¿pues qué ha sido esto?
¿Has hurtado otro vestido
Para salir encubierto
Como yo? Has hecho muy bien;
Que vive aqui un señor viejo,
Que anda sacando mugeres
Con grandísimo respeto.
Ni una mano me tomó.
Pero las burlas dejemos. •
¿Has sabido lo que pasa?
Habla, vive Dios! Qué es esto?
Cel. Ay de mí!
Mosq.   La voz tambien
Has hurtado, á lo que entiendo,
Con el vestido. ¿Has estado
Acaso en muda este tiempo?
Porque yo te dejé bajo,
Y tiple, señor, te encuentro.
Mas cuanto va, que Lisarda,
Agradecida á aquel tiempo
Que la quisiste, te ha dado......
Cel. Calla; que aqueso me ha muerto.
Mosq. ¡Santo Dios, muger es esta!
Yo mil veces he oido un cuento
De una monja, á quien salió
Una escupidura, haciendo
Una fuerza, y que de monja
Quedó monjo en un momento;
Pero de un galan hacerse
Una dama, no me acuerdo
Haberlo visto en mi vida.
Cel. Calla, si no quieres, necio,
Que te dé muerte mi rabia.
Mosq. Celia?
Cel.   Sí.
Mosq.   Pues qué es aquesto?
Cel. Es haber venido á ver,
De mi honor y vida al riesgo,
La mayor traicion de un hombre.
Harto asi te lo encarezco.
César, á quien vine á dar
La vida, en pago me ha muerto;
Que, sabiendo que yo estaba
En tan riguroso aprieto,
Me dejó, por declararse
Con Lisarda, donde (ay cielos!)
Le oí decir, que era su amor
El que le trajo á este puesto.

Salir quise, cuando oí
Las gentes que te trajeron,
Y disimulé, á pesar
De mi amor y de mis zelos,
Hasta que tú me llamaste.
Mosq. Y mi amo?
Cel.   Estará á este tiempo
Dando quejas á Lisarda.
Mosq. De qué?
Cel.   De su casamiento.
Mas porque no se dilaten
Los inconvenientes nuestros,
He de decir la verdad
Á voces, porque con esto,
Desengañado Don Juan
De sus bien fundados zelos,
Y asegurada Lisarda,
Los mire César mas presto.
Mosq. ¿Ahora de zelos te acuerdas,
Ni de amor, cuando tenemos
Mas cosas á que acudir,
Que agentes con muchos pleitos?
Cel. Pues dime tú, ¿cómo fue
El venir tú aqui?
Mosq.   Encubierto
Salí de aqui. Á Don Rodrigo,
De César amigo y deudo,
Avisé de todo el caso,
Porque viniese resuelto
A guardarle las espaldas
Esta noche. Él, para hacerlo,
Me dijo, que le enseñase
La casa en que estaba, pero
Que no pasásemos juntos
Por ella los dos. Con esto
Venimos por las dos ceras,
Y yo quedémela viendo,
Porque él reparara en ella.
Pasó adelante. Á este tiempo
Don Juan venia á su casa.
Conocióme, y muy soberbio
En su portal me metió.
Negar quise, y en efecto
Él y todos sus criados
Á esta parte me trajeron,
Donde pensé, que él estaba
Todavía, y donde al juego
Desta escalera he jugado
Mete ruin y saca bueno.
Cel. ¿Y qué hemos de hacer ahora
Los dos aqui?
Mosq.   Qué sé deso?
Cel. Antes que mi hermano venga,
Llamar á esta puerta quiero,
Y descubrirme á Lisarda
De una vez, porque Don Diego
En casa no está á estas horas;
Que Lisarda, por lo menos,
Es muger noble, y será
Piadosa.
Mosq.   Y es lo mas cierto.
[Llama Celia *á la puerta.*

Dentro BEATRIZ *respondiendo.*
Beat. Mosquito, no puedo abrirte,
Sabe Dios si lo deseo,
Porque se llevó Don Juan
La llave; mas lo que puedo
Asegurarte, es, que César,
Que ahora está en mi aposento
Con su ama hablando, no quiere
Irse, dejándote dentro.
Mosq. Esta es Beatriz, la criada
De Lisarda.

Cel. ¡Nada, cielos,
He de escuchar y he de ver,
Que no sea otro tormento!
Mosq. Mira, si puedes abrirme.
Que estoy con piedra, sospecho,
Pues es el abrirme cura.
Beat. Ya te he dicho, que no puedo.
Mucho me pesa de verte
En tan riguroso aprieto;
Pero no puedo llorar.
Mosq. Y yo, pícara, lo creo;
Porque yo soy un pobrete,
Á quien de lástima un tiempo
Quisiste.
Beat.   Á eso respondiera;
Pero no me toca hacerlo
Á quien encerrado garla.
Cel. Cerró el paso á mi remedio,
Llevarse Don Juan la llave,
Y abrióle á mi sentimiento.
Beat. Encomiéndate, Mosquito,
Á Dios; que Don Juan ha vuelto
Con aquel amigo suyo,
Que le buscó anoche.
Cel.   ¡Cielos,
Mi hermano es!
Mosq.   Aqui, señora,
Lo mejor es escondernos.
Vivamos un rato mas,
Mientras buscan el secreto.
Cel. Dices bien. Mas ay de mí!   [*Cae.*
Que tropezando y cayendo
Voy.
Mosq.   Cerraré yo la trampa,
Pues que no llegas á tiempo.
   [*Éntrase Mosquito, dejándola fuera.*
Cel. Hombre ruin en fin.

   Salen DON JUAN y DON FELIX.

Juan.   Aqui,
Como os he dicho, le tengo
Encerrado.
Fel.   Pues cerrad
La puerta ahora por de dentro,
Y quedémonos con él
Solos; que viven los cielos,
Que ha de decir de su amo,
Ó hemos de dejarle muerto.
Juan. Ya veis el riesgo en que estais,
Hidalgo,...... Pero qué es esto?
¿Donde un criado dejé,
Tapada una dama encuentro?
Fel. ¿No me dijisteis, que estaba
Cerrado en un aposento
El criado, y que no habia
Por donde salir?
Juan.   Y es cierto.
Fel. No mucho, pues él se ha ido,
Y una dama es la que vemos.
Juan. Vive el cielo, que la llave
Llevé conmigo.
Fel.   Apuremos
De una vez el desengaño.
[*D. Felix se queda junto á la puerta, y llega D.
      Juan á hablar á Celia.*
Juan. Señora, aunque es el respeto
Alma de un noble, tal vez
Rompe á las leyes el fuero
La necesidad.
Cel.   Ay triste! [*aparte.*
Juan. Hoy es fuerza conoceros,
Saber como estais aqui,
Con qué fin, ó con qué intento;
Que me custais dos pesares

Ya, si sois la que sospecho;
Y he de saber de un criado,
Que aqui quedó, qué se ha hecho,
Cómo se fue, y vos entrásteis.
Descubrios, ó grosero
Me bareis ser con vos.
Cel.   Huir [*aparte.*
Ya no puedo. — Deteneos,
Señor Don Juan, y advertid,
Que me debeis mas respeto
Por quien sois, y por quien soy.
Juan. Ni os conozco, ni os entiendo.
Quién sois? Cómo estais aqui?
Dónde el criado? Qué es esto?
Cel. Tres cosas me preguntais,
Y⁴ á dos he de responderos.
Yo he venido á buscaros,
Don Juan, porque me importa mucho hablaros.
Entrando en esta casa, ví, que habia
En este cuarto un hombre, y dél salia.
Presumiendo, que fuera algun criado
Vuestro, le pregunté por vos. Turbado
Me dijo el tal: aqui vendrá al momento;
Si le habeis de esperar, á este aposento
Entrad. Dejóme en él, y por de fuera
Volvió á cerrar la puerta, de manera,
Que la llave, que él tuvo, acaso ha sido
Causa de quedar yo, y haberse él ido.
Con que respuesta he dado
Al como estoy aqui, y él ha faltado.
Quien soy, y á lo que vengo,
No lo puedo decir.
Juan.   Pues deso tengo
Mas deseo, y es tanto,
Que no he de ir á buscarle, aunque he sabido,
Que de casa no puede haber salido;
Y asi quitad el manto
Del rostro.
Cel.   Ved, Don Juan,......
Juan.   Quitad el velo.
Cel. Lo que haceis; que soy yo.
   [*Descúbrese y tápase luego.*
Juan.   Válgame el cielo!
Cel. Para haceros hoy dueño
De mi honor os busqué. De aqueste empeño
Me sacad; que ya veis, que, si he venido
Aqui, solo en confianza vuestra ha sido.
Nada deciros quiero.
Mi hermano es, muger yo, y vos caballero.
Juan. ¡Cielos, en qué me miro!
Fel. Nuevo semblante ya en Don Juan admiro. [*ap.*
¿Quién será esta embozada,
Que le asombra tapada y destapada?
Juan. ¿Qué debo yo hacer aqui [*aparte*
En tan fiera, en tan tirana
Ocasion como me ví?
Celia, de Felix hermana,
Viene á valerse de mí;
Felix, buscando á un traidor,
Para alentar con valor
Su venganza y mi venganza,
Puso en mí la confianza
De su vida y de su honor.
Fel. Grande confusion ha sido
La que hoy en vos ha infundido
Esa dama.
Juan.   Sí lo es;
Y tan grande, que despues
De haberla vos prevenido,
La habeis de hallar, os prometo,
Mayor, que la imaginais;
Porque no cabe en conceto
Humano lo que mirais,
Que solo cabe en su efeto.

Fel. Pueda yo, Don Juan, tener
Parte en tal pena, por ver,
Si en ella os puedo servir.
Juan. Ni yo os lo puedo decir,
Ni vos lo podeis saber.
Fel. ¿No soy vuestro amigo?   Sí.
Juan.
Fel. Y no soy noble?
Juan.   Tambien.
Fel. Pues fiaos, Don Juan, de mí.
Cel. Don Juan, mirad, que no es bien [aparte á él.
Que yo......

          Dentro DON DIEGO.

Dieg.   Abrid, Don Juan, aqui.
Juan. Este es Don Diego.
Dieg.   Abrid pues.
Juan. Fuerza es preguntar quien es   [aparte.
Esta dama; y si la mira
Lisarda, hará su mentira
Verdad. Con esto despues,
Si satisfacerla quiero
Con decir quien es, (hoy muero!
Que está su hermano delante)
Seré, por ser buen amante,
Ahora mal caballero.
Y asi nadie la ha de ver. —
Don Felix, esta muger
He de encubrir de Lisarda.
Que este aposento la guarda
A nadie deis á entender. —
Entraos, mi señora, ahí.   [á Celia.
Cel. ¡Duélase el cielo de mí!   [Éntrase.
Fel. ¿Quereis, que entre á estarme yo
Con ella?
Juan.   No, por Dios; no,
Don Felix.
Dieg.   No abris aqui?
Juan. Ya está abierto.

          Salen DON DIEGO y Criados.

Dieg.   ¿Qué es aquesto,
Don Juan? ¿qué, todavía andas
Lleno de locos discursos,
De imaginaciones varias?
¿Dónde está aquese criado?
Juan. Señor, cuando le buscaba
Aqui, se habia ya salido
Con alguna llave falsa.
Dieg. Tú te disculpas con eso,
Por no empeñarme á mí en nada;
Y haces mal, porque de nadie
Puedes fiarte con tanta
Satisfaccion. — Perdonad,   [á D. Felix.
Caballero; que, aunque haya
De fiarse de vos Don Juan,
Puedo con tal confianza
Hablar.
Fel.   Podeis con razon,
Y nadie verdad tan clara
Negará; pero el buscarme
Don Juan, es por otras causas,
Que á mí en hallar á Don César
Tambien hoy, señor, me alcanzan.
Dieg. Pues decid, qué habeis sabido
Los dos; que ya es excusada
Diligencia aqui encubrirme
El criado.
Juan.   Si mi palabra
Te doy de que, cuando entré
A buscarle, aqui no estaba,...,..
Dieg. ¿Cómo, si aquesos criados
Nunca de la puerta faltan,
Pudo salir? — Id á ver,   [á los Criados.

Si se oculta dentro en casa,
Por esa puerta, y nosotros
Por esotra.   [Vanse los Criados.
Fel.   Tente!
Juan.   Aguarda!

          Salen LISARDA y BEATRIZ.

Lis. ¿En fin no puedo salir?
Beat. No, señora; porque estaban
Los criados á la puerta
Con mil prevenciones y armas.
Lis. ¡O permita la fortuna,
Que bien deste empeño salga!
Si asi teme una inocente,
¿Cómo teme una culpada?
Dieg. Vive Dios, que he de ser yo
Aqui el primero, que haga
Diligencias de saber......
Juan. ¿Quién dice, que no las hagas?
Mas ya este cuarto está visto;
Miremos toda la casa.
Lis. Mirar la casa? Ay de mí!   [aparte.
Sin duda á saber alcanza
Algo. Apuremos el caso. —
Señor, ¿tú das voces tantas?
Dieg. ¿Á qué has venido tú aqui?
Lis. A ver, qué es esto en que andas.
Dieg. En busca de un hombre.
Lis.   Ay cielos!   [aparte.
Dieg. Y este aposento me guardan
Mas que todos, y he de verle.
Juan. No has de entrar aqui.
Fel.   Repara,
Que......
Dieg.   Los dos me lo estorbais,
Por conseguir la venganza
Sin mí. Apartaos, por Dios!
¡Qué resistencia tan vana!
Quién está aqui?

          Sale CELIA.

Cel.   Una muger
Infeliz y desdichada. —
Aqui, cielos soberanos,   [aparte.
Echó el resto mi desgracia.
Fel. Muriendo estoy, por saber,   [aparte.
Quien es aquesta tapada.
Dieg. Por cierto, señor Don Juan,
Que no os merece mi casa
Tan poco respeto, como
Guardais en ella á Lisarda.
¿Una mugercilla dentro
De su cuarto? Enhoramala!
¿Harto Madrid no teneis?
Juan. Yo muger? Señor, repara,......
Lis. Mira, Don Juan, si fue todo
Cuanto dices verdad clara.
Tú no has visto, por lo menos,
(En vano se alienta el alma)   [aparte.
Al escondido, que dices,
Y yo he visto la tapada.
Juan. Ni hablar puedo, ni callar.   [aparte.
Lis. Señora, el embozo basta;
Que he de saber quien me hace
Este pesar en mi casa.
Juan. Pues no lo perdamos todo. —
Tente; que no has de mirarla.
Lis. Tú la defiendes?
Juan.   Es fuerza.
Cel. ¿Hay muger mas desdichada?   [aparte.

          Dentro CASTAÑO.

Cast. Toma esa puerta, porque
Por ella, Otañez, no salga.

Dentro DON CÉSAR.

Ces. Sí saldré.

Juan.   ¿Qué ruido es este
En el cuarto de Lisarda?

Dieg. Con un empeño se olvida
Otro, segun los que andan.

Sale OTAÑEZ.

Otañ. Señor, el hombre, que buscas,
Hallamos. Sacó la espada,
Para hacer paso con ella
Por donde á la calle salga.

Sale DON CÉSAR *cubierto el rostro con la capa
y la espada desnuda.*

Dieg. Dime, ¿es aqueste, Don Juan,
El criado, que buscabas?

Juan. No, señor; otro hombre es este.
Bien el talle, el brio, las galas
Dan á entender, que no es el
Que encerrado quedó en casa.

Cel. Este es Don César. — Señor,   [*aparte.*
Mi vida y la tuya ampara.

Dieg. Hombre, que de tanto honor
La reputacion agravias,
Quién eres?

Ces.   Un hombre soy.

Dieg. Quita del rostro la capa.

Ces. No puedo; porque encubierto,
Sin que me veas la cara,
Me has de dar la muerte aqui,
En la defensa bizarra
Desta muger. Ella y yo
Habemos de aquesta casa
De salir, si con mi muerte
Mis intentos no se atajan.

Dieg. Qué muger?

Ces.   Esta muger,
Que yo no digo Lisarda;
Ni la conozco, ni sé
Quien es. Y si esto no basta
Para que segura quede,
Habré de llevarme á entrambas.

Dieg. Hombre, demonio, ó quien eres,
Aunque en algo satisfagas
Esta sospecha, conviene,
Para que quede asentada,
El que sepamos quien eres.

Ces. Aquesa es pretension vana
Por ahora.

Juan.   Tambien lo es,
Que sea tal tu arrogancia,
Que pienses, que entre nosotros
Te has de llevar esa dama,
Sin que sepamos por qué
Y cómo en aquesta casa
Estais tú y ella?

Ces.   No puedo
Decirlo.

Fel.   Pues las espadas
Harán bocas en tu pecho,

Por donde la verdad salga.
[*Disparan dentro.*

Lis. ¿Qué pistola es esta, cielos?
¿Aun los sustos no se acaban?

Ces. Esta es la seña que espero.

Dieg. Ninguno allá fuera salga.
Deteneos, caballeros. —
Hombre, yo te doy palabra
De ampararte y de valerte,
Si destas dudas me sacas.

Ces. Dasme esa palabra?

Dieg.   Sí.

Ces. Don César soy. Qué os espanta? [*Desembózase.*

Dieg. ¿Tú diste muerte á mi hijo?

Fel. ¿Tú me robaste á mi hermana?

Juan. ¿Tú en casa estás de mi prima?

Ces. Sí; pero á ninguno agravia
Mi valor. Si á Don Alonso
Dí muerte, fue cara á cara,
Riñendo solo con él;
Si en casa estoy de Lisarda,
Es, porque me dejó Celia
Oculto en aquesta sala;
Y si esto de Celia digo,
Es, porque no importa nada;
Que casado estoy con ella,
Que es esta misma tapada.
Y si estas satisfacciones
Para tus quejas no bastan,
Yo he de salir; que ya tengo
Quien me guarde las espaldas;
Que esa pistola es la seña
De la gente que me aguarda.

Fel. Cuando no hubiera ninguno,
César, yo solo bastara;
Que, siendo mi hermano ya,
Es obligacion hidalga.

Juan. Yo soy, Don Felix, tu amigo;
Mas por Don Diego mi espada......

Dieg. Yo la palabra le dí,
Y he de cumplir mi palabra. —
Mas decid, ¿dónde estuvisteis
Escondido en esta casa?

Sale MOSQUITO *de la escalera.*

Mosq. Eso yo lo he de decir.
Aqui estuvo.

Dieg.   Cosa extraña!

Beat. ¿Hurtásteme tú el vestido?

Mosq. Y el azafate y las cajas.

Dieg. Con cuyo gran desengaño,
Aqui la comedia......

Mosq.   Aguarda;
Que falta el decir ahora
A todos una palabra;
Y es, porque nada se ignore,
Que Don Felix, concertada
La parte de aquella muerte,
Que fue de tanta importancia,
Á pagar de su dinero
Quedó libre; con que acaba,
Por empeño escrita, el
Escondido y la tapada.

LXXXV.

LA CISMA DE INGLATERRA.

PERSONAS.

El Rey ENRIQUE OCTAVO.
El Cardenal BOLSEO.
CÁRLOS, Embajador de Francia.
TOMAS BOLENO, viejo.
DIONIS, criado.

PASQUIN, gracioso.
Un Capitan.
La Reina DOÑA CATALINA.
La Infanta MARÍA.
ANA BOLENA, dama.

MARGARITA POLO} damas.
JUANA SEMEIRA }
Soldados.
Músicos.
Acompañamiento.

JORNADA I.

Tocan chirimias, y córrese una cortina, aparece el Rey ENRIQUE durmiendo, delante una mesa, con recado de escribir, y á un lado ANA BOLENA, y dice el Rey entre sueños.

Rey.   Tente, sombra divina, imágen bella,
Sol eclipsado, deslucida estrella;
Mira, que al sol ofendes,
Cuando borrar tanto esplendor pretendes.
¿Por qué contra mi pecho airada vives?
Ana.   Yo tengo de borrar cuanto tú escribes. [*Vase.*
Rey.   Aguarda, escucha, espera;
No desvanezcas en veloz esfera
Esa deidad tan presto,
Oye......

    Sale el Cardenal BOLSEO.

Bols.   Señor!
Rey.   Tú estás aqui?
Bols.   Qué es esto?
Rey.   ¿Quién es una muger, que ahora ha salido
Deste retrete? Di.
Bols.   Del sueño ha sido
Ilusion, porque nadie aqui ha llegado.
Cuéntame pues, señor, lo que has soñado.
Rey.   Ay Cardenal! escucha;
Conocerás, si fue mi pena mucha.
Ya sabes, (pero es forzoso
Repetirlo, aunque lo sepas)
Como yo soy el Octavo
Enrique de Inglaterra,
Hijo del Séptimo Enrique,
Que por la muerte violenta
De Arturo dejó en mis sienes
La soberana diadema,
Siendo heredero, no solo
De dos imperios por ella,
Sino de la mas hermosa
Y mas católica Reina,
Que tuvieron los Ingleses,
Desde que en su edad primera
Fueron sus hombros columna
De la militante iglesia,
Porque Doña Catalina,
Hija la mas santa y bella

De los católicos Reyes,
Nuevos soles de la tierra,
Casó con mi hermano Arturo,
El cual por su edad tan tierna,
Ó por su poca salud,
Ó por causas mas secretas,
No consumó el matrimonio,
Quedando entonces las Reina,
Muerto el Príncipe de Walia,
Á un tiempo viuda y doncella.
Los Ingleses y Españoles,
Viendo las paces deshechas,
Los deseos malogrados
Y las esperanzas muertas,
Para conservar la paz
De los dos reinos, conciertan,
Con parecer de hombres doctos,
Que yo me case con ella;
Y atento á la utilidad,
Julio Segundo dispensa,
Que todo es posible á quien
Es Vice-Dios en su iglesia.
De cuya felice union
Salió, para dicha nuestra,
Un rayo de aquella luz,
Y de aquel cielo una estrella,
La Infanta Doña María,
Que habeis de jurar Princesa
De Walia, con que la nombro
Mi legítima heredera.
Esto he dicho, por mostrar
Con el gusto y obediencia,
Que se reciben las cosas
De la fe en Inglaterra;
Pues dicen asi, que fue
Legítima, santa y cuerda
La dispensacion del Papa,
Pues todos vienen en ella;
Y para decir tambien,
Cardenal, de la manera,
Que la defiendo, asistiendo
Con el ingenio y las fuerzas;
Pues ahora que Marte duerme
Sobre las armas sangrientas,
Velo yo sobre los libros,
Escribiendo en la defensa
De los siete sacramentos
Aqueste, con que hoy intenta

Mi deseo confundir
Los errores y las sectas,
Que Lutero ha derramado;
Pues en él, para su ofensa,
Todo es refutar errores
De un libro, que se interpreta,
Cautividad babilonia,
Que es veneno, es peste fiera
De los hombres. Escribiendo
Estaba,...... Oye; que aqui empieza
El horror de mas espanto,
El prodigio de mas fuerza,
Que entre las sombras del sueño
Imágenes dió á la idea.
Escribiendo estaba pues,
(En el sacramento era
Del matrimonio. Ay de mí!)
Y cargada la cabeza,
Entorpecido el ingenio
De un pesado sueño, apenas
Á su fuerza me rendí,
Cuando ví entrar por la puerta
Una muger. Aqui el alma
Dentro de mí mismo tiembla,
Barba y cabello se eriza,
Toda la sangre se hiela,
Late el corazon, la voz
Falta, enmudece la lengua.
Esta llegó á mí, y turbado
De considerarla y verla,
Ya no acertaba á escribir;
Pues cuanto con la derecha
Mano escribía y notaba,
Iba borrando la izquierda.
Con esta imaginacion,
Que hizo caso, y tuvo fuerza
De verdad, estoy dispuesto,
Considerando las señas,
Tanto, que ahora la miro
Con aquella forma, aquella
Imágen, que antes la ví;
Y aun pienso, que el alma sueña,
Pues en tantas confusiones,
Tantos asombros y penas,
Si puede dormir el alma,
No debe de estar despierta.

Bols. No haga la imaginacion
Desos discursos empeño;
Que las quimeras del sueño
Sombras y figuras son.
Estas cartas han venido,
Con cuya ocasion entré
Hasta el retrete, porque
La brevedad he entendido
Que importa.

Rey.   Saber espero
Cuyas son.

Bols.   Aquesta pues
De Leon Décimo es.   [*Dáselas.*

Rey. Y esta?

Bols.   De Martin Lutero.

Rey. Si fuera lícito dar
Al sueño interpretacion,
Vieras, que estas cartas son
Lo que acabo de soñar.
La mano con que escribia
Era la derecha, y era
La doctrina verdadera,
Que zeloso defendia.
Aquesto la carta muestra
Del Pontífice. Y querer
Deslucir y deshacer
Yo con la mano siniestra
Su luz, bien dice, que lleno

De confusiones veria
Juntos la noche y el dia,
La triaca y el veneno.
Mas por decir mi grandeza
Cuya la victoria es,
Baje Lutero á mis pies,
Y Leon suba á mi cabeza.
[*Por arrojar la carta de Lutero á sus pies, y poner
la del Pontífice sobre la cabeza, las trueca.*
Ahora veré lo que dice
Su Santidad. Mas qué es esto?
En nuevas dudas me ha puesto
Otro suceso infelice.
La carta fue de Lutero
La que sobre mi cabeza
Puse. Qué error! qué tristeza!
¡Otro prodigio, otro agüero
Me amenaza! Muerto soy!
Santos cielos! ¿qué ha de ser
Lo que hoy me ha de suceder?

Bols. Que tendrás mil gustos hoy.
¿Qué cometa has visto dar,
Con macilentos desmayos,
Al alba trémulos rayos?
¿Qué monte has visto temblar?
¿En qué eclipsado arrebol,
Previniendo otra fortuna,
Lloró á los pies de la luna
Diluvios de sangre el sol?
Pues si no, ¿qué agüero es
Al dar dos cartas, señor,
Trocarlas yo por error,
Ó entenderlas tú al reves?

Rey. Bien me consuelas, Bolseo;
Fuera de que aqueste error
Ya le juzgo en mi favor,
Y por mi dicha le creo;
Pues si el Pontífice es
Basa firme y fundamento
De la fe, como cimiento
Quiso ponerse á los pies.
Que él es la piedra confieso,
Yo la columna; y asi
Es bien, que él me tenga á mí,
Para que yo sufra el peso,
Que pone sobre mis hombros
Esta bestia, este portento,
Que hoy en las alas del viento
Carga montañas de asombros.
Baje la piedra oprimida,
Suba la llama abrasada,
Esta en rayos dilatada,
Y aquella del peso herida;
Que yo de las dos presumo,
Que buscan en esta accion
Su mismo centro, pues son
Una piedra y otra humo.
No entre nadie á verme: oy,
Sino tú; que escribir quiero
Á Leon Décimo y Lutero.

Bols. Tus pies beso.

Rey.   Triste estoy.   [*Vase.*

Bols. Aunque yo desde la cuna
Hombre humilde y bajo soy,
Subiendo á la cumbre voy
Del monte de mi fortuna.
Á su extremo soberano
Solo falta un escalon.
Dame la mano, ambicion,
Lisonja, dame la mano;
Que si por vosotras medro
Á tan excelso lugar,
Me pienso altivo sentar
En la silla de San Pedro.

Un pobre estudiante fui,
De padres humildes hijo.
Un astrólogo me dijo,
Que al Rey sirviese, que asi
Tan alto lugar tendria,
Que excediese á mi deseo.
Hasta aqui, Tomas Bolseo,
No cumplió la astrología
Su prometido lugar;
Pues aunque tan alto estoy,
Mientras que Papa no soy,
Me queda que desear.
Dijome, que una muger
Seria mi destruicion.
Si ahora los Reyes son
Los que me dan su poder,
¿Qué funesto fin ofrece
Una muger á mi estado?
Cardenal soy y Legado,
Enrique me favorece,
Francisco, que es Rey de Francia,
Y Cárlos, Emperador
De Alemania, mi favor
Pretenden, que con instancia
Cada uno á Enrique quiere
Contra el otro, y en mí está
Su gusto, dueño será
Quien Pontífice me hiciere.

Salen TOMAS BOLENO, CÁRLOS FRANCES
y DIONIS.

Tom. El embajador frances,
Que ha dias que se detiene
En la corte, á pedir viene
Audiencia.
Bols.   Venga despues;
Que ahora á su Magestad
No se puede hablar.   [*Vase.*
Carl.   ¿Quién fue
Quien os respondió?
Tom.   No sé,
Si es la misma vanidad,
La soberbia ó la arrogancia;
Que todo esto, segun creo,
Es el Cardenal Bolseo.
Carl. No os trataron asi en Francia.
Tom. No sé yo que encanto ha sido
El que Bolseo le ha dado
Á un hombre tan celebrado,
Tan prudente y advertido,
Tan docto y sabio, que bien
Leer en escuelas podia
Cánones, filosofía,
Y teología tambien.
Y pues hablar es forzoso
De otra cosa, suplicaros
Quiero, Monsiur, y rogaros,
Como á Frances generoso
Me honreis con vuestra persona
Esta tarde. Ya supisteis,
(Puesto que en Francia la vísteis)
Que tengo una hija, corona
De cuantas bellezas dió
Al mundo naturaleza;
Pues á su rara belleza
Otra ninguna igualó.
Esta pues por Dama viene
Hoy á palacio; que esta
Honrarme pretende á mí
La que menos causa tiene;
Pues la Reina (que Dios guarde)
Honrar mi sangre ha querido,
Y á palacio la ha traido,
Donde ha de entrar esta tarde.

En el acompañamiento
Os suplico que os halleis,
Para honrarnos.
Carl.   Ya sabeis,
Boleno, que solo intento
Serviros, y yo seré
El que asi de vos reciba
Honra y merced excesiva.
Por criado vuestro iré.
Tom. El cielo os guarde.
Carl.   Y á vos
Felice os deje vivir.
Tom. Tarde es, voy á prevenir
Lo que es necesario. Á Dios.   [*Vase.*
Dion. ¡Qué triste mi amo está! — [*aparte.*
Señor, ¿no me dices nada?
¿Oyóte el Rey la embajada?
¿Estás despachado ya?
¿Daremos presto, señor,
La vuelta á Francia?
Carl.   Ay de mí!
No lo quiera Dios!
Dion.   Pues di,
Irémonos hoy?
Carl.   Mejor
Lo hizo la suerte conmigo.
Ni el Rey mi embajada oyó,
Ni estoy despachado yo,
Ni á Francia me vuelvo.
Dion.   Digo,
Que no te entiendo, ni sé
En qué esa razon consiste.
La embajada pretendiste,
Y nunca supe por qué
Con tanto gusto venias
Á Inglaterra, y estás
En ella con mucho mas,
Al cabo de tantos dias;
Y cuando de Francia tratas,
Te entristeces, en pensar,
Que de aqui te has de ausentar.
Qué es esto? ¿Por qué dilatas
Decirme la causa á mí,
Si al cabo la he de saber?
Carl. Pues fuerza y gusto ha de ser
El contarlo, escucha.
Dion.   Di.
Carl. Ó ya porque á su Rey ó al nuestro importe,
Lleno de honor y de prudencia lleno,
De Inglaterra á la francesa corte
Fue por embajador Tomas Boleno.
No sé de los carámbanos del norte,
Como en fuego llevó tanto veneno;
Pero ese móvil de cristal y plata
En su curso los cielos arrebata.
Este llevó tras sí, por mi ventura,
(Siempre la tuve yo para mas pena)
Usurpada de Lóndres la hermosura
En su gallarda hija Ana Bolena.
En aquella deidad hermosa y pura,
De los hombres bellísima Sirena,
Pues aduerme á su encanto los sentidos,
Ciega los ojos y abre los oidos.
Vila en Paris un dia. ¡Á Dios pluguiera,
No que, como se dice, antes cegara,
Sino que á tantas plumas rayos diera,
Que al ave mas hermosa asi imitara!
Fuera el pavon de Juno entonces, fuera
El aura celestial en noche clara,
Que para ver de un sol las luces bellas,
Bien fueran menester tantas estrellas.
En un festin acompañada entraba
De la mayor belleza, que vió el suelo;
De plata y seda azul vestida estaba;

(¿Cuándo no se vistió de azul el cielo?)
Yo, que entonces de libre blasonaba,
Quedé al mirarla envuelto en fuego y hielo;
Que como amor es rayo sin violencia,
Crece, y crece en su misma resistencia.
Fácil hace un diamante á otro diamante,
Y posible un acero hace á otro acero;
El iman al iman es semejante;
Felice es siempre el que llegó primero.
¿Pues qué mucho, que amor en un instante
Postrase humilde corazon tan fiero,
Si en tanta confusion dispuso él ciego
Iman, rayo, diamante, acero y fuego?
Danzó; dancé con ella; no quisiera
Decirte como alli mis confianzas
Resucitaron, conociendo que era
Muger quien supo hacer tantas mudanzas.
Dejó en mi mano un lienzo, lisonjera
Prenda, con que animó mis esperanzas,
Y astrólogo favor, cuyos despojos
Anunciaron el llanto de mis ojos.
Amé, quise, estimé mansos rigores;
Serví, sufrí, esperé locos desvelos;
Mostré, dije, escribí locos amores;
Sentí, lloré, temí tiranos zelos;
Gocé, tuve, alcancé dulces favores;
Dejé, perdí, olvidé vanos rezelos.
Testigos fueron de la gloria mia
Muda la noche y pregonero el dia.
Porque apenas el sol se coronaba
De nueva luz en la estacion primera,
Cuando yo en sus umbrales adoraba
Segundo sol en abreviada esfera.
La noche apenas trémula bajaba,
Á solos mis deseos lisonjera,
Cuando un jardin, república de flores,
Era tercero fiel de mis amores.
Alli el silencio de la noche fria,
El jazmin, que en las redes se enlazaba,
El cristal de la fuente, que corria,
El arroyo, que á solas murmuraba,
El viento, que en las hojas se movia,
El aura, que en las flores respiraba,
Todo era amor. ¿Qué mucho, si en tal calma
Aves, fuentes y flores tienen alma?
¿No has visto providente y oficiosa
Mover al aire iluminada abeja,
Que, hasta beber la púrpura á la rosa,
Ya se acerca cobarde, y ya se aleja?
¿No has visto enamorada mariposa
Dar cercos á la luz, hasta que deja
En monumento fácil abrasadas
Las alas de color tornasoladas?
Asi mi amor cobarde muchos dias
Tornos hizo á la rosa y á la llama,
Temor, que ha sido entre cenizas frias
Tantas veces llorado de quien ama;
Pero el amor, que vence con porfías,
Y la ocasion, que con disculpas llama,
Me animaron, y abeja y mariposa
Quemé las alas, y llegué á la rosa.
¡O mil veces feliz aquel que alcanza
Un imposible, á tanto amor rendido!
¿Quién dice, que, muriendo la esperanza,
Nace de sus cenizas el olvido?
Quien dice, que se igualan la mudanza
Y posesion, ni quiere ni ha querido;
Porque ¿cómo querria enamorado
Quien lo niega despues que está obligado?
En este tiempo acaba la embajada
Su padre, y ella vuelve á Inglaterra,
Quedando yo, como en la noche helada,
Ausente el sol, suele quedar la tierra.
Considera de una alma enamorada

Cuantos discursos imagina y yerra,
Que tantos hice, porque no la via.
¿Qué mucho, si es el norte que me guia?
Pedí al Rey la embajada, que he traido;
Diómela, vine á Lóndres, y gozoso
Estoy de ver, que el Rey me ha detenido.
¡Ojalá fuera un siglo perezoso!
Aunque parte del bien me ha suspendido
Ver, que hoy viene á palacio mi amoroso
Dueño. Mi pena es esta y mi cuidado.
Mira si estoy con causa enamorado.

Dion. Si al fin has de ser su esposo,
¿Por qué vives con temor?
Carl. Tiene mi padre su amor
En esa parte dudoso,
Y es Ana muger altiva;
Su vanidad, su ambicion,
Su arrogancia y presuncion
La hacen á veces esquiva,
Arrogante, loca y vana.
Y aunque en público la ves
Católica, pienso que es
En secreto Luterana.
Yo enamorado y dudoso
De condicion semejante
Quisiera gozarla amante,
Antes que llorarla esposo.
Pero qué es esto? [*Dentro ruido.*
Dion. Que llega
Carl. Di
Bolena á palacio.
El sol, que me abrasa á mí,
El resplandor, que me ciega.

Sale PASQUIN *vestido ridiculamente.*

Pasq. ¡Qué galan voy á mi ver!
Mas qué es esto? Lindo cuento!
¿Cómo el acompañamiento
Sin mí se ha podido hacer?
No es razon, justicia y ley.
Váyanse mas poco á poco;
Que falto yo.
Dion. Este es un loco,
De quien gusta mucho el Rey.
Pasq. ¡Que soy galan de galanes!
Carl. ¡Que un Rey, que es tan singular,
Se deje lisonjear
De locos y de truhanes!
Dion. Viéndole en el corredor
De palacio, pregunté
Quién era. Desto lo sé.
Y es hombre de tal humor,
Que siempre anda adivinando.
Decir las cosas futuras
Son sus temas y locuras.
Mira que vienen entrando.
Pasq. Hágamme luego lugar
En esta parte los buenos;
Que aqui un loco mas ó menos
Poco les puede estorbar.
Carl. Á recibirla ha salido
La Reina. Muger divina
Es la Reina Catalina.
¡Notable favor ha sido!

Salen ANA BOLENA, *su padre* TOMAS, *un Capitan y acompañamiento por un lado, y por otro la* REINA, *la Infanta* MARIA *y* MARGARITA POLO.

Ana. Si favor tan soberano
Hoy merece mi humildad,
Déme vuestra Magestad
Á besar su blanca mano.
Llegará mi aliento ufano

Á la esfera de la luna,
Y no habrá pena ninguna,
Que tema mi suerte; pues
Tendré la envidia á mis pies,
Y en mi mano la fortuna.
Viva en mayor magestad
La que asi honrarme procura,
Cuanto el sol en siglos dura
De una edad en otra edad;
Cuente su posteridad
El tiempo, y en él prefiera
Al ave, que en blanda hoguera
La succesion eterniza,
Porque en caliente ceniza
Siempre viva y nunca muera.   [de rodillas.

Rein. Los brazos, Ana, tomad,
Y el alma misma en los brazos,
Porque confirme en sus lazos,
No imperio, sino amistad.
De la tierra os levantad;
Que esas ceremonias son
De quien con vana ambicion
Á lo divino se atreve,
Porque solo á Dios se debe
Tan debida adoracion.
En vano el hombre procura
Esto para sí usurpar;
Porque no debe adorar
La criatura á la criatura.
Y mas quien en su hermosura
Trae favor tan soberano,
Que muestra en sugeto humano,
Con beldad y resplandor,
Amagos de su criador
En los rayos de su mano.
Besad la suya á María,
Y á las Damas, que esperando
Estan ya los brazos.

Ana.   ¿Cuándo,
Princesa y señora mia,
Merecí ver en un dia
Dos soles, pues de honor llena,
Apenas uno enagena
Su luz, cuando á otro me atrevo?
Dadme la mano.

Inf.   Yo os debo
Los brazos, Ana Bolena.

Ana. Ya no será el fenix solo,
Si tantos puede admirar.

Rein. La que ahora os llega á hablar,
Ana, es Margarita Polo.

Ana. Décima Musa de Apolo·
La fama hacerla procura.

Marg. Será mi opinion segura
Ya, pues que robar intento
Luz á vuestro entendimiento,
Rayos á vuestra hermosura.

Pasq. Aunque te suele cansar
Verme á mí en conversacion,
Solo en aquesta ocasion
Me da licencia de hablar.
Reina mia singular,
Permíteme, que hable un poco;
Pues con causa me provoco,
Porque en precepto tan fiero,
Si no digo lo que quiero,
¿De qué me sirve ser loco?

Rein. Yo no me canso de tí,
Pasquin; mas me pone triste
Pensar, que hombre docto fuiste,
Y que con juicio te ví;
Y de verte ahora asi
Me pesa, y que estés contento.
Esto es, Pasquin, lo que siento.

Pasq. Por eso nos hizo Dios,
Á mí loco, y cuerda á vos,
Y para esto viene un cuento.
Un ciego en Lóndres habia
Tal, que no determinaba
Los bultos con quien hablaba
En el resplandor del dia.
Y una noche que llovía
(Como una de las pasadas)
A cántaros y á lanzadas,
Por las calles caminando,
Se iba mi ciego alumbrando
Con unas pajas quemadas.
Uno, que le conoció,
Dijo: si no os alumbrais,
¿Para qué esa luz llevais?
Y el ciego le respondió:
Si no veo la luz yo,
La vé el que viene. Y asi
No encuentra conmigo aqui;
Con que aquesta luz que ves,
Si no es para ver yo, es
Para que me vean á mí.
Yo soy ciego, (aplico el cuento)
Y si me llego hácia vos,
Para eso os dejó Dios
La luz del entendimiento.
Apartad, si estoy contento,
Y estais triste; y cuando esteis
Alegre, no os aparteis;
Porque yo con mis locuras
Soy ciego, y alumbro á obscuras,
Huid de mí, pues que veis.
Y ahora dadme licencia,
Pues que la ocasion me obliga,
Para que á Bolena diga
En vuestra misma presencia,
Segun mi astróloga ciencia,
El hado que la previene
El cielo, y el fin que tiene
Reservado á su hermosura.

Marg. Aquesta fue su locura.
Inf. ¿Qué, aquesto no te entretiene?
Di.

Pasq.   Lo primero, que saca
La profecía que veis,
Es, que vos, Ana, teneis
Cara de muy gran bellaca;
Y aunque vuestro amor aplaca
Con rigor y con desden
La hermosura, que en vos ven,
Muy hermosa y muy ufana
Venís á palacio, Ana.
¡Plegue á Dios que sea por bien!
Y sí será; pues espero,
Que en él sereis muy amada,
Muy querida y respetada,
Tanto, que ya os considero
Con aplauso lisonjero
Subir, merecer, privar,
Hasta poderos alzar
Con todo el imperio ingles,
Viniendo á morir despues
En el mas alto lugar.

Ana. Yo tomo por buen agüero
Aquesta vez su locura;
Pues siendo yo vuestra hechura,
Tanto levantarme espero,
Que en el sol me considero.

Rein. Vos mereceis mas honor.
Nunca está ocioso el amor,
Y mas el que desconfia.
Dígolo, porque este dia
No he visto al Rey mi señor.

Entrar en su cuarto intento
Á saber de su salud.   [*Va á entrar.*
Carl. Qué belleza!
Tom.   Qué virtud!

[*Vanse Boleno, Cárlos, Dionis y el Capitan.*
Pasq. ¡O que raro entendimiento!
Rein. Qué hace Enrique?

Sale Bolseo, y pónese á la puerta.

Bols.   En su aposento
Está escribiendo, señora.
Tu Magestad no entre ahora,
Porque mandó, que no entrase
Persona que le estorbase.
Rein. Conocéisme?
Bols.   ¿ Quién ignora,
Que vos mi Reina habeis sido?
Que el respeto y magestad
Nunca encubren su deidad.
Rein. ¿Pues cómo tan atrevido,
Bolseo, habeis detenido
Mis pasos?
Bols.   Guardo el precepto
Á que me tiene sujeto
El Rey.
Rein. Loco, necio, vano!
Por Príncipe soberano
De la iglesia, hoy os respeto.
Aquesta púrpura santa,
Que por falso y lisonjero,
De hijo de un carnicero
Á los cielos os levanta,
Me turba, admira y espanta,
Para que deje de hacer......
Pero bastará saber,
Ya que Aman os considero,
Que los preceptos de Asuero
No se entienden con Ester.   [*Vase.*
Bols. Señora,......
Inf.   Basta, Bolseo!
Bols. Tú Alteza advierta, que ya
Á sus plantas......
Inf.   Bien está.
Bols. Solo servirla deseo.   [*de rodillas.*
Inf. Levantad; que yo lo creo.
        [*Vanse todas las Damas.*
Pasq. Y cuando hablar al Rey quiera,
Nadie estorbe mi carrera;
Que si Aman os considero,
Los preceptos de Don Suero,
No se extienden con Estera.   [*Vase.*
Bols. Qué escuché? qué ví? qué oí?
¡Que la Reina Catalina
Piadosa á todos se inclina,
Solo airada para mí!
¡Que su corazon fiel
(Es enojada terrible)
Para todos apacible,
Para mí solo cruel!
El ayo, que me crió,
Me dijo, que una muger
Mi destruicion ha de ser.
Si en lo demas acertó,
Temerlo en esto tambien
Es prevencion acertada;
Pues si no es tú, Reina airada,
¿Quién puede atreverse? quién?
La Reina sin duda es
La que oposicion me tiene,
La que ruinas me previene;
Padezca la Reina pues.
Ganarla de mano espero,
Y será con civil guerra

Asombro de Inglaterra
El hijo del carnicero.   [*Vase.*

————

Salen Tomas Boleno y Ana Bolena.

Tom. Ana, ya estás en palacio.
Ahora en tu mano tienes
El inconstante albedrío
De la fortuna y la suerte.
El Rey me honra á mí, la Reina
Te estima y te favorece.
Yo he hecho lo que he podido,
Haz tú ahora lo que debes.
Ana. No porque de padre sean,
No serán impertinentes
Tus consejos, cuando son
Tan sin propósito siempre.
¿A qué imperio me has traido,
Donde, ceñidas las sienes
De rayos del sol, me vea
Adorada de las gentes,
Para decir, que procuras
Mi aumento? Llegar á verme
Á los pies de una muger,
¿Qué gloria, qué triunfo es este?
¿Yo la rodilla en la tierra?
¿Yo besar con rostro alegre
La mano á la Reina, aunque
De cuatro imperios lo fuese?
Lleváraseme á un monte antes;
Que mas estimara verme
Reina de fieras y brutos,
Á mis plantas obedientes,
Que adorando Magestades,
Entre sagrados laureles,
Nunca envidiada de alguna,
De alguna envidiada siempre.
Mas ya que de mi fortuna
El mayor aplauso es este,
Yo serviré; que no importa,
Supuesto que tú lo quieres.
Tom. Siempre de tu condicion,
Por los discursos crueles,
Temí lastimosos fines.
Mas puesto que cuerda eres,
Sabe vencerte; y pues hoy
Te ponen un trasparente
Cristal en la Reina santa,
Mírate en él, que bien puedes
Componer tus pensamientos.
De sus virtudes aprende,
Que yo hice lo que pude,
Tú verás lo que conviene.
Dios hay; y aunque soy tu padre,
Tal vez podrá ser, que niegue
La sangre por el honor,
Y no rehusaré tu muerte.   [*Vase.*

Salen Cárlos y Dionis.

Carl. Sola ha quedado.
Dion.   Pues llega.
Carl. ¿Podré en palacio atreverme?
¿Podrá el alma, que te adora,
Con el respeto, que debe
Á estas paredes (que en fin
Son sagrado estas paredes)
Decirte, perdido dueño,
Los suspiros que me debes,
Las lágrimas que me cuestas,
De tus dos soles ausente?
Sin ellos, Bolena, vivo
Á obscuras, no de otra suerte,
Que el girasol amarillo,

Iman, que abrasado mueve
Las hojas, siguiendo el norte
Del sol, y cuando le pierde
De vista, marchita y seca
Granos de oro y hojas verdes.
Asi yo, atento á tus rayos,
Vivo aquel instante breve,
Que tu vista me permite,
Siendo girasol, que muere
Con la luz, para vivir
Otra vez que llegue á verte.

Ana. Y yo podré, noble Cárlos,
Decirte, cuando se ofrecen
Del honor y del respeto
Tan grandes inconvenientes,
Pues soy una llama fácil
Entre dos suspiros leves,
Que con el uno se apaga,
Y con el otro se enciende;
Pues estando en tu presencia,
Vivo; y á tu vista ausente,
El fuego es pavesa, es humo,
Hasta que tu aliento vuelve
Á darme luz, alma y vida;
Siendo la llama, que muere,
Ausente, para vivir
Otra vez que llegue á verte.

Carl. ¿Qué consuelo tendrá quien
Tantas ocasiones pierde
De verte, sino saber,
Que está en tu memoria siempre?

Ana. Pues ama, espera y confia,
Que en ella vives.

Carl.   No puede
Dejar de temer quien ama,
De dudar quien vive ausente,
Ni puede estar confiado
Quien sabe que no merece.

Ana. Ame firme el que es querido,
Quien vive admitido, espere,
Y confie el que constante
Mira el cielo que pretende.

Carl. ¿Pues quién es querido?
Ana.   Cárlos.
Carl. ¿Quién admitido?
Ana.   Quien tiene
Mi voluntad en su mano.
Carl. ¿Quién es constante?
Ana.   Quien vence
Tantos imposibles.
Carl.   ¿Cómo?
Ana. Amando.
Carl.   Mi pecho es ese.
Ana. ¿Pues ama tu pecho?
Carl.   Sí.
Ana. ¿Á quién?
Carl.   Es fuerza perderte
El respeto; tú lo sabes.
Ana. ¿Mudaráste?
Carl.   Eternamente.
Ana. ¿Tendrás otro dueño?
Carl.   Nunca.
Ana. ¿Pues qué serás?
Carl.   Tuyo siempre.
Ana. ¿Quién lo asegura?
Carl.   Esta mano.
Ana. ¿De esposo?
Carl.   Digo mil veces
Que sí, aunque mi padre ingrato
En Francia casarme quiere;
Mas ahora estoy en Lóndres.
Ana. La Reina con el Rey vuelve.
Carl. Pues hasta que me dé audiencia,
Que no me vea conviene.

Á Dios, señora.   [*Vanse Cárlos y Dionis.*
Ana.   Él te guarde. —

Salen el REY, BOLSEO, *la* REINA, *la* IN-
FANTA *y Damas, y el Rey, en viendo á Ana*
Bolena, se turba.

Ana. Ya será fuerza que llegue   [*aparte.*
Á pedir la mano al Rey.
¿Otra vez tengo de verme
Con la rodilla en la tierra?
Esta es gloria? Agravio es este. —
Vuestra Magestad, señor,
Me dé la mano.   [*de rodillas.*
Rey.   Qué miro?   [*aparte.*
Ana. Cielos!
Rey.   Si puede......
Ana.   Hoy admiro......   [*ap.*
Rey. Merecer tanto favor......
Ana. Aqui el asombro mayor.   [*aparte.*
Rey. Una esclava.
Rein.   ¡Qué elevado   [*aparte.*
El Rey de verla ha quedado!
Ana. Yo soy......
Rey.   Rigurosa pena!   [*aparte.*
Ana. La dichosa Ana Bolena,
Pues á esos pies he llegado.
Dadme á besar vuestra mano.
Rey. ¿Otra vez, alma, os turbais?   [*aparte.*
Ojos, ¿otra vez mirais
Sombras en el aire vano?
¿Otra vez, prodigio humano,
Rendido á tu vista estoy? —
Esta es la misma, que hoy   [*á Bolseo.*
Alma de mi sueño ha sido;
Pues ahora no estoy dormido,
Despierto estoy, vivo estoy. —
Quién eres? ¿cómo te nombras,
Muger, que deidad pareces,
Y con beldad me enterneces,
Si con agüeros me asombras?
Entre luces, entre sombras
Causas gusto y das horror,
Entre piedad y rigor
Me enamoras y me espantas;
Y al fin entre dichas tantas
Te tengo miedo y amor.
Disimula.
Bols.   Á tanta pena
Rey. Disimular no es consuelo. —
Alzad; no esteis en el suelo,
Bellísima Ana Bolena;
Y si el cielo me condena
Haber sus luces tenido
Á mis pies, disculpa ha sido
El haber, Ana, quedado
Entre tanto fuego helado,
Y en tanta nieve encendido.
Pero esta disculpa en mí,
Mas que me absuelve, condena;
Pues no es esta, Ana Bolena,
La primera vez que os ví.
Levantad; no esteis asi.
Ana. Si en tus brazos me levantas,
Tocaré las luces santas
Del sol. Mas no será bien,
Que vuele mas alto, quien
Está, señor, á tus plantas.
En ellas vivo dichosa,
Y en ellas (rabiando muero!)   [*aparte.*
Mayor esfera no quiero.
Rey. Tan discreta, como hermosa,
Os hizo el cielo.
Inf.   Envidiosa
De sus brazos estuviera,

Si en la magestad cupiera
Envidia.
Ɉein.　　Y en mis desvelos
Pienso que tuviera zelos,
Si amor hasta aqui supiera.
Ɉna.　Mirad, señora, por Dios,
Que agravio á mi amor haceis.
Ɉey.　Al mio no; que bien teneis
Zelos y envidia las dos;
Y mas si os miran á vos,
Ana, tan divina y bella.　　　*[Ɉase.*
Ɉarg.　Con muy favorable estrella,
Bolena, en palacio entrais.
Ruego al cielo, que salgais
(Que es lo que importa) con ella.

JORNADA II.

Salen BOLSEO y el REY.

Ɉols.　Sosiégate.
Ɉey.　　Mal podré;
Que quien sin discurso ama,
Solo en sus penas sosiega,
Solo en su llanto descansa.
En las muertes de los Reyes
Se ven sombras y fantasmas,
Aves de fuego que vuelan,
Cometas de luz que pasan.
Yo ví el cometa y las lumbres
De mis desdichas présagas,
Cuando aquel sueño introdujo
Miedo al cuerpo, horror al alma.
Déjame pues, que yo muera
A manos de quien me mata;
Que será lisonja, siendo
Ana Bolena la causa.

Sale PASQUIN.

Pasq.　Triste está el Rey. ¿De qué sirve [aparte.
Cuanto puede, cuanto manda,
Si no puede estar alegre,
Cuando quiere? — ¿Pues hay causa,
Que os tenga á vos triste?
Ɉey.　　　　　　Sí;
Que las pasiones del alma,
Ni las gobierna el poder,
Ni la magestad las manda.
Triste estoy.
Ɉasq.　　　Pues ahora digo,
Que á mí no se me da nada
De no ser Rey, cuando estoy
Alegre. Y un cuento vaya,
Que me ocurrió en este punto.
Un filósofo, que estaba
En un monte ó en un valle,
(Que no importa á la maraña,
Que esté en bajo ó esté en alto)
Y un soldado, que pasaba,
Se puso á parlar con él.
Y al fin de pláticas largas
Le dijo: ¿posible ha sido,
Que nunca has visto la cara
De Alejandro, nuestro César?
¿De aquel, cuyas alabanzas
Le coronan de laureles,
Y Rey del orbe lo aclaman?
El filósofo le dijo:
No es un hombre? ¿Qué importancia
Tendrá el verle mas que á tí?
Ó si no, para que salgas

Desa adulacion comun,
Del suelo una flor levanta;
Llévala, y dile á Alejandro,
Que digo yo, que me haga
Sola una flor como ella;
Verás luego, que no pasan
Trofeos, aplausos, glorias,
Lauros, triunfos y alabanzas
De lo humano; pues no puede,
Despues de victorias tantas,
Hacer una flor tan fácil, -
Que en cualquier campo se halla.
Asi vos, despues de ser
Un soberano Monarca,
Rey temido y estimado
Por el ingenio y las armas,
No podeis estar alegre,
Cosa tan vil y tan baja,
Que en un pícaro desnudo
Y muerto de hambre se halla.
Rey.　Gusto me has dado, Pasquin.
Pasq.　Y tú no me has dado nada,
Por no darme gusto á mí.
Rey.　Di, qué quieres?
Pasq.　　　　Que me hagas
De tu corte figurin,
Te suplico, y de tu casa;
Que esto es ser denunciador
De figuras; que es bien que haya
Juez de figuras, que tenga
Del que fuere declarada
Figura, solo un dinero.
Rey.　Tengo de ver en qué para [aparte.
Aquesta nueva locura. —
Pasquin, yo te hago la gracia.
Pasq.　Pues pagadme, Cardenal.
Bols.　Por qué?
Pasq.　　　　Porque traeis la barba,
No mas de porque se usa,
Como chibo, larga y ancha.
Mas si es uso, no me espanto.
Yo ví muy triste á una dama,
(Y esto es verdad, vive Dios!)
Y solo porque no estaba
Hipocondríaca, siendo
La enfermedad que se usaba......
Pero yo me voy, que viene
Con docientas y tres Damas
La Reina, por divertirte
De aquesa grave, pesada
Melancolía que tienes;
Y siempre á la Reina cansa
El verme aqui.
Rey.　　　　Eso será
Por no darme gusto en nada. —
No te vayas, Cardenal;
Dime (porque yo no haga
Algun extremo, volviendo
Á verla) ¿quién acompaña
Á la Reina?
Bols.　　　La primera
Es mi señora la Infanta;
Luego Margarita Polo.
Rey.　¡Cuanto esa beldad me cansa!
Bols.　Es valida de la Reina.
Rey.　Quién se sigue luego?
Bols.　　　　　Juana
Semeira.
Rey.　　　Aunque no es hermosa,
Tiene algun donaire y gracia.
Bols.　Luego viene Ana Bolena.
Rey.　No digas mas; que ya el alma,
Por asomarse á los ojos,
El corazon desampara.

Por este gusto, ¿qué quieres
Que te dé?

Bols.   Solo que hagas
De una vez aquesta hechura,
Que empezaste á hacer de tantas.
Por la muerte de Leon
Décimo ahora está vaca
La silla pontifical ;
Y si tú, señor, me amparas,
Como lo hacen Cárlos Quinto
Y Francisco, Rey de Francia,
No habrá duda de que ciña
Las tres divinas tiaras.

Rey. Eso es lo que mas deseo.
Mi favor tendrás.

Bols.   Levantas
Al lugar mas soberano
Un vasallo, que te ama.

Salen la REINA, *la* INFANTA, MARGARITA
POLO, JUANA SEMEIRA, ANA BOLENA
y Damas.

Rein. ¿Vos sin salud, señor mio,
Y yo viva? ¿Vos con causa
De tristeza, y yo no muero?
Poco siente quien os ama.
Cómo os hallais?

Rey.   Qué prolija! *[aparte.*
Rein. Estais mejor?

Rey.   Qué cansada! — *[aparte.*
Falta de gusto y salud
Es aquesta.

Rein.   ¡Quién llegara
Á poder partir con vos,
No el gusto, que si él os falta,
Mal podré tenerle yo!
Conmigo vienen las Damas
Á divertiros con juegos,
Versos, festines y danzas.
La bella Simeira es
Dulce Sirena, que encanta
Con sus voces los oídos ;
Margarita es celebrada
Por sus versos, pues con ellos
Hoy á todos aventaja;
Ana Bolena......

Rey.   Ay de mí! *[aparte.*
Rein. Estremadamente danza.
Y si festines y versos
No te divierten ni agradan,
De moral filosofía
Tiene principios la Infanta.
Yo sé lenguas diferentes.
Escoge entre cosas varias,
Qué puede alegrarte.

Rey.   Ya *[ap. á Bolseo.*
No puede alegrarme nada,
Sino es que dance Bolena.

Bols. Pues para que no se haga *[aparte á él.*
Novedad de tu eleccion,
Diles á las otras Damas,
Que canten primero, y digan
Los versos.

Rein.   ¿Qué es lo que habla
Tu Magestad con Bolseo?

Rey. Negocios son de importancia.
Rein. Cardenal, salios afuera.
Los negocios no se tratan
En acaso, y donde estoy,
No ha de tener mas privanza
Vuestra Magestad. No os vais?

Bols. Yo me iré donde dé traza *[aparte.*
Del modo que ha de tener
Tu castigo y mi venganza.

Rey. ¿En qué tendré gusto yo,
Que os agrade?

Rein.   Justas causas
Me mueven. Tengo á Bolseo
Por lisonjero, y que entabla
Mas su aumento, que el provecho
Del reino ; que solo trata
De subir al sol, midiendo
La soberbia y la arrogancia.
Esto es daros mas pesar,
Que gusto. Empiecen las Damas
Á divertiros. — María,
Toma un instrumento y canta.

Sem. Cantaré un tono, aunque antiguo,
Por ser la letra extremada.

[cant.] En un infierno los dos,
Gloria habemos de tener ;
Vos en verme padecer,
Y yo en ver que lo veis vos.

Rey. Extremado tono y letra.
Rein. Y no lo es menos la gracia
De María.

Pasq.   Sí por cierto ;
Como un gilguerillo canta.

Rein. Toma esta piedra. — Y por ver,
Que tanto la letra agrada
Á tu Magestad, diré
Una glosa suya.

Pasq.   Vaya.
Rein. En un infierno los dos,
Gloria habemos de tener ;
Vos en verme padecer,
Y yo en ver que lo veis vos.
Á dos imposibles fieros
Quiere mi amor atreverme ;
Y son, cuando llego á veros,
Que dejeis de aborrecerme,
Ó que deje de quereros.
Sin esperanza yo y vos
Aborrecemos y amamos ;
Y pues nos condena un Dios
Á tanta pena, ya estamos
En un infierno los dos.
De un lisonjero clavel,
Que hermoso á la vista engaña,
Una dulce, otra cruel,
Saca ponzoña la araña,
La abeja destila miel.
Así de veros querer
Tened pena, gusto no ;
Vos de verme aborrecer
Mis pensamientos, y yo
Gloria habemos de tener.
Si vos, por solo vengaros,
No dejais de despreciarme,
Fácil es el castigaros ;
Pues yo, por solo vengarme,
Nunca dejaré de amaros.
Si el olvidar y querer
Castigo entre dos alcanza,
Yo en veros aborrecer
Me vengo, y tomais venganza
Vos en verme padecer.
Aunque yo contento espero
De que mudaros podeis,
Pues en tormento tan fiero,
Si sé, que me aborreceis,
Vos tambien sabeis, que os quiero.
El amor vive, que es Dios,
Mas no el aborrecimiento ;
Y así esperemos los dos,
Vos en ver lo que yo siento,
Y yo en ver que lo veis vos.

[Vase. Rey. Buenos versos!

Pasq.   No muy buenos,
Razonablejos les basta.
Inf. Pues qué tienen?
Pasq.   Soy poeta,
Y asi ningunos me agradan,
Si no son mis propios versos;
Los demas no valen nada.
Inf. Dance Ana Bolena ahora.
Ana. Danzaré, pues tú lo mandas.
Rey. Disimulemos, amor.   [*aparte.*
Pasq. Qué tocarán?
Ana.   La Gallarda.
[*Danza Ana Bolena, y cae á los pies del Rey.*
Rey. Á mis plantas has caido.
Ana. Mejor diré que á tus plantas,
Pues son esfera divina,
Me he levantado tan alta,
Que entre los rayos del sol
Mis pensamientos se abrasan
Mas remontados.
Rey.   No temas,
Si mis brazos te levantan.
Quiera amor que sea, Bolena,
Al pecho, en que idolatrada
Vives.
Ana.   Ya sé lo que os debo,
Señor; por ahora basta.
Pasq. ¿Ha danzado bien Bolena?
Que yo no entiendo de danzas.
Todas me parecen unas,
Pues todas veo, que paran
En ir saltando hácia aqui
Ó hácia alli; una vez se alargan
Con carreras, y otras veces,
Dando salticos, se paran;
Siendo pelota de viento
Al compas de una guitarra.

Sale TOMAS BOLENO.

Tom. Hablarte quiere, señor,
El embajador de Francia.
Rein. Dias ha que le detiene
Bolseo, y no sé la causa.
Pasq. Entrando cosas de veras,
Sobro yo; quiero ir á caza
De figuras. Ojo alerta,
Señores, que soy la Parca.   [*Vase.*
Rey. Entre.   [*Vase Tomas Boleno.*

Vuelve TOMAS BOLENO *con* CÁRLOS.

Carl.   Á tus invictos pies,
Cristianísimo Monarca,
Beso la mano, que ha sido,
Con la pluma y con la espada,
Admiracion de dos mundos.
Desde el dia que las cartas
De creencia di y besé
Tu mano, hasta ahora aguarda
Mi deseo esta ocasion.
Rey. Mi poca salud y largas
Ocupaciones, Frances,
Vuestro despacho dilatan.
Carl. Pues ya, señor, que he llegado
Á verte, en pocas palabras
Diré el fin á que he venido, —
Si puede decirlo el alma. — [*aparte.*
Francisco, de Francia Rey,
Para lograr la esperanza,
Que ofrecen rosas y flores,
Ya con las lises de Francia,
Ya con los ingleses lirios
En las vencedoras armas,
Quiere unir dos primaveras
De juventudes lozanas,

Á quien ni el tiempo se oponga,
Ni se atreva la mudanza.
Y asi, para conservar
La paz, excusando tantas
Disensiones como tiene
Hoy la religion cristiana,
Para el Príncipe de Orliens,
(Sol á quien los rayos faltan)
En casamiento te pide
Á mi señora la Infanta.
Vuestra Magestad ahora
Con su Parlamento haga
La union destos dos imperios;
Que esta es, señor, mi embajada.
Rey. Yo lo veré mas despacio.
Carl. El cielo te dé tan larga
Vida, que inmortal excedas
Á aquel pájaro de Arabia,
Que el fuego, en que nace y muere,
Sopla él mismo con sus alas.
Rein. Triste vais, iré con vos;
Que el alma nunca se aparta
De donde vive.
Rey.   Sí hace; [*aparte.*
Que si tú la tienes, Ana,
Cierto es, que con alma muero,
Cierto es, que vivo sin alma. [*Vanse todos.*

Sale BOLSEO.

Bols. No hay cosa que me suceda
Bien; ya es mi suerte importuna.
No des la vuelta, fortuna,
Deten un poco la rueda.
Contra las humanas leyes,
Al embajador tenia
Suspenso, asi pretendia
Tener amigos dos Reyes;
Porque no determinando,
Á quien la Infanta le daba,
Á Cárlos lisonjeaba,
Y á Francisco, procurando,
Que los dos favoreciesen
Mi pretension; que despues
El Español ó el Frances
No importa que se ofendiesen.
Y no solo el Rey ha oido
El embajador de Francia,
Estorbándome esta instancia,
Pero Cárlos ha querido
Hacer á su maestro Adriano,
Quitándome á mí este honor,
Dignísimo succesor
Del Pontifice romano.
Y pues la Reina este dia
Venganza á todo me ofrece,
Muera, pues que me aborrece,
Y muera, porque es su tia.
Y aun contra el Papa me atrevo,
Por ser mi competidor,
Á introducir un error
El mas prodigioso y nuevo.
Bolena á buen tiempo viene;
Parece que la llamé.
En una industria veré,
Si valor y ánimo tiene'
Para ayudarme; que en ella
Fundo toda mi esperanza.
Hoy veré, si mi venganza
Tiene buena ó mala estrella.

Sale ANA BOLENA.

Vuestra Magestad, señora,······
Qué es esto? Como dejé
Aqui á la Reina, llegué

Tan inadvertido ahora,
Que hablé ciego. Perdonad,
Y mi turbacion abone
El descuido.

Ana.   ¿Que perdone,
Quereis, una Magestad,
Cuando en discursos tan claros
Los oidos lisonjeros
Tienen mas que agradeceros,
Cardenal, que perdonaros?
Qué ofensas oí? ¡Pluguiera
Á los cielos, que ignorante
Os turbárais cada instante,
Y cada instante os oyera;
Y al fin, mas desvanecida,
Por ley, por descuido no,
Oyera ese nombre yo,
Y costárame la vida!
¿Á quién le pesa de oir
Nombre tan dulce y suave? —
Ay dolor! ay pena grave! [*aparte.*

Bols. No dices mal (proseguir [*aparte.*
Puedo) de lo que quisiera
Pedir perdon, yo lo sé;
Y el de que por yerro fue,
Ó por acierto, pudiera
Decirlo en otra ocasion.
Pero el peligro me obliga
Á callar. Basta que diga,
Que aquestas cosas no son
Para tratadas asi.
El cielo te guarde, á Dios. [*Hace que se va.*

Ana. Solos estamos los dos,
Y no has de salir de aqui,
Sin declararme el secreto.

Bols. ¿Y tú le sabrás tener,
Bolena, siendo muger?

Ana. Por los cielos te prometo
De ser mármol.

Bols.   ¿Y tendrás,
Ya que secreto me ofreces,
Valor?

Ana.   Dígote mil veces,
Que en mí todo hallarás,
Secreto tendré, y valor;
Porque no me puede dar,
Ni todo el cielo pesar,
Ni todo el infierno horror.

Bols. Pues tú mi Reina serás.
En Inglaterra espero
Coronarte, si primero
Mano y palabra me das,
De que no has de ser ingrata;
Que temo, que una muger
Mi destruicion ha de ser;
Por eso mi ingenio trata
De asegurar ese agravio
Con amagos y querellas;
Porque sobre las estrellas
Alcanza dominio el sabio.

Ana. Palabra te daré aqui,
Con solemne juramento,
De ayudar tu pensamiento.

Bols. De qué suerte?

Ana.   Escucha.

Bols.   Di.

Ana. Plegue á Dios, que cuando intente
Ofensa tuya, (despues
Que tenga el cetro á mis pies,
Y la corona en mi frente)
Que el aplauso y el honor,
Que tanta dicha concierta,
Tristemente se convierta
En pena, llanto y dolor;

Y por fin mas lastimoso
De lo que al cielo le plugo,
Muera á manos de un verdugo,
En desgracia de mi esposo.
Esto juro, esto prometo.

Bols. Y yo satisfecho estoy.
Y para que empieces hoy
Á tener dichoso efeto,
Oye la mayor maldad,
Que hombre mortal intentó,
Ni que el sol verá ni vió
De una edad en otro edad.
Solo obedecer procura.
Ya sabes, que el Rey te quiere,
Y que enamorado muere
Por tu divina hermosura,
Ya sabes, que Enrique es
Hombre fácil, y se ciega
Tanto, que, si á querer llega,
No hay respeto ni interes
A que se rinda su amor.
Pues como tú finjas bien,
Que le quieres, y tambien,
Que por tu sangre y tu honor
No puedes favorecerle,
Y que, si su esposa fueras,
Le amaras y le quisieras,
Yo sabré despues ponerle
Á los ojos tal engaño,
Que brote del alma del pecho,
Para que nuestro provecho
Resulte en ageno daño.

Ana. Yo pensé, que habia de hacer
Prodigios; porque pedir,
Que solo sepa fingir,
Sabiendo que soy muger,
Y que soy Bolena yo,
Bien excusarse pudiera;
Pues por ser muger fingiera,
Cuando por ser Reina no.

Bols. Él viene.   [*Vase.*

Ana.   Cárlos, perdona,
Si tu firme amor ofendo,
Cuando hoy aspirar pretendo
Al lustre de una corona.
Muger he sido en dejar,
Que me venza el interes,
Séalo en mudar despues,
Y séalo en olvidar.
Que cuando lleguen á ver,
Que el interes me ha vencido,
Que he olvidado y he fingido,
Todo cabe en ser muger.

Sale el REY.

Rey. No en balde el alma mia,
Que ausente de tí estaba,
Errando me guiaba
Donde tu luz ardia;
Que en tan feliz encuentro
Llama ha sido mi amor, subió á su centro.
¡Ay, Ana hermosa y bella!
Nuevo prodigio ha sido
De amor el que ha rendido
Mi pecho; no una estrella
Favorable me inclina,
Sino toda la esfera cristalina.
Puesto que mi albedrío
Á quererte me fuerza,
Sin que mi amor se tuerza,
Ya no es libre ni es mio.
Dame esa blanca mano.

Ana. Deten, señor, la tuya; porque en vano
El labio helado mueves

Con amorosas quejas,
Cuando de tí te alejas,
Y á tanto honor te atreves;
Que si amor te provoca,
Es rayo amor, y abrasa cuanto toca.
No porque yo no estimo
Tu amoroso desvelo;
Que tambien sabe el cielo,
Que me venzo y reprimo;
Si quiero mas, qué quieres?
Pero soy tú vasalla, y mi Rey eres.
¡Ojalá no lo fueras!
¡Fueras (ay Dios!) un hombre
De bajo estado y nombre,
Pobre (ay de mí!) nacieras!
Que quien tus partes tiene,
Poca deidad el cetro le previene.
Yo entonces te estimara,
Yo entonces te quisiera,
Esposa tuya fuera,
Y como tal te amara.
Mira á lo que has llegado,
Que para ti es desmérito el estado.
¿Mas para qué es ponerte
En desdichas terribles
Discursos imposibles?
Pues aunque merecerte
Como Reina pudiera,
Mas vale, que tú reines y yo muera.
         [Hace que se va.
Rey. ¡Ana, detente, aguarda!
Ana. Aqui está quien te estima.
Rey. Tu hermosura me anima,......
Ana. Tu deidad me acobarda,......
Rey. Ay Bolena! á adorarte.
Ana. Ay Enrique! á perderte y á olvidarte.
Rey. ¿Si yo hombre humilde fuera,
Tu aficion me estimara?
Ana. Mi respeto humillara,
Y tu humildad subiera;
Porque en extremos tales
El amor á los dos hiciera iguales.
Rey. Pues menos aventuras,
Si favores previenes,
Sin humillarte, y vienes
Á mas honor.
Ana.   Procuras
Tú mi deshonra clara;
Que el ser tu esposa ya me disculpara,
Pero no el ser tu dama.
Y asi piedad no esperes.
Si me estimas y quieres,
No borres hoy la fama,
Que limpia y clara vive.
Rey. No es descortes mi amor, tambien escribe
Finezas amorosas,
Si fuera único dueño
Del mundo, honor pequeño
Á tus plantas hermosas,
Como libre me hallara,
De los rayos del sol te coronara.
No puedo; tengo esposa,
Soy casado; no puedo.
Ana. Pues disculpada quedo.
Rey. Dame una mano hermosa,
Ya que á matarme vienes.
Ana. No puedo; eres casado, esposa tienes.
Ni tú puedes casarte,
Ni yo puedo quererte;
Y en tan dudosa suerte
Es forzoso dejarte;
No digan los enojos,
Que callo con la lengua y con los ojos.
Á Dios, á Dios, Rey mio,

Mi señor y mi dueño;
No haga en tí nuevo empeño
El triste llanto mio.
Sabe el cielo, si quiero......   *[Vase.*
Rey. Y el cielo sabe, si rabiando muero.

        Sale B O L S E O.
Bols. ¡Con qué grave tristeza   *[aparte.*
Divertido ha quedado!
Llegaré descuidado;
Que aqui mi engaño empieza,
Si ha obrado como creo. —
Qué hace tu Magestad?
Rey.   Morir, Bolseo.
Todo el infierno junto
No padece en su llanto
Pena y tormento tanto,
Como yo en este punto;
Porque en muerte deshecho,
Si es Etna el corazon, Volcan el pecho.
¡Ay de mí, que me abraso!
¡Ay cielos, que me quemo!
No es de amor este extremo.
Mover no puedo el paso.
Algun demonio ha sido
Espíritu, que en mí se ha revestido.
Bols. Sosiégate.
Rey.   Sosiego
Pides á la fortuna,
Constancias á la luna,
Obediencias al fuego,
Leyes al mar salado;
Que estoy de Ana Bolena enamorado.
¿Quieres saber á cuanto
Esta dicha excede?
¿Quieres ver lo que puede
Pena y tormento tanto?
Con ella me casara,
Si libre en este punto me mirara.
Y aun no sé lo que hiciera
Con estarlo. Confieso,
Que estoy loco, sin seso.
Bols. Señor, pena tan fiera
(Valor, mi lengua mueve, *[aparte.*
Aquesta es la ocasion, al sol te atreve)
Fiero remedio pide.
Mas importa la vida
De un Rey, que ver perdida
La Magestad, que os mide
Cetro y laureles de oro.
Rey. Qué me quieres decir?
Bols.   Señor, no ignoro,
Que sabe Vuestra Alteza
Mas, que yo á saber llego;
Pero escúchame, y luego
Córtame la cabeza,
Que, por darte la vida,
Estará mal guardada y bien perdida.
Mil veces ha querido
Mi lealtad, que te adora,
Decirte lo que ahora;
Pero no me he atrevido;
Que por injustas leyes
No se dicen verdades á los Reyes.
Mas hoy, que en tu provecho
Puedo hablar libremente,
Salga aqueste vehemente
Escrúpulo del pecho.
Tú estás, señor, soltero;
No fue tu matrimonio verdadero.
Ni humana ni divina
Ley habrá, que conceda,
Que ser tu esposa pueda
La Reina Catalina,

Siendo caso tan llano,
Que fue primero esposa de tu hermano.

Rey. Al alma me has llegado
Con aquesa razon. ¿Si ha dispensado
El Papa?

Bols.   Qué rezelas?
Esa opinion se trate en las escuelas,
No aqui; porque en andando con razones
Equivocas la causa en opiniones,
Todos, cuando se arguya,
Por Rey, por docto, han de tener la tuya.
Cuando verdad no fuera,
Y ciegamente tu aficion quisiera
Deshacer la razon y la justicia,
¿Quién pensará de tí, que fue malicia?
¿Quién pensará de tí, que no lo has hecho,
Aconsejado del comun provecho
Y tu misma conciencia?
Sal del yugo, sacude la obediencia,
Repudia á Catalina;
En un convento esté, pues es divina;
Que, cuando este partido se la ofrezca,
No dudo yo, señor, que le agradezca.
Sin gusto, sin amor estás casado;
Repúdiala, señor, pues has llegado
Á tan notable extremo.
Qué tienes que temer?

Rey.   Yo nada temo
En intentarlo todo;
Solo temo, Bolseo, hallar el modo.

Bols. Llama tu Parlamento,
Y junto haz un retórico argumento,
Diciendo, que te aflige la conciencia
Á tomar contra el Papa esta licencia;
Y mostrando, que es zelo aqueste intento,
Haz extremos, señor, de sentimiento.
Apártala de tí; quedarás luego
Libre para apagar el vivo fuego,
Que te abrasa, y despues se tendrá modo,
Para que el Papa lo componga todo;
Que yo solo deseo
Tu gusto y tu salud.

Rey.   Parte, Bolseo;
Pues tú solo procuras dar la vida
Á tu Rey, que la tiene ya perdida
Á manos de un amor desatinado;
Junta los consejeros de mi estado;
Porque las confusiones, con que lucho,
Nunca permiten, que se piense mucho;
Que en cosas graves siempre las disculpa
La prisa con que se hacen.

Bols.   Ya me culpa [*ap.*
Á mí la dilacion y la tardanza,
Mi vida asegura, y mi privanza,
Aunque se pierda todo;
Pues pienso hacer de modo,
Que el que engañado ahora y ciego queda,
Cuando se quiera arrepentir, no pueda. [*Vase.*

Rey. Confieso, que estoy loco, y estoy ciego,
Pues la verdad, que adoro, es la que niego;
Pero si un hombre el daño no alcanzara,
Aunque errara, parece que no errara;
Que en tan confusa guerra
Solo errará el que no sabe cuando yerra.
Bien sé, que me ha engañado
Bolseo, y que he quedado
De su falso argumento satisfecho;
Y es, que el fuego infernal, que está en el pecho,
Hace, que ciega mi turbada idea
Niegue verdades y mentiras crea.
Bien sé, que no repugna (caso es llano)
El casamiento, que hace el un hermano
Con muger del hermano, porque Júdas,
(Para satisfaccion de aquestas dudas)

Gran Patriarca, dijo,
Que con Tamar, viuda de Her su hijo
Casase. Era tambien hijo segundo.
Todo en ley natural tambien lo fundo,
Y en escritura; pues que fue forzoso,
Que la muger, despues del muerto esposo,
Y mas cuando sin hijos se quedase,
Con el hermano suyo se casase.
Luego si esto no fue contra el derecho
Escrito y natural, por el provecho
Comun el Papa pudo
(Confieso que es verdad, y no lo dudo)
En la ley eclesiástica y humana
Dispensar, es verdad, es cosa llana.
Y cuando en mi argumento no se quede,
El Papa es Vice-Dios, todo lo puede.
Pero aunque lo confieso,
Faltó en mí la razon, pues faltó el seso.
Padezca Catalina
Por Cristiana, por santa, por divina;
Sí, pues quieren los cielos
Hoy acabarme; sí, pues mis desvelos
Me ponen desta suerte
En las últimas líneas de la muerte.
Catalina, perdona,
Si quito de tus sienes la corona,
Para ponerla en otras, pues el cielo,
Que mira tus desdichas y tu zelo,
Por mayor alabanza,
Me dará á mí castigo, á tí venganza;
Pues si la pierdes tú por virtuosa,
Otra podrá perdella
Por vana, por lasciva y ambiciosa.
Esta fue mi desdicha, esta mi estrella.

       Sale P a s q u i n.

Pasq. Con una duda vengo
Del cargo figurífero que tengo.
El que es figura doble,
Figura de dos hierros, de dos filos,
De dos haces, cansados los estilos,
Debe pagar dos veces? Porque he hallado
Un figura de á dos.

Rey.   Terrible estado!
Si no alcanzo el efecto, que hoy espero,
Muero de amor; y si lo alcanzo, muero
De dolor. Pues ya estoy desta manera,
Muera de gusto, y no de pena muera;
Pues de cualquiera suerte
Voy pisando las sombras de la muerte. [*Vase.*

Pasq. No quiso responderme. Peligroso
Alcance sigue el hombre, que es gracioso,
Pues llega en ocasion donde se enfría,
Cuando dice una gracia, y no hay quien ria.
Pero á palacio viene
Mucha gente; á esta puerta me conviene
Estar, y como vayan hoy entrando,
Del que fuere figura iré cobrando.

Salen por una parte T o m a s B o l e n o *y el Capitan, y por otra* C á r l o s *y* D i o n i s.

Tom. Qué querrá el Rey?

Cap.   Si al Parlamento llama,
Cosa grave será.

Tom.   Voló la fama,
Que dice, que le mueve su conciencia
Una gran novedad.

Pasq.   Tened paciencia,
Señor Tomas Boleno;
Que estas son cosas que hace Dios. Condeno
El cabello.

Tom.   Por qué?

Pasq.   ¿No ha reparado,
Que fue alazan, y es hoy rucio rodado?
Pero no me responda, porque vienen

Las damas. Todas sus pericos tienen;
Llegaré á cobrar dellas;
Pero cuando no, hay soplo, por ser bellas.

*Salen las Damas, córrese una cortina, y estarán
sentados el* R E Y *y la* R E I N A *con coronas y ce-
tros, y la* I N F A N T A *sentada junto á la* R e i n a,
y B O L S E O *detras del* R e y *en pie.*

Carl. Ya el Rey está sentado
Con la Reina y la Infanta.
Tom.   ¡Qué turbado
Se muestra en su semblante!
Bols. Ya tu corte, señor, está delante.
Rey. Vasallos, deudos y amigos,
Cuyos valerosos hombros
Son las basas de un imperio,
Las columnas de dos polos:
Ya sabeis, que yo en el mundo
Católico y religioso,
Por ser obediente al Papa,
Cristianísimo me nombro;
Ya sabeis, que vigilante
Á los errores me opongo,
Con que nuestra fe perturba
Ese prodigio, ese monstruo
De Lutero; y ya sabeis,
Que advertido y cuidadoso
Bien lo dicen los escritos)
Me llaman Enrique el docto.
Pues yo, que en tantas acciones
De las muestras, que os propongo,
He sido quien ha evitado
Tantos errores y asombros,
Bien cierto es, que no pretendo
Causar nuevos alborotos
En la Cristiandad; pues antes,
Para excusar los estorbos
Á tantos heresiarcas,
Á quien la fe causa enojos,
En aqueste Parlamento,
Á que os he llamado, solo
Asegurar mi conciencia
Pretendo. Escuchadme todos.
Catalina, vuestra Reina,
(Aquí turbado y dudoso
Hablen antes, que las voces,
Las lágrimas en los ojos)
Catalina, nuevo ejemplo
De virtud, (que mas dichoso,
Que por Rey de dos imperios,
Me tengo, por ser su esposo)
Fue de mi hermano muger.
Esto á todos es notorio.
Y asi conmigo no pudo
Ser válido el matrimonio.
Y viendo, que yo no estoy
Casado con ella, pongo
En libertad mi conciencia,
(Sabe el cielo si lo lloro)
Con apartarla de mí.
Y asi ahora la despojo
Del imperio, y á sus manos
Quito el cetro y laurel de oro,
Porque, no siendo mi esposa,
Está en su poder impropio.
Esto es ser César cristiano,
Pues á una muger, que adoro
Mas que á mí, pues á una santa
De mis estados depongo.
Sabe el cielo, si sintiera
Apartarme de mí propio
Tanto; pero donde es ley,
Es obedecer forzoso.
La Infanta Doña María,

Verde rama deste tronco,
Mi sucesion asegura;
Y asi, aunque es de matrimonio
Disuelto, Princesa queda,
Tal la juro y reconozco. —
Y tú, Catalina, vete
En hado tan riguroso,
Donde llores tu fortuna,
Y des á la envidia asombros.
Cárlos Quinto es tu sobrino;
Vete á España, ó con piadoso
Zelo vive en un convento,
Que es á tus costumbres propio;
Que yo, triste y condolido
De un acto tan lastimoso,
No puedo verte, porque
Tus fortunas siento y lloro. —
Y el vasallo, que sintiere
Mal, advierta temeroso,
Que le quitaré al instante
La cabeza de los hombros.
Rein. Escucha, señor, si puedo
Hablar; que el aire, medroso
De tus preceptos, parece
Que se niega á mis sollozos;
Y yo, por obedecerte,
Leyes á mi lengua pongo,
Con mis lágrimas me anego,
Con mis suspiros me ahogo.
Mi Enrique, mi Rey, mi dueño,
Mi señor, mi dulce esposo,
(Que este nombre entre los dos
Como á sacramento adoro)
No siento ver á mis plantas
La corona y cetro de oro,
Depuesta de mis estados,
Esta seca y aquel roto;
No siento, que de tu imperio
Trofeos del ambicioso
Me aparten; pues de la muerte
Serán caducos despojos;
Siento verme sin tu gracia,
Siento verte con enojos,
Y haberte dado ocasion
Á extremos tan rigurosos;
Y si no, para saber
Cual destas desdichas lloro,
Ponme en obscura prision,
Donde los rayos hermosos
Del sol me nieguen sus luces;
Llévame á lo mas remoto
Del mundo, donde entre fieras
Y en un monte duros troncos
Me escuchen, ó ya en el mar,
Entre nevados escollos,
Desnudas peñas habite;
Pues ya en unos ó ya en otros
Viviré pobre y contenta,
Como sepa, que mis ojos
Estan, señor, en tu gracia,
Que pueda llamarte esposo.
Y cuando quiera mi amor,
Que, por darte gusto en todo,
No sienta el estar sin tí,
(¡Qué de imposibles propongo!)
¿Cómo dejaré, señor,
De sentir el peligroso
Extremo en que vives, siendo
Causa á nuevos alborotos?
¿Tú, cristianísimo Rey,
Que prudente y religioso
Las columnas de la iglesia
Trajiste sobre tus hombros;
Tú, que sabio confundiste,

Con estudios cuidadosos,
Á Lutero, pones duda
Sobre los rayos de Apolo?
Menos sé, que tú, señor;
Mas cuando las cosas toco
De la fe y su religion,
Creo, cerrados los ojos,
Que el peregrino en el mar
Fin tuviera lastimoso,
Si el gobierno de la nave
Tiranizara el piloto.
Las cismas y los errores
Con máscaras de piadosos
Se introducen; pero luego
Se van quitando el embozo.
Mira no vayas, señor,
Deslizando poco á poco:
Porque el volver sobre tí
Será mas dificultoso.
El Pontífice Dios es;
Pues si Dios lo puede todo,
No hay duda, todo lo pudo.
Esto sé, y esto conozco.
Para él apelo, y á Roma,
Arrastrando con los ojos,
Partiré peregrinando,
Á pedir justicia solo.
Y asi, aunque á España pudiera
Irme, adonde el victorioso
Cárlos me diera su amparo,
Ni le pido, ni le invoco,
Por no pedirle venganza
Contra tí; pues si animoso
Solicitara vengarme,
Mi pecho, mi pecho propio
Fuera tu escudo, y en él
Deshicieran los enojos
Golpes del templado acero,
Iras del ardiente plomo.
Irme á un convento, señor,
Por religiosa, tampoco;
Porque, si yo estoy casada,
En vano otro estado tomo.
Y asi en palacio he de estar,
Á vuestros umbrales propios,
Y sabrán, muriendo en ellos,
Que os estimo y reconozco
Por mi dueño, por mi bien,
Por mi Rey y por mi esposo.
[Fuelre el Rey la espalda, y se va con Bolseo
     poco á poco.
¿Las espaldas me volveis?
¿No merezco vuestro rostro?
Aunque, si he de verle airado,
Por mejor partido escojo,
No miraros. Muera yo,
Y vos no tengais enojos.
Púsose el sol, (ay de mí!)
Tinieblas y sombras toco.

Carl. No he visto en toda mi vida   [aparte.
     Teatro mas lastimoso.
Cap. Qué tiranía!   [aparte.   [Fase.
Tom.   Qué agravio!   [aparte.
Dion. Qué maravilla!   [aparte.
Carl.   Qué asombro!   [aparte.
Volveré á Francia con esto:
Que, no siendo el matrimonio
Legítimo, no querrá
Mi Príncipe ser esposo
De María. A Francia voy,
Y acabados los enojos
Del Rey, vendré luego adonde
Celebre mi desposorio.
     [Fanse Cárlos y Dionis.

Rein. María!
Inf.   Señora?
Rein.   Dame
El postrer abrazo.
Inf.   ¿Cómo
Podrá hablaros quien os pierde?
Sirvan de lengua los ojos.

Estando abrazadas, sale Bolsbo, y aparta
     á la Infanta.

Bols. El Rey, señora, os espera.
Rein. ¿Aun no aguardareis un poco?
¿Asi, tirano cruel,
La vid desasís del olmo?
¿Asi del mar de mi llanto
Sacais ese breve arroyo? —
Hija, á Dios!
Inf.   Señora, á Dios!
Rein. Hágate el cielo piadoso
Mas dichosa, que á tu madre. —
Cardenal, por Dios, que es solo
Juez supremo, os ruego y pido,
(Ved, que en la tierra me pongo)
Que advirtais, que aconsejeis
Bien al Rey.
Bols.   El Rey es docto,
Él se aconseja consigo,
Y con él yo puedo poco.
Perdonadme, que este gusto
Os quito.   [Fase con la Infanta.
Rein.   Yo os lo perdono,
Aunque veo, que el cordero
Va entre las manos del iobo. —
Boleno, pues que las canas
Son el freno de los mozos,
Decid al Rey cuanto yerra.
Tom. El Rey es sabio, y conozco
La razon; mas no me atrevo
Á su espíritu furioso.
Dios os consuele; que asi
Á riesgo mi vida pongo.   [Fase.
Rein. Ana, pues que la hermosura
En los oidos mas sordos
Halló piedad, id al Rey,
Y en discursos amorosos
Habladle en mí, y de mí parte
Estos suspiros que arrojo
Le llevad. Decid, que en llanto
Un mar de lágrimas formo.
     [Fase Ana Bolena.
¿En fin que todos me dejan?
¿Que me desamparan todos?
¿La magestad vive ya
Tan sin aplausos y adornos?
¿Aun no tengo á quien quejarme,
Que es el consuelo, que solo
Á un desdichado le queda?
Marg. Yo, que tus desdichas oigo,
Quedo á llorarlas contigo.
Mi vida, señora, pongo
Á tus pies; esta te ofrezco;
Que espero un nombre famoso,
Cuando por Dios y por tí
Muera Margarita Polo.
Dónde iremos?
Rein.   Á un castillo.
¡Ay palacio proceloso,
Mar de engaños y desdichas,
Ataud con paños de oro,
Bóveda donde se guarda
La magestad vuelta en polvo!
¡Ay entierro para vivos,

Ay corte, ay imperio todo!
Dios mire por tí! Ay Enrique!
¡El cielo te abra los ojos!

JORNADA III.

Salen CÁRLOS *y* DIONIS.

Carl. Qué me dices?
Dion. 				Lo que pasa.
Carl. ¿Bolena en tan breve tiempo
Se mudó? ¿Mas qué me espanta,
Si son de muger efectos?
Fui á Francia, y á mi Rey dije
Las mudanzas, los extremos,
Sediciones y alborotos
De Enrique, y mandó al momento,
Que no se tratase mas
De la Infanta. En este tiempo
Murió mi padre. Yo, triste
Y alegre en un punto, viendo
Ya mia mi libertad,
El tratado casamiento
Dije al Rey. Dióme licencia,
Despedíme de mis deudos,
Todos contentos de verme
De tantas venturas dueño;
Venia por los caminos
En alas de mis deseos.
¡O cuántas veces, Dionis,
Me pareció torpe el viento!
¡Qué alegre me imaginaba
En sus brazos! ¡Qué contento
Pensé, que me recibiera
Ana, agradecida en ellos!
Y está casada.
Dion. 				Despues
Que tú dejaste revuelto
Con el repudio infeliz
Todo este cristiano imperio,
Con Ana Bolena el Rey
Se desposó de secreto;
Que dicen, que enamorado
Hizo aquel notable extremo,
Que de Catalina santa
Vimos en el Parlamento.
Á todo esto el reino estaba
En bandos, y á todo esto
El Rey vive con Bolena.
La Reina, firme en su intento,
Está en un pobre castillo,
Junto á Lóndres, padeciendo
Mil desdichas. Esto pasa,
Señor, en tan breve tiempo;
No hay sino tener paciencia,
Y volverte á Francia luego;
Porque hoy en Lóndres estás
Á mil peligros expuesto.
Carl. Fuerza será que me vuelva,
Dionis, si ya no es que quedo
Muerto en Lóndres á las manos
De mi amor ó de mis zelos.
Mas antes que á Francia vaya,
Veré á la Reina. Resuelto
Estoy, con ella he de hablar,
Y denme mil muertes luego.
¿Mas quién á palacio viene
Con tanto acompañamiento?
Dion. Ya su vanidad nos dice,
Que es el Cardenal Bolseo.
Carl. Déjale, vente conmigo;

Contaréte como pienso
Hablar á Bolena.
Dion. 				Mira
Tu peligro.
Carl. 			Ya le veo.
Mas, Dionis, no me aconsejes;
Que mi loco pensamiento
En esta ocasion no está
Para admitir tus consejos. 		[*Vanse.*

Salen BOLSEO *arrojando á unos Soldados, que
traen memoriales, y* PASQUIN.

Bols. ¡Qué cansados memoriales!
Dejadme ya; que no puedo
Sufriros. Nadie me siga.
Sold. 1. Qué tiranía!
Sold. 2. 				¡Los cielos
Me den venganza de tí!
Sold. 1. Qué cruel! 			[*Vase.*
Sold. 2. 			Y qué soberbio! 	[*Vase.*
Pasq. ¿Á mí, señor Cardenal?
Bols. Pasquin, qué hay de nuevo?
Pasq. 					Vengo
Tan elevado y absorto,
Como admirado y suspenso,
De una cosa, que hoy he visto.
Bols. Pues qué has visto?
Pasq. 					Vuestro entierro.
¡O qué gran capilla haceis!
Para un pájaro pequeño
Muy grande jaula es aquella.
¿Mas no sabeis lo que pienso?
Que no os habeis de enterrar
Vos en ella.
Bols. 			Loco, necio,
Malicioso, calla, y mira
Lo que te mando. Al momento
Sal de palacio, Pasquin;
No entres en él.
Pasq. 			Esto es hecho. 	[*Vase.*

Sale ANA BOLENA.

Bols. Vuestra Magestad, señora,
Me dé sus pies. 			[*de rodillas.*
Ana. 			Levantad.
Bols. Ya que Vuestra Magestad
De los rayos del sol dora
La frente, pedirla quiero
Una merced.
Ana. 			¿Pues qué habrá
Que pueda negaros? Ya
Saber vuestro gusto espero,
Cardenal.
Bols. 			La presidencia
Del reino en aqueste dia
Al Rey pedirle queria;
Y siendo en vuestra presencia,
Si ayudais mi pretension,
Tendrá efecto.
Ana. 			No tendrá;
Que la tengo dada ya.
Sin saber vuestra intencion,
Á mi padre se la dí.
Bols. Yo, señora, no creyera,
Que tu Magestad la diera,
Sin saber antes de mí,
Si la queria.
Ana. 			Por qué?
Bols. Porque mi pecho entendió,
Que estaba mas cerca yo,
Que tu padre; pues si él fue
Quien de muger te dió el ser,
Yo el de Reina; y asi estás
Obligada, lo que vas

De ser Reina á ser muger.
Pero Vuestra Magestad
Con mayor cuidado advierta,
Que no se cerró la puerta
Por donde entró esa deidad;
Y que el mismo, que la abrió
Para una Reina tirana,
Abrirla podrá mañana
Á quien por ella salió.
Pues quien á la tiranía
Halló paso, claro está,
Que mas franco le hallará
Á la justicia otro dia.   [*Vase.*

Ana. ¡O qué cosa tan pesada
En la gloria conseguida
Es quedar agradecida
Una muger, y obligada!
Porque ¿á quién no causa enfado
Cada punto, cada instante,
Ver un acreedor delante
De las glorias de su estado?
Muera Bolseo! Tirana
Me llaman, ingrata soy.
¿Quien la puerta me abrió hoy,
Podrá cerrarla mañana?
Pues no pueda. Esto ha de ser;
Firme en mi venganza estoy.
Derriben mis manos hoy
Á quien me levantó ayer.

Sale el REY.

Rey. Esta carta recibí
De Catalina, y sin vella,
Quise, Ana hermosa, traella,
Para entregártela á tí.
Abrela tú; que es razon,
Que mi amor y mi obediencia
Te pidan esta licencia.
Quejas inútiles son
De una muger despreciada.

Ana. ¿Para qué quieres que vea
Cosa, que lástima sea?
No solo que esté cerrada
Deseo, sino tambien
Que la leas y respondas
Á ella, y que correspondas
Á la piedad; porque es bien
Que se atienda á lo que ha sido,
Pues no perdió con el ser,
Haber sido tu muger
Y mi Reina.

Rey.   Agradecido
Á esa piedad soberana,
Te rindo un pecho fiel.
¿Qué digan que eres cruel,
Siendo tan afable, Ana?
Tanto estimo lo que has hecho,
Que por tu gusto este dia
Saldrá la Infanta María
De palacio y de mi pecho.
Con su triste madre viva.
Con la respuesta verás,
Que la envio, pues me das
Licencia de que la escriba.

Ana. Si, yo la doy, como vea
La carta, para saber
Que la escribes.

Rey.   ¿Qué ha de ser,
Sino un engaño, que sea
Alivio á un pecho tan lleno
De desdichas?

Ana.   Yo veré [*aparte.*
La carta, y será, porque
En ella ponga veneno. —

Y agradecida, señor,
Á la merced de enviar
Á la Infanta, os quiero dar
Los brazos. Pero mayor
Mi gusto y el vuestro fuera,
Si en aqueste mismo dia
Otro, aun antes que María,
De vuestro pecho saliera.

Rey. ¿Á quién podré reservar,
Si á mi hija desterré
De mí? Prosigue. ¿Quién fue
Quien á tí te pudo dar
Ocasion?

Ana.   El que llegó
Á hablarme tan libremente
Y sin respeto.

Rey.   Detente!
¿Hombre humano se atrevió
Al sol mismo? ¿Desleal
Hubo, que con vil efeto
Á tí te perdió el respeto?
Tal escucho! Que oigo tal!
Saber su nombre deseo.
Qué dudas? Prosigue pues.

Ana. Temo decirte, que es......

Rey. Quién?

Ana. El Cardenal Bolseo.

Rey. ¿Que Bolseo se atrevió
Á tí, y quejosa te ofreces?
Pues si ya tú le aborreces,
No podré quererle yo.
Vete, no te vean conmigo;
Y cree, que hoy será Bolseo
De su vanidad trofeo.

Ana. Beso tus pies. — Si consigo [*aparte.*
Las tres cosas que intenté,
Las tres muertes que emprendí,
Dichosa diré que fui;
Y mas dichosa seré,
Si, cual mi pecho imagina,
En el imperio me veo.
Sin el Cardenal Bolseo
Y la Reina Catalina.   [*Vase.*

Sale PASQUIN.

Pasq. ¿Podré llegar hasta aqui,
Sin tener licencia, yo?

Rey. ¿Quién á tí te la negó?

Pasq. Quien te la negara á tí,
Como á él se le antojara;
Pues si el Cardenal quisiera,
De aquella misma manera,
Que á mí, á tí te desterrara.

Salen los dos Soldados.

Sold. 1. Tú, señor, eres mi Rey;
Si á tí, señor, te serví,
Poniendo á riesgo por tí
La misma vida, ¿qué ley
Hay, para que al Cardenal
Acuda, y que él me dilate
Mis pretensiones, y trate,
Siendo tu soldado, mal?

*Sale el Cardenal BOLSEO, y viendo á los Solda-
dos, se pone muy airado.*

Bols. Qué es esto? ¿No he dicho ya,
Que ninguno entre hasta aqui?
¿Guárdanse y cúmplense así
Mis órdenes?

Rey.   Bien está, [*Muy severo.*
Cardenal; basta, Bolseo.

Bols. Como solo he procurado
Excusarte del enfado,

Rey. Que mendigos......
                Yo lo creo,
Y mejor lo excusará,
Remediando su porfía.
La hacienda, que teneis mia,
No sois Cancelario ya,
Vuestros bienes, grangeados
Con codicia y ambicion,
No los gozareis, que son
De aquesos pobres soldados. —
Á saquear podreis ir *[á los Soldados.*
Sus casas.

Bols.   ¿Pues que me dejas
Entre lágrimas y quejas
Para que pueda vivir?

Rey. Aunque os pudiera quitar
Vida, que es tan atrevida,
Quiero dejaros la vida,
Por dejaros mas pesar.
Vivid, morid; que es penoso
Estado llegarse á ver
Un avaro sin poder,
Y sin mando un ambicioso.   *[Vase.*

Sold.1. Llegó el deseado efeto,
Que mi suerte pretendió. *[Vase, haciendo burla.*

Bols. ¡Apenas este me vió,
Y sin temor ni respeto
Pasa delante de mí!

Sold.2. Solo este dia esperé;
Castigo del cielo fue.   *[Vase.*

Bols. ¡Que estos me traten asi!
Llegue de mi vida el fin,
Porque sirva de escarmiento
Al ambicioso.

Pasq.   Al momento
Sal de palacio, Pasquin;
No entres en él mas. Á fe,
Que todo mando se acaba.   *[Vase.*

Bols. Esto solo me faltaba.
Un soplo mi vida fue.
¡Ay, dudosa astrología,
Y qué bien me previeniste!
¡Qué con tiempo me dijiste
El que una muger seria
Mi destruicion! Ay, Bolena!
Por engrandecerte á tí
Sobre las nubes, caí
Al abismo de mi pena.
¡Plegue á Dios, que, pues ingrata
Mi infame muerte deseas,
Que como me veo te veas!
¡Muera asi, quien asi mata!
Y pues al cielo le plugo
Darme fin tan lastimoso,
¡Á tí te mate tu esposo
Á las manos de un verdugo!   *[Vase.*

Salen la Reina CATALINA *y* MARGARITA.

Marg. Divierte aquesa pasion
En estos campos, señora;
Sal á ver la blanca aurora;
Que la torre no es prision,
Pues nunca della saliste.

Rein. Mal dijiste;
Que á un triste solo consuela,
Margarita, el estar triste.

Marg. Esta cadena te envia
Mi tio Reinaldo Polo
Con grande secreto.

Rein.   Á él solo
Debe la tristeza mia
Su alegría;

Pues solamente á los dos
Debo tanta caridad.

Marg. Voluntad
Muestra, como pobre.

Rein.   Dios
Os pague tanta piedad.
Y en tanto que estos claveles
Matizo entre aquestas rosas
Apacibles y amorosas,
Dime aquel tono que sueles.

Marg. ¿Que consueles
Tu llanto y tus penas hoy
Con aquella letra?

Rein.   Sí;
Porque se escribió por mí;
Pues en tal estado estoy,
Que ayer maravilla fui,
Y hoy sombra mia aun no soy.

Marg. [*cant.*] Aprended, flores, de mí
Lo que va de ayer á hoy;
Que ayer maravilla fui,
Y hoy sombra mia aun no soy.

Estando cantando, sale BOLSEO *vestido pobre-
    mente, como oyendo la voz.*

Bols. ¿Que ayer maravilla fui,
Y hoy sombra mia aun no soy?
Siguiendo el acento voy
Desta dulce voz que oí;
Pues que asi
De los ecos el rumor
Arrebató mi sentido,
Que en mí ha sido
Un relox despertador
De mi sueño y de mi olvido. —
Vuelve con voz homicida,
Serrana hermosa, á cantar;
Vuelve, y vuelve á señalar
Los instantes de mi vida,
Que perdida
Huye de mí.

Marg.   Gente viene. [*aparte las dos.*

Rein. Cubre el rostro.

Marg.   Á lo que creo,
Este es Bolseo.

Rein. Novedad el verle tiene.
Saber la causa deseo.

Bols. Bellas serranas, si han sido
Vuestros divinos despojos
Tan dulces para los ojos,
Como son para el oido,
Hoy os pido,
Que á un peregrino ampareis,
Tan pobre y tan desdichado,
Que ha llegado
Á pediros, que le deis
Menos de lo que ha dejado.
Hoy limosna á pedir llega
Quien ayer la pudo dar,
Quien escapado del mar,
En vuestro arroyo se anega.
Una luz ciega,
Á quien el sol le vió asi,
Enigmas confusas soy.
Tal estoy,
Que podeis cantar de mí,
Que ayer maravilla fui,
Y hoy sombra mia aun no soy.

Rein. Disimula, Margarita. —   [*aparte.*
¿Quién te derribó?

Bols.   Una ingrata.

Marg. ¡Muera asi, quien asi mata!

Rein. Si tu muerte solicita,
Si te quita

Tu hacienda, causa la obliga
Á tal furia, á tal desden.

Bols. Antes bien
Pienso, que Dios me castiga,
Solo porque la hice bien.

Rcin. Hiciérasle tú á quien fuera
Agradecida.

Bols.   Sospecho,
Que, si bien hubiera hecho
Á otra persona, tuviera
En pena fiera
El sentimiento doblado;
Pues en la suerte que sigo
Advierto y digo,
Que á tener otro obligado,
Ya tuviera otro enemigo.

Rcin. ¡Que á tal extremo has llegado!

Bols. ¿Qué mas te puede decir
Quien ha menester pedir,
Que es el mas humilde estado?

Rcin. Tú has hallado
En mí remedio felice,
Y yo hallé consuelo en tí;
Pues que ví
Un hombre tan infelice,
Que me ha menester á mí.

Bols. ¿Consuelo te da mi pena?

Rcin. Sí; pues, aunque pobre quedo,
Á tí remediarte puedo.
Toma, tomá esa cadena.

Bols. Si, cual liberal, el cielo
Te hizo piadosa, que es mas,
Ya que el remedio me das,
No me niegues el consuelo;
Y en el suelo
Tendrás dos piadosos nombres.

Rcin. Pues el mio saber quieres,
Si tú eres
El infeliz de los hombres,
Yo lo soy de las mugeres.
La vida y alma te diera,
Por consolarte, Bolseo.
Conócesme?   [*Descúbrese.*

Bols.   Ya en tí veo
La piedad mas verdadera,
Que venera
Todo el orbe. ¡O cuanto yerra
El que bien hace! Repara,
Si es cosa clara,
Pues Bolena me destierra,
Y Catalina me ampara.

Marg. Señora, gente de guarda
Se va llegando hasta aqui.

Bols. Sin duda vienen tras mí;
Ya aqui el temor me acobarda.
Por mí vienen. Si me alcanza
Su furor, me dará muerte;
Pues acabe desta suerte,
Y no logren su esperanza.
Mi venganza
Yo mismo la he de tomar;
Que no han de triunfar de mí.
Desde alli
Despeñado he de acabar,
Y muera como viví.   [*Vase.*

Salen el Capitan, la INFANTA *y Soldados.*

Cap. El Rey, mi señor, te envia,
De su corte desterrada,
Del cetro desheredada,
Á la Princesa María.

Inf. ¿Qué alegria
Mayor pudo en tales plazos
Darme mi padre cruel?,

Pues fiel
Como yo viva en tus brazos,
¿Qué importan cetro y laurel?

Rcin. Pierda yo cetro y corona,
Pierda al mundo, y viva aqui,
Donde no te pierda á tí. —
Cómo está el Rey?

Cap.   Bien te abona
Tu virtud. Esta te envia   [*Dale una carta.*
En respuesta.

Rcin.   ¡Muerta estoy,
Pues en albricias no doy
La vida á tanta alegría!
¿Que el ver merecí en mi mano
Carta del Rey, mi señor?
¿Hay dicha, hay gloria mayor,
Hay favor tan soberano?
Decidle á Enrique, á mi bien,
Á mi señor, á mi esposo,
Cuanto mi pecho amoroso
Estima tan alto bien;
Que estoy tan agradecida
Y tan contenta en extremo,
Que hoy aqueste gusto temo,
Que me ha de costar la vida.   [*Vanse.*

———

Sale el REY.

Rey. El pecho de un alevoso
¡Qué inquieto y confuso vive!
¡Qué de sospechas le cercan!
¡Qué de temores le rinden!
Deseoso de saber,
Como en mi corte se admiten
Las novedades, pretendo,
Hecho Árgos, hecho lince,
Escuchar lo que de mí
En el palacio se dice;
Desde aqui suelo escuchar,
De cuyos efectos vine
Á conocer, qué vasallos
Ó me niegan ó me siguen.   [*Retírase al paño.*

Salen CÁRLOS, TOMAS BOLENO *y* DIONIS.

Carl. De todo os doy parabienes.

Tom. Y todo es de quien os sirve
Como amigo.

Carl.   De mi Rey
Ofendido, vengo á Enrique,
Á que en su corte me ampare.

Dion. ¡O qué bien la causa finge   [*aparte.*
De haber vuelto!

Salen ANA BOLENA *y* SEMEIRA.

     Esta es la Reina.

Carl. Deja que á tus pies se humille
Un nuevo vasallo tuyo,
Que ahora ha llegado á servirte.
Dame tu mano, y diré,
Que por ella sola vine.
Á tus pies llego á ampararme,
Donde justicia te pide
Mi valor de cierto agravio,
Que me hizo el Rey.

Dion.   Qué bien finge!   [*ap.*

Ana. Agravio el Rey?

Carl.   Sí, señora.

Ana. Y qué fue?

Carl.   En mi ausencia triste
Me quitó lo que era mio.

Ana. Ya sé, que por mí lo dice. —   [*aparte.*
Qué os quitó?

Carl.   Una fortaleza,

Al parecer invencible;
Pero al fin quedó por suya.

Ana. No hay muralla, que no humille
La magestad.

Carl. Es verdad;
Son Reyes, todo lo rinden.

Ana. Era vuestra?

Carl. La tenia
Yo por posesion felice,
Y como dueño pensaba
Verla en mi poder, humilde;
Pero al fin todo se muda.

Ana. Por mí os juro, y por Enrique,
De satisfaceros hoy,
Si es que vuestro agravio pide
Satisfaccion.

Carl. No la tiene.

Ana. Por qué, Cárlos?

Carl. No es posible.

Ana. Semeira!

Sem. Señora?

Ana. Bajen
Músicos á los jardines;
Que ya voy.
[*Vase Semeira.*
El Rey espera,
Boleno.

Tom. Y yo iré á servirte,
Que es obligacion.
[*Vase Tomas Boleno.*

Ana. Y yo
En aquesta cuadra quise
Quedar sola, para hablarte,
Cárlos, y para decirte,
Que no es la satisfaccion
De aquel agravio imposible.
Si un Rey me quiere, si un Rey
Me adora, si un Rey me sirve,
¿Qué resistencia tuviera
Una muger?

Carl. Qué me dices?
Si me dijeras......

Rey. Qué oigo! [*aparte.*

Carl. Tú te ausentaste y te fuiste,
Cúlpate á tí, pues no hay
Muger en ausencia firme,
Dijeras bien; pero el Rey
No es disculpa; que no rinde
El poder la voluntad;
Porque esta siempre fue libre.
Toma esos falsos papeles,
Toma aquesas prendas viles,
Que en mi poder estan mal,
Cuando, huyendo como Ulises,
Pienso cerrar los oidos
Á los encantos de Circe.
Mas no me quejo, (ay triste!)
Eres muger, y como tal hiciste.
[*Dale los papeles, y vase con Dionis.*

Ana. ¡Espera, Cárlos, detente!
Ay de mí! Oprimida y libre
Entre el amor y el respeto
El alma dudosa vive. [*Vase.*

Sale el R E Y *de donde estaba escondido.*

Rey. ¿Qué es esto que escucho, cielos?
¡Que es posible, que es posible,
Que pasen por mi en un punto
Tantas desdichas! ¡Terrible
Aprehension! fiera sospecha!
Suerte injusta! hado infelice!
Yo engañado? Ageno dueño
Lo fue de aquella que hoy mide
Los rayos del sol. Qué mucho?

Era sol, llegó su eclipse.
Este papel se cayó [*Alzale.*
Entre aquellos. ¿Quién resiste
Tanto dolor? Letra es suya.
Vos sois, Cárlos, y prosigue, [*Lee.*
Mi dueño. — Tal pronuncié?
¿Tiernos amores le escribe?
¿Mas qué mucho, que le escriba
Muger, que á mis ojos dice,
Entre el amor y el respeto
El alma dudosa vive?
Pues no haya duda en mi fama,
Ella dude y yo confirme.
Ha de mi guarda! —

Sale el Capitan.

Cap. Señor?

Rey. Sin el respeto, que pide
La Magestad, á la Reina......
Á la Reina? Qué mal dije!
Á esa muger, á esa fiera,
Ciego encanto, falsa esfinge,
Á ese basilisco, á ese
Áspid, á ese airado tigre,
Á esa Bolena prended,
Y en el castillo invencible
De Lóndres, que del palacio
Está enfrente, en noche triste
Viva presa. Y al Frances,
Que fue embajador, y libre
Está en palacio, tambien. —
[*Vase el Capitan.*
¿El alma dudosa vive
Entre el amor y el respeto?
La que duda ya concibe
La ofensa, y en esta parte
Bastará, que se imagine;
Y muger, que á dudar llega,
¿Cuándo, cuándo se resiste?
¡Ay Bolena, desde el centro
Te levantaste, y subiste
Á coronarte de nubes!
¿Mas qué violento está firme?

Sale T O M A S   B O L E N O.

Tom. ¿Tú, señor, voces al viento?
Grande mal es, que se rinde
La Magestad.

Rey. Ay Boleno!
Tú eres prudente, tú riges
Mi imperio, tú le gobiernas.
Mi Presidente te hice,
Guardarme debes justicia.
Hoy he de ver, como mides
La piedad con el rigor.

Tom. Ocioso es el prevenirme
Con tantos extremos. Juro
Á los cielos, que administre
Justicia en mi propia sangre,
Tan limpia desde su órigen.

Rey. Pues esa palabra acepto.
Toma, toma, y no examines
Mas testigo. [*Dale el papel.*

Tom. Aunque pudiera,
Como padre en fin, rendirme
Á la pasion, no pretendo,
Sino que el mundo publique,
Que he sido juez, y no padre.
Libre estoy, quedaré libre.
Lavaré en mi misma sangre
Las manos.

Salen A N A   B O L E N A, *el Capitan y Soldados.*

Ana. Villanos viles!

¡Vive Dios, que en vuestro pecho
Hoy mi furor examine!
Yo presa? ¿Quién en el mundo
Pudo atrevido medirse
Con mi poder y mi mano?

Cap. Órden es del Rey; él dice,
Que te prendan.

Ana.   Si él me escucha,
Él lo dirá. — ¿Tú, invencible
César, me mandas prender?

Rey. Yo lo mando.

Ana.   ¿Quién resiste
Á tus preceptos? Yo estoy
Siempre á tus plantas humilde,
En ellos pondré la boca.
¿Mas qué causas hay, que obliguen
Á este extremo?

Rey.   Tú las sabes,
Y mi voz no las repite,
Hasta que ofensa y castigo
Con tu muerte se publiquen.   *[Vase.*

Ana. Aqui dió fin mi fortuna,
Aqui los triunfos sublimes,
Aqui las doradas glorias,
Aqui las honras insignes.
¡Ay, fortuna, lo que al mundo
Sin sazou, sin tiempo, diste
Rosadas hojas! ¿Qué importa,
Que á sus giros ilumine
El sol tus flores, si luego
Airados vientos embisten,
Y hechos cadáver del campo
Tus destroncados matices,
Aves sin alma, en el viento
Fueron despojos sutiles?

Tom. Id con ella, y ese órden
Se ejecute.

Cap.   Como dices
Se cumplirá.   *[Vanse.*

Sale el REY.

Rey.   Ay discurso,
¿Qué me atormentas y afliges?
Ilusion, ¿qué me amenazas?
Temor, ¿por qué me persigues?
¡Tantos enemigos juntos
Á solo un pecho le embisten!
Socorred, Señor piadoso,
Al hombre mas infelice,
Que verá el mundo en sus tornos,
Aunque eternamente giren.
   [Quédase un poco suspenso.
Ya que me inspirais, presumo,
Mucho aliento con que alivie
Mis ansias, si yo lo admito,
Pues comenzais, concluidle.
Que vuelva con Catalina,
Me decis. Bien se permite,
Buen consejo, mas el cielo
¿Cuándo le dió malo, Enrique?
¡Ea, tráiganme á mi esposa
Verdadera, á quien humilde
Pediré, que pida á Dios,
Que con su piedad me mire! —
Hola, guarda!

Salen la INFANTA *y* MARGARITA, *con luto.*

Inf.   Aunque mi vida
Ponga á riesgo, he de pedirle
Justicia á mi padre el Rey.
Á tus pies, invicto Enrique,

Y no como hija tuya,
Sino como la mas triste
Muger, te pido justicia.

Rey. ¿Por qué negro luto vistes?

Inf. Murió Catalina?

      Sí;
Trabajos fueron posibles
Á deshacer una vida
Tan santa, y vengo á pedirte
Venganza. De aquesos pies
No he de levantarme humilde,
Hasta que me la concedas,
Á que la mia me quites.
¡Justicia, señor, justicia!

Rey. Ay de mí! Ya el alma vive
En mejor imperio. Ha cielos!
Qué mal hice! qué mal hice!
Mas si no tengo remedio,
¿De qué sirve arrepentirme?
¿De qué sirven desengaños?
¿Y deseos de qué sirven,
Si está cerrada la puerta?
Yo negar al Papa quise
La potestad; yo usurpé
De la iglesia un increible
Tesoro, tanto, que es ya
Restitucion imposible.
Si á los Grandes hoy les quito
Las rentas, y á los que hoy viven
Libres les vuelvo á poner
Leyes, haré que apelliden
Libertad. — Angel hermoso,
Que en trono de luz asistes,
Y en tu venturosa muerte
Mártir generosa fuiste,
Dame favor, dame ayuda,
Pues ya quiero arrepentirme.
Pero es muy tarde, no puedo.
Qué mal hice! qué mal hice! —
Tú serás de Inglaterra   *[á la Infanta.*
Reina; y porque se confirme,
Hoy te ha de jurar el reino,
Para que en tí resuciten
De tu siempre santa madre
Memorias, que lo acrediten.
Y casaréte en España
Con el Segundo Felipe,
Hijo de Cárlos, honor
De los flamencos paises;
Y daréte la venganza
De la Jezabel que pides.
Porque tu coronacion
Tenga principios felices,
Llamen á la jura al reino.

Inf. En el dia, que tan triste
Estás, señor, y lo estoy,
No será bien que me obligues
Á tan festivas acciones,
Como los aplausos piden;
Otro dia podrá ser.

Rey. Hoy ha de ser; no repliques;
Que ya que á tu madre no
Pude, aunque tanto la quise,
Restituirla en su reino,
Quiero en él restituirte.
Para ella será la gloria,
Cuando del cielo lo mire,
Y para Bolena horror,
Si ya en el mayor no asiste.
Vete, y vístete de gala.

Inf. Con obedecerte, dice
Mi humildad, que es ley tu gusto.
   [Vase con MARGARITA.

Rey. Qué mal hice! qué mal hice!

Sale Tomas Boleno.

Tom. Ya hice lo que mandaste.
Rey. Callad; mirad, prevenidme,
Ya me entendeis, á la jura
Lo necesario.
Tom. Si hice
Lo mas, en lo que es lo menos,
¿Cómo podré no servirte? [*Vase.*
Rey. ¿Cómo tengo de mirar,
Pues no verlo es imposible,
El mas funesto teatro
Y espectáculo mas triste,
Que del exordio del mundo
Á su período mire
En todo el globo inferior
El sol, de sus orbes lince?
[*Tocan dentro.*
Ya la seña de la jura
Hacen. Quiero prevenirme
Á disimularme afable,
Á consolado fingirme.
Aqui, valor, ayudadme;
Aqui, valor, permitidme,
Que muestre aqui del que tuve
Alguna seña visible.
Ayuda aqui, poderoso
Señor; que el bajel va á pique.
¡En qué piélagos navega
De confusiones Enrique! [*Vase.*

Tocan chirimias y clarines, y salen á la jura los
que pudieren, y el Rey *y la* Infanta, *que su-*
ben en un trono, á cuyos pies, en lugar de al-
mohada, ha de estar el cuerpo de Ana Bolena,
cubierto con un tafetan; y en estando sentados,
la descubren.

Inf. ¡Que bien Vuestra Magestad
Satisfizo mis ofensas,
Pues que me ha puesto á los pies
Quien pensó ser mi cabeza!
Con tan alegres principios
Mis dichas serán eternas;
Gloriosos triunfos me aguardan,
Triunfantes glorias me esperan.
Cap. El Cristianísimo Enrique,
Á quien la corona inglesa,
Con ser tan grande, le viene
Á sus méritos pequeña,
Para dar satisfaccion
Al vulgo, monstruo, que piensa,
Que la Reina Catalina
No fue legítima Reina,
Hoy á María, su hija,
Infanta y señora nuestra,
Única heredera suya,
Quiere jurarla Princesa.
Para cuya accion heróica,
Los Grandes de Inglaterra,
Y titulados á Lóndres
Los conduce su obediencia.
Y manda, como Rey suyo,
Como universal cabeza,
En entrambos fueros, que
Al juramento procedan.
¿Asi lo obedecen todos?
Todos. Sí, obedecemos.
Cap. Su Alteza [*á la Infanta.*
Ha de jurar de cumplir
Su obligacion, que es aquesta:
Que ha de conservar en paz
Sus vasallos, aunque sea
Á costa de su descanso,

Obligacion de quien reina;
Que á nadie ha de compeler
Con alteraciones nuevas,
En materia de costumbres,
Á la extirpacion de sectas;
Con Roma y con su prelado,
Para excusar diferencias,
Si quiere proceder bien,
Como su padre, proceda;
No ha de quitar á los legos
Las eclesiásticas rentas,
Ni ha de presumir, que es robo
Quitárselas á la iglesia.
Si esto Vuestra Alteza jura
Cumplir, toda la nobleza
Princesa la jurará.
Inf. Pues no quiero ser Princesa. —
¿Vuestra Magestad, señor,
Éste juramento ordena
Que haga?
Rey. El reino lo pide,
Y no pide cosa nueva.
Inf. Si el reino piensa de mí,
Que he de jurarlo, mal piensa,
Cuando de mil reinos juntos
Imperios me prometiera.
Y pues Vuestra Magestad
Sabe la verdad, no quiera,
Que por razones de estado
La ley de Dios se previerta.
¿Quien los siete sacramentos
Escribió con excelencia
Tan grande, que los mas doctos
Como milagro veneran;
Quien la inobediencia al Papa
Condenó de tal manera,
Que al herege mas sofista
Concluyen sus consecuencias;
Quien della escribió tan alto,
Que confundió la protervia
Del sacrílego Lutero,
Aquella alemana bestia,
Hoy ha de contradecirla?
Rey. Dices verdad; mas ya es fuerza, [*aparte.*
Por mi opinion. — ¡Pobre Enrique!
Qué de daños que te esperan! —
María, moza y muger
Sois, y la poca experiencia
Os hace hablar dese modo.
Tocareis las conveniencias,
Y vereis lo que os importa.
Inf. Lo que importa es, que á la iglesia
Humildes obedezcamos;
Y yo, postrada por tierra,
La obedezco, renunciando
Cuantas humanas promesas
Me ofrezcan, si ha de costarme
Negar la ley verdadera.
Rey. No se niega aqui la ley,
Algunos preceptos della
Sí.
Inf. Pues quien en uno falta,
Á todos los hace ofensa.
Marg. ¡O católica señora,
Vivas edades eternas!
Tom. Vuestra Magestad modere
El pensamiento á su Alteza,
Porque no la jura el reino.
Inf. Hará muy bien, porque crea,
Que al que me jure, y faltare
Á lo que mi ley profesa,
Si no le quemare vivo,
Será porque se arrepienta.
Rey. Efímeras de la edad

De María son aquestas.
Ella es cuerda, y sabrá bien
Moderarse, como cuerda.
El reino puede jurarla,
Y si, cuando llegue á reina,
No fuere del reino á gusto,
Depóngala Inglaterra. —
Callad y disimulad;   [*á la Infanta.*
Que tiempo vendrá, en que pueda
Ese zelo ejecutarse,
Ser incendio esa centella.

Cap.   ¿ Quiere el reino hacer la jura ?

Todos. Sí; pues nuestro Rey lo ordena.

Tom.   Con las condiciones dichas.

Inf.   Yo la recibo sin ellas.   [*aparte.*

[*Tocan chirimías, y bésanla la mano, con las ceremonias ordinarias.*

Rey.   Ya sois Princesa de Walia
Jurada, ya Lóndres muestra
En sus aplausos su gusto.

Todos. ¡ Viva, viva la Princesa
Muchos años!

Inf.   Dios os guarde.

Cap.   Y aqui acaba la comedia
Del docto ignorante Enrique,
Y muerte de Ana Bolena.

LXXXVI

LAS MANOS BLANCAS NO OFENDEN.

PERSONAS.

CÁRLOS, *Príncipe de Visiniano.*
CÉSAR, *Príncipe de Orbitelo.*
FEDERICO URSINO, *galan.*
FABIO, *galan.*

TEODORO, *viejo.*
PATACON, *gracioso.*
LIDORO, *criado.*
LISARDA } *damas.*
SERAFINA }

LAURA, *dama.*
NISE }
CLORI } *criadas.*
FLORA }
Músico.

JORNADA I.

Salen LISARDA *y* NISE *con mantos, y* PATACON, *vestido de camino.*

Lis. ¿Cuándo parte tu señor?
Pat. Dentro de un hora se irá.
Lis. ¿No sabré yo donde va?
Pat. Aunque arriesgara el temor
  De su enojo, lo dijera,
  Á saberlo, te prometo,
  Ó por no guardar secreto,
  Ó por temer de manera
  Tu condicion siempre altiva,
  Que estoy temiendo, y no en vano,
  Cuando aquesta blanca mano,
  Por blanca que es, me derriba
  Dos ó tres muelas siquiera,
  Como si tuviera yo
  Culpa en que se vaya, ó no.
Lis. ¿Tras el ausencia primera,
  De que aun hoy quejosa vivo,
  Segunda ausencia previene?
Pat. ¿Qué le hemos de hacer, si tiene
  Espíritu ambulativo?
  Él no puede estar parado.
Nise. Para relox era bueno.
Pat. Y aunque mas se lo condeno,
  Es á ver tan inclinado,
  Que, solamente por ver,
  De una en otra tierra pasa,
  Siempre fuera de su casa.
Nise. Malo era para muger.
Pat. Pues nada á tí te pregunto,
  Calla, Nise; que es en vano
  Querer á mi canto llano
  Echarle tú el contrapunto.
Nise. Pues yo qué digo?
Lis.   Dejad
  Los dos tan necia porfía,
  Como veros cada dia
  Opuestos; que es necedad
  Insufrible; y dime (ay cielo!)
  ¿Dónde Federico está
  Ahora?
Pat.   Mientras que va

Disponiendo mi desvelo
Maletas y postas, él
Salió, no sé donde ha ido.
Lis. Pues ya que á verle he venido
  Donde mi pena cruel,
  Si algun alivio me deja,
  Á vista de olvido tanto,
  Sin que yo sepa, que es llanto,
  Llegue él á saber, que es queja,
  Búscale, y dile, que aqui
  Estoy.
Pat.   Yo le buscaré,
  Bien que donde está no sé.
  Mas Fabio, que viene alli,
  Quizá lo dirá.
Lis.   Aunque Fabio
  No importara que me viera,
  Y vengar en él pudiera
  Con un agravio otro agravio,
  Con todo en la galería,
  Que cae sobre el Po, le espero
  Retirada; que no quiero
  Dar á la desdicha mia
  Otro testigo.
Pat.   Detente!
Lis. Por qué?,
Pat.   Porque en esta parte
  Esconderte hoy, ó taparte,
  Tiene un grande inconveniente.
Lis. Y qué es?
Pat.   Que algun entendido,
  Que está de puntillas puesto,
  No murmure, que entra presto
  Lo tapado y lo escondido;
  Y antes de ver en qué para,
  Diga, de sí satisfecho,
  Que este paso está ya hecho.
Lis. En que entra Fabio repara,
  Y no quiero que me vea.
Nise. Tápate, y vente á esconder. —
  Y tú puedes responder,
  Pues que yo no sé quien sea,
  Que, si tapada y cubierta
  Es fácil haga otro tanto,
  Que yo le daré este manto,
  Y aqui se queda esta puerta.
  [*Escóndense las dos.*

Sale FABIO.

Pat. Aunque á estorbaros me aplico,
No puede mi condicion
Conseguirlo.

Fab.   Patacon,
¿Adónde está Federico?

Pat. Á buscarle voy; aguarda
Aqui. — ¡Quiera Dios le halle, [*aparte.*
Para que pueda avisalle
Adonde queda Lisarda!   [*Vase.*

Fab. Loco pensamiento mio,
No te quejarás de mí,
Porque no fie de tí
El mal, que de mí no fio;
Pues cuando pedir pudiera
Albricias, de que hoy se va
Quien tantos zelos me da
Con la mas hermosa fiera
Destos montes y estos mares,
No permite mi esperanza,
Que tome tan vil venganza,
A costa de los pesares
De la ausencia de un amigo,
Á quien ofendió el deseo.
Y pues á callar me veo
Obligado, ni aun conmigo
Lo he de hablar; séllese el labio,
Y quien alivio no espera,
Sufra, calle, gima y muera.

Sale FEDERICO *con un papel.*

Fed. ¿Pues no me avisárais, Fabio,
Que estábais aqui?

Fab.   Ya fue
Á buscaros Patacon.

Fed. Ociosa es su pretension,
Si va á otra parte; porque
En esa cuadra escribiendo
Á Lisarda este papel
Estaba, diciendo en él,
Como ausentarme pretendo,
Por decirla algo,......

Lis.   Ay de mí! [*al paño.*

Fed. Á un negocio, que ha importado
Para el pleito de mi estado.

Lis. Haslo oido, Nise?

Nisc.   Sí.
Por decirte algo, te escribe,
No mas.

Lis.   Ha tirano!

Fab.   ¿Pues
Esa la causa no es
De la ausencia?

Fed.   No; que hoy vive
Tan muerta la pretension,
Como viva otra esperanza,
Cuya vana confianza
Es iman del corazon.
Tras ella voy, sin saber,
Si la he de perder ó hallar.
Tened lástima á un pesar,
Que el buscarle es su placer.

Fab. No me atrevo á preguntaros
Nada; que no he de inquirir
Lo que no querais decir.
Solo he venido á buscaros,
Para saber, en qué puedo
En esta ausencia serviros,
Y donde podré escribiros.

Fed. De queja tan cuerda quedo
Advertido; y porque no
Se agravie nuestra amistad
De mi silencio, notad

La causa, que me obligó
Á volver; vereis si es mucha.

Lis. Escucha con atencion.

Nisc. Bueno es que él la relacion
Haga, y digas tú el escucha.

Fed. Ya sabeis, que yo de Ursino
Habia nacido heredero,
Si el cielo no me quitara
Lo que me habia dado el cielo;
Pues siendo asi, que Alejandro,
De Ursino Príncipe y dueño,
Siendo hermano de mi padre,
Y habiendo sin hijo muerto,
Me tocaba, por varon,
De aquel estado el gobierno,
Ó mi desdicha, ó mi estrella,
Ó mi fortuna ha dispuesto,
Que Teodosio, Emperador
De Alemania, á quien por feudo
Toca la eleccion, por ser
Colonia del sacro imperio,
Á mi prima Serafina,
Que en infantes años tiernos
Quedó, por muerte del padre,
En posesion haya puesto,
Como inmediata heredera,
Bien que á salvo mi derecho
Del último poseedor.
¿Mas para qué ahora os cuento
Lo que sabeis? Pues sabeis,
Que nos hallamos á un tiempo,
Ella Princesa de Ursino,
Y yo el mas pobre escudero
De su casa; cuya instancia
Ocasion fue de no habernos
Visto los dos desde entonces;
Que aquel hidalgo proverbio,
De pleitear y comer juntos,
Solo para dicho es bueno;
Porque no sé, como pueden
Avenirse dos afectos
Conformes al trato, estando
Á la voluntad opuestos.
Con este pesar, por no
Decir, con este despecho,
Que á un ánimo generoso
Nada ha de quitarle el serlo,
Viví ocioso cortesano
De Milan, adonde, expuesto
Á los desaires de pobre,
Anduve siempre, os prometo,
Vergonzoso, siempre triste,
Melancólico y suspenso;
Que no hay estado en el mundo
(Perdonen cuantos nacieron
Atareados á su afan)
Peor, que el de pobre soberbio;
Hasta que, pensando un dia
En qué pudiera ser medio
Á mis tristezas, que fuera
Lícito divertimiento,
Vine á dar, (fuese locura
Ó inclinacion; que no quiero
Poner en razon ideas
De un ocioso pensamiento)
Que doméstico enemigo
Alimentaba yo mesmo,
En que el vivir ignorado
Seria el mejor acuerdo,
Llevando mis vanidades
Engañadas por diversos
Rumbos; que necesidad
A solas tiene consuelo,
Pero con testigos no.

¡Mas qué recibido yerro,
No sentir verla, y sentir
Ver, que vean que la tengo!
Esta pues locura, dije
Antes, y á decirlo vuelvo
Ahora, á ausentarme, Fabio,
Me persuadió; á cuyo efecto
Pedí licencia al cariño,
Que tuve á Lisarda un tiempo,
Bien que á pesar del rencor
De su padre; porque siendo
En estos bandos de Italia,
Yo Gebelino, y él Güelfo,
Declarados enemigos
Fuimos siempre. ¿Quién vió, cielos,
En la familia de una alma
Vivir de puertas adentro
En un lecho y á una mesa
Amor y aborrecimiento?
Deste pues ceño heredado,
En el litigado pleito
Se vengó de mí, no como
Debió un noble; pues habiendo
Dejado en Milan su hija
Al abrigo de unos deudos,
Que en esta ausencia han faltado,
Por gozar no sé qué sueldos
Del César, pasó á Alemania,
Donde á Serafina afecto
Mas, que á mí, favoreció
Su partido. Pero esto
No es del caso; y asi vamos
Á que, á ausentarme resuelto,
Pedí licencia al cariño
Que tuve. Advertid, os ruego,
Pues hablo con vos, y no
Puede Lisarda saberlo;
Que deciros que le tuve,
No es deciros que le tengo,
Sin que por esto tampoco
Penseis, que el mudar de afecto
Nace de aquella ojeriza.
Y asi aqui la hoja doblemos;
Que, para acudir á todo,
Yo la desdoblaré presto.
Salí, Fabio, de Milan,
Solamente con intento
De complacer el capricho
De mis locos devaneos;
Pero apenas ví las cuatro
Çortes de nuestro emisferio,
Á quien parece que miran
Afables cuatro elementos;
Pues Nápoles, toda halagos,
En blanda region del viento;
Toda montes Roma, es
De la tierra fértil centro;
Toda mar Venecia, de agua
Poblacion; y toda fuego
Sicilia, abrasada esfera:
Çuando los ojos volviendo
Á mis sentimientos, ví,
No enmendar mis sentimientos
La vaguedad de mi vida;
Pues antes iban creciendo
Con la hermosa variedad
De tanto glorioso objeto;
Y asi traté de volverme;
Que nunca duran mas que esto
Veletas, que solo estan
Contemporizando al viento;
Si bien otro intento, Fabio,
Fue causa, pues fue el intento,
Rematando con las ruinas

De mi poca hacienda, expuesto
Á hacerme yo mi fortuna,
Irme á la guerra, que hoy veo
Que los Alemanes rompen
Con los Esguízaros. ¿Pero
Qué mas guerra, que un cuidado,
Mas asalto, que un deseo,
Mas campaña, que un amor,
Ni mas arma, que unos zelos?
Zelos dije, y amor dije;
Pues para que veais si es cierto,
Aqui haced punto; que aqui
Os he menester atento.
Volviendo pues á Milan,
Hube de tocar en pueblos
Del principado de Ursino,
Y hallélos todos envueltos
En públicas alegrías,
Bailes, músicas y juegos.
Pregunté la causa, y supe,
Que era haber cumplido el tiempo
De su pupilar edad
Serafina, y que el consejo,
Que habia hasta alli gobernado
En forma de parlamento,
Á otro dia la ponia
En posesion del gobierno,
Con calidad, que en un año
Hubiese de elegir dueño,
Que los rigiese, por no
Estar á muger sujetos.
Á este efecto hacia el estado
Regocijos, y á este efecto,
Cuantos Príncipes Italia
Tiene, á su hermosura atentos
Mas, que á su estado, (¿qué mucho,
Si la hermosura es imperio,
Que se compone de tantos
Vasallos, como deseos?)
Procuraban festejarla,
Siendo de todos primero
Acreedor de tanta dicha
Don Cárlos Colona, excelso
Príncipe de Visiniano,
Que en los comunes festejos
Tiene el primero lugar.
Aténgome á su derecho,
Porque está muy adelante
El que por casamentero
Tiene al vulgo; y muy atras
Quien tiene de un vulgo zelos.
Añadióse á esta noticia,
Que Cárlos fino y atento
Un torneo de á caballo
Mantenía, defendiendo,
Que ninguno merecia
Ser de Serafina dueño.
Quien defiende una verdad,
Muy poco le debe al riesgo.
Yo no sé con qué ocasion,
Pues antes debiera cuerdo
Huir, Fabio, sus aplausos,
Para huir mis sentimientos,
Entré en deseo de ver
La novedad del torneo,
Y fui á la corte de Ursino;
Mas que sin vista, que ciego
Sigue el dictámen del hado
Un infeliz, no advirtiendo
Donde está el daño, ni donde
Está el favor; porque el cielo,
Que con letras de oro tiene
En campo azul sus decretos
Ya iluminados, no hace

Caso del discurso nuestro;
Y asi el mal y el bien se vienen
Sucedidos ellos mesmos.
Dígolo, porque llegando
Disfrazado y encubierto
De noche, hallé la ciudad.
Hecha humano firmamento.
Los horrores de las sombras
Con las máquinas del fuego
Desden hicieron del dia.
Perdone el sol, si me atrevo
Á decir, que si duraran
Los materiales reflejos
De tanto esplendor, la aurora
Misma no le echara menos;
Pues naciendo no podia
Darla mas luz, que muriendo.
De una en otra calle pues,
Con vista vagueando á tiento,
Al palacio llegué, adonde
Tambien informado advierto,
Que hacia un público sarao
Las vísperas al torneo,
Que habia de ser á otro dia.
Aqui entre la gente envuelto
Mas comun, llegué al salon,
Donde ví en un trono excelso
Á Serafina. Esta vez
El nombre trajo el concepto,
No yo; y asi permitidme
Decir, ó vulgar ó necio,
Que era un cielo, y Serafina
El Serafin de su cielo.
Ya os dije, que no la habia
Visto desde sus primeros
Años; y asi la objecion
No será de fundamento,
Si dijere, que fue esta
La primera vez, que atento
Ví tan cara á cara al sol,
Que desalumbrado y ciego
Quedé á sus rayos. No sé,
Si á las mejoras atiendo,
Que hallé en su hermoso semblante,
Que dos manos tiene el tiempo,
Que una va perficionando,
Cuando otra va destruyendo.
Mas bien sé, si en las acciones
De un diestro pintor lo advierto,
Pues cuando labra estudioso
Alguna imágen, al lienzo
Arrima el tiento, y descansa
Luego la mano en el tiento,
Cuando no le sale á gusto
El rasgo, que deja hecho,
Lo que la derecha pinta,
Borra la izquierda. Esto mesmo
Al tiempo sucede; pues
Cuando en breves años tiernos
Va ilustrando perfecciones,
Va la hermosura en aumento;
Pero cuando no le sale
Tan á su gusto el objeto,
Le quita con una mano
El matiz, que otra le ha puesto;
Siendo la edad de una dama
Tabla, en que dibuja diestro,
Hasta cierto punto, en que,
De la imágen mal contento,
Él mismo vuelve á ir borrando
Lo que él mismo fue puliendo.
En toda mi vida, Fabio,
Ví prodigio, ví portento,
Ví asombro, ví admiracion

De igual hermosura. ¿Pero
Qué mucho, si en cuatro lustros
No ha tenido tiempo el tiempo,
Para que desagradado
Cualquier rasgo no sea acierto?
No me quiero detener
En pintar los lucimientos,
Bordados, joyas y galas
De damas y caballeros;
Porque me está dando priesa
El mas extraño suceso,
Que oísteis jamas. Y asi baste
Decir, que, como entre sueños
Pasó el festin, y la noche
Quedó en su comun silencio,
Yo, que saqué dél conmigo,
Sin saberlo yo, en mi pecho, —
Un cuidado iba á decir,
Y no es cuidado; un deseo,
Y no es deseo tampoco;
Un afecto, y no es afecto;
Un agrado, y no es agrado;
Un tormento, y no es tormento;
Un no sé qué, — ahora lo dije;
Pues no sé lo que es, supuesto
Que miento, si digo gusto,
Y si digo pesar, miento:
Tan nuevo huésped del alma,
Que aposentándole dentro
Della, aun ella no sabia,
Si era tristeza ó contento.
Con este enigma, que aun hoy
Ni le descifro ni entiendo,
Á las puertas del palacio
Me quedé absorto y suspenso,
Sin saber adonde irme,
(¿Mas qué mucho, si violento
Estuviera en otra parte,
Pues ya era aquella mi centro?)
Cuando á no pequeño espacio
Escucho decir al eco
En desacordadas voces
De mal formados acentos:
Fuego! No hube menester
Segundo informe, supuesto
Que, para saber adonde,
Fue oírle y verle tan á un tiempo,
Que llegó á mí tan veloz
La llama, como el estruendo.
El cuarto de Serafina
Era el que en breve momento
De alcázar pasó á Volcan,
De palacio á Mongibelo.
Toda su fábrica hermosa,
Ruina del voraz incendio,
Pirámide era de humo,
Tan alta, que los reflejos
De sus erradas centellas,
Con presuncion de luceros,
Á pesar del viento, ardian
De esotra parte del viento.
Mal hubiese el aparato,
Mal hubiese el lucimiento
De tanta encendida antorcha,
Como le adornó primero;
Pues descuidada pavesa
Del abrasado festejo,
El asunto dió al acaso,
Y á mí el susto y el riesgo.
Pues como mas desvelado,
Ó mas cercano, creyendo
Que en otro incendio llevaba
Perdido á cualquiera el miedo,
Me arrojé á entrar, y pasando

Del hidrópico elemento
Las ya destroncadas ruinas,
Con que voraz y sediento
Hacia iguales desperdicios
De lo precioso y lo bello,
Sin que aqui al oro, alli al jaspe
Tuviese su red respeto,
Sin que respeto tuviese
Su hambre aqui al pulido aseo,
Ni alli al precioso menage,
Abrasando y consumiendo
Desde el dorado arteson
Al chapeado pavimento,
Aqui estudios del telar,
Y alli del pincel desvelos.
Cielos, piedad! una voz
En desmayado lamento
Dijo, cuyo boreal norte
Me dió en una cuadra puerto,
Donde Serafina hermosa,
Casi en el último aliento
De su vida, sin sentido,
Duraba con sentimiento.
Ni bien desnuda, ni bien
Vestida estaba; que á medio
Trage debió de cogerla
El sobresalto, y queriendo
Escapar, fue de la fuga
Rémora el desmayo. ¡Ha cielos,
Y quién supiera pintarla!
Pero aun contado no quiero,
Cuando ella se está abrasando,
Estarme yo discurriendo.
Con ella cargué en los brazos,
Y Eneas de amor, rompiendo
Canceles de fuego y humo,
Salí al primer patio, á tiempo,
Que ya la lloraban muerta
Los que asi como la vieron,
Quitándola de mis brazos,
Cuidaron de su remedio,
Albergándola en la casa
De un anciano caballero,
Sin que de mí ni mi accion
Hiciese ninguno dellos
Caso. ¿Mas qué accion de pobre
Se ha agradecido mas que esto?
¿Quién creerá, que á quien me quita
Estado, lustre y aumento,
Diese la vida? ¿Mas quién
No lo creerá, si, acudiendo
Ahora á desdoblar la hoja,
Que dejé, á confesar llego,
Que es la causa su hermosura,
Y no el aborrecimiento
Del padre, para que echase
Á Lisarda de mi pecho?
Diga del primer amor
Lo que quisiere el mas cuerdo;
Que en llegando á ver segundo,
Siempre al segundo me atengo.
Quien me acuse de mudable,
Meta la mano en su pecho,
Y verá, cuantos cariños
De ayer son hoy cumplimientos.
En demanda pues de tanta
Dicha, como me prometo,
Ó de la locura mia,
Ó de su agradecimiento,
Ya que dilató este acaso
Saraos, justas y torneos,
Prevenido, como pude,
De créditos y dineros,
Galas, armas y caballos,

Declarado amante vuelvo
Á festejarla y servirla,
No sin esperanza, puesto
Que, para que me conozca
Dueño de su vida, llevo
Una seña en esta joya,
Que al quitármela del pecho,
La quité del pecho yo
Para testigo y acuerdo
De mi accion. Fundado en ella
Y en mi sangre, que en efecto,
Si arde sin fuego, quizá
Arderá mejor con fuego,
He de obligarla.

Salen LISARDA, *y quitale la joya, y* NISE.

Lis.   No harás,
Ingrato.
Fed.   Qué es lo que veo!
Lis. Que si no hay otro testigo
De la deuda, en que la has puesto,
Sino esta joya, esta joya
No lo será ya.   [*Hace que la arroja.*
Fed.   ¿Qué has hecho,
Tirana?
Lis.   Arrojar al Po
Ese traidor instrumento
De mi agravio; que si á tí
Favoreció un elemento,
Á mí otro, llévese el agua
Lo que á tí te trajo el fuego.'
Fed. ¡O mal haya la atencion
De obligaciones, que han puesto
Lazos al noble en las manos,
Para no vengar despechos
De muger! ¡Que vive Dios,
Que, á no mirar, que me ofendo
Mas á mí, que á tí, no sé
Lo que hiciera, al ver, que pierdo
La mejor prenda del alma!
Mas yo amaré tan atento,
Yo idolatraré tan fino,
Yo serviré tan sujeto,
Que no me haga falta. Y pues
Oiste lo que pretendo
En este papel dorarte,
Mas, que de fino, de cuerdo,
Toma el papel á pedazos;   [*Rómpele.*
Que mas disculpa no quiero
Ya contigo; y pues el agua
Hoy te ha vengado del fuego,
Busca tambien quien te vengue
De los átomos del viento. —
Patacon?

Sale PATACON.

Pat.   Bien podria hallarte
Yo allá, estando tú acá dentro.
Fed. ¿Está ya dispuesto todo?
Pat. Todo está, señor, dispuesto.
Fed. Pues llega la posta, y vamos. —
Á Dios, Fabio. — Y tú, áspid fiero, [*á Lisarda.*
Quédate; que, á no mas ver,
De tu hermosura me ausento.   [*Vase.*
Pat. Nise, á Dios. Y en esta ausencia
Una cosa te encomiendo,
Aforrada della.
Nise.   Qué es?
Pat. Casta, y no casta.   [*Vase.*
Nise.   Ya entiendo.
Fab. Bien pudiera yo vengarme,
Lisarda, de tus desprecios
Con tus desprecios; mas es
Noble mi amor, y no quiero,

Que tus sentimientos sean
Despique á mis sentimientos;
Y asi llóralos sin mí;
Porque al verte llorar, temo,
Que á alguna ruindad me obliguen
Ó mis zelos ó tus zelos.   [*Vase.*

Lis. ¿Quién en el mundo se vió
En igual desaire? ¿Pero
Cómo cobarde me aflijo,
Y no animosa me vengo?

Nisc. ¿Qué venganza has de tener
De hombre tan ruin y grosero,
Como ha andado? Este era el fino?
Este el rendido? el atento?
¡Ha, fuego de Dios en todos!

Lis. No sé; mas sí sé, pues tengo
Esta joya, en que fundar
Mis engaños.

Nise.   Cómo es eso?
¿Pues no la arrojaste al rio?

Lis. No; porque el fin previniendo
De que me podia servir,
Otra, que tenia en el pecho,
Arrojé, con que sus señas
Pudo desmentir el viento.
Y pues lo que en un instante
Previne, sucede, ea ingenio!
Á nueva fábula sea
Mi vida asunto; que puesto,
Que de zelosas locuras
Estan tantos libros llenos,
No hará escándalo una mas.

Nisc. Qué intentas?

Lis.   ¿Desde el primero
Oriente mio no fui
Víbora, pues que naciendo
La vida costé á mi madre?
¿Mi padre entre los estruendos
De Marte no me crió,
Por no dejarme á los riesgos
De los bandos gebelinos,
Siendo él campeon de los Güelfos?
¿Segunda naturaleza
La costumbre no me ha hecho
Tan varonil, que la espada
Rijo, y el bridon manejo?
¿Hoy, apagados los bandos,
Por ir al César sirviendo,
En Milan no me dejó,
Encargada á Filiberto,
Su hermano? ¿Él en esta ausencia
Tambien (ay de mí!) no ha muerto,
Con que estoy libre? ¿Mi primo
El Príncipe de Orbitelo,
Á quien su madre ha criado,
Sin que le haya visto el pueblo,
Entre sus damas, no es
Un hermoso jóven bello,
En cuyo labio la edad
Aun no dió el perfil primero
De la juventud? ¿No van
Á Ursino amantes diversos
De Serafina?

Nisc.   Sí.

Lis.   Pues
Haz de todo esto un compuesto,
Y sígueme, sin que pongas
Objecion á mis intentos;
Que, si no hubiera extrañeza
En los humanos afectos,
La admiracion se quedara
Inútil al mundo; puesto
Que no hubiera que admirar
Maravillas y portentos

De un hombre con desengaños
Y de una muger con zelos.   [*Vanse.*

———

Salen dos Damas con instrumentos, y Teodoro *viejo.*

Teo. ¿Traeis instrumentos?

Dam. 1.   Sí.

Teo. Pues para aliviar su triste
Pena, en tanto que se viste,
Podeis cantar desde aqui,
Ya que experiencia tenemos,
Que nada pasion tan fuerte,
Sino el canto, le divierte.

Dam. 2. ¿Qué tono, Flora, diremos?

Dam. 1. El de Aquiles, cuando está
Sirviendo á Deidamia; pues
Su letra otras veces es
La que mas gusto le da.

Teo. Cantad, y sea el que fuere;
Pues á música inclinado,
El cielo en ella le ha dado
Tanta gracia, que prefiere
Á las aves; y podria
Ser, que, como os escuchase,
Cantando él tambien, templase
Tan grave melancolía.

Dam. [*cant.*] De Deidamia enamorado,
Hermosísimo imposible,
En infantes años tiernos,
Estaba el valiente Aquiles.

Sale César *vistiéndose.*

Ces. ¿De Deidamia enamorado,
Hermosísimo imposible,
En infantes años tiernos,
Estaba el valiente Aquiles?
[*cant.*] ¡Ay de mí triste,
Que mi vida estas voces me repiten!

Dam. [*cant.*] Tan rendido á sus pasiones,
Felices ya, ya infelices,
Que á gusto del pesar muere,
Y á pesar del gusto vive.

Ces. ¿Tan rendido á sus pasiones,
Felices ya, ya infelices,
Que á gusto del pesar muere,
Y á pesar del gusto vive?
[*cant.*] ¡Ay de mí triste,
Que mi vida estas voces me repiten!

Dam. [*cant.*] Tétis su madre, temiendo,
Que entre dos muertes peligre,
La guerra que le amenaza,
Y la pasion que le aflige,
Porque una no sepa dél,
Y otra su dolor alivie,
Para que sirva á Deidamia,
Trage de muger le viste.

Ces. ¿Para que sirva á Deidamia,
Trage de muger le viste?
[*cant.*] ¡Ay de mí triste,
Que mi vida estas voces me repiten! —
[*repr.*] Callad, callad; que parece,
Que el tono y letra, que oí,
No por Aquiles, por mí
Se hizo; pues en él me ofrece
No sé qué sombras la idea,
Que presumo, que soy yo
Quien en muger trasformó
Su madre; pues que desea,
Que entre mugeres criado,
De Marte el furor ignore,
Y melancólico llore
Las amenazas del hado,

Sin que á mi dolor penoso
Alivie el daño; pues dél
Solo me da lo cruel,
Y me niega lo piadoso.
¿ Pues ya que como muger,
Contra mi ambicion altiva,
Quiere que encerrado viva,
Pudiera tambien hacer,
Que como muger sirviera
Á otra mas bella, mas rara
Deidamia, de quien gozara
Solo la vista siquiera.
Y puesto que mis tormentos
Tanto me ahogan, callad,
Y para siempre arrojad
Ó romped los instrumentos;
Que no quiero, cuando yo
Lloro un oculto pesar,
Oir cantar, por no cantar.

Teo. Esto no te agrada?

Ces.   No.

Teo. ¿Pues de cuando acá, si el cielo
De tal gracia te ha dotado,
Que á tus voces se han parado
Los pájaros en su vuelo,
La aborreces, siendo asi,
Que solo el canto solia
Templar tu melancolía?

Ces. Desde que reconocí,
Que él la templaba, no quiero,
Teodoro, usar dél; que es tal
Mi mal, que solo en mi mal
Me alivia el ver, que dél muero.
Y asi dejadme morir,
Sentir, padecer, penar.
¿Qué tono, como llorar?
¿Qué letra, como gemir?

Teo. ¿Es posible, que de mí
No te fiarás, pues he sido
Yo el que solo te ha servido,
Criado y enseñado?

Ces.   Sí.
De tí me quiero fiar. —
Salíos las dos allá fuera. —
    [*Vanse las Damas.*
Oye la piedad primera,
Que me debe mi pesar.
Heredero de mi padre
Quedé, Teodoro, en infancia
Tan tierna, que no sentia,
Hasta otro tiempo, su falta.
Mi madre, guardando noble
La viudedad de Romana
Antigua, como matrona
De su lustre y de su fama,
Dejó á Milan y á Orbitelo,
Y reduciendo su casa
Á moderada familia,
La trajo entre estas montañas,
Donde Miraflor del Po
Es tan abreviado alcázar,
Que apenas sus poblaciones
De cuatro villanos pasan.
Cubrió de funestos lutos
Su vivienda, con tan rara
Austeridad, que aun al campo
Apenas dejó ventana.
En esta soledad y este
Retiro fue mi crianza
Del delito del nacer
Una prision voluntaria.
En ella, que, aunque lo sepas,
No importa el decirlo nada,
Puesto que un triste, aunque diga

Lo que se sabe, descansa,
Con tan grande, con tan ciega
Terneza me mira y ama,
Que el aire, que apenas pase
Junto á mí, la sobresalta.
Si alguna tarde la pido
Licencia para ir á caza,
Aun los conejos presume,
Que son fieras que me matan;
Y lo mas que me concede,
Es, cuando mas se adelanta,
Chucherías de las aves,
Varetas, ligas y jaulas.
Si á las orillas del rio
Salgo á pescar con la caña,
Desvanecido en sus ondas,
Temiendo queda que caiga.
Verme arcabuz en las manos,
Es llorar que se dispara,
Ó se revienta. Si vé,
Que algun caballo me agrada,
Por manso que sea, presume,
Que se desboca y me arrastra.
Espada no me permite
Traer, siendo asi, que la espada
Á los hombres, como yo,
Se ha de ceñir con la faja.
La familia, que me asiste,
Solo es de dueñas y damas,
Y solo lo que de mí
La gusta, es tocar un arpa,
Á cuyo compas tal vez,
Porque buscando esta gracia
A otra, quizá dió conmigo,
Llora mi voz lo que canta.
Á tí solo, por no hallar
Muger en el mundo sabia,
Que, si la hubiera en el mundo,
Sin duda es, que la buscara,
Me dió por maestro, de quien
He aprendido lo que llaman
Buenas letras; de manera,
Que hijo de viuda es tanta
La atencion con que me cria,
El temor con que me guarda,
Que presumo, que la misma
Naturaleza se agravia,
Quejosa de que el cabello
Crecido y trenzado traiga,
Y por eso no ha querido
Brotar, Teodoro, en mi cara
Aquella primera seña,
Que á la juventud esmalta.
Dejemos en este estado
La desdicha que haya
Crecido un hombre á no mas
Que á crecer, sino que le haga
Pasage la edad, á que
Á ver sus iguales salga;
Y vamos á otro suceso,
Cuya novedad extraña,
Criándola, como me crían,
Nunca ha salido del ahna.
Serafina, que hoy de Ursino
Es Princesa propietaria,
Vencido el pleito, de que
Tú fuiste parte contraria,
Pues de Federico amigo,
Ayudaste sus instancias,
Cuya ojeriza te tiene
Sin tu familia y tu casa,
Y confiscada tu hacienda,
Desterrado de tu patria,
Á besar la mano al César,

Que en esta ocasion se hallaba
En Milan, porque viniendo,
Llamado de la arrogancia
Del Esguízaro rebelde,
Dar quiso una vuelta á Italia,
Pasó á vista de Belflor,
Adonde mi madre trata,
Por deudo ó por amistad,
Aquella noche hospedarla.
Vila, Teodoro, y ví en ella
La beldad mas soberana,
Que pudo en su fantasía,
Lámina haciendo del aura,
Del pensamiento colores,
Jamas dibujar la varia
Imaginacion de quien
Piensa en lo que á ver no alcanza;
Si ya no es, que, como era
Mi pecho una lisa tabla,
En quien amor no habia escrito
Ningun mote de sus ansias,
Sin ser menester borrar
Líneas de primera estampa,
Pudo escribir fácilmente,
Y escribió: muera quien ama.
Apenas besé su mano,
Cuando mi madre me manda
Retirar, por dar lugar
Á que descanse en la cama.
Tan breve fue la visita,
Que pienso, que, si tornara
A verme, no era posible
Que me conociese. ¡O cuánta
Debe, Teodoro, de ser
La no medida distancia,
Que hay desde el ver al mirar!
Dígalo el que viendo pasa,
Ó el que mirando se queda;
Pues siendo una cosa entrambas,
Uno esculpe en bronce duro,
Y otro imprime en cera blanda.
Tan triste salí y tan ciego
De haberla visto, y dejarla,
Que, curiosamente osado,
Dando la vuelta á una cuadra,
Que á su hospedage salia,
Á la breve luz escasa
De la llave de la puerta
Falseó mi vista las guardas.
De sus prendidos adornos
Fue despojando bizarra
El cabello; y viendo yo,
Que á cada flor, que quitaba,
Iba quedando mas bella,
Dije: sin duda es avara
La hermosura allá en el mundo,
Pues sobre perfeccion tanta,
Pidiendo ayuda al aliño,
Pide lo que no le falta.
Apenas él se vió libre
De trenzas y de lazadas,
Cuando empezó á desmandarse
Por el cuello y por la espalda.
Perdone esta vez Ofir,
Peinado monte de Arabia,
Porque esta vez no han de hilarse
Sus hebras en sus entrañas.
De negro azabache era
Hondeado golfo, y con tanta
Oposicion por la nieve,
Ó se encoge, ó se dilata,
Que, cuando la blanca mano
En crencha al lado le aparta,
Jugando siempre el dibujo

De la frente á la garganta,
De ébano y marfil hacia
Taracea negra y blanca.
Á fácil prision reduce
Una cinta la arrogancia
De aquel desmandado vulgo,
Tras cuya accion se levanta
Con tal gala, que no era
Para quedarse sin gala.
Lo que dijera no sé
De una pollera, que á gayas,
Siendo primavera de oro,
Brotaba flores de plata.
No sé (ay Dios!) lo que dijera
De un guardapie, que guardaba
No sé qué cendal azul,
No sé qué rasgo de nácar,
De cuyos jazmines era
Boton un átomo de ámbar,
Si no fueras tú (ay de mí!)
Teodoro, el que me escucharas.
Que canas y dignidad
De maestro me acobardan,
Y no suenan bien verdores,
Donde hay dignidad y canas.
Y asi diré solamente,
Que apenas se vió acostada,
Cuando sirviendo la cena
De mi madre las criadas,
Dejándome con la noche,
Ella se fue con el alba.
Como quedé no te digo;
Tú que lo imagines basta;
Pues eres testigo fiel
De mis repetidas ansias.
Muriérame de tristeza,
Si en un acaso no hallara,
Para engañar al dolor,
Tan pequeña circunstancia,
Como fue, que, hablando della
Mi madre, dijo una Dama:
No era mala la Princesa
Para hija. Á que recatada
Respondió con falsa risa:
¡Quién con la piedra encontrara
Filosofal del amor!
¡Que á fe que no fuera falsa! —
¡Qué bien contento es un triste!
Pues cuando de darle tratan
Algun alivio á su pena,
Cualquiera cosa le basta.
Dígolo, porque sobró,
Dicha sola una palabra,
Para que yo no muriese,
Á cuenta desta esperanza.
Pero aun este breve alivio
Ya de entre manos me falta,
Pues ya sé, la culpa tuvo
Leer tú en público la carta,
Que á Serafina pretenden
Cuantos Príncipes Italia
Tiene, á cuyo efecto es toda
Su corte saraos y danzas,
Máscaras, justas, torneos,
En que todos se señalan,
Porque, zeloso de todos,
Muera en mi desconfianza.
Mil veces me hubiera huido
Desta prision, que me guarda,
Si presumiera de mí,
Que yo pudiera agradarla.
¿Mas dónde he de ir, si criado
Entre meninas y damas,
Sé de tocados y flores

Mas, que de caballos y armas?
¡Mal haya, no el amor digo
De mi madre; mas mal haya,
Dejando en salvo su amor,
De su amor la circunstancia!
Pues ella, para que tema
Verme en público, me ata
Las manos. Esta es mi pena,
Este mi dolor, mi ansia,
Mi tristeza, mi desdicha,
Mi mal, mi muerte y mi rabia.

Teo. De todo cuanto me has dicho
No he de responderte á nada,
Sino á aquel punto no mas
Que tocaste, en que yo, á causa
De amigo de Federico,
Ausente estoy de mi patria.

Ces. ¿Pues qué me importa á mí eso?
Teo. El todo de tu esperanza.
Ces. Cómo?
Teo.   Como interesado
Soy en que tú á Ursino vayas;
Pues si por dicha lograses
Tú el fin de dicha tan alta,
Templará tu casamiento
De Serafina la saña,
Y yo volveré á vivir
Con mi familia y mi casa.

Ces. Supongo que tú me ayudes
Á que desta prision salga,
¿Qué he de hacer yo en el concurso
De tantos como la aman,
Si apenas los nombres sé
De lo que es tela ó es valla?
Y si la verdad confieso,
Solo el pensarlo me espanta;
Que no en vano á la costumbre
Todos en el mundo llaman
Segunda naturaleza.

Teo. Mira, amor vuela con alas
Ocultamente; y asi
Nadie vé por donde anda.
Esto es decirnos, que siempre,
Con sus elecciones varias,
Tal vez le agrada lo fiero,
Tal vez lo hermoso le agrada,
Tal le complace lo altivo,
Y tal lo altivo le cansa.
Siendo asi, no desconfies,
Que tu hermosura y tu gracia;
Y mas si es, que alguna vez,
Donde ella lo escuche cantas,
Podrá ser, que la enamores
Mas por las delicias blandas,
Que esotros por los estruendos.
Angélica lo declara;
Hermoso quiso á Medoro
Mas, que á Orlando altivo. Trata
De enamorarla tú el gusto,
Podrá ser que, si es que alcanza
Mas lo bello en los festines,
Que lo fiero en las campañas,
Lo que una Angélica hizo,
Una Serafina haga.
Vente conmigo; que yo
Te pondré en Ursino casa.
Tu madre, viéndote allá,
Es preciso que te valga
De todos tus lucimientos.
Y pues que la edad te salva
De torneos y de justas,
Apela para las galas,
El ingenio y la belleza;
Y cuando no logres nada,

¿En qué peor estado entonces
Te hallarás, que el que hoy te hallas?

Ces. Dices bien, y las acciones,
Que tocan en temerarias,
No se han de pensar; y asi,
¿Cuándo quieres que me vaya?

Teo. Esta noche; y pues yo tengo
Llave, que á tu cuarto pasa,
Abierto estará; teniendo
Puesta en la sirga una barca,
Que el Po abajo nos conduzca
Á la quinta, en que hoy se halla
Serafina, en tanto que
La ruina del cuarto labran.

Ces. Sola una dificultad
Resta ahora, para que salga.

Teo. Qué es?
Ces.   Que es preciso que pase
Por delante de la cama
De mi madre; y si me vé
Salir, es fuerza la haga
Novedad.

Teo.   ¿No habrá un disfraz,
Con que á aquella luz escasa,
Que la queda, no conozca,
Que tú seas el que pasa?

Ces. Sí; y el disfraz ha de ser....
Teo. Qué?
Ces.   Que á la dama de guarda,
Que duerme alli, quitaré......

Voz [dent.] César!
Ces.   Mi madre me llama.
Teo. Responde, porque no entienda
De nuestro secreto nada.

Ces. Pues á Dios.
Teo.   En qué quedamos?
Ces. En que saldré, aunque me haga
Injuria el disfraz que pienso.

Teo. Antes viene bien la traza,
Para que no te conozcan,
Aunque en tus alcances vayan.

Ces. Pues espérame; y á Dios.
Teo. En vela mi amor te aguarda.
Ces. ¡O quiera el cielo, que logre
Mi amor por tí esta esperanza!
Teo. ¡O quiera el cielo, que vuelva
Por tí yo á gozar mi patria.   [*Vanse.*

Salen SERAFINA, LAURA *y* CLORI.

Laur. Ya que tus melancolías
Te traen al campo, señora,
No llores con el aurora,
Pues hay alba con quien rias.

Sera. Mal de las tristezas mias
El pesar podrá aliviar
Risa ó llanto.

Clor.   Eso es mostrar,
Que no hay ni puede haber
Á quien dé vida el placer,
Si á tí te mata el pesar.

Sera. Por qué?
Clor.   Porque, si tu estrella,
Señora, á verte ha llegado
Tan ilustre por tu estado,
Por tu perfeccion tan bella,
Y tú formas queja della,
¿Quién con la suya estará
Contenta?

Sera.   Mas que me da
Mi estrella, Clori, me quita
Quien hacerme solicita
Certámen de amor; y ya

Que apuras mi sentimiento,
¿Qué importa que celebrada
Viva en mi estado, adorada
De uno y otro pensamiento,
Si al interes solo atento
Vino á servirme el mas fino,
Siendo el estado de Ursino
La dama, que adora fiel,
Pues cuando estaba sin él,
Ninguno á mis ojos vino?
¿Por qué ha de pensar, me di,
El que hoy miras mas postrado,
Que valgo yo por mi estado
Lo que no valgo por mí?
¿Quieres ver, si esto es asi?
El dia que se abrasó
Mi palacio, ¿cuál llegó
Desos amantes á darme
Vida? ¿cuál, para librarme,
Á las llamas se arrojó?
Bueno es, que, estando servida
De tantos Príncipes, fuese
Un hombre vil quien me diese
Á vista de todos vida;
Y ser vil, es conocida
Cosa, pues se contentó
Con la joya que llevó,
Como si yo no le hubiera
De pagar de otra manera
El socorro.

Laur.   En eso no
Puedes tu queja fundar;
Que á tus umbrales primero
Estaria.

Sera.   Ahora quiero
Á nueva queja pasar.
¿Por qué otro habia de estar
Á mis umbrales? Mal sales
Con la razon que los vales;
Que eso antes es ofendellos;
Porque yo pensaba, que ellos
Dormían á mis umbrales.
Con que de todos quejosa,
Y de ninguno agradada,
Me huelgo ver dilatada
Aquella lid amorosa,
Por si en tanto que reposa
En quietud el ardimiento,
Tregua hace mi sentimiento,
Al ver, que en su competencia
Ha de hacer la conveniencia,
Y no el gusto, el casamiento.

Sale CÁRLOS.

Carl. Sabiendo, que esta mañana
Salias al campo, porque
Lo dijo alegre la rosa,
Lo dijo ufano el clavel,
Esperando cada uno
La dicha de florecer
Mas que al halago del sol,
Al contacto de tu pie,
Previne, por si querias
Del rio la pesca ver,
Tres góndolas, que veloces
Parecen sulcando en él,
Tal vez dejando la orilla,
Y cobrándola tal vez,
Que un Aquilon africano
Las engendró á todas tres.
Para música las dos
Son, la otra para tí, en quien
Brillar, á pesar del agua,
Una ascua de oro se vé:

Bien que la tienda desdice
El concepto; porque, aunque
Son de oro los masteleros,
De tela la tienda es,
Con cuyo verde color
Se corresponden despues
Gallardetes y casacas,
Todo haciendo, al parecer,
Un verde islote, si ya
No un escollo, como el que
Hurta un poco sitio al mar,
Y mucho agradable en él.
Pero aunque mi prevencion
Atenta á tu gusto esté,
Con la música en el aire,
Y en el agua con la red,
Te suplico, que no admitas
Hoy el festejo, porque
Colérico el Po ha salido
De sus límites. No sé,
Si ha sido envidia del mar,
Que, llegando á conocer,
Que por huésped te esperaba,
Se ha incorporado con él,
Con cuya avenida es tal
De su furor el desden,
Que, abrigándose á la orilla,
Al mas lejano bajel,
Si no le da el temor alas,
De pluma calza los pies.

Sera. La prevencion agradezco,
Cárlos, y el aviso; y pues
Se vé el Po tan esplayado,
Que lo que era campo ayer,
Hoy es golfo, y en su márgen
Solo descollarse ven
Cuatro ó seis desnudos hombros
De dos escollos, ó tres,
Y que vuestra prevencion
No deja lograrse, haced,
Que la góndola en la arena
Varada aguarde, hasta que
De la cólera del Po
Templada la saña esté.

Carl. Asi templara su saña......
Sera. Basta; no me digas quien.
Carl. ¿Qué importa que yo le calle,
Si la que lo ha de saber,
Lo sabe ya?

Sera.   Y aun por eso
Es justo el callarlo; pues,
Para no saber, oir
Retórica ociosa es. —
Venid conmigo las dos
Por esta orilla.

Carl.   Ya pues,
Que me obligueis á callar,
No me obligueis á no ver;
Y permitidme, que siga
El divino rosicler,
Mudo girasol de amor.

Salen FEDERICO *y* PATACON.

Fed. No pases de aqui.
Pat.   Por qué?
Fed. Porque está aqui Serafina.
Pat. Pues antes por eso es bien
Que pase y repase á verla;
Que estoy muriendo por ver,
Si es tan bella como dices.
Fed. El paso, loco, deten;
Que, si no miente el temor,
Ó el corazon, que es mal fiel,
Es Cárlos de Visiniano

El que está alli. Ansia cruel!
Pat. ¿Al primer encuentro azar?
¿Mas cuánto va, que á perder
Echamos el galanteo
Al primer lance?
Fed. Por qué?
Pat. Porque, si zelos te da,
Reñirás luego con él.
Fed. No haré; que el que á competir
Viene en público, ya sé
Que ha de sentir y callar,
Si desea merecer.
Pat. ¡ Cuanto me huelgo de verte,
Señor, dese parecer!
Fed. Por qué?
Pat.   Porque hay quien murmure,
Que luego la espada esté
Á cada paso en la mano.
Fed. Cobarde debe de ser;
Que, si á cualquier paso hay causa,
El no parecerle bien
Que otro riña, es argumento
De que no riñera él.
Laur. ¿ Dónde, caballero, vais?
Atras el paso volved;
Que está la Princesa aqui.
Fed. Pues hacedme vos merced
De saber, si da licencia
Á un forastero de que
Bese su mano.
Laur.   Esperad
Aqui. ¿Mas quien la diré
Que sois?
Fed.   Federico Ursino.
Laur. Perdonad no conocer
Vuestra persona.
Fed.   No hay culpa
En vos. — Pues que ya la ves,
No es hermosa?
Pat.   No por cierto,
Sino asi, un sí es, no es.
Laur. Federico Ursino dice,
Señora, licencia des,
Para que bese tu mano.
Sera. Vuelve, Laura, á decir, quién?
Laur. Federico Ursino.
Sera.   ¿Á mí
Mi primo?
Laur. Sí.
Sera.   Solo fue
Este el necio que faltaba,
Para cansarme tambien.
Laur. ¿Qué quieres que le responda?
Sera. Di que llegue.
Laur.   Ya teneis [á Federico.
Licencia.
Fed.   Turbado llego. [aparte.
Carl. Solo ahora faltaba ser [aparte.
Competidor Federico.
Mas no se atreverá él,
Pobre y deslucido, á serlo.
Fed. Pues no puedo merecer
Besar, señora, tu mano,
Merezca besar tus pies.   [de rodillas.
Sera. Del suelo alzad.
Fed.   Extrañado
El atrevimiento habreis
De llegar á vuestros ojos;
Pues porque no lo extrañeis,
Y sepais con qué ocasion,
Que solo vengo, sabed,
Del gobierno del estado
Á daros el parabien;
Porque nadie mas, que yo,

Interesado se vé
En vuestro aumento; pues solo
Sentí la instancia perder,
Porque fuese otro, y no yo,
Quien su posesion os dé.
Gocéisle la edad del Fenix,
Que, hijo y padre de su ser,
Ó nace para morir,
Ó muere para nacer.
Sera. Yo, Federico, os estimo
Cumplimiento tan cortes.
Fed. No es cumplimiento, señora.
Y porque llegueis á ver,
Cuan de veras mi verdad
Desea satisfacer
La obligacion de escudero,
Vengo á pediros, me deis,
Por ser yo á quien mas le toca,
Licencia de deshacer
En vuestro nombre un agravio,
Que os hacen en un cartel.
Carl. Qué agravio?
Fed.   Decir, que nadie
La merece.
Carl.   Pues hay quien?
Fed. Sí; quien la vida la da,
Cuando en peligro la vé,
Merece gozar la vida,
Que desde alli es suya, pues
Nadie da lo que no es suyo;
Y si entonces suya fue
La vida, que dió, ¿quién duda,
Que ahora lo sea tambien?
Carl. Aunque esa es sofistería,
¿Quién fue quien se la dió?
Fed.   Quien,
(Bien entrara aqui la joya; [aparte.
¡Mal haya Lisarda, amen!)
Cuando otros de reposar,
Trataba de padecer,
Y está tan desvanecido
De aquella accion, que de fiel
Se encubre, porque no quiere
Mas premio, mas interes,
Que el haberla conseguido.
Y asi vengo á defender,
Que quien da una vida, y calla,
Merece premio de ser
Dueño de su vida antes,
Y de su favor despues.
Carl. Eso dirá la campaña.
Fed. Quién dice que no?
Sera.   Está bien.
Y pues tiene apelacion
La porfía, suspended
Los argumentos; que aqui
Solo se ha de oir y ver.

Dentro LISARDA y CÉSAR.

Lis. Cielos, favor!
Ces.   Piedad, cielos!
Sera. ¿Qué dos voces escuché
En el monte y en el rio?
Fed. y Carl. Á lo que se deja ver,......
Fed. Desbocado alli un caballo,......
Carl. Zozobrado alli un batel,......
Fed. Por el monte á despeñarse,......
Carl. Por el rio á perecer,......
Fed. Con un generoso jóven,......
Carl. Con una hermosa muger,......
Fed. Vaga de uno en otro risco.
Carl. Va de uno en otro vaiven.
Ces. [dent.] Cielos, piedad!
Lis. [dent.]   Favor, cielos!

Sera. ¡Qué desdicha tan cruel!
¡Quién sus dos vidas pudiera
Piadosa favorecer!
Fed. Si tú lo deseas, yo ofrezco
La una.   [*Vase.*
Carl.   Yo la otra tambien.   [*Vase.*
Sera. ¿Cómo, hidalgo, vos no vais
Uno ni otro á socorrer?
Pat. No me tocan los socorros;
Que soy toreador de á pie.
Los dos [*dent.*] Cielos, piedad! Piedad, cielos!
Clor. Ya Federico se vé,......
Laur. Ya Cárlos alli se mira,......
Clor. Que con gallarda altivez,......
Laur. Que con osado denuedo,......
Clor. Saliendo al bruto al traves,......
Laur. Los remos tomando á un barco,......
Clor. La capa enreda á los pies,......
Laur. Dando cabo al leño frágil,......
Clor. Y con la espada despues,......
Laur. Trayéndole de remolque,......
Clor. Le ha podido detener;......
Laur. Pudo á la orilla sacarle;......
Clor. Y viendo al jóven caer,......
Laur. Y desmayada la dama,......
Clor. Carga en los brazos con él,......
Laur. Con ella carga en los brazos,......
Las dos. Y ambos llegan á tus pies.

Saca FEDERICO *á* LISARDA *en los brazos, ves-*
tida de hombre, y CÁRLOS *á* CÉSAR,
vestido de muger.

Fed. Ya la parte que me cupo
Deste peligro excusé.
Carl. Y en la que me cupo á mí,
Estás servida tambien.
Sera. ¡No ví mas gallardo jóven;
No ví mas bella muger!
Lis. ¡Cielos, aliento me dad!
Ces. ¡Vida, hados, me conceded!
Lis. Para saber á quien debo
La vida.
Ces.   Para saber
Donde estoy.
Lis.   Pero qué miro? [*aparte.*
Ces. ¿Mas qué es lo que llego á ver? [*aparte.*
Lis. ¿Federico no es aqueste?
Ces. ¿Esta Serafina no es?
Fed. Patacon!
Pat.   Nada me digas;
Ya todas tus dudas sé.
Fed. No es esta Lisarda?
Pat.   Asi
Lo fuera yo.
Sera.   En tanto que
Vos, bella dama, cobrais
Los colores, que á la tez
Robó el susto, decid vos,
Quién sois?
Lis.   En sabiendo á quien;
Que no es justo, una ignorancia
Me acuse de descortes.
Sera. Serafina soy.
Lis.   Ahora
Que, rendido á vuestros pies,
No puedo errar el estilo,
Que soy, señora, sabed
El Príncipe de Orbitelo,
César.
Ces.   Qué es lo que escuché? [*aparte.*
Mi nombre ha dicho, y mi estado.
Pat. ¡Vive Dios,......
Fed.   La voz deten.
Pat. Que es el enredo mayor!

Fed. Oye y calla.
Pat.   Mal podré.
Lis. Que, habiendo oido á la fama
El certámen de un cartel,
Á ser vuestro aventurero
Vengo, confiado en que
No mereceros ninguno
Es asunto suyo, pues
No es grosero quien ya sabe,
Que viene á no merecer.
Por llegar á vuestros ojos,
Tan veloz pretendí ser,
Que, con ansias de volar,
Tuve á pereza el correr.
Con que apurado el caballo,
Al freno rompió la ley,
Si ya no fue de mi dicha
Diligencia su altivez;
Porque volar hácia el sol,
Lo acreditase el caer.

Sale NISE *de lacayuelo.*

Nise. Y yo, Gandalin Menique,
Regazzo suyo, doy fe,
Que es verdad cuanto él ha dicho,
Fecha á tantos de tal mes,
Dia de San Orbitelo,
Supuesto que cae en él.
Lis. Quita, necio!
Pat.   ¡Vive Dios, [*aparte.*
Que Nise el lacayo es!
Fed. Calla!
Pat.   Quién ha de callar?
Fed. Quien vé, que no le está bien.
Sera. Vos seais muy bien venido;
Que á mí me pesa de haber
Dado al peligro ocasión.
(Aunque le he visto otra vez, [*aparte.*
No le conociera ahora;
Pero tan de paso fue,
Que no percibí sus señas.)
Á mi primo agradeced
El socorro.
Lis.   Caballero,
Yo os estimo la merced.
Fed. Guárdeos el cielo. — Ha tirana! [*aparte.*
Sera. Si acaso cobrado habeis, [*á* César.
Hermosa dama, el aliento,
Decidme, quién sois?
Ces.   Qué haré? [*aparte.*
Que decir quien soy, en este
Trage, al público, no es bien,
Ni que se sepa de mí,
Que yo he podido usar dél;
Pues dejar que otro mi nombre
Tome, y pretenda con él,
Tampoco es justo.
Sera.   ¿Pues no
Hablais?
Ces.   Que decir no sé. — [*aparte.*
Yo, señora,......
Sera.   Proseguid.
Ces. Hija soy de un mercader,
(Forzoso es disimular [*aparte.*
Y fingir, hasta despues)
Que á embarcarse al puerto iba,
Cuando empezando á romper
Sus márgenes el Po, hizo
Que zozobrase el bajel.
Queriendo salir á tierra,
(Esto solo verdad es) [*aparte.*
Para darme á mí la mano,
La tomó primero él.
Á cuyo tiempo, rompiendo

La sirga (ay de mí!) el cordel,
Con un embate, me hizo
Volver al golfo otra vez,
Sin que él, en la orilla ya,
Me pudiese socorrer.
Echóse al agua el barquero,
Procurando defender
Su vida, con que yo (ay triste!)
Sola en el barco quedé,
Expuesta á las inclemencias
Del hado, ya no cruel
Para mí, sino piadoso,
Pues he llegado á tus pies. —
¡Mal haya el infame acaso, [*aparte.*
Que accion tal me obliga á hacer!
Sera. Á Cárlos de Visiniano
Lo podeis agradecer. —
Y ya que de dos fortunas
Teatro esta playa fue,
Por cuenta mia las dos
Desde hoy han de correr.
Id, César, á descansar. —
Lidoro!

Sale LIDORO *viejo.*

Lid.   Qué mandas?
Sera.   Que
En vuestro cuarto esa dama
Se alburgue, porque no es bien
Introducirla en el mio,
Sin saber mejor quien es. —
En él podrás repararte
Desta fortuna, hasta que
Sepa tu padre de tí.
Ces. ¡Vida los cielos te den!
Sera. Ven, Laura. — Ay de mí! — Ven, Clori.
Las dos. Qué es lo que llevas?
Sera.   No sé. —
No ví mas gallardo jóven, [*aparte.*
No ví mas bella muger,
Ni ví tampoco deseo,
Como el que llevo, de que
Haya sido Federico
El que la vida me dé. [*Vanse.*
Lid. Venid, señora, conmigo [*á César.*
Adonde servida esteis.   [*Vase.*
Ces. Aqui no hay mas, que sufrir [*aparte.*
De mi fortuna el desden.   [*Vase.*
Carl. Aqui no hay mas, que pensar [*aparte.*
Nuevos contrarios vencer.   [*Vase.*
Fed. ¡Fiera, enemiga, tirana, [*á Lisarda.*
Falsa, alevosa y cruel,
Que has venido á dar la muerte
Á quien la vida te dé!
Qué es tu intento?
Lis.   Caballero,
Ni sé qué decis, ni sé
Quien sois. Tratad vos de amar,
Mientras yo de aborrecer.   [*Vase.*
Pat. Y tú, aspidillo casero, [*á Nise.*
¿Á qué has venido acá?
Vise.   Á que,
Mientras yo de bufonear,
Trate de callar usted.   [*Vase.*
Fed. ¿Quién vió igual locura?
Pat.   Á mí
Poco me estorbara, pues
Esto no puede durar
Mas, que hasta decir quien es.
Fed. Pues á nadie se lo digas;
Que no le está á mi amor bien
Galantear una beldad,
Cargado de una muger.
Pat. Pues qué hemos de hacer?

Pat.   Callando
Dejar el lance correr,
Mientras él no se declare,
Diciendo una y otra vez,
Entre un olvidado amor
Y un acordado desden:
Arded, corazon, arded;
Que yo no os puedo valer.

JORNADA II.

Salen LAURA *y* CLORI.

Clor. No se ha visto igual extremo
En el mundo.
Laur.   ¿Quién creyera,
Que condicion tan extraña,
Á cuanto es agrado, diera
Poder á una advenediza
Muger, á quien su deshecha
Fortuna echó á estos umbrales,
Porque dulcemente diestra
La escuchó cantar tal vez
Desde el sitio en que se alberga,
En el cuarto de Lidoro,
Hechizada de manera
Al encanto de su voz,
Que dueño absoluto sea
De su voluntad?
Clor.   No, Laura,
En tu queja ni en mi queja
Hablemos; porque parece,
Que aqui las voces se acercan.
Laur. Pues la plática mudemos,
Hablando de nuestra fiesta.

Salen SERAFINA *y* CÉSAR *vestido de muger.*

Sera. ¿Dónde, Celia, el instrumento
Dejaste?
Ces.   En las floras bellas
Le dejé.
Sera.   Por qué?
Ces.   Señora,
Porque á su dulce tarea,
En metáfora de arco,
Descanse un rato la cuerda.
Sera. Ve por él, porque no hay cosa,
Que mas me alivie y divierta
De tantos necios pesares,
Como una dicha me cuesta,
Que tu voz. Y asi, entre tanto
Que por la apacible esfera
Voy deste jardin, te pido,
Que al compas de las risueñas
Cláusulas de sus cristales
El aire tu voz suspenda.
Ces. Beso, señora, tu mano,
Por el agrado que muestras
Á quien feliz é infeliz
Llegó á tus pies. — ¡Ay adversa [*aparte.*
Suerte mia! aunque me quite
Fama y hónor tu violencia,
¿Qué importa, si no me quita
Que estos favores merezca? —
Pero permitidme...... (Ay triste!)
Sera. Qué?
Ces.   Que hoy te pida licencia
Para no cantar.
Sera.   Por qué?
Ces. Porque, aunque es mi dicha inmensa
En servirte y agradarte,
No sé qué oculta tristeza
Se ha apoderado del ahua,

Que mas á llorar me fuerza,
Que á cantar, y no sé como
En un corazon se avenga
El gusto y pesar á un tiempo.

Sera. ¿Pues qué es lo que sientes, Celia,
Que á tanto dolor te obliga?

Ces. ¿Qué es lo que quieres que sienta,'
(¡O quién pudiera decirlo! [*aparte.*
¡O quién callarlo pudiera!)
Si de mi padre ignorada,
Que, por llorarme por muerta,
Quizá no me busca viva,
De mi natural tan fuera,
Que admirada estoy de cuantò
Estoy en este violenta?

Sera. Yo pensé, que mis favores
De tus fortunas pudieran
Contrapesar los acasos.

Ces. Pues si por ellos no fuera,
¿Estuviera yo con vida?
Y aunque por ellos la tenga,
Quizá son ellos tambien
Los que mi pesar aumentan.

Sera. Cómo?

Ces. Como ellos son causa
De que haya quien me aborrezca.
Y si me excuso......

Sera. Prosigue.

Ces. Es, porque alguna no sienta
Oir mi voz.

Sera. Di; que yo
Gusto oírla. Canta apriesa;
No temas la envidia.

Ces. Basta.
¿Y si Clori y Laura fueran?

Sera. ¿Son, Celia, por quien lo dices?
Yo te haré vengada dellas. —
Laura y Clori, de qué hablais?

Laur. Viendo que todos desean
En aquestas soledades
Dar alivio á tus tristezas,
Tus Damas, por tener parte
En tan digno asunto, intentan,
Que, para hacerte un festejo,
Las des, señora, licencia
El dia que cumples años.

Sera. Qué festejo?

Clor. Una comedia.

Sera. ¿Por qué, di, no la he de dar?
Que yo me holgaré de verla.

Laur. Pues ya que muestras agrado
En que la estudiemos, resta,
Porque es de música, á usanza
De Italia,......

Sera. Qué?

Clor. Que entre Celia
Á ayudarnos;

Sera. ¿Qué papel
Ha de hacer?

Laur. El galan della;
Que su hermosura y su gracia
Es bien que á todas prefiera.

Sera. Querrás, Celia?

Ces. Por qué no?
Antes me holgaré me veas
En el trage de galan
Cantar amantes finezas;
Que ya dí entre mis iguales
De aquesta habilidad muestra,
Y no muy mal parecida.

Sera. Pues porque mejor lo seas,
Yo me encargo de tus galas.

Laur. Otro favor? [*aparte.*

Clor. Ten paciencia. [*aparte.*

Sera. Á un envidioso no hay [*aparte.*
Castigo, como que tenga
Mas que envidiar.

Ces. Otra vez
Te beso la mano.

Sera. Piensa,
Que no debo á mi fortuna
Otra dicha, sino es esta
De haberte aqui derrotado
La tuya; pues de manera
Me obligas, que, como dije,
No hay cosa, que me divierta
Ni alivie, sino eres tú.
Y asi te ruego no tengas
Pesar; que tú de tu padre,
Ó él de tí, saber es fuerza,
Y en ninguna parte pueden
Hallarte sus diligencias
Mejor que conmigo.

Ces. Es cierto.
Y si antes dijo mi lengua
Tambien, que violenta estaba,
Es, con propiedad tan nueva,
Que no estuviera, señora,
Si en otra parte estuviera,
Menos violenta mi vida,
Que donde está mas violenta.

Sera. ¿Quieres saber á qué extremo
Mi agrado contigo llega?
Pues solo siente, que Cárlos
Fuese quien á esta ribera
De aquel golfo te sacase.

Ces. Por qué?

Sera. Porque no quisiera,
Que hiciera por mi eleccion
Cosa, que le agradeciera.

Ces. ¿Pues Cárlos, (entremos, zelos, [*aparte.*
En la experiencia primera)
Que es quien mas fino te sirve,
Mas amante festeja,
No es quien mas te obliga?

Sera. No;
Que, aunque debo á sus finezas
Mas que á las de todos, ¿quién
Puso en razon las estrellas?
Cárlos me cansa.

Ces. ¿Quién duda,
Que la gala y gentileza
Del Príncipe de Orbitelo
Será causa?

Sera. Ten la lengua;
Que á César, Celia, tambien
Aborrezco.

Ces. ¿Quién creyera, [*aparte.*
Qué á mí me sonara bien
Oir, que aborrece á César?
Pero vamos adelante;
Que no va mal la experiencia. —
No me atrevo á discurrir
En quien tu agrado merezca;
Pero atrévome á pensar,
(Permiteme esta licencia)
Que no es posible que deje
Alguno en la competencia
De ser mas bien visto que otro.
[*Sonríese Serafina.*
¿Falsa risa es la respuesta?

Sera. No es haberte concedido
La malicia.

Ces. No es haberla
Negado tampoco.

Sera. No;
Y si la verdad confiesa
Mi voz, pues contigo ya

No es bien que secreto tenga,
Y mas cuando tu malicia
La costa hizo á mi vergüenza,
Sabrás, que de agradecida
Mas, que de fina ni atenta,
No digo el que mas me agrada,
El que menos me molesta,
Es Federico mi primo.

Ces. ¿Pues qué ves en él, que pueda
Obligarte, si no hay
Ningvno á quien menos debas?
Litigar antes tu estado,
Y ahora amarte, es consecuencia,
Que á él le pretende, y no á tí.

Sera. Aunque con razon pudiera
Ofenderme dél, hay otra,
Que me obliga á olvidar esa.

Ces. Qué razon?

Sera. Aunque no claro
Me lo haya dicho su lengua,
Sus equívocas razones,
Con las lágrimas envueltas,
Me han dado á entender, que es él
El que de aquella violencia
Del incendio me sacó,
Cuya presuncion me lleva
Tras el agradecimiento
De mi vida tan atenta,
Que no sé como te diga,
Ó sea obligacion, ó sea
Simpatía de la sangre,
Ó eleccion del gusto, ó fuerza
Del hado, ó qué sé yo qué,
Que él solo las extrañezas
De mi altiva condicion
Ha podido...... Mas él llega;
Y por si acaso escuchó
Algo, hagamos la deshecha;
Toma el instrumento y canta.

Ces. Está mi vida muy buena, [*aparte.*
Sabiendo, que Federico
Es quien su agrado merezca,
Ahora para cantar.

Sera. No vas?

Ces. ¡Mal haya el que llega [*aparte.*
Á buscar sus zelos, cosa
Que se siente, si se encuentra!

Sera. Canta por mi vida un tono.

Ces. Pues obedecer es fuerza,
Cantaré, como el cautivo,
Con el son de la cadena.
[*Toma el instrumento.*

Salen FEDERICO, *escuchando lo que se canta,*
y PATACON.

Ces. [*cant.*] Ven, muerte, tan escondida,
Que no te sienta venir,
Porque el placer del morir
No me vuelva á dar la vida.

Fed. Sin duda, por mí, o hermosa
Deidad desta verde esfera,
El concepto se escribió;
Pues yo......

Sera. Suspended la lengua,
Federico; (inclinacion, [*aparte.*
Ó lástima, ó sangre, ó deuda,
Por mas que tú te declares,
Haré yo, que él no te entienda)
Que no sé qué urbanidad
Impedir á nadie sea
El gusto con que á otro escucha.

Fed. Quizá es pension de su estrella
Quien á otro escucha con gusto,
Que á mí me escuche con pena.

Sera. Pues porque no sea pension,
Celia, canta.

Fed. Cante Celia;
Pues para que llore yo,
¿Qué importa que cante ella?

Ces. [*cant.*] Ven, muerte, tan escondida,......

Fed. Sin duda esta letra, o bella
Serafina, por mi suerte
Se escribió, puesto que en ella
Se vé escondida una muerte,
Y declarada una estrella.
Si una ha de ser mi homicida,
Máteme la declarada.
Y asi, á quitarme la vida,
Puesto que el morir me agrada,......

Ces. y él. Ven, muerte, tan escondida.

Fed. Y porque, si muerto quedo,
Será mi muerte favor,
Ven; mas pisando tan quedo,
Que los pasos del valor
Parezca que los da el miedo.
Ven; que, habiendo de morir,
Yo te saldré á recibir.
Mas ay de mí! que querrás,
Para que yo sienta mas,......

Ces. y él. Que no te sienta venir.

Fed. El pesar no ha de quitar
El placer de merecer.
¡Mas cuál debo yo de estar
El dia que es mi placer
No morir de tu pesar!
Y al que me llegue á pedir
Razon, le sabré decir,
Que en mi dueño singular
Del vivir se hizo pesar,......

Ces. y él. Porque el placer del morir.

Fed. Y tú, si otro te pidiere
Razon de por qué un desden
Mas agrava á quien mas quiere,
Le podrás decir tambien
Otra, que aquella prefiere,
Diciendo, si es escondida
Llama amor, bien mi tristeza
Huye dél, porque ofendida
De otro incendio otra fineza......

Ces. y él. No me vuelva á dar la vida.

Sera. Aguarda, Celia; que ya
Que á un tiempo en mis dos orejas,
Aqui música, alli llanto,
Ó suenan mal, ó no suenan,
Quiero ajustar una duda.

Salen LISARDA *y* NISB *al paño.*

Nise. Federico y la Princesa
Estan aqui.

Lis. Pues aguarda,
Que destas murtas cubiertas
Oiremos.

Nise. ¡Que ha de haber murtas,
Ya que aqui no hubiese puertas!

Sera. Muchas veces, Federico,
En equívocas respuestas
Me habeis querido decir
No sé qué, y no soy tan necia,
Que, ya que no entiendo el todo,
Alguna parte no entienda.
La primera vez dijisteis,
Que veníais en defensa
De un agravio, que me hacian
En que nadie me merezca;
Pues me mereció quien fue
Dueño de mi vida. Esta
Proposicion repetida,
Y no explicada, me lleva

Curiosamente á saber,
Qué quereis decir en ella.
Habladme claro.

Fed.　　　　　　　Sí haré.
Sera. Pues proseguid.
Fed.　　　　　　　Oye atenta;
Que, aunque mi silencio quiso,
Al hacer de la fineza,
Añadiéndola el callarla,
Al realce del hacerla,
Con todo, viendo cuan poco
Mi fe contigo merezca,
Desnudo de tu favor,
Que della me vista es fuerza.
Antes, Serafina hermosa,
Que yo á tu corte viniera, —
Declarado amante iba
Á decir; pero la lengua
Mas cortes, que yo, turbada
Con tan grande voz no acierta;
Permite, que mi osadía
Se vaya por mi modestia.
Vine á tu corte, llamado
Del aplauso de las fiestas,
Que Cárlos en nombre tuyo
Mantenia. Vite en ellas
La noche, que la fortuna,
Mala autora de comedias,
Empezándola en festin,
Vino á acabarla en tragedia.
A tus umbrales estaba,
Desvelada centinela
Del sueño de tus amantes,
Cuando la llama violenta
En pirámides de humo
Iba buscando su esfera;
Y arrojándome al peligro,
Si hay peligro que lo sea
A vista de tanto premio
Como tu vida,......

Salen LISARDA *y* NISE.

Lis.　　　　　　　La lengua
Ten, falso, aleve, tirano.
Fed. ¿De dónde salió esta fiera　[aparte.
A matar segunda vez?
Lis. Y tú perdóname, bella
Serafina, que interrumpa
Lo que Federico cuenta;
Que si he callado hasta aqui,
Ya desde aqui hablar es fuerza,
Porque tú no hagas empeño
De su traicion.
Fed.　　　　　　Ella intenta　[aparte.
Sin duda decir quien es,
Porque á Serafina pierda.
Sera. ¿Pues qué novedad te obliga,
César, á tal accion?
Lis.　　　　　　　　Esta. —
¿Para esto, traidor amigo,
Agradecido á la deuda
Del socorro del caballo,
Te dí de mis dichas cuenta?
¿Para esto te hice dueño
De alma y vida, siendo en ella......
Fed. Ya es aquesto declararse.　[aparte.
Lis. ¿El secreto de que intentas
Valerte, para matarme
Aqui con mis armas mesmas?
Fed. ¿Adónde irá á parar esto?　[aparte.
Lis. Pues no ha de ser. Y pues ciega
La fortuna me ha traido
A esta ocasion, porque veas
Quien fue quien te dió la vida,

Y que todo lo que él cuenta
Fue por contárselo yo,
Yo fui, Serafina bella,
El que estaba á tus umbrales,
Yo el que á la llama soberbia
Se arrojó, y el que en mis brazos
Pude restaurarte della,
Por señas, que á medio trage,
Ni bien viva, ni bien muerta,
Estabas en una cuadra,
Donde el desmayo á su puerta
Rémora fue de la fuga.
Si no bastan estas señas,
Para que veas quien es
Quien te obliga, ó quien te fuerza,
Di, que te dé Federico
Otra joya como esta.　[Dale la joya y vase.
Fed. Oye, aguarda.
Sera.　　　　　　Deteneos;
No vais tras él; que, aunque quiera,
Vuestro valor del desaire
Salvaros, ya es diligencia
Excusada, pues ya está
Sabida la traicion vuestra.
Fed. Señora,......
Sera.　　　　Nada digais.
¿Vos, Federico, bajeza
Tan grande, como valeros
De traidoras diligencias?
¿Vos servirme con engaño?
¿Vos amarme con cautela?
¿Á quien su secreto os fia,
Vendeis? ¿Pues tan pocas prendas
De sangre y valor teneis,
Que os valeis de las agenas?
Fed. Vive el cielo......!
Sera.　　　　　　Bien está.
Fed. Que yo......
Sera.　　　　Suspended la lengua.
Fed. Fui quien os dió......
Sera.　　　　　　¿Este testigo,
Cómo es posible que mienta?
Fed. Como......
Sera.　　　　Nada os he de oir.
Pat. Por Dios, que hizo buena hacienda. —
Deten, Celia, á tus señora.
Fed. Haz tú, por tu vida, Celia,
Que me escuche una palabra.
Ces. Á muy buen puerto te llegas,　[aparte.
Cuando puedo dar albricias
De que la enfades y ofendas.
Sera. Qué te dice, Celia?
Ces.　　　　　　　Dice,
Que de hablar le des licencia,
Como si no fuera yo
Interesado en tu ofensa.
Ni le hables, ni le oigas.
Sera. ¿Cómo puedo, si estoy muerta　[aparte.
Por ver, si tiene disculpa?
Haz tú como me ruegas,
Que le escuche.
Ces.　　　　　Solo esto　[aparte.
Le faltaba á mi paciencia.
Pat. Dime, embustera menor　[á Nise.
De la mayor embustera,
Qué ha sido esto?
Nise.　　　　　Sí diré. —
¡Ah quien esforzar pudiera　[aparte.
El enredo de mi ama!
Mas dime, antes que lo sepas,
Traes daga?
Pat.　　　　Sí. Para qué?
Nise. Para que cortar quisiera
La suela de un ponleví,

Que dar paso no me deja.
Sera. Cierto que estás importuna;
Yo oiré, pues tú lo deseas.
Ces. No lo desearas tú mas. [*aparte.*
Nise. Daca.
Pat.   Yo cortaré, suelta.
Sera. Á Celia le agradeced,
Federico, que á oiros vuelva.
Fed. Ya sé, que á Celia la vida
Debo.
Ces.   Si bien lo supieras! [*aparte.*
Sera. ¡Quiera amor, tenga disculpa! [*aparte.*
Ces. ¡Quiera amor, que no la tenga! [*aparte.*
Sera. ¿Qué teneis pues que decirme?
Fed. Menos importa que sepa, [*aparte.*
Que yo he tenido una dama,
Que no que piense su ofensa,
Y que sufro que lo diga
Quien ella misma no sea. —
Yo, señora, antes de veros,
Porque despues no pudiera,
Serví en Milan á una dama.
Nise. Cielos! hay quien me defienda?
Que me matan!
Pat.   ¿Qué te toma,
Demonio?
Nise.   Las plantas vuestras
Sean, señora, mi sagrado.
Sera. ¡Hay tan grande desvergüenza!
Pat. Señores, qué enredo es este?
Sera. ¿Asi entrais en mi presencia?
Pat. Señora, viven los cielos......!
Fed. ¿Cómo es posible te atrevas,
Pícaro, desvergonzado,
Á una cosa como esta?
Pat. ¿Pues á qué me atrevo yo
Mas, que á cortar una suela
De un zapato?
Nise.   Tú lo eres.
Fed. Vive el cielo......!
Pat.   Considera......
Sera. Deteneos! — Di, ¿qué causa
Le has dado tú?
Nise.   Sola esta:
El Príncipe mi señor
De Orbitelo......
Sera. Di.
Nise.   Don César
Tiene, señora, una joya,
Que mas, que á su vida, precia,
Porque la sacó de un fuego,
Adonde su fe se acendra.
Federico, que es de aqueste
Amo, anda muerto por ella,
Y me dice, que, si la hurto,
Me dará toda su hacienda.
Pat. Yo he dicho tal?
Fed.   ¡Vive Dios, [*aparte.*
Que Nise el engaño alienta!
Nise. Hablándome en esto ahora,
Y dándole por respuesta,
Que yo no era ladron, dijo:
Pues ya no ladron no seas,
Para que nunca decir
Lo que yo te he dicho puedas,
Te he de dar muerte. Y sacando
La daga, con ira fiera
Quiso matarme. Y asi
Nada que te diga creas,
Porque anda por levantar
Algun testimonio á César.
Y ahora tenle, señora,
Para que tras mí no venga. [*Vase.*
Sera. Agradeced, que no os hago

Dar cuatro tratos de cuerda.
Pat. Fueran muy bellacos tratos.
Fed. ¡Que aquesto por mí suceda! [*aparte.*
Sera. Mirad, si vuestra traicion
Á cada paso se aumenta,
Pues para cobrar la joya
Hacíades diligencia;
Porque no hubiese podido
Reconveniros con ella.
Fed. En aquel engaño y este
Vereis, si escuchais mi pena,
Que en una disculpa caben.
Sera. En qué disculpa?
Fed.   Oidme atenta:
Yo serví en Milan, señora,
Una dama, antes que viera.
Vuestra gran beldad......

          Sale LAURA.

Laur.   Enrique
Esforcia pide licencia
Para besarte la mano.
Sera. ¿Pues cómo desa manera,
Sin pedirme, Laura, albricias,
Me das tan alegres nuevas
Para mí? Dile que entre,
Y que bien venido sea.
Fed. No sea sino mal venido. [*aparte.*
¿Quién en el mundo creyera,
Sino echándose á pensar
Imaginadas novelas,
Que desde Alemania el padre
De Lisarda al Po viniera
Á embarazarme el decir,
(Ay infelice!) que es ella
La que, en César disfrazada,
Zelosa vengarse intenta
De mí? Porque, si la digo
Quien es, Serafina es fuerza
Que de parte de su agravio
Se ponga, y vengarle quiera,
Como á quien debe el estado,
Que ha litigado en su ausencia
Tan contra mí.
Sera.   En tanto pues
Que Enrique á mis ojos llega,
Proseguid vos. Á una dama
Servísteis. ¿Qué consecuencia
Tiene eso con esta joya?
Fed. Ninguna; que, aunque quisiera,
No puedo decir lo que iba
Á decir. Mas considera,
Que aunque adora no engaña,
Que no ofende quien desea,
Que no agravia quien estima,
Y que no injuria quien precia.
En un instante me han puesto,
Ó mi fortuna, ó mi estrella,
Un cordel á la garganta,
Una mordaza en la lengua,
Para no poder hablar;
Y pues que callar es fuerza,
Y acudir volando á que
Ella esta venida sepa,
Te suplico me perdones
El no darte mas respuesta,
Con decir, que, aunque mas pienses,
Hay mas que pensar, que piensas. [*Vase.*
Sera. Esperad vos, y decidme,
¿Qué confusiones son estas?
Pat. No puedo, no puedo hablar,
Porque mi fortuna adversa,
Ó mi hado, ó mi qué sé yo,
Me ha dado en esta hora mesma

Un tapaboca en el alma,
En la boca un tente lengua.
Solo te puedo decir
En metáfora de bestia,
Que, aunque tú lo pienses mas,
Hay mas que pensar, que piensas.   [*Vase.*

Ces.   ¿Qué será esta confusion?

Sera.   No sé, si ya no es, que sea
Ser Enrique su enemigo,
Y por no verle se ausenta.

Ces.   No es, sino que la mentira
No le iba saliendo buena,
Que iba á decir......   No será.

Sera.

Ces.   Sí será.

Sera.   ¿Qué te va, Celia,
Á tí en malquistarme á mí
Primero con la fineza,
Y despues con la disculpa?

Ces.   Ofenderme, que te ofenda.

        Sale E N R I Q U E.

Enr.   Dame, señora, la mano,   [*Arrodíllase.*
Si es posible que merezca
Tan gran dicha.

Sera.   Á tí los brazos
Con toda el alma te esperan
Agradecidos. Levanta,
Y tan bien venido seas,
Como de mí recibido,
Donde agradecerte pueda
Las finezas, que te debo.

Enr.   En criado no hay finezas,
Porque nunca pudo ser
Obligacion lo que es deuda.

Sera.   Bien agena desta dicha
Me hallas. Qué venida es esta?

Enr.   Sobre ya cansados años,
Desengaños y experiencias,
Llamado de las memorias
De Lisarda, mi hija bella,
Me vuelven á descansar,
Y el haber muerto en mi ausencia
Mi hermano, á quien la dejé,
Me da, señora, mas priesa,
Que pensé, porque me hallaba
Favorecido del César.

Sera.   Ahora te agradezco mas
La visita; que quien lleva
Tan digno cuidado, es mucho
Que otra cosa le divierta.
No quiero hacerte este cargo.

Enr.   Señora, ni lo agradezcas;
Que, aunque viniera por tí,
Otra causa hay porque venga.
Pasando á Milan, llegué
Á Miraflor, una aldea,
Donde mi prima Diana,
Que es de Orbitelo Princesa,
Vive retirada.

Sera.   Ya
Lo sé; que yo he estado en ella,
Y tambien, yendo á Milan,
No quise pasar sin verla.

Enr.   Y halléla tan afligida,
Tan desconsolada y muerta......

Ces.   Aquí entro yo.   [*Retírase.*

Enr.   Por haber
Hecho de su casa ausencia,
Con un ayo, que tenia,
Su hijo el Príncipe César,
Que me puso su afliccion
En cuidado de que venga
Á buscarle, por tener,

Si no noticias, sospechas
De que á Ursino habia venido
Á la fama de sus fiestas.
Y asi la dí la palabra,
Antes que á mi casa fuera,
De buscarle y asistirle,
Hasta que conmigo......

Sera.   Espera;
Que á saber, que habia venido
El Príncipe sin licencia,
Ya lo supiera de mí
Mi señora la Princesa.

Enr.   Luego aquí está?

Sera.   En este instante
Se aparta de aqui, por señas
Que me ha dado en esta caja
La mas conocida muestra
De que fue quien me libró
De un incendio, en que muriera,
Á no llegar él.

Enr.   ¡O cuanto
Estimo una y otra nueva,
Y que sea mi sobrino
Á quien la vida le debas!
Y asi, señora, permite,
Que en verle no me detenga.
Hácia dónde iba?

Sera.   No sé;
Mas él sin duda está cerca.

Ces.   Y tanto, que te espantaras,   [*aparte.*
(Ay de mí!) si lo supieras.

Enr.   Iré á buscarle.

Sera.   Mejor
Será, que conmigo vengas;
Que yo haré que te le llamen.

Enr.   Convengo en la diligencia,
Por ser preciso, aunque vea,
Aunque le encuentre y le vea,
No le conoceré, porque
Le dejé en edad muy tierna.

Sera.   Ven conmigo; que él vendrá
Á verte. — Y tú, Laura, ordena
Á Lidoro, que ese cuarto,
Que tiene al parque otra puerta,
Que á aquestos jardines pasa,
Á Enrique se le prevenga.

Enr.   Tus plantas beso.

Sera.   Fortuna,   [*aparte.*
Deja de afligirme, y deja
De pensar en quien será
Cual me obligue, y cual me ofenda.
     [*Vanse todos, y queda solo* C é s a r.

Ces.   Si algun ingenio quisiere
Escribir una novela,
¿Podrá inventarla fingida
Mayor, que en mí se halla cierta?
Dejo aparte, que la fuga
De mi casa me pusiera
En ocasion deste trage;
Y dejo á que la deshecha
Fortuna airada del Po,
Dejando á Teodoro en tierra,
Me diese el favor de Cárlos
Felice puerto á las mesmas
Plantas de la que buscaba;
Dejo, que me favorezca,
Obligándome á que haga
De la infamia conveniencia,
De que otro con mi nombre
Y mi estado la pretenda;
Y voy á qué fin tendrá
Una plática tan nueva,
Que apenas halla ejemplar;
Y si le halla, será á penas.

Mi tio es fuerza que encuentre
Con este fingido César;
Y cuando él no le conozca,
Por el consiguiente es fuerza,
Á la fama de que ya
Le halló, de mi patria vengan
Vasallos, que á él desconozcan,
Y á mí me conozcan. ¡Ea
Ingenio! ¿qué hemos de hacer,
Para que esto no suceda,
Hasta hallar un medio airoso
Yo, en que declararme pueda?
Solo uno se me ofrece.
Este jóven, cosa es cierta,
Que, en viendo que en sus alcances
Andan, parecer no quiera;
Que claro está, que no espere
Ver su traicion descubierta:
Luego avisárselo importa;
Pues, no pareciendo él, queda
Mi secreto resguardado.
¡Quién adonde está supiera,
Antes que con él mi tio
Diese, para que en su ausencia
Yo procure declararme
Con Serafina, y que sepa
Quien soy! Mas ¡ay infelice!
Que si ella ofendida trueca
Los favores en venganzas,
Es preciso que la pierda.
¿Pero ha de faltar alguna
Amorosa estratagema
Para decirla quien soy,
Con tal industria, que pueda
No pesarme de lo dicho?
Mas la industria ha de ser esta:
¿De la comedia el papel
No es de galan?

Salen por un lado L I S A R D A, *y por otro* C Á R L O S.

Carl.   Celia!
Lis.   Celia!
Ces.   Aqui se queda la industria
Remitida á la experiencia. —
¿Qué es, Cárlos, lo que mandais? —
César, ¿qué es lo que quereis?
Carl.   Que un instante me escucheis.
Lis.   Que una palabra me oigais.
Ces.   Á vos iré, porque á vos,
César, primero, que oiros,
Tengo tambien que deciros.
Carl.   Pues siendo asi, que los dos
Teneis secretos, yo quiero,
Pues lo que yo he de decir
Ambos lo podeis oir,
Tomar la mano primero.
Celia, aunque no es generoso
Pecho el que hace en la ocasion
Prenda de la obligacion,
Ya sabeis, que un amoroso
Afecto nunca ha vivido
Debajo de ley; y asi,
Que yo me valga de tí,
En fe de haberte servido,
Cuando á tierra te saqué,
Ni es desdoro ni es bajeza.
Por mí pues una fineza
Hoy has de hacer.
Ces.   Mal podré
Excusarme agradecida.
Qué es la fineza?
Carl.   Sabrás,
Que en un rendido no hay mas
Gusto, mas alma, mas vida,

Que vivir imaginando
En que pueda merecer;
Y asi te suplico, al ver
Cuanto la agradas, que, cuando
Te mandare Serafina
Cantar alguna cancion,
Sea esta, que á mi pasion
Le dictó la peregrina
Fe, con que siempre la he amado;
Y que, diciendo que es mia,
Lo dulce de tu harmonía
La encarezca mi cuidado.
Porque, oyéndola de tí,
La oirá menos fiera y brava.
Ces.   ¡Esto solo me faltaba! [*aparte.*
Mas, para echarle de mí,
Lo aceptaré. — Corto es
Deste servicio el empleo,
Para lo que yo deseo
Hacer por tí.
Carl.   Toma pues;
Que no es nueva confianza
Dar mi esperanza á tu voz;
Pues si ella es viento veloz,
Al viento doy mi esperanza.
        [*Dale un papel, y vase.*
Lis.   Aunque yo venia (ay de mí!)
Á saber, Celia divina,
Lo que dijo Serafina
De la joya, que la dí,
Que tienes, habiendo oido,
Que hablar conmigo, no es
Ya esa mi pretension.
Ces.   Pues
Sabrás, que yo la he tenido
Contigo, que es una nueva
De que me has de dar albricias.
Lis.   Ya sé, que mi bien codicias.
Y si el afecto te lleva
Á honrarme, di lo que ha habido.
Ces.   No dese género fue
La nueva. Has de saber,......
Lis,   Qué?
Ces.   Que de Orbitelo ha venido
(No le diré el nombre, pues [*aparte.*
Hablando confuso, infiero,
Que es mejor) un caballero.
Tu tio pienso que es.
De parte de la Princesa
Á buscarte viene. Di,
No es nueva de gusto?
Lis.   ¿Á mí
Á buscarme?
Ces.   Ya le pesa. [*aparte.*
Lis.   Á mí?
Ces.   No eres de Orbitelo?
Lis.   Claro es.
Ces.   Pues á tí te busca.
¿Qué te suspende ni ofusca?
Lis.   ¿Á qué fin (válgame el cielo!)
Me ha de buscar?
Ces.   Qué sé yo?
Pero el haberte venido,
Sin que lo hubiese sabido
Tu madre, la causa dió,
Sin duda, para buscarte.
Lis.   ¿Quién creyera, que tomara [*aparte.*
El nombre de quien faltara
De allá, porque en esta parte,
Tras el nombre, y no tras él,
Viniese á llamarme á mí?
Ces.   De que es asustas? me di.
Lis.   De que es fortuna cruel. —
¿Qué he de hacer, que estoy cogida [*aparte.*

Ces. En la mentira?
                         Turbado
Estás, César.
Lis.   Hame dado,
Celia, enfado su venida;
Y por solo castigar
La diligencia de haber
Venido, me he de esconder,
Y ninguno me ha de hallar.
Ces. Harás muy bien; que ya eres
Muy grande, para que asi
Se anden tus deudos tras tí.
Lis. Y si tú ayudarme quieres,
Di, que tú me lo dijiste,
Y que, enfadado de ver
Su curiosidad, poner
En un caballo me viste,
Y salir del sitio huyendo.
Ces. Digo, que yo lo haré asi; —
Porque me está bien á mí, [*aparte.*
Y es solo lo que pretendo.
Lis. Pues, Celia, si tú me ayudas,
Imagina, que eres dueño
De Orbitelo. Deste empeño
Me has de sacar.
Ces.   Qué lo dudas?
¿Qué haré yo en servirte en eso?
Y mas, que á mí me está bien.
Lis. Por qué á tí?
Ces.   ·   Porque eres quien
En obligacion me has puesto
Bien grande hoy.
Lis.   Yo te suplico
Me digas la obligacion,
Para estimarte esa accion.
Ces. Desairar á Federico
Con Serafina.
Lis.   ¿Pues qué
Pudo eso importarte á tí?
Ces. Algo me importa.
Lis.   Ay de mí!
Le amas acaso?
Ces.   No sé.
Mas basta decirte aqui,
Que, en mi fortuna cruel,
El descomponerle á él,
Es darme la vida á mí.   [*Vase.*
Lis. Qué escucho? Valedme, cielos!]
Que en mi ciega confusion
Se verifican, que son
Hidras cortadas los zelos;
Pues donde unos mueren, ví
Nacer otros (o hado infiel!).
¿El descomponerle á él,
Es darme la vida á mí?
Aun esto mas me acobarda,
Que el buscar á César. Cielos!
¿No bastaban unos zelos,
Sino otros zelos?

Sale F E D E R I C O *recatándose.*

Fed. Lisarda!
Lis. ¿Pues cómo me hablas, tirano,
Desa suerte?
Fed.   Aunque debiera
Hablarte de~otra manera,
Ya es otro tiempo, y en vano
Estilo á mudar me atrevo,
Cuando es fuerza hablar asi,
Por lo que me debo á mí,
No por lo que á tí te debo;
Que, aunque m¡ vida ofendida
De tus acciones está,
Yo soy quien soy, y me da

Nuevo cuidado tu vida.
Guardarla, ingrata, pretendo
Del peligro en que se halla.
Aqui está tu padre.
Lis.   Calla,
Calla, ingrato; que ahora entiendo,
Que tú con Celia has tratado,
Para ausentarme de tí.
Fed. Yo con Celia?
Lis.   Ingrato, sí;
Tú á Celia se lo has contado.
Fed. Yo á Celia?
Lis.   Sí. Pensarás,
Con que vienen á buscarme,
Y que es mi padre, ausentarme
Del sitio. Pues no podrás
Conseguirlo; que he de estar,
Á tu pesar, compitiendo
Tu fineza, deshaciendo
Cuanto llegues á intentar
Con ella y con Serafina,
De que ya principio fue
La joya, que no arrojé,
Y hoy la he entregado.
Fed.   Imagina,
Que no hablarte en eso yo,
Y hablar en esto, es mostrar,
Que un pesar de otro pesar
Se va apoderando.
Lis.   No
Te he de creer. Y pues veo,
Que el decirme Celia aqui,
Que á César buscan, de tí
Nace, ni uno ni otro creo.
Y asi tu necia porfia
No piense darme cuidado,
Pues antes tú me has quitado
Alguno que yo tenia.
Fed. Mira......
Lis.   No hay que mirar.
Fed. Advierte......
Lis.   No hay que advertir.
Fed. Oye......
Lis.   No tengo de oir.
Fed. Escucha......
Lis.   No he de escuchar;
Que ya sé, que es todo engaño.
¿Pensaste, que me asustara,
Y que al punto me ausentara?
Pues no ha de ser; que en tu daño
He de estar, viven los cielos!
Impidiéndote el favor,
Y que has de morir de amor,
Pues que yo muero de zelos.   [*Vase.*
Fed. Mira, ingrata, que enmendar
Tu peligro, y no el mio, quiero.
Oye, escucha.

Sale E N R I Q U E.

Enr.   Caballero!
Fed. ¿Qué mandais? — Fiero pesar! [*aparte.*
Enr. Que me digais, os suplico,
Porque me han dicho que aqui
César estaba.
Fed.   Ay de mí! [*aparte.*
Enr. ¡Vive Dios, que es Federico! [*aparte.*
¿Mas ya qué he de hacer, si es él
El que la espalda volvió?
Fed. Si ya se lo han dicho, no [*aparte.*
Es bien negarlo. ¡ Cruel
Lance, si la vé!
Enr.   Los cielos
Os guarden.
Fed.   Tras ella va. [*aparte.*

¿Cómo mi desdicha hará,
No la alcancen sus rezelos?
Porque preguntar por ella
Con el nombre que aqui tiene,
Es sin duda, porque viene
De todo informado. ¡O estrella
Siempre opuesta! ¿Cómo haré,
No llegue á verla? — ¡Ha, señor
Enrique Esforcia! — Valor, [*aparte.*
Solo te acuerda de que
Eres mio.

Enr.   Qué mandais?
Fed. Á riesgo de amor y vida [*aparte.*
Es bien que su muerte impida. —
Yo pienso, que no ignorais
Muchas quejas, que de vos
Tengo, y en ellas quisiera,
Que en secreta parte fuera,
Menos pública á los dos.
Y asi os suplico, conmigo
Vengais.

Enr.   Antes que buscar
Á César, esto es. Guiar
Podeis vos, que ya os sigo.
Fed. Vuestra aquesa eleccion fue.
Ved donde quereis que vamos.
De aqueste jardin salgamos
Una vez, que yo diré
Allá, donde habemos de ir.
Enr. Salgamos.

          Sale SERAFINA.

Sera.   Qué es esto?
Fed.   Nada. —
¡Habrá suerte mas airada! [*aparte.*
Enr. Sí es, y de mí lo has de oir.
Contigo, señora, estaba,
Ya lo sabes, esperando
Que viniera César, cuando
Dijo una dama, quedaba
En aqueste jardin. Yo,
Porque creí, que pudiera
Ser, que su enojo le hiciera
Ausentar sin verle, no
Quise esperarle; y asi
Con tu licencia á buscarle
Salí; y pensando aqui hallarle,
Hallé á Federico aqui.
Es Federico mi amigo,
Y habiéndole yo informado
De mi venida y cuidado,
Él, cortesano conmigo,
Sabiendo por donde iria,
Ha querido no dejarme,
Y hasta verle, acompañarme.
Sera. No dudo, que eso seria;
Y pues no le habeis hallado,
Y ya es tarde, hasta despues
Os retirad. Idos pues
Á vuestro cuarto.

Enr.   Postrado
Os obedezco. — Porque [*aparte los dos.*
No entienda nuestros extremos,
Voy.
Fed.   Mañana nos verémos.
Enr. Dónde?
Fed.   Yo os lo avisaré.
Sera. ¿Qué es lo que hablais los dos?
Fed. Vuelvo á darle el parabien
De su venida.
Sera.   Está bien. —
Idos vos, y quedaos vos;
          [*Vase Enrique.*
Que he de apurar, por no verme

Obligada á declararme,
Si habeis venido á obligarme,
Federico, ó á ofenderme.
Fed. Fácil respuesta ha tenido
La duda. Á serviros vine.
Sera. Que lo contrario imagine,
Es fuerza, pues solo ha sido
Á darme enojos.
Fed.   Yo?
Sera.   Sí;
Pues en el primer empeño
Quisísteis haceros dueño
De la accion que á otro debí;
Y en este segundo......
Fed.   Ay Dios! [*aparte.*
Sera. Mostrais, (todo lo he entendido)
Que, por haberme servido
Enrique, os ofende á vos;
Y asi quisiera saber,
Si es, llegándolo á apurar,
Esto ofender ú obligar.
Fed. Es obligar y ofender.
Sera. Obligar y ofender?
Fed.   Sí.
Sera. ¿Ofensa y obligacion
No implican contradiccion?
Fed. En todos; pero no en mí.
Sera. Cómo? que medio no hallo.
Fed. Como yo ofendo y obligo
Á un tiempo con lo que digo,
Y á un tiempo con lo que callo.
Sera. Eso no entiendo.
Fed.   Yo sí.
Sera. Declaraos mas.
Fed.   No puedo.
Sera. Por qué?
Fed.   Porque tengo miedo.
Sera. De qué?
Fed.   De que contra mí
Os he de hallar, aunque esté
De mi parte la razon.
Sera. No haré tal; á vuestra accion,
Si la tiene, la daré.
Fed. ¿De manera, que, si aqui
Tuviese disculpa yo,
No sereis contra mí?
Sera.   No.
Fed. Sereis en mi favor?
Sera.   Sí.
Fed. ¿Y si es lo que habeis de oir
Contra Enrique?
Sera.   Aunque sea, hablad.
Fed. Pues sabed...... Mas esperad;
Que aun no lo puedo decir.

     Al irse á entrar, sale CÉSAR.

Sera. Volved......
Ces.   Qué es esto?
Fed.   No sé;
Si ya no es (ay Celia bella!)
El fatal fin de mi estrella;
Y pues al paso te hallé,
Tras el pasado favor,
De parte mia la di,
Tenga entendido de mí,
Que soy enigma de amor.   [*Vase.*
Sera. ¿Quién en confusion igual
Habrá, que discurrir pueda?
Ces. Pues sola (ay infeliz!) queda, [*aparte.*
Yo llego á buena ocasion.
¡Ea, ingenio caprichoso,
Haz que quede mi cuidado,
Si se enoja, desdichado,

Si no se enoja, dichoso!
[Saca un papel, y finge que le estudia.
[*lee*] Aquel prodigio de Tébas,
　Que lidiar supo y rendir......
Sera.　Qué es eso, Celia?
Ces.　　　　　　Señora,
　Aqui estabas? Estudiar
　Mi papel.
Sera.　　　　Á mi pesar
　No viene á mal tiempo ahora
　Cualquiera divertimiento,
　Que me haga vengada dél.
　Dime algo de tu papel.
Ces.　Y aun todo decirlo intento.
Sera.　¿Y qué la fábula ha sido?
Ces.　Hércules enamorado,
　Que de Iole en el estrado
　Estaba á la rueca asido.
Sera.　Tanto pudo amor?
Ces.　　　　　Asi
　Lo dice el razonamiento,
　Que repasaba.
Sera.　　　　Oírle intento.
　Dile.
Ces.　　Con el tono?
Sera.　　　　　Sí.
Ces.[*cant.*] Aquel prodigio de Tébas,
　Que lidiar supo y rendir
　En el Africa al leon,
　Y en Calidonia al espin,
　Enamorado de Iole,
　Hermosa deidad gentil,
　Trocó la clava á la rueca,
　Y la piel al faldellin.
　En la mano y en el trage
　El uso, dos veces vil,
　Enseñándole á llorar,
　Le enseñaron á decir:
　No desdeñes verme,
　Dulce dueño, asi;
　Que esto en mí no es bajeza,
　No, no, rendimiento sí.
　Aunque en trage de muger
　Me ves, bien sabe de mí
　El correspondido amor,
　Que Rey en el orbe fui;
　É interesado en el tuyo,
　Despues que tus ojos ví,
　Huyendo vine el mandar,
　Para lograr el servir.
　Y pues por solo obligarte
　Allá lloré y padecí,
　Antes que el interesado
　Amor me obligase á huir:
　No desdeñes verme,
　Dulce dueño, asi;......
Sera.　Aguarda; que de manera
　Tu voz me lleva tras sí,
　Que no sé, si aquesto es
　Aun mas, Celia, ver, que oir.
Ces.　Qué te parece?
Sera.　　　　Tan bien,
　Que en toda mi vida ví
　Tan bien explicado afecto.
Ces.　Luego proseguiré?
Sera.　　　　　Sí.
Ces.[*cant.*] Contra tu pecho y mi pecho
　Tú al despreciar, yo al sentir,
　De plomo y oro sus flechas
　Armó ese fiero adalid.
　Dígalo en tí el verte airada,
　Y el verme rendido á mí,
　Equivocando en los dos,
　Ya el llorar y ya el reir.

Pero aunque los dos extremos
　En mí ejecute y en tí,
　Mudando de odio y amor
　El noble afecto en el vilt
　No desdeñes verme,
　Dulce dueño, asi;
　Que esto en mí no es bajeza,
　No, no, rendimiento sí.
Sera.　De suerte lo significas,
　Que me das á presumir
　Si es verdadero ó fingido.
Ces.　¿Y qué llegas tú á inferir?
Sera.　Que es fingido, claro está;
　Que, si llegara á inferir,
　Que no lo era,......
Ces.　　　　　No te enojes;
　Que cuanto llegas á oir,
　Es de la fábula.
Sera.　　　　　Pues,
　Si es de la fábula, di.
Ces.[*cant.*] Aunque he visto de tu rostro
　El encendido matiz,
　Dejando mustio el clavel,
　Y ensangrentado el jazmin,
　No por eso me acobardo,
　Viendo que no soy yo aqui
　Quien ama á lograr amando,
　Porque es su interes su fin.
　Todo mi bien es quererte,
　Y pues es bien, siendo asi,
　Que el correspondido amor
　Haga mi vida feliz:
　No desdeñes verme,......
Sera.　Calla, calla, no prosigas;
　Que ya no puedo sufrir
　De la duda, si es aquesto
　Representar ó sentir.

Sale al paño C á r l o s.

Carl.　Veré, si mi papel canta,
　Pues la voz de Celia oí.
Ces.　Claro es, que es representar
　Una fineza; y no aqui
　Conmigo te enojes, puesto
　Que yo el papel no escribí;
　Con quien escribió el papel
　Te enoja.
Carl.　　　Ay de mí infeliz!
　Que aquesto es representar
　Una fineza entendí.
　Con quien escribió el papel
　Te enoja, tambien oí.
Sera.　Di, ¿quién escribió el papel?
Ces.　¿Que la tengo de decir?　[*aparte.*

Sale al paño F e d e r i c o, *al otro lado.*

Fed.　Vuelvo á ver, si habla ya Celia
　A Serafina de mí.
Ces.　¿Quién quieres que sea, señora,
　Quien le llegase á escribir,
　Sino quien mas sabe amar,
　Y quien mas sabe sentir?
Carl.　Bien disculpandome va,
　Sin nombrarme, y con sutil
　Y bien fundada razon.
Fed.　Hoy es mi suerte feliz.
　Sin duda de mí la habla,
　Pues yo se lo dije asi.
Ces.　Y asi, señora, no tienes
　Que culpar, ni que inquirir,
　Porque yo te represente
　Lo que otro pudo sentir.
Fed.　¡O lo que la debo á Celia!
Carl.　¡O lo que á Celia debí!

Ces. Que todos dicen su amor
Como le saben decir;
Y el representarle yo,
Solo ha sido repetir
Lo que otro dijo no mas.
Sera. Con todo debo insistir,
Por quien se debe entender.
Ces. Si no hubieras de reñir,
Yo te dijera por quien.
Sera. Pues no lo reñiré; di.
Ces. Qué no te enojarás?
Sera.   No.
Ces. Y qué lo estimarás?
Sera.   Sí.
Ces. ¡Ánimo, amor; que esta vez [*aparte.*
Llegó de mi mal el fin! —
Pues cuanto aqui represento,
Y cuanto he dicho, es......

Salen CÁRLOS *y* FEDERICO.

Los dos.   Por mí.
Ces. Pues ya te lo han dicho ellos,
¿Qué tengo yo de decir?
Carl. Porque llegando á saber,......
Fed. Porque llegando á inferir,......
Carl. Que tú no te has de enojar,......
Fed. Que tú no lo has de sentir,......
Carl. Yo fui el que escribió el papel.
Fed. Yo el que enigma de amor fui.
Sera. Pues si Celia por los dos
Habló, como ambos decis,
Decid á Celia tambien,
Que ella responda por mí.   [*Vase.*
Ces. No haré tal, pues tan trocada [*aparte.*
La suerte entre los dos ví,
Que, no hablando yo por ellos,
Ellos hablaron por mí.   [*Vase.*
Carl. Pues por mas que tu penar,......
Fed. Pues por mas que tu sentir,......
Carl. En mí, ni otra no me oiga,......
Fed. No me oiga en otra, ni en mí,......
Carl. No he de dejar de querer;
Fed. No he de dejar de morir;
Carl. Y cuando me veas llorar,......
Fed. Y cuando me veas sentir,......
Los dos. No desdeñes verme,
Dulce dueño, asi;
Que esto en mí no es flaqueza,
No, no, rendimiento sí.

JORNADA III.

Salen ENRIQUE *y* SERAFINA.

Enr. Ya que César, mi sobrino,
Segun todos me han contado,
De que le busqué enfadado,
De aqui ausentarse previno,
No quiero hacerle pesar;
Que con saber, que está aqui,
Basta á mi intento; y asi
Licencia me habeis de dar,
Señora, para volverme,
Porque el amor de Lisarda,
Que ya avisada me aguarda,
No me sufre detenerme
Mas largo plazo.
Sera.   Aunque
Tan forzosa la ocasion,
Que os lleva, mi obligacion,
Que agasajaros desea,

Os ruega, que por dos dias
Mas ó menos espereis
Una fiesta, que vereis
Celebrar las Damas mias
Mis años; pues solo á fin
De hacérosla á vos mayor,
Licencia ha dado mi amor,
Para que entren al festin,
Respecto de que sentados
No han de estar los caballeros,
Y entren los aventureros
De máscara disfrazados;
Con cuya ocasion podria
Ser, que el Príncipe viniese
De embozo, porque pudiese
Lograrse nuestra porfía.
Porque, si verdad os digo,
Siento, que no le lleveis
Con vos, y que le dejeis
Entre uno y otro enemigo,
Ya que han dispuesto los cielos,
Que haya de ser mi favor
Aqui academia de amor,
Y allá campaña de zelos.
Enr. Si él, rezeloso, que yo
Le he de llevar, se ha escondido,
Debe de hallarse corrido,
Y esto es sin duda, que no
Venga al festin, en sabiendo
Que yo en él he de asistir.
Sera. Pues procuremos fingir
Algun modo, previniendo
Que él venga, y que vos no os vais
Sin ver la fiesta.
Enr.   Ese intento,
Con fingir yo que me ausento,
Fácilmente le lograis.
Sera. Decís bien; y asi encerrado
En vuestro cuarto podeis
Quedaros; y por que esteis
En la fiesta retirado,
Se consigue el un efeto,
Á ventura que tambien
Se consiga el otro.
Enr.   Bien
Me parece, aunque os prometo,
Que cada instante, que no
Veo á Lisarda, es para mí
Un siglo.
Sera.   Yo lo creo asi.
Y pues á tiempo llegó
Federico, la deshecha
Empezad á hacer.
Enr.   Sí haré,
Aunque al mirarle no sé
Como sanear la sospecha
De haberme desafiado,
Y no haber con él reñido.

Sale FEDERICO.

Fed. ¡Á qué mal tiempo he venido, [*aparte.*
Pues con Enrique he encontrado!
Que, aunque le dije, que yo
Otro dia le veria,
Como la pretension mia
No era de reñir, sino
De salvar á aquella fiera,
No volví al duelo hasta ahora.
Sera. En fin os vais?
Enr.   Sí, señora.
Sera. Id con Dios; que, aunque quisiera
Deteneros, no es razon.
Enr. Otra vez beso tus pies.
Fed. ¿Esto despedirse no es? [*aparte.*

Logróse mi pretension;
Que no habiendo parecido
Lisarda, Enrique se va;
Y ella ¿quién duda, que habrá
Delante á su casa ido,
Siendo informada de que
Era él el que estaba aqui,
Puesto que mas no la vi
Desde que se lo avisé?

Sera. No me dejeis de escribir,
Pues os merece mi zelo
La atencion.

Enr.   Guárdeos el cielo! —
Supuesto que esto es fingir, [*aparte.*
Que me voy, y no me voy,
Yo pensaré retirado,
Ya que no me haya llamado,
La obligacion en que estoy.   [*Vase.*

Sera. Mucho, Federico, estimo,
Que en esta ocasion vengais.

Fed. En qué os sirvo?

Sera.   En que sepais,......
¡Mal mis afectos reprimo! [*aparte.*

Fed. ¡Mal á escucharla me animo! [*aparte.*

Sera. Ciega estoy!

Fed.   Estoy perdido!

Sera. Que, no habiendo parecido
César, Enrique se va,
Y que en cualquier parte está
De mi amparo defendido;
Y pues cesa con su ausencia
El ver al competidor,
Cese tambien el rencor
De la pasada pendencia.

Fed. Cuando nuestra competencia
Sobre mi opinion cargara,
Aun siendo quien soy, dejara
Desairada mi opinion,
Porque no hubiera razon,
Señora, que os disgustara
El que mas rendido visteis
Siempre á vuestro gusto fiel.

Sera. Y si no, dígalo aquel
Secreto, que me dijisteis,
Cuando disculpar quisisteis
Una y otra grosería.

Fed. Si pudiera la voz mia,
Ya lo dijera, señora.

Sera. Que no pudisteis, no ignora
Mi atencion; que no seria
Razon engañarme á mí;
Y no pudiendo á la culpa
Hacer verdad la disculpa,
Fue bien callarla.

Fed.   Ay de mí!
Que, aunque todo eso fuese asi,
Á vista de tu crueldad,
No fue con mi voluntad.

Sera. Mucho pues de verme admira
Tan valida la mentira.

Fed. Es huérfana la verdad.

Sera. Bien puede ser, que lo sea;
Pero ya no he de creer,
Que la hay, sin dejarse ver.

Fed. Bien fácil es, que se vea,
Que se examine y se crea,
Con sola una condicion.

Sera. Qué es?

Fed.   Salvar tu indignacion.

Sera. La indignacion mia?

Fed.   Sí.

Sera. Es contra mí?

Fed.   No es aquí,
Sino contra mi atencion.

Sera. ¿Pues cómo de mí huye, cuando
Contra tí es? Que no lo entiendo. —
Mucho me voy descubriendo. [*aparte.*

Fed. Como te ofendi callando,
Y á mí me ofendiera hablando.

Sera. Pues yo quiero que te ofenda,
Á precio de que se entienda.

Fed. ¿Cómo quieres que lo diga,
Cuando tu precepto obliga,
Que á Enrique servir pretenda?

Sera. Á Enrique?

Fed.   Sí.

Sera.   Ya prevengo,
Introduciendo una dama
Antes, y ahora su fama,
La disculpa.

Fed.   Si á ver vengo,
Que libre ese paso tengo,
No me queda que temer.

Sera. Á mí sí. Y asi, hasta ver
Si es verdad, oiré.

Fed.   Escuchad.

Sera. Decid. Pero no, callad;
Que no la quiero saber.   [*Vase.*

Fed. Ay infelice! ¡Qué presto
Se vengó! ¿Mas qué me espanta,
Si es muger, y se le vino,
Á las manos la venganza?
Huyó el rostro á la disculpa,
Para que nunca llegara
Á saber, que ama y no ofende,
Quien piensa no ofende y ama.
¿Quién en el mundo habrá visto
Dos acciones tan contrarias,
Como enojar con finezas
Y ofender con esperanzas?
¿Qué será, (válgame el cielo!)
Que Enrique sin ver se vaya
Á César, si á verle vino?
Y si sabe, que es Lisarda,
¿Cómo se vuelve sin verla?
Si no lo supo, ¿á qué causa
Busca á César, si no es César?
¡El cielo otra vez me valga!
Que no acabo de entenderme,
Por mas que me entiendo.

Sale PATACON.

Pat.   ¿En qué andas,
Que no te hallo en todo el dia?

Fed. ¿Por qué de no hallar te espantas
Á quien está tan perdido,
Que aun él mismo no se halla?

Pat. Qué tenemos? ¿Anda acaso
Otro enredo de Lisarda,
Ú otro embeleco de Nise
Por aquí?

Fed.   No sé qué anda.
Mas dime, has sabido della?

Pat. Desde la historia pasada
De la joya y de la suela
No han parecido mas ambas.

Fed. Sin duda que, aunque al decirla
Yo, aqui su padre estaba,
Desprecio hizo del aviso,
Despues, mejor informada,
Se ausentó; y si es que se fue
Para esperarle en su casa,
Habrá hecho lo mejor.

Pat. Hallo una gran repugnancia,
Para que ella eso eligiese.

Fed. Y qué es?

Pat.   Que corduras haga
Quien siempre locuras hizo.

Fed.   La necesidad es sabia,
     Y mudaria de acuerdo.
Pat.   Ríete desas mudanzas,
     Porque el serlo con amor,
     Tiene tales circunstancias,
     Que el que una vez pierde el juicio,
     No se halla, si le halla.
     Pero dejando esto aparte,
     ¿No me dirás lo que pasa
     Con Serafina?
Fed.   Es mi amor
     Cifra, que no se declara,
     Letra, que no se descifra,
     Y enigma, que no se alcanza;
     De suerte, que mi discurso
     Entre confusiones varias,
     Si tal vez calla, es ofensa,
     Y ofensa, si tal vez habla.
     Ni la entiendo, ni me entiende.
Pat.   Con poca razon te espantas;
     Que amor palaciego es
     Escaparate del alma,
     Donde se ven por defuera
     Juguetes de porcelana,
     Trastos de imaginacion,
     Melindres de filigrana,
     Retruécanos de cristal,
     Y tíquis míquis de ámbar,
     Que, aunque se ven, no se tocan.
Fed.   Deja locuras cansadas,
     Y dime lo que hay de nuevo.
Pat.   La comedia de las damas
     Es lo mas nuevo que hay.
     Por esos jardines andan;
     Que como esta noche es,
     Todo es tratar de las galas,
     Los aparatos, las joyas
     Y trages, que todas sacan.
     A Celia, que hace el galan,
     Diz, que ha dado dos alhajas
     Serafina, que mejor,
     Que ella, que el misterio cantan.
     Y como aqueste alborozo
     Se ha seguido de hacer gracia
     La Princesa, de que puedan
     Entrar dentro de la sala
     Las máscaras que quisieren,
     Estan ya calles y plazas,
     Tomándolo desde luego,
     Llenas de invenciones varias.
Fed.   Eso mira á no querer
     Verse en la fiesta obligada
     A dar á nadie lugar.
Pat.   ¿Y á qué mira, que en la estancia,
     Donde ha de ser la comedia,
     Un apartado se haga?
Fed.   A que algun ministro anciano,
     A título de sus canas,
     Pueda estar sentado.
Pat.   ¡Cuantos,
     Sin ser ministros, tomaran
     Unas canas á estas horas!
Fed.   Por qué?
Pat.   Porque se excusaran
     Del de detras que rempuja,
     Del de el lado que le aja,
     Del de el otro que le aprieta,
     Del de delante que parla;
     Redimiendo de camino
     La liga que ya le mata,
     El callo que ya le duele.
     Y lo peor destas andanzas
     Es, que su incomodidad
     Es la fiesta quien la paga,

     Diciendo, que es larga; pues
     Hombre, en pie no ha de ser larga,
     Si á cuenta de fiesta pones
     Desde salir de tu casa,
     Tres horas, que aqui la esperas,
     Sin dos por romper la guarda?
Fed.   ¡O quién tuviera tu humor!

     Sale á la puerta T E O D O R O *de máscara.*

Teo.   ,Señor Federico!
Fed.   Aguarda.
     Me nombraron?
Pat.   Hácia alli
     Un máscara es quien te llama.
Fed.   Qué es lo que mandais?
Teo.   Aparte
     Me escuchad una palabra.
     Conocéisme?   *[Descúbrese.*
Fed.   Sí; que nunca
     Fue mi voluntad ingrata
     A quien debe lo que á vos,
     Teodoro, y con vida y alma
     Os conozco y reconozco
     Deudor de finezas tantas.
Teo.   Pues buena ocasion se ofrece
     Ahora para pagarlas.
Fed.   En qué?
Teo.   Ya sabeis, que yo
     Desterrado de mi patria
     Por vos salí.
Fed.   Y sé tambien,
     Que de Orbitelo en la casa,
     Opuesto á vuestra fortuna.
Teo.   Pues sabed,......
Fed.   Qué?
Teo.   Que yo, á causa
     De enmendarla, si es que puede
     Un desdichado enmendarla,
     Saqué á César, con intento,
     (No digo ahora la traza,   *[aparte.*
     Ni el trage en que le saqué)
     Que en el concurso se hallara
     De amantes de Serafina,
     Por si por dicha lograra
     Él su amor, yo su perdon.
     Mas corriendo una borrasca,
     Yo tomé tierra, y él no.
     Llorando pues su desgracia,
     Juzgándole ya por muerto,
     Oí á un hombre, que pasaba
     Por donde yo me alargué,
     Entre otras mil nuevas varias,
     Que el Príncipe de Orbitelo
     En este sitio quedaba;
     Y juzgando que podia
     Ser, que del golfo escapara,
     A saber si es cierto vengo,
     Solamente en confianza
     Desta máscara y de vuestro
     Favor; y así á vuestras plantas
     Os suplico, pues no puedo
     Descubrir á otro la cara,
     Me hagais merced de decirme,
     Si esta nueva es cierta ó falsa.
Fed.   Mucho me pesa, Teodoro,
     De que de deciros haya,
     Que es falsa; porque el que aqui
     Hoy con el nombre se halla
     De César, yo sé muy bien,
     Que no lo es, y antes me saca
     De una duda que tenia,
     Ver, que su muerte fue causa
     De que otro tomase el nombre,
     Por quien á buscarle andan.

Tco. Ay infelice de mí!

Fed. No asi os aflija su falta;
Que ya que á César no baileis,
Me hallais á mí; que palabra
Os doy de favoreceros
Con Serafina, y que haga,
Que os perdone, si librase
Solo en eso mi esperanza.

Tco. El cielo os guarde! ¿Mas cómo
Pueden no sentir mis ansias
La muerte infeliz de un jóven,
Que crié y perdí? ¡Mal haya
Tan mal pensado consejo!

Fed. Venid conmigo á mi estancia,
Donde hablaremos mejor
De nuestras fortunas varías,
Y cubrios, no os conozcan
Otras máscaras que pasan.

Tco. Reparais bien. ¡Ay fortuna,
Qué mal juzgué que te hallara,
Pues nunca es la buena nueva
Tan cierta, como la mala!

[Vanse, quedando solo Patacon.

Sale FABIO *con máscara.*

Pat. ¿Qué máscara será esta,
Que, despues que á solas hablan,
Mano á mano van los dos?

Fab. Hidalgo!

Pat.   ¿Qué es lo que manda,
Señor máscara, Vusted?

Fab. Que me digais...... Pero nada
Quiero ya que me digais.

[Hácele señas que se vaya.

Pat. Estimo la confianza,
Que haceis de mí.

Fab.   ¿Quién creyera,   *[aparte.*
Que á Patacon encontrara
El primero? Y asi es bien,
Porque no conozca el habla,
No proseguir lo que iba
Á preguntar.   *[Hace señas.*

Pat.   ¿Pues qué causa
Os obliga á enmudecer?
Qué me decís? Que me vaya?
¿Pues no hay voz con que decirlo?
No? El hombre viene de chanza.
El máscara de mi amo
Como un jilguerico garla,
Parlad vos como un pardillo.
¿No hay hablar una palabra?
¿Os he hecho algun beneficio,
Que asi me quitais el habla?
¿Que me vaya con Dios? Sí?
Pues quedaos en hora mala.   *[Vase.*

Fab. Siempre temí, que me habian
Los zelos de una tirana
De poner en ocasion,
Que me obligase á una infamia.
Dígalo el que habiendo hallado
En la estafeta una carta
Con su nombre, supe della,
Que su padre la avisaba,
Que estaba aqui, y que muy presto
La veria, á cuya causa
Me ha parecido avisarle,
De como de Milan falta,
Porque vengue en Federico
Los zelos con que me mata.
Bien sé, que es venganza indigna
De mi sangre y de mi fama;
Pero ¿qué villanos zelos
Tomaron justa venganza?
A este fin quise saber

El cuarto en que se hospedaba;
Y pues fue el primer encuentro
Azar, mejor es que vaya,
Pues la máscara me da
Paso á esperarle en la sala
Del festin, puesto que en ella
No puede faltar.   *[Vase.*

Salen LISARDA *y* NISE *con mascarillas y trage*
de Damas.

Nise.   ¿No basta,
Que de uno en otro disfraz
Hoy de resucitar tratas
La andante caballería,
Que ha mil siglos que descansa
En el sepulcro del noble
Don Quijote de la Mancha?

Lis. Si sabes, que, habiendo Celia
Dicho, que á César buscaban,
Y Federico, que era
Mi padre, en desconfianza
Entré de que verdad fuese,
Averiguando mis ansias
Nuevo amor y nuevos zelos;
Y con todo retirada
He estado, por no perderme
Entre confusiones varias,
Si era mentira, de necia,
Si verdad, de temeraria;
Si sabes, que en el retiro,
Que hasta hoy nos túvo encerradas,
He sabido, que era él,
Y que ya del sitio falta,
Porque hoy le han visto partir:
¿Cómo neciamente extrañas
El que vuelva á mis locuras,
Cuando no hay otra esperanza?

Nise. Sí; pero ya que volver
Quieres, ¿por qué te disfrazas?
¿Pues cómo César podrás
Parecer?

Lis.   Porque embozada
Decir podré á Serafina,
Como con zelos la agravia;
Con que dos cosas consigo,
Quedar de Celia vengada,
Y dejarla á ella zelosa.

Nise. Qué responder no faltara,
Si la música no hiciera
Ya á Serafina la salva.

Lis. Pues mientras logro mi intento,
Á aqueste lado te aparta.   *[Retiranse*

Salen CÁRLOS, SERAFINA, FEDERICO *y* LI-
DORO, *y las Damas,* FABIO, THEODORO *y* PA-
TACON *con mascarillas.*

Carl. Ya que de embozo, señora,
No vengo, porque me basta
Á mí estar como criado,
Os suplico, que la almohada
Tomeis, y no me negueis
El lugar, que Cárlos mas ensalza.

Fed. Lo que en Cárlos es fineza,
En mí es deuda, pues es clara
Cosa, que debo estar como
Escudero de tu casa.

Nise. Los dos puestos han tomado
Federico y Cárlos.

Lis.   Nada
Me sucede bien, pues no
Me será posible hablarla.

Fab. No veo donde está Enrique,   *[aparte.*

Para que le dé esta carta.

[Está Enrique sentado detras de una cortina.

Enr. ¿Si será César alguno   *[aparte.*
Destos que el rostro recatan?

Teo. Las alegrías de todos   *[aparte.*
Solo para mí son ansias.

Pat. Rabiando estoy por dar voces:
Empiecen ó saquen hachas.

Lid. Quién habla aqui?

Pat.   Un mosquetero.

Lid. ¿Cómo aqui con voces altas?

Pat. Como, aunque el Rey aqui calle,
Un mosquetero no calla.

Music. Los años floridos
Señalen de aquella,
Que reina en las vidas,
Que triunfa en las almas,
El fuego con lenguas,
El aire con plumas,
El mar con arenas,
La tierra con plantas;
Y viva felice,
Contenta y ufana
La hermosa deidad,
La beldad soberana.

Pat. Buena la música ha estado.
En qué se detienen? Salgan!

Voz [dent.] Por mas que corran veloces,
Divina Clori, tus plantas,
Tengo de seguirte.

Sera.   Un guante *[Cáesele un guante.*
Se me ha caido.

Pat.   ¡Mas que anda
Ruido sobre el guante!

Carl.   Yo......

Fed. Yo he de levantarle.

Lis.   Aguarda;
Que el que merece gozar
La joya, alzará la caja.

[Al ir á levantar Federico el guante, le detiene Lisarda, y Cárlos le toma, y le da á Serafina.

Fed. Suelta, suelta; que ninguno ·
Merecerla ni gozarla
Merece mas, que yo.

Lis.   Mientes! —
Arrebatóme la rabia. *[aparte.*

[Dale Lisarda una bofetada, y saca la daga Federico.

Fed. ¡Ay infelice de mí!
Muera una aleve!

Lis.   Repara,
Federico, que soy yo.   *[Descúbrese.*

Fed. ¿Quién se vió en confusion tanta?

Sera. ¿Aquí tanto atrevimiento?

Lid. ¿Aqui osadía tan rara?

Enr. A tal lance fuerza es
Que yo del retiro salga.   *[Sale.*

Pat. No prosiga la comedia,
Mientras un Alcalde traiga.

Fed. ¿Quién ha visto igual empeño? *[aparte.*
Bajeza será matarla,
Pues dirán, pues de muerta,
Que dí la muerte á una dama.
Si digo quien es, me pierdo,
Pues está Enrique en la sala;
Si no lo digo, es decir,
Que yo consiento en mi infamia.

Todos. Á todos tu honor les toca;
Muera tu honor agravia.

Fed. Deteneos, deteneos,
Y nadie saque la espada
En mi favor, cuando yo
Vuelvo el acero á la vaina.

Enr. Mi enemigo es Federico,

Ya, ya le importa á mi fama,
Que tenga honor mi enemigo.

Lis. Mi padre! El cielo me valga!

Sera. Qué esperais? Dadle la muerte!

Fed. Suspended todos las armas,
Porque aqui no ha habido agravio;
Y si os parece que falta
Á su obligacion mi honor,
Cuando al que me ofende ampara,
Sabed, que es......

Lis.   Ay de mí triste! *[aparte.*
¿Qué he de hacer, que se declara?

Fed. Porque nunca está mejor
Aquel que se desagravia
Con la venganza que toma,
Que dejando de tomarla,
Porque no hay venganza, como
No haber menester venganza;
Y para que nunca quede
En opiniones mi fama,
De que un embozado pudo
Poner la mano en mi cara,
Sin que le quitara yo
Dos mil vidas, dos mil almas,
Sabed, que es......

Lis.   Ay infelice! *[aparte.*

Fed. Perdóneme, soberana
Serafina, tu respeto; —
Y cúbrete tú la cara, *[á Lisarda.*
A la máscara añadiendo
El embozo de mi capa,
    [Toma la mano á Lisarda.
Que tiene esta blanca mano,
Y siendo, como es, tan blanca,
Agravio no ha sido, pues
Las manos blancas no agravian. *[Vanse los dos.*

Sera. Cuando no agravie su honor,
Mi respeto sí. Matadla
Ó prendedla.

Enr.   Deteneos;
Que guardo yo sus espaldas.

Sera. Tú la amparas?

Enr.   Sí; que el dia
Que en algun riesgo se halla,
No es generoso enemigo
El que á su enemigo falta;
Y asi, hasta ponerla en salvo,
He de seguir sus pisadas.

Fab. Y yo á tu lado. Y porque
No dudes que te acompaña,
El dueño desta fineza
Dirá despues esta carta.   *[Dale una carta.*

Enr. Despues la veré.

Sera.   ¿Tú, Enrique,
En su favor te adelantas?

Enr. Y á quien pensare, señora,
Con satisfaccion tan clara,
Que hay desdoro en su opinion,
Le sustentaré en campaña,
Que se engaña ó miente, pues
Las manos blancas no agravian.   *[Vase.*

Pat. ¿Quién creerá, que Enrique sea, *[aparte.*
Quien diera el paso á Lisarda?   *[Vase.*

Fab. Ya que la carta le dí,
No sepa quien pudo darla.   *[Vase.*

Teo. No ser conocido en esta
Confusion es de importancia.   *[Vase.*

Nise. Hago testigos de que,
Aunque un embozo la salva,
No hubo manto en la comedia,
Sino mascarilla y capa.   *[Vase.*

Sera. Qué es esto? Pues viendo todos
Tan gran desaire en mi casa,
Todos me dejais? ¿No tengo

Criados, gente ni guarda,
Que este desaire castigue?
Carl. Á todos nos acobarda
Ser contra una dama el duelo;
Y antes le debo dar gracias,
Que un competidor me quite,
Pues no se queda esperanza
De volver á verte amante.   [*Vase.*
Lid. Yo procuraré alcanzarla,
Juntando gente, te ofrezco
De traértela á tus plantas.   [*Vase.*
Sera. Yo estimaré la fineza.

Sale César de hombre.

Ces. Pues si es que tú has de estimarla,
Yo la he de hacer; que no en vano
Me halló ceñida la espada
El empeño; y aunque fuese
Adorno para la farsa,
En mas noble accion sabré
En tu servicio emplearla. —
No ví la hora en que me viese,   [*aparte.*
Ya que este lance embaraza
En salir de la comedia,
En este trage.
Sera.   Repara
En que ya no es digna accion
El que aqui en tal trage salgas;
Que si la comedia dió
Licencia para esas galas,
No es bien en público dellas
Gozar.
Ces.   Viéndote enojada,
No me sufre el corazon
De la manera que estaba
No salir.
Sera.   Vente conmigo.
Ces. Deja, señora, que haga
Yo esta fineza.
Sera.   Estás loca?
Mas ay de mí! ¿ Qué me espanta,
Que otra lo esté, cuando yo
Veo lo que por mí pasa?
Ces. Pues qué tienes?
Sera.   No sé, Celia;
Pero aunque mano tan blanca
No puede agraviar su honor,
Agraviándome á mí el alma,
Miente quien dijere, que
Las manos blancas no agravian.   [*Vase.*
Ces. Ya que mi trage cobré,   [*aparte.*
Yo buscaré nueva traza
Para no perderle nunca,
Pues alienta mi esperanza,
Que Federico la ofenda.
Con que la suerte trocada,
Pues que á mí me favorece
Con los zelos, que á ella causa,
Diré con mas razon, que
Las manos blancas no agravian.   [*Vase.*

Voces [*dent.*] Por aqui, por aqui van.

Salen Lisarda, Federico y Patacon.

Pat. Por aqui, por aqui vienen,
Dirán mejor.
Fed.   ¿Dónde, ingrata,
Dónde, fiera, dónde, aleve,
Ya que restauré tu vida
De aquel pasado accidente,
En que tu honor y mi honor
Aventuraste dos veces,

Podrá la mia ampararte,
No por lo que á tí te debe,
Por lo que se debe á sí,
De tantas armas y gente
Como nos sigue, si ya
Que tomamos por albergue
Este parque, en él nos sitian,
A tiempo que en el oriente
El sol, para que nos hallen,
Tinieblas y sombras vence?
Lis. Qué poco, (ay de mí!) qué poco
Temieran mis altiveces
Esa gente, que ofendida
Ó lisonjera pretende,
Por gusto de Serafina,
Descubrirme y conocerme,
Si no fuera por mi padre.
Fed. Pues si no fuera por ese
Inconveniente, ¿ qué habia
Que temer inconvenientes?
¿ Á no ser por él, tirana,
No dijera yo quien eres,
Y acabaran de una vez
Tus locuras con saberse?
Voz [*dent.*] El parque sitiad.
Pat.   ¿ Ya aqui,
Señor, qué remedio tienes,
Sino entregar á Lisarda?
Fed. ¿ Que eso, cobarde, aconsejes
Á mi valor?
Pat.   Sí; porque
Será un mal ejemplo este;
Que si las mugeres ven,
Que, andándose las mugeres
Cachetes dando á los hombres,
Hay bobos que las defienden,
Maldita de Dios la que
La doctrina no aproveche,
Y andarán toda la vida
Matándonos á cachetes,
Fuera de que ello ha de ser,
Pues no hay parte que no cerquen:
Y aun mas, pues de aquella puerta,
Que al parque sale, parece
Que es Enrique el que ha salido.
Fed. Á cubrir el rostro vuelve,
No te conozca tu padre.

Sale Enrique.

Enr. Federico!
Fed.   Qué me quieres?
Enr. Ofendida Serafina,
Ya lo sabes, que tuviese
Atrevimiento esa dama,
Para entrar tan imprudente
Á alborotar sus festines,
Prenderla manda, y prenderte;
Á cuyo efecto, sabiendo
Que al parque saliste, tiene
Lidoro el parque cogido,
Cercado con mucha gente.
Yo, que entonces empeñado
De ampararte y de valerte,
Porque otro duelo empecemos,
Luego que acabemos este,
Vine por aquesta puerta,
Que el cuarto en que vivo tiene,
Y adelantándome á todos,
Vengo á ver lo que pretendes
Hacer; que yo en tu defensa,
Ya empeñado una vez, siempre
Me has de hallar.
Fed.   De tu valor
Es preciso que confiese

La obligacion, lo primero;
Y lo segundo, que intente
Poner en salvo esta dama;
Que, aunque mil vidas me cueste,
No ha de conocerla nadie.

Enr. Pues ya que el empeño es ese,
Valgámonos de otro medio,
Que la ocasion nos ofrece.

Fed. Y qué es el medio?

Enr. De mí
Lo fia; que muy bien puedes
En mi sangre y en mis canas,
Un secreto, sea el que fuere,
Asegurarte. Demas
De que, forastero en este
Pais, no puedo conocerla,
Aunque á ver su rostro llegue.

Pat. No por cierto.

Enr. Pues guardada
En mi cuarto, lo que fuere
Necesario á dar lugar,
Que este ruido se sosiegue,
Y aplacada Serafina,
Con ver, que ella no parece,
Podemos ponerla en salvo
Despues mas seguramente.

Fed. El medio es bueno, y lo acepto,......

Lis. Ay de mí! ¿Pues cómo puedes [aparte.
Aceptarle?

Fed. Si le añades
Una cosa, que le esfuerce.

Enr. Qué es?

Fed. Que tampoco me vean
Á mí, para que se temple
De Serafina el enojo
Mejor, estando yo ausente;
Y asi, como á los dos abras
La puerta, y tú aqui te quedes
Á decirles, que ir nos viste
Por otra parte, no puede
Haber habido mejor
Medio.

Enr. Si te lo parece
Á tí, á mí tambien; que á mí
La misma costa me tiene
Abrir la puerta á los dos,
Que al uno. Y porque la gente,
Que va descendiendo al parque,
Hácia aquesta parte viene,
Entra presto.

Fed. Ven, tirana.

Lis. ¿Cómo á encerrarme te atreves [ap. los dos.
En el cuarto de mi padre,
Si es de quien guardarme debes?

Fed. Como sé, que á unos jardines
Tiene puerta, y que ellos pueden
Darte mas seguro paso,
Fiera, para que te ausentes.
Sin él, y conmigo vas;
Siendo asi, qué es lo que temes?

Lis. Ver mas cercano el peligro.

Enr. Entrad pues. [Vanse los dos.

Pat. ¡Qué no pudiese [aparte.
Excusarse puerta ó llave! —
Aguarda, señor, no cierres.
Puesto que la misma costa
Abrir á dos, que á tres, tiene,
Déjame entrar.

Enr. Para qué?

Pat. Para que á mí no me encuentren,
Y por la hebra el ovillo
Saquen.

Enr. Antes me conviene

Que estés tú aqui, para que
Lo que he de decir esfuerces.

Salen LIDORO y algunos Soldados.

Lid. Alli hay gente; llegad todos.

Enr. Ya excusado me parece.

Lid. Cómo?

Enr. Como hasta aqui apenas
Llegaron los dos, cuando ese
Criado con un caballo
Esperaba, y se le ofrece,
Y en él puestos los dos, van
Lejos de aqui.

Lid. ¿Pues tú, aleve,
Con el caballo esperabas?

Pat. Y como decir se suele,
En la silla y en las ancas
Suben ambos, y él parece,
Textus in Góngora, en el
Romance de los Cenetes,
De ninguna espuela herido,
Que dos mil diablos le mueven.

Lid. Prended á aquese criado.

Pat. Luego faltaran corchetes.

Lid. Porque con llevarle á él
Á Serafina, es bien muestre,
Que por lo menos seguí
A quien la enoja. Traedle
Con vosotros.

Sold. 1. Vamos.

Pat. Si
Han de llevarme vustedes,
Por Dios, que ha de ser acuestas. [Échase.

Sold. 2. Cuando en el suelo se eche,
Irá arrastrando.

Pat. Arrastrando?
De qué suerte?

Sold. 1. Desta suerte.
[Arrástranle por el suelo.

Pat. Ha señor! ¿Pues cómo deja
Usté arrastrar al sirviente
De su amigo?

Enr. ¿Pues á mí
Qué me importa que te lleven?

Pat. Ay, que me matan! ¿Quién vió,
Que el enamorado fuese
Mi amo, y yo el arrastrado?
[Vanse, llevando á Patacon.

Enr. ¡Extrañas cosas suceden!
Bien dijo, quien dijo, que eran
Enojadas las mugeres
Hidra sobre hidra. Á no andar
Federico tan prudente,
Bueno quedara su honor,
Obligado en que alli hubiese
De dar la muerte á una dama,
Ó padecer la inclemente
Censura, de que podia
Tal desdicha acontecerle
Á ningun noble. Sin duda,
Pues tanto cuidado tiene
En esconderla, encubrirla
Y recatarla, que debe
De importar mucho su honor.
¡O vil condicion aleve
Del amor y de los zelos!
¿Qué cosa habrá, que no intentes?
Y siendo asi, que estos casos,
Aun mas que á admiracion, mueven
Á piedad, palabra doy
De ayudarle y de valerle,
Hasta que la ponga en salvo.
Y pues por ahora parece
Que lo está, pues en mi cuarto

No han de buscarla, que intente
Será bien saber, qué carta
Fue aquella, que anoche, entre
La confusion del festin,
Me dió un máscara; que hasta este
Instante lugar ni luz
Tuve. Dice desta suerte:
[*lee*] „Lisarda, vuestra hija bella,......"
[*repr.*] Infausto adivino eres,
Corazon, pues nunca anuncias
Lo mejor, á lo peor siempre
Te has de inclinar. Di, ¿qué importa
Empiece (ay de mí!) ó no empiece
Con el nombre de Lisarda
Su carta, para que tiemble?
[*lee*] „Lisarda, vuestra hija bella,
Falta de casa; si ya
Que habeis venido por ella,
Quereis saber donde está,
Federico os dirá della." —
[*repr.*] ¡Viven los cielos, que he sido
Infame tercero aleve
Yo de mi desdicha! Pero
Miente el labio, la voz miente;
Pues antes tercero he sido
De mis dichas, pues me ofrecen
Tan segura la venganza,
Como llegar á tenerles
En mi poder á los dos,
Donde mi honor lo remedie,
Ó mi ofensa se mejore
Con su mano ó con su muerte.
Tras ellos entraré. ¡Pero
Viven los cielos, que tienen
Por de dentro el picaporte
Echado á la puerta! — Aleves!
¿Contra mí os valeis de mí?
Bien será, que tambien cierre
Yo por aqui, porque no
Puedan salir, y que intente
Alcanzarles por esotra
Parte. Si volar no puedes,
¿De qué te sirven las alas,
Corazon?　　　　　　　　　　[*Vase.*]

Salen Federico *y* Lisarda *con máscara.*

Fed.　　　　　Bien nos sucede,
Pues atravesando el cuarto,
Donde apenas habrá gente,
Porque cuidado y ruido
Tienen la familia ausente,
Hemos llegado al jardin;
Y pues tan segura puedes
De tu padre, que te guarda
Allá la espalda, ponerte
En salvo, aquella es la puerta.
Ponte en tu caballo y vete,
Para que te halle en tu casa
Tu padre, cuando allá llegue;
Que yo vuelvo á asegurarte,
Porque al fin él no te encuentre.
Lis. Sí haré, pues que mis intentos
Atras la fortuna vuelve.
¡Mas ay infeliz de mí;
Que no es posible!
Fed.　　　　　　　Qué temes?
Lis. Que no puedo salir ya,
Sin que Serafina á verme
Llegue, porque á estos jardine
Sale de su cuarto.
Fed.　　　　　　　Ese,
Como la máscara quites,

Y á mí contigo no llegue
A verme, á mi parecer,
Es pequeño inconveniente;
Pues como César podrás
Despedirte brevemente
Della, y salir.
Lis.　　　　　Dices bien.
¿Tú, qué has de hacer?
Fed.　　　　　　　En los verdes
Laberintos destas ramas
Estaré, á cuanto viniere
Dispuesto, en defensa tuya.
Lis. Pues escóndete; que vienen.
[*Quítase la máscara, y escóndese* Federico.

Salen Serafina *y* Laura.

Laur. ¿Tras tan mal gastada noche
Salir ahora al jardin quieres?
Sera. Sí; que pues no he de hallar
Descanso en algun albergue,
¿Para qué quiero buscarle?
¿Mas quién al paso se ofrece? —
César, aqui?
Lis.　　　　　Sí, señora;
Que arrepentido de haberme
Escondido de mi tio,
Obligándole á que hiciese
La estratagema de irse,
No mas de para volverse,
Para haber de dar conmigo,
He venido á hablarle y verle,
Y á averiguar de una vez,
Qué accion hice no decente,
En no haberme despedido
De mi madre y mis parientes,
Y mas viniendo á adorarte,
Ya que no es á merecerte,
Para que se ande tras mí;
Y pues viniendo con este
Intento, no está en su cuarto,
Perdóname, que no quede
A servirte; que hasta hallarle,
Donde quiera que estuviere,
Le he de buscar.
Sera.　　　　　Y es razon,
César, hablarle.
Laur.　　　　　Alli viene.
Lis. Ay de mí!
Laur.　　　　De qué te asustas?
Lis. No quisiera que me viese;
Y asi es fuerza retirarme.
Sera. ¿Por qué, si á buscarle vienes,
Como dices, te recatas?
Lis. Porque, si por dicha hubiese
Algun extremo en mi enojo,
Es bien no estar tú presente,
Mejor le hablaré sin tí.
Y asi permite, que deje,
Antes que me halle contigo,
Este sitio, y que me ausente.
Fed. ¿Quién, sino yo, en dos empeños [*al paño*
De honor y amor llegó á verse?

Sale Enrique.

Enr. Por presto que dí la vuelta,
Tarde á mi honor le parece.
Pero aqui está Serafina.
Nadie de mi mal sospeche. [*Vase*
Laur. Él, viendo que aqui te estabas,
Atento á la espalda vuelve.
Sera. Llámale, y dile, que aqui [*á* Laura.
Está, que al Príncipe llegue;
Que antes por el mismo caso,
Que su cólera le ciegue,

Quiero estar presente yo,
Porque el respeto le temple.
Lis. Espérate un poco, Laura.
Sera. Ve, Laura; qué te detienes?
Llámale, y dile, que César
Aqui está. Salgamos deste
Encanto de una vez.
[*Vase Laura.*
Lis.   Mira,
Que no me está bien el verle.
Sera. No viniste á hablarle?
Lis.   Sí;
Pero ya no me conviene.
Sera. Pues di, ¿de verle y hablarle,
Qué te turba ó te suspende?
Lis. No sé. Pero tú, si, cuando......
Fed. ¿Quién se vió en trance tan fuerte?
Sera. Mucho que pensar me da
Tu turbacion.
Lis.   Pues de verle
Hay mas que pensar, que piensas,
Hay mas que entender, que entiendes.
Sera. ¿Enseñóte Federico,
Ingrato, traidor, aleve,
Ese enigma?

Sale FEDERICO.

Fed.   Sí, señora.
Sera. De qué suerte?
Fed.   Desta suerte,
Que viendo, que Laura ya
Le ha avisado, y que no tiene
Otro medio mi desdicha,
Es bien de una vez confiese,
Lo que cortes mi temor
Recateó tantas veces.
Lisarda es, hija de Enrique,
La que en tu presencia tienes.
Mira, si es bien, que á tus ojos
En este trage la encuentre,
De tí para esto llamado.
Sera. No por cierto. Vete, vete
Volando de aqui, y procura
Ahí en mi cuarto esconderte.
Lis. Muerta voy!   [*Vase.*
Sera.   ¿Qué le diré
Yo ahora á Enrique, cuando llegue?
Fed. No sé; porque la vergüenza,
Al mirarle, me enmudece.
Sera. Sí, porque, si agena mano......

Dentro CÉSAR.

Ces. ¿Pues qué atrevimiento es este?
Fed. Pudo......
Ces. [*dent.*]   ¿Vos en este cuarto
Asi entrais?
Sera.   Qué ruido es ese?

Sale CÉSAR.

Ces. El Príncipe de Orbitelo,
Señora, que á entrar se atreve.
Sera. Menor es su atrevimiento,
Que el tuyo, pues que te atreves
A venir en ese trage.
Ces. ¿No dije, que, hasta que vengue
Tus enojos, no le habia
De dejar? Pues si se ofrece,
Verás en aqueste acero......
Sera. ¡Locuras impertinentes!
Éntrate allá!
Ces.   No te enojes;
Que yo......
Sera.   Basta.
Fed.   Enrique viene.

Sera. Qué he de decirle?
            Salen LAURA *y* ENRIQUE *al paño.*
Laur.   Alli está
Con César.
Enr.   Aunque me pese   [*aparte.*
Acudir á cosa, que
No sea á mi honor, conveniente
Me es disimular, y mas
Viendo á Federico. ¡Déme   [*Llega.*
Esfuerzo el dolor! — Sobrino, [*á César.*
Dame los brazos mil veces,
Pues mi amor y mi deseo
Tan merecidos los tiene.
            [*Va á abrazar á César.*
Sera. Pues por ahora este engaño [*aparte.*
De esotra duda me absuelve,
Dél me valdré. — Disimula, [*aparte á César.*
Y finge, que César eres;
Que importa mucho.
Ces.   Sí haré,
Supuesto que tú lo quieres. →
La alma y los brazos, señor, [*á Enrique.*
Son vuestros; que, aunque ofenderme
Pude al principio, de ver,
Que haya quien seguirme intente,
Á cuya causa no quise
Hasta ahora que me vieses,
Entrado en mejor acuerdo,
Quiero saber, qué le ofende
A mi madre, que yo tenga
Tan honradas altiveces,
Como atreverme á adorar
A quien tanto lo merece.
Laur. ¿Quién la mete á Celia en esto, [*aparte.*
Y á mi ama que lo consiente?
Fed. No ví mejor disimulo, [*aparte.*
Ni engaño mas aparente.
Sera. Prosigue. Dile mas deso; [*aparte á César.*
Que lo finges lindamente.
Ces. Cuando pensé, que obligados
Ella y mis deudos de verme
En tan generoso asunto
Empeñado, me acudiesen
De asistencias, que mi sangre
Y mi valor desempeñen,
¿Es bien que me busque como
Huido?
Enr.   Sin causa te ofendes;
Que hasta saber de tí......
Ces.   Basta;
Y si eso solo pretenden,
Ya saben de mí; y asi
Podrás, Enrique, volverte,
Donde el amor de mi prima
Lisarda en bien que te lleve;
Que yo quedo mas dichoso,
Mas feliz y mas alegre,
Que merezco, pues que quedo
Á vista de quien me puede,
No coronar de favores,
Pero matar de desdenes.
Sera. Qué bien lo finges! [*aparte.*
Fed.   ¡No ví [*aparte.*
Ingenio mas excelente!
Sera. Porque no alcance el engaño,
Persuádele á que se ausente.
Laur. Yo estoy loca, ó lo estan todos. [*aparte.*
Cielos, qué embeleco es este?
Enr. Aunque de vuestro consejo,
César, debiera valerme,
Ya que os hallé, no es razon
Que yo vuestro lado deje. —
Esto es dar color á no [*aparte.*
Irme antes que me vengue. —

Y asi pensad, que teneis,
Para en cuanto se ofreciere,
Mi valor, que os acompañe,
Y mi edad, que os aconseje.

Ces. Eso es volverme á dar ayo,
Y quizá será ponerme   .
Tambien en obligacion,
Que segunda vez me ausente.

Fed. ¡Qué bien á todo le sale! [*aparte.*

Sera. Yo es bien su partido esfuerce, [*aparte.*
Porque en su ausencia mejore
Su engaño y su honor ennmiende. —
Dice el Príncipe muy bien.
¿Qué importa, que sin vos quede?
Y asi, Enrique, podeis iros.

Enr. Perdonadme, que os acuerde,
Que me aconsejásteis antes......

Sera. Qué?

Enr.   Que sin él no me fuese.

Sera. Perdonadme vos tambien
Acordaros, que dijéseis,
Que saber dél os bastaba.

Enr. Un adagio decir suele:
Consejo el prudente muda.

Sera. Pues tambien yo soy prudente,
Y puedo mudar consejo.

Ces. ¿Esto en fin no se resuelve
Con no querer ir?

Dentro LIDORO *y* PATACON.

Lid.   Entrad.

Sera. Id á ver, qué ruido es ese.

Pat. No es nada, á mí que me arrastran.

Fed. Yo iré.

Enr.   Yo tambien.

Sera.   Detente,
Federico, Enrique irá.

Enr. ¡Valedme, cielos, valedme! [*aparte.*
Y la dama?   [*aparte á Federico.*

Fed.   Ya está en salvo.

Enr. Está bien. — ¡Valor, detente
Hasta mejor ocasion!   [*Vase.*

Sera. En tanto que Enrique viene,
Celia, los brazos me da;
Que, si estudiado tuvieses
El papel, que has hecho, no
Le hicieras mejor.

Ces.   No tienes
Que agradecerme, señora,
El que en tu gusto algo acierte.
Y en cuanto al papel descuida,
Que siempre que se ofreciere
Procuraré salir dél.

Fed. Yo es bien que tus plantas bese,
Por la parte que me toca,
En que mi desdicha enmiende.

Laur. Por un solo Dios, señora,
Que sepa yo qué te mueve,
Cuando á César dejo, y cuando
Vuelvo con Enrique á verte,
Á que haga su papel Celia?

Ces. Duda es esta, que me tiene
En la misma confusion;
Pues aunque yo sepa hacerle,
No la causa.

Sera.   Pues sabreis,
Fuerza es decíroslo en breve,
Que este Príncipe Don César,
Que á Enrique huye el rostro siempre,
Es Lisarda, hija de Enrique.

Ces. Lisarda? Pues qué la mueve?

Sera. Los zelos de Federico,
Tras quien disfrazada viene.

Ces. Qué es lo que oigo!

Fed.   Por lo menos,
Cuando oir eso me avergüence,
Me confio en que ya sabes
A quien la vida le debes,
Pues sabes como la joya
Ir á su mano pudiese.

Ces. ¿Lisarda, hija de Enrique?

Sera. Sí.

Ces.   ¿Cómo, traidor, te atreves
Á decírmelo á mí, siendo
Tan mio el honor que ofendes?
Vive Dios......!   [*Empuña la espada.*

Sera. Detente, Celia!

Ces. Es en vano detenerme.
No soy Celia, César soy,
Ya que tú que lo sea quieres.

Sera. Mira, Celia, que no hay
Ninguno ahora presente,
Con quien sea menester
Que el pasado enojo esfuerces.

Ces. Una vez en este trage,
Perdóname, que no puede
Volverse atras mi valor.

Laur. Ella lo que finge cree. [*aparte.*

Fed. Tal género de locura
Ha sucedido mil veces.

Ces. No embaraceis, que una vida
Quite á un traidor, á un aleve.

Laur. Mira, Celia, que es locura
Creer, que lo que finges eres.

Fed. Dejadla; que ya enseñado
Estoy, que damas me afrenten,
Y á hacer dello gala.

Ces.   No
Con eso librarte pienses
De mí, cobarde.

Fed.   No tengo
Mas medios de que valerme,
Celia, contra tí; pues si
Las manos blancas no ofenden,
Tampoco los labios rojos.
Que si pensase ó creyese,
Que no finges todavía,
Claro es...... Pero Enrique vuelve.
Vuestra Alteza no se enoje
Con quien á buscarla viene,
Traido de su amor.

Ces.   Locuras
Del amor son las que ofenden.
No entienda su agravio Enrique,
Hasta que yo dél le vengue.

Sale ENRIQUE.

Enr. El ruido, señora, es,
Que Lidoro, con la gente,
Que á Federico siguió,
Como si aqui no estuviese,
Trae dos presos; uno es
Un criado, por haberle
En ese parque encontrado;
Otro, segun me parece,
Que es Teodoro, ayo de César,
Que, llegando á conocerle
Sin máscara, le han prendido,
Por juzgarle delincuente,
En este estado, y con ellos
Todos á tus plantas vienen.

Salen LIDORO, TEODORO, PATACON
y NISE.

Nise. Aunque aventure, que aqui [*á Patacon.*
Alguien pueda conocerme,
A trueco de verte ahorcar,
Te he de seguir.

Pat. Antes ciegues,
Que tal veas. — Á tus plantas [*á Serafina.*
Humilde, señora, tienes
Al criado de aquel loco,
De aquel menguado imprudente
De mi amo. ¿Mas qué culpa
Tengo yo de que él se ausente
Con la disfrazada dama
Del bofeton?

Sera. ¿Cómo mientes,
Si, estando aqui Federico,
Aseguras, que se fuese?

Pat. ¿Quién diablos te trajo aqui?
Lid. Qué haremos dél?

Sera. Que le dejes;
Que no es mucho ser traidor,
Quien de su dueño lo aprende.

Pat. ¡Plegue á Dios, que, sin llegar
Á vieja, tanta edad cuentes,
Que sea en tu comparacion,
Un niño movido el Fénix!

Nise. Mi gozo cayó en el pozo.
Pat. Mas que tú con él cayeses.
Teo. Ya, señora, á vuestras plantas
Humilde llego á ofrecerme.

Sera. Qué haremos? que si vé á Celia, [*ap. á Feder.*
Atras nuestro engaño vuelve.

Fed. No sé. Mas ponte delante,
Por si encubrirla pudieses.
¿Pero qué es este alboroto?

Sale CÁRLOS.

Carl. Señora, en tu cuarto á este.....
Sera. Despues lo sabré. — ¿Pues cómo
Teodoro aqui á entrar se atreve?

Carl. ¿Qué hace Celia en este trage [*aparte.*
Delante de tanta gente?

Teo. Como un infeliz, señora,......
Ces. ¡Quiera amor alcance á verme, [*aparte.*
Para que diga quien soy!

Teo. Tanto su vida aborrece, .
Que, á despecho de su vida,
Viene buscando su muerte;
Fuera de que mayor causa
Hay, que aqui á venir me fuerce,
Por sacarte de un engaño,
Que contra tu fama puede
Resultar.

Sera. Engaño?
Teo. Sí.
Sera. Qué es?
Teo. Que un traidor, un aleve,
Con el nombre de Don César,
Engañar tu amor pretende.
Yo le saqué de su casa,
(No es tiempo de contar este,
Que en trage de muger) hasta
Que le dejé en la corriente
Ahogado del Po; y sabiendo,
Que con su nombre te ofende,
Vengo á avisarte, porque
De mi lealtad te quejes.
El que te ha dicho, que es César,
No lo es.

Enr. La voz suspende;
Que ese agravio á mí me toca,
Y asi es bien que yo lo vengue. —
¿Pues cómo, atrevido jóven,
Loco y temerariamente
El nombre de mi sobrino,
Tomas; y el respeto ofendes
De Serafina?

Fed. Á una dama
No ofendas, Enrique, tente;

Que el que dijo que era César,
Dias ha que no parece,
Y aquesta es Celia, una dama,
En quien los disfraces deben
De durar de la comedia.

Sera. ¿Quién vió confusion mas fuerte?
Enr. Ese es otro nuevo engaño,
Creer yo, que sea dama ese
Jóven, cuando Serafina,
Que es César, dicho me tiene.

Teo. Si Serafina lo ha dicho,
Ha dicho bien; que no pueden
Las deidades engañarse. —
Dame los brazos mil veces, [*á César.*
Príncipe mio, en albricias
De que con vida te encuentre.

Sera. ¡Qué cortesano Teodoro, [*aparte.*
Advertido de que es este
Engaño mio, procura
Alentarle, con hacerle
César á Celia! — Tú finge [*á César.*
Todavía que lo eres.

Ces. ¿Qué he de fingir, si es verdad?
Laur. Á su locura se vuelve.
Nise. ¿En qué ha de parar aquesto? [*aparte.*
Pat. El diablo que lo concierte.
Enr. Yo he de castigar, señora,
Este engaño.

Sera. Enrique, tente.
Carl. Mira, Enrique, que esta es Celia,
Una dama.

Enr. ¿Pues tú, aleve,
Tambien me engañas?

Pat. Señores,
¿Habrá enredo como este?

Ces. Tú eres el que te engañas;
Y si alguno á eso se atreve,
Solo es Cárlos.

Carl. Yo, por qué?
Ces. Porque, siendo tú quien dese
Golfo en el trage que iba
Me sacaste, ahora no crees,
Que me encubrió su disfraz,
Habiendo tan claramente
Dícholo todo Teodoro.

Carl. Mas con aqueso me ofendes;
Pues siendo César, traicion
Mas grave es, que te atrevieses
Á asistir á Serafina
Tan de cerca, que pudiesen
Familiarmente tus ojos
Tal vez......

Fed. No lo digas, tente;
Que se ajan los decoros
Aun solo con que se piensen.

Los dos. Muera un traidor!
Teo. Eso no.
Enr. Pues ya debo defenderte
Como á César.

Teo. Y yo y todo.
Sera. Esperad todos; que ese
Duelo, ya que persuadida,
Saber tu disfraz, me tiene
De quien es, yo he de acabarle.

Todos. De qué suerte?
Sera. Desta suerte. —
Príncipe, esta blanca mano [*á César.*
Tocaste tal vez; aleve
Ofensa fue, que me hizo
Un disfraz, y es conveniente
Que sepan, que aun de su dueño
Las blancas manos ofenden;
Y asi, pues vos la agraviásteis,
El irse con vos lo enmiende.

Ccs. Federico, yo......
Fed.   ¿Asi pagas
Una vida que me debes?
Sera. De vos este desagravio
Aprendí; y pues que ya tiene
Ejemplar vuestro honor, dél
Usad; y porque no quede
En opinion, que se supo
El agravio, sin saberse
El dueño dél, quiero yo,
Salvándole para siempre,
Pagar aquella fineza.
Fed. De qué suerte?
Sera.   Desta suerte.

         Sale LISARDA.

   Dad á Lisarda la mano.
Enr. Al mirarte, o hija aleve,
La cólera no me sufre
Dejar de darte la muerte.
Fed. Si antes por salvar su vida
Me empeñé, fuerza es que lleve
Delante el empeño.

Enr.   Nadie
Defender mi hija puede
De mí, que no sea su esposo.
Fed. Yo lo soy.
Lis.   ¡Felice suerte
Es la mia, pues que logro
Tal dicha!
Pat.   Con que corriente
Queda el refran, que las blancas
Manos no agravian, mas duelen.
Teo. Pues lograste tu ventura,
Logre el perdon.
Sera.   Ya le tienes.
Pat. ¿Qué haremos, Nise, nosotros?
Nise. Casarnos adredemente,
Porque sepan que podemos
Cualquiera de los oyentes.
Pat. No se meterán en eso;
Que ahora harto que hacer tienen
En perdonarnos las faltas,
Y las del que mas pretende
Serviros siempre, pues yerra
Á cuenta de que obedece.

LXXXVII.

LOS CABELLOS DE ABSALON.

P E R S O N A S.

DAVID, *Rey.*	JONADAB.	TEUCA, *Etiopisa.*
JOAB.	AQUITOFEL.	*Etíopes.*
ABSALON.	ELIAZAR.	*Pastores.*
SALOMON.	SEMEY.	*Soldados.*
ADONÍAS.	ENSAY.	*Damas.*
AMON.	TAMAR.	*Música.*

JORNADA I.

Tocan cajas, salen DAVID *por una puerta, y por la otra* ABSALON, SALOMON, ADONÍAS, TAMAR *y* AQUITOFEL.

Sal.   Vuelva felicemente,
De laurel coronada la alta frente,
El campeon Israelita,
Azote del sacrílego Moabita.
Adon. Ciña su blanca nieve
De la rama inmortal círculo breve
Al defensor de Dios y su ley pia,
Horror de la gentil idolatría.
Absa. Himnos la fama cante
Con labio de metal, voz de diamante,
De Jeova al real caudillo,
Del Filistin al trágico cuchillo.
Tam. Hoy de Jerusalen las hijas bellas,
Coronadas de flores y de estrellas,
Entonen otra vez con mayor gloria
Del Goliat segundo la victoria.
Dav. Queridas prendas mias,
Báculos vivos de mis luengos dias,
Dadme todos los brazos.
[*Abraza* DAVID *primero á* SALOMON, *despues á* ABSALON, *despues á* ADONÍAS *y á* TAMAR.
Renuévese mi edad entre los lazos
De dichas tan amadas.
¡Ay dulces prendas, por mi bien halladas!
Adonias valiente,
Llega, llega otra vez. Y tú, prudente
Salomon, otra vez toca mi pecho,
En amorosas lágrimas deshecho.
Bellísimo Absalon, vuelve mil veces
Á repetirme el gusto, que me ofreces
En tan alegre dia.
Y tú no te retires, Tamar mia;
Que he dejado el postrero
Tu abrazo, ay mi Tamar! porque no quiero,
Que el corazon en gloria tan precisa,
Viendo que otro me espera, me dé prisa.
Á Rabatá, murada y guarnecida
Ciudad del fiero Amon, dejo vencida;
Sus muros excelentes
Demolidos, sus torres eminentes
Deshechas y postradas,

Y sus calles en púrpura bañadas.
Gracias primeramente
Al gran Dios de Israel, luego al valiente
Joab, General mio,
De cuyo esfuerzo mis aplausos fio.
Joab. Honras, señor, tu hechura.
Aqui. Infelice el que sirve sin ventura; [*aparte.*
Pues habiendo yo sido leal soldado,
No fui de una razon galardonado.
Dav. Mas con haber tenido
Tan singular victoria, no lo ha sido,
Sino el volver á veros;
Si bien tantos contentos lisonjeros
Confunden su alegría,
Considerando, que el felice dia,
Que vengo victorioso,
Que entro por el alcázar suntuoso
De Sion, que salis con ansias tales
Todos á recibirme á sus umbrales,
En ocasion tan alta,
Amon no mas de entre vosotros falta;
Amon mi hijo mayor y mi heredero,
Á quien como á mayor estimo y quiero.
¿Qué es la causa, Adonías,
De que él no aumente las venturas mias?
Adon. Yo, señor, no sé nada.
Dav. Salomon, una pena imaginada
Es mas que acontecida.
¿Qué ha sucedido á Amon? di, por tu vida!
Sal. Absalon lo dirá; yo no he sabido,
Que pueda haberle nada sucedido.
Absa. Ni yo lo sé tampoco.
Dav. En vuestra suspension mis penas toco.—
Tamar, ¿qué hay de tu hermano?
Tam. Á mí, señor, pregúntamelo en vano;
Que, en mi cuarto encerrada,
Vivo aun de los acasos ignorada.
Dav. ¿No hay quién de Amon me diga?
Aqui. Sí, señor. Criado soy, amor me obliga
Á que nada te calle,
Aunque razones el discurso halle,
Para no dar avisos de una pena,
Á cuyo fin se excusan todos. Llena
De otra razon el alma,
No quiero recatarte aquesta calma;
Porque á ignorado mal no se da medio,
Y sabido, se trata del remedio.
Amon tú hijo, señor, ha muchos dias

Que ha dado en padecer melancolías
Y tristezas tan fuertes,
Que, por no ser capaz de muchas muertes,
Enfado de la luz del sol recibe,
Con que entre sombras vive;
Y aun está sin abrir una ventana,
Ni ver la luz hermosa y soberana.
Tanto Amon se aborrece,
Que el natural sustento no apetece.
Ningun médico quiere,
Que le entre á ver; y en fin Amon se muere
De una grave tristeza,
Pension, que trae la naturaleza.

Dav. Aunque nazca la nueva que me has dado
De lealtad, te la hubiera perdonado,
Aquitofel; porque es tan mal contento
El disgusto, el pesar y el sentimiento,
Que lo mismo, que el quiso
Saber, oyendo tan pesado aviso,
Saberlo no quisiera,
Porque lo supo ya; que es de manera
Desconversable el mal de un afligido,
Que, ignorado y sabido,
Da siempre igual cuidado;
Pues siempre es mal, sabido ó ignorado.
Entrar, ay Dios! á descansar no quiero
En mi cuarto primero,
Que en el de Amon. — Venid todos conmigo. —
Ingrato soy, Señor, ingrato, digo,
Al grande favor vuestro.
Bien en mis sentimientos hoy lo muestro.
Pues cuatro hijos, que veo
Con salud, no divierten mi deseo
Tanto, como le aflige y atormenta
Uno sin ella. ¡O ingrata y descontenta
Condicion, que tenemos
Los humanos, haciendo siempre extremos!

Absa. Este es de Amon el cuarto; ya has llegado
Mas del afecto, que del pie, guiado.

Dav. Abrid aquesa puerta.

Corriendo una cortina se descubre AMON *sentado
en una silla, arrimada á un bufete, y de
la otra parte estará* JONADAB.

Joab. Ya, señor, está abierta;
Y al resplandor escaso, que por ella
Nos comunica la mayor estrella,
Al Príncipe se mira
Sentado en una silla.

Tam.   ¿Á quién no admira
Verle tan divertido
En sus penas, que aun no nos ha sentido?

Dav. Amon!

Amon.   Quién me llama?

Dav.   Yo.

Amon. Señor, pues tú aqui?

Dav.   ¿Tan poco
Gusto te deben mis dichas,
Mi amor afecto tan corto,
Que aun no llegas á mis brazos?
Pues yo, aunque tú riguroso
Me recibas, llegaré,
Hijo, á los tuyos. ¿Pues cómo,
Empezando en mí el cariño,
Aun no obra en tí el alborozo?
Qué tienes, Amon? qué es esto?
Que, aunque tus tristezas oigo,
Pensé, que, al verme, templaras
De su violencia el enojo.
¿Aun parabien no me das,
Cuando vuelvo victorioso
Á Jerusalen? ¿Mis triunfos
Aun no vencen tus enojos?
¿Un Príncipe, que heredero

Es de Israel, cuyo heróico
Valor resistir debiera
Constante, osado y brioso
Los ceños de la fortuna,
Y del hado los oprobios,
Tanto á una pasion se rinde,
Tanto á una pena, que absorto,
Confuso, triste, afligido,
No les permite á sus ojos
La luz del dia, negando
La entrada á sus rayos de oro?
Qué es esto, Amon? Si de causa
Nace tu pena, no ignoro
Que podré vencerla yo.
Tuyo es mi imperio todo;
Dispon dél á tu albedrío
Desde un polo al otro polo.
Y si no nace de causa
Conocida, sino solo
De la natural pension
Deste nuestro humano polvo,
Aliéntate. Imperio tiene
El hombre sobre sí propio,
Y los esfuerzos humanos,
Llamado uno, vienen todos.
No te rindas á tí mismo,
No te avasalles medroso
Á tu misma condicion.
Mira, que el pesar es monstruo,
Que come vidas humanas,
Alimentadas del ocio.
Sal deste cuarto; y pues vienen
Á él tus hermanos todos
Hoy conmigo, habla con ellos. —
Llegad pues, llegad vosotros,
Ya que las ternezas mias
Pueden con Amon tan poco.

Adon. Príncipe!

Absa.   Hermano!

Sal.   Señor!

Tam. Amon!

Amon.   Á esta voz respondo. [*aparte.*

Tam. Qué tienes?

Sal.   Qué sientes?

Absa.   ¿Qué
Te aflige?

Adon.   Qué te da asombro?

Dav. Qué apeteces?

Todos.   Qué deseas?

Amon. Solo que me dejeis solo.

Dav. Si en eso no mas estriban
Tus deseos rigurosos,
Vamos de aqui. — Por volver [*aparte.*
Á hablarle á solas, lo otorgo;
Que quizá no se declara,
Por estar delante todos. —
Venid! Ya solo te quedas.
¡Ay infeliz, qué de gozos,
Qué de gustos, qué de dichas
Desazona un pesar solo! [*Vase.*

Joab. ¡Qué extraña melancolía! [*Vase.*

Aqui. ¡Qué silencio tan impropio! [*Vase.*

Adon. ¡Qué violencia tan cruel! [*Vase.*

Sal. ¡Qué afecto tan poderoso! [*Vase.*

Tam. Saben los cielos, Amon,
Cuanto tus tristezas lloro.

Absa. Yo no.

Tam.   Absalon, eso dices?

Absa. Sí; que es heredero heróico
De David; y si él se muere,
Quedo yo mas cerca al soho;
Que, á quien aspira á reinar,
Cada hermano es un estorbo.

Tam. Aunque su muerte sintiera,

Me holgara verte en el trono;
Que en efecto tú y yo hermanos
De padre y de madre somos.
[*Vanse, y quedan solos Amon y Jonadab.*
Amon. Jonadab, fuéronse ya?
Jon. Sí, señor, unos tras otros,
Como suelen los dineros
De quien gasta poco á poco,
Que piensa, que no hace mella
Ahora un real y luego otro;
Y cuando menos se cata,
Halla el talego mas gordo
Hecho esqueleto de angeó.
Amon. Pues salte fuera tú y todo.
Jon. ¿Ya te olvidas de que tu
Valido soy?
Amon.   No lo ignoro,
Que eres tú solo quien tiene
Licencia entre mis dudosos
Discursos para asistirme;
Pero quiero quedar solo.
Jon. Yo lo haré de buena gana;
Que no es rato muy gustoso
El de un amo, cuando está
Saturnino é hipocondrio.
Pero antes que me vaya
He de preguntarte, ¿cómo
Á tu padre y tus hermanos
Respondiste de aquel modo?
¿Es posible, que ninguno
Merezca de tus penosos
Males saber la ocasion?
Amon. No. Si yo propio á mí propio
Me la pudiera negar,
La negara, cuando noto,
Que yo mismo de mí mismo
Me avergüenzo, si la nombro.
Es tal, que aun de mi silencio
Vivo tal vez temeroso;
Porque me han dicho, que saben
Con silencio hablar los ojos.
Tan en lo mas retirado
Del pecho la causa pongo
De mi pena, que tal vez
Al corazon se la escondo,
Porque el corazon no pueda,
Sobresaltado al asombro
De reconocerla, dar
Un golpe mas recio, que otro.
Tan en lo mas escondido
De la vida le aprisiono,
Que aun este soplo, que entra
Á dar vitales despojos,
No sabe della, porque
No pueda el aire curioso
Decir, por lo destemplado
De algun suspiro que arrojo,
Este sabe de la causa,
Pues sale ardiendo este soplo.
En fin está mi dolor
Tan atado en lo mas hondo
Del alma, que el alma misma,
Alcaide del calabozo,
No sabe el preso que guarda,
Con ser su consejo propio.
Jon. Sin duda eres Sodomita;
Pues otra causa no toco,
Que á tanto silencio obligue.
Amon. ¡Que siempre hayas de ser loco!
Jon. No está en mi mano ser cuerdo.
           [*Dentro ruido.*
Amon. ¿Qué pasos son los que oigo?
Jon. Tamar, tu hermana, que, habiendo
Dejado en su suntuoso

Cuarto á David, vuelve al suyo
Por ese corredor.
Amon.   ¿Cómo, [*aparte.*
Calladas pasiones mias,
Á esta ocasion me reporto?
Pero ha de ser á deseo,
Que aun á solo ver su rostro
No he de salir á la puerta.
¡Mas ay, que en vano me opongo
De mi estrella á los influjos!
Pues cuando digo animoso,
Que no he de salir á verla,
Es cuando á verla me pongo.
Qué es esto, cielos? ¿Yo mismo
El daño no reconozco?
¿Pues cómo al daño me entrego?
¿Vive en mí mas que yo propio?
No. ¿Pues cómo manda en mí,
Con tan grande imperio, otro,
Que me lleva donde yo
Ir no quiero?
Jon.   Ó soy un tonto,
Ó anda por aqui......
Amon.   Qué miras?
Jon. Tengo aqui que hacer un poco.
Amon. ¿No te he dicho, que te vayas?
Jon. Sí, señor; mas por lo propio
No lo he hecho yo.
Amon.   Éntrate allá.
Jon. En esta puerta me pongo. [*aparte.*
Por esto dijo uno, que
Galanes los criados somos,
Pues el mas sucio criado
No deja de ser curioso.   [*Escóndese.*
Amon. Desde aqui veré á Tamar;
Que no he de ser tan medroso,
Que he de pensar, que en efecto
Se haya de salir con todo.
Y aun porque sepan mis penas,
Como las lidio y propongo,
La he de ver y la he de hablar;
Que no es valiente ni heróico
Corazon, que, antes del riesgo,
Se apellidó victorioso. —
¡O bellísima Tamar!

        Sale TAMAR.

Tam. No entreis conmigo vosotros;
Esperad en esta puerta. —
¡Cuanto estimo, cuando torno
Á mi cuarto, cuando queda
Con mi padre el reino soplo,
Que me hayas, Amon, llamado!
Que yo, aunque con amoroso
Pecho siento tus tristezas,
No entrara, porque conozco,
Que cualquiera compañía
Le sirve á un triste de estorbo.
Mas ya que aquesta ocasion
Te he debido, cuando oigo
Mi nombre, Amon, en tus labios,
Mal haré, si no la logro.
Suplicándote, merezca
Ser yo quien del riguroso
Dolor, que te aflige, llegue
Á oir la causa; que no poco
Alivia el mal quien le cuenta
Con satisfaccion á otro
De que ha de sentirle; y puesto
Que yo á feriar me dispongo
Á mis lágrimas tus voces,
Mi fe es fiadora de abono.
Hagan su oficio tus labios,
Harán el suyo mis ojos.

Oiga yo como tú sientes,
Verás tú como yo lloro.
Amon. Si yo, divina Tamar,
Mi pena decir pudiera,
Si capaz de mi voz fuera
El pesar de mi pesar,
Si me pudiera explicar,
Solamente á tí (ay de mí!)
Lo dijera; y siendo asi,
Que á tí te lo callo, cree,
Que á nadie se lo diré,
Pues no te lo digo á tí.
Aunque es tan grande y tan rara
Pena, y tanto se acrisola,
Que á tí la dijera sola,
Y á tí sola la callara,
La contrariedad repara
De mis ansias; pues aqui,
Siendo tú sola (ay de mí!)
Quien no sabe esta quimera,
Á cualquiera lo dijera,
Por no decírtela á tí.
Tam. Si una misma razon se halla
En tu pena al padecella
Por quien yo debo sabella,
Ya me ofende quien la calla;
La curiosidad batalla
En la parte del poder
Saberla; y que soy muger
Advierte, y he de insistir
Por saberla, y la he de oir,
Pues no la puedo saber.
Amon. Ya que ese empeño me obliga,
Sin que salida le halle,
Por mi parte á que lo calle,
Por la tuya á que lo diga,
Sin que en mí se contradiga
El hablar y enmudecer,
Te tengo de obedecer.
Oye; mas has de advertir,
Que yo te la he de decir,
Y tú no la has de saber.
Yo amo, Tamar. Mi dolor
Amor imposible es.
Mira, si es bien grande, pues
Es imposible y amor.
Tam. Ya es mi confusion mayor.
Di, de quién? que, aunque me den
Cuenta tus voces, no bien
Se explican.
Amon.   Ay Tamar mia!
Yo te dije, que diria
Por qué muero, no por quien.
Tam. Yo lo pregunto, admirada
De que haya quien, querida
De tí, no esté agradecida,
Cuando no esté enamorada.
Amon. No es ella, no, la culpada;
Que, aunque yo por ella muero,
No sabe ella que la quiero,
Ni lo ha de saber jamas.
Tam. Por qué?
Amon.   Porque estimo mas
Lo que amo, que lo que espero.
Fuera de que tanto ha sido
El temor, que la he cobrado,
Que aventuro el verme amado,
Por no verme aborrecido.
Y asi callar he querido,
Porque sé, que he de ofendella.
Máteme, Tamar, mi estrella,
Y mi sufrimiento no;
Que mas quiero morir yo,
Que ser la ofendida ella.

Tam. ¿Pues por qué se ha de ofender
De verse de tí querida,
Si la mas desvanecida
Muger en fin es muger?
Bien podrá no agradecer,
De su honor haciendo alarde,
Sentir no. No te acobarde
Nada; que del mas tirano
Desden se queja temprano
El que se declara tarde.
Declárate pues.
Amon.   No puedo.
Tam. Por qué?
Amon.   Porque temo y dudo.
Tam. Di tu dolor.
Amon.   Estoy mudo.
Tam. Sepa tu mal.
Amon.   Tengo miedo.
Tam. Habla.
Amon.   Absorto al hablar quedo.
Tam. Escríbela.
Amon.   Es ofendella.
Tam. Hazla seña.
Amon.   Tiemblo al vella.
Tam. Es mas que una muger?
Amon.   Sí.
Tam. Pues quéjate, Amon, de tí.
Amon. No haré, sino de mi estrella,
Cuyo influjo es tan severo,
Que á morir, Tamar, me obliga,
Antes que á mi dama diga:
Tú eres el dueño que quiero,
Tú la gloria por quien muero,
Tú la causa por quien lloro,
Tú á quien explicarme ignoro,
Tú la deidad á que aspiro,
Tú la belleza que admiro,
Tú la hermosura que adoro;
Compadécete de mí,
Hermoso imposible, pues
Tan rendido á tí me ves,
Que me ves morir por tí.
Tam. Basta, no mas; que si aqui
Te dí ese consejo, fue
Solo animándote á que
Lo digas á ella, á mí no.
Amon. ¿Pues acaso he dicho yo
Mas de que no lo diré?
Si bien tu consejo puedo
Decirte, que me ha alentado
Tanto, que ya me ha quitado
La primer parte del miedo.
Y pues olvidado quedo
Con el exámen que toco,
Porque vaya poco á poco
Perdiendo el miedo al hablar,
Que engaños han de curar
La imaginacion de un loco:
Deja, Tamar, que prosiga
Este ensayo á mi dolor,
Porque lo sepa mejor,
Cuando á mi bien se lo diga.
Tam. Tanto tu pena me obliga,
Que, si asi aliviarla espero,
Seguirte la tema quiero,
Por si algun descanso adquieres.
Amon. Pues haz cuenta, que tú eres
La hermosa por quien me muero,
Para ver, si á su desden
Sabré declararme yo.
Tam. Yo haré mi papel; mas no
Sé, si lo sabré muy bien.
Amon. Hermoso imposible, á quien,
Desde que en un jardin vi,

La vida y alma rendí,
Que ahora de nuevo te ofrezco;
Si bien lo que yo aborrezco
No es dádiva para tí:
Deste atrevimiento mio
No tengo la culpa yo,
Porque en mí solo nació
Esclavo el libre albedrío.
No sé, qué planeta impío
Pudo reinar aquel dia,
Que, aunque otras veces habia
Tu beldad visto, aquel fue
El primero que te amé,
Bellísima Tamar mia. —
Mas qué he dicho?

Tam.   Tente, espera!
Mira, que yo haciendo estoy
La dama, y Tamar no soy.

Amon. Dices bien; mas de manera
Labios y ojos en la fiera
Aprehension de mis enojos
Confundieron los despojos,
Que, equivocamente sabios,
Se arrebataron los labios
En lo que vieron los ojos.

Tam. Pues siendo asi, dese error
Ojos y labios absuelvo,
Y al pasado engaño vuelvo.
Amon, Príncipe, señor,
Aunque yo de vuestro amor
Vivo muy desvanecida,
El ser quien soy os impida
Tan alto empeño; porque,
Si asi hablais, no volveré
Á escucharos en mi vida.

Amon. Eso me respondes?

Tam.   Sí. —
¿Mas de qué te afliges, pues
Esto fingimiento es?

Amon. Pues si es fingimiento, di,
¿Para qué me hablaste asi?
¿Qué te importaba, Tamar,
Alguna esperanza dar
Á rendimiento tan justo?
¿Tenia mas costa un gusto
De fingir, que no un pesar?

Tam. No; pero de la manera
Que tus labios y tus ojos
Confundieron tus enojos,
Persuadiéndote á que era
Yo tu dama, considera,
Que en mí tambien, confundidos
Al oirte, mis sentidos
Se equivocaron mas sabios,
Respondiéndote mis labios
Á lo que oyen mis oidos.
Y asi, pues que ser no puede
De efecto alguno este engaño,
Pues vemos, que en él el daño,
Por limitarse, se excede,
En este estado se quede;
Que ho es fácil de engañar,
Amon, placer ni pesar.
Ame tu pecho á quien ama;
Que Tamar no ha de hacer dama,
Que no hable como Tamar.   [*Vase.*

Amon. ¿Quién mayor desdicha vió,
Que aun la piedad de un engaño
Se convierta en mayor daño,
Que el que la verdad me dió?
Quién me aconsejará?

                     Sale Jonadab.

Jon.   Yo,

Cuya curiosidad ciega
Hoy á haber sabido llega
Cual es tu mal, y por quien;
Que al fin vé lo mismo quien
Mira jugar, que el que juega.

Amon. ¿Luego tú ya has entendido
La causa de mi pasion?

Jon. Sí, señor; que no hay miron,
Que antes tahur no haya sido.

Amon. Pues un consejo te pido.

Jon. Aunque es opinion extraña,
Que ha menester el que engaña
Mas maña, que fuerza, error
En amor es; porque amor
Mas quiere fuerza, que maña.

Amon. Mi media hermana es Tamar.

Jon. Yo digo lo que yo hiciera,
Si fuera mi hermana entera,
Llegado á encolerizar.

Amon. ¿Cómo la he de asegurar?
Que ya Tamar, cosa es clara,
Que no vuelva aqui.

Jon.   Una rara
Industria tu amor prevenga,
Para forzarla á que venga;
Y viéndola aqui......

Amon.   Repara,
En que mi padre se ha entrado
En el cuarto.

Jon.   Pues no hablemos
Desto mas.

Amon.   No hay para qué,
Pues ya á todo estoy resuelto;
Porque piden mis desdichas
Á gran daño gran remedio.

                     Sale David.

Dav. Por haber estado, Amon,
Embarazado del pueblo,
Que con prolijas lealtades
Vino al parabien, no he vuelto
Á verte antes.

Amon.   Yo, señor,
La fineza te agradezco.

Dav. Pues págamela con otra,
Que es, no negarme un consuelo,
Que vengo á pedirte.

Amon.   Siempre
Rendido estoy y sujeto
Á tu obediencia.

Dav.   Pues sepa
De qué nacen los extremos
Que te afligen.

Jon.   Yo, señor,
Te lo diré.

Amon.   Calla, necio! —
Melancolía y tristeza
Los físicos dividieron,
En que la tristeza es
Efecto de un mal suceso;
Pero la melancolía
De natural sentimiento;
Y asi no podré decirlo.

Dav. ¿De qué nace el padecerlo,
Cuando sea asi? ¿Á qué mal
No se aplica algun remedio?

Amon. Ya me aplico yo el mejor.

Dav. Cuál es?

Amon. Sentir como siento.

Dav. Ese no es remedio, antes
Es dar al mal mas esfuerzos.

Amon. Pues qué puedo hacer?

Dav.   Buscar
Alegres divertimientos.

Jon. De uno le decia yo ahora,
Harto alegre.
Amon.   Ya está bueno;
Todos cansan mas que alivian;
Porque, como yo no tengo
Gusto, se me vuelven todos
En mas pena: porque es cierto,
Que en el humor que domina
Se convierte el alimento.
Dav. Aunque en metáfora sea
Eso que has dicho, yo quiero,
Ya que de alimento hablas,
Materialmente entenderlo.
¿No es de desesperacion
Especie, que un hombre cuerdo
Aun este humano tributo
Se niegue á sí?
Jon.   Sí, por cierto.
Yo, que coma y aun de todo,
Le estaba ahora diciendo;
Pero no me entiende.
Amon.   En nada
Hallo sazou; y por eso,
Ó porque es conservacion
De la vida, la aborrezco.
Dav. Pues una cosa por mí
Has de hacer.
Amon.   Yo te la ofrezco.
Dav. ¿Qué regalo será, Amon,
Mas de tu gusto? que quiero
Yo cuidar dél, y deberte
El que le admitas.
Amon.   No pienso,
Que tendré en eso eleccion,
Porque ninguno apetezco.
Mas si hubiera de comer
Algo, el aliño, el aseo,
Con que sirven á Tamar
Sus criadas, señor, creo,
Que lisonjeara mi hastío,
Aquellas viandas comiendo;
Y mas, si ella me trajera
La comida; que un enfermo
Mas se agrada del cariño,
Señor, que del alimento.
Jon. Y es verdad; porque una dama,
Con las pinzas de los dedos,
Tronchando los bocaditos,
Hará, que los masque un muerto.
Dav. Pues yo, Amon, diré á Tamar,
Que venga ella misma luego
A traerte de comer,
Y mandaré al mismo tiempo,
Que los músicos te canten,
Por ver, si asi te divierto.   [*Vase.*
Amon. El cielo aumente tu vida;
Que yo en aqueste aposento
Esperaré ese favor. ——
Ven, Jonadab.
Jon.   Bien se ha hecho
Hasta aqui.
Amon.   No, sino mal;
Pues traidoramente intento
Añadir desesperado
Culpa á culpa, incendio á incendio,
Pena á pena, error á error,
Daño á daño y riesgo á riesgo.   [*Vanse.*

———

Tocan un clarin, y sale D A V I D.

Dav. ¿Qué nueva salva es aquesta,
Que con marciales acentos
Vuelve á dar voces al aire,

Mal respondidas del eco?

Salen S A L O M O N *y* A B S A L O N.

Sal. Danos albricias, señor.
Dav. ¿De qué, si gusto no espero?
Absa. De que las naves de Ofir
Han llegado á salvamento.

Salen J O A B *y* A Q U I T O F E L.

Joab. ¿Ya habrás sabido la causa
Deste militar estruendo?
Dav. Sí, Joab.
Aqui.   Segunda vez
Vuelve á repetir el viento.

Tocan, y salen S E M E Y, T E U C A, *Etiopes
y Soldados.*

Sem. Dame, señor, á besar
Tu real mano.   [*Arrodillase.*
Dav.   Alza del suelo,
Y seas muy bien venido,
Semey.
Sem.   Forzoso es el serlo,
Viniendo á verme á tus plantas.
De Iran despachado vengo
Con tu armada y tus bajeles,
Monstruos de dos elementos.
Y entre las varias riquezas
De plata y oro y de cedros,
Material incorruptible
Para la obra del templo,
Que tú hacer has prevenido
Al arca del Testamento,
Mas de todos los despojos,
Que te traigo, te encarezco
Esta divina Etiopisa,
En cuyo bárbaro acento
Un espíritu anticipa
Sucesos malos ó buenos.
Dav. Un gusto y un pesar juntos,
Semey, me traes á un tiempo;
El gusto de tu venida,
Cuyo cuidado agradezco;
El pesar de tu ignorancia;
Pues has pensado, que puedo
Tener por grandeza yo
En mi palacio agoreros.
Dios habla por sus Profetas;
El demonio, como opuesto
Á las verdades de Dios,
Habla apoderado en pechos
Tiranamente oprimidos.
Y asi destierra al momento
Esta torpe fitonisa
De mi corte; y despues desto
Los materiales que traes
Se guarden, porque aun no es tiempo,
Que la fábrica se empiece;
Que yo labrar no merezco
Casa á Dios; quien me suceda
La fabricará. Con esto,
Que aprendais á ser piadosos,
Hijos mios, os advierto;
Pues el gran Dios no permite,
Que yo fabrique su templo,
Porque manchadas las manos
De sangre idólatra tengo.   [*Vase.*
Teuc. Aunque responder quisiera   [*aparte.*
Al Rey, no he podido, cielos;
Que está espíritu mas noble
Aposentado en su pecho,
Que en el mio; y como al verle
Mudo quedó el que yo tengo,
En mí se venga, á pedazos

Luego justamente infiero,
Pues que mis cabellos son
De mi hermosura primeros
Acreedores, que á ellos deba
El verme en tan alto puesto;
Y asi vendré á estar entonces
En alto por los cabellos.

Sal. ¡Que por ellos has traido
La aplicacion al concepto!
¿Pues quieres, que una hermosura
Afeminada en los pechos
De todos engendre mas
Amor, que aborrecimiento?

Absa. Cuando la hermosura cae
Sobre el valor, que yo tengo,
Por qué no?

Sal.   Porque hay en hijos
De David merecimientos,
Que te prefieren en todo.

Absa. No serás tú por lo menos,
Reliquia de dos delitos,
Homicidio y adulterio;
Hablen Bersabé y Urias,
Una incasta y otro muerto.

Sal. De tu padre has murmurado,
Absalon, y aunque yo puedo
Por mis manos castigar
Tan osado atrevimiento,
El cielo me ata las manos,
Quizá porque él quiere hacerlo ;
Que ofensas de un padre siempre
Las toma á su cargo el cielo.   [*Vase.*

Joab. Cuerdamente ha respondido.

Aqui. Siempre el temor es muy cuerdo.

Joab. Antes siempre la cordura
Fue muy valiente.

Absa.   Qué es eso?

Aqui. Joab, que es de Salomon......

[*Vase.*] *Absa.* ¿Á mí os andais oponiendo
Toda la vida?

Joab.   Yo siempre
La razon, señor, defiendo.

Absa. La privanza de mi padre,
[*Vase.*] Joab, os tiene muy soberbio.
Vos de mi os acordareis,
Cuando esté en el alto puesto,
Que mi valor me previene.

Joab. Entonces haré lo mesmo;
Y aun quizá entonces tendré
Mas ocasion para hacerlo.   [*Vase.*

Absa. Á mí me amenazas?

Aqui.   Tente,
Señor; mira, que aun no es tiempo
De empezar á declarar
Lo que tratado tenemos
Entre los dos ; porque importa
Ganar algunos primero.

Absa. En todo quiero seguir,
Aquitofel, tus consejos.

Aqui. Ellos te pondrán adonde
Aspiran tus pensamientos.
[*Tocan instrumentos.*

Absa. Dellos y de tí lo fio,
Pues los dos...... Pero qué es esto?

Aqui. Tamar de su cuarto sale
Con mucho acompañamiento,
Y va hácia el cuarto de Amon.

Absa. Divertir sus sentimientos
Quiere con músicas. Vamos,
Aquitofel; que no quiero
Hablar ahora en otra cosa,
Sino en los designios nuestros.   [*Vans..*

\Salen todos los *Músicos* y *Damas* con platos y
    toallas, y TAMAR.

Music. De las tristezas de Amon,
    Que es amor la causa, es cierto;
    Que solo amor se atreviera
    Á herir tan ilustre pecho.
    Mas ay! que es engaño
    Pensar, que él le ha muerto;
    Que no tiene amor
    Quien tiene silencio.

      Salen AMON *y* JONADAB.

Jon.   Ya entra en tu cuarto Tamar.
Amon. ¡Qué osado mi pensamiento,   [aparte.
    Sin verla, está, y qué cobarde,
    Al verla! Todo yo tiemblo!
Tam.   No me agradezcas, Amon,
    Esta visita; que hoy vengo,
    Porque mi padre lo manda,
    Á servirte.
Amon.   Sí agradezco,
    Pues tu obediencia resulta
    En mi dicha. — Yo estoy muerto! [aparte.
Tam.   Música y manjares traigo,
    Para lisonjear á un tiempo
    Los sentidos.
Amon.   Mucho agravias
    Al mayor de todos ellos.
Tam. Cuál es?
Amon.   La vista; porque
    Vianda y música trayendo
    Para el gusto y el oido,
    Te has olvidado (yo muero!)
    De que traes para los ojos
    Hermosura, si no infiero,
    Que piensas, que no la traes,
    Porque me imaginas ciego.
Tam.   Si de aquel pasado engaño
    Te han sobrado esos requiebros,
    Mira, que los desperdicias
    En vano; porque hoy intento,
    Que alivien tus penas mas
    Verdades, que fingimientos.
Amon. Ea pues, cantad vosotros.
    Y porque vuestros acentos
    Suenen de lejos mas dulces,
    Cantad desde otro aposento.
Jon.   Si; que música y pintura
    Parece mejor de lejos.
Tam.   Ahí fuera podeis cantar.
      [*Vase la Música.*
Amon. Ce, Jonadab!
Jon.   Ya te entiendo.
    Cerrar la puerta, y que canten
    Todos, no me dices eso?   [*Vase.*
Amon. Sí.   [*Dentro cantan.*
Tam.   Come tú, mientras cantan.
Amon. En escuchar me divierto;
Él y mus. Que no tiene amor
    Quien tiene silencio.
Amon. Y asi, divina Tamar,
    No admires mi atrevimiento,
    Sino que las leyes rompo
    Del decoro y del respeto.
    Esta hermosa mano blanca,
    Permíteme, que, no haciendo
    De lirios áspides, sirva
    De triaca á mi veneno.
Tam.   Suéltame la mano, Amon;
    Que ya quejarte es extremo
    De un engaño.
Amon.   Si lo fuera,
    Dices bien; pero ya es tiempo

De que la prision le rompa
El lazo á mi sentimiento;
Él y mus. Que no tiene amor
    Quien tiene silencio.
Amon. Yo muero por tí, Tamar;
    No puedo á mayor extremo
    Llegar, que á morir por tí;
    Mi confianza me ha muerto.
Tam.   ¡Quien pudiera prevenirlo! —   [aparte.
    Mira, Amon,......
Amon.   Ya nada veo.
Tam.   Que soy tu hermana.
Amon.   Es verdad.
    Pero si dice un proverbio,
    La sangre sin fuego hierve,
    ¿Qué hará la sangre con fuego?
Tam.   En nuestra ley se permite
    Casarse deudos con deudos.
    Pídeme á mi padre.
Amon.   Es tarde
    Para valerme del ruego.
Tam. Hola!

      Sale un Músico.

Amon.   Que canteis, os manda
    Tamar.
Tam.   Yo?
Music.   Ya obedecemos.   [*Vas*
[Cantan dentro, sin cesar, mientras los dos representan
Amon. No he de dejar de gozarte. —
    Jonadab, cierra al momento.

      Dentro JONADAB.

Jon.   Ya está la puerta cerrada.
Tam.   Mira el riesgo.
Amon.   No le temo.
Tam.   Padre! Señor! Absalon!
Amon. Tu voz ya no es de provecho
    Con esa dulce harmonía.   [*Canta*
Tam.   Pues daré voces al cielo.
Amon. El cielo responde tarde.
Tam.   Pues mataráte este acero,   [*Sácale la espad*
    Si me sigues; porque yo
    Fuerza mucha y valor tengo.
Amon. Al sacarla me has herido;
    Y aunque puede ser agüero,
    Ya no temo cosa alguna.
    Cuando esta violencia intento,
    La he de seguir, ya una vez
    Declarado; pues es cierto,......
Él y mus. Que no tiene amor
    Quien tiene silencio.   [*Éntran*

      —————

JORNADA II.

      —————

      Salen AMON *y* TAMAR.

Amon. Vete de aqui, salte fuera,
    Veneno en taza dorada,
    Sepulcro hermoso de fuera,
    Arpia, que en rostro agrada,
    Siendo una asquerosa fiera.
    Al basilisco retratas,
    Ponzoña mirando arrojas,
    Y mi juventud maltratas,
    Pues cruelmente me matas
    Con tan mortales congojas.
    ¿Que yo te quise, es posible?
    ¿Que yo te tuve aficion?
    Fruta de Sodoma horrible,
    En la medula carbon,

Si en la corteza apacible.
Sal fuera! que eres horror
De mi vida y su escarmiento.
Vete! que me das temor,
Y es mas mi aborrecimiento,
Que fue primero mi amor. —
¡Hola; echádme de aqui!

Tam. Mayor ofensa é injuria
Es la que haces contra mí,
Que fue la amorosa furia
De tu torpe frenesí.
¿Cómo burlan tus antojos
A quien se empleó en servirte,
Y me das tales enojos?

Amon. ¡Quien, por no verte ni oírte,
Sordo quedara y sin ojos!
¿No te quieres ir, muger?

Tam. ¿Dónde iré sin honra, ingrato?
¿Ni quién me querrá acoger,
Siendo mercader sin trato
Deshonrada una muger?
Haz de tu hermana mas cuenta,
Ya que de tí no la has dado;
Que en cadenas del pecado
Perece quien las aumenta,
En su yerro aprisionado.
Tahur de mi honor has sido;
Ganado has por falso modo
Joya, que en vano te pido.
Quítame la vida y todo,
Pues ya lo mas he perdido.
No te levantes tan presto;
Pues es mi pérdida tanta,
Que, aunque el que pierde es molesto,
El noble no se levanta,
Mientras en la mesa hay resto.
Resto hay de mi vida, ingrato;
Pero es vida sin honor;
Y asi de perderla trato.
Acaba el juego, traidor;
Dame la muerte en barato.

Amon. Infierno, ya no me dejas,
Pues helando me atormentas,
Sierpe, monstruo, vete luego.

Tam. El que pierde sufre afrentas,
Porque le mantengan juego.
Mantenme juego, tirano,
Hasta acabar de perder
Lo que queda. Alza, villano,
La mano, quítame el ser,
Y ganarás por la mano.

Amon. ¿Vióse tormento, como este? —
Hola! No hay ninguno ahí?
¿Qué desatino es aqueste?

Salen ELIAZAR *y* JONADAB.

Elia. Señor!
Amon.   Echadme de aqui
Esta víbora, esta peste.
Elia. Víbora y peste? Qué es della?
Amon. Llevadme aquesta muger;
Cerrad la puerta tras ella.
Jon. Carta Tamar vino á ser; [*aparte.*
Leyóla, y quiere rompella.
Amon. Echadla en la calle.
Tam.   Asi
Estaré bien; que es razon,
Ya que el delito fue aqui,
Que por ellas dé un pregon
Mi deshonra contra tí.
Amon. Voyme, por no te atender. [*Vase.*
Jon. ¡Extraño caso, Eliazar!
¡Tal odio tras tanto amor!

Tam. Presto, villano, has de ver
Las venganzas de Tamar.   [*Vanse.*

————

Salen ABSALON *y* ADONÍAS.

Absa. Si no fueras mi hermano, ó no estuvieras
En palacio, ambicioso, brevemente
Hoy con la vida, bárbaro, perdieras
El deseo atrevido é imprudente.
Adon. Si en tus venas la sangre no tuvieras,
Con que te honró mi padre indignamente,
Yo hiciera, que, quedándose vacías,
De púrpura calzaran á Adonías.
Absa. ¿Tú pretendes reinar, loco, villano?
¿Tú, muerto Amon del mal que le consume,
Subir al trono aspiras soberano,
Que en doce tribús su valor presume?
¿Que soy, no sabes, tu mayor hermano?
¿Quién competir con Absalon presume,
A cuyos pies ha puesto la ventura
El valor, la riqueza y la hermosura?
Adon. Si el reino israelita se heredara
Por el mas delicado, tierno y bello,
Aunque yo no soy monstruo en cuerpo y cara,
A tu yugo humillara el reino el cuello;
Cada tribú hechizado se enhilara
En el oro de Ofir de tu cabello,
Y convirtiendo hazañas en deleites,
Te pecharan en cintas y en afeites.
Redujeras á damas tu consejo,
A trenzas tu corona, y á un estrado
El solio de tu triste padre viejo;
Las armas á la holanda y al brocado,
Por escudo tomaras un espejo,
Y de tu misma vista enamorado,
En lugar de la espada, á quien me aplico,
Esgrimieras tal vez el abanico.
Mayorazgo te dió naturaleza,
Con que los ojos de Israel suspendes.
El cielo ha puesto renta en tu cabeza,
Pues tus madejas á las damas vendes,
Cada año haciendo esquilmo tu belleza;
Que han de aliviar la de tu pelo entiendes,
Repartiendo por tiendas su tesoro,
Le compren en doscientos siclos de oro.
De tu belleza ser el Rey procura;
Déjame á mí á Israel; que haces agravio
A tu delicadeza, á tu blandura.
Absa. Cierra, villano, el atrevido labio.
Que el reino se debia á la hermosura,
A pesar de tu envidia, dijo un sabio;
Señal, que es noble el alma, que está en ella;
Que el huésped bello habita en casa bella.
Cuando mi padre al enemigo asalta,
No me quedo en la corte, dando al ocio
Lascivos daños, ni el valor me falta,
Que con mis hechos quilatar negocio.
Mi acero incircuncisa sangre esmalta,
La guerra, que jubila al sacerdocio,
En mis hazañas enseñar procura,
Que bien dice el valor con la hermosura.
¿Mas para qué lo que es tan cierto he puesto
En duda con razones? Haga alarde
La espada contra quien te has descompuesto,
Verás, si por hermoso soy cobarde.
Adon. Por adorno no mas te la habrás puesto,
No la saques, asi el amor te guarde,
Que te desmayarás, si la ves fuera.
Absa. Si no saliera el Rey,......
Adon.   Si no saliera......

Salen DAVID *y* SALOMON.

Dav. Bersabé, vuestra madre, me ha pedido

Por vos, mi Salomon. Creced, sed hombre;
Que, si amado de Dios, sois el querido,
Conforme significa vuestro nombre.
Yo espero en él, que al trono real subido,
Futuros siglos vuestra fama asombre.

Sal. Vendráme, gran señor, esa alabanza,
Por ser de vos retrato y semejanza.

Dav. Príncipes!

Absa.   Gran señor?

Dav.   En qué se entiende?

Adon. La paz ocupa el tiempo en novedades,
Galas la mocedad al gusto vende,
Si el desengaño á la vejez verdades.

Absa. La caza, que del ocio nos defiende,
Nos convida á buscar las soledades.
Esta trazamos, y tras ella fiestas.
Válgame Dios! Qué voces son aquestas?

Sale TAMAR *llorando.*

Tam. Gran Monarca de Israel,
Descendiente del Leon,
Que, para vengar injurias,
Dió ayuda al nuevo Jacob:
Si lágrimas, si suspiros,
Si mi compasiva voz,
Si delito y menosprecio
Te mueven á compasion,
Y cuando aquesto no baste,
El ser hija tuya yo,
A que castigues, te incite
Al que tu sangre afrentó.
Por los ojos vierto el alma,
Luto traigo por mi honor,
Suspiros al cielo arrojo,
De inocencia vengador.
Cubierta está mi cabeza
De ceniza; que un amor
Desatinado, si es fuego,
Solo deja en galardon
Cenizas, que lleva el aire.
Mas aunque cenizas son,
No quitan la mancha de honra;
Sangre sí, que es buen jabon.
La mortal enfermedad
Del torpe Príncipe Amon
Peste de mi honra ha sido;
Su contagio me pegó.
Que le guisase, mandaste,
Alguna cosa á sabor
De su villano apetito;
Ponzoña fuera mejor.
Sazonéle una sustancia;
Mas las sustancias no son
De provecho, si se oponen
Accidentes de pasion.
Estaba el hambre en el alma,
Y en mi desdicha guisó
Su desvergüenza mi agravio,
Sazonóle la ocasion.
Y sin advertir mis quejas,
Ni el proponerle, que soy
Tu hija, Rey, y su hermana,
Su estado, su ley, su Dios,
Echando la gente fuera,
A puerta cerrada entró
En el templo de mi fama
Y sagrado de mi honor.
Aborrecióme ofendida.
No me espanto; que al fin son
Enemigas declaradas
La esperanza y posesion.
Echóme injuriosamente
De su casa el violador,
Oprobios por gustos dando,

Paga al fin de tal señor.
Deshonrada por sus calles,
Tu corte mi llanto vió;
Sus piedras se compadecen,
Cubre sus rayos el sol
Entre nubes, por no ver
Caso tan fiero y atroz.
Todos te piden justicia,
Justicia, invicto señor.
Dirás, que es Amon tu sangre.
El vicio la corrompió;
Sángrate della, si quieres
Dejar vivo tu valor.
Hijos tienes herederos,
Semejanza tuya son
En el es esfuerzo y virtudes.
No dejes por sucesor
Quien, deshonrando á su hermana,
Menosprecia tu opinion;
Pues mejor afrentará
Los que sus vasallos son.
¡Ea, sangre generosa
De Abrahan, que su valor
Contra el inocente hijo
El cuchillo levantó!
Uno tuvo, muchos tienes;
Inocente fue, Amon no;
A Dios sirvió. Sé Abrahan,
Asi servirás á Dios.
Véncete, Rey, á tí mismo;
La justicia á la pasion
Se anteponga, que es mas gloria,
Que hacer piezas un leon. —
Hermanos, pedid conmigo
Justicia. Bello Absalon,
Un padre nos ha engendrado,
Una madre nos parió.
A los demas no les cabe
De mi deshonra y baldon,
Sino sola la mitad;
Mis medios hermanos son.
Vos lo sois de padre y madre.
Entera satisfaccion
Tomad, ó en eterna afrenta
Vivid sin fama desde hoy. —   [*Arrodíllase.*
Padre, hermanos, Israelitas,
Cielos, astros, luna, sol,
Brutos, peces, aves, fieras,
Elementos, cuantos sois,
Justicia os pido á todos de un traidor,
De su ley y su hermana violador.

Dav. Alzad, mi Tamar, del suelo. —
Llamadme al Príncipe Amon.
¿Esto es, cielos, tener hijos?
Mudo me deja el dolor,
Lágrimas serán palabras,
Que expliquen al corazon.
Rey me llama la justicia,
Padre me llama el amor;
Uno obliga, y otro impele.
¿Cuál vencerá de los dos?

Absa. Hermana, (nunca lo fueras!)
Da lugar á la razon,
Pues no se halla en la venganza
Medio, que enmiende el error.
Amon es tu hermano y sangre,
A sí mismo se afrentó,
Puertas adentro se quede
Mi agravio y tu deshonor.
Mi hacienda está en Efrain,
Granjas tengo en Balafor;
Cajas fueron de placer,
Ya son casas de dolor.
Vivirás conmigo en ellas;

Que muger sin opinion
No es bien que en la corte habite,
Muerta su reputacion.
Vamos á ver, si los tiempos
Tan sabios médicos son,
Que con remedios de olvidos
Den alivio á tu dolor.
Tam. Bien dices. Viva entre fieras
Quien entre hombres se perdió;
Que á estar con ellas, es cierto
Que no muriera mi honor.   [*Vase.*
Absa. Incestuoso tirano, [*aparte.*
Presto cobrará Absalon,
Quitándote el reino y vida,
Debida satisfaccion.   [*Vase.*
Adon. Á tan portentoso caso
No hay palabras, no hay razon,
Que aconsejen y consuelen.
Triste y confuso me voy.   [*Vase.*
Sal. La Infanta es hermana mia,
Del Príncipe hermano soy;
La afrenta de Tamar siento,
Temo el peligro de Amon.
El Rey es santo y prudente,
El suceso causa horror;
Mas vale dar con el tiempo
Lugar á la admiracion.
        [*Vase y quédase David solo.*

        Sale AMON.

Amon. ¿El Rey mi señor me llama?
Iré ante el Rey mi señor.
¿Su cara osaré mirar
Sin vergüenza, ni temor?
Temblando estoy á la nieve
De aquellas canas; que son
Los pecados frias cenizas
Del fuego, que encendió amor.
¡Qué ambicioso, antes del vicio,
Anda siempre el pecador!
¡Y en pecando, qué cobarde!
Dav. Príncipe!
Amon.   Á tus pies estoy.
Dav. No ha de poder la justicia [*aparte.*
Aqui mas, que la aficion.
Soy padre, tambien soy Rey.
Es mi hijo, fue agresor.
Piedad sus ojos me piden,
La Infanta satisfaccion.
Prenderéle en escarmiento
Deste insulto. Pero no;
Levántase de la cama,
De su pálido color
Sus temores conjeturo.
¿Pero qué es de mi valor?
¿Qué dirá de mí Israel
Con tan necia remision?
¡Viva la justicia, y muera
El Príncipe violador! —
Amon!
Amon.   Amoroso padre?
Dav. El alma me traspasó. [*aparte.*
¿Padre amoroso me llama?
Socorro pide á mi amor.
Pero muera! — Cómo estais?
Amon. Piadoso padre, mejor.   .

        Sale ABSALON al paño.

Dav. En mirándole es de cera [*aparte.*
Mi enojo, deshecho al sol.
Adulterio y homicidio,
Siendo tal, me perdonó
El justo juez, porque dije
Un pequé de corazon.

Venció en él á la justicia
La piedad. Su imágen soy.
El castigo es mano izquierda,
Mano derecha el perdon;
Pues sea izquierdo el defecto. —
Mirad, Príncipe, por vos,
Cuidad de vuestro regalo. —
¡Ay prenda del corazon!   [*Vase.*
Amon. ¡O poderosas hazañas
Del amor, único Dios,
Que hoy á David han vencido,
Siendo Rey y vencedor!
Que mirase por mí, dijo.
Tiernamente me avisó,
Que el castigo del prudente
Es la tácita objecion.
Temió darme pesadumbre;
Por entendido me doy;
Yo pagaré amor tan grande
Con no ofenderle desde hoy.   [*Vase.*
Absa. ¡Que una razon no le dijo
En señal de sus enojos!
¡Ni un severo mirar de ojos!
Hija es Tamar, si él es hijo.
Mas no importa; que yo elijo
La justa satisfaccion;
Que á mi padre la pasion
De amor ciega, pues no vé;
Con su muerte cumpliré
Su justicia y su ambicion.
No es bien que reine en el mundo
Quien no reina en su apetito.
En mi dicha y su delito
Todo mi derecho fundo.
Si yo soy del Rey segundo,
Ya por sus culpas primero.
Hablar á mi padre quiero,
Y del sueño dispertarle,
Con que ha podido hechizarle
Amor siempre lisonjero.
        [*Estará una corona sobre un bufete.*
Alli está. Pero qué es esto?
¿La corona en una fuente,
Con que ciñe la real frente
Mi padre grave y compuesto?
La mesa el plato me ha puesto,
Que ha tanto que he deseado,
Debo de ser convidado.
Si es el reinar tan sabroso,
Como afirma el ambicioso,
No es de perder tal bocado.
Amon no os ha de gozar,
Cerco, en que mi gusto encierro;
Que sois de oro, y fue de hierro
El que deshonró á Tamar.
Mi cabeza quiero honrar   [*Toma la corona.*
Con vuestro círculo bello.
Mas rehusareis el hacello,
Pues, aunque en ella os encumbre,
Temblareis de que os deslumbre
El oro de mi cabello.   [*Póncsela.*
Bien está; vendréisme asi
Nacida, y no digo mal,
Pues nací de sangre real,
Y vos naceis para mí.
Sabréos yo merecer? Sí.
Y conservaros? Tambien.
¿Quién hay en Jerusalen,
Que lo estorbe? Amon? Matalle.

        Sale DAVID al paño.

Mi padre querrá vengalle.
Matar á mi padre......
Dav.   Á quién?

Absa. Ah cielos! — Á quien no es buen
       Vasallo de Vuestra Alteza.   [*Arrodíllase.*
Dav.   Con corona en la cabeza,
       No dices bien á mis pies.
Absa. Pienso heredarte despues;
       Que anda el Príncipe indispuesto.
Dav.   Hástela puesto muy presto.
       No serás succesor suyo;
       Que desa corona arguyo,
       Que, como llega á valer
       Un talento, es menester
       Mayor talento que el tuyo.
       ¿En fin me quieres matar?
Absa. Yo?
Dav.   No acabas de decillo?
Absa. Si llegaras bien á oillo,
       Mi amor habias de premiar.
       Si es que llegara á reinar,
       Dije, hoy en Jerusalen,
       Mi enojo probara quien
       Fama por traidor adquiere,
       Y por ser tirano quiere
       Matar á mi padre.
Dav.   Bien.
       ¿Pues quién hay á quien le cuadre
       Tal título?
Absa.   Pienso yo,
       Que el que á su hermana forzó,
       Tambien matara á su padre.
Dav.   Por ser los dos de una madre,
       Contra Amon te has indignado.
       Pues ten por averiguado,
       Que quien fuere su enemigo
       No ha de tener paz conmigo.
Absa. Sin razon te has enojado,
       Solo yo te hallo cruel.
Dav.   ¿Qué mucho, si tú lo estás
       Con Amon?
Absa.   No le ama mas
       Que yo nadie en Israel.
       Antes, gran señor, con él
       Y los Príncipes quisiera,
       Que Vuestra Alteza viniera
       Al esquilmo, que ha empezado
       En Balafor mi ganado,
       Y que esta merced me hiciera.
       Tan lejos de desatino
       Y venganzas necias vengo,
       Que alli banquete prevengo,
       De tales personas dino.
       Honre nuestro vellocino
       Vuestra presencia, señor,
       Y divierta alli el dolor,
       Que le causa este suceso;
       Conocerá, que intereso
       En grangear solo su amor.
Dav.   Tú fueras el Fénix dél,
       Si estas cosas olvidaras,
       Y al Príncipe perdonaras,
       No vil Cain, sino Abel.
Absa. Si hiciere memoria dél,
       ¡Plegue á Dios, que me haga guerra
       Cuanto el sol dorado encierra,
       Y contra tí rebelado,
       De mis cabellos colgado,
       Muera entre el cielo y la tierra!
Dav.   Si eso cumples, mi Absalon,
       Mocedades te perdono;
       Con los brazos te corono,
       Que mejor corona son.
Absa. En mis labios tus pies pon,
       Y añade á tantas mercedes,
       Porque satisfecho quedes,
       Señor, el venir á honrar

       Mi esquilmo, pues da lugar
       La paz, y alegrarte puedes.
Dav.   Harémoste mucho gasto.
       No, hijo, guarda tu hacienda;
       El reino pide, que atienda
       La vejez, que en canas gasto.
Absa. Pues á obligarte no basto
       A esta merced, da licencia,
       Que, supliendo tu presencia
       Adonías, Salomon,
       Hagan, yendo con Amon,
       De mi amor noble experiencia.
Dav.   Amon? Eso no, hijo mio.
Absa. Si melancólico está,
       Sus penas divertirá
       El ganado, el campo, el rio.
Dav.   Temo, que algun desvarío
       Dé nueva causa á mi llanto.
Absa. De la poca fe me espanto,
       Que tiene mi amor contigo.
Dav.   La experiencia en esto sigo;
       Que, cuando con el disfraz
       Viene el agravio de paz,
       Es el mayor enemigo.
Absa. Antes el gusto y regalo,
       Que he de hacerle, ha de abonarme.
       En esto pienso esmerarme.
Dav.   Nunca el rezelar fue malo.
Absa. ¡Plegue al cielo, que sea un palo
       Alguacil, que me suspenda,
       Cuando yo al Príncipe ofenda!
       No me alzaré de tus pies,
       Padre, hasta que á Amon me des. [*De rodillas.*
Dav.   Del alma es la mejor prenda.
       Pero en fe de que me fio
       De tí, yo te lo concedo.
Absa. Cierto ya de tu amor quedo.
Dav.   ¿De qué dudais, temor frio?   [*aparte.*
Absa. Voyle á avisar.
Dav.   Hijo mio,
       Al olvido agravios pon.
Absa. No temas.
Dav.   Ay, mi Absalon!
       Lo mucho que te amo pruebas.
Absa. Á Dios.
Dav.   Mira, que me llevas
       La mitad del corazon.   [*Vanse.*

Salen TAMAR, *cubierto el rostro, y algunos*
                Pastores cantando.

Past. [*cant.*] Al esquilmo, ganaderos;
       Que balan las ovejas y los corderos.
       Ganaderos, á esquilar;
       Que llama á los pastores el mayoral.
Past. 1. Dichosas serán desde hoy
       Las reses, que en el Jordan
       Cristales líquidos beben,
       Y en tomillos pacen sal.
       Ya con vuestra hermosa vista,
       Yerba el prado brotará,
       Por mas que les seque el sol,
       Pues vos sus campos pisais.
       ¿De qué estais tan dolorosa,
       Hermosísima Tamar,
       Pues con vuestros ojos bellos
       Estos montes alegrais?
       Si dicen, que está la corte
       Do quiera que el Rey está,
       Y vos sois Reina en Belen,
       La corte es esta, no hay mas.
       ¡Ea, Infanta, entreteneos,
       Y esa hermosura mirad

En las aguas, que os ofrecen
Por espejo su cristal!
Tam. Temo de mirarme en ellas.
Past. 2. Si es por no os enamorar
De vos misma, bien haceis;
Un ángel os trajo acá.
Pero asomaos con todo eso,
Vereis como os retratais
En la tabla deste rio,
Si en ella vos os mirais;
Y hareis un cuadro valiente,
Que, porque le guarnezcais,
Las flores de oro y azul
De marco le servirán.
Honradla; miraos en ella.
Tam. Aunque hermosa me llamais,
Tengo una mancha afrentosa;
Si la veo, he de llorar.
Past. 2. Mancha teneis? Aun por eso,
Que aqui los espejos que hay,
Si mancha muestran, la quitan,
Enseñando á la amistad.
Allá los espejos son
Solo para señalar
Faltas, que, viéndose en vidrio,
Con ellas en rostro dan.
Acá son espejos de agua,
Que á los que á mirarse van,
Muestran la mancha, y la quitan,
En llegándose á lavar.
Tam. Si agua esta mancha quitara,
Harta agua mis ojos dan.
Solo á borrarla es bastante
La sangre de un desleal.
Past. 1. No ví en mi vida tal muda;
Miel vírgen afeita acá;
Que ya hasta las caras venden
Postiza virginidad.
Son pecas?
Tam.　　　　Pecados son. [*aparte.*
Past. 1. Cubrirlas con soliman.
Tam. No queda, pastor, por eso;
Toda yo soy rejalgar.
Past. 1. ¿Es algun lunar acaso,
Que con la toca tapais?
Tam. No se muda, cual la luna; —
No es la deshonra lunar. [*aparte.*
Past. 1. Pues sea lo que se fuere,
Pardiez! que hemos de cantar
Y aliviar la pesadumbre;
Que es locura lo demas.
Pero Teuca viene alli,
Y pienso, que de cortar
Unas flores del jardin.
Tam. Todo es tristeza y pesar.

Sale TEUCA, *cubierto el rostro, traendo unas*
flores en un cestillo.

Past. 2. Teuca, aunque te descubras,
Segura puedes estar
De que el sol no ha de abrasarte
Bien te conoce de allá.
Teuc. Todas estas flores bellas
A la primavera he hurtado;
Que pues de amor son traslado,
Competir podeis con ellas.
Lleno viene este cestillo
De las mas frescas y hermosas
Yerbas, jazmines y rosas,
Desde el clavel al tomillo.
Aqui está la manutisa,
La estrellamar turquesada,
Con la violeta morada,
Que amor, porque fue, la pisa.

Tomad los que son despojos
Del campo, y juntad con ellos
Labios, aliento y cabellos,
Pecho, frente, cejas y ojos.
[*Dale un ramillete.*
Tam. Todas las que Abril esmalta
Pierden en mí su color,
Amiga; porque la flor,
Que mas me importa, me falta.
Teuc. ¡Qué presto te has de vengar!
Tam. Ese es todo mi consuelo,
Y si no, trágueme el suelo.
Teuc. Bien te puedes consolar.
Past. 1. Alegraos! en qué pensais?
Teuc. Me parece que han venido
Los Príncipes, que han querido
Honrarnos hoy.
Past. 1.　　　　Qué aguardais?
Mientras el convite pasa,
Al soto apacible vamos,
Y de flores, yerba y ramos
Entapicemos la casa.
Past. 2. Tiene Cardenio razon;
Démonos priesa, pastores.
¿Pero qué ramos y flores
Hay, como ver á Absalon?　　　[*Vanse.*
Tam. Teuca, vámonos de aqui.
Teuc. Para qué? Bien disfrazada
Estás.
Tam.　　　　Di mal injuriada.
No puedo caber en mi.

Salen ABSALON, ADONÍAS, SALOMON, AMON,
AQUITOFEL *y* JONADAB *de caza.*

Amon. Bello está el campo.
Absa.　　　　Es el Mayo
El mas galan, todo es flor.
Jon. A lo menos labrador,
Segun agirona el sayo.
Amon. Oye, que hay aqui serranas.
Jon. Y no de mal talle o brio.
Absa. De mi hacienda son, y os fio,
Que envidian las cortesanas
El aseo y hermosura.
Amon. Bien haya quien la belleza
Debe á la naturaleza,
No al afeite y compostura.
Absa. Esta es muger tan curiosa,
Que de lo futuro avisa.
Tiénenla por Fitonisa
Estos rústicos.
Sal.　　　　¿Y es cosa
De importancia?
Amon.　　　　Desta gente
Hacer caso es vanidad,
Tal vez dirá una verdad,
Y despues mil veces miente.
¿Mas por qué estan embozadas?
Absa. Es una hermosa pastora
La una, que injurias llora,
Y la imitan las criadas.
Jon. Ella tiene buena flema.
Amon. No la veremos?
Absa.　　　　No quiere,
Mientras sin honra estuviere,
Descubrirse.
Jon.　　　　Lindo tema!
Amon. Ahora bien, con vos me entiendo.
Llegaos, mi serrana, acá.
Teuc. Su Alteza pretenderá,
Y despues iráse huyendo.
Amon. Bien pareceis adivina.
Llena de flores venis;
¿Por qué no las repartis,

Si el ser cortes os inclina?
Teuc. Estos prados son teatro,
Que representa á Amaltea.
Mas porque queja no sea,
Á cada cual de los cuatro
Tengo de dar una flor.
Amon. ¿Y esotra serrana, en duda
Tal, cómo no habla?
Teuc.   Está muda.
Amon. Mudas hay acá?
Teuc.   De honor.
Amon. ¿Hay honor entre villanas?
Teuc. Y cómo; mas firme está;
Que no hay Príncipes acá,
Ni fáciles cortesanas.
Pero dejémonos desto,
Y va de flor.   [Saca las flores.
Amon.   Cuál me cabe?
Teuc. Esta azucena suave.
   [Dale una azucena y una espadaña.
Amon. Eso es tratarme de honesto.
Teuc. Yo sé, que olerla os agrada.
Pero no la deshojeis;
Que la espadaña, que veis,
Tiene la forma de espada.
Y aquesos granillos de oro,
Aunque á la vista recrean,
Manchan, si los manosean;
Porque estriba su tesoro
En ser intactos. Dejaos,
Amon, de deshojar flor,
Con espadañas de amor,
Y si la ofendeis, guardaos.
Amon. Yo estimo vuestro consejo. —
Demonio es esta muger. [aparte.
Sal. Qué te ha dicho?
Amon.   No hay que hacer
Caso; por loca la dejo.
Adon. Qué flor me cabe á mí?
Teuc.   Extraña;
Espuela es de caballero.
Adon. Bien por el nombre la quiero.
Teuc. Á veces la espuela daña.
Adon. Diestro soy.
Teuc.   Sí, lo sois harto.
Pero guardaos, si os agrada,
De una doncella casada ;
No os perdais por picar alto.
Adon. No os entiendo.
Absal.   Yo me quedo
Postrero, id, hermano, vos.
Sal. Confusos quedan los dos. [aparte.
Si acaso obligaros puedo,
Mas conmigo os declarad.
Teuc. Esta es corona de rey,
Flor de vista, olor y ley.
Sus propiedades gozad;
Que, aunque Rey, sereis espejo,
Y el mejor de los mejores.
Temo, que os perdais por flores
De amor, si sois mozo viejo.
Amon. Buena flor!
Jon.   Con su pimienta.
Absal. Cuál me cabe á mí?
Teuc.   El narciso.
Absa. Ese á sí mismo se quiso.
Teuc. Pues tened, Absalon, cuenta
Con él, y no os engrais tanto;
Que de puro engrandeceros,
Estimaros y quereros,
De Israel sereis espanto.
Vuestra hermosura enloquece
Á toda vuestra nacion.
Narciso sois, Absalon,

Que tambien os desvanece.
Cortaos esos hilos bellos;
Que, si los dejais crecer,
Os habeis presto de ver
En lo alto por los cabellos.
Absa. Teuca, advierte, que, si en alto [Al oido á Teuca.
Por los cabellos me veo,
Yo premiaré tu deseo,
Y á Israel daré un asalto.
Amon. Confusos hemos quedado.
Jon. Príncipes, alto, á comer.
Absa. Sobre el trono me he de ver   [aparte.
De mi padre coronado.
Muera en el convite Amon,
Quede vengada Tamar,
Dé la corona lugar
Á que la herede Absalon.   [Vase.

     Sale un Pastor.

Past. La comida, que se enfria,
A Vuestras Altezas llama.
Amon. De aquesta serrana dama
Ver la cara gustaria,
Que me tiene en confusion.
Adon. No nos hagais esperar.   [Vase.
Jon. Yo no me quiero quedar,
Que como con Absalon.   [Vase.
Amon. Yo, serrana, estoy picado
Desos ojos lisonjeros,
Que deben de ser fulleros,
Pues el alma me han ganado.
¿Queréisme vos despicar?
Tam. Os cansará el juego presto,
Y en ganando el primer resto,
Luego os querreis levantar.
Amon. Buenas manos!
Tam.   De pastora.
Amon. Dadme una.
Tam.   Será en vano
Dar mano á quien da de mano,
Y ya aborrece, y ya adora.
Amon. Llegaréla yo á tomar,
Pues su hermosura me esfuerza.
Tam. Á tomar? Cómo?
Amon.   Por fuerza.
Tam. ¡Qué amigo sois de forzar!
Amon. Basta, que aqui todas dais
En adivinas.
Tam.   Queremos
Estudiar, como sabremos
Burlaros, pues que burlais.
Amon. ¿Flores traeis vos tambien?
Tam. Cada cual, humilde ó alta,
Busca aquello que la falta.
Amon. Serrana, yo os quiero bien;
Dadme una flor.
Tam.   Buen floreo
Os traeis; creed, señor,
Que, basta perder yo una flor,
No sintiera el mal que veo.
Amon. Una flor he de tomar.
Tam. Flor de Tamar, direis bien.
Amon. Forzaréos; dadla por bien.
Tam. ¡Qué amigo sois de forzar!
Amon. Destapaos.
Tam.   No puede ser.
Amon. Ya te digo, que he de verte.
Tam. Aparta!
Amon.   Pues desta suerte [Vala á descubrir.
Lo has de hacer. Vete, muger!
Ay cielos! Monstruo, tú eres?
¡Quien los ojos se sacara
Primero, que te mirara,
Afrenta de las mugeres!

Voyme, y pienso, que sin vida;
Que tu vista me mató. —
No esperaba, cielos, yo
Tal principio de comida.   [*Vase.*

Tam. Peor postre te han de dar,
Bárbaro, cruel, ingrato;
Pues será el último plato
La venganza de Tamar.
Amon, ya ha llegado el dia,
En que tu muerte has de ver;
Que agraviada una muger......

Dentro S A L O M O N, A B S A L O N *y* A M O N.

Sal. ¡Hay tan grande alevosía!
Absa. La comida has de pagar,
Dándote muerte, villano.
Amon. ¿Por qué me matas, hermano?
Absa. Por dar venganza á Tamar.

*Descúbrese una mesa con un aparador de plata,
y los manteles revueltos;* A M O N *echado sobre ella
con una servilleta ensangrentado.*

Absa. Para tí, hermana, se ha hecho
El convite. Aqueste plato,
Aunque de manjar ingrato,
Nuestro agravio ha satisfecho.
Hágate muy buen provecho;
Bebe su sangre, Tamar,
Procura en ella lavar
Tu fama, hasta aqui manchada.
Caliente está, tú vengada;
Fáeil la puedes sacar.
Á Jesur huyendo voy;
Que es su Rey mi abuelo, y padre
De nuestra injuriada madre.
Tam. Gracias á los cielos doy,
Que no lloraré desde hoy
Mi agravio, Absalon valiente.
Ya podré mirar la gente,
Resucitando mi honor;
Que la sangre del traidor
Es blason del inocente. —
Quédate, bárbaro, ingrato;
Que en venta lo tiene puesto
Su sepulcro del deshonesto
En la mesa, taza y plato.
Absa. Heredar el reino trato.
am. Guiente los cielos bellos.
bsa. Amigos tengo, y por ellos,
Como dijo Teuca ayer,
Todo Israel me ha de ver
En alto por los cabellos.
     [*Vanse y cúbrese la apariencia.*

Sale D A V I D.

iv. Amon! Príncipe! hijo mio!
Eres tú? Pide al deseo
Albricias, que los instantes
Juzgo por siglos eternos.
Amon mio, dónde estás?
Deshaga al temor los hielos
El sol de tu cara hermosa;
Recobre su vista un ciego.
¿Si se habrá Absalon vengado?
¿Si habrá sido, como temo,
Ingrato Absalon conmigo?
Pero no; que el juramento
Ha de cumplir, yo lo fio;
Y es su hermano por lo menos.
¡O qué hago de discurrir!
La sangre hierve sin fuego.
¡Mas ay, que es sangre heredada,

Y Amon culpado en efecto!
¿Absalon no me juró
No agraviarle? De qué temo?
Pero el amor y el agravio
Nunca guardan juramento.
La esperanza y el temor
En este confuso pleito
Alegan en pro y en contra.
¡Sentenciad en favor, cielos!
Caballos se oyen. ¿Si son
Mis amados hijos estos?
Alma, asomaos á los ojos;
Ojos, abrios para verlos.
Grillos echa el temor
Á los pies, cuando el deseo
Se arroja por las ventanas. —
Hijos!

Salen A D O N Í A S *y* S A L O M O N.

Adon. Señor!
Dav. Venis buenos?
¿Qué es de vuestros dos hermanos,
Amon y Absalon? Qué es esto?
¿Cómo no me respondeis?
Callais? Siempre fue el silencio
Embajador de desgracias.
Llorais? Hartos mensageros
Mis sospechas certifican,
No eran vanos mis rezelos.
¿Mató Absalon á su hermano?
Sal. Sí, señor.
Dav. Pierda el consuelo
La esperanza de volver
Al alma, pues á Amon pierdo,
Con eterna posesion
El llanto, porque es eterno
De mis infelices ojos,
Hasta que los deje ciegos.
Lástimas hable mi lengua,
No escuchen sino lamentos
Mis oidos lastimosos.
Ay mi Amon! Ay mi heredero! —
Búsquese luego á Absalon;
Marchen ejércitos luego
A buscarle.
Adon. Señor, mira......
Dav. No hay que aconsejarme en esto. —
¡Ay Amon del alma mia!
Tú y Absalon me habeis muerto.

JORNADA III.

Salen J O A B, S E M R Y *y* J O N A D A B, *como hablando en secreto.*

Joab. ¿Y dónde está esa muger?
Sem. Jonadab, que es quien por ella
Fue á Balafor, dirá adonde.
Jon. Esperando está aqui fuera
Ya en el trage Israelita
Disfrazada y encubierta.
Si bien pudiera excusarlo,
Porque la naturaleza,
Por la muerte de el rubio,
La dió un luto de bayeta.
Joab. ¿Y en fin teneis ya, Semey,
Satisfaccion de que sepa
Hablar con el Rey?
Sem.   No hay
Muger de mas alta ciencia
Ni de mas sutil ingenio

En el orbe.

Joab.   ¿De qué tierra
Es, y qué nombre es el suyo?

Sem. Por patria y por nombre es Teuca.

Joab. Es la Fitonisa?

Sem.   Sí;
Que la he tenido encubierta,
Hasta ver el vaticinio
De los dos qué efecto tenga.

Joab. Que ha de ser de un testamento
Cláusula la muerte nuestra,
Dijo á los dos, yo arrojando
Lanzas, vos tirando piedras.
Pero esto ahora no es del caso,
Ni yo temo que suceda.
Decidme, ¿está ya advertida
De lo que hoy hacer desea
Mi lealtad por Absalon?

Sem. Sí; y antes que entre á la audiencia,
Os suplico me digais,
¿Qué pretension es la vuestra?

Joab. Desde aquel infeliz dia,
Que, convertido en tragedia,
La real púrpura de Amon
Manchó de Absalon la mesa,
Absalon se fue á Jesur,
Haciendo del Rey ausencia,
Por ser la provincia, donde
Tolomey su abuelo reina.
Si se fue Tamar con él,
No sé; que nadie hable della
En Israel, desde el dia,
Que se quejó de la fuerza
Á David, y á Balafor
La envió Absalon, de manera,
Que ella en poder de su hermano
Estará; y cuanto yo quiera
Decir desde aqui, ha de ser
Conjetura y no certeza.
Yo viendo pues sospechosa
Con Absalon mi obediencia,
Por sanear la malicia
Y desvelar la sospecha,
Su venida he pretendido,
Sin que mi privanza pueda
En la clemencia del Rey,
Con ser tanta su clemencia,
Hallar entrada al perdon;
Que le han cerrado las puertas,
En David los sentimientos,
Y en todo el reino las quejas.
Y en fin, viendo que no es medio
Una pena de otra pena,
Ya del ruego despedido,
Me valgo de la cautela,
Buscando una muger sabia.
Pues vos me dijisteis della,
Y ella está informada ya
De lo que mi pecho intenta,
Haced que entre á hablar al Rey,
Pues no tendrá riesgo el verla;
Que en las audiencias las viudas
Siempre hablan al Rey cubiertas;
Que yo le quiero asistir,
Hablando en la causa mesma
De Absalon, al propio instante,
Haciendo asi la deshecha,
Por divertir sus discursos.

Sem. Él sale ya.

Joab.   No nos vea
Hablando.

Sem.   En todo obedezco. —
Tú, Jonadab, considera,
Que, en habiendo hablado al Rey

Aquesta muger, con ella
Has de volverte á Efrain;
Y que tiene, es bien que sepas,
Un espíritu en el pecho.
Si acaso llegas á verla
Furiosa, no hay que temer;
Que un demonio la atormenta.

Jon. Sí hay que temer, y muy mucho
Aun por esa razon mesma.

Sem. Calla; mira, que el Rey sale.

Salen algunos Soldados con memoriales, DAVI[D]
tomándolos, y AQUITOFEL.

Aqui. Mi pretension es aquesta.

Dav. Ya la merced de la plaza
De mi consejo de guerra
Os he hecho.

Aqui.   No es, señor,
Lo que mi pecho desea.

Dav. Por eso mismo os la he dado,
Y porque desta manera
Advirtais la obligacion,
Que tienen los que aconsejan. —
¿Joab, de la audiencia en la sala?

Joab. Sí, señor; que soy en ella
El primero pretendiente.

Dav. Tú? qué pretendes?

Joab.   Que tenga
Fin de Absalon el enojo.
Dos años ha......

Dav.   Tente, espera!
No me hables de Absalon.

Joab. Advierte......

Dav.   Nada me adviertas. —
Mirad, si hay quien quiera hablarme.

Sem. De negro luto cubierta
Una muger solicita,
Señor, que la des audiencia.

Dav. Entre pues.

Joab.   ¡Quieran los cielos, [*aparte.*
Bien esta industria suceda!

Sale TEUCA *vestida de luto, echado el man[to]*

Jon. ¿Á esta negra endemoniada, [*aparte.*
No la bastaba ser negra?

Teuc. Señor, yo soy una pobre   [*Arrodilla[se]*
Viuda, que á las plantas vuestras
Solicito hallar amparo
Contra una grande violencia,
Que me hacen vuestros jueces.
Porque, aunque razones tengan
En la justicia fundadas,
Tal vez debe la prudencia
Moderar á la justicia;
Pues no es dudable, que sea
Tiranía, que la ley
Á lo que pueda se extienda.

Jon. ¡Que fuera de ver, que ahora   [*aparte.*
La diera la pataleta!

Dav. Levantad; decid.

Teuc.   Yo tuve
Dos hijos, señor, que eran,
Difunto ya mi marido,
El consuelo de mis penas.
Estos en el campo un dia
Tuvieron una pendencia
Entre sí, de los primeros
Hermanos amarga herencia.
No hubo quien los esparciese;
De suerte, que con la fiera
Cólera mató uno al otro.
¡Ha bárbara pasion ciega
De la ira, que, irritada,
Ni aun de su sangre se acuerda!

Vino á casa el fratricida,
Pidiéndome que le diera
Con que ausentarse, porque
La justicia no le prenda.
Yo, viendo ya un hijo muerto,
Siendo á un tiempo en mis tristezas
La parte para llorarlas,
Y la parte contra ellas,
Traté de ocultar al vivo,
Porque entrambos no perezcan.
Los jueces pues de Israel,
Haciendo mil diligencias
Buscándole, han pronunciado
Contra mí aquesta sentencia,
Que entregue á mi hijo, ó que yo,
Porque le he ocultado, muera.
Mirad, señor, si es justicia,
Que llegue á entregar yo mesma
Un hijo solo, en quien hoy
Las cenizas se conservan
De su padre; que, aunque he sido
La interesada en la ofensa,
Mas lo soy en el reparo
De su vida; porque fuera,
Perdido uno, entregar otro,
Doblar al dolor las fuerzas.
Piedad, gran señor, os pido.

Dav. No llores, muger, no temas;
Que no mereces morir,
Porque á tu hijo defiendas.
Antes es justa piedad
La tuya, y mas yerro hicieras,
Si, muerto el uno, acusaras
Al otro; pues cosa es cierta,
Que hace mas el que perdona
Su dolor, que el que se venga.

Teuc. Eso dices?

Dav.   Esto digo,
Y una y mil veces mi lengua
Repetirá, que es piedad
Guardarle.

Teuc.   ¿Luego con esa
Razon convencido estás?

Dav. De qué?

Teuc.   De la ira que muestras
Tener hoy contra Absalon;
Pues opuesto á tu sentencia,
Muerto uno y ausente otro,
Quieres que entrambos se pierdan.
Vuelva Absalon á tu gracia,
Ó verá Israel, que yerras
En no hacerlo, pues no obras
Lo mismo que tú sentencias.

Dav. ¡Espera, muger, aguarda!
No porque castigar quiera
Tu engaño, mas por saber,
Si es Joab quien te aconseja,
Que intentes aqueste juicio,
Dilo, y mira no me mientas.

Teuc. Sí, señor.

Dav.   Pues vete en paz;
Que yo haré lo que convenga.

Sem. Esta vez de su privanza   [*aparte.*
Cae Joab.

Aqui.   El cielo quiera! [*aparte.*

Sem. Ve con ella.

Jon.   Si va el diablo,
¿Para qué he de ir yo con ella?
     [*Vanse Jonadab y Teuca.*

Dav. Joab!

Joab.   Yo?

Dav.   No os turbeis; haced,
Que Absalon á verme vuelva;

Que no es justo pronunciar
Yo una cosa por bien hecha,
Y hacer otra. Ya lo dije,
Y ya conozco, que es fuerza,
Que, un hijo muerto, otro vivo,
Llore uno y otro defienda;
Que, si el uno se perdió,
Nada el enojo remedia,
Y es justo amparar al otro,
Porque entrambos no se pierdan.

Joab. Dame mil veces tus plantas.

Aqui. Pues ya con esta licencia
Presto Absalon vendrá á verte.

Dav. Dónde está?

Aqui.   En tu gran clemencia
Fiado, pienso, que en Ebron
Su persona está muy buena.

Dav. No es tan malo que lo esté, [*aparte.*
Como lo es, que tú lo sepas. —
Ve por él; venga al instante.
     [*Vase Aquitofel.*

Voces [*dent.*] ¡Viva el gran Rey de Judea!

Dav. ¿Qué ruido es ese, y qué voces?

Joab. Toda la ciudad, que llena
De regocijos está,
Como ha corrido la nueva
Ya del perdon de Absalon.

Dav. ¡Cómo se vé en tus diversas
Opiniones, vulgo, que eres
Monstruo de muchas cabezas;
Pues lo que ayer acusabas
Contra Absalon, hoy apruebas!

Sale E n s a y *viejo.*

Ens. Señor, un pobre soldado
Soy, tan hijo de la guerra,
Que en ella nací, y espero
Morir sirviéndoos en ella.
De vuestro consejo aspiro
Á ser. La larga experiencia
De las lides y los años
Á esta pretension me alienta.
Una plaza hay vaca.

Dav.   Ya
Á Aquitofel la dí, en muestra
De que quisiera obligarle,
Por el temor, que en mí engendra;
Pero yo en otra ocasion
Premiaré las canas vuestras.

Ens. ¿Á Aquitofel la habeis dado?
¡Plegue á Dios que no suceda,
Que, él premiado y yo quejoso,
Yo os sirva, y él os ofenda!

Salen A d o n í a s *y* S a l o m o n.

Adon. La merced, que hoy á Absalon
Has hecho, es bien que agradezca
Nuestra amistad.

Sal.   Y por él
La mano mi amor te besa.

Dav. El tiempo, que con la sorda
Lima de las horas llega
Á asaltar nuestros afectos,
Sin que su ruido se sienta,
Mi sentimiento ha gastado;
Y si una verdad confiesa
El alma, ya Absalon tarda
De llegar á mi presencia.

Joab. No mucho; porque parece,
Que esperando la respuesta
Estaba.   [*Tocan chirimías.*

Sal.   Ya por palacio

Muy acompañado entra.

Salgan los que pudieren, y ABSALON
y AQUITOFEL.

Absa. Feliz mil veces el dia, [*Arrodíllase.*
Que tras de tantas tormentas
Mi derrotada fortuna
Al sagrado puerto llega,
Señor, de tus reales plantas.
Dav. Alza, Absalon, de la tierra,
Llega, Absalon, á mis brazos,
Cuyo cariño sucedan
Hoy Salomon y Adonias.
Sal. Con bien, bello Absalon, vengas.
Adon. El cielo aumente tu vida.
Absa. El guarde, hermanos, la vuestra.
Dav. Por Tamar no te pregunto,
Por no despertar en esta
Ocasion algun rencor. —
Y pues que con tales muestras
Habeis visto, que le admito,
Salios todos allá fuera;
Que entre hijo y padre el perdon
Público es justo que sea;
Pero no entre padre é hijo
Del perdon las advertencias.
Dejadnos solos. — No dudo, [*Vanse todos.*
Absalon, que ahora piensas
Entre ti, que espero darte
Quejas de tu inobediencia,
Por quedar aqui contigo
Á solas. Pues no la entiendas;
Porque no perdona bien
El que perdonando deja
Nada al temor que decir,
Ni que hacer á la vergüenza.
Y para que mires cuanto
Al contrario es lo que intenta
Mi amor, es darte, Absalon,
Satisfacciones, no quejas,
Del tiempo, que en perdonarte
Tardé, Absalon; la primera,
De que es muy cierto, que yo
Lo deseé con todas veras
Mas que tú. ¡O cuantas veces
Maldije mi resistencia!
Forzosa fue, Absalon mio;
No porque en mí no cupiera
Valor para perdonarte
Mayores inobediencias,
Sino porque temo mas
Las por hacer, que las hechas,
Segun las cosas, que todos
De tu condicion me cuentan.
No te quiero referir
Las malicias, las sospechas,
Los escrúpulos, las dudas,
Que han llegado á mis orejas,
Por no obligarme á decirlas;
Solo te advierto, que sepas,
Que yo vivo, que yo reino,
Que la sagrada diadema
Está en mis sienes muy fija,
Aunque oprime mas, que pesa,
Y que sabré...... Mas no es dia
Hoy de hablar desta manera.
Nada temo, nada dudo
De tu amor y tu obediencia.
Seamos, Absalon, amigos,
Con amorosas contiendas,
Con lágrimas te lo pido;
Y si no fuera indecencia
Desta púrpura, estas canas,
Hoy á tus plantas me vieras

Humildemente postrado,
Pidiéndote, puesto á ellas,
Pues te quiero como padre,
Que como hijo me obedezcas.
Y porque veas cuan poco
Dudando voy tus finezas,
No quiero que me respondas,
Porque no pienses ni creas,
Que yo he podido dudar
Cual ha de ser tu respuesta. [*Vase.*
Absa. ¡Qué caduco está mi padre!
Pues cuando sé yo, que intenta
Dar el reino á Salomon,
Quiere que yo me enternezca
De sus lágrimas. Pero antes......

Sale AQUITOFEL.

Aqui. Esperando á que se fuera
El Rey estuve. ¿Qué ha habido
Con él?
Absa.   Mil impertinencias.
¿Hay cosa como decirme,
Que el perdonarme agradezca?
No perdonó á Amon? ¿No es mas
Delito hacer una afrenta,
Que vengarla?
Aqui.   Sí, por cierto;
Y tú, si lo consideras,
Tienes la culpa.
Absa.   De qué?
Aqui. De que él piense, que te deja
Con esa accion obligado.
¿Mucho mejor no te fuera
Haber entrado por armas,
Haciendo del ruego fuerza?
¿No estan diversas provincias
Ya convocadas? ¿No esperan,
Para declararse, solo
Que se toque la trompeta
De tu ejército en Ebron?
¿Pues para qué ha sido aquesta
Ceremonia? ¿No seria
Accion mas prudente y cuerda,
Primero que te perdone,
Obligarle á que te tema?
Absa. Verdad es, que yo carteado
Estoy con gentes diversas,
Que, en diciendo que me sigan,
Veré en la campaña puestas;
Pero con todo he querido
Reconciliarme con esta
Fingida amistad, porque
Hace mas segura guerra
Un enemigo de casa
Solo, que muchos de fuera,
Demas de que yo aun no tengo
Bastante gente, que pueda
Seguirme, y aqui pretendo
Grangearla con mi asistencia.
Aqui. De qué suerte?
Absa.   Desta suerte.
Ya sabes, que las audiencias
De Israel siempre se hicieron
De la ciudad á las puertas.
Saldréme al campo, y en viendo,
Que un pretendiente se queja,
Ya de mala provision,
Ya de contraria sentencia,
Le llamaré, y le diré,
Que, como á mí me obedezca,
Le haré justicia. Con esto
Los malcontentos es fuerza
Que me sigan y me aclamen.
Aqui. Dices bien, si consideras

Á la justicia una y sola,
Dos no se vé que la tengan;
Y asi de cualquiera causa
Haber un quejoso es fuerza
Por lo menos.

Absa.   Pues en tanto
Que yo hago estas diligencias,
Parte tú, y avisa á todos,
Que á la deshilada vengan,
Para juntarse en Ebron.
Tamar está alli encubierta
Con la gente de Jesur.
Yo la escribiré, que venga
Acercándose, y verás
Enarbolar mis banderas
En Jerusalen, y que
Á sangre y fuego hago guerra
Á mi padre y mis hermanos,
Coronando mi cabeza
De sus laureles.

Aqui.   Sí harás,
Si á los malcontentos llevas
Tras tí; porque, como todos
De sí, que merecen, piensan,
Son pocos los que agradecen,
Y muchos los que se quejan.   [*Vanse.*

Salen JONADAB *y* TEUCA.

Jon. Bien alabarme puedo   [*aparte.*
De haber tenido á ratos lindo miedo;
Pero como el de ahora,
Yendo con esta antipoda de aurora,
Jamas le he de tener ni le he tenido.

Teuc. ¿En qué vas, Jonadab, tan divertido?
Jon. Yo divertido? En nada; —
Pues es ir con el diablo á camarada.   [*ap.*
Teuc. Mas causa no tuviera   [*aparte.*
Yo para caminar con saña fiera,
Triste, confusa y loca,
Por una duda, que en el alma toca.
Jon. Consigo viene hablando.   [*aparte.*
¿Mas qué se va el demonio endemoniando?
Teuc. Si el espíritu grande, que ha vivido   [*aparte.*
En.mí, espíritu de odio y de ira ha sido,
De rencor y discordia,
¿Cómo viene de hacer esta concordia
De Absalon y David?
Jon.   Entre sí habla   [*ap.*
El diablo me parece que se endiabla.
Teuc. ¿Yo instrumento de hacer dos amistades? [*ap.*
¿Yo unir dos tan discordes voluntades?
Mas sí; que ya vendrán á iras atroces.

Salen TAMAR *y Soldados.*

Tam. ¿Quién aqui da tan temerosas voces?
Mas no eres Jonadab?
Jon.   Fuilo algun dia;
Mas ya no soy, señora, quien solia.
Tam. ¿Tú no fuiste el tercero
De aquella afrenta, que vengar espero,
Como ya en mi enemigo,
Hoy en toda Israel, siendo testigo
La gran Jerusalen de mis hazañas?
Jon. Yo fui criado, usé de mis marañas;
Pero ya un santo soy.
Tam.   ¿De dónde vienes
Por aqui? Qué das voces? Di, qué tienes?
Jon. Yo, aqueste negro dia,
Con esta negra compañera mia,
Aqueste negro monte atravesaba;
Cual fue el negro camino que llevaba,
Ella te lo dirá.

Tam.   Este criado,   [*aparte.*
Pues vino á mi poder,......
Jon.   Ay desdichado! [*ap.*
Tam. Prenderé. — Teuca!
Teuc.   O Tamar divina!
Tam. ¿De dónde por aqui tu pie camina?
Teuc. De hablar vengo á David en su consejo;
Hechas las paces dél y Absalon dejo.
Tam. Mucho gusto me has dado
En decir, que quedó reconciliado
Mi hermano con el Rey; porque no dudo,
Que esta fingida paz disponer pudo
Sus intentos mejor, y mis intentos,
Que han de ser escarmientos,
Segun nuestra esperanza,
De su hermosa ambicion y mi venganza.
Sus órdenes espero
En el Ebron, ceñido el blanco acero,
La gente de Jesur capitaneando,
Con los tribus que ya se van juntando,
Aunque la fama diga,
Que mi pasada ofensa á esto me obliga.
Y pues ya ese criado
Á saber mis designios ha llegado,
Porque no pueda dar ningunas señas,
De lo alto le arrojad de aquellas peñas.
Atadle atras las manos.
Jon.   Suerte dura!
Voces [*dent.*] Al valle!
Otros [*dent.*]   Á la espesura!
Otros [*dent.*] Al monte!
Tam.   Oid, esperad! ¿Qué crudo acento
En cuatro partes despedaza el viento?
Jon. Yo iré á saber lo que es.
Teuc.   Aquella cumbre
Corona una confusa muchedumbre,
Y aquel bosque guarnece
Otro escuadron, y por alli parece,
Que el monte gente aborta,
Y otra tropa el camino despues corta.
Tam. Si gente aquesta fuera
De guerra, sordamente no viniera
Marchando. Pues asi llegar previene
Donde estoy, á prenderme, ay de mí! viene.
Pero mi vida venderé primero
Bien recatada á golpes del acero;
Que no me dan temores gentes tantas.

Sale AQUITOFEL *con una carta.*

Aqui. Todos alto aqui haced! — Dame tus plantas.
Tam. Aquitofel amigo?
Aqui. Humano girasol, los rayos sigo
Del sol de tu hermosura.
Aquesta es de Absalon.   [*Le da la carta.*
Tam.   Lo que procura
Veré.
Aqui.   La fitonisa no es aquella? [*aparte.*
Ya me huelgo de vella,
Por ver lo que aquel hado me apercibe.
Tam. Oye lo que Absalon aqui me escribe.
[*lee*] „Yo quedo previniendo
Gente infinita, que me va siguiendo.
La que al Ebron llegare
Hoy con Aquitofel, ni un punto pare,
Sino con toda ella
Á la ciudad te acerca, Tamar bella.
Ni trompeta se toque,
Ni parche se oiga, que á la lid provoque,
Sino venga tan quedo,
Que piensen, que es su General el miedo.
Yo la estaré esperando
En la campaña del Ebron, y cuando
La descubra, y con salva la reciba,
Embistan, repitiendo: Absalon viva!

Porque asi con el súbito desmayo,
Sin avisar el trueno, venga el rayo."
[*repr.*] Esto escribe mi hermano.
Por quien honores tan crecidos gano.
Y porque vea cuanto reverencio
Sus órdenes, la mia sea el silencio.
Teuc. Yo te quiero seguir.
Tam.   Ese criado......
Jon. Ya pensé, que de mí se habia olvidado. [*ap.*
Tam. Sea el primero que muera.
Teuc. Suplicarte quisiera,
Que, por haber conmigo aqui venido.......
Jon. Siempre fue este color agradecido. [*aparte.*
Teuc. No muera.
Tam.   Norabuena; quede preso,
Porque avisar no pueda del suceso.
Y la gente esparcida   [*Atanle los Soldados.*
Marche, en pequeñas tropas dividida;
Que si con ella á las murallas llego,
Jerusalen verá, que á sangre y fuego
Sus almenas derribo,
Sus torres postro, su palacio altivo
Ruina sin polvo yace.
Póngase el sol caduco, pues que nace
Jóven otro, que da rayos mas bellos
Con el crespo esplendor de sus cabellos. [*Vase.*
Jon. ¿Pues qué, preso he de estar?
Aqui.   Soltad; que quiero
Sea mi prisionero.
Jon. Pues haz, que este cordel, señor, me quiten,
Y no sañudos contra mí se irriten.
Aqui. Sí harán; y allí me espera.   [*Desátanle.*
Jon. El diablo que esperara y no se fuera,
Ya que el cordel me quita
Tu piedad.
Aqui.   Oye. [*á Teuca.*
Teuc.   Di, ¿qué solicita
Tu voz?
Aqui.   Saber quisiera,
¿Qué me quiso decir (o pena fiera!)
La voz, que horrible pronunció tu acento,
Que el aire habia de ser mi monumento?
Teuc. No lo sé; porque ahora
No me dicta el espíritu, que mora
En mi pecho. Mas viendo
Ese lazo en tus manos hoy, entiendo,
Como entre pardas sombras de algun sueño,
Que ese cordel anda á buscar su dueño.
Aqui. Pues si su dueño busca,
Ya le halló, ni me admira ni me ofusca,
Porque asi ser espero,
Coronado Absalon, el juez primero,
Que contra la malicia
En mí su dueño tenga; pues justicia
He de hacer, teman todos su castigo;
Que va el ministro del rigor conmigo. [*Vanse.*

Salen Absalon *y* Ensay.

Absa. Á esta sala os he traido,
Por estar mas sola, adonde
Mi amistad, que corresponde
A lo bien que habeis servido,
Premiaros quiere. Yo sé,
Que de mi padre quejoso
Estais; y yo cuidadoso,
Por veros viejo, de que
Ningun vasallo se queje,
Pretendo satisfacer
Á todos. Y asi he de hacer,
Que la razon vuestra deje
En mis manos el reparo
De tan justo sentimiento;

Y asi premiaros intento.
Ens. Eres Príncipe y amparo
Deste pobre humilde viejo.
Absa. Si él, cuando no os satisfizo,
De su consejo no os hizo,
Yo os hago de mi consejo.
Ens. Eso no entiendo; que vos,
¿Qué tribunales teneis,
De qué ministro me haceis?
Absa. Solos estamos los dos;
Y asi mas claro hablar quiero.
Todo el tiempo lo mejora;
Aunque no los tengo ahora,
Presto tenerlos espero.
Ens. Vivo el Rey, no será ley,
Que yo ese cargo reciba.
Absa. Si es el daño que el Rey viva,
Presto no vivirá el Rey.
Ens. Su larga edad, yo confieso,
Que á los umbrales está
De la muerte; ¿pero ya
Sabeis que os nombre?
Absa.   Por eso
Me quiero nombrar yo á mí;
Que nieto de Reyes soy.
Y pues declarado estoy
Con vos, advertid, que aqui
Ya tengo echada la suerte.
Palabra me habeis de dar
De mi persona ayudar,
Ó yo os he de dar la muerte. [*aparte.*
Ens. ¿Quién en mas dudas se vió?
Qué puedo hacer? Ay de mí!
Traidor soy, si digo sí,
Muerto soy, si digo no.
Mas qué dudo? ¿Cuánto es
Mas grave dolor, mas fuerte,
Una infamia, que una muerte?
Mas ay triste! que despues
De muerto yo, no podrá
David saber lo que ignora;
Y asi conceder ahora
Conviene con él.
Absa.   ¿Qué está
Tu imaginacion dudando?
Ens. Cosas, que tan grandes son,
Siempre la imaginacion
Las escucha vacilando;
No porque dude, señor,
Cual ha de ser mi respuesta.
Absa. Pues di, cuál ha de ser?
Ens.   Esta,
Que hacienda, vida y honor
Siempre á tus plantas pondré,
Y me huelgo de que haya
Ocasion, en que yo vaya
Vengado del Rey, porque
Tan mal premia mis servicios.
Tuyo he sido y tuyo soy,
Por tí vivo desde hoy.
Absa. Todos aquesos; y asi
Vete á casa, y ten armados
Tu persona y tus criados;
Y en el instante, que aqui
Se diga: viva Absalon!
Que esta es la señal, saldrás,
Y la parte seguirás,
Que me aclame.

Sale Salomon.

Ens.   Salomon
Viene allí.
Absa.   No entienda nada;

Retirémonos los dos.

Ens. Avisaré, vive Dios! [*aparte.*
Al Rey.

Absa. Vete á tu posada;
Que yo salgo á prevenir
La gente, que presto espero
De Ebron, y regirla quiero. —
¡Valor, reinar ó morir! [*Vanse los dos.*

Sal. Las amistades, que ha hecho
Mi padre con Absalon,
Aunque para mí no son
De enojo, turban mi pecho,
Temiendo, que estorbar trate
La feliz eleccion mia;
Y ya que no aqueste dia
La deshaga, la dilate.
Y asi á mi padre hablar quiero
De parte de Bersabé,
En mi pretension, porque
De la dilacion infiero
Peligro. Durmiendo está;
No es justo que le despierte.

Córrese una cortina, y se descubre á DAVID
durmiendo.

Dav. Hijo, no me des la muerte. [*Entre sueños.*
Sal. Su notable inquietud da
Indicio de algun cansado
Sueño. Despertarle es bien;
No sus sentidos esten
En letargo tan pesado. —
Señor!

Dav. Qué extraño rigor!
Hijo, ¿tú mi ruina tratas?
Tú me ofendes? tú me matas? [*Despierta.*
Sal. Yo te despierto, señor,
Porque tu quietud pretendo,
Al verte inquieto; mas no
Porque imagines, que yo
Ni te mato ni te ofendo.

Dav. ¡Ay hijo del alma mia,
Qué triste y funesto sueño
Me puso en mortal empeño,
Este instante que dormia!
Pero ya con estos lazos
Todo. el sobresalto acaba;
Dormido, uno me mataba,
Despierto, otro me da abrazos.
Y asi á Dios dar gracias quiero,
Pues piadoso ha permitido,
Que el pesar sea el fingido,
Y el contento el verdadero.

Sal. Pues qué soñabas?
Dav. No sé;
Delirios y fantasías,
Sombras de mis largos dias.

Sal. Cuéntamelo á mí.
Dav. Sí haré;
Gusto en contarlo reciba.
Pues solo es, que gente entraba
Por Jerusalen, soñaba,
Repitiendo :...... [*Dentro cajas.*

Todos [*dent.*] Absalon viva!
Dav. Ay de mí! qué es lo que he oido?
Sal. Escándalo es de horror fiero.
Dav. Ya el pesar es verdadero,
Y el contento es el fingido.

Sale ENSAY *con la espada desnuda.*

Ens. David, infelice Rey
De Israel, aunque ahora llegue
Mi voz á avisarte tarde
De los peligros que tienes,
Sabrás, que Absalon, juntando

Grande número de gentes,
Ha entrado por la ciudad,
Publicando á voces leves
Todos, que......

Todos [*dent.*] Viva Absalon!
Ens. Con él Aquitofel viene.
Mira á quien premias alli,
Y mira aqui á quien ofendes;
Pues él tu muerte apresura,
Y yo defiendo tu muerte.
No pude avisarte antes;
Mas para que tengas siempre
Avisos de sus designios
En cuanto le sucediere,
Voy á ser traidor leal.
Los que en su bando me vieren,
Sepan, que, aunque esté con él,
Tú de tu parte me tienes. [*Vase.*

Dav. ¡Escucha, Ensay, aguarda!

Salen ADONÍAS *y* SEMEY.

Adon. Señor, un punto no esperes;
Que es un volcan la ciudad,
Que humo exhala y llamas vierte.

Sem. Escollo es del mar vermejo
Ya todo el muro eminente,
Pues sobre sangre fundado,
Golfo de carmin parece.

Dav. Pues qué espero? Yo el primero
Saldré donde......

Sale JOAB.

Joab. Aguarda, tente!
Señor, no salgas! porque
Ya conoces, que la plebe
Monstruo es desbocado; no ay
Prevenciones que la enfrenen,
Cuando su mismo furor
La obliga á que se despeñe.
La novedad al principio
La alimenta, y fácilmente,
Dejándose llevar della,
De instantes á instantes crece.
Déjala pues que en sí misma
Este primer golpe quiebre,
Hasta que, rendida ya,
Caiga en los inconvenientes.
Huye á la primera instancia
El rostro, señor; advierte,
Que, como desprevenida
De tan súbito accidente
La ciudad estaba, toda
Á un crujido se estremece.
Los traidores y leales,
Mezclados confusamente,
No se distinguen; porque
Neutrales é indiferentes
Los mas estan á la mira;
Que en comunidades siempre
El traidor es el vencido,
Y el leal es el que vence.

Dav. ¿Qué riesgo hay, como esperar
Sin resistencia la muerte?

Joab. Nosotros defenderemos
Todas estas puertas; vete
Por esa, que sale al monte.

Sal. Á precio de nuestras muertes
Defenderemos tu vida.

Dav. ¡Ay hijos, qué mal pretende
Vuestro valor, que yo solo
Me escape, y á todos deje!
Ó huyamos todos, ó todos
Muramos.

Joab. Si eso resuelves,

Menos importa el huir,
Que aventurar solamente
Tu vida. Esto no es temor;
Que, como tú vivo quedes,
Con tu valor y tu vida
Todo harás que se remedie.
Dav. Pues venid conmigo todos. —
¿Quién creerá, que desta suerte
Huyendo sale David
De su alcázar eminente?
¡Ay mi Absalon, y que mal
Me pagas lo que me debes!   [*Vanse.*

    Tocan al arma y sale JONADAB.
Unos [*dent.*] Viva David!
Jon.   David viva!
Otros [*dent.*] Viva Absalon!
Jon.   Viva y reine!
Que yo no pienso matarme
Porque viva aquel ni este.
Soldado sin ejercicio
He de ser, como otras veces;
Que esta es espada capona,
Que solo el título tiene,
Y no la entrada en las lides,
Que no hay puerta que abra ó cierre.

    Sale ABSALON.
Absa. Entrad, y no quede vivo
Quien á voces no dijere:
Viva Absalon!
Jon.   ¡Absalon
Viva! que por mí no quede.

  Salen AQUITOFEL, ENSAY *y Soldados.*
Aqui. Ya rendida la ciudad,
Señor, á tu nombre tienes,
Y aun la campaña, pues queda
Tamar allá con las huestes.
Absa. Guarnézcanse las murallas
Todas luego de mis gentes,
Mientras el palacio allano.
Aqui. El cuarto del Rey es este.
Absa. No escape de muerto ó preso.
Ens. Tarde ese triunfo previenes;
Que al monte huyendo ha salido.
Absa. Descuido fue. ¡Que no hubiese
Las puertas tomado!
Voces [*dent.*]   ¡Viva
David!
Absa.   Qué es eso?
Aqui.   La gente,
Que en seguimiento del Rey
Salir al monte pretende.
Ens. Sola dejan la ciudad;
Niños, viejos y mugeres
Se van saliendo á los montes.
Absa. ¿Cómo haremos que esto cese?
Que los Reyes sin vasallos
No pueden llamarse Reyes.
Aqui. Como entre hijos y padres
Estos escándalos siempre
Paran en paces, y al fin
El odio en amor se vuelve,
Muchos hoy no se declaran
De tu parte, porque temen,
Que tú quedes perdonados,
Y ellos por traidores queden;
Y asi, para asegurarlos
Mas, fuera acierto, que hicieses
Una demostracion tal,
Que no fuera eternamente
Posible volver á ser
Amigos; vieras que en breve

Todos tu nombre aclamaban.
Absa. Qué accion esa fuera?
Ens.   Advierte, [*ap. á Absalon*
Que de Aquitofel consejo,
No admitas, que te despeñe.
Aqui. Sobre injurias, sobre agravios,
Sobre afrentas, sobre muertes,
Sobre engaños y traiciones
Caer las amistades suelen.
Una cosa sola hay,
Sobre que caer no pueden;
Pues nunca caen amistades
Sobre zelos solamente;
Porque no es noble, ni honrado,
Ni entendido, ni valiente
El hombre, que á la amistad
De quien le dió zelos vuelve;
Y mas zelos del honor,
Que es duelo que al alma ofende.
Pues siendo asi, en ese cuarto
Estan todas las mugeres,
Concubinas de tu padre......
Absa. ¡No prosigas; cesa, tente!
Ya te he entendido, eso baste;
Que hay cosas, que no parecen
Tan mal hechas, como dichas.
En él mis soldados entren,
Y sin reservar alguna,
Á la gran plaza las lleven;
Que hoy he de asombrar al mundo.   [*Vase*
Jon. ¡Ea, mondongo *me fecit!*
Ens. ¿Qué fiera, qué monstruo airado,
Que obrase irracionalmente,
Tan torpe consejo diera?
Aqui. ¿No sabes, que pocas veces
La dura razon de estado
Con la religion conviene?
Aquesto á la duracion
Desta enemistad compete.
Ens. Mas compete á la malicia
De tus intentos aleves.
Aqui. Mis intentos son leales;
Pues asegurar pretenden
La corona en Rey, que sea
Justiciero eternamente.
Ens. Si; mas con tales insultos?
Aqui. Sospechas, Ensay, ofreces
De que estás con Absalon
Neutral.
Ens.   Desto antes se infiere,
Que le quiere para Rey
El que perfecto le quiere.
Aqui. ¿Puede no ser tiranía
Todo esto?
Ens.   No; pero puede,
Siendo tirano y piadoso,
No ser tirano dos veces.

  Suena ruido dentro, y dice ABSALON.
Absa. Ya las puertas derribadas
Estan; los soldados entren,
Y por las calles y plazas
Á la vergüenza las lleven.
Ens. ¡O mal hayan tus consejos!
Aqui. Agradece á Dios, que vuelve;
Que yo te diera á entender,
Con cuanto riesgo me ofendes.

    Sale ABSALON.
Absa. Qué es aquesto? Qué dais voces?
Aqui. Ensay, señor, que quiere
Enmendar acciones tuyas.
Ens. Asi es; que como me tienes
Hecho consejero tuyo,

Absa. Á mí solo pertenece.

Absa. Pues qué decias?

Ens. .Señor,
Pues entras á reinar, que entres
Ganando primero afectos
De piadoso y de clemente;
Que una monarquía, fundada
En rigor, no permanece,
Pues él mismo la deshace,
Que fortalecerla quiere.

Absa. Dices bien; pero ya es tarde.
Mas porque el tiempo se pierde,
Decidme los dos, dejando
Competencias, ¿qué os parece
Que debo hacer ahora yo?
Jerusalen obediente
Está á mis armas, mi padre
Huido penetra y trasciende
Las entrañas de los montes.
¿Será bien, que hoy aqui quede,
La ciudad asegurando?
¿Ó será mejor, que intente
Irle siguiendo el alcance?

Aqui. Lo que aconsejarte debe
Mi lealtad, es, que le sigas,
Le prendas y le des muerte.
Y porque á todo se acuda
Á un mismo tiempo igualmente,
Quédate tú en la ciudad;
Que yo con alguna gente
Le seguiré.

Ens. ¡O si pudiera [*aparte.*
Dar yo lugar á que huyese! —
Señor, las buenas fortunas
Aventurarse no deben,
Y conservar lo ganado,
Es la batalla mas fuerte.
Ya á la gran Jerusalen
Hoy supeditada tienes;
Si sacas la gente della,
Habrá dos inconvenientes:
Uno, que al mirar, que hay menos
Que la guarden, que la cerquen,
Los neutrales podrá ser
Que á·alguna faccion se alienten;
Otro, que, si por ventura
El que hoy á David siguiere
En lo encumbrado el monte
Un solo soldado pierde,
Desmayarán los demas,
Si ven, que al principio vuelve
Con la pérdida menor
Solo un paso atras. Y advierte,
Que todo en un dia no cabe;
Basta una victoria en este;
Mañana podrás seguirle.

Ibsa. Tú aconsejas cuerdamente.
No solo mi consejero
Eres, Ensay, mas ya eres
Juez de Israel.

Iqui. ¿Ese cargo
Ofrecido no me tienes?

Ibsa. ¡O qué presto, Aquitofel,
Ejecutarme pretendes,
Por lo que has hecho por mí!
Puntual acreedor eres.

Iqui. Acreedores reconozco,
Que quitar y poner Reyes
Podrán.

Ibsa. Mañana hacer otro,
Esto es lo que decir quieres. —
Vente conmigo, Ensay;
Y tú, Aquitofel, advierte,
Que valerse de un traidor

Aqui. No es bueno para dos veces. [*Vanse.*
¡Que esto escuche yo de quien
Esperé tantas mercedes!
¿Baldones son recompensas?
¡Qué rigurosa, qué fuerte
La víbora de la envidia
En el corazon me muerde!
Sin vida estoy, sin aliento;
Que se me eclipsa parece
El sol, la tierra me huye,
Y el mismo viento me ofende.
El corazon á pedazos '
Salirse del pecho quiere,
Aborreciendo el vivir,
Amando la acerba muerte.
Este áspid, que en el seno
Abrigué, (ay de mí!) me muerde;
Que no en vano dijo Teuca,
Que andaban estos cordeles
Buscando su dueño en mí.
Ministro soy de mi muerte;
Que, pues ya no hay que esperar
De Absalon, que me aborrece,
Ni de David, que aborrezco,
Mejor es que desespere.
Déme monumento el aire,
Y la tierra me le niegue;
Que quien pendiente de un hombre
En vida estar quiso, en muerte
Será justo, que un cordel
Le deje al aire pendiente. [*Vase.*

_____

Salen ADONÍAS, JOAB, SALOMON *y* DAVID.

Sal. Esto es, señor, del monte lo mas fuerte.

Adon. Esto es lo mas secreto y escondido.

Joab. Aqui de los amagos de la muerte,
Si no seguro, espera defendido.

Dav. ¿Quién creerá, (ay infeliz!) que desta suerte
Á pie, cansado, solo y perseguido
David camina, de Absalon huyendo?
Salid sin duelo, lágrimas, corriendo.

Adon. De la ciudad mil gentes han salido
Siguiéndote, señor.

Sal. Por todo el monte
El número está en tropas dividido.

Joab. Aqui á esperar y á descansar disponte,
En tanto que nosotros, discurrido
Con nuestra diligencia el horizonte,
Los vamos en escuadras recogiendo.

Dav. Salid sin duelo, lágrimas, corriendo. —
Id pues á reducillos y á traellos;
No porque asegurarme yo pretenda,
Mas porque se aseguren mejor ellos
Unidos, y el rigor no los ofenda.

Joab. Yo á reducillos voy, y recogellos.

Adon. Todos iremos.

Sal. Cada cual su senda
Elija, y vaya el monte discurriendo. [*Vanse.*

Dav. Salid sin duelo, lágrimas, corriendo.
¡Ay, Absalon, hijo querido mio,
Como procedes mal aconsejado!
No lloro padecer tu error impío;
Mas lloro, que no seas castigado
De Dios. Á él estas lágrimas envio
En nombre tuyo, porque perdonado .
Quedes de la ambicion, que á esto te indujo.

Sale SEMEY.

Sem. ¡Mal haya quien á padecer nos trujo! —
Mas ay de mí! que él solo retirado [*aparte.*
Está. ¿Mas si habrá mi voz acaso oido?

Dav. Sí; pero no te dé, Semey, cuidado.

El dolor te disculpa, que has tenido.
Tienes razon. Pero maldice al hado,
No á mí: pues que la culpa yo no he sido.
Sino el hado.
Sem.   Conmigo y con él medras
Será que contra tí me arme de piedras.
Dav. Tira, pague la pena merecida;
Pues apedrearme es justo mi vasallo.
Sem. Contento no estaré, si con tu vida
Vengado de mis manos no me hallo.

Sale ENSAY.

Ens. ¿Qué haces, infiel, sacrílego homicida?
Piedras contra tu Rey? Ya castigallo
Me toca, pues llegué.
Dav.   No lo pretendas;
Y pues yo le perdono, no le ofendas.
[*Vase Semey.*
Ah Semey! No de mi vista huyas;
Que palabra te doy de no vengarme
En mi vida de tí y las iras tuyas.
Ministro eres de Dios, que á castigarme
Envia, y pues que son justicias suyas,
En mi vida de tí no he de quejarme. —
Dime tú ahora, amigo, qué ha pasado?
Ens. Que ya en Jerusalen se ha coronado
Absalon.
Dav.   ¡Ojalá del mundo fuera
Jerusalen metrópoli eminente,
Porque de todo el mundo señor fuera
Mi Absalon, coronando la alta frente.
Ens. Tan tarde ser amigo tuyo espera,
Que al culto de tu honor mas reverente
Se atrevió; pues violando......
Dav.   No prosigas;
Y si es lo que imagino, no lo digas.
No lo quiero saber; porque no quiero,
Que el dolor á decir (ay Dios!) me oblige
Alguna maldicion; pues aun espero,
Que el cielo le perdone y no castigue.
Ens. Consejo fue de Aquitofel el fiero.
Mas ya desesperado......
Dav.   Ay Dios! ¡Mitigue,
Señor, vuestra justicia su castigo!
Ens. Se mató á sí tu bárbaro enemigo.
Absalon la batalla hoy te previene,
Que por mí desde ayer fue dilatada.
Contra tí, gran señor, al monte viene
La hueste suya, de furor armada.
Ya quedarme contigo me conviene,
Mi vida á tu defensa dedicada.

*Tocan y salen JOAB, ADONÍAS, SALOMON
y Soldados.*

Joab. La gente está dispuesta ya en tres haces.
Dav. Muy bien, Joab, en disponerla haces.
Pues que Absalon á darnos la batalla
Viene, yo moriré el primero en ella.
Adon. No, señor; tu persona, si se halla
Aqui, todo se pierde con perdella.
Sal. No es seguro, señor, aventuralla;
Los dos bastamos para defendella.
Dav. Si os veo peligrar, hijos queridos,
Nueva guerra dareis á mis sentidos;
Pues si de todas partes considero
Mis hijos en la lid, es cosa clara,
Que buen suceso para mí no espero;
Pues el brazo que tira, el que repara,
Uno es mismo; y así con un acero
Vendré á morir en confusion tan rara,
Si cualquier golpe contra mí se ofrece,
Siendo persona que hace y que padece.
Joab. Dices muy bien. Retírense contigo
Salomon y Adonias.

Sal.   No consientas
Injuria tal.
Dav.   Haced lo que yo os digo.
Adon. Nuestra reputacion con esto afrentas.
Dav. Ya que el campo divides, Joab amigo,
En tres trozos, y asi esperar intentas,
Tú el uno, Abisay y Ensay los otros
Regid.   Ya el clarin suena.
[*Tocan un clarin dentr*
Dav.   Pues nosotr
Nos retiremos, sal á recibillos.
Hijos, venid!
Sal.   Qué asi encerrarnos quiera
Dav. La batalla darán nuestros caudillos.
Adon. ¡Qué injusta pretension, Joab, esperas!
[*Dentro clarin y caja.*
Ya bélicos acentos para oillos
Se acercan, ya se miran las banderas.
Dav. Joab!
Joab.   Señor?
Dav.   Pues que mi honor te f
Advierte, que Absalon es hijo mio.
Guárdame su persona; no el despecho
De la gente matármele pretenda;
Que es todo el corazon de aqueste peel
Destos ojos la mas amada prenda.
Mírame tú por él, porque sospecho,
Que moriré, si hay alguien que le ofenc
Joab. Mira, que de la lid empieza el brío.
Dav. Mira tú, que Absalon es hijo mio.
[*Vanse David, Salomon y Adonias por un la
Joab, Ensay y Soldados por otro.*

*Dentro tocan cajas, y dándose la batalla, se
descubre ABSALON en un caballo.*

Absa. Fugitivos Israelitas,
Que en los bárbaros desiertos
De los montes amparais
Una vida, que aborrezco,
Salid, salid á lo llano;
Que la batalla os presento,
Porque vasallos dos veces
Seais de mi sangre y mi esfuerzo.
Decid á David mi padre,
Que no he de dejar de serlo,
Siguiéndole, por hacer
Mas grande mi atrevimiento;
Que, si se acuerda de cuando
Era jóven, y en su pecho
Duran algunas reliquias
De aquel pasado ardimiento,
Que no se esconda de mí;
Que en la campaña le espero,
Para afrentar con su muerte
La corona y el imperio.
Decid, que traiga sus hijos
Consigo, porque, en muriendo
Él á mis manos, acabe
De una vez con todos ellos. —
¡Al arma, soldados mios!
Y á los trabados encuentros
Gima la tierra oprimida,
Brame fatigado el viento.
[*Tocan clarines y cajas, y se da la batalla, entr
y saliendo algunos peleando.*
Todos [*dent.*] Guerra, guerra!
Unos.   Absalon viva!
Otros. ¡Viva David, que es Rey nuestro!
Absa. Qué miro! Allí un escuadron,
Que el monte tenia encubierto,
Salió de traves, y hace
Notable daño en los nuestros.

Acudiré á socorrerle.
¡O tú de tierra y de viento
Bruto veloz, que has nacido
Monstruo de dos elementos,
Corre y vuela, que los tuyos
Perecen, á socorrellos!
Mas ay de mí! Desbocado,
Sin obedecer al freno,
Por la espesura se entra
De las encinas, que en medio
Se me ponen. Ay de mí!
Qué es esto, cielos? qué es esto?
Que en las copadas encinas
Se me enredan los cabellos.

Da vuelta el caballo, tocan al arma, y salen
E N S A Y , J O A B *y Soldados con lanzas.*

Todos [*dent.*] Guerra, guerra!
Unos [*dent.*]　　　　　Absalon viva!
Otros. ¡Viva David, que es Rey nuestro!
Ens.　No sigas, Joab, el alcance,
Sin que te pare el portento,
Que he visto en aqueste monte.
Joab. Qué has visto?
Ens.　　　　　Á Absalon pendiendo,
De sus cabellos asido,
Teniendo por patria el viento.
Joab. Pues si le viste, ¿por qué
No le atravesaste el pecho
Con una lanza? Tuvieras
De mí inumerables premios.
Ens.　Por todo el oro del mundo
No le tocara en un pelo;
Que es hijo de mi Rey, y él
Nos mandó á todos lo mesmo.
Joab. Menos importa una vida,
Aun de un Príncipe heredero,
Que la comun inquietud
De lo restante del reino.
La justa razon de estado
No se reduce á preceptos
De amor. Yo le he de matar. —
Desvanecido mancebo,
Muere, aunque el Rey me mandó,
Que no te tocase. [*Tírale la lanza.*]

Dentro A B S A L O N.

Absa.　　　　Ay cielo!
Joab. Aun está vivo. Dadme otra.
De Israel Narciso bello,
Muere en el aire. [*Tírale otra.*]
Absa.　　　　Ay de mí!
Joab. Aun con dos no estoy contento;
Tres son las que contra tí
Me manda blandir el cielo;
Por fratricida la una,
La otra por deshonesto,
Y la otra por ser hijo
Inobediente.

Descúbrese A B S A L O N , *como pendiente de los*
cabellos, con tres lanzas atravesadas.

Absa.　Yo muero,
Puesto, como el cielo quiso,
En alto por los cabellos,
Sin el cielo y sin la tierra,
Entre la tierra y el cielo.
Joab. Israelitas, suspended
Los repetidos acentos,
Y venid todos, venid
A ver tan raro portento.

Salen S E M E Y , J O N A D A B , T E U C A *y gente.*

Ens.　¡Qué espectáculo tan triste!
Teuc. Cumplió su promesa el cielo.
Sem.　Huyendo venia del Rey,
Y esto me para suspenso.
Jon.　Bellotas de aquesta encina
No comeré, aunque soy puerco.
Diréle el suceso al Rey,
Como si fuera muy bueno.
¿Qué va, que, aunque voy despacio,
Con esta nueva voy presto? [*Vase.*]

Sale T A M A R.

Tam. Crueles hijos de Israel,
¿Qué estais mirando suspensos?
Aunque merecido tengan
Ese castigo los hechos
De Absalon, ¿á quién, á quién
Ya no le enternece el verlo?
Cubridle de hojas y ramos;
No os deleiteis en suceso
De una tragedia tan triste,
De un castigo tan funesto;
Que yo, por no ver jamas
Ni aun los átomos del viento,
Iré á sepultarme viva
En el mas obscuro centro,
Donde se ignore si vivo,
Pues que se ignora si muero. [*Vase.*]
Teuc. Y yo tambien desde hoy
En su ley seguirla quiero;
Que es grande Dios el que sabe
Medir castigos y premios. [*Vase.*]

Salen D A V I D , S A L O M O N *y* A D O N Í A S.

Dav.　¡Ay hijo mio Absalon,
No fuera yo antes el muerto,
Que tú!
Joab.　　　Llorando David
Viene; de mirarle tiemblo.
Sem.　Yo tambien, que cometí
Contra él tan gran sacrilegio.
Joab. Señor,......
Dav.　　　Joab, nada me digas;
Ya sé, que vencedor quedo.
Toda la victoria diera
De una vida sola en precio.
Semey, tú estabas aqui? —
Sem.　Yo, señor,...... [*de rodillas.*]
Dav.　　　Alza del suelo;
No temas. — Terrible Joab,
Muchas victorias te debo;
No te puedo ser ingrato;
Mientras viva te lo ofrezco.
Tú maldiciones y piedras
Contra mí animaste fiero;
Palabra de no vengarme
En mi vida de tí, es cierto;
Y aunque tú, arrojando lanzas,
Y tú, piedras esparciendo,
Los dos me habeis ofendido,
Yo os perdono; no me vengo. —
Salomon, lo que has de hacer,
Te dirá mi testamento. —
Y ahora no alegres salvas,
Roncos sí, tristes acentos
Esta victoria publiquen,
Á Jerusalen volviendo,
Mas, que vencedor, vencido,
Teniendo aqui fin con esto
Los Cabellos de Absalon.
Perdonad sus muchos yerros.

LXXXVIII.

NO SIEMPRE LO PEOR ES CIERTO.

PERSONAS.

Don Cárlos }
Don Juan Roca } galanes.
Don Diego Centellas }

Don Pedro de Lara, *viejo.*
Fabio } criados.
Gines }

Doña Leonor } damas.
Doña Beatriz }
Ines, criada.

JORNADA I.

Salen Don Cárlos *y* Fabio, *vestidos de camino.*

Carl. Diste el papel?
Fab.   Sí, señor;
Y con notable alegría
Dijo, que al punto vendria
Á esta posada.
Carl.   ¿Y Leonor
Habráse ya levantado?
Fab. Aun no ha abierto su aposento.
Carl. Pues llama en él, porque intento
Darla parte del cuidado,
Con que á asegurar me atrevo
Su vida y su honor aqui,
Por lo que me debo á mí,
No por lo que á ella la debo.
Lláma pues; que ya es hora
De que despierte.

          Sale Doña Leonor.

Leon.   Eso fuera,
Si yo, Don Cárlos, durmiera;
Pero quien padece y llora
Desdenes de una fortuna
Tan cruel, tan inclemente,
Tan á todas horas siente,
Que no descansa en ninguna.
Qué me quieres?
Carl.   Informarte
De como en tan triste suerte
Trata mi amor defenderte,
Ya que no es posible amarte.
Sabrás......
Leon.   No prosigas, no;
Pues sea justo ó no sea justo,
Basta saber, que es tu gusto,
Para obedecerle yo.
Que, aunque en pena semejante
Atento te considero
Á la ley de caballero,
Primero que á la de amante,
En mí no hay mas eleccion,
Mas gusto, mas albedrío,
Que el tuyo; siendo este el mio,

¿Para qué es la relacion?
Carl. ¡O qué bien esa humildad,
Hermosa Leonor, viniera,
Si de voluntad naciera,
Y no de necesidad!
Leon. Á quien ya le ha persuadido
La apariencia de un engaño,
Tarde ó nunca el desengaño
Pondrá su queja en olvido;
Y mas cuando él de su parte
Tan poco hace por creer,
Qué pudo ó no pudo ser.
Carl. No trates de disculparte;
Que no has de poder, Leonor.
Leon. Haz una cosa por mí,
Por ser la última, que aqui
Ha de deberte mi amor.
Carl. Sí haré; sal dese cuidado.
Dime pues lo que deseas.
Leon. Escúchame, y no me creas
Despues de haberme escuchado.
Carl. Con aquesa condicion,
Sí haré. Prosigue pues; di.
¿Qué es lo que quieres de mí?
Leon. Solamente tu atencion.
Carl. Aguarda. — Fabio!
Fab.   Señor?
Carl. Si viniere el caballero,
Que llamaste, entra primero,
Porque se esconda Leonor. —
          [*Fase* Fabio.
Prosigue ahora.
Leon.   Ya sabes,
Cárlos mio,...... Mal empiezo,
Pues yendo á decir verdades,
Hube de empezar mintiendo.
Descuido fue. Ay Dios! ¡cual debe
De andar mi amor acá dentro,
Pues de cuanto arroja fuera,
Hasta el descuido es requiebro!
Ya sabes, digo otra vez,
La ilustre sangre que tengo,
Por la estimacion, que has visto
En mis padres y en mis deudos.
Tambien sabes, que por mí,
Cárlos, no la desmerezco,
Aunque quieran mis desdichas
Deslucir mis pensamientos.

¡O cuanto en esta materia
Cobarde estoy, conociendo,
Que contra mí hasta la misma
Verdad sospechosa tengo!
Pues quien me viere venir
Peregrinando á otro reino,
En poder de un hombre mozo,
Y deste con tal despego
Tratada, que las finezas,
Que á su ilustre sangre debo,
Aun no las debo yo, pues
Él se las debe á sí mesmo,
¿Cómo creerá, que sin culpa
Tantas desdichas padezco,
Cuando al primero que obligo
Es el primero que ofendo?
¿Pero qué importa, qué importa,
Que en lo aparente y supuesto
Se conjuren contra mí
Estrella, fortuna y tiempo,
Si en la verdad han de hallarse
Todos de mi parte, haciendo
Lo que el sol con el eclipse,
Que, aunque borre sus reflejos,
Aunque perturbe sus rayos,
No por eso, no por eso
Deja, á pesar de las sombras,
De salir despues, venciendo
La vaga interposicion,
Que ya le juzgaba muerto?
Y al fin contra cuantas nieblas
Mi esplendor deslucen, pienso
Coronarme victoriosa;
Y hasta llegar este efecto,
Hoy, á pesar de sus iras,
Á atar el discurso vuelvo.
En la corte, patria mia,
(¡O pluguiera al mismo cielo,
Hubiera sido al nacer
Mi cuna y mi monumento!)
Cárlos, me viste una tarde,
Que á San Isidro saliendo
Con unas amigas mias
Por amistad ó por deudo,
Llegaste á hablarlas, y dando
Licencias el campo (atento
Á mi hermosura dijera,
Si pensara, que la tengo)
De galan y de entendido
Juntaste los dos extremos,
Haciendo la cortesia
Capa del atrevimiento.
Continuaste desde entonces
En mi calle los paseos,
En mi reja los suspiros,
De dia y de noche siendo
La estatua de mis umbrales
Y la sombra de mi cuerpo.
Solicitaste criadas
Y amigas, que son los medios
Comunes de amor, á quien
Debiste, que tus afectos
Oyese, para escucharlos,
Si no para agradecerlos.
¿Cuántos dias te costó
De finezas y desvelos,
Que leyese un papel tuyo?
Tú lo sabes; y asi quiero,
Dejando empeños menores,
Ir á mayores empeños.
Enterada yo de que
Fuesen, Cárlos, tus intentos
Tan lícitos, que aspiraban
Solo á fin de casamiento,

Admití, menos cruel
Que debiera, tus deseos;
Pero con aquel seguro
Bastante disculpa tengo
En lo ilustre de tu sangre,
Lo honrado de tus respetos,
Lo galan de tu persona
Y lo sutil de tu ingenio.
Ya nuestra correspondencia
Entablada, en el silencio
De la noche, porque á él solo
Se fiaba el amor nuestro,
Nos hablábamos por una
Reja de mi cuarto; y viendo,
Que no dejaba de ser
Escándalo á los que necios
De sus cuidados se olvidan,
Por cuidar de los agenos,
Tratamos, que desde entonces
Entrases al aposento
De un criado, donde yo
Hablarte podia sin miedo.
Desta vil curiosidad,
Que tantos daños ha hecho,
Pues los peligros de afuera
Enmienda con los de adentro,
Una noche, que veniste
Mas tarde, que otras, (no quiero
Hablar, que no es ocasion,
En si otro divertimiento
Mas gustoso te detuvo,
Pues al fin yo le agradezco
La novedad de venir
Al daño, y no venir presto)
Entraste en mi casa, y cuando
Quejoso mi sentimiento,
Desconfiada mi fe,
Te esperaba con aquellos
Dulces desaires de amor,
Que entre confianza y miedo
Hacen el cariño mas,
Porque le descubren menos,
Apenas una palabra
Pude hablarte, cuando siento
Dentro de mi cuarto ruido,
Y á saber quien era vuelvo.
Tú, pensando, que seria
Desden estudiado, á efecto
De castigar tu tardanza,
Me seguiste, cuando (ay cielos!)
Ví, (mátame mi memoria!)
Que (con qué dolor me acuerdo!)
Un (con qué pena lo digo!)
Hombre (ahógame mi aliento!)
Embozado (qué desdicha!)
Hácia mí......

         Sale Fabio.

Fab.   Aquel caballero,
Que enviaste á llamar, aguarda
Ahí fuera.

Carl.   Éntrate allá dentro;
Que no quiero que te vea,
Hasta despues.

Leon.   ¡Que hasta en esto
Hube de ser desdichada,
Pues aun para este pequeño
Alivio de hablar siquiera,
Hubo de faltarme tiempo!

Carl. Hoy verás, cuanto es en vano
Querer disculparte.

Fab.   Presto,
Si has de esconderte; que entra.

Carl. Tú salte allá fuera luego; — [á *Fabio.*

Y tú escucha lo que hablamos. [*á Leonor.*

Leon. ¡Qué poco á mi estrella debo!

Carl. Menos debo yo á la mia,
Pues lo que me dió la he vuelto.
[*Escóndese Da· Leonor y vase Fabio.*

Sale D O N J U A N.

Juan. Don Cárlos, primo!

Carl. Los brazos
Me dad, Don Juan.

Juan. Aunque tengo
Para negarlos razon,
Conmigo acabar no puedo,
Que valga la queja mas,
Que vale el gusto de veros.
¿Vos en Valencia, Don Cárlos,
Y no en mi casa? Qué es esto?
¿Pues cómo se hace este agravio
Á amistad y parentesco?

Carl. La queja, Don Juan, estimo,
Como es justo; pero tengo
La disculpa tan á mano,
Que habeis de olvidarla presto.
Cómo estais?

Juan. Para serviros
Siempre, á todo trance expuesto.

Carl. ¿Vuestra hermana y prima mia?

Juan. Salud goza. Mas dejemos
El cumplimiento, por Dios;
Que es un hidalgo muy necio.
¿Qué venida es esta, Cárlos?
¿Qué hay en la corte de nuevo?

Carl. Qué ha de haber? Desdichas mias,
De que en vano voy huyendo;
Pues donde quiera que voy,
Alli, Don Juan, las encuentro.

Juan. Con eso que me habeis dicho
Me habeis crecido el deseo
De saber, qué causa os trae
Tan despulsado el aliento.

Carl. Yo ví una hermosura, y yo
La amé, Don Juan, tan á un tiempo
Todo, que entre ver y amar
Aun no sé cual fue primero.
Rendido ostenté finezas,
Constante sufrí desprecios,
Fino merecí favores,
Zeloso lloré tormentos;
Que estas son las cuatro edades
De cualquier amor; pues vemos,
Que en brazos del desden nace,
Crece en poder del deseo,
Vive en casa del favor,
Y muere en la de los zelos.
Entraba de noche á hablarla
De un criado al aposento,
Que corresponde á su cuarto;
Escuchamos pasos dentro,
Volvió ella, y yo tras ella,
Ó rezelando ó temiendo,
Que fuese su padre, cuando
Vimos un hombre cubierto,
Que de su cuarto venia
Á hurto sus pasos siguiendo.
Quién es? dijo. Él respondió:
Quien solo quiso ver esto.
Yo nada hablé; porque á vista
De mi dama y de mis zelos
Remití toda la voz
Á la lengua del acero.
Saqué la espada, y cerrando
Los dos, á morir resueltos,
Quiso, no sé bien si diga
Piadoso ó cruel, el cielo,

Que de una herida cayese
En la tierra, para hacernos
Iguales las suertes; pues
Nos vimos á un punto mesmo,
Muerto de la herida él,
Y yo del agravio muerto.
Bien pensareis, que esta es sola
Mi desdicha, y que el suceso
Para, en que yo delincuente
Me vengo á Valencia, huyendo
Del rigor de la justicia.
Pues no, Don Juan, pues no es eso;
Que ahora empieza el mas extraño,
El mas notable, el mas nuevo
Lance de amor, que jamas
Dió la cadena á su templo.
Al ruido de las espadas,
De la dama á los extremos,
Dieron las criadas gritos;
Despertó su padre á ellos.
Consideradme á mí ahora,
Sobre declarados zelos,
Conjurando contra mí
Su familia á un noble viejo,
Desmayada aqui mi dama,
Y alli mi enemigo muerto.
En este trance me hallaba,
Cuando ella, (ay de mí!) volviendo
Del desmayo, me pidió, .
Su vida amparase. ¡Ha cielos,
Qué bien hace la muger,
Que, habiendo de hacer un yerro,
Lo fia de buena sangre!
Dígalo yo, pues en medio
De su traicion y mi agravio
Dispuse acudir primero
Al reparo de su vida,
Que no al de mi sentimiento.
Sígueme presto, la dije;
Y haciendo muro mi pecho,
Salí con ella á la calle,
Donde las alas del miedo
Nos ampararon de suerte
Veloces, que en un momento
En cas de un Embajador
Tomamos seguro puerto.
Envié á llamar un criado,
Que, informado de secreto
De todo, volvió á decirme,
Que el hombre era un caballero
Forastero, que en la corte
Estaba á seguir un pleito,
Cuyo nombre, aunque le oí,
Por ahora no me acuerdo.
Que la herida en la cabeza
Le privó el sentido; pero,
Aunque con poca esperanza
De vida, no estaba muerto,
Sino en otra casa, adonde
Le llevó un Alcalde preso;
Que, habiendo sabido, que era
Yo el agresor del suceso,
Mi hacienda estaba embargando.
Y añadió despues á esto,
Que el padre, como hombre al fin
Prudente, advertido y cuerdo,
Ni querella ni otra alguna
Diligencia habia hecho,
Porque su venganza solo
Librada tenia en su esfuerzo.
Yo, viéndome pues cercado
De penas y en un empeño
Tan grande, como amparar
La causa dellas, resuelvo

Salir de Madrid, adonde
Pueda vivir por lo menos
Sin temor de la justicia,
Ni de su padre y sus deudos.
Y asi, lleno de pesares,
Y de obligaciones lleno,
Acordándome de vos,
De vos á valerme vengo.
Yo, Don Juan, traigo conmigo
Aquesta dama, á quien tengo
De salvar la vida, á costa
De todos mis sentimientos.
En dejándola segura,
Pues esta es en todo riesgo
Mi primera obligacion,
Podrán mis desdichas luego
Acudir á la segunda;
Pues la segunda que tengo
Es, huir desta enemiga,
Que como noble defiendo,
Que como quejoso obligo,
Como enamorado quiero
Y como ofendido huyo;
Y en dos contrarios extremos,
Acudiendo á las dos partes,
De amante y de caballero,
Enamorado la adoro
Y zeloso la aborrezco;
Cuyas dos obligaciones
Tan cabal la accion han hecho,
Que desde Madrid aqui,
Sino es hoy, juraros puedo,
Que no la hablé dos palabras;
Porque no quise, que en tiempo
Ninguno de mí dijese
La fama, que pudo menos
Mi valor, que mi apetito;
Que es hombre bajo, que es necio,
Es vil, es ruin, es infame
El que solamente atento
Á lo irracional del gusto
Y á lo bruto del deseo,
Viendo perdido lo mas,
Se contenta con lo menos.
Mirad vos, como en Valencia,
Con otro nombre supuesto,
Podrá vivir esta dama,
En qué casa, en qué convento,
En qué retiro, en qué aldea,
Donde vereis que la dejo
Lo poco, que traer conmigo
Pude, para su sustento;
Que á mí me basta esta espada;
Pues al instante, al momento,
Que ella asegurada quede,
Yo tengo de ir della huyendo.
Á Italia, á servir al Rey,
Me pasaré, donde al cielo
Le pido, que la primera
Bala acierte con mi pecho,
Porque con mi vida acaben
De una vez tantos rezelos,
Tantas penas, tantas ansias,
Agravios y sentimientos,
Que como noble las huyo,
Y como amante las siento.
Juan. Es tan nueva vuestra historia,
Tan raro vuestro suceso,
Que solo puede admirarse,
Dejándoselo al silencio.
Y hablando, no en el pasado,
Pues ya no tiene remedio,
Sino en lo presente, vamos
Lo que ha de ser previniendo.

Donde mejor esta dama
Estará, es en un convento;
Mas tiene el inconveniente
De haber de estarla asistiendo,
Cuando tan pobre os hallais,
Sin renta y con alimentos;
Que, aunque mi alma, mi vida,
Mi ser y honor, todo es vuestro,
Mi hacienda está de manera,
Don Cárlos, que no me atrevo,
Porque no sé, si despues
Podré cumplirlo, ofrecerlo.
Y asi en mi casa presumo
Que habrá de estar, donde creo,
Que......
Carl.   No paseis adelante;
Que, aunque la oferta agradezco,
No me es posible aceptarla,
Ni que, estas cosas sabiendo,
Dé ese cuidado á mi prima.
Fuera de que no es respeto
Llevar mi dama á su casa;
Que, aunque por su nacimiento
Mereciera bien su lado,
Estos extraños sucesos
Ajan mucho las noblezas.
Juan. Oid; que para todo hay medio.
Á una doncella de casa
Mi hermana habrá poco tiempo
Que puso en estado, y hoy
Está sin ella. Yo tengo
Una dama, amiga suya,
Á quien sirvo y galanteo,
Para casarme, y á quien
Podré fiar el secreto.
Pidiéndole yo á esta dama,
Que la envie á casa, dejo
Asegurada la parte,
De que mi hermana, sabiendo
Quien es, lo tenga á disgusto.
Y aunque el desdoro confieso
De que entre con este nombre,
Puede tolerarse, siendo
En lo público criada,
Y señora en lo secreto;
Pues yo he de estar á la mira,
Siempre á su servicio atento.
Carl. El medio no era muy malo
Para asegurarla; pero
No me atreveré, Don Juan,
Yo á decirlo y proponerlo,
Á Leonor, porque......

                Sale DOÑA LEONOR.
Leon.   Detente;
Que yo responderé á eso. —
Señor Don Juan, no tan solo,
Como criada sirviendo,
En vuestra casa estaré
Honrada y gustosa, pero
Como esclava, que comprais
De aquesta fineza á precio;
Porque no habrá para mí,
Si es que para mi hay consuelo,
Otro alguno, sino solo
Saber, que ha de ser mi dueño
Cosa tan propia de Cárlos;
Y asi humilde á esos pies ruego
Faciliteis esta dicha.
Y pues os he estado oyendo,
Y en la relacion, que él
De mis fortunas ha hecho,
Parece que estoy culpada,
Y que apelacion no tengo.

Porque á vuestra casa no
Lleveis, ni aun el mas pequeño
Escrúpulo de que soy
Tan fácil, como parezco,
Plegue á Dios, que él me destruya
Con su poder, y los cielos
Me falten, si yo á aquel hombre
Embozado y encubierto
Ocasion le dí jamas
Para tanto atrevimiento,
Si ya no es darle ocasion
Á un hombre darle desprecios.

Juan. Vuestra hermosura, señora,
Al paso, que vuestro ingenio,
Os acredita conmigo;
Y no ya por Cárlos quiero
Hacer la fineza, si es
Fineza la que os ofrezco,
Sino por vos. Que la escriba
Mi dama á mi hermana quiero
Un papel, que vos lleveis.
Esperad; que al punto vuelvo.   [*Vase.*

Leon. Ya, Don Cárlos, que ha llegado
El plazo de tus deseos,
Pues ya te verás sin mí,
Una cosa sola espero,
Que añadas á las finezas,
Que hasta este instante te debo.

Carl. Déjame, Leonor, por Dios;
No apures mi sufrimiento,
Porque no sé que te adoro,
Hasta que sé que te pierdo.
Pero dime, ¿qué me quieres
Pedir?

Leon.   Que si en algun tiempo
Te llegare el desengaño
De la culpa, que no tengo,
Me has de cumplir la palabra
Que me diste.

Carl.   No solo eso
Ofrezco á ese desengaño,
Leonor, pero hacerte ofrezco
Víctima el alma y la vida.
¿Pero cómo me enternezco
Desta suerte? ¿Tú no eres
La que aquel hombre encubierto
En tu aposento tenias?
Pues ni aun desengaños quiero
Tuyos, sino huir de tí,
Ya que segura te dejo.

Leon. Vete, vete; que algun dia
Volverán por mí los cielos.

Carl. Si esa esperanza no hubiera,
Me hubiera yo, Leonor, muerto
Á manos de mi dolor.

Leon. Si airado una vez, si tierno
Otra vez me hablas, ¿por qué
Mas al mal, que al bien, atento,
No te pones de mi parte,
Y crees, Cárlos, que puedo
Estar sin culpa?

Carl.   Porque
Temo, que en cualquier suceso
Siempre es cierto lo peor.

Leon. Pues yo en mi inocencia espero,
Que ha de haber suceso, en que
No siempre lo peor es cierto.   [*Vanse.*

Sale DOÑA BEATRIZ *leyendo un papel, y
tras ella* INES.

Ines. Leyendo mi ama un papel,   [*aparte.*
Tan triste y confusa está,

Que mil deseos me da
De saber lo que hay en él.
Una vez le aja furiosa
Y al cielo elevada mira,
Otra llora, otra suspira.

Beat. ¡Hay suerte mas rigurosa!

Ines. Á leer vuelve. ¿De qué nace
Ya el agrado y ya el furor?
Sin duda que es borrador
De alguna comedia que hace.

Beat. Bien dicen, que una cruel
Pluma áspid es de ira lleno,
De quien la tinta es veneno
En las hojas del papel.
Dígalo yo, pues á mí
Muerte su traicion me dió.
Quién creerá mis penas?

Ines.   Yo.

Beat. Ines, tú estabas aqui?

Ines. Á esta cuadra salí ahora,
Y viendo la confusion,
Que tiene tu corazon,
Te he de suplicar, señora,
Digas, ¿qué causa te obliga
Á tan grande extremo?

Beat.   Es tal,
Que, por aliviar el mal,
Es fuerza que te la diga.
Bien te acuerdas, que Don Diego
Centellas me galanteó
Mucho tiempo.

Ines.   Sí.

Beat.   Y que yo,
Agradecida á su ruego,
Á su amor y á su fineza,
Le correspondí.

Ines.   Muy bien.

Beat. Bien te acordarás tambien,
Que, aunque es tanta su nobleza,
No se declaró jamas
Con mi hermano, hasta salir
Con un pleito, que á seguir
Fue á la corte.

Ines.   Lo demas.

Beat. Pues Gines, un criado suyo,
Que de mí obligado vive,
Aquesta carta me escribe,
De que claramente arguyo,
Que, en Madrid enamorado,
El pleito á que fue es de amor.
La carta dirá mejor
Su traicion y mi cuidado.

[*lee*] ,,Cumpliendo, Señora, con la obligacion de
,,lo que ofrecí, que fue avisar de todo,
,,hago saber. á V. M., que en casa de una
,,dama desta corte dejó por muerto á mi
,,señor un caballero de una herida, de que
,,estuvo dos dias sin sentido y preso. Ya,
,,gracias á Dios! está mejor y libre, y de
,,partida para esa ciudad, adonde......''

[*repr.*] No leo mas. porque confieso,
Que me ahogan las ansias mias.

Ines. ¿Qué mas, señora, querias
Leer, despues de leido eso?

Beat. ¿Este es el pleito á que fue
Don Diego?

Ines.   Era necesario;
Que siempre es pleito ordinario
De Madrid amor.

Beat.   No sé
Con qué estilos, con qué modos
Pueda explicar mi dolor.

Ines. Quien vió partir al señor,
(¡O fuego de Dios en todos!)

Ofreciendo maravillas,
Y como los alfahareros
De amor, no solo pucheros
Hacen, sino cantarillas;
Y al fin duran sus extremos,
Hasta que otra cara ven.
Pero, pícaros, tambien
Nosotras lo mismo hacemos.
Y al cabo de la jornada,
Bien sabe mi santo Dios,
Que estamos en paz, y no os
Quedamos á deber nada.

Beat. De rabiosos zelos muerta
Estoy.

Ines.   Tienes mil razones.

Beat. Y durarán mis pasiones
Hasta que...... ¿Pero á esa puerta, [*Llaman.*
Ines, no han llamado?

Ines.   Sí.

Beat. Pues llega; mira quien es.

Ines. ¡Ay de tí, pobre Gines,
Si otro escribiera de tí,
Que en Madrid descalabrado
Mi casto honor ofendias!   [*Vase.*

Beat. Locas confusiones mias,
Ya que á ver habeis llegado
Efectos de una mudanza,
Haced, pues todo es del viento,
Que me lleve el pensamiento
Quien me llevó la esperanza.
Diera, por ver á la dama,
Que pudo empeñarle asi,
El alma y la vida.

Salen INES *y* DOÑA LEONOR *vestida pobremente*
con manto.

Ines.   Aqui
Está; entrad.

Beat.   Ines, quién llama?

Leon. Quien, si merece, señora,
Besar vuestra blanca mano,
Podrá desmentir no en vano
Sus fortunas desde ahora,
Pues de su golfo cruel
Puerto toma en vuestro cielo. [*de rodillas.*

Beat. Álzese, amiga, del suelo.

Leon. ¡Qué mal me ha sonado el él! [*aparte.*

Beat. Qué es lo que quiere?

Leon.   Este aqui [*Dala un papel.*
Carta de creencia es.

Beat. Cuyo es?

Leon.   De Violante.

Beat.   Ines, [*ap. d ella.*
Qué buena cara!

Ines.   Asi, asi.

Leon. Fortuna, ¿á qué mas extremo [*aparte.*
Puedes haberme traido?
Y aun lo que lloro no ha sido
Tanto, como lo que temo.

Beat. Violante me escribe aqui,
Sabiendo que una criada,
Que he tenido, está casada,
Que en su lugar......

Leon.   Ay de mí! [*aparte.*

Beat. La reciba, porque tiene
Bastante satisfaccion,
Que su virtud y opinion
A mi servicio conviene;
De que agradecida quedo
A la intercesion.

Leon.   Los pies
Me da otra vez.

Beat.   De dónde es?

Leon. Soy de tierra de Toledo.

Beat. ¿Pues á qué á Valencia vino?

Leon. Con una dama, señora,
De la Virreina, que ahora
Ha muerto. Y asi previno
Mi suerte buscar, á quien
Servir pueda en la ciudad.

Beat. Su buena gracia, en verdad,
Y su persona tambien
Me agradan. De qué servia?

Leon. De doncella de labor.

Ines. Eso sí; que fuera error
Esotra doncellería.

Leon. Yo la tocaba, y no dudo,
Que daros gusto sabré
En esta parte, porque
Abril inventar no pudo
Flor, que yo de tal manera
No imite, que ese cabello
Competir hermoso y bello
Le haré con la primavera.
Enaguas, valonas, tocas,
No habrán menester salir
De casa, para lucir;
Pues como yo sabrán pocas
Aderezallas, ni hacellas
Del uso que mas se tray.
No hay labor blanca, no hay
Puntas sutiles y bellas,
Que no haga con perfeccion
Tanta, que dirás, no en vano,
Que alli no anduvo la mano,
Sino la imaginacion.
Bordo razonablemente
Broca, cañamazo y gasa.

Beat. Lo que ha menester mi casa
Me ha venido cabalmente;
Y asi puede desde luego
Quedarse en casa; que, aunque
Dueño mio y della fue
Mi hermano, á dudar no llego,
Que, siendo esto gusto mio,
Él no lo embarazará.

Leon. Que no se disgustará,
Señora, en quien es, confio;
Que hacer á un triste feliz,
Es de nobles como él.

Beat. Cómo se llama?

Leon.   Isabel.

Beat. Quítese el manto.

Sale DON JUAN.

Juan.   Beatriz!

Beat. Hermano Don Juan?

Juan.   Qué hacias?

Beat. Una fineza por tí
Haciendo estoy.

Juan.   Cómo asi?

Beat. Porque sabiendo, que habias
De agradecer, como amante,
Dar gusto á tu dama bella,
Recibí aquesa doncella,
Por ser cosa de Violante.

Juan. La buena cortesanía
Y la malicia agradezco. —
Y asi esta casa os ofrezco,
Por vos, y quien os envia;
Porque, si para los dos
Tal encomienda traeis,
Vos á Beatriz servireis,
Pero yo os serviré á vos.

Leon. Guárdeos el cielo, señor,
Por la merced, que me haceis.
En mí una esclava tendreis.

Juan. ¿Qué te parece, Leonor, [*ap. d ella.*

Leon. De la casa y Beatriz bella?
Que solamente con esto,
Que hoy la he debido, se ha puesto
En paz conmigo mi estrella.

Juan. Beatriz, hablarte quisiera
En una cosa, que hoy
Por mí has de hacer.

Beat. 　　　　　Tuya soy. —
Idos las dos allá fuera.
[Hablan los dos en secreto.

Ines. Usted, señora Isabel,
Me conozca por criada,
Por amiga y camarada;
Que uno y otro seré fiel,
Como su mucho valor
Solamente haga una cosa.

Leon. Qué es?

Ines. 　　　　No serme escrupulosa
En un tantico de amor.

Leon. Esa caduca costumbre
Ya espiró. Y si verdad digo,
Tambien traigo yo conmigo
Mi poca de pesadumbre.

Ines. Como eso tu voz me diga,
Desde aqui de mejor gana
Seré amiga mas que hermana.

Leon. Y yo hermana mas que amiga. —
Que hable yo asi! Cielos! ¿quién *[aparte.*
Aquesto creerá de mí? *[Vanse las dos.*

Beat. Cárlos en Valencia?

Juan. 　　　　　　Sí;
Mas publicarlo no es bien,
Porque de secreto pasa
Á Nápoles; y esto ha sido
Causa de que no ha venido
Á servirse desta casa.
Mas vendrá al anochecer
Á verte, y lo que quisiera,
Que por mí tu amor hiciera,
Es, prevenir y tener
Algun regalo que hacelle.

Beat. Digo, que yo trastearé
Mis escritorios; veré
Qué hay en ellos que ofrecelle;
Que, aunque estoy desalhajada,
Para cosas semejantes
Habrá bolsas, lienzos, guantes;
Y de la ropa excusada,
Que hay por estrenar, verás
Un azafate, que creo
Que le acredite el deseo.

Juan. Notable gusto me das.

Beat. Esto y la cena de mí
Fia.

Juan. 　　　Pues yo vuelvo luego.
Á Dios.

Beat. 　　¡O traidor Don Diego, *[aparte.*
Quién se vengara de tí! *[Vase.*

Juan. Á Cárlos quiero avisar
El efecto, que ha tenido
El papel; y aunque haya sido
Su mayor cuidado estar,
Lo que ha que está, tan secreto,
Que ninguno puede velle,
Esta noche he de traelle
Conmigo á casa. *[Vase.*

———

Salen Don Diego *y* Gines, *de camino.*

Dieg. 　　　En efeto
Gran gusto es volver un hombre
Á ver la patria, Gines.

Gin. Y mas, cuando ha estado tan

Á pique de no volver.

Dieg. Convaleciente me ví,
Y libre apenas, porque
Contra mí no hubo querella,
Cuando al instante traté
De ausentarme de Madrid,
Por el rezelo de que
Los parientes de Leonor
Muerte á su salvo me den.

Gin. Si esto de morir es burla
Pesada para una vez,
¿Qué será para dos veces?
Tú hiciste, señor, muy bien.

Dieg. ¿No es Don Juan aquel que sale
De su casa?

Gin. 　　　Sí.

Dieg. 　　　　Gines,
Todo parece que hoy
Me va sucediendo bien.

Gin. ¿Pues qué maula te has hallado?

Dieg. ¿Es poca dicha saber,
Que, estando ahora Don Juan
Fuera de casa, podré
Ver á Beatriz?

Gin. 　　　¿De Beatriz
Te acuerdas?

Dieg. 　　　¿Cuándo olvidé
Yo su gran belleza?

Gin. 　　　　　Cuando
Por otra, que yo miré,
Te dieron en la cabeza,
Ú de tajo ú de reves,
Un tanto, con que por tanto
No vuelves acá otra vez.

Dieg. Eso de servir un hombre
En ausencia otra muger,
Es licencia concedida
Al amante mas fiel.

Gin. Lo mismo hacen ellas·

Dieg. 　　　　　Llega,
Y pregunta por Ines,
Y dila, que estoy yo aqui;
Y advierte una cosa.

Gin. 　　　　　Qué?

Dieg. Que del pasado suceso
Á nadie noticia des,
Y mas en cas de Beatriz.

Gin. ¿Eso habia yo de hacer?
Cree, que hoy no sabrá de mí
Mas de lo que supo ayer,
Que no la vi de mis ojos.

Dieg. Llega pues; llama.
[Llama Gines á la puerta.

Sale Ines.

Ines. 　　　　Quién es?

Gin. Señora Ines, un criado
De toda vuesa merced,
Que tan amante y rendido
Se viene, como se fue.

Ines. Gines mio! ¿no me das
Un abrazo?

Gin. 　　　Y dos y tres;
Que no soy yo miserable.

Ines. Cómo has venido?

Gin. 　　　　　Despues
Lo sabrás muy por extenso;
Que no hay tiempo ahora, porque
Mi señor te quiere hablar.

Ines. ¿Luego ha venido tambien?

Dieg. Sí, Ines; y con mil deseos
De verte á ti, y de saber,
Como está Beatriz.

Ines. 　　　　　Pues buena

La hallarás, sabiendo......

Sale DOÑA BEATRIZ.

Beat.   Ines,
¿Quién llamaba, que con tanta
Conversacion estás?

Dieg.   Quien   [*Llega.*
Peregrino y derrotado
De la tormenta cruel
De una ausencia, en que rendido
El zozobrado bajel
De amor, á uno y otro embate,
Sufrió uno y otro vaiven,
Hasta que, tranquilo el mar,
Con el bello rosicler
De los amigos celages,
Toma puerto á vuestros pies,
Adonde consagra humilde
La tabla, que tumba fue
En el templo de su amor,
Al ídolo de su fe.

Beat. ¡Que mientan así los hombres!   [*aparte.*
Mas disimular es bien. —
Aunque mas, señor Don Diego,......
Pero luego os lo diré. —
Ines, mira, que no salga   [*aparte á ella.*
A aquesta cuadra Isabel;
Que no es bien que el primer dia
Mis penas sepa.

Ines.   Haces bien. —
Gines, despues nos veremos.

Gin. Como nos veamos despues,
Yo haré verdad el refran,
De un poco te quiero, Ines.
                    [*Vase Ines.*

Beat. Aunque mas, señor Don Diego,
Vuelvo á decir otra vez,
(¡Qué mal se encubre el dolor!)
Encarezcais ni pinteis
De la ausencia las tormentas,
Significar no podreis
Las que he padecido yo,
Siempre amante y siempre fiel.

Dieg. ¡Albricias, que nada sabe!   [*aparte los dos.*

Gin. ¿Cómo lo habia de saber?

Beat. ¿Cémo en la corte os ha ido?

Dieg. Como ausente de vos; pues
No hay gusto en ausencia amando,
Sino es uno.

Beat.   Cuál?

Dieg.   Volver
Á vista de lo que se ama.

Beat. ¡Qué falso conmigo esté!   [*aparte.*
Un áspid tengo en el pecho,
Y en la garganta un cordel. —
¿En qué estado el pleito queda?

Dieg. Como estaba le dejé;
Porque mi poca salud
Me trae á convalecer.

Beat. De qué achaque?

Dieg.   De no veros.

Beat. ¿Pues no hay en Madrid que ver?
¿No son bizarras sus damas?

Dieg. Como á ninguna miré,
No puedo dar voto en ellas.

Beat. Ninguna?

Dieg.   Di tú, Gines,
La fineza, que en mí viste.

Gin. Tanta fineza ví en él,
Que le ví muerto de amor.

Beat. Sí; mas no dices de quien.

Dieg. ¿Quién fuera, que tú no fueras?

Beat. ¿Luego vos no sois aquel,
Que, trocando en criminal

El civil pleito á que fue,
Á sala de competencias
Le llevásteis, donde, al ver
En estrado, no en estrados,
Vuestra causa una muger,
En vista os condenó á muerte,
De que ministro cruel
Fue cierto competidor?

Gin. ¿Cómo lo habia de saber?   [*aparte.*
¡Hémosla hecho buena!

Dieg.   ¡Muerto   [*aparte.*
Estoy!

Gin.   Qué miras? Aun bien,
Que yo no he hablado palabra.

Dieg. Qué es esto que escucho?

Gin.   Es
Tu suceso de pe á pa,
Sin quitar ni sin poner.

Beat. Todo se sabe, Don Diego;
Y pues las razones veis,
Que tengo para ofenderme
De un traidor, aleve, infiel,
Falso, engañoso, inconstante,
Atrevido y descortes,
Que me pasa por finezas
Los agravios, no me hableis
Otra vez en vuestra vida,
Si no intentais, que otra vez
Os dé á entender mi valor,
Que hay en Valencia tambien
Dama, por quien pueda darse
La muerte á un hombre sin fe.

Dieg. Mirad......

Beat.   Mirad vos, Don Diego,
Que es tarde, y no será bien
Que me cueste hoy el pesar
Mas, que me costó el placer.
Idos pues.

Dieg.   Hasta dejaros
Desengañada de que......

Dentro DON JUAN.

Juan. ¿Cómo no hay aqui una luz?

Beat. Ay infeliz! Este es
Mi hermano.

Gin.   ¿Pues el hermano
Cómo lo habia de saber?

Sale INES.

Ines. Señora, mi señor sube.

Dieg. ¿Qué quieres que haga?

Beat.   No sé.

Ines. Yo sí. Entrad en esta cuadra,
Donde escondidos esteis,
Hasta que podais salir.

Beat. Qué infeliz soy!

Ines.   Entrad pues.

Gin. Yo tomo de buen partido,
Que dos mil palos me den.   [*Escóndense.*

Beat. Cierra la puerta hácia acá,
Porque no los puedan ver.

Ines. Ya está la puerta cerrada.

Juan [*dent.*] ¿Siendo ya al anochecer,
No hay luces en casa?

Salen DON JUAN *y* DON CÁRLOS *por una
puerta, y* DOÑA LEONOR *con luces por otra.*

Leon.   Aqui
Las luces estan.

Carl.   Al ver,   [*aparte.*
Que es quien trae la luz Leonor,
Ciego con la luz quedé. —
Dadme, señora, á besar   [*á Dª. Beatriz.*
La mano, si merecer

(Ay Leonor! tú en este estado?) [aparte.
Puedo tanta dicha.
Beat.   Aunque
Con rendimientos, Don Cárlos,
Desenojarme intenteis
Del agravio, que á esta casa
Habeis hecho, no podreis.
Carl. Ya dese agravio, señora,
Con Don Juan me disculpé.
Él me disculpe con vos,
Pues ya lo estoy yo con él.
Y aunque á vuestra casa hoy
No vengo á honrarme, creed,
Que en ella, para serviros,
Mi alma y vida teneis.
Juan. Ya tengo dicho á mi hermana
Las razones que teneis,
Para no honrarnos despacio.
Beat. Pues ya que de paso es
La dicha, dadme licencia
Á que de paso tambien
Os sirva, como pudiere,
Mal prevenida mi fe.
Aqui no estais bien; entrad
En mi cuarto. — Hola, Isabel!
Alumbra á mi primo. — ¡Cielos, [aparte.
Lástima de mí tened!   [*Vase.*
Leon. Supuesto, señor Don Cárlos,
Que he llegado á merecer
Serviros hoy, ¿qué mayor
Dicha, qué mayor placer?
Carl. Ay Leonor! si yo pudiera
Dejarte servida, cree,
Que no quedaras sirviendo.
Leon. Yo quedo, Cárlos, mas bien
Que merezco, pues que soy
Tan desdichada muger,
Que no merezco de tí,
Que algun crédito me des.
Carl. ¿Creyó alguno lo que oye
Primero, que lo que vé?
Leon. Sí.
Carl.   Pues hizo mal.
Juan.   Mirad,
Que con extremos no deis
Alguna sospecha en casa.
Carl. ¿Quién puede dejar de hacer
Extremos, viendo á Leonor
En el trage de Isabel?
    [*Vanse, quedándose Ines.*

Salen al paño GINES *y* DON DIEGO.

Gin. Ines, podremos salir?
Ines. No; que estan al paso.
Gin.   ¿Pues
Qué hemos de hacer?
Ines.   Esperar,
Que el huésped se vaya.
Gin.   ¿Quién
Es este huésped?
Ines.   Un primo
De casa. Yo volveré
Á sacaros; y si cierra
Mi amo la puerta, saldreis,
Cuando ya esté recogido,
Por ese balcon.
Gin.   Bal...... qué?
Ines. Balcon.
Gin.   Por no saltar yo,
Aun no danzo el saltaren.
Ines, disponlo de suerte,
Que yo salga por mi pie,
Si es posible.
Dieg.   De cualquiera

Suerte lo dispon, Ines.
Gin. Como tú ya estás, señor,
Enseñado á que te den,
Piensas, que el salir no es nada.
Ines. Cerrad la puerta, y no hableis.
Dieg. ¿Quién se vió en igual aprieto?
Gin. Yo, sin qué ni para qué.
Ines. Gran cochiboda hay en casa.
¡Quiera Dios, que pare en bien!

         JORNADA II.
            ———

Salen DON CÁRLOS *y* FABIO.

Carl. ¿Está todo prevenido?
Fab. Ya la ropa y las maletas
Tengo aparejadas, solo
Falta que las postas vengan.
Carl. Mas falta.
Fab.   Qué es?
Carl.   Que Don Juan,
Que hoy he de partirme, sepa,
Para que dél me despida.
Fab. ¿Pues no sabe. que hoy te ausentas?
Carl. No; ni él ni Leonor lo saben;
Que anoche aun no tenia esta
Resolucion.
Fab.   Pues yo iré
Á avisarle.
Carl.   Aguarda, espera;
Que él parece que ha tenido
De mi pensamiento nuevas,
Pues á la posada viene
Antes casi que amanezca.

Sale DON JUAN.

¿Tan de mañana, Don Juan?
¿Pues qué madrugada es esta?
Juan. Lo mismo puedo deciros.
¿Dónde vais con tanta priesa?
Carl. Anoche, cuando volví
De vuestra casa, en aquesta
Posada supe, que hay
En Vinaroz dos galeras
De Italia, y perder no quiero
La ocasion de irme con ellas,
Porque no veo la hora
De hacer de Leonor ausencia;
Que, aunque yo por verla muero,
Muero tambien por no verla.
Y ya que queda segura,
Tengo por la accion mas cuerda,
Volver á todo la espalda,
Y asi, con vuestra licencia,
Don Juan, pienso partir hoy.
Juan. Si yo, Don Cárlos, pudiera
Ó concederla ó negarla,
Fuera muy gran conveniencia
De mi dolor, poder antes
Negarla, que concederla.
Carl. Cómo?
Juan.   Como me importara
Deteneros en Valencia
Unos dias, alma y vida.
Carl. Fabio?
Fab.   Señor?
Carl.   Cuando vengan
Las postas, despediráslas.
    [*Vase Fabio.*
Ved, Don Juan, con cuanta priesá
Son vuestros preceptos, antes

Que preceptos, obediencias.
Qué hay de nuevo?

Juan. Estamos solos?
Carl. Sí.
Juan. Pues cerrad esa puerta.
[*cierra la puerta.*
Carl. Ya lo está. Qué es esto?
Juan. Es
Una desdicha, una pena
Tan grande, Cárlos, que solo
Vos podeis de mí saberla
Como mi amigo, porque
Soy mitad del alma vuestra,
Y como mi sangre, Cárlos,
Por ser en los dos la mesma.
Mirad cuanto de un dia á otro
Muda la inconstante rueda
De la fortuna las cosas.
Ayer en vuestras tragedias
Venísteis de mí á valeros,
Y hoy en las mias es fuerza
Que yo me valga de vos.
¡O cuan villana, cuan necia
Es mi desdicha, pues cobra
Con tanta priesa la deuda!
Carl. ¿Desde anoche acá hubo causa,
Que á tan grande extremo os mueva?
Juan. Despues que anoche salisteis
De mi casa, porque en ella,
Ni vos quisisteis quedaros,
Ni yo quise haceros fuerza,
Y despues que con instancias
No dejásteis que viniera
Con vos, traté recogerme;
Y recorriendo las puertas
De mi casa, que es en mí
Costumbre, y no diligencia,
En mi cuarto me entré, donde
Mil ilusiones diversas
Me desvelaron de suerte,
Que entre confusas ideas
Apenas dormir queria,
Cuando dispertaba á penas;
Cuando oigo, (tiemblo al decirlo!)
Que en una cuadra de afuera
Una ventana se abria.
Presumiendo, que por ella
Alguna criada hablaba,
Quise averiguar quien era,
Abriendo, sin hacer ruido,
De mi ventana la media;
Pues oyendo una razon,
Ó tomando alguna seña,
Sin escándalo podia
Poner en el daño enmienda.
Á nadie en la calle ví,
Con que casi satisfechas
Mis dudas se persuadieron,
Á que el viento hacer pudiera
El ruido. ¡Pero qué poco
Dura el bien, que un triste piensa!
Pues por el balcon á este
Tiempo ví, que se descuelga
Un hombre. Acudí volando
Á tomar una escopeta,
Y por prisa que me dí,
Ya otro y él daban la vuelta
Á la calle, á cuyo tiempo
Cerraron, porque aun aquella,
Ó tibia, ó fácil, ó vana
Imaginacion siquiera
De que eran ladrones, no
Me quedase, viendo que eran
Cómplices del hurto iguales

Los que huyen, y el que cierra.
Quise arrojarme tras ellos;
Mas viendo con cuanta priesa
Y ventaja iban, hallé,
Que era inútil diligencia.
Conocer quien era quise
La que vestida y despierta
Á aquellas horas estaba,
Y abriendo (ay de mí!) la puerta
De mi cuarto, el de mi hermana
Cerrado hallé; de manera,
Que llamar á él no era mas,
Pues todas en mi presencia
Habian de alborotarse,
Que equivocando las señas,
El semblante de la culpa,
Ponérsele á la inocencia,
Y advertir para adelante,
Siendo la accion menos cuerda,
Que hace un ofendido, cuando
No está en términos la ofensa,
Darla á entender con decirla,
Para no satisfacerla.
Yo no he de hacer en mi casa
Novedad; de la manera,
Que hasta aqui me vieron todos,
Me han de ver, tan sin sospecha,
Que hasta mi mismo semblante
Sabré hacer que el color mienta.
Pero para este recato
Tener un amigo es fuerza
Afuera, si estoy en casa,
Ó en casa, si estoy afuera.
Pues si he de fiarme de otro,
¿De quién con mayor certeza,
Que de vos, que, como dije,
Sois mitad del alma mesma,
Y como deudo y amigo
Os toca tanto mi afrenta?
Y asi, para averiguarlo,
Oid lo que mi pecho intenta.
Dentro de mi cuarto yo
Tengo una cuadra pequeña
Con libros y con papeles,
Donde jamas sale ó entra
Criado alguno. Aqui escondido,
Don Cárlos,...... Pero á la puerta
Llaman. [*Llaman dentro.*
Carl. Esperad. — Quién es?

Dentro F A B I O.
Fab. Yo soy, señor; abre apriesa.
Carl. Si ves, que tengo cerrado,
Por qué llamas?

Sale F A B I O.
Fab. Porque sepas
Una grande novedad,
De que importa darte cuenta.
Carl. Qué es?
Fab. Estando desta casa
Esperándote á la puerta,
Llegó de camino el padre
De Leonor, á ver, si en ella
Posada habia.
Carl. Qué dices?
Fab. Lo que he visto, considera,
Si es cosa para que oculta
Un instante te la tenga,
Y mas habiéndole dicho
Que sí, y apeádose ahí fuera,
Donde te ha de ver, si sales,
Carl. ¿Hay desdicha como esta?
Sin duda en mi seguimiento

Y de Leonor á Valencia
Viene.
Juan.   Conóceslo él?
Carl.   Sí.
Juan. Pues mira tú, cuando pueda
Salir de aqueste aposento
Don Cárlos, sin que le vea,
Y avisa.
Fab.   Ahora podrá;
Que él en el cuarto se entra,
Que le han dado.
Juan.   Pues salgamos
De aqui una vez: que allá fuera
Veremos, qué hemos de hacer.
Carl. Salgamos, Don Juan, apriesa.
Juan. Vamos á mi casa, adonde
Ya es de los dos conveniencia
Estar en ella escondido.
Carl. ¡Qué de temores me cercan!
Juan. ¡Qué de cuidados me afligen!
Carl. ¡Ay, Leonor, lo que me cuestas!   [*Vanse.*

Salen DOÑA BEATRIZ *é* INES.

Beat. Ines, nada me digas;
Que á mas dolor mi sentimiento obligas.
Ines. Pues habiendo salido
Del empeño de anoche tan sin ruido,
Que, sin que en casa nadie lo sintiera,
Á Don Diego y Gines echamos fuera,
¿Qué es lo que ahora te aflige?
Beat. Tú de mi llanto mi pasion colige.
¿Qué importa, que saliesen,
Sin que mi hermano ni Isabel los viesen,
Si despues mis desvelos
Quedaron sin temor, mas no sin zelos?
¿Viste, Ines, en tu vida
Desvergüenza mayor, que la fingida
Confianza y tristeza,
Con que á significarme la fineza,
Que ausente habia tenido,
Llegó Don Diego, habiendo yo sabido,
Cuanto le habia pasado
En Madrid, de otra dama enamorado?
Ines. Él no nos oye ahora,
Y asi por él he de volver, señora.
¿Qué querias que hiciera
En Madrid, que es el centro y es la esfera
De toda la lindura,
El aseo, la gala y la hermosura,
Un caballero mozo,
Que le apunta el dinero con el bozo,
Y está, cuando mas ama,
Cincuenta y tantas leguas de su dama?
Ya pagó su pecado
Bastantemente en cas de aquella moza,
Puesto que, sin venir de Zaragoza,
Vino descalabrado;
Y asi, aunque amor en tu opinion es culpa,
En la mia la ausencia le disculpa.
Beat. No son mis zelos, no, tan poco sabios,
Que no sepan, Ines, que los agravios,
Que tocan en el gusto, y no en la fama,
Tienen perdon en quien de veras ama;
Y si verdad te digo,
Diera por verle disculpar conmigo......
No sé lo que me diera.
¡Loca estoy, muerta estoy!
Ines.   Aguarda, espera;
Que, si ese es tu deseo,
Yo te le cumpliré, pues nada creo,
Que embarazarnos puede,
Que, cuando te entre á ver, aqui se quede.

No hay ya que hacer extremos,
Pues que la escapatoria no sabemos.
Beat. Sí; pero no quisiera,
Que mi amor tan rendido conociera,
Ines, que imaginase,
Que yo sobre mis quejas procurase
Á sus disculpas la ocasion.
Ines.   Á todo
Remedio hay.
Beat.   De qué modo?
Ines.   Deste modo:
Yo le diré, que estás tan enojada,
Tan ofendida y tan desesperada,
Que una y docientas veces me has mandado
No admitir papel suyo, ni recado;
Mas que, no obstante, solo por hacelle
Gusto, me he de atrever......
Beat.   Á qué?
Ines.   Á ponelle
Donde te pueda hablar; con que consigo
Tres cosas: la una, que él se vea contigo;
La otra, que tú rogarle no parezca;
Y la otra, que él á mí me lo agradezca.
Beat. Ines, yo estoy zelosa; cuerda eres;
Harto he dicho, haz tú allá lo que quisieres;
Y en esta parte mas no discurramos,
Porque Isabel no entienda lo que hablamos.

Sale DOÑA LEONOR *con unos lazos en una
bandeja.*

Leon. Aquestas son, señora,
Las flores, que mandaste hacer.
Beat.   Ahora
Gusto, Isabel, no tengo para nada;
Yo las veré despues.
Leon.   ¡Qué poco agrada
Quien sirve sin estrella!
Beat. Menos agrada quien amó sin ella.   [*Vase.*
Leon. Qué es esto, Ines? Qué tiene nuestra ama?
Ines. Esto es, amiga, reventar de dama.
Tiene una hipocondría,
Con que de una hora á otra cada dia
Muda mil pareceres.
Oye, vé y calla, si agradarla quieres.   [*Vase.*
Leon. Harto oigo y harto veo,
Y harto callo tambien. Loco deseo,
¿Para qué neciamente
Persuadirme procuras, que aqui, ausente
De mi casa, mi patria y padre, puedo
Perder ya mas á mi desdicha el miedo;
Si está tan cerca el daño,
Que es locura aguardar el desengaño,
Y me pone tan lejos la esperanza,
Que es locura tener la confianza
En lo instable del tiempo; pues decia
Uno, que enfermo de mi mal estaba:
¡Ay triste del que fia
Su cura al tiempo! porque examinaba,
Que es remedio, aunque sabio, tan incierto,
Que ya el mal le habia muerto,
Cuando á curarle el médico llegaba,
Matando mil, para uno que sanaba?
¿Quién jamas se habrá visto
(¡Mal el dolor, mal la pasion resisto!)
En tan mísero estado,
Como yo, sin haber (ay de mí!) dado
Ocasion á fortuna tan tirana,
Pues nunca fue......?

Sale DON JUAN.

Juan.   Isabel, qué hace mi hermana?
Leon. En su cuarto, señor, (o pena fuerte!)
Está.
Juan.   Pues hablaréte de otra suerte,

Si sola estás. ¿Qué hacias, Leonor bella?
Leon. Lo que siempre, quejarme de mi estrella.
Has visto á Cárlos?
Juan.   Sí; porque no fuera
Justo......
Leon.   Qué?
Juan.   Que sin verle se partiera.
Leon. ¿Luego ya se ha partido?
Juan. Sí, Leonor.
Leon.   ¿Sin haberse despedido
De mí? Qué poco á sus finezas debo!
Juan. No, Leonor, con afecto ahora nuevo
Dejes tu entendimiento
Fácilmente llevar del sentimiento.
Yo estoy en guarda tuya,
Y no sin causa tu discurso arguya,
Que, de mí defendida,
Por tí he de aventurar honor y vida.
Leon. No dudo esa fineza
De tu valor, tu sangre y tu nobleza;
Y porque sepas cuanto, Don Juan, tio
De tan hidalgo y noble ofrecimiento,
Puesto que el pecho mio
No es posible negarse al sentimiento,
Dame, señor, licencia,
Para que en tanta pena, en dolor tanto
Me retire á llorar de tu presencia;
Que no es razon, que descortes mi llanto
Pierda á tus confianzas el decoro,
No llore yo, sabiendo tú, que lloro.   [Vase.
Juan. ¡ Qué cuerdamente decia
Aquel sabio, que entre el ver
Padecer y el padecer
Ninguna distancia habia!
Dijela, que se habia ido
Cárlos, que encerrado ya
Dentro de mi cuarto está,
Porque él y yo hemos querido,
Que nadie sepa este grave
Empeño; porque en efeto
Ninguno guarda un secreto
Mejor, que el que no le sabe.
Fuera de que, estando aqui
Hoy el padre de Leonor,
Para todos es mejor. —
Cárlos!

        · Sale DON CÁRLOS.
Carl.   Estais solo?
Juan.   Sí;
Que no entrara acompañado.
Carl. ¿Habeis hablado á Leonor?
Juan. Sí, Cárlos; y de su amor
Y de su virtud me han dado
Bastante satisfaccion
Sus lágrimas. Ha sentido
Pensar, que os habeis partido,
Con tan discreta pasion,
Que he llegado á persuadirme,
Aunque el indicio la culpa,
Que ella está, Cárlos, sin culpa.
Carl. Poco teneis que decirme
En eso; pero, aunque yo
El desengaño deseo,
Mientras no le toco y veo,
Tengo de creerle?
Juan.   No.
Carl. Luego hablar dél es error,
Supuesto que en mis rezelos
Han de ir borrando los zelos
Cuanto pintare el amor.
¿Dijisteis, que habia venido
Su padre?
Juan.   No; que no fuera

Justo, que mas la afligiera'
De lo que está.
Carl.   Bien ha sido.
¿Y qué mandásteis á Fabio?
Juan. Que en la posada esté, pues
Él conocido no es,
Para que leal y sabio
Siempre á la mira estuviese
Del padre, y que procurase
Penetrar cuanto intentase.
Carl. Medio muy frívolo es ese;
Que claro es, que él no dirá
Á nadie á lo que ha venido.
Juan. Con todo eso...... ¿Mas qué ruido
Es este?
[Dentro hay ruido, y D. Cárlos mira por la cerra-
                        dura de la puerta.
Carl.   Ser cierto ya,
Don Juan, el lance mayor
Que sucedernos pudiera.
Quien sube por la escalera
Es el padre de Leonor.
Juan. Qué decis?
Carl.   Que yo por esa
Llave le ví y conocí.
Juan. El padre de Leonor?
Carl.   Sí.
Juan. Pues retiraos apriesa
Vos á esa cuadra; que yo
Á recibirle saldré,
Y lo que intenta sabré.
Carl. Deteneos; eso no;
Que no es, adonde Leonor
Y yo estamos, venir él,
Lance tan poco cruel,
Que permita mi valor
Dejaros.
Juan.   Pues siempre os queda
Libre el paso á accion igual,
No anticipemos el mal;
Dejémosle que suceda.
Escuchémosle primero.
Retiraos de aqui.
Carl.   Sí haré;
Pero á la mira estaré.   [Escóndese.

Abre la puerta D. Juan, y sale DON PEDRO,
            vestido de camino.
Juan. ¿Á quién buscais, caballero?
Ped. Suplicoos, que me digais,
Pues por caballero os toca
Honrarme, si Don Juan Roca
En casa está.
Juan.   Qué mandais?
Que yo Don Juan Roca soy.
Ped. Que vuestros brazos me deis,
Pues que vos solo podeis
Ser de mis fortunas hoy
Puerto, á cuya confianza
Todas mis penas entrego,
Cuando á vuestra casa llego
Á lograr una esperanza;
Seguro de que ha de hallar
Mi infeliz tirana estrella
Todo cuanto busco en ella.
Carl. ¿Qué mas se ha de declarar?   [al paño.
Juan. Sin duda, que ya ha sabido,   [aparte.
Que Don Cárlos y Leonor
Estan aqui. — Yo, señor,
Á mi suerte agradecido
Estoy, cuando asi me honrais.
Pero es fuerza padecer
Mil dudas, hasta saber
Quien sois, y qué me mandais.

Ped. Sentaos, y quien soy, señor,
De aquesta sabreis primero; [*Dale una carta.*
Luego sabreis lo que espero
Fiar de vuestro valor. [*Siéntanse.*
Juan. Del Marques mi señor es
La carta. — Dudando estoy! [*aparte.*
Ped. Leed, sabreis della quien soy,
Y mi pretension despues.
Juan [*lee*] „El señor Don Pedro de Lara, mi pa-
„riente y amigo, va á esa ciudad en se-
„guimiento de un hombre, de quien im-
„porta á su honor satisfacerse. Mi poca
„salud no me da lugar á acompañarle;
„pero fio, que, donde vos estais, no le
„hará falta mi persona. Y asi os pido,
„que su ofensa es mia, y su satisfaccion
„corre por mi cuenta. Dios os guarde.
„El Marques de Denia. "
[*repr.*] Lo que me escribe el Marques
Mi señor habeis oido ;
Lo que yo respondo á esto
Es, que aqui para serviros
Me teneis á todo trance.
Ped. Guárdeos Dios! que asi lo fio
De las noticias que traigo,
Y de las partes que miro
En vos, con cuyo resguardo
Solo y secreto he venido,
En confianza no mas
Desa carta; porque dijo
El Marques, que en vos tendria
Mi honor valedor y amigo,
Por muchas obligaciones,
Que á su casa habeis tenido.
Juan. Todas las confieso, y todas
Vereis en vuestro servicio
Empleadas igualmente.
Pero para esto es preciso
Saber, señor, la ocasion,
Que á Valencia os ha traido. —
Apuremos de una vez [*aparte.*
Todo el veneno al peligro.
Ped. Yo lo diré, si es que yo
Puedo acabarlo conmigo.
Noble soy, Don Juan, y sobre
Ser noble, estoy ofendido.
Mi enemigo está en Valencia;
Tras él vengo; harto os he dicho.
Juan. Y yo lo he entendido todo
Tan bien ya, como vos mismo.
Ped. Discreto sois; y asi solo
Quiero, que esteis prevenido
Para cuando yo os avise
De que de vos necesito. [*Levántase.*
Juan. Esperad; que falta mas.
Ped. Decid, qué falta?
Juan. Advertiros
De que yo tengo en Valencia
Deudos, parientes y amigos;
Y asi, sin saber quien es,
Don Pedro, vuestro enemigo,
Ni el Marques puede mandarme
Cosa contra el valor mio,
Ni yo ofrecer favor, que
Resulte contra mí mismo.
Ped. De vuestra sangre y cordura
Ha sido reparo digno,
Y aunque sea contra mí,
Os lo agradezco y estimo;
Y para que no dejemos
El escrúpulo indeciso,
¿Qué teneis con un Don Diego
Centellas?
Juan. Ser conocido

Mio no mas.
Carl. Este es [*al paño.*
Aquel competidor mio.
Ped. Segun eso, ya el reparo
Es ninguno.
Juan. Asi lo afirmo.
Ped. Pues este una noche (ay triste!
¡Con qué dolor lo repito!)
Quedó por muerto en mi casa,
Con que no pudo mi brio
Satisfacerse; que fuera
Villano rencor, indigno
De mi valor, emplear
En un cadáver los filos
De mi vengativo acero;
Peró no tan vengativo,
Que vida no diera muerto,
Á quien diera muerte vivo.
Llegó justicia, y yo alcé
La mano al instante mismo
Á venganzas y querellas;
Porque no fuera bien visto,
Que hombre como yo tratara
De vengarse por escrito.
Entre el alboroto huyó
Una hija mia...... Al decirlo
Me embaraza la vergüenza.
¡Mal haya el primero, que hizo
Ley tan rigurosa, pacto
Tan vil, duelo tan impío,
Y entre el hombre y la muger
Un tan desigual partido,
Como que esté el propio honor
Sujeto al ageno arbitrio!
Huyó, digo, de mi casa,
Y aunque de aqueste delito
Fueron dos los agresores,
Á este con dos causas sigo.
La primera, que no sé
Del otro; y asi es preciso,
Que aquel, de quien sé primero,
Pruebe primero el castigo.
La segunda, que viniendo
Ahora por el camino,
Que un caballero venia
Recatado y prevenido
Con un criado y una dama,
En mil posadas me han dicho;
Y por las señas es ella;
Que habiendo él convalecido,
Y ella faltado, es muy fácil
Presumir, que se ha valido
Dél en su fuga; y asi,
Con este segundo indicio,
Mas irritado le busco,
Para que asi se reparen
Las ruinas del edificio
De mi honor, que está por tierra,
Ó para que vengativo
Haga, que aun estas no queden,
Sin que los incendios vivos
De mi pecho las abrasen.
Y pues mi agravio os he dicho,
Y ya no hay inconveniente
En ayudar mis designios,
Despues volveré á buscaros;
Que ahora de vos me retiro
Á hacer otra diligencia,
De que os vendré á dar aviso,
Como á quien ya desde aqui
Mi amparo ha de ser, y asilo,
No tanto porque á ello os mueva
La carta, que os he traido,

Cuanto por la obligacion,
En que os pone haberme visto
Dar lágrimas á la tierra,
Y dar al cielo suspiros. [*Vase.*

Sale DON CÁRLOS.

Carl. ¿Quién en el mundo se vió
En las dudas que me miro?
Juan. Vamos recorriendo, Cárlos,
Lo que nos ha sucedido.
Carl. Yos teneis en vuestra casa
Á la dama de un amigo.
Juan. Hija de un hombre, que hoy
Á valer de mí se vino.
Carl. El amigo está tambien
En vuestra casa escondido.
Juan. Y á efecto de que me ayude
Á vengar agravios mios.
Carl. El enemigo, que aquel
Busca, es tambien mi enemigo.
Juan. Y yo, de todos prendado,
No sé á qué me determino;
De Leonor, porque es muger;
De vos, porque sois mi primo;
Por el Marques, de Don Pedro;
Y de mi honor, por mí mismo.
Qué puedo hacer?
Carl. Resolveros
Á que el tiempo ha de decirlo,
Obrando en los lances, como
Se vinieren sucedidos.
Juan. Pues si habemos de esperarlos,
Cárlos, no hay que prevenirlos;
Que ellos vendrán; y hasta entonces
Vos, en mi cuarto escondido,
Sed de mi honor centinela,
En tanto que yo advertido
Hago la deshecha fuera,
De que sin cuidado vivo.
Carl. Pues á Dios. — ¡Piadosos, cielos,......
Juan. Á Dios pues. — ¡Cielos divinos,......
Carl. Sacadme de tantas penas!
Juan. Negadme á tantos peligros!

[*Vanse cada uno por su puerta, y D. Cárlos se
cierra por dentro.*

Salen DON DIEGO *y* GINES *cojeando.*

Dieg. Tú has de ir.
Gin. Yo no he de ir.
Dieg. Por qué?
Gin. Porque la mas singular
Razon, que hay para no andar,
Es tener quebrado un pie.
Dieg. ¡Válgate Dios, qué notable
Estás!
Gin. Para entre los dos
Me acuerda el válgate Dios
Cierto cuento razonable.
En un pozo un Portugues
Cayó. Al verlo dijo un hombre:
Válgate Dios! Y él de abajo
Le respondió: ya non pode.
Fácil es la aplicacion,
Y á propósito ha venido,
Si es lo mismo haber caido
De un pozo, que de un balcon.
Dieg. ¿Yo tambien no salté, y no
Me hice daño?
Gin. ¿Pues qué quieres,
Si tú quebradizo no eres,
Y soy quebradizo yo?
Dieg. Tu poca maña condeno.

Gin. Estreno, señor, de pies,
Malo para uno es,
Lo que para otro es bueno.
Con hambre y cansancio un dia
Á una posada llegó
Cierto fraile, y preguntó
Á la huéspeda, qué habia
Que comer? Si una gallina
No mato, le dijo ella,
Nada hay. ¿Quién podrá comella,
Respondió con gran mohina,
Acabada de matar?
Tierna estará, replicó
La huéspeda; porque yo
Sé un secreto singular,
Con que se ablande. Y cogiendo
La polla, que viva estaba,
Vió, que los pies la quemaba,
Con que á nuestro reverendo
Muy blanda le pareció;
Y aunque el hambre pudo hacello,
Atribuyéndolo á aquello,
En la cama se acostó.
Estaba la cama dura,
Tanto, que le tenia inquieto;
Y él, cayendo en el secreto,
Pegarla á los pies procura
La luz. Dijo, al ver la llama,
La huéspeda: Padre, ¿qué es
Eso? Y él dijo: nuestra ama,
Porque se ablande la cama,
Quemo á la cama los pies.
Asi no te dé mohina,
Que en los dos no haga el secreto
Su efeto, porque en efeto
Tú eres paja y yo gallina.
Dieg. Por mas que tu voz me diga,
No has de escaparte, Gines,
De ir á ver á Ines.
Gin. ¿Ines,
No es una fiera enemiga,
Que anoche con mil rigores,
Tras tenernos á un rincon,
Nos vació por un balcon,
Al fin como servidores,
Yo suyo, y tú de su ama?
¡Pues vive Dios, de no vella
En mi vida!
Dieg. Antes por ella
Se aseguró vida y fama
De Beatriz, y agradecido
Debo á la fineza ser.
Gin. Yo no; que aun agradecer
No puede un hombre caido.
Dieg. Ya es notable tu extrañeza.
Gin. ¿Pues no quieres que me enoje,
Señor, si á los dos nos coge
Tu amor de pies á cabeza?
Dieg. Por mí has de ir allá.
Gin. Yo iré;
Pero por partido tomo
Traerte mal despacho.
Dieg. Cómo?
Gin. Como voy con muy mal pie.
Dieg. En esta esquina te espero.
Gin. Poco tendrás que esperar,
Si solo á Ines has de hablar.
Dieg. Por qué?
Gin. Porque, á lo que infiero
Del trage, el brio y el talle,
Es ella la que salió
De su casa.
Dieg. Ella es, y no
Quisiera hablarla en la calle.

Dila, que en este portal
Estoy, que se llegue aqui.
          [*Retirase junto al paño.*
          Sale I n e s *con manto.*

Incs. Desde la ventana ví [*aparte.*
A Don Diego; y aunque es tal
Mi temor, le hablaré; pues
Fiada en la industria mia,
Mi ama echadiza me envia.

Gin. ¿Qué importa, traidora Ines,
Lo tapadillo, si el brio
Va diciendo á voces, que eres
Coliflor de las mugeres?

Incs. ¿Qué es aquesto, Gines mio?
Gin. Esto es cojear.
Incs.   Ya lo veo.
¿Pero de qué achaque es?
Gin. De un achaque tuyo, Ines.
Incs. Mientes como un cojifeo.
Gin. Mi achaque fue tu balcon;
Luego claramente arguyo,
Que es mi achaque achaque tuyo.

Ines. Negara la conclusion,
A no ir en cas de Violante
A un recado; y no quisiera,
Que contigo hablar me viera
Nadie de casa.

Gin.   Al instante
Que te hable mi señor
En esta parte, no mas
Que una palabra, te irás.

Ines. Aqueso fuera peor;
Que si mi ama supiera,
Que le hablaba, me matara.
          Llega D o n D i e g o.

Dieg. Por qué, Ines?
Ines.   Porque es tan rara
Su cólera, y es tan fiera
La ira, que tiene contigo,
Que no tomar me ha mandado
Papel tuyo ni recado.

Dieg. ¿Pues Ines, tanto castigo
Para quien la adora?

Incs.   Darte
Quisiera ahora......
Dieg.   Por qué? di.
Ines. Porque no adores aqui,
Y ofrezcas en otra parte.

Gin. Si cesa la indignacion
Con decir los enojados,
Mandaré á cuatro criados,
Que os echen por un balcon;
Y ella, con mandarlo á una
Sola criada, nos echó
Tan á la letra, que yo
Voy cojeando, ¿mi fortuna
Qué mas quiere?

Dieg.   ¿Tú tambien
Eres, Ines, contra mí?
Ines. Esto, que te digo aqui,
Sé allá disfrazar mas bien;
Que sabe Dios, si me cuesta
Mas de dos pesares ya
Disculparte.

Dieg.   Pues si está
Tanto en mi favor dispuesta
Tu voluntad, haz, Ines,
Que solo un instante vella
Pueda yo.

Ines.   En eso está ella.
Dieg. Y fia de mí, despues
Desto, que ahora te da
Mi amor, la satisfaccion. [*Dala un bolsillo.*

Ines. Para mí excusadas son
Estas cosas.
Gin.   Claro está.
Ines. Y porque veas, que tengo
Gana de servirte, haré
Una cosa. Yo diré,
Que ya del recado vengo.
Y pues ya empieza á cerrar
La noche, y mi amo está fuera,
Tú á solo que yo entre espera;
Que dejándome al entrar
La puerta abierta,......

Dieg.   Ay Ines!
Hoy nueva vida me das.

Incs. Entrarte tras mí podrás,
Y obre fortuna despues.

Dieg. Dices bien; y yo te sigo.
Gin. ¡Ay Ines, lo que te quiero!
Ines. ¿Habla vusted, caballero,
Con el bolsillo ó conmigo?

Gin. Con quien quisieres que sea;
Mas ponle á mi parte nombre.

Ines. Quita; que no hablo yo á hombre,
Que sé de que pie cojea.   [*V*
Dieg. Sígueme, Gines.
Gin.   Yo?
Dieg.   Sí.
Gin. Adónde?
Dieg.   Conmigo ven.
Gin. El diablo me lleve, amen,
Si yo pasare de aqui.
¿Qué me quieres encerrado?
Si es por saltar uno mas,
En la calle me hallarás,
Y haz cuenta, que ya he saltado.

Dieg. Ese temor me ha advertido,
Que irme solo es lo mejor.

Gin. Es muy cuerdo ese temor,
Y haz cuenta, que ya he partido.   *Va*[

————

          Salen D o ñ a B e a t r i z *y* D o ñ a L e o n o r

Beat. Haz que pongan unas luces,
Isabel, en esa cuadra,
Y espera, en tanto que yo,
De la labor enfadada,
Me divierto en esta reja
Un rato.

Leon.   Haré lo que mandas. —
Malo es servir, y peor [*aparte.*
Servir con desconfianza.
Recatándose de mí
Siempre Beatriz é Ines andan;
Una salió fuera, y otra
Aqui debe de esperarla.
Quiero dar lugar, pues sé
En qué estos secretos paran,
A que hablen; yo me acuerdo,
Cuando solia en mi casa
Tener el mismo recato
Y la misma confianza
De unas y de otras, que entonces
Me servian. ¡Basta, basta,
Memoria! Y pues ahora sirves,
Leonor, oye, mira y calla.   [
          Sale I n e s.

Incs. No dirás, que me he tardado.
Beat. Por saber lo que te pasa
Con Don Diego, estoy, Ines,
Esperando en esta sala.
Qué ha habido?

Ines.   Que mi papel
No ha echado á perder la traza.

Tras mí viene, sin que entienda,
Que tú, señora, le llamas.
No hay sino hacer ahora el tuyo,
Mostrándote muy airada,
Y conmigo la primera.

Beat. Ines, mira quien andaba
Ahí fuera.

Ines. Ay señora! un hombre.

Beat. Quién asi......?

Sale DON DIEGO.

Dieg. Quien á tus plantas,
Hermosa Beatriz, ofrece
Una y mil veces el alma.

Beat. Qué es esto, Ines?

Ines. Yo, señora,
La puerta dejé cerrada.

Beat. Mientes; que esta es traicion tuya.
No has de estar una hora en casa.

Dieg. ¿Para qué riñes á Ines,
Beatriz, si yo soy la causa
De tu enojo? En mí tus iras
Se rompan y se deshagan;
Que yo no quiero mas premio,
Que solo darte venganzas.

Beat. Señor Don Diego, bien estas
Demasías excusadas
Pudieran estar, sabiendo,
Cuanto es hoy vuestra esperanza
Para conmigo imposible.

Dieg. Siempre lo fue; que mis ansias
Nunca, Beatriz, presumieron,
Que mereciesen lograrla.

Beat. Sí; mas nunca menos que hoy.

Dieg. Por qué?

Beat. Porque es muy contraria
Política del amor,
Que merezca quien agravia.

Dieg. Disculpar esa sospecha
Pretendo.

Beat. Mal disculparla
Podreis.

Dieg. Quizá bien.

Beat. Don Diego,
La hora es muy aventurada.
Aquesa puerta está abierta,
Muy dispuesta mi desgracia.
Idos, no querais perderme.

Dieg. De dos suertes, ya que alcanza
Esta ocasion mi deseo,
No tengo de despreciarla.
En oyéndome, me iré.

Beat. Ines, esa puerta guarda,
Ya que es fuerza que le oiga,
Á precio de que se vaya.
[*Vase Ines.*

Dieg. Yo salí, Beatriz hermosa,
De Valencia......

Vuelve á salir INES *muy asustada.*

Ines. Ay desdichada!

Beat. Qué es eso?

Ines. Mi señor viene.

Beat. Triste de mí!

Ines. Ea, qué aguardas?
Del aposento de anoche
Hoy el sagrado nos valga.

Dieg. ¡Qué desdichado que ha sido
Siempre mi amor! [*Escóndese.*

Beat. ¡Qué tirana
Ha sido siempre mi estrella!

Ines. ¿Qué te turbas y desmayas?
No temas; que mi señor
No trae rezelo de nada,

Pues entra en su cuarto antes,
Que en el tuyo.

Beat. ¡Ay, Ines, cuanta
Es mi pena!

Salen DON CÁRLOS *y* DON JUAN *á la puerta.*

Juan. Yo venia, [*ap. los dos.*
Cárlos, como digo, á casa,
Cuando vi, que un hombre en ella
Entró. En la calle me aguarda,
Y por ventana ni puerta
Dejes, que ninguno salga.

Carl. Entra y fia, que seguras
Tienes, Don Juan, las espaldas. [*Vase.*

Juan. Beatriz!

Beat. Hermano?

Juan. Qué hacías?

Beat. Aqui con Ines estaba.

Juan. Está bien.

Beat. Adónde vas?

Juan. ¿Es novedad, que en mi casa
Entre yo donde quisiere?

Beat. No lo es; pero extraño......

Juan. Aparta!

Beat. El modo de hablarme.

Juan. ¡Quita
De delante!

Beat. Pena extraña! [*aparte.*

Dieg. Hácia este aposento viene. [*al paño.*
Salida tiene á otra cuadra;
Quiero ver, si mas seguro
Lugar mis rezelos hallan. [*Éntrase.*

Juan. Desta suerte he de salir
De una vez de dudas tantas.
[*Entra tras D. Diego, sacando la espada.*

Beat. Para entrar al aposento,
(Ay de mí!) la espada saca.

Ines. Muertes de hombres ha de haber.

Beat. Ines, la suerte está echada.

Ines. Y echada á perder, señora.

Beat. Sin vida estoy y sin alma.

Ines. Pues cualquiera dellas es
Importantísima alhaja,
Huyamos!

Beat. Aun para huir,
Aliento y valor me falta.

Ines. Don Diego del aposento [*Mirando dentro.*
Salió, pues que no se halla
En él.

Dentro DOÑA LEONOR.

Leon. Ay de mí infelice!

Beat. Pasando de cuadra en cuadra,
Dió adonde estaba Isabel.
Ella de verle se espanta,
Y huyendo dél, hasta aqui
Viene. Á este lado te aparta.
[*Retíranse las dos.*

Sale DOÑA LEONOR *con luz, y tras ella*
DON DIEGO.

Leon. Hombre, que mas me pareces
Sombra, ilusion ó fantasma,
Qué me quieres? ¿No bastó
El echarme de mi casa,
Sino tambien de la agena?

Dieg. Muger, que mas me retratas
Fantasma, ilusion ó sombra,
¿Mis desdichas no me bastan,
Sin las que tú ahora me añades,
Pues segunda vez me matas?
Pero no; pues hoy......

Sale DON JUAN.

Juan. En vano,
Aunque el centro en sus entrañas
Te esconda, podrás...... Don Diego? [*Conócele.*
Dieg. Detened, Don Juan, la espada;
Que, aunque vuestra casa está
En esta parte agraviada,
No vuestro honor; y si puedo
Satisfacer con palabras
Al empeño, mejor es;
Pues es cosa averiguada,
Que es la venganza mejor,
No haber menester venganza.
Juan. Don Diego Centellas es. [*aparte.*
Con Leonor está. Aqui hallan
Mis sospechas el mejor
Desengaño. Albricias, alma!
Que, aunque esta es desgracia, es
Mas tolerable desgracia.
Beat. Suspenso el acero al verle [*aparte.*
Se quedó; oye lo que hablan.
Dieg. Yo, Don Juan, amé en la corte
Á Leonor, que es esta dama,
En cuya casa una noche
Me sucedió una desgracia.
Vine a Valencia, y teniendo
Noticia, que en vuestra casa
Estaba,......
Leon. Ay de mí!
Dieg. Esta noche
Me atreví á entrar aqui á hablarla.
Beat. ¡Qué buena disculpa, Ines, [*aparte.*
Si ahora Isabel conformara
Con ella! Haz señas, que diga
Que sí, que es ella la dama.
[*Hace* Ines *señas á* Dª· Leonor.
Leon. Don Juan, cuanto aqui has oido,
Es verdad. Don Diego es causa
De mi fortuna, y por quien
Desterrada de mi patria,
De mi padre aborrecida,
De mi esposo despreciada,
En este estado, este trage
Vivo, sirviendo á tu hermana.
Ines. La seña entendió. [*ap. las dos.*
Beat. Y lo finge
Tan bien, que aun á mí me engaña.
Leon. Pero diga él, si yo aqui
Ni allá le dí......
Juan. Calla, calla!
Leon. Ocasion......
Juan. No te disculpes.
¡Hay muger mas desgraciada!
Ines. Mucho la debes, señora, [*ap. las dos.*
Pues se culpa por tu causa.
Beat. Solo que lo haya creido
Mi hermano, es lo que nos falta.
Juan. Qué haré? que aunque esté seguro [*aparte.*
Yo, que lo esté Cárlos falta.

Sale DON CÁRLOS, *y quédase al paño.*

Carl. Habiendo en la calle oido
Ruido acá dentro de espadas,
Dejo la puerta, y á hallarme
Vengo, Don Juan,...... Mas las armas
Tienen suspensas los dos.
Desde aqui oiré lo que tratan;
Que quizás será su honor
Conveniencia á la desgracia.
Dieg. Esta es vuestra ofensa; y pues
Á ser agravio no pasa,
Mirad, si os estará bien,
Ó remitirla ó vengarla.

Juan. Don Diego, vuestras disculpas
Convienen con señas varias,
Que yo tengo de Leonor.
Carl. Qué escucho? Pena tirana!
Á Leonor nombró, y Don Diego.
Juan. Pero una pregunta falta.
¿Es esta la primer noche,
Que aqui habeis entrado á hablarla?
Dieg. Malicia trae la pregunta; [*aparte.*
Por sí ó por no, he de salvarla. —
No; que anoche entré por esa
Puerta, y por esa ventana
Salí. Sabida la culpa,
¿Qué importa la circunstancia?
Juan. Importa mas, que pensais.
Carl. Contra mí es contra quien paran
Los zelos de Don Juan, cielos!
Beat. Ya que lo ha creido, salga
Yo ahora. — Pues ten de mí,
Don Juan, la desconfianza,
Y mira lo que me envía,
Para servirme, tu dama. —
Perdona, amiga, y prosigue. [*aparte.*
Leon. No entiendo lo que me mandas.
Juan. No es tiempo deso, Beatriz;
Pues aunque con señas tantas
Me satisfaga Don Diego,
Estar Leonor en mi casa,
Por órden de quien á ella
La envió, á mí no me saca
De la obligacion, en que
Me pone mi sangre hidalga;
Y asi, aunque por ella venga,
Y no por tí, eso me basta
Para que el atrevimiento
Castigue yo.

Sale DON CÁRLOS.

Carl. Aquesa instancia,
Pues me toca á mí el sentirla,
Tambien me toca el vengarla.
Leon. Qué miro? Cárlos aqui? [*aparte.*
¡Esto solo me faltaba!
Dieg. ¿Pues quién sois vos, que quereis
Tomar ahora la demanda?
Carl. Bien pudiérais conocerme;
Que razones teneis hartas.
Yo soy aquel que por muerto
Os dejó, y ahora trata
Acabar lo que empezado
Dejó entonces.
Leon. Pena extraña!
Dieg. Antes pienso, que venis
Á que yo tome venganza
Hoy de todo.
Juan. Á vuestro lado,
Cárlos, estoy.
Dieg. No me espanta
La ventaja de los dos.

Dentro GINES.

Gin. Aqui son las cuchilladas.
Entrad todos.

Sale GINES *y gente.*

Todos. Qué es aquesto?
Beat. Ines, esas luces mata,
Por si podemos asi
Excusar desdichas tantas.
[*Apaga la luz, y riñen.*
Gin. Nadie tire, estando á obscuras.
Juan. Ved todos, que esta es mi casa.
Gin. Encienda usted una luz,
Y lo verán.

Leon.   Qué desgracia!
Dieg. La puerta hallé.   Esto no es
Volver al riesgo la cara,
Sino fiar á mejor
Ocasion mis esperanzas.   [*Vase.*
Beat. Á mi cuarto me retiro
Llena de confusas ansias.   [*Vase.*
Ines. Tan buena hacienda hemos hecho,
Que de puro buena es mala.   [*Vase.*
Gin. Señor, dónde estás? que ya
El cirujano te aguarda.
Carl. Muere, traidor!
Gin.   Muerto soy!
Que mandarlo vusted basta. —
El diablo que mas espere
Á que te veras lo hagan.   [*Vase.*
Uno. Muerto está uno; por si viene
Justicia, de aquesta casa
Salgamos; huyamos todos.   [*Vanse.*
Juan. Hola! aqui unas luces saca.
Mas yo por ellas iré.   [*Vase.*
Leon. De confusa y de turbada,
Tropezando en mis desdichas,
De aqui no muevo las plantas.
Carl. El puesto he de sustentar;
Que, aunque siento que se vayan
Todos, no he de faltar yo
De donde saqué la espada.

        Sale Don Juan *con luz.*

Juan. Ya hay luz aqui.
Leon.   Cárlos, tente!
Juan. Solos los dos?
Carl.   Qué te espanta?
Porque si yo á mi enemigo
No puedo volver la espalda,
Hallándome con Leonor,
Con mi enemigo me hallas;
Pero enemigo, de quien
La victoria es huir.
   [*Quiere irse, y detiénele* D. Juan.
Juan.   Aguarda.
Carl. Déjame, que en seguimiento
De esotro, huyendo á este, salga.
Juan. Ya no hay tras quien.
Leon.   ¡Quién pudiera
Rasgarse el pecho, y que hablara
El corazon con acciones,
Y no la voz con palabras!
Carl. Fuera el corazon tambien
Traidor; que ser tuyo basta.
Leon. Fuera leal, por ser mio.
Carl. Bien el lance lo declara,
Que acabo de ver; (ay fiera!)
Cuando no consideraras
Las finezas, que me debes,
Consideraras, que estabas
En casa de Don Juan.
Leon.   ¿Pues
Qué culpa contra mí hallas
En las locuras de un hombre?
Carl. Ninguna. Ahorremos demandas
Y respuestas. — Primo, amigo,
Pues tan felizmente acaba
Para tí aquella ocasion,
Que detuvo mi jornada,
Cuanto infeliz para mí,
Á Dios; que, aunque con infamia
Salga de Valencia, es fuerza
Que della esta noche salga.
Diga mi enemigo, que huyo;
Que no quiero honor ni fama.
Á esa muger, porque en fin
La quise bien, te la encarga

Mi amistad, no para que
La tengas mas en tu casa,
Sino para que la dejes,
Que en cas de Don Diego vaya;
Logre él felice su amor,
Y ella gustosa...... Mas nada
Digo. Á Dios, Don Juan.
Leon.   Ay cielos!
Carl. Espera, Cárlos!
Leon.   Qué aun hablas?
Carl. Si yo supe......
Carl.   No prosigas.
Leon. Que aqui......
Carl.   No me digas nada.
Leon. No, pues yo, si,..... Hablar no puedo.
Vista y aliento me faltan.
Jésus mil veces!   [*Desmáyase.*
Juan.   Cayó
En mis brazos desmayada.
Carl. Tenla, Don Juan. — Ay· Leonor!
Que te odoro, aunque me matas,
Y es muy distinto sentir
Tu traicion, que tu desgracia.
Juan. En lágrimas y gemidos
Se le han vuelto las palabras.
Esperad, Cárlos, á que
Entre al cuarto de mi hermana
Con ella.
Carl.   Sí, Don Juan, id;
Algun remedio se le haga.
Mas dejadla que se muera,
Pues para otro amor se guarda.
Juan. Despues veremos los dos
Lo que hemos de hacer.   [*Éntrala.*
Carl. ¡Mal haya
Rendimiento tan postrado,
Pasion tan avasallada,
Afecto tan abatido,
Y voluntad tan postrada!
¡Á mas quejas, mas amor,
Á mas agravios, mas ansias,
Á mas traicion, mas firmeza!
¿Mas qué me admira y espanta?
Que quien no ama los defectos,
No puede decir, que ama.

JORNADA III.

    Salen Don Cárlos *y* Don Juan.

Carl. Volvió del desmayo?
Juan.   Sí;
Pero volvió de manera,
Que pienso, que mejor fuera
No haber vuelto.
Carl.   Cómo asi?
Juan. Como al instante que alli
Restauró el perdido aliento,
Fue tan grande el sentimiento,
Que de tenerle ha tenido,
Que á un tiempo cobró el sentido,
Y perdió el entendimiento,
Segun los extremos son,
Que hace confusa y turbada.
Carl. Qué dice?
Juan.   Que es desdichada,
Sin oírla su razon.
Carl. ¡O mal haya mi pasion!
Juan. ¿Vos qué habeis determinado?
Carl. Dos cosas he imaginado,
Y solo, Don Juan, quisiera,

Que nadie me las oyera,
Sin estar enamorado.
¿Quereis, que os diga, Don Juan,
Sobre tantas confusiones,
Fantasías é ilusiones,
Como á mí vienen y van,
Cuales son las que me dan
Mas gusto, cuando las toco,
Cuales las que me provoco
Mas á ejecutarlas?

Juan.   Sí.

Carl. No os habeis de reir de mí,
Pues confieso, que estoy loco.
Si en este estado pudiera
Yo conseguir, que á Leonor
Todo su perdido honor
Don Diego satisfaciera,
Que honrada y en paz volviera
Con su padre á su lugar,
Fuera la mas singular
Venganza, y á esta muger
La sabré hacer un placer,
Cuando ella espera un pesar.
Leonor está enamorada,
Don Diego lo está tambien;
Dígalo el lance. Pues bien,
Qué pierdo yo? Todo y nada.
Y asi, en pena tan airada,
Como tengo y he tenido,
Solo este me ha parecido,
Que despicarme sabrá;
Ganemos á Leonor, ya
Que á Leonor hemos perdido.

Juan. Es vuestra resolucion
Tan honrada, como vuestra;
Y bien en su efecto muestra
Ser hija de una pasion
Tan noble.

Carl.   ¿Pues á su accion
Qué medio, Don Juan, pondremos?

Juan. No sé; porque, si queremos
Á Don Diego hablar yo y vos,
Por lo mismo que los dos
El casamiento tratemos,
Él no lo hará; que no fuera
Justo, que un hombre otorgara,
Por mas que él lo deseara,
Lo que el galan le pidiera
De su dama: de manera,
Que otra persona ha de haber.

Carl. Pues lo que se puede hacer
Es, que á su padre digais,
Como á Leonor ocultais,
Y él lo podrá disponer.

Juan. Tiene eso un inconveniente.

Carl. Qué?

Juan.   El empeño de los dos;
Fuera de que entonces vos
No haceis la accion.

Carl.   Cuerdamente
Decís. ¿Quién habrá, que intente
Esta plática mover?

Juan. Ya sé yo quien ha de ser.
Vereis, que todo lo allana.

Carl. Quién?

Juan.   Doña Beatriz mi hermana,
Que es en efecto muger,
Con quien lo uno no habrá
Duelo en la proposicion,
Y lo otro es debida accion
Suya el honrar á quien ya
Dentro de su casa está
Declarada por quien es.

Carl. Bien pensais.

Juan.   Escondeos pues,
Mientras yo á tratarlo llego.

Carl. Yo, por qué?

Juan.   Porque Don Diego
Ni el padre os vea hasta despues.

Carl. Yo esconderme?

Juan.   Es deshacer
Toda nuestra pretension.

Carl. Yo lo haré, con condicion,
Que nadie lo ha de saber,
Sino vos.

Juan.   Asi ha de ser.

Carl. Pues id con Dios. — Ay Leonor,
Cuánto debes á mi amor,
Pues te da, fiera homicida,
Sobre un agravio la vida,
Sobre otro agravio el honor!
    [*Escóndese, y cierra por dentro.*

Juan. Si á conseguir esto llego,
Á nadie le está mejor,
Pues quedo bien con Leonor,
Con su padre y con Don Diego;
Y vengo á mirarme luego
Sin el empeño, á que he estado
Por Don Cárlos obligado;
Y asi tengo de esforzar
Esta accion, hasta quedar
Gustoso y desengañado.

        Sale Doña Beatriz.

Beat. ¿Está Don Cárlos aqui?

Juan. No, Beatriz.

Beat.   Pues yo á tu cuarto
Solo á buscarle venía.

Juan. Cuando le dió aquel desmayo
Á Leonor, le dejé aqui,
Y aqui al volver no le hallo. —
Ni aun mi hermana ha de pensar,   [*aparte.*
Que se ha escondido Don Cárlos.

Beat. Sin duda que su valor
Tras Don Diego le ha llevado.

Juan. Yo, por no saber adonde
Hallarle podré, no salgo
Tras él. Mas tú, qué le quieres?

Beat. Decirle, Don Juan, que, cuando
Por amante y por rendido
No fuese, por cortesano
Y caballero tuviese
De su dama, que llorando
Está, lástima.

Juan.   Qué dice?

Beat. Que con solo hablar á Cárlos
Consuelo tendrá.

Juan.   Pues si él
No está aqui, y solos estamos,
Una cosa á tu cordura
He de fiar, Beatriz.

Beat.   Harto
Será, que fies de mí
Nada; porque quien te ha dado
Ocasion, que de della
Desconfies, Don Juan, tanto,
Que presumas, que ha podido
Ocasionar el cuidado,
Con que anoche entraste en casa,
Parece que es muy contrario,
Que fies y desconfies
Á un mismo tiempo.

Juan.   Excusado
Será, Beatriz, que yo haga
Dese sentimiento caso,
Sabiendo tú, cuanto estimo
Tu virtud y tu recato;
Y en fin tú sola, Beatriz,

Podrás hoy de riesgos tantos,
Como amenazan las vidas
De Don Diego y de Don Cárlos
Y aun la mia, pues es fuerza
Hallarme en el duelo de ambos,
Librarnos.

Beat.   Yo, de qué suerte?

Juan. Desta suerte; oye, y sabráslo.
Yo intento, por ser quien es
Leonor, cuidar del amparo
De su honor y su opinion;
Pero si llego á tratarlo
Yo con Don Diego, no sé
Lo que hará, y es empeñarnos,
Para haber de conseguirlo,
Haber de llegar á hablarlo.
Y asi á tí, Beatriz, te toca;
Que á las mugeres es dado
Tratarlo con suaves medios,
No á nosotros, y mas cuando
La muger está en tu casa,
Y son tu primo y tu hermano
Comprehendidos en el riesgo,
Razones, que me la han dado,
Para que llames......

Beat.   Á quién?

Juan. Á Don Diego; y procurando
Darle á entender, cuanto está
Ofendido tu recato
De que á tu casa se atreva,
Proponerle, que, pues tantos
Peligros debe á esta dama,
Se disponga á remediarlos;
Que, como con ella case,
Á todos deja obligados.
Y esto ha de ser, sin que entienda,
Que nosotros le rogamos,
Sino que sale de ti.

Beat. Digo, Don Juan, que has pensado
Bien, y que yo lo haré asi.

Juan. Pues yo voy á ver, si á Cárlos
Hallo. Tú, si al tuyo vuelves,
Haz, que cierren ese cuarto.

Beat. Yo le cerraré. — ¿ Á qué mas
Puedo llegar, pues me hallo
Obligada á ser yo misma
Tercera de mis agravios,
Y cómplice de mis zelos?
Qué puedo hacer? Pero vamos
Al exámen, zelos mios;
Y pues le da libre el paso
Hoy en su casa á Don Diego
Quien ayer lo estorbó tanto,
Sepamos dél, qué responde.
Salgamos ó no salgamos
De una vez deste delirio,
Desta pena, deste encanto. —
Ines!

Sale DOÑA LEONOR.

Leon. Señora?

Beat.   Leonor,
Tú respondes?

Leon.   Si has llamado
Á una criada, ¿ qué mucho
Que responda quien lo es tanto?

Sale DON CÁRLOS *al paño.*

Carl. La voz de Leonor oí;
Y asi la puerta entreabro,
Por verla convalecida
De aquel penoso letargo.

Beat. Si ayer, Leonor, mi ignorancia
Te tuvo en aquese estado,

Hoy mi advertencia, Leonor,
Te pone en lugar mas alto.
Mi amiga eres. — Mi enemiga *[aparte.*
Diré mejor.

Leon.   Si he llegado
Á perder, señora, el nombre
De criada tuya, no en vano
De la ventura, que pierdo,
Me libra el honor, que gano.
Tu esclava soy, y te pido,
Si puede merecer algo
Quien vino á tu casa solo
Á causar asombros tantos,
Me trates como hasta aqui.

Beat. ¿ Cómo puedo, Leonor, cuando,
Por ser quien eres, y estar
En mi casa, darte trato
Esposo?

Leon.   En eternidades
Prospere el cielo tus años.
Pero Cárlos no querrá,
Que es tan zeloso......

Beat.   No es Cárlos.

Leon. Pues quién?

Beat.   Don Diego Centellas.

Leon. No te empeñes en tratarlo;
Que antes me daré la muerte,
Que dé á Don Diego la mano.

Beat. ¿ Luego tú nunca has querido
Á Don Diego?

Leon.   Áspid pisado
Entre las flores de Abril,
Víbora herida en los campos,
Rabiosa tigre en las selvas,
Cruel sierpe en los peñascos,
No es tan fiera para mí,
Como él lo es.

Beat.   Á espacio, á espacio!
Que, aunque le desprecies, quiero,
No que le desprecies tanto.

Carl. Ha traidora! Ella me vió *[aparte.*
Esconder, pues asi ha hablado.

Beat. Yo pensaba, que te hacia
Lisonja; que quien ha estado
Por tí á la muerte en Madrid,
Y aqui te viene buscando,
No entendí, que te ofendia.

Leon. Pues si supieras bien cuanto
Me ofende......

Beat.   Yo lo veré
Presto, para que salgamos
Deste obscuro laberinto
Él, tú, yo, Don Juan y Cárlos. *[Vase.*

Carl. Fuese Beatriz, y Leonor *[aparte.*
(Ay cielos!) sola ha quedado.
Llorando está. ¿ Mas qué importa,
Si es tan equivoco el llanto,
Que, aunque está llorando veo,
No por quien está llorando?

Leon. Ahora sí, piadosos cielos,......

Carl. Ha zelos!

Leon. Que solo podrán mis labios......

Carl. O agravios!

Leon. Quejarse al viento mejor.

Carl. O amor!

Leon. ¿ Quién le dirá á mi dolor
La razon, que ha de culparme?

Carl. Yo lo dijera, á dejarme
Zelos, agravio y amor.

Leon. ¿ Cuándo yo ocasion he dado......

Carl. Fiero hado!

Leon. Á mi desdicha importan,......

Carl. Cruel fortuna!

Leon. Que asi el honor atropella?

Carl. Dura estrella!

Leon. ¿Pues cómo, si nunca della
Dí ocasion, me da castigos?

Carl. No sin causa hay enemigos
Hado, fortuna y estrella.

Leon. Quien inocente se mira......

Carl. Es mentira.

Leon. En la ciega confusion......

Carl. Es traicion.

Leon. De tan conocido daño.

Carl. Es engaño.

Leon. ¿Cuando, amor, el desengaño
Verán otros, que tú ves?

Carl. Nunca; que todo eso es
Mentira, traicion y engaño.
Sin duda estan contra mí
Hoy los cielos conjurados,
Pues me tienen persuadido
Á que sabe, que oigo cuanto
Diciendo está. ¿Mas qué importa,
Que aqueste metal humano
Él mismo sonido tiene
Cuando es fino y cuando es falso;
Y asi, pues basta el oirlo,
¿Para qué es examinarlo?

Leon. ¡Ay, Cárlos, si tú me oyeras!

Carl. Ay, Leonor, si.....! Mas llamaron   [*Llaman.*
Á la puerta. Á cerrar vuelvo
Yo la mia.

Leon.   ¿Que aun hablando
Sin efecto, no faltó
Quien viniese á embarazarlo?
Veré quien es, por si puedo
Quedarme sola otro rato. —
Quién es?

         Sale D O N   P E D R O.

Ped.   ¿El señor Don Juan
Está en casa? Cielo santo!
Qué miro!

Leon.   Ahora salió. —
Mas qué veo!

Ped.   Estoy turbado!
[*Entrase* L e o n o r *donde está D. C á r l o s.*

Carl. No temas, Leonor; que yo
Te recibiré en mis brazos.

Ped. Cerró la puerta tras sí.
¿Mas qué importa, si yo basto,
En defensa de mi honor,
A dar asombros y espantos
Al mundo? Caiga en el suelo;
Que despues de hecha pedazos,
Haré lo mismo de aquella
Tirana, que......

     Sale D o ñ a   B e a t r i z *por otra puerta.*

Beat.   ¿En este cuarto
Golpes y voces? Qué es esto?

Ped. Es un furor, es un pasmo,
Una desesperacion,
Un horror, una ira, un rayo,
Que ha de abrasar cuanto encuentre,
Que intente ponerse al paso.

Beat. ¿Pues cómo este atrevimiento
En mi casa? ¿Quién ha dado
Ocasion, para que asi
Haya podido empeñaros
Una cólera?

Ped.   Una fiera,
Que aquí se oculta.

Beat.   Esperaos.
Es Leonor?

Ped.   ¿Pues quién pudiera,
Sino ella, obligarme á tanto?

Beat. ¡Esto nos faltaba solo! [*aparte.*
¿Otro amante, y destos años,
Tras Don Cárlos y Don Diego,
Que pusiese en paz á entrambos? —
Pues bien, ¿aunque vos tuviéseis
Razones, que yo no alcanzo,
Para buscarla ofendido,
Os atreveis temerario
Á entrar aqui?

Ped.   Sí; que yo
En mí la disculpa traigo
Para mayores extremos;
Y asi perdonad, si os trato
Sin mas atencion, señora.

Beat. En esta casa es engaño
Pensar, que no habrá......

       Sale D o n   J u a n.

Juan.   Qué es esto?

Beat. Qué ha de ser? Aqueste anciano
Caballero en busca viene
Tambien de Leonor, y ha dado
En que ha de romper las puertas
Desta casa.

Juan.   ¡Paso, paso,
Beatriz! que el señor Don Pedro
Ni te ha ofendido, ni ha errado;
Porque, como dueño della,
Á todos puede mandarnos.

Ped. Señor Don Juan, no gastemos
Cumplimientos excusados;
Ni soy dueño, ni ser quiero
Mas, que un forastero, que hallo,
Cuando fiado de vos,
Á veros vengo y hablaros,
En vuestra casa á mi hija.
Cerrada está en ese cuarto.
Abrid vos, ó abriré yo,
Echando la puerta abajo.

Beat. Su padre es? [*aparte.*

Juan.   ¿Cómo saldré [*aparte.*
De lance tan apretado?
Ya él la vió. Qué he de decirle?

Ped. Qué pensais? Determinaos.

Juan. Por cierto, señor Don Pedro,
(Mucho haré, si desta salgo) [*aparte.*
Muy buen agradecimiento
Es ese de mi cuidado;
Pues desde ayer, que me hice
De vuestras fortunas cargo,
Busqué á Leonor, y la traje
Á mi casa, donde al lado
La hallais de mi hermana, adonde
Satisfaceros aguardo,
De suerte, que á vuestra casa
Volvais contento y honrado.
Mas si desto os disgustais,
De todo alzaré la mano.

Ped. Dadme, Don Juan, vuestros pies,
Y perdonadme, que airado,
Al verla, razon no tuve
Para discurrir á tanto;
Que no sabe discurrir
En su dicha un desdichado.
Arrastróme la pasion;
Mas ya, á vuestros pies postrado, [*de rodilla*
Os hago dueño de todo.

Juan. Qué haceis, señor? Levantaos.

Ped. Y vos perdonad, señora,
El disgusto, que os he dado.
Soy noble; estoy ofendido.

Beat. Á haber, señor, alcanzado
Quien sois, de otra suerte hubiera
Pretendido reportaros.

Juan. ¿Llamaste á Don Diego? [*ap. á Beatriz.*
Beat. Sí;
Ines fue ahora á llamarlo.
Juan. Venid conmigo, señor
Don Pedro, para que vamos
Á hacer una diligencia
Importante en este caso.
Leonor con Beatriz segura
Queda.
Beat. Y yo, señor, me encargo
De dar cuenta della.
Ped. Basta
Quedar con vos. — ¡Cielo santo,
Venga la muerte, si llego
Á ver mi honor restaurado.
Juan. Yo no sé donde le lleve. [*aparte.*
Habla tú á Don Diego en tanto,
Porque en esa diligencia
Está mi dicha.
    [*Vanse D. Juan y D. Pedro.*
Beat. Y mi daño. —
Leonor, abre; yo estoy sola.

Dentro DOÑA LEONOR *y* DON CÁRLOS.

Leon. Con ese seguro salgo.
Carl. Ni á Beatriz, Leonor, le digas,
Que aqui estoy.
Leon. No haré.

Sale DOÑA LEONOR.

Beat. De extraño
Lance tu vida escapó.
Leon. En esta cuadra sagrado
Hallé.
Beat. No fue poca dicha
Dejarla abierta mi hermano,
Que nunca suele dejar
Della la llave.
Leon. No en vano
Diré mil veces, que en ella
Mi vida está; — que está Cárlos. [*aparte.*
Beat. Leonor, puesto que tu padre
Nuestros sustos ha llegado
Á aumentar, como si acá
No nos tuviésemos hartos,
Lo que antes de ahora te dije,
Trataré con mas cuidado.
Leon. Tambien lo que te dijeron
Antes de ahora mis labios,
Dirán con mas causa ahora.
Beat. Eso es tema.
Leon. Esotro agravio.
Beat. Ahora bien; cierra esa puerta,
Y ven, Leonor, á mi cuarto.
Leon. Ya yo te sigo.
Beat. ¡Ay, Don Diego, [*aparte.*
Con cuanto temor te aguardo! [*Vase.*

Sale DON CÁRLOS.

Leon. Cárlos, pues me da ocasion
De hablarte este breve rato,
Óyeme.
Carl. Leonor, si en mí
Aun es fineza el acaso,
Puesto que siempre nos vemos,
Tú ofendiendo, y yo amparando,
Qué me quieres? Déjame,
Hasta que llegue otro acaso
De darte la vida yo,
Y de hacerme tú otro agravio.
Leon. Eso no llegará nunca,
Mas esotro ya ha llegado.
Carl. Cómo?
Leon. Sabe, que Beatriz

Me da la muerte, intentando,
Que me case con Don Diego.
Si generoso y bizarro
Á cada riesgo una vida
Me has de dar, aquesta aguardo.
Háblala tú.
Carl. Bueno es eso,
Siendo yo mismo el que trato
El casamiento, pedirme
Contra mi herida el reparo.
Leon. Tú lo quieres?
Carl. Yo lo quiero.
Leon. Tú lo trazas?
Carl. Yo lo trazo;
Á cuyo efecto escondido
Estoy, por no embarazarlo,
Ni encontrarme con Don Diego
Ó con tu padre.
Leon. No alcanzo
La razon.
Carl. Yo sí.
Leon. Qué es?
Carl. Ser
Mis respetos tan honrados,
Tan nobles mis pensamientos,
Y mis zelos tan hidalgos,
Que ya, Leonor, que te pierdo,
Quiero ver, si tu honor gano.
Leon. Cómo mi honor?
Carl. Pretendiendo,
Que el escándalo, que ha dado
(Dejo aparte los sucesos
De Madrid, en que no hablo)
El entrar Don Diego á verte
Á casa, que yo te traigo,
El salir por un balcon
Una noche, otra encerrado
Hallarle, Leonor, contigo,
Cese con darte la mano;
Fineza última, que puede
Hacer un enamorado,
Por ver con honor su dama,
Ver su dama en otros brazos.
Leon. ¡Mi bien, mi señor, mi dueño......!
Carl. ¡Mi mal, mi muerte, mi agravio......!
Leon. Si la noche del balcon
Le ví, me confunda un rayo;
Y si la que habló conmigo
Lo supe......
Carl. Todo eso es falso.
Leon. Si lo fuera, no dijera
Lo que con Beatriz he hablado.
Carl. Ha, traidora! que sabías,
Que yo lo estaba escuchando.
Leon. Yo de qué?
Carl. De haberme visto
Esconder. Bien lo ha mostrado
Venir, cuando entró tu padre,
De mí á valerte.
Leon. Fue acaso.
Mas quiero que no lo sea,
Cuando tú me estás rogando,
Que con él case, ¿á qué efecto
Te había de estar engañando?
Carl. Pregunta eso á cuantas damas
Engañan á dos, sabráslo.
Leon. No como yo.
Carl. Todas sois......

Dentro DOÑA BEATRIZ.

Beat. Leonor!
Leon. Beatriz ha llamado.
Carl. No digas que estoy aquí,
Si es que por mí has de hacer algo.

Leon. No haré. Al fin no me creerás?
Carl. No; porque dice un adagio:
  Siempre es cierto lo peor.
Leon. Yo le enmendaré, mudando:
  No siempre lo peor es cierto.
  ¡O lo que me cuestas, Cárlos!   [*Vanse.*

  Salen DOÑA BEATRIZ *y* DON DIEGO.

Dieg. Beatriz enviarme á llamar,
  Y á estas horas no temer
  Que entre en tu casa, y poner
  Guarda á tu cuarto, y pasar
  En el de tu hermano á hablarme,
  Muchas prevenciones son.
  ¿Es fineza, ó es traicion?
  ¿Es darme vida, ó matarme?
Beat. No extrañeis, señor Don Diego,
  Ver aquesta novedad,
  Ni que con tal brevedad
  Á veros y hablaros llego
  Á estas horas y en mi casa,
  Ni que este cuarto haya sido
  El que para esto he elegido;
  Que avisándome que pasa
  Violante esta tarde á verme,
  No es bien que os vea; y asi
  Intento hablaros aquí.
  No, no teneis que temerme,
  Porque yà sois tan seguro
  Para conmigo, que puedo
  Perder á mi amor el miedo
  Tanto, que solo procuro
  Ser hoy del vuestro tercera,
  Ya que no es posible ser
  Mas, habiendo otra muger,
  Que para marido os quiera.
Dieg. Cuando, llamado de vos,
  Aquel papel recibí,
  Una duda concebí;
  Entrando aqui, fueron dos;
  Tres al escucharos son.
  Dejad, que el remedio acuda,
  Si he de añadir una duda,
  Beatriz, á cada renglon.

  Sale DON CÁRLOS *al paño.*

Carl. Temor, no sé lo que arguya
  Desto, y es fuerza escuchar,
  Si vienen estos á hablar
  En mi pena ó en la suya.
Beat. Mucha gana de dudar,
  Señor Don Diego, teneis,
  Supuesto que no entendeis
  Tan fácil modo de hablar.
  Y para que á vuestro amor
  Ningun escrúpulo quede
  De que entenderme no puede,
  Declárome mas. Leonor
  Por vos su casa ha dejado,
  Padre, honor, vida y reposo;
  A Don Juan teneis quejoso;
  Don Cárlos está agraviado;
  Yo estoy de vos ofendida,
  Ó por mi casa ó por mí;
  De Leonor el padre aqui
  Está tambien. Vuestra vida
  Corre gran riesgo; y es llano,
  Que otro remedio no espero,
  Que dar venganza á su acero,
  Ú dar á Leonor la mano.
  Vos la amais, ella os adora;
  Todos andan por mataros,

  Y es el remedio casaros.
  ¿Habéislo entendido ahora?
Dieg. Necio fuera en no entenderos,
  Cuando tan claro me hablais;
  Y si licencia me dais,
  Trataré de responderos.
Beat. Decid pues.
Carl.   Qué es esto, cielos?   [*aparte.*
  ¿Don Diego y Beatriz se amaban?
  ¿Unos zelos no bastaban?
  ¿Para qué son otros zelos?
  Mas quiero oir; que fingido
  Esto no será, supuesto
  Que Beatriz no hablara desto
  Dónde yo estaba escondido.
Dieg. Mucho quisiera, Beatriz,
  Poder en aqueste instante
  De amante y de caballero
  Dividirme en dos mitades;
  Porque no sé á cual acuda
  De dos afectos, que iguales,
  Al intentar responderos,
  Me sitian y me combaten.
  Si como amante pretendo
  Daros la respuesta, es fácil
  Presumir, que hace mi amor
  De las mentiras verdades.
  Y asi, como quien soy solo,
  Solicito hablaros antes,
  Pues antes, Beatriz hermosa,
  Fui caballero, que amante.
  Pensad, que no hablo con vos;
  Que no quiero en esta parte
  De vuestros zelos, Beatriz,
  Ni de mi amor acordarme.
  De mí mismo, de mi honor,
  De mi obligacion, mi sangre
  Me acuerdo solo; y asi
  Presumid, que otro me trae
  Ese recado, y que á otro
  Respondo.
Carl.   Empeño notable!
Dieg. Yo ví en Madrid á Leonor.
  Su hermosura pudo darme
  Ocasion de que asistiese
  De dia y de noche en su calle.
  Ví, miré, pasé, escribí;
  Pero con desdenes tales
  Me trató, que ya no eran
  Desdenes, sino desaires.
  Hice tema del amor,
  Sintiendo, que me tratase
  Sin aquella estimacion,
  Con que las mugeres saben
  Despedir lo que no quieren;
  Que hay algunas de tal arte,
  Que aun de los mismos desprecios
  Agradecimientos hacen.
  Este le faltó á Leonor;
  De suerte, que yo, al mirarme
  Tan desvalido, acudí
  Al medio siempre mas fácil,
  Que son las criadas. Una,
  Poniéndose mi parte,
  Gracias á no sé qué alhaja,
  Me dijo: de lo que nacen
  Los desprecios de Leonor,
  Es de que tiene otro amante.
  Zelos tuve, y aqui vuelvo,
  Contra lo propuesto, á darte
  Licencia de que seas tú
  La que me oye, por mostrarme
  Honrado á tus ojos; pues
  No lo es el que al infame

Consuelo se da de que
Otro, lo que él pierde, alcance.
Añadió, que de secreto
Con él trataba casarse,
Cuyo seguro les daba
Lugar para que se hablasen
De noche en su casa. Yo,
Por poder, Beatriz, vengarme,
Quise verlo; siendo solo
Mi ánimo, que ella llegase
Á saber, que yo sabia
Su amor, porque no ostentase
Conmigo la vanidad
De no merecerla nadie.
Escondióme la criada
De su cuarto en una parte
Oculta, donde ver pude,
Que ella de allí á poco sale
Hácia otro aposento. Quise
Seguirla, por si alcanzase
Á oir alguna razon,
Que repetirla adelante.
No seas tú aqui, que no quiero,
Que venganza tan cobarde
Sepas de mí, como hacer
De las mugeres ultraje.
Sintióme ella; volvió á ver
Quien era, y al mismo instante
Entró Don Cárlos, de cuyo
Encuentro el suceso sabes,
Y asi no quiero decirle.
Al fin pues de muchos lances
Vine á Valencia, y por Dios,
(Si en esto miento, él me falte!)
Que no supe, que en Valencia
Leonor estaba. Bastante
Satisfaccion es, Beatriz,
Saber tú, que vine á hablarte
La noche, que fue forzoso
Por ese balcon echarme.
Capaz de todo el suceso,
Zelosa, Beatriz, me hablaste,
Y yo, por satisfacerte,
Á verte volví ayer tarde.
Entró Don Juan á este tiempo;
Que parece, que le traen
Siempre á ocasion mis desdichas.
Intentando retirarme,
Dí con Leonor, y aunque pudo
Él verla, y verla en tal trage,
Suspenderme, me cobré
Tanto, que, por disculparme,
Culpé á Leonor. Sobrevino
Á tan no pensado lance
Don Cárlos. Pues si tú misma,
Beatriz, que es esto asi, sabes,
¿Cómo me pides, Beatriz,
Que yo con Leonor me case?
¿Muger, que me aborreció,
Muger, que dió á mis pesares
Ocasion con sus rigores,
Muger, que con otro amante
Vino á Valencia, y muger,
Que, aunque en tu casa la hallase,
Fue buscándote á tí, es justo
Que me la proponga nadie?
Si tú en esta ausencia mia
Á mejor empleo aspiraste,
Y los zelos de Madrid
Tomas ahora por achaque,
Múdate muy en buen hora,
Beatriz; pero no me cases;
Que no es muger para mí,
Muger, que tú me la traes.

Carl. Cielos, qué escucho? ¿Quién vió
Tan evidente, tan grande
Desengaño? Ay Leonor mia!
Verdades son tus verdades.
Beat. ¿Y qué es lo que hacer intentas
Con enemigos tan grandes?
Dieg. Qué enemigos?
Beat.   Yo, Leonor,
Cárlos, Don Juan y su padre.
Dieg. De todos esos, Beatriz,
Sino á tí, no temo á nadie.
Beat. Por qué á mí?
Dieg.   Porque me advierte
Muchas cosas ver, que hables
Tú en esto.

Salen INES *y* GINES, *cada uno por su puerta.*
Gin.   Señor!
Ines.   Señora!
Beat. Qué es lo que tienes?
Dieg.   Qué traes?
Ines. Mi señor viene; que yo
Le he visto ahora en la calle.
Gin. Y es lo peor, que con él
Viene de Leonor el padre.
Dieg. ¡Que destinado nací
Á desdichas semejantes!
Beat. Por mi hermano no importara,
Que aqui te viese y te hablase;
Por Don Pedro sí.
Gin.   Ellos son
De los dos mas puntuales
Padre y hermano, que he visto.
No hay cosa, en que no se hallen.
Dieg. Á esta cuadra me retiro,
Mientras á su cuarto pase.
Gin. ¿Esto ha de ser cada dia?
Carl. Aqui no puede entrar nadie.
Dieg. ¡Un hombre está dentro, cielos!
Beat. Hombre? Quién?
Gin.   Abindarraez,
Que, por no quedarse hoy
Sin posada, llegó antes.
Dieg. No te hagas ahora de nuevas,
Que el traerme aqui á rogarme,
Que me case con Leonor,
Bien muestra que quieres darle
Satisfaccion á quien es,
De que tú mis bodas haces;
Y vive el cielo......!
Beat.   Don Diego,......

Sale DOÑA LEONOR.

Leon. Señora, ¿quién hay que cause
Estas voces? Mas qué miro!
Beat. No sé quien es.
Dieg.   Pues yo darte
El gusto de que lo sepas
Quiero; porque, aunque me maten
Todos cuantos contra mí
Hoy solicitan vengarse,
He de ver quien es un hombre
Tan reportado ó cobarde,
Que á los ojos de su dama,
Llamándole otro, no sale.

Sale DON CÁRLOS.

Carl. Eso no; que yo de atento
Puedo desviar un lance,
De cobarde no.
Leon.   Desdichas,
¿Hasta cuándo habeis de darme
Siempre que sentir?

Salen DON JUAN *y* DON PEDRO.

Juan.   Qué es esto?
Ped.   ¡Qué confusion tan notable!
Un enemigo buscaba,
Y dos tengo ya delante.. —
Traidor Cárlos, vil Don Diego,
Si no puedo en dos mitades
Dividirme, para daros
Dos muertes á un tiempo iguales,
Poneos de un bando los dos,
Para que de un golpe os mate.
Juan.   Teneos todos; que si puede
De la razon el exámen
Mediarlo sin el acero,
Componerlo sin la sangre. —
¿Haos dicho Beatriz, Don Diego,
El mas conveniente y fácil
Medio?
Dieg.   El mas dificultoso
Me ha dicho, que es, que me case
Con Leonor, y no he de hacerlo.
Ped.   Ya, Don Juan, no hay mas que aguarde.
Pues no basta la razon,
Baste el acero.
Carl.   Dejadle.
    [*Pónese* D. *Cárlos al lado de* D. *Diego.*
Juan.   ¿Tú le defiendes, diciendo
Que no? Siendo asi, ¿cómo haces
Tú la fineza?
Carl.   Don Juan,
Si dijera que sí, darle
Yo muerte vieras.
Juan.   Por qué?
Carl.   Porque de uno en otro instante
Mejora tanto mi amor,
Que es fuerza que yo me case
Con Leonor.
Juan.   Y sus agravios?

Carl.   Yo no satisfago á nadie.
Bástame á mí estarlo yo. —
Llega, Leonor, á tu padre.
Leon.   Señor,......
Ped.   No me digas nada;
Que como mi honor restaure,
En albricias desta dicha
Perdono tantos pesares.
Juan.   ¿Pues no me direis, Don Cárlos,
Qué novedad vísteis?
Carl.   ¿Daisme
Licencia de que lo diga?
Juan.   Sí.
    [*Pónese Cárlos junto á* D. *Juan.*
Carl.   Pues dejad que me pase
Á vuestro lado. — Don Diego!
Beat.   Él dice lo que oyó.   [*aparte.*
Carl.   Dadle
La mano á Beatriz.
Dieg.   Y el alma.
Juan.   Pues cómo?
Carl.   Esto es importante,
Don Juan; con que ya sabreis
De qué mi mudanza nace;
Pues, si, donde está Leonor
Y Beatriz, él entra y sale,
Y yo caso con Leonor,
Fuerza es que él con Beatriz case.
Juan.   Dichoso yo, que, aunque tuve
Rezelos, no supe antes
El agravio, que el remedio.
Gin.   ¿Estan hechas ya estas paces?
Pues, Ines, boda *me fecit*,
Para que con esto nadie
Desconfie de su dama;
Que, aunque la experiencia engañe,
No siempre lo peor es cierto. —
Perdonad sus yerros grandes.

LXXXIX.

LAS CADENAS DEL DEMONIO.

PERSONAS.

San Bartolomé.
Polemon, *Rey.*
Licanoro
Ceusis } *Principes.*
El Demonio.

Un *Sacerdote de Astarot.*
Liron, *villano.*
Irene, *hija del Rey.*
Silvia, *dama.*

Flora, *dama.*
Lesbia, *villana.*
Criados.
Músicos.
Gente.

JORNADA I.

Salen Irene, Flora *y* Silvia *deteniéndola.*

Iren. Dejadme las dos.
Flor.   Señora,
     Mira......!
Silv.   Oye......!
Flor.   Advierte......!
Iren.   ¿Qué tengo
     De oir, advertir y mirar,
     Cuando miro, oigo y advierto,
     Cuan desdichada he nacido,
     Solo para ser ejemplo
     Del rencor de la fortuna,
     Y de la saña del tiempo?
     Dejad pues, que con mis manos,
     Ya que otras armas no tengo,
     Pedazos del corazon
     Arranque, ó que de mi cuello,
     Sirviéndome ellas de lazo,
     Ataje el último aliento;
     Si ya es, que, porque no queden
     De tan mísero sugeto,
     Ni aun cenizas, que ser puedan
     Leves átomos del viento,
     No querais, que al mar me arroje
     Desde ese altivo soberbio
     Homenage, en fatal ruina
     De la prision, que padezco.
Silv. Sosiega!
Flor.   Descansa!
Silv.   Espera!
Iren. ¿Qué descanso, qué sosiego
     Ha de tener quien no tiene
     Ni esperanza de tenerlo?
Silv. El entendimiento sabe
     Moderar los sentimientos.
Iren. Esa es opinion errada;
     Que antes el entendimiento
     Aflige mas, cuanto mas
     Discurre y piensa en los riesgos.
Flor. Es verdad, pero tambien......
Iren. No prosigas; que no quiero
     Desaprovechar mis iras
     Ahora en tus argumentos.
     Dejadme sola, dejadme,

Idos, idos de aquí presto.
Flor. Dejémosla sola, pues
     Sabes, que solo es el medio
     De su furor el dejarla.   [*Vanse.*
Iren. Ya se han ido. Ahora, cielos,
     Han de entrar con vuestras luces
     En cuenta mis sentimientos.
     ¿Qué delito cometí
     Contra vosotros naciendo,
     Que fue de un sepulcro á otro
     Pasar no mas, cuando veo,
     Que la fiera, el pez y el ave
     Gozan de los privilegios
     Del nacer, siendo su estancia
     La tierra, el agua y el viento?
     ¿A qué fin, Dioses, echásteis
     A mal en mi nacimiento
     Un alma con sus potencias
     Y sus sentidos, haciendo
     Nueva enigma de la vida
     Gozarla y perderla, y puesto
     Que la tengo, y no la gozo,
     Ó la gozo, y no la tengo?
     Ó son justas, ó injustas
     Vuestras Deidades, es cierto;
     Si justas, ¿cómo no os mueve
     La lástima de mis ruegos?
     Y si son injustas, ¿cómo
     Las da adoracion el pueblo?
     Ved, que por entrambas partes
     Os concluye el argumento.
     Responded á él. Pero no
     Respondais; porque no quiero
     Deberos esa piedad,
     Por no llegar á deberos
     Nada, que esté en vuestra mano,
     Y de vosotros apelo
     Á los infernales Dioses,
     Á quien vida y alma ofrezco,
     Dando por la libertad
     Alma y vida.

          Sale el Demonio.

Dem.   Yo lo acepto.
Iren. ¿Quién eres, gallardo Jóven,
     Que, si las noticias creo
     De pintados simulacros,
     Que en algunos cuadros tengo,

31 *

Viva copia eres de aquel
Ídolo, que en nuestro templo,
Con el nombre de Astarot,
Adora todo este reino,
Cuya opinion acredita
Haber penetrado el centro
Desta ignorada prision
Sobre las alas del viento?

Dem. ¿Qué mucho que á él me parezca,
Irene, si soy el mesmo,
Pues las doy á sus estatuas
Alma, vida, voz y aliento?
Yo soy el Dios de Astarot,
Aquel, á cuyo precepto
Ilumina el sol, la luna
Alumbra, los astros bellos
Influyen, el cielo todo
Se mueve, y los elementos
En lid se conservan, siempre
Amigos y siempre opuestos.
Yo soy el que en toda el Asia,
Por los extraños portentos
De mis milagros, estoy
Adorado, hallando á un tiempo
Su amparo en mí el afligido,
Y su salud el enfermo.
Compadecido á tu llanto
Y enternecido á tu ruego,
Concurriendo á tus conjuros,
Á darte libertad vengo.
Y aunque yo sepa la causa,
Oírla de tu boca quiero,
Porque caiga nuestro pacto
Sobre mejor fundamento.
Dime, qué quieres de mí?

Iren. Tanto á tu voz me estremezco,
Tanto á tu vista me asombro,
Tanto á tu semblante tiemblo,
Que no sé, si formar pueda
Razones. Mas oye atento.
Esta provincia del Asia,
Á quien los que dividieron
El mundo dieron por nombre
Inferior Armenia, imperio
Es del grande Polemon,
De cuya corona y cetro
Hija heredera nací,
Si hubiese querido el cielo,
Que se midiesen iguales
Fortuna y merecimiento.
Quiso mi padre, que hiciesen
Juicio de mi nacimiento
Sus sabios, y en él hallaron,
(¡De imaginarlo reviento!)
Que habia de ser mi vida
El mas extraño, el mas nuevo
Prodigio de cuantos dió
La fama á guardar al tiempo;
Pues della resultarían
Para todo aqueste imperio
Robos, muertes, disensiones,
Bandos, tragedias, incendios,
Lides, traiciones, insultos,
Ruinas y escándalos, siendo
En oprobio de los Dioses
El principal instrumento
De otra nueva ley de un Dios
Superior á todos ellos.
Con estos temores, dando,
Entre tan raros sucesos,
Crédito á los vaticinios,
Y opinion á los agüeros,
Equivocando los nombres
De piadoso y de severo,

Dispuso mi padre el Rey,
Que yo muriese en naciendo.
¿Quién vió mas cruel, tirano,
Injusto y torpe decreto,
Que hacer los delitos él,
Porque yo no llegue á hacerlos?
Desta sentencia apelando
De su ira á su consejo,
Él mismo mudó intencion,
Tomando (ay de mí!) por medio,
Que en esta torre, fundada
En los ásperos desiertos
De Armenia, viva, si acaso
Vive quien vive muriendo.
Aqui con solas mugeres
Me ha criado, de quien tengo,
Por su relacion, remotas
Noticias del universo.
No sé hasta ahora, como son
Sus repúblicas, sus pueblos,
Sus políticas, sus leyes,
Sus tratos y sus comercios.
El primer hombre, que he visto,
Si no me miente el objeto
Tuyo aparente, eres tú;
Tan cerca, (ay de mí!) y tan lejos
Vivo de lo racional.
Y aun ya pasara por esto,
Si hoy no me hubiera una dama
Dicho, que mi padre (ay cielos!)
Á dos hijos de Astiages,
Su hermano, trajo á su reino;
Cuya desesperacion
Me hizo (de cólera tiemblo!)
Salir de mí, (de ira rabio!)
Hasta (ahógame mi aliento!)
Decir, que en muerte y en vida
El alma le daré en precio
Á cualquiera que me dé
La libertad, que apetezco.
Y asi, si tú enternecido
De mi llanto y de mis ruegos,
De mi pena y de mi agravio,
De mi voz y mi tormento,
Me la das, otra vez y otras
Mil veces á decir vuelvo,
Que soy tuya, y lo seré
En vida y en muerte, haciendo
Libre donacion en vida
Y muerte de alma y de cuerpo,
Para ver, si asi me libro
Desta prision que padezco,
Desta esclavitud que lloro,
Desta sujecion que tengo,
Desta envidia que publico
Y desta rabia que siento.

Dem. La lástima, hermosa Irene,
De tus extraños sucesos
Me ha obligado á tomar hoy
Esta forma, concurriendo,
Como dije, á tus conjuros;
Y aunque puedan mis portentos
No solo de aqui sacarte,
Pero todo este soberbio
Edificio trasladar,
Arrancado de su asiento,
Á los mas remotos climas
De todo el orbe, no quiero,
Que hoy en tu favor me ayuden
Tantos prodigiosos medios.
De medios mas naturales
Me he de valer. — Y es, que tengo [*ap.*
Limitada la licencia
De Dios, y asi no me atrevo

Á mas de lo que permiten
Sus soberanos decretos. —
Yo te pondré en libertad,
Revalidando el concierto
De que serás siempre mia.

Iren. Otra y mil veces lo ofrezco.

Dem. Pues con esa condicion
Yo haré, que tu padre mesmo
Por tí envie, y que esos dos
Sobrinos suyos, que al reino
Aspiran, porque te juzgan
Incapaz de su gobierno,
Se pongan tan de tu parte,
Que ellos sean los primeros,
Que te ilustren y te adornen
De la corona y el cetro
De toda Armenia. Y porque
No te dé cuidado el verlos
Hoy en tu corte, sabrás
De su venida el intento.
Astiages, menor hermano
De Polemon, Rey supremo
De algunas de las provincias
De Asia, tuvo tan á un tiempo
Esos dos hijos, que hasta hoy
El mayor ignora dellos;
Porque al tiempo del nacer
Las matronas, acudiendo
Á su madre, se olvidaron
De señalar el primero,
Que vió las luces del sol,
Perturbándose el derecho,
Que á la herencia de su padre
Tenían; de cuyo yerro
Nació dividirse en bandos
Sus vasallos, pretendiendo
Cada uno para sí
Merecer el valimiento.
Polemon, por excusar
Lides, batallas y encuentros,
Llamó á los dos á su corte,
Tomando por buen acuerdo,
Que el uno á su padre herede,
Y el otro al tio; advirtiendo,
Que él ha de hacer la eleccion
Del-que ha de jurar su reino.
No temas, que de ninguno
Se agrade su entendimiento;
Porque los dos son, Irene,
Tan encontrados y opuestos
En acciones y en costumbres,
En obras y en pensamientos,
Que duda al que ha de fiar
La corona, conociendo,
Que ninguno dellos es
Merecedor del gobierno.
Es el defecto de Ceusis
Ser ambicioso, soberbio,
Cruel, homicida, tirano,
Lascivo, injusto y violento.
De todo esto es al contrario
De Licanoro el afecto;
Porque es de ánimo abatido,
Postrado, humilde y sujeto.
Tanto á la leccion se entrega,
Apurando y discurriendo
Quien es causa de las causas,
Que le deja desatento
Para lo demas: de suerte
Que, aplicando yo otros medios
Hoy á la neutralidad,
Que tu padre tiene, puedo
Hacer, que tú te corones,
Bella Irene, y siendo ellos

Quien en tu frente y tu mano
Pongan la corona y cetro,
Rendidos á tu hermosura,
Para que acaben con esto
Tus prisiones, tus ahogos,
Tus llantos, tus desconsuelos,
Tus pasiones, tus desdichas,
Tus penas, tus sentimientos.

Iren. Oye! (Ay de mí!)

Dem. Qué me quieres?

Iren. Tu poder no dudo inmenso.
Ya sabes, cuanto es vehemente
La cólera del deseo;
Dame una señal de que
No es delirio, asombro ó sueño
De mi loca fantasía
Lo que estoy tocando y viendo.

Dem. Sí haré. ¿Qué es lo que deseas
Ver mas del mundo?

Iren. Aunque tengo
En mal formadas especies
Retratados mil objetos,
Que me llevan la atencion,
Á esos dos jóvenes, puesto
Que ellos dices, que han de ser
De mi libertad el medio,
Quisiera ver.

Dem. Pues yo haré,
Que los veas en los mesmos
Ejercicios, que ahora estan
Divertidos. — Aqui, infiernos,
He menester vuestra ayuda,
Pues para la lid, que espero,
Es necesario tener
Tan prevertido este reino,
Que en él no halle entrada aquella
Nueva ley del Evangelio,
Que los Apóstoles van
Por todo el orbe esparciendo. —
Vuelve los ojos, Irene;
Verás lo qué á este momento
Tratando Ceusis está.

Sale Ceusis *tras un criado con la daga desnuda.*

Iren. Ya le veo, ya le veo,
Á cúyo asombro me admiro.

Ceus. Villano! ¡Viven los cielos,
Que has de morir á mis manos!

Criad. ¿Yo, señor, qué culpa tengo
De que Marcela te trate
Con desdenes y desprecios?

Ceus. Si tú de mí la dijeras,
Que he de ser yo el heredero
De Armenia, porque mi hermano
No tiene merecimientos
Para competir conmigo,
Claro está, que fueran menos
Sus rigores.

Criad. Tanto adora
Á su esposo, que por eso
Presumo, que no te admite.

Ceus. Añade, entre los que tengo
De dar la muerte reinando,
Á ese atrevido, á ese necio,
Que con su propia muger
Se atreve á darme á mí zelos.

Criad. Teme, señor, que los Dioses
Castiguen tu atrevimiento.

Ceus. ¿Qué Dioses se han de atrever
Á castigarme, si ellos
Me dieron vista, con que
Mirase lo que apetezco?
Acusen su providencia,
Pues ella fue el instrumento

Para mi culpa; ó si no,
Preciados de justicieros
Quítenme la vista, si
Con la vista los ofendo.

Dem. Aqui, para ser mas malo, [aparte.
Me importa parecer bueno;
Y pues que me ha dado Dios
Permision, por sus decretos,
Para usar de naturales
Causas, con ellas me atrevo
Á entorpecerle los ojos,
Con que dos nombres adquiero,
El de justiciero ahora,
Y el de milagroso, luego
Que á la vista, que le turbo,
Le quite el impedimento.

Criad. Eso dices?

Ceus. Esto digo. [Finge estar ciego.
¿Mas, ay infeliz! qué es esto?
¿Qué se nos ha hecho el dia,
Que á media tarde, cubierto
De pardas nubes, fallece?
¿Dónde se ha ido el sol huyendo,
Sin permitir, que la luna
Substituya sus reflejos
En el horror de la noche?

Criad. ¿De qué haces tantos extremos?
Qué tienes?

Ceus. Perdí la luz,
Y con mil sombras tropiezo.
Ay de mí! rabiando vivo!
Ay de mí! rabiando muero!
[Vase Ceusis, guiándole el Criado.

Iren. Confusa estoy y turbada.
Á hablar (ay de mí!) no acierto.

Dem. Para quitarte ese horror,
Vé á Licanoro. Arguyendo
Con un sacerdote mio
Está; escucha el argumento.

Salen Licanoro y el Sacerdote.

Lica. Dime, puesto que tú eres
Tan sabio, docto y maestro,
¿Qué libro es este, que acaso
Hallé entre otros que tengo,
Que, por mas que en él estudio,
Ni sus principios entiendo,
Ni sus misterios alcanzo,
Ni su doctrina comprendo?

Sac. Cómo es el título?

Lica. El Génesis
Se dice, voz que en hebreo
Creacion quiere decir.

Sac. Pues cómo empieza?

Lica. Oye atento:
En el principio crió
Dios á la tierra y al cielo.

Sac. No prosigas, si no dice
Qué Dios.

Lica. Mi duda está en eso.
De un Dios habla solamente,
Poderoso, sabio, inmenso,
Criador del cielo y la tierra.

Sac. Pues no lc leas, supuesto
Que niega los demas Dioses.

Lica. Antes le estimo por eso;
Que no es posible, que aquesta
Fábrica del universo
Sea obra de dos manos;
Y mas si el lugar advierto
Del filósofo, que dice
Lo que es ser Dios, infiriendo,
Que es solo un poder y un solo
Querer. Prosigue diciendo:

La tierra estaba vacía,
Nada eran los elementos,
Y el Espíritu de Dios
Iba, estándose en sí mesmo,
Llevado sobre las ondas.

Sac. Ni lo alcanzo, ni lo entiendo.

Lica. Yo tampoco. De Dios, dice,
Que iba el Espíritu inmenso
Llevado sobre las ondas,
Sin decir qué Dios.

Sac. De ahí veo,
Cuan como rústico escribe
El autor, que le ha compuesto,
Pues nada prueba.

Lica. Antes mucho.
Oye, á ver, si te convenzo.

Dem. Sí harás; que ya tu discurso [aparte.
Por otros actos penetro.
Pero yo, antes que lo digas,
Impediré el instrumento
De tus voces. Habla ahora,
Que yo tu lengua entorpezco.

Sac. Pon el argumento, empieza;
Que á todo responder pienso.

Lica. Quien dice Dios, absoluto
Poder dijo.

Sac. No lo niego.

Lica. Prosigue. No puedo hablar. [Titubea.

Sac. Qué tienes?

Lica. No sé qué tengo;
Que el corazon á pedazos
Se quiere salir del pecho,
Al ver, que muda la lengua
Articula los acentos.

Sac. Qué tienes? — Por señas solas
Habla, y con raros extremos
Al cielo y la tierra mira,
Y va de mi vista huyendo.

Lica. Ay de mí! rabiando vivo!
Ay de mí! rabiando muero!
[Vanse Licanoro y el Sacerdote.

Iren. Con no menor pasmo (ay triste!)
Me dejó aqueste suceso,
Que el pasado.

Dem. Mis piedades
Les darán la vista luego
Y la voz, que les quitaron,
Porque hablaron con desprecio
Mio. Mira á qué poder
Te entregas.

Iren. Yo me confieso
Tuya, Astarot, en la vida
Y en la muerte.

Dem. Yo lo acepto.

Iren. Ay de mí! rabiando vivo!
Ay de mí! rabiando muero! [Vanse.

———

Salen Lesbia y Liron llorando.

Lir. Ay!

Lesb. Por qué lloras?

Lir. Probar
Quisiera, si conseguir
Puedo en todo este lugar,
Ya que á nadie hago reir,
Hacer á alguno llorar;
Pues si la causa te digo
Del mal, que traigo conmigo,
Fuerza es que antes y despues
Lloren todos.

Lesb. Qué mal es?

Lir. Estar casado contigo.

Lesb. ¿Pues cuándo pensásteis vos
Tener muger desta cara?
Lir. Eso nunca; que por Dios,
Que si una vez lo pensara,
Que no lo llorara dos.
Lesb. La causa saber espero.
Lir. ¿Qué mayor, si considero,
Á cuan pocas satisfizo
De las cuentas, que me hizo
Contigo el casamentero?
Porque él me dijo: Liron,
Casaos; que es mucha razon
El que tenga un hombre honrado
Casa, familia y estado. .
Vos con aquesa racion,
Que teneis de barrendero
Deste tempro, y con tener
Quien lo gobierne, si infiero,
Que en manos de la muger
Luce doblado el dinero,
Lo pasareis, craro está,
Como un Rey; porque es asi,
Que á eso se juntará
Su hacienda, y de aqui y de alli
La gracia de Dios vendrá.
Caséme, viéndole habrar
Tan sin duelo y sin mancilla,
Y la honra, que vine á hallar,
Son muger, casa y familia,
Que tener que sustentar.
Lo que yo solo comia,
Lo como ahora en compañía,
Y el locillo tú, es engaño;
Pues no gano yo en un año
Lo que gastas tú en un dia.
Sin que de aqui ni de alli
Un pan me venga siquiera,
Ni la gracia de Dios quiera
Mas acordarse de mí,
Que si en el mundo no huera.
Y asi de aquesta africion,
Pues que le barro su tempro,
Le he de pedir á Astaron
Me libre; que, si contempro
Cuantos sus milagros son,
Que sana al cojo, al tullido,
Al manco, al ciego, al baldado,
Mayor milagro habrá sido
Sanar á un hombre casado
Del achaque de marido.
Lesb. Yo tambien al tempro iré,
Y á Astaron le pediré,
Que, si en otra ha de empezar
La grande obra de enviudar,
En mí sea; que yo sé,
Que me oirá mijor á mí,
Mentecato, que no á vos.
Lir. Por qué, Lesbia?
Lesb.   Porque sí.
Lir. Pues vamos juntos los dos
Habrándole desde aqui.
Lesb. Astaron de gran poder,......
Lir. Dios adorado y querido,......
Lesb. Duélaos mirar......
Lir.   Duélaos ver......
Lesb. El talle de mi marido.
Lir. La cara de mi muger.
Lesb. Dadme modo......
Lir.   Dadme traza
De librarme desta maza;......
Lesb. De quien él la mona ha sido;......
Lir. Que, si haceis esto que os pido,......
Lesb. Que, si esto haceis,......
Voces [dent.]   Plaza, plaza!

Lir. ¿Qué ruido aqueste será?
Lesb. Yo la causa dél no dudo;
Porque, viendo el Rey, que está
Un Príncipe desos mudo,
Y el otro ciego, querrá
Traerlos al tempro á ofrecer
Sacrificio, para ver,
Si asi en la gracia conquista
De Astaron su habra y su vista.
Lir. Pues no tenemos que her
Por hoy mosotros, que tiene
Mucho que her mueso Dios;
Y asi por hoy mas conviene
Irnos.
Lesb.   No conviene tal;
Que mijor es asistir,
Para ver en caso igual,
Como le hemos de pedir
La cura de mueso mal.

Ábrese el templo, y salen el REY, CRUSIS, LICANORO, *el Sacerdote y Músicos.*
Rey. Inmensa Deidad bella
Desta patria felice, pues en ella
Tu imágen venerada
Se vé, en templos y altares colocada,
En tí la pena mia
La fe con que te busca hallar confia
Favores y piedades,
Restituyendo al alma sus mitades.
Y puesto que mi zelo,
Por excusarle la ojeriza al cielo,
Á Irene (suerte esquiva!)
Muerta la llora, y la sepulta viva,
Ya que otro arrimo ni descanso tengo,
Que estos báculos dos, en quien prevengo
Descansar del prolijo
Peso del reino, con que ya me aflijo,......
Crus. Si yo, por obligalle,
Pudiera (ay infeliz!) sacrificalle
Vida y alma, lo hiciera,
Porque á la luz del sol restituyera
La ciega vista mia.
¡O cuán triste es la noche sin el dia!
Lir. Esto es ser ciego? Ay Dios, y quién lo fuera!
Lesb. Por qué? di.
Lir.   Porque habrara, y no te viera.
Rey. ¿Á los cielos me enseñas? [*á Licanoro.*
¿Qué me quieres decir con esas señas?
Solo uno me señalas,
Con tu dolor á mi dolor igualas.
Qué dices? No te entiendo.
Sac. Yo sí; que su concepto comprehendo.
Dice, que si él hubiera
De pedir el remedio, le pidiera
Al Dios, que solo es uno.
Rey. De oirlo se alegra. ¿Haber puede ninguno
De absoluto poder? Ese es engaño.
Busca el remedio donde hallaste el daño. —
Todos al templo entremos;
Que no dudo, que en él piedad hallemos.
Sac. Ya desde aqui la imágen se termina,
Y corren á sus aras la cortina.
Rey. Con músicas vosotros y con voces
Los altos cielos penetrad veloces.
Music. Grande prodigio del Asia,
Dios de la inferior Armenia,
Nuestros lamentos escucha,
Atiende á las voces nuestras;
Pues Deidades supremas,
Ni esconden el rigor, ni el favor niegan.
     [*Descúbrese el Ídolo.*
Rey. Á tí, Deidad soberana,
Con dos aflicciones llega

Quien mas tu grandeza adora,
Quien mas tu culto venera;
A Ceuta y á Licanoro,
Gran Dios, traigo á tu presencia,
Uno ciego y otro mudo.
En mí y en ellos ostenta
Lo sumo de tu poder,
Lo inmenso de tu grandeza.

Ceus. Si pequé soberbio, humilde
Ya el perdon te pido; muestra,
Que tiene la humildad premios,
Si castigos la soberbia;
Pues tu dulce voz suave
Nos advierte y nos enseña:......

Music. Que Deidades supremas,
Ni esconden el rigor, ni el favor niegan.

Dentro el DEMONIO.

Dem. Quien á los Dioses ultraja,
Justo es que sus iras sienta,
Y justo tambien que goce
Sus piedades quien los ruega.
Y porque veas, que en mí
Hay castigo y hay clemencia,
La luz del sol á tus ojos
A restituirse vuelva.

Ceus. Gracias te den, Dios inmenso,
A un tiempo el cielo y la tierra.
Feliz quien ver mereció
Revocada tu sentencia.

Sac. ¡Viva nuestro gran Dios!

Todos. Viva!

Lesb. ¡Viva muy en hora buena!

Lir. ¡Viva, como me descase,
Pues que tan poco le cuestan
Los milagros!

Rey. Licanoro,
Pide tú con vivas señas
Sus favores, y entre tanto
La música á cantar vuelva.

Music. Pues Deidades supremas,
Ni esconden el rigor, ni el favor niegan.

Dem. [*dent.*] Aunque las señas, que hace, [*aparte.*
Nada conmigo merezcan,
La voz le he de dar; pues mas
Me importa ocultar la ofensa,
Que limitar el poder. —
Quien mi Magestad venera
Con señas, es justo que
Ya con voces la engrandezca.

Lica. Es engaño; porque yo
No te he pedido clemencia;
A la causa de las causas
La he pedido.

Sac. Porque veas,
Que Astarot lo es, ha querido
Darte como tal respuesta.
¡Viva nuestro gran Dios!

Todos. Viva!

Lica. Aun con ver, que me reserva
Del dañado impedimento,
Que tuvo atada mi lengua,
Con mi duda quedé.

Lir. ¿Han visto,
Cuanto es á la estatua muesa
Zátil el hacer milagros?
Lleguemos nosotros, Lesbia.

Lesb. ¿No ves, que está el Rey aquí,
Y no querrá en cu presencia
Ocuparse en pocas cosas?

Lir. Yo bien sé, como pudieras,
Si el milagro es descasarnos,
Hacerlo tú, sin que huera
Menester pedirlo á nadie.

Lesb. Cómo?

Lir. Cayéndote muerta.

Lesb. ¡Malos años para vos!

Rey. Divina Deidad eterna,
¿Qué victima, qué holocausto,
Qué sacrificio, qué ofrenda,
En hacimiento de gracias,
Puedo yo hacerte, que sea
Mas acepto?

Dem. [*dent.*] Dar á Irene
Libertad.

Rey. Mi providencia
Pervertir quiso sus daños;
Mas si eso mandas, por ella
Vayan, señor, al momento.
[*Vase el Sacerdote.*

Dentro San BARTOLOMÉ.

Bart. Penitencia! penitencia!

Rey. ¿Qué triste y mísero acento
Es el que en los aires suena?

Lica. Nunca se oyó en sus espacios
Voz tan horrible y funesta.

Ceus. El sonido de sus ecos
El corazon me atormenta.
¡Qué pavoroso ruido!

Lir. ¿Cuya será esta voz, Lesbia?

Lesb. A todos turba el oírla.

Dem. [*dent.*] Y mas á mí el conocerla. [*aparte.*
¿Pero qué temo, qué temo,
Que el Apóstol de Dios venga,
Si viene á tiempo, que tengo,
Con las mentidas grandezas
De mis fingidos milagros,
Toda esta gente suspensa?

Rey. ¡El corazon se estremece!
Gran Dios, cuya voz es esta?

Dem. [*dent.*] Yo te lo diré. — ¡Aqui importan [*ap.*
Mis engaños y cautelas! —
De un hombre, Rey, que á tu corte
Viene, que tirano intenta
Quitar de tu mano el cetro,
Y el laurel de tu cabeza.
Y aunque otra cosa te diga,
Ni le escuches, ni le creas,
Y está advertido, porque
O le mates ó le prendas.

Rey. Esa palabra te doy.

Bart. [*dent.*] Penitencia! penitencia!

Lica. ¿Qué hombre, cielos, será este?

Sale IRENE.

Iren. ¡Aguarda, detente, espera!
Que, aunque debiera primero
Rendir gracias y obediencias
A Dios, que me da la vida,
Y á tí, que me la reservas,
Deste hombre ó deste monstruo
Te quiero contar las señas,
Ya que viniendo le ví
Entre el vulgo que le cerca,
A cuya vista quedé,
Ni bien viva, ni bien muerta,
De ver, que el gusto de verte
Me embaracen estas nuevas.

Lica. ¡Qué peregrina hermosura! [*aparte.*

Ceus. ¡Qué soberana belleza! [*aparte.*

Iren. Es su estatura mediana,
Su barba y cabello en crencha
Partida á lo nazareno,
Y de cenizas cubierta,
Afectando el desaliño
Mas su hipócrita modestía;
El rostro es grave, la voz,

Bien como de una trompeta,
Armoniosamente dulce,
Y dulcemente tremenda;
Vivo esqueleto de un vil
Báculo que le sustenta;
Es todo su adorno un saco
Ceñido con una cuerda.
¿Pero para qué repito
Las señas suyas, si entra
Ya en el templo? Á cuya voz
Todo el edificio tiembla,
Cuando en pavoroso acento
Dice atrevida su lengua:

Sale San BARTOLOMÉ.

Bart. ¡Cristo es el Dios verdadero!
Penitencia! penitencia!
Lir. ¡Ay qué voz y qué semblante!
Peor cara tiene que Lesbia.
Lesb. Sí; pero mejor que tú,
Por mala que te parezca.
Rey. Hombre, aborto de la espuma,
Que esa marítima bestia
Sorbió sin duda en el mar,
Para escupirte en la tierra,.....
Lica. Parto de aquesas montañas,
Que, equivocando las señas,
Para ser fiera, eres hombre,
Para ser hombre, eres fiera,.....
Ceus. Racional nube, que el viento
Para rayo suyo engendra,
Pues el trueno de tu voz
Espeluza y amedrenta,.....
Iren. Prodigio, ilusion y asombro,
Que ha bosquejado la idea
De algun informe concepto
De soñadas apariencias,.....
Rey. ¿Qué mal entendido rumbo,.....
Lica. ¿Qué derrotada tormenta,.....
Ceus. ¿Qué deshecho terremoto,.....
Iren. ¿Qué fantástica quimera,.....
Rey. Á estos puertos.....
Lica. Á estos montes.....
Ceus. Te trae?
Iren. Te arroja?
Rey. Te echa,
Ó te forma para asombro?
Qué solicitas?
Lica. Qué intentas?
Bart. La salud de tantas almas,
Como cautivas y presas
De la injusta idolatría
Tiene la ignorancia vuestra,
Que dejais de dar al Dios,
Que es criador de cielo y tierra,
Las alabanzas, que dais
Al bronce, barro y madera,
De que labrais vuestros Dioses.
Este es único en esencia
Y trino en personas; pues
El Padre, que es la primera,
Ni criado, ni engendrado,
Ni procedido se ostenta
De nadie, porque en sí mismo
Sin fin ni principio reina;
El Hijo, que es la segunda
Desta soberana esencia,
Ni criado, ni procedido,
Sino engendrado se muestra
Del Padre, cuyo concepto
Siempre incesable se engendra;
El Espíritu, que es
De aquesta esencia suprema
La tercera, ni criado,

Ni engendrado, es cosa cierta,
Sino procedido de ambos;
Que, aunque tres personas sean,
No son tres Dioses, un solo
Dios es no mas, una mesma
Voluntad, un querer mismo,
Y una misma omnipotencia.
Uno es el Padre, uno el Hijo,
Y de la misma manera
Uno el Espíritu; pero
No son tres con diferencia,
No es fingido simulacro,
En cuya errada asistencia
Habla el espíritu impuro
Del demonio.
Rey. Ten la lengua;
Que nuestros Dioses infamas.
Iren. No prosigas, cesa, cesa;
Que su gran poder ofendes.
Ceus. ¿Qué imposibles sutilezas
Son las que nos persuades?
Lica. Tente, Ceusis; no le ofendas,
Hasta entender sus razones.
Rey. Qué razones? Todas ellas
Son para darme la muerte.
Bart. No son, sino vida eterna.
Rey. Cuando eso fuera verdad,
¿Cómo quieres que lo crea,
Que este simulacro hermoso
Virtud divina no tenga,
Si, cuando vienes, estamos
Dándole gracias inmensas
De sus milagros tan grandes,
Como dar su providencia
Vista al ciego y voz al mudo?
Bart. Sabiendo, que todas esas
Obras caben en la márgen
De la gran naturaleza,
Habiendo puesto primero
El impedimento en ella,
Como angélica criatura,
Capaz de todas las ciencias.
Prosigue sus sacrificios,
Y di, si de Dios se precia,
Que, estando yo aquí, responda
Á alguna pregunta vuestra.
Dem. [*dent.*] Sí responderé.
Bart. No harás;
Que yo con esta cadena
De fuego, en nombre de Dios,
Tengo de ligar tu lengua.
Habla ahora. — Preguntadle;
Decid, que os dé la respuesta.
[*Al báculo, que trae el Santo, que será á modo de
cruz, se pondrá una bombilla, y se encenderá
por debajo.*]
Ceus. Gran Dios de Astarot, tu nombre
Hoy se ilustre y engrandezca.
Vuelve por tí, con decirnos
Lo que este bárbaro intenta.
Dem. [*dent.*] No puedo hablar, (ay de mí!)
Porque cautivas y presas
Con cadena estan de fuego
Mis acciones y mis fuerzas. —
No me aflijas, no me aflijas,
Bartolomé; que ya deja
Mi engaño este ídolo mudo,
Faltándole mi asistencia.
Y asi cúbranme la faz,
Caliginosas tinieblas,
Que den al cielo pavor,
Que den asombro á la tierra.
[*Cubren el altar.*]
Bart. ¿Cuánto es mas, quitar á un Dios'

Vista y voz, que no el que pueda
Dar á otros voz y vista?

Ceus. Eso fuera, si no fuera
Valido de los encantos
Y mágicas apariencias
De que usais los Galileos
Todos, de hechizo y quimera.
Muera á mis manos, quien viene
Á alterar la patria.

Todos. Muera!

Lira. Dejadle; que hasta ahora no
Sabemos, que nos ofenda.

Iren. Sí sabemos, pues que viene
Á introducirnos ley nueva
De un Dios, que ignoramos, siendo
La gran provincia de Armenia
Patrimonio de los Dioses
Y de nosotros herencia,
Desde que la primer nave
Tomó en sus cumbres excelsas
Puerto, sobre cuya cima
Incorruptible se asienta.

Bart. Y aun por eso aqui de Cam
La réproba descendencia
Obra con su idolatría
En vuestros pechos impresa.

Rey. No le escuches.

Ceus. No le oigas.
Muera á nuestras manos!

Todos. Muera!

Bart. Para otra ocasion el cielo
Mi vida guarda y reserva.
　[Quieren acometerle, y el Santo vuela.

Lir. Hecho una bestia he quedado. *[Vase.*

Lesb. Siempre tú eres una bestia. *[Vase.*

Rey. Seguidle todos, buscadle,
Hasta traerle á mi presencia. *[Vase.*

Sac. Sacrificio le he de hacer
De aquestas aras sangrientas. *[Vase.*

Iren. La primera seré yo,
Que le dé la muerte fiera,
Pues como esclava me toca
Del Dios de Astarot la ofensa. *[Vase.*

Ceus. Yo bien quisiera seguirle,
Mas la divina presencia
De Irene me lleva el alma.

Lica. Á mí tambien me la lleva,
Y por eso no le sigo;
Aunque el seguirle yo fuera,
No para darle la muerte,
Mas para que luz me ofrezca,
De si el Dios, que yo imagino,
Es como el Dios, que él enseña.

JORNADA II.

Sale LICANORO.

Lica. ¿Qué pretende mi fortuna,
Que tan enojosa y triste,
Con dos pasiones embiste,
Pudiendo matar con una?
Y molesta é importuna
Darle dos muertes previene
Al que una vida no tiene,
Siendo causa de las dos
La investigacion de un Dios
Y la hermosura de Irene.

Sale CEUSIS.

Ceus. ¿Qué solicita mi suerte,

Que tirana y atrevida,
Para quitarme una vida,
Usa de una y otra muerte?
Justo zelo, dolor fuerte
Ocasiona mi tristeza,
Siendo causa la aspereza
De mi cólera y mi furia,
Del Dios de Astarot la injuria,
Y de Irene la belleza.

Lica. ¿Adónde pudiera hallar
Aquel hombre prodigioso,
Porque de su misterioso
Dios me volviese á informar?

Ceus. ¿Dónde pudiera encontrar
Aquel monstruo peregrino,
Que á nuestra provincia vino,
Para que mi saña vea,
Y víctima humana sea
De nuestro ídolo divino?

Lica. ¿Mas cómo pretendo, ay Dios!
Buscarle, si preso lucho
De Irene divina?

Ceus. Mucho
Es mi mal, mi pena atroz.
　[Suena dentro música.

Lica. ¿Mas qué instrumento......

Ceus. ¿Qué voz......

Lica. Es el que oigo?

Ceus. Es la que escucho?

Mus.[*dent.*] Sin mí, sin vos y sin Dios,
Triste y confuso me veo;
Sin Dios, por lo que os deseo,
Sin mí, porque estoy en vos,
Sin vos, porque no os poseo.

Sale IRENE.

Iren. No canteis; que no permite
Esta necia pasion mia,
Que de su melancolía
Nadie el mérito la quite.

Lica. No, señora, solicite
Vuestra tristeza estorbar
Lisonja tan singular
Á quien della traido viene.
Mandad, bellísima Irene,
Que otra vez vuelva á cantar
Ese bellísimo encanto.

Iren. Mucho extraño, que haya á quien
Suene la música bien,
Pudiendo escuchar el llanto.

Ceus. Mas extraño yo y me espanto
De veros con tal crueldad,
Despues que vuestra beldad
De su libertad gozó.

Iren. ¿Pues quién os dijo, que yo
Gozo de mi libertad?

Ceus. El veros vivir, señora,
En palacio, lo confiesa.

Iren. ¿Y qué sabeis vos, si esa
Tambien es prision ahora?

Lica. De qué suerte?

Ceus. Cómo?

Iren. Flora!

Dentro FLORA.

Flor. Qué mandas?

Iren. Vuelve á cantar. —
Asi pretendo atajar
Vuestra plática, porque
No pidais, que razon dé
De razon, que no he de dar.

Mus.[*dent.*] Sin mí, sin vos y sin Dios,
Triste y confuso me veo;
Sin Dios, por lo que os deseo,

Sin mí, porque estoy en vos,
Sin vos, porque no os poseo.
Lica. Bien letra y tono parece
Que compuso mi dolor,
Viendo, que el alma padece
Un nuevo incendio de amor,
Que nunca á ser mayor crece.
Su objeto somos los dos,
Y aun Dios, pues al irme á hallar,
Sin mí me hallo, y no con vos;
Con que me vengo á quedar
Sin mí, sin vos y sin Dios.
Ceus. Yo del iman soberano
De vuestros divinos ojos
Contento estoy, aunque en vano
Intento, que los enojos
De mi Dios vengue mi mano.
Si ir tras su ofensa deseo,
Mi muerte en mi ausencia veo,
Y entre los discursos varios
De dos afectos contrarios,
Triste y confuso me veo.
Lica. Del Dios, que ignoro, hasta ahora
Principio ninguno hallé;
Y aunque por saber dél llora
El alma, ciega es la fe,
Que á uno busca, y á otro adora.
Si á Dios busco, á vos no os veo;
Si os veo á vos, á Dios ignoro;
Y asi está mi devaneo
Sin vos, por lo que os adoro;
Sin Dios, por lo que os deseo.
Ceus. Desde el instante que os vi,
Toda el alma os entregué;
Y aunque el agravio sentí
De Astarot, tambien mi fe
Me ha dejado á mí sin mí.
Perdone su ofensa el Dios,
Y dé castigo á los dos;
Pues me ha de hallar desde aqui
Con vos, porque estais en mí,
Sin mí, porque estoy en vos.
Lica. Tan corta es la dicha mia,
Que aun ser esperanza ignora.
Ceus. La mia no; porque seria
Mostrar, quien sin ella adora,
Cuan poco al mérito fia.
Lica. Yo no aspiro á tanto empleo,......
Ceus. Yo aspiro á cuanto deseo,......
Lica. Y con gusto......
Ceus.   Y con pesar......
Lica. He de vivir......
Ceus.   He de estar......
Lica. Sin vos.
Ceus.   Porque no os poseo.
Iren. Si sois los que me hablais, dudo,
Cuando á oir á los dos llego,
Que á vos os juzgaba ciego,
Y á vos, Licanoro, mudo.
Lica. Nunca con mas causa pudo
Juzgarlo vuestra hermosura.
Ceus. Una razon lo asegura
Bien en mí.
Lica.   Y en mí lo advierte
Un ejemplo.
Iren.   De qué suerte?
Ceus. Ciego es aquel que la pura
Luz del sol falta.
Iren.   Es asi.
Ceus. Y ciego, Irene, tambien
Viene á ser aquel á quien
La luz del sol ciega.
Iren.   Di.
Ceus. Luego en mí este ejemplo cobra

Fuerza; ciego estoy, pues obra
Una experiencia tan alta,
Alli, porque luz me falta,
Aqui, porque luz me sobra.
Lica. ¿Que yo estoy mas mudo ahora,
Que estuve entonces alli,
Probar no me toca?
Iren.   Sí.
Lica. Pues oye atenta, señora.
Mudo es aquel, (quién lo ignora?)
Que por falta de instrumento
No explica su sentimiento:
Luego yo á estarlo me obligo;
Pues cuando hablo mas, no digo
Lo menos de lo que siento.
Y aunque entonces embargada
La voz, pude en algun modo
Por señas decirlo todo,
Ya ahora no digo nada:
Luego si al mirarla atada,
De otorgarme te desdeñas,
Aun lisonjas tan pequeñas,
Mas mudo vengo ahora á estar,
Pues no me puedo explicar,
Ni con voces, ni con señas.
Iren. Que estais ciego, y estais mudo
Los dos habeis pretendido
Probar, valiéndoos á un tiempo
De cortesanos estilos;
Y asi, que vos estais mudo,
No he de creer, habiendo oido
Atrevimientos tan mal
Pensados, como bien dichos.
Que estais ciego vos, creeré
Mas fácilmente, si miro,
Cuan ciego debe de estar
Quien no vé, que habla conmigo.
Y para que no os parezca
Por una parte mi juicio
Tan fácil, que le persuaden
Sofisticos silogismos,
Ni por otra tan grosero,
Que no os crea, determino
Repartir entre los dos
Las dudas y los designios.
Lica. Si yo pensara enojaros,
Mármol fuera helado y frio.
Ceus. Lince fuera yo, aunque viera
Vuestros enojos esquivos.
Lica. Porque atento á no ofenderos,......
Ceus. Porque atento á conseguiros,
Mi afecto os rindo postrado.
Lica. Yo os le doy, mas no os le rindo. —
Mucho el ver, que me compitas
Con esa arrogancia, estimo.
Ceus. ¿Pues quién te ha dicho, que yo,
Licanoro, te compito?
Lica. Lo bien que á tí te estuviera
Cualquiera igualdad conmigo.
Ceus. Pues cuándo yo......?
Iren.   Bien está;
Y ya que ostentar los bríos
Intentais, para que sea
En mejor lid, solicito
Daros á entender la queja,
Que de los dos he tenido,
El valor que me ofendo,
Y el amor de que me obliga.
Usa el gran Dios de Astarot
Con los dos de sus prodigios,
Póneme á mí en libertad,
Interrumpe el sacrificio
Un hombre, que al templo llega,
Extrangero advenedizo,

Abortado desos mares,
Y engendrado desos riscos.
Enmudece nuestro Dios,
Publica el nombre de Cristo,
Desaparece en el viento,
Y usando de sus hechizos,
Aunque le buscan en montes
Y en ciudades los ministros
De mi padre, no le hallan;
Y para mortal castigo,
Enojado nuestro Dios,
Nos niega sus vaticinios.
Y cuando yo con tan grandes
Penas me ahogo, y me aflijo
Con mas causa, porque el Dios
De Astarot es dueño mio,
Despues que le consagré
Alma y vida en sacrificio,
Antes de vengar su ofensa,
Tan necios é inadvertidos
Venis á decirme amores,
Sin advertir, cuanto ha sido
Indigno de mi fineza
Quien no es de mi pena digno.
Mas es la ofensa del Dios
De Astarot á mí me hizo
Aquel asombro el utraje,
El desaire aquel prodigio.
¿Pues cómo, cómo quereis,
Que yo os premie, cuando os miro
Tan desairados á vista
De los sentimientos mios?
Y si ostentar pretendeis
Las altiveces, los brios,
Rendimientos y finezas,
Idos de mi vista, idos;
Y ninguno vuelva á ella,
Sin traerme algun indicio;
Que á aquel que me le trajere
Á favorecer me obligo
Con la vida y con el alma,
Que es ofrecerle lo mismo
Que desagravio, supuesto
Que por suyas las estimo.

Ceus. Eso ofreces?
Iren.   Esto ofrezco.
Lica. Eso dices?
Iren.   Esto digo.
Ceus. Pues yo le traeré á tus plantas,
Si sé por varios caminos
Pisar montes, sulcar mares,
Desde donde ese Narciso
De los cielos nace en flores,
Hasta donde muere en vidrio.   [*Vase.*
Lica. Yo no te ofrezco traerle.
Iren. Por qué?
Lica.   Porque no me animo
Á tanta empresa, aunque pierda
Desa esperanza el alivio.
Iren. Cómo?
Lica.   Como hombre á quien guarda
Su Dios, señora, es preciso
Seguro estar de nosotros,
Aun entre nosotros mismos.
Y tengo á menos desaire
No ofrecer amante y fino
Lo que no sé si podré
Cumplir despues de ofrecido.
Iren. ¡Ay Licanoro, mal haces!
Lica. Cómo, ó por qué?
Iren.   No me animo
Á decirlo yo tampoco;
Que no me está bien decirlo.
Lica. Peor me está á mí no entenderlo.

Iren. Pues partamos el camino;
Yo te diré la mitad
De la razon que no digo,
Adelanta tú al discurso
La otra mitad, y preciso
Será, que nos encontremos
Á entenderlo, sin decirlo.
Lica. Has dicho bien.
Iren.   Pues yo empiezo.
Lica. Y yo, señora, te sigo.
Iren. Al que me traiga á aquel hombre
Favorecer he ofrecido.
Ya he dado yo el primer paso.
Lica. Yo le doy ahora, y te pido,
No me mandes eso solo,
Y verás, como te sirvo.
Iren. Mucho, que tú le trajeras,
Estimara mi albedrío.
Lica. No me atrevo contra un Dios,
Que, aunque le ignoro, le estimo.
Iren. Muy lejos vas de encontrarme,
Licanoro.
Lica.   Fuerza ha sido,
Irene; porque los dos
Seguimos rumbos distintos.
Iren. Con todo eso quiero dar
Otro paso.
Lica.   Y yo otro indicio.
Iren. El Dios de Astarot está
Enojado y ofendido.
Lica. Luego quien pudo ofenderle
Y agraviarle habrá podido
Mas que él.
Iren.   Su ofensa es mi ofensa.
Lica. Dios es; vénguese á sí mismo.
Iren. Mira, que vas, Licanoro,
Dejando atras el camino.
Lica. Tú eres quien le pierde, Irene.
Iren. Pues volvamos al principio.
Quien á los Dioses ultraja,
Fuerza es que quien me ha querido
Desagravie.
Lica.   ¿Quién á un Dios,
Que dejarse agraviar quiso,
Desagraviará?
Iren.   Tú solo.
Lica. Es engaño.
Iren.   Eso es delirio.
Lica. Esa ilusion.
Iren.   Eso miedo.
Lica. Esa ignorancia.
Iren.   Es preciso;
Y no nos busquemos mas,
Puesto que ya nos perdimos;
Siendo yo tan desdichada,
Que tú ingrato, y Ceusis fino,
Me ha de deber el favor,
Quien no me debió el cariño.   [*Vase.*
Lica. ¡Que sea en mí tan poderosa
Esta aprehension de que ha habido
Primer causa de las causas,
Dios sin fin y sin principio,
Que no deja en mi discurso
Razon, eleccion ni arbitrio
Aun para amar, cuando mas
Á la hermosura me inclino
De Irene! Pues por creer,
Que aquel Dios, de quien ya dijo
El extrangero las señas,
Y el que yo adoro, es el mismo,
Á ofenderle no me atrevo.
¡Valedme, cielos benignos!
Que á tanto misterio falta
La razon, fallece el juicio.

Si tres Personas y un Dios
Predica, y estas han sido
El Padre y el Hijo amado
Y el Espíritu divino,
¿Cómo, no habiendo nombrado
Otro Dios, que el Uno y Trino,
Cristo es verdadero Dios,
Dijo tambien? ¿Quién es Cristo
Destas tres personas?

Dentro el Sacerdote.

Presto
Saldrás dese laberinto
De dudas y confusiones.

Lica. Dónde ó cómo? Mas qué miro!
El Rey es, y tan suspenso
Viene, que aqui no me ha visto.
No le quiero hablar, porque
No embarace los motivos
De mis discursos. Dad, cielos,
Nueva luz á mis sentidos,
Que entre un.Dios y una belleza
Anda delirando el juicio.   [*Vase.*

Salen el REY y el Sacerdote.

Rey. No hay consuelo para mí.
Sac. Presto, señor, como he dicho,
Saldrás desa confusion,
En firmando los edictos.
En ellos de todo el reino
Avisarás los ministros,
Que á aquel hombre prendan, donde
Quiera que tengan aviso
Dél, por las señas que envias,
Ensanchando tus distritos
Hasta el reino de Astiáges
Tu hermano, de quien confio
Que hará mayor diligencia.
Rey. Hasta que en el poder mio
Le veo, y haga en las aras
De Astarot su sacrificio,
No ha de haber consuelo en mí,
Por verle tan ofendido.
Pon aqui aquesos papeles,
Y nadie entre, mientras firmo.
Leer quiero en esta minuta
De los demas el estilo.

[*Pone el Sacerdote unos papeles que trae sobre un bufete, y vase; y el Rey, sentado junto al bufete, lee un papel.*

Rey. „Nobles Prefectos de Armenia,
Jueces y legados mios,
Sabed, que á nuestra provincia
Llegó un humano prodigio,
Que, alterando nuestras leyes,
Las ceremonias y ritos,
Un nuevo Dios predicando,
Turbó nuestros sacrificios.
Huyóse al punto; y así
Conviene á nuestro servicio,
Que le busqueis y prendais;
Para cuyo efecto envio
Sus señas. Son pobres ropas,
Y él un esqueleto vivo." —
Ay de mí! que de acordarme
Dél ahora tiemblo y me aflijo;
Y tan presente le tengo,
Que parece que le miro.

Sale San BARTOLOMÉ.

Bart. En vano, Rey engañado,
Despachas contra mí edictos,
Para que me busquen otros,
Si yo me traigo á mí mismo.

Prosigue; que, porque no
Yerres la copia, he venido
Á que de mí la traslades.
Rey. Ilusion de mis sentidos,
Sombra de mi devaneo,
De mi discurso delirio,
¿Cómo has entrado hasta aqui?
Bart. Quien del cielo á abrirte vino
Las puertas, bien es que abiertas
Halle las de tu retiro.
¿Diligencias para hallarme
Haces? Qué me quieres? dilo;
Que ya presente me tienes.
Rey. De tus encantos y hechizos
No menor efecto es
El haberte aqui venido,
Que el haberte allá ausentado;
Y aunque es la verdad, que quiso
Mi deseo verte, ya
Tomara no haberte visto.
Qué me quieres? qué me quieres?
Bart. Hacer al cielo testigo,
Al sol, la luna y estrellas,
Astros, planetas y signos,
Del gran poder de mi Dios,
Cuya nueva ley publico;
Porque soy uno de doce
Discípulos escogidos,
Que á sembrar por todo el mundo
De su Evangelio venimos
La semilla, y nos envia
De fe y esperanza ricos.
Y asi en nombre suyo vengo
Á aplazarte un desafio,
Á cuyo duelo señalo
De aqueste gran templo el sitio,
Por armas sola mi voz,
Y por juez á tu Dios mismo.
En él me hallarás. Á él
Haz que vengan prevenidos
Los sacerdotes, tus sabios,
Todos á argüir conmigo,
En presencia de tu Dios;
Y el que quedare vencido,
Á manos del otro muera.
Rey. Tanto de mis Dioses fio,
Y de mis sabios espero,
Que lo acepto y lo permito.
Bart. Pues en el templo te aguardo,
Y me hallarás en el sitio
Armado de fe, que son
Las armas con que yo lidio.   [*Desaparece.*
Rey. Espera, aguarda! — En el aire
Se ha desaparecido. —
¿Divinos Dioses, es sueño,
Es encanto ó es delirio?
Hola!

Sale el Sacerdote.

Sac. Señor, qué me mandas?
Rey. ¿No habeis visto, no habeis visto
Aquel pasmo, aquel horror?
Sac. Quién?
Rey.   El Profeta de Cristo.
Sac. Engaño es de tu deseo;
Nadie ha entrado ni ha salido;
Porque yo he estado á la puerta.
Rey. No es; que aqui estuvo conmigo,
Yo le he visto, yo le he hablado,
Por señas de que me ha dicho,
Que quiere hacer con mis sabios
Certámen y desafio
De sus ciencias. Y asi al punto
Se truequen estos edictos

En pregones, que convoquen,
Dando desta lid aviso
Á los sabios de mi reino;
Que yo postrado y rendido
Al asombro de su voz,
De su semblante al prodigio,
En mis sombras tropezando,
Voy huyendo de mí mismo.   *[Vanse.]*

———

Descúbrese el templo y sale LIRON.

Lir. Mijor se puede pasar
Todo el año sin moger,
Que dos dias sin comer,
Dice un badajo vulgar;
Y cuando él no lo dijera,
Pudiera decirlo yo,
Que buen badajo me so.
¡Ay hambre terrible y fiera,
Cuanto tu vista me espanta!
Pescudaba un hombre un dia,
Donde cae el mediodia,
Y otro dijo: á la garganta.
Dígalo yo; que dempues
Que mueso Dios perdió el habra,
Y que sola una palabra
Pronunciar no quiere, es
Tan poca la devocion,
Que con él la gente tiene,
Que nadie á su tempro viene;
Con lo cual de la racion
La quitacion ha llegado;
Que no hay tan sola una ofrenda,
Que era mi mijor hacienda.
Pues pobres hemos quedado,
Remiendémonos los dos,
Astaron omnipotente,
Y pues dicen comunmente,
Quien no habra, no le oye Dios,
No el rofian mudeis conmigo,
Habrad sola una palabra,
Que dirán, que á Dios, que no habra,
Tampoco le oye el bodigo.
Aun no quereis? Pues par Dios,
Que habeis, ya que mudo estais,
De habrar, aunque no querais,
Ó yo he de habrar por vos,
Haciendo lo que he pensado.
Yo me tengo de esconder
Detras de la estatua, y ser
Dende hoy ídolo barbado.
Que, viendo que habró Astaron,
Y la habra cobró ya,
La devocion volverá,
Y volverá la racion.
Á ganar voy, no á perder;
Y cuando me salgan malos,
Tan solo matarme á palos
Es lo que pueden hacer.
Y aunque no salga barato,
A quien su industria le vale,
Barato el comer le sale.

Dentro LESBIA.

Lesb. ¿Adónde estais, mentecato?
Lir. Lesbia es esta. Ella ha de ser
La que antes he de engañar.
Ahora bien, voyme á endiosar,
Que es á tener que comer.
          [Pónese en el altar detras del idolo.]

Sale LESBIA.

Lesb. ¿Dónde estais, que no os encuentro,

Simpronazo? Aun no responde
Por su propio nombre. ¿Dónde
Se habrá ido, que aqui dentro
Ni huera le puedo hallar?
Y quisiera yo saber,
Si ha de buscar la muger
La comida.
Lir.   No hay dudar.
Lesb. ¿Qué voz es esta, (ay de mí!)
Que en el mismo altar se oyó?
¿Quién es quien ahí habra?
Lir.   Yo.
Lesb. ¿Es el Dios de Astaron?
Lir.   Sí.
Lesb. ¿Pues cómo os dignais conmigo
De habrar hoy?
Lir.   Como me muero
De lo que he callado, y quiero
Hartarme de habrar contigo.
Lesb. ¿Que os merezca tal ventura
La muger, señor, de vueso
Barrendero?
Lir.   Y aun por eso,
Que estó hecho una basura.
Lesb. Ya que afabre os llego á ver,
¿Quereis enviudarme?
Lir.   No;
Porque ese milagro yo
Para mí lo he menester.
Lesb. ¿Pues cómo podré pasar
Con marido de aquel talle?
Lir. Tratando de regalalle.
Lesb. ¿Con qué le he de regalar,
Si no tenemos los dos
Manjares que satisfacen?
Lir. Buscadlos vos; que asi hacen
Otros mijores que vos.
Lesb. Por no ofenderos, confieso,
Que mil hambres padecí.
Lir. No las padezcais; que á mí
No se me da nada deso.
Lesb. Pues yo lo haré asi.
Lir.   Hareis bien.

Sale el Sacerdote.

Sac. ¿Quién, Dioses piadosos, quién
Creerá, que aquella ilusion
Tanto al Rey ha persuadido,
Que manda, que prevenido
El templo tenga, á ocasion
De la lid, que en él espera?
Lesb. Vos licencia me dais?
Lir.   Sí.
Sac. ¿Mas quién es quien habla aqui?
Lesb. Yo soy, señor; y quisiera
Pedirte albricias.
Sac.   De qué?
Lesb. De que ya Astaron habró.
Sac. Quién, Lesbia, lo dice?
Lir.   Yo.
Sac. Felice, pues escuché
Su voz. Sin duda ha querido,
Viendo que el Rey ha aceptado
El desafío aplazado,
Volver su honor perdido.
Á decirlo al Rey iré,
Para que el concurso sea
Mayor, y este monstruo vea
Sus maravillas; aunque
El salir es escusado,
Pues dice sonoro el viento,
Con cuanto acompañamiento
El Rey en el templo ha entrado.
Ya el velo puedo correr.

Descúbrese el ídolo vestido como estaba el Demonio, y salen el R E Y , L I C A N O R O , I R E N E *y acompañamiento.*

Lir. Si me vé, hoy muero! [*aparte.*
Sac. Señor,
Albricias de la mayor
Fortuna, que merecer
Pudo tu imperio.
Rey. Qué ha sido?
Sac. Ya el cielo vuelve por tí
Y por tu causa; y asi
Nuestro gran Dios ha querido
Dolerse de nuestro llanto.
Lir. ¡Ay, que el Rey mismo me adora! [*aparte.*
Estó por decir ahora,
Que no lo hice yo por tanto.
Mas mijor es proseguir
El engaño, ya que en él
Estó empeñado.
Sac. Ya fiel
Vuelve en su culto á lucir. —
Llegad, preguntadle todos,
Y vereis, si da este dia
Respuesta como solía.
Lir. Distintos serán los modos; [*aparte.*
Mas al fin responderá
Bien ó mal, como saliere.
Rey. Bello esplendor, que prefiere
Á la luz, que el sol nos da,
Pues hoy ha de ser aqui
La lid de uno y otro Dios,
Volved, gran Señor, por vos.
Lir. Yo me acordaré de mí.
Rey. No permitais, que ensalzado
En nuestras aras se vea
Dios, que ignoramos quien sea.
Lir. Yo me tengo harto cuidado.
Rey. No hablas, Licanoro?
Lica. No
Quisiera, por excusar
Lo que le he de preguntar. —
Cristo quién es?
Lir. Qué sé yo?
Sac. ¿Dónde está, gran Señor, di,
Que mis ojos no lo ven,
El extrangero, con quien
Argüir nos mandas?

Sale San B A R T O L O M É.

Bart. Aqui;
Que quien lidia voluntario
Por su Dios, no ha de huir,
Hasta vencer ó morir,
La cara de su contrario.
Rey. Mira, qué poco sirvió
Aquella prision de fuego,
Pues habló la estatua luego.
Lir. Gracias á por quien habró; [*aparte.*
Que á fe que se las debeis.
¿Qué va que vienen los palos
Primero, que los regalos?
Rey. Ea, ya empezar podeis.
Sac. Manda, señor, que la opinion asiente, .
Porque con fundamento se argumente.
Bart. Yo defiendo, que un Dios......

Sale C E U S I S.

Ceus. Antes que empiece
La cuestion, si mi zelo lo merece,
Y das licencia, gran señor, te pido,
Que me escuches.
Rey. Qué traes? qué ha sucedido?
Ceus. En busca desta fiera,

Que escandalosa toda el Asia altera,
Penetraba los montes,
Que dividen al sol en horizontes,
Cuando en lo mas oculto
De las entrañas de un peñasco inculto,
Que entreabierta la boca,
Haciendo labios de una y otra roca,
Parece con pereza,
Que el monte melancólico bosteza,
Ví una muger, si pudo
Del trage lo vestido ó lo desnudo
Darme de serlo señas;
Porque mas parecia entre las peñas
Bulto, que inanimado
El acaso sin arte habia formado;
Cuya duda creyera,
Si con humana voz no me dijera,
Que aun ahora me aflige......

Sale el D E M O N I O *en trage de muger.*

Dem. Aguarda; yo diré lo que te dije.
Gallardo jóven, engañado vienes
Á buscar lo que ya en tu corte tienes;
Pues ese monstruo humano,
Que de su nuevo Dios intenta en vano
Introducir el nombre,
Predicándole Cristo, Dios y Hombre,
Ya destos montes, que traidores fueron,
Pues tres dias oculto le tuvieron,
Falta. Yo lo he sabido,
Porque no hay para mí centro escondido,
Siendo yo Selenisa,
Del gran Dios de Astarot la Fitonisa.
Estos páramos vivo,
Donde observo mejor, mejor percibo
Los humanos desvelos
En el rápido curso de los cielos.
Por mis observaciones he alcanzado,
Que á un duelo va aplazado,
Donde, si bien infiero,
Que el gran Dios de Astarot parezca, quiero
Entre sus sabios verme,
Por ver asi, si á mí puede vencerme.
Esta la causa ha sido
De haber, dije, á la luz del sol salido.
Mas él, que de mi accion mi ser colige,
Me dijo......
Ceus. Yo diré lo que te dije.
Vente conmigo, adonde
Tu ciencia, que á tu ingenio corresponde,
Este prodigio venza.
Dem. Obedecíle, y pues cuando comienza
El argumento llego,
Que me admitas á él, señor, te ruego.
Rey. De que tú á este concurso hayas venido,
Estoy á mi fortuna agradecido.
Dem. Pues yo, dándome, señor,
Vuestra Magestad licencia,
Vos, serenísima Infanta,
Altos Príncipes, nobleza
Y plebe, porque á ese espanto
Hoy todo tu pueblo vea,
Que, siendo yo una muger,
Menos capaz de la ciencia,
Basto para concluirle,
Le propondré la primera
Cuestion, y podrán despues
Tomar la réplica della
Con mayor autoridad
Los que mejor la defiendan.
Lir. Malo es ser Dios en cuclillas, [*aparte.*
Quebradas tengo las piernas.
Dem. ¿Tú, peregrino extrangero,
En tus principios asientas

Un Dios solo, y que este es
Tres personas y una esencia?
Bart. Sí.
Dem. No es esa la cuestion,
Aunque contra esa pudiera
Argüir, porque pretendo
Tomarla desde mas cerca.
Despues de haber asentado
Esa Trinidad inmensa,
Asientas tambien, que Cristo
Es Dios; y asi contra esta
Parte de tus conclusiones
He de argüir.
Bart. Fuerza era,
Que contra la humanidad
Te declarases, porque ella
Fue en tu primera ojeriza
Asunto de tu soberbia.
Ya te he conocido; di,
Forma el silogismo, empieza.
Dem. Quien dice, que hay solo un Dios
En tres Personas, y prueba,
Que estas son el Padre, el Hijo
Y el Espíritu, da muestra,
Que no hay mas Dios.
Bart. Es verdad.
Dem. Pues contra tí mismo enseñas,
Que Cristo es Dios verdadero.
Cristo es persona diversa:
Luego son los Dioses dos,
Ó Cristo ho es Dios, ó aquesas
Personas, si es Dios, son cuatro.
Bart. Distingo la consecuencia;
Que las personas sean tres,
Concedo; que una no sea
Dellas Cristo, niego.
Dem. Pruebo :
Cristo ungido manifiesta,
Que es humanidad.
Bart. Concedo
La mayor.
Dem. Dios es eterna
Divinidad.
Bart. La menor
Concedo.
Dem. Luego evidencia
Es, que divino y humano,
Que son distancias diversas,
Implican contradiccion.
Bart. No es. Niego la consecuencia;
Que el Hijo, que es de las tres
Segunda persona eterna,
Es Dios y Hombre verdadero.
Dem. Hombre y Dios?
Bart. Sí. Aguarda, espera!
Dem. Hombre es, pues fue concebido
De humana naturaleza.
Bart. Y Dios, pues divinidad
Y humanidad une y mezcla.
Dem. Hombre es, pues su misma madre
Conoce de Adan la deuda.
Bart. Y Dios, pues al elegirla,
De la culpa la preserva.
Dem. Hombre es, pues ella en efecto
En sus entrañas le engendra.
Bart. Y Dios, pues su encarnacion
Sin obra es de varon hecha.
Dem. Hombre es, pues della nace,
Tomando su carne mesma.
Bart. Y Dios, pues queda en el parto
Antes y despues doncella.
Dem. Hombre es, pues sujeto nace
Del tiempo á las inclemencias.
Bart. Y Dios, pues que los pastores

Y tres Reyes le veneran.
Dem. Hombre es, pues sus padres le
Pierden del templo á la puerta.
Bart. Y Dios, pues dentro le hallaron,
Leyendo divinas ciencias.
Dem. Hombre es, pues de temor huye
Á Egipto, y su patria deja.
Bart. Y Dios, pues derriba huyendo
Cuantos ídolos encuentra.
Dem. Hombre es, pues en el desierto
La hambre y sed le atormentan.
Bart. Y Dios, pues cuarenta dias
Les pudo hacer resistencia.
Dem. Hombre es, pues que se le atreven
Á tentar con duras piedras.
Bart. Y Dios, pues con una voz
Tres tentaciones ahuyenta.
Dem. Hombre es, pues de hombres se vale,
Y esos de suma pobreza.
Bart. Y Dios, pues que la humildad
Elige por compañera.
Dem. Hombre es, pues uno de doce
Trata de ponerle en venta.
Bart. Y Dios, pues aun á ese mismo
Lava y consigo le asienta.
Dem. Hombre es, pues sentencia oye
De muerte, y no la remedia.
Bart. Y Dios, pues, por darnos vida,
Se dispone á esa sentencia.
Dem. Hombre es, pues en una cruz
Clavado padece afrentas.
Bart. Y Dios, pues el perdon pide
De los que le han puesto en ella.
Dem. Hombre es, pues espira y muere.
Bart. Y Dios, pues muriendo deja
Vencida la muerte, y hacen
Sentimiento cielo y tierra.
Dem. Hombre es, pues desamparado
El cuerpo cadáver queda.
Bart. Y Dios, pues de los infiernos
Baja á quebrantar las puertas.
Dem. Hombre es, pues de hombre dejó
En el mundo tantas prendas.
Bart. Y Dios, pues que Dios y Hombre
En los cielos vive y reina,
De donde vivos y muertos
Vendrá á juzgar.
[*Cae el Demonio á los pies del Santo.*
Dem. Cesa, cesa!
Que ya sé, que Hombre y Dios
Está sentado á la diestra
Del padre, hasta que por fuego
A juzgar el siglo venga.
Bart. Pues si tú mismo, tú mismo
Lo publicas y confiesas,
Despues que mudo en la estatua
Quedaste por mi obediencia,
Ella postrada tambien
A mi voz caiga y descienda;
No tenga altares estatua,
Que manda Dios que perezca.
[*Húndese el altar con el ídolo, y se descubre Liron.*
Lir. Cierto, que só desgraciado
Dios, por dó bajar quijera;
Pero echaréme á rodar,
Y de su mano me tenga
El Dios, que esté mas á mano.
[*Échase á rodar, y vase.*
Ceus. ¡Que esto los cielos consientan!
Todos. Viva Cristo! Cristo viva!
Bart. Viendo, Señor, tus grandezas,
Tus maravillas y asombros,
¿Quién no se rinde y sujeta?
Dem. Ni me sujeto ni rindo,

Bartolomé, pues me queda
Otra viva estatua, en quien
Puedo hacerte mayor guerra,
Que la que me has hecho. Dueño
Soy de Irene; y asi della
No podrás echarme, pues
Posesion me dió ella mesma.

Bart. Tú no pudiste adquirir
Posesion segura y cierta
De Irene, cuyo albedrío
Puede mejorar la senda.

Dem. Ya, mediante la justicia,
Es mia, y tengo licencia
De Dios, para que del pacto
Asi el castigo padezca.

Bart. Aunque la dé su justicia,
La quitará su clemencia.

Dem. En tanto podré en su pecho
Mover bandos, armar guerras,
Pervertir buenos intentos,
Alentar acciones fieras,
Sembrar cizañas y errores.

Bart. No tanto bien te prometas,
Pues sabes, que sus secretos
Te ponen unas cadenas,
Á que siempre estés atado.

Dem. Tal vez podré, aunque ellas sean
Las cadenas del demonio,
Quebrantarlas y romperlas.

JORNADA III.

Sale el REY, *y un* Criado *trae en una fuente
una púrpura y un cetro.*

Rey. ¿Llamaste ya al extrangero,
Como mandé?

Criad.   Sí, señor.

Sale San BARTOLOMÉ.

Bart. Y yo á tu voz obediente,
Humilde á tus pies estoy.

Rey. Alza·del suelo, á mis brazos
Llega, y oye la razon,
Que á llamarte me ha movido.

Bart. ¿Para que sepas, que estoy
Capaz della, quieres tú
Que á tí te la diga yo?

Rey. ¿Cómo puedes tú saber
Mi oculta imaginacion?

Bart. Como esos favores debo
Á la piedad de mi Dios.

Rey. Di.

Bart.   Destruyendo las aras
De tu falsa adoracion,
Cayó en tierra hecho pedazos
El ídolo de Astarot.
Alborotóse tu pueblo,
Y con despecho y furor,
Como si tuvieran culpa,
Los sacerdotes hirió
De tu templo, cuyo estrago
Pasara á incendio mayor,
Si Irene tu hija, tomando
De los ídolos la accion,
No se pusiera delante,
Cuyo respeto y temor
Bastó á parar el tumulto,
Pero á deshacerle no.
Ceusis, siguiendo de aquella
Parcialidad el error,

En defensa de sus Dioses,
Al lado de Irene, dió
Aliento á sus cobardías,
Al tiempo que con mejor
Acuerdo iba Licanoro
Publicando al nuevo Dios.
Encontráronse los bandos.
¿Quién nunca hasta entonces vió,
Que á la vista de su Rey
Batalla se diese atroz,
Donde era fuerza que fuese
Con equivoca faccion
El vencedor el vencido,
Y el vencido el vencedor?
Irene, en medio de todos,
Era el rayo, era el furor
De sus iras, cuando, al tiempo
Que ya uno y otro escuadron
Se embestían, los detuvo
Lo tremendo de su voz.
¡Ay infelice de mí!
Dijo, y rendida cayó
En la tierra, cuyo pasmo,
Cuyo asombro, cuyo horror
Suspenso dejó al amago
Y absorta á la ejecucion;
En cuya neutralidad
Se ha conservado hasta hoy.
Retiráronla, y apenas
Volvió en sí, cuando volvió
Tan furiosa, que no hay
Lazo, cadena, prision,
Que no rompa y despedace,
Y con despecho y furor
Delirios son cuantos dice,
Locuras cuanto hace son.
Tú, viendo tu reino todo
En tan mísera afliccion,
Tus dos sobrinos opuestos,
Y loca Irene, estás hoy,
No sin causa, persuadido
Á que ya el cielo cumplió
Del hado las amenazas,
Que fueron de su opresion
Causa, pues por ella ha sido
Todo llanto y confusion,
Todo ruinas, todo muertes,
Todo asombro, todo horror.
Y asi me enviaste á llamar,
Pareciéndote, que yo
Puedo remediar á un tiempo
Su desdicha y tu dolor.

Rey. Es verdad; de tí no mas,
Segun admirado estoy
De oir tus prodigios tuyos,
Fiar quiero de mi pasion
La esperanza, y por ponerte
En mayor obligacion,
Quiero, que en mi reino seas
Mi privanza desde hoy,
Y que, siendo muy amigos,
Con mas paz, con mas amor
Y mas blandura me enseñes
La doctrina de tu Dios.

Salen CEUSIS *y* LICANORO *por dos lados.*

Lica. Cielos, qué es esto que oigo?

Ceus. ¿Qué es lo que mirando estoy?

Lica. El Rey le habla afable?

Ceus.   ¿El Rey

    Le honra?

Lica.   Qué dicha!

Ceus.   Qué horror!

Rey. Y asi, en tanto que da el tiempo

Á esta plática ocasion,
Quiero, que en mi corte seas
Y en mis reinos otro yo,
Y en muestra de la verdad,
Estas insignias, que son
Púrpura, corona y cetro,
Te ofrezco. Dellas dispon
Á tu arbitrio, y desnudando
La túnica, que vistió
Tu humildad, aquesta real
Púrpura viste.

Bart.   Eso no.
Los Apóstoles de Cristo,
Los Discípulos de Dios,
No á medrar, no á enriquecer
Peregrinamos, señor;
Á solo adquirir venimos
Almas; ellas solas son
Nuestro triunfo, nuestro aplauso,
Nuestra fama y nuestro honor.
Y asi con aquesta humilde
Ropa mas honrado estoy
Y mas galan, que estuviera
Con la púrpura mejor;
Porque sé, que es toda ella
Magestad y ostentacion,
Vanidad de vanidades;
Siendo la vida una flor,
Que con el sol amanece,
Y fallece con el sol.

Lica. ¡Qué generoso desprecio!
Ceus. ¡Qué hipócrita presuncion!
Rey. Ya que la púrpura real
Desprecias, por vencedor
De aquesta pasada lid,
Ciñe el sacro laurel.

Lica.   Yo
Seré el primero, que acuda
Á servirte en esta accion.
Ceus. Yo el primero, que á estorbarlo
Acuda tambien; que no
Es bien, que un advenedizo
Sea capaz de tanto honor.
Lica. Suelta, Ceusis, el laurel.
Ceus. Suéltale tú, pues mejor
Estará en mis manos. Pero
Áspides en su valor
Hay ocultos para mí.
Lica. Suelta, que para mí no.   [*Cae.*
Bart. Es verdad; pues tú serás
Quien le goce de los dos.
Ceus. Temiera tus profecías,
Cuando mirándome estoy
Á tus pies, si no creyera,
Que encantos tus obras son.
Bart. Levanta ahora del suelo,   [*Álzale.*
Sin apurar mas razon
De que tú andas por caer,
Y por levantarte yo.
Rey. ¿Pues cómo en presencia mia
Os atreveis?
Lica.   ¿Yo, señor,
En qué te ofendo, si acudo
Á tu misma pretension?
Ceus. Menos te ofendo yo, pues
Cuidando de tu opinion,
Te estorbo accion tan indigna.
Lica. ¿Indigna llamas la accion
De honrar á quien nos ha dado
Noticias de uno solo Dios?
Ceus. Sí; pues de los demas Dioses
Viene á infamar el honor.
Rey. No te opongas á mi gusto,
Ceusis; tú, Licanor,

El sacro laurel le ciñe
En nombre mio.
Bart.   Aunque estoy
Al cielo reconocido,
Y agradecido al amor,
Licencia de no admitirle
Me has de dar; y porque no
Pienses, que esto es excusarme
De no servirte, te doy
La palabra de que á Irene
Verás libre del furor,
Que la aflige y atormenta.

Sale IRENE *furiosa.*

Iren. ¿Pues qué poder teneis vos
Para darme á mí salud?
Bart. El que me ha dado mi Dios.
Iren. Mucho me huelgo de oir,
Que tan buen médico sois.
Pero curad otros males,
Que tengan remedio, y no
El mio, que no le tiene,
Mientras que Dios fuere Dios.
Rey. Extrañas locuras dice.
Lica. Qué lástima! qué dolor!
Iren. ¿Qué hay por acá, padre honrado?
¡ Cuál vuestra imaginacion
Anda!
Rey.   Que estás loca, ahora
Creo con mas ocasion,
Porque dicen, que verdades
Dicen los locos.
Iren.   Pues yo
Mas para decir mentiras,
Que no verdades, estoy. —
¿Tambien los dos por acá
Estais? Cómo va de amor?
Lica. Mal, viendo en tí mi desdicha.
Ceus. Bien, viendo en tí mi pasion.
Iren. Ois, buen viejo? Ved, que os digo;
Estimad mucho á los dos,
Mirad, que entrambos me quieren,
Y á entrambos los quiero yo;
Mas con una diferencia,
Que á este le quiero mejor,
Porque sé, que este es mas mio;
Pero es tal mi inclinacion,
Que por saber, que este está
Seguro, y aqueste no,
Habeis de ver, que á este dejo,
Y tras esotro me voy.
Lica. ¡Qué haya razon para zelos
Aun adonde no hay razon!
Ceus. Pues tome el favor quien sabe,
Que aun es locura el favor.
Rey. Deste delirio que ves
Padece la sujecion;
Y está ahora aun mas templada,
Que otras veces; pues me dió
La palabra de librarla
Tu verdad ó tu valor,
Duélete della y de mí.
Bart. Dame tu amparo, mi Dios,
Contra tu mismo enemigo.
Ceus. ¡Qué se rinda tu valor
Á tan loca confianza!
Lica. Si obra el cielo, ¿por qué no
Quieres que alcance victoria?
Bart. ¿Podré en tu nombre, Señor,
Entrar en esta lid?

Dentro Música.

Music.   Sí.
Bart. Vencerá el demonio?

Music. No.

Bart. Luego en esta confianza,
Que me da tu inspiracion,
Bien podré atreverme.

Music. Bien.

Bart. ¿Quién será en mi ayuda?

Music. Dios.

Bart. Pues si él me ayuda, qué temo? —
Irene! Irene!

Iren. Á tu voz
Otra yo dentro de mí
Parece que estremeció
Mis sentidos. Qué me quieres?
Que el verte me da temor.

Bart. Que en este báculo adores
La cruz, que en él está.

Iren. Yo?
¿Yo adorar en un madero,
Que es del hombre redencion,
De Dios la figura, habiendo
No adorado al mismo Dios?

Bart. Ya el torpe espíritu de
Su lengua se apoderó
Y habla en ella.

Iren. Quita, quita!
Y no te me acerques, no,
Si no quieres, que, arrancando
Pedazos del corazon
Desta infelice muger,
Te los tire.

Rey. Ya volvió
Á su furiosa locura.

Lica. Qué lastima! qué dolor!

Iren. ¡Huid todos, huid de mí!

Rey. Tenedla!

Lica. Es tal su furor,
Que no es posible.

Bart. Sí es.

Ceus. Quién será bastante?

Bart. Yo. —
Rebelde espíritu, que,
Por divina permision,
Este sugeto atormentas,
Da la humilde adoracion
Á aquesta sagrada insignia.

Iren. No quiero; y pues en mejor
Estatua asisto, qué quieres?
Déjame, en mi centro estoy;
Pues es centro del demonio
El pecho del pecador.
Déjame, Bartolomé,
Déjame en mi posesion.

Bart. Tú no pudiste adquirilla.

Iren. Sí puedo; ella me la dió
En vida, en muerte, y en alma
Y en cuerpo.

Bart. Todo es de Dios,
Y no pudo enagenarlo.

Iren. Sí pudo, puesto que usó
De su albedrío.

Bart. Tambien
Usa dél para el perdon.

Iren. No le pide.

Bart. Sí le pide.

Iren. Ni le ha de pedir; que yo
La embargaré los alientos.

Rey. ¿Quién tan nuevo caso vió,
Que hable ella, y no sea ella?

Bart. En el nombre del Señor
Te mando, que te retires
Á la extremidad menor
De un cabello, y libre dejes
Lengua, alma, discurso y voz.

Iren. ¡Ha, con qué poder me mandas!

Bart. Irene!

Iren. Quién llama?

Bart. Yo.
¿Cómo te sientes, señora?

Iren. Siéntome mucho mejor;
Que parece, que me falta
Un áspid del corazon.

Bart. ¿Á quién el alma y la vida
Has ofrecido?

Iren. Á Astarot
La ofrecí, cuando ignoraba
Los prodigios de tu Dios.

Bart. No te pesa?

Iren. Sí, me pesa.
Mas no me arrepiento, no;
Que no puedo arrepentirme
De ningun delito yo.

Bart. Tarde volviste á ocupar
El instrumento veloz
De su lengua.

Iren. Nunca tardo.
Asiento y lugar me dió
La lengua de la muger,
Si yo la mentira soy.

Ceus. Ya á su primer fuerza vuelve.
Miren si convaleció.

Bart. Supuesto que ya no es tuyo
Despues que se arrepintió,
Deste cuerpo miserable
Deja la dura opresion.

Iren. Quita, quita aquesa cruz;
Que ya me voy, ya me voy
Á la cumbre de aquel monte,
Desde donde mi furor
Trastornará sus peñascos
Sobre toda esta region.

Bart. Sin hacer daño ninguno
En desierto, en poblacion,
En personas, en ganados,
En mies, en fruto, ni en flor,
Desampara esta criatura.

Iren. Ya te obedezco, pues no
Puedo romper las cadenas,
Que por tí me pone Dios. —
¡Ay infelice de mí!

[*Disparan dentro, y cae Irene desmayada.*

Rey. Muerta en la tierra cayó.

Lica. Qué lástima!

Ceus. Mira ahora,
Si encantos sus obras son.

Lica. Gran señora! prima! Irene!

Iren. Quién me llama? dónde estoy?
¿Qué de cosas han pasado
Por mí? ¿No estaba ahora yo
Animando los parciales
De los bandos de Astarot?

Rey. Ya ha mucho dias que eso,
Irene, te sucedió.

Iren. ¿Luego he vivido sin mí
Todo ese tiempo? ¡O qué error
Tan grande ha sido ignorar
Tanta verdad hasta hoy
De otra nueva ley! Supuesto
Que se ha cumplido en lo atroz
De mi vida, en lo piadoso
Se cumpla. Cristo es el Dios
Verdadero.

Rey. Cristo viva!
Yo le ofrezco adoracion.   [*Vase.*

Lica. Yo templo y aras.

Iren. Yo altares
Y sacrificios.

Ceus. Yo no,
Sino rayo desde aqui

Rey. Ser de su persecucion.
Ven tú conmigo, y al punto
Se dé en mi corte un pregou,
Que muera por traidor quien
No dijere en alta voz:
Cristo es el Dios verdadero,
Cristo es verdadero Dios. . *[Vanse.*

Ceus. ¡Cielo, qué es esto que escucho!
Mas zelos diré mejor,
Supuesto que cielo y zelos
Mis dos enemigos son.
Saldréme al campo á dar voces
A solas con mi dolor.
¡Que pueda tanto un encanto!
¿Pues no bastó, no bastó
Deshacer los simulacros
De mi antigua religion,
Sino quitarme tambien
La esperanza de mi amor?
¿Qué venganza mi tormento,
Qué castigo mi dolor
Tomará deste tirano?
¿Quién le dará á mi rencor
Alivio? ¿quién me dirá
Como he de vengarme?

Dentro el D E M O N I O.
Dem. Yo.
Ceus. Errada voz, que los vientos
Discurres, y con veloz
Acento me atemorizas,
¿Qué es del cuerpo desta voz?
Desto que yo te dije eres
Sombra acaso, ó ilusion
De mi ciega fantasía,
Tú, qué me respondes?
Dem. No.

Aparece el D E M O N I O *atado con una cadena.*
Ceus. Pues dónde estás?
Dem. En el centro
De aqueste peñasco estoy.
Ceus. Deja, deja el duro espacio
Desa lóbrega prision.
Dem. No puedo; que aprisionado
Con una cadena atroz
De fuego, que me atormenta,
Me miro; y asi......
Ceus. Qué horror!
Dem. Acércate á mí, pues que
Á tí no me acerco yo.
Ceus. ¿No pudiéndose extender
Tu corta jurisdiccion,
Puedes ayudarme?
Dem. Sí;
Porque tiene el pecador
En su albedrío tal vez
Mas ancha la permision,
Que yo, pues puede acercarse
Él á mí, pero yo á él no.
Ceus. Pues siendo asi, yo me acerco.
Quién eres?
Dem. Decir quien soy,
No importa; basta saber,
Que soy quien á tu dolor
Puede dar alivio.
Ceus. Cómo?
Dem. Oye atento.
Ceus. Ya lo estoy.
Dem. En el reino de Astiáges
Estan foragidos hoy
Algunos de los ministros
De Astarot. Ve allá, y dispon
Tu venganza y su venganza.

Y para poder mejor,
Harás, que á llamar le envíe
Tu padre, á tu persuasion,
Á este Galileo, diciendo,
Que sus prodigios oyó,
Y que quiere, que en la corte
Se admita su religion;
Y en yendo allá, dadle muerte,
Con que cesará el error
De sus encantos, volviendo
Á su antigua adoracion
Los Dioses, y tú podrás,
Desenojado Astarot,
Gozar á Irene.
Ceus. Bien dices.
¡O quién pudiera veloz
Cortar el aire!
Dem. Yo haré,
Que á tu corte llegues hoy.
Ceus. Cómo?
Dem. Toma aquesa antorcha;
Que con ella exhalacion
Serás del viento.
Ceus. ¡Ay de tí,
Bartolomé; que ya voy,
Rayo contra tí flechado,
Á ser tu persecucion!
[Toma una hacha encendida y vuela.
Dem. Pues para que en todo sea
Igual nuestra oposicion,
Ya que no puedo seguirle,
Porque encarcelado estoy,
Música tambien se escuche,
Diciendo en sonora voz,
Á pesar del cielo:
Él y mus. ¡Viva
El idolo de Astarot!
Dem. Aunque no esperé jamas
De que libre me veré,
¿Dónde estás, Bartolomé?
¿Bartolomé, dónde estás?
Ven á desatarme, ven,
De aquesta cadena dura,
Para que pueda tomar
Venganza de mis injurias.
¿Qué aplauso te desvanece,
Qué vencimiento te ilustra,
Si peleas sin contrario,
Y sin enemigo luchas?
Atadas mis manos tienes
Con el poder de que usa
Dios contigo; señal es
De cuanto temes mi furia.
Si no la temieras, no
Te valieras de su justa
Piedad: luego vence en tí,
No el valor, sino la industria.
Justifique Dios su causa
Conmigo, y no me reduzca
Á estrecha prision, al hacer
Pretende tu fama augusta.
Desate de mi garganta
Este lazo, que la anuda,
Y entonces será victoria;
Que donde tuve mi suma
Idolatría, sus aras
Coloques y sostituyas.
¿Pero qué voces ahora,
Para mas pena, se escuchan?

Dentro la M ú s i c a.
Music. ¡Ay qué gran dicha!
¡Mas ay qué ventura!
Que el íris divino

La paz nos anuncia.

Dem. ¡O cuánto, cielos, o cuánto
Debeis de temer la lucha
Última de los dos, pues
Tanto (ay de mí!) lo rehusan
Vuestras piedades! Si asi
Estoy, ¿qué mucho presuma
Bartolomé, que hoy Armenia
Á su nueva luz reduzca?
Desáteme Dios, verá,
Si son sus victorias muchas,
Ó alárgueme esta cadena,
Si de verme vencer gusta.
Pero qué miro? Parece,
Que á mi peticion sus duras
Argollas eslabonadas
Se rompen, para que huya
Desta provincia, por mas
Que en ella la sombra impura
De mi error asiste, pues
Ya el arco de paz la alumbra.
Y pues Dios me da licencia
Para que libre discurra,
Yo haré, que Bartolomé
No dilate mas la suma
Ley del Evangelio, dando
Fin con la muerte, que busca
Á sus triunfos y victorias,
Con mis engaños y astucias.
Y pues que ya en mi prision
Empezaron sus venturas,
En mi libertad comiencen
Las persecuciones suyas. —
¡Ha del ínclito seno,
Que tanta gente esconde,
Víbora racional de mi veneno!
¿Todos me oyen, y nadie me responde?
¿Tan poco el fuego de mi voz inflama?
¡Ha del monte otra vez!

Salen CEUSIS, *el Sacerdote y gente.*
Sac.   Quién va?
Ceus.   Quién llama?
Dem. Quien viene desterrado
Hoy de su patria bella,
Porque á Cristo adorar no quiso en ella.
Ceus. Mal mis designios graves
Te ocultaré, supuesto que los sabes.
Yo, rayo desatado
De gran mano, llegué, donde, avisado
Mi padre de sucesos tan extraños,
Me dió palabra de enmendar sus daños.
Á su hermano escribió, que le enviara
Á ese monstruo, porque comunicara
Á su reino la luz de su doctrina,
Tan nueva, tan extraña y peregrina.
Dem. Pues ya ha llegado el dia,
Ceusis, de tu venganza y de la mia;
Que, habiendo consagrado
Los templos, y la gente bautizado,
Ya del Rey despedido,
Su reino deja, sin haber querido,
Que nadie le acompañe,
Para que mas su hipocresía le engañe.
Á pie y solo camina
Á tu corte, (ay de mí!) donde imagina
Sembrar de sus encantos
Los sustos, los asombros, los espantos.
Mas ya llega. Á este paso
Todos os retirad, porque, si acaso
Nos vé, puede ayudarse
De sus mágicas ciencias, y ocultarse.
Sac. Dices bien.   [*Retíranse todos.*
Dem.   Pues yo lego,

Hielo mis plantas son, mi pecho fuego.

Sale San BARTOLOMÉ.
Bart. ¡Felice yo, que puedo
Ver desde aqui, sin que me cause miedo,
De Astarot el engaño,
Reducido y en salvo aquel rebaño!
¡O cuánto, Armenia bella,
Debes á las piedades de tu estrella!
Dem. Con cuanto gusto va! Fervor le lleva; [*ap.*
Pero primero que de aqui se mueva,
Probará los rigores de mi saña. —
O tú, que aquesta bárbara montaña
Discurres peregrino,
¿No me dirás por donde es el camino?
Bart. Sí diré; que mi zelo
Es enseñar caminos para el cielo.
¿Cuándo no andas perdido,
Tú, infelice?
Dem.   Luego hasme conocido?
Bart. Sí; pues que vengo ahora á hacerte guerra,
Y arrojarte tambien de aquesta tierra.
Dem. No harás; que ahora sin miedo
Te tengo yo, donde vencerte puedo.
Bart. Tú vencer? De qué suerte?
Dem.   Desta suerte:
Llegad todos, llegad á darle muerte;
Porque á mí irme conviene
Á repetir la posesion de Irene.   [*Vase.*
Bart. Si la fe vive en ella,
Yo acudiré en ausencia á defendella.

Salen CEUSIS, *el Sacerdote y gente.*
Ceus. Á tus plantas rendido
Un pueblo me tuvo, y ha querido
Desagraviar el cielo injurias tantas,
Trayéndote á que estés puesto á mis plantas.
Bart. Sí; mas es con alguna
Diferencia ese trueco de fortuna;
Que tu soberbia altiva
Fue allí la que á mis plantas te derriba,
Y aqui, para que mas mi triunfo arguyas,
Es humildad quien me arrojó á las tuyas.
Ceus. Venid, donde serán los justos cielos
Testigos mi zelo y de mis zelos.
Bart. De nada desconfio. —
Beber tu caliz ofrecí, Dios mio,
El fuego del amor, que el pecho labra,
Feliz voy á cumplirte la palabra.   [*Vanse.*

———

Sale LICANORO.
Lica. En notable soledad
Bartolomé nos dejó;
Mas el ver, que le ausentó
El zelo, amor y piedad
De llevar su nueva ley
Á mi patria, hacer pudiera,
Que yo consuelo tuviera.
¡O si ya mi padre el Rey
Admitiese estad verdad!
Al punto escribirle iré
En favor suyo, porque
No quiere mi voluntad,
Que yo me aleje de aqui
Un punto, sin que primero
Á Irene vea, á quien quiero
Mas, que al alma que la dí.

Córrese una cortina, y aparece IRENE *en un estrado dormida.*
Pero en su estrado dormida
Está. Ay, dulce hermoso dueño!

¿Quién, sino tú, hacer al sueño
Pudo imágen de la vida?
No para ser homicida
De indicios hagas crisol;
Y pues basta un arrebol
De tu cielo soberano,
¿Para qué es, amor tirano,
Tanta flecha y tanto sol?
Si, cuando sin alma estás,
Estás, Irene, tan bella,
Tú no vives mas con ella,
Mas con ella matas mas.
Inútil muerte me das,
Ya es tuyo mi corazon;
¿Pues para qué, Irene, son,
Nevando Abriles y Mayos,
Tanta municion de rayos,
Y tanto severo arpon?
Lástima se me hace, cuando
Tan blandamente descansa,
Inquietarla. Ya vendré,
En escribiendo las cartas.

       [Vase, y despierta Irene.
Iren.   Quién anda aqui? ¿Mas mi esposo
No es quien salió desta sala?
¿Pues cómo, ay Dios! sin hablarme
Vuelve á mi amor las espaldas?
Esposo! señor! mi dueño!

       Sale el DEMONIO.
Dem.   Qué me quieres?
Iren.   Pena extraña!

    Sale LICANORO, *y quédase al paño.*
Lica.   Á la voz de Irene vuelvo.
Mas ay de mí! con quién habla?
Dem.   De tí pretendo saber
Á quien, enemiga, llamas
Señor y dueño, que puedas
Llamárselo con mas causa?
Iren.   Á quien lo es.
Dem.   Yo lo soy,
Pues me diste la palabra
De que siempre serias mia.
Lica.   Cielos, qué escucho? Ha tirana! *[aparte.*
Iren.   Verdad es, que te ofrecí,
Que te daria vida y alma,
Si me dabas libertad;
Mas desa deuda me saca
La nueva ley, que profeso.
Lica.   Ella (desdicha tirana!)
Confiesa, que le rindió
Alma y vida.
Dem.   En vano hallas
Respuesta, pues aun lo mismo,
Que te disculpa, te agravia.
¿Qué nueva ley pudo hacerte
No ser mia?
Lica.   Honor, qué aguardas?
Mas ay de mí! que en tal pena
Valor al valor le falta.
Iren.   La ley de Bartolomé,
En cuya fe y confianza
Estoy de aquel pacto libre.
Dem.   ¡Calla, no prosigas, calla!
Que esta es la hora, que á él
Le rompen y despedazan
Los verdugos de Astiáges
El corazon, las entrañas,
Viva imágen de la muerte;
Pues el pellejo le rasgan,
Hasta que le sangriento filo
Le divida la garganta.
Mira para tu socorro

Si tienes buena esperanza.
Lica.   Cielos! otro dolor? ¿Pues
El de los zelos no basta?
Dem.   No fuiste mia?
Lica.   Qué pena!
¿Mas qué mi paciencia aguarda? —
¡Injusto, tirano dueño   *[Sale.*
De mi vida, honor y fama,
Muere á mis manos!
Dem.   ¡Al cielo
Pluguiera, que fuera tanta
Mi dicha, que yo pudiera
Morir! Mas ya que no alcanzan
Victoria desta muger
Por ahora mis venganzas,
Dejarla en el ciego, el loco
Poder de un zeloso basta.   *[Vase.*
Lica.   ¿Adónde de mi furor,
Hombre ó demonio, te escapas?
¿Eres de mis zelos sombra?
Iren.   Esposo, señor!
Lica.   Aparta!
Que tu amor y tu respeto,
Ú otra mas oculta causa,
Que ignoro, en prision del hielo
Mis pies y mis manos ata,
Para no darte la muerte.
Iren.   Pues en qué te ofendo?
Lica.   Ha ingrata!
Si antiguo dueño tenias,
Á quien la vida y el alma
Ofreciste antes que á mí,
¿Para qué, traidora, falsa,
Ofendiste tanto amor,
Burlaste fineza tanta?
Iren.   Verdad es,......
Lica.   Qué, aun no lo niegas?
Iren.   Que yo......
Lica.   Qué, aun no lo recatas?
Iren.   Ofrecí al Dios de Astarot
Alma y vida.
Lica.   Calla, calla!
Que el Dios de Astarot no tiene
Poder ya en vida ni en alma,
Para venirte á pedir
Zelos de mí. Tú me engañas.
Iren.   Verdad es, Licanoro, digo.
Y si el irse (ay Dios!) no basta
De aqui invisible, daré
Otro testigo, que haga
Mas fe en tu crédito.
Lica.   Quién?
Iren.   Bartolomé, á cuya instancia
Estoy de aquel pacto libre.
Lica.   ¿No has escuchado, tirana,
Que mi padre (ha dura pena!)
Le dió muerte? En vano trazas
Valerte de su noticia
Tan aprisa.
Iren.   Mi fe es tanta,
Que aun muerto he de esperar,
Que tus dudas satisfaga.
Lica.   ¿Cómo es posible, si ya
La cólera me desata
Las manos, para que tome
De tus agravios venganza?
Muere pues!
Iren.   ¡Bartolomé,
Tu amparo y favor me valga!
[Saca la espada, y al ir á herirla, cantan dentro,
            el se suspende.
Music. Á quién con fe le llama,
Siempre socorre, y nunca desampara.
Lica.   ¿Qué voces mi accion suspenden?

Iren. Las que mi inocencia guardan.

Salen el R E Y, L E S B I A, L I R O N, *criados*
y gente.

Rey. ¿Qué música es esta, cielos,
Que suspende y arrebata
Los sentidos?

Criad. Todo el aire
Se puebla de luces claras.

Rey. Licanoro, ¿contra quién
Desnuda traeis la espada?

Lica. Contra mí mismo primero,
Que contra quien la sacaba,
Oyendo estas voces.

Rey. ¿Luego
Oísteis las músicas varias?

Lica. Sí, señor. Y no eso solo
Nos admira y nos espanta,
Sino el ver, que allí una nube
Hojas de púrpura y nácar
Despliega, y un trono en ella,
Sobre cuya ardiente basa,
Triunfante Bartolomé,
Los coros el viento rasgan.
Roja púrpura se viste,
Y un monstruo trae á sus plantas,
Á quien con una cadena
Aprisionado acompaña.
Aladas divinas voces
Dicen en cláusulas blandas:

Music. Á quien con fe le llama,
Siempre socorre, y nunca desampara.

En un trono se descubre el S A N T O, *que trae al*
D E M O N I O *á los pies.*

Bart. Feliz imperio de Armenia,
No solo vuelvo á tu patria
En alas de Serafines,
Para que sepas la rara
Crueldad, que conmigo usaron,
Habiéndome hecho mudara,
Como culebra, el pellejo,
Con ira y cólera extraña,

Sino tambien para que
Vivas, en mi confianza,
Seguro de que esta fiera,
Que atada traigo á mis plantas,
No perturbará tu paz.
Este es......

Dem. Yo lo diré, calla;
Porque quiero que me sirvan
De veneno mis palabras.
Yo soy el Dios de Astarot,
Yo el que tuvo vuestra patria
Idólatra tantos años,
Dándome adoracion falsa.
Desta esclavitud el cielo
Hoy por Bartolomé os saca,
Alumbrándoos en la ley
Evangélica de gracia.
Irene, que un tiempo fue
De mis engaños esclava,
Ya está libre. ¿Mas qué mucho
Que ella y todo el mundo salga
De mi esclavitud, si el cielo
Con estas cadenas ata
Mis fuerzas, dando poder
Á su Apóstol de cortarlas?

Bart. Con esta declaracion
Pública, que has hecho, baja
Al abismo, mientras yo
Á esferas subo mas altas.

Dem. Abra, para recibirme,
El infierno sus gargantas. [*Húndese.*

Bart. Y á mí sus puertas el cielo,
Para recibir mi alma. [*Fuela.*

Rey. ¿Quién, á tan grandes prodigios,
No le rinde al cielo gracias?

Lica. ¿Á quién quedarán rezelos,
Viendo verdades tan claras?

Lesb. ¿Y quién, viendo que en su mano
Bartolomé santo enlaza
Las cadenas del Demonio,
Contra él no le invoca y llama? —
Dando fin á esta Comedia,
Perdonad sus muchas faltas.

XC.

LOS TRES AFECTOS DE AMOR,

PIEDAD, DESMAYO Y VALOR.

PERSONAS.

Seleuco, *Rey, barba.*
Libio, *Príncipe de Gnido.*
Celio, *Príncipe de Ródas.*
Flabio, *Príncipe de Acaya.*
Anteo, *Príncipe de Famagusta.*

Pasquin, *criado de Libio, gracioso.*
Lelio, *criado de Celio.*
Silvio, *criado de Flabio.*
Golilla.
Rosarda, *Infanta de Chipre.*
Clóris, *dama.*

Laura ⎫
Nise ⎬ *damas.*
Ismenia ⎭
Músicos.
Acompañamiento.

JORNADA I.

Salen cantando Clóris, Laura *y* Nise, *cada una por su puerta, su copla, vestidas en trage de monte, y despues* Rosarda.

Clor. [*cant.*] Sobre el regazo de Vénus
Descansando estaba Adónis,
En las delicias del valle
De las fatigas del bosque,......
Laur. Cuando un sátiro, envidioso
De que tantas dichas goce,
Desta manera le dice
Desde la cumbre del monte......
Nise. ¿De qué tan desvanecido ,
Vives, o engañado jóven,
Por lograr una hermosura,
Que no es tuya, aunque la logres?
Clor. Si conoces, que es su dueño
Marte, ¿cómo no conoces,
Que favores, que son zelos,
Ni son zelos ni favores?
Laur. Ambos estais desairados,
Solo al eco de sus voces.
Tú porque te escondes, y ella
Porque estima á quien se esconde.
Nise. Oyó Adónis de sus dichas
Los satíricos baldones,
Y hablando con la Deidad,
Asi á la fiera responde :......
Todas. Ya, madre del ciego Dios,
Me es tu favor importuno;
Que no es dicha para uno,
Hermosura para dos.
Rosa. ¿Ya, madre del ciego Dios,
Me es tu favor importuno;
Que no es dicha para uno,
Hermosura para dos?
Callad, callad; que pensais,
Que dais alivio á mi pena,
Y es la voz de la Sirena
Cualquiera que articulais;
Cuyo encanto, de horror lleno,
Herir y halagar procura,
Pues llama con la dulzura,
Y mata con el veneno.
Y mas al oir, (ay Dios!)

Porque no halle alivio alguno,
Que no es dicha para uno,
Hermosura para dos.
Sin saber por qué (ay de mí!)
Oirlo siento, cuando estoy......
Mas qué digo? dónde voy?
Que aquesto no es para aquí.
Volved á cantar. Mas no;
No canteis, sino conmigo
Seguid la senda, que sigo
Á este sitio, á quien debió
Cuanto al Abril acrisola
Sus primores. Dónde vais?
Dejadme ; no me sigais.
¿No he dicho, que quiero ir sola?
Clor. Señora, di tu pesar.
Rosa. No tienes que proseguir.
Laur. Advierte,......
Rosa. Qué he de advertir?
Nise. Mira,......
Rosa. Qué puedo mirar?
Clor. Considera,......
Rosa. Es vano intento.
Laur. Repara,......
Rosa. Es hablar acaso.
Nise. Que tu pena,......
Rosa. Yo la paso.
Todas. Que tu dolor......
Rosa. Yo le siento.
Dejadme, pues. ¡Qué porfía
Tan necia!
Clor. Aunque tú lo sientas,
Todas dignamente atentas
Á tan gran melancolía,
Como estos dias, señora,
Te aflige mas, que otras veces,
Padecen lo que padeces,
Y aun mas quizá; pues no ignora
Nuestro amor, que, si decia
Allá un sabio, que entre el ver
Padecer y el padecer
Ninguna distancia habia,
Otro, que era mas, probaba
Ver padecer, por decir,
Que quien tuvo que sentir,
Alivio en sentir hallaba;
Y quien via sentir no;
Pues sentia lo que oia,

Sin templar lo que sentia
Su mismo sentir; y yo,
En fe de lo que he debido
Á tus favores, de parte
De todas á suplicarte,
Señora, me he preferido,
Que nos digas la ocasion
De tan penosos extremos,
Por si por dicha podemos
Con vida, alma y corazon
Hallar un estilo, un medio,
Con que el dolor divirtamos.

Todas. Todas te lo suplicamos.

Rosa. Yo lo estimo. Mas remedio
No puede hallar en ninguna
Mi mal; pues ninguna, es llano,
Tiene el volante en su mano
Del eje de la fortuna.
Fuera de que ¿qué podré
Deciros, que no sepais,
Cuando cómplices estais
De mis desdichas, en fe
De que soy tan desgraciada,
Que hago que aun otras lo sean?
Mas con todo, porque vean
Vuestras finezas, que nada
Reserva mi hado infelice,
Lo que sabeis os diré.

Sale SELEUCO, *y detiénese á la puerta.*

Sele. Ya que á esta ocasion llegué,
He de oir lo que las dice.

Rosa. Hija de Seleuco, Rey
De Chipre, nací, en tan mala
Estrella, que fue mi dicha
Víspera de mi desgracia.
Dígalo lo que vosotras
Mismas sentis, pues en tanta
Soledad vivis conmigo
La austeridad deste alcázar,
En cuyos páramos presa
Desde mi primera infancia
Me ha tenido mi desdicha,
Sin que yo sepa la causa;
Pues' solo sé, que ví apenas
Del dia las luces claras,
Cuando mi padre dispuso,
Que fuese aqui mi crianza,
Con tan corta esfera, que
Al pie destas peñas altas
Solo permite que llegue,
Siendo mi línea su falda;
Pues tal vez, que divertida
En los trances de la caza,
Excedí un átomo al coto,
Lo embarazaron las guardas,
Que el mar y la tierra giran
Con tan grande vigilancia,
Que no es posible, que nadie
Sin peligro entre ni salga.
Y aunque es verdad, que su amor
Tan tiernamente me ama,
Que en mi vida en su semblante
Ví seña, accion ni palabra,
Que una caricia no sea,
Una terneza y una ansia
De que nada aqui me falte,
Con todo eso es cosa clara,
Que en sola la libertad,
Todo lo demas me falta.
Porque ¿qué le importa al preso,
Que á la cadena que arrastra
Le doren el eslabon,
Si no le liman la aldaba?   .

De suerte, que en la penosa
Despoblacion desta estancia,
Sin que haya visto mas gentes,
Mas cortes, calles ni plazas,
Mas tratos ni mas comercios,
Faustos, trages, joyas, galas,
Que á vosotras y á la corta
Familia, que me acompaña,
De rústicos labradores,
Que en estos jardines andan.
Racional bárbara vivo,
Tan hija destas montañas,
Que aun siento, que, para serlo,
Me sobra el uso del alma;
Porque ¿qué desdicha, como
Que no vea en esa vaga
Region de los aires ave,
Que apenas la cubra el ala
La primera pluma, cuando,
Árbitro de la campaña,
Las prisiones de la noche
No rompa á la luz del alba?
¿Qué ansia, como que no encuentre
Fiera, que apenas cobrada
La primera piel se vea,
Que á buscar al sol no salga?
¿Qué horror, como que no mire
Pez, que la primera escama
Arme apenas, cuando sulque
Vivo bajel de las aguas?
¿Y qué rigor, como que
No halle flor, que el primer nácar
Apenas rompa al capillo,
Cuando ya goce del aura?
¿Y que yo con mas instinto,
Con mas razon, con mas alma,
Y con menos libertad
Envidie, sin dar mas causa,
Que el delito del nacer,
Ave, fiera, pez y planta?
Bien hasta aqui á mis tristezas
Disculpa el discurso halla.
Pero aun no paran aqui;
Que mas adelante pasan.
Pues viendo, que ya tenia
Mi desdicha tolerancia,
Habiendo hecho la costumbre
Naturaleza, no falta
Quien al todo de mis penas
Multiplique circunstancias,
Que mas, que alivien, aflijan.
¡O qué fácil es, que añada
La fortuna un daño á otro,
El hado una ansia á otra ansia!
Ayer un villano desos,
Con quien es fuerza que hagan
Compañia mis desdichas,
Bien como el que ciego anda,
Que, para informarse, es fuerza
Que de cualquiera se valga,
Me dijo, hablando en su rudo
Labio la voz de la fama,
Pension de graves materias,
Ver, que el vulgo las alcanza,
Que, cuantas veces (ay triste!)
Á mi padre el reino habla
En órden á darme estado,
Viendo la suma importancia,
Que ya en su anciana edad tiene
Dar succesor á su patria,
Pues si dejara sin él
En tanto interes, dejara,
No digo por mí, sino
Por su corona, empeñadas

Todas las que en su contorno
El Archipiélago baña,
Por ser dellas la mas rica,
Mas deliciosa y mas varia,
Con lágrimas les responde,
Sin que entender pueda nada
Del amor con que me zela,
Y él temor con que me guarda.
Y aun mas dijera, segun
Su política villana
Discurrir quiso, si yo,
Previniendo que intentaba
Aconsejarme la fuga,
No le volviese la espalda.
Esta noticia, añadiendo,
Como dije, en mis desgracias,
No solo mal á mal, pero
Ira á ira, rabia á rabia,
Tanto me lleva tras sí,
Tanto tras sí me arrebata,
Tanto tras sí me atropella,
Y tanto tras sí me arrastra,
Que mil veces he querido,
Furiosa y desesperada,
Que ese piélago, que fue
A Vénus cuna de plata,
Túmulo de nieve sea
A mi fortuna; y es tanta
Mi desesperacion, que
De venganza de que hayan
Declarádose mis quejas,
Tan nuevamente me matan,
Que, enagenada de mí,
Desde aquesas peñas altas
Tengo de arrojarme al mar,
Por ver, si con esto acaban
De una vez tantos temores,
Tantos sobresaltos, tantas
Confusiones y desdichas,
Penas, tristezas y......

Al irse á entrar, sale el Rey SELRUCO.

Selc. Aguarda;
Que habiendo, como otras veces,
Venido á verte, Rosarda,
Y llegando en ocasion,
Que pude entre aquestas ramas
Haber oido tus despechos,
Es fuerza que á las instancias
Del reino y tuyas responda,
Y que, á mas no poder, abra
De la cárcel del silencio
Prisiones, que alcaide guarda
El corazon. Oye pues;
Que ya que en público agravian
Tus quejas á mi amor, quiero,
Que en público satisfagan
A la razon de tenerlas
La disculpa de causarlas
Yo, Rosarda, heredé jóven
Este reino, en paz tan blanda,
Que, sin que me divirtiese
El manejo de las armas,
Pude entregarme á las letras,
Llevándome, entre otras varias
Facultades, mas, que todas,
Curiosa la judiciaria.
Esta estudié con tan grande
Cariño á ciencia tan alta,
Como frisar con los Dioses,
Pues lo futuro adelantan,
Que no hubo en todo ese
Delineado globo á mapas,
Astro, ni errante ni fijo,

De cuantos su azul campaña
A imágenes iluminan
Y á caractéres esmaltan,
Que obedientes al precepto
De líneas, compases, tablas,
Astrolabios y cuadrantes,
No registrase las causas
En los influjos que inclinan
De los afectos que aguardan.
Eso asentado, pasemos
A que casé con Isdaura,
De Famagusta Princesa.
Vivimos nuestra dorada
Edad en el desconsuelo
De no tener hijos, hasta
Que Vénus, titular Diosa
De Chipre, de cuya estatua
Venera ese templo, que
Sobre la cima descansa
Deste monte, enternecida
De mirar siempre sus aras
Entre antorchas, que las lucen,
Las víctimas, que la manchan,
Contigo, Rosarda hermosa,
Premió nuestras esperanzas.
Naciste tan desde luego
Prodigiosa, que, hecha humana
Víbora, el materno albergue
De las piadosas entrañas,
Que te hospedaron, pagaste
Inculpablemente ingrata,
Dando, en precio de una vida,
Una muerte. (Dolor, basta!
Y pues que yo no la olvido,
¿Qué tienes tú que acordarla?)
A este primero presagio
Sucedió observar, que estaba
En oposicion del sol
La luna, eclipsando avara
La misma luz que mendiga,
Y retrogrado en la casa
De Vénus Saturno, con
Malévolo aspecto, infausta
Constelacion, que me hizo
De todo punto apurarla.
Hallé...... Al pronunciarlo el labio
Se turba, el aliento falta,
Balbuciente titubea
La lengua, y perdida el habla,
El corazon en el pecho
Despavorido se arranca.
Hallé, digo, que teniendo
En tu oróscopo contraria
Influencia en tu hermosura,
Tu peligro amenazaba
De violenta muerte, siendo
Tu gracia ella, y tu desgracia.
Sangriento fiero homicida
Contra tí traidoras armas
Previene. Y aunque es verdad,
Que no siempre su palabra
Cumple el hado, y que el prudente
Sobre las estrellas manda,
Con todo eso el amor propio
De la ciencia, que uno trata,
Le hace, que crea infalible
Lo contingente. A esta causa,
Viendo ser tu perfeccion
Tu peligro, retirarla
Quise á los ojos del mundo;
Pues no vista, es cosa clara,
Que no tiene la hermosura
Riesgo, bien como tirana
Imágen del basilisco,

Que con ponzoña del alma,
Cuando á ella la miran, muere,
Y cuando ella mira, mata.
En fin pues, por obviar,
Como he dicho, la amenaza
Del astro, que á tí te sigue,
Y el temor, que á mí me espanta,
Te retiré á aquestos montes;
Pero viendo, cuanto clama
Por tí el reino, y cuanto importa
Dar succesion á mi patria,
Por una parte, y por otra,
Cuanto tú apeteces vana
En el fausto, que te sobra,
La libertad, que te falta,
Abandonando, á despecho
De mi ciencia siempre sabia,
El temor, he de poner
En tu mano tu esperanza.
Usa pues de tu albedrío.
En tu libertad te hallas
Desde este instante. Y porque
Ya de tu estrella informada,
Lo estés de todo, sabrás,
Que tres Príncipes tu blanca
Mano á un tiempo solicitan
Con mil repetidas cartas.
Libio, Príncipe de Guido,
De cuya gloriosa fama
Lleno el mundo, le publica
Siempre invencible en las armas,
Es el uno; el otro es
Flabio, Príncipe de Acaya,
Que, inclinado á los estudios,
Ha merecido alabanza
De ser el mas claro ingenio
Destas islas comarcanas,
Que el Archipiélago moja;
Celio, de Ródas y Candia
Tambien heredero, adquiere
Perfeccion igual á entrambas;
Pues en dotes personales,
Convienen, que no se halla
Mas galan jóven; de modo,
Que en la eleccion, que te aguarda,
Igualmente se compiten
Ingenio, valor y gala.
Yo pues, que mas, que tu hado,
Previene, que, si te daba
Á uno, á los dos ofendia,
Y que era grangería vana
Perder dos, por ganar uno,
Sin que resolviese nada,
Mañosamente entretuve
Hasta aqui sus esperanzas.
Pero ya que es fuerza que,
Á pesar de dudas tantas,
Saliendo á luz mi secreto,
Á luz tu persona salga,
Dueño he de hacerte de todo;
Que no quiero ser en nada
Cómplice de tu fortuna.
Y asi, para que tú hagas,
Ya que á salir te resuelves,
Dando mi ciencia por falsa,
La eleccion, haré á los tres
La entrada á mi corte franca.
Vengan pues á merecer
Por sí mismos; que una dama,
Aunque honra cuando elige,
Cuando despide no agravia.
Quéjese de su fortuna,
Y no de mí, el que se vaya
Desairado; pues poniendo

Yo en tres iguales balanzas
El lícito galanteo,
Con que en palacio se ama,
Los tres méritos, no quedo
Deudor á sus confianzas.
Piensa tú contigo ahora,
Si te está mejor, Rosarda,
Conservarte en tu retiro,
Ó salir dél, ya que salgas,
A contingencia del hado,
Y á ser tu hermosura rara
Certámen de amor y zelos;
Que á mí, como puesto haya
En tu mano tu albedrío,
En tu eleccion tu esperanza,
Y en tu arbitrio tu fortuna,
De todo mi amor me salva.
Y porque no te resuelvas
Aprisa en duda tan ardua,
Para responder te doy
Término de aqui á mañana.

Rosa. Oye, que dudas, señor,
Que conmigo en esta larga
Prision crecieron, no tengo
Necesidad de pensarlas.
Temeroso de un peligro,
Con que mi vida amenazan
Violentamente los cielos,
En estos montes me guardas.
¿Pues qué peligro ó violencia
Será posible que haya
Mayor, que la prision mia,
Con que el dolor adelantas?
¿Es bueno, que, porque el hado
No ejecute en mí su saña,
La ejecutes tú, sin ver,
Que, porque el daño no haga,
Antes ya que él me sepultas,
Aun primero que él me matas?
Demas, que razon no es,
Que facultad, que es tan varia,
Que si en un punto disuena,
Yerra infinitas distancias,
Sea tan creída, que
Una pena imaginada,
Antes que en mí sea precisa,
En tí sea voluntaria.
Deja, que el fracaso venga,
Y no al camino le salgas;
Que es desgracia desde luego
El esperar la desgracia.
No digo, que no la temas;
Mas no que la creas. ¡Mal haya
Ciencia, que ignorada es ciencia,
Y sabida es ignorancia!
Y pasando á la eleccion,
Aunque debiera excusaria,
Pues solo es tuya, la aceto;
No tanto, porque inclinada
Haya de elegir á uno,
Cuanto porque altiva haya
De despreciar á dos, que,
Aunque experiencia me falta,
No tanto, que no conozca
Imperiosa mi arrogancia,
Que debe de ser sin duda
En juego de amor ganancia,
Que en una mano las quejas
Doblen el resto á las gracias;
Fuera......

Sele.   No de mas razones
Tu resolucion se valga.
¿Para qué quieres, que sobren,
Si las que has dicho me bastan?

Y asi á responder al reino
Y á las amantes instancias
De los tres , y á prevenir,
Que al punto á la corte vayas,
Me adelantaré. — Sagrado
Volúmen, que de doradas
Letras encuaderna el sol,
Miénteme una vez de cuantas
Verdad me dijiste.

Rosa. Ya,
Amigas, felice acaba
Nuestra esclavitud.

Clor. Á todas
Nos da en albricias tus plantas.

Rosa. Venid donde con vosotras
Mis lucimientos reparta,
Porque todas , prevenidas
De adornos, joyas y galas,
Á la corte vais.

Laur. Aunque es
Accion liberal y franca,
No tienes que darnos mas ;
Que corte á solas nos basta.

Rosa. Tanto la deseas?

Laur. No digo
Contenta, alegre y bizarra ;
Pero en romería á su estruendo
Fuera desnuda y descalza,
Con lo del sapo en la boca
Y el dogal á la garganta.

Rosa. El buen aire de tu siempre
Esparcido gusto, Laura,
Nunca ha de faltar. — Venid,
Diciendo todas ufanas
Aquel repetido himno,
Que á Vénus sus coros cantan.

Todas [*cant.*] Á la madre del amor,
Á la Deidad soberana,
Favor cuantos aman piden,
Y piedad cuantos no aman;
Diciendo en voces varias......

Unos [*dent.*] Cielos, piedad !

Otros. Favor , cielos !

Rosa. Oid! Qué es esto?

Otr. [*dent.*] Á la mesana !

Otr. Á la escota.

Otr. Al chafaldete !

Unos. Iza !

Otr. Vira !

Todos. Amaina , amaina !

Rosa. ¿ Qué nuevo estruendo es aqueste?

Sale LIBIO, *vestido de villano.*

Lib. Á lo que de aqui se alcanza
En los lejanos celages,
Con que el horizonte empañan
Aguas de color de nubes,
Y nubes de color de aguas,
Impelido de las ondas
Y el viento, que le contrastan,
Un derrotado bajel
Corriendo viene borrasca.

Rosa. ¿ Y siempre habeis de ser vos
Quien mas á mano se halla
Á darme respuesta?

Lib. Soy
Quien sirve con mayor gana
De servir; y asi, señora,
Atenta mi vigilancia
Se halla mas á mano siempre ;
Y hoy quizá con mayor causa,
Pues os absuelvo la duda
De quien dice en voces altas :......

Tod. [*dent.*] Favor, Dioses! Piedad, cielos !

Clor. Y ya á mas corta distancia
Se deja ver , que sin norte,
Sin timon, vela ni jarcia,
Á discrecion del destino,
Desbocado monstruo para
Desenfrenado en el choque
Desas rudas peñas pardas.

Nisc. Ya cascado el pino cruge.

[*Vase.*] *Laur.* Ya en fragmentos se desata
El mísero buque.

Lib. Ya,
Vuelta la quilla á la gavia,
El que fue bajel, es tumba.

Clor. Y ya á embates y resacas
Los cadáveres, que el mar
No sufre, arroja á la playa.

Unos [*dent.*] Piedad , Dioses !

Rosa. Qué desdicha !

Otros [*dent.*] Favor, cielos !

Clor. Qué desgracia !

Lib. Qué asombro !

Nise. Qué horror !

Clor. Qué pena !

Todos. Qué espanto !

Sale ISMENIA, *como del mar, cayendo á los pies de Rosarda.*

Ism. El cielo me valga !
(Ay de mí!) que al primer paso
De mi libertad me asalta
Infelice una hermosura,
Como quien está, al mirarla,
Diciendo :...... [*Cae desmayada*

Voces [*dent.*] Rosarda viva !

Rosa. Mas qué es esto?

Sale PASQUIN *de villano.*

Pasq. Es , muesa ama,
Que os ha alcanzado el indulto.
Dadme albricias de que os traiga
Mandamiento de soltura ;
Pues todas esas campañas,
De gentes y de carrozas
Llenas , vuestro nombre aclaman
Festivamente diciendo :......

Ism. Ay de mí !

Voces [*dent.*] Viva Rosarda !

Rosa. ¡ O fortuna, alimentado
Monstruo, en tan breve distancia,
De dichas y de desdichas !
Y pues tan presto se pasa
De la pena á la alegría,
Porque acudamos á entrambas,
Voy, y en tanto que á gozar
Los aplausos, que me llaman,
Llamad vosotras las gentes
Desas rústicas cabañas,
Que á los que puedan socorran.

[*Vanse las Damas.*

Y vos á esa desdichada [*á Libio.*
Muger tratad, pues no ha muerto,
Jardinero, de albergarla ;
Que me holgaré de que viva,
Siquiera porque á mis plantas
Infeliz puerto ha tomado ;
Y si su vida restaura
Vuestro amparo, desmintiendo
No sé qué azar de mirarla
Tan pavorosa, vereis
Las albricias que os aguardan.

Lib. ¿ Qué mayores , que saber,
Que en eso os sirvo? Palabra
Doy de cuidar de su vida.

Rosa. Yo la acepto; y aunque vaya

Á la corte, en ella espero
Las nuevas.   [*Vase.*
Voces [*dent.*]   Viva Rosarda!
Lib. Llega, ayúdame, Pasquin.
Pasq. No sé si podré; que es carga
    Pesadísima la mas
    Ligera muger.
Lib.   Levanta,
    Infeliz beldad, del suelo,
    Y entre mis brazos descansa.
Ism. Ay de mí! ¿Dónde, piadoso
    Cielo, estoy?
Lib.   Donde hay quien parta
    Contigo su vida, al ruego
    De quien la tuya le encarga.
    ¿Mas, cielos, qué es lo que miro?
Pasq. Con justa razon te espantas.
    ¡Vive el gran Baco, que es ella!
Ism. ¿Quién eres, di, tú, que amparas
    Vida tan perdida, que
    Aun no es piedad el hallarla?
    ¿Mas qué es lo que miro, Dioses?
Lib. ¿Si es ilusion, que retrata
    Mi imaginacion?
Ism.   ¿Si es
    Sombra, que fingen mi ansias?
Pasq. ¡Cual se han quedado los dos,
    Y aun tres, si entro yo en la danza!
Lib. Delirio de mis sentidos,......
Ism. De mis ideas fantasmas,......
Lib. Frenesí de mis locuras,......
Ism. Letargo de mis desgracias,......
Lib. Dime, si eres tú, ó me mientes.
Ism. Dime, si eres tú, ó me engañas.
Lib. Pero no, no me lo digas;
    Que tú eres, pues que me matas.
Ism. Mas no me lo digas, no;
    Que tú eres, pues que me agravias.
Lib. ¿Qué es esto, fiera enemiga?
Ism. ¿Qué ha de ser, traidor? ¿Pensabas,
    Que no habia de saber
    Tus traiciones, tus mudanzas,
    Tus engaños, tus cautelas,
    Que tardo en decir infamias?
    ¿En Chipre, en Chipre, (ay de mí!)
    A vista de cuyas altas
    Cumbres tormenta he corrido,
    Te vengo á hallar? ¿Es la fama
    Aquesta de tus victorias?
    ¿Él laurel de tus hazañas?
    ¿En un monte, en vez de arnes,
    En villano trage andas?
    ¿Pero qué me admira, qué
    Me suspende, qué me espanta,
    Que, villana el alma, el cuerpo
    Se vista el disfraz del alma?
    Y pues aborto del mar,
    Aun no quiso mi tirana
    Suerte, que todo ese golfo
    Pudiese apagar la llama
    Deste volcan, que en mi pecho
    Hiela mas de lo que abrasa,
    Á voces diré quien eres,
    Y que amante de Rosarda,
    Esa encantada beldad,
    Que su padre en montes guarda,
    Atrevidamente rompes
    Términos, que......
Lib.   Ismenia, calla.
Ism. Qué es callar? — Guardas del soto,
    De la marina atalayas,
    Moradores de las selvas,
    Pastores desas montañas,
    Cielo, sol, estrellas, luna,

Verdes hojas, fuentes claras,
Cumbres, mares, montes, riscos,
Aves, fieras, flores, plantas,......
Pasq. Soltóse la taravilla.
Ism. Sabed, que......
Lib.   El acento ataja.
Ism. Traidor Libio......
Lib.   Ten la voz.
Ism. De Gnido......
Lib.   Suspende el habla.
Ism. Fuerza es, porque ella quiere,
    Mas no porque tú lo mandas;
    Pues, ó del pasado susto
    La congoja, ó la tirana
    Ira del presente asombro,
    Tanto me hiela ó me pasma,
    Que del corazon al labio
    Se me pierden las palabras.
    Sabed, digo,...... Mas ay triste!
    Que ciega la luz, turbada
    La vista, afligido el pecho,
    Torpe el labio, yerta el alma,
    Todo yace, todo espira,
    Todo sobra, todo falta.   [*Cac desmayada.*
Lib. Ismenia! Ismenia!
Pasq.   Si Dios
    Merced nos hace en que calla,
    Para qué la llamas?
Lib.   ¿Quién
    Se vió en ansias tan extrañas?
    Una vida, que aborrezco,
    Guardar la que adoro manda,
    Aun sin saber, que la adoro;
    Pues hasta ahora mi esperanza
    Ocasion de hablar no tuvo,
    Que no volviese la espalda.
    Aquella, Pasquin, se ausenta,
    Donde no es posible que haya
    Otro disfraz que la siga,
    Dejándome á estotra en guarda.
    Si la albergo, es abrigar
    Al áspid en mis entrañas;
    Si la dejo, es ser dos veces
    Ingrato á fineza tanta.
    Qué he de hacer?
Pasq.   ¡Qué sutil medio
    Se me ofrece!
Lib.   Qué es?
Pasq.   Echarla
    Al mar, y porque no vuelva,
    Una pesa á la garganta.
    Aqui hay piedra, aqui cordel;
    Vaya al mar.
Lib.   Basta, vil, basta,
    Que yo puedo cometer
    Un error, mas no una infamia.
    Llevémosla entre los dos.
Pasq. ¿Pues qué es lo que della tratas
    Hacer?
Lib.   El tiempo lo diga,
    Como ahora el camino parta,
    Con el enfado de verla,
    La obligacion de ampararla.
      [*Llévanla entre los dos.*

Sa'en ANTEO *y* GOLILLA.

Ant. Qué me dices?
Gol.   Tú, señor,
    Puedes salir á mirallo.
Ant. Vuelve otra vez á contallo,
    Porque lo entienda mejor.
Gol. Apenas el breve espacio,

Que hay á la torre, que guarda
La hermosura de Rosarda,
Midió el Rey, cuando á palacio
Volvió con tal brevedad,
Que muchos, cuando volvia,
Presumieron, que partia.
Y esta no es la novedad,
Sino que mandó, que al punto
Carrozas se previnieran,
Que por ella al monte fueran.
Con que todo el pueblo junto
Sale al camino, por ver
La encarecida hermosura,
Que tantos años la dura
Prision tuvo en su poder.

Ant. ¿Cómo esas nuevas me das,
Sin pedirme albricias?

Gol.   Quiero
Decir lo demas primero,
Para ganar las demas;
Que ahora en esta mudanza
Lo mejor......

Ant.   Qué es?

Gol.   Que el traella,
Es para lograr con ella
Todo el reino la esperanza
De que su padre, señor,
A Príncipe la conceda,
De quien prometerse pueda
Legítimo successor.

Ant. Otra vez y otras mil veces
Vuelvo, Golilla, á decir,
Que eres necio en no pedir
Albricias.

Gol.   Las que me ofreces,
Aun quiero que sean mayores.
Oye lo demas.

Ant.   Di.

Gol.   Pues
Para este efecto, entre tres
Príncipes, que superiores
En su piélago contiene
Hoy el Negro Ponto, está
La suerte; porque el Rey, ya
Que haya de darla, previene,
Que ellos merezcan por sí,
Y que haga la eleccion ella;
Porque él no quiere en su estrella
Tener parte. Y siendo asi,
Que uno ha de ser elegido,
Por no hacer á dos agravio,
A Libio, á Celio y á Flabio,
De Acaya, Ródas y Guido,
Veloces despachó tres
Ureas, que en crueles alas,
Si no les da el temor alas,
De pluma calzan los pies.
Con que vendrán ya, y con que
Famosas fiestas tendremos;
Pues claro es, que en los extremos
De la competida fe,
Con que el amor cortesano
Permite los galanteos,
Habrá fiestas y torneos,
Justas y......

Ant.   Calla, villano,
Si no es, que morir codicias
Por las nuevas que me das.

Gol. ¿A quién se han vuelto jamas
Mojicones las albricias?
¿Estas eran las que aqui
Prevenidas me tenias,
Que tantas veces decias,
Que las esperase?

Ant. Sí;
Que si truccan tus errores
Mi gusto en pesar, ¿por qué
Yo tambien no trocaré
Tus albricias en rigores?

Gol. ¿Pues cuándo ó cómo troqué
Yo en pesar tu gusto?

Ant.   Cuando,
Estando yo imaginando,
Nacer tu alegría de que
Se dijese, que era yo
El nombrado para ser
Quien llegase á merecer
Su mano, no solo no
Me dices que lo soy, pero
Que otros lo son.

Gol.   No lo ignoro;
Pero ese recado al toro.
Y pues soy Golilla, quiero
Ir á llevársele.

Ant.   Cuando,
Echado y desposeído
De Famagusta, he venido
Amparo y favor buscando
En Seleuco, por creer,
Que, como deudo, me diera
Armada, con que pudiera,
Dél auxiliado, volver
Á castigar á un tirano,
No solo favor me da
Contra él, pero aun está
Tan contrario mí, que la mano,
Que no me ofrece, le ofrece,
Siendo uno de los tres
Libio de Guido, que es
Por quien mi vida padece,
Sobre tanto infausto enojo,
(Ay de mí!) el robo de aquella
Tan ingrata, como bella,
Que fue el mas noble despojo
En mi trágica fortuna.
Vive Júpiter......!

Gol.   Si fuera
Posible, señor, que oyera
Un amo verdad alguna
De su criado, quizá
Dijera, por qué no has sido
Ni llamado ni escogido.

Ant. Pues no lo digas; que ya
Sé, que me querrás decir,
Que mi condicion altiva,
Soberbia, áspera y esquiva
Es la que me hace vivir
De todos aborrecido.
Y decirlo, y darte muerte,
Que será todo uno, advierte.
[*Dentro chirimías.*

Gol. Por eso, y porque este ruido
Da á entender, que llega ya
Rosarda á palacio, es bien
Que no hable palabra.

Ant.   ¿Quién
De mi desdicha creerá
Los desaires, con que fiera
Se declara contra mí?
Mas mi sentimiento aqui
Se explique de otra manera.

Gol. Qué ha de ser?

Ant.   Disimulando;
Pues entre los tres, sirviendo
Tambien yo á Rosarda, entiendo
Lograr su favor, fiando
De mis méritos su agrado;
Y quizá en este amoroso

Duelo hará el amor dichoso
Á quien Marte desdichado.

Gol. En otra razon mayor
Lo funda.

Ant. En qué?

Gol. En que muger,
Á quien la dan á escoger,
Siempre escoge lo peor.

Ant. Viven los cielos......!
    [*Dentro instrumentos.*

Gol. Aguarda;
No esa aclamacion festiva
Mi muerte malogre.

Unos [*dent.*] ¡Viva
Seleuco!

Otros. Viva Rosarda!

Tocan chirimías, y salen por una parte los hombres con SELEUCO, *y por otra todas las Damas con* ROSARDA.

Sele. Ya en tu corte, en tu palacio
Estás, Rosarda. — Ya, deudos,
Vasallos y amigos, veis
Cumplidos vuestros deseos.
Llegad á besar su mano.

Ant. Ninguno llegue primero,
Pues nadie puede conmigo
Competir merecimientos.

Rosa. ¡Qué arrogante y desabrido [*aparte.*
Estilo!

Sele. Espera; que Anteo
Es tu primo, y nadie puede
Preferirle. — Mas qué presto [*aparte.*
Dió á entender su pretension
Mi justo aborrecimiento!

Ant. Á vuestras plantas, señora,
Solo en mis desdichas siento,
Que, arrojado de mi patria,
Pobre, humilde y extrangero
Llegue á besar vuestra mano;
Pero quizá ha sido acierto
De mi fortuna; porque
Para entrar á los pies vuestros,
Comparado con un alma,
Es poco interes un cuerpo.

Rosa. El cielo os guarde. — ¡Qué hombre [*aparte.*
Cloris, tan vano y soberbio!
Horror me ha dado el mirarle.

Sele. Llegad todos.

Uno. Donde puestos
Á estos pies una y mil veces
Volved á decir el verso:

Todos. ¡Seleuco y Rosarda vivan!
    [*Tocan chirimías.*

Sele. Ya que en este jardin bello,
Que es de tu cuarto y el mio
Partido adorno, te dejo,
Descansa en él. Y pues sabes,
Que puede el entendimiento
Predominar en los astros,
Salve mi temor tu ingenio.
   [*Vanse el Rey y los criados.*

Gol. Ha señor! Mira que todos [*aparte los dos.*
Se van ya.

Ant. Ay de mí!

Gol. Qué es esto?

Ant. No sé. Por razon de estado
Pensé amar, y al verla, pienso,
Que anda por vengarse en mí
La verdad del fingimiento. [*Vanse los dos.*

Laur. ¿Qué te parece, señora,
Deste tráfago, este estruendo,
Esta máquina, este ruido?

Ros. De cuanto hasta aqui ví, infiero,

Que debe de ser sin duda
El mayor, el mas supremo
Y el mas noble patrimonio
De los Reyes el afecto.
¡Felice y mas que felice
El que, amado de su pueblo,
Dia, que en público sale,
Vé á sus vasallos contentos!

Clor. Desa regla general
En tanto festivo obsequio
Solo fue excepcion tu primo.

Nise. ¡Qué áspero, qué descontento
Llegó á besarte los pies!

Ros. No me acuerdes de su ceño
La extrañeza; que si asi
Son los Príncipes, no creo,
Que haya de elegir mi amor,
Sino mi aborrecimiento.

Nise. No, señora; mayormente,
Si es, como se dice, Celio
De Ródas tan galan jóven,
Pues es sin duda, que el serlo
Un hombre, es la primer carta
De favor.

Clor. No digas eso;
Que, si á la joya del alma
Es no mas que caja el cuerpo,
No hay gala en lo personal,
Que iguale al entendimiento,
Pues solo sirve de concha
Á la perla, que está dentro.
Y si es, que es Flabio de Acaya,
Como dicen, tan discreto,
¿Quién duda, que será suyo
Deste certámen el premio?

Laur. Doy, que en la primera accion
Logre la gala su efecto;
Que en la segunda le logre
La discrecion; ¿qué tendremos,
Si al galan y al entendido
Vé desairado el esfuerzo?
Libio de Guido al valor
Fia su merecimiento;
Y para mí el que es valiente
Es todo lo demas, puesto
Que el ánimo es don del alma,
Y la agilidad del cuerpo.

Nise. Galan de la dama dicen,
No valiente ni discreto.

Clor. Cualquiera es galan, que sirve,
Y no cualquiera es atento.

Laur. Atento y galan lo es todo
El que está airoso en el riesgo.

Clor. Aténgome al entendido.

Laur. Y yo al valiente me atengo.

Rosa. Baste la cuestion; que no
Hemos de dar, que sea necio
El galan, ni el estudioso
Cobarde, ni horrible y fiero
El valeroso; que uno
Es, que, iguales los sugetos,
Sobresalga el uno mas
Que el otro en algun afecto;
Y otro es, que haya de quedar,
Porque se ilustre un extremo,
Para los demas inhábil;
Y asi...... Mas mirad que es eso.

Hacen dentro salva, y sale ANTEO.

Ant. Yo, señora, lo diré. —
Corazon, disimulemos, [*aparte.*
Y mi sentimiento empiece
Á hablar sin mi sentimiento. —
La salva es, que, como amor

Navega en ondas de fuego,
Y las plumas de sus alas
Hacen favorable al viento,
Abreviando al tiempo plazos,
Que hubo menester el tiempo,
De Acaya y Ródas dos naves
Vienen entrando en el puerto.
Flabio y Celio son, señora;
Y yo á decíroslo vengo,
Agradecido á ser dos;
Que á ser uno, mi silencio
No quedara para daros
La noticia.

Rosa.   Eso no entiendo.
Por ser dos?

Ant.   Sí.

Rosa.   Cómo?

Ant.   Como,
Llegando dos, será cierto,
Que, cuando uno sea dichoso,
Señora, en el juicio vuestro,
Sea otro desdichado;
Con que tendrá algun deseo,
Si al uno para la envidia,
Al otro para el consuelo.
Y asi, partido......

Rosa.   No mas;
Y para que en ningun tiempo
Ni el consuelo ni en la envidia
Os aventure el respeto,
Tened entendido, que
Una cosa es, que el precepto
De mi padre dé licencia
Á públicos galanteos,
Y otra, que os la tomeis vos.
Y asi baste por ahora esto.

Ant. Yo, señora,......

Rosa.   Bien está.

Ant. Advertid, Rosarda, os ruego,
Que vuestro ceño podrá
Quitarme la dicha; pero
No vuestro ceño el lugar,
Que á otros concedido veo;
Que tambien es una cosa
La estimacion del sugeto,
Y otra el capricho del gusto;
Y aunque sabré en este empeño
Sufrir desdenes, no sé,
Si sabré sufrir desprecios.   [*Vase.*

Rosa. Galante cortesanía!

Clor. ¡Qué vano y qué desatento!

Hacen salva, y salen LIBIO, *vestido de gala, y*
PASQUIN, *y se quedan al paño.*

Lib. Ya que esta salva, Pasquin,
Que hacen á Flabio y á Celio,
Con su alborozo las puertas
Franquea en palacio, entremos.

Pasq. Á eso te resuelves?

Lib.   Pues
Si aviso en el monte tengo
De á quien mis disfraces fio,
De ser al amante duelo
Uno yo de los llamados,
¿Qué es á lo que me resuelvo?
Pues hallarme aqui, se salva
Con decir, que de secreto
Quise entrar.

Pasq.   Sí. ¿Pero al verte,
No han de conocerte?

Lib.   ¿Y eso
En qué me puede estar mal?
¿Cuándo son malos terceros
Anticipados servicios?

Pues ya sabrá por lo menos
Rosarda, que sé asistirla,
Á costa de mayor riesgo.

Pasq. ¿Y qué se ha de hacer Ismenia?

Lib. Pues en el albergue nuestro
De aquel accidente aun no
Convalecida la dejo,
Segura está por ahora.
Vuelve tú allá, y con desvelo......

Pasq. Qué?

Lib. No la pierdas de vista.

Pasq. Mas quisiera, vive el cielo,
Ser guarda de una leona,
Que suya.

Lib.   Yo iré allá luego,
Donde, ó por fuerza ó por grado,
Habrá de volverse.

Pasq.   Eso
Será como en el capricho
Se la ponga.

Lib.   No seas necio.
Ve pues, en tanto que yo
Entre el acompañamiento
De los dos, que por dos partes
Entran en palacio, espero
Á la mira de su aplauso,
Para declararme á tiempo.
[*Vase* Pasquin, *y suena otra vez la salva.*

Laur. Tu padre en su cuarto aguarda
Á recibirlos.

Nise.   Y ellos   —
Vienen ya entrando en palacio.

Rosa. Pues de aqui nos retiremos
Nosotras.

Clor.   Ya no podrás;
Que, como es aqueste puesto
De entrambos cuartos jardin,
Ya es fuerza que te vean.

Rosa.   Cielos,
¿Quién no tendrá á impropiedad
Éste caso?

Laur.   Quien sea cuerdo,
Que á las Infantas de Chipre
Es lícito el galanteo,
Donde no estan estilados
Los decoros de otros reinos.

Salen por dos puertas FLABIO *y* CELIO, *con*
acompañamiento, y LELIO *y* SILVIO, *criados.*

Lel. Aqui está Rosarda.

Cel.   No
Me mintió el arpon de fuego,
Que amor flechó en su retrato.

Silv. Rosarda es esta.

Flab.   Yo creo;
No mintió la fama, á cuyas
Voces dispertó mi incendio.

Cel. Absorto quedo al mirarla.

Flab. Temeroso al verla quedo.

Cel. Qué perfeccion!

Flab.   Qué hermosura!

Cel. Muerto soy!

Flab.   Cobarde llego!

Cel. Á vuestras plantas felice......

Flab. Infelice á los pies vuestros......

Cel. Proseguid primero vos.

Flab. En nada he de ser primero.

Cel. Pues por serlo yo en serviros,
Lo seré en obedeceros. —
Á vuestras plantas felice,
Pues no es posible no serlo
Quien ya llegó á vuestras plantas
Postrado, humilde y sujeto,
Señora, en sagrado culto,

Como á deidad deste templo,
La víctima de una vida
Con vida y alma os ofrezco;
Y aunque suele peligrar
La esperanza en lo grosero,
En mí es honroso peligro;
Porque es verdad, que la tengo,
Que errores de la fortuna
Me la prestaron, diciendo,
Que ella favorece mas
Á quien lo merece menos.

Laur. Este es Celio. [*aparte las tres.*
Nise. Bien su gala
Lo muestra.
Clor. Mejor su ingenio;
Pues con esperanza dice
Que viene.
Laur. Ya dijo en eso
El disparate de novio.
Flab. Yo infelice á los pies vuestros,
Pues es fuerza que infelice
Sea quien mereció veros
Para perderos no mas,
Aunque deidad os contemplo,
No os ofrezco alma ni vida,
Porque vida y alma pienso,
Que, al verse sin esperanza,
Fueron á buscarla al viento;
Y aunque pudiera enviar
Tras ella á mi pensamiento,
En fe de error en la dicha,
No lo haré, porque no creo,
Que pueda en vuestra eleccion
Darse error, que no sea acierto.
Bien la réplica podrá
Argüirme, que á qué vengo,
Si vengo sin esperanza?
Mas responderéle á eso,
Que á daros que desechar;
Que no es alivio pequeño
Del que está en obligacion
De elegir lo mas perfecto,
Que la sirva el desahogo
Tan á mano los desechos,
Que le descanse la duda
El poco merecimiento.
Nise. Este dicen, Laura, que es [*aparte las dos.*
El entendido.
Laur. Y lo creo;
Porque la desconfianza
Es madre de los discretos.
Cel. Esperanza, que se trae
En fe de merecer menos,
Esperanza es desvalida,
No estimada.
Flab. No lo niego;
Pero aun desvalida hace
Mi fe al desvanecimiento.
Cel. Tenerla para perderla,
No es tenerla.
Flab. Segun eso,
Atajo halla quien la da
Por perdida desde luego.
Rosa. Aunque en vuestra cortesana
Lid yo quiera poner medio,
No sabré; que es muy extraño,
Muy huésped, muy extrangero
Idioma ese de mi oido,
Pues ni le alcanzo, ni entiendo.
Mi padre espera en su cuarto;
Y asi, mientras no hay tercero,
Que os decida la cuestion,
Suspended.
Lib. Si os sirve en eso

Un extrangero, señora,
Él mediará el argumento.
Y no os admire, que osado
Me introduzca; porque siendo,
Como soy, Libio de Guido,
Que, por no poner á riesgo
Lucimientos de mi entrada,
Entrar quise de secreto,
Terciar podré, pues llamado,
Ya que no escogido, vengo.
Rosa. Cloris! Laura!...... [*aparte á ellas.*
Laur. Sí, señora,
Él es, si á decir vas eso.
Rosa. Pues no os deis por entendidas
Jamas de su atrevimiento.
Lib. Y supuesto que he de ser
El medio entre dos extremos,
Feliz é infeliz, señora,
La tierra que pisais beso
Con esperanza y sin ella;
Feliz, pues merecí veros,
Conformándome con uno;
Infeliz, si al otro atiendo,
Pues trae de veros la dicha
La desdicha de perderos;
Con que á ser y á no ser viene
De ambos mi esperanza, puesto
Que el no tener esperanza
Es la esperanza que tengo.
Rosa. Que no entiendo esos idiomas
Otra vez á decir vuelvo,
Y que mi padre en su cuarto
Espera, mientras á él llego.
Cel. Dadme licencia de que
Os descifren su comento......
Rosa. Quién?
Cel. Los motes de un sarao.
Flab. Y á mí músicas y versos
De una academia.
Lib. Y á mí
Las empresas de un torneo.
Laur. ¡Qué presto dejar se lleva [*aparte.*
Cada uno de su genio!
Rosa. Aunque versos, cifras, motes
Me hablen, no sé si entenderlos
Sabré, mientras que no traigan
Por su intérprete al silencio.
Y asi tened entendido,
Si os diere audiencia el respeto,
Que este su lenguage ha de ser,
Y aun este ha de hablar tan quedo,
Que, sin ruido de palabras,
Se explique con el afecto,
Tanto, que, si al viento fia
Desmandado algun acento,
El viento aun no ha de saber,
Si se le ha llevado el viento.
La queja ha de andar tan muda,
Tan callado el sentimiento,
La continencia tan sorda,
La envidia tan de secreto,
Tan de brújula el cuidado,
El suspiro tan deshecho,
Tan de rebozo el dolor,
Y al fin tan sin duelo el duelo,
Que, aunque uno sepa de otro,
No ha de saber de sí mesmo.
Con esto entenderé yo
Lo que he de entender. Y puesto
Que está mi padre empeñado,
Id con Dios. [*Vase con las Damas.*
Los tres. Guárdeos el cielo.
Cel. Esperanza,......
Flab. Temor,......

Lib.   Pena,......

Ccl.   Amor,......

Flab.

Lib.   Fortuna,......

Ccl.   Deseo,......

Ccl.   Si es que es de Febo la gala,......

Flab.   Si es de Mercurio el ingenio,......

Lib.   Y si es el valor de Marte,

     Di á Marte,......

Flab.   Á Mercurio,......

Ccl.   Á Febo,......

Los tres. Pues son afectos de amor,

   Que vuelvan por sus afectos.

JORNADA II.

Dentro voces, y sale ISMENIA.

Uno [*dent.*] Echo la lancha á la orilla,

   Porque antes que amanezca

   Podamos volver al mar.

Ism.   Pues ya me dejais en tierra,

   Id en paz. — Ésta vez, cielos,

   No á las doradas arenas

   De Chipre tormenta es

   La que me arroja violenta;

   Eleccion sí. Mas ay triste!

   Que en sus fortunas deshechas

   Aun con la tranquilidad

   Corre el infeliz tormenta.

   Vióme pues convalecida

   De aquel accidente apenas

   Libio, cuando usando ya

   Del ruego, ya de la fuerza,

   Me persuadió á que vencida

   De uno y otro á Gnido vuelva.

   Yo, viendo, que en su poder

   Habia de estar expuesta

   A ceños de aborrecida,

   Y á desaires de sujeta,

   Sin que pudiera mi saña,

   Sin que mi rencor pudiera

   Usar, estando á su vista,

   De industrias y de cautelas,

   Que descompongan su amor,

   En favor de mis ofensas,

   Que es la intencion, que me trajo

   Desesperada y resuelta,

   Me dejé vencer, fiada

   En que una joya de aquellas,

   Que conmigo reservé

   Del mar, la costa me hiciera

   Al soborno de su arráez,

   De quien confia mi ausencia.

   No mal me salió el intento,

   Pues que guiñando la vela,

   Del interes obligado,

   Me echó con el alba en esta

   Playa, delicioso parque

   De aquesta fábrica excelsa

   Del palacio de Rosarda;

   Pues me dijo Pasquin, que era

   Quien, de mí compadecida,

   Mi vida á Libio encomienda.

   Dando mi agradecimiento

   La ocasion, tengo de verla;

   Que si acaso introducida

   Una vez quedo con ella,

   Yo haré...... Mas (ay infelice!)

   Libio es este. Entre estas peñas

   Me escondo, en tanto que pasa;

   Que no es justo que me vea,

   Donde ó la fuerza, ó el ruego

   Otra vez al mar me vuelvan.   [*Escónd.*

Salen LIBIO *y* PASQUIN.

Lib.   Con la aurora, Pasquin, sé

   Que baja á aquesta ribera

   Rosarda, y asi en su orilla

   Me ha de hallar, para que vea,

   Ya que yo no sé lucir

   En saraos, ni academias,

   Y para la justa el Rey

   No ha querido dar licencia,

   Que nadie mas desvelado

   Girasol de su belleza,

   Para el uso de adorarla,

   Logra la ocasion de verla.

Pasq. Siempre ví, que habias de ser

   En aquesta competencia

   Tú el desairado.

Lib.   Por qué?

Pasq. Porque el valor, que en las guerras,

   No es halaja en los estrados;

   Aqui galas y libreas,

   Versos, músicas, conceptos,

   Motes, cifras, joyas, telas,

   Retruécanos, tiquimíquis,

   Almíbares y jaleas,

   Pasan, no montas ni avances,

   Tararás ni botaselas,

   Reductos, fosos ni minas.

Lib.   Por eso quiero que advierta,

   Que sabe amanecer Marte—

   Al umbral de Vénus bella.

Pasq. Y podrás decirla tú

   Lo que otro á una damisela,

   Que, haciéndole en sus desdenes

   El cargo de sus finezas,

   La dijo: eso y mas merece

   Quien madrugó un dia por ella

   Á las diez de la mañana.

Lib.   Luego ví ser frialdad necia.

Pasq. Calentémosla paseando;

   Y pues los que galantean

   En concurso de acreedores

   No dan plática ni audiencia,

   Que no sea en el terrero,

   Dime, si sabe, que seas

   Tú el jardinero.

Lib.   ¿ Quién duda,

   Que, al verme la vez primera,

   Me conociese? Porque eso

   De que dos papeles pueda

   Hacer uno, aun es, Pasquin,

   Objecion en las comedias.

   Mas por tan desentendida

   Se ha dado, prudente y cuerda,

   De la fineza, por no

   Agradecer la fineza,

   Que nunca, para que yo,

   En fe de rendido, pueda

   Alegarla por servicio,

   Dió lugar.

Pasq.   Desa manera

   Nunca te habrá preguntado

   Por aquella buena pieza,

   Que su refugio dejó

   En nuestro hospital.

Lib.   Ya fuera

   Darse eso por entendida.

Pasq. Supongo......

Lib.   Qué?

Pasq.   Que suceda,

   Ó porque tú te declares,

   Ó porque ocasion se ofrezca,

Que por ella te pregunte,
Qué la has de decir?
Lib.　　　　Que muerta
Quedó al mortal parasismo,
En que la dejó ella mesma.
Pasq. Es disculpa doctoral,
Que no tiene residencia.
Ism. Y no dirás mal; que solo [*aparte.*
Eso habrá, en que tú no mientas.
Pasq. Y para todo, señor,
Fue dicha, que ella quisiera
Volverse á Guido.
Lib.　　　　¿Qué habia
De hacer, cuando á verse llega
Tan desengañada? pues
No hay muger, Pasquin, tan necia,
Que aborrecida porfie.
Pensó sin duda, que al verla
Habia de volver mi encanto
Al conjuro de sus quejas;
Mas hallándome empeñado
En tan alta competencia,
Fue fuerza darse á partido.
Pasq. En mi vida lo creyera
De su condicion.
Lib.　　　　Por qué?
Pasq. Por qué preguntas? ¿Hay fiera,
Hay áspid y basilisco,
Que, comparado con ella,
Fiera no sea de paz,
Áspid casero no sea,
Y basilisco de falda?
Ism. ¡Que esto mi furor consienta! [*aparte.*
Lib. Deja locuras; porque
Ya del alcázar la puerta
Abren, y sale Rosarda,
Bien como la primavera,
Que, acompañada de flores,
Jura á la rosa por reina.

　　　Sale ROSARDA *con sus Damas.*

Rosa. Ya que gustais de que el mar
Esta aurora nos divierta,
Gozando su orilla á solas,
Sin la penosa asistencia
De necios amantes, dad
Al aire la voz, y sea
Vuestro coro al de las aves
Harmoniosa competencia.
Laur. ¿Qué tono, señora, quieres,
Que te cantemos?
Rosa.　　　　Cualquiera,
Como no sea el que dijo
En necia ruda cadencia,
Que hermosura para dos
No es dicha para uno.
Nise.　　　　Nueva
Hay otra, que consta de ecos,
En preguntas y respuestas.
Rosa. Pues vaya esta, por si acaso
Hay algo, que me divierta.
Cant. Quién, amor, sabrá decir......
Rosa. Oye, Laura, aguarda, espera.
¿Quién es quien al paso está?
Lib. Quien no sabe, si agradezca
La duda, ó sienta la duda;
Sentirla, al ver que no veas
Quien á todas luces es
Viva estatua de tus puertas;
Ó agradecerla, si acaso
Te ofendes de que yo sea;
Pues viviré el breve instante
Que tarde en ver que te ofendas;
Y asi, en tanto que la duda

Esté aquel rato suspensa,
Fuerza será estarlo yo
En si la estime ó la sienta.
Rosa. Pues para que no os debais
Ni aun la lisonja pequeña
De estimarla ó de sentirla,
Pase la duda á evidencia. —
Aunque, habiendo de ser otro, [*aparte.*
Que sea Libio no me pesa,
Es fuerza disimular.
Ism. Esto me importa que atienda. [*aparte.*
Rosa. ¿Qué atrevimiento es, que, cuando
Yo con mis Damas pretenda
A solas en esta playa
Desahogar de mis tristezas
La causa, vos solo oseis......?
Lib. Como no es la vez primera
(¡Ánimo, temor, y sirva
Á dos luces la respuesta!)
Que os ví, siendo alba del sol,
Ser Diana de otras selvas,
Ser de otros jardines Flora,
Ser Vénus de otras riberas,
Creí, que fuera á la osadía
Ejemplar la consecuencia.
Rosa. Pues os engañais; que antes
Decirla sobre tenerla,
Dobla la culpa; mas ya
Que mi presuncion no pueda
Durar mas desentendida,
Sírvame de algo la ofensa.
¿Qué se hizo una infelice
Beldad, que á su azar atenta,
Ó á mi piedad, fié de vos?
Ism. Si él la dice, que soy muerta, [*aparte.*
No podré yo parecer,
Sin maliciosa sospecha
De que hay segunda intencion.
¡O quién estorbar pudiera
Su mentira!
Rosa.　　　　Pues no hablais?
Lib. No sé como.
Pasq.　　　　Bien empieza
Á fingir el sentimiento.
Rosa. ¿Qué puede haber, que os suspenda?
Lib. Que está, señora, la dama......
Rosa. Dónde?

　　　Sale ISMENIA.

Ism. Á vuestras plantas puesta. [*Arrodíllase.*
Lib. Qué es esto, Pasquin? [*aparte los dos.*
Pasq.　　　　La mas
Bien ensebada apariencia,
Que ví, pues sin rechinar
Vino, ni ver como venga.
Ism. Que viendo, cuanto le turba
Vuestro enojo, pues no acierta
Con las palabras, es bien
Dar yo por él la respuesta.
Á vuestras plantas, señora,
Está una vida, que, expuesta
Á trances de la fortuna,
Tanto en vuestra fe se enmienda,
Que os trae, como á su deidad,
La tabla de la tormenta.
Lib. ¡Que esto suceda, Pasquin! [*aparte los dos.*
Pasq. ¿Pues qué quieres que suceda,
Si, mirándote empeñado
En tan alta competencia,
Fue fuerza darte á partido?
Lib. ¿Ahora de burlas te acuerdas?
Ism. Y no desagradecida
Tardó, señora, la ofrenda;
Porque viendo, que no os dábais

Por obligada á la deuda
De las nuezas de Libio,
Tuve cerrada la puerta
Para parecer; y tanto,
Que aun estando ahora en esta
Estancia con él, al veros,
Me dijo, que entre esas peñas
Me escondiese; pero oyendo
La plática tan dispuesta
En mi favor, me atreví
Á salir, donde os ofrezca
Ociosamente una vida,
Que ya fue dádiva vuestra.

Rosa. Alza del suelo; que tanto
Estimo saber, que tengan
Los hados apelacion,
Que sus influjos desmientan,
Que te he de dar en albricias
De verte dellos exenta,
El desenojo de Libio.

Lib. Tus pies beso. — ¡Que sea fuerza [*aparte.*
Esforzar yo contra mí
Su traicion!

Pasq. Si tú la hubieras [*aparte á él.*
Echado al mar, cuando yo
Te lo dije,......

Rosa. No agradezca
Vuestra voz el desenojo
Á mi piedad, sino á esa
Vida, que por mí amparásteis.

Lib. Á vos primero, y á ella
Despues, debo agradecido...... [*de rodillas.*

Rosa. Qué haceis? Levantad.

Lib. Ha fiera! [*aparte.*

Ism. Ha tirano! [*aparte.*

Lib. Ha falsa! [*aparte.*

Ism. Ha aleve! [*aparte.*

Pasq. ¡Qué amorosos se requiebran! [*aparte.*
No hay cosa como la paz
Entre amantes.

Ism. Aunque sean
Tan generosas albricias
Las que por mí Libio tenga,
Si me atrevo á pedir otras,
Quejaos de vuestra grandeza,
Pues su liberalidad
La costa hace á mi vergüenza.
Noble soy, mi anciano padre,
Con quien pasaba de Grecia
Á Alejandría de Egipto,
Muerto yace á la violencia
Del mar; con que yo he quedado
Sin padre, patria ni hacienda.

Pasq. ¡Con qué valor miente y llora [*aparte.*
Una muger!

Ism. Extrangera,
Sola y peregrina, ¿adónde
Podré albergarme, que sea
Digno sagrado á una vida,
Que ya algun cuidado os cuesta?
Esclavas tendreis, señora;
Y pues viene á hacerse entre ellas
Poco número una mas,
No huérfana......

Rosa. Cesa, cesa;
Que es de mi piedad agravio
El llanto con que me ruegas;
Pues no he de desamparar
Vida, que estuvo á mi cuenta.

Ism. Otra vez beso tu mano.

Rosa. Cómo te llamas?

Ism. Astrea.

Pasq. Vive Dios......! [*aparte los dos.*

Lib. Calla.

Pasq. ¿No es peor
El dejar, que una embustera
Con serlo se salga?

Lib. No.

Rosa. Ya que ella conmigo queda, [*á Libio.*
Retiraos vos.

Lib. No sé,
Si os sirvo en que os obedezca.

Rosa. Cómo?

Lib. Como tal vez ví
Ser delito la obediencia.

Rosa. Cuando la falsedad manda,
Bien puede ser que lo sea.

Lib. Aunque mande la verdad,
No siempre la porfía es necia.

Rosa. Ni siempre la indignacion
Suele mantenerse cuerda.

Lib. Para eso es bien que un error
El perdon de albricias tenga.

Rosa. Yo perdono el cometido,
Pero no el que se cometa.
Id con Dios.

Lib. Á tanto ceño
Traidora es la resistencia. —
Válgame el cielo!

Rosa. Qué es esto?

Lib. Es no atinar con la senda,
Que de vos, señora, aparta;
Y es confesar con vergüenza,
Que tiembla de una muger
Hombre de quien hombres tiemblan. —
Ven, Pasquin.

Pasq. ¿Cómo, señor,
Con Rosarda te la dejas?

Lib. Qué he de hacer?

Pasq. Si mi consejo......

Lib. Calla; y tomando la vuelta,
Escondido entre estas ramas,
Conmigo, Pasquin, te queda;
Que ya que hablarla me quite,
No me ha de quitar el verla.
[*Escóndense los dos.*

Rosa. ¿Qué tiemble de una muger [*aparte.*
Hombre de quien hombres tiemblan?
Mucho temo,...... Mas qué digo?
¿Yo ha de haber cosa que tema? —
Pues hemos quedado solas,
El tono empezado vuelva.

Voz 1. [*cant.*] ¿Quién, amor, sabrá decir
De triunfos de tu poder,
Cual deja mas que sentir,
Ó la lisonja del ver,
Ó el alhago del oir?

Voz 2. ¿Pues qué hay que dudar,......

Voz 3. ¿Pues qué hay que argüir,......

Voz 4. Si para postrar,......

Voz 5. Si para vencer,......

Voz 2 y 3. De amor el mas noble peligro es el *ver*,.....

Voz 4 y 5. El mas noble riesgo es de amor el *oir*?

Todas. ¿Pues qué hay que dudar,
Pues qué hay que argüir,
Si para postrar,
Si para vencer,......

Hombr. [*dent.*] De amor el mas noble peligro es *el ver*
El mas noble riesgo es de amor el *oir*?

Rosa. Oid; ¿reparais, que, aunque el eco
Siempre responder en medias
Razones suele, hoy parece,
Que las vuelve mas enteras,
Que otras veces?

Clor. Sí, señora.

Rosa. Proseguid, y estad atentas.

Voz 1. Cuando amor de los sentidos
Intenta arrastrar despojos,

Tal vez entra por los ojos,
Y tal vez por los oidos;
Y aunque unos y otros rendidos
Vé á su tirano poder,
Ninguno llegó á saber
Á cual deba preferir.
Voz 3. ¿Pues qué hay que dudar,......
Voz 4. ¿Pues qué hay que argüir,......
Voz 5. Si para postrar,......
Voz 6. Si para vencer,......
Voz 2 y 3. De amor,......
Hombr. [*dent.*]   El mas noble peligro es el ver,
El mas noble riesgo es de amor el oir?
Rosa. Ya este no es eco. Ve, Clóris,
Por esa puerta, y por esa
Tú, Laura; sepamos qué
Oráculos dan respuesta.
Y porque menos sentidas
Vayan, no cese la letra.

*Cantan, y á un mismo tiempo representan, y
salen por una parte* CELIO *y por otra* FLABIO.

Todas. ¿Quién, amor, sabrá decir,......?
Clor. Quién habló aqui?
Cel.   Quien, de mí
Mandado, esforzar intenta
La voz, que dice, que en ver
Amor su poder ostenta.
Laur. Quién aqui responde?
Flab.   Quien,
Persuadido de mí, asienta,
Que en el oir el amor
Cobra sus mayores fuerzas.
Cel. Y asi á mi mandato......
Flab. Y asi á mi obediencia......
Cel. Llego á publicar,......
Flab. Llego á repetir,......
Cel. y mus. Que para postrar......
Flab. y mus. Que para vencer......
Cel. y mus. De amor el mas noble peligro es el ver,
Flab. y mus. El mas noble riesgo es de amor el oir.
Rosa. Bien quisiérades, que yo
De las contrarias propuestas
La razon os preguntara,
Por lucir la competencia;
Pues no ha de ser.
Cel.   Sin que vos
La pregunteis, la mia es esta.
Flab. Yo bien callara, señora;
Mas si él habla, hablar es fuerza.
Lib. ¡Triste del que ha de escucharlos,   [*al paño.*
Sin que hablar ni callar pueda!
Rosa. Porque no piensen, que fue
Curiosidad de saberla,
Cantad. Vean, que al oirlos
No atiendo.
Cel.   Mas dicha es esa.
Flab. Sí; pues la música hará
La cuestion menos molesta.
                   [*Suenan los instrumentos.*
Cel. Por mas que recató avara
Tu beldad inculta esfera,
Hubo atencion que te viera,
Y accion que te retratara;
Esta pues rara
Sombra de tu rosicler
Ví en mi poder;
Y pues al verla rendí
El alma y la vida, ¿quién duda, que en mí,
Él y mus. De amor el mas noble peligro es el ver?
Flab. Yo tu retrato no.ví;
Pero á la fama escuché
Tu perfeccion; con que fue
Tabla el viento para mí.
Y siendo asi,

Que el oir me hizo rendir,
Al percebir
Tan alto asunto en mi idea,
¿Quién hay, que en mi estrago ni dude ni crea,
Él y mus. Que el mas noble riesgo es de amor el oir?
Cel. Quien vé una beldad divina,
Á sus mismos ojos cree,
Y realidad en quien vee,
Es sombra en quien imagina:
Luego inclina
Con mas superior poder
Ser, que es ser,
Que no es ser, que es fantasía.
Y asi en los imperios y su monarquia
Él y mus. De amor el mas noble peligro es el ver.
Flab. Quien sus mismos ojos cree,
Poco debe á sus enojos;
Que las Deidades sin ojos
Se han de idolatrar por fe:
Luego fue
Mas digno afecto el fingir,
Para sentir,
Que el ver, para no adorar.
Y asi, si el oir es ver sin mirar,
Él y mus. El mas noble riesgo es de amor el oir.
Cel. Los ojos del cuerpo son
El mas superior sentido.
Flab. Sí; mas dió el alma al oido
Las llaves del corazon.
Cel. En mi pasion
Testigo sea el morir.
Flab. En mí el sentir
Solo padecer.

Sale LIBIO *de donde estaba escondido.*

Lib. Y en mí, pues siempre he de ser
Quien os llegue á decidir,
Saber, que el peligro mas noble no es ver,
Ni el riesgo tampoco mas noble es oir.
Yo ni tu retrato ví,
Ni de la fama escuché
Tu perfeccion. Solo fue
Alto asunto para mí
Saber de tí,
Que como presa vivias
Entre impías
Montañas, de horrores llenas;
Con que tus desdichas, tus ansias, tus penas,
Oyéndolas tuyas, las tuve por mias.
Ni el pincel de tu beldad,
Ni la voz tuya me trujo.
Lo imposible de un influjo,
Que oprimió tu libertad,
Mi voluntad
Movió, por ponerte en ella:
Luego al vella
Imposible, es infalible,
Que quien á tu estrella adora imposible,
Es solo á quien mas la debe mi estrella.
Flab. ¿Quién imposible la ignora?
Cel. ¿Quién imposible la niega?
Lib. Quien......
Rosa.   No mas; y sea en los tres
Esta la cuestion postrera;
Que no es para cada paso
Afectar la competencia.
Cel. Competencia, que no pasa
De lid del ingenio á tema
De la voluntad, no hay,
Señora, porque te ofenda;
Pues ni desluce decoros,
Ni desaliña decencias.
Y para que atiendas cuanto
Es digna la atencion nuestra,
Delante de tí palabra

Doy á cualquiera que sea
El feliz, si hay alguien que
No, como debe, lo asienta,
Que me ha de hallar á su lado
Con armas, vida y hacienda,
En favor de su ventura.

Flab. Y yo hago ante tí la mesma
Pleitesía.

Clor.   ¡Generoso [aparte las tres.
Competir!

Laur.   Galas y letras
Aman quedito.

Nisc.   Qué dices?

Laur. Que, aunque fue buena novela
La competencia en los nobles,
Á mí no me agradó el verla;
Yo mas quisiera en los zelos
Cuchilladas y pendencias,
Que hidalguías, que de tibias
Merecen, sin que merezcan.

Rosa. ¿Vos no entrais en la alianza? [á Libio.

Lib. No, señora; que, aunque sea
Preciso, que desdichado
Á mi fortuna obedezca,
No lo es, que no haya del dichoso
De ser amigo por fuerza.
Quien adora lo que adoro,
Quien lo que deseo desea,
Quien sirve lo que yo sirvo,
Y lo que yo espero espera,
Goce su dicha sin mí;
Que yo quiero, gane ó pierda,
Ó consiga ó no consiga,
Ó merezca ó no merezca,
Que el que sirviere á mi dama,
Por su enemigo me tenga.

Laur. Bien haya tu alma y tu vida.

Flab. En las vulgares empresas,
Que facilita el antojo,
Suena eso bien.

Cel.   Y disuena
En los sagrados empleos.

Lib. Siempre es bien quien siente sienta.

Los dos. Todos sienten.

Lib.   Mas no todos
Saben sentir.

Flab.   Quien lo piensa......

Cel. Quien lo imagina......

Rosa.   Qué es esto?

Flab. Señora,......

Cel.   Señora,......

Rosa.   Ea,
Bien está.

Lib.   ¡Mortal respira [aparte.
Mi aliento!

Rosa.   Cada uno advierta,
Que licencia permitida
No es concedida licencia. —
Venid vos conmigo, Celio.

Cel. Sirviendo iré á vuestra Alteza.

Rosa. Acompañadme vos, Flabio.

Flab. Es dicha para mí inmensa.

Rosa. Quedaos vos. [á Libio.

Lib.   Ninguno hace
Mas que yo en que os obedezca.
[*Vanse, y queda la última* Ismenia.

Ism. Y ninguno debe mas,
Que quien al viso de queja
El cuidado no le elige,
Y el descuido le desprecia.
Ya por lo menos, tirano,
No me quitarás que vea
Tus desaires.

Lib.   Ni tampoco

Tú á mí me quitarás, fiera,
El que veas que la adore,
Si vieres que me aborrezca.

Ism. Pues mas ha de ser; que yo,
Ya en su casa, haré, que crea,
Si no bastan tus traiciones,
Mis engaños, de manera,
Que no te quede esperanza.

Lib. Por eso, ya que te quedas
Atras á todas, haré,
Qué tu á su vista no vuelvas.

Ism. Cómo?

Lib.   Ocultándote ahora
En esta inculta maleza,
Y llevándote despues
Donde nunca mas parezcas.

Pasq. Sí, señor; aquel consejo
De marras, cordel y pesa.

Ism. Primero me harás pedazos.

Lib. Ayúdame, Pasquin.

Ism.   Llega;
Verás, si es verdad, que soy
Aspid, basilisco y fiera.

Pasq. Ella lo oyó, el mismo diablo [aparte.
Que llegue.

Lib.   Carga con ella,
Mientras la cierro la boca.

Ism. Aunque tu intento no sea
Matarme, lo diré á voces:
¿No hay quien mi vida defienda?

Dentro ANTEO *y* GOLILLA.

Ant. Voz es de muger. Ya que
Perdí una ocasion, no pierda
Otra. Sígueme, Golilla.

Gol. Parecen aquestas selvas
De caballeros andantes.

Salen ANTEO *y* GOLILLA.

Ant. ¿Quién hay, que á muger se atreva?

Lib. Quien lo sabrá mantener,
Cuando haya quien lo defienda.

Ism. Caballero,...... Mas qué veo?

Ant. Qué es lo que miro?

Ism.   Anteo!

Ant.   Ismenia!

Ism. Tú aquí? y tú......?

Ism.   Nada te asombre,
Sino, si á ampararme llegas,
Olvida quejas, y solo
De ser quien eres te acuerda.
Libio, de quien en la ruina
De tu patria prisionera
Fui, soberbio......

Ant.   No prosigas;
Que hay cosas, que por sí mesmas
Se dicen, cuando se callan,
Y renovadas las quejas
De los pasados rencores,
Hace, que mi fama vuelva
Por su honor y por tu vida.

Lib. Cómo?

Ant.   De aquesta manera. —
Ponte, Golilla, á mi lado.
[*Sacan las espadas y riñen.*

Gol. ¡Que solo cuando hay pendencia
Dé el amo el lado al criado!

Pasq. Enmienda hay á eso.

Gol.   Qué enmienda?

Pasq. Hacer como que reñimos,
Y no reñir.

Gol.   Norabuena.

Ism. ¡Favor, cielos, que mi vida
De un riesgo en otro tropieza!

Dentro ROSARDA.

Rosa. Á las espadas y voces
Volved, y sabed qué sea.

Sale FLABIO.

Flab. Á tu lado, Libio, estoy;
Que, aunque mi amistad no quieras,
Tu duelo me toca, en fe
De que en el seguro vengas,
Que todos venimos.

Sale CELIO *y pónese tambien al lado de* LIBIO.

Cel.   Yo
Tambien, por la razon mesma,
Estoy á tu lado.

Lib.   Si ambos
Cumplis la obligacion vuestra,
Cumpla yo la mia.

Los dos.   Qué es?

Lib. Que, estimándoos la fineza,
Á quien diera muerte solo,
Acompañado defienda.
Teneos los dos.

[Pónese LIBIO *al lado de* ANTEO.

Cel.   Cuando Anteo,
Contra la confianza nuestra,
Contigo rompe la fe,
Á todos toca la ofensa.

Ant. ¿Habrá mas de sustentar
Á todos, y mantenerla?

Salen ROSARDA *y las* Damas *por un lado, y
por otro* SELEUCO *y gente.*

Damas. Dónde vuelves?

Rosa.   Apartad!

Lib. Perdido estoy!

Ism.   Yo estoy muerta!

Rosa. Qué atrevimiento!

Sele.   Qué es esto?
¿Espadas en la presencia
De Rosarda?

Rosa.   No, señor;
Que tambien al ruido dellas
Volví yo.

Sele.   Celio, qué ha sido?

Cel. No lo sé.

Sele.   Flabio?

Flab.   Aunque quiera
Decirlo, tampoco yo.

Sele. Libio?

Lib.   El labio titubea.

Sele. Anteo?

Ant.   Falta la voz.

Sele. ¿Qué hay que á todos enmudezca?

Rosa. Yo, señor, pues el valor
Nunca ha aprendido á dar quejas,
Sino que siempre que hable
La espada, calle la lengua,
Habré de decirlo. — Anteo
Tu fe y tu palabra quiebra
En el seguro que hiciste
Á los tres, pues ciego intenta
Estorbar osadamente
Tu licencia y mi licencia;
Y asi con Libio, en rencor
De las heredadas guerras
De Famagusta y de Gnido,
Que Flabio y Libio por esa
Campaña á mi vista estaban,
Es el primero en quien......

Sele.   Cesa;
Que ahí es donde llegar pudo
Su aborrecida soberbia. —

¿Pues, desvanecido, loco,
Á quien no sufrió su tierra,
Llamando extrangero dueño,
Que á tus iras la defienda,
Quieres que sufra la mia,
Con esperanza tan ciega,
Como atreverte á mirar
Á quien......?

Ant.   Oye, aguarda, espera;
Que esto no toca en tus fueros,
Ni en mis vanidades. Esta
Dama,......

Lib.   Ay de mí! *[aparte.*

Ant.   En Famagusta
Ilustre y noble, es Ismenia,......

Pasq. Desatóse la maraña *[aparte.*
En medio de la comedia.

Ant. A quien yo amé aborrecido,
Y á quien hizo prisionera
Libio en la invasion,......

Rosa.   Qué escucho! *[ap.*

Ant. Que tantas ansias me cuesta,
Mal caballero, no solo,
Rota la fe, que profesan
Los nobles con los rendidos,
Su fama y su honor afrenta,
Pero matarla intentaba.
Mira, si puede en defensa
De una dama, y dama, á quien,
Aunque favores no deba,
Desdenes debo, excusar
El empeño, y......

Rosa.   Ten la lengua;
No de finezas te valgas,
Que nunca pueden ser ciertas.
Esa dama arrojó el mar
Á la playa en mi presencia,
Derrotada de un naufragio.
Pues conociendo á quien ella
Debió alli la vida, es Libio,
¿Es posible, que ahora sea
Quien la dé aqui muerte?

Ism.   Como,
(Ya que mi opinion se arriesga, *[aparte.*
Arriésguese su esperanza)
Porque nunca se supiera,
Que en demanda de mi honor
Á Chipre le seguí, muerta
Quiso fingirme contigo;
Y como yo de las peñas,
Donde oculta me tenia,
Salí á buscar tu clemencia,
De miedo de que intentaba
Volverme á Guido por fuerza,
Viéndome de tí amparada,
Para que de mí no sepas
Sus engaños, sus traiciones,
Sus mudanzas, sus cautelas,
Al quedarme última á todas,
Matarme intentó, y lo hiciera
Á no llegar Anteo.

Lib.   ¿Quién *[aparte.*
Vió desdicha como esta?

Pasq. Á esto llaman los fulleros *[aparte.*
Caerse la casa á cuestas.

Rosa. Vos, qué decis á esto?

Lib.   Yo,
Si, cuando......

Laur.   Aun á hablar no acierta. *[ap.*

Pasq. Qué haces, señor? Cobra aliento, *[ap á él.*
Y discúlpate, aunque mientas.

Sele. Tú deste no digno acaso *[á* Rosarda.
Y otros muchos, que acontezcan,
Tienes la culpa.

Rosa.   Yo?
Sele.   Sí;
Pues todo cuanto entretengas
La eleccion, es fuerza que
Nuevos accidentes crezcan;
Y asi resuélvete á que
Importa que te resuelvas,
Y esto ha de ser tan aprisa,
Que des luego la respuesta.
Rosa. ¡Qué fácil fuera (ay de mí!)
Si ya difícil no fuera!
Sele. Qué dices?
Rosa.   Que, cuando son
Tan generosas las prendas,
Equivocada la duda,
Tiene la eleccion suspensa.
Dame de plazo, señor,
Solo hasta que á Vénus bella
Consulte en su templo, como
Á la auxiliar Deidad nuestra,
Porque su inspiracion dicte
Mi discurso.
Sele.   Norabuena.
Hoy has de vencer la cumbre,
Donde su templo se asienta.
Rosa. Pues porque de mí ninguno,
Sino de sí, forme queja,
Al que entretanto que yo
El sacrificio la ofrezca,
Y en la breve ausencia mia
Tenga en mi servicio hecha
Mayor fineza, será
Á quien mi mano le ofrezca. —
Esto es dar tiempo á que viva   *[aparte.*
Una esperanza tan muerta.
Fab. Aunque no fio de mí,
Fio de mi amor, que sepa
Lo mejor aconsejarme.   *[Vase.*
Cel. Yo, aunque obligarla no entienda,
Fio de mi fe mi dicha.   *[Vase.*
Lib. Yo del rigor de mi estrella
Solo fio mis desgracias.
Pasq. Si á mi parecer deseas   *[ap. á él.*
Obligarla, tenla......
Lib.   Qué?
Pasq. Echada en el mar á Ismenia.   *[Vanse.*
Sele. Vos, desposeido huésped,......   *[á Anteo.*
Rosa. Vos, desgraciada belleza,......   *[á Ismenia.*
Sele. Porque vuestras osadías,......
Rosa. Porque las fortunas vuestras......
Sele. No con locas vanidades......
Rosa. No con profanas novelas......
Sele. Aventuren los seguros,......
Rosa. Ultrajen mis asistencias,......
Sele. De mi corte desterrado,......
Rosa. Desterrada de mi tierra,......
Sele. Salid, y á ella no volvais;......
Rosa. Id, y no quedeis en ella;......
Sele. Que no es bien,......
Rosa.   Que no es decente,......
Sele. Que una altiva ambicion ciega..... .
Rosa. Que una liviana hermosura......
Sele. Á mirar al sol se atreva.
Rosa. Se atreva á mirarme á mí.
Sele. Y vuestra locura advierta,
Que queda deste precepto
Fïadora vuestra cabeza.   *[Vase.*
Rosa. Y advierta vuestro desdoro,
Que podrá ser, si aqui queda,
Que precipitada al mar,
Lo que en vos me dió le vuelva,
Y una tormenta me lleve
Lo que trajo otra tormenta.   *[Vase.*
Ant. ¡Que esto suceda á mi fama!

Ism. ¡Que esto á mi altivez suceda!
Ant. Qué ira!
Ism.   Qué rabia!
Ant.   Qué furia!
Ism. Qué horror!
Ant.   Qué asombro!
Ism.   Anteo!
Ant.   Ismenia?
Ism. ¿Has oido mis agravios?
Ant. ¿Has oido mis afrentas?
Ism. No sé si diga que sí,
Hasta ver, como las vengas.
Ant. ¿Cómo he de vengarlas, siendo
Hidra de tantas cabezas
Mi desdicha, que no es
Posible acabar con ellas?
Si Rosarda me aborrece,
Si Seleuco me desprecia,
Si Libio á tí y á mí agravia,
Si Flabio y Celio desdeñan
Mi igualdad, ¿cómo es posible,
Que de cinco agravios pueda
Un ánimo hallar venganza?
Ism. ¿Qué fuera, que yo te diera
Arbitrio, con que de un golpe
De todos juntos la tengas?
Ant. De todos de un golpe?
Ism.   Sí;
Si no es que tú no te atrevas.
Ant. ¿Eso dudas de mi saña?
Ism. Si es fiera accion?
Ant.   Que lo sea.
Ism. Si es temeraria?
Ant.   Qué importa?
Ism. ¿Si es horrorosa y sangrienta?
Ant. Beberá della mi rabia.
Ism. ¿Y si á ser acaso llega
Casi sacrilega?
Ant.   Todo
Cabe en mí. Dila; qué esperas?
Ism. Pues lo que hemos de hacer...... Pero
No es para aqui esta materia.
Sígueme.
Ant.   Contigo voy,
Si bien, dudando que sea
Posible, que una venganza
Cinco agravios comprehenda.
Ism. Pues no, no dudes el como,
Cuando terrible lo adviertas.   *[Vanse.*

Salen LIBIO *y* PASQUIN.

Pasq. Sobre un lance tan extraño
Seguir vereda tan ruda
Me da á entender, que sin duda
Vienes á hacerte ermitaño.
¿Quién de un risco á otro, señor,
Ser arroyuelo te enseña,
Saltando de peña en peña,
Corriendo de flor en flor?
Cuando tus competidores,
Al lampion de sus ternezas
Son mauleros de finezas,
Con rebusca de primores,
¿Tú á los montes te retiras,
Y por veredas, que ignoras,
Lloras como que no lloras,
Y como que sí suspiras?
Lib. No sé, Pasquin; solo sé,
(Ay infeliz!) que aun aqui,
Si huir pudiera de mí,
De mí huyera.
Pasq.   Pues por qué?

Vé aquí, que sabe Rosarda,
Que una dama te ha querido,
Y tras de tí se ha venido.
¿Esto por qué te acobarda?
Pues tendera de desvelos
Á doña envidia verás
Siempre hacer, que pese mas
La balanza de los zelos.
Vuelve á su vista, y preven
Fineza á tu afecto igual;
Que nunca una quiso mal,
Porque otra quiso bien.

Lib. Si yo supiera, Pasquin,
Qué fineza hacer pudiera,
Feliz mi fortuna fuera;
Mas no lo sé; y así, á fin
De darme á mi dura estrella
Por vencido, me salí,
Sin saber donde, (ay de mí!)
Á esta selva.

Pasq.   ¿Pues en ella
Cómo fruto tu cuidado
Podrá coger?

Lib.   Por qué no?

Pasq. Porque ninguno sembró
Finezas en despoblado,
Si ya tus hados molestos
En el sitio que te ves
Una no te ofrecen.

Lib.   Qué es?

Pasq. Ahorcarte de un árbol destos;
Y cuando al verte, señor,
Tus quejas se satisfagan,
Diles á los otros, que hagan
Otra fineza mayor.

Lib. ¡Que siempre tu humor dispuesto
Contra mi suerte esté esquiva!
        [*Dentro la Música.*

Music. [*dent.*] ¡La gala de Vénus viva!
Viva la gala!

Lib.   Qué es esto?

Pasq. Bien claro se deja ver,
Segun su acento previene,
Que al templo de Vénus viene
Con tan festivo placer
La rústica vecindad
Deste monte, en cuya altiva
Cerviz suntuoso estriba
El templo de su Deidad.
Y como este el paso sea,
La tropa acercar se vé.

Lib. Pues retírate; porque
Nadie quiero que me vea,
Mientras á mi mal no iguala
La fineza que reciba.

Music. ¡La gala de Vénus viva!
Viva la gala!

Pasq. No adelante pases; tente.

Lib. Por qué?

Pasq.   Porque por aqui,
Si hay inconveniente alli,
Tambien hay inconveniente.
Una tropa de bandidos
El monte corren, señor.

Lib. Con ese ruido el temor
Los trae, por no ser sentidos,
Buscando de la montaña
Lo inculto.

Pasq.   Entre aquesos ramos
Será bien nos escondamos,
Por si importa á la maraña,
Que ellos tampoco, señor,
Nos vean aqui.

Lib.   Dices bien. [*Escóndense los dos.*

Salen en trage de bandidos, con mascarillas,
ANTEO, ISMENIA, GOLILLA *y otros.*

Ism. Armas y gente preven,
Pues ya el festivo rumor
Suena, y no es ocasion mala
Para nuestra saña esquiva.

Mus. [*dent.*] ¡La gala de Vénus viva!
Viva la gala!

Ant. De bandido disfrazado,
De mis criados seguido,
Y de armas prevenido,
Sin saber á qué, he llegado
Al monte, que paso es
Por donde Rosarda viene
Al templo. Lo que previene
Tu discurso sepa; pues
Ya es hora de que advertido
Esté de lo que he de hacer.

Ism. Yo te lo diré, al tener
Aquel ribazo escondido,
Donde encubierto estarás
Mas que aqui.

Ant.   ¿Pues no es razon,
Que sepa ya tu intencion?

Ism. ¿Tú puedes pretender mas,
Que vengarte de Rosarda,
Seleuco y los tres, que yo
Te he ofrecido vengar?

Ant.   No.

Ism. ¿Pues qué es lo que te acobarda?

Ant. Que es consejo de muger,
Y mal dél llevarme dejo.

Gol. ¿Puede hacer mas su consejo,
Que echarlo todo á perder?
¿Pues qué novedad será?
Pues de muger, cosa es clara,
Que en eso el mas cuerdo para.

Ism. Pues alto alli han hecho ya.
Sígueme, donde embozado
Esperes, y no hagais ruido
Vosotros.   [*Vanse.*

Lib. Nada he entendido [*Saliendo al paño.*
De todo lo que han hablado.

Pasq. ¿Pues qué te importa, señor,
Su plática?

Lib.   Nada á mí.

Pasq. Ya las carrozas alli
Han parado en el verdor,
Que aromas el valle exhala,
Y Rosarda pisa altiva.

Salen Villanos cantando, ROSARDA *y
las Damas.*

Music. ¡La gala de Vénus viva!
Viva la gala!
Y segun Vénus de Chipre la hermosa Rosarda,
Que, en saliendo á la tarde á los montes,
Les hace creer, que no es, sino alba.
¡La gala de Vénus viva!
Viva la gala!

Rosa. Ya que á la falda del monte
Hemos llegado, y lo excelso
De su cumbre no se deja
Hollar de coches, tomemos
Aqui los caballos.

Clor.   Ya
Lozanamente soberbio
Uno, que al verse adornado
De reales paramentos,
Parece que ha conocido
La magestad de su dueño,
Te está esperando.

Rosa.   Pues id

Tomando todas los vuestros.

Nise. Palafrenero el mas manso
Para mí.

Laur.   Palafrenero
Para mí uno de corvetas
Caracoles y escarceos.

Rosa. Deidad de Vénus, no admitas
De mí ni el voto, ni el ruego;
Que no me lleva á tus aras
Mas, que darle tiempo al tiempo,
Para ver, si con él tienen
Enmienda mis sentimientos.

         [Vase con las Damas.

Vill. Nosotros, aunque del monte
Penetre lo mas espeso,
Vamos cantando y bailando,
Hasta dejarla en el templo.

Music. Viva la gala!   *[Vanse.*

Lib. ¡Qué divinamente airosa
De la rienda toma el tiento,
Del estribo la noticia,
Y del fuste el igual medio!

Pasq. Sostituta de montado
Puede ser en el despejo.
¿Pero qué hacemos aqui?

Lib. ¿Harto en mirarla no hacemos?

     Sale Flabio *á una puerta.*

Flab. Aunque hay órden de que nadie
Hoy siga á Rosarda, tengo,
De una en otra espesa mata
Escondido y encubierto,
No perder su vista; y pues
Llegar al templo no puedo,
Desde aqui, Vénus divina,
En siempre rendido afecto,
Porque felizmente logre
De mi fortuna el empleo,
Para que tiren tu carro,
Dos blancos cisnes te ofrezco.

     Sale Celio *á una puerta.*

Cel. Amor, ya que recatado
Solo permite el deseo,
Que pueda seguir la vista
Del sol, que idolatro ciego,
Aunque á tus aras no llegue,
Recibe en rendido obsequio
El sacrificio de un alma;
Que, si á tus piedades debo
De mi fineza el dictámen,
Verás, que, á tu culto atento,
Te doy de marfil y oro
Un arco y carcax tan bellos,
Que al uso de sus arpones
Haga apacible el incendio.

   Salen por un montecillo Antho, Ismenia
         y gente.

Ant. Ya la retorcida senda
Del monte viene venciendo
La tropa de los caballos;
Y pues tan cerca los vemos,
¿No es ya tiempo, que me digas,
Qué es tu intencion?

Ism.   Sí, ya es tiempo.

Ant. Qué he de hacer?

Ism.   La carabina
Preven.

Ant.   Dispuesta la tengo;
Mas sepa contra quien.

Ism.   Contra
Rosarda.

Ant.   Qué dices?

Ism.   Que esto
Solo te puede vengar
De todos; pues con un mesmo
Golpe della y de su padre,
De Libio, de Flabio y Celio,
Quedas á un tiempo vengado;
En ella de sus desprecios,
En él de sus sinrazones,
Y en todos tres de tus zelos.
Y pues que ya llega á tiro,
Qué hay que esperar?

Ant.   No me atrevo
Á un rigor, que nunca pudo
Caber en mi pensamiento;
Que á entender......

Ism.   ¿Ahora, cobarde,
Tiemblas?

Ant.   De valiente tiemblo;
Que matar á una muger
No es valor.

Ism.   Pues yo le tengo.
Valor es; muera quien mata,
Y mueran con ella á un tiempo
Las esperanzas de todos.

   [Dispara Ismenia *hácia dentro, y vanse.*

Ant. Bárbara muger, qué has hecho?

       Dentro Rosarda.

Rosa. Ay infelice de mí!

Lib. Qué oigo!

Flab.   Qué miro!

Cel.   Qué veo!

Lib. De Rosarda dejó el tiro
Herido el rostro y sangriento.

Flab. Desatentado el caballo
Á despeñarla va, cielos!
Acudo á salvar su vida.   *[Vase.*

Cel. ¿Cómo igual traicion no vengo,
Muriendo en venganza noble
De tan grande atrevimiento?   *[Vase.*

Lib. Herida Rosarda? ¿Cómo
Yo pasmado, yo suspenso,
Á socorrerla, á vengarla
No voy? y...... Válgame el cielo!

          [Cae desmayado.

Pasq. Dejóse caer. ¿Quién vió
Tan trocados los sugetos?
Mi amo, que valiente era,
Para no meterse en riesgos,
Haciendo la mortecina,
Hace el papel del discreto;
El discreto el de galan,
Pues va á la dama siguiendo;
Y el galan el de valiente,
Pues entra á matar muriendo;
De suerte, que en un instante
El señor vendado y ciego,
Como no tiene que hacer,
Se anda trabucando afectos.

       Dentro Flabio.

Flab. Desbocado bruto, en mí
Tu choque sufro violento.

    Dentro de otra parte Celio.

Cel. Traidora emboscada, todos
Á las iras de mi acero
Habeis de morir.

Todos [*dent.*]   Traicion!

     Salen Laura *y* Clóris.

Laur. Qué prodigio!

Clor.   Qué portento!

Sale S E L E U C O.

Sele. Pues que siguiendo á Rosarda
Vine, decidme, qué es esto?
Laur. Ese enmarañado risco,
Traidor volcan de humo y fuego,
Contra su vida flechó
Horrible rayo violento,
Á cuyo trueno el caballo
La despeñara soberbio,
Si Flabio, saliendo al paso
Desesperado y resuelto,
Desjarretados los brazos,
No la socorriera.
Clor. Á tiempo,
Que Celio está en la emboscada,
Valiente á morir dispuesto
En su venganza.
Pasq. Á mi amo,
Para quitarse de cuentos,
Echando por el atajo,
Yace desmayado y muerto.
Sele. Id todos á socorrer
En tan noble accion á Celio. —
Retira tú ese cadáver;
Que yo, al propio amor atento,
Iré á acudir á Rosarda,
Por si hay en su mal remedio,
Al mirar cuanto infalible
En los fatales decretos
Cumple su amenaza el hado,
Cumple su palabra el cielo.

J O R N A D A III.

Dentro el mismo ruido de espadas y de una parte
C E L I O *y* A N T E O.

Cel. Poco importa que yo muera,
Como no me quedé vivo
Traidor ninguno.
Ant. Yo muero
Á manos de mi delito.

Dentro de otra parte R O S A R D A *y* F L A B I O.

Rosa. Ay de mí!
Flab. Pues ya estás libre,
Cobra el aliento perdido.

Dentro I S M E N I A *y* G O L I L L A.

Ism. Gente acude. Quien pudiere
La vida escape en los riscos.
Gol. Yo echaré por esos cerros,
Ya que no por esos trigos.

Sale S E L E U C O *por una puerta, como tropezando.*

Sele. Nunca á mis cansados años
Acusé el peso prolijo,
Sino es hoy; y pues no puedo
Deste intrincado camino
Vencer el ceño, y llegar
Adonde á Rosarda he oido.

Dentro L I B I O *y* P A S Q U I N.

Lib. Yo, desenfrenado bruto,
Pararé tu curso altivo.
Yo moriré en tu venganza,
Rosarda infelice.
Pasq. Á lindo
Tiempo recuerdas con eso!

Salen L I B I O *y* P A S Q U I N.

Lib. Mas qué hago? mas qué digo?
¿Dónde está quien me enagena
De potencias y sentidos? —
Señor, tú aqui? ¿Cómo, yo,
Rosarda, si, cuando......?
Sele. Ay Libio,
Que tú vuelves de un desmayo,
Y yo entro en un delirio,
Viendo, sin que mover pueda
Mi anciano caduco brio
La planta, allí armas y allí
Lamentos decir y gritos......

Sale F L A B I O *con* R O S A R D A *en los brazos, ensangrentado el rostro.*

Rosa. Ay de mí!
Flab. Cobra el aliento,
Otra y mil veces repito,
Pues libre de entrambos riesgos,
Tomas puerto en mejor sitio.
Rosa. Ya de tu esfuerzo amparada,
Con menos temor respiro.

Sale C E L I O *con* I S M E N I A, *ensangrentado
el rostro.*

Ism. ¿Dónde me llevas, tirano?
Cel. Habiéndote conocido
Por muger, donde otra sea
Quien vengue en tí el homicidio.
Sele. Celio! Flabio!
Flab. Venturoso
Albricias á tus pies pido
De la vida de Rosarda.
El caballo fue el herido
Entre testa y cuello, y como
Barbear el dolor le hizo,
Pudo salpicarla el rostro,
En bruta púrpura tinto;
Creció entonces la congoja,
Por crecer ahora el alivio.
Cel. Yo á tus pies, tan sin aliento,
Tan postrado y tan rendido
De la derramada sangre,
Que hace aprecio el desperdicio,
En esta fiera la causa
De tantas desdichas rindo.
Ism. ¿Pudo mi fortuna, cielos, [*aparte.*
Ponerme en mayor conflicto?
Lib. Traidora, tú...... Mas qué hago?
Justamente me reprimo;
Que no he de obrar yo lo infame,
Donde otros obran lo fino.
Flab. Del segundo riesgo yo,
Que la libre, no te digo,
Porque no lo escuche ella;
Que fuera en mi sangre indigno
El beneficio hacer, para
Blasonar el beneficio.
Cel. Anteo muerto á mis manos
Queda, vengado el delito
De tan bárbara traicion;
Y porque el aliento mio
Fallece, dame licencia
De retirarme, advertido
De que, si Flabio amparó
Á Rosarda, en su servicio
Dí yo la vida, y no sé,
Qué mérito sea mas digno,
Quien da otra vida, ó quien hace
De la suya sacrificio. [*Vase.*
Flab. Eso lo ha de graduar
La estimacion de su juicio.

Y para que no parezca,
Que como acreedor la asisto,
Tambien yo con tu licencia
De tu vista me retiro;
Que á mí me basta por premio,
Que viva, pues, como he dicho,
Servicio alegado fuera
Interes, y no servicio.   [*Vase.*

Lib. ¡Que esto hayan hecho los dos, [*aparte.*
Mientras en nada la sirvo!

Sele. Perdonadme, Flabio y Celio,
Si á entrambos ahora no sigo,
Para hacer vuestro primero
Laurel de los brazos mios,
Que me detiene en Rosarda
La rémora del cariño.

Pasq. ¿Qué dices desto, señor? [*ap. los dos.*
Lib. ¿Qué he de decir, cuando miro
En la una lo que temo,
Y en la otra lo que envidio?

Sele. Felice, Rosarda, el dia,
Que, cumplido el hado esquivo,
Lo que prometió sangriento,
Vino á ejecutar benigno.

Rosa. Yo le agradezco, señor,
Al fatal influjo mio
La admitida apelacion
De mi vida. Mas qué digo?
Que siendo cómplice Ismenia
En la ley de mi hado impío,
Y no Libio quien me venga
Ni me socorre, es preciso
Pensar, que un signo me absuelve
Á peticion de otro signo,
Por dejar en él flechado
El areo para otro tiro.

Sele. Tú, injusta, traidora, aleve,
Á quien han introducido
Alas de bastardo amor,
(Perdóneme esta vez Libio,
Si tu acusacion le toca
En el mas infiel delito,
Que vió el sol) de mi presencia
Te quita; que precipito
Tanto mi cólera al verte,
Que temo, que de mi altivo
Valor me olvide. Mas desto
Otro ha de ser el designio. —
Ha soldados!

Pasq.   No hay soldados.
Sele. Pues toda la gente ha huido,
Hasta llegar á la corte,
De vos esa muger fio.

Pasq. ¿Y quién ha de fiarla á ella
De que se estará conmigo?

Sele. Della cuenta habeis de darme,
Porque en público suplicio
Muera.

Ism.   Ay infeliz!
Lib.   ¡Que venga [*aparte.*
Yo á ser cómplice y testigo
Entre una fiera y un ángel,
Sin que á la una obligue fino,
Ni á la otra socorra noble;
Pues si á ampararla me obligo,
Traidor soy de amor y honor!

Ism. Señor, si......
Sele.   Aquesto es preciso
Que tan públicas traiciones
Piden públicos castigos. —
Y advertid vos, que, si della [*á Pasquin.*
Cuenta no me dais, el mismo
Que á ella os aguarda.

Pasq.   Señor,

Por Baco, abogado mio,
Que me vino mas á mano,
Que otro Dios, porque me vino,
Que me des á guardar antes
Todas las fieras del siglo,
Que á esta dama.

Sele.   Lo que mando
Haced.

Pasq.   Pues constituido
En la suma dignidad
De corchete advenedizo
Me hallo, vuesamerced [*á Ismenia.*
Se avenga, y venga conmigo.

Ism. Aunque no pudo llegar
Á mas mi infeliz destino,
Por lo menos me consuela,
Ya que muera, ver, que Libio
Por mí y las finezas de otros
Quede á sus ojos mal visto.
                [*Vanse Ismenia y Pasquin.*

Sele. Ya que el fracaso, Rosarda,
Tanto la gente ha esparcido
Amedrentada, que nadie
Nos asiste, sino Libio,
Á quien como ageno ya
En tu pretension le miro,
Pues primer móvil de todos,
Nada en favor tuyo hizo,
Por no hablarle, será fuerza
Llamar la gente yo mismo,
Para que á palacio vuelvas,
De tanto mortal conflicto
El susto á reparar, que otro
Dia harás el sacrificio.   [*Vase.*

Lib. Sola ha quedado. Ay de mí! [*aparte.*
¡Con qué vergüenza la miro!

Rosa. ¡Con qué confusion le veo! [*aparte.*
Lib. Ni hablar ni callar elijo.

Rosa. ¿Estábades, Libio, vos
Antes de ahora en este sitio?

Lib. Sí, señora.
Rosa.   Cuando Flabio,
Del noble afecto movido
De generosa piedad,
Reparó mi precipicio,
Cuando Celio quiso, en prueba
De su alto valor invicto,
Morir en venganza mia,
Vueltos claveles los lirios,
¿Qué hicísteis vos por mí?

Lib.   Nada.
Rosa. El desengaño os estimo;
Pero como Ismenia era......

Lib. Dadme licencia, os suplico,
Para anticipar descargos
Á cargos en mí no dignos;
Que hay escrúpulos de honor
Tan raros, para no dichos,
Que escandalizan aun mas
Imaginados, que vistos.
Yo, entre otras prisioneras,
Ví á Ismenia, y su albedrío
Libre tropezó primero,
Que oyese el primer aviso
De vuestra esclavitud, no
Fue culpa; y si lo fue, afirmo,
Que, antes que fuese memoria,
La hicisteis vos ser olvido.
Dejemos aqui disfraces,
Montes, jardines, retiros;
Dejemos de una muger
Iras, rencores, delirios;
Y vamos á que hoy, al veros
De sangre el rostro teñido,

(¿Quién, sino yo, equivocara
Lo bruto con lo divino?)
Por acudir......

Dentro ISMENIA, *y luego sale luchando con* PASQUIN.

Ism.   ¿Pues, villano,......
Rosa. Ved, qué es aquello?
Ism.   Atrevido,
La mano á mí?
Pasq.   Ó soy corchete,
Ó no.
Lib.   Pues cómo aqui......?
Rosa.   Oidos;
Que ya que yo sé la causa,
Á mí me toca el reñirlo.
Ism. En manos dí de Rosarda. [*aparte.*
Pasq. Ya, en la presencia de Libio, [*aparte.*
Llegó mi fin.
Rosa.   ¿Cómo, loco,
Tratarla asi has pretendido?
Pasq. Como fue mi ama un tiempo,
Aun me duran los cariños
De criado.
Rosa.   Pues aquel
Alto eminente edificio
Es el gran templo de Vénus,
Y ese para él el camino.
Salva en él tu vida, ingrata;
Que darte no solicito
Mas castigo, que tu vida.
Y si dos veces ha sido,
Es, porque sea dos veces
Mas penoso y mas prolijo;
Que darle vida á un ingrato,
Es castigarle en sí mismo;
Y no quiero mas venganza,
Que el que tú vivas contigo.
Vete pues.
Ism.   Si á tus pies......
Rosa.   No.
Prosigas.
Ism.   Yo......
Rosa.   Vete, digo.
Ism. No me arrojo......
Rosa.   Vete, aleve.

Dentro SELEUCO.

Sele. La voz de Rosarda he oido.
Rosa. Mi padre vuelve. Qué esperas?
Ism. Ya me voy, y no replico;
Que no sé por qué agradezco
Una vida, que no estimo.   [*Vase.*
Rosa. Esta vez, Libio, no encargo
Su reparo.
Lib.   Ni yo admiro
Vuestro valor, por no hacerme
Sospechoso agradecido.
Pasq. ¿Y qué ha de ser de mí ahora?
Rosa. No temas, que yo te fio.

Salen SELEUCO, GOLILLA *y gente.*

Sele. Vete, aleve, en destemplada
Voz te oí decir.
Pasq.   Buen alivio! [*aparte.*
Por si me fia, ó no, quisiera
Escapar.
Sele.   Cuando no miro
Mas, que á Libio solamente,
En todo aqueste distrito,
¿Qué te obliga á que á él le digas,
Vete, aleve?
Rosa.   Si le digo [*aparte.*
La verdad, han de alcanzarla.

Lib. Qué le dirá? [*aparte.*
Rosa.   ¡Ingenio mio, [*aparte.*
Dame favor! — Yo, señor,
Á Libio tal no le he dicho.
Sele. Pues á quién?
Rosa.   Á este soldado,
Que, al verte á tí, se ha escondido,
Temeroso de que sepas,
Que aquella muger se ha ido
De la guarda, que fiaste
Dél. Á decírmelo vino,
Pidiendo, que en su perdon
Intercediese contigo.
Yo, justamente enojada
De que se hubiese podido
Escapar una tirana,
Y piadosa á un tiempo mismo,
Porque en él no se ejecute
El castigo merecido,
Ni él se venga á mi sagrado,
Vete, aleve, dije.
Pasq.   ¿Han visto [*aparte.*
Qué bien me fia? ¿Si es
Tambien dispensado estilo,
Que las Infantas de allende
Puedan mentir su poquito?
Sele. ¿Pues cómo, traidor, cumpliste
Tan mal mi órden?
Pasq.   Si resisto, [*aparte.*
Desmiento á la dicha Infanta,
Que es un duelo nunca visto
Ni representado.
Sele.   ¿Cómo
Se huyó, vil?
Pasq.   Tomó, y que hizo,
Como yo ahora, fue echando
Un pasito á otro pasito;
Y á Dios.   [*Quiere irse.*
Sele.   Prended ese loco.
Gol. Yo, pues me he introducido [*aparte.*
Entre la gente, seré
De aquesta causa ministro. —
Date á prision. [*á Pasquin.*
Pasq.   ¿Tú me prendes,
Habiendo en un desafio
Reñido conmigo en paz?
Gol. Esto es fuerza.
Pasq.   Gracia ha sido.
Gol. Vamos presto.
Pasq.   ¿Cómo preso,
Mi amo, mi señor, mi Libio,
Dejas ir á tu criado?
Sele. Esperad! ¿De quién ha dicho
Ser criado?
Lib.   Mio, señor.
Sele. Solo faltaba este indicio;
Tras vos vino la ocasion
De tanto traidor delito.
Vos en la venganza fuísteis,
Ni tampoco al precipicio;
Y vos al fin vuestra dama
Salvásteis. Buenos servicios! —
Soltad aquese criado. —
Tú, pues que la gente vino, [*á Rosarda.*
Ven, tomarás la carroza. —
Lib. Infame, por ti...... [*á Pasquin.*
Rosa.   Aunque finjo,
Por no darte pena, aliento,
Confieso, que ya me rindo
Del pasado sobresalto
Al susto; y asi te pido,
Que, porque no se adelante
Con el sol, polvo y camino,
Que en la primera alquería

De aquestos pueblos vecinos
Pueda repararme, fuera
Que habiendo, señor, venido
Á sacrificar á Vénus,
Ir para volver, prolijo
Me parece, y es mejor
Llevar hecho el sacrificio.
Sele. Ven, y dispondráse como
Tú determinares.　　　　　　　[*Vase.*
Rosa.　　　　　　Libio!
Lib. Qué me mandais?
Rosa.　　　　　　No sé á qué
Discurso pendiente el hilo
Dejo ; y por no adivinar
Qué habrá sido ó no habrá sido,
Oirle quisiera.　　　　　　　[*Vase.*
Lib.　　　　　　Sí bareis ;
Pues como tabla á dos visos,
Muestra á una parte lo fiero,
Muestra á otra parte lo lindo,
Asi mental mi fortuna,
Al temple de mis suspiros,
Pintó en vuestro padre ultrajes,
Que á vuestra luz son alivios. —
Ven acá, infame. ¿Por qué
Dijiste ser criado mio?
Pasq. ¿Habia de dejarme ahorcar?
Lib. Qué importara?
Pasq.　　　　　　Muchísimo.
Lib. ¿En fin me motejan, cielos,
De cobarde y poco fino?
Pasq. No te des.nayaras tú ;
¿Que en mi vida no te digo
Otra cosa, sino solo,
Que el desmayarse es de ninfos,
Y que no quieras creerme?
Lib. Pues ven acá. ¿Tú me has visto
Desmayar otra vez?
Pasq.　　　　　　No.
Lib. ¿Pues cuándo, di, fue el decirlo?
Pasq. Cuando me pareció bien
Tenerlo para ahora dicho.
Lib. Mal hayas tú. Ay, que me abraso!
Pasq. Á Junio pasa lo mismo ;
Que al punto que se desmaya
Le entra abrasando el estío.
Lib. Déjame ; que tus locuras
No son para cuando miro
Mi crédito en opiniones,
Viendo á Seleuco ofendido,
Á Flabio vanaglorioso,
Á Celio desvanecido,
Á Ismenia libre é ingrata,
Á Anteo muerto á ageno brio,
Y á Rosarda finalmente,
Cuando yo en nada la sirvo,
Forzada á que la merezca
Quien mayor fineza hizo.
Pasq. Lupus in fabula.
Lib.　　　　　　Cómo?
Pasq. Como acabar de decirlo,
Y llegar los dos, es uno.
Lib. Pues vente, Pasquin, conmigo ;
Que me cansa ver, que sean
Competidores y amigos.
Pasq. Pleitear y comer juntos,
Un antiguo adagio dijo.
Lib. ¿Pues es tenuta la dama
Para hacer noble el litigio?
Yo bien sé, que la perdí ;
Pero perdida la estimo
Tanto, que aun este pequeño
Desden suyo, en fe de digno,
No quiero ver. Y pues solo

Á no verla agena aspiro,
Preven bajel, mientras yo,
Pasquin, della me despido.　　[*Vanse.*

　　　　Salen ROSARDA y LAURA.
Laur. ¿Que no has querido, señora,
Despues de tanto peligro,
Descansar siquiera un rato?
Rosa. No, Laura ; que no imagino,
Que pueda haber para mí
Descanso.
Laur.　　　　　　Cuando lo esquivo
Del hado dejó en amago
El golpe, y desvanecido
Ves de tu influjo el agüero,
Triste estás?
Rosa.　　　　　　Tanto, que vivo,
Sin saber que vivo, Laura.
Laur. ¡O quién te hubiera servido
De suerte, que preguntar
Osara de qué ha nacido
Tan nueva melancolía!
Rosa. Si yo pudiera decirlo,
Solo á tí te lo dijera.
Laur. La confianza te estimo
Dicha ; mira ejecutada
Qué fuera. Pero allí Libio
Viene.
Rosa.　　　　　　Pienso, que á cumplirte
El deseo, que has tenido.
Laur. Cómo?
Rosa.　　　　　　Como temo, que él
Diga lo que yo no digo.
Laur. No lo he entendido, y tras eso
Presumo, que lo he entendido.
Rosa. Discreta eres ; Flabio fue
Quien me libró del peligro,
Celio quien me vengó dél,
Y Libio quien nada hizo
En mi favor.
Laur.　　　　　　No te cueste,
Señora, estudio el decirlo ;
No lo digas.
Rosa.　　　　　　Pues si llega
Á hablarme, (mucho te fio)
Has de hacer por mí una cosa.
Laur. Ya sabes como te sirvo.
Rosa. Retírate, y á la mira
Está de cuanto decimos ;
Y si ves en mí el menor
Amago, el menor resquicio,
Menor átomo de afecto,
Que te parezca no mio,
Como que tú acaso cantas
Varias letras á tu arbitrio,
Adviérteme, porque yo
Me cobre con tus avisos.
Laur. Fia de mí.　　　　　　[*Vase.*

　　　　Sale LIBIO.
Lib.　　　　　　Aunque debiera,
De mi vergüenza impedido,
De mi temor embargado,
Con mi fortuna mal quisto,
Excusar volver á veros,
Son para mí tan divinos
Vuestros preceptos, que no
Me resuelvo á no cumplirlos.
Mandásteisme, no sé qué
Discurso, que dejó el hilo
Pendiente, volviese á atar ;
Y asi......
Rosa.　　　　　　Ya yo habia perdido

Lib.   Esa memoria.
                 Yo no;
Y aunque pude haber venido
Solo á esto, vengo á que tengo
Una merced que pediros.
Rosa. No me acuerdo en qué quedamos.
Lib. Yo sí.
Rosa.   Por si es relativo
Lo uno de otro, proseguid
Hasta la merced.
Lib.   Pues digo,
Señora, (ay de mí!) que al veros
En sangre el rostro teñido,
¿Quién, sino yo, equivocara
Lo bruto con lo divino?
Aqui quedé.
Rosa.   Ahora me acuerdo.
Lib. Y ahora es cuando yo me olvido.
Rosa. Cómo?
Lib.   Como al acordarme
No me acuerdo de mí mismo.
Al veros, señora, pues
De bruto matiz el limpio
Candor manchado, teniendo
Lo casual por preciso,
Por acudir á vengaros,
Y por llegar á serviros,
Piedad y valor neutrales
Partieron tan dividido
El corazon entre sí,
Que en dos pedazos distintos,
Por acudir á dos partes,
Faltó á dos, tan indeciso,
Que aun aqui parece ahora,
Que dice, que allá me dijo:
Si imaginas, que está muerta,
Traicion es estar tú vivo.
Flacamente valeroso,
Si no hubiera antes mi brío
Dado de sí cuenta, fuera
Se hallara ahora el valor mio.
Flacamente valeroso,
Otra vez, señora, digo,
Sin movimiento las alas,
Sin calor el fuego activo,
Sin eleccion el dictámen,
Sin facultad el arbitrio,
Enojado rey del alma,
Dar pudo en tierra conmigo;
Y aunque pudiera argüir,
Si un corazon, oprimido
De gran pena, hace mas, cuando
Menos hace, pues indicio
De que sobran sentimientos,
Es ver, que faltan sentidos,
No lo he de hacer; porque esto
De no palpables martirios,
Si no lo juzgan los Dioses,
No lo alcanza humano juicio;
Que entre interior y exterior,
Glosadas cóleras, vimos
Tal vez padecer lo ardiente
Las flojedades de tibio.
Y asi, pues á vuestros ojos
Y á cuantos guardar me han visto,
Mientras lidian los osados,
El cuartel de los remisos,
Es fuerza estar al desaire
De pretender sin servicios,
De no hallarme con quien sea,
Ni aun en lo infeliz conmigo
Igual; que aun en lo infeliz,
Si sé que sabe sentirlo,
Tendré zelos; ¿ qué será

De lo feliz? os suplico
Me deis licencia, señora,
Para no verlo ni oirlo.
Ya fletado un bajel dejo,
En que dando vuelta á Guido,
Mis aplausos, mis victorias
Sepultadas en olvido
Para siempre quedarán,
Al ver, que, habiendo venido
Á la mas alta conquista,
Me hace levantar el sitio,
Desmayados los alientos
De los ejércitos mios,
El real socorro que hicieron
Aliados enemigos.
Cualquiera sin mereceros
Os merece; y pues tan fijo
El rumbo de la fortuna
El móvil dió á vuestro arbitrio,
Plegue al cielo, que elijais......
Iba á decir el mas digno;
Ambos lo son; el que mas
Os áme, constante y fino,
Dure en finezas de amante
Las edades de marido.
Con esto, señora, á Dios;
Que la licencia, que os pido,
No he menester aguardarla,
Pues sé, que la tengo.
Rosa.   Oídos,
Esperad; no os vais; tened.

         Dentro LAURA.

Laur. [_cant._] Solo el silencio testigo
Ha de ser de mi tormento.
Rosa. Ya estoy, Laura, en el aviso, [_aparte._
Y sé, que el silencio importa. —
Qué mirais?
Lib.   Á quien he oido.
Rosa. Dama es, que á sus solas canta.
Lib. Pues proseguid.
Rosa.   Ya prosigo.
Si en vuestro favor os veis
Con la razon que aqui dais,
¿Por qué sin decirla os vais?
Lib. Porque no la desprecieis.
Rosa. ¿Tan en poco la teneis?
Lib. Á ella no, sino á mi suerte.
Rosa. Quizá os valdrá, si la advierte......
Lib. Quién?
Rosa.   Alguien que llegue á oilla.
Laur. [_cant._] Despeñada fuentecilla,
Deten el curso, y advierte.......
Rosa. Pero digo mal; que no
Habrá quien escuchar quiera
Razon de quien tarde espera
Cobrar tiempo que perdió.
Lib. Por eso me ausento yo,
Porque no espero cobralle.
Rosa. ¿Y qué se pierde en buscalle?
Lib. Rezelo.
Rosa.   Pierde el rezelo.
Laur. [_cant._] Despeñado un arroyuelo
Baja desde el monte al valle.
Rosa. Mas no le perdais; que fuera
Necia en vos la confianza,
Que vos tener esperanza
Mal podreis.
Lib.   Desa manera
Á la pretension primera
Vuelvo. Á Dios quedad.
Rosa.   No sé,
Si haceis bien.
Lib.   Por qué?

Rosa.   Porque,
  Si hay razon,.....
Lib.   Es tal......
Rosa.   No es mala.
Laur. [*cant.*] Guarda corderos, zagala,
  Zagala, no guardes fe.
Lib. ¿Y valdráme esa razon?
Rosa. Poco ó nada; porque fuera
  No justo, que la tuviera
  Tan desnuda pretension
  De finezas.
Lib.   Luego son
  Mis ansias el mejor medio.
Rosa. ¿Y no se puede dar medio
  Entre un placer y un pesar?
Laur. [*cant.*] Era el remedio olvidar,
  Y olvidóseme el remedio.
Lib. ¿Medio puede haber sin vos?
Rosa. No prosigais; que no puede,
  Si en mí consiste.
Lib.   Pues quede
  Sin medio el fin en los dos.
Rosa. Cómo?
Lib.   Quedándoos con Dios.
Rosa. Y en fin os vais?
Lib.   Qué he de hacer?
Rosa. ¿No hay valor para perder?
Lib. Para perder valor?
Rosa.   Sí.
Laur. [*cant.*] Aprended, flores, de mí......
Rosa. ¿Para qué lo he de aprender?
  Déjame, voz lisonjera.

  Sale LAURA *de donde cantaba.*

Laur. Á pensar que te enojara......
Rosa. Nunca yo te lo mandara.
Lib. Nunca yo tu acento oyera.

  Salen NISE *y* CLÓRIS.

Nise. Celio tu licencia espera.
Clor. Flabio, que le des lugar,
  Te suplica.
Rosa.   Qué pesar! [*aparte.*
Nise. ¿Qué les mandas responder?
Rosa. Lleguen.
Lib.   Y yo qué he de hacer?
Rosa. Esperar, sin esperar.

  Salen CELIO *y* FLABIO.

Cel. Libio aqui? ¡Que aun no se dé [*aparte.*
  Por vencido!
Flab.   ¡Que aun no deje [*aparte.*
  Libio al aire su esperanza!
Lib. ¿Que espere, (ay Dios!) sin que espere? [*ap.*
  Qué enigma es esta?
Flab.   Cobarde,
  Señora, al pensar que pienses,
  Que vengo como acreedor,
  Ó por cobrar lo que debes,
  Llego á tus pies; pero viendo,
  Que es otro el fin que me mueve,
  Verás, cuanto esta atencion
  Aquel escrúpulo absuelve.
  En esta alquería has quedado,
  Y solo á satisfacerse
  Vino mi temor, de que
  No del pasado accidente
  Pequeña reliquia sea
  La causa, porque no suele
  El sol, sin algun eclipse,
  Antes que á su centro llegue,
  Como cansado, tomar
  Parda nube por albergue.
Rosa. Guárdeos el cielo; que es bien,
  Que cuidado, Flabio, os cueste

  Mi vida; que el que una alhaja
  Da generoso, no puede
  Dejar de tener cuidado
  De que lucida aproveche;
  Que es dar para no lucir,
  Dar como si no se diese.
  Mejor me siento despues
  Que aqui me reparé.
Cel.   Ese
  Es interes tan de todos,
  Que todos, señora, deben
  En sus albricias besar
  Vuestra mano.
Rosa.   Mayormente
  Vos, que me debeis á mí
  (Razon es que lo confiese)
  El mismo cuidado, Celio,
  Que yo á Flabio.
Cel.   De qué suerte?
Rosa. Cuidado él de mi vida,
  Por haberla dado, tiene,
  De vuestra muerte cuidado
  Tengo yo; pues igualmente,
  Cuando él mi vida restaura,
  Arriesgo yo vuestra muerte;
  Y asi de miraros, Celio,
  Convalecido, mil veces
  El parabien que él me da,
  Os doy yo; con que á ser viene
  El que doy y el que recibo
  Parabien de parabienes.
Lib. ¿Y querrán, que yo sea amigo [*aparte.*
  De quien de mí dama llegue
  Á oir, ni aun en cortesía,
  Favores y no desdenes?
  Vive Dios...... Mas calle y sufra
  Quien tan poca dicha tiene,
  Que esperar, sin esperar,
  Es solo lo que merece.
Flab. Aunque es verdad, que la deuda
  De Celio es grande, no puede
  Correr paridad, señora,
  Con la mia, para hacerme
  El desden de que sea igual
  El parabien.
Cel.   Que lo niegue
  No es posible, que no hay
  Paridad en quien excede.
Flab. Sí; mas quién excede?
Cel.   Yo.
Flab. Cómo?
Cel.   Asi.
Clor.   Tu padre viene.
Rosa. ¡Cuánto me huelgo, porque [*aparte.*
  Pendiente la cuestion quede!
  Que no hay cosa mas cansada,
  Que andar discreteando siempre.

  Salen SELEUCO, PASQUIN, GOLILLA
  y acompañamiento.

Scle. Cuidadoso estoy, Rosarda,
  De saber, como te sientes.
Rosa. Mejor, señor.
Sele.   Flabio! Celio!
  Dadme una y muchas veces
  Los brazos; que á ser los mios
  Los de aquel árbol, que verde,
  Á pesar del rayo, vive
  Para coronar las sienes,
  Fuera adorno de las vuestras,
  Triunfantes eternamente.
Lib. Que no solo no me hable, [*ap. á Pasquin.*
  Pasquin, mas aun, por no verme,
  Se divierta cuidadoso

Con Flabio y Celio!

Pasq.   Qué quieres?
En llegando á desmayar
Uno, no hay quien dél se acuerde.

Flab. Por la parte, que me toca
De tus honras y mercedes,
Me he de animar á pedirte
Una merced.

Selc.   Qué pretendes?

Flab. Rosarda ofreció, señor,
Que el que en su servicio hiciese
Mayor fineza, seria
Quien mayor premio tuviese.
Y pues ya el caso llegó
De ver la fineza, llegue
El de que su blanca mano
Á quien mas la sirve premie.

Cel. Ese el empeño de todos
Es, señor; y pues presentes
Estamos los tres, que al duelo
Llamados fuimos, no debe
Dilatar la dicha á quien,
No digo que la merece,
Pero á quien, sin merecerla,
Alguna esperanza tiene,
Fundada en que su fineza
Es la mayor.

Lib.   Solamente
Yo pudiera desear
La dilacion, por tenerme
Por menos feliz que todos;
Mas podrá ser, como alegue
Tambien mis razones,......

Sele. Cel. y Flab.   Qué?

Lib. Que sin esperar espere.

Clor. ¿Qué razones podrá Libio
Alegar?

Laur.   Una muy fuerte.

Nise. Cuál es?

Laur.   Que con el desmayo
Mayo se volvió Diciembre.

Sele. Vuestra pretension es justo
Rosarda admita y acepte,
Bien que con admiracion
De ver, que tambien intente
Libio en competencia entrar
Con los dos.

Cel.   ¿Pues él qué puede
Alegar en favor suyo?

Flab. ¿Pues él qué esperanza tiene?

Rosa. Fuerza es que con todos haga
Yo la deshecha. Si al verme
En tal trance no hay afecto
En vos, que me libre y vengue,
Qué pretendeis?

Lib.   ¿En perder
Lo perdido, qué se pierde?
Y pues ya estan sospechosos
En esta parte los jueces,
Pues han declarado el voto,
Recusándolos, apele
Á los Dioses, que ellos saben,
Que ama mas el que mas siente.
Y asi á la Deidad de Vénus,
Auxiliar nuestra, es bien lleve
La causa; su templo sea
Tribunal, que me sentencie,
Dando sus sacerdotisas
Respuesta, si ya no fuese
Que ella responda en su estatua
Con la blanda voz que suele.

Rosa. Yo acepto la apelacion,
Agradecida, que, al verme

Suspensa entre tres afectos,
Lleguen iguales á verse.

Descúbrese el templo de Vénus, canta la Música, y habiéndose entrado por la una puerta, salen por la otra todos con ramos en las manos y guirnaldas, y detras LIBIO, CELIO, FLABIO, ROSARDA *y* SELEUCO, *y por otro lado* ISMENIA.

Rosa. Alta Deidad soberana,
Que en verde y ceruleo albergue,
Para ser madre del fuego,
Naciste hija de la nieve,......

Coro 1. Los tres afectos de amor,
Que por suyos pertenecen
Á tu soberano culto,
En voto á tu templo vienen,
Piadosamente rendidos
Á tus aras.

Coro 2.   Qué pretenden?

Sele. Ya de sus sacerdotisas
El coro responde alegre.

Rosa. Saber cual es de los tres
El que mas amante vence
A los dos, porque inspirada
Dellos la eleccion no yerre
Quien de tí su afecto fia.

Coro 2. Pues qué afectos son?

Rosa.   Atiende.

Coro 1. Al juicio de Vénus van
Los tres afectos de amor,
Piedad, desmayo y valor.

Flab. Á mí la piedad me toca.

Cel. Á mí el valor me compete.

Lib. Á mí el desmayo me viene.

Pasq. Testigo yo; que, por verte
Desmayado, vengo solo.

Ism. Muy buena esperanza tienes;
Vengada saldré de aqui.

Flab. Yo, siendo el mas excelente
Afecto el de la piedad,
Vengo á que Rosarda premie
La mayor fineza en mí.

Coro 2. De qué suerte?

Flab.   Desta suerte:
Al imaginar la herida,
Viéndola en sangre bañada,
Ya del caballo arrojada
Al márgen, de la caida
Acudió á salvar su vida
Mi piedad; pues si yo fui
Quien la dió la vida allí,
¿Contra mi piedad no fuera
Impiedad, si ella á otro diera
La vida, que yo la dí?

Cel. Salvar la vida, que quiero
Bien, quise en accion activa,
Ya es interes de que viva
Aquella por quien yo muero;
Á mí, que tan solo espero,
Viva ó muera, que una impía
Traicion pague su osadía,
Es bien lo mas se atribuya,
Pues tú le diste la suya,
Y yo la ofrecí la mia.

Lib. Piedad, que la da la vida,
Valor, que la da la venganza,
Parece, que á mi esperanza
La dejan destituida;
Pues no; que, al juzgarla herida,
Fallecer con el dolor
Fue la fineza mayor;
Que á vista deigual crueldad,
Ni es valor tener piedad,
Ni es piedad tener valor.

Flab. Si hubiera muerto, ¿tuviera
Alguien derecho á su mano?
No; pues la esperanza, es llano,
De ambos con ella muriera:
Luego, si uno y otro espera
Por mí lograr su favor,
Ya soy primero acreedor;
Pues fuera obligar aqui
Vida, que me debe á mí,
Estelionato de amor.
Cel. No de nuestro duelo empieza
La cuestion, por quien la dió
Mayor dádiva, sino
Quien hizo mayor fineza.
Yo, ofendida su belleza,
A socorrerla no fui,
Sino á vengarla; y asi,
Que á tí se te deba, infiero,
La mayor dádiva; pero
La mayor fineza á mí.
Lib. Ni la dádiva mayor
Fue, ni la mayor fineza,
El socorrer su belleza,
Ni el desagraviar su honor.
Desmayar todo el valor
De quien mundos atropella,
Al vella herida, y al vella
Ofendida, es obligalla
Mas, que dejar de vengalla,
Y dejar de socorrella;
Pues quien no obró nada, obró
Cuanto hubo que obrar, el dia
Que murió, porque moria,
Y vivió, porque vivió.
Flab. Piedad fue librarla yo.
Cel. Valor vengarla yo fue.
Lib. En mi desmayo se vé,
Pues sentí lo que sentia.
Flab. Su vida en efecto es mia.
Cel. Mio su honor.
Lib.   Y mia su fe.
Los tres. Con que ya queda probado,......
Flab. Que fui yo el mas generoso.
Cel. Que fui yo el mas valeroso.
Lib. Y yo el mas enamorado.
Flab. De amor nació mi cuidado.
Cel. De amor tambien mi furor.
Lib. Y mi desmayo de amor.
Los tres. Pues diga el coro en efecto,
Cual fue amante mas afecto,
Mas noble y mas superior.
Music. Piedad, desmayo y valor.
Rosa. Yo, pues que yo he de juzgarlo,
Lo preguntaré. — Eminente
Deidad de Vénus, pues dulce
Hablar en tu estatua sueles,
A cuenta del sacrificio,

Que humilde á tus pies ofrece
Rendida fe de una vida,
Que tres acreedores tiene,
Una respuesta te deba;
Y débate, pues entiendes
Lo oculto del alma, que
Lo que espero me aconsejes.
Deudora es mi voluntad
A un noble afecto.
Music.   Piedad.
Rosa. Y aunque en mí se flechó el rayo,
Resultó en otro,......
Mus. 2.   Desmayo.
Rosa. Siendo tercero acreedor
De quien me vengó......
Mus. 3.   El valor.
Rosa. ¿Pues cómo podrá el favor
De uno ser premio de tres,
Si iguales contra mí ves......
Mus. y ella. Piedad, desmayo y valor?
Rosa. Si el dar vida es compasiva
Accion, si vengarla es fiera,
Quien muere, porque yo muera,
Y vive, porque yo viva,
Es bien que el laurel reciba;
Y pues en tí es la mayor
Piedad, el mas superior
Valor es sentir; con que
En un desmayo se vé,
Que juntar supo el dolor......
Music. Piedad, desmayo y valor.
Todos. ¡Viva Libio, Libio viva!
Sele. Pues á él Vénus le ofrece
El premio, que yo en Rosarda
Es preciso que le entregue.
Lib. Cobarde á tocar su mano
Llego.
Rosa. ¿Pues qué es lo que temes?
Cel. Perdí mis felicidades.
Flab. Malogré mis intereses.
Ism. Yo maté mis esperanzas.
Pasq. Yo, antes que vuesarcedes
Pregunten en qué paró
Todo esto, es bien que lo cuente.
Libio y Rosarda casados,
Dios los perdone, se queden;
Celio y Flabio, que se vayan
A otra isla á buscar mugeres;
Ismenia, monja de Vénus,
En este templo profese;
Y yo, que pida perdon,
Diciendo á esos pies mil veces:
Todos. Que nos perdoneis las faltas,
De quien mas humilde siempre,
Cuando yerra en lo que escribe,
Acierta en lo que obedece.

XCI.

LA BANDA Y LA FLOR.

PERSONAS.

El Duque de Florencia.
Enrique, galan.
Fabio, viejo.

Ponleví, gracioso.
Octavio, criado del Duque.
Lísida }
Clori } damas.

Nise, dama.
Celia, criada.
Músicos.

JORNADA I.

Salen Enrique *y* Ponleví, *vestidos de camino.*

Pon. ¡Qué alegre cosa es volver,
Despues de una gran partida,
Á ver la patria!
Enr.   En mi vida
Tuve tan grande placer.
Pon. Ni yo tan grande pesar,
Pues despues de tanta ausencia,
Hoy á vista de Florencia
Nos quedamos, sin llegar
Á saber lo que hay de nuevo.
Enr. Pues por no saberlo yo,
Quise detenerme.
Pon.   No
Culpo el gusto, ni le apruebo;
Que ello hay tanto que temer,
Y es dama tan mal segura
Doña Ausencia, que es cordura
El no llegarlo á saber.
Mas porque en cosas tan graves
Hables conmigo, sabrás,
Que sé el estado en que estás.
Enr. Pues escucha lo que sabes.
Yo miré á Lísida bella,
De Clori hermana, es verdad.
Pon. Ya sé, que tu voluntad
Vive solamente en ella.
Enr. Pues como son dos hermanas,
Flechas de amor y desden,
Que siempre juntas se ven
En paseos y ventanas,
En el principio encubrí
Por cual de las dos hacia
Finezas, ni á cual servia.
El fiero rigor vencí
De Clori; era cosa clara
Ser Clori, porque si fuera
Clori á la que yo quisiera,
Clori entonces me olvidara.
Amé á Lísida, y asi
Lísida no se obligó;
Que siempre el amor trocó
Las suertes; Clori (ay de mí!)
Me favoreció. No es

Tiempo de decir, que Fabio,
Su padre, sintió su agravio.
Vuelvo á mi discurso pues.
Favorecióme en efeto,
Con lo cual luego cerró
El paso á mi amor, que vió
Fiel sepulcro en mi secreto.
Porque no pudiendo ser
Con una dama grosero,
Que ser de Clori primero,
Ni menos pudiendo hacer
Con otra finezas, pues
Viendo, que estaba su hermana
Declarada, fuera vana
Mi esperanza, de cortes
Ó cobarde dividido,
Ciego, triste y mal premiado,
De Lísida enamorado,
De Clori favorecido,
Á una miro, á otra quiero,
Á una sirvo, á otra adoro,
Á una sigo, á otra enamoro,
Á una busco y á otra espero.
Y asi, partido el placer
En dos, y entero el pesar,
Ni á Lísida sé olvidar,
Ni á Clori puedo querer.
Pon. Poco cuidado, por Dios,
Á mí ese lance me diera.
Enr. Pues qué hicieras tú?
Pon.   Qué hiciera?
Enamorara á las dos.
Y si Lísida me amara,
Por Lísida me muriera;
Si Clori me aborreciera,
Al punto á Clori olvidara;
Porque no puede tener
Mas mérito, fama ó nombre
Con una muger un hombre,
Que quererle otra muger.

Salen Lísida, Clori, Nise *y* Celia
con mantos.

Clor. ¡Qué apacible el campo está,
Corte de plantas y flores!
Lísi. Con reflejos y colores
Diversos objetos da
El Mayo florido ya

Á la vista.

Enr.   Aguarda, espera.

Clor. No pudo esta verde esfera
Estar al amanecer
Mas hermosa, que al caer
Del sol se muestra.

Nis.   ¿Pues fuera
En ningun tiempo mejor
Hora de gozarla?

Clor.   Sí;
Que siempre á la aurora ví
Dar ese triunfo, ese honor.

Nis. Es, prima, engaño, es error,
Que ella se corone; pues
La reina del campo es
La noche.

Enr.   No hagais, señora,
Ese desprecio al aurora,
Que es dama, y soy muy cortes;
Y no dejaré agraviar
Una hermosura, á quien deben
Todo cuanto aliento beben
El clavel, jazmin y azar.
Su luz, deidad singular,
Es breve imperio del dia,
De los campos alegría,
Pulimento de las flores,
Estacion de los amores,
De las aves harmonía.
Ved si es justo, que ofendais
Tal perfeccion.

Clor.   Ay de mí! [*aparte.*
Enrique no es este? Sí.

Lisi. ¿Ojos, qué es lo que mirais? [*aparte.*
Enrique es. Pero si estais
Imposibles, ¿para qué
Me matais? Muera mi fe
Á manos de un ciego Dios.

Clor. Habla tú, porque á las dos
No nos conozcan.

Nis.   Sí haré. —
Don Quijote de la Aurora,
¿Qué le importa, que al albor
Beba una y otra flor
Las lágrimas, que ella llora?
¿Qué importa el saber, que dora
Montes, ni el ver, que derrama
Perlas, que la tierra ama
Y despues el sol enjuga,
Si dama en fin, que madruga,
No debe de ser muy dama?

Enr. Madrugar entre las bellas
Selvas, llenas de colores,
Cambiando tropas de flores
Por ejércitos de estrellas,
No es desaire, si entre ellas
Busca su amante pastor;
Y el madrugar en rigor
Gala es de fe verdadera;
Pues que menos dama fuera,
Si durmiera con amor.

Nis. Pues madrugue en hora buena,
Buscando al albor primero
Sus amores; que yo quiero
Con mas gusto y menos pena
Gozar en tarde serena
Los mios, sin desvelar
Mis sentidos, ni envidiar
Las auroras; porque en fin
Se hizo para gente ruin
La fiesta del madrugar.
¿Pero qué es este rumor? [*Ruido dentro.*

Cel. La carroza viene alli
Del Duque.

Enr.   Del Duque?

Cel.   Sí.

Clor. Pues tomar será mejor
La nuestra. — Quedaos, señor,
Y perdonad.

Lisi.   ¿Por qué ha sido
La priesa?

Clor.   Porque ha venido
Siguiéndome; no me vea,
Si es que esta ocasion desea.

Enr. Ya que yo acaso he tenido
La ocasion, que él procuró,
En lo que serviros puedo,
Es, en quitaros el miedo,
Que su venida os causó.
Pues saliendo al paso yo,
Con mi venida podré
Divertirle asi, porque
En tanto tomar podais
Vuestra carroza y os vais.

Clor. Ese gusto os pagaré
Con esta banda, que os doy
De albricias desta venida,
Que es rescate de mi vida.
                [*Dale una banda azul.*

Enr. ¡Dichoso en serviros soy!
Mas sepa á quien debo......

Clor.   Hoy
No es posible.
                [*Vanse Clori y Nise.*

Lisi.   Ahora, cielos, [*aparte.*
Se repiten mis desvelos,
Mis temores, mis agravios;
Poca cárcel son mis labios
Para un abismo de zelos.
Pero pues puedo tapada
Dar zelos á quien los da,
Muera quien me mata ya
De necia y de confiada. —
Tanto á las dos agrada
Hallar en vos el favor,
Que nos ofreceis, señor,
Que con un mismo cuidado,
Si una esa banda os ha dado,
Yo os quiero dar esta flor.
                [*Dale una flor.*

Enr. Esperad.

Lisi.   No me sigais,
Si ofenderme no quereis.   [*Vase.*

Enr. En mas dudas me poneis,
Cuando mas claro me hablais.

Pon. Deteneos vos; no os vais. [*á Celia.*

Enr. Mientras salgo á detener
Al Duque, intenta saber
Quien son.   [*Vase.*

Pon.   Si aquesta tapada
Por una parte es criada,
Como por otra muger,
Haz cuenta que lo he sabido.

Cel. Pierda, galan, deso el miedo;
Que, criada y muger, puedo
Dar lecciones á un marido
De callado y de sufrido.

Pon. ¡Qué civil es el conceto!
Mas puesto, que San Secreto
Nunca es fiesta de guardar,
Empiézale á trabajar.
Dime quien son en efeto,
Y toma,......

Cel.   Gran tentacion!

Pon. Porque prosigas mi intento,......

Cel. Qué he de tomar?

Pon.   Toma aliento,
Para hacer la relacion.

Cel.	Buena halaja!
Pon.	Tales son
	Todas cuantas suelo dar.
Cel.	Pues digo, si he de tomar
	El aliento, que ha de ser......
Pon.	Para qué?
Cel.	Para correr. [*Vase.*
Pon.	¡O criada del Paular!

Fuese huyendo como un rayo.
Diré, pues me deja en calma,
Tenedla, cielos, que me lleva el alma.
Mas por la fe de lacayo,
Y por la vida del bayo,
Que ha de hacer la relacion.
El Duque y Enrique son.
Voy á seguir la tapada;
Que al fin secreto y criada
Implican contradiccion. [*Vase.*

Salen el DUQUE, ENRIQUE, OCTAVIO
y gente.

Enr.	Otra vez, me da á besar
	Tu mano.
Duq.	Y otra vez seas,
	Enrique, muy bien venido.
Enr.	Quien con tanto aumento llega
	De honor, señor, á tus plantas,
	Que son el dosel y esfera
	De mas luz y mejor sol,
	Que venga con bien es fuerza.

Sale FABIO.

Fab.	Siguiéndote aqui he venido;
	Que no fuera bien me fuera,
	Sin besar tu mano.
Duq.	Dicha
	Ha sido, que Enrique venga
	Á tiempo, que su venida
	Podrá divertir tu ausencia.
Fab.	No ha sido, sino desdicha; [*aparte.*
	Pues quedando él en Florencia,
	No estaré seguro yo
	En Nápoles de sospechas.
	Pero en fin Clori es mi hija,
	Y ella hará que todos mientan.
Duq.	¿Cómo en España te ha ido?
Enr.	Como á quien vive y se emplea
	En tu servicio, señor.
	Llegué á tiempo, que pudiera
	Ser, aun no yendo á servirte,
	Bien empleada mi ausencia.
Duq.	Cómo?
Enr.	Hallé, señor, á España
	Llena de aplausos y fiestas,
	Noble afecto de su amor,
	De su lealtad noble muestra.
Duq.	Bien ha declarado antes
	El deseo, que la lengua,
	Que fue la causa de tanto
	Aplauso la jura excelsa
	Del Primero Baltasar,
	Príncipe Infante, que sea
	Hijo del alba y del sol,
	Rayo de luz y belleza.
	Y pues para los negocios
	Á que partiste no es esta
	Ocasion, y yo he perdido
	La que me trajo á estas selvas
	Buscando una dama, quiero,
	Enrique, que me diviertas
	El disgusto de no hallarla.
Enr.	Escúcheme vuestra Alteza.
	De aquel venturoso dia,
	En que la romana iglesia

De la Transfiguracion
La jura de Dios celebra,
Llamando á cortes al cielo,
Fue rasgo y sombra pequeña
La jura de Baltasar.
Mas si son, en la fe nuestra,
Dioses humanos los Reyes,
No poco misterio enseña,
Que el dia, que á Dios el cielo
Jura, á Baltasar la tierra.
Este pues dia felice,
De pardas sombras cubierta
El alba salió, y la aurora
Embozada en nubes densas,
No le dió ventana al sol,
Ni los luceros apenas
Indicios de su hermosura;
Y aunque otras veces pudiera
Atribuirse á accidente
Del tiempo esta parda ausencia,
No fue accidente este dia,
Sino precisa obediencia.
Haz paréntesis aqui
La causa; pues será fuerza
Que, antes que acabe el discurso,
Al paréntesis me vuelva.
En el real templo de aquel
Doctor Cardenal, que ostenta
Ya su piedad, ya su zelo
En los hombres y las fieras,
Se previno el mayor acto,
Que vió el sol en su carrera,
Desde que en el mar madruga,
Hasta que en el mar se acuesta.
Al pie del altar mayor
Se armó un tablado, que fuera
Sitio capaz á la jura,
Y luego á la mano izquierda
La cortina de los Reyes;
No digo bien, porque era
Una nube de oro y nácar,
Pues al tiempo que despliega
Las tres hojas carmesíes,
Luz y magestad ostentan,
Dando, como el oro, rayos,
Dando, como el nácar, perlas.
Salió de su cuarto el Rey,
Acompañando á la Reina,
Con el Príncipe jurado,
Á quien de las manos llevan
Los dos Infantes sus tios.
No se vió la primavera
De mas flores coronada,
La luna de mas estrellas,
Que la hermosa Lis de Francia,
Seguida de la belleza
De sus damas, que aun lucian,
Con estar en su presencia.
Tomaron pues sus lugares,
El Rey la mano derecha
De la Reina, y los Infantes
Detras, y en una pequeña
Silla el Príncipe delante.
Luego las gradas mesmas
El lado izquierdo ocupaban
Los Prelados de la iglesia.
Tras los tres Embajadores
De Roma, Francia y Venecia
Se siguieron los Consejos;
Luego por la otra cera
Los Grandes, y enfrente dellos
Los Títulos, tras que llegan
Los reinos. Á nadie nombro;
Que aqui es la lisonja ofensa.

La confirmacion sagrada
Fue del acto la primera
Ceremonia dignamente;
Luego siguiéndose á esta
Las de la jura, galan
Con magestad, con modestia
Airoso, y en todo amable,
Haciendo las reverencias
Debidas, llegó Don Cárlos
Á jurarle la obediencia.
Siguióse Fernando luego,
Y como España se precia
De católica, al mirar,
Que á un tiempo á jurarle llegan,
Uno ceñido el acero
Y otro la sacra diadema,
Me pareció, que decia,
Haciéndose toda lenguas:
¡O felice tú, o felice
Otra vez y otras mil sea
Imperio, en quien el primero
Triunfo son armas y letras!
Dejemos en este estado
Las ceremonias, pues estas
Fueron el patron de todas,
Y salgamos donde espera
Madrid, íris ya divino,
Todas las calles cubiertas
De una bella confusion,
De una confusa belleza,
Haciendo campos y mares
Las plumas y las libreas.
Ya del acompañamiento
Empezaban á dar señas
Las músicas militares
De clarines y trompetas.
Por el órden, que estuvieron
Sentados, por ese empieza
El paseo, hasta llegar
La carroza de la Reina.
Delante un poco venian
Los Infantes junto á ella
Á caballo, y al estribo
El Rey. Calle aqui mi lengua,
Y el paréntesis pasado,
Donde dije, si te acuerdas,
Que no salió el sol, que el alba
No se vió, que no dió nuevas
Del dia ningun lucero,
Que no brilló luces bellas
La noche, abre, y á esta vista
En el paréntesis cierra;
Y verás, que no fue acaso
El no salir, sino fuerza;
Porque en Cárlos y en Fernando
Los dos luceros se ostentan,
Hermanos del sol hermosos,
Que á sus rayos se alimentan.
Salió, en lugar de la aurora,
Mejor aurora en belleza,
Isabel en plaustro de oro,
Que mil Cupidillos cercan.
Y si es de la aurora oficio
Dar flores, flores engendra
Su hermosura, flores son
Pompas de la Lis francesa.
Y si del planeta cuarto
Es iluminar la esfera
Que toca, el Cuarto Filipo
Fue deste cielo el planeta.
Hijo del sol y la aurora
Iba la mas pura estrella,
De cristales amparada,
Guarnecida de vidrieras.

Luego si á tales luceros,
Que á los del sol avergüenzan,
Si á aurora tal, que á la aurora
Flores á flores apuesta,
Si á tal sol, que rayo á rayo
Los rayos del sol desprecia,
Y si á tal estrella en fin,
Que ya jura de sol, eran
Las del cielo sombras breves,
Mudas pompas, luces muertas,
No fue accidente del tiempo
Rehusar la competencia,
Sino estudio, pues faltaron
De temor ó de vergüenza.
Y aparte la alegoría,
Permite, que me detenga
En pintarte de Filipo
La gala, el brio y destreza,
Con que iba puesto á caballo;
Que como este afecto sea
Verdad en mí, y no lisonja,
No importa que lo parezca.
Era un alazan tostado
De feroz naturaleza
El monarca irracional,
En cuyo color se muestra
La cólera disculpando
Del sol, que la tez le tuesta,
Que hay estudio en lo voraz,
Y en lo bárbaro hay belleza.
Tan soberbio se miraba,
Que dió con sola soberbia
Á entender, que conocia
Ser, con todo un cielo acuestas,
Monte vivo de los brutos,
Vivo Atlante de las fieras.
¿Cómo te sabré decir
Con el desprecio y la fuerza,
Que, sin hacer dellas caso,
Iba quebrando las piedras,
Sino con decirte solo,
Que entonces conocí, que era
Centro de fuego Madrid?
Pues donde quiera que llega
El pie ó la mano, levanta
Un abismo de centellas.
Y como quien toca al fuego
Huye la mano, que acerca,
Asi el valiente caballo
Retira con tanta priesa
El pie ó la mano del fuego,
Que la mano ó el pie engendra,
Què hecha gala del temor,
Ni el uno ni el otro asienta,
Deteniéndose en el aire
Con brincos y con corbetas.
Con tanto imperio en lo bruto,
Como en lo racional, vieras
Al Rey regir tanto monstruo
Al arbitrio de la rienda.
¿Diré, que como iban lejos
Los clarines y trompetas,
Le hizo danzar al compas
Del freno, que espuma engendra?
No; que está dicho. ¿Diré,
Que eran de sola una pieza
El caballo y caballero?
No; que aqui fuera indecencia.
¿Diré, que hacian un mapa,
Mar la espuma, el cuerpo tierra,
Viento el alma, y fuego el pie?
No; que es comparacion necia.
¿Diré, que galan bridon
Calzaba bota y espuela,

La noticia en el estribo,
En los estribos la fuerza,
Airoso el brazo, la mano
Baja, ajustada á la rienda,
Terciada la capa, el cuerpo
Igual, y la vista atenta,
Paseó galan las calles
Al estribo de la Reina?
Sí; porque solo el decirlo
Es la pintura mas cuerda.
Y no tengas á lisonja,
Que de bridon te encarezca
Á Filipo; que no hay
Agilidad ni destreza
De buen caballero, que él
Con admiracion no tenga.
Á caballo en las dos sillas
Es en su rústica escuela
El mejor, que se conoce.
Si las armas, señor, juega,
Proporciona con la blanca
Las lecciones de la negra.
Es tan ágil en la caza,
Viva imágen de la guerra,
Que registra su arcabuz
Cuanto corre y cuanto vuela.
Con un pincel es segundo
Autor de naturaleza;
Las cláusulas mas suaves
De la música penetra.
En efectò de las artes
No hay alguna, que no sepa;
Y todas, sin profesion,
Halladas por excelencia.
¡O quiera pues la fortuna,
Ó propicio el cielo quiera,
Que, pues le han dejado ver
Jurado, con tantas muestras
De amor y lealtad, al bello
Príncipe de Asturias, vea
La campaña el mejor Marte,
Rindiendo á su heróica huella
Los rebeldes, levantando
Los pendones de la iglesia,
Porque, todo venga á ser
Honor suyo y gloria nuestra!

Duq. Mucho me hubiera alegrado,
Enrique, tu relacion,
Si por dicha hubiera hallado
Mas seguro el corazon
De las obras de un cuidado;
Mas si en causa como esta
Querer siempre un caso ví
La pregunta y la respuesta,
Óyeme un pesar á mí,
En albricias de una fiesta.
No sé por donde (ay de mí!)
Empiece; pero si aqui
Es fuerza decir su efeto,
Mejor lo dirá un soneto,
Que al mismo intento escribí.

Era mi pecho una montaña fria,
  Á quien de nieve el tiempo coronaba,
  Mientras el corazon alimentaba
  Las cenizas del fuego que tenia.
Un rayo hermoso, escándalo del dia,
  La mina penetró, que oculta estaba,
  El fuego, ardiendo con la nieve, helaba,
  La nieve, helando entre la llama, ardia.
Etna pues de mi amor y mis enojos,
  Volaron antes mis cenizas, luego,
  Ardiendo el pecho, hizo llorar los ojos.
¿Pues cómo, vivo monte ó volcan ciego,

Si eres fuego, das agua por despojos?
Mas lágrimas de amor tambien son fuego.

Enr. Bien al discurso, señor,
La llave de oro previenes;
Mas del soneto en rigor
Solo infiero, que amor tienes,
Mas no á quien tienes amor.
Ya ocultarme nada es bien;
Merezca saber á quien.
Duq. Pensé, que, cuando le oyeras,
Luego al dueño conocieras,
Que tú le conoces bien.
Enr. Yo?
Duq.   Sí; pues te digo, que amo
Beldad, que ejemplar no tiene.
Enr. Necio á mi discurso llamo.
Duq. ¿Dos hijas Fabio no tiene?
Pon. Aqui se turba mi amo. [aparte.
Enr. ¿Qué es esto, piadosos cielos? [aparte.
¿Será Lísida, ó será
Clori? Mátenme mis zelos
De una vez. — En pie se está
De tus amantes desvelos
La duda, porque no sé,
Si fue Lísida ó si fue
Clori el dueño de tu amor.
Duq. La duda solo es tu error.
¿Quién dudará, cuando vé
Junto á una flor una rosa,
Junto á una rosa una estrella,
Quien tiene mas imperiosa
Jurisdicciones de bella
Y privilegios de hermosa?
Lísida......
Enr.   Ay de mí! [aparte.
Duq.   Es temprana
Flor; Clori es la rosa ufana.
Enr. Eso sí. — ¿Mas quién creyera, [aparte.
Que yo de mi dama oyera
Desprecios de buena gana?
Duq. Clori en fin me hace penar,
Sentir, padecer, llorar.
Enr. Llorar, padecer, sentir,
No es amar, sino morir.
Duq. ¿Pues qué mas morir, que amar?
Octa. Aunque callando escuché
Tus quejas, por no quitarte
Ese consuelo, no sé,
Con qual justicia quejarte
Puedas de Clori; porque,
Si en tu amorosa porfía,
Mas honesta, que cruel,
Admite galantería,
Si da licencia á un papel
En los términos del dia,
Y si de noche, señor,
Siempre atenta á tu cuidado,
Con cortesano favor,
Hace academia su estrado
De las cuestiones de amor,
Tu queja, señor, es vana.
La porfía un monte allana,
Y yo de su parte estoy;
Que muger, que escucha hoy,
Te responderá mañana.
Duq. ¡Qué poco entiendes, Octavio,
De amor! Un amante sabio,
Viendo su amor, mas quisiera,
Que favor ó agravio fuera,
Que no ni favor ni agravio.
Porque hay cosa peor,
Que no tener un amor
Ni favor de quien gozarse,

Ni agravio de quien quejarse;
Pues sin agravio y favor,
Ni la pena desconfía,
Ni se goza la alegría.
Y no hay mas bajo querer,
Que consolarse con ser
Uno amado en cortesía.   [*Vase.*

Enr. ¡Tirano imperio de amor!
Octa. Yo lo dijera mejor,
Aunque al reves; pues quisiera
Mi dolor, aunque pudiera
Vivir ya sin mi dolor.
Enr. ¿ Luego vos enamorado
Estais tambien?
Octa.   El que vé
Jugar al que está á su lado,
Suele picarse de que
Pierda aquel que él ha mirado.
Ví jugar al Duque, ví,
Que perdia, y me perdí;
De aquella estrella me abrasa
Un rayo.
Enr.   ¿ Luego en su casa
Son vuestros amores?
Octa.   Sí.
Pon. Ya que una traza faltó, [*aparte.*
Otra á lo menos quedó;
Pues habrá en su voluntad
Duelo de amor y amistad.
Enr. ¿ Quién mayor desdicha vió? — [*aparte.*
Si del sol de Clori bella
Os abrasa un arrebol,
Lísida, que fue su estrella
Entonces, será ya el sol.
Octa. ¡Ay, amigo, que no es ella!
Enr. ¡Buenas nuevas te dé Dios! [*aparte.*
Pon. Tampoco ella? Ya van dos [*aparte.*
Trazas echadas á mal.
Octa. Pues sois mi amigo leal,
Nada he de ocultar de vos.
Enr. Ya sabeis cuan vuestro he sido.
Octa. Lísida y Clori han traido
Una prima, un ángel bello,
Por huésped, que del cabello
Al pie milagro ha nacido
De la hermosura. En su casa
Vive con ellas, tan bella,
Que á ser mas que humana pasa.
Esta ya rayo, ya estrella,
Es el cielo, que me abrasa.
No la quiero encarecer;
Pues la habemos de ir á ver
Donde mi amistad espera,
Que digais, que no la quiera,
Porque la vuelva á querer.   [*Vase.*
Enr. Y desde luego os lo digo. —
¿ Fuiste, Ponleví, testigo
De los dos sustos?
Pon.   Señor,
Ya ví entre amistad y amor
Á tu dueño y á tu amigo,
Obligándote á ensayar
Soliloquios, y á llamar
Los sentidos cada dia
Á cuentas.
Enr.   En alegría
Se convirtió mi pesar.
Pon. Pues mal lo será, si yo
Digo, que las dos tapadas
Y la dama, que te habló,
Son las tres suso alegadas.
Enr. ¿ Quién á tí te lo contó?
Pon. La criada, arrepentida
De haber aquí apostatado

De criada, muy fruncida,
Que son ellas, me ha contado.
Enr. Y dime ya por tu vida,
¿ Cuál esta banda me dió?
Cuál la flor?
Pon.   Pues qué sé yo?
Que eso era mucho saber.
Enr. De dichoso vengo á ser
Desdichado; porque no
Sé cual prenda es la que debo
Estimar ó despreciar.
Pon. Yo á decírtelo me atrevo,
Si las voy á ver y hablar
Hoy, y haciéndome de nuevo
En tus favores galante
Las hablo, porque sospecho,
Que en los embates de amante,
Al viento que corre, el pecho
Se descubre en el semblante.
Enr. Si á descubrir tierra vas,
Por lo menos me dirás,
Que de dos favores es
Uno de Lísida, pues
Yo no quiero saber mas.
Si la una es veneno fuerte,
La otra es salud conocida,
Y aseguro desta suerte,
Ó mi muerte con mi vida,
Ó mi vida con mi muerte.   [*Vanse.*

                Salen Nise *y* Clori.

Nis. Aqui, que tiernamente
Murmuran los cristales desta fuente,
Prosigue, prima mia,
Secretos, que tu amor de mi amor fia.
Clor. Es Enrique en efeto,
(Aqui quedamos, Nise,) el mas discreto,
Mas galan, mas valiente
De Florencia, ó la fama en todo miente.
No digo yo, que estaba
Enamorada dél, ni que deseaba,
Que él de mí lo estuviese;
Mas que no me pesara cuando fuese.
Deste modo vivia,
Que in bien olvidada, in queria,
Cuando Amor, niño ciego,
Las cenizas sopló y avivó el fuego.
No tengo que decir, que agradecida
Le respondió mi vida
Con favores, de amor prendas suaves;
Pues sabes mi dolor, todo lo sabes.
Esta dulce violencia,
El efecto que tuvo, fue su ausencia.
En ella el Duque ha dado,
Cual ves, en visitarme enamorado,
Y ya de su lealtad (ay prima!) temo,
Que el extremo de amor pase á otro extremo.

                Sale Lísida.

Lisi. No ya la noche obscura
Del alba envidie pompa y hermosura,
Si hace la noche salva
Mas luz, mejor aurora y mejor alba.

                Sale Ponleví.

Pon. Si tiene un recien venido,
Que poca vergüenza tiene,
Mucha licencia de entrar
Hasta donde le parece,
Dadme las tres tres chapines,
Porque en un instante bese
Las tres basas de ataujía

De tres columnas de nieve.

Clor. ¿Quién es este loco, prima? [*aparte las dos.*

Nis. Es criado de un ausente.

Clor. Ya entiendo.

Lisi. Disimulemos, [*aparte.*
Corazon; que esta es tu suerte. —
¿Cómo vienes, Ponleví?

Pon. Con salud, señora, alegre
Y contento viene.

Lisi. Quién?

Pon. Mi señor, que es de quien quieres
Saber; que á tí mi salud
Poco te importa. No tienes
Que hacer puntas, como halcon
De Noruega.

Lis. Tú te vuelves
Malicioso, como fuiste.

Pon. La virtud nunca se pierde.

Clor. ¿Es España buen pais?

Pon. Es por extremo excelente.

Clor. Buenas damas?

Pon. Con ningunas
Habló en todos once meses.

Clor. Quién?

Pon. Mi señor, que es de quien
Tú asegurarte pretendes.
No tomes los tornos largos,
Cuando el picadero es breve.

Nis. No tiene el hombre mal gusto.

Pon. Bueno en extremo le tiene,
Y mas en quererte.

Nis. ¿Á mí
Tambien?

Pon. Sí.

Nis. ¿Cómo me quiere
Sin verme?

Pon. La gracia es esa;
Que nada hiciera en quererte
Viéndote, y por nacer ciego,
Ví, que te queria sin verte.

Clor. Con las tres una malicia,
¿Cómo, di, se compadece?

Pon. Hame mandado mi amo,
Que á ninguna desconsuele;
Porque él es tan cuidadoso,
Que, por si alguno se pierde,
Trae favores duplicados;
Y yo, por obedecerle,
Hablo asi: *Deum de Deo*,
Que es decir: dé donde diere.

Sale CELIA.

Cel. El Duque á la puerta está.

Clor. O qué enfado!

Cel. Con él vienen
Octavio y Enrique.

Clor. ¡Gracias
Al amor! que me parece
Bien la visita del Duque
Alguna vez. Dile que entre.

Salen el DUQUE, OCTAVIO *y* ENRIQUE, *y*
sacan luces.

Aqui podrá vuestra Alteza
Gozar del fresco mejor.

Duq. No tiene eleccion mi amor,
Ni albedrío mi tristeza.
Y como tu belleza
Miré siempre, no sabré,
Si jardin ó estrado fue,
Donde estuve, pues rezelo,
Que cualquiera esfera es cielo,
Donde tanto sol se vé.

[*Siéntase el* Duque *en una silla y* Clori *en otra,*
y las Damas en los lados.

Octa. Aquesta es el dueño mio.
¿No os parece, Enrique, bella?

Enr. Bien merece ser estrella,
Si su hermosura y su brío
Inclina vuestro albedrío.

Octa. Á hablarla quiero llegar,
Pues me dan tiempo y lugar.

Enr. Yo en fin, como forastero,
Favor ni lugar espero.

Lisi. ¿Pues quién os le habia de dar
Á vos, Enrique, sabiendo,
Que hay á quien dar zelos?

Enr. Quien
Por darlos hiciera bien.

Lisi. Yo desengaños pretendo,
Zelos no.

Enr. Yo no os entiendo.

Lisi. Zelos dais, y no venganzas.
La banda hable.

Enr. ¿Á ver no alcanzas
La flor, que me coronó?

Lisi. Y siendo verde, trocó
En zelos sus esperanzas.

Clor. Qué es lo que miro? Ay de mí! [*aparte.*
Flor es de Lísida. ¡Cielos,
Los dos me matan á zelos!

Duq. ¿Qué es lo que os divierte asi?

Clor. Nada.

Duq. Qué mirais alli?

Clor. Fuerte dolor! pena brava! — [*aparte.*
Á Enrique, señor, miraba,
Que, como recien venido,
Este afecto me ha debido.

Enr. Y yo ocasion esperaba
Para besaros la mano.

Lisi. ¿Corazon, esto sufris? [*aparte.*

Clor. Que de la corte venis
De España, mostrais bien llano,
Con mil favores ufano.

Enr. Presto lo habeis visto.

Clor. He hecho
Experiencias, y sospecho,
Que no mienten.

Enr. Cuáles son?

Clor. La banda y la flor, blason
De la toquilla y el pecho.

Enr. Lo que es acaso no es
Favor.

Nis. Y cuando lo fuera,
¿Cuál de los dos prefiriera?

Enr. ¿Cómo podré yo cortes [*aparte.*
Responder á las dos?

Clor. ¿Pues
No respondeis?

Enr. No he dudado
La respuesta, y me ha admirado,
Que eso pregunte quien ama.
Prefiere aquel que una dama
Tapada hoy me hubiere dado.

Clor. Él me conoció. Qué espero? — [*aparte.*
¿Y si hubiesen sido dos?

Enr. Mucho aprieta, vive Dios! — [*aparte.*
Tendrá en mí el lugar primero
El de la dama á quien quiero.

Clor. ¿Y de las dos, en rigor,
Cuál es aquose favor?

Enr. Responderá aquel que tiene
El mas perfecto color.

Nis. Pues de amor ó de desden
Siempre una cuestion ha sido
Lo que al Duque ha divertido,
Sepamos de los dos quien

Es mas perfecto.

Enr.   No es bien
Gastar el tiempo en favores
Agenos, propios amores
Diviertan al Duque.

Duq.   Yo
Gustaré dello.

Enr.   Yo no. [*aparte.*

Clor. Pues si por los dos colores
Se ha de argüir la que quiere,
Si bien accidentes son,
La azul es, en mi opinion,
La que á las otras prefiere.

Lisi. Yo, si del color se infiere
La eleccion del alma, digo,
Que es lo verde.

Enr.   Yo consigo
Ver en esta competencia
De tu ingenio la excelencia.
Prosigue.

Lisi.   Yo asi prosigo:
La verde es color primera
Del mundo, y en quien consiste
Su hermosura, pues se viste
De verde la primavera.
La vista mas lisonjera
Es aquel verde ornamento,
Pues sin voz y con aliento
Nacen de varios colores
En cuna verde las flores,
Que son estrellas del viento.

Clor. Al fin es color del suelo,
Que se marchita y se pierde;
Y cuando el suelo de verde
Se viste, de azul el cielo.
Primavera es su azul velo,
Donde son las flores bellas
Vivas luces; mira en ellas,
Qué trofeos son mayores,
Un campo cielo de flores,
Ó un cielo campo de estrellas.

Lisi. Ese es color aparente,
Que la vista para objeto
Finge; que el cielo en efeto
Color ninguno consiente.
Con azul fingido miente
La hermosura de su esfera:
Luego en esa parte espera
Ser la tierra preferida,
Pues la una es beldad fingida,
Y otra es pompa verdadera.

Clor. Confieso, que no es color
Lo azul del cielo, y confieso,
Que es mucho mejor por eso;
Porque, si fuera en rigor
Propio, no fuera favor
La eleccion; y de aqui infiero,
Que, si le eligió primero,
Fue, porque lo azul ha sido
Aun mejor para fingido,
Que otro para verdadero.

Lisi. Lo verde dice esperanza,
Que es el mas inmenso bien
Del amor. Dígalo quien
Ni la tiene ni la alcanza.
Lo azul zelos y mudanza
Dice, que es tormento eterno,
Sin paz, quietud ni gobierno.
¿Qué importa pues, que el amor
Tenga del cielo el color,
Si tiene el mal del infierno?

Clor. Quien con esperanza vive,
Poco le debe su dama;
Pero quien con zelos ama,

En bronce su amor escribe:
Luego aquel que se apercibe
Á amar zeloso, hace mas,
En cuya razon verás,
Cuanto alcanzan sus desvelos;
Pues el infierno de zelos
No espera favor jamas.

Lisi. Esperar puede el cortes.

Clor. Con zelos ama el discreto.

Lisi. La flor es verde en efeto.

Clor. ¿Y la banda azul no es?

Lisi. ¿Pues qué adquiere en eso?

Clor.   ¿Pues
Qué gana en esotro?

Lisi.   Fia,
Que la flor no es mia.

Clor.   Ni mia
La banda.   [*Levántanse.*

Lisi.   Que si lo fuera......

Clor. Qué hubiera?

Lisi.   No sé que hubiera.

Duq. Cese por Dios la profía;
No sean enemistades
Lo que del ingenio es prueba.
No os vais.

Lisi.   El deseo me lleva
De no oir mas necedades. [*Vase.*

Clor. Mal contigo te persuades
Á no oírlas mas; y asi
Que vaya huyendo de aqui
Dé licencia vuestra Alteza. [*Vase.*

Duq. Siempre es suya la belleza.

Enr. ¿Qué es lo que pasa por mí?

Duq. Dichoso sois en amores,
Enrique, pues por galan
Unas favores os dan,
Y otras riñen los favores.

Enr. Esto han hecho sus colores,
No mi dicha.

Duq.   Qué rigor! [*Vase.*

Octa. Qué suerte!   [*Vase.*

Nis.   En trage de amor
La envidia cubierta anda. [*Vase.*

Enr. ¡Válgate el cielo por banda,
Válgate el cielo por flor!

JORNADA II.

Salen PONLEVÍ *y* ENRIQUE.

Pon. Contento en extremo estás.

Enr. Estoy dichoso en extremo,
Y del color de la dicha
Se viste siempre el contento.

Pon. ¿Tanto monta de una dama
El decir: que hablaros tengo;
Id por el jardin, Enrique?

Enr. Que me hable ofendida temo
Lísida de mis finezas;
Porque desde el argumento
De la banda y de la flor,
De la esperanza y los zelos,
Declarado amante suyo,
Á tantos rayos me atrevo.

Salen LÍSIDA *y* CELIA.

Lisi. Enrique!

Enr.   No en vano, al ver
Coronada de reflejos
Su aurora, el sol se retira,
Como quien dice: yo debo

De haber hoy errado el dia,
Pues sin aurora amanezco.

Lisi. No de lisonjas, Enrique,
Coroncis vuestros afectos;
Desnuda la verdad vive,
A imitacion del silencio.
Y porque de mi intencion,
Ni aun este instante pequeño
Hagais juicio, (retiraos
Vosotros) estadme atento.
    [*Vanse Ponleví y Celia.*
Vos, Enrique, antes que á España
Fuésedes, (si bien me acuerdo;
Que para ofensas del alma
Es bronce el metal del pecho)
De Clori en efecto amante......

Enr. Esperad; porque no quiero,
Si es que el silencio confiesa,
Confesar con el silencio
Ese incendio contra mí;
Pues no fue Clori el sol bello,
Luciente iman de los ojos,
Que hidrópicos se bebieron
Rayo á rayo mejor sol,
Luz á luz mejor incendio.

Lisi. ¿Pues cómo podeis negarme
Lo mismo que yo estoy viendo?

Enr. Negando, que vos lo veis.

Lisi. ¿No fuisteis en el paseo
Sombra de su casa?

Enr.   Sí.

Lisi. ¿Estatua de su terrero
No os halló el alba?

Enr.   Es verdad.

Lisi. No la escribisteis?

Enr.   No niego,
Que escribí.

Lisi.   ¿No fue la noche
De amantes delitos vuestros
Capa obscura?

Enr.   Que la hablé
Alguna noche os confieso.

Lisi. 'No es suya esa banda?

Enr.   Suya
Pienso que fue.

Lisi.   ·   Pues qué es esto?
Si ver, si hablar, si escribir,
Si traer su banda al cuello,
Si seguir, si desvelar,
No es amar, yo, Enrique, os ruego
Me digais, como se llama,
Y no ignore yo mas tiempo
Una cosa, que es tan fácil.

Enr. Respóndaos un argumento:
El astuto cazador,
Que en lo rápido del vuelo
Hace á un átomo de pluma
Blanco veloz del acierto,
No adonde la caza está
Pone la mira, advirtiendo,
Que, para que el viento peche,
Le importa engañar el viento.
El marinero ingenioso,
Que al mar, desbocado y fiero
ᶠ Monstruo de naturaleza,
Halló yugo y puso freno,
No al puerto que solicita
Pone la proa; que, haciendo
Puntas al agua, desmiente
Sus iras y toma puerto.
El capitan, que esta fuerza
Intenta ganar, primero
En aquella toca al arma,
Y con marciales estruendos

Engaña á la tierra, que
Mal prevenida del riesgo
La esperaba, asi la fuerza
Se da á partido al ingenio.
La mina, que en las entrañas
De la tierra estrenó el centro,
Artificioso Volcan,
Inventado Mongibelo,
No donde preñado oculta
Abismos de horror inmensos
Hace el efecto; porque
Engañando al mismo fuego,
Aqui concibe, allá aborta,
Allí es rayo y aqui trueno.
Pues si es cazador mi amor
En las campañas del viento;
Si en el mar de sus fortunas
Inconstante marinero;
Si es caudillo victorioso
En las guerras de sus zelos;
Si fuego mal resistido
En mina de tantos pechos,
¿Qué mucho engañase en mí
Tantos amantes afectos?
Sea esta banda testigo;
Porque volcan, marinero,
Capitan y cazador,
En fuego, agua, tierra y viento,
Logre, tenga, alcance y tome
Ruina, caza, triunfo y puerto.
    [*Dale la banda.*

Lisi. Bien pensareis, que mis quejas
Mal lisonjeadas con eso,
Os remitan de mi agravio
Las sinrazones del vuestro.
No, Enrique; yo soy muger
Tan soberbia, que no quiero
Ser querida por venganza,
Por tema ni por desprecio.
El que á mí me ha de querer,
Por mí ha de ser, no teniendo
Conveniencias en quererme
Mas, que quererme. Si el tiempo,
Que vos, amante de Clori,
Fuisteis alma de su cuerpo,
Os declarárais conmigo,
Bien pienso, Enrique, bien pienso,
Que poco ingrata mi fe,
Que poco cruel mi pecho,
Que poco esquivos mis ojos,
Estimaran...... Mas no quiero
Decir mas; harto os he dicho;
Y apurando el argumento,
Si della favorecido
Os hallárades, sospecho,
Que os oyera, pero no
Desvalido; porque creo,
Que querer lo que otra quiere,
Es gala de nuestro duelo;
Lo que otra deja, es desaire.
Y asi, Enrique, os aconsejo,
Que no busqueis ni pidais
Remedio; porque yo pienso,
Que el remedio os matará
Mas que el mal; y será necio
El que, pudiendo morir
Del mal, muere del remedio.

Enr. No os vais, esperad; oidme.

Lisi. Qué decis?

Enr.   Que plegue al cielo......!

    Salen CELIA *y* PONLEVÍ.

Pon. Clori viene; dea ahora
De plegar el juramento.

Enr. Mientras pasa, estos jazmines
Sean mi cancel.

Lisi. Qué es esto?
¿Tanto temeis, que ella os vea
Conmigo?

Enr. No tanto; temo
Enojaros, pues por vos
Me escondia. Mas supuesto
Que á vos no importa, á mí
Tampoco; y asi me quedo.
Vea Clori, que os adoro.

Lisi. ¿Eso haceis, por darla zelos?
Pues no habeis de estar conmigo.

Enr. Si no me escondo, os ofendo,
Y si me escondo tambien.
Qué he de hacer?

Lisi. Qué? No esconderos,
Ni estar conmigo.

Enr. Pues qué?

Lisi. Iros.

Enr. Sí haré.

Lisi. Deteneos;
Que no ha de ser desa suerte,
Sino á espacio; porque quiero,......

Enr. Decid.

Lisi. Que os vais retirando,
Enrique, pero no huyendo.

Enr. Desta manera vereis,
Que me voy, y os obedezco.
[*Al quitar el sombrero, se le cae la flor.*

Pon. Si fuera palenque ó valla,
Fuera entrada de torneo.

Salen CLORI *y* NISE, *y* E n r i q u e *se va por
delante dellas, haciendo una reverencia, y al mismo tiempo se van,* L í s i d a *por una parte,
y él por otra.*

Clor. Nise, qué miran mis ojos?
Nise, qué ven mis desvelos?

Nis. Tus desdichas y tus zelos,
Tus penas y tus enojos.
Si yo te dijese un modo,
Para que nunca quisiese
Lísida á Enrique, y pudiese
Asegurarte de todo
Con ingenio, ¿qué dijeras
Entonces, Clori, de mí?

Clor. Que engañar quieres asi
Con tus burlas tantas veras.

Nis. Del mas hermoso clavel,
Pompa de un jardin ameno,
El áspid saca veneno,
La oficiosa abeja miel.
[*Ahora repara en la flor, y levántala.*
Y asi desta verde flor,
Que, al quitarse tan severo
El sombrero, del sombrero
Se le cayó al tal señor,
Han de salir tus consuelos;
Pues ha de dar su color
Miel á la abeja de amor,
Veneno al áspid de zelos.
Toma, ponla en tu tocado.

Clor. La flor fue de la porfía,
Y fue de Lísida.

Nis. Fia
Desa flor y mi cuidado
Tu remedio, con hacer
Solo lo que te dijere.

Clor. Pues no hay remedio que espere,
Fuerza será obedecer.

Nis. Pues la primera licion
Sea, que, aunque tus desvelos
Te obliguen á tener zelos,

No has en ninguna ocasion
De confesar que los tienes,
Sino antes disimulár,
Riendo de tu pesar.

Clor. ¡Extrañas cosas previenes!

Nis. Luego á Lísida dirás
Tú misma, que á Enrique quiera.

Clor. Yo?

Nis. Sí; pero de manera,
Que...... Mas luego lo sabrás;
Que Enrique viene.

Clor. Ha cruel!

Nis. Aqui entra el disimular,
Porque con él has de hablar,
Como si no fuera él.

Sale ENRIQUE.

Enr. Vuelvo corriendo á buscar
La flor, que se me cayó.

Clor. ¿Pues podré fingirlo yo?

Nis. Pues fingirlo, ó no sanar.

Clor. Señor Don Enrique, ¿dónde
Volveis?

Enr. Quien hallar espera
Flóres, bien la primavera
Á su concepto responde.
De un jardin se va á llevar
Flores, á dejarlas no,
Sino solamente yo,
Que traje esa flor de azar.

Clor. Yo no os entiendo; mas creo,
Que cauteloso venis
Con esa flor, que decis,
Á lograr otro deseo.
Á Dios.

Enr. Mirad, Clori hermosa,......

Sale LÍSIDA.

Lisi. Vuelvo á que Clori me vea [*aparte.*
Esta banda, porque crea
De Enrique...... Pero mi rosa
Tiene ella.

Enr. Que el arrebol,
Que sobre el oro y la nieve
De vuestra frente se atreve
Á ser hoy lunar del sol,
No está en su propio lugar;
Y pues ya aqui tuvo hermosa
Guarda de espinas la rosa,
No se la querais vos dar
De rayos, para que yo
No la cobre, bien se vé;
Pues si alguno se atrevió,
Á guarda de espinas fue,
Á guarda de rayos no;
Quitadla, y á vuestros pies
Trofeo en mi mano sea.

Lisi. Qué esto escuche! qué esto vea! [*aparte.*

Nis. Lísida te ha visto. [*aparte las dos.*

Clor. ¿Pues
Qué haré?

Nis. Dejarle con ella.

Clor. ¿Con ella le he de dejar?

Nis. Ó fingir, ó no sanar.

Clor. Á Dios. [*Hacen reverencias.*

Nis. Al llegar á vella,
Muéstrale la flor.

Clor. Ya entiendo,
Que enseñarla me conviene.
Pero ella mi banda tiene.

Nis. Retirando has de ir, no huyendo.

Clor. Obedezcamos, amor.

Nis. Esto mi ciencia te manda.

Clor. ¡Que se quede con la banda!

Lisi. ¡Que se vaya con la flor!

[*Vanse las dos despacio, enseñando una la flor y otra la banda.*

Enr. ¡Quién vió lance mas cruel! [*aparte.*

Lisi. Mal caballero, villano,
Mudable, inconstante, vano,
Poco amante y menos fiel,
¿Habrá argumento en amor
Ahora? Mas bien hiciste,
Si á mí su banda me diste,
En darle á Clori la flor.

Enr. Oye.

Lisi. Qué tengo de oírte?

Enr. Mira.

Lisi. ¿Qué he de mirar, pues
La dijiste, que á sus pies
La pusiera?

Enr. Fue decirte,
Que de allí yo la tomara,
Y de su tocado no.

Lisi. Ya querrás, que crea yo
Una mentira tan clara.

Enr. Yo he dicho, ya la verdad.

Lisi. ¡Pluguiera á Dios que lo fuera!

Enr. Viva ahora mi amor, ó muera
Á manos de tu crueldad.

Lisi. Pues morirá, si en rigor
No le dan vida los cielos.

Enr. ¡Quién vió tan injustos zelos

Lisi. ¡Quién vió tan injusto amor! [*Vanse.*

Salen con un papel el DUQUE *y* OCTAVIO.

Duq. Solo este desengaño
Le faltaba á mi amor, solo este daño.

Octa. ¿No habrá á tu mal consuelo?

Duq. Ninguno, Octavio, ó le dilata el cielo,
Porque yo no le tenga.

Octa. Bien 'el amor hoy del poder se venga,
Dando á entender ufano,
Que es rayo cada flecha de su mano,
Pues como rayo, que violento pasa,
Lo altivo hiere y lo eminente abrasa.

Duq. Antes, Octavio, tan cobarde ha sido,
Que su violencia prueba en un rendido;
Que una torre eminente,
Si el grave peso de los años siente,
Si caduca ó declina,
No es edificio ya, sino ruina,
Blanco indigno de aquella llama, aquella,
Que muros postra y homenages huella.

Octa. No, señor, tan postrado
Juzgues el edificio aun no mellado
Con prolijas porfías
Del venenoso diente de los dias;
Que para darte el tiempo desengaños,
Basilisco de bronce son los años.

Duq. Tarde ya los espero.

Octa. Yo consolarte ó divertirte quiero.

Duq. ¿Quién en la sala ha entrado?

Octa. Énrique es.

Duq. Y quién mas?

Octa. Aquel criado,
Que tu licencia tiene
Para entrar.

Duq. Es verdad, él entretiene
Mis penas. Pero vete, porque quiero
Hablar á Enrique.

Salen ENRIQUE *y* PONLEVÍ.

Octa. La ocasion que espero, [*aparte.*
Para ir á ver á Nise, se ha logrado.
Vuela, Amor, pues te llama Dios alado. [*Vase.*

Duq. ¡Cuantas cosas discurre una tristeza!

Pon. Deme á besar al punto Vuestra Alteza,
Príncipe soberano,
Aquel pie, que tuviere mas á mano.

Duq. No estoy, porque á mi pena otra no iguala,
De burlas hoy.

Pon. Pues voyme noramala;
Que burlas y mugeres,
Cuando son menester, causan placeres.

Duq. Hasta aqui, con hablar á Clori bella,
Treguas hizo mi amor, paces mi estrella,
Partiendo con el dia
Engaños, que á la noche me decia;
Pues hoy, porque no tenga
Este alivio, y á mas extremo venga
Mi pena, mi dolor y mi cuidado,
Escucha este papel, que me ha enviado.

[*lee*] ,,Señor, las continuas visitas de V. A. han
,,dispertado mas de una malicia; y ausente
,,mi padre, lo que una vez le honrara, se
,,le murmurará dos. Yo le espero ya. Y
,,asi le suplico á V. A. excuse el venir á
,,verme.''

[*repr.*] No leo mas. Este agravio, esta sentencia,
Ultima línea ya de mi paciencia
Te confieso que ha sido.
Este desaire solo me ha rendido
Mas, que cuantos rigores
Fueron dulce prision de mis amores.
Y asi tú, Enrique, quiero
Que deste inmenso mal, deste severo
Dolor hoy el remedio me procures,
Y de una vez me mates ó me cures.
Tú has de saberme todo
Cuanto Clori imagina; escucha el modo
De descubrir el pecho de una ingrata;
Que como es guerra amor, ardides trata.
Nise, una dama bella,
Prima de Clori, es toda el alma della;
Pues como tú la sirvas y enamores,
Y en público celebres sus favores,
No dudo, que consigas ser querido;
Que eres galan, Enrique, y entendido.
Y en fin una doncella, cuando siente
Que es casamiento, admite fácilmente;
Pues teniendo grangeada
La prima con amor, y la criada,
Que la toca, con dádivas, sospecho,
Que la mina de nieve de su pecho
Fuego reviente en término mas breve
Por otra contramina de su nieve;
Tendrá entre nieve y fuego
Desengaños mi amor, y yo sosiego.

Enr. Señor, aunque hoy alcanza
La ocasion de servirte mi esperanza,
Mejor Octavio te sabrá de Nise
Los desengaños que tu amor avise.

Duq. Si de Octavio quisiera
Fiarme yo, yo á Octavio lo dijera.
Y pues de tí me fio,
Quiero, que sepas tú el rezelo mio,
Y Octavio no.

Enr. Yo lo sabré primero
De Lísida, señor.

Duq. Tampoco quiero,
Que Lísida lo entienda;
Que como siempre viven en contienda
De ingenio y hermosura
Las dos hermanas, deslucir procura
La una á la otra, y mi temor zeloso
La tendrá por testigo sospechoso.

Enr. Pues no puedo excusarlo, claramente
Diré un inconveniente.
Octavio sirve á Nise, y será agravio.

Duq.	No importa; que primero soy, que Octavio.
Enr.	Sí, señor; mas tambien sirvo una dama
	Para esposa, de ilustre nombre y fama,
	Á quien guardar mi pretension no puedo.
	Dadme licencia pues......
Duq.	Es necio miedo,
	Comparados conmigo,
	Disgustos de una dama y de un amigo;
	Que, al cabo del engaño,
	Las gracias han de dar al desengaño;
	Pero si importa mas, que yo, no es justo,
	Que mi gusto atropelle por tu gusto.
Enr.	Señor,......
Duq.	Nada me digas.
Enr.	No es dejar de servirte......
Duq.	No prosigas.
Enr.	Prevenirte......
Duq.	No me hables, ni me veas.
Enr.	Siento, señor, que mi lealtad no creas.
Duq.	Bien se vé, pues mi gusto se desprecia.
	Qué necio amor! y qué amistad tan necia! [*Vase.*
Enr.	¿Quién en el mundo pudo
	Tan fuerte lazo dar, tan fuerte nudo
	De lealtad, de amistad y amor testigo,
	De un señor, de una dama y de un amigo?
	Si á Nise no festejo,
	Quejoso al Duque dejo;
	Si la festejo, á Octavio;
	Tambien, de Clori espía, á Clori agravio.
	Si la verdad les digo,
	Falto al secreto; si con él prosigo,
	Á Lísida aventuro,
	Pues á sus ojos el favor procuro
	De Nise: de manera, que es agravio
	De Nise, Clori, Lísida y Octavio.
	¿Mas para qué rendido
	Me doy á mis desdichas á partido?
	Sirviendo al Duque, no ofendiendo á Octavio,
	No haciendo á Nise ofensa, á Clori agravio,
	Ni dando (ay Dios) á Lísida rezelos;
	¡Mucho, cielos, decís, cumplidlo, cielos! [*Vase.*

Salen Lísida *y* Celia.

Lisi.	Tú le viste?
Cel.	Yo le ví.
Lisi.	¿Del sombrero se cayó
	La flor á Enrique, y la alzó
	Nise para Clori?
Cel.	Sí;
	Que yo en el jardin estaba,
	Á su criado escuchando
	Mil necias locuras, cuando
	Ví todo lo que pasaba.
	No te lo pude decir
	Entonces, y ahora lo digo.
Lisi.	¿Daré crédito á un testigo,
	Cuando me importa el vivir,
	Zelos? Sí; pues no pudiera,
	No habiéndose hablado antes,
	Convenir en semejantes
	Circunstancias con él; fuera
	De que ya para creer
	Un triste lo que desea,
	No importa que verdad sea,
	Baste que lo pueda ser.
	¡Ha desengaño infelice!
	Ya siento cuanto cruel
	Anduve, Celia, con él.
	¡Válgame Dios, que mal hice
	En no creerle! Excusara
	El pesar con que se fue.
	Pero yo lo enmendaré.

	Espérame aqui.
Cel.	Repara
	Lo que has de hacer.
Lisi.	Escribir
	Desenojada un papel,
	Y tú, Celia mia, con él
	Hoy á buscarle has de ir,
	En cuyo afecto verás,
	Dándote el alma en despojos,
	Que tras nublado y enojos
	Amor y sol lucen mas. [*Vase.*

Sale Ponleví.

Pon.	Apenas dejé en palacio
	Á mi señor, Celia ingrata,
	Cuando ves que vuelvo,
	Rayo de capa y espada,
	Á abrazarte como un rayo.
Cel.	¿Antes de hablarme, me abrazas?
Pon.	Soy mas práctico de amor,
	Que teórico.
Cel.	No es gracia.
	Mas (ay de mí!) Clori viene,
	Que en estos jardines anda,
	Y si te vé, yo soy muerta.
Pon.	Por eso me ha dado gana
	De que me vea. Mas dime,
	Qué he de hacer?
Cel.	Entre esas ramas
	Te esconde.
Pon.	Turbado estoy,
	Mover no puedo las plantas.
	Rey parezco de comedia,
	Cuando en casa de su dama
	Le halla con ella un padre
	Tiriton y barba larga. [*Escóndese.*

Salen Clori *y* Nise.

Clor.	Qué haces aqui, Celia?
Cel.	Aqui
	Á que saliese esperaba
	Del tocador mi señora
	Lísida.
Clor.	Allá dentro aguarda.
	[*Vase Celia.*
	¡Ay prima, ay Nise, ay amiga,
	Qué poco sientes mis ansias,
	Pues tanto tiempo me dejas!
Nis.	Hablando por las ventanas
	Desos jardines he estado
	Con Octavio.
Clor.	Justa causa
	Te ha divertido de mí,
	Si te ama y si le amas.
Nis.	Ni le amo ni le olvido;
	Divierto asi su esperanza.
	¿Pero á tí cómo te va
	De licion?
Clor.	Bien estudiada
	La tengo, deseando ya
	Ocasion con que lograrla.

Sale Lísida *con un papel, y viéndolas, le guarda.*

Lisi.	¿Estaba aqui Celia ahora?
Clor.	Ahora aqui Celia estaba;
	Yo la mandé, que se entrase
	Allá dentro.
Nis.	Yo á llamarla
	Iré. — Esta es buena ocasion. [*aparte.*
	Ya quedas en la campaña,
	Finge y engaña tus zelos. [*Vase.*
Clor.	Lísida, detente, aguarda;
	Que tengo mucho que hablarte.
Lisi.	Luego es consecuencia clara,

Que tengo mucho que oirte.
Empieza.

Pon. ˮAqui hay gran batalla. [*al paño.*

Clor. Ya, Lísida, estamos solas;
Mi amiga eres y hermana,
Y como á hermana y amiga
Te he de descubrir mi alma.
Dos años ha, bien te acuerdas,
Que Enrique fue viva estatua
De mis jardines, tan viva,
Que les debieron las plantas
Mas lágrimas á sus ojos,
Que á los suspiros del alba.
Ausentóse, y como el cielo
Nos dió condicion tan varia,
Que es el dia del amor
Víspera de la mudanza,
Fácilmente las cenizas
De la que apenas fue brasa,
Con el aire de la ausencia
Desvanecieron la llama.
Sirvióme el Duque despues;
Y aunque mi honor y mi fama
Me han resistido, no tanto,
Que algun efecto no hayan
Hecho en mí tantos extremos,
Puesto en mí finezas tantas.
Volvió Enrique, y ya zeloso
De ver, que el Duque me amaba,
Ó ya mas enamorado,
Por los zelos que le causa,
Intenta tomar contigo
De mis desprecios venganza.
Testigo sea el jardin,
Donde, á pesar de sus ansias,
Por no tenerme quejosa
De haberte dado esa banda,
Me volvió á dar esta flor,
Enigma de su esperanza.
Si eres mi hermana y mi amiga,
Como he dicho, si te alcanza
Parte de mis dichas, como
El todo de mis desgracias,
Haz una cosa por mí.
Quiere mucho á Enrique, paga
Con fe y amor verdadero
Amor y fe, que son falsas.
No te des por entendida
De que finge, de que engaña
Sus zelos contigo; pues
Pensar, que te quiere, basta.
Con esto el Duque tendrá
De sus zelos menos causa,
Enrique seguridad
De su amor y su privanza,
Yo quietud, tú esposo, y todos
Mas dicha y menos desgracia.

Lisi. Esta que me engaña piensa, [*aparte.*
Y ella ha de ser la engañada. —
Cierto, Clori, que pensé,
Cuando te ví, que empezabas
Con prólogos, con proemios,
Que era una cosa muy ardua
Lo que habia de hacer por tí.
¿Tú pídesme mas, hermana,
De que engañe un hombre? ¿Hay
Cosa mas fácil? ¿No basta
El saber, que soy muger?
¿Pues para qué me lo encargas?
Mas con todo, por servirte,
Digo, que, aunque no pensaba
Hablarle mas en mi vida,
Haré lo que tú me mandas.
Desde hoy me verás con él

Desde la noche hasta el alba,
Y desde el alba á la noche;
Y antes que en esta renazca
El sol, quemando las plumas
De oro en hogueras de plata,
Le he de enviar un papel,
Diciéndole con mil ansias,
Que venga á verme; y de modo
Le hablaré, que te persuadas
Tú misma, que es verdadero,
Ó por lo menos no hagas
Distincion de mis finezas,
Si son fingidas y falsas.
Quieres mas?

Clor. Ni tanto quiero.

Pon. ¡Linda está, por Dios, la traza,
Con la entretenida á Enrique!
No en mis dias, mientras hablan,
He de salir; que rebiento
Por decirle lo que pasa.

[*Estan las dos hablando, y Pon leví sale por detras
dellas, y vase.*

Lisi. Pierde cuidado, y de mí
Fia.

Clor. Pues á Dios. — Mal hayan [*aparte.*
Venganzas, que son amor,
Y amores, que son venganza. [*Vase.*

Lisi. Si Clori, que quisiese, me dijera
Á Enrique, porque á ella la olvidara,
Los desengaños de su amor llorara,
Y los desaires de mi amor sintiera;
Pero si Clori divertir espera
Tan rara fe con invencion tan rara,
Mal hiciera, si al daño me fiara,
Mal pensara, si al riesgo me creyera.
Y pues el blanco donde Clori tira
Dice el verde favor de aquella rosa,
Que á hurto cogió, y á posesion aspira:
No me tengan sus zelos temerosa;
Que en quien dijo una vez una mentira,
La verdad queda siempre sospechosa.

Salen E N R I Q U E *y* P O N L E V Í.

Enr. Tú me mientes. [*ap. los dos.*
Pon. No te miento.
Enr. Que eso sucede?
Pon. Esto pasa.
Enr. ¿Clori, dices, que me olvida,
Y que Lísida me engaña?
Pon. Sí, señor; que las dos son
Dos grandísimas bellacas.
Enr. Yo he de verlo.
Pon. De qué suerte?
Enr. Viendo á Lísida. Enojada
Conmigo quedó, y si hallo
En sus rigores mudanza,
Sin haberla satisfecho,
Es verdad.
Pon. Para eso aguarda
Un papel, que ha de escribirte.
Enr. ¿Quién tendrá paciencia tanta?
Lisi. Enrique, seas bien venido;
Que bien parece, que el alma
Llegó primero á llamarte,
Por desmentir la tardanza
De tu ausencia.
Enr. Ya qué espero? — [*ap.*
Detente, Sirena ingrata,
Detente, vil cocodrilo;
Que si me lloras, me matas,
Y si me cantas, tambien.
Bien lo dicen tus mudanzas;
Pues hoy, llorándome zelos,

Me diste muerte, tirana,
Y hoy, cantándome favores,
Tambien me das muerte. Aparta;
Que no estoy de tí seguro,
Si me lloras ó me cantas.

Lisi. Ni hoy, Enrique, fue fingido
Mi llanto, ni ahora es falsa
Mi risa; que entrambos son
Afectos hijos del alma.
Si hoy lloré agravios y zelos,
Hoy canto al amor las gracias
Y desengaños, porque
Celia, que escondida estaba,
Me desengañó; y asi
Ni la Sirena te llama
Con voz fingida á sus brazos,
Ni el cocodrilo te agravia
Con fingido llanto; pues
Solo amor entre estas ramas
Canta y llora siempre firme,
Cuando llora y cuando canta.

Enr. ¿Piensas, que ignoro, que son
Fingidas cuantas palabras
Dices?

Lisi. ¿Y será fingido
Un papel, que te enviaba?

Enr. Calla; que ese papel es
Un testigo mas, que agrava
La informacion de mi pena;
Pues le dijiste á tu hermana,
Que tú me le escribirías,
Y este no es amor, es traza
De las dos.

Lisi. ¿Pues quién tan presto......

Pon. Aqui entro ahora en la danza. [*aparte.*

Lisi. Te ha dicho lo que las dos
Hablamos?

Pon. ¿Qué va, que para [*aparte.*
Sobre mí aqueste nublado?

Enr. Ponleví, que te escuchaba
Recatado y escondido,
Lo que tú y Clori trazábais
Con injusta tiranía
Contra mí.

Pon. No he dicho nada
Yo; mi amo miente, señora;
Que no he hablado palabra
De cuantas aqui te ha dicho.
[*Vase Ponlevi como retirándose de Lisida.*

Lisi. No temas. Di, ¿dónde hablaba
Yo entonces?

Pon. Si he de decirlo,
Puesto que tú me lo mandas,
Aqui era.

Lisi. Qué tanto habrá?

Pon. Un instante.

Lisi. Eso me basta.
Luego, si no me he quitado
De aqui, ni aqui escrito estaba,
Es cierto ya: luego fue
Mi desengaño la causa,
Y no lo que dijo Clori.

Pon. Probada está la cuartada.

Enr. ¿De suerte, que he de creer,
Que finges para tu hermana,
Y hablas verdad para mí?

Lisi. ¿No has visto, Enrique, una tabla,
Que á una luz finge perfecta
Una hermosura extremada,
Y á otra luz un monstruo finge,
Porque le debe la estampa
Tanto artificio al pincel,
Que hace dos cosas contrarias?
Asi mi amor; á la luz

De Clori, es monstruo, que espanta,
Y á la de Enrique, perfecta
Hermosura; que en un alma
De un amor fingido á un cierto
Es la diferencia tanta.

Enr. No sé qué tienen tus voces,
Que con saber, que me engañas,
Te he de creer. Deja pues,
Que agradecido á tus plantas
Bese la flor, que producen,
Por no decir la que ajan.

Lisi. ¿Mas cerca no estan los brazos?

Enr. No; que es esfera muy alta.

Salen CLORI *y* NISE.

Clor. Á mal tiempo hemos llegado. [*aparte.*

Lisi. Porque aquestas dos cansadas
No nos enfaden, harás
La deshecha, mientras pasan,
Y vuelve luego.

Enr. Sí haré. [*Vase.*

Lisi. Mucho me debes, hermana.
Qué quieres? Ya le abracé,
Por hacer lo que me mandas. [*Vase.*

Clor. Ay Nise! que tú me has muerto,
Tú me has quitado las armas,
Tú le has dado á mi enemiga
La razon con que me mata.

Nis. Dices bien. Mal este engaño
Me ha salido. Pero aguarda,
Veamos, si da lumbre otro.
¿Traes un papel en la manga?

Clor. No tengo, sino este, que es
Una memoria.

Nis. Este basta.
Vete ahora, y el suceso
Puedes mirar retirada.
[*Vase Clori.*
Ponleví!

Pon. Señora mia?

Nis. Escúchame.

Pon. Qué me mandas?

Nis. Esto. [*Pégale.*

Pon. Mira que me ahogas.

Nis. Pícaro, vil! ¿asi agravias
Mi respeto?

Pon. Qué respeto?

Nis. ¿Tú, con desvergüenza tanta,
Te me atreves?

Pon. Yo me atrevo?

Nis. Calla, infame! [*Pégale.*

Pon. ¡Ay, que me matan
Diez puñales de cristal,
Con diez remates de nácar!

Nis. Tú á mí? [*Rompe el papel.*

Sale LÍSIDA.

Lisi. Qué voces son estas?
Qué es esto, prima?

Nis. No es nada. —
Vete, pícaro, alcahuete,
Antes que de una ventana
Vueles, hecho mas pedazos,
Que mariposas manchadas
Tiene el papel que has traido.

Pon. Yo?

Nis. No respondas palabra;
Vete.

Pon. ¡Plegue......

Nis. No repliques.

Pon. Á los cielos, que......!

Nis. Que aun hablas?
Vete ya.

Pon. Sí haré. — Señores,

Esta dama está borracha.   [*Vase.*

Lisi. ¿Pues no me dirás, qué ha sido?

Nis. Este pícaro en mi cara
Se me ha atrevido á decirme,
Que su amo......

Lisi.   Di.

Nis.   Le mandó,
Que me diese ese papel;
Que como vió, que no daba
Zelos á Clori contigo,
Pasó á mí sus esperanzas.

Lisi. Aquesta es otra cautela; [*aparte.*
Pues no se ha de ver lograda.
          [*Levanta los papeles.*

Nis. Qué haces, Lísida?

Lisi.   Levanto
Los papeles, que tú rasgas.

Nis. Con qué efecto?

Lisi.   Con efecto,
Nise, de que, si levantas
Tú una flor, que fue de Enrique,
Deste suelo, para darla
Á Clori, por ser de Enrique,
Tambien con la misma causa
Levanto y_0 este papel.

Nis. ¡Jésus, y qué desgraciada [*aparte.*
Ando en mentir estos dias!
        [*Lee Lísida los pedazos.*

Lisi. Dice aqui: batida el agua;
Aqui: huevo fresco; aqui:
Soliman molido. Basta;
Que es mas de decir pesares
Esto, que amores. Pues anda
Enrique tan cuidadoso
De que te laves la cara,
No le has parecido bien,
Nise.

Nis. ¿Quién le quita al aura,
Jugando con los papeles,
Que unos lleve y otros traiga?
No seria ese el que yo
Rasgué.

Lisi.   Sí seria. Repara
En que te salen muy mal
Las cautelas y las trazas.

Nis. ¿Qué trazas ni qué cautelas?

Lisi. Éstas.

Nis. Mira, no me hagas
Decir, que Enrique ha mil dias,
Que con amorosas ansias
Me enamora y me festeja,
Me escribe en fin y me cansa;
Porque quizá le pondré
Donde escuches retirada
Sus finezas.

Lisi.   Yo no quiero
Tomar de tí mas venganza,
Que averiguarte que mientes;
Y pues él vuelve, guardada
Destos jazmines, veré,
Si te escribe y si te habla.

Nis. ¡Jésus, Lísida, qué presto
Me has tomado la palabra!
¿No vés, que me estoy burlando?

Lisi. No has de estar conmigo falsa.

Nis. Yo quise darte un picon;
Esto al fin no ha sido nada.

Lisi. Por sí ó por no, yo he de verlo. [*Escóndese.*

Nis. ¿Quién vió pena mas extraña?
Con la mentira me coge
Lísida, como en la trampa;
Que Enrique en toda su vida
Me ha hablado á mí una palabra.

      Sale ENRIQUE *y* PONLEVí.

Pon. ¿O, qué haces de ir y venir
Á este jardin?

Enr.   Es mi centro;
Y si no es, Ponleví, dentro
Dél, no es posible vivir.

      Sale CLORI *al paño.*

Clor. Desde aqui tengo de oir.

Lisi. Desde aqui le he de escuchar. [*al paño.*

Enr. Aqui Lísida ha de estar
Esperando.

Pon.   Pues no es ella
La que está aqui; Nise es bella.

Nis. Él se vuelve aun sin hablar. [*aparte.*

Enr. Ay Dios! sola Nise está, [*aparte.*
Nadie me mira; bien puedo
Perderle á mi amor el miedo,
Y empezar á romper ya
La mina del Duque; va
De amor fingido y secreto;
Buen efecto me prometo,
Pues solo y seguro estoy
De mi Lísida, que hoy
No hay que temer el efeto. —
Serafin deste jardin,
Que es Paraiso de amor,
Pues sois la guarda y la flor,
La defensa y el jazmin,
El fuego envainad; y en fin,
Templados al sol los bríos,
Oid dulces desvaríos,
Oid afectos temerosos,
Siquiera por amorosos,
Ya, Nise, que no por mios.

Nis. ¿Qué es lo que escucho? [*aparte.*

Clor.   Ay de mí

Lisi. Yo probar mi muerte quise.

Pon. Mira, señor, que esta es Nise,
Y no Lísida.

Enr.   Yo os ví,
Claro está que os amo; sí;
Pues desde aquel punto ciego
La vida y alma os entrego;
Una y otra en vos se mueve,
Que un átomo sois de nieve,
Siendo una esfera de fuego.
Desde entonces procuré
Esta ocasion á mi amor.

Pon. Mira, que es Nise, señor.

Enr. No estoy ciego, ya lo sé.

Lisi. Verdad cuanto dijo fue.
¡Vive Amor, que á Nise adora!

Clor. ¿Esto tenemos ahora?
¡Ay cielos, á Nise quiere!

Pon. Mas que ya por Nise muere.

Nis. Él sin duda me enamora. [*aparte.*
¿Quién vió lance mas extraño?
Lo que en burlas he fingido,
De veras ha sucedido.
Esforcemos el engaño.

Enr. Muera con mi desengaño,
Pues con mi engaño viví.

Nis. En toda mi vida ví [*aparte.*
Hombre mas enamorado. —
¿Vos habeis, Enrique, amado
Á Clori en un tiempo?

Enr.   Sí,
Suya fue mi voluntad.

Clor. Ay ingrato!

Nis.   ¿Luego fuísteis
De Lísida, y la quisísteis?

Enr. Suya fue mi libertad. —

Lisi. Esto solo fue verdad. [*aparte.*
Ay cruel!
Nis. Y á mí despues,
Por igualar á las tres.
Enr. En vos mi gloria conquisto.
Nis. En toda mi vida he visto
Florentin mas Portugues.
Enr. No, Nise, porque haya amado
Á dos, no será perfecto
Este amor.
Nis. Qué mas defecto?
Enr. Antes mérito. ¿Ha dejado
Nunca de ser estimado
Un libro ó una pintura,
Una espada ó una hechura,
Porque el artífice obró
Otras antes della? No;
Mas la aprecia y mas la apura
La experiencia: luego infiero,
Que al quereros, en rigor,
Es crédito de mi amor
El querer otras primero;
No por eleccion, no, quiero,
Que esto es fuerza, vive Dios;
Porque viviendo hoy en vos,
Ó mi amor ó mi fortuna
Obre perfecto en la una,
Lo que he aprehendido en las dos.
Clor. Que esto escuche!
Lisi. Que esto vea!
[*Saca* Nise *de la mano á* Lisida, *y llégase hácia
donde está* Clori.
Nis. Á tanta sofistería,
Responde tú, prima mia,
Y mira, si en mí se emplea.
Lis'. Ahora di que te crea. [*á Enrique.*
Pon. ¿Que esto nos tengan aqui!
Enr. Válgame Dios!
Nis. Bien asi [*á Clori.*
Segura está.
Clor. No muy bien.
Nis. Pues qué falta ahora?
Clor. Quien
Ya me asegure de tí;
Pues cuando un remedio das,
Añades otro dolor. [*Vase.*
Nis. Yo hice agravio de su amor,
Á mí no me toca mas. [*Vase.*
Lisi. ¿Ahora qué me dirás?
No respondes?
Enr. Mudo quedo.
Lisi. Habla en tu abono.
Enr. No puedo.
Lisi. Discúlpate.
Enr. Mal podré.
Lisi. Engáñame.
Enr. No sabré.
Lisi. Habla.
Enr. Tengo á la voz miedo.
Lisi. Di ahora, quién finge?
Enr. Yo.
Lisi. Y en quién hay verdad?
Enr. En mí.
Lisi. ¿Luego esto es mentira?
Enr. Sí.
Lisi. ¿Luego habrá disculpa?
Enr. No.
Lisi. ¿Qué un engaño te faltó?
Enr. Falta en la fe verdadera.
Pon. Que te dije, que no era
La que en aqueste lugar
Habias de enamorar,
Y no me creiste.
Lisi. Muera

Enr. Tan falso y fingido amante.
Yo soy firme, y lo he de ser.
Lisi. ¿Eso en qué se echa de ver?
Enr. En que callo, y soy constante.
Lisi. Eres fácil.
Enr. Soy diamante.
Lisi. De zelos y envidia rabio.
Enr. ¡Que pueda un Dios niño sabio
Con trazas y sutilezas
Ofender con las finezas,
Y hacer del amor agravio!

JORNADA III.

Salen el Duque, Enrique, Ponleví
y un Músico.

Duq. No hay fuerza, que vence á amor.
Enr. Una sola suele haber.
Duq. Cuál es?
Enr. Quererle vencer.
Asi lo dice, señor,
Garcilaso.
Duq. Pues fue error;
Que eso es lo mismo, que dar
Por remedio el olvidar,
Y el olvidar no es remedio
Para amar, sino otro medio
Para volverse á acordar.
Enr. Luego bien se da á entender,
Si acuerda para ofenderle,
Que el principio de vencerle
Está en quererle vencer;
Porque ¿cómo ha de querer
Un hombre lo que quisiera
Olvidar? desta manera
Dispuesta la voluntad,
No está la dificultad
En vencer, sino en que quiera.
Duq. Y en fin, di, ¿cómo te ha ido
Con Nise? Qué ha sucedido?
Enr. Mal mis penas escuchó;
(Y es verdad, muerte me dió) [*aparte.*
Que como Fabio ha venido,
Y ha reformado la casa,
Ni á verla ni hablarla llego.
Duq. Pues prosigue hasta que el fuego
Apagues, que asi me abrasa;
Que si á desengaños pasa
Mi rezelo, yo podré
Vencer á amor, pues querré
Vencerle entonces.
Enr. Es cosa
Ya, señor, dificultosa.
Duq. De Fabio el cuidado sé.
Enr. Oye, porque al mirador
Me parece que he sentido
Gente.
Duq. Y hácia alli otro ruido
Informa, Enrique, mejor.

Sale á una ventana Clori *y* Nise, *y á otra*
Lísida *y* Celia.

Enr. ¿Cómo sabremos, señor,
Donde Clori acierta á estar,
Porque la llegues á hablar?
Duq. Dividiéndonos, si; pues
Llegando los dos despues,
Nos podemos avisar.
Enr. Dices bien; y asi yo vengo
Por esa parte.

Duq.   Tambien
Yo por esta. Mas deten
El paso; que en el sosiego
De la noche obscuro y ciego
Templan un arpa.
Clor.   Mi pena
Alivia, Nise, y Sirena
Del mar de mi amor serás.
Lisi. Canta, Celia, y vencerás
Un mal, que á morir condena.
Enr. Por si acaso desde aqui
Al mar ibas, he traido
Un músico prevenido.
Si cantan, cantará?
Duq.   Sí.
Pon. Pues yo tambien desde alli
Responderé á tus desvelos.
Enr. Canta, por ver, si los cielos
Templan asi su rigor.
Duq. Cántame cosas de amor.
Lisi. Cántame cosas de zelos.
Clor. Canta cosas de tristeza.
Enr. Canta cosas de alegría;
Sepa ya el ausente dia,
Que sin él hay mas belleza.
Mus.[*cant.*] Amor, amor, tu rigor
Reinos vence y quita leyes;
Mas puede amor, que los Reyes,
Solo es Monarca el amor.
Cel. [*cant.*] Zelos, ¿cómo no os penetra
Vuestro mal, y os llaman zelos,
Si, para llamaros cielos,
Os falta sola una letra?
Pon. [*cant.*] Fortuna, ¿quién se desvela
Por tí, si á todos igualas?
Tu rueda pinta con alas,
Que no rueda, sino vuela.
Nis. [*cant.*] Razon, razon, ¿hasta cuándo
El amor te ha de vencer?
¿Si á espacio viene el placer,
Como se nos va volando?
Duq. No dejes interrumpirte.
Lisi. No dejes, no, de cantar.
Enr. Prosigue, di mi pesar.
Clor. Canta mas; que es gloria oirte.
Mus. [*cant.*] ¿Si esperaré algun favor?
Cel. [*cant.*] ¿Si tendré alguna esperanza?
Pon. [*cant.*] ¿Si habrá en mis males mudanza?
Nis. [*cant.*] ¿Si sanan males de amor?
Duq. Canta, aunque canten tambien.
Lisi. No calles, aunque ellos canten.
Enr. Mi mal tus voces espanten.
Clor. No calles, pues cantas bien.
Todos [*cant.*] Razon, fortuna, amor, zelos,
Son pasiones, que se mudan;
La razon falta á su tiempo,
Y se cansa la fortuna.
El amor es fuego,
Los zelos le ayudan;
Cánsase la dicha,
Y el amor se duda.
Duq. Ya que al aire la voz tuya,
O Nise hermosa, se esparce,
Lleve para mi esperanza
Un recado de mi parte.
Clor. Este es el Duque; no digas
Quien soy, porque no me hable.
Nis. No vuestra Alteza, señor,
Les dé una patria tan fácil,
Que es su centro un pecho, donde
Tiene su adorada imágen.
Duq. Si eso dijera la dama,
Que os acompaña, notable
Fuera mi dicha.

Nis.   No mucha;
Que la que engaños os hace
Es una criada mia.
Duq. Asi? Pues decidla, que hable.
Nis. Es muda, y no sabe hablar.
Duq. Sentir es lo que no sabe.
Lisi. Mal dicen estas finezas
Con otras facilidades.
Enr. Bien dicen esos afectos
Quizá con otras verdades.
Lisi. Mis ojos creen lo que ven.
Enr. ¿Y no hay antojos, que eugañen?
Lisi. No es posible, cuando son
Tan perfectos los cristales.
Enr. Los mas perfectos engañan.
Duq. Luego vuelvo aqui, esperadme.
Reconoceré alli un hombre. —
Enrique!
Enr.   Señor?
Duq.   Constante
Está Clori en sus rigores;
Que no quiere declararse
Dé que está con Nise.
Enr.   ¿Pues
Qué quieres?
Duq.   Que tú te pases
Á esotra ventana quiero;
Y pues dos cosas iguales
Nos traen á los dos, que son,
Ó que tú con Nise hables,
Ó yo con Clori, y la una
Ya tan mal á mí me sale,
No las perdamos entrambas.
Alli está; llega, pues sabes,
Que en eso me va la vida.
Enr. ¡Hay suceso semejante!
[*Llega* C l o r i *á la ventana de L í s i d a.*
Clor. Lísida!
Lisi.   Qué es lo que quieres?
Clor. El Duque en aquella parte
Ha dado en reconocerme.
Vió dos bultos, y por darle
Á entender, que no era yo,
Te pido, que alli te pases.
Lisi. Si lo haces por saber
Quien está conmigo, darte
Quiero esa satisfaccion;
Enrique es; y porque hables
Me iré.
Clor.   Eso no.
Lisi.   Yo he de irme; —
Mas es á hacer otro exámen; [*aparte.*
Veamos de una vez, si mienten
Los ojos y los cristales.
Pon. Yo desta noche redonda
De amor de Ronces amantes,
Solo estoy de nones, cuando
Todos los demas son pares,
Si ya á Don Monsiur del sueño
No llamo que me acompañe. [*Echase á dormir.*

En la parte que él estaba sale O c t a v i o.
Octa. Si quien unos zelos tiene,
No es posible que descanse,
Quien tiene dos zelos, ¿cómo
Ya descansará un instante?
Duq. Llega.
Enr.   ¡Que á esto me obligue [*aparte.*
Hoy un poderoso amante!
Duq. Qué esperas?
Enr. He visto un hombre.
Duq. No tienes que rezelarte,
Que es Ponleví; retirado
Estuvo alli siempre.

Enr.   ¡Dadme,   [*aparte.*
Cielos, palabras fingidas,
Con que á una deidad engañe!
Clor. ¡Gracias al cielo, que aqui
No oiré del Duque los males.
Duq. Sí oireis; que él vendrá á buscaros
Donde estais.
Clor.   ¡Hay semejante   [*aparte.*
Suceso! ¡Cielos, por donde
De su amor asegurarme
Quise, me entregué á su amor!
Ya es fuerza que con él hable.
Enr. Yo llego; alienteme pues   [*aparte.*
Ver, que Lísida este instante
No me oirá, pues con el Duque
Habla ya en esotra parte. —
Bellísima Nise,......
Octa.   ¿Nise   [*aparte.*
Dijo?
Enr.   Pues tu voz suave
Iman es de cuanto vive,
Conduciendo á estos umbrales
Entre las peñas los brutos,
Entre las flores las aves,
Da lugar á un pensamiento,
Que tu dulce voz le trae
A morir de tal veneno,
Que es toda su copa el aire.
Lisi. ¿Qué es esto, cielos, que escucho?   [*aparte.*
¿Esto es venir á buscarme,
Ó esto es venir á perderme?
Octa. O falso amigo! ¡o amante   [*aparte.*
Ingrato! ¡Viven los cielos,
Que he de salir á matarle!
Enr. Si quereis ver, si son ciertas
Mis penas, la prueba es fácil.
Lisi. No mucho, porque yo sé,
Enrique, que no ha un instante,
Que eran verdades con otra.
Ved si mienten los cristales.
Enr. Lísida,......
Lisi.   No digas mas.
Enr. Viven los cielos......!
Lisi.   No trates
De satisfacerme mas,
Ni me veas, ni me hables.
Enr. Oye, escucha...... Mas qué miro?
La puerta del jardin abren. —
Señor!
Duq.   Qué quieres?
Enr.   Un hombre
De casa de Fabio sale.
Clor. Mi padre es. Antes que os vea,
Idos, señor, de la calle.
Duq. Este es Fabio; pasa, Enrique,
Procurando disfrazarte;
No me conozca.
Enr.   ¿Qué importan
Los rebozos y disfraces,
Si le ha de decir el dia,
Cuanto la noche le calle?   [*Vanse.*

Sale F A B I O.

Fab. ¡Qué mal, patria, me recibes!
¿El dia que á tus umbrales
Llego, encuentro lo primero
Mis penas y mis pesares?
Una sospecha, que tuve
De Enrique y de Clori, antes
Que él se fuese á España, hoy
De Milan aqui me trae,
Por ver, si él es quien aqui
Dispone escándalos tales.
Sintiéronme y se ausentaron

Los que estaban en la calle.
¡O quién supiera quien son!
     [*Tropieza con P o n l e v i.*
Pon. Quién va?
Fab.   Quién es?
Pon.   Ya es muy tarde;
Déjate, señor, ahora
De decir mas disparates
Á Nise, á Lísida, á Clori,
Y vámonos.
Fab.   Donde darte
Pueda la muerte será.
Pon. ¡Jésus, y qué venerable
Barba! ¿Qué susto te ha dado,
Que has barbado en un instante?
Fab. Di, ¿criado de quién eres?
Pon. Es una cosa muy fácil;
De Enrique.
Fab.   ¿Enrique de cuál
De tres damas es amante?
Pon. De todas.
Fab.   Este es un loco.
Di, á cuál quiere?
Pon.   Á todas.
Fab.   Dame
Cuenta aqui de á cual pretende.
Pon. Á todas; y no se canse;
Que no quitaré una sola;
Porque es galan á tres haces,
De pretérito, presente
Y futuro.
Fab.   El no matarte
Agradece á mi valor;   ᐧ
Porque no es bien, que se manche
Mi acero en sangre tan vil.
Pon. No es malo tener vil sangre
Tal vez.
Fab.   Vete pues, villano,
Vete.
Pon.   Digo, que me place.   [*Vase.*
Fab. Enrique, con la privanza
Del Duque, á escándalos tales
Se atreve contra mi honor
Indignamente; y pues, antes
Que se fuese, averigué
Sospechas, que ya á verdades
Pasan, pongamos remedio.
Dos caminos en tan grave
Dolor hay, de la cordura
Ó el valor; y pues iguales
Son, acudamos primero
Á la cordura. A quejarme
Iré al Duque de mi agravio;
Y cuando aquesto no baste,
Apelaré á mi valor.   [*Vase.*

     —————

Salen O C T A V I O *y* E N R I Q U E.

Octa. Enrique, buscándoos vengo.
Enr. ¿Pues amigo, qué quereis?
Octa. Que ese nombre no me deis,
Pues que yo por tal no os tengo;
Que no lo es el que asegura
Y hiere, el que halaga y mata,
Bien como serpiente ingrata,
Que con lisonjas procura
Encubrir el corazon;
Y asi ese nombre no os toca,
Pues halagais con la boca,
Y matais con la intencion.
Enr. De que soy noble testigo
Hago al cielo, al mundo juez;
Y por saber, que una vez

Se ha de sufrir á un amigo,
En responderos se funda
Mi amistad desta manera;
Y pues pasó la primera,
No vamos á la segunda.

Octa. Sí vamos; pues sin decoro
De aquel secreto primero,
Diciéndoos, que á Nise quiero,
Diciéndoos, que á Nise adoro,
Vos, alevoso, la amais,
Vos, ingrato, la servis,
Vos de dia la escribis,
Y vos de noche la hablais.

Enr. No puedo, Octavio, negaros
Lo que vos decis, que visteis,
Que escuchásteis ó supisteis,
Ni tampoco puedo daros
Disculpas, que estan guardadas
Quizá para disuadiros;
Pero no puedo sufriros
Razones tan apuradas,
De quien á ofenderme vengo
Con causa; que si sabeis
Vos la razon que teneis,
Yo tambien sé la que tengo.
Y porque en palacio estamos,
Esto mi amistad responde.

Octa. Pues nombrad, Enrique, donde
Vos quereis que nos veamos.

Enr. Sea......

Sale el DUQUE.

Duq. Qué es esto?
Enr. Señor,
No es nada.
Duq. Los dos turbados *[aparte.*
Estan; bien de sus cuidados
Dicen, que es causa mi amor.
El daño he de prevenir. —
Octavio!
Octa. Señor?
Duq. Traed
La escribanía, y poned
El recado de escribir. —
Y vos salios allá fuera. *[á Octavio.*
Octa. ¿En qué quedamos los dos?
Enr. En que os diré adonde.
Octa. Á Dios. *[Vase.*
Enr. Tú en esa sala me espera. *[á Octavio.*
[Vase Octavio.
Duq. Enrique, qué ha sido esto?
Enr. Un daño, señor, que ha sido
Mayor, porque, prevenido,
No se remedió.
Duq. ¿Tan presto
Lo supo? Mas yo he de hacer
Esta amistad.
Enr. No, señor;
Porque á dolencias de honor
No es buen médico el poder.

Sale FABIO.

Fab. Solo está Enrique con él. — *[aparte.*
¿Podréte hablar, señor?
Duq. Sí. —
Retírate, Enrique, alli.
Enr. Será á escribirle un papel. *[aparte.* *[Vase.*
Fab. Para decir mis enojos,
Quisiera en tan triste calma,
Que fueran lenguas del alma
Las lágrimas de los ojos.
Duq. Ya otro cuidado prevengo. — *[aparte.*
Qué tienes, Fabio?
Fab. Señor,

Penas tengo, tengo honor,
Y lloro porque le tengo;
Que con pension tan cruel
El alma el honor recibe,
Que no vive bien quien vive,
Ni con honor, ni sin él.
Dos hijas tengo, señor.
Duq. Sin duda, cielos, aqui *[aparte.*
Viene á quejarse de mí
Á mí mismo, y que mi amor
Ha sabido. — Ya yo sé,
Que vuestra opinion segura
En una y otra hermosura
Tiene librada su fe.
Fab. No tanto, que un poderoso
Sombra desta luz no sea.
Duq. Él se declara. *[aparte.]* — No crea
Vuestro pecho generoso
Nada con facilidad.
Fab. Tan necio, señor, no fuera,
Que á vuestras plantas viniera
Mal informado. Escuchad.
Enrique, con alas vuestras,
Que el vuelo de la privanza
Á mayor esfera alcanza,
Ofende con locas muestras
De amor mi casa.
Duq. Está bien. *[aparte.*
Mas quejarse dél asi,
Aun no es perdonarme á mí,
Pues suya causa tambien.
Fab. Suplícoòs, que remedieis
Este daño.
Duq. Apasionado
Venís, y mal informado;
Que yo sé, que á Enrique haceis
Agravio; porque sé yo,
Que la dama, que pretende,
Ni os agravia ni os ofende.
Fab. Diréos otra vez, que no
Viniera desalumbrado.
Si yo sé, que Clori era,
Antes que á España se fuera,
La esfera de su cuidado;
Si sé, que, habiendo venido
En su deseosa porfía,
Porque de noche y de dia
Árgos de mi casa he sido,
¿Podréme engañar, señor?
¿No es evidencia bien clara,
Que yo no le levantara
Tal testimonio á mi honor?
Duq. Qué decis?
Fab. Que Clori es
Á quien festeja.
Duq. Ay de mí! — *[aparte.*
¿Antes de irse á España?
Fab. Sí.
Duq. Qué escucho? cielos! *[aparte.*
Fab. Y pues
Enrique no se adelanta
Á Clori en mas, que en tener
Tu privanza, tú has de hacer
Su boda, ó en pena tanta,
Habiendo cumplido ya
Con la obligacion primera,
Cobraré de otra manera
Mi honor, que perdido está.
Duq. ¿Qué veneno estos enojos, *[aparte.*
Qué tósigo estos agravios
Han bebido sin mis labios?
Han mirado sin mis ojos?
Acuérdome, que en un coche
Á recibirle salió.

Sí; pues allí le hallé yo,
Y ella huyó de mí esta noche.
Primero la cuestion fue
De la banda y de la flor.
¡O qué de memoria, amor,
Tienes! No me digas, que
Á otro dia me escribió;
Que el visitarla excusara,
Muestra y evidencia clara,
Que el venir él lo causó.

Fab. ¿Tan poco te mereció
Mi agravio, mi pena fiera,
Que una palabra siquiera
No me has respondido?

Duq. 　　　　　　No,
No, Fabio, porque no sé
Responder ni discurrir,
Porque solo sé sentir.

Fab. Pues con eso apelaré
Al valor, con que he nacido.

Salen E n r i q u e *y* P o n l e v í, *y hablan aparte.*

Enr. Luego á Octavio buscarás
Y este papel le darás.

Pon. Á Octavio me dices?

Enr. 　　　　　　Sí.

Duq. Enrique es; mucho me temo, [*aparte.*
Que hoy fio poco de mí,
Y esto no ha de ser aqui;
Pase pues de extremo á extremo
Mi dolor.

Enr. 　　¿Tú tan airado,
Señor? Cuál la causa es?

Duq. Yo te la diré despues. 　　[*Vase.*

Pon. De Ineses nos ha tratado.

Enr. Fabio, qué es aquesto?

Fab. 　　　　　　No
Lo sé; que, si lo supiera,
Hoy á mí me lo dijera,
Que tambien lo ignoro yo. 　[*Vase.*

Pon. Que te dije, que no amáras
Á Clori, porque te habia
De suceder algun dia
El pesar, que ahora reparas.
Pero Octavio pasa alli,
Á darle voy el papel.

Enr. ¿Hay confusion mas cruel,
Que la que pasa por mí?

Sale C e l i a *tapada.*

Cel. Hasta hallarle me he entrado,
Pisando con pies de plomo,
Por no decir que de lana. —
Ce!

Enr. 　　Es á mí?

Cel. 　　　　Sí.

Enr. 　　　　　　Pues ya os oigo.

Cel. Mi señora......

Enr. 　　　　O Celia mia!

Cel. Este te envia. 　　[*Dale una carta.*

Enr. 　　　　　　Dichoso
Soy, aunque vengan en él
Iras, ofensas y enojos;
Que no olvida quien se acuerda
Aun para decir oprobios.
[*lee*] „Algun despique han de tener mis agravios,
„y este quiero que sea el decirlos. Salid
„luego al paseo; que yo me alargaré á la
„quinta del Duque, dónde vos los oigais,
„y yo los diga.„
[*repr.*] La hora casi y el sitio, [*aparte.*
Que yo para Octavio nombro,
Lísida para mí nombra,
Pues le escribí, que en el soto

De la quinta le esperaba.
Otra vez estoy dudoso.
¿Excusaréme con ella?
No; que es añadirla otro
Rezelo; y pues no la digo
De mi fortuna el estorbo,
Salga Lísida al paseo,
Mejor es; pues para todo,
Salga bien, ó salga mal,
Bastante disculpa otorgo. —
Di á Lísida, Celia mia,
Que estoy á servirla pronto.

Sale P o n l e v í.

Pon. En respuesta del papel,
Que dí á Octavio, traigo otro,
Que al entrar aqui me dió
Un hombre, que no conozco.
Mas qué miro? ¿No es aquella
La bella Celia, que adoro?

Cel. Asi lo diré.

Enr. 　　　Oye, Celia.

Cel. Qué mandas?

Enr. 　　　Espera un poco. —
El Duque conmigo está [*aparte.*
Disgustado ó sospechoso,
Porque de Clori no sé
Los desvelos amorosos;
Y asi quiero aqui el secreto
Abrir con llave de oro,
Pues esta es buena ocasion. —
Celia mia de mis ojos,
En tu mano está mi vida,
Mi bien, mi quietud y todo
Cuanto soy y cuanto valgo,
Que hoy á tus plantas lo pongo.

Cel. ¿Con tanto encarecimiento
Me hablas á mí?

Pon. 　　　Cómo, cómo? [*aparte.*
¿Tambien á Celia requiebros?
Esto le faltaba solo
Por no enamorar en casa
De Fabio.

Cel. 　　El efecto ignoro.

Enr. Toma este diamante, hijo
Del sol, un rayo es de Apolo,
Aunque piedra.

Cel. 　　　Por no ser
Grosera, señor, le tomo.

Pon. O ingrata Celia! grosera [*aparte.*
Fueras mas, que un monicongo,
Y no tomajona.

Enr. 　　　En fin
Tú, Celia, eres dueño solo
De mi vida.

Cel. 　　Ya tú sabes,
Que soy tuya.

Pon. 　　Estoy furioso! [*aparte.*
Tuya dijo; qué esto veo!
Tuya dijo; qué esto oigo!
Daréle muerte! Mas no;
Que es mi señor. ¡Cuan dudoso
Entre amor y honor estoy
Aqui necio, y alli loco!
Dime, pues como ladron
De casa, Celia, es forzoso
Que no se te esconda nada
En ella,......

Enr. 　　Ni á tí tampoco.

Pon. Mas quién habla alli?

Enr. 　　　Yo soy.

Pon. Espera allá.

Enr. 　　　Lindo como!
[*Hablan los dos quedo, y* P o n l e v í *aparte.*

Enr. Quién á Clori sirve? ¿ Quién
Es el amante dichoso,
Que merece, que por él
Desprecie al Duque? Y si toco
Por tí aqueste desengaño......
Cel. No mas; y á todo respondo
Con decir, que soy criada
De Lísida, y que me corro
De que, trayéndote yo
De su parte este amoroso
Papel, busques desengaños
De otros zelos. ¡Qué buen modo
De desenojaros! [*Vase.*
Enr. Oye!
¿ Hay pundonor mas gracioso?
¡Que hasta una criada hoy
Zelos me pida!
Pon. Y yo y todo!
Potente Rey de Romanos,
Amo injusto y alevoso,
Falso dueño de abarrisco,
Señor de á roso y velloso,
¿ Asi á un criado leal
Se rompe la fe y el voto,
Que debes? ¿Para esto (ay cielos!
¡Con mis razones me ahogo!)
Te conté, que á Celia quiero,
Te conté, que á Celia adoro?
Enr. ¡Viven los cielos, villano,
Que desde la punta al pomo
Este acero......
Pon. No me jures;
Todo lo he sabido, todo
Por mis oidos lo oí,
Y lo ví por estos ojos.
Enr. Te mate, y bañe en tu sangre
Con fingido esmalte rojo,
Si no callas!
Pon. ¿Yo con zelos
Callar? Dónde, cuándo ó cómo?
Enr. ¿Hay tal modo de apurar
Mi paciencia?
Pon. ¿Y hay tal modo
De apurar nuestras mugeres?
Enr. Déjame ya, necio, loco.
Pon. En dando cuenta de mí.
Tu papel le dí, y tomólo
Octavio. Al volver hallé
En aquesa cuadra un mozo,
Que me dió este para tí. [*Dásele y vase.*
Enr. Con temor la nema rompo ;
Que soy·Mídas de desdichas,
Como aquel lo fue de oro.
[*lee*] „No dije, cuando os hablé, mi resolucion,
„por no oir vuestras satisfacciones; y por-
„que en el campo no las hay, esperando
„estoy detras de la quinta del Duque.
„Quiero hablaros en aquel arroyo, que del
„bosque la divide. Dios os guarde."
[*repr.*] ¡Que pudiese la fortuna
Contra un infelice solo
Conjurar tantas desdichas!
Contémoslas poco á poco.
El soto del Duque es
El sitio, que á Octavio nombro,
La quinta Lísida á mí,
Y Fabio el veloz arroyo,
Que desta parte divide
Su fábrica de unos olmos.
Ya de Lísida el papel
No tiene lugar; depongo
Mi amor, pues para mi·honor
Me he menester á mí todo.
Yo llamo á Octavio, y á mí

Me llamó Fabio, uno y otro
Á un tiempo y con una queja.
Si este me espera animoso,
Yo animoso á aquel le espero.
¿ Cuál es lance mas forzoso,
Acudir al que yo llamo,
Ó al que á mí me llama? Todo
Tiene su fuerza; porque
En argumentos honrosos
Son paradojas de honor,
Y por ambas partes docto
El duelo las califica,
Pues tiene un derecho propio,
Aquel que á mí me ocasiona,
Que aquel á quien yo ocasiono.
Acudir al que yo llamo,
Es acudir á mí enojo;
Al que me llama al ageno;
Mas es engaño notorio,
Pues atreverse á llamarme,
Siendo ageno, le hace propio.
La razon, que contra el uno
Tengo yo, pues yo dispongo
El duelo, contra mí tiene,
Pues me le dispone el otro.
Faltarle yo al que yo llamo,
Es dejarle sospechoso
De que falto á mi palabra;
Pues en fe della brioso
Saldrá. Dejar de salir
Al que me llama, tampoco;
Pues en fe de mi valor
Me espera. Volver el rostro
Al uno ni al otro puedo.
Pues si no puedo yo solo
Acudir aun á dos gustos,
Di, fortuna, ¿ cómo, cómo
Acudiré á dos pesares?
¿ Cómo, falseando el estorbo,
Lo que el gusto no pudiera,
Haré, que pueda el asombro?
Por parte de la razon,
Ambos sin ella quejosos,
Por Nise y Clori se ofenden,
Siendo así, que ni yo adoro
Á Nise ni á Clori quiero.
¿ Quién creerá, o cielos piadosos,
Que, estando yo enamorado,
Tenga dos hombres zelosos,
Y ninguno mi dama?
Que esto solo hay en mi abono·
Y por esta dicha sola
Á mi fortuna perdono
Todas las demas desdichas;
Aunque á un mismo tiempo noto,
Que Fabio me desengaña,
Que Octavio me dice oprobios,
Que el Duque, mal satisfecho
De mi lealtad, me huye el rostro,
Que Clori, engañada un tiempo,
Llora ahora sus enojos,
Que Nise, de mí burlada,
Siente mi amor cauteloso,
Que Lísida mal quejosa
Crea fingidos antojos,
Que Celia me diga injurias,
Y que hasta un necio, hasta un loco
Me pida zelos de Celia:
Todo en fin, fortuna, todo
Te lo perdono sin zelos,
Y mas ahora, que un modo
Me ha prevenido el discurso,
Con que osado y animoso
Cumpla los dos desafíos.

Mucho es lo que propongo;
Pero yo lo cumpliré,
Ó quiera el cielo piadoso,
Que acabe hoy, porque hoy acaben
Iras, venganzas, enojos,
Agravios, injurias, zelos,
Quejas, ofensas, oprobios,
Confusiones, penas, rabias,
Engaños, sombras, antojos,
Ilusiones, desvaríos
Y zelos, que lo son todo.   [*Vase.*

Sale FABIO.

Fab. Esta selva oportuna
El teatro ha de ser de mi fortuna.
Sepa el Duque, que Fabio
Sabe satisfacerse de su agravio
Sin él. Aqui en efecto á Enrique espero,
Armado de razon, y no de acero.
Ruido hácia allí he sentido.
Sí, dos mugeres son, que habrán venido
Á espaciarse á esta quinta,
Que pule ya el Abril y el Mayo pinta.

Sale ENRIQUE.

Enr. Perdonad, si he tardado.
Fab.   Nunca tarda
La muerte, aun para el mismo que la aguarda;
Si bien ha rato, Enrique, que os espero,
Para mostraros......
Enr.   Tenga vuestro acero;
Que es muy público sitio en el que estamos.
Á lo espeso del bosque vamos.
Fab.   Vamos.
                    [*Entran.*

Sale OCTAVIO.

Octa. No digan, que hay valor, que hay valentía
Mayor, que el esperar con bizarría
En el campo al contrario;
Y no dije reñir, que es lance vario,
Sino esperar, por ver, que hace cualquiera
Aun mas, que cuando riñe, cuando espera.
Gente viene; Enrique es, y trae á Fabio
Consigo.

Salen ENRIQUE *y* FABIO.

Fab.   ¡Vive el cielo, que está Octavio, [*ap.*
Que de Enrique es amigo,
De emboscada! O tirano!
Octa.   O enemigo! — [*ap.*
Yo solo os esperaba,
Enrique,......
Fab.   Y yo tambien solo aguardaba,......
Octa. Y no con Fabio al lado.
Fab. Y no de Octavio ahora acompañado.
Octa. Pero reñid los dos de cualquier modo.
Fab. Pero reñid los dos; que para todo
Brio tengo y valor.
Octa.   Yo ánimo tengo.
Enr. Escuchad, y vereis, cuan solo vengo.
Yo os escribí, que en este sitio, Octavio,
Nos viésemos. Á un mismo tiempo Fabio
Me escribió á mí lo mismo.
Yo en tanta confusion, en tanto abismo
Triste, ciego y turbado,
Viendo, que al uno llamo, y que llamado
Del otro soy, no quiero
Árbitro ser de adonde iré primero;
Y asi aqui os he juntado.

Ahora ved, si vengo acompañado,
Y ved tambien, cual reñiría primero.
Dos sois, honor teneis, solo os espero.

Sale el DUQUE.

Duq. Está aqui Enrique?
Enr.   Aqui estoy.
Duq. Á grande dicha he tenido
Haberte hasta aqui seguido.
¿No os mandé no salir hoy
De palacio?
Enr.   Solo doy
Por disculpa......
Duq.   Bien está;
Todo está entendido ya,
Y yo, ofendido de todo,
Çastigaré de otro modo
A quien pesares me da.
Octa. Señor,......
Duq.   Basta.
Enr.   Si te digo......
Duq. No mas.
Fab.   Yo......
Duq.   Mas culpa vos
Mereceis. — Quedaos los dos;   [*Vase.*
Vente tú solo conmigo.   [*Vase.*
Enr. Sombra de tu luz te sigo.
Octa. ¡Que esto pueda la privanza!
Fab. ¡Que esto un poderoso alcanza!
Octa. Qué desdicha!
Fab.   Qué desvelos!
Octa. Ya no hay venganza á mis zelos.
Fab. Ya no hay á mi honor venganza.   [*Vanse.*

Salen LÍSIDA *y* CELIA.

Lisi. Hasta el último aposento
Del cuarto del Duque entré,
Y aun aqui no me parece
Que estamos seguras bien
De mi padre. El jardinero,
Que aqui nos dejó, y se fue
Á saber lo que pasaba,
Porque con una muger
Es un villano piadoso,
Es un rústico cortes,
No tarda mucho?
Cel.   No tanto,
Que ya no sienta torcer
La llave á la galeria,
Y aun entrar por ella.
Lisi.   Á quién?
Cel. Á Enrique y al Duque.
Lisi.   Ay triste!
¿Qué he de decir, si me vé
Cerrada en su mismo cuarto
En este trage? No sé
Como el cielo careó
Contra mi suerte cruel
Tantos instrumentos juntos.
Cel. Qué haremos?
Lisi.   Oye; este es
Un camarin, y está abierto.
Entrémonos, Celia, en él;
Quizá pasarán sin vernos.
Á ganar y no á perder
Voy, pues la duda de ahora
Remito para despues.
[*Éntranse por una puerta como de jardin, y ciérranla*
por de dentro.

Salen el DUQUE *y* ENRIQUE.

Enr. ¿Qué es lo que tienes, señor,

Que enojado, al parecer,
Deste cuarto has penetrado
La mas oculta pared?

Duq. Veré, si este camarin
Está cerrado tambien.
Sí. Ya, Enrique, estamos solos,
Ya es tiempo, ya ocasion es
De que me reveles cuanto
Has alcanzado á saber
De los amores de Clori.
¿Quién es pues su amante, quién?

Enr. Aunque á Nise he festejado,
Solo por obedecer
Tu precepto, no sé nada.

Duq. Pues yo sí, todo lo sé.

Enr. ¿Y tiene Clori galan?

Duq. Sí, Enrique.

Enr.   Y sabes quién es?

Duq. Un traidor, un alevoso.

Enr. ¡Vive el cielo, que, á saber
Quien era, le diera muerte!

Duq. No; que yo se la daré;
Porque á dolencias de honor
No es buen médico el poder,
Y porque el valor lo sea,
Desta manera ha de ser.
Saca, villano, la espada,
Procúrate defender;
Un hombre igual soy contigo,
Solo estoy, solo te ves.
  [*Saca el Duque la espada.*

Enr. Señor, señor, tente, espera,
Mientras que, puesto á tus pies,
Te ruego, que no me mates,
Sin que me digas por qué.

Duq. Porque, siendo tú el amante
De Clori, aun antes de hacer
La jornada á España, cuando
Mis amores te conté,
Me lo negaste, encubriendo
Los tuyos con falsa fe.

Enr. Deten la espada, señor,
Deten el brazo, deten
La voz, que me aflige mas.
Diré la verdad.

Duq.   Di pues.

Enr. Yo amé á Lísida, señor,
Desde la primera vez
Que la ví; Clori, quizá
Burlando de mí, al desden
Suyo recogió el rigor.
Correspondíla cortes
Solamente, porque yo
Nunca á Clori quise bien.

Duq. Nunca la quisiste?

Enr.   No.

Duq. Luego posible no es,
Que mi dama ó yo no estemos
Ofendidos de tí, pues
Si la amaste, me ofendiste;
Si no la amaste, tambien.

Enr. Testigos hago á los cielos,
Que no te puedo volver
La espalda.

Duq.   Ya fuera en vano.

Enr. Hago á mi lealtad juez,
Que, á ser balcon esta reja,
Hoy me despeñara dél.

Duq. Arrojárame tras tí.

Enr. Yo hice cuando pude hacer,
Pues de tí me he retirado,
Hasta encontrar la pared;
Que juro á Dios y á esta cruz,
Que para esto la saqué,

Y no mas; que mas no puedo
Retirarme.

Duq.   Eso esperé,
Ver en tu mano la espada,
Para tirarte mas bien.
  [*Saca Enrique la espada, teniendo las espaldas en
  la puerta; las mugeres la abren, él se entra, y
  vuelven á cerrar.*

Enr. Los cielos guardan mi vida;
Ellos se saben por qué.

Duq. ¡Viven ellos, que habia gente
Aqui dentro! Romperé
La puerta, haréla pedazos
Con las manos y los pies.
  [*Da golpes en la puerta con la daga.*

                Dentro Lísida.

Lísi. Jardineros desta quinta,
Acudid presto; romped
Estas puertas, porque el Duque
Mata á Enrique.

Duq.   Aquella es
Voz de Lísida. Los cielos
Vida y ventura te den.

                Dentro Fabio.

Fab. Romped las puertas; entremos
Todos.

Duq.   Pues no puede ser,
Que ya me vengue el valor,
Véngueme el ingenio. Bien
Lo he pensado.

  Salen Fabio, Clori, Octavio, Nise
        y Ponleví.

Fab.   Ya está abierto.
Qué es aquesto?

Duq.   Qué ha de ser?
Satisfacer vuestro enojo
Y vuestros zelos tambien. —
Huélgome, divina Clori,
Que á aquesta ocasion llegueis.

Clor. Saliendo al paseo, señor,
Aqui á Lísida dejé,
Porque en esta quinta quiso
Hoy la tarde entretener,
Y vuelvo por ella.

Duq.   Es justo,
Y que á darla el parabien
Vengais; que ya está casada.

Fab. Casada, señor? Con quién?

Duq. Con Enrique; que engañado
Pensásteis, Fabio, que á quien
Amaba Enrique, era Clori;
Pero en fin Lísida fue.
Yo supe hoy el desafio
Deste criado.

Pon.   Parlier
Puedo ser de vuestra casa.

Duq. Y previniendo el fin dél,
Dispuse, que se quedase
En este jardin, porque
Vuestro enojo no estorbara
Cosa, que os está tan bien.

Clor. ¡Yo perdí á Enrique, ay de mí! [*aparte.*

Nis. Nada nos sucede bien. [*aparte.*

Duq. Salid, Enrique, salid,
Lísida hermosa, porque
Beseis á Fabio la mano.

        Salen Lísida *y* Enrique.

Enr. Y primero á tí los pies.

Lísi. Ciña, Príncipe supremo,
Tu frente eterno laurel.

Fab. Aunque nada desto creo,
Estáme bien el creer;
Pues desmiento las sospechas
Del vulgo, que ya le vé
Casado con hija mia.
Tuya ha sido esta merced.

Duq. Octavio firme esta paz,
Y á Nise la mano dé;
Pues la hermosa Clori bella
Tanto lo es, que no hay quien

La merezca. — Bien, tirana, [*aparte.*
De tu rigor me vengué.

Clor. Pues sirva este desengaño
Para todos de saber,
Que, hacer del amor agravio,
Poco tiempo puede ser,
Porque, como Dios en fin,
Triunfa de todo despues.

Fab. Y de perdonar las faltas
Á todos haced merced.

XCII.

CON QUIEN VENGO VENGO.

PERSONAS.

Octavio ⎫
Don Juan ⎬ galanes.
Don Sancho ⎭
Urseno, viejo.

Celio, criado.
El Gobernador.
Un Criado.

Lisarda ⎫ damas.
Leonor ⎬
Nise, criada.
Gente.

JORNADA I.

Salen Lisarda *y* Leonor *asidas de un papel.*

Leon. No le has de ver.
Lis.   Es en vano
   Defenderle ya.
Leon.   Resuelta
   Estoy antes á hacer......
Lis.   Suelta.
Leon. Un exceso en él villano.
Lis.   Ya el papel está en mi mano.
   ¿Cómo has de excusarte ahora
   De que le vea?
Leon.   Señora,
   Hermana, Lisarda, advierte......
Lis.   Esto ha de ser desta suerte.
Leon. ¿Quién mis desdichas ignora?
Lis. [lee] „Amor, Señor D. Juan, que de amor no
   „pasa á atrevimiento, indignamente adquiere
   „el nombre. Dígalo el mio; pues me atre-
   „ve á tanto, que, sin mirar el riesgo de
   „mi vida, el temor de mi hermano, ni el
   „rezelo de Lisarda, os suplico, vengais
   „esta noche por el jardín, donde entrareis
   „á hablarme; y venga con vos el criado,
   „porque, cuando yo aventuro mi vida, tra-
   „to de asegurar la vuestra.”
[repr.] ¡Notable resolucion!
   Mas mal hay del que pensé;
   Pues donde solo busqué
   Una sombra, una ilusion,
   Hallo un engaño, una accion
   Tan grave. No sé qué intente.
   Mas ya importa cuerdamente
   Disimular el agravio;
   Que parecer muda el sabio,
   Consejo toma el prudente.
Leon. ¿Estás ya contenta, di,
   De haberlo sabido?
Lis.   No;
   Porque destas cosas yo
   No he de estarlo, triste sí.
Leon. ¿Mil veces no te advertí,
   Que no llegases á ver
   El papel, que habia de ser
   De disgusto y de pesar?

   Pues quien no lo ha de estorbar,
   ¿Por qué lo quiere saber?
   Mira lo que has conseguido,
   Que, andando yo con secreto,
   Con recato y con respeto
   Huyendo de tí, has querido
   Perder el que te he tenido.
   Pues cuando tú no entendiste
   Mi amor, respetada fuiste,
   Y ya que lo sabes, no;
   Porque no he de olvidar yo,
   Porque tú mi amor supiste.
Lis.   Sin prudencia y sin consejo,
   Dudosa, Leonor, estoy;
   Y cuando á un discurso voy,
   Mas del discurso me alejo.
   Dos veces de tí me quejo,
   De parte de nuestro honor
   Una, y otra de mi amor:
   Que amar y callar te ofreces,
   Para ofenderme dos veces
   Con una culpa, Leonor.
   Cuando tú te aconsejaras
   Conmigo, para querer,
   La primera habia de ser,
   Que dijera, que no amaras.
   Mas si á decirme llegaras,
   Que amaste una vez, yo fuera
   La primera y la tercera,
   Que echara el manto al amor;
   Que, si aquello fuera honor,
   Estotro cordura fuera.
Leon. Has nacido sin empeño
   En palabras y en acciones,
   Tan dueño de tus pasiones,
   De tus discursos tan dueño,
   Que no vi en tí el mas pequeño
   Afecto á mi pena igual,
   Para que en desdicha tal
   Te descubriese la mia;
   Y hace mal quien su mal fia
   A quien no sabe del mal.
   ¿Quién en libertad se vió,
   Que se duela del cautivo?
   ¿Quién, estando sano y vivo,
   Se acuerda del que murió?
   ¿Quién en la orilla rogó
   Por el que en el mar fallece?

¿Quién del dolor se entristece,
Que á otro aflige y desalienta?
Nadie; que nadie hay que sienta
Las penas, que otro padece.
Yo asi; esclava no te hablé,
Porque en libertad te ví;
Muerta, no me llegué á tí,
Porque con vida te hallé;
Desde el mar no te llamé,
Porque en la orilla vivias;
Doliente en las ansias mias,
No te pedí, que sintieras,
Porque sé, que no supieras
Sentir lo que no sentias.
Pero ya que yo no he sido
Quien te ha dicho mi cuidado,
Y que la ocasion me ha dado
El lance, que se ha ofrecido,
Sabe, que amor he tenido,
Y sabe, que fue Don Juan
Colona, á quien lugar dan
Mis favores en secreto,
Por ilustre y por discreto,
Por valiente y por galan.
Dos años ha, que festeja
Mi calle; dos años ha,
Que asido hasta el alba está
Á los hierros de mi reja.
Al ruego, al llanto, á la queja
Roca, monte y fiera fuí.
¿Pero quién pudo (ay de mí!)
Resistirse tiémpo tanto
Á la queja, al ruego, al llanto
De un hombre, que llorar ví?
Vida, hacienda y honra gano
Con tal dueño, esto previno
Mi esperanza, cuando vino
De la guerra nuestro hermano.
Y viendo, que ya es en vano
Hablar por la reja, quiero,
Que entre al jardin. No el primero
Será mi amoroso error,
Que le enmiende otro mayor;
En él esta noche espero.
Mas pues te ha dicho el papel
Á lo que mi amor llegó,
No es bien que te diga yo
Lo que ya te ha dicho él.
Esta es la causa cruel
De mi gran melancolía,
Este el fin de mi alegría;
Y pues que tu hermana soy,
Y humilde á tus pies estoy,
No estorbes la suerte mia.

Lis. Aunque es verdad, que pudiera
Ofenderme de tu amor,
Estás resuelta, y error
Notable el reñirte fuera,
Pues sé, que con eso hiciera
Mayor tu amor y tu fe
De lo que al principio fue;
Que aunque de amor no he sabido,
Que crece mas resistido
Amor, como es fuego, sé.
Cuentan, que se hallan dos fuentes,
Cuyos templados cristales,
Naciendo juntos é iguales,
Son varios y diferentes;
Pues contrarias las corrientes,
Íris de oro, nieve y plata,
Que una montaña desata,
Contiene tanto rigor,
Que la una mata de ardor,
Y la otra de hielo mata.

Yo, que aborrezco el amor,
Yo, que ni estimo ni quiero,
Soy la de hielo; pues muero
Á manos de mi rigor.
Tú, que adoras su sabor,
Y tu mismo daño adquieres,
Eres la opuesta; pues mueres
Llena de ardor y de fuego.
Juntémonos, porque luego,
Si soy hielo, y fuego eres,
Templaremos de manera
Nuestra condicion nociva,
Que el cargo del amor viva,
Y el de la opinion no muera.
Dime pues, ¿quién es tercera
De tu amor?

Leon.   Nise avisada
Está de abrirle á la entrada.

Lis. ¡O qué infeliz á ser vienes,
Leonor, supuesto que tienes
Que te calle una criada!
Mas oye lo que he pensado,
Para asegurarme á mí,
Y no embarazarte á tí,
La esperanza de tu estado.
En trage disimulado
Yo tu criada he de ser
De noche, porque he de ver,
Si es tan honesto el empleo
De tu amor y tu deseo,
Como me das á entender.
Seis cosas asi consigo;
Ser con nuestro honor leal,
Ser contigo liberal,
Y ser honrada conmigo;
Dar á tu amor un testigo,
Que temas enamorada;
Suspender despues la espada
De Don Sancho, cuando venga,
Y excusar al fin, que tenga
Que callar una criada.
Envia pues el papel,
Y empiece el engaño hoy.

Leon. Esperando un criado estoy,
Que aqui ha de venir por él
Ahora, y aun es aquel.

Lis. Aunque de Don Juan oí
La fama, nunca le ví,
Ni á él conozco, ni al criado.
Dale el papel, con cuidado
De que te guardas de mí.

Salen NISE *y* CELIO.

Cel. No faltará una cautela; [*ap. los dos.*
Que á los audaces, sin duda,
Dicen, que fortuna ayuda,
Y á los tímidos repela.

Nise. Ya te vió.

Cel.   Triste de mí!
Y qué ojos!

Lis.   Gentilhombre!

Cel. Ese, señora, es mi nombre.

Lis. ¿Cómo os atreveis asi
Á entraros aqui?

Cel.   No sé
Qué respuesta daros pueda;
Término se me conceda
El de la ley, para que
En tan estupendo exceso
Halle de disculpa indicio;
Y asi digo, que al oficio
De la querella el proceso
Se lleve, porque mejor
Fulminado el caso esté,

Y que yo responderé
Allá por procurador.
Lis. No de burlas respondais,
Cuando de veras os hablo.
Cel. Esta muger es el diablo. [aparte.
Lis. Decid presto, á quién buscais?
Ó haré, que por atrevido
Mil palos, villano, os den
Dos esclavos.
Cel. No harán bien
En darme lo que no pido.
Mi conciencia acomodada
Corre, porque desto gusta,
Siempre abierta, y nunca justa,
Por no verse empalizada.
Y tanto se sutiliza
El temor, que de mi casa
No salgo el dia que pasa
Por ella Mons de Paliza.
Y asi, porque revoqueis,
Diosa Pálas, la paluna
Sentencia, ved, que ninguna
Causa contra mí teneis.
Buscando vengo al cajero
De Don Nicolas Ursino,
Este Genoves vecino,
Para que me dé el dinero,
Que de una libranza resta.
Dijéronme, que vivia
Pared en medio, y creia,
Que fuese la casa esta.
Y asi por ella me he entrado,
Como quien viene á pedir;
Mas con volverme á salir,
Se enmienda todo lo errado. [Quiere irse.
is. Llámale, y dale el papel, [ap. á ella.
Leonor, sin que yo lo vea.
eon. Oid, soldado. Quien desea
Castigar hoy tan cruel
Vuestra osadía, ha mandado,
Que os diga, que aqui, advertid,
No volvais mas. [Dale el papel.
el. Pues decid,
Que yo lo pondré en cuidado,
Y cumplida mi esperanza,
No vendré mas donde estoy,
Pues, Dios bendito, me voy
Sin palos y con libranza.
l irse Celio, sale DON SANCHO, y le detiene.
an. Qué libranza?
el. Este es peor [aparte.
Lance; no me voy sin palos.
an. Qué buscais?
el. Indicios malos! — [aparte.
No busco nada, señor.
an. ¿De quién sois criado vos?
el. De Dios.
in. Lindo desenfado!
el. Si Dios todo lo ha criado,
¿Quién no es criado de Dios?
Y si argumentos tan buenos
No os dejan asegurado,
Pruebo, que soy su criado,
En que es á quien sirvo menos.
Y al cabo por yerro entré
Aqui, y ya me he disculpado
Del yerro, y de haber entra .
No te lo digo, porque
Es contra el arte decir
Alguna cosa dos veces.
Mas si á saberlo te ofreces,
Mejor lo podrás oir
Desas damas, á quien yo

Lo he dicho ya, y mi capricho
Se atiene á lo dicho dicho. [Vase.
Lis. Déjale; que aqui se entró
Preguntando, si sabia
De un vecino, á quien él viene
Buscando; y tal humor tiene,
Que estuviera todo el dia
Oyéndole, segun es
De entendido y sazonado.
San. Con todo eso no me agrado
Yo destas cosas. Despues,
O Lisarda, que dejé
La guerra, y vine á vivir
En la paz, para asistir
Mas á vuestro lado, hallé
En la calle alguna vez
Á este hombre, y no quisiera,
Que ocasion mi honor me diera,
Para que, haciendo juez
Al mundo de mi valor,
Algun loco pensamiento
Fuera trágico escarmiento
De las fortunas de amor.
Lis. El que te oyere decir
Razones tan ponderadas,
Tan graves y tan cansadas,
Muy bien podrá presumir,
Que una de las dos previene
Asuntos de tu temor,
Cuando en buena ley de honor,
No solo quien no le tiene
Lo ha de pensar, pero quien
Le tiene debe pensar,
Que el sol le pudo engañar,
Que es lo que le está mas bien.
Y asi del aire no arguyas,
Don Sancho, ilusiones vanas;
Que al fin somos tus hermanas,
Y aunque no por serlo tuyas
Debiéramos proceder
Bien, por ser nosotras sí;
Pues no aprendimos de tí,
Ni de tus zelos el ser,
Ni el lustre con que nacimos,
Ni nos estuviera bien
El aprenderle de quien
Viles hazañas oimos.
Y asi el valor y la fama,
De que al cielo haces testigo,
Guárdale para el amigo
Á quien quitaste la dama. [Vase.
San. Escucha, Lisarda, espera.
Leon. ¿Para qué te ha de escuchar?
San. Para que, ya que á culpar
Llegó tan altiva y fiera
Hoy mis acciones, tambien
Sepa, Leonor, que ha mentido
El coronista fingido
De mis zelos.
Leon. Está bien;
Pero allá podrá mejor,
Que no aqui, tu pensamiento
Ver el trágico escarmiento
De las fortunas de amor.
San. Oye tú tambien, aguarda.
Yo sabré en desdicha igual,
Quien ha informado tan mal
De mí á Leonor y á Lisarda. [Vase.

———

Salen DON JUAN y OCTAVIO.
Juan. Grave melancolía
Es, Octavio, la vuestra; todo el dia

No haceis aqui encerrado,
Sino dejar las riendas al cuidado,
Dando con mil enojos
Voz y llanto á los labios y á los ojos.
Si es tanto sentimiento
Corrido del humilde alojamiento,
Que en mi casa se os hace,
Poco tanto dolor se satisface
Con tan pequeña queja,
Pues agraviado el sentimiento deja.
Hacedme á mí testigo
De vuestros sentimientos.

Octa.   Ay amigo!
No hagais tan grande agravio
Á la amistad de Octavio,
Pensando, que podia
Vuestra casa aumentar la pena mia;
Pues, como veis, es fuerza
No verme el sol, mi sentimiento fuerza
El estar solo y triste,
Mas, que en la causa, en la pasion consiste.

Juan. Aunque yo de un amigo
Nunca á saber ni á preguntar me obligo
Mas de lo que él quisiere
Decirme, aqui la ley asi prefiere
La voluntad, que quiero,
Que me acuse la parte de grosero,
Suplicándoos, merezca mi cuidado
Saber la causa, con que habeis llegado
Encubierto á Verona,
Recatada del sol vuestra persona,
Haciendo mi aposento
Voluntaria prision.

Octa.   Estadme atento.
Bien os acordais, Don Juan,
De aquel venturoso tiempo,
Que en las escuelas famosas
De Bolonia, patria y centro
De las artes y las ciencias,
Fuimos los dos compañeros,
Viviendo un cuerpo dos almas,
Y dando un alma á dos cuerpos.
Bien os acordais tambien
De que en un mismo correo
De vuestro padre y el mio
Tuvimos juntos dos pliegos,
En que el señor Don Ursino
Os mandaba, que al momento
Viniésedes á Verona
Á descansarle del peso
De vuestro estado, porque
Os tenian sus deseos
De una principal señora
Tratado ya el casamiento.
En el mio me mandaba
Á mí mi padre, que luego
Trocase plumas y libros
Por las galas y el acero.
Vos á casaros, y yo
Á la guerra en un dia mesmo
Fuimos llamados; si bien
No de contrarios efectos,
Porque la guerra y casarse
Todo es uno en este tiempo.
Al despedirnos los dos,
En el abrazo postrero
Palabra los dos nos dimos,
Que habíamos de valernos
El uno al otro, y llamarnos
Para cualquiera suceso.
Sobre cuya confianza
Á buscaros, Don Juan, vengo,
Para probar, que soy yo
Mas vuestro amigo, supuesto

Que yo de vuestra amistad
Soy quien se vale primero.
Doblemos aqui la hoja,
Y á los discursos pasemos
De mi vida, que son tales,
Que imagino, dudo y temo,
Que yo los pueda decir,
Si no los dice el silencio.
Salí de Bolonia pues
Para Milan, donde, luego
Que llegué, senté la plaza
Y ventajas en el tercio
Del señor Duque de Lerma,
Aquel Scipion mancebo,
En quien Adónis, Mercurio
Y Marte tienen imperio.
Á mi discurso volvamos,
Que huele á lisonja esto;
Mas sus proezas son tales,
Que, aunque callarlas deseo,
Es fuerza volver á ellas,
Antes que acabe el suceso.
Asenté en su compañía
La plaza, y mientras el tercio
Estuvo en Milan, en él
Divertí los pensamientos
De la patria y los amigos
Entre mugeres y juego.
¡O cuánto en mi relacion
Algun amoroso extremo
Tarda ya, porque sin él
Está frio cualquier cuento!
Amor al fin, que no teme
Los escándalos y estruendos
De Marte, que desde niño
Le tiene perdido el miedo,
Como se crió en sus brazos,
Depuesto el arco, y depuesto
El arpon, quiso tal vez
Matar con armas de fuego,
Y en unos divinos ojos
Introdujo tanto incendio,
Que hicieron Troya las almas,
Aun antes de verse dentro.
Vivia tan igualmente,
Que, viendo y amando á un tiempo,
Hubo despues competencia
Sobre cual seria primero.
Por no cansaros (aunque
Con gusto me estais oyendo)
Lo que es lugares continuos,
Ventanas, calles, terrero,
Señas, papeles, criados,
Noches, embozos, paseos,
Ya es hábito del amor
Gozar mas, quien vale menos.
Tambien sabreis, como hallaron
Buen sagrado mis deseos;
Creció amor comunicado,
Y de un lance á otro siguiendo,
Al incendio de la vista,
Por vecindad el incendio
Del alma, pasó el que era
Breve pavesa entre hielo,
Á ser llama, que ya daba
Tornasoles y reflejos,
Á ser Etna, á ser Volcan,
Abismo de luz inmenso,
El que era Volcan y Etna
Á ser esfera, á ser centro,
Oficina y obrador
De los rayos y los truenos;
Tanto, que, aunque desigual,
Si bien no en el nacimiento,

Sino en la hacienda, la dí
Palabra de casamiento;
Cuya llave, que es maestra
Para hacer á cualquier pecho
De muger, me ofreció hacerme
De tantas venturas dueño.
Dí parte desto á un amigo.
Á un amigo dije? Miento;
Porque un amigo traidor,
Con capa de verdadero,
Es el mayor enemigo;
Que al fin no fuera el veneno
Del áspid tan ponzoñoso,
Si no matara encubierto.
O fementido! o aleve!
O falso! o mal caballero!
Pero quédese esto aqui.
Ufano, alegre y contento
Esperé, que el Dios de Dafne,
Entre sombras y bosquejos
De la noche sepultase
Su luz, siendo monumento
Todo el mar á todo el sol,
Cuando llegase á su centro.
Quiso el cielo el mismo dia,
(¡Qué tasado que anda el tiempo
En las penas!) que mandó,
De honor y prudencia lleno,
El Marques de los Balvases,
Que fuese marchando el tercio
Al casal de Monferrato,
Abrasando y destruyendo
Cuantos lugares hubiese
Confinantes, que, aunque abiertos,
No les faltaban defensas.
Ah ley dura! ¡ah duro fuero
De honor! ¿qué no pararás,
Si sabes parar deseos?
Yo, atento á la disciplina,
Yo, á la milicia sujeto,
Con mi compañía salí;
Que es al noble caballero
La religion mas estrecha
De cuantas admira el tiempo
La milicia. Á Pontostura
Llegamos, donde el esfuerzo
De nuestro maestre de campo
Hizo alarde de su aliento;
Pues porque tardó un criado
Con su arnes, desnudo el pecho
Se entró por la batería.
Debió de tener por cierto,
Que la obediencia del plomo
Habia de guardar respeto
Á un Sandoval y á un Padilla;
Y bien lo dijo el efecto;
Pues hallándole una bala
Desarmado y descubierto,
Cayó, sin hacerle mal,
Hecha una plancha en el suelo,
Dejando, como por firma
Que dijese: no me atrevo
Á pasar mas adelante;
Un cardenal en el pecho.
Ganó á Pontostura pues,
Á Rofinar puso cerco
Luego, y rindió á Rofinar,
Á San Jorge y otros pueblos
Del Monferrato, dejando,
Para mayores empleos,
Descubierta la campaña.
¿Mas qué va, que estais diciendo
Ahora entre vos: ¿este hombre
Dónde va con este cuento,

Que ha dejado tantos cabos
Para su novela sueltos?
Porque él tiene introducidos
Una dama, por quien muerto
De amores está; un amigo,
De quien se queja con zelos;
Un Duque, á quien encarece;
Y á mí, á quien tiene propuesto
Que le tengo de valer;
Pues de la farsa que emprendo
Todos somos personages,
Todos nuestra parte hacemos.
Y para que lo veais,
Á mi discurso me vuelvo.
Cuando á San Jorge llegó
Del Duque de Lerma el tercio,
Mons de Toral le esperaba
Con los caballos ligeros
Del suyo, de un montecillo
Amparado y encubierto.
Descubrióle nuestra gente,
Y en arma los campos puestos,
Empezó á escaramuzar
La caballería y el tercio
De Españoles y Franceses,
Tan valientes, como diestros.
No me quiero detener
Á repetir por extenso
La guerra, que voy muy largo;
Solo detenerme quiero
Á contar en esta parte
Lo que importa á nuestro intento.
El fin de la escaramuza
Fue, que, vencido y deshecho
El Toral, se retiró
Al casal, y hasta que dentro
Dél estuvo pertrechado,
Le dieron caza los nuestros.
Y cuando ya nuestra gente
Volvia á ocupar los puestos,
Escuchamos una voz,
Que entre los Franceses muertos
Salia, y vimos tambien,
Que se levanta entre ellos
Un hombre herido y desnudo,
De polvo y sangre cubierto.
Este, en mal formadas voces,
Que apenas concibió el eco,
Dijo en idioma frances:
Españoles caballeros,
Cualquiera que haya ganado
Por despojo, triunfo y premio
De su valor un joyel,
Que traje pendiente al pecho,
Véngale á dar por rescate,
Si quiere joyas de precio
Mas subido; y si no quiere,
Déme la muerte primero;
Que yo viva imaginando,
Que aun pintada es de otro dueño
La bellísima Madama,
Que lleva por huésped dentro.
Dijo el Frances; y aunque alli
Por las señas creí cierto
No poder determinar
Ser noble, por los afectos
Sí; que quien noble no fuera,
No tuviera sentimiento
Tan hidalgo. Llegó á él
El Duque, y con muchos ruegos
Corteses le persuadió,
Que fuese su prisionero.
Rindióse el Frances al Duque,
Y mandó curarle luego.

Ordenó, que á Milan fuese,
Porque desmintiese el riesgo
De su vida con mayor
Cura, regalo y aseo.
Ya tenemos en la farsa
Otra persona de nuevo ;
Pues ninguna está de mas.
Echóse un bando, diciendo,
Que aquel soldado, que hubiese
Adquirido en el encuentro
Un joyel con un retrato,
Le diese á rescate luego
Prometióse cien escudos
Por él, pareció al momento
En el poder de un soldado
Manchego, y por mucho menos
Le diera. Diósele al Duque,
Y á mí (que siempre en su pecho
Tuve piadoso lugar)
Me dió el retrato, diciendo:
Partid, Octavio, á Milan
En alas de mis deseos,
Y decidle de mi parte
A aquel frances caballero,
Que en generoso rescate
De su dama solo quiero,
Que tome su libertad ;
Y asi, que se vaya luego.
Ya vereis, si volveria
Alegre á Milan con esto;
Pues obedeciendo yo
A mi superior y dueño,
Iba donde me llevaban
A voces mis pensamientos.
Con lo cual vereis tambien,
Que no es lisonja ni afecto
El haber introducido
Dama, amigo, guerra, encuentros,
Duque y Frances, porque todo
Cuanto referí primero,
Para volver á Milan,
Fue necesario en el cuento.
Volví pues á Milan. ¡Nunca
Volviera á Milan! ¡Primero,
Pluguiera el cielo, una bala
Rémora de mis deseos
Fuera, parándome el curso
En el mar de mis tormentos !
Pues embajador apenas
De amor cumplí con el feudo,
Cuando, partiendo á la casa
De mi dama, hallé...... El aliento
Aqui me falta, y aqui
La voz, desde el labio al pecho,
Es un tósigo, un puñal,
Es un cordel, un veneno,
Que me aflige, que me hiere,
Que me abrasa y deja muerto;
Porque hallé......

Sale URSINO.

Urs. Don Juan !
Juan.   Señor ?
Octa. Interrumpióme á buen tiempo,
Para que vuelva á tomar
En mis desdichas aliento.
Juan. Tú en este cuarto ?
Urs.   A buscarte,
Muy quejoso de tí, vengo.
Juan. Tú de mí quejoso ?
Urs. Sí.
Juan. ¿ En qué disgustarte puedo,
Si como á señor te aclamo,
Como á padre te obedezco ?

Urs. En haberme dilatado
Una dicha tanto tiempo,
Como ha que el señor Octavio
Está en casa. ¿ No merezco
Tener parte yo de un huésped,
Que á honrarnos viene ? ¿ No debo
Dar gracias á la fortuna
Deste gusto, deste aumento ?
Juan. Con causa te quejas; digo,
Que te ofendió mi silencio
Neciamente; pero fue
Gusto de Octavio.
Octa.   Yo beso
Tus plantas por la merced
Que me haces; que como vengo
A sola una diligencia
A Verona de secreto,
No quise darte cuidado,
Porque he de volverme luego
A Milan.
Urs.   Mucho agraviaste
Obligaciones, que tengo,
Octavio, á tu sangre.
Octa.   Soy
Tu esclavo.
Urs.   Pues ya que puedo,
Informado de mi dicha,
Hablar libremente, quiero,
Que un cuarto se te aderece,
Que por ser al parque, creo,
Que te diviertas; que son
Sus vistas por todo extremo.
Juan. Con tu licencia, señor,
No saldrá de mi aposento;
Porque los dos lo pasamos
Bien aqui, y el cuarto, creo,
Que, al venir tarde ó temprano,
Te dé ruido.

Sale CELIO.

Cel.   Aqui está el viejo ? [*apart*
¿ De cuándo acá nos visita ?
Escondo el papel.
Urs.   No quiero
Embarazar vuestros gustos;
Pues solamente pretendo,
Que sepais, señor Octavio,
Que sé, que en mi casa os tengo.   [*V*
Octa. Los años vivas del sol.
Cel. Octavio, yo te agradezco,
Que no dijeses del Fénix,
Arrendador de lo eterno.
Y si quien trae buenas nuevas,
Y quien las dice de presto,
Albricias nuevas merece,
Papel hay, venga dinero;
Y si no, no habrá papel.
Juan. Daca.
Cel.   Qué es daca ? Primero
He de tomacar.
Juan.   ¡ Qué loco   [*Toma el p*
Estás ! Proseguid; que tengo,
Hasta saber en qué para,
Pendiente el alma del cuento.
Octa. Leed primero el papel;
Que buenas nuevas, no creo,
Que es bien, Don Juan, dilatarlas.
Juan. Con vuestra licencia leo.   [*lee par*
Octa. Contento leeis. ¿ Podré
Daros parabienes ?
Juan.   Creo,
Que será agraviar, Octavio,
Tanta ventura con ellos.
Ya os he contado otra vez,

Que el tratado casamiento,
Para que entonces mi padre
Me llamó, no tuvo efecto;
Ya os dije, como pensaba
Casarme á mi gusto, haciendo
Á una dama, á quien adoro,
Del alma y la vida dueño;
Ya os conté, como la hablaba
De noche, y que por respeto
De un hermano, que ha venido,
Con quien amistad profeso,
Con este intento no mas,
Pues le visito y le veo,
Y apenas sabe mi casa,
Ni conoce, segun creo,
Á mi padre, por ahora
Se puso á mi amor silencio.
Pues leed, vereis, que escribe,
Que hablarla esta noche puedo
Dentro de su misma casa.
 [*Toma Octavio el papel y lee para sí.*
Qué os parece?

Octa.   ¡Grande extremo.
De amor!

Juan.   Hora es ya de ir.
Perdonadme; que si pierdo
La ocasion, pierdo la vida. —
Tú, dame la capa presto,
Y un broquel. — Á Dios, Octavio.
   - [*Fase Celio.*

Octa. Aguardad, Don Juan; teneos;
Porque habeis de hacer por mí
Una fineza, que quiero
Suplicaros.

Juan.   Qué mandais?

Octa. Esta dama os pone á un riesgo
Notable, y os da licencia,
Que para el seguro vuestro
Lleveis un criado.

Juan.   Sí.

Octa. ¿Pues en cualquiera suceso
Cuanto es mejor un amigo
De satisfaccion y esfuerzo?
Yo, como vuestro criado,
He de ir con vos, pues es cierto,
Que yo para todo trance
Os seré de mas provecho.

Juan. Claro está que lo sereis,
Y aunque os estimo el consejo,
Hay una dificultad;
Que le nombran á él, y temo,
Que se disgusten.

Octa.   ¿Hay mas
Que decir, que soy el mesmo?
Que yo sabré recatarme.

Juan. Y si os hablasen (que á Celio
Le tienen allá por hombre
De humor y de pasatiempo)
Qué habeis de hacer?

Octa.   Pediré
Licencia á mis sentimientos,
Y diré mil disparates;
Que para todo hay remedio.

Juan. Sois mi amigo.

Sale CELIO.

Cel.   Aqui está ya
Capa, broquel y sombrero.

Octa. Dame tú la tuya á mí,
Y quédate.

Cel.   Lo consiento
Sin mas notificacion.

Juan. Vamos, Octavio.

Octa.   Aunque llevo

Tantos pesares conmigo,
Como sabeis, algun tiempo
He de gastar buen humor,
Mientras soy criado vuestro.   [*Vanse.*

———

Salen LEONOR *y* LISARDA *en trage de criada.*

Leon. Huélgome de que seas
Testigo de mi amor, para que veas
Desde cerca el intento,
Con que se atreve al sol mi pensamiento;
Que si me recataba
De tí, Lisarda, fue, porque pensaba,
Que cuerda me quitases
La ocasion, pero no porque llegases
Á examinarla y verla,
Como tú no me quites el tenerla.

Lis. Yo estimo el haber dado
Tan buen corte á tu gusto y mi cuidado,
Que conformando extremos
Tan contrarios, Leonor, las dos estemos
Gustosas de una suerte.
Mas solo un punto que me falta advierte.
El dia, que llegare
Á pensar, (qué es pensar?) que imaginare,
Que yo soy la que ha hecho
Espaldas á tu amor, y de tu pecho
En esto tuve parte,
Leonor, te persuade, que es quitarte
La ocasion.

Leon.   El callarlo te prometo,
Aunque yo sea muger, y él sea secreto.

Lis. Pues que ya recogida
Está la casa, y yo vengo vestida,
Sin que oro brille, y sin que cruja seda,
Que informar á Don Juan de quien soy pueda,
Vete á hacer la deshecha,
Para que se desmienta la sospecha,
Con aquella criada,
Que para abrir la puerta está avisada.

Leon. Ya dije, que has sabido
Tú la ocasion, Lisarda, que esta ha sido
La causa de dejalla,
Con que no es menester aseguralla.

Lis. ¿Y vino nuestro hermano?

Leon. No vino. Pero aquese es temor vano;
Porque del nuestro tiene
Su cuarto muy distante, y cuando viene,
Se entra en él, sin que sea
Fuerza que este jardin mire ni vea.
   [*Hacen ruido dentro.*

Lis. Qué es aquello?

Leon.   Es la seña.
Vé á abrir la puerta pues.

Lis.   Con no pequeña
Turbacion.

Leon.   ¿Pues de qué, di, vas turbada?

Lis. ¿No ves, que hago el papel de la criada? —
Don Juan?   [*Llega á abrir.*

Salen DON JUAN *y* OCTAVIO.

Juan.   Sí, Nise bella;
Yo soy quien busca al sol con una estrella.

Lis. Pisa quedo; que, aunque está
Su hermano fuera de casa,
Lisarda no duerme.

Juan.   Escasa
De luz la noche, no da,
Nise, solo un rayo.

Lis.   Ya
En presencia de Leonor
Será luz y resplandor
La tiniebla obscura y fria.

Juan. Dices bien; que todo es dia
Con el sol.
Leon. Don Juan, señor!
Juan. Leonor, señora, mi bien,
Deja, que en honestos lazos
Supla la fe de los brazos
Lo que los ojos no ven.
Leon. ¿Cómo se atreviera quien
No te estimara á una accion
Semejante?
Juan. Dudas son,
Que á tu recato prevengo,
Y solo á pagarlas vengo.
Leon. Nise!
Lis. Señora?
Leon. Atencion
Has de tener con el cuarto
De Lisarda, no despierte,
Y á echarnos menos acierte.
Lis. Yo tendré cuidado harto
De Lisarda.
Octa. Yo me aparto
Hácia la puerta á mirar,
Que nadie salir ni entrar
Pueda.
Leon. Es Celio?
Octa. Leonor, sí. —
Mi crianza empieza aqui. [aparte.
Leon. Pues cómo? No hay mas hablar?
Octa. No hay mas hablar, porque mas
Callar viene mas á cuento;
Que el primero mandamiento
De amor es: no estorbarás.
No fui tan necio jamas,
Que jugué con quien supiese
Mas que yo, ni que esgrimiese
Con amigo que estimase,
Que con mi amo me burlase,
Que con mi moza riñese;
Ni con necios porfié,
Ni con sabios argüí,
Ni con señor competí,
Ni de dama me confié,
Ni con zelos me ausenté,
Ni tuve al fin por favores
Cintas, cabellos ni flores;
Ni en sucesos semejantes
Me puse entre dos amantes,
Que se estan diciendo amores.
Juan. Bien el modo has imitado [aparte á él.
De Celio. Mas oye.
Octa. Di.
Juan. Puesto que has de estar aqui,
Divierte un poco el enfado
Con el humor de criado.
Con esto conseguirás
Dos cosas; y es, que estarás
Con Nise bien divertido,
Y siendo Celio fingido,
Él mismo parecerás.
Octa. Yo voy; pero no quisiera
Echarlo á perder.
Lis. No sé [aparte.
Como hablar con él; porque
El callar mas yerro fuera.
Mas sea desta manera. —
Ha Celio!
Octa. Nise?
[Siéntanse D. Juan y Leonor, y Octavio llega á
hablar con Lisarda.
Lis. Ay de mí! — [aparte.
Que me entretengas aqui
Quiero.
Octa. Entretenerte quieres?

¿Por ventura, Nise, eres
La muger de Monteni?
Lis. Tu buen humor me convida.
[Siéntanse los dos.
Octa. Pues miente mi buen humor,
Como un mal convidador,
Que conozco en esta vida,
El cual para una comida
Tres amigos convidó
De falso, y cuando llegó
Del convite el aplazado
Dia, él muy descuidado,
Sin esperarlos, comió.
Entraron, cuando ya estaba
Al ite comida es,
Y colérico despues
A su despensero echaba
La culpa, con que no hallaba
Que comer; y uno, á quien llama
Segundo Apolo la fama,
Al tal convite movido,
Antes muerto, que nacido,
Hizo este breve epigrama:
Tiene Fabio al parecer
Despensero á su medida,
Que al que convida se olvida
De traerle que comer.
Si en convidar, Fabio amigo,
Gastas tan poco dinero,
Préstame tu despensero,
Y vente á comer conmigo.
Lis. Bueno el epigrama es.
Octa. Consiento el llamarle bueno,
Porque he dicho, que es ageno.
Lis. Bien va sucediendo, pues [aparte.
No me conoce.
Octa. ¡Que des,
O amor! (tu deidad te abona),
Nombre y voz de otra persona!
Lis. En verdad que es extremado [aparte.
El pícaro del criado.
Octa. No huele mal la fregona. [aparte.
Leon. ¿Tanto estimas el tener
Esta ocasion?
Juan. Sí; y ahora
Que duerme la blanca aurora
En lecho de rosicler,
O Leonor, quisiera ser
De toda esa esfera dueño,
Ó con el opio y beleño,
Que da el monte de la luna,
Infundir la fortuna
Del orbe silencio y sueño.
Leon. Aunque en mi mano tuviera
El órden del cielo yo,
Hoy el curso del sol no
Parara ni detuviera,
Antes mas prisa le diera,
Por sentir el verte ausente;
Que quien ama firmemente,
Don Juan, que trocara, sé,
Las glorias de lo que vé
A penas de lo que siente.
Lis. Ya que mas segura estoy, [aparte.
En lo que sé le he de hablar;
Pues asi no podré errar. —
¿Y cómo saliste hoy
De con Lisarda?
Octa. Aqui doy [aparte.
Al traves. Mas la voz mia
Por mayor responda. — ¿Habia,
Hermosa Nise, de hacer
Caso yo desa muger?
Todo al fin fue niñería.

Lis. No mucho, porque yo sé,
      Que es muger, que cumplirá
      Lo que dijere.
Octa.   No hará.
Lis. Por qué?
Octa.   Yo me sé por qué.
Lis. Ella es fiera.
Octa.   Ya yo sé,
      Que ella es fiera averiguada.
Lis. Como nunca enamorada
      Se vió, y nunca quiso bien,
      No tuvo duelo de quien
      Lo está.
Octa.   Ella es una menguada.
Lis. Menguada?
Octa.   Y un argumento
      Lo podrá probar mejor.
Lis. Y es?
Octa.   Que quien no tiene amor,......
Lis. Qué?
Octa.   No tiene entendimiento:
Lis. Ese es falso fundamento.
Octa. No es, sino fino.
Lis.   Es error
      Dar á amor tan superior
      Grado.
Octa. Pues oye, y sabrás,
      Que no se apartan jamas
      Entendimiento y amor.
      Es amor una pasion
      Del alma, tan firme en ella,
      Que á duracion de una estrella
      Se mide su duracion;
      Un carácter ó impresion
      Fija, que lleva la palma
      Al tiempo, una dulce calma,
      Que al alma suspensa tiene,
      Tan alma suya, que viene
      Á ser el alma del alma.
      Que como si uno se atreve
      Fuego y nieve á mezclar, luego
      Vendrá la nieve á ser fuego,
      Ó el fuego vendrá á ser nieve;
      Porque á la union se le debe
      Tomar el hielo ó ardor;
      Asi amor y alma en rigor,
      Juntándose en una calma,
      O el amor ha de ser alma,
      Ó el alma ha de ser amor.
      Luego, si es en mi argumento
      Al amor el alma igual,
      Y del alma principal
      Potencia el entendimiento,
      Tambien del amor, atento
      Á que ya es alma el amor,
      Y él, como parte inferior
      Del alma, le ha de asistir,
      Que el criado ha de servir
      Al huésped de su señor.
      El amor lleva tras sí
      Al alma, lleva despues
      Al entendimiento, que es
      Parte del alma; y asi
      Queda bien probado aqui,
      Que pecho, en quien no halló asiento
      Amor, y quedó violento,
      No fue porque fue cruel,
      Sino porque no halló en él
      Ni alma ni entendimiento.
Lis. Bachiller es el criado. — [aparte.
      Diga contra esa opinion
      La experiencia una razon.
      Yo ví un necio enamorado;
      Luego es error haber dado

      Al entendimiento fama,
      Que dueño de amor se llama,
      Pues amar un pensamiento,
      No está en el entendimiento,
      Supuesto que un necio ama.
      Y apura mas mi razon:
      ¿Cuántos, por haber querido,
      Su entendimiento han perdido?
      Pues estos efectos son
      De una amorosa pasion;
      ¿Cómo, dime, puede ser
      Entendimiento el querer?
      Que amor de su mismo asiento
      No echara al entendimiento,
      Si le hubiera menester.
Octa. Bachillera es la señora. — [aparte.
      Cualquiera que un arpa mida,
      Hace, que responda herida,
      No que responda sonora.
      Con esto te he dicho ahora,
      Que un necio amará tambien;
      Mas no sabrá amar; que quien
      Ama sin entendimiento,
      Sonar hace el instrumento,
      Pero no que suene bien.
                        [Dentro ruido.
Lis. Escucha! Ay de mí!
Octa.   Qué es esto?
Lis. La puerta abren del jardin.
Octa. La cuestion tuvo mal fin.
Lis. Señora!
Leon.   Nise?
Lis.   Huye presto;
      Que la suerte nos ha puesto
      En gran mal. Tu hermano viene
      Por el jardin, como tiene
      Llave dél.
Leon.   Triste de mí!
Lis. Huyamos presto de aqui.
      Á los dos salir conviene
      Por las tapias.
Juan.   Saltad vos.
Octa. Tente, señor; que no es bien;
      Que hasta que libres esten,
      No hemos de salir los dos
      De aqui.
Leon. Pues á Dios.   [Vase.
Juan.   Á Dios. [Vase.
Octa. Pues no vuelven á hacer ruido
      Ahora me iré, advertido,
      De que quedas sin cuidado.
Lis. ¡Válgate Dios por criado!
      Tan valiente y entendido!

                JORNADA II.

        Salen LEONOR y LISARDA.

Leon. ¡Notable melancolía
      Es la tuya! ¿No pudiera,
      Para ayudarte á sentirla,
      Tener parte en tus tristezas?
      Descansa conmigo á solas.
      Qué sientes?
Lis.   Si yo supiera
      Decir, Leonor, lo que siento,
      No fuera mi mal, no fuera
      Grave mi dolor; porque
      No es posible, que se sienta
      Mas, que se dice; y aquello
      Que se llora y que se cuenta

No es mucho; que antes el mal
Con eso se lisonjea.
Y yo estoy tan bien hallada
Con el mio, que quisiera,
Que durara sin matarme,
Porque las desdichas nuevas
De morir aquel instante
No me tuviesen contenta.

Leon. Esa no es melancolía,
Es frenesí, es rabia, es fuerza
De mayor causa; y supuesto
Que decírmela no quieras,
No me la niegues, si yo
La supiere.

Lis.   Yo estoy muerta! [*aparte.*
¿Si mis extremos la han dicho
La ocasion? — Como la sepas
Tú, yo no la negaré.

Leon. ¿Es por ventura tu pena,
Corrida de lo que has hecho
Conmigo, siendo tercera
Estas noches de mi amor?

Lis. Aunque alguna parte es esa,
No toda. Di, si imaginas
Otra cosa.

Leon.   Solo esta
Me daba cuidado.

Lis.   Pues
Persuádete, que no es esa;
Y supuesto que mi mal
Comunicarse no deja,
No apures mi sufrimiento.

Leon. Dime, en qué alegrarte pueda?

Lis. En dejarme; porque un triste
Consigo solo se alegra.

Leon. Obedecerte deseo.
Contigo, hermana, te queda. —
Gran pasion es esta, cielos!´ [*aparte.*
¡Quiera Dios, que por bien sea!   [*Vase.*

Lis. Ya estoy sola, ya bien puedo
Dejar al dolor la rienda,
Dar al aliento la voz,
Soltar al llanto la presa,
Y en mal pronunciadas voces,
Y en lágrimas mal deshechas,
Dar corrientes y suspiros
Á los ojos y á la lengua.
Salgan pues, salgan del pecho
Tantas desdichas y penas.
Mas no salgan; que, aunque estoy
Sola, es tan grande la afrenta
Que padezco, que, al decirlas,
Aun de mí tengo vergüenza.
Y antes que mi agravio diga,
El primer acento sea
La disculpa, como aquel
Que en una prision espera
Morir de veneno, y toma
Primero la contrayerba.
Tres peligros tiene amor;
Uno el que la voz alienta,
Otro el que la vista admite,
Y otro el que el oido engendra.
Conociendo el de los ojos,
Les dió la naturaleza
Párpados, porque no fuese
Disculpa el ver una ofensa.
En la lengua puso luego,
Como á monstruo, como á fiera
Terrible, mayores guardas
De candados y de puertas,
Tras canceles de coral,
Otras murallas de perlas.
Pues siendo asi, que previno

Para los ojos defensa,
Defensa para la voz,
¿Cómo olvidó, que tuviera`
Defensa el oido, siendo
El que aprende mas apriesa?
Pues de lo que hace y vé
Un hombre menos se acuerda,
Que de lo que oye; y no solo
No hay guardas que le defiendan,
Pero tiene, porque vaya
La voz mas sonora y cierta,
Quien la recoja, pues son
Arcaduces las orejas.
Y apurado este discurso,
Llevada de mis tristezas,
De lo que miran mis ojos,
Ya con esta recompensa,
Lo que lloran ellos mismos,
De sus agravios se vengan;
De lo que la lengua dice,
Con suspiros la consuela;
Mas el oido no tiene
Ni consuelo ni defensa.
Dígalo yo, que engañada
Oí la falsa Sirena
De un hombre...... Pero aqui el llanto
Anegue la voz, y sea
Mar de desdichas mi pecho,
Adonde corra tormenta.
¿A un hombre (aqui me suspende
Segunda vez la vergüenza)
De humilde estado, de poca
Estimacion y de prendas
Tan bajas, pudo el oido
Tanto, que la voz sujeta
Y el pecho, que ha sido el centro
De altivez y de soberbia?
¿Yo, que con una pasion
Tan rendida y tan resuelta,
Que me desvele un criado?
Un picaro? La paciencia
Me falta. ¡O qué bien, amor,
De mis desdichas te vengas!
Un solo camino hallo
De vencer esta inclemencia
De cielo, que es verle presto;
Que el verle de dia refrena
La pasion, que de escucharle
De noche nace. Con esta
Intencion le dije anoche,
Que á verme á estas horas venga,
Pensando, que Nise soy,
Y estoy esperando atenta;
Que, si, viéndole de dia
Con tal trage y tales señas
De hombre bajo, mi furor
Tras sí me arrastra y despeña,
Tengo de darle la muerte,
Porque con su vida mueran
Tantos abismos de males,
Tantos piélagos de afrentas,
Tantos Étnas de desdichas,
Tantos Volcanes de afrentas,
Tantos montes de peligros,
Tantos mares de sospechas,
Tantos linages de agravios,
Tantos géneros de penas.

Sale CELIO *sin verla.*

Cel. Octavio y Don Juan me dicen, [*aparte.*
Que á buscar á Nise venga,
Que ella dirá, que me quiere,
Y que la otorgue y conceda
Cuanto me dijere. Yo

No sé qué enigmas son estas.
Ellos se vienen de noche
Con disfraces y cautelas
Sin mí, que ya no parezco
Escudero de comedia,
Segun que no me hallo en todo;
Y siendo asi, que rezelan
De mí, no sé qué secretos,
Que allá entre los dos conciertan,
Me dicen, que hable con Nise.
Pero Lisarda es aquesta,

Lis.   Qué presto vino! ¡Que un hombre   [*aparte.*
Tal con cuidado me tenga! —
¿Á qué efecto me nombraste?

Cel.   Por mi devocion; que es buena
La que con Santa Lisarda
Tengo, que yo no pudiera
Con otro efecto nombraros;
Y si es, que os nombrara, fuera
Por diosa de la hermosura,
Por ninfa de la belleza,
Emperatriz de la gala,
Y de la discrecion reina,
Archiduquesa del garbo,
De lo prendido duquesa,
Marquesa de lo parlado,
Y del aseo condesa,
Y vizcondesa de nadie;
Que no ha de ser vizcondesa,
Sin bizcar, perdiendo un ojo,
Si en la demanda me cuesta;
Que menos importará,
Para lo de Dios, que sea
Yo, hermosa señora mia,
Bizco, que vos vizcondesa.

Lis.   ¡Que tan frias necedades,   [*aparte.*
Que frialdades tan necias,
Como estas, á una muger
Como yo cuidado cuestan!
¡Castigo del cielo ha sido!

Cel.   Mucho la vista pasea   [*aparte.*
Por mi estatura; sin duda
Que los palos me tantea,
Quizá porque los esclavos
Los den por razon y cuenta.

Lis.   En esto el remedio hallo;   [*aparte.*
Que no hay cosa que aborrezca
Mas, que á este hombre, si le miro.
Mas disimular es fuerza,
Si asi tengo de sanar. —
¿No os dije yo, que no os viera
Aqui otra vez?

Cel.   Sí, señora,
De lo dicho se me acuerda;
Pero como son esclavos
Los que han de hacer la faena,
Trayendo al cuerpo del guardia
De mis costillas su leña,
No me dió mucho cuidado;
Que no hay ninguno que sea
Mas vuestro esclavo, que yo;
Y siendo yo esclavo, es fuerza
Que como á prójimo suyo
Ni me toquen, ni me ofendan.

Lis.   Donaire de la amenaza   [*aparte.*
Hace. Claramente muestra
El valor, con que le he visto
Alguna noche á mi puerta,
Al lado de su señor,
Sobre espadas y rodelas,
Desembarazar la calle,
Para quedar solo en ella,
Y es valiente. ¿Mas qué importa,
Si es quien es?

Cel.   Dióme otra vuelta.   [*aparte.*
Yo pienso, que me retrata,
Segun me mira de atenta.

Lis.   Qué mal talle! Pues la cara,   [*aparte.*
Qué fealdad!

Cel.   Haré una apuesta,   [*aparte.*
Que está diciendo entre sí:
¡Qué generosa presencia!

Dentro DON SANCHO.

San.   Ten, Fabricio, ese caballo.

Lis.   Don Sancho es el que se apea.

Cel.   Siempre con Don Sancho tuve
Azar, y aqui no quisiera
Que me hallara; que es un Cid.

Lis.   Que una desdicha suceda
Temo, y mas siendo la causa
Yo de que ahora á verme venga.
Excusarla me conviene.
En este aposento entra.

Cel.   ¿Qué es aposento, señora?
En un desvan me metiera.   [*Vase.*

Sale DON SANCHO.

San.   Estás sola?

Lis.   Si no son
Compañía las tristezas,
Sola estoy. Qué es lo que haces?
[*Cierra la puerta D. Sancho.*

San.   Cierro, Lisarda, la puerta;
Que quiero quedar contigo
Á solas.

Lis.   La puerta cierra.   [*aparte.*
Él le ha visto.

Sale CELIO *al paño.*

Cel.   Malo es esto!
Todos vustedes me sean
Testigos, por si me mata,
De que protesto la fuerza,
Para que pueda pedir
Despues entre la sententia
La nulidad de mi muerte.

Lis.   ¡Ya cerró; yo quedo muerta!   [*aparte.*

San.   Muchas veces deseé,
Que ocasion se me ofreciera
De hablar contigo, Lisarda,
Y ninguna es como aquesta;
Que si algun criado mio
Te informó de la manera
Que suelen, lo que me trajo
De Milan quiero que sepas.
Yo ví en Milan una muger tan bella;
No digo bien muger; yo ví una diosa,
En los cielos de Abril fragrante estrella,
En los campos del sol luciente rosa;
Tan entendida, tan sagaz, que en ella,
Como de mas estaba el ser hermosa,
Que parece formó naturaleza
Entre la discrecion tanta belleza.
Tal fue, que habiendo á mi desvelo dado
Mas de alguna ocasion, y habiendo sido
Agradecido iman de mi cuidado,
Y no ingrata prision de mi sentido,
Habiendo pues á mi temor librado
Necios favores, que borró el olvido,
Con nueva voluntad, con nuevo empeño,
Mudable me dejó por otro dueño.
Súpelo yo despues de una criada,
Que me dijo, que ciega pretendia
Aquella misma noche dar entrada
En su casa al galan, que la servia;
Pero que ella, á mis ansias obligada,
No á mis dádivas, dijo, me ofrecia

Venderme la ocasion. ¡O cuántas famas
Las criadas vendieron de sus amas!
Agradecí el aviso; que un zeloso
Le debe agradecer, aunque le pese;
Y esperaba la noche cauteloso,
Para que paso á mis traiciones diese;
Cuando, viniendo á verme su penoso
Amante, sin saber que yo lo fuese,
Contándome sus dichas y desvelos,
Creció mas la congoja de mis zelos.
Confieso, que, si entonces me dijera
Lo que yo en los amores ignoraba,
Quedar secreto á su amistad debiera,
Morir primero á mi lealtad tocaba;
Mas si yo de su amor tan capaz era,
Que lo supe antes que él me lo contara,
Ni niego la fineza del efeto;
Que lo que dos me dicen no es secreto.
Abrióme pues la puerta la criada,
Guiándome á su cuarto, donde aquella
Deidad de la inconstancia profanada
Estaba, tan mudable, como bella.
La criada á la luz fingió turbada
Desconocerme, y mas turbada ella,
Sin fingirlo, quedó, sin que supiese
Cual la verdad, cual lo fingido fuese.
Dió voces, bajó gente, y mis venganzas
Probaron en algunos los rigores.
Si estorbé de su amor las esperanzas,
Si olvidé de mi olvido los favores,
Si burlé de una fiera las mudanzas,
Si castigué de un áspid los errores,
Dilo tú, aunque ignorante me castigas.
Pero no es de tu estado; no lo digas.
Esto te he dicho, porque no imagines
De mí, que hacer, sin gran disculpa, puedo
Cosa indigna de mí, ni determines,
Si yo bien puesto ó si mal puesto quedo;
Que no es bien que me arguyas ni examines,
Para poner á mis acciones miedo,
Y disculpar lo que en mi casa pasa,
Que, Argos de honor, he de velar mi casa. [_Vase._

Lis. ¿Hay cosa como pensar
Mi hermano, como me vió
Tan de su parte, que yo
Fuese la que dió lugar
Á aquel criado, y que he sido
La que admitiendo al criado,
La pendencia ha ocasionado?
Aun si le hallara escondido,
Con mas razon lo dijera;
Pues es verdad, que yo soy
Quien le dió la ocasion hoy
De que á buscarme viniera.
Mas ya que el temor resisto,
Y él se fue, bien empleado
Ha sido el susto pasado,
Á trueco de haberle visto;
Pues verle solo será
Remedio. — Ha Celio!

Sale CELIO.

Cel.   Señora?
Lis. Bien podeis salir ahora,
Que mi hermano se ha ido ya;
Pero mirad lo que os digo,
Que no atribuyais la accion,
Que habeis visto, á otra ocasion,
Que estorbar vuestro castigo
Á mis ojos.
Cel.   No se crea
Tal de mí, ni tal se espere;
Y si tal atribuyere,
Que atribuido me vea

Á los ojos del Señor.
Y con esto, y con besar
Aquese pie singular,
Cifra, que asienta el amor,
Pie, que á persona se atreve,
Pie, que en mi pie lugar toma,
Pie, que un notario de Roma
Le despachó por lo breve,
Pie duende, pues en rigor
No se sabe si es verdad,
Y pie tan menor de edad,
Que le pueden dar tutor:
Me iré con compas de pies,
Alegre y agradecido,
Avisado y advertido
De tu piedad.
Lis.   Oye pues.
Cel. Otrosí, qué mandas?
Lis.   Mando,
Que no me vuelvas aqui
Otra vez.
Cel.   Harélo asi,
Las tres ánades cantando.
Lis. ¿Mas por qué me quito yo   [_aparte._
El remedio de mi mal,
Si es que con seguro igual
Amor mi remedio halló? —
Celio, oye.
Cel.   No me detengas,
De todo estoy avisado;
Que no venga me has mandado.
Lis. Pues ya te mando que vengas.
Licencia, Celio, te doy;
Ven á verme; porque el verte
Solo ha de excusar mi muerte. —
Mas qué digo? Loca estoy!   [_Vase_
Cel. Cielos! ¿Quién ha de entender
La cifra de aqueste enfado?
Mas pues solo me han dejado,
Un soliloquio he de hacer.
Recibirme melindrosa
Lisarda, hablarme turbada,
Advertirme recatada,
Y guardarme generosa,
Enfadarse y desdecirse,
Quererme ir y enfadarse,
Despedirme y retratarse,
Mandar que venga y partirse,
¿No me está diciendo aqui
(Que no es otra cosa, no):
Necio, entiéndeme; que yo
Me estoy muriendo por tí?
¡Pues alto, esperanza vana!
No hay en esto duda alguna;
Que el que es de buena fortuna,
Lo que no envida, no gana.
Desde hoy tengo de asistir
Noche y dia; desde hoy
Su eterna figura soy;
Pues que yo puedo rendir
Con mi buen arte, y con mi
Buen ingenio y mi gallarda
Presuncion, una Lisarda
De las mas lindas que ví.   [_Vat_

Salen DON JUAN, URSINO y OCTAVIO
de noche.

Octa. Los dos, señor, contigo
Sirviéndote hemos de ir.
Urs. Ya, Octavio, os digo,
Que es conmigo excusado
Afectar ese honor, ese cuidado.

Juan. ¿Has de ir solo á esta hora?
Urs. ¿Pues quién me ha de ofender?
Octa. Ninguno ignora,
Que es rayo tu cuchilla,
Que del rebelde ha sido maravilla;
Mas no porque lo fueses
Nos excusa á los dos de descorteses,
Si, habiéndote aqui hallado,
Te dejamos ir solo.
Urs.   Ya habeis dado
En eso, y lo consiento
De vos, Octavio, porque Juan, atento
Á la obediencia mia,
No os deje solo, porque mas querria
Ser hoy con vos grosero
Yo, que no que él lo sea.
Octa.   Solo quiero
Responder á ese agravio,
Muda la voz, y suspendido el labio.
Juan. Dónde vas?
Urs.   Aqui á casa
De César, donde se divierte y pasa
La noche en tener juego,
Conversacion y rifas, é irme luego.
Esta es la casa, despediros puedo;
Idos con Dios; que yo seguro quedo.
Juan. ¿Entraremos contigo?
Urs. No; que no quiero yo, que seas testigo
De si juego ó no juego,
Para alentar tus inquietudes luego.   [*Vase.*
Octa. Bien vuestro padre ha andado,
Propio despejo de tan gran soldado,
Reñir con bizarría.
Juan. Pues no quisiera hoy la suerte mia,
Que haber andado bien hubiese sido
En eso.
Octa.   Pues en qué?
Juan.   En haber venido,
Ya que le acompañamos,
Al barrio de Leonor, pues nos tardamos,
Por haberle asistido.
Octa. Antes, Don Juan, mas presto hemos venido,
Que otras noches.
Juan.   No creo,
Que vive en vos la fe de mi deseo,
Pues temprano os parece.
Octa. Aunque es verdad, que el alma no padece
El ansia ni el afeto,
Digno de un alto y singular sugeto,
Por Dios, que no ha dejado
De traerme mi poco de cuidado.
Sabed, que la criada
Parla excelentemente.
Juan.   Es extremada.
Octa. No ví en toda mi vida
Pícara tan gustosa y entendida.
¿Pues qué diré del modo
Con que se hace estimar......? Calle aqui todo.
Decidme si es hermosa.
Juan. ¿Pudiera haber pregunta mas ociosa?
Si vos decis, que tan discreta sea,
¿No estais diciendo á voces, como es fea?
Pero pues ya llegamos,
La seña, Octavio, en esta reja hagamos.
Octa. ¿Qué va que no responden,
Pues poco ha que se esconden
Del sol las luces bellas,
Dejando por vireinas las estrellas?
Juan. Fuerza es pues que esperemos;
Aqui este rato divertir podemos.
Ved, qué quereis que hagamos.
Mas pues solos estamos,
Sin el impedimento,
Que os estorbó otras veces. va de cuento.

Octa. Con el retrato de aquella
Madama,...... Aqui me parece
Que quedamos.
Juan.   Es verdad.
Octa. Cuya hermosura excelente
Con vida y con alma estaba
En el joyel, de tal suerte,
Que, mirándola, y hablando
Otra dama diferente,
Quise responder á ella,
Presumiendo, que ella fuese.
Llegué á Milan, y á la casa
De Monsiur de Orliens, pariente
Muy cercano de los Duques
De Orliens, cuyos intereses
Quizá le empeñaron tanto,
Que, pasando de valiente
Á temerario, le hicieron
Deudor de tantas mercedes.
Dile el recado del Duque,
Y en la lámina viviente
Absorto en muy grande rato
No habló; pero en solo verle
Dijo mas, que si dijera;
Que es el silencio elocuente.
Luego con mil ceremonias
De rendimientos corteses
Me dijo: Monsiur, al Duque
Mi señor le decid, que este
Esclavo y rendido suyo
Le besa los pies mil veces.
Y asi, que por no tomar
Contra mi dueño excelente!
Las armas, me volveré
Á Francia, pues me concede
La vida y la libertad,
Sin que á ello ei Rey me fuerce.
He querido decir esto,
Por no dejaros pendiente
Ningun cabo, porque todos
Los de la novela queden
Atados, si ya no es,
Porque advertida y prudente
Rodeos busca la lengua,
Para que el dolor no llegue.
Pero en fin, por no huir
El semblante á los desdenes
De la fortuna, supuesto
Que la confianza mas fuerte,
Cuanto mas se recatea,
Tanto mas se aviva y crece,
Que es otra desdicha aparte
La desdicha que se teme:
Llegué á la casa (ay de mí!)
De Flérida hermosa, (que este
Es el nombre) y cuando en ella
Pensé lograr los placeres
Perdidos...... ¡Qué necedad,
Que tal mi pecho creyese,
Pues es cierto, que ninguno
Despues de perdido vuelve!
Hallé la casa, que abierta
Estaba, sin que me diesen
Los adornos seña alguna
De que la habitase gente,
Toda desierta, y en toda
Una suspension; que á veces
Aun las desdichas se hacen
De rogar, si les parece
Que son de provecho. El huerto,
Cuyas flores fueron jueces
De mi amor, secas y mustias,
Y algunas, sin que naciesen
Claveles, lo parecian,

Pero sangrientos claveles.
Ví, que hácia una parte estaba
La turca alfombra excelente
Trocada en funesto lecho,
Que hacia sombra á unos cipreses.
Todo me puso pavor,
Todo tristeza, y de suerte
Ví tras la imaginacion
Arrebatarse y perderse
El discurso, que temí
Dentro en mí mismo perderme.
¿Viste á cóleras del noto
Deshojarse y deshacerse
Los nevados tornasoles
De aquel árbol, que amanece
Á ser alba del verano,
Por su rizado copete,
Que apenas al mundo vive,
Cuando maravilla muere?
¿Viste, á violencia de un rayo,
En la campaña celeste
Del estío, que son ruina
Los árboles y las mieses?
¿Viste océano terrible,
Que montes de espuma mueve
Á los embates de un rio,
Soberbio con su corriente?
Tal la casa parecia,
Ruina, que se desvanece
Al viento, al rayo, á las ondas,
Deshace, desluce y pierde
Beldad, pompa y hermosura,
Humilde, postrado y débil.
No previniendo la causa
Del no pensado accidente,
Pensé morir; pero un hombre,
Que acaso allí estaba, en breve
Informado de mis dudas,
Me respondió desta suerte:
Aqui vivia una dama,
Rica solo de los bienes
De naturaleza, á quien
Amó un caballero; este,
La noche que salió el tercio
De Milan, habrá dos meses,
Por la puerta del jardin
Entró; no sé quién le abriese;
Solo sé, que la muger
Dió voces, y que la gente
De su casa acudió, y él,
Como atrevido y valiente,
En su defensa mató
Un hombre; y segun parece,
Debió de quedar aqui;
Mas las señas lo desmienten.
Salió en fin, y ella turbada,
Viendo que á todos los prenden,
Se fue á un monasterio, donde
Librarse, señor, pretende.
Nombróme el nombre al fin; era
Aquel fiero, aquel aleve
Amigo, en quien por mis males
Deposité tantos bienes.
Ved, qué penoso dolor,
Ved, qué confusion tan fuerte;
Y mas cuando de la dama
Tuve un papel, que me advierte,
Que por mí su hacienda, vida
Y reputacion padecen;
Que volviese por su honor;
Pues es tan cierto, que tiene
Obligacion de pagar
La deuda el que no la debe,
Como en su nombre se pida,

Y á todo el nombre se preste.
Con esto pues empeñado
En matarle ó en prenderle,
Le busqué, y supe, que estaba
En Verona......

Juan.   Oye, detente;
No prosigas, hasta tanto
Que haya pasado esta gente.

Salen DON SANCHO *y gente.*

San. Ellos son, ya no hay que hacer,
Sino esperar á que entren.   [*Vase.*

Octa. Armas lleva, y prevenciones.

Juan. La esquina á la calle vuelven;
Y otro hombre por esta parte
Mirando las rejas viene.

Sale CELIO *con capa rica.*

Cel. ¡Qué mal un enamorado
Descansa, come ni duerme,
Si á los umbrales no está
De la dama á quien bien quiere!
Aqui me ha de hallar el dia
Adorando estas paredes.
¡Ay bellísima Lisarda,
Qué de suspiros me debes!
Yo quiero hacer una seña.

Octa. ¿Si son estos los valientes
De la otra noche, y nos echan,
Por ocasionarnos, este?

Juan. ¿De qué suerte lo sabremos?

Octa. Yo os lo diré; desta suerte.
    [*Llégase á* CELIO.
Caballero, á mí me importa
Solo, que esta calle deje.
Y asi le ruego se vaya,
Ó haráme, que se lo ruegue
Á cuchilladas.

Cel.   No hará;
Porque el pedir desa suerte
Es lo mismo, que pedir
Limosna con pistolete.

Octa. Pues váyase de aqui al punto.

Cel. Donde es el punto, conviene
Á saber, si he de ir allá,
Sino es que decirme quiere,
Que irme al punto, es irme al punto.

Octa. No del vocablo me juegue,
Sino váyase.

Cel.   No quiero.

Octa. Yo le haré que quiera.

Cel.   Tente,
Señor.

Octa.   Es Celio?

Cel.   Yo soy.
Milagro fue el conocerte,
Porque si no, esta es la hora
Que eres un atun de *requiem.*

Octa. Qué capa es esta?

Cel.   Una tuya.

Octa. ¿Pues qué disfraz es aqueste?

Cel. Disfraz de hombre enamorado;
Que no hay cosa en que se eche
De ver mas, cuando lo estan,
Que en andar limpias las gentes.

Octa. Nise lo habrá asi trazado.

Cel. Nise fue mil remoquete
Un tiempo; mas ya no es Nise,
Ni se dice, ni se puede
Decir, porque al fin fue amor
De medio mogate ese,
Y este es de mogate entero.

Juan. ¡Ea, vete de aqui, vete!

Cel. No puedo, porque he de estar,

Hasta que el alba despierte,
Clavado en estos umbrales,
Dosel poco, esfera breve
De mejor sol, pues el sol
La luz de Lisarda aprende.

Juan. Estás loco?

Cel. Cuerdo estoy;
Porque quien el juicio pierde
Por tal causa, cuerdo está.

Octa. Esa es ser loco dos veces.

Sale LISARDA *al paño.*

Lis. Celio! Celio!

Juan. Llaman?

Cel. Sí.
Aguárdate tú, no llegues;
Que Celio dijeron; y es
Lisarda, que á hablarme viene,
Enamorada de mí.

Juan. Necio estás; mira no quedes
En la calle. — Nise, es hora?

Lis. Sí, entra. ¿Mas Celio no viene
Contigo?

Juan. Celio!

Cel. y Octa. Señor?

Octa. No respondas tú, detente. [*á Celio.*

Juan. Entra, qué esperas?

Octa. Pensar,
Que he de pasar fácilmente
Del monte de mis pesares
Al jardin de tus placeres.

Lis. ¡O Celio, seas bien venido!

Octa. Claro está, si vengo á verte,
Que bien venido seré.

Lis. Entra presto, porque cierre.

Octa. Entro, porque cierres presto.

Lis. ¡Ay amor, mucho me debes, [*aparte.*
Pues asegurando el riesgo,
Quiere amor, que á perder eche
De noche con escucharle
Lo que mejore con verle!

[*Vanse D. Juan, Lisarda y Octavio.*

Cel. ¿Qué me toca hacer á mí,
Viendo en la ocasion presente,
Que á Lisarda, á quien conozco
Por la voz distintamente,
Como aquel que de la suya
Y de la de Nise tiene
Mas noticia, me ha llamado
Por mi nombre, viendo que entre
Octavio á gozar las dichas,
Que solo mi amor merece;
Pues cuanto de dia grangeo,
Porque el verme la divierte,
Viene él á gozar de noche?
Fiero amigo! ingrato huésped!
¡Vive Dios, que va de veras
El sentir zelos tan fuertes!
¿Pero qué mucho, si veo
De veras tambien, que llegue
Á rendirse una muger
De su calidad, de suerte,
Que me viese y que me llame?
¿Mas ya qué remedio tiene,
Si al que ha de ser desdichado,
Aun la vida le da muerte? [*Vase.*

_____

Salen LEONOR, DON JUAN, LISARDA y
OCTAVIO.

Leon. En la alfombra lisonjera
Deste cuadro, que es dosel
De la hermosa primavera,

Pues las rosas, que hay en él,
Estrellas son de otra esfera,
Cuyos muertos resplandores
Á las estampas y huellas
Del sol dicen entre olores,
Si esta noche sois estrellas,
Mañana seremos flores,
Puedes sentarte.

Juan. Y aqui
Puedes tú darme del dia
Cuenta. En qué has pasado? di.

Leon. En que la memoria mia
Siempre está pensando en tí.
Á la aurora desperté,
La mañana te escribí,
Á la tarde te esperé,
De noche, Don Juan, te ví,
Y á todas horas te amé.

Octa. ¿Y tú, Nise, en qué has pasado
El dia?

Lis. No me he acordado
De tí.

Octa. Tú has hecho muy bien;
Que, por Dios, que yo tambien
Tuve ese mismo cuidado,
Y desde hoy te he de querer
Por finezas tan extrañas.

Lis. Qué finezas?

Octa. ¿Pueden ser
Mayores, pues desengañas
Á un hombre, siendo muger?
En ninguna mi cuidado
Desengaño hubiera hallado.

Lis. Por qué?

Octa. Porque en todas son
La lengua y el corazon
Un relox desconcertado.
[*Ruido dentro.*

Lis. Cómo......? Mas qué ruido es este?

Leon. Ay de mí!

Juan. Válgame el cielo!

Lis. El cuarto abren de mi hermano.

Leon. Luz sacan.

Lis. Aqui me pierdo, [*aparte.*
Si en este trage me ven,
Y si conocida quedo
De Don Juan y su criado.

Juan. Qué he de hacer?

Lis. Arrojaos presto
Por las tapias; que nosotras
Seguras quedamos.

Juan. Celio,
Ven tras mí.

Octa. Si, antes que lleguen,
Saltar las tapias podemos,
Será mejor.

Leon. Dices bien.

Octa. Ea pues, salta primero. [*Vanse.*
[*Escóndese Leonor.*

Sale DON SANCHO *con gente.*

San. Guardad las puertas vosotros,
Pues ya vimos que estan dentro.

Lis. ¡Ay infelice de mí! [*aparte.*

Leon. Muerta estoy! [*al paño.*

San. Acudid presto.

Lis. Qué ruido es este? ¿Qué buscas
Con tantas armas y estruendo?

Leon. Á mí no me vé Don Sancho;
Segura escaparme puedo,
É irme á mi cuarto.

San. ¿Qué haces
Aqui á estas horas?

Lis. Hoy muero! — [*aparte.*

Bajé al jardin desta forma
Á solo tomar el fresco.
San. O aleve infame!

Sale un Criado.

Cria.   Señor,
Acude á las tapias presto;
Que ha saltado un hombre, y otro
Va á salir.

Dentro Octavio.

Octa.   Válgame el cielo!
Cayó la tapia, y yo estoy
Enterrado antes que muerto.
San. Presto lo estarás.

Sale Octavio.

Octa.   No haré;
Porque es un rayo este acero
Desatado. Mas qué miro!
¿No es este Don Sancho, cielos?
San. ¿Cielos, este no es Octavio?
Lis. Don Juan es este que veo;
El que saltó fue el criado.
Pues no le conozco, es cierto.
Octa. Traidor, ahora verás,
Que desta suerte me vengo
De los pasados agravios.
San. Villano y mal caballero,
Si es que á buscarme has venido,
¿No era mas hidalgo hecho
Vengarte de mí en mi vida,
Que ella te ofendió, primero
Que en mi honor? ¿No era mejor
Darme muerte cuerpo á cuerpo
En el campo, que matarme
Disfrazado y encubierto?
Mas antes que del jardin
Hagas teatro funesto,
Tomaré de dos agravios
Dos venganzas; el primero
De mi honor y desta hermana
He de remediar el riesgo,
Haciendo, que de marido
La mano la des, y luego
Dándote muerte, porque,
Á dos agravios atento,
Ya que en mi honor y en mi vida
Quisiste vengarte fiero,
Tomen mi vida y mi honor
Satisfacciones á un tiempo.
Dale la mano.
Cria.   Las puertas
Quiebran.

[Dentro golpes.

San. Todos estad quedos.
Octa. Esta es Leonor; la criada   [*aparte.*
Era la que se fue huyendo.
¿Habráse visto jamas
Otro hombre en mayor empeño?
En casa de mi enemigo,
Sin saber cómo, me veo;
Cercado de armas y gente
Estoy, con indicios ciertos
De amante de la que es dama
Del amigo con quien vengo.
¿Cómo he de salir de aqui?
Pues si callo, lo confieso;
Y si digo la verdad,
La ley de amistad ofendo.
Mas remítolo al valor;
Mejor es matar muriendo. —
Traidor Don Sancho, aunque aqui
Me ves ahora encubierto,

No vengo á ofender tu honor;
Á darte la muerte vengo.
Esas paredes salté
Solo con aqueste intento,
Ni yo conozco á esa dama,
Ni sé, si es, viven los cielos,
Tu hermana; y esta respuesta
Me debes por su respeto.
Lis. Don Juan y Don Sancho deben   [*aparte.*
De haber reñido antes desto.
Esforcemos su disculpa. —
¡Bueno es, que tú, loco ó necio,
Hagas por allá locuras,
Que obliguen á tanto extremo,
Como buscarte en tu casa,
Y quieras, viniendo á eso,
Echarme la culpa á mí,
Cuando te busca resuelto!
San. ¡Qué mal, ingrata, pretendes
Disculparte, cuando tengo
Desengaños yo de todo,
Que ha dias que los pretendo!
Él ha de darte la mano,
Y morir despues.
Octa.   Primero,
Que se la dé, he de morir.
San. Pues mueran los dos.
Lis.   Ay cielos! —
Caballero, por muger
Me amparad, si es que os merezco
Esta fineza.
Octa.   Hoy será
Muralla vuestra mi pecho.

*[Acuchillanse, y retíranse hácia una puerta Octavio
y Lisarda.*

San. Sí; pero poca muralla.
Lis. Mucho una desdicha temo.
San. En vano el valor se alienta.
Octa. La ventaja te confieso;
Pero he de morir matando.
San. Pues yo he de matar muriendo.
Octa. El umbral de aquesta puerta
Sea el sagrado postrero
De mi vida.
San.   Tu sepulcro
Ha de ser este aposento,
Porque no tiene salida.
Lis. De tu vida es el remedio.
San. De qué suerte?
Lis.   Desta suerte.

*[Éntrase Octavio retirando, y cierra la puerta
Lisarda.*

Cria. Cerró la puerta.
San.   En el suelo
La echaré.
Cria.   ¿Cómo es posible,
Que son dos personas dentro,
Que la guardan y defienden?

Dentro Octavio.

Octa. Yo asi mi vida defiendo,
Por morir para matarte.
San. Cobarde soy, pues no intento
Derribar aquestas puertas.
No en vano (vil pensamiento!)
Supo Lisarda, que yo
Dejaba en Milan (há cielos!)
Quejoso de mí un amigo,
Si él lo dijo. Mas qué es esto?
Cria. Que han trepado por las rejas.

Baja Don Juan por una reja que habrá.

San. Quién va?
Juan.   Un hombre, que resuelto

Viene asi á morir al lado
De un amigo.

San. Yo agradezco,
O Don Juan, como es razon,
La fineza y el deseo,
Pues no dudo, que el oir
En mi casa aqueste estruendo
Os habrá obligado á hacer
Por mi amistad tal extremo.

Juan. Don Sancho, aqui soy testigo
De la obligacion que tengo,
Y he de acudir á la parte,
Que es mas forzosa primero.
Perdonadme.

San. ¿Que os perdone,
Decis, cuando os agradezco
Venir asi? Y pues se llega
Siempre en desdichas á tiempo,
Las mias sabed, que pongo
En vuestras manos. Yo tengo
Dentro de mi casa un hombre,
Que á matarme entró resuelto,
Y aun dos muertes; que si ha sido
En los generosos pechos
Vida del alma el honor,
El alma tambien me ha muerto.
Con una de mis hermanas
Ha hecho fuerte ese aposento.
Si le doy muerte atrevido,
De mi hermana el honor pierdo;
Y si le dejo con vida,
Vivo un enojo me dejo.
¿Que he de hacer en tales dudas?

Juan. ¿Habráse visto suceso *[aparte.*
Semejante? ¿Con Don Sancho
Era de Octavio el empeño?
Yo le he traido á esta casa;
Mal haré, si aqui le dejo.
Si un amigo hace de mí
Confianza, y si le ofendo,
Las esperanzas de ser.
De Leonor esposo pierdo.
Á librar á Octavio vine,
Y cuando librarle intento,
Me dicen, que está encerrado
Con Leonor, para ser dueño
De su amor.

Dentro OCTAVIO.

Octa. Aquella voz
Conozco; salir pretendo.

Dentro LISARDA.

Lis. No hagas tal.
Octa. Aparta!
Lis. Yo
De aqui á salir no me atrevo.

Abre la puerta, sale OCTAVIO, *y vuelve á
cerrar* LISARDA.

Octa. Miedo de muger cerró. *[aparte.*
¿Mas cómo conformes veo
Tanto á Don Juan y á Don Sancho?
Cosa que fuese concierto
Haberme traido...... ¿Mas cómo
Tal de un amigo sospecho? —
Don Juan!

San. ¿Pues de qué os conoce,
(¡Peor esto se va poniendo!) *[aparte.*
Á vos, Don Juan, mi enemigo?

Octa. Ya de que acudais es tiempo
Á la obligacion, que os puse,
Cuando os conté mi suceso.
Don Sancho es el enemigo.

San. Don Juan, que acudais espero
Á mí; pues honor y vida
En vuestras manos he puesto.
El enemigo es Octavio.

Juan. ¿Quién se vió en igual aprieto?
¿Pero qué temo, qué dudo,
Si dice la ley del duelo
Para casos semejantes......

Los dos. Qué?

Juan. Que con quien vengo vengo?
Don Sancho, dadnos lugar;
Porque por mares de acero
Hemos de salir los dos.

San. Pues tú contra mí? Qué es esto?
Juan. Es cumplir mi obligacion.
San. ¿Y en la que yo te habia puesto?
Juan. Llegó muy tarde.
San. Por qué?
Juan. Porque con quien vengo vengo.
San. Con quien vengo vengo? Aqui
Se oculta mayor misterio.
Mas no importa, pues que yo,
Que honor de mi parte tengo,
Y vengo á cobrarle aqui,
Dándoos la muerte primero,
Diré al lado de mi honor
Tambien con quien vengo vengo.
Mueran los dos! *[Riñen.*

Todos. Los dos mueran!
Octa. Hay mucho que hacer en eso,
Que sois pocos.

Cria. Ay de mí!
San. Muerto soy! Válgame el cielo! *[Cae.*
[Vanse corriendo los Criados.

Octa. Don Sancho cayó en las flores,
Y los criados huyeron.

Juan. Y como sin luz nos dejan,
Por donde salir no acierto.
¿Pero dónde está Leonor?

Octa. Cerrada en ese aposento.
Juan. Abre aqui, yo soy, bien puedes.

Sale LISARDA.

Lis. Por conocerte, me atrevo.
Juan. Ven conmigo; que no es bien
Que te deje en ese riesgo.

Lis. Mira que no soy......
Juan. Ya sé
Quien eres, pues que te llevo.
Segura conmigo vas.

Lis. Ya todo está descubierto,
Pues me conoce, y me ampara
Por cómplice deste yerro. *[Vanse.*

Sale URSINO.

Urs. Fácil está de verse, que he perdido,
Pues del juego no salgo acompañado,
Ni á un miron reverencias he debido,
Ni luz al gàritero le he costado;
Y aun mejor despaché, que he merecido,
Pues que las escaleras no he rodado,
Bien del garito al tiempo no hay distancia,
Pues solo medra el que anda de ganancia.
Vive Dios......! *[Ruido de espadas dentro.*

Dentro DON SANCHO.

Aun se anima en esta mano
Noble acero en defensa de mi vida
Y mi honor.

Urs. Esto qué es?
San. Vuelve, tirano,

Urs. Y no seas dos veces mi homicida.
En esta casa riñen.

Dentro Octavio.

Octa. Ya es en vano
Esperar mi venganza conseguida
Y tu muerte.

Salen Don Juan, Octavio y Lisarda.

Lis. Ay de mí!

Octa. Ved donde iremos.

Juan. Á casa, porque allí lo dispondremos.

Urs. En esta casa fue la cuestion, cielos!
Y despues de la voz y del ruido,
Dos hombres entre asombros y desvelos,
Y una muger con ellos, han salido,
Desnudas las espadas, mil rezelos
Al alma y la razon han ocurrido.

San. [*dent.*] Triste de mí! Sin confesion me muero!

Urs. Ni hombre humano seré, ni caballero,
Si dejo á aquesta voz de dar ayuda,
Cuando pronuncia en lamentable acento
Afectos religiosos lengua muda.
Entrar adentro á socorrerle intento.

Sale Don Sancho.

San. Mal el valor se alienta, mal se ayuda,
Cuando de sangre propia está sediento
El corazon, y en bárbaros enojos
Le lloran las heridas y los ojos.
Vuelve, vuelve, enemigo, y esa espada
Muerte me dé para mayor exceso.
Quien asi os busca no os ofende en nada,
Mas os viene á ayudar en tal suceso.

Sale Leonor.

Leon. Yo bajo en llanto y en dolor bañada.
Que estoy mortal á mi dolor confieso.
Dónde voy? Ay de mí! que en esta calma
Miente la vida y se desdice el alma.

San. Decid, quién sois?

Urs. Quien de piedad movido,
Llora vuestras desdichas.

San. Caballero,
Bien la piedad lo dice, pues ha sido
De la sangre el blason mas verdadero,
Perdonadme el no haberos conocido;
Que aunque en mi patria estoy, soy extrangero
En ella; y asi ignoro vuestro estado;
Que extrangero en su patria es el soldado.
En el último aliento de mi vida
Lucho á brazo partido con la muerte,
Y por la infausta boca de una herida
El alma los espíritus divierte.
No quiero, no, que sea socorrida
Mi vida desas canas en tan fuerte
Desdicha, el honor sí. Dejadme, os ruego,
Y esa dama poned en salvo luego.
No es mi dama, señor, hermana es mia;
Asi lo fuera la que abrió primero
Puerta para tan grande alevosía,
Despojo infame del rigor severo.
Solo en vuestro valor mi honor se fia,
Porque os juzgo señor y caballero.
Mirad por ella, y quede en vos segura
Pobre nobleza y huérfana hermosura.

Urs. Infeliz caballero, ya que el cielo
Á esta ocasion mis pasos ha traido,
¿Quién duda que haya sido por consuelo
De vuestro pecho honrado y afligido?
En mis brazos venid, alzad del suelo;
Llamaré quien os cure, y advertido
Vivid de que tendrá esta hermosa dama
Segura su opinion, cierta su fama.

Ursino soy, si basta; y á Dios juro
De no faltar jamas de vuestro lado,
Hasta que de la vida esteis seguro,
Y del honor esteis desagraviado.
Con vos me habeis de hallar, porque procuro
Ya como propio el bien de un desdichado.
Venid los dos.

San. Esa palabra aceto.

Urs. Otra vez con el alma os la prometo.

JORNADA III.

Salen Don Juan, Lisarda y Octavio.

Juan. Este es mi cuarto, señora;
Y aunque en él quedais á obscuras,
Importa, mientras que voy
Á preveniros alguna
Parte, donde retirada
Esteis, con los dos, segura
De la justicia, que hoy tiene
La vara de la fortuna.

Lis. En vuestras manos, Don Juan,
Estoy; vos teneis la culpa
Destos sucesos, supuesto
Que vuestro amor, (suerte injusta!)
Me puso en estado duro;
Y asi os toca (o pena dura!)
Sacarme della, y mirar,
Que mi riesgo no se excusa.

Juan. Octavio, vente conmigo.

Octa. Dónde vas?

Juan. Eso preguntas?
Á prevenir donde estemos
De suerte, que, si nos buscan,
No nos hallen, y de suerte,
Que, si falta quien presuma
Contra nosotros, no pueda
Hacernos daño la fuga.
Pues con estos dos intentos,
Octavio, tengo, entre muchas
Partes, que se me ofrecieron,
Hecha eleccion de la una,
Que es un cuarto desta casa,
Que ni se vive ni ocupa;
Y con estarnos alli
Los dos y Leonor oculta,
No nos salimos de casa,
Ni la ven; y si procuran
Buscarnos, él tiene puerta
Al mar, que bate su espuma
Unos jardines, adonde
Corresponde su hermosura;
Y con hacer que esté siempre
Puesta á tiempo una faluca,
Podemos, libres las vidas,
Echar al mar.

Octa. ¿Pues qué dudas,
Si dentro de casa tienes
Comodidad tan segura?

Juan. Si Leonor está conmigo,
Vengan desdichas. [*Vanse los dos.*

Lis. Fortuna,
¿Quién en una noche sola
Vió tantas desdichas juntas?
¿Qué es lo que pasa por mí?
¿Yo, que fui la que de industria
Negué la deidad á amor,
Sin darle obediencia nunca,
Fui la que mas examina
Sus violencias, sus injurias?

¿Fuera de mi casa yo?
¿Yo en casa de un hombre, (¡injusta
Suerte!) galan de mi hermana,
Que como tal me asegura,
Y me libra, por haber
Conocido, (quién lo duda?)
Que fui de su amor tercera,
Y primera de mi culpa?
Parecerá impropiedad,
Que cuando en tantas angustias,
Tantas penas, tantos llantos,
Quiera el cielo que discurra,
Me acuerde de otra pasion,
Sin mirar el que esto culpa;
Que las desdichas y penas
Se eslabonan y se juntan
De suerte, que salen todas,
En tirándose de una.
¿Qué es esto, cielos, qué es esto,
Que el alma y sentidos burla?
Despues que ví este Don Juan,
Galan de mi hermana, en cuya
Casa estoy, (¡pluguiera al cielo,
Que yo no le viera nunca!)
Tan bien me pareció, cuando
Volvió, volcan de sus furias,
Desde la tapia; tan bien,
Cuando dijo, por disculpa
De su amor, que le traia
Allí otra venganza justa.
Qué es esto? ¿El amo y criado
Hoy contra mí se conjuran,
El uno cuando se vé,
Y el otro cuando se escucha?
Y tanto, que igual efecto,
Uno en veras, otro en burlas,
Con ser dos personas, pienso
Que son en el alma una.

Sale CELIO *con luz.*

Cel. ¿Habrá lacayo de bien, [*aparte.*
Que no se aflija y se pudra,
Viendo que su amo anda
Con máquinas, con industrias?
¿Irse sin mí á sus amores,
Donde con mi nombre hurta
Otro la ocasion, que yo
Merecí por mi ventura?
¿Venirse á casa despues,
Y aposentándose á obscuras,
Probar llaves de otro cuarto,
Sin saber lo que procura?
¿A mí hay caso reservado?
No quedaré, por ninguna
Cosa del mundo, con él.
Porque, aqui de Dios, ¿quién gusta,
Aunque se muera de hambre,
De servir, si no murmura?
Mas no moriré; que al fin
Tengo quien me contribuya;
Porque ¿para qué enamora
Un pobre hombre á una hermosura
Tan rica como Lisarda,
Sino para que (no hay duda)
Le traiga como un Narciso?

is. Ya no es posible me encubra.
el. Quién está aqui?
is.　　　　　　Yo soy, Celio.
el. Jésus!
is.　　　Pues de qué te turbas?
el. ¿Pues no tengo de turbarme,
Viendo tan grande aventura?
is. No; que el que, como tú, tiene
Buen entendimiento, nunca

Se ha de turbar de sucesos,
Que por sí no dificulta
El entendimiento; y puesto
Que no es la primer fortuna
Esta del amor, no es bien
Te turbes; y mas si apuras,
Que, como es rayo, se lleva
Tras sí mas de lo que busca.
Cel. ¿Pues cómo has venido aqui?
Lis. El error tuvo la culpa
De un hombre en trage de Celio.
Ccl. Ella conoció la industria, [*aparte.*
Con que, trocándose el nombre
Octavio, su amor procura;
Y viendo, que no era yo,
A tales horas me busca.
Siempre mi abuela me dijo,
Que era de buena ventura. —
Señora, aunque es bien que dé
Las gracias á mi fortuna
Desta dicha, mejor fuera
Dar las quejas, pues son justas,
De que no me haya hecho un hombre
Poderoso; pero suplan
Afectos de voluntad
De mi bajeza las culpas.
Una racion mal pagada,
Una cama no muy dura
No puede faltar; y en fin,
Logrando dicha tan suma,
Seré alfombra de tus plantas,
Y seré como se usan,
Pues yo soy tan mal Cristiano,
Que seré tu alfombra turca.

Sale OCTAVIO.

Octa. Quiere Don Juan, que á Leonor [*aparte.*
Lleve yo al cuarto, en que oculta
Ha de estar, mientras él queda
Haciendo espaldas seguras
A su padre; y temeroso
Llego á mirar su hermosura;
Porque entre tantas desdichas
Se hizo mayor lugar una
En el alma. ¿Cómo, lengua,
Traidoramente pronuncias
Razones tan mal formadas,
Que el mismo aliento las duda?
¿Por qué se atrevió á decirlas,
Sin tener licencia suya,
El alma, siendo mi pecho
Del silencio sepultura? —
Celio!
Cel. Señor, qué aqui estás?
Lis. Este es Don Juan! Qué desdicha! [*aparte.*
Octa. Salte; que importa á mi dicha.
Cel. No quiero, ni es justo, pues
Esta dama, que aqui ves,
Huyendo viene de tí,
Señor, á buscarme á mí,
Supuesto que no te quiere,
Y ya soy por quien muere. [*Vase.*
Octa. Loco estás; vete de aqui. —
¿Cómo (ay de mí!) llegaré [*aparte.*
A hablarla, sin que los ojos
Den paso á tantos enojos
Como padezco?
Lis.　　　　　¿Qué haré, [*aparte.*
Para que el alma no dé
Lugar en tanto rigor
A otra desdicha mayor?
Octa. Diré al amor,......
Lis.　　　　　　Yo á mi fama,......
Octa. Que es Leonor de Don Juan dama.

Lis. Que es amante de Leonor.
Octa. Señora, ya prevenido
Sobre el mar un cuarto queda,
Que ser el ocaso pueda
Dese sol recien nacido.
Fortuna y amor han sido
Los que hospedage os han dado,
Porque ya que habeis llegado
A esta breve esfera, es bien,
Que en el mar se hospede quien
Sacó del mar su traslado.
Ocasion solo se espera
Para que podais pasar,
Sin que os vean, á lograr
Las perlas de su ribera;
Pues no habrá ruda venera
En las márgenes de Flora,
Si sobre sus conchas llora
Las auroras, que en vos nacen,
Porque las perlas se hacen
De lágrimas de la aurora.
No os aflijais, no lloreis;
Que en casa, señora, estais,
Si no como mereceis,
Como vos misma vereis
En el gusto y el cuidado
De quien constante os ha dado
La libertad, que perdió.
Lis. En toda mi vida yo [*aparte.*
Ví tan amante cuñado.
Mas del silencio vencido,
Muera en mi pecho mi agravio.
Octa. Antes que salga del labio, [*aparte.*
Muera mi amor á mi olvido.
Lis. Un rayo la voz ha sido.
Octa. Sus ojos son un Volcan.
Lis. Á mas mis desdichas van.
Octa. O qué furia!
Lis. O qué rigor!
Mas es galan de Leonor.
Octa. Mas es dama de Don Juan.

Sale DON JUAN.

Juan. Segura la casa está;
Bien podeis pasar ahora
Á esotro cuarto, señora,
Que os está esperando allá. —
Mas qué es esto? [*aparte.*
Octa. ¿Pues qué os da,
Que asi os turbais?
Lis. Este ha sido [*aparte.*
El amigo, que ha venido
Á Don Juan.
Juan. Válgame el cielo!
Octa. Qué teneis?
Juan. Todo soy hielo!
Octa. Pues de qué?
Juan. Pierdo el sentido! —
¿Cómo vos, señora, yo,
Aqui......? Estoy muerto y turbado!
Octa. Pues qué teneis? qué os ha dado?
Lis. De mirarme se turbó
El amigo que llegó.
Octa. Decidme ya, qué teneis?
Mas luego me lo direis.
Ahora á esotro cuarto vamos,
Y la ocasion no perdamos
De pasar.
Juan. Ojos, qué veis?
[*Vanse hácia la puerta.*

Sale CELIO.

Cel. Mi señor viene, señor.

Octa. El paso cogió.
Lis. Ay de mí!
Juan. Si él la vé pasar de aqui,
Será otro nuevo rigor.
Octa. Mata la luz.
Lis. Qué temor!
Octa. Y asi, sin que vista quede,
Ir entre nosotros puede.
[*Matan la luz, y va Lisarda entre los dos.*
Cel. No es la tramoya muy mala.
¿Qué pena á mi pena iguala?
¿Qué mal á mi mal excede?

Salen URSINO *y* LEONOR *tras él.*

Urs. Mucho me huelgo, que esté
Sin luz el portal ahora.
Mas segura estás, señora;
Asi entrar podrás, porque
Nadie te ha de ver.
Leon. No sé
Por donde voy.
Urs. Quién va allá?
Juan. Yo soy, señor.
[*Encuéntranse Ursino y D. Juan, y cada uno hace
como que no quiere que el otro encuentre con la dama
que lleva, y apártanse, hasta igualarse las damas; y
ellos volviendo á guiarlas, por tomar la suya, agar-
ran la del otro, de manera que se truecan.*
Urs. Como está [*aparte.*
La casa sin luz, no veo.
Y está como yo deseo.
Leon. Nueva maravilla ya [*aparte.*
Admiro. De Don Juan fue
Aquella voz.
Urs. Yo sintiera [*aparte.*
Mucho, que Don Juan me viera
Con esta muger. Qué haré?
Pero yo la ocultaré.
No sois vos, señora?
Lis. Sí,
Yo soy.
Urs. Pues venid tras mí.
Lis. Turbada, señor, os sigo.
Urs. Don Juan, quién está contigo?
Juan. Octavio solo está aqui.
Urs. ¿Pues cómo sin luz estais
En este portal?
Juan. Ahora [*aparte.*
Entramos los dos.
Octa. Señora, [*á Leonor.*
Venid; que segura vais. —
Leon. Sí haré, pues vos me guiais.
Urs. Lindamente ha sucedido;
Que vengo solo ha creido.
Octa. Celio!
Cel. Señor?
Octa. Pues aqui
Tu señor no te oyó á tí,
Ni te ha visto ni sentido,
Al cuarto que sabes lleva
Esa dama; que yo quiero
Quedarme......
Cel. Qué dicha espero! [*aparte.*
[*Vase con Leonor.*
Octa. Por la deshecha.
Juan. ¡O qué nueva
Confusion mi vida lleva!
Urs. Lindamente la he escapado,
Y hasta mi cuarto guiado.
[*Vase con Lisarda.*
Octa. Lindamente se libró,
Pues ni la vió ni sintió;
Logróse nuestro cuidado.
Juan. Octavio!

Octa. Don Juan?

Juan. Sois vos?

Octa. Ya vuestro padre se ha ido.
Dicha fue no haber pedido
Luz, que viera con los dos
Á Leonor.

Juan. ¡Pluguiera á Dios,
Que luz, Octavio, pidiera!
Yo me holgara, como viera
Á Leonor.

Octa. ¿No la vereis
En el cuarto, si quereis?

Juan. Menor mi desdicha fuera,
Si eso fuera asi.

Octa. Quiero irme,
Pues Leonor en él aguarda.

Juan. No, Octavio, sino Lisarda,
Mas soberbia y menos firme.

Octa. Qué decis?

Juan. Que he de morirme
En pena tan inhumana.

Octa. Quién es Lisarda?

Juan. Es la hermana
De Leonor.

Octa. No puede ser.

Juan. ¿Si yo lo acabo de ver,
Puede mi esperanza vana
Engañarme? ¡Vive Dios,
Que á Lisarda hemos sacado
Del riesgo, y que hemos dejado
Á Leonor!

Octa. Estais en vos?

Juan. Volvamos allá los dos.

Octa. ¡Vive el cielo, que estoy loco!
Esperad, Don Juan, un poco.

Juan. ¿Qué tengo ya que esperar,
Si en las orillas del mar
Mayores peligros toco?

Octa. No oireis un instante?

Juan. No.

Octa. Decid, ¿la que estaba alli
Con vos, era Leonor?

Juan. Sí.

Octa. Pues Leonor fue á la que yo
Libré su vida, y aun vió,
Que yo la ví; y si ella fue
La que estaba con vos, sé,
Que es la que ahora está con vos,
Porque nunca hubo alli dos;
Ó decidme,......

Juan. No sabré.

Octa. ¿Cómo se pudo trocar?

Juan. Como fue desdicha mia,
Fácil, Octavio, seria
De suceder un pesar.

Octa. No hallo razon de dudar
De que es la misma.

Juan. Yo sí,
Que distintamente ví
Á Lisarda.

Octa. ¡Vive Dios,
Que pierda mi juicio! ¿Vos
Hablásteis con Leonor?

Juan. Sí.

Octa. Pues Leonor es la que va
Á vuestra casa.

Juan. Confieso,
Que quereis, que pierda el seso.

Octa. ¿No es mas fácil ir allá
Á verla?

Juan. Cosa será
Excusada.

Octa. ¿Pues en vella
Qué perdeis?

Juan. Ver, que no es ella.

Octa. Tanto bien me hiciera amor, [*aparte.*
Que ella no fuera Leonor,
Y fuera mi prenda bella. [*Vanse.*

Salen por una puerta URSINO *con luz, y*
LISARDA *como turbada.*

Urs. Este cuarto, que apartado
Está, y por él no se manda,
Será el sagrado mejor,
Que puedan hallar tus ansias;
Pues aqui, sin que lo sepa
Persona alguna de casa,
Sino aquellos de quien yo
Hiciere tal confianza,
Estarás servida, en tanto
Que el cielo camino abra
Á tus desdichas. Y aqui
Otra vez te doy palabra
De que no saldrás, señora,
Si no es contenta y honrada,
Si en defensa de tu sangre
Sé morir en la demanda.
Y con aquesta advertencia
Quédate á Dios; que me llama
El deseo de saber,
En qué los sucesos paran
De tu hermano. [*Vase, cerrando la puerta.*

Lis. Santos cielos!
¿Qué es esto que por mí pasa?
Que la atencion mas prudente,
Y la accion mas acertada,
El discurso mas atento,
La imaginacion mas alta
Hubiera perdido, siempre
Corriendo fortunas tantas.
¿Yo, de Don Juan conocida,
No me dí ya por hermana
De Leonor? ¿No me sacó
Del peligro de mi casa?
¿Á la suya no me trajo,
Cuando Celio me guiaba,
Para llevarme á otra parte?
Ó el sentido ya me falta,
Ó sigo á otro hombre. ¿Pues cómo
Este que sigo no halla
Novedad en mi inquietud,
Mis penas y mis desgracias?
Don Juan, si hasta aqui me trajo,
Cómo se fue? Cielos, basta!
Pues confieso, que ya estoy
Rendida, tened las armas.
¿Qué cuarto será este solo?
Estas señas no señalan
De que habite gente en él.
Iré por todas las salas
Á ver, si sé donde estoy,
Absorta, ciega y turbada,
Que apenas tantas desdichas
Pueden sustentar las plantas. [*Vase.*

Salen por otra puerta CELIO *y* LEONOR.

Cel. Este es el cuarto, señora,
Que para esfera os aguarda.
Aqui Don Juan, mi señor,
Que yo os trajese me manda.
Gracias á Dios, que hay en él
Luz, y podré cara á cara
Ver el sol de vuestros ojos,
Que á rayos de zelos matan.

Mas qué es esto? santo cielo!
Leon. Eres Celio?
Cel.   Cosa extraña!
Leon. Bien en la voz, que escuché,
Convienen señas tan claras.
Dime, Celio, qué es aquesto?
Que estoy de verte admirada.
Cel. Dime tú primero á mí,
Quién te hizo á tí Lisarda,
Y responderéte yo
Al tenor de la demanda.
Leon. Qué Lisarda?
Cel.   Tantas hay?
Leon. ¿Pues dónde Lisarda estaba?
Cel. En ti; pues tú te has vestido
De su talle y de su cara.
Leon. No te entiendo.
Cel.   Yo tampoco;
Uno por otro se vaya.
Leon. Un anciano caballero
Hoy me sacó de mi casa,
Y me trajo hasta la suya,
Debajo de la palabra,
Que dió á mi hermano, y en ella
Entré tras él; y guiada
De sus pasos, me ha traido
Hasta aquí. ¿Qué es lo que pasa
Por mí? Cómo estoy contigo?
Cel. La pregunta es extremada;
Pues, si eso supiera yo,
No estuviera en dudas tantas
Para dar un estallido.

  Salen Don Juan *y* Octavio.

Octa. ¡Plegue á Dios que sea Lisarda!
Cel. Señor, aquí está Leonor
Esperándote.
Juan.   ¿Que hagas
Tú tambien burla de mí?
Cel. La burla es no darme nada
De albricias.
Leon.   Don Juan, señor!
Juan. Leonor, agradezca el alma
Esta dicha, pues es suya.
Octa. Aqui dió fin mi esperanza,
Pues desengañado ya
Tan tiernamente la abraza,
Y porfiaba, que no es ella.
Mas vive Dios, que porfiaba
Bien; que no es esta la misma
Que yo ví; mas dudas faltan
De averiguar. Celio, Celio!
Cel. Señor?
Octa.   ¿Dónde está la dama,
Que te dije que trajeses,
Cuando Ursino vino á casa,
Á este cuarto?
Cel.   Vesla alli.
Octa. No es aquella.
Cel.   Yo jurara
Lo mismo; mas yo no tengo
Otra aqui, ni en Alemania.
Aquella me diste tú
Debajo de confianza,
Aquella misma te vuelvo
Libre, segura y sin tacha.
Octa. ¡Vive el cielo, que te mate,
Si no me dices la causa
Deste trueco!
Cel.   Di, qué trueco?
Dos mil demonios la valgan,
Si con premio ni sin premio
La troqué. ¿Mas qué te espantas
De haber visto en este tiempo

Una muger con dos caras?
Juan. No estamos bien aqui cerca
De la puerta; entra á otra cuadra,
Leonor, donde mas segura
Estés. — Octavio, yo estaba [*Vase* Leonor.
Loco, por Dios; pero antes,
Ya confieso mi ignorancia.
Leonor era, la verdad
Me dijísteis.
Octa.   Cuando acaba
Vuestra duda, la mia empieza.
Que era Leonor porfiaba,
Y ya, que no era Leonor
La que en el jardin estaba
Con vos.
Juan.   Si vos mismo, Octavio,
Volviendo desde las tapias,
La socorristeis, si vos
La tuvisteis encerrada,
Si vos mismo la sacásteis
De su casa, y á mi casa
La trajisteis, y está aqui,
Bien claro nos desengaña,
Que fue una siempre, pues núnca
Hubo otra con quien trocarla.
Si á mí me lo pareció,
Como esas veces se engañan
Los ojos, yo estuve ciego. [*Vase.*
Cel. Aqui lindamente encaja
Lo de no sois vos Leonor,
Y aquello de mal tocada.
Octa. Él con las mismas razones, [*aparte.*
Que me convence, me mata.
Mas no es mucho en este caso
Ver, que las de otro no alcanza
El que no alcanza las suyas.
¿Quién vió cosa mas extraña?
Rendido á mi pena estoy.
¡Ya basta, cielos, ya basta!

  Sale Lisarda.

Lis. La casa anduve, y en ella
No he visto á nadie, y guiada
De la luz, me vuelvo á ver
En esta primera sala.
Mas quién está aqui? [*Tropieza con* Celio.
Cel.   Jésus!
Octa. Qué es esto?
Cel.   Aqui que no es nada.
La que en este mismo instante
Era Leonor, ya es Lisarda.
Huiré della cielo y tierra.
Octa. ¿Eres sombra, eres fantasma,
Muger, que asi los sentidos
Turbas?
Lis.   ¿Pues de qué te espantas,
Si tú mismo me trajiste
Desde mi casa á tu casa,
De que esté en ella?
Octa.   De verte
Cada vez en formas varias.
Quién te trajo aqui?
Lis.   Tu padre.
Octa. Mi padre? Otra vez me matas.
Lis. Él me guió aqui, Don Juan.
Octa. Con Don Juan piensa que habla. [*aparte.*
¿Si me parezco á Don Juan?
Que segun las cosas andan,
No será mucho. — Leonor,
¿Cómo viéndome te engañas?
Lis. Tú solo te engañas.
Octa.   Yo?
Lis. Sí; pues que Leonor me llamas.

No me conoces? ¿No sabes,
Don Juan, que yo soy Lisarda?
¿Como tal no me trajiste
Desde mi casa á tu casa?

Octa. Cielos, qué escucho? ¿Tú misma
No eres aquella que estabas
En el jardin?

Lis. 　　　Quién lo duda?

Octa. ¿Pues cómo, si á Don Juan hablas
En él, ignoras, que es
El mismo que quieres y amas?

Lis. Porque yo nunca le quise;
Que alli estuve disfrazada
Como criada; mas tú,
Si la quieres, ¿cómo agravias
Su amor, y no la conoces,
Siendo el que con ella hablabas?

Octa. No fui; que como criado
Guardé á Don Juan las espaldas.

Lis. ¿Luego tú eres aquel Celio,
Que entendidamente habla?

Octa. ¿Luego eres tú aquella Nise
De tan buen ingenio y gracia?

Lis. ¿Luego no eres tú el galan
De Leonor?

Octa. 　　　¿Luego la dama
No eres tú de Don Juan?

Lis. 　　　　　　Yo
Fui Nise, siendo Lisarda.

Octa. Y yo Celio, siendo Octavio.

Lis. Eso es verdad?

Octa. 　　　Cosa es clara.

Cel. Gracias al cielo, que ya
Llegamos á la posada.

Octa. Sepan Don Juan y Leonor
Esto, que á los dos nos pasa.

Lis. Dónde estan?

Octa. 　　　En este cuarto.

Lis. Cómo?

Octa. 　　Es historia muy larga.

Lis. Quién trajo á Leonor?

Octa. 　　　　　No sé.

Lis. Prosigue pues.

Octa. 　　　Temo,......

Lis. 　　　　　Acaba.

Octa. Que no tengo que saber,
Sabiendo, que tú eres......

Lis. 　　　　　Basta!

Octa. Nise iba á decir.

Lis. 　　　Por qué?

Octa. Por no perder á tu fama
El respeto.

Lis. 　　Bien está,
Celio.

Octa. 　Por qué asi me llamas?

Lis. Porque asi......

Octa. 　　　Dilo.

Lis. 　　　　Es muy presto;
Vamos á ver á mi hermana.
¡Válgate el cielo por Celio!

Octa. ¡Válgate Dios por Lisarda! 　　　[*Vanse.*

Salen URSINO *y un* C r i a d o.

Urs. Qué dices?

Cria. 　　Lo que es cierto.

Urs. ¿Cuando temia, que le hallase muerto,
Dices, que levantado
Está?

Cria. 　Tanto le anima su cuidado,
Fuera de que la herida
Nunca le puso á riesgo de la vida,
Que falta fue de sangre, á lo que entiendo.

Urs. Y ahora, di, qué hace?

Cria. 　　　Está escribiendo
Un papel. Mas él sale.

　　　Sale DON SANCHO.

Urs. 　　　Con los brazos
Os doy el parabien.

San. 　　　Porque sus lazos,
Á quien valor, nobleza y sangre esmalta,
Suplan en mí la fuerza que les falta.

Urs. Cómo os sentis?

San. 　　　Sin vida, sin sosiego,
Hasta abrasar, señor, á sangre y fuego
Este fiero homicida
De mi honor, de mi fama y de mi vida.

Urs. Yo, Don Sancho, á buscaros
Vengo, para serviros y ayudaros,
Hasta que libre esteis de vuestro agravio.
Disponed la venganza como sabio.

San. Por eso he prevenido
El remedio que oireis. Vamos, os pido,
Á vuestra casa.

Urs. 　　En el camino espero
Saberle.

San. 　Mi enemigo es forastero,
Y no sé donde pueda
Hallarle; y asi el alma en duda queda.
Hablar á Leonor quiero, que es mi hermana,
Que en vuestra casa está, deidad humana
De virtud y belleza;
Ella quizás podrá con mas certeza
De Lisarda informar, no son errores
Pensar, que ella sabia sus amores.
Si dice donde puedo
Hallarle yo, desengañado quedo;
Iré de alli á matalle;
Si no me dice dél, iré á buscalle,
Sabiendo de un su amigo,
Que por librarle se empeñó conmigo.
De suerte que primero
Buscar, señor, al agresor espero;
Y de no hallarle, al cómplice; que vanos
Discursos dicen, que, si yo á las manos
El principal no tengo,
Me vengo, si en el cómplice me vengo;
Y han de diferenciarse,
Que una cosa es reñir y otra es vengarse.
Y asi, si no me vengo de uno altivo,
Este papel para el segundo escribo,
Donde en el parque digo que le espero.

Urs. Bien pensais; replicar en nada quiero.
Y pues hemos llegado
Á mi casa, entrad dentro recatado,
Porque ninguno os vea,
Y la ocasion que os trae sospeche y crea.

San. Ya vuestros pasos sigo.

Urs. Entrad; que bien seguro entrais conmigo. [*Vanse.*

Salen LEONOR *y* LISARDA.

Lis. Ya que fue piedad del cielo
(Ay Leonor!) haberme dado
Compañía en tal cuidado,
Y en tal desdicha consuelo,
Estando juntas las dos,
En tanto que fuera estan
Del cuarto Octavio y Don Juan,
Te he de decir...... Mas (ay Dios!)
La puerta de Ursino es
La que abren.

Leon. 　　Pues á mí
No me vea. 　　　　　　　　[*Vase*

Salen URSINO *y* DON SANCHO.

Urs.   Espera aqui;   [*ap. á D. Sancho.*
Que no es justo que le des
Tan buena nueva con susto;
Que tambien sabe matar
Un gusto, como un pesar,
Cuando no se espera el gusto. —
Señora, ya que no tengo
Digno albergue en que hospedaros,
Serviros y regalaros,
Una buena nueva vengo
Á daros, para que asi
Supla el error de ofenderos.
Vuestro hermano viene á veros.

Lis. Válgame el cielo!

San.   Ay de mí!
No es Lisarda esta?

Urs.   Llegad,
Ved, Don Sancho, vuestra hermana.

San. ¿Pues cómo, infame, villana......

Lis. Señor, mi vida amparad.

Urs. ¿Aqui entrais con ese intento?

San. ¿Delante de mí te atreves
Á vivir?

Lis.   . En vano mueves
Contra mí mano y aliento.

Urs. Estando yo aqui, qué es esto?

San. Es, Ursino, castigar,
Y la vil mancha sacar,
Que en está ocasion me ha puesto.

Urs. Mirad, Don Sancho, que aqui
Vuestra hermana á cuenta vive
De mi espada; y si recibe
Alguna ofensa, de mí
Ha de ser vengada.

San.   ¿Pues
Palabra no me habeis dado
De ayudar siempre á mi lado
Mi pretension? Tiempo es
De mostrar tan noble empeño;
Dejad lograr......

Lis.   Ay de mí!

San. Mi venganza.

Urs.   Idos de aqui. — [*Vase Lisard.*
Tambien me hice entonces dueño
Del honor de vuestra hermana,
De libralla y defendella;
Y asi he de morir por ella.

San. No fue por esa inhumana,
Sino por la que, señor,
Yo mismo os dí y os fié.

Urs. ¿Pues esta misma no fue
La que me disteis?

San.   ¡Qué error
Tan notable!

Urs.   El yerro es vuestro;
Que esta fue la que yo ví
En el jardin, y hasta aqui
La he guardado, y esta os muestro,
Para que os informeis della,
No para que la ofendais.
Y si con traicion pensais
Que habeis venido á ofendella,
Quejaréme yo de vos,
Pues que me traeis engañado
Á castigar vuestro enfado
En mi casa.

San.   ¡Vive Dios,
Que á verla vine, y saber
Lo que della pretendí!
Mas no es esta la que aqui

Busco.

Urs.   ¿Cómo puede ser,
Si yo mismo la he traido?

San. No es ella, tras todo eso.

Urs. Haréisme que pierda el seso.

San. Vos, que yo pierda el sentido.
Y el fin desta confusion
Es solamente pensar,
Que dos se pueden errar,
Aunque dos tengan razon.
Y pues que no he conseguido
El haberme aqui informado,
Y es vuestra casa sagrado
De quien tanto me ha ofendido,
Solo un remedio me queda.
Aqueste papel tomad,
Y á quien él dice buscad;
Que yo espero á la alameda
Del parque. Si ese saliere
Solo, solo espero allá;
Mas si por dicha, que irá
El otro amigo, dijere,
Id vos tambien; que esto os pido,
Por no ofenderos; que fuera
Mal hecho, que á otro eligiera,
Habiendo con vos venido,
Y llevando el papel vos.
Dad luego al punto el papel,
Y en el parque espero dél
La respuesta. Á Dios.   [*Vase.*

Urs.   Á Dios. —
¿Qué confusion es aquesta
Tan extraña y tan cruel?
Pero quizás del papel
Sabré mejor la respuesta.
¿Quién será aquesta persona,
Á quien tengo de buscar?
Cielo, añade otro pesar,
Porque á Don Juan de Colona
Dice. ¡Vive Dios, que es
Mi hijo agresor de su agravio,
Y que el amigo es Octavio!
Ponderar conviene pues,
Qué he de hacer en este caso;
Que perder el juicio temo,
Si de un extremo á otro extremo,
Y de una duda á otra paso.
Si doy á mi hijo el papel,
Cierto su riesgo será;
Si no, Don Sancho dirá,
Que es cobarde. ¡Qué cruel
Duda padezco! ¿Mas quién
Abre á este cuarto la puerta,
Que corresponde á la huerta
Del parque? Él es. Ya se ven
Mas dudas. ¿Pues qué querrá
En este cuarto? ¿Y qué ha sido
El haber desconocido
Don Sancho á su hermana? Ya
Que no sé de mí, confieso,
Ni pensar ni discurrir;
Y asi mejor será ir
Al atajo del suceso.

Salen DON JUAN, OCTÁVIO *y* CELIO.

Juan. Mi padre está aqui.

Cel.   Por Dios,
Que él ha cogido la trampa.

Octa. Mucho lo siento.

Cel.   Ya escampa
La fortunilla.

Urs.   ¿Pues vos
En este cuarto?

Juan.   Venia
Á enseñar el cuarto á Octavio.
Urs. No hace poco el que un agravio   [*aparte.*
Disimula. — No querria
Le viese ahora, que está,
Como no se habita en él,
Descompuesto. Y asi dél
Os salid; que tiempo habrá
De verle otro dia.
Juan.   Él aqui   [*aparte.*
Por Lisarda defendió
La entrada.
Octa.   Si á Leonor vió?   [*aparte.*
Juan. No sé; esto ha de ser asi.
      [*Hace que se va.*
Urs. Ven acá; que me olvidaba
De un recado, que me han dado
Para tí, que aqui un criado
De un amigo te buscaba,
Para darte este papel,
Sobre no sé qué dinero
Del juego, y dártele quiero,
Sin mirar lo que hay en él,
Por no obligarme á pagar
Porte; que dicen, es bien,
Que pague los portes quien
Abre la carta. Tomar
Puedes el papel; y advierte,
Que, si es algo que has perdido,
Lo que en él se te ha pedido,
Lo cumplas, aunque la muerte
Te den, por cumplir, Don Juan,
Lo que prometido hubieres;
Que los nobles, como eres,
Cuando empeñados estan,
Han de salir del empeño,
Aunque les cueste la vida.
Ninguna cosa te impida,
Pues de mi hacienda eres dueño.
No quede yo con sospecha;
Que os mataré, vive Dios,
Si me dijeren de vos
Cosa, que no sea bien hecha.
Con esto salios afuera. —
Que cerrar aqui es razon. —
Cumpla con su obligacion,   [*aparte.*
Y mas que en el campo muera.   [*Vase.*
Octa. Con tan preñadas razones
Á discurrir nos provoca.
Cel. Con la barriga á la boca
Estan todos.
Juan.   Mis pasiones
De nuevo empiezan; qué haremos?
Octa. ¿Pues aqui ya qué hay que hacer,
Don Juan, sino abrir y leer
El papel? Dél lo sabremos.
Juan. [*lee*] „Por no haber sabido donde hallar á
„Octavio, os busco á vos, como mas co-
„nocido y no menos culpado. Decidle de
„mi parte, que venga al parque, donde
„le espero; si solo, solo, y si con vos,
„con un amigo. Dios os guarde.”
[*repr.*] Pésame de haber leido
Recio el papel.
Cel.   Á mí no;   [*aparte.*
Que á trueco de saber yo
Lo que en él se ha contenido,
Lo doy por bien empleado;
Que no me habia de andar
Todo el año á adivinar,
Siendo astrólogo criado.
Juan. Aquesto dice.
Octa.   Ya aqui

No tenemos que pensar.
¿No sale esta puerta al mar?
Juan. Sí.
Octa. Pues guiad por ahí
Al parque; porque, si ahora
En las razones advierto
De vuestro padre, es muy cierto,
Que nada del caso ignora;
Porque estar dentro del cuarto,
Echarnos á los dos dél,
Darte él mismo ese papel,
Qué mas desengaño?
Juan.   Harto
Me dijo; y asi me atrevo
Hacer lo que él me mandó;
Pues dice, que pague yo,
Vengo á pagar lo que debo.   [*Vanse.*
Cel. ¿Desafiados los dos?
Supuesto que yo lo supe,
La Vírgen de Guadalupe
Hará las paces. Á Dios.   [*Vase.*

      Salen U R S I N O *y* D O N S A N C H O.

San. Presto á buscarme venis.
Qué hay?
Urs.   Fui de vuestra parte
Al caballero, y leyó
Vuestro papel sin turbarse,
Ni dar muestras de disgusto
En la voz ni en el semblante.
Dice, que hará lo que en él
Le decis. Si solo sale,
Reñireis solo con él;
Si con otro, habeis de hallarme
Á vuestro lado.
San.   Cumplis,
Señor, en empresas tales,
Con la sangre que teneis.
Urs. ¿Sabeis vos cuál es mi sangre?
San. Sé, que sois Ursino, y basta.
Urs. Pues no lo soy; no os engañe
El nombre; que mi apellido
Es otro.
San.   Bien engañarme
Puedo.
Urs.   Bien se echa de ver,
Supuesto que aun ignorásteis,
Que soy Ursino Colona,
Y que soy de Don Juan padre.
Pero ya estamos acá;
Bien será que solo os halle,
Por si acaso viene solo. —
¡Vive Dios, que, si no sale,   [*aparte.*
Que yo le he dar la muerte!

      Salen D O N J U A N *y* O C T A V I O.

Octa. Don Sancho?
San.   Sí.
Octa.   El cielo os guarde.
San Solo el término le pido,
Que he de tardar en vengarme.
Octa. En buena ocasion estais,
Pues no lo estorbará nadie;
Que el amigo, con quien yo
Vengo, es á quien enviásteis
El papel; y por saber
Que hay otro que nos aguarde,
Venimos los dos.
Urs.   Es cierto;
Pues sois dos los que llegásteis,

Dos somos; que á venir solo,
Solo estuviera.

San.   Á esta parte
Conmigo os poned.

Juan.   Señor,
Pésame de que asi agravies
La sangre que tengo tuya.
Tú me la diste, y tú sabes,
Que supiera yo pagar,
Como tú me aconsejaste,
Mis deudas, y ya me ofendes,
Si á darme tu ayuda sales.

Urs. Caballero, yo no sé
Lo que decis; y admirarme
Debo de que me trateis
Con respeto semejante.
Yo soy un hombre, que vengo
Al lado de quien me trae;
No conozco otro en el mundo
De quien yo deba acordarme;
Que estando en esta ocasion,
Yo nunca conozco á nadie.
Haced vos lo que debeis,
Sin que os turbe ni embarace
Nada; que yo me holgaré
De veros en esta parte
Cumplir las obligaciones,
Que decis; que en semejante
Caso un noble caballero
Debe reñir con su padre.

Juan. No debe, ni hay ocasion,
Que á eso pueda obligarle.

San. Qué escucho? Perdido estoy!

Urs. Qué rezelais?

San.   De mirarte,
Sintiendo dentro de mí,
Que ya es forzoso dejarme.

Urs. ¡Vive Dios, que, si no fuera
Por dar zelos al infame
Escrúpulo vuestro, aqui
En ese pecho ignorante
Manchara este blanco acero!
Con vos vengo, no os espante
Nada.

Juan.   Perderé mil vidas
Primero, Octavio, que os falte. —
Señor, pues vienes al lado
De Don Sancho, y me llevaste
El papel tú mismo, y yo
Llamado vengo á la parte
Tambien al lado de Octavio,
Y es fuerza en empeños tales
Sacar los dos las espadas,
Si ellos las sacan, pensarse
Debe algun medio, que excuse
Entre los dos este lance.

Urs. Cuando al lado de otro hombre
El que es caballero sale,
No ha de dar medio ninguno,
Porque él para nada es parte.
Con Don Sancho vengo aqui;
Yo no soy mio en este instante;
Bien dicho estará, y bien hecho
Cuanto hiciere y cuanto hablare;
Si él riñere, he de reñir;
Haré paces, si hace paces;
Que yo con quien vengo vengo,
Y aqui no conozco á nadie.

San. De suerte vuestro valor
Pudo, señor, admirarme,
Que, por no empeñaros tanto,
Mi honor quisiera que hallase
Un modo, que el duelo excuse
Mas extraño y mas notable,

Que ha visto el sol hasta hoy.

Urs. Eso vos habeis de darle,
Yo no; y si aqui permitiere,
Que algun partido se trate,
Será, porque estoy bien puesto;
Vos, que sois el que llamásteis,
Cuando os volvais sin reñir,
Porque no hay medio importante
Para que de reñir deje,
Cuando otro á reñir me saque,
Llamado por un papel.

Juan. Cuerdamente me avisaste
De la obligacion que tengo,
Pues soy quien tuvo esta tarde
El papel; y asi me toca
Á mí el reñir, por hallarme
Empeñado en ser llamado.
Saca la espada, y acabe
La duda; que como yo
Contra el pecho no la saque
De mi padre, no rehuso
La ocasion, pues asi iguales
Cumplo yo de parte mia,
Y él cumplirá de su parte.

[*Riñen D. Juan con D. Sancho, y Octavio co*
Ursino; y Octavio se vuelve contra D. Sancho
       y Ursino se pone delante.

Octa. Eso no me está á mí bien;
Que, aunque el papel enviásteis
Á Don Juan, fui yo el llamado.

Urs. Él tambien riñe, bien haces, [*á D. Juan.*
Pues que te llamó conmigo,
Riñe tú.

Juan.   Fuerza es que halle
Disculpa, pues he de hacer
Lo que con quien vengo hace.

Salen LEONOR *y* LISARDA *por un lado co*
muntos, y por el otro CELIO, *el Goberna-*
       dor y gente.

Cel. Llegad presto; que los cuatro
Dieron las hojas al aire.

Gob. ¿Pues qué es esto, caballeros?
Mirad, que estoy yo delante.

Urs. Vueseñoría pudiera
Solamente reportarme,
Como al fin Gobernador
Que es de Verona.

Gob.   Admirarme
Debo de ver en dos bandos
Contrarios á hijo y padre.

Urs. Á aquesto obliga el honor
De quien á campaña sale
Con otro; que este es precepto
De la ley del duelo.

Gob.   Baste
Para ejemplo del valor
De vuestra invencible sangre;
Pero á los cuatro es forzoso
Dar una torre por cárcel,
En tanto que se averigua
La ocasion.

Lis.   Todo es muy fácil,
Con saber, que de Don Juan
Es Leonor, que está delante,
Esposa, y de Octavio yo;
Pues las dos por esta parte
Desde la casa de Ursino
Llegamos en este instante;
Y que hagan los casamientos
Hoy, señor, las amistades
Entre Don Sancho, mi hermano

Y Octavio, pide mas grave
Lugar, porque son sucesos
Dignos de elogio mas grande.

1. Como mi honor se remedie,
Yo le perdono la parte
De mi vida, que es lo menos
De mi ofensa; como case
Con Lisarda, soy su amigo
Y hermano.

n.   Pues, señor, sabe,

Que el principio de su amor
Fue, por solo acompañarme.

Gob. Si tan conforme amistad
Hizo entre los cuatro paces,
Yo soy padrino de todos.

Octa. Para que con esto acabe
La comedia, perdonando
Sus defectos, aunque grandes,
Siquiera porque el autor
Humilde á esas plantas yace.

XCIII.

GUÁRDATE DE LA AGUA MANSA

PERSONAS.

Don Felix	Don Alonso, *viejo.*	Doña Clara
Don Juan de Mendoza } *galanes.*	Otañez, *escudero, vejete.*	Doña Eugenia } *damas.*
Don Pedro	Hernando, *criado.*	Mari Nuño, *dueña.*
Don Toribio Cuadradillos.		Brigida, *criada.*

JORNADA I.

Salen Don Alonso *y* Otañez.

Otañ. Una y mil veces, señor,
Vuelvo á besarte la mano.
Alon. Y yo una y mil veces vuelvo
A pagarte con los brazos.
Otañ. ¿Posible es, que llegó el dia
Para mí tan deseado,
Como verte en esta corte?
Alon. No lo deseabas tú tanto
Como yo. ¿Pero qué mucho,
Si en dos hijas dos pedazos
Del alma me estaban siempre
Con mudas voces llamando?
Otañ. Aun en viéndolas, señor,
Mejor lo dirán tus labios.
¡O si mi señora viera
Este dia!
Alon. No mi llanto
Ocasiones con memorias,
Que siempre presentes traigo.
¡Téngala Dios en el cielo!
Que á fe, que he sentido harto
Su muerte, que desde el dia
Que su magestad, premiando
Mis servicios, en el reino
De Méjico me dió el cargo,
De que vengo, á no mas ver
Me despedí de sus brazos.
No quiso pasar conmigo
Á Nueva España, no tanto
Por los temores del mar,
Como porque en tiernos años
Dos hijas eran estorbo
Para camino tan largo;
Criándolas quedó en casa.
Fue Dios servido, que al cabo
De tantos años faltó,
Á cuya causa, abreviando
Yo con mi oficio, dispuse
Volver, para ser reparo
De su pérdida; que no
Estaban bien sin amparo
De padre y madre.
Otañ. Es muy justo,

Señor, en tí ese cuidado;
Pero si alguno pudiera
No tenerle, eras tú, es llano;
Porque el dia, que faltó
Mi señora, ambas se entraron
Seglares en un convento,
Sin mas familia ni gasto,
Que á Mari Nuño y á mí,
Donde en Alcalá han estado
Con sus tias hasta hoy,
Que obedientes al mandato
Tuyo, vuelven á la corte;
Y habiéndolas yo dejado
Ya en el camino, no pude
Sufrir del coche el espacio;
Y así, por verte, señor,
Me adelanté.
Alon. Unos despachos,
Que para su Magestad
Traje, demas del cuidado
De tener puesta la casa,
Tiempo ni lugar me han dado
De ir yo por ellas; demas
Que el camino es tan cosario,
Que perdona la fineza,
Pues es venir de otro barrio.
Cómo vienen?
Voces [dent.] Para, para.
Otañ. Ya parece que han llegado;
Ellas lo dirán mejor.
Alon. Á recibirlas salgamos.
Otañ. Excusado será, pues
Estan ya dentro del cuarto.

Salen Doña Clara, Doña Eugenia *y* Mari
Nuño, *de camino.*

Clar. Padre y señor, ya que el cielo,
Enternecido á mi llanto,
Me ha concedido piadoso
La dicha de haber llegado
Adonde, puesta á tus pies,
Merezca besar tu mano,
Cuanto desde hoy viva, vivo
De mas, pues no me ha dejado
Ya que pedirle, sino es
Solo el eterno descanso.
Eug. Yo, padre y señor, aunque
Logre en estas plantas cuanto

Me prometió mi deseo,
Mas que pedir me ha quedado
Al cielo, y es, que tal dicha
Dure en tu edad siglos largos,
Porque esto del morir no
Lo tengo por agasajo.

flon. No en vano, mitades bellas
Del alma y vida, no en vano
Al corazon puso en medio
Del pecho el cielo, mostrando,
Que con dos afectos puede
Comunicarse en dos brazos.
Alzad del suelo, llegad
Al pecho, que enamorado
Vuelva á engendraros de nuevo.

lar. Hoy puedo decir, que nazco,
Pues hoy nuevo ser recibo.

ug. Dices bien; que tal abrazo
Infunde segunda vida.

flon. Entrad, no quedeis al paso,
Tomareis la posesion
Desta casa, en que os aguardo,
Para que seais dueños della,
Hasta que piadoso el hado
Traiga á quien merezca serlo
De dos tan bellos milagros.
Si bien en mí esposo, padre
Y galan tendreis, en tanto
Que os vea como deseo. —
Brigida!

Sale B R I G I D A.

rig.　　Señor?

lon.　　　　　Su cuarto
Enseña á tus amas.

rig.　　　　　　　　Todo
Limpio está y aderezado.
¿Pero qué mucho es, si tales
Dueños espera, el estarlo
Como un cielo, con dos soles?

lar. Feliz yo, que á ver alcanzo
Este dia, aunque á pension
De haber, Eugenia, dejado
Las paredes del convento.　　　　　*[Vase.*

ug. Feliz yo, pues he llegado
Á ver calles de Madrid,
Sin rejas, redes ni claustros.　　　　*[Vase.*

lar. Ya, señor, que el alborozo
De dos hijas ha dejado
Algun lugar para mí,
Merezca tambien tu mano.

on. Y no con menor razon,
Que ellas, el alma y los brazos,
Pues por vuestra buena ley,
En lugar de madre os hallo.
Y ya que, ausentes las dos,
Solos, Mari Nuño, estamos,
Decidme sus condiciones;
Que como las dos quedaron
Niñas, mal puedo hacer juicio,
Que no sea temerario,
Para que prudente y cuerdo
Pueda, como maestro sabio,
Gobernar inclinaciones,
Que pone el cielo á mi cargo.

ar. Con decir, señor, que son
Hijas tuyas, digo cuanto
Puedo decir; mas porque
No presumas, que te hablo
Solo al gusto, aunque de entrambas
La virtud y ejemplo es raro,
De lo general verás,
Que á lo particular paso.
Doña Clara, mi señora,

Mayor en cordura y años,
Es la misma paz del mundo;
No se ha visto igual agrado
Hasta hoy en muger, pues que
Su modestia y su recato
Apenas cuatro palabras
Habla al dia; no se ha hallado,
Que haya dicho con enojo
Á criada ni á criado
En su vida una razon.
Es en fin ángel humano;
Que á vivir solo con ella,
Pudiera uno ser esclavo.
Doña Eugenia, mi señora,
Aunque en virtud ha igualado
Sus buenas partes, en todo
Lo demas es al contrario.
Su condicion es terrible.
No se vió igual desagrado
En muger; dirá, señor,
Una pesadumbre á un Santo.
Es muy soberbia y altiva,
Tiene á los libros humanos
Inclinacion, hace versos.
Y si la verdad te hablo,
De recibir un soneto,
Y dar otro, no hace caso.
Pero no por eso......

Alon.　　　　　　　　　Basta;
Que en eso habeis dicho harto.
Yo os estimo, como es justo,
Que prevenido del daño,
Sepa adonde he de poner
Desde hoy desvelo y cuidado.
Y asi, aunque en edad menor,
Sea primera en estado;
Que el marido y la familia
Son los médicos mas sabios,
Para curar lozanías,
Flores de los verdes años.
Desde el dia que llegué,
Á la montaña he enviado
Por un sobrino, que hijo
Es de mi mayor hermano,
Y en él quiero de mis padres
Y abuelos el mayorazgo
Aumentar. Pobre es, y rico,
Y es bien que el caudal fundamos
De la sangre y de la hacienda,
Porque conservemos ambos
El solar de Cuadradillos
Con mas lustre. Asi en llegando
Será Eugenia esposa suya.
Veamos si el nuevo cuidado
Enmienda las bizarrías
De los verdores lozanos.

Sale O T A Ñ E Z.

Otañ. Un hombre espera alli fuera.

Alon. Quién es? — Que ese breve espacio
Tardaré, á las dos decid. —
Versos? Gentil cañamazo!
¿No fuera mucho mejor
Un remiendo y un hilado?　　　　*[Vase.*

Otañ. ¿Qué le has dueñado á señor,
Que es lo mismo que chismeado,
Que ya va tan desabrido?

Mar. ¿Ahora sabes, mentecato,
Que apostatara una dueña,
Si supiera callar algo?　　　　　*[Vanse.*

Sale Don Felix *vistiéndose,* y Hernando.

Hern. Bravas damas han venido,
Señor, á la vecindad.

Fel. El agasajo en verdad
Perdonara por el ruido,
Pues dormir no me han dejado.

Hern. La una es dada.

Fel. ¿Qué importó,
Si á la una duermo yo,
Que haya dado ó no haya dado?
¿Mas qué género de gente
Es?

Hern. De lo muy soberano;
Las hijas de aqueste Indiano,
Que compró el jardin de enfrente,
Que dicen, señor, que lleno
De riquezas para ellas,
Á solamente ponellas
Viene en estado.

Fel. Eso es bueno.
Son hermosas?

Hern. Yo las ví
Al apearse, y á fe,
Que por tales las juzgué.

Fel. Hermosas y ricas?

Hern. . Sí.

Fel. Buenas dos alhajas son.
Dirémoslas al momento
Todo nuestro pensamiento,
Por gozar de la ocasion,
Por estar cerca de casa,
Que estoy cansado de andar.

Hern. Lo que hay desde aqui al lugar,
Un vejete cuanto pasa
Me dijo, y al padre igualó
Al hombre de mas valor,
Pues dice, que por su honor
Matará al Sofí.

Fel. Eso es malo;
Que, aunque yo no soy Sofí,
En extremo me pesara,
Que para que él me matara,
Por él me muriera aqui.
¿Y de las hijas qué dijo?
Que escudero, que empezó
Á hablar, nada reservó.

Hern. Diversas cosas colijo
De ambas, que apruebo y condeno;
Porque hay del pan y del palo;
Una es callada.

Fel. Eso es malo.

Hern. Otra es risueña.

Fel. Eso es bueno.
Para la alegre, por Dios,
Habrá sonetazo bello;
Y para la triste aquello
De, ojos, decídselo vos.

Hern. Alegre ó triste, me holgara
De verte, señor, un dia
Con una galantería,
Que decirla te costara
Desvelo.

Fel. Á mí? Harto fuera;
Que alabarse, vive el cielo,
De que me costó un desvelo
Ninguna muger pudiera.
Eso no; pues sabe Dios,
Que, si las hiciere ya
Algun terrero, será
Por estar cerca y ser dos.
Aunque á cualquiera me inclina
Ya fuerza mas poderosa.

Hern. Será ser rica y hermosa.

Fel. No es, sino el estar vecina,
Que es mayor perfeccion, pues
Nada la iguala. Mas di,   [*Llaman*
Llaman á la puerta?

Hern. Sí.

Fel. Ve y mira, Hernando, quien es.

Sale Don Juan *en trage de camino.*

Juan. Yo soy, Don Felix; que, estando
La puerta abierta, no fuera
Bien, que mas me detuviera.

Fel. Mal llamar ha sido, cuando
Sabeis, que puertas y brazos
Estan siempre para vos
De una suerte.

Juan. Guárdeos Dios!
Que ya sé, que destos lazos
El estrecho nudo fuerte,
Que en nuestras almas está,
Sin romperle, no podrá
Desatárnosle la muerte.

Fel. Seais bien venido; que, aunque
En la jornada de Ungría,
Que veníades, sabia,
No tan presto os esperé.

Juan. Fuerza adelantarme ha sido
Para un negocio en razon,
Don Felix, de mi perdon.

Fel. ¿Habéisle ya conseguido?

Juan. Sí; y habiendo perdonado
La parte, gozar quisiera
Del indulto, que se espera
Por las bodas; y así he dado
Priesa á venir, para que,
En vuestra casa escondido,
Me halle á todo prevenido.

Fel. Dicha es mia. Y cómo fue?

Juan. Ya sabeis, que por la muerte,
Felix, de aquel caballero,
Fui á Italia. Pues lo primero
Dispuso mi buena suerte
Ser ocasion, que el señor
Duque excelso y generoso
De Terranova famoso
Iba por Embajador
Á Alemania, acomodado
Con él á Alemania fui;
Y hallándose allá de mí
Bien servido y obligado,
Á España escribió, por que
Conocimiento tenia
Con la parte. Y asi un dia,
Sin saberlo yo, me hallé
Con el perdon en un pliego,
Que de su mano me dió.

Fel. El lance fue tal, que erró
La parte en no darle luego,
Pues fue casual la pendencia,
Que dió la conversacion.

Juan. Esa es, Felix, la opinion
Comun; pero mi impaciencia
De mayor causa nacia,
Que la que ocasiona el juego.

Fel. Eso es lo que yo no llego
Á saber.

Juan. Pues yo servia,
Ya que decirlo no importa,
Para casarme con ella,
Á una dama rica y bella;
Y no con suerte tan corta,
Que esperanzas no tuviese,
Aunque me las dilataba;
Que ausente su padre estaba,
Y la madre no quisiese

Tratar su estado sin él.
En este tiempo entendí
Servirla el muerto; y asi,
Ocasionado de aquel
Lance, que el juego nos dió,
Con capa de otros desvelos,
Venganza tomé á mis zelos,
Con que todo se perdió;
Pues fueran necios engaños,
Confiado de mi estrella,
Pensar hoy, que aun viva en ella
Memoria de tantos años.

Fel. Vos estais bien persuadido,
Que en Madrid, cosa es notoria,
Que en las damas la memoria
Vive á espaldas del olvido.
Su favor y su desden
Ya en ningun estado, no,
Hizo fe; bien haya yo,
Que en mi vida quise bien.

Juan. ¿Todavía dese humor?

Fel. Sí; pues aunque ellas son bellas,
Me quiero á mí mas, que á ellas;
Y asi tengo por mejor,
A la que me ha de engañar,
Engañarla yo primero;
Que yo por amigo quiero
Al gusto, mas no al pesar.
Y para que no se crea,
Que lo es para vos mi humor,
Ni para mí vuestro amor,
Otra la plática sea.
¿Cómo en la jornada os ha ido?

Juan. Como á quien viene de ver
Darse poder á poder
Desempeños á partido;
Porque tal autoridad,
Pompa, aparato y riqueza,
Como ostentó la grandeza
De una y otra Magestad,
El dia que la hija bella
Del águila soberana
Generosamente ufana
Trocó el norte por la estrella
Del Hispano, cuya accion,
Llanto á gozo competido,
Dejó del águila el nido
Por el lecho del leon,
No la vió otra vez el dia.

Fel. De paso no estoy contento
De oírla.

Juan.   Pues estadme atento,
Porque á la relacion mia
Los afectos cortesanos
Pagueis.

Fel.   Yo os la ofrezco brava.

Juan. Deudora Alemania estaba......

Sale DON PEDRO, *vestido de color.*

Ped. Don Felix, bésoos las manos.

Fel. Seais, Don Pedro, bien venido.
Por esta puerta en un punto
Hoy se entra el bien todo junto.
¿Pues qué venida esta ha sido?
Acabóse el curso?

Ped.   No.

Fel. Pues qué os trae?

Ped.   Yo os lo diré.

Juan. Si yo embarazo, me iré.

Ped. No, caballero; que yo,
Hallándoos con Felix, fio
Mucho de vos, porque arguyo,
Que basta que amigo suyo
Seais, para ser dueño mio;

Demas que aqui es mi venida,
Que en decirlo no hago nada.
Una dama celebrada,
Que, á mi amor agradecida,
Pude en Alcalá servir,
Vino hoy á Madrid, y á vella
Vengo, Don Felix, tras ella.

Fel. Y qué mas?

Ped.   Que, por huir
De mi padre, aqui escondido
Dos dias habré de estar.

Fel. Albricias me podeis dar
De haber á tiempo venido,
Que en ella Don Juan tambien
Puede haceros compañía.

Juan. Será gran ventura mia,
Que en mí conozcais á quien
Serviros desea.

Ped.   Los cielos
Os guarden.

Fel.   Pues vive Dios,
Que no habeis de hablar los dos
Tocados de amor y zelos. —
Haz que nos den de comer. — [*á Hernando.*
Y pues no hemos de salir
De casa, por divertir
El tiempo, que puede haber,
La relacion me decid,
Don Juan, de la real jornada.

Juan. Con calidad, que acabada
La prevencion de Madrid
Direis despues.

Fel.   Soy contento.

Ped. Yo vengo á buena ocasion,
Que una y otra relacion
Nueva es para mí.

Juan.   Oid atento.
Deudora Alemania estaba
Á España de la mas rica,
De la mas hermosa prenda,
Desde el venturoso dia,
Que María, nuestra Infanta,
Generosamente altiva,
Trocó la española Alteza,
Por la Magestad de Ungría.
Deudora Alemania estaba
(Otra vez mi voz repita)
De tanto logro al empeño,
De tanto empeño á la dicha,
Sin esperanzas de que
Pudiese su corte invicta
Desempeñarse con otra,
De iguales méritos digna,
Hasta que piadoso el cielo
Ilustró su monarquía,
De quien, si no la excedió,
Pudo al menos competirla,
Para que nos restituya
En Mariana, su hija,
Tan una misma beldad,
Que parece que es la misma.
Pues si de las dos esferas
Vamos corriendo las líneas,
Y en florida primavera
Le dimos la maravilla,
La maravilla nos vuelve
En primavera florida;
Que apenas catorce Abriles
Bebió del alba la risa.
Si la real sangre de Austria
Sus hojas tiñó en la tiria
Púrpura, en ella tambien
Quiso, que esotras se tiñan.
Si prudencia, si virtud,

Si ingenio y partes divinas
La dimos, esas nos vuelve,
Porque de todas es cifra.
Despues de capitulado
El Rey, que mil siglos viva,
Se dilataron las bodas .
Mas tiempo del que queria
La ansia de los Españoles;
Mas no fueran conocidas
Las dichas, si no vinieran
Con su pereza las dichas.
Fue causa á la dilacion
Esperar, que á la festiva
Tierna edad de la niñez
Creciese, hasta ver, que hoy pisa
De la juventud la márgen.
Buen defecto es el de niña,
Pues se va, aunque ella no quiera,
Enmendando cada dia.
Llegó pues el deseado
De que feliz se despida
El águila generosa
Del real nido que la abriga,
Porque, saliendo á volar,
El cuarto planeta diga,
Que imperial águila es, puesto
Que de hito en hito le mira.
Y porque no sin decoro
Deje la corte que habita,
Llegó la nueva á Madrid,
Porque alli el Rey se despida
De su hermana, hasta la entrega,
Mezclando el llanto y la risa,
Que siempre en bodas de Infanta
El pesar y el alegría
Se equivocan, hasta que
De gala el dolor se vista,
Saliendo dellas casada.
Ferdinando, Rey de Ungría
Y Bohemia, inclito jóven,
Que no vanamente aspira,
Que heredada la eleccion,
Roma su laurel le ciña,
En nombre del Rey, con ella
Se desposa, y ejercita
Tan amante sus poderes,
Que, sin perderla de vista,
Hasta Trento la acompaña,
Con la pompa mas lucida, .
Con el fausto mas real,
Que vió el sol; pues á porfía,
Españoles, Alemanes
Y Italianos, con su vista,
Se compitieron de suerte,
Que era gloriosa la envidia;
Porque unos y otros hicieron
En costosas libreas ricas,
Tratable el oro en sus venas,
Fácil la plata en sus minas,
Agotando de una vez
Todo el caudal á las Indias.
Y porque por mar y tierra
Halle siempre prevenida
Quien por la tierra y el mar
De parte del Rey la sirva,
El cargo del mar al Duque
De Túrsis (de esclarecida
Generosa casa de Oria,
Siempre afecta y siempre fina
Á esta corona) le dió,
Porque de nuevo repita
En servicios y finezas
Obligaciones antiguas.
La Reina estuvo en Milan

Detenida algunos dias,
Por ocasion de que el mar
Embarazó con sus iras
De España el pasage. ¿Pero
Quién de su inconstancia fia,
Que no motive de culpa
Lo que no es mas que desdicha?
Del mar y del viento en fin
Las condiciones esquivas
Ó vencidas ó templadas,
Aténgome á que vencidas,
Llegó el dia de embarcarse,
Y apenas la vió en su orilla
El mar, cuando convocó
Todo el coro de sus ninfas,
Para que, corriendo á tropas
La campaña cristalina,
Tan solo en ella dejaran
Aquella inquietud tranquila,
Que, no bastando á temerla,
Baste á hermosearla y lucirla.
Entró la Reina en la real,
Cuya popa era encendida
Brasa de oro, que, á despecho
De tanta agua, estaba viva.
La chusma toda de tela
Nácar y plata vestida,
Con camisolas de holanda,
Que su gala es estar limpias.
Velámen, jarcias y velas,
Á su modo guarnecidas
De mil colores, formaban
Un pensil, á quien matizan
De flores los gallardetes
Y las flámulas, que heridas
Del aire que las tremola,
Y el agua que las salpica,
Venganza daban·al aire,
Y el agua de la ojeriza
Que tenian con las salvas,
Por ver, que de ver las quitan
Las negras nubes de humo,
Que dejó la artillería,
La mas pura, la mas bella,
La mas noble y mas divina
Vénus, que sobre la espuma
Flechas de constancia vibra.
Aqui al compas de las piezas,
Clarines y chirimías,
Á leva tocó la real,
Cuya seña obedecida,
Aun primero que escuchada,
Fue de todos, con tal prisa,
Que á un mismo tiempo la boga
Arrancó, y siendo la grita
Segunda salva vocal,
Nos pareció, cuando se iba
De la tierra, una vistosa
Primavera fugitiva.
Cuarenta galeras fueron
Las que siguieron su quilla,
Que mas, que rompen las olas,
Las encrespan y las rizan.
El golfo tomó la nao,
Aun sin tocar en las islas
Mallorca, Ibiza y Cerdeña,
No á causa de la enemiga
Oposicion de los puertos
De Francia, que bien podia,
Viniéndose tierra á tierra,
Tomar puerto en sus marinas;
Porque en las enemistades
De las coronas militan
En la campaña las armas,

Y en la paz la cortesía.
Y así, con salvoconducto
General en sus milicias,
Francia esperó á nuestra reina;
Que bien lidian los que lidian
Para vencer, cuando vencen,
Aun menos, que cuando obligan.
Mas no puedo detenerme
En referir las festivas
Demostraciones, que Francia
La tenia prevenidas.
El golfo tomó la nao,
Trayendo siempre benigna
En los vientos y los mares
La fortuna, porque mira,
Que con solo este festejo,
Que hace á España, se desquita
De otras penas, que la debe
La vanidad de su envidia.
En fin, con serena paz
La vaga ciudad movida,
Ya del remo que la impele,
Ya del viento que la inspira,
Los mares sulca de España,
Y de sus campos divisa
Los celages, que quisieran
Que el mar en sus ondas frias
Huéspedes los admitiese,
Porque una vez se compitan
Golfos de verde esmeralda
Con montes de nieve riza.
Ya el mar saluda á la tierra,
Ya la tierra al mar se humilla,
Siendo la primera que
Sus reales plantas pisan
Denia. ¡O tú mil veces tú
Felice, pues en tu orilla
Hoy de la concha de un tronco
Sacas la perla mas rica!
Querer que yo diga ahora
La magestad de las vistas,
El séquito de su corte,
Las galas, las bizarrías,
El amor de sus vasallos,
De sus reinos la alegría,
No es posible, sino es que
Con la voz de todos diga,
Que este repetido lazo,
En quien de esposa y sobrina
El nudo apretó dos veces,
Con propagada familia,
Para bien comun de España,
Venturosos siglos viva.

Fel. No tuve gusto mayor.
Estad ahora vos atento.
Con el general contento,
Digno á su lealtad,......

Sale HERNANDO.

Hern.   Señor!
Fel. Qué dices?
Hern.   Que las dos bellas
Damas, que al barrio han venido,
Á la ventana han salido,
Y desde esta puedes vellas.
Fel. Perdone la relacion,
Pues dice á voces la fama:
Antes que todo es mi dama;
Y despues habrá ocasion
Para ella; que ver deseo
Qué cosa son mis vecinas.
            [*Mirando hácia dentro.*
¡Vive Dios, que son divinas!
Juan. Veámoslas todos. Qué veo? [*Llega á mirar.*

Ella es! [*aparte.*
Ped.   Pues las vísteis vos,
Á mí me dejad llegar.   [*Llega.*
Fel. Á fe, que hay bien que admirar
En cualquiera de las dos.
Ped. Qué es lo que veo? Ella es, cielos! — [*ap.*
Gran dicha ha sido venir
Á vuestro barrio á vivir.
Juan. Disimulen mis desvelos. — [*aparte.*
Bizarra cualquiera es.
Ped. Finja mi pena amorosa. — [*aparte.*
Cualquiera es dellas hermosa.
Fel. Oyen vuesarcedes; pues
Bizarras ni hermosas son,
Quítense de aqui, porque
Son muy tiernos para que
Les dé en mi jurisdiccion
Á su dama cada uno;
Pues estan enamorados,
Déjenme con mis cuidados,
Sin alabarme ninguno
Bellezas ni bizarrías;
Que aquestas damas les digo,
Que son cosas de un amigo.
Juan. ¡Qué poco mis alegrías
Duraron! Ya se quitaron
De la ventana, porque
Yo llore su ausencia. — Y fue [*aparte.*
La primer cosa, que hallaron,
Cielos, mis penas, que ha sido
Dellas la causa. Ay de mí!
Ped. La primer cosa que ví [*aparte.*
Es por la que aqui he venido.
Hern. La mesa espera, señor.   [*Vase.*
Fel. Vamos á comer; que, aunque
Tan enamorado esté,
Tengo mas hambre, que amor.
Juan. Aunque de burlas hablais,
Sabed, que de mi fortuna
Una es la causa.   Á Dios, una. [*Vase.*
Fel. Aunque tan de humor estais,
Ped. Por sí ó por no, sabed, que
Una de las dos, por Dios,
Es la que sigo.   Á Dios, dos. [*Vase.*
Fel. ¡Qué corta mi dicha fue!
Si no es, que una misma sea,
Que aun peor que esto seria,
La que uno y otro queria.
¡Plegue á Dios, que no se vea
Empeñado en los desvelos
De dos amigos mi honor,
Y pague zelos y amor,
Quien no tiene amor ni zelos! [*Vase.*

Salen DOÑA CLARA *y* DOÑA EUGENIA.

Clar. Por cierto, casa y adorno
Todo, Eugenia, está extremado.
Eug. Á mí no me ha parecido,
Sino de la corte el asco.
Clar. Por qué?
Eug.   Cuanto á lo primero,
Porque este, Clara, es el barrio
Donde de la corte habitan
Los pájaros solitarios.
Á los pozos de la nieve
Casa mi padre ha tomado.
Fresca vecindad! Agosto
Le agradezca el agasajo.
Clar. Por la quietud y el jardin
Lo haria.

Eug. ¡Lindos cuidados,
Quietud y jardin! Para eso
Juste está juntico á Cuacos.
Porque ¿en Madrid, qué quietud
Hay, como el ruido? ¿Y qué cuadro,
Aunque con mas tulipanes,
Que trajo extrangero Mayo,
Como una calle, que tenga
Gente, coches y caballos,
Llena de lodo el invierno,
Llena de polvo el verano,
Donde una muger se esté
De la zelosía en los lazos,
Al estribo de un balcon
Á todas horas paseando?
Pues qué los adornos?

Clar. ¿No es
De terciopelo este estrado
Y sillas, y con su alfombra?
¿De granadillo y damasco
Estas camas? ¿los tapices
De buena estofa? ¿y los cuadros
De buen gusto, y el demas
Menage, Eugenia, ordinario,
Limpio y nuevo? Pues qué quieres?

Eug. Buenos son; pero diez años
De Indias son mucho mejores.
Yo pensaba, que el adagio
De tener el padre Alcalde,
Era niño, comparado
Con la suma dignidad
De tener el padre Indiano.
Fuera de que entre estas cosas,
Que tú me encareces tanto,
La mejor cuadra y mejor
Alhaja es la que no hallo.

Clar. Cuáles son?

Eug. Coche y cochera;
Que ella en invierno y verano
Es la mejor galería
Y él el mas hermoso trasto.
¿Qué Indias hay, donde no hay coche?
¡Aqui de Dios y sus Santos!
¿Que ensayados trae, no ha escrito,
Muchos pesos? Pues veamos,
Si no han de hacer su papel,
Para qué se han ensayado?

Clar. ¿Ni aun á tu padre reserva
La sátira de tus labios?
Jésus mil veces!

Eug. Mala hija!
Vivir quisiera mil años,
Solo por ver si me logro.

Clar. Advierte, Eugenia, que estamos
Ya en la corte, y que el despejo,
El brio y el desenfado
Del buen gusto aqui es delito;
Que aqui dan los cortesanos
Estatua al honor de cera,
Y á la malicia de mármol.
No digo, que no sea bueno
Lo galante y lo bizarro;
Pero ¿qué importa, si no
Lo parece? Y no es tan malo
No ser bueno y parecerlo,
Como serlo y no mostrarlo.
El honor de una muger,
Y mas muger sin estado,
Al mas fácil accidente
Suele enfermar, y no hay hampo
De nieve, que mas aprisa
Aje su tez, al contacto
De cualquiera. Planta no hay,
Que padezca los desmayos

Mas presto, que, sin el cierzo,
Basta á marchitarla el austro.
Cuantos tus versos celebran,
Cuantos tus donaires, cuantos
Tu ingenio, son los primeros,
Eugenia, que al mismo paso,
Que te lisonjean el gusto,
Te murmuran el recato,
Rematando en menosprecio
Lo mismo que empieza aplauso.
Y una muger, como tú,
No ha de exponerse á los daños
De que parezca delito
Nada, ni le sea notado
Hacer profesion de risa,
Que tan presto ha de ser llanto?
¿Hasta hoy en carta de dote,
Eugenia, ha capitulado
La gracia?

Eug. Quam mihi et vobis
Praestare se te ha olvidado,
Para acabar el sermon
Con todos sus aparatos.
Y para que de una vez
Demos al tema de mano,
Has de saber, Clara, que
Los non fajades de antaño,
Que hablaron con las doncellas,
Y las demas deste caso,
Con las calzas atacadas,
Y los cuellos, se llevaron
Á Simáncas, donde yacen
Entre mugeres y fallos.
Don Escrúpulo de honor
Fue un pesadísimo hidalgo,
Cuyos privilegios ya
No se leen de puro rancios.
Yo he de vivir en la corte,
Sin melindres y sin ascos
Del qué dirán; porque sé,
Que no dirán, que hice agravio
Á mi pundonor. Y asi,
Derribado al hombro el manto,
Descollada la altivez,
Atento el desembarazo,
Libre la cortesanía,
He de correr á mi salvo
Los siempre tranquilos golfos
De calle mayor y prado,
Corsaria de cuantos puertos
Hay desde Atocha á palacio.
Uso nuevo no ha de haber,
Que no le estrene mi garbo.
Amiga sin coche? Tate!
¿Y sin chocolate estrado?
No en mis dias! Porque sé,
Que es el consejo mas cano,
El mejor amigo el coche,
Y él el mejor agasajo.
Las fiestas no ha de saberlas,
Mejor que yo, el calendario
Desde el Ángel á San Blas,
Desde el Trapillo á Santiago.
Si picaren en el dote
Los amantes cortesanos,
Que enamorados de sí
Mas, que de mí enamorados,
Me festejen, has de ver,
Que al retortero los traigo,
Haciendo gala el rendirlos
Y vanidad el dejarlos.
Todo esto quiero que tengas,
Clara, entendido; y si acaso
Vieres en mí......

Clar. ¿Qué he de ver,
Si aun de escucharte me espanto?

Sale DON ALONSO *muy alegre.*

Alon. Eugenia! Clara!
Las dos. Señor?
Alon. Pediros albricias puedo.
Las dos. De qué?
Alon. De la mejor dicha,
Mayor bien, mayor contento,
Que sucederme pudiera,
Despues de llegar á veros.
Don Toribio Cuadradillos,
Hijo mayor y heredero
De mi hermano, mayorazgo
Del solar de mis abuelos,
Llegará al punto. Una tropa,
Que se adelantó, me ha hecho
Relacion de que ahora queda
Muy cerca de aqui.
Eug. Por cierto,
Que pensé, que habia venido,
Segun tu encarecimiento,
Algun plenipotenciario
Con la paz del universo.
Alon. Mari Nuño!

Sale MARI NUÑO.

Mar. Qué me mandas?
Alon. Aderécese al momento
Aquese cuarto de abajo;
Esté aliñado y compuesto.
[*Vase Mari Nuño.*

Sale BRIGIDA.

Tú, Brigida, saca ropa
De la excusada.
Bri. Ya tengo
Un azafate, que pueden
Beber su holanda los vientos. [*Vase.*

Sale OTAÑEZ.

Alon. Otañez!
Otañ. Señor?
Alon. Buscad
Algo de regalo presto,
Para que coma en llegando.
[*Vase Otañez.*
Y á las dos, hijas, os ruego,
Le agasajeis mucho. Ved
Que es vuestra cabeza, y creo,
Que será la mas dichosa
La que le tenga por dueño;
Pues será escudera suya
La otra. — Asi inclinar pretendo [*aparte.*
Á Eugenia.
Eug. Yo desa dicha
Pocas esperanzas tengo;
Que Clara es mayor.
Clar. ¿Qué importa,
Si es mas tu merecimiento?
Eug. ¿Falsedad conmigo, Clara?
Alon. Ya en el portal hay estruendo.
Oid.

Dentro DON TORIBIO *y* OTAÑEZ.

Tor. ¿Vive aqui un señor tio,
Que yo en esta corte tengo,
Con dos hijas, por mas señas,
Con quien á casarme vengo,
De dos la una, como apuesta?
Otañ. Esta es la casa.
Alon. Yo creo,
Que es él sin duda. Llegad

Conmigo al recibimiento.
Tor. Y está acá?
Otañ. En casa está.
Tor. Pues
Ten ese estribo, Lorenzo.

Sale DON TORIBIO *vestido de camino ridículamente.*

Eug. ¡Jésus, qué rara figura!
Clar. Tú tienes razon por cierto.
Eug. ¡Ay, que consintió mi hermana [*aparte.*
En murmuracion!
Alon. Contento,
Sobrino y señor, de ver,
Que haya concedido el cielo
Esta ventura á mi casa,
Salgo alegre á conoceros
Por mayor pariente della.
Tor. Pues bien poco haceis en eso;
Que en el valle de Toránzos
Desde tamañito tengo
El ser cabeza mayor,
Adonde quiera que llego.
Alon. Llegad; ved que vuestras primas
Desean mucho conoceros,
Y han salido á recibiros.
Tor. Razonables primas tengo.
Clar. Vos seais muy bien venido.
Tor. Tanto favor agradezco.
Alon. Cómo venis?
Tor. Muy cansado;
Que traigo un macho, os prometo,
De tan mal asiento, que
Me ha hecho á mí de mal asiento.
Alon. Mientras de comer os dan,
Sentaos.
Tor. ¿No será mas bueno
El trocarlo, y que me den
De comer mientras me siento?
Pero por no ser porfiado, [*Siéntase.*
Que os senteis los tres os ruego;
Que yo de cualquier manera
Estoy bien.
Clar. Lindo despejo! [*aparte las dos.*
Eug. Esta es mi cabeza?
Clar. Sí.
Eug. En aqueste instante creo,
Cierto, que soy loca, pues
Tan mala cabeza tengo.
Tor. Finalmente, primas mias,
Como digo de mi cuento,
Parece que sois hermosas,
Ahora que caigo en ello;
Y tanto, que ya me pesa,
Que seais á la par tan bellos
Ángeles.
Las dos. Por qué?
Tor. Porque......
Mas explíqueme un ejemplo.
Escriben los naturales,
Que puesto un borrico en medio
De dos piensos de cebada,
Se deja morir primero,
Que haga del uno eleccion,
Por mas que los mire hambriento.
Yo asi en medio de las dos,
Que sois mis mejores piensos,
No sabiendo á cual llegue antes,
Me quedaré de hambre muerto.
Alon. ¡O sencillez de mi patria,
Cuanto de hallarte me huelgo!
Clar. Buen concepto, y cortesano.
Eug. De borrico es por lo menos.
Tor. Mas remedio hay para todo. —

¿No ha de traerse, á lo que entiendo,
Tio, una dispensacion,
Por razon del parentesco,
Para la una?

Alon.   Claro está.
Tor.   Pues traigan dos; que yo quiero
Dar el dinero doblado;
Y desa suerte, en teniendo
Para cada una la suya,
Casaré con ambas.   Pero
Ansi, que se me olvidaba,
Como estais, saber deseo,
Vos y mis señoras primas.

Alon.   Muy alegre y muy contento
De ver mi casa y mis hijas
Y á vos, para que seais dueño
Del fruto de mis trabajos.

Tor.   Eso y mucho mas merezco.
Si viérais mi ejecutoria,
Primas mias, os prometo,
Que se os quitaran mil canas.
Vestida de terciopelo
Carmesí, y alli pintados
Mis padres y mis abuelos,
Como unos Santicos de horas.
En las alforjas la tengo;
Esperad, iré por ella,
Para que veais, que no os miento.

Sale MARI NUÑO, *y espántase D. Toribio.*
Mar.   La comida está en la mesa.
Tor.   Ay, señor tio, qué es esto?
¿Trajisteis este animal
De las Indias?   Que no creo,
Que es hombre ni muger; y habla?

Alon.   Es dueña.
Tor.   Y es mansa?
Mar.   Ingenio
Cerril tiene el primo.

Eug.   No es,
Sino tonto por extremo.

Alon.   Como queda vuestro padre
Y su casa, saber quiero.

Tor.   No me haga mal de hijodalgo
De comedias, si me acuerdo.

Mar.   La mesa está puesta.
Tor.   ¿Y dónde
Teneis la mesa?

Mar.   Allá dentro.
Tor.   No sé si lo crea.
Mar.   Por qué?
Tor.   Porque la instruccion, que tengo,
Es, que no me crea de dueñas.
Pero yo lo veré presto. —
Perdonadme; que no soy
Amigo de cumplimientos.   [*Vase.*

Clar.   ¡Lindo primo, por mi vida!
Mar.   El no es galan; pero es puerco.
Eug.   ¿Las guardas de peste, cómo
Entrar le dejaron dentro?

Alon.   ¿De qué estais tristes las dos?
Las dos.   Yo de nada.
Alon.   Ya os entiendo.
Os habrá el estilo y trage
Desagradado; pues esto
Es lo mas y lo mejor
Que teneis. Vereis cuan presto
Le mejoran corte y trato.
Los mas vienen asi, y luego
Son los mas agudos. Mas
Explicaros cuan contento
Y alegre estoy, no es posible,
De ver, que vuelva á mis nietos
La casa de mis mayores.

Don Toribio, vive el cielo,
Se ha de casar con la una,
Sin pensar la otra por eso,
Que no ha de casar con otro
Como él; porque no quiero,
Que lo que á mí me ha costado
Tanta fatiga y anhelos
Me malbarate un mocito,
Que gaste en medias de pelo
Mas, que vale un mayorazgo.
Si viera por un sombrero
De castor dar veinte ó treinta
Reales de á ocho yo á mi yerno,
Sacados de mi sudor,
Perdiera mi entendimiento.
Y asi no hay que hablar, sino
Persuadiros desde luego,
Que este y otro como este
Han de ser esposos vuestros.   [*Vas*

Clar.   Primero pierda la vida.
Eug.   La vida no; mas primero
Me quedaré sin casar,
Que es mas encarecimiento.

JORNADA II.

Salen DON JUAN, DON FELIX *y* HERNAND

Fel.   ¿Cómo habeis, Don Juan, pasado
La noche?

Juan.   ¿Cómo pudiera,
Don Felix, en vuestra casa,
Sino muy bien, puesto que ella
De mi tristeza no tiene
La culpa?

Fel.   ¿Pues qué tristeza
Es la que ahora os aflige?

Juan.   No sé como os la encarezca.
Desde el instante que ví
Esa divina belleza,
Que aun en mi memoria vive,
Á pesar de tanta ausencia,
Todas aquellas cenizas,
Que, entre olvidadas pavesas,
Aun no juzgué, que eran humo,
Llama han sido, de manera,
Que conocí, que han estado
En ocioso fuego envueltas,
Tibias, pero no apagadas,
Calladas, pero no muertas.
No volví á verla ayer tarde,
Porque no volvió á la reja;
Y asi hoy con la esperanza
De que, siendo dia de fiesta,
No dejará de salir,
He madrugado por verla.
Á la puerta de la calle
Voy á esperar, que amanezca
Segundo sol para mí.
Vos haced, por vida vuestra,
Puesto que no importa al caso,
Que nada Don Pedro entienda.   [*Va*

Fel.   ¿Habrá hombre tan necio, como
El que hallar memorias piensa
En una muger, al cabo
De tantos años de ausencia?

Hern.   Déjale, que con su engaño
Viva.

Fel.   Un cortesano, que era,
Decia, el engaño la cosa,
Que mas y que menos cuesta.

Veamos estotro doliente
En qué estado está, ya que esta
Casa de locos de amor
Se ha vuelto convalecencia.

Sale DON PEDRO.

Qué hay, Don Pedro? Buenos dias.

Ped. Fuerza será, que lo sean,
Recibiéndolos de vos
Y en vuestra casa, por vuestra
Y por la dicha de estar
Mis esperanzas tan cerca.
No creereis cuanto gozoso
Y ufano estoy de que sea
Vuestra vecina esta dama;
Pues con eso, cosa es cierta,
Que para verla, Don Felix,
Dos mil ocasiones tenga.
Y por no perder ninguna,
Voy á esperarla á la puerta,
Pues sin duda, que hoy á misa
Habrá de salir por fuerza.

Fel. En ella Don Juan aguarda.

Ped. Asi se hará la deshecha
Mejor, paseándonos todos.
Vos, aunque llevaros quiera
Á otra parte, no vais; pero
De suerte, que nada entienda.

Fel. Qué haceis, Don Juan?

Sale DON JUAN.

Juan. Esperaros,
Para saber á qué iglesia
Quereis que vamos á misa. —
De aqui no hagamos ausencia. [*aparte.*

Ped. Lo mismo le decia yo.
Vamos adonde os parezca. —
No os vais, Don Felix, de aqui. [*aparte.*

Fel. Desta suerte fácil fuera [*aparte.*
Servir un hombre á dos amos,
Mandando una cosa mesma. —
Vuesarcedes, caballeros,
Muy enamorados, piensan,
Que no hay mas que irse y llevarme
Cada cual á su querencia.
Pues no, vive Dios! que hoy
Se han de estar donde yo quiera;
Que quiero yo enamorar
Tambien un dia en conversa;
Y asi, hasta que mis vecinas
Salgan, y vamos tras ellas,
Para ver la que me toca
Festejar; pues cosa es cierta
Que yo la que quiero mas,
Es la que tengo mas cerca,
No se ha de ir de aqui ninguno.

Juan. Por mí sea norabuena.

Ped. Por mí tambien.

Juan. Lindamente [*aparte.*
Habeis hecho la deshecha
Con Don Juan.

Fel. Bien con Don Pedro [*ap.*
Desmentido habeis mis penas.
Mas lo hago yo por saber, [*aparte.*
Si es que es la dama una mesma.
Y si es la que de las dos.....
Mas no prosiga mi lengua;
Que es tarde para que á mí
Beldad alguna me venza.

Juan. Pues ya que quereis, Don Felix,
Que os asistamos, no sea
Tan de balde, que no os cueste
El pagarnos una deuda,
Que nos debe s.

Ped. Es verdad;
Y es famosa ocasion esta,
Pues que para hacer ahora
Son las relaciones buenas.

Fel. Yo me huelgo, pues asi
Hablaré un rato siquiera,
Sin que á la mano me vayan
Con amor, zelos y ausencia.
Con el general contento,
Madrid, digno á su fineza,
Á su lealtad y su amor,
Oyó las felices nuevas
De las bodas de su Rey;
Y mas cuando supo que era
La divina Mariana......

Juan. Tened; que dejar es fuerza
Otra vez la relacion
Para otra ocasion suspensa.

Fel. Por qué?

Juan. Porque sale gente.

Fel. ¿Cuánto va que se me queda
La rélacion en el cuerpo,
Y vienen otros á hacerla?

Ped. Un criado es el que sale,
Que á su amo, sin duda, espera.

Juan. Bien podeis ya proseguir.

Fel. Digo, que en gozosa muestra
Del alegría de todos,
Pues todos juntos quisieran
Significar los afectos
En regocijos y fiestas;
Y aunque, como vos dijisteis,
Caminan con su pereza
Las dichas, y no es el gusto
Correo á toda diligencia,
Con todo eso llegó el dia
De saberse, que en Viena
El Rey desposado estaba,
Remitiéndole á que ejerza
Sus poderes Ferdinando,
Rey de Ungría y de Bohemia,
Ferdinando, inclito jóven,
En quien la sacra diadema
De Rey de Romanos presto
Hará la eleccion herencia.
Él pues no del poder solo
Usó, mas de la fineza,
Con que, sirviendo á su hermana,
Hizo de la corte ausencia.
Dejemos en el camino
Las dos Magestades, que esta
No es la accion, que á mí me toca,
Ya que vos, con la agudeza
De vuestro ingenio, dijisteis
El aparato y grandeza,
Y vamos á que Madrid,
Desvelada, fiel y atenta
Al servicio de sus Reyes,
Que es de lo que mas se precia,
En tanto que prevenia
La usada lid de sus fiestas,
Convidó lo mas ilustre
De la española nobleza
Para una máscara, haciendo,
Ó acaso fue, ó diligencia
Á propósito de bodas,
Ceremoniosa la fiesta.
Porque, si á la antigüedad
Revolveis humanas letras,
Hallareis, como en las nupcias,
Aun menos ilustres que estas,
Con antorchas en las manos
Corrían tropas diversas,
Á quien llamaban preludios,

Invocando la suprema
Deidad del sacro Himeneo,
Á cuyas aras las teas
Sacrificaban, cantando
Epitalamios, en prendas
De que á aquellos casamientos
Favorable á asistir venga.
Y asi de la antigüedad
Tomando Madrid aquella
Parte festiva, y dejando
La gentílica depuesta,
Usó el regocijo solo,
Mejorando ilustre y cuerda
El rito, pues que fue dando
Al cielo gracias inmensas
De sus dichas, cuyas voces
Variamente lisonjeras
Fueron el epitalamio,
Que España cantó contenta
En música, que es confusa,
Mas dulce, si no mas diestra.
En toda mi vida ví
Tan hermosa tropa bella,
Como la máscara junta,
Cuando al compas de trompetas,
Clarines y chirimías
Empezaron á moverla
Los dos polos, que de España
Y de Alemania sustentan
La política, bien como
Dando generosas muestras
De que Alemania y España
Por todo el tiempo interesan,
Una en que tal prenda da,
Y otra en que admite tal prenda.
Bien quisiera yo pintarlos;
Pero, aunque mas lo pretenda,
No es posible, sino es
Que la retórica quiera
En sus figuras prestarme
El uso de sus licencias,
Cometiendo una que llaman
Tropo de prosopopeya,
Que es cuando lo no posible,
Bajo objeto de la idea
Ó callando se imagina,
Ó hablando se representa.
Porque si no es que finjais
Allá en la fantasía vuestra
Bajar de púrpura un monte,
Arder de plata una selva,
Y de selva y monte luego
Formais un monstruo, que á fuerza
De nuevo metamórfosis
Todo en fuego se convierta,
No podreis imaginar,
Como aquel peñasco era
De luz y nácar y plata,
En cuya abrasada selva
Fueron las plumas las flores
Y las hachas las estrellas.
Tan iguales todos juntos
Y cada uno, que no hubiera
Pareja, que poder darle,
Si ellos mismos no se hubieran
Antes convenido á ser
Ellos mismos sus parejas.
Cuando del un puesto al otro
Corrian las tropas, eran
Disueltas exhalaciones
Y desatados cometas.
Tan hermosa fue la noche,
Que el dia entre pardas nieblas
Sucedió por muchos dias,

La faz de nubes cubierta,
Llorando lo que llovía,
Ó de envidia, ó de vergüenza,
Hasta que desempeñada
Vió su luz con la belleza
Del dia, que vió la plaza
Para los toros dispuesta.
Porque, aunque su hermoso circo
Siempre ha sido heróica afrenta
De cuantos anfiteatros
Roma en ruina nos acuerda,
Nunca con mas causa; pues
Nunca se vió su grandeza,
Á fuer de dama, ni mas
Despejada, ni mas bella;
Pues que cuando vió que á tropas
Ocupaban la palestra
De los lucidos criados
Las adornadas catervas,
Como á su triunfo trajeron
Los grandes héroes, que en ella
La suerte han hecho precisa,
Por quien ya el acaso deja
De ser acaso, pues ya
No viene á ser, sino fuerza
El que ha sacado al acierto
Del nombre de contingencia.
A ninguno he de nombraros,
Y es justo, que no quisiera,
Que habiendo ya tantas plumas
Pintado á sus excelencias,
Los desluciesen ahora
Cortedades de mi lengua.
Solo os diré, que no hubo
Bruto, que armada la testa,
La piel manchada, arrugado
El ceño, hendida la huella,
Dilatado el cuello, el pecho
Corto, la cerviz inhiesta,
De una vez escriba osado
Caractéres en la arena,
Como quien dice, esta es,
Ó vuestra huesa, ó mi huesa;
Que no fuese triunfo fácil
Del primor y la destreza,
De que el mas hidalgo bruto,
Soberbio con la obediencia,
Dócil con la lozanía,
Sus amenazas desprecia
Al tacto del acicate
Ó al aviso de la rienda;
Pues ya el asta y ya la espada,
En ambas acciones diestra,
Airosamente mezclaban
La hermosura y la fiereza.
Feliz acabó la tarde,
Quedando Madrid contenta
Con ella y con la esperanza
De que sus dichas se acercan;
Y asi solo en prevenciones
Desde entonces se desvela;
Porque siendo, como es,
La corte el centro y la esfera,
Que ha de merecer lograrla
Mas suya, desaire fuera,
Habiendo de paso tantas
Ciudades héchola fiestas,
Exceder ella en las dichas,
Y las otras en finezas;
Y mas estando á su aplauso
Las naciones extrangeras,
Ó de envidiosas pendientes,
Ó de curiosas atentas.
Y asi la prolijidad

De las horas de la ausencia
Gastó solo en disponer
Aparatos, que ahora es fuerza
Que yo remita á mejor
Pluma, que nos los refiera,
Diciendo ahora solamente,
Que la señora Condesa
De Medellin, de Cardona
Ilustre familia excelsa,
Á Denia fue á recibirla
Como Mayor Camarera,
Adonde esperó hasta el dia
De la deseada nueva,
De que ya su Magestad
(Que Dios guarde) estaba en Denia.
Aqui el señor Almirante
Á darla la enhorabuena
De parte del Rey salió;
Y aunque salió á la ligera,
Fue con aquel lucimiento
Digno á ser quien es, que fuera
En su excelencia muy tibia
La disculpa de la priesa.
De deudos, criados y amigos
Fue el séquito de manera,
Que, á no hacer particular
Eleccion, pienso que fuera
Dejar sin gente á Castilla;
Que de un Almirante della,
¿Quién de ser deudo, ó amigo,
Ó criado se reserva?
¡O felice casa, adonde
Entre todas tus grandezas,
El afecto es patrimonio,
Y lo bien visto es herencia!
En este intermedio pues
Hizo Madrid diligencias
Mas afectivas en órden
Á que todo se prevenga
Con magestad y aparato
Para la entrada á la reina,
Asistida dignamente
Del que tio la festeja,
Del que esposo la merece,
Del que amante la celebra;
Poniendo á sus pies dos mundos,
Pues como cuarto planeta,
Cuanto ilumina, la postra,
Cuanto dora, la sujeta,
Coronándola tres veces,
Esposa, sobrina y reina.
Con que hasta el felice dia,
Que nuestros ojos la vean
Entrar triunfante en su corte,
Mi relacion se suspenda,
Divertida en la esperanza
De que generosa venga
Á ser fin de nuestras ansias,
Término de nuestras penas,
Logro de nuestros deseos;
Y á par de las dichas nuestras,
Con felice sucesion,
Nos viva edades eternas.

Juan. La relacion con el tiempo
Se ha medido de manera,
Que acabarla y salir gente
Ha sido una cosa mesma.

Ped. Sí; mas no la que esperamos.

Fel. No; porque es el padre dellas.

Juan. No le conocí hasta ahora; [*aparte.*
Que en mi tiempo estaba fuera.

Ped. Nunca hasta ahora le ví; [*aparte.*
Que yo siempre amé en su ausencia.

Juan. ¿Quién es el que con él viene?

Hern. Yo podré dar esa cuenta.
Es un sobrino asturiano,
Con quien el padre desea
Casar una de las dos.

Salen DON ALONSO *y* DON TORIBIO, *vestido
de negro, ridiculo.*

Juan. ¡Quiera el cielo, que no sea [*aparte.*
La novia la que yo adoro!

Ped. ¡Plegue á Dios, que no sea Eugenia! [*ap.*

Fel. Paseémonos.

Tor.   Como digo,
¿Qué hacen, tio, á nuestra puerta
Estos mocitos?

Alon.   ¿No estan
En la calle? qué os altera?

Tor. ¿En la calle de mis primas,
Sin mas ni mas, se pasean?

Alon. Pues por qué no?

Tor.   Porque no
Me ha de haber paseante en ella,
Ni piante ni mamante;
Y mas estos de melena,
Que filenos de golilla,
De candil y bigotera
Andan cerrados de sienes
Y trasparentes de piernas.

Alon. ¿Qué hemos de hacer, si son
Vecinos?

Tor.   Que no lo sean.

Alon. ¿Cómo, si tienen aqui
Sus casas?

Tor.   Que no las tengan.

Fel. Fuerza es hablarle; yo llego.

Juan. Pues buena ocasion es esta.

Fel. Dadme, señor Don Alonso,
Aunque de paso, licencia
Para besaros la mano,
Y daros la enhorabuena
De haber al barrio venido;
Que, aunque excusarlo debiera,
Hasta estar en vuestra casa,
Y visitaros en ella,
El alborozo de ver,
Que tan buen vecino tenga,
Dilatar no me permite,
Que á su servicio me ofrezca.

Ped. Todos lo mismo decimos.

Tor. ¡Qué ceremonia tan necia!

Alon. Guárdeos Dios por la merced,
Que me haceis; que si supiera
La dicha de mereceros
Tantos favores, hubiera
Cumplido mi obligacion,
Visitándoos en la vuestra.
Conoced á mi sobrino,
Que quiero que desde hoy sea
Vuestro servidor.

Tor.   ¿Yo habia
De ser alhaja tan puerca?

Alon. Esta es accion cortesana.

Tor. Mas me huele á corte enferma.

Alon. Llegad, Don Toribio, ved
Que estos señores esperan
Conoceros.

Llega D. Toribio.

Juan.   En nosotros
Tendreis á vuestra obediencia
Hoy amigos y criados.

Tor. Guárdeos Dios por la fineza.

Fel. Venís con salud?

Tor.   Al cielo
Gracias, ni mala, ni buena,
Sino asi asi, entreverada,

Alon.   Como lonja de la pierna.
     Mas despacio besaré
     Vuestras manos, dad licencia.
Fel.   Vos la teneis.
Alon.   Don Toribio,
     Venid.
Tor.   Aqui te los dejas?
Alon.   Qué he de hacer?
Tor.   Yo lo sé.
Alon.   ¿Adónde
     Vas?
Tor.   Á dar á casa vuelta.
Alon.   Á qué?
Tor.   Á decir á mis primas,
     Que en todo hoy no salgan fuera.
Alon.   ¿Han de quedarse sin misa?
Tor.   ¿Qué dificultad es esa?
     Mi ejecutoria les basta
     Para ser Cristianas viejas.
Alon.   ¡Jésus, y qué disparate! —   *[oparte.*
     Venid, venid, no lo entiendan
     Esos hidalgos.
Tor.   Par Dios,
     Que si por mi voto fuera,
     No habian de salir de casa,
     Quisieran ó no quisieran.   *[Vanse.*
Fel.   No sé como fue posible,......
Juan.   Qué?
Fel.   Que la risa detenga,
     Viendo al primo.
Ped.   ¡Qué figura
     Tan rara!
Juan.   ¡Extraña presencia
     De novio!

Salen DOÑA CLARA *y* DOÑA EUGENIA *con mantos,* OTAÑEZ *delante y* BRIGIDA *y* MARI NUÑO *detras.*

Hern.   Ya las dos salen.
Fel.   Desde aqui podremos verlas
     Como acaso.
Clar.   Échate el manto,
     Que hay gente en la calle, Eugenia.
Eug.   ¿Qué he hecho yo, para no andar
     Con la cara descubierta?
Otañ.   Tomad, luego la faltara
     Á la hermanica respuesta.
Mar.   Callad; que no os toca á vos
     Hablar en estas materias.
Brig.   Ni á vos en estas ni esotras,
     Y hablais en esotras y estas.
Fel.   Pasemos ahora al descuido.
Juan.   ¡O permita amor, que en ella
     Al verme esten sus memorias,
     Ya que no vivas, no muertas!
Ped.   ¡O plegue á Dios, que se obligue
     De ver, que he venido á verla!
Clar.   Advierte, que llega gente.
     [Trae D. Eugenia un lienzo en la mano.
Eug.   Y bien, la gente que llega,
     ¿Qué se lleva, por llevarse
     Hácia allá esta reverencia? —
     ¡Mas cielos, qué es lo que miro! *[aparte.*
     Don Juan es; ya de su ausencia
     Debió de cesar la causa.
     Y no es mi duda sola esta,
     Sino estar con él Don Pedro.
     Aquesta es la vez primera,
     Que ha sido por ignorancia
     Amiga la competencia.
Fel.   ¿Cuál es de las dos, Don Juan,
     La que tanto amor os cuesta?
Juan.   La del pañuelo en la mano.
     No volvais tan presto á verla,

     No advierta, que della hablamos.
     Y porque tampoco advierta
     Don Pedro mi turbacion,
     Voy á esperarla á la iglesia.
     Quedaos vos con él.   *[Vase.*
Fel.   Sí haré. —
     Don Pedro, cuál es de aquellas?
Ped.   La que en la mano un pañuelo
     Descubierta va es Eugenia.
     No volvais tan presto, no
     Conozca, que hablamos della.
     Quedaos; que, porque no dé
     Mi amor á Don Juan sospecha,
     Tras él voy.   *[Vase.*
Fel.   Ya sé á lo menos,
     Que la dama es una mesma.
Clar.   Sin pañuelo me he venido,
     El tuyo, hermana, me presta;
     Que ir tapada me congoja.   *[Destápase.*
Eug.   À mí el venir descubierta;
     Pues por si fue encuentro acaso,
     Que me hayan visto me pesa.   *[Tápase.*
     [Dala el pañuelo á Dª. Clara.
Fel.   Ya puedo ver, pues que tengo
     Nombre, seña y contraseña,
     Cual es la dama que adoran.
Clar.   No á mirar el rostro vuelvas.
Eug.   ¡Jésus, y qué condicion!
     Lástima es, que no seas suegra,
     Segun te pudres de todo.   *[Vanse.*
Fel.   ¡O cuánto he sentido verla!
     Que aunque estoy con el cuidado
     De que aquesta competencia,
     El dia que se declare,
     Ha de parar en pendencia,
     Siendo la dama una misma,
     Ya para mí se acrecienta
     Ver, que de las dos ha sido,
     Aunque entrambas son tan bellas,
     La que me lo pareció
     Mas, cuando la vez primera
     Vi á las dos en la ventana.
     Pero esto ahora no es de esencia;
     Que yo acabaré conmigo,
     Que mi honor á mi amor venza,
     Sino acudir á estorbar,
     Que á desengañarse vengan,
     En tanto que yo á la mira
     Discurro de qué manera
     Entre dos amigos, que hacen
     De mi confianza, deba
     Prevenir el lance, haciendo
     Á su estorbo diligencia.   *[Vase.*

Salen DON TORIBIO *y* DON ALONSO.

Alon.   Á qué volveis aqui?
Tor.   ¿Á qué
     He de volver, pese á mí,
     Sino á escombrarlos, si aqui
     Estan los que aqui dejé?
Alon.   ¿Pues qué os va en eso?
Tor.   ¿Qué mas
     Quereis, que á un hidalgo vaya,
     Que ver, que holgazanes haya,
     Adonde hay primas?
Alon.   Jamas
     Tan necia locura vi.
     ¿En Madrid quién reparó
     Si hay gente en la calle?
Tor.   Yo.
Alon.   Y vos por qué?
Tor.   Porque sí.
Alon.   Aun bien que se han ausentado
     Y ya nadie aqui se vé.

Tor.   Acertáronlo , porque
     Venia determinado.
Alon.   ¿Pues qué era vuestra intencion?
Tor.   Solo ver, si la anchicorta,
     Como en caperuzas, corta
     En sombreros de castron.
Alon.   ¿Vos qué teneis que temer,
     Para llegar á ese extremo?
Tor.   Mucho tengo, y nada temo ;
     Que desde que llegué á ver
     De mis primas los dos cielos,
     Si verdad digo, señor,
     Tengo á Eugenia tanto amor,
     Que aun los hombres me dan zelos.
Alon.   Aunque esas cosas me dan
     Enfados, he agradecido,
     Que os entreis á ser marido
     Por las puertas de galan;
     Pero ha de ser con cordura;
     Que zelos no ha de tener
     Un hombre de su muger.
Tor.   Pues de cuál? De la del cura?
Alon.   Dejad delirios, por Dios;
     Y baste saber de mí,
     Si es Eugenia la que aqui
     Os agrada de las dos;
     Que Eugenia vuestra será. —
     Que es lo que yo deseaba.   [*aparte.*
Tor.   Con eso el rencor se acaba;
     Que el verlos aqui me da
     Á nuestra calle volver
     En tanta conversacion.

     Salen D O N   F E L I X *y* D O N   J U A N.

Alon.   Pues yo la dispensacion
     Haré al instante traer.
     Venid ahora; que quiero
     Ganar las albricias yo
     De ser la que prefirió
     Vuestro amor.
Tor.   Oid primero.
     ¿La dispensacion, señor,
     De Roma no ha de venir?
Alon.   Por ella á Roma se ha de ir.
Tor.   Pues siendo asi, ¿no es mejor
     Abreviarlo de otro modo?
Alon.   Qué modo?
Tor.   Uno que yo sé.
Alon.   Qué es?
Tor.   Desposarnos, y que
     Vamos á Roma por todo.   [*Vanse.*
Fel.   Yo estimo la confianza.
Juan.   Pues habiendo reparado,
     Que al verme el color mudado
     Hizo su rostro mudanza,
     Que no la hizo, sospecho,
     Su amor, y que está constante;
     Porque es el rostro volante
     Del relox, que anda en el pecho.
     Y asi, pues que solo ha sido
     Mi dicha el haber llegado
     Donde de vos amparado
     Sea amor tan bien nacido,
     Lo que habeis de hacer por mí,
     Puesto que entablada ya
     La amistad del padre está,
     Es proseguir desde aqui;
     De suerte, que, con entrar
     Vos en su casa, me dé
     Ocasion amor, en que
     Pueda escribir, ver y hablar.
Fel.   En buen empeño de amor   [*aparte.*
     Estoy, pues en lance igual,
     Si á un amigo soy leal,

     Soy á otro amigo traidor.
Juan.   No me respondeis?
Fel.   No sé
     Qué os diga, Don Juan; pues no
     Soy hombre tan bajo yo,
     Que ocasion procuraré
     Con nadie para engañarle.
Juan.   ¿Cuál es mi amigo mayor?

     Sale D O N   P E D R O.

Ped.   Don Felix, si de mi amor......
Fel.   Que prosiga he de estorbarle. —   [*aparte.*
     Á buen tiempo habeis venido,
     Y luego proseguireis
     Lo que decirme quereis ;
     Que quiero, que, prevenido
     De una porfia en que estamos,
     Seais juez. — Asi, vive Dios,   [*aparte.*
     Tengo de hablar con los dos.
Ped.   El argumento esperamos.
Fel.   Si un grande amigo os pidiera,
     Que trabáseis amistad
     Con hombre de calidad,
     Para que fuese tercera
     En su casa de su amor,
     Hiciéraislo vos?
Ped.   Yo sí.
Fel.   Yo no.
Ped.   Por qué?
Fel.   Porque en mí
     Fuera escrúpulo traidor ;
     Pues el dia que llegara
     De traicion á que otro fuera
     Mi amigo, preciso era,
     Lo lograra, ó no lograra;
     Si no lo lograra, ¿en qué
     Á mi amigo le servia?
     Y si lo lograra, hacia
     Una gran ruindad; porque
     El que, engañado de mí,
     Se daba ya por mi amigo,
     Ya lo era, y yo su enemigo,
     Es cierto ; pues siendo asi,
     ¿Cómo es posible, que yo
     Sea enemigo del que ya
     Por mi amigo se me da?
     Luego si en no serlo no
     Es nada lo que consigo,
     Y en serlo consigo ser
     Su amigo, ¿cómo he de hacer
     Yo traicion al que es mi amigo?
Ped.   Siendo esa vuestra opinion,
     Ya no tengo que os decir.   [*Vase.*
Juan.   Yo tampoco; y habré de ir
     Á buscar otra ocasion.   [*Vase.*
Fel.   ¿Habrá desdicha mayor?
     ¡Que no me baste el no amar,
     Para saberme librar
     De impertinencias de amor!
     ¿Qué haré entre uno y otro amigo,
     Que cada uno en su esperanza
     Hace de mí confianza?
     Pues nada enmendar consigo,
     Viendo tan cerca á los dos
     De la dama. ¿Qué podré
     De mi parte hacer? No sé
     Que haya medio, vive Dios,
     Si ya no es, que á ver alcance,
     Que las damas solas son
     Las que en cualquiera ocasion
     Hacen bueno ó malo el lance.
     ¿Mas cómo podré atrevido
     Hablar en materia tal
     Á una muger principal,

Ni darme por entendido?
Cara á cara he de saber,
Si á los dos quiso ó no quiso;
Pero hasta dar el aviso,
Un papel lo podrá hacer;
Que á su opinion no se atreve
Quien, por salvar su opinion,
La advierte de una ocasion.
Ahora falta quien le lleve.
¿Pero ha de faltarme modo,
Sin que lo llegue á fiar
De otro, de poderle dar?
Ahora bien, salir á todo
Me toca, haciendo testigos
Los cielos, que aventurar
Yo un empeño es, por sacar
De otro empeño á dos amigos.   [*Vase.*

Salen DOÑA EUGENIA, DOÑA CLARA, BRI-
     GIDA *y* MARI NUÑO.

Clar. Ten, Mari Nuño, este manto. —
   ¡O quien en casa tuviera
Capellan, para no ir fuera,
Y mas á concurso tanto!
Eug. Mucho me holgara venir
Ahora de buen humor,
Para poder con mejor
Título, que tú, decir:
¡Quién la parroquia tuviera
Diez leguas, para tener
Mas que andar y mas que ver!
Mar. Aténgome á la primera.
Brig. Yo á la segunda.
Mar.   Por qué?
Brig. Porque no he visto en mi vida
Escrupulosa aturdida,
Que al primer lance no dé
De ojos.

Salen DON ALONSO *y* DON TORIBIO.

Alon.   En tu cuarto espera;
Que yo la llegaré á hablar.
Tor. Sí haré. — Desde aqui escuchar [*aparte.*
Lo que responde quisiera.
     [*Quédase D. Toribio al paño.*
Alon. Saber, que á Eugenia eligió, [*aparte.*
Ha sido ventura extraña.
Llévesela á la montaña;
Porque lo menos que yo
En la corte he menester,
Es una hija discreta,
Retórica ni poeta,
Y no de mal parecer. —
Eugenia, yo vengo á hablarte.
No tienes, Clara, que irte;
Que albricias he de pedirte [*á Eugenia.*
Del pésame que he de darte. [*á Clara.*
Eug. ¿Albricias á mí, señor?
Clar. ¿Pésame, señor, á mí?
Alon. Pésame y albricias, sí.
Las dos. De qué?
Alon.   Efectos son de amor.
Don Toribio enamorado
Me ha dicho cuanto desea,
Que Eugenia su muger sea.
Y aunque ponerte en estado [*á Clara.*
Á tí, por ser la mayor,
Primera obligacion era,
Él elige de manera,
Que del gozo y del dolor
Pésame tuyo á ser pasa [*á Clara.*
Hoy tu parabien, por ver, [*á Eugenia.*

Que pierdes y ganas ser [*á las dos.*
La cabeza de tu casa.
Clar. Aunque pérdida es penosa,
Yo estimo, que el bien posea
Eugenia, para que sea
Mi hermana la venturosa,
Feriando el pesar á precio
Del parabien que la doy. —
Gócesle mil años. — Hoy [*aparte.*
Solo hizo gusto el desprecio.   [*Vase.*
Tor. ¡Qué triste va de perderme
La escudera de su hermana!
Veamos ella qué ufana
Responde de merecerme.
Eug. Esto solo me faltaba [*aparte.*
De añadir (confusa estoy)
Á las novedades de hoy.
Alon. Qué me respondes? Acaba
De dudar.
Eug.   Que agradecida
Una y mil veces, señor,
Rindo por tanto favor
Á tu obediencia mi vida.
Que, aunque no me toca á mí
Elegir, pues no he de hacer
Nunca mas, que obedecer,
Haré mal, si, viendo en tí
Gusto, en mi primo amor fiel,
No respondo agradecida. —
¡Mal haya mi alma y mi vida, [*aparte.*
Si me casare con él!
Alon. No en vano esperaba yo
De tu mucho entendimiento,
Eugenia, ese rendimiento.
Tor. Yo tambien.
Alon.   Él esperó
En su cuarto, y ganar quiero
Con él las gracias tambien.   [*Vase*
Tor. Que á mí las gracias me den,
Será mas razon.
Eug.   Hoy muero,
Pues tras mis penas he sido
Objeto de un ignorante.

Sale DON TORIBIO.

Tor. ¡Qué airoso sale un amante, [*aparte.*
Cuando está favorecido! —
Sea muy enhorabuena
El ser, prima, tan dichosa,
Que merezcais ser mi esposa.
Eug. ¡Esto faltaba á mi pena! [*aparte.*
     [*Vuelve Dª. Eugenia la espalda.*
Tor. ¿Por qué me adorándome......
Eug.   Ay Dios! [*ap.*
Tor. Me desadorais?
Eug.   Porque,
Si antes con mi padre hablé,
Ahora he de hablar con vos.
Señor Don Toribio, yo,
Por no responder aqui
Resuelta á mi padre, dí
Una palabra, que no
He de cumplir, si supiera
Perder mil veces, rendida
Á sus enojos, la vida.
Y siendo desta manera,
Que no he de casar con vos,
De la eleccion desistid,
Que habeis hecho, y advertid,
Que estamos solos los dos.
Y si de lo que aqui os digo
Algo á mi padre decis,
He de decir, que mentis.
Tor. ¿Cómo se habla eso conmigo,

Escudera de mi casa,
Ingrata, desconocida,
Falsa, aleve y fementida?

Eug. No deis voces; que esto pasa
Entre los dos, y no es, no,
Para que salga de aqui.

Tor. Vos no sois mi prima?

Eug.   Sí.

Tor. No soy vuestro esposo?

Eug.   No.

Tor. Decidme, no soy galante?

Eug. No lo dudo.

Tor.   Y entendido?

Eug. Pues no?

Tor.   Hidalgo?

Eug.   Cierto ha sido.

Tor. Airoso?

Eug.   Mucho.

Tor.   Y amante?

Eug. Tambien.

Tor.   ¿Pues de mis cuidados
En qué estriban mis desvelos?

Eug. Preguntádselo á los cielos,
Á los astros y á los hados,
Que no inclinan mi albedrío.

Tor. Pues en algo está el busilis.

Eug. En que vos no teneis fílis,
Para ser esposo mio. [*Vase.*

Tor. ¿Cómo que fílis no tengo?
¿Tal á un hombre se le dice,
Que tiene un solar, con mas
De tantísimos de fílis,
Que no hay otra cosa en él,
Por do quiera que se mire,
Sino fílis como borra?
Que, aunque yo qué es no adivine,
Bien lo puedo asegurar,
Pues siendo algo que sea insigne,
Es preciso que no deje
De estar allá entre mis timbres:
¡Á mí, que fílis no tengo!
¿Esto los cielos permiten?
¿Esto consienten los hados?
Prima, ved lo que dijisteis;
Mas fílis tengo que vos.

Sale DON ALONSO.

Alon. ¿Adónde, sobrino, os fuisteis,
Cuando os busco para daros
Mil norabuenas felices
De que vuestra prima ya
Agradecida y humilde,
Sabiendo vuestra eleccion,
No hay cosa que mas estime?

Tor. Mi prima, si es que es mi prima,
Es una muger terrible,
Con todos sus aderezos
De sirena, áspid y esfinge.
Aqui me ha dicho una cosa,
Que no pudiera decirse
Á un barquillero asturiano
De los de quite y desquite.

Alon. Á vos?

Tor.   En toda esta cara.

Alon. Fuerza será que me admire.
Qué fue?

Tor.   Que fílis no tengo.
Y para que se averigüe,
Si los hombres como yo
Tienen ó no tienen fílis,
Por no obligarme á retarla
En extrangeros paises,
Haced, que me compren luego
Cuantos fílis sean vendibles,

Y cuesten lo que costaren.

Alon. Esa es locura terrible.

Tor. Tan caros son? Pues no importa.
Donde se venden, decidme,
Ó yo lo preguntaré;
Que volver no se permite
Á su vista, hasta volver
Todo cargado de fílis. [*Vase.*

Alon. ¡Hay delirio semejante! —
Sobrino, escuchad, oidme.

Salen DOÑA CLARA *y* DOÑA EUGENIA.

Clar. Qué es esto? Con quién das voces?

Eug. ¿Con quién te enojas y riñes?

Alon. Contigo, ingrata.

Eug.   ¿Conmigo,
El dia que mas humilde
Solo trato obedecerte?

Alon. Ven acá. ¿Qué le dijiste
Á tu primo, que enojado
No hay quien con él se averigüe?

Eug. Yo á mi primo? En todo hoy
Ni le hablé ni ví.

Alon.   Qué dices?

Eug. Lo que es cierto.

Alon.   Vive Dios,
Si disimulada finges,
Y es verdad, que le has hablado
Bachilleramente libre,
Que te he de hacer...... Tras él voy,
Por si puedo reducirle
Á que no ande preguntando
Adonde se venden fílis. [*Vase.*

Eug. ¿Yo á mi primo, qué pudiera,
Que fuese ofensa, decirle?

Clar. No te disculpes conmigo,
Pues sé, aunque no llegué á oirte,
Que perderás tu remedio,
Solo por decir un chiste.

Eug. Aunque eso de mi remedio
Con falsedad me lo dices,
Lo oigo yo como lisonja,
Viendo, que hasta un tonto, un simple
Aun el alma, que no tiene,
Á mi vanidad la rinde.

Clar. ¿Qué quieres decirme en eso?
Que nadie hay, que á mí se incline,
Neciamente imaginando,
Que á méritos me compites?
Pues no es, sino que no hay nadie,
Que sin respeto me mire,
Porque sé yo hacer, que todos
De otra manera me estimen,
Que á tí, siendo solamente
Lo que á las dos nos distingue,
El verte á tí nos sé como,
Pero á mí como á imposible.

Eug. Ay, que no es eso!

Clar.   Pues qué?

Eug. Obligarásme á decirte
Lo que á mi primo.

Clar.   Qué es?

Eug.   Que
Tampoco tú tienes fílis. [*Vase.*

Clar. No lo dirás, porque yo
Á responder no me obligue;
Que cuando...... Pero qué miro?

Sale DON FELIX.

¿Quién hay que esta cuadra pise,
Para estorbar el que lleguen
Mis enojos á sus fines?
¿Á quién buscais, caballero?

Fel. ¡Ay amistad, pues que vine [*aparte.*

Á hacer por tí una fineza,
No á una infamia me inclines;
Pues ví hermosura, á quien mal
Mi libertad se resiste! —
Viendo á vuestro primo ir fuera,
Á quien vuestro padre sigue,
Me atreví á llegar á hablaros.

Clar. Á mí?
Fel.   Á vos.
Clar.   Hombre, qué dices?
Á mí á hablarme?
Fel.   Sí, señora,
Porque sé, que en esto os sirve
Mi deseo, y no os ofende.
Clar. ¡Plegue á Dios, que no me obligue [*aparte.*
Una necia á que me huelgue
De que......! Pero no es posible.

     Sale Doña Eugenia *al paño.*

Eug. ¿Con quién hablará mi hermana?
Desde aqui es bien que lo mire.
Clar. ¿Á mí, dejadme dudarlo
Mil veces, (mal reprimirme
Puedo) me buscais?
Fel.   Á vos.
Clar. Pues antes que oseis decirme......
Eug. ¡O si fuera algo de aquello
De posible y de imposible!
Clar. Quien sois, y qué me quereis,
Que os vais, es bien que os suplique,
Sin decirlo; que á mí nada
Hay que á buscarme os obligue.
Fel. Sin decíroslo me iré,
Si en eso mi pecho os sirve,
Mas no sin que lo sepais,
Que en este papel se escribe,
Para que con esto llegue
Á saberse, sin decirse.
Eug. ¡O si tomara el papel,
Porque hubiera qué decirle!
Fel. Tomad, y á Dios.
Clar.   Yo papel?
Fel. Y porque verle os anime,
Solo os diré, que el honor
Vuestro en leerle consiste,
Que Don Pedro y que Don Juan
No arriesguen y precipiten,
No digo su vida, que ese
Es peligro muy humilde,
Sino vuestro honor, que fuera
Pérdida mas infelice.
Eug. ¡Si toma el papel, soy muerta!
Clar. Hombre, mira lo que dices;
Ni á tí, á Don Juan, ni á Don Pedro
Conozco yo.
Eug.   Ay de mí triste!
Que todo esto sobre mí
Viene, si el papel recibe;
Mas por engaño la habla.
Clar. ¡Que sola una vez que quise [*aparte.*
Yo no ser yo, no he podido! —
¿Qué aguardas pues para irte?
Fel. Ya que tan desentendido
Vuestro decoro porfie,
Y agradecer no pretenda
La fineza de que os dije
Mi empeño y el de los dos,
Ya que lo que debo hice
Á amigo y á caballero,
Me iré. Á Dios.
Clar.   No os vais; oidme. —
Sin duda que aqui hay engaño, [*aparte.*
Y asi es bien que le averigüe. —
¿Con quién presumis que hablais,

Porque la fineza estime?
Fel. No sois Doña Eugenia?
Clar.   Sí.
Eug. ¡Hay muger mas infelice!
Clar. Dad ahora el papel, y á Dios.
Eug. Que le deje, es bien que evite,
Barajando el lance. — Hermana! }[*Saliendo.*
Clar. Qué tienes? de qué te afliges?
Eug. Mi padre y mi primo vienen,
Y porque tú no peligres,
Vengo á avisarte; que yo
Ya tu ves cuanto estoy libre.
Mira lo que hemos de hacer.
Fel. ¿Quién vió empeño tan terrible?
Clar. ¿Qué se ha de hacer, sino que entren
Y que todo se averigüe?
Para que no quedes vana
Tú de que por mí lo hiciste:
Padre, señor! primo! Otañez!
Eug. Si fuera cierto el venite, [*aparte.*
Muy buen lance hubiera echado.
Clar. ¿No hay nadie que pueda oirme?

     Dentro Don Alonso.

Alon. Voces da Clara.
Eug.   Ay de mí! [*aparte.*
Que ya es verdad lo que dije
Por fingimiento.
Clar.   Llegad
Todos.
Eug.   No á voces publiques,
Que está aqui este hombre.
Clar. Sí quiero.
Fel.   Aqui es bien que me retire,
Por asegurar la espalda. [*Escóndese.*

     Salen Don Alonso, Don Toribio, Bri-
     gida, Mari Nuño *y* Otañez.

Todos. Qué es esto?
Clar.   Que un hombre......
Eug.   Ay triste! [*ap*
Clar. Dentro está de nuestra casa.
Yo desde aquesos jardines
Le he visto en el corredor;
Del desvan por un tabique
Saltó. Subid allá todos,
Quedarse no solicite
Á robarnos esta noche.
Alon. Aquesos serán sus fines.
Mar. ¿En casa de Indiano, quién
Duda que eso solicite?
Tor. Nadie primero, que yo,
El primer escalon pise,
Que á mí me toca el asalto,
Si fuese el desvan Mastrique.
Vea mi prima, que tengo
Pujanza, ya que no fílis. [*Vase*
Alon. Contigo voy. [*Vase*
Clar.   Subid vos,
Otañez.
Otañ.   Ya á los dos siguen
Los filos de la Tizona;
Conmigo van dos mil Cides. [*Vase*
Clar. Vosotras desde allá dentro
Ved, que entrar no solicite
Por otra parte á esconderse.
Mar. Un Argos seré. [*Vase*
Brig.   Yo un lince. [*Vase*
Clar. Todas tus bachillerías
Mira de lo que te sirven,
Que al primer lance te pasmas,
Y al primer susto te rindes. —
Ya tienes franca la puerta,

Hombre, ya bien puedes irte.
Déjame el papel, y á Dios.

Sale DON FELIX.

Fel. Él os guarde. Y pues difícil
No es lo que os advierto, ved
Lo que importa.   [*Dale el papel.*
Eug.   Ay de mí triste! [*aparte.*
¡Que no pudiese estorbarlo!
Fel. Amor, no me precipites; [*aparte.*
Que, aunque ingenio y hermosura
Todo en ella se compite,
Es dama de mis amigos,
Y adorarla es imposible.   [*Vase.*
Clar. Señor, ya el hombre á otra casa
Pasado ha, no solicites
Buscarle.

Salen DON ALONSO *y* DON TORIBIO.

Alon. Forzoso era,
Pues no fue hallarle posible.
Tor. Nigromántica es su dicha,
Pues me le ha hecho invisible.
Clar. Digo, que pasó á otra casa;
Que yo le ví sano y libre.
Alon. Con todo eso á verla toda
Vamos.
Tor.   Y ahora qué dices? [*á Dª. Eugenia.*
Tengo ó no filis?   [*Vanse.*
Eug.   No sé;
Que ahora no estoy para filis.
Clar. Esto, necia presumida,
He hecho, para que mires,
Que tener valor é ingenio,
Es tenerle y no decirle.
Y vete de aqui; que quiero
Ver lo que el papel me dice.
Eug. No sosegaré (ay de mí) [*aparte.*
Hasta ver lo que la escribe.   [*Vase.*
Clar. De aqui la envié, porque,
Si este hombre este engaño finge
Para escribirme á mí, ella
No lo entienda, ni imagine. —
[*lee*] „No se atreve á vuestro honor
Quien por vuestro honor se atreve
Á presumir, que os obliga
Con lo mismo que os ofende.
Y asi en esta confianza
De pensar, que errando acierte,
Lo que hay que culparme, vaya
Por lo que hay que agradecerme.
Don Juan, mas enamorado
Que fue de vos, de vos vuelve,
Y Don Pedro os sigue, mas
Fino cuanto mas ausente.
Que dejen de declararse,
No es posible, ni que dejen
De remitir al acero
La competencia; de suerte
Que á dar escándalo pase.
Y pues podeis fácilmente
Remediarlo con mandar
Á Don Pedro, que se ausente,
Ó á Don Juan, que se retire,
Quedándoos vos dueño siempre
Del desden y del favor,
Quitad el inconveniente,
Que á mí el aviso me toca,
Procediendo desta suerte
Con vos, conmigo, y con ellos,
Caballero, amigo y huésped." —
[*repr.*] ¡Válgame Dios, qué de cosas
Tan varias, tan diferentes,
En un punto me combaten,

Y en un instante me vencen!
En lo que dice y no dice
Es muy cierto que me ofende
Este papel, es verdad;
Que si aqueste papel viene
Á hacer, que cuando pensaba,
Que el papel para mí fuese,
Solicitando aquel medio,
Que me ha obligado á leerle,
He sentido, que no sea
Su intento aquel, sino este.
¿Cómo puedo yo decirlo,
Sino es ya que en mí rebiente,
No sé qué callada mina,
Que amor en el alma enciende?
Amor dije; pues no siento,
Sino haber tan neciamente
Persuadídome, que á mí
Me buscase; y es de suerte
La vanidad de una dama,
Persuadida á que la quieren,
Que, aunque la ofenda el amor,
Mas el engaño la ofende.
Y mas cuando está á la mira
Una necia, una imprudente,
Una loca......

Sale DOÑA EUGENIA *al paño.*

Eug.   Esta soy yo. [*aparte.*
Clar. De tan varias altiveces,
Que presume, que ella sola
Todo cuanto mira vence.
¡O envidia, o envidia, cuánto
Daño has hecho á las mugeres!
Pues por vengarme de Eugenia,
Diera......
Eug. ¿En qué Eugenia te ofende, [*Saliendo.*
Para pensar á tus solas
El cómo della te vengues?
Clar. Ese papel te lo diga,
Que acaso á mis manos viene
Por las tuyas.
Eug.   Ya lo sé.
Clar. Pues si lo sabes y tienes
Tan á riesgo tu opinion,
Que estriba solo en que lleguen
Á declararse dos hombres,
Mira si es justo que piense,
Como he de vengar, ingrata,
Falsa, atrevida y aleve,
La ocasion en que......
Eug.   Oye, aguarda!
Que para que considere
Tanta amenazada ruina,
Cuan fácil remedio tiene,
Me huelgo de haber venido
Á esta ocasion.   [*Llega á la ventana.*
Clar.   Pues qué emprendes?
Eug. Señor Don Pedro!
Clar.   Qué haces?
Eug. Hablar un instante breve
Á un caballero, que está
En la calle.
Clar.   Á eso te atreves?
Eug. Sí; que en su cuarto mi padre
Está ya con su accidente
De la gota, que hoy le ha dado,
Y Don Toribio no puede
Ver desde el suyo esta reja.
Y asi he de satisfacerte. —
Señor Don Pedro!

Llega por dentro DON PEDRO *á la reja.*

Ped.   Bien fue

Menester oir dos veces
Mi nombre, para que alguna
Creyera, que dél se acuerde
Vuestra memoria; que un triste
No cree su bien fácilmente.
Eug. No prosigais; que esta reja
Es de otras tan diferente,
Cuanto hay de no serlo á ser
Ahora de las paredes
De mi padre; y si alli pudo
La seguridad hacerme
Usar de algunas licencias,
Mi honor prisionera tiene
Su libertad ya, y tan otra
Habeis de ver que procede,
Cuanto hay de que otros me guarden
Á guardarme yo. Asi hacedme
Merced de volveros luego,
Donde otra vez no os encuentre,
Ni en mi calle ni en mi reja,
Suplicándoos, que prudente
Deis de mano una esperanza,
Que no hay sobre que se asiente.
Ped. Oid......
Eug. Perdonad, que no puedo.
Ped. Cuando por veros......
Eug. Hareisme
Ser, sobre ingrata, grosera.
Ped. Vos?
Eug. Sí.
Clar. Cómo?
Eug. Desta suerte. [*Cierra la ventana.*
Clar. ¿Y al otro qué has de decirle?
Eug. Haz cuenta, que, si le viere,
Le diré lo mismo al otro,
Clara; porque las mugeres
Como yo, puestas en salvo,
Si se esparcen y divierten,
Es para aquesto no mas;
Que amor bachiller no tiene
Mas fondo, que solo el ruido.
Aquel emblema lo acuerde
Del perdido caminante,
Á quien de noche acontece,
Que alumbrado del estruendo,
Con que del monte desciende
Pequeño arroyo, le asusta,
Le perturba y estremece;
Y huyendo dél, da en el rio;
Porque á todos les parece,
Que es manso cristal aquel
Que aun las guijas no le sienten,
Y en su agua perecen. Pues
Que no tiene riesgo, advierte,
La ruidosa, porque el riesgo
El agua mansa le tiene;
Y asi fue del agua mansa
Lo mejor guardarse siempre. [*Vase.*
Clar. Qué escucho, cielos? qué escucho?
Que no tiene riesgo, advierte,
La ruidosa, porque el riesgo
El agua mansa le tiene.
¿Y asi fue del agua mansa
Lo mejor guardarse siempre?
Sin duda (ay de mí!) que oyó
Cuanto dije, ó le parece,
Segun al concepto habla
De lo que mi pecho siente.
Pues ya que el acaso hizo
En las respuestas, que ofrece,
Lo que el cuidado debiera,
Ya que por ella me tiene
El caballero, que trajo
El papel, lograr intente

La ocasion, que con su nombre
Amor á mi amor ofrece,
Porque con mas verdad pueda
Decir: que riesgo no tiene
La ruidosa, porque el riesgo
El agua mansa le tiene.
Y asi fue del agua mansa
Lo mejor guardarse siempre.

JORNADA III.

Salen DOÑA CLARA *y* MARI NUÑO.

Clar. Esto pasa, y solo á tí
Lo dijera.
Mar. Ya tú tienes
Experiencia de lo mucho
Que fiar de mi amor puedes;
Pero deja que me admire
De oir, que á tal extremo lleguen
Los despejos de tu hermana.
Clar. Dos caballeros pretenden
Su favor, y á mí me toca,
Que el escándalo remedie,
Ya que llegó á mi noticia;
Y asi es fuerza hablar á este,
Que me dió el aviso; y para
Hacer, que el daño se enmiende,
Tú has de darle un papel mio
En su nombre, porque llegue,
Ignorando que soy yo,
A hablarme mas claramente
Esta noche, y...... Pero luego
Proseguiré; que parece,
Que anda gente ahí fuera. Mira
Quien es. — Bien de aquesta suerte [*apart.*
Con la verdad se ha engañado
Mari Nuño, que ha de hacerme
Lugar, para conseguir
Hablarle de noche y verle,
Ya que mi pena......

Sale á la puerta DON TORIBIO *y quiere entrar
y* Mari Nuño *lo impide.*

Mar. Esperad;
Que no es bien que nadie entre,
Sin avisar, á este cuarto.
Tor. Dos veces para mí eres
Dueña hoy.
Mar. ¿De qué manera
Se entiende eso de dos veces?
Tor. Una es lo que estorbas, y otra
En lo que un cuarto defiendes.
Mar. ¿Será justo, si no estan
Decentes, que á verlas lleguen?
Tor. ¿Pues cómo pueden no estar
Siempre mis primas decentes?
Clar. Qué es eso?
Tor. Que esa antigua
Á mí el paso me defiende.
Clar. Hace muy bien; porque aqui
Sin mi padre nadie puede
Entrar.
Tor. Sí puede. Y ya sé
De que ese ceño procede.
Y asi no quiero enojarme,
Porque sé tambien, que tienen
Licencia las desvalidas
De llorar amargamente.
Clar. Yo confieso, que lo estoy;
Y pues la dichosa en este

Cuarto no está, no teneis
Que hacer en él. Brevemente
Dél os id, ó yo me iré,
Porque de mí no se piense,
Que me vengo en estorbaros,
Cuando hay mas en que me vengue.

r. Esto es poco y mal hablado.

ır. Ven, Mari Nuño; que tienes
Que hacer por mí esta fineza. *[Vase.*

ır. Tuya soy y seré siempre.
Pero aguárdate; veré *[Llaman.*
Quien llama. *[Llega á la puerta.*

r. Cielos, valedme!
Que este remoquete sobre
Aquella sospecha fuerte,
Que, áspid del pecho, á bocados
Todo el corazon me muerde,
Es ahora que caigo en ello,
Un bellaco remoquete.
Cuando buscamos la casa,
Ví...... Lengua mia, detente;
No lo digas, sin que antes
Te haya dicho yo, que mientes.
Ví, que detras de la cama
De Eugenia (o malicia aleve!)
Estaba detras......
[Vuelve Mari Nuño.

ır. Señora,
Albricias; que este billete
Con coche y balcon......

ır. Muger,
En lo que dices advierte;
Que balcon, billete y coche,
Sobre dueña, me parece,
Es traer todo el yerro armado.

ır. Mal encuentro fuera este, *[aparte.*
Si importara. — ¿Mi Señora......

r. Memoria, no me atormentes.

ır. Aqui no estaba?

r. Aqui estaba
Un poco antes que se fuese.

ır. A buscar á entrambas voy
Con este papel.
`Detente!
Que antes he de verle yo
Que ellas.

ır. Qué llama verle?
Que, aunque no importara nada,
No le he de dar, por no hacerle
Tan dueño de casa ya.

r. ¿Qué va,......

ır. Qué?

r. Que de un puñete
Te abollo sesos y toca?

r. ¿Qué va, que no es mayor que este?
[Dale una puñada.

r. Los dientes debieron de irse,
Pues he perdido los dientes.

r. ¡Ay, que me matan, señores! *[Da voces.*
¡Acudan á socorrerme!

r. Solo me faltaba ahora
Ser ella la que se queje.

r. Que me matan! *[Da voces.*

'en DOÑA EUGENIA, DOÑA CLARA, DON
ALONSO *y* BRIGIDA.

n. Qué es aquesto?

r. Qué ha sucedido? qué tienes?

r. Don Toribio, mi señor,
Colérico é impaciente,
Porque no le quise dar
Aqueste papel, que viene
Para las dos, puso en mí
Las manos.

Las dos. Jésus mil veces!

Alon. Por cierto, señor sobrino,
Vuestro enojo, sea el que fuere,
Es muy sobrado. ¿Á criada
De mis hijas desta suerte
Se ha de tratar?

Tor. ¡Vive Dios,
Que soy yo......

Alon. No hableis.

Tor. Quien tiene
De qué quejarse.

Alon. Ya basta. —
Dadme vos, dadme el billete;
Que quiero ver la ocasion,
Que tuvo para ofenderse.

Eug. ¡Ay de mí, si fuese acaso *[aparte.*
De alguno de los ausentes!

Clar. ¡Quiera el cielo, que no sea, *[aparte.*
Que algo de tus cosas cuente!

Alon. *[lee]* „Sobrinas mias, yo tengo balcon en que
„esta tarde veais la entrada de la Reina
„nuestra Señora. El coche va por voso-
„tras; que no dudo, que mi primo......"
[repr.] Ahora de nuevo vuelvo
Á enojarme y ofenderme,
De que escrúpulo haya habido
En vuestro juicio. — En aqueste
Doña Violante mi prima,
Hijas, os dice que quiere,
Que con ella vais adonde
Veais la entrada excelente
De la Reina, cuya vida
El cielo por siglos cuente. —
Tomad, leedle vos; vereis, *[á D. Toribio.*
Cuan necio, cuan imprudente
Habeis pensado otra cosa;
Que no quiero que se ausenten,
Hasta que vos le leais.
[Toma D. Toribio el papel.

Tor. Mostrad. Dice desta suerte:
„Sobrinas mias, yo tengo
Balcon......" Tio, ¿finalmente,
Hasta que yo lea, no han de ir?

Alon. No.

Tor. Pues muy bien me parece,
Que no irán de aqui á dos años.

Alon. Por qué?

Tor. Porque no sé leerle;
Y esos habré menester
Para aprenderlo.

Alon. ¡Que llegue
Á tanto vuestra ignorancia!

Tor. ¿Pues qué defecto es aqueste?
Como desos leer no saben,
Y lo saben todo. Estense,
Hasta que lo aprenda, en casa,
Y entonces irán.

Alon. Mal pueden,
Si hoy es la entrada.

Tor. ¿Habrá mas
De que la entrada se quede,
Hasta que yo sepa leer?

Alon. Hijas, aquesto sucede
Una vez en una edad.
Verlo es justo. Brevemente
Os pondré los mantos é id,
Ó pésele ó no le pese
Á Don Toribio; que yo,
Á causa de mi accidente,
No saldré de casa, y basta
Que vuestra voz me lo cuente,
Cuando volvais.

Clar. Á tu gusto
Humilde estoy y obediente.

Eug. Si me das licencia á mí,
Contigo es bien que me quede.
Alon. No, hija; ambas habeis de ir.
Brig. Aqui ya los mantos tienen.
Clar. Ponme, Mari Nuño, el mio. —
Toma, y lo que digo advierte. [*ap. y dala un papel.*
Eug. Sola esta vez salgo triste, [*aparte.*
Porque ninguno me encuentre
Destos dos necios amantes. [*Vase.*
Clar. Sola esta vez salgo alegre, [*aparte.*
Por si en las fiestas, por dicha,
Á este caballero viese. [*Vase.*
Mar. Ve segura, y fia de mí.
Tor. Aunque desairado quede,
Me huelgo, que quedo en casa,
Entre la Reina, ó no entre,
Por si puedo averiguar
Á mis solas esta fuerte
Sospecha, que en vivos zelos
Amor en el alma enciende. [*Vanse.*

———

Salen Don Felix *y* Hernando.

Hern. ¿Sin ver la fiesta te vienes,
Señor, hasta casa?
Fel.   Sí;
Que no hay fiesta para mí
Donde no hay gusto.
Hern.   ¿Qué tienes,
Que estás tan triste, señor?
Fel. ¿Qué mas tu lengua quisiera
De que yo te lo dijera?
Hern. Ya me has dicho, que es amor,
Con solo eso.
Fel.   Por qué?
Hern. Porque obligarte á callar,
Solo puede ser estar
Enamorado.
Fel.   No sé
Como te diga qué sí,
Y que una rara belleza
Es causa de mi tristeza;
Tan imposible, que ví
En el primero deseo
El primero inconveniente.
Hern. Cómo?
Fel. Á quien Don Juan ausente
Ama, y á Don Pedro veo
Venir siguiendo, es la dama,
Que mi libertad robó;
Y aunque siempre he de estar yo
De la parte de mi fama,
Aun no estriba mi cuidado
En esta especie de zelos,
Sino que de sus desvelos
Uno y otro me han fiado
El secreto; de manera
Que obligado á embarazar
Su empeño estoy, y á callar.

Llama á la reja Mari Nuño.

Mar. Señor Don Felix!
Fel.   Espera. —
Á quién han llamado?
Mar.   Á vos.
Fel. ¿Pues qué es lo que me mandais?
Mar. Doña Eugenia, que leais
Aqueste papel; y á Dios.
[*Arrójale un papel y vase.*
Fel. [*lee*] „Agradecida al aviso, que me dísteis, he
„empezado ya á obedeceros; y para ejen-
„tarlo mejor, me importa hablaros. Venid

„esta noche; que yo os estaré aguardando.
„El cielo os guarde."
[*repr.*] ¿Quién vió confusion mas fiera?
Puesto que ni ir ni dejar
De ir puedo ya excusar.

Sale Don Juan.

Juan. Cielos, qué haré?
Hern.   Considera,
Que viene Don Juan aqui.
Fel. ¿Si vió arrojar el papel?
Hern. No.
Juan. ¡Qué sospecha tan cruel!
Fel. ¿Don Juan, pues qué haceis aqui?
No sois de fiestas?
Juan.   No sé
Lo que os diga,......
Fel.   Muerto quedo! [*aparte.*
Juan. Que ni hablar ni callar puedo.
Fel. Callar ni hablar?
Juan.   Sí.
Fel.   Por qué?
Juan. Porque os ofendo en hablar,
Y en callar me ofendo á mí;
Con que es preciso, que aqui
No pueda hablar ni callar.
Fel. No os entiendo.
Juan.   Yo tampoco.
Mas si entenderme quereis,
Como licencia me deis,
(Propia dádiva de un loco)
Diré el dolor, que me aqueja.
Fel. Sí doy. — Empeño cruel! [*aparte.*
Juan. Pues enseñadme un papel,
Que os dieron por esta reja.
Fel. Solo ello en el mundo hubiera,
Siendo quien somos los dos,
Que yo no hiciera por vos,
Y no haciéndolo, quisiera,
Que el crédito de mi fe
Os debiese creer de mí,
Que soy vuestro amigo.
Juan.   Asi
Lo creo. ¿Mas no podré
(Viendo que habeis excusado,
Con pretexto de otro honor,
Ser tercero de mi amor;
Y que, habiéndome llamado
Eugenia en el coche ahora,
Muy enojada me diga,
Que ni la vea ni la siga
Mas, Don Felix, quién lo ignora?)
Entrar en temor de qué
Vuestra excusa y su crueldad
Nacen de otra novedad?
Y mas viendo, que llegué
Á tiempo, que daros ví
Por esa reja un papel,
Y que los secretos dél
Tanto recatais de mí,
Que turbado le escondais,
Habiendo yo el nombre oido
De Eugenia, y que ella ha sido
La que os dice, que leais.
Fel. Válgame el cielo! qué haré? [*aparte.*
Que el papel me llama á mí,
Y si me disculpo aqui,
Á Don Pedro culparé.
Juan. Qué me respondeis?
Fel.   Ya os tengo
Respondido con saber,
Que soy, Don Juan, y he de ser
Amigo, y callar prevengo.
Juan. Confieso, que sois mi amigo,

Y que vuestro huésped soy;
Pero el empeño, en que estoy,
Vos le sabeis; y asi os digo
Solo, que me aconsejeis
En este lance, por Dios,
Qué hiciérais conmigo vos?

Fel. Aunque contra mí teneis
Alguna razon, si yo
En el empeño me viera,
Que érais mi amigo creyera,
Y no os apurara.

Juan.   No
Es tan fácil de tomar,
Como de dar, un consejo;
Y asi de admitirle dejo,
Volviéndoos á suplicar,
Que me enseñeis el papel.

Fel. Si otra causa no tuviera,
Que la vuestra, yo lo hiciera.

Juan. ¿ Pues hay otra causa en él
Mas, que ser suyo, y venir
Á vuestra mano?

Fel.   Sí hay;
Pues la causa que le tray
Es la que no he de decir.

Juan. ¿ No fiais de mí un secreto?

Fel. Sí; mas no aqueste.

Juan.   Mirad,
Que puede nuestra amistad
Dilatar en mí el efeto
De verle, mas no excusalle.

Fel. Pues mirad como ha de ser,
Porque no le habeis de ver.

Juan. Saliéndonos á la calle.

Fel. Guiad donde quisiéreis vos;
Que á guardarle estoy dispuesto.

                Sale DON PEDRO.

Ped. Don Juan, Don Felix, qué es esto?
¿ Dónde vais asi los dos?

Fel. Paseándonos vamos.

Ped.   No
Es la deshecha bastante
Á desmentir el semblante;
Y habiendo llegado yo
Á tiempo que ya empuñadas
De ambos las espadas vi,
No habeis de pasar de aqui.

Juan. Prevenciones excusadas
Son las vuestras, vive el cielo!

Hern. No son; que mi amo y Don Juan
Á reñir, Don Pedro, van.

Fel. Calla, pícaro.

Ped.   ¿ Qué duelo
Hay, que entre amigos lo sea,
Que no se pueda ajustar,
Felix, antes de llegar
Al último trance? Vea
Yo, que haceis esto por mí,
Y sepa la causa.

Fel.   Yo
No he de decirla; que no
Me está á mí bien.

Juan.   Á mí sí;
Que no quiero que se diga,
Que, sobre la obligacion
De huésped, es sinrazon
La que á este trance me obliga;
Y pues que sois caballero,
Que nos dejareis reñir,
La ocasion he de decir.

Fel. No direis, porque primero
Yo......

Ped.   Tened.

Fel.   ¡O quién pudiera [*aparte.*
Su discurso suspender!

Juan. Que quiero con vos hacer
Lo que con otro no hiciera.
Yo, Don Pedro, he fiado
De Don Felix, que estoy enamorado
De una dama, y habiéndome valido
Dél, no solo ayudarme ha pretendido;
Pero contra su honor, contra su fama,
Sé, que festeja aquesta misma dama.
Ved, si es justa mi queja,
Pues dándole un papel por esta reja......

Ped. ¿ Qué es lo que escucho, cielos? [*aparte.*

Juan. Oí, (que oyen mucho contra sí los zelos)
Que dijo la tercera,
Que el dueño suyo Doña Eugenia era.
Su nombre dije. Poco habrá importado
El haberla nombrado,
Siendo quien sois.

Fel.   Con nuevas penas lucho.

Ped. Esperad; que no importa, sino mucho,
Porque aquese desvelo
Me toca á mí con ambos, vive el cielo!
Con vos, pues habeis sido
De Eugenia amante, que es la que he seguido;
Y con él, pues de vos á oir he llegado,
Que está Don Felix della enamorado:
De suerte, que en los dos vengar prevengo
La razon, que teneis, y la que tengo.

Juan. Si vos os declarais de Eugenia bella
Amante, cuando yo muero por ella,
Ya con vos es mayor empeño el mio,
Pues ya son dos de quien mis penas fio,
Y los dos que me ofenden.

Fel. Dos son tambien los que agraviar pretenden
Mi amistad, presumiendo,
Que, siendo yo quien soy, á ambos ofendo,
Cuando en mi valor hallo,
Que al uno por el otro su amor callo,
Y excusar el empeño solicito,
Pasando la fineza á ser delito.

Juan. ¿ Fineza es, cuando impío......

Ped.   Cuando ingrato......

Juan. Con falsa fe......

Ped.   Con fementido trato......

Los dos. Ofendeis mi amistad?

Fel.   Oidme primero.
Pues á los dos satisfacer espero.

Juan. Pláticas acortemos.
Y puesto que tenemos
Nuestro duelo empezado,
Venid conmigo.

Ped.   Habiendo yo llegado
Á tiempo que he sabido,
Que los dos me ofendeis, ¿cómo he podido
Dejar de ir con los dos?

Fel.   ¿ Y cómo puedo
Yo dejar, que los dos con tal denuedo
Presumais, que traidor puedo haber sido?

Los tres. De ambos está ofendido
Mi valor.

Fel. ·   Por mi honor volver espero.

Juan. Calle la lengua pues, y hable el acero.
                [*Riñen los tres.*

                Dentro DON TORIBIO.

Tor. ¿ Pendencia hay á la puerta de mi casa?

Salen DON ALONSO *y* DON TORIBIO *con es-*
                padas desnudas.

Alon. ¿ Cómo entre tres amigos eso pasa?

Juan. GuárdeosDios; que ya el duelo está acabado.[*Vase.*

Alon. Esperad; porque, habiendo yo llegado,
Ofendeis mi valor.

Ped.   Nada esto ha sido;
Seguir quiero á Don Juan, pues ya se ha ido. [*Vase.*

Tor. Tenedlos, tio; que, para ajustarlo,
Sobre mi ejecutoria han de jurarlo.
Aguardar; que ya vengo,
Mientras voy á sacarla; que la tengo
Metida en las alforjas, como vino,
Porque no se me ajase en el camino.

Alon. Merezca yo saber, qué furia airada
Os ha obligado aqui á sacar la espada?

Fel. Nació esta competencia
Sobre una diferencia,
Que en el juego los tres hemos tenido;
Y habiendo vos venido
Á tan buena ocasion, no fuera justo,
Que entre amigos durara este disgusto.
Perdonadme, señor, y dad permiso,
Que los siga.   [*Vase.*
    [*Quédase D. Toribio suspenso.*

Alon.   Será muy cuerdo aviso.
Id, Don Felix, con Dios; que sabe el cielo,
Que siento no cumplir hoy con el duelo,
Habiéndome aqui hablado. —
Pero es tal mi cuidado,   [*aparte.*
Que no entre Don Toribio en mi sospecha,
Que mas con él me importa la deshecha. —
¿De qué tan pensativo
Habeis quedado?

Tor.   Imaginando vivo,
Si nuestra solariega sangre acierta,
En que riñendo, tio, á nuestra puerta,
Se vayan atufados,
Sin ir los dos muy bien descalabrados,
Y aun los tres.

Alon.   Qué notable desvarío!
¿Pues qué nos toca su disgusto?

Tor.   ¡Ay tio,
Si hablara yo!

Alon.   De qué es el sentimiento?
Tor. De mucho.
Alon.   Pues hablad.
Tor.   Estadme atento.
Cuando yo iba á buscar filis,
Y fuísteis vos á traerme
Desengañado de que
Burla de mi prima fuese,
Siendo hablilla, que las damas
Decir por donaire suelen,
Al volver á casa oímos
Voces, diciendo impaciente
Clara, que un hombre habia en ella.

Alon. Es verdad; y yendo á verle,
No le hallamos, aunque toda
La anduvimos.

Tor.   Pues de aquese
Exámen, que en ella hicimos,
Todo mi dolor procede,
Todas mis penas se causan
Y todos mis zelos penden.

Alon. Por qué?
Tor.   Fáltame el aliento,
La voz duda, el labio teme,
Porque, como no dejamos
Nada por ver diligentes,
Detras de la cama (ay triste!)
De Eugenia......

Alon.   Cielos, valedme!
Tor. Ví......
Alon.   Qué? Al hombre?
Tor.   Mas no nada,
Verle y no darle la muerte?
¿No bastó ver......

Alon.   Proseguid.
Tor. Una clara seña, un fuerte

Indicio de que á deshora
En el cuarto salga y entre?

A on. Ved, sobrino, qué decis;
No algun engaño os empeñe
Á decir......

Tor.   ¿Cómo qué engaño,
Si lo ví mas claramente,
Que cinco y cinco son diez,
Y diez y diez serán veinte?

Alon. Pues qué visteis?
Tor.   Una escala,
Que Eugenia escondida tiene.

Alon. Escala escondida?
Tor.   Sí;
Y de hartos pasos, con fuertes
Cuerdas y hierros atada.

Alon. ¡Vive Dios, si verdad fuese,
Que habia......!

Tor.   ¿Cómo verdad,
Si solo, porque la viéseis,
Os traigo aqui, cuando solo
Está el cuarto? Un punto breve
Esperaos, vereis cuan presto
Aqui la mirais patente.   [*Vase.*

Alon. Ay de mí! No en vano, cielos,
Previne ausentar prudente
De la corte á Eugenia; pero,
Si ya Don Toribio tiene
Tan vivas sospechas, ¿cómo
Es posible que la lleve?
Pues ya......

Vuelve Don Toribio *con un guardainfante.*

Tor.   Mirad, si es verdad,
Con mas de dos mil pendientes
De gradas, aros y cuerdas.

Alon. ¡Necio, loco, impertinente!
Esa es escala?

Tor.   Y escala,
Que, si se desdobla, debe
Poderse escalar con ella,
Segun las revueltas tiene,
La torre de Babilonia.
Esto es para quien lo entiende;
No la sé armar?

Alon.   ¡Vive Dios,
Que no sé como consiente
Mi cólera no deciros
Mil pesares, porque ese
Es guardainfante, no escala!

Tor. Guarda...... qué?
Alon.   Qué impertinente!
Guardainfante.

Tor.   Peor es eso,
Que esotro. ¿Qué infante tiene
Mi prima, que este le guarde?

Alon. Hablar con vos, es hacerme
Perder el juicio. No entienda
Aquesto nadie. Volvedle
Donde estaba, y estimadme,
Bárbaro, y agradecedme,
Que no os digo mil locuras.   [*Vase.*

Tor. Escalado seas mil veces,
Guardainfante de mi prima,
Quien quiera que fuiste y fueses,
Bueno me han puesto por tí
De bárbaro impertinente;
Y hasta saber el oficio,
Que en cas de mis primas tienes,
No he de parar.

Voz [*dent.*]   Para, para.
Alon. [*dent.*] Pues que ya mis hijas vienen,
Poned luces en su cuarto.

Sale MARI NUÑO.

Mar. Ay de mí! que en él hay gente! —
      Quién es?
Tor.   Yo soy, que no es nadie.
Mar. ¿Qué haces aqui desta suerte
      Con aquese guardainfante?
Tor. Aqui, si saberlo quieres,
      Me estaba pensando cosas.
Mar. Sitio habrá donde las pienses.
      Suelta, y mira no te hallen
      Aqui dentro, cuando llegue,
      Que ya vienen.
Tor.   Mira tú
      No me obligues á que vengue
      El pasado mojicon.
Mar. Mejor será, si lo adviertes,
      No quieras que te dé otro.
                    [*Dala una puñada D. Toribio.*
Tor. ¿Qué va, que no es mayor, que este?
      Ay que me han muerto! ¡Señores,
      Acudid á socorrerme!
      Ay que me matan!

Salen DOÑA EUGENIA, DOÑA CLARA, DON
      ALONSO *y* BRIGIDA.
Alon.   Qué es esto?
Clar. Qué voces?
Eug.   Qué ruido es este?
Tor. Mari Nuño, mi señora,
      Estando en este retrete,
      Porque la dije no mas,
      Que buenas noches tuviese,
      Puso las manos en mí.
Mar. Mas me dijo, pues pretende,
      Que le favorezca yo;
      Porque dice, que no quiere
      Señora de guardainfante;
      Y trae por testigo este,
      De quien está haciendo burla.
Tor. ¡Qué testimonio tan fuerte! [*aparte.*
Mar. Á un traidor dos alevosos.
Alon. Advertid vos, que no lleguen [*ap. á D. Toribio.*
      Á entender ambas las dos;
      Que de vuestras sencilleces,
      Ó ignorancias, ó locuras,
      Estoy cansado de suerte......
      Pero hablemos de otra cosa;
      No sean delirios siempre. —
      ¿Cómo en la fiesta os ha ido?
Eug. Como á quien viene, señor,
      De ver el triunfo mayor,
      Que nuestra España ha tenido,
      Desde que su monarquía
      Á ser la mayor llegó.
Alon. Ya que no lo he visto yo,
      De algun consuelo seria
      Oirlo de las dos aqui.
Eug. Yo, señor, te contaré
      Lo que me acuerdo. — Veré, [*aparte.*
      Si desvelar puedo asi
      La pena en que me ha tenido
      La competencia cruel,
      Que vió Clara en su papel.
Clar. Viste á Felix? [*aparte á M. Nuño.*
Mar.   Y advertido,
      No dudo que venga.
Clar.   Pues
Mar. Vele á abrir.
Clar.   ¿Cómo, si aqui
Mar. Todos estan?
Clar. Mira asi. —
      Como atento nos estés, [*á D. Alonso.*
      Lo que ella olvide, señor,

Yo acordárselo pretendo. —
Entiéndesme? [*ap. á M. Nuño.*
Mar.   Ya te entiendo.
Eug. Oirás la fiesta mayor,
      Que habrás oido en tu vida.
Clar. Y vos oid tambien. [*á D. Toribio.*
Tor.   Pues no?
Clar. Ve por él, mientras que yo [*á M. Nuño.*
      Les doy con la entretenida.
                    [*Vase Mari Nuño.*
Eug. Llegó el dia, que trocando
      La divina Mariana
      En felices posesiones
      Perezosas esperanzas,
      De Madrid amanecieron
      Para su dichosa entrada,
      En felices aparatos,
      Cubiertas calles y plazas.
      Todas las vimos, porque
      Trascendiendo por las vallas,
      Fingidas de jaspe y bronce,
      Llegamos adonde estaba
      En el Prado un arco excelso,
      Que á las nubes se levanta.
Clar. Aqui en el racional trage,
      Madrid, de su antigua usanza,
      Esperó á su nueva Reina,
      Vestida de blanco y nácar.
      Y para significar
      De sus afectos las ansias,
      Con que liberal quisiera
      Poner el mundo á sus plantas,
      Ya que no la puso el mundo,
      Puso, por lo menos, tantas
      Significaciones dél,
      Que en este arco, y los que faltan,
      Representó de sus cuatro
      Partes las coronas varias,
      Que en el amante la ofrece
      Quien la mereció monarca.
      Y asi esta parte fue Europa,
      Como principal estancia,
      Donde sus imperios tiene
      Las demas por tributarias.
Eug. Querer pintar, que en él vimos
      En casi vivas estatuas
      Á Castilla y á Leon,
      Por los reinos, Alemania
      Por la cuna, y por la fe
      De la religion á Italia,
      Sin otras muchas señales,
      Imposible es ya; pues basta
      Que en este arco y los demas
      Apelemos á la estampa,
      Cuando lo expliquen sus letras
      Latinas y castellanas.
Clar. Solo por mayor diremos,
      Que á las cuatro dilatadas
      Partes del mundo, en quien tuvo
      Dominio el planeta de Austria,
      Correspondieron los cuatro
      Elementos, siendo en claras
      Significaciones doctos
      Reversos de sus fachadas.
      Y asi á Europa se dió el aire,
      Por ser en quien mas templadas
      Sus influencias se gozan
      Dulces, suaves y blandas.
Eug. Y como del aire es
      El águila remontada
      Emperatriz, cuyo nido
      Favorable aspira al aura,
      El águila coronó
      Este elemento, adornada

De geroglíficos, que
Todos del aire se sacan.

Clar. Á esta puerta pues la villa,
La ceremonia acabada
Del besamano, empezó,
Haciendo al compas la salva,
No solo de los clarines,
Las trompetas y las cajas,
Sino de la voz del pueblo,
Que es la mas señora salva,
Á caminar con el palio,
Con tanto aplauso, con tanta
Magestad, que no se vió,
En términos de vasalla,
Nadie con mas causa humilde,
Ni soberbia con mas causa.

Eug. De aqui pues á la carrera
De San Gerónimo pasa,
Donde no menos vistoso
La recibió el triunfo de Austria.

Clar. De sesenta y dos coronas,
Que en la India rinden á España
Feudo, los bultos de algunas
Significaron las ansias
De servir tu buena Reina
Con dones y empresas, cuantas
Mide este imperio al oriente,
Donde su poder alcanza.

Eug. Y como Asia es la mayor
Parte del mundo, que abraza
Gánges, Nilo, Eufrátes, Tigris,
Señora de tierras tantas,
Fue su elemento la tierra,
En quien se vió coronada
La melena del leon,
Como su mayor monarca.

Clar. Llegó pues el sol del sol
Á la puerta, en cuya estancia
África en el triunfal arco
Á vista suya se planta.
Y asi todas sus pinturas
Fueron las fuerzas y plazas,
Que España en África goza,
Desde que dos Reinas santas,
Política una en Madrid,
Victoriosa otra en Granada,
Arrancaron las raices
Desta venenosa planta.
Á África correspondiendo
El fuego, ó por su abrasada
Libia, ó porque siendo hoy
La puerta del sol su estancia,
El sol, planeta de fuego,
Entre pirámides altas
Se vió colocado, bien
Como ejaltado en su casa.

Eug. Siguióse la Platería,
De tal manera adornada,
Que solo un arte tan noble
Asi pudiera ilustrarla;
Pues casi deste este arco
Se corrieron dos barandas
De bichas y de colunas,
Que, empezándose desde altas
Pirámides, prosiguieron,
Hasta que en otras rematan,
Poblando sus corredores
Por una y por otra banda
Aparadores, cubiertos
De diamantes, oro y plata.

Clar. La América en otro arco
Á Santa María estaba,
En cuyo templo el fiel culto
El *Te Deum laudamus* canta.

Fueron divinas empresas
Cuantas dió el agua á sus aras,
Siendo perennes milagros
Manzanares y Jarama.

Eug. En la plaza de palacio
Animados en dos basas,
Que de Himeneo y Mercurio
Sostenían las estatuas,
Dos triunfales carros ví,
De cuya fábrica rara
Fue la significacion,
Si es que me atrevo á explicarla,
Que Mercurio, de los Dioses
Embajador, su jornada,
Á la vista de palacio,
Feneció, y asi, acabada
La fatiga del camino,
Á Himeneo se la encarga;
Porque uno su culto empiece,
Donde otro su culto acaba.

Clar. Con este acompañamiento,
Al compas de voces varias,
Que del esposo y la esposa
Decian las alabanzas,......

Eug. En un bruto, que parece
Que sabia, que llevaba
Todo un cielo sobre sí,
Segun la noble arrogancia
Con que obedecia soberbio
Al impulso que le manda,
Llegó nuestra invicta Reina
Á las puertas de su alcázar.

Alon. Tal la relacion ha sido,
Que, aunque el no verla da enojos,
El deseo de los ojos
Se suple con el oido.

Tor. No á mí, que aquese deseo
Nunca tuve.

Alon.   Por qué no?

Tor. Como esas bodas ví yo.

Alon. Dónde?

Tor.   En Cangas de Tineo,
Cuando los concejos todos
Se juntan, para llevar
Las novias á otro lugar,
Entonando varios modos
De bailes y de cantares,
Que es una fiesta bien rara.
Si de alguno me acordara,
Se os quitaran mis pesares.

Alon. ¡Dejad locuras, por Dios! —
Brígida, á alumbrarme ven;
Que ya recogerme es bien.   [*Vase.*

Clar. ¿Por qué no os recogeis vos?

Tor. Porque, para recogerme,
Falta salir de un cuidado.

Clar. Qué cuidado?

Tor.   No he cenado.
Y tras esto otro ha de hacerme
Perder el juicio.

Clar.   Qué es?

Tor. ¿Vos dijísteis, que habia en mí
Mas en que vengaros?

Clar.   Sí.

Tor. Decidme la causa pues.

Clar. La causa es, que á Eugenia, á quien
(Dél asegurarme quiero   [*aparte.*
Para la ocasion que espero)
Vos decis, que quereis bien,
Á otro favoreció.

Tor.   Ay cielos!

Clar. Si averiguarlo quereis,
Bien fácilmente podeis.

Tor. Si esto oyeran mis abuelos,

Clar. Qué dijeran?

            Pues estando
Un rato en ese balcon,
Oireis la conversacion,
Que tiene en la calle, hablando
Con un hombre por la reja
De su cuarto.   *[Abre la ventana.*

Tcr.   Cómo qué?
En el balcon me estaré,
Si acaso el dolor me deja,
Sin chistar, de penas lleno.   *[Vase.*

Clar. Ya este no me estorbará,   *[Cierra.*
Pues cerrado se estará
Toda la noche al sereno. —
Eugenia! — Bueno será   *[aparte.*
Engañarla.

Eug.   Qué me quieres?

Clar. Avisarte cuanto eres
Infeliz.

Eug.   En qué?

Clar.   En que está
Mi padre tan sospechoso,
Pues no sé qué, que ha pasado;
Mari Nuño le ha contado
Acerca de que zeloso
Uno y otro amante tuyo,
Hoy á esta puerta riñeron,
Que sus sospechas le hicieron
Desvelar, segun arguyo,
Que no se acuesta. Por Dios,
Que, si tienes que temer,
Me lo digas, para hacer
Como hermana.

Eug.   Si á los dos
En el coche y en la reja
Viste que los despedí,
Y que no ha quedado en mí,
Ni aun el ruido de la queja,
¿Qué mas de mi parte puedo
Haber hecho, ni saber
Puedo ahora lo que he de hacer?

Clar. Yo sí.

Eug.   Qué es?

Clar.   Perder el miedo,
Puesto que inocente estás,
Y cerrada en mi aposento,
Desvelar tu pensamiento;
Que yo, desvelando mas
Tu inocencia, allá entraré,
Diciendo, que estés dormida;
Y mostrándome ofendida
A su enojo, le diré
Muy bien dicho, que no tiene
Razon, si en sospechar da,
De quien tan segura está.

Eug. Mi vida, hermana, previene
Tu amistad. Y porque mas
De mí asegurarse quiera,
Ciérrame tú por defuera.
       [Éntrase y cierra Dª. Clara.

Clar. Eso habia de hacer? Ya estás
Conmigo en campaña, amor.
Aquesta es la vez primera,
Que te ví el rostro; no quiera
Vencer tan presto el rigor
De tus iras. — Mari Nuño!
¿Dónde está aquel caballero?

       Sale MARI NUÑO.

Mar. En mi aposento, señora,
Rato ha que oculto le tengo,
Mientras que la relacion
A todos tenia suspensos.

Clar. Esto por Eugenia hago.

Mar. Por eso yo te obedezco.

Clar. Dile, qué salga á esta cuadra.

Mar. Voy.   *[Vase.*

       Sale DON FELIX.

Fel.   Aunque rendido vengo
Á serviros, es mayor
Mi pena, que el rendimiento.

Clar. De qué?

Fel.   De ver, que mi aviso
Ni vuestra cordura han hecho
El efecto que esperamos,
Sino tan contrario efecto,
Que los dos conmigo hoy
Á vuestra puerta riñeron;
Y saliendo vuestro padre
Y vuestro primo á este tiempo,
Queriendo acudir á todo,
Á nada acudí, supuesto
Que ni á uno ni otro alcanzar
Pude, y estoy con rezelo
De que se hayan encontrado,
Puesto que ninguno ha vuelto,
Siendo ambos huéspedes mios.
Y aunque por ellos lo siento,
Lo siento por vos con mas
Ventajas; pues si os confieso
Una verdad, me debeis
Vos mayor fineza, que ellos.

Clar. Yo mayor fineza?

Fel.   Sí.

Clar. Cómo?

Fel.   Perdonad, os ruego,
Porque no puedo decirlo,
Aunque ya dicho lo tengo.

Clar. ¿Dicho lo teneis, y no
Podeis decirlo? No entiendo
Tan nuevo enigma.

Fel.   Yo sí.

Clar. Declaraos mas.

Fel.   No puedo;
Que si el sentimiento es
Por ser mis amigos, cierto
Será, por ser mis amigos,
El callar mi sentimiento.   *[Ruido dentro.*

       Dentro DON JUAN.

Juan. Válgame el cielo!

Fel.   ¿Qué voces
Son las que estamos oyendo?

Clar. En el jardin fue.

       Sale MARI NUÑO.

Mar.   Señora!

Clar. Qué hay, Mari Nuño? qué es eso?

Mar. Por las tapias del jardin
Se ha arrojado un hombre dentro,
Á cuyo ruido tu padre
Baja ya de su aposento.

Clar. Triste de mí! ¿Qué he de hacer,
Si os vé aquí?

Fel.   Buen remedio.
Yo por aquese balcon
Saldré á la calle primero,
Que me vea.

Clar.   No le abrais.

Fel. No es mejor?
   [Abre el balcon, y halla á D. Toribio.

Tor.   Estense quedos,
No hagan ruido; que ya el hombre
Á la reja llega, y quiero
Oir lo que habla.

Fel.   Hombre, quién eres?

Tor. ¿Quién os mete á vos en eso?

¿Métome yo en quien sois vos?
Agradecedme, que tengo
Que hacer aqui; que si no,
Á fe que habia de saberlo.

Fel. ¡Quién vió tan extraño lance!
Mar. Ya en el jardin se oye estruendo.
Clar. Apartémonos de aqui.

[*Retíranse las dos.*]

Sale DON PEDRO.

Ped. Viendo mis rabiosos zelos,
Que abriendo la puerta entró
Mi enemigo hasta aqui dentro,
Sin poderlo yo estorbar,
Que llegar no pude á tiempo,
Por las tapias del jardin
Á entrar me atreví resuelto
Á vengar...... Pero qué miro?
Que es su padre, vive el cielo,
Y brioso, con otro hombre
Riñendo, sale á este puesto.

Sale DON ALONSO *riñendo con* DON JUAN, *y llega despues* DON FELIX.

Alon. Al esfuerzo de mi brazo,
De mis iras al aliento,
Pues me han hecho dos agravios
Tu voz y tu atrevimiento,
Los dos vengaré. Ay de mí!
Que van mis penas creciendo;
Pues cuando pensé de uno,
Dos de quien vengarme tengo.
Fel. Tened la espada, Don Juan.
Don Alonso, deteneos.
Juan. Mira, si traidor amigo
Eres, pues aqui te encuentro.
Fel. Oid, sabreis, que enemigo
No soy, ni suyo, ni vuestro.
Alon. ¿Dentro de mi casa dos
Enemigos?
Fel.   Deteneos.

Sale DON TORIBIO á la reja.

Ped. Aunque estorbar aqui deba
De Don Alonso el empeño,
Primero venganza pide
Lo rabioso de mis zelos. —
Si por aquese balcon   [*á D. Toribio.*
Te pasó el atrevimiento
De aquesa ingrata á mis ojos,
En tí he de vengar primero
Los zelos con que te busco.
Baja abajo, ó vive el cielo,
Que esta pistola......   [*Saca una pistola.*
Tor.   Pistola?
¡Hombre del diablo, está quedo!
Que no es eso lo que yo
Te dije. — Pero qué veo?
Qué es esto, tio?   [*Sale al tablado.*
Alon.   Á mi lado
Os poned.
[*D. Pedro, que hasta aqui ha estado junto á la reja, llega donde está D. Juan, D. Felix y D. Alonso.*
Ped. Pues que le abrieron
La ventana, llegaré
Á matarle; que no temo,
Ya que estoy muerto á su dicha,
Quedar á sus manos muerto.
Juan. Traidor, tras tí......! Mas qué miro?
¿Por las ventanas resuelto
Asi os entrais?
Ped.   ¿Qué os admira,
Si tanto ruido me ha puesto
En obligacion de entrar

Á saber lo que es?
Alon.   Suspenso
En repetidos agravios,
No sé á cual he de ir primero.
Fel. Teneos, señor Don Alonso;
Que trances de honor el cuerdo
Los venga con su prudencia,
Antes que con el acero.
Y si me escuchais, no dudo
Quedeis honrado y contento.
Alon. Uno entró por mi jardin,
Otro por mi reja; pero
Vos que sois dentro os hallais,
¿Por dónde entrásteis primero?
Que, haciéndome el mismo agravio,
Me venis á dar consejo.
Tor. Entraria por la escala;
Que escala habia para ello.
Fel. Yo soy tan interesado
En este lance, que pienso
Que vine á serviros mas
Á todos, que no á ofenderos,
Que fue á excusarle; mas ya
Que conseguirlo no puedo
De una manera, de otra
Lo intentaré. Estadme atentos.
Doña Eugenia me ha tenido
En aqueste cuarto, á efecto
De estorbar entre los dos......

Dentro DOÑA EUGENIA.

Eug. Qué escucho? Dejar no puedo
De salir, al oir mi nombre.

Dentro DOÑA CLARA.

Clar. Tente, no salgas.

Salen DOÑA CLARA y DOÑA EUGENIA.

Eug.   Sí quiero;
Que ya me importa saber,
Qué es aqueste fingimiento. —
¿Yo te he tenido, qué dices, [*á D. Felix.*
Hombre, en mi cuarto?
Fel.   Teneos;
Que yo Doña Eugenia he dicho,
No vos.   [*Señala á Dª. Clara.*
Alon. Cómo, cómo es eso?
¿Luego tú una á un hombre
Escondido tenias dentro?
Eug. ¿Luego tú con nombre mio,
Clara, la traicion has hecho?
Tor. ¿Luego tú por eso á mí
Me tenias al sereno,
Hecho avestruz del amor?
Los tres. Qué es esto, ingrata? qué es esto?
Clar. Esto es, que, por estorbar
De Eugenia yo los empeños,
No pude estorbar el mio. —
Y pues que sois caballero, [*á D. Felix.*
No en el riesgo me dejeis,
Cuando á otra sacais del riesgo.
Fel. Qué es dejaros? Con mil vidas
Habeis de ver que os defiendo,
Pues no amando la que es dama
De mis amigos, trato
De serviros á vos mesmo.
Juan. Pues supuesto que ya quedan
Desvanecidos mis zelos,
Yo os ayudaré.
Ped.   Yo y todo.
Alon. ¡Hay tan grande atrevimiento!
Tor. ¡Quién tuviera aqui un lanzon
De tres que en mi casa tengo!
Alon. Á mis ojos y en mi casa

Nadie á mis hijas (ay cielos!)
Defenderá, que no sea
Su esposo.

Fcl.   Si basta eso,
Yo lo soy suyo.

Clar.   Y yo suya.

Alon. ¿Quién creyera, que en el yerro
Mayor fuera quien cayera
La mesurada mas presto?

Tor. Quién no lo creyera? Pues
Siempre en el mundo lo vemos,
Que las aguas mansas son
De las que hay que fiar menos,
Y tienen mayor peligro;
Porque sin duda por eso,
Guárdate del agua mansa,
Dijo un antiguo proverbio.

Eug. Pues yo, señor, á tus plantas
Humildemente te ruego
Me des estado á tu gusto;
Que yo con mi primo quiero
Irme á la montaña, donde
Te asegure por lo menos
De que nunca delincuentes
Fueron mis esparcimientos.

Tor. Á la montaña? Eso no!

Porque allá llevar no quiero,
Ni filis ni guardainfantes.
Y asi, con mi alforja al cuello,
Donde está mi ejecutoria,
Habeis de ver, que me vuelvo
Sin casar.

Alon.   Ni yo tampoco;
Que no tengo de dar dueño
Tan bruto á una hija mia,
Á quien mas atencion debo,
Sino darla á quien su madre
La habia dado en casamiento,
Y esperando mi licencia,
Se quedó hasta ahora suspenso.

Juan. Á vuestras plantas humilde
Os digo, que soy el mesmo,
Pues soy Don Juan de Mendoza.

Alon. Con esto es del mal el menos.

Ped. Pues quedo sin esperanza
De mi amor, lograrla intento,
En pedir, que perdoneis
De nuestras faltas los yerros.

Tor. Porque con la moraleja
De agua mansa y su ejemplo,
Dando principio á serviros,
Fin á la comedia demos.

XCIV.

EL ALCAIDE DE SÍ MISMO.

PERSONAS.

FEDERICO, *Principe de Sicilia.*
El REY DE NÁPOLES.
BENITO, *villano.*
ROBERTO, *criado de Federico.*

ENRIQUE } *criados de Elena.*
LEONELO }
Un Capitan.
MARGARITA, *Infanta de Nápoles.*
ELENA, *dama.*

SERAFINA, *criada.*
ANTONIA, *villana.*
Villanos y villanas.
Músicos.

JORNADA I.

Dicen dentro FEDERICO *y* ROBERTO, *y salen luego como despeñados, y* Federico *armado, con botas y espuelas.*

Rob.   Precipitado vuelo
Nos despeña. Jésus!
Fed.   Válgame el cielo!
Rob.   ¿Estás, señor, herido?   [*Salen.*
Fed.   Muerto fuera mejor; mas tal ha sido
Siempre el rigor del hado,
Que vive á su pesar un desdichado.
Rob.   Guarde el cielo tu vida
De cobardes contrarios defendida;
Que al fin, viviendo un hombre,
No hay horror, no hay espanto, que le asombre.
Fed.   Antes en penas tales
El morir es el último en los males.
¡Pluguiera á Dios, Roberto,
Pluguiera á Dios, que alli me hubieran muerto,
Entre asombros y espantos,
Las fieras armas de enemigos tantos,
Y no fuerte y altivo,
Ó venturoso mas, hubiera vivo
Dejado por mi espada
Muerto á Don Pedro Esforcia en la estacada!
¡No hubiera yo llegado,
De duro acero, de diamante armado,
(Como ves) á este monte,
Término, al parecer, deste horizonte!
O ya que aqui llegase,
¡Pluguiera á Dios, que en él me despeñase,
Cuando veloz tropieza
El caballo en su propia ligereza!
Pues fuera el daño menos,
Que vernos hoy de confusiones llenos,
Y de tantos contrarios perseguidos.
Adviertan tus sentidos,
Que pierdo á Margarita lo primero;
Á Margarita bella,
Que fue del cielo flor, del campo estrella;
Luego que nos hallamos
En un monte, y que en él los dos estamos,
El caballo perdido,
Tú cansado, yo armado y sin vestido.
Y cuando á alguna aldea

Queramos ir, ninguno habrá, que vea
Á pie y armado un hombre,
Que no se ria dél, ó no se asombre;
Y siendo conocido
Por las señas tan grandes, mas seguido
De quien me busca quedo,
Donde la muerte asegurarme puedo,
Cuando preso me tenga
El Rey, pues juntamente en mí se venga
De su sobrino muerto,
Y de la grande enemistad, Roberto,
Con mi padre, que ha sido
La causa de entrar yo desconocido
En su reino, en sus fiestas,
No fiestas ya, tragedias sí funestas;
Pues con penas tan graves
Sucedió lo que callo yo, y tú sabes.
Rob.   Todo lo considero,
Y peor fuera morir; que hallar espero
Remedio á mal tan fuerte.
Fed.   Remedio? De qué modo?
Rob.   Desta suerte.
Tú no eres conocido
En Nápoles, que nunca en él ha habido
Quien el rostro te vea;
Pues este monte muda guarda sea
De las armas grabadas;
En él con verdes ramas sepultadas
Queden; que yo no dudo
El poderte escapar, yendo desnudo
Á la primer aldea,
Diciendo, que la gente, que saltea
En este monte, ha sido
Quien te llevó la hacienda y el vestido.
Asi al fin se consigue
El no hallarte la gente que te sigue,
Y el hallar tú consuelo,
Moviendo á compasion la tierra y cielo.
Yo (habiéndote dejado
Donde quisieres tú) disimulado,
Me volveré á la corte,
Donde sabré lo que á tu amor le importe.
Las joyas tendré en ella,
Para irte socorriendo.
Fed.   Si mi estrella
No me hubiera dejado
Tal amigo, ¡qué triste y desdichado
Hubiera yo nacido!

La oposicion de mi desdicha ha sido.
Siguiendo tu consejo,
Las duras armas en el monte dejo.
Desnudo iré, moviendo
Á compasion las piedras, porque entiendo
Quejarme tristemente
Con tal disfraz de lo que el alma siente,
Como aquel que ha llegado
Á tener un dolor disimulado,
Que, cuando no le deja,
Fingiendo otro dolor, de aquel se queja.

Rob. Pues hácia aquesta parte,
Que es mas secreta, puedes retirarte;
Que ya del sol la lumbre
Da el primero perfil á aquella cumbre.

Fed. Tú, si á la corte fueres,
Y en ella acaso á Margarita vieres,
Dila, que soy amante
Tan descortes, tan necio é inconstante,
Tan loco y tan altivo,
Que no la puedo ver, y quedo vivo. [*Vanse.*

Salen ELENA, ENRIQUE *y* LEONELO *en trage de camino.*

Elen. En tanto que esos caballos,
Veloces hijos del viento,
Pagan en cristal y nieve
Las esmeraldas del suelo,
Podrás hasta Miraflor
Adelantarte, Leonelo,
Y decir, cuan desdichada
Y desesperada vengo
Á ser rústica aldeana
De sus montes. — ¡Quiera el cielo, [*Vase Leonelo.*
Que, por ser rústicos tanto,
Halle mas piedad en ellos!

Enr. La soledad deste monte,
La causa de tus extremos,
Y el no haber visto las fiestas,
(Que nuestra desdicha fueron)
En la lealtad de un criado
Dan, señora, atrevimiento
Á pedir, que me repitas
Tu dolor y sentimiento;
Porque el mal comunicado,
Dice un sabio, que fue menos.

Elen. Publicóse por Italia,
Con el comun sentimiento,
Digno de tan tristes nuevas,
(Presagios deste suceso)
La muerte infeliz de Enrico,
De Nápoles heredero;
Por cuya razon su padre,
Á su anciana edad atento,
Dispuso dar á la Infanta
Margarita digno dueño,
Llamando para esta empresa
Á los Príncipes del reino.
Todos vinieron, y todos
Muestra de su gusto dieron,
Celebrando su hermosura,
Y mas que todos Don Pedro
Esforcia, mi hermano; pues
Como su amante y su deudo,
(Que suele hacer el amor
Un segundo parentesco)
Fijó en Europa carteles,
Llamando á público duelo
Para una justa real,
Sustentando y defendiendo
En ella, que Margarita
Era el mas digno sugeto

De amor, y la mas perfecta
Dama en belleza y en ingenio.
(Perdonen tantas como hay
En el mundo atrevimiento
De hombre enamorado; pues
Quien llega á estarlo, sospecho,
Que ni mas que aquello estima,
Ni piensa, que hay mas que aquello.)
Á la fama de las justas,
De toda Europa acudieron
Los Príncipes mas gallardos,
Mas bizarros caballeros;
Y en tanto que se cumplía
De los carteles el tiempo,
Todo era máscaras, motes,
Festines, saraos y juegos.
Una noche (que era dia,
Pues no se echaba el sol menos)
Dando principio á un festin
Estaban los instrumentos,
Cuando por la sala entró
Un bizarro caballero,
Que arrebató á un mismo punto
De todos los movimientos.
Él dió principio al festin.
Teniendo siempre cubierto
El rostro con el embozo,
Hizo el primero paseo.
Sacó á Margarita, y ella
Con un cortes cumplimiento
Salió. Mi hermano (no sé,
Si yo me hiciera lo mesmo)
Salió entonces, procurando
Quedar con ella en el puesto;
Y el caballero embozado,
Poniendo cuidado en serlo,
Con la mano en la cuchilla,
Dijo atrevido y resuelto:
Ninguno mejor, que yo,
Merece el lugar que tengo.
Don Pedro iba á responder,
Cuando entraron de por medio
El Rey y Grandes; y salió
De la sala el caballero
Tan en sí, que no le vió
Nadie el rostro, ni supieron
Hasta hoy quien era; tal fue
Su recato y su secreto.
Llegó de la justa el dia,
Y afrentando y desmintiendo
Nuestra plaza la memoria
De romanos Coliseos,
Se vió cubierta de gentes
Tan diversas, que se vieron
En ella las confusiones,
Que tuvo Babel un tiempo.
De una tienda de brocado,
Que estaba al lado derecho
Armada, salió mi hermano,
Tan airoso y bien dispuesto
En un caballo, que un alma
Informaba á entrambos cuerpos
Con amorosas empresas
Gallardos aventureros
Entraron, que, por no ser
Mas prolija, no las cuento,
Y porque, llegando á entrar
El caballero encubierto,
Se olvidan y quedan todas
Sepultadas en silencio.
Corriéronse muchas lanzas,
En cuyos varios sucesos,
Como en la suerte y fortuna,
Se ganan y pierden premios.

Llegó á correr el gallardo
Embozado con Don Pedro
Mi hermano, que hasta aquel punto
Le habia dicho bien el tiempo.
Pusiéronse frente á frente
Los caballos, tan atentos
Á las voces de un clarin,
Que, con estar algo lejos,
Parece que á cada uno
El animado instrumento
Estaba hablando al oido;
Tal era el instinto en ellos,
Pues parece, que el enojo
Heredaban de sus dueños.
Partieron pues tan veloces,
Que, ya trocados los puestos,
Muchos no determinaron,
Si pararon ó partieron,
Habiendo en medio las lanzas,
Hechas átomos del viento,
Dividido en tantas partes,
Que muchas dellas subieron
Tan altas, que por entonces
Ninguna cayó en el suelo,
Ni despues, porque tardaron
En caer, ó no cayeron.
Toman la segunda lanza
Para su segundo encuentro,
Mucho espacio, si son veras,
Mucha priésa, si son juegos.
Vuelven á partir, y aqui
Un caballo desmintiendo
La valla de un lado rompe.
¿No has visto en el mar soberbio,
Cuando nevadas montañas,
Rizando á su frente el ceño,
Un navío en un escollo
Da, y en pedazos resuelto,
La que fue campaña antes,
Le sirve de monumento?
¿No has visto en un terremoto
Temblar la tierra y el cielo,
Caducar los edificios,
Y en tanto horror, tanto estruendo
Precipitarse dos montes,
Desgajados de sí mesmos,
Y encontrándose al caer,
Darse batalla violentos,
Hasta rendirse á su furia,
Que no pudieran á menos?
Pues tales eran los dos,
Porque en la carrera á un tiempo
Imitando las acciones
De agua, tierra, fuego y viento,
Eran dos naves de bronce,
Eran dos montes de hierro,
Eran dos rayos de plata,
Eran dos aves de acero,
Dos águilas de metal,
Y dos planetas de fuego.
Falseando la sobrevista
Hirió el acerado hierro
Á mi hermano. Cayó en tierra,
Bañando en humor sangriento
La arena, que parecia,
Que tan infeliz suceso
Lloró con sangre la tierra,
Cuando dividida veo
La plaza en bandos, vengando
Unos y otros defendiendo
La muerte y el homicida,
El cual animoso y diestro
Salió de la plaza. Donde
Se esconde ignoro. Sospecho,

Que Marte le arrebató
Á colocarle en su asiento,
Ó por guardarle de mí,
Abrió sus bocas el centro.
Yo á un tiempo pues combatida
De dos contrarios afectos,
Quise, viendo la impiedad,
(Si la verdad te confieso)
Dejar la corte, y confusa
Vengo á Belflor, donde vengo
(Si hay desdichas, que se huyan)
De mis desdichas huyendo,
Donde mi esperanza muera,
Donde viva mi tormento,
Donde mi llanto me anegue,
Donde me ahogue mi aliento.
Pues entre amor y rigor,
Entre esperanza y deseo,
Llego, huyo, quiero, olvido,
Amo, adoro, vivo y muero.

Ear. Notable suceso ha sido,
Y mas pensar, que se esconde,
Sin saber como ni donde,
Y que no sea conocido.

Sale LEONELO.

Leon. Los villanos de Belflor,
Sabiendo que vuestra Alteza
Viene con tanta tristeza,
Para mostrar el amor
Y voluntad, que la tienen,
Todos á darla su vida,
El pésame y bien venida,
Y á besar sus plantas vienen.

Salen BENITO *y* ANTONA *de villanos, y*
labradores.

Ant. Benito, advierte, que ahora
Tú, por ser el mas erguido,
Mas calletrudo y sabido,
Tienes de dar á señora
El pésame.

Ben. ¿Yo, por qué
He de dar á la Condesa
Pésame, si no me pesa?
El pésete le daré.

Lab. 1. Di, que es Vénus y Diana,
Y que en su gran presuncion
Murió, como otro Faeton,
Su hermano.

Ben. De buena gana.

Lab. 2. Di, que fue quien la mató
Un Neron soberbio y malo,
Un cruel Sardanapalo.

Ben. Todo eso la diré yo.

Ant. Que ella nos viva mas años,
Que vivió Matusalen.

Ben. Todo aquesto está muy bien.

Ant. Para consolar sus daños,
Que el concejo no la envia
Colacion, fiesta y grandeza,
Porque quiere tiene tristeza,
Se cansa de la alegría.

Ben. Muesa Conda soberana,
Tan erguida, llumpia y bella,
Que son fregonas con ella
Doña Vénus y Doña Ana,
Si en tiempo de fiestas bellas
Á Belflor habeis venido,
Bien hecho ha sido, si ha sido
Por no buscar donde vellas.
Á todos nos ha pesado,
Y aquesto no os está bien;
Que un pésame ó parabien

Siempre es estilo cansado.
Téngale Dios en buen poso,
Que él murió en su presuncion,
Como el otro fanfarron,
De arrogante y animoso.
Y pues á aqueste le igualo,
El que le dió muerte fiera
Era un Enero, y aun era
Una sardina de palo.
Pero vivais vos, amen,
Para gozar destos daños,
Con gusto y salud mas años,
Que vivió Mateo de Allen.
Que el concejo no la envia
Colacion, fiesta y grandeza,
Porque quien tiene tristeza,
No diz que tiene alegría.

Sale FEDERICO *desnudo y herido.*

Fed. Generosos labradores,
Y vos, hermosa señora,
Que entre bárbaros sayales
Sois entre espinas la rosa,
Muévaos á piedad el ver
Un desdichado, que arroja,
Envuelta en sangre y suspiros,
Pedazos del alma propia.
Un mercader rico era,
Y tanto, que en una joya
Cifré el tesoro del mundo.
Vine á las fiestas famosas
De Nápoles, procurando,
En concurso de personas
Tan ilustres, emplear
Mi caudal y hacienda toda.
Hícelo asi. ¡Á Dios pluguiera,
Fuera mi dicha tan corta,
Que no hiciera empleo tan grande!
Porque perdiéndole ahora
Es mayor el sentimiento,
Que la fortuna envidiosa
No lo fuera, si llevara
Tras las dichas la memoria.
Mas es fortuna loca,
Diosa sin fe y amiga de lisonjas.
Pensé volver á mi patria
Rico de hacienda y de honra,
(Baste que dijese rico,
Porque en los tiempos de adora
La riqueza es el honor,
Sin atencion de personas,
Porque ya el pobre se vende,
Como ya el rico se compra);
Pero fueron mis designios
La hermosura de la rosa,
Que el purpureo rosicler
Juzga perpetua corona
Del campo, sin atender
A que en un punto se enojan
Tiempo y fortuna soberbios,
Brama el Austro, el Cierzo sopla,
Siendo cadáver del campo
Entre sus perdidas pompas.
Tal yo, rico de esperanzas,
Que son las tempranas hojas,
En mi patria me juzgué,
Sin advertir á que corta
El cielo intentos del hombre.
¿Qué importa, (ay de mí!) qué importa,
Que él proponga y determine,
Si hay estrellas que dispongan
Y ejecuten, porque ellas,
Cuanto el hombre escribe, borran?
Que es nuestra vida sombra.

De aquella luz, que influye poderosa.
Yendo pues por ese monte,
Salió una pequeña tropa
De bandoleros, que en él
La hacienda y la vida roban.
Quise ponerme en defensa;
¿Pero cuál hombre se arroja,
Anteponiendo los bienes
Á la vida, si ella sola
Merece ser preferida
Sobre las humanas cosas?
¡Mal haya quien ambicioso
Muere, mal haya quien compra
La magestad con la vida!
Pusiéronme dos pistolas
Á los pechos, y rendido,
No fue temor, fue piadosa
Atencion al ser Cristiano,
Entregué mi hacienda toda.
Y pensando, que guardaba
Mi vestido algunas joyas,
Que usar mercaderes suelen
De invenciones cautelosas,
El vestido me quitaron,
Dejándome como ahora
Estoy. Y viéndome así,
Ha tres dias, que esas rocas
Habito, que me sustento
De yerba rústica y tosca.
Pero la necesidad
Hace que rompa y que corra
Los velos á la vergüenza.
Y pues mis plantas dichosas
Á esta parte me guiaron,
En mi consuelo conozcan,
Que sigue el gusto á la pena,
Á la desdicha la gloria,
Á la fatiga el descanso,
La luz á las negras sombras,
Á mi llanto la piedad
De tus manos generosas;
Que mortales congojas
Viven á la mudanza atentas todas.

Elen. Bien pensé, que no tenia
Mi pecho infeliz lugar
Donde cupiese el pesar
De tu desdicha y la mia;
Pero aqui me ha consolado
Tu pena y tu desconsuelo;
Que á un desdichado es consuelo
Hallar otro desdichado.
Aliéntate, toma brío,
Ten ánimo y esperanza;
Que todo está á la mudanza
Sujeto. Este estado es mio,
En él te puedes quedar
Reparando tu fortuna,
Donde tu suerte importuna
Puedes felice burlar.
Tambien al monte he venido
Á llorar desdichas yo;
Consuelo tu pena halló,
Pues un hermano he perdido,
Cuya nobleza y valor
Publica á voces la fama,
Que el infelice le llama,
Muerto á manos de un traidor.
Y por no alabarle yo,
Sabe, que es quien lloro aqui
Don Pedro Esforcia.

Fed. Ay de mí! [*aparte.*

Elen. Y el traidor, que le mató,
No se ha sabido quien era.
Demonio debió de ser,

Pues se pudo defender
Y esconderse de manera,
Que no se sabe por donde,
Ni de qué suerte escapó.

Fed. ¡A buen puerto vine yo! *[aparte.*
Elen. Sin duda el centro le esconde.
Fed. Al reves ha sucedido
Hoy ese efecto en los dos;
Pues mirar á un triste vos,
De consuelo os ha servido,
Y á mí de pena; que aquí
Un dolor al otro excede,
Que pena vuestra no puede
Ser de gusto para mí;
Pues tanto pienso, por Dios,
Sentir la que es vuestra, tanto,
Que parezca, que en mi llanto
Son una misma las dos.
La merced, que me ofreceis
De vivir con vos, aceto,
(Aqui viviré secreto) *[aparte.*
Sirviéndoos; que bien sabeis,
Que un hombre, que rico ha sido,
Dobla en su tierra el dolor;
Pues vive pobre mejor
Adonde no es conocido.

Ben. Señor desnudo, ¿hasta cuándo
Vuesa merced piensa habrar?
¿No pudo considerar,
Que tambien yo estaba habrando?
Y no es buena cortesía
Dejar, con cordura poca,
Atravesada en la boca
La media embajada mia.

Elen. ¡Qué prudente y advertido *[aparte.*
Su sentimiento mostró!
¡Qué bien que disimuló
El llanto mal resistido!
Este hombre me ha obligado
Con su estilo.

Ben. Guárdeos Dios.
Ant. Benito, no habra con vos.
Ben. Otras veces habrá habrado.
Elen. Cómo os llamais?
Fed. Español.
Ben. Benito.
Elen. Y soislo?
Ben. Yo?
Fed. Sí;
En Barcelona nací.
Elen. Todos sois hijos del sol. —
Qué buen talle! *[aparte.*
Ben. Á su servicio
Está el talle y la persona,
Que su mercé es quien le abona.
Ant. No dice á vos. Pierdo el juicio!
Elen. ¿En fin quereis el partido?
Fed. Si, pues á un puerto he llegado,
Que no fuera desdichado,
Cuando no lo hubiera sido.
Elen. Su modo dice, que es *[aparte.*
Hombre bien nacido.
Ben. Sí;
Aseguro que nací,
Si bien me acuerdo, de pies.
Elen. Palabra os doy, que, si tengo
En la venganza, que sigo,
Buen fin, y deste enemigo
No conocido me vengo,
Porque fiera y vengativa
Siempre ha sido la muger,
Que tengo, Español, de hacer,
Que os olvideis, asi viva,
De la pérdida de hoy.

Fed. No pierda yo vuestra gracia,
Que de toda mi desgracia,
Señora, olvidado estoy.
[Vase Elena.
¿Qué confusiones me ofrece, *[aparte.*
Fortuna, tu mano ingrata?
¿Vida me da quien me mata?
¿Me acoge quien me aborrece?
¿Quien me busca, me defiende?
¿Quien me da favor, me sigue?
¿Quien me ampara, me persigue?
¿Y me guarda quien me ofende?
Pues quedarme solicito
Adonde mi muerte veo;
Que está mas seguro el reo
Donde comete el delito. *[Vanse.*

Salen MARGARITA *y* SERAFINA, *y el*
REY *viejo.*

Mar. Déjame morir.
Rey. Advierte,......
Mar. ¿Qué puedo advertir, señor,
Si es de cualquiera dolor
Última línea la muerte?
Rey. Tan grave pena, tan fuerte
Pasion, y mal resistida,
Hoy vendrá á dejar vencida
Tu vida.
Mar. Al cielo pluguiese
Tan dulce mi pena fuese,
Que acabase con mi vida.
Rey. Todos la muerte lloramos
De Esforcia, todos sentimos,
Todos al cielo pedimos
La venganza, que esperamos;
Pero no todos estamos
Rendidos á un sentimiento,
Margarita, tan violento,
Que exceda al sentir sus modos.
Mar. Siento sola mas que todos,
Porque mas que todos siento.
Rey. Ya tu venganza publico;
Muerte le daré al traidor,
Si le alcanzo.
Mar. Qué rigor! *[aparte.*
Ay mi bien! Ay Federico!
Rey. Qué respondes?
Mar. Significo
Conmigo asi los rezelos
De tus penas, tus desvelos.
Busca al traidor, harás bien;
Muerte tus manos le den. —
¡No lo permitan los cielos! — *[aparte.*
Mas quien pretende olvidar
Una pena ó vanagloria,
Le sirve de mas memoria
El insistir en pensar,
Que olvida. Él que ha de dejar
De quejarse, y se aconseja
Con su razon, cuando deja
La pena llanto infelice,
Con las razones, que dice
Que no se queja, se queja.
Alli su remedio alcanza
Pena mas firme y notoria,
Pues la queja y la memoria
Son pensar en la venganza.
No habrá en mis males mudanza,
Pues lo que remedio ha sido
Trae el veneno escondido,
Pues con la venganza intento

No sentir, y siempre siento,
Olvidar, y nunca olvido.

Sale el Capitan con Roberto.

Cap. Señor, como has publicado
Por traidor al que encubriere
El homicida, ó supiere
Dél, nos ha manifestado
Un hombre aqueste criado,
Que por suyo conoció.

Rey. Dél sabré mi intento yo.

Rob. Yo con mi lealtad concluyo,
Que soy criado; mas cuyo,
Eso no lo diré yo.

Rey. Quién eres?

Rob. Un forastero,
Que á Nápoles ha llegado,
De las grandezas llamado
De las fiestas.

Rey. De tí espero
Saber quien es aquel fiero
Autor de mis penas.

Rob. Yo
No le conozco.

Rey. ¿Pues no
Eras su criado?

Rob. Sí;
Mas no supe á quien serví.

Cap. Bien su turbacion mostró,
Que esta es malicia, señor;
Porque en un pobre criado,
En quien ahora han hallado
Joyas de tanto valor,
Es el presumir error,
Que no hubiese conocido
Á quien hubiese servido.

Rob. Por cierto el señor Don Tal
Es bueno para fiscal.

Rey. Pues la piedad no ha podido
Moverte, pueda el tormento.
Entre las joyas está
Un papel, y dél quizá
Conoceré el fin que intento.

Mar. ¡Hay mas triste pensamiento! [*aparte.*
Papel será suyo; mucho
Es mi temor; triste lucho
Con mi llanto y mi deseo.

Rey. Oye, que......

Mar. Mi agravio veo! [*aparte.*

Rey. Carta es.

Mar. Mi muerte escucho! [*aparte.*

Rey. [*lee*] „Porque V. Magestad no esté con el cui-
„dado, que le puede dar mi ausencia, es-
„cribo con Roberto, avisando de mi salud,
„y la causa que me ha traido á Nápoles,
„que es á ver las fiestas, que sustenta
„D. Pedro Esforcia, cuyo valor me ha
„obligado á asistirle en ellas. Acabadas,
„volveré á los pies de V. Magestad, cuya
„vida el cielo aumente."
El Príncipe Federico.

[*repr.*] ¿Es posible que esto veo,
Y mi pena no publico?
El Príncipe Federico
Fue el homicida. Qué veo?
¿No le bastaba, que fuese
Federico mi enemigo,
Sino que por mas castigo,
Guerra en mis tierras hiciese?

Mar. ¡O Federico cruel! —
(Corazon, disimulemos, [*aparte.*
Y estas lágrimas y extremos
Hablen á un tiempo con él)
¡Bárbaro, arrogante, vano,

Soberbio y desvanecido,
Altivo, loco, atrevido,
Cuyo poder, cuya mano
Muerte me dió, (y es verdad, [*aparte.*
Muerte alevosa me dió,
Pues la vida me quitó,
Robándome la mitad
Del alma) plegue á los cielos,
Que tu fin sangriento sea
Como mi pecho desea!

Rey. Tus lágrimas y desvelos
Á todos nos han rendido. —
Capitan, buscadle luego,
Destruyendo á sangre y fuego
El lugar mas escondido.
[*Vanse el Rey y el Capitan.*

Mar. ¡Ay Roberto, tu lealtad
Muerte á todos nos ha dado!
Dime, ¿por qué te has quedado
Por mi daño en la ciudad?
¿Por qué esta carta guardaste,
Donde su nombre firmó
El Príncipe? ¿Por qué no
La rompiste ó la quemaste?

Rob. ¿Y pude yo prevenir
Lo que nos ha sucedido?
Aquí me quedé escondido,
Y un huésped pudo decir,
(¡Mal haya quien inventó
Los huéspedes!) que yo fui
El que al Príncipe serví,
Porque en su casa vivió.
Esta carta le escribia
Al Rey su padre, y despues
No la envió; que esta es
Su desdicha, tuya y mia.

Mar. Y la que yo he de llorar.

Sale el Capitan.

Cap. El Rey manda, que esteis preso,
Porque de aqueste suceso
No podais aviso dar.

Mar. Y es bien que esté preso el fiero,
Que á un enemigo sirvió.—
Libertad te daré yo. [*aparte á Roberto.*

Rob. Esta de tu mano espero. [*Vanse.*

Ser. Tus razones he escuchado,
Tus lágrimas he advertido;
Y de no haberte entendido,
Triste y confusa he quedado.
Algun secreto hay aqui.

Mar. Y quiero á tu pecho fiel
Hacer secretario dél.

Ser. Atenta te escucho.

Mar. Allí
Para tragedias de amores
Nos da lugar el jardin,
Entre el azahar y el jazmin,
Entre las rosas y flores.
Y si contarte pretendo
Una enigma semejante,
No entenderme, no te espante;
Que yo tampoco me entiendo. [*Vanse.*

_____

Salen ANTONA *y* BENITO *cantando.*

Ant. [*cant.*] Subiera Morales
En el su caballo,
La espuela de melcocha,
Y el freno de esparto.
Luneta,
Átala allá de la sonsoneta.

Ben. [*cant.*] En la calle nueva

Está enamorado :
Por mirar arriba,
Cayera en un charco.
Luneta,
Atala allá de la sonsoneta.

Ant. [*cant.*] Sogas y maromas
Tiran á sacarlo,
Sácanle una asadura,
Que habia merendado.
Luneta,
Atala allá de la sonsoneta.

Ben. Deja un poco esa luneta ;
Que lo has cantado tan bien,
Que no chilla una sarten,
Un organo, una carreta,
Con mas fuerte y recio chorro,
Que tú.

Ant.   El alabarme es yerro ;
Porque no entonó un becerro,
Un podenco, ni un cachorro,
Mas que tú, ni aun un marrano,
Cuando le matan, gruñó
Con mas gracia, y no habro yo
En la carreta y organo.
Mas ya que esto es acabado,
Y que es forzoso el habrar
De otra cosa, hasta llegar
Á la quinta, me ha pasado
Por el calletre, que habremos
En cuando será aquel dia,
Benito del alma mia,
Que los dos matrimuñemos.
En pensallo me hace astillas
El pracer dentro del pecho,
Y me viene tan estrecho,
Que el hato me hace cosquillas.

Ben. Para olvidar sus regalos
Considera, que pasó
Ese dia, y que llegó
El que yo te mato á palos,
Muy mohino y enfadado ;
Que en fin forzoso ha de ser,
Que me canse una muger,
Que ha de estar siempre á mi lado.
Porque ¿á cuál hombre no pesa
Ver (si en su muger repara)
Siempre en la cama una cara,
Siempre una cara en la mesa ?
Si tiende una mano, toca
Siempre una cara ; si huele,
Es á la cara que suele ;
Si vé, es con ventana poca
Una cara. Y si esta pena
Cualquiera cara nos da,
Dime, Antona, ¿ qué será,
Si la tal cara no es buena ?
Pero casados los dos,
No nos vendrá á ser asi.

Ant. ¿ Vos darme palos á mi ?
¡ Malos años para vos !
No en mis dias, á la he !

Ben. Ya desenojarte quiero,
Si no es el dia primero,
En mi vida te daré.

Ant. Por qué el primero ?

Ben.   Azotó
La justicia cierto dia
Un hombre ; y él que temia
La penca al verdugo dió
Tal cantidad de dinero,
Porque ablandase la mano
La solfa de canto llano.
Tomólos pues, y el primero
Azote fue tan cruel,

Que la sangre reventó.
Y cuando el otro volvió
La cara de probar hiel,
Le dijo : con tales modos
Vuestra deuda satisfago.
Ved el amistad que os hago ;
Que asi habian de ser todos.
Ansi tú conocerás,
Pagándote el primer dia,
La amistad y cortesía,
Que te hago en los demas.
¿ Mas cómo ha de darte enojos
Quien tan de veras te amó ?
Que antes me quebrara yo
Las mochachas de mis ojos ;
Porque ellas pueden quebrarse,
Y mi amor, Antona, no.

Ant. No podrás mudarte ?
Ben.   No.
Ant. Ni olvidarme ?
Ben.   Ni olvidarte
Puede mi amor.
Ant.   ¿ Y podrá......
Ben. Qué ?
Ant.   Llegarme á aborrecer ?
Ben. Sí ; que, en siendo mi moger,
Antona, fuerza será.
Ant. Por qué ?
Ben.   Porque serás mia.
Ant. Si por la cara ha de ser,
Moger soy, y sabré hacer
Una cara cada dia.   [*Vase.*
Ben. Sí sabrás ; que alguna ví,
Que lirio se levantó,
Blanca ázucar vivió,
Y se recogió alelí.
Mas qué alumbra alli ? No sé.
Llegar mas cerca deseo.
Oro ó prata es lo que veo.
Notabre ventura hue
Haber por aqui llegado.
Un tesoro he descubierto,
Que alguno en este desierto
Debió de dejar guardado.
Tirar quiero...... Mas qué miro ?
Un vestido de oro es,
Que llaman armas ó arnes.
                   [*Saca las armas.*
Poco de vellas me admiro ;
Que ya otras veces las ví
En mi aldea ; que no so
Tan bobo, que bien sé yo
Que esto ha de ponerse asi.
                   [*Póneselo al reves.*
La prata y oro sospecho
Que de la tierra ha nacido.
Pero que nazca un vestido
De la tierra, hecho y derecho,
Es cosa notabre y rara.
Si asi alguiera naciera,
Porque en el mundo no hubiera
Sastre ninguno, me holgara.
¡ Qué será verme vestido
Con él, y entrar en la aldea !
Ninguno habrá que me vea,
Que no se quede atordido.
Pues Antona, qué dirá ?
Que so con figura extraña
San Jorge mata la araña.
¡ O lo que verme será
Vestido, como yo quiero,
Desde este (qùe el nombre ignoro)
Este papahigo de oro   [*á la celada.*
Á las polainas de cuero !

No faltará quien me ayude
Á ponerlo, si me vo
Hácia los pastores yo;
Que en ellos no habrá quien dude
El componer hatos tales;
Y andaré como Longinos,
De dia por los caminos,
De noche por los jarales. [*Vase con las armas.*

Salen el Capitan y Soldados.

Cap. En este monte, que ha sido,
Con intrincada maleza,
Laberinto natural,
Que tantas calles enreda,
Es sin duda donde aquel
Prodigio humano se encierra,
Que por esta parte vino,
Segun nos dicen las señas.
¡O si ya pluguiese al cielo,
Que á nosotros nos debiera
El Rey ver en su poder
Al que convirtió en tragedia
El gusto, en luto las galas,
Y en llanto y dolor las fiestas!
Sold.1. Si por esta parte entró,
Será imposible que pueda
Esconderse, porque el monte
De todas partes le cercan
Gentes de armas.
Cap.   Y las suyas
Son tan conocidas, que ellas
Dirán del dueño.
Sold.2.   Señor,
Al pie destas altas sierras
Muerto está un caballo.
Cap.   Y es
El mismo, que en la carrera
Rayo fue; que no es posible
Engañarnos tantas señas.
Y si el caballo rendido
Está á su misma violencia,
Poco lejos está el dueño.
Sold.1. ¿Y no puede ser que sea,
Haber mudado caballos
En el monte?
Cap.   Mal pudiera
Tener tanta prevencion
Quien dudaba de la empresa.
En fin él está en el monte,
La dicha sin duda es nuestra.
Todo se visite, y todos
Con oido y vista atenta
Le examinen rama á rama;
No quede la mas secreta
Parte, que el sol ignoró,
Guardada á su diligencia.
No habrá servicio, que estime
Tanto el Rey, como que vea
En su poder este monstruo,
Que tanto dolor le cuesta.
Sold.1. Era el infeliz Don Pedro
Su sobrino.
Cap.   Y tambien era
El mas galan, mas cortes,
De mas ingenio y nobleza,
De mas valor, y en efecto
El Príncipe de mas prendas;
De modo que hizo comun
El sentimiento. Y si llega
Á prenderle, (sea quien fuere)
Le cortará la cabeza,
Por lo que la noche hizo

Del sarao en su presencia,
Y por haber dilatado
Hasta las justas aquella
Enemistad, donde hizo
Duelo y campo la palestra.

Sale BENITO *ridiculamente armado.*

Ben. ¡Qué brava fegura vengo!
¿Quién habrá, que ansi me vea,
Que no se muera de risa?
Unos hombres, que esta sierra
Pasaron, por divertirse,
Me han armado, y de manera,
Que no puedo menearme.
¿Qué será verme en la aldea
Desta suerte? ¿qué hará Antona,
Cuando por otro me tenga?
Sold.2. Si no me engaña la vista,
Por entre esas pardas peñas
Sale un caballero armado.
Cap. Y son del mismo las señas.
Mal pudiera desmentirle
El arnes.
Sold.1.   ¿De qué manera
Le pudiéramos prender?
Que, si se pone en defensa,
No será el mundo bastante.
Cap. El que esté rendido es fuerza
Al peso del duro acero,
Á la fatiga y violencia
Del cansancio y del camino,
Pues muerto el caballo deja.
Llegad los dos por detras;
Que yo la pistola puesta
Á los pechos le tendré,
Para que no se defienda.
Sold.1. Llega paso.
Sold.2.   Con temor
Voy; porque, como nos sienta,
Dos mil son pocos; tal es
Su valor, ánimo y fuerzas.
Sold.2. Con silencio!
Ben.   Estaba yo
Haciéndome ahora cuenta
De cuanto durará un sayo
Destos......
Sold.1.   Ya le tengo; llega!
          [*Asenle por detras.*
Cap. Date á prision, ó la vida,
En tu misma sangre envuelta,
Saldrá al rayo de mi mano.
Ben. ¡Ay, señores, que me llevan!
¿Pues qué culpa tuve yo
En ponerme......?
Cap.   No pretendas
Defenderte; que has de ir,
Muerto ó vivo, á la presencia
Del Rey.
Sold.2.   Tenle!
Sold.1.   Un monte muevo.
Ben. ¡Ay, señores, que me llevan!

J O R N A D A   II.

Salen MARGARITA *y* SERAFINA.

Mar. Aqui, Serafina hermosa,
Que solo escucharme pueden
Estas plantas y estas flores,
De mi amor testigos fieles,
Pues otras veces han visto,

Pues han oido otras veces
Estas lágrimas heladas
Y estos suspiros ardientes,
Cuando á solas consultaba
Mis penas ó mis placeres;
Que se descansan contando
Amores, aunque se cuenten
Á plantas, que no responden,
Á pájaros, que no entienden,
Á peñascos, que no aman,
Á cristales, que no sienten:
Sabrás, pues que ya he rompido
Un secreto, que me debe
Tantos dias de silencio,
Poco hallado en las mugeres,
Que un dia, que la violencia
De aquel pasado accidente
Dió treguas á mi dolor,
(¡l'luguiese á Dios no las diese!)
Un mayordomo me dijo:
Si es que vuestra Alteza quiere
Divertirse, podrá ver
Las joyas mas excelentes,
Que la codicia imagina,
El arte pule, y guarnece
El deseo, que son tales,
Que al arte y codicia vencen.
Aqui un platero extrangero
Las trae, porque asi pretende
Entre Príncipes tan grandes
Emplear tan grandes bienes.
La curiosidad entonces
Me dió causa á que las viese,
Y dí licencia al platero
Para que á mi vista llegue.
¡No llegara mas al alma!
Pues desde entonces padece
Un mal, que no se conoce,
Y un dolor, que no se siente.
Pesaráte de pensar,
Que un artífice pudiese
Labrarme el alma; pues no,
Serafina, no te pese;
Que debajo deste nombre
Estar disfrazado puede
Un Príncipe Federico;
Que arte tan noble comprehende
Debajo de su nobleza
Los Príncipes y los Reyes.
Enseñóme algunas joyas,
Y entre ellas una, que excede
La imaginacion, y en ella
Guardado curiosamente
Un retrato; si era mio,
Dígalo el alma; que al verle,
Dudó el cuerpo en que asistia,
Diciendo entre sí: ¿no es este
El original? ¿Pues cómo
Presa en un cuerpo me tienen,
Á quien solo informa un alma
De matices y pinceles?
Y quiso pasarse á él.
No dudo yo que lo hiciese,
Pues quedé sin alma yo,
Que allá el platero la tiene.
Preguntéle, que á qué efecto
En joya tan excelente
Puso mi retrato? Y él,
Turbado el rostro, y sin verme,
Me respondió: Federico
Me mandó, que asi le hiciese
Para su pecho, porque
La fama, que vuela siempre,
Le dijo de tu hermosura

La perfeccion, si es que puede
Aplauso tan dilatado
Medirse en centro tan breve.
Mandóme hacer el retrato;
Pero al llevarle y al verle,
Asi dijo: ángel humano,
Á quien los hados crueles
Apartan de mí, porque
Airados los cielos quieren,
Que el enojo de los padres
En nosotros dos se herede,
No quiero yo profanar
Tu decoro, ni atreverme
Á amar tu sombra; y asi
No es bien que en mi pecho quedes;
Porque agravia á todo el sol
Quien á esos rayos se atreve.
Mas no será bien tampoco,
(Ay de mí!) que llegue á verse
En otro poder la imágen,
Que adoraré eternamente.
Á sus manos ha de ir,
Si á llevársele te atreves,
Porque una estrella, del sol
Desasida, porque un breve
Arroyuelo, hijo del mar,
Porque una centella ardiente,
De su rayo despedida,
Si alumbra, camina é hiere,
Se restituyen al sol,
Al mar y al rayo, que vuelve
Todo á su centro. Palabra
Dí, señora, de atreverme
Á dejártele en tu mano.
Ahora dame la muerte,
Dijo; y sacando la joya
Otra vez, sin que me espere
Respuesta alguna, volvió
La espalda. No de otra suerte
Quedé, que entre dos imanes
Suspenso el acero suele.
Abrí la joya otra vez,
Donde (o amor, lo que puedes!)
Ví amorosas tropelías;
Pues trocadas sutilmente,
Otra me dió, donde estaba
Un retrato vivo siempre
Del Príncipe Federico;
Y conocí claramente,
Serlo el platero. Quedé
En una ocasion tan fuerte
En mayores confusiones.
¿Pero para qué pretende
Turbada mi voz decirte
Pensamientos, que se mueven,
Discursos, que se imaginan,
Glorias, que se desvanecen?
Yo amé. Díganlo esas flores
Otra vez, pues ellas pueden
Decir las noches, que oyeron
Sus quejas en estas redes.
Bien la empresa de la justa.
Dió á entender, que estima y siente
Las lisonjas de la noche;
Lo que en ella le sucede,
Ya lo sabes, menos mal,
Si mi padre no le prende;
Pues, aunque le pierda yo,
No será dolor tan fuerte,
Como que él pierda la vida.
Porque es fuerza que se vengue
De las guerras, que ha tenido
Con su padre; y si él la pierde,
Ay de la mia! porque

Vivo en pensar que la tiene,
Aliento en pensar que vive,
Y muero en pensar que muere.
Ser. Mi amor, señora, de quien
Tanta confianza tienes,
Te estima favor tan grande.
Mucho ha sido, que pudieses
Guardar un secreto tanto.
Mar. No hay muger, que, cuando quiere,
No sepa tener secreto.
Ser. El Rey, señora, aqui viene.
Mar. Con una industria quisiera
Que ahora por libre diese
A Roberto, que está preso.

Salen el R E Y *y un criado.*

Rey. Margarita, ¿cómo sientes
Tu mal? ¿No da la tristeza
Lugar para que te alegres?
Mar. A Serafina decia
Ahora como no puede
Tan grande dolor dejarme,
Que ha de atormentarme siempre.
Rey. Muy justa eleccion hiciste
En tan hermosa y prudente
Secretaria.
Mar. Ella dirá
Si estoy triste.
Ser. Y justamente.
Rey. ¿Pues hate dicho la causa?
Ser. No; pero los accidentes
Della. Y á mi parecer
Muy fácil remedio tiene.
Rey. Cómo?
Ser. Hallándose á quien dió
Á Don Pedro Esforcia muerte.
Rey. Pues alégrate; que yo
Tengo esperanza de verle
En mi poder.
Mar. Una industria,
Que es muy fácil, se me ofrece.
Manda soltar al criado,
Que está preso, pues no tiene
Culpa en servir á su dueño;
Y· despues, señor, ponerle
Espías; que él ha de ir
Donde el Príncipe estuviere,
Y asi le descubrirás.
Rey. ¡Qué ingenio tan excelente!
Vayan por aquel criado.
Mar. Vayan luego por él.

Sale el C A P I T A N.

Cap. Déme
Vuestra Magestad los pies.
Rey. Qué hay de nuevo?
Cap. Que sucede
Á medida del deseo
Tu pretension.
Rey. De qué suerte?
Cap. Con la gente de tu guarda
Salí en busca de un aleve,
Informado de que habia
Llegado á un monte, y halléle
En él, medio desarmado,
Porque rendido de verse
Sin caballo, que se habia
Despeñado, tristemente
Estaba al pie de una peña.
Sintiónos, y tan valiente
Volvió sobre sí, que fue
Mucho que no nos hiciese
Pedazos á todos juntos,
Tan diestro es, altivo y fuerte.

Pero á mi valor rendido,
Da las armas, y no quiere
Decir quien es; solo dice,
Que un villano; y aun pretende
Hacerse loco tambien,
Porque algunas veces suele
Decir locuras.
Rey. No importa
Que esconda el nombre, y que intente
Hacerse loco, si ya
Sé, que es el traidor aleve
El Príncipe Federico.
Mar. Ay de mí! Venga mi muerte!
Ay de mí! Acabe mi vida!
¡Que no pueden, que no pueden
Disimular tantas ansias!
Rompan la prision, revienten
Por la boca y por los ojos
De mis entrañas ardientes
Suspiros, que el alma enciendan,
Lágrimas, que el pecho aneguen.
Ay de mí, cielos!
Rey. Qué es esto?
Qué sientes, hija? qué tienes?
Mar. Tengo un fuego, que me hiela,
Tengo un hielo, que me enciende,
Un dolor, que me atormenta,
Una pasion, que me vence.
Ay de mí! Acabe mi vida!
Ay de mí! Venga mi muerte! [*Vase.*
Rey. Serafina, pues contigo
Ha descansado, ¿qué sientes
De una tan nueva pasion?
Ser. Aunque quebrante las leyes
De un secreto, mas importa
Que su vida se remedie.
El Príncipe Federico
De Sicilia, que ahora prendes,
Es causa desta tristeza.
Y para decirlo en breve,
No es la causa sino amor,
Porque en secreto se quieren.
Esto es verdad; y temiendo,
Que tu enojo le dé muerte,
Rompió su dolor el pecho.
Rey. Qué escucho! Ya de otra suerte
Procederé; porque al fin
Consejo muda el prudente.
Moderemos el rigor.

Sale R O B E R T O.

Rob. Deja que tus plantas bese
Quien, sirviendo á su señor,
Si te enoja, no te ofende.
Dame la muerte.
Rey. Antes quiero,
Que libre, Roberto, quedes;
Y no castigo, merece.
Vete libre; que ya el cielo
Mas piadoso favorece
Mi deseo. Ya le hallaron
Á tu señor, y ya viene
Preso.
Rob. Qué es esto que escucho! [*aparte.*
¿Si hubo quien le conociese
En la aldea en que quedó?

Salen el C a p i t a n, S o l d a d o s *y* B E N I T O
armado.

Cap. Ya, señor, está presente
El Príncipe Federico
De Sicilia.
Ben. Encanto es este.

Yo Príncipe? Si so Enrique
De Cecina, ¿qué pretenden
Con este ensayo?

Rey.   Dudoso [*aparte.*
En un punto me acometen
Los deseos de vengarme
Y las razones de verme
Piadoso. Qué puedo hacer?
Aqui la pasion me tuerce,
Y alli me lleva el amor. —
Si á vuestra Alteza parece,
Que, viéndole en mi poder,
He de vengar imprudente
Las ofensas de su padre
Y suyas, poco le debe
Mi pecho; pues no conoce
El valor con que procede,
Si bien queda preso.

Ben.   Yo?
¿Pues qué delito es ponerme
Este vestido, si yo,
Como un hongo ó geta verde,
Alli me le hallé prantado
En aquel campo?

Rey.   No tiene
Vuestra Alteza que encubrirse
Con los disfraces de hacerse
Villano rústico ó loco;
Que el sol nace y resplandece,
Aunque nublados se opongan
A sus rayos trasparentes.
No desconfie de mí,
Hoy Vuestra Alteza, consuele
Estos lances de fortuna
Mudable y dudosa siempre.

Ben. ¿Qué mudabre ó qué dudosa?
Tomen sus armas, y denme
Mis hatos, si es que esto buscan;
Que no soy, aunque lo piensen,
El Príncipe Sinborrico
De Sencilla.

Rob.   Engaño es este, [*aparte.*
Que ahora en mi lengua está
Darle crédito, y hacerle
Mayor. Y aun estorbo asi,
Que vuelvan con nueva gente
A buscarle. — Vuestra Alteza [*á Benito.*
Me dé los pies; que no puede
Mi amor, aunque esté delante
El Rey, sufrir, que les niegue
A mis labios esta dicha
De besarlos.   [*de rodillas.*

Ben.   ¿Quien os mete
Con mis pies á vos? No quiero
Que nadie mis pies me bese.

Rob. Ya no puede Vuestra Alteza
Disfrazarse desa suerte.

Sold. 1. Señor, ya estás conocido.

Cap. Ya, señor, saben, que eres
El Príncipe de Sicilia.

Ben. Todos?

Rob.   Sí.

Ben.   Pues todos mienten;
Que no conozco á Cecilia
Entre todas las mugeres
Que conozco, sino una
Cecilia tan solamente
Del rabadan de mi aldea.
Esta es verdad.

Rob.   ¿Que aun pretendes
Disimularte conmigo,
Siendo un criado, que excede
A Acátes en la lealtad?

Ben. Aunque de acicates cuentes

Cuanto mandares, no sé.
¿Hombre ó demonio, quién eres?

Rob. Señor, mi amo Federico [*al Rey.*
Mas, que de discreto, tiene
De valiente. Ha dado en esto,
Y habrá de estarse en sus trece.

Rey. A la torre de Belflor
Le llevad, y alli se entregue
A Elena; pero advirtiendo,
Que esté en la prision de suerte,
Que sea digno hospedage
De un Príncipe tan valiente. —
Ya como yerno le trato [*aparte.*
A mi enemigo.

Rob.   No es ese
Milagro ni novedad,
Porque á ser lo mismo viene
Un enemigo, que una yerno.

Rey. Y con él Roberto quede
A servirle; que en efecto
Se holgará de hablarle y verle.
Dirás á Elena tambien,
Que alli le tenga, y que espere
De mis manos generosas
Mil favores y mercedes.
Quiero componer las partes,
Por Margarita. — ¡O mugeres, [*aparte.*
Qué de intentos descomponen
Vuestros necios pareceres!

Cap. Ven, señor, donde descanses.

Ben. Vamos (otro loco es este) [*aparte.*
A descansar y á comer.

Rob. Aqui Vuestra Alteza tiene
A Roberto.

Ben.   ¿Y sos Roberto
El diabro? Si es sueño este?
Mas todos han dado en esto,
Y sin duda alguna debe
De ser verdad, pues que todos
Lo dicen, y es evidente;
Ó todos estan borrachos,
Ó yo solo. ¿Mas qué puede
Estarme mejor á mí,
Que ser en tiempo tan breve
Flaile rico de Cecina,
Y venga lo que viniere?   [*Vanse.*

Salen tres Villanos y ANTONA.

Ant. No hay consuelo para mí!
Déjame llorar, Belardo.

Vill. 2. No hay consuelo?

Ant.   No le aguardo.

Vill. 3. Pues has de morirte?

Ant.   Sí.
Él me dijo: Antona mia,
Cuando vuelvas, me hallarás
Firme á tu amor mucho mas,
Que esta encina. ¿Qué seria
El no estar despues alli?

Vill. 1. Para mí bien juzgo yo,
Que una fiera le comió.

Ant. Y debió de ser ansi,
Aqueso es razon que veas;
Fea le comió cruel,
Es sin duda, porque él
Muy amigo era de feas.
En las entrañas está
De alguna, sin testimonios,
Porque no harán mil demonios
Lo que una fea no hará.   [*Vanse.*

Salen ELENA *y* FEDERICO.

Fed. ¿Con qué he de poder pagar
Tantas honras y favores?
Elen. Tú las mereces mayores.
Fed. Aun no merezco besar
La tierra que pisas. ¿Yo
Quién soy, señora, ó quién fui,
Para tal favor? Si aqui
Mi ventura me guió,
No fue mi suerte importuna;
Pues con mas razon diré,
Que, por mas fortuna, fue
Desdichada mi fortuna.
¡Dichoso yo, que he nacido
Con tan venturoso estado,
Que fuera mas desdichado,
Cuando no lo hubiera sido!
Elen. Ya conoce mis extremos, [*aparte.*
Pues habla sin que repare.
Mas antes que se declare,
Corazon, disimulemos. —
Quien os oyere, Español,
Hablar tan agradecido,
Pensará, que habeis tenido
Á vuestras plantas el sol.
Alcaide os hice, y no son
Favores en tanto aumento,
Que vuestro agradecimiento
Merezca por galardon.
Fed. No os entiendo de qué suerte
He de proceder hablando;
Estoy, temiendo y dudando,
Entre mi vida y mi muerte.
Muchas veces que pretendo
Agradecer con recato,
Soleis culparme de ingrato.
¡Vive Dios, que no os entiendo!
Hoy, que, obligado de vos,
Agradecido me veis,
Tambien desto os ofendeis.
¡No os entiendo, vive Dios!
Ó es que, como malos tratos
De falsa y fingida fe
Han hecho, Elena, que esté
Poblado el mundo de ingratos,
Os canso yo, porque he sido
Agradecido, que ya,
Como no se usan, da
Enfado un agradecido.
Yo no lo seré, si aqui
Obligo mas, sin saber
Estimar y agradecer.
Elen. Pues tampoco os quiero asi.
Fed. Qué haré?
Elen. Que de aqui adelante,
Mis pesares ó mis gustos,
Mis contentos ó disgustos
Escucheis con un semblante.
Ni agradecido os pretendo,
Ni olvidado entre los dos.
Fed. ¡No os entiendo, vive Dios!
Elen. ¡Ni yo, vive Dios, me entiendo!

Sale el Capitan.

Cap. Dame, señora, los pies.
Elen. ¿Qué es aquesto, Capitan?
Cap. Que ya tus contentos van
En los aumentos que ves.
Ya se sabe quien ha sido
El homicida, que alli
Mató á Don Pedro.
Fed. Ay de mí! [*aparte.*
¿Si me hubiesen conocido?

Elen. ¿Quién es (que ya multiplico
Con las nuevas el dolor)
Ese bárbaro traidor?
Cap. El Príncipe Federico
De Sicilia.
Fed. Ya qué haré? [*aparte.*
Conociéronme sin duda.
Cap. Siempre la verdad ayuda.
Fed. Si me iré? ¿si me pondré [*aparte.*
En defensa?
Cap. ¿Á quién nombró
Por Alcaide deste fuerte
Tu Alteza?
Fed. Echada es la suerte. [*aparte.*
Cap. Ó quién es su guarda?
Fed. Yo;
Yo soy ese que buscais,
Porque en mi vida encubrí
Mi nombre. Y pues soy ya aqui
Conocido, qué mandais?
Cap. Hablaros aparte quiero.
Fed. Desde ahí podeis hablar;
Porque tengo de apelar
De mi valor á mi acero.
Cap. ¿Para quién, ó contra quién?
Fed. ¿Vos, Capitan, no decis,
Que aqui buscando venis
Al Alcaide, y que tambien
El Príncipe Federico
Está conocido ya?
Pues aqui presente está
Lo que buscais.
Cap. No replico
Á eso, porque no os entiendo.
En vano os alborotais.
Fed. Si vos, señor, me buscais......
Cap. Yo solamente pretendo
Entregaros en prision......
Fed. Antes perderé la vida. —
No ví tan inadvertida [*aparte.*
Y notable confusion.
Cap. Oidme, y despues sabreis
Mi intento.
Fed. Ya no replico.
Cap. El Príncipe Federico
Viene preso, y vos habeis
De guardarle en este fuerte.
Yo en el monte le prendi.
Fed. Eso está bien. Como os ví
Llegar, señor, desa suerte
Tan turbado, y preguntando
Por mí, pasion propia fue;
Sin ocasion me alteré.
Elen. ¡Qué es lo que estoy escuchando!
Federico preso?
Cap. Sí.
Á vos el Rey os envia,
Para que desde este dia
Preso le tengais aqui.
En una carroza viene,
Sin que ninguno le vea
El rostro, porque no sea
Causa (tanto valor tiene)
De algun alboroto ciego
De vulgo, viéndole asi.
Alcaide, venios tras mí,
Donde vereis, que os le entrego,
Y donde con juramento
Os obligueis á tenelle
Guardado.
Fed. Aqui puedo hacelle.
Escuchad un poco atento.
Yo juro solemnemente,
Doy palabra y certifico,

Que guardaré á Federico
Fiel y cuidadosamente.
Que tendré desde este dia,
En que tal cargo me han dado,
Con su persona el cuidado,
Que tuviera con la mia.
Pues estando por mi cuenta
Federico, claro está,
Que á mí la vida me va,
Tanto, que decir intenta
Mi lengua, que una fortuna
Hemos de correr los dos.
Y asi prometo, por Dios,
Guardarlo sin falta alguna.

Cap. Ese juramento aceto.
Venid; porque esto ha de ser,
Antes que le pueda ver
Nadie; que importa el secreto. —
Vos, señora, si quereis,
Vedie; porque en tal presencia
Ya le sirva de sentencia
Solo que vos le mireis.

Elen. Si como el pecho está lleno
De iras, rigores y enojos,
Fuego arrojaran mis ojos,
Y mis razones veneno.
Yo le viera, yo le hablara,
Porque con venganza fiera
Muerte mi vista le diera,
Y con mi voz le matara.
No quiero verle. — Español,
De quien justamente fio
La venganza y honor mio,
De los átomos del sol
Guarda ese monstruo; que á tí
Solamente le fiara.

Fed. Si en mi lealtad se repara,
Le guardaré como á mí.

Cap. Venid.

Fed. ¡Qué notable abismo [aparte.
De agradar y de ofender!
¡Vive Dios, que voy á ser
El Alcaide de mí mismo! [Vanse.

Salen MARGARITA *y* SERAFINA.

Mar. Que descuidada estarás,
Elena, desta visita.

Elen. ¡O, mi prima Margarita,
Honor y vida me das!
¿Dónde desta suerte vas?

Mar. En solo verte consiste
Mi jornada.

Elen. Á eso veniste?

Mar. Dicen, que el sitio, que ves,
Selva de los tristes es,
Y envíanme acá por triste.
A divertir he venido
Una gran melancolía,
Que solo á tí, prima mia,
Contara.

Elen. Dichosa he sido.
Es de amor?

Mar. Amor ha sido.

Elen. Y ya no es amor?

Mar. No sé
Lo que es, ni lo que fue;
En mi llanto lo verás.

Elen. Declárate un poco mas;
Que yo tambien te diré
De un amor todo al reves,
Prima y señora, del tuyo;
Porque, si de aquese arguyo,

Que ha sido, y que ya no es,
Podré contarte despues
Una inclinacion, que va
A ser amor, y no está
Declarado ni advertido.
Y si el tuyo no es, y ha sido,
Ni amor no ha sido, y será.
Siéntate sobre esas flores,
Que á tus pies tejen alfombras,
Donde pueden verdes sombras
Templar del sol los rigores.
Estancia es propia de amores.

Mar. No tan despacio he venido,
Que sentarme haya querido.
Yo he de empezar por aqui. — [aparte.
Una fineza por mí
Has de hacer.

Elen. Tuya he nacido.

Mar. La vida me va en que vea
Este Príncipe, que preso
Han traido.

Elen. ¿Para eso
Es menester que yo sea
Tercera? No habrá quien crea,
Que licencia hayas pedido,
Siendo quien eres.

Mar. Ha sido
Por un caso, que sabrás
Despues.

Elen. No me digas mas;
Que si en eso ha consistido
Tu gusto, luego diré,
Que esté del fuerte la puerta,
Sin ver para quien, abierta.

Mar. Y yo en este monte haré
La deshecha. En él saldré
A caza, hasta que anochezca,
Porque á todos les parezca,
Que á esto vine. Prima mia,
No es mucho, que mi alegría
Ser, vida y alma te ofrezca,
Tuya soy, y de mi llanto
El curso atajaste ya. [Vase.

Elen. Válgame Dios! ¿qué será
Lo que me agradece tanto?
Mas la causa deste encanto
Presto he de saber.

Sale FEDERICO.

Fed. Señora,
Ya en la torre queda preso
El Príncipe.

Elen. Oye un suceso,
Y lo que has de hacer ahora.

Fed. El alma tu sombra adora,
Y obedecer determino.

Elen. Aqui Margarita vino,
Con excusa de cazar
En el monte, por hablar
Con el Príncipe. Imagino,
Que es amor. Y por saber
Deste caso la verdad,
(Es necia curiosidad;
Pero soy en fin muger)
Tú, Español, te has de poner
Donde los oigas; y advierte,
Que de aquella misma suerte,
Que hablaren, lo has de decir.

Fed. ¿Pues pudiera yo fingir,
Yendo solo á obedecerte?

Elen. Vame la vida y honor
En ver, si amor la disculpa
De tan declarada culpa,
Como querer á un traidor. [Va

Fed. ¿Qué es lo que pasa por mí?
¿Qué enigmas, cielos, son estas?
¿Qué engaños, qué confusiones,
Laberintos y quimeras?
Y aun esto no es imposible.
¿Pero quién habrá que crea,
Que hay una muger constante,
Y tanto, como la bella
Margarita? Maldicientes,
Cuyas venenosas lenguas
De mudables las acusan,
Venid á ver la firmeza
De un amor. Y porque el mundo
Mayor desengaño tenga
De que hay firmeza en mugeres,
Tengo de ver, donde llegan
De un amor, que es verdadero,
Las peligrosas finezas.
Ella piensa, que yo soy
El preso, y como lo piensa
Ha de hallarme en la prision.
Asi veré lo que intenta.
Esta experiencia he de hacer,
Y será la vez primera,
Que la muger y la espada
Califique la experiencia.
Esta es la torre. — Roberto!

       Sale R O B E R T O.

Rob. Señor, ¿posible es que pueda
Verte y hablarte?
Fed.   Fortuna
Asi los estados trueca.
Qué hacias?
Rob.   Entretenido
Estaba con esta bestia,
Borrico de nuestra andanza,
Pues él nos la lleva acuestas.
Es el mayor animal,
Que he visto; dice, que sueña
Cuanto vé.
Fed.   Poco se engaña.
Rob. Ya se ha creido de veras,
Que es el Príncipe.
Fed.   ¿Qué importa,
Roberto, que no lo sea,
Para estar soberbio ya?
La magestad y grandeza
No está en ser uno señor,
Sino en que por tal le tengan.
Rob. Ha dado en mandarme mucho,
Y es bien que yo le obedezca
En estando acompañado.
Pero si solo se queda,
Él ha de servirme á mí
Otro tanto.
Fed.   Ahora deja
Esas locuras.
Rob.   Por Dios,
Que á solas ha de haber fiesta.
Fed. Qué hace ahora?
Rob.   Está roncando
Como una gorda. Tú piensa,
Que, como la cama vió
Tan adornada y compuesta,
La tuvo miedo ó respeto,
Y se echó á dormir en tierra.
Fed. ¿Pues por qué no le dijiste,
Que para acostarse era
La cama?
Rob.   Mejor lo hice.
Fed. Cómo?
Rob.   Acostéme yo en ella.
Fed. Escucha, Roberto, ahora;

Que hay muchas cosas que sepas.
Y pues durmiendo me da
La ocasion, que amor desea,
Margarita ha de venir
Á verme á la fortaleza;
Porque, como no me ha visto,
Que yo soy el preso piensa,
Y quiero, que por ahora,
Si lo imagina, lo crea,
Hasta ver en lo que para
Su error, y hasta que sea fuerza
Descubrirme. No llamaron?
Rob. Sí.
Fed.   Pues ve y abre la puerta.
    [*Siéntase Federico en una silla.*

       Sale M A R G A R I T A.

Rob. ¿Á quién, señora, buscais?
Mar. Licencia traigo de Elena
Para llegar hasta aqui.
Rob. Es verdad, por esas señas
Me mandó el Alcaide á mí,
Que yo franquease las puertas.
Mar. Roberto!
Rob.   Señora mia?
¿Pues cómo aqui vuestra Alteza
Osó llegar?
Mar.   Á esto obliga
Una pasion loca y ciega.
Y tu señor?
Rob.   Allí está
Sentado, y de la manera
Que le ves ha estado siempre,
Con la mas grave tristeza,
Que vi en mi vida. Yo temo,
Que melancólico muera,
Si tan hermosa visita,
Como es razon, no le alegra.
Mar. Federico!
Fed.   ¿Quién me llama
Con tan dulce voz, que eleva
Mis sentidos? Mas qué miro!
La imaginacion intenta
Lisonjear á la memoria.
Sin duda que ya se acerca
Mi fin, y que ya publican
De mi muerte la sentencia,
Pues en el viento confusas
Figuras se representan,
Cuerpos en la fantasia,
Y fantasmas en la idea.
Que no puede ser, que aqui
Los rayos del sol se atrevan,
Para que de mi prision
Iluminen las tinieblas.
Pero sea lo que fuere,
Como yo esas luces vea,
Como esos rayos me alumbren,
Y ese cielo me divierta,
Ni mas vida ni mas gloria
La imaginacion desea.
Si son de mi muerte asombros,
Venga pues, porque ellos vengan.
Mar. Federico, no es fingida
Esta forma que te alienta;
Que aun mi sombra, siendo mia,
Ni engañara ni fingiera.
Margarita soy, detente;
Que no quiero que agradezcas
Esto; porque las mugeres
De mi decoro y mis prendas
No quieren para olvidar.
Antes de amarte, pudiera
Mirar los inconvenientes;

Pero ya te amé, y ya es fuerza,
Que no vuelva atras, ni olvide,
Sino que, si mueres, muera.
Ya sé, que se despeñó
Tu caballo, y que te deja.
No le dió mi amor las alas;
Que él volara, y no corriera.
En un monte, sé, que alli
Al pie de unas altas peñas
Te hallaron, sé, que estás preso.
Con esto no hay mas que sepa,
Si bien hay que sepas tú.
Mi padre vengarse intenta;
Á peligro está tu vida.
Mal dije, erróse mi lengua;
La mia es la que está en peligro.
Sabe, que á la puerta espera
Un caballo; en el arzon
Tiene dos pistolas puestas,
Y en una bolsa unas joyas.
Sal pues desta fortaleza;
Que yo me quedo á sufrir
Tantos enojos resuelta,
Y sabré guardar tu vida.
Y asi no habrá mas que sepas.

Fed. Mal hiciera yo en negarte
Las verdades, que se encierran
En mi pecho, habiendo visto
Las tuyas tan descubiertas.
Yo no soy preso, señora;
Libre estoy. Y porque sepas
La novela mas notable,
Que en castellanas comedias
Sutil el ingenio traza
Y gustoso representa,
Sabe, que estás engañada.
Verdad es, que me despeña
El caballo; pero dejo
Las armas, para que pueda
Librarme. Llegué desnudo
Á Miraflor, esa aldea,
Donde Elena mi enemiga
Me libra, guarda y alberga.
Sabe, que un villano luego
(Que esto, aunque yo no lo sepa
De cierto, pues no lo vi,
La misma razon lo enseña)
Se puso las armas mias,
Y, engañados por las señas,
Le llevaron preso, y luego
Á mí mismo me le entregan,
Porque Elena me hizo Alcaide
Á mí desta fortaleza.
Esto es verdad; y si estoy
Libre ahora donde pueda
Verte cada dia y hablarte,
¿Para qué quieres que sea
Tan cobarde, que me ausente,
Porque otros peligros tema,
Cuando el peligro mayor
En un amante es la ausencia?

Mar. Temo, que no ha de durar
Este engaño, y será fuerza
Vengarse mi padre en tí.

Rob. Remedio hay.

Mar.   De qué manera?

Rob. Tú has de declarar tu amor
Á una persona que entiendas
Que ha de decírselo al Rey;
Y si él reportado templa
El enojo por tu causa,
Y quiere hacer conveniencia
La enemistad con casarte,
Pues todo con eso cesa,

Podrá descubrirse entonces.
Y si enojado se altera,
Y quiere vengarlo todo,
En un villano se venga,
Y él se quedará encubierto
Sin peligro; de manera
Que deste trato resulta,
Ya con paz, ó ya con guerra,
En tu cabeza el provecho,
Y el peligro en el agena.

Mar. Bien has dicho.

Fed.   Desta suerte
Concertado en los dos queda.
Tú has de amar á Federico
Públicamente, y dar muestras
De tu amor.

Mar.   Yo te agradezco,
Que me hayas dado licencia,
Porque reventaba ya,
Sufriendo tantas ofensas,
Callando tantos agravios
Y ocultando tantas penas.
En público será el preso
Quien mis favores merezca;
Pero siempre Federico;
Que, si otro nombre tuviera,
No le amara, ó no acertara
Á fingirlo.

Fed.   ¿Y será cierta
La voluntad?

Mar.   Á él fingida.

Fed. Y para mí?

Mar.   Verdadera.

Fed. Que serás firme?

Mar.   Dará
Desengaños mi firmeza.

Fed. Tendrásla?

Mar.   Será inmortal.

Fed. Pues la mia será eterna.
Á quién estimas?

Mar.   Estimo
Á Federico.

Fed.   ¿Qué intentas,
Fingiendo otro amor?

Mar.   Tu vida.

Fed. Y mi muerte, si eso fuera
De veras.

Mar. Por qué?

Fed.   Los zelos
Me mataran, ó la ausencia.

Mar. Voy á amar.

Fed.   Y yo me quedo
Á guardarme.

Mar.   Á Dios te queda.

Fed. Los cielos tu vida aumenten.

Mar. Ellos tu vida defiendan.

Fed. Nadie, como yo, te estima.

Mar. Nadie, como yo, te aprecia.

JORNADA III.

Salen FEDERICO *y* ELENA.

Elen. Qué le dijo?

Fed.   Que ella era
Margarita, que inclinada
Á la opinion celebrada,
Y á la fama lisonjera
De su esfuerzo y valentía,
Por una amorosa ley,
Contra el enojo del Rey,

Darle libertad queria.
Que un caballo le esperaba
Á la puerta de la torre,
Donde el pensamiento corre,
Pues mas que corre, volaba,
Que huyese veloz en él.
Y él entonces respondió:
En la prision hice yo
Pleito homenage, y fiel
Le he de guardar; que he nacido
Mas obligado á mi honor,
Correspondiendo al favor
Liberal y agradecido.

Elen. Todo lo escuchaste?
Fed. Digo,
Que á todo presente fui,
Y que tan claro lo oí,
Como si hablara conmigo.
Si ella otra cosa contare,
Vuestra Alteza no lo crea.
Elen. Ella viene, no te vea.
Fed. El cielo tu industria ampare. [*Vase.*

Salen MARGARITA *y* SERAFINA.

Mar. El Rey mi padre ha venido,
Serafina, á Miraflor,
Por ver, si el fiero rigor
De mi pena he suspendido.
Tú has de hacer con gran secreto
Lo que te llego á advertir.
Á mi padre has de decir
De mi amor todo el efeto.
Esto me importa.
Ser. Si á tí
Te importa, yo lo diré.
Pero advierte, que callé
Hasta este punto, que ví,
Que te sirve en el efecto
El decírselo.
Mar. Pues no?
Ser. ¡Buena, por cierto, soy yo
Para decir un secreto!
Si mil vidas me quitaras,
Lo callara y encubriera;
Y ahora no lo dijera,
Si tú no me lo mandaras.
Dirélo, porque me dió
Licencia tu voz, señora. —
Bueno fuera que hasta ahora [*aparte.*
Hubiera callado yo. [*Vase.*
Elen. ¿Tan sola, prima mia?
Mar. O bellísima Elena,
Aqui mi antigua pena
Á solas divertia;
Que suele en su cuidado
Ser amor un filósofo cansado,
Que busca soledades.
Elen. Cuando solas nos vimos,
Contarnos prometimos
Nuestras dos voluntades.
Mar. Yo empezaré primero,
Porque seré mas breve.
Elen. Atenta espero.
Mar. El verle tan airoso,
De honor y gloria rico,
Al preso Federico,
Engendró un amoroso
Deseo en mi cuidado
De ver, si, como es visto, era tratado.
Entré á verle en efeto,
Diciendo cautelosa,
Ser del Alcaide esposa,
Y halléle tan discreto,
Tan cuerdo y entendido,

Que ya mi muerte el escucharle ha sido.
Elen. Tú sola le has hallado
Tan cuerdo y entendido,
Discreto y advertido;
Porque á mí me han contado
Acciones de su mano,
Solo dignas de un rústico villano.
Mar. Pues es engaño, prima.
Federico es valiente,
Galan, cuerdo y prudente.
Tal la fama le estima;
Y yo lo certifico,
Si es que hablamos del propio Federico.
Elen. Argüirte no quiero,
Que en voluntad errada
Yo tambien fui culpada.
Si de tí considero,
Que amas á un ignorante,
Y yo de un hombre humilde soy amante.
Este Alcaide, que has visto,......
Mar. Cielo! ¿qué es lo que escucho? [*aparte.*
Elen. ¡Con mi venganza lucho! [*aparte.*
Mar. ¡Mal mi dolor resisto! — [*aparte.*
Qué temes?
Elen. Tu desprecio.
Mas nada culpará quien quiere á un necio.
Ese pues, que desnudo,
Herido y desdichado
Á mis pies ha llegado,
Robarme el alma pudo.
Mar. Calla, Elena, no digas
Tales bajezas; calla, no prosigas.
Elen. Oye; que no he tenido
Tan fácil pensamiento,
Que á mi cuidado atento,
Haya, aunque Alcaide ha sido,
En la prision entrado.
Amor tuve, mas no le he declarado;
Porque yo sufro y callo.
Y aunque me alegra el verle,
No he llegado á ofrecerle
Dineros, ni caballo;
Que no es bien que yo aguarde
Á que......Pero esto baste.Dios te guarde![*Vase.*
Mar. ¿Quién creerá, que ha tenido
Mi cólera paciencia,
Mi furia resistencia,
Prudencia mi sentido,
Cuando en fuego deshecho
Es Etna el corazon, Volcan el pecho?
Zelos, si esto es temeros,
Decid, qué fuera hallaros?
Si esto es imaginaros,
Decid, qué fuera veros?
Y teneros, qué fuera?
Ira, rigor, desden y rabia fiera.

Sale FEDERICO.

Fed. Que se fuese esperaba
Elena, y á tu luz atento estaba,
Para llegar á darte
La vida que te debo.
Mas ya á llegar me atrevo.
Mar. Y yo deseando estaba, falso, á hablarte,
Para darte la muerte, que me has dado.
Fed. Qué dices?
Mar. Tu rigor y mi cuidado,
Tu agravio, mi dolor, mi mal, mis zelos......

Sale ELENA *al paño.*

Elen. Llena de mil rezelos [*aparte.*
Vuelvo, con la sospecha,
Á ver, si no ha quedado satisfecha
De mi amor Margarita,

Y hablar con el Alcaide solicita.
Mientras habla con él, verdes laureles,
Sed frondosos canceles.
Fed. Qué dices? No te entiendo,
Y en vano al alma disculpar pretendo.
Tú ofensas? yo rigores?
Tú zelos? y yo amores?
¿Cómo, ofendida tú, el morir dilato?
Mar. ¡O caballero vil, o amante ingrato!
¿Estas son las firmezas,
Que ofreciste? ¿las ansias, las finezas
De quedar encubierto?
Pero finezas son, esto es lo cierto,
Que te ha debido Elena,
No Margarita; acabe ya mi pena,
Y acabe con tu vida;
Que la muger es víbora ofendida,
Cuyo rigor, de imperfecciones lleno,
Engendra la triaca y el veneno.
Fed. Y dices bien; pues de una misma suerte
Das con una hermosura vida y muerte.
¿Pero en qué te ha ofendido quien te adora?
¿En qué te ha dado enojo quien te estima?
Mar. Mal el engaño esas modestias dora,
Si, amante declarado de mi prima,
Por ella te quedaste,
Por ella me dijiste, que buscaste
Este disfraz, y que en tan ciego abismo
Has sido tú el Alcaide de tí mismo.
Pues salga á mi despecho
Del alma el llanto y el dolor del pecho;
Diga mi voz, en ecos repetida,
Tu fiero engaño y tu traicion fingida;
Sepan, que eres......
Fed.   Advierte,
Óyeme ahora, y luego dame muerte.
Mar. ¿Pues podrás disculparte?
Fed. Sí puedo.
Mar.   Plegue á Dios!
Elen.   Yo escucho aparte. [*ap.*
Fed. ¿Yo de tu prima amante?
Yo disfrazado por Elena? Cielos!
¿Hay dolor semejante?
Injusta causa hallaste á tantos zelos,
Ciega pasion hallaste á tanta pena.
Pártame un rayo, si en mi vida á Elena
Una palabra he hablado,
Que los términos pase de criado
Cortes y agradecido,
Porque tercera liberal ha sido
De mi amor, pues por ella
Estoy adonde puedo,
Siguiendo el hado de mi injusta estrella,
Verte y hablarte, sin que tenga miedo
A tu padre ofendido.
Elen. Qué escucho? Yo tercera suya he sido? [*ap.*
Pero suframos, cielos.
Sepamos lo demas.
Fed.   ¿Tuviera zelos
El sol de solo un rayo?
¿De una flor sola el Mayo?
¿El mar de un arroyuelo?
¿De una luz todo el cielo?
La luna de una estrella? ¿y un diamante
De una amatista? No. Pues no te espante
Amando Elena bella;
Pues la rayo, la flor, la muda estrella,
La piedra, el arroyuelo,
La breve luz, que se compara al cielo,
Pues eres tú (aunque todo está delante)
El sol, la luna, el Mayo y el diamante.
Elen. Bien comparada estoy. [*aparte.*
Fed.   Vuelve á dar vida,
Vuelva á vivir nuestra invencion fingida,

Y demos fin á penas tan extrañas.
Mar. Con saber que me engañas,
Quiero creerte al fin; porque no fuera
Amante, quien lisonjas no creyera;
Que en amorosos daños,
Tienen voz de verdades los engaños.
Vuelvo á sufrir de nuevo
Al preso amor, ya que á sufrir me atrevo
Los zelos de una necia.
Elen. ¡Qué bien me honran los dos! [*aparte.*
Mar.   Pues tanto precia
Mi pecho tu persona,
Que dejara del mundo la corona,
Y contigo viviera,
Donde la sombra de tu cuerpo fuera;
Porque no dan los cielos
Imposible á mi amor, y bien se advierte,
Pues en tan dura suerte
Fue imposible callar, teniendo zelos.
Fed. Tuvísteis en vano.
Mar. Basta que fueron zelos.
Fed.   Está llano,
Que aun nombrados ofenden,
Y el veloz curso del amor suspenden.
Mar. ¿Pues qué hicieran sabidos?
Fed. Privaran con el alma los sentidos.
¿Y estás desengañada?
Mar. Es fuerza que muger enamorada,
En oyendo, perdona; que es Sirena
Cualquier amante.
Fed.   Zelos tú de Elena?
Mar. Aun nombrarla me mata.   [*Vase.*
Fed. Ciega pasion, aun con su dueño ingrata,
Es amor; y pues tú estás ofendida,
No nombraré en mi vida
Ese nombre, que agravios tuyos labra.

Sale ELENA.

Elen. Y es razon que se cumpla la palabra,
Que á las damas se ofrece.
¿Estas ausencias, di, traidor, merece
Mi amparo, mi piedad, mi amor, mi trato?
¡O caballero vil, huésped ingrato!
Fed. Cielos! qué es lo que escucho? [*aparte.*
Con nueva duda y nueva pena lucho.
Elen. ¿Tú, que pobre y herido
A mis plantas llegaste, y defendido
De tu suerte importuna,
Reparo hallaste contra la fortuna,
Tan desagradecido, tan ingrato
A mi amor correspondes, y á mi trato?
Si mercader fingido me obligaste,
Di, ¿por qué, caballero, me ofendiste?
Si á Margarita amaste,
¿Por qué de Elena tal desprecio hiciste?
¿Que es, aunque esté delante,
El sol, la luna, el rayo y el diamante?
¿Tú, Alcaide de tí mismo,
Disfrazado en mi casa?
Sepa el Rey lo que pasa,
Salga mi furor de tanto abismo.
Fed. Escucha, hermosa Elena.
Elen. ¿Cómo me nombras, dando tanta pena
Mi nombre á Margarita?
Fed. Óyeme, y luego ser y honor me quita.
Yo soy un caballero,
Del preso Federico compañero,
Que de la Infanta enamorado vine.
Mas cuando le prendieron, yo previne
Escaparme, dejando
Mi vestido en el monte; y asi, cuando
Llegó á tus pies mi bárbara osadía,
Fue (si te acuerdas) ese mismo dia.

Despues me le entregaste.
De mi valor por desengaño baste
El haberle guardado,
Siendo Principe mio, con cuidado
Tan grande, pues si yo noble no fuera,
Bien escapar al Príncipe pudiera;
Mas atento á mi honor, preso he vivido.
Y esta la causa ha sido,
Guardando yo á mi Príncipe, en su abismo
De llamarme el Alcaide de sí mismo.
Pues si como leal y fiel criado
Te he servido, y al Príncipe he guardado,
¿De qué puedes quejarte?
Si como amante llego á despreciarte,
Yo soy para contigo
Un pobre mercader; y asi me obligo
Á agradecerte el bien, y lo agradezco
Como tal; pero no cuando me ofrezco,
Como Duque de Mantua, y como amante
De Margarita bella.

Elen.   No es bastante
La disculpa, si al fin conmigo ha sido
Tu trato doble, y tu valor fingido.
Fed. Elena,......
Elen.   No me nombres.
Fed.   Mira, advierte,
Que viene el Rey, y que en tu voz mi muerte
Está segura.
Elen.   Muera pues, (ay, cielos!)
Muera de zelos quien mató de zelos.
Fed. ¿En fin resuelta vienes á matarme?
Elen. Como tú, Duque ingrato, á despreciarme.
Sepa el Rey tus engaños.
Fed. Vuelva la espalda pues á tantos daños
Quien no puede obligarte.   [*Vase.*
Elen. Aunque la vuelvas, no podrás librarte;
Que á lo infinito alcanza
De muger ofendida la venganza.

         Salen el REY *y* SERAFINA.
Ser. Remedia su dolor.
Rey.   Hoy en mí lucha
Mi venganza y su amor.
Elen.   Señor, escucha;
Que es bien que sepas tú tu misma pena,
Y el amor de la Infanta.
Rey.   Ya sé, Elena,
Lo que quieres decirme;
Y asi aqui es excusado el afligirme.
Ya sé, que Margarita
Mi muerte solicita,
Y que determinada
Está, dese traidor enamorada.
Elen. Pues si lo sabes ya, remedia el daño,
Ya que á tiempo ha venido el desengaño;
Que no es bien que esto pase,
Y que con un traidor la Infanta case,
Que está disimulado
En tu reino, en tu casa disfrazado,
Cuando la sangre mia,
Mejor diré la tuya, helada y fria,
Con caduca esperanza,
De todos á una voz pide venganza.   [*Vase.*
Rey. Cielos! ¿en tanta pena,
Cómo satisfaremos de una suerte
De Margarita amor, quejas de Elena,
Si una pide su vida, otra su muerte?
Mas viva Margarita,
Que la paz de mi reino solicita;
Que Elena fácilmente
Podrá curarse del ardor que siente.

              Sale el Capitan.
Cap. Oye, señor, lo que pasa.

Eduardo, de Sicilia
Infante, con mucha gente
Hoy á Nápoles camina.
Todo su reino le sigue,
En defensa tan altiva,
Como es el dar á su hermano
La libertad y la vida,
Que es su Príncipe en efecto.
Rey. Aunque pudiera la ira
Y el enojo hacer con él,
Que tanto poder resista,
Quiero con mejor acuerdo
Decirte la intencion mia.
Margarita, (¡ay cielos, cuánto
Esto siento!) Margarita
Sé, que á Federico ama.
Tan graves melancolías
Como padece, que han puesto
En tanto riesgo su vida,
Desto nacen. Asi Elena
Me lo ha dicho, y Serafina,
Y yo sin esto lo sé.
Mas con casarla se quitan
Mayores inconvenientes.
Pero á esto me desanima
Sola una cosa.
Cap.   Cuál es?
Rey. Temer, que algunos me digan,
Que Federico no sabe
Lo que importa.
Cap.   No prosigas;
Que en ese extremo le han puesto
Tristeza y melancolía,
Viéndose sin libertad;
Pero si una vez se mira
Libre, volverá en su acuerdo.
Rey. Bien dices, y antes querria,
Que esto se tratase, hacer
Una experiencia exquisita,
Y la experiencia que intento,
Es aquesta. — Margarita!

              Sale MARGARITA.
¿Cómo te va de tristezas?
Mar. Mal, señor; que el alegría
Es imposible á mi pecho;
Continuo el llanto lo diga.
Rey. Una lisonja has de hacerme.
Mar. Qué mandas?
Rey.   Mucho peligra
En soledades y penas
De Federico la vida.
Si muere, ¿quién pensará,
Que de mi mano enemiga
No fue el golpe, y de alevoso
Me argüirán los de Sicilia?
Mar. Pues qué me mandas?
Rey.   Si tú
Hoy le ves y le visitas,
Alentará el desmayado
Corazon, y con tal dicha
Dará nuevo aliento al alma,
Dará al cuerpo nueva vida.
Yo iré contigo; por mí
Has de verle.
Mar.   Tú me obligas
Á obedecerte.
Rey. ¡Qué presto   [*aparte.*
Concedió, y el alegría
Salió modesta á los ojos,
Como á los labios en risa!
Mas disimular importa.
Mar. Si enamorada me mira   [*aparte.*

En su presencia mi padre,
Efecto tendrán mis dichas. [*Vanse.*

———

Salen Músicos, ROBERTO *y* BENITO
vistiéndose.

Rob. ¿Cómo ha dormido tu Alteza?
Ben. Muy bien. En toda mi vida
He tenido mejor sueño;
En cama tan branda y rica,
Soy un Príncipe liron.
Rob. Canten, hasta que se vista
Su Alteza.
Mus. Vaya aquel tono,
Cuya letra es peregrina.
[*Cantan lo que quisieren.*
Ben. Roberto!
Rob. Señor?
Ben. Decid
Á esos músicos, que gritan,
Que dejen esos entonos.
Y canten, por vida mia,
Una letra, de que agora
Me acuerdo, que se decia:
[*canta*] Luneta,
Atala allá de la sonsoneta.
Rob. ¿Eso habian de cantar?
Ben. Esta es la mejor letrilla
De todas. Esta cantaba
Yo, cuando á los montes iba
Á trabajar con Antona.
Rob. ¿Cómo tan presto se olvida
Vuestra Alteza de quien es?
Del juicio el dolor le priva.
Ben. Es verdad; no me acordaba
De que todos me apellidan
El Príncipe no sé como.
Rob. Federico de Sicilia.
Ben. Basta; ello ha de ser asi
Por fuerza. Esta prencipía
Me ha venido no sé como,
Y no quieren que yo diga,
Que esta casa es de mi aldea,
Y que desde aqui se mira
Por detras desos espejos,
Vidrieras y zelosías,
El aldea de Belflor.
Válgame Dios! ¿No 'es la misma
Casa de Juana, y Anton
Aquella, y esotra chica
La de Llorente y Bartola?
¿La de Gines y Martina
No es aquella? ¿Aquel Perico,
Que á la taberna camina,
No es el que dicen que es hijo
Del sacristan y Llocía?
(Y dicen bien.) ¿El barbero
No está tras de su cortina,
Tañendo, que aqui lo oigo,
El villano y las folías?
¿Mas quién me mete en eso?
Yo como lindas gallinas
En prata, yo visto seda
Y duermo en cama mullida.
Venga por donde viniere,
Sea verdad ó sea mentira,
No me va muy mal con ser
Fray Francisco de Sencilla.
Rob. Dejadle solo; que ya [*á los Músicos.*
Vuelve á su melancolía.
[*Vanse los Músicos.*
Válgame el diablo! qué tiene?
¿De qué se eleva y suspira?

¿No tiene mas que merece?
Qué desea?
Ben. Que en mi vida
Me dejen solo con vos,
Porque tantas cortesias,
Somisiones, remenencias,
Alturas y señorías,
Las quiero á gormar despues
Á solas y en la comida,
Cuando alguno está delante,
Vos me servis de rodillas,
Y en quedando solo, andais
Conmigo á la rebatiña.
Rob. Pues qué quiere? ¿No está asi
La diferencia partida?
Que á quien yo unos ratos sirvo,
Razon es que otros me sirva.
Ben. Sí; mas sin darme porrazos. —
Mas ya mi ingenio imagina [*aparte.*
Como he de vengarme dél,
En teniendo compañía.

Sale FEDERICO.

Fed. Muy bien puede, gran señor,
Vuestra Alteza darme albricias.
El Rey y la Infanta vienen
Á verle, y con tal visita
Segura tiene desde hoy
La libertad y la vida.
Rob. Vuestra Alteza advierta ahora,
Que es bien que á la Infanta diga
Muchas corteses finezas,
Como á su esposa y su prima.
Ben. Yo sé lo que he de decir,
No es tanta mi bobería,
Y aun lo que he de hacer con vos.
Pagaréisme la malicia
En estando acompañado.
Fed. Ya llegan. — ¡Amor, anima
Este engaño, pues que tú
Los enseñas y fabricas!
Crea el Rey, que enamorada
La divina Margarita
Está del Príncipe, viendo
Tantas finezas fingidas.

Salen el REY *y* MARGARITA.

Rey. Bien Vuestra Alteza estará [*á Benito.*
De aquesta visita incierto.
Ben. No mucho, porque Roberto
Me lo habia dicho ya.
Rey. Aqui verá, si se estima
Mi pecho, y si amor le tiene
La Infanta, que á verle viene.
Ben. Beso á mi señora prima
La mano.
Mar. Sabiendo el Rey
Mi señor la gran porfía
De vuestra melancolía,
Quiso, por piadosa ley,
Veros, cuya accion olvida
Su enojo, y el bien declara;
Pues quien mira al Rey la cara,
Segura tiene la vida.
Esta es ley, cuya piedad
Quedará en mármol escrita.
Rey. ¡Qué mal callan, Margarita, [*aparte.*
Tus ojos!
Ben. Tu Magestad
Sabe bien dar honra y vida
A un preso, que está sujeto. —
¡El diabro me hizo discreto! [*aparte.*
Rob. ¡Qué hable ya con advertida [*aparte.*
Prudencia aqueste animal!

Fed. ¡De oírle asi hablar me espanto! [*aparte.*
¡Ha, poder y mando, cuanto
Enmiendas el natural!
Rey. Ciega estás.
Ben. Sillas nos den.
Rob. Aqui las tiene tu Alteza.
Ben. Pagaréisme, buena pieza,
Los porrazos. — Yo estoy bien; [*Siéntase.*
Y puesto que hay sillas mas,
Vuestra Magestad se siente.
Fed. Volvió á su ser brevemente. [*aparte.*
Rey. ¿Y ahora qué me dirás, [*ap. á Margarita.*
Ya que me alabas su talle,
De aqueste urbano cortejo?
Mar. Que es su bizarro despejo
Muy digno para alaballe.
¡Qué airosamente tomó
La silla! ¡qué airosamente,
Vuestra Magestad se siente,
Dijo! La fama mintió,
Aunque tiene el mundo lleno
De sus alabanzas, pues
No dijo cuan bueno es.
Rey. ¿Esto te parece bueno?
No es amor, sino locura,
No conocer este error. [*Siéntanse.*
Mar. ¿Cuándo no es locura amor?
Rey. Lo mas que ahora procura [*á Benito.*
Mi deseo, es consultar
Con tu Alteza la venida
De su hermano.
Ben. Yo en mi vida
Tuve hermano en mi lugar.
Rob. Como el Infante ha venido,
Tu hermano, dice, y es llano.
Ben. Si dice el Infante hermano,
No le habia conocido.
Vos teneis la culpa desto,
Que callais hasta este dia, [*Pégale.*
Que Infante hermano tenia;
Mas pagaréislo.
Fed. Qué es esto?
Rey. ¿Y ahora qué puedes decir? [*á Margarita.*
Es galan? es entendido?
Mar. ¡Notable gracia ha tenido!
Solo él me hiciera reir.
Rey. No ví hombre tan ageno
De gracia. Esto te ha agradado?
Mar. ¡Qué bueno el enojo ha estado!
Rey. ¿Esto te parece bueno?
Pues no ha de ser tu marido,
Aunque su hermano valiente
Con la sangre de mi gente
Deje este campo teñido.
Mar. Pues aunque es indigno en mí,
Si me llego á declarar,
En un necio amor hablar
Á mi Rey y padre asi,
Lograr casada pretendo
Aqueste amor, que publico
Con el mismo Federico,
Que á los dos nos está oyendo.
Fed. Bien su respuesta me anima. [*aparte.*
Ben. ¿Ha visto tu Magestad
El amor y voluntad,
Que debo á mi seora prima?
Mar. ¿No es un Príncipe heredero
De Sicilia? ¿Pues qué error
Puede culpar el amor?
Rey. Ser hombre rústico y fiero.
Mar. Es cuerdo; el mundo le estima,
De mucho ingenio y valor.
Ben. Cierto que es mucho el amor,
Que debo á mi seora prima.

Rey. Ya mi confusion es mucha.
Este es discreto? Qué abismo!
Este es Príncipe?
Mar. Sí; el mismo
Que nos mira y nos escucha.

Sale el Capitan.

Cap. Un Embajador, señor,
Del Rey de Sicilia aguarda
Licencia para besar
Tus manos.
Rob. Aqui se acaban [*aparte.*
Los engaños.
Mar. Este viene,
Mirándote en dudas tantas,
Á decirte la verdad.
Rey. Bien es que baje, y que salga
Á recibirle. — Tu Alteza
Se retire.
Ben. Que me vaya
Es mejor, que no he comido,
Á comerme una empanada
De ternera, doce pollos,
Diez conejos, seis tortadas,
Diez chorizos, cuatro quesos,
Mil peros, treinta patatas;
Que con esto freno rico
De cecina bien lo pasa.
Á Dios, que me voy á hartarme. [*Vase.*
Fed. Yo me voy, porque no haga [*aparte.*
El Embajador aqui,
Viéndome, alguna mudanza. [*Vase.*

Salen ANTONA *y Villanos.*

Ant. Pardiez, que habemos de ver
Como á los Reyes los habran
Los Bajadores, pues vemos
En Belflor cosas tan varias.
Rob. Señor, el Embajador
Que viene, si no me engaña
La vista, es el mismo Infante.
Rey. ¡O si con esto acabaran
Mis penas y confusiones!
Mar. ¡O si acabasen mis ansias!

Sale el INFANTE.

Inf. Vuestra Magestad, señor, ·
Me dé la mano.
Rey. No haga
Hoy Vuestra Alteza conmigo
Ese disfraz.
Mar. Cosa extraña!
Inf. Embajador de mí mismo
Quise ser; mas aunque se halla
Conocida mi persona,
Los privilegios me valgan;
Y hablando ya de otra suerte,
Agradeciendo á sus plantas
Los favores que recibo,
Oiga de mí mi embajada.
El Príncipe Federico
Entró solo en la estacada;
Muerte dió á Don Pedro Esforcia,
Cuerpo á cuerpo, y lanza á lanza:
Luego no merece, o Rey,
El rigor con que le tratas,
Pues no le mató á traicion
Alevosa, ó con ventaja.
Aquesto asentado, ¿cómo
Á tu honor altivo faltas,
Y á tu decoro te niegas,
Rompiendo tu fe y palabra,
Pues me dicen, que le has muerto?
¿Estas, señor, son hazañas

Dignas del valor que heredas?
¿Dignas del poder que alcanzas?
Dame á mi hermano, ó por él
Sustentaré en la campaña,
Que eres alevoso Rey,
Pues á mi Príncipe matas,
Cuando debiera guardarle
La seguridad jurada.

Rey. Confieso, que debe hacer
El Rey, que una justa ampara,
Bueno el campo; pero no
Dar lugar á ofensas tantas,
Que empuñe un aventurero
En su presencia la espada.
Esta es la satisfaccion
De la prision y las guardas.
Y ahora, en cuanto á decir,
Que le he dado muerte, valga
Por respuesta verle vivo,
Que es mejor. — Ha de la guardia!
Haced luego, que el Alcaide
Á aquellas almenas salga
Con el preso, donde vea
El Príncipe quien le engaña. —
Y mira como le diera
Muerte el que ahora trataba
Casarle con Margarita,
Dando fin á ofensas tantas.
Y lo hiciera, vive Dios,
Á no mirar, que le falta
De Príncipe la prudencia,
Que le es de tanta importancia.

Inf. Quien engañado procede,
Disculpa y perdon alcanza,
Y asi el reto desisto,
Remitiéndome á tu gracia.

Sale ELENA.

Elen. Si lágrimas de muger
Piadoso lugar alcanzan
En los pechos de los hombres,
Y mas en los que se hallan
Tan obligados, por ser
Dioses en la tierra, valgan
Su privilegio á mi llanto,
Y tu piedad á mis ansias.
¿Cómo, magnánimo Rey,
Tanto á tu justicia faltas,
Que das premio y no castigo
Á quien me ofende y me mata?
¿Cómo á Federico pones
En libertad, y le casas
Con Margarita, sin ver,
Que soy la parte que agravias?
Hermano perdí y esposo.
Si de satisfacer tratas,
Dame esposo, cuyo amparo
Supla de mi honor la falta.
Y entonces podrás librar
Al Príncipe, pues es clara
Mi justicia, que no es libre,
Mientras mi perdon no alcanza.
Sola una satisfaccion
Pretendo de ofensas tantas;
Y es, señor, el que me cases
Hoy con el Duque de Mantua.
En tu reino está, yo sé
Quien es; pues con esto acaban
Mis penas, quedando al fin
Noble, contenta y honrada.

Rey. ¿El Duque de Mantua aqui?
Mano te doy y palabra
De que hoy ha de ser tu esposo.

Elen. Déjame besar tus plantas. —

Lindamente me he vengado [*aparte.*
De los zelos, que me causa
Margarita. ¡Amor, vencí,
Engañando á quien me engaña!

Rey. Ya con el Alcaide está
En esas almenas altas
El preso. Mira si es vivo.

Salen á lo alto FEDERICO *y* BENITO.

Inf. ¡Ay hermano de mi alma!

Mar. Viendo el Infante á los dos, [*aparte.*
No advirtiendo en dudas tantas
Cual del preso es, ó el Alcaide,
Como á su hermano le habla.

Elen. ¡Válgame el cielo, qué miro! [*aparte.*
El preso es aquel? Jurara
Que le conozco.

Ant. Oyes, Bato,
Belardo, ó yo estoy borracha,
Ó el tal Príncipe es Benito.

Vill. Antona, oye, mira y calla.

Ant. ¿Cómo le habran desta suerte,
Si yo le conozco?

Inf. ¡Cuantas
Lágrimas debe tu amor
Á los ojos, que hoy alcanzan
Aquesta dicha de verte!
Mas verte por premio basta.

Ben. ¿Este es el hermano Infante?
Él tiene pequeña traza
Para Infante y para hermano.
Mas Antona está alli.

Fed. Calla.

Ben. ¿Pues los Príncipes no pueden
Habrar con Antona?

Fed. Basta.

Ben. Ya está bastado. Hanle visto?

Ant. Bato, ¿has visto lo que pasa?
El mismo Infante ha venido;
Hermano al Príncipe llama.

Fed. Sin que el engaño conozcan, [*aparte.*
Con equívocas palabras
Responderé por los dos. —
No puede la voz turbada
Decir, Infante, el contento,
Que tu presencia la causa.
Y por no ofenderte hablando,
Federico siente y calla.
[*Vase, llevando á* BENITO.

Inf. Pues ya, señor, que le he visto,
Vuélveme á decir la causa,
Por qué el casamiento dejas
De mi señora la Infanta.

Rey. Solo por no ser capaz
Del gobierno.

Inf. Mucho agravias
Su divino entendimiento.

Rey. ¿No es aquel que miras y hablas?

Inf. Sí, señor.

Rey. Pues ese mismo
Tan rústicamente habla,
Tan torpemente procede,
Que es igual á un bruto.

Inf. Basta
Que debe de haber perdido
Aqui el juicio, porque Italia
No vió tan sutil ingenio.

Mar. ¡Qué á obscuras los dos se hablan [*aparte.*
De diferentes sugetos!

Rey. Pues porque en un punto salgas
Dese engaño, luego al punto
Aqui á Federico traigan,
Y si él hablare en razon,
Vuelvo á empeñar mi palabra

De casarle con mi hija.

Elen. De confusion tan extraña [*aparte.*
Saldré, si, viéndole ahora
Mas cerca, hermano le llama.

Sale un criado con B E N I T O.

Ben. Parezco cabalgadura,
Que se vende, porque andan
Conmigo, viéndome todos. —
Qué es, señor, lo que me manda
Tu Magestad? Diga, ¿ aqueste
Es mi hermano?

Rey. Su ignorancia
Ha descubierto bien presto.
Mira, si mi voz te engaña.

Inf. ¿ Pues no me engañas, si aqui,
Cuando al Príncipe esperaba,
Me das un hombre, que dél
No tiene la semejanza?

Rey. ¿ Pues no es el mismo, que viste,
Y que ahora confesabas
Ser tu hermano?

Inf. No era este.
Rey. ¡Hay confusion mas extraña!
Elen. Este es, señor, un villano,
Que conozco.

Rey. Hay penas tantas!
Pues yo no tengo otro preso,
Ni otro en mi poder se halla.

Inf. ¿ Pues cómo á negarlo vuelves,
Si le he visto?

Rey. Al punto llama
Al Alcaide.

Elen. Advierte aqui
De la suerte que le tratas,
Porque el Alcaide, señor,
Es el gran Duque de Mantua.

Rey. Otro engaño?

Sale el Capitan.

Cap. Ya está aqui.

Sale F E D E R I C O.

Inf. Este es Federico.
Fed. Aguarda; [*al Infante.*
Que antes de darte los brazos,
Tengo de besar tus plantas. [*al Rey.*
Yo soy quien enamorado,
Sin temer tus amenazas,
Siendo Alcaide de mí mismo,
Vivo en tu reino. La causa
Ya la sabes; amor fue
Felice, si tu palabra
Ahora cumples.

Elen. Pues no
Ha de cumplirla, si dada
La tiene, que ha de casarme
Hoy con el Duque de Mantua.

Mar. Este es Federico, Elena.
Engáñese quien se engaña.

Rey. Supuesto que ya este yerro
En tu favor se declara,
Margarita, da la mano
Á Federico.

Mar. Y el alma
Con ella.

Fed. ¡Feliz mil veces
Quien logra dicha tan alta!

Elen. Infeliz yo, que he perdido
Ya todas mis esperanzas.

Rey. Hoy á mi cuidado, Elena,
Queda el remediar tus ansias.

Ben. ¿Y á mí, al fin de todo esto,
No imaginan darme nada,
Siquiera por haber sido
El tamboril desta danza,
Á cuyo son han bailado?

Fed. Dos mil escudos te aguardan
Ya con Antona. — Y con esto
Aqui la comedia acaba
Del Alcaide de sí mismo.
Perdonad sus muchas faltas.

XCV.

LUIS PEREZ EL GALLEGO.

PERSONAS.

LUIS PEREZ.
MANUEL MENDEZ.
DON ALONSO DE TORDOYA.
JUAN BAUTISTA.
PEDRO, *gracioso.*

El ALMIRANTE *de Portugal.*
LEONARDO.
Un Corregidor y Alguaciles.
Un Juez Pesquisidor y gente.

ISABEL, *hermana de Luis 1*
DOÑA JUANA }
DOÑA LEONOR } *damas.*
CASILDA, *criada.*
Unos Villanos.

JORNADA I.

Salen LUIS PEREZ *con la daga desnuda detras de* PEDRO, *é* ISABEL *deteniéndole.*

Isab. Huye, Pedro!
Luis. ¿Dónde ha de ir,
Si yo le sigo?
Ped. Las dos
Le detened.
Luis. ¡Vive Dios,
Que á mi mano has de morir!
Isab. ¿Por qué le tratas asi
Tan riguroso y cruel?
Luis. Por vengar, ingrata, en él
Las ofensas, que hay en tí.
Isab. No te entiendo.
Luis. Deja pues,
Que mate á quien me ofendió,
Aleve hermana; que yo
Me declararé despues
Contigo, y saldrá del pecho,
Envuelto en iras y enojos,
Por la boca y por los ojos
Todo el corazon deshecho.
Isab. Cuando formas en mi daño
Máquinas y presunciones,
Aunque extraño tus acciones,
Mal tus razones extraño.
¿Tú descompuesto conmigo,
Necio, atrevido, villano,
Mi enemigo, y no mi hermano?
Luis. Y dices bien, tu enemigo.
Pues el acero, que ves,
Bañado quizá algun dia
En la sangre tuya y mia,
Pondrá un agravio á mis pies.
Ped. En tanto que quien metió [aparte.
Paz en la agena pendencia
Lleva lo peor, la ausencia
Me valga; que, ausente yo
Deste soberbio tirano,
Seguro resistiré
Con fuga de guardapie
La daga de guardamano.
Á Dios, patria; que es forzoso
No volver á verte mas.

Luis. Pedro, oye; pues que te vas
Mas libre y mas venturoso,
Que tu traicion mereció,
Advierte, que desde aqui
Te guardes siempre de mí;
Porque, si por dicha yo
De aqui á mil años te veo
Al cabo del mundo, alli
No estás seguro de mí.
Ped. Yo lo oigo y yo lo creo,
Y de la difinitiva
No apelo, que la consiento.
Y en cuanto á su cumplimiento,
Pues me permites que viva
Ausente, digo, que iré,
Por complacer tus deseos,
Á vivir entre Pigmeos.
Mayor venganza no sé,
Que á tus agravios se deba,
Que es, huyendo de tus manos,
Ir á vivir entre enanos
Un desterrado hijo de Eva.
Isab. Ya se fue; solo has quedado
Conmigo, y he de saber,
Qué causa llegó á tener
Tu enojo ó tu cuidado.
Luis. Hermana, pluguiera á Dios
Que nunca mi hermana fueras,
Porque al nacer no pusieras
Este nudo entre los dos.
¿Tú piensas, que de ignorante
He visto y disimulado,
He conocido, he callado
Los extremos de un amante,
Que te sirve y que pretende,
No solo manchar tu honor,
Sino la sangre y valor,
Que de tus padres desciende?
Pues no, Isabel, no he sufrido
Esta ofensa, este desprecio
De inadvertido y de necio,
Sino de cuerdo, advertido
Y prudente, por medir
Mi sentimiento mejor;
Que los zelos del honor
Una vez se han de pedir.
Y supuesto que ha de ser
Una vez sola, y que estoy

En la ocasion, solo hoy
Mi sentimiento he de hacer
Público; por esto, hermana,
Sabe hoy de mí, que lo sé;
Y si no, yo lo diré
De otra manera mañana.
Juan Bautista es quien desea
Favores tuyos. Sospecho,
Que no hay valor en su pecho,
Para que tu esposo sea.
Esto basta que te diga
Por ahora el labio mio,
Por no decir, que es Judío.
Este cuidado me obliga
Á salir de Salvatierra;
Que no fue en vano el venir
Á nuestra quinta á vivir
Las entrañas de una sierra.
Y aun aqui no estoy seguro;
Pues con aquese criado
Este papel te ha enviado,
Por cuya ocasion procuro
Darle muerte. Tú llegaste,
Colérico declaré
Lo que ha tanto que callé;
Habértelo dicho baste,
Para que haya alguna enmienda
Deste amor entre los dos;
Porque si no, vive Dios,
Que si llego á que él entienda,
Que este rezelo he tenido,
Y que no lo he remediado,
Que loco y desesperado,
Colérico y atrevido
Le ponga á su casa fuego,
Quitando á la Inquisicion
Ese trabajo.

Isab.　　　　Bien son
De hombre colérico y ciego
Tus razones, pues á mí,
(Sin prevenir su disculpa)
Me haces dueño de la culpa,
Que no tengo.

Luis.　　　Cómo asi?

Isab. Como cualquiera muger
Nace sujeta á los daños,
Que en lisonjeros engaños
Causa nuestro proceder.

Luis. Dijeras, hermana, bien,
Y esa disculpa lo fuera,
Cuando el papel no me diera
Color é indicio tambien
De que tú.....

Isab.　　Calla; que ha sido
Mucho apurar. ¿Qué me quieres,
Luis? Considera, que eres
Mi hermano, no mi marido.
Y no siéndolo, si fueras
Cuerdo en aquesta ocasion,
Cualquiera satisfaccion
Estimaras y admitieras.
Porque es mejor engañarse
Quien no puede remediar
El daño, que no esperar
Á que llegue á declararse
Del todo. Yo soy tu hermana,
Mis obligaciones sé.
Hoy digo esto, y lo diré
De otra manera mañana.　　　　　　[*Vase.*

Luis. Dices bien; pues mejor fuera
Con cautela ó con engaño,
Que disimulara el daño
La satisfaccion primera.
Yo lo erré; ya de otra suerte

Me importará proceder.
¡Ay hermana, tú has de ser
Causa infeliz de mi muerte!

　　　　　Sale CASILDA.

Cas. Un gallardo Portugues
Á nuestra quinta ha llegado.
Pregunta por tí.

Luis.　　　　Cuidado,　　[*aparte.*
Disimulemos. — Di pues,
Que entre.　　　　　[*Vase Casilda.*

　　　　Sale MANUEL MENDEZ.

Man.　　　　Si mas tardara,
Luis Perez, esta licencia,
Mi deseo ó mi paciencia
Otro instante no esperara.

Luis. Mil veces, Manuel, me da
Los brazos, que el nudo fuerte,
Aunque le rompa la muerte,
Desatarle no podrá.
¿Qué buena venida es esta?
Vos en Salvatierra?

Man.　　　　　　Sí;
Y el haber llegado aqui
Muchos cuidados me cuesta,
Y peligros de la vida.

Luis. Pesaráme, que vengais
Sin gusto.

Man.　　　Si vos me honrais,
Todo mi dolor se olvida.

Luis. Hasta saber qué teneis,
Y qué causa os ha traido
Aqui, y qué os ha sucedido
En Portugal, me tendreis
Cuidadoso. Y aunque sea
Demasiada ejecucion
En la primera ocasion
Saberlo, tanto desea
Partir vuestro sentimiento
Mi pecho, que me ha obligado
Á salir deste cuidado.
Qué teneis?

Man.　　　Estadme atento.
Ya os acordareis, Luis Perez,
Si no es que la ausencia ha hecho
Su oficio en vuestra amistad,
De aquel venturoso tiempo,
Que mi huésped en Lisboa
Vivisteis, por los sucesos
Que de Castilla os llevaron
Á honrar mi casa. Mas esto
No es del caso; ahora en el mio
Á lo que importa lleguemos.
Ya os acordareis tambien
De aquel venturoso empleo,
Que tuvo dentro de mí
Cautivo mi entendimiento.
No tengo que encarecer
De mi pasion los extremos;
Soy Portugues, esto baste,
Pues todo lo digo en esto.
Doña Juana de Meneses
Es el adorado dueño
De mi vida, imágen bella,
En cuyo encarecimiento
Torpe desmaya la voz,
Mudo fallece el aliento,
Por ser deidad, á quien hizo
Sacrificio el amor mesmo,
Por ídolo su altar,
Por imágen de su templo.
Amantes vivimos pues
Dos años en el sosiego,

Que una voluntad premiada
Vive, sin tener mas zelos
De su divina hermosura,
Que aquellos no mas, aquellos,
Que bastan á despertar
Con un temor, con un miedo
La voluntad, pero no
Á matarla con desprecios.
Con estos zelos vivia
Mas amante y mas contento,
Porque sin zelos amor
Es estar sin alma un cuerpo.
¡Mal haya quien tuvo nunca
Por medicina el veneno,
Quien entre blandas cenizas
Despierta el oculto fuego,
Quien ponzoñoso animal
Domestica, quien soberbio
Se engolfa á sulcar el mar
Por solo entretenimiento!
¡Y mal haya en fin quien hace
Burla de sus mismos zelos!
Pues ese el veneno prueba,
Que despues le deja muerto;
Pues ese el áspid regala,
Que despues rompe su pecho;
Pues ese el cristal adula,
Que es despues su monumento;
Porque al fin los zelos son,
Ya declarados los zelos,
Mar soberbio, fuego airado,
Áspid vil, dulce veneno.
Fue la ocasion de los mios
Un bizarro caballero,
Galan, valiente, entendido,
Liberal, prudente y cuerdo,
Que yo no vengo en su honor
Mis penas, aunque las vengo
En su sangre; que una cosa
Es matar con el acero,
Y otra ofender con la lengua.
Y asi de mí nunca creo,
Que le tengo mas seguro,
Que cuando ausente le tengo.
Este caballero en fin
(Dejando locos rodeos
De imposibles pretensiones
Contra su honor y respeto)
La pidió al padre. No os digo,
(Para decirlo de presto)
Sino que era rico; baste,
Pues ya he dicho en solo esto,
Que entre un rico y un avaro
Hechos iban los conciertos.
Llegó de la boda el dia,
Dijera mejor (ay cielos!)
De su muerte, porque juntas
Bodas y exequias hicieron,
Mezclando lutos y galas
Su tálamo y monumento.
Porque apenas prevenidos
Los amigos y los deudos
Estaban, y ya la noche,
Tendiendo su manto negro,
Bajó mas llena de horror,
Cuando temerario entro
En su casa, y entre todos,
Desesperado y resuelto,
Busqué al novio, á quien hablaron
La mano y la lengua á un tiempo.
Aquella dijo: yo soy
De aquesta hermosura dueño;
Y esta de dos puñaladas
Le dejó en la tierra muerto,

Imitando trueno y rayo
El puñal con el acento,
Dando mi acero la lumbre,
Y dando su voz el trueno.
Alborotáronse todos,
Y yo entre todos dispuesto
Á reñir, no por vivir,
Sino por matar muriendo,
Cogí, saliéndome altivo,
Que entre el ruido y el estruendo
No fue muy dificultoso,
Á Doña Juana, á quien luego
Puse en un caballo, mal
Digo, en un alado viento,
Tan veloz...... ¿Mas para qué
Su ligereza encarezco,
Pues basta decir, que fue
Tan obediente y ligero,
Que me pareció veloz
Á mí, con venir huyendo?
La raya de Portugal
Pasamos, y ya en el suelo
Castellano saludamos
Su tierra, que es nuestro puerto.
Á Salvatierra venimos,
Seguros de que hallaremos
En vos amparo, Luis Perez.
Á vuestros pies estoy puesto;   [de rodilla
Amigos somos los dos,
Y amigos tan verdaderos,
Que á nuestra amistad le debe
Láminas de bronce el tiempo.
Hospedad á un infeliz,
No tanto, amigo, por serlo,
Como porque á vuestras plantas
De vos se vale; que es cierto,
Que es obligacion, que debe
Un noble, y si no por esto,
Por una dama, á quien yo
En esa alameda dejo
Á la orilla dese rio;
Porque, hasta hablaros y veros,
No quise que ella viniese
Conmigo; y ahora viniendo
Á buscaros, de un criado
Supe, que en este desierto,
En esta quinta vivis,
Donde á vuestros brazos llego
Agradecido, obligado,
Confiado, satisfecho,
Temeroso, perseguido
Y enamorado. No puedo
Pasar de aqui; que pues dije
Enamorado, yo creo,
Que se me debe el favor
De justicia y de derecho.

Luis. Tan ofendido he quedado
De escuchar los cumplimientos
Con que me hablais, Manuel Mendez,
Que estoy por no responderos.
Para decirme: Luis Perez,
Un hidalgo dejo muerto,
Conmigo traigo una dama,
Y á vuestra casa me vengo,
¿Era menester andar
Por frases y por rodeos?
Mas quiero enseñaros yo,
Dejando encarecimientos,
Del modo que habeis de hablar.
Escuchad, Manuel, atento.
Vengais á esta vuestra casa
Por muchos años y buenos,
Adonde sereis servido.
Y asi volved al momento

Donde esa dama dejais,
Y traedla, donde creo,
Que esté segura y gustosa;
Que yo en la quinta me quedo,
Y no salgo á recibirla,
Porque no sé cumplimientos;
Y quiero quedarme aqui
A prevenir todo aquello,
Que á su servicio convenga.

Man. Dejad que otra vez el pecho
Agradecido os conozca
Por amigo verdadero.

Luis. Andad, señor; que estará,
Viéndose en extraño suelo,
Con cuidado esa señora;
Y no es justo deteneros.
                    [*Vase Manuel.*
Isabel!

          Sale ISABEL.

Isab.   Qué es lo que quieres?
Luis. Decirte, que, si algun tiempo
Te ha merecido mi amor
Algun agradecimiento,
En esta ocasion lo muestres.
Deja el enojo, y no demos
Que decir á los extraños;
Que para todo habrá tiempo;
Porque has de saber, que en casa
Unos huéspedes tenemos,
Á quien debo obligaciones,
Y pagárselas pretendo.
Manuel Mendez viene aqui
Con su muger.
Isab.   En aquesto
Y en todo te serviré.
          [*Dentro ruido de espadas.*
Mas, válgame Dios! qué es esto?
Luis. Notable ruido de armas
Y voces.
Uno [*dent.*]   Ó preso ó muerto
Le hemos de llevar.
Otro [*dent.*]   En vano
Le seguimos.
Isab.   Allí veo
Un hombre, que en un caballo
Viene, de muchos huyendo.
Uno [*dent.*] Tiradle.   [*Disparan dentro.*
Isab.   Válgate Dios!
Luis. Qué fue?
Isab.   Dejáronle muerto
De un arcabuzazo.
Luis.   Antes
Fue mas felice el suceso,
Porque las ardientes balas
Á solo el caballo hirieron.
Sangriento queda en la arena
Y en pie el caballero puesto,
Defendiéndose la vida,
Rayos esgrime de acero.
Isab. Ya, de todos acosado,
Llega á nuestra quinta.

Sale DON ALONSO *con la espada desnuda.*
Alon.   ¡Cielos,
Amparad á un desdichado,
Que ya, rendido el aliento,
Desfallece!
Luis.   ¿Pues, señor
Don Alonso, qué es aquesto?
Alon. Nò me puedo detener
Á contarlo; solo os ruego,
Luis Perez, que me ampareis;
Que por lo que dejo hecho,

Me importa entrar esta tarde
En Portugal.
Luis.   Pues buen pecho,
Que para estas ocasiones
Es el generoso esfuerzo.
Cerca está la puente ya
Dese rio, donde vemos,
Que se dividen Castilla
Y Portugal. Si entrais dentro,
Seguro estareis de cuantos
Os siguen; que yo me quedo
En lo estrecho deste monte
Y esta quinta á detenerlos.
No os seguirán, sin que á mí
Me dejen pedazos hecho.
Alon. En el valor desos brazos
Bastante muralla dejo,
Que me defienda la vida.
¡La vuestra guarden los cielos!   [*Vase.*

Salen el CORREGIDOR *y los que pudieren.*
Uno. Por aquesta parte fue.
Luis. ¿Pues, señores, qué es aquesto?
Á quién buscais?
Cor.   ¿Don Alonso
De Tordoya no fue huyendo
Por aqui?
Luis.   Ya estará cerca
De la puente, porque el viento
Pienso que le dió sus alas.
Cor. Vamos tras él.
Luis.   Deteneos.
Cor. Qué es detenerme?
Luis.   Señor
Corregidor, ya habeis hecho
La diligencia que os toca.
No sigais á un caballero
Tanto; porque la justicia
No ha de extender el derecho,
Que tiene, todas las veces.
Cor. Quedárame á responderos,
Si no pensara alcanzarle.
Luis. Escuchad, señor.
Cor.   Sospecho,
Que pretendeis detenerme.
Luis. Si conveniencias y ruegos
No bastan á hacer con vos,
Que no sigais este intento,
Cuando por fuerza lo hagais,
No tendré que agradeceros.
Cor. De qué suerte?
Luis.   Á cuchilladas.
Porque ya una vez dispuesto
Á defender este paso,
He de cumplirlo resuelto.
¡Vive Dios, que ningun hombre,
De cuantos presentes veo,
Ha de pasar desta raya!   [*Hace una raya.*
Cor. Matadle!
Luis.   Quedo, teneos!
Cor. Matadle!
Uno.   Muera Luis Perez!
Luis. ¡Gallinas, villanos, perros,
Canalla! asi muero yo?
          [*Mételos á cuchilladas.*
Uno [*dent.*] Herido estoy!
Otro.   Yo estoy muerto!   [*Vanse.*

_____

Salen DOÑA JUANA *y* MANUEL.

Juan. Nunca me ha parecido,
Manuel, que á tus finezas he debido
Otra mayor, que ahora,

En venir tan apriesa.

Man.   Mi señora,
Amor, que solicita
Mis glorias, imposibles facilita.
No llegué á Salvatierra,
Que en las entrañas desta oculta sierra
Hallé lo que buscaba.
En una casa de placer estaba
Luis Perez, un amigo,
Cuyo valor ofendo, si le digo.
Aqui vive contento,
Y parece, que á nuestro pensamiento
El consejo ha pedido,
Pues aqui nuestro amor mas escondido,
No entrando en Salvatierra,
Vivirá mas seguro en esta tierra.

Jua. Manuel, quien ha dejado
Patria, padre y honor, y en este estado
Aun vive agradecida
De que le queda que perder la vida
Por tí, nada desea,
Sino que sola esta montaña sea
Templo de la fineza,
Venciendo á su firmeza mi firmeza.

Sale DON ALONSO.

Alon. ¿Adónde mi destino
Me lleva, sin consejo y sin camino,
Por aquesta alameda,
Sin que el cielo un alivio me conceda?
Aun el aliento mio
Ya falta, y ya rendido desconfio
De que pueda librarme.
Cansado en este suelo he de arrojarme.
Muerto soy! ay de mí! Válgame el cielo!

Jua. Gente siento.

Man.   Es verdad; alli en el suelo
Rendido un caballero
Está, en la mano el desmayado acero.
Lo que se sabré. — Señor, estais herido?

Alon. Guárdeos el cielo, hidalgo; que no ha sido,
Sino cansancio solo; ya me aliento.
Quien presumió parejas con el viento,
Hoy desmayado yace,
Y él es en mí quien tal extremo hace.

Man. El ánimo es valiente,
No desmaye.

Voces [*dent.*]   Tomad, tomad la puente,
Porque escapar no pueda.

Alon. Mayor desdicha es la que me queda.
Qué he de hacer? Que esta gente
Es la que me siguió; que, aunque valiente
Un amigo me guarda
Las espaldas, ya el verlos me acobarda,
Porque tengo por cierto,
Pues siguiéndome vienen, que le han muerto.

Sale LUIS PEREZ.

Luís. La puente me han tomado,
Y el paso, y aun el cielo se ha cerrado
Para mí. Esta espesura
Será de mi cadáver sepultura.

Man. Luis Perez, pues qué es esto?

Luís. Una desdicha, en que el valor me ha puesto,
Por librar á un amigo
De la muerte.

Man.   Conmigo
Ya, Luis Perez, estais; muramos juntos;
Pues de amistad y amor somos trasuntos.

Alon. Quien culpa tiene, y de la causa es dueño,
Tambien sabrá morir.

Luís.   En grande empeño
Estoy; mas esto es siempre lo primero. —
Manuel, oid: lo que rogaros quiero,

Es, que en defensa mia
La espada no saqueis aqueste dia;
Que, aunque me va la vida
En verla dese brazo defendida,
Me va el honor en veros en mi ausencia
En mi casa. Mirad la diferencia
De la vida al honor.

Man.   Yo no os entiendo.
Si os vienen á buscar, morir pretendo.
¡Bueno fuera, que os viera
Reñir, y que la espada me tuviera
En la cinta envainada!

Jua. ¿Adónde habrá muger mas desdichada?

Uno [*dent.*] Por aqui van.

Man.   Ya llegan donde estamos.
Aqui los tres en vano procuramos
De tantos defendernos,
Porque habrán de matarnos ó prendernos.

Alon. Qué haremos?

Luis.   ¿Tendreis brio
Para arrojáros y pasar el rio
Á nado?

Alon.   Sí; tuviera
Valor, Luis Perez, si nadar supiera.

Luis. Pues no temais asombros;
Que el rio he de pasaros en mis hombros. —
Manuel, determinado
En esto, honor y vida habré guardado;
La vida, con ponerme
En Portugal, pues no podrán prenderme;
Y el honor, con dejaros
En mi casa. No tengo que explicaros
Mas de que dejo en ella
Todo mi honor en una hermana bella.
Harto os he dicho. A Dios!

Man.   Yo tambien digo
Harto en decir, que soy un fiel amigo.
En vuestra casa quedo,......

Luis. Decid.

Man.   Y bien aseguraros puedo,
Que no hareis falta vos.

[*Coge* LUIS PEREZ *á* D. ALONSO *y éntrase con él como arrojándose al rio.*

Luis. [*dent.*]   Válgame el cielo

Jua. Delfin humano es ya del ancho hielo.

Luis [*dent.*] Manuel, mi honor os fio.

Man. Ya lucha el brazo con el centro frio.

Luis [*dent.*] Mirad por él.

Man.   En tu lugar me dejas;
No des al viento repetidas quejas.

Luis [*dent.*] Á Dios!

Man. ¿Quién hay, que mi desdicha crea

Jua. ¿Dónde iré yo, que lástimas no vea? [*Vans.*

———

Salen el ALMIRANTE *de Portugal y* DOÑA
LEONOR, *de caza.*

Alm. Puesto que el Can del estío
Ni fallece ni declina,
Puedes, hermosa sobrina,
Á la orilla deste rio
Descansar de la fatiga,
Que te enoja y amenaza.

Leon. Noble ejercicio es la caza.
¿Á quién no mueve y obliga
Su malicia generosa?

Alm. Tienes, sobrina, razon,
Que es gallarda imitacion
De la guerra belicosa.
¿Qué es mirar de canes mil
Cercado un espin valiente,
Defenderse diestramente
Con navajas de marfil?

Á este hiere, á aquel derriba,
Y sacudiendo derechas
Sus puntas, de humanas flechas
Parece una aljaba viva.
¿Qué es mirar luego un lebrel,
Que, cuando la presa pierde,
De rabia sus manos muerde,
Y vuelve á cerrar con él?
Y los dos con mas fiereza
Herir los bizarros cuellos,
Ley del duelo, que hasta en ellos
Puso la naturaleza.

Leon. ¿A quién no causa alegria
Esta lucha imaginada?
Si bien á mí mas me agrada
Del viento la cetrería.
¿Qué es ver, sin mortal desmayo,
Una garza, cuyo aliento
Átomo es de pluma al viento,
Al fuego de pluma rayo;
Y de una y otra suprema
Region el término errante
Escala, que en un instante
Ya se hiela, ó ya se quema;
Porque con medida tanta
Bate las alas, si vuela,
Que si las baja, las hiela,
Las quema, si las levanta?
¿Qué es ver dos halcones luego
Hacer puntas, que esto es
Batir la vela, y despues,
Cometas sin luz ni fuego,
Retar la garza, que diestra
Corre, siendo á tanto viento
Poça valla un elemento,
Un cielo poca palestra?
¿Y acudiendo aqui y alli,
De dos contrarios vencida,
Bajar en sangre teñida
Una estrella carmesí,
Cuya victoria y destreza
No adquieren triunfos mas graves?
Que es duelo, que hasta en las aves
Puso la naturaleza.

Sale PEDRO.

Ped. Qué tierra es esta? No sé   [*aparte.*
Por donde camino, lleno
De mil temores. ¡No es bueno,
Que cansa el andar á pie!
Á Portugal he pasado,
Por ver, si hallo en Portugal
Consuelo alguno en mi mal,
Ya que fui tan desdichado
Alcahuete. Ved, que espantos,
Que aun en el primer indicio
Vine á perderme en oficio,
En que se han ganado tantos.
Qué he de hacer? Gente hay aqui,
Y á lo que el semblante ofrece,
Gente principal parece.
Si se doliese de mí,
Que soy niño y solo, y nunca en tal me ví.

Alm. Si te quieres retirar
Á la quinta, porque el sol,
Fenix del cielo, y farol
De belleza singular,
Ya se ausenta, llamaré
Quien traiga en tanto rigor
Un caballo. — Hola!

Ped.   Señor?
Alm. Quién sois vos?
Ped.   Pues yo qué sé?
Alm. Servisme? Porque no os ví

Otra vez en este suelo.
Sois mi criado?
Ped.   Serélo,
Si no lo soy. Hele aqui
Un cuentecito. Entró un dia
En el palacio real
Un Don Fulano de Tal,
Que al Rey ni al mundo servia.
Vió, que á la hora de comer
Los de la cámara todos,
Con mil politicos modos,
Porque habian de traer
Las viandas, se quitaban
Las capas. Él se quitó
La suya, y en el cuerpo entró,
Donde los demas entraban.
Un mayordomo llegó,
Advirtiendo en lo que hacia,
Preguntándole, si habia
Jurado; y él respondió:
No, señor; mas juraré,
Si eso importa. Lo que quiero
Es serviros; que primero
Votaré y renegaré,
Cuando mas jurar.
Alm.   Humor
Gastais.
Ped.   No tengo otra cosa
Que gastar; es generosa
Mi mano; y asi, señor,
Gasto lo que tengo.

Dentro LUIS PEREZ.

Luis.   Ay triste!
Leon. ¿Qué voz es aquella, cielos?
Alm. Sobre ese campo de hielos
Un hombre á brazos resiste
De las ondas el furor.
Leon. Y ya entre abismos y asombros
Intenta sobre los hombros
Librar de tanto rigor
Á otro infelice.

Dentro DON ALONSO.

Alon.   Ay de mí!
Alm. Llegad, y socorrereis
Ese hombre, y asi tendreis
Mi gracia.
Ped.   Si desde aqui
Basto, yo socorreré
Sus desdichas. Mas, señor,
Soy pesado nadador.
Leon. Ya la arena puerto fue
De su tormenta.

Salen los dos mojados.

Alon.   ¡Divinos
Cielos, mil gracias os doy!
Luis. ¡Vive Cristo, que ya estoy
Libre desos cristalinos
Impetus!
Alm.   Llegad, llegad;
Que daros favor deseo.
Ped. Ahora sí...... Mas qué veo?   [*Vase retirando.*
Alm. ¿A tanta necesidad
Os retirais?
Ped.   Yo nací
Piadoso, y viendo á los dos,
Me desmayo. — ¡Vive Dios,   [*aparte.*
Que se ha venido tras mí
Luis Perez, por castigar
Aquella alcahuetería
De su hermana y ama mia!
Cierto es, me viene á matar.

De aqui me importa á la guerra
Ir; pues en desdicha tal,
De Castilla y Portugal
En un dia me destierra. [*Yéndose.*

Alm. Adónde vais?
Pcd. Hame dado
De repente un accidente,
Y asi me voy de repente;
Y lo jurado jurado. [*Vase.*

Alm. Él es loco. — Ha caballero!
Dad al aliento valor
En mis brazos.

Alon. Hoy, señor,
La vida de vos espero.

Alm. Quien sois? Porque me han movido
Vuestras desdichas aqui;
Bien podeis fiaros de mí.

Alon. Por no hablar inadvertido,
Sepa quien sois, y sabreis,
Por que en este estado estoy.

Alm. Sí haré. El Almirante soy
De Portugal. Bien podeis
Declararos ya; que labra
Tanto la piedad en mí,
Que de ampararos aqui
Os doy la mano y palabra.

Alon. Yo la acepto; y ahora digo,
Que soy de la ilustre casa
De los Tordoyas, linage
En toda aquesta comarca
Estimado. ´Don Alonso
Es mi nombre. Esta mañana,
Zeloso de un caballero,
Entré en casa de una dama.
Halléle en ella, y le dije,
Que en el campo le esperaba.
Salió en fin, como quien era,
Con su capa y con su espada;
Reñimos, cayó en la tierra
Muerto de dos estocadas.
Desdicha fue! En este punto
Ya todo el lugar estaba
Alborotado, y salió
La justicia á la campaña.
Quiso prenderme; escapéme
En un caballo, á quien alas
Le ofreció mi pensamiento,
Y á quien la justicia mata
De un arcabuzazo. Á pie
Corrí, y llegué hasta una casa
De placer, á cuya puerta
Ví, que, por mi dicha, estaba
Luis Perez.

Luis. Aqui entro yo;
Y asi diré lo que falta.
Mirando tan perseguido
Á Don Alonso, y de tanta
Gente, le ofrecí guardar
Con mi pecho sus espaldas.
Está á la falda del monte
Esta casa, que la llaman
De placer, y de pesar
Ha sido por mi desgracia;
De suerte, que alli se estrecha
El paso á la misma falda;
Y asi era fuerza que todos
Delante de mí pasaran.
Aqui pretendí primero,
Ya con corteses palabras,
Ya con ruegos, persuadir
Al Corregidor, dejara
De seguir á Don Alonso.
No quiso, y con arrogancia
Quiso alcanzarle, y lo hiciera,

Si yo con sola esta espada
No lo defendiera al punto,
Voto á Dios, á cuchilladas,
En cuya refriega pienso
Que me dí tan buena maña,
Que herí algunos cuatro ó cinco.
¡Querrá Dios, que no sea nada!
Viéndome pues mas culpado
Ya, que Don Alonso estaba,
Pretendí, que me valiese
Antes el salto de mata,
Que ruego de buenos. Viendo
Cerrado el paso, y tomada
La puente, con Don Alonso
En los brazos, y la espada
En la boca, arrojé entonces,
Como dicen, pecho al agua.
Llegamos aqui, dichosos
Mil veces, pues nos ampara
El valor de Vuecelencia,
Donde no hay que temer nada,
Supuesto que de ampararnos
Ha dado aqui la palabra.

Alm. Yo la dí, y la cumpliré.

Alon. Y será fuerza aceptarla;
Que es grande el competidor.

Alm. ¿Pues cómo el muerto se llama?

Alon. Supuesto que es caballero,
Digno de toda alabanza,
Pues siempre se vieron juntos
El valor y la desgracia,
Y que no pierde, en nombrarle,
Su nombre, honor, lustre y fama,
Es Don Diego de Alvarado.

Leon. Ay de mí! El cielo me valga!
Aleve! ¿á mi hermano has muerto?

Alm. Traidor! ¿mi sobrino matas?

Luis. ¡Cuerpo de Cristo conmigo,
Pues esto ahora nos falta!
Ahora bien, por sí ó por no,
Volveré á tomar la espada. [*Toma la espa*

Alon. Vuecelencia se detenga,
Señor, y mire, que agravia
En un rendido su acero,
Si con mi sangre le mancha.
Yo dí cuerpo á cuerpo muerte
A Don Diego en la campaña,
Sin traicion ni alevosía,
Sin engaño y sin ventaja.
¿Pues de qué quiere vengarse?
Fuera desto, ¿la palabra
De Vuecelencia, señor,
Cuándo en ningun tiempo falta?

Luis. Y si no, ¡viven los cielos,
Que si esgrimo la hojarasca,
Y viene Portugal junto,
De oponerme á la demanda!

Alm. Válgame Dios! ¿qué he de hacer [*apart*
En confusion tan extraña?
Aqui me llama mi honor,
Y alli mi sangre me llama.
Pero partamos la duda. —
Don Alonso, mi palabra
Es ley, que se escribe en bronce;
Dila, y no puedo negarla.
Mas mi venganza tambien
Es ley, que en mármol se graba.
Y por cumplir de una vez
Mi palabra y mi venganza,
Todo el tiempo que estuvieres
En mi tierra, está guardada
Tu persona; pero advierte,
Que, al salir della, te aguarda
La muerte; que si ofrecí

Defenderte hoy en mi casa,
En mi casa te defiendo;
Pero no te dí palabra
De guardarte en el agena.
Y asi, poniendo la planta
En tierra del Rey, verás,
Que quien te libra, te agravia,
Quien te asegura, te ofende,
Y quien te vale, te mata.
Vete ahora libre.

Leon.   Espera;
Que yo no he dado palabra
De no ofenderte; y asi
Puedo tomar la venganza.

Alm. Tente, sobrina, y advierte,
Que le defiendo.— Qué aguardas ? [*á D. Alonso.*
Vete libre. Di, qué esperas?

Alon. Besar tus invictas plantas
Por accion tan generosa.

Alm. No lo dirás, cuando hayas
Dado á mi acero la vida.

Alon. ¿ Qué mas airosa alabanza,
Que morir á tales manos?

Leon. Sin vida voy!

Alm.   Voy sin alma!

Alon. ¿ Qué dices, Luis Perez, desto?

Luis. Que aun mejor está, que estaba.
Déjenos salir de aqui
Hoy, que en su poder nos halla;
Que una vez allá, veremos
Quien se lleva el gato al agua.

JORNADA II.

Salen MANUEL *y* DOÑA JUANA *de camino.*

Man. Nunca viene solo el mal.

Jua. Es, que desdichas y penas
Se llaman unas á otras.

Man. ¡ Ay Juana, cuanto me pesa
El verte venir asi,
Peregrinando por tierras
Extrañas! Cuando pensé,
Que Galicia puerto fuera
De nuestra tormenta, ha sido
Golfo de mayor tormenta;
Pues otro nuevo accidente
Nos saca de Salvatierra,
Y trae á la Andalucía,
Corriendo desta manera
Agenas patrias.

Jua.   Manuel,
Cuando yo dejé mi tierra
Y padres por ti, salí
A mas desdichas dispuesta.
No salí yo por vivir,
Eligiendo esta, ni aquella
Provincia, sino por solo
Vivir contigo, asi sea
Donde quiera mi desdicha,
Ó donde mi dicha sea.

Man. ¿ Con qué acciones, qué palabras
Podrá declarar la lengua
Un justo agradecimiento?
Pero dejando finezas
Amorosas á una parte,
¿ Dónde aquel criado queda,
Que recibí en el camino,
Para que conmigo venga
A buscarte algun regalo,

En tanto que pides treguas
Con blando sueño al cansancio?

Sale PEDRO.

Jua. Ya él á nuestra vista llega.

Ped. ¿ Qué es, señor, lo que me mandas?

Man. Que tú conmigo te vengas
Por San Lucar. — Tú, mi bien,
Retírate donde puedas
Descansar.

Jua.   Aqui estaré
Llorando tu breve ausencia. [*Vase.*

Man. Presto volveré á adorarte. —
Parece que esta tristeza,
Adivina del pesar,
Que tengo de darla, empieza
A hacer tales sentimientos.

Ped. ¿Cómo hacer pesar intentas
A una muger, á quien debes
Tan peregrinas finezas?
Que, aunque es verdad que yo soy
Criado tan nuevo, que apenas
Conoces por tal, pues solo
Ha dos dias que me entregas
Secretos tuyos, he visto
En mil amorosas muestras
Obligaciones muy grandes.

Man. No puedo negar la deuda;
Mas, Pedro, á fuerza del hado
No hay humana resistencia.
Huyendo de Portugal,
Pasé á Galicia, y voy della
Huyendo á la Andalucía.
Cosas son, que el cielo ordena.
No vengo á quedarme aqui;
Que tampoco en esta tierra
Mi persona está segura,
Sino, sirviendo en la guerra,
Pasar en esta ocasion
Por esa inconstante selva
De espuma y sal á las islas
Del norte. ¡ Los cielos quieran,
Besen sus doradas torres
Las católicas banderas!
Listarme quiero, y soldado
Guardar la vida, á quien cercan
Tantas desdichas. Yo apuesto,
Que tú ahora entre tí piensas,
Que el dejar aquesta dama
Será con infame afrenta
De su honor, poniendo á riesgo
Su hermosura con mi ausencia.
Pues no ha de ser desa suerte,
Sino dejándola quieta
Y segura en un convento
De San Lucar, donde tenga,
En tanto que vuelvo yo,
Aunque es muy poca, mi hacienda;
Que á mí la espada me basta.

Ped. Accion generosa es esa,
Digna de tu gran valor.
    [*Tocan dentro cajas.*
¿ Pero qué cajas son estas?

Man. Habrá algun cuerpo de guardia
Sin duda por aqui cerca,
Y saldrán dél.

Ped.   Sí, bien dices;
Que alli se vé la bandera.

Man. Vámonos llegando allá;
Que pues el primero encuentra
Este mi suerte, en él quiero
Sentar la plaza. Tú llega,
Pregunta por el Alférez;

Di, que dos hombres intentan
Sentarse en su compañía. [*Retírase.*

Salen Soldados y LUIS PEREZ.

Ped. Este, que hácia mí se acerca,
Dirá dél. — Señor soldado,
Por cortesía le ruega
Un forastero, le diga
Quién es de aquesta bandera
El Alférez?
Sold. 1. Aquel es,
Á quien el pecho atraviesa
Una banda roja.
Ped. ¿ Aquel
Que tiene buena presencia,
Y está de espaldas ahora?
Sold. 1. El mismo.
Luis. Ustedes me tengan
Por soldado y por amigo.
Sold. 2. Todos serviros desean.
[*Vanse los Soldados.*
Ped. Solo ha quedado el Alférez.
Famosa ocasion es esta.
Luis. ¡ Válgame Dios, qué dichoso
En ese estado me viera,
Si no tuviera un cuidado,
Que me aflige y me atormenta!
Ped. Señor Alférez!
Luis. ¡ Que deje
Yo una hermana tan resuelta
En tanto riesgo!
Ped. ¡ Señor
Alférez!
Luis. ¿ Qué me aprovecha
Adquirir aqui el valor,
Si por mas que yo le adquiera
Por una parte, por otra
Quiere el cielo que se pierda?
Pero en tanta confusion
Una cosa me consuela,
Y es, que un amigo......
Ped. ¡ Señor
Alférez! Á esotra puerta.
Luis. Vive en mi casa, y me guarda
Las espaldas.
Ped. Desta oreja
Debe de ser sordo. Voy
Por esotra. Linda flema! —
Señor Alférez!
Luis. Quién llama?
Ped. Un soldado, que desea...... [*Túrbase.*
Mas no desea el soldado.
Y si de alguna manera
Alguna vez deseó,
Mintió; que atrevida lengua
Deseó por boca de ganso.
Luis. ¡ Aguarda, villano, espera!
¿ No te acuerdas, que te dije,
Que en ningun tiempo me vieras,
Porque habia de matarte
En cualquier estado y tierra
Que te hallase?
Ped. Asi es verdad.
¿ Mas quién hallarte creyera
Hoy Alférez en San Lucar?
Luis. ¡ Vive el cielo, que mi afrenta
He de castigar en tí,
Pues fuiste la causa della! [*Acomete á él.*

Sale MANUEL.

Ped. Ay que me matan!
Man. Qué veo!
¿ Á mi criado atropella
Un soldado? — Ha caballero!

No sé yo qué causa os mueva,
Para que á aquese aquese criado
Se trate desa manera,
Sin mirar...... Pero qué veo!
Luis. Válgame el cielo! qué miro?
Man. Con justa razon me admiro.
Luis. Con el ansia no lo creo. —
Manuel! [*Abrázanse*
Man. Luis? Pues qué es aquesto?
¿ No fuisteis á Portugal?
¿ Qué ocasion en lance tal
Hoy nuestra amistad ha puesto?
Luis. ¿ Y vos, Manuel, no os quedásteis
En mi casa en Salvatierra?
¿ Con qué ocasion á esta tierra
Á darme muerte llegásteis?
¿ Cómo cumple desta suerte
Un amigo noble y fiel
Obligaciones de aquel,
Que en una deuda tan fuerte
Le pone, cuando le fia
Su honor? Testigo es el cielo,
Que otro bien, otro consuelo
En mi ausencia no tenia.
Man. Los dos en esta ocasion,
Como un corazon tenemos,
Igualmente padecemos
Una misma confusion.
Sacadme primero vos
De otra pena, y yo despues
Os satisfaré; porque es
Fuerza que estemos los dos
Solos, cuando haya de hablar,
Porque os importa el secreto.
Luis. Que estoy rendido, os prometo,
Á un pesar y otro pesar.
Y por salir del cuidado,
Que vuestro recato advierte,
Abreviemos desta suerte.
¿ Es vuestro aquese criado?
Man. Hasta San Lucar venia;
En el camino le ví,
Y acaso le recibí.
Luis. Pues válgale aqueste dia
Ese sagrado. — Ahora advierte, [*á Pedro.*
Villano, lo que te digo;
Que no hay cada dia un amigo,
Que te libre de la muerte.
Vete pues.
Ped. Muy bien me está.
Mas quiero saber de tí
Adonde has de ir desde aqui,
Porque yo no vaya allá.
¿ Dónde iré, que no te vea?
Mas ya una industria advertí,
Para escaparme de tí,
Y aqueste remedio sea,
Que al fin, por no hablarte y verte,
Pues tu enojo me destierra,
Tengo de estarme en mi tierra,
Pues me libro desta suerte. [*V*
Luis. Ya estamos solos y vos,
Y pues primero de mí
Quereis saber quien aqui
Nos ha juntado á los dos,
Sabed, que fue en Portugal,
Despues que salí del rio,
Mayor el peligro mio;
Porque al dejar su cristal,
La tierra, que alli se vé,
Es tierra del Almirante
De Portugal; y al instante
Que nos vió, su amparo fue
Nuestro sagrado. Mas luego

Que supo á quien (trance fuerte!)
Don Alonso dió la muerte,
Convertido en rabia y fuego,
De su tierra nos echó ; .
Que era el muerto su sobrino.
Contaros por el camino
Lo que á los dos nos pasó,
Será imposible. En efecto
Hasta San Lucar llegamos,
Y el Duque, al punto que entramos,
Nos honró mucho, os prometo,
Porque, como es General
Capitan en esta guerra,
Que hace el Rey á Inglaterra,
Generoso y liberal
'Á Don Alonso le dió
Una gineta; él á mí
La bandera, y soy aqui
Alférez; que es cuanto yo
De mí he podido contaros.
Lo que sabeis ahora vos,
Decid, Manuel; que por Dios,
Amigo, que, hasta escucharos,
Á vuestro acento y estilo
Tan grande atencion daré,
Que, mientras hablais, tendré
Pendiente el alma de un hilo.

Man. Os arrojásteis al rio,
Y en este instante llegó
La justicia, y como os vió
Luchar con el centro frio,
Desesperó de tomar
Por entonces la venganza;
Y perdida la esperanza,
Volvió corrida al lugar.
Fuíme yo á la casa vuestra,
Adonde huésped me ví,
Y la merced recibi,
Que mi obligacion hoy muestra.
Mas el corazon rezela
De contaros hoy alguna,
En que duerme la fortuna,
Aunque es un Árgos que vela.
No sé como aqui prosiga,
Ni que humano estilo halle
Para que diga y que calle
Lo que es bien que calle y diga.
Mas si os acordais, Luis,
Que al despediros dijisteis
Con voces al cielo tristes:
Pues en mi casa vivis,
Mirad por mi honor, Manuel;
Con esto explicarme entiendo,
Pues digo, que vengo huyendo,
Porque he mirado por él.

Luis. Manuel, el curso veloz
Tened, de mi muerte labra;
Que es áspid cada palabra,
Basilisco cada voz,
Con que me matais aqui,
De toda piedad ageno.
¿Á quién se ha dado veneno
En palabras, sino á mí?

Man. Juan Bautista, un labrador
Rico, á vuestra hermana bella,
Enamorádose della,
Sirve con público amor.
Llegó á tanto atrevimiento,
Que alguna noche escaló
Nuestra casa.

Luis.   Ha cielo!

Man.   Yo,
Que siempre velaba atento,
De mi aposento salí;

Hasta una cuadra llegué,
Donde embozado le hallé,
Y dije resuelto asi:
Esta casa, caballero,
Es de un hombre de valor.
Alcaide soy de su honor.
Y asi castigar espero
Osadía tan villana.
Embisto osado y cruel
Con él; pero luego él
Se arrojó por la ventana.
Tras él me arrojé; en la calle
Otros dos hombres estaban,
Que la espalda le guardaban;
Mas yo, dispuesto á matalle,
A los tres acometí.
Al uno herí, otro cayó
Muerto, y Juan Bautista huyó.
Consideradme ahora á mí
Forastero, en tierra agena,
Cargado de una muger;
Mirad lo que puedo hacer,
Sino volver á mas pena
La espalda. Si en esto he errado,
Solo habré errado la accion,
No á lo menos la intencion.
Que, habiendo considerado,
Qué hiciérades vos, por Dios,
En lance tan infelice
Lo mismo alli, asi hice
Yo lo que hiciérades vos.

Luis. Es verdad; pues si yo hallara
Un hombre desa manera,
Darle muerte pretendiera,
Y á quien pudiera matara.
Y asi digo, que habeis hecho
Lo mismo que hiciera yo.
Quien del amigo pensó,
Que era un espejo su pecho,
Pensó bien; pues vos decis
Defectos tan claramente,
Que nunca el tiempo desmiente.
Y si mejor lo advertis,
Cuando en un espejo crea
La virtud, que me aprovecha,
Lo que en mi mano es derecha,
Izquierda en la suya vea;
Y asi veo el cruel tiro
Ejecutado en los dos;
Pues voy á ver, vive Dios,
Mi honor en vos, y en vos miro
Mi agravio; que el cristal sabio
Poco lisonjero es,
Y honor, visto del reves,
Por fuerza ha de ser agravio.
Ahora bien, cese el furor,
Que me previno la guerra;
Volvamos á Salvatierra;
Porque es perder el honor
Dejarle en peligro tal.

Sale D o n A l o n s o.

Alon. Luis Perez, qué haceis aqui?

Luis. Suplícoos, que, si en mí
Hubo alguna accion leal,
Que mereció vuestra gracia,
En mi ausencia lo mostreis
Con Manuel, y á él le dareis
Mi puesto; que una desgracia,
Que en mi ausencia ha sucedido,
Á Salvatierra me vuelve.

Alon. Mirad,......

Luis.   Á esto se resuelve
Un hombre, que está ofendido·

Alon. Con razones intentó
Hoy mi amistad disuadiros;
Pero cuando llego á oiros,
Que estais ofendido, no.
Antes quiero suplicaros
De mi parte, si lo estais,
Que á Salvatierra volvais,
Luis Perez, para vengaros;
Pero advirtiendo primero
Una cosa.

Luis. Qué es?

Alon. De aqui
No habeis de volver sin mí;
Porque á vuestro lado espero
Volver, como amigo fiel;
Porque no es razon, que asi
Me saqueis del riesgo á mí,
Y vos os quedeis en él.

Man. Cuando á volver se resuelva
Luis Perez, no faltará
Quien vuelva con él, pues ya
Es forzoso que yo vuelva.
Su amigo soy, y no fuera,
Pues traje la nueva, justo
Meterle yo en el disgusto,
Para quedarme yo fuera.

Alon. Quien á Luis Perez metió
En el disgusto, yo he sido;
Pues cuando llegué rendido
Á pedir su amparo yo,
Él se estaba descuidado
En su quinta; luego fui
Causa primera; y asi
Volver con él me ha tocado;
Porque en fin de polo á polo
Por grosero estilo pasa,
Sacar á uno de su casa,
Y dejarle volver solo.

Man. Yo he de ir, que os quedeis, ó no;
Porque disculpa no es
El que vos seais cortes,
Para ser cobarde yo.

Luis. Noblemente os competis;
Mas ninguno de los dos
Ha de ir conmigo, por Dios.
Entrambos á dos venis
De vuestra suerte fatal
Huyendo, entrambos teneis
Causa, para que os guardeis.
¿Fuera yo amigo leal,
Si, con tan poco interes,
Hoy dos amigos pusiera
Á riesgo, y que no tuviera
Á quien apelar despues?

Alon. Decís bien; mas yendo uno
Solo, poco aventurais
Á perder, pues que guardais
El otro.

Man. Si ha de ir alguno,
Yo he de ser.

Alon. No, sino aquel
Que Luis Perez escogiere.

Man. Yo soy contento. Prefiere,
Como amigo cuerdo y fiel,
El que tú fueres servido.

Luis. Determinarme á ofender
Al uno, eso habrá de ser,
Ya que yo estoy convencido.
Don Alonso tiene mucho
Hoy que perder; y asi digo,
Que Manuel vaya conmigo.

Alon. ¿De vos tal palabra escucho?
¿Á la vida anteponeis
Ningun interes humano?

(¡Discurso inconstante y vano!)
Mas ya que asi me ofendeis,
Yo me he de vengar asi.
Para el camino llevad
Estas joyas, y tomad
Esta poquedad de mí;
Que he de buscar á los dos,
Quizá en ocasion tan fuerte,
Que libre á alguno de muerte.

Luis. Dadme los brazos, y á Dios;
Que me importa dar castigo
Á una hermana y un traidor,
Y voy á sacar mi honor
Del pecho de mi enemigo.
Las joyas tomo, por ser
De un amigo verdadero,
Y de volverlas prefiero.

Alon. Es agravio.

Luis. Esto he de hacer. [*Vanse.*]

———

Salen CASILDA *é* ISABEL.

Cas. Oye, y sabrás lo que pasa.
Á Salvatierra ha venido
Doña Leonor de Alvarado.

Isab. Con qué intento?

Cas. Yo imagino,
Que la sangre de su hermano,
Líquido iman, la ha traido
En venganza de su muerte,
Y hoy con ella hablar he visto
Á Juan Bautista.

Isab. ¿Pues deso,
Casilda, qué has inferido?

Cas. Oye adelante. Confusa
De verle asi á un conocido,
Que es criado de Leonor,
Le pregunté, qué habia sido
La causa porque Leonor
Le admitió? Y este me dijo,
Que en la informacion que hacia
El Pesquisidor, que vino
De la corte á averiguar
Las muertes y los delitos
De Don Alonso y tu hermano,
No habia mas de aquel dicho,
Que condenase á los dos.
Y agradecida, le hizo
Tal honra, que solo medran
Ya en el mundo los testigos,
Que dicen lo que pretenden
Las partes.

Isab. Mi muerte ha sido,
Casilda, tu voz. No digas
Dichos y hechos tan indignos
De que los admitan, cielos,
Las voces y los oidos.
¿Juan Bautista con la lengua
Se venga de lo ofendido?
¿Con los otros de un agravio
Toma la venganza él mismo
Que le compete? Qué es esto?
¿Quién alguna vez ha visto,
Que se vengue el ofensor,
Y se ausente el ofendido?

Cas. Pues supe mas.

Isab. Qué?

Cas. Que ha dado
Querella de aquel amigo
De mi señor, que mató
Su criado, y ha querido,
Que el juez conozca de todo.

Isab. Muy bueno anda el honor mio,
Si por culparle me culpan.

Sale PEDRO.

Ped. ¡Qué largo ha sido el camino!
Y es, porque, al que huye, parece
Que el miedo le pone grillos.
¿Quién vió tomar por sagrado,
Por amparo y por asilo
Del delincuente la casa,
Donde cometió el delito?
Esta es mi señora. — Dame,
Pues que tan dichoso he sido,
El enano de los pies,
Ese de los puntos niño,
Benjami de los juanetes,
Y de las hormas resquicio;
Y dime, por vida mia,
Si mi señor ha venido
Por acá?

Isab. Pedro, tú vengas
Con bien. Seguro imagino
Estás aqui dél; porque él,
Por cosas que han sucedido
En tu ausencia, vive ausente.

Ped. Ya lo sé; mas no me fio
Deso yo, porque, si ahora
No está por acá, yo afirmo
Que esté presto.

Isab. De qué suerte?

Ped. Porque, habiendo yo venido,
No tardará mucho él;
Que ha tomado por oficio
El andarse tras mí, hecho
Fantasmita de poquito,
Vision de capa y espada,
Y de mi temor vestiglo.

Sale JUAN BAUTISTA.

Baut. Si le condenan á muerte, [*aparte.*
Como merece el delito,
Seguro estoy, que no vuelva
Á Salvatierra; que el dicho
Basta para destruirle;
Y este es el intento mio.
Pero aquella es Isabel. —
Dichoso el que ha merecido
Llegar á tocar la esfera,
Por donde á rayos y visos
Alumbran luces de oro
Esos orbes cristalinos,
Ese sol, planeta humano,
Noble envidia del divino.

Isab. Basta, Juan Bautista, basta;
Y si hasta aqui le has tenido
Por tal, ya no es sol, planeta
De resplandores vestido,
De rayos sí, fulminados
Dentro de mi pecho mismo,
Donde son iras las luces,
Que el viento ilumina en giros.
En vano es, necio, grosero,
Que loco y desvanecido
Al sol que dices llegaste
Tan engañado al altivo
Vuelo, que hoy te da sepulcro,
Sin ser tálamo de vidrio,
En las cenizas de un pecho,
Que ya es cárcel del olvido.
¿Quién de los agravios hechos
Alevosamente hizo
Lisonja? ¿Torpes venganzas
Son méritos y servicios,
Para conquistar mi amor?

Si te hallabas ofendido
De mi hermano, con la espada,
Cuerpo á cuerpo, en desafio,
Fuera digno desagravio,
Y de mas favores digno;
Pero con la lengua no.
Mas no me espanto ni admiro,
Que á las espaldas se venguen
Cobardes, que no han podido
Cara á cara. Esta mudanza
Ha ocasionado aquel dicho;
Porque ¿á quién no desobliga
Un ruin trato, un mal estilo? [*Vase.*

Baut. Escucha, Isabel!

Cas. Con causa
Se queja. [*Vase.*

Baut. Infeliz he sido!
Por donde pensé ganar
Mas á Isabel, la he perdido.
¡Á cuantos, cielos, á cuantos
Han muerto los beneficios!

Ped. Si es que te deja el pesar
Libre y en tu entero juicio,
Da los brazos al que ausente
Por tu causa ha padecido
Un destierro y muchos sustos.

Baut. Pedro? Seas bien venido.

Ped. Á tu servicio.

Baut. Si tú
Vinieses á mi servicio,
¡Qué dichoso fuera yo!

Ped. Habla, y verás si te sirvo.

Baut. ¿No vives con Isabel?

Ped. Hoy he vuelto, é imagino,
Que habré de estarme en su casa;
Que en fin es mi centro antiguo.

Baut. Si tú esta noche me abrieses
La puerta, porque atrevido
Llegase á satisfacerla
Destas cosas, que la han dicho
De mí, quedaré obligado
Á darte un rico vestido.

Ped. ¿Qué puedo perder yo en eso?
Á abrir la puerta me obligo.
Mas ha de ser desta suerte:
Llamando tú, yo advertido
La abriré, sin preguntar
Quien es, pues con artificio
Tú entrarás, sin parecer
Que tengo yo culpa.

Baut. Has dicho
Bien. Y pues ya el sol se esconde,
Quiero irme. Prevenido
Está, que yo vuelvo luego. [*Vase.*

Ped. Á los alcahuetes digo,
Que son de amor gariteros;
Vaya un discurso al garito.
Pone un gariter casa,
El alcahuete es lo mismo,
Los galanes son tahures,
Y entran en ella infinitos.
De aqueste juego el tahur,
Que da palmadas y gritos,
Es el zeloso; que siempre
Zelos son voces y ruido,
El que pierde, y el que calla,
Es tahur á lo ministro,
Que entra y paga su dinero,
Sin sentirlo, con sentirlo.
El que juega sobre prenda,
Es el amante novicio,
Que saca del mercader,
Ya la joya, ya el vestido.
El que hace alicantina,

Es el amante entendido,
Que pierde, y dice: esto es hecho;
Necio el que pierde continuo.
Sobre palabra, es aquel
Que promete, y que cumplido
El plazo, paga. El galan,
Que sirve por lo entendido,
Con papeles estudiados,
Es el fullero del vicio,
Pues juega con cartas hechas.
Los mirones, que han venido
Á enfadar, sin dar provecho,
Son los vecinos prolijos;
Que del garito de amor
Mirones son los vecinos.
Las barajas deste juego
Son las damas; bien se ha visto
Ser todas ellas barajas.
Y para el barato, digo,
Que, cuando hay baraja nueva,
Tiene seguro el partido.
Y al fin de cualquiera suerte,
Dándole al discurso mio
Pago el garito, jamas
Escarmienta, aunque le hizo
Denunciacion la justicia;
Pues le ha de costar lo mismo
La causa. Y asi yo ahora,
Sin temer otro peligro,
Conmigo he de desquitarme
De lo que perdí conmigo.
Pero Isabel es aquesta.

Sale ISABEL.

Isab. Casilda, pues que ya el sol
En el piélago español
Lecho de cristal apresta,
Donde abrasado se acuesta,
Cierra esa puerta, y aqui
Tú é Ines cantad; que asi
En parte podré aliviar
Mi tristeza y mi pesar.
Cantad tono triste. Di,   [*Llaman.*
Ines, ¿oiste que á la puerta
Llamaron? Quien es no sé
Á estas horas.
Ped.   Yo pondré, [*aparte.*
Que es el galan, que concierta,
Que yo se la tenga abierta.
Yo responderé.
Isab.   Ve pues;
Pero, sin saber quien es,
No abras.
Ped.   No haré, claro está; [*aparte.*
Y es verdad, pues lo sé ya.   [*Vase.*
Isab. Desde el cabello á los pies
Temblando estoy. ¿Qué desvelo
Es este que me atormenta?
¿Y qué ilusion me fomenta,
Convertida en nieve y hielo,
Una desdicha en rezelo?

Vuelve PEDRO *asustado.*

Ped. Señora!
Isab.   Qué sucedió?
Ped. Abrí la puerta, y se entró
Un hombre en casa embozado. —
Bien asi me he disculpado. [*aparte.*

Sale LUIS PEREZ.

Isab. ¿Quién aqui se ha entrado?
Luis.   Yo.
Ped. Qué miro! [*aparte.*
Luis.   Yo soy, que vengo

Á verte.
Isab.   Válgame Dios! [*aparte.*
Luis. ¿Pues de qué os turbais los dos?
Ped. ¡O qué lindo miedo tengo! [*aparte.*
Aqui esconderme prevengo.
Isab. ¿Pues cómo te has atrevido
Á venir tan presumido
Aqui, sin ver el rigor
De un juez Pesquisidor,
Que de la corte han traido
Contra tí, y en rebeldía
Te tiene...... (Desdichas fieras!)
Luis. Di.
Isab.   Condenado á que mueras?
Luis. No es la mayor pena mia
Esa, pues que ya venia
Dispuesto siempre á morir
Hombre, que viene á sentir
Tus agravios.
Isab.   No te entiendo.
Luis. Yo remediarlo pretendo,
No lo pretendo decir.
Y pues á aquesto he venido,
Fia de mí, que lo haré.
Y mientras que yo no sé
Este juez á qué ha venido,
No tendré entero sentido.
Di todo lo que ha pasado,
Di lo que hay averiguado
Contra mí.
Isab.   Yo no sé mas
De que á pregones estás
Públicamente llamado;
Tu hacienda toda embargada,
Y á mí para mi sustento
Me dan un pobre alimento;
Mas del pleito no sé nada.
Luis. No hables, hermana, turbada;
Que, si yo he venido aqui,
Es solamente por tí,
Porque pretendo llevarte
Conmigo; que en esta parte
No estás bien, pobre y sin mí.
Isab. Y dices bien; que no quiero
Dar á algun Icaro alas;
Que hay para un traidor escalas,
Y vuela mucho el dinero.
Luis. De tus razones infiero
Cosas, que han asegurado.
Mas me aflige otro cuidado.
Isab. Y es?
Luis.   El no saber, qué tiene
Escrito el juez contra mí;
Y no he de ausentarme asi;
Que el saberlo me conviene.
Isab. De quién lo sabrás?
Luis.   Previene
Averiguarlo el valor
Del original mejor;
Y pues ausencia he de hacer,
Vive Cristo, que ha de ser
Por algo. Y asi, traidor,
Empiece en tí mi crueldad.
Ped. Mejor es que acabe en mí,
Empieza en otro.
Luis.   Tú aqui?
Ped. Oye, y sabrás la verdad.
Viendo, que necesidad
Tenias......
Luis.   Pasa adelante.
Ped. Tú de venir, al instante
Vine, porque me debieses,
Que la cara no me vieses.
Luis. Cómo?

Ped.   Viniendo delante.
Luis.   Muere, traidor!
          [*Dale, y cae como que está muerto.*
Ped.   Muerto soy!
          Jesus, confe......!
Luis.   Ven conmigo;
          Que yo á librarte me obligo
          De tantas desdichas hoy. —
          Y pues á su lado estoy, [*aparte.*
          De la Troya deste fuego
          La he de librar, pues que llego,
          Cielos, á verla abrasar.
          Fama al mundo ha de quedar
          De Luis Perez el Gallego.
[*Vanse, y levántase Pedro, mirando por donde van.*
Ped.   ¡O bendita mortecina!
          Pues ahora me valiste,
          Sin duda para mí fuiste
          Invencion santa y divina.
          ¡Qué bien su dicha imagina
          El que se encomienda á vos!
          Y pues se fueron los dos,
          Yo escaparé como un rayo
          De un milagro del soslayo,
          Y aquello de quiso Dios.   [*Vase.*

Salen el JUEZ PESQUISIDOR y un Criado.

Juez.   Poned en aquesta sala,
          Que corre fresco, un bufete,
          Con recado de escribir,
          Y todos esos papeles;
          Que quiero mirar ahora
          Por ellos lo que conviene
          Hacer, y de los testigos
          Lo que dicen cerca deste
          Caso, que he de averiguar.
Criad. Ya aqui prevenido tienes
          Cuanto mandaste, señor.

          Sale otro Criado.

Cria. 2. Un forastero pretende
          Hablarte, y dice, que al caso
          Que has venido es conveniente
          Que le escuches.
Juez.   Será aviso
          Sin duda. Decidle que entre.

Salen LUIS PEREZ y MANUEL al paño.

Luis.   Quédate tú en esta puerta,
          Manuel, y á ninguno dejes,
          Mientras que yo estoy hablando,
          Que á ver ni escuchar se llegue.
Man.   Qué es entrar? Llega seguro,
          Y no hayas miedo, que deje
          Entrar á persona alguna,
          Si no fuere yo. Esto advierte.   [*Vase.*
Luis.   Beso al señor Juez las manos,
          A quien suplico se siente,
          Y quede solo; que tengo
          Que hablar cosas, que convienen
          A la comision, que trae.
Juez.   Idos luego.
                  [*Vanse los Criados.*
Luis.   Por si fuere
          Largo, me dareis licencia
          De tomar un taburete.
Juez.   Siéntese Vuesa Merced. —
          Sin duda algun caso es este [*aparte.*
          De importancia.
Luis.   ¿Vuesarced
          Cómo en Galicia se siente

          De salud?
Juez.   Con ella estoy
          Para serviros. — Si fuese [*aparte.*
          De importancia.
Luis.   Pues al fin
          Vuesa Merced me parece,
          Señor Juez, que aqui ha venido
          Contra ciertos delincuentes.
Juez.   Sí, señor, un Don Alonso
          De Tordoya y un Luis Perez.
          Contra el Don Alonso es
          Sobre haber dado la muerte
          A un Don Diego de Alvarado,
          Noble y valerosamente
          En el campo cuerpo á cuerpo.
Luis.   ¿Sepamos qué caso es este
          Para traer de la corte
          Un hombre docto y prudente,
          Y sacarle del regalo,
          Que á su cómodo conviene,
          A averiguar una cosa,
          Que á cada paso sucede?
Juez.   No es el alma del negocio
          Esta; que la mas urgente
          Del caso es la resistencia
          De la justicia, y ponerse
          A herir un Corregidor,
          Un bellaco, un insolente
          De un Luis Perez, hombre vil,
          Que aqui vive de hacer muertes
          Y delitos. ¿Pero yo
          Cómo hablo de aquesta suerte,
          Dando parte de mi intento,
          Sin saber quien sois? Conviene
          Que me digais, qué quereis;
          Porque no es cosa decente
          Hablar, sin saber con quien.
Luis.   Yo lo diré fácilmente,
          Si en eso no mas estriba.
Juez.   Pues decidlo ya.
Luis.   Luis Perez.
Juez.   Hola, criados!

          Sale MANUEL.

Man.   Señor,
          Qué es lo que mandas? qué quieres?
Juez.   Quién sois vos?
Luis.   Un camarada
          Mio.
Man.   Y soy tan obediente
          Criado vuestro, que estoy,
          Porque otro ninguno entre
          A serviros, sino yo,
          El tiempo que aqui estuviere. [*Vase.*
Luis.   Vuesa Merced, señor Juez,
          No se alborote, y se siente
          Otra vez; que falta mucho
          Que hablar.
Juez.   Consejo es prudente [*aparte.*
          No aventurar hoy mi vida
          Con unos hombres, que vienen
          Tan restados, que sin duda
          Vendrá con ellos mas gente. —
          ¿Pues qué quereis en efecto?
Luis.   Yo he estado, señor, ausente
          Algunos dias; hoy vine,
          Y hallando con diferentes
          Personas, todas me han dicho,
          Como Vuesa Merced tiene
          Un proceso contra mí.
          Preguntando qué contiene?
          Unos dicen una cosa,
          Y otros otra. Yo, impaciente,

Por no saber la verdad,
Tuve por mas conveniente
El venir á preguntarla
Á quien mejor la supiese.
Y asi, señor, os suplico,
Si ruegos obligar pueden,
Me digais, qué hay contra mí,
Porque yo no ande imprudente
Vacilando en qué será
Lo que me acusa ó me absuelve.
Juez. No es mala curiosidad.
Luis. Soy curioso impertinente.
Mas si no quiere decirlo,
Este el proceso parece,
Él lo dirá, y no tendré,
Señor Juez, que agradecerle.
          [Toma el proceso.
Juez. Qué haceis?
Luis.   Ojeo un proceso.
Juez. Mirad!
Luis.   Vuesarced se siente
Otra vez; que no quisiera
Decírselo tantas veces.
La cabeza del proceso
Es esta; no pertenece
Á mi intencion, pues ya sé,
Mas ó menos, qué contiene.
Vamos á la informacion.
El primer testigo es este.
[lee] „ Y habiendo tomado en forma
Juramento á Andres Ximenez,
Declaró, que al tiempo, y cuando
Vinieron los dos valientes
Caballeros, él cortaba
Leña, y que secretamente
Riñeron solos los dos,
Y que al fin de un rato breve
Cayó en el suelo Don Diego.
Y que mirando que viene
Á este tiempo la justicia,
El Don Alonso pretende
Escaparse en un caballo,
Á quien en el suelo tienden
De un arcabuzazo. Y luego,
Procurando velozmente
Escaparse, llegó á pie
Á la quinta de Luis Perez;
(Aqui entro yo) el cual le dijo
Con palabras muy corteses
Al Corregidor, dejase
De seguir tan cruelmente
Á un caballero, y no quiso;
Y él, puesto en medio, defiende
El paso, y resiste osado
Al Corregidor. No puede
Decir, porque él no lo sabe,
Donde ni cuando le hiriese.
Esto declara, so cargo
Del juramento, que tiene
Hecho." — *[repr.]* Y dice la verdad;
Que es un hombre Andres Ximenez
Muy de bien y muy honrado.
Segundo testigo es este.
[lee] „ Gil Parrado, que al ruido
De la confusion y gente
Se salió de Salvatierra,
Y llegó cuando pudiese
Ver á Luis Perez riñendo
Con todos, y pudo verle
Despues arrojar al rio,
Y no sabe mas." — *[repr.]* ¡Qué breve
Y compendioso! Tercero,
Juan Bautista. Veamos este
Cristiano viejo, que dice.

[lee] „ Que él estaba entre unos verdes
Árboles, cuando salieron
Á reñir, y que igualmente
Reñian, cuando salió
De una emboscada Luis Perez,
Y al lado de Don Alonso
Se puso, y los dos aleves
Dieron la muerte á Don Diego
Cobarde y traidoramente." —
[repr.] ¿Quiere usted, o señor Juez,
Saber mejor quien es este
Hombre? Pues es tan infame,
Que confiesa claramente,
Que una traicion vió, y se estuvo
Quieto, vive Dios, que miente!
[lee] „ Que se puso Don Alonso
En el caballo; y por verse
Luis Perez á pie, se opuso
Á la justicia, á quien hiere
Y mata." — *[repr.]* Este es un Judío!
Dad licencia que me lleve
Este hoja; que yo mismo *[Arranca una hoja*
La volveré, cuando fuere
Menester, porque he de hacer
Á este perro, que confiese
La verdad, aunque no es mucho,
Y es verdad, que no supiese
Confesar este Judío,
Porque ha poco que lo aprende.
Y si es que atento á lo escrito
Deben sentenciar los jueces,
No han de ser falsos testigos;
Que tambien los jueces deben
Escuchar en el descargo.
Vuesa Merced considere
Qué delito cometí
En estarme quietamente
Á la puerta de mi quinta.
Si alli la desdicha viene
Á buscarme, ¿cómo puedo
Huirme della? Y si lo advierte,
Desdicha, que no se busca,
La disculpa el que es prudente.
Uno [dent.] Toda la gente está junta.
El que está dentro es Luis Perez.
Entrad, prendedle!
Man.[dent.]   Está aqui
Un monte, que le defiende.
Luis. Manuel, dejadles la puerta;
Que ya no importa que entren,
Pues sé lo que he pretendido;
Y vereis, que los que quieren
Entrar por la puerta, salen
Por las ventanas.
Voces [dent.]   Prendedle!
Juez. Deteneos! — Yo os prometo,
Como hombre de bien, Luis Perez,
Si os dais á prision, de ser
Vuestro amigo eternamente.
Luis. No quiero amigos letrados;
Que no obligan á los jueces
Las palabras, que ellos hacen
Á propósito las leyes.
Juez. Ved, que si os os dais, que puedo
Daros en pública muerte
El castigo.
Luis.   Aqueso sí;
Dádmela cuando pudiéreis.
Juez. Pues ahora no puedo?
Luis.   No;
Porque en mis brazos valientes
Estoy seguro.
Juez.   Llegad,
Matadlos, si se defienden.

Salen los Alguaciles.

Man. Á ellos, Luis Perez!
Luis.   ¡ Á ellos,
Valeroso Manuel Mendez!
Las luces he de matar,
Á ver, si á obscuras se atreven.
Unos. Qué asombro!
Juez.   Qué confusion!
Luis. ¡ Canalla, viles, aleves!
¡ Nombre ha de quedar famoso
Hoy del Gallego Luis Perez!
[*Pónense los dos á un lado, la justicia y los Algua-
ci l e s á otro, y métenlos á cuchilladas.*

JORNADA III.

Salen LUIS PEREZ, ISABEL, DOÑA JUANA
y MANUEL.

Luis. Este monte eminente,
Cuyo arrugado ceño, cuya frente
Es dórica coluna,
En quien descansa el orbe de la luna
Con magestad inmensa,
Nuestro muro ha de ser, nuestra defensa.
Y pues que no pudieron
Prendernos los cobardes, que vinieron
De la ocasion llamados,
Contra solos dos hombres tan honrados,
Pierdan ya la esperanza
De lograr con mi muerte la venganza;
Pues es fuerza que ahora
Quien el camino que he elegido ignora,
En otra parte sea
Donde me busque. ¿Quién habrá, que crea,
Que aseguro mi vida
En un monte cerrado y sin salida?
Pues por aquella parte
Es nuestra tierra, y por esotra el arte
De la naturaleza,
Con las ondas del rio y la aspereza,
Que sus muros defiende,
Foso es de plata, que abrazar pretende
Este verde Narciso,
Que á su cristal desvanecerse quiso,
En cuyo centro fuerte
Habemos de vivir de aquesta suerte.
La intrincada maleza
Depósito ha de ser de la belleza
De tu esposa y mi hermana.
Aqui estarán en esta selva ufana,
Dando al tiempo colores,
Nieve al Enero, como al Mayo flores.
De noche á esta pequeña
Aldea, que es lunar de aquella peña,
Podemos retirarnos,
Seguros que no vengan á buscarnos;
Los dos nos bajaremos
Á los caminos, donde pediremos
Sustento á los villanos
Destas aldeas. Pero no tiranos
Hemos de ser con ellos;
Que solamente lo que dieren ellos
Habemos de tomar. Desta manera
Hemos de estar, hasta que el cielo quiera,
Que, habiéndonos buscado,
Hayan perdido el tiempo y el cuidado,
Y seguros podamos
Salir de aqui, y á otra provincia vamos,
Donde desconocidos,

De la fortuna estemos defendidos,
Si será parte alguna
Reservada al poder de la fortuna.
Man. No es novedad, Luis Perez generoso,
Hallar un homicida valeroso
En la casa del muerto
Sagrado, amparo y puerto;
Que como no presume ni malicia,
Que esté alli, la justicia
No le busca: de suerte,
Que la vida le da á quien él dió muerte.
Asi nosotros hoy, parando en esta
Montaña, á los contrarios manifiesta,
No han de venir, aunque noticia tengan,
Á buscarnos á ella; y cuando vengan,
Solos los dos podremos
Hacernos fuertes, pues aqui tenemos
Las espaldas seguras,
Guardadas bien de aquestas peñas duras
Y destas ondas suaves,
Que se compiten en enojos graves,
Cuando, con igual brio,
Rio se finge el monte, monte el rio,
Siendo en varias espumas y colores
Peñasco de cristal y mar de flores.
Isab. Á los dos he escuchado,
Corrida, vive Dios, de haber mirado
El desprecio villano,
Con que los dos habeis dado por llano,
Que estais solos los dos en la campaña.
Yo, hermano, estoy contigo,
Y á imitarte me obligo,
Siendo mi brazo fuerte
Escándalo del tiempo y de la muerte.
Jua. Yo vengo á ser aqui la mas cobarde;
Llegue mi queja pues, aunque sea tarde,
Que yo tambien me ofrezco
Á matar y á morir.
Luis.   Yo os agradezco
El aliento atrevido,
Aunque en las dos han sido
Errados pareceres;
Que las mugeres han de ser mugeres.
Nosotros dos bastamos
Á defenderos. Con aquesto vamos,
Manuel, hasta el camino,
Donde hallar el sustento determino.
Las dos esperad en este puesto.
Isab. Rogando al cielo, que volvais tan presto,
Que ignore el pensamiento,
Si estuvísteis ausentes un momento.[*Vanse las dos.*
Luis. Ya que en aquesta montaña
Aseguradas se ven
Hoy mi hermana y vuestra esposa,
No sin causa os aparté;
Porque, ya que hemos quedado
Los dos solos, Manuel,
Quiero en un negocio grave
Tomar vuestro parecer.
Anoche, cuando leí
En la casa de aquel juez
Mi proceso, hallé un testigo
Tan infame y falso en él,
Que decia, que habia visto,
Como Don Alonso fue
Acompañado conmigo
Á la campaña, y tambien,
Que traidoramente dimos
Muerte alevosa y cruel
Á Don Diego de Alvarado
Los dos. Ved ahora, ved,
Como se pueden sufrir
Atrevimientos de quien
Con la lengua ha pretendido

Deslucir y deshacer
Acciones de un desdichado,
Que en este estado se vé,
Sin tener culpa mayor,
Que ser tan hombre de bien.

Man. ¿Y quién es ese testigo?

Luis. Cuando lo sepais, vereis,
Que es mayor mi sentimiento,
Porque Juan Bautista es.

Man. Es un cobarde; y asi,
Luis Perez, no os admireis;
Que el cobarde siempre apela,
Como sin valor se vé,
Del tribunal de las manos
Á la lengua y á los pies.
Vamos, y en medio del dia,
Sin rezelar ni temer
La muerte, públicamente,
Delante del mismo juez,
Saquémosle de su casa,
Ó donde quiera que esté,
Y llevémosle á la plaza,
Donde diga, como es
Testigo falso; que yo,
De mirar que le dejé
Vivo la noche de marras,
Estoy picado tambien.

Luis. Esto ha de ser en efecto,
Amigo; pero ha de ser
Disponiéndolo mejor;
Y las pendencias sabed,
Que han de ser de dos maneras.
Este discurso atended.
Pendencia, que á mí me llame,
Como quiera que yo esté,
Me ha de hallar dispuesto siempre,
Salga mal, ó salga bien;
Mas la que yo he de buscar,
Con mi seguro ha de ser;
Que del nadar y el reñir
El guardar la ropa fue
La gala. Gente he sentido;
Llegad conmigo, vereis
Del modo que he de vivir,
Tomando lo que me den,
Sin hacer agravio á nadie;
Que soy ladron muy de bien.

Sale LEONARDO.

Leon. Saca, Mendo, esos caballos
Desta montaña; porque
En su amena poblacion
Un rato quiero ir á pie.

Luis. Bésoos las manos, señor.

Leon. Vengais, hidalgo, con bien.

Luis. ¿Adónde bueno camina,
Con tal sol, Vuesa Merced?

Leon. Á Lisboa.

Luis.   Y de do bueno?

Leon. Hoy salí al amanecer
De Salvatierra.

Luis.   Dichoso
Soy, que deseo saber,
Qué hay de nuevo en Salvatierra,
Y haréisme mucha merced
En decírmelo.

Leon.   No hay
Cosa digna de saber,
Sino solo travesuras
De un hombre, que dicen que es
Escándalo desta tierra
Con su vida, el cual, despues
De herir un Corregidor
Un dia, por no sé qué,

Y matar un criado suyo,
Anoche en casa del Juez
Pesquisidor diz que entró,
Por curiosidad á leer
Su proceso.

Luis.   Es muy curioso.

Leon. Y queriéndole prender,
De entre todos se escapó,
Con un hombre, que tambien
Dicen, que es facineroso
Y homicida, como él.
Anda toda la justicia
Buscándolos; pienso que,
Segun tienen los deseos,
No se escaparán por pies.
Esto hay de nuevo.

Luis.   Yo ahora
Quisiera de vos saber,
Señor, (que, en lo que habeis dicho,
Hombre cuerdo pareceis)
Qué es lo que hiciérades vos,
Si llegárades á ver
Un amigo en un aprieto,
Y que, echado á vuestros pies,
Os pidiera, que amparáseis
Su vida?

Leon.   Puesto con él
Á su lado, me restara,
Hasta morir ó vencer.

Luis. ¿Fuérades facineroso
Por eso?

Leon.   No.

Luis.   Y si despues
Os dijeran, que tenia
Hecha informacion el juez,
En que le probaba muertes
Y delitos por hàcer,
¿Procuráredes mirar
La causa, y della saber,
Quien era en ella testigo
Falso?

Leon.   Sí.

Luis.   Decidme pues
Otra cosa. Si este hombre
Llegase por esto á ver
Su persona perseguida,
Sin hacienda, y sin tener
Con que sustentar su vida,
¿No hiciera, señor, muy bien
En pedirlo?

Leon.   Quién lo niega?

Luis. Y si aqueste tal, á quien
Lo pidiese, no lo diese,
¿No hiciera tambien muy bien
En tomarlo?

Leon.   Claro está.

Luis. Pues si está claro, sabed,
Que soy Luis Perez, que vivo
De la manera que veis,
Y que os pido socorrais
Mi desdicha. Ahora ved
En que obligacion estoy,
Si vos, señor, no lo haceis.

Leon. Para un caso tal, señor,
Luis Perez, no es mènester
Convencerme con razones;
Porque soy hombre, que sé
Lo que son necesidades.
Si esta cadena no es
Bastante para las vuestras,
Palabra os doy de volver
Con mi hacienda á socorreros.

Luis. Noble en todo pareceis.
Mas antes, señor, que tome

La cadena, he de saber,
Si me la dais por temor,
Ahora que solo os veis
En el campo.

Leon.   No os la doy,
Luis Perez, sino por ver
Vuestra desdicha; y lo mismo
Hiciera ahora á tener
Un escuadron de mi parte.

Luis. Con eso la tomaré;
Que de mí no ha de decirse,
Que cosa ruin intenté;
Pues cuando llegue á costarme
La vida el rigor cruel
De mi estrella y mi destino,
Consolado moriré
Con que la fama dirá:
Esta la justicia es,
Que manda hacer la fortuna
A este, por hombre de bien.

Leon. Mandais otra cosa?

Luis.   No.

Leon. Luis Perez, el cielo os dé
La libertad que deseo.

Luis. Acompañándoos iré,
Hasta salir deste monte.

Leon. Amigo, no hay para qué.   [*Vase.*

Man. Bueno es querer reducir
Á estilo noble y cortes
El hurtar.

Luis.   Esto es pedir,
No es hurtar.

Man.   Quien llega á ver
Dos hombres desta manera
Pidiendo limosna, ¿es bien
Se la nieguen?

Salen dos Villanos.

Vill. 1.   He comprado,
Como os digo, todo aquel
Majuelo de somo el valle.

Vill. 2. ¿El que de Luis Perez fue?

Vill. 1. Él mismo; que la justicia
Lo vende todo, porque
De aqui ha de pagar las costas
Al escribano y al juez,
Y asi le llevo el dinero.

Luis. Este conocido es,
Seguro puedo llegar,
Porque sus entrañas sé. —
Anton, qué hay de nuevo?

Vill. 1.   Luis?
Qué es esto? ¿Aqui os atreveis
Á estar, cuando el mundo os busca?

Luis. ¿Con mi riesgo no podré?
En fin esto no es del caso.
Pues sois mi amigo, atended:
Yo tengo necesidad,
Cosa infame no he de hacer,
Vos llevais ahí dineros
Con que ayudarme podeis,
Ni me le dejar morir,
Ni yo os tengo de ofender;
Y asi os podeis ir seguro;
Vos mirad como ha de ser,
Y dése en esto algun corte,
Que á todos nos esté bien.

Vill. 2. ¿Qué medio se puede dar,
Sino que vos le tomeis? —   [*Ddselo.*
Con esto guardo mi vida;   [*aparte.*
Que á negarlo, cierto es,
Que aqueste me la quitara.

Luis. Yo el dinero tomaré,
Pero advirtiendo primero,

Que es porque vos le ofreceis
De muy buena voluntad.

Vill. 1. Que la tengo, bien se vé,
De serviros. Pero á mí
Me ha de hacer falta tambien.

Luis. Eso no entiendo. ¿De suerte,
Que vos, si pudiera ser
Defenderlo, no lo diérais?

Vill. 1. Está claro.

Luis.   Pues volved
Á tomar vuestro dinero,
É id con Dios; porque no es bien
Que se diga de Luis Perez,
Que robó á alguno; porque
Decirse de mí, que yo
Necesitado tomé
De quien me dió, poco importa;
Pero decirse, que fue
Con violencia, importa mucho.
Tomad el dinero pues,
É idos con Dios.

Vill. 1.   Qué decis?

Luis. Digo, amigo, lo que veis.
Id con Dios.

Vill. 1.   De tus contrarios
El cielo te libre, amen.
Yo llevo aqui seis doblones,
No lo sabe mi muger,
Dellos te puedes servir.

Luis. Ni una blanca tomaré.
Idos con Dios; que ya es tarde,
Y ya el sol se va á poner.
        [*Vanse los Villanos.*

Sale DON ALONSO.

Alon. No en vano, amistad, mandó
La gentilidad hacer
Altares á tu deidad,
Pues eres la Diosa á quien
El humano pensamiento
Da su adoracion con fe;
Pues llego buscando asi,
Por ser amigo fiel,
Uno á quien debo la vida;
Que no es de la amistad ley,
Que, porque él me deje solo,
Haya de dejarle á él.
Gente hay aqui; cubrir quiero
El rostro, por si me ven.

Luis. Caballero, la fortuna
Fuerza á dos hombres de bien
Á pedir desta manera,
Que algun socorro les dé,
Por no tomarlo de otra.
Si es que ayudarnos podeis
Con algo, que no haga falta,
Nos hareis mucha merced,
Y si no, ahí está el camino,
Y á Dios, que os lleve con bien.

Alon. Luiz Perez, de mi dolor
Mi llanto respuesta os dé,
Y mis brazos. Qué es aquesto?

Luis. ¿Qué es lo que mis ojos ven?

Alon. Dadme mil veces los brazos.

Luis. ¿Cuando en el mar os juzgué,
Cortesano de las ondas,
Y vecino de un bajel,
Á Salvatierra venis?
Decidme, señor, á qué?

Alon. Buscándoos; porque yo apenas
Desde la playa miré
La armada, y para embarcarme
En la lancha puse el pié,
Cuando me acordé de vos,

Y tan corrido me hallé
De haberos dejado, Luis,
Venir, que determiné
Seguiros, por no pasar
Con tal cuidado. Esto es
Ser amigo; que un amigo
No se ha de dejar perder
Por un agravio que haga,
Pues de la suerte que veis,
El agravio que me hicísteis
Tengo de satisfacer.
A morir llego con vos;
Aqui, amigo, me teneis.
¿Qué quereis hacer de mí?

Luis. Dadme mil veces los pies.
Alon. Dadme vos cuenta de vos.
Luis. En este monte Manuel
Y yo vivimos, vendiendo
Las vidas al interes
De mas vidas.

Alon.   Ya he venido
Yo, y esto, Luis, ha de ser
De otra suerte. Aquesa aldea,
Que está dese monte al pie,
Es mia. Si yo entro en ella
En el trage que me veis,
En la casa de un vasallo,
De quien fiarme podré,
Viviremos mas seguros,
Hasta que determineis
El negocio á que venis,
Y que es lo que habeis de hacer.
Esperadme en este puesto;
Dispondrélo, y volveré
Á avisaros; y en efecto
Para el mal y para el bien
Hemos de correr desde hoy
Una fortuna los tres.   [*Vase.*

Luis. Qué amigo!
Man.   Por esta parte
Viene un confuso tropel
De gente.   [*Ruido dentro.*

Luis.   Estos muchos son.
Apelemos á los pies,
Y á la aspereza del monte.

Man. Si pretendemos correr,
Las ramas, lenguas del bosque,
Dirán, que anda gente en él.
Qué haremos?

Luis.   Aquestas peñas
Sean rústico cancel,
Que nuestras personas guarden;
Pues aqui estaremos bien,
Entre estas peñas echados.

Man. Ya será fuerza tener
Ese por mejor remedio,
Pues no hay otro que escoger;
Que llegan cerca.

Luis.   Montañas,
Sepulcro de un vivo sed,
Diráse de mí, que voy
Al sepulcro por mi pie.

[*Échanse Luis Perez y Manuel en el suelo, quedando encubiertos con algunas ramas.*

Salen Doña Leonor, Juan Bautista
y criados.

Baut. Aqui, señora, entre las varias flores,
Defendida de pálidos doseles,
Que defienden al sol los resplandores,
Coronadas de mirtos y laureles,
Puedes, haciendo alfombras sus colores,
De los rayos huir iras crueles,
Pues la saña del sol en este monte

Precipicios avisa de Faetonte.

Leon. No puedo, aunque de esferas de diamante
Lleva rayos el sol, volver un paso
Atras, pues la salud del Almirante
Me llama á ser aurora de su ocaso.
Con todo esperaré este breve instante,
Por ver, si el sol, desvanecido acaso,
Se emboza en las cortinas de una nube,
Altiva garza, que á los cielos sube.

Salen el Juez *y* Alguaciles.

Juez. Andando ahora en busca, o Leonor bella,
Destos hombres, á quien el cielo esconde,
Pues un rastro, una estampa, ni una huella
Á mi solo deseo corresponde,
Supe la nueva triste, que atropella
Vuestra inquietud, y vine luego, donde
Ninguna ocupacion, señora, impida
Rendir á vuestras plantas esta vida.

Luis. Manuel, ois?   [*aparte.*
Man.   Mas quedo hablad.
Luis.   Supuesto
Que á castigar ese traidor villano
Con pública venganza estoy dispuesto,
¿Qué ocasion podrá hallar jamas mi mano
Mejor, que verle ahora en este puesto,
Donde alabanza, honor y gloria gano,
Volviendo por mi honor, y el de un amigo,
Juntando el juez, la parte y el testigo?

Luis. Yo salgo.
Man.   Mirad bien.
Luis.   Ya estoy restado;
Mi honor defiendo á riesgo de mi vida.

Man. Llegad, pues que ya estais determinado;
Que yo no es bien que vuestro honor impida.
Mas esperad un poco; que ha llegado
Mucha gente.

Luis.   Ay de mí! Ya veo perdida
La ocasion.

Leon.   Gente viene.
Juez.   Hola! qué es eso?

Salen algunos hombres, que traen á Pedro
agarrado.

Homb. 1. Un hombre, que del monte traen preso.
Uno. Este villano, señor,
Fue de Luis Perez criado,
Camino le hemos hallado
De Portugal. Y en rigor,
Sabe dél, porque aquel dia,
Que Luis Perez se ausentó,
De Salvatierra faltó,
Volvió ayer, y ahora huia.

Juez. Muy grandes indicios son.
Ped. Sí, señor, lo son muy grandes;
Porque en Alemania, en Flándes,
En la China y el Japon
Que yo esté, ya estará él.

Juez. Pues di, ahora dónde está?
Ped. Presto á buscarme vendrá;
Que es un amo tan fiel,
Que hoy, (mirad, que esto os digo)
Si preso me llega á ver,
Él se dejará prender,
Por solo encontrar conmigo.

Juez. Dónde está en fin?
Ped.   No lo sé;
Mas me atreveré á jurar,
Que cerca debe de estar.

Juez. De qué lo infieres?
Ped.   De que,
Si sabe que estoy yo aqui,
Es fuerza que esté tambien,
Porque me quiere muy bien,

Y no se aparta de mí.
Y hablando de veras, digo,
Que, si donde está supiera,
Luego al punto lo dijera,
Por huir de su castigo;
Pues el mayor, que yo espero,
Es Luis Perez. Si falté
Desta tierra, señor, fue
Huyendo rigor tan fiero;
Fui á Portugal, y en él ví
Á Luis aquel mismo dia;
Paséme á la Andalucía,
Y tambien ví á Luis alli;
Volvíme á esta tierra, y luego
Luis á esta tierra volvió,
Donde anoche me dejó
Por muerto. Libre del fuego
Me ví, y quíseme escapar,
Ausentándome otra vez,
Y esta gente, señor Juez,
Me alcanzó al primer lugar.
Prendiéronme por criado
Suyo; pero no lo soy.
Á vuestras plantas estoy,
De ningun modo culpado.
Mas digo, que si á mi amo
Quereis cazar, me pongais
En el campo donde estais,
Por señuelo y por reclamo;
Que yo pondré la cabeza,
Si él á picar no viniere,
Y en vuestra red no cayere.

Juez. Tu locura ó tu simpleza
No te han de librar de mí.
Dime presto donde está,
Ó un potro decirlo hará.

Ped. Nunca buen ginete fui,
Y á saberlo, cosa es clara,
Que, huyendo dolor tan fiero,
Me desbocara primero
Que el potro se desbocara;
Pero no lo sé.

Juez. Ahora bien;
Á esa aldea le llevad
Preso, y alli le encerrad,
Asistiéndole muy bien,
Hasta que traza se dé
De que á Salvatierra vaya;
Y mucho cuidado haya
En guardarlo, pues se vé
En su brio y su desgarro,
Que es hombre de gran valor,
Supuesto que su señor
Se valió dél.

Ped. ¿Tan bizarro
Le he parecido? Por Dios,
De cuatro hombres que hay aqui
Sobran tres, de tres los dos,
De dos uno, y aun de uno
La mitad, de la mitad
El ninguno; y en verdad,
Que del ninguno el ninguno.
[*Vanse los Alguaciles, llevándole.*

Juez. Vamos.
Luis. Pues que ya se fueron
Los que las armas tenian,
Y que los cielos me envian
La ocasion, que pretendieron
Mis deseos, pues mejor
Nunca la pudiera hallar,
Que ver en este lugar
Juntos al Juez, á Leonor
Y á Bautista, sin mas guarda,
Que sus personas, no espero

Mejor ocasion, y quiero
Lograrla.

Man. Qué te acobarda?
Juez. ¿Dónde esta gente estará?

Salen MANUEL *y* LUIS.

Man. Aqui, si ignorarlo siente.
Luis. ¡Guarde Dios la buena gente!
Todos estamos acá.
Baut. ¡Cielos, qué es esto que miro!
Leon. Ay de mí!
Juez. El cielo me valga!
Luis. Ninguno deje su puesto,
Estense como se estaban,
Mientras que al señor Bautista
Le digo cuatro palabras.
Juez. Hola!
Luis. No, no os altereis.
Man. El llamar no es de importancia,
Si no quereis, que os respondan
Criados, que en vuestra casa
Os sirvieron otra vez.
Juez. ¿Asi mi poder se trata?
¿Asi el respeto se pierde
Á la justicia?
Luis. ¿Quién guarda
Mas su respeto, que yo,
Supuesto, señor, que en nada
Os ofendo, antes os sirvo
Con puntualidades tantas,
Que, porque vos no os canseis,
Buscándome en partes varias,
Vengo á buscaros?
Juez. ¿Asi
Os pone vuestra arrogancia
Delante de la señora,
Que es la parte á quien agravia
La traicion, que ha derramado
La sangre, que la venganza
Está pidiendo á los cielos,
Con lengua, que finge el nácar
Destas flores, que han vivido
Desde entonces con dos almas?
Luis. Antes con esto la obligo,
Pues que la quito la causa
De un rencor tan indignado
Á su sangre ilustre y clara,
Por haber crédito dado
Á un testigo, que la engaña.
Ó si no, decid, señora,
Si cuerpo á cuerpo matara
Don Alonso á vuestro hermano,
Sin traicion y sin ventaja,
¿Siguiérades rigurosa
El castigo y la venganza?
Leon. No; porque, aunque á las mugeres
Las leyes les son negadas
De los duelos de los hombres,
Las que mi valor alcanzan,
Saben las obligaciones,
Que se debe á una desgracia.
Si en igual campo á Don Diego
Hubiera muerto, en mi casa
Estuviera Don Alonso
Seguro de mi venganza.
Yo misma, viven los cielos!
La amparara y perdonara,
Á ser noble su desdicha.
Luis. Pues yo tomo esa palabra;
Y pues la ley del derecho
Nadie la ignora, asentada
Ley es, que se ratifique
El testigo, ó que no valga. —
Este, Bautista, es tu dicho.

Hele leido, y declara
Lo que es verdad y mentira.   [*Dale el papel.*
Leon. ¡Determinacion bizarra!   [*aparte.*
Luís. Primeramente tú aqui
Dices, que escondido estabas,
Cuando miraste reñir
Á los dos en la campaña.
Esta es verdad?
Baut.   Sí, lo es.
Luís. Dices, que de entre unas ramas
Me viste salir á mí,
Y ponerme con mi espada
Al lado de Don Alonso.
Pues sabes que aqui te engañas,
Di la verdad.
Baut.   Esta lo es.
Luís. Miente tu lengua tirana.
[*Dispara una pistola, y cae Juan Bautista en*
el suelo.
Baut. Válgame el cielo!
Luís.   Señor
Juez, Vuesa Merced añada
Aquesta muerte al proceso;
Y á Dios. — Tú, Manuel, desata
Los caballos, que han traido
Estos señores, y marcha;
Que pues aqui han de quedarse,
No les harán mucha falta. —
Á Dios.   [*Vanse los dos.*
Juez.   ¡Por vida del Rey,
Que tan soberbia arrogancia,
Ó me ha de costar la vida,
Ó ha de quedar castigada!
Baut. Escucha, señora, y sabe,
Que muero con justa causa;
Pues cuanto he dicho fingí,
Por conseguir á su hermana.
Don Alonso dió la muerte,
Cuerpo á cuerpo y cara á cara
Á tu hermano. Esto es verdad;
Que á voces lo diga basta,
Para que en mi triste muerte
Esta deuda satisfaga.

Vuelven á salir los que llevaban preso á PEDRO,
       y él resistiéndose.

Uno. Á la voz de la escopeta,
Lengua de fuego, que habla
Á los vientos, hemos vuelto
Á saber, si algo nos mandas.
Juez. Venid todos; que Luis Perez
Aqui en este monte aguarda.
Ped. ¿No lo dije yo, que habia
De venir tras mí sin falta?
Juez. Hoy han de morir; y aqui,
Porque aqueste no se vaya,
Que bien se vé estar culpado,
Queden dos hombres de guarda
Con él.
Ped.   Si era mi delito
Callar donde Luis estaba,
¿Yo no dije, que vendria,
Y vino? ¿Qué culpa hallan
En mí?
Juez.   Los dos nos quedemos
Con él. — Ven, traidor, y calla.   [*Vanse.*
Leon. Mucho sentiré, que alcancen   [*aparte.*
Este hombre; que, aunque airada
Estuve con él, sabiendo
La verdad, con justa causa
Podrá trocar el valor
En agravio la venganza.
La vida tengo de darle,
Si puedo, en desdicha tanta.

¡Que á tanto el valor obligue,
Que temple al mismo que agravia!   [*Vanse.*

—————

Salen LUIS PEREZ *y* MANUEL.

Luís. Pues rendidos á su aliento
Los caballos se desmayan,
En la espesura del monte
Esperemos cara á cara.

Dentro el JUEZ.

Juez. En esta parte se esconden
Entre las espesas ramas;
Cercadlos por todas partes.
Man. Perdidos somos; que en tanta
Gente no hemos de poder
Defendernos, pues la espalda
No está segura jamas.
Luís. Sí está. Escuchad una traza:
Si con toda aquesta gente
Riñésemos cara á cara,
No podrán jamas cercarnos,
Si estamos espalda á espalda,
Pues hallarán siempre asi
El rostro, el pecho y la espada.
Reñid vos con quien cayere
Hácia esa parte, y sed guarda
De mi vida, y de la vuestra
Yo.
Man.   Pues si tú me la guardas,
Seguro estoy, venga el mundo.

Salen el JUEZ *y todos los que pudieren, pónense*
los dos de espaldas, y andan al rededor riñendo,
       y procuran apartarlos.

Juez. Á ellos!
Luís.   Llegad, canalla! —
Manuel, cómo va?
Man.   Muy bien.
Qué hay por allá?
Luís.   Linda daga.
Juez. Demonios son estos hombres.
Luís. Pues que ya nos desamparan
El puesto, á la cumbre!   [*Vase.*
Man.   Al monte!   [*Vase.*
Juez. Seguidlos, y no se vayan.   [*Vanse.*

—————

Salen por lo alto ISABEL *y* DOÑA JUANA.

Isab. Aquel arcabuz que oí,
De horror y tristeza lleno,
Siendo para todos trueno,
Rayo ha sido para mí.
Válgame Dios! ¿Qué será
El tardar Luis y Manuel?
Que un pensamiento cruel
Asombro y temor me da.
Amiga, qué te parece?
Jua. ¿Cómo quieres, que te den
Respuesta voces de quien
La misma duda padece?
Isab. Bajemos desta montaña;
Que menos mal es morir
De una vez, que no sentir
Muerte prolija y extraña.

Salen LUIS PEREZ *y* MANUEL.

Luís. Procurad, Manuel, salir;
Que una vez allá los dos,
Á una escuadra, voto á Dios!
No nos hemos de rendir.
Isab. Luis!

Jua.   Manuel!
Man.   Mi bien?
Luis.   Hermana?
Isab. Qué es esto?
Luis.   Que el mundo viene
Sobre nosotros.
Man.   No tiene
El hado defensa humana.
Isab. No temais al mundo entero,
Si os asegura, y no en vano,
Este peñasco en mi mano,
Y en las vuestras ese acero.

    Salen el JUEZ y su gente.

Juez. Trepad la montaña arriba,
Que, á pesar de ofensas tantas,
Tengo de póner las plantas
Sobre su cerviz altiva.
¡Vive el cielo, que ha de ser
Plaza todo este horizonte,
Y cadahalso aqueste monte,
Que mi justicia ha de ver!
Quien me diere vivo ó muerto
Á Luis Perez, le daré
Dos mil escudos.
Luis.   Á fe,
Que es muy barato el concierto;
Tasáisme en precio muy vil;
Yo os taso en mas. Quien me diere
Vivo ó muerto al Juez, espere
De mi mano cuatro mil.
Juez. Tirad, matadle! ¡Del cielo
Castigue un rayo á los dos!
    [*Disparan un arcabuz, y cae.*
Luis. Muerto soy! Válgame Dios!
Juez. Date á prision.
Luis.   Cómo? Apelo
Á la espada. Mas ay triste!
En pie no puedo tenerme.
Llegad, llegad á prenderme.
    [*Viene rodando.*
Juez. Aun muerto se me resiste.
Isab. Esperad, no le mateis,
Ó si esa saña atrevida
Á él le quitó la vida,
Con ella no me dejeis.
Juez. Caminad á Salvatierra;
Que en tal presa voy contento.   [*Vanse.*
Man. Suelta!   [*En lo alto.*
Jua.   Qué intentas?
Man.   Intento
Despeñarme desta sierra.
Jua. Detente!
Man.   ¡Suelta, ó por Dios,
Que te arroje de mis brazos
Á ese valle, hecha pedazos,
Donde muramos los dos!   [*Baja.*

    Sale DON ALONSO muy alborotado.

Alon. Qué es esto?
Man.   Que llevan preso
Á Luis Perez este dia.
Á riesgo de la honra mia,
De mi amistad el exceso
Se ha de ver.
Alon.   Vamos tras él;
Que, aunque encubierto he venido,
Y estarlo aqui he pretendido,
Si ha llegado á tan cruel
Estado, y á tales puntos
De un amigo los extremos,
Las máscaras nos quitemos,
Y muramos todos juntos.   [*Vanse.*

    Salen dos guardas con PEDRO.

Uno. Bravo ruido es el que suena
En el monte y en el valle.
Espérenme aqui un poquito;
Que yo iré, y en un instante,
Bien informado de todo,
Veloz volveré á contarles
Lo que pasa.
Otro.   Estése quedo,
Y un átomo no se aparte,
Ó detendránle dos balas.
Ped. Serán rémoras notables.
Ahora bien, pues que no quieren
Que vaya y vuelva á informarles,
Vayan y vuelvan los dos
Á informarme á mí, que es fácil.
Uno. No te habemos de dejar
Un minuto.
Ped.   ¡Hay mas constantes
Guardas! ¿Soy dia de fiesta,
Para que todos me guarden?
Si bien tengo aqui un consuelo;
Y es, que no vendrá á buscarme,
Mientras preso estoy, Luis Perez,
Si este sagrado me vale.
Uno. Gran gente viene á nosotros.
Ped. Es verdad, y aqui adelante
Vienen dos arcabuceros,
Y detras otros que tales.
En medio de todos cuatro
Un hombre embozado traen,
Y luego infinita gente.

    Salen el JUEZ, y algunos que traen á LUIS
        PEREZ embozado.

Juez. ¿Dónde aquel preso dejásteis?
Uno. Aqui, señor.
Juez.   Los dos juntos
De aquesta manera marchen.
Otro. No podrá Luis, porque tiene
Hecho un brazo dos mil partes,
Y ya fallece, señor,
Con la falta de la sangre.
Juez. Dejadle cobrar aliento,
Y por ahora destapadle.
Ped. Solo aqui pudo la suerte
Perseguirme y apurarme
La paciencia. ¿Cuanto va,
Que para esto, en que se hace
Un cepo para los dos,
Para los dos una cárcel,
Para los dos una horca,
Un cordel y un enterrarme
Con él en un mismo hoyo?
Luis. ¿Quién aqui se queja?
Ped.   Nadie.
Luis. No temas, Pedro; que ya
No tienes que rezelarte;
Que ayer de matar fue dia,
Y hoy de morir. ¡Ha inconstantes
Presunciones de los hombres,
Qué desvanecidas yacen!
Juez. ¿Qué gente nos sale al paso
Alli, y tantas armas trae?

    Salen DOÑA LEONOR, DOÑA JUANA, ISABEL
        y algunos criados.

Leon. Yo soy, con estas señoras,
Que, corrida de mirarme
Vengativa, por engaños
De un traidor, quiero mostrarme
Piadosa y agradecida
Á desengaño tan grande.

Isab.
Dadme ese preso; que yo
Le perdono como parte.
Ó si no, le quitaremos.
Dadnos el preso al instante.

Ped. ¿En qué ha de parar aquesto?

Luis. Hermosa Leonor, no trates
De darme vida.

Salen DON ALONSO, MANUEL *y otros.*

Alon. Señor,
Escucha.

Juez. Otro nuevo lance
Es aqueste.

Alon. Don Alonso
De Tordoya soy; que sabe
Agradecer desta suerte
Mi amistad acciones tales.
Aquesto es venir restados,
Por eso no hay que excusarse
En entregarnos el preso.

Man. Cuantos miras aqui, antes
Morirán, que desistir
De una accion tan admirable.

Isab. Venga el preso.

Alon. El preso venga.

Juez. Probad, si quereis llevarle.

Alon. ¡Á ellos, y mueran todos!

Leon. Aqui estoy de vuestra parte,
Don Alonso; pero luego
Advierte, que has de pagarme
El haber muerto á mi hermano.

Alon. Deso ahora no se trate;
Que yo os daré la disculpa.

Ped. Y parará en que se casen.

Alon. ¿No hay remedio, señor Juez?

Juez. No habrá remedio que baste.

Alon. ¡Pues ánimo, y pelead!
¡Ea amigos, dadles, dadles!

[*Éntranlos á cuchilladas, y sale por otra puerta l*
Luis Perez.

Alon. Ya, Luis Perez, estais libre.

Luis. Don Alonso amigo, antes
Estoy preso; que quisiera
Pagar accion semejante,
Y mientras me desempeño,
Mi vida á esas plantas yace.

Alon. Deja ahora cumplimientos.

Luis. Qué haremos?

Ped. Meterte fraile,
Que es el camino mejor
Para vivir y librarte.
Pero dime, ¿será hora
En que puedas perdonarme?
Harto he pasado por tí,
Por caminos y con hambres. —
Señor Don Alonso, á vos
Os suplico de mi parte,
Que me alcanceis el perdon.

Alon. Luis Perez.

Luis. Amigo, baste;
Yo le perdono por vos.
Vamos desde aqui al instante
Por mi hermana y Doña Juana,
Pues quedaron de esperarme.
Dando con aquesto fin
Á las hazañas notables
De Luis Perez, y su vida
Dirá la segunda parte.

XCVI.

ANTES QUE TODO ES MI DAMA.

PERSONAS.

ON FELIX DE TOLEDO
ISARDO *galanes.*
ON ANTONIO

DON IÑIGO, *viejo.*
MENDOZA
HERNANDO *lacayos.*
LAURA, *dama.*

DOÑA CLARA, *dama.*
BEATRIZ
LEONOR *criadas.*

JORNADA I.

ale HERNANDO *con dos maletas, y* MENDOZA.

er. ¿Dónde tengo de poner
Estas maletas que traigo,
Que son recámara y son
Guardaropa de mi amo?
¿Cómo se ha de acomodar
La vivienda de su cuarto?
Y cuando vendrá? si dijo.

en. Responder á todo aguardo.
¿Dónde pondrá las maletas?
En aquesta sala, en tanto
Que abren su aposento. Cómo?
Arrimándolas á un lado.
Cuándo ha de venir? Muy presto;
Que él y mi señor quedaron
Aquí cerca. Con que he dicho
El donde, el como y el cuando.

er. ¿Ha sido Vuesa Merced
Lógico?

en. Viene borracho?

er. No hice hasta ahora por qué.
¿Pero de qué se ha enfadado?

en. No soy amigo de apodos.

er. Lógico es apodo sabio,
Y no debiera ofenderle.

en. Por qué?

er. Porque así llamamos
Los doctos á los que en forma
Responden.

en. Yo no sé tanto;
Que solo sé, en no entendiendo
Algo, dar á uno con algo.

er. No fuera dificultoso,
Segun soy de cortesano;
Pero, aunque yo me dejara
(Costosísimo agasajo)
Dar con algo en cortesía,
Sé, que aun despues de enterrado
No quedará uced bien puesto.

en. Despues de enterrado?

er. Es claro.

en. Cómo?

er. Vé aquí que me da
Vuesarced un hurgonazo,

Que es lo mas que puede hacer;
Que yo en el suelo me caigo,
Que es lo menos que hacer puedo,
Confesion pidiendo en altos
Alaridos. ¿No era fuerza
Venir á esta voz volando,
Antes que un confesor, dos
Alguaciles? Sí; que en casos
Semejantes siempre fue
El confesor el llamado,
Y el alguacil el venido;
Que es muy puntual el diablo.
Uced huye, ellos le siguen,
Juzgando mas necesario
El hacer causa á su cuerpo,
Que el hacer de mi alma caso.
Agárranle luego al punto;
Que esto de ponerse en salvo
Es don concedido á pocos,
Y ucé es muchos; con que, en tanto
Que yo me muero, ya está
Puesto en la reja de palo.
Tómale la confesion,
Que no me dió, el escribano,
Y échanle acuestas la ley
Del garrotillo de esparto;
Con que pruebo, que no queda
Ucé, aun despues de enterrado
Yo, bien puesto; claro es, pues
No habrá Maestre de campo,
Que, viendo á un ahorcado, firme,
Que está bien puesto el ahorcado.

Men. ¿Á un hombre como yo habian
De ahorcar por un hombre bajo?

Her. La ley no tiene estatura.

Men. Veámoslo.

Her. No lo veamos,
Sino hagamos otra cosa,
Que sea nueva en los teatros.

Men. Qué es?

Her. Que seamos amigos,
Pues que lo son nuestros amos;
Que es muy viejo esto de andar
De pendencia los criados
Toda la vida.

Men. De ser
Leal amigo doy la mano.

Her. Tambien yo; y de nuestras casas

La alianza juro, dando
Por fiador......
Men. Á quién?
Her. Á Lepre,
Un tabernero extremado,
Que vive aqui cerca.
Men. Soy
Contento.

Salen LISARDO *y* DON FELIX.

Fel. Mendoza!
Lis. Hernando!
Her. ¿Trajiste ya las maletas?
Mas ha de un hora que aguardo
Con ellas aqui.
Fel. ¿Tú fuiste
Á traer aquel recado?
Men. Sí, señor; mas la joyera,
Que volviese de aqui á un rato,
Dijo, por ello, porque
Aun no lo tenia acabado.
Lis. Pues habla al huésped, y mira,
Cual ha de ser nuestro cuarto,
Y haz que se aderece.
Fel. Tú
Vuelve, y antes de llevarlo
Tráelo aqui; que quiero verlo.
Men. Voy corriendo. [*Vase.*
Her. Yo volando. [*Vase.*
Lis. Ya, Don Felix, que yo he sido
Tan dichoso, que he llegado
Á teneros en Madrid,
Y ya que habeis vos gustado,
Que, hallándonos forasteros
En dos posadas, hagamos
En la una compañía
De la soledad de entrambos;
Ya en fin, que á vivir con vos
He venido, suplicaros
Quiero una fineza, que
Pagar con la misma aguardo.
Los dias que me habeis visto,
Y que yo os he visitado,
Por mayor nos dimos cuenta
De nuestros sucesos varios.
Que de Granada venísteis,
Me habeis dicho, disgustado,
Á solo dar en Madrid
Tiempo á un pesar, y en llegando
Á hablar en él, siempre hicisteis
Sus discursos muy de paso.
Fuera desto la tristeza,
Que me encareceis, con cuanto
Rigor os aflige, ha sido
Testigo bien abonado
De que es tragedia de amor
La vuestra. Yo pues, llegando
Á ver hoy en vos el mismo
Mal que padezco, he intentado
Aliviar con vos mi pena;
Porque no hay mejor reparo
Á un accidente, Don Felix,
Que el hablar á todos ratos
Del accidente, con quien
Le padezca; que los daños,
Ya que su mal es sentirlos,
Su cura es comunicarlos.
Y asi os suplico me hagais
Merced de que hablemos claro.
Contadme vuestras fortunas,
Yo haré lo mismo; y templado
El accidente veremos,
En saliéndose á los labios.
Fel. ¡Ay Lisardo, qué bien dijo

Un discreto cortesano,
Que era contagio el amor,
Pues en la accion mas acaso
Su veneno comunica
Ó mas ó menos templado!
Vos lo decid, pues que vos,
Con solo haber reparado
En mis acciones, habeis
Conocido el mal que paso.
Huélgome de que haya sido
Por estar tambien tocado
Vos, Lisardo, de la misma
Malicia de mi contagio;
Pues con eso podré yo
Hablar con vos, confiado
De que os compadecerá
Mi dolor; que, aunque es adagio
Vulgar, que nadie se cure
Con médico enfermo, es falso;
Que no halla alivio el enfermo
De los consejos del sano.
Pensareis, que mi destierro
Y mi pena se ha causado
De un suceso, y que los dos
Vienen dados de la mano.
Pues no, distintos han sido,
Porque sea mi cuidado
Mayor, embistiendo á un tiempo
Por dos partes el contrario.
El suceso de Granada,
Por quien estoy desterrado,
No importará no decirle,
Supuesto que no hace al caso;
Pero porque no penseis,
Que nada en mi pecho guardo,
Le habré de contar. Un dia,
Estando, amigo, jugando,
Una duda se ofreció,
Sobre juzgar una mano.
Yo, que habia estado en ella,
Juzgué desapasionado
Lo que vi; y un forastero,
Que al pleito de un mayorazgo
Pienso que estaba en Granada,
Ó amigo ó interesado
Del perdidoso, no quiso
Pasar por ella, afirmando,
Que no habia sido asi.
Yo, que siempre advertí cuanto
Mas fácil sana una herida,
Que no una palabra, saco
La espada. Partida pues
La conversacion en bandos,
Al lado del forastero
Unos, y otros á mi lado,
Todo era voces; no mucho
Duró la cuestion; que, dando
Una estocada en su pecho,
De parte á parte le paso.
Cayó en el suelo. Yo entonces
Á toda prisa me salgo
De la casa, y en la mas
Cercana iglesia sagrado
Tomé. Buscóme mi padre
En ella, y como enfadado
Estuviese de que yo
Pretensiones de soldado
Hubiese puesto en olvido,
La ocasion aprovechando,
Me hizo venir á Madrid
Á pretender, porque en tanto
Que el del herido asistía
Á la cura y al regalo,
Yo, para volverme á Flándes,

Tratase de mis despachos.
Un mes en Madrid viví,
Siendo estacion de mis pasos
Las gradas de San Felipe,
Y las losas de palacio;
Y en este intermedio supe,
Que convalecido y sano
El caballero no admite
La amistad. En este estado
Delincuente y pretendiente
En Madrid estaba, cuando
La segunda causa (ay cielos!)
De las tristezas que paso
Facilitó mi fortuna.
Á cuyo suceso raro
Segunda vez os suplico,
Que me esteis atento un rato.
En esta misma posada,
Donde ahora, Lisardo, estamos,
De las traiciones de amor
Vivia bien descuidado,
Cuando, ofendido quizas
De mis donaires, tomando
Venganza, vibró á mi pecho,
No una flecha, sino un rayo.
En esta casa de enfrente
Vivia un caballero anciano,
Á quien dió el cielo una hija
Para Jordan de sus años.
Es la mas hermosa dama,
Que Madrid ha visto. Harto
Os lo encarezco, supuesto
Que es el mas noble teatro,
Adonde estan la hermosura,
Discrecion, aliño y garbo,
Continuamente de amor
Tragedias representando.
No vió el sol igual belleza,
Por cuantos rumbos, por cuantos
Círculos, campeon de luces,
Corre esferas de alabastro.
Vila, Lisardo, y améla
Tan á un tiempo, que dudando
Quedé, si fue haberla visto
Primero, que haberla amado.
Tan fuera de mí me hallé
Al ver prodigio tan raro,
Que á mí mismo por mí mismo
Me pregunté de allí á un rato.
La ocasion, en que la ví,
Fue una mañana, que acaso
Estaba yo á esa ventana,
Y ella, Lisardo, en su cuarto.
Recatéme, porque ella
No lo hiciese, y acechando,
Á sus acciones atento,
Solo un postigo entreabro.
Juzgando no estar mirada,
Ó estar mirando juzgando,
Que amor no supo hasta ahora,
Si fue descuido ó cuidado,
Cara á cara hácia la luz,
Fiada en el fácil recato
Del cristal de una vidriera,
Se puso á tocar. ¡O cuanto
Diera yo ahora, por ser
Buen retórico! Aunque en vano
Lo deseo; que, aunque fuera
El mejor, mas celebrado
Del mundo, fuera al pintarla
Cada lisonja un agravio.
Pero aunque esté mal hallada
Su perfeccion en mis labios,
He de decir un soneto,

Que hice, estándola mirando,
Por deciros de una vez
Su belleza y mi cuidado.

Viendo el cabello, á quien la noche puso
En libertad, cuan suelto discurria,
Con las nuevas pragmáticas del dia,
Á reducirle Cintia le dispuso.
Poco debió al cuidado, poco al uso
De vulgo tal la hermosa monarquía;
Pues no le dió mas lustre, que tenia,
Despues lo dócil, que antes lo confuso.
La blanca tez, á quien la nieve pura
Ya matizó de nácar al aurora,
De ningun artificio se asegura;
Y pues nada el aliño la mejora,
Aquella solamente es hermosura;
Que amanece hermosura á cualquier hora.

Este, que fue de mi afecto
Corta línea y breve rasgo,
Fue de mi afecto tambien
Primer tercero, Lisardo;
Que, aunque hoy el dar un soneto
No está en uso, dispertando
Las ya dormidas memorias
Del Boscan y Garcilaso,
Acompañado de otro
Papel, sin batir, dorado,
Por medio de una criada
Pudo llegar á sus manos.
Declarado ya una vez,
Amante seguí sus pasos,
Galan festejé sus rejas,
Fino idolatré sus rayos,
Leal padecí sus iras,
Tierno lloré sus agravios,
Y al fin pródigo grangeé
Sus criadas y criados,
Hasta que amor, convencido
De mi ruego ú de mi llanto,
Trocó en favor el desprecio,
Mudó el desden en agrado.
Supo quien era, y oyendo
Mas piadoso su recato
El lícito fin, que pudo
Osarme á vuelo tan alto,
Con los honestos favores
Permitidos á su estado,
Ostentó lo agradecido,
Á despecho de lo ingrato.
Desta manera vivia,
Felicemente gozando
Hurtos de amor, de quien fue
Cómplice el obscuro manto
De la noche, permitiendo,
Que por la reja, que á un patio
Caia, la hablase. Alegre
Con esto pasaba, cuando,
Por alguna conveniencia,
Se fue su padre á otro barrio.
Aquesta mudanza pues
Mi tristeza ha ocasionado,
No porque á ella la distancia
Mudase, que lo sagrado
Al espacio no se muda,
Aunque se mude el espacio,
Sino porque estar no puedo
Su hermosura idolatrando
Á todas horas. Si bien
Una cosa ha grangeado
La mudanza, que es licencia
Para entrar hasta su cuarto,
No estando en casa su padre.
Este en fin es el estado

En que me veis, esta es
La nueva dicha que alcanzo,
Y esta, Lisardo, es la causa
De las tristezas que paso;
Que, aunque para estar alegre
Tengo ocasion, pues me hallo
Favorecido, seria
Mi amor grosero en estarlo;
Porque no ha de estar contento
Jamas un enamorado.

Lis. Tan parecido es, Don Felix,
Mi cuidado á ese cuidado,
Mi deseo á ese deseo,
Que, aunque me ofrecí á contaros
Mis fortunas, de las vuestras
Haciendo lícito el cambio,
No tengo ya para qué;
Porque, habiéndoos escuchado,
Inútilmente seria
Repetirlo, y no contarlo.
De Flándes, donde los dos
Tanta amistad profesamos,
Á Madrid, Don Felix, vine,
De la esperanza llamado
De mis servicios. Mas esto
No importa; vamos al caso.
Una mañana de Abril,
Á mis pretensiones dando
Treguas, que no ha de estar siempre
Tirante al pesar el arco,
Al Prado bajé, y en uno
Desos jardines del Prado
Acaso entré, si es que amor
Hacer supo nada acaso.
En él una muger ví,
Á quien por reina juraron
De las flores y las fuentes
Los cristales y los cuadros,
Saludando su hermosura
Todo el florido aparato
De los cristales con risa,
De las flores con halagos,
De los cielos con reflejos,
Y de las aves con cantos,
Hoja á hoja, perla á perla,
Tono á tono, y rayo á rayo.
Nunca la gentilidad
Mintió con crédito tanto
De las Diosas y las Ninfas
Las fábulas; pues yo, dando
Á mi discurso la rienda,
Estuve suspenso un rato,
Casi persuadido ya,
Si no á creerlo, á dudarlo.
¿Pero qué mucho, Don Felix,
Si ví en mas amenos campos,
Que los eliseos, á Vénus,
Lascivamente jugando
Con las flores, á quien todas
Igualmente confesaron
Deber su temprana vida
Al breve hermoso contacto
De sus pies, la blanca tez
De su hermosura á sus manos,
El esplendor á sus ojos,
Y la púrpura á sus labios?
Con noble envidia de todas
Las rosas, que eran ornato
Del bellísimo vergel,
Una, que aun no habia sacado
Del verde boton las hojas,
Y al parecer acechando
Estaba para salir,
Si corria cierzo ó austro;

Una, que como garzota,
Colocada en lo mas alto
De la copa, coronaba
La cimera del penacho,
Cortó. No hice yo soneto;
Que no tengo ingenio tanto;
Pero acordándome de uno,
Hecho quizá al mismo caso,
Desta manera la dije.
Ved cuan puntual os pago.

¿Ves esa rosa, que tan bella y pura
Amaneció á ser reina de las flores?
Pues aunque armó de espinas sus colores,
  Defendida vivió, mas no segura.
Á tu deidad enigma sea no obscura,
Dejándose vencer, porque no ignores,
Que, aunque armes tu hermosura de rigores
No armarás de imposibles tu hermosura.
Si esa rosa gozarse no dejara,
  En el boton donde nació muriera,
  Y en él pompa y fragrancia malograra.
Rinde pues tu hermosura, y considera,
  Cuanto fuera rigor, que se ignorara
La edad de tu florida primavera.

Dije, y risueña pagó
Con dulce apacible agrado
La lisonja. Repetiros
No quiero, por no ser largo,
Que, á despecho de mis penas,
Y á pesar de mis cuidados,
La seguí, su casa supe
Y su calidad; pues cuanto
Yo puedo deciros, es
Lo que vos en este caso
Habeis dicho; porque al fin
Papeles, dádivas, pasos,
Finezas, ruegos, promesas,
Rendimientos, ansias, llantos,
Lugares comunes son
De cualquier enamorado.
Solo en una cosa, Felix,
Los dos nos diferenciamos,
Que es, en estar triste vos,
Y estar yo alegre, culpando
Vuestra ingratitud, porque
Por mayor grosería hallo,
Que den tristeza favores,
Que alegría; pues es claro,
Que triste y favorecido
Son dos opuestos contrarios;
Y asi yo alegre y contento,
Feliz, gozoso y ufano
Con los favores estoy
Del bellísimo milagro
Que adoro, del sol que sigo,
Y la deidad que idolatro.

Salen Hernando *por una puerta, y por ot*
Mendoza *con un azafate, y en él una band*
  y un tocado.

Her. Ya queda, señor, compuesto
Y aderezado tu cuarto.

Men. Ya el azafate está aqui
Con la banda y el tocado.

Fel. Llega; que quiero que vea,
Si es de buen gusto, Lisardo.

Lis. Qué es esto?

Fel.   Un tocado es,
Que la envio, porque, estando
Ayer con ella, me dió
Una flor.

Lis.   Es extremado,
Y la banda es de buen gusto.

Fel.	Parte, Mendoza, á llevarlo.
Lis.	Tú, Hernando, vente conmigo.
Fel.	Dónde vais?
Lis.	Á ver si alcanzo
	Ocasion de ver mi dueño,
	Su calle, Felix, pasando.
Fel.	Disculpado estaré yo
	En no ir á acompañaros,
	Pues la misma ocupacion
	Á voces me está llamando.
Lis.	Á Dios pues.
Fel.	El cielo os guarde.
Lis.	Poco ofendo tu recato,
	Amor, pues, aunque publico
	El favor, el nombre callo.
Fel.	Pues no digo quien es dueño
	De la ventura que gano,
	Poco su decoro ofendo,
	Poco su respeto agravio.

[Vase.

Salen BEATRIZ *y* LAURA.

Laur. No me aconsejes, Beatriz.
Beat. Yo no te aconsejo ahora;
Pero dígote, señora,
Que adviertas, cuan infeliz
Será tu amor, si por dicha
Algo llegase á entender
Tu padre.
Laur.   ¿Pues qué he de hacer,
Si ya esta fue mi desdicha?
Ya al principio resistí
Constante, ya desprecié
Firme al principio una fe;
Si despues la agradecí,
Culpa mi estrella atrevida.
Pues siendo en un hombre el ser
Culpa ingrato, en la muger
Lo es el ser agradecida.
Beat. Yo no te digo, que no
Ames, señora; que fuera,
Cuando aquesto te dijera,
No tener discurso yo;
Solo te digo, procures,
Que esto con recato sea,
Que no te hable, ni te vea,
Porque tu honor no aventures,
Don Felix dentro de casa.
Ya sabes, que es mi señor
Tan Estremeño de honor,
Que aun sin saber lo que pasa,
Vive con rezelos tales,
Que es una copia, un traslado
Bien y fielmente sacado
Del zeloso Carrizales.
Laur. Confieso la condicion
Yo de mi padre, y confieso
Tambien, Beatriz, el exceso
De mi tirana pasion.
Pero á cada inconveniente
Mas, que discurro, sabrás,
Que es dar otra llama mas
Al fuego, que el alma siente,
Que es materia tan violenta,
Tan voraz y tan activa,
Que con suspiros se aviva,
Y con llanto se alimenta.
Pero ya que hemos llegado
Á hablar en aquesto, ¿qué es
Lo que yo aventuro? Pues
Cuando llegue mi cuidado
Á saberse, se sabrá,
Que he querido á un caballero,

De quien ser esposa espero.
Beat. Concedo que lo será.
¿Pero de qué lo has sabido
Mas, que de decirlo él?
Laur. De que ya mi pecho fiel
Lo ha escuchado y lo ha creido.
Y en eso no se dejara
Engañar, pues conociera
El alma por la vidriera
Del semblante de la cara;
Que la nobleza jamas
Miente, luego se descubre.
Beat. Como eso Madrid encubre,
Yo me rio de los mas.
Laur. ¿Cuando empeñada me ves, *[Vase.*
Ries cuentos semejantes?
Beat. ¿No es mejor reirlos antes,
Que no llorarlos despues?
Laur. Que llaman, mira, á esa puerta. *[Vase.*
Beat. Á ver quien llama saldré.
Laur. Y yo entre tanto diré,
Cuánto estoy de amores muerta.

¿Qué género de ardor es el que llego
Hoy á sentir, que mas parece encanto?
Pues luciendo tan poco, abrasa tanto,
Y abrasando tan mudo, arde tan ciego.
¿Qué género de llanto es, sin sosiego,
Este, que á tanto incendio no da espanto?
Pues al fuego apagar no puede el llanto,
Ni al llanto puede consumir el fuego.
Donde materia no hay, no se da llama.
Mas ay! que sin materia en el abismo
Una y otra aprehension es quien la inflama.
Luego cierto será este silogismo,
Si fuego de aprehension tiene quien ama,
Amor é infierno todo es uno mismo.

Sale BEATRIZ *con un azafate y un pliego
de cartas.*

Beat. Á nuestra puerta han llamado
Á un tiempo dos; el primero
Era, señora, un cartero;
El segundo era el criado
De Don Felix. Recibí
De los dos, y enviélos luego,
Para mi señor un pliego,
Y un regalo para tí.
Laur. ¿Pues no dijeras, que entrara
De Don Felix el criado?
Beat. Si lo que trae ha dejado,
Para qué?
Laur.   Hablarle gustara,
Para saber donde queda
Su señor. Si no se ha ido,
Dile que entre.
Beat.   ¿Has prevenido,
Que venir mi señor pueda?
Laur. ¿Tanto se ha de detener?

Sale MENDOZA.

Men. Esperando esa licencia,
No hice de la puerta ausencia,
Hasta llegar á saber,
Si mandabas algo.
Laur.   Di,
¿Dónde tu señor quedó?
Men. En casa le dejé yo,
Cuando yo della salí.
Mandóme, que te trajera
Esas flores; y aunque ser
Desaire puede el traer
Flores á la primavera,
Acepté la comision.

Sale Don Iñigo.

Iñig. Esperadme, Fabio, aqui;
Presto escribiré.

Laur.   Ay de mí!

Beat. Mi señor.

Men.   Qué confusion!

Laur. Beatriz, guarda ese azafate.

Beat. ¡Que el azafate te asombre,
Estando ahí tan grande un hombre,
Como el mismo disparate
De hacerle entrar!

Iñig.   ¿Qué buscais
Aqui, hidalgo?

Men.   Yo he venido
Á traer......

Iñig.   Qué habeis traido?

Beat. Esta carta.

Iñig.   Y qué esperais?

Men. El porte.

Beat.   Es verdad; porque
Yo dinero no tenia,
Y entré por él.

Iñig.   ¿No podia
Mas afuera esperar?

Laur.   ¿Qué
Culpa tengo yo?

Men.   Crei,
Que me habia dicho que entrara
Por él; que si no, esperara
En el portal.

Laur.   Ay de mí! [*aparte.*

Beat. Si mas le apura, infeliz [*aparte.*
Soy.

Men.   Yo espero gran castigo. [*aparte.*

Iñig. Porte un real, tomad, amigo;
Idos con Dios.   [*Dale el porte.*

Men.   O Beatriz! [*aparte.*
No en vano por tí me muero.   [*Vase.*

Beat. La mentira que he fingido [*aparte.*
Al viejo, mentira ha sido
Á pagar de su dinero.

Laur. De extraño susto salí. [*aparte.*

Iñig. La carta de mi pesar [*aparte.*
Es quien me ha de asegurar
Si es engaño; dice asi:
[*lee*] „La confianza, que debo tener de vuestra
„amistad, me asegura las finezas, que de
„ella puedo prometerme. Don Felix, mi
„hijo, está en esa corte, asi por la asis-
„tencia de sus pretensiones, como por la
„ausencia de sus travesuras. Suplícoos,
„me hagais merced de buscarle en la po-
„sada, que dice el sobrescrito de esa
„carta, y ponerla en su mano; que, por-
„que va en ella un aviso que importa, no
„he querido fiarla de menor cuidado."
           „Don Diego de Toledo."
[*repr.*] Por Dios, que estimo infinito
Mi desengaño, y que esté
Aqui Don Felix. Veré
Donde dice el sobrescrito.
[*lee*] „Á Don Felix de Toledo, mi hijo, en la
„calle del Cármen, en la posada de unas
„casas nuevas." —
[*repr.*] Bien sé la posada, que es
Frente de donde vivia.

Laur. ¿De qué es, señor, la alegría?
Dame della parte, pues
Tenerla por propia puedo.

Iñig. De Granada he recibido
Aqueste pliego, que ha sido
De Don Diego de Toledo,
Un caballero, de quien

En mis mocedades fui
Amigo, y á quien debí
La vida y honor tambien
En ciertas adversidades,
De que el silencio sea juez;
Que se corre la vejez
De escuchar sus mocedades.
Pídeme, que busque aqui
Á un Don Felix de Toledo,
Hijo suyo, á quien hoy puedo
Pagar lo que á él le debí.
Y aunque me puedo acordar
Dél muy poco, nada haré
En hallarle, porque fue
La posada en que ha de estar,
Segun dice el sobrescrito,
Frente de la misma casa
Que dejé. Esto es lo que pasa.

Laur. Y yo me huelgo infinito
Hoy de nueva semejante,
Por lo que á tí te ha alegrado.

Iñig. Solo siento, que ocupado
Me halle, para que al instante
No le busque; pero yo
Presto escribiré.   [*Vase.*

Laur.   Beatriz,
¿Ves, si mi amor es feliz,
Pues desengaños me dió
Adelantados de que
El ser Felix caballero,
No lo hace el ser forastero?

Beat. Verdad cuanto dijo fue.

Laur. ¡Quién avisarle pudiera!

Beat. ¿Quién quieres tú, que á avisarle
Vaya, si ha de ir á buscarle
Luego? Que, si no, yo fuera.
¿De la banda y el tocado,
Que tanto susto nos dió,
Qué es lo que hemos de hacer?

Laur.   Yo
Ponérmela he deseado.
Mas no me atrevo, porque
Es tan rica, estraña y bella,
Que es fuerza repare en ella
Mi padre.

Beat.   Yo te daré
Un arbitrio, con que puedas
Ponerla, que es lo que hacia
Otra ama, á quien yo servia,
Con telas, joyas y sedas.

Laur. Qué es?

Beat.   Enviársela á una amiga,
Que con ella venga á verte
Puesta, industriada de suerte,
Que, cuando tu voz la diga,
Qué linda banda! delante
De tu padre, diga ella:
Haste de servir con ella;
Sin que nada sea bastante
Á que la vuelva á llevar,
Pues te ha parecido bien.

Laur. Y tú lo has dicho tan bien,
Que asi se ha de ejecutar.
Á nuestra vecina Clara
La lleva, y di, que al instante
Venga, porque es importante,
Á visitarme; y repara
En que no alcance que ha sido
Prenda, que nadie me ha dado,
Porque no sepa el cuidado
Lo que ha de hacer el descuido;
Para que asi venga ella
Al punto.

Beat.   Volando voy;

Que para mentiras hoy
Predomina buena estrella,
Laur. De qué lo infieres?
Beat.   Lo infiero
De que, aunque tan listo anda
Mi señor, que pague espero,
Como el porte del cartero,
El retorno de la banda.   [*Vanse.*

Salen LISARDO *y* HERNANDO.

Lis. Mil veces paso esta calle,
Sin que logre mi esperanza
El ver á Clara.
Her.   Es muy justo,
Pues no mereces lograrla.
Lis. Cómo?
Her.   Como, estando abierta
Toda esta puerta, te andas
Paseando la calle una
Y otra vez. Éntrate en casa,
Y verásla; porque aquesto
De enamorar de fantasma,
Ya espiró, y el desde afuera
Es destreza poco usada,
Desde que la conclusion
Se ha introducido en España.
Lis. ¿Cómo me puedo atrever
Á entrar yo, si ella me manda,
Que de dia no atraviese
Los umbrales de su casa?
Her. ¿Pues de qué ahora te quejas,
Si con condiciones amas?
Lis. De que dure tanto el dia.
Her. ¿No es una muger tapada
La que de su casa sale?
Lis. Sí.
Her.   Qué haces?
Lis.   Llegar á hablarla.
Her. Para qué?
Lis.   Para saber
Qué es lo que hace Doña Clara.
Her. Es decir tu amor á quien
No conoces.
Lis.   Bien reparas.

Sale BEATRIZ.

Beat. Grande gusto es embustir.
Ya Doña Clara industriada
Queda de lo que ha de hacer,
Sin ser preciso rogarla,
Que decir por una amiga
Una mentira, obra es santa,
Porque nos depare amor
Quien por nosotras lo haga.
Lis. ¿Quién esta muger será?
Her. Qué sé yo? Alguna criada
De una amiga, una que quite
Vello, una que mudas haga,
Una que muela cacao,
Una que destile aguas,
Una que venda perfumes,
Una que aderece enaguas,
Una que rice guedejas,
Una que eche las habas,
Una que dineros lleve,
Y una que recados traiga,
Una......
Lis.   Calla, no prosigas;
Que ya siento que se vaya
Sin conocerla.
Her.   Aun bien, que
Ha entrado en esotra casa

De mas abajo, y vecina
De la misma Doña Clara.
Y si quieres conocerla,
Podrás, cuando della salga.
Lis. Ya es tiempo, porque sale
Sola con una criada
Doña Clara de la suya,
Y es fuerza llegar á hablarla.

Salen DOÑA CLARA *y* LEONOR *con mantos,
y Dª. Clara trae puesta la banda.*

Leon. Dónde vas?
Clar.   Á visitar
Á nuestra vecina Laura,
Porque ahora me envió
Á decir, que á verla vaya,
Y que aquesta banda lleve
Puesta, solo para darla.
Lis. Hallándome yo en la calle,
Cuando vos de vuestra casa
Salis., mal podré, señora,
Pensar, que disculpa haya
De no iros sirviendo. — ¡ Cielos,   [*aparte.*
Qué miro! ¿Esta no es la banda,
Que envió Don Felix?
Clar.   Y yo,
Lisardo, cortesía tanta
Os estimo.
Lis.   Sí, ella es;   [*aparte.*
Que no pudiera tan rara
Labor mentir.
Clar.   Mas mirad,
Que no es razon ostentarla
En publicidad. Á ver
Voy á una amiga á esta casa
Vecina, por eso salgo
Hoy tan poco acompañada.
Quedaos aqui, porque no
Os vean conmigo; pues basta
La licencia que teneis
En mi pecho y en mi casa
De noche, sin que de dia
Demos que decir.
Lis.   Aunque haya
Tan lícito inconveniente
Como vuestro honor y fama,
Perdonadme, que no puedo
Dejar de hablar (pena extraña!)
Ahora en mis penas, que nunca
Segundo término aguardan.
Y para esto hasta la noche
Es un siglo lo que falta,
Y ya el dolor me habrá muerto
De haber visto......
Clar.   Qué?
Lis.   Esa banda,   [*Vase.*
Que, puesta en el pecho, mas
Le descubre, que le guarda,
Pues descubre tus traiciones.
Clar. Yo, Lisardo, no sé nada
De lo que decis.
Lis.   ¿Pues quién
Esa banda te dió, ingrata?
Clar. Una amiga ahora.
Lis.   Detente;
Que es disculpa muy usada;
Pues para vuestras disculpas
Jamas una amiga falta.
Clar. Digo, que me la envió......
Lis. Quien, antes que te la enviara,
Me contó favores tuyos.
Ya sé todo lo que pasa,
Ya sé, que otro dueño tienes,
Coronado de esperanzas;

Ya me ha dicho cuanto está
Admitido de tí.

Clar.   Basta,
Lisardo; que pienso que
Dudas que soy con quien hablas.

Lis. No dudo; que bien sé, que eres
Mudable, engañosa y falsa.
Si á Don Felix quieres bien,
Si dueño suyo te llamas,
Si sus favores admites,
Di, ¿para qué á mí me engañas?
Di......

Clar.   Lisardo, bueno está;
Que si os dí licencia para
Que me pidais zelos, no
Para que me digais tantas
Locuras y desatinos,
Que ya los límites pasan
De corteses galanteos
Y cuerdas desconfianzas.
¿Qué es aqueso de otro dueño,
Otro amor y otra esperanza?
Las mugeres, como yo,
No aman, ó la vez que aman,
Es, para que su amor sea
Carácter fijo del alma;
Y aunque á los principios quise
Dar satisfacciones claras
Del engaño, que padecen
Tan pequeñas circunstancias,
Ya por castigar estilos
De vuestra loca arrogancia,
Y dejaros con la duda,
No lo he de hacer; que se agravia
Ofendido mi respeto
En imaginar, que haya,
Si satisfaccion os doy,
Delito sobre que caiga.
Si estais, Lisardo, enseñado
Á mugeres, que se pagan
Desos despechos, medid
Mas atento la distancia,
Y aprended á pedir zelos
Con quejas mas cortesanas;
Que no somos damas todas,
Aunque todas somos damas.
    [*Vanse* Dª. *C l a r a y* L e o n o r.

Iler. Bien Doña Clara te ha dado
Á entender, que es Doña Clara,
Del gran Conde Cláros hija,
Y nieta de Claridiana,
Bisnieta de Claridante,
Y cbozna de una Garnacha
Clarísima de Venecia,
Segun lo claro que habla.

Lis. ¿Qué es lo que pasa por mí?

Ilcr. Lo que por cualquiera pasa
El dia que una muger
El enojo desenvaina.

Lis. Muerto estoy, entre mí y Felix
Cercado de dudas varias.

Iler. Cómo?

Lis.   Como Felix dijo,
Que tenia padre su dama,
Y esta no le tiene.

Iler. ·   Eso
Cosa es de poca importancia;
Que bien puede una muger,
Que á dos admite y engaña,
Con una madre en el cuerpo,
Mentir un padre en el alma.

Lis. ¿Pudo la banda ser otra?

Iler. Pudo; pero muy extrañas
Son las señas.

Lis.   ¿Qué he de hacer
En tanta pena?

Iler.   Dejarla.

    Salen D o n F e l i x *y* M e n d o z a.

Fcl. ¿Aqueso te sucedió?

Men. Yo pienso que no escapara
De alli vivo, si no fuera
Por Beatriz y por la carta.

Fel. Lisardo, por estos barrios?

Lis. Aqueso no os preguntara
Yo á vos, que ya sé, que en ellos
Teneis que hacer.

Fel.   Cosa es clara,
Pues del sol, que adoro, es
Hoy breve esfera esta casa,
Y á ella vengo, como á centro
Donde mi vida descansa.
En ella, Lisardo, está
La deidad á quien el alma
Adora, y......

Lis.   Todo lo sé;
Y puesto que amistad tanta
Los dos profesamos, Felix,
Hablémonos cara á cara;
Que esto de andar dos amigos
Engañados de una dama,
Es bueno para que dure
Entretenida una farsa,
Mas no para que suceda.

Fel. Pues qué os turba? qué os espanta?
Qué teneis?

Lis.   Hoy me dijisteis,
Cuanto vuestro pecho ama
Una hermosura, de quien
Favor vuestro amor alcanza;
Hoy tambien os dije yo,
Que adoro una soberana
Beldad, admitido della.
Pues una misma son ambas.

Fel. Qué decis?

Lis.   Que la belleza,
Que buscais en esta casa,
Á quien la banda enviásteis,
Y tiene puesta la banda,
Es la misma que yo adoro,
Y que á los dos nos engaña.

Fel. Ved lo que decis, Lisardo.

Men. Hablad quedo; que de casa
Su padre sale.

Fel.   ¿Es la hija
Deste caballero, Laura,
Vuestra dama?

Lis.   Para mí
Clara, y no Laura, se llama;
Para mí no tiene padre,
Sino un hermano, que falta
De Madrid; y en todo miente.

    Sale D o n I ñ i g o.

Iñig. Aunque de escribir me falta
Un pliego, volveré en dando
Á este Don Felix la carta.   [*Vase.*

Fel. Mirad, Lisardo, que á veces
Aun el mismo sol engaña,
Tomando de los colores
Reflejos y luces varias.

Lis. ¿Vuestra dama no ha de estar
Dentro desta misma casa?
¿La banda no la enviásteis,
Y tiene puesta la banda?
Pues la misma es que yo quiero.

Fcl. Afirmais con veras tantas
Vuestros zelos y mis zelos,

Vuestras ansias y mis ansias,
Que me bareis vencerlos; pero
No con la primera causa.
Amigos somos los dos;
Vos teneis una ventaja,
Que es estar desengañado.
Dejad, que lo mismo haga
Yo; y en estándolo, luego
Veremos, qué medio haya
Para proceder los dos
Con cordura y con templanza,
Finos con nuestra amistad,
Y airosos con nuestra dama.

Lis. Decís bien.

Fel.   Alli esperad,
Mientras que yo subo á hablarla.

Lis. Pues si es la que tiene puesta,
Como digo, vuestra banda,
Es una misma.

Fel.   Á eso voy.

Lis. En el portal os aguarda
Con la respuesta mi pecho.

Men. ¿Y los dos, si aquesto para
En riña, qué hemos de hacer?

Her. Qué? Guardar una alianza.

Lis. Idos á casa, y en ella
Esperad.

Her.   De buena gana.   [*Vanse.*

Salen LAURA *con la banda puesta,* DOÑA CLA-
RA, BEATRIZ *y* LEONOR.

Laur. Pésame, que hayas venido
Á verme tan disgustada.

Clar. Si Beatriz no me dijera,
Laura, cuanto te importaba,
Que delante de tu padre
Viniese á darte esa banda,
Como lo hice, no hubiera
Salido en todo hoy de casa;
Que no estoy buena.

Laur.   Aunque eches
Á la salud que te falta
La culpa, otra he presumido,
Que es de tu pena la causa.

Clar. Si he de decir la verdad,
Yo me estoy muriendo, Laura,
Por escribir un papel,
Que me desahogue.

Laur.   Saca
La escribanía, Beatriz,
Dese tocador.

Clar.   Aguarda;
Que mejor es que yo entre
Á escribir. — ¿En fin, tirana   [*aparte.*
Pasion, te sales con todo?
Veré, si el pecho descansa,
Diciéndole por escrito
Lo mismo que de palabra.   [*Vase.*

Laur. ¿Qué tiene tu ama, Leonor?

Leon. No sé qué tiene mi ama;
Voy á ver, si manda algo.   [*Vase.*

Beat. Don Felix hasta esta cuadra
Se ha entrado.

Sale DON FELIX.

Laur.   Qué es esto, Felix?
¿Pues no miras, no reparas,
Que á estas horas......?

Fel.   No; que ya
Ni miro ni advierto nada.

Laur. Qué traes?

Fel.   Si sé tus traiciones,

¿Qué quieres, fiera, que traiga?
Quédate á Dios; que no vine
Mas, que á ver aquesa banda
En tu cuello, para ver,
Cuanto eres fingida y falsa.

Laur. ¿Pues esta banda tú mismo
No me la enviaste?

Fel.   Sí, ingrata.

Laur. Pues qué te ofende?

Fel.   Traella.

Laur. Yo pensé, que era estimalla
Por tuya.

Fel.   Ya solo es mia,
En que verdades me trata.

Laur. Qué verdades?

Fel.   Tus traiciones;
Mira si son harto claras.
Ya sé, que Lisardo es dueño
De tu amor, ya sé, que alcanza
Tus favores, si lo son
Los que no alivian y agravian.

Laur. Qué dices, Felix? ¿quién es
Lisardo?

Fel.   El galan que amas,
El que cuenta tus finezas,
Y ya llora tus mudanzas.

Laur. ¡Viven los cielos, Don Felix,
Que te engañas!

Fel.   Tú me engañas;
Que él verdad me dice.

Laur.   ¿Cómo
Puede serlo quien con tantas
Traiciones osa ofender
Los átomos de mi fama?

Fel. Si quieres que él te lo diga
Á tí misma cara á cara,
Sí hará; que tomar no habemos
Él ni yo mayor venganza
De tí, que es, averiguar
Tus traiciones.

Laur.   Pues qué aguardas?

Fel. Solo que él llegue hasta aqui,
Yo le traeré.   [*Vase.*

Laur.   ¡Cielos, salga
De tan grande laberinto!

Salen DOÑA CLARA *y* LEONOR.

Clar. Toma este papel, y á casa
Te ve, y si Lisardo fuere
Á ella, dásele; y no salgas
Por ahí; que mejor es
Por esotra puerta.
        [*Vase* Leonor.
        Laura,
De qué lloras?

Laur.   De que soy
Infelice y desdichada.
Y mas en que sea forzoso
Que tú sepas mis desgracias,
Pues ya no puedo excusarlo.

Salen DON FELIX *y* LISARDO.

Fel. Ahora veremos, Laura,
Quien dice verdad. — Lisardo,
¿Es la dama de la banda
La que me habeis dicho?

Lis.   No;
Que en mi vida ví esta dama.

Laur. ¿Pues cómo habeis dicho, que
Yo engaño vuestra esperanza?

Clar. Cielos! qué es esto que escucho?

Lis. ¡Cómo los ojos se engañan!

Laur. Aunque basta esta disculpa,
Este castigo no basta.

Lis. ¿Qué causa os dió esa osadía?
No puedo decir la causa,
Sin que licencia me dé
La señora Doña Clara,
En cuyo pecho primero
Ví, señora, aquesa banda.

Fel. Sin decirla la habeis dicho. —
Perdóname, hermosa Laura,
Mi temor.

Lis. 　　　　Tú, Clara hermosa,
Mi necia desconfianza.

Laur. De albricias del desengaño
Te perdono ofensa tanta.

Clar. Yo no; que aun dura en mi pecho
El......

　　　　　Sale LEONOR.

Leon. 　　　Señora!
Clar. 　　　　　　Qué hay?
Leon. 　　　　　　　　Que en casa
En este instante se apea
Tu hermano, que de Granada
Viene.

Beat. 　　　Y mi señor tambien
La escalera sube.　　　[Dentro ruido.

Fel. 　　　　　　¡Extraña
Confusion!

Lis. 　　　Qué hemos de hacer?
Clar. Yo estoy muerta!
Laur. 　　　　　　Yo turbada!
Beat. Pues ni te turbes ni mueras,
Sino atended á esta traza.
Los dos aqui os esconded,
Y las dos á esotra sala
Salid. Tú di á mi señor,......

Laur. Qué?
Beat. 　　　Que con Clara se vaya,
Para que su hermano entienda
La visita donde estaba.
Y asi podré yo entre tanto
Darles lugar á que salgan.

Fel. Bien dice.
Beat. 　　　Pues á esconderos
Los dos, y las dos, cobradas
Del susto, á engañar al viejo.

Lis. Vamos, Don Felix.
Clar. 　　　　　Ven, Laura.
Beat. Sin mí los cuatro no valen
Sus mentiras llenas de agua.

　　　　　———

　　　　JORNADA II.

Salen MENDOZA y HERNANDO con una luz.

Her. Mata esa luz, pues que ya
La del dia en casa entra,
Con tal desvergüenza, que
No aguarda á pedir licencia.

Men. ¿Hernando, has visto en tu vida
Superchería como esta,
Que nuestros amos han hecho
Con nosotros?

Her. 　　　Qué te quejas?
Men. Qué me he de quejar? ¿No basta
Que al amanecer no vengan
Á acostarse, y que vestidos
Hasta estas horas nos tengan
Grullas de capa y espada?

Her. ¡Pluguiera á Dios eso fuera
Cada noche!

Men. 　　　¿Cada noche

No acostarse?
Her. 　　　¿Pues hubiera
Cosa de mas gusto, que,
Sin tener uno pereza,
Hallarse cada mañana
Vestido? ¿Porque hay paciencia
Para dispertar un hombre
En camisa, y mirar llenas
Todas sus sillas de alhajas,
Que ha de acomodar por fuerza?
Resuélvese en que ha de ser,
Y por el jubon empieza;
Saca una pierna, y por un
Calzon de lienzo la entra.
Y despues de haberla puesto
Su escarpin y su calceta,
Y su media y su zapato,
Y su liga, á la tarea
De calceta, de escarpin,
De liga, zapato, media
Y calzon, sacrificada
Vuelve á sacar la otra pierna.
Item mas, otros calzones,
Átales las bocas, tienta
Las ligas y halla, que siempre
Una está floja, otra prieta;
Con siete nudos y siete
Lazadas, siete agujetas
Se ataca, tres y tres y una.
Ya en calzas y en jubon, llega
Peine y escobilla, jueces
Del copete y las guedejas;
Lábase manos y cara,
Pónese una bigotera,
Y encájase en cuello y manos
Una golilla y dos vueltas,
Una ropilla, una daga,
Una pretina y tras ella
Espada, capa y sombrero.
¿Y para qué es toda esta
Cáfila de alhajas? Para
Quitárselas con la mesma
Órden á lo noche. ¿Y hay
Quien dormir vestido sienta,
Ahorrando el dormir vestido,
De tantas impertinencias?

Men. Deja locuras, y dime,
Si habrá parado en pendencia
El suceso de la banda?

Her. Aun bien, que los dos con buena
Reputacion nos venimos,
No tan solo con licencia,
Pero con órden, Mendoza,
De que hiciésemos ausencia
De la casa y de la calle.

Men. Cuanto valgo y tengo diera
Por saber en qué ha parado.

Her. Ya lo sabrás; que ya llegan
Juntos los dos.

　　　Salen LISARDO y DON FELIX.

　　　　　¿Es buena hora
De venir á casa esta?
Fel. Si es buena ó mala, no habemos
De darte, Hernando, la cuenta.
Her. ¿Mala noche, y parir riña?
Men. Calla, Hernando.
Fel. 　　　¿Habrá paciencia,
Lisardo, que me consuele
En confusion como esta?
Lis. Ello fue cosa imposible
El prevenir, que volviera
De llevar á Doña Clara
El padre con tanta priesa,

Que no pudiéramos, Felix,
Salir antes que nos viera;
Mas vos tuvisteis la culpa,
Que os quedásteis en aquella
Sazou hablando.

Fel.　　Beatriz
Me tuvo, diciendo, que era
Justo avisarme de que
Su amo por la estafeta
Habia tenido un pliego;
Y antes que mas me dijera,
Sentimos la voz, de suerte
Que, sin que el caso supiera,
Á que me detuvo, hubimos
De ocasionar la sospecha
De su padre.

Lis.　　Ella no es grande,
Pues solo nos vió á la puerta
De la calle, y no del cuarto.

Fel. Si su condicion no fuera
Tan terrible, no importara;
Mas, aunque tan leve sea
La ocasion, temo, que Laura
Un grande disgusto tenga.

Lis. Si eso nos tuvo en la calle
Toda la noche, y ni en ella
Ni en su casa hemos sentido
Ruido alguno, bien pudiera
Tanto silencio quietaros.

Fel. No es posible.

Lis.　　Lo que desta
Pesadumbre saco yo,
Es, sentir tanto la vuestra,
Que no me deja lugar
Para que la mia sienta.

Fel. ¿Pues qué pesadumbre vos
Teneis?

Lis.　　¿Paréceos pequeña
Haber venido un hermano,
Que ha de embarazar por fuerza
Las ocasiones de ver
Á Clara?

Fel.　　Si bien se acuerda
Mi memoria, la criada,
Que entró tan turbada y muerta
Á decir, que habia venido,
De Granada dijo.

Lis.　　Es cierta
Cosa; que en Granada estaba
En el pleito de una herencia.

Fel. Cómo se llama? Quizás
Le conoceré.

Lis.　　Aunque quiera
Decíroslo, no lo sé;
Que nunca me dijo ella
Mas de que tenia un hermano.

Her. ¿En toda esta noche entera
No habeis tenido lugar
De hablar, que con tanta flema
Os poneis á hablar ahora?
No fuera mejor......?

Fel.　　No fuera.
Déjanos, Hernando.

Her.　　¿ Sabes
Lo que iba á decir?

Lis.　　Que sea
Lo que fuere, es necedad.

Her. Yo niego la consecuencia,
Pues es......

Lis.　　Qué?

Her.　　Que os acosteis.

Fel. Ningun descanso me espera.
Descansad, Lisardo, vos;
Que yo doy luego la vuelta.

Lis. Dónde vais?

Fel.　　Por tantas partes
Hoy mi desdicha me cerca,
Que, eslabonando pesares,
Unos tras otros se lleva.
No tuve cartas ayer
De mi padre, y creo, que vengan
En pliego de un hombre, que es
De Granada. Asi quisiera,
Antes que de casa salga,
Hablarle, Lisardo, en ella.

Lis. Id con Dios.

Fel.　　Vamos, Mendoza. [*Vanse los dos.*

Her. Señor, por Dios, que yo sepa
Que ha sido esto.

Lis.　　Nada ha sido.
Pero quien ama se altera
De poco. Cuando subimos
Los dos á saber, si era
Clara á quien habia enviado
La banda, que tenia puesta,
Vimos, que habia sido trueco,
Engañándome las señas.
Contentos en fin los dos,
De que nuestra competencia
Cesase, estábamos, cuando
Dos criadas juntas entran;
Una á decir, que el hermano
De Clara á aquella hora mesma
De Granada habia venido;
Y otra á decir, que á la puerta
Llamaba el padre de Laura.
Trazóse, que le dijera
Clara, que la acompañase,
Para que en su breve ausencia
Nos saliésemos nosotros.
Hízose desta manera;
Pero como estan las casas
De Clara y Laura tan cerca,
Y él no debió de hacer mas,
Que llevarla hasta la puerta,
En un instante que Felix
Se detuvo en la escalera
Á oir no sé qué, que Beatriz
Le decia, ya por ella
El viejo subia, y hubo
De dar con los dos por fuerza.
Quién va? dijo. Respondimos:
Gente de paz. ¿Pues qué intentan
Aqui? replicó. Yo entonces
Le dije: ¿es la casa esta,
Señor, donde un caballero
En este instante se apea?
No es aquesta, respondió,
Dando voces, que trajeran
Luz; que habia de conocernos.
Los dos, como aquello no era
Lance de duelo, á la calle
Salimos, y el viejo á ella
Tan brioso tras nosotros,
Que, por no hacerlo pendencia,
Hubimos de retirarnos,
Dando á la calle la vuelta.
Siguiónos; pero no pudo
Alcanzarnos; de manera
Que, rezelando Don Felix
Algun riesgo en Laura bella,
Toda la noche se ha estado
Hecho estatua de su puerta,
Hasta que el sol nos echó
De sus umbrales, y......

Her.　　Espera;
Que, ó me engaño, ó es el padre
De Laura el que en casa entra.

Lis. En casa? Sí, vive Dios,
Él es. ¿Cuánto va, que llega
Á haber sabido, que Felix
El de anoche fue, é intenta,
Ó tomar satisfacciones,
Ó darle prudentes quejas?

Her. ¿Quién le habrá dicho, que él fue,
Viéndole á obscuras?

Lis. ¡Qué necia
Duda es aquesa, sabiendo,
Que hay criadas, que lo sepan!

Her. Quizá buscará á otra cosa.

Lis. Puede ser.

Her. Hasta aqui se entra.

Sale DON IÑIGO.

Iñig. Aunque las sombras de anoche [*aparte.*
Con tal cuidado me tengan,
No han de obligarme á que falte
Á justas correspondencias.
Este cuarto me dijeron
Ayer, que el de Felix era.

Lis. Que le he conocido habré [*aparte.*
De disimular por fuerza. —
Caballero, qué mandais?

Iñig. Si sois vos, saber quisiera,......

Lis. Quién?

Iñig. Don Felix de Toledo.

Lis. No fue vana mi sospecha. [*aparte.*

Her. De todo viene informado. [*aparte.*

Lis. Pero, aunque noticia tenga [*aparte.*
Del nombre, de la persona
No, pues preguntando llega,
Si soy yo Don Felix. Haga
Mi amistad una fineza,
Que es prevenir y excusar
Con cordura y con prudencia
Á Don Felix un disgusto;
Pues si prevenirle intenta,
Que no le mire en su casa,
Cuando yo aqui se le ofrezca,
Le hago buen tercio á Don Felix,
Siendo yo con quien él tenga
Para adelante el cuidado.

Iñig. ¿No merezco mas respuesta?

Lis. No os espanteis de que dude,
Por causas que á ello me fuerzan,
El decir, que soy Don Felix;
Pero por muchas que tenga,
Una cosa es encubrirlo,
Y otra es negarlo á quien llega
Á preguntarlo. Yo soy
Don Felix.

Her. Señor, qué intentas? [*ap. á él.*

Lis. Deshacer una desdicha.

Her. Mas parece que es hacerla.

Iñig. Corrido estoy, que no hayan
Dichomelo antes las señas
De vuestra gran bizarría,
Don Felix, que la voz vuestra.
No os alboroteis; que no
Importa que yo lo sepa.
Y ahora dadme los brazos,
Que son generosa deuda
Del cuidado con que vengo
Buscándoos.

Her. Qué historia es esta? [*aparte.*
Cuando pensé, que al nombrarse
Con una daga le diera,
¿Tan cariñoso le abraza?

Iñig. Sentaos, sentaos; que quisiera
Hablar con vos muy despacio.

Lis. Sentaos vos; y ahora sepa,

Quien tanta merced me hace.

Iñig. Quien vuestra salud desea
Y vuestra quietud, Don Felix,
Aun mas que la suya mesma,
Por muchas obligaciones,
Que tiene á la sangre vuestra.

Her. Suegro de paz es. No es poco, [*aparte.*
Cuando son suegros de guerra
Todos cuantos hay.

Lis. Él tiene [*aparte.*
Gran valor ó gran prudencia.

Iñig. Don Iñigo soy de Lara,
Para serviros. Apenas
Estas cartas recibí
Ayer, cuando con presteza
Vine á esta posada. No
Tuve dicha de que en ella
Os hallase; y asi vengo
Tan de mañana á traerlas.
De vuestro padre, Don Felix,
Son. En la mia me ordena,
Que os busque y os dé este pliego;
Que importa la diligencia
De un aviso, que en él viene.
Leedle.

Her. Señor, no le leas; [*ap. á él.*
Que esto de dar una carta
Y una estocada con ella
Es treta usada, y el viejo
Es zaino.

Lis. Fuerza es leerla, [*aparte.*
Ya empeñado no soy Felix. —
Leo, pues me dais licencia.

[*lee*] „El señor Don Iñigo de Lara, que pond
„esta en vuestras manos, es á quien
„vida confiesa grandes obligaciones. ℩
„me he valido de las finezas de su am
„tad hasta ahora, por no tener certeza
„que estuviese en esa corte. Pero habi
„dome informado de que reside en ella,
„escribo por su órden, asi por el ries
„que puede tener vuestro nombre en
„sobreescritos, como por la seguridad
„que lleguen á vuestras manos. Aq
„caballero convaleció ya de sus herid
„salió con su pleito, y va á esa corte;
„asi, en cualquier estado que esten vu
„tras pretensiones, las dejad, y volve
„á Granada. Dios os guarde."

Iñig. Cuanto ahí el señor Don Diego
Encarece las finezas
De mi amistad, es un breve
Rasgo, una línea pequeña
De lo que debo acudir
Á serviros.

Lis. Bien lo muestra
El cuidado. Dios os guarde,
Por la breve diligencia
Del aviso, que no dudo
De cuanta importancia sea.

Iñig. ¿Pues qué fue aquesto?

Lis. Un pesar,
Que me obligó á hacer ausencia
De Granada.

Iñig. No me espantan
Mocedades como esas;
Por ellas pasamos todos.
Yo me acuerdo, que en las nuestras
Vuestro padre y yo salimos
De cierta honrada pendencia
Muy airosos. ¡Qué valiente,
Galan y entendido era!

Lis. Vos le haceis merced.

Sale DON FELIX.

Fel.   Lisardo,
Buscándoos vuelvo con nueva
Pesadumbre. — Mas qué miro! [*aparte.*
Don Iñigo aqui? qué intenta?

Lis. Pues perdonad, y un instante
Esperad.

Fel.   Que os obedezca
Es justo. — Qué es esto, Hernando? [*ap. á él.*

Her. ¿Pues hay alguien que lo sepa?

Iñig. ¿Cómo aqueste caballero,
Que tan deslumbrado entra,
Os llama Lisardo?

Lis.   Como
El disgusto de mi ausencia
Me obligó á mudar el nombre,
Por el riesgo que pudiera
Tener el ser conocido;
Y esta fue la causa mesma
Porque dudé antes de ahora
Decirle.

Iñig.   Prevencion cuerda!
Mas ya que esa prevencion
Tuvisteis, ¿cómo en aquesta
Posada, viniendo yo
Ayer á veros en ella,
Preguntando por Don Felix,......

Fel. Qué mandais?

Her.   Detente, espera;
Que hay otro Don Felix ya.

Iñig. Me dijeron, que este era
Vuestro cuarto?

Lis.   Como, aunque
Quise que no se supiera,
No lo pude conseguir,
Que personas de mi tierra,
Con quien no pude fingirle,
Deshicieron la advertencia.
Y asi Felix y Lisardo
Me llaman á un tiempo en esta
Posada, y yo no he querido,
Por no engendrar mas sospecha,
Advertirles, que me nieguen
A nadie que á verme venga.

Fel. ¿Qué secreto es este, Hernando? [*ap. á él.*

Her. El demonio que lo entienda.

Iñig. Con todo eso es gran descuido
El vivir desa manera;
Y mas ahora teniendo
De vuestro enemigo nuevas.

Lis. Yo procuraré guardarme.

Iñig. ¡Sabe Dios, cuanto me pesa
De no poder ofreceros
Mi casa, para que della
Vais desde luego á serviros!
Pero dilatarlo es fuerza,
Señor, hasta que acomode
El modo de la vivienda;
Que luego habeis de ir á honrarla.
Y ahora, porque no quisiera
Que ese caballero espere,
Quedad con Dios.

Lis.   Mi defensa
No os ponga en tanto cuidado;
Pues basta que yo merezca
Saber, donde os he de hallar,
Para que os pague esta deuda.

Iñig. Yo vivo, porque sepais,
Para cuanto se os ofrezca,
Donde teneis un criado,
En la calle de las Huertas.

Lis. Para acudir á serviros,
Usaré desa licencia.

Iñig. Quedad con Dios.

Lis.   Él os guarde.

Iñig. Qué brio! qué gentileza! [*aparte.*
De su padre es un retrato.   [*Vase.*

Fel. Lisardo, por Dios que sepa
Desta novedad la causa.
Qué es esto?

Lis.   Todo se encierra
En que hay amigos que matan,
Por ignorancia, con buena
Intencion, y yo os he muerto
Hoy, Don Felix, por tenerla.

Fel. Cómo?

Lis.   Tomad esta carta
De vuestro padre, y en ella
Vereis la amistad, que tiene
Con Don Iñigo. Á traerla
Vino, y yo, cuando por vos
Preguntó, entrando en sospecha
De que os buscaba quejoso,
Por satisfacer la ofensa,
Creyendo, que por alguna
De sus criadas hubiera
Sabido el nombre, por dar
Á vuestro amor franca puerta,
Quebrándose en mí el enojo,
Fingí vuestro nombre, en prueba
De mi amistad, excusándoos
Ó el aviso ó la pendencia.

Fel. Bien decis, Lisardo, que
Ha sido accion como esta
Matar con buena intencion,
Pues me quitásteis, que sea
Huésped dichoso de Laura,
Á quien adoro.

Lis.   Paciencia!
Y persuadiros á que
Fue yerro de mi fineza.

Fel. Esta sin duda es la carta,
De que quiso Laura bella
Anoche avisarme.

Lis.   Y no
En eso el disgusto cesa;
Pues vuestro padre os envia
Aviso, Felix, en ella,
De que ya vuestro enemigo
Viene á Madrid.

Fel.   Aunque venga
Á solo darme la muerte,
No podrá; pues de manera
Me tienen muerto mis ansias,
Que será inútil la ofensa.
Venid, Lisardo, conmigo,
Veremos, como se pueda
Aquesto enmendar, porque
Quiero tambien daros cuenta
De un papel, que me ha enviado
Laura, en que dice, la vea
Esta tarde, porque importa
Su vida y honor, que sepa
El estado en que la tiene
Mi amor.

Lis.   ¿Pues de qué manera
En su casa habeis de entrar?

Fel. Pues ella lo dice, ella
Lo habrá mirado.

Lis.   El empeño
Es grande.

Fel.   Cuando lo sea,
¿Qué importa, si es cierto que
No quiere el que no se arriesga?   [*Vanse.*

————

Salen Doña Clara *y* Don Antonio.

Ant. Haz hoy esto por mí, hermana.
Clar. ¿Qué imposible cosa hubiera,
Que por tí mi amor no hiciera?
Pero es tu esperanza vana.
Ant. Cómo?
Clar. Como es tan tirana
De Laura la condicion,
Tan libre la presuncion,
Tan altiva la extrañeza,
Tan discreta la belleza,
Tan bella la discrecion,
Que temo, que tu cuidado
Desairado ha de quedar.
Ant. Nunca un hombre por amar
Quedar puede desairado;
Pues el que mas despreciado
Llora uno y otro desden,
Mas olvidado de quien
Mas adora, en duelo tal,
No es posible quedar mal,
Pues queda queriendo bien.
Demas de que nada ha habido
De tan grave rebeldía,
Que á la industria ó la porfía
No se haya dado á partido.
Nace el mármol escondido
De un monte, y no está seguro
Del cincel; de un centro obscuro
Nace el bronce, y del buril
No escapa, siendo sutil
Basto bronce y mármol duro.
Nace el oro, hijo del sol,
En la mas oculta mina,
Y á una experiencia divina
Le hace tratable el crisol.
Émulo al mayor farol
Nace el diamante constante,
Solo á sí tan semejante,
Que no se deja labrar,
Hasta que viene á costar
Un diamante otro diamante.
¿Y quieres, que un temor vil
Niegue á mi pena cruel
Lo porfiado de un cincel,
Lo prolijo de un buril,
Y del crisol lo sutil,
Del diamante lo constante?
No; que mi amor arrogante
Mármol, jaspe, oro, arrebol,
Ha de ablandar al crisol,
Cincel, buril y diamante.
Clar. Notable extremo de amor
El tuyo es. Ayer veniste,
Esta mañana la viste,
¿Y ya con tanto rigor
La vecindad de su ardor
Te abrasa? Si ya no fuese
Aspirar á que se hiciese
Por tí el tono que decia:
Junto á mi casa vivia,
Porque mas cerca muriese.
Ant. No es tan liviano mi afecto,
Tan fácil mi voluntad,
Que por solo vecindad
Se atreviese á su respeto.
Dias ha, que mi alma objeto
Fue de sus rayos ardientes,
Y que amor, los accidentes
Trocando á nuestras pasiones,
Hirió nuestros corazones
Con arpones diferentes.
Antes, Clara hermosa, que

Me ausentase, la serví;
De su padre amigo fui,
Y á entrambos los visité,
Ausente la idolatré
En el sol; que como él
Á un laurel adoró fiel,
Y yo á una Laura, creia,
Que darme nuevas podia
De mi Laura su laurel.
Confieso, que despreciado
Siempre viví de su amor,
Y que la amé con temor;
Porque no hay mas triste estado,
Que el de un pobre enamorado.
Mas ya que en favor ha sido
El pleito, con que he salido,
Es justo que el suyo aguarde;
Porque no hay rico cobarde,
Como no hay pobre atrevido.
Y asi, viendo que podré
Con su padre declararme,
Hermana, y para casarme
Pedírsela, mal haré
En malograr tanta fe;
Si bien obligarla quiero
Antes.
Clar. Haces bien, si infiero,
Cuan necio en el mundo es
Quien osa gozar despues
Lo que no agradó primero.
Pero déjame admirar,
Que una ausencia y una herida,
Que á lo último de tu vida
Te tuvo, para olvidar
No bastasen.
Ant. Mi pesar
No me renueves; porque,
Si en él me hablas, no tendré,
En ira el alma ocupada,
Gusto para hablar en nada,
Hasta que vengado esté.
Clar. Pues hablemos en tu amor,
Si aquesto te da disgusto;
Que siendo, hermano, tan justo,
Fuera no ayudarte error.
¿Qué podré hacer en favor
De tu pena?
Ant. Visitar
Hoy á Laura, con que entrar
Podré, buscándote, y ver
Su beldad.
Clar. Si la ví ayer,
¿Cómo hoy tengo de tornar
Á verla?
Ant. Pues dame, hermana,
De tu parte algun recado,
Con que yo entre disculpado.
Clar. Eso haré de mejor gana.
Dila, que yo he de ir mañana
Á dar cierto parabien;
Y asi que me preste es bien
Sus joyas, y que no envio
Criado, porque no me fio
De uno, que es nuevo.
Ant. Está bien.
Quédate con Dios; que ya
Muero por llegar á vella. —
¡Ay Laura divina y bella!
Una esperanza me da,
Que bien merecida está
De tanto amar y sentir.   *[Vase.*
Clar. Aunque debiera advertir
Á mi hermano del amor
De Laura y Felix, error

El llegárselo á decir
Tan presto fuera, pues queda
Tiempo, antes que por muger
La pida; que eso ha de ser
Cuando ya callar no pueda.
Si bien siento, que conceda
Con tanta seguridad
Á Laura su libertad,
Sabiendo yo, que ella adora
Otro amante. ¡O cuanto ignora
Rendida una voluntad!
Pues si asi ha compadecido
Galan, que ignorando está,
Que otro admitido es, ¿qué hará
Galan, que lo haya sabido,
Y enamorado y rendido
Pasa por sus desconsuelos?
Pero mal he dicho, cielos;
Que lástima no merece
Galan tan vil, que se ofrece
Voluntarioso á sus zelos.

Sale LEONOR.

Leon. Al tiempo que ya de casa
Don Antonio mi señor
Sale, ostentando su amor
Lisardo, la calle pasa.
Clar. Leonor, el pecho se abrasa
Por hablarle. Y pues que va
Mi hermano donde estará
Divertido, hablarle aguardo.
Haz una seña á Lisardo;
Dile que suba.
Leon. Será
Aventurarte, señora.
Clar. ¿Pues qué querias que amara
Yo, si nada aventurara?
Y supuesto que es ahora
Buena ocasion, ve, Leonor,
Dile que entre. — Corazon,
No temas; que no es razon,
Si amor te llega á valer,
Porque ser Dios y temer,
Implica contradiccion. [*Vanse.*

Salen LAURA, BEATRIZ *y* DON FELIX.

Laur. Sabiendo, que ocupado
Hoy mi padre estaria,
Don Felix, todo el dia
En un negocio, he dado
Lugar á que esta tarde
Entres aqui; que amor nunca es cobarde.
Fel. Del papel advertido,
Para el riesgo llamado,
Por la ocasion buscado,
Y al tiempo agradecido,
Á verte vengo, Laura;
Con mi peligro tu temor restaura.
Laur. Beatriz, desde esa puerta,
Pues no ha de estar cerrada,
De una seña avisada
Está, por si alguien viene.
Beat. Yo estoy muerta! [*Vase.*
Laur. Tantas penas me ofrece
Á un tiempo mi fortuna,
Que, atenta á cada una,
No sé por cual empiece,
Don Felix; que cualquiera
Pretende, por mayor, ser la primera.
Fel. Detente, y mas no llores;
Que en vender fuera necio
Mis finezas á precio
De lágrimas, que son perlas y flores,

Pues Mayo y sol, al verlas,
Uno las hace flores, y otro perlas.
No ha de costar tan caro
Lo que tú me pidieres.
Dime pues lo que quieres,
Y aun es mi amor tan raro,
Que solo siente ahora
El que hayas de decírmelo, señora;
Que aun una vez quisiera,
Que el verte obedecida no costara.
¡O quién adivinara!
¡Quién astrólogo fuera,
Para saber el fin de tus enojos,
Mirado en el eclipse de los ojos!
Laur. Don Felix, yo he pensado
El mas lícito medio,
Que pueda ser remedio
De uno y otro cuidado,
Si es verdad, que me quieres.
Fel. Cuál es?
Laur. Pues que mi padre quien tú eres
Sabe, y de tu nobleza
Está tan informado,
Que no dudo que ya te haya buscado
Para darte unas cartas su fineza,
Que era lo que decia
Beatriz anoche, cuando ya él volvia,
Declárate con él; que declarado
Una vez, trataremos,
Sin que sean tan costosos los extremos,
De los medios, quedando asegurado
Mi honor, Felix, mi padre agradecido,
Mi amor logrado, y mi deseo cumplido.
Fel. Dices bien, y mil veces
Agradezco el partido que me ofreces.
La causa, Laura, de que al mismo instante
Tus leyes no obedezca,
Y á tu padre me ofrezca,
Será, porque primero importante,
Porque él se satisfaga
De quien soy, que un engaño se deshaga.
Laur. Ay de mí! ¿Pues qué engaño
Puede haber en quien eres?
Fel. No te asustes, ni alteres;
Que bien fácil es, Laura, el desengaño.
Laur. Pues dime, ¿tú no has sido
Para quien unas cartas han venido?
Fel. Sí, hermosa Laura mia.
Laur. ¿Y ya no te ha buscado?
Fel. En mi posada ha estado,
Amaneciendo en ella con el dia.
Laur. ¿Pues qué engaño en quien eres haber puede?
Fel. Oye, y sabrásle.
Laur. Un mal á otro sucede!
Fel. Buscándome......

Sale BEATRIZ.

Beat. Señora?
Laur. Qué hay, Beatriz?
Beat. Que á la puerta llega ahora
Don Antonio, el hermano
De Doña Clara, y dice, que conviene
Hablarte, que á un recado suyo viene.
Leon. Di, que mi padre no está en casa.
Beat. En vano
Será; que ya hasta esta
Sala se entró, sin esperar respuesta.
Laur. Don Felix, no te vea.
Fel. No entre, y no me verá; que quien no sea
Tu padre, Laura, á mí no ha de obligarme
Hoy á esconderme dél, ni á retirarme.
Laur. ¿Pues mi honor no te debe
Mas atencion?
Fel. El mismo á esto me mueve;

Que tu honor es el mio.

Laur. Que he de deberte esta fineza fio.
    Éntrate á ese aposento,
    Yo le despediré luego al momento.

Beat. Ved que entra.

Laur.   Haz por mí esto.

Fel.   ¡ O dulce encanto
    Del hombre, qué no puede vuestro llanto!
                          [*Escóndese.*

         Sale D O N   A N T O N I O.

Ant. Sin licencia, señora,
    De un recado, que ahora
    Me dió mi hermana, á entrar aqui no osara.

Laur. Que manda la señora Doña Clara,
    Me decid brevemente,
    Y perdonad, que el tiempo no consiente,
    Que en visita os reciba,
    No estando aqui mi padre.

Ant.   Tan esquiva,
    Como os dejé, os he hallado.

Beat. ¡Mas que el recado pone á mal recado   [*ap.*
    Aqueste caballero!

Laur. Solo á lo que venis es lo que espero.

     Sale D O N   F E L I X *al paño, y repara en D.*
                 A n t o n i o.

Fel. ¡Cielos, qué es lo que miro!
    Él es! Con nueva causa ya me admiro
    De mi súceso.

Laur.   Qué mandais?

Ant.   Mi hermana
    Un parabien que dar tiene mañana.
    Y por ir mas gallarda, hermosa y rica,
    Que la deis vuestras joyas os suplica,
    Para lucir con ellas;
    Que al fin joyas del sol serán estrellas.

Laur. ¿Un criado no habia,
    Que trajera el recado?

Ant.   No le envia,
    Señora, con criado,
    Que de uno que tiene no ha fiado,
    Porque ha poco que en casa
    Está, tanto interes.

Laur.   Pues si eso pasa,
    ¿Por aquesa ventana de su cuarto,
    Que cae á mi jardin, no me mandara,
    Que algun criado mio las llevara?

Ant. Si habia de venir un criado suyo,
    Ó ir uno vuestro, justamente arguyo,
    Que hizo, que como suyo aqui viniese,
    Para que como vuestro allá volviese.
    Pues claramente muestro,
    Que lo fui suyo, para serlo vuestro.

Laur. Solo ahora le faltaba á mi cuidado, [*aparte.*
    Que este me hablase en el amor pasado.

Fel. Solo ahora les faltaba á mis desvelos, [*al paño.*
    Que mi enemigo se vengase á zelos.

Laur. Beatriz, saca al instante
    De aquese tocador las joyas mias.

Ant. Si salen de la esfera de los dias,
    Rayo será de luz cada diamante.

Laur. Qué aguardas?

Beat.   Voy volando.
     [*Entra B e a t r i z adonde está D. F e l i x.*

Ant. No la deis tanta prisa; que esperando
    Mas contento estaré.

Laur.   Conviene esto,
    Que venga presto, porque os vais presto.

Ant. Pues si tan breve, señora,
    Es el espacio, que tengo
    De vida, que por minutos
    Me la está contando el tiempo,
    Mal haré en desperdiciarle;

Que fuera ignorante ó necio
El que un momento perdiera,
Cuando vive por momentos.
Aunque vengo á llevar joyas,
Mejor dijera, que vengo
Á traerlas, pues que traigo
La firmeza de mi pecho.

Laur. Cielos, qué es esto que oigo? [*aparte.*

Fel. ¿Qué es esto que escucho, cielos? [*al pañ*

Ant. Bien os acordareis, Laura,
    De cuan rendido mi afecto
    Os adoró, y......

Laur.   No digais
    Mas; que de nada me acuerdo,
    Sino de que un tiempo fuísteis......

Fel. Oigamos qué fue.

Laur.   El objeto
    De mis altivos rigores,
    De mis desdenes severos.

Fel. Eso sí.

Ant.   Y eso es lo mismo
    Que yo iba á decir; que, atento
    Á tantos agravios, quise
    Haceros memoria dellos;
    Porque en aquesta ocasion,
    Encontrados los extremos,
    Vos volvais á repetirlos,
    Y yo vuelva á padecerlos.
     [*Á la puerta B e a t r i z y D. F e l i x.*

Fel. ¿Quién tendrá paciencia para
    Escuchar, que esté diciendo
    Otro amores á su dama,
    Aunque ella diga desprecios?
    Vive Dios......!   [*Quiere sali*

Beat.   Señor, qué haces?

Fel. Beatriz, suelta!

Beat.   Estate quedo;
    Que ya yo saco las joyas,
    Con que se irá.

Ant.   Qué es aquello?

Laur. Ay de mí! [*aparte.*

Beat.   Yo, que en la puerta
    Tropecé deste aposento.
    Ya estan las joyas aqui.

Laur. Estas son cuantas yo tengo.
    Si esto es á lo que venísteis,
    Véislas aquí, é idos luego,
    Señor Don Antonio.

Ant.   Yo
    (Perdonad mi atrevimiento)
    No me tengo de ir, señora,
    Sin que vos oigais primero,
    Que no solo á aquesto vine.

Laur. Si yo no quiero saberlo,
    ¿De qué servirá el decirlo?

Ant. De cumplir yo con mi afecto.

Laur. Hacedme merced de iros.

Fel. Ya que le dé Laura siento
    Prisa. ¿ Si será porque
    No descubra algun secreto?

Ant. En diciendo de una vez,
    Laura, pienso quedar quedo.

Laur. Decid pues; que no podeis
    Decir mas, que os aborrezco.

Ant. Yo, hermosa Laura, jamas
    Tener pude atrevimiento
    De miraros, sino es
    Con el decoro y respeto,
    Que vuestro estado y mi sangre
    Permiten á mis deseos;
    Á cuya cuenta sufrí
    Iras y desdenes vuestros.
    Acobardábame mas,
    Que vuestro rigor severo,

Mi fortuna; porque un pobre
Homicida es de sí mesmo.
Para alentarme á serviros,
No, señora, á mereceros,
Con un noble mayorazgo
Hoy rico y honrado vuelvo.
Todo es poco para vos;
Mas lo que fuere os ofrezco,
Advirtiéndoos, que no os pido
Licencia, que no la espero,
Para pediros, señora,
Á vuestro padre por dueño,
Sino que os aviso solo
Desta esperanza que tengo,
Porque me trateis con mas
Rigores; pues todos ellos
Serán honras de un marido,
Si son de un galan desprecios.

Fel. Ya para oir mas no hay
Ni valor ni sufrimiento.

Laur. Mi padre os responderá,
Señor Don Antonio, á eso,
Cuando vos le hableis; y yo,
Cuando él lo diga. Ahora os ruego,
Que aquestas joyas tomeis,
Y os vais con Dios.

Ant.   Cuando llego
De vuestra mano á tomarlas,
Que es joya de cristal pienso;
Y asi, pues tomo las joyas,
Tambien podré......

Al ir á tomarla la mano, sale DON FELIX.

Fel.   Deteneos!
Que esa mano ni tomada
Ni pedida ha de ser.

Laur.   Cielos!
Muerta estoy!

Ant.   Qué es lo que miro!
De·que vos seais me huelgo
Quien lo estorbe, por tomar
Ambas venganzas á un tiempo.

Beat. Muertes de hombres ha de haber.

Fel. Si vos, por el lance nuestro,
Ocasion para matarme
Teneis, yo tambien la tengo;
Vos, porque yo os dí una herida;
Yo, porque vos me dais zelos.
Y pues yo, con mayor causa,
Me reporto, haced lo mesmo;
Que el estrado de una dama
No es campaña para el duelo.

Ant. Decís bien; fuera salgamos,
Donde los dos cuerpo á cuerpo
Nos veamos.

Fel.   Ya os sigo yo.

Laur. Mirad......

Dentro DON IÑIGO.

Iñig.   Cómo está aqui abierto?

Beat. ¿No lo dije yo, que haria
Diez aqueste padre nuestro?

Laur. Llenóse el número (ay triste!)
De mis penas y tormentos. —
Caballeros, pues lo sois,
Y en los que son caballeros
Antes que todo es la dama,
Ved mi peligro.

Los dos.   Sí haremos.

Fel. Por su honor y por su vida
Aquí á retirarme vuelvo.
Valeos vos de la disculpa
Desas joyas; que al momento,
Que él se asegure, saldré

Á la calle.   [*Escóndese.*

Sale DON IÑIGO.

Iñig.   ¿Pues qué es esto,
Señor Don Antonio? ¿Aqui
Qué mandais?

Ant.   Paciencia, cielos! [*aparte.*
Que soy quien soy, y no es bien
Vengarme por bajos medios. —
Á pedir aquestas joyas
De parte......

Laur.   Yo estoy muriendo! [*aparte.*

Ant. De Doña Clara mi hermana
He venido.

Laur.   Y á ese efecto
Las sacaba ahora Beatriz
Del tocador, porque entiéndo,
Que quiere honrarlas en un
Parabien de cumplimiento.

Ant. Por no haber criado en casa,
Vine yo.

Iñig.   Mucho me alegro
De que en la mia haya cosa
Con que serviros.

Ant.   El cielo,
Señor, os guarde mil años.
Y pues desta casa llevo
Mas, que vine á pedir, dadme
Licencia ya.

Iñig.   Deteneos,
Y esperad á que una luz
Saquen; que va anocheciendo. —
Beatriz, trae luces.

Beat.   Aqui   [*Saca una luz.*
Estan.

Ant.   Dónde vais?

Iñig.   Sirviéndoos.

Ant. Quedaos, señor.

Iñig.   Esto es justo.

Ant. Por no porfiar, lo consiento.

Iñig. La escalera es por aqui.

Ant. Iré á mi casa corriendo [*aparte.*
Por un jaco y un broquel,
Y á dos venganzas atento,
Le mataré cuando salga.   [*Vanse.*

Laur. Don Felix, ¿qué es lo que has hecho?

Fel. Lo que tuve obligacion,   [*Saliendo.*
Porque me debieras menos
En que callara, que no
En que me arriesgara, viendo
Que á tu mano se atrevia.

Laur. Tu temeridad me ha muerto.

Fel. No en vano antes, o enemiga,
Que te conociese, el pecho
Le pasé, astrólogo entonces,
Por sacarte de allá dentro.

Laur. Solo me faltaba ahora
El que me pidieses zelos.

Fel. No pediré; porque solo
Pedirán mis sentimientos,
Que diviertas á tu padre,
Y á Beatriz digas, que luego
Me saque de aqui, porque......

Sale BEATRIZ.

Beat. ¡Buena hacienda habemos hecho!
No ha quedado puerta en casa,
Que no esté cerrando el viejo,
Escarmentado de anoche.

Fel. Yo he de salir, vive el cielo,
Aunque por un balcon sea.

Sale DON IÑIGO *y retirase D. Felix.*

Iñig. Corazon, disimulemos [*aparte.*

El disgusto, que me ha dado
Haber hallado aqui dentro
Á Don Antonio, pues son
Las joyas disculpa dello;
Que no lo han de llevar todo
Hasta el fin mis sentimientos.

Laur. Muerta estoy! [*aparte.*

Iñig.   Laura!

Laur.   Señor?

Iñig. Un grande cuidado tengo
Que comunicar contigo,
Para pedirte un consejo.

Laur. ¿Consejo á mí tu prudencia?

Iñig. Tanto fio de tu ingenio.
Ya te dije, que tenido
Habia de Granada un pliego
Con una carta, que viene
Á un Don Felix de Toledo.

Laur. Sí, señor.

Iñig.   Aunque encarezca
La obligacion que le tengo,
No es posible. Fui, y habléle
En su posada, y leyendo
La carta, que le llevé,
Tenia un aviso, que presto
Vendria aqui un su enemigo;
Y á mi obligacion atento,
Le quisiera asegurar
La vida; que te prometo,
Que debo á su padre cuanto
Ser, honor y vida tengo.
Y él lo merece, porque
Es el mejor caballero,
Que en toda mi vida he hablado.
Qué gala! qué entendimiento!

Laur. ¡Qué bien suena á quien bien quiere [*ap.*
La alabanza de su dueño!

Fel. ¡Qué infeliz fui, pues Lisardo [*al paño.*
Me ganó todo este afecto!

Iñig. No le he ofrecido mi casa,
Por hablarte á tí primero,
Que eres el inconveniente,
Y te he de hacer el remedio.

Laur. ¿Pues qué inconveniente yo
Puedo ser, si tú eres dueño
De todo? Venga, señor,
A casa ese caballero;
Que yo le serviré.

Iñig.   ¡O cuánto
Esa obediencia agradezco!
Pero mira, él no ha de verte;
Que lo que rogarte quiero,
Es, que tú á estar te reduzcas
En mi cuarto, y componiendo
Esta sala, que se mande
Por otro recibimiento,
Le diré, que venga á ella;
Pues por aqueste aposento
Puerta se le puede dar
A la escalera; entra dentro,
Verás donde se ha de abrir.

Fel. Llegó mi pena á su extremo. [*aparte.*

Beat. Dimos al traste con todo. [*aparte.*
[*Quiere D. Iñigo entrar, y detiénele Laura.*

Laur. Detente; que ya yo entiendo
Lo que me quieres decir,
Y ahora es excusado el verlo.
Trae á tu huésped, señor;
Que yo me obligo y te ofrezco
Estarme tan retirada
Dentro de tu cuarto mesmo,
Que no me vean entonces
Mas, que ahora me estan oyendo.

Iñig. Asi lo creo de tí.

Ven conmigo, porque hablemos
Como se ha de disponer
Aqueste hospedage.

Laur.   ¡Cielos, [*aparte.*
Salga yo bien desta noche;
Que lo demas no lo temo,
Si Felix viene á ser huésped
De mi casa y de mi pecho!   [*Vanse.*

Fel. Ce, Beatriz! Pues tu señor
Va á su cuarto, di, si puedo
Salir ya.

Beat.   ¿Pues no has oido,
Que cerró las puertas? Pero
Á un traidor dos alevosos,
Quiero decirte un secreto.
El postigo de la calle,
Aunque echen la llave, es cierto
Que se puede abrir, con solo
Que le metas los dos dedos
Detras de la cerradura,
Y el pestillo tires luego;
Porque no muerde en las guardas,
Ó muerde poco; que es viejo.
Yo lo sé, pues yo lo digo.

Fel. El aviso te agradezco.

Beat. No lo agradezcas; porque,
Si la verdad te confieso,
Diera por verte en la calle
Ya cuanto tengo y no tengo.
Ven conmigo, y por si haces
Tú algun ruido, al mismo tiempo
Cerraré yo esas ventanas.

Fel. Don Antonio, por lo menos
No podrá decir mi honor,
Que pude salir mas presto.

Beat. Baja delante.   [*Vanse.*

———————

Salen á una ventana en lo alto Doña Clara
y Lisardo.

Clar.   Lisardo,
Esto has de hacer.

Lis.   Yo no tengo
De dejarte en riesgo á tí,
Por asegurar mi riesgo.

Clar. Aqui no hay otro mayor,
Que el hallarte á tí aqui dentro
Mi hermano, que, como he dicho,
Sin color, turbado y muerto,
A casa ha venido, y solo
Se ha cerrado en su aposento,
Y previniéndose queda.
Por el resquicio pequeño
De la llave lo he mirado.
No dudo, que es causa desto
Alguna sospecha, que
Le dió el no abrirle tan presto.
Y si ha de mirar la casa,
¿Qué desengaño mas cierto,
Que no hallar en ella á nadie?
Y asi llorando te ruego,
Que por aquesa ventana,
Que de Doña Laura á un huerto
Cae, te arrojes; pues sin tí
Yo libre y segura quedo,
Y tú allá podrás hallar
Muchas disculpas,

Lis.   No es eso
Lo que reparo; que yo
Soy quien siempre importa menos,
Sino el no dejarte; que
Si te sucediese luego
Una desdicha, seria

Desdicha muy sin consuelo
Para mi amor y mi honor.

Clar. Si tú te vas, nada temo.
Lis. Yo lo haré, aunque á mi pesar.
  [*Échase él por la ventana, y cierra ella.*
Clar. Y yo la ventana cierro;
Que, estando Lisardo fuera,
No hay que temer.   [*Vase.*

_____

Dentro DON IÑIGO.

Iñig.   Qué es aquello?

· *Suena dentro ruido, y sale* LISARDO.

Lis. Ya me han sentido.

Dentro LAURA.

Laur.   Señor,
Detente!
Iñig. [*dent.*]   Hola! Acudid presto
Todos.
Lis.   De algo servirá
De Felix el fingimiento,
Pues disculpándome yo
Con decir, que vine huyendo
De la justicia, hallaré
En Don Iñigo remedio.
Mas como no sé la casa,
No sé por donde mas presto
Dé con él. Puerta es aquesta,
Entraré por aqui dentro.
  [*Escóndese donde estaba D. Felix.*

Sale DON IÑIGO *con la espada desnuda,* LAURA
deteniéndole, y Criados *con luces y espadas*
desnudas.

Laur. Mira, señor......!
Iñig.   Suelta, Laura!
Ver toda la casa tengo.

Sale BEATRIZ *por otra puerta.*

Beat. Si ya no hubiera salido [*aparte.*
Felix, hubiéramos hecho
Linda necedad. ¡O quién
Avisara á Laura dello,
Porque perdiera el temor
De que le hallen!
Iñig.   Recorriendo
Id toda la casa.
Laur.   ¡Habrá [*aparte.*
Mas infeliz muger, cielos!
Iñig. Este aposento mirad.
Beat. Mas si no le hubiera puesto [*aparte.*
De paticas en la calle.
Laur. No mires este aposento,
Señor, sin que antes me oigas
Lo que prevenirte quiero.
Beat. Ella ha de echarse á perder, [*aparte.*
Por pensar, que está aqui dentro.
Iñig. Qué he de oir?
Laur.   Estoy turbada! [*aparte.*
Iñig. Habla!
Laur.   Fáltame el aliento! [*aparte.*
Iñig. Di.
Laur.   La voz se me ha embargado! [*aparte.*
Iñig. Prosigue.
Laur.   Toda soy hielo! [*aparte.*
Iñig. Pues déjame entrar.
Laur.   Escucha
De mi amor atrevimientos.
Señor, tú mismo me has dicho
Cuan ilustre caballero,
Cuan galan, cuan entendido

Es Don Felix de Toledo.
Tercerías son, que deben
Desenojarte mas presto.
Él es mi esposo, señor,
Y él está en este aposento.
Ahora dame la muerte;
Que, habiendo dicho primero,
Que es mi esposo, moriré
Contenta, pues por lo menos
Curo la facilidad,
Llegándote en tanto aprieto
Antes la satisfaccion,
Que no la ofensa, el remedio,
Que el dolor, la paz, que el susto,
La triaca, que el veneno.
Iñig. Fortuna, ya es este lance [*aparte.*
Muy otro, que era; y supuesto
Que el haber caido en Don Felix
Ha sido piedad del cielo,
No le quiero ser ingrato,
Acudamos al remedio. —
Señor Don Felix, salid;
Que, aunque yo quejarme puedo,
Que tan justas conveniencias
Traen tan injustos medios,
Todo os lo perdono, todo,
En albricias de suceso
Tan feliz para mi casa.
Laur. Bien se ha logrado mi intento. [*aparte.*
Iñig. Salid pues.
Beat.   ¿Qué ha de salir,
Si ya no hay nadie allá dentro?

Entra Laura, *y saca á* LISARDO.

Laur. Llegad, señor, pues mi padre
Nos perdona. Mas qué veo! [*aparte.*
Lis. ¿A quién habrá sucedido [*aparte.*
Lo que me está sucediendo?
Laur. Hombre, ¿quién eres, ó cómo
Estás aqui?
Beat.   Santos cielos! [*aparte.*
Laur. Ahora mi padre me da [*aparte.*
Muerte, que no es Felix, viendo.
Iñig. Señor Don Felix, llegad,
Dadme los brazos; que quiero,
Que aun no os cueste á vos ahora
La vergüenza, que yo tengo;
Advirtiéndoos, que no pudo
Acaecer este suceso
Por quien no fuérades vos,
Que ya no le hubiera muerto.
Lis. ¿Qué he de hacer? Desengañarle [*aparte.*
De quien soy no es á buen tiempo;
Pues si me avisa, que solo
Á Felix sus sentimientos
Disimularan la ofensa,
Será empeñarme de nuevo
El decir, que no lo soy.
Aqui no hay otro remedio,
Que esperar á otra ocasion. —
Fuerza fue turbarme al veros;
Mas cuanto os ha dicho Laura,
De nuevo, señor, lo ofrezco,
Y aseguro, que sea esposa
De Don Felix de Toledo.
Iñig. Solo eso pudiera ser
De mis penas el consuelo.
Laur. Y solo eso de las mias [*aparte.*
Pudiera ser el aumento,
Si este es Felix, y no el otro.
Iñig. Pues ha de ser en efecto,
No habeis de salir de aqui,
Sin desposaros primero,
Y mañana yo traeré

La licencia.

Lis.   Extraño empeño! [*aparte.*
¿Yo con dama de mi amigo?

Laur. ¿Yo con galan (qué tormento!) [*aparte.*
De mi amiga?

Lis.   ¿Yo con quien [*aparte.*
No amo?

Laur.   ¿Yo con quien no quiero? [*ap.*
Lis. ¿Y está enamorada de otro?
Laur. ¿Y está á otra dama queriendo?
Lis. Mejor es que se declare
De una vez todo el despecho.
Laur. Pues yo tengo de morir,
Mejor es morir mas presto.
Lis. Señor!
Laur.   Señor!
Iñig.   ¿De qué entrambos
Hablais ahora suspensos?
Lis. Oye.
Laur.   Escucha.

     [*Cuchilladas dentro.*

    Dentro Don Antonio *y* Don Felix.

Ant.   Aqui verás
De qué manera me vengo.
Fel. Tú de qué modo castigo
Osados atrevimientos.
Iñig. Qué es aquello?
Lis.   La voz es
De un amigo.
Iñig.   Deteneos;
No habeis de salir de aqui.
Lis. ¿Pues cómo, oyéndola, puedo
Dejar de salir?

     Dentro Doña Clara.

Clar.   Señor
Don Iñigo, acudid presto;
Que dan la muerte á mi hermano.
Lis. De Clara es esta voz, cielos! [*aparte.*
Hermano y muerte entendí;
Su vida corre gran riesgo.
¿Qué he de hacer, cuando me llaman
Mi amigo y mi dama á un tiempo?
Mas qué dudo? En todo trance
Mi dama ha de ser primero.   [*Vase.*
Iñig. Salgamos todos.
Laur.   ¿Hay mas
Desdichas?
Beat.   Hay mas enredos?
Iñig. No le dejaré del lado.   [*Vase.*
Laur. Qué es esto, Beatriz?
Beat.   Qué es esto?
Que el amor y la fortuna
Estan hechos unos cueros,
Y hacen dos mil disparates,
Que no es posible entenderlos.

JORNADA III.

    Salen Don Felix, Lisardo, Mendoza
        y Hernando.

Lis. Pues hemos llegado á casa,
Sin que nadie nos siguiese,
El uno y otro, á pesar
De tantos inconvenientes,
Salios los dos allá fuera,
Y mirad que nadie entre,
Sin avisarnos, en tanto
Que aqui hablamos yo y Don Felix.

Her. Juro á Dios, no te sirviera
Una hora mas, si supiese
Medrar, con ser caso hoy
Negado á todo sirviente;
Porque ¿qué cosa es, que os vais
A pesares y á placeres
Los dos, sin algun criado,
Que los murmure y los cuente?
¿Que vengais tan tarde á casa,
Coléricos é impacientes
Y alborotados, y que......?
Fel. Bueno está; déjanos; que este
De burlas no es tiempo, Hernando.
Her. Estas son veras.
Lis.   Advierte,
Que se pierde un siglo en cada
Instante que aqui se pierde.
Fel. Llévale de aqui, Mendoza.
Men. ¿No basta que yo me lleve
A mí?
Her.   Juro á Dios, que antes
He de servir á un herege,
Que á un enamorado, aunque
Con algun premio le trueque.
     [*Vanse* Mendoza *y* Hernando.
Fel. Ya, Lisardo, estamos solos;
Y aunque mis sucesos pueden
Darme tanto que pensar
Y que temer, no me tienen
Tan rendido las fortunas
De sus varios accidentes,
Como vuestras prevenciones,
Segun la lengua encarece
Lo que importa darme cuenta
De un suceso.
Lis.   Sí, Don Felix;
Pero porque la mayor
Parte dél ahora pende
De las mismas cuchilladas
En que yo os hallé, conviene
Saber yo la causa dellas
Antes, porque se encadene
De un suceso otro suceso.
Fel. Yo os lo diré brevemente.
En Granada un hombre herí
Forastero.
Lis.   Sí.
Fel.   Pues este
Hermano es de Doña Clara,
Vuestra dama, y pretendiente
De Doña Laura la mia,
Que á uno estorba, y á otro ofende.
Lis. Aun no le he visto la cara
Yo, ni sé qué señas tiene;
¿Mas qué mucho, si ayer vino,
Y le he andado huyendo siempre?
Fel. Estaba con Laura yo,......
Mas no importa que no os cuente
Mas de que alli nos hallamos,
Y que al tratar, que no fuese
Nuestra campaña su sala,
Vino el padre, que parece,
Que parlera la fortuna,
Le trae maliciosamente.
En fin, á su honor atentos,
Dejamos alli pendiente
El lance; escondíme yo,
El se disculpó, y en breve,
Aunque me cerró las puertas,
Salí á la calle. Valientes
Nos embestimos los dos,
Alborotóse la gente
De todo el barrio á las voces
De Clara, y á los crueles

Golpes de las dos espadas,
Rayos de acero, de suerte,
Que, de la gente y la luz
Despartidos, no consienten,
Ni que él vengue sus heridas,
Ni que yo mis zelos vengue.
Entre los que alli vinieron
Fuísteis vos, que noblemente
Os pusísteis á mi lado,
Diciéndome, que me ausente
De la calle, porque importa
Que faltemos igualmente
Della los dos. Esto es
Todo lo que me sucede
Á mí. Decid vos, qué ha habido?

Lis. No sé ya por donde empiece.
Estando en casa de Clara,
Su hermano llamó; esconderme
Fue fuerza; que parecidos
Son en cualquier accidente
Los lances de amor; ¿qué mucho,
Si son uno mismo siempre?
Turbóse Clara; Leonor
Se embarazó. Finalmente,
Tardando en abrirle, entró
Haciendo extremos crueles.
Encerróse en su aposento,
Y por un resquicio breve
Clara (que en efecto no hay
Temeroso, que no aceche)
Le vió de no sé qué armas
Prevenirse y componerse.
No le culpo, si ahora infiero,
Cuan justa disculpa tiene
Para cualquier prevencion
El que vengarse pretende;
Porque una cosa es reñir,
Y otra es satisfacerse.
Clara pues, viéndole armar,
Se persuadió justamente
Á que el tardar en abrirle
En sospecha le pusiese,
Y que aquellas prevenciones
Para ver la casa fuesen.
Pidióme, que me arrojase
Por la ventana, que tiene
Su cuarto, que al jardin cae
De Laura. Hícelo. ¡Ha mugeres,
Y cuantas cosas ha errado
Seguir vuestros pareceres!
Al ruido de mi caida......

Sale HERNANDO.

Her. Aunque os enojeis, no puede
Dejar mi voz de deciros,
Que aqui Don Iñigo viene
Buscando á Felix. Mirad
Á cual le toca hoy ser Felix.
Lis. Tú, qué le has dicho?
Her. Yo, nada.
Lis. No espero, que en nada aciertes.
Her. Que estaba aqui, dije; pero *[aparte.*
Negarélo, pues lo siente.
Lis. Á mí me busca, y en tanto
Que yo lo demas no os cuente,
Importa que no me vea.
Despedidle brevemente. *[Escóndese.*
Fel. Sí haré. — ¡O cuantas ilusiones
Mi imaginacion padece! —

Sale DON IÑIGO.

¿Qué es, señor, lo que mandais?
Iñig. Hablar al señor Don Felix

Quisiera.
Fel. Ahora salió
De casa. Mas si pudiere
Suplir yo su ausencia, puedo
Afirmar seguramente, .
Que yo soy Don Felix.
Iñig. Bien
De vuestra amistad se infiere;
Pero hablarle me importaba,
Y extraño, que se saliese
Tan de mañana de casa.
Fel. Los que pretensiones tienen,
No tienen hora segura.
Iñig. Diréisle, que vine á verle,
Cuidadoso de que anoche
De mi lado se perdiese
En las cuchilladas, que hubo
En mi calle; que solo este
Cuidado tan de mañana
Me trae á buscarle. — Miente *[aparte.*
Mi voz; que mayor cuidado
Me trae. Grave pena! ¡fuerte
Dolor! Que le halle en mi casa!
¡Que ser esposo confiese
De Laura! que salga al ruido!
¡Que de mi lado se ausente!
¡Y que se me niegue ahora! —
Diréisle en fin, que se deje
Ver, pues sabe, que ha de ir
Desde hoy á ser mi huésped. —
Mucho hago en disimular. *[aparte.*
Fel. Yo lo diré desa suerte.
Iñig. Haréisme mucha merced.
Fel. Serviros solo pretende
Mi amistad.
Iñig. Pues si es tan grande,
Hablémonos claramente,
Quitémonos los embozos,
Y escuchadme; que no puede
Mi pecho, porque es volcan,
Que arde cubierto de nieve,
Estorbar, que tanto fuego
Por la boca no rebiente.
Y puesto que sois su amigo,
Y es fuerza que él os lo cuente,
Nada aventuro yo en que
Hoy vuestra amistad le lleve
Un recado; que, aunque en cosas
De honor ninguno hablar debe,
Yo fio tanto del mio,
Y de mi valor, que en este
Caso no ha de embarazarme
El hablar, porque el que siente
De sí, que sabrá vengarse,
Cada razon que dijere
Mas, será otro empeño mas,
Que le anime á que se vengue.
Fel. En cuanto vos me mandeis
Os serviré noblemente.
Her. ¡Gloria á Dios, que ya oiré algo! *[aparte.*
Iñig. Pues mandad, antes que empiece,
Que este criado se vaya
Allá fuera.
Fel. Hernando, vete.
Her. La inquisicion es de amor *[aparte.*
Esta casa, porque siempre
Se hacen las causas secretas. *[Vase.*
Fel. Ya estais solo.
Iñig. Pues diréisle
Á Don Felix, que yo anoche
Le hallé en mi casa, y prudente
Conveniencia hice el agravio,
Por ser quien es; pues si fuese
Otro cualquiera en el mundo,

Alli le diera la muerte,
Y aun á él, si Laura misma
Ser su esposo no dijese,
Y él mismo lo asegurase.
Y decidle finalmente,
Que la prisa del salir
A la calle, que el perderse
En ella, el no estar ahora
En casa, (esto solamente
Siento decir sospechoso)
Esto hasta, que no tiene
Para que ausentarse; pues
Cuando ó imagine ó piense
Dilatar solo un instante
El casarse, como llegue
Yo á saber que lo dilata,
Aunque despues él lo intente,
No querré yo; porque, antes
Que yo con Laura le ruegue,
Sabré restaurar mi honor,
Dándola á Laura la muerte,
Y entre su sangre bañada
Obligarle á que remedie
Su difunto honor, haciendo,
Cuando la mano la entregue,
Tálamo el sepulcro, que
Cadáveres los albergue.

Fel. Escuchad, mirad, señor,......
Iñig. A nada mi enojo atiende;
Nada me hableis, hasta darme
La respuesta, que él os diere. [*Vase.*
Fel. ¿Qué es lo que pasa por mí,
Cielos? qué encanto es aqueste?

Sale LISARDO.

Lis. Bien claro se deja ver,
Pues lo que dejó pendiente
Mi voz, prosiguió la suya,
Que al ruido, que hice, me siente,
Y......
Fel. No prosigais; que ya
Todo lo demas se entiende.
Ay Lisardo! Vos me habeis
Quitado ya de dos veces
La dicha; una, cuando pude
Ser de Laura feliz huésped;
Y otra, cuando pude ser
Su esposo. Porque de suerte
El lance se ha barajado,
Que no es posible que llegue
Ya á enmendarse.
Lis. ¿Cómo no,
Si el desengaño no tiene
Peligro, Felix, ninguno
En el estado presente?
Que el haberle dilatado
Hasta aqui, fue, porque siempre
Hubo riesgo en declararme;
Una vez, porque no hiciese
Concepto de que tomé
Vuestro nombre inútilmente,
Y entrase en mayor sospecha,
Habiendo la antecedente
Noche seguido á los dos;
Y otra, porque en fin el verme
Dentro de su misma casa
Cerrado, despues de haberle
Dicho Laura el nombre, y no
Era ocasion conveniente
De desengañarle; ahora
Sí, puesto que puede hacerse
Con toda seguridad.
Fel. De qué suerte?

Lis. Desta suerte.
Yo le escribiré un papel,
Diciendo, que quiero verle
En una parte, y alli
Le contaré claramente
Todo el suceso, supuesto
Que el fin peligro no tiene.
Pues si con Don Felix él
Casar su hija pretende,
Cesará el enojo, viendo,
Que se casa con Don Felix.
Fel. Esto tiene un riesgo solo.
Lis. Cuál es?
Fel. Yo he juzgado siempre
El ageno corazon
Por el mio; y me parece,
Que, si escondido en mi casa
Hallado algun hombre hubiese,
Satisfacer mi opinion
Con aquel quisiera siempre;
Mayormente habiendo en él
Todas las partes, que pueden
Ponerle en mayor codicia.
Lis. No hablemos en ellas, Felix,
Sino volvamos al caso.
¿Hay mas que satisfacerle,
Contándole yo la causa,
Aunque en esto se atropelle
El secreto de mi amor,
Y decirle de qué suerte
Entré en su casa?
Fel. ¿Y qué importa
Que por ageno amor fuese?
Que la agena conveniencia
Jamas á la propia excede.
Y en fin, si por esta causa,
Ó porque ya de vós tiene
Tan agradado el afecto,
Ó por sentir el haberse
Engañado, no viniera
En que yo el esposo fuese
De Laura, ¿ella no es forzoso
Que expuesta á las iras quede
De su enojo, y como ha dicho,
En ella su ofensa vengue?
Lis. No decis mal. Y asi fuera,
Felix, lo mas conveniente,
Ponerla en salvo primero.
Fel. Pues eso mi amor intente.
Escribid vos el papel
Á Don Iñigo, y con ese
Resguardo iré yo á su casa;
Pues me dijo, que le lleve
La respuesta, y entre tanto
Que él fuere con vos á verse,
Podré yo en casa de Laura
Entrar mas seguramente.
Diréla todo el suceso;
Vistos los inconvenientes
De nuestro amor, dispondrá
Lo que mejor la estuviere.
Lis. Pues á escribir el papel
Quiero ir.
Fel. Cumplan lo que deben,
Laura, mi amor y mi honor;
Pues la obligacion, que tiene
Un amante caballero
En todos los accidentes
Del tiempo y de la fortuna,
De la vida y de la muerte,
Del amor y de la honra,
Es, saber, que ha de ser siempre
Antes que todo la dama;
Y como ella no se arriesgue,

Y se asegure, despues
Que venga lo que viniere. [*Vanse.*

———

Salen LAURA *y* BEATRIZ.

Laur. Si opinion es recibida,
Que penas saben dar muerte,
¿Cómo una pena tan fuerte
No acaba con una vida?
No lo sé; que desmentida
En mí yace esta opinion;
Porque, si homicidas son,
¿Cómo la mia este dia
No mata, siendo la mia
De amor, riesgo y opinion?
De amor, porque enamorada
Me llego á mirar de un hombre,
Que ha tomado ageno nombre,
Para dejarme burlada;
De riesgo, porque postrada
La vida á mi padre estoy;
Y de opinion, pues si hoy
Juzga la suya ofendida,
Mi opinion, mi amor, mi vida
Dirán cuan infeliz soy.
Yo no me puedo casar
Con hombre, que me engañó,
Fingiendo el nombre, ni yo
La mano tengo de dar
A otro, porque acertó á estar,
Sin saber como, escondido.
Si no me quita el sentido,
Poco debo á mi cuidado.
Beat. Que habiendo, señora, echado
Fuera yo al Felix fingido,
Se viniese el verdadero
Á entrar alli, cosa es,
Que, si se escribe despues,
No se ha de creer.
Laur.　　　　　Si infiero
Mi suerte, bien considero,
Que sola ella pudo ser
Bastante á eso. Qué he de hacer?
Beat. Si mi consejo valiera,
Yo bien sé lo que yo hiciera.
Laur. Qué?
Beat.　　　　Ausentarme, por no ver
Mi muerte.
Laur.　　　¿Pues el morir
No es mejor, sufriendo ahora,
Que, huyendo, vivir?
Beat.　　　　　　Señora,
No hay cosa como vivir.
Laur. Solo para conseguir
La venganza de un traidor,
Quisiera en tanto rigor
La vida, Beatriz, guardar.

Sale DON IÑIGO.

Iñig. ¿Hame venido á buscar
Alguien aqui?
Beat.　　　　　No, señor.
Iñig. En efecto, no parece [*aparte.*
Don Felix. Cielos, ¿qué haré
En tal desdicha? No sé
De cuantos medios me ofrece
La confusion, que padece
Mi pecho, para vengar
Tan infelice pesar,
Cual elija.
Laur.　　　Apenas puedo, [*aparte.*
U de vergüenza, ó de miedo,
Atreverme hoy á mirar .

Su rostro.
Iñig.　　　　Tú estás aqui?
Laur. Y siempre humilde á tus pies,
Aguardando á que me des
Muerte; no porque (ay de mí!)
Culpada la merecí,
Sino engañada, señor.
Iñig. Vete de aqui; que el dolor,
Que me obligue no quisiera
A algun despecho, que fuera
Añadir error á error.
Retírate á tu aposento.
Laur. Ya, señor, que convencida
No intento guardar mi vida,
Guardar tu opinion intento.
Escúchame pues atento.
Iñig. No quiero escucharte, no.
Laur. Mira.
Iñig.　　　¿Qué engaño buscó
Ya en tu disculpa tu culpa?
Laur. Yo no busco mi disculpa;
Mas sabe, que es Felix......

Sale DON FELIX.

Fel.　　　　　　　　Yo
Vengo, señor,......
Laur.　　　　　¡Hay mas tristes [*aparte.*
Penas!
Fel.　　Á buscaros,......
Beat.　　　　　　¡Qué [*aparte.*
Osadía!
Fel.　　　Porque hallé
La respuesta que pedistes. [*Dale un papel.*
Iñig. Muy grande favor me hicistes. —
Retiraos las dos.
Laur.　　　　　¡Que asi [*aparte.*
Se entre este traidor aqui!
[*Retíranse las dos al paño.*
Fel. ¡Con qué de temores lidio! [*aparte.*
Beat. La desvergüenza le envidio.
¡O cual era para mí!
Iñig. [*lee*] „Para ajustar ciertas conveniencias entre
„los dos, me importa hablaros, asi en la
„disculpa de haberme ausentado anoche,
„como en la satisfaccion de no haberos bus-
„cado hoy; á cuyo efecto os espero en la
„lonja de San Sebastian. Dios os guarde."
[*repr.*] Mucha merced me habeis hecho.
Decidle á Don Felix, que
Esto que me manda haré.
Fel. Pues id presto.　　　　　[*Vase.*
Laur.　　　　　Ya sospecho [*al paño.*
Muchas desdichas.
Iñig.　　　　　　Mi pecho
Todo es confusion. ¿Hablarme
Quiere Don Felix, y darme
Satisfaccion? No la habrá
Para mí, no, si no está
Dispuesto á desenojarme
Con ser hoy de Laura esposo.
Si esta plática divierte,
Le tengo de dar la muerte.
Á hablarle iré cuidadoso;
Y puesto que en tan forzoso
Lance el amigo con él
Está, que trajo el papel,
Mal haré en ir solo yo;
Y pues socorro le dió
Anoche mi pecho fiel
Á Don Antonio, y ha sido
Mi amigo y es caballero,
Dél acompañarme espero.　　　[*Vase.*

Salen LAURA *y* BEATRIZ.

Laur. Beatriz, ¿qué puede haber sido
    Esto?
Beat. Yo nada he entendido,
    Y mi confusion es mucha.
Laur. ¡Qué temor conmigo lucha!
    Cuanto valgo, Beatriz, diera
    A quien esto me dijera.

Sale DON FELIX.

Fel. Si quieres saberlo, escucha.
Laur. Aunque por saberlo muero,
    No lo he de saber de tí;
    Que verdad no dirá quien
    Está tan hecho á mentir.
Fel. Por salvar esa opinion,
    Que tienes, Laura, de mí,
    Y asegurar hoy tu vida,
    Que corre peligro, en fin
    Aquesta ocasion busqué,
    Que le obligase á salir
    De casa á tu padre. Oye
    Ahora.
Laur.   ¿Qué puedo oir
    De un amante tan traidor,
    De un caballero tan vil,
    De un pecho tan alevoso,
    Y de un trato tan ruin,
    Que con nombre ageno engaña
    A una muger infeliz?
    Ya quien eres sé, ó ya sé,
    Mejor pudiera decir,
    Quien no eres; que en efecto
    Esto no sé, aquello sí.
    Pero para no creerte,
    Es argumento sutil,
    Que el que toma nombre de otro,
    Mal contento está de sí;
    Y el que á sí se miente, ¿cómo
    Me dirá verdad á mí?
Fel. Hasta que me escuches, quiero
    Esos baldones sufrir;
    Porque el repetir ahora
    Cada cosa, fuera aqui
    Gastar el tiempo, que importa
    Mas á tu vida. Y asi
    Solo te digo, que nunca
    Nombre ó calidad mentí.
    Don Felix soy de Toledo;
    Que si alguien pudo fingir
    Ageno nombre, señora,
    El otro fue, yo no fui.
    ¿Qué mas testigo de abono?
Laur. Ponte á esa puerta, Beatriz.
Beat. Si es para avisar, señora,
    Que tu padre ha de venir,
    Siendo el padre general,
    Desde ahora digo que sí.   *[Retirase.*
Fel. ¿Qué mas testigo de abono,
    Vuelvo, Laura, á repetir,
    De ser yo quien soy, que el verme
    Con Don Antonio reñir,
    Nombrándome por mi nombre,
    Porque en Granada le herí?
    Y cuando tú no me creas,
    No importa ahora; pues en fin
    Yo no digo, que te fies
    En esta parte de mí;
    Solo digo, que procures
    Asegurarte. Elegir
    Puedes tú el medio, señora,
    Que te esté mejor. Y si
    No dijere el desengaño

    Cuanto yo te digo aqui,
    No me veas en tu vida;
    Que ese será para mí
    El mayor castigo, pues
    De amor me verás morir.
Laur. Señor Don Felix, ó quien
    Sois, en vano persuadis
    Eso á mi honor; que yo tengo
    El pecho tan varonil,
    El espíritu tan noble,
    El esfuerzo tan gentil,
    Que, si mil muertes hubiera
    De padecer y sufrir
    Por un átomo de honor,
    Aun fueran pocas las mil.
    Constante quiero esperar
    Lo que suceda; y asi
    Idos con Dios; que ni un punto
    De mi casa he de salir.
Fel. Mira,......
Laur.   Aqui no hay que mirar.
Fel. Advierte,......
Laur.   No hay que advertir.
Fel. Que Lisardo......
Laur.   Nada escucho.
Fel. Está......
Laur.   No hay que persuadir.
Fel. Esperando......
Laur.   Pues qué importa?
Fel. Para llegarte á decir
    El desengaño.
Laur.   Por eso
    Le quiero esperar yo aqui;
    Si es verdad, porque lo es;
    Y si no, porque os creí.
Fel. Pues si irritado tu padre
    Vuelve, qué has de hacer?
Laur.   Morir.
Fel. ¿Que no has de ausentarte?
Laur.   No.
Fel. Que quieres esperar?
Laur.   Sí.
Fel. Pues tengo que agradecer
    Lo que tengo de sentir,
    Viendo al riesgo de la vida
    El del honor preferir.
    A la mira del suceso
    Estaré, con que decir
    Podré, que, estando avisada
    Antes, o Laura, de mí,
    Y socorrida despues,
    Con mi obligacion cumplí.
Laur. Y yo con la mia, si eres
    Don Felix, con admitir
    Tu mano; y si no, con darme
    Muerte, porque te creí.
Fel. Yo lo soy.
Laur.   Quiéralo el cielo!
Beat. Acabad ya. ¿No advertis,   *[Se vuelve.*
    Que será mal hecho, un dia
    Que ha dejado de venir
    El padre plana á renglon,
    Estaros los dos asi?
Laur. Yo no acierto á despedirle.
Fel. Y yo no me acierto á ir.
Beat. A ver si yo acierto, vete
    Por aqui, y tú por alli.
Laur. ¡Duélase de mí el honor!   *[Vase.*
Fel. ¡Duélase de mí el amor!   *[Vase.*
Beat. ¡Y de mí tambien se duela,
    No el honor, que es un gentil,
    No el amor, que es un herege,
    Sino el miedo, que es en fin
    Un católico Cristiano!

Y hasta ver él destos chis-
Mes , que andan en esta casa
Sobre si es Felix ó Li-
Sardo este hombre , que queremos,
Pendiente el alma de un hi-
Lo está á las iras de un tras,
Puesta la vida en un tris.   [*Vase.*

———

Salen DON ANTONIO *y* DON IÑIGO.

Iñig. Despues de haber sabido,
Que en el lance de anoche no ha tenido
Segunda novedad vuestro cuidado,
El mio, Don Antonio, os ha buscado,
Porque os ha menester.
Ant.   Pues bien ahora
Decir podeis lo que mandais.
Iñig.   No ignora
Vuestro valiente pecho,
De sus obligaciones satisfecho,
La que á un noble le corre,
Cuando otro de su esfuerzo se socorre;
Y mas cuando haya sido
Trance de honor el que á esto le ha movido.
Ant. Bien mi valor alcanza
Todo eso.
Iñig.   Pues en esa confianza,
En un caso, que tengo
De honor, hoy á valerme de vos vengo.
Anoche hallé en mi casa
Un caballero (el alma se me abrasa!)
Escondido. (¡O si fuera
Posible, que sin mí yo lo dijera!)
Quísele dar la muerte,
Cuando Laura me advierte
Quien es, y que es su esposo. Yo mirando,
Que la venganza no es remedio, cuando
Lo puede ser (ay Dios!) la conveniencia,
Ferié toda la cólera á prudencia.
Ant. Este es Felix, supuesto que escondido   [*ap.*
Yo le dejé en su casa.
Iñig.   Prevenido
De cordura y de agrado,
Sentimiento y dolor disimulado,
Le hablaba , cuando oímos
Vuestro ruido en la calle, y á él salimos.
Ant. Ya no es Felix, supuesto   [*aparte.*
Que él conmigo reñía. Amor, qué es esto?
¿Uno riñendo, (ha cielos!)
Y otro escondido? Zelos hay de zelos?
Iñig. Entre la gente y ruido
Se me perdió; busquéle, y atrevido
Se me negó en su casa.
Yo, viendo lo que pasa,
Envíéle un recado
Con un amigo suyo. Hame enviado
Á decir, que le vea
Aqui en San Sebastian, porque desea
Satisfacerme á todo. Mas yo viendo,
Que no hay satisfaccion, darle pretendo
La muerte, si se excusa
De casarse con Laura, ó lo rehusa.
No dudo, que con él esté el amigo,
Que el papel me llevó; y asi conmigo
Que vos vais os suplico, satisfecho
De la sangre y valor de vuestro pecho.
Ant. Vamos donde quisiéreis; que en aquesta
Plática haber no puede otra respuesta.
Pero aunque es asentada
Opinion en buen duelo, que de nada
Se ha de informar cualquiera, que llamado
Va de su amigo, importa á mi cuidado
Saber, quién es el hombre.

Iñig.   ¿Cómo puedo
Negarlo? Él es Don Felix de Toledo,
Un noble caballero.
No le conocereis, que es forastero.
Ant. Antes por conocelle
Tan bien , es fuerza hacelle
Otra pregunta á vuestro sentimiento.
Iñig. Decid; que á todo respónder intento.
Ant. ¿En vuestra casa no decis que estaba
Escondido Don Felix, cuando andaba
Acá en la calle el ruido
De las espadas?
Iñig.   Sí.
Ant.   Pues advertido
Estad de que no pudo
Ser Don Felix.
Iñig.   Aqueso no lo dudo;
Que le conozco bien.
Ant.   ¿Cómo podia
Don Felix ser, si él era el que reñía
En la calle conmigo?
Iñig.   ¡Que engañado
Estais!
Ant. Mas lo estais vos.
Iñig.   Dese cuidado
Bien presto ahora saldremos,
Supuesto que en la lonja le hallaremos.
Ant. ¿Cómo estar escondido á un tiempo mismo [*ap.*
Pudo, y reñir conmigo? Ciego abismo
Es, y no menos ciego,
Si al lado de Don Iñigo ahora llego
Á verme yo con él; (extraña duda!)
Pues no sé á qué intencion primero acuda,
De su empeño, ó el mio.
Iñig. Que os desengañareis bien presto fio.

Salen HERNANDO *y* LISARDO.

Lis. Pues él acompañado
De otro viene, alli espera retirado,
Por lo que sucediere.
Her. Y si acaso este lance se viniere,
Puesto que es rucio el que le trae, rodado,
Qué he de hacer?
Lis.   Qué? ponerte tú á mi lado.
Her. Mientras llegan quisiera
Hacerte una pregunta. Si esto fuera
Un sarao, un convite, un cumplimiento,
Un acompañamiento,
Señor, ¿en esto todo
Daríasme tu lado?
Lis.   No.
Her.   ¿De modo,
Que al mísero criado
Solo para reñir da el amo el lado?
Iñig. Esperad; que aquel es el caballero.
Ant. Aquel?
Iñig. Sí.
Ant. Pues yo vuelvo á lo primero,
Que aquel......
Iñig.   Qué?
Ant.   Ni es Don Felix, ni lo ha sido.
Iñig. Asi ahora he caido
En la causa que os tiene (bien lo infiero)
En ese engaño; aqueste caballero
(Vos no podeis saberlo) de Granada
Vino, porque dió á un hombre una estocada,
Y por asegurarse
Mejor, el nombre le obligó á mudarse;
Y asi aqui no os asombre,
Que no le conozcais vos por su nombre.
Ant. Mal, Don Iñigo, hiciera,
Si, viniendo con vos, os encubriera
Nada. Á quien dió esa herida
Don Felix en Granada, y cuya vida

Á tanto riesgo estuvo,
Soy yo. Ved ¿cómo puedo, si esto hubo,
Dejar de conocelle,
Don Iñigo, llegando ahora á velle?
Iñig. Á tanto desengaño
Ya rezela mi vida nuevo engaño;
Y no dudo, que ha sido
Esta la causa, con que aqui ha querido
Satisfacerme. Pero
Satisfaccion ninguna (ay de mí!) espero.
Aqui aguardad; que de cualquiera suerte,
Que aventure mi honor, le he de dar muerte.
Ant. Con vos á todo vengo.
Lis. Ya para el desengaño me prevengo.

Sale Don Felix *al paño.*

Fel. Pues Laura no ha querido [*aparte.*
Dejar su casa, á todo prevenido,
Deste umbral amparado
He de estar, viendo el fin de mi cuidado.
Iñig. Mucho he extrañado, señor [*á Lisardo.*
Don Felix, que el que en mi casa
Pudiera hablarme, me llame
Aqui por papel.
Lis. De tanta
Confusion y pena, como
Esta novedad os causa,
En oyéndome, saldreis;
Siendo la primer palabra
Que os diga, que vuestro honor
Peligrar no puede en nada;
Porque sobre este principio
Cualquier desengaño caiga.
Iñig. No hube menester oírle
Jamas yo, pues no dudara
Yo jamas, que nunca pudo
Mi honor peligrar, es clara
Cosa, teniendo vos vida,
Y yo, Don Felix, espada.
Lis. Ni yo lo dudo tampoco.
Y asi en esa confianza
La primera cosa que
Vos habeis de saber......
Iñig. ¡Rara [*aparte.*
Confusion!
Lis. Es, que no soy
Don Felix yo. Qué os espanta?
Iñig. Nada me espanta; que solo
Me admira, que un hombre me haya
Hecho un engaño, y que yo
No vengue...... [*Empuña la espada.*
Lis. Tened la espada,
Don Iñigo; que no dudo,
Que, en sabiendo vos la causa
Del engaño y de la ofensa,
Veais distintamente y clara,
No ser ofensa ni engaño.
Fel. ¡O quiera el cielo, que salga [*al paño.*
Bien Lisardo deste empeño!
Iñig. Si, cuando os hallo en mi casa,
Me dice Laura, que sois
Su esposo, y Felix os llama,
Y vos convenís en ello,
Despues de tomar las cartas,
Que yo os llevé, á esta evidencia
Ninguna disculpa aguarda
Mi valor. Á mí y á ella
Vuestra lengua nos engaña.
Y si entonces yo previne
El remitir en mis ansias
La venganza á la cordura,
Ahora es fuerza que haga
Lo contrario, y que remita
La cordura á la venganza.

Lis. ¿Vos podeis pretender mas
De que se case con Laura
Don Felix?
Iñig. Sí; pues á vos
Dentro os hallé de mi casa;
Y si por ser otro á quien
Tengo obligaciones tantas,
Hice el dolor conveniencia,
No siéndolo, todas faltan.
Lis. ¿Y si haberme hallado en ella
Un acaso fue, en que Laura
Ni yo tuvimos la culpa?
Iñig. ¿Cómo es posible excusarla,
Si ella os nombra antes de veros,
Y vos estais en su sala?
Fel. Sin duda que las disculpas [*al paño.*
Admiten, pues tanto hablan.
Lis. Oidme, y dadme luego muerte;
Que, como me oigais, la espada,
El ser, la vida y honor,
Vereis, señor, á esas plantas,
Para que os vengueis, si os queda
Accion de vengaros.
Iñig. Nada
Por mi honor dejar de hacer
Quiero; decid.
Lis. Pues la causa
De que yo......
Iñig. Tened; que, habiendo
Yo, lleno de penas y ansias,
Hecho capaz á ese amigo
De mi ofensa, es bien le haga
De vuestra satisfaccion
Capaz tambien, porque vaya
Enterado de mi honor
Quien lo vino de mi rabia.
Lis. Llamadle; que mas excusa
Quien dice verdades claras.
Iñig. Llegad; que quiero que oigais [*á D. Antonio.*
Cuanto aqui entre los dos pasa.
Ant. ¿Dice, que es Don Felix?
Iñig. No.
Ant. Ved, cual de los dos se engaña.
Fel. Al hombre, que retirado [*al paño.*
Estaba aqui, los dos llaman.
Quién será no sé, porque
Siempre le tuve de espaldas.
Her. Á mí me toca el llegarme,
Pues se llega el camarada.
Lis. Caballero, aunque yo á vos
No os conozco, á mí me basta,
Para lo que he de fiaros,
La segura confianza
Del valor, que tendrá quien
Á Don Iñigo acompaña.
Él tiene de mí dos quejas;
Una, que tomado haya
De un amigo el nombre, y otra,
Que anoche me halló en su casa
Escondido; y yo pretendo
Hoy satisfacerle á entrambas.
Y por obligarle á que
Me escuche con mas templanza
Hasta el fin, quiero empezar
Por lo de mas importancia;
Que oida la causa primera
Por que yo escondido estaba
En su casa, quedará
Su pasion mas desahogada
Para la causa segunda.
Iñig. Decid. — ¡Quiera el cielo, que haya [*ap.*
Satisfaccion á mi pena!
Lis. Yo sirvo á una hermosa dama,
Vecina suya.

Ant.   Qué escucho! [*aparte.*
Iñig. Ya va rezelando el alma
     Nuevo empeño.
Lis.   Anoche yo
     Con ella en su cuarto estaba,
     Cuando su hermano llamó;
     Y yo por una ventana,
     Que cae de Laura al jardin,......
Ant. ¿Ya mi cólera qué aguarda? —
     Caballero, si lo sois,
     Nunca deben ser buscadas
     Las disculpas en ofensa
     De ninguna ilustre dama.
     Si disculparos quereis
     Con Don Iñigo, no á tanta
     Costa ha de ser de otra honra,
     De otra virtud y otra fama;
     De cuya satisfaccion
     Me toca á mí la demanda. [*Sacan las espadas.*
Fel. Las espadas han sacado,
     Y aunque sea padre de Laura,
     Antes que todo es mi amigo. —
     Lisardo, á tu lado me hallas.
Ant. Este, Don Iñigo, es
     Don Felix. Ya con mas causa
     Me toca reñir con ambos.
Iñig. ¿Quién se vió en confusion tanta?
     Infamia es el defenderle,
     Y el ofenderle es infamia.

        Salen algunos.

Unos. Paz! Ténganse, caballeros!
Her. ¡Que por fuerza que me haga
     Para reñir, nunca pueda
     Conmigo acabarlo! Basta,
     Que debo de ser gallina.
     ¡Jesus, qué bulla de espadas
     Se ha juntado en un instante!
     Pero lo que mas me espanta,
     Es, que bárbaros, que riñan
     En un cimenterio, haya,
     Sin que alli el memento mori
     De las calaveras haga
     Su operacion en el pecho.
     Mas no habrá muchas desgracias,
     Pues la gente, que ha llegado,
     Á unos tiene, á otros aparta,
     Sin que los dejen reñir.
Iñig. Pues desengaño ó venganza
     Conseguir no puedo ahora,
     Lo mejor es ir á casa,
     Y sacar á Laura della,
     Porque el temor no la haga
     Hacer cosa, que resulte
     Contra mi honor y su fama. [*Vase.*
[*Éntranse riñendo, y vuelve á salir D. Felix.*
Fel. ¡O mal haya el hombre, que
     Saca en público la espada,
     Pues solamente hace ruido,
     Sin ejecucion! La causa
     Misma, que nos apartó
     Anoche, sin hacer nada,
     Á Don Antonio y á mí,
     Á mí hoy y á Lisardo aparta.
Her. ¿Adónde á mi señor dejas?
Fel. Como fue la gente tanta
     Que llegó, nos dividimos
     En aquesa encrucijada
     De la calle de las Huertas
     Y del Prado, porque el alma,
     Atenta á Laura, no quiso
     Un solo instante dejarla.
     Y asi, en tanto que yo llego
     De todo á informar á Laura,

     Entra y dila á Clara tú
     Lo que con su hermano pasa.
Her. Con mas miedo que vergüenza
     Entraré, señor, á hablarla. [*Vase.*

        Sale MENDOZA.

Fel. Yo, sin recato ninguno,
     Tengo de entrar en la casa
     De Laura, y hacer......
Men.   Señor!
Fel. Qué hay, Mendoza?
Men.   Gran desgracia.
     Viniendo yo por la calle
     Del Prado arriba, bajaba
     Lisardo, que al parecer
     Habia algunas cuchilladas
     Tenido. Alcanzóle alli
     La justicia, que las armas
     Le pidió, y que fuese preso.
     Él no quiso dar la espada,
     Ni dejarse prender quiso;
     Cuya resistencia para
     En que quedan sobre él
     Mas de cuatrocientas almas
     Acuchillándole.
Fel.   ¿Qué es
     Lo que mi amistad aguarda?
     Antes que todo es mi amigo.
     Iré.

    Salen DOÑA CLARA *con manto y* HERNANDO.

Clar.   Si una desdichada
     Muger en los caballeros
     Siempre amparo y favor halla,
     Pues lo sois, señor Don Felix,
     Hállele en vos mi desgracia.
     Ese criado me ha dicho,
     Que Lisardo cara á cara
     Á mi hermano le ha contado,
     Que anoche conmigo estaba.
     Si viene, me ha de dar muerte.
     Acompañadme á la casa
     De un deudo, que por sagrado
     Elijo.
Fel.   Divina Clara,
     Yo lo hiciera; mas Lisardo
     Al mismo tiempo me llama;
     Su persona está en peligro,
     Y en él no puedo dejarla.
Clar. Tampoco podeis dejarme
     Á mí, siendo yo su dama.
     Y mas ahora, que mi hermano
     Me ha visto. No os digo nada.
     Ved vos lo que habeis de hacer.
     Muger soy y desdichada;
     Noble sois, mi hermano viene,
     Á riesgo estoy; esto basta.
Fel. ¡Quién en el mundo se vió
     En confusion tan extraña!
     Dejar yo de socorrer
     Á mi amigo, será infamia,
     É infamia será dejar
     De socorrer á una dama,
     Y mas suya; y pues ahora
     Él su vida aventurara
     Por su dama, haciendo yo
     Lo que él hiciera, no falta
     Mi valor. — Con vos me quedo;
     Poneos á mis espaldas,
     É id los dos á socorrer
     Á Lisardo en pena tanta.
Her. Muy buen socorro le envia
     Mi señor en nuestra espada

Á tu amo; pero de aqui
Nos vamos, pues él lo manda.   [*Vanse.*

Sale DON ANTONIO.

Ant. Saliendo, señor Don Felix,
De la pendencia pasada,
Por huir de la justicia,
Tomé la vuelta tan larga.
Esa dama pude ver,
Que salia de mi casa;
Y habiendo entrado en rezelo
De que aumente mi desgracia
Su ausencia, he de conocerla,
Y si es quien pienso, llevarla
Conmigo.

Fel. Á aquesta señora
Yo no la he visto la cara,
Ni sé quien es; pero sea
Quien fuere, debo ampararla,
Ya que de mí se ha valido.

Ant. Pésame de que tan raras
Sean las pendencias nuestras,
Que siempre suceder hayan
En la calle, donde hallemos
Gente, que pueda estorbarlas.

Fel. De aqueso no tiene culpa
El valor. Mas si eso os cansa,
Solos estamos ahora,
Y detras de Atocha hay tapias.

Ant. Aunque acepto el desafío,
Es con una circunstancia,
Que aquesa dama he de ver
Primero que al campo salga.

Fel. Es volver á lo primero,
Porque tengo de guardarla.

Dentro LAURA.

Laur. ¡Ay infelice de mí!
Fel. Aquella voz es de Laura.
Allá iré.

Clar. ¿Habeis de dejarme
En tanto riesgo empeñada?

Dentro LISARDO.

Lis. Aunque me hagais mil pedazos,
Yo no he de entregar la espada.

Dentro DON IÑIGO.

Iñig. Con tu sangre he de sacar
De mi honor la primer mancha.

Ant. Aquesa dama he de ver,
Y conmigo he de llevarla.

Fel. ¿Quién en el mundo se ha visto   [*aparte.*
Lleno de dudas tan varias?
Allí á un amigo dan muerte,
Aqui una muger se ampara
De mi valor, mi enemigo
Contra mí empuña la espada,
Y mi dama dando voces
Está dentro de su casa.

Ant. Aunque hablando en desafío,
Sacar yo ahora la espada,
Es especie de temor,
Matar tengo á quien me agravia.

Fel. Yo tengo de defenderla.
Lis.[*dent.*] Felix, ahora me faltas?
Clar. ¡Felix, mi riesgo mirad!
Ant. ¡Felix, en vano la guardas!

Sale LAURA *á la ventana.*

Laur. Felix, pues es mi ventura
Ver, que en la calle te hallas,
Sabe, que mi padre ahora,
Porque sacarme intentaba

De mi casa, y repliqué,
Sacó para mí la daga;
Huyendo (en el breve espacio
Que con él Beatriz se abraza)
Me cerré en este aposento,
Y él, lleno de furia y rabia,
Está rompiendo la puerta.
Deste peligro me saca.

Ant. Ya nuevamente me animan
Honor, zelos y venganzas
Hoy contra su pecho.

Fel. Ya
Entro á socorrerte, Laura.

Clar. ¿Pues cómo quieres dejarme
En este trance empeñada?

Laur. Si soy la dama que quieres,
Atropella cuanto haya
Por mí.

Clar. De tí me he amparado;
En faltándome á mí, faltas
Á tu obligacion.

Laur. La puerta
Rompe mi padre. Qué aguardas?

Sale LISARDO.

Lis. Apenas con la justicia
Mi honor se desembaraza
De un riesgo, cuando da en otro.
Felix, á tu lado me hallas.

Fel. Lisardo, pues has venido
Á tan buen tiempo, repara
En que Doña Clara es esta;
Su hermano intenta matarla;
Mi enemigo es, con quien tengo
Ocasion por otras causas
Para reñir; pero todas
Las he de dejar por Laura. —
Bien sé, que mi obligacion
Es valeros, bella Clara,
Porque de mí os amparásteis; —
Bien sé, que en esta demanda,
Mi obligacion, Don Antonio,
Es, no volveros la espalda; —
Bien sé, Lisardo, que sois
Mi amigo, y que os hago falta;
Mas mi amigo, mi enemigo
Y la dama, que se ampara
De mí, todos me perdonen;
Que antes que todo es mi dama.   [*Vase.*

Lis. Si uno te deja, verás
Que otro tienes, que te guarda.

Ant. Quien no sea su marido,
Siendo esa dama mi hermana,
No ha de guardarla de mí.

Lis. Pues yo, si solo eso falta,
Lo soy. Para merecerla
Sangre tengo ilustre y clara.
¿Luego ampararla podré?

Ant. Sí; y con aquesa palabra
A socorrer es forzoso,
Que yo á Don Iñigo vaya.   [*Va á entrar.*

Salen DON FELIX, LAURA *y* BEATRIZ.

Fel. Venid, señora; conmigo
Segura vais.

Sale DON IÑIGO.

Iñig. De mi casa
No ha de llevar á mi hija
Quien su esposo no se llama.

Ant. Para eso teneis mi acero.
Lis. Para eso está aqui mi espada.
Iñig. ¿Pues cómo vos defendeis,   [*á Lisardo.*

Que otro lleve á quien aguarda
Ser esposa vuestra?

Lis.   Como
Don Felix, que es quien la ama,
Es su esposo y es mi amigo.

Fel. Y quien se rinde á esas plantas,
Asegurando, que soy
Don Felix, y que la causa
De que Lisardo tomase
Mi nombre, siempre fue Laura.

Iñig. ¿Si yo en mi casa le hallé?

Fel. Como yo me satisfaga,
Siendo su esposo, qué importa? —
Aquesta es mi mano, Laura.

Laur. Dichosa yo, que llegué
Al fin de venturas tantas.

Ant. Pues porque de lo que dijo
Lisardo duda no haya

Ya de Clara en la opinion,
Está casado con Clara.

Lis. Es asi.

Clar.   Felice he sido!

Lis. Solo lo que ahora falta,
Es, que Don Antonio y Felix
Sean amigos; pues no agravia
Una herida, que se dió
Sin traicion y sin ventaja.

Ant. Yo lo soy vuestro.

Fel.   Yo y todo.

Beat. Pues demos al cielo gracias
De que nos sacó de tantos
Enredos con...... Lengua, calla!
No digas con bien; porque,
Si la comedia no agrada,
Con mal nos habrá sacado.
Pero perdonad las faltas.

XCVII.

LAS ARMAS DE LA HERMOSURA.

PERSONAS.

CORIOLANO ⎫
LELIO ⎬ galanes.
ENIO ⎭
AURELIO ⎫ viejos.
FLAVIO ⎬
SABINIO, Rey.

EMILIO, soldado.
PASQUIN, gracioso.
VETURIA, dama.
LIBIA, criada.
ASTREA, Reina.

Un Relator.
Cuatro Damas.
Soldados romanos.
Soldados sabinos.
Criados.
Músicos.

JORNADA I.

Córrese la cortina, y vense todos los bastidores del teatro trasmutados en aparadores de piezas de plata, y en medio una mesa llena de vasos y viandas, y sentados á ella hombres y mugeres, y en su principal asiento CORIOLANO *y* VETURIA, *y los Músicos detras, arrimados al foro, y* PASQUIN *y otros Criados sirviendo á la mesa.*

Cor.1. No puede amor
    Hacer mi dicha mayor.
Cor.2. Ni mi deseo
    Pasar del bien que deseo.
Cori. Sin duda, Veturia bella,
    Esta cancion se escribió
    Por mí; pues solo fui yo
    Feliz influjo de aquella
    De Vénus brillante estrella;
    Pues benigna en mi favor......
Él y cor.1. No puede amor
    Hacer mi dicha mayor.
Vet. Mejor debo yo entender
    Su benévolo influir;
    Pues dándome que sentir,
    Me deja que agradecer;
    Y mas el dia, que á ser
    Llegue la ventura mia
    Tu esposa, pues ese dia
    No podrán mi fe, mi empleo,......
Ella y cor.2. Ni mi deseo
    Pasar del bien que poseo.
Homb. 1. Á tanta solemnidad
    Desde ahora será bien,
    Que todos en parabien
    Brindemos.   [Beben.
Homb. 2.   Á que su edad
    Viva eterna.
Homb. 3.   Y su beldad
    En fecunda sucesion
    Á Roma ilustre.
Pasq.   Estos son
    Convidados, que me placen,
    Que á un tiempo la razon hacen,
    Y deshacen la razon.
Mus. No puede amor
    Hacer mi dicha mayor, etc.

Mug.1. Todas, ya que la fortuna
    Trocó el pesar en placer,
    Esa salva hemos de hacer.
Lib. ¿Cómo se podrá ninguna
    Excusar, si cada una,
    De cuantas hoy Roma encierra,
    Feliz el susto destierra
    De aquel pasado temor?
Ellas y mus. Y no puede amor
    Hacer su dicha......
Voces [dent.]   Arma, guerra!
    [Cajas y trompetas dentro, y alborótanse todos.
Homb. Qué asombro!
Mug.   Qué confusion!
Cori. ¿Qué novedad será esta,
    Que dentro de Roma forman
    Voces, cajas y trompetas?
Todos. ¿Quién causa este estruendo?

    Salen AURELIO *y* ENIO *de soldado.*

Aur.   Yo.
Cori. Tú, señor?
Aur.   Sí.
Cori.   Pues qué intentas?
Aur. Despertar tu torpe olvido,
    Porque al ver que en mi hijo empieza
    La reprehension, sepan todos,
    Que anticipada la queja,
    Antes que á mí su pregunta,
    Llegó á ellos mi respuesta.
    Quitad, romped, arrojad
    Aparadores y mesas,
    Nocivos faustos de Flora
    Y Baco, cuando es bien sean
    Pompas de Marte y Belona.
    [Ocúltanse los aparadores y mesas.
    Y porque la causa sepan,
    Enio, dile á Coriolano
    Y á cuantos con él celebran,
    Bastardos hijos del ocio,
    Cultos al amor, las nuevas
    Que traes de Sabinia,......
Vet.   Cielos! [aparte.
    ¿Qué nuevas pueden ser estas?
Lib. Óye, y disimula. [aparte.
Aur.   En tanto

Que á toda Roma las cuentan
Públicos edictos, que,
Para freno y para rienda
De tan locos devaneos,
Dispone el Senado.
Eni.   Fuerza,
Como á primer Senador,
Es, señor, que te obedezca,
Y fuerza tambien, que haya,
Para que mejor se atiendan,
De enlazar con su principio
El nuevo motivo.
Aur.   Sea,
No como quien le refiere,
Sino como quien le acuerda.
Eni. Sabinio, Rey de Sabinia,
Mal ofendido de aquella
Fingida amistad, con que
Rómulo, atento á que fuera
Eterna la poblacion
De su gran fábrica inmensa,
Que, émula á Jerusalen,
Tambien en montes se asienta,
Y que no pudiera serlo,
Sin que de su descendencia
La sucesion se propague,
Viendo cuanto para ella
Buscar consortes debia,
Convidó para unas fiestas
Los comarcanos Sabinos
Con sus familias, en muestra
De firmar con ellos paces.
Aur. Si lo fueron ó no, deja
Al silencio esas memorias,
Pues nadie hay que no las sepa,
Segun en su gran teatro
Al mundo las representan
El tiempo en veloces plumas,
La fama en no tardas lenguas ;
Y asi, dejando asentada
Aquella parte primera
Del robo de las Sabinas,
Ve á la segunda.
Vet.   ¡O inmensas [*aparte.*
Deidades ! ¿ qué nuevas pueden
Ser, que de pesar no sean ?
Eni. Sabinio, Rey de Sabinia,
Mal ofendido de aquella
Fingida amistad, trató
Hacer á Rómulo guerra,
Y Rómulo resistirla,
Careando injuria y ofensa,
El uno por castigarla,
Y el otro por mantenerla ;
Persuadido el uno á que
Satisface el que se venga,
Y el otro á que nunca tuvo
Lo no bien hecho otra enmienda
Del arrojo, que lo obró,
Que el valor, que lo sustenta.
Dos veces pues el Sabino
Á Roma asaltó, y en ella
Dos veces le obligó á que,
Rechazada su soberbia,
Levantase el sitio, dando
Á la dominante estrella
De Rómulo por vencida
De la suya la influencia.
En este intermedio Roma,
Ufana, alegre y contenta,
Vencedora de sus armas,
Vencida de sus bellezas,
Procurando reducir
Á cariño la violencia,

Toda era festines, toda
Agasajos y finezas,
Bien como toda Sabinia
Llantos, suspiros y quejas ;
Que entre ofensor y ofendido
Tan neutral vive la ofensa,
Que á uno el gozo se la olvida,
Y á otro el dolor se la acuerda.
En esta desigualdad,
Ambas fortunas suspensas,
Viendo Sabinio, que, muerto
Rómulo, la suya adversa,
Sin dominante enemigo
Quedaba, y que á Numa, que era
Á quien nombrado dejó
Por su sucesor, resuelta
En ser república Roma,
No solo le dió obediencia,
Pero echándole de sí,
Eligió en plebe y nobleza
Senadores y Tribunos,
Que en libertad la mantengan.
Sabinio pues, (porque el hilo
En la digresion no pierda)
Procurando aprovechar
Aquella vulgar sentencia
De ser sin cabeza un pueblo
Monstruo de muchas cabezas,
En una parte y en otra
Viendo tambien cuan agena
Roma de sus altos triunfos,
Deleitosamente deja
De ser campaña de Marte,
Por ser de Cupido selva,
Á repetidas instancias
De la soberana Astrea,
Que Celtibera Española,
Desde el dia que, deshechas
Sus gentes, volvió su esposo,
Ni él ni nadie llegó á verla,
Ó sin lágrimas los ojos,
Ó el semblante sin tristeza :
Secretas levas dispuso ;
Pero como esto de levas
Es mina, que por el mas
Breve resquicio revienta,
Al Senado sus vislumbres
Llegaron en humo envueltas ;
De suerte que, al inquirirse,
Si eran ciertas ó no ciertas,
Á mí, que por mas servicios
Nombró en la eleccion primera
Del pueblo primer Tribuno,
Me dió órden de que fuera
Á informarme, disfrazado
En nombre, en trage y en lengua,
Del estado y del designio ;
Con que á poca diligencia
Pudo informarme mejor
La vista, que la cautela ;
Que enmudecen los ardides,
Donde hablan las evidencias.
Á toda Sabinia hallé,
Sin recato de que sea
Contra Roma la jornada,
No tan solo en arma puesta,
Pero en marcha ; á cuyo efecto
Estaban pasando muestra
De militares pertrechos
Todas las campañas llenas.
Numerosas huestes son
Las que alistadas se asientan,
Segun supe, voluntarias ;
Porque (como dije) Astrea,

Que adquirir de vengadora
De las mugeres intenta
El alto nombre, en persona
Las conduce y las alienta
Con tan gran jactancia, que
Sus tremoladas banderas,
Geroglíficos del aire,
Componen en cuatro letras
El vanaglorioso enigma
De ser su victoria cierta.
Una S. una P. una Q.
Y una R. son, cuya empresa
Descifrada decir quiere
(Segun todos la interpretan)
¿Al Sabino Pueblo Quién
Resistirá? Y con tal priesa
Á lento paso la marcha
Disponen, que me fue fuerza,
Segun su vecina línea
Confinante es de la nuestra,
Por llegar antes, valerme
De toda la diligencia
Que pude. Pero por mas
Que lo intenté, la sospecha
Ó nota de desmandado
Me detuvo; y asi llegan
Á ser de mis voces ecos
Sus cajas y sus trompetas,
Cuando lejanos repiten
Al viento, que se las lleva,
Y al eco, que nos las trae:
    [*Cajas y voces á lo lejos.*
Voces [*dent.*] Arma, arma! guerra, guerra!
Vet. Bien temí, que habia de ser [*aparte.*
  Segunda desdicha nuestra.
Aur. Mira con estas noticias,
Si ha sido prevencion cuerda,
Que otras trompetas y cajas
Despertador tuyo sean,
Y de cuantos hoy en Roma
Divertidos no se acuerdan
De aquellos primeros héroes,
Que de apagadas pavesas
Fueron incendio de Europa,
Hasta coronarla Reina
Del orbe. Y dejando aparte
Abandonadas proezas,
Que en África y en España
Rómulo dejó dispuestas,
Y hoy yacen en el infame
Sepulcro de la pereza,
¿Á qué mas puede llegar
El baldon de la honra nuestra,
Que á pensar el enemigo,
Que ya Roma no es la que era,
Pues se promete en sus timbres,
Que no ha de hallar resistencia?
Demas desto ¿es bien que yo
Á un noble ofendido tenga,
Y no tenga mira á que
Es desproporcion muy ciega,
Que él desvelado maquine,
Y yo descuidado duerma,
Mayormente al blando sueño
De tan contrarias Sirenas,
Que, si otras cantando matan,
Ellas llorando deleitan?
O nunca hubiérais......!
Cori.   Perdona,
Señor, y dame licencia
Para suplicarte, que
No enojado las ofendas,
Ni á ellas, ni á cuantos conmigo
Á mi ruego las festejan;

Y mas en este jardin,
Donde Veturia se alberga,
Noble matrona, á quien todas
Reconocen preeminencia
Por su real sangre; que no
Es culpa suya, ni nuestra
El que en ellas sea agasajo
Lo que en nosotros es deuda.
La culpa fue del primero,
Que robadas las violenta,
No de los que, ya robadas,
Procuran que esten contentas;
Que, para tenerlas tristes,
Mejor fuera no tenerlas.
Si hacerlas nuestras quisimos,
¿Cómo habian de ser nuestras,
Si, en nuestro poder quejosas,
Siempre quedaban agenas?
Que desde el odio al cariño
No es fácil de hallar la senda,
Si no es que la facilite
La caricia, la fineza,
El obsequio, el rendimiento,
La atencion y la asistencia,
Que son las que solo saben
Hacer voluntad la fuerza.
Decir que esto del valor
Nos ha olvidado, es propuesta
Tan vana, que el mismo Marte
El primero es que la niega,
Puesto que, amante de Vénus,
Al mundo puso en sospecha
De que él y Cupido habian
Trocado dardos y flechas;
Viendo cuanto ventajoso,
Porque su dama lo sepa,
Pelea el soldado, que
Con armas de amor pelea,
Juzgando que son de Marte.
Y para que mejor veas,
Que ser galan en la paz
No es ser cobarde en la guerra,
El primero seré yo,
Que de la patria en defensa
Al opósito le salga.
Y asi, para disponerla,
Iré por plazas y calles,
Diciendo en voces diversas:......
Unos [*dent.*] Viva Coriolano!
Otr. [*dent.*]   Viva!
Aur. Oye, hasta averiguar estas.

    Salen FLAVIO, LELIO *y Soldados.*
Flav. Yo lo diré, que en tu busca
Vengo, para que lo sepas.
Proponiéndole al tumulto
De la plebe y la nobleza,
Cuanto conviene salir
Á impedir el paso desa
No impensada invasion, antes
Que pise la línea nuestra,
Ocupando los estrechos
Pasos y las eminencias,
Á fin de que, ya que entren,
Entren peleando, en que es fuerza
Que pierdan gente, y quizá
Que gente y jactancia pierdan,
Dije, que presto el Senado
Nombraría á quien convenga
Que vaya por General;
Á que dieron por respuesta,
Reduciéndose á una voz,
De varias voces compuesta:......
Unos [*dent.*] Viva Coriolano!

Otr. [*dent.*]   Viva!
Flav. De suerte que, antes que sea
Consulta, la aclamacion
Comun, quiere, que cabeza
Suya sea Coriolano,
De que vengo á darte cuenta,
Por si acepta, ó no.
Aur.   ¿ Qué es
Dudar si acepta, ó no·acepta,
Siendo mi hijo? — Coriolano,
Ya ves en lo que te empeña
La comun aclamacion
Del pueblo.
Cori.   La vida hubiera
Dado en albricias, señor,
Á no importar mantenerla,
Para que, en servicio suyo,
En mejor trance la pierda;
En cuyo agradecimiento
Á Flavio las plantas besa
Mi humildad, y á Lelio da
Los brazos, bien como prendas
De quien se obliga á pagar,
Reconocida la deuda.
Lel.   El mérito es quien te adquiere
Este honor. — Que tambien sea   [*aparte.*
Hijo yo de Senador,
Y de mí...... ¡O envidia, deja
De afligirme! — Y el primero
Seré, que irá á tu obediencia
Por soldado tuyo.
Eni.   Yo
No te doy la enhorabuena,
Porque me la he dado á mí,
En fe de lo que interesa
En tus honores mi honor.
Cori. Á entrambos os lo agradezca
Mi amistad; que con los dos,
Tú, Lelio, de la nobleza
Cabo; tú, Enio, de la plebe,
¿ Qué riesgo habrá, que no emprenda?
Todos. ¿Ni quién que á tí no te siga?
Pasq. Yo; porque alli Libia señas   [*aparte.*
Me hace de que allá no vaya.
Aur.   Puès porque tiempo no pierda,
Retiraos todas vosotras,
Cada una á su vivienda,
De donde ninguna salga,
Mientras se pasa la muestra
De la gente que se aliste;
Porque, si acaso la pesa
El ver ir contra su patria,
No impida al que complacerla
Intente.
Vet.   Ninguna habrá
Tan livianamente necia,
Que ya no desee, que Roma
Contra los Sabinos venza;
Que las materias de honor
Son tan vidriosas materias,
Que con el mas leve soplo
Se empañan, si no se quiebran.
Y siendo asi, que estuvimos
Todas á morir resueltas,
Antes de admitir á quien
Con fe y palabra no fuera
De esposo, con todo eso
El empacho y la vergüenza
De no volver á ser propias
De·quien ya fuimos agenas,
Nos obligará á que todas,
Si nos diérades licencia,
Saliéramos á campaña;
Y yo fuera la primera,

Que el arnes trenzado, el fresno
Blandido en la mano diestra,
En la siniestra el escudo,
Y con el tiento en la rienda,
La noticia en el estribo,
Y en la rodilla la fuerza,
Montado el corcel bridon
La diera á entender á Astrea,
Como ya de su venganza
No necesita la nuestra.
Cori. ¿ Quién pudo desempeñarse
Ni mas noble ni mas cuerda?
Todas. Lo mismo todas decimos.
Aur.   No es la resolucion esa,
Que queremos de vosotras.
Flav. No; que otra habrá, en que se vea,
Que las mugeres no son
Tan dueños nuestros, que puedan
En descrédito poner
De Roma el valor.
Aur.   Ni esa
Tampoco es para aqui. — Ahora [*á Coriolano.*
Ven pues, adonde te ofrezca,
Con pública aclamacion,
De todo el pueblo en presencia,
El Senado la bengala,
Estoque, toga y diadema
De General de sus armas.
Cori. Mas me ha de dar.
Aur. y Flav.   Qué es?
Cori.   Licencia
De que responda á Sabinio,
Y al mote de sus banderas,
Poniendo yo en las de Roma
El mismo.
Tod.   De qué manera?
Cori. S. P. Q. y R. son
Cuatro letras, que interpretan,
¿ Al Sabino Pueblo Quién
Resistirá? Y con las mesmas
Á su arrogante pregunta
Han de responder las nuestras,
Para que conozca el mundo
Cuan en un caso concuerdan
Gramáticas militares,
La pregunta y la respuesta;
Pues si S. P. Q. y R.
¿ Quién piensa hacer Resistencia
Al Sabino Pueblo? dicen,
Tambien dirán á quien lea
En nuestro favor el mote
De sus mismas cuatro letras:
Senado y Pueblo Romano
Es Quien resistirle piensa.
Flav. Bien lo has pensado.
         [*Dentro cajas y voces á lo lejos.*
Unos [*dent.*]   Arma, arma!
Flav. Y pues se oyen de mas cerca
Ya sus cajas, responded
Á su salva.
Otros [*dent.*]   Guerra, guerra!
Aur.   Y por si acaso llegaron,
Segun á mi oido suenan,
Acá sus voces, diciendo:......
Unos [*dent.*] ¿ Quién ha de hacer resistencia
Al sabino pueblo?
Aur.   Digan
Al mismo compas las nuestras:......
Tod.   Senado y pueblo romano.
Unos [*dent.*] ¡Vivan Sabinio y Astrea!
Tod.   ¡Coriolano y Roma vivan!
Cori. Perdona, Veturia bella,
Que, si voy contra tu patria,

Tambien voy en tu defensa. [*Vase.*]
Tod. Arma, arma! Guerra, guerra! [*Éntranse todos.*]

Salen marchando Soldados, y uno trae una bandera con las letras, que han dicho los versos, y detras Sabinio *y* Astrea *con espada y bengala.*

Sab. En la cumbre eminente
 Del esquilino monte,
 Que, atalaya de todo el horizonte,
 Empina al orbe de zafir la frente,
 Alto haga nuestra gente,
 Hasta reconocer, si tiene acaso
 Roma ocupada de su estrecho paso
 La entrada, que, otra vez padrastro mio,
 Favoreció la vecindad del rio;
 Y asi, hasta que los batidores vuelvan,
 É informados resuelvan
 Por donde menos fuerte sendas abra,
 Alto haced.
Unos. Alto, y pase la palabra.
Otr. Alto, y pase la palabra.
Sab. Ya, soberana Astrea,
 Pisas la raya, en que la luz febea
 Del sol entre Sabinia y Roma parte
 Jurisdicciones, pues que no sin arte
 Interpuso por valla
 El bastion desa rústica muralla,
 Que á una y otra divida,
 Bien que en vano una y otra defendida,
 El dia que hacerlas enemigas quiso
 Su trato infiel.
Astr. Ya desde aqui diviso,
 Aunque no bien, aquella,
 Que ayer vil choza, y hoy fábrica bella,
 Tan elevada sube,
 Que empieza en muro y se remata en nube.
 ¡O tú de la fortuna
 Trasmutado teatro, cuya escena,
 No sé si diga, de piedades llena,
 Ó llena de crueldades,
 Que tal vez son crueles las piedades,
 En yerto albergue dió primera cuna
 A aquellos, que arrojados
 De ignoradas entrañas,
 Hambrienta loba halló, que en sus montañas
 Recien nacidos, ya que no abortados,
 Eran espurios hijos de los hados!
 ¡O tú, que en lo voraz de su fiereza,
 Mudando especie la naturaleza,
 Viste, en vez de ser ellos de su hambriento
 Furor destrozo, en cándido alimento
 Trocar la saña, haciendo que ellos fuesen
 Los que della al reves se mantuviesen!
 Si á sus pechos criados,
 Si á su calor dormidos,
 Si de roncos anhelitos gorgeados,
 Crecieron, arrullados á gemidos,
 ¿Qué mucho, que bandidos,
 Sañudamente fieros,
 Se juntaron con otros bandoleros,
 Para vivir, sin Dios, sin fe, sin culto,
 Del homicidio, el robo y el insulto?
 Desta pues compañia
 Rómulo Capitan, temiendo el dia
 De tu mudanza, á fin de resguardarse,
 Trató fortificarse,
 Para cuyo seguro
 El surco de un arado lineó muro,
 Con ley tan inviolable, que su extremo
 Asaltarle costó la vida á Remo.
 Este fue (¡o tú, otra vez, varia fortuna,
 Condicional imágen de la luna!)
 El origen, que altiva te conserva

Crecida, á imitacion de mala yerba.
 Pero ya tu castigo
 Llega, pues llega mi valor conmigo;
 Y asi, antes que sus armas se prevengan,
 (Vengan los batidores, ó no vengan)
 Entremos en sus lindes desde luego,
 Publicando la guerra á sangre y fuego.
Sab. La espera, Astrea, en muchas ocasiones
 Consiguió altos blasones.
Astr. Tambien la espera la perdió otras tantas,
 Y quizá mas.

 Sale Emilio.

Emi. Dame, señor, tus plantas.
Sab. ¿Qué hay, Emilio, de nuevo?
Emi. A penas á contártelo me atrevo,
 Por no decirte, que apenas
 De aquestos riscos soberbios,
 Con una avanzada escuadra,
 Vencí el arrugado ceño,
 Cuando desde la eminencia
 Ví todo el valle cubierto
 De romanos escuadrones,
 Que en buena marcha dispuestos,
 Como iban llegando, iban
 Tomando, unos los estrechos
 Pasos, otros desmontando
 Los troncos, para con ellos
 Atrincherarse; y los otros
 Doblándose, porque á tiempos,
 Donde importe, el reten pueda
 Ir reclutando los puestos.
Astr. ¿Eso excusabas decirnos?
 Pues toma en albricias deso
 Ésta sortija, que yo
 Á tener que vencer vengo. —
 Manda, Sabinio, que al arma
 Toque el ejército nuestro,
 Antes que se fortifiquen.
Sab. Con ese español aliento,
 Quién no ha de animarse? Vayan
 Por los costados cubriendo
 En las quiebras y surtidas
 Coseletes y flecheros
 A la caballería, y ella,
 Deshilada en buen concierto,
 Procure cobrar el llano,
 Donde, trocados los riesgos,
 Cubra ella á la infantería,
 Dándose las manos, puesto
 Que las dos son los dos brazos
 De todo el militar cuerpo.
 Toca á embestir, y un caballo
 Me dad.
Astr. Y á mí otro; que tengo
 De ser la primera yo,
 Que, complacido mi esfuerzo,
 Vea la cara al enemigo,
 La caballería rigiendo.
Sab. Pues porque la infantería
 No vaya en el desconsuelo
 De ir sin tí su esfuerzo, seré
 Yo quien gobierne sus tercios.
Astr. Pues al arma!
Sab. Pues al arma!
Sold. ¿Quién no ha de seguir su ejemplo?
Tod. ¡Vivan Sabinio y Astrea!
 [*Las cajas y éntranse.*]

Salen Coriolano, Lelio, Enio *y dos Soldados, con dos banderas, una roja y otra blanca, con las mismas letras.*

Cori. Pues el Sabino resuelto,
 Para no darnos lugar

Á que nos fortifiquemos,
Baja avanzando sus tropas,
Fuerza es salirle al encuentro,
Para no darle nosotros
Lugar á él, á que viniendo,
Como viene, desfilado,
Pueda, vencido lo estrecho,
Doblarse en lo llano. Ea,
Generoso invicto Lelio,
Pues, cabo de la nobleza,
La avanguardia en el derecho
Costado te toca , ocupa
Tu lugar.

Lel.   En él ofrezco
Morir; que una cosa es
Callar yo mis sentimientos,
Y otra, que mi honor no diga
Que es mio. Tremole el viento
La siempre roja bandera
Del Senado, con el nuevo
Geroglifico, á quien sigan
Todos mis parciales.   *[Vase.*

Cori.   Enio,
Tú en el siniestro costado
Tu lugar toma; que en medio,
Del cuerpo de la batalla
Quedo yo, distribuyendo
Los órdenes, porque acuda
Donde convenga el refuerzo.

Eni. Despliegue tambien al aire
Su blanca bandera el pueblo,
Que no es el que menos sabe
Dar victorias á sus reinos.   *[Vase.*
    [La caja, y dentro ruido de armas.

Unos [*dent.*] Arma, arma!
Otros [*dent.*]   Guerra, guerra!
Unos [*dent.*] ¡Fuertes Sabinos, á ellos!
Otros [*dent.*] ¡Á ellos, valientes Romanos!
Cori. Ya los unos descendiendo,
Y ya subiendo los otros,
En el mas fragoso seno
Del monte, á medir las armas
Llegan entrambos encuentros.
  Disputada la batalla   *[La caja.*
Crece, con que al sol cubriendo
Nubes de plumas las flechas,
Tempestad parece, siendo
Del eclipse de sus rayos
Cajas y trompetas truenos,
De quien relámpagos son
Las chispas de los aceros.
Todo es horror, todo es grima,
Todo asombro, todo incendio.

Unos [*dent.*] Abanza, caballería,
Antes que en nuestro terreno
Llegue á doblarse la suya.
Otros [*dent.*] Á ellos, Sabinos!
Todos.   Á ellos! *[La caja.*
Cori. Qué es aquello? (ay infelice!)
Que á lo que desde aqui veo,
Parece, que recargados
Vuelven á perder los nuestros
Los puestos, que habian ganado.
¡Ea fortuna, ya es tiempo
De que todo lo perdamos,
Ó que todo lo ganemos!
Síganme todas las tropas
En batallones y tercios,
Pues no hay mas órdenes ya
Que dar, que morir resueltos.
¡Volved, soldados, volved!
Que ya voy á socorreros.
Piérdase la vida, y no
La fama.   *[Vase.*

Suenan las cajas y ruido, y sale como despeñada
ASTREA.

Astr.   Valedme, cielos!
Que desbocado el caballo,
Con no matarme, me ha muerto,
Si hay quien piense, que el salir
De la batalla fue huyendo;
Y no fue, sino que el hado
Ó tarde ó nunca el contento
Cumplido dió; bien que en vano
Hoy de su rigor me quejo,
Pues tampoco dió cumplida
La desdicha el dia que; habiendo
Vencido la cumbre al monte,
Al descender de su centro,
Corriendo por intrincados
Riscos el bruto soberbio,
No me echó de sí, hasta que
Trocó de un tronco el tropiezo
Al golpe de la caida
La amenaza del despeño.
Con que, aunque rendida, aunque
Fatigada, en un desierto
Triste y sola me halle, á causa
De que los que me siguieron,
Y no alcanzaron, perdida
De vista, sin mí habrán vuelto;
Con todo eso el quedar viva
Es tan natural consuelo,
Que, siendo el vivir lo mas,
Todo lo demas es menos.   *[Cajas.*
Y asi, á pesar del cansancio,
Pues para elegir no hay medios,
Procure hallar senda, que
Me vuelva á mi gente, puesto
Que, para servir de norte,
Me basta el confuso estruendo,
Que, sin decirme en que estado
La batalla está, á lo lejos
Me está diciendo, que dura,
En mal pronunciados ecos.
Por esta parte parece
Que el enmarañado seno
Da menos fragoso paso;
Seguir la vereda quiero,
No en vano, pues á lo inculto
Quitado el impedimento,
Ya descubro la campaña,
Y en ella, ó miente el deseo,
Ó son nuestras las banderas,
Que miro. Sin duda, cielos,
La victoria consiguió
Sabinio, puesto que veo
En su rotulado enigma
Tremolar el blason nuestro
Destotra parte del monte.
Pues qué aguardo? Pues qué espero?
¡O si fuera verdad, que
Tiene ala el pensamiento,
Para llegar á los brazos
De Sabinio, y darle en ellos
De mi vida y su victoria
Dos parabienes á un tiempo!   *[Vase.*

Salen CORIOLANO, LELIO, ENIO *y Soldados*
con las banderas.

Tod. ¡Victoria por el invicto
Heróico caudillo nuestro!
Lel. No sé qué gracias te deba
Dar nuestro agradecimiento;
Pues cuando casi perdidos

Eni.
Nos hallábamos, tu esfuerzo
Bastó á que el Sabino vuelva
Desbaratado y deshecho.
¿Qué gracias podemos dar,
Que sean bastante aprecio
A quien supo disponer
El socorro á tan buen tiempo,
Que, derrotado el contrario,
Quedase el campo por nuestro?

Cori.
Vuestro fue el valor y mia
La dicha de llegar presto.
Y por partirla contigo,
A llevar las nuevas, Lelio,
Desta victoria al Senado
Ve, en tanto que yo prevengo,
Que las fortificaciones,
Para que antes no hubo tiempo,
Prosigan, por si otra vez,
Reforzándose de nuevo,
Vuelve, no desprevenidos
Nos halle.

Lel.
Tus manos beso
Por ese honor, y no tanto
Por las albricias le acepto,
Cuanto porque se prevenga
El aparatoso obsequio
Del triunfo, que debe hacer
Roma á tu recibimiento. [*Vase.*

Tod.
¡Victoria por el invicto
Heróico caudillo nuestro!

Sale ASTREA.

Astr.
¿Victoria por el invicto
Heróico caudillo nuestro?
¿Quién duda, que por mi esposo
Es la aclamacion, supuesto
Que son suyas las banderas,
Que ya de mas cerca veo?
Pues qué aguardo? — Generosos
Sabinos, á cuyos hechos,
Faltan á la fama bronces,
Faltan láminas al tiempo,
Mil veces enhorabuena
Sea el alto vencimiento
Desos aleves Romanos,
Y guiadme donde dellos
Victorioso vea á mi esposo.

Cori.
Hermoso prodigio bello,
Cuyo revesado enigma
Ni le alcanzo ni le entiendo,
¿Cómo á los Romanos llamas
Sabinos? ¿y cómo luego,
Dando á quien no te oye el lauro,
Das á quien te oye el desprecio?

Astr.
¿Luego estos timbres no son
De Sabinio?

Cori.
No; que huyendo,
Segunda vez derrotado,
A Roma la espalda ha vuelto.

Astr.
¿Luego esas banderas son
Ganadas?

Cori.
Tampoco es eso,
Sino que, pues preguntaron
Las suyas, que quién al pueblo
Sabino resistiria?
Con sus caractéres mesmos,
Senado y pueblo romano,
Las nuestras le respondieron.

Astr.
¡Ay infelice de mí!
Que el equívoco me ha muerto.

Cori.
Quizá te ha dado la vida,
Puesto que has llegado á puerto,
Donde las mugeres tienen,
Con franca escala el respeto,

Cortesanos pasaportes
De inviolables privilegios.
¿Quién eres pues, y qué causa
Engañada te trae?

Astr.
¡Cielos, [*aparte.*
Perdida estoy, si se sabe
Quien soy! Válgame el ingenio! —
Astrea, española Pálas,
Añadiendo al sentimiento
Del robo de sus matronas
El de levantar el cerco,
Que puso á Roma en venganza
Suya su esposo, hizo extremos
Tales, que hasta persuadirle
A que volviese de nuevo
A sitiarla, no dejó
De instarle, valida á tiempos
De la maña del cariño
Ú de la fuerza del ceño.
No en esto solo paró
Su generoso ardimiento,
Sino que en persona habia
Ella de venir, á efecto
De que agravio de mugeres,
A muger le toca el duelo.
Entre las damas, que trajo
En su servicio,......

Cori.
El acento
Suspende, deten la voz.

Astr.
Pues por qué?

Cori.
Porque no quiero
Saber mas de que eres Dama
De Astrea.

Astr.
Sin duda hoy muero, [*aparte.*
Vengándose della en mí.

Cori.
Enio!

Eni.
Señor?

Cori.
Al momento
Manda poner el caballo
Mejor, que en mi estala tengo;
Monta en otro, y nombra una
Escolta de hasta otros ciento,
Con un trompeta, que vaya
Contigo. [*Vase Enio.*

Astr.
Ay de mí! que esto [*aparte.*
Mira á enviarme prisionera
A Roma.

Sold. 1.
Por si entre ellos
Nos nombra, vamos tras él.

Sold. 2.
Vamos, y sea diciendo :......

Tod.
¡Victoria por el invicto
Heróico caudillo nuestro!

Astr.
¡Ay, Sabinio, si esto vieras, [*aparte.*
Cuál fuera tu sentimiento!

Cori.
¡Ay, Veturia, cuál seria [*aparte.*
Tu gozo, si vieras esto!

Astr.
Mas no me dé por vencida; [*aparte.*
Prosiga, hasta ver, si puedo
Moverle á lástima. — Astrea,
En quien vasallage y deudo
En mi fortuna afianzaron
Repetido el valimiento,
Entre las demas, que trajo,
Vuelvo á decir......

Cori.
Tambien vuelvo
A decir yo, que suspendas
Acento y voz.

Astr.
¿Pues no tengo
De decir,......

Cori.
Nada hay que digas.

Astr.
Que entrando ella,......

Cori.
Es vano intento.

Astr.
En la lid,......

Cori.
Porfias en balde.

Astr. Yo,......

Cori.   No mas.

Astr.   En seguimiento
Suyo,......

Cori.   Basta.

Astr.   Mi caballo,
Roto el alacran del freno,......

Cori. No te canses.

Astr.   Me arrojó
Adonde......?

Cori.   ¿De qué provecho
Es, que quieras tú decirlo,
Si yo no quiero saberlo?

Astr. ¡O, qué clara mi desdicha [*aparte.*
Dice su desabrimiento!

Eni. Ya está todo prevenido.   [*Saliendo.*

Cori. Ahora verás, que no tengo
Mas que saber, que saber,
Que vienes, bello portento,
En el servicio de Astrea.
Ponte á caballo. — Y tú, Enio,
De convoy la retaguardia
De su ejército siguiendo
Ve, hasta que haga, recobrado,
Alto, ó tome alojamiento;
Y en dándole vista, haz
Alto tú tambien, haciendo
Seña de paz y llamada.
Con que es fuerza, que, viniendo
Algun cabo principal
Á parlamentar, tu intento
Sepa, que es ir convoyando
Á esta Dama. Con que, en viendo,
Que ella conoce á su gente,
Y que quedando con ellos,
Queda á su satisfaccion,
En seguro salvamento,
Sin mas esperar, la rienda
Vuelve. Y mira que te advierto,
Que ni á ella, ni á ellos les digas
Quien soy.

Astr. ¿Qué es lo que oigo, cielos?
Á mi patria me envias?

Cori.   Sí;
Que los generosos pechos
Lidiamos porque lidiamos,
Mas no nos aborrecemos
Para las cortesanías.

Astr. Deja, que á tus piés......

Cori.   No extremos
Hagas; que no hay que estimarme
Lo que hago yo por mí mesmo.
Parte pues, y dile á Astrea,
Que un romano caballero
Apenas oyó su nombre
En tus labios, cuando atento
Á la estimacion, al culto,
Al decoro y al respeto,
Que debe á la magestad
De tan generoso dueño,
Te estimó por prenda suya,
Principalmente sabiendo,
Que vienes en su servicio;
Y porque un punto, un momento
No faltes dél, te remite
Á excusar el sentimiento
De echarte menos, que eres
Tú muy para echada menos.
Y perdóname, no ser
Yo el que te vaya sirviendo,
Porque no puedo faltar
De aquí.

Astr.   Ya que te merezco
Tan gran fineza, merezca

Saber á quien se la debo.

Cori. Eso no; que has de ir deudora
Aun del agradecimiento.

Astr. Ya que tú no me lo digas,
Quizá me lo dirá el tiempo.

Cori. Pues no le pierdas ahora,
Si le habrás menester luego.
Parte pues.

Eni.   Ya alli el caballo
Te espera.

Astr.   Sí haré, supuesto
Que el don del liberal, cuando
Le recibo, le agradezco.

Cori. Pues á Dios, hermosa Dama.

Astr. Y cree de mí......

Cori.   Y cree de mí......
Vete en paz.

Astr.   Guárdete el cielo.   [*Vanse.*

————

Salen LELIO *y* PASQUIN.

Lel. Pasquin, pues que ya al Senado
Cuenta dí de la victoria,
Y atento á tan alta gloria,
Á Coriolano ha enviado
Órden de que al punto venga,
Para, liberal con él,
Ceñirle el sacro laurel,
Que es bien que por premio tenga,
Dime, ya que tú no fuiste
Al campo, ¿qué novedad
En mi ausencia en la ciudad
Ha habido, y en qué consiste,
Que á ninguna muger veo
En calle, puerta ó ventana?

Pasq. Consiste en no tener gana
De ser vistas sin aseo.

Lel. Sin aseo? Eso no entiendo.

Pasq. Pues fácil es de entender,
Que no quiera una muger
Parecer, no pareciendo.

Lel. ¿Enigmas hablas conmigo?

Pasq. ¡Pluguiera á Dios que lo fueran!
Que ellas te lo agradecieran,
Y á mí el que no te las digo.

Lel. Pues hásmelo de decir.

Pasq. Sí haré; mas con calidad
De que creas, que es verdad
Cuanto te he de referir,
Y no ficcion.

Lel.   Sí creeré.

Pasq. Pues con eso va de historia.
Aqui, Apuntador, memoria
Tu anacardina me dé.
Viendo el Senado, que habia
El siempre absoluto imperio
De las mugeres ganado
Tanto en Roma los afectos,
Qué dió causa al enemigo
Para olvidarse soberbio,
Con nuestro presente ocio,
De su pasado escarmiento,
Y que no solo era el daño,
Divertidos en festejos,
Estragar de la milicia
El antiguo valor nuestro,
Mas tambien de los haberes
El caudal, por los excesos
De sus galas, de que ellas
Usaban tan sin acuerdo,
Que de bizarros sus trages
Se pasaban á no honestos,

Y viendo, cuan principal
Parte es, en fe del aseo,
Para ser iman del alma,
El artificio del cuerpo,
Pues la no hermosa con él
Disimula sus defectos,
Y la hermosa con aliño
Da á su perfeccion aumento:
Una ley ha publicado,
En que manda lo primero,
Que no sean admitidas
Á los militares puestos,
Ni políticos, negadas
Á cuanto es valor é ingenio;
Que ninguna muger pueda
Del hábito, que hoy trae puesto,
Mudar la forma, inventando
Por instantes usos nuevos;
Y que, para renovarlos,
Haya de ser con precepto
De que sean propias telas,
Sin géneros extrangeros,
Oropel del gusto, mucho
Brillante y poco provecho,
Y estas sin oro y sin plata;
Ni usar tampoco de pelo,
Que propio no sea, de afeites,
Baños, perfumes ni ungüentos;
Y que, pues hidalgas son,
No solo no nos den pechos,
Pero ni pechos ni espaldas;
Y en fin lo que mas sintieron
Fue, que no salgan en coches
Á los públicos paseos,
Ni permitan en sus casas
Banquetes, bailes ni juegos.
Con que no quedó muger,
Que no confesase luego
Al potro del desengaño
Las culpas del embeleco;
Las flacas, que á pura enagua
Sacaban para sus huesos
Cuanta carne ellas querian
De en casa de los roperos,
Volvieron á ser buidas;
Las gordas, que atribuyeron
Á sobras de lo abrigado
Las faltas de lo cenceño,
Se volvieron á ser cubas;
Y sin tinte en los cabellos
Las viejas á ser palomas,
Las morenas á ser cuervos.
Ya todas la verdad dicen,
Ya son todas las que vemos,
Porque la gala afufon,
El artificio lo mesmo,
El arrebol, ni por lumbre,
El soliman, ni por pienso,
Los islanes abrenuncio,
Los sacristanes arredro,
Los alcanfores son chanza,
Las blandurillas son cuento,
La clara de huevo tate,
El resplandor quedo, quedo,
El albayalde exi foras,
La neguilla vade retro.
Y en fin, para no cansarte,
Paso entre paso se fueron
Los escotados al rollo,
Y los jaques al infierno.
Con que, para no ser vistas,
Unas y otras se escondieron,
Desengañadas de que
Para mas no las habemos

Menester, que para hilar,
Coser y echar un remiendo.
        [*Dentro tocan cajas y atabalillos.*
Lel. No sé, Pasquin, qué te diga
    De cuanto...... Mas qué es aquello?
Tod. y mus. ¡Victoria por el invicto
    Heróico caudillo nuestro!
Pasq. Es que el Senado ha salido
    De la ciudad á las puertas,
    Para Coriolano abiertas,
    Donde esperarle ha querido,
    Para que en ostentacion
    Del aplauso, que han ganado
    Las insignias, que el Senado
    Le dió por aclamacion,
    Con ellas quieren llevarle
    De. Roma al gran Capitolio,
    En cuyo eminente solio,
    El sacro lauro han de darle,
    Que á la victoria campal
    Pertenece.
Lel.   Fuerza es
    Acompañarle yo, pues,
    Aunque otra lid desigual
    Lucha en mí, no es tiempo ya
    Della, pues contrapesó
    El socorro, que me dió,
    A la envidia, que me da.
    Con que en uno y otro muestro,
    Que ni uno ni otro permito
Tod. y mus. ¡Victoria por el invicto
    Heróico caudillo nuestro!

*Tocan las chirimías y atabalillos, y salen por un
lado* CORIOLANO *y Soldados, y por otro el
acompañamiento que pueda con las banderas, uno
con un laurel en una fuente, otro con bastoncillo
en otra, otro con un estoque en medio desnudo al
hombro, y detras* AURELIO *y* FLAVIO.
Aur. En hora dichosa vean
    (¡Ay hijo del alma mia!)
    Mis canas el fausto dia
    De tu aplauso, y en él sean
    Del Fénix mis regocijos,
    De hoy en su edad desengaños,
    Pues la hoguera de los años
    Es la virtud de los hijos.
Flav. En hora dichosa vengas,
    Valeroso Coriolano,
    Donde del pueblo romano
    El merecido don tengas,
    Que tal victoria merece.
Cori. Á uno y otro doy los brazos,
    Por ser prisiones sus lazos,
    Que mi humildad os ofrece. —
    En fin, no has de dar, fortuna, [*aparte.*
    Cumplido ningun deseo,
    Pues á Veturia no veo,
    Ni aun otra muger alguna,
    Por calles y plazas.
Aur.   Ven
    Donde honrado entre nosotros
    El pueblo te vea.
Flav.   Vosotros
    Repetid el parabien.
Todos. Victoria......!

        Sale VETURIA.
Vet.   No prosigais
    En decir, por el invicto
    Heróico caudillo nuestro;
    Que no es dese nombre digno.
Tod. Qué es esto, Veturia?
Vet.   Es,

Que en público el valor mio
Se atreve á hablar, pues habló
En público vuestro edicto.
Que no es digno dese honor
Coriolano, otra vez digo,
Ni en vosotros para dado,
Ni en él para recibido;
Porque siendo las mugeres
El espejo cristalino
Del honor del hombre, ¿cómo
Puede, estando á un tiempo mismo
En nosotras empañado,
Estar en vosotros limpio?
No blasoneis pues, soldados,
En la rota del Sabino,
De que venis con honor;
Que si valientes y altivos
Allá le dejais ganado,
Acá le hallareis perdido.
Inútil os fue el valor,
Poco provechoso el brío,
La resolucion sin logro,
Y sin efecto el peligro,
Pues no habiendo de lograrle,
Ya de nosotras mal vistos;
Que si en fe de apetecidas,
Vuestro agasajo nos hizo,
Que descansase la queja
Á la sombra del cariño,
¿Qué mucho, que despreciadas,
Al contrario, el albedrío,
Que fue dócil al halago,
Sea rebelde al desvío?
Como esposas nos tratásteis,
Nobles, corteses y finos;
¿Pues cómo ya como esclavas
Nos tratais, con tal dominio,
Que en mugeriles adornos
Aun no nos dejais arbitrio?
No lo sentimos por ellos;
Que por lo que lo sentimos
Es la desestimacion,
El desden, el descariño,
El ultraje, el ajamiento;
Que si el mundo en su principio
Nos privó (quizá de miedo)
Del uso de armas y libros,
No del uso nos privó
De aquel aplicado aliño,
Con que la naturaleza
Se vale del artificio.
¿Pues cómo, siendo heredados,
Contra el natural estilo,
Cancelais de las mugeres
Los privilegios antiguos?
¿Qué bruta nacion, adonde
Nunca llegar han podido,
Ni la política en leyes,
Ni la república en juicios;
Qué adusto bárbaro, á quien
Tostó ardiente, erizó esquivo
El sol la tez en ardores,
Y el aire la greña en rizos,
Les negó la adoracion
Del humano sacrificio
De ser ellas las rogadas,
Y ser ellos los rendidos?
¿Cuanto mas la urbanidad
De los comercios, que dignos,
Sin deslizarse á indecentes,
Se mantienen en festivos.
Las mugeres, á quien deben
Primer albergue nativo .
Los hombres, y á quien los hombres

En dos maneras han sido
Tan costosos al nacer,
Y al criarse tan prolijos,
Han de vivir abatidas
Á vista de quien las quiso,
Ó lo dijo por lo menos;
Pues basta ver, que lo dijo,
Para ver, cuan desairados
Estar todos es preciso,
Vosotros con vuestras damas,
Y Coriolano conmigo?
Y asi yo, en nombre de todas,
En ira envuelto el sentido,
La lengua anegada en quejas,
La voz ardiendo en suspiros,
Brotado el aliento en rayos,
Destilado el llanto en hilos,
Sin puntualidad la gala,
Sin preceptos el aliño,
Sin ley vagando el cabello,
Sin órden puesto el vestido,
Vuelvo á que en nombre de todas
Digo á todos lo que á él digo.
Por noble pues, Coriolano,
Por galan, por entendido,
Por cortesano en la paz,
En la guerra por invicto,
Ó por hombre solamente,
Que harto con esto te obligo,
Si como dama te ruego,
Y como esclava te pido,
Que aquesta infamia derogues,
Haciendo que su designio
Se borre de la memoria,
Y se escriba en el olvido.
Y si acaso á esta fineza,
De cobarde ó de remiso,
No te dispone lo amante,
No te resuelve lo fino,
Yo de mi parte á tí solo
Y á todos os lo repito
De parte de las demas:
Protesto, juro y afirmo
Por esa antorcha del dia,
Que con afan repetido
Se apaga al morir en ondas,
Se enciende al nacer en visos,
Que ha de ser siempre en nosotras,
Si no haceis lo que os pedimos,
El agasajo forzado,
Poco seguro el cariño,
El favor poco constante,
El desabrimiento fijo,
Triste y escabroso el lecho,
El gusto forzado y tibio,
Con melindres la fineza,
El halago con retiros,
Siempre el enojo rebelde,
Nunca seguro el alivio.
Y cuando aquesto no baste,
Monstruos somos vengativos.
Temed pues, temed, que el odio
Quizá se pase á peligro;
Que en manos de las mugeres,
Tambien con violentos bríos,
Saben herir los puñales,
Saben cortar los cuchillos.
Y cuando no, ser sus ojos,
Viendo el adagio cumplido,
De que las mugeres somos
Milagros y basiliscos.   [*Vase.*

Cori. Oye, espera.
Flav. y Aur.   Dónde vas?
Cori. Tras el iman, que, atractivo

Móvil del alma, arrastrados
Lleva todos mis sentidos.
Aur. Si á efecto es de castigar
Los oprobios, que te ha dicho,
Eso al Senado le toca.
Cori. Tan contrario es el motivo,
Que es á poner en sus sienes
El laurel, que he merecido,
Porque en ella, presentados
Como propios mis servicios,
En fe dellos, se derogue
Tan escandaloso edicto.
Flav. Nunca el Senado deroga
La ley, que ya una vez hizo.
Cori. Pues derogaréla yo,
Publicando en otra á gritos,
Que obedecida no sea.
Aur. Hijo, mira,......
Cori.   Nada miro.
Aur. Que eso es perderte.
Cori.   Perdida
Veturia, qué mas perdido? —
Quien fuere de mi sentir,
En que no se vea ofendido
El honor de las mugeres,
Me siga.   [*Vase.*
Unos.   Ya te seguimos
Á tí por caudillo nuestro,
Y á ellas por nosotros mismos.
Flav. Ciudadanos, á impedir
Su arrojo, venid conmigo.   [*Vase.*
Lel. No es mala ocasion, envidia, [*aparte.*
De acriminar su delito. —
Romanos, viva el Senado!
Unos. Romanos, viva el Senado!
Lel. ¡Y muera quien á su edicto
Se opone!   [*Repiten otros.*
Cori.[*dent.*]   ¡De las mugeres
Vivan los fueros antiguos!
Aur. Dividida en bandos toda
Roma está. ¿Quién en conflicto
Igual se vió, de una parte
Mi cargo, de otra mi hijo?
¡O apetecidos venenos!
¡O familiares hechizos!
O dulce encanto! o mugeres!
Nunca acá hubiérais venido.

<hr>

JORNADA II.

<hr>

Múdase el teatro en palacio, y salen VETURIA
y ENIO.

Eni. Apenas, Veturia bella,
En Roma puse las plantas,
Cuando, llamado de tí,
Vengo á saber, qué me mandas.
Vet. En cerrando aquesta puerta,
Porque ni aun una criada
Pueda oírnos, sabrás, que
Hacer de tí confianza,
Que de otro ninguno hiciera,
En fe de estar informada
De cuan fino amigo eres
De Coriolano.
Eni.   Aunque es tanta
De su persona á la mia
La no medida distancia,
Con ese nombre me honró
Su benignidad, á causa
De habernos visto servir

En aquellas dos pasadas
Invasiones de Sabinio;
Y en esta aun con mas instancia,
Por ocupar mayor puesto;
Con que á ninguno le alcanza
Mayor parte en las deshechas
Fortunas, en que hoy le halla
La corta ausencia de haber
Ido en convoy de una dama,
De órden suya, hasta ponerla
En salvo en su misma patria.
Vet. ¿Segun eso no sabrás
Por extenso lo que pasa?
Eni. Sé el decreto del Senado,
Sé, que, ofendida y airada,
Diste en público la queja,
Sé, que tomó la demanda
En favor de las mugeres.
Desde aqui, señora, hasta
Hallarle preso, no sé
De cierto las circunstancias,
Porque nuevas de camino
Siempre se cuentan tan varias,
Que el deseo de saberlas
Se hace razon de dudarlas.
Vet. Pues si hasta aqui sabes, oye
Desde aqui lo que te falta.
Resuelto pues Coriolano
En volver por nuestra fama,
Toda la milicia suya
Tomó la voz, empeñada
En que igual ley el Senado
Habia de revocarla.
Él empeñado tambien,
En que una vez promulgada,
Habia de mantener
Inviolable su observancia,
Dando nombre de traidor
Motin á la repugnancia,
Echó bando de que sabia
De serlo, ninguno osara
Á seguir á Coriolano,
Dejando desamparada
De favor á la justicia;
Con que la nota de infamia,
Arrastrando tras sí al pueblo,
Puso á toda Roma en arma.
En vano será decirte,
Que no hubo calle ni plaza,
Que no fuese lastimoso
Teatro de mortales ansias.
Entre todas la mayor
(Que hay desgracia de desgracias)
Fue, que en el ciego, el confuso
Tumulto, una desmandada
Punta (áspid debió de ser,
Quizá aborto de mi rabia)
El pecho de Flavio hirió
Con tan venenosa saña,
Que no hubo tiempo entre herirle
El cuerpo, y faltarle el alma.
Muerto el Senador, el pueblo
Con el pavor, y á la instancia
De su hijo en vengar su muerte,
Tanto el número adelanta,
Que embestido Coriolano
De tan superior ventaja,
Fuera fuerza, que matando
Muriera, si no llegara,
Intrépidamente osado,
Sobre el furor de las armas
Su padre á arrojarse en medio,
Repitiendo en voces altas:
Muera; que no es hijo mio

Quien es traidor á su patria;
Pero muera (prosiguió)
De suerte, que satisfaga
Su muerte al cielo y al mundo,
Siendo ejemplo, y no venganza.
Esta causa es del Senado;
Á mí me toca esta causa,
Como á primer Senador;
Que el ser padre no embaraza
Al ser juez; porque, aunque son
Dos acciones tan contrarias,
Mi sangre y mi obligacion
Sabrán cumplir con entrambas.
Dijo; y llegando á su hijo,
Que al verle se echó á sus plantas,
Le arrancó el laurel con una
Mano, y con otra la espada.
Con que el furor suspendido,
Ya al valor de su constancia,
Ya al decoro de su puesto,
Ya al respeto de sus canas
Quedó, mayormente al ver,
Que, entregado á dos escuadras
De la nobleza y la plebe,
Llevarle á la torre manda
Del alto homenage, donde,
Sin ver del sol la luz clara,
Preso le tiene, cargado
De cadenas y de guardas.
¡O, quién aqui hacer pudiera
Exclamacion de cuan varia
La fortuna en un instante
Tan de extremo á extremo pasa,
Como del triunfo á la ruina
Y del alborozo al ansia!
La culpa tuve. Y asi,
Solicitando enmendarla,
Oye lo que ignoras, ya
Que sabes lo que ignorabas.
Temiendo yo, que su vida
Á todo trance restada
Está, no tanto porque
Su padre, por la jactancia,
Mas que de padre, de juez,
Tan grandes extremos haga,
Cuanto porque lo restante
Del Senado es fuerza que haya
De tomar satisfaccion,
Y dar á Lelio venganza,
Discurriendo en varios medios,
Modos, ardides y trazas
De ponerle en libertad,
Precios ofrecí, fiada
En que la llave del oro
Maestra es de todas guardas.
Un bandido á mí ha venido,
(¿Quién duda que ella le traiga?)
Diciéndome, como él sabe,
Que el cubo de la muralla
De la torre, entre otras rejas,
Conserva una, que, limada
Á otro fin, no surtió efecto;
Y asi quedó, no sin maña,
Desmentido lo limado
Con no sé qué negra pasta,
Que él la abrirá, y él pondrá
De noche en ella una escala,
Y al pie della una cuadrilla,
Que le guarde las espaldas,
Hasta sacarle de Roma;
Pero que es fuerza que haya
Quien de la parte de adentro
De aquesto le avise; para
Cuyo efecto este papel

Lo primero le señala
La reja, luego hora, noche
Y seña con que le aguarda.
Á que en su mano le pongas,
Y con él esta acerada
Sorda lima á sus prisiones,
Es para lo que se ampara
De tí mi amor; y pues tienes,
Por Tribuno, puerta franca
Á la prision, sin sospecha
De que en ella entres y salgas,
Dale uno y otro; y á Dios;
Que no quiero mi tardanza
Despierte alguna malicia,
Ni que tú me des las gracias
De lo que en esto me debes,
Puesto que no sé, que haya
Para un espiritu altivo,
De quien se hace confianza,
Ocasion mas generosa,
Mas airosa, mas bizarra,
Mas heróica, mas ilustre,
Mas noble ni mas hidalga,
Que dar la vida á un amigo
En servicio de una dama.   [*Vase.*

Eni. Espera, escucha! — La puerta
Cerró, entrándose á otra cuadra,
Donde no puedo seguirla.
Preciso es que desta salga
Cuanto antes, para no dar
Cuenta á criado ó criada,
Si preguntan á quien busco.
[*Entra por una puerta, y sale por otra.*
Ya deste empeño me saca
Hallarme en la calle. Cielos!
¿Quién se ha visto en mas extraña
Confusion? Ministro soy,
Por Tribuno, en la real sala
De justicia; por amigo
Lo soy con vida y con alma
De Coriolano; obligado
De Veturia me hallo, á causa
De haberse de mí valido.
¿Quién vió fiel de tres balanzas
Tan iguales, como cargo,
Amistad y confianza?
Divertido en lo que hacer
Debo, he llegado al alcázar
Del homenage, en que está
Coriolano. Antes que haga
Entero juicio, he de verle;
Quizá alguna circunstancia
Me advertirá lo mejor;
Aunque, á mi ver, mucho carga
La de dar vida á un amigo
En servicio de su dama.

                Sale PASQUIN.

Pasq. Quién viene allá?
Eni.   ¿Qué es aquesto,
Pasquin?
Pasq.   Ser guarda, y no guarda-
Infante, ni guardapolvo,
Guardapies, ni guardadamas,
Sino guardadiablo, pues
Guardo á Coriolano.
Eni.   Basta
De locura, y dime, ¿cuál
Es de su prision la estancia?
Pasq. Aqueste obscuro retrete.
Eni. Abre, ya que estan cerradas,
De sus troneras alguna.
Pasq. Eso es decir, que me abra

La cabeza; que aqui no hay
Mas tronera, que mi calva.

Abre una puerta, y vése CORIOLANO *sentado,*
con cadena al pie.

Eni. Salte allá fuera; que importa,
Que, como ministro, haga
Con él una diligencia;
Y avisa, si alguno trata
De entrar ó salir.

Pasq.   Sí haré.   [*Vase.*

Cori. Gente he sentido. ¿Quién anda
Aqui?

Eni.   Quien por verte viene,
Y, por no verte, trocara
La amistad con que te busca
Al dolor con que te halla.

Cori. Enio?

Eni.   Sí.

Cori.   Si como juez
Vienes á hacer en mi causa
Algun instrumento, di
Cuál es; que nada me espanta.

Eni. Perdone el puesto, que añade   [*aparte.*
Mucho peso á su balanza,
Con la lástima de verle,
Amistad y confianza. —
Tan otro es á lo que vengo,
Que es de parte de una dama.

Cori. La que convoyaste?

Eni.   No;
Que esa ya quedó en su raya
Segura.

Cori.   ¿Qué dama puede
Ser la que á verte te traiga
De parte suya?

Eni.   Veturia.

Cori. De mí se acuerda?

Eni.   Y con tanta
Fineza,......

Cori.   Di.

Eni.   Que es en órden
Á que desta prision salgas.

Cori. Qué dices? ¡O quién pudiera
Darte en albricias mil almas,
Mas porque fina se acuerda,
Que porque preso me valga!
Vuelve pues, vuelve á decirme,
Si es verdad, que ella, obligada
De lo que paso por ella,
Te envia, y como, Enio, traza
Mi libertad.

Eni.   Como hay quien
Una desas rejas abra,
Quien ponga una escala en ella,
Y te guarde las espaldas,
Hasta sacarte de Roma.

Cori. Si eso es verdad......

Eni.   Esta carta
Y esta lima te lo digan;
Bien que para leerla falta
La luz, porque viene en ella
El que esteis conformes, para
Saber la noche, y abrir
La reja, y poner la escala.

Cori. Muestra; que no falta luz;
Que esta cadena se alarga
Hasta aquella puerta, que
Tiene enfrente una ventana,
Que, aunque participa poca,
Lo que es para leerla basta.

[*lee*] „Señor y dueño mio; quien estima vuestra
  „vida mas que la suya, ha solicitado me-
  „dios, para que salgais de esa prision.

„La reja, que hallareis abierta, y la que
„tendrá puesta la escala, es la primera
„del cubo de la torre. Avisad en teniendo
„limadas las prisiones, para que esa noche
„os espere quien ha de acompañaros, que
„quien lleva este, traerá la respuesta.
„Dios os guarde."

[*repr.*] Deja, que una y muchas veces,
No á los brazos, á las plantas,
Te pague el porte de aquesta
Ventura, que no esperaba.

Eni. Pues sin esperarla viene,
No hay que esperar á lograrla;
Que yo he de ser el primero,
Que acompañándote vaya.
Qué noche vendrán?

Cori.   Acciones,
Que tocan en temerarias,
No hay que pensarlas; que solo
Se arriesgan en lo que tardan.
Y pues solamente aqui
Limar las prisiones falta,
De aqui á la noche habrá tiempo.

Eni. Segun eso, esta señalas.

Cori. Sí.

Eni. Á Dios pues.

Cori.   Á Dios.

        Sale PASQUIN.

Pasq.   Tu padre
Viene entrando hácia esta sala.

Eni. No digas, que yo le he visto. —
Tú retírate á tu estancia;
Que de hallarme aqui, yo tengo
Disculpa que dar.

Cori.   Tirana
Fortuna, duélete un dia
Siquiera de mis desgracias.

[*Vase* CORIOLANO, *cerrando la prision.*

        Sale AURELIO.

Aur. Bien dijo, quien dijo, que era
En las pasiones humanas
Muchos cuidados un hijo.
Dígalo yo, á quien arrastran,
Con ley de juez que acrimina,
Dolor de padre que ama.
Y asi, entre las dos pasiones,
Haciendo una sola de ambas,
Le prendo y le guardo á un tiempo,
Porque preso satisfaga
Á la justicia, y tambien
Porque preso asegurada
Su persona esté; que es cierto,
Que, á no estarlo, le mataran
Lelio y sus deudos; de suerte,
Que justiciera la maña,
Para todos le castiga,
Cuando para mí le guarda.
Y asi á ver vengo...... Enio aqui?

Eni. Llegando de la campaña,
É informándome, señor,
De cuanto en mi ausencia pasa,
Cumpliendo mi obligacion,
Y considerando cuanta
De Coriolano es la culpa,
Quise saber, con qué guardas
Y prisiones su persona
Está; que nunca yo entrara
A verle preso, si no
Fuera para asegurarla.

Aur. De tí lo creo. — ¡Al caido,   [*aparte.*
O amistad, qué presto faltas!

Cori. Entreabriendo aquesta puerta,   [*al paño.*

Puedo escuchar lo que hablan.
Aur. Á lo mismo venia yo;
Y pues que tu vigilancia
Debe, por su obligacion,
Aliviarme de la carga
De cuidar, que su persona
Segura esté, que es el ansia
Que mas me aflige, respecto
De que es preciso que caiga,
Si él faltase, sobre mí
La sospecha, que me valga
De tí es preciso tambien,
Pues de nadie con mas causa
Fiarme puedo, que de quien
Le toca lo que le encargan.
Y asi, pues que desde aqui
Mi desvelo en tí descansa,
Por el Senado te nombro
Guarda mayor de sus guardas.
Tú le has de dar cuenta dél.
Y desde hoy con mas instancia;
Porque, queriendo con Lelio
De su padre la desgracia
En parte suplir, en él
Se ha proveído la plaza
De segundo Senador,
De que hoy tomará en la sala
De justicia posesion.
Mira, si habrá quien te haga,
El dia que te le fio,
El cargo á tí de su falta.
Vesle ahí; que no quiero verle
Yo. (Lástima es, que no saña.)
Entrégate dél, y teme,
Que el cuchillo, que amenaza
Su garganta, no ejecute
Los filos en tu garganta.   [*Vase.*

     Sale CORIOLANO.
Eni. Haslo oido?
Cori.   Sí.
Eni.   Pues oye
Tambien, que no me acobarda
Su despecho, para que
Libre esta noche no salgas.
En ella te espero. Á Dios.
Cori. Oye. ¿Y será buena paga,
Que vengas tú á darme vida,
Y yo á darte muerte vaya?
Eni. Un medio término puede
Medir esas dos distancias.
Cori. Qué medio término?
Eni.   Yo,
Hasta salir de la raya,
Contigo he de ir. Con quedarme
Contigo, y en buena ó mala
Fortuna seguir la tuya,
Resguardado, te resguardas.
Cori. Eso es, porque no se pierda
Uno, perderse dos. Basta
Que á mí, como delincuente,
Por foragido la patria
Me dé, sin que por traidor,
Yendo contra lo que manda,
Te dé á tí, mira el desdoro,
Que hay de una fuga á una infamia.
Eni. Eso salva el dar la vida
Á un amigo.
Cori.   Mas no salva
Al amigo, que le pone,
En que pierda honor y fama.
Eni. Yo cumplo con esperar.
Cori. Yo con no salir.
Eni.   Repara.

Cori. No hay que reparar.
Eni.   Advierte.
Cori. No hay que advertir.
Eni.   Mira.
Cori.   Nada
He de mirar. Y porque
Tan desconfiado vayas,
Que no esperes mi salida,
Daré al aire tu esperanza.
     [*Arroja hácia dentro la lima.*
Eni. Qué has hecho?
Cori.   Arrojar la lima;
Que si ella es la llave falsa
De mis prisiones, sin ella
Verás, que en vano me aguardas.
Eni. Eso es desesperacion.
Cori. Esto es honra.
Eni.   Es temeraria
Resolucion.
Cori.   Es piadosa.
Eni. Eš cruel despecho.
Cori.   Es constancia.
Eni. Es furor.
Cori.   Es honor.
Eni.   Es
Ira.
Cori.   Es valor.
Eni.   Es ingrata
Fe con Veturia.
Cori.   Veturia
Me querrá (que es noble dama)
Mas con alabanza muerto,
Que vivo sin alabanza.
Eni. No quiero apurar ahora
Despeños á tu arrogancia.
Mañana quizá estarás
De otro parecer, si pasa
Noche por este.
Cori.   Aunque pasen
Siglos, no habrá en mí mudanza.
Eni. Con todo, mañana espero
Ver, qué valen mis instancias.
Cori. Pues hasta mañana. Á Dios.
Eni. Pues á Dios, hasta mañana.   [*Vanse.*

     ——————

*Múdase el teatro en sala de tribunal, con sitial
   y dosel, y salen* AURELIO *y un Relator,
      viejo venerable.*

Aur. Está todo prevenido?
Rel. Sí, señor; y acompañado
De la nobleza ha llegado
Lelio ya.
Aur.   Pierdo el sentido, [*aparte.*
Al ver, que la posesion
He de dar contra mi hijo,
Á quien tan claro colijo
Ser justa su indignacion.
¿Pero qué puedo yo hacer,
Cuando corre tan deshecha
La suerte, que á mi sospecha
Es fácil de convencer?
Con que no hay razon, que impida
Ser su juez, cuando advierto,
Que, si él es hijo del muerto,
Yo padre del homicida?
Y es tan grande del Senado
La autoridad y el honor,
Que el que eligió á Senador,
No puede ser recusado;
Dando á entender, que ha de ser
Tan recto en la ejecucion,
Que interes, sangre ó pasion

No ha de poderle vencer.
Ya llega; forzoso es,
Que, á costa del ansia mia,
Obre ahora la cortesía,
Y la fortuna despues.

Sale LELIO *vestido de luto, y gente de acom-*
      pañamiento.

Aur. Vos seais muy bien venido,
Señor, á suplir la ausencia,
Con vuestra heróica presencia,
Del que hemos todos perdido.
Y digo todos, porque
Padre de la patria era,
Cuya desdicha, si fuera
Capaz de tenerse, en fe
De ser vos quien la suplís,
Solo afianzara el consuelo.
Lel. Aurelio, guárdeos el cielo.
Aur. Sentaos, pues á eso venis.
No es ese vuestro lugar,
Estotro es el que se os debe;
Que el Tribuno de la plebe
El izquierdo ha de ocupar. —
Llamadle.
Rel.   Ya viene allí.

Sale ENIO *por otro lado con gente de acom-*
      pañamiento.

Eni. Perdonadme, si he tardado;
Que en vuestro servicio he estado.
Aur. Queda bien seguro?
Eni.   Sí;
Y tanto, que no quisiera   [*aparte.*
Yo que lo quedara tanto.

[*Siéntanse los tres en tres sillas, y en un taburete
     el* Relator.

Aur. ¡ Quién disimulara el llanto! — [*aparte.*
La ceremonia primera
Es, que un pleito sentencieis,
Porque con vuestro decreto
La posesion y su efeto
Consisten. ¿ Cuáles teneis
Mas vistos ó mas á mano?
Rel. El que mas visto, despues
De ser el mas grave, es,
Señor, el de Coriolano.
Aur. Leed sus cargos. — Fuerza es esto. [*ap.*
Rel. [*lee*] ,, Habiéndose publicado
Un edicto del Senado,
Á derogarle dispuesto,
Dijo, que él publicaria
Otra en contra, en que mandase,
Que ninguno le observase;
Dando á entender, que podia
Leyes quitar y poner.
A cuyo efecto movió
La milicia, en que mostró,
No sin ambicion, querer,
El dia que su furor
Contra el Senado armas toma,
Levantándose con Roma,
Coronarse Emperador.
Testigo hay, que afirma ser
Suya, y de otro alguno no,
La espada, que á Flavio hirió."
Aur. ¿ Qué alega en su descargo?
Rel.   ,, Haber

Siempre constante y leal
Servido á la patria; que,
Siguiendo á Rómulo, fue
El cabo mas principal;
Que á los Hetruscos venció,
Muerto su Rey á sus manos;

Que á los Labinios y Albanos
Al imperio sujetó ;
Que al Sabino fue su brío
El que resistió valiente
El paso una vez del puente,
Y otra el esguazo del rio,
Sin la tercera, en que entró
Triunfante en Roma. Esto alega ;
Y en cuanto á ser suya, niega,
La espada, que á Flavio hirió ;
Concluyendo, con que osado
No se opuso su fortuna
Al Senado, sino á una
No justa ley del Senado."
Aur. Ya, nobleza y plebe, habeis
El cargo y descargo oido.
Para votar siempre ha sido
Estilo, que despejeis,
Mientras nuestro sentimiento,
Desavenido en nosotros,
No apele para vosotros
En general Parlamento.
Unos. Asi es, y nuestra esperanza,......
Otros. Lo que dijiste te advierte.
Aur. Qué dije yo?
Tod.   Que su muerte
Seria ejemplo, y no venganza.
Aur. ¿ Que su muerte [*aparte.*
Seria ejemplo, y no venganza?
Yo lo dije. ¿ Habrá quien crea,
Que una voz, que á darle vida
Fue allá causa, repetida
Aqui, á darle muerte sea?
¿ Ni quién creerá en mi quebranto,
Que, siendo lo mas veloz
Una pluma y una voz,
Voz y pluma pesen tanto,
Que en vano su gravedad
Sustentarla solícito?
Darle perdon es delito ;
Darle castigo es crueldad.
Aqui, á pesar de mi fama,
Me está llamando el amor ;
Aqui, á pesar del dolor,
La justicia es quien me llama.
Á un tiempo sin mí y conmigo
Balanzas mis manos son ;
En esta pongo el perdon,
En esta pongo el castigo.
Ya no puede haber malicia
En el peso que dispuse,
Pues donde la pluma puse,
Ha cargado la justicia.
Á mi dolor esta vez
No habrá consuelo, que cuadre,
Pues mas que la voz de padre,
Pesó la pluma de juez.   [*Escribe.*
¿ Qué mucho, si en el cruel
Dolor de mi sentimiento
Centro es de la voz el viento,
Y de la pluma el papel?
La hoja al voto he de volver;
No haga el ejemplar mi pena;
Que, si un padre le condena,
Un contrario qué ha de hacer? —
Ahora votad vos.
Lel.   Que añada [*aparte.*
Dolor á dolor, es suma
Fuerza, y que empuñe la pluma,
Cuando debiera la espada.
Entre cólera y templanza
Yo me enfreno y yo me irrito ;
Que vengarme por escrito,
Venganza es, mas ruin venganza.

Y será accion mal distinta,
Aunque Roma sea mi madre,
Que vierta sangre mi padre,
Y yo la lave con tinta.
Y asi perdone esta vez,
Que entre juez y caballero
Para conmigo, primero
Fui caballero, que juez. —   *[Escribe.*
Ya firmé, y volví la hoja.

Aur. Votad vos ahora, Enio.
Eni. ¡Qué poco tendrá mi ingenio *[aparte.*
Que pensar en tal congoja!
Pues si ausentarle consigo
Con mi voto, es cierto que,
Como juez, conseguiré
Lo que intenté como amigo. —   *[Escribe.*
Tambien yo he firmado.

Aur.   Pues
Por si alguno se mejora,
Conferido, leed ahora
Los votos de todos tres.

Rel. *[lee]* „Habiendo considerado
De Coriolano la fiera
Culpa, mi voto es, que muera.
Aurelio, por el Senado. ”
„Atento á la gran proeza
De Coriolano, y su altiva
Fama, mi voto que viva
Es. Lelio, por la nobleza.”
„Porque pague lo que á él debe
La patria, y no perdonado
Quede, della desterrado
Salga. Enio, por la plebe.”
[repr.] Los tres habeis discordado.

Lel. Mi voto no hay que confiera
En que viva.
Aur.   Yo en que muera.
Eni. Yo en que vaya desterrado.
                [Levántanse.

Lel. Que muera, es mucho rigor.
Aur. Que viva, es mucha piedad.
Eni. Luego entre amor y crueldad
No será crueldad ni amor
El destierro.
Lel.   .   Sí hará tal;
Que mejor, á cuantos ven,
Será perdonarle bien,
Que no castigarle mal.
Un destierro á tal delito
Ni es castigo ni es perdon.
Rel. Yo cumplo mi obligacion,
Si los tres votos remito
Al General Estamento
De la nobleza y la plebe,
Que es el que, en discordia, debe
Dar al uno el cumplimiento. *[Vase.*
Aur. Mi esperanza en eso estriba; *[aparte.*
Que al ver tan sin ejemplar
Mi voto, es fuerza ganar
Afectos para que viva.   *[Vase.*
Lel. No mal de su juicio espera *[aparte.*
Mi voto lograrse, pues
Sabrá la nobleza, que es,
Que viva para que muera.   *[Vase.*
Eni. El pueblo sabrá, informado *[aparte.*
De mí, que, para cumplir
Con no morir ni vivir,
Elegí el ir desterrado.
Con que despues iré á dar
Cuenta á Veturia de que,
Ya' que lo uno no logré,
Lo otro dispuse.   *[Vase.*

———

Salen VETURIA *y* LIBIA *disfrazadas y con velos en el rostro.*

Vet.   El pesar
De un amante corazon,
Que de los hados se queja,
Pocas veces, Libia, deja
Quietar la imaginacion.
Una grave diligencia
Á Enio encargué; no he sabido
El efecto que ha tenido;
Y como es de la paciencia
Cualquier tardanza enemiga,
Me he atrevido disfrazada,
Y deste velo tapada,
Á buscarle, y que me diga,
Ya que sus ocupaciones
Lugar quizá no le han dado,
Lo que della ha resultado.
Lib. Á poco riesgo te pones
De ser conocida, pues
En ese trage, y tapada,
No tienes que temer nada.
Y para hallarle esta es
La mejor hora, supuesto
Que es la que sale el Senado,
En que es fuerza que haya estado.
    [Tocan dentro chirimías y atabalillos.
Vet. Espera. ¿Qué será esto
De hacer salva y concurrir
Tanta gente á sus umbrales?
Lib. De gran novedad señales
Son. No me atrevo á inferir
Qué será. Pero allí viene
Pasquin, y él me lo dirá.
Vet. Tente; que por tí podrá
Conocerme, y no conviene
Que sepa quien soy.
Lib.   Diré,
Que eres una amiga mia,
Que viene en mi compañía
En busca suya; con que,
No hablando tú, ¿cómo puede
Conocerte?
Vet.   Dices bien.

Vuelven á tocar, y sale PASQUIN.

Pasq. Gracias al gran Baco den
Mis ansias, pues me concede
No ser guarda, á cuyo fin
Visitarle solicita
Mi sed, en cualquier hermita
Que encuentre suya.
Lib.   Pasquin!
Pasq. Libia, por quien cierto hombre
Dijo en frase no muy vana:
Libia, que ya de liviana
Tienes la mitad del nombre;
Qué es aquesto?
Lib.   Qué ha de ser?
Que viendo que no me vias
En tantísimos de dias,
De tí procuré saber.
Y diciéndome esa amiga,
Que te habia visto aqui,
Que viniese, la pedí,
Conmigo.
Pasq.   No sé si diga
Que mientes; porque es en vano
Persuadirme á que ignoraba
Nadie, que nombrado estaba
Por guarda de Coriolano.
Lib. De Coriolano?
Pasq.   Sí.

Lib.   ¿Pues
Cómo la guarda has dejado?
Pasq. Como, habiéndole sacado
De la prision, fuerza es
Que sobren las guardas.
Vet.   Cielos! [*aparte.*
Qué oigo? Sacado le han
De la prision, que serán
(Quién lo duda?) mis desvelos;
Pues sacarle á él de prision,
Y no verme Enio, su fiel
Amigo, de irse con él
Bastantes indicios son.
Sin duda él la diligencia
Hizo. — Pregúntale mas.
Lib. Ya que disculpa me das
De faltar de mi presencia,
Dime, ¿ cómo le han sacado,
Cuándo, quién, cómo, y qué fiesta,
Porque á él le saquen, es esta,
Que hoy hace todo el Senado?
Pasq. Qué fiesta, quién, cómo y cuándo
Preguntas, sin reparar,
Que ese es mucho preguntar;
Y mas para mí, que ando,
Con la falta del dormir,
Muy frágil hoy de memoria,
Y es muy larga aquesa historia.
Lib. Tente; que no te has de ir,
Sin que á las cuatro razones
Cuenta des.
Pasq.   Es fuerza?
Lib.   Sí.
Pasq. Señores, ¿ quién me hizo á mí
Contador de relaciones?
Desde el Parlamento alto,
Libia, al bajo Parlamento,
Como si fuera bayeta,
Bajó remitido el pleito.
Lo que allá se confirió,
No lo sé muy por extenso;
Mas sé, que fue su resulta,
Que de donde estaba preso
A Coriolano sacasen,
Y al son de los instrumentos
Le restituyesen cuantos
Honoríficos aprestos
Prevenidos le tenían
Para su recibimiento,
El dia, que en Roma entró
Coronado de trofeos.
Quién le sacó? Fue la guarda;
Cuándo? En el instante mesmo;
Cómo? De laurel ceñido;
Dónde? Al trono mas excelso.
De modo que de la misma
Suerte, que le recibieron
Triunfante, se vuelve á ver
De la prision libre, en medio
Del Senador propietario,
Y el sustituto del muerto,
Haciendo hoy las ceremonias,
Que entonces se hubieran hecho,
Si aquella mala muger
De Veturia con extremos
Tan duelistas no le hubiera
En tanta desdicha puesto.
Hasta aqui sé; desde aqui
Busca á otro majadero,
Que te diga lo demas,
Si no te basta oir al pueblo. [*Vase.*
            [*Las chirimias y atabalillos.*
Tod.[*dent.*] ¡ Viva Senado, que sabe
Dar á las victorias premio!

Vet. ¿ Quién creerá, que hay caso en que
Oir baldones agradezco?
Libia, dime, si es verdad
Lo que escucho y lo que veo;
Porque ser dicha, y ser mia,
Ser gozo, y no ser ageno,
Implica contradiccion.
¡ Libre Coriolano, cielos!
¡ Libre, y con nuevos honores
Restituido á sus puestos!
Desengáñame tú, dime,
Si es cierto, Libia.
Lib.   Y tan cierto,
Que, sin ser la enamorada
Yo, desde aqui lo estoy viendo;
Pues para que lo vean todos,
El Capitolio han abierto.
Sosiégate; que no es bien
Te descubran tus afectos.
Y mas cuando todo el vulgo,
Con el general contento
De su perdon, trae en tropas
Mugeres y hombres diciendo:
Tod. [*dent.*] ¡ Viva Senado, que sabe
Dar á las victorias premio!

*Con esta repeticion, y las chirimias y atabalillos,
salen todas las mugeres, y hombres, abriéndose
todo el foro, y en un trono CORIOLANO, con
laurel, manto y baston, y á sus lados AURELIO,
LELIO, ENIO y el Relator.*

Cori. Fortuna, si por asunto [*aparte.*
De tus variados sucesos
Me ha elegido lo inconstante
De tu condicion, á efecto
De que se acrisole en mí,
Ser verdad aquel proverbio,
De que es un sueño la vida,
Pasándome tus extremos
Á preso de victorioso,
Y á victorioso de preso:
Suspéndete en este engaño,
Siquiera por un momento,
Y conténtate con darme
Al partido de que sueño
La felicidad, con que
Á verme triunfante vuelvo.
Aur. Publicad, para que conste
Á toda Roma, el decreto,
Que en su remision ha dado
El General Estamento.
Vet. Oye, Libia, para oirlo
Añade gozos al verlo.
Rel. Sepa Roma, y sepa el orbe,
Que plebe y nobleza, atento
Á que no es justo que queden
Tantos señalados hechos,
Como debe á Coriolano
La república, sin premio,
Principalmente en la rota
Del último vencimiento
Del Sabino, cuyo triunfo
Entonces quedó suspenso;
Sepa Roma, y sepa el orbe,
Que plebe y nobleza, habiendo
Recusado el primer voto,
Le dan por libre y absuelto
De la pena capital
De muerte; y añaden luego,
Que prosiga el adquirido
Triunfo, con que satisfecho
Ya una vez de lo que toca
A cuanto es merecimiento,
Convienen con el segundo

Voto de que viva; pero
Que no viva despenado
Tanto, como en el tercero
El destierro le permite;
Porque ha de ser el destierro
Con circunstancias de que
Sirvan á otros de escarmiento,
No dejando sin castigo
El osado atrevimiento
De haber alterado á Roma,
De haberse al Senado opuesto,
Convocado la milicia,
Y sobre un Senador muerto,
Despertado las sospechas
De quererla hacer imperio.
Y asi determinan, que
Suceda al triunfo el destierro,
Arrojándole de sí,
De los honores depuesto;
Pues si mereció ganarlos,
Ya le ha pagado con ellos,
Y debe cobrarlos, pues
Tambien mereció perderlos.
Con que, emancipado hijo
De la patria, y de sus fueros
Hoy desnaturalizado,
Establecen, que al momento
Que vea el pueblo, que á deberle
Nada le queda á su acuerdo,
Degradado del laurel,
Bengala y estoque, siendo
El pregon de sus delitos
Los pavorosos acentos
De destempladas sordinas
Y roncos parches funestos,
Le saquen de los distritos
De toda Roma; y expuesto
Al arbitrio de los hados,
Le dejen en los desiertos
Montes fuera de su raya.
Y para que en todo tiempo,
Por donde quiera que fuere,
Lleve las señas de reo,
Los hierros de la prision
Seán testigos de sus yerros,
Diciendo premio y castigo,
Sin venganza y con ejemplo,
Pena de ser sospechoso
El que no diga con ellos:
¡Viva Senado, que sabe
Unir castigos y premios!
Todos. ¡Viva Senado, que sabe
Unir castigos y premios!
Vet. Ay Libia! Bien temí yo
Ser mi dicha devaneo.
Cori. Ay fortuna! Bien temí,
Que era mi ventura sueño.
Aur. Yo, aborrecido hijo...... (Mal
Dije; que en deshonor puesto,
No debe llamarte hijo
Ni aun el aborrecimiento)
Yo, Coriolano, te puse
El laurel, que en otro riesgo
Te quité, por darte vida,
Y ahora á quitártele vuelvo,
Porque te mate el dolor;   [*Quitasele.*
Que para mi sentimiento,
Mas que verte degradado
Dél, verte quisiera muerto.
Lel. Mi padre le dió el estoque,
Que osado contra su pecho
Esgrimiste; y aunque á mí
Quitártele toca, quiero   [*Quitasele.*
Trocarle al baston, porque

No se piense, que es á afecto
De dejarte desarmado
Para mi venganza, puesto
Que, donde quiera que fueres,
Seguirte y matarte tengo.
Eni. Yo, Coriolano, la espada,
Por la obligacion del puesto,
Te quito; pero entendido   [*Quitasela.*
Ten, que con ella me quedo,
Para emplearla en tu favor,
Siempre que se ofrezca hacerlo.
Cori. Cielos! ¿qué dolor que iguale
Á mi dolor habrá?
Vet.   Cielos!
¿Qué tormento habrá, que pueda
Medirse con mi tormento?
Rel. Ahora, escuadras, que nombradas
Estais para el cumplimiento
De la justicia, pues yo,
Como fiscal, os le entrego
Desposeido del trono,
Y las insignias depuesto.
       [*Tocan cajas destempladas y sordinas.*
Al son, como antes se dijo,
De fúnebres instrumentos,
Llevadle, hasta quedar fuera
De todos los lindes nuestros.
Y para seguridad
De que no conmueva al pueblo,
Sobre afianzadas prisiones,
Llevadle, el rostro cubierto;
Que, para saber quien es,
Basta que vais repitiendo:
Él y tod. ¡Viva Senado, que sabe   [*Cajas.*
Unir castigos y premios!
Mug. Qué lástima!   [*Vase.*
Otra.   Qué desdicha!   [*Vase.*
Otra. Qué pena!   [*Vase.*
Otra.   Qué desconsuelo!   [*Vase.*
Lel. Retírome, no se entienda, [*aparte.*
Que en su castigo me vengo.   [*Vase.*
Eni. ¡Quién, por no oirlo, ensordeciera!
Aur. ¡Quién cegara, por no verlo!
       [*Vanse los Senadores.*
Sold. Ven, y á lo que ejecutamos
Disculpe el que obedecemos.
       [*Vuelven á tocar las sordinas y cajas.*
Cori. ¿En fin, hijo aborrecido,
Patria, me arroja tu centro,
Como bruto, á las montañas,
Como fiera, á los desiertos?
Pues teme, que, como fiera
Rabiosa, que, como fiero
Bruto irritado, algun dia
Me vuelva contra mi dueño.
       [*Cúbrenle el rostro y llévanle.*
Todos. ¡Viva Senado, que sabe
Unir castigos y premios!   [*Vanse.*
Vet. Oid, esperad!
Lib.   No, señora,
Des con segundo despeño
Á toda Roma segundo
Escándalo.
Vet.   ¿Cómo puedo
Dejar de darle, cumplido
El número al sufrimiento?
Déjame, Libia, que vaya
Á morir con él.
Lib.   Todo eso
Es querer, que contra tí
Vuelva el rigor.
Vet.   ¿Qué mas vuelto,
Si, perdido Coriolano,
Esposo, alma y vida pierdo?

O Júpiter! ¿ para cuándo,
Ya que me asustan los truenos
Desas cajas y esas trompas,
Guardan tus rayos su incendio?
¿ O para cuándo, fortuna,.
Es el igualar los tiempos?
¿Siempre á mas la edad del llanto?
¿ Siempre la del gozo á menos?
Dígalo yo, pues apenas
Ví brujuleado el contento,
Cuando ví patente el daño,
Uno instante y otro eterno;
Pues siempre durará en mí
De su ausencia el desconsuelo,
De su desdoro el dolor
Y de su patria el desprecio;
Si ya no es, que, cuando sepa
Donde haya tomado puerto
Su derrotada fortuna,
Mi amor en su seguimiento
Vaya á quebrarla los ojos,
Porque, aunque sé que son ciegos,
Si no sintiere su falta,
Sentirá mi sentimiento,
Cuando, á pesar de su ira,
Y á oposicion de su ceño,
Oiga, que sin ella pude
Labrarme mi dicha, siendo
Mi suma felicidad
Solo el ver, que á verle vuelvo.
Y hasta entonces, altos Dioses,
Sol, luna, estrellas, luceros,
Planetas, signos y nubes,
Aire, agua, tierra y fuego,
Aves, peces, brutos, fieras,
Montes, troncos, golfos, puertos,
Con lástima suya y mia
Repetid con mis lamentos:
¡Cielos, ó-dadle venganza,
Ó dadme paciencia, cielos!   [Vase.
Lib.   Oye, aguarda, escucha, espera.
Tras ella iré, por si puedo
Excusar su precipicio.   [Vase.

_____

Múdase el teatro en bosque, y salen ASTREA
y SABINO.

Sab.   Dónde, Astrea, vas?
Astr.   Siguiendo
Tus huellas voy.
Sab.   Pues aqui
Me espera; que al punto vuelvo.
Astr.   Detente; que no has de dar
Paso sin mí; que no quiero,
Que me suceda otra vez
El accidente ó el riesgo
De hallarme sin tí en poder
De los que apenas me vieron
Ir precipitada, cuando
Desesperados volvieron
A que pasase la voz
De dejarme en un desierto,
Perdida de vista. Y pues,
Á no permitir el cielo,
Que hubiera dado en las manos
Del romano caballero,
Que te conté, prisionera,
No hubiera á tus ojos vuelto,
No será justo, que tanto
De la fortuna fiemos,
Que otra vez nos dividamos,
Sino que en cualquier suceso
Corramos una los dos.

Y asi, donde fueres, tengo
De ir contigo.
Sab.   Ese fracaso,
Que tantas veces habemos
Conferido, y cada vez
Se vuelve á quedar entero,
Fue el desman, que ocasionó
Caer tan pavoroso hielo
En todos los corazones,
Que, desmayados, volvieron
Á abandonar lo ganado,
Descaecidos los alientos;
Y siendo asi, que, cobrados
Hoy, alojados los tengo
Por todos esos villages,
Hasta incorporar con ellos
Las nuevas reclutas, que
De toda Sabinia espero,
Para acabar de una vez,
Ó bien victorioso, ó muerto,
Con aquese Coriolano,
Que, de la estrella heredero
De Rómulo, sobre mí
Tiene dominante imperio:
¿ Qué mucho, que arrebatado,
Astrea, en este pensamiento,
Espia yo de mí mismo,
Mandase á los que vinieron
Conmigo, que me dejasen
Solo, porque entre lo espeso
Mas disimulado pueda
Reconocer el terreno,
Por donde logre mejor
Cobrar el perdido encuentro?
Astr.   Sí; mas haberte avanzado
Hasta tocar los extremos,
Que dividen vasallage
Entre el Romano y el nuestro,
No deja de ser arrojo,
Mas temerario, que cuerdo.
Yo no he de dejarte en él;
Y asi elige, porque tengo
De llevarte, ó ir contigo.
Sab.   En rara duda me has puesto;
Que irte conmigo, es peligro,
É ir yo contigo, es rezelo.
Y asi no sé qué te diga,
Sino es, que en decir resuelvo......
Voz [dent.] Ya que fuera de la raya,
Que es el órden que traemos,
Queda, á retirar, soldados;
Que estamos en mucho riesgo,
Si en su término nos sienten
Los Sabinos.   [Ruido de cadena.

Dentro CORIOLANO.
Cori.   Piedad, cielos!
Uno [dent.] Ellos te amparen, pues ves,
Que nosotros no podemos.
Sab.   ¿ Has oido unas lejanas
Voces, que la mia impidieron?
Astr.   No tan solo las he oido,
Mal pronunciadas del eco,
Mas de ruido acompañadas,
Como de arrastrados hierros
De prision.
Sab.   Vuelve á escuchar,
Por si algo entender podemos.
Cori. [dent.] ¡Ay de quien nace á ser trágico ejemplo,
Que á la fortuna representa el tiempo!
Sab.   Quédate aqui por tu vida,
Mientras voy á ver, qué es esto.
Astr.   No soy tan poco curiosa,
Que tambien no quiera verlo.

Sab. Un hombre, mejor dijera
Un horror, hácia alli veo,
Que mal esforzado, ya
Tropezando y ya cayendo,
Cubierto el rostro, ligadas
Las manos y los pies presos,
Baja torpe.

Sale CORIOLANO.

Astr. ¿Qué esperamos,
Que no le reconocemos?
Sab. Hombre infelice, quién eres?
Cori. Soy el aborrecimiento,
La ira, la saña, el rencor,
La ojeriza, el odio, el ceño
De aquel réprobo destino,
Que hizo verdad el concepto,
Que teatro del hombre al hombre
Llamó, pues en mí supuesto
Midió las distancias que hay
De lo próspero á lo adverso.
¡Ay de quien nace á ser trágico ejemplo,
Que á la fortuna representa el tiempo!
Astr. ¿Qué aguardo á quitarle al rostro
La venda? Cielos, qué veo! [*Descúbrele el rostro.*
Cori. Cielos, qué miro!
Astr. ¿Si es
Ilusion?
Cori. Si es devaneo?
Sab. Quién eres, hombre, me di,
Sin rétoricos rodeos.
Cori. ¿Cómo he de decir quien soy,
Si aun de quien fui no me acuerdo?
Astr. Ó es él, ó naturaleza
Dél le copió.
Cori. Sí, ella es.
Astr. ¿Pero
Cómo es posible ser él,
De tal fausto, en tal desprecio?
Cori. Mas no haberme conocido,
Segun estoy, será cierto.
Sab. En vano te excusas. Di,
Quién eres?

Salen EMILIO *y* PASQUIN.

Emi. Llega.
Sab. Qué es eso?
Pasq. Estarme moliendo á coces.
Emi. Que hallado en el monte habemos
Desmandado del camino
Este hombre, y te le traemos,
Por si es espía.
Pasq. Te engañan
En que desmandado vengo,
Porque antes vengo mandado.
Y es el caso......
Sab. Di.
Pasq. Que habiendo
Dejado aqui á Coriolano,......
Sab. Qué oigo!
Astr. Qué escucho!
Pasq. Temiendo,
Como vendado quedó,
Que no dé en algun despeño,
Me mandaron que volviese
Yo á desviarle, hasta que puesto
En real camino ó segura
Senda quede. Si esto es cierto,
Dígalo él; que al verle ya
Entre gente y descubierto,
Sin riesgo de despeñarse,
Paso entre paso me vuelvo.
Emi. Tente; que no te has de ir.
Pasq. Á mí me estará bien eso,

Si apóstata de soldado,
Sin nota de tornillero,
Entre Vustedes, mogrollo
De Coriolano me quedo.
Sab. Tú eres Coriolano?
Cori. Sí;
Que uno es, que calle el silencio,
Y otro, que mienta la voz.
Astr. Qué dudo? Pierda el rezelo
De si es ó no; que bien cabe
En los humanos sucesos
El dejarle allá triunfando,
Y hallarle aqui padeciendo.
Sab. Aqui hay traicion. — ¿Quién, si eres
Coriolano, di, te ha puesto
En tal desdicha?
Cori. Es tan noble
Mi delito, que no quiero
Dejar á la presuncion
La sospecha de no serlo.
Una dama fue mi ruina;
Que el verla con sentimiento
Bastó, para que en favor
Suyo hiciese tal empeño,
Que dió ocasion á que dél,
Unos á otros sucediendo,
Tantos resultasen, como
Mirarme por ella preso,
Por ella desposeido
De mis insignias, depuesto
De mis honores, echado
De mi patria, y, como ageno
Hijo emancipado suyo,
Negado á sus privilegios,
Enviándome desterrado,
Con viles señas de reo,
Hasta sacarme de todos
Sus distritos.
Astr. Qué oigo, cielos? [*aparte.*
Por una dama? Sin duda,
Que quien era yo sabiendo,
No haberme hecho prisionera,
Son los cargos, que le han hecho.
Sab. Bien pensarás, que yo he estado
Escuchándote suspenso,
En órden á que me habrán
Compadecido sucesos
Tan extraños. Pues no; que antes
Me han ofendido, creyendo,
Que todo aquesto es traicion.
(Válgome deste pretexto, [*aparte.*
Para acabar con él, pues
No tiene otro eficaz medio
Vencer una opuesta estrella,
Que destruirla el objeto.)
Y asi, antes que la logres,
Si introducirte es á intento
De darme muerte, á mis manos
Morirás.
Astr. Tente!
Sab. Qué es esto?
¿Tú á mi enemigo defiendes,
Astrea?
Astr. Yo le defiendo,
Sabinio, porque es á quien
Libertad y vida debo.
Sea Coriolano, ó no,
El romano caballero
Es, que á mi nombre le tuvo
Tan decoroso respeto,
Que á mí misma me envió
Á mí misma. Y si por esto
Padece, como lo muestra
Claro su castigo, puesto,

Que donde él me envió á mí libre,
Es donde á él me le envian preso:
Mira, si en obligacion
De defenderle estoy.
Sab.   *Siendo*
Tuyo el respeto, mal puede
Ser ya mio el sentimiento. —
Qué esperais? Llegad, quitadle
Las prisiones.
Cori.   *Ya no debo [aparte.*
Quejarme de tí, fortuna;
Pues si una muger me ha muerto,
Otra me ha dado la vida. —
Á tus pies......   *[de rodillas.*
Sab.   *Alza del suelo,*
Y ofrécele á Astrea, pues es
Suyo el agradecimiento.
Cori. *Si al nombre de la deidad*
Postrado rendí el obsequio,
¿Qué haré á la deidad, el dia
Que obra milagro tan nuevo,
Como hacer de un desdichado
Un dichoso, si no puedo
Hacer mas, que haber traido
Las cadenas á su templo?
Astr. *Que el tiempo me diria el tuyo,*
Tambien dije yo, añadiendo,
Que fies de mí; y pues ya
Cumplió su palabra el tiempo,
Tambien sabré yo cumplir
La mia, restituyendo
Los puestos y los honores
De que ingrata te ha depuesto
Tu patria.
Cori.   *Con solo uno,*
Señora, si le merezco,
No habré menester tener
Mas honores, ni mas puestos.
Astr. *Qué es? que yo, en fe de su amor,*
Por Sabinio te lo ofrezco.
Sab. *Yo por tí. Qué es?*
Cori.   *Que me admitas*
Por tu soldado á tu sueldo;
Y esto por pensar, que es mas
Servicio tuyo, que premio
Mio; pues si yo una vez,
Á mi venganza resuelto,
Tomo, Sabinio, las armas
Contra Roma, me prometo,
(Bien como ladron de casa,
Que sé lo que incluye dentro)
Ponerla á tus plantas, solo
Con que sepas, que es intento
Vano, querer por aproche
Rendir sus muros soberbios,
Pues solo pueden rendirla,
Mas domado el ardimiento,
Que las iras del asalto,
Las paciencias del asedio.
Contra tí defendí el puente,
Que es llave de su comercio,
El dia que á tus soldados
Les fue undoso monumento
El ciego esguace del Tiber;
Y si hoy el contrario intento
Invadirle en tu favor,
Cortados los bastimentos,
Es fuerza darse á partidos.
Sab. *Si es admitido proverbio,*
Que el bueno para enemigo
Será para amigo bueno,
No dudo con tu valor
El verme de Roma dueño.
Cori. *Pues al arma!*

Sab.   *Pues al arma!*
Cori. *Vea el mundo,......*
Sab.   *Admire el cielo,......*
Cori. *Y llore Roma en sus ruinas*
Mi injusto aborrecimiento,
Cuando de un instante á otro,
Si antes dije en mis lamentos,
Ay de quien nace para ser ejemplo,
Que la fortuna representa al tiempo:
Diré ahora con vuestro amparo:......
Sab. *Todos contigo diremos:*
Tod. *¡Feliz quien vino á ser glorioso empleo*
De su venganza y del aplauso nuestro!

JORNADA III.

Dentro cajas y voces, y salen en tropa hombres,
VETURIA *y mugeres por una parte, y* AURE-
LIANO *y* LELIO *por otra, como deteniéndoles.*

Todos. *Entréguese la ciudad,*
Y como nos aseguren
Capituladas las vidas,
Sabinos de Roma triunfen.
Aur. *Invicto romano pueblo,*
Ya que de heróico presumes,
Cuando tu fama inmortal
Á par de los astros luce,
No á la fortuna te rindas,
Por mas que opuesta te injurie;
Que es fácil deidad, y es fuerza
Que por instantes se mude.

Tocan cajas, y sale ENIO.

Eni. *En vano es, Aurelio, en vano,*
El que remitir procures
Nuestra ruina á la esperanza;
Que ya en nosotros inútil
Su consuelo es.
Aur.   *Cómo?*
Eni.   *Como,*
Dejo aparte, que rehuse
(Puesto que nadie lo ignora)
Sabinio vencer la cumbre
Del monte, y embista el puente;
Dejo ignorar quien descubre
Donde la flaqueza estaba
De sus estribos, é influye
En él, que apenas su gente
La espalda del plan ocupe,
Cuando empezando á picarlos,
Eche voz de que se hunde;
Dejo, que los nuestros, viendo
Cuanto es fuerza que fluctúen,
Y los suyos cuanto es fuerza
Que, ya empeñados, presumen
Tener retirada en vano,
Unos y otros se confunden,
Con que por salvar las vidas,
Unos lidian y otros huyen;
Dejo, que, ganado el puente,
Cortándole, nos desune
De los vecinos comercios,
Que el bastimento conducen;
Y voy á que la esperanza
De que el valor nos ayude
Á resistir sus asaltos,
Es preciso que se frustre
Al nuevo, al extraño modo
De sitiar, pues se reduce,
Sin militar disciplina,

Á victoria tan sin lustre,
Como vencer no peleando.
Dígalo el que, cuando cubren
Nuestras campañas sus huestes,
En vez de que nos asusten
En los muros sus escalas,
No solo al asalto acuden,
Pero á lo largo disponen
Sus prontas solicitudes,
Que, á oposicion de la plaza
Otra poblacion se funde,
Fortificándose contra
La ciudad, sin que procuren
Hacer mas hostilidad,
Que el hambre, que nos consume.
Yo, por hacer la civil
Muerte del asedio ilustre,
De sitiado á sitiador
Pasando, salir dispuse
Con la mejor gente, que
Nombrar por entonces pude,
Á romperle en sus cuarteles,
Cuando las sombras lúgubres,
Por las exequias del sol
Hacen que el aire se enlute.
Apenas las centinelas
Nos sintieron, cuando acuden
Á las fortificaciones,
Para que en ellas se oculten,
Mas que á quitarnos las vidas,
Á guardárnoslas. ¿Quién sufre
Gozar la vida á merced
Del mismo que la destruye?
¿Quién sufre, que á un mismo tiempo
De tan nuevas armas use,
Que procure deshacernos,
Y conservarnos procure?
De suerte, que, hasta que el alba
En sus primeras vislumbres
Fue recogiendo las sombras,
Y desplegando las luces,
Retándolos de cobardes
En esa campaña estuve,
Sin obligarlos á mas,
Que á que encerrados se burle
Su ardid de nuestro valor;
Que, aunque embestirlos propuse,
En vano fue; pues tan altas
Sus nuevas trincheras suben,
Que á poco espacio han de ser
Sus obras muertas las nubes.
Grande oráculo, sin duda,
Les inspira, les instruye,
En que Roma ser no puede
Rendida á la servidumbre
De otras armas, que no sean
Las propensiones comunes
De humanos fueros, que no
Hay ruina que no disculpen;
Mayormente no teniendo,
Como ellos pelear repugnen,
Ni socorro que nos venga,
Ni auxiliar que nos ayude,
Ni enemigo que nos mate,
Ni campo que nos sepulte;
Y así ¿qué mucho que el pueblo
Una y otra vez pronuncie:.....?

Todos. ¡Entréguese la ciudad,
Y como nos aseguren
Capituladas las vidas,
Sabinos de Roma triunfen!

Aur. ¡O cielos, pues sois piadosos,
Haced, que un rayo apresure
Los términos de mi vida,

Porque estas voces no escuche,
Obligándome á que sea
Forzoso que capitule,
El pedírsela á quien sé
Que la aborrece! ¿Mas útil
No es perderla, sin pedirla,
Que no, cuando me aventure,
Pedirla, para perderla?

Vet. No, Aurelio, ni es bien que dudes,
Cuan hija de la nobleza
Es la piedad, ni te asuste
El ver, que soy la que ayer
Á mi voz en arma puse
Á Roma, y que hoy á mi voz
En paz ponerla procure;
Que no hay víbora, por mas
Que en flores se disimule,
Que no escupa la triaca
Contra el veneno que escupe;
Ni las mismas flores hay,
Que no den, rojas ó azules,
Tósigo á la araña amargo,
Y miel á la abeja dulce.
Y pues virtudes y vicios
De una causa se producen,
¿Qué mucho, que de una misma
Voz ser la lengua resulte,
Víbora para los vicios,
Y flor para las virtudes?
No es desaire del valor,
Ni es bien que por tal se juzgue,
Ceder á mayor violencia
Fortunas, que el hado influye.
Y pues ya nuestras desdichas
Claramente nos arguyen,
Que, donde la industria crece,
El valor se desminuye,
Á la piedad apelemos.
Sabinio es Rey tan ilustre,
Astrea tan generosa
Reina, la gran muchedumbre
De su ejército tan noble,
Que no dudo, que se ajuste
Á que las vengue el amago,
Antes que el golpe ejecuten.
Sabina soy de nacion,
Experiencia dellos tuve,
Que jamas con los rendidos
Usaron de ingratitudes.
Y cuando no sea, ¿qué vamos
Á perder en que nos dure
La esperanza, lo que tarden
Los contratos del ajuste?
Y vamos á ganar, que,
Oyéndome, no te excuse
La malicia, cuando diga,
Que daño y remedio trnje,
Y persuadir pude el daño,
Y que el remedio no pude.

Todos. Á precio de que vivamos,
Sabinia de Roma triunfe.
[*Vanse los de la tropa.*

Lel. Dicen bien; trance forzoso
Es de guerra, que se excusen
Las muertes de tantas vidas.

Aur. Pues para que no me culpen,
Que no me rendí á consejo
Tan de todos, desarruguen
Blancas banderas de paz
Los mas altos balaustres;
Que yo mismo, pues no es bien
Que ningun riesgo rehuse,
De parte iré del Senado,
Á ver, si á paz se reduce

El Sabino.
Lel.   Yo entre tanto
El tumulto, que confunde
Á voces el aire, haré,
Que aguarde lo que resulte.   *[Vase.*
Ict. Enio, has tenido noticia?
Eni. Antes que me lo preguntes,
Porque el mio y tu cuidado
En el camino se junten,
Te digo, que desde el dia
De aquella gran pesadumbre
De su infelice destierro,
De Coriolano no supe.
Ict. Ni yo; mas de que mi llanto
No es posible que se enjugue,
Hasta que sepa que vive,
Y que constante le busque
En el mas remoto clima.
Eni. Forzoso es que disimules,
Y que tambien con el pueblo
Tu voz y la mia divulguen:...…
Ellos y tod. Entréguese la ciudad,
Y como nos aseguren
Capituladas las vidas,
Sabinia de Roma triunfe.   *[Vanse.*

Córrese la mutacion de muralla, y sale Coriolano *de soldado.*

Cori. Ingrata patria mia,
Llegó el fatal, llegó el infausto dia,
Que ha sido en mi esperanza
Línea de tu castigo y mi venganza.
Hoy, hidra material de siete montes,
En quien el sol doró siete horizontes,
De tus siete gargantas
Siete cervices postraré á mis plantas.
Un hijo aborrecido,
De su paterno amor destituido,
Un hijo desdichado,
De su paterno amor desheredado,
Es hoy el que te aflige,
Siendo su agravio quien su espada rige.
Y puesto que rendida,
Último parasismo de la vida
Es ya cualquier instante,
Á instantes esperando, que arrogante,
Intrépido y severo
El embotado acero
De la sed y la hambre
Corte de tantos hilos el estambre,
Piedad de mí no esperes;
Sepa mi ofensa, que á mi ofensa mueres.

Salen Sabinio *y* Astrea.
Sab. Invicto Coriolano,
Noble Sabino ya, que no Romano,
¿Qué novedad la desta noche ha sido,
Cuyo callado ruido
Me desveló en mi tienda?
Cori. Nada, señor, que tu opinion ofenda.
Astr. Dinos, qué ha sido, y lo que fuere sea.
Cori. Sabinio Marte y celestial Astrea,
Una salida hicieron
De la ciudad algunos, que quisieron,
Ya las vidas perdidas,
Á precio del valor vender las vidas.
Mas nosotros entonces, retirados
Á los muros, que fuera estan labrados;
Burlamos sus deseos,
Pues sin lograr el fin de sus trofeos,
Como solos se hallaron,
Á la plaza otra vez se retiraron.

Sab. ¿Pues embestirlos, di, mejor no fuera,
Y adelgazando fuera
El número la muerte
De los contrarios?
Cori.   No. La causa advierte.
Si tú, señor, vinieras á hacer guerra
Sin mí á Roma, que sé lo que en sí encierra,
Ya el paso de los montes trascendido
Por el puente, y el puente demolido,
En tu copioso ejército fiado,
Hubieras á sus muros arrimado
Los castillos, que errantes
Se mueven sobre espaldas de elefantes,
Los armados copetes,
Ya los fuertes aríetes
Hubieras á sus puertas dado, y luego
Diluvios de metal, orbes de fuego
Hubieras, nuevo Júpiter, llovido,
En cuya ardiente lid hubiera sido
Árbitro la fortuna,
Llena y menguante imágen de la luna;
Y cuando los vencieras, (que no hicieras)
Á gran costa de sangre los vencieras.
Mas viniendo conmigo,
Que soy en fin doméstico enemigo,
Vencer, señor, á menos costa espero.
Lídielos la paciencia, y no el acero.
Á Roma en esta, que es su edad primera,
Sin propios bastimentos considera,
Pues dentro no los tienen,
Si de los comarcanos no les vienen:
Luego pueden peleando
Vencernos, y no pueden esperando,
El dia que, sintiendo tus castigos,
Dan menos que temer mis enemigos.
Y asi no los maté; que esta victoria
Sin sangre ha de escribirla la memoria;
Y sin dar parte alguna
Á la neutralidad de la fortuna.
Sab. Bien de tu ingenio y de tu esfuerzo fio
Mi imperio, mi corona y mi albedrío.
Dame, dame los brazos,
Cuyos estrechos nudos, cuyos lazos
Podrá con golpe fuerte
Romperlos, desatarlos no, la muerte.
Astr. Y yo, Sabino nuevo,
Darte con mas razon mis brazos debo;
Que ya he sabido, que infelice eres,
Por valer el honor de las mugeres.
Cori. Ese informe mi dicha contradice,
Pues por ellas he sido tan felice,
Como á tus pies, vencido de mi estrella,
El ceño dice. — ¡O quién, Veturia bella, *[ap.*
Contigo la fortuna en que me veo
Partir pudiera! ¡ó ya, que este deseo
No es posible, pudiera
Hacer, que la severa
Parte, que deste general castigo
Te alcanza, la partieras tú conmigo!
Gozáramos, sintiéramos iguales
El bien que tengo, y el pesar que tienes.
Con que males y bienes
En dos fortunas tales
No vinieran á ser bienes ni males.
    [Tocan dentro un clarin.
Sab. ¿Qué llamada será esta,
Que de la ciudad han hecho?
Astr. Bandera de paz sospecho,
Que, en el homenage puesta,
Tremola.
Sab.   No deis respuesta.
Cori. Antes sí, señor, te digo;
Que el oir al enemigo
Nunca inconveniente fue.

Sab. Responded pues; sepan, que
Siempre tus órdenes sigo.

Vuelven á tocar, y sale PASQUIN.

Pasq. Sobre ese muro romano
La seña de paz, y abierta
Á tu respuesta la puerta,
Salió un venerable anciano. —
Que es su padre, callo en vano. [*aparte.*
Sab. Qué será aquesto?
Cori. Embajada,
En que la ciudad postrada
Se quiere dar á partido.
Sab. Llegue.
[*Vase Pasquin.*
Cori. Licencia te pido,
Porque no me mueva á nada
De piedad oírle.
Sab. Eso no;
Tu honor mi poder desea,
Y quiero, que Roma vea,
Que mas, que ella te quitó,
He sabido darte yo.
Astr. Eso es pagarle por mí
La vida, que le debí.
Sab. Á mi tienda y solio ven;
Que en ella te vean es bien,
Y el aprecio que de tí
Hago. Tú constante y fiel
Con los dos cumple este dia;
Y pues causa es tuya y mia,
Sé piadoso y sé cruel.
Estoque, cetro y laurel
Harán al cielo testigo,
Y á Roma, de que contigo
Parto mi imperio y mi trono,
Que á quien perdonas perdono,
Y á quien castigas castigo.
[*Con estos versos se entra en la tienda, sin abrirla.*
Cori. Menos consuelo asi arguya
Roma, pues antes podia
Remitir la ofensa mia,
Y ya no podré la tuya;
Que no es bien que me concluya
El que use mal de honras tantas. [*Éntrase.*

Por otro lado salen PASQUIN, AURELIO *y*
EMILIO. *Córrese la cortina de la tienda, y se*
vé sentado en el trono CORIOLANO, *con laurel,*
cetro y estoque, y SABINIO *y* ASTREA
retirados.

Pasq. Alli está; llega á sus plantas.
Aur. Invicto Rey,...... Mas qué miro! [*aparte.*
Cori. Disimule lo que admiro. [*aparte.*
Aur. Yo, cuando, si......
Cori. ¿Qué te espantas
Y turbas? Romano, di,
Á qué has venido?
Aur. No sé;
Porque todo lo olvidé
En el punto que te ví.
Cori. ¿Pues qué es lo que has visto en mí?
Aur. He visto en real teatro una
Farsa alegre é importuna,
Adonde el discurso advierte,
Que hizo los versos la suerte,
Y la traza la fortuna.
Cori. Pues á admirarte te obligue,
Pero á enmudecerte no.
Aur. Por eso me admiro yo.
Cori. Á qué has venido? Prosigue.
Aur. No mi intento se castigue
En tí; que al Rey vengo á hablar.
Cori. Pues yo estoy en su lugar,

Y con su poder estoy,
Que General suyo soy.
Aur. Pues escucha á mi pesar.
Roma, que su heróica frente
Corona la azul esfera,
En su juventud primera
Imágen es de una fuente,
Cuya apacible corriente
Junto al mar empezó á ver
La luz, sin llegar á ser
Espejo de su zafir,
Pues acabó de vivir
Adonde empezó á nacer:
Salud, Sabinio, te envia,
Y dice, que, pues mayor
Aplauso en un vencedor
Es, usar de bizarría,
Que de tus piedades fia
La libertad suya, cuando
Vencedor te está aclamando;
Pues en el marcial estruendo,
Mas que un ejército hiriendo,
Vence un héroe perdonando.
Y ya que la Deidad varia
De la gran fortuna está
Tan de tu parte, será
Desde hoy tu tributaria.
Su república contraria,
Unida desde hoy contigo,
Dos glorias te da; dos digo,
Pues dos serán soberanas,
Si á un tiempo un amigo ganas,
Y pierdes un enemigo.
Cori. Romano, aunque siempre ha sido
Perdonar accion gloriosa,
Tambien accion generosa
Es vengarse el ofendido.
Di á Roma, que yo he venido
Á destruirla, y que asi
No espere piedad en mí;
Porque no la he de tener,
Hasta verla perecer.
Aur. Eso me respondes?
Cori. Sí.
Aur. Bárbaro, que ya ha faltado
Á mi paciencia valor,
¿Dónde está tu antiguo honor
Destas canas heredado?
Cori. Qué sé yo? Dél despojado
Roma, madrastra cruel,
Me envió. Si, patricio fiel,
Quieres saber, donde está
Mi honor, ella lo dirá;
Pues que se quedó con él.
Aur. Quedóse con la querella,
Que tendrá de tí mi honor,
Con la nota de traidor,
Tomando armas contra ella.
Cori. Fácil es satisfacella.
Aur. ¿Y habrá razon, que convenga
Á quien sin honor se venga?
Cori. Sí; pues me la facilita.
Aur. Qué?
Cori. Que si ella me le quita,
¿Cómo quiere que le tenga?
Fuera de que el que he ganado
Me basta á mí para honor.
Aur. ¿Quién te dió tanto rigor?
Cori. El padre, que me ha engendrado.
Padre y juez en un estrado
Tal vez fue juez, padre no.
¿Qué mucho pues, si él pidió
Á ser padre, por ser juez,
Siendo juez y hijo esta vez,

Que falte á ser hijo yo?
Aur. Él procedió cuerdo y sabio,
Pues ejerció la justicia,
Castigando una malicia.
Cori. Yo castigando un agravio.
Aur. Él con la pluma y el labio,
Que lavó una afrenta, piensa.
Cori. Yo lavo una infamia inmensa.
Aur. Él con el extremo que hizo
Una culpa satisfizo.
Cori. Yo satisfago una ofensa.
Aur. ¿Quién te ha dicho, que es valor
El ser uno vengativo?
Cori. Yo; que, hasta cobrarle, vivo
Sin aquel perdido honor.
Aur. Si te arrojó por traidor
Roma, y vengarte apeteces,
Doblada infamia padeces,
De que el mismo honor es juez;
Pues por lograrle una vez,
Le habrás perdido dos veces.
Cori. Del real manto despojado,
El estoque desceñido,
Seco el laurel adquirido,
Y roto el baston ganado,
Todo, Romano, lo he hallado
En quien sobre Roma está:
Luego la infamia será
En quien honra solicita,
Por dársela á quien la quita,
Quitársela á quien la da.
Por la luz, campaña pura,
Que á cargo mi causa toma,
Que hoy ha de ser la gran Roma
De sus hijos sepultura.
No ha de haber piedra segura
En sus altos muros, no.
Y en viendo, que ya acabó
Su fábrica peregrina,
Por no quedarme otra ruina,
Lloraré su ruina yo.
Aur. Duélete de sus noblezas.
Cori. Nada mi agravio les debe.
Aur. Pues duélete de la plebe.
Cori. No se movió á mis tristezas.
Aur. Duélete de sus bellezas.
Cori. Á ellas mayor parte alcanza
De que logre mi alabanza.
Y en fin, pues que todos fueron
Los que mi desdicha vieron,
Lloren todos mi venganza.
Aur. Qué no hay piedad?
Cori. No la esperes.
Aur. Mira, que es Roma tu madre;
Mira, que yo soy tu padre.
Cori. Tú has dicho, que no lo eres.
Si te creo, qué me quieres?
Aur. No hay remedio?
Cori. No se aguarde.
Aur. Aunque te aconseje tarde,
Mira, o jóven imprudente,
Que ser con ira valiente,
No es dejar de ser cobarde. [*Vase.*
Pasq. Muy bien despachado va
El romano Senador.

Salen SABINIO *y* ASTREA.
Sab. Jamas vi tanto valor.
Envidia á mis hechos da
Ver, que una faccion, que está
Con visos de vengativa,
Gloriosa á los siglos viva.
Astr. Es digna de que inmortal
En láminas de metal

Del tiempo el buril la escriba.
Cori. No te admire, o Pálas nueva,
No te admire, o nuevo Marte,
Que, estando yo de tu parte,
Á lástima no me mueva;
Sin que á perdonar me atreva
De Roma la tiranía,
Mas por vuestra, que por mia.
¡Vive el cielo, que ha de ver
Roma su inmenso poder!

Dentro hacen ruido, y dice ENIO.
Eni. ¡Hado, ampara al que se fia
De tí!
Sab. Á otra gran novedad
Les obliga la congoja.
Astr. Un soldado es, que se arroja
Del muro de la ciudad.
Cori. ¡Extraña temeridad!
Sin duda de otro castigo
Huye.

Sale ENIO.
Eni. El cielo sea conmigo!
¿Está Coriolano aqui?
Cori. Sí.
Eni. Pues oye á un tiempo en mí
Á un amigo y enemigo.
Amigo, pues supe apenas
De las nuevas, que tu padre
Llevó de tí, que Sabinio
Contigo su imperio parte,
Cuando con el alborozo
De verte honrado y triunfante,
Apelé á que la respuesta
Del Senado nos llevase,
Para hablarte y para verte,
Facilitadas las paces.
Pero viendo, que no solo
Tu enojo las embarace,
Sino que en segunda instancia
Quiere Roma, que las trate
La nobleza, como quien
No tuvo en tu ruina parte;
Viendo yo, que nuestras vistas
Con aquesto se dilaten,
No me enfrió el corazon
El que á su respuesta aguarde;
Y asi, porque la sospecha
De que á verte me adelante,
No se vuelva contra mí,
Y el ser tu amigo nos dañe
Á alguna ocasion, que pueda
Servirnos para adelante,
Quise salir por el muro,
Sin que lo supiese nadie.
Hasta aqui hablé como amigo;
Y pues solo el verte baste
Para complacencia, ahora,
Que como enemigo hable,
Será forzoso, supuesto
Que de tus felicidades
Resulta el dolor de que
Roma esté en el último trance,
Ó por instantes viviendo,
Ó muriendo por instantes.
Cómo es posible......?
Cori. Detente;
No, no pases adelante;
Que ni como amigo puedo
Las gracias, que debo, darte,
Ni como á enemigo oírte;
Porque estando el Rey delante,
El que hablemos como amigos

En la urbanidad no cabe,
Ni como enemigos; pues
Si estuve severo ó grave
Con el Senado, fue á causa
De que pude con sus reales
Insignias y en nombre suyo
Despedirle ó perdonarle;
Pero presente, no puedo;
Que para nada soy parte;
Que, en la presencia del sol,
Luz ninguna estrella esparce.

Eni. Tu Magestad me perdone
El no haber llegado antes
Á sus pies; que la ignorancia
La culpa es mas disculpable.   [*Arrodíllase.*

Sab. Alzad del suelo. — Y tú puedes,
Coriolano, á oírle quedarte;
Y pues soy sol, y tú estrella,
Con quien parto mis celages,
Usa tú de sus reflejos,
Ó ya alumbres, ó ya abrases.   [*Vase.*

Astr. Yo nada te digo; solo
Te acuerdo, que, á convoyarme,
De órden tuya, vino Enio
Conmigo; y pues hizo iguales
Tu obediencia y mi servicio,
Es justo que se lo pagues.   [*Vase.*

Pasq. Sin duda que desta vez [*aparte.*
Roma ha de quedar triunfante.   [*Vase.*

Cori. Dame mil veces los brazos,
Enio, pues tú solo sabes
Ser amigo en las desdichas.

Eni. Tente, no á los brazos pases,
Sin que sepa yo primero,
Si tú en las felicidades
Lo eres, y compadecido.

Cori. Tan presto deso no trates;
Que, si amigo y enemigo
Vienes, no es justo, que antes,
Que á las amistades, demos
Paso á las enemistades.
Tratémonos como amigos;
Tiempo nos queda bastante
Á tu queja y mi disculpa.
Y asi, acudiendo á la parte
Principal del alma, dime,
Cómo está Veturia? Qué hace?

Eni. Qué quieres que haga? ¿Ni cómo
Quieres que esté, con pesares
Tan grandes, sino sintiendo
Comunes penalidades?

Cori. ¿Sabes si sabe de mí?

Eni. No lo sé; pero es constante,
Que habrá corrido la voz.
Solo sé, que pudo hablarme
Tal vez, y me dijo......   [*Clarin.*

Sale PASQUIN.

Pasq. Otra
Llamada del muro hacen.

Cori. Y en él la blanca bandera,
La puerta en fe suya abre.

Eni. Si no me engaña la vista,
Lelio es el que della sale.
Á Dios, á Dios; que no es bien,
Ni que contigo me halle,
Ni que me echen allá menos,
Cuando la entrada me es fácil,
Estando la puerta abierta,
Pues nadie ha de averiguarme
Por donde salí, ni á qué.

Cori. ¿Pues cómo quieres dejarme,
Sin saber lo que te dijo
Veturia?

Eni. Mas importante
Es no hacerme sospechoso
En verme aqui, y que allá falte.
Á Dios; que yo volveré,
Y quizá...... Mas esto baste.   [*Vase.*

Cori. Oye.

Pasq. Mira, que ya llega.

Cori. ¡Que se fuese, sin contarme
Lo que le dijo Veturia!

Pasq. ¿Posible es que no lo sabes?

Cori. ¿Cómo puedo yo saberlo?

Pasq. Como no lo ignora nadie.

Cori. ¿Pues qué fue lo que dijo?

Pasq. Que estaba hecha......

Cori. Di adelante.

Pasq. Dama de hijo de vecino,
Mal vestida y muerta de hambre.

Cori. ¡Maldígate el cielo, amen!

Sale LELIO.

Lel. Con bien, Coriolano, te halle.

Cori. Seas, Lelio, bien venido. —
Retírate á aquella parte,
Pasquin, y avisa, si vieres,
Que viene hácia aquesta alguien. —
Retírase Pasquin.
Ya estamos solos; la espada
Saca, pues que no hay que aguardes.

Lel. No es eso á lo que he venido.

Cori. ¿Cómo es posible, que falte
Á la palabra, que tiene
Dada, un hombre de tu sangre?
¿No dijiste, que, en sabiendo
De mí, habias de buscarme,
Para darme muerte?

Lel. Sí.

Cori. ¿Pues qué esperas, si lo sabes?

Lel. Hay precisas ocasiones,
En que conviene que atrase,
Por los agenos, un noble
Sus propios particulares.
Por la nobleza de Roma......

Cori. En Roma hay nobleza?

Lel. Y grande.

Cori. Sí será, si es que entre todos
La que yo dejé reparten.

Lel. Por la nobleza de Roma......

Cori. Antes que adelante pases,
Dejando aparte que empieces
Un duelo, sino otro acabes,
Lo que vienes á decirme
Te he de agradecer, con darte
Un consejo, que te excuse
De un desaire.

Lel. Qué desaire?

Cori. Avergonzarte á pedirme
Lo que sé que no he de darte.
Vuelve pues, sin mas respuesta,
Á la embajada que traes,
Que decir á Roma, que
Ni aun oírla quise.

Lel. Arrogante
Estás.

Cori. Harto estuve humilde,
Aherrojado en una cárcel,
Y arrojado en un desierto.
Y si desto ofensa haces,
Véngala; pues para eso
La espada que me dejaste
Troqué á otra.

Lel. No es á eso,
Como ya te dije antes,
Á lo que hoy vengo.

Cori. Tambien

Dije yo, que no te canses,
Que pedir lo que no tengo
De conceder, es en balde.
Lel. Del enemigo el primero
Consejo, que ha de tomarse,
Dice el proverbio. Y asi
Quédate á Dios.   [*Vase.*
Cori.   Él te guarde.
Pasq. Bien despachado va Lelio,
Pues que por mal que despache
Uno mal y presto, es
Aun mejor que bien y tarde.
Voces [*dent.*] Salgamos todos á ver,
Qué respuesta Lelio trae.
Cori. Oye, por si algo entendemos
De una confusion tan grande.

Dentro LELIO, AURELIO, ENIO *y* VETURIA.
Lel. Mejor será no saberla,
Pues no hay piedad que se aguarde.
Aur. [*dent.*] Aqui ya no hay mas remedio
De que todo el pueblo clame:......
Tod. [*dent.*] Vaya Enio en nombre suyo.
Eni. [*dent.*] Sí haré, como él me acompañe ;
Que la voz de un pueblo junto
Es la que mejor persuade.
Vet. [*dent.*] Matronas de Roma, hagamos
Nosotras los ejemplares.
Tod. [*dent.*] Guia, Veturia; que todas
Seguiremos tu dictámen.
Cori. De tanto confuso estruendo,
Qué has entendido?
Pasq.   No es fácil
Entender vulgo, que todo
Es voces y disparates;
Pero lo que es fácil, es,
Ver, que un gran tumulto sale
De la ciudad.
Cori.   ¿Si es salida,
Que desesperados hacen?
Pasq. No; que tambien de mugeres
Se compone.
Eni. [*dent.*]   En esta parte,
Hasta saber donde está,
Espera á que yo te llame.

Sale ENIO.
Cori. Si soy á quien buscas, Enio,
Poco tardará el hallarme.
Eni. ¿Á quien puedo buscar yo,
Sino á tí, aunque con distantes
Motivos? que si antes vine
Como amigo á consolarme
Con verte, y como enemigo
Á reprehender tus crueldades,
Como Tribuno ahora vengo
De la plebe, á que......
Cori.   No pases
Á esa plática, hasta que
La que pendiente dejaste
En lo que dijo Veturia,
El dia que en mí la hablaste,
Prosigas.
Eni.   Ya sabia, que esa
Habia de ser la que amante
Preferir habias; y asi,
Porque nos desembarace
Para esotra, traje á quien
Aun mejor que yo lo sabe.
Cori. Mejor que tú?
Eni.   Sí.
Cori.   Quién puede?
Eni. Quien conmigo viene á darte
(Pues por solo ella introduje

El que el pueblo me acompañe)
Parabien de tu venida. —
Veturia, ¿qué fue lo que antes
Á mí me dijiste?

Sale VETURIA.
Vet.   Que
Apenas sabria en qué parte
De su deshecha fortuna
Habia tomado su ultraje
Puerto, cuando peregrina,
Pobre y sola iria en su alcance
Á padecerlas con él,
Si fuese donde el sol arde,
Ó donde el sol hiela, siendo,
Á sus rayos desiguales,
Libia en tostadas arenas,
Belga en tupidos cristales,
Ó toda hoguera sus montes,
Ó carámbanos sus mares.
Y puesto que á menos costa
Quiere el cielo que te halle,
Quién te buscara en desdichas,
Lleno de felicidades,
¿ Qué albricias te podrá dar?
Cori. Solo las del verte basten,
Pues ningunas haber puede,
Que á tanto mérito igualen.
Eni. Pues ya que yo, Coriolano,
He satisfecho la parte,
Que quedó pendiente tuya,
Veamos, como satisfaces
Tú la que tambien pendiente
Quedó mia. Roma yace,
Ó por instantes viviendo,
Ó muriendo por instantes.
Aqui quedamos.
Cori.   Tambien
Quedamos en que no me hables
En los convenios de Roma,
Materia tan intratable
Y aborrecible á mi oido;
Y mas hoy, que tú me añades
Nueva razon para que
Aquesa plática ataje.
Eni. Yo?
Cori. Sí.
Eni. Qué razon?
Cori.   Si cuando
Roma en sus últimos trances
Á Veturia contenia,
No otorgué el perdon á nadie,
Hoy, que en mi poder la tengo,
(Pues conmigo ha de quedarse)
¿Cómo quieres que le otorgue,
Ni aun á tí, que es la mas grande
Exageracion, que puede
Darse en nuestras amistades?
Eni. Que ni á Veturia perdonen,
Ni á mí tus temeridades,
Es eleccion de tu arbitrio,
Á que no puedo obligarte;
Pero que contigo quede,
Aunque ella quiera quedarse,
No es eleccion, sino fuerza
De mi honor. ¿Ha de pensarse
De mí, que, solo á traerte
Tu dama, moví tan grave
Alboroto, que puede
Todo el pueblo me acompañe?
Él á la mira esperando
Está, hasta que yo te llame;
Que, porque hablaseis los dos,
No quise que aqui llegase.

Mira tú, si será bien,
Que ahora vuelva á retirarle,
Sin perdon y sin Veturia,
Para que se desengañe,
Que, tercero de tu amor,
No vine mas que á dejarte
Libre á tu dama, y volverle
Tan sitiado como antes.
Cori. Para eso hay medio.
Eni.   ¿ Qué medio
Hay, ni puede haber ?
Cori.   Quedarte
Tú tambien, Enio, conmigo.
Eni. Esa es plática intratable
Y aborrecible á mi oido.
¿ El desaire no es bastante
De no volver perdonado,
Sin que quieras, que el quedarme,
Ó el ir sin Veturia, sea
Desaire sobre desaire,
Que es lo mismo, que poner
Un áspid sobre otro áspid ?
Y asi persuádete á que
Sin ella, ó sin......
Vet.   No, no trates
Empeñarte, Enio; que yo
Trataré desempeñarte. —
Por anticipar el verte,
Coriolano, cuanto antes,
Pedí á Enio en nombre tuyo,
Que el pueblo consigo saque.
Con que honestado el pretexto
De salir yo, á mi dictámen
Reduje á algunas matronas,
Que á vueltas de todos clamen.
Ellas á mi persuasion
Vienen. Mira si es tratable,
Volviendo ellas á miserias,
Quedar yo en felicidades ?
Y asi, asentado el principio
De que yo no he de quedarme,
Sino ir á morir con ellas,
Como tú el rigor no aplaques,
Pasemos del duelo al ruego.
¿ Es posible, cuando yace
(Aqui quedásteis los dos)
Roma en el último trance,
Ó por instantes muriendo,
Ó viviendo por instantes,
No te conmuevas, al ver,
Que esa fábrica admirable,
Ese Cáucaso de bronce,
Ese obelisco de jaspe,
Ese penacho de acero,
Ese muro de diamante,
Que hizo estremecer la tierra,
Que hizo embarazar el aire,
Atemorizado á ruinas
Está titubeando frágil,
Como que ya panteon
De tanto vivo cadáver,
Solo falta resolver,
Si se cae ó no se cae ?
Si estás quejoso, si estás,
Despues de deshonras tales,
De su Senado ofendido
Y de su nobleza, paguen
Su Senado y su nobleza
Los agravios, que ellos hacen.
Pero el pueblo, que á tu lado
Siguió tus parcialidades,
Lloró tus desdichas preso,
Y desterrado tus males,
Hasta que le enmudecieron

Las mordazas de lo infame,
Por qué ha de morir ? por qué ?
¿ No es justicia intolerable
Ser el todo en el castigo,
Sin ser en el todo parte ?
Y supuesto que lo fuese,
¿ No es, Coriolano, bastante
Satisfaccion que te da,
Venir conmigo á postrarse
Á tus pies ? ¿ Cómo es posible,
Que el rencor la línea pase
Del sagrado rendimiento
Los nunca hollados umbrales ?
El desagravio del noble
Mas escrupuloso y grave,
No estriba en que se vengó,
Sino en que pudo vengarse.
Tú puedes; y tambien puedes
Dar tan precioso realce
Al acrisolado oro
Del perdon, que en el semblante
Del rendido luce mas,
Con el primor de su esmalte,
Lo rojo de la vergüenza,
Que lo rojo de la sangre.
Cori. Veturia, saben los cielos,
Que te adoro, y tambien saben,
Que, aunque Sabinio me fia
De su voluntad las llaves,
No es para que yo use dellas
Absoluto, sino antes
Para que mas detenido
La confianza le pague,
No haciendo lo que él no hiciera.
Yo sé, que desea vengarse,
Sé, que vengarme deseo;
Y es mucho querer, que arrastre,
Contra nuestras dos pasiones,
Tu ruego ambas voluntades;
Mayormente cuando pueden
Una y otra conformarse.
Vet. Cómo ?
Cori.   La razon lo diga.
Yo te persuado á quedarte,
Convaleciendo fortunas,
Adonde todo se aplaque,
Todo consuelos, y todo
Placeres. Tú me persuades
Á que, sin venganza, quede
Corrido de no vengarme,
Donde todo sea rencores,
Todo iras, todo pesares.
Mira tú ahora quien tiene
Mayor razon de su parte,
Yo, que te persuado á dichas,
Ó tú á mí á penalidades.
Vet. El valor está obligado,
Tanto á bienes, como á males.
Cori. No está, si males y bienes
Le embisten á un tiempo iguales.
Vet. ¿ Cuándo lo mas riguroso
No fue su mejor exámen ?
Cori. Cuando estuvo en mi eleccion
El serlo lo mas suave.
Vet. No te canses en razones,
Que nada conmigo valen.
Yo he de volver con quien vine;
Y asi mira......
Cori.   No te canses
Tú tampoco; que si has de irte
Con quien vienes, yo he de estarme
Con quien me estoy.
Vet.   Vamos, Enio,
Pues, sin que piedad aguarde,

Me envia á morir Coriolano.

Cori.   No ese delito me achaques.
Tú te vas, yo no te envio.

Eni.   Vamos, pues nada hay que ganen
Mi amistad y tu amor.

Vet.   Ya
Que á no mas verte voy, dame,
Mi bien, mi señor, mi dueño,
En aqueste último vale,
Siquiera por despedida,
Los brazos, con que agradable
Me será la muerte, al ver,
Que, si con ella complaces
Á Sabinio, de quien gozas
Tan altas felicidades,
Como á tí te den la vida,
¿Qué importa que á mí me maten?   [*Llora.*

Cori.   ¡Cielos, que Veturia llora!   [*aparte.*
Quitadme el sentido, ú dadme
Valor para resistir
Tan nuevas contrariedades,
Como que, siendo las perlas
Antídoto en otros males,
Sean tósigo en los mios.

Vet.   Á Dios otra vez, que guarde
Tu vida.

Cori.   Espera.

Vet.   Qué quieres?

Cori.   No sé. Mas sí sé; rogarte,
Que no llores; mi dolor
Me basta, sin el que añaden
Tus lágrimas.

Vet.   Que no llore?
Á Dios otra vez, que guarde
Tu vida.

Cori.   Espera.

Vet.   Qué quieres?

Cori.   No sé. Mas sí sé; rogarte,
Que no llores; que tu llanto
Dolor á dolor añade.

Vet.   Que no llore, y detenerme,
Son dos precisas señales
De que, porque no me vaya,
Á tu pesar, donde gane
Eterna fama mi muerte,
Prenderme intentas.

Cori.   No saques
Consecuencia tan agena,
Que no la conceda nadie.
¿Yo á prenderte, esposa y dueño?
¿De qué pudo tu dictámen
Persuadirte á que es prision?

Vet.   De dos indicios tan grandes,
Como, al quitarme las armas,
Ver, que del brazo me ases.

Cori.   ¿Pues qué armas te quito?

Vet.   ¿Qué
Mas armas quieres quitarme,
Que quitarme que no llore,
Si contra enemigo amante
La muger no tiene otras,
Que la venguen ó la amparen,
Que las lágrimas, que son
Sus socorros auxiliares?

Cori.   Si con ellas ventajosa
Tu hermosura me combate,
¿Qué mucho que por vencidas
Se den mis penalidades?
¿Qué quieres de mí, Veturia?

Vet.   Que viva Roma triunfante.

Cori.   Viva pues triunfante Roma,
Ya que han podido postrarme
Á sus siempre victoriosas
Municiones de cristales

Las armas de la hermosura.

Vet.   Enio, estas voces esparce
Al pueblo, que nos espera,
Para que del pueblo pasen
Á Roma, y concurran todos
Agradecidos á darle
Las gracias á Coriolano.

                    [*Entrase Enio repitiendo.*

Eni.   ¡Viva, amigos, Roma, y pase
La palabra!

Tod. [*dent.*]   Roma viva!   [*Repiten dentro.*

         Salen SABINIO *y* ASTREA.

Sab.   ¿Qué confusas novedades
En el ejército, Astrea,
Habrá habido, que á que cante
Roma la victoria mueven?

Astr.   No sé; mas temores me espanten.

Los dos. ¿Qué ha sido esto, Coriolano?

Cori.   Nada, señor, que te agravie;
Mucho, soberana Astrea,
Que á tí te ilustre y te ensalce.

Los dos. Di pues lo que ha sucedido.

Cori.   Que, usando de los poderes,
Que, como sabinos astros,
Vuestras piedades me ofrecen,
Me he movido á que sus rayos
Hoy alumbren y no quemen;
Y asi en vuestro nombre á Roma
He perdonado.

Sab.   Suspende
La voz. ¿Pues no me dijiste,
Que habias, vengativo y fuerte,
Por mi ofensa, cuando no
Por la tuya, airado siempre,
Negado la libertad
Á su nobleza y su plebe,
En tu padre, en tu enemigo
Y en tu mas amigo?

Cori.   Advierte,
Que nunca dije, que habia
Negádosela rebelde
Á mi dama; que el mas noble
Puede negar justamente
Lo que le pide á su patria,
Á su padre, á sus parientes,
Á su amigo y su enemigo,
Pero á su dama no puede.
Y mas cuando su hermosura
Con armas del llanto vence.
Veturia es, señor, mi esposa;
Si ser con ella, te ofende,
Liberal, pague mi vida
Lo que mi vida te debe;
Que yo moriré contento
Con que vencedor te deje,
Pues el que pude vengarte
Me basta, aunque no te vengue.
Esto en cuanto á tí; y en cuanto
Á Astrea, mi yerro enmienden
Los privilegios, con que
Han de quedar las mugeres
En las capitulaciones
Con que á tu piedad se ofrecen,
Diciendo con toda Roma,
Que humilde á tus plantas viene:......

         Salen todos, hombres y mugeres.

Todos. ¡Viva quien vence;
Que es, vencer perdonando,
Vencer dos veces!

Aur.   Á vuestras reales plantas
Roma......

Cori.   Voz y accion suspende;

Que hasta saber con qué pactos,
Y hasta ver que los acepte,
No está perdonada Roma.
Todos. Dilos pues.
Cori.   Primeramente,
Que las mugeres, que hoy
Tiranizadas contiene,
Se pongan en libertad,
Y las que volver quisieren
Á Sabinia, no se impidan,
Ni sus personas ni bienes;
Que las que quieran quedarse,
Restituidas se queden
En sus primeros adornos
De galas, joyas y afeites;
Que la que se aplique á estudios
Ó armas, ninguno las niegue,
Ni el manejo de los libros,
Ni el uso de los arneses,
Sino que sean capaces,
Ó ya lidien, ó ya aleguen,
En los estrados de togas,
Y en las lides de laureles;
Que el hombre, que á una muger,
Donde quiera que la viere,
No la hiciere cortesía,
Por no bien nacido quede;
Y·por mayor privilegio,
Mas grave y mas eminente,
Pues por las mugeres yo
Sin honra me ví, se entregue
Todo el honor de los hombres
Á arbitrio de las mugeres.
Aur. Todas esas condiciones
Es preciso que yo acepte

En nombre de Roma.
Todos.   Y todos,
Diciendo ufanos y alegres:
¡Viva quien vence;
Que es, vencer perdonando,
Vencer dos veces!
Sab. Pues yo vuelvo victorioso,
Con que Roma se sujete.
Astr. Yo airosa, con que vengadas
Todas sus matronas queden.
Eni. Yo gozoso de haber sido
Tercero en sus intereses.
Aur. Yo vano, con que á mi hijo
Es á quien la vida debe.
Lel. Yo amigo de quien ya sé,
Que no dió á mi padre muerte.
Vet. Yo dichosa con saber,
Que Coriolano me quiere.
Cori. Y yo, con que nuestras bodas
Hoy contigo se celebren,
Restituido á mis triunfos,
Mas honores y laureles,
Que tuve, pues sola tú
Mi honor, triunfo y laurel eres.
Pasq. Y yo contento, con que
Sepan todos Vuesarcedes,
Que las armas de hermosura
Con las feas no se entienden.
Digamos todos, pues todos
Trocamos males á bienes,
Á las plantas de Sabinio,
Astrea y Coriolano, alegres:
Tod. y mus. ¡Viva quien vence;
Que es, vencer perdonando,
Vencer dos veces!

XCVIII.

AMADO Y ABORRECIDO.

PERSONAS.

DANTE   }
AURELIO   } galanes.
LIDORO   }
El REY DE CHIPRE.
MALANDRIN, gracioso.

AMINTA, hermana del Rey.
IRENE, Infanta de Egnido.
FLORA   }
NISE   } damas.
LAURA   }

CLORI, dama.
La Diosa DIANA.
La Diosa VÉNUS.
Coros de Música.
Acompañamiento.

JORNADA I.

Salen por una parte DANTE, *y por otra*
AURELIO.

Aur. Dónde queda el Rey?
Dant.   Detras
Desos ribazos le dejo,
En el alcance empeñado
De un jabalí, cuyo riesgo
Veloz Aminta su hermana
Sigue tambien.
Aur.   Segun eso
Ocasion será de que
Concluyamos nuestro duelo,
Con la novedad, que está
Citado.
Dant.   Para ese efecto
Esperando estaba á vista
Deste edificio soberbio.
Aur. Pues llegad; solos estamos.
Dant. ¡Ha del soberano centro,
Donde aprisionada vive
Toda la region del fuego!
Aur. ¡Ha de la divina esfera
Del sol mas hermoso y bello,
Que, á pesar de opuestas nubes,
Abrasa con sus reflejos!
Dant. ¡Ha del alcázar de amor!
Aur. ¡Ha del abismo de zelos!
Dant. ¡Patria de la ingratitud!
Aur. ¡Monarquía del desprecio!
Los dos. Ha de la torre!

En lo alto salen NISE *y* FLORA.

Las dos.   ¿Quién llama......
Nise. Tan sin temor,......
Flor.   Tan sin miedo......
Á estos umbrales?
Dant.   Decid
Á vuestro divino dueño,......
Aur. Decid á la soberana
Deidad dese humano templo,......
Dant. Que á ese mirador se ponga.
Aur. Que salga á esa almena.

Sale en lo alto IRENE.

Iren.   Cielos!
¿Quién para tanta osadía
Ha tenido atrevimiento?
¿Quién aqui da voces?
Los dos.   Yo.
Iren. Ya con dos causas, no menos
Que antes, extrañé el oiros,
Habré de extrañar el veros;
No tanto, porque del Rey
Atropelleis los decretos,
No tanto porque de mí
Aventureis el respeto,
Rompiendo el coto á la línea
De mi espíritu soberbio,
Cuanto porque acrisoleis
La ingratitud de mi pecho,
Que á par de los Dioses juzga
Lograr mármoles eternos.
Si de por sí cada uno,
Aun en callados afectos,
Que apenas á estos umbrales
Llegaron, cuando volvieron
Castigados y no oidos,
Examinó mis desprecios,
¿Qué hará, unido de los dos,
Ahora el atrevimiento?
Qué pretendeis? Qué intentais?
¿Y con qué efecto, en efecto,
Llegais aqui? ¿Para qué
Me dais voces?
Los dos.   Para esto.
[*Sacan las espadas.*]
Aur. Que si de ambos ofendida
Estás, ambos pretendemos,
Con librarte de una ofensa,
Ganar un merecimiento.
Dant. Y porque de su valor
Quede el otro satisfecho,
Queremos, que seas testigo
Tú misma de nuestro esfuerzo.
Aur. Ya partido el sol está,
Pues el sol nos está viendo.
Dant. Yo, porque no esté partido,   [*Riñen.*
Lidiaré, por verle entero.
Iren. Tened, tened las espadas;
Templad los rayos de acero;

Mirad, que aun el vencedor
La esgrime contra sí mesmo,
Pues no es menor el peligro
De vivir, que quedar muerto.
Aur. Qué valor!   [*Riñen.*
Dant.   Qué bizarría!
Iren. Llamad quien de tanto empeño
El riesgo excuse.
Nise.   Ha del monte!
Flor. ¡Cazadores y monteros
Del Rey!
Voz [*dent.*]   De la torre llaman.
Acudid, acudid presto.
Aur. ¡Que no acabe con tu vida!
Dant. Que dures tanto!

      Salen el R E Y *y gente.*

Rey.   Qué es esto?
Los dos. Nada, señor.   [*Envainan.*
Iren.   Las almenas [*aparte.*
Dejaré. Y pues al Rey tengo
Tan cerca de mí, han de hablarle
Claros hoy mis sentimientos.   [*Vase.*
Rey. Qué es esto? digo otra vez;
Y no ya porque pretendo,
Que afectado el disimulo
Desvelar quiera el intento,
Sino porque ya empeñado
Estoy en que he de saberlo.
Qué es esto, Dante?
Dant.   Señor,
No lo sé.
Rey.   Qué es esto, Aurelio?
Aur. Tampoco sabré decirlo.
Rey. ¡O qué recato tan necio,
Y tan fuera de que llegue
Á conseguirse! Y supuesto
Que lo he de saber, mirad,
Que casi toca el silencio
En especie de traicion.
Dant. Á esa fuerza,......
Aur.   Á ese precepto,......
Dant. La causa, señor,......
Aur.   La causa......
Rey. Decid.
Dant.   Es amor.
Aur.   Son zelos.
Rey. Aunque zelos y amor sea
Respuesta bastante, puesto
Que ellos son de acciones tales
Culpa disculpada, quiero
Mas por extenso informarme
De la causa; porque siendo,
Como sois, en paz y en guerra
Los dos polos de mi imperio,
Con quien igual he partido
La gravedad de su peso,
Valeroso tú en las armas,   [*á Dante.*
Político tú al gobierno,   [*á Aurelio.*
No es justo, habiendo llegado
Yo, dejar pendiente el duelo
Para otra ocasion; y asi
He de informarme, primero
Que le ajuste, de la causa
Que teneis.
Dant.   Yo fio de Aurelio
Tanto, señor, porque al fin,
Sobre ser quien es, le tengo
Por competidor, y mal,
Sin ser noble, podia serlo;
Que lo que él diga será
La verdad; y asi te ruego
La oigas dél, pues cuando no
Estuviera satisfecho

De su valor y su sangre,
Por no decirla yo, pienso,
Que me dejara vencer,
Aun en lo dudoso, á precio
De que mi voz no rompiera
Las cárceles del silencio.
Aur. Cuando no me diera Dante
Licencia de hablar primero,
La pidiera yo; porque
Tan obediente al precepto
De tu voz estoy, que al ver,
Que tú gustas de saberlo,
Aunque es mi afecto tan noble
Como el suyo, hiciera menos
En callarlo, que en decirlo.
Y es fácil el argumento;
Pues en materias de amor
Siempre calla un caballero,
Y no siempre un Rey pregunta.
Dant. Dices bien, y yo me alegro,
Que en callar y hablar los dos
Tan de un parecer estemos,
Que, hablando tú, y yo callando,
Quedemos los dos bien puestos.
Aur. Un dia, señor,......

      Salen A M I N T A *y Damas.*

Amin.   Hermano,
¿Qué es la causa, que te ha hecho
Dejar la caza, y venir
Otra novedad siguiendo?
Rey. De Aurelio, Aminta, lo oirás,
Pues que llegas á buen tiempo.
Dant. No llega sino á bien malo.
Rey. Prosigue pues.
Aur.   Oye atento.
Un dia, señor, que á caza
Saliste á este sitio ameno,
Y yo contigo, llamado
De la ladra de sabuesos
Y ventores, que lidiaban
Con un jabalí en lo espeso
Del monte, dí de los pies
Á un veloz caballo, á tiempo
Que impacientes dos lebreles,
Por llegar á socorrerlos,
Antes que de la traílla
Les diese suelta el montero,
Le arrastraban por las breñas,
De suerte libres y presos,
Que, con cadena y sin tino,
Iban atados y sueltos.
Pasaron por donde estaba,
Y enredándose ligeros
Entre los pies del caballo,
Desatentado y soberbio
Con ellos lidió, hasta que,
Mal desenlazado dellos,
El eslabon á un collar
Rompió, y la obediencia al freno,
Tal, que de una en otra peña,
Sin darse á partido á tiento
De la rienda, disparó,
Hasta que chocando ciego
Con lo espeso de unas jaras,
Perdió, con el contratiempo,
Tierra tan dichosamente,
Que él embazado, y yo atento,
Desamparamos iguales,
Yo la silla, y él el dueño.
Aqui, al cobrarle la rienda,
Se enarboló en dos pies puesto,
Y llevándome tras sí,
Partimos los elementos,

Pues el mar de mi sudor,
Y de su cólera el fuego,
Dejándome con la tierra,
Le vieron ir con el viento.
Solo y á pie en la espesura,
Ni bien vivo, ni bien muerto,
Sin saber donde, quedé.
Preguntarásme, á qué efecto,
Hablándome tú en mi amor,
Te respondo yo en mi riesgo?
Pues escucha; que no acaso
Te he contado todo esto;
Porque, hallándome, segun
Dirá despues el suceso,
Dentro del vedado coto,
Que tienes, gran señor, puesto
Á la libertad de Irene,
Fue justo decir primero
La disculpa, con que yo
Romperle pude, supuesto
Que fue por culpa de un bruto;
Que no pudieran con menos
Violento acaso quebrar
Mis lealtades tus preceptos.
Solo y á pie, como he dicho,
Sin norte, sin guia, sin tiento,
Me hallé en la inculta maleza,
Las vagas huellas siguiendo
De las fieras, que perdidas
Tal vez, tal cobradas, dieron
Conmigo en la verde márgen
De un cristalino arroyuelo,
Que del monte despeñado
Descansaba en un pequeño
Remanso, y para correr
Paraba á tomar esfuerzo.
¡O cómo sin eleccion
Del humano entendimiento
Sabe mostrarse el peligro,
Sabe sucederse el riesgo!
Dígalo yo; pues llevado
De mí sin mí, discurriendo
Al arbitrio del destino,
Que homicida de sí mesmo,
Sin saber donde guia, sabe
Donde está el peligro, haciendo
De las señas del escollo
Seguridades del puerto,
Me ví, cuando juzgué á vista
De los descansos, oyendo
De no sé qué humana voz
Los mal distintos acentos,
Y tan lejos del alivio,
Que áspid engañoso el eco,
En las lisonjas del aire
Escondia su veneno.
Estaba en la verde esfera
Del mas intrincado seno,
Tejido coro de ninfas,
Çomo guardándola el sueño
A una deidad, recostada
En el apacible lecho,
Que de flores, yerba y rosa
Estaba el aura mullendo.
No te quiero encarecer
Su perfeccion; solo quiero,
Para disculpa, que sepas,
Que ví y amé tan á un tiempo,
Que entre dos cosas no pude
Distinguir cual fue primero;
Pues juzgo, que volví amando,
Aun antes de llegar viendo.
Apenas entre las ramas
El templado ruido oyeron

De las hojas, que movia
La inquietud de mi silencio,
Cuando todas asustadas
Por las malezas huyeron
Del monte. Quise seguirlas,
Mas no pude; que resuelto
Delante un guarda me puso
El arcabuz en el pecho,
Diciéndome, que me diese
Á prision, por haber hecho
Contra las órdenes tuyas
Tan notable atrevimiento,
Como haber roto la línea
De aquese vedado cerco.
Dije quien era, y la causa,
Á cuya disculpa atento,
Disimulando conmigo,
Guió mis pasos, diciendo
Lo que yo le dije á Dante
Despues, de cuyo secreto
Vino á originarse en ambos
La ocasion de nuestro duelo,
Que fue, que aquel bello asombro,
Aquel hermoso portento,
Era Irene.

Rey.   Calla, calla,
No prosigas; que no quiero
Saber, que traidor tu engaño
Adora lo que aborrezco.
Muger, enemiga mia,
Sangre aleve de quien...... ¿Pero
Á mí puede destemplarme
Tanto ningun sentimiento? —
¿Es ella, Dante, tambien
La que tú adoras?

Dant.   Supuesto
Que yo el secreto no he dicho,
Poco importa del secreto
Que diga la circunstancia.
Sí, señor; pero advirtiendo,......
Perdone Aminta. [aparte.

Amin.   Ay de mí! [aparte.
Qué escucho?

Dant.   Que fue primero......

Amin. Ha ingrato amante! [aparte.
Dant.   Mi amor......
Rey. Qué?
Dant.   Que tu aborrecimiento.
Rey. Primero tu amor? Prosigue.
De qué suerte?

Dant.   Escucha atento;
Lo que por mayor supiste,
Sabrás por menor; que temo,
Por obligar lo que adoro,
Enojar lo que aborrezco.

Amin. ¡O quiera amor, que yo pueda [aparte.
Reprimir mis sentimientos!

Dant. Lidogenes, Rey de Egnido,
Tributario del imperio
De Chipre, que largos años
Te deje gozar 'el cielo,
En campaña contra tí
Puso sus armas, diciendo,
Que no habia de pagarte
Aquel heredado feudo,
Que á tu corona tributan
Los avasallados reinos,
Que el Arthipiélago baña,
Porque el de Egnido era esento,
A causa de no sé qué
Mal honestados pretextos,
Que no me toca argüirlos,
Aunque me tocó vencerlos.
Tú indignado preveniste

Tus armadas huestes, siendo
Yo su General, á quien
Honraron con este puesto
Siempre, señor, tus favores
Mas, que mis merecimientos.
Con ellas pues salí en busca
De tu enemigo; y supuesto
Que sabes, que le vencí,
Solo en esta parte quiero,
Por lo que al suceso toca,
Eslabonar el suceso.
Y asi diré solamente,
Que aquel dia, en que ví puesto
De la fortuna al arbitrio
Todo el poder de tu imperio,
Fausto para mí é infausto
Fue, pues me ví á un mismo tiempo
Ser vencedor y vencido,
Cuando en fuga el campo puesto
De Lidogenes, que iba
Desbaratado y deshecho,
Entre el bélico aparato
De tanto marcial estruendo,
Tanto militar asombro,
Reconocí un caballero,
Que á todos sobresalia,
Por ser su arnes un espejo,
En quien se miraba el sol,
Que, blandiendo herrado el fresno,
La sobrevista calada,
En un bruto tan ligero,
Que pareció que volaba
Con las plumas de su dueño,
De las desmandadas tropas,
Que iban por el campo huyendo,
El desórden reducía,
Valiente, animoso y diestro,
Solicitando rehacerlas,
Para empeñarlas de nuevo,
Por ver, si asi mejoraba
De fortuna en el reencuentro.
Puse en él los ojos, y él,
Adivinando mi intento,
Que á veces el corazon
Habla de parte de adentro,
Saliéndome al paso, hizo
Eleccion de mejor puesto,
Ocupando de un ribazo
La loma, cuyo terreno,
Algo pendiente, le hacia
Ventajoso, donde habiendo
Proporcionado á su juicio
La distancia del encuentro,
Pasó de la cuja al ristre
La lanza con tal denuedo,
Que hecho á la mano el caballo,
Sin esperar el acuerdo
De la espuela, para mí
Partió tan galan, tan diestro,
Que diera miedo á cualquiera
Que hubiera de tener miedo.
Yo, que sobre el mismo aviso
Estaba, habiendo primero
Reparado mi caballo,
Por ganarle algun aliento,
Al verle partir, partí
Tan igual con él, que entiendo,
Que á haber medio entre los dos,
El choque dijera el medio.
Entre baberol y gola
El asta me rompió, á tiempo
Que yo de la gola arriba
La mia rompí, subiendo
En átomos, no en astillas,·

Tan altos entrambos fresnos,
Que de la region del aire
Pasándose á la del fuego,
Por encenderse, tardaron
En caer, ó no cayeron.
Mal afirmado en la silla
Quedó un rato, porque haciendo
En las grabazones presa
El trozo último del cuento,
Se llevó con el penacho,
Falseando el tornillo al yelmo,
La sobrevista tras sí:
De manera, que, volviendo
Á recobrarse en el torno,
Empuñado el blanco acero,
Á buscarme y á buscarle,
Le ví el rostro descubierto,
En cuya rara hermosura,
En cuyo semblante bello,
Suspendido y admirado,
Juzgué, que, Adónis con zelos
De Marte, pretendia dar
Satisfacciones á Vénus
De que lo hermoso no solo
Es en las cortes soberbio.
Embistióme pues segunda
Vez, en cuyo trance creo,
Que quedara victorioso,
Segun yo estaba suspenso,
Si, tropezando el caballo,
(Quizá fue en mi pensamiento,
Pues yo se le eché delante)
Con él no diera en el suelo;
De cuyo acaso gozando,
Me hallé vencedor en duelo
Tan dudoso, que quedamos
Uno de otro prisionero,
Él de mi esfuerzo, mas yo
De su hermosura y su esfuerzo.
Retiráronle á mi tienda,
Y fui el alcance siguiendo,
Hasta que, ya coronado
De despojos y trofeos,
Canté la victoria, y mas,
Cuanto á mis reales volviendo
Supe al entrar en mi tienda,
Que el hermoso prisionero,
Que en ella estaba, era......

Salen I R E N E, C L O R I *y* L A U R A.
                   Y o;

Iren.
Que llegar, señor, no temo
Á tus pies, gozando desta
Ocasion, que hoy me da el cielo,
Porque sé, que en tus enojos
Nada aventuro, supuesto
Que no aventuro la vida,
Porque es la que yo no tengo.
Y asi, pues he de morir
Sepultada en mi silencio,
Muera anegada en mi llanto;
Y débate por lo menos
En albricias de mi muerte
El estarme un rato atento.
Hija soy de Lidogenes de Egnido,
Isla del Archipiélago, que ufana,
Como esta á Vénus consagrada ha sido,
Aquella consagrada fue á Diana;
De cuyo opuesto rito ha procedido
Entre las dos la enemistad tirana,
Que las mantiene en iras y rencores,
Hija de olvidos una, otra de amores.
Á aquesta causa aborrecidos creo,
Que siempre unos isleños de otros fuimos;

Y asi no hay que buscarle nuevo empleo
Á nuestra enemistad, pues siempre vimos,
Que, opuesto el culto, opuesto está el deseo;
Con que unos y otros al nacer hicimos
Callados homenages en la cuna
De aborrecer nuestra mejor fortuna.
Este pues heredado horror, que vario
El tiempo no borró de la memoria,
Engendró en nuestra gente el temerario
Pretexto de negarte aquella gloria,
De que su Rey te fuese tributario;
Y aunque declare el cielo la victoria
En tu favor, nos queda por consuelo
Creer, que tuvo otro motivo el cielo.
Pues no siempre sus orbes celestiales,
No siempre sus luceros, sus estrellas,
Árbitros de los bienes y los males,
Lo mejor distribuyen, que hay en ellas;
Porque importa tal vez, que desiguales
Los Dioses oigan mal nuestras querellas,
Y siendo su instrumento el enemigo,
Injusticia parezca el que es castigo.
Y asi, dejando aparte, que tuviese
Otra razon mi padre, pues ninguna
Es mayor, que pensar, cuanto le pese
Ver mejorada en algo tu fortuna,
Voy (ó ya fuese justa, ó no lo fuese,
La guerra) á si hay alguna ley, alguna
Razon, para que, siendo prisionera,
En una torre emparedada muera.
Si yo en los ejercicios de Diana,
Por ser á su Deidad mas parecida,
Tan altiva nací, viví tan vana,
Que, siendo de las fieras homicida,
Quise llegar con ambicion ufana,
Quise pasar con fama esclarecida
Á serlo de los hombres, porque vieras
Cuanto son para mí los hombres fieras.
Á cuyo efecto vine gobernando
Del ejército el trozo, que postrero
Se puso en fuga, (ay infelice!) cuando
Contra mí el hado articuló severo
La infausta voz, que el enemigo bando
Victoria apellidó; y por eso infiero,
Que rigor á rigor añadir miras,
Crueldad á crueldad, iras á iras.
¿De cuándo acá en los Reyes ha durado
Desde un dia rencor para otro dia?
¿De cuándo acá la indignacion del hado,
Fiera al vencer, no es en venciendo pia?
Si mi valor te puso en tal cuidado,
Mi valor es tambien el que debia
Ponerte en el de honrarme, pues ha sido
Gloria del vencedor la del vencido.
Y ya que esta razon en tí no alcanza
Piedad, por tantas causas merecida,
Acaba de una vez con tu venganza,
De una vez, no de tantas se despida;
Porque de aquestos pies, sin esperanza
De mi muerte, no digo de mi vida,
No me he de levantar, donde en despojos
Las lágrimas consagro de mis ojos.
Y porque afable esa deidad humana
Responda al sacrificio, que la adora,
No soy de armadas huestes capitana,
No Infanta soy de Egnido vencedora,
No soy sacerdotisa de Diana,
Pues solo soy una muger, que llora,
Tan modesta en pedir, que aun desta suerte
No pido mas de que me des la muerte.

Rey. Levanta, Irene, del suelo;
Y pues en público acusas
Mi magestad de tirana,
Para que serlo no arguyan,

Ni tú, ni cuantos oyeron
Las hermosas quejas tuyas,
Aunque lo sienta, he de darte
En público la disculpa.
El dia que tuve aviso
De aquella batalla, en cuya
Victoria estribó el honor
De mi Magestad augusta,
Hice sacrificio á Vénus,
Cuya hermosa Deidad suma,
Tutelar de Chipre, siempre
Velando está en guarda suya.
Ella, al tiempo que sus aras
Religioso fuego ahuma,
Á mi culto agradecida,
Por su oráculo articula,
Que vencerían mis armas;
Pero tan á costa suya,
Que el mejor despojo dellas
Seria...... [*Dentro ruido grande.*

Dentro LIDORO.

Lid. Asombros y furias
Nos combaten.
Uno [*dent.*] Iza!
Otro. Amaina!
Otro. Qué pena!
Otro. Qué ansia!
Otro. Qué angustia!
Lid. Piedad, Dioses!
Todos. Piedad, cielos!
Rey. Cuanto iba á decir, pronuncia
Por mí el aire, pues en quejas
La voz á mis labios hurta.
Iren. No, señor, en los acasos
El constante varon funda
Agüeros; lamentos son,
Cuantos hoy tu acento usurpan,
De un derrotado bajel,
Que sin norte y sin aguja,
Antes de tomar el puerto,
Está corriendo fortuna.
Amin. Es verdad, pues contrastado
De dos violentas injurias,
Con los vientos y las ondas
Á brazo partido lucha.
Nise. Ya de ambas sañas movido,
No sabe á qué parte sulca.
Flor. Embates de mar y tierra
Le zozobran y le asustan.
Aur. Y tanto, que desbocado
Choca en las peñas duras.
Dant. En ellas cascado el pino,
Su todo en partes menudas
Desata, de suerte, que
Ya el que fue bajel es tumba.
Lid. [*dent.*] Piedad, Diana!

Dentro DIANA.

Dian. Á mí siempre
Me fue contraria la espuma,
Que es de la Deidad de Vénus
Primer patria y primer cuna.
Lid. Piedad, Vénus!

Dentro VÉNUS.

Ven. No hay piedad
Con quien estos puertos busca,
En sus entrañas trayendo
Tan grande traicion oculta.
Tod. [*dent.*] Piedad, Dioses! Piedad, cielos!
Iren. Qué pena!
Amin. Qué ansia!
Tod. Qué angustia!

Rey. Esperad aqui las dos,
Siendo paréntesis una
Desdicha de otra, entre tanto
Que hoy el primero yo acuda
Á socorrer en la orilla
Los que náufragos fluctúan.   [*Vase.*

Dant. Ociosa piedad será,
Que hidrópica. la sañuda
Sed del mar, ni aun un fragmento
Arroja á tierra.   [*Vase.*

Aur.   En cerúleas
Bóvedas el mar dió á todos

Iren. Pira, monumento y urna.   [*Vase.*

Iren. Aunque la piedad, Aminta,
No es prenda de la hermosura,
Puesto que en humano pecho
Nadie las vió vivir juntas,
La desta mísera ruina
Será bien que aqui reduzca
Á tus pies, (bien que á pesar
De mi altivez) mi fortuna
Te suplica, que intercedas
Con tu hermano, que concluya
Con mi vida, dando fin
Á una prision tan injusta.

Amin. Los motivos de mi hermano,
Que estorbó esa desventura
Decir, hasta ahora nadie
Sabe; pero está segura,
Que, si estuviera en mi mano
Tu libertad, es sin duda,
Que desde un instante acá,
Segun el verte me angustia,
Estuvieras ya, no digo,
Irene, en la patria tuya,
Pero aun donde no pudieras
Volver á estas islas nunca.

Iren. De tu generosa sangre
Lo creo, y está segura
Tú tambien, que, cuando no
Fuera felicidad suma
La libertad, por no verme
Donde atrevido presuma
Dante balagar con finezas
Los ceños de mis injurias,
Lo estimara.

Amin.   ¿Segun eso
Verte amada te disgusta
De Dante?

Iren.   Y tanto,......

Amin.   Alma, albricias! [*ap.*

Iren. Que el incendio de mi furia
No ha de apagarse, hasta que
Sea con la sangre suya.

Amin. Primero con su poder   [*aparte.*
Todo el cielo te destruya.

Iren. Qué dices?

Amin.   Nada. — ¡Ay amor, [*aparte.*
Siempre mi pesar procuras,
Primero por si le amaba,
Y ahora porque le injuria!

Salen el Rey, Dante *y* Aurelio.

Rey. No se ha visto igual estrago;
Apenas la saña bruta
Dese monstruo dió á la arena,
Ni aun la seña mas menuda
De su naufragio.

Amin.   Pues ya
Que, como dices, es una
Pena paréntesis de otra,
No venzan ambas, y suplan
Noticias de la primera,
Lástimas de la segunda.

Rey. Dices bien; y asi mi voz
En lo que empezó discurra,
Diciendo, que al tiempo que
Religioso fuego ahuma
(Aqui quedamos) las aras
De Vénus, su voz pronuncia,
Que vencerían mis armas;
Pero tan á costa suya,
Que trocaria el despojo
En desdicha la ventura.
Veniste tú prisionera,
Y viendo, cuanto se aunan
Vaticinios, que amenazan
Ruinas, tragedias é injurias,
Con bellezas, que aun despues
De verse vencidas triunfan,
Hurtarte quise á los ojos
De mis gentes. Qué locura!
¡Buscar medios, que embaracen,
Donde hay estrellas, que influyan!
Dígalo el ver, que aun guardada
En las entrañas incultas
Destos montes, has podido
Dar principio á las futuras
Ansias, que temí, poniendo
En campal ardiente lucha
Los héroes, que de mi imperio
Son las mas fuertes colunas.
Y pues infalible el hado,
Ni se estorba, ni se excusa,
Pues antes busca su efecto
Quien su impedimento busca,
Entre tu llanto y mi miedo
Partir pretendo la duda,
Y que ni libre ni presa
Quedes.

Iren.   De qué suerte?

Rey.   Escucha,
Y escuchad todos. Irene,
En cuya rara hermosura
La de nuestra Diosa Vénus
No quiere sufrir segunda,
No ha de volver á su patria,
Pues su persona asegura
La invasion destos estados,
Siendo á la contraria furia
De sus movimientos freno,
Y de su cerviz coyunda.
Quedarse como se estaba,
Viendo, que asi no se excusan
Los riesgos, es miedo inútil.
Si aun guardada nos perturba,
Darla libertad, tampoco;
Pues será poner sin duda
En su libertad al hado.
Á todo lo cual se junta
Á muerte estar condenados
Los dos. Pues haya una industria,
Que disculpe mis crueldades,
Y que repare las suyas.
Esta ha de ser, que en mi estado
Tome estado, con que ajustan
Mis rezelos, que á su patria
Volverse no pueda nunca,
Siendo su alcaide su esposo;
Con que tambien se asegura,
Que su succesion vasalla
La ley de mi imperio sufra.
Y puesto que este ha de ser
Uno de los dos, con cuya
Satisfaccion el delito
De romper esta clausura
Queda tambien honestado,
Cada uno consigo arguya,

Quien querrá esposa, con quien
Vénus desdichas le anuncia,
El hado ruinas, y todo
El cielo penas y angustias;
Advirtiendo, que ha de ser
La primera á que se ajusta,
Perder mi corte y mi gracia,
Pues lo que aborrezco busca,
Y sangre enemiga mia
Hacerla su esposa gusta.
Y pues os doy á escoger,
Brevemente lo discurra
Vuestro amor, que habeis de darme
Respuesta luego, y presuma
Cualquiera, que desta ley,
Ó sea justa, ó no sea justa,
No será la culpa mia,
Puesto que es la eleccion suya.

Iren. Mira, señor, que sin mí
Esa nueva ley promulgas,
Y en vez de librarme, á mas
Estrecha prision me mudas.
Yo la mano?

Rey.   Esto ha de ser.

Aur. Pues si eso ha de ser, escucha;
Que yo que pensar no tengo.
Perdóneme una hermosura,
Porque no ha de ser mi amor
Árbitro de mi fortuna.

Amin. Dante, en la eleccion que hicieres,
Mira bien lo que aventuras,
Que pierdes al Rey, y pierdes......
Pero prosíganlo mudas
Penas, que dichas son pocas,
Y calladas serán muchas.

Iren. Dante, porque no por mí
Desperdicies tu ventura,
La gracia del Rey conserva,
En ella tu aumento funda;
Que yo, que no he de pagarte
Rendidas finezas nunca
Con amor, con desengaños
Intento, que uno á otro supla;
Porque desde el dia que fuiste
De mi tragedia importuna
El principal instrumento,
Te aborrecí con tan suma
Aversion, que, si me hicieses
Reina del mundo absoluta,
Antes de darte mi mano,
Ni que llegara á ser tuya,
Volviera, no digo solo
Á aquesa prision inculta,
Pero á vivir desde luego
Las entrañas de una gruta,
Donde á este vivo cadáver
Sirviese de sepultura
Ó la pira dese monte,
Ó dese risco la tumba.

Dant. Ay infelice! ¿Quién vió
Atropellarse tan juntas
En dos iguales bellezas
Los favores y las furias?
¿Las finezas y las iras?
¿Las sañas y las blanduras?
¿Las lágrimas y las penas?
¿Las quejas y las injurias?

Sale M A L A N D R I N.

Mal. ¿Era hora, señor, de hallarte?
¿Dónde estan los que te buscan?
Que hasta uno ú dos, yo haré, que
No te ofendan; y es sin duda,
Pues, huyendo yo, tras mí

Irán, con que te aseguras
Dellos, para que se vea,
Que no hay pendencia ninguna
Donde no sirva de algo
Un camarada, aunque huya.
¿Qué pendencia ha sido esta?
Ha señor!

Dant.   O suerte dura!
[*Divertido da un golpe á* M a l a n d r i n.

Mal. Y como que lo es, y está
Tu suerte en la mano tuya.
¡Oigan, qué sesgo se queda!
¿Quién vió suspension tan muda?
Vamos por estotra mano,
Por si es mas quieta la zurda. —
Ha señor!

Dant.   ¡Válgame el cielo, [*Dale otro golpe.*
Y qué crueldad tan injusta!

Mal. Por muy injusta que es,
Bastantemente se ajusta
Á cuanto es pedir de boca.

Dant. Quién está aquí?

Mal.   Ahora lo dudas?
¿Pues no lo dudaras antes
De las dos manifacturas?

Dant. Qué manifacturas?

Mal.   Bueno!
¿Por tan liberal te juzgas,
Que de lo que das te olvidas?

Dant. Deja, Malandrin, locuras;
Que no estoy de burlas.

Mal.   ¿Pues
Quién está, señor, de burlas,
Si ya no es, que sean de manos,
Tan pesadas como tuyas?
Pero qué es esto? ¿Qué tienes?
Qué suspiras? ¿Qué murmuras
Entre tí? Dime tus penas.

Dant. Ay infeliz! que son muchas.

Mal. Pues no me las digas todas;
Que hartas habrá con algunas.

Dant. Aurelio, como á su amigo,
Fiándome la pena suya,
Me dijo, que á Irene adora.

Mal. Pues qué importa?

Dant.   Hay tal locura!

Mal. La locura es importar
Entre amigos. ¿Que se pudra
Un hombre de que otro quiera
Lo que él quiere?

Dant.   Si no escuchas,
No diré, que deste acaso
En nuevo duelo resulta
Reñir los dos, y que el Rey
Á partido nos reduzca,
De que el que case con ella
Pierda......

Mal.   Qué?

Dant.   La gracia suya.

Mal. ¿Pues hay mas de no casarse?
¿Vale tanto una hermosura,
Señor, como una privanza?

Dant. Y aun es de tantas fortunas
No la menor,......

Mal.   Qué?

Dant.   Que Aminta
Generosamente acuda
Á vengar sus sentimientos.

Mal. Por cierto que tú te asustas
De una cosa, que no sé
En qué discrecion la fundas;
Pues cuando está mas zelosa,
Es cuando está mas segura
Una dama. ¿Por qué piensas,

Que en este tiempo es cordura
Tener un hombre dos damas,
Sino porque, si la una
Falta, quede la otra, que
La cátedra substituya?
Y asi soy de parecer,
Que á Irene dejes, y suplas
Á la una con la otra,
Y á la otra con la una.

Dant. Calla, loco, no prosigas;
Que el oírte me disgusta,
Cuando al ver, que una me obliga,
Al paso que otra me injuria,
Temo, que desesperado
Al mar me arrojen mis furias,
Donde en el último aliento
Digan lástimas tan justas :......

           Dentro L I D O R O.

Lid. ¡Ay infelice de mí,
Contra cuya suerte dura,
Todo el poder de los hados
Tiranamente se auna !

Dant. Aguarda ; qué voz es esta?
Mal. ¿Pues á quién se lo preguntas?
Sélo yo?

Dant.   Á lo que se deja
Ver, entre ruinas caducas,
Que el mar á la tierra arroja,
De las ondas, con quien lucha,
Parece, que un hombre escapa
La vida casi difunta.

Lid. [*dent.*] Si aun no estás vengada, Vénus,
De tu cólera sañuda,
No me des puerto en la tierra,
Pero dame sepultura.

Mal. Lo de morir á la orilla
Se dijo por él sin duda.

    Sale L I D O R O *como arrojado y desnudo.*

Dant. Infelice peregrino
Del mar, si de tu fortuna
La última línea no tocas,
El perdido aliento ayuda,
Que otro infelice en sus brazos
Te recibe, porque acuda
Á quien fluctúa en el mar,
Quien en la tierra fluctúa.

Lid. Si vuestra piedad...... No puedo
Proseguir ; que la voz muda,
Dentro del pecho anegada,
Todos mis sentidos turba.
Ay infelice de mí !
Muerto soy !   [*Demáyase.*

Dant.   Qué desventura !
Si ha espirado?

Mal.   No, señor,
Que aun agonizando pulsa.

Dant. Llévale á aquesa cercana
Poblacion.

Mal.   Quién?

Dant.   Tú ; y procura,
Que con algun beneficio
Los alientos restituya.

Mal. Juro á Baco, que es el Dios
Por quien los pícaros juran,
Que tal no lleve. ¡Por cierto,
Linda comision !

Dant.   Qué dudas?
Mal. Andar con un muerto acuestas
Por aquestas espesuras.

Dant. Llévale ; que yo no puedo.
Mal. Ni yo tampoco. Sin duda,
Que á lo que infiero era......

Dant.   Qué?
Mal. Amante de sola una,
Porque es necio tan pesado,
Que las costillas me abruma. [*Vase llevándole.*

Dant. En efecto no hay desdicha
De quien no es otra mayor
Consuelo.

    Salen el R E Y, A U R E L I O, A M I N T A *é* I R E N E.

Rey.   Dante!
Dant.   Señor?
Rey. ¿ Has consultado por dicha
La respuesta, que has de dar?
Que ya la de Aurelio sé.

Dant. Oígala yo, para que
Á ella responda.

Aur.   Que estar
Contra Irene conjurado
El poder de las estrellas,
Y que su destino en ellas
Infausto nos diga el hado,
No acobarda de mi amor
La resolucion gallarda,
Porque solo la acobarda
Perder la gracia y favor
Del Rey, á quien dando indicio
De mis lealtades, rendida
Pongo á sus plantas mi vida
En humano sacrificio,
Que della hago á Irene bella ;
Pues muriendo de dolor,
Habrá cumplido mi amor
Con él, conmigo y con ella.

Dant. Pues yo, señor,......
Amin.   Ay de mí ! [*aparte.*
¡Con qué de temores lucho !

Iren. Dos veces muero, si escucho [*aparte.*
Desaires de un no y un sí.

Dant. Pues yo, señor, asentado
Que ésto no toca en lealtad,
Supuesto que es voluntad
Tuya, digo, que del hado
Las amenazas no temo ;
Pues cuando precisas fueran,
Y no contingentes, vieran
Mis desdichas el extremo,
Con que el miedo les perdia ;
Pues no es posible, señor,
Que haya desdicha mayor,
Que no ser Irene mia.
Y siendo asi, me prefiero,
Tras el temor de los hados,
Á perder puestos y estados ;
Porque, si hoy sin ella muero,
Todo se pierde al perdella ;
Y quiero de aqueste modo,
Perdiéndolo en ella todo,
Perderlo todo, y no á ella.
Y asi, á tus plantas rendido,
La doy la mano.

Rey.   Detente,
Loco, bárbaro, imprudente,
Necio y desagradecido ;
Que, aunque licencia te dí,
Para que eleccion hicieras,
Viendo, que preferir quieras
Tu amor á mi gracia asi,
Tanto el desden he sentido,
Puesto que no sea traicion,
Que, en castigo desa accion,
No has de ser tú su marido ;
Sin todo te has de quedar. —
Y en premio de que tú fueses [*á Aurelio.*
Quien mas mi favor quisieses,

Que no adquirir y lograr -
Una hermosura, has de ser
Quien la merezca: de modo,
Que venga á perderlo todo
Quien nada quiso perder. —
De mi corte desterrado
Al punto, Dante, saldrás,
Sin mas honores, sin mas
Hacienda ni mas estado,
Que la vida. — Y para que
Sea el dolor mas tirano,
Dale tú á Irene la mano   [á Aurelio.
Delante dél; que yo haré
Ser tan dichoso con ella,
Que desmienta mi favor
El ceño de su rigor,
Y el influjo de su estrella.
Dale la mano.

Aur.   Hoy verás,
Irene, que no temia
Tu suerte, sino la mia.

Iren. Espera; que aun falta mas. —
Señor, aunque el hado impío   [al Rey.
Á tí me tiene rendida,
Eres dueño de mi vida,
Pero no de mi albedrío.
Y cuando su dueño fueras,
Que es lo que en ninguna accion
Aun los Dioses no lo son,
Obligarme no pudieras
Á que le diera la mano
Á quien, sabiendo que es mia,
Lograrla no anteponia
Al mayor favor humano.
Á Dante no se la diera
Tampoco, aunque lo mandaras;
Porque cuantas luces claras
Contiene del sol la esfera,
No pudieran hacer, no,
Habiendo (ay infeliz!) sido
El que á tus pies me ha traido,
Que no le aborrezca yo.
Con que hoy á morir me ofrezco,
Antes que darme al partido,
Ni de uno que me ha ofendido,
Ni de otro á quien aborrezco.
Y asi de ninguno yo
He de ser; que á tí rendida,
Podrás quitarme la vida,
Mas forzarme el alma, no.
Pues cuando no baste estar
Segunda vez sepultada,
Me has de ver desesperada,
Echar desa torre al mar.   [Vase.

Rey. Oye, aguarda! — Ven conmigo,
Aurelio; que hoy has de ser
Su esposo. — Y tú agradecer   [á Dante.
Puedes, que templo el castigo
De tu ingratitud villana.
Y asi, sin puesto ni estado,
De mi vista desterrado
Parte al instante.   [Vase.

Aur.   ¡Qué ufana
La fortuna me previene
Dichas, pues por justa ley
Gozo la gracia del Rey
Y la hermosura de Irene!   [Vase.

Amin. Dante!

Dant.   ¡Solo hoy á mi vida
Faltaba, desesperada,
Tras desprecios de una amada,
Quejas de una aborrecida!

Amin. Bien pensarás, que quejosa
Me tiene tu libertad,

Dante; pues sea, ó no, verdad,
No me he de vengar zelosa
De tí, ni de tus desvelos;
Que soy quien soy, para que
Mi sentimiento se dé
Al partido de los zelos.
Sin la gracia del Rey vas
De su corte desterrado,
Sin dama, hacienda ni estado.
No sé quien lo sienta mas.
La dama no podré dalla,
Que no es mia; mas podré
Hacienda y estado, en fe
De que tan noble se halla
Mi voluntad, que ofendida
Aun sabrá volver por sí.
Espérame, Dante, aqui;
Que para que de tu vida
Repares la ruina, es bien
Que yo (corrida lo digo)
Parta mis joyas contigo.
Llévete el cielo con bien,
Y donde quiera que fueres,
Sepa yo, Dante, de tí.   [Vase.

Dant. ¡Qué bien te vengas de mí!
Mas eres al fin quien eres,
Y no te puedes negar
La estimacion que te debes.
¡Que digan, que no hay aleves
Influjos para forzar
Un albedrío! Es quimera;
Porque ¿cómo puede ser,
Que quiera yo no querer,
Y que quiera, aunque no quiera,
Sin que aquel desden mitigue
Este amor, y sin poder
Que este me obligue á querer,
Ni aquel á olvidar me obligue?
Miente el astro, que ha influido
Tan varios efectos hoy,
Que me hace, entre amor y olvido,
Feliz é infeliz; pues soy
Amado y aborrecido.

JORNADA II.

Salen LIDORO *y* MALANDRIN.

Mal. Será para mi señor
Vuestra salud linda nueva,
Segun quedó lastimado
De vuestra infeliz tragedia.
Y asi, á que me dé en albricias
Algun vestido, que pueda
Suplir el que yo os he dado,
Á buscarle iré; pues cierta
Cosa será, que uno y otro
Me lo estime y agradezca.
Pues no dudo, que, á no estar
Obligado á la asistencia
Del Rey, que, como ya os dije,
Anda á caza, él mismo fuera
Quien os trajera en sus brazos.

Lid. Su vida el cielo y la vuestra
Guarde, para que la mia
En igual fortuna pueda
Desempeñar generosa
La obligacion y la deuda.

Mal. Cómo igual fortuna? Eso
Es lo mismo que se cuenta
De un hombre, que estaba malo;

Y viendo la gran fineza,
Con que le asistía un amigo,
Le dijo en voz lastimera:
Plegue á Dios, que me veais
Sano, amigo, y que yo os vea
Morir á vos, para que
Conozcais de mi asistencia
Lo agradecido que estoy
Á la mucha piedad vuestra.
Vos asi......

Lid.   No la malicia
Apliqueis; que bien se deja
Ver adonde va á parar.
Y aunque es fácil la respuesta,
Con que no solo en los. mares
Corren los hombres tormenta,
No la he de dar; mas supuesto
Que vais á buscarle, es fuerza
Acompañaros, porque
Mi vida á sus pies ofrezca.

Mal. Pues venid conmigo.

Lid.   En tanto
Que damos con él, quisiera
Que me dijérais, quien es,
Para que advertido sepa
La estimacion con que debo
Llegar á hablarle.

Mal.   Bien se echa
De ver, que sois extrangero,
Pues no os han dicho las señas
De su casa y su familia,
Que es...... [*Dentro voces y ruido.*

Unos.   Qué desdicha!
Otros.   Qué pena!

Dentro A M I N T A.

Amin. ¡Socorro, cielos, piedad!
Lid. ¿Qué ruido y qué voz es esta?
Mal. Un caballo, que del monte
Desbocado se despeña
Con una muger.

Lid.   ¿Qué aguarda
El valor, que en mí se engendra,
Qué no socorre su vida?
Pues basta que muger sea,
Para que la suya un hombre
Aventure en su defensa. [*Fase.*

Mal. ¡Qué veloz el extrangero
Por lo intrincado atraviesa
Del bosque, para salirle
Al paso! ¡Qué airoso llega,
Y poniéndose delante
Con la espada, pasar deja
Al bruto á distancia, que,
Cortándole entrambas piernas,
Convierte en fácil caida
Su desbocada violencia!
Famosa suerte! El caballo
Le den, pues le desjarreta.
Ya en sus brazos la·recibe.
O qué accion! ¡Que no supiera
Yo que hacerla, no tenia
Mas dificultad que hacerla!

Sale L I D O R O *con* A M I N T A *en los brazos.*

Lid. Perdonad, divino asombro,
Que á vuestra deidad me atreva;
Que no se aja en el peligro
El respeto, ni se cuenta
En número de dichoso
El que es dichoso por fuerza;
Y alentad; que ya segura
Estais.

Amin.   Á tanta fineza

Deudora soy de la vida.

Lid. Si errar vuestra voz pudiera,
Vuestra voz, señora, errara
En reconocer la deuda,
Que no sois vos quien la debe.

Amin. Pues quién?

Lid.   Toda la luz bella
Del sol, que, sin vos, estaba
Ya en vuestro desmayo muerta;
Y mal pudiera yo......

Salen el R E Y , N I S E , F L O R A *y criados.*

Rey.   Aminta,
Mil veces en hora buena
Te hallen mi vista y mis brazos
Con la vida que deseàn.

Amin. Para que á tus pies, señor,
Una y mil veces la ofrezca.

Rey. Retírate á aquesa torre;
Que, aunque es prision de una fiera,
El acaso nunca elige.

Amin. No hay para qué; yo estoy buena.

Nise. Á todas nos dà, señora,
Tu mano á besar.

Flor.   Y sea
Tan dichosa la desdicha,
Que, quebrando el ceño en ella
De la fortuna, se quede
En el amago suspensa.

Amin. Dios os guarde; que á no ser
Por el brio ó la destreza
Dese jóven, que atajó
Del caballo la soberbia,
Á mas pasara el peligro.

Mal. Guarde Dios á vuestra Alteza,
Por las honras que me hace.

Rey. Fuísteis vos?

Mal.   No; mas pudiera
Haber sido. Y por sí ó no
Es justo que lo agradezca.
Fuera de que si *a priori*
El argumento se empieza,
Yo fui quien la dió la vida.

Rey. Cómo?

Mal.   Como llevé á cuestas
Á quien á ella se la dió,
Despues que de la tormenta
Mi amo le entregó en mis brazos.
Y es precisa consecuencia,
Que él no diera vida á Aminta,
Si yo á él no se la diera.
Y asi, si ella por él vive,
Por mí viven él y ella.

Rey. ¿Vos derrotado del mar
Salísteis á aquestas selvas?

Lid. Sí, señor; que no hay desdicha,
Que para dicha no venga.

Rey. ¿De dónde era aquella nave?

Lid. Desmentir de donde es fuerza. — [*aparte.*
De Avido, que á Alejandría
De Egipto pasaba, llena
De riquezas y esperanzas.
¿Mas quién á agua y viento entrega
Á menos costa, señor,
Esperanzas y riquezas?
Pues, de la náutica hablando,
Dijo un cuerdo, que no era
Maravilla, que los hombres
En el mar hallasen senda,
Sino que osasen hallarla,
Para no mas que perderla.

Rey. ¿Y qué érades de la nave,
Mercader ó patron della?

Lid. Ni uno ni otro; que lo mas

Á que se extendió mi estrella,
Fue, señor, á ser un pobre
Marinero: de manera,
Que, con escapar la vida,
Escapé toda mi hacienda.

Rey. Poned los ojos en que
Haceros mercedes pueda;
Que á mas de la obligacion,
Vuestras fortunas me dejan
Compadecido.

Lid. Tus plantas
Beso humilde, aunque por esta
Accion, para no pedir
Merced, me has de dar licencia.

Rey. Por qué?

Lid. Porque, si grosero
La pongo, señor, en venta,
Será desairar la dicha
De haber merecido hacerla.
En otra ocasion podrás
Honrarme; que es accion necia,
Que á vista de tal servicio
Pida el premio.

Mal. Pues lo yerras;
Que si en la ocasion un hombre,
Que sirve, no se aprovecha,
En pasándose, maldito
De Dios el que dél se acuerda.
Y yo conozco á quien tiene
Muerto de hambre esta modestia.

Nise. No es muy necio el extrangero.

Flor. Mas que su voz dice, muestra
Su trage y su estilo.

Mal. Ya
Querrán ustedes, que sea
Algun Príncipe encubierto,
Que viene de lejas tierras,
Enamorado de alguna
De ustedes; pues evidencia
Tengo de que es hombre ruin,
De vil y baja ralea.

Las dos. Y qué es?

Mal. Que le viene bien
El vestido, que le presta
Un hombre de mi pretina,
Y no hay mayor experiencia
De pobreton, que ver, que
Vestido de otro le venga.
Sea chico ó grande su talle,
Dél se ajusta de manera,
Que con los gordos engorde,
Con los flacos enflaquezca,
Con los enanos enane,
Y con los crecidos crezca.

Rey. Yo con este azar, Aminta,
Dejar la caza quisiera;
Si bien me embaraza Irene
Á hacer deste monte ausencia.

Amin. Por qué?

Rey. Porque, viendo ya
Frustrada la diligencia
Del cuidado que la asiste,
Y pública la sospecha
Del hado que la amenaza,
No es bien que libre ni presa
Quede, y mas cuando segunda
Vez en la torre se encierra,
Á no casar en mi estado
Determinada y resuelta.
Dime tú, qué haré?

Amin. Señor,
No en un instante se aciertan
Motivos, que traen consigo
Tantas razones opuestas.

Y pues que dar tiempo al tiempo
Fue siempre la accion mas cuerda,
Para darle, me parece,
(¡Amor, mi discurso alienta!)
Que estará mejor conmigo,
Puesto que, con mi asistencia,
Tenerla á la vista, es,
Ni librarla, ni prenderla.

Rey. Dices bien; y porque al fin
Favor mio no parezca,
Disponlo á tu gusto tú;
Que, para que mejor puedas,
Yo me adelanto á la quinta. —
Y tú, marinero, piensa
En qué el servicio de hoy
Podrá tener recompensa.

Lid. Yo gozaré desa dicha,
Cuando otra ocasion se ofrezca.

Rey. Pues yo te ofrezco la gracia,
Que me pidieres. [*Vase.*

Nise. ¿Qué intentas, [*ap. las dos.*
Llevando contigo á Irene?

Amin. Nise, asegurarme della;
Pues dicen, que hacen los zelos
Menos mal desde mas cerca.

Mal. Habeis de venir conmigo;
Que buscar á mi amo es fuerza.

Lid. Claro está; pero un instante
Esperad.

Mal. Qué hay que os detenga?

Lid. Sucesos de mi fortuna. —
Y es verdad; que, si no fueran [*aparte.*
Ellos tales, no llegara
Con tanto temor á verla.

Flor. ¿Y has de llegar á la torre?

Amin. No; que temo que parezca
Poca autoridad, ó mucho
Deseo. Y asi quisiera,
Que alguno de parte mia
La llamara.

Nise. No hay quien pueda
Ir; que con el Rey, señora,
Todos ó los mas se ausentan,
Creyendo, que tú le sigues,
Y aqui solamente quedan
El marinero y criado
De Dante.

Amin. Nadie pudiera
Mas al propósito mio. —
¿Traes, Flora, contigo aquellas
Joyas, que te dije?

Flor. Sí.

Amin. Pues con una diligencia
Dos cosas haré, que son,
Que el uno vaya por ella,
Y poder hablar al otro. —
Hola!

Los dos. Á quién llama tu Alteza?

Amin. Á vos. Llegad á esa torre, [*á Lidoro.*
Y decid á una belleza
Infeliz, que en ella vive,
Que á la márgen lisonjera
De aqueste arroyo la aguardo,
Que con vos á verme venga.

Lid. Á servirte iré. — ¡No ví [*aparte.*
Mas soberana belleza! [*Vase.*

Mal. Cuerpo de Apolo! ¿pues no
Estaba yo aqui, que fuera
Tan presto como él? ¿Á mí
Tal desaire? Bien se echa
De ver, que no está mi dueño
En tu gracia.

Amin. Porque veas,
Que antes ha sido favor,

Dale á Malandrin aquesas
Joyas, Flora.

Mal. Plegue á Dios,
Que vivas cuatro mil dueñas,
Unas sobre otras, y luego
Te den la supervivencia
De otros cuatrocientos mil
Cuñados, suegros y suegras.
Si bien para mí excusada
Estaba aquesta fineza,
Porque con eso, y sin eso,
Dijera lo que supiera
De mi amo, desde el dia
Que vino.

Amin. Ya no desea
Mi cuidado saber mas
De lo que sé.

Mal. Pues qué intentas?

Amin. Que le digas, que una dama,
Viendo que pobre se ausenta,
Tan en desgracia del Rey,
Sin puesto, estado ni hacienda,
Este pequeño socorro
Ahora le envia; y que crea,
Que, donde quiera que fuere,
Tendrá su correspondencia.

Mal. ¿Luego no son para mí?

Nise. ¿Para tí habian de ser, bestia?

Mal. ¿Pues para quién son las dichas,
Sino solo para ellas?

Amin. Búscale presto. Y á Dios;
Que no quiero, ya que llega
El marinero á la torre,
Que con él Irene venga,
Y te halle aqui.

Mal. Yo iré, pero
Á mi pesar, con tal nueva.

Amin. Por qué?

Mal. Porque no merece
Un ingrato estas finezas. [*Vase.*

Amin. ¿Ahora sabes, que es lograrlas
Razon de no merecerlas? —
Venid conmigo los dos,
Hagamos tiempo por esta
Verde estancia. [*Vanse.*

Sale L I D O R O.

Lid. Ha de la torre!

Dentro C L O R I.

Clor. ¿Quién es quien llama á esta puerta?

Salen C L O R I *y* L A U R A, *y detras* I R E N E.

Lid. Decidle á una deidad, que
Vive aqui, que hay quien desea
De parte de Aminta hablarla.

Iren. Á mí?

Lid. Á vos, si sois aquella
Que aqui...... Mas qué es lo que miro!

Iren. ¡Cielos, qué ilusion es esta!

Lid. ¿Si es fantasma del deseo?

Iren. ¿Si es delirio de la idea?

Lid. Infeliz vive.

Iren. Yo soy;
Que, si infeliz traeis por señas,
Mal podré yo desmentirlas;
Si bien mas duda á ser llega
Traer vos recado de Aminta,
Que no el enviaros ella.

Clor. ¿De qué turbada has quedado?

Laur. ¿De qué has quedado suspensa?

Iren. No sé. De oir de Aminta el nombre,

Y ver, que de mí se acuerda;
Y asi otra vez y otras mil
Es bien, que á informarme vuelva; —
(Mejor, á desengañarme, [*aparte.*
Diré.) Pues qué es lo que intenta?

Lid. Que vais á hablarla, que al márgen
De aquese arroyo os espera.
Y no os admireis de que
Yo con el aviso venga,
Puesto (ay de mí!) que no es
Novedad tan grande esta,
Que no haya la fortuna,
Señora, podido hacerla.

Iren. No lo dudo; pero extraño,
Que la dicha me suceda,
De que vos me dais aviso.

Lid. Pues no lo extrañeis, si es esa
La causa; porque no es dicha
El venir yo, que no tenga
De desdicha mucha parte.

Iren. Cómo?

Lid. Como á esa ribera
Derrotado me echó el mar,
Solo para que merezca
Serviros á vos y á Aminta. —
Y si es que tengo licencia, [*aparte á ella.*
Hablaré mas claro.

Iren. No;
Que no hay nadie que no sea
Guarda mia.

Lid. Pues dejemos
Esta plática suspensa
Para mejor ocasion.

Iren. El dejarla será fuerza,
Y mas al ver, que llegamos,
Ya de Aminta á la presencia.

Salen A M I N T A, N I S E *y* F L O R A.

Amin. Dame los brazos, Irene.

Iren. Admirada, Amínta bella,
De que te acuerdes de mí,
He extrañado de manera
El favor, que aun hasta ahora
Estoy dudosa y suspensa,
Sobre si le debo dar
Crédito á lo que me cuenta.

Amin. Yo, Irene, siempre he estimado
Tu persona, y si pudiera
Decirte, cuanto me tienen
Lastimada tus tragedias,
Te admiraras; pues sin duda
Es mucho lo que me cuestan
De cuidado tus desdichas,
Y de envidia tu belleza.
Mas nunca tuve ocasion
De mostrarlo, y porque veas,
Hoy que puedo, cuanto siento
De tu prision la extrañeza,
Quiero, que á vivir, Irene,
Conmigo á la corte vengas;
Que, aunque mi hermano no dé
Para esta piedad licencia,
Yo la he de tomar.

Iren. Tu mano
Beso humilde. Pero deja,
Si por mi bien solicitas
Esta mudanza, que muera
En aquestas soledades,
Antes que en la corte sea
Objeto de los agüeros
Del Rey, y darme pretenda
Estado, á que no me inclino;
Y mas si es que, atento á aqulla
Primera palabra suya,

De ganarme el que le pierda,
Mas desenojado vuelve
Á que Dante......

Amin.   Espera, espera;
Que yo te doy la palabra,
Cuando en eso á hablarte vuelva,
De ser la primera yo,
Que esto estorbe, y que esto sienta.

Iren. Será la merced mayor,
Que hacerme en tu vida puedas;
Pues de solo ver, que es él
Quien está al paso, quisiera,
Que me dieras de volverme
Á aquella prision licencia.

Sale DANTE *á la puerta, y viéndola, se detiene.*

Amin. Él es el que al paso está. [*aparte.*
El alma al mirarle tiembla.
Si es su homicida, ¿qué mucho,
Que sangre la herida vierta? —
[*Danse las manos Aminta é Irene.*
Eso no, conmigo ven,
Y de sus enojos piensa,
Que vas conmigo segura. —
Á la gente, que me espera,   [*á Nise.*
Manda llegar las carrozas
Á la falda de la cuesta.

Iren. Lidoro, á la corte voy; [*ap. los dos.*
No de la vista me pierdas.
          [*Quiere acompañarlas Dante.*

Lid. Claro está, que he de seguirte,
Pues sigo en tí de mi estrella
El nuevo rumbo.

Dant.   ¿Quién vió,
En unida competencia,
Darse las manos jamas
Á su próspera y su adversa
Fortuna, y que á un mismo tiempo
Hoy en maridage prenda
La ingratitud y el amor?

Amin. Dante!

Dant.   Qué manda tu Alteza?

Amin. Que os quedeis.

Dant.   Ya sé, señora,
Que no es justo, que se atreva
Quien de su destierro tiene
Intimada la sentencia,
Á ver á persona real;
Mas como al destierro atiendas,
Es de la corte, y ya ausente
El Rey, no es la corte esta.

Amin. Es verdad; mas no es por eso
Mandaros que hagais ausencia.

Dant. Pues por qué?

Amin.   Porque va Irene
Conmigo, y pretendo hacerla
Este primero agasajo
De que ni os hable, ni os vea.
Y asi, yendo ella conmigo,
No es bien, que vais vos con ella.

Dant. ¡Qué bien dicen, que el contagio,
Y no la salud, se pega!

Amin. Cómo?

Dant.   Como Irene pudo
Pegarte á tí su extrañeza,
Y tú no á ella tu agrado.

Iren. Ni todo el cielo pudiera;
Pues no podrá todo el cielo
Hacer, que no os aborrezca.

Dant. Ni hacer, que te olvide yo.

Amin. Ya de nuestra competencia
Está á la vista el exámen.

Iren. Pues la primera experiencia,

Siendo en los montes, sea mia.
          [*Vanse las Damas.*

Dant. ¿Quién vió acciones tan opuestas,
Y que ni amar ni olvidar
Un hombre á su gusto pueda?
Pues se ha de olvidar y amar
Solo al gusto de su estrella.

Lid. Válgame Dios! ¡Qué de cosas [*aparte.*
En un instante me cercan!
Y sobre todas, con ser
Tantas hoy, y tan diversas,
Ninguna se hace (ay de mí!)
Mas lugar en mí, que aquella
Heredada y adquirida
Saña, que en mi pecho engendra
Contra Dante; pues él siempre
Es y ha sido en paz y en guerra
El móvil de mis desdichas.
¿Pues qué aguarda, pues qué espera
Mi furor, cuando tan solo
Ha quedado en la aspereza
Deste monte? Empiece pues
Mi venganza, sin que sea
Infamia, sobre seguro
Matarle; que no es bajeza
En quien no viene á reñir,
Sino á matar, que lo emprenda
Como pudiere.

          Sale MALANDRIN.

Mal.   ¿Es, señor, [*á Dante.*
Hora de hallarte?

Lid.   Suspensa,
No sin nuevo asombro, el alma,
Atras mis intentos vuelva.

Dant. ¿Era hora de parecer
Tú?

Mal. ¿Pues yo por todas estas
Montañas he hecho otra cosa
Que buscarte? Y deso sea
Buen testigo el camarada,
Á quien tú sacaste á tierra,
Pues á no mal tiempo el cielo
Aqui le ha traido. — Llega [*á Lidoro.*
Por tu vida; dí á mi amo,
Cuanto tú y yo andamos por esta
Soledad en busca suya.

Lid. Ya es otra confusion esta. — [*aparte.*
Dante es vuestro dueño?

Mal.   Sí.

Lid. ¿Pues qué maravilla es esa?

Lid. ¿Y es él quien me dió la vida?

Mal. Claro está.

Lid.   Desdicha fiera, [*aparte.*
¿Adónde has de ir á parar,
Si á cada paso te aumentas? —
Él y yo os hemos buscado,
Señor, y asi no os parezca
Culpa en él, ni en mí omision
Llegar á las plantas vuestras
Tan tarde, quien de su vida
Viene á conocer la deuda.

Dant. Alzad, y creed, que á mí
Me doy yo la enhorabuena
De vuestra salud, segun
Llegó á lastimarme el verla
Tan postrada, que me hubiese
Menester; porque no hay prueba
De un infeliz, como ver,
Que de otro á valerse venga.
Y ya que en tierra y en mar
Corremos los dos tormenta,
Tan á un mismo tiempo, ved
Si la semejanza nuestra,

Condiscípulos del bado,
Algun cariño os engendra,
Para seguir mi fortuna;
Que no quiero que se entienda,
Que mis puertas cierro á quien
El cielo arrojó á mis puertas.

Lid. Él os guarde por tan grandes
Mercedes y honras. — ¡Que quieran [*ap.*
Los Dioses, que beneficios
Á mi enemigo agradezca! —
Pero para no admitirlas
Os pido, señor, licencia,
Que yo he de seguir la corte;
Porque quizá tengo en ella
Pretension, que á vos...... Mas nada
Os digo. — Calle la lengua, [*aparte.*
Hasta que hable el corazon
Con la voz de la experiencia. —
Quedad con Dios. [*Vase.*

Dant. Él os guarde. —
¿Has visto igual extrañeza
De palabras y de acciones?
Apenas formó su lengua
Razon con razon.

Mal. Pues agua
Habia bebido. Aqui espera.

Dant. Dónde vas?

Mal. Tras él.

Dant. Á qué?

Mal. Á que el vestido me vuelva,
Quien de desagradecido
Ha dado la primer muestra.

Dant. Déjale, y vente conmigo
Á disponer, como pueda
Salir de la corte, cuando
Sin puesto, estado ni hacienda
De un instante á otro me veo.

Mal. Pues di, señor, ¿qué me dieras
Por todas aquestas joyas?

Dant. Pues quién?

Mal. Quién quieres que sea?
Aminta.

Dant. No me lo digas;
Deten, Malandrin, la lengua;
Que es cargarla de razon
Contra mí. Mas muestra, muestra;
Que no vienen á mal tiempo,
Si yo pudiese con ellas,
Sin que sepa que yo soy
El dueño de la fineza,
Socorrer á Irene; que,
Fuera de su patria, es fuerza
No tener, yendo á la corte,
Con que lucirse.

Mal. ¿Eso piensas
Ahora? Pues dime, ¿es bien,
Que una lealtad agradezcas
Con un agravio, y que pagues
Con un favor una ofensa?
¿No basta, que, siendo tú
Dante, Irene te aborrezca,
Cosa tan nueva en los Dantes;
Y que tomante te quiera
Aminta, cosa tambien
En los tomantes tan nueva,
Para que de agradecido
Y quejosa......?

Dant. Deja, deja
De argüirme; que ya sé
Lo que yerra y lo que acierta
Mi destino, mas no puedo
Hacerle yo resistencia. —
Altas Deidades, que ignoro,
Si allá en la sagrada esfera

Tiene acaso mi fortuna
Superior correspondencia,
Declaraos, ¿á qué tin
Mis desdichas se conciertan?

Dentro cantan dos Coros de Música.

Cor. 1. Á fin de que venza amor.

Cor. 2. Á fin de que el desden venza.

Dant. ¿Qué voces son las que el viento
Lisonjeramente lleva?

Mal. ¿Voces ahora se te antojan?

Dant. Oye, á ver, si su respuesta
Acaso vuelve otra vez. —
¿Á qué fin, Deidades bellas,
En dos contrarios afectos
Mi ruina el hado concierta?

Cor. 1. Á fin de que venza amor.

Cor. 2. Á fin de que el desden venza.

Dant. ¿Y ahora no las oiste?

Mal. ¿He de oir lo que tú sueñas?

Dant. Aplica bien el oido.

Mal. Así aplicara mi hacienda.

Dant. ¿Á qué fin, tercera vez
Vuelve á preguntar mi lengua,
Disponeis......?

Dentro ruido y voces.

Todos. Guarda el leon!

Uno. Al monte!

Otro. Al valle!

Otro. Á la selva!

Mal. Aqueste es otro cantar,
Que oigo yo.

Dant. Qué voz es esta?

Mal. Qué ha de ser? Pese á mi alma,
Sino que el monte atraviesa
Un leon como un leon.

Dant. Aun la desdicha no es esa,
Sino que Aminta é Irene
Aun no han tomado (qué pena!)
La carroza, y por el monte,
Bien que por contrarias sendas,
Desamparadas de todos,
Van huyendo.

Mal. ¡Á Dios pluguiera
Fuera mugeriego el dicho
Leon, y yéndose tras ellas,
Á nosotros nos dejara!

Dant. ¡O quién á un tiempo pudiera
Seguir á entrambas!

Mal. ¡O quién
Estuviera dos mil leguas
De cualquiera de las dos!

Dentro AMINTA.

Amin. ¿Nadie hay que me favorezca?

Dant. Aquella es la voz de Aminta;
Fuerza es ir á socorrerla.

Dentro IRENE.

Iren. ¿No hay quien ampare mi vida?

Dant. La voz de Irene es aquella;
Fuerza es á amapararla vaya.

Amin. Piedad, cielos!

Dant. Pero vuelva
Adonde Aminta peligra.

Iren. Dioses, piedad!

Dant. Pero atienda
Adonde peligra Irene.

Mal. No es mala fullería esa
De dudar, en ocasion,
Que la duda al riesgo ofrezca.

Dant. ¿Pues qué he de hacer, si me llaman
Á un tiempo?

Mal.   No responderlas,
Sino dudar, hasta ver
Cual, mas que á las dos, es fuerza
Amparar.
Dant.   Á quién?
Mal.   Á mí,
Que te sirvo mas que ellas.
Iren. Piedad, cielos!
Amin.   Favor, Dioses!
Tod. [*dent.*] ¡Al monte, al valle, á la selva!

Sale AMINTA *por una parte, en lo alto de un monte, y en la otra parte* IRENE.

Amin. ¿En todas estas montañas
No hay quien mi vida defienda?
Dant. Sí; que yo la mia, señora,
Perder sabré en tu defensa.
Iren. ¿No hay quien defienda mi vida?
Tod. [*dent.*] ¡Al monte, al valle, á la selva!
Dant. Sí; que yo pondré la mia,
Primero que á tí te ofenda.
Todos. Guarda el leon!
Mal.   Malo es esto;
Que vive Dios, que se acerca.
Amin. ¿Pues qué es esto, Dante? ¿Á mí
En el peligro me dejas?
Dant. Dices bien; tuya es mi vida.
Iren. ¿Y de mí, Dante, te ausentas?
Dant. Dices bien; tambien es tuya,
Y ha de estar en tu defensa.
Amin. ¿Asi á mi obligacion faltas?
Dant. Mas te debo á tí, que á ella,
Es verdad; pierda la vida,
Pero la fama no pierda.
Iren. ¿Lo que quieres desamparas?
Dant. Tambien es verdad aquella;
Piérdase todo, mas no
Lo que se quiere se pierda.
Amin. De mí huyes?
Dant.   No; que contigo
Me has de hallar.
Iren.   De mí te alejas?
Dant. No; que contigo has de verme.
Mal. Si á propósito se hubiera
Buscado un leon, que diese
Lugar á su competencia,
¿Se hubiera en el mundo hallado
Otro de tanta paciencia?
Mas parece que lo oyó,
Que camina con mas priesa
Hácia acá.
Amin.   Qué determinas?
Iren. Di, qué resuelves?
Mal.   Qué intentas?
Dant. Cumplir dos obligaciones,
Sin que amor ni desden pueda
Decir, que venció ninguno.
Las dos. Cómo?
Dant.   De aquesta manera. —
Bruto rey destas montañas,
En mí tu saña ensangrienta;
Que yo hago en tí sacrificio
De mi vida á dos bellezas;
Á tí, porque te la debo;   [*á Aminta.*
A tí, porque me la debas.   [*á Irene y vase.*
Mal. Por Dios, que se va al leon,
Como si á un lobo se fuera.
Amin. ¡Oye, espera, escucha, aguarda!
Iren. ¡Aguarda, oye, escucha, espera!
Amin. Que yo, á riesgo de tu vida,
Te perdono la fineza.   [*Vase.*
Iren. Yo no; que solo tu muerte
Será lo que te agradezca.   [*Vase.*
Mal. ¿No digo yo, que el leon

Es leon hechizo? Apenas
Se puso mi amo delante,
Cuando, tomando la vuelta,

Sale un leon.

Á él le deja, y hácia mí
Se viene. — Usted se detenga,
Señor leon; uñas tiene
La dificultad, que empieza
A argüir conmigo, y la arguye
Muy bien, aunque es una bestia.
¿Asi á tu mejor cofrade,
Baco, en el peligro dejas?
        [*Vuélvese á entrar el leon.*
Apenas le invoqué, cuando,
Aunque brumado, me deja.
Yo iré luego á darle gracias.

Aparecen en el aire VÉNUS *y* DIANA.

Ven. Nada dijo mi experiencia,
Diana, pues quedan iguales
Amor y desden en ella.
Veamos qué dira la tuya.
Dian. Pues atiende; que he de hacerla,
Si tú en tierra, yo en el aire.
Ven. Cómo?
Dian.   De aquesta manera.
[*Suena un terremoto, y desaparecen* Vénus *y* Diana.
Mal. Esto solo me faltaba,
Que ahora un terremoto venga.
El demonio me metió
En andar por estas selvas.   [*Vase.*

Salen el REY *y* AURELIO.

Rey. ¿Qué nueva lid de elementos
Confunde los horizontes,
Y estremeciendo los montes,
Va desatando los vientos?
Aur. De un instante á otro se mueve
Tan violenta, que el mar sube
Á inquirir si es onda ó nube
La que brama, ó la que llueve.
Rey. Con mil pálidos desmayos,
De asombros los aires llenos,
Nos estan diciendo á truenos,
Que presto vendrán los rayos.
Aur. Dicha fue, que de la quinta
Estemos tan cerca ya.
Rey. Y fuerza tambien será,
Pues he de esperar á Aminta,
El pasar la noche en ella.
Aur. Dices bien; pues no imagino,
Que dé señas del camino
La menos brillante estrella,
Segun pálida la luna,
Que entre sombras se obscurece,
De algun eclipse parece
Que está corriendo fortuna.
Rey. Qué arguya desto, no sé;
¿Y sabes lo que he pensado
Destas cóleras? Que el hado,
Que influjo de Irene fue,
Se ofende de que yo quiera
Sacarla de la prision;
Y estas las premisas son
De la ruina, que me espera.
Aur. No estos excesos, que son
Causa de naturaleza,
Hagan con tanta tristeza
Caso en tu imaginacion.
Rey. No siempre lo que adivina
Humana ciencia es verdad,
Y no siempre una Deidad
Lo infalible vaticina.

Aur. Tú has hecho bien en sacarla
De la prision, pues asi
Mas lugar das; y si á mí,
Ya que en esto no se halla
La magestad ofendida,
Me haces de su vida dueño,
Yo quiero oponerme al ceño,
Que ha amenazado su vida.
Rey. Yo, Aurelio, no he de forzar
Las leyes de un albedrío,
Porque ese empeño no es mio.
Lo mas que te puedo dar
Es la esperanza de que
Solicite, que sea tuya,
Antes que Dante me arguya,
Con que de mí le aparté
Ofendido, que un amor
Valga mas que una privanza.
Aur. Vuelva á vivir mi esperanza
Otra vez.
Voz [dent.] Para!

Salen AMINTA, IRENE *y todos los demas.*
Amin. Señor!
Rey. Seas, Aminta, bien venida.
Con cuidado me ha tenido
La tempestad.
Amin. Aun no ha sido
Ese el riesgo de mi vida;
Que otro me dió que sentir
Mas, pues......
Rey. Aguarda. ¿Quién viene,
Aminta, contigo?
Amin. Irene.
Rey. ¿Cómo, sin que yo á decir
Llegara, que la trajeses?
Amin. Como fio de tu amor,
Que perdonarme, señor,
Mi atrevimiento pudieses.
De su tristeza movida,
De su hermosura obligada,
De su......
Rey. No me digas nada.
Pero ya que de su vida
Hacerte cargo has querido,
Considera, Aminta bella,
Que me has de dar cuenta della. —
Y tú mira cual ha sido [*á Irene.*
De tu presagio el rigor,
Y no me culpes á mí,
Pues cuando á tu prision ví
Romper el márgen, de horror
Vestida la soberana
Antorcha de Diana está;
Mira Vénus lo que hará,
Si aun lo ha sentido Diana. [*Vase.*
Iren. Ya veo, que el infelice
La culpa de todo tiene,
Aunque no la tenga.
Amin. Irene,
No, pues tu afliccion lo dice,
Llores siempre; que el llorar
Son armas de la belleza.
Iren. Si llorara la terneza,
Me pudieras consolar;
Mas cuando llora la ira,
Está de mas el consuelo;
Que, aunque airado todo el cielo
Contra mi suerte se mira,
No aquestas lágrimas son
Causadas de sus enojos,
Sino rayos, que los ojos
Arrancan del corazon.
Amin. Ya por lo menos vencida

La primer dificultad,
Será paso á la piedad.
Iren. Tarde la espera mi vida.
Y si la verdad te digo,
Lo mas que me aflige es,......
Amin. Qué?
Iren. Que en aquel riesgo, en que fue
Cómplice el monte, y testigo,
No me arrojase á morir,
Antes que á Dante llamase,
A que mi vida guardase.
¿Yo á Dante pude pedir
Amparo? ¿Yo á Dante, que
A socorrerme viniera?
¿Yo que me favoreciera?
Amin. Contrario mi afecto fue;
Que, si en mi mano estuviera,
De mi parte le pagara
Aquella fineza rara. —
¡Ó si algun color hubiera [*aparte.*
De pedir al Rey, que atento......!
Mas no sé como prosiga.
Iren. Por mucho que tu voz diga,
Mas dice tu sentimiento.

Sale LIDORO.
Lid. Hermosísima deidad
De Chipre, aunque nunca fue
El repetir beneficios
De constante pecho, bien
Tal vez se puede suplir
Esta culpa, si tal vez
No es para darlos en cara,
Y para lograrlos es.
Y asi, con este pretexto,
Me atrevo á echar á tus pies,
Pidiéndote, hermosa Aminta,
Que intercedas con el Rey,
Que de la palabra suya
Me cumpla aquella merced,
Que me ofreció en la primera
Gracia que le pedí.
Amin. Qué es?
Lid. Una libertad, señora.
Iren. ¿Qué es esto, que llegué á ver? [*aparte.*
¿Lidoro viene á pedir,
Con razones, que no sé,
Al Rey una libertad?
La mia debe de ser.
Lid. Y tú aquesta pretension
Hoy has de favorecer,
Por quien eres, no por mí.
Amin. Yo lo haré. Prosigue pues.
Qué he de pedirle?
Lid. El perdon
Es del destierro,......
Amin. De quién?
Lid. De Dante.
Amin. De Dante?
Lid. Sí.
Iren. ¡O aleve, fiero y cruel! [*aparte.*
¿El perdon de tu enemigo
Solicitas tú?
Amin. Eso es [*aparte.*
Pretender, que yo te deba
La vida segunda vez. —
Esperad aqui; que yo
Vuestra pretension diré
A mi hermano, y plegue al cielo,
Que la despache tan bien
Como deseo. — ¡Ay amor, [*aparte.*
Solo tú pudiste hacer,
Que con tan buena ocasion
Pueda yo pedir por él. [*Vase.*

Том. IV.

62

Iren. Cobarde, loco, atrevido,
Infiel á tu patria, infiel
Á tu sangre y á tu honor,
Á tu fama y á tu ley,
¿Qué es lo que puede obligarte
Á ser tan traidor, á ser
Tan vil, que de tu enemigo
Procedas amigo fiel?
¿Cuando pensé, que venias
En el disfraz, que te ves,
Solo á darle muerte, y darme
Á mí libertad, te ven
Mis ojos con tan trocados
Afectos, que venga á ser
Su libertad la que pides,
Y á mí la muerte me des?
Pero si fue quien te puso
En fuga aquel dia cruel,
Tan infausto para mí,
Y tan fausto para él,
¿Qué mucho, (ay de mí!) qué mucho,
Que el temor te dure, y que
Le pagues ahora aquella
Puente de plata?

Lid.   Deten
La voz, Irene; que ignoras
Muchas cosas, y no es
Justo, que á cerrados ojos
Quieras penetrar y ver
Lo intimo de un corazon,
Sin desplegarlo el doblez.
Y respondiendo al primero
Baldon, ¿quién ignora, quién,
Que no en manos del valor
Vinculado está el vencer?
Que es muy dama la fortuna,
Y ha de suplirse el desden.
Vencióme, pero no huyendo,
Y quizá el no morir, fue,
Porque igual pesar no quiso
Que tuviera igual placer.
Á librarte disfrazado
Vine, y á matarle á él,
Con una industria, que el tiempo
Quizá te dirá despues.
Á vista del puerto (ay triste!)
Fortuna corrió el bajel,
Dando entre aquesos peñascos,
Cascado el pino, al traves.
La vida le debí á Dante,
Pues Dante en la playa fue
Quien me acogió y albergó,
Y pagarle ahora es bien
Un beneficio con otro,
Por ponerme en paz con él,
Para que al primer rencor
Airoso pueda volver,
Y darle la muerte.

Iren.   Aguarda;
Que ahora me resta saber,
Qué introduccion con Aminta
Tienes hoy, para poder
Por medio suyo pedir
Aquese perdon al Rey?

Lid. Haberla dado la vida.
Iren. Tú fuiste?
Lid.   Sí; aunque no sé,
Si se la dí, ó la perdí;
Porque en llegándola á ver......
Pero esto ahora no es del caso.
Iren. Oye, oye, que sí es.
Lid. Cómo asi?
Iren.   Como hidra nuestra
Fortuna debe de ser,

Que de una cerviz cortada
Nacen dos.
Lid.   Por qué?
Iren.   Porque,
Cuando haces una hidalguía,
Lidoro, á tu parecer,
Haces dos ruindades.
Lid.   Cómo?
Iren. Como á ninguna está bien,
Que á vista mia y de Aminta
Vuelva un alevoso, á quien......
Lid. Prosigue.
Iren.   Yo quiero mal,
Y Aminta......
Lid.   Di.
Iren.   Quiere bien.   [*Vase.*
Lid. Antes de nacer, amor,
Ya eres infeliz. ¿Mas qué
Me admiro, si todo tiene
Su estrella antes de nacer?
¡O nunca (ay de mí!) llegara,
Piadosamente cruel,
Á tomar tierra en los brazos
De Dante, á tomar despues
Cielo en los brazos de Aminta,
Pues solo ha venido á ser
El vivir para morir,
Y para cegar el ver!

            Sale AMINTA.

Amin. Dame, marinero, albricias.
Lid. De qué, señora?
Amin.   De que
El Rey la gracia te ha hecho
Para que pueda volver
Dante á palacio.
Lid.   Desgracia [*aparte.*
Hubieras dicho mas bien.
Amin. Yo encarecí de mi parte,
Cuanto pude encarecer,
Tu pretension, como mia.
Lid. Ya yo, señora, lo sé,
Pues me lo dice el efecto
Tan claro.
Amin.   Búscale pues,
Y dile de parte mia,
Que venga al punto......
Lid.   Sí haré.
Amin. Á tí y á mí agradecido,
Á besar la mano al Rey.
Mas no le digas que á mí,
Pues basta que á tí lo esté;
Que yo por tí y por mí solo
Lo hice, pero no por él.   [*Vase.*
Lid. ¿Quién creerá, que me trae mi tristeza
Hoy del agravio cargo de fineza?
¿Y que, cuando de amor rendido muero,
De mi enemigo venga á ser tercero?
¿Pero qué temo, si enemigo digo?
Pues todo cesa, siendo mi enemigo;
Supuesto que en habiendo ya pagado
El favor que le doy al que me ha dado,
Con él en paz en esta parte quedo,
Con que volver á mis rencores puedo.
¿Quién, cielos, para darle
El aviso, supiera donde hallarle,
Pues ha de resultar dar de una suerte
Esta mano el favor, y esta la muerte?

      Salen DANTE *y* MALANDRIN.

Dant. Esto ha de ser, y pues la noche obscura,
Vestida del color de mi ventura,
Tan triste, tan medrosa,
Tan lóbrega, confusa y temerosa

Baja, que solamente
La luz de los relámpagos consiente,
Bien puedo á sombra della,
Aunque estrella no hay, seguir mi estrella.
Y asi, mezclando el ánimo y el miedo,
De aquesta quinta en el umbral me quedo,
Mientras tú entras á ver, qué cuarto tiene
En los acasos desta noche Irene,
Por si yo puedo vella,
Y despedirme con la vista della.

Mal. ¡O tú, que criado fuiste á ser criado,
Dios te libre de un amo enamorado!
Yo entraré, pues tu amor á eso me obliga;
Pero mal haya yo, si se lo diga,
Aunque la vea patente.
De aquella breve antorcha, que arde enfrente,
Entrar puedo guiado,
Tan alumbrado, como deslumbrado.
Mas por cumplir con él, á aqueste quiero
Preguntar. ¡Vive el sol, que el marinero
Es! Mejor que mejor. — Oidme, os ruego,
Ya que á tiempo de veros aqui llego.
¿Qué cuarto es el de Irene?

Lid. No sé, aunque á tiempo vuestra duda viene,
Que con otra pagárosla prevengo.
¿Dónde está vuestro amo, porque tengo
Que darle aviso de una
Dicha?

Mal. No será poco en su fortuna;
Y aunque tema enojarle, si lo digo,
Lo he de decir, que en fin vos sois su amigo.
Aquel es.
        [*Va Lidoro hácia Dante.*

Lid. ¡Qué mal finge mi cuidado! — [*ap.*
Aunque el embozo os tenga recatado,
Perdonad; que una nueva
De gusto da licencia á quien la lleva
Para entrarse (o qué mal de fingir trato!)
Sin llamar por las puertas de un recato.
Sabed, que el perdon vuestro le hé pedido
Al Rey, que me lo ha dado, habiendo sido
Desta merced Aminta la tercera.
Á Dios; que el Rey os llama, y ella espera.

Dant. Oid, escuchad!

Lid.   No puedo.

Dant. Ved, que ofendido y obligado quedo.

Lid. Pues hacedme merced, solo esto os pido,
De no estarme obligado ni ofendido,
Sabiendo, por si importa en algun dia,
Que os pagué el beneficio que os debia. [*Vase.*

Dant. Has visto extremo igual? Siempre asustado,
Siempre confuso, siempre embelesado
Este hombre está.

Mal.   Yo pienso que seria,
Que aquel susto incapaz le dejaria,
Como suele el perdon al casi ahorcado.

Dant. No es la hidalguia, que conmigo ha usado,
De hombre incapaz.

Mal.   Luego haslo tú creido?

Dant. Yo sí.

Mal.   Yo no; y si ha sido
Engañosa quimera,
Vamos tras él.

Dant.   En confusion tan fiera
No sé lo que te diga;
Mucho á pensar y discurrir me obliga.

Mal. Pues qué has de hacer?

Dant.   No sé. — Deidades bellas,
Que el uso gobernais de las estrellas,
¿Qué quereis de una vida,
Que, de tantos contrarios combatida,
Toda es delirios, toda es ilusiones,
Toda fantasmas, toda confusiones?
        [*Suenan truenos y terremoto.*

Mas, cielos! qué ruido es este?

Mal. Qué ha de ser? ¡Pese á mi alma,
Que el cielo se viene abajo!

Dant. Gran terremoto!

Mal.   Ya escampa.

Unos [*dent.*] Fuego, fuego!

Otros.   Agua, agua!

Mal.   ¡Vino

Para el susto!

Dant.   Espera, aguarda;
Que de tantos rayos uno
En esa torre mas alta
Ha dado, y entre humo y polvo
De su fábrica gallarda
La trabazon viene al suelo,
Con dos acciones tan varias,
Que, al tiempo que cae con ruinas,
En volcanes se levanta,
Siendo de un instante á otro
Pirámide que fue alcázar.

        Dentro IRENE *y* AMINTA.

Iren. Que me abraso!

Amin.   Que me ahogo!

Mal. Si se ahogan y se abrasan,
Mas que se abrasen y ahoguen.
        [*Suena la tempestad.*

Dant. Irene y Aminta llaman
Tan á un tiempo, que no dejan,
Ni aun aquella duda al alma
De elegir. ¿Pero qué tiene
Que dudar por donde vaya
Quien, con ir por donde pueda,
Habrá cumplido con ambas?   [*Vase.*

Sale el REY, *y* AURELIO *como deteniéndole.*

Aur. Lo primero es, gran señor,
Guardar tu vida.

Rey.   ¿Si llama
Aminta, y está en el riesgo?

Aur. Yo basto solo á librarla;
No me estorbes. Mas qué veo?
Á pesar de tantas llamas,
Un hombre al cuarto de Aminta
Entra despechado.

Dant. [*dent.*]   Caigan
Sobre mí montes de fuego,
Que todos ellos no bastan
Á que no saque, á pesar
De la ruina y de la llama,
En mis brazos mi fortuna.

Sale DANTE *con* IRENE *y* AMINTA *en brazos.*

Rey. Hombre, quién es á quien sacas?

Dant. Á Irene, señor, y Aminta;
Que entre las dos, cosa es clara,
Que no sacara á ninguna,
Si no las sacara á entrambas.
Desmayadas las hallé,
Racionales salamandras
De aquel fuego, y á despecho
Suyo, he podido librarlas.

Rey. Dante!

Dant.   Gran señor?

Rey.   Los brazos
Me da.

Dant.   Y dame á mí las plantas;
Que viniendo perdonado
De ti......

Rey.   No prosigas; basta
Que sepa, que solo tú
Hicieras accion tan alta.
Ya libres las dos, á menos
Riesgo, mientras que restauran

Los alientos, acudamos
Al riesgo todos.   [*Vase.*
Aur.   Contraria   [*aparte.*
Fortuna, ¿siempre ha de ser
Mi competidor quien haga
Lo mejor?   [*Vase.*
Mal.   No me dirás,
Señor, mientras que descansas,
Las músicas qué se hicieron?
Dant. Como de lejos cantaban,
Porque sonasen mejor,
Huyeron, porque á su cuadra
No llegó el fuego.
Mal.   Me alegro
De saberlo, y que no haya
Curioso que lo pregunte.
Pero yo te doy palabra,
Si fuere algun dia poeta,
(¡No me dé Dios tal desgracia!)
Hacer de tí una comedia,
Y tengo de intitularla
El Leonicida de amor,
Y el Eneas de su dama.   [*Vase.*
Dant. Desmayadas hermosuras,
No le quiteis á mi fama
El haber dado dos vidas,
Volved á cobrar el alma.
Aminta! Irene! Señoras!
Amin. Ay de mí!
Iren.   El cielo me valga!
Amin. Dónde estoy?
Iren.   Quién está aqui?
Dant. Estais donde aseguradas
Vivis del pasado riesgo,
Y está aqui quien dél os guarda.
Iren. ¿Luego tú eres quien me libra?
Amin. ¿Luego tú eres quien me ampara?
Dant. Sí; que si otra vez airoso
Estuve, dejando á entrambas,
Hoy á entrambas acudiendo,
Lo estoy tambien, porque haya
En iguales experiencias
Dos acciones tan contrarias,
Como socorrer dos vidas
Del fin que las amenaza,
Con dejarlas una vez,
Y otra vez con no dejarlas.
Iren. ¡O nunca yo te debiera
Fineza, Dante, tan rara!
Amin. ¡O siempre estuviera yo
Debiéndote accion tan alta!
Iren. Yo lo digo, porque sé,
Que no tengo de pagarla.   [*Vase.*
Amin. Yo, porque sé, que la tengo
De pagar con vida y alma.   [*Vase.*
Dant. ¡O nunca, y o siempre yo
Viva mezclando en mis ansias
De amado y aborrecido
Las dos pasiones contrarias,
Hasta que declare el cielo,
Quien mayor victoria alcanza,
Quien ama á quien le aborrece,
Ó aborrece á quien le ama!

J O R N A D A III.

Salen por una parte D A N T E, *y por otra* L I D O R O.

Lid. ¡Que nunca tenga ocasion
Mi venganza de lograrse!
Dant. ¡Que nunca le deba darse

Á partido mi pasion!
Lid. Mas cuando yo la tuviera,
Aun no sé si la lograra.
Dant. Pero cuando me llegara,
Aun no sé si le admitiera.
Lid. Porque, si de. mi venganza
Se me ha de seguir mi ausencia,......
Dant. Porque, si de su violencia
Se alimenta mi esperanza,......
Lid. ¿Cómo ausentarme podré,
Sin llevar conmigo á Irene?
Dant. ¿Cómo sin Irene tiene
Tan vil afecto mi fe?
Lid. ¿Y cómo podré vivir
Ausente de Aminta bella?
Dant. ¿Y cómo podrá mi estrella
Del amor de Aminta huir?
Lid. Y mas cuando ya informado
Estoy, que á Dante ha querido.
Dant. Y mas cuando aborrecido
Lo siento menos que amado.
Lid. Cuando mas causa no hubiera,
Por mis zelos le matara.
Dant. Cuando dos causas no hallara,
Con una sola muriera.
Lid. Amor, zelos y venganza
De imposibles me mantienen.
Dant. ¡En qué confusion me tienen
Amor, desden y esperanza! —
Celio!
Lid.   Señor?
Dant.   Á ventura
Tengo el hallaros aqui.
Lid. Siempre será para mí
La mejor y mas segura
El estar á vuestros pies.
Dant. Confieso, que un forastero,
Á quien el hado severo
Á tierra arrojó, despues
Que echó su hacienda en el mar,
Fuera de su patria y pobre,
No hay razon que no le sobre
Para vivir con pesar.
Pero advirtiendo tambien,
Que á quien la vida le queda,
No hay fortuna, que no pueda
Vencer viviendo; y mas quien
Tiene las partes que vos,
Siento veros afligido
Siempre y siempre suspendido.
Habladme claro, por Dios,
Qué habeis menester? ¿Quereis
Á vuestra patria volveros?
Que embarcacion y dineros
Todo de mí lo tendreis.
Quereis quedaros aqui?
Pues sabed, que en este dia
Dese puerto la alcaidía
Vacó, y que me toca á mí
Su provision, y he querido,
Pues hoy en mi cargo estoy
Por vos, que sepais, que os doy
Premisas de agradecido.
Si la admítis, bien con ella
Lo podreis aqui pasar,
Y con tiempo al tiempo dar
Vado á vuestra injusta estrella.
Advertid, si os está bien,
Que ando, cierto, deseoso
De que vivais mas gustoso
De lo que parece.
Lid.   ¿Quién
Satisfaceros podrá
Ese afecto, esa merced,

Dant. Sino callando?
     Creed,
Que es cuidado el que me da
Vuestra persona. Y pasando
Al cargo, qué respondeis?
Lid. Digo, señor, que me haceis
Notables favores, cuando,
Siendo extrangero, fiais
De mí de la corte el puerto.
Yo le acepto; y estad cierto
De que servido seais
En él de la atencion mia. —
Bueno es darme la ocasion [*aparte.*
Envuelta en la obligacion.

    Sale MALANDRIN.

Mal. Señor!
Dant.   Qué hay, loco?
Mal.   Gran dia!
Dant. Qué ha sucedido?
Mal.   Sintiendo
El Rey la extraña tristeza,
Que padece la belleza
De su hermana, y pretendiendo
Aliviarla, ya has sabido
Las diligencias que ha hecho.
Y aunque no son de provecho
Las mas dellas, ha querido,
Que aquesos jardines bellos
Sean teatros del dia,
Y de música y poesía
Haya un gran festin en ellos.
Dant. Y eso te alegra?
Mal.   Pues no?
Si los premios han de dar
Las damas, ¿no he de lograr
El mejor de todos yo?
Dant. Por qué?
Mal.   Porque, aunque discretas
Nunca yerran su eleccion,
Y sabe su discrecion,
Que de todos los poetas
Ninguno de mejor gana
Las sirve.
Dant.   Es memorial?
Mal.   Ya
Se vé, y mas hoy, que quizá
Las he menester mañana.
Dant. Calla, loco. — Acudid vos [*á Lidoro.*
Por los despachos despues;
Que ahora forzoso es
Asistir al Rey. — Si en dos [*aparte.*
Afectos mi vida tiene
Hoy lo que olvida y desea,
¿Qué importa, que á Aminta vea,
Á precio de ver á Irene?
Lid. ¿Quién (ay infelice!) creerá [*aparte.*
De mi confusa pasion,
Que me quita la ocasion,
Cuando la ocasion me da?
Mal. ¿Por qué despachos habeis
De acudir, Celio?
Lid.   Hame hecho,
De mi lealtad satisfecho,
Del puerto alcaide.
Mal.   Goceis
Tan gran merced. ¡Que sea cierta
Cosa, que, en siendo extrangero,
Ha de hallar uno portero,
Y puerto, portada y puerta!
¡Y que, habiéndome portado
Yo en mi porte bien, por cierto,
No aporte á puerta, ni á puerto,
Que no le encuentre cerrado!

Pero aquesto no es de aqui.
Ya el Rey á la alegre vista
Del jardin baja, con toda
La gala y la bizarría
De la corte.   [*Dentro instrumentos.*
Lid.   Retirado
Será forzoso que asista;
Que, aunque soy quien soy, no tengo
Lugar.
Dant.   Deidades divinas,
Acabad de declararos
Por Irene ó por Aminta.

Salen los Músicos con instrumentos, el REY,
AURELIO, AMINTA, IRENE, NISE, FLORA,
LAURA *y* CLORI.

Aur. Aqui está Dante. Perdí [*aparte.*
La esperanza que traia
De lucir, porque me tiene
Siempre ganada la dicha.
Rey. No hay cosa, que no imaginen
Por tí las finezas mias,
Ni que sienta tanto,
Como tu melancolía.
Amin. Ya, señor, con experiencias
Siempre amantes, siempre finas,
Sé, que de galan y hermano
Te debo entrambas caricias.
Rey. ¿Es posible, que no sepa
Yo lo que te da alegría?
Amin. Nada, pues de mis pesares
Tus cariños no me alivian.
Iren. Desde que de aquella fiera,
Y aquel incendio en un dia
Padeció los sustos, no
Es mucho, señor, la aflija
Dellos la memoria.
Amin.   Es
Verdad; que á los dos rendida,
Se apoderaron de suerte
Del corazon ambas iras,
Que hasta ahora dudando estoy,
Si fue muerte, ó si fue vida
La que, cruel ó piadoso,
Me dió el que dellos me libra.
Rey. Dante, dueño desa accion,
Lo dirá.
Dant.   ¿Yo, qué hay que diga,
Sino que en doblados riesgos
Fueron dobladas las dichas?
Amin. Ya sé, que fueron dobladas,
Pues tambien á Irene obligan.
Iren. Eso es querer, que á mi parte
Me muestre yo agradecida.
Amin. No es; porque una dama, Irene,
Públicamente servida,
Como tú lo estás de Dante,
Hasta que el servicio admita,
Sin que lo agradezca.
Aur.   ¡Cielos, [*aparte.*
Muriéndome estoy de envidia!
Lid. Sufra este desaire el alma, [*aparte.*
Pues es fuerza quien soy finja.
[*Siéntase el Rey en medio, á su mano derecha Amin-
ta, y á la otra Irene, Flora y Laura al izquier-
do suyo, y Nise y Clori donde Aminta; Aure-
lio y Dante apartados, y los Músicos al paño.*
Rey. Ponga la música paz
Á vuestras cortesanías.
Clor. ¿Por qué tono empezaremos?
Flor. Sea el de aquella letrilla,
Que, por grave ó triste, suele
Ser de mas agrado á Aminta.
Mus. ¿Cuál mas infelice estado

De amor y desden ha sido,
Amar, siendo aborrecido,
Ó aborrecer, siendo amado?
Rey. La música da ocasion,
Pues que pregunta entendida,
Para responder; y asi
Volvamos todos á oírla.
Mus. ¿Cuál mas infeliz estado......?
               [Dentro un clarin.
Rey. Esperad; qué salva es esta?

        Sale un Criado.

Cria. Un bajel, que á nuestra isla
De paz llega á tomar puerto.
Rey. Pues salga quien le reciba,
Y sepa de donde viene,
Qué gente y qué mercancía
Trae.
Dant.   Id, Celio, pues os toca
Hacer de todo pesquisa.
Rey. Por qué á Celio?
Dant.   Porque yó,
Atento al favor de Aminta
Mas que al mio, con licencia
Tuya, le dí el alcaidía
Del puerto, y su atarazana.
Rey. Ha sido eleccion muy digna.
Lid. Beso tus pies.
Iren.   ¿Quién creyera, *[aparte.*
Que á esto Lidoro venia?
Amin. Esta es la primera accion,
Que os debo de agradecida.
Rey. Id pues, y con la respuesta
Volved; y en tanto repita
La letra la duda, puesto
Que da ocasion á argüirla.
               [Vase Lidoro.
Mus. ¿Cuál mas infeliz estado
De amor y desden ha sido,
Amar, siendo aborrecido,
Ó aborrecer, siendo amado?
Rey. Diga la primera Irene.
Iren. Aunque excusarme podia
De cuestiones amorosas
Mi inclinacion, mas bien vista,
Que del ocio de la paz,
Del furor de la milicia,
Con todo eso la cuestion
Tanto se me facilita,
Que me atrevo á entrar en ella;
Y digo, que es la desdicha
Mayor, el mas infeliz
Estado en su monarquía,
Aborrecer, siendo amado.
Rey. ¿Y tú qué dices, Aminta?
Amin. Yo no sé de amor tampoco;
Pero á saberlo, diria,
Que amar, siendo aborrecido,
Es la mayor tirania
De sus imperios.
Rey.   Tú, Flora?
Flor. La opinion de Irene tira
Mi afecto al aborrecer.
Rey. Nise?
Nise.   Al ser aborrecida.
Rey. Tú, Laura?
Laur.   Yo sigo á Irene.
Rey. Tú, Clori?
Clor.   Yo sigo á Aminta.
Mal. ¡Gran cosa es ser Rey de Chipre! *[aparte.*
¡Con qué llaneza platica
Las cosas de amor y zelos,
Casero con su familia!
Rey. ¿Y tú, Aurelio, qué eligieras?

Aur. Siendo forzoso que elija,
Amar, siendo aborrecido,
Dijo su Alteza, y seria,
Sabiendo yo su opinion,
Poca atencion no seguirla.
Rey. Y tú, Dante?
Dant.   En el ingenio
Nunca la atencion peligra;
Y asi, con aquesta salva,
No importa que la otra siga:
Aborrecer, siendo amado,
No hay cosa, que tanto aflija.
Mal. Pues á hombres de placer
Ningun lugar se les priva,
Esperad, que mi humor falta
Decir á lo que se inclina.
Aborrecer, siendo amado,
Es una ruindad indigna;
Amar, siendo aborrecido,
Grandísima bobería.
Y asi es mi opinion, guardando
Á toda dama justicia,
Que se aborrezca y se ame,
Tratándolas cada dia,
Á la fea, como á fea,
Y á la linda, como á linda.
Aur. Quita, loco!
Dant.   Aparta, necio!
Rey. Para la cuestion repitan
La copla toda, y esten
Los coros siempre á la mira,
Para que á las opiniones
Las glosas á un tiempo sigan.
Mus. ¿Cuál mas infeliz estado
De amor y desden ha sido,
Amar, siendo aborrecido,
Ó aborrecer, siendo amado?
Iren. Entre amar y aborrecer
No hay comparado ejemplar;
Pues trae dentro de su ser,
Quien aborrece, al pesar;
Pero quien ama, al placer:
Luego, si el que ama está hallado,
Y el que aborrece penado,
Bien de ambos, no solo infiero,
Cual sea el estado, pero
Cual mas infeliz estado.
Mus. Desdichado
Del que aborrece, si infiero,
No solo á otro comparado,
Cual sea el estado, pero
Cual mas infeliz estado.
Amin. Quien siendo amado, aborrece,
Ya el ser amado le aplace;
Mas quien ama, y no merece,
De amor la persona es que hace,
Del desden la que padece:
Luego, si aquel ha tenido
Un mal, el aborrecido
Dos, pues sin despique siente,
Y maltratado igualmente
De amor y desden ha sido.
Mus. ¡Ay del perdido,
Que sin dicha alguna siente
Verse postrado y rendido,
Y maltratado igualmente
De amor y desden ha sido!
Dant. Decir, que llega á lograr
Un bien quien se vé querer,
Es ruin consuelo, al mirar
Cuanta desdicha es deber
El que no puede pagar:
Luego aborrecer querido,
No solo dolor ha sido,

Mas tan infame dolor,
Que tengo yo por mejor
Amar, siendo aborrecido.

Mus.   Afligido
Viva entre desden y amor
El que aborrece querido,
Pues le estuviera mejor
Amar, siendo aborrecido.

Aur.   Supuesto que el deber no
Es culpa, en que desmerece
Mi amor, y mi amor faltó,
Siéntalo quien lo padece,
Que no he de sentirlo yo;
Y pues es rigor del hado,
Aborrecer obligado,
Digo, que es mejor partido,
Entre amar aborrecido,
Ó aborrecer, siendo amado.

Mus.   Culpe al hado
Quien infelice ha nacido,
Y se vé en el peor estado,
Entre amar aborrecido,
Ó aborrecer, siendo amado.

Amin.   Culpe al hado
Quien infelice ha nacido,
Y se vé en el peor estado
Entre amar aborrecido,
Ó aborrecer, siendo amado.
    [*Levántase Aminta, como furiosa.*

Rey.   Qué es esto, Aminta?

Amin.   No sé.
En mis penas divertida,
Me arrebató un sentimiento,
Una pasion, una ira.
Dejad, dejad las canciones;
Que, si á divertirme miran,
Mas me matan, que divierten.

Rey.   Hermana!

Todos.   Señora!

Iren.   Aminta!

Amin.   Dejadme todos, dejadme;
Nadie (ay infeliz!) me siga;
Mejor estoy á mis solas,
Pues mi mejor compañía
Solo puede ser mi pena.   [*Vase.*

Rey.   Seguidla todos, seguidla.
¿Qué mortal pasion, Irene,
Es esta?

Iren.   No sé qué diga,
Sino es, que á quien está triste,
Poco la música alivia,
Pues antes dicen que aumenta
Mas la pasion.

Rey.   Por su vida
No sé, Irene, lo que diera.

    Sale LIDORO.

Lid.   Bien puedo pedirte albricias.

Rey.   De qué?

Lid.   De que ese bajel,
Naó marchante de la India
Oriental, cargado viene
De plata, oro y piedras ricas,
Á hacer empleo en los frutos,
Que esta tierra fertilizan,
Con que ha de exceder tu reino
Á las comarcanas islas.

Rey.   Yo las albricias te mando,
Que llega á ocasion, que es dicha,
Pues puedo hacer con su empleo,
Que á la de Egnido se siga
La guerra; que he de morir,
Ó acabar de destruirla.   [*Vase.*

Lid.   ¡Qué al contrario ha de salirle   [*aparte.*

El empleo que imagina!

Aur.   Aunque de paso, no puedo
Dejar, Irene divina,
De decir, que mi esperanza
Aun vive.

Iren.   Mucho me admira,
Que aun para decirme eso
Al Rey le perdais de vista.
Id tras él, que importa mas,
Que mi amor.

Aur.   Bien me castigas.   [*Vase.*

Iren.   No mucho, pues que te dejo
Aquesa esperanza viva. —
Allí Lidoro ha quedado.   [*aparte.*
¡O si las ferias del dia
Dieran ocasion de hablarle!

Lid.   Allí quedó Irene. Dicha   [*aparte.*
Fuera, que hablarla pudiera,
Porque pudiera decirla
De donde la nao viene.

Mal.   ¿Ves estas penas de Aminta?   [*ap. á Dante.*
Pues tú, señor,......

Dant.   Ya lo sé,
Ya lo sé, no me lo digas;
Que pues nada me remedia,
No es bien que todo me aflija.
Ves aquel afecto? ¿Ves
Aquella pasion, que obliga
Á sentimiento á las piedras?
Pues menos tras sí me tira,
Que aquel helado desden;
Tanto, que en una accion misma,
Quiero oir mas aqui rigores,
Que allí ponderar caricias. —
Bellísima Irene, ¿cuándo,
Cuándo, apacible homicida,
Has de acabar de pagar
Con una muerte dos vidas?
¿Cuándo podrá el rendimiento
De un triste......?

Iren.   No, no prosigas;
Que para saber, que nunca
Han de ser menos mis iras,
No es menester que me tome
Mas tiempo, en que te lo diga.

Dant.   ¿Es posible, que no puedan
Hallar tantas ansias mias
Lugar en tu pecho?

Iren.   No.

Dant.   ¿Pues qué haré yo en que te sirva?

Iren.   Irte, sin decirme nada.
    [*Hace Dante una reverencia, y se va á hablar*
          con Lidoro.

Mal.   ¡Qué obediencia tan rendida!   [*aparte.*
No hiciera un novicio mas.

Dant.   Celio!

Lid.   Qué me mandas?

Dant.   Mira,
Amigos somos los dos,
Tus fortunas me lastiman,
Lastímente mis fortunas.
Á esa fiera, á esa enemiga,
Á esa Esfinge, á esa Sirena,
Áspid desta nueva Libia,
Ya que me cierra los labios,
La dirás de parte mia,
Que no me agradezca tanto
El mirarse obedecida,
Á vista de su desden,
Cuanto del amor de Aminta.   [*Vase.*

Mal.   ¿Y yo puedo decir algo?   [*á Irene.*

Iren.   Menos vos; idos aprisa.
    [*Hace reverencia, y se va hácia Lidoro.*

Mal.   Decid á aquesa señora,

Celio, tan desvanecida,
Que eso se merece quien
En el bosque y en la quinta
No la dejó en fiera y fuego
Ser vianda ó ser ceniza.
Lid. Grande dicha ha sido, Irene,
Que los cielos me permitan
Lugar de hablarte.
Iren.   Mia es,
Si es que es de alguno, la dicha,
Para que pueda tambien
En tí aprovechar mis iras.
Lid. Iras?
Iren. Sí.
Lid.   ¿Pues con qué causa
Conmigo tambien te indignas?
Iren. Dijísteme, que á este puerto
Hecho mercader venias
De joyas y de pinturas,
Unas bellas, si otras ricas,
Á fin de reconocer,
Siendo tú propio tu espía,
El modo de mi prision,
Para ver, cómo podrias,
Con el valor ó la industria,
Ó conquistarla, ó abrirla.
Añadiste á esto, que á Dante,
Autor de nuestras desdichas,
Venias á dar la muerte.
Dejo aparte aquella ruina
Del bajel, dejo, que fuese
Él quien te ampare y te asista,
Dejo, que le hayas pagado
El favor con mas altiva
Fineza, cuanto va á ser
Generosa una, otra pia;
Y voy á que, si ya en paz
Te han puesto sus hidalguías
Con él, y queda el rencor
Airoso, cómo no aspiras
Á vengarte, cómo, en vez
De darle muerte, te humillas
Á recibir beneficios?
Tú alcaide suyo?
Lid.   Oye, mira;
Que, si el poco tiempo que hay
En quejas le desperdicias,
Hará falta á lo que importa.
Sabe, Irene, sabe, prima,
Que ese bajel, que ha llegado,
Es tu padre el que le envia.
Por cabo dél viene Libio,
Con aquella intencion misma,
Que traje yo; que sabiendo
Mi pérdida, solicita
El Rey, que me juzga muerto,
Que otro en mi lugar te asista.
Preñado caballo griego
De máquinas exquisitas
De fuego, es Etna del mar,
Que, afectado por encima
De la nieve del contrato,
Encubre dentro la mina,
Que ha de reventar en Chipre
Pasmo, horror, asombro y grima,
Si ya no vence la industria
Antes que las armas. Mira
Ahora, si te está mal,
Que yo las llaves admita
Del puerto, y......

      Dentro A m i n t a.
Amin.   Dejadme todos;
No me siga nadie.

Lid.   Aminta
Viene alli.
Iren.   No poder siento   [*Vase.*
Responder agradecida
Á la nueva, y pues el mar
Con los jardines confina
Del palacio, y tú en él tienes
Dominio, á que no resistan
Las guardas, aquesta noche
En un esquife á su orilla
Ven; que yo te esperaré,
Como acaso divertida
En ellos, donde tratemos,
Antes que de la conquista,
De la fuga. Y sea la seña
Que te doy, porque podria
Ser, que otras damas esten
En los jardines,......
Lid.   Qué? Dila.
Iren. Porque sea mas callada,
Y de la noche mas vista,
Tener un lienzo en la mano;
Y asi, la que á la marina
Mas se acercare con él,
Soy yo.

     Sale A m i n t a *al paño.*
Lid.   Ya llega.
Iren.   Imagina,
Atrevido forastero,
Que el no quitarte la vida
Por mis manos, es, porque
No es tu bárbara osadía,
Capaz de tan gran castigo,
De tan noble muerte digna.
Amin. Qué es esto?   [*Saliendo.*
Iren.   Nada, señora.
Amin. Yo he de saber qué te obliga
Á dar esas voces.
Iren.   Oye,
Si saberlo solicitas.
Dile á quien tan atrevido
Ese recado me envia,
Que procure su intencion
Lograrla, mas no decirla;
Porque no la logrará,
Habiendo della noticia.   [*Vase.*
Amin. Menos lo he entendido ahora.
Lid. Pues no está obscura la cifra.
Criado de Dante soy,
Con sus favores me obliga
Á que de su parte á Irene
(No sé donde voy) la diga,
Que su intencion es, al Rey
Para su esposa pedirla,
Si ella da licencia. Á que
Me respondió enfurecida,
Que procure su intencion
Lograrla, mas no decirla;
Porque no la logrará,
Habiendo della noticia.
Amin. Dice bien, porque soy yo
Fiadora de que ofendida
No ha de ser desa violencia,
Cuando mi hermano la admite.
Asi lo decid á Dante,
Y añadid de parte mia,
Que hace bien en pretender
Con otros medios, si mira
Cuan poco los rendimientos
Á un ingrato pecho obligan.
Lid. Yo lo diré, aunque no sé,
Señora, como lo diga.

Amin. Por qué?
Lid.   Tampoco lo sé.
Amin. ¿Pues vos me hablais con enigma?
Lid. Si lo es mi vida, ¿qué mucho
Que de lo que es mio me sirva?
Amin. No os entiendo.
Lid.   Yo tampoco.
Amin. Hablad mas claro.
Lid.   Otro dia.
Amin. Por qué no ahora?
Lid.   Porque
Soy extraño en estas islas.
Amin. Para hablar importa?
Lid.   Sí.
Amin. Cómo?
Lid.   Como el fin peligra
De quien ignorado habla;
Que la razon mas bien dicha,
Por entendida que sea,
Se halla sin ser entendida.   [*Vase.*
Amin. Extraño estilo! No sé
Qué presume, qué imagina
El corazon, que parece
Que con rezelos me avisa,
Que aqueste extrangero es,
Si atiendo á la bizarría
De su accion primera, y luego
Á la de la amistad tan fina,
Mas de lo que dice. Pero
Que lo sea ó no, ¿qué quita
Ni qué pone á mi dolor?

Sale D A N T E.

Dant. Fuese Irene, y quedó Aminta. [*aparte.*
Mas si ambas son mis estrellas,
¿Qué me espanta, qué me admira,
Que la feliz sea la errante,
Y la no feliz la fija?
Amin. Dante, ¿cómo á este jardin,
Cuando ya la sombra pisa
La falda á la luz, entrais?
Dant. Como la luz de tu vista
Desmiente tanto la noche,
Que aun pienso que todo es dia.
Amin. Del academia debió
De sobrar esa poesía,
Y como cosa sobrada
La gastais conmigo.
Dant.   Indigna
Presuncion de un rendimiento.
Amin. Que casarse solicita
Todavía con Irene,
Á cuyo efecto la envia
Á tomar della licencia,
Para que al Rey se la pida.
Dant. Hartas causas de quejaros
Os han dado mis desdichas.
¿Para qué, si las hay ciertas,
Os valeis de las fingidas?
Tal licencia no he pedido.
Amin. ¿Luego causa hay, que la finja
Entre Irene y Celio?
Dant.   No
Os entiendo.
Amin.   No me admira;
Que yo tampoco me entiendo.
Mas para cuando él os diga
Lo que yo le dije á él,
Ved, que en confianza mia
Está Irene, y que palabra
La he dado de que yo impida,
Que el Rey sin gusto la cáse;
Y no juzgueis, por mi vida,

(Mal juramento!) que son
Mis zelos los que me obligan,
Sino la estimacion vuestra;
Que es mi voluntad tan fina,
Tan hidalgo mi dolor,
Tan noble la pena mia,
Que, porque ella no os desprecie
Tan cara á cara á mi vista,
Quiero yo, que de mejor
Aire su desden se vista,
Y no obligue una violencia
Á lo que un amor no obliga.   [*Vase.*
Dant. Sin duda que convino
Á la gran providencia
De los Dioses, hacer en mi experiencia
De cuanto el alto Júpiter previno
Extender los imperios del destino,
Pues con aqueste amor presagios tales
Me hizo objeto de bienes y de males;
Sin que puedan jamas males ni bienes
Lograr favores, ni decir desdenes.
¡O tú, estrella divina,
O tú, sagrada estrella,
Primavera, que en campos del sol huella
La esfera cristalina,
En cuyo influjo Vénus predomina!
¡O tú, trémula hermana
Del sol, ó imágen ya de la fortuna,
Que en el cóncavo espacio de tu luna
Incluyes soberana
El no pisado alcázar de Diana!
Hoy con vuestras centellas,
En quien el sol parece que ha quedado
Á pedazos quebrado,
Pues vuestras lumbres bellas
Nunca son mas que un sol quebrado á estrellas:
Decidme cada una,
Ó todas me decid, si á todas toca,
¿Cuál es aquella (ay triste!) que provoca,
Siempre infiel, siempre vil, siempre importuna,
El ceño contra mí de mi fortuna?
No quiero, que enemiga
Deje de ser; no quiero,
Que favorable contra el hado fiero
Se muestre; solo quiero, que me diga,
Por qué un amor á aborrecer me obliga?
Por qué un desden me obliga á que le adore?
Mas ay! que aun ella es fuerza que lo ignore;
Que aun á amantes querellas
Nunca razon han dado las estrellas.
Salir del jardin quiero.
Qué es lo que miro! En otra duda muero,
Si no tan rigurosa,
No ya menos penosa,
Si el riesgo en que me miro considero.
Ay de mí! El jardinero
La puerta me ha cerrado;
Que, creyendo que nadie sin el dia
Aqui estar osaría,
Su misma confianza le ha engañado;
Igual es el escándalo al cuidado.
Si á propósito un hombre dispusiera
Esta ocasion, ¿pudiera
Llegar nunca á logralla?
No; que solo se halla
Lo mas dificultoso á cada paso
Dispuesto en los descuidos de un acaso.
Si llamo, inconveniente
Es; si no llamo...... Pero alli anda gente.
Aun para discurrir tiempo me falta,
Y mi sombra (ay de mí!) me sobresalta.
Fuerza es que recatado
Espere á ver lo que dispuso el bado.

Salen Irene, Aminta *y las Damas.*

Iren. ¿Á estas horas al jardin
Vuelves, Aminta?

Amin. El silencio
De la noche me convida,
De las hojas y los vientos,
Á cuyo compas el mar,
Tranquilamente sereno,
Responde en blandos embates
La media razon del eco.
Parece que divertida
Á las lisonjas del fresco
Entre las flores y el agua
Me tienen mis sentimientos.

Iren. ¡O plegue á Dios, que Lidoro [aparte.
No venga (ay de mí!) tan presto!

Dant. Aminta, Irene y las Damas [aparte.
Son. Recáteme el rezelo
De ser sentido, y que piensen,
Que ha sido el acaso intento.

Flor. Pues ya que de aqueste sitio
Te agrada el divertimiento,
Quieres que cantemos?

Amin. No;
Que en la música no tengo
Alivio alguno; antes, Flora,
De mi tristeza el extremo
Se aumenta con la dulzura
De sus cláusulas.

Iren. Lo mesmo
De las cláusulas del agua
Dicen los que ese secreto
Observaron; y asi harás
Bien en retirarte presto,
Pues la experiencia es la misma.

Amin. Yo por contraria la tengo,
Pues aquella me entristece,
Y esta me divierte.

Iren. ¡Cielos, [aparte.
Sola esta noche la han dado
El mar y el jardin contento!

Nise. Pues ya que aqui de la noche
Aliviada estás, ¿qué haremos
Para divertirte?

Amin. Una
Cosa no mas apetezco.

Flor. Di, qué es?

Amin. Que me dejeis sola;
Porque si llorar pretendo,
Y suspirar, para el llanto
Y para el suspiro es cierto
Que el mar y el viento me bastan,
Pues son de mis sentimientos
El mejor amigo el mar,
La mejor lisonja el viento.

Iren. No quedas bien aqui sola.

Amin. Nunca yo sola me quedo;
Mis penas quedan conmigo.

Iren. Yo á dejarte no me atrevo;
(Y es verdad, por no dejarte [aparte.
En las manos de mi riesgo)
Que sola, triste y de noche,
Es dar al dolor esfuerzo.

Amin. Pues quédate tú conmigo.

Laur. Nosotras nos retiremos,
Ya que gusta deso Aminta.

[*Vanse las Damas.*

Dant. Aminta é Irene, cielos, [aparte.
Solas han quedado, y yo
Testigo de sus afectos.

Amin. Ya que has gustado quedarte
Conmigo, darte pretendo
Cuenta de mi mal; que, aunque

Tú no lo ignoras, sospecho,
Que comunicado pueda
Aliviar mi sentimiento.

[*Saca Aminta un lienzo, como llorosa.*

Iren. Lloras?

Amin. Sí; porque lo digan,
Irene mia, primero
Mis lágrimas, que mis voces.

Iren. Quita, por Dios, quita el lienzo
De los ojos, ni en la mano
Le tengas por instrumento
Desa flaqueza. — Ay de mí! [aparte.
Que si viniera á este tiempo
Lidoro, y viera la seña,
Todo estaba descubierto.

Amin. No hay cosa, Irene, que mas
Alivie á un rendido pecho,
Que el llanto; y pues has quedado
A servirme de consuelo,
No del consuelo me prives,
Pero bien haces, si advierto,
Que eres tú de mis pesares
La causa.

Iren. Mucho lo siento;
Pero no sé en qué; porque,
Si es Dante acaso el objeto
De tus tristezas, segura
Puedes de mí estar, supuesto
Que sabes que no le estimo.

Amin. Y aun ese es mi sentimiento,
Ver, que lo que estimo yo,
Nadie trate con desprecio.
¿Hay quien merezca tu amor
Mejor que él?

Iren. Nunca ví zelos,
Que se abatiesen á ser......

Amin. Irás á decir, terceros
De su agravio. No lo digas;
Porque no lo son, supuesto
Que el sentir yo su desaire,
Es nobleza de mi afecto.

Iren. Pues habrás de perdonarme,
Que, aunque lo sientas, no puedo
Dejar de decir, que á Dante
Con vida y alma aborrezco.

Dant. ¿Qué digan que mi albedrío [aparte.
Es mio, y usar dél puedo,
Cuando no puedo pagar
Este amor, ni aquel desprecio?

Amin. No digo yo, que le quieras;
Pero (ay de mí!) que no tengo
Aliento para decirlo.

[*Pónese el lienzo en los ojos.*

Iren. ¿Otra vez al llanto has vuelto?

Amin. No; que nunca le he dejado.

Salen Lidoro *y* Libio.

Lid. Silencio, Libio!

Lib. Al silencio
De la noche se lo di;
Que yo piso con tal tiento,
Que los pasos del valor
Parece que los da el miedo.

Lid. Con el esquife á la orilla
Solo te queda, y los remos
Fuera del agua, porque
No hagamos ruido con ellos,
En tanto que yo por esta
Playa en los jardines entro,
A ver, qué dispone Irene,
De quien ya la seña tengo.

Lib. En la orilla, dado cabo
A mi misma mano, espero,
Porque no pueda el esquife

Lid.   Apartarse.
           Hácia alli veo
Dos bultos, y si diviso
Á los trémulos reflejos
De la escasa luz la seña,
Irene es, pues con el lienzo
Parece que está llamando.

Iren. Que venga Lidoro temo,
Y con la seña se engañe.

Lid. ¿Qué, para llegar, rezelo?
Que el estar acompañada,
Puesto que la seña ha hecho,
Será de alguien que se fia. —
No dirás, que tarde vengo;
¿Pero qué mucho,......

Amin.   Ay de mí!

Iren. Y de mí tambien!

Lid.   ¿Si el viento
Me trajo de mis suspiros?

Amin. ¡Apenas á hablar acierto! —
Qué es esto, Irene?

Iren.   ¿Pues yo,
Señora, qué sé?

Amin.   ¡El aliento
Me falta!

Dant.   Un hombre salir
Del mar á la playa veo.

Amin. Hombre, quién eres? ¿Ó cómo
Aqui has entrado? Qué es esto?

Iren. No sé como (ay de mí!) pueda *[aparte.*
Poner á este mal remedio.

Lid. ¿De qué, Irene, tan turbada
Me recibes, cuando llego
Llamado de tí?

Amin.   No soy
Irene, y pues que ya advierto,
Que hay aqui mas intencion,
Cobre mi desdicha aliento.
Hombre, quién eres?

Lid.   No sé. —
Aminta es, viven los cielos, *[aparte.*
La que con la seña estaba.

Dant. Á salir no me resuelvo,
Hasta averiguar mejor
De todo el lance el empeño.

Amin. Traicion, traicion! Flora! Nise!
Laura! Clori!

Iren.   Á tus acentos
Pon silencio, si no quieres
Perder la vida á este acero. —
Lidoro, ya declarados
Estamos, y descubiertos.

Dant. Lidoro dijo? Qué escucho?

Iren. No hay sino que el valor nuestro,
Á pesar de la fortuna,
Apele al último esfuerzo,
Y lo que ha de ser mañana,
Mejor será que sea luego.
Y pues el esquife está
En la playa, y en el puerto
El bajel, no hay que esperar,
Sino dar la vela al viento.

Lid. Dices bien; y porque nada
Los dos por hacer dejemos,
Aminta ha de ir con nosotros.

Amin. ¿No hay quien me socorra, cielos?

Dant. Sí; que aqui está quien defienda
Tantos traidores intentos.

Lid. ¿De dónde, Dante, has salido
Á estorbar mi dicha?

Dant.   El centro
De la tierra me ha arrojado,
Para ser castigo vuestro.

          Sale L I B I O.

Lib. Fiado el esquife á la arena,
Á hallarme á tu lado vengo.

Lid. Entre tú é Irene, Libio,
Mientras yo el paso defiendo
Á Dante; llevad á Aminta
Al esquife.

Amin.   Piedad, cielos!

Iren. Ven, ingrata; que has de ser
Mi prisionera otro tiempo.

Amin. Flora! Nise! Clori! Laura!

Iren. Pondréte en la boca el lienzo,
Que te pusiste en los ojos;
Sirva de algo en mi provecho,
Pues tanto sirvió en mi daño.
         [Llévanla entre los dos.

Dant. Hoy verás, Lidoro ó Celio,
Castigadas tus traiciones.
          [Riñen los dos.

Las dos [*dent.*] Piedad, Dioses!

Lid.   Qué es aquello?

          Sale L I B I O.

Lib. Que el esquife, desasido
Del cabo que le dí á tiento,
Se ha alejado de la orilla,
É Irene y Aminta dentro
Solas, corriendo fortuna,
Fluctúan sin vela y remo.

Las dos [*dent.*] Socorro, Dioses!

Voces [*dent.*]   Traicion!

Todos. ¡Acudid, acudid presto!

Dant. ¿Cómo á socorrer sus vidas
Yo no me arrojo, supuesto
Que donde ellas son lo mas,
Todo lo demas es menos? —
No huyo de tu riesgo, pues
Voy á buscar mayor riesgo.   *[Vase.*

Salen el R E Y, A U R E L I O *y las Damas, y cria-*
dos con hachas.

Lib. Al mar se arroja.

Lid.   Tras él
Me echaré.

Lib.   Tente.

Rey.   Qué es esto?

Lid. No lo sé, señor; que yo,
Al ruido tambien, saliendo
Á correr las centinelas
Del baluarte del puerto,
Hasta aqui llegué, y lo mas
Que haber terminado puedo,
Es, que Aminta, Irene y Dante
En un esquife pequeño
Se han echado al mar.

Aur.   Yo destas
Embarcaciones me atrevo
Á tomar una, y seguirlos.   *[Vase.*

Lid. Yo tambien haré lo mesmo. —
Ven, Libio; que si una vez
El bajel cobro, y del puerto
Salgo, cobraré el esquife.   *[Vanse.*

Rey. No en vano, no en vano, cielos,
En sus estatuas me dijo
El oráculo de Vénus,
Que vendria á ser Irene
Escándalo de mis reinos.
Ya lo ví, pues que ya ví
Fieras, diluvios é incendios
Contra Aminta conjurados,
         [Ruido de tempestad.
Y ahora los elementos;
Pues embravecido el mar,

                                   63 *

Reconociéndola dentro,
El cielo á escalar se atreve,
Montes sobre montes puestos.
¿Qué es esto, hermosa Dejdades?
¿Hermosas luces, qué es esto?

Hablan en lo alto DIANA *y* VÉNUS.

Las dos. Nada las dos experiencias
Dijeron de tierra y fuego,
Y queremos ver, si dicen
Mas las del agua y del viento.
Rey. Ecos (ay cielo!) en el aire
Oigo; y pues no los entiendo,
Los sacrificios alcancen,
Qué quiere decirme el cielo;
Que pues nada la experiencia
Ha dicho de tierra y fuego,
Solicito, que me diga
Mas la del agua y del viento. *[Vanse.*

————

Descúbrese un bajel, y en él IRENE, AMINTA *y* DANTE.

Iren. ¡Piedad, Dioses soberanos!
Amin. ¡Socorro, Dioses inmensos!
Iren. Que embravecidos los aires,......
Amin. Que sañudo el mar soberbio,......
Iren. Deste mísero bajel......
Amin. Deste errado frágil leño......
Iren. La quilla toca á la arena,......
Amin. Y la gavia al firmamento.
Dant. Sola esta vez vino bien
Encarecido el proverbio,
Puesto que por las dos anda
El que anda el mar por los cielos.
Ni por tí pude hacer mas,
Irene, ni por tí menos,
Aminta, que despechado
Arrojarme á socorreros.
Y pues al borde del barco
Llegué (ay infelice!) á tiempo,
Que amotinadas las ondas,
Una es nube y otra es centro;
Ya que no puedo vencer,
Ya que contrastar no puedo,
Ni los embates del mar,
Ni las ráfagas del viento,
Con morir entre las dos,
Habrá cumplido mi afecto.
Iren. Por mas, Dante, que te mueva
En mi favor ese aliento,
Y á pesar de mis traiciones
Tu fineza haga ese esfuerzo,
No has de obligarme; y no tanto
Desta tormenta me alegro,
Porque amenaza mi vida,
Que mas que á tí la aborrezco,
Cuanto porque sé, que ya
Que muero mas su desden, muero
No dejándote á tí vivo.
Amin. Yo, Dante, al contrario siento,
Pues el riesgo de mi vida
Ni le estimo, ni le temo.
Pluguiera al cielo, que en mí
Quebrara la suerte el ceño,
Y vivieras tú, por quien
Gustosa mi vida ofrezco
En humano sacrificio
A la gran Deidad de Vénus.
Iren. Yo á la Deidad de Diana,
Porque muramos á un tiempo,
Y sea el mar de mí y de Dante
Sacrílego monumento.

Amin. Piedad, Dioses!
Iren.   Iras, Dioses!
Amin. Piedad, cielos!
Iren.   Iras, cielos!
[*Suenan instrumentos y terremoto.*
Dant. Iras pedis, y piedades,
Y á ambas parece que oyeron
Dioses y cielos, pues cuando
Brama el mar y gime el viento,
Dulces instrumentos suenan.
¿Quién vió en un instante mesmo
Cláusulas tan desiguales,
Como dulzura y lamento?
Mus. Dante, si quieres que el mar
Mitigue el furor soberbio,
Una de aquesas dos vidas
Has de arrojar á su centro.
Resuélvete, y sea presto,
Para que el mar serene y calme el viento.
Dant. Voz, que entre tormenta y calma
Oráculo eres tan nuevo,
Que nunca se vió de dos
Contrariedades compuesto,
Si de humano sacrificio
Está Neptuno sediento,
Y ha de ser víctima humana
Su culto, la mia te ofrezco.
Viva Irene, y viva Aminta,
Muera yo, que librar pienso
Á la una, porque me quiere,
Á la otra, porque la quiero.
Mus. Una ha de ser de las dos
La que elijas, por decreto
De los hados destinada.
Dant. No hay remedio?
Mus.   No hay remedio.
Resuélvete, y sea presto,
Para que el mar serene, y calme el viento.
Dant. ¡Ay infelice de mí!
¡En qué confusion me veo,
Entre aquel desden que adoro,
Y aquel amor que aborrezco!
Iren. ¿En qué confusion te ves,
Si es tan fácil la eleccion,
Cuando de mi inclinacion
Sabes el afecto? Y pues
Tanto te aborrezco, que es
Quererte dolor mas fuerte
Que la muerte, dame muerte,
Y cúmplase en mí el destino,
Porque no te quiero fino,
A trueco de no quererte.
Amin. ¿En qué confusion estás,
Si la eleccion facilitas,
Cuando ves, que en mí te quitas
Lo que tú aborreces mas?
Dame á mí muerte, y verás,
Que, cuando me mates, trato
Quererte, sin que el contrato
Altere mi amor; pues fiel
¿Qué hará en quererte cruel
La que te ha querido ingrato?
Dant. De dos afectos infiero,
Cielos, cual á cual prefiere;
Dar muerte á la que me quiere,
Es un desaire grosero;
Pues dar muerte á la que quiero,
Es un tirano rigor.
¿Qué harán mi amor y mi honor,
Cuando en tal duda se ven?
Dilo, amor.
Mus.   Viva el desden.
Dant. Dilo, honor.
Mus.   Viva el amor.

Iren. Darme á mí la vida es
Tan baja y tan vil accion,
Como ver la obligacion
Al lado del interes.
El tuyo es mi vida, pues
La quieres. Y siendo asi,
Nada recibo de tí,
Aunque la vida reciba;
Pues el querer que yo viva,
No es hacer nada por mí.

Amin. ¿Quién, cuando pudo obligar
De lo que quiso el rigor,
Tuvo en su mano su amor,
Y echó su amor en el mar?
Decir, que te pude dar
Nota de infamia en tu fama,
Es error; porque á quien ama
Todos airoso le ven,
Pues solo está airoso quien
Está airoso con su dama.

Dant. En dos mitades partido
Siempre el corazon ha estado,
De un desden enamorado,
De un amor agradecido;
Mas nunca (ay de mí!) ha tenido
Las dudas en que hoy le ven
Los hados. ¿Quién, cielos, quién
Me dirá en tanto rigor,
Qué elija?

Mus. Viva el amor.

Dant. Qué escoja?

Mus. Viva el desden.

Iren. ¿Si es que á obligarme te mueves,
Quieres templar mi fineza?

Amin. ¿Quieres con una fineza
Pagarme lo que me debes?

Dant. Sí.

Iren. Pues en discursos breves,
Dame la muerte.

Dant. Eso no;
Que amor tu ira me debió.

Amin. Dámela á mí, si á ella quieres.

Dant. Eso no; porque tú eres
A quien se le debo yo.

Iren. Poco en mí vas á lograr.

Amin. Nada en mí vas á perder.

Iren. Siempre te he de aborrecer.

Amin. Nunca yo te he de olvidar.

Iren. Tu honor se ofende en dudar.

Amin. En dudar tu amor tambien.

Iren. Muerte tus ansias me den.

Amin. Muerte me dé tu rigor.
Muera yo, y viva el amor.

Iren. Muera yo, y viva el desden.

Las dos. Y para que esten
Cielo y tierra suspensos,......

Mus. y ellas. Resuélvete, y sea presto,
Para que el mar serene, y calme el viento.

Dant. ¿A qué me he de resolver,
Partido entre dos extremos,
Si la que mas razon tiene,
La que tiene mas derecho,
Es la postrera que escucho,
Y la primera que veo?
¿Puedo yo arrojar á Irene,
Que es la vida en quien aliento?
No. Perdona, Aminta hermosa.
Mas no perdones tan presto;
Que, aunque resuelvo ser fino,
Ser ingrato no resuelvo.
¿Puedo yo arrojar á Aminta,
A quien tantas ansias cuesto?
No. Perdona, Irene bella.
Pero tú tampoco (ay cielos!)

Me perdones; que, por ser
Cortes, no he de ser sangriento.
Perder á Irene, es venganza;
Perder á Aminta, es desprecio.
Amor, desden, de una vida
Os doled, dadme consejo.

Mus. Resuélvete, y sea presto,
Para que el mar serene, y calme el viento.

Iren. Qué esperas, Dante?

Amin. Qué aguardas?

Iren. Si estás notando,......

Amin. Estás viendo,......

Las dos. Que, porque una no se pierda,
Pierdes á las dos á un tiempo.

Dant. Pues ya que he de resolverme,
Aqui piadoso, alli fiero,
Muera yo de enamorado,
Y no viva de grosero.
Perdóname, Irene; que antes
Es mi honor, que mi tormento.

Iren. ¿Esto es lo que me has querido? [*Llora.*

Dant. ¿Tú no me aconsejas esto?

Iren. Sí; pero hay consejos, que
No los dan los sentimientos
Para que se tomen; y una
Cosa es, contingente el riesgo,
Aconsejar yo, y es otra,
Que tú tomes el consejo.

Dant. Esta es la primera vez,
Que ví terneza en tu pecho.
Llorar sabes? Mucho sabes,
Pues lo guardaste á este tiempo.
Perdona, Aminta, que llora
Irene.

Amin. Yo te agradezco,
Que, aun para matarme, vuelvas
A mí. Y pues no me arrepiento
Del consejo que te he dado,
Échame al mar; que mas quiero
Morir alegre, que ver
A Irene triste, supuesto
Que tú has de sentir su llanto.

Dant. ¿Quién vió tan trocado afecto,
Como ver en un instante,
Pasando de extremo á extremo,
Quien por mí riyó, llorando,
Quien por mí lloró, riyendo?
Mucho supo la hermosura,
Que supo llorar á tiempo,
Y aun la que supo reir,
A fe que no supo menos.
De amado y aborrecido
Los dos pasiones padezco.
Aborrecido de muchas
Puedo ser, quién duda? Pero
Pocas hallaré, que me amen.
Y asi al amor me resuelvo
A coronar, no al desden;
Y digan de mí los tiempos,
Que falté á mi conveniencia,
Mas no á mi agradecimiento. —
Admite pues en tu espuma,
O sacra Deidad de Vénus,
La ingrata víctima humana
De Irene; sepulte el centro
En ella la ingratitud,
Porque no haya humano pecho,
Que juzgue á mejor vivir
Amando, que aborreciendo.

Al ir á arrojarla salen VÉNUS *y* DIANA
en lo alto.

Ven. Oye!

Dian. Aguarda!

Ven. Escucha!
Dian.   Espera!
Dant. ¿Qué quiere decirme el viento?
Mus. ¡Victoria por el amor!
        ¡Viva la Deidad de Vénus!
Dant. ¿Cómo, antes del sacrificio,
        Me da las gracias el cielo?
Ven. Como no ha querido mas
        De nuestra cuestion el duelo,
        Que llegar á la experiencia
        De si es el mas noble afecto
        De una hermosura el amor,
        Pues que es suyo el vencimiento.
        Y asi, serenado el mar,
        Vuelve al abrigo del puerto,
        Donde mi oráculo ya
        Ha prevenido el suceso,
        Para que, en vez de castigo,
        El Rey, al perdon atento,
        De Aminta esposo te haga
        Festivos recibimientos,
        Que ya desde aqui se escuchan,
        Diciendo á voces el eco:
Mus. ¡Victoria por el amor!
        ¡Viva la Deidad de Vénus!
Dant. Felice mil veces yo,
        Que no solamente veo
        Tranquilo el mar, de su espuma
        Bellísima Déidad, pero
        El mar de mis confusiones
        Tambien tranquilo y sereno.
Amin. La felicidad es mia.
Iren. Y mio solo el tormento.
Dant. A tierra, á tierra! Y digamos
        Todos con la voz á un tiempo:
Tod. y mus. ¡Victoria por el amor!
        ¡Viva la Deidad de Vénus!
[*Ocúltase el bajel con los tres, y descienden de lo alto*
        Vénus y Diana.
Dian. Confieso, que me has vencido;
        Pero no, Vénus, confieso
        En una errada eleccion
        La razon del vencimiento.
        Y para que no imagines,
        Que por desaire le tengo,
        Yo la primera he de ser,
        Que guie destos festejos,
        Con que el Rey recibe á Dante,
        La máscara, que han dispuesto
        Para las bodas de Aminta
        Las damas, mientras prevengo
        Otra experiencia, en que quede
        Victoriosa.
Ven.   Yo te acepto
        La lisonja ahora, y despues
        La competencia; y supuesto
        Que ayudar quieres, empieza
        Con la música, diciendo:

Salen dos Damas con máscaras y hachas, tó-
manlas tambien Vénus y Diana, y mientras
danzan y cantan la copla que se sigue, salen por
una parte el REY, AURELIO, MALANDRIN,
        LIDORO *y* LIBIO, *y por otra* IRENE,
        AMINTA *y* DANTE.

Mus. ¡Victoria por el amor!
        ¡Viva la Deidad de Vénus!
        Aves, fuentes, plantas, flores,
        Decidme en los ecos de vuestros amores,

        Para triunfar mas segura
        Una divina hermosura,
        ¿Qué afecto será mejor?
Mus. Amor;
        Pues él es el superior,
        Y el que al fin le está mas bien;
        Viva el amor, y muera el desden;
        Muera el desden, y viva el amor.
Dant. A tus plantas......
Rey.   No me digas
        Nada, ya de todo tengo
        Noticia, favorecido
        Del oráculo de Vénus;
        Y pues ella favorable
        Te es, ya en mí es fuerza el serlo.
        A Aminta le da la mano.
Amin. Logró mi fineza el cielo.
Dant. Dichoso yo.
Mal.   Que esa es dicha?
        ¿Casar con quien quieres menos?
Dant. Sí; que para dama es buena,
        Malandrin, la que yo quiero;
        Para esposa, la que á mí
        Me quiere.
Rey.   Y tú, hermoso bello   [*á Irene.*
        Prodigio de ingratitud,
        Con quien, prisionera, tengo
        La paz de Égnido segura,
        Pues ves, que de tus intentos
        Las traiciones no consigues,
        Y Lidoro, á mis pies puesto,
        Impedido de la Diosa,
        No pudo salir del puerto,
        A Aurelio le da la mano;
        Que has de vivir en mi reino
        Siempre prisionera.
Iren.   ¿A quien
        Tuvo mi favor en menos
        Que su fortuna, he de dar
        La mano? ¿Pero qué temo,
        Si quien á desprecios mata,
        Es bien que muera á desprecios?
Lid. Malogré de mi intencion
        Y de mi amor el efecto.
Dian. Pues para que se prosigan
        Las músicas y los versos,
        A que de embozo asistimos,
        A aplazarte otra lid vuelvo
        De ingratitud y de amor.
Ven. Vencérte tambien. ¿Pero
        Dónde ha de ser?
Dian.   En la Arcadia.
Ven. ¿Quién ha de ser el sugeto?
Dian. Amarilis, Ninfa mia.
Ven. ¿Adónde?
Dian,   A este sitio mesmo.
Ven. Juez?
Dian.   Este mismo auditorio.
Ven. Pluma?
Dian.   La de tres Ingenios.
Ven. Pues yo acepto el desafio,
        Fiada de que tambien tengo
        En Arcadia un Pastor Fido,
        Que ha de dar nombre á ese ejemplo.
Dian. Pues en tanto que se llega
        De aquella experiencia el tiempo,
        Pidamos perdon ahora,
        Con la música diciendo:
Tod. y la mus. ¡Victoria por el amor!
        ¡Viva la Deidad de Vénus!

XCIX.

LA SEÑORA Y LA CRIADA.

PERSONAS.

El Duque de Parma } viejos.
El Duque de Milan }
Crotaldo, hijo del Duque de Parma.
Fisberto, hijo del Duque de Milan.
Lisardo, criado de Crotaldo.

Celio, criado de Fisberto.
Floro, criado.
Fabio, viejo.
Perote, villano gracioso.
Un Alcaide.
Diana, Duquesa de Mantua.

Flor, sobrina del Duque de Parma.
Laura }
Porcia } criadas.
Silvia }
Gileta, villana.
Criados.
Acompañamiento.

JORNADA I.

Sale Crotaldo *vestido de negro, y* Lisardo *en trage de camino.*

Lis. Esto queda asi tratado.
Crot. La diligencia es mayor,
　Que pudo buscar mi amor,
　Que pudo hallar tu cuidado.
Lis. Tendrás en fin un criado,
　Ladron de casa, de quien
　Puedas fiarte.
Crot. 　　　　Está bien.
　Al punto te vuelve, y no
　Piérdas ocasion; que yo
　Hoy me partiré tambien,
　Pues la noche apenas fria,
　Envuelta en negro arrebol,
　Siendo homicida del sol,
　Acabará con el dia,
　Cuando en la presteza mia
　Iré á Mantua; que, aunque fuera
　Sexto de Abido, y hubiera
　El estrecho, le pasara,
　Pues mi fuego le abrasara,
　Pues mi llanto le excediera.
Lis. Poco hay que suplir en esto,
　Para hacer lo que has pedido;
　Pues que sin salir de Abido,
　En cualquiera estrecho, presto
　Navega un amante á Sexto.
　En fin no hay mas que saber,
　Que al jardin llegar, y ver,
　Si hay ocasion. Mas Flor viene.
Crot. Referirlo no conviene;
　Y pues sé lo que he de hacer,
　Vete presto, porque no
　Te vea Flor de camino.
Lis. ¡Plegue á Dios, tu desatino
　No venga á pagarle yo! 　　　　[Vase.
Crot. ¿Quién mayor tormento vió,
　Quién á mayor mal se ofrece,
　Quién mayor pena padece,
　Que el que se vió á cualquier hora
　Ausente de lo que adora,
　Y á ojos de lo que aborrece?

Sale Flor.

Flor. Crotaldo, ¿tan de mañana
　Levantado?
Crot. 　　　　Si lo está
　El sol de tus ojos ya,
　De cuya luz soberana
　Fui girasol, ¿no fue vana
　La pregunta?
Flor. 　　　　No, si arguyo,
　Y claramente concluyo,
　Que no es hoy en nuestro estado,
　El madrugar mi cuidado,
　Consecuencia para el tuyo.
Crot. Por qué?
Flor. 　　　　Porque tú rendido
　Al sueño, y yo desvelada,
　Yo en fin, como enamorada,
　Tú como favorecido,
　Estábamos bien.
Crot. 　　　　Si ha sido
　Argumento de un cuidado,
　Flor, el vivir desvelado,
　No es justo juzgarme, no,
　Tan dormido, porque yo
　Estoy muy enamorado.
Flor. Yo me erré, tú dices bien.
　Y mas, si no dices mas
　De que enamorado estás,
　Y callas cuerdo de quien.
Crot. Claro está, que es tu desden.
Flor. Mi desden, Crotaldo?
Crot. 　　　　　　Sí.
Flor. ¿Cómo puede ser, si aqui,
　Cuando mi amante te llamas,
　Amando mi desden, amas
　Solo lo que no hay en mí?
Crot. Aunque mas favorecido
　Esté el que está enamorado,
　Ha de estar desconfiado.
　Necio es quien se ha persuadido,
　Flor, á que vive querido.
Flor. Y necia es la que advertir
　No sabe, llegando á oir
　Tan desmayados afectos,
　Que hay muy distintos efectos
　Entre el hablar y el decir.
Crot. ¿Entre el decir y el hablar

Hay diferencia, si son
Los dos una misma accion?

Flor. Sí, la misma......

Crot.   Qué pesar!

Flor. Que hay entre el ver y el mirar;
Que el que vé, solo desdice
Ser ciego, y el que infelice
Mira, algun cuidado entabla;
Y asi dice mas el que habla,
Que el que siente lo que dice.

Crot. Es sofístico argumento;
Que si entre el mirar y el ver
Diferencia pudo hacer,
Ser con cuidado, yo siento,
Que el que menos mira atento,
Que el que menos decir pudo,
Vió y dijo mas, pues no dudo
Ciego y mudo al amor: luego
Vé mas el que está mas ciego,
Mas dice el que está mas mudo.

Flor. Bien pudiera responder,
Si mi tio no viniera,
Y tu padre.

Crot.   Y mal pudiera
Yo á tu razon atender.

Sale el Duque de Parma.

Duq. Mucho me alegro de ver
Á Flor, Crotaldo, con vos,
Porque tengo con los dos
Que comunicar.

Crot.   ¿Pues cuándo
No estoy, señor, adorando
Su beldad?

Flor.   Pluguiera á Dios! [*aparte.*

Duq. Ya sabeis la enemistad,
Que heredada hemos tenido
El Duque de Mantua y yo,
Porque el estar tan vecinos
Estos estados de Mantua
Y Parma, la causa ha sido
De tener entre los dos
Modernos bandos y antiguos,
Tanto, que los Potentados
De toda Italia, divisos
Y parciales, muchas veces
Para perderlos se han visto;
Cuyo amenazado horror,
Que estaba ya prevenido,
Al escándalo de mucho,
Se desvaneció en sí mismo;
Porque tomando la mano
El Pontífice, nos hizo
Amigos en la apariencia,
Mas no en la verdad amigos;
Que del odio á la amistad
Es difícil el camino.
Y asi, aunque cesó la guerra,
No cesó el fuego escondido
En los pechos; que un volcan,
Cuando no despide activos
Rayos un tiempo, á lo menos
Los guarda en su seno tibios;
Y la obediencia no pudo
Reducir á mas los brios,
Que entonces fue á retirarlos,
Y ahora á no descubrirlos.
Esto no es del caso; voy
A lo que importa. Hoy he oido,
Que Fisberto, ilustre jóven,
Del Duque de Milan hijo,
Casa en Mantua con la hermosa
Diana.

Crot.   Qué dices?

Duq.   Digo
Lo que en las lenguas del viento
Á voces la fama dijo.
Yo viendo, que de Milan
Á Mantua es este el camino,
Pues que no pueden pasar,
Si no es por estados mios,
Hospedándolos en ellos,
Mostrar cuerdo determino,
Que nunca el enojo noble
Ha de alterar el estilo
De la noble urbanidad,
Pues siempre blason fue digno
Del valor, ser mas corteses
Dos, mientras mas enemigos.
Fuera de que el de Milan
Siempre profesó conmigo
Grande amistad, y por él,
Y por los dos, solicito
Festejarla, cuando pase
Diana. Y asi te pido,
Crotaldo, que, como jóven
Tan airoso, tan lucido,
Tan galan, tan cortesano,
Y en fin hijo en todo mio,
Prevengas fiestas que hacerla.
Y tú, Flor, con este mismo
Fin, á tal huéspeda ten
Aposento prevenido
En tu cuarto; y en efecto
Los dos haced lo que os digo.
Y no los dos, como amantes,
Envidieis inadvertidos
Agenas glorias, que presto
Serán propias, pues ya he escrito
Por dispensacion, y hareis,
Al amor agradecidos,
Igual la dicha, pasando
Con el gusto que imagino
De envidiosos á envidiados.
Y á Dios os quedad. [*Vase.*

Crot.   ¡Qué he oido, [*ap.*
Cielos! Cielos, qué he escuchado!

Flor. Pésame de haberte visto
Tan perdido de color.

Crot. ¿Pues aqui qué causa ha habido
Para que yo el color pierda?

Flor. Que lo niegas imagino,
Porque son las causas dos,
Y es uno el color perdido.

Crot. Dos las causas? Cuáles son?

Flor. Aunque me pesa el decirlo,
Casar Diana con Fisberto,
Y tú, Crotaldo, conmigo. [*Vase.*

Crot. Pues te engañas; que son tres,
Añadiendo á las que has dicho,
Haber de ser quien festeje
Mi mismo pesar yo mismo.
¿Qué mariposa, batiendo
Las blancas alas de vidrio,
Que el sol ilumina á rayos,
Que el viento dibuja á visos,
Halagüeña con su muerte,
Cercos á la llama hizo,
Como yo, pues he de hacer
Festejos á mi peligro?
¿Qué flamante flor, que ser
Estrella del prado quiso,
Inclinando la cabeza
Al soplo del cierzo frio,
El malogro de sus hojas
Soborné con desperdicios,
Como yo, que, obedeciendo

Al cierzo de mis suspiros,
Ceremonioso he de hacer
Halagos á mi castigo?
¿Ó qué gusano, afanado
Con codicioso ejercicio,
Parca de su misma vida,
Labró su muerte hilo á hilo,
Cuando en la breve prision
Del acabado capillo
Fue su tumba su tarea,
Quedándose dentro vivo,
Como yo, que, trabajando
En festejar mi homicidio,
Ha de ser mi afan mi muerte,
Y mi labor mi martirio?
Pero ya que he de morir
Á manos de mi destino,
Flor, mariposa y gusano,
Antes que del fuego altivo,
Antes que del soplo airado,
Antes que del centro esquivo,
Sienta el abrasado ardor,
Padezca el desden impío,
Llore la prision obscura,
Ábrame el cielo camino
Para rondar mis desdichas,
Para halagar mis peligros,
Para festejar mi muerte,
Que es lo mas que solicito.   [*Vase.*

Salen por una parte GILETA, *y por otra* PE-
ROTE, *sin verse.*

Per. Si alguno en el mundo huere
Tan mezquino y desdichado,
Que namorado estoviere,
Y el remiendo saber quiere
De no estar enamorado,......
Gil. Si hobiere en el mundo alguna
Tan desdichada y mezquina,
Què dellamor la emportuna
Pesadumbre la mohina,
Y quiere mudar fortuna,......
Per. Véngase á mí, y le diré
Mijor que Ovillo, cual hue
El remedio dellamor,
Porque yo mucho mijor
Que el mismo Ovillo lo sé.
Gil. Á mí se venga; que yo
Sé un remedio, con que no
Se sienta mas desde alli,
Que es el mismo con que á mí
Ellamor se me quitó.
Per. Mas no quiero her desear
Á nadie una melecina
Tan rara y tan singular.
Gil. Mas no quiero escatimar
Vertud, que es tan peregrina.
Per. Sepan pues los que lo estan
El remedio de su afan,......
Gil. Oiga el que siente su llama,......
Per. Despósese con su dama.
Gil. Vélese con su galan.
Per. Esta es la mijor receta.
Gil. Esta (nadie se alborote)
Es la cura mas perfeta.   [*Vense.*
Per. Que asi hice yo con Gileta.
Gil. Que asi hice yo con Perote.
Per. ¿Á qué perpósito fue
El nombrarme, carillucia?
Gil. ¡Mal haya yo, que os nombré
Con aquesta boca sucia,

Sin por qué ni para qué!
¿Mas vos con qué intento aqui
Me pernunciásteis á mí?
Per. Por el cogote á hablar venga,
Luenga que os toma en la luenga,
Ya que os enojais asi.
Gil. ¿Pues por qué tan mal sofrido
Siempre conmigo heis de ser?
Per. ¿Por qué conmigo lo heis sido
Vos?
Gil.   Porque sos mi marido.
Per. Yo, porque sos mi muger.
Gil. ¿Pues cómo, antes de casaros,
Todo era resquiebrarme,
Pecilgarme, embelesaros,
Y como un bausan andaros?
Per. Como era antes de casarme.
¿Cuál dimoño os engañó
Para decir aquel sí,
Teniendo lo mismo un no?
Gil. Los que se andaban tras mí,
Para que os quijera yo.
Cual me decia de vos,
Que érais un ciervo de Dios,
Y que éramos de consumo
Ambos á dos para en uno,
Y aun somos para otros dos;
Cual que érades, me decia,
Muy sabido y pracentero,
Siendo un borrico á fe mia.
¿Pero qué casamentero
No engaña asi cada dia?
Per. ¡Y á mí qué no me dirian
De vos! ¡Que era oírlas habrar
Á cuantas á esto venian,
Y las cuentas que me hacian
Para poderlo pasar!
Vos teneis, dician, Perote,
La racion de jardinero
En pallacio, y ella en dote
Trae todo el ajuar entero,
Que pudiera un sacerdote.
Vueso suegro morirá,
Y su hacienda os quedará.
Con esto, y luego de aqui
Un poco, y otro de allí,
La gracia de Dios hará.
Traje vuestro dote á casa,
Que de una sarten no pasa,
Cuatro pratos, una artesa,
Una cama y una mesa;
¡Ved qué hacienda tan escasa!
Con lo cual la racion mia
Vine á partirla con vos,
Y lo que yo cada dia
Soldemente me comia,
Comemos entre los dos,
Sin que mi suegro se muera,
Y sin que de aqui ni alli
Mos venga un maravedi.
¿Pero qué casamentera
No suele engañar asi?
Gil. Pues buen remedio, Perote.
Per. Venga, y sea malo, Gileta.
Gil. Volverme todo mi dote,
Y darme......
Per.   Con un garrote
Vais á decir. Sos discreta,
Y lo haré, pues vos gustais.
Gil. Malos años para vos!
Ay, ay, ay!
Per.   De qué os quejais?
Gil. De que darme imaginais.
Per. ¡O mal magin os dé Dios!

Salen FABIO *y* LISARDO *de villano.*

Fab. Qué es esto? ¿Siempre ha de ser
Pendencias las que ha de haber
Entre los dos?

Per.   Sí; hay pendencias,
Porque no hay correspondencias
En mi suegro y mi muger.

Fab. ¿Pues qué teneis que sentir
De mí?

Per.   Qué? Veros vivir
Noventa; que no me vieran
Casado, si no dijeran,
Que os habíais de morir.

Lis. Y era buena condicion
Para puesta en escritura.

Fab. Ya, Perote, en conclusion,
Á vos y á Gileta el cura
Os echó la bendicion.
Basta, y ved, que he recibido
Un jardinero extremado,
Que á ayudaros he traido.

Lis. Vos seais muy bien hallado.

Gil. Vos seais muy bien venido.

Per. Gileta, no os toca á vos
Dar á nadie parabien.

Gil. No toque, válgamos Dios!

Fab. ¿Ir á hacer; no será bien,
Lo que habeis de hacer los dos?
Tú, Perote, ve á plantar
El cuadro, que dibujado
Quedó ayer, y tú á regar
Las calles, porque ha de estar
Barrido todo y regado,
Por si esta tarde tambien
Baja Diana al jardin,
Con tantas damas, á quien
Deben la rosa y jazmin
Nieve y púrpura.

Per.   Está bien,
Yo iré; mas Gileta aqui
No ha de quedar. — Cabo mí,
Gileta, que vayas quiero.

Gil. Á fe que es el jardinero   [*aparte.*
De los mas lindos que ví.   [*Vanse los dos.*

Fab. Ya, Lisardo, en casa estás,
Y ya ves á cuanto riesgo,
Por servir á tu señor,
La vida y lealtad he puesto.
Solo te pido, Lisardo,
De tanta fineza en premio,
Que en ningun tiempo me des
Por autor deste concierto;
Porque yo, siempre que lleguen
Las cosas á rompimiento,
He de decir, que no supe
Quien eras.

Lis.   Otra vez vuelvo
Á darte, Fabio, palabra
De mirar por tí primero,
Que por mí, que el riesgo tuyo
No facilita mi riesgo;
Fuera de que yo tambien
El mismo peligro tengo,
Pues, por servir á Crotaldo,
Hago tan grandes empeños.

Fab. Ellos son bien temerarios,
Pues estando los conciertos
De la boda de Diana
Ya efectuados, no entiendo,
Lisardo, lo que pretende
Crotaldo.

Lis.   Yo solo debo
Obedecer á mi amo,

Fab. Dices bien; y por no hacer
Sospechoso el trato nuestro,
Quiero dejarte, Lisardo,
Ten recato, y ten secreto.   [*Vase.*

Lis. ¡O lealtad de un fiel criado,
Á cuanto obligas, pues vengo
Á buscar con esta industria
En mi peligro el remedio
De otro amor! Pero ya en vano
Rezelo, dudo ni temo;
Que es excusado en el golfo
Volver á mirar el puerto.
Esta noche, por si acaso
Baja Diana á este bello
Paraiso...... Mas Gileta
Es.

Sale GILETA.

Gil.   Pardiez, que acá me vuelvo,   [*aparte.*
Porque me trae, sin querer,
Á verle este jardinero,
Que hoy ha venido.

Lis.   Informarme   [*aparte.*
De algunas cosas pretendo,
Y engañar esta villana,
Es facilitar mi intento. —
Gileta del alma mia,
Mil años os guarde el cielo.

Gil. Y á vos os guarde, señor,
Pocos son mil, mas de ciento.

Lis. En verdad que le debeis
Todo ese amor al que os tengo;
Que si no fuera por vos,
No hubiera venido, es cierto,
Á servir á estos jardines;
Por vos solamente vengo,
Porque ha días que os adora
El alma.

Gil.   Cierto?

Lis.   Y tan cierto,
Que podrá ser, que algun dia
Sea mi amor de provecho,
Y que servida os veais
Y estimada en otro puesto.

Gil. No en vano, pardiez, ellalma
No me cabia en el pecho
Desde el punto que os miré,
Pues sin paz y sin sosiego,
Si tienen las almas pulgas,
Pulgas en ellalma tengo.

Lis. Pagais, Gileta, mi amor,
Porque es mucho lo que os quiero.

Gil. Mucho?

Lis.   Sí.

Gil.   Yo á vos tambien.

Sale PEROTE.

Per. Yo á vos tambien? Malo es esto!

Lis. Vuestro marido.

Gil.   Id con Dios;
No os vea conmigo.

Lis.   Cielos!   [*aparte.*
Hoy veré, si la fortuna
Ayuda al atrevimiento.   [*Vase.*

Per. Gileta, ¿qué es lo que habraba
Con vos este jardinero
Rocinvenido?

Gil.   Decia,
Que donde estaba el jumento
De la noria.

Per.   Esperá un poco,
En tanto que lo concierto.

¿El jumento de la noria
Dó tiene su alojamiento?
Yo á vos tambien, no entra bien.
Por otra parte lo vuelvo.
¿Adónde, Gileta, está
Él de la noria jumento?
Yo á vos tambien, no entra bien.

Gil.   ¿Qué estais maliciando, necio?
Él dijo: decid, Gileta,
¿Dónde está, para sabello,
Él jumento de la noria?
Que á ir vos adonde yo vengo,
Yo os diria allá de todo
Cuanto buscárais. Á eso
Le dije: yo á vos tambien.

Per.   Pues si dijo todo esto,
Digo, que teneis razon,
Y que yo soy el jumento.
No os amotineis, Gileta,
Basten á los recobezos;
Que si va á decir vèrdad,
Como allalma misma os quiero.

Gil.   Si á eso va, yo á vos tambien.
Per.   Mijor entra aqui por cierto
El yo á vos tambien agora.
Gil.   Callad, y mientras yo enredo......
Per.   Mucho me quereis mandar,
Si he de gastar ese tiempo.
Gil.   Este jazmin digo, vos
Regad.
Per.   Cantemos.
Gil.   Cantemos.
Gil. [*cant.*] Zagal, que ninguno iguala,
Por su brio y su vertú,......
Per. [*cant.*] ¿Qué quieres, bella zagala?
Gil.   Que te vayas noramala.
Per.   Vete tú.
Gil.   Mas vete tú.

Salen DIANA y LAURA.

Laur. En esta verde esfera,
Donde hermosa tejió la primavera,
Con eleccion de flores,
Alfombras matizadas á colores,
Podrás, señora mia,
Divertir la mortal melancolía.

Dian. ¿Qué importa, (ay Dios!) que hermosa
Borde la primavera
La alfombra lisonjera
De jazmin y clavel, de nieve y rosa,
Perdiéndose felices,
Por hacer un matiz, muchos matices?
¿Qué importa, que los vientos,
Con sutil consonancia,
Harmonía y fragrancia
Confundan, siendo aromas é instrumentos,
Que hacen ruido sonoro,
Con cuerdas de ámbar, sobre trastes de oro?
¿Qué importa, que las fuentes,
Cuando yo llego á verlas,
Corran deshechas perlas,
Que en cláusulas y acentos diferentes,
El compas echen graves
Á la música diestra de las aves,
Si la varia hermosura,
Si las tejidas flores,
Si los dulces amores,
Si el viento alegre, si la plata pura,
Uniendo su belleza,
Todo es pesar en mí, todo es tristeza?
¿Nunca has visto una rosa,
De verde cielo estrella,
Que, ostentándose bella,
Al aire desplegó vanagloriosa

Las hojas ciento á ciento,
Ociosa vanidad de su elemento,
Cuya ambicion extraña
Gozarse en tiempo deja
De la oficiosa abeja,
De la enconosa araña,
Una y otra libando de su seno
Á un tiempo, aquella miel, esta veneno?
Asi en el harmonía
De la naturaleza
Saca el triste tristeza
Y el alegre alegría,
Que artifice cada uno de su suerte,
La flor lozana en su pasion convierte.

Gil.   Pardiobre, que yo he escuchado
Vuesa voz, y aunque no entiendo
Bien de arañas ni de abejas,......
Per.   Lo de las arañas niego.
Gil.   Vos teneis mucha razon
En tener tal sentimiento;
Y mas si es porque pretenden
Casaros, no os aconsejo
Que os caseis.

Laur.   Por qué, Gileta?
Gil.   Por mucho; mas oye aquesto:
Cria un padre una hija suya
Con grande recogimiento,
Guárdala del mismo sol,
Trata darla estado, y luego
Toda la guardada hija
Entrega á un hombre el primero
Dia que la vé, y la triste
Doncella, que aun no vió al cielo,
Dentro de la cama al novio
Le escucha el primer resquiebro.
¡Huego de Dios en la hacienda!

Per.   Aqui tengo yo mal preito;
El novio voy á buscar,
Para decirle esto mesmo.   [*Vase.*

Dian. Graciosa está la villana.
Gil.   Por muchas gracias que tengo,
Nunca me habeis dado nada.
Dian. Dices bien. Qué quieres?
Gil.   Quiero
Un vestido, que dijisteis
Que me daríais al tiempo
Que trataba de casarme.
Dian. Yo te le daré.
Gil.   Sea luego,
Que es darle dos veces.
Dian.   Laura,
Dale un vestido al momento
Á Gileta.
Laur.   Sí daré;
Mas con calidad, que puesto
Le ha de traer cuatro dias.
Gil.   Sí traeré, y aun cuatrocientos.
Dian. Qué dices?
Laur.   Con desatinos
Templar, señora, pretendo
Tus penas, fuera de que
No es nuevo en palacio esto
De dar á un trasto vestidos
Con la pension de traellos;
Y no dejará de ser
De algun entretenimiento.
Gil.   Con calidad de traerle
Me dan el vestido, y creo,
Que, si de no traerle fuera
La condicion, el concierto
Fuera mas infícil. Ya
Por ponérmele me muero;
Apostaré, que, en pensarlo,
En toda la noche duermo.   [*Vase.*

Laur. Ya que estás sola, señora,
Decirte una cosa quiero.
Ya sabes, que yo en Milan
Me crié, donde á Fisberto
Conocí. Pues esta tarde
Desde el balcon del terrero
Le he visto. Sin duda á verte
Ha venido de secreto,
Bien asi como solia
Crotaldo.

Dian.   No hables ya en eso.
¡Qué bien de todas las cosas
Dijo un celebrado ingenio,
Que tenian dos semblantes,
Uno malo y otro bueno,
Y que á la luz que las miran
Parecen bien! Mis afectos
Lo prueban; pues siendo una
La accion en los dos, pues siendo
Una en los dos la fineza,
Una estimo y otra siento;
Una agradezco, otra lloro;
Una admito, otra aborrezco;
Una adoro y otra culpo.
¿Mas qué mucho, si las veo
Una á la luz del amor,
Y otra á la luz del desprecio?

           Sale el DUQUE DE MANTUA.

Duq. Diana!
Dian.   Señor?
Duq.   Á buscarte
Á aquestos jardines vengo.
Un mercader ha llegado
Hoy á Mantua, que, sabiendo
De tus bodas, ha traido
El mas caudaloso empleo
En joyas, que ha visto el sol;
Y yo, como siempre atento
Á tu gusto vivo, he dado
Licencia, que entre aqui dentro,
Porque te quiero feriar
Las que tú escogieres. — Luego
Le decid que entre; que yo,
Porque al Duque escribir quiero
De Milan, no quedo á ver
Las joyas que escoges.   [*Vase.*

           Salen FISBERTO *y* CELIO.

Fisb.   ¡Cielos,   [*aparte.*
Pues todos juntos amais,
Dad favor á mis deseos!
Cel. Llega ya.
Fisb.   Á besar tu mano   [*de rodillas.*
Cobarde y turbado llego.
Laur. Señora!   [*aparte las dos.*
Dian.   Qué dices, Laura?
Laur. Que el mercader es Fisberto.
Dian. No te des por entendida.
Cel. Ciego estás.
Dian.   Alzad del suelo. —
Disimular me conviene.   [*aparte.*
Fisb. En las alas del deseo,
Si no en las del ciego Dios,
Confiado llego á vos
De hacer el mayor empleo,
Que busqué, señora, creo,
Para atreverme á llegar
Aqui, cuanto el singular
Planeta del oro encierra
En los senos de la tierra,
Y en las entrañas del mar.
Dian. Pues no sé si habeis venido
Á tiempo, que hacer podais

El empleo que esperais;
Porque yo (pierdo el sentido!)
De otras joyas, que ha traido
Igual artífice, creo,
Que satisfice el deseo,
Y anduve tan liberal,
Que no me quedó caudal
Para hacer segundo empleo.
Fisb. Verlas precios son bastantes
Destas joyas. Vedlas pues.
Dian. Qué es esta primera?
Fisb.   Es
Un Dios de amor de diamantes.
Dian. No hay amores tan constantes.
Tomad.
Fisb.   Ved esta extremada
Firmeza.
Dian.   ¿Por qué esmaltada
De negro, y con tal tristeza?
Fisb. Porque no fuera firmeza,
Si no fuera desdichada.
Un águila, que está viendo
Al sol, gran señora, es
Esta de esmeraldas; pues
El verde color entiendo
Que está aqui, como diciendo:
La esperanza es el crisol
De tanto hermoso arrebol.
Dian. Bastante disculpa alcanza.
Quédese con su esperanza
Quien solo ha de ver al sol.
Fisb. Un pelicano, que abierto
Tiene el pecho de rubíes,
En su sangre carmesíes,
Es este, que yace muerto
De su amor.
Dian.   ¡Qué mal advierto
Por los sangrientos despojos
De su pecho sus enojos!
Fisb. Por qué, señora?
Dian.   Porque
Mal en el pecho se vé
Lo que no se vé en los ojos.
Fisb. Pues tales las joyas son,
Que bien no han de parecer,
Aunque pensaba esconder
Esta caja mi atencion,
Ya es de enseñarla ocasion,
Descúbranla mis desvelos.
De zafiros, que á los cielos
El color hurtan sutil,
Es aqueste áspid gentil;
Que áspid y azul son los zelos.
Dian. Atrevido mercader,
Tambien la podeis guardar;
Que vuestra no ha de quedar
Ya ninguna en mi poder.
Mas joyas no he menester,
Enigmas de otros desvelos,
Cifras de otros desconsuelos,
Ni son dignas de mi honor
Joyas, que empieza el amor,
Y las acaban los zelos.   [*Vase.*
Fisb. Sin duda me ha conocido,
Pues desta suerte me ha hablado.
Cel. ¿Qué mucho, si tú has andado
Tan ciego é inadvertido,
Que, sabiendo que ha corrido
Voz de que aqui estás, señor,
La hablas asi?
Fisb.   ¿Ya en rigor
No se sabe, que ha de ser
Fuerza, que ha de suceder
Siempre á un error otro error?

Y pues el primero fue
(¡Qué curiosidad tan vana!)
No casarme con Diana,
Sin verla, no admires, que
Deste error muchos que haré
Se sigan, que desde aqui
Cesarán, pues ya la vi,
Y decir puede mi ardor,
Que he sido César de amor,
Pues que llegué, vi y vencí.
Hermosa la imaginé;
Mas no pudo, no, igualar
De mi idea el ejemplar
El objeto que admiré.
¡Feliz yo, que lograré
Su beldad! Que haber venido,
Y estar, ó no, conocido,
No importa; que no han dañado
Finezas de enamorado
Los méritos de marido.
Vamos á Milan, porque
Vuelva en público á lograr
La belleza singular
De tan merecida fe.
En alas del viento iré,
Aunque si el ir considero
Que es alejarme. ¡O ligero
Zéfiro, que á tí te igualas,
No me des para ir las alas,
Que para volver las quiero!

Salen GILETA *y* PEROTE.

Per. ¿No es hora de que salgais
Del jardin?

Gil. 　　Sin duda quieren
Quedarse á dormir, Perote,
Con nosotros sus mestedes.

Per. Con vos, vaya; mas conmigo,
Juro á ños, que tal no queden.

Fisb. Divertidos en mirar
Estos cuadros excelentes,
Nos detuvimos.　　　　　　[Vanse.

Gil. 　　　　Atranca,
Luego que fuera los dejes.
　　　　　　[Vase Perote.

Sale LISARDO.

Lis. Ya que el ave de la noche
Las alas nocturnas tiende,
Á cuya confusa sombra
Cadáver el mundo duerme,
Recorrer quiero el jardin,
Por ver, si el amor ofrece
La ocasion, que he procurado.

Gil. El jardinero es aqueste,
Que, con estar tan velada,
Tan desvelada me tiene.

Lis. Gileta, qué haces aqui?
¿No es hora de recogerte
Ya?

Gil. 　　Si hubiera de dormir,
Sí; mas quien ama no duerme.

Lis. Si fuera el dichoso yo,
Que ese cuidado te debe,......

Gil. Qué hiciérades?

Lis. 　　　　Te abrazara
En albricias muchas veces.

Gil. Pues empezad á abrazarme;
Que vos sois, aunque le pese
Á Perote.

Sale PEROTE.

Per. 　　Ya está echada [aparte.
La tranca, aunque me parece,
Que levantada estoviera

Mijor, sí, para molerles.
¡Ay honor, disimulemos! —
Gileta!

Gil. 　　Perote vuelve.

Lis. No os turbeis. — Dadme, Perote,
Los brazos.

Per. 　　　Él me parece,
Que se anda abrazando á roso
Y velloso.

Lis. 　　Bien se debe
Esto á nuestro parentesco.

Per. ¿Luego ya somos parientes?

Lis. Preguntó Gileta, como
Mi nombre, Perote, fuese,
Y apenas Benito dije,
Cuando ella dijo: de aquese
Nombre un primo tuve yo,
Que fue seis años ha, ó siete,
Á la guerra; y de uno en otro
Apuramos finalmente,
Que somos primos.

Per. 　　　　Carnales?

Gil. Pescadales soldemente
Bastará.

Per. 　　Porque Diana
He oído, que al jardin vuelve
Á tomar el fresco sola,
Como algunas noches suele,
Con sus Damas, y han mandado,
Que solo el jardin se quede,
Señor primo, no so agora
Mas largo en agradecerle
El primazgo.

Lis. 　　Dios te guarde.

Per. Ven, Gileta, á recogerte.

Gil. Á Dios, primo.

Lis. 　　　Prima, á Dios.

Per. Prega á Dios, que no me cueste
Caro el primo; que no sé
Que se me ha puesto en la frente.　[Vanse.

Lis. Viento en popa corre amor
En el mar de los desdenes;
Y pues á Crotaldo el cielo
Tan buena ocasion le ofrece,
Que baja al jardin Diana,
Á gozar dichoso llegue
La ocasion, y haga despues
Fortuna lo que quisiere.　　[Vase.

Salen DIANA *y* LAURA.

Dian. Nadie me siga, yo sola
Sobre el catre, que guarnecen
Los mullidos trasportines
De rosas y de claveles,
Recostada miraré,
Si el aura, que sopla alegre,
Si el cristal, que suena blando,
Si el jardin, que espira fértil,
Sueño infunden; que aunque es cierto,
Que el que está dormido muere,
En mí es al reves, que un triste
Solo vive cuando duerme.
　　　　　[Vase Laura.
Y puesto que ya estoy sola,
Troncos, hojas, flores, fuentes,
Si el viento os ha dicho alguna
Vez de cuantas se va y viene,
Que hay un triste en otra parte,
Preguntadle, si ser puede,
Que sienta mas que yo?

Sale CROTALDO.

Crot. 　　　　　　Sí;
Porque por tí y por él siente.

Dian. Válgame el cielo! qué miro?
¿Quién á esta hora desta suerte......?
Aqui......? Cómo......? Hablar no puedo.
¡Cuánto un temor enmudece!
Quién es?

Crot.   No te turbes, bella
Diana; que, aunque no puede
Quien es referirte,......

Dian.   Ay triste!

Crot. Podrá al menos responderte
Quien ha sido; que en efecto,
Muerto á sus pasados bienes,
Ya es cadáver de sí mismo
Un triste, que estuvo alegre.

Dian. ¿Crotaldo, tú en el jardin?
¿Pues cómo á pasar te atreves
El coto de aquellas rejas?
¿Á qué propósito emprendes
Tan vanas temeridades?
¿Qué solicitas, qué quieres,
Si ves, que, muertas á manos
De tantos inconvenientes,
Tus esperanzas (las mias,
Decir quisiera) fallecen?
¿Si sabes, que ya mi padre,
(No sé si á decirlo acierte)
Traidor alcaide de un alma,
Por trato (ay de mí!) la vende
Á ageno dueño? ¿Si miras,
Que te pierdo, y que me pierdes,
Qué quieres de mí, Crotaldo?

Crot. Que me escuches solamente;
Que, aunque otras veces te he dicho
Mis penas, y aunque otras veces
Las has escuchado, mudos
Testigos son estas redes;
Hoy por despedida, quiero,
Que aqui de todas te acuerdes,
Porque mi difunto amor
Solo este consuelo lleve
De que descansó al decirlas.

Dian. Di, Crotaldo, brevemente.

Crot. Haz tú breves mis desdichas,
Y haré yo mis quejas breves.
Un dia á Parma llegó
Un pintor tan excelente,
Que hurtó á la naturaleza
Los matices y pinceles,......

Dian. Ya sé, que por vanidad
De un arte tan eminente
Llevó retratos de cuantas
Hermosísimas mugeres
Tiene Europa, y que uno mio
Llevó, me has dicho otras veces.
No me digas lo que sé.

Crot. Si los amantes no hubiesen
De hablar siempre en lo que saben,
¿Qué tendrian que hablar siempre?
Delante del tuyo todos
Estaban, bien como suele
Confusa tropa de flores,
Mal pulidas y silvestres,
Ante la rosa su reina,
Que el caduco imperio tiene
De las flores.

Dian.   No te paren
Pinturas impertinentes.

Crot. Pintada te ví en efecto,
Porque mas victoria fuese
Rendirme asi, y al retrato
Le dije de aqueste suerte:

Bellísima deidad, que repetida
De uno y otro matiz vives pintada,

Bellísima deidad, que iluminada
De un rasgo y otro animas colorida,
¿Cómo, di, en esa lámina sin vida
Tienes mi vida á tu beldad postrada?
¿Cómo, di, en ese bronce inanimada
Tienes el alma á tu poder rendida?
Si nació con estrella tan segura
Tu dueño, y él no mas es señor della,
El influjo, que debe á luz mas pura,
Vuelve á tu original, o copia bella;
Que es mucha vanidad de una hermosura
Querer estar pintada con su estrella.

Dije; pero poco dije;•
Que no hay voces elocuentes,
Que á satisfaccion de un alma
Digan nunca lo que siente.
De un ardor en otro ardor
Me fui empeñando de suerte,
Que, sabiendo que á tus años
(Por siglos desde hoy los cuentes)
Se celebraban en Mantua
Unas justas excelentes,
Me atreví en ellas á entrar
Aventurero dos veces,
Una por la justa, y otra
Por mi peligro.

Dian.   Detente;
Aqui es bien, pues yo tambien,
Que no me olvido, me acuerde.
Al tiempo que ya en la plaza
Galan mi primo Don Felix,
Príncipe de Ursino, y cuantos
Ilustres Italia tiene,
Daban con las rotas astas
De uno en otro fresno fuerte
Flechas á amor, una trompa
Sonó.

Crot.   Yo seré mas breve:
Y sin padrino, calada
La sobrevista, en un fuerte
Bridon entré.

Dian.   Tan gallardo,
Que Vénus dudó que fueses,
Ó Adónis por lo galan,
Ó Marte por lo valiente.
Tres lanzas corriste, dando
En rotos pedazos leves
Tantos átomos al sol,
Cuantos en rayos enciende,
Pues las que suben astillas,
Vuelven ascuas, ó no vuelven.
Ganaste el premio, que fue
De oro un relox, que guarnecen
Mil diamantes.

Crot.   Y ofreciendo
El premio á tu sol luciente,
Con el trompeta otra vez
Me salí, sin conocerme.

Dian. Çesó la fiesta, y apenas
Á solas yo en mi retrete
Me ví con novedad, cuando
Dije al relox desta suerte:

Basilisco del tiempo, tú, que doras
Con la tez hoy del oro y los diamantes
El veneno, que á todos por instantes
Da la muerte, que á todos das por horas,
¿Cómo el punto que muestras, ese ignoras,
Pues no abrevias aquel, en que inconstantes
Influyen su rigor astros amantes?
Pero cuéntaslos tú, no los mejoras.
Si la casa de Vénus terminada
Quieres saber, o sabia astrología,

Yo en un relox la tengo señalada.
Tu astrolabio será la suerte mia;
Mira en mí, y el de un alma enamorada
El minuto, el instante, la hora, el dia.
Dije, y no mucho, pues mas
Sentí el no saber quien fueses.
Luego lo supe, porque
Laura me habló en tí.

Crot.   Detente;
Que á mí me toca decir,
Que mi cuidado prudente
Pudo grangear á Laura.

Dian. Á mí dirás, que rebelde
Al principio la escuché.

Crot. ¡Cuánto lloré tus desdenes!

Dian. Mas pudo (¿qué no podrán
Ansias de amor?) merecerme
Tu fineza algun cuidado.

Crot. ¡Cuánto estimé yo saberle!

Dian. Domesticado el rigor,
Recibí algunos papeles.

Crot. ¡Con cuántas almas escritos !

Dian. Y dí lugar, que pudieses
Hablarme por esas rejas.

Crot. ¡Con cuánto contento á vert:
Todas las noches venia,
Á pesar de inconvenientes!
Y plegue á Dios, que él me falte,
Si no le pedí mil veces,
Por no volverme sin tí,
Que alli me diera la muerte.

Dian. En este tiempo mi padre
Trató......

Crot.   Qué? Decirlo puedes.

Dian. De casarme con Fisberto.

Crot. ¡O qué rigurosa suerte!

Dian. Qué pude hacer?

Crot.   Lo que yo;
Que tambien mi padre quiere
Casarme con Flor, mi prima,
Y yo......

Dian.   Ay infeliz!

Crot.   Mil muertes
Antes me daré.

Dian.   Ay Crotaldo!
Eres hombre, y hacer puedes
Resistencias.

Crot.   Ay Diana!
Para hacer lo que no quieren,
No tienen mas privilegio
Los hombres, que las mugeres.

Dian. ¡O á qué mal tiempo me has dicho,
Que Flor ser tuya pretende!

Crot. No me has dicho tú á mejor,
Que Fisberto te merece.

Dian. Yo bien...... Pero aqueste ruido
Mi voz, Crotaldo, suspende.
Vete, por Dios, no te hallen
Aqui.

Crot.   Espera, oye, detente.
En qué quedamos?

Dian.   En que
Te pierdo, (ay de mí!) y me pierdes,
Y en que te suplico yo......

Crot. Qué?

Dian.   Que no vuelvas á verme.

Crot. No hay remedio?

Dian.   No le hallo.

Crot. Yo sí.

Dian.   Cuál es?

Crot.   Atreverse
Á todo.

Dian.   Cómo es posible?

Crot. Yéndonos.

Dian.   No me aconsejes
Tan á costa de mi honor.

Crot. Pues no me digas, que quieres
Tan á costa de mi vida.

Dian. Pena injusta!

Crot.   Trance fuerte!

Dian. ¿En fin, serás de otro dueño?

Crot. Yo lo seré, y tú lo eres,
Pues no te obliga mi amor.

Dian. No me digas mas, detente.
Pues mis zelos no me obligan,
Di á tu amor, que no se queje.
Para siempre á Dios, Crotaldo.

Crot. Diana, á Dios para siempre.

Dian. ¿Que no he de volver á hablarte?

Crot. ¿Que no he de volver á verte?

JORNADA II.

Sale GILETA *con el vestido, que sacó Diana
en la primera Jornada.*

Gil. Apenas ví escrarecido
El primer albor, y apenas
En su tocador el sol
Deshizo las rubias trenzas,
Cuando en el cuarto de Laura
Ya estaba. ¡Mal haya ella,
Que no me vistió hasta agora!
¿Qué dirá, cuando me vea,
Perote? Que con cuidado,
No he querido que lo sepa,
Hasta que me vea vestida
Con este sayo de tela.
Qué linda estó! Solo traigo
Una cosa que me pesa;
Y es, que Laura, por hacerme
Comprida toda la fiesta,
Tambien me lavó la cara
Con un betun, que se pega
Á las manos, y el pellejo
Me estira de tal manera,
Que parece que le importa
Que á otra cara mayor venga.

Sale PEROTE.

Per. Apenas el sol dorado
Dijo ox de aqui á las estrellas,
Y ellas como unas gallinas
Huyeron, cuando Gileta
Saltó veloz de la cama;
Y siendo mas de la media
Tarde ya, no ha parecido.
¡Pregue á Dios que por bien sea!
Este primo, que mos vino,
Sin saber por do mos venga,
Creo que deste relox
Es despertador. Dios quiera
No hacerle de campanada,
Pues basta que sea de muestra.
Ni ella, ni el primo parecen.
Mas esta es Diana; á ella
De Gileta he de quejarme,
Para ver, si lo remienda.
Y por no enturbiarme, no
La veré la cara.

Gil.   Fea
Hoy, cada cosa en su tanto,
Es la Diosa Viernes mesma.

Per. Déme á besar esa mano

Gil. Vuesa Altura ó vuesa Alteza.
Por Diana me ha tenido [*aparte.*
Perote, pues no me vea
Tan presto la cara. ¡O quién
Fengir gravedad sopiera! —
Tomad, Perote.
Per. ¡Pardiez, [*aparte.*
Que huele á cochambre esta
Como la de mi muger!
En fin las Ducas son hembras,
Y tienen sus humedades.
Gil. Decid, qué quereis?
Per. Quijera,
Que vuesa gran Duquería
Me remediara mis penas.
Gil. Cuáles son?
Per. Estó casado,
Y casado con Gileta,
Que es circonstancia que agravia.
Gil. Aqui es menester paciencia.
Per. Hásenos venido á casa
Un primo, que no nos deja
Comer ni dormir; y asi
Intento, con tu licencia,
Que, sin pedirla, no es justo,
Siendo la señora nuesa,
Anublar el matrimoño,
Porque probando la juerza,
Que me hizó el casamientero,
Que fue harta, por cosa cierta
Dice el lletrado, que es nublo,
Y quiero tocarle apriesa;
Y demas de aqueste primo
No hay en ella cosa buena;
Que es fea sobre borracha,
Mentecata sobre fea,
Puerca sobre mentecata,
Y atrevida sobre puerca.
Gil. Mentis como un maridillo
De por ahí, y que la lengua
Pone en su muger detras.
Per. ¡Por San Babiles, que es ella!
Gil. Craro está.
Per. Y haslo oido todo?
Gil. De pe á pa.
Per. Sin quedar lletra?
Gil. Nenguna, Perote.
Per. Pues
Lo dicho dicho, Gileta.
Y dejando en esta parte
Dimes y diretes, vengan
Dares y tomares. ¿Cómo
Vienen, y de qué manera
Aquesos hatos?
Gil. No quiero
Decirlo, por si te pesa.
Per. Pues daréte yo con el [*Pégala.*
Garrote, por si te huelgas.
Gil. ¡Ay qué gran bellaquería!
¡Ay qué grande desvergüenza!
Con el palo da al vestido
De la señora Duquesa.
Séanme testigos.
Per. Yo,
Cuando aqueso verdad sea,
Por la fruta, que está dentro,
Parto la cáscara fuera.
Gil. Dadla, no importa. El vestido
Se quejará á su Excelencia,
Que le tratais desta suerte.
Per. ¿Luego es el suyo en conciencia?
Gil. Él mismo.
Per. Ya arrepentido,
De haberle dado me pesa.

¿Pero cómo á tu poder
Hoy ha venido?
Gil. Ella mesma
Me lo dió.
Per. Cuando ella juese
Quien te le diese, Gileta,
¿No fue gran descortesía
Ponértele?
Gil. No; porque ella
Con calidad me le dió
De que puesto le trajera.
Per. ¿Vestido de muesa ama,
Y con calidad expresa
De traelle? Eres juglara?
Gil. Qué es juen clara?
Per. Pracentera.
Gil. Qué es praza entera?
Per. Presona
Entretenida.
Gil. ¿Y qué es esa
Entretenida?
Per. Bufona.
Gil. ¿Quiéreslo mas craro, bestia?
Gil. Ni aun tanto.

Salen DIANA *y* LAURA.

Laur. Si no te ries,
Imposible es tu tristeza
De divertir.
Dian. Tu argumento
Es fuerte, nada te niega
Mi dolor.
Laur. Está extremada
Con el vestido Gileta.
Gil. Señora!
Laur. Por la merced
Besa la mano á su Alteza.
Gil. Béseme ella á mí la mano;
Que vestida de oro y seda,
Aunque me llaman bufona,
Tan Duca soy como ella.
Dian. ¿Qué digas que puede dar
Gusto frialdad como esta?
Laur. Al que está triste, nada hay,
Señora, que le divierta.
¿Pero qué hay perdido en esto?
Per. Solo el juicio de Gileta,
Y él es, señora, tan poco,
Que no importa que se pierda.
Gil. Él es mas, que mereceis
Dian. Vos descalzar.
Per. Salios fuera
Á reñir.
Per. Para reñir
Aqui estamos bien.
Dian. ¿Qué pena
Es la que me aflige?
Laur. Idos;
Que está triste la Duquesa.
Per. Yo me iré. Tú no te vayas;
Que para ahora son, Gileta,
Las bufas, enjerce! [*Vase.*
Gil. No sé qué es, á buena cuenta,
Digo que mientes, y voyme,
Porque mi afrento me lleva
Hasta encontrar con Benito,
Para que hermosa me vea. [*Vase.*
Laur. Ya estás sola. Dime ahora,
Bella Diana, ¿qué nueva
Ocasion dan tus pesares,
A que de nuevo los sientas?
Dian. Aunque no ves añadir
Nueva causa á mi dolor,
Como puede ser mayor,

Laura, te quiero decir.
¿Nunca has llegado á advertir
Una hoguera, en que está ciego
El humo, aventarse, y luego
Alzar grande llama, y no
Porque el fuego se añadió,
Sino porque se vió el fuego?
Yo asi el tiempo que obligada
De Crotaldo y asistida
Viví, viví enmudecida;
Hoy, (ay de mí!) que olvidada
Muero, muero declarada;
Mis cenizas su rigor
Sopló, avivando el ardor,
Mas no añadiéndole: luego,
Aunque no es mayor el fuego.
Puede parecer mayor.
Bien pensé, que no pasara
Aquella galantería
De una libre fantasía,
Que en sí misma se acabara;
Bien pensé, que no tocara
En mas, que ser liberal
Galante afecto leal;
Bien pensé,...... ¿Mas para qué
Digo tanto bien pensé,
Puesto que pensé tan mal?
Y baste decir, que al ver
Se sigue luego el mirar;
Del mirar, el preguntar;
Del preguntar, el saber;
Del saber, agradecer;
Del agradecer, venir
Á hablar; del hablar y oir
Á sentir; porque en rigor
Es toda la edad de amor,
Desde el ver hasta el sentir.
En este estado vivia,
Cuando mi padre trató
Casarme en Milan, y yo
Prudente le obedecia;
Que aunque á Crotaldo queria,
Como Crotaldo me amaba,
Y verme casar lloraba,
No via mi mal cruel;
Que verle sentir á él
Por consuelo me bastaba.
Entró una noche hasta aqui,
Amante me persuadió
Mil locuras, á que yo
Constante le respondí.
Yo rogándole, (ay de mí!)
Que en su vida no me viera,
Le despedí ingrata y fiera.
¡Mal haya, mal haya, amen,
Quien manda una cosa á quien
No quisiera que la hiciera!
Digalo yo, que he llorado
El ver que me obedeció,
Y en su descuido nació
Segunda vez mi cuidado.
Cuando rendido y postrado
Él lloró, gimió y sintió,
Consuelo mi pena halló;
Mas ya que no (hado cruel!)
Siente, gime y llora él,
Lloro, gimo y siento yo.
Y asi estoy determinada......
Pero qué digo? No estoy; [aparte.
Que en efecto soy quien soy.
Detente, lengua turbada,
Porque no ha de saber nada
Laura. — Este en efecto ha sido
El nuevo ardor, que he sentido,

No porque fuego se ha echado,
Sino que arde hoy declarado,
Y humeó ayer en escondido.
Laur. Propia condicion del bien,
Señora, es no conocelle.
Dian. Hasta cuándo?
Laur.   Hasta perdelle.
Dian. Ahora sí has dicho bien;
Pues yo no supe...... ¿Mas quién
Hace en esas hojas ruido?
Laur. Fabio el jardinero ha sido.
Dian. Obre mi pena cruel,
Déjame, Laura, con él;
Que quiero (en vano he temido)
Reñirle, para saber,
Como Crotaldo aqui entró,
Y si otras noches llegó.
Laur. En todo he de obedecer.   [*Vase.*

          Sale F A B I O.

Dian. ¿Qué dudo, si esto ha de ser?
No me acobardes ahora,
Honor; que quien firme adora,
En nada ha de reparar,
Y mas si se vé olvidar. —
Fabio!
Fab.   Qué mandas, señora?
Dian. Muy enojada con vos
Estoy.
Fab.   Y yo muy turbado
De haberte (ay de mí!) escuchado.
Dian. ¿Qué hombres son......
Fab.   Válgame Dios! [*ap.*
Dian. Los que algunas noches ha
Entraron á este jardin?
¿Con qué intento ó á qué fin
Abierta su puerta está,
Sabiendo que suelo en él
Estar yo?
Fab.   Señora, yo
(Lisardo á perder me echó) [*aparte.*
Solo sé, que soy fiel
Criado tuyo, y que seria,
Digo yo, algun jardinero,
Si hay aqui alguno.
Dian.   No quiero
Que os disculpeis este dia;
Para lo que yo he pensado,
Fabio, yo que vos me sirvais,
Disculpas no prevengais;
Que os he menester culpado.
Fab. No os entiendo.
Dian.   Pues yo sí
Os entiendo, Fabio, á vos.
Solos estamos los dos;
Yo sé, que entra gente aqui,
Y que vos quien son sabeis,
Que vos el paso les dais,
Que la puerta les guardais,
Y que espaldas les haceis.
Y pues disculparos no
Podeis, y pues esa puerta
Para que otro entre está abierta,
Estélo para que yo
Salga tambien, advirtiendo,
Que habeis de ir donde yo fuere;
Que valerse de vos quiere
Mi osadía, porque entiendo,
Que asi el riesgo facilito;
Pues ayudarme hoy es bien
Para un delito de quien
Es cómplice en el delito.
Y pues ya la noche fria
Con desmayado arrebol

Da prisa, diciendo al sol,
Que se vaya con el dia,
Aquesta joya tomad.
Dos caballos prevenidos
Haya en el parque escondidos.
Obedeced, y callad;
Porque mi resolucion,
De vos valiéndose asi,
Intenta hacer desde aqui
Lealtad la que era traicion.
Esto no salga de vos,
Pues á callar os convida
Mi opinion y vuestra .vida ;
Cuidado y secreto. A Dios.　　　　　　[Vase.

Fab. ¿Qué es lo que pasa por mí?
Diana, que fui yo, ha pensado,
Quien paso á Crotaldo ha dado ;
Y ha pensado bien, pues fui
Quien á Lisardo le dió;
Y que de mí se fia, arguyo,
Como confidente suyo.
¿Qué hare en este lance yo?
Si descubro su secreto,
Es solicitar mi muerte;
Si le encubro, es caso fuerte
Lo que encubro. Extraño aprieto!
Á Lisardo he de buscar,
Para darle cuenta desto ;
Mas no sé donde, supuesto
Que hoy no le he podido hallar. —
Perote !

Sale PEROTE.

Per. 　　　　Qué hay?
Fab. 　　　　　　¿Sabes, di,
Adonde Benito está ?
Per. Gileta te lo dirá.
Fab. Gileta lo dirá?
Per. 　　　　　　Sí;
Que es su primo muy amado.
Fab. ¡Qué excusado impertinente!
Per. ¿Qué mucho, siendo el pariente
Subsidio, que sea excusado?
Fab. Qué puedo hacer? ¿Mas qué dudo 　[aparte.
Hacer lo que debo yo?
Diana de mí se fió,
Cuando de otros muchos pudo.
Pues que he de ayudarla es llano,
Y es el mas honrado acuerdo ;
Pues si un Duque en Mantua pierdo,
Otro Duque en Parma gano. —
Oyes, Perote?
Per. 　　　　Señor?
Fab. Aunque tan obscura viene
La noche, que el ceño tiene
Lleno de sombras y horror,
Me importa esta noche ir
Fuera de aqui. Haz por tu vida,
Que esté toda recogida
La gente, por si salir
Al jardin quiere Diana.
Y á Dios; que de priesa estoy,
Y no me esperes por hoy. 　　　　[Vase.
Per. Yo? No haré, ni aun por mañana,
Ni aun por esotro en conciencia ;
Antes de verte ir me alegro,
Porque no es alhaja un suegro
Para contarle la ausencia.

*Salen algunos, vestidos de villanos con espadas
y pistolas, y entre ellos* CROTALDO *y* LISARDO.

Lis. Pues que tan de noche es ya,
Bien puedes entrar conmigo.
Per. Quién va allá ?

Lis. 　　　　　　Perote amigo,
Deteneos.
Per. 　　　　　Quién va allá?
Lis. Benito; quién ha de ser ?
Per. Señor y primo? Qué error!
¿Hoy que mi suegro y señor
Os ha habido menester,
No venis en todo el dia?
En verdad que muy inquieta
Habeis tenido á Gileta,
Vuesa prima y muger mia.
Lis. Tuve cierto inconveniente.
Per. Quién viene con vos?
Lis. 　　　　　　Ha sido
Un deudo, á verme ha venido.
Per. ¿Luego ya hay otro pariente?
Crot. Y que desde aqueste dia
Muy vuestro amigo será.
Per. ¿Han vido lo que se va
Creciendo la alcurnia mia?
Vo á decir á mi muger,
Que hay otro primo en campaña,
Que venga á abrazarle. ¡Extraña
Familia debe de ser! 　　　　　　　[Vase.
Crot. No pudimos excusar
El verme.
Lis. 　　　　　No importa nada.
Pero ya que en este trage,
Bien como el sol entre pardas
Nubes, tantos resplandores
Disimulas y disfrazas ;
Ya que dentro del jardin
Tener ocultas me mandas,
Para los dos prevenidas,
De acero y de fuego armas ;
Ya que á su puerta has dejado
Criados, que las espaldas
Te guarden, y en ese parque
Una carroza emboscada:
Dime, señor, qué es tu intento?
¿Para hablar hoy á Diana,
Despues de seis ú ocho dias,
Que de los jardines faltas,
Has habido menester
Hacer prevenciones tantas?
Crot. Ay, Lisardo, á mas empeño
La ambicion de mi amor pasa,
Á mas riesgos se despeña,
Y mas peligros le arrastran ;
Que el doliente, de cuya vida
Imposible es la esperanza,
De otro imposible ha de hacer
Contraveneno á sus ansias.
No quise decirte, cuando
Te llamé aquesta mañana
Á aqueste fuerte, que está
De Mantua y Parma á la raya,
Cuando te dije, que hicieras
La prevencion de las armas,
Y cuando traje en efecto
Esa gente, que me aguarda,
La causa, porque tú entonces
Dificultades no hallaras ;
Pues aunque buenos, no fueran
Tus consejos de importancia.
Ahora sí te diré
De mis intentos la causa ;
Porque dentro del peligro
Es necio quien le repara;
Que una cosa es prevenirse,
Visto desde afuera, para
No entrar en él, y otra cosa
Es dentro dél cara á cara
Mirarle, para salir

Dél con valor ó con maña.
Destos dos estados pues,
Lisardo, en el que te hallas,
Es en el de mirar como
Hemos de salir, pues basta
Decirte, que en él estamos,
Con tan grande, tan extraña
Resolucion, que no hay otro
Medio para mi desgracia,
Que morir, pues que no habemos
De volverles las espaldas.
Yo adoro á Diana, amigo,
De tal suerte, que es Diana
El aliento de mi vida,
La inspiracion de mi alma:
Luego no vivo sin ella;
Y mas cuando con tirana
Accion otro dueño tome
Posesion en mi esperanza.
Decirme, que el tiempo puede
Hacer, que llegue á olvidarla,
Es delito, no consejo.
¡O mal haya, amen, mal haya
El primero, que asentó
Tan vil, tan torpe, tan baja
Proposicion, como hacer
Argumento de que haya
Consuelo jamas de ver
En otros brazos su dama!
Miente quien dice, que hay
Olvido; la prueba es clara;
Que si amor es una estrella,
Que influye en mí esta tirana
Pasion, y esta estrella siempre
Está en el cielo clavada,
¿Cómo faltará mi amor,
Mientras mi estrella no falta?
Y siendo asi, que es forzoso
Que un hombre con ella nazca,
Es forzoso que con ella
Muera: luego es ciencia vana,
Que lo que hoy ha sido amor,
Ser pueda olvido mañana.
Y asi intento aquesta noche,
Pues no puedo sin Diana
Vivir, morir de una vez,
Y no, Lisardo, de tantas.
Á cuyo efecto he dejado
Dese bosque entre las ramas,
La carroza, y á sus puertas
La gente, que me acompaña.

Lis. ¿Qué es lo que habemos de hacer?
Crot. Lisardo amigo, robarla.
No me repliques; ya sé,
Que vas á decir la extraña
Enemistad, que han tenido
Nuestra sangre y nuestras casas;
Que teniendo en esta accion
Quejoso á Milan y á Mantua,
Ha de quedar destruida,
Sin defensa alguna, Parma.
Todo lo tengo mirado,
Y todo no importa nada,
Como á Diana no pierda;
Pues logrando yo á Diana,
Con ella, todo me sobra,
Sin ella, todo me falta.

Lis. Á tanta resolucion
No he de responder palabra,
Sino morir á tu lado.
Mas permite, que te haga
Sola una pregunta.

Crot. Di.

Lis. ¿Está Diana avisada

De que tú la esperas?

Crot. No.

Lis. ¿Luego no es su gusto que hagas
Esta violencia?

Crot. Es asi.
Mas no temo su desgracia.

Lis. Cómo?

Crot. Como cuantas veces
Pedí esta licencia, tantas
Llorando me la negó;
Y supuesto que lloraba
El no dármela, Lisardo,
No me llorará el tomarla.
Y en fin, si, como otras noches,
Esta noche al jardin baja,
Perdonará su respeto,
Que, aunque le tiene quien ama,
Tal vez quien ama le pierde.

Lis. Si las sombras no me engañan,
La puerta á la galería
De su cuarto abren.

Crot. Dos damas
Salen al jardin.

Lis. Serán,
Sin duda alguna, ella y Laura.

Crot. Encubrámonos los dos
Entre estas espesas ramas,
Hasta asegurarnos bien
De cual es. [*Retíranse al paño.*

Salen DIANA *y* LAURA.

Dian. ¡O noche, ampara, [*aparte.*
Pues de los hurtos de amor
Eres ya nocturna capa,
El mio! — ¡Qué blandamente
Hiere en las hojas el aura!

Laur. ¡Y qué bien suena en las fuentes
Su apacible consonancia!

Crot. Las dos son. [*al paño.*

Lis. Bien las dos voces
Conocí.

Crot. Solo nos falta
Reconocer destas dos
Cual es Diana, y cual Laura;
Que fuera muy bueno errarlo,
Sobre prevenciones tantas.

Lis. No lo presumas, y deja
Ese engaño allá á las farsas.
Acerquémonos un poco.

Dian. Laura!

Laur. Señora, qué mandas?

Dian. Por ver, si de mis tristezas
Puedo divertirme, llama
Los músicos. Oyes? Mira. —
¿Qué haré yo para engañarla, [*aparte.*
Y que se detenga mas?

Crot. ¿Ya á qué evidencia mas clara
Habrá? Pues la que quedare
Sola, Lisardo, es Diana.

Lis. Supuesto que no es posible
Engañarnos ya, repara
En que saliendo de aqui,
Al ruido de las ramas,
Podrá ver, que se le acercan
Dos bultos, y es rezelarla.
Y asi es mejor por detras
Deste cenador, que espaldas
Nos hace, salir mas cerca
Della.

Crot. Bien dices.

Lis. Mis plantas
Sigue. [*Retíranse los dos.*

Laur. Los músicos voy
Á traer. [*Vase.*

Dian.   Yo no esperaba
Mas que enviarla, para irme
Adonde Fabio me aguarda.

Sale GILETA *y detras* PEROTE, *como
siguiéndola.*

Gil. ¡O qué de mal se me hace
Desnudarme aquestas galas,
Sin que Benito las vea!
Yo he de ver, si está ya en casa.
Per. Hasta ver adonde va,
Voy siguiendo á esta picaña.
Gil. Es señora?
Dian.   ¡Mas que viene [*aparte.*
Á estorbarme esta villana! —
Sí, yo soy.

Por el otro lado salen CROTALDO *y* LISARDO.

Lis.   Aun se estan juntas
Las dos.
Dian.   Gileta, aqui aguarda,
Y no te quites de aqui.
Ya vuelvo.
Gil.   De buena gana.
Dian. ¡Déme atrevimiento amor! [*aparte.*
Lis. ¿Ves como Laura se aparta,
Y solo Diana queda?
Crot. Y de mas cerca mirada,
Lo dice mejor el mudo
Brillar de telas y galas.
Ya no podemos errarlo.
Lis. Deja que se aleje Laura.
Dian. Quien no supiere de amor, [*aparte.*
No acuse, no, de liviana
Esta accion; aprenda á amar
El que hubiere de juzgarla.   [*Vase.*
Per. ¿Qué hará aqui á solas Gileta?
Lis. Ya no se descubre Laura;
Ahora es tiempo.
Crot.   Perdona [*á Gileta.*
Hermosísima Diana,
Ó no perdones. — La puerta [*á Lisardo.*
Coge, y nuestra gente llama.
Gil. Ay! ay de mí!
Crot.   No des voces;
Con tu esposo vas.
Per.   Se engañan
Vuesas mercedes; adviertan,
Que es......
Lis.   Nadie diga palabra,
Ó le meterán, si hablare,
En el cuerpo cuatro balas.
Per. Marido so del Paular,
Y aun mas que el paular me falta.
Crot. Lisardo, tú en la carroza
La pon, y excediendo al aura,
Vuela; que yo iré detras
Guardándote las espaldas.
Ya sabes donde, al primero
Fuerte, término de Parma.
Venga ahora el mundo, pues ya
Está en mi poder Diana.   [*Vanse.*
Per. Vayan muy enhorabuena
Sus mercedes, y si mandan
Otra cosa, me la avisen;
Que á mí no se me da nada
Por mí, sino por un primo,
Á quien Gileta hará falta.

Sale LAURA.

Laur. Ya los músicos detras
Dese cenador...... Diana!
Señora! Pero qué veo?
¿Estruendo de gente y armas

Á las puertas del jardin?
Traicion!
Per.   No hables palabra,
Laura; que te meterán
En el cuerpo cuatro balas.
Laur. Denme la muerte, no importa,
Si se llevan á Diana.
Per. Mijor lo hizo Dios conmigo.
Gileta es á la que agarran.
Laur. Tú eres traidor, y porque
Yo no dé voces, me engañas.
Per. El engañado yo fuera,
Á no ser verdad tan clara.
Laur. ¿Pues cómo, viendo llevar
Á tu muger, no los matas?
Per. Como estos deben de ser
Gente del refugio, que anda
Quitando, por caridad,
Á las mugeres que cansan.
Laur. No es sino temor que tienes.
Per. De que la vuelvan mañana.
Laur. Dime pues, si fue Gileta
La que llevan.
Per.   Sí, á Dios gracias!
Laur. Veré el palacio, y veré,
Si por el ruido Diana
Huyó, y si el vestido hizo
Este engaño; mas si falta
De su cuarto, diré al Duque,
Por librarme, cuanto pasa,
Y que el que á Diana lleva
Es el Príncipe de Parma.   [*Vase.*
Per. Por esto es bueno ser uno
Callado; miren, si habrara,
Pudiera ser, que me hicieran
Algun disgusto en la panza;
Que esto de haberse llevado
Á mi muger, no me agravia;
Que ellos los cargados son,
Pues ellos llevan la carga.   [*Vase.*

———————

Salen FLOR, SILVIA *y* PORCIA.

Flor. Melancólica salgo con el dia,
Por ver, si la templada cetrería,
República del viento,
Que sus esferas puebla ciento á ciento,
De azores y borníes,
De sacres, gerifaltes y neblíes,
Divierte generosa
La presuncion de una pasion zelosa.
Silv. ¿Quién pudo hoy á los cielos
Obligar á decir, que tienen zelos?
Flor. Quien á los cielos pudo
Obligar á sentirlos, no lo dudo;
Y pues á hablar tan claramente vengo,
Sepan el sol, la aurora, el alba, el dia,
Que tengo zelos, y de quien los tengo.
Crotaldo, dueño infiel de mi albedrío,
Crotaldo, injusto ardor del pecho mio,
Es quien zelos me ha dado,
Viendo que de Diana enamorado
(Ya lo he sabido) cada noche pasa
Á Mantua disfrazado,
Mariposa del fuego en que se abrasa.
Sepan tambien la causa, que esta ha sido
De haber á aqueste fuerte _{yo} venido,
Que es término de Parma y Mantua, donde,
Para ir de noche, todo el dia se esconde;
Y sepan finalmente, que hoy espero,
Pues muero, ver la pena de que muero.
Silv. Presto estarás vengada,
Pues con el de Milan luego casada

Se verá.

Flor. Haste engañado;
Que perderla él, no alivia mi cuidado,
Antes son mas mis zelos,
Por lo que ha de perder.

Dentro DIANA.

Dian. Socorro, cielos!
Flor. ¿Qué voz tan temerosa
Los vientos ha cortado lastimosa?
Silv. En ese monte ha sido.
Flor. Ya no solo es asombro del oído,
Porque tambien los ojos
Se meten á la parte en los enojos.
¿No ves precipitado
Un bruto, que sin rienda, desbocado,
Subiendo peña á peña,
Por despeñarse mas, no se despeña?
Si la velocidad (ay Dios!) permite
Bien el objeto, que la vista admite,
Es muger.
Silv. Ya cayó el caballo, y ella,
Exhalacion, si no arrancada estrella,
Precipitada al suelo,
Á nuestras plantas da.

Sale DIANA *cayendo.*

Dian. Válgame el cielo!
Flor. Infelice hermosura,
Si rayo no de la region mas pura,
Quién eres?
Silv. Ni respira,
Ni habla, ni oye, ni mira.
Flor. Llama esos cazadores.
Silv. Llegad todos, llegad.

Salen algunos.

Uno. Tristes rigores!
Otro. ¡Qué miserable suerte!
Flor. Esa muger llevad á aquese fuerte,
Y al alcaide decid, que su remedio
Trate, buscando el mas extraño medio,
Que á su salud importe;
Y despues volveremos á la corte;
Que ver mis zelos ya por hoy no quiero,
Habiendo tropezado en este agüero.
Llevadla pues. [*Llévanla.*

Sale FABIO.

Fab. Gallardas cazadoras,
¿Vísteis, pues sois deste horizonte auroras,
Una muger, que un zéfiro corria?
Flor. Quién es esa muger?
Fab. Una hija mia,
Que á la caza inclinada
Nació, para morir tan desdichada.
Flor. Esa muger, o miserable anciano!
En ese fuerte está, y aunque no es vano
El temor de su vida,
Á su aliento vereis restituida.
No os aflijais, sino acudid á vella.
Tratad de su salud, y cuanto en ella
Hubiéreis menester, pedid en nombre
De Flor. Y porque triste no me asombre
Lástima semejante, lo que hubiere
Me avisad, si muriere ó si viviere. [*Vase.*
Fab. Ay infeliz! ay triste! ay desdichado!
¡Qué buena cuenta de Diana he dado!
Como vió, que ya el dia
Declaraba el peligro á que venia,
Dió los pies al caballo, que irritado
Se le desesperó, tan desbocado.
Estando sucedida
La mísera tragedia de su vida,

Este es el fuerte, donde
En triste ocaso tanta luz se esconde.

Sale el Alcaide.

Decidme, amigo, ¿qué aposento ha sido,
Donde está una muger, que ahora han traido
Desmayada?
Alc. En aqueste recogida
La dejo, por si acaso la caida
Con el descanso un poco se repara.
Fab. No viviré hasta verla.
Voz [*dent.*] Para, para!
Fab. Un coche aqui ha llegado.
Mas qué me importa? Acudo á mi cuidado. [*Vase.*
Alc. Mas que es otra aventura peregrina.

Dentro LISARDO.

Lis. Ninguno corra al coche la cortina,
Hasta que se prevenga
Al Alcaide.

Sale LISARDO.

Alc. O Lisardo!
Lis. Que se tenga
Una dama, que viene
En aquesa carroza, aqui conviene,
Del fuerte en lo mas íntimo y secreto;
Que es cosas de Crotaldo.
Alc. Yo prometo
Servirla en cuanto pueda.
Lis. Haz llegar bien el coche.
Alc. Ya lo queda.
Lis. Bien puedes apearte,
Bella Diana, porque en esta parte
Ocultarte conviene,

Saca á GILETA.

Mientras llega Crotaldo, que ya viene,
Porque atras se ha quedado,
Asegurando...... Ay Dios!
Gil. ¿Hemos llegado,
Primo, do me traeis? Sí, pues discreta
Se paró en esta casa la carreta.
Lis. ¡Cielos, qué es lo que veo!
Que mirándolo mas, menos lo creo.
Villana, (lance fuerte!)
¿Cómo has venido, dónde ó de qué suerte
En aquesa carroza?
Gil. ¿Pensaban que traian otra moza?
Pues yo so la traida.
Lis. Hoy perderé la vida.
Gil. Y si fue vueso amor quien ha obligado
Decidme, ¿de qué estais tan enojado?
Dejadle allá á Perote que le pese.
Lis. ¡Que aquesto sucediese! [*aparte.*
¿Qué hará Crotaldo, cielos! cuando vea,
Que esta villana la robada sea?
Retirarme pretendo
Antes que él llegue á verla; porque entiendo,
Que, aunque él igual conmigo hizo el engaño,
Sobre mí solo ha de cargar el daño,
Sin mirar, que su culpa me disculpa;
Que el poderoso nunca tiene culpa.
Y asi sepa el engaño deste dia,
Mas de otra boca, y en ausencia mia. —
Llevad aquesta dama, y de escondella [*al Alcaide.*
Tratad donde ninguno pueda vella. —
Vete de aqui. — Qué penas! qué molestias! [*ap.*
Gil. Han vido? Sí se irán; que no son bestias.
Á fe que de otra suerte mos habraba,
Cuando villano en muesa tierra estaba.
[*Vase ella y el* Alcaide.
Lis. Quitarme ahora quiero
Delante de Crotaldo; porque infiero

Mi muerte, si le aguardo;
Aqui no me ha de hallar.

    Salen CROTALDO *y criados.*

Crot.   ¿Dónde, Lisardo,
El sol está, que adoro?
¿Dónde la estrella, cuya ausencia lloro?
¿Dónde el hermoso dia?
¿Dónde la luz, que el alba desafia?
Que yo, porque viniera
Mas segura, pensando, (ay Dios!) que era
Gente que la seguia,
Una tropa, que acaso acá venia,
Me detuve, por vella,
Y asegurarme con reconocella.
¿Cómo no me respondes?
¿El color mudas, y la voz escondes?
Dime, ¿dónde escondido
Está el rayo del sol, que hemos traido?
¿Dónde le has ocultado?

Lis.   Ese rayo, que al sol hemos hurtado,
En ese fuerte está; al Alcaide dije,
Que en él la retirara.

Crot.   ¿Qué te aflige,
Si en él está? Qué teme tu cuidado?
Iré á verla, y, en lágrimas bañado,
La pedirá perdon mi atrevimiento,
Aunque mi amor disculpará mi intento. [*Vase.*

Lis. Yo, antes que llegue á verla, me retiro. [*ap. y vase.*

Cria. Extrañas cosas son estas que miro.
De Crotaldo engañado,
Á robar á Diana le he ayudado;
Si esto llega á saberse,
Parma, Milan y Mantua han de perderse.
Y asi al Duque avisar de todo quiero,
Para que lo remedie; que esto infiero,
Que en ley de buen vasallo
Debo hacer; luego es justo ejecutallo. [*Vase.*

    Sale CROTALDO.

Crot. Triste á Lisardo veo,
Y al Alcaide no hallo. Algun mal creo.
No es mi sospecha vana.

    Sale FABIO.

Fab. ¡Gracias á Dios, que en sí volvió Diana!
Crot. No me dirás, villano,
Dónde está una muger, un cielo humano,
Que trajeron ahora
Aqui?

Fab.   Crotaldo es este, y nada ignora. [*ap.*
Ya sin duda sabía,
Que Diana venia,
Y que cayó tambien, pues que pregunta
Por ella. — Esa muger, medio difunta
Al susto, que la dió tan gran caida,
Llegó aqui; pero ya restituida
A su aliento se vé.   [*Vase.*

Crot.   Cielos! qué he oido?
La carroza sin duda habia caido,
Y esta la causa era,
Por que Lisardo habló desta manera.
Mas pues viva la veo,
Lágrimas dé en albricias al deseo.

    Sale DIANA.

Dian. ¡Gracias al cielo, que otra vez respiro!
Dónde estoy, cielos? Cómo? Mas qué miro!
Este es Crotaldo. Presto le dijeron,
Que estaba aqui, las gentes que me vieron.
Crot. Con temor la he mirado.
Dian. Con vergüenza le he visto.
Crot. ¿Pero qué me resisto,......
Dian. ¿Pero qué me he turbado,......

Crot. Si amante y firme doraré con ella
El noble atrevimiento de traella?
Dian. Pues doraré con él amante y firme
El noble atrevimiento de venirme?
Crot. Ponga amor en mis ojos y en mis labios
Afectos, que disculpen sus agravios.
Dian. Ponga amor en mis labios y en mis ojos
Afectos, que disculpen sus enojos.
Crot. Mas vano es mi temor.
Dian.   Mi pena es vana. —
Oye, Crotaldo.
Crot.   Escúchame, Diana;
Que, antes que tú hables, es justo,
Que yo las disculpas dé
Á tan grande atrevimiento,
Como verte en mi poder.
Dian. ¿Pues si tú das las disculpas,
Firme amante, galan fiel,
Dese atrevimiento antes,
Qué te diré yo despues?
Crot. Nada me dirás, Diana,
Que es lo que yo intento, en fe
De no escucharte quejosa.
Dian. A mí quejosa? ¿De qué,
Siendo yo la culpa?
Crot.   Aqui
No hay culpa ninguna. ¿Quién
Ignora, que es el amor
Una pasion tan cruel,
Que tirana no se rinde
Á razon, consejo y ley?
Dian. Nadie lo ignora, y mayor-
Mente, si en mi extremo vé
Atropellado el decoro
De tan principal muger.
Crot. Es verdad; mas considera,
Que á un yerro de amor no es bien
El nombre darle de robo,
Pues trae dorada la tez;
Y mas si al de amor se añade
El de los zelos tambien.
Porque ¿quién podia esperar
Verte en ageno poder?
Y asi, previniendo el daño,
¿Qué mucho, Diana, que
Á tanto riesgo te hallases
Hoy en mi estado?
Dian.   ¡Qué bien,
En el estilo galan,
Y en el término cortes,
No me has dejado que diga!
En mi vida no sabré
Cuanto he estimado el oirte,
Ay Crotaldo, encarecer;
Que me hallaba embarazada
Conmigo, por no saber
Qué disculpa habia de hallarse
Á tal osadia.
Crot.   ¡Qué bien
En las finezas constante,
Y en los extremos fiel,
No te das por entendida
De tu ofensa, que pensé,
Que no te desenojaras!
Dian. Yo? Qué ofensa?
Crot.   La de haber
Atrevídome á traerte,
Con un riesgo tan cruel,
Que pudiera la caida
Costarte la vida.
Dian.   ¿Quién
Tan presto te lo contó?
Crot. Un villano.
Dian.   Aquese es

Un criado mio. ¿Mas dónde
Te halló?
Crot.　　　Al instante llegué
Al fuerte tras tí; que yo
Nunca de seguir dejé
La carroza.
Dian.　　　Qué carroza?
Crot. La que te trajo.
Dian.　　　No bien
Informado estás; que á mí......
Crot. Suspende, Diana, deten
La voz, porque siento gente,
Y no todos te han de ver.
Retírate á aquesa cuadra,
Hasta que sepa quien es.
　　　　[*Vase Diana.*

　　　　Sale Lisardo.
Lis. Ya estará desengañado [*aparte.*
Crotaldo; y aunque intenté
Huir, lo he pensado mejor;
Y asi me atrevo á volver;
Que no he de hacerme culpado,
Aunque la muerte me dé. —
Señor, los acasos no
Estan en mi mano.
Crot.　　　¿Pues
Quién te culpa á tí, Lisardo,
Siendo tú por quien hallé
La paz de toda mi vida?
Lis. ¿Cuando enojado esperé
Que me hablaras, irritado
De aquel descuido cruel,
Con los brazos me recibes?
Crot. Aunque gran descuido fue,
Que costar pudo su vida,
¿Tú qué culpa tienes dél?
Lis. Ninguna, señor.
Crot.　　　Y todo
Cesó, cuando á Diana hallé
Con salud; que la caida
No la hizo mas mal, que haber
Con el susto desmayado
Su divino rosicler.
Lis. ¿Qué Diana, ó qué caida?
Tú no la debes de haber
Visto.
Crot. Sí, he visto.
Lis.　　　Á Diana?
Crot. Á Diana digo. ¿Pues
Qué dificultad ha habido,
Si aqui la mandé traer,
Y tú la trajiste aqui,
Que aqui la hable?
Lis.　　　Mira bien,
Señor, si has visto á Diana
Aqui, porque yo······
Crot.　　　¡Que estés
Tan necio! Si has sospechado,
Que murió al golpe, ven
Á aquesta cuadra, y verásla
Buena y sana.
Lis.　　　Perderé
El juicio, si la hallo aqui.
Crot. Espera un poco, detente,
No entres; que entra gente, y tú
Solamente la has de ver.

　　　　Sale un Criado.
Cria. Señor, Flor, tu prima, á caza
Salió á este monte, y á él,
Por seguirla, ó por buscarte,
Tu padre salió tambien.
Crot. Ay de mí! Si algo ha sabido?

Lis. ¿Pues cómo lo han de saber,
Si yo con andar en ello,
Vive Dios, que aun no lo sé?

Salen el Duque de Parma, Flor *y* Fabio.
Flor. Á ver mis desdichas vengo, [*aparte.*
Supuesto que vengo á ver
Mis zelos.
Fab.　　　En gran peligro [*aparte.*
Está Diana.
Crot.　　　Tus pies
Me da.
Duq.　　　¿Dónde habeis estado,
Que tan tarde pareceis?
Crot. En estos montes á caza.
Flor. ¡Ay falso, ingrato y cruel! [*aparte.*
Duq. Este es el mejor remedio. — [*aparte.*
Crotaldo, los hombres, que
Tienen las obligaciones,
Que yo tengo, y vos teneis,
De cualquiera enemistad,
De cualquiera enojo es bien
Hacer árbitro al acero,
Á la campaña juez,
No al engaño y la traicion;
Porque las vidas aquel
Quita, y el honor estotras.
Y el honor siempre ha de ser
Reservado al enemigo,
Y no ha de tocarse en él;
Que si el vencer sin matar
Consigue noble laurel,
¿Qué conseguirá victoria
Que es matar, y no vencer?
Y asi, si el Duque de Mantua
Es vuestro enemigo, haced
Guerra á su estado, mas no
Á la opinion le toqueis.
Robada os habeis traido
(Todo, Crotaldo, lo sé)
Á Diana, una hija suya,
Y estar Diana no es bien
En mi estado, con desaire
Tan grande, como en poder
Vuestro escondida y oculta;
Y asi perezca haced,
Porque quiero á todo el mundo
Con esto satisfacer,
De que no fui parte yo
En tan osada altivez,
Viéndola con mas decoro
En mi corte, en mi dosel,
Hasta que la restituya
Á sus estados; porque
Esto de ser vuestra esposa,
Ni ha de ser, ni puede ser.
Crot. ¿Señor, yo á Diana, yo
Robada?
Duq.　　　No lo negueis.
Crot. ¡Ay infelice de mí! [*aparte.*
Si la hallan, qué he de hacer?
Lis. ¿Cómo han de hallarla, si no
Está en el fuerte?
Crot.　　　¿Otra vez
Vuelves á quitarme el juicio?
Duq. Hola! ó abrid, ó romped
Esas puertas.
Cria. 1.　　　Aqui está
Una dama.

　　　　Sale Diana.
Dian. ¿Habrá muger [*aparte.*
Mas infelice? — Señor, [*de rodillas.*
Si humilde puedo á tus pies

Duq.　Hallar piedad, yo......
　　　　　　　　　　　　Diana,
　　Alzad del suelo.
Flor.　　　　　　Esta es
　　La que hoy cayó del caballo,
　　Y la que yo retiré.
Crot.　Esta, señor, es Diana.
　　Encubrirla imaginé,
　　Por excusarte ese enojo;
　　Mas puesto que ya la ves,
　　Á peligro sucedido
　　Trata el remedio, porque
　　El volvérsela á su padre,
　　Ni ha de ser, ni puede ser.
Flor.　No ha de valerte el engaño,
　　Traidor. — Señor, esta no es　　[*al Duque.*
　　Diana. Por dar lugar
　　Á librarla, quiere hacer
　　Estos extremos Crotaldo;
　　Porque esta es una muger,
　　Hija de aquel hombre viejo,
　　Que yo á este fuerte envié
　　Hoy desmayada, y esotra
　　Llegó en un coche despues.
　　Busca, señor, á Diana,
　　Porque esta no puede ser.
Fab.　Librarla ahora del riesgo　[*aparte.*
　　Es lo que yo he menester. —
　　Es verdad, esta es mi hija.
Lis.　¿Qué es lo que mis ojos ven?　[*aparte.*
　　Aqui Diana? aqui Fabio?
　　Cielos! cómo puede ser?
Crot.　¡Que digan que no es Diana!
Duq.　Alcaide!

　　　　　Sale el Alcaide.

Alc.　Dame tus pies.
Duq.　Qué muger es esta?
Alc.　　　　　　　Esta
　　La que Flor ha dicho es;
　　Que la que en una carroza
　　Lisardo trajo, y la que
　　Crotaldo mandó guardar,
　　Pues negarlo no podré,
　　Es esta, señor, que miras.

　　　　　Saca á GILETA.

Gil.　¡Bravos guisados, pardiez,
　　Conmigo hacen todos hoy!
Fab.　Esta no es Gileta?　[*aparte.*
Flor.　　　　　　　　¿ Ves,
　　Como te queria engañar,
　　Para esconderla despues? —
　　Mal te ha salido este engaño,
　　Crotaldo enemigo.
Crot.　　　　　Pues　[*aparte.*
　　Me ha dado la vida Flor,
　　Por darme la muerte, haré
　　La deshecha. — Ya, señor,
　　Que es tan injusta y cruel
　　Mi suerte, que en tanto mal
　　Nada me sucede bien,
　　Advierte, mira,......
Duq.　　　　　　Ya basta.
　　Esto en fin es fuerza. — Dé　[*á Gileta.*
　　Vuestra Alteza, gran señora,
　　La mano, que espera, á quien
　　Desea su honor y vida.
Gil.　¿Con qué comeré despues,
　　Y haré las demas haciendas?
Duq.　Aunque mas disimuleis,
　　Ya os habemos conocido.
Gil.　Luego no me comprareis.
Duq.　Flor, llega á hablar á Diana.

Flor.　Y en ella á hablar llegaré　[*aparte.*
　　Á la causa de mis zelos. —
　　Venga tu Alteza con bien.
Gil.　Que me prace. — Todos estos　[*aparte.*
　　Éstan borrachos pardiez.
Duq.　¿Qué os obliga á fingir,　[*á Diana.*
　　No siéndolo vos, el ser
　　Diana?
Dian.　　　Pues me lo preguntas,
　　Yo, señor, te lo diré.
Crot.　El apurar esto ahora　[*aparte.*
　　Nos ha de echar á perder.
Dian.　Criada soy de Diana,
　　Y cuando á verla llegué
　　Robada, perdíla bien
　　Sin ella, la seguí; bien
　　Lo dice el haber llegado
　　De la suerte que llegué,
　　Y porque ella se librara,
　　Quise yo culparme.
Duq.　　　　　　Pues
　　Su criada sois, con ella
　　Venid, señora, tambien.
Crot.　Al gusto le ha estado mal　[*aparte.*
　　Lo que á la disculpa bien.
Duq.　Hola! llegad la carroza. —
　　Venga tu Alteza,......
Gil.　　　　　　　Á la he?
Duq.　Donde, hasta escribir al Duque,
　　Huéspeda de Flor sereis. —
　　Y vos no esteis en la corte　[*á Crotaldo.*
　　El tiempo que en ella esté
　　Diana.
Crot.　　　¿Cómo, si con ella　[*aparte.*
　　Va mi vida?
Duq.　　　　Entrad.
Gil.　　　　　　Sí haré.
Flor.　En parte templa mis zelos　[*aparte.*
　　Ser esta quien me los dé.
Crot.　¿En qué ha de parar aquesto?　[*aparte.*
Dian.　Basta que yo voy á ser　[*aparte.*
　　La señora y la criada;
　　¡Quiera amor que pare en bien!

JORNADA III.

　　　Salen CROTALDO, FABIO *y* LISARDO.

Fab.　¿Cómo á palacio te atreves
　　Á venir?
Crot.　　　Siguiendo vengo
　　El remedio de mi vida.
Lis.　Advierte, que......
Crot.　　　　　　Nada temo.
　　Dejadme todos, en tanto
　　Que á aquesta accion me resuelvo;
　　Pues ya informado de todo,
　　Sé en lo que consiste el trueco.
　　　　　　　　[*Vanse los dos.*

　　　　　Sale FLOR.

Flor.　¿Habrá pasado por nadie,　[*aparte.*
　　Que una loca le dé zelos?
　　Si hoy viera Crotaldo como
　　Está Diana, bien creo,
　　Que de su amor y mis ansias
　　Acabaran los extremos.
Crot.　Flor hermosa, á quien el cielo
　　Amenaza con rigor,
　　Porque, por hermosa y flor,
　　Naciste sujeta al hielo,

Mayor fuera tu desvelo,
Si yo tratara tus daños
Hoy con mentiras y engaños.
Desengaños vengo á darte;
Que fuera injusto negarte
Engaños y desengaños.
Para aquesto me he atrevido
Á haber entrado hasta aqui,
Aunque el destierro haya asi
Hoy de mi padre rompido.
Solo que me oigas te pido.
Oye, y luego tu rigor
Castigue mi necio error
Con tu desden importuno,
Pues ya castigo ninguno
Para mí será mayor.
Yo, desigual á tu suerte,
Desde el dia, que te ví,
Á adorarte me atreví;
Mas no me atreví á quererte;
Porque mi respeto al verte,
Bella deidad, me hizo ser
Cobarde, por conocer,
Que una deidad singular,
Aunque se deje adorar,
No se deja merecer.
Con esta desconfianza,
Cuando mi padre trató
Casarme contigo, halló
Ocupada mi esperanza.
¿Qué culpa, señora, alcanza
El que querer no ha sabido,
Porque primero ha querido?
¿Mayor agravio no hiciera
En quererte el que quisiera
Sacar tu amor de otro olvido?
De Diana enamorado
(Perdóneme tu hermosura,
Si lo dice mi locura,
No lo calle mi cuidado)
Vivo, y puesto que he llegado
Á declararme contigo,
Si· con lágrimas te obligo,
Si con suspiros te muevo,
Haz tú con estilo nuevo,
Vanidad de mi castigo.
Á mí me importa avisar
Á Diana de un secreto,
Que importa á su honor, á efeto
De un gran daño remediar.
Licencia pues me has de dar,
Piadosamente obligada,
Y por no ofender en nada
Tu respeto, hablar no espero
Á Diana; solo quiero
Hablar á aquella criada,
Que vino con ella. No
Te parezca grosería,
Ver, que la desdicha mia
De tu amparo se valió;
Porque si pudiera yò
Negarte, que la adoré,
Te lo negara. ¿Mas qué
Te importará á tí, Flor bella,
El saber, que hablé con ella,
Si sabes, que la robé?

Flor. Crotaldo, negar, que ha sido
Descortes tu peticion,
Fuera negar la razon,
Que de quejarme he tenido.
Confieso, que yo he vivido
Loca de amor, y aun es poco,
Tú cuerdo. Pero si hoy toco,
Que amor las suertes trocó,

Ahora tengo de estar yo
Cuerda, pues que tu estás loco.
No has de quedar (qué tormento
Tan airoso; (ay de mí triste!)
Que ya que zelos me diste,
No has de saber que los siento.
Y asi ser tercera intento,
(Sepa que Diana está asi) [*aparte.*
Porque, cuando hables de mí
En razon de mis desvelos,
Digas, que me diste zelos,
Pero no que los sentí.
No solamente has de hablar
Con Laura, (o pasion tirana!)
Mas, para hablar con Diana,
Yo misma, yo, te he de dar
Tiempo, ocasion y lugar;
Que si de mi injusta estrella
Me quedó alguna centella
De agravios de tu mudanza,
No quiero ya mas venganza,
Que mirarte hablar con ella.
Con esto curar intento
Mi pesar, si en mí hay pesar;
Pues zelos no puede dar
Quien no tiene entendimiento.

Crot. Al tuyo, Flor bella, atento,
Quisiera, á tus pies rendido,
Que los brazos que te pido,
Mejorando mi cuidado,
Fueran hoy de enamorado,
Como son de agradecido.

Al irle á dar los brazos sale DIANA.

Dian. Sea muy enhorabuena
La paz, Flor, entre los dos,
Pues asi......

Crot.   Válgame Dios! [*aparte.*
Dian. Hoy cesará nuestra pena;
Que si Crotaldo enagena
Su voluntad, claro está,
Que el destierro cesará
De Diana.

Crot.   Estoy perdido! — [*aparte.*
Si esto es lo que te he pedido,
Licencia de hablar me da
Con Laura.

Flor.   Crotaldo, yo
Aun para hablar la daré
Con Diana.

Crot.   Basta que
Hable con Laura; que no
Soy tan grosero.

Flor.   Si halló
Mas tu amor, qué duda ahora?
Crot. Tu respeto no se ignora.
Flor. Á mí no se me da nada.
Crot. Basta hablar con la criada.
Flor. Mejor es con la señora. —
Laura, dónde está Diana? [*á Diana.*
Dian. Mucho haré en templarme. [*ap.*] — Aqui
Viene hácia nosotras.

Flor.   Di,
Que yo la llamo· — ¡O tirana [*aparte.*
Ley de una presuncion vana!
¿Esto me obligas á hacer?

Sale GILETA.

Gil. ¿Quién es quien me quiere ver?
Dian. Crotaldo.
Gil.   Quién es Contaldo?
Presto decildo, ó callaldo,

Porque lo quiero saber.

Crot. Decir, que esta es la que quiero, [*aparte.*
Mientras está Flor delante,
Es fuerza. — El mas firme amante,
Que con amor verdadero
Tanto esplendor lisonjero
Adoró. El cielo es testigo
De las verdades que digo,
Pues tu deidad soberana
Estimo, hermosa Diana.

Gil. Responde tú, pues contigo
Habla; que tú Diana eres.

Crot. Y es la verdad. [*aparte.*

Flor. Qué locura!

Dian. En el loco no hay cordura,
Por mas cuerdo que le vieres.

Flor. Crotaldo, eso es lo que quieres;
Considera ahora advertido,
Pues eso es lo que has traido,
Qué agravios habré llorado;
Pues eso es lo que has amado,
Qué zelos habré tenido. [*Vase.*

Crot. Fuese ya Flor?

Dian. Ya se fue.

Crot. Quitate de aqui, villana;
Que ya no he de hablar contigo.

Gil. ¿Han vido, y como nos trata,
En yéndose de aqui Flor?

Crot. Deja tú, hermosa Diana,
Deja, hermoso dueño mio,
Que entre tus brazos......

Dian. Aparta;
Que pensaré al abrazarme,
Segun hoy liberal andas
De abrazos, que por costumbre,
Y no por gusto, me abrazas.

Crot. ¡Plegue á Dios, Diana mia,
Que él me destruya, si hay causa
Á tu enojo!

Dian. ¿Causa había
De haber? Mis ojos se engañan.

Crot. Sin engañarse los ojos,
Puede......

Dian. Qué?

Crot. Engañarse el alma.

Dian. Claro está; que como ella
Con los ojos no se trata,
No ha de creer á los ojos.

Crot. Sí; mas la disculpa aguarda,
Entrará por los oidos;
Que desta fábrica humana,
Donde huésped de aposento
Vive de prestado el alma,
Los oidos son las puertas,
Si los ojos las ventanas.

Gil. Ahora bien, yo quiero irme,
Pues ya no sirvo de nada.

Crot. No te vayas; que á los dos
Importa, que no te vayas,
Para hacer nuestra deshecha.

Gil. ¿He de estar hecha una estatua?

Crot. Y volviendo á mi disculpa,......

Dian. Disculpa hay?

Crot. Oye, y sabrasla.
Informado ya de Fabio
Y Lisardo en cuanto pasa,
Que tú te veniste, y que
Robaron á esta villana,
Viendo traerte á palacio,
Tu disculpa fue la causa,
Para que fueses en él
La señora y la criada.
Arrastrado de mi amor,
Osé entrar hasta estas salas.

Si á Flor abracé......

Dian. ¿Que aun no
Lo niegas?

Crot. No; porque echara
Á perder una verdad,
Si en una mentira hallara
La disculpa.

Dian. Con todo eso
Me holgara, que lo negaras,
Aunque mintieras; porque
En el duelo de las damas
Queda bien puesto el que miente,
Si miente á desenojarlas.

Crot. ¿No es mejor desenojar
Con la verdad?

Dian. Sí; mas hayla?

Crot. Á Flor abracé en albricias
De que licencia me daba
De hablarte, porque con ella
Me declaré cara á cara.

Dian. ¡Qué cariñosas albricias!
Pero á quien ya tiene gana,
Crotaldo, de perdonar,
Cualquiera disculpa basta.
No hablemos de lo que ya
Sucedió, cosa fue rara,
Sino al remedio acudamos
De lo que suceder falta.
Este engaño no es posible
Durar, pues de hoy á mañana
Se ha de descubrir quien soy;
Y aun lo que dura es por traza
De haber dicho yo, que está
Loca del susto Diana.

Crot. Huélgome de saber eso,
Que puede ser de importancia.

Dian. Y así, antes que el desengaño
Cierre el paso á la esperanza,
Y mi padre con Fisberto
Hagan árbitro las armas,
Tratemos salir de aqui.

Crot. Tú no sabes cuantas guardas
Tienes puestas en palacio.
Pues si yo camino hallara
De entrar aqui, hablara á Flor?

Dian. ¿Pues qué hemos de hacer?

Crot. Aguarda;
Que Flor vuelve ya.

Dian. Pues yo
Me vuelvo á ser la criada.

Crot. Yo á enamorar á ese tronco.
Cuanto á ella digo, repara
Que es siempre hablando contigo. —
Hermosísima Diana, [*á Gileta.*
Á solo verte he venido,
Traido aqui de mis ansias.

Gil. Pues qué es aquesto? ¿Unas veces
So Princesa, otras villana?
¿Unas Diana, otras Gileta?
¿So acaso vuesa pendanga,
Que del palo que quereis
Me haceis, en dando las cartas?

Sale FLOR.

Flor. El Duque (válgame el cielo!) [*aparte.*
Viene al cuarto de Diana.
Asi he de disimular,
Que dí licencia de hablarla. —
Crotaldo, ¿qué atrevimiento
Es este? Tú en esta sala?
¿Tú en el cuarto de su Alteza?
Diré al Duque cuanto pasa.

Crot. Pues tú misma......

Salen el D U Q U E, F L O R O *y* C r i a d o s.

Duq.   ¿De qué son
Las voces?

Flor.   De que ya es tanta
La osadía de Crotaldo,
Que hasta el cuarto de la Infanta
Se ha entrado, sin advertir,
Que soy yo la que le guarda.

Crot. Vive Dios, que fue á avisar   [*aparte.*
Al Duque, y que no de humana,
No, sino de vengativa,
Me dejó entrar. O tirana!
¡Vive Dios, que he de tomar
De tí la mayor venganza!

Duq. Por cierto, Crotaldo, vos
No lo mirais bien. ¿No basta
Poner hoy en contingencia
De perderse á toda Italia,
Sino que una sola accion,
Que en mi disculpa guardaba,
Que es el decoro con que
Trato en mi estado á Diana,
Tambien quereis destruir,
Perdiendo con arrogancia
El respeto á aqueste cuarto?

Crot. ¿Qué te admira, qué te espanta
De que rompiendo tu ley,
Tu decoro y tu palabra,
Locos extremos, no ya
De amor, de dolor los haga,
Viendo á mis ojos (ay triste!)
Presente la mas tirana
Accion, la mas torpe, mas
Cruel, que ha contado la fama,
Por cuantos espacios vuela,
De lenguas vestidas y alas,
Desde el alba hasta la noche,
Y desde la noche al alba?
Flor, señor,...... No es tiempo ya
De que disimule nada;
En lágrimas y suspiros
Mi verdad deshecha salga.
Flor, zelosa de mi amor,
(Qué rigor!) le dió á Diana
Veneno, con que rindió
El juicio. Infame venganza!

Duq. Qué dices, Crotaldo?

Crot.   Digo
La verdad. Donde yo estaba,
Me lo dijeron; que nunca
En palacio (ay cielos!) falta
Quien lleve las malas nuevas,
Ó ellas se van, si son malas.
Que las desdichas, señor,
De todos saben la casa,
Y ellas se van por su pie;
Que no es menester llevarlas.
Mira esa beldad, señor,
Tan deshecha, tan postrada,
Que, entre confusas especies,
De nada la sirve el alma.
Advierte quien aventura
Tu honor, tu opinion, tu fama,
Flor, ó yo; pues para el mundo
Mi delito ha sido amarla,
Y el de Flor aborrecerla.
¿Qué dirá Milan y Mantua,
Viendo que hoy en tu poder
Perdió el juicio á la tirana
Fuerza de sus zelos, quien
Hoy vive en tu confianza?
Pero yo la vengaré,
Si no me das á tus plantas

De mis delitos justicia,
Y de los suyos venganza.

Duq. Calla, calla; que ya sé,
Que son engaños que trazas.

Crot. Llega tú á hablarla, y verás
Quien es, señor, quien te engaña.

Flor. Tambien lo podrá fingir.

Duq. Finja, ó no, yo llego á hablarla. —
Vuestra Alteza, gran señora,   [*á* Gileta.
Qué gusta, diga, y qué manda.

Gil. Que nunca á solas me dejen
Con Crotando y con Diana,
Porque acompañada so
Señora, á solas criada;
Pues en viéndome sin gente,
Como ellos quieren me tratan.   [*Vase.*

Duq. Esto no es fingido, no.

Crot. Qué desdicha!

Dian.   Qué desgracia!   [*Vase.*

Duq. Aunque no con el veneno
El juicio perdido haya,
Para creer que fue cierto,
Haberse ya dicho basta. —
Vos, Crotaldo, porque asi
No atropelleis mi palabra,
Preso en esa torre quiero
Que esteis.

Crot.   Si está presa el alma,
¿Qué importa que lo esté el cuerpo? —
Ay bellisima Diana!   [*Vase.*

Dentro P E R O T E.

Per. Quien hubiere vido una
Muger mia.

Duq.   Qué es aquello?

Per. [*dent.*] Con un primo, por mas señas,
Que se la lleva á otros reinos,
De edad de veinte y seis años,
Véngala restituyendo,
Le darán su buen hallazgo;
Ó á quien la tuviere, luego
Se la pedirán por hurto.

Duq. Hola!

Cria. 1.   Señor?

Duq.   Ved qué es eso.

Flor. Un villano anda por Parma
En destemplados acentos,
Pregonando á su muger,
Cosa con que todo el pueblo
Ha dado en seguirle, que es
Muy gracioso, fuera desto.
Y como estas sabandijas
Dan luego en palacio, creo,
Que á palacio le han traído,
La gran tristeza sabiendo
De Diana, por si acaso
Divierte sus sentimientos.

Duq. Tráesele tú por tu vida
Á Diana; que yo tengo
Hoy muchos cuidados, para
Tratar de entretenimientos;
Pues á casar con Diana,
Dicen, que pasa Fisberto,
Y que ya entra en mis estados,
(Qué pesar!) al mismo tiempo,
Que el de Mantua con su gente
Viene marchando hácia ellos.
Entre un padre y un marido
Ofendidos, ¿cómo puedo
Defenderme yo? ¡Ay Crotaldo,
En qué de dudas me has puesto!   [*Vase.*

Flor. ¡En fin he de festejar
Yo á la causa de mis zelos! —
Decid, que el villano, Floro,

Entre aqui.
Floro. Ya te obedezco. —
Entra; que te llama Flor.

Sale PEROTE.

Per. Ya ando yo á la flor del berro,
Y no he menester mas flor.
Flor. Quién sois?
Per. Soy un majadero,
Pues buscando á mi muger
De tierra en tierra me vengo,
Como un hombre desdichado.
Flor. Pues dónde se fue?
Per. Yo creo,
Segun un primo, señora,
Se nos metió de por medio,
Que á Roma por todo.
Flor. ¿Cómo
La buscais aqui?
Per. Por eso,
Que si ella viniera á Parma,
Fuera yo á Roma al momento;
Que no la busco por mas
Que por solo cumprimientos.
Flor. Mirad que quiere Diana
Hablaros y conoceros.
Per. Qué Diana?
Flor. La Princesa
De Mantua.
Per. Mucho me allegro.
Pues está acá?
Flor. No la veis?
Per. Mucho de verla me huelgo.

Salen DIANA *y todas las Damas que puedan,*
vistiendo á GILETA, *con espejo y recado*
de tocar.

Dian. Este es Perote. Sin duda [*aparte.*
Que aqui se acabó el enredo,
Si yo, antes que se declare,
Ahora no lo remedio. —
Ya te he dicho, que hables poco [*á Gileta.*
Y mesurado.
Gil. Ya entiendo.
Flor. ¿Cómo ha dormido esta noche
Vuestra Alteza? — Que á esto llego! [*ap.*
Gil. Poco y mesurado.
Flor. ¿Ha estado
Mas aliviada de aquellos
Pesares suyos?
Gil. Sí, poco
Y mesurado. — Va bueno? [*ap. á Diana.*
Flor. El Duque, mi tio, que siempre
Pretende vuestro contento,
Sabiendo que está hoy en Parma
Un villano, por extremo
Gracioso, le envia, que temple
Parte en vuestros sentimientos. —
Llegad, y besad la mano [*á Perote.*
A la Infanta.
Per. Bueno es esto! [*aparte.*
¿Infanta llama á Gileta?
Dian. Mirad, que hableis con respeto [*ap. á él.*
A la Infanta, ú os darán
Muerte; que ya es otro tiempo.
Ni yo soy Diana, ni ella
Gileta.
Per. Muy bien lo entiendo.
Ni vos sos Gileta, ni ella
Diana. — Dadme con respeto [*á Gileta.*
Hoy á besar vuesa mano,
Infanta, si la merezco.
Flor. Para en uno son los dos.
Gil. En verdad á muy buen puerto [*aparte.*

Le ha traido su fortuna.
Aqui dél vengarme pienso. —
Quien sos, villano, decid.
Per. El menor marido vueso,
Que á vuesàs plantas está.
Gil. ¿Y á qué venis á este reino?
Per. A buscar á su muger
Un feo bajó al infierno,
Y á otro reino á buscar viene
A su muger otro feo.
Gil. Bien gracioso ha estado el simple,
Por el gusto que me ha hecho. —
Flor, quiero, que ya en palacio
Se quede; hágasele luego
Un sayo de loco, y ande
Con su capirote puesto.
Per. ¿A mí capirote y sayo?
Gil. Desta manera veremos
Quien es el bufou, Perote,
El juglar y el pracentero.
Enjerce, enjerce!
Per. ¿Luego eres
Gileta?
Gil. Craro está eso.
Per. Habíanme dicho que no.
Cómo estás aqui?
Gil. Comiendo.
Per. Pues quién te trajo?
Gil. No sé.
Per. Y á qué?
Gil. Pues qué sé yo deso?
Sé, que como y bebo bien,
Que bien visto y que bien duermo,
Y que me llaman Diana.
En lo demas no me meto.
Per. Diana te llaman?
Gil. Sí.
Per. Ya el por qué, Gileta, creo.
Gil. Por qué?
Per. Porque Diana fue
Quien convirtió á Anton en ciervo,
Y tú á Perote.
Gil. Muy bien,
Enjerce; que yo me alegro.
Per. ¿Y en fin en trage de loco
Tengo de andar?
Gil. Sin remedio.

Sale el DUQUE.

Duq. ¿No le ha agradado el villano?
Floro. No, señor.
Duq. Raro suceso! —
¿Qué podrá vuestra tristeza
Divertir, señora?
Gil. Nada
Tanto, como que á ese loco
Volteen en una manta.
Per. ¿Estás borracha, muger?
Duq. Qué desdicha!
Cria. 1. Pues la Infanta
Gusta, venga un repostero.
Per. Si es repostero de prata,
Venga; mas con la merienda.
Floro. Volareis, sin tener alas.
Gil. Al brazo seglar de pagès
Estais ya entregado, vaya,
Voltéenle. Enjerce, enjerce!
Cria. 1. Fiesta muy con el loco haya.
Per. De mí pudiera herse una
Comedia, que se llamara:
El bufou de su muger;
Mas tuviera mala traza.

[*Vase Floro, llevando á* Perote.

Gil. En repostereando al loco,
Que venga á decirme gracias.   [*Vase.*

Sale F L O R O.

Flor. Fisberto, de Milan Duque,
Que á Mantua á casarse pasa,
Con grande acompañamiento,
Hoy dicen que entrará en Parma,
Como ya te tiene escrito.

Duq. ¡Quién vió confusiones tantas!
Qué he de hacer? Porque decirle
Á un hombre en su misma cara,
Vuestra muger os robaron,
Aun antes de serlo, es rara
Proposicion; pues callarlo,
Teniéndole yo en mi casa,
Donde ella está, ya es segunda
Traicion. El cielo me valga!
¡Que haya una duda, tan una
Por las dos partes contrarias,
Que ofende cuando se dice,
Y ofende cuando se calla!
Imposibles pretendí;
Puesto estoy en confusion.
Qué puedo hacer?

Dian.   La ocasion
De hablar yo llegó. Oye.

Duq.   Di.

Dian. Has de estar solo. — Yo intento [*aparte.*
Pedirte, ingenio, favor.

[*Quedan los dos solos.*

Óyeme atento, señor;
Que importa aqui estar atento.
El tiempo que se trataba
De las bodas el concierto
De Diana y de Fisberto,
Fisberto, que imaginaba,
Que la fama le mentia
En la beldad mas que humana,
Que publicó de Diana,
Disfrazado á verla un dia
Vino, donde no faltó
Alguien que le conociera,
Y á Diana lo dijera.
Ella que no se obligó
De la fineza, ofendida
De ver la desconfianza,
Quiso tomar por venganza
El no ser dél conocida;
Y una vez, que en un jardin
Con unas joyas entró,
Á mí fingir me mandó
Su misma persona, á fin
De que Fisberto volviera
Sin verla. Yo hice el papel
De Diana, y hoy con él
Diana soy: de manera,
Que, si tú le has de hospedar,
Y desengañarle quieres,
Mejor remedio no esperes,
Que ponerme en su lugar.
Yo le desengañaré,
Disculpándote á tí hoy,
Pues él presume, que soy
Diana hasta ahora; con que,
En lance tan importuno,
Tu temor se mejoró,
Pues de dos peligros yo
Me atrevo á vencer el uno;
Y aun los dos, pues lo mas cierto,
Que mueve al Duque al rigor
De venir con tal furor,
Es el cumplir con Fisberto.

Y hoy de mí desengañado,
Aun de tu parte se hará;
Pues sin remedio verá
El fin de su amor burlado.

Duq. Cuando eso suceda asi,
Al llegar al desengaño,
¿En pie no se queda el daño,
Loca Diana?

Dian.   No.

Duq.   Di,
De qué suerte?

Dian.   Con casar
Á Diana y Crotaldo, pues
Este el desengaño es
De los dos; que esto de estar
Entonces loca ó no ella,
No les toca á los dos, pues
Á Crotaldo toca, que es
El que ha de vivir con ella.

Duq. Ese en fin habrá de ser;
Que son necios desatinos
Andar buscando caminos,
Quien no tiene en que escoger.

Sale L I S A R D O.

Lis. Ya por palacio entra ahora
Fisberto.

Duq.   Pues que tú (ay triste!)
Tan buena criada hiciste,
Empieza á hacer la señora.

[*Retíranse el D u q u e y L i s a r d o al paño.*

Sale F I S B E R T O *con el mayor acompañamiento
que pueda.*

Fisb. Dame la mano...... Qué miro?
¿Diana, tú en este palacio?
Qué ha sido la causa? ¿qué
El suceso?

Dian.   Oye, y sabráslo. —
(Qué teme mi amor?) — Fisberto,
Cuando mi padre, tirano
Dueño de mi libertad,
Trató de darte mi mano,
Yo no te la pude dar,
Porque estaba...... En qué reparo?
La medicina, que duele,
Sana mas presto. ¿Qué aguardo
En aplicarla á tu oido?
Duela, y sane el desengaño.
Estaba (perdone amor)
Desposada con Crotaldo.
La heredada enemistad
De nuestros padres, que en bandos
Tuvo á Italia, fue la llave
Deste secreto, hasta tanto,
Que, como mina oprimida
En el centro de los años,
Reventó con mas poder,
Y obró con mayor espanto.
No fue parte el Duque en esto,
Y si á decir mas me alargo,
Ni Crotaldo ha sido parte;
Yo fui el todo; pues mirando
Tan cercano mi peligro,
(Perdóneme, que le llamo
Peligro) una noche pude
Llegar con solo un criado
Á Parma. Súpolo el Duque,
Que prudente y cortesano
Me trajo á su corte, donde
Por poder desengañaros
De su inocencia, me tuvo

Con tal decoro y recato,
Que, por no turbarle en nada,
Hoy tiene preso á Crotaldo.
Esta es la verdad; y yo
No solo rendida aguardo,
Que como Príncipe invicto,
Que como jóven gallardo,
No irritarás las ofensas
De mi padre, que enojado
Me busca, sino que altivo,
Como tan noble y bizarro,
Darás, templando su furia,
Hoy á una muger amparo,
Pues hoy antes, que ofendido,
Te has de mostrar obligado,
Supuesto, invicto Fisberto,
Que fuera mayor agravio,
Que, enamorada de otro,
Á tí te diera la mano.

Duq. ¡Qué bien lo ha fingido, cielos! [*aparte.*
Lis. Con la verdad le ha engañado. [*aparte.*
Fisb. Bien ha sido menester
Escuchar de tí este caso,
Para que yo respondiera
Con sentimiento, y sin manos;
Porque de una dama solo
Se escuchan bien desengaños.
Al Duque tu padre he visto,
Y en mí su queja ha librado
Destos disgustos; el medio
Ha de ser, que des la mano,
Diana, á Crotaldo; que yo
Haré gala de mi agravio.

Dian. Tu noble pecho descubres.
Duq. Lo mas tengo remediado; [*aparte.*
Si el estar loca Diana
Fuese exceso de un engaño,
Dicha fuera.

Salen el DUQUE, CROTALDO, FLOR, GILETA,
PEROTE *y todos.*

Crot.   Á recibir
Huésped tan grande salgamos.
Fisb. Crotaldo, tantos extremos
Con darte á Diana pago.
Crot. Con mis brazos lo agradezco,
Y despues la doy la mano.
Duq. Qué haces?
Crot.   Darle á Diana,
Señor, la vida y los brazos.
Per. Descubrióse la maraña.
Gil. ¡Mas que me quitan el hato!
Duq. Qué dices?
Crot.   Que esta es Diana.
Flor. Esta es Diana? Qué aguardo?
Duq. Pues cómo es esto?
Dian.   Haber sido,
Señor, en este palacio
La criada y la señora,
Donde mi nombre ha tomado
Esta villana, que ha sido
Muger de aquese villano,
Á cuyo poder la vuelvo.
Per. Huélgome de haberte hallado,
Porque me pagues, Gileta,
Lo de ogaño y lo de antaño.
Fisb. Yo á Flor, con vuestra licencia,
Para honor de mis estados,
Daré la mano, con que
Deudos y amigós quedamos.
Flor. Dicha es mia, y la mayor,
Que pudo hallar mi cuidado.
Dian. La Señora y la Criada
Aqui fin con esto ha dado.
Merezca vuestro perdon,
Ya que no merezca aplauso.

C.

NADIE FIE SU SECRETO.

PERSONAS.

ALEJANDRO, *Príncipe de Parma.*
DON CÉSAR.
DON ARIAS.
DON FELIX DE CASTELVÍ.

LÁZARO, *criado.*
DOÑA ANA DE CASTELVÍ.
NISIDA, *dama.*

ELVIRA, *criada.*
Un Músico.
Criados.
Acompañamiento.

JORNADA I.

Salen ALEJANDRO *y* DON ARIAS.

Alej. Vila al dejar la carroza,
Y haciendo su estribo oriente,
Ó fueron los soles dos,
Ó el uno alumbró dos veces.
¿Nunca has visto errante al viento
Preñada nube encenderse,
Y parto de luz, un rayo
Hacer giros diferentes,
Que amenazando soberbios
La torre mas eminente,
La mas levantada punta
Ambiciosos desvanecen?
Tal es el rayo de amor;
Con llama dulce, aunque ardiente,
Por tocar lo mas supremo,
Deja el cuerpo, el alma enciende.
Yo, que desde el corredor
La miré, confusamente
Ví engendrar rayos de fuego
En una esfera de nieve;
Y confuso entre dos luces
De dos soles diferentes,
Al mas superior entonces
Le tuve por menos fuerte.
Entró Doña Ana en palacio,
Que á ver á mi hermana viene,
Con mas donaires que nunca,
Tan hermosa como siempre.
Seguí su luz con la vista,
Notando curiosamente,
Que, si el hombre es breve mundo,
La muger es cielo breve.
Al fin se puso á mis ojos,
Y yo quedé como suele
Temeroso caminante,
Que el camino en el sol pierde.
Mas no quedé tan ageno
Del suyo, que no creyese,
(Tal fue la imaginacion)
Que la adoraba presente;
Porque pintor el deseo
Dió á la memoria pinceles,
Al pensamiento colores,

Con que desmintió lo ausente.
No sé si es amor, Don Arias,
Este fuego, que me ofende;
Que tiene mucho de amor
El que tanto lo parece.
Ari. Nunca la habías visto?
Alej.   Sí.
Ari. ¿Pues de qué, señor, procede
Esa novedad?
Alej.   Preguntas
Bien, aunque ignorantemente.
Tú no sabes, que en el mundo
Un átomo no se mueve,
Sin particular precepto,
Que rigen causas celestes.
Lo que ayer se aborrecia,
Hoy con extremo se quiere;
Y hoy una cosa se adora,
Que mañana se aborrece.
Todo vive en la mudanza;
Y asi, Don Arias, sucede
Lo que se trata, conforme
La disposicion que tiene.
Otras veces la había visto;
Pero hoy estuve, advierte,
Menos ciego, ó ella estaba
Mas hermosa que otras veces.
Yo he de servirla, y de tí
He de fiar solamente
Este amor y este secreto.
Ari. Dos novedades me ofreces
Á un tiempo; la una es
El verte hablar tiernamente
En cosas de amor.
Alej.   No son
Iguales los hombres siempre,
Ni es de un Príncipe defecto
Amar tan honestamente;
Que quien una vez no amó,
Nombre de incapaz merece.
Ni tan necio, dijo un sabio,
Á un hombre, que no quisiese
Alguna vez; ni tan loco,
Que haya querido dos veces.
Ari. Es la otra, que conmigo
Trates tu amor; y aunque excede
Esta honra á mi esperanza,
Lo que me obliga me ofende.

Don César, tu secretario,
De quien fías dignamente
El gobierno de tu estado,
Y á quien con extremo quieres,
Es mi amigo, y no es razon,
Señor, que en tu gracia deje
Desocupado lugar,
Pues él solo le merece.
Llámale, y dile tu amor,
Y hoy á tu gracia le vuelve;
Que no es razon, que se diga,
Que yo gano lo que él pierde.
Mi amistad paga con esto
Lo que á mi nobleza debe;
Pero, aunque ofenda á un amigo,
Será fuerza obedecerte.

Alej. Don Arias, á César quiero
Con los extremos, que siempre
Le he querido; y si es tu amigo,
Honrarte, no es ofenderle.
Juntos nos hemos criado,
Fiándonos de una suerte
En las penas los disgustos,
En las glorias los placeres.
Hícele mi secretario,
Dile mi pecho, fiéle
El alma misma, por ser
Discreto, sabio y prudente.
De unos dias á esta parte
No sé qué trata ó qué tiene;
Que ni á mi servicio acude,
Ni despacha mis papeles.
Mil veces en mi presencia,
Si le hablo, se divierte,
Sin propósito responde,
Y hablándome, se suspende.
Y ya que tratamos desto,
Su mayor amigo eres,
De mi parte y de la tuya
Procura saber, qué tiene.
Dile, que de mis estados
Disponga, pues solo puede,
Como absoluto señor,
Dar preceptos, poner leyes;
Y dile al fin lo que el alma
Verle tan ageno teme;
Porque, sabiendo la causa,
Ó la sienta, ó la remedie.

Ari. No en vano te llama el mundo
Alejandro dignamente,
Pues á quien el nombre igualas,
Las alabanzas excedes.

Sale LÁZARO.

Laz. Á César traigo un papel, [*aparte.*
Y no le hallo; claras pruebas
De mi desdicha cruel;
Que á traerle malas nuevas,
Luego encontrara con él.
Hoy que esperé galardon,
No le he de hallar, cosa clara;
Mas cuando las nuevas son
Albricias de mala cara,
Presagios de un mogicon,
Luego al instante le hallo.
¡Pues por Dios que he de buscallo,
Aunque entre......!

Alej. Quién está allí?
Laz. El Príncipe me vió. Aqui [*aparte.*
Escondo el papel, y callo.
Alej. Quién dices que es?
Ari. Un criado
De César, que acaso ha entrado
Hasta aqui, y como te vió,

Luego, señor, se volvió.
Alej. Llámale; porque he pensado,
Que este me declare aqui
De su señor la tristeza.
Ari. Dices bien. — Lázaro!
Laz. Á mí?
Ari. Á tí te llama su Alteza.
Alej. Llegad.
Laz. Bien estoy asi,
Aunque, si mi dicha es
Tal, que merezco llegar
Á besar tus reales pies,
No me hartaré de besar
Cordobanes en un mes.
Buscando á César (perdona,
Si te ofendo) hoy he llegado
Á tus pies.
Ari. Su humor le abona.
Alej. Sírvesle?
Laz. Soy su criado,
Y tu tercera persona.
Alej. Cómo tercera?
Laz. Pues no?
César contigo privó,
Yo con César, por mi trato:
Luego es nuestro triunvirato,
César, Alejandro y yo.
Alej. Tu humor conozco.
Laz. Eso ha sido [*Yéndose.*
Despejar.
Alej. Por qué te vas?
Laz. Porque, si me has conocido,
Señor, no me comprarás,
Y yo estoy como vendido.
Entretenerme no quieras;
Porque, si bien consideras
Mi condicion por su indicio,
Ha mucho rato, que en juicio
Estoy condenado á veras.
Alej. Tu gusto alabo, y condeno
El que tan continuo sea;
Que el que de donaires lleno
Siempre las burlas se emplea,
No es para las veras bueno.
Saber de César querria
La causa y el fundamento
De tanta melancolía,
Que como suya la siento,
Y la lloro como mia;
Pero fue contrario efeto.
El que he venido á mirar;
Que, aunque seas mas discreto,
Es necio quien piensa hallar
Entre burlas un secreto.
Laz. Antes por sacarle dellas,
Hace bien, si allí se ofusca,
Y mal por necio atropellas
Al que en las burlas le busca,
Sino al que le pone en ellas.
Y pues César ha mostrado
Discrecion, no hay presumir,
Que á mí me le habrá fiado;
Mas con todo, por cumplir
La obligacion de criado,
Que de un sirviente hablador
Es el precepto mayor
Entre todos los demas,
El cuarto: no callarás
Defecto de tu señor;
Te diré lo que he alcanzado
En lo que yo he discurrido
De su pena y su cuidado,
Mucho menos que sabido,
Y algo mas que murmurado.

De España vino, con nombre,
Opinion, noticia y fama,
Á Parma (esto no te asombre)
Cierto juego, que se llama,
Señor, el juego del hombre.
César el juego aprendió,
Y un dia que le jugó,
Teniendo basto, malilla,
Punto cierto y espadilla,
La tal polla remetió.
Acabando de perder,
Hubo voces, y el senado
Miron tuvo en que entender,
Si fue bien ó mal jugado,
Si pudo ó no pudo ser.
Con esto nos fuimos luego,
Y estando durmiendo yo
En mi cama y mi sosiego,
Desnudo se levantó,
Dando y tomando en el juego;
Y habiéndome despertado,
Cuanto encendido, resuelto,
Me dijo muy enojado:
Si aquella baza le suelto,
Reparto, y quedo baldado;
Luego le atravieso yo,
Y con cuatro tengó hartas,
Y hago tenaza, ó si no,
Vuélvanme mis nueve cartas,
Y venga el que lo inventó.
De aqui, sin duda, ha nacido
Su tristeza.

Alej.   Yo me he holgado
De haberla de tí sabido,
Pues con eso·has castigado
La culpa de haberte oido.
No quiero creer, que fuera
Tan necio César, que á tí
Su secreto te dijera,
Pues hoy me pesara á mí,
Cuando de tí lo supiera;
Que tu condicion extraña
Claramente desengaña,
Que es para burlas ociosas
No mas.

Laz.   Como desas cosas
Vienen cada dia de España.
Dios te guarde; y yo prometo,
Con la ocasion que me has dado,
De buscarte mas discreto.
Bien las burlas me han librado   [*aparte.*
De descubrir el secreto.   [*Vase.*

Alej. Notable hombre; si estuviera
Con mas gusto, le tuviera
En oirle.

Ari.   Pues si á tí
Te agrada, siempre está asi,
Que es hombre desta manera;
En su vida estuvo triste.

Alej. No será muy entendido;
Que en saber sentir consiste
Parte del alma.

Ari.   Ha nacido
Desta suerte. ¿Nunca oiste
Sus cuentos?

Alej.   Nunca llegó
Á mi noticia.

Ari.   Pues yo
Sé, que, si aqui te contara
Alguno, que te agradara.

Alej. De qué manera?
Ari.   Perdió
Conmigo el dinero un dia,
Y yo le empecé á jugar

Sobre prendas que traia;
Y en fin le vine á ganar
La espada que se ceñía.
No quise entonces volvella,
Por ver lo que hacia sin ella,
Y él buscó sin dilacion
Una vieja guarnicion,
Y poniendo un palo en ella,
Le metió en la vaina. Asi
Le tray hoy dia.

Alej.   Yo espero
Burlarme dél. Ay de mí!
Mal con burlas vencer quiero
El fuego en que me encendí.
Ve á hablar á César, allana
Tristezas de agravios llenas;
Que yo estaré con mi hermana,
Sintiendo de César penas,
Y rigores de Doña Ana.
Iré á ver los rayos rojos,
Testigos de mis enojos.
Y si tengo de morir
Ausente, mas vale ir
Donde me maten sus ojos.   [*Vanse.*

———————

Salen DON CÉSAR *y* LÁZARO, *dándole
un papel.*

Laz. Toma, señor, el papel,
Que hoy Elvira me llamó,
Y para tí me le dió.

Ces. ¿Y ahora vienes con él?
Laz. Vive Dios, que te he buscado,
Hasta entrar, por ver si hablabas
Al Príncipe.

Ces.   Y no me hallabas?
Laz. Qué quieres? Soy desdichado.
Ces. Pues no ha habido hombre, que pase
Á hablarle, que no me pida
Licencia.

Laz.   En toda mi vida
Hallé cosa que buscase.
Toma, señor, el papel;
Y si su gusto codicias,
No perdono mis albricias.

Ces. Ay cielos! qué dirá en él?
Laz. Necedad de aquel que va,
Cuando el relox está dando,
Con gran priesa preguntando:
¿Sabe usted las cuantas da?
Cuenta, y no preguntarás
Lo que tú puedes saber;
Y puesto que sabes leer,
Abre el papel, y verás
Lo que dice.

Ces.   Estoy cobarde.
Tarde me trajiste el bien.

Laz. Pues véngate tú tambien,
Dame las albricias tarde.

Ces. Ponte, Lázaro, el vestido,
Que hice para la jornada
De Florencia.

Laz.   Eso me agrada.
Mil veces los pies te pido.

Ces. Lázaro, en el bien que toco,
Con causa el sentido pierdo;
Hoy debo de estar muy cuerdo.
Pues confieso, que estoy loco.
¿Doña Ana me escribe á mí
Tierna, alegre y amorosa?
¡Hay suerte mas venturosa!
¿Cuando tal bien merecí?
El pecho romper quisiera,

Porque en su oculto lugar,
Siendo el corazon altar,
El papel la imágen fuera.
¿Dónde pondré este papel?
Laz. Puesto que eso te alborota,
Si está la soleta rota,
Cálzate, señor, con él.
Un tiempo, con tener fama,
Que era de las mas discretas,
Me sirvieron de soletas
Los papeles de mi dama.
¿Mas sabes qué considero?
Que aunque el vestido es cabal,
Parecerá un hombre mal,
Si no lleva algo en dinero.
Ces. Lázaro, á darte me obligo
Cuanto me pidieres hoy.
La espada no te la doy,
Porque me la dió un amigo.
Laz. Él sin duda á saber llega, *[aparte.*
Que es de palo aquesta espada,
Pues cuando no niega nada,
La espada sola me niega.

Sale Don Arias.

Ari. Como agraviado, quejoso,
Don César, buscándoos vengo;
Agravios son de amor mio,
Y quejas de ámigo vuestro.
Hoy el Príncipe de Parma,
Hoy Alejandro Farnesio,
Segundo solo en el nombre,
Y en las grandezas primero,
Me llamó, para saber
Vuestra tristeza, diciendo,
Que solo yo la sabia,
Por ser alma en vuestro pecho.
Corrido entonces quedé
De ver, que en su pensamiento
Merezca este nombre, cuando
Tan poco con vos merezco.
De su parte y de la mia
Vengo á hablaros; y asi quiero
Deciros como criado
Su recado. Estadme atento.
Dice el Príncipe Alejandro,
Que si á vuestro sentimiento
De sus estados importa
El mando todo, que en ellos,
Como su señor mandeis,
Que dispongais como dueño,
Pues en vuestras manos deja
Su poder y su gobierno.
Hasta aqui dice Alejandro,
Y yo de mi parte empiezo,
No á ofreceros sus grandezas,
Sino un ánimo dispuesto
A vuestro servicio siempre.
Merezcan pues mis deseos,
Para sentirlos en todo,
Parte en vuestro sentimiento.
Quejoso el Príncipe vive
De vuestro descuido, y vemos,
Que servicios en señores
Son máquinas en el viento;
Cuanto aseguran mil años,
Borra un minuto de tiempo;
Que es sola una culpa olvido
A muchos merecimientos.
Divertios, alegraos,
Ensanchad, César, el pecho,
Y aunque el corazon se abrase,
Finjan los ojos contento.
Como amigo os lo suplico,

Como criado os lo ruego,
Como leal os persuado,
Como noble os aconsejo.
Ces. Beso á su Alteza los pies,
Y á vos las manos os beso,
Pues debo á vuestra amistad
Lo que á sus grandezas debo.
Y agradecido á los dos,
Iré á los dos respondiendo.
Direis pues al poderoso
Alejandro,......
Laz.   Qué es aquesto? *[aparte.*
¿Por poderoso Alejandro
Empieza? Ruego á los cielos,
Que alguna Loa no eche,
Con su historia y con su cuento.
Ces. Que el cielo su vida aumente
Por tantos siglos eternos,
Que al número de los años
Pierda la memoria el tiempo;
Que mi tristeza no es causa
Para que en un pensamiento
Falte á su gusto rendido,
A su obediencia sujeto.
Una gran melancolía
Opone á mi alma estos miedos,
Si oculta siempre en la causa,
Manifiesta en los efectos.
Mis estudios lo habrán sido;
Tanto en ellos me divierto,
Que, para darme á los libros,
A su presencia me niego.
Esto le podeis decir,
Disculpando nobles yerros,
Que para solas ausencias
Amigos se introdujeron.
Y respondiéndoos á vos,
Porque veais, que agradezco
El cuidado, he de fiaros
Lo que guardé de mí mesmo.
Mas no lo agradezcais mucho;
Porque habeis llegado á tiempo,
Que, aunque quisiera encubrirlo,
Os lo dijera el contento.
Ay Don Arias! no os espante
Verme en un instante haciendo
Extremos, alegre ó triste;
Que el amor todo es extremos.
Quiero deciros la causa;
Mas si os he dicho, que quiero,
Ni vos teneis que escucharme,
Ni yo que deciros tengo.
Bien vereis, que esto es amor;
Y si es mucho, bien lo muestro,
Pues presente no lo digo,
Cuando ausente lo confieso.
Puse en un cielo los ojos;
(¡Disculpado atrevimiento!)
Que quien glorias busca, solo
Pudiera aspirar al cielo.
En fin la dije mis penas,
Que, aunque no consiga efecto,
El intentar grandes cosas
Arguye merecimientos.
No os enfadeis, si me alargo
En contaros mis sucesos;
Que vos me dais ocasion,
Con oírme tan atento.
Respondióme con oírme;
Que en tan arrogante empleo
Bastó, sin gozar favores,
El no padecer desprecios.
Dos años ha que la sirvo,
Sin que en todo aqueste tiempo

Perdiese al sol de su honor
Un átomo de respeto.
Amor, del llanto ofendido,
Si no obligado del ruego,
Con no merecidas glorias
Coronó mis pensamientos.
Hoy tuve suyo un papel;
Que nada encubriros puedo;
Que contentos repetidos
Son duplicados contentos.
Este fue el primer favor,
Y yo el amante primero,
Que mereció por humilde
Lo que intentó por soberbio.
Direis, que encarezco mucho
Lo que tan poco encarezco;
Mas vos me disculpareis,
Cuando sepais el sugeto.
Al decir quien es, me turbo;
Mas poco en esto la ofendo;
Y mas estando advertido,
Que aspiro á su casamiento.
Mirad, Don Arias, que os fio
Mucho, y que no soy de aquellos,
Que, por alabarse, venden
Á pregones sus secretos;
Que á saber en qué consiste
De una muger la honra, creo,
Que hicieran sus mismas lenguas
Mordazas de su silencio.
Discretos sois, en vos pongo
El alma misma, advirtiendo,
Que á querer yo que supiera
Alejandro mis intentos,
Pues dos recados trajisteis,
Y á entrambos voy respondiendo,
Aquesta respuesta os diera
En el recado primero.
Doña Ana de Castelví
(Ya he dicho quien es, ya puedo
Aun mas allá del discurso
Pasar encarecimientos)
Es quien me tiene en su amor
De mí mismo tan ageno,
Que no siento lo que digo,
Aunque digo lo que siento.
No fue tanta mi tristeza,
Como mi divertimiento;
Porque en su amor solo vivo,
Y solo en sus gustos pienso.
No diga que quiere bien
Quien libre, alegre y contento
Piensa ó habla en otra cosa;
Que amor es del alma dueño;
Y yo, que de veras amo,
Por pensar en sus extremos,
Quisiera pasar á siglos
Las breves horas del sueño.
Mucho he dicho, y mucho callo,
Y ahora solo pretendo,
Que leais este papel,
Para obligaros de nuevo
Á que sintais mis pesares,
Á que goceis mis deseos,
Á que celebreis mis glorias,
Á que alabeis mis intentos,
Y á que el secreto paseis
Desde los labios al pecho;
Que de la boca al oido
Está á peligro un secreto.

Ari.   Con causa contento os veo.
Ces.   Pues tomad, leed el papel;
Vereis mi ventura en él.
Ari.   Por vuestro gusto le leo.

[*lee*] ,,Ya el confesarme querida
Es empezar á querer;
Que es favor en la muger
El estar agradecida.
Mas no es favor lisonjero
Lo temeroso que estás,
Pues sabe el amor, que mas,
Que tú me estimas, te quiero.
Si acaso, por encubrillo
Amor, venganza ha buscado,
Bástame el haber pasado
La vergüenza de decillo.
Ven en pasando la tarde
Á la calle, y te diré
Lo que apenas sentir sé.
Á Dios, mi bien, que te guarde." —
[*repr.*] Vos estais bien empleado.
Ces.   Al Príncipe le direis
La otra respuesta; y si haceis,
Que yo quede disculpado,
Le veré.
Ari.   Que he de serviros
Tened por cierto.
Ces.   Lucero,
Que amante fuiste primero,
Muévante tantos suspiros,
Corre con curso violento;
Que yo sé, que adelantaras
El ocaso, si llevaras
Á Dafne en tu pensamiento.
                [*Vanse César y Lázaro.*
Ari.   De dos secretos cargado,
Aunque uno mismo en rigor,
Obligado de un señor,
Y de un amigo obligado,
Me hallo, y en tantos disgustos
No sé cual á cual prefiere.
¡Mal haya el necio, que muere
Por saber agenos gustos!
Si á César el amor digo
Del Príncipe, sus desvelos
Le han de dar zelos, y zelos
No se han de dar á un amigo.
Pues si al Príncipe el afeto
Digo de César, no sé
Si lo acierto, pues la fe
Rompo á César del secreto.
Si callo la voluntad
Del uno al otro, en rigor
Soy á la lealtad traidor,
Ó traidor á la amistad.
Hoy del Príncipe ha nacido
El amor, y aunque el cuidado
Esté tan enamorado,
No está tan favorecido.
Él á César quiere bien,
Y si su amor le encarezco,
Y sus favores me ofrezco,
A que sus manos le den
La prenda, que un desengaño
Con tiempo hace tal efeto,
Y yo no falto al secreto,
Por remediar mayor daño.
Confusas máquinas son
Estas que dudoso sigo;
Porque ignorando un amigo,
Mata con buena intencion.

Salen ALEJANDRO, DON FELIX, DOÑA ANA
y acompañamiento.

Alej.   Licencia me habeis de dar.
Ana.   Vuestra Alteza no esté asi,
Ó no pasaré de aqui.
Alej.   Yo os tengo de acompañar,

Hasta que el cuarto dejeis
De mi hermana.

Ana. No haga eso
Vuestra Alteza, que es exceso
De mercedes.

Alcj. ¿Pues no veis,
Que es justa obligacion mia,
Debida por ser muger,
Y que en mí no puede ser
Exceso la cortesía?

Ana. Muy bien la que habeis tenido
Vuestro heróico pecho muestra;
Mirad, que soy criada vuestra;
Y asi, como tal os pido
Que mitigueis los enojos
De tan dulce resplandor,
Que, como sois sol de honor,
Me vais cegando los ojos.

Alcj. Mal de mis rayos infiero
Ese luciente arrebol,
Que voy delante del sol,
Por blasonar de lucero;
Mas porque no me acobarde
El fuego, que en vos se vé,
Por fuerza me quedaré.
Guárdeos Dios.

Ana. El cielo os guarde. [*Vase.*

Alej. Don Felix, ¿no acompañais
Á vuestra hermana?

Fel. Señor,
Agradecido al favor,
Con que á los dos nos honrais,
Á vuestros pies he quedado,
Como criado rendido,
Como leal reconocido,
Y como noble obligado.
Esa vida el cielo aumente
Tanto, que sea en su gloria
Testigo á vuestra memoria
El olvido solamente;
La fama con vos ufana,
Dilatada por los vientos......

Alej. Dejad encarecimientos,
Y acompañad vuestra hermana
En mi nombre. — ¿Hay mas enojos,
      [*Vase D. Felix.*
Que escuchar inadvertido
Lisonjas para el oido,
Negándolas á los ojos?
      [*Llega D. Arias al Duque.*
Don Arias, qué hay de nuevo? Viste á César?

Ari. Á César ví y hablé; pero primero
Que sepas su respuesta, saber quiero
El término de amor á que has llegado.

Alej. Tienen mi pensamiento
Triste César, Doña Ana enamorado,
Y con un sentimiento,
No sé cual de los dos es lo que siento.
Entré galan al cuarto de mi hermana,
Y con ella y sus Damas ví á Doña Ana.
Ví en un jardin de amores,
Que presidia entre comunes flores
La rosa hermosa y bella.
Mal digo; que si bien lo considero,
Yo ví entre muchas rosas una estrella,
Ó entre muchas estrellas un lucero;
Y si mejor en su deidad reparo,
Prestando á los demas sus arreboles,
Entre muchos luceros ví un sol claro,
Y al fin ví un cielo para muchos soles.
Y tanto su beldad les excedia,
Que en muchos cielos hubo solo un dia.
Hablando estuve, en ella divertidos
Los ojos, cuanto atentos los oidos;

Porque mostraba, en todo milagrosa,
Cuerda belleza en discrecion hermosa.
Despidióse en efecto. Si fue breve
La tarde, amor lo diga, que quisiera
Que un siglo entero cada instante fuera;
Y aun no fuera bastante,
Pues, aunque fuera siglo, fuera instante.
La salí acompañando cortesmente;
Y aqui basta decirte,
Que muero amante, y que padezco ausente.

Ari. Segun eso imposible es persuadirte,
Que olvides ese amor.

Alej. Hoy ha nacido,
Y á mas correspondencia pone olvido
El alma, si previene mayor daño.

Ari. Pues á tiempo llegó mi desengaño.
Señor, si á César quieres, no la quieras;
Y básteme decir, que, si pretendes
A Doña Ana, es á César al que ofendes.

Alcj. Don Arias, cuando alguna cosa digas
Á quien no la pregunta, ya te obligas
Á no dejar la plática empezada.
Dímelo todo, ó no dijeras nada.
Quiere á Doña Ana César? Poco importa;
Que César es mi amigo; y si me hallara
Muy prendado, por César la olvidara.
Prosigue pues; qué temes?

Ari. Que indiscreto
Falto á la fe jurada de un secreto.

Alcj. Pues si callar debías,
¿Para qué los principios me decias?

Ari. Yo tu quietud pretendo.
(Perdona, César, si el secreto ofendo.)
Señor, ellos se quieren.

Alej. Cómo es eso?
¿Luego Doña Ana sabe, (pierdo el seso!)
Que Don César la quiere?

Ari. Y amorosa
Le corresponde.

Alej. Ay suerte rigurosa!
¿Quién se ha visto dudoso,
Triste y desesperado,
Antes desengañado, que zeloso,
Y zeloso, (ay de mí!) que enamorado?
Si César la quisiera,
La dejara, y sus zelos no sintiera;
Mas que ella quiera á César, son mas daños,
Que apadrinan los zelos desengaños;
Pero si ellos se quieren, no se diga
De mí, que amor me obliga,
Ofendido y zeloso,
Á amar ingrato, y á querer quejoso.
Ahora encareciendo [*aparte.*
Sus favores, pretendo
Que del todo la olvide.
En mí el amor con el valor se mide.
En efecto se quieren?

Ari. Y yo he visto
Hoy un papel,......

Alej. Mal mi dolor resisto!

Ari. Que amorosa Doña Ana le escribia.

Alej. ¿No bastaba saber, que le queria?
Pero si ya olvidado
Estoy, ¿por qué un papel me da cuidado?
¿Mas quién tendrá paciencia
En tan mortal dolencia,
Para no preguntar lo que decia,
Por no andar vacilando que seria?
Qué escribió?

Ari. Que esta noche quiere hablalle
Por las ventanas bajas de la calle.

Alej. ¿Esta noche ha de hablalla,
Cuando el alma ofendida sufre y calla?
¿Ellos diciendo amores,

Yo padeciendo agravios y rigores?
¿Qué es lo que escucho, cielos?
¡Que en mí, mas que el amor, puedan los zelos!
¿Yo no estoy declarado?
Pues que pongo silencio á mi cuidado
Por César, deje César por mis zelos,
Esta ocasion, si en ella reconoce
Mis penas y desvelos;
Y pues yo no la gozo, no la goce. —
Don Arias, ¿sabe César, que yo he puesto
En Doña Ana mi amor? Ay de mí triste!

Ari. ¿Cómo, si solo á mí me lo dijiste?
Alej. Como á tí solo dijo inadvertido
Tambien César su amor, y lo he sabido.
Ari. Quien con buena intencion ofende, yerra
Con disculpa.
Alej.   Don Arias, hoy se encierra
En tu pecho mi gusto.
No es aquesto en amor término injusto,
Una curiosidad es solamente,
Confieso que parezca impertinente.
Cuanto á César pasare con Doña Ana
Me has de decir; que si por él allana
Mi honor, que no la quiera,
Y no puedo jugar, aunque picado,
Quiero mirar los lances desde afuera.
Ari. Si el primero, señor, has condenado,
Cómo diré el segundo?
Alej.   Antes disculpa
Te ofrezco con haberlo preguntado,
Pues en aqueste punto
Lo que tú me dijeras te pregunto.
Ari. Señor,......
Alej.   Esto ha de ser.
Ari.   Obedecerte
Es fuerza; pero mira......
Alej.   Desta suerte
Entretendré mis penas, mis desvelos,
Divirtiendo sus gustos en mis zelos.
Ari. ¡Á qué de riesgos locos
Se pone quien no calla su secreto!
Alej. Todos lo dicen, y le callan pocos.

    Salen DON CÉSAR *y* LÁZARO.

Ces. Pasa, sol, con tu porfía
El cielo en dorado coche,
Que hoy amanece la noche,
Pues hoy anochece el dia.
Deposita en sombra fria,
Apolo, tus luces bellas,
Nacerá otro sol en ellas
De mas luciente arrebol,
Y verás, que de mi sol
Van huyendo las estrellas.
Laz. Maldito de Dios el caso
Hace el sol de tu tristeza;
Tú te quiebras la cabeza,
Y él se va paso entre paso
Por su cabal al ocaso.
¿De qué sirve en tu porfía
Tanto sol y tanto dia?
¿Que es el sol, no echas de ver,
Cochero, y que no ha de ser
Llevado por cortesía?
Ces. Al Principe ví, y leal
El corazon en el pecho,
No sé qué extremos ha hecho,
Pronósticos de mi mal. —
Aunque á mi pena es igual   [*Llega.*
De mi descuido la culpa,
Noblemente me disculpa
Ver, que á tus pies no llegara,
Si en Don Arias no enviara
Prevenida la disculpa.

Perdóname haber faltado
Á tu servicio ó tu gusto,
Si ya mi tormento injusto
No me tiene disculpado.
Alej. Ya Don Arias me ha contado,
César, la fiera porfía
De tanta melancolía,
Y tan bien la encareció,
Que, con lo que dijo, yo
Vine á sentirla por mia.
Tan bien la supo sentir,
Que la causa del pesar
No la supiera callar,
Como la supo decir.
Yo, que empeñado en oir,
De tu mal las penas graves
Le escuché, con tan suaves
Razones me las pintó,
Que de tu mal supe yo
La. causa, que tú no sabes.
Yo te quiero divertir;
Esto debo á tu amistad.
Á andar toda la ciudad
Esta noche has de salir
Conmigo; podremos ir
Encubiertos y embozados
Á visitar disfrazados
Varios modos de placeres;
Músicas, juegos, mugeres
Entretendrán tus cuidados;
Que yo te quiero de suerte,
Que, por verte alegre, diera
Todo mi estado, y pudiera
Quedarme solo por verte.
Ces. Tú me honras. Pero advierte,
Que está ya mi pensamiento
Con ese encarecimiento
Que llega á merecer hoy,
Tan gozoso, que ya estoy
Muy alegre y muy contento.
Desde aqueste instante empieza
En el alma misma á ser
Todo su pesar placer,
Gusto toda su tristeza.
No, no se canse tu Alteza
En divertirme mis quejas;
Que con aqueso me alejas
Del gusto, porque yo sé,
Que aquesta noche estaré
Mas contento, si me dejas.
Claro está, pues mi cuidado
Ha de ser mucho mayor,
Viendo que tú estás, señor,
Por mí desasosegado.
Alej. Tanto, César, me ha pesado
De hablarte en tu pena ciego,
Que, si yo á verte no llego
Esta noche, claro está,
De no verte nacerá
Mi mayor desasosiego. —
Lázaro!
Laz.   Señor?
Alej.   Tambien
Irás conmigo.
Laz.   Eso sí,
Fíate, señor, de mí,
Que de ninguno mas bien.
¡Ha, plegue á Dios, que nos den
Ocasion, en que empleado
Este brazo, y á tu lado......!
Alej. Valiente eres?
Laz.   Pese á tal!
Soy el mas largo oficial,
Que puso herramienta á un lado.

Alej. Y la hoja es buena?
Laz.   Aquí [aparte.
Me coge vivo. — Señor,
La tuya será mejor;
Mas esta me sirve á mí
De lo que la mando.
Alej.   Asi,
Por ensalzalla, la humillas.
Corta?
Laz.   Que hace maravillas,
Tanto, que al golpe primero,
Aunque un broquel sea de acero,
Hará que salten astillas. —
Y es verdad, que saldrán della. [aparte.
Alej. Buen temple?
Laz.   El que tú le das.
Alej. Y qué ley?
Laz.   No matarás;
No hay culpa mortal en ella.
Alej. Gana me ha dado de vella.
Laz. De aqui puedo escapar mal. — [aparte.
Por voto solemne......
Ces.   Ay tal! [aparte.
¿Quién hay que á mi pena iguale?
Laz. Nunca de la vaina sale,
Si no es á caso fatal.
Empléala, gran señor,
En tu servicio, y verás......
Mas no quiero decir mas;
Que ella lo dirá mejor.
Ces. Hay mas pena! hay mas rigor! [aparte.
¡Hoy desesperado muero! —
Señor, si mi llanto fiero
Quieres que alegre contigo,
Ya mi gozo es buen testigo.
Alej. Mira, César, que te espero;
Que bien se vé, que no cesa
Tu pena, y que la entretienes;
Y de la ocasion que tienes
Ya como propia me pesa.
Y pues el alma confiesa,
Que es una melancolia
La que en dos pechos se cria,
Para alegrarnos, andemos
Juntos, y divertiremos
Yo tu pena, y tú la mia. [Vase.
Ces. ¿Quién no perderá la vida
En la ocasion deseada,
En tantos gustos hallada,
En tantas penas perdida?
Ari. Cumplí la amistad debida. —
Si el secreto le dijera. — [aparte.
Pues á vuestra pena fiera
Remedios que busca son,
No os quitará la ocasion,
Que antes él mismo os la diera. [Vase.
Ces. Lázaro!
Laz.   Señor?
Ces.   ¿Doña Ana
Qué dirá de mí?
Laz.   Dirá
Lo que quisiere.
Ces.   Qué hará?
Laz. Estará de mala gana
Esperando á la ventana.
Ces. Dirá, que ha sido fingido
Mi amor, y el pecho ofendido,
Con el alma y con los labios
Dará á forzosos agravios
Satisfacciones de olvido.
¡Ay fiera desdicha mia!
Laz. ¿Tu mal quién podrá creello?
¿Mas cómo es, señor, aquello,
Clara noche, obscuro dia?

Ces. ¿Vuelve tu necia porfía?
Laz. De un loco, si eres discreto,
Toma un consejo. El efeto
No sé yo por donde viene;
Mas tales peligros tiene
Quien no calla su secreto. [Vanse.

JORNADA II.

Salen DON ARIAS, DON FELIX, DON CÉSAR,
ALEJANDRO y LÁZARO, de noche.

Ari. Buena noche.
Alej.   El sol parece
Que quedó á la sombra negra
En pedazos dividido,
Depositado en estrellas.
Fel. La luna, embozado el rostro
Entre pardas nubes, muestra
Trémulos rayos de plata,
Creyendo al sol competencia.
Laz. Cabal, sin faltarla un cuarto,
Y sin cercenar la oblea,
Por no ser luna vacia,
Hoy quiso ser luna llena.
Ces. Ay de mí! ¿Quién creerá, cielos, [aparte.
Que no siento que se pierda
La ocasion, sino pensar
Que tendrá tan justa queja
De mí Doña Ana? — Señor,
Recójase vuestra Alteza;
Que el sereno le hará mal,
Y ya la noche refresca;
Basta lo que hemos andado.
Alej. Como yo, por mi grandeza,
No puedo con libertad
Andar de dia, quisiera
Ver, una noche que salgo,
Toda la ciudad.
Ces.   Paciencia! [aparte.
Pues vive Dios, que he de ver,
Si puedo con mi tristeza,
Divertido á su pesar,
Dejar de pensar en ella. —
¿Qué te pareció de Flora?
Alej. ¿No es la dama Milanesa?
Laz. Buen lejos tiene.
                        En verdad,
Mucho mejor es que el cerca;
Pero el lejos ha de ser
Tan lejos, que no se vea.
Ari. Laura se prende muy bien.
Laz. Bien se prende, y bien se prenda.
Fel. Buenas manos.
Laz.   Pues las tiene,
Bien hace en dárselas buenas.
Ari. Aqui la doncella vive.
Laz. Ni la oigas ni la veas,
Señor, hasta que se haga;
Que son como las comedias,
Sin saber si es buena ó mala,
Ochocientos reales cuesta
La primera vez; mas luego
Dan por un real ochocientas.
Déjala imprimir primero;
Que comedias y doncellas,
Como esten dadas al molde,
Las hallarás por docenas.
Ces. Esta es la hora que estará [aparte.
Doña Ana puesta en las rejas,
Diciendo entre sí: pues cómo?
¿No es hora que venga César?
¿Yo, que pensé que tardaba,

Vengo á esperarle? Aqui es fuerza
Que se enoje. Mas ay cielos!
Que no he de pensar en ella;
Olvídéme de olvidarme. —
Por extremo cantó Celia.

Laz. Buena voz y mala cara
Pocas veces son opuestas.

Ces. Con el dote de la hermosa
Casaba Roma á la fea;
Y por no darla, la hizo
De sus gracias heredera.

Laz. Laura vive aqui, que dijo:
Con lo que la casa cuesta
De alquiler he de hacer coche.
Y respondiéndole á ella,
Dónde habia de vivir?
Dijo: cuando coche tenga,
En el coche todo el dia,
Y la noche en la cochera.

Ces. Qué he de hacer? Vuelvo á olvidarme. — [ap.
Señor, la noche se aleja,
Y Nisida mi señora,
Cuidadosa de tu ausencia,
Te esperará desvelada.
Ya sabes de su firmeza,
Que como hermana te quiere,
Y como dama te zela.
No la des este cuidado.

Alej. Mas el tuyo me atormenta. [aparte.

Ces. Qué dices?

Alej. Importa poco;
Que no sabe, que estoy fuera.

Ces. Pasóse fuerte ocasion. [aparte.

Laz. En esta casa pequeña
Viven dos hembras, á quien
Ningun hombre, aunque mas sepa,
Mientras con las dos hablare,
Hablará cosa á derechas.

Alej. Pues por qué?

Laur. Porque es la una
Corcobada y la otra tuerta.

Ari. Pues una niña ceceosa
Y pobre vive aquí.

Laz. Esa,
Cuando cecea, no llama,
Pues despide, aunque cecea.

Ari. Tiene tia.

Laz. Arredro vaya,
Y mas si bien se me acuerda
De la vieja del conjuro.

Alej. Cómo fue?

Laz. Desta manera:
Yo me enamoré, señor,
Un dia, que no debiera,
Ó que no pagara. En fin,
Consultando cierta vieja,
Pidióme, para el efecto,
De su cabello una trenza.
Afuer de zaide, busqué
Ocasion para cogerla,
Y halléla, señor, un dia,
En que durmiendo mi prenda,
Prematicario barbero,
La quité media guedeja;
Mas tal, que, aunque avecindada
Vivió en su frente, no era
Natural su copete,
Feligres de su mollera,
Guedeja heredada fue;
Y haciendo el conjuro en ella,
Á la media noche entró
En mi aposento una muerta.
Troqué en miedos los amores,
En responsos las ternezas;

Y aunque alli por fuerza vino,
Pienso que se fue por fuerza.

Ces. ¿De qué tanto olvido sirve, [aparte.
Si nunca se olvidan penas,
Y ya se acuerda de amor
El que de olvidar se acuerda?
Paréceme á mí, que ahora,
(¡Mas qué de locuras piensa
Un amante!) que Doña Ana,
No porque hablarme desea,
Sino por desengañarse,
Vuelve otra vez á la reja;
Y que, no viéndome, dice:
(Que la oigo pienso) aunque vengas,
No podrá hacer el amor,
Que otra vez á verte vuelva.
Mira, señora, mi bien,......
¡Hay locura como esta!
Vióme alguno? No. Por Dios,
Qué estaba hablando con ella.

Alej. Don Arias, ¡qué mal encubre [ap. á él.
Su divertimiento César!

Ari. Harto procura por tí
Sacar fuerzas de flaqueza.

Alej. Pierda él la ocasion, no es mucho,
Pues yo callo, que él la pierda;
Que él padece ausencia, y yo
Padezco zelos y ausencia.

Ari. Mira que está aqui su hermano;
Habla quedo, no te entienda.

Alej. No importa; que un noble nunca
De su honor tuvo sospechas.

Canta dentro un Músico.

Mus. Al despedirse de Anarda,
Dijo Eliso en triste voz:
¡Ay que me muero de ausencia!
¡Ay que me muero de amor!

Ces. Buena voz.

Fel. Es extremada.

Alej. ¡Qué agradablemente suenan
Á un mismo tiempo conformes
Voz, tono, instrumento y letra!
Ahora quiero probar,
Don Arias, de qué manera
Lázaro en esta ocasion,
Pues la da el músico buena,
Disculpa su espada.

Ari. Cómo?

Alej. Aqui quiero que lo veas. —
Lázaro!

Laz. Señor?

Alej. Pretendo,
Que cierto disgusto sepas.
Todas las noches que salgo
Canta este hombre, y me pesa
De que en esta calle cante.

Laz. Yo llegaré con prudencia
De tu parte, y le diré
Que se vaya.

Alej. No es aquesa
Mi pretension.

Laz. Pues será
De la mia. — Si me aprieta, [aparte.
Yo soy muerto.

Alej. No es bastante.

Laz. Pues qué quieres hacer?

Alej. Llega,
Y dale una cuchillada.

Laz. Será superchería esa;
Que estoy muy acompañado
Para un musiquillo. Deja
Que venga solo mañana,
Y te mando su cabeza.

Fuera deso, este hombre está
Inocente, y en conciencia
Debes primero avisarle;
Pues si culpado estuviera,
Con mas cólera llorara,
Cantara con menos flema.
Alej. Haz lo que mando, ú diré,
Que de gallina lo dejas.
Ces. Lázaro, ¿por qué no haces
Lo que te manda su Alteza?
Fel. Quieres que le dé yo?
Ari.   Ú yo
Le daré.
Laz.   Brava sentencia! —
Yo voy, y pienso escaparme,   [*aparte.*
Por favor á la inocencia.

Sale el Músico.

Mus. [*cant.*] Rompió el silencio amoroso,
Diciendo con triste voz:
¡Ay que me muero de ausencia!
¡Ay que me muero de amor!
Laz. Plegue á Dios, que, si inocente
Estás, que aqui se me vuelva
Aquesta espada de palo,
Porque ofenderte no pueda.
Milagro, milagro!
Alej.   Bueno
Anduvo.
Laz.   Dios, que no deja
De su mano al inocente,
Volvió por su causa mesma.
Toma esta espada; que tú
Eres digno de tal prenda;
Y aunque sea milagrosa,
Me darás otra por ella.
Alej. Yo te la mando.
Fel.   ¿Por dónde
Iremos?
Ces.   Demos la vuelta
Hácia palacio, y alli
Te quedarás.
Alej.   Tiempo queda
Para recogerme.
Ces.   Mira,
Que el dia, señor, se acerca.
Alej. Poco importa, que ya el alba
Me hallará desta manera.
Cómo te sientes?
Ces.   Ya estoy
Muy alegre, aunque me cuesta
El alegrarme muy caro.
Alej. Tambien yo de mi tristeza
Estoy mejor.
Ces.   Yo por tí
Digo, señor, que me pesa,
Y te juro de no estar
Triste en mi vida.
Alej.   Aunque sea   [*aparte.*
Villania del amor,
Parece que se consuelan
Con otros gustos sus gustos,
Con otras penas sus penas.   [*Vanse.*

Salen DOÑA ANA *y* ELVIRA *á la reja.*
Elv. Otra vez vuelves?
Ana.   No puedo
De una vez determinarme;
Vengo por desengañarme,
Y mas engañada quedo.
Hasta verme despreciada,
Imaginé ser querida,
Y hasta verme aborrecida,

No me he visto enamorada.
De su descuido ha nacido.
En mí todo mi cuidado;
Mas para haberme olvidado,
Bastaba verse querido.
Ay Elvira! no te asombres
De verme hablar desta suerte;
El desprecio es el mas fuerte
Hechizo para los hombres.
Elv. Quejosa con causa estás.
¿Mas que otra vez no vendrías
A la reja, no decias?
Ana. No pude sufrirlo mas.
¡Ay agravio riguroso!
Si esto llegara á advertir,
Bien le pudiera escribir
Papel menos amoroso.
Ya mi desdicha cruel
Tarde el remedio me acuerda.
¿Mas qué muger fuera cuerda
A solas con un papel?
Elv. ¿Si ahora, señora, viniera,
Hablárasle rigurosa,
Ó apacible y amorosa?
Ana. No sé, Elvira, lo que hiciera.
¿No puede ser, que haya estado
En una ocasion forzosa
De papeles ú otra cosa,
De su señor ocupado?
Elv. Le disculpas?
Ana.   Por buscar
Consuelo.
Elv.   Quien le previene
La disculpa, gana tiene......
Ana. Di, de qué?
Elv.   De perdonar.
Ana. Si viniera ahora, (mira
Lo que es querer) y me diera
Disculpa, aunque lo supiera
Yo misma que era mentira,
Por mi respeto me holgara;
Y por verle disculpar
Hoy, me dejara engañar,
Ojalá que él me engañara.

Salen DON CÉSAR *y* LÁZARO.
Laz. ¿Dónde vamos desta suerte?
¿No ves, que ya ha amanecido?
Ces. Voy, Lázaro, donde ha sido
Mi vida, á que vea mi muerte.
Dejé al Príncipe en palacio,
Y con un necio deseo
Vengo, por si acaso veo......
Laz. Tú vienes con lindo espacio.
Ces. Alguien en las rejas.
Laz.   Sí,
Una muger hay por Dios;
Y aunque digo una, son dos.
Ces. Cómo llegaré? ¡Ay de mí!
Llega tú, Lázaro, y mira,
Si por ventura es mi bien.
Laz. Cómo he de ir yo? que tambien
Estará enojada Elvira.
Ces. Sois vos, señora?
Ana.   Yo soy,
César, la que os esperaba,
Que agena entonces estaba
De lo que advertida estoy.
Pero soy la que ofendida
Tiene, ya desengañada,
Por culpas de declarada,
Castigos de arrepentida.
Al dia venis? ¡A fe mia,
Que ha sido invencion extraña!

Harto es, que quien engaña,
Venga á engañar con el dia.
Quisisteis, hasta alcanzar
Un favor, que aun no teneis;
Y ya os mudais, porque os veis
Con algo que despreciar.
Y si el desengaño toco,
Que vuestro trato me ofrece,
Es poco lo que merece
Quien se contenta con poco.
No penseis, por un papel,
Que fue liviano favor,
César, que ya de mi honor
Tomais posesion en él.
No hagais por eso desprecio
De la ocasion y de mí;
Si como loca os la dí,
No la perdais como necio.
Aprended á ser cortes
Con las damas otro dia;
Y si aprendeis cortesía,
Venidme á servir despues.

[Quitase de la ventana.

Ces.   Pues que te he escuchado atento
Hasta castigar mi culpa,
Y no escuchas la disculpa,
Habré de decirla al viento.
¡Sabe el mismo amor, si lloro
Tu ausencia, y que en ella muero!
¡Sabe el alma, si te quiero!
¡Sabe el cielo, si te adoro!
No ha sido soberbia mia;
Que la ocasion me quitó
Mi desdicha, porque vió,
Que yo no la merecia.
Y si esta ocasion perdida
Sospechas, que me mudó,
Viva despreciado yo,
Y no estés arrepentida.
Que yo quiero, pues he sido
En venturas desdichado,
Ser. mas cuerdo despreciado,
Que necio favorecido.
De dia vengo, y lo seria
Para mí, aunque noche fuera;
Pues en viéndote, saliera
Claro el sol, alegre el dia.
Hasta verle me ha tenido
El Príncipe, que ha rondado
La ciudad. Esto ha pasado;
Tu hermano testigo ha sido.
Verdad es; si el merecer
Piensas que me ha de olvidar,
Vuélveme tú á despreciar,
Y vuelva yo á padecer.
Seamos extremos los dos,
Yo amante, y tu ingrata seas;
Escúchame, y no me creas.

Vuelve Doña Ana *á la reja.*

Ana.   Y eso es verdad?
Ces.   Sí por Dios!
¿Pero en efecto creíste,
Que yo pudiera olvidarte?
Ana.   ¿Y tú, quizá por vengarte,
Á voces no me dijiste,
Que ya estaba arrepentida
De quererte? ¿pues por qué
Pusiste duda en la fe,
Solo á tu gusto rendida?
Ya el sol con sus luces dora
Las cumbres, y le hacen salva
Á un tiempo, con risa el alba,
Con lágrimas el aurora.

Tarde es; yo daré ocasion
De hablarnos, y no la pierdas.
Ces.   Si de mis penas te acuerdas,
Glorias mis desdichas son.
Ana.   Vete.
Ces.   Á Dios, mi prenda amada.
Ana.   Él te guarde, y deje ver.
Ces.   Oyes?
Ana.   Qué quieres?
Ces.   Saber,
Si quedas muy enojada.
Ana.   Gustos serán mis enojos,
Estando juntos los dos.
Ces.   Á Dios, mi enojada.
Ana.   Á Dios,
Enojado de mis ojos.

*[Vase D. César, retírase Dª. Ana, y quedan
Elvira y Lázaro.*

Laz.   ¿Y ella, qué me dice á mí?
¿No tiene estudiado nada
De enojito?
Elv.   Yo enojada?
Por qué causa?
Laz.   Porque sí,
Porque lo está su señora;
Que yo, porque mi señor
Amor tiene, tengo amor.
Elv.   No le he entendido hasta ahora.
Laz.   El dia que mi amo tiene
Alegría, alegre estoy;
Si va triste, triste voy;
Vengo amante, si él lo viene;
Si tiene zelos, zeloso
Me verás; y si le han dado
Enojo, estaré enojado;
Mas si amoroso, amoroso;
Con desden, tendré desden;
Amaré, cuando él amare;
Y el dia que él olvidare,
Yo te olvidaré tambien.
Seremos sombra los dos,
Sea justo, ó no sea justo,
Á la forma de tu gusto.
Elv.   Y eso es verdad?
Laz.   Sí por Dios!
Y pues ellos han reñido,
Riñamos los dos.
Elv.   Por qué?
Laz.   Por si hubiere para qué.
Escóndete, y yo ofendido
Llamaré como mi amo.
Elv.   Pues si yo una vez me escondo,
¿Qué va que no le respondo?
Laz.   ¿Y qué va que no la llamo?   *[Vanse.*

Salen Don Felix *y* Alejandro.

Fel.   Parece que está triste,
Divertido consigo vuestra Alteza.
Alej.   La pena, que en mí asiste,
No es tristeza. ¡Ojalá fuera tristeza
La que ofende mi vida,
Y no una confusion mal entendida!
¡Qué de veces sucede
Hacerse mil, por remediar un daño!
¡O dichoso el que puede
Rendirse á la verdad de un desengaño,
Dando, mas advertido,
Á libres gustos cárceles de olvido!

Salen Don César, Don Arias *y* Lázaro.

Ces.   Quedó al fin satisfecha.
Ari.   Con el Príncipe está Don Felix.
Ces.   Creo,

Que quien no se aprovecha
De la ocasion, no estima su deseo;
Y es mas segura esta
Para dar el papel, y traer respuesta.
Aqui á Doña Ana envio
Nuevas satisfacciones con la vida,
Porque dé al amor mio
La ocasion, que le tiene prometida.
Toma, Lázaro, y mira,
Si puedes por la calle hablar á Elvira;
Que pues estás seguro
De Don Felix, bien puedes descuidado.

Laz. Entrar dentro procuro
De su casa, fingiendo algun recado;
Que pues él no está en ella,
Fácil será, señor, bahlalla y vella. [*Vase.*

Fel. Don César y Don Arias
Han llegado.

Alej. Su plática he entendido;
Mil confusiones varias
Pone una confusion á mi sentido. —
¿Qué es lo que se trataba?

Ari. César, señor, un cuento me contaba.

Alej. Oí algunas razones,
Aunque no le entendí, y saber deseo,
Por quitar confusiones,
El cuento en qué paró.

Ces. Qué es lo que veo?
Mal tu Alteza porfia
En saberle; que no es tristeza mia;
Alegre estoy ahora.

Alej. Y qué fue?

Ces. De mí mismo desconfio;
Don Arias no le ignora;
Él le dirá mejor, y yo le fio,
Que él la verdad te diga.

Ari. Con estas confianzas mas me obliga; [*ap.*
Pero ya llega tarde.

Ces. Mira lo que le dices, y no sea [*ap. los dos.*
Algo que me acobarde.

Ari. Diréle una mentira, que no crea
El que la verdad mira
Cual sea la verdad, cual la mentira.

Alej. Qué hay, Don Arias?

Ari. Airada [*ap. los dos.*
La halló con mil razones rigurosas,
Pero desengañada
Quedó en fin á disculpas amorosas.
Un papel la ha enviado,
Viendo que está Don Felix ocupado;
Deste respuesta espera,
Y otra ocasion.

Alej. Ha mucho?

Ari. En este instante.

Alej. ¡Hay confusion mas fiera!
Remediar ese daño es importante;
Que si el papel recibe,
¿Quién duda los amores que la escribe?
El papel me da zelos,
Y temor la ocasion, que en él aguarda.
¿Qué es lo que miro, cielos?
Esto me anima, aquello me acobarda. —
¿En fin eso ba pasado?

Ces. Don Arias la verdad te habrá contado.

Alej. Dejando aquesto aparte,
Don Felix, por no darte aquesta pena,
Excusaba contarte,
Que de pasion y de congoja llena,
Un desmayo á Doña Ana
Ha dado.

Fel. Con desmayo está mi hermana?

Alej. Nisida me lo dijo;
Yo, por no apasionarte, lo encubría.

Fel. Mas con eso me aflijo.

Alej. Dígolo ahora, viendo que podia
Importar tu presencia.

Fel. Iré á verla, señor, con tu licencia. [*Vase.*

Alej. Eso es lo que deseo, [*aparte.*
Que vayas á estorbarla que le escriba.

Ces. Cielos! qué es lo que veo? [*aparte.*

Alej. Y cuando presuncion desto reciba, [*aparte.*
Diré, que engaño era
Del nombre. Ay si de amor solo lo fuera! [*Vase.*

Ces. ¿Pues, Don Arias, qué es esto?
¿Qué pena ó qué desdicha rigurosa
Es en la que me has puesto?

Ari. Cúlpame á mí, por Dios, que es linda cosa,
Con lo que ahora al Príncipe he mentido.
Él me dijo, que habia
Oido, Don Felix y Doña Ana hermosa.
Y como ya tenia
El cámino cogido, fue forzosa
Ocasion hablar dellos,
Y el desmayo arrastré por los cabellos.

Ces. Si él á Lázaro halla
Con Doña Ana, qué haré?

Ari. No habrá llegado
Lázaro para hablalla;
Que Felix volará con el cuidado;
Y gran ventaja arguye
Quien corre al que anda, y á quien corre el
que huye.

Ces. Ello es desdicha mia,
Pues la ocasion perdida desengaña,
Que ha de ser mi alegría
Mi pena, y el remedio quien me daña.
Y pues no hay otro medio,
Máteme el mal, pues muero del remedio. [*Vanse.*

Salen DOÑA ANA *y* ELVIRA.

Elv. Acabaste de escribir?

Ana. Escribí, mas no acabé;
Que antes pienso que empecé
En cada letra á sentir.
Quise en una breve suma
Cifrar mi pena cruel;
Puse encontrado el papel,
Y tomé al reves la pluma.
En tanto que amor penetra
Las razones, le doblé;
Y al poner la pluma, fue
Un borron la primer letra.
Y yo dije: en papel,
Letras hace á su contento,
Que mal puedo el mal que siento
Decirle, sino en borron.
Confusa y dudosa estaba,
Qué principio tomaria,
Y aunque muchos prevenia,
Ninguno me contentaba.
¿No has visto en una redoma
Salir el agua con pena
Menos, cuando está mas llena,
Hasta que algun viento toma?
Asi fui; porque al sentir
Tantas cosas concurrieron,
Que unas á otras sirvieron
De estorbo para salir.
Y yo, que confusa miro
Su impedimento, porque
Pudieran salir, tomé
El viento con un suspiro.
Digo en efecto, que hoy,
Por darle, mas declarada,
Ocasion menos notada,
A ver á mi quinta voy.

Mas abierto está, y mejor
Sabrás lo que dice dél.

Sale DON FELIX, *y ella se turba, viéndole.*

Elv. Mi señor! Guarda el papel.
Ana. Ay de mí!
Fel.   Bien el color
Turbado, que, haciendo pausa,
Hoy tu belleza condena,
De tu dolor y mi pena
Me estan diciendo la causa.
Pues cuando presente tengo
Esta desdicha infelice,
Ella claramente dice
El cuidado con que vengo.
Qué es esto?
Ana.   Hermano, no ha sido
Cosa ninguna.
Fel.   No ciegues
Mis ojos, ni mi mal niegues;
Que ya todo lo he sabido.
Y aunque tu pena quisiera
Disimular mi disgusto,
Este sentimiento injusto
Por fuerza me lo dijera.
Ya sé todo lo que pasa,
Bien me lo puedes decir;
Que no fue en vano venir
Á tales horas á casa.
Ana. No darte pena pretendo;
Que sabe el cielo mejor,
Que no te agravia mi amor.
Fel. Menos ahora te entiendo.
Si por desmentir mi pena,
Hermana, fingiendo estás,
¿Cómo me disculparás,
Verte de pasiones llena?
Qué tienes?
Ana.   No son indignos
Mis deseos.
Fel.   Bueno va;
Con el accidente está
Diciendo mil desatinos.
Ana. Elvira, qué puedo hacer? [*aparte.*
Elv. Negar en toda ocasion;
Que es mucha la dilacion
Del sospechar al saber.
Fel. Qué es esto, Elvira?
Elv.   Señor,
Un desmayo, que la ha dado,
Desta suerte la ha dejado,
Sin aliento y sin color.
Fel. Luego fue mi pena cierta;
Que eso fue lo que temí.
Elv. Yo te aseguro, que aqui
La hemos tenido por muerta.
Y aunque todavía estaba
De pena y congoja llena,
Por excusarte tu pena,
La suya disimulaba.
Fel. Hermana, no fue el fingir
Tu pasion honrarme en ella;
Pues me alegro de sabella,
Para ayudarla á sentir.
Y aunque holgarme es maravilla
De lo que es propio disgusto,
Me alegro ya por el gusto,
Que he de tener en sentilla.
¿Mas para qué me decias,
Que los tuyos, por rodeos,
No son indignos deseos,
Ni que en tu amor me ofendias?
Ana. Aunque encubrirte pensó
Mi amor esta pena fiera,

Si Elvira no la dijera,
Dijera la verdad yo.
Mas como encubrir deseo
Tu pena, dije, señor,
Que no te ofendia mi amor,
Ni era indigno mi deseo.
Fel. ¿De qué, hermana, procedió
Ese tirano accidente?
Ana. Él aprieta bravamente, [*aparte.*
Pero enmendarélo yo. —
Un ruido en la calle oí,
Estando muy descuidada,
Y entonces algo turbada
Á la ventana salí.
Ví, que estaban á la puerta
Mil hombres, desenvainadas
Para uno las espadas.
¡O lo que un temor concierta!
En todo le pareciste
Al otro, que allí reñia.
Yo entonces mortal y fria
Me rendí á un desmayo triste,
Que amenazó con mi muerte.
Lo demas te ha dicho Elvira.
Elv. ¿Por qué he de decir mentira,
Si es la verdad desta suerte?
Fel. ¿Y cómo te sientes ya?
Ana. Mas segura y descansada.

                    Sale LÁZARO.

Laz. Por Dios, sin topar en nada, [*aparte.*
Tengo de entrarme hasta acá,
Porque......
Fel.   Qué es la turbacion?
Qué ha sucedido?
Laz.   Porque......
Fel. Di, Lázaro, lo que fue.
Laz. Él es fantasma ó vision. [*aparte.*
¿No quedó en palacio ahora?
Ana. Todas vienen juntas hoy [*aparte.*
Mis desdichas.
Laz.   Muerto soy, [*aparte.*
Si una invencion no mejora
Mi peligro; porque en fin
Quien á tal amparo viene,
Segura la vida tiene. —
Ha follon! ha malandrin!
Fel. Sosiégate ya, y declara,
Qué ha sido.
Laz.   Ahí un poco era,
No es nada. Si esto no hiciera,
Presumo que reventara.
Sobre el juego me encontré,
Porque en efecto yo juego,
Y encontrado sobre el juego,
Vida y dinero jugué.
Encontréme al encontrar
Con un muy bellaco encuentro;
En efecto yo me encuentro
(Cielos! dónde iré á parar?)
Con un hombre, á quien doy nombre
De hombrecillo, asi le nombro;
Pues un hombre le da asombro,
Aunque vive á sombra de hombre.
Y viendo que siempre gano
Otras veces que he reñido,
Pidióme once de partido,
Por no reñir mano á mano.
Yo, que los doce miré,
Dije: armados, y en cuadrilla,
De pícaros en gavilla
Libera nos, Domine.
Saqué la que me dió ayer
El Príncipe; (Dios le guarde!)

Al fin no la hice cobarde,
Pues que los hice meter
Á todos en un portal.
Luego los iba sacando
Uno á uno, é iba dando
Su recado á cada cual.
Juntos volvieron despues,
Y dividiéronse en breve,
Doce á este lado, á este nueve,
Y cara á cara los tres.
Para todos me acomodo.

Fel. Pues los doce, nueve y tres
Son veinte y cuatro.

Laz. ¿No ves,
Que cuento sombras y todo?
Á no quebrarse la espada,
Cabo de año los hiciera.

Fel. ¿Pues cómo la traes entera?

Laz. Entera está, y fue extremada
Historia. Al uno tiré
La daga, y cuando saltó
La espada, hice daga yo
Del pedazo, que quebré.
Riñendo atrevido y ciego,
Con saña y rabia cruel,
De un acerado broquel
Saltaban chispas de fuego.
Yo, cuando la lumbre ví,
Con gran presteza llegué,
Y los pedazos soldé;
Por eso la traigo asi.

Fel. ¿Cómo tiraste la daga,
Si en la pretina la tienes?

Laz. Pues eso es fácil, si vienes
Á que á eso te satisfaga.
Á quien yo se la tiré,
Á tirármela volvió,
Y viéndola venir yo,
Á tan buena hora llegué,
Que quiso mi buena estrella,
Porque todo venga junto,
Que, estando la vaina á punto,
Volviese á envainarse en ella.
Oí justicia en los debates,
Y entréme corriendo acá.

Fel. Con la turbacion está
Diciendo mil disparates.

Ana. Aqui verás, que esta fue
La pendencia que decia.

Fel. ¿Y yo quien me parecia
Á Lázaro?

Ana. No lo sé;
Pero un hombre mas lucido
Ví en ella.

Fel. Su señor era.

Laz. Al fin yo desta manera
Á vuestros pies he venido.

Fel. Sin duda es el que riñó [*aparte.*
César, y con brevedad,
Por no decir la verdad,
Estas mentiras fingió. —
Lázaro, yo voy á ver,
Si está segura la calle. [*Vase.*

Elv. Ahora puedes hablalle.

Ana. No me puedo detener
En decir lo que quisiera;
Pero ves aqui un papel.

Laz. Y ves aqui el trueco dél,
Trueco, que premio no espera.

Ana. Dile, que no deje de ir......

Laz. Sospecho, que me detengo.

Ana. Donde te aviso; que tengo
Muchas cosas que decir;
Pero solo te diré,

Que tu pendencia ha servido
Para un desmayo fingido,
Y que á propósito fue.
Da á entender, que tu señor
Estuvo en ella, que importa
Á mi propósito.

Elv. Acorta
De razones.

Sale Don Felix.

Fel. No hay rumor
Alguno en toda la calle;
Quieta está.

Laz. Yo no lo estoy;
Que á buscar á César voy,
Y no lo estaré hasta hallalle.
Ay de mí! si estará herido?

Ana. ¿Pues estuvo en la pendencia?

Laz. No tengo tanta licencia;
Que me perdones te pido. [*Vase.*

Fel. ¿Qué mas claro ha de decir,
Que estuvo en ella?

Ana. Yo estoy
Muy triste.

Fel. Pues salte hoy
Por el campo á divertir;
Dame este contento.

Ana. El mio
Es tuyo. — Y con tu licencia, [*aparte.*
Será en fingida pendencia
Verdadero el desafío. [*Vanse.*

Salen Lázaro, Don César *y* Don Arias.

Laz. Pasáronme grandes cosas.

Ces. Déjame abrir el papel;
Que, en sabiendo lo que dice,
Sabré lo demas despues.

Ari. ¿En fin cómo sucedió?

Laz. Pues que vivo vuelvo, bien.

Ces. Si el papel he de contaros,
Oid lo que dice en él.
[*Pónense á leer los dos.*

Laz. ¡Que se fie mi señor [*aparte.*
Deste parleron, sin ver,
Que es quien le dijo á Alejandro,
La espada de palo fue!
¡Vive Dios, que este le vende!
Que quien muere por saber
Lo que no le importa, es solo
Para contarlo despues.

Ari. Bien escribe.

Ces. ¡Qué bien junta
Casto amor con firme fe!

Ari. Yo mas del papel alabo
Una queja tan cortes.
Hoy en efecto os espera
En su quinta.

Ces. Para el bien
Fue cada instante una hora,
Un dia cada hora fue,
Cada dia una semana,
Y cada semana un mes,
Cada mes un año entero,
Cada año un siglo......

Laz. Deten!
Y este el siglo de los siglos,
Por siempre jamas. Amen.

Ari. El Príncipe.

Ces. Ya me pesa
Haberle visto.

Ari. Por qué?

Ces. Porque temo, que me estorbe
Esta ocasion.

Ari. Temes bien.

Sale ALEJANDRO.

Alej. Aqui está César; y yo, [*aparte.*
Deseoso de saber,
En qué ha parado el estorbo
De mi zeloso papel,
¿Cómo le enviaré de aqui?
Ces. Danos á besar tus pies.
Alej. Qué se trata ahora?
Ari.   Nada.
Ces. Si pregunta lo que es, [*aparte.*
Mira por Dios lo que dices,
No haya desmayo otra vez.
Alej. César, papeles quedaron
Por despachar desde ayer.
Laz. No lo dije yo? ¿Mas que hay [*aparte.*
Otra ocupacion?
Ces.   No fue [*aparte.*
Vano mí temor.
Alej.   Ahora
Puedes mirarlos, y ven
Con ellos luego.
Ces.   Eso sí, —
Luego al instante vendré. —
Que pues tú me dejas ir, [*aparte.*
En este dia he de ver,
Como me puede quitar
La fortuna tanto bien.
     [*Vanse D. César y Lázaro.*
Alej. Deseando que se fuera
Estaba, para saber
Qué ha sucedido.
Ari.   Señor,
Lo que sucedió no sé,
Aunque Felix le halló en casa.
Solo sé, que dió el papel,
Y que le trajo respuesta.
Alej. Hasle leido?
Ari.   Tambien.
Alej. Qué le escribe?
Ari.   Que le espera......
Alej. ¡Hay fortuna mas cruel!
Lo mismo que ha de matarme
Es lo que quiero saber.
Dónde?
Ari.   En su quinta esta tarde.
Alej. ¿Ya cómo le estorbaré
Esta ocasion, si yo mismo
Le dí licencia, y se fue?
Qué haré, Don Arias?
Ari.   Señor,
Dando alguna causa, ve
Á su quinta; y como en ella
Toda aquesta tarde estés,
No tendrá lugar de hablarle.
Alej. Bien dices; pero no es
Noble accion, que para mí
Quite á ninguno su bien.
Con mas sutil invencion
El estorbarle ha de ser.
Ari. Felix viene aqui.
Alej.   Pues vete,
Déjame solo con él.   [*Vase D. Arias.*

Sale DON FELIX.

Don Felix, mucho me huelgo
De que hayas venido.
Fel.   ¿En qué
Te sirvo, señor?
Alej.   Por mí
Hoy una cosa has de hacer.
Sabrás, que ha tenido César
Un gran disgusto; ya ves
Lo que le estimo.
Fel.   Señor,

Tambien el disgusto sé.
Alej. Siempre este fue lisonjero. [*aparte.*
¡Hay cosa como saber
Ya lo que no ha sucedido! —
Pues que lo sabes, tambien
Sabrás, que no es la persona
Muy segura.
Fel.   Bien se vé;
Pues á un hombre y un criado
Embistieron ocho ú diez.
Alej. ¡Hay tan notable fingir! [*aparte.*
¿Mas qué me dice por qué
Fue la pendencia, y adonde,
De qué manera, y con quien? —
Yo he sabido despues desto,
Que ha recibido un papel,
Diciéndole, que en el campo
(Junto á tu quinta ha de ser)
Le esperan. Él sale solo,
Muy preciado de cortes.
La persona es sospechosa,
Y hame dado qué temer.
Sabe Dios, que yo saliera
Á su lado; pero el ver,
Que verme á su lado á mí,
No le está á su opinion bien,
Me ha hecho, que á tí te elija
Para esto.
Fel.   Y qué he de hacer?
Alej. No mas, Felix, que buscarle,
Y sin decirle por qué,
Ni darte por entendido,
Andarte todo hoy con él.
Esto te encargo, y en todo,
Que no le des á entender,
Que yo te envio.
Fel.   Verás
Como te sirvo.
Alej.   Y veré, [*aparte.*
Si contra fuerzas de amor
Tiene la industria poder.   [*Vanse.*

———

Salen DON CÉSAR *y* LÁZARO.

Laz. Á mi pendencia acogido
Lindamente me escapé.
Díjome, que habia servido,
Aunque no sé como fue,
Para un desmayo fingido.
Mas ella lo dirá hoy.
Ces. Con lo medroso que estoy,
No me puedo asegurar,
Ni pienso que he de llegar,
Aunque en tantas alas voy.

Sale DON FELIX.

Laz. No es Don Felix? Cosa brava!
Fel. Don César, bésoos las manos.
Ces. Guárdeos Dios.
Laz.   Esto faltaba. [*aparte.*
Ces. No fueron mis miedos vanos. [*aparte.*
Fel. Qué os haceis?
Ces.   Por aqui andaba,
Sin tener que hacer. ¿Y vos
Dónde vais?
Fel.   No sé por Dios.
Y puesto que os he encontrado
Aqui tan desocupado,
Vámonos juntos los dos.
Laz. Pegóse. [*aparte.*
Fel.   No hay dia que pase
Mejor, que con un amigo,
Si no hay que hacer.
Ces.   ¡Que llegase [*ap.*
Á tal extremo conmigo

Amor, y no me acabase! —
Bien suele pasarse asi
Una tarde; mas yo voy
Á un negocio por aqui.
Á Dios.

Fel.   Pues tan libre estoy,
Yo iré tambien por ahí.

Ces. Téngome yo de quedar
En una casa.

Fel.   ¿Pues yo
Qué os puedo en ella estorbar?

Ces. Él ser lejos me obligó.

Fel. Poco me puedo cansar.
Vamos.

Ces.   No; quedaos con Dios.

Fel. Mas con eso me ofendeis.
¿No iremos juntos los dos?
Y al fin, porque no os canseis,
No me he de apartar de vos
En todo el dia.

Laz.   Es cordel? [*aparte.*

Ces. ¡Hay desdicha mas cruel! — [*aparte.*
¿Pues qué os mueve á honrarme?

Fel.   Digo,
César, que soy vuestro amigo.

Ces. Es asi.

Fel.   Y amigo fiel.
Y basta que hayais sabido,
Que buscándoos he venido
Para esto solo, y tambien......

Ces. Declaraos mas.

Fel.   No es bien
Darme por mas entendido;
Basta haberme declarado
En decir, que os he buscado,
Y que, por ser vuestro amigo,
Vuelvo á decir, que hoy os sigo,
Porque importa, á vuestro lado.
Yo sé, que vos me entendeis;
No os hagais, César, de nuevas,
Pues vos donde vais sabeis.

Ces. ¡Ay cielos, y qué de pruebas [*aparte.*
En un desdichado haceis!

Fel. Basta, César, que he sabido,
Que un disgusto habeis tenido.

Ces. Yo disgusto? Os engañais,
Por Dios!

Fel.   Que no me negais,
César, que habeis recibido
De desafio un papel,
Y que á mi quinta aplazado
Hoy os llamaron en él.
Hartas señas os he dado
Para este enojo cruel.
Témome de una traicion,
Porque de quien os espera,
No tengo satisfaccion;
Y hallarme con vos quisiera,
Por quitarle la ocasion.
Si al campo habeis de salir,
Decid, ¿con quién podreis ir,
Que os pueda servir mejor?
Pues importando á mi honor,
Sabré dejaros reñir.
Salgamos juntos los dos,
Yo miraré, y reñid vos,
Procediendo como honrado;
Mas no yendo á vuestro lado,
No habeis de salir, por Dios!

Ces. ¿Qué mas se ha de declarar? [*aparte.*
Impórtame asegurar
Sus temores, y advertido
Responder tambien fingido.

Laz. Él el papel me vió dar. [*aparte.*

Ces. Don Felix, que yo he tenido
Disgusto, verdad ha sido,
Que he recibido el papel,
Que me llamaban en él,
Y al fin cuanto habeis sabido.
Las mercedes, que me haceis,
Estimo, como es razon;
Mas del contrario, que veis,
Tengo la satisfaccion,
Don Felix, que no teneis.
Yo sé, que solo estaria,
Y que me esperaba á mí,
Sin tener mas compañía;
Porque siempre estará asi,
Si nunca llega la mia.
Y porque os asegureis
Dese temor que teneis,
Y creais, que se acabó
Ese desafio, yo
Quiero que no me dejeis.
Que haciendo paces, es llano,
Que asi un noble amigo gano;
Pues en quien honra profesa
Cualquiera disgusto cesa
El dia que da la mano.
Aquesta os ofrezco á vos,
En fe desto.

Fel.   Guárdeos Dios,
Que asi me satisfaceis.

Ces. Esperad.

Fel.   Qué me quereis?

Ces. Que hemos de ir juntos los dos. —
Lázaro, disimulado [*aparte.*
Ve donde Doña Ana espera,
Y dila lo que ha pasado. [*Vanse.*

Laz. Yo iré; pero no quisiera
Hallarle luego á mi lado.
Nunca he visto hermano tal;
Como mala nueva llega,
Está en todo como el mal,
Como los vicios se pega,
Y no es hermano carnal.

JORNADA III.

Salen DON CÉSAR *y* LÁZARO *de noche.*

Ces. Ya entre sus brazos me pinto.

Laz. Yo dibujando me voy
En los de mi Elvira.

Ces.   Hoy
Salgo deste laberinto.

Laz. Mas no entremos dentro dél;
Que es salir dificil cosa.

Ces. Siempre una industria ingeniosa
Vence la estrella cruel.
No he visto al Príncipe hoy,
Ni á Don Felix he encontrado,
Á ningun amigo he hablado,
Y á su misma casa voy.

Laz. Asi en este mundo pasa,
Que con osada cautela,
Quien mas su peligro zela,
Es quien le mete en su casa.
Mil veces un retraido
Ir honrando el cuerpo veo;
Que es sagrado para el reo
El lado del ofendido.
Mil damas, por ocasion
De que en la calle dirán,
Meten en casa el galan,
Y vuelven por su opinion.

Ces. Yo, de padecer cansado

Las injustas sinrazones
De perdidas ocasiones,
Este remedio he buscado.
Nadie me ha visto venir;
Todo el dia le he tenido
Donde sabes escondido.
¿Pues cómo ha de prevenir
La fortuna siempre airada
Hoy industria contra mí?

Laz. Hablaste á Don Arias?

Ces.   Sí.

Laz. Pues ves ahí la industria hallada.
Señor, si darme el papel
Don Felix acaso viera,
Que le tenias supiera,
Mas no lo que dijo en él.
Si quien se lo fue á decir
Hoy estorbarte desea,
¿Qué importa que no te vea,
Si sabe que has de venir?
Yo á ningun hombre señalo;
Pero que dirá, colijo,
Cualquiera cosa quien dijo
Lo de la espada de palo.

Ces. Don Arias es muy discreto,
Muy noble y amigo mio,
Que basta; y asi le fio
Este y cualquiera secreto.
Sé, que le sabrá guardar;
Que es el secreto un tesoro.

Laz. Pues tesoro, que no es oro,
Mejor le sabrá gastar.
Y mira, que este conceto
Has de conocer despues;
Que el mas avariento es
Liberal de su secreto.
Santo llaman al callar
Su secreto el que es discreto;
Mas, por Dios, que San Secreto
Ya no es fiesta de guardar.
Dia de trabajo aguarde,
Á quien tan caro le cuesta,
Y pues quebrantas la fiesta,
No quieras que otro la guarde.

Ces. Repartida el alegría,
El gusto suele doblar;
¿Pues á quién se ha de fiar,
Si á un amigo no se fia?

Laz. Que se dobla es argumento
Á mi opinion oportuno;
Pues lo que se dice á uno,
Vienen á saberlo ciento.
Y asi que se dobla es cierto;
Mas cuando doblarle ves,
Doblez del amigo es,
Por el secreto que ha muerto.
Pero mira, que á la puerta
Siento ruido.

Ces.   Advierte ahora
Con qué industria la fortuna
Hoy esta ocasion me estorba.
Dentro de mi casa estoy.

Laz. Es verdad; pero no pongas
La seguridad en eso;
Que al fin se canta la gloria.

Sale ELVIRA.

Elv. Es Don César?

Ces.   Sí, yo soy.

Elv. Mientras sale mi señora,
Quiero cerrar esta puerta.

Ces. Mejor dirás, que el aurora
Sale, á mi temor confuso
Desvaneciendo las sombras.

Bien haya cuanto esperé,
Desdichas, llantos, congojas,
Si, á costa de aquellas penas,
Amor estos gustos compra.

Sale DOÑA ANA.

Ana. No dudo, que habrás culpado
Mi atrevimiento.

Sale ELVIRA.

Elv.   Señora,
Mi señor está á la puerta.

Ana. Qué dices?

Ces.   ¡Qué poco importa
Contra la estrella la industria!

Laz. Qué hemos de hacer?

Ana.   Que te escondas
Será fuerza.

Ces.   Dónde puedo?

Ana. Esta es una cuadra sola,
Donde él entra pocas veces.

Ces. Esconderéme, aunque ponga
Á mayor riesgo mi vida;
Que el verme es accion forzosa;
Porque amor es fuego, y es
Imposible que se esconda.
     [*Vanse él y Lázaro.*

Sale DON FELIX.

Fel. Hermana, en qué te entretienes?

Ana. Aqui me divierto ociosa,
Corriendo en libres discursos
Imaginaciones locas.
¿Pero qué novedad es
Venir, señor, á estas horas?

Fel. Á estas horas me ha traido
Un negocio, que me importa,
Y basta que esto te diga. —
Elvira, haz que al punto pongan
La carroza, y dala el manto
Á Doña Ana.

Ana.   Ahora carroza?
¿Dónde pretendes llevarme?

Fel. ¡Qué sin causa te alborotas!
Hay un festin en palacio;
Mandóme Nisida hermosa
Convidarte de su parte;
Tanto su Alteza te honra.

Ana. Ay cielos! Sin duda él sabe   [*aparte.*
Esta ocasion, y la estorba
Cuerdamente, pues cifradas
Dice sus sospechas todas.
¡Ay amor, todas tus penas
Se hicieron para mí sola,
Pues yo siento lo que pierdo,
Y otras sienten lo que gozan!
     [*Vanse Da. Ana, D. Felix y Elvira.*

Salen DON CÉSAR *y* LÁZARO.

Laz. Ya se fueron. Qué suspiras?
¿Pues no te basta y te sobra
Estar dentro de su casa?
Hoy, señor, si bien lo notas,
Sales deste laberinto.
¡Mas qué bien con sospechosas
Razones te dió á entender
Tu peligro y su deshonra!
Con casamiento te advierte,
Y asegurarle te importa.

Sale ELVIRA.

Elv. Ahora puedes salir;
Que ya se fueron.

Laz.   Acorta
De cuidados, y salgamos
Desta borrasca espantosa.

     [*Vase.*

Ces. ¡Para mí solo se hicieron,
Amor, tus desdichas todas:
Que yo siento lo que pierdo,
Y otros sienten lo que gozan!   [Vase.
Laz. ¿Y cómo estamos de cuenta?
Elv. A mí nadie me la toma.
Laz. ¿Qué va que en ella la alcanzo,
Si hago la prueba, aunque corra?
No perdamos la ocasion,
Elvirilla.
Elv.   Si soy sombra,
No ves que me voy?
Laz.   Por qué?
Fel. Porque se fue mi señora.   [Vase.
Laz. Yo quedaré cual tahur,
Que, viendo su suerte, toma
Aliento para contar
Pintas, que mil fueran pocas.
Y luego por una carta,
Que estaba encubierta sola,
Sobre su suerte, admirado
La de su contrario topa.
Y el cinco que le estorbaba,
Sirviendo de encaje ahora,
Espuela de su carrera,
Hace, que las pintas corran.
Asi á mí espadas y bastos
Me turban, gústanme copas;
Y porque no salgo de oros,
No tengo suerte con sotas.   [Vase.
_____

Salen ALEJANDRO y DON ARIAS.
Ari. Buena la noche ha estado.
¿No alegró tu tristeza
Tanta gala y belleza,
Que junta has admirado?
Alej. Antes con su alegría
Doblé, Don Arias, la tristeza mia.
Si á Doña Ana miraba
Las acciones que hacia,
En su rostro leia,
Que á César adoraba;
Y dije: ¿quién vió, cielos!
Sin culpa agravio, y sin agravio zelos?
Disculpaba otras veces
Á César, porque, llena
El alma de su pena,
Hizo á los ojos jueces,
Y aunque él la merecia,
No trocara su pena por la mia.
Ari. ¿En qué ha de parar esto?
Alej. Don Arias, en mi muerte;
Que en peligro tan fuerte
Tu secreto me ha puesto.
Ari. Yo erré; mas no te espante,
Que lo que erré una vez, lleve adelante.
Alli Don César viene.
Alej. Deste cancel cubierto,
Hoy de su boca advierto
El ánimo que tiene,
Si tú se le preguntas.   [Retirase al paño.

Sale DON CÉSAR.
Ces. ¿Quién en el mundo vió mas penas juntas?
Ari. Qué hay, Don César?
Ces.   Desdichas
Siempre de agravios llenas;
Que solo para penas
Se inventaron mis dichas.
Entré, y en breve espacio
Llegó su hermano, y trájola á palacio.
Dió á entender, que sabia
Todo lo que pasaba,

Y que escondido estaba.
Al fin su cortesía
De suerte me ha obligado,
Que á pedírsela estoy determinado.
Con esta recompensa
Le aseguro mas sabio,
Hago gusto el agravio,
Obligacion la ofensa,
Y á casarme dispuesto,
El Príncipe tambien se holgará desto.   [Vase.

Sale ALEJANDRO.
Ari. Señor, hasle escuchado?
Alej. Como á Felix la pida,
No habrá razon, que impida
Dársela, y obligado,
Si á mí me la pidiera,
Presumo, que, á ser mia, se la diera.

Sale DON FELIX.
Alej. Don Felix, obligado
Estoy de vos, y quiero,
Por galardon primero,
Quitaros un cuidado,
Y no el menor que puedo. —
Asi aseguro á esta ocasion el miedo. —   [ap.
En deudo mio en Doña Ana
Su pensamiento ha puesto,
Y por hablaros presto,
Yo tengo á vuestra hermana
Casada de mi mano.
Fel. Dame tus pies por el honor que gano.
Alej. Por cartas he sabido
Su altivo pensamiento,
Y con mayor contento
Le tengo respondido,
Que yo lo trataria;
Basta decir, que tiene sangre mia.
Y desde aqui os prometo
Tomarla yo á mi cargo;
Solamente os encargo,
Don Felix, el secreto;
Y pues queda tratado,
No dispongais de darla nuevo estado.
Fel. Guarde tu vida el cielo,
Para que el mundo vea
Honrar á quien desea
Servirte; hoy en el suelo
Pondré humilde tu boca.
Alej. ¡Ay necio fin de una esperanza loca!   [Vase.
Fel. Diréla esta ventura
Del nuevo casamiento;
Y si mi pensamiento
Anima su hermosura,
Y mi imposible allana,
Buenas albricias llevaré á mi hermana. [Vanse.
_____

Salen DOÑA ANA y ELVIRA.
Elv. Qué sientes?
Ana.   Que ya estoy muerta,
Aunque, para consolarme,
La muerte quiere matarme,
Y parece que no acierta.
Mal mis desdichas concierta.
Díjome Felix, que amaba
A Nisida, y que aspiraba,
Elvira, á casar con ella,
Y que yo á Nisida bella
Dijese, que la adoraba.
Si él de veras la quisiera,
A pesar de sus enojos,
Con el alma y con los ojos
Su sentimiento dijera;
No esperara, que yo fuera;

Pero mas desentendida,
Con respuesta agradecida,
Quizá le despertaré
Una verdadera fe
De una voluntad fingida.

Sale DON FELIX.

Fel. Si hace amor, que una alegría
Dos pechos distintos mueva,
¡Plegue á Dios que sea tu nueva,
Hermana, como la mia!
En albricias te traia
Lo que ya decirte quiero,
Porque asi obligarte espero;
Que no fuera trato justo,
Que negaras tú mi gusto,
Sabiendo el tuyo primero.
Hermana, casada estás;
Deseoso de tu bien,
Por muger te pide quien
Te estima y te quiere mas.
Mira qué albricias me das
De tu estado y de tu aumento.
Vuélveme á dar tu contento.

Ana. Elvira, sin duda ha sido [aparte.
César el que me ha pedido.
¡Qué dichoso casamiento! —
[Vase Elvira.
Que he de obedecerte es llano;
Y asi no dudes, que aqui
Puedes disponer de mí
Como padre y como hermano.
Si tanto en servirte gano,
Oye lo que me pasó.
Á Nisida dije yo
Los suspiros que te cuesta,
Y fue la mejor respuesta,......

Fel. Qué?

Ana. Que no me respondió.
Si á quien se llega á decir
Tu pasion, la voz esconde,
Es señal, pues no responde,
Que le queda mas que oir.
Vuelve de nuevo á sentir;
Tarde, ó nunca se libró
Muger, que una vez oyó.
Prosigue, Felix; que bien
Responde callando quien
Oyendo no respondió.

Fel. ¿Qué dicha á mi dicha iguala?
Mas término injusto fuera,
Que, con tan buena tercera,
Esperara nueva mala.

Sale ELVIRA.

Elv. Don César está en la sala;
Dice que te quiere hablar.

Fel. Tú te puedes retirar. [á Dª. Ana.

Ana. Pues viene tan descubierto, [aparte.
Sin duda mi bien es cierto.
Desde aqui quiero escuchar.
[Retiranse las dos.

Sale DON CÉSAR.

Fel. Don César, mucho agraviais
Esta casa, pues en ella,
Sabiendo vos que lo es,
No entrais como en propia vuestra.

Ana. Ya como hermanos se tratan. [al paño.

Ces. Yo me detuve á la puerta,
Por esperar, como es justo,
Que me diérades licencia.
Don Felix, bien conoceis
De mis padres la nobleza,
De mi vida las costumbres,

Y cantidad de mi hacienda.
El criado, que mas quiere
El Principe, soy; bien muestra
En mí su poder, pues hace
Mucho de nada su Alteza.
En su casa me ha criado,
Haciendo desde edad tierna
Confianza en mi persona,
Como en mi ingenio experiencia.
No volví el rostro á las armas,
Por inclinarme á las letras;
Que valor y estudio vieron
La campaña y las escuelas.
Al fin, para no cansaros,
Soy vuestro amigo, y quisiera
Asegurar la amistad.

Ana. Aqui sin duda conciertan
Lo que ya tienen tratado;
Quiero escucharlos atenta.

Ces. Mi intencion y mi deseo,
Bien que atrevimiento sea,
Mas claro, que las razones,
Os habrán dicho las muestras;
Que informándoos tan despacio,
Haber discurrido es fuerza
El fin, pues en vuestra casa
No teneis mas que una prenda.
Confieso, que á ser del mundo
Señor, aun no mereciera
Mirarla; soberbia ha sido,
Mas disculpada soberbia.
Perdonad; y si os obligan
Mi calidad y mis prendas,
Servios con mis deseos,
Y honradme con su belleza.
Qué pensais? qué os suspendeis?

Ana. Parece, que ahora empiezan
Lo que ya tienen tratado.

Fel. Saben los cielos, Don César,
Lo que estimo y agradezco
Vuestro deseo, y quisiera,
Que de secretos del alma
Dieran las razones muestra.
Á ningun hombre del mundo
Con mas gusto la ofreciera,
Que á vos, porque sois mi amigo;
Mas no hay razon, donde hay fuerza.
No os puedo dar á mi hermana,
Y no ha un hora que pudiera,
Que eso habrá, que está casada.
Tarde habeis venido, César.

Ana. Cielos! qué es esto que escucho?

Ces. Si pensais desa manera
Castigar, no haberos dicho
Antes de ahora mis penas,
Yo quedo bien castigado;
Bastan, Don Felix, las pruebas,
Pues que nunca llega tarde
Conocimiento que llega.
Á tiempo estais de enmendar
Esas pasadas ofensas;
Y pues no habeis ignorado,
Que os está bien que esto sea,
No desecheis la ocasion.

Fel. Ni ignoro vuestra nobleza,
Ni que á mí me está muy bien
Honrar mi casa con ella;
Pero solamente ignoro,
En qué razon os ofenda
Para enmendarlo. ¡Por Dios,
Que está casada! ¡Quisiera
Poder deciros con quien!
Y aqui ahora, por mas señas,
Á mi hermana la decia

De su casamiento, y ella,
Por ser. mi gusto, lo oyó
Muy alegre y muy contenta.

Ana. Qué es esto, cielos? Elvira,
Esto me importa, aunque sea
Atrevimiento terrible.
Hoy tengo de hablar á César.

Ces. ¿Doña Ana alegre y casada, [*aparte.*
Y yo con vida? Paciencia!
Pues si no pierdo la vida,
Es porque á Doña Ana pierda. —
Don Felix, bien os vengais
De mis deseos, pues eran
Aspirar á tanta gloria,
Y al fin me dejais sin ella.
Pues fue tan corta mi suerte,
Que no pude merecerla,
Y mi señora Doña Ana
Está casada y contenta,
El nuevo dueño la goce
Tantos años, que no tenga
Memoria dellos la muerte.

Elv. ¡Mas qué presto se consuelan
Los hombres en sus desdichas!

Ana. Ay Elvira! ¡quién pudiera
Hablar á César!

Elv. Aguarda;
Veamos, si mi industria llega
A lograrlo desta suerte.

Sale ELVIRA.
Un hombre espera á la puerta,
Diciendo, que quiere hablarte.

Fel. Perdonadme, y dad licencia
De ver quien es; que ya vuelvo
Al instante. [*Vase.*

Ces. Id norabuena. —
¿Hasta cuándo, hados impíos,
Habeis de afligirme?

Sale DOÑA ANA.
Ana. César,
Qué es esto?

Ces. Desdichas mias,
Que con tirana violencia
El alma oprimen.

Ana. Escucha;
Que nunca mi fe pudiera
Negar lo mucho que estimo.

[*Al paño habla D. Felix saliendo, y Dª. Ana se
retira apriesa.*

Fel. No ví á nadie.

Elv. Ya dió vuelta.

Ana. ¡Infeliz de quien le falta [*aparte.*
Tiempo aun de hablar en sus penas! [*Vase.*

Fel. Hasta la calle salí.

Elv. Yo te aseguro que vuelva,
Si te ha menester. [*Vase.*

Ces. Don Felix,
Encareceros quisiera
Lo agradecido que estoy
A mi desdicha, pues ella
Me ha dado aqui un desengaño
Tan grande, que no pudiera
Con otro satisfacerme.
Casada Doña Ana bella
Está, que ya no lo dudo;
Ruego á los cielos, que sea
Con el gusto, que deseo
Para mí.

Fel. Mirad, Don César,
Que soy muy amigo vuestro,
Y que por eso no cesa
Mi amistad.

Ces. No, pues la mia
En el mismo estado queda. [*Vanse.*

———

Sale ALEJANDRO.
Alej. Cuando de mi confuso pensamiento,
Necio amor, locos casos imagino,
Menos me atrevo, y mas me determino,
Que sobra amor, y falta atrevimiento.
Desconocido á mi valor, intento
A un agravio remedio peregrino;
Y animándole, apenas adivino,
Verdugo de mi infamia el sentimiento.
Olvido ingrato, agradecido adoro,
Aborrezco cobarde, amo atrevido,
Llamo y me huyo, quiero y no deseo;
Canto mis penas, y mis glorias lloro.
¿Qué mucho viva ó muera arrepentido,
Si he de perder la vida ó el deseo?

Sale LÁZARO.
Laz. Mandóme Don César, que
Buscase á Don Felix, por-
Que quiere hablarle, y aunque
Me ha costado mucho tor-
Mento, á Don Felix no hallé,
Ni ahora á mi señor tampoco
Hallo en toda la ciudad.
Ellos me han de volver loco;
Mas, si va á decir verdad,
Ellos tienen que hacer poco.
Mas aqui el Príncipe está.

Alej. Lázaro!

Laz. Buen caballero
Te faltó.

Alej. Como va?

Laz. Ya
Puedes ver.

Alej. Qué hay?

Laz. No hay dinero;
Y asi no sé como va.
Remendaba con estilo
Sus calzones un mancebo.
Yo, que le acechaba, vilo,
Y pregunto: qué hay de nuevo?
Y él respondió: solo el hilo.
Yo á decirlo no me atrevo,
Porque aun el hilo no es nuevo;
Pero, mirándome asi,
Un famoso arbitrio dí.

Alej. Si fue tuyo, ya le apruebo.

Laz. ¿Puesto en uso, no se vé
Traer calzones de bayeta?
Pues yo fui quien lo inventó,
Que soy Adan desa seta.

Alej. ¿Y de qué manera fue?

Laz. Si el saberlo te desvela,
Yo unos calzones tenia
Muy rotos, y con cautela,
Faltóme la tela un dia,
Y púseme la entretela.
Agradó el gusto, y no lejos
Del mio, muchos despues
Admitieron mis consejos;
Asi que cuantos hoy ves,
Todos son calzones viejos.

Alej. ¡Quién, para poderte oir,
No tuviera que sentir! [*Vase.*

Laz. Rie el pobre, el rico llora,
Y asi en este mundo ahora
Todo es llorar y reir.

Sale DON CÉSAR.
Ces. A que el Príncipe se fuera,
Lázaro, esperando estuve,

Para hacer entre los dos
Glorias y penas comunes.
Don Felix casa á Doña Ana,
Y no conmigo, ni pude
Saber con quien. En efecto
Mi bien de mi mal se arguye;
Que esta noche, cuando el sol,
En pavimentos azules
Haga el tálamo de Tétis
Sepulcro undoso á sus luces,
La he de sacar de su casa.

Laz. Pues por todas estas cruces,
Que no ha de saberlo Arias.
¿Posible es, que no rehuses
El descubrir tu secreto?
Desta ocasion se concluyen
Tu bien ó tu mal.

Ces. Es cierto.

Laz. Pues cuando decirlo excuses,
Qué pierdes? cuando lo digas,
Qué ganas?

Ces. Porque no culpes,
Que no estimo tu consejo,
Y porque del todo apure
Amor mi desdicha, hoy quiero
Callar mi secreto.

Laz. Hoy suben
Al cielo tus esperanzas,
Para que de todas triunfes.
Habla á todos, está alegre,
É iremos, cuando las nubes
Por la muerte de las flores
Se vistan negros capuces.

Sale DON ARIAS.

Ari. Don César!

Laz. No hay nada nuevo, [*aparte.*
Porque no nos lo pregunte.

Ari. Qué teneis?

Laz. Aunque está triste, [*aparte.*
No es pendencia, no te juntes;
Que no ha menester tu lado.

Ari. Qué ha sucedido?

Ces. Que tuve
Cultivada una esperanza,
Que á tiempo de darme dulce
Fruto se secó en su flor,
Siendo mi estrella el Octubre.
Don Felix casa á Doña Ana,
Que asi su quietud presume;
Pedísela por muger,
Respondióme, que propuse
Tarde mi intento, y que está
Casada y contenta. ¿Sufren
Los zelos mayores penas?

Laz. Ya basta, señor; excuse
Vuesa merced el hablarle,
Porque le dan pesadumbre
Unos vaguidos muy grandes
Que á la cabeza le suben.

Ari. ¿En qué puedo yo serviros?

Laz. En callar.

Ari. ¡Por Dios, que encubre
Mi pecho harto sentimiento! [*Vase.*

Laz. Porque cesan tus embustes.

Ces. Amor, si acaso te mueven,
Por Dios, tantas inquietudes,
Ya es tiempo, que con un bien
Mil sentimientos disculpes.
Ya basta lo que he sufrido.
No es mucho que disimules
Mis cortos merecimientos,
Por la gloria á que me opuse.
Ya no ha de ser el perderla

Lo que mas mis dichas turbe,
Mas ver, que otro esté gozando
Lo que yo esperando estuve.

Salen ALEJANDRO *y* ARIAS.

Alej. Eso ha pasado?

Ari. Aqui estaba.

Alej. Pues porque no se asegure,
Que, cuando tuvo ocasiones
Solo, ocupado le tuve,
Y no advierta la malicia,
Esta noche es bien le ocupe,
Porque no tiene que hacer,
Y un dia á otro se disculpen. —
César!

Ces. Señor?

Ari. Hasta el dia
He de escribir, porque es Lunes,
Y he de despachar á Roma
Y Nápoles.

Ces. Yo voy. — Huyen [*aparte.*
De mis manos las venturas.
Lunes fue, para que impugnen
Los dias, como las horas. —
Mis dichas, Lázaro, suben
Al cielo mis esperanzas.

Laz. ¿Yo, señor, qué culpa tuve?

Ces. Tú me dijiste, que aqui
Estuviese.

Laz. No me culpes.

Ces. ¿Quién te mete en dar consejos?

Laz. Mi desdicha.

Ces. ¡Que me ayude
Tan poco el tiempo, que sean
Martes para mí los Lunes! —
Aqui está todo aderezo. —
¡Plegue al cielo no me turbe, [*aparte.*
Que tengo el alma en Doña Ana
Llena de mil pesadumbres!

[*Sacan un bufete con escribanía, vanse D. Arias y Lázaro, y escribe D. César.*

Alej. Despejad. — Hoy de los zelos [*aparte.*
Hacer experiencia pude,
Y en perdidas esperanzas
Veré los toques que sufren. —
Decid: Yo estoy......

Ces. Estoy muerto de zelos,......

Alej. Tratando con secreto......

Ces. Con secreto......
Aun no pude gozar la ocasion, cielos!

Alej. El casamiento......

Ces. El casamiento efeto
No ha de tener.

Alej. Al fin vuestros desvelos
Le tendrán.

Ces. Le tendrán; mas no los mios;
Que vientos pueblo, cuando aumento rios.

Alej. Lo que yo os aseguro......

Ces. Os aseguro,
Es mi muerte.

Alej. Que vuestro honor procuro.
Procuro divertirme; mas no puedo.

Ces. Por ser Doña Ana......

Alej. Aqui rendido quedo:
Doña Ana.

Ces. Castelví por su nobleza,
Y ángel por sus virtudes y belleza.

Alej. ¿Dónde tu Alteza aquesta carta envia?

Ces. Á Flándes.

Alej. Para Flándes no es hoy dia,
Y asi podrá dejarse hasta mañana.

Ces. Perdió el color al nombre de Doña Ana. — [*ap.*
No importa que hoy no sea,
Escrita se estará.

Ces.   ¿Quién hay, que crea [*ap.*
Tan tirano rigor, pena tan fiera?
Alej.   Proseguid, repitiendo la postrera
Razon.
Ces.   Rendido quedo.
Alej.   ¿Pues yo he dicho
Tal razon? Dad acá.
Ces.   Lo dicho he dicho.
   [*Toma la carta Alejandro y lee.*
Alej.   ,,Yo estoy muerto de zelos, tratando con se-
   ,,creto, aun no pude gozar la ocasion; el
   ,,casamiento efeto no ha de tener; al fin
   ,,vuestros desvelos le tendrán, no los mios;
   ,,lo que yo os aseguro es mi muerte; que
   ,,vuestro honor procuro, por ser Doña
   ,,Ana...... Aqui rendido quedo."
   [*repr.*] ¿Yo os he dicho que escribais
Desta suerte?
Ces.   Si han podido
Obligarte en algun tiempo,
Alejandro, mis servicios,
Ahora le tienes de honrarme;
Que no es de tu pecho digno
Blason, que, por el ageno
Honor, me quites el mio.
Casado estoy con Doña Ana;
Casado no; pero digo,
Que á este fin habrá dos años
Que la quise, y que me quiso.
No diré las ocasiones,
Que por tu causa he perdido,
Anteponiendo leal
Á mi gusto tu servicio.
Mas solo diré, que hoy,
Sabiendo que el cielo impío
Su casamiento ordenaba,
Trató casarse conmigo.
Pensando que me estorbaba,
Negué el secreto á un amigo;
Pero viendo que no tiene
En mí el secreto peligro,
Solo á algun planeta doy,
Solo atribuyo á algun signo
El querer con mala estrella,
Pues ellas la causa han sido.
Pero si suelen vencerse
Con reservados arbitrios,
Para que en mi estrella juzgues,
Hoy el cielo te previno.
Alej.   Si en perdidas ocasiones,
Don César, has conocido,
Que fue culpa de tu estrella,
No condenes al amigo;
Supuesto que no bastó
Hoy para haberla perdido,
Haber callado el secreto;
Que sucediera lo mismo,
Cuando siempre le guardaras;
Pero yo estoy ofendido
De que tratases casarte,
Sin saber el gusto mio.
Dame la pluma; que yo
Quiero escribir, que ya he visto
Lo poco de que me sirves.
Ces.   De poco, señor, te sirvo,
Pero ninguno......
Alej.   Ya basta.   [*Escribe.*
Ces.   Si de la fortuna ha sido   [*aparte.*
Este juego, en solo un lance
Al rey y dama he perdido.
¿Hay mas tormento en el mundo?
¿Hay mas pena en el abismo?
No, pues no la tengo yo.
Alej.   Cerrad el papel que he escrito,

Y llevádsele á Don Felix,
Que haga lo que en él le digo.
Ces.   Hoy he de llevarle?
Alej.   Sí.
Ces.   Que no hay correo imagino.
Alej.   Llevadle vos á su casa;
Que yo con propio le envio.
Ces.   Perdida he visto una dama,   [*aparte.*
Y un señor airado he visto,
Y no sé para otra vez,
Cual de los dos he temido.   [*Vase.*
   Salen DON FELIX *y* DON ARIAS.
Ari.   Ya ha acabado de escribir.
Alej.   Don Felix, nuevas ha habido
De que hoy entra en Parma el novio,
Y aun en vuestra casa han dicho.
Fel.   Beso mil veces tus pies,
Y por Doña Ana te pido
Las manos.. Yo voy á darla,
Con tu licencia, el aviso,
Para que esté prevenida.   [*Vase.*
Alej.   Don Arias!
Ari.   En qué te sirvo?
Alej.   Tú has de jurar en la cruz
De aquesta espada que ciño,
Que jamas ha de saber
Doña Ana, que la he querido,
Ni César, que le he estorbado.
Ari.   Asi juro de cumplillo
En la cruz de aquesta espada.
Y yo ahora te suplico,
Que no le digas á César,
Que soy el que te lo dijo.
Alej.   Yo lo prometo; partamos
Á ser de su bien testigos,
Que hoy á Alejandro en grandeza,
Como en el nombre, le imito.   [*Vanse.*

   Salen DON FELIX, DOÑA ANA *y* ELVIRA.
Ana.   Esto es verdad.
Fel.   ¡Qué bien pagas,
Hermana, el cuidado mio!
¿Promesa de religion?
Ana.   No lo dije á los principios,
Por pensar, que no llegara
Á efecto; mas ya que he visto,
Que le tiene, que no puedo
Casarme, hermano, te digo.
Fel.   ¿Qué diré al Príncipe yo?
Ana.   ¡Que no haya César venido!   [*aparte.*
Mas ya viene; bien podré
Irme con él.
   Salen DON CÉSAR *y* LÁZARO.
Ces.   Mi mal sigo,   [*aparte.*
Pues del rigor que padezco
Soy instrumento yo mismo.
Laz.   Mas que para en casamiento. [*aparte.*
Ces.   Don Felix, no haber pedido
Licencia, es haberla dado
Este papel, que hoy ha escrito
El Príncipe para vos.
Fel.   Y el cuidado os estimo.
Ces.   ¡Ay perdida gloria mia!   [*aparte.*
Ana.   ¡Ay querido dueño mio!   [*aparte.*
Fel.   [*lee*] ,,Porque, prevenida la gloria, hace menor
,,el gusto, no os he dicho antes de ahora,
,,que la persona, que os tengo propuesta,
,,es Don César. En él concurren todas las
,,calidades, que podeis imaginar. Dadle á
,,vuestra hermana, que él solo la merece,
,,si deja merecerse tanta ventura."

[*repr.*] César, el Príncipe escribe,
    Que para quien ha pedido
    Mi hermana, sois vos.
Ana.   Ay cielos!
Ces. Qué decis?
Fel.   Que ya suspiro
    Con otra causa, pues nunca
    Hubo contento cumplido.
    Que para que no os merezca,
    Doña Ana ahora me dijo,
    Que no se puede casar,
    Por una promesa que hizo.
Ana. Es verdad, que yo lo dije.
Ces. Cielos! qué es esto que miro? [*aparte.*
    ¿Doña Ana finge promesas,
    Por no casarse conmigo?
Fel. Leed, Don César, el papel.

Salen ALEJANDRO, NISIDA *y* DON ARIAS.

Alej. No le leais; que si escribo
    Ausente, presente estoy,
    Y afirmaré lo que firmo.
Fel. En buena ocasion me has puesto.
    Danos tus pies.
Nis.   Yo he venido
    Con mi hermano, por tener
    Parte en vuestros regocijos.
Alej. Don César, desta manera
    Enseño á premiar servicios.
    Dadle á Doña Ana la mano;
    Que yo vengo á ser padrino.
Fel. Qué he de decir?
Ana.   No te aflijas;
    Que en tal fuerza es permitido
    Conmutarse en otra cosa

    La promesa.
Ces.   Si rendido   [*de rodillas.*
    Á tus pies......
Ana.   Alza del suelo;
    Que mi promesa he cumplido;
    Pues prometí no casarme,
    No siendo, César, contigo.
Laz. Ya, señor, casado estás.
    ¡Gracias á Dios, que salimos
    Desta empresa con victoria!
    Mas por Dios que no te envidio.
Alej. Yo he de partir luego á Flándes
    Á servir al gran Filipo
    Segundo, donde Mastrique
    Venga á ser el blason mio;
    Y por dejar en mi estado
    Gobierno, á Felix elijo,
    Que á Nisida dé la mano.
Fel. Mil veces los pies te pido,
    Por las honras, que me ofreces.
Nis. Tu gusto fue mi albedrío.
Laz. Elvira!
Elv.   Qué?
Laz.   Yo me voy;
    Que, si me tardo un poquito,
    Segun que vienen casando,
    Te habrás de casar conmigo.
Ari. Nadie fie su secreto
    Del mas cuerdo y mas amigo;
    Que en la mas sana intencion
    Está un secreto á peligro,
    Y no se queje de agravio
    Quien no calla el suyo mismo.
Ces. Y aqui da fin la comedia,
    Por quien el perdon os pido.

CI.

LAS TRES JUSTICIAS EN UNA.

PERSONAS.

Don Lope de Urrea, *galan.*
Lope de Urrea, *viejo.*
Don Mendo Torrellas, *viejo.*
Don Guillen de Azagra, *galan.*

El Rey Don Pedro de Aragon.
Vicente, *criado.*
Doña Violante }
Doña Blanca } *damas.*
Beatriz, *criada.*

Elvira, *criada.*
Bandoleros.
Criados.
Acompañamiento.

JORNADA I.

Suena dentro un arcabuzazo, y salen Don Mendo y Doña Violante, retirándose de cuatro Bandoleros que los siguen, y Vicente entre ellos.

Men. Bárbaro escuadron fiero,
Ni del plomo el horror, ni del acero
El golpe repetido,
Antes que muerto, me verán vencido;
Porque no dan á mi valor rezelos,
Ni el morir, ni el vivir.
Viol.   Socorro, cielos!
Uno. Si ves esta montaña,
Que desde su eminencia á su campaña
Al pasagero advierte
Mil funestos teatros de la muerte,
¿Cómo, aunque á Marte en el valor imitas,
De tantos defenderte solicitas?
Vic. Esa rara hermosura,
Que del sol desvanece la luz pura,
Hoy, con mejor empleo,
De nuestro Capitan será trofeo.
Men. Primero que ofendida
Esta beldad se vea, de mi vida
Triunfará vuestra saña rigurosa.
Diga despues la fama presurosa,
Que si no fui bastante á defendella,
Bastante fui para morir por ella.
Otro. Eso será bien presto.
Viol. Ay infeliz!
Men.   Pues qué esperais?

Sale Don Lope de bandolero.

Lop.   Qué es esto?
Vic. En este monte hallamos
Entre los laberintos y los ramos,
Que inculta fabricó la primavera,
Defendiéndose al sol, de una litera
Á esa dama apeada,
De pequeña familia acompañada.
Asi como nos vieron,
Los criados huyeron;
Y solo aqueste anciano es quien pretende
Librarla, y de nosotros la defiende.
Lop. ¿Pues cómo contra tantos, dime, piensa

No hallar tu esfuerzo inútil la defensa?
Men. Señor, si yo intentara
Vivir, locura fuera, cosa es clara;
Pero como no intento,
Sino morir, no es loco atrevimiento.
Y ya que tu venida
Es última sentencia de mi vida,
De tu rigor á tu rigor apelo,   [*de rodillas.*
No te pido piedad.
Lop.   Alza del suelo;
Que el primer hombre has sido,
Que á compasion mi cólera ha movido.
¿Es la dama, que va en tu compañía,
Tu esposa?
Men.   No, señor, sino hija mia.
Viol. Y tan hija en efeto
De su valor, su sangre y su respeto,
Que, si aqui con su muerte
Presumes de mi vida dueño hacerte,
No podrás; pues primero
Que lo consigas, á faltarme acero,
Siendo mis manos de mi cuello lazos,
Ahogada me verás, ó hecha pedazos,
Cuando desesperada
Caiga del monte al valle despeñada.
Lop. Peregrina belleza,
Convalezca del susto la tristeza;
Que, aunque ella hubiera dado
Disculpa á lo cruel, á lo obstinado
De mi vida, ella ha sido
Tambien la que mi accion ha suspendido;
Siendo el primero efeto
Que ví en mí de piedad y de respeto. —
¿Adónde es tu camino?   [*á D. Mendo.*
Men. Á Zaragoza voy, donde imagino
Que podrá ser, que la persona mia
Te pague estas piedades algun dia.
Lop. Pues quién eres?
Men.   Don Mendo
Torrellas me apellido. Al Rey sirviendo,
Don Pedro de Aragon, gran tiempo he estado
En Francia, Roma y Nápoles; llamado
Dél hoy vuelvo á la corte,
Á hacerlo de lo que mas mi vida importe;
Donde te doy palabra, si te ha puesto
Algun fracaso en esto
De vivir desta suerte,
De ampararte y valerte,

Trocando mis servicios
Á tu perdon, y al mundo dando indicios
De que el alma te queda agradecida,
Deudora del honor y de la vida.

Lop. La palabra aceptara,
Cuando de mis locuras esperara
El perdon, que me ofreces;
Pero á la muerte estoy dos ó tres veces,
Por travesuras mias, condenado,
(Si bien ninguna ruin) con que he llegado
Á la desconfianza
De dejarme vivir sin esperanza,
Haciendo mas insultos cada dia;
Que es la desdicha mia
Tal, que guardarme haciendo solicito
Sagrado de un delito otro delito.

Men. No tanto de tu vida desconfies;
Que como aqui de mi verdad te fies,
Bien podrá ser, que sea
Yo parte á tu perdon; y porque vea
El mundo, que á mi aumento te prefieres,
Dime, jóven, quién eres?
Que al Rey no pediré merced alguna,
Hasta ver mejorada tu fortuna.

Lop. Aunque es vano tu intento,
(Todos os retirad!) estáme atento.
        [*Vanse los Bandoleros.*
Yo, generoso Don Mendo,
Soy Don Lope de Urrea, hijo
De Lope de Urrea. Asi fueran
Mis costumbres, como han sido
Ilustres mi nacimiento
Y mi sangre.

Men.   Yo lo afirmo;
Si bien no valdrá mi voto,
Que amigos un tiempo fuimos
Don Lope y yo, con que ya
Mas justamente me obligo
Á hacer por vos cuanto pueda.

Lop. Antes, señor, imagino,
Que ya por mí no hareis nada;
Porque siendo vos amigo
De mi padre, y él á quien
Hoy tienen tan ofendido
Mis locuras, tan quejoso
Mis costumbres, tan mohino
Mis travesuras, y en fin
Tan pobre mis desvaríos,
Bien, siendo su amigo, infiero,
Que no querreis serlo mio;
Aunque, si de disculparme
Tratara, yo os certifico,
Que pudiera, pues él fue
De mis desdichas principio.

Men. De qué suerte?

Lop.   Desta suerte.

Men. Decid; que holgaré de oirlo.

Viol. Ya poco á poco en mí va   [*aparte.*
Cobrando el aliento brio.

Lop. Mi padre, segun despues
Acá mil veces he oido,
Desde sus primeros años,
Ó fuese virtud, ó vicio,
Aborreció el casamiento;
Pero juzgando perdido
Un mayorazgo en su casa
Tan noble, ilustre y antiguo,
Á persuasion de sus deudos,
Ó á persuasion de sí mismo,
Tomó en su mayor edad,
Contra el natural motivo
De su inclinacion, estado;
Para cuyo efecto hizo
Eleccion de igual nobleza, .

Virtud grande y honor limpio;
Si bien halló en una parte
Engañado su albedrío,
Que fue la desigualdad
De la edad, habiendo sido
Doña Blanca (Sol de Vila)
De quince años no cumplidos
Su esposa, cuando ya en él
Nevaba el invierno frio
Helados copos, que son
Caducas flores del juicio.

Men. Ya lo sé; y ¡pluguiera al cielo
No lo supiera! — Prolijos   [*aparte.*
Discursos, qué me quereis? —
Proseguid pues.

Lop.   Ya prosigo.
Resistió ella el casamiento,
Quizá habiendo conocido
Cuanto en las desigualdades
Está violento el cariño;
Mas como las principales
Mugeres nunca han tenido
Propia eleccion, hizo ella
De la suya sacrificio.
Casóse forzada en fin
De sus padres. ¡Ay delirio
De la conveniencia! ¿qué
Te falta para homicidio?
Él con poca inclinacion
Al estado recibido,
Y con poco gusto ella,
Imaginad discursivo
Ahora vos, de qué humores
Compuesto nacería hijo,
Que nacia para ser
Concepto de amor tan tibio?
Bien pensaron, que yo fuera,
Como otros hijos han sido,
La nueva paz de los dos;
Mas tan al reves lo vimos,
Que de los dos nueva guerra
Fui por afectos distintos,
De amor, que engendré en mi madre,
Y de. odio en el padre mio.
Contra la naturaleza,
Ni un instante bien me quiso,
Aborreciéndome aun cuando
Son los enfados hechizos.
Crióme sin algun maestro,
Cuyo desórden me hizo
Mas libre de lo que fuera,
Á tener mis desatinos
Quien los corrigiera, puesto
Que al mas cruel, mas esquivo
Bruto tratable le hacen
Ó el halago, ó el castigo.
Apenas pues el discurso
Me dió primeros avisos
De las luces racionales,
Cuando, viéndome tan mio,
Dí en acompañarme mal,
Sin que supiesen reñirlo
Ni de mi madre el amor,
Ni de mi padre el olvido.
Con estas licencias pues
Desbocado mi albedrío
Corrió sin rienda ni freno
La campaña de los vicios.
Mugeres y juegos fueron
Los mejores ejercicios
De mi vida, sobre quien
Creciendo iba el edificio
De mis años. Mirad vos
Fábricas, que en su principio

Titubean, cuanto estan
Fáciles al precipicio.
Al cabo de muchos dias,
Que ya estaba yo perdido,
Porque ya en mí habian. ganado
Las libertades dominio,
Cayó en mi mala enseñanza,
Y sin ley ni tiempo quiso
Tarde enderezar el tronco,
Que habia dejado él mismo
Sobre vicio en las raices
Nacer y crecer torcido.
Bien confieso, que quisiera
Yo agradarle; mas si os digo
La verdad, nunca acerté
Á hacer cosa, que él me dijo.
Tolerándonos en fin
El uno al otro, vivimos
Siempre opuestos, siendo siempre
Los dos eterno martirio
De mi madre, que hasta hoy
Vive el corazon partido
En dos mitades, teniendo
Con ella una, otra conmigo;
Tanto, que si alguna noche
Disfrazado á verla he ido,
(Porque no tienen sus penas,
Ni mis penas otro alivio)
Ha sido dándome llave
Para entrar tan escondido,
Que mi padre no me sienta.
¿Quién en el mundo habrá visto,
Que el digno amor de una madre,
Y de un hijo el amor digno,
Hayan puesto á la virtud
La máscara del delito?
Y en fin, para que lleguemos
De una vez al mas esquivo
Suceso de las fortunas,
Que á este estado me han traido,
Dejando juegos, amores,
Pendencias y desafíos,
Que á los dos nos tienen hoy,
Á él pobre, y á mí malquisto:
Sabreis, que junto á mi casa
Vivió una dama; mal digo,
Que no era sino un milagro
De la hermosura, un prodigio
De la discrecion, en quien
Generosamente unidos
Los extremos compusieron
Aquellos bandos antiguos,
Que la perfeccion partió
En lo discreto y lo lindo.
Servila, siendo los medios
De mi amor en los principios
Mudas señas, que despues,
Convertidas en suspiros,
Pasaron á ser conceptos
Bien pensados y mal dichos.
Signifiquéla mis penas
En mil papeles escritos,
Que, introduciéndose leves
En sus piadosos oidos,
Ganaron para la voz
Algun aplauso de finos;
Tal vez, que, siendo la noche
De mis finezas testigo,
Me oyó quejar á sus rejas,
Dándose ellas á partido
Con su pecho, pues sus hierros,
Limados del dolor mio,
Consecuencia á sus rigores
Hicieron enternecidos.

Oyóme pues; con que entiendo,
Que de una vez os he dicho,
Que agradecida á mis males
Se mostró; porque es preciso,
Que se conceda á estimarlos
La que no se niega á oírlos.
De aqueste favor primero
Ufano y desvanecido,
Alimenté la esperanza
Algun tiempo, hasta que quiso
Amor, que á su mayor dicha
Volasen mis atrevidos
Pensamientos. ¡O qué mal
Dicha la llamo, si miro,
Que en el imperio de amor
Es tan tirano el dominio,
Que hasta el cuerpo de la dicha
Es la sombra del peligro!
Entré en su casa en efecto,
Habiendo antes precedido
Mil juramentos, mil votos,
Que seria su marido.
¡O qué fáciles es hacerlos!
¡O qué dificil cumplirlos!
Pues apenas mi amor hubo
Su hermosura conseguido,
Cuando se quitó la venda,
Y vió en cristal menos limpio,
Que, aunque era hermosa, era fácil.
¡O honor, fiero basilisco,
Que, si á tí mismo te miras,
Te das la muerte á tí mismo!
De una parte enamorado,
Y de otra arrepentido,
Cuanto su hermosura amaba,
Tanto aborrecia su estilo.
Y asi, por lograr aquella
Sin este temor, previno
Mi ingenio, con las disculpas
De ser de familias hijo,
Dar largas á sus deseos;
Hasta que, habiendo caido
Ella en que las dilaciones
Eran supuesto artificio,
Mañosamente me dió
Á entender, que habia creido
La ocasion, sin que pudiese,
Ni aun en el menor desvío,
Conocer jamas, que estaba
Doble su intencion conmigo.
Tenia un hermano fuera
De Zaragoza, bandido,
Porque con alevosía
Habia muerto á un hombre rico.
Este pues, llamado della,
Desde las montañas vino;
Y teniéndole en su casa
Secretamente escondido,
Le dió cuenta del estado
De su honor. Él, ofendido,
Para sus intentos trajo
Dos camaradas consigo.
Yo, con la seguridad,
Que otras noches habia ido
Á verla, fui aquella noche,
Y apenas sus cuadras piso,
Cuando de los tres me veo
Traidoramente embestido,
Tan á un tiempo, que tres puntas
Con solo un reparo libro;
Y calando una pistola,
De que ellos por el ruido
No debieron de valerse,
Dí......   [*Ruido dentro.*]

Unos *[dent.]*   Al valle!
Otros.   Al monte!
Tod.   Al camino!

        Sale VICENTE.

Men. Qué es esto?
Vic.   Señor!
Lop.   Di presto.
Men. Qué traeis?
Viol.   Qué ha sucedido?
Vic. Que los criados, que huyeron,
    De aqueste lugar vecino
    La justicia han convocado,
    Y en busca nuestra ha salido.
Lop. Pues á la montaña!
Men.   Á ella
    Os retirad. Yo me obligo
    Á que no os sigan, saliendo
    Al paso; y de nuevo afirmo,
    Que os cumpliré mi palabra.
Lop. Yo os la tomo.
Men.   Solo os pido,
    Que alguna prenda me deis,
    Por si á buscaros envio,
    Que pase libre el que venga.
Lop. No hallo en todo el poder mio
    Prenda ninguna que daros.
    Mas tomad este cuchillo   *[Sácale.*
    De monte; seguro viene
    Quien le trajere consigo.
Men. Cuchillo me dais?
Lop.   ¿Qué puedo
    Dar yo, que no sea ministro
    De la muerte?
Men.   Yo le acepto,
    Para embotarle los filos.
Lop. Tomad; y á Dios.   *[Dáselo.*
Men.   Id con Dios.
Lop. Ay de mí infeliz!
Men.   Qué ha sido?
Lop. Con la turbacion, al darle,
    Me herí la mano; y si os miro
    Con él en la vuestra, tiemblo;
    Porque aunque no vengativo
    Contra mi vida os mostreis......
Men. Mirad, que es vago delirio
    De la turbacion; que yo......
Voces *[dent.]* ¡Al monte, al valle, al camino!
Vic. Ya se vienen acercando.
Viol. No aguardeis mas, sino idos;
    Que está viendo vuestro riesgo
    Pendiente el alma de un hilo.
Lop. Por vuestro cuidado huyo,
    Antes que por mi peligro. —
    ¡Ay ilusion, qué de cosas *[aparte.*
    En un instante hemos visto!   *[Vase.*
Men. Porque adelante no pasen,
    Salgamos á recibirlos. —
    ¡Ay qué de cosas, fortuna, *[aparte.*
    Á la memoria has traido!   *[Vase.*
Viol. En toda mi vida ví *[aparte.*
    Tan amables los delitos.
    ¡Ay discurso, qué de cosas
    Llevo que pensar conmigo!   *[Vanse.*

    Salen DON GUILLEN *y* LOPE DE URREA.

Gui. Habiendo yo amigo sido
    Desde nuestra edad primera
    De Don Lope, mal hiciera,
    Hallándoos tan afligido,
    En no saber, si mandais
    Algo. En qué serviros puedo?

Lope. Muy agradecido quedo
    Al favor, que me mostrais.
    ¿Y cuánto ha que habeis venido?
Gui. Ayer entré en Aragon;
    Siguiendo una pretension,
    De Nápoles. he venido.
Lope. Yo hablar hoy al Rey quisiera,
    Aunque él que me dé no creo
    Lo que yo busco y deseo.
Gui. Pues ya el Rey sale aqui fuera.

    Sale el REY *y acompañamiento.*

Lope. Señor invicto, yo soy
    Lope de Urrea, de quien
    Teneis noticia.
Rey.   Está bien.
Lope. No vengo á pediros hoy
    Lo que en otros memoriales
    Muchas veces os pedí;
    Que hoy, señor, me traen aqui
    Mas consolado mis males.
    Que me escucheis, os suplico
    Humilde, á esos pies echado.
Rey. Decid.
Lope.   Confuso y turbado
    Mi dolor os significo.
    Don Lope de Urrea, mi hijo,
    Palabra á una dama dió
    De esposo; y porque temió
    (¡Cuánto en decirlo me aflijo!)
    Mi disgusto, por haber
    Sido sin licencia mia,
    Dilataba de dia en dia
    Recibirla por muger.
    Ella, presumiendo que era
    Desprecio, y recato no,
    Á un hermano suyo dió
    Dello cuenta; de manera,
    Que, cogiéndole encerrado,
    Él y otros dos, que vinieron
    Con él, matarle quisieron.
    El mancebo es alentado,
    Y no pudiendo sufrir
    Tan sobrada demasía,
    Se arrojó su bizarría
    Con todos tres á reñir.
    Uno mató. En caso igual
    La ley le disculpa; pues
    Aun entre los brutos es
    La defensa natural.
    Salió á la calle en efeto,
    Adonde un ministro hirió
    De justicia. Si ofendió
    En esto vuestro respeto,
    Ved, que mas delito hiciera,
    Si tan poco la estimara,
    Que della no se guardara,
    Y delincuente no huyera.
    Confieso, que en la campaña
    Mejor estaria sirviendo,
    Que mayor su culpa haciendo
    Foragido en la montaña.
    Pero ya sabeis, que ha sido
    Duelo siempre en Aragon,
    No huir los que nobles son,
    Donde hay linage ofendido.
    En efecto la muger,
    Que en tan adversa fortuna
    Dos veces parte es, la una,
    Por la palabra de ser
    Su esposo, y la otra, señor,
    Por ser hermana del muerto,
    Quiere en mas seguro puerto
    Tomar estado mejor;

Y uno y otro apartamiento
Piadosa me remitió,
Con que la dé el dote yo,
Para entrarse en un convento.
Y aunque es verdad, que yo estoy
Tan pobre, que he menester
Buscarlo para comer,
Enagenándome hoy
De la poca hacienda mia,
No solo el dote la he dado,
Mas renta la he situado;
Tanto, que este mismo dia
De mis casas me he salido
Al cuarto mas pobre dellas,
Para Don Mendo Torrellas,
Por cumplir lo prometido.
Suplícoos, á vuestros pies
Una y mil veces postrado,
Que, pues ya el perdon ganado
De la parte, solo es
Parte vuestro real poder,
Alcance en esta ocasion
Para mi hijo el perdon,
Que ha llegado á merecer,
Si no por sí, ni por mí,
Por tantos abuelos claros,
Que con nobles hechos raros
Os lo estan pidiendo aqui.
Volved á aquesas historias
Los ojos, señor; vereis
Mil héroes, á quien debeis
Tantos triunfos, tantas glorias.
Duélaos esta nieve, viendo
Que al pronunciar mis enojos,
Con el llanto de mis ojos
La está el amor derritiendo.
Y si el afecto de un padre
No merece un perdon real,
Duélaos una principal
Muger, su infelice madre,
Muerta de pena y dolor.
Por quien sois me permitid
Aquesta gracia.

Rey.   Acudid
Á mi Justicia Mayor.
Lope. Bien mi corta suerte indicia,
Que es forzosa mi desgracia,
Pues cuando os pido una gracia,
Me enviais á la justicia.
Rey. Si ante ella pasa el proceso
De los delitos, ¿no es bien
Que ante ella conste tambien
El perdon?
Lope.   Yo lo confieso;
Mas vaco ese cargo está.
Por muerte de Don Ramon,
No hay justicia de Aragon.
Rey. Sí hay; que hoy se publicará.
Lope. Mis lágrimas y suspiros
Os merezcan tanto bien.
Rey. Q afectos de padre! ¿quién   [aparte.
No se enternece de oiros?
[*Vanse el Rey, D. Guillen y acompañamiento.*
Lope. ¡O precisa obligacion
De un noble y honrado pecho,
Qué de cosas habeis hecho
Por la pública opinion
Del vulgo, sin el afecto
De un puro amor paternal!
No digo, que quiero mal
Á Lope; pero en efecto
Con mas agrado ó mas gusto
Estas finezas hiciera,
Si á su amor se las debiera;

Mas por Blanca todo es justo;
Porque la quiero de suerte,
Aunque ella juzga que no,
Que, por darla gusto yo,
Tuviera en poco la muerte.
[*Suena dentro ruido.*
¿Mas quién tan acompañado
Entrar en palacio ven
Mis ojos? Mendo es, de quien
Fui amigo un tiempo pasado.
Bien excusarme quisiera
De que me mirara asi;
Pero habiendo él (ay de mí!)
De vivir (vergüenza fiera!)
En mis casas, mal podré
Huir su conversacion.
Pero ya no es ocasion
De hablarle ahora; porque,
Habiendo el Rey entendido
Como llega á su presencia,
Á la sala de la Audiencia
Segunda vez ha salido.

Salen el REY *por una parte, y por otra* DON
MENDO *y acompañamiento.*
Men. Vuestras plantas, gran señor,
Una y mil veces me dad.
Rey. Don Mendo, del suelo alzad;
Alzad, Justicia Mayor
De Aragon.
Men.   La mano os beso;
Y bien la habré menester
Ahora, para poder
Levantarme con el peso,
Que al cuello me habeis echado.
Vida los cielos os den.
Rey. Cómo venis?
Men.   Como quien
Viene á verse tan honrado
De vos.
Rey.   Cansado vendreis;
Idos, Mendo, á descansar;
Mañana venidme á hablar,
Donde el intento sabreis,
Estando á solas los dos,
Con que traeros prevengo
Á la corte, donde tengo
Mucho que fiar de vos.
Men. Vuestra es el alma, y la vida,
Y á vuestras plantas postrada,
Nunca mejor empleada.
[*Vanse el Rey y acompañamiento.*
Lope. Si tarde el noble se olvida
De lo que un tiempo estimó,
Testigo, Don Mendo, sea,
Honrar á Lope de Urrea.
Men. Mal pudiera olvidar yo
Precisas obligaciones,
Que á nuestra amistad confieso.
Lope. La mano, señor, os beso,
Y ya con dos atenciones;
Una, por recienvenido,
Ufano de que vengais
Á mi casa, en que seais
De mí y de Blanca servido;
Y otra, porque, habiéndoos hecho
De Aragon Justicia hoy,
Vuestro pretendiente soy.
Men. Bien estareis satisfecho
Que os sirva.
Lope.   Este memorial,
Aun antes de haber venido,
El Rey os ha remitido.
Men. Vuestro amigo soy leal,

Y creed, que en todo estado
No he de faltaros jamas.

Lope. Un hijo mio......

Men.   No mas;
De todo estoy informado;
Y estimo ver el dolor
Con que os hallo; que tenia
Noticias de que os debia
Vuestro hijo poco amor.

Lope. Á muchos, señor, parece,
Que es mi pecho tan cruel;
Mas lo que no hago por él,
Es, porque él no lo merece.
Por sus muchas travesuras
Estoy de todos mal visto,
Por sus delitos mal quisto,
Y pobre por sus locuras.

Men. No, no os teneis que afligir;
Que pues yo me hallo en lugar
Adonde ya puedo dar
Lo que habia de pedir,
De su fortuna cruel
Juzgad que ya mejoró,
Pues la vida, que me dió,
Hoy puedo dársela á él.
Esto sabreis mas despacio.
Vamos á casa; que allá
Todo bien se dispondrá.
Salgamos pues de palacio;
Que, dejando hoy á Violante
Mi hija, me adelanté,
Y cuidadoso, porque
Soy su padre y soy su amante,
Estoy de si habrá llegado.

Lope. Mucho me alegro, que venga
Con salud, adonde tenga
Á su servicio el cuidado
De Blanca, mi esposa bella,
En quien vos conocereis
Una esclava, á quien mandeis.

Men. Yo estimaré conocella,
Por deuda y señora mia. —
¡O, quién pudiera excusar,   [*aparte.*
Cielos, haber de llegar
Á ver á Blanca este dia!   [*Vanse.*

Salen DOÑA VIOLANTE *en trage de camino
por un lado, y por otro* DOÑA BLANCA.

Blan. Felice yo, que tan bella
Huéspeda tener merezco,
Adonde la pueda estar
Á todas horas sirviendo.
Á daros la bienvenida,
Y á ver en qué ayudar puedo,
Violante, á vuestras criadas,
Pasé de mi cuarto al vuestro.

Viol. La felicidad es mia;
Pues cuando extrangera vengo
Á Aragon, puedo decir,
Que en él he hallado mi centro.
Perdonadme de que os tenga
En este recibimiento,
Que divide los dos cuartos,
Que no os digo que entreis dentro,
Porque revuelto está todo.

Blan. Vos teneis la culpa deso,
No los criados, porque
No os esperaban tan presto.

Viol. Á mí me pareció tarde;
Que no ví la hora, os prometo,
De verme desotra parte
De la montaña, temiendo

Segundo riesgo á mi vida.

Blan. ¿Luego hubo primero riesgo?

Viol. Y tan grande, que le estoy
En el alma padeciendo
Hasta ahora; — pues ahora   [*aparte.*
Aun mas que entonces le siento.

Blan. Cómo asi?

Viol.   Por defenderme
Del sol, que con sus reflejos
Sañudamente talaba
La campaña á sangre y fuego,
Me apeé de la litera
En un verde sitio ameno,
Plaza de armas de las flores,
Pues fortificadas dentro
De los redutos y fosos
De un arroyo, no temieron,
Ni del sol las baterías,
Ni las correrías del cierzo,
Cuando del seno del monte
Cuatro ó seis hombres salieron,
Que de mi honor y la vida
De mi padre hacerse dueños
Intentaron, cuya accion
Lograra su atrevimiento,
Si á este tiempo no llegara
Un bandido caballero,   [*Llora Dª. Blanca.*
Jóven, galan y brioso,
Que liberal...... Mas qué es esto!
De qué llorais?

Blan.   De que estoy
Vuestras fortunas oyendo,
Con lástima de las mias.
Proseguid.

Viol.   Daros no quiero
Ocasion con mis pesares,
Para que sintais los vuestros.

Blan. ¿Vió vuestro padre á ese jóven,
Que tan gallardo y atento
Pintais?

Viol.   Y dél recibió
Vida y honor por lo menos.

Blan. ¡Mal haya él, porque no hizo   [*aparte.*
En mi venganza escarmientos
Al mundo de......! Mas qué digo?
Jesus mil veces! qué es esto?
Loca estuve; perdonadme;
Porque traigo un sentimiento
Tan en el alma arraigado,
Que me priva por momentos
Del juicio. Y no os espanteis,
Señora, de mis extremos;
Que ese jóven hijo es mio,
Y nos tienen sus sucesos,
Á él sin ventura, á su padre
Sin amor, y á mí sin seso.

Viol. Aunque el nos dijo quien era,
No pudo mi entendimiento,
Con la turbacion, entonces
Percibir tan por extenso
Los nombres, que haya podido
Aqui prevenir el serlo,
Que en él no os hubiera hablado.

Salen DON MENDO *y* LOPE.

Lope. Albricias pedirte puedo,
Blanca; que hoy se entran en casa
Las dichas y los contentos.

Blan. Harto será, porque ha dias
Que no la saben.

Lope.   Muy necio
Anduve. Dadme, señora,   [*á Dª. Violante.*
La mano, que humilde os beso,
Y perdonadme. — Tú, Blanca,

Sabrás, que el señor Don Mendo,
Nuestro huésped, que esta es una
De las dichas, es del reino
Justicia Mayor, y á él,
Que es la otra, del Rey vengo
Para el perdon de Don Lope
Remitido.

Blan.   ¡Sufrimiento, *[aparte.*
Aqui os he menester todo! —
Mucho, señor, agradezco
Á mi suerte, que vengais
Donde puedan mis deseos
Serviros; que, en cuanto á mi hijo,
Vos sois quien sois, y yo pienso,
Que estais en obligacion
De ampararle por vos mesmo,
Segun Violante me ha dicho,
De una deuda, en que os ha puesto.

Men. Siempre, Blanca, he de serviros
Por él y por vos á un tiempo;
Que no juzgo que ignorais
La obligacion, que yo os tengo.

         Sale ELVIRA.

Elv. Ya, señora, está tu cuarto
Aderezado y compuesto.

Viol. Perdonadme, Blanca, y dadme
Licencia, porque deseo
Descansar.

Blan.   Si me la dais
Vos á mí, os iré sirviendo.

Lope. Á mí, por viejo, me toca
La obligacion de escudero.

Viol. Por dueño de casa yo
La aceptaré, si la acepto.
Quedad con Dios.

Blan.   Él os guarde.

Viol. ¡Á batallar, pensamientos, *[aparte.*
Con esta víbora, que,
Dándome vida, me ha muerto!

Men. Si esa licencia os permito,
Es, porque pagarla puedo,
Acompañando yo á Blanca. —

[Vase Lope, llevando á Dª. Violante de la mano.
Antes que ella me hable, quiero *[aparte.*
Salir al paso á sus quejas.

Blan. ¡Aqui de todo mi esfuerzo! — *[aparte.*
Dónde vais?

Men.   Sirviéndoos voy.

Blan. No, señor, quedaos.

Men.   El cielo
Sabe, cuanto deseaba
Esta ocasion.

Blan.   ¿Á qué efecto,
Si vos no habeis de tener
Conmigo segundo intento?

Men. Á efecto de decir, cuanto
Hallaros con penas siento;
Si bien podreis responderme,
Que no las extrañe, puesto
Que con ellas os dejé.

Blan. Ni lo uno ni lo otro entiendo.
Vos á mí con penas? ¿Cuándo
Ó cómo? que no me acuerdo,
Ni pienso, que os ví en mi vida.

Men. Ay Blanca!

Blan.   Señor Don Mendo,
Plática no prosigais,
Que ha empezado por afecto.
Si alguna memoria acaso
Confusamente os ha hecho
Equivocaros conmigo,
Pues la sepulta el silencio,
El silencio la consuma;

Y al cabo de tanto tiempo
Olvidaos vos de todo;
Que yo de nada me acuerdo.

Men. ¡O qué cuerdamente, Blanca,
Os ayudais del ingenio!

Blan. No sé por qué lo decis.

Men. Yo sí.

Blan.   Pues no hablemos dello.

Men. Yo me doy por advertido;
Y si es que he de obedeceros,
Cómo lo he de hacer?

Blan.   Callando.

Men. Cómo se calla?

Blan.   Sufriendo.

Men. Sabré yo?

Blan.   Aprended de mí.

Men. Con qué medio?

Blan.   Este es el medio.

Men. Decidle.

Blan.   Beatriz!

         Sale BEATRIZ.

Beat.   Señora?

Blan. Alumbra al señor Don Mendo. —
Esto es quitar ocasiones. *[aparte.*

Men. No es sino añadir tormentos. *[Vanse.*

Salen ELVIRA *con luz y* DOÑA VIOLANTE
         destocándose.

Viol. Cierra esas puertas, Elvira,
Y si preguntare luego
Mi padre acaso por mí,
Dile, que ya estoy durmiendo;
Que no quiero que me hable
Él ni nadie; solo quiero
La soledad por amiga.

Elv. Notables son tus extremos.

Viol. Pues aun no los he pintado,
Elvira, como lo siento.
Ayúdame á destocar,
Ve esos vestidos poniendo
Sobre ese bufete.

Elv.   ¿En fin
Que no son los bandoleros
Tan fieros como los pintan?

Viol. Tal es la aprehension que tengo
De su talle, rostro y voz,
Que desecharle no puedo
De mi memoria; de suerte,
Que á cada parte que vuelvo
Los ojos, allí parece
Que le miro.

[Retíranse las dos á un retrete, que se fingirá con al-
        gunos lienzos.

         Salen DON LOPE *y* VICENTE.

Lop. Qué es aquesto?
Cielos! ¿Cómo está este cuarto
Tan adornado y compuesto?

Vic. La casa habemos errado;
Que en la de tu padre creo
Que apenas hay un candil.

Lop. Detente.

Vic.   Ya me detengo.

Lop. ¿ Ves una muger,......

Vic.   Y aun dos.

Lop. Que con bizarro desprecio
De las galas se despoja,
Como sobrados trofeos,
Como añadidos despojos
De su hermosura, diciendo:
Mejor que Pálas armada,

Desnuda avasalla Vénus.
Vic. Ya lo veo, y si esto dura,
De aqui á un poquito tendremos
Lindo rato.
Lop. Quién será?
Vic. Mi madre será, supuesto
Que no es la tuya.
Lop. Turbado
Á verla el rostro me atrevo.
Vic. Yo tambien.
Lop. Y á ver si oigo
Lo que habla. Pisa mas quedo.
Vic. Qué mas quedo? Si pisara
Las gradas de un monumento,
Aun no ajara los velillos.
Elv. Notable es tu sentimiento.
Viol. En fin está tan conmigo,
Y tan presente le tengo,
(Válgame el cielo!) que alli
Jurara, que le estoy viendo.
Elv. No te sacaran los dientes
Por el falso juramento;
Que yo tambien lo jurara.
Vic. Dimos con todo en el suelo.
Lop. Esta es la dama, que ví. —
Decidme, prodigio bello,   [Llega.
Decidme, hermoso milagro,......
Viol. Sombra de mi pensamiento,
Ilusion de mi sentido,
Alma de mi devaneo,
Cuerpo de mi fantasía,
Voz de mi idea, que siendo
Idea, ilusion y sombra,
Fantasía y fingimiento,
Sin voz, sin cuerpo y sin alma,
Tienes alma, voz y cuerpo:
¿Cómo aqui dentro has entrado?
Lop. Hermosísimo portento,
En quien hace vivamente
La imaginacion efecto,
No me ganeis vos de mano
En la duda que padezco,
Pues con mas causa os pregunto
Yo, ¿qué haceis vos aqui dentro?
Viol. Yo en mi casa estoy.
Lop. Yo y todo.
Pues si aqui entré......
Viol. Oir no quiero.
Lop. Porque se asegure ella, [á Elvira.
Oidme.
Elv. Pues yo á qué efecto?
Apareceos á mi ama,
Fantástico bandolero,
Pues ella es la enamorada;
Pero á mí, si yo no os quiero,
Á qué propósito?
Lop. Ved,
Que os engaña el temor vuestro.
Hijo soy de aquesta casa,
Á Blanca buscando vengo,
Para decirla lo mismo
Que sabeis; porque es mi intento,
Que el favor me solicite,
Que me ha ofrecido Don Mendo.
En aqueste cuarto entré
Con la llave que dél tengo,
Harto desimaginado
De hallaros en él; y puesto
Que os restauro de un asombro,
Restauradme vos del mesmo,
Desengañándome, como
En este cuarto os encuentro.
Viol. Lo que me decis sabía
Yo; mas llevóme primero

Lo que estaba imaginando,
Que lo que estaba sabiendo;
Y aun con ver el desengaño,
Mal del susto convalezco;
Pues si un miedo me quitais,
Me dejais con otro miedo.
El que fingido me disteis,
Me estais dando verdadero;
Porque verdad ó ilusion,
De todas suertes os tiemblo.
En aquesta casa vivo;
Los criados, que vinieron
Adelante, la tomaron;
Vuestro padre, á lo que entiendo,
Vive en otro cuarto della;
Si á él buscais, idos, os ruego,
Y débaos yo en esta parte
La fineza de volveros.
Lop. Aunque de vuestra hermosura
Idólatra me confieso,
Es con tan sagrado amor,
Es con tan cortes respeto,
Con tan agena esperanza,
Con tan noble rendimiento,
Que la fe, con que os adoro,
Es con la que os obedezco.
Quedad con Dios; y entended,
Que sois el primer sugeto,
Que corrigió mi albedrío
Y enfrenó mi atrevimiento.
Viol. Id con Dios, y entended vos,
Que la fineza agradezco,
Y el primero sois tambien,
Que me ha debido un afecto.
Lop. ¡Ha quién supiera pagarle
De su misma vida á precio!
Viol. ¿Quereis pagarle, Don Lope?
Lop. Sí.
Viol. Pues idos; y sea presto.
Lop. Yo lo haré. — Vamos, Vicente.
Vic. Vete tú, si eres tan necio;
Yo me quedo acá esta noche.
Viol. ¿Qué pasion es esta, cielos!......
Lop. Cielos! y qué hermosura es esta,......
Viol. Que enamora sin deseo?
Lop. Que inclina sin apetito?
Viol. Id con Dios.
Lop. Guárdeos el cielo.

JORNADA II.

Salen DON LOPE *y* VICENTE *vestidos de ca-*
mino, y por otra parte DOÑA BLANCA, LOPE
y BEATRIZ.

Lop. Una y mil veces el dia,   [de rodillas.
Señor, venturoso sea,
En que llegar á tus plantas
Humilde mi amor merezca.
Lope. Álzate, Lope, del suelo,
Y tan bien venido seas,
Como has sido de tus padres
Deseado.
Lop. Sin que me ofrezcas
Tu mano á besar, no es justo
Levantarme de la tierra.
Lope. Toma. Dios te haga tan bueno,
Como yo le pido. Llega,
Besa la mano á tu madre.
Lop. Con temor y con vergüenza
Llego, señora, á tus ojos,

Por tantas lágrimas tiernas
Como les debo.

Blan.   No solo
Aquellas, Lope, me cuestas,
Pero estas tambien; si bien
Son con una diferencia;
Que aquellas lloró el pesar,
Y llora el placer aquestas.
Tú seas muy bien venido.

Vic. ¿Darásele ahora licencia
Á un ermitaño del diablo,
Que ha vivido entre dos peñas,
Haciendo en servicio suyo
Muchísima penitencia,
Para llegar á besar
Tu mano?

Lop.   Qué buena pieza!
Vos tambien venis?

Vic.   Si soy
El cogin desta maleta,
La silla deste cogin,
Y desta silla la bestia,
¿No era preciso, señor,
Que donde viniere venga?

Lope. Con tan buena compañía
Segura traerá la enmienda.

Vic. ¿Ves, que te parece mala?
Pues por Cristo, que no es buena!

Lope. No jureis.

Vic.   Rezagos son,
Que me han sobrado de aquella
Mala vida. — Vos, señora,   [*de rodillas.*
Permitidme, que me atreva,
Si no á besaros la mano,
Á besar la feliz tierra,
Que pisais.

Blan.   Alza del suelo;
Que es justo que te agradezca
La lealtad, que con Don Lope
Tienes, pues que no le dejas
En ningun trabajo.

Vic.   Soy
Criado adquirido *ad perpetuam
Rei memoriam.*

Beat.   ¿Mi señor
Vino ya? — Pues aunque sea [*á Blanca.*
Delante de tí, he de darle
Un abrazo en mi conciencia.

Lop. Guárdete el cielo, Beatriz.

Lope. Todos de verte se alegran,
Pero mas que todos yo;
Y pues ya ir á ver es fuerza
Á Don Mendo, y darle gracias
Del cuidado y la fineza,
Con que acudió á tu perdon,
Beatriz, á su cuarto llega;
Mira lo que hace; y en tanto,
Quiero, Lope, que me atiendas.

Vic. Plática espiritual [*ap. d D. Lope.*
Tenemos.   [*Vase Beatriz.*

Lop.   Calla, y paciencia,
Pues ya sabes, que venimos
Á escuchar impertinencias.

Lope. Lope, ya ves el estado
En que estamos; nuestra hacienda,
Que es lo de menos, está
Toda empeñada y deshecha.
Estefanía, la dama,
Que tantos sustos nos cuesta,
Está en un convento; yo
La he dado el dote y la renta.
Sabe Dios, si por poder
Hacerlo, y cumplir con ella,
Poco menos he quedado,

Que á pedir de puerta en puerta.
En fin, hijo, tú estás hoy,
Por la piadosa nobleza
De Don Mendo, perdonado;
Con que parece, que cesa
Ya todo lo padecido.
Lo que rogarte quisiera,
Con lágrimas en los ojos,
Con suspiros en la lengua,
Y aun de rodillas, si á esto
Dieren mis canas licencia,
Es, Lope, que desde hoy haya
En tu vida alguna enmienda.
Restauremos lo perdido
De la opinion, y parezca,
Que á quien tiene entendimiento,
Los trabajos le escarmientan.
Hijo, seamos amigos,
Y no haya mas competencias
De amor ni de odio en los dos.
Vivamos en blanda y quieta
Paz, haciendo de su parte
Cada uno lo que pueda.
Yo de la mia pondré
Mi amor, regalo y terneza;
Pon tú de la tuya, Lope,
Solamente una obediencia.
Tu padre es quien te lo pide.
Y al fin, Lope, considera,
Que no hay siempre un valedor;
Y aun podria ser, que venga
Tiempo, en que este amor y aquellos
Favores, si los desprecias,
Convertidos en venganzas,
Contra tu vida se vuelvan.

Vic. Aqui gracia, y despues gloria, [*aparte.*
Faltó, para ser entera
La tal plática.

Lop.   Señor,
Palabra doy de que veas
Desde hoy en mis costumbres
Enmienda tal, que agradezcas
Á mis pasadas fortunas
El conocimiento dellas.

Salen DON MENDO *y* BEATRIZ.

Men. Y yo salgo por fiador
De una tan justa promesa.

Lope. Señor,.....

Men.   Viendo, que querias
Pasar á verme, no fuera
Justo, que yo ganara
De mano á esa diligencia.

Lope. No solo haceis las mercedes,
Mas las haceis de manera,
Que ya mas, que hacerlas, viene
Á ser el modo de hacerlas.

Lop. Dame tu mano, señor,
Y plegue á Dios, que te veas
Tan glorioso en la privanza
Del Rey, que la envidia fiera,
Basilisco de palacio,
Tu nombre ignore, y le sepa
La aclamacion, que le escriba
En láminas de oro eternas.

Men. Dame los brazos, y no,
Don Lope, asi me agradezcas
Lo que aun no he hecho por tí;
Que bien mi valor se acuerda,
Que te debe honor y vida,
Y un perdon solo no es prenda,
Que pueda satisfacer
El crédito de dos deudas.

Blan. ¡Plegue á Dios, señor, que el cielo......!

Men. Nada, Blanca, me encarezca
La voz; el silencio solo
En vos ha de hablarme.

Blan.   Esa
Es la merced, que os estimo
Mas que todas, pues con ella
Me dejais desempeñada
De una continua vergüenza.   *[Vase.*

Men. Ahora bien, quedad con Dios;
Que su Magestad me espera.

Lope. Y á mí un negocio me aguarda.

Lop. Yo dividirme quisiera,
Por ir á los dos sirviendo;
Mas ya que elegir es fuerza,
Para que os asista á vos,   *[á D. Mendo.*
Dará mi padre licencia.

Lope. Sí doy, y con harta envidia
De ver eleccion tan cuerda.   *[Vase.*

Men. Y yo lo acepto, no tanto,
Don Lope, porque lo sea,
Cuanto porque yendo ahora
Vos conmigo, es cosa cierta,
Que me excusais de quedarme
Yo con vos; pues de manera
Está el alma en vuestra vista
Ufana, alegre y contenta,
Que no quisiera apartaros
Un punto de su presencia.   *[Vanse.*

Vic. Beatriz, escucha.

Beat.   Qué quieres?

Vic. Ya que los amos se ausentan,
¿No mereceré yo, por
Recienvenido siquiera,
Algun abrazo traido?

Beat. Y aun sacado de la tienda
Para ese efecto.

Vic.   ¡Ay Beatriz,
Qué de cuidados me cuestas!

Beat. Bueno es eso para haber
Dos mil meses que te espera
Mi amor, y no haber venido
Á dar por acá una vuelta.

Vic. Cómo no? ¿Pues no venimos
Mi amo y yo una noche destas
Pasadas, y nos entramos,
Como en nuestra casa mesma,
En el cuarto de Don Mendo,
Donde con Violante bella
Á medio destocar dimos,
Donde hubo el detente, espera,
Sombra, ilusion, con su poco
De desmayo y pataleta?

Beat. Calla, calla; no me cuentes
Lancecitos de novela.

Vic. ¡Pluguiera á mi Dios, Beatriz!
Pues con eso no estuviera
Tal mi amo, que no es
Novela, sino sí-vela;
Pues ni dormir, ni comer
Á ninguna hora me deja,
Hablando siempre en si estaba
Mas hermosa, mas perfecta
Desmelenada, que no
Melenada su belleza.

Beat. ¿Eso tenemos ahora?

Vic. Pues y bien? ¿De qué te pesa
Á tí?

Beat.   De que, habiendo amor,
Es preciso que tú seas
El corre-ve-dile dél;
Y como vayas y vengas,
Elvira, que, á lo que he visto,
Es su secretaria, es fuerza
Que no pierda sus derechos.

Vic. ¡Ay Beatriz, y si tú vieras,
Como yo, á la tal Elvira,
Qué pocos zelos te diera
Su hermosura!

Beat.   Pues por qué?

Vic. Porque es la sierpe lernea
En carne humana. Ella estaba,
Como ya tan tarde era,
Y no esperaba visita,
Quitada la cabellera.

Beat. Qué dices? Quitada?

Vic.   Á cercen.

Beat. Luego es calva?

Vic.   Calvatruena.
Fuera desto, no tenia
Tan cabal, como debiera,
Del estuche de la boca
La necesaria herramienta.

Beat. ¿Aquella moza, tan moza,
Dientes postizos?

Vic.   Aquella,
Sin otras cosas que callo;
Que no es de hombres de mis prendas
Hablar mal de las mugeres,
Ni han de perder por mi lengua
Las doncellas su remedio.
Pero mi amo, como deja
Ya en la carroza á Don Mendo,
Aqui vuelve.

Beat.   Á Dios te queda. —
¡Miren quién de aquella cara
Tales defectos creyera!
¡Qué bien dicen, que es la noche
El toque de las bellezas!   *[Vase.*

Sale DON LOPE.

Lop. Vicente, ¿por dicha has visto
En alguna desas rejas
Á Violante?

Vic.   No, señor;
Ni pienso, que, aunque la viera,
La conociera yo ahora.

Lop. Como tuya es la respuesta.

Vic. De lo que á mí no me incumbe,
No hago memoria; que fuera
Ser la memoria local.

Lop. ¿Posible es, que olvidar puedas
Haberla visto el cabello,
Desmarañando las trenzas,
Dar al aire golfos de oro,
Tan al reves de otras selvas,
Que allá es perlas cuanto corre
Sobre doradas arenas,
Y aqui al derramar los rizos
La inundacion de sus hebras
Sobre su nevado cuello,
Es con tanta diferencia,
Que corren arroyos de oro
Sobre márgenes de perlas?
No te acuerdas?

Vic.   No, señor;
Ni me acuerdo, ni quisiera,
Por no acordarme que vi,
Si es que hemos de hablar de veras,
Á Elvira á su lado, haciendo
Ventaja, no competencia,
Á su hermosura.

Lop.   Qué loco!

Vic. ¿Pues será la vez primera,
Que sea mejor la criada,
Que no el ama?

Lop.   ¡O si pudiera
Por alguna parte ver
Á Violante!

Vic.   Considera,
Señor, que hoy hemos venido
Escapados de una y buena;
No nos metamos en otra
Igual por Violante bella.

Lop.   Á mi padre le he llevado
Muy mal que me reprehenda.
Mira como llevaré,
Que lo hagas tú. ¡Bueno fuera,
Que mi gusto embarazara
Ninguno! ¿Pero quién entra
Allí?

Vic.   Don Guillen de Azagra.

Sale DON GUILLEN.

Lop.   Qué dices? ¿No me pidieras
Albricias? — ¿En Zaragoza,
Don Guillen?

Gui.   Y mal pudiera
Sufrir, Don Lope, un instante
El corazon mas ausencias.
Apenas que habíais venido
Supe, cuando con presteza
Os busqué, no para daros
Una y muchas norabuenas,
Sino para recibirlas
Yo.

Lop.   Toda aquesa fineza,
Don Guillen, es justamente
Debida á la amistad nuestra.
Y por pagar en la misma
Obligacion esta deuda,
Vos tambien seais bien venido.

Gui. No es posible que lo sea
Quien viene tras un cuidado,
Vivo el sentimiento y muerta
La esperanza.

Lop.   De qué suerte?

Gui. Ya os acordais, que á la guerra
De Nápoles me partí,
Tres años ha.

Lop.   Por mas señas
Me acuerdo, de que los dos
Nos despedimos en esa
Plaza del Aseo, con hartos
Sentimientos y tristezas,
Como adivinos entonces
De las notables tragedias,
Que habian de sucederme,
Don Guillen, en vuestra ausencia.

Gui. Todas las supe, y el cielo
Sabe, si sentí saberlas.
Pero vamos á las mias,
Ya que cesaron las vuestras,
Porque habeis, á lo que espero,
De ser el alivio dellas.

Lop.   Vuestro soy, y no habrá cosa,
Que á mi amistad no os ofrezca.

Gui. Pasé á Nápoles en fin,
Donde nuestro Rey intenta
Vengar por armas la muerte,
Que dió con tanta fiereza
El de Nápoles al grande
Norandino, hijo del César,
Pues en público cadahalso
Le hizo cortar la cabeza.
Pero aquesto no es del caso;
Volvamos á otra materia.
Entré en Nápoles un dia,
Donde ví en una belleza
Reducido el sol á un rayo,
Cifrado el cielo á una esfera,
Á una lágrima la aurora,
Y á una flor la primavera.

Destos encarecimientos
Llegareis á la experiencia,
Cuando sepais, que á quien ví
Dentro de Nápoles, era......

Vic.   Doña Violante, señor.

Lop.   Qué dices? ¡Maldito seas!

Vic.   Por qué? ¿Digo yo mas, que
Sale de su cuarto, y entra
En este, y al conocer
Que hay gente aqui, da la vuelta?

Lop.   Retiraos, Don Guillen,
Un breve espacio ahí afuera;
No embaracemos el paso
Á esta dama.

Gui.   Norabuena;
Que yo tampoco no quiero
Que ahora aqui hablaros me vea.   [*Vase.*

Lop.   ¡Vive el cielo, que temí,
Que fuese la dama ella!

Vic.   ¿Pues podia yo saberlo?
Háblala antes que se vuelva.

Salen DOÑA VIOLANTE *y* ELVIRA.

Lop.   ¿Por qué, señora, os volveis?
Advertid, que es tiranía,
Que los términos del dia
Á solo un punto abrevieis;
Pues si ahora amaneceis
Sol, en cuyo ardor me abraso,
Y volveis atras el paso,
Un caos formareis, señora,
De las luces de la aurora
Y las sombras del ocaso.
No os vais; pasad adelante,
Sin que el mirarme os disguste;
Pues no hay temor, que os asuste,
Ni rezelo, que os espante.
De dia es, bella Violante;
No de la noche valido
Á ofenderos he venido,
Sino la vida á ofreceros,
Viviendo por vos, y á seros
Dos veces agradecido.

Viol. Es tan grande la aprehension
Del miedo, que ya os cobré,
Que, aun viéndoos de dia, no sé
Si sois verdad ó ilusion.
Si bien en esta ocasion,
Que á ver á Blanca venia,
No, Don Lope, me volvia
Por vos, sino porque ví
No sé qué otra sombra aqui,
Contra quien no vale el dia.

Lop.   Un amigo mio, señora,
Es con quien hablaba yo;
Y en viéndoos, se fue, por no
Embarazaros ahora;
Que el corazon, que os adora,
Previno contra el desden
Vuestro esta ausencia, y fue bien,
Porque yo os hable.

Viol.   Ay de mí!   [*aparte.*
¿No era aquel Don Guillen?

Elv.   Sí.

Viol. Pues él me habla en Don Guillen.

Lop.   Y ya que á mi cuarto vais,
La ocasion no me negueis,
Que vos misma me ofreceis,
Para que de mí os sirvais.

Viol. Esos extremos no hagais;
Quedaos.

Lop.   No será razon
La vida perder.

Viol.   ¿Pues son

Lop.   Lo mismo ocasion y vida?
Lop.   Sí; pues no vuelve, perdida,
       Jamas vida ni ocasion.
Viol. La que conmigo teneis
       Aprovechad; ya os escucho.
       Qué quereis decir?
Lop.   Lo mucho
       Que á una memoria debeis.
Viol. ¿Tercero suyo os haceis?
Lop.   No me atrevo á ser primero;
       Y asi hablo por tercero;
       Que se declara mejor
       En amaros el temor.
Viol. Pues siendo asi, yo no quiero
       Oiros; porque sepais
       Cuanto el escuchar me pesa
       Atrevimientos de aquesa
       Memoria de quien me hablais.
       Os engañais, si pensais,
       Que es medio de conseguir
       Agrados mios, venir
       A declarármelos vos.
       Esto le decid; y á Dios.
Lop.   Advertid,......
Viol.   No os he de oir.   [Vase.
Lop.   Entendió como queria
       Irme á declarar con ella,
       Y tan cuerda, como bella,
       De la misma industria mia
       Se valió su tiranía,
       Para darme el desengaño,
       Iré fingiendo mi daño. —
       Si aqui Don Guillen volviere,   [á Vicente.
       Dile, que un punto me espere.   [Vase.
Vic.   Seora Elvira!
Elv.   Seor picaño?
Vic.   No se espante uced de ver
       De dia esta facha mia.
Elv.   Es para espantar de dia,
       Como de noche.
Vic.   Un placer
       Solo, Elvira, me has de hacer.
Elv.   Cuál es el placer, me di.
Vic.   Perder el juicio por mí;
       Que yo á señoras tan mias
       Nunca pido gullorías.
Elv.   Cierto que lo hiciera asi,
       A no saber los extremos,
       Con que á Beatriz quiere bien
       El señor Vicente.
Vic.   Á quién?
Elv.   Á Beatriz; que las que vemos
       De afuera el lance, entendemos.
Vic.   Yo á Beatriz! Si tú supieras
       Quien es Beatriz, no creyeras
       Tal.
Elv.   Por qué?
Vic.   Porque no dudo,
       Que en Libia ó Hircania pudo
       Ser molde de vaciar fieras.
       Ves todo aquel exterior
       Boato con que brilla; pues
       Hablada de cerca, es
       Pestilencial el olor
       De su boca. Y lo peor
       No es esto, con ser tan malo.
       Cosas hay, que no señalo,
       Porque á mugeres no enojo;
       Mas tiene de vidrio un ojo,
       Y la una pierna de palo.
Elv.   Mientes; que no puede ser.
Vic.   Mírala tú con cuidado,
       Verásla ranquear de un lado,
       Y de otro lado no ver.

                    Sale DON GUILLEN.

Gui.   Si pasó, vuelvo á saber,
       Violante ya, y si quedó
       Aqui Don Lope; que no
       Descansa la pena mia.

                    Sale DON LOPE.

Lop.   Pues Violante en compañía
       Ya de mi madre quedó,
       A buscar á Don Guillen
       Vengo.
Elv.   Ya vuelven los dos.
Vic.   Luego hablaremos.
Elv.   Á Dios. —
       ¿De cuantos á Beatriz ven,
       Quién habrá en el mundo, quién,
       Que tal llegue á presumir?   [Vase.
Lop.   Perdonadme, que, por ir
       Con Violante, me he tardado.
Gui.   Vos estais bien disculpado.
Lop.   Y vos podeis proseguir.
Gui.   En qué quedamos?
Lop.   En que
       Las treguas efectuadas,
       En Nápoles, Don Guillen,
       Visteis una hermosa dama.
Gui.   Dejé de decir entonces,
       Don Lope, una circunstancia,
       Que ahora es preciso diga.
Lop.   Cuál es?
Gui.   Prevenir, que estaba
       Por Embajador en Roma,
       Á ocasion que se trataban
       Las treguas, Don Mendo, á quien
       El Rey Don Pedro le manda
       Por la experiencia, que tienen
       En tales casos sus canas,
       Como quien mas de veinte años
       Ha asistido á Roma y Francia,
       Que, para ajustar los medios,
       Al punto á Nápoles parta;
       Con que entiendo, que os he dicho
       De una vez quien es la dama;
       Porque deciros, que fue
       Don Mendo con esta causa
       Á Nápoles, que ví en ella
       Una hermosura gallarda,
       Que he venido á Zaragoza,
       Traido desta esperanza,
       Mas que de mis pretensiones,
       Y viviendo en vuestra casa,
       Decir, que os he menester
       Para alivio de mis ansias,
       Bien da á entender, que Violante
       Es la deidad soberana,
       Á cuyo sagrado culto
       Fueron en sus limpias aras,
       Si la vida ofrenda poca,
       Víctima no mucha el alma.
Vic.   ¡Muy buena hacienda hemos hecho!   [aparte.
       ¿Qué va, que, antes que se vaya
       De aqui, le damos con algo?
Lop.   ¿Quién vió confusiones tantas?   [aparte.
       Mas disimulemos, zelos;
       Y aunque es la copa penada,
       Apuremos de una vez
       Todo el veneno que falta. —
       Con menos dañar sugeto
       Que Violante, cosa es clara,
       Que desempeñárais mal,
       Don Guillen, sus alabanzas.
       Decidme, en qué estado estais
       Con ella? para que haga

Gui. Yo luego lo que me toca.
        Solamente dos palabras
        Dirán en qué estado estoy.
Lop. Qué son?
Gui.   Amor y desgracia.
        Quiero, y quiero aborrecido.
Vic. Malo es esto! Pero vaya!   [*aparte.*
Gui. Sabiendo pues, que venia
        Á Zaragoza, dí traza
        De seguirla, donde espero,
        Con vuestra ayuda, obligarla.
        Porque viviendo, Don Lope,
        Ella en vuestra misma casa,
        No solo podré, buscándoos,
        Verla alguna vez y hablarla,
        Pero pediros podré,
        Que vos la hableis en mis ansias.
        No perdamos la ocasion,
        Lope, de que, cuando salga
        De la visita, busqueis
        Algun modo, con que darla
        Un papel mio; que yo
        No quise por esta causa
        Que me viera, sin estar
        De mi venida avisada,
        No hiciera la novedad
        De la fineza venganza.
        El papel escribiré
        En la primer parte que haya
        Ocasion, pues que no puedo
        Entrar ahora en vuestra sala.
        Al punto vuelvo, Don Lope;
        Esperadme, que le traiga.   [*Vase.*
Vic. Señor, á Dios.
Lop.   Dónde vas?
Vic. Dónde he de ir? Á la montaña
        Á esperarte; que ya sé,
        Que has de ir allá.
Lop.   No te vayas;
        Que estimo mucho á Violante;
        Y aunque él me ofende en amarla,
        El amarla yo tambien
        Mis acciones embaraza,
        De suerte, que hoy me reporta
        Con lo mismo que me agravia.
        Suframos algo una vez,
        Y demos, Vicente, traza,
        Como, sin que á rompimiento
        Llegue aqueste lance, haya
        Modo de salir bien dél.
Vic. ¡Cuánto estimo, que te valgas
        Hoy, señor, de la cordura!
        Yo sé un modo.
Lop.   Qué es?
Vic.   Dejarla
        Tú, que estás en los principios
        De tu amor.
Lop.   Si no me hallara
        En disposicion de hacerlo,
        Lo hiciera; mas será vana
        Diligencia; no podré.
Vic. Qué harás?
Lop.   No sé; pero aguarda,
        Que ya de mi cuarto sale.
Vic. Breve visita!
Lop.   Antes larga;
        Pues en ese espacio breve
        Por mí tantos siglos pasan.

        Sale Doña Violante.

Viol. ¿Señor Don Lope, aun aqui
        Todavía?
Lop.   No se aparta
        Fácilmente de su centro

Cosa ninguna. Las aguas
        Van siempre buscando al mar
        Por donde quiera que vaga;
        La piedra corre á la tierra,
        De cualquier mano que salga;
        El viento al viento se añade,
        De cualquier parte que vaya;
        Y el fuego á su esfera sube,
        De cualquier materia que arda.
        Yo asi, arroyo fugitivo,
        Al mar corro de mis ansias;
        Violenta piedra á la tierra,
        De mis gravedades patria;
        Átomo alterado al viento,
        Region de mis esperanzas;
        Y rayo al fin, voy al fuego,
        Esfera de mis desgracias;
        Porque encendido, alterado,
        Errante ó violento, vaya,
        Piedra, arroyo, átomo y rayo,
        Á tierra, mar, viento y llama.
Viol. Aunque esa filosofía
        Es tan fácil, es tan clara,
        Que yo su razon entiendo,
        No de su razon la causa.
Lop. Pues no es muy dificultosa;
        Que todo el discurso para
        En que tiene el centro suyo,
        Donde asistís vos, el alma.
Viol. No conviene esa fineza,
        Don Lope, con la pasada.
Lop. Cómo?
Viol.   Como habeis mudado
        El papel en esta farsa,
        Que, haciendo antes los terceros,
        Haceis los primeros.
Lop.   Basta
        Que echais menos, que no os hable
        En ese estilo; pues salgan
        Las voces, del desengaño
        Rompiendo las sombras pardas,
        Que hablaron en cifra entonces;
        Que sabiendo, que os agrada,
        Haré cuidado el acaso;
        Don Guillen pues......

        Sale Don Guillen *al paño.*

Gui.   En mí habla.
        Á buena ocasion llegué.
Lop. Viene á Aragon desde Italia,
        Girasol de vuestro amor,
        Siguiendo las luces claras
        De tanto sol, de quien es
        Humana racional planta.
        Que os lo avise me ha mandado,
        Y que de mi parte haga
        En que vos le oigais.
Gui.   ¡Qué amigo
        Tan leal, tan fino! ¡Mal haya
        Un hombre, que hácia mí viene,
        Pues que de escuchar me aparta
        La respuesta!   [*Vase.*
Viol.   Mal, Don Lope,
        El segundo error os salva
        De la culpa del primero;
        Y siendo ofensas tan claras
        Las dos, bien podré la una
        Perdonar, pero no entrambas.
Lop. Sepa yo de cual no quedo
        Absuelto, para excusarla;
        Que es mi deseo, señora,
        Enigma tan intrincada,
        Que explicar no sabré.
Viol. Pues yo sí sabré explicarla.

Responded á Don Guillen
De mi parte, que no haga
Finezas por mí, pues sabe,
Cuanto han sido desdichadas
Siempre conmigo, y que dé
Al viento sus esperanzas.

Lop. ¿Y á mí, qué he de responderme?

Viol. Respóndaos vuestra ignorancia.
Si la culpa es una misma,
Si uno mismo es de la causa
El juez, y os dice, que al otro
Esto digais, cosa es clara,......

Lop. Qué?

Viol. Que os quiere dar á vos
Sentencia á aquella contraria;
Porque si hubiera de ser
Una misma, no apartara
Las respuestas, pues con una
Se hubiera servido de ambas.

Lop. Eso sí, pendiente tuve,
Hasta explicaros, el alma.

Sale DON GUILLEN *al paño.*

Gui. Ya pasó el hombre, ya puedo
Ver lo que responde.

Viol. Basta
Que esto por ahora os diga,
Si ya no quereis que añada,
Don Lope, que, aunque fui un tiempo
Diamante, bronce y estatua,
Que á buril, lima y acero
Resiste, defiende y gasta,
Todo al fin se da á partido;
Pues el diamante se labra,
El bronce se facilita,
Y los marmoles se ablandan.

Gui. Albricias, cielos! Violante
Mas apacible y humana,
Hablándola en mí, responde.

Lop. Mil veces tus manos blancas
Por tantos favores beso.

Gui. Qué fiel amigo! ¡Qué haga
Extremos, como si él fuera
El favorecido!

Lop. Y rara
Fuera mi dicha, señora,
Si ese favor afianzara
Alguna prenda, que fuera
Testigo de dichas tantas.

Viol. Tomad, Don Lope, esta flor;
Ella por testigo vaya
De mi esperanza, pues es
Del color de mi esperanza.   [*Vase.*

Lop. Vivirá eterna en su lustre,
Sin que se atrevan á ajarla,
Ni los rencores del cierzo,
Ni del ábrego las sañas.
¡O felice quien la lleva!

Sale DON GUILLEN.

Gui. Mas felice quien la aguarda,
Por ser vos quien la envia,
Y por ser vos quien la traiga.
Antes que me la entregueis,
Me he de arrojar á esas plantas;...... [*de rodillas.*

Vic. ¡Muy bien despachado viene! [*aparte.*

Gui. Porque reverencia tanta
Os es dos veces debida;
Una, Lope, por tan rara
Amistad, y otra, porque
Asi me halle esa esmeralda,
Que con menos rendimiento
No me atreveré á tocarla.

Lop. Alzad, Don Guillen; que si esos

Extremos la color causa
Desta verde flor, por serlo,
Está sujeta á mudanzas.

Gui. Qué es lo que decis?

Vic. ¿Qué va, [*aparte.*
Que por esta flor se canta,
Que siendo verde, trocó
En zelos sus esperanzas?

Lop. Digo, que, aunque es de Violante,
Y aunque en mi mano se halla,
No viene á vos.

Gui. ¿Yo no oí
En mis finezas hablarla
Vos mismo?

Lop. Sí.

Gui. ¿Y luego, aunque
Un criado que pasaba
Me apartó, no escuché, cielos!
Que, menos fiera é ingrata,
Enviaba por testigo
De que mármoles se gastan,
De que montañas se mudan,
De que diamantes se labran,
Esa flor?

Lop. La vez primera
Ha sido, que sus desgracias
No escuche el que escucha.

Gui. Cómo?

Lop. Como la razon cortada,
Si ois lo que os está bien,
Lo que os está mal os falta.
Lo que Violante os responde
Es, que vuestro amor la cansa.

Gui. ¿Pues á quién Violante dice,
Cuando con vos en mí habla,
Que ya es menos fiera?

Lop. Á mí.

Vic. ¡Arrojóse con la carga! [*aparte.*

Gui. Á vos?

Lop. Sí.

Gui. Mirad, Don Lope,
Que, siendo aquesas palabras
Vuestras, poneis mi amistad
En ocasion de dudarlas.

Lop. Quien dude lo que yo diga,
Verá á que se atreve.

Gui. Basta
El susto, con que quereis
Que compre dicha tan alta,
Y dadme la flor.

Lop. Es mia;
Y siéndolo, no he de darla.

Gui. Es de quien es, y no es vuestra;
Y siéndolo, he de cobrarla.

Lop. Pues mirad como ha de ser.

Gui. Saliendo de vuestra casa,
Y llevándola con vos,
Adonde amistad tan falsa
Castigar sabré, y vengar
Mis zelos á cuchilladas.   [*Vase.*

Lop. Pues guiad vos, que ya os sigo.

Salen DOÑA VIOLANTE *y* DOÑA BLANCA *por
dos lados.*

Viol. Don Lope, qué es esto?

Lop. Nada.

Vic. Ha mucho que no reñimos. [*aparte.*

Blan. Á tus voces desa cuadra
Salí.

Viol. Yo tambien desotra.

Blan. Dónde vas?

Lop. Qué sé yo? Aparta!

Viol. Espera!

Lop. Luego, señora,

Vuelvo á ver lo que me mandas.

Blan. Qué es esto, Lope? ¿ Tan presto
Ya en nuevos disgustos andas?

Vic. Ha mucho que no reñimos. [aparte.

Viol. ¿ Cuál es, Don Lope, la causa
Del disgusto? — Muerta estoy! [aparte.

Lop. Vuestro rezelo os engaña,
Que yo ¿ qué disgusto tengo?

Blan. ¿ No ha de haber en esta casa
Una hora de paz contigo?

Lop. ¿ Pues ahora (pena rara!)
Qué guerra te he dado yo?

Viol. Pues qué tienes?

Blan. Pues qué trazas?

Vic. Ha mucho que no reñimos. [aparte.

Sale LOPE DE URREA.

Lope. Pues qué es esto? ¿ Tú en demandas
Y respuestas, descompuesto
Asi con Violante y Blanca?
Qué ha sido?

Blan. Lope, señor,......
¡Cielo, una industria me valga, [aparte.
Con que su padre no entienda,
Que ya en inquietudes anda! —
Ha tenido con Vicente
Un enfado; procuraba
Castigarle, y las dos puestas
En medio,.....:

Vic. ¡Mas que esto carga [ap.
Sobre mí!

Viol. Que no le dé
Estorbamos.

Lope. ¡O qué extraña
Es, Lope, tu condicion!

Lop. Señor, que no ha sido nada.

Vic. Pedíame cierta cuenta
De un dinero, que le falta;
Y sobre esto......

Lop. Bien está;
Idos, idos noramala.

Vic. Para tí nunca hay razones. [Vase.

Lope. ¿ Y por cosas tan livianas
Vos no os reportais delante
De Violante?

Lop. No hay palabras
Con que á ese cargo responda.
Y así solo satisfaga
El silencio. — ¡O quién supiera [aparte.
Donde Don Guillen me aguarda! [Vase.

Blan. No le dejeis ir, señor.

Lope. ¿Pues no es mejor que se vaya
Y nos deje? — Perdonadle [á Da. Viol.
Vos, señora; que es tan rara
Su cólera, que ni á mí,
Ni á nadie respeto guarda.

Viol. Disculpado está conmigo.
Y es, que yo soy la culpada [aparte.
Solamente.

Blan. Ay infelice! [aparte.
Por donde mas procuraba
Embarazar que saliera,
Le he dado la puerta franca.
Qué he de hacer?

Viol. Temiendo estoy,
No suceda una desgracia.

Dentro ruido de espadas, y dicen DON LOPE *y*
DON GUILLEN.

Gui. ¡Desta suerte se castigan,
Traidor, amistades falsas!

Lop. Sobre zelos no hay traiciones.

Lope. Qué es aquello?

Salen ELVIRA *y* BEATRIZ.

Elv. Cuchilladas
En la calle.

Beat. Mi señor
Es el que riñe. Qué aguardas?
Corre, señor; que es tu hijo.

Lope. Ya, Blanca, yo me espantaba,
Que estuviese quieto un dia.
Préstame el amor sus alas,
Aunque en mi vida á sus cosas
He ido de tan mala gana. [Vase.

Salen DON GUILLEN *y* DON LOPE *riñendo,
otros metiendo paz,* VICENTE *y* LOPE.

Lope. Tente, Lope! Don Guillen!

Uno. Ya que á este tiempo llegamos,
Ved, que de por medio estamos.

Gui. Falso amigo!

Lop. El falso es quien......

Lope. ¿ Cómo, habiendo yo llegado,
Bárbaro, no te detienes?

Lop. Por ver, que á quitarme vienes
El honor, que no me has dado.

Lope. Lo menos, pluguiera á Dios,
Tuvieras dél que te dí. —
Y pues mis canas aqui
Mi hijo no respeta, vos
Lo haced, señor Don Guillen;
Porque hallar en vos colijo
Mas respeto, que en mi hijo.

Gui. Y habeis colegido bien;
Que esas canas respetando
Á un tiempo, con los aceros
De aquestos dos caballeros,
Me reportaré, dejando
La causa, que me ha movido,
Á mas secreto lugar.

Lop. Eso es querer disfrazar
El temor, que me has tenido.

Gui. Yo temor? [Vuelven á reñir.

Lope. Bárbaro, loco!
¿ Cómo, viendo, al llegar yo,
Cuanto él me respetó,
Tú me respetas tan poco?
¡Vive Dios, de hacerte aqui,
Que de mi valor te espantes!

Lop. Tente, y mira no levantes
El báculo para mí;
¡Que vive Dios, de poner
Las manos en tu castigo!

Lope. ¿No te enseña tu enemigo,
Ingrato, lo que has de hacer?

Lop. No; que si él te ha respetado
De cobarde, yo no puedo
Hacer virtud lo que es miedo.

Gui. Quien dijere ó ha pensado,
Que yo te he temido......

Lope. Habrá
Mentido; yo lo diré,
No lo digais vos.

Lop. Si fue
De tí pronunciado ya,
En nombre suyo, ya aqui
Verme importa satisfecho.
Toma, caduco!
[Dale un bofeton á su padre, y cae.

Vic. Qué has hecho?

Lope. ¡Caiga el cielo sobre tí!
Á él hago testigo yo,
Que es su causa la primera.

Tod. Todos te ayudamos. ¡Muera

El que á su padre ofendió!
[*Éntranse riñendo todos con D. Lope.*]

Vic. Yo solo confuso aqui
Ni ofensa ó defensa trato. —
Señor, levanta.

Lope. Hijo ingrato!
¡Caiga el cielo sobre tí!
¡Esas espadas, que van
Vengando la ofensa mia,
Rayos sean este dia
Contra tu vida! Y sí harán;
Que para ejemplo en los dos,
Tú muriendo, y yo llorando,
Rayo es el acero, cuando
Venga la causa de Dios.
La mano, que me pusiste
Sobre aquesta blanca nieve,
¿Cómo á sustentar se atreve
Agravios, que al cielo hiciste?
Y él, viendo mis desconsuelos
En tragedia tan extraña,
¿Cómo sus luces no empaña?
¿Cómo no rasga sus velos,
Y con iras no deslumbra
El aire, que le alimenta,
La tierra, que te sustenta,
Y el resplandor, que te alumbra?

Vic. Señor, la capa y sombrero
Toma, yo te la pondré,
Y el báculo.

Lope. ¿Para qué,
Si es de palo, y no de acero?
Mas yo le tomaré, sí;
Que ofensas de un bofeton
Palos quien las venga son;
Y si él con un padre aqui
Piadoso en el duelo está,
Mejor yo, segun colijo,
Puedo estarlo con un hijo
Tirano. El palo me da,
Para vengarme con él.
Mas ay de mí! que es en vano,
Pues al tomarle en la mano,
El pie me falta. ¡O cruel
Fortuna! ¡o desdicha fuerte!
¿Cómo me podré vengar,
Si aquel, que me ha de ayudar
Á sustentarme, me advierte,
Que armado en la tierra dura,
Solo ha de irme aprovechando
De aldaba, con que ir llamando
Á mi misma sepultura?

Vic. Repórtate; echa de ver,
Que en tí reparando va
Toda la gente.

Lope. ¿Pues ya
Qué tengo yo que perder?
En mí adviertan todos, sí;
Sepan, que hombre infame soy;
Pues á quien el ser le doy,
Me quita el honor á mí. —
Hombres, miradme; yo he sido
Aquel mísero infelice,
Que me ha deshecho quien hice,
Y de mi sangre ofendido,
Vengarme en mi sangre trato.
No solo al cielo, que fue
Juez supremo, pediré
Justicia de un hijo ingrato,
Pero á vosotros tambien,
Y al Rey pedírsela intento,
Dando suspiros al viento.

Vic. Considera, que no es bien
Por las puertas de palacio

Entrar de aquesa manera.

Lope. Á las del cielo quisiera
Vencer el inmenso espacio. —
¡Rey Don Pedro Aragon,
Cristiano Monarca, á quien
Llama el sabio, justiciero,
Y el ignorante, cruel!

Salen el REY, DON MENDO *y criados.*

Rey. Quién me llama?

Lope. Un desdichado,
Que, arrojado á vuestros pies,
Justicia, señor, os pide.

Rey. Ya os conozco, Lope; pues
Usando de mi piedad,
Á vuestro hijo perdoné,
Estando ya condenado.
Qué quereis?

Lope. Que no lo esté,
Para que veais, señor,
Cuánto soy vasallo fiel;
Que voz, que os pidió piedad,
Justicia os pide tambien.
Mi hijo, si es que es mi hijo,
(Perdone Blanca esta vez, [*aparte.*
Blanca, con cuya virtud
Aun no es puro el rosicler
Del sol, que al verla ha dejado
De lucir y parecer)
Hoy contra Dios, vos y yo,
De Dios, de padre y de Rey,
Porque le reñí, faltando
Al cuarto precepto, que
Tras los del culto de Dios
Es el primero despues,
Puso en mi rostro la mano;
É imposible de tener
Venganza, criminalmente
Me querello ante vos dél;
Pues cuando yo os la pedí,
La piedad en vos hallé,
Ahora que os pido justicia,
Señor, no me la negueis;
Porque apelaré á los cielos
De vos á que me la den.
Vea el cielo, y sepa el mundo,
Y escuchen los hombres, que
Hijo, que cruel procede,
Hace á su padre cruel. [*Vase.*

Rey. Mendo!

Men. Señor?

Rey. Pues que sois
Mi Justicia Mayor, ved,
Que á vos esta causa os toca.
Mi autoridad, mi poder
Empeñad en que se prenda
Este hombre, y sin que lo esté,
Á mis ojos no volvais.

Men. Al punto, señor, iré
Á hacer cuantas diligencias
Me sean posibles de hacer.

Rey. Mirad, que me importa ya
Mas que presumis.

Men. Por qué?

Rey. Porque me ha dado este caso
Hoy que discurrir, al ver,
Que, en las pasadas edades,
No ha habido en el mundo Rey
Ante quien jamas se diese
Igual querella. [*Vase.*

Men. Qué haré?
Terrible imaginacion,
Qué me quieres? Déjame;
Que yo te doy la palabra

De averiguar y saber,
Que ni aquel es hijo deste,
Ni este es el padre de aquel.

JORNADA III.

Salen Don Mendo *y gente con armas.*

Uno. Por esta parte, señor,
Que es por donde mas brioso
El Ebro corre, arrastrando
Desos montes los arroyos,
Es por donde él escaparse
Intenta.

Men.   Seguidle todos,
Examinando su espacio
Peña á peña y tronco á tronco. —   [*Vanse.*
¿Quién en el mundo se ha visto
En empeño tan forzoso
Como yo? pues voy buscando,
Ay infelice! lo propio,
Que hallar no quisiera, accion
Hija de los zelos solos.
Por una parte me manda
El Rey severo ó piadoso,
Que no vuelva á su presencia,
Sin dejar (terrible ahogo!)
Preso á Don Lope; y por otra
La deuda que reconozco,
La inclinacion que le tengo,
Me estan sirviendo de estorbo.
Si le prendo, á mi amor falto;
Y si no le prendo, pongo
La gracia del Rey á riesgo.
¿Cómo podré, cielos, cómo,
Entre obediencia y amor,
Cumplir á un tiempo con todo?

Salen acuchillando á Don Lope, *que trae san-*
griento el rostro.

Lop. Viéndome, que es imposible
Quedar con vida conozco;
Mas para el precio en que tengo
De venderla aun sois muy pocos.

Men. No le mateis; que llevarle
Vivo me importa. — ¡O si logro   [*aparte.*
Prenderle aqui, porque pueda
Mi discurso buscar modo
De salvar despues su vida! —
Don Lope!

Lop.   Tu voz conozco,
Primero que tu semblante,
Porque confuso y dudoso
Me tienen tres veces ciego
La ira, la sangre y el polvo.
Y no sé, si voz ha sido
Para mí, ó trueno ruidoso,
Que en su acento me dejó
Helado, inmóbil y absorto.
Qué me quieres? qué me quieres?
Que tú solo, que tú solo,
Don Mendo, has podido darme
Mas temores, mas asombros
Con una voz, que me has dado,
Que con sus armas estotros.

Men. Lo que quiero es, que la espada
Rindas, y menos brioso
Te des á prision.

Lop.   Yo?

Men.   Sí.

Lop. Eso es muy dificultoso.

Men. Yo te ofrezco......

Lop.   Yo lo creo,
Señor, pero no lo otorgo;
Que no he de darme á partido
Al temor.

Men.   Bárbaro, loco!
Qué intentas?

Lop.   Morir matando.
Pero en vano lo propongo;
Que contra tí no es posible
Que yo me muestre animoso;
Porque tiemblo, si te miro,
Me estremezco, si te oigo,
En mis lágrimas me anego,
En mis suspiros me ahogo,
El cielo y la tierra, cuando
Contra tí la espada tomo,
Se me obscurecen y faltan.

Men. Aquese es efecto propio
De la jústicia, en quien Dios
Puso el temor y el asombro
Del delincuente.

Lop.   No es eso;
Pues aunque me reconozco
Delincuente, bien pudiera,
Como herido can rabioso,
Á cuantos vienen contigo
Despedazar; mas tú solo
Me pones miedo y respeto;
Y asi á tus plantas me postro.
Esta espada, rayo ardiente,
Que desde la punta al pomo
Sangrienta se vió en mi mano,
Rendida á tus pies arrojo,
Al mismo tiempo, (ay de mí!)
Que en ellos la boca pongo.

Men. Levanta, Lope; que el cielo
Sabe bien, que en tan penoso
Trance, delincuente tú,
Y yo juez, tuviera á logro
Trocar la suerte contigo;
Pues me viera mas dichoso,
Tu peligro padeciendo,
Que padeciendo mi asombro.
Pero no temas, porquè
Me muestre aqui riguroso
Contigo, que importa hacerme
De parte de los enojos
Del Rey.

Lop.   ¿Pues el Rey qué sabe
De mí ya?

Men.   Tu padre propio
De tí le pidió jústicia.

Lop. Á buscar mi espada torno.

Men. No la hallarás; que ya está
En mi mano.

Lop.   ¡O rigurosos
Cielos! que, al mirarla en ella,
Tiemblo y me estremezco todo,
Como cuando ví un cuchillo.
¿Qué miedo es el que te cobro?
¿Qué temor el que te tengo?
Cuando á mi padre no ignoro,
Si otra vez me desmintiera,
Que hiciera otra vez lo propio.

Men. Hola!

Uno.   Señor?

Men.   Á Don Lope
Con alguna capa el rostro
Le cubrid, y desa suerte
Le llevad á un calabozo. —
Oye tú aparte.

Otro.   Qué mandas?

Men. Que, para que el alboroto

Sea menos, por la puerta
Falsa de mi cuarto propio,
Que cae al campo, le dejes,
Sin que él sepa donde ó como;
Y haz que le curen, en tanto
Que de su prision informo
Yo al Rey. — ¿Qué pena, qué rabia, *[ap.*
Qué dolor, qué ansia, qué enojo
Es este, que acá en el alma
Tan dueño de mí conozco?   *[Vanse.*

Sale el REY.

Rey. De Don Mendo cuidadoso
Estoy, por si ha ejecutado
Lo que le tengo ordenado;
Y hasta verlo, no reposo.
¡Que un tirano proceder
De un hijo tan atrevido
Á su padre haya ofendido,
Sin que tema mi poder!
El rigor de mi justicia
Hoy ha de ver Aragon,
Castigando la intencion
De su soberbia y malicia.
Esto á mi reino conviene.
¡Vive Dios, que han de ver hoy,
Si soy Don Pedro, ó no soy!
Pero aqui Don Mendo viene.

Sale DON MENDO.

Men. Vuestra Magestad me dé,
Señor, su mano á besar.
Rey. Los brazos debo yo dar
Á quien de mi reino fue
El Atlante, con quien hoy
Parto la inmensa fatiga
De su pesadumbre.
Men.   Diga
Mi obediencia cuanto estoy,
Gran señor, reconocido
Á la merced que me haceis.
Rey. Pues á mis ojos volveis,
No dudo, que habreis prendido
Á Don Lope.
Men.   Sí, señor,
Preso ya en mi casa queda,
Porque nadie hablarle pueda.
Rey. Nunca me hicisteis mayor
Servicio; que solicito
Conservar de justiciero
El nombre adquirido, y quiero
Afianzarle en un delito
Tan extraño, que otra vez
No sé si tuvo ejemplar.
Men. No ha de dejarse llevar
El que es soberano juez
Tanto de la informacion
Primera; que, á lo que sé,
Tan grave el cargo no fue,
Como la relacion.
Rey. ¿No hay un hijo, Mendo, en ella,
Que á su padre le maltrata?
¿Y no hay un padre, que trata
De dar de su hijo querella?
¿Qué mas grave puede ser?
Men. Yo confieso, que lo ha sido;
Pero hasta ahora no has oido
Descargo, que puede haber
De su parte.
Rey.   Yo me holgara,
Que tantos, Don Mendo, hubiera,
Que en mi reino no se diera

Culpa tan nueva, tan rara,
Tan fea y tan singular
Cometida.
Men.   Has de saber,
Que, aunque lo es al parecer,
No llegada á averiguar.
Don Lope con Don Guillen
De Azagra, señor, reñia.
No sé la causa que habia,
Mas preso queda tambien.
Su padre á tiempo llegó,
Que advirtió, que entre el reñir
Le iba Azagra á desmentir;
Y cuando ciego le vió,
Ya á la razon empeñado,
Porque él no la dijera,
La pronunció; de manera,
Que el acento equivocado,
Sin saber cuyo habia sido,
Tiró á su competidor
El golpe, á tiempo, señor,
Que su padre, introducido
En medio, le recibió;
Siendo asi, que él no tiraba
Á su padre, claro estaba.
Don Lope, cuando se vió
Maltratado de su hijo,
Con la cólera primera
Llegó á tus pies; de manera,
Que estará, segun colijo,
Arrepentido de haber
Tomado tan mal consejo.
Él es en extremo viejo,
Y bien su accion da á entender,
Que es delirio de la edad
En querellarse ante tí
De su hijo; siendo asi,
Que desde la antigüedad
Hay ley de que no sea oido,
Por decretos naturales,
En las causas criminales,
Ni padre de hijo ofendido,
Ni hijo de padre, asi yo
Esto lo dejara aqui.
Rey. Paréceos justo eso?
Men.   Sí.
Rey. Pues á mí, Don Mendo, no;
Porque el delito extrañando,
La queja desconociendo,
Esta en el uno admitiendo,
La culpa en otro apurando,
He de ver, haya ó no agravio,
Si es posible haber habido,
Ni un hijo tan atrevido,
Ni un padre tan poco sabio.
Y asi, mientras esto pasa,
Al padre prended, porque
Me importa á mí, que no esté
Aquesta noche en su casa.   *[Vase.*
Men. Yo lo haré. — Válgame el cielo!
Que no sé, qué confusion
Trae acá mi corazon;
Que algun gran daño rezelo.   *[Vase.*

Salen DOÑA VIOLANTE *y* ELVIRA.

Elv. ¿De qué nace tu dolor?
Viol. De un temor.
Elv. ¿Y el temor, señora, injusto?
Viol. De un disgusto.
Elv. ¿Qué es en fin tu desconsuelo?
Viol. Un rezelo;
Porque hoy ha dispuesto el cielo,
Que, á una tristeza rendida,

Puedan quitarme la vida
Temor, disgusto y rezelo.
Elv. ¿Quién embaraza tu dicha?
Viol. Mi desdicha.
Elv. ¿Pues quién causa su rigor?
Viol. Mi amor.
Elv. Dime lo que te importuna.
Viol. Mi fortuna.
Y asi, sin piedad alguna,
No hallo alivio en mi pasion,
Porque mis contrarios son
Desdicha, amor y fortuna.
Elv. ¿Quién alienta tu querella?
Viol. Mi estrella.
Elv. Véncela con tu arrebol.
Viol. Es mi estrella todo el sol.
Elv. Su luz eclipsa importuna.
Viol. Está menguante mi luna.
Con que esperanza ninguna
Me ha quedado, pues ya ví
Conjurados contra mí
La estrella, el sol y la luna.
Elv. ¿Qué te obliga á mal tan fuerte?
Viol. Ver mi muerte.
Elv. ¿Pues quién tu muerte ha causado?
Viol. El fiero hado.
Elv. Pierde, señora, el rezelo.
Viol. Es contra el cielo.
Y asi para' nadie apelo,
Dejándome padecer;
Que no se pueden vencer
La muerte, el hado y el cielo.
Y no me preguntes mas;
Pues habiendo, Elvira, visto
(¿Qué mal el llanto resisto!)
Preso á Don Lope, me estás
Matando tú en preguntarme,
De qué nace mi pasion,
Sabiendo, que en su prision
Estan, si vuelvo á acordarme,
Temor, disgusto y rezelo,
Desdicha, amor y fortuna,
La estrella, el sol y la luna,
La muerte, el hado y el cielo.
Elv. El cuarto de mi señor,
Que por otra puerta abrieron,
Es adonde le trajeron.
Viol. ¡O si pudiera mi amor
Hacer, Elvira, por él
Alguna grande fineza!
Elv. ¿Qué mayor, que tu belleza
Sentir su pena cruel?
Viol. Mayor; pues viéndole estar
En suerte tan oprimida,
Ó me ha de costar la vida,
Ó la vida le he de dar.
Esto á mi pasion conviene.
La llave del cuarto muestra
De mi padre.
Elv. La maestra
Mi señor es quien la tiene;
Estotra ahí está.
Viol. Veré,
Si darle un aviso puedo,
Ya que á mí me perdí el miedo,
Que á sus desdichas cobré.
Quédate tú, Elvira, allí,
Porque puedas avisar,
Si alguno vieres entrar. [Vanse.

Sale Don Lope.
Lop. ¡Ay infelice de mí!
¿Qué prision, cielos, es esta,

Donde ciego me han traido?
Ay, Violante! ¡cuánto ha sido
Lo que tu beldad me cuesta!
Y aun lo poco que me resta
Del vivir, viéndome asi,
Por tí lo siento; que aqui
Perder no me da pesar
La vida, sino el pensar,
Que te he de perder á tí.
Abre una puerta Doña Violante, y sale.
Viol. El rostro en sangre bañado [aparte.
Está, al parecer herido. —
Ha Don Lope!
Lop. ¿Quién ha sido
Quien mi nombre ha pronunciado?
¿Quién del que es tan desdichado
No se desdeña y olvida?
Viol. Quien, de tí compadecida,
Su sentimiento te advierte.
Lop. Viva sombra de mi muerte,
Muerta imágen de mi vida,
Cuerpo de mi pensamiento,
Alma de mi fantasía,
Retrato, que la fe mia
Ha dibujado en el viento,
Formada voz de mi acento,
No me atormentes atroz,
Desvaneciendo veloz
Cuerpo, alma y voz.
Viol. Mal pudiera,
Si yo ilusion, Lope, fuera,
Tener alma, cuerpo y voz.
Lop. Es verdad; pero creyendo,
Conmigo acá vacilando,
Que ahora estaba soñando,
Aun dudo lo'que estoy viendo.
Viol. De tu pasion obligada,
De tu pena enternecida,
Á tu amor agradecida,
Y en tu delito culpada,
Vengo, sin mirar en nada,
Á decirte, que esta puerta
Tendrás esta noche abierta,
Por donde escapar podrás
La vida. ¿Quién vió jamas
Dar vida despues de muerta?
Lop. Una planta oí que nace
Tan rara y tan exquisita,
Que, donde hay llaga, la quita,
Y donde no la hay, la hace.
En tí, Violante, renace
Su calidad repetida;
Pues siendo antes mi homicida,
Ahora me amparas; de suerte,
Que donde hay vida, das muerte,
Y donde hay muerte, das vida.
Viol. Tambien de dos peregrinas
Yerbas oí, que en sus senos
Apartadas son venenos,
Y juntas son medicinas.
Y si en los dos imaginas
Su efecto, verásle aqui:
Tú mueres sin mí, sin tí
Muero yo. Juntarnos quiera
Amor, para que no muera
Cada uno de por sí.
De mi parte, habiendo oido,
Cuanto está el Rey indignado
Contigo, he determinado
Hacer...... ¿Pero qué ruido [Ruido.
Oigo?
Sale Elvira.
Elv. Tu padre ha venido.

Viol. Lope, á Dios.

Lop.   Volverás?

Viol.   Sí,
Para librarte.

Lop.   Ay de mí!
Que no lo pregunto yo
Por librarme á mí, sino
Por volver á verte á tí.

Viol. Cierra, Elvira, aquesta puerta,
Y ven conmigo volando;
Porque no es bien, que á las dos
Halle mi padre en su cuarto.

Elv. No tienes que darte prisa;
Que, á lo que yo estoy mirando,
En el de Blanca, señora,
Antes que en el suyo, ha entrado.

Viol. Con todo no me aseguro.
Llegaré allá, procurando
Saber, qué hay de nuevo en casa
De Don Lope; porque cuanto
Es atrevido un delito,
Es cobarde un sobresalto.   [*Vase.*

Elv. Ya cierro, y á saber voy
Qué ha habido.   [*Cierra la puerta.*

Sale VICENTE.

Vic. ¡Válgate el diablo
Por bofeton, por cachete,
Por puñete, por porrazo,
Por mogicon, por puñada,
Por moquete ó por sopapo!
¿Si hubiera mas ruido hecho,
Aunque se hubiera tocado
La campana de Velilla?

Elv. Vicente, qué vas pensando?

Vic. Voy, Elvira, si te digo
La verdad, muy enfadado.

Elv. Con quién?

Vic.   Ahí que no es nada;
Con todo el género humano,
Con mis amos, mozo y viejo.

Elv. Por qué?

Vic.   . Porque son mis amos
Cuanto á lo primero, y luego
Porque son tan locos ambos,
Que uno da sin que le pidan,
Y otro no calla, no dando;
Siendo asi, que el que no da,
No ha de despegar los labios,
Y el que da, sea lo que fuere,
Solo es quien puede hablar alto.
Voylo tambien con mi ama,
Porque desde que oyó el caso,
Aunque la Salve no rece,
Está gimiendo y llorando.
Voylo con tu amo Don Mendo,
Porque de hoy acá se ha dado
Tanto á la contemplacion
Del devotísimo paso,
Del prendimiento, que, siendo
Su cofrade, en breve espacio
Prendió á mi amo, á Don Guillen,
Y ahora, para enmendarlo,
Prende al viejo. Y tambien voylo
Con el Rey.

Elv.   Estás borracho?

Vic. Pluguiera á Dios!

Elv.   Con el Rey?

Vic. Sí; porque, habiéndome dado
Á mí dos mil bofetones,
Ninguno tomó á su cargo;
Y por uno, que á otro dieron,
Se muestra tan indignado,
Que diz, que echa por los ojos

Basiliscos, sin milagros.
Y finalmente lo voy
Contigo.

Elv.   Solo eso aguardo
Á saber, por qué conmigo?

Vic. Porque, estándome adorando
Con tus cinco mil sentidos,
Ni una música me has dado,
Ni me has escrito un papel,
Ni me has tomado una mano.

Elv. Ya te he dicho, que Beatriz
Es la que me lo ha estorbado.

Vic. Tambien te he dicho yo á tí,
Que no hay que hacer della caso.

Elv. Ay, Vicente! si eso fuera
Verdad, te diera un abrazo.

Vic. Dámele, con calidad
De quitármele en llegando
Á imaginar, que es mentira.

Elv. Claro está, que mi recato
De otra suerte no lo hiciera.

Sale BEATRIZ.

Beat. ¡Gloria á Dios, que en paz os hallo!

Vic. Beatriz!

Elv.   Pues qué importa?

Vic.   Qué?
Tú lo verás de aqui á un rato.

Beat. Cepos quedos, reyes mios;
No hay que fruncírseme entrambos;
Ni, pues que son mogiperros,
Se me hagan mogigatos;
Que ya lo he visto, y no importa;
Que para aqui es el adagio
De que el zapato se calce
Otro, que yo me descalzo.

Elv. Yo soy moza de obra prima,
Y de calzarme no trato
De viejo, y mas en su tienda,
Que hormas y pies son de un palo.

Vic. Esto es hecho! [*aparte.*

Beat.   Cómo es eso?
¿Soy yo hija del cosario
Pie de Palo, por ventura?

Elv. Algo deso hay.

Vic.   Esto es malo! [*aparte.*

Beat. Con estas manos que vé
Me vengara dese agravio,
Si no viera, que su moño
No la dolerá en mis manos.

Vic. Declaróse. [*aparte.*

Elv.   ¿Pues por dicha
Es mi cabello prestado,
Como el ojo izquierdo suyo,
Que es de vidrio?

Beat.   Qué?

Vic.   Echó el fallo.
No se ha de hablar mas en esto.

Elv. Cómo que no? En todo caso
La puedo yo mostrar dientes.

Beat. Sí pienso que podrá, y hartos;
Porque, aunque ya es mas que niña,
Los tiene para mudarlos.

Elv. ¿Estos son dientes postizos?

Beat. ¿Estos son ojos vidriados?

Elv. ¿Este cabello es ageno?

Beat. ¿Y estas son piernas de palo?

Vic. Aguarda! no los enseñes!
¿No echas de ver donde estamos?

Elv. Este pícaro,......

Beat.   Este infame,......

Elv. Este vil,......

Beat.   Este picaño,......

Elv. Tiene la culpa.

Beat.   Pues tenga
    La pena.   [*Péganle.*
Vic.   Damas, á espacio!
Elv.   Gente viene.
Beat.   Pues dejemos
    Este negocio empezado.
Vic.   ¿Luego piensan acabarle?
Elv.   ¿Y las dos cómo quedamos?
Beat.   Amigas.
Elv.   Á Dios.
Beat.   Á Dios.   [*Vanse las dos.*
Vic.   ¿No es mejor, al diablo, al diablo,
    Que os lleve, puercas, bribonas?
    ¡Qué diluvio de porrazos
    Ha venido sobre mí!
    Y lo peor deste fracaso
    No es, sino que de todo esto
    No se le da al Rey un cuarto.   [*Vase.*

Sale el REY *disfrazado, y* DOÑA BLANCA,
     queriéndole reconocer.

Blan. ¿Quién es, cielos, quien asi,
    Cuando la noche cerrando
    Baja, se ha entrado hasta aqui?
    Hombre, qué vienes buscando?
    Tráesme mas pesares? Sí
    Responderás, claro está;
    Que en casa de un afligido,
    En quien no hay consuelo ya,
    Solamente la ha sabido
    Quien los pesares le da. —
    El rostro y la voz esconde,
    Y callando me responde. —
    Beatriz, saca una luz. — Cielo!
    Viva estatua soy de hielo.

Saca luces BEATRIZ.

    Hombre, ¿á qué has entrado donde
    Temor y asombro me das?
Rey. Queda sola, y lo sabrás.
Blan. Nada temo; éntrate dentro. — [*á Beatriz.*
    [*Toma la luz, y vase* BEATRIZ.
    Tantas mas penas encuentro,
    Cuantas voy dejando atras. —
    Aun no te descubres?
Rey.   No,
    Hasta cerrar esta puerta.   [*Cierra.*
Blan. ¿Quién mayor confusion vió?
    Hola!
Rey.   No des voces.
Blan.   ¡Muerta
    Estoy! — Pues quién eres?
Rey.   Yo. [*Descúbrese.*
Blan. Válgame el cielo! qué veo?
Rey. Conocéisme?
Blan.   Sí, señor;
    Que en ningun embozo puede
    Andar disfrazado el sol.
    ¿Vos en mi casa á estas horas?
    ¿En aquese trage vos
    Á buscarme? Qué mandais?
    Que á vuestras plantas estoy.
    Sacadme, por Dios, sacadme
    De tan nueva confusion.
    Sepa yo, si esta visita
    Es castigo ó es favor.
Rey. Ni es favor, Blanca, ni es
    Castigo; es obligacion
    De mi oficio; que el ser Rey
    Oficio es tambien.
Blan.   Señor,
    ¿Y en qué obligacion conmigo

Rey. Os pone el serlo?
        El color
    Cobrad, cobrad el aliento,
    Sosegad el corazon;
    Porque os he menester, Blanca,
    Á vos muy dentro de vos.
    Vuestro hijo á vuestro esposo
    Públicamente ofendió;
    Vuestro esposo de vuestro hijo
    Ante mí se querelló
    Públicamente tambien;
    Y en el repetido error
    De entrambos resulta, Blanca,
    La sospecha contra vos.
    Razon teneis de turbaros,
    Y tan sobrada razon,
    Que es tan nueva diligencia
    Aquesta, que no la vió
    Otra vez en cuantos casos
    Con rayos escribe el sol.
    Mas yo he de saber si es cierto,
    Que pudo ser, que llegó
    De padre á hijo, de hijo á padre
    Á tanto la indignacion,
    Que uno ofenda, otro querelle;
    Y para poder mejor
    Saberlo, como á testigo,
    Vengo á examinaros yo.
    Hablad conmigo, fiada
    En la fe de ser quien soy,
    De que jamas no padezca
    Vuestra fama y opinion
    El escrúpulo mas leve.
    Solos estamos los dos,
    Ni ha de haber otro instrumento,
    Que mi oido y vuestra voz.
    Ó si no, vive Dios, Blanca,
    Que hasta que llegue......
Blan.   Señor,
    Tened; no paseis tan presto
    De la blandura al rigor,
    De la piedad al enojo,
    Ni del agrado al furor;
    Que aunque es verdad, que ha tenido
    Un secreto por prision
    El pecho, donde guardado
    Se ha conservado hasta hoy;
    Que aunque es verdad, que propuse
    Guardarle, viendo que estoy
    En la sospecha indiciada
    De que me advertis, error
    Hiciera en no descubrirle;
    Que es tan noble mi ambicion,
    Es tan mio mi respeto,
    Tan de mi esposo mi honor,
    Que no ha de dejar que cobre
    Fuerza esa imaginacion.
    Y asi por ella he de dar
    Aquesta satisfaccion
    Á vos, al mundo y al cielo.
    Oidme atento.
Rey.   Ya lo estoy.
Blan. Pobre fue mi padre, pero
    Tan noble, que el mismo sol,
    Menos puro, cotejaba
    Su esplendor con su esplendor.
    Viendo pues, que no podia
    Medir con igual accion
    La calidad y la hacienda,
    En tiernos años trató
    Casarme, siendo ellos solos
    El dote, que á Lope dió,
    Porque supliesen los suyos
    El caudal con el amor.

En desiguales edades
Casamos en fin los dos,
Siendo en mi Abril y su Enero
Él la nieve y yo la flor.
Sabe el cielo, que le quise
Mas que al vivir, aunque no
Lo merecí á sus despegos,
Lo debí á su desamor;
Porque él templado al antiguo
Estilo, al moderno yo,
Disonábamos al gusto,
Pero no á la obligacion.
Pareciéndome, que fuera
Bisagra de nuestro amor
Un hijo, que estos extremos
Ellos quien los ata son,
Le deseé con tanto afecto,
Que Dios me le castigó
Con no dármele; porque,
Como él sabe lo mejor,
Da á entender, que todo y nada
Se le ha de pedir á Dios.
Doblemos aqui la hoja,
Dejando aparte, señor,
Domésticos desagrados
Que pasamos Lope y yo;
Y vamos á que tenia
Mi padre una hija menor,
Á quien yo, para tener
En la áspera condicion
De mi esposo algun consuelo,
Algun alivio ó favor,
La llevé á vivir conmigo.
Desta pues se enamoró
Un caballero; y si algo
Mi humildad os mereció,
Sea no nombrarle, puesto
Que para mi verdad no
Importa, y hoy puede ser
De disgusto para vos.
Mas qué digo? En qué reparo?
Que en abono de mi honor,
No he de dejar sospechoso
Ni aun el indicio menor.
Don Mendo Torrellas fue
El que, viendo su pasion
Desvalida de mi hermana,
De otro de casa buscó
Medios, que le introdujesen
De noche por un balcon
En su cuarto, donde es cierto
Que la palabra la dió
De esposo, testigo el cielo;
Cuya promesa creyó,
Para que saliese dueño
El que habia entrado ladron.
Casóse despues con otra;
Que no hay hombre, que traidor
No mire á la conveniencia,
Antes que á la obligacion;
Y dentro de pocos dias
Vuestro padre le envió
Por Embajador á Francia;
De suerte, que se ausentó,
Sin saber mas, que hasta aqui,
De lo que ahora resta. Yo,
Viendo con poca salud
Á mi hermana, y que un rigor
Continuo la atormentaba,
Quise saber la ocasion,
Y con ruegos, con halagos
Y con lágrimas, que son,
Sobre la sangre, los mas
Fuertes conjuros de amor,

La obligué á que me dijera
Lo que he dicho; y añadió,
Que tenia en sus entrañas
Por testigo de su error
Un áspid, alimentado
Dos veces del corazon.
Era mi hermana, sentílo,
Sin reñírselo, señor;
Que es la reprehension inútil
Á lo hecho, y es rigor,
Que en quien buscaba un consuelo
Hallase una reprehension.
O válgame el cielo! dije
Una y mil veces. ¿Quién vió,
Que una misma causa tenga
Desdichadas á las dos?
Pues lo que para mí fuera
La dicha y el bien mayor,
Es desdicha para tí.
Y discurriendo veloz
En esto, dando una y mil
Vueltas la imaginacion,
De su pena y de mi pena
Mi industria sacar pensó
El secreto, y el alivio
De ambas, trocando la accion,
La preñez ella ocultando,
Y publicándola yo.
Llegó de su parto el dia.
¿Quién mas nuevo caso vió,
Que una el dolor disimule,
Y que otra finja el dolor?
Supuesta otra enfermedad,
Laura del parto murió;
Que no pudo de otra suerte
Cumplir con su obligacion.
Sola una matrona fue
Cómplice de nuestro error;
Que hasta hoy ninguno ha sabido,
Ni se supiera desde hoy;
Porque encerrado duraba
En bien segura prision,
Si á tormentos de vergüenza
No la rompiérades vos.
Mi culpa, señor, es esta.
Humilde á esos pies estoy;
Padezca vuestros enojos
Yo solamente, pues soy
En aquesta accion culpada.
Pero recibid, señor,
En cuenta de tanto engaño,
Tener á mi esposo amor,
Tener amor á mi hermana,
Y juzgar, que entre los dos,
Á uno á mi fe le traia,
Y á otro llevaba á su honor.
Y finalmente, si habeis,
Pedro invicto de Aragon,
Que llaman el justiciero,
Mostrar en mí que lo sois,
Esta es mi vida; postrada
Está á vuestras plantas. No
Os pido me perdoneis,
Solo os pido, que el pregou
De mi justicia la fama
Sea, diciendo en alta voz,
Que engañé á mi esposo, que
Al mundo engañé; mas no
Que mi decoro ofendi,
Que manché mi presuncion,
Que deslucí mi altivez,
Que turbé mi pundonor,
Que manché mi vanidad,
Ni que ajé mi estimacion;

Porque en efecto los yerros,
En mugeres como yo,
Pueden constar de un engaño,
Pero de otra cosa no.

Rey. ¡O cuánto estimo el haber [*aparte.*
Salido con la aprehension
De que el que ofendió no es hijo,
Ni padre el que querelló!
Aunque mal en este caso
Salí de una confusion,
Pues me quedo con la misma,
Añadidas otras dos.
Don Lope ofendió á su padre
En la pública opinion
De todo el pueblo; el secreto
No he de revelarle yo;
Que importa oculto. Don Mendo
Traidoramente burló
El honor de Laura muerta;
Y Blanca en fin engañó
Á su esposo; tres delitos
Públicos y ocultos son.
Luego, aunque yo haya sabido,
Que no es su hijo, debo yo,
Por Lope, por Blanca y Mendo,
Y por mí, que soy quien soy,
Dar á públicos delitos
Pública satisfaccion,
Y á los secretos secreta. —
Á Dios, Blanca.

Blan. Guárdeos Dios
Los años, que......
[*Llaman á la puerta al ir á abrir el Rey; él se esconde, y abre Blanca.*

Rey. Llaman?
Blan. Sí.
Rey. Pues abrid la puerta vos,
Y á nadie que sea digais,
Que estoy aqui, ni quien soy. [*Retírase.*
Blan. Quién llama?

Sale DON MENDO.

Men. Yo, Blanca.
Blan. ¿Pues
Qué buscais? — Qué confusion! [*aparte.*
Men. Venir á deciros solo,
Que nada os cause temor
De cuanto veis; pues teniendo
La causa en mis manos hoy,
¿Quién se atreverá á decir
Lo que yo no quiera?

Sale el REY.

Rey. Yo.
Men. Señor, vos, pues...... [*Túrbase.*
Rey. Bien está.
La llave de la prision,
En que teneis á Don Lope,
Me dad.
Men. Aquesta es, señor.
Mas sabed......
Rey. Ya lo sé todo. —
Retiraos, Blanca, vos;
Y vos, Don Mendo, quedaos. —
Esta noche, vive Dios, [*aparte.*
Verá el mundo mi justicia. [*Vase.*
Men. Qué es esto, Blanca?
Blan. Es tu error,
Y es mi error tambien, que el cielo
Hoy nos castiga á los dos.
Sigue al Rey, piedad le pide;
Sabiendo, (ay de mí!) que no
Es mi hijo, que es de Laura
Y tuyo.

Men. Válgame Dios!
Él vivirá, aunque yo muera.
Blan. Muerta quedo!
Men. Sin mí voy! [*Vanse.*

———

Salen ELVIRA *y* DOÑA VIOLANTE.

Elv. Considera......
Viol. Esto ha de ser.
Elv. Mira......
Viol. No hay que persuadirme.
Elv. Advierte......
Viol. No hay que decirme.
Elv. ¿No echas, señora, de ver,
Que han de culpar, que haya sido
Tu padre quien le ha librado?
Viol. Cuando le juzguen culpado,
Qué importa? Y pues no te pido
Consejo, no me le des.
Llega, y abre aquesa puerta.
Elv. Sí haré, de temores muerta.
Pero gente hay dentro.
Viol. Pues
Antes que nos resolvamos
Á abrir, Elvira, escuchemos;
Porque puede ser, que erremos
El fin de lo que intentamos,
Si acaso por la otra puerta
Alguien entró en la prision,
Y se queda su intencion
Sin su efecto descubierta.
Pon en la llave el oido.
Mira qué oyes.
Elv. Nada puedo
Entender, porque hablan quedo,
Y solo á mí llega el ruido
De la voz, sin las palabras.
Viol. Quítate, llegaré yo
Á ver, si algo escucho. No;
Pero para que no abras,
El rumor bastante fue.
Mucha gente veo.
Elv. Asi
Lo he sentido yo.

Sale DON MENDO.

Men. Ay de mí!
Viol. Señor, qué tienes?
Men. No sé;
Pero bien lo sé, mal digo;
Que en efecto ¿mi pesar
Con quién ha de descansar,
Si no descansa contigo?
¡Con cuantas causas me aflijo!
Advierte: Don Lope pues
Hijo de Blanca no es,
Que es tu hermano, y es mi hijo.
Viol. Qué dices? Válgame el cielo!
Men. Que vengo determinado
Á perder vida y estado,
Privanza, honor y consuelo,
Por darle la libertad.
Viol. Sin saberlo yo, habian hecho
Sus desdichas en mi pecho
Aquesa misma piedad.
Y pues el ruido que oí
Ya cesó en el aposento,
Yo abriré.
Men. Llega con tiento.

Dentro DON LOPE.

Lop. Ay infelice de mí!
Men. Justamente te estremeces

Á tan mísero gemido.
Viol. De turbada, no he podido
Abrir ya.
Lop. [*dent.*]   Jesus mil veces!
Men. Muestra la llave; que, aunque
Tanto este acento me turba,
Yo abriré.
Viol.   Toma; que yo   [*Dale la llave.*
Mas, que viva, estoy difunta.
[*Llaman á las dos puertas de los lados, por la parte
de adentro.*
Men. Á aquella puerta y á esta
Á un tiempo han llamado juntas.
Viol. Quién será? Válgame el cielo!
Men. Mientras que yo abro la una,
Abre tú la otra.
[*Llegan á abrir D*ª· *V i o l a n t e y D. M e n d o las
dos puertas.*

Salen por la de V i o l a n t e D O Ñ A   B L A N C A *y*
B E A T R I Z, *y por la otra* L O P E *y* V I C E N T E.

Lope.   Don Mendo,
El Rey me manda, que acuda
Á vos, á que me digais
La sentencia, que dió justa
En mi desagravio.
Blan.   Yo,
Violante, en vuestra hermosura
Vengo á consolar mis penas,
Que anticipadas me asustan.
Vic. Y yo, por hallarme en todo,
Vengo siguiendo la chusma.
Men. El Rey, Lope, no me ha dado
Á mí sentencia ninguna,......
Viol. Muy mal podrá, Blanca, daros
Consuelos la que los busca.
Men. Si ya no es, que la sentencia

En esta cuadra se oculta,
Donde está preso Don Lope.

*Abre la puerta, que será la de en medio del teatro,
y se vé á* D O N   L O P E, *como dado garrote, un
papel en la mano, y luces á los lados.*
Mas qué miro!
Blan.   Suerte injusta!
Viol. Qué desdicha!
Vic.   Qué tragedia!
Beat. Qué pena!
Elv.   Qué desventura!
Lope. Cuanto fue hasta aqui rencor
Es ya lástima y angustia.
Men. Si el papel, que está en su mano,
Es, Lope, el que el Rey procura
Que yo por sentencia os lea,
Vedle vos; que á mí me turba
Este horror tanto, que soy
Una helada estatua muda. —
Ay hijo! castigo ha sido   [*aparte.*
Dilatado de mi culpa
Hasta aqui. Pero estas voces
Quédense en el alma ocultas.
Blan. De mi engaño el instrumento   [*aparte.*
Para castigo me busca;
Ay de mí! Pero esta pena
Secreta el alma la sufra.
Lope. [*lee*] ,, Quien al que tuvo por padre
Ofende, agravia é injuria,
Muera; y véale morir
Quien un limpio honor deslustra,
Para que llore su muerte
Tambien quien de engaños usa,
Juntando de tres delitos
Las tres justicias en una.
Tod. Y de los demas defectos
Merezca el autor disculpa.

CII.

AMAR DESPUES DE LA MUERTE.

PERSONAS.

Don Alvaro Tuzaní.
Don Juan Malec, *viejo*.
Don Fernando de Válor.
Alcuzcuz, *Morisco*.
Cadí, *Morisco viejo*.
Don Juan de Mendoza.

El Señor Don Juan de Austria.
Don Lope de Figueroa.
Don Alonso de Zuñiga, *Corregidor*.
Garces, *soldado*.
Doña Isabel Tuzaní.

Doña Clara Malec.
Beatriz ⎱ *criadas*.
Ines ⎰
Moriscos y Moriscas.
Soldados cristianos.
Soldados moriscos.

JORNADA I.

Salen todos los Moriscos que pudieren, vesti-
dos á lo morisco, casaquillas y calzoncillos, y las
Moriscas jubones blancos, con instrumentos, y
Cadí *y* Alcuzcuz.

Cad. ¿Estan cerradas las puertas?
Alc. Ya el portas estar cerradas.
Cad. No entre nadie sin la seña,
Y prosígase la zambra;
Celebremos nuestro dia,
Que es el Viernes, á la usanza
De nuestra nacion, sin que
Pueda esta gente cristiana,
Entre quien vivimos hoy
Presos en miseria tanta,
Calumniar ni reprehender
Nuestras ceremonias.
Todos. Vaya!
Alc. Me pensar hacer astilias,
Se tambien entrar en danza.
Uno [cant.] Aunque en triste cautiverio,
De Alá por justo misterio,
Llore el africano imperio
Su mísera suerte esquiva,......
Tod. [cant.] Su ley viva!
Uno [cant.] Viva la memoria extraña
De aquella gloriosa hazaña,
Que en la libertad de España
Á España tuvo cautiva.
Tod. [cant.] Su ley viva!
Alc. [cant.] Viva aquel escaramuza,
Que hacer el Jarife Muza,
Cuando darle en caperuza
Al Españolilio antigua.
Tod. [cant.] Su ley viva!
            [*Llaman dentro muy recio.*
Cad. Qué es esto?
Uno. Las puertas rompen.
Cad. Sin duda cogernos tratan
En nuestras juntas; que como
El Rey por edictos manda,
Que se veden, la justicia,
Viendo entrar en esfa casa
Á tantos Moriscos, viene
Siguiéndonos. [*Llaman.*

Alc. Pues ya escampa.
Cad. ¿Cómo os tardais en abrir
Á quien desta suerte llama?
Alc. En vano llama á la puerta
Quien no ha llamado en el alma.
Uno. Qué haremos?
Cad. Esconder todos
Los instrumentos, y abran,
Diciendo, que solo á verme
Venísteis.
Otro. Muy bien lo trazas.
Cad. Pues todos disimulemos. —
Alcuzcuz, corre, qué aguardas?
Alc. El abrir del porta temo;
Que ha de darme con la estaca
Cien palos el Alguacil
En barriga, é ser desgracia,
Que en barriga de Alcuzcuz
El leña y no alcuzcuz haya. [*Abre.*

Sale Don Juan Malec.

Mal. No os rezeleis.
Cad. Pues, señor
Don Juan, cuya sangre clara
De Malec os pudo hacer
Veinteycuatro de· Granada,
Aunque de africano orígen,
¿Vos desta suerte en mi casa?
Mal. Y no con poca ocasion
Hoy vengo buscándoos. Basta
Deciros, que á ella me traen
Arrastrando·mis desgracias.
Cad. Él sin duda á reprehendernos [*aparte.*
Viene.
Alc. Eso no perder nada.
¿Prender no fuera peor,
Que reprehendernos?
Cad. Qué mandas?
Mal. Reportaos todos, amigos,
Del susto, que el verme os causa.
Hoy entrando en el cabildo,
Envió desde la sala
Del Rey Felipe Segundo
El Presidente una carta,
Para que la ejecucion
De lo que por ella manda
De la ciudad quede á cuenta.
Abrióse, empezó en voz alta

Á leerla el secretario
Del cabildo, y todas cuantas
Instrucciones contenía,
Todas eran ordenadas
En vuestro agravio. ¡Qué bien
Pareja del tiempo llaman
Á la fortuna, pues ambos
Sobre una rueda y dos alas
Para el bien ó para el ma
Corren siempre y nunca paran!
Las condiciones pues eran
Algunas de las pasadas
Y otras nuevas, que venian
Escritas con mas instancia,
En razon de que ninguno
De la nacion africana,
Que hoy es caduca ceniza
De aquella invencible llama,
En que ardió España, pudiese
Tener fiestas, hacer zambras,
Vestir sedas, verse en baños,
Ni oirse en alguna casa
Hablar en su algarabía,
Sino en lengua castellana.
Yo, que por el mas antiguo
El primero me tocaba
Hablar, dije, que, aunque era
Ley justa, y prevencion santa,
Ir haciendo poco á poco
De la costumbre africana
Olvido, no era razon,
Que fuese con furia tanta;
Y asi que se procediese
En el caso con templanza,
Porque la violencia sobra,
Donde la costumbre falta.
Don Juan, Don Juan de Mendoza,
Deudo de la ilustre casa
Del gran Marques de Mondejár,
Dijo entonces: Don Juan habla
Apasionado, porque
Naturaleza le llama
Á que mire por los suyos;
Y asi remite y dilata
El castigo á los Moriscos,
Gente vil, humilde y baja.
Señor Don Juan de Mendoza,
Dije, cuando estuvo España
En la opresion de los Moros
Cautiva en su propia patria,
Los Cristianos, que mezclados
Con los Árabes estaban,
Que hoy Mozárabes se dicen,
No se ofenden, no se infaman
De haberlo estado; porque
Mas se engrandece y ensalza
La fortuna al padecerla
Á veces, que al dominarla.
Y en cuanto á que son humildes,
Gente abatida y esclava,
Los que fueron caballeros
Moros, no debieron nada
Á caballeros cristianos,
El dia que con el agua
Del bautismo recibieron
Su fe católica y santa;
Mayormente los que tienen,
Como yo, de Reyes tanta.
Sí; pero de Reyes moros,
Dijo. Como si dejara
De ser real, le respondí,
Por mora, siendo cristiana
La de Valores, Zegries,
De Venegas y Granadas.

De una palabra á otra en fin,
Como entramos sin espadas,
Unos y otros se empeñaron.
¡Mal haya ocasion, mal haya,
Sin espadas y con lenguas,
Que son las peores armas;
Pues una herida mejor
Se cura, que una palabra!
Alguna acaso le dije,
Que obligase á su arrogancia
Á que, (aqui tiemblo al decirlo!)
Tomándome (pena extraña!)
El báculo de las manos,
Con él...... Pero hasta esto basta;
Que hay cosas, que cuesta mas
El decirlas, que el pasarlas.
Este agravio, que en defensa,
Esta ofensa, que en demanda
Vuestra á mí me ha sucedido,
Á todos juntos alcanza.
Pues no tengo un hijo yo,
Que desagravie mis canas,
Sino una hija, consuelo,
Que aflige mas, que descansa.
Ea, valientes Moriscos,
Noble reliquia africana,
Los Cristianos solamente
Haceros esclavos tratan.
La Alpujarra, aquesa sierra,
Que al sol la cerviz levanta,
Y que, poblada de villas,
Es mar de peñas y plantas,
Adonde sus poblaciones
Ondas navegan de plata,
Por quien nombres las pusieron
De Galera, Verja y Gavia,
Toda es nuestra; retiremos
Á ella bastimentos y armas.
Elegid una cabeza
De la antigua estirpe clara
De vuestros Abenhumeyas,
Pues hay en Castilla tantas,
Y haceos señores de esclavos;
Que yo, á costa de mis ansias,
Iré persuadiendo á todos;
Que es bajeza, que es infamia,
Que á todos toque mi agravio,
Y no á todos mi venganza. [Vase.

Cad. Yo para el hecho que intentas......
Otro. Yo para la accion que trazas......
Cad. Mi vida y mi hacienda ofrezco.
Otro. Ofrezco mi vida y alma. [Vase.
Uno. Todos decimos lo mismo. [Vase.
Muger. Y yo en el nombre de cuantas
Moriscas Granada tiene,
Ofrezco joyas y galas.
Alc. Me, que solo tener una
Tendecilla en Bevarrambla,
De azeite, vinagre é jigos,
Nueces, almendras é pasas,
Cebolias, ajos, pimentos,
Cintas, escobas de palma,
Jilo, agujas, faldriqueras,
Con papel blanco é de estraza,
Alcamonios, agujetas
De perro, tabaco, varas,
Caniones para hacer plumas,
Hostios para cerrar cartas,
Ofrecer lievarla á cuestas,
Con todas sus zarandajas;
Porque me he de ver, si liegau
Á colmo mis esperanzas,
De todos los Alcuzcuces
Marques, Conde ó Duque.

Uno.   Calla;
Que estás loco.
Alc.   No estar loco.
Otro. Si no loco, es cosa clara,
Que estás borracho.
Alc.   No estar;
Que jonior Mahoma manda
En su Alacran, no beber
Vino, y en mi vida nada
Lo he bebido por los ojos;
Que si alguna vez me agrada,
Por no quebrar el costumbre,
Me lo bebo por la barba.   [*Vanse.*

Salen DOÑA CLARA *y* BEATRIZ.

Clar. Déjame, Beatriz, llorar
En tantas penas y enojos;
Débanles algo á mis ojos
Mi desdicha y mi pesar.
Ya que no puedo matar
Á quien llegó á deslucir
Mi honor, déjame sentir
Las afrentas que le heredo,
Pues ya que matar no puedo,
Pueda á lo menos morir.
¡Qué baja naturaleza
Con nosotras se mostró!
Pues cuando mucho, nos dió
Un ingenio, una belleza,
Adonde el honor tropieza;
Mas no donde pueda estar
Seguro. ¿Qué mas pesar,
Si á padre y marido vemos
Que quitar su honor podemos,
Y no le podemos dar?
Si hubiera varon nacido,
Granada y el mundo viera
Hoy, si con un jóven era
Tan soberbio y atrevido
El Mendoza, como ha sido
Con un viejo; y por hacer
Estoy, que llegue á entender,
Que no por muger le dejo;
Pues quien riñó con un viejo,
Podrá con una muger.
Pero es loca mi esperanza;
Esto es solamente hablar.
¡O si pudiera llegar
Á mis manos mi venganza!
Y mayor pena me alcanza
Verme (ay infelice!) asi,
Porque en un dia perdí
Padre y esposo; pues ya
Por muger no me querrá
Don Alvaro Tuzaní.

Sale DON ALVARO.

Alv. Por mal agüero he tenido,
Cuando ya en nada repara
Mi amor, haber, bella Clara,
Mi nombre en tu boca oido;
Porque, si la voz ha sido
Eco del pecho, sospecho,
Que él, que en lágrimas deshecho
Está, sus penas dirá;
Luego soy tu pena ya,
Pues que me arrojas del pecho.
Clar. No puedo negar, que llena
De penas el alma esté,
Y andas tú en ellas, porque
No eres tú mi menor pena.
De tí el cielo me enagena;

Mira si eres la mayor,
Porque es tan grande mi amor,
Que tu muger no he de ser,
Porque no tengas muger
Tú de un padre sin honor.
Alv. Clara, no quiero acordarte
Cuanto respeto he tenido
Á tu amor, y cuanto ha sido
Mi respeto en adorarte;
Solo quiero en esta parte
Disculparme de que asi
Haya entrado hoy hasta aqui,
Antes de haberte vengado;
Porque haberlo dilatado
Es lo mas que hago por tí.
Que aunque en las leyes del duelo
Con muger no se ha de hablar,
Y aunque puedo consolar
Tu pena y tu desconsuelo,
Con decir á tu desvelo,
Que no llore, y que no sienta,
Porque la accion que se intenta
Sin espada, (mayormente
Cuando hay justicia presente) ·
Ni agravia, ofende, ni afrenta.
De uno ni otro me aprovecho;
Mas de otra disculpa sí,
Y es decir, que me entré aqui,
Antes de haber satisfecho
(Pasando al Mendoza el pecho)
Á tu padre, accion ha sido
Cuerda, porque recibido
Está, no se vengó
Bien del ofensor, si no
Le dió muerte, el ofendido,
Si no es que su hijo sea,
Ó sea su hermano menor;
Y asi, para que su honor
Hoy imposible no vea
La venganza que desea,
Una fineza he de hacer,
Que es, pedirte por muger
Á Don Juan; y asi colijo,
Que, en siendo una vez su hijo,
Le podré satisfacer.
Solo á esto, Clara, he venido;
Y si me tuvo hasta aqui
Cobarde en pedirte asi
Haber tan pobre nacido,
Hoy, que esto le ha sucedido,
Solo le pida mi labio
Su agravio en dote, y es sabio
Acuerdo dármele, pues
Ya sabe el mundo, que es
Dote de un pobre un agravio.
Clar. Ni yo, Don Alvaro, espero
Acordarte, cuando lloro,
La verdad con que te adoro,
Y la fe con que te quiero;
No intento decir, que muero
Hoy dos veces ofendida,
No que á tu aficion rendida,
No que en amorosa calma
Eres vida de mi alma,
Y eres alma de mi vida.
Que solo dar á entender
Quiero en confusion tan brava,
Que quien fuera ayer tu esclava,
Hoy no será tu muger;
Porque, si cobarde ayer
No me pediste, y hoy sí,
No quiero yo que de tí,
Murmurando el tiempo, arguya,
Que, para ser muger tuya,

Hubo que suplir 'en mí.
Rica y honrada pensé
Yo, que aun no te merecía;
Mas, como era dicha mia,
Solamente lo dudé.
Mira como hoy te daré,
En vez de favor, castigo;
Haciendo al mundo testigo,
Que fue menester, señor,
Que me hallases sin honor
Para casarte conmigo.

Alv. Yo lo intento, por vengarte
Clar. Yo lo excuso, por temerte.
Alv. ¿Esto, Clara, no es quererte?
Clar. ¿No es esto, Alvaro, estimarte?
Alv. No has de poder excusarte;.....
Clar. Darme la muerte podré.
Alv. Que yo á Don Juan le diré
    Mi amor.
Clar.   Diré que es error.
Alv. Y eso es lealtad?
Clar.   Es honor.
Alv. Y eso es fineza?
Clar.   Esto es fe;
Pues á los cielos les juro
De no ser de otro muger,
Como mi honor llegue á ver
De toda excepcion seguro.
Solo esto lograr procuro.

Alv. Qué importa, si......?
Beat.   Mi señor
Sube por el corredor
Con mucho acompañamiento.
Clar. Retírate á este aposento.
Alv. Qué desdicha!   [*Vase.*
Clar.   Qué rigor!

Salen DON ALONSO DE ZUÑIGA, *Corregidor,*
     DON FERNANDO VÁLOR *y* DON
         JUAN MALEC.

Mal. Clara!
Clar.   Señor?
Mal.   Ay de mí!
¡Con cuanta pena te encuentro!
Éntrate, Clara, allá dentro.
Clar. Qué es esto?
Mal.   Oye desde ahí.
[*Retíranse Dª. Clara y Beatriz al paño.*
Clar. Don Juan de Mendoza preso
Queda en el Alhambra ya;
Y asi preciso será,
En tanto que este suceso
Se compone, que lo esteis
Vos en vuestra casa.
Mal.   Aceto
La carcelería, y prometo
Guardarla.
Val.   No lo estareis
Mucho; que pues me ha dejado
El señor Corregidor
(Porque en el duelo de honor
Nunca la justicia ha entrado)
Á mí hacer las amistades,
Yo las haré, procurando
El fin.
Cor.   Señor Don Fernando
De Válor, con dos verdades
Se sanea una malicia;
Pues que no hay agravio (es ley)
Ni en el palacio del Rey,
Ni en tribunal de justicia;
Todos los somos allí,
Y allí no le puede haber.·
Val. El medio pues ha de ser

Este;......
Alv.   Óyeslo todo? [*ap. á ella.*
Clar.   Sí.
Val. Que en este caso no hay medio,
Que le sanee mejor.
Escuchadme.
Mal.   ¡Ay del honor
Que se cura con remedio!
Val. Don Juan de Mendoza es
Tan bizarro caballero,
Como ilustre. Está soltero;
Y Don Juan de Malec pues,
En quien sangre ilustre dura
De los Reyes de Granada,
Tiene una hija celebrada
Por su ingenio y su hermosura.
Á nadie toca tomar
(Si satisfaccion desea)
La causa, sino á quien sea
Su yerno, pues con casar
Á Don Juan con Doña Clara,
Estará cierto.
Alv.   Ay de mí! [*aparte.*
Val. Que no pudiendo por sí
Vengarse la ofensa rara,
Pues habiendo un tiempo sido
Interesado en su honor,
Como tercero, ofensor,
Y como su hijo, ofendido;
En no teniendo de quien
Estar ofendido pueda,
Por la misma razon queda
Seguro. Don Juan tambien,
No habiendo de darse muerte
Á sí mismo, en tanto abismo,
Vendrá á tener en sí mismo
Su mismo agravio; de suerte,
Que no pudiendo agraviarse
Un hombre á sí, haciendo sabio
Dueño á Don Juan del agravio,
No tiene de quien vengarse,
Y queda limpio el honor
De los dos; pues en efeto
No caben en un sugeto
Ofendido y ofensor.
Alv. Yo responderé. [*aparte.*
Clar.   Detente! [*aparte.*
¡No me destruyas, por Dios!
Cor. Esto está bien á los dos.
Mal. Hay mayor inconveniente;
Pues toda nuestra esperanza,
Que Clara deshaga, entiendo;
Clar. El cielo me va trayendo [*aparte.*
Á las manos la venganza.
Mal. Que mi hija, no sabré,
Si hombre, que aborreció ya
Con tanta ocasion, querrá
Por marido.

Sale DOÑA CLARA.
Clar.   Sí querré;
Que importa menos, señor,
Si aqui tu opinion estriba,
Que yo sin contento viva,
Que vivir tú sin honor;
Porque, si fuera tu hijo,
La ira me estaba llamando,
Bien muriendo ó bien matando;
Y siendo tu hija, colijo,
Que en el modo que pudiere
Te debo satisfacer;
Y asi seré su muger.
De cuyo efecto se infiere,
Que estoy tu honor defendiendo,

Cor.	Que estoy tu fama buscando,
	Y pues no puedo matando,
	Quiero vengarte muriendo.
Cor.	Vuestro ingenio solo pudo
	En un concepto cifrar
	Conclusion tan siugular.
Val.	Y ya el efecto no dudo.
	Escríbase en un papel
	Esto que aqui se trató,
	Para que le lleve yo.
Cor.	Ambos iremos con él.
Mal.	Quiero usar de aqueste medio, [*aparte.*
	Mientras empieza el motin.
Val.	Todo esto tendrá buen fin,
	Pues estoy yo de por medio.
	[*Vanse los tres.*
Clar.	Ahora que á un aposento
	Se han retirado á escribir,
	Podrás, Alvaro, salir.

Sale Don Alvaro.

Alv.	Sí haré, sí haré, y con intento
	De no volver á ver mas
	Alma tan mudable en pecho
	Tan noble; y el no haber hecho,
	Cuando la muerte me das,
	Un notable extremo aqui,
	No fue respeto, no fue
	Temor, gusto sí, porque
	Muger tan baja,......
Clar.	Ay de mí!
Alv.	Que á un tiempo, con vil intento,
	Fe injusta, estilo liviano,
	Ofrece á un hombre la mano,
	Y á otro tiene en su aposento,
	No me está bien que se diga,
	Que nunca la quise bien.
Clar.	La voz, Alvaro, deten,
	Á que un engaño se obliga;
	Que yo te satisfaré
	Con el tiempo.
Alv.	Estas no son
	Cosas de satisfaccion.
Clar.	Podrán serlo.
Alv.	¿No escuché
	Yo, que la mano darias
	Hoy al de Mendoza?
Clar.	Sí;
	Pero no sabes de mí
	El fin de las ansias mias.
Alv.	Qué fin? Darme muerte, advierte,
	Si hay disculpa que te cuadre,
	Pues él agravió á tu padre,
	Y á mí me ha dado la muerte.
Clar.	El tiempo, Alvaro, podrá
	Desengañarte algun dia,
	Que es constante la fe mia,
	Y que esta mudanza está
	Tan de tu parte.
Alv.	¿Quién vió
	Tan sutil engaño? Di,
	No le das la mano?
Clar.	Sí.
Alv.	No has de ser su muger?
Clar.	No.
Alv.	¿Pues qué medio puede haber,......
Clar.	No me preguntes en vano.
Alv.	Clara, entre darle la mano,
	Y entre no ser su muger?
Clar.	Darle la mano quizá
	Será traerle á mis brazos,
	Con que le he de hacer pedazos.
	¿Estás satisfecho ya?
Alv.	No; que si él muere en tus lazos,

	Dejará (ay Dios!) al morir
	Muy desvalido el vivir,
	Porque son, Clara, tus brazos
	Para verdugos muy bellos.
	Pero antes que (ya que sea
	Ese tu intento) él se vea,
	Ni aun para morir en ellos,
	Curaré de mis desvelos
	Yo con su muerte el rigor.
Clar.	Eso es amor?
Alv.	Es honor.
Clar.	Esa es fineza?
Alv.	Son zelos.
Clar.	Mira, mi padre escribió.
Alv.	¡Quién detenerte pudiera!
Alv.	¡Qué poco menester fuera
	Para detenerme yo! [*Vanse.*

Salen Don Juan de Mendoza *y* Garces.

Men.	Nunca en razon la cólera consiste.
Garc.	No te disculpes; que muy bien hiciste
	En ponerle la mano;
	Que no por viejo, el que es nuevo Cristiano,
	Piense, que inmunidad el serlo goza
	De atreverse á un Gonzalez de Mendoza.
Men.	Hay mil hombres, que en fe de sus estados,
	Son soberbios, altivos y arrojados.
Garc.	Para aquestos traia el Condestable
	Don Iñigo (el acuerdo era admirable)
	En la cinta una espada,
	Y otra que le servia de cayada.
	Preguntándole un dia,
	Que dos espadas á qué fin traia?
	Dijo: la de la cinta se prefiere
	Para aquel que en la cinta la trajere;
	Estotra, que de palo me ha servido,
	Para quien no la trae, y es atrevido.
Men.	Muy bien mostró deber los caballeros
	Traer para dos acciones dos aceros.
	Ya que el triunfo ha salido
	De espadas, dame aquesa que has traido,
	Porque á cualquier suceso
	No me halle sin espada, aunque esté preso.
Garc.	Yo me agradezco haber la vuelta dado
	Hoy á tu casa en tiempo, que á tu lado
	Puedo servirte, si enemigos tienes.
Men.	¿Y cómo de Lepanto, Garces, vienes?
Garc.	Como quien ha tenido
	Fortuna de haber sido
	En ocasion señado,
	Que haya en faccion tan grande militado,
	Debajo de la mano y disciplina
	Del hijo de aquel águila divina,
	Que, en vuelvo infatigable y sin segundo,
	Debajo de sus alas tuvo el mundo.
Men.	¿Cómo el señor Don Juan llegó?
Garc.	Contento
	De la empresa.
Men.	Fue grande?
Garc.	Escucha atento.
	Con la liga......
Men.	Detente; porque ha entrado
	Tapada una muger.
Garc.	Soy desdichado,
	Pues á quínola puesto de romance,
	Me entra figura, con que pierdo el lance.

Sale Doña Isabel Tuzaní *tapada.*

Isab.	Señor Don Juan de Mendoza,
	¿Podrá una muger, que viene
	Á veros en la prision,
	Saber de vos solamente,

Como en la prision os va?
Men. Pues por qué no? — Garces, vete.
Garc. Mira, señor, que no sea......
Men. En vano dudas y temes;
Que ya el habla he conocido.
Garc. Por eso me voy.   [*Vase.*
Men.   Bien puedes. —
En igual duda los ojos
Y los oidos me tienen,
Porque de los dos no sé
Cual dijo verdad, ó miente;
Porque, si á los ojos creo,
No pareces tú lo que eres;
Y si creo á los oidos,
No eres tú lo que pareces.
Merezca pues ver corrida
La sutil nube aparente
Del negro cendal, porque,
Si una vez la luz la vence,
Digan mis ojos y oídos,
Que hoy amaneció dos veces.
Isab. Por no obligaros, Don Juan,
Á que dudeis mas quien puede
Ser quien os busca, es razon
Descubrirme; que no quieren
Mis zelos que adivineis
Á quien la fineza deben.
Yo soy......   [*Destápase.*
Men.   Isabel, señora!
¿Pues tú en mi casa, y tú en este
Trage fuera de la tuya?
¿Tú á buscarme desta suerte?
¿Cómo era posible, cómo,
Que vanas dichas creyese?
Luego fue fuerza dudarlas.
Isab. Apenas cuanto sucede
Supe, y que aqui estabas preso,
Cuando mi amor no consiente
Mas dilacion en buscarte;
Y antes que á casa volviese
Don Alvaro Tuzaní,
Mi hermano, he venido á verte,
Con una criada sola,
(Mira ya lo que me debes)
Que á la puerta dejo.
Men.   Pueden
Hoy con aquesta fineza,
Isabel, desvanecerse
Las desdichas, pues por ellas......
Sale I n e s *con manto, como asustada.*
Ines. Ay señora!
Isab.   Ines, qué tienes?
Ines. Don Alvaro, mi señor,
Viene aqui.
Isab.   ¿Si conocerme
Pudo, aunque tan disfrazada
Vine?
Men.   Qué lance tan fuerte!
Isab. Si me siguió, yo soy muerta.
Men. Si estás conmigo, qué temes?
Éntrate en aquesa sala,
Y cierra; que, aunque él intente
Hallarte, no te hallará,
Si antes no me da la muerte.
Isab. En grande peligro estoy.
¡Valedme, cielos, valedme!
    [*Escóndense las dos.*
Sale D o n A l v a r o.
Alv. Señor Don Juan de Mendoza,
Hablar con vos me conviene
Á solas.
Men.   Pues solo estoy.
Isab. ¡Qué descolorido viene!   [*al paño.*

Alv. Pues cerraré aquesa puerta.
Men. Cerradla. — Buen lance es este!   [*aparte.*
Alv. Ya pues que cerrada está,
Escuchadme atentamente.
En una conversacion
Supe ahora, como vienen
Á buscaros......
Men.   Es verdad.
Alv. Á esta prision......
Men.   Y no os mienten.
Alv. Quien con el alma y la vida
En aquesta accion me ofende.
Isab. ¿Qué mas se ha de declarar?
Men. ¡Cielos, ya no hay quien espere!   [*aparte.*
Alv. Y asi he querido llegar
(Antes que los otros lleguen,
Queriendo efectuar con esto
Amistades indecentes)
En defensa de mi honor.
Men. Eso mi ingenio no entiende.
Alv. Pues yo me declararé.
Isab. Otra vez mi pecho aliente;
Que no soy yo la que busca.
Alv. El Corregidor pretende
Con Don Fernando de Válor,
De Don Juan Malec pariente,
Hacer estas amistades,
Y á mí solo me compete
Estorbarlas. La razon,
Aunque muchas darse pueden,
Yo dárosla á vos no quiero;
Y en fin, sea lo que fuere,
Yo vengo á saber de vos,
Por capricho solamente,
Si es valiente con un jóven
Quien con un viejo es valiente;
Y en efecto vengo solo
Á darme con vos la muerte.
Men. Merced me hubiérades hecho
En decirme brevemente
Lo que pretendeis; porque
Juzgué, confuso mil veces,
Que era otra la ocasion
De mas cuidado, porque ese
No es cuidado para mí.
Y puesto que no se debe
Rehusar reñir á cualquiera,
Que reñir conmigo quiere,
Antes que esas amistades,
Que decis que tratan, lleguen,
Y que os importa estorbarlas,
Por la ocasion que quisiéreis,
Sacad la espada.
Alv.   Á eso vengo;
Que me importa daros muerte
Mas presto que vos pensais.   [*Riñen.*
Men. Pues campo bien solo es este.
Isab. De una confusion en otra   [*aparte.*
Mas desdichas me suceden.
¿Quién á su amante y su hermano
Vió reñir, sin que pudiese
Estorbarlo?
Men.   Qué valor!
Alv. Qué destreza!
Isab.   Qué he de hacerme?
Que veo jugar á dos,
Y deseo entrambas suertes,
Porque van ambos por mí,
Si me ganan, ó me pierden·
    [*Como tropezando en una silla, cae D. Alvaro.*
Sale D o ñ a I s a b e l *tapada, y detiene á D. J u a n.*
Alv. Tropezando en esta silla,
He caido.

73 *

Isab. Don Juan, tente! —
Pero qué hago? El afecto [*aparte.*
Me arrebató desta suerte. [*Retírase.*
Alv. Mal hicisteis en callarme,
Que estaba aqui dentro gente.
Men. Si á daros la vida estaba,
No os quejeis, que mas parece,
Que estar conmigo, reñir
Con dos, si á ampararos viene;
Aunque hizo mal; porque yo
De caballero las leyes
Sé tambien, que habiendo visto,
Que el caer es accidente,
Os dejara levantar.
Alv. Ya tengo que agradecerle
Dos cosas á aquesa dama,
Que á darme la vida llegue,
Y llegue antes que de vos
La reciba, porque quede,
Sin aquesta obligacion,
Capaz mi enojo valiente
Para volver á reñir.
Men. ¿Quién, Don Alvaro, os detiene? [*Riñen.*
Isab. ¡O quién pudiera dar voces! [*aparte.*
[*Llaman dentro á la puerta.*
Alv. Á la puerta llama gente.
Men. Qué haremos?
Alv. Que muera el uno,
Y abra luego el que viviere.
Men. Decís bien.

Sale Doña Isabel é Ines.

Isab. Primero yo
Abriré, porque ellos entren.
Alv. No abrais.
Men. No abrais.

Abre Dª. Isabel, y queriendo irse, detiénela el
Corregidor, que sale con Don Fernando
Válor.

Isab. Caballeros,
Los dos, que mirais presentes,
Se quieren matar.
Cor. Teneos;
Porque hallándoos desta suerte,
Riñendo á ellos, y aqui á vos,
Se dice bien claramente,
Que sois la causa.
Isab. Ay de mí! [*aparte.*
Que me he entregado á perderme,
Por donde entendí librarme.
Alv. Porque en ningun tiempo llegue
Á peligrar una dama,
Á quien mi vida le debe
El ser, diré la verdad;
Y la causa, que me mueve
Á este duelo, no es de amor,
Sino que, como pariente
De Don Juan Malec, asi
Pretendí satisfacerle.
Men. Y es verdad; porque esa dama
Acaso ha venido á verme.
Cor. Pues que con las amistades,
Que ya concertadas tienen,
Todo cesa, mejor es
Que todo acabado quede
Sin sangre, pues vence mas
Aquel que sin sangre vence.
Idos, señoras, con Dios.
Isab. Solo esto bien me sucede. [*aparte.*
[*Vanse las dos.*
Val. Señor Don Juan de Mendoza,
Á vuestros deudos parece,
Y á los nuestros, que este caso

Dentro de puertas se quede,
(Como dicen en Castilla)
Y que con deudo se suelde;
Pues dando la mano vos
Á Doña Clara, la Fénix
De Granada, como parte
Entonces......
Men. La lengua cese,
Señor Don Fernando Válor;
Que hay muchos inconvenientes.
Si es el Fénix Doña Clara,
Estarse en Arabia puede;
Que en montañas de Castilla
No hemos menester al Fénix;
Y los hombres, como yo,
No es bien que deudos concierten
Por soldar agenas honras,
Ni sé que fuera decente
Mezclar Méndozas con sangre
De Malec, pues no convienen,
Ni hacen buena consonancia
Los Mendozas y Maleques.
Don Juan de Malec es hombre......
Men. Como vos.
Val. Sí; pues desciende
De los Reyes de Granada;
Que todos sus ascendientes
Y los mios Reyes fueron.
Men. Pues los mios, sin ser Reyes,
Fueron mas que Reyes Moros,
Porque fueron Montañeses.
Alv. Cuanto el señor Don Fernando
En esta parte dijere,
Defenderé yo en campaña.
Cor. Aqui de Ministro cese
El cargo, que caballero
Sabré ser, cuando conviene;
Que soy Zuñiga en Castilla
Antes que Justicia fuese.
Y asi, arrimando esta vara,
Adonde y como quisiéreis,
Al lado de Don Juan yo
Haré......

Sale un Criado.

Cria. En casa se entra gente.
Cor. Pues todos disimulad;
Que al cargo mi valor vuelve.
Vos, Don Juan, aqui os quedad
Preso.
Men. Á todo os obedece
Mi valor.
Cor. Los dos os id.
Men. Y si desto os pareciere
Satisfaceros,......
Cor. Á mí
Y á Don Juan, donde eligiéreis,......
Men. Nos hallaréis con la espada......
Cor. Y la capa solamente.
[*Vanse el Corregidor y D. Juan.*
Val. ¿Esto consiente mi honor? [*aparte.*
Alv. ¿Esto mi valor consiente? [*aparte.*
Val. ¿Porque me volví Cristiano,
Este baldon me sucede?
Alv. ¿Porque su ley recibí,
Ya no hay quien de mí se acuerde?
Val. ¡Vive Dios, que es cobardía,
Que mi venganza no intente!
Alv. ¡Vive el cielo, que es infamia,
Que yo de vengarme deje!
Val. El cielo me dé ocasion;......
Alv. Ocasion me dé la suerte;......
Val. Que si me la dan los cielos,......
Alv. Si el hado me la concede,......

Val. Yo haré, que veais muy presto......
Alv. Llorar á España mil veces......
Val. El valor,......
Alv.   El ardimiento
Deste brazo altivo y fuerte......
Val. De los Válores altivos.
Alv. De los Tuzanís valientes.
Val. Habéisme escuchado?
Alv.   Sí.
Val. Pues de hablar la lengua cese,
Y empiecen á hablar las manos.
Alv. ¿Pues quién dice que no empiecen?

JORNADA II.

Tocan cajas y trompetas, y salen los Soldados que puedan de acompañamiento, DON JUAN DE MENDOZA y el señor DON JUAN DE AUSTRIA.

Juan. Rebelada montaña,
Cuya inculta aspereza, cuya extraña
Altura, cuya fábrica eminente
Con el peso, la máquina y la frente
Fatiga todo el suelo,
Estrecha el aire y embaraza el cielo,
Infame ladronera,
Que de abortados rayos de tu esfera
Das, preñados de escándalos tus senos,
Aqui la voz, y en África los truenos:
Hoy es, hoy es el dia
Fatal de tu pesada alevosía;
Porque vienen conmigo
Juntos hoy mi venganza y tu castigo;
Si bien corridos vienen
De ver el poco aplauso, que previenen
Los cielos á su fama,
Que esto matar, y no vencer se llama;
Porque no son blasones
Á mi honor merecidos
Postrar una canalla de ladrones,
Ni sujetar un bando de bandidos.
Y así encargue á los tiempos mi memoria,
Que la llamo castigo, y no victoria.
Saber deseo el origen deste ardiente
Fiero motin.
Men.   Pues oye atentamente.
Esta, austral Águila heróica,
Es el Alpujarra, esta
Es la rústica muralla,
Es la bárbara defensa
De los Moriscos, que hoy,
Mal amparados en ella,
Africanos Montañeses,
Restaurar á España intentan.
Es por su altura difícil,
Fragosa por su aspereza,
Por su sitio inexpugnable,
É invencible por sus fuerzas.
Catorce leguas en torno
Tiene, y en catorce leguas
Mas de cincuenta, que añade
La distancia de las quiebras;
Porque entre puntas y puntas
Hay valles que la hermosean,
Campos que la fertilizan,
Jardines que la deleitan.
Toda ella está poblada
De villages y de aldeas;
Tal, que, cuando el sol se pone
Á las vislumbres que deja, .
Parecen riscos nacidos

Cóncavos entre las peñas,
Que rodaron de la cumbre,
Aunque á la falda no llegan.
De todas las tres mejores
Son Verga, Gavia y Galera,
Plazas de armas de los tres
Que hoy á los demas gobiernan.
Es capaz de treinta mil
Moriscos, que estan en ella,
Sin las mugeres y niños,
Y tienen donde apacientan
Gran cantidad de ganados;
Si bien los mas se sustentan,
Mas que de carnes, de frutas,
Ya silvestres ó ya secas,
Ó de plantas que cultivan;
Porque no solo á la tierra,
Pero á los peñascos hacen
Tributarios de la yerba;
Que en la agricultura tienen
Tal estudio, tal destreza,
Que á preñeces de su hazada
Hacen fecundas las piedras.
La causa del rebelion,
Por si tuve parte en ella,
Te suplico, que en silencio
La permitas á mi lengua.
Aunque mejor es decir,
Que fui la causa primera,
Que no decir, que lo fueron
Las pragmáticas severas,
Que tanto los apretaron,
Que á decir esto me es fuerza,
Que uno ha de tener la culpa,
Mas vale que yo la tenga.
En fin sea aquel desaire
La ocasion, señor, ó sea,
Que á Válor, al otro dia
Que sucedió mi pendencia,
Llegó el Alguacil mayor
Dél, y le quitó á la puerta
Del ayuntamiento una
Daga, que traia encubierta;
Ó sea, que ya oprimidos
De ver cuanto los aprietan
Órdenes, que cada dia
Aqui de la corte llegan,
Los desesperó de suerte,
Que amotinarse conciertan;
Para cuyo efecto fueron,
Sin que ninguno lo entienda,
Retirando á la Alpujarra
Bastimento, armas y hacienda.
Tres años tuvo en silencio
Esta traicion encubierta
Tanto número de gentes,
Cosa, que admira y eleva,
Que en mas de treinta mil hombres,
Convocados para hacerla,
No hubiera uno, que jamas
Revelara ni dijera
Secreto de tantos dias.
Cuanto ignora, cuanto yerra
El que dice, que un secreto
Peligra en tres que le sepan,
Que en treinta mil no peligra,
Como á todos les convenga.
El primer trueno que dió
Este rayo, que en la esfera
Desos peñascos forjaban
La traicion y la soberbia,
Fueron hurtos, fueron muertes,
Robos de muchas iglesias,
Insultos y sacrilegios

Y traiciones; de manera,
Que Granada, dando al cielo,
Bañada en sangre, las quejas,
Fue miserable teatro
De desdichas y tragedias.
Preciso acudió al remedio
La justicia; pero apenas
Se vió atropellada, cuando
Toda se puso en defensa,
Trocó la vara en acero,
Trocó el respeto en la fuerza,
Y acabó en civil batalla
Lo que empezó en resistencia.
Al Corregidor mataron;
La ciudad al daño atenta,
Tocó al arma, convocando
La milicia de la tierra.
No bastó, que siempre estuvo
(Tanto novedades precia)
De su parte la fortuna;
De suerte, que todo era
Desdichas para nosotros.
¡Qué pesadas y qué necias
Son, pues en cuanto porfian,
Nunca ha quedado por ellas!
Creció el cuidado en nosotros,
Creció en ellos la soberbia,
Y creció en todos el daño,
Porque se sabe, que esperan
Socorro de Africa, y ya
Se vé, si el socorro llega,
Que el defenderle la entrada
Es divertirnos la fuerza.
Ademas, que, si una vez
Pujántes se consideran,
Harán los demas Moriscos
Del acaso consecuencia;
Pues los de la Estremadura,
Los de Castilla y Valencia,
Para declararse aguardan
Cualquier victoria que tengan.
Y para que veais que son
Gente, aunque osada y resuelta,
De políticos estudios,
Oid como se gobiernan;
Que esto lo habemos sabido
De algunas espías presas.
Lo primero, que trataron,
Fue, elegir una cabeza;
Y aunque sobre esta eleccion
Hubo algunas competencias
Entre Don Fernando Válor
Y otro hombre de igual nobleza,
Don Alvaro Tuzaní,
Don Juan Malec los concierta,
Con que Don Fernando reine,
Casándose con la bella
Doña Isabel Tuzaní,
Su hermana. — ¡O cuánto me pesa [*aparte.*
De traer á la memoria
El Tuzaní á quien respetan,
Ya que á él no le hicieron Rey,
Haciendo á su hermana Reina! —
Coronado pues el Válor,
La primer cosa, que ordena,
Fue, por oponerse en todo
Á las pragmáticas nuestras,
Ó por tener por las suyas
Á su gente mas contenta,
Que ninguno se llamara
Nombre cristiano, ni hiciera
Ceremonia de Cristiano.
Y porque su ejemplo fuera
El primero, se firmó

E! nombre de Abenhumeya,
Apellido de los Reyes
De Córdoba, á quien hereda;
Que ninguno hablar pudiese,
Sino en arábiga lengua;
Vestir, sino trage moro,
Ni guardar, sino la secta
De Mahoma. Despues desto
Fue repartiendo las fuerzas.
Galera, que es esa villa,
Que estás mirando primera,
Cuyas murallas y fosos
Labró la naturaleza,
Tan singularmente docta,
Que no es posible que pueda
Ganarse sin mucha sangre,
La dió á Malec en tenencia;
Á Malec, padre de Clara,
Que ya se llama Maleca.
Al Tuzaní le dió á Gavia
La alta, y él se quedó en Verja,
Corazon, que vivifica
Ese gigante de piedra.
Esa es la disposicion,
Que desde aqui se penetra;
Y esa, señor, la Alpujarra,
Cuya bárbara eminencia,
Para postrarse á tus pies,
Parece que se despeña.

Juan. Don Juan, vuestras prevenciones
Son de Mendoza, y son vuestras,
Que es ser dos veces leales. [*Tocan.*
¿Pero qué cajas son estas?

Men. La gente que va llegando,
Pasando, señor, la muestra.

Juan. Qué tropa es esa?

Men.   Esta es
De Granada, y cuanto riega
El Genil.

Juan.   Y quién la trae?

Men. Tráela el Marques de Mondejar,
Que es el Conde de Tendilla,
De su Alhambra y de su tierra
Perpetuo Alcaide.

Juan.   Su nombre
El Moro en África tiembla. [*Tocan.*
Cuál es esta?

Men.   La de Murcia.

Juan. ¿Y quién es quien la gobierna?

Men. El gran Marques de los Vélez.

Juan. Su fama y sus hechos sean
Corónicas de su nombre. [*Tocan.*

Men. Estos son los de Baeza,
Y viene por cabo suyo
Un soldado, á quien debiera
Hacer estatuas la fama,
Como su memoria eterna:
Sancho de Avila, señor.

Juan. Por mucho que se encarezca,
Será poco, si no dice
La voz, que alabarle intenta,
Que es discípulo del Duque
De Alba, enseñado en su escuela
Á vencer, no á ser vencido. [*Tocan.*

Men. Aqueste que ahora llega,
El tercio viejo de Flándes
Es, que ha bajado á esta empresa
Desde el Mosa hasta el Genil,
Trocando perlas á perlas.

Juan. Quién viene con él?

Men.   Un monstruo
Del valor y la nobleza,
Don Lope de Figueroa.

Juan. Notables cosas me cuentan

De su gran resolucion
Y de su poca paciencia.
Men. Impedido de la gota,
Impacientemente lleva
El no poder acudir
Al servicio de la guerra.
Juan. Yo deseo conocerle.

Sale DON LOPE DE FIGUEROA.

Lop. ¡Voto á Dios, que no me lleva
En aqueso de ventaja
Un átomo vuestra Alteza,
Porque, hasta verme á sus piés,
Solo he sufrido á mis piernas!
Juan. Cómo llegais?
Lop.   Como quien,
Señor, á serviros llega
De Flándes á Andalucía.
Y no es mala diligencia,
Pues vos á Flándes no vais,
Que Flándes á vos se venga.
Juan. ¡Cúmplame el cielo esa dicha!
Traeis buena gente?
Lop.   Y tan buena,
Que, si fuera el Alpujarra
El infierno, y estuviera
Mahoma por alcaide suyo,
Entraran, señor, en ella,
Sino es los que tienen gota,
Que no trepan por las peñas,
Porque vienen......
Uno [*dent.*]   Deteneos!

Dentro GARCES.

Garc. Tengo de llegar; afuera!

Sale GARCES *con* ALCUZCUZ *á cuestas.*

Juan. Qué es esto?
Garc.   De posta estaba
Á la falda desa sierra;
Sentí ruido entre unas ramas;
Paréme hasta ver quien era,
Y ví este galgo, que estaba
Acechando detras dellas,
Que sin duda era su espia.
Maniatéle con la cuerda
Del mosquete, y porque ladre
Qué hay allá, le traigo á cuestas.
Lop. Buen soldado, vive Dios!
Esto hay acá?
Garc.   ¿Pues qué piensa
Vue-Señoría, que todo
Está en Flándes?
Alc.   Malo es esta, [*aparte.*
Alcuzcuz, á esparto olelde
El nuez del gaznato vuestra.
Juan. Ya os conozco, no me cogen
Estas hazañas de nuevas.
Garc. ¡O como premian sin costa
Príncipes, que honrando premian!
Juan. Venid acá.
Alc.   Á me decilde?
Juan. Sí.
Alc.   Ser gran favor tan cerca;
Bien estalde aqui.
Juan.   Quién sois?
Alc. Aqui importar el cautela. — [*aparte.*
Alcuzcuz, un Morisquilio,
Á quien lievaron por fuerza
Al Alpujarro, que me
Ser Crestiano en me conciencia,
Sabèr la Trina crestiana,
El Credo, la Salve Reina,
El Pan nostro, y el catorce

Mandamientos de la iglesia.
Por decir que ser Crestiano,
Darme otros el muerte intentan;
Yo correr, é hoyendo, dalde
En manos de quien me prenda.
Si me dar el vida, yo
Decilde cuanto allá piensan,
Y lievaros donde entreis
Sin alguna resistencia.
Juan. Como presumo que miente,
Tambien puede ser que sea
Verdad.
Men.   ¿Quién duda que hay muchos,
Que ser Cristianos profesan?
Yo sé una dama, que está
Retirada allá por fuerza.
Juan. Pues ni todo lo creamos
Ni dudemos. Garces tenga
Ese Morisco por preso.
Garc. Yo, yo tendré con él cuenta.
Juan. Que en lo que luego dijere
Veremos, si acierta ó yerra. —
Y ahora vamos, Don Lope,
Dando á los cuarteles vuelta,
Y á consultar por qué sitio
Se ha de empezar.
Men.   Vuestra Alteza
Lo mire bien; porque, aunque
Parece poca la empresa,
Importa mucho; que hay cosas,
Mayormente como estas,
Que no dan honor ganadas,
Y perdidas dan afrenta.
Y asi se debe poner
Mayor atencion en ellas,
No tanto para ganarlas,
Cuanto para no perderlas.
[*Vanse, y quedan* GARCES *y* ALCUZCUZ.
Garc. Vos cómo os llamais?
Alc.   Arroz;
Que si entre Moriscos era
Alcuzcuz, entre Crestianos
Seré arroz, porque se entienda,
Que menestra mora pasa
Á ser crestiana menestra.
Garc. Alcuzcuz, ya sois mi esclavo,
Decid verdad.
Alc.   Norabuena.
Garc. Vos dijísteis al señor
Don Juan de Austria,......
Alc.   Qué, aquel era?
Garc. Que le lievaríais por donde
Entrada tiene esa sierra.
Alc. Sí, mi amo.
Garc.   Aunque es verdad,
Que él á sujetaros venga
Con el Marques de los Vélez,
Con el Marques de Mondejar,
Sancho de Avila y Don Lope
De Figueroa, quisiera
Yo, que la entrada á estos montes
Solo á mí se me debiera.
Llévame allá, porque quiero
Mirarla y reconocerla.
Alc. Engañifa á este Crestiano [*aparte.*
He de hacerle, é dar la vuelta
Al Alpujarra. — Venilde
Conmigo.
Garc.   Detente, espera;
Que en ese cuerpo de guardia
Dejé mi comida puesta,
Cuando salí á hacer la posta,
Y quiero volver por ella;
Que en una alforja podré

(Porque el tiempo no se pierda)
Llevarla, para ir comiendo
Por el camino.
Alc. Asi sea.
Garc. Vamos pues.
Alc. ¡Santo Mahoma, [aparte.
Pues tu selde mi Profeta,
Lievarme, é á Meca iré,
Aunque ande de Ceca en Meca! [Vanse.

Salen todos los que pudieren de Moriscos y los
Músicos, y despues Don Fernando Válor
y Doña Isabel Tuzaní, y Beatriz.

Val. Á la falda lisonjera
Dese risco coronado,
Donde sin duda ha llamado
Á cortes la primavera,
Porque entre tantos colores
De su república hermosa
Quede jurada la rosa
Por la reina de las flores,
Puedes, bella esposa mia,
Sentarte. — Cantad, á ver,
Si la música vencer
Sabe la melancolía.
Isab. Abenhumeya valiente,
Á cuya altivez bizarra
No el roble del Alpujarra
La corone solamente,
Sino el sagrado laurel,
Árbol ingrato del sol,
Cuando llore el Español
Su cautiverio cruel:
No es desprecio de la dicha
Deste amor, desta grandeza
Mi repetida tristeza,
Sino pension ó desdicha
De la suerte; porque es tal
De la fortuna el desden,
Que apenas nos hace un bien,
Cuando le desquita un mal.
No nace de causa alguna
Esta pena, (á Dios pluguiera!) [aparte.
Sino solo desta fiera
Condicion de la fortuna;
Y si ella es tan envidiosa,
¿Cómo puedo yo este miedo
Perder al mal, si no puedo
Dejar de ser tan dichosa?
Val. Si la causa de mirarte
Triste tu dicha ha de ser,
Pésame de no poder,
Mi Lidora, consolarte;
Que habrá tu melancolía
De ser cada dia mayor,
Pues que tu imperio y mi amor
Son mayores cada dia. —
Cantad, cantad, su belleza
Celebrad, pues bien halladas,
Siempre traen paces juradas
La música y la tristeza.
Mus. [cant.] No es menester que digais
Cuyas sois, mis alegrías;
Que bien se vé, que sois mias
En lo poco que durais.

Sale Malec, llega á hablar á Válor, hincando
la rodilla, y á los lados del paño salen Don
Alvaro y Doña Clara, en trage de Moros,
y se quedan á las puertas.

Clar. No es menester que digais [aparte.
Cuyas sois, mis alegrías;.....

Alv. Que bien se vé, que sois mias
En lo poco que durais.
[Siempre suenan los instrumentos, aunque se represente.
Clar. ¡Cuanto siento haber oido
Ahora aquesta cancion!
Alv. ¡Qué notable confusion
La voz en mí ha introducido!
Clar. Pues cuando mi casamiento
Á tratar mi padre viene,......
Alv. Pues cuando dichas previene
Amor, á mi amor atento,......
Clar. Glorias mias, escuchais.
Alv. Escuchais, mis fantasías.
Mus. y ellos. Que bien se vé, que sois mias
En lo poco que durais.
Mal. Señor, pues entre el estruendo
De Marte el amor se vé
Tan hallado, bien podré
Decirte, como pretendo
Dar á Maleca marido.
Val. Quien fue tan feliz, me di.
Mal. Tu cuñado Tuzaní.
Val. Muy cuerda eleccion ha sido;
Pues uno y otro fiel,
Á preceptos de su estrella,
Él no viviera sin ella,
Y ella muriera sin él.
¿Adónde estan?
[Llegan D. Alvaro y Da. Clara.
Clar. Á tus pies
Alegre llego.
Alv. Y yo ufano,
Para que nos des tu mano.
Val. Mis brazos tomad. Y pues
En nuestro docto Alcoran
(Ley, que ya todos guardamos)
Mas ceremonias no usamos,
Que las prendas que se dan
Dos, dé á Maleca divina
Sus arras el Tuzaní.
Alv. Todo es poco para tí,
Á cuya luz peregrina
Se rinde el mayor farol;
Y asi temo, porque arguyo,
Que es darle al sol lo que es suyo,
Darle diamantes al sol.
Aqueste un Cupido es,
De sus flechas guarnecido;
Que aun de diamantes Cupido
Viene á postrarse á tus pies.
Esta una sarta de perlas,
De quien duda, quien ignora
Que las llorara el aurora,
Si tú habias de cogerlas.
Esta es una águila bella
Del color de mi esperanza;
Que solo una águila alcanza
Ver el sol, que mira ella.
Un clavo para el tocado
Es este hermoso rubí,
Que ya no me sirve á mí,
Pues mi fortuna ha parado.
Estas memorias...... Mas no
Las tomes; que en tales glorias
Quiero que tengas memorias
Tú, sin traértelas yo.
Clar. Las arras, Tuzaní, aceto,
Y á tu amor agradecida
Traerlas toda mi vida
En tu nombre te prometo.
Isab. Y yo os doy el parabien
De aqueste lazo inmortal, —
Que ha de ser para mi mal. [aparte.
Mal. Ea pues! las manos den

Albricias al alma.
Alv.   Puesto
Á tus pies estoy.
Clar.   Los brazos
Formen con eternos lazos.
Los dos. Yo soy feliz!
          [*Al darse las manos tocan cajas.*
Todos.   Mas qué es esto?
Mal. Cajas españolas son
Las que atruenan estos riscos,
Que no tambores moriscos.
Alv. ¿Quién vió mayor confusion?
Val. Cese la boda, hasta ver,
Qué novedad causa ha sido.
Alv. ¿Ya, señor, no lo has sabido?
¿Qué mas novedad, que ser
Dichoso yo? Pues el sol
Mira apenas mi ventura,
Cuando eclipsan su luz pura
Las armas del Español.   [*Vuelven á tocar.*

Sale A l c u z c u z *con unas alforjas al hombro.*
Alc. ¡Gracias á Mahoma y Alá,
Que á tus pies haber llegado!
Alv. Alcuzcuz, dónde has estado?
Alc. Ya todos estar acá.
Val. Qué te ha sucedido?
Alc.   Yo
Hoy de posta estar, é á posta
Llego aqui, aunque por la posta,
Quien por detras me cogió.
Lievóme con otros dos
Á un Don Juan, que ahora es venido,
É Crestianilio fingido,
Decirle que creer en Dios.
No me dió muerte, cativo
Ser del soldado cristiano,
Que no se lavará en vano.
Á este apenas le apercibo,
Que senda saber por donde
Poder la Alpojarra entrar,
Cuando la querer mirar;
De camaradas se esconde,
Á áquesta forja me dando,
Donde venir su comida,
Por una parte escondida,
Entrar los dos camenando.
Apenas solo le ver,
Cuando, sin que seguir pueda,
Fui por el monte; é se queda
Sin cativo é sin comer;
Porque, aunque me seguir quiso,
Una trompa, que salir,
De Moros, le hacer huir.
É yo venir con aviso
De que ya muy cerca dejo
Don Juan de Ándustria en campaña,
Á quien decir, que acompaña
El gran Marques de Mondejo,
Con el Marques de Luzbel,
Y el que fremáticos doma,
Don Lope Figura-roma,
Y Sancho Devil con él.
Todos hoy á la Alpojarra
Venir contra tí.
Val.   No digas
Mas, porque á cólera obligas
Mi altivez siempre bizarra.
Isab. Ya desde esa excelsa cumbre,
Donde tropezando el sol,
Ó teme ajar su arrebol,
Ó teme apagar su lumbre,
Ni bien ni mal se divisan
Entre varias confusiones

Los armados escuadrones,
Que nuestros términos pisan.
Cad. Grande gente ha conducido
Granada á aquesta faccion.
Val. Pocos muchos mundos son,
Si á vencerme á mí han venido,
Aunque fuera el que sujeta
Ese hermoso laberinto,
Como hijo de Cárlos Quinto,
Hijo del quinto planeta;
Porque, aunque estos horizontes
Cubran de marciales señas,
Serán su pira estas peñas,
Serán su tumba estos montes.
Y pues se viene acercando
Ya la ocasion, advertidos,
No ya desapercibidos
Nos hallen, sino esperando
Todo su poder; y asi
Su puesto ocupe cualquiera;
Malec se vaya á Galera,
Vaya á Gavia Tuzaní,
Que yo en Verja me estaré,
Y á quien Alá deparare
La suerte, que Alá le ampare,
Pues suya la causa fue.
Id á Gavia; que la gloria,
Que hoy es de amor interes,
Celebraremos despues
Que quedamos con victoria.
[*Vanse todos, y quedan D. Alvaro, Dª. Clara,
          A l c u z c u z y B e a t r i z.*
Clar. No es menester que digais
Cuyas sois, mis alegrías;.....
Alv. Que bien se vé, que sois mias
En lo poco que durais.
Clar. Alegrías mal logradas,
Antes muertas, que nacidas,.....
Alv. Rosas sin tiempo cogidas,
Flores sin sazou cortadas,.....
Clar. Si rendidas, si postradas
Á un ligero soplo estais,.....
Alv. No digais, que el bien gozais;.....
Clar. Pues siendo para pedir,
Que sintais es menester,.....
Alv. No es menester que digais.
Clar. Alegrías de un perdido,
Aborto sois de un cuidado,
Puesto que habeis espirado
Primero que habeis nacido;
Si acaso, si yerro ha sido
Hallarme vuestras porfías
Por otra, no esteis baldías
Conmigo un rato pequeño;
Dejadme, y buscad el dueño
Cuyas sois, mis alegrías.
Alv. Por gran maravilla os toco,
Dichas; luego bien moristeis;
Que si maravilla fuisteis,
Fuerza fue vivir tan poco.
De contento estuve loco,
Y ya de melancolías.
¡Qué bien, qué bien, alegrías,
Se vé, que sois de otro, á quien
Buscais! ¡Y ay penas, qué bien,
Qué bien se vé, que sois mias!
Clar. Aunque si ser pretendeis,
Alegrías, bien hicisteis.
Alv. Pues que dos veces lo fuísteis
En una que os deshaceis.
Clar. Dos veces desde hoy sereis
Venturosas.
Los dos.   Lo mostrais,
Cuando á mi alivio acudis,

En la priesa con que os vais,......
Alv. En lo tarde que venis,......
Clar. En lo poco que durais.
Alv. Hablando estaba conmigo
Á solas, porque no sé,
Si en tantas penas podré
Hablar, Maleca, contigo.
Cuando era mi amor testigo
Desta victoriosa palma,
Vuelve á suspenderse en calma;
Y asi calla, porque es mengua,
Que quiera alzarse la lengua
Con los afectos del alma.
Clar. El hablar es libre accion,
Pues puede un hombre callar;
El oir no; porque ha de estar
Eso en agena razon;
Y es tanta mi suspension,
Que, ocupada del sentir,
No oiré lo que has de decir.
¿Qué mucho en tanto pesar,
Que tú no estés para hablar,
Si yo no estoy para oir?
Alv. El Rey á Gavia me envia,
Tú á Galera vas, y amor,
Luchando con el honor,
Se rinde á su tiranía.
Quédate ahí, esposa mia,
Y piadoso el cielo quiera,
Que el cerco que nos espera,
Que el poder que nos agrava,
Me vaya á buscar á Gavia,
Porque te deje en Galera.
Clar. ¿De suerte, que no podré
Verte, hasta ver acabada
Esta guerra de Granada?
Alv. Sí podrás; que yo vendré
Todas las noches; porque
Dos leguas, que hay en rigor
De alli á Gavia, será error
No volarlas mi deseo.
Clar. Mayores distancias creo
Que sabe medir amor.
Yo en el postigo estaré
Esperándote del muro.
Alv. Y yo, dese amor seguro,
Cada noche al muro iré.
Dame los brazos en fe.   [*Cajas.*
Clar. Cajas vuelven á tocar.
Alv. Qué desdicha!
Clar.   Qué pesar!
Alv. Qué padecer!
Clar.   Qué sentir!
Esto es amar?
Alv.   Es morir.
Clar. ¿Pues qué mas morir, que amar?
[*Vanse los dos, y quedan Beatriz y Alcuzcuz.*
Beat. Alcuzcuz, llégate aqui,
Pues solos hemos quedado.
Alc. Zarilia, ¿aquese recado
Ser al alforja ó á mí?
Beat. ¿Que siempre has de estar de gorja,
Aunque todo sea tristeza?
Escúchame.
Alc.   ¿Esa fineza
Ser á mí, ó ser al alforja?
Beat. Á tí es; pero ya que asi
Ella mi amor atropella,
Tengo de ver, qué hay en ella.
Alc. ¿Luego ser á ella, ó no á mí?
[*Va sacando lo que dicen los versos.*
Beat. Esto es tocino, y condeno
Traerlo tú deste modo.
Esto es vino. Ay de mí! todo

Cuanto traes aqui es veneno.
Yo no lo quiero tocar
Ni ver, Alcuzcuz. Advierte,
Que pueden darte la muerte,
Si lo llegas á probar.   [*Vase.*
Alc. Todos de voneno llenos
Estar, sí, ya lo creer;
Pues Zara decir que ser,
Siempre saber de vonenos.
Y aun otra razon mas clara
Es de que el voneno vió
Zara, que no le probó,
Con ser tan golosa Zara.
El Crestianilío sin duda
Matar á Alcuzcuz queria.
¡Hay tan gran beliaquería!
Mahoma librarme pudo,
Porque á Meca le ofrecer
Ir á ver el Zancarron.   [*Cajas.*
Mas cerca escochar el son,
Y ya de divisos ver
En trompas el monte lieno,
Seguir quiero al Tozaní.
¿Haber alguien por ahí,
Que querer deste voneno?   [*Vase.*

Salen marchando Don Juan de Austria,
Don Lope de Figueroa, Don Juan de
Mendoza *y Soldados.*

Men. Desde aqui se dejan ver
Mejor las señas, al tiempo
Que ya declinando el sol,
Está pendiente del cielo.
Aquella villa, que á mano
Derecha, sobre el cimiento
De una dura roca, ha tantos
Siglos que se está cayendo,
Es Gavia la alta; y aquella,
Que tiene á su lado izquierdo,
De quien las torres y riscos
Estan siempre compitiendo,
Es Verja; y Galera es esta,
Á quien este nombre dieron,
Porque con su fundacion
Es asi, ó ya porque vemos,
Que á piélagos de peñascos
Ondas de flores batiendo,
Sujeta al viento, parece
Que se mueve con el viento.
Juan. Destas fuerzas la una
Se ha de sitiar.
Lop.   Pues miremos
Cual tiene disposicion
Mas al propósito nuestro;
Y manos á la labor;
Que pies no estan para eso.
Juan. Aquel Morisco rendido
Me traed, y dél sabremos,
Si trata verdad ó no
En lo que fuere diciendo.
¿Dónde está Garces, á quien
Se le dí por prisionero?
Men. No le he visto desde entonces.

Dentro Garces.
Garc. Ay de mí!
Juan. Mirad qué es eso.

Sale Garces *herido, cayendo.*
Garc. Yo soy, que á tus plantas no
Llegara menos que muerto.
Men. Garces es.

Juan.   Qué ha sucedido?
Garc. Tu Alteza perdone un yerro
     Por un aviso.
Juan.   Decid.
Garc. Aquel Morisco , aquel preso,
     Que me entregaste, te dijo,
     Que venia con intento
     De entregarte el Alpujarra.
     Yo , señor, con el deseo
     De saber el paso, y ser
     El que la entrase el primero,
     (Que aun la ambicion del honor
     No es ambicion de provecho)
     Dije, que me la enseñara.
     Seguíle á solas por esos
     Laberintos, donde el sol
     Aun se pierde por momentos,
     Con andarlos cada dia.
     Apenas entre dos cerros
     Él se vió conmigo, cuando,
     Por los peñascos subiendo,
     Dió voces, y ya á sus voces,
     Ó á las que le hurtaba el eco,
     Respondieron unas tropas
     De Moros, que descendiendo
     Á la presa se avanzaban
     Como quien son, cómo perros.
     Inútil fue la defensa ;
     Y en fin, en mi sangre envuelto,
     Discurrí el monte á ampararme
     De las hojas, cuando veo
     Debajo de las murallas
     De Galera, donde llego,
     Abierta una boca, un
     Melancólico bostezo
     Del peñasco, sobre quien
     Estriba, que con el peso
     Del edificio sin duda
     Gimió, y por quedar gimiendo
     Siempre, no volvió á cerrarla,
     Y se le dejó entreabierto.
     Aquí pues me eché, y aquí,
     Ó fue porque no me vieron,
     Ó porque ya sepultado
     Me dejaron, como muerto.
     De aquesta manera estuve
     El sitio reconociendo;
     Y en fin Galera minada
     De los ardides del tiempo
     (Que para sitios de penas
     Es el mejor ingeniero)
     Está, y como tú sobre ella
     Te pongas, podrás con fuego
     Volarla, como esta boca,
     Que es muy posible, ganemos,
     Sin esperar lo prolijo
     De sitiarla ; y yo te ofrezco
     Hoy por una vida cuantas
     Galera contiene dentro ;
     Sin que pueda con mi rabia,
     Sin que valgan con mi acero,
     Ni en los niños la piedad,
     Ni la clemencia en los viejos,
     Ni el respeto en las mugeres,
     Que con esto lo encarezco.
Juan. Retirad ese soldado. —   [*Llévante.*
     Ya tomo por buen agüero,
     Don Lope de Figueroa,
     Saber de Galera esto;
     Que desde que oí, que habia
     En el Alpujarra pueblo,
     Que Galera se llamaba,
     La quise poner el cerco,   ·
     Por ver, si, como en el mar,

     Dicha en las Galeras tengo
     En la tierra.
Lop.   Pues qué aguardas?
     Vamos á ocupar los puestos;
     Que esta es la hora mejor,
     Pues de noche, sin estruendo
     Podremos llegarnos mas.
     Á Galera marche el tercio.
Unos. Pase la palabra.
Otr.   Pase.
Tod. Á Galera!
Juan.   Dadme, cielos,
     Fortuna, como en el agua,
     En la tierra, porque opuestos
     Aquella naval batalla
     Y este cerco campal, luego
     Pueda decir, que en la tierra
     Y en la mar tuve en un tiempo
     Dos victorias, que confusas
     Aun no distinga yo mesmo,
     De un cerco y una naval,
     Cual fue la naval ó el cerco.   [*Vanse.*

———

Salen D O N A L V A R O *y* A L C U Z C U Z.

Alv. Vida y honor, Alcuzcuz,
     Hoy á tu cuidado dejo;
     Pues ya ves, que, si se sabe
     Que falto de Gavia, y vengo
     Á Galera, honor y vida
     En solo un instante pierdo.
     Con esa yegua te queda,
     Mientras yo en el jardin entro;
     Que luego salgo, y es fuerza
     Que hemos de volvernos luego
     Á entrar en Gavia, antes que
     En Gavia nos echen menos.
Alc. Sempre á te servir me obligo;
     Y aunque con tal prisa vengo,
     Que aun no me diste lugar
     De dejalde en mi aposento
     Este alforja, sin menear
     Aquí haliar en este puesto.
Alv. Si de aqui faltas, la vida
     Te he de quitar, vive el cielo!

     Sale á una puerta D O Ñ A C L A R A.

Clar. Eres tú?
Alc.   ¿Pues quién pudiera
     Ser tan fiel?
Clar.   Entra presto,
     No acierten á conocerte,   [*Vanse.*
     Si en el muro te detengo.
Alc. Vive Alá, que me dormir,
     Pesado estar, señor suculo.
     No haber oficio tan malo,
     Como el de ser alcahuetes ;
     Porque todos los oficios
     Trabajar para sí mesmos,
     É alcahueto para el otros. —
     Jo yegua! — Á mi cuento vuelvo ;
     Que vencer el sueño asi.
     Tal vez se hace el zapatero
     Zapatos , tal vez se hacer
     El jastre el vestido nuevo,
     El cocinero probar,
     Si estar el guisado bueno,
     Hacer el pastel hechizo,
     É comerle el pastelero ;
     En fin alcahueto solo
     No es para sí de provecho,
     Pues ni calzar lo que cose,
     Ni probar lo que está haciendo. —

Jo! — Que se tomó (ay de me!)
El yegua, é se me ir corriendo.
Jo yegua, detente! é hacer
Esto que te estar pidiendo;
Que yo hacer por tí otra cosa
Que me pedir tú. — No puedo
Alcanzar. ¡Ay Alcuzcuz,
Muy buena hacienda haber hecho!
¿En qué volverse mi amo?
Que él me ha de matar ser cierto,
Pues ser forzoso que á Gavia
No poder llegar á tiempo.
He aqui que sale, é decir:
Dar el yegua. No le tengo.
Qué le hacer? Fuéseme el yegua.
Por dónde? Por esos cerros.
Mataréte, zas! é dame
Con el daga por el pecho.
Pues si habemos de morer,
Alcuzcuz, con el acero,
Y hay mortes en que escoger,
Murámonos de voneno,
Que es morte mas dolce. Vaya!
Pus que ya el vida aborrezco.
   [*Saca una bota de la alforja y bebe.*
Mejor ser morer asi,
Pues no morer, por el menos,
Bañado un hombre en su sangre.
Cómo estar? Bueno me siento.
No ser el voneno fuerte,
É si es que morer pretendo,
Mas voneno es menester.   [*Bebe.*
No ser frio, á lo que bebo,
El voneno, ser caliente.
Sí, pues arder acá dentro.
Mas voneno es menester;   [*Bebe.*
Que muy poco á poco muero.
Ya parece que se enoja,
Pues que ya va haciendo efecto;
Que los ojos se me turbian,
É se me traba el cerebro,
El lengua ponerse gorda,
É saber el boca á herro.
Ya que muero, no dejar   [*Bebe.*
Para otro matar voneno;
Será piedad. ¿Dónde estar
Me boca, que no la encuentro?   [*Cajas.*
Voces[*dent.*] Centinelas de Galera,
Al arma!
Alc.   Qué ser aquesto?
Mas si relámpagos hay,
¿Quién duda que ha de haber truenos?

Salen DON ALVARO *y* DOÑA CLARA
      asustados.
Clar. Las centinelas, señor,
Hacen las torres de fuego.
Alv. Sin duda el campo cristiano
En el nocturno silencio,
Amparado de las sombras,
Sobre Galera se ha puesto.
Clar. Vete, señor; que ya ves
Todo el castillo revuelto.
Alv. ¿Y será gloriosa accion,
Que digan de mí, que dejo
Sitiada á mi dama?......
Clar.   Ay triste!
Alv. ¿Y que las espaldas vuelvo?
Clar. Sí; que en defender á Gavia
Está tu honor de por medio,
Y quizá han ido sobre ella;
Tambien es de advertir esto.
Alv. ¿Quién vió mayor confusion,
Que yo en un punto padezco?

Mi honor y mi amor estan
Dándome voces á un tiempo.
Clar. Responde á las de tu honor.
Alv. Antes responder pretendo
Á las dos.
Alc.   De qué manera?
Alv. En llevarte me resuelvo
Conmigo; que si en dejarte
Y en no dejarte me pierdo,
Corra mi honor y mi amor
Una fortuna y un riesgo.
Vente conmigo; una yegua,
Veloz injuria del viento,
Nos llevará.
Clar.   Con mi esposo
Voy, nada aventuro en esto;
Tuya soy.
Alv.   Hola, Alcuzcuz!
Alc. Quién llama?
Alv.   Yo soy. Trae presto
La yegua.
Alc.   El yegua?
Alv.   Qué aguardas?
Alc. Aguardo el yegua, que luego
Me decir que volveria.
Alv. Pues dónde está?
Alc.   Fuese huyendo.
Mas yegua es de su palabra,
É volver luego al momento.
Alv. ¡Viven los cielos, traidor,......
Alc. No tocar á mé, teneros;
Porque estar avonenado,
É matar con el aliento.
Alv. Que tengo de darte muerte!
Clar. Detente! Ay de mí!
   [*Va á detenerle, y finge herirse la mano.*
Alv.   Qué es eso?
Clar. Por detenerte, la mano
Me corté con el acero.
Alv. Cuesta esa sangre una vida.
Clar. Pues por la mia te ruego,
Que no le mates.
Alv.   ¿Qué en mí
No podrá ese juramento?
Es mucha la sangre?
Clar.   No.
Alv. Apriétate á ella ese lienzo.
Clar. Y pues ves, que no es posible
Seguirte ya, vete presto;
Que, no siéndolo en un dia
Ganar la villa, yo ofrezco
Irme mañana contigo,
Pues nos queda el paso abierto
Siempre por aquesta parte.
Alv. Con esa esperanza acepto
El partido.
Clar.   Alá te guarde!
Alv. ¿Para qué, si yo aborrezco
Vivir ya?
Alc.   Pues aqui haber
Para la perder remedio,
Que á mí me sobrar un poco
De dolcísimo voneno.
Clar. Vete pues.
Alv.   Qué triste voy!
Clar. ¡Y yo qué afligida quedo!
Alv. Por saber qué opuesta estrella......
Clar. Por saber qué hado severo......
Alv. Es este que entre mi deseos,......
Clar. Es el que entre mis deseos,......
Alv. Siempre se pone......
Clar.   Está siempre......
Alv. Á mis desdichas atento.
Clar. Puesto que un arma cristiana

Nos estorba por momentos.
Alc. ¿Esto es dormir ó morer?
Mas todo diz, que es el mesmo;
Y ser verdad, pues no sé,
Si me muero, ó si me duermo.

JORNADA III.

Sale Don Alvaro *solo, como de noche, y estará* Alcuzcuz *como durmiendo en el tablado.*

Alv. Noche pálida y fria,
Á tu silencio dignamente fia
Mi esperanza su empleo,
Mi amor su dicha, mi alma su trofeo;
Pues en tí (aunque á pesar de tanta estrella)
Dará mas noble luz Maleca bella,
Cuando redes y lazos
Robada finja entre mis dulces brazos.
En alas del cuidado,
Como á un cuarto de legua ya he llegado
De Galera, esta parte,
Donde naturaleza obró sin arte
Cerrados laberintos
De hojas, ni bien confusos, ni distintos,
Nocturno albergue sea
Del caballo; y pues nadie hay que me vea,
Quede á ese tronco atado,
Mas seguro á las riendas hoy fiado
Un bruto, que al cuidado ayer de un hombre,
Que...... Mas no hay accidente que no asombre
Un pecho enamorado; [*Tropieza en Alcuzcuz.*
Si bien este accidente
Con justa causa mi valor le siente,
Pues cuando al muro ya á acercarme empiezo,
En un cadáver mísero tropiezo.
Todo cuanto hoy he visto, todo cuanto
He hallado, es asombro, horror y espanto.
¡Ay infelice, ay triste,
O tú, que monumento le hiciste!
Mas no. ¡Ay dichoso, o tú, que con la muerte
Mejoraste las ansias de tu suerte!
¡Con qué de sombras lucho!
[*Despierta Alcuzcuz.*
Alc. ¿Quién es que me pisar?
Alv. Qué veo! qué escucho!
Quién va? quién es?
Alc. 				Alcuzcuz,
Que aqui esperar le mandaste
Con el yegua, y aqui estar,
Sin que me haber visto nadie.
Si haber de volver á Gavio
Hoy, cómo salir tan tarde?
Mas siempre haber al partirse
Gran perecilia entre amantes.
Alv. Alcuzcuz, qué haces aqui?
Alc. ¿Cómo preguntar qué hacer
Á Alcuzcuz, si te esperar
Desde que por otra entraste
Del muro á ver á Maleca?
Alv. ¿Quién vió cosa semejante?
¿Pues desde anoche, que fue
Eso, estás aqui?
Alc. 			¿Qué hablalde
Desde anoche? si no haber
Que me dormir un instante,
Con un mal voneno, que
Tomar, porque me matase,
De miedo de que la yegua
Ir por esos andurriales.
Mas pues ya es la yegua vuelta,

Y voneno no matarme,
(Que Alá mejorar el horas!)
Vamos pues.
Alv. 			Qué disparates!
Tú estabas borracho anoche.
Alc. Si hay vonenos que emborrachen,
Sí estar, y creerlo ahora
En que el boca á hierro sabe,
Estar el lengua é los labios
Secos, como pedernales,
Ser de yesca el paladar,
Saberme todo á venagre.
Alv. Vete de aqui; que no es bien,
Que ya otra vez me embaraces
La dicha, pues por tí anoche
Perdí la ocasion mas grande;
Y no quiero, que por tí
Aquesa tambien me falte.
Alc. No tener el culpa, Zara
Sí; porque ella asegorarme,
Que era voneno, é heberle
Por morirme. [*Ruido dentro.*
Alv. 			Hácia esta parte
Siento gente. Entre estas ramas
Esperemos á que pasen.
[*Retiranse los dos al paño.*

Salen con armas todos los Soldados que puedan, y Garces.

Garc. Esta de la mina es
La boca, que al muro sale;
Llegad, llegad con silencio,
Pues no nos ha visto nadie.
Ya está dada fuego, y ya
Esperamos por instantes,
Que reviente el monte, dando
Nubes de pólvora al aire.
En volándose la mina,
Ninguno un minuto aguarde,
Sino ir á ocupar el puesto,
Que ella nos desocupare,
Procurando mantenerle,
Hasta llegar lo restante
De la gente, que emboscada
En esa espesura yace. [*Vanse.*
Alv. Oiste algo?
Alc. 			Nada oir.
Alv. ¿Quién duda, que es ronda, que ande
Corriendo el monte; por eso
Puse cuidado en guardarme.
Fuéronse?
Alc. 			Ya no lo ves?
Alv. Ya es bien al muro acercarme.
[*Disparan dentro.*
Mas qué es esto?
Alc. 			No haber boca,
Que mas claramente hable,
Aunque se ignora el lenguage.
[*Dentro, suena todo el ruido que pueda.*
Tod. [*dent.*] Valedme, cielos!
Alc. 			¡Valedme,
Mahoma, asi Alá te guarde!
Alv. Parece que se desquicia
De sus ejes inmortales
Todo el orbe de cristal,
Todo el globo de diamante.

Dentro Don Lope de Figueroa.

Lop. Ya voló la mina. Todos
Á la batería que hace. [*Cajas.*
Alv. ¿Qué Etnas, qué Mongibelos,
Qué Vesuvios, qué Volcanes
En su vientre concibieron

Los montes, que asi los paren?
Alc. ¿Qué mongiles, qué besugos,
Qué lenas, ni qué alacranes?
Que todo ser humo y fuego.
Alv. ¡Quién vió mas terrible trance!
Y en confusos laberintos
De armas ya la villa arde;
Y para abortar horrores,
Víbora de alquitran y áspid
De pólvora, hecha pedazos,
Todas las entrañas abre.
Estrago de España es este.
Ni soy noble pues, ni amante,
Si á socorrer á mi dama
Al fuego no me arrojare,
Trepando el muro y rompiendo
Sus almenas de diamante;
Que como yo entre mis brazos
Á Maleca hermosa saque,
Galera y el mundo todo
Mas que se queme y se abrase. [Vase.
Alc. Ni ser amante, ni noble,
Si en confusion tan notable
Quedar Zara. ¿Mas qué emporta
No ser yo noble ni amante?
Hartos amantes y nobles
Haber, y como escaparme
Yo, que Zara y la Galera
Mas que se queme y se abrase. [Vase.

Salen Don Juan de Mendoza, Don Lope
de Figueroa, Garces y Soldados.

Lop. ¡No quede persona á vida!
¡Llévese á fuego y á sangre
La villa!
Garc. Á pegarla fuego
Entraré. [Vase.
Sold. 1. Yo á aprovecharme
Del saco.

Salen Malec y Moriscos.

Mal. Yo basto solo, [Batalla.
Puesto por muro delante,
Á defenderla.
Men. Señor,
Este es Ladin el Alcaide.
Lop. Ríndete ya.
Mal. Qué es rendirme?

Dentro Doña Clara.

Clar. ¡Ladin, señor, dueño, padre!
Mal. Maleca es. ¡O quién pudiera
Hoy dividirse en dos partes!
Clar. [dent.] ¡Que me da un Cristiano muerte!
[Retirando á los Moriscos, pelean todos.
Mal. Pues á mí estotros me maten
Sin defenderme, y á un tiempo
Tu vida y mi vida acaben.
Lop. Muere, perro, y á Mahoma
Da un recado de mi parte.

Despues de haberse dado batalla, la mas reñida
que pueda, salen los Cristianos y Garces.

Sold. 1. No se ha hecho presa tal
De joyas y de diamantes.
Sold. 2. Rico quedo desta vez.
Garc. Ninguna vida hoy se guarde
De mi acero, por hermosa
Ó por caduca se escape.
Solo me falta de hallar
Aquel Morisquillo infame,
Para volver bien vengado.

Lop. Pues toda Galera arde,
Manda retirar la gente,
Antes que su incendio llame
El socorro.
Men. Á retirar,
Pase la palabra.
Tod. Pase! [Vanse.

Sale Don Alvaro.

Alv. Por entre montes de llamas,
Entre piélagos de sangre,
Tropezando en cuerpos muertos,
Quiso mi amor, que llegase
Á la casa de Maleca,
Estrago ya miserable,
Pues del acero y del fuego
Pavesa dos veces yace.
Ay esposa! ¡Presto yo
Moriré, si llego tarde!
¿Dónde Maleca estará?
Que ya no se mira nadie.
Clar. [dent.] Ay de mí!
Alv. Esta voz, que el viento
Lástimosamente esparce
De mal pronunciadas quejas,
De bien repetidos ayes,
Es rayo, que me penetra.
¿Quién vió desdicha mas grande?
Á las luces, que confusas,
Ya cebado el fuego, hace,
Miro una muger, que está
Apagándolas con sangre,
Y es Maleca. O santos cielos!
¡Ó dadla vida, ó matadme!

Entra, y saca á Maleca, suelto el cabello, sangriento el rostro, y medio vestida.

Clar. Soldado español, en quien
Ni piedad ni rigor cabe,
Piedad, pues que ya me heriste,
Rigor, pues no me acabaste,
Vuelve á mi pecho el acero;
Mira, que es rigor notable,
Que tus acciones no sean,
Ni rigores, ni piedades.
Alv. Deidad infeliz, que ya
Hay infelices deidades,
Pues de tí lo aprenden cuantas
De humanas fortunas saben,
El que en sus brazos te tiene,
No solicita matarte;
Que antes quisiera su vida
Dividir en dos mitades.
Clar. Bien dicen esas razones,
Que eres africano Alarbe,
Y si por muger y triste
Dos veces puedo obligarte,
Una fineza te deba.
En Gavia esta por Alcaide
El Tuzaní, esposo mio.
Pártete luego á buscarle,
Y este estrecho último abrazo
Le llevarás de mi parte;
Y dirásle, que su esposa,
Bañada en su propia sangre,
A manos de un Español,
De sus joyas y diamantes
Mas, que de honor, ambicioso,
Hoy muerta en Galera yace.
Alv. El abrazo, que me das,
No, no es menester llevarle
Á tu esposo; que, por ser

Fin de sus felicidades,
Él le sale á recibir;
Que no hay desdicha que tarde.

Clar. Sola esta voz (ay bien mío!)
Pudo nuevo aliento darme,
Pudo hacer feliz mi muerte.
Deja, deja, que te abrace;
Muera en tus brazos, y muera...... [*Muere.*

Alv. ¡O cuanto, o cuanto ignorante
Es quien dice, que el amor
Hacer de dos vidas sabe
Un vida! Pues si fueran
Esos milagros verdades,
Ni tú murieras, ni yo
Viviera; que en esté instante,
Muriendo yo, y tú viviendo,
Estuviéramos iguales.
Cielos, que visteis mis penas;
Montes, que mirais mis males;
Vientos, que ois mis rigores;
Llamas, que veis mis pesares;
¿Cómo todos permitis,
Que la mejor luz se apague,
Que la mejor flor se os muera,
Que el mejor suspiro os falte?
Hombres, que sabeis de amor,
Advertidme en este lance,
Decidme en esta desdicha,
¿Qué debe hacer un amante,
Que, viniendo á ver su dama,
La noche que ha de lograrse
Un amor de tantos dias,
Bañada la halle en su sangre,
Azucena guarnecida
De mas peligroso esmalte,
Oro acrisolado al fuego
Del mas riguroso exámen?
¿Qué debe aqui hacer un triste,
Que el tálamo, que esperarle
Pudo, halla túmulo, donde
La mas adorada imágen,
Que iba siguiendo deidad,
Vino á conseguir cadáver?
Mas no, no me respondais,
No teneis que aconsejarme;
Que si no obra por dolor
Un hombre en sucesos tales,
Mal obrará por consejo.
¡O montaña inexpugnable
De la Alpujarra, o teatro
De la hazaña mas cobarde,
De la victoria mas torpe,
De la gloria mas infame!
¡O nunca, o nunca tus montes,
O nunca, o nunca tus valles
Hubieran visto en su cumbre,
Hubieran visto en su márgen
La mas infeliz belleza!
¿Mas de qué sirve quejarme,
Si las quejas, con ser quejas,
Aun no son prendas del aire?

Salen DON FERNANDO VÁLOR, DOÑA ISA-
BEL *y Moriscos.*

Val. Aunque con lenguas de fuego
Galera en su ayuda llame,
Tarde hemos llegado.

Isab. Y tanto,
Que ya sus plazas y calles
Son abrasadas cenizas,
Que en llamas piramidales
Se oponen á las estrellas.

Alv. No os admire, no os espante
Venir tan tarde vosotros,

Val. Si yo tambien vine tarde.
¡O qué presagio tan triste!

Isab. ¡Qué asombro tan miserable!

Val. Qué es esto?

Alv. Esta es la mayor
Pena, este el dolor mas grande,
La desdicha mas cruel,
La desventura mas grave,
Que ver morir, y morir
Tan triste y tan lamentable-
Mente lo que se ama, es
La cifra de los pesares,
El colmo de las desdichas,
Y el mayor mal de los males.
Maleca, (ay triste!) mi esposa
Es (qué pena tan notable!)
La que (qué dolor tan triste!)
Pálida (qué duro trance!)
Y sangrienta (qué cruel!)
Estais mirando delante.
Aleve mano en su pecho
Hizo herida penetrante
Entre el fuego. ¿A quién no admira,
A quién no asombra, que apague
Fuego á fuego, y que al acero
Se dé á partido un diamante?
Todos sois testigos, todos,
Del mas sacrilego ultrage,
La mas fiera accion, el mas
Triste horror, costoso exámen
Del amor y la fortuna.
Y asi desde aqueste instante
Todos lo habeis de ser, todos,
De la mayor, la mas grande
Venganza, de la mas noble,
Que en sus corónicas guarde
La eternidad de los bronces,
La duracion de los jaspes.
Pues á esta beldad difunta,
Flor truncada, rosa fácil,
Que al fin maravilla muere,
Como maravilla nace,
Hago juramento, hago
Firme amoroso homenage
De vengar su muerte. Y puesto
Que Galera, á quien no en balde
Dieron este nombre, ya
Zozobrando sobre mares
De púrpura que la anegan,
De llamas que la combaten,
Se va á pique, despeñando
Desde esta cumbre á ese valle,
Pues ya de los Españoles
Apenas se escucha el parche,
Y pues se va retirando,
Yo iré siguiendo el alcance,
Hasta que al mismo, entre todos,
Homicida suyo halle.
Vengaré, si no su muerte,
Á lo menos mi corage,
Porque el fuego que lo vé,
Porque el mundo que lo sabe,
Porque el viento que lo escucha,
La fortuna que lo hace,
El cielo que lo permite,
Hombres, fieras, peces, aves,
Sol, luna, estrellas y flores,
Agua, tierra, fuego, aire,
Sepan, conozcan, publiquen,
Vean, adviertan, alcancen,
Que hay en un alarbe pecho,
En un corazon alarbe
Amor despues de la muerte,
Porque aun ella no se alabe,

Que dividió su poder
Los dos mas firmes amantes.   [*Vase.*
Val. Detente, espera!
Isab.   Primero
Harás que un rayo se pare.
Val. Retirad esa belleza
Infeliz. No os acobarde
Ver, que esa bárbara Troya,
Ese rústico homenage
Caiga en horror á la tierra,
Vuele en cenizas al aire,
Moriscos del Alpujarra,
Si para venganzas tales
Vuestro Rey Abenhumeya
No ciñe este acero en balde.   [*Vase.*
Isab. ¡Pluguiera al cielo sus montes,
Que son soberbios Atlantes,
Del fuego que los consume,
Del viento que los combate,
Ya titubear se viesen,
Ya caducar se mirasen,
Porque dieran fin en ellos
Tantas infelicidades!   [*Vanse.*

———

Salen Don Juan de Austria, Don Lope
de Figueroa, Don Juan de Mendoza
· y Soldados.

Juan. Ya que rendida Galera
En ruinas se eterniza,
Y de su propia ceniza
Es del Fénix ya la hoguera;
Ya que de la ardiente esfera,
Entre el escándalo sumo,
Un fragmento la presumo,
Adonde voraz y ciego
Es el Minotauro el fuego,
Y es el Laberinto el humo:
No tenemos que esperar,
Sino antes que la aurora
Cuaje las perlas que llora
Sobre la espuma del mar,
Empiece el campo á marchar
Á Verja; que mi atrevido
Corazon, nunca vencido,
Descanso no ha de tener,
Hasta á Abenhumeya ver
Á mis pies muerto ó vencido.
Lop. Si quieres, señor, que hagamos
De Verja lo que hemos hecho
De Galera, satisfecho
Estás de tus armas, vamos;
Pero si el órden miramos
Del Rey, no fue su intencion
Destruir gentes, que son
Sus vasallos, sino dar
Escarmientos, y templar
El castigo y el perdon.
Men. Yo lo que Don Lope digo;
Piadoso y cruel te crean,
Y la cara al perdon vean,
Pues vieron la del castigo.
Sea su perdon testigo
De tus piedades, señor;
Témplese ya tu rigor,
Pues mas se suele mostrar
El valor en perdonar;
Porque el matar no es valor.
Juan. Mi hermano, es verdad, me envia
Á que esto apacigue yo;
Mas rogar sin armas no
Sabe la cólera mia.
Pero ya que de mí fia

Castigo y perdon, me obligo
Á que el mundo sea testigo,
Que uso en cualquiera ocasion,
Con las armas del perdon,
Con los ruegos del castigo. —
Don Juan!
Men.   Señor?
Juan.   Vos ireis
Á Verja, donde está hoy
Válor, y que á Verja voy,
De mi parte le direis.
Público el perdon le bareis,
Y el castigo, y con igual
Providencia al bien y al mal
Le direis, que, si rendido
Se quiere dar á partido,
Daré perdon general
Á todos los rebelados,
Con que vuelvan á vivir
Con nosotros, y asistir
Con sus oficios y estados;
Que de los daños pasados
Hoy mi justicia severa
Mas satisfaccion no espera;
Que se rinda al fin; porque
Si no, á Verja soplaré
Las cenizas de Galera.
Men. Á servirte voy.   [*Vase.*
Lop.   No ha habido
Saco jamas, que haya dado
Mas provecho; no hay soldado,
Que rico no haya venido.
Juan. ¿Tanto tesoro escondido
Dentro de Galera habia?
Lop. Digatelo la alegría
De tus soldados.
Juan.   Yo quiero,
Porque presentar espero
Á mi hermana y Reina mia
Desta guerra los trofeos,
Á los soldados feriar
Cuanto fuere de enviar.
Lop. Con esos mismos deseos
Hice yo algunos empleos.
Y esta sarta, que he comprado
Á un hombre, que la ha ganado,
Te ofrezco, por la mejor
Joya para dar, señor.
Juan. Buena es, y no es excusado
Tomarla, por no excusar
Lo que me habeis de pedir;
Enseñaos á recibir,
Pues vos me enseñais á dar.
Lop. El precio es mas singular,
Que os sirvais della y de mí.

Salen de Soldados Don Alvaro *y* Alcuzcuz.

Alv. Hoy, Alcuzcuz, solo á tí   [*ap. los dos.*
Quiero en la empresa que sigo
Por compañero y amigo.
Alc. Muy bien te fiar de mí,
Aunque mi esfuerzo no sé
Qué ser lo que acá procura.
Mas quedo; que este es su Altura.
Alv. Aqueste es Don Juan?
Alc.   Sí á fe.
Alv. Con atencion le veré,
Por su fama y su opinion.
Juan. ¡Qué iguales las perlas son!
Alv. Y ya, aunque yo no quisiera
Con atencion verle, fuera
Precisa en mí la atencion.
Aquella sarta, (ay de mí!)
Que en su mano (ay alma!) ves,

Bien la he conocido, y es
La que yo á Maleca dí.

Juan. Vamos, Don Lope, de aqui.
¡Qué admirado este soldado
De mirarme se ha quedado!

Lop. ¿Pues quién, señor, no se admira,
Cada vez que el rostro os mira?   [*Vanse.*

Alv. Suspenso y mudo he quedado.

Alc. Ya, señor, que solo estás,
Por qué has bajado, decir,
De la Alpujarra, y venir
Aqui?

Alv.   Presto lo sabrás.

Alc. Me no querer saber mas
De que hasta aqui haber venido,
Para ser arrepentido
De seguirte.

Alv.   Pues por qué?

Alc. Escuchar, é lo diré.
Me, sonior, cativo he sido
De un cristianilio soldado,
Que si en el campo me ver,
Matar.

Alv.   ¿Cómo puede ser,
Si vienes tan disfrazado,
Conocerte? Y pues mudado
El trage los dos traemos,
Pasar entre ellos podemos,
Sin sospecha averiguada,
Por Cristianos, pues en nada
Ya Moriscos parecemos.

Alc. Tú, que bien el lengua hablar,
Tú, que cativo no ser,
Tú, que Español parecer,
Seguro poder pasar;
Me, que no sé pernunciar,
Me, que preso haber estado,
Me, que este trage no he usado,
¿Cómo excosar el castigo?

Alv. Hablando solo conmigo;
Pues en fin en un criado
Ninguno reparará.

Alc. ¿É si alguien quiere saber
De mí algo?

Alv.   No responder.

Alc. ¿Quién no responder podrá?

Alv. Quien mire cuanto le va.

Alc. Mahoma solamente pudo
Hacerme por fuerza mudo,
Siendo tan grande hablador.

Alv. Necios extremos de amor,
No dudo, (ay de mí!) no dudo,
Que acuseis mi atrevimiento,
Pues idólatra gentil
De un sol puesto, en treinta mil
Un soldado hallar intento,
Á quien sigo por el viento,
Pues ni señas ni razon
Traigo dél; mas confusion
Por admiracion me das;
¿Qué importa un prodigio mas,
Adonde tantos lo son?
Bien sé, bien, que no es posible
Hallar mi venganza, no;
¿Mas qué hiciera yo, si yo
No intentara lo imposible?
Pero aunque bien infalible
Ví la primer seña, en vano
La creo, porque está llano,
Que es quien es, y es cosa clara,
Que un noble no ensangrentara
En una muger la mano.
Porque valor no asegura,
Porque no arguye nobleza,

Quien no admira una belleza,
Quien no adora una hermosura,
Que en sí misma esté segura:
Luego no es suyo el rigor,
Mienten sus señas, amor,
Tus indicios han mentido;
Que otro ha sido, que otro ha sido
El vil, el fiero, el traidor.

Alc. ¿Ser eso á que haber venido?

Alv. Sí.

Alc.   Pues presto nos volver;
¿Porque cómo puede ser,
Sin haberle conocido,
Hallarle?

Alv.   Cuando el efeto
No alcance, me lo prometo.

Alc. Esas el cartas serán
De en la corte á mi hijo Juan,
Que andar vestido de prieto.

Alv. Á tí no te toca mas.

Alc. Ya saber que hablar por señas
En alguien viniendo.

Alv.   Sí.

Alc. Ponga Alá tiento en mi lengua.

          Salen Soldados.

Sold. 1. La ganancia está partida
Bien asi, pues el que juega,
Aunque vaya por dos, siempre
Algo de ribete lleva.

Sold. 2. ¿Por qué no ha de ser igual
La ganancia, si lo fuera
La pérdida?

Sold. 3.   Eso sí que es justo.

Sold. 1. Mirad, yo nunca quisiera
Tener con mis camaradas,
Por intereses, pendencias.
Haya solamente un hombre,
Que diga, que es razon esa,
Y yo no hablaré palabra.

Sold. 2. Mas que lo dice cualquiera.
Ha soldado!

Alc.   Á me decir,   [*aparte.*
É no responder, paciencia!

Sold. 2. No respondeis?

Alc.   Ha, ha, ha!

Sold. 1. Mudo es.

Alc.   Si bien lo supieran!   [*aparte.*

Alv. Este ha de echarme á perder,   [*aparte.*
Si yo no salgo á la enmienda.
Divertirlo importa. — Hidalgos,
Perdonad por vida vuestra,
Si no entiende ese criado
Lo que le mandais, pues muestra
Bien que es mudo.

Alc.   No ser mudo;   [*aparte.*
Mas ser en casion como esta
Pique, repique y capote,
Pues que no tiene respuesta.

Sold. 1. Lo que decirle queria,
Ha sido suerte, que pueda
Mejorarse en vos, que es duda.

Alv. Yo holgara satisfacerla.

Sold. 1. Yo he ganado por los dos
Entre el dinero una prenda,
Que es este Cupido......

Alv.   Ay triste!   [*aparte.*

Sold. 1. De diamantes.

Alv.   Ay Maleca!   [*aparte.*
Las joyas son de tus bodas,
Despojos de tus exequias.
¿Cómo he de vengarla, cómo,
Si van tomando las señas
Los extremos, pues alcanza

Desde un soldado á una Alteza?
Sold. 1. Al partir pues la ganancia,
Le doy el Cupido en cuenta,
En lo que yo le gané;
Dice, que él no quiere prendas.
Mirad si, habiendo ganado
Yo, no es justo que prefiera
En la particion.
Alv.   Yo quiero
Componer la diferencia,
Ya que he llegado á ocasion,
Dando el dinero por ella
En que estuviere jugada.
Pero con una advertencia,
Que he de saber yo primero
Quien la trajo, porque sea
Seguro.
Sold. 2.   Seguras son
Todas cuantas hoy se juegan;
Porque todo se ha ganado
En el saco de Galera
A esos perros.
Alv.   ¡Que yo, cielos, [*aparte.*
Tal escuche y tal consienta!
Alc. ¡Que me, ya que no matar, [*aparte.*
No poderle hablar siquiera!
Sold. 1. Yo os pondré con quien lo trajo;
Que él me contó aqui por señas,
Que entre sus joyas quitado
La habia á una Morisca bella,
A quien dió muerte.
Alv.   Ay de mí! [*aparte.*
Sold. 1. Venid, de su boca mesma
Lo oireis.
Alv. No oiré; que primero, [*aparte.*
Como una vez quien es sepa,
Le mataré á puñaladas. —
Vamos.
Voces [*dent.*] Deténganse!
Otros [*dent.*]
Sold. [*dent.*] Tengo de darle la muerte, Afuera! [*Riñen dentro.*
Aunque el mundo lo defienda.
Otro. Con nuestro enemigo es.
Otro. Pues, amigo, muera, muera.

   Dentro GARCES.

Garc. Si yo estoy solo, ¿qué importa
Que todos contra mí sean?

  Salen GARCES *y Soldados.*

Alv. Tantos á uno, soldados,
Es infamia y es bajeza.
Deténganse, ó haré yo,
Vive Dios, que se detengan.
Alc. Á bonas cosas venir, [*aparte.*
A no hablar, é á ver pendencias.
Sold. Muerto soy!

  Sale DON LOPE DE FIGUEROA.

Lop.   Qué es esto?
Uno.   Muerto
Está. Huyamos, no nos prendan. [*Vase.*
Garc. La vida os debo, soldado,
Yo, yo os pagaré la deuda. [*Vase.*
Lop. Deteneos!
Alv.   Ya lo estoy.
Lop. De los dos las armas vengan.
Quitadle la espada.
Alv.   Ay cielo! — [*aparte.*
Mire Usiría y advierta,
Que á poner paz la saqué,
Sin ser mia la pendencia.
Lop. Yo solo sé, que en el cuerpo
De guardia os hallo con ella

Desnuda, y un hombre muerto.
Alv. Imposible es mi defensa. [*aparte.*
¿A quién habrá sucedido,
Que á matar á un hombre venga,
Y por dar la vida á otro,
En tal peligro se vea?
Lop. ¿Y vos no dais esa espada? [*á Alcuzcuz.*
Bueno! Hablador sois de señas?
Pues yo os he visto otra vez
Hablar, si bien se me acuerda. —
En ese cuerpo de guardia
Presos aquestos dos tengan,
Mientras sigo á los demas.
Alc. Dos cosas me daban pena, [*aparte.*
Pendencia é caliar; ya ser
Tres, si bien hacer el cuenta;
Una, dos, tres, sí tres ser;
Prision, caliar é pendencia. [*Vanse.*

  Sale DON JUAN DE AUSTRIA.

Juan. ¿Qué ha sido aquesto, Don Lope?
Lop. Fue, señor, una pendencia,
En que un hombre muerto ha habido.
Juan. Pues si cosas como esas
No se castigan, habrá
Cada dia mil tragedias.
Mas usarse ha con templanza
De la justicia.

  Sale DON JUAN DE MENDOZA.

Men.   Tu Alteza
Me dé sus pies.
Juan.   Qué hay, Mendoza?
¿Qué responde Abenhumeya?
Men. Sorda trompeta de paz
Toqué á la vista de Verja,
Y muda bandera blanca
Me respondió á la trompeta.
Entré con seguro dentro,
Llegué al dosel ó á la esfera
De Abenhumeya, bien dije,
Si estaba con él la bella
Doña Isabel Tuzaní,
Que hoy es Lidora y su Reina.
A la usanza de su ley
En una almohada me sienta,
Gozando de Embajador
En todo la preeminencia,
(¡Ay amor, qué neciamente [*aparte.*
Dormidos gustos despiertas!)
Y él de Rey la autoridad.
Di tu embajada, y apenas
Se divulgó, que hoy á todos
Dabas perdon, cuando empiezan
Por las plazas y las calles
A hacer alegrías y fiestas.
Pero Abenhumeya, hijo
Del valor y la soberbia,
Encendido en saña, viendo
Cuanto alborota y altera
A sus gentes el perdon,
Esto me dió por respuesta:
Yo soy Rey de la Alpujarra,
Y aunque es provincia pequeña
A mi valor, presto España
Se verá á mis plantas puesta.
Si no quereis ver su muerte,
Dile á Don Juan, que se vuelva,
Y si algun baharí Morisco
Gozar dese indulto piensa,
Llévatele tú contigo,
A que sirva en esa guerra
A Felipe, porque asi
Haya ese mas á quien venza.

Con esto me despidió,
Dejando ya en arma puesta
La Alpujarra, porque toda,
Ya civiles bandos hecha,
Unos España apellidan,
Otros África vocean;
De suerte, que su mayor
Ruina, que su mayor guerra
Hoy, parciales y divisos,
Tienen dentro de sus puertas.

Juan. Nunca tiene mas aumento,
Mas duracion, ni mas fuerza
Un Rey tirano; porque
Los primeros, que le alientan
Al principio, son al fin
Los primeros, que le dejan
Quizá bañado en su sangre.
Y pues hoy desa manera
La Alpujarra está, antes que ellos
Viboras humanas sean,
Que se den muerte á sí mismos,
Marche el campo todo á Verja,
Y venzámoslos nosotros,
Primero que ellos se venzan;
No hagamos suya la hazaña,
Si hacerla podemos nuestra.   [*Vanse.*]

Salen con las manos atadas ALCUZCUZ *y*
DON ALVARO.

Alc. El rato que estar aqui   [*aparte.*
Solos los dos, é poder
Hablar, quijera saber,
Sonior Tozaní, de tí,
Á qué Alpojarra dejar,
É á aquesta terra venir,
Si fue á matar, ó á morir?
Alv. Á morir, y no á matar.
Alc. Quien poner paz en pendencia,
El peor parte ha lievado.
Alv. Como yo no era culpado,
No me puse en resistencia;
Que este corazon gentil,
Mil, puesto en defensa, presto
Me dejaran.
Alc.   Con todo esto
Yo me atener á los mil.
Alv. ¿En fin yo dejé de ver
Al que infame se alabó
De que las joyas quitó,
Dando muerte, á una muger?
Alc. No ser eso lo peor,
Sino estar mandados ya
Confesar. ¿Mas qué será
Ver venir al confesor,
Creyendo Crestianos ser?
Alv. Ya que todo lo he perdido,
Me he de vender bien vendido.
Alc. ¿Pues qué pensar ahora hacer?
Alv. Dar á esa posta la muerte.
Alc. Con qué manos?
Alv.   ¿No podrás
Con los dientes por detras
Romper ese lazo fuerte?
Con un puñal, que escondido
En la cinta me quedó,
Que siempre debajo yo
De la casaca he traido.
Alc. Por detras y dientes, no
Estar muy limpia la traza.
Alv. Llega, rompe ó desenlaza
El cordel.
Alc.   Sí haré.

Alv.   Que yo [*Desátale Alcuzcuz.*
Veré, si te ven.
Alc.   Ya estar,
Romper tú el mio.
Alv.   No puedo;
Que entra gente.
Alc.   Asi me quedo
Con cordel y sin hablar.

Salen un Soldado, que hace la posta, y GAR-
CES *con prisiones.*

Sold. 1. Aquel vuestro camarada
Y un criado suyo mudo,
Que animoso sacar pudo
Á vuestro lado la espada,
Son los que veis.
Garc.   Aunque es fuerza
Sentir, que me hayan prendido,
Tantos como me han seguido,
En una parte me esfuerza
Á no sentirlo el librar
Á quien la vida me dió,
Pues en su descargo yo
Me tengo de declarar.
Vos á Don Juan mi señor
De Mendoza le decid,
Como preso quedo aqui,
Que merced me haga y favor
De verme, para que pida
Mi vida al señor Don Juan,
Pues mis servicios serán
Los méritos de mi vida.
Sold. 1. Yo le diré, que aqui os vea,
En acabando de hacer
La posta.
Alv.   Tú puedes ver, [*á Alcuzcuz.*
Como al descuido, quien sea
El que con la posta ha entrado
En la prision.
Alc.   Sí veré.
Ay de mí!   [*Repara en Garces.*
Alv.   Qué tienes?
Alc.   Qué?
Alv. El haber aqui liegado......
Alv. Prosigue.
Alc.   Estar de horror lleno!
Alv. Habla.
Alc.   De temor no vivo!
Alv. Di.
Alc. Ser de quien fui cautivo,
Ser á quien corrí el voneno.
Sin duda saber, que aqui
Estar; mas por sí ó por no,
El cara guardaré yo,
Para que no me vea asi.
          [*Échase como que quiere dormir.*
Garc. Puesto que sin conoceros,
Ni haberos servido en nada,
Me dió vida vuestra espada,
Bien creereis, que siento el veros
Desa suerte. Si pudiera
Tener mi prision consuelo,
El libraros, vive el cielo,
Solo mi consuelo fuera.
Alv. Guárdeos Dios.
Alc.   Preso venir, [*aparte.*
Y el de la pendencia ser,
Sí, que entonces no le ver,
Con la prisa del reñir.
Garc. En fin, hidalgo, no os dé
Cuidado vuestra prision;
Que yo, por la obligacion
En que entonces os quedé,
La vida pondré primero,

Que vos, siendo mia, pagueis
La culpa, que no teneis.
Alv. De vuestro valor lo espero;
Si bien mi prision no ha sido
Lo que mas siento, por Dios,
Sino que perdí por vos
La ocasion, que me ha traido
Á esta tierra.
Sold.   No teneis
Que temer los dos morir;
Pues siempre he oido decir,
Y aun vosotros lo sabeis,
Que si de una muerte son
Dos los cómplices, no habiendo
Mas de una herida, y no siendo
Caso pensado ó traicion,
Uno muera solamente,
Y que este que muere sea
El de la cara mas fea.
Alc. El que tal decir revente. [*aparte.*
Sold. Y asi el tal mudo este dia
De todos tres morirá.
Alc. Claro estar, porque no habrá [*aparte.*
Cara peor que la mia
En el mundo.
Garc.   De vos creo,
Que aquesta merced me bareis,
Ya que obligado me habeis.
Alc. ¿Ley ser morir el mas feo? [*aparte.*
Garc. Sepa á quien debo el vivir.
Alv. Yo no soy mas que un soldado,
Que aventurero he llegado,......
Alc. ¿Ley el mas feo morir? [*aparte.*
Alv. Solamente con deseo
De hallar á un hombre. Esta ha sido
La ocasion, que me ha traido.
Alc. ¿Ley ser morir el mas feo? [*aparte.*
Garc. Quizá yo os podré decir
Dél. Cómo se llama?
Alv.   No
Lo sé.
Garc.   ¿En qué tercio llegó
Á esta ocasion á servir?
Alv. No lo sé.
Garc.   Qué señas tiene?
Alv. No sé.
Garc.   Pues bien le bailareis,
Si su nombre no sabeis,
Ni señas, ni con quien viene.
Alv. Pues sin saberle las señas,
Nombre, ni con quien está,
Le he tenido hallado ya.
Garc. No son enigmas pequeñas
Las vuestras; pero no os dé
Cuidado, pues en sabiendo
Su Alteza este caso, entiendo
Que me dé vida, porque
Me tiene á mí obligacion
Tan grande, que si no fuera
Por mí, no entrara en Galera;
Y esa perdida ocasion
Hallar podremos los dos;
Que de quien sois obligado,
He de estar á vuestro lado
Al bien y al mal, vive Dios.
Alv. ¿En efecto que vos fuisteis
El que entrásteis en Galera?
Garc. ¡Pluguiera á Dios, no lo fuera!
Alv. ¿Por qué, si esa hazaña hicísteis?
Garc. Porque desde que yo en ella
El primero puse el pie,
No sé qué influjo, no sé
Qué hado, qué rigor, qué estrella
Me persigue, que no ha habido

Cosa, que á la suerte mia,
Desde aquel infausto dia,
Mal no me haya sucedido.
Alv. ¿De qué os nace ese rezelo?
Garc. No sé, sino es de que allí
Muerte á una Morisca dí,
Y se ofendió todo el cielo,
Porque su hermosura era
Su traslado.
Alv.   ¿Tan hermosa
Era?
Garc.   Sí.
Alv.   Ay perdida esposa! — [*aparte.*
Cómo fue?
Garc.   Desta manera:
Estando de posta un dia,
Entre unas espesas ramas,
Que á los lutos de la noche
Iban pisando las faldas,
Prendí á un Morisco. No quiero
(Que estas son cosas muy largas)
Deciros, que me engañó,
Llevándome entre unas altas
Peñas, adonde sus voces
Convocaron la Alpujarra;
Que huyendo dél, me escondí
En una gruta; pues basta
Decir, que esta fue la mina,
Que, en una peña cavada,
Monstruo fue, que concibió
Tanto fuego en sus entrañas.
Yo fui quien noticia della
Traje al señor Don Juan de Austria,
Y yo fui quien al ingenio
La noche estuve de guardia;
Yo quien de la bateria
Mantuve siempre la entrada
Á la otra gente, y yo en fin
Quien por medio de las llamas
Penetré la villa, siendo
Su racional salamandra,
Hasta que llegué, pasando
Globos de fuego, á una casa
Fuerte, que sin duda era
De la gente plaza de armas,
Pues alli se abanzó toda.
Pero parece que os cansa
Mi relacion, y que no
Teneis gusto en escucharla.
Alv. No es sino que divertido
Acá en mis penas estaba.
Proseguid.
Garc.   Llegué en efecto,
Lleno de cólera y rabia,
Á la casa de Malec,
Que era en fin toda mi ansia,
Al palacio ó casa fuerte,
Al tiempo que ya su alcázar
Don Lope de Figueroa,
Lustre y honor de su patria,
Rendido tenia y sitiado
Del fuego por partes varias,
Y muerto al Alcaide. Yo,
Que entre el aplauso buscaba
El provecho, aunque mal juntos
Provecho y honor se hallan,
Ambiciosamente osado,
Discurrí todas las salas,
Penetré todas las piezas,
Hasta que llegué á una cuadra
Pequeña, último retrete
De la mas bella Africana,
Qne vieron jamas mis ojos.
¡Ha quién supiera pintarla!

Mas no es tiempo de pinturas.
Confusa al fin y turbada
De verme, como si fueran
Las cortinas de una cama
De una muralla cortinas,
Detras se esconde y ampara. —
Pero con llanto en los ojos,
Y sin color en la cara
Os habeis quedado.

Alv.   Son
Memorias de mis desgracias,
Muy parecidas á esas,

Garc. Tened, tened confianza,
Si es por la ocasion perdida;
Quien no la busca, la halla.

Alv. Decís verdad. Proseguid.

Garc. Entré tras ella, y estaba
Tan alhajada de joyas,
Tan guarnecida de galas,
Que mas parecia, que amante
Prevenia, y esperaba
Bodas, que exequias. Yo, viendo
Tal belleza, quise darla
La vida, como al rescate
Saliese fiadora el alma.
Apenas pues me atreví
Á asirla una mano blanca,
Cuando me dijo: Cristiano,
Si es mas ambicion, que fama,
Mi muerte, pues con la sangre
De una muger mas se mancha,
Que se acicala, el acero,
Estas joyas satisfagan
Tu hidrópica sed, y deja
Limpio el lecho, la fe intacta
De un pecho, donde se encierran
Misterios, que aun él no alcanza.
Llegué á los brazos......

Alv.   ¡Espera,
Escucha, detente, aguarda!
No llegues á ellos! Qué digo!
Mis discursos me arrebatan
La voz. Proseguid; que á mí
Eso no me importa nada. —
¡Pluguiera á amor, pues mas siento   [*ap.*
Ya el quererla, que el matarla!

Garc. Dió voces en la defensa
De su vida y de su fama.
Yo, viendo que ya acudia
Otra gente, y que ya estaba
Perdida la una victoria,
No quise perderlas ambas,
Ni que los otros soldados
Conmigo á la parte entraran;
Y asi, trocando el amor
Entonces en la venganza,
(Que fácilmente el afecto
De un extremo al otro pasa)
Arrebatado, no sé
De qué furia, de qué saña,
Que me movió el brazo entonces,
(Aun repetido es infamia)
Ó por quitarla una joya
De diamantes y una sarta
De perlas, dejando todo
Un cielo de nieve y grana,
La atravesé el pecho.

Alv.   ¿Fue
Como esta la puñalada?
          [*Saca un puñal y hiérele.*

Garc. Ay de mí!

Alc.   Aquesto estar hecho.

Alv. Muere, traidor!

Garc.   Tú me matas?

Alv. Sí; porque esa beldad muerta,
Esa rosa deshojada,
El alma fue de mi vida,
Y hoy es vida de mi alma.
Tú eres el que busco, tú
Tras quien me trae mi esperanza
Á vengar á su hermosura.

Garc. ¡Ha, que me coges sin armas
Y con traicion!

Alv.   Nunca consta
De términos la venganza.
Don Alvaro Tuzaní,
Su esposo, es el que te mata.

Alc. Y yo ser, perro cristiano,
Alcuzcuz, que en el pasada
Ocasion llevar alforja.

Garc. ¿Para qué vida me dabas,
Si me habias de dar muerte? —
¡Ha posta, posta de guardia!

Dentro DON JUAN DE MENDOZA.

Men. Qué voces son estas? Abre
La puerta; que Garces llama,
Á quien yo vengo á buscar.

Salen DON JUAN DE MENDOZA *y Soldados.*

Qué es esto?
          [*Quita D. Alvaro la espada á un Soldado.*

Alv.   Suelta esta espada! —
Señor Don Juan de Mendoza,
Yo soy, si el verme os espanta,
Tuzaní, á quien apellidan
El rayo de la Alpujarra.
Á vengar vine la muerte
De una beldad soberana;
Que no ama quien no venga
Injurias de lo que ama.
Yo en otra prision á vos
Os busqué, donde las armas
Iguales los dos medimos,
Cuerpo á cuerpo, y cara á cara.
Si en esta prision venis
Á buscarme vos, bastaba
Venir solo; pues que sois
Quien sois; que esto solo basta.
Pero si es que habeis venido
Acaso, nobles desgracias
Defiendan los hombres nobles.
Hacedme esa puerta franca.

Men. Yo me holgara, Tuzaní,
Que en ocasion tan extraña
Con reputacion pudiera
Guardaros yo las espaldas.
Mas ya veis, que hacer no puedo
Al servicio del Rey falta,
Y es su servicio mataros,
Cuando en su ejército se hallan;
Y asi he de ser el primero
Que os mate.

Alv.   No importa nada,
Que la puerta me cerreis;
Que yo la haré á cuchilladas......
          [*Acuchillanse.*

Uno [*dent.*] Muerto soy!

Otro.   De los abismos
Es furia que se desata.

Alv. Ahora vereis, que soy
El Tuzaní, á quien la fama
Apellidará en sus triunfos
El vengador de su dama.

Men. Primero verás tu muerte.

Alc. Pregunto, ¿el de mala cara
Es ley morir?

Salen DON JUAN DE AUSTRIA, DON LOPE
DE FIGUEROA *y Soldados.*

Lop.   Qué·es aquesto?
¿Quién este alboroto causa?
Juan. Don Juan, qué es esto?
Men.   Es, señor,
Una cosa bien extraña.
Es un Morisco, que viene
Solo desde la Alpujarra
Á matar un hombre, que
Dice que mató á su dama
En el saco de Galera,
Y le ha muerto á puñaladas.
Lop. ¿Tu dama habia muerto?
Alv.   Sí.
Lop. Bien hiciste. — Señor, manda [*á D. Juan.*
Dejarle; que este delito
Mas es digno de alabanza,
Que de castigo; que tú
Mataras á quien matara
Á tu dama, vive Dios,
Ó no fueras Don Juan de Austria.
Men. Mira, que es el Tuzaní,
Y que será de importancia
Prenderle.
Juan.   Date á prision.
Alv. Aunque tu valor lo manda,
No estoy dese parecer,
Y por tu respeto basta
Que la defensa que intento
Sea volverte la espalda.   [*Vase.*
Juan. ¡Seguidle todos, seguidle!
[*Entranse todos siguiendo á D. Alvaro.*

En un muro, que habrá en lo alto, salen DOÑA
ISABEL *y Soldados moriscos.*

Isab. Haz con esa seña blanca
Llamada al campo cristiano.

            Sale DON ALVARO.

Alv. Entre picas y alabardas
He rompido, hasta llegar
Á los pies desta montaña.
Uno [*dent.*] Antes que entre en la espesura,
Un mosquete le dispara.

      Salen los Soldados siguiéndole.

Alv. Todos sois pocos, cercadme.
Uno. Al valle subid.
Isab.   Aguarda,
Tuzaní, señor.
Alv.   Lidora,
Toda esa gente, esas armas
Tras mí vienen.
Isab.   Pues no temas.

      Dentro DON JUAN DE AUSTRIA.

Juan. Tronco á tronco y rama á rama
Talad el campo, hasta hallarle.

Salen DON JUAN DE AUSTRIA, *Soldados y*
ALCUZCUZ.

Isab. Generoso Don Juan de Austria,
Hijo del águila hermosa,

Que al sol mira cara á cara,
Todo ese monte, que ves
Rebelde á tus esperanzas,
Una muger, si la escuchas,
Viene á poner á tus plantas.
Doña Isabel Tuzaní
Soy, que aqui tiranizada
Viví, Morisca en la voz,
Y Católica en el alma.
Muger soy de Abenhumeya,
Cuya muerte desdichada
Ensangrentó su corona
Con su sangre y con sus armas;
Porque viendo los Moriscos,
Que general perdon dabas,
Trataron rendirse; tal
Es de un vulgo la inconstancia,
Que los designios de hoy
Intentan borrar mañana.
Y viendo, que Abenhumeya
Con valor los avivaba
Su cobardía, al entrar
La compañía de guardia,
Su Capitan le tomó
Las puertas, y hasta la sala
Del dosel entró, diciendo:
Date por el Rey de España.
Prenderme á mí? dijo entonces;
Y al ir á empuñar la espada,
Un soldado en la cabeza
Empleó la partesana;
Que como de la corona
Juzgó vivir adornada,
Fue capaz sugeto á un tiempo
De la dicha y la desgracia.
Cayó en la tierra, y cayeron
Con él tantas esperanzas,
Como suspenso tenia
El mundo con sus hazañas,
Que al amago antes que al golpe
Pudo titubear á España,
Diciendo á voces la gente:
¡Viva el sacro nombre de Austria!
Si el venir, señor, adonde,
Puesta á tus heróicas plantas
Del valiente Abenhumeya
La corona su Granada,
Te merece un perdon, puesto
Que hoy á los demas alcanza,
Goce de su indulto el noble
Tuzaní; que yo, postrada
Á tus pies, mas que el ser Reina,
Estimara el ser tu esclava.
Juan. Poco has pedido en albricias,
Hermosa Isabel. Levanta.
Viva el Tuzaní, quedando
La mas amorosa hazaña
Del mundo escrita en los bronces
Del olvido y de la fama.
Alv. Dame tus pies.
Alc.   ¿Y me estar
Perdonado?
Juan.   Sí.
Alv.   Aqui acaba
Amar despues de la muerte,
Y el sitio de la Alpujarra.

CIII.

UN CASTIGO EN TRES VENGANZAS.

PERSONAS.

CÁRLOS, *Duque de Borgoña.*
FEDERICO, *galan.*
ENRIQUE.
CLOTALDO.

MANFREDO, *viejo.*
BECOQUIN, *criado.*
FLORO, *escudero vejete.*
Tres Bandoleros.

Criados del Duque.
FLOR *}*
FLÉRIDA *} damas.*
LAURA, *criada.*

JORNADA I.

Salen el DUQUE, ENRIQUE *en trage de camino,* MANFREDO, FEDERICO *y* CLOTALDO.

Duq. Vengas con bien, Enrique, donde sean
Digno laurel de tu valor mis brazos,
Cuando ceñir sobre tu cuello vean
Fáciles nudos con ilustres lazos.

Enr. Mal, Cárlos invictísimo, se emplean
En tronco tan inútil los abrazos
Tan nobles; no malogres dichas tantas,
Pues basta que me admitas á tus plantas,
Donde, nadando en piélagos de fuego,
Donde, volando en círculos de plata,
Humilde rayo de tu esfera llego,
En quien el sol su resplandor retrata.

Duq. ¿Pues qué hay del Duque de Sajonia?

Enr. Luego
Que oyó de mí lo que tu imperio trata,
Segunda vez tus armas apercibe,
Y con grande secreto esta te escribe.
[Dale una carta.

Duq. [lee] „Á Cárlos de Borgoña, el Justiciero."
[repr.] Con buenas señas viene el sobresc:ito;
Que el Justiciero soy, cuyo severo
Blason á mis anales solicito.
Ver lo que dice mi enemigo quiero;
La nema rompo, la cubierta quito.
[Lee para sí como admirándose.
Y ya veo entre penas y entre enojos, [ap.
Que es la tinta veneno de los ojos.
Extraño caso, y tan extraño caso,
Que una y mil veces le repito y veo.
Y cuanto mas por él los ojos paso,
Menos fuerza le doy, menos le creo;
Si bien en rabia y cólera me abraso
De ver, que allá se sepa mi deseo,
Siendo así, que los cinco, que aqui estamos,
Solos lo dispusimos y tratamos.
Enrique es mi sobrino, y no pudiera
En mi sangre caber alevosía;
Manfredo me ha criado, verdadera
Es su fe, que excedió la luz del dia;
Clotaldo es el Atlante desta esfera,
Porque él es toda la privanza mia;
Federico prudente y atrevido

En la paz y en la guerra me ha servido.
Qué haré? Si me declaro aqui, el respeto
Le pierdo á mi valor; si sofro y callo,
Daré con la omision fuerza al efeto
De un falso amigo, de un traidor vasallo.
Solo esta vez dañar pudo el secreto.
Quiérome declarar, por ver, si hallo
Desengaño, teniéndolos delante;
Que la muestra del pecho es el semblante.

Enr. En confusion la carta al Duque ha puesto.

Clot. Grande la pena es, pues él suspira.

Man. Nunca á Cárlos le vi tan descompuesto.

Fed. Con notable atencion vuelve, y nos mira.

Clot. Señor excelentísimo, qué es esto?

Fed. Á todos nos suspende y nos admira
Ver en vos tal afecto de tristeza.

Man. ¿Con lágrimas responde vuestra Alteza?

Duq. No os espanteis, Manfredo, de haber visto
En mí tal sentimiento, porque es fuerza
Que hoy la severidad, que no resisto,
El uso altere y el estilo tuerza.
No es temor de las gentes que conquisto
El que mi pecho á tal extremo esfuerza;
Causa hay mayor, mayor desdicha sigo.

Man. Pues qué teneis, señor?

Duq. Perdí un amigo.

Man. ¿Es muerto el Duque de Austria?

Duq. No, Manfredo,
Ni este amigo murió; que si muriera,
Menos dolor me diera, menos miedo,
Saber, que le gané en mejor esfera.
Por lo que triste yo y confuso quedo,
Es, porque le he perdido, sin que él muera.
Ved la carta, vereis mi sentimiento,
Y yo mis penas. Á los cuatro atento. [ap.

Man. [lee] „Avisado he sido, que V. Alteza pasa
„por tierras mias á verse con su sobri-
„no el Duque de Austria, para hacer liga
„contra mí, y que podré prenderle en el
„camino. Yo no he querido deberle á age-
„na deslealtad lo que puedo al propio va-
„lor; y asi aviso á V. Alteza, que mire de
„quien se fia; y pues es de enemigo, tome
„el primer consejo. Dios guarde á V. Al-
„teza."
„El Duque de Sajonia."
[repr.] Esto dice la carta.

Enr. Extraño caso!

Fed. Vive Dios, si supiera......!
Clot. 　　　　　　　Yo estoy muerto! [*ap.*
Duq. Cuando las señas examino y paso, [*aparte.*
Cuatro semblantes en los cuatro advierto.
Manfredo la leyó, sin hacer caso,
Enrique del suceso queda incierto,
Federico colérico se ofende,
Clotaldo se entristece y se suspende.
¿Cuál destos tres afectos habrá sido
Él que indicia á su dueño de culpado?
¿Manfredo, que constante ha resistido,
Ó Enrique, que confuso se ha admirado;
Federico, que ciego se ha ofendido,
Ó Clotaldo, que triste se ha mostrado?
No sé; que varias dió naturaleza
Constancia, admiracion, ira y tristeza.
Pero toque una experiencia
La verdad. — ¿Cómo, Manfredo,
Despues de haber revelado
Desta traicion el efecto,
Ni os admirais, ni mostrais
Cólera ni sentimiento
De tristeza, y os quedais
Con el semblante primero?
Poco cuidado os ha dado
El mio, pues no os merezco
Parte en mis penas.
Man. 　　　　　　Señor,
Los que con la edad tenemos
Experiencias, porque al fin
Dijo un sabio, que los viejos
En la escuela de los años
Son discípulos del tiempo,
Pocas veces nos rendimos
Á la admiracion, ni hacemos
Acciones, que signifiquen
Nuestro dolor. Fuera desto,
Como yo dentro de mí
Sé lo que en mí mismo tengo,
Y no puedo sin mí mismo
Haber errado acá dentro,
No hice novedad alguna;
Porque, ya caduco y viejo,
Ni como mozo me espanto,
Ni como jóven me altero,
Ni como mal advertido
Hago actos de sentimiento.
Y asi, señor, ni me admiro,
Ni me enojo, ni entristezco.
Enr. Las cosas grandes, que vienen
Sin hacer salva primero
Á la razon, con la luz
Que les da el entendimiento,
Dignamente el mas constante
Debe admirar, pues por eso
Á la cólera del rayo
Previno la voz del trueno.
Quien no se admiró de verle,
Fue, porque supo primero
La venida de la voz,
Que se lo dijo en el viento.
Y asi el no haberse admirado
Da escrúpulos de saberlo;
Porque es modestia afectada
Hacer de un rayo desprecio.
Irse tras la admiracion
No está en mano del afecto;
Luego del riesgo sabrá
Quien no hizo caso del riesgo,
Yo hice admiracion; y cuantos
No han hecho lo que yo he hecho,
Son para mí sospechosos.
Fed. Pon á tus razones freno;
Que basta que te disculpes

Tú, sin que intentes soberbio
Culpar á otro; pues ninguno
De cuantos aqui nos vemos
Tiene, Enrique, contra sí
Mas testigos, que tú mesmo;
Porque la admiracion dice
Sobresalto, y no sabemos,
Si te admiraste de haber
Alimentado en tu pecho
Tu muerte, bien como el áspid,
Que, de otras vidas sediento,
Es, quitándose la suya,
El homicida y el muerto.
Y si se debe argüir
La lealtad por el efecto,
Que hizo en nosotros la carta,
Yo solo disculpa tengo,
Que colérico al oírla,
Llevado de mi ardimiento,
Le quisiera dar mil muertes
Al que es traidor á su dueño
Y á su patria. Mira como,
Quien sintió con tanto extremo
Verle ofendido de otro,
Le ofendiera por sí mesmo.
Clot. Déjame á mí responder
Por tí y por mi. En tu argumento
Tu misma razon te vence,
Federico; pues haciendo
Á la admiracion de Enrique
Equivocados intentos,
Como son á la lealtad,
Y á la culpa en tu concepto,
Tu misma lengua es el áspid,
Que, siendo tuya, te ha muerto;
Pues tu cólera tampoco
Se explica, y no conocemos,
Si es contra quien cometió
La traicion deste secreto,
Ó contra quien la revela;
Pues no tiene, segun creo,
Cólera ni admiracion
Determinado el objeto.
Man. Nadie debiera callar
Mas que tú, Clotaldo, puesto
Que fue tuya la tristeza;
Porque es el mas propio afecto
La tristeza de quien tiene
Mal seguro el pensamiento.
Enr. Tambien la tristeza es
Noble y digno sentimiento
De un leal, que vé ofendido
Su señor; y asi, Manfredo,
Su tristeza le disculpa
Mas que á tí tus fingimientos.
Man. Con licenciosas palabras
Ofendes al que es ejemplo
De lealtad; y bien debieras
Agradecerme, que dejo
De decir, Enrique,......
Enr. 　　　　　　　　Qué?
Man. Que eres del Duque heredero,
Y que al Duque de Sajonia
Fuiste á ver, y está mas puesto
En razon, que interesado
Le descubrieses tu intento
Cara á cara, que nosotros,
Á mil peligros expuestos;
Porque es tanta la vergüenza
De fiar un caballero
Su flaqueza, que infinitos
Son honrados, no por serlo,
Sino por no declarar,
Que no lo son á un tercero.

Enr. Si no estuviera delante
El Duque, caduco, necio,
Yo hiciera......

Fed. ¿Para qué son
Bizarrías con un viejo?
Y si está delante el Duque,
Embótense los aceros
Para cuando no lo esté.
Yo solo á los dos defiendo
Mi lealtad y su lealtad,
Brazo á brazo, y cuerpo á cuerpo,
Y el que primero este guante
Tomare será el primero
Que riña.

[*Arrójale, y tómanle los dos.*]

Enr. Suelta, Clotaldo!
Clot. Suelta, Enrique!
Duq. Pues qué es esto?
¿No mirais, que estoy delante?
¿Asi se pierde el respeto
Á mi persona? Soltad!
Enr. Señor,......
Clot. Señor,......
Duq. Yo me quedo,
Federico, con el guante,
Y pues solo yo le tengo,
Á nadie toca salir,
Sino á vos; y asi al momento
Salid de mi corte, antes
Que por altivo y soberbio
De los hombros os divida
Sangriento verdugo el cuello.

Fed. Solo para obedecerte
Valor tuve y vida tengo;
Pero advierte, que apartarme
De tí, señor, cuando veo
El juicio de una traicion
Entre nosotros suspenso,
Es decir, que yo lo soy.

Duq. Federico, yo os destierro
Por atrevido.

Fed. Señor,
No á todos les consta eso,
Y á todos consta, que salgo
En vuestra desgracia.

Duq. Luego
Salid de mi corte.

Fed. Dame
La muerte, pues la merezco,
En un público cadahalso;
Que yo moriré contento
De ver, que dice el pregon
Á todos por lo que muero.

Duq. Bien está.
Enr. Á Dios, Federico.
Fed. Otro dia nos veremos.
Enr. Norabuena.
Fed. Pues yo tomo
La palabra.

Duq. Pues qué es eso?
Vos no salgais de la corte;
Que en ella habeis de estar preso,
Enrique. Y vos retiraos
Á vuestra casa, Manfredo.
Tú ven, Clotaldo, conmigo.

Clot. Apenas, señor, me atrevo
Á mirarte, por si acaso
De mí sospechas, que puedo
Haber sido yo......

Duq. Clotaldo,
No te disculpes; que temo,
Que me diga la disculpa
Lo que me calló el silencio.

[*Vanse el Duque, Enrique y Manfredo.*]

Clot. Bien me ha sucedido todo, [*aparte.*
Pues seguro del Duque, tengo
Aquestos favores mas,
Y aqueste enemigo menos,
Que he de ser dueño de Flor,
Y destos estados dueño. [*Vasc.*

Fed. ¿Hay mas desdichas, fortuna?
¡O qué bien dijo un discreto,
Que no es la primer desdicha
La que ha de sentir el cuerdo,
Sino empezar á sentir
Las que han de seguirse luego;
Que son horas las desdichas,
Que en el minuto postrero,
Que una acaba, empieza otra!
¡Ay Cárlos el Justiciero!
¡Qué mal cumples con el nombre,
Que te ha de aclamar eterno!
Ay Flor hermosa! En llegando
Aqui mi dolor, no puedo
Proseguir, porque las voces,
Anudadas en el pecho,
Se estorban unas á otras,
Por salir todas á un tiempo;
Bien como un cristal penado,
Que, aunque se vé de agua lleno,
No se vacía, si no hace
Lugar al aire primero;
Y asi mi pecho, (bien digo)
Porque es un cristal mi pecho,
Y penado, porque en fin
Nada le falte al concepto,
Tan lleno está de desdichas,
Que, cuando decirlas quiero,
No puedo, sino es llorando;
Y asi salen dél á un tiempo
En las lágrimas el agua,
Y en los suspiros el viento.

Sale BECOQUIN.

Bec. Señor, es hora de hallarte?
Hoy, que buscándote vengo
Con buenas nuevas, parece,
Que te ha sepultado el centro
De la tierra.

Fed. ¡Á Dios pluguiera,
Becoquin!

Bec. Pues qué tenemos?
Pero no, no me lo digas;
Que, aunque estés triste, yo tengo
Remedio con que sanarte.
Récipe para este enfermo,
Recado de Flor de flores,
En que te dice, que luego
Vayas á verla, que baja
Á los jardines, que abiertos
Estarán, donde podrás
Hablarla. ¿Mas cómo, oyendo
Este recado, te estás
Tan divertido y suspenso?

Fed. Como quiere mi fortuna,
Que hasta el gusto y el contento
Vengan á darme la muerte;
Que es el indicio mas cierto
De morir, cuando se hacen
Enfermedad los remedios.
Vengan postas, Becoquin.

Bec. Postas?
Fed. Sí.
Bec. Pues si podemos
Irnos á pie, ¿para qué
Son las postas, ó á qué efecto?
Notable eres! ¿Cuanto mas
En hallarlas tardaremos,

Que en irnos allá los dos,
Pian, pian? Que en volviendo
Esta esquina, hácia esta mano,
Luego sobre el tabernero
Á esotra, enfrente de un sastre
Corcovado, se ven luego
Las zelosías de Flor,
Sus jardines y sus huertos.
¿Postas para andar dos calles?

Fed. No, sino para ir huyendo
Desa dicha, que me busca,
Que merecerla no puedo,
Por no hacerle ese pesar
Á mis desdichas; que siendo
Favor de Flor, es matarme,
Saber que es suyo, y le pierdo.

Bec. Un tanto cuanto parece
Enigma, y yo no me atrevo
Á declararle, porque
No alcanzo yo los rodeos
De platónicos amores;
Que como siempre profeso
El escudérico amor,
El filósofo no entiendo.
Mas vamos á ver á Flor.

Fed. Eso no, ni yo me atrevo
Á verla; que no he de dar
Á mis penas esos zelos.
Busca postas, y partamos;
Que yo, Becoquin, te espero
Allá en casa.

Bec.   No creí
Nunca que estabas sin seso,
Aunque siempre lo dudé,
Hasta ahora, que te veo
Decir uno, y hacer otro.
¿Cómo, cuando estás diciendo
Que vas á casa, y no quieres
Ir á ver á Flor, te veo
Echar hácia ver á Flor,
Y no hácia casa? qué es esto?

Fed. ¿No has visto un relox, que tiene
En su círculo pequeño
Un volante, que señala
Los escrúpulos del tiempo
Y que, aunque el volante quiera
Ir otro camino, luego
Obedece al artificio,
Que le manda por de dentro?
Asi yo, aunque quiera ir
Por otro rumbo, no puedo;
Que la accion solo es volante
Del artificio del pecho;
Y asi es fuerza que obedezca
Al alma, que vive dentro.

Bec. La puerta abren del jardin.

Fed. Postas preven; que aqui espero.

Bec. Por saber para qué son
Las postas, iré. Ya vuelvo.   [*Vase.*

Salen FLOR *y* LAURA.

Flor. Desde aquellos miradores,
Que hacen con belleza suma
Al mar un jardin de espuma,
Y al jardin un mar de flores,
Cercado de mil temores
Estuvo mi pensamiento,
Por mirarte tan atento,
Que se dejaba engañar
De los bosquejos del mar,
De los celages del viento.
Si bien no era mucho error
Pensar, que viniese ciego
Por el viento quien es fuego,

Por el mar quien es amor.
¿Pero qué es esto, señor?
¿Tú mirarme con enojos?
¿Tú lágrimas por despojos?
¿Tú suspiros, y tú agravios?
Haz intérpretes los labios
De las dudas de los ojos.

Fed. Flor hermosa, á quien le bebe
El alba el primer candor,
Y para mis ojos Flor
En lo hermoso y en lo breve,
No mi amor suspiros debe
Á las quejas y desvelos,
Ni á las sombras ni rezelos;
Que en concursos de rigores
Son mis desdichas mayores,
Que pudieran ser mis zelos.
Mira cual será el dolor,
Que me ofende y me fatiga,
Pues me permite que diga,
Que es el de zelos menor.
Porque zelos en rigor,
Aunque me dieran la muerte,
No quitaran (dolor fuerte!)
Verte, y como yo te viera.
Muriera, pues que muriera
De la enfermedad de verte.
Ya habrás sabido, (ay de mí!)
Que mi pena y mi dolor
Es la ausencia, hermosa Flor,
Que ha de apartarme de tí.
Mira, si es justo, que asi
Sienta y llore, pues los cielos
Juntan todos mis desvelos
Debajo de una sentencia;
Pues hay zelos sin ausencia,
Y no hay ausencia sin zelos.

Flor. Cuando con mis penas lucho,
Muerta ni viva me creo,
Ni muerta, porque te veo,
Ni viva, porque te escucho.
Mucho es dolor, y mucho,
Federico, mi tormento;
Pues el uno al otro atento,
Nadie se quiere rendir,
Ó es que de puro sentir
Me falta ya el sentimiento.
Dime pues, ¿qué causa ha habido
Para tanta pena mia?

Fed. Ser tú, Flor, mi dicha y dia,
Y haberme ya anochecido.

Flor. Siendo asi, forzoso ha sido
Que pierda su resplandor,
Ausente el dia, la flor.
Pero las frases acorta.
Por qué te vas?

Fed.   Porque importa
Mi ausencia.

Flor.   Á quién?

Fed.   Á mi honor.

Flor. Á tu honor? Ay de mí triste!
Que aun esperanzas tenia
De que aqui te detendria;
Mas asi como dijiste,
Que en eso tu honor consiste,
Las esperanzas perdí.
Vete pues, vete de aqui;
Que si á tu honor importó,
No he de detenerte yo.

Fed. Que ya me despides?

Flor.   Sí.

Fed. Sin duda ves cuanto hoy
Importa la brevedad,
Y que implica á mi lealtad

Todo el tiempo que aqui estoy,
Porque has de saber, que voy
Ofendido.

Flor. No prosigas;
Que á mayor pena me obligas;
Que si lo que he de saber
Ofensa tuya ha de ser,
No quiero que me lo digas.
Vete, y no me digas, no,
La causa por qué te vas;
Que no quiero saber mas
De que á tu honor importó.
Muere honrado, y muera yo
Ausente. Y pues atrevido
Vas, que no vuelvas, te pido,
Si es de tu venganza incierto;
Porque mas te quiero muerto,
Federico, que ofendido.

Fed. Escucha; que sospechosa
No has de quedar, y pudiera
Quejarme de tí, si fuera
La queja mas licenciosa.
Sabe pues, que la forzosa
Ofensa, que en mi honor ves,
Violencia del Duque es;
No es injuria, ni es agravio
De otra mano, ni otro labio;
Que no viviera despues.

Flor. Toma en albricias la vida;
Y advierte bien cual estoy,   [*Abrázale.*
Pues las albricias te doy,
Federico, á la partida.

Fed. ¡Ay gloria tan mal perdida!

Sale BECOQUIN.

Bec. Ya quedan en la posada
Postas. ¿Pero qué jornada
Es esta, no me dirás?

Sale FLORO.

Floro. Flérida, de quien estás
Para esta noche avisada,
Viene á verte.

Fed.   Qué rigor!   [*aparte.*
Flor. Qué desdicha!   [*aparte.*
Fed.   Qué violencia!
Flor. ¡Qué bien, cielos, á la ausencia
Llamaron muerte de amor!

Fed. Sí; pero muerte mayor
Será mi pena.

Flor.   Por qué?
Fed. Porque mayor pena fue
Ausentarse, que morir.

Flor. ¿Eso un hombre ha de decir?
Fed. Sí; pues un hombre lo vé.
Flor. De qué suerte?
Fed.   Escucha. Yo
Hallo por discursos ciertos,
Que se hace bien por los muertos,
Y por los ausentes no.
El muerto honras mereció,
Olvido el que ausente está:
Luego yo he probado ya
Cuanto aquello á esto prefiere,
Pues honran al que se muere,
Y olvidan al que se va.

Flor. Bien de tí quejarme puedo,
Pues que dudas de mi amor.

Fed. ¿No ves que se te llamas Flor?
Flor. Pues no te dé el nombre miedo.
Fed. Por qué?
Flor.   Porque flor, excedo
Á la estrella mas luciente;
Y siguiendo eternamente

De tu sombra el arrebol,
Seré yo la flor del sol,
Que le está adorando siempre.

Fed. Esa flor, y flor gigante,
Ya fue por tener amor.

Flor. Si ella es amante y es flor,
Yo soy flor, y seré amante.

Fed. Quién lo asegura?
Flor.   Bastante
Testigo es mi fe, crisol
De lealtad.

Fed.   No el arrebol
Turbes de tus rayos, pues
Eres flor del sol.

Flor.   ¿No ves,
Que se me pone mi sol?
    [*Vanse Federico, Flor y Becoquin.*

Floro. Ya solos los dos estamos,
Laura, ya puedes hablar.
Acábame de contar
Aquel cuento que empezamos.

Laur. Hoy Clotaldo se ha valido
De mí, y porque yo le dé
Entrada esta noche......

Floro.   Qué?
Laur. Mil escudos me ha ofrecido.
Lo que pretendí de tí,
Para salir bien de todo,
Es la consulta del modo.

Floro. No sé, que me hiciera aqui,
Á no haber inconvenientes.
¿Cómo no te causa miedo
El cuidado de Manfredo?

Laur. Nada importa, como intentes
Ayudarme tú.

Floro.   ¿No ves,
Que para llegar aqui
Está antes su cuarto?

Laur.   Sí.
Floro. Y que él cierra siempre? ¿Pues
Cómo ha de poder entrar
Sin sentirle, y sin tener
Llave?

Laur.   Lo que yo he de hacer
Aun menos ha de costar;
Porque él solamente quiere,
Que, movida á su pasion,
Ate una escala al balcon,
Que él á subir se prefiere
Por ella, y á entrar de modo,
Que, sin que nos cause miedo
El cuidado de Manfredo,
Puede asegurarse todo.

Floro. Pues si tú, Laura, sin mí
Tan dispuesto lo tenias,
¿Para qué de mí te fias?

Laur. Para valerme de tí,
Pues sabes, que soy tu amiga,
Y á Flor diviertas un rato,
Mientras yo la escala ato.

Floro. Mira; no sé qué te diga.
Pero cansarte es error,
Que estás ya determinada,
Y no ha de servir de nada.

Laur. Ya vuelven Flérida y Flor.   [*Vanse.*

Salen FLOR y FLÉRIDA con manto.

Fler. Mejor aqui estaremos,
Que en el estrado, pues gozar podremos
Desde este mirador tanta belleza;
Objeto singular de mi tristeza.

Flor. Enjuga el tierno llanto,
Y no malogres, no, diluvio tanto,
Flérida; que no es hora,

Que desperdicie lágrimas la aurora,
Cuando con lento paso
Entra el sol en las líneas del ocaso,
Si ya no quiere hacerle tu porfía
Un planeta mozárabe del dia.

Fler. Cuando aurora presuma
Parecer, no será arrogancia suma,
Donde Flor tan hermosa
Mis lágrimas enjuga generosa.

Flor. Serénese tu cielo,
Y prosigue, si asi tienes consuelo.

Fler. La causa pues, amiga,
Que á tal extremo, á tal pasion me obliga,
Son los necios rezelos,
Que he causado en Enrique con los zelos,
Que le dí, por vengarme
De un pesar, y resuelto ya á olvidarme,
Disculpas no han bastado,
Ni mil satisfacciones, que le he dado.
Yo, que firme le amo,
Viendo que no ha de ir, si yo le llamo
Á mi casa, he querido
Hablarle hoy en la tuya, y he fingido
De tu parte un recado,
Que venga aqui.

Flor. No mas; porque has andado
Muy atrevida, Flérida, y muy necia.
¿Asi mi casa y mi amistad se precia?
¿Recado de mi parte,
Y luego que á mi casa venga á hablarte?
¿Quién te ha dicho, (qué errores!)
Que aquesta casa es lonja de amadores,
Y que suelen en ella
De amor tratar y contratar?

Fler. Flor bella,
No tan liviana fuera
Contigo, (ay infeliz!) si no tuviera
Prenda, que me obligara
Á salir mis desdichas á la cara.
Basta decir, que, si mi honor me obliga,
¿De quién me he de valer, si de una amiga
Cómo tú no me valgo?

Flor. Á la inmediata desa duda salgo.
De nadie, y con respeto
Digno á tu honor, murieras con secreto;
Que las damas de amores
Aun callan sus desdenes y favores;
Y cuando á tu respeto no atendieras,
Que tengo padre yo advertir pudieras,
Y que no puede aqui tan libremente
Entrar Enrique.

Fler. Si el inconveniente
Al principio se viera,
No fuera ciego amor, que lince fuera.

Sale ENRIQUE.

Enr. Flor hermosa, á quien ama *[aparte.*
El corazon, es, cielos! quien me llama.
Sin duda que ha sabido
Aquel disgusto, que hoy hemos tenido
Su padre y yo, y procura
Que haga las amistades su hermosura.

Flor. Él viene.

Fler. Ya comienza
Á hacer en mí su efecto la vergüenza.

Flor. Sacad luces.

Enr. ¿Decislo, porque ciego,
Hermosa Flor, á tantos rayos llego?
Si bien desta osadía
Disculpa es el ser vuestra mas que mia.

Flor. Señor Enrique, aunque ha sido
De mi parte aquel recado,
De mí habeis sido llamado,
Y de Flérida escogido.

Ella es quien aguarda aqui,
Porque trata su valor
Tan noblemente su honor,
Que se ha valido de mí,
Para que testigo sea
De su ingenio singular,
Que quiere enseñarme á amar,
Y que en su prudencia vea
La cordura y discrecion,
Con que debe una muger
Tan principal proceder.
Esta es sola la ocasion,
Con que Flérida os llamó,
Porque vos tengais al vella
Un cómplice como ella,
Y un testigo como yo.

Enr. Si esta es escuela de amar,
Mejor fuera, sí por Dios,
Que ella aprendiese de vos
Lo que ha venido á enseñar;
Porque con vuestras lecciones
Flérida hermosa supiera,
Señora, de qué manera
Mugeres de obligaciones
Han de tratar sus desvelos.

Fler. El haber aqui venido
Para hablar en esto ha sido,
Y satisfacer los zelos,
Que de mí, Enrique, teneis.

Enr. ¿Qué satisfaccion habrá,
Si estoy persuadido ya
Al agravio, que me haceis?

Fler. Persuadido?

Sale LAURA.

Laur. Señor viene,
Señora.

Flor. Triste de mí!

Enr. Y el verme Manfredo aqui,
Ninguna disculpa tiene.

Flor. Esperad; que no vendrá
Á casa ahora despacio;
Que luego se va á palacio,
Y al punto Enrique se irá.
Mejor es que no le vea.

Fler. Tambien me conviene á mí,
Flor, que no le vea aqui.

Flor. Sagrado esa cuadra sea.

[Escóndese ENRIQUE.

Sale MANFREDO.

Man. ¡O privanzas de los hombres, *[aparte.*
Siempre caducas privanzas!
Valedme, cielos!

Flor. Señor,
Qué es esto?

Man. Flor, aqui estabas?

Flor. Y confusa de escucharte.

Man. ¿Quién es la que te acompaña?

Flor. Flérida, señor, mi amiga.

Fler. Mejor dijeras tu esclava.

Man. Perdonad no haberos visto,
Señora; que, como entraba
Divertido en mi tristeza,
No os ví.

Fler. De que en vos la haya,
El pésame quiero darme. —
Muerta estoy! *[aparte.*

Flor. Y yo sin alma! *[aparte.*

Salen LAURA *y* FLORO.

Laur. Aqui, señora, os espera *[á Flérida.*
La gente de vuestra casa.

Fler. Fuerza es irme, amiga mia. —

Perdóname (estoy turbada!) [*ap. á ella.*
El cuidado, que te dejo.
Procura, que Enrique salga;
Y á Dios.

Flor. En buena ocasion
Me has puesto; ¿y cuando empeñada
Me dejas, te vas?

Fler. Es fuerza. —
No salgais de aquesta sala. [*á Manfredo.*

Man. Hasta tomar la carroza
Os he de ir sirviendo.

Fler. En nada
Os replico. — Yo perdí [*aparte.*
Una ocasion que esperaba
De satisfacer á Enrique. [*Vanse los dos.*

Flor. ¿Qué es esto que por mí pasa? [*aparte.*
¿Quién en el mundo se ha visto,
Sin haber dado la causa,
En tan necio empeño?

Laur. Ahora [*ap. á Floro.*
Que entran sus rezelos y ansias,
Es la mejor ocasion,
Para ir á poner la escala.
Cuidado, Floro. [*Vase.*

Floro. Ya entiendo.

Flor. Mira, supuesto que baja [*á Floro.*
Acompañando mi padre
Á Flérida, si de casa
Sale.

Floro. No; que antes, señora,
Vuelve á subir. [*Vase.*

Sale M A N F R E D O.

Man. ¡O esperanzas, [*aparte.*
Qué neciamente os fundais
En las acciones humanas!

Flor. Bien su dolor y su pena [*aparte.*
En el papel de la cara
Escribe con sangre el pecho.
Quiero atreverme á apurarlas. —
Señor, tú triste? qué es esto?
¿Tú sobre las blancas canas
Lágrimas, y tú suspiros?
Qué tienes?

Man. Ay Flor, no es nada;
Acá son cosas del Duque.

Flor. De aquesta vez se declara, [*aparte.*
Pues cosas del Duque dice,
Que son las que mas le agravian,
Y es Enrique su sobrino,
Que está dentro de su casa.
Acabemos de una vez,
Y no muramos de tantas. —
¿No merezco yo tener,
Para ayudarte á llevarlas,
Parte en tus penas?

Man. Y aun todo;
Pues tú, Flor, eres la causa
Por quien la siento; que en fin
Yo me moriré mañana,
Y heredarás mis desdichas.

Flor. Con muchos sentidos habla. [*aparte.*

Man. Enrique......

Flor. No hay que esperar, [*aparte.*
Ya desta vez se declara;
Pues ganemos por la mano. —
Enrique, señor, aguarda,
Vino hoy......

Man. Si sabes que vino,
Sabrás, que trajo una carta,
En que de un traidor le avisan
Al Duque. (Esto es cosa larga.)
Él sobre aquesto mandó
Á Federico, que salga

Luego de su corte; á mí,
Que me estuviese en mi casa.
Será sepulcro de un vivo
La esfera de aquesta sala.
Esto me ha pasado en fin.
Déjame tú. — Floro, Laura!
Llevad luz á mi aposento;
Que es piedad que luces haya
Donde está un cadáver vivo,
Sepultado en propia infamia. [*Vanse él y Floro.*

Flor. Pase de un pesar á otro,
Pase de un ansia á otra ansia;
Que no tienen mas salida
Laberintos de desgracias.
En un dia Federico
Se ausenta, á mi padre agravia
El Duque, Flérida pierde
Á mi decoro y mi fama
El respeto, Enrique está
Cerrado en mi propia cuadra.
¡O qué de cosas, fortuna,
Se eslabonan y se enlazan,
Todas posibles, y todas
En mi agravio conjuradas!

Salen L A U R A *y* F L O R O.

Laur. Ya tu padre en su aposento
Queda, y á todos nos manda,
Que ninguno le entre á ver.
Todas las puertas cerradas,
Como tiene de costumbre,
Dejó.

Flor. Los cielos me valgan!
¿Qué hemos de hacer deste hombre
Encerrado, Floro, Laura?

Sale E N R I Q U E.

Enr. Porque oí, que vuestro padre
Recogido, Flor, estaba,
Pude atreverme á salir
Á quitaros dudas tantas.
No temais pues, que conmigo
Segura está vuestra fama;
Porque os adora, señora,
Con tanto respeto el alma,
Que solo á morir se atreve.

Flor. Esto solo me faltaba, [*aparte.*
Que Enrique me diga amores,
Porque en la ocasion se halla. —
Señor Enrique, por Dios,
Que no la ocasion os haga
Andar tan galan conmigo;
Que ya sé, que es cortesana
Obligacion de un señor
Festejar á cualquier dama
Con quien está, aunque las voces
Del corazon no le salgan.
Yo estoy, como vos sabeis,
De mil temores cercada.
Soy quien soy, y vos, señor,
Sois Enrique, sangre de Austria;
Flérida es amiga mia.
Y cuando no hubiera nada
Desto, sino solo, que ella
Fue quien os trajo á mi casa,
No os hiciera yo un favor,
Faltando á esta confianza.

Enr. No os agravieis á vos misma
Tanto, que penseis, que haga
La ocasion hoy, lo que antes
Hizo vuestro ingenio y gracia.

Flor. Pues haced una fineza
Por mí.

Enr. Dello os doy palabra,
Si es perder una y mil vidas.

Flor. Pues idos; yo daré traza
Que salgais, sin que mi padre
Os sienta; que esta ventana
No tiene reja, y haciendo
De las colchas de mi cama
Escala, podeis bajar.

Enr. Quien va á serviros en nada
Ha de reparar. Por ella
Me arrojaré, sin que haya
Mas prevencion. Mas qué es esto?

Al abrir entra CLOTALDO *rebozado.*

Flor. Jesus mil veces!

Clot.   En mala [*aparte.*
Ocasion llegué.

Flor.   ¿Quién eres,
Hombre, ilusion ó fantasma,
Forma con cuerpo y sin voz,
Horror con vida y sin alma?
¿Por dónde has entrado aqui?
¿Qué es lo que escondido aguardas?
Quién eres? Rompa tu voz
Mis dudas. Qué quieres?

Clot.   Nada;
Que harto llevo en lo que he visto.

Flor. Pues no has de volverte, aguarda;
Ni para haberte atrevido
Á las rejas desta casa
Llevas disculpa en el hombre,
Que aqui rebozado hallas; —
Ni tú para presumir, [*á Enrique.*
Que es mi soberbia villana,
Tengas apoyo en aquel
Que asi esta clausura infama;
Pues para satisfacer
Dos traiciones tan fundadas,
Dos culpas tan evidentes,
Dos presunciones tan claras,
Tengo una disculpa noble,
Tengo una respuesta honrada,
Y al fin una verdad sola;
Que, si es verdad, una basta;
Pues con pensar cada uno
Lo que en sí mismo le pasa,
Hallará, que pudo el otro,
Sin haberle dado causa,
Estar aqui, con lo cual,
Si son vuestras dudas varias,
Con una certeza sola
Habré respondido á entrambas.
Idos los dos; porque, llena
De confusiones el alma,
Tengo un puñal en el pecho,
Y un áspid en la garganta.

Enr. En yéndose aquese hidalgo,
Me iré; porque si yo estaba
Aqui, no es justo que yo,
Porque otro viene, me vaya.

Clot. En quedando sola vos,
Me iré; que el que entró con tanta
Resolucion, no es razon
Que casi huyendo se vaya.

Enr. Por esa ventana entrásteis,
Volved por esa ventana,
Ó haré yo que os vais.

Clot.   ¿Qué espera
Quien á vista de una dama
Habla asi, sino que yo
Ejecute lo que habla?

Enr. Para hacer lo que yo digo,
Traigo por lengua la espada.

Flor. ¡Detente, señor, espera!
[*Detiene Flor á Enrique, y le quita la daga, y
Clotaldo le mata.*

Enr. Suelta, Flor!

Laur.   Esa luz mata.
[*Matan la luz y vanse Laura y Floro.*

Enr. Muerto soy!   [*Cae.*

Clot.   Aquella es voz
De Enrique. Mis pies me valgan,
Pues que no me han conocido,
Y he hallado ya la ventana.   [*Vase.*

Flor. Ay infelice de mí!

Sale MANFREDO *con luz y espada.*

Man. Flor, ¿pues qué ruido anda
En tu cuarto?

Flor.   Muerta estoy! [*aparte.*

Man. Tú sin luz? ¿tú las ventanas
De tu aposento á estas horas
Abiertas? ¿tú levantada,
Y sola? (ay de mí triste!)
Con una desnuda daga
En tu mano, y un sangriento
Cadáver á tus pies? ¡Rara
Admiracion y prodigio
Extraño! Qué es esto? Habla!

Flor. Si me ha dejado la voz [*aparte.*
El suceso, ella me valga. —
Señor, estando (estoy muerta!)
Hablando (soy desgraciada!)
Con mis damas (o infelice!)
Me quedé (desdicha extraña!)
Durmiendo sobre esta silla,
Cuando de aquesta ventana
(Qué asombro!) me despertó
El ruido. Ví (qué desgracia!)
Entrar un hombre por ella;
(¡El temor me tiene heladas
Las razones en el pecho!)
Este (ay cielos!) la luz mata
Lo primero, y luego llega
Á mí, donde (ay Dios!) aguarda
Triunfar de tu honor y el mio.
Yo, quitándole la daga
De la cinta, en mi defensa
Le dí muerte. Esta es la causa
De verme vestida y sola,
Abiertas estas ventanas,
Este puñal en mi mano,
Y este difunto á mis plantas.

Man. ¿Cómo, muriendo á tus manos,
Tiene desnuda la espada?

Flor. Con las ansias de la muerte
Debió entonces de sacarla.

Man. Veneno me dan á un tiempo
Tus obras y tus palabras;
Pues si te escucho y le veo,
Hallo, que es Enrique (¡extraña
Desdicha!) el hombre infeliz,
Que has muerto. ¿Quién entre cuantas
Sombras previno el discurso,
Dar pudo á estas semejanza?
¿El dia que (hay mas pesares!)
Con atrevidas palabras
Me ofende Enrique, y el Duque
Me destierra de su gracia,
Hallo á Enrique su sobrino
Muerto dentro de mi casa?
¿Quién creerá, que fue mi hija
Quien le dió muerte, y la causa?
Ninguno; porque tambien
Hay verdades desgraciadas.
¿Quién no ha de creer, que ha sido
Esta traicion y venganza?
Si lo descubro, me pongo
Yo el cuchillo á la garganta;
Si lo oculto, hago tambien

Cautelosa mi ignorancia.
De aqui le quiero sacar,
Y á las puertas de otra casa
Ponerle. Pero si el Duque,
Que con tanta vigilancia
Ronda la ciudad de noche,
Con él en hombros me halla,
¿Qué desengaño me queda?
Sea pues con mas extraña
Industria, y con mas recato
El sacarle de mi casa. —
Ven acá, Flor; dime, ¿ha visto
Alguna gente de casa
Esta desdicha?

Flor.   Yo sola
La sé, porque las criadas
Huyeron de aqui, y ninguna
Le vió.

Man.   Pues, Flor, mira, y calla;
Que vida y honor nos va.

Flor. Aunque quisiera, no hablara;
Porque el temor en el pecho
Me ha embargado las palabras.

JORNADA II.

Salen FEDERICO *y* BECOQUIN *de camino.*

Fed. Al abrigo destos montes,
Y á la sombra destas peñas,
Que, sin ser conchas de nácar,
Parecen madres de perlas,
Te he estado esperando, y ya
Apurada la paciencia,
Quise mil veces partirme,
Pensando que no vinieras.

Bec. Bien mi cuidado agradeces,
Bien estimas mis finezas
Con esa desconfianza.

Fed. Qué hay de nuevo?

Bec.   Malas nuevas.

Fed. Pues mucho es haber tardado,
Si caminabas con ellas.
Mas prosigue, no dilates
El decirlas; considera,
Que es otra desdicha mas
La desdicha que se piensa.

Bec. Ayer, sin decir la causa,
Mandaste, que previniera
Con grande priesa dos postas,
Antes que la breve ausencia
Del sol, mayorazgo en fin
De luz, á la luna tersa,
Como á su menor hermana,
Diese alimentos de estrellas.
Despedístete de Flor,
Flor en nombre y en belleza,
Y flor en facilidad
É inconstancia; pues apenas
Nace al alba intacta y noble,
Mira al sol cándida y bella,
Crece al dia hermosa y pura,
Cuando, al mirar que se ausenta,
Seca y marchita se abrasa,
Fácil y mustia se entrega,
Descaída la hermosura,
Profanada la belleza,
Y la beldad desmayada,
Por no decirte que muerta.

Fed. Espera, detente, aguarda;
No prosigas, no, no ofendas

El mas constante accidente;
Que no es posible, que sea
Flor como todas las flores,
Que peligran en sí mesmas.
Pero sí será; prosigue;
Trajiste las postas, ea,
Aqui quedaste, y porque
Menos que decirme tengas,
Mal vestido de camino,
Yo me puse en una dellas;
Tú quedaste para hacer
Hoy no sé qué diligencias.
Dije en fin, que te esperaba.

Bec. Atento yo á tu obediencia
Y á mi cuidado, traté
Del dinero, y en dos letras......

Fed. Eso es lo que ya no importa;
Vamos á Flor.

Bec.   Esto es fuerza
Decir; porque cuando yo
Acabé esta diligencia,
Se habia ya de la noche
Pasado mas de la media.

Fed. ¿Qué nos importa la hora?
¿Es matemática esta?
Ve al caso.

Bec.   Á estas horas quise
Ver á Flor, por si quisiera
Escribirte. Entré en la calle.

Fed. ¿Mas que hallaste gente en ella?

Bec. Es verdad.

Fed.   ¿Cuándo mintieron
Zelos? ¿Mas que por las rejas
Adonde yo hablaba hablaban?

Bec. No hablaban.

Fed.   ¿Pues qué rezelas
El decírmelo? ¿Qué importa,
Que esten en la calle?

Bec.   Espera.
En viendo la gente yo,
En el umbral de una puerta
Me detuve.

Fed.   Hiciste bien.

Bec. De alli á poco rato llega
Uno de los que esperaban,
Y por una escala trepa,
Que, aunque no la vi, de arriba
Es cierto que estaba puesta.

Fed. Mientes, villano! No digas
Tal, no injuries con vil lengua
El honor de Flor hermosa.

Bec. ¿Cómo es posible que mienta,
Si yo, que lo ví, lo digo?

Fed. Pues cállalo, aunque lo veas;
Porque estimo yo de Flor
Tanto el honor y las prendas,
Que, aunque ella me ofenda á mí,
Mataré yo á quien la ofenda.

Bec. Pues no hablaré mas palabra

Fed. Ay de mí! ¡Dadme paciencia,
Cielos, ó dadme la muerte!
Ven acá.

Bec.   Hablaré por señas.

Fed. Solo esto quiero que digas:
¿Por qué, si viste á las rejas
Subir un hombre, no hiciste
Con valor y con prudencia
Alguna accion, que estorbara
Su intento?

Bec.   La causa es esta:
Porque, cuando llegar quise
Á ellos, advertí que era,
Alborotando la calle,
Infamar honor y prendas

De Flor ; y si lo sabias
Tú, que tanto su honor precias,
Me habias de dar la muerte ;
Porque al fin es cosa cierta,
Que, aunque Flor te ofenda á tí,
Matarás tú á quien la ofenda ;
Y asi me estuve quedito.

Fed. Como tuya es la respuesta,
Cobarde al fin.

Bec.   Nunca yo
Te dije, señor, que era
Valiente.

Fed.   Determinarse
Uno á no saber sus penas,
Dicen, que es valor; y miente
Quien lo dice, pues confiesa,
Que las temió quien no tuvo
Ánimo para saberlas.
Dime pues, ya que estuviste
En la calle (o qué tristeza!)
Si le abrieron la ventana?

Bec. No ; porque ya estaba abierta.
Fed. ¿ Luego entró dentro del cuarto?
Bec. Concedo la consecuencia.
Y porque no nos andemos
En demandas y respuestas,
Dentro estuvo poco rato,
Y al cabo dél, por la mesma
Escala volvió á bajar,
Donde los otros le esperan;
Y dijo á todos, pasando
Junto á mí : demos la vuelta;
Que importa que no nos sigan
Y conozcan, porque queda
Hecho. Y lo demas no oí;
Que él iba con tanta priesa,
Que, aunque dijo otra razon,
Se bebió el aire la media.
Fui á la mañana á su calle,
Y ví, que habia á las puertas
De Flor unos carros largos,
Y que iban á toda priesa
Cargándolos de la ropa,
Que por las ventanas echan
Hombres del trabajo. (Asi
Se llaman en nuestra lengua
Los ganapanes.) Yo entonces,
Viendo la casa revuelta,
Llegué, hasta que pude ver
Á Flor, de cuya tristeza
Sus lágrimas me informaron.
Dijo, que iban á la aldea;
Que escarmiento de la corte
Le sacaba huyendo della.
Díselo asi á Federico,
Que no me olvide, que crea,
Que Torreblanca será
Sepulcro mio en su ausencia.
Esto dijo, y volvió al llanto,
Desmintiendo mi sospecha;
Porque no es, señor, posible,
Que aquellas perlas fingiera,
Que en desprecio del aurora
Fuera desaire, que fueran
Para ser testigos falsos,
Siendo finas, tantas perlas.
Salí de alli; y por no dar
Con el Duque, que á estas selvas
Esta mañana salió
Á caza, rodeé dos leguas
De monte. Esta la ocasion
Fue de mi tardanza, y estas
Las malas nuevas, que traigo.
Perdóname, porque es fuerza

Que yo, pues sirvo, las traiga;
Y tú, pues amas, las sientas.

Fed. ¿ En la calle de Flor gente?
¿ En sus ventanas y rejas
Escalas, y las ventanas
(Ay de mí, cielos!) abiertas?
¿ Un hombre, (¡ay de mí otra vez
Y otras mil!) que entra por ellas?
¿ Pues para cuando es la vida,
Si desta vez no se arriesga?
¡ Muramos, valor, muramos;
Que buena ocasion es esta!
Á la corte he de volver;
Que no importa la obediencia
Del Duque. Vamos.

Bec.   Señor,
Advierte, que, si te ciegas,
Es perder honor y vida.

Fed. Pues no importa que se pierdan,
Perdida Flor ; porque todo
Se guardaba para ella.
Desata aquellos caballos;
Vamos, adonde Flor vea,
Que muero, y que muero á manos
De mis zelos y su ofensa.

Bec. He aqui que antes de llegar
Te conocen, y no llegas.

Fed. ¿ Pues qué he de hacer, Becoquin?
Bec. Esperar á que anochezca.
Fed. ¿ Quién para llorar con zelos
Un hora tendrá paciencia?
Bec. Habla conmigo, y no llores.
Fed. Fuera deso, si hoy se ausenta
Manfredo, no habrá ocasion
Esta noche para verla.
Bec. Si á esto añadieras, señor,
Otro trage, menor fuera
El riesgo.
Fed.   ¿ No dices tú,
Que andan, Becoquin, en ella
Esos hombres del trabajo,
Que la mudan y descuelgan,
Y cargan los carros?
Bec.   Sí.
Fed. Pues aquese el disfraz sea.
Pongámonos dos vestidos
Como aquellos, y no temas,
Que nos descubran por ellos;
Que si son, como tú muestras,
Galas de hombres del trabajo,
Es forzoso que me vengan.
Voz [*dent.*] Ataja por esta parte.
Fed. La caza del Duque es esta.
Bec. Y si no me engaño, él mismo
Por esa parte atraviesa.
Fed. Mucho importa, Becoquin,
Que aqui no me halle ni vea.
Bec. Escóndete entre esas ramas,
Mientras pasa.
Fed.   Aqui te queda
Tú, por si siente el ruido.
Y en casa de Celio espera;
Que hasta alli yo iré seguro.
Bec. Pues retírate, que llega.

     [*Escóndese Federico.*

   Salen el D u q u e *y* C l o t a l d o *en trage*
         de caza.

Clot. Hácia aqui me parece,
Por el rumor que entre las hojas crece,
Que el jabalí se esconde.
Duq. Bien movida la yerba nos responde
De su planta valiente.
Clot. Tira al tiento.

Bec. No tires, señor, tente;
Que yo, aunque soy y he sido
Puerco, no puerco jabalí.
Duq. ¿Escondido,
Qué haceis aqui, soldado?
Bec. Espulgábame al sol.
Duq. Ó me han burlado
Los ojos, ú os he visto
Otra vez.
Bec. Malo es esto, vive Cristo! [*ap.*
Duq. Sois montero?
Bec. Quisiera;
Pero ni soy montero, ni montera,
Aunque soy Becoquin.
Clot. Este es criado
De Federico.
Duq. Bien, no me he engañado
En que visto os habia.
Clot. Y es un loco.
Duq. Déjale pues, que me divierta un poco. —
¿Dónde está vuestro amo?
Bec. Don Arciniega Becoquin me llamo.
Hoy con otro criado
Postas tomó, y no pienso que ha parado,
Segun gana tenia
De correr.
Duq. Y dónde iba?
Bec. Á Berbería.
No lo sé, mas lo infiero.
Duq. De qué?
Bec. De lo que aqui dijo primero.
Duq. ¿Pues qué es lo que decia?
Bec. Que aquesto no se hiciera en Berberia.
Y asi es muy bien se infiera,
Que iria donde aquesto no se hiciera.
Duq. Y vos qué haceis aqui?
Bec. Sigo la caza;
Porque, aunque Dios me dió tan mala traza,
Me dió buen gusto. Á vella
Vine.
Duq. ¿Que tanto os divertis en ella?
Bec. Es cosa singular lo que me agrada.
Duq. Cuál mejor os parece?
Bec. La empanada.
Duq. Vos gastais buen humor.
Bec. Asi conviene;
Porque cada uno gasta lo que tiene.
Duq. Idos pues.
Bec. Que me place. [*Vase.*
Duq. ¡Qué pocas treguas el cuidado hace
Con estos mis rezelos!
Clot. Tu vida, gran señor, guarden los cielos.
Su piedad es testigo,
Pues del riesgo te avisa tu enemigo.
Duq. ¿Qué importa, cuando incierto
Estoy deste enemigo, que encubierto
Solicita mi muerte,
Y el ignorado mal es el mas fuerte?
Clot. Yo asegurarte puedo
De todos.
Duq. De qué suerte?
Clot. Ya Manfredo
Á Torreblanca pasa
La familia y la casa.
Enrique, (aqui enmudezco) retirado,
Desde ayer no te ha visto. Desterrado
Federico se parte.
No falta mas, que asegurar mi parte;
Pues con irme, señor, quedas seguro.
Duq. Tú te despides?
Clot. Tu quietud procuro
Á costa de mi honor y mi esperanza.
Duq. Poco estimas, Clotaldo, mi privanza,
Y poco el amor mio.

Mas porque veas, que de tí me fio,
Cuando de mí á Manfredo he retirado,
Y cuando á Federico he desterrado,
Cuando á Enrique he prendido,
Si bien esta prision prision no ha sido,
En fin cuando de todos me prevengo,
Contigo solo á estas montañas vengo,
Donde para que veas,
Que tú solo en mi amor y gracia seas
El primero, mi vida
Quiero fiar de tí, cuando rendida
Al sueño los sentidos desvanece;
Y asi, Clotaldo, en tanto que me ofrece
La yerba blando lecho,
Sé centinela, que me guarde el pecho;
Y que fio de tí no solo, advierte,
Mi vida, mas la sombra de mi muerte.
Clot. Valiente empresa mia, [*aparte.*
No perdais la ocasion, vuestro es el dia.
Duq. Qué dices?
Clot. Que no es mucho que aqui el sueño
Se haga, señor, que tus sentidos dueño,
Si asistiendo y rondando
Pasas toda la noche, asegurando
Tu corte.
[*Reclinase el Duque á dormir.*
Duq. Bien premiado estoy, si adquiero
Asi el nombre feliz de Justiciero.

Sale FEDERICO *al paño.*

Fed. Si aqui á dormir se entrega, [*aparte.*
Fuerza será esperar, porque me niega
El paso todo un monte,
Que cierra la salida á otro horizonte.
Clot. ¿Quién en el mundo ha visto [*aparte.*
Mayores confusiones, que resisto?
Mas tarde el pensamiento
Poner quiere en razon mi atrevimiento·
Yo estoy desesperado,
Ya con el de Sajonia declarado,
Y estoy tambien de Flor aborrecido,
Enrique (ay Dios!) de mí muerto ó herido.
Pues si escapar no puedo
De Cárlos, ó de Enrique, ó de Manfredo,
Y hay tantos potentados
Por mí ya en Alemania conjurados,
En tal caso la mia
Ya no es traicion, ya no es alevosía;
Que, por guardar mi vida, desta suerte
Debo darle la muerte.
Quien me ha de matar muera.

Al ir á ejecutar el golpe sale FEDERICO.

Fed. ¡Tente, traidor, espera!
Clot. Válgame Dios!
[*Despierta el Duque.*
Duq. Qué es esto?
Clot. O suerte airada!
Fed. Habiendo dispertado tú, no es nada;
Que si, estando dormido,
Necesidad, señor, de mí has tenido,
Asi en tu enojo advierto,
Que te temí, mirándote despierto;
Que asi lo quieren las desdichas unias;
Tú, Cárlos, mira bien de quien te fias. [*Vase.*
Clot. No intentes desta suerte
Disculpar el querer darle la muerte·
Duq. Bien tu lealtad y sus traiciones creo,
Que si oculto le veo,
Y al criado escondido,
¿Quién duda, que á matarme haya venido?
Mas siguiéndole irán las ansias mias. [*Vase.*
Fed. [*dent.*] Guárdate, Cárlos, de quien mas te fias.
Clot. Ya no habrá accion que pueda

77

Intentar yo, que bien no me suceda;
Mas suele ser mayor la desventura
Del infeliz, que peca con ventura.   [*Vase.*

Salen F l o r, L a u r a *y* F l o r o.

Laur. Retírate á este aposento,
Pues ves, cuan revuelta está
La casa.
Flor.   Ay Laura! ¡Ojalá
Que fuera mi monumento,
Y muriera en él!
Laur.   Advierte......
Flor. ¿Qué he de advertir, si en rigor
Sé, que es de cualquier dolor
Última línea la muerte?
Dejadme que muera, pues
Acabará con morir
De una vez tanto sentir
Y tanto llorar.
Laur.   ¿Despues,
Señora, de haber salido
Del engaño, en que te viste
Anoche, te muestras triste?
Flor. Esa pues la causa ha sido;
Que como los dos huísteis,
Y en el riesgo me dejásteis,
Cuando las luces matásteis,
Lo que pasó no supísteis. —
Y asi en efecto importó   [*aparte.*
Para lo que hizo despues
Mi padre, confieso que es
Bien que no merecí yo. —
Salgamos, dijo, de aqui,
Rebozado el caballero;
Que echar á perder no quiero
Tan noble casa; y asi
Enrique, que aquesto oyó,
A la poca luz que daba
El balcon, que abierto estaba,
Tras el otro se arrojó.
Yo, hecha una estatua de hielo,
Casi difunta quedé,
Y aunque este suceso fue
Tan feliz, (pluguiera al cielo!)
Fuerza es el haber sentido
El lance de haber hallado
En mi reja un embozado,
Y en mi casa un escondido.
Y al fin el sentirlo yo
Todo me ha de tener triste.
Floro. ¿Posible es, que no supiste
Quien fue el embozado?
Flor.   No.
Floro. Seria de los que te aman;
Que una escala fácilmente
Se puede asir.
Flor.   Dignamente
Ladron al amor le llaman.
Floro. Laura, bien ha sucedido;   [*aparte.*
Que en ninguno ha sospechado.
Flor. ¡Qué bien los he desvelado!   [*aparte.*
El primer suceso ha sido,
Que se escapó de criados;
Que todos en la ocasion,
Dice un discreto, que son
Enemigos no excusados.

Sale M a n f r e d o.

Man. Flor mia!
Flor.   Seas bien venido;
Que me has tenido, señor,
Llena de asombro y temor.

Dime, cómo ha sucedido?
Man. Salios los dos allá fuera.
Laur. Con notable suspension   [*aparte.*
Hablan los dos.
Floro.   Cosas son   [*aparte.*
Del Duque.   [*Vanse.*
Flor.   ¿De qué manera
Tanto lance dispusiste?
Man. Despues, desdichada Flor,
Que de aquel sangriento humor
Tú me informaste, ya viste,
Que yo las puertas cerré,
Porque vernos no pudiera
Algun criado, y tú fuera
Te quedaste.
Flor.   Hasta aqui sé.
Man. Luego con solicitud
Al cadáver infelice
De un arca mal capaz hice
Triste y mísero ataud.
Despues de imaginaciones
Varias, que me combatieron,
Y que mi discurso hicieron
Confusion de confusiones,
Salir me determiné
De la corte, y á vivir,
Mejor dijera á morir,
Irme á una aldea; porque
Tres cosas asi consigo,
Dar al Duque mi señor
Este gusto, dar color
A la tragedia que sigo,
Y al fin, para no vivir
Donde cada instante vea
Una sombra horrible y fea,
Que me dé mas que sentir.
Y asi por todo el lugar
Varios carros envié,
Con que á todos desvelé
Adonde fuese á parar
Aquella arca. Aquesta pues
Se llevó á una casa mia,
Que ha dias que está vacía,
Al Cármen, porque, despues
Que anochezca, de alli pueda
Sacarla con cuerdo intento,
Y meterla en un convento,
Que sepulcro le conceda.
Pues de noche y disfrazado,
Sacando de un arca cerrada
De una casa despoblada,
Y poniéndola en sagrado,
Mi rezelo se asegura,
Tiene lugar la piedad,
Mi casa seguridad,
Y el cadáver sepultura.
Flor. Temerosa te he escuchado.

Salen B e c o q u i n *y* F e d e r i c o *en trage de
ganapanes.*

Bec. ¡Notables estratagemas   [*aparte.*
De amor!
Fed.   Becoquin, no temas,   [*aparte.*
Pues hasta aqui hemos llegado.
Flor. Es toda lenguas la fama,
Y temo, que diga el viento......
Mas quién es?
Fed.   ¿Deste aposento
Qué se ha de sacar, nuestra ama?
Que el carro cargado está,
Y para llevar el peso
Falta mas hato.
Man.   ¿Con eso,
Buen hombre, os entrais acá?

¿No hay allá fuera cuidado?
Fed. No se enoje su mercé,
Porque yo solo me entré
Tan necio y determinado;
Que buena disculpa tengo,
Puesto que le he dicho ya,
Que por la hacienda que está
En este apósento vengo.
Y lo he errado, es cosa llana,
En querer, pues está abierta,
Sacarla yo por la puerta,
Cuando otros por la ventana.
Si vuestro enojo cruel
No estriba en decir, que ya
De aqueste aposento está
Mudado cuanto hay en él.
Man. No ha sido esa la ocasion
De haberme enfadado asi,
Sino de que entreis aqui,
Sin esperar mas razon.
Flor. Reñirle á él no conviene,
Sino á quien le dejó entrar;
Que razon no ha de guardar,
Señor, quien razon no tiene.
¿Qué mas prueba de venir
Sin ella, que habiendo ya
Dicho, que por lo que está
Aquí ha venido, decir
Luego, que estará mudado?
Pues si estarlo imaginais,
¿A qué efecto asi os entrais
Soberbio y determinado?
Pues si ya mudado está,
Venís errados los dos,
Porque en estándolo, vos
No teneis que hacer acá.
Y en efecto salios fuera;
Que lo que está en este cuarto
No se muda ahora.
Fed.   Harto,
Señora, lo agradeciera
Yo á su merced.
Man.   .   -   ¿Pues á vos
Qué os puede importar en eso?
Fed. Estoy ya rendido al peso,
Que he sustentado hoy, por Dios,
Y quisiera descansar,
Si es que algun descanso espera
Quien vive desta manera.
Flor. Puesto que se ha de mudar,
Ya que estos dos han entrado,
Deja que saquen, señor,
Lo que hay aqui, pues mejor
Será salir deste enfado
De una vez.
Man.   Has dicho bien. —
Ea, esta ropa sacad.
Flor. Por ese estrado empezad.
Fed. Pues en nombre de Dios, ten.
Bec. Toribio, vamos sacando
Las almohadas asi.

Salen F L O R O *y* L A U R A.

Man. Floro y Laura, estaos aqui,
Y ved lo que van sacando
De aqueste cuarto los dos.
Fed. Mirad lo que sacan otros;
Que esta hacienda con nosotros
Segura está.
Bec.   Sí, par Dios!
Vuelve, Toribio, á torcer.
Fed. Todo bien asido va.
Bec. Sí; que señor mandará
Que nos den para beber.

Fed. Carga este tercio.
Bec.   Yo?
Fed.   Sí.
Ten firme.
Bec.   Tenedle vos.
Man. Turbado ando, Flor. A Dios. [*ap. y vase.*
Fed. Fuese ya su padre?
Floro.   Sí.
[*Descúbrese Federico.*
Fed. Pues salgan, ingrata Flor,
Mudable, falsa y cruel,
Envueltas en fuego y llanto
Mis desdichas de una vez.
Salgan pues, salgan del pecho
Todos juntos de tropel
Los agravios de mi amor,
Los desprecios de tu fe.
Pero ay de mí! que aunque quiero
Quejarme de tí, no sé
Por donde empiece; que cuanto
Estudiado traje, al ver
Tus ojos, se me olvidó,
Y entre el dudar y el temer
Mis zelos enmudecieron.
Cobardes deben de ser,
Pues solo saben hablar
Adonde no hay para qué.
Flor. Federico, esposo mio,
Mi dueño, mi amor, mi bien,
¿Qué extremos, qué sentimientos
Son estos? ¿qué pena es
La que te aflige? ¿qué agravio,
Qué pesar ó qué desden?
Porque si te adora el alma
Siempre amante, siempre fiel,
Siempre tuya y siempre mia,
¿De quién te quejas, y á quién?
Qué trage es este? qué es esto?
¿Cómo vuelves, sin temer
Los peligros de tu vida?
Fed. Aun tú no los sabes bien.
Mas como un sabio decia,
Donde quiera que yo esté,
Mis bienes estan conmigo,
Que allá era hacienda el sabér,
Yo, que soy sabio en desdichas,
Puedo decir al reves,
Conmigo traigo mis males,
Que son mi hacienda tambien.
Y asi no importa que venga
A morir, pues cierto es,
Que, aunque me estuviera allá,
Allá muriera tambien,
Y aqui muero con ventaja,
Pues yo muero, y tú lo ves.
Bec. Pregunto, ¿hace mas al caso,
Que yo cargado me esté?
Que, aunque es de lana este cielo,
Soy Atlante muy novel,
Y daré con todo en tierra.
Fed. Eso importa asi, porque,
Si alguien viene, te halle asi,
Becoquin, dando á entender,
Que vamos sacando ropa.
Bec. ¿El que entrare, si me vé,
Como cargado, cargando,
No lo entenderá tambien?
Flor. Floro, ponte tú á esa puerta, [*á Laura.*
Tú á aquella, porque aviseis
Si vuelve mi padre. — Ahora
Dime tú, si ya te ves
A tu voz restituido,
Qué queja...... (Ay de mí! si él [*aparte.*
Sabe lo que pasó anoche,

Yo soy muerta!)

Fed.   Sí diré;
Que no por haber callado
Al verte, Flor, olvidé
Lo que tengo que sentir,
Antes cobré aliento, bien
Como el curso de una fuente,
Que, estorbándola el correr
Con la mano, se hace atras,
Falta un instante, y despues
Vuelve con mayor violencia;
Asi mis ojos tambien,
Que corren siempre desdichas,
En el punto que te ven
Se suspenden aquel rato,
Estorbados del placer
De verte, y con mayor fuerza
Vuelven al llanto despues;
Porque el poder resistido
Corre con mayor poder.

Flor. Prosigue, y no hagas cobardes
Los zelos; que siempre fue
Su opinion el ser valientes;
Mas muy de valientes es,
Cuando riñen sin razon,
Acobardarse y temer.

Fed. Pues ya es forzoso el hablar,
Perdona, Flor, si esta vez
Pierdo el réspeto á tu honor;
Que no hay zeloso cortes.

Flor. Del mal que vienes herido
Con sola esa razon sé,
Y antes que me digas mas,
Si te puede merecer
Mi amor alguna fineza,
Te suplico que me des,
Federico, una palabra.

Fed. Sí doy.

Flor.   Persuádete......

Fed.   Á qué?

Flor. Á que no te he ofendido,
Y que mi honor y mi fe
Al lado viven del sol,
Y con mas ventajas que él,
Á que te amo como á esposo;
Y al fin, señor, aunque estés
Persuadido á tus agravios,
Soy quien soy. Di ahora pues.

Fed. Ya no tengo qué decir;
Porque si no he de creer,
Que faltas, Flor, á quien eres,
Siendo mudable y muger,
No tengo de qué quejarme.
Y asi yo, yo callaré
El haber visto en tu calle......
Visto dije? Yo me erré;
Que no lo ví. (O quién callara!)
En fin no diré que sé,
Que estuvo en tu calle gente,
Que se ha arrojado tambien
De tu balcon una escala.
¡Fuera ojalá su cordel
Un lazo para mi cuello!
Pues subió por ella quien
Es mas dichoso que yo,
Porque menos firme es;
Que entró dentro, que pasó
Lo que los dos os sabeis.
Si esto no he de creer, digo,
Que es verdad, que dices bien,
Que se engañó quien lo vió;
Y pues que mentira fue,
A Dios, Flor; guárdete el cielo!
Quien eres serás, sí á fe,

Pues no es faltar á quien eres;
Que en efecto eres muger.

Flor. No has de salir, oye, espera.

Fed. Suéltame, Flor.

Flor.   Óyeme.

Fed. No es posible. Cree de mí,
Que no has de volverme á ver
En tu vida, y plegue á Dios,
Que las nuevas, que te den
De mí, sean, que á las manos
De un traidor......

Flor.   La voz deten,
Mi señor. Mi señor dije?
Yerro de la lengua fue;
Porque quien ofende amando,
Ni es mio, ni lo ha de ser.

Fed. No te arrepientas; que no
La palabra tomaré.

Flor. Pues has de oírme.

Fed.   Yo te creo
Sin hablar; no hay para qué.

Flor. Pues no has de salir de aqui,
Hasta escucharme.

Fed.   Di pues.

Flor. ¿Nunca has visto, Federico,
(Que he de valerme tambien
De comparaciones yo)
Un vidrio, que al rosicler
Del sol finge mas colores
En verde y azul papel,
Que dibujó en cielo y tierra
El apacible pincel
De naturaleza, y luego
El color, al parecer,
Que es fingido, del cristal
No deja señal despues?
Asi, aunque los zelos tuyos
Te hagan terminar y ver
Sombras, fantasmas, visiones,
Con voz, con cuerpo y con ser,
Son aparentes no mas;
Que zelos saben hacer
De las lágrimas cristales;
Y asi un zeloso tal vez,
Aunque lo que vé es verdad,
Es mentira lo que vé.
Esto el alma te asegura;
Y asi te digo, que fue
Apariencia solamente,
Que no te puedo ofender.
Vete ahora, vete ahora,
Vete, Federico, pues.

Fed. Ahora no me quiero ir;
Que primero he de saber
De tu boca, si es verdad
Lo que te he dicho.

Flor.   Sí es.

Fed. ¿Luego llegó el embozado?

Flor. Sí.

Fed.   ¿Abierto un balcon, y en él
Una escala?

Flor.   No lo niego.

Fed. Y subió un hombre?

Flor.   Asi fue.

Fed. Entró en tu cuarto?

Flor.   Es verdad.

Fed. Habló contigo?

Flor.   Tambien.

Fed. Y no me lo niegas?

Flor.   No.

Fed. ¿Por qué, di, fiera, por qué?
Que ya me contentara,
Aunque es cierto que lo sé,
Con-que lo negaras tú.

Mira, que poco á deber
Te llego, pues no te debo
Un mentira. (Ay cruel!)
¿Por qué, por qué no me engañas
Siquiera, ingrata?

Flor.   Porque
Es verdad cuanto me acusas,
No el ser mudable é infiel,
Y yo no quiero negarlo;
Dando con esto á entender,
Que, si mi culpa es mentira,
Lo es mi disculpa tambien;
Que el que ha de decir verdad,
Federico, no ha de hacer
El prólogo con mentiras;
Porque al mentiroso es bien
No creerle las verdades,
Cuando las diga despues.

Bec. Pues si va á decir verdad,
Yo no puedo mas tambien.
¡Qué pesado. es un estrado!   [*Déjale.*
¡Los diablos carguen con él!

Fed. Disculpa hay?
Flor.   Sí.
Fed.   Plegue á Dios!
No dudes, prosigue pues.
Quién puso la escala?

Flor.   Nadie.
Fed. ¿Quién el embozado fue?
Flor. No le conocí.
Fed.   ¿Á qué entró
En tu cuarto?

Flor.   No lo sé.
Fed. ¿Pues dónde está la disculpa?
Flor. En no saberlo.
Fed.   Muy bien.
¿Y es disculpa no saberlo?
¿De suerte, que yo he de ver
Los agravios cara á cara,
Y las disculpas por fe?
Á Dios, Flor; tienes razon.

Flor. Si quisieres irte, ve;
Que no hay mas satisfacciones
Que darte, que no saber
Quien es; porque si le hubiera
Hablado, supiera quien.
Vete, vete; y plegue á Dios,
Que las nuevas, que te den
De mí, sean, que mi muerte
Ha sido......

Fed.   Deten, deten
Las maldiciones, Flor mia.
Mia dije? Yerro fue
De la voz, que por costumbre
Pronuncia amores tal vez.

Flor. No tienes que arrepentirte;
Que yo no te tomaré
La palabra.

Fed.   ¿Luego estás
Enojada tú tambien?

Flor. Sí; pues que de mí has tenido
Tan bajo concepto.

Fed.   ¿Quién
No tuvo zelos amando?

Flor. Quien amó con firme fe.
Fed. Aunque vaya yo enojado,
No lo quedes tú; esta vez
Haga las paces el tiempo
Que nos falta.

Flor.   Mal podré
Resistirme á mi deseo,
Cuando estoy queriendo bien,
Mi señor, ya sin errarme,
Sino porque lo has de ser.

A Dios, Federico.
Fed.   Á Dios,
Flor.
Flor.   Volveréte á ver?
Fed. Sí; que ya no he de ausentarme.
Flor. Cómo?
Fed.   Impórtame tambien.
Flor. Pues á Torreblanca voy.
Fed. Pues á Torreblanca iré.
Flor. ¡Ay perdido dueño mio!
Fed. ¡Ay malogrado bien!
Bec. ¡Ay mi bien pesado estrado!
¡El diablo te lleve, amen!   [*Vanse.*

      Sale MANFREDO *disfrazado.*

Man. ¿Quién se vió mas afligido,
Ni en mas peligroso empeño,
Que yo? Sin que fuese dueño
Del delito cometido,
Retirado y escondido
Mi desdicha me buscó
En mi casa, alli me halló,
Sin llamarla con mi dicha;
Que aun no fuera mi desdicha,
Cuando la llamara yo.
Oculté el noble delito
De Flor, por salvarme á mí,
Y traje advertido aqui
Con un secreto infinito
El arca, que solicito
De aqui sacar escondida,
Sin que á otro testigo pida
Favor, porque desta suerte
Lleve una muerte á otra muerte;
Que ya no es vida mi vida.
Ya solo en la calle estoy,
Abrir esta puerta puedo.
Con pavor, asombro y miedo
Confieso que á verte voy,
Jóven infeliz. No doy
Paso, que no me parece,
Que se eriza y estremece
El cadáver, (suerte dura!)
Pidiendo la sepultura,
Que ya mi valor le ofrece.   [*Vase.*

     Salen FEDERICO *y* BECOQUIN.

Bec. ¿Quién ha de entenderte?
Fed.   Á mí
Apenas me entiendo yo.
Bec. ¿Ya no has de partirte?
Fed.   No.
Bec. ¿Y has de quedarte aqui?
Fed.   Sí.
Bec. ¿Pues cómo has de estar aqui
Despues de haberte pasado,
Señor, lo que me has contado?
Fed. Por eso mismo no quiero
Ausentarme; que asi espero
Quedar, Becoquin, vengado.

     Sale MANFREDO *con una arca.*

Man. Aunque se esfuerza el valor, [*aparte.*
Las fuerzas no lo consienten;
Bueno es, antes que se intenten,
Mirar las cosas mejor.
Mas dos hombres veo; el uno
Podrá ayudarme. — Mancebo,
Por vuestro trage me atrevo
En caso tan oportuno.
Esta arca habeis de llevar
Aqui cerca, y daros quiero

Vuestro trabajo primero,
Y despues á refrescar.
Tené, amigo, desa parte.
Fed. ¡Bien, por Dios, voy ocupado!
Man. Pues yo, que estoy ya empeñado
En ello, ó he de matarte,
Ó has de hacerlo.
Fed.   Lance fuerte! *[aparte.*
Si me quiero resistir,
Podrá justicia venir,
Y conocerme; de suerte,
Que á mi dicha corresponde
La ocasion, ya es fuerza aqui
Llevarla, pues vengo asi. —
Ayude, y dígame adonde
Se ha de llevar.
Man.   Id delante;
Que yo os seguiré.
Fed.   Tomé!
Bec. Qué quieres?
Fed.   Aguárdame
En este puesto un instante.
Bec. Aqui aguardo.   *[Vase.*
Man.   Gente siento. *[aparte.*
Por si fuere el Duque, es bien
Irme.   *[Vase.*

Salen CLOTALDO *el* DUQUE *y Criados.*

Clot.   Deteneos!
Fed.   Á quién?
Clot. Al Duque.
Fed.   Gran cosa intento. — *[aparte.*
Qué mandais? tenido soy.
Clot. ¿Qué es aquesto que llevais?
Fed. Una arca.
Clot.   Y adónde vais?
Fed. No sé, por Dios, donde voy;
Ahí detras su dueño viene.
Él les dirá donde va.
Clot. Adónde viene?
Fed.   Ahí está. —
Parece que gusto tiene
De verme cargado.
Clot.   Aqui
No viene nadie. Este es
Ladron.
Duq.   Prendedle, y despues
Lo sabremos.
Fed.   Ay de mí! *[aparte.*
Duq. Reconocedle.   *[Llegan luz.*
Clot.   Señor,
Federico es.
Duq.   Desta suerte?
Clot. Sin duda á darte la muerte
Viene en tal trage.
Fed.   Ha rigor! *[aparte.*
Duq. Lo que en el arca hay mirad.
Clot. Dame la llave.
Fed.   Qué llave?
¿Vióse desdicha mas grave? *[aparte.*
Duq. Luego la descerrajad.
Criad. Abierta entiendo que viene,
Con solo un cordel liada.
Duq. Desliadla.
Criad.   Desliada
Está.
Duq. Ved lo que contiene.
Clot. ¡Jesus, y qué mal olor!
Llega esa luz. Ello es cierto,
Cuerpo muerto es.
Duq.   Cuerpo muerto?
Clot. Este es Enrique, señor.
Fed. Válgame el cielo!
Duq.   Llevad

Preso al traidor, y esta arca,
Despojos de fiera parca,
Entre los dos os cargad,
Para darle sepultura.
Fed. Cielo! ¿á quién desdicha igual
Sucedió?
Clot.   Con suerte tal *[aparte.*
Hoy mi dicha se asegura.

JORNADA III.

Salen MANFREDO *y* FLOR.

Flor. Prosigue; que estoy, señor,
De tus razones pendiente,
Y dando gracias al cielo,
Que depararte quisiese
Aquel hombre.
Man.   Como digo,
En viendo que diligente
Volvió la espalda el buen hombre,
(Presumo que un ángel fuese)
Dejéle alargar delante,
Porque si á reconocerle
Llegasen......

Sale LAURA.

Laur.   Señor! Señora!
Flor. Qué ha sucedido?
Man.   Qué tienes?
Laur. Desde esa torre, atalaya
Del sol, he visto que vienen
De la corte hombres armados,
Que cercan y que guarnecen
Una carroza. No sea
Que hayan venido á prenderte,
Por el enojo del Duque.
Man. La fortuna echó la suerte,
Sin duda que se han hallado
Testigos que me condenen.
Qué haré, Flor?
Flor.   Huye, señor.
Man. Si podré salir?
Laur.   No puedes;
Que á la puerta paró ya
Esa carroza, en que viene
Clotaldo y un hombre, á quien......
Mas pintarlo no conviene,
Cuando todos por la sala
Entran ya.
Flor.   ¡No te despeñes,
Tente, pensamiento! ¡no
Me arrastres, discurso, tente!

Salen CLOTALDO *y* FEDERICO *con prisiones
y vendados los ojos.*

Clot. Entrad vos solo conmigo.
Todos los demas se queden. —
Señor Manfredo!
Man.   Señor
Clotaldo, ¿pues désta suerte
Vos en mi casa? qué es esto?
Clot. Importa que solo quede
Con vos.
Man.   Pues dejadnos solos.
Flor. Dicen, que astrólogo suele *[aparte.*
Ser el corazon, y yo
Presumo, que he de creerle;
Que en las desdichas no hay
Astrólogo que no acierte.   *[Vanse las dos.*
Clot. ¡Ay bella Flor, cuanta culpa *[aparte.*

En estos sucesos tienes!
Man. Ya estoy solo.
Clot.   Pues leed.
                [*Dale una carta.*
Man. Decreto del Duque es este.
[*lee*] ,,Manfredo, Conde de Anji,
Á mi servicio conviene,
Que esté en Torreblanca preso
Federico, en lo mas fuerte
Della, donde el sol apenas
Por solo un resquicio entre.
No le quiteis las prisiones,
Y ninguno á hablarle llegue,
Sino vos; y asi vos solo
Le llevad lo que comiere.
Esto importa á mi honor, y esto
Lo mando, pena de muerte."
Clot. Y yo asi os lo notifico.
Man. Yo lo obedezco; y si puede
Informarse mi cuidado,
Decidme, ¿qué caso es este,
Por que prende á Federico?
Clot. Por las sospechas que tiene
De la traicion que sabeis,
Y porque dió á Enrique muerte.
Man. A Enrique dió muerte?
Clot.   Sí.
Quedad con Dios. — Imprudente [*aparte.*
Corazon mio, pues tanto
Solio á profanar te atreves,
Y sabes por los efectos,
Que Flor ama, estima y quiere
Á Federico, no temas,
Sino imposibles emprende;
No pierdas las ocasiones,
Que el cielo te favorece.   [*Vase.*

    Sale F L O R *al paño.*

Flor. De aqui me llevó el temor,
Y el temor aqui me vuelve.
Sin que mi padre me vea,
Detras de aquestos canceles
Le oiré.
Man.   ¿Preso Federico,
Yo Alcaide, mi casa el fuerte,
Y por la muerte de Enrique?
¿Qué enigma, cielos, es este?
Flor. Muerte, Enrique y Federico [*aparte.*
Dijo. Demos neciamente
Otro paso, á ver, qué dicen
Federico, Enrique y muerte.
Man. Yo he de salir desta duda.
                [*Descubre á Federico.*
Federico, ya os consiente
Mi valor, que en tantas penas
La luz del sol os consuele.
Fed. El mayor consuelo mio
Es, señor Manfredo, verme
Preso en vuestra misma casa.
Dichoso el que en ella muere.
Flor. Qué miro! Pues mis desdichas [*aparte.*
Ir adelante no pueden,
Demos otro paso atras.
Man. En tan rigurosa suerte
Poder dispensar quisiera
En este órden, y que fuese
Hospedage cariñoso;
Pero yo......
Fed.   No hay que ofrecerme
Favor alguno; el rigor
Ejecutad de las leyes;
Que á un poderoso enojado
Y á un enemigo valiente
No vençe quien se resiste,

Sino quien se humilla vence.
Flor. Ya que mis desdichas veo, [*aparte.*
Oirlas quiero claramente.
Demos otro paso.
Man.   Quien
Discurre tan cuerdamente,
Disculpe mi accion. Venid,
Donde una torre os encierre,
Y donde el sol no os visite.
Fed. Á todo estoy obediente.
Man. Seguidme pues. Pero en tanto
Decidme, qué caso es este?
Fed. Lo que él sabe me pregunta; [*aparte.*
Mas contárselo conviene. —
Salí desterrado.
Man.   Ya
Lo sé.
Fed.   Volví neciamente
En este trage á la corte.
¡Nunca á la corte volviese!
Man. Pues qué os sucedió?
Fed.   Que hallé
Un hombre,......
Man.   Sí.
Fed.   Que, por verme
En este trage, me dice,
Que un arca suya le lleve.
Man. ¡Válgame el cielo, qué escucho! [*aparte.*
¿Que á quien dí el arca fue á este? —
¿Y por qué no os excusásteis,
Siendo vos?
Fed.   Porque valerse
Quiso del valor, y yo,
Porque no me conociesen,
Si acaso alguno llegaba,
Antes quise parecerme
Á mi trage, que á mí mismo;
Que la accion es mas prudente,
Saber un hombre medirse
Á lo que pide su suerte.
Man. ¿No conocisteis quien era?
Fed. Cuando yo le conociese,
Soy caballero, y por mí
Ninguno ha de perder. Fuese,
Y yo encontrado del Duque,
Fue fuerza el reconocerme
El rostro, pero no el alma,
Que él de rebozo vé siempre.
Ofendióse en verme asi,
Porque el mudar trage tiene
Ya confesado el delito,
Que no ha imaginado hacerse.
Quiso saber qué llevaba;
Que como el cielo previene,
Que nada pueda ocultarse
(Aunque él sabe, que inocente
Estoy en aqueste caso)
Quiso, que en mis manos viese
Calificado el delito,
Cuando en el arca le advierte.
Abrióla, y halló (ay de mí!)
De Enrique (infelice suerte!)
La imágen en el cadáver,
Vuelta á su primera especie.
Clotaldo en fin, (ha traidor!)
Del suceso muy alegre,
(Por ocasiones que callo)
Me confirmó delincuente,
No solo desta desdicha,
Mas de que quise atreverme
Á matar al Duque, y bien
Sabe él quien en esto miente·
Pero si de las supremas
Causas las segundas penden,

Y el cielo, por sus juicios,
Que investigar no conviene,
Quiso, que en agenas culpas
Propias penas redimiese;
Yo estoy contento, Manfredo,
Pues no hace dura la muerte
La pena, sino la culpa.
Y asi, quien ninguna tiene,
Aunque con el vulgo muera
Infamado, alegre muere;
Pues morir por la verdad
Es la mas felice suerte.

Man. Sabe Dios cuanto me pesa,
Que este agravio quiera hacerle
Hoy el Duque á mi valor,
Pues demas de que inocente
Sé que moris, sois mi amigo.

Flor. ¡Ay Dios, quién hablar pudiese! [*aparte.*
Mas el callar no es valor,
Cuando asi el honor se ofende.

Man. Venid, Federico.

Fed. Vamos.

Man. El cielo, amigo, os consuele.

Fed. Él mi inocencia defienda.   [*Vanse.*

Sale Flor.

Flor. Y él tan gran traicion revele.
Ay de mí! Si las desdichas
Su peso y número tienen,
Y conforme los sugetos
Da el cielo males y bienes,
¿Cómo en mis males ordena,
Que unos con otros se encuentren?
Si es fuerza salir un cuerpo,
Para que el cristal se llene
De otro, ¿cómo, estando llena
Un alma, otros caber pueden?
Pero como en la constancia
Es mi valor tan valiente,
Asi los males se miden
Con el sugeto que tienen;
Pues no tengo de rendirme,
Siempre amante, firme siempre;
Escollo expuesto á las olas,
Roca firme á sus vaivenes,
Ha de hallarme la fortuna,
Viva y muerta eternamente.
Ya mi padre habrá cerrado
Las puertas, y como suele,
Se irá á reposar. Las llaves
He de procurar cogerle,
Y ver á mi amado esposo,
Aunque honor y vida arriesgue.

Sale Becoquin.

Bec. De esperar desesperado,
He venido á resolverme
Á aguardar aqui á mi amo,
Centro solo, donde suele,
Como del iman traido,
Hallarse naturalmente.

Flor. Quién es?

Bec.   Bueno.

Flor.   Becoquin?

Bec. ¿Tan poco mi amor te debe,
Que ahora me desconoces?

Flor. Antes, para conocerte,
Lince suele hacerse el alma,
Como estrella, que precede
Las luces del sol que adoro.

Bec. Ya ocaso soy donde mueren.
¿Has visto acaso á mi amo?

Flor. Acaso no puedo verle,
Muy de propósito sí;

Que de propósito quieren
Los cielos que muera yo.

Bec. De qué modo?

Flor.   No, no aprietes
Las cuerdas á mi tormento.
Pero ven, si verle quieres
Cargado el cuerpo de hierros,
Y el alma de penas fuertes.

Bec. Que está preso?

Flor.   Preso está
En esa torre, y de suerte,
Que no sé, si saldrá vivo.
Mas sí saldrá, aunque mil veces
Muera yo.

Bec.   Encontróle el Duque?

Flor. Sí, y en un trance tan fuerte,
Que confirmó sus sospechas.

Bec. ¡Plegue al cielo, que por verle
No me aprieten las agallas,
Como á muchos acontece!   [*Vanse.*

Salen el Duque y Clotaldo.

Clot. Digo, que será mejor,
Por ser del pueblo querido,
Que en la cárcel, sin ruido,
Pruebe, señor, tu rigor;
Porque es del vulgo adorado,
Y aunque voz de Dios se llama,
Tal vez su razon infama,
Cuando juzga apasionado.
Y asi, si quieres hacer
Informacion de su vida,
Al que hoy prendes homicida,
Libre mañana has de ver.

Duq. Mucho mi amor le disculpa,
Pues siempre conocí en él
Alma noble en pecho fiel.

Clot. Si halla disculpa su culpa
En tí, ¿quién le ha de culpar?
Tambien yo abonarle quiero;
Pero temo, que el acero,
Que allá no pudo emplear,
De luto y llanto no vista
Este miserable estado.

Duq. Él aprieta demasiado. [*aparte.*
¡Fiera y horrible conquista! —
Ve, y dile á Manfredo,......

Clot.   ¿Qué
Mandas, señor, que le diga?

Duq. ¡Ha envidia, fiera enemiga! — [*aparte.*
Dile pues......

Clot.   Qué le diré?

Duq. Dile en fin......

Clot.   Qué, señor?

Duq.   Nada. —
¡Ha cielos, qué gran rigor! [*aparte.*

Clot. ¿Qué he de decirle, señor?

Duq. Dirásle...... Ha fortuna airada!

Clot. Bien de mis dichas dudé. [*aparte.*

Duq. Dile pues, que á Federico,
(¡Qué mal á postrar me aplico
La hechura, que levanté!)
Dile, que allá en la prision
Le dé un garrote. (Ay de mí!)

Clot. Harélo, señor, asi.   [*Vase.*

Duq. ¡Qué terrible es la pasion,
Que aqueste siempre ha mostrado
Contra Federico! Y yo,
Si el alma no se engañó,
Della misma he confirmado,
Que está de todo inocente;
Que hombre de tan gran valor,

Que ofendido, al ofensor
Honrando, como valiente
Sufre, sin mostrarse airado,
Y en medio de tanta injuria,
Sabe refrenar su furia,
Pacífico y reportado,
Muestra, como por cristal,
Adonde el sol reverbera,
Que á pesar de envidia fiera
Goza alma noble y leal.
Hoy la postrera experiencia
De su lealtad he de hacer,
Para poder convencer
La ambicion con la inocencia.
Á verle á la cárcel voy,
Porque desta vista infiero,
Pues me llaman Justiciero,
Que ha de ser juzgado hoy.   *[Vase.*

Salen FEDERICO, FLOR *y* BECOQUIN.

Fed. Ya no por cárcel, por cielo
Podré esta torre tener,
Pues te he merecido ver.
Ya ningun daño rezelo;
Que si la muerte temí,
No fue, bellísima Flor,
Temerla por su rigor,
Sino por quedar sin tí.
Aunque, si las almas son
Eternas, podrá la muerte
Privarme del bien de verte,
No de tu dulce prision;
Que si eterna has de vivir,
Y eterno he de ser tambien,
No priva de tanto bien
La desdicha del morir.
Pues si los cuerpos divide,
Quedando ausentes las almas,
Nuevos laureles y palmas
Á mis dichas apercibe.
Pero mal, mi bien, empleo
Un tiempo tan deseado,
Pues con penas he mezclado
Las glorias que ya poseo.
Cómo estás, mi bien?
Flor.   ¿No has visto,
Cuando entre rosados velos
Busca el sol nuevo horizonte,
Dejando en nuestro hemisferio
Los aires en negro asombro,
La tierra en mudo silencio,
Los animales confusos,
Cubierto de horror el suelo,
Hasta que vuelve á dorarle
Con nuevas madejas, siendo,
Si su ausencia muerte á todo,
Vida y ser su·nacimiento?
Pues asi el alma, que vive
Ausente de los reflejos,
Que de la luz de tus ojos
Comunica, ausente dellos,
Muere á todas sus potencias,
Muere á todo sentimiento,
Hasta que vuelve á gozar
De tu vista rayos nuevos.
Fed. Ay Flor del alma, ya flor
De verde y caduco almendro,
Que, por vestirse temprano,
Nunca dió fruto á su dueño,
Si fui tu sol, y te dió
Verdor lozano mi aliento,
Hoy será fuerza agostarte,

Pues son mi ocaso estos hierros.
Ay Flor!
Flor.   No llores, bien mio;
Que, si soy tu flor, yo espero
Verte presto renacer
Con esplendores febeos,
Siendo en tus muertas cenizas
El Fénix tú de tí mesmo,
Sirviendo aquestas cadenas
De secos ramos sabeos,
Repitiendo siempre vidas,
Inmortal contra los tiempos.
Bec. Lo habeis tan bien discurrido,
Que á interrumpir no me atrevo
Tan bien sentidos pesares.
Mas ay! la puerta han abierto.
Tu padre viene.
Flor.   No importa;
Que con su licencia vengo.

Sale MANFREDO *con una cesta.*

Man. Siempre es noble la piedad. — *[aparte.*
Hija!
Flor.   Señor?
Man.   Vete presto,
Porque he visto de la corte
Venir gente, aunque de lejos,
Por si es recado del Duque
Flor. Solo tu gusto deseo. —
Á Dios, señor Federico.
Fed. Págueos, bella Flor, el cielo
Esta piadosa visita.
Bec. Á Dios tambien, pues no puedo
Asistir á tus prisiones.   *[Vanse.*
Fed. El deseo te agradezco.
Man. Sentaos, comed un bocado,
Federico; que yo espero
Veros libre; porque son
Las cóleras de los dueños
Tempestades, que en un hora
Muestran el cielo sereno.
Fed. ¡Ay mi Manfredo, ay amigo!
Si lo decis por consuelo,
Yo lo agradezco.
Man.   Comed.
Fed. No podré.
Man.   Pues por lo menos
Bebed, y confortareis
El estómago.
Fed.   No tengo
Sed.
Man.   Bebed, por vida mia.
Fed. Por el juramento bebo.   *[Bebe.*
Man. Pues á Dios; porque no es bien
Que me encuentren acá dentro,
Si son ministros del Duque
Los que vienen.
Fed.   Solo espero,
Despues del cielo, en tus manos.
Man. Cree, que tu bien intento.   *[Vase.*

Salen FLOR *y* CLOTALDO.

Flor. Para darle de comer,
Como su Alteza ha mandado,
En este punto ha bajado
Él solo.
Clot.   Quiérole ver;
Que hay nuevo órden.
Flor.   No será,
Viniendo por vuestra mano,
Muy piadoso. — Ha vd tirano! *[aparte.*
Clot. El serlo en la vuestra está.

Como vos querais que viva,
Haciendo feliz mi suerte,
Vivir podrá, aunque á la muerte
Traigo órden que se aperciba.

Flor. Nunca esperé de vos menos.
Clot. ¿Qué respondeis, bella Flor?
Si no á mi amor, á su amor
Se lo debeis, cuando llenos
Estos estados estan,
Que al Duque traidor ha sido,
Que en Sajonia le ha vendido,
Y que ha muerto á Enrique, dan
Mis intentos nuevo medio
Para librarle, si vos
Me quereis bien.

Flor. ¡Vive Dios,
Villano, que si el remedio,
No digo yo de una vida,
Pero del mundo, estuviera
En que yo bien te quisiera,
Fuera del mundo homicida!
Vete, y dile tu recado,
Y dije bien, pues arguyo,
Que, si es de su muerte, es tuyo,
Y no de quien te ha enviado,
A mi padre; que antes quiero
Verle muerto con honor,
Que no obligarme al amor
De un falso, de un lisonjero.

Clot. Pues advierte...... Mas aqui *[aparte.*
Viene Manfredo. Callar
Importa, y disimular,
Que mi negocio hago asi.

Sale MANFREDO.
Man. Clotaldo......
Clot. Amigo Manfredo,
El Duque, como confia
De vuestro valor, me envia......

Flor. ¡Toda el alma cubre un miedo! *[aparte.*
Clot. Á que, porque no alborote
De Federico la muerte,......

Flor. ¡Ay Dios, y qué dura suerte! *[aparte.*
Clot. Le mandeis dar un garrote
En la prision. Pero él
Viene aqui, y os lo dirá.

Sale el DUQUE.
Duq. ¿Adónde Manfredo está?
Man. Á tus pies.
Duq. O amigo fiel!
Pues qué hay del preso?
Man. Señor,
Tus órdenes no he excedido,
Por mis manos ha comido
Siempre.
Duq. Tirano rigor! — *[aparte.*
Verle quiero.
Man. Voy por él. *[Vase.*
Clot. Mira, gran señor, que queda
Libre, como verte pueda
El rostro.
Flor. Ha bárbaro infiel! *[aparte.*
Duq. Mis descuidos perdonad,
Bella Flor.
Flor. Dame tus pies.
Duq. Con quien vuestro hermano es
Con mas llaneza os tratad.
Mi padre es el Conde, y yo
Por mi hermana os he tenido.
Flor. Honrar vuestra hechura ha sido.

Sale MANFREDO *con* FEDERICO.
Fed. Ya á vuestras plantas llegó,
Gran señor, un desdichado,

Dichoso en haberos visto.
Duq. ¡Qué mal la piedad resisto! — *[aparte.*
Despejad!
Clot. Señor, cuidado!
[Vanse Clotaldo, Manfredo y Flor.
Duq. Y pues, Federico? ¿qué
Descargos á tantos cargos,
Despues de tiempos tan largos,
Como en mi casa os honré,
Teneis que dar? que yo mismo,
(Mirad cuan grande es mi amor)
Por el último favor
De amor al fin barbarismo,
Los quiero de vuestra boca
Oir. Decid, proponed,
Y de mi piedad creed
Esto.
Fed. Á ella sola invoca
Este triste, desvalido
De la fortuna y de vos;
Aunque muy bien sabe Dios,
Señor, que no os he ofendido.
Duq. ¿Á los tratos de Sajonia,
Qué decis?
Fed. Que de mi vida,
Siendo yo mismo homicida,
Sea última ceremonia
Ser de todos blasfemado,
Como el traidor mas aleve,
Si el pensamiento mas leve
De mi parte os ha agraviado.
Duq. ¿Y en el quererme matar
En la caza?
Fed. Ya el honor
Es quien me fuerza, señor,
Si me forzaba á callar
Mi valor, á que publique,
Aunque con agena culpa,
La verdad en la disculpa.
Duq. Válgame Dios! — ¿Y de Enrique
Muerto por vos, pues hallado
Fue en vuestros hombros, quién duda,
Que queda la lengua muda,
Como el ánimo postrado?
Fed. Cárlos, Duque de Borgoña,
De Austria generosa rama,
Descendiente del que puso
Su estoque en la casa de Austria:
Ya es tiempo, que mis verdades
Puertas al silencio abran,
Y lisonjeros cobardes
Descubran fingidas caras.
Ya sabes con la lealtad
Que te serví veces tantas,
Ya en la paz, y ya en la guerra,
Dando plumas á la fama,
Y que mi sangre no debe
Á la mejor de Alemania
Nada; pues óyeme ahora,
Verás, que lo son del alma.
En esta ciudad, que inunda,
Mas que con líquida plata,
El gran Danubio con sangre
De enemigos en su infancia,
En competencia serví
A una bellísima dama,
(Si tan noble como hermosa,
Tan prudente como honrada)
Desa Esfinge, ese Clotaldo;
Mas con fortuna contraria,
Pues le despreciaba á él
Al paso que á mí me amaba.
Sucedió lo de Sajonia,
El traerte aquellas cartas,

El guante del desafío,
El perder por él tu gracia,
Y al fin el ir desterrado.
Si es el ausencia en quien ama
Muerte civil, que los cuerpos
Perdona y las almas mata,
Tú, señor, lo considera,
Si acaso de veras amas,
Pues este tirano imperio
Se extiende á fieras y plantas.
Partíme, y á mi criado,
Diciendo donde esperaba,
Órden dí, que aquella noche
La calle y puertas rondara
De mi dama. Al fin lo hizo,
Cuando mudable ó ingrata,
Ó quizá (como ella dice,
Y es lo cierto) desdichada,
Ocasionó su hermosura,
Que un galan con una escala
(No sé que Clotaldo fuese,
Si bien lo rezela el alma)
Escaló por un balcon
La fuerza mas soberana,
Que puso el cielo en la tierra,
De armas de honor pertrechada;
Tanto, que á bajar le obliga
Mentidas sus esperanzas.
Esto me estaba contando
Mi criado, cuando á caza
Llegaste á la misma parte,
Adonde yo le aguardaba.
Escondíme; que el respeto
Del dueño tiene por sacra
Ceremonia un pecho noble.
Recostástete en la falda
De aquel apacible monte.
De alli á pequeña distancia,
Ví, que sacaba el traidor,
Para matarte, la daga.
Salí á librarte, aunque tú
Ó mi desdicha me paga
Mal esta accion; que infelices
Con los servicios agravian.
Volvia bien disfrazado,
Por desmentir asechanzas.
(Válgame el cielo! qué es esto?
¿Qué confusiones, qué bascas
Siente el pecho?) Al fin, señor,
(¡Jesus, el alma se arranca!)
Encontré un hombre cargado
De aquella infelice carga,
Que, como se vió vestido
Destas pobres antiparas,
(Qué es esto, cielos?) me obliga
Á que la caja le traiga.
Yo, por no ser conocido,
No resistí. Tú rondabas,
Me encontraste, y aqui preso
Me enviaste. — Fuego exhala
El corazon; yo fallezco!
Sirvan de tumba tus plantas
Al cuerpo mas infelice,
Concha de la mas preciada
Perla, que el honor vincula
En sus vividoras aras.
¡Todo el cielo sea conmigo!
Jesus, valedme!   [*Cae en sus brazos.*

Duq. Él te valga! —
¿Vióse caso mas horrendo?
¡Que una pena imaginada
Baste á quitarle la vida
Á un hombre de prendas tantas!
Hola, Clotaldo! Manfredo!

Salen los dos.

Clot. Señor?
Man. Señor, qué nos mandas?
Duq. Dad al cuerpo sepultura,
Pues reina en el cielo el alma.
Man. Bien obró el vino. [*ap.*] — ¿Qué es esto,
Señor?
Duq. Con mortales ansias
Luchando, en mis brazos muerto
Se ha quedado. Al punto le hagan
Sus exequias.
Man. ¿Al fin puedo
Llevarle á enterrar?
Duq. Y tanta
Pena siento, que á poder
Darle vida, y á mi gracia
Restituirle, lo hiciera.
Man. Yo voy á hacer lo que manda
Vuestra Alteza.
Duq. Ven, Clotaldo. —
Ahora solo me falta [*aparte.*
Comprobar esta verdad
Con este traidor.   [*Vase.*
Clot. Hoy canta [*aparte.*
Victoria mi pretension.
Quiero buscar quien me haga,
Dándole á Cárlos la muerte,
Señor de la casa de Austria.   [*Vanse.*

Salen FLOR, FLÉRIDA *y* LAURA.

Fler. Á aquesto en fin ha venido;
Que será felice suerte,
Hacer honrar con su muerte
Á la que dió á mi marido.
Flor. Puesto que justa esperanza
Fuera (siendo asi verdad)
No quiere el cielo piedad,
Que se ofrece con venganza.
Si Federico mató
Á Enrique, (aunque es caso incierto)
¿Qué consuelo es verle muerto?
Que aunque la ley esto dió
Por castigo al homicida,
Y ella satisfecha quede,
La que le perdió no puede
De una muerte sacar vida
Para su difunto esposo.
Y asi, amiga, yo te ruego,
No hables al Duque; que un fuego
Sacar otro no es forzoso.

Sale BECOQUIN.

Bec. ¿Vióse desdicha mayor?
Flor. Qué ha sido?
Bec. Tu padre lleva......
No es posible que me atreva
Á decirlo de dolor.
Flor. Á quién lleva?
Bec. Á Federico.
Flor. Dónde?
Bec. Á darle sepultura.
Flor. Triste nueva! suerte dura! [*Cae desmayada.*
Fler. Recóbrate, te suplico,
Vuelve en tí, Flor. Ay de mi!
Que entiendo, que ella tambien
Murió.
Flor. Ay Dios! ¿Muerto mi bien, [*Vuelve en sí.*
Y viva yo?
Fler. Vuelve en tí,
Flor hermosa.
Flor. Dime, amigo,

Diéronle garrote?
Bec.   No;
De sentimiento murió
De perderte.
Flor.   ¡Ay enemigo
Hado!
Flcr.   Retírate un rato,
Y descansa.
Flor.   No le habrá
Descanso en mi pecho ya.
Ha Clotaldo! ha Duque ingrato!
Ha cielo cruel!
Flcr.   No prosiga,
Aunque es justo el sentimiento.
Flor. No le muestro, pues no siento
Mi propia muerte. Ay amiga!
Fler. Ayúdala, como pueda [*á Laura.*
Venir á su cuarto.
Laur.   Ten.
Flor. Ay de mí! Muerto mi bien,
¿Para qué vida me queda?   [*Vanse.*

Sale C l o t a l d o *con tres* B a n d o l e r o s.

Clot. Como digo, en este puesto
Los tres habeis de esperar,
Porque aqui sale á cazar
El Duque.
Uno.   Ya está dispuesto
Todo, como has ordenado.
Clot. Retiraos pues, que aqui viene.
Otro. Ya todo hombre se previene
Al caso.
Clot.   Amigos, cuidado!
     [*Escóndense los Bandoleros.*

       Sale el D u q u e.
Duq. No me deja el pensamiento [*aparte.*
De caso tan asombroso
Reposar. ¿Mas qué reposo
He de hallar en tal tormento?
Clotaldo está aqui, y aqui,
Pues me da el sitio lugar,
Hoy tengo de averiguar
Lo que á Federico oí. —
Saca la espada, traidor!
Clot. Señor?
Duq.   Sácala, villano!
Clot. Repara!
Duq.   ¡Aleve, tirano
De mi amor y de mi honor!
Sácala, digo, ó asi
Te he de matar.
Clot.   ¿No sabré,
Gran señor, por qué?
Duq.   Porque
Eres un traidor.
Clot.   Aqui,
Amigos; que ahora es
Tiempo.

     Salen los B a n d o l e r o s.
Uno.   Ninguno se atreve
Contra tal valor.
Duq.   Aleve,
No te han de valer los pies.
     [*Huye* C l o t a l d o, *y el* D u q u e *le sigue.*
Uno. Huye, Rodulfo, no vea
El Duque á ninguno aqui.   [*Vanse.*

Sale C l o t a l d o *herido, y cae á los pies del*
                D u q u e.
Clot. Deten el brazo, (ay de mí!)
Aunque tu rigor se emplea
Tan justamente.
Duq.   ¿Emboscada
Tienes, traidor, prevenida,
Y pides que te dé vida?
Clot. Ya, señor, es acabada,
Ya de muerte estoy herido.
Oyeme; que es accion cuerda,
Porque el alma no se pierda,
Pues el cuerpo se ha perdido.
Yo al de Sajonia escribí,
Dándole de tus intentos,
Ardides y pensamientos
Noticia; yo pretendí
En este monte matarte,
Como tambien quise ahora,
Y con intencion traidora,
Y pretension de heredarte,
Intenté descomponer
Á Federico, y á Enrique
Maté. No es bien te suplique,
Cuando ya no puede ser,
Me des la vida; el perdon
Te pido; y á Dios, que muero.
Él te guarde.   [*Muere.*
Duq.   Ha lisonjero!
Ya se acabó tu ambicion.
No en vano (fiera pasion!)
Hizo el alma sentimiento
Á ejecutar el intento,
Que el traidor me aconsejó;
Que Dios á los hombres dió
Este divino instrumento.
Llamar quiero algun montero,
Que retire á la espesura
Este cuerpo. Sepultura
No ha de tener. Justiciero
Me llaman, mostrarlo quiero
Hoy, aunque digan de mí,
Que es impiedad. Pero alli
Viene Manfredo; él será
Quien le retire, y dará
Venganza á su hija asi.

       Sale M a n f r e d o.
Man. Ya es forzoso que haya hecho [*aparte.*
Efecto el veneno fuerte,
Que, con amagos de muerte,
De tal suerte abrasa el pecho,
Que llega al último estrecho
Al que le toma. Este es
El sepulcro.
Duq.   Ya á mis pies
Clotaldo entre amargas quejas
Dió veneno á mis orejas,
Y al suelo el cuerpo despues.
Ya el traidor ha confesado,
Que mi estado conspiró,
Que al de Sajonia escribió,
Que á Federico ha enviado,
Que á Enrique la muerte ha dado,
Que á mí me quiso matar,
Que te pretendió afrentar;
Y á no faltar las razones,
Confesara mas traiciones,
Que tiene arenas el mar.
Por probarle, en este puesto
Á sacar le provoqué
La espada, y en él hallé,
Que, á nueva traicion dispuesto,
Una emboscada habia puesto;

Pero viendo mi valor,
Alas les prestó el temor;
Y huyendo quedó vengado
Mi sobrino, disculpado
Mi amigo, y muerto el traidor.

Man. Ya es tiempo, famoso Cárlos,
Que el cielo guarde mil siglos,
Para premio de lealtades,
Y de traiciones castigo:
Dentro de mi noble casa
Dió la muerte el fementido
Clotaldo á Enrique; esto supe
De Flor; porque él atrevido,
Escalando sus balcones,
Y hallando allí á tu sobrino,
Que de Flérida llamado
Por sus zelos habia sido,
Le dió la muerte; y yo fui
Quien por el secreto quiso
Darle sepulcro, y hallando
Disfrazado á Federico,
Aquella arca le entregué,
Con quien á tus manos vino.
Hicísteme dél Alcaide;
Yo al fin, como prevenido
De su inocencia, librarle
Pretendí, dándole un vino
De suerte confeccionado,
Que privado del sentido
Le dejó en tus manos, donde
Por tu mandado, advertido
Á que tú segunda vez
Me lo mandases benigno,
Sepulcro le dí; y ahora,
Gran señor, habia venido
Á ver, si de aquel beleño
Despiertos ya los sentidos
Tenia. Tus plantas son
El sagrado, y este nicho
Quien le sirve de sepulcro,
Y adonde, no sin divino

Impulso, diste la muerte
Al traidor, como se ha visto.
Esta es la losa.

Duq.   Levanta,
Manfredo; que quiero vivo
Ver al que lloré difunto.

Man. Federico! ha Federico!

Dentro FEDERICO.

Fed. Quién me llama?

Man.   Quien te ha dado
Nuevo ser.

Sale FEDERICO.

Fed.   Cielos, qué miro!
Señor, vos aqui? Qué es esto?

Duq. Dame los brazos, amigo;
Que ya los cielos publican
Tu lealtad.

Fed.   Por tan divino
Favor les rindo mil gracias.

Duq. Mira allí el cadáver frio
De tu enemigo, á mis manos
Muerto por divino instinto.
Yo te reduzco á mi gracia,
Y doy las rentas y oficios
Del traidor.

Fed.   Mayor merced,
Señor, á tus plantas pido.

Duq. Pideme lo que quisieres.

Fed. Mis penas y mis peligros
Daré por bien empleados,
Como engaste el cristal fino
De la bella Flor mi mano,
Pues parte en ellos ha sido.

Duq. Yo de mi parte lo otorgo.

Man. Yo le recibo por hijo,
Heredero de mi casa.

Duq. Y tengan con un castigo
Fin tan justas tres venganzas,
Mia, tuya y la de Enrico.

CIV.

DUELOS DE AMOR Y LEALTAD.

PERSONAS.

Toante |
Leonido | galanes.
Zenon |
Cosdroas, viejo.
Alejandro, Rey.
Anteo, criado.

Morlaco, gracioso.
Irifile |
Deidamia | damas.
Laura |
Ismenia | criadas.

Libia, criada.
Flora, villana.
Soldados persianos.
Soldados fenicios.
Músicos.
Acompañamiento.

JORNADA I.

Tocan cajas y trompetas, y fingiéndose dentro la batalla, sale despues de las primeras voces IRI- FILE con espada desnuda, cimera de plumas y vengala.

Unos [dent.] Viva Persia!
Otros [dent.]　　　　Tiro viva!
Unos. Arma, arma!
Otros.　　　　Guerra, guerra!
Todos. Guerra, guerra!

Dentro LEONIDO y ZENON.

Leon.　　　　Al arma!
Zen.　　　　　　　　Al arma!
Unos. Viva Tiro!
Otros.　　　　Viva Persia!
Unos. Guerra, guerra!
Otros.　　　　Al arma, al arma!

Dentro TOANTE.

Toan. Por mas que la suerte adversa
Se nos declare, el morir
Es desdicha, mas no afrenta.
Volved pues, volved, soldados,
A la lid.

Dentro MORLACO.

Morl.　　　　Salve el que pueda
La vida.

Dentro TOANTE.

Toan.　　　　Valedme, cielos!
Uno [dent.] Si el caballo le despeña,
Sin General, qué esperamos?
Otros. Al monte!
Unos.　　　Al valle!
Otros.　　　　　Á la selva!
Todos. ¡Victoria por los de Tiro!

Sale IRIFILE.

Irif. Miente alevosa la lengua,
Que infamemente industriosa
Desmaya con lo que alienta;
Que aun estoy yo viva. ¿Pero
Adónde (ay de mí!) me lleva

El despecho? Pues por mas
Que desatentada quiera
Seguir la voz de Toante,　　　　[Cajas.
No puedo, segun le empeña
Su valor. Dígalo el ver,
Que en fuga sus tropas puestas,
Cobardemente la espalda,
Destrozadas y deshechas,
Vuelven sin él. ¿Mas qué dudo
Ir en su alcance, si es fuerza
Que, vivo ó muerto, á su lado
Irifile viva ó muera;
Si le halla muerto, en sus brazos;
Y si vive, en su defensa?

Al entrarse salen LEONIDO y Soldados.

Leon. ¿Dónde, valiente Persiana,
Vas, cuando tus huestes dejan,
Por ampararse en los montes,
Desamparadas las tiendas?
Irif. Donde muriendo y matando,
Desesperada y resuelta,
Me encuentre mi fama viva,
Antes que la tuya muerta.
Sold. Si ese es tu intento......
Leon.　　　　　　　　Tened
Las armas; nadie la ofenda. —
Y tú, invencible beldad,
Sin que ni mates ni mueras,
Date, no digo á prision,
Sino á cuartel, en que veas,
Que los Fenicios, que el hado
Á África ha arrojado, intentan
Mas mantenerse en la paz
De huéspedes, que en la guerra
De conquistadores.
Irif.　　　　　　　Antes
Que á ese partido me venza,
Me ha de vencer el acero.
Y asi que me lidien deja
Tus soldados, hasta que
La vida á sus manos pierda.
Leon. En vano te precipita
El valor; porque, aunque quieras
Tú morir, no querré yo,
Sino que vivas; que fuera
Deslustre de mi victoria
El baldon de tu tragedia.

Date pues, otra vez digo,
Á mi fe y palabra atenta,
No á prision, sino á hospedage
De noble estimacion.

Irif.   Esa
Generosa accion de dar
Vida á quien no la desea,
No es piedad. Huiré de tí,
En busca de quien no tenga
Clemencia tan sospechosa,
Que deja de ser clemencia.

Leon. Seguiréte yo, porque,
Aunque le halles, no te ofenda,
Yendo yo en tu salvaguardia.

[*Éntrase Irifile y síguenla todos.*

Vuelve IRIFILE *por la otra puerta, y sale*
ZENON *al paso.*

Zen. ¿Adónde, Persiana bella,
Desmandada de tu gente,
Tan sola el pavor te lleva?

Irif. Poco ha que respondí
Á aquesa pregunta mesma,
Que adonde muera matando;
Y asi no extrañes, que sea,
Siendo una la pregunta,
Una tambien la respuesta.

Zen. De tan bizarra osadía
Baste que cumplas la media,
Que es matar, mas no morir,
Hallándome en tu defensa.

Salen LEONIDO *y Soldados.*

Leon. En su seguimiento traigo
Yo ofrecida esa fineza;
Y asi me toca el cumplirla,
Pues me tocó el ofrecerla.

Zen. Ya son mis empeños dos;
Uno, haber llegado ella
Á mi vista; otro, que tú,
Leonido, en su amparo vengas.
Y asi, pues todo tu duelo
Es asegurarla, y queda
Segura conmigo, puedes
Dar á tu puesto la vuelta.

Leon. Eso es desairarme mas,
Zenon, que obligarme, en prueba
De que hubo menester
Tu amparo para mi ofensa.

Zen. Si esa razon no me basta,
Valdréme de otra.

Leon.   Qué es?

Zen.   Esta.

[*Pónela detras de sí.*

Yo no sé mas de que viene
Huyendo de tí, y que al verla
Librarla ofrecí; con que
El primero en quien me empeña
Á defenderla, eres tú.

Leon. Válgame tu razon mesma.
¿Huir de mí, y seguirla yo,
No es precisa consecuencia
De que ya fue prenda mia?

Zen. No; que la garza, que vuela,
No es del halcon, que la sigue,
Sino del que hace la presa.

Leon. La corza, que herida huye,
Es del dueño de la flecha,
Que va en su alcance.

Zen.   Dejemos
Metáforas aqui necias,
Y vamos á realidades.

Leon. Vamos.

Irif.   Deidades supremas!
¿Quién se vió trágico asunto

De tan rara competencia?

Zen. Desde aquel infausto dia,
Que, huyendo las iras fieras
De Jove, desamparamos
Á Fenicia, patria nuestra,
En la peregrinacion
De ir buscando en las agenas
Terreno, que nos admita,
Deidamia, en quien se conserva
De nuestros Reyes la estirpe,
Á tí el gobierno te entrega
De la tierra, á mí del mar.
Y pues que por tuya queda
De esclavos y de despojos
Toda la campaña llena,
¿Qué mucho será, que lleve
Yo, de mi socorro en prueba,
Sola una esclava?

Leon.   Esa esclava
Vale mas que toda Persia.

Zen. Pues mira como ha de ser;
Que no he de volver sin ella
Yo al mar.

Leon.   Desta suerte.   [*Riñen los dos.*

Irif.   Cielos!
¿Quién se vió en lid tan opuesta,
Que igualmente le esté mal
El vencido, que el que venza?

Leon. Conmigo ven.

Zen.   Ven conmigo.

Salen DEIDAMIA, LAURA *y Damas.*

Deid. ¿Pues qué novedad es esta,
Que la batalla campal
En civil batalla trueca?

Leon. Feliz soy, pues en favor   [*aparte.*
Mio estar Deidamia es fuerza.

Zen. Infeliz soy, si Deidamia   [*aparte.*
Á saber la causa llega.

Deid. Cuando afable la fortuna,
(Quizá apurada de penas,
Que ya quebrantando mares,
Que ya penetrando selvas,
En nosotros ha cumplido)
Tan otro el semblante muestra,
Que no pudiendo impedirnos
El que tomásemos tierra
En esta africana playa
Todo el poder de los Persas;
Y no pudiendo tampoco
Impedirnos el que en ella
Vamos fundando ciudad,
Tan regularmente excelsa,
Que, aun no murada, ha podido
Ponerse en defensa,
Que tres veces asaltada,
Y tres defendida, ostenta,
Segun los cautivos, que
Para su labor nos deja,
Que mas viene á fabricarla
Su orgullo, que á demolerla;
Cuando el comun alborozo
De la juvenil belleza
En este templo, que á Apolo
Edificó la fe nuestra,
Como á nuestro tutelar
Dios, hoy añadir intenta,
En honor de la fortuna,
Al culto bailes y fiestas:
¿Los dos, en cuyos dos polos,
En fe de la fama vuestra,
Nuestra peregrinacion,
Ya que no descansa, alienta,
Solicitais, que ofendida

De ver cuanto se desdeñan
De sus favorables auras
Las prósperas influencias,
La ingratitud castigando,
Al pasado ceño vuelva,
Tomando por instrumento
La disension, que es quien trucca
Tal vez aplausos á ruinas,
Tal victorias á tragedias?
¿Qué monarquías, qué imperios,
Qué conquistas, qué proezas
En ambas campañas, no
Perdió la desavenencia
De sus cabos? Sin ver cuanto
Valen mas en mar y tierra
Dos flacas fuerzas unidas,
Que desunidas mil fuerzas.
¿Será justo que se cuente,
Que, cuando (á decirlo vuelva)
Favorable la fortuna
Mueve su inconstante rueda
De adversa en próspera, somos
Nosotros quien contra ella
Forcejamos á que no
Haya de ser, sino adversa?
¿Qué importa, que el enemigo
Huya vencido, si deja
Montada discordia, que
Desde allá su nombre os venza?
Volved pues, volved, valientes
Caudillos, á la primera
Jurada fe de valeros
Unos á otros; no se entienda,
Que lo que gana el valor
El mismo valor lo pierda.
Y sepa yo, qué ocasion
Os mueve, para que sepa,
Ya que es razon el oírla,
Si la hay para componerla.

Leon. Entre los varios despojos,
Que montes y valles pueblan,
Esta invencible Persiana
Quedó por mi prisionera.
De mi piedad ofendida,
Antes á morir resuelta,
Que á darse á partido, huyendo
De mí......

Zen. Llegó donde, al verla
Seguida dél, me empeñó
Á que yo la favorezca.
Leon. Solicitando cobrarla,......
Zen. Obligado á defenderla,......
Leon. En fin como presa mia,......
Zen. Yo no, sino como presa
Tuya; que mi intento solo
Fue, ser yo á quien tú le debas
Tan peregrina hermosura
Puesta á tus pies.
Leon. Si dijera
Eso entonces, claro está,
Que de mi accion desistiera;
Que tú sola ser mereces
Dueño de tan alta prenda.
Mas no dijo, sino que
No habia de volver sin ella
Al mar.
Deid. O aleve! qué mal......? [*aparte.*
Pero no es esta materia
Para aqui.
Zen. De mi intencion
No habia yo de darle cuenta,
Valiéndome de disculpas,
Que pusiesen en sospecha
Mi valor en no ampararla.

Deid. Pues siendo desa manera,
(Disimule hasta mejor [*aparte.*
Ocasion, en que hablar pueda)
Compuestos estais los dos;
Pues quedando su belleza
Por mi prisionera, tú,
Leonido, haces lo que hubieras
Hecho antes, y tú, Zenon,
Logras tambien la fineza
De mirar tan peregrina
Hermosura á mis pies puesta.
Irif. Y no ya de mi fortuna [*de rodillas.*
Quejosa, que no le queda
Accion á la queja, el dia
Que, esclava de tu belleza,
Ha enmudecido la dicha
El gemido de la queja.
Deid. Alza del suelo; á mis brazos,
Hermosa Persiana, llega.
Y pues cartas de favor,
Que dió la naturaleza
Á la hermosura, bien como
Primer sobrescrito dellas,
No he de tenerlas cerradas,
Sin ver lo que me encomienda,
Ven al sacrificio ahora;
Despues irás donde sepa,
Qué tratamiento te debo,
Conforme á las nobles señas
De tu valor y tu trage. —
Y vosotros, pues os deja,
Yendo ella conmigo, iguales,
Y airosos la competencia,
Proseguid en la jurada
Alianza, sin que sea
Quizá otra vez escarmiento
Lo que ahora es advertencia.
Leon. Yo á tu órden atento......
Zen. Yo
Siempre humilde á tu obediencia......
Deid. Bien está; acudid á vuestros
Puestos, y pasando muestra
Los nuevos esclavos, que hoy
En nuestro servicio quedan,
Á los que los han ganado
Los dejad, con ley expresa,
Como hasta aqui, que á ninguno
Dejen salir por las puertas;
Y que encerrados de noche
Dentro de sus casas mesmas,
Hayan de acudir de dia
A la precisa tarea
De las murallas de Tiro;
Pues basta que, cuando vengan
De paz á cangearse algunos,
Sus dueños el precio adquieran;
De suerte, que á un tiempo iguales
Afan é interes los tengan,
La fábrica como esclavos,
Y el soldado como hacienda.
Y ahora, porque no el aire
Infestado se convierta
En el destemplado crísis
De contagiosa epidemia,
Id todos, y el mar sepulcro
De los cadáveres sea. —
(Asi lo fuera de quien [*aparte.*
Ingrato......) Persiana bella,
Sigue mis pasos.
Irif. Sí haré,
Ufana de que no pueda
Mi estrella hacerme infeliz,
Pues, á pesar de mi estrella,
Todo un sol me alumbra. — ¡Ay [*aparte.*

Toante, lo que me cuestas!

        [Vanse las dos y las damas.

Leon. Laura!

Laur.   Qué quieres?

Leon.   Fiar

De tí, prima, una fineza,
Con la disculpa de que es
Oficio para discretas.

Laur. Ya te he entendido.

Leon.   Despues

Hablaremos.

Laur.   Norabuena.   [*Vase.*

Zen. Si tal vez el ceño dice   [*aparte.*

Lo que no dice la lengua,
Enojada va Deidamia;
Tras ella iré, hasta que tenga,
Bien que á costa del dolor
De que tal cautiva pierda,
Esforzando la disculpa,
Lugar de satisfacerla.   [*Vase.*

Leon. ¡Qué breve es la edad del gozo!

Bien dijo quien dijo, que era
Efímera de las flores,
Que con el alba despiertan,
Y fallecen con la sombra.
Dígalo yo, pues apenas
Me ví dueño de una dicha,
Cuando hubo contra ella,
Sobre envidia que la turbe,
Poder que la desvanezca.
Á nadie admire la prisa
Con que su pérdida sienta;
Que siendo instante el ganarla,
Y siendo instante el perderla,
Argumento es de que á siglos
Amor los instantes cuenta.
¿Qué tiempo fue menester
Para ver una belleza
Tan hermosamente heróica,
Tan heróicamente excelsa?
Ninguno. Luego ninguno
Habrá menester mi pena,
Si para verla bastó,
Para sentir el no verla.
Si yo hubiera de decir
Mi sentimiento, dijera......

        Dentro TOANTE.

Toan. Ay de mí infeliz!

Leon.   ¿Mas quién

Hurta el suspiro á mi queja?
Por si fue acaso, ó si fue
Vaticinio, á escuchar vuelva.

        Dentro COSDROAS.

Cosd. Tened, soldados! piedad!

Y no deis, antes que muera,
Sepulcro á un vivo.

Sold. [*dent.*]   El caduco

Vaya.

Sale COSDROAS *vestido de cautivo, y como ar-*
rojado, cae á los pies de Leonido, *y despues*
cuatro Soldados, que llevan á TOANTE,
como desmayado.

Leon.   Qué voces son estas?

Sold. 1. Esto, señor, es hacer

Lo que el bando nos ordena.

Cosd. No es sino exceder el bando

Con injusta saña fiera,
Pues, antes de ser cadáver,
Vivo á echarle al mar le llevan.

Sold. 1. ¿Qué mas cadáver, que ver,

Que ni respira ni alienta

Agonizando?

Leon.   Cobardes!

¿Qué inhumanidad mas que esa?
¿Quién os dijo, que la ira
Pudo ser nunca obediencia,
Si anticipada al mandato,
Pasa de justa á violenta?
Á un hombre, que aun vive, darle
Por muerto, es accion tan fuera
De razon natural, como
Dudar, que en la mas extrema
Ansia le abrevia mil siglos,
Quien un instante le abrevia.

Toan. ¡Quién, ya que tiene el sentido,

Aliento (ay de mí!) tuviera
Para......! No puedo, no puedo
Hablar.

Leon.   En vano te esfuerzas. —

Dejadle en los brazos deste
Venerable anciano. — Llega,   [*á Cosdroas.*
Carga con él; y pues no,
Por mas que tu dueño sea
De los nobles de Fenicia,
Tendrás albergue, en que puedas
Cuidar dél, llévale al mio,
Adonde con la asistencia
De mi gente, muera ó viva,
Vea el mundo, que la agena
Crueldad suele despertar
Tal vez la propia clemencia.

Cosd. Mil veces tus plantas beso,

Y no con menor terneza,
Que la de padre, que es mi hijo;
Y viendo, que en la primera
Ocasion me perdí, vino
Tambien á perderse en esta,
Por buscar mi libertad. —
Su lustre y nombre desmienta;   [*aparte.*
Si muere, porque no el lauro
De que dél triunfaron, tengan;
Y si vive, porque no,
En sabiendo quien es, sea
Imposible su rescate.

     [*Vase, llevando á* Toante *en brazos.*

Leon. Vosotros de otra manera

Entended los bandos, viendo
Que la deidad, que os gobierna,
Siempre manda lo mejor. —
Tú déjate ver, o bella   [*aparte.*
Persiana, porque los ojos
Siquiera el desquite tengan,
Mientras no ven tu hermosura,
De lo que lloran tu ausencia.   [*Vase.*

Sold. 1. Pues este se nos escapa,

Otros en su lugar vengan.

Sold. 2. Aqui hay uno, que sin duda

Está muerto.

    Descubren á MORLACO *echado en el suelo.*

Sold. 3.   Cosa es cierta,

Pues ni alienta ni respira.

Morl. Harto el fingirlo me cuesta,   [*aparte.*

Respirando hácia otra parte.

Sold. 4. Cógele tú desa pierna,

Yo le cogeré destotra,
Y vaya arrastrando.

Sold. 1.   Espera;

Que ya ayudaré de un brazo.

Sold. 2. De otro yo, y desta manera

Llegará mas presto al mar.

     [*Llévanle entre los cuatro.*

Morl. No haré tal; que pues me aprietan

Amarrado á cuatro potros,

Том. IV.   79

Decir la verdad es fuerza.
Los 4. ¡Por Dios, que está tambien vivo!
[Déjanle caer.
Morl. Niégoles la consecuencia;
Que ya no estoy sino muerto,
Segun de golpe me sueltan.
Ay de mis espaldas! ¿Quién
Vió, que el que iba sin molestia
En silla de manos, en
Silla de costillas vuelva?
Sold. 4. Qué es esto? ¿Pues cómo, estando
Tan sano y bueno, te quedas
Entre los muertos?
Morl.   Muy poco
Sabe usted destas pendencias,
Pues hacer la mortecina
Se le hace cosa nueva.
Yo soy Morlaco. Asentado
Aqueste principio, sepan,
Que aun ánimo para huir
No tuve, y como es prudencia,
Que se valga de la maña
Á quien le falta la fuerza,
Muerto me fingi, esperando
Queditito á que anochezca,
Para escapar sin ser visto.
Mintióme la estratagema,
Pues vustedes (Dios les guarde!)
Dando conmigo, me llevan
Á ser pescado del mar;
Siendo asi que de la tierra
Lo soy, desde que han en mí
Cogido una linda pesca.
Los 4. Vaya á dar muestra el Morlaco.
Morl. Si de que soy gentil pieza
He descubierto la hilaza,
¿Á qué fin he de dar muestra?
Sold. 2. Á fin de que por esclavo
Asentado mio lo sea,
Pues yo el primero le ví.
Sold. 4. Yo el primero de una pierna
Le así.
Sold. 3.   Yo de un brazo.
Sold. 1.   Yo
De otro.
Morl.   Buen remedio; tengan.
Los 4. Qué remedio?
Morl.   Hacerme cuartos.
Voy á avisar á que venga
El portero de despojos
Por asadura y cabeza.
Sold. 1. Claro está, que á hacerle cuartos
Irá, pero de moneda,
En viniendo á rescatarle.
Morl. Muy linda esperanza es esa.
¿Quién ha de haber, que por mí
Dé un cuatrin?
Sold. 2.   Cuando eso sea,
Se quedará siempre esclavo;
Y pues no ha de haber pendencia
Entre nosotros, juguemos
Cuyo ha de ser.
Los 3.   Norabuena.
Morl. Voy por los dados.
Sold. 1.   Despues
Irá; ahora no se detenga.
Los 4. Venga al registro.
Morl.   Que soy
Pellejo de vino, adviertan,
Presentado, é ir no debo
Á derechos ni á derechas,
Que tambien soy zurdo.
Sold. 1.   Vaya
El mandria.

Sold. 2.   La mosca muerta.
Sold. 3. El berganton.
Sold. 4.   El gallina.   *[Péganle.*
Morl. ¡Ay, que sin duda me pelan!
Music. [dent.] Sea norabuena,
Norabuena sea.
Morl. Mal haya el alma y la vida,
Que de mi dolor se alegra,
Diciendo una y otra vez,
Alegres de que me muelan:......
Mus.   Sea norabuena,
Norabuena sea.   *[Llévanle.*

----

*Salen las Damas que pudieren, cantando y bai-
lando, con guirnaldas de flores, y detras* Deidamia, Iripile *y* Flora.

Flor. [cant.] Que de la fortuna
La Deidad suprema
En ser inconstante
Tan constante sea.
Mus. Sea norabuena.
Flor. Que de sus mudanzas
Resulte, que vuelvan
Hoy en alegrías
De ayer las tristezas.
Mus. Norabuena sea.
Flor. Que los que han tomado
En África tierra,
Al gran Dios Apolo
Altares ofrezcan.
Mus. Sea norabuena.
Flor. Que de los Fenicios
Vencidos los Persas,
Celebren sus triunfos
Jóvenes bellezas.
Mus. Norabuena sea.
Flor. Que á su noble templo
Coronadas vengan
De lirios, claveles,
Rosas y azucenas.
Mus. Sea norabuena.
Flor. Que dellas guirnaldas
Á Deidamia tejan,
Para que su nombre
Reine, triunfe y venza.
Mus. Norabuena sea.
Deid. No sea norabuena,
Pues...... Mas qué voy á decir? *[aparte.*
Enmiende mi sentimiento. —
Pues no es lícito el contento
De ver matar y morir;
Si desiguales los hados
Son, tan cruelmente piadosos,
Que no saben, que hay dichosos,
Sin saber, que hay desdichados,
¿Por qué adquiridos despojos,
Que constan de otros agravios,
Los han de aplaudir los labios
Sin lágrimas en los ojos?
Y asi, pues ya el sacrificio
En cultos de la fortuna,
Viva imágen de la luna,
Dió de nuestro zelo indicio,
No á sangre fria festivo
Dure el gozo, y al mirar
Tanto estrago, haga lugar
Lo heróico á lo compasivo.
Que ni es valiente ni honrado
Quien complacido en su horror
Se gloria. — Bien mi dolor, *[aparte.*
En lástima disfrazado,
Se ha sabido desmentir. —

Qué esperais? Retiraos pues.
Todas. Fuerza obedecerte es.
Flor. Mas no dejar de decir,
Segun el contento ha sido,
Que el imaginar me ha dado,
Qué es lo que traerá pillado
De campaña mi marido.
[cant.] Que de la fortuna
La Deidad suprema
En ser inconstante
Tan constante sea.
Mus. Sea norabuena.   [Vanse.
Deid. No sea norabuena. —
Y ya que en este jardin,
Que de mi palacio fue
Primer fábrica, quedé
Contigo, Persiana, á fin
De saber, como antes dije,
Quien eres, para saber,
Qué hospedage te he de hacer,
Qué esperas?
Irif.   Aunque me aflige
Pensar, que mi libertad
Impida el saber quien soy,
Por serlo, obligada estoy
Á decir siempre verdad.
Irifile, hija heredera
De Aristóbolo nací,
Por cuya muerte adquirí
Á Ceilan, esa primera
Ciudad, que á tres vientos hace
Tres frentes, pues singular
Atalaya de la mar,
Entre Asia y África yace.
Viendo, que tu poderosa
Armada arrojaba en tierra
Tanta gente, y que la guerra
Á impedirlo era forzosa,
Levas hice, presumiendo,
Que á mí solo mi poder
Me bastaba, para hacer,
Que al mar volvieses huyendo.
Engañóme mi denuedo,
Pues dos veces rechazada
Mi gente, y fortificada,
Sin ver la cara del miedo,
La tuya, no solo no
Me dejó esa playa bella,
Mas fue delineando en ella
Nueva ciudad; con que yo
Á Ciro, de Persia Rey,
Escribí, que, puesto que era
Ceilan vanguardia y frontera
Del reino, era justa ley
Defenderla. Él liberal,
Ó forzado, ó rezeloso,
Ejército numeroso
Me envió, y por su General
Á Toante. No te espante,   [Llora.
Que el dolor la voz impida;
Que una pena repetida
Son dos penas. A Toante
(Vuelvo á decir) su valido,
Á quien quise acompañar,
Porque, viniendo auxiliar,
Viese, que el haber pedido
Favor, no era en mí temor,
Sino fuerza; bien lo abona
El que saliendo en persona
Á campaña mi valor
Veria en ella. Con que habiendo
En batallones é hileras
Hecho frente de banderas,
Tú al opósito saliendo

De tus muros, la batalla
Me presentaste; yo, que
Con el reten me quedé,
Para, en siendo tiempo, dalla
Calor, viendo que volvia
Deshecha y desordenada
Mi gente, desesperada
Me empeñé, por si podia
Reducirla. Pero en vano;
Que una vez introducido
El desman, solo ha podido
Recobrarle el soberano
Marte, de las lides Dios.
Y pues en duelo oportuno,
Para no ser de ninguno,
Fui prisionera de dos,......
Permite, que no prosiga
Lo que ya sabes; porque   [Desmáyase.
No sé qué angustia, no sé
Qué congoja, qué fatiga,
Qué desmayo, qué afliccion,
Qué pasmo, qué ira ó despecho
Me está á pedazos del pecho
Arrancando el corazon,
Con impulso tan violento,
En dos mitades partido,
Que, con llevarse el sentido,
No se lleva el sentimiento.
Ay infelice de mí!
[Cae desmayada en brazos de Deidamia.
Deid. Laura! Ismenia! Dóris! Flora!
No hay quien me escuche?

    Salen.

Las cuatro.   Señora,
Qué nos mandas?
Deid.   Que de aqui
Me retireis el pavor,
Que, al ver cuan mortal está,
Esa Persiana me da.
Las dos. Qué lástima!
Otras dos.   Qué dolor!
Deid. Qué esperais? Corred veloces,
Á mi cuarto la llevad,
Y de su salud cuidad,
Como de la mia.

    Al entrar con ella, sale Zenon.

Zen.   ¿Qué voces,
Hermosa Deidamia, fueron
Las que disculpan entrar
Hasta aqui? ¿Mas qué pesar
Es el que mis ojos vieron?
Deid. Si ellos le vieron, ya no
Tendré yo que referiros,
Pues se anticipó á deciros
Lo que no os dijera yo.
Por excusaros el susto
De que eclipse su luz pura
Tan peregrina hermosura,
Sobre el pasado disgusto,
Que agena os causaba el vella,
Y el de llegar yo á estorbar
La propuesta de que al mar
No habíais de volver sin ella.
Zen. Ya, señora, (estoy sin mí!)
Satisfizo, (mal me aliento!)
Con que (muerto estoy!) mi intento
Ser (qué ansia!) para tí
Digna esclava la persona······
Deid. Proseguid.
Zen.   (Pena tirana!)
Desa Pálas africana,
Desa persiana Belona,

Que, con la espada en la mano,
Mataba, sin lo que heria,
Con tan alta bizarría,
Con valor tan soberano,
Que si para tí, yo, cuando......

Deid. Turbado estais, no advirtiendo,
Cuan necio vais destruyendo
Lo mismo que vais saneando.
Disculpa tan descortes,
Que para ella bien buscada,
Y para mí mal hallada
Está, no es disculpa, pues
Habeis á un tiempo los dos
Sentido y juicio perdido,
En cobrando ella el sentido;
Y en cobrando el juicio vos,
Podrá ser...... Pero qué digo?
Que no podrá ser, que yo
Vuelva á escuchar á quien no
Supo consultar consigo
La dicha de quien alcanza,
Esperanza no diré;
Porque un no desden, ni fue,
Ni pudo ser esperanza.
Y asi sin ella y sin mí
Quedad para...... Mas no quiero,
Ni aun decir para que. Pero
Yo me vengaré de tí.   [*Vase.*

Zen. Si, al ver beldad tan agena
De sí y de mí, alguno culpa,
Que no esforcé la disculpa,
Ni disimulé la pena,
Pruebe á verse en la dudosa
Lid de un alma, combatida
De una hermosura perdida,
Y otra hermosura zelosa,
Verá como no se deja,
En duda de lo mejor,
Ni desmentir el dolor,
Ni desvanecer la queja,
Y no diga, (ay de mí!) pues......

Sale LEONIDO.

Leon. Decidme...... No conocí [*aparte.*
A Zenon, como le ví
De espaldas. Ya fuerza es
Proseguir. — ¿Qué causa ha sido
La que á Deidamia ha obligado
A unas voces,......

Zen.   Otro enfado? [*aparte.*
Leon. Que á lo lejos se han oido?
Zen. No lo sé; y pues que los dos
Una duda padecemos,
De otro saberla podemos.
Leon. Id con Dios.
Zen.   Quedad con Dios. [*Vase.*
Leon. ¿Qué puede haber sucedido?
¿De quién saberlo podré?

Sale COSDROAS.

Cosd. Albricias, señor!
Leon.   De qué?
Cosd. De que, habiendo piedad sido
De tu generoso pecho
Dar vida á un casi difunto,
No dudo que es digno asunto
Ver logrado el bien que has hecho,
Para dar albricias dél.
Leon. Dices bien, y yo las mando.
Cosd. Apenas se albergó, cuando
De la caida cruel,
Que le privó del sentido,
Muerto el caballo, cobró
Aliento; y aunque se halló

En varias partes herido,
Ninguna mortal; con que,
La sangre restituida,
Viene á darte de la vida
Rendidas gracias.

Sale TOANTE de cautivo.

Toan.   Si sé   [*de rodillas.*
Lo que te debo, señor,
¿Qué mucho que haya querido,
Aun no bien convalecido,
Adelantar el honor
De verme humilde á tus pies,
Ilustrada mi persona
Con el trage, que me abona
Dos veces esclavo, pues
Dos veces esclavo soy,
El dia, que á pagar me atrevo
Una vida que te debo,
Con una alma que te doy?
Leon. Alza del suelo á los brazos,
Y cree de mí, que diera
Cuanto posible me fuera,
Porque no acaso estos lazos
Usara solo contigo,
Sino con todos, en fe
De que nuestro ánimo fue
Mas ser huésped, que enemigo.
No nos quisisteis creer,
Y poniéndoos en rezelo,
Por nuestra inocencia el cielo
Tres veces quiso volver.
Toan. ¿Quién pudiera imaginar,
Que no viniese de guerra,
Viendo que arrojaba en tierra
Tan grande ejército el mar?
Leon. Quien plática hubiera dado,
Hasta saber qué ocasion
Nuestra desembarcacion,
Para haber puerto tomado
En el África, tenia.
Toan. Yo me holgara de sabella,
Por si resultaba della
Algun convenio algun dia;
Que ser tu esclavo, no quita,
Antes añade, que sea
Sugeto á quien se le crea
Lo que decir me permita
Tu noticia.
Leon.   Aunque me halla
De otro cuidado pendiente,
Desta materia, que intente,
Ya que la toqué, apuralla
Es bien; que otra vez contigo
Podrá ser, que no me veas
Tan familiar; que aunque seas,
Sobre mi esclavo, mi amigo,
No por eso he de querer,
Que vivas privilegiado
Del trabajo, que ha obligado
Á los demas á poner
En regular perfeccion
Esos muros.
Cosd.   Yo, porque
No faltemos dos, iré
Á esperarte allá, Estraton,
Mientras hablais. — No será, [*aparte.*
Sino á prevenir, no nombre
Nadie á Toante por su nombre. [*Vase.*
Leon. Entre las varias provincias
Del Asia, al oriente, el reino
De Fenicia fue primera
Colonia de sus imperios.
Fértil y rica duró

Largos siglos, poseyendo
En tranquila paz sus Reyes
La quietud de su gobierno.
Júpiter, quizá ofendido
De que ofreciese en sus templos
Mas sacrificios á Apolo,
Que á él, en agradecimiento
De ser la estacion primera,
Que iluminaban sus bellos
Rayos, ó quizá ofendido
(Que seria lo mas cierto)
De que la felicidad
Nos tuviese en ocio envueltos,
Y el ocio en vicios, dispuso
Castigarnos, advirtiendo,
Que los bienes de la tierra
No sean olvidos del cielo.
Júpiter en fin, ó bien
Zeloso, ó bien justiciero,
Que el averiguar no es fácil
Á los Dioses los decretos,
Airado se mostró. ¿Quién
Duda, que, una vez el ceño
Arrugado, sequedades
Anuncie? Y asi el primero
Azote fue, retirar
Las lluvias, con que no amenos
Ya los campos espiraban
Mustios, áridos y yertos.
Al hambre de algunos años
Sucedió la peste, abriendo
El aire en quebradas grietas
La tierra, como diciendo:
No todo es rigor, mortales,
Piedad hay; pues el supremo
Dios, que os envia las muertes,
Os abre los monumentos.
Á estas dos fatalidades
Varios temblores siguieron;
Que, como todo hecho bocas
Estaba el terrestre centro,
De su destemplada fiebre
Cada gruta era un bostezo,
Á cuya respiracion
No solo se estremecieron
Los muros, pero los montes
Caducaron; con que viendo
Fuego y agua, que se alzaban
Con la ruina tierra y viento,
Se encapotaron las nubes,
Y los párpados abiertos,
Llovieron sus cataratas
Todo lo que no llovieron.
¿Quién creerá, que un embrion mismo,
Aborto de un mismo seno,
Tan contrario nazca, que
Llore agua y escupa fuego?
De inundaciones lo digan
Asolados varios pueblos,
Varias fábricas de rayos,
De relámpagos y truenos;
De suerte, que combatidos
De todos cuatro elementos,
Á puros lamentos, era
Toda Fenicia un lamento.
Dispuestos pues á salvar
Las vidas, ó por lo menos,
Ya que no fuese á salvarlas,
Á dilatarlas dispuestos,
En esas naves, que antes
Eran todo el caudal nuestro,
Pues ellas de nuestros frutos
Traginaban los comercios,
Abandonando la patria

Mugeres, niños y viejos,
Recogimos las reliquias
Que pudimos, reduciendo
Á portátiles tesoros
Lo mas precioso del reino
En perlas, plata, oro y joyas,
Bien que la de mas aprecio
Fue Deidamia, en quien hoy sola
Dura el último consuelo
De que nuestra real estirpe
Vuelva á cobrarse, supuesto
Que esto y mas cabe en la escena
De los teatros del tiempo.
Hechos pues al mar, sin mas
Norte ó rumbo, que haber puesto
La posesion en el agua,
Y la esperanza en el viento,
Tomamos en los playazos
De Sidon el primer puerto,
No pudiendo en él sufrirnos
Lo estéril de sus desiertos,
Y de sus Ascalonitas
Los bárbaros tratamientos.
Reconocido el parage,
Volvimos al mar, poniendo
En el África las proas;
Con que, habiendo descubierto
De las dos cumbres de Atlante
Los homenages soberbios,
Que en descollados celages
Nuestra aguja eran ya, habiendo
En una pequeña lancha
Ofrecídome el primero
Yo á reconocer el sitio,
Le hallé al propósito nuestro,
Por sus árboles frondoso,
Por sus frutales ameno,
Por sus cristales fecundo,
Templado por su terreno,
Por su soledad baldío,
Y en fin por un paso estrecho,
Que hay entre el monte y el mar,
Defensable, para hacernos
Fuertes en él, si por dicha
Ó por desdicha en rezelo
Entrasen sus moradores,
Como lo dijo el suceso;
Pues apenas en la tierra
Hubimos las plantas puesto,
Cuando, sin querernos dar
Plática, en ser nuestro intento
Estar á su proteccion,
Fueron marciales estruendos
Lo primero que escuchamos,
Trompas y cajas, diciendo:
[*Dentro golpes, como de fábrica, y cantan sin instru-*
mentos, ó compas del golpe de las hazadas.
Music. [*dent.*] ¡Ay de quien nace á ser trágico ejemplo,
    Que á la fortuna representa el tiempo![1]
Leon. Mas proseguir no es posible,
    Tanto, porque lo que desto
Resultó, ya tú lo sabes,
Pues sabes, que dos encuentros
Nos dieron lugar á que
Esos muros fabriquemos,
Con el renombre de Tiro,
Que en el sirio idioma nuestro
Significa estrecho paso,
Cuanto, porque á lo que veo,
De las fortificaciones
Va Deidamia recorriendo
La labor, á cuya vista
Los esclavos prisioneros,
Porque alivie sus tareas,

Enternecido su pecho,
Al son de zapas y palas,
Destemplados instrumentos,
Su llanto entonan; y es fuerza
Asistirla, por si veo,
Entre las que la acompañan,
Una beldad, de quien tengo
Pendiente alma y vida. Tú
Procura mezclarte entre ellos,
Porque no te hallen ocioso
Sobreguardas é ingenieros,
En tanto que yo les mando
Tengan mejor tratamiento
Hoy contigo.   [*Vase.*

Toan.   Mal podrán
Hallarme ocioso, si es cierto,
Que con todos, y mejor
Que todos, repetir puedo:
Él y mus. ¡Ay de quien nace á ser trágico ejemplo,
Que á la fortuna representa el tiempo!
Toan. Mejor que todos, con todos
Dije, y dije bien, supuesto
Que yo solo en un cuidado
Todos los de todos tengo.
¡Ay bella Irifile mia!
¡Quién supiera, si al ver puesto
Tu ejército en fuga, habias
Tú con sus reliquias vuelto
Á Ceilan! que como tú
Viva escapases del riesgo,
Aunque lo demas fue todo,
Todo lo demas fue menos.
Vive tú, y muera yo (ay triste!)
Esclavo, cautivo y preso;
Que no he perdido el honor,
Pues las desdichas es cierto,
Que, aunque le ajen, no le injurian.
Si tú vives, nada pierdo,
Aunque pierda la esperanza
De volverte á ver, diciendo,
Entre tantos tristes, ya
Que no soy mas que uno·dellos:
Él y mus. ¡Ay de quien nace á ser trágico ejemplo,......

Sale I R I F I L E.

Irif. ¡Ay de quien nace á ser trágico ejemplo,......
Él y mus. Que á la fortuna representa el tiempo!
Irif. Que á la fortuna representa el tiempo! —
En tanto que va Deidamia   [*aparte.*
Las líneas reconociendo
De las murallas, (ay triste!)
Tomando yo por pretexto
En mi pasado desmayo
La falta de los alientos,
Atras me quedé, por ver,
Si por ventura entre estos
Míseros tristes cautivos
Hablar con alguno puedo,
Que me diga de Toante.
Que como yo sepa, (ay cielos!)
Que él vive, morir esclava
Qué importa? Que no hay suceso
Tan fatal, que otro, que pudo
Ser mayor, no le haga menos.
De cuantos miro, á ninguno
Á declararme me atrevo.
Si habias de acobardarme,
¿Para qué, piadoso afecto,
Me animabas?

Toan.   ¿Para cuándo,   [*aparte.*
Que era, dijo algun ingenio,
Astrólogo el corazon,
Si, cuando me importa el serlo,

No me sabe adivinar,
Qué habrá la fortuna hecho
De Irifile?
Irif.   ¿Para cuándo
Se dijo, que hace en el viento
Caso la imaginacion,
Si, cuando mas lo pretendo,
Representarme en silencio,
Qué habrán los hados dispuesto
De Toante?
Toan.   Y pues no tienen
Mis penas otro consuelo,......
Irif. Y pues no tiene otro alivio
La lid de mis sentimientos,......
Toan. Sino la voz,......
Irif.   Sino el llanto,......
Toan. Por si el aire sus acentos
Llevare donde los oiga,......
Irif. Por si llegaren sus ecos
Adonde pueda escucharlos,......
Los dos. Diga en el comun lamento:
Mus y ellos. ¡Ay de quien nace á ser trágico ejemplo,
Que á la fortuna representa el tiempo!
Toan. Ay Irifile!
Irif.   Ay Toante!
Toan. ¿Mas qué aprehension......
Irif.   ¿Mas qué afecto......
Toan. Me hace creer,......
Irif.   Dudar me hace,......
Toan. Qué ilusion!
Irif.   Qué devaneo!
Toan. Que me han nombrado?
Irif.   Que he oido
Mi nombre?
Toan.   Cierto,......
Irif.   Ó no cierto,......
Toan. Dejarme quiero engañar,......
Irif. Dejarme burlar intento,......
Toan. Persuadiéndome,......
Irif.   Pensando,......   [*Vuelven, y vense.*
Toan. Que á esta parte...... Mas que veo!
Irif. Que á este lado...... Mas qué miro!
Toan. ¿Si es delirio del deseo?
Irif. ¿Si es frenesí del desmayo?
Irif. Mal me animo.
Toan.   Mal me aliento.
Toante!
Irif.   Irifile!
Toan. Tú aqui?
Irif.   Aqui tú?
Toan.   Qué es esto?
Irif.   Qué es esto?
Irif. Si entrambos nos preguntamos,
¿Quién habrá de respondernos?
Toan. Pues porque otro no responda,
Esto es: que el caballo muerto,
Del golpe y de las heridas
Caí sin sentido en el suelo,
Por muerto al mar me arrojaran,
Si ya no el prudente zelo
De Cosdroas, por encubrirme,
Que era su hijo diciendo,
Con el nombre de Estraton,
No moviera el noble pecho,
Con mi lástima y su llanto,
De un fenicio caballero,
De quien esclavo quedé,
Á darme la vida.
Irif.   Cielos!
Qué escucho? tú esclavo? ¡O·nunca
Venido hubiera tu esfuerzo
Por auxiliar de mis armas!
¡Nunca hubiera el signo nuestro
En confrontadas estrellas

Dominante influjo puesto,
En fe de que en dando fin
Á la guerra, esposo y dueño
Serias de Ceilan y mio!
O nunca......!

Toan.   Cese el despecho;
Que es fuerza sentir, que haya
Dictámen al tuyo opuesto;
Pues si estuviera en mi mano,
No solo lo que padezco,
Mas todo cuanto posible
Padecer me fuera, es cierto
No lo trocara al dejar
De haberte visto, creyendo,
Que tan gran dicha no habia
De comprarse á menos precio.
Si esto y mas diera por verte,
¿Qué será verte de nuevo
Asegurada la vida
De tanto temido riesgo?
Dime, ¿has por dicha venido
Á tratar algun convenio
De paz con Deidamia?

Irif.   ¡O quién
Callar pudiera, cuan presto
La alegre cuenta de un triste
Dice gozo, y es tormento!

Toan. ¿Luego medios no te traen?
Irif. No; que en mis males no hay medio.
Toan. Pues como estas aqui?
Irif.   Como,
Por ir en tu seguimiento,
Prisionera fui de dos
Capitanes, cuyo empeño
Llegó á componer Deidamia,
Siendo ajuste de su duelo,
Que yo por esclava suya
Quede, y......

Toan.   Suspende el acento!
Que á tanto alcance no tiene
Caudales el sufrimiento.
Tú prisionera? tú esclava?
¡O nunca hubieran mis hechos
Empeñádome á venir
En tu favor! ¡Nunca haciendo
Recíproca consonancia
De nuestros astros el cielo,
Te hubiera visto en el mio
Favorable, pues hoy pierdo
Solo en perderte, no ya
Lid, fama y libertad, pero
Honor, vida y alma! ¡O nunca
Hubiera......!

Irif.   Cese el despecho;
Que mudaré de opinion,
Si mudas tú de argumento;
Pues tampoco yo......

Dentro D E I D A M I A.

Deid.   Por esta
Parte tambien mirar quiero
Qué defensas hay.

Irif.   Deidamia,
Los muros reconociendo,
Hácia aqui se acerca.

Dentro L E O N I D O.

Leon.   Yo,
Por lo que en ella hay, me alegro
De que ahí te acerques.

Toan.   Con ella
Viene mi piadoso dueño.

Dentro C O S D R O A S.

Cosd. Pues llega Deidamia, vuelva
El músico llanto nuestro.
[*Dentro la Música, y fuera los dos.*
Tod. ¡Ay de quien nace á ser trágico ejemplo,
Que á la fortuna representa el tiempo!
Irif. Que no nos hallen hablando
Será bien; no despertemos
Alguna malicia. Á Dios.
Toan. Á Dios. Mas dime primero,
¿En tan deshecha fortuna
Qué hemos de hacer?
Irif.   ¿Qué podemos
Hacer, si solo nos queda
Un remedio?
Toan.   Qué remedio?
Irif. Que esperemos y suframos.
Toan. Pues suframos y esperemos.
Á Dios otra vez.
Irif.   Á Dios.
Toan. Qué pena!
Irif.   Qué sentimiento!
Toan. La que no deja otro alivio,......
Irif. El que no da otro consuelo,......
Toan. Que vivir callando,......
Irif. Que morir diciendo:
[*La Música y los dos á un tiempo.*
Tod. ¡Ay de quien nace á ser trágico ejemplo,
Que á la fortuna representa el tiempo!

J O R N A D A II.

Salen D E I D A M I A y L A U R A *solas.*

Deid. Esto ha de ser.
Laur.   Ya, señora,
Que fias de mí tus ansias,
Permíteme que te diga,
Que, para que vea mudanza
En tu semblante Zenon,
Te ofendes con poca causa.
Deid. Si sabes, que en las fortunas,
Que vamos corriendo varias,
Los ancianos que me siguen,
Los nobles que me acompañan,
Me han representado el sumo
Desconsuelo en que se hallan
De que en mí la succesion
Falte de su real prosapia,
Á efecto de que yo elija
Esposo, necesitada
Á haber de ser uno dellos;
Si sabes, que en esta instancia
Fue á quien menos ofendida
Escuché, menos airada,
Y aun menos sorda, á Zenon,
No porque le dí esperanza,
Mas porque no la negué;
Que en mugeres de mi fama
El no desden es favor,
Como poniendo tan alta
La mira en que ser oido,
Si no respondido basta:
¿Poca causa te parece
Empeñarse en la demanda
De otra dama?
Laur.   Si creyó,
Que afligida se amparaba
Dél, ¿cómo excusarlo pudo?
Deid. ¿Y decirme á mí en mi cara,

La peregrina hermosura
Desa divina Persiana,
Toeaba al empeño?

Laur.   No;
Pero él noble, y ella dama,
La libre cortesanía
Es lisonja, no alabanza.

Deid. Está bien. ¿Mas el decir,
Que no habia, sin llevarla,
De volver al mar, seria
Tambien lisonja?

Laur.   Eso salva
El ser, porque no creyesen,
Que de cobarde dejaba
El empeño, siendo asi,
Que traerte tal esclava,
Era su intencion.

Deid.   Ay necia!
Que á no ser disculpa hallada
Acaso, fuera disculpa;
Mas si al querer esforzarla,
El fue quien perdió el sentido,
Siendo ella la desmayada,
¿Como ha de ser verdadera,
Con tantas señas de falsa?
Si le vieras qué turbado
Quedó, sin color, sin habla,
Al verla llevar, qué torpe
Se tropezó en las palabras,
Y qué grosero paró
En pintarme, cuan bizarra,
Espada en mano, habia visto
Una Belona, una Pálas,
Nunca tú por él volvieras.
Y en fin, si no sabes, Laura,
Que con razon, ó sin ella,
Hay cierta pasion tirana,
Que se aparece al sentirla,
Y se huye al explicarla,
Mas he dicho, que juzgué;
Y en fin, vuelvo á decir, Laura,
Si no sabes, que hay un cierto
Rencor, una cierta saña,
Que sé como se padece,
Y no sé como se llama,
No me culpes de que invente
Tan nunca vista venganza,
Que, empezando al primer viso
En heróica accion hidalga,
Villana y no heróica accion
Sea en el segundo.

Laur.   Extrañas
Cosas propones. ¿Á un tiempo
Hidalga accion y villana
Puede haber?

Deid.   Si.

Laur.   De qué suerte?

Deid. Desta suerte; oye, y sabrásla.
Lo primero es, que de vista
La pierda; y no bien vengada
Con esto, he de hacer, que, cuando
Venga á saber della,......

Laur.   Calla;
Que viene gente.

Sale COSDROAS.

Cosd.   Si pueden,
En fe de nieve, mis canas
Osar á tocar esotra
Nieve de tus manos blancas,
Te ruego, me lo permitas,
Y oigas.

Deid.   Pues qué esperas? Habla.

Cosd. En el lleno de la luna

De Marzo, que es cuando ufana
Parte imperios con el sol,
Pues dias y noches iguala,
Acostumbra Persia hacer,
Como en fin nocturna hermana
De Apolo, su auxiliar Dios,
Sacrificios á Diana;
Y fiando tus cautivos
Sus afectos á mi anciana
Edad, por mí te suplican,
Que á la obra en que trabajan
Les des este dia de asueto,
Y puedan en una casa
Yerma, la que les señales,
Entrar en ella sin armas,
Y poniéndola á la puerta
Bastante gente de guardia,
Juntarse todos á hacer
El sacrificio á su usanza.

Deid. Si con tan pequeño alivio
Sus sentimientos reparan,
Vuelve, anciano, y di, que yo
Desde luego hago la gracia.

Cosd. ¡Vivas los años, señora,
De aquel pájaro de Arabia,
Y aun mas que él, pues, sin morir,
Á nuevas edades nazcas!
Dirélo á todos, porque
Te den todos alabanzas.   [*Vase*

Deid. Aunque otra cosa pidiera
Mas difícil, la otorgara,
Por echarle de aqui.

Laur.   ¿Qué
Diré yo, que tengo el alma,
Mas que de un hilo, pendiente
De tan nueva, de tan rara
Venganza, como perderla
De vista, y no ser venganza?

Deid. Claro está; porque la ausencia
Ya deja con esperanza
De volverse á ver; y aun esta
Tan del todo he de atajarla,
Que, cuando venga á saber
Della, sea para hallarla
En ageno poder.

Laur.   Cómo?

Deid. Yo he de decir......

Dentro MORLACO.

Morl.   Qué me matan!

Laur. Otro estorbo?

Morl. [*dent.*]   Aqui de Baco,
Dios de carpetas y mantas,
Que penden ante tabernas.

Dentro FLORA.

Flor. Á los filos desta estaca,
Infame, has de morir.

Deid.   Mira,
Qué voces son esas, Laura.

Laur. Flora, aquella jardinera,
Que con Fineo casada,
Él en tu ejército sirve,
Y ella en tus jardines labra,
Corriendo tras un cautivo
Viene.

Sale MORLACO *y* FLORA *tras él con un palo*

Morl.   Tu amparo me valga.

Deid. Qué es esto?

Morl.   Sin ser pastel,
Fui de á cuarto en la pasada
Refriega. Echada la suerte,
Aunque para mí fue echada

Á perder, á ganar fue
Para el amo desa ama,
Que, segun es regañona
Y mal acondicionada,
Pensé ser ama, que cria,
Y no es sino ama, que mata.
Apenas vengo de estar
Trabajando en la muralla,
Cuando, para que descanse,
Traer agua y leña me manda,
Que son mis dos enemigos,
Pues mi bebida es el agua,
Y mi comida la leña.
Tan fiera, tan inhumana
Es, que á falta de asno, hay dia,
Que á mí á la noria me ata.
Mira, si hay desdicha, como
Suplir de un asno las faltas.

Deid. ¿Esto de tí ha de decirse?

Flor. Si, cuando de la campaña
Esperaba que trajese
Fineo una buena alhaja,
Esa buena alhaja fue
Con la que se vino á casa;
Si sobre no ser sugeto
De quien se tenga esperanza
De cange, ¿pues por aquel
Talle, por aquella cara
Quién ha de dar una negra,
Cuanto y mas dar una blanca?
Y en fin, si sobre esto no es
De provecho para nada,
Pues sin ser cochero, hace
Al reves cuanto le mandan,
¿Qué mucho que le castigue,
Y que......?

Deid.   No mas, basta, basta;
Que estoy muy de veras yo,
Para burlas tan cansadas.
Trátale, Flora, mejor,
No oiga yo, que le maltratas
Otra vez.

Morl.   Si desde hoy
No enmienda sus paparrabias, •
Mañana vendré á quejarme.

Flor. Tambien sabrá irse mañana
Á mis manos el garrote,
Y el garrote á tus espaldas.

            [*Vanse los dos.*

Laur. Prosigue antes que nos venga
Otro embarazo.

Deid.   En qué estaba?

Laur. En que la primera accion
Ha de ser el ausentarla.

Deid. Eso toca á la accion noble,
Que yo he de hacer.

Laur.   Luego pasa
Á que la ha de hallar agena.

Deid. Eso toca á la villana,
Que has de hacer tú.

Laur.   De qué suerte?

Deid. Yo tengo de poner, Laura,
Y Irifile en libertad;
Tú en viéndola libre......

Laur.   Aguarda;
Que aun no habemos acabado
Con los que nos embarazan,
Y ella viene.

Deid.   Ella no importa,
Y antes juzgo que adelanta
Nuestra plática, supuesto
Que es lo que á tí te contara,

Lo que he de decirla á ella;
Y así en mis voces repara,
Con que excuso repetirlo,
Hablando á un tiempo con ambas.
Déjala llegar.

            Sale IRIFILE.

Irif.   En estos   [*aparte.*
Jardines, si no me engaña
La imaginacion, he visto
Desde una desas ventanas
De la torre á Toante; y pues
Á ellos hoy Deidamia baja,
Como que vengo en su busca,
Veré, si mi suerte avara,
Que le hable me permite;
Que de sola una palabra
Componer muchos consuelos
Suele amor. Pero Deidamia.

Deid. Irifile!

Irif.   Gran señora?

Deid. ¿Cómo, di, en Tiro te hallas?

Irif. Si, siendo una esclava humilde,
Como á huéspeda me tratas,
Cómo he de hallarme? Muy bien,
Y nunca mas bien hallada,
Que aqueste rato que estoy
Puesta, señora, á tus plantas;
Y así, viendo desde el muro,
Que en estos jardines andas,
Á ellos bajé, solo á fin
De saber, si algo me mandas.

Deid. Muy contra ese rendimiento
Era lo que yo trataba
Con Laura ahora.

Irif.   Sepa yo
Lo que tratabas con Laura,
Por si alguna culpa es mia,
Que solicite enmendarla.

Deid. Yo, Irifile, desde el dia
Primero que en esta playa
Tomé tierra, en proteccion
De su dueño, imaginaba
Ser admitida á merced
De algunos feudos ó parias;
Antes que tomase voz
De en qué parage me hallaba,
Me saludaron los ecos
De tus trompas y tus cajas;
Con que hallándome imposible
De volver al mar, á causa
De que las naves traian
De navegacion tan larga
Atormentados los buques
Y rotas velas y jarcias,
Nos hubimos de poner
En defensa. He hecho esta salva,
En fe de que nunca quise
La guerra. Pues lo que pasa
Desde aqui, ya tú lo sabes,
Dejo desde aqui doblada
La hoja, y voy á que tus nobles
Prendas, tu hermosura y gracia
Me tienen compadecida;
En una parte á tus ansias,
Y en otra á mis conveniencias
Atenta, pues si lograra
El quedar en paz contigo,
Y remitidas las armas,
En conforme vecindad
Viviésemos, ajustadas
Capitulaciones, que
Estuviesen bien á entrambas,
Fuera el mas glorioso fin;

Y asi he resuelto te vayas
Libre á tu ciudad, y en ella
Me pagues la confianza,
Que hago de tí; que no quiero
Capitular con ventaja,
Teniéndote prisionera,
Sino que á tu arbitrio hagas
Lo que te dicte tu noble
Sangre y honor, lustre y fama. *

Laur. Ya he visto la noble accion;   [*aparte.*
Ahora la no noble falta.

Irif. Mil veces, señora, beso
Tu mano, por piedad tanta
Como usas conmigo, y cree,
Que allá he de ser mas tu esclava,
Que aqui; que aqui lo es la vida,
Y allá lo ha de ser el alma·
Cuanto á capitulaciones,
Persuádete á que te hallas
Mas dueño de Ceilan, que
De Tiro; con fe y palabra
De firmarlas, como tú
Las envies, ó las altas
Deidades, á quien testigos
Hago, con sus soberanas
Influencias me destruyan
El dia, que proceda ingrata
Á tanto favor.

Deid.   Qué haces?   [*de rodillas.*
Irif. Volverme á echar á tus plantas,
En fe de que dueño mio
Has de ser siempre.

Deid.   Levanta!
Y porque en resoluciones
De tan grave circunstancia
No todos son de un sentir,
Y será posible, que haya
Partidos votos, no es bien
Que desto se entienda nada,
Hasta estar ejecutado;
Que es muy grande la distancia
Que hay de saber que se hizo,
Á consultar que se haga.
Y asi yo te avisaré,
Para que en secreto salgas,
La noche, que de las puertas
Esten con órden las guardas,
De que, sin reconocerla,
Dejen salir una escuadra,
En cuyo convoy irás
Oculta y asegurada.
Y ahora, porque no me des
Desto, Irifile, las gracias,
Quédate á pensar contigo,
En qué obligacion te hallas;
Y piensa, que hay que pensar
Mas de lo que piensas. — Laura,   [*aparte.*
Ya hice yo la hidalga accion,
Ven á hacer tú la no hidalga.

         [*Vanse las dos.*
Irif. Oye, escucha! Sin oirme,
Airosa volvió la espalda.
Sin duda alguna me quiere
Por su deudora Deidamia,
Pues no quiere que agradezca;
Que el que agradece ya paga.
Generosa anda conmigo;
Fuerza es que yo satisfaga
Con igual fineza. ¡O quien
Todo esto participara
Á Toante! Daré vuelta
Al jardin, por si me engaña,
Ó no, el pensar que le ví.

       Sale TOANTE.

Toan. Irifile!
Irif.   Quién me llama?
Toan. Quien, en aquel breve espacio,
Que le permite esta hazada
Mirar al cielo, te vió,
Y á hurto de afan y labranza,
De paso saber desea,
Como estás, como lo pasas·

Irif. Como noble prisionera·
No te pregunto á tí nada;
Ya veo cuan afligido......

Toan. Para lo que otros afanan,
Aun esto es lo mejor.

Irif.   Cómo?
Toan. Como mi dueño á las guardas,
Sobrestantes é ingenieros
Mi buen tratamiento encarga;
Y asi al jardin me aplicaron,
Que al fin es labor mas blanda.

Irif. Gente viene. ¡O quién pudiera
Decirte, que el cielo trata
Mejorar nuestras fortunas!
Mas son tantos los que pasan
Por aqui, tantos los que
Nos ven, que temo que hagan
Reparo en ver á los dos
Hablar, y mas si á oir alcanzan
Cualquier razon, que aventure
Un gran secreto.

Toan.   Pues haya
Industria contra esa fuerza.
Yo estaré abriendo esta zanja,
Conducto de aquella fuente,
Que es lo que hoy hacer me mandan.
Paséate por estas calles,
Como que al descuido andas
Cogiendo flores; y siempre
Que pases por aqui, habla
Una palabra no mas.
Yo juntaré las palabras
Despues, y sabré lo que
Decir quieres.

Irif.   Bien lo trazas.
Toan. Pues á la deshecha.
Irif.   Pues
Á la industria. Atiende y cava.
    [*Retírase* TOANTE *en medio del tablado.*

Sale ZENON *á una puerta, y* LEONIDO *ó otra,
quedándose al paño, y paséase* IRIFILE.

Zen. ¡Qué triste y qué pensativa   [*aparte.*
De uno en otro cuadro anda
Irifile!

Leon.   ¡Qué suspensa   [*aparte.*
Y sola Irifile pasa,
Hablando como entre sí,
De una estancia en otra estancia!

Zen. Entre estas redes oculto,
Por el temor de Deidamia,......

Leon. Por la nota de la gente,
Escondido entre estas ramas,......

Zen. Pues hablarla no es posible,
Conténteme con mirarla.

Leon. Me contentaré con verla,
Pues no me es posible hablarla.

Irif. Largo he tomado el paseo,
Por desvanecer la causa.

Toan. ¿Qué es lo que querrá decirme?
Sin duda es dicha, pues tarda.

Zen. Hácia aqui viene.
Irif.   De aquestas
Flores sobre esotras haga,

Para mayor disimulo,
Un ramillete.

Zen.   Repara;
Que, aunque tan varias las ves,
Rojas, azules y blancas,
Cualquiera es ya maravilla,
En llegando tú á tocarla.

Irif. Quién está aqui?

Zen.   Quien con verte,
Está engañando sus ansias.

Irif. Volveré por otra parte.

Zen. ¿Quién á huir te obliga?

[Al pasar por junto á Toante, diga el medio verso,
   y así los demas, que él repite.

Irif.   Deidamia......

Toan. Deidamia, al pasar me dijo.

Irif. Ya que aquellas no me agradan,
Corto otras flores. [al otro lado.

Leon.   Advierte,
Que, aunque las mires tan varias,
Cualquiera es la siempreviva,
Si con mi fe la comparas.

Irif. Quién aqui escondido?

Leon.   Quien
Sus sentimientos engaña
Con solo verte.

Irif.   Los pasos [aparte.
Me ha cogido mi desgracia.
Si quiero por otra parte
Echar, no le digo nada.
Qué haré? Mas menos importa,
Pues él á verlos no alcanza,
Que ellos me cansen, que no
Que á él no le avise.

Leon.   ¿Qué extrañas
El ardid de amor?

Irif.   No extraño,
Sino presuncion tan vana.
Si, porque fui prisionera
Tuya, creyó tu ignorancia,
Que, sobre las persuasiones
De tu necia prima Laura,
Á esto atreverte podias,
Creyó mal; que, aunque contraria
Fortuna en prision me pone,
Para aborrecer, mi fama
Me pone en mi libertad. [Pasa.

Toan. Me pone en mi libertad,
Dijo ahora.

Irif.   Fuerza es que haya
De dar con ellos, por no
Alejarme.

Zen.   Albricias, alma! [aparte.
Que pues vuelve hácia aqui, es cierto
Que mi acecho no la cansa. —
Bien merecen mis finezas
El que vuelvas á escucharlas
Segunda vez.

Irif.   No merecen,
Mientras, para acreditarlas,
No veo algun amante extremo.

Zen. ¿Qué extremo habrá que no haga?

Irif. Si esperas que yo le diga,
Enviarme á Ceilan trata. [Pasa.

Toan. Enviarme á Ceilan trata.

Leon. Dicha fuera, ya que vuelves,
Volver menos enojada.

Irif. ¿Pues qué has hecho, para que
Yo me desenoje?

Leon.   Nada
Puedo hacer, mientras no sé
Donde ir pueda mi esperanza.

Irif. Á disponer dignos medios. [Pasa.

Toan. A disponer dignos medios.

Leon. Esto es sentir, que yo haya
Fiado á Laura mi amor.

Zen. Si mi dicha fuera tanta,
Que enviarte á Ceilan pudiera,
No dudes que te enviara.
No está eso en mi mano.

Irif.   Pues [Pasando.
Ten paciencia, sufre y calla.

Toan. Ten paciencia, sufre y calla.

Leon. Si donde hallar dignos medios
Supiera, yo los buscara;
Mas no los hallé mejores.

Irif. En tanto que él no los halla,
Vanidad mia, no sientas
Lo que Leonido te agravia,
Que yo volveré por tí. [Pasa.

Toan. Que yo volveré por tí.

Zen. ¿Cuándo, di, podrán mis ansias
Alentar?

Irif.   Si lo consigues,
Luego que de Tiro salga. [Pasa.

Toan. Luego que de Tiro salga.

Irif. Ya le dije lo que pude, [aparte.
Que él lo haya entendido falta. [Vase.

Zen. Dejó Irifile el paseo,
Mi vista la siga, hasta •
Que tropiecen mis temores
En los zelos de Deidamia;
Bien que entre dos hermosuras,
Una zelosa, otra ingrata,
Mejor me será volverme
Al mar, huyendo de entrambas. [Vase.

Leon. Tomó Irifile otra senda,
Y al seguirla me acobarda
Tanto su ceño, que no
Me atrevo á mover las plantas.

Toan. Ya se fue. ¡O si yo pudiese
Recopilar las palabras,
Que destroncadas me dijo!
Si fuesen estas? Deidamia
Me pone en mi libertad;
Enviarme á Ceilan trata
Á disponer dignos medios.
Ten paciencia, sufre y calla;
Que yo volveré por tí,
Luego que de Tiro salga.
Libre Irifile? qué dicha!

Leon. ¿Con quién allí Estraton habla?

Toan. ¡O quién, Deidamia, pudiera
Construirte, por tan alta
Generosa accion, un templo,
En cuyas piadosas aras
Mármoles, jaspes y bronces
Te consagrasen estatuas,
En cuyo obsequio......!

Leon.   ¿De qué
Das á Deidamia esas gracias?

Toan. Destemplóme el alborozo. [aparte.
Qué diré?

Dentro COSDROAS *y Música.*

Cosd. y Mus. Viva Diana!
Y pues hoy tenemos
Para su alabanza
Las vidas cautivas
Y libres las almas,
Venid, venid á sacrificarla.●

Toan. Esas voces te respondan
Por mí, pues ellas declaran
El justo agradecimiento,
Que á Deidamia debo, á causa
De habernos dado licencia
De que nos juntemos, para
Celebrar á nuestro modo

Leon. Un sacrificio.
          ¿Qué aguardas
Para ir con los demas,
Que se van llamando en altas
Festivas voces?

Toan.   No quise
Concurrir con ellos, hasta
Tener tu licencia.

Leon.   Pues
Ya la tienes, y ya tardas,
Que se van juntando todos.

Toan. Iré, pues que tú lo mandas,
Con todos diciendo:

Él y mus.   Viva Diana! etc. [*Vase.*

Leon. ¡Con qué poco se contenta
Un triste, que como halla
No esperada la alegría,
Cualquiera que encuentra ensalza!
¡Ay de mí, que no la tengo!
Si supiera, al ampararla,
Quien era Irifile, nunca
Conviniera yo en dejarla,
Ni aun á Deidamia, aunque todo
Su respeto aventurara.
¡Que la viese en mi poder,
Y la dejase! ¡O mal haya
Ocasion y honra, que nunca,
Si se pierden, se restauran!
¡Quién en su poder la viera
Otra vez!

          Sale LAURA.

Laur.   Al cielo gracias,
Que te hallé, cuando en tu busca
Todo el dia......

Leon.   Pues qué hay, Laura?

Laur. Óyenos alguien?

Leon.   No.

Laur.   Pues
Oye tú lo que me encargas
(Aunque dijera mejor [*aparte.*
Lo que me encarga Deidamia).
Habiendo de mí fiado,
Que amas á Irifile bella,
Y que procure con ella
Introducir tu cuidado,
No te quiero encarecer,
Si lo hize, ó no; que no quiero
Galardon, ni gracias. Pero
Tampoco quiero perder
La mas felice ocasion
De servirte. Yo he sabido,
Por no sé qué, que he entreoido,
Que tiene resolucion
Deidamia de que á Ceilan
Libre vuelva, en esperanza
De que, haciendo confianza
Della, las paces podrán
Capitularse mejor;
Y p   , si esto se sabe,
Podrá causarse algun grave
Escandaloso rumor,
Quiere en secreto envialla.
Y sin llegarte á decir
Para qué, te ha de pedir
Gente para convoyalla.
Pues de tierra General
Te toca, que el órden des
A cualquiera escuadra, y pues
Se viene ventura igual
A las manos, nombra á quien
Te sirva en no defendella,
Y á quien, saliendo tras della,
Robarla pueda tambien;

Que una vez en tu poder,
Ella y los suyos vendrán
En que seas de Ceilan
Dueño, llegándolo á ser
Suyo, casando los dos,
Que es el único remedio.
Este es el aviso. El medio
Tú le has de poner. Á Dios.   [*Vase.*

Leon. Oye! ¿Pero para qué
Saber mas della procuro,
Si de mi fama seguro
Sé lo que basta, pues sé,
Que fue mia en la batalla;
Y ya que por mia no quede,
Cualquiera su prenda puede,
Donde la encuentre, cobralla?
Y asi, beldad soberana,
Pues te gané y te perdí,
Vuelva á ganarte; que á mí
No ha de obstar......   [*La Música.*

Tod. y mus. [*dent.*]   Viva Diana! etc.

Leon. Hácia aqui el tumulto viene
De los esclavos; iré
Donde mas á mano esté,
Si es que pedirme previene
Deidamia la escuadra, ufana
De que hace una generosa
Accion, bien que sospechosa
La saldrá.   [*Vase.*

_____

Salen todos los Cautivos que pudieren, TOANTE,
COSDROAS, MORLACO *y* Músicos.

Todos.   Viva Diana!
Y pues hoy tenemos
Para su alabanza
Las vidas cautivas
Y libres las almas,
Venid, venid á sacrificarla.   [*Bailan.*

Toan. Pues ya, Cosdroas, el pretexto,
Que en tu idea has fabricado,
Á todos nos ha juntado,
Dinos, á qué fin es esto?

Cosd. ¿Está cerrada la puerta?

Uno. Las guardas, que se quedaron
Por defuera, la cerraron.

Cosd. Pues para que no esté abierta,
Sin el nuestro, á su albedrío,
Id, cerradla por de dentro.

Morl. Si yo con la estaca encuentro
De mi ama, bien confio,
Que nadie la romperá;
Que es durísima en extremo.

Cosd. Que escucharnos pueden, temo.

Otro. Ni oírnos, ni entrar pueden ya.

Tod. Sepamos pues, ¿para qué
Nos juntas?

Cosd.   Para deciros,
Mirándoos unos en otros
Tan pobres, tan abatidos
Y tan míseros, que dónde
Estan los persianos brios,
Que en Asia y África os dieron
Tantos blasones antiguos?
Y si no es bastante espejo
Veros en vosotros mismos,
Volved á ese muro, á ese
Campo los ojos, y tinto
Uno en sangre, y otro en llanto,
Vereis, que os dicen á gritos:
Aqui los que fallecieron
Peleando, se han construido
En cada flor una pira,

En cada hoja un obelisco;
Y alli los que se toleran
Infamemente cautivos,
En cada piedra un padron,
Y en cada hazada un delito.
Que al trance de una batalla
Se muestren menos benignos
Los hados, y que llevando
Adelante sus motivos,
Tenaces, si dan en ser,
Ya opuestos, ó ya propicios,
Sea una victoria de otra
Batallado silogismo.
Ya lo v mos muchas veces;
Pero pocas veces vimos,
Que el laurel del vencedor
Sea argolla del vencido,
Con tan grande infamia, como
Ver, que unos advenedizos,
Arrojados de su patria,
Desos mares peregrinos,
Y huéspedes destos montes,
Hollando espumas y riscos,
Á avasallarnos en ella,
Á la nuestra hayan venido,
Tan afortunados , que
No nos dejen albedrío
Á que en nuestro desempeño
Osemos abrir caminos,
Que ilustren con intentarlos,
Cuando no con conseguirlos.
Si os mantiene la esperanza
De que sereis socorridos
De Ciro, ya esa espiró;
Que hoy un mercader, que vino
Á traer, con pasaportes,
No sé qué canges, me dijo,
Que Alejandro, á quien la fama
Da el Magno por apellido;
¿Pero qué mucho, si es
Del grande Filipo hijo,
Que hijo de Filipo el Grande,
El mundo avasalle invicto?
Que el Magno Alejandro pues
(Segunda vez lo repito)
Entra por Persia; con que
Puesto en su opósito Ciro,
Acudir al propio daño,
Mas que al ageno, es preciso.
Ya ni aun aquella lejana
Esperanza de su auxilio
Os queda; con que obligados
Os hallais á reduciros
Á duradera prision
En tan penoso ejercicio,
Como el gusano de seda,
Que, labrando de sí mismo
La cárcel, muere encerrado
En el hilado capillo,
Que fabricó su tarea
De su sustancia hilo á hilo.
Pues siendo asi, que á un gusano
Somos hoy tan parecidos,
Que con nuestro propio afan
En esos muros de Tiro
Nuestras cárceles labramos,
Seámoslo en romper altivos
De tan violenta prision
Las cadenas y los grillos.
¿Él no renace con alas
De sí propio tan distinto,
Que, al romper se encerró gusano,
Salir mariposa vimos?
¿Pues por qué, por qué nosotros,

Con mas razon, mas instinto,
No habremos de cobrar alas?
Muramos, ya que morimos,
De ardiente encendida fiebre,
No de yerto pasmo frio.
Diréisme, que con qué medios,
Por mas alas, por mas brios
Que criemos, nos podemos
Alentar á competirlos?   •
Ellos de las armas son
Los dueños, sin permitirnos,
Ni aun para el uso comun
De la vianda, un cuchillo.
Todos acerados arcos
Y flechas, todos bruñidos
Arneses y escudos tienen,
Cuando desnudos vivimos
Nosotros, sin mas defensa
Al invierno ni al estío,
Que estos serviles ropages,
Que, sin decoro ni aliño,
Toscos nos urdió el telar,
Sin primor del artificio.
Esto direis. Y respondo,
Que para eso se previno,
Que á quien le falta la fuerza,
Se guarnezca del arbitrio.
¿Á su política atentos,
Los extrangeros Fenicios,
Mas que en la campaña muertos,
No nos conservaron vivos
En la esclavitud, á causa
De que el tenernos rendidos,
Miraba á dos conveniencias,
Dejándoles á dos visos,
Ó ya el cange, ó ya el sudor
Fortificados ó ricos?
¿ Esta ansia de prisioneros,
Y sed de esclavos, no hizo,
Que nuestro número crezca
Mas que el suyo, pues es visto,
Que ninguno hay sin esclavo,
Y muchos á cuatro y cinco?
¿Pues quién nos quita, ya que
De dia al trabajo acudimos,
Y de noche cautelados,
Cada uno al domicilio
Se va de su dueño, que
Cada uno pueda, valido
Del silencio de la noche,
Del prestado parasismo
Del sueño, y sus mismas armas,
Gloriosamente atrevido,
Matarle en su mismo lecho?
Con que, casero enemigo,
Vendrá á tener mas ventaja,
Que él tuvo, pues mas distrito,
Que hay del desnudo al armado,
Hay del despierto al dormido.
Mueran pues en indefenso
Callado motín, sin ruido,
Reservando solamente
Las mugeres y los niños,
Que no pasen de diez años,
Para que en nuestro servicio
Ellas vivan, y ellos crezcan.
Con que, poniendo advertidos
Á Irifile en libertad,
Y á Deidamia en su servicio,
Con las preciosas riquezas,
Que de Fenicia han traido,
Quedaremos, no tan solo
Libres, vengados y ricos,
Pero absolutos señores,

Eligiendo á nuestro arbitrio
Rey, que nos gobierne; pues
Siendo de nosotros mismos,
Es fuerza en paz y justicia
Mantenernos, advertido,·
Que podremos deponerlo,
Pues pudimos elegirlo.
Con que dueños de nosotros,
Sin recoñocer dominio
Á nadie, daremos nombre
Al nuevo reino de Tiro,
En cuyo muro, y en cuyas
Láminas de piedra escrito,
Leerá la fama á la historia
De los venideros siglos:
Esta es la venganza, que
Osados, fuertes y altivos
En su esclavitud tomaron
Los Persas de los Fenicios. —
Todos callais? ¿Pues no hay quien
Responda?

Uno.   Si suspendido
Está Toante, ¿quién quieres
Que hable antes que él?

Toan.   Pues yo digo,
Ya que he de hablar el primero,
¿Que quién será tan indigno
Persa, tan vil, tan cobarde,
Que, al verse tan oprimido,
Se acuerde de que hubo ofensas,
Y se olvide de que hay brios?
Y asi yo seré el primero,
Que, olvidando beneficios,
Y acordándome de agravios,
Le dé la muerte á Leonido.
Y al que no diga lo propio,
Sin que de aqui salga vivo,
Muera á nuestras manos.

Todos.   Muera!
Morl. Yo, con ser norial borrico,
No solamente lo juro,
Mas lo voto y lo porvido,
Con circunstancia agravante;
Pues no solo al dueño mio
Mataré, pero á mi dueña.
Ved, si á todos me anticipo,
Pues ser mata-dueñas, es
Mas, que ser mata-vestiglos,
Aunque me llamen despues
Licenciado mata-asnillos.

Cosd. Señalar el dia nos falta,
La hora y el punto fijo;
Porque, como en todos sea
Á un tiempo el susto, es preciso
Que no puedan socorrerse
Unos á otros.

Uno.   Atrevidos
Impulsos son mas vehementes,
Cuanto son menos remisos.
Si lo dilatamos, Cosdroas,
Podrá ser, que algun indicio
En la astrología del pueblo,
Que suele ser adivino
De sucesos, que contados
Se saben antes que vistos,
Nos descubran; y asi es bien
No dar al tiempo un resquicio.

Otro. Eso en una parte, en otra
Ser posible, que el activo
Calor de hoy esté mañana,
Ya que no resfriado, tibio,
Pide mas prisa. Y pues ya
Anochece, y prevenirnos
No hemos menester de mas

Que de nuestro precipicio,
Esta misma noche sea,
Y la hora, cuando en filo
De su mitad la divida
La luna en dos equilibrios.

Tod. Ha dicho bien.
Cosd.   Pues no hay
Sino ejecutar lo dicho.
La seña será las trompas
Y cajas, que ya previno
Mi zelo, porque asaltados
Todos juntos de improviso,
Dentro y fuera de sus casas,
Sea todo un confuso abismo.
Y ahora, quitando á la puerta
El fiador, que la pusimos,
Volved, para que nos abran,
Á entonar mas alto el himno.

Mus. y tod. Viva Diana! etc.
Uno [*dent.*] Ya abrir las puertas podemos.
Cosd. Salgamos agradecidos
Al favor, sin mudar nadie
Semblante, color ni estilo.

Mus. y tod. Y pues hoy tenemos etc.
    [*Vanse, y detiene* T o a n t e *á* C o s d r o a s.
Toan. Cosdroas!
Cosd.   Qué quieres?
Toan.   Que pues
Ya todos van divididos
Á sus casas, industriados
De lo que han de hacer, conmigo
Te vengas hácia la mia,
Porque tengo en el camino
Que hablarte á solas.

Cosd.   Qué esperas?
Toan. ¿Acuérdaste, que Leonido
Me dió la vida?

Cosd.   Yo fui
El instrumental testigo.

Toan. ¿Sabes, que en mi esclavitud,
Mas, que mi dueño, mi amigo,
Sobre aliviar mis fatigas
Fuera de su casa, hizo
En ella tal confianza
De mí, que, siendo preciso
Venir tarde algunas noches
Del jardin, adonde asisto,
Á causa de que Deidamia
Bajaba á su ameno sitio,
Mandó, que me diesen llave,
No solo de aquel postigo,
Que cae á mi albergue, pero
Maestra de su cuarto mismo,
Á fin de lo que gustaba
Tal vez conferir conmigo?

Cosd. Sí lo sé.
Toan.   ¿Sabes tambien,
Que soy quien soy?

Cosd.   Yo el que finjo
Que no lo eres soy.

Toan.   ¿Pues cómo,
Sabiendo que por él vivo,
Sabiendo su tratamiento,
Su confianza y cariño,
Y finalmente que soy
Quien soy, has de mí creido,
Que vida, trato y fe puedo
Pagar con un homicidio?

Cosd. Tú fuiste quien mi consejo
Aprobaste.

Toan.   Muy distinto
Es cumplir yo con la patria,
Que haber de cumplir conmigo.
Leonido no ha de morir

Á mis manos. Dame arbitrio,
Como podré tus intentos
Carear con sus beneficios. •

Cosd. No dándole tú la muerte;
Pero no quedando él vivo;
Que, General de sus armas,
Es mucho para enemigo,
Si vivo queda.

Toan. ¿ Cómo eso
Puede ser?

Cosd. Ya lo imagino.
Yo juntaré de los nuestros
Algunos, que irán conmigo,
Diciendo, que allí el esfuerzo,
Por ser principal caudillo,
Donde hay guardia y hay familia,
Conviene; y así, eximido
Tú de la nota de ingrato,
Con que el tumulto lo hizo,
Pones en salvo tu honor.

Toan. No pongo, si lo permito;
Que en lo mal hecho aun es menos
Hacerlo, que consentirlo;
Que uno dice, bien vengado,
Y otro publica, mal quisto.

Cosd. Eso es rebentar de honrado.

Toan. Esto es ser agradecido.

Cosd. Es ser no fiel á la patria,
Por ser con un hombre fino.

Toan. Es ser fiel y fino á un tiempo,
Pues ya voté los designios
De la patria en su favor,
Y ahora consulto los mios.
De ingrato no ha de acusarme.

Cosd. ¿ Qué muerto al matador vino
Á residenciar de ingrato?

Toan. El que quedó en mi fe vivo.

Cosd. Bastante disculpa es
Decir, que el motin lo hizo.

Toan. Si eso, sin saberlo yo,
Me lo hallara sucedido,
Decías bien.

Cosd. ¿ Quién, sino tú,
Lo sabrá?

Toan. Qué mas testigo?
¿ Para ser yo ruin, no basta
Saberlo yo de mí mismo?

Cosd. Pues prevente á embarazarlo.

Toan. Pues prevente tú á cumplirlo.

Cosd. Sí haré; que menos importa,
Que un comun, un individuo.
Y quizá habrá, como salve
Tu honor y mi patria.

Toan. Dilo.

Cosd. ¿ Para qué, si es tu disculpa
No saberlo? Y no hay camino
Mejor de que no lo sepas,......

Toan. Qué?

Cosd. Que irme yo sin decirlo. [*Vase.*

Toan. ¿ Quién, cielos, en confusiones
Tantas, como yo, se ha visto?
Cuando pendiente de que
Si se habrá Irifile ido
Á Ceilan estoy, bien como
Troncadamente me dijo,
Nueva duda me combate;
Y tan grande, como ha sido
Ser á mi patria traidor,
Ó traidor al dueño mio.
Si le digo, que conviene
Guardar su vida, le digo
De quien; si lo callo, ¿ cómo
Le he de decir el peligro
De que ha de guardarse? ¡ Cielos,

Alumbradme en tanto abismo!
Y dije bien, alumbradme,
Pues cuando ya el umbral piso
De mi albergue, y paso al cuarto,
[*Entra por una puerta, y sale por otra.*
Solo y á obscuras le miro.
Sin guardia está estotra puerta,
Y cerrada. ¿ Si han oido
Algo los que se quedaron
Fuera, y trayendo el aviso,
Para reparar el daño,
Á juntar la gente ha ido
Leonido, á este fin llevando
Familia y guardia consigo?
Ha discurso! ¿ á lo peor
Siempre? El mas vehemente indicio
Desto es, ver, si retiraron
Tambien las armas. Preciso
Es para verlo traer luz;
Que no he de fiar al tino
Tan grande experiencia. [*Vase.*

Salen IRIFILE, LEONIDO *y* ANTEO.

Irif. ¡ Cielos,
Favor!

Leon. Cesen los suspiros;
Que en brazos vas de quien mas
Te estima á ti, que á sí mismo.

Irif. Ay de mí infeliz!

Leon. Anteo,
Pues solo de tí me fio,
Á cuya causa esta noche
Familia y guardia retiro,
Quédate á esta puerta, y nadie
(Pues no ha de haber mas testigo
Que tú) entre aqui, mientras yo
Un instante, un improviso
Me dejo ver de Deidamia,
En prueba de que no he sido
Yo el agresor deste robo. [*Vase.*

Ant. Parte seguro; que fijo •
Á esta puerta me hallarás.
[*Pónese á la puerta.*

Irif. ¡ Valedme, Dioses divinos!
Que no sé, ni donde estoy,
Ni lo que me ha sucedido,
Pues solo sé, que me hallo
En un ciego laberinto.

Sale TOANTE *con luz.*

Toan. Reconoceré, si estan
Las armas...... Pero qué miro!

Irif. Luz ha entrado. Mas qué veo!

Toan. Otro asombro!

Irif. Otro prodigio!

Toan. Toante!

Irif. Irifile?
[*Á la puerta* Anteo *escuchando.*

Ant. ¿ Aqui luz, [*aparte.*
Y Toante ella no dijo?
Oiga, y calle.

Toan. Pues qué es esto?

Irif. Volvernos á aquel principio,
En que ambos nos preguntamos,
Y en que ambos nos respondimos·

Toan. Cómo?

Irif. ¿ Entendiste bien, cuanto
Mi voz al pasar te dijo?

Toan. Sí.

Irif. Pues habiendo (ay de mí!)
De las murallas salido
Con el convoy, que Deidamia
Me dió, nos salió al camino
Una tropa; huyó la mia,

Con que un soldado al estribo,
Y otro á la rienda, el caballo
De ambos gobernado vino,
Donde á obscuras me han dejado,
Y donde, habiéndote visto,
No sé cómo aqui estás.

Toan.   Como
Es la casa de Leonido,
Mi amo.

Irif.   De Leonido?
Toan.   Sí.
Irif. Ya es mas mi mal sucedido,
Que fue imaginado.

Toan.   Cómo?
Irif. Como el primer dueño mio
Fue Leonido, y de su amor......

Toan. No, no tienes que decirlo;
Que ya me lo han dicho antes
Mis desdichas, pues me han dicho
Que se guardaban los zelos
Para el último martirio.
Darle la vida pensaba,
Á mi vida agradecido;
Agradecido á mi muerte,
No lo he de hacer, pues ya es visto,
Que delito sobre zelos
Es disculpado delito.
Muera Leonido. Mas ay!
Que es muy desigual partido,
Que sé yo, que él me ha obligado,
Y él no, que á mí me ha ofendido.
¿Quién vió contrato, en que es fuerza
Valer yo mas, que yo mismo?
Viva Leonido, y yo muera.
Pero qué digo? qué digo?
¡O mal haya tanto honor!
¿Será de mi fama digno
Decir, que dejé á mi dama
Á otro amante, consentidos
Mis zelos? Eso no. Muera,
Con todos cuantos Fenicios
Hoy han de morir.

Ant.   ¿ Qué es eso
De morir todos?
Toan.   Qué he dicho?   [*aparte.*
Irif. Otro susto, cielos!
Ant.   Si antes
Que llegues á presumirlo,
Sabrá Leonido quien eres,
Que estás con nombre fingido,
Y eres de Irifile amante.

Toan. No harás tal; que yo, rendido
Á tus pies, te rogaré,
Que lo que un despecho dijo,
No es para que dello hagas
Aprecio, y......
Ant.   No hay que impedirlo,
Que todo lo ha de saber.
Toan. Haz lo que yo te suplico,
Antes que otro te lo mande.
Ant. Quién será?

[*Quítale Toante la espada, y mátale, y cae medio
dentro del vestuario.*

Toan.   Tu acero mismo.
Muere á mis manos.
Ant.   Ay triste!
Toan. Ahora, si pudieres, dilo.
Irif. Qué has hecho?
Toan.   Cerrar con puerta
De acero nuestro peligro.
Y ya que á los pies del lecho
De Leonido á caer vino,
Mientras que no se declare

Aun otro mayor prodigio,
Vente tú conmigo.

      Sale LEONIDO.
Leon.   ¿ Dónde
Irifile ha de ir contigo?
¿ Y mas cuando usando ingrato
De la entrada, que has tenido
Á este cuarto, veo ese acero
En tu vil mano, teñido
En roja sangre? Qué es esto?
Toan. Volver por tu honor, el mio
Y el suyo. En mi albergue estaba,
Cuando oigo un triste gemido
De muger, pidiendo al cielo
Favor; tomo luz, movido
De la novedad, y entro
Adonde un soldado miro
Con Irifile, no sé
Como me atreva á decirlo,
Por no decir, que luchando;
Y porque llegué á impedirlo,
Me atropelló de manera,
Que me obligó á que á los filos
Muera de su acero. Mira,
Él en tu casa atrevido,
Ella ofendida en tu casa,
Yo en tu casa agradecido,
Si hice bien, ó no, en salvar
Su honor, el tuyo y el mio.
Con que viéndola confusa,
Sin saber como aqui vino,
Le dije, como tú oiste:
Vente, Irifile, conmigo,
Para volverla á Deidamia.
Leon. O traidor! ¡o fementido
Anteo! No ya enojado,
Estraton, agradecido
Á tu valor, con los brazos
Te pago el justo castigo
Del agraviado respeto
Deste hermoso dueño mio.
Y pues que ya de mi amor
Y mi secreto te hizo
Capaz el acaso, bien
De tus buenas prendas fio,
Que nunca digas......
Voces [*dent.*]   Arma, arma!   [*Cajas.*
Leon. ¿ Mas qué asalto no previsto
Tan súbito al arma toca?
Unos [*dent.*] ¡ Socorro, cielos divinos!
Otros. Dioses, favor!
Otros.   Piedad, cielos!
Leon. En general alarido
Clama toda la ciudad.
Voces [*dent.*] Guerra, guerra!   [*Cajas.*
Irif.   O hado impío!   [*ap.*
¿ Hasta dónde ha de llegar
El rigor de tu destino?
Leon. ¿ Qué aguardo, que no voy?
Toan.   Mira......
      [*Deteniéndole.*
Leon. Quita!
Toan.   Teme tu peligro,
Pues yo dél te aviso, y hago
No poco en darte el aviso.
Todos [*dent.*] Traicion, traicion!
Unos [*dent.*]   Arma! guerra!

      Dentro COSDROAS.
Cosd. ¡ Mueran todos los Fenicios!
Leon. Pues qué es esto?
Toan.   Solevado
Tumulto de los cautivos,
Que á esta hora no habrá dejado

Alguno á su dueño vivo,
Sino yo.   [*Golpes dentro.*
Cosd. [*dent.*]   Romped las puertas!
Toan. Y pues se acerca el conflicto,
Procúrate retirar
En el mas oculto sitio,
Mientras muero en tu defensa,
Si no basto á reducirlos,
Con que en casa no estás.
Leon.   ¿Yo
Retirarme? Solo altivo
Entraré á tomar mis armas;
Que si el trenzado arnes ciño,
El templado escudo embrazo,
Y el ardiente acero esgrimo,
Antes que, rota la puerta,
Entren, saldré á recibirlos.   [*Éntrase.*
Toan. No harás, que impedirlo yo
Sabré.

Dentro LEONIDO.

Leon. ¿Cómo has de impedirlo?
Toan. Cerrándote, pues la llave
Está puesta en el pestillo.   [*Cierra.*
Leon. [*dent.*] Qué haces, traidor?
Toan.   Ser leal.
Y porque voces ni ruido
No te descubran, y sepas
Cuan seguro estás conmigo,
Toante soy, no Estraton. Mira,
Si tu vida solicito,
Pues para serte traidor,
No hubiera mi nombre dicho. —
Ponte ahora tú á mis espaldas. [*á Irifile.*
Irif. Qué intentas?
Toan.   Ver, si consigo,
Dél esclavo, y de tí amante,
Ajustar leal y fino
Duelos de amor y lealtad,
Viendo, que á él de todos libro,
Y á tí dél.   [*Dentro golpes.*
Tod. [*dent.*]   Cayó la puerta.
Entrad, y muera Leonido.

Salen COSDROAS, MORLACO *y todos los*
cautivos.

Toan. Detente, Cosdroas; que ya,
De tu razon convencido,
Mudé parecer, y al verle
Sobre su lecho dormido,
Que, á fuer de buen Capitan,
Se recostaba vestido,
Le dí la muerte. Llegad;
Ved, que al postrer parasismo,
Con las ansias de la muerte,
Al pie del lecho caído
En tierra está.   [*Señala dentro.*
Morl.   Atun de requiem,
En ella yace tendido.
Cosd. En efecto eres quien eres.
¿Pero quién aqui ha traido
Á Irifile?
Toan.   De Deidamia
(Que vengar en ella quiso
El sobresalto de todos)
Huyendo, á ampararse vino
De mí. No aqui te la dejes;
Llévala, Cosdroas, contigo. — •
Vete tú con ellos.
Irif.   ¿Pues
No vienes tú?
Toan.   Ya te sigo;
Y advierte, que honor y vida [*ap. á ella.*
Me va en callar lo que has visto.

Irif. Juramento hago á los Dioses [*aparte.*
De que nunca he de decirlo.
Cosd. Ven, bella Irifile, donde,
Puesta Deidamia en retiro,
Y tú en libertad, digamos:
¡Viva por los Persas Tiro,
Y Toante, no ya Estraton,
Que dió la muerte á Leonido!
Todos. ¡Viva por los Persas Tiro!
[*Vanse, queda solo* Toante, *abre la puerta, y*
sale Leonido.
Toan. Mira, si bien te he pagado
La vida, que te he debido.
Y ahora, hasta ponerte en salvo,
Sabré tenerte escondido,
Como Toante en mi fe, y como
Estraton en tu servicio.
Asegúrate de mí;
Que á todo ese cristalino
Coro de los altos Dioses,
Á quien pongo por testigos,
Hago jurado homenàge,
Con todo solemne rito,
De que, aunque importe á mi vida,
No descubra el que estás vivo.
Leon. Tarde he sabido quien eres.
Pero dime, ¿qué se hizo
Irifile?
Toan.   ¿Ahora te acuerdas
Della, cuando yo me olvido?
Hallándola aqui el tumulto,
Como á su dueño, consigo
Se la han llevado.
Leon.   ¿No hubieras
Escondídola conmigo?
Toan. No era fácil. Á esconderte
Vuelve, no seas de alguien visto,
Mientras yo desde ese muro,
Antes que sea conocido,
Echo al mar ese cadáver.
Leon. ¿En fin, tú no mas has sido
Leal, entre tantos traidores?   [*Vase.*
Toan. En agravios conocidos
No es la venganza traicion,
Por mas que digan á gritos
Unos:
Unos [*dent.*]   Clemencia, piedad!
Toan. Otros:
Otros [*dent.*]   Nadie quede vivo!
Toan. Y aun otros desde el mar:

Dentro ZENON.

Zen.   Leva
La áncora, despliega el lino,
Y huyamos, pues vemos, que es
Toda la ciudad prodigios.
Toan. Y todos juntos:
Todos [*dent.*]   Arma, arma!
Otros. ¡Socorro, Dioses divinos!
Otros. Cielos, favor!
Todos.   Guerra, guerra!
Toan. Pues de ecos tan distintos
Podrá componer la fama
Otro, en que diga á los siglos
Que hubo esclavo tan leal,
Que zeloso, amante y fino,
Le dió la vida á su dueño,
Cuando en los muros de Tiro
Tomaron justa venganza
Los Persas de los Fenicios.

———

Jornada III.

Tocan cajas y trompetas, y salen marchando por una parte Alejandro *y Soldados, y por otra* Zenon.

Zen. Si merece, señor, un derrotado
Náufrago peregrino,
Que á merced del destino,
Que á discrecion del hado,
Por varios casos á tus plantas vino,
Besar, postrado á ellas,
La menos fija estampa de sus huellas,
Humilde te suplico,
Me des audiencia.

Alej.   ¿Cuándo yo no aplico
El oido igualmente
A amigo y enemigo, si prudente
Sé, que tal vez consigo
Del enemigo aun mas que del amigo?
Y asi sepa quien eres,
Adonde es tu derrota, y qué me quieres.

Zen. Magno Alejandro, á quien aclama el mundo
Segundo al Gran Filipo sin segundo,
Zenon soy, héroe un tiempo de Fenicia,
A quien Júpiter......

Alej.   Ya desa noticia
Capaz estóy, y sé, que destruida,
Quedó desierta.

Zen.   De los que la vida
Por el mar escaparon......

Alej. Ya sé tambien, que en África arribaron.

Zen. Uno fui, que al tomar en ella tierra,......

Alej. Tambien sé los progresos desa guerra.

Zen. Triunfantes pues de Irifile y de Ciro......

Alej. Fabricásteis la gran ciudad de Tiro.

Zen. Hasta aqui sé de vuestros hechos graves.

Zen. Pues oye desde aqui lo que no sabes.
Habiendo por derecho de armas sido
Del vencedor la vida del vencido,
La natural piedad hizo costumbre,
Que esten en cautiverio ó servidumbre;
Con que apresando algunos Persas vivos,
Los conservamos solo de cautivos
En el nombre supuesto,
Que en lo demas les era manifiesto,
Que al que cangearse trate,
No le impidiese el dueño su rescate;
Y el que no le tenia,
Devengase la costa que le hacia
En la pública fábrica del muro;
Con que no mal tratado, y bien seguro,
De nadie queja alguna
Le quedaba, si no es de su fortuna.
En este pues recíproco contrato,
De que me sirva, pues que no le mato,
Conjurados, hicieron tan notable
Traicion, motin tan fiero y execrable,
Tan bárbaro despeño,
Como dar cada cual muerte á su dueño.
Que el preso busque á riesgo del despecho
La libertad, es natural derecho;
Mas no es derecho natural, que sea
Con tan torpe traicion, tan vil, tan fea,
Como romper con alevoso ultrage
La contratada ley del homenage.
Si de algun fuerte puesto apoderados,
Si de escondidas armas prevenidos,
Declarados, lidiasen atrevidos,
Y sus hados trocando á nuestros hados,
Atrevidos venciesen declarados,
Heroica empresa fuera;

Mas con ira, y tan duramente fiera,
Como contra su dueño
Conspirar el esclavo,
Y en la quietud pacífica del sueño,
Como antes dije, cruel, sañudo y bravo,
Darle á su salvo muerte,
Es tan enorme, tan atroz, tan fuerte
Insulto, que te empeña en su castigo;
A cuyo fin, por tierra y mar te sigo;
Pues, por humanas y divinas leyes,
Toca á la real vindicta de los Reyes
Conocer del doméstico enemigo,
Que el fuero humano al inhumano pasa,
Sin que le valga á un desarmado pecho,
Ni el seguro sagrado de su casa,
Ni el no violado albergue de su lecho.
En una noche pues en tanto estrecho
Tiro se vió, que no hubo en toda Tiro
Calle sin llanto, casa sin suspiro,
Plañendo, sin cuidar de otros haberes,
Padres y esposos, hijos y mugeres,
Al verse, sin tener recurso á nada,
Deidamia presa, Irifile aclamada.
Y no en comun clamor tanto te obligue,
Como en particular el que se sigue.
Yo, que en el mar me hallaba,
Por ser el que la armada gobernaba,
De algunos, que en sus casas no durmieron,
Porque de guardia aquella noche fueron,
Supe, echándose al mar antes del dia,
Que desta alevosía
El estruendo mayor habia salido
De la infelice casa de Leonido.
Leonido, de la tierra
General, que en los trances de la guerra
Hallando á un Persa herido,
Sin aliento, sin voz y sin sentido,
En su casa albergado,
Asistido y curado,
Hasta cobrar la vida,
Cabeza del motin, fue su homicida,
Segun lo que entendieron
De las confusas voces los que oyeron
Decir al pueblo errante:
Viva, no ya Estraton, sino Toante;
Pues dió la muerte al General Leonido.
De suerte, que Toante, con fingido
Nombre, convalecidas sus fatigas,
Movió el motin, pagando......

Alej.   No prosigas;
Que, aunque el traidor tumulto
Me mueve, por lo extraño del insulto,
Mas por tener un hombre tan aleve,
Que da la muerte á quien la vida debe.
Corra la voz, y marche,
Herido el bronce, y castigado el parche,
El campo; no en alianza ya de Ciro,
Tome á Tiro la vuelta;
Que mi piedad, en cólera resuelta,
Ha de dar en su último suspiro
Nombre á la roja púrpura de Tiro,
Cuando navegue, en vez de nudosa plata,
Bajel de piedra en ondas de escarlata;
No tanto ya por su alevoso trato,
Cuanto por mantener en sí á un ingrato;
Pues por mayor victoria habré tenido
Ver á mis pies á un desagradecido,
Que cuantas la memoria
Esculpirá en sus láminas mi historia.
¿Porque qué triunfo, qué laurel, qué palma,
Como el de un homicida,
Que da la muerte á quien le da la vida,
Y de su ingratitud sus triunfos labra?
A Tiro pues, y pase la palabra.

Todos. Á Tiro pues, y pase la palabra.
[*Vanse, tocando caja y clarin.*

Sale FLORA *huyendo de* MORLACO.

Flor. La furia, Morlaco, aplaca.
Morl. No hay que llorar ni gemir;
  Que hoy, infame, has de morir
  Á los filos desta estaca.
Flor. Cuando mi vida te enoje,
  ¿Por qué con palo me das?
  La mano baste, y no mas.
Morl. Amiga, á quien dan no escoge.
Flor. No basta en el cuerpo? Ya
  Que tan airado te ves,
  No en la cabeza me des.
Morl. Todo, Flora, se andará.
Flor. Ten ese golpe. (Ay de mí!)
Morl. Ya este, que se llegó á ver
  En alto, fuerza es caer;
  Que no he de quedarme asi.
  [*Va á darla, ella huye, y da en el suelo.*
Flor. Dél me procuré escapar.
Morl. Si con este no te toco,
  Vaya estotro; que tampoco
  Asi tengo de quedar.
Flor. ¿No basta que á mi marido,
  Porque dormido le hallaste,
  Como un gallina mataste?
Morl. No basta, pues no has sabido
  Matar otra, y cada dia,
  Que á comer y á cenar entro,
  El nombre gallina encuentro
  En tu boca, y no en la mia.
  ¿Qué cosa es, que un hombre honrado
  De holgarse á su casa venga,
  Y en ella una esclava tenga
  Tan poquísimo cuidado,
  Que no halle la mesa puesta,
  Ni agua, ni leña traida,
  Ni guisada la comida?
Flor. Qué comida traes tú?
Morl.   Esta.   [*Pégala.*
  ¡Buen modo de agradecer!
  Que desde que su amo soy,
  No conozca, que está hoy
  Mucho mas moza que ayer.
Flor. Mas moza? Eso me alboroza.
Morl. Claro está; porque ¿qué dama,
  Que envejece, siendo ama,
  Si se entra á servir, no es moza?
  Y pues piedad no pequeña
  Es, que cuanto sirvas mas,
  Tanto mas moza serás,
  Veme por un haz de leña.
  Haya leña, ya que no
  Haya que cocer con ella.
Flor. ¿Cómo puedo yo traella?
Morl. Acuestas, como hacia yo.
  Y si el tener las costillas
  Doloridas te acobarda,
  Ven, echaréte la albarda
  Con todas sus angarillas.
  Y para hacer mas notoria
  Mi piedad, no diré yo,
  Que traigas agua, sino
  Que la saques de la noria.
Flor. Yo noria? Yo albarda?
Morl.   Y presto,
  No de otra suerte lo diga.
Flor. Yo albarda y noria?
Morl.   Sí, amiga.
Flor. Justicia de Dios!

Sale IRIFILE.

Irif.   Qué es esto?
Flor. Es ser en el desconsuelo,
  Que toda Fenicia llora,
  El mio el mayor, señora,
  Pues me da por amo el cielo
  Quien matarme á palos quiera.
Irif. ¿Cómo asi á Flora se trata?
Morl. Como quien á estaca mata
  Es justo que á estaca muera.
  Si cualquiera camarada,
  En la casa en que quedó
  Por dueño, todo lo halló
  Cumplido, y yo no hallo nada
  Mas, que esa fiera, esa rara
  Serpiente deste vergel;
  Y si no, dígalo aquel
  Talle, con aquella cara;
  Si, cuando á otros mesa franca,
  Ajuar y dinero alegra,
  Hallo yo una verdinegra,
  Por quien no daré una blanca:
  ¿Qué mucho, que vengar quiera
  En que ella me sirva á mí,
  Lo que yo á ella la serví?
Irif. Cobarde! ¿desta manera
  Te vengas de una muger?
  ¿No la basta su dolor,
  Sino hacerle tú mayor?
  Hola!

Salen dos SOLDADOS.

Sold. 1.   Qué mandas?
Irif.   Poner
  En un cepo á ese villano,
  Mientras un trato le den
  De cuerda; que ver es bien
  Que quiso el cielo, no en vano,
  Convalecer mi fortuna,
  Pues es para hacer justicia
  De quien con torpe malicia
  Intente violencia alguna
  En la casa que adquirió.
  Qué esperais? Llevadle pués.
Morl. Humildemente á tus pies,......
Flor. Mentehumilde á tus pies yo......
Morl. Lograr tengo,......
Flor.   He de deber,......
Morl. Que el cepo,......
Flor.   El trato y la cuerda......
Morl. La ira temple.
Flor.   El furor pierda.
Morl. ¡Miren la buena muger!
Irif. Tú lo pides?
Flor.   Yo lo ruego.
  Cepo, trato y cuerda, tres
  Penas, muchas son. Haz pues,
  Que le ahorquen desde luego,
  Que es una no mas. Aquesto
  Mi llanto ha de merecer.
Morl. ¡Miren la mala muger!
  No hagan tal; que yo protesto
  Tanto enmendarme, señora,
  Que no solo he de ofenderla,
  Pero ni oírla ni verla.
Irif. Eso basta por ahora;
  Pero has de advertir, que sea
  Para que no vuelva á mí
  Con la queja. Idos de aqui.
Flor. Como la enmienda no vea,
  Á que te ahorquen volveré.
Morl. Mientras me ahorcan, ó no,
  Volveré á mi estaca yo.   [*Vanse.*

Sale Toante.

Toan. Que se fuesen esperé,
Para hablarte á solas , ya,
Bella Irifile , que puedo,
Sin aquel pasado miedo,
Lograr la ocasion que da,
Bien que á costa del rigor,
Mejorada nuestra suerte.
Irif. Solo la mejora es verte
Y hablarte , sin el temor,
Que en verte y hablarte habia,
Cuando el recato de todos
Andaba buscando modos
De explicarse. Y pues el dia
Llegó de que vencedores,
Dueños de Tiro seamos,
Será bien que confiramos,
Toante , los medios mejores,
Para establecer su nuevo
Dominio.
Toan. ¿ Qué puede haber
En eso que establecer,
Si á coronarte me atrevo
Hoy Reina de Tiro , á cuyo
Fin he dispuesto, que esté
Junto al pueblo, para que
Te aclame?
Irif. El afecto tuyo
Estimo , como es razon ;
Mas no lo intentes.
Toan. Por qué?
Irif. Porque me empeñas en que
Desdeñe su aclamacion.
¿ Porque cómo , Toante , cómo,
Si Deidamia fabricó
La ciudad , y della yo
Una vez posesion tomo,
Podré pagarla despues
La gran deuda en que me puso,
Cuando enviarme dispuso
Libre á Ceilan? Que aunque es
Verdad, que no conseguí,
Por la traicion de Leonido,
Haberme á mi salvo ido,
Ya á lo menos recibí
Su generosa hidalguía ;
Y no es de la mia disculpa,
Que sea de otro la culpa,
Para que ella no sea mia.
Toan. Esa es pequeña objecion ;
Pues con tenerla en decoro
Y en estimacion, no ignoro
Cumples con tu obligacion.
Irif. No cumplo ; que si ella á mí
En estimacion me tuvo,
Y en decoro , y luego anduvo
Tan liberal como ví,
¿Qué haré por ella en tenella
En estimacion tambien,
Y en decoro , si no ven,
Que paso á igualarme á ella
En otra gloriosa accion?
Pues no corren paridad,
Ponerme ella en libertad,
Y tenerla yo en prision.
Toan. Poco mis finezas amas,
Pues que no estimas su fe.
Irif. ¿Ahora , Toante , sabes, que
Tambien hay duelo en las damas?
¿ Quieres verte convencido ?
Si á tí Leonido te dió
La vida, á mí me ofendió ;
Y siendo asi, que escondido

Por una piedad le amparas,
Y por un agravio no
Te vengas dél , ¿cómo yo,
Si en mí la piedad reparas,
Sin el agravio podré
Faltar á esta obligacion?
Toan. Duelos de damas no son
Tan escrupulosos , que
Las desdoren.
Irif. Sí son , cuando
Son las damas como yo.
Y persuádete á que no
Acepte de Tiro el mando,
Que tus favores me dan,
Pues si á Deidamia no miro
Quedar por Reina de Tiro,
La coronaré en Ceilan.

Sale Deidamia *al paño.*

Deid. ¿Pues si á Deidamia no miro   [*aparte.*
Quedar por Reina de Tiro,
La coronaré en Ceilan ?
Toan. Si á eso obliga el ser quien eres,
Á esto ser quien soy provoca.
Yo iré á hacer lo que me toca,
Y tú harás lo que quisieres.   [*Vase.*
Deid. ¡O fuerza de lo bien hecho !   [*aparte.*
Que aun siendo con intencion
Doble, es tal tu perfeccion,
Que al fin resulta en provecho.
No me dé por entendida.
Irif. Deidamia !
Deid. Llegando á ver   [*Sale ahora.*
Desde esa torre, que andabas,
Señora , en este vergel,
Por si tienes que mandarme,
En busca tuya bajé,
Ya que besar no merezca
Tu mano, á estar á tus pies.
Irif. Qué haces ?
Deid. Aprender de tí ·
Humildemente cortes,
Aunque murmuren las flores,
Que su oficio les hurté,
Lo que va de ayer á hoy,
Pues tú me enseñaste á ser
Fiel prisionera.
Irif. Levanta ;
Que, si aprendiste á fiel,
Yo podré poco , ú de Tiro
Reina has de ser.
Unos [*dent.*]   No ha de ser.
Otros [*dent.*] Sí ha de ser.
Irif. Qué estruendo es este ?
Deid. No apures su acento; que es
Oráculo contra mí,
Y es fuerza ser cierto.

Dentro Toante.

Toan. Aunque
Lo resistais , la habeis hoy
De aclamar y obedecer.
Tod. [*dent.*] Antes perderemos todos
Las vidas.   [*Ruido de armas dentro.*
Toan. [*dent.*]   Qué esperais pues?
Tod. [*dent.*] Muera Toante , que nos quiere
Avasallar.

Sale Toante *riñendo con algunos* Soldados*,*
Cosdroas *deteniéndolos, y* Morlaco.

Cosd. Detened
El furor ; puedan mis canas,
Ya que á este tiempo llegué,
Reportaros.

Irif.   ¿Qué es aquesto,
Soldados? ¿Asi perdeis
La obediencia, en la milicia
La mas inviolable ley?
¿Contra vuestro General
Armas tomais?
Todos.   No lo es
Quien fe y palabra nos rompe.
Irif. ¿Qué palabra, ni qué fe?
Sold. 1. Con tu licencia, señora,
Por todos responderé.
Morl. Ó yo, puesto que soy ya
Hombre de decir y hacer.
Sold. 2. Tú, villano?
Morl.   ¿Pues no soy
Mata-dormidos tambien?
Sold. 1. La primer proposicion,
Que hizo Cosdroas, para que
Nos alentásemos todos
Á tan gran venganza, fue,
Que habíamos de quedar
Libres, sin reconocer
Vasallage á nadie, haciendo,
Con Tiro en nuestro poder,
Nuevo reino aparte, contra
Cuya prometida ley,
Toante propone, que seas
Tú nuestra Reina, sin ver,
Que, para quedar esclavos
De quien electivo Rey
No sea de nosotros mismos,
Mejor nos está volver
Los que auxiliares venimos
En tu socorro con él,
Sin él, y sin tu socorro,
Á serlo segunda vez
De Ciro; con que logrado
Nada habremos, sino haber
Hecho un estrago sin fruto,
Pues no nos permite ser
La autoridad de lo libre
Disculpa de lo cruel.
Cosd. Es verdad, yo lo propuse
Asi, y es fuerza que esté
De parte de mi propuesta
Y de su razon; y pues
No mal servida, señora,
Coronada de laurel,
Vuelves libre y victoriosa,
Vengado el fatal desden
De tu rota y tu prision,
Á tu primero dosel,
No á tus auxiliares culpes,
Que se quieran mantener
En lo que ganaron libres
Y victoriosos tambien.
Toan. Primero que yo......
Irif.   Tampoco
Respondas tú; yo lo haré.
Toan. Pues si has de responder tú,
Y lo que has de responder
Sé ya, no lo quiero oir,
Por no obligarme á tener
Queja de tí, en que desistas
De mi intento. Y asi habré
De huir el desaire de ahora,
Hasta enmendarle despues.   [*Vase.*
Irif. ¿Pensareis, que me ha ofendido
Vuestro empeño? pues sabed,
Que mucho mas, que sentir,
Me ha dado que agradecer.
Pues aunque quisiérais todos
Aclamarme, es mi altivez
Tan mia, que no admitiera

Aun mas supremo interes,
Á la vista de Deidamia,
Con que suyo es el laurel.
Admitidla á ella; que yo
Gozosa......
Cosd.   La voz deten;
Que de haber de admitir otra,
Tú nos estabas mas bien.
Tod. Rey, que elijamos, queremos.
Morl. Sí; que es gran dicha tener
Rey, que hiciera la eleccion,
Aunque no naciese Rey.
Irif. ¡O vulgo, espejo de tantas   [*aparte.*
Lunas, cuantas al primer
Viso su parecer miran,
Y adoran su parecer!
¿Quién te podrá resistir? —
Deidamia, conmigo ven;
Que ya que no sea bastante
Á que obediencia te den,
Partiré á Ceilan contigo.   [*Vase.*
Deid. ¿Quién, cielos, se llegó á ver,   [*aparte.*
Huido Zenon con la armada,
En el mar sin un bajel,
Sin un vasallo en la tierra,
Y en tierra y mar á merced
De una piedad engañada,
Pues ignorando el doblez,
No venga lo que hice mal,
Y premia lo que hice bien?   [*Vase.*
Cosd. Para atajar semejantes
Competencias, fuerza es
Abreviar con la eleccion;
Y asi los ojos poned
En quien ha de preferiros.
Sold. 2. Supuesto que no ha de ser
Toante, á quien, por General,
Le tocaba preceder,
Respecto de que ya estamos
Todos sospechosos dél,
Excluido una vez, ¿quién duda,
Que me toca suceder
En su segundo lugar,
Pues las tropas goberné
De Irifile y de Ceilan,
Antes que él viniese á ser
Auxiliar caudillo suyo?
Sold. 1. Ese pretexto mas es
Contra tí, que en tu favor;
Pues no es justo anteponer
El natural al extraño,
Que la vino á socorrer.
Sold. 2. Si es en fueros de dominio,
Pues al natural mas fiel,
Que al extraño, mirará
El que le ha de obedecer.
Sold. 1. ¿A qué huésped no se da
El primer lugar?
Sold. 2.   Al que,
Queriéndoselo él tomar,
No aguarda á que se le den.
Sold. 1. El socorrido es deudor
Al que se empeñó por él.
Sold. 2. Pagarse uno de su mano,
No es socorro, es interes.
Unos. Es razon.
Otros.   Es tiranía.
Cosd. Mirad......
Todos.   Qué habemos de ver?
Cosd. Que á vista de monarquía,
Que está por establecer,
Mover cuestion, que las armas
Hayan de ajustar, mas es
Empezarla á destruir,

Que acabarla de vencer.
Haya medio que os ajuste.
Todos. Qué medio?
Cosd. El que yo os daré,
Sin excepcion de personas,
Igual á todos.
Todos. Di pues.
Cosd. La primer fábrica altiva,
Que se labró en Tiro, fue
Un templo á Apolo, bien como
Tutelar patron, á quien
Siempre encargó sus progresos
De los Fenicios la fe;
Y supuesto que ha querido,
Que venga á nuestro poder,
Claro está, que nos querrá
Agradecidos. Con que
Á él debemos acudir,
Para que nos diga él,
Á quién en su nombre quiere,
Que le aclamemos por Rey.
Sold. 2. ¿Cómo nos lo ha de decir,
Si mudo oráculo es,
Y no responde?
Cosd. Con una
Señal, que no puede ser
De otro, sino suya.
Todos. Cómo?
Cosd. Lo primero habeis de hacer
Sacrificios á sus aras,
Suplicándole, que os dé
Rey de su mano; y fiando
Que os oiga, salir despues·
Todos á la falda dese
Monte excelso, á cuyo pie
Yace un valle, que capaz
De albergar á todos es,
Tan igual, que superior
Ni inferior ninguno esté.
Aqui velareis la noche,
Invocando al sol, de quien
Ya sabeis, que, árbitro Apolo,
Gobierna el carro; y aquel
Que le salude el primero,
Dél permitiéndose ver
Antes que de los demas,
Mañana al amanecer,
Claro está, que el elegido
Vendrá entre todos á ser,
Pues á él primero, que á todos,
Le ilustra su rosicler.
Con que ninguno podrá
Queja del otro tener,
Pues influida de Apolo,
La luz del sol será el juez.
Tod. En tan prudente consejo
Fuerza es venir todos.
Cosd. Pues
Empiece la aclamacion
Desde luego, y sin perder
Tiempo, al templo vamos, donde
En religioso tropel,
Digamos, tal vez festivos,
Y enternecidos tal vez:
Ven, sacro Apolo, ven,
Y oráculo sin voz, dinos á quien
Laurel y luz han de ceñir, poniendo
Tú la luz, y nosotros el laurel.
Tod. y mus. Ven, sacro Apolo, ven,
Y oráculo sin voz, etc.
[*Repiten todos la música y vanse.*

Córrese una cortina, y se vé á LEONIDO *sentado junto á un bufete.*

Leon. Cielos! ¿qué lejanas voces,
Ya dulcemente festivas,
Ya confusamente altivas,
Pueblan los vientos veloces?
Con tan nueva confusion,
Que, sonando en todo Tiro,
Deste escondido retiro
La voluntaria prision
Han podido penetrar,
Sin que me den á entender,
Si las entona el placer,
Ó las lamenta el pesar,
Puesto que mezclarse ven
Los desiguales acentos
De voces y de instrumentos,
Diciendo, ni al mal, ni al bien:
[*La música dentro á lo lejos.*
Él y tod. Ven, sacro Apolo, ven, etc.

Sale TOANTE, *abriendo una puerta, y trae luz
y una cestilla en las manos.*

Leon. Seas, Toante, bien venido;
Que aunque siempre he deseado
La deshora, en que el cuidado
Tuyo entra á verme, hoy ha sido
Con mas ansias.
Toan. Como entrar,
Leonido, de dia no puedo,
Hasta que la noche el miedo
Me asegure con dejar
La familia recogida,
Y hoy, á causa de una grande
Novedad, es fuerza que ande
Desvelada, la comida
Antes no pude traer.
Siéntate y come.
Leon. Primero
Que alimente el cuerpo, espero
De otro manjar mantener
El alma. ¿Qué novedad
Es la que te ha detenido?
Que unas voces, que han podido
Romper de tu soledad
La clausura, en confusion,
Toante, me han puesto. Ya ves,
Cuan mal adivina es
La vaga imaginacion
De un triste, y que el pensamiento
Es verdugo tan cruel,
Que, aunque uno confiese, él
Prosigue con el tormento.
Dime pues la novedad;
Rescátame á mí de mí.
Toan. Á Irífile pretendí
Poner en la magestad
De Reina de Tiro.
Leon. ¿Eso
Mas te debo? Agradecida
El alma, segunda vida,
Toante, deberte confieso;
Pues empeñarte por ella,
No dudo seria en favor
De aquel trance, que mi amor
Te descubrió.
Toan. ¡Dura estrella [*aparte.*
Es la que á un noble la obliga
Á estar en neutralidad,
Lidiando amor y lealtad!
Leon. Prosigue.
Toan. No que prosiga
Pretendas; porque si ha sido

Pensar, que Reina se vea,
Sentirás, que no lo sea.
Leon. Cómo?
Toan.   Como, habiendo oido
Todos mi proposicion,
Quieren, sin razon ni ley,
Fundar reino, cuyo Rey
Ha de ser á su eleccion.
Y no aqui la novedad
Para, otra hay, que, si la historia
La encomienda á la memoria,
Pondrá en duda su verdad.
Leon. Qué es?
Toan.   En bandos divididos,
Sobre si le han de nombrar
Del ejército auxiliar,
Ó natural, persuadidos
De Cosdroas, en cuanto fueron
Las públicas elecciones
Motivos de sediciones,
Todos se comprometieron
En que Apolo haya de ser
Árbitro, y que su Rey sea
El primero que le vea
Mañana al amanecer;   .
Á cuyo fin van diciendo,
Por si aqui no lo oyes bien:
                     [*Él y la música á lo lejos.*
Él y tod. Ven, sacro Apolo, ven,
Y oráculo sin voz, dinos á quien
Laurel y luz han de ceñir, poniendo
Tú la luz, y nosotros el laurel.
Toan. ¿Mas por qué te has suspendido?
Leon. Por informarme mejor.
¿En fin, el que el resplandor
Del sol vea amanecido
Primero, será Rey?
Toan.   Sí.
Leon. ¿Qué harás por mí, cuando seas
Tú el primero que le veas?
Toan. De qué suerte?
Leon.   Escucha.
Toan.   Di.
Leon. Mas déjamelo pensar;
Que el concepto, que se ofrece
Muy luego, tal vez padece
De no saberse explicar.
¿Al anochecer, el sol,
Cuando las sombras venciendo
Van, y las luces huyendo,
No es el último arrebol,
Que de nuestros ojos falta,
Aquel que las cumbres dora?
Toan. Sí.
Leon.   Luego al contrario ahora,
Si en la eminencia mas alta,
Cuando nos va anocheciendo,
Hiere su luz, claro está,
Que en la mas alta herirá,
Cuando venga amaneciendo;
Porque si en un horizonte
Es la cumbre lo postrero,
Tambien será lo primero
La cumbre deste otro monte.
Y asi, cuando otros á oriente
Miren del valle en la falda,
.   Vuelve tú á oriente la espalda,
Con la vista en occidente;
Que si á despuntar comienza,
Subiendo para bajar,
No puede al valle llegar,
Si no es que la cumbre venza;
Con que al brujulear su lumbre
Todos, para saludalle,

Antes, que ellos en el valle,
·Le habrás visto tú en la cumbre.
Toan. Aunque pensaba, ofendido
Dese bruto vulgo infiel,
No ir á concurrir con él,
De tu ingenio iré advertido,
Por dos razones; la una,
Dado caso que yo sea
El primero que le vea,
Por mejorar tu fortuna,
El dia que coronado,
Partiendo el laurel contigo,
Te declare por mi amigo;
La otra, por verme vengado
Del desaire en que me ví,
Cuando á Irifile pensé
Coronar.   [*Yéndose.*
Leon.   Oye. Pues fue
Ese tu intento, por mí
No Irifile ha de perder
La acción, que ya se tenia;
Que industria, que ha sido mia,
Contra ella no ha de ser.
Y pues por darte la vida,
La vida me diste, si hoy,
Toante, un reino te doy,
¿Quién duda, que, repetida
La deuda, repetirás
Tambien su igual recompensa?
Que á mí el Reino me das, piensa,
Si á Irifile se le das:
Por mí y por tí á Tiro adquiera,
Pues por mas fácil arguyo
Dar un don, cuando sea tuyo,
Que no cuando no lo era.
Toan. ¡Qué oiga esto, y que calle! Sí; [*aparte.*
Que no enmienda mis rezelos
El hablar; pues darle zelos,
No es quitármelos á mí,
Y es deslucir mi lealtad;
Pues si á un tiempo (pena fiera!)
Vida con zelos le diera,
¿Dónde estaba la piedad?
Leon. Qué dices?
Toan.   Extraña lucha! — [*aparte.*
Que pues la noche vencida
Va, no el ir tarde lo impida.
Á Dios.
Leon.   Á Dios; pero escucha,
Pues que sabe, como quien
Presente estuvo, que vivo,
Sepa, que de tí recibo
Lo que á ella ofrezco; que es bien
Que de aquel amante arrojo,
Que ciego me despechó,
Perdon la pida, y que yo
Te fio su desenojo.
Satisfazla tú por mí.
Toan. Cuanto á mí me toca haré,
Y doy palabra......
Leon.   De qué?
Toan. De que, si consigo......
Leon.   Di.
Toan. La corona, que los dos
Nos prometemos, con ella
Corone á Irifile bella. ·
Quieres mas?
Leon.   No.
Toan.   Pues á Dios. [*Vanse.*

Salen Cosdroas, Morlaco, Flora *y los*
hombres y mugeres que puedan, y canta la Música.
Todos. Ven, sacro Apolo, ven, etc.

Cosd. Cese ya la aclamacion,
    Tantas veces repetida,
    Pues se acerca la ocasion
    De que aplaudais la venida
    Del sol, con nueva cancion.
Cor. 1. Luciente alma del dia,
    Que en campos de zafir,
    De otro cenit buscando
    Vienes nuestro cenit,......
Cor. 2. Gran corazon del cielo,
    Que en ese azul viril,
    Si un nadir obscureces,
    Luces otro nadir,......
Cor. 1. Arrebolando luces
    De nieve y de carmín,......
Cor. 2. Abrevia el curso, pues
    Te invocan á ese fin......
Cor. 1. La aurora con llorar.
Cor. 2. El alba con reir.

      Sale T o a n t e.
Toan. ¿ La aurora con llorar,   [*aparte.*
    El alba con reir?
    Bien dicen, pues al sol
    Siempre alumbrar le ví,
    Á unos para gozar,
    Á otros para sentir.
    Y pues todos á oriente,
    Para verle venir,
    Atentos estan, yo
    Al contrario, seguir
    De Leonido el consejo
    Intento.
[*Todos estarán mirando á una parte, y* T o a n t e *se
    pone á mirar á otro lado.*
Cosd.   Proseguid.
Cor. 1. La aurora con llorar,
    Al ver, que has de salir
    Á hacer mil desdichados,
    Para hacer un feliz.
Cor. 2. Con reir el alba, al ver,
    Que traes al repartir
    Las dichas una á una,
    Las penas mil á mil.
Cor. 1. Y pues el bien y el mal
    Siempre pende de tí,......
Cor. 2. Bien viene que tus rayos
    Salgan á recibir......
Cor. 1. La aurora con llorar.
Cor. 2. El alba con reir.
Sold. 1. ¿ Pero no haceis reparo
    En un hombre, que alli,
    Al oriente la espalda,
    Nos quiere persuadir,
    Que él solo no desea,
    Desconfiado de sí,
    Ver al sol?
Sold. 2.   Si la luna
    Me deja percibir
    Sus señas, es Toante.
Cosd. Toante!
Toan.   Quién llama?
Cosd.   Di,
    ¿ Por qué al sol ver no   quieres,
    Siendo solo el que aqui
    Al oriente no miras?
Toan. Porque, para regir
    Un reino, no el acaso
    Es el que ha de elegir.
    ¡ Bueno será, que vea
    Al sol un hombre ruin,
    Y ese os mande! Á los Dioses
    No se deben pedir
    Precisos los decretos;

    Ellos sabrán por sí
    Obrar, hallando á quien
    Haya de preferir.
    Y si por mi justicia
    Quieren volver, aqui
    Me hallarán.
Todos.   ¡ Qué jactancia
    Tan vana!
Morl.   Proseguid,
    Y dejadle en su tema;
    Que si yo á descubrir
    Llego al sol, se verá
    Quien es Rey, ó ruin.
Cor. 1. ¡ Ó tú Fénix, que en blanda
    Hoguera de rubí,
    Si para morir naces,
    Mueres para vivir!
Cor. 2. ¡ Ó tú, que, siempre viva
    Flor del mejor pensil,
    Sabiendo qué es nacer,
    No sabes qué es morir!
Cor. 1. Desmarañada al peine
    De plata y de marfil,......
Cor. 2. Esparces la madeja
    Del fino oro de Otir,......
Los dos Cor. Ya que árbitro te esperan
    Deste nuevo pais,
    La aurora con llorar,
    El alba con reir.
Toan. Suspended la voz, pues
    Ya no hay que repetir
    La invocacion, pues ya
    Salió el sol, á quien ví
    Yo el primero de todos.
Todos. ¿ Dónde le has visto, si
    Apenas el lucero
    Se deja ver?
Toan.   Alli.
    Volved, volved los ojos
    Al nevado perfil
    De aquel opuesto monte,
    Vereis, que su cerviz
    En dorado reflejo
    De arrebol carmesí,
    Con soñolienta luz
    De madrugado Abril,
    Vé el carro, coronado
    De rosa y de jazmin;
    Y vereis juntamente,
    Que, cuando pretendí,
    Despechado, no verle,
    El verle un es decir,
    Que el mas glorioso lauro,
    El triunfo mas gentil,
    No es de quien le pretende,
    De quien le rehusa sí.
Cosd. ¿ Á quién tanta evidencia
    Deja de concluir,
    Siendo tan clara como
    La luz del sol?
Morl.   Á mí,
    Pues nadie negará,
    Que yo primero ví,
    Que él, al sol.
Cosd.   Tú, villano ?
    Cuándo?
Morl.   Cuando nací,
    Treinta años antes que él.
Cosd. Quita, bárbaro, vil.
    Y vosotros llegad,
    Y á sus plantas rendid
    La debida obediencia,
    En que todos venis
    Juramentados.

Sold. 1.   ¡Que hubo [aparte.
De ser Toante (ay de mí!)
El dichoso!
Sold. 2.   ¡Que fuese [aparte.
Toante el que á conseguir
Llegase el lauro!
Sold. 1.   Pero [aparte.
Preciso es el fingir.
Sold. 2. Mas disimular fuerza [aparte.
Es.
Cosd.   ¿Quién ya resistir
Tan especial decreto
Podrá?
Todos.   Dese sentir
Todos á él nos postramos.
Toan. ¡O popular civil [aparte.
Aplauso, cuantas veces
Tu necio discurrir
Atribuye á misterio
Lo que no es sino ardid! —
Á todos con los brazos
Reciba, y creed de mí,
Que no Rey, sino amigo,
Os he de ser.
Cosd.   Decid
Todos en altas voces:
¡ Viva Toante feliz,
Primero Rey de Tiro!
Cod. y mus. ¡Viva, y en su confin
Suene su nombre, dando
Al zéfiro sutil
El eco su trompeta,
La fama su clarin!
          [Pónenle el laurel.
Cosd. El laurel, que tenia
Ya prevenido aqui,
Sus sienes ciña. En tanto
Vosotros repetid,
En su festivo aplauso:
Todos. ¡ Viva Toante feliz,
Primero Rey de Tiro!
Mus. ¡Viva, y en su confin
Suene su nombre, dando
Al zéfiro sutil
El eco su trompeta,
La fama su clarin!   [Dentro cajas.
Voces [dent.] Arma, arma! Á tierra, á tierra!

          Dentro ALEJANDRO.
Alej. Á sangre y fuego publicad la guerra.
Unos. Qué asombro!
Otros.   Qué confusion!
Toan. Qué es esto?

          Sale IRIFILE.
Irif.   Infelices Persas,
Esto es llegar el castigo
De vuestras iras violentas,
Y tan cercano (ay de mí!)
Como mi dolor os muestra;
Que, habiendo el Magno Alejandro
Sabido la saña fiera
De una esclavitud traidora,
Sin mas noticias resueltas,
Á castigar el insulto
Viene, tan á toda priesa,
Que en adelantadas marchas
Á vista de Tiro llegan,
Tan avanzadas sus tropas,
Que son las primeras nuevas
De su venida los ecos
De sus cajas y trompetas.   [Cajas.
Voces [dent.] Guerra, guerra! Al arma, al arma!
Toan. Cuando ellas no lo dijeran,

Lo dijera aquel influjo,
Que, al repartir las viviendas,
Á espaldas de la alegría
Aposentó la tristeza;
Bien que á mí no me perturban
Los riesgos en que me empeña
El conseguido laurel.
¡ Ea, valerosos Persas!
No bien vista nuestra accion
Al mundo ha sido, pues sea,
Ya que no bien vista, bien
Mantenida; que no queda
Á lo temerario otro
Recurso, que el que se vea
Junto al rencor que lo obra,
El valor que lo sustenta.
Á ocupar pues el fragoso
Paso, que en la siria lengua
Dió nombre á Tiro;......
Unos [dent.]   Arma, arma!
Toan. Que delante......
Otros [dent.]   Guerra, guerra!
Toan. De todos voy.

          Salen DEIDAMIA, LAURA *y mugeres.*
Deid.   ¿Dónde has de ir,
Si, ya vencida la estrecha
Línea del monte, desotra
Parte, á los muros se acerca?
Toan. ¡Pues á los muros, amigos!
Vea Alejandro, que esa fuerza,
Que fabricamos esclavos,   [Cajas.
Defendemos libres. — Bella
Deidamia, Irifile hermosa,
Recogiendo las dos esas
Mugeres, que el nuevo acaso
Esta noche tuvo fuera
De la ciudad, retiraos
Al templo, en cuya defensa
Seguras esteis, en tanto
Que yo en vuestro amparo muera,
Tan á toda costa, que
Vuelva vencido, aunque venza
Este ejército, por mas
Que en él Alejandro venga
Contra el primer Rey de Tiro,
Con todo el poder de Grecia.   [Vase.
          [Tocan caja y clarin.
Irif. Qué es retirarme? Contigo
Vine á quedar prisionera,
¿Pues por qué á quedar triunfante
Contigo no iré?   [Vase.
Deid.   Tras della
Ninguna vaya.
Sold.   Sin duda
Jove hoy de Apolo nos venga
En la eleccion de Toante.
Todos. Él castigue su soberbia.
          [Vanse los hombres.
Morl. Flora, á Dios; que voy á dar
Muerte en su persona mesma
Á Alejandro.
Flor.   Tú?
Morl.   Sí.
Flor.   Cómo?
Morl. ¿Qué dificultad es esa?
No mas de con que me pongan
Juntico á él, cuando duerma.   [Vase.
Laur. ¿Cuando todos en las armas [á Deidamia.
Corren á tomar las puertas,
Te quedas tú en la campaña?
Otra. Qué solicitas?
Otra.   Qué intentas?
Deid. Pagar á Irifile, Laura,

La agradecida fineza
De una piedad engañada,
Que fue falsa, y salió cierta.
Por ella á empeñarme voy
En tal accion.

Voces [*dent.*]   Guerra, guerra!
Deid. Mas luego lo sabrás. — Todas
Haced lo que yo.

       Dentro Z E N O N.

Zen.   Por esta
Surtida es por donde el muro
Tiene menos resistencia.

      Dentro A L E J A N D R O.

Alej. Pues á escala vista y cuerpo
Descubierto entren por ella
Á un tiempo incendio y asalto,
Sin que piedra sobre piedra
Quede en Tiro, que no arda
En encendidas pavesas,
Que lleve el aire, sin que
Decir sus cenizas puedan:
Aqui fue Tiro.

Salen A L E J A N D R O, Z E N O N *y Soldados, y
halla arrodilladas á D e i d a m i a y las demas
mugeres.*

Deid.   ¡Invencible,
Magno heróico augusto César! .
Alej. Qué miro! ¿Cómo decias,
Zenon, que esta parte era
La menos fuerte, teniendo
Beldades, que la defiendan? —
Zen. Esta, señor, es Deidamia. —
¡O cuanto estimo que vea, [*aparte.*
Que soy quien con su socorro
En su busca he dado vuelta!
Deid. Zenon no es aquel? ¡O cuanto [*aparte.*
De haberle visto me pesa!
Alej. Agradecido de que
En su desagravio venga,
Quiere esforzar mi venganza.
Deid. Magno invicto augusto César,
Á cuyos triunfos es todo
El orbe poca palestra,
Deidamia soy, principal
Parte ofendida de Persia,
Pues que soy quien sus victorias
Labró para sus tragedias.
Bien pensarás, que obligada
De que á castigarlas vengas,
Vengo á tu campo con cuantas
Desamparadas bellezas
Huérfanas dejó la ira.
Pues no; que á tus plantas puestas,
No á que te irrites venimos,
Sino á que te compadezcas.
Piedad, piedad, señor! En tí se vea,......
Todas. Piedad, piedad, señor! En tí se vea,......
Deid. Cuan hija del valor es la clemencia.
Todas. Cuan hija del valor es la clemencia.
Alej. ¡Que se quejen las mugeres
De que los hombres las niegan
El uso de letras y armas!
¿Qué mas armas, qué mas letras,
Para que doctas persuadan,
Para que imperiosas venzan,
Que humedecidas razones
De blandas lágrimas tiernas?
Alza, Deidamia, del suelo;
Que tu piadosa terneza,
De las hijas de Darío,
Con quien yo lloré, me acuerda.

Y tanto con su memoria
Mis altos afectos truecas,
Que he de perdonar á Tiro
Por tí. Mas porque no tenga
Ejemplar una traicion
Sin castigo, será fuerza
Que entre tu ruego y mi enojo
Partamos la diferencia.
¿Quién es Toante, un aleve,
Que con ingratitud fiera
Dió muerte á quien le dió vida,
Y fue del motin cabeza?
Deid. El que hoy han jurado Rey,
Por no sé qué vana, ciega
Supersticion de que el sol
Antes, que á otros, le amanezca.
Alej. Pues como me entregue Tiro
Á ese hombre, y á mi presencia,
Reo de su ingratitud,
Preso y aherrojado venga,
Perdono á Tiro. — Zenon,
Haciendo con un trompeta
Llamada al muro, el indulto
De mi parte manifiesta,
Con el pretexto de que,
Si á Toante no me entregan,
Pondré fuego á la ciudad.
[*Vase Zenon, y dentro hacen llamada.*
Deid. Aunque es forzoso que sientan
Haber de dar á prision
Á quien han dado obediencia,
El interes de las vidas
No dudo que parte sea,
Y aun todo, para que diga
El pueblo en voces diversas:
Voces [*dent.*] ¡Vivamos todos, y Toante muera !

       Sale Z E N O N.

Zen. ¡Qué notable confusion !
Alej. Qué es eso, Zenon?
Zen.   Apenas
Tu indulto el pueblo oyó, cuando,
Á lo que entender se deja,
Entre varios pareceres,
Prevaleció el de que muera
Uno, y no todos; y asi
Con él á tu vista llegan.

Salen C O S D R O A S *y los demas Soldados trayen
preso á* T O A N T E, *y* I R I F I L E *como deteniéndolo*

Irif. ¿No es mejor morir, cobardes,
Peleando, que con la afrenta
De vivir á merced de otro?
Cosd. Déte el pueblo la respuesta.
Todos. ¡Vivamos todos, y Toante muera !
Toan. ¿Á qué amaneciste, sol,
Si fue para que anochezcas
Antes de la edad de un dia?
Irif. A que yo dos veces sienta,
El que la dicha no goces,
Y la desdicha padezcas.
Sold. 1. Este, señor, es Toante,
Que Tiro á tus pies entrega.
Alej. Decid, el áspid, que abriga,
Aterrado entre la yerba,
Simple seno, para que,
Cobrado el calor, la muerda. ,
Deponedle el laurel;
Que con magestuosas señas,
Nunca delincuentes, no,
Es bien que en juicio parezcan.
Cosd. Yo le puse, y yo le quito. —
Perdona, Toante, que es fuerza.
[*Quitale* C o s d r o a s *el laurel.*

Alej. Ahora, porque nadie juzgue,
Que coartada mi paciencia,
Habiendo indultado á todos,
En uno solo se venga,
Sabed, que no sedicioso,
Sin que el perdon le comprehenda,
Le castigo, sino ingrato,
Que es delito tan sin venia,
Que, público en su probanza,
Ha de serlo en mi sentencia. —
Dime, fiero, dime, aleve, [*á Toante.*
Segun que tu fama cuenta,
¿Dióte Leonido la vida
En algun trance de guerra?

Toan. Sí, señor.

Alej. ¿Llevóte donde
Albergado convalezcas?

Toan. No debo negarlo.

Alej. ¿No hizo
De tí tan gran confidencia,
Que te trató como amigo
En su casa, y fuera della,
Mas que como esclavo?

Toan. Sí.

Alej. ¿Tú con traidora cautela,
Calidad fingiendo y nombre,
Pagaste tantas finezas,
Víbora humana del siglo,
Con darle la muerte? ¡O fuerza [*aparte.*
De aquel jurado homenage
Á las Deidades supremas,
De no descubrirle nunca,
Aunque una y mil vidas pierda!

Alej. Ahora callas? Pero no
Me espanto de que enmudezcas;
Que de un ingrato el suplicio
Mas sensible es la vergüenza.
Matástele? Habla.

Toan. No sé;
Que tal confusion me cerca,
Que no sé si le maté,
Ó si no le maté.

Alej. Esa
Mas parece á mi pregunta
Enigma, que no respuesta.
Llevadle, donde un acero
Su sangre alevosa vierta.

Irif. No le lleveis, hasta que
Yo á hablar por él me resuelva.

Alej. ¿Quién eres tú, que oponerte
Á mis decretos intentas?

Irif. No es oponerme, pedirte,
Señor, que á mi voz atiendas.
Irifile soy, y no
En su disculpa me empeña,
Ni el que, enviado de Ciro,
Auxiliar á Ceilan venga,
Ni el que yo pude tener
Parte en accion tan sangrienta,
Sino saber, que de otras
Culpas absuelto, por esa
No debe morir.

Toan. Sí debo.
No á disculparme te atrevas,
Contra la fe que juraste.

Irif. Duelos de damas no fuerzan
Tan escrupulosos, que
Ni las desdoren, ni ofendan.

Toan. Sí hace, cuando son las damas
Como tú.

Alej. ¿Qué competencia
Es esa, fuera del trance
En que te hallas?

Toan. No es muy fuera,
Pues consta su ejecucion,
Señor, de que no la creas
Lo que te diga; porque
El venir en su defensa,
Sin duda en obligacion
La habrá puesto de que quiera
Inventar en mi disculpa
Alguna industria, que......

Irif. Espera!
Y puesto que mi verdad
Está ya puesta en sospecha,
No creas lo que yo digo,
Pero cree lo que tú veas.
Manda, que por un instante
La justicia se suspenda,
Y sígueme. Vean tus ojos
Lo que iba á decir mi lengua. [*Vase.*

Alej. Oye, aguarda! — Suspended
La ejecucion, y tras ella
Venid todos. Apuremos,
Qué duda ó verdad es esta. [*Vase.*

Toan. ¡O secreto en la muger, [*aparte.*
Qué fácilmente te arriesgas!
Mas como yo no lo diga,
No rompo mi fe.

Sold. 1. Sus huellas
Es bien que sigamos todos.
[*Vanse, llevando á* **Toante.**

———

Dentro **ALEJANDRO** *y* **IRIFILE.**

Alej. ¿Dónde, Irifile, me llevas?

Irif. Á la casa, que antes fue
De Leonido, y hoy hospeda
Á Toante.

Alej. Á qué fin?

Irif. Manda,
Que derriben esa puerta,
Que oculta de unos canceles
Está.

Alej. Qué esperais? Rompedla!

Dentro golpes, y sale **LEONIDO.**

Leon. Valedme, Dioses! Sin duda
Algun criado, que acecha
La deshora en que Toante
Cada noche á verme entra,
De mí ha sabido, y habiendo
Dado á sus Persianos cuenta
De que vivo, á darme muerte
Vienen.

Tod. [*dent.*] Ya cayó la puerta.
Entra, señor, y entrad todos.

Salen **IRIFILE** *y todos, y los que traen á*
TOANTE.

Leon. Mas qué miro! ¿No es aquella
Irifile?

Irif. Cierra el labio,
Y advierte, que en la presencia
De Alejandro estás, Leonido.

Leon. ¿Pues qué novedad es esta?
Vos, señor?

Todos. Qué es lo que vemos?

Irif. ¿Qué hay que á todos os suspenda?
Quién es este hombre?

Todos. Leonido.

Alej. ¿Pues cómo desta manera
Aqui encerrado estás?

Leon. Como
(Que á tí accion indigna fuera
Ocultarte la verdad)

Aqui Toante me reserva
De aquel general peligro,
Agradecido á la deuda
De la vida, que le dí
En otra ocasion, y......

Irif.   Espera;
Que cuanto desde aqui digas,
Será relacion superflua,
Pues basta saber, que aqui
Te guarda, sirve y sustenta,
Mas esclavo ahora, que antes. —
Mira, si es mi verdad cierta.

Alej. Y mi admiracion, al ver
Tan bien pagada fineza. —
¿Por qué tú no lo decias?   [*á Toante.*

Toan. Porque para que estuviera
Seguro de mi lealtad,
Juré á todas las supremas
Deidades no descubrirle,
Aunque mil vidas perdiera,
Hasta que para ponerle
En salvo ocasion se ofrezca.

Alej. De tal valor y lealtad
Á admirarme otra vez vuelva.

Irif. Pues obre esa admiracion
Conforme á esta consecuencia.
Todos hemos visto, como
Tu siempre justicia recta
Castiga á un ingrato. Ahora
Saber á todos nos resta,
Como, á oposicion de ingrato,
Á un agradecido premia.

Alej. Dices bien; restituyendo
El laurel á su cabeza,
Y confirmándole yo
Rey de Tiro, dando fuerza
Al vaticinio de Apolo.

Leon. Antes que á sus sienes vuelva,
La industria de ver al sol
Fue mia, y fue ley expresa,
Que, adquirido el reino, habia
De darle á Irifile bella.

Toan. ¿Pues habrá mas de cumplirla?
Y asi yo, con tu licencia,
En Irifile renuncio
El laurel.

Irif.   Yo con la mesma
Tambien, señor, en Deidamia;
Y no tanto por ser ella
Señora de Tiro, cuanto
Por pagarla otra fineza,
Que usó liberal conmigo,
Cuando era su prisionera.

Laur. ¡Si hablara yo, cual quedara   [*aparte.*
Mi ama! Mas detente, lengua!
Que mejor es, que lo noble
En su opinion se mantenga,
Que no lo villano.

Leon.   Puesto

Que por mí el laurel aceptas
De la mano de Toante,
Y tú á Deidamia le entregas,
Por una deuda justo es
Pagarme á mí esotra deuda.

Irif. Lo que pasó entre los dos,
No lo sé yo; sé, que llega
Á mí el laurel de la mano
De Toante. Y asi es fuerza,
Si tú se le diste á él,
Que él á tí te lo agradezca,
Y yo á quien me le dió á mí.
     [*Dale Irifile á Toante la mano.*

Toan. Leonido, ya ves, que esta
No es dicha para partida,
Sino para que se infiera,
Cuan leal contra mi amor
Te serví, lidiando á fuerza
De zelos duelos de amor
Y lealtad.

Leon.   Solo pudiera
Consolarme, que igual dicha
Pare en tí.

Irif.   Pues porque veas,
Que, donde queda el laurel,
Es donde la accion te queda,
Suplicaré yo á Deidamia,
Te dé á tí la mano.

Zen.   Esa
Esperanza antes fue mia.

Deid. El que en el riesgo me deja,
Y va á buscar quien me ampare,
Justo será que la pierda. —
Esta, Leonido, es mi mano.
     [*Dale Deidamia la mano á Leonido.*

Morl. Flora!

Flor.   Qué?

Morl.   La tuya venga;
Que laurel para tí habrá.

Flor. ¿Dónde es posible le tengas?

Morl. En un barril de escaveche.

Alej. Tan obligado me deja
El haber visto en los cuatro
Tan nobles correspondencias,
Que de la guerra los triunfos
No hacen falta á mi grandeza;
Que el hacer paces tambien
Suelen ser triunfos de guerra.

Todos. Y todos agradecidos
Á tus pies, en mil diversas
Voces, diremos, pues son
Esas tus mejores señas:
[*Todos y la Música, unos cantando, y otros represen-*
         tando á un mismo tiempo.

Todos. El poderoso Alejandro,
Magno augusto heróico César,
Hijo de Filipo el Grande,
Viva, reine, triunfe y venza.

CV.

CÉFALO Y PÓCRIS.

El REY, *viejo.*	PASTEL } *criados.*	LESBIA } *dueñas.*
ANTÍSTES, *viejo.*	PASQUIN }	NISE }
POLIDORO }	FLORO.	LAURA }
CÉFALO } *Príncipes.*	PÓCRIS } *Princesas.*	*Un Gigante.*
ROSICLER }	FÍLIS }	*Un Capitan.*
TABACO, *criado.*	AURA, *dama.*	*Criados.*
	CLORI, *dueña.*	

JORNADA I.

Habrá en el teatro una gruta; sale PASQUIN, *y llegando junto á ella, representa.*

Pas. Príncipe soterrado,
Á quien tiene el amor contraminado,
Y á quien zahorí su dama le hace guerra
Siete estados debajo de la tierra,
Advierte, que ya el dia
Repite la luciente bobería
De vestirse temprano,
Sin saber, si es invierno ó si es verano.

Sale POLIDORO *por la boca de la gruta.*

Pol. Pasquin, aqui das voces?
¿No echas de ver, que te daré de coces?
¿Dónde el pollino tienes?
Pas. Allí está, con jamugas de borrenes.
Pol. Por eso traigo yo espuelas secretas;
Que en efecto es pollino de corvetas.
Vamos de aqui.
Pas. Parece que aturdido
Vienes. Qué hay?
Pol. Que dos dueñas me han sentido,
Una peor que otra.
Pas. Eso no lo ignores;
Que las mejores dueñas son peores.
Pero diéraslas algo, si son dueñas.
Pol. Ya se lo dí; mas díselo por señas.
Pas. Ay señor, mejor fuera de contado;
Que en Castilla el que es Adelantado
Vive con alegría,
Porque es señor de dueñas y Buendia.
Pol. ¡Gran daño el alma llora!
Mas vámonos, que es hora de ser horā.
Pas. Eso es lo que yo quiero.
Uno [dent.] Amaina, amaina, pícaro cochero.
Otro [dent.] En vano por salir á tierra anhelas,
Que apaga las cortinas, sin ser velas,
El aire en travesía.

Dentro CÉFALO.

Cef. Mal haya alcoba, que en cortinas fia.
Pol. Qué es aquello?
Pas. Que en esos hondos mares
Tormenta corre, como en Manzanares,

Dando al traves, un coche.
Pol. Aqueso tiene el caminar de noche.
Pas. Cosa será perfeta
Lo que trae, pues por mar viene en carreta.
Pol. Pues vámonos pasico, sin mirallo,
Como que no lo vemos.

Dentro ROSICLER.

Ros. Jo, caballo!
Pol. ¿Qué voz es esta, que escuché á otro lado?
Pas. Un borrico es, que viene desbocado,
Despeñando del monte á un caballero.
Pol. No subiera él en bruto tan ligero.
¿Á los dos no daremos dos consuelos?
Pas. Cuáles?
Pol. Ven á pensarlos.
[*Vanse por la gruta.*
Tod. [dent.] Piedad, cielos!
Ros. [dent.] Bruto veloz, que vas con ansia fiera,
Sin ser media, tomando esta carrera,
Dime, si la despuntas ó la coses?
Todos. Que nos vamos á vuelco; piedad, Dioses!
Uno [dent.] Puesto que aqui delante
Un bergantin no hay, haya un bergante.
Cef. [dent.] Llega; yo te daré para buñuelos.
Ros. [dent.] Jo, pollino!
Cef. Arre, hombre!
Todos. Piedad, cielos!
Uno. Ya á tierra habeis salido.

Saca uno en hombros á CÉFALO.

Cef. O humano bergantin! agradecido
Confieso que he quedado.
Tomad la oncena parte de un ducado.

Sale ROSICLER *en un pollino.*

Ros. ¡Que á despeñarme un bruto asi me traiga!
¿Qué piedra habrá mullida en que yo caiga?
Mas quiérome matar hácia esta parte;
Ahora no habrá quien pueda ya menearte.
Cef. Qué tierra será esta?
Ros. ¿Si habrá pastor en toda esta floresta?
Cef. Voy de hoja en hoja.
Ros. Voy de rama en rama.

Dentro PASTEL *y* TABACO.

Past. Céfalo!
Tab. Rosicler!

Cef.   Quién es?
Ros.   Quién llama?

Salen TABACO *y* PASTEL *por distintas partes.*

Past. Yo soy.
Tab.   Yo llamo.
Cef.   ¿ Cómo has escapado
     De aquese inmenso ciénago?
Past.   Mojado.
Ros. ¿ Cómo hasta aqui llegaste?
Tab. Despeñásteme tú, y te despeñaste;
     Que señores menguados
     Se despeñan á sí y á sus criados.
Past. Pues ya que tú escapar puedes,
     Hollando húmidas arenas,
     No aqui parado te quedes,
     En un retrete, que apenas
     Se divisan las paredes.
Tab. El susto al consuelo trueca,
     Y andando de Ceca en Meca,
     Pisen tus huellas bizarras
     Campo inútil de pizarras,
     Ribera agostada y seca.
Cef. No sé, si gente hallaré
     Por el desierto que sigo.
Past. ¿Pues no me dirás por qué?
Cef. [*cant.*] Yo que lo sé, que lo ví, te lo digo;
     Yo que lo digo, lo ví, y me lo sé.
Ros. Mal á buscar persuades
     Ni palacios ni retiros,
     Pues aun no cantan Abades
     Aqui, donde mis suspiros
     Pueblan estas soledades.
Past. Van once maravedis,
     Que á mis voces, en un tris,
     Gente hay arriba y abajo. —
     ¡Hola, pastores del Tajo,
     Que á Manzanares venis!
Tab. Oyes voz?
Ros.   Y aunque imagines,
     No será delito feo,
     Que ha sido voz de maitines,
     Cantando los Serafines
     El *gloria in excelsis Deo.*
     Responde tú, dando al viento
     Otros suspiros mas claros,
     Para que escuchen tu acento.
Tab. Otra vez vuelvo á templaros,
     Desacordado instrumento. —
     Pastores destos apriscos,
     Aliviad vuestros pesares,
     Que la suerte entre estos riscos
     Trasladó de Manzanares
     Milagros y basiliscos.
Cef. Ya hemos hallado socorro,
     Pues si con la vista corro,
     Al pie de aquel monte altivo,
     Cabizbajo y pensativo
     Estaba el pastor Chamorro.
[*Hasta aqui han representado como sin verse, y ahora
     reparan unos en otros.*
Tab. ¿ Ves, si ya las voces mias
     Tuvieron algo de bueno?
Ros. Sí; pues alli junto á Olías
     Mirando estaba á Fileno
     Del Turia las aguas frias.
Past. Caballero es.
Cef.   Sus pisadas
     Dicen, que lo determines,
     Pues tienen aderezadas
     Borceguíes marroquines
     Y espuelas de oro calzadas.
Tab. Marinero es.
Ros.   No lo temo,

     Antes me alegro en extremo,
     Pues asi dará á mi enfado
     De esperanza y de cuidado
     Poca vela, y mucho remo.
Cef. Dél pues sabré mi venida
     Donde fue.
Ros.   De mi caida
     Sabré donde me hice el daño.
Cef. Dígasme tú el ermitaño,
     Que haces aqui santa vida,
     Qué ciudad, qué pueblo ó villa
     Hay en estos horizontes,
     Que, sin poder descubrilla,
     Pasaba á extrangeros montes
     Una bella pastorcilla?
Ros. Lo mismo en los mismos males
     Preguntaron mis destinos,
     Pues que voy en dudas tales,
     De dia por los caminos,
     De noche por los jarales.
     Extrangero gimo y lloro;
     Pues saliendo á este horizonte,
     El alba entre rayos de oro,
     Y con ella un fuerte Moro,
     Semejante á Rodamonte,
     Que soy yo, con tal rigor
     Se hizo mi caballo astillas,
     Que no corrieron mejor,
     Cuando corren las fuentecillas
     Riyendo y saltando de flor en flor.
     Y asi sobre estos tapetes,
     Que Abril supo dibujallos,
     Quedamos los dos pobretes
     Entre los sueltos caballos
     De los vencidos ginetes.
Cef. Yo, no con menor mancilla,
     Iguales fortunas siento,
     Pues que me arrojó á la orilla,
     Fatigada navecilla,
     Que al mar se entrega, y al viento.
     Uno y otro dura guerra
     Me hicieron, con tal extremo,
     Que estaba viendo esta sierra,
     Con las manos en el remo,
     Y los ojos en la tierra.
     Viendo pues, que perecían
     Todos al rigor de Eolo,
     Á un gran bergante me fian,
     Dejándome venir solo
     Las gentes, que me seguian.
Ros. Aliento vuestro mal cobre,
     Pues para ejemplo el mio sobre;
     Y ese monte, que el olvido
     Le dejó por escondido,
     Ó le perdonó por pobre,
     Examinemos.
Cef.   Mi ofensa
     No hallará otra recompensa.
Ros. Nuestras amistades digan,
     Que los trabajos obligan
     Á lo que el hombre no piensa.
Tab. Ois, escudero?
Past.   Decid,
Tab.   Advertid,
     Qué me mandais?
Tab.   Advertid,
     Que solo saber espero,
     Quien es este caballero,
     Que á mis puertas dijo: abrid?
Past. Príncipe es, porque no troben
     Sus señas, y me le roben,
     De Trapobana arrogante,
     El mas venturoso amante,
     Y el mas desdichado jóven.
     Quién es esotro?

Tab.　　　　　Escuchad.
　　Rey Picardía le jura,
　　Y busca su Magestad
　　Muchos siglos de hermosura
　　En pocos años de edad.
Cef. Ya aqui no puede romper
　　La maleza mi deseo,
　　Y solo me dejan ver
　　Montañas, sin ser recreo
　　Del hombre ni la muger.
Ros. ¡Qué notable desconsuelo!
　　Altos montes de Aranjuez,
　　Cumbres, con cuya altivez
　　Tambien saltean el cielo,
　　Gigantes segunda vez,
　　Sacadnos de aqueste horror.
　　　　[*Suena dentro un almirez.*
Cef. ¿Escuchais un instrumento?
Tab. Y el mas sonoro y mejor,
　　Porque no iguala á su acento
　　Clarin, que rompe el albor.
　　　[*Vuelven á tocar el almirez y cantan.*
Mus. [*dent.*] San Cristóval estaba á la puerta,
　　Con su capillita cubierta,
　　Y rogando y suplicando
　　Á las monjas del Perdon,
　　Que le digan la oracion.
Cef. ¡Qué suave melodía!
Past. ¿Dónde será donde cantan?
Ros. Canónigo aqueste monte,
　　Lleva arrastrando la falda,
　　Y en ella, si no me engaño,
　　La provincia de la Mancha
　　Cae.
Tab.　　　Siempre aquesa provincia
　　Cae en las cosas que arrastran.
Cef. Un palacio se descubre,
　　Tan grande como una casa.
Past. Torres son sus chimeneas.
Ros. Son importantes alhajas
　　De un palacio.
Tab.　　　　Y mas si tienen
　　Humos de verse tan altas.
Cef. Andemos hácia él, pues él
　　Hácia nosotros no anda,
　　Y tomaremos noticia.
Ros. Si es que nos la dan barata;
　　Que Príncipes distraídos
　　Suelen caminar sin blanca.
Tab. Escucha; que á cantar vuelven.

　　　Dentro PÓCRIS *y* AURA.

Poc. Pícara, idos de mi casa.
Aur. ¿Adónde?
Poc.　　　Á espulgar un galgo.
Aur. No espulgo bien galgos.
Todos [*dent.*]　　　Basta.
Poc. Si no espulgais galgos bien,
　　Id á buscar la gandaya,
　　Idos á buscar la vida,
　　Idos á Turra ó á Jauja;
　　Harto os doy en que escoger;
　　Y si no, idos noramala.
Aur. Para quien oye esa afrenta,
　　No hay consuelo. Ay desdichada!
Cef. ¿Cantar y llorar tan junto?
　　¿Cuyo será aqueste alcázar?
Tab. De un tahur; que ellos á un tiempo
　　Son los que lloran y cantan.
Ros. Adelantaos los dos
　　Á buscar la puerta falsa.
Cef. Sí; que viniendo á escondidas,
　　No es justo entrar á las claras.
Tab. Ven, Pastel.

Past.　　　Mi nombre sabes?
Tab. Desde ayer.
Past.　　　No me acordaba
　　De que ayer fuimos los mismos. [*Vanse los dos.*
Cef. Diligencia ha sido vana
　　Enviarlos; que esta es la puerta.
Ros. Pues llamad á ella.
Cef.　　　Ha de casa!

　　　Dentro el GIGANTE.

Gig. Quién es?
Cef.　　　Dos Príncipes somos,
　　Como quien no dice nada.

　　Sale un Gigante *con la maza al hombro.*

Gig. ¿Príncipes á mis umbrales?
　　Abro la puerta. Deo gratias!
Los dos. Por siempre jamas amen.
Ros. Ay cielos! figura estraña!
　　¡Qué monstruo de tan mal cuerpo!
Cef. Sí; mas monstruo de buen alma,
　　Segun devoto responde.
Gig. Siendo yo fuego, ¿quién llama
　　Á esta puerta?
Cef.　　　Aquel.
Ros.　　　　　Aquel.
Cef. Mama, coco!
Ros.　　　Coco, taita!
Gig. No temais; que cuando mucho,
　　Os daré con esta maza.
　　Llegad.
Cef.　　　Necesarias fueron
　　En todo tiempo mis calzas;
　　Pero despues que te ví,
　　Son dos veces necesarias.
Ros. Las mías no; y asi me voy
　　En aquese monte á echarlas
　　De mí.
Cef.　　　Yo tambien.
Gig.　　　　　Yo os juro,
　　Que no os vais, por estas barbas.
　　Quién sois?
Cef.　　　Dos andantes somos
　　Caballeros de importancia.
Ros. Y ya somos dos parantes
　　Á saber lo que nos mandas.
Gig. Si sois caballeros, ¿cómo
　　Temeis?
Cef.　　　Por la misma causa,
　　Que tenemos que perder
　　Muchísimo en nuestras casas.
Ros. Y estamos sin herederos;
　　Y asi este temor nos guarda
　　De las vidas.
Gig.　　　¿Dónde vais
　　Por aqui?
Cef.　　　Buscando maulas.
Gig. Tú, quién eres?
Cef.　　　Yo, señor,
　　De Picardía Monarca.
Gig. Es grande provincia?
Cef.　　　No es
　　Muy grande, pero es muy ancha.
Gig. Y tú?
Ros.　　　En Trapobana fui
　　Nacido de mí y mi dama,
　　Y deste parto quedamos
　　Yo el Trapo, y ella la Vana.
Gig. Venis mas?
Cef.　　　Dos escuderos
　　Á los dos nos acompañan.
Ros. Y estos nos traen los escudos
　　De paciencia, y no de armas.
Gig. ¿Cómo ha nombre el tuyo?

Cef.   El mio
Pastel.
Gig.   Ya lo adivinaba;
Que en Picardía el pastel
Escudero es de importancia.
Y el tuyo?
Ros.   Tabaco.
Gig.   Bueno.
Tambien era cosa clara,
Que á Trapos y Vanas sirva
Esa sucísima alhaja.
Dónde fueron?
Cef.   Por ahí.
Gig.   ¿Pues cómo por aqui tardan?
Ros.   Gigante, mucho preguntas.
Gig.   Esto es mas fuerza, que maña.
Pena de muerte los cuatro
Teneis.
Cef.   Por qué?
Gig.   Por no nada;
Y asi yo quiero mataros;
Pero ahora no tengo gana.
Idos deste monte, idos;
Porque en este inmenso alcázar
Soy guardadamas tan fiero,
Como cualquier guardadamas.
No os burleis conmigo ahora,
Porque no gusto de chanzas.   [Yéndose.
Cef.   Á fe que si no volviera
Tan aprisa las espaldas,......
Gig.   Qué?   [Vuelve.
Ros.   Que habíamos de volverlas
Nosotros.
Gig.   Príncipes mandrias!
    [Amágalos y vase, y ellos caen.
Ros.   Céfalo!
Cef.   Rosicler!
Ros.   ¿Tienes
Miedo?
Cef.   Tengo el que me basta
Para mí.
Ros.   Yo el que me sobra
Para mí y un camarada.

    Salen PASTEL y TABACO.
Past.   No hemos hallado otra puerta,
Que la de Guadalajara.
Cef.   Nosotros sí, la del Sol;
Pero hicimos la cerrada.
Tab.   Qué haceis en el suelo?
Ros.   Atunes
Somos de capa y espada.
Cef.   Á aquesta estancia llegamos,......
Ros.   Venimos á aquesta estancia,......
Cef.   Adonde un ruin gigantillo,......
Ros.   Hijo de enano y giganta,......
Cef.   Nos puso de vuelta y media,......
Ros.   Puso en nosotros las patas.
Past.   Calla, cobarde! Eso dices?
Tab.   Medroso, eso dices? Calla!
Past.   ¡Las hazañerías que hacen!
Tab.   Pues sigamos las hazañas
Nosotros; caiga esa puerta.
Tod. [dent.] Échala fuera.
Past.   No caiga.
Cef.   Jácara piden adentro,
Pues échala fuera claman.
Ros.   Ya sale sola quien es.

    Sale AURA llorando y cantando.
Aur.   ¡Ay belleza desdichada!
¡Ay malograda hermosura!
¡Nunca Dios me diera gracia
Para enamorar Infantes,

Ni para servir Infantas! —
Caballeros, si os merezco
Piedad, piedad á mis ansias.
Cef.   Si es tu hermosura santera,
Dinos ya de qué demanda?
Que quien canta mal sus males,
Muy mal sus males espanta.
Ros.   Dinos ya, de quien te quejas
Con música tan amarga?
Aur. [cant.] Tinaja es aqueste reino,
Que diz que fue ayer Trinacria;
Tebandro, baldado Rey,
Le tiene, mas no le manda.
Dióle dos hijas el cielo,
Á la una Pócris llaman,
Y á la otra llaman Fílis;
Si bien poco filis gasta.
Su padre el Rey es tan diestro
En esto de echar las habas,
Que las ha echado á perder,
Solamente por ganarlas.
No sé qué le dijo un dia
Un cedacico en su estaca,
Unos berros en su artesa,
Una candela en su ara,
Un chapin en sus tijeras,
En su orinal una clara
De huevo, y en fin de ahorcado
Una soga en su garganta.
Pues sin mas, ni mas, qué hizo?
Naciendo de un parto entrambas,
De un parto las desnació;
De modo, que aquesta casa
De las niñas de Lorito
Es, porque hay muchas, y pasan
Extrema necesidad
De ingenio, hermosura y gracia.
Dejemos aqui á las dos,
Que en todo tiempo encontradas,
Siendo es todo tiempo autoras
De mil competencias vanas,
Yacen silbándose una
A otra, culebras humanas;
Y vamos á mí, que entre ellas
Estoy vendida y comprada.
Yo soy hija de Luis Lopez......
[repr.] Mas ay de mí! ¡qué ignorancia
Hablar en montes agenos,
Como si fuera en mi casa!
[cant.] Hija soy de Antístes, que hoy
Tiene del Rey la privanza;
Y pues él es el privado,
Su hija será la privada.
[repr.] Mi nombre es María. Qué digo!
Es Aura; que estoy turbada.
[cant.] El Príncipe Pollodeoro
Por mis amores se abrasa;
Que Príncipes de mal gusto
Hay en infinitas farsas.
He aqui que lo sabe el Rey,
He aqui mi padre lo alcanza,
Y que el uno dice tate,
Cuando el otro dice vaya,
Encerremos esta moza,
Dicho y hecho, aqui me enjaulan.
El Príncipe enamorado
Buscó modos, halló trazas
De hablarme, y viéronle dos
Destas señoras urracas,
Que traen los alones negros,
Y traen las pechugas blancas;
Destas, que, velando siempre,
Duermen en Valdevelada,
Y comiendo en Buenavista,

Van á merendar á Parla.
Dijéronlo, y......

Sale el Capitan y otros con linternas.

Cap. ¡La justicia,
Caballeros!
Aur. Qué desgracia!
Cap. Abrid aquesas linternas.
Tab. ¿Linternas con luz tan clara?
Cap. ¿Pues qué se os da á vos? ¿No es
Mi cera la que se gasta?
¿Es bueno escandalizando
Estar aqui con jacaras
La vecindad?
Past. ¿Pues quién es
Vecino desta montaña?
Cap. Aquel risco. Quién son? digan.
Ros. Son dos Príncipes, que vagan
El mundo.
Cap. ¿Vagamunditos
Son? Pues á la cárcel vayan. —
Prendedlos!
Tod. Las armas vengan.
Cef. Esta, señor, es mi espada;
Que no puedo en trance tal
Daros mejor memorial,
Que á ella, de sangre bañada.
Cap. ¿Y ella, qué habla aqui con cuatro
Hombres?
Aur. De cuatro se espanta?
Cap. Prendedla!
Aur. Por qué?
Cap. Por fea;
Que es precisa circunstancia,
Pues es fea, ser prendida.
Ponedlos carantamaulas,
Porque nadie los conozca.
[Pónenlos mascarillas.
Y tú ahora á todos los ata,
Y tiremos.
Uno. Hola, hao!
San Pedro!
Past. Gentil redada!
Tab. Aun si fuéramos besugos,
Iríamos á la plaza.
Otro. San Francisco! hola, hao!
Cap. De aquesta manera vayan.
Aur. ¡Ay infeliz, padre mio,
Qué malas nuevas te aguardan!
Ros. ¡Los Príncipes forasteros
Por qué de indecencias pasan!
Cef. Eso no será en mis dias.
[Quiere huir.
Sold. 1. Uno de la red se escapa.
Todos. Resistencia! *[Llévanlos.*
Cap. Tras él yo
Iré.
Cef. San Martin me valga!
Cap. No valdrá.
Cef. Sí hará.
Cap. Por qué?
Di.
Cef. Porque Dios vé las trampas.
[Húndese por un escotillon.
Cap. ¿Qué diablos se hizo dél?
Hombre, mira que te matas.
Debió como un pajarito
De quedarse, pues no habla,
Ni paula, que es mucho menos,
Tampoco. Aunque me hagas rabias,
Para esta, si te has muerto,
Que no me has de ver la cara
Alegre en toda tu vida.

¡Qué hombre era de tan buen alma!
[Vanse, llevando presos á los demas.

Salen **Lesbia** *y* **Clori.**

Lesb. Ya basta, Clori, ya basta;
Cese la cólera fiera,
Que la paciencia se gasta;
Y si fuera yo frutera,
Te diera con la banasta.
Bueno es, que tan zaraheña
Me riñas lo que parlé,
Cuando la razon enseña,
Que dueña que calla......
Clor. Qué?
Lesb. No sabe lo que se sueña.
Clor. Eso, ni lo riño, no,
Ni en mi dueñez fuera justo;
Solo mi pecho sintió,
Que me quitases el gusto.
Lesb. De qué?
Clor. De parlarlo yo.
Y aun otra cosa que hiciste.
Lesb. Cuál? Llégamela á advertir.
Clor. ¿Lo que viste no dijiste?
Lesb. Sí.
Clor. Pues debieras decir
Aquello que nunca viste.
Lesb. ¿Pues tú no echas de ver, boba,
Que me llevara el demonio?
Clor. La dueña, que mas se arroba,
Levantar un testimonio
Puede, aunque pese una arroba,
Con buena conciencia, á efeto
De enredar y de lucir
Las tocas, sin su buleto.
¿Nunca has oido decir
Desta quintilla el soneto?
[cant.] Guardaos todos de una ungaña,
Que con blandas tocas anda;
Porque de sus tocas sé,
Que en el mar donde se vé,
Son todas velas de Holanda.
Lesb. Es engaño manifiesto,
Y algun ingenio molesto
Ese romance escribió,
Y he de sacártele yo
De la memoria.

Salen **Pócris,** **Fílis** *y las Damas.*

Poc. y Fil. Qué es esto?
Lesb. Clori, que riñe endueñada,
Porque, como dueña honrada,
Te dije yo lo que ví.
Poc. Por qué, Clori?
Clor. Porque sí.
Poc. Esa es razon extremada.
Clor. Y por esto, y por aquello,
Y por lo otro, la decia,
Que, ya que llegaba á vello,
Era gran bachillería,
Que no se mirase en ello.
Fil. Decia bien.
Poc. No decia tal,
Sino muchas veces mal.
Fil. Pues sepa la causa yo
Por qué reñís.
Clor. Porque no.
Lesb. Llamóme una tal por cual.
Poc. Yo, pues honrada me llamo,
Haré, que con un cordel,
Cuando vuelva aqui al reclamo,
Le den......

Fil.   Qué?
Poc.   Un ponte con amo.
Fil.   Cómo?
Poc.   Como para él.
Que pues á Mari-Aura éché
De palacio, vengaré
Mi enojo en este atrevido,
Que á mi jardin ha venido
Tan sin qué ni para qué,
Que, sabiendo que vivia
Yo en él, saliese y entrase,
Sin que aun solo en cortesía
Ni las manos me besase,
Diciendo, esta boca es mia.
Fil.   La resolucion alabo;
Mas si ausente á ella la advierto,
No se le dará á él un clavo
De entrar, y es al asno muerto
Poner la cebada.
Poc.   Al cabo
De tu concepto estoy ya,
No le expreses; que será
Muy inmundo á mis orejas.
Yo sabré vengar mis quejas
Por aqui ó por acullá.
Y asi, cuando aquesta noche
La sombra se desabroche,
Le tengo de hacer cascar.
Sin coche; no hay acabar
La copla; pues digo coche.   [*Vase.*
Fil.   ¡Qué notables son mis penas!
Nis.   Diviértate este pensil,
Pues te ofrece á manos llenas
Las flores de mil en mil.
Flor.   Haz de aquestas berengenas
Un ramillete.
Nis.   Arreboles
Alli hacen con blando son
Tulipanes y fasoles.
Fil.   Qué son estas?
Flor.   Coles son.
Fil.   Y yo el alba entre las coles.
¡No ví mas cultos jardines!
Clor.   Ven, divertiránte ahora
Del estanque los confines;
Verás en ellos, señora,
Como nadan los rocines.
Fil.   La gala ahora del nadar
Aumentará mis pasiones.
Nis.   Pues ven hácia el palomar,
Que hay cria, y verás sacar
De sus huevos los lechones.
Fil.   Nada me dará placer;
Todo, ay amigas, me enfada.
Flor.   No es mucho, llegando á ver,
Que una muger encerrada
Es la mas libre muger.
Fil.   Aqui, que el mayor farol
Hiere con blando arrebol,
Me siento.
Flor.   Cantarán?
Fil.   Sí.
Y tú......
Clor.   Qué?
Fil.   Espúlgame aqui,
Porque sirva de algo el sol.
[*Siéntanse Filis y Clori, que hace como que la
espulga, y cantan.*
Mus.   Al sol, porque se durmiera,
Le espulga amor la mollera,
Alumbrándole otro sol;
Fue girasol de otro sol,
Para que nadie los viera.

Sale CÉFALO *por la boca de la gruta.*
Cef.   Ce!
Clor.   Quién llama?
Cef.   Á esa divina
Beldad, que despierta está,
Decid, que es mucha mohina,
Que duerma, que es hora ya
De salir yo de la mina.
Nis.   Ya lo ha oido, y se enternece.
Clor.   No canteis mas; que parece,
Que ya al sueño corresponde.
Flor.   Pues vámonos, porque adonde
El Rey no está, no parece.
[*Vanse las Dueñas, queda Filis dormida, y
canta Céfalo.*
Cef.   Que una boca me trague,
Y otra me escupa;
¿Quién creyera, madre,
Tan gran ventura?
¿Qué jardin es aqueste,
Donde he llegado?
¿Pero qué gana tengo
De averiguarlo?
Sea donde se fuere;
¿No basta hallarme
Orillitas del rio
De Manzanares?
Y aun mayores prodigios
Mis ojos hallan
En el alamedita,
Que no en el agua.
¿Qué deidad es aquesta,
Cielos, que miro,
Al pasar el arroyo
Del Alamillo?
Porque sus ojos bellos
Mi alma no abrasen,
Aires de mi tierra,
Venid, llevadme.
¿Si será Deidad muerta,
Ó muger viva?
Venga el padre del alma,
Que me lo diga.
¡Válgame el amor mismo,
Con qué donaire
Duerme y ronca mi niña,
Y enjuga el aire!
[*Canta Filis como en sueños.*
Fil.   Acechando si duermo,
Y á ver si ronco,
Hétele por do viene
Mi Juan Redondo.
Cef.   Entre sueños canta,
Y á ella me llego,
Porque vaya mas cerca
Del bien que dejo.
Fil.   Cautelosos ahora
Son mis ojuelos;
Que parece que duermen,
Y estan despiertos.
Cef.   Puesto que no te sirven
De nada amores,
Préstame tus ojuelos
Para esta noche.
Fil.   Acercándose viene
Para mirarme,
Hácelo de valiente,
Dios es mi padre.
Cef.   Con las liendres parecen
Sus rubias trenzas
De color de cilicio,
Blancas y negras.
Íris es de colores

Su hermosa cara,
Amarillas y verdes
Y coloradas.
Y en las perfecciones
De toda ella,
Como tiene la cara,
La Pascua tenga.
Brujuleados, descubren
Bellos celages
La calceta caida,
La pierna al aire.
¿Qué haré yo, por servirte,
Prodigio hermoso?

Fil. Hágame una valona
De requilorio.

Cef. Qué es valona? Traeréte
De todos cortes
Rábanos y lechugas
Y alcaparrones.

Sale PÓCRIS.

Poc. Tiende presto tu manto, [*aparte.*
Medrosa noche,
Que me importa la vida
Matar á un hombre.
Pero qué miro? Cielos!
Si este lo ha oido,
Mas valiera callarlo,
Que no decirlo.

Cef. Matar hombre, dijeron.
¡Mas qué hermosura!
Púsoseme el sol,
Salióme la luna.

Poc. ¿Pues qué haceis, señor hidalgo,
Aqui, y Fílis á la mu?

Cef. Esperar solo á que tu
Belleza me dé con algo.

Poc. Mal de mi aliento me valgo;
Que al veros, de asombro llena,
Qué horror! qué espanto! qué pena!
Si me diérades lugar,
Me quisiera desmayar. [*Desmáyase.*

Cef. Desmayaos en horabuena.

Fil. Desmayóse esa señora?

Cef. Sí.

Fil. Pues si se desmayó,
Quiero ahora despertar yo.

Cef. Despertad muy en buen hora.

Fil. ¿Qué entrada ha sido traidora
Esta?

Cef. Si el saberlo os toca,
Allá me tragó una boca,
Y acá me echó un agujero.

Fil. Digerido caballero
Del vientre de aquesa roca,
¿Cómo aqui entrásteis?

Cef. Asi. [*Paséase.*

Fil. Asi? No importa. Si hubiera
Sido entrar de otra manera,
Os acordárais de mí.

Cef. Al sueño, señora, os ví
Tan dulcemente rendida,
Que el alma, á vos ofrecida,
En viendo otra entre las dos,
Me quedé como si no os
Hubiera visto en mi vida.

Fil. Por cierto, que obliga
Tanto esa lisonja,
Caballero, como
Si fuera otra cosa.
Y asi agradecerla
Es lo que me toca,
Con aconsejaros,
Que escurrais la bola;

Porque si en sí vuelve
Esa regañona,
Que en la condicion
Es una demonia,
Hará, que un gigante
Os pegue en la cholla.
Y si os da una vez,
Aqueso *per omnia;*
Porque es el mayor
Pariente de todas
Las nobles familias
De mazas y porras.
Y aunque hayais venido
A ver á Aura hermosa,
Quiero perdonaros
El venir por otra,
Estando yo aqui;
Que no á todas horas
Me duermo en las pajas.
Harto he dicho, y sobra.
Idos norabuena;
Temed, que á deshora
En estos jardines
Os halle la ronda
De aqueste gigante,
Ya que mi piadosa
Cortesía os dice
A voces sonoras:
[*cant.*] Caballero de capa y gorra,
Guardaos de la......

Cef. Acorta,
Cesa, no prosigas;
Que cuando yo ahora,
Por tí, que lo mandas,
No huyera, señora,
Solo huyera por
Guardar mi persona;
Porque diz, que tengo
Una vida sola,
Y no hay quien me venda
En la tienda otra.
En cuanto á que busco
Dama mas hermosa,
Es, por esta cruz,
Mentira tan gorda;
Y asi, agradecido
A vuestras lisonjas,
Quiero obedeceros,
Que es lo que me toca. . [*Vase.*

Fil. Excusad al eco,
Que otra vez responda:
[*cant.*] Caballero de capá y gorra,
Guardaos de la......

Poc. Acorta
El falso discurso;
Que es libinidosa
La traicion que haces.

Fil. Tú eres la traidora,
Pues que te desmayas,
Y mayas á solas.

Poc. ¿Quién era el que estaba
Aqui?

Fil. Qué te enojas?
Ahí era un amigo
De cierta persona.

Poc. Era hombre?

Fil. No sé;
Porque no me informa
Del juego que tiene,
Si bien sé, que roba.

Poc. Dime, qué se hizo?

Fil. Fuese á cazar zorras.

Poc. Lesbia! Clori! Laura!
Flora! Nise! hola!

Dentro FLORA.

Flor. Pócris nos olea.

Salen todas.

Clor. Deidad destas rocas,
Qué mandas?

Lesb.   Qué quieres?

Flor. ¿Qué hay en la parroquia?

Poc. Un hombre, que andaba
Aqui, qué es dél?

Nis.   Sombras
En el aire miras.

Flor. Berros se te antojan.

Clor. Hombre aqui? ¡Pluguiera
Á nuestra......!

Fil.   Está loca;
No hagais caso della.

Poc. Todas mentis, todas.
Yo le ví, conmigo
No ha de haber tramoyas,
Por señas que estaba,
(¡Ay Dios, qué zozobra!)
Dando (qué desdicha!)
Con (qué carambola!)
Un dardo (qué susto!)
En mí, (qué pandorga!)
Como (qué presagio!)
Si diera (qué historia!)
En real de enemigo.   [*Vase.*

Lesb. Infanta!

Laur.   Señora!

Clor. El juicio ha perdido.

Fil. No ha sido, mamola. [*aparte.*
Un hombre aqui ha estado,
Por señas notorias,
Clori, que los hombres
Son lindas personas.

JORNADA II.

Salen el REY, ANTÍSTES, FLORO *y Criados.*

Rey. ¡Qué grande carga es reinar!

Ant. Séneca dijo, que era
El Rey Palanquin, pues come
De traer cargas á cuestas.

Rey. Y mas yo, que á cuestas traigo
Ó á la silla de la Reina,
Ó á la gigantilla, todo
El gran lio de mis ciencias.

Dentro el Capitan.

Cap. Plaza, plaza!

Rey.   Qué es aquello?

Flor. Yo, señor, te lo dijera
A saberlo; pero no
Lo sé, en Dios y en mi conciencia.

Sale el Capitan.

Cap. Dame tu mano á besar.

Rey. Toma, como me la vuelvas;
Porque esta es con la que como.

Cap. Sí haré.

Rey.   Pues dame algo en prendas.

Cap. Estos presos.

Rey.   No lo valen.

Cap. Pues doyte encima esta presa.

[*Saca á los cuatro presos* Aura, Rosicler, Pastel
y Tabaco.]

Rey. Tanto me darás, que diga:

Arrebózate con ella.

Cap. En tu nombre, gran señor,
Eché la red.

Rey.   Barredera?

Cap. Sí, pues que pescó basuras.

Rey. Vos sois una gentil pesca. —
Las cáscaras de las caras
Les quitad; que quiero verlas.

Aur. No veas, señor, la mia.

Rey. Pues por qué?

Aur.   Porque es vergüenza.

Ant. Y aun desvergüenza. — Mari Aura?
¿Vos, como galeota, presa
Entre aquestos califates?

Ros. Honradme de otra manera;
Que puesto que puedo hablar
Con la cara descubierta,
Sabed, que de Picardía
Rey soy.

Rey.   No le vilipendas;
Que aqui es menester valor.

Ant. Aqui es menester prudencia.

Rey. ¿Tú de mis reinos adentro?

Ant. ¿Tú de mis puertas afuera?

Ros. Sí, señor; que por capricho
Camino de tierra en tierra,
Como muger desdichada.

Aur. Yo como hombre sin vergüenza
A la flor del berro ando.

Rey. Qué sentimiento!

Ant.   Qué pena!

Ros. Un borrico en que venia,
Por venir á la ligera,
Sin saber lo que se hizo,
Se desbocó entre unas peñas.

Rey. No me espanto, porque son
Los borricos unas bestias.

Aur. Pócris, solo porque supo,
Que el Príncipe sale y entra
En su palacio, me echó
Dél, sin querer hacer cuentas
Del tiempo, que la he servido.

Ant. Las Pócris son unas puercas.

Rey. ¿El Príncipe en el palacio
A tí ha entrado á verte?

Aur.   Etiam.

Rey. ¿Y tú la hallaste en el monte?

Ros. Concedo la consecuencia.

Rey. Grande mal hay aqui, Antístes;
En un tris Aura está puesta.

Ant. Pues el médico en un tras
De cámara á verte venga.

Rey. ¿Adónde el Príncipe está?

Cap. No parece.

Rey.   Que parezca,
Pregónenle, y den de hallazgo
Diez maravedis de renta,
Ó sáquensele por hurto
A cualquiera que le tenga;
Y en pareciendo, le pongan
Una corma en cada pierna,
Porque otra vez no se vaya
Por novillos á la dehesa.

Cap. Pasquin dirá dél.

Sale PASQUIN.

Pas.   Mejor
Lo dirá Aura, pues con ella
Le dejé anoche.

Aur.   Es mentira;
Y aqui la coartada entra,
Que anoche me vieron todos
Remendar unas soletas,
Por no llegar despeada,

Gran señor, á tu presencia.
Rey. Qué virtud!
Ant.   Desde chiquita
Supo hacer bien sus haciendas.
Rey. Es esto asi?
Tod.   Sí, señor.
Rey. Pues sus, y hácia otra materia,
Volvamos á la maraña.
¿Por dónde entra y sale apriesa
El Príncipe en el palacio?
Aur. Por la bocamanga entra,
Y por el cabezon sale,
Si es que es camisa una cueva.
Rey. Con eso tendrá unos flatos,
Y gastaré yo mi hacienda
En curarle. ¡Mas ay, que hay
Mas mal en el aldehuela,
Que suena! — Pasquin!
Pas.   Señor?
Rey. ¿Anoche el Príncipe á verla
Entró?
Pas.   Y no salió.
Rey.   Segun
Eso, allá está.
Pas.   Por la cuenta.
Rey. Qué desdicha! ¿Si él ha visto,
Que son sus hermanas hembras
Tan bellas? Ir en persona
Me importa al instante.
Flor.   Espera!
¿Qué carruage pondrán?
¿El chirrion ó la litera?
Rey. No estoy para carruage.
Quien va á con cólera y priesa,
Bastarále ir pian, pian.
Cantando desta macera
Las tres anaditas, madre,
Pienso llegar á sus puertas
En un santiamen. — Seguidme
Todos, dejando suspensa
Esta accion para despues. —
Venga conmigo tu Alteza. [*á Rosicler.*
Ros. No, señor, no he de pasar.
Rey. Es obligacion y deuda;
Que una cosa es ir á pie,
Y otra no ir con la decencia,
Que á Príncipes extrangeros
Se debe.
Ros.   Esto es obediencia.
Tab. Defectos somos los dos
Desta gente hoy.
Pas.   ¿De qué, bestia,
Lo has inferido?
Tab.   De que
Nadie de los dos se acuerda.   [*Vanse.*
Rey. Antístes!
Ant.   Señor?
Rey.   Vuestra hija
La causa es de toda esta
Carambola.
Ant.   Ya lo veo.
Rey. Pues dadla......
Ant.   Qué?
Rey.   Una fraterna.
Ant. En la comedia de ayer
No se hizo.
Rey.   Que se haga en esta.
¿Hay mas de pedir prestado
Ese paso á otra comedia?
[*Éntranse el Rey, Rosicler y criados.*
Ant. Las palabras de los Reyes
Son balas de pieza gruesa,
Pues fraterna, y á ello! — Aura,
Dónde vas?

Aur.   Voy á irme.
Ant.   Espera,
Hija aleve, ingrata hija,
Hija en efecto de aquella
Bellaca, tu santa madre,
Que Dios en el cielo tenga;
Que primero que te vayas,
He de hacer una experiencia
Yo, de cuanto valgo yo.
Aur. Qué haces?
Ant.   Cerrar esta puerta.
Bien ves las revoluciones,
Que ha causado tu belleza.
Aur. Pues qué hay para eso?
Ant.   Hay
Tomarte la residencia
Del tiempo, que has gobernado
Del Príncipe las ausencias.
Qué hay aqui?
Aur.   Que como habia
De dar......
Ant.   En qué?
Aur.   En comer tierra,
Dió en quererme.
Ant.   Y tú en qué diste?
Aur. En amarle.
Ant.   Tómate esa.
Aur. Hame dado una palabra.
Ant. ¿Qué te ha quitado por ella?
Aur. Solo el honor.
Ant.   No mas?
Aur.   No.
Ant. Me cautiva esa modestia;
Que, si hubiera hecho contigo
Alguna cosa mal hecha,
Vive Dios, que hiciera...... Pero
¿Qué sé yo lo que me hiciera?
Y asi, aunque indignado estaba,
Tanto mi cólera templas,
Que te he de dar á escoger,
Si quieres morir con esta
Daga, ó con este veneno.
Aur. Dónde está?
Ant. En la faltriquera.
Aur. ¿Tan prevenido venias?
Ant. ¿Qué padre, que honor sustenta,
Y tiene sangre en el ojo,
Pelo en pecho, y canas peina,
Puede andar sin un veneno,
Teniendo una hija doncella,
Que la pesa el serlo tanto,
Que parece que se huelga?
Aur. Padre, señor, yo, si, cuando......
Ant. No me hagas ya pataletas,
Ni carantoñas, ni esguinces,
Sino escoge, como en peras,
En muertes. Dime pues, ¿qué
Te agrada?
Aur.   Ninguna dellas,
Porque ninguna es airosa.
Ant. ¿Luego airosa muerte esperas?
Ya eso es mucha gulloría,
Y al caballo del Rey, piensa
Que no hacen mas que ponelle
Delante el manjar. Alienta;
Que no te hemos de rogar
Nosotros, que tú te mueras.
Daga ó veneno *me fecit.*
Aur. No hay remedio?
Ant.   Ni remedia.
[*Saca Antístes un frasco pequeño, se le da, y ella hace que bebe.*
Aur. Pues padre y señor, si tanto
La dificultad aprietas,

Ant. Brindo á la muerte.
　　　　　　　Yo haré
La razon, cuando se ofrezca.
Mas ay de mí! ¿lo bebiste
Todo?
Aur. 　　Todo.
Ant. 　　　　Ha galamera!
Aur. Y me voy muriendo ya.
Ant. No hayas miedo, que te veas
En ese espejo; que solo
Un poco de hipocras era,
Que yo para mi regalo
Tomé ahora de una despensa.
Aur. ¿Pues es bueno andar haciendo
Burla de mí?
Ant. 　　　　Hícelo, necia,
Por hacerte regañar,
Que no porque tú merezcas
Morir de veneno; y pues
Hemos llegado á esta selva......
Aur. Á qué selva? ¿No quedamos
En palacio, y esa puerta
Cerraste?
Ant. 　　¿No basta ser
Tan golosa y tan resuelta,
Sino poner objeciones,
Tan crítica y bachillera?
¿Quién os mete en eso á vos?
¿Para llegar donde quiera,
No basta que yo lo diga?
Aur. Perdona mi inadvertencia.
Ant. Pues hemos llegado, digo,
Con el Rey hasta las puertas
De palacio, desde aqui
Veamos la escarapela
En qué para; que si el daño,
Que has hecho, no tiene enmienda,
Ó tengo de andar yo á zurdas,
Ó tú has de andar á derechas.

Salen el REY, ROSICLER, PASTEL, TABACO
y los Criados.

Rey. ¡Que canse el andar á pie!
Ros. En mi vida lo creyera.
Rey. Pues creedlo de aqui adelante.
Ros. Tendrélo por cosa cierta.
Ant. Todos estamos acá.
Rey. Antistes, con tanta priesa?
Ant. Como Aura anda despacio,
Tomamos la delantera.
Rey. Fuerte razon! — Vos sois Aura?
Aur. Sí, señor.
Rey. 　　　　Pues para esta. —
Todos alli os retirad,
Llegaré solo á esas puertas. —
Ha del palacio!

　　　　Dentro el Gigante.

Gig. 　　　　Quién llama?
Rey. *Attollite portas vestras.*
Gig. El Rey es; que como es docto, [*aparte.*
Sabe Latin. — *Bene venias.*

　　　　Sale el Gigante.

Rey. Pues no vengo sino malo.
Gig. Qué traes?
Rey. 　　　　Ando de pendencia.
Gig. Gran señor!
Rey. 　　　　Chico Gigante?
Gig. Con quién?
Rey. 　　　　Con vos.
Gig. 　　　　¿Pues qué queja
Tienes de mí?
Rey. 　　　　Dos ó tres.

Gig. Cuáles son?
Rey. 　　　　Es la primera
Esta, la segunda la otra,
Y la tercera es aquella.
Gig. Ahora echo de ver, que tiene
La razon notable fuerza.
Rey. Mal guardas mi honor.
Gig. 　　　　　　Asi
Guardara los dias de fiesta.
Rey. ¿Pues cómo un hombre está ahí dentro?
Gig. No está; que anoche entró apenas
Á buscar el allelluya,
Cuando halló el *requiem eternam.*
Rey. Qué dices, bárbaro?
Gig. 　　　　　　Digo,
Señor, que esta maza mesma
Fue su maza doctoral,
Pues le batané con ella.
Rey. ¿No viste, que era mi hijo?
Gig. Estaba á obscuras su Alteza.
Rey. Grande descuido de mozo
Fue, entrar sin una linterna.
Gig. De noche todos los Reyes
Son pardos.
Rey. 　　　　Esa sentencia
Te disculpa. ¿Pero cómo
Le diste?
Gig. 　　　　Desta manera.
　　　　[*Levanta la maza.*
Rey. La noticia me bastara,
Sin llegar á la experiencia.
¿Mas cómo yo no me muero?
Gig. Como tienes la mollera
Mas cerrada, que tu hijo.
Rey. Es verdad; que como era
Mi hijo Príncipe faldero,
Siempre se la tuvo abierta. —
Vasallos, mi hijo murió
Anoche.
Tod. 　　　　Sea enhorabuena.
Rey. La lealtad os agradezco,
Con que sentis mis tristezas.
Dónde le echaste?
Gig. 　　　　Á perder
Le eché por entre esas breñas.
Rey. Buscadle; mas no le echeis
La corma ya, aunque parezca.
Aur. El Príncipe ha muerto? Ay triste!
Ant. Qué es esto, Aura?
Aur. 　　　　　La cabeza
Se me anda.
Ant. 　　　　El hipocras
Se te habrá subido á ella. —
Desmayóse entre mis brazos.
　　　　[*Cae desmayada.*
Rey. Qué es esto?
Ant. 　　　　Una borrachera,
En que ha dado esta rapaza;
Y asi, con vuestra licencia,
La quisiera despeñar.
Rey. Pregunto yo, ¿es mi hija, ó vuestra?
Vos podeis de vuestra hija
Hacer un sayo.
Ant. 　　　　Pues ea,
Muerte quiero darla airosa,
Porque todo el mundo vea
Mi valor. — Ya te la entrego,
Aire, para que se entienda,
Que los castigos de un padre
Siempre en el aire se quedan.
　　[*Hace que la arroja, y vuela Aura.*
Rey. ¿Hasla despeñado ya?
Ant. Sí, señor.
Rey. 　　　　Pues id apriesa

Á detenerla.

Ant. Es en vano,
Pues ya desollando queda
La zorra, porque otra vez
Á enojaros no se atreva.

Rey. Muy bien empleado está;
Mas buscadla, porque tenga
Sepulcro.

Sale el Capitan.

Cap. Muertos ni vivos
No parecen tu hijo ni ella.

Rey. Qué se me da á mí? Mas quiero
Que se me dé. — Deidad bella
De Doña Ana, ¿qué se han hecho
Los dos?

Voz [dent.] Ya te doy respuesta.

Music. [dent.] Vengan noramala,
Noramala vengan,
Á ser jazmin él,
Y á ser aire ella;
Que pues quiere Ovidio,
Que aquesto suceda,
Vengan noramala,
Noramala vengan.

Rey. Todo es prodigios el dia.

Unos [cant.] Viva Pócris!

Otros [dent.] Pócris beba!

Rey. Qué es eso? ¿Hase convertido
Otro á la fe destas selvas?
Qué hay, Floro?

Sale Floro.

Flor. Escúchame atento.

Rey. Ya vendrás con una arenga.

Flor. El pueblo, viendo que falta......

Rey. No me quebreis la cabeza.
¿Es mas de que pide el pueblo,
Que estas dos hijas doncellas
Es hora que salgan deste
San Juan de la Penitencia,
Á tomar estado?

Flor. No.

Rey. Pués callad, y estadme alerta.
Buscadme el hombre mas rico,
Que todo el concurso tenga
De la gente, que me escuche.

Flor. Allí miro á un grande bestia
Rascarse hácia los calzones;
Yo le traeré á tu presencia.

Cap. Si dice el hombre mas rico,
¿No echas de ver cuanto yerras?

Flor. ¿Pues qué mas rico que aquel
Que tanta gente sustenta,
Y el dia que la despide,
Hace en la uña la cuenta?

Rey. Lo entendiste; ve tú y trayle
En camisa.

Cap. Está muy puerca.

Rey. ¿Hase de acostar conmigo?

Cap. No, señor; pero pudiera. [*Vase.*

Ant. Cosas son estas que miro,
Que pienso que no son estas.

Rey. Tú, gran Rey de Picardía,
Libre estás, con toda entera
Tu familia.

Past. Familiar
Soy suyo por mar y tierra.

Tab. Yo tambien.

Ros. ¿Por qué, señor,
Tan sin tiempo ahora me sueltas?

Rey. Siempre suelto yo sin tiempo.

Ros. Dios te guarde!

Saca el Capitan á Céfalo *medio desnudo.*

Cap. Aqui está. — Llega.

Cef. ¿Qué delito es espulgarse
Uno, para que le prendan?
¿Ser piojicida es pecado?
¿Tengo de llevar camuesas,
Yo, ni priscos, ni bellotas?
¿Quién mandó, que me prendieran?

Rey. Yo.

Cef. Por qué?

Rey. No me faltaba
Mas, que daros á vos cuenta
De mi galante capricho.

Tab. ¿Por qué quien es no revelas?

Ros. Porque la mosca, Tabaco,
En boca cerrada no entra.

Past. Mi amo es; pero callaré. [*aparte.*

Rey. Ponedle á ese hombre una venda
En los ojos.

Cap. No la hay.

Rey. Sea una banda.

Flor. Qué es della?

Rey. Dad vos un pañuelo.

Ros. Está
Mi ropa en la lavandera.

Rey. Venga el vuestro. [*á Antistes.*

Ant. Siempre yo
Me sueno desta manera.
[*Suénase con los dedos.*

Rey. ¿En fin he de dar yo el mio,
Aunque tan delgado sea?
Tomad, cubridle la cara.

Flor. Grande es, pues ya está cubierta.

Rey. Retiraos todos; y tú, [*al Gigante.*
Monstruo horrible, inculta fiera,
No te vea mas. — Tú ven [*á Céfalo.*
Conmigo.

Cef. Dónde me llevas?

Rey. No lo ves? Á jugar un
Rato á la gallina ciega.
[*Vanse el Rey y* Céfalo.

Gig. ¡Que desprecie mis servicios
El Rey de aquesta manera!

Ros. Y aunque los vacia parece,
Mucho mas que los desprecia,
Que no hueles bien, Gigante.

Gig. Quien huele mal es quien tiembla.

Ros. Pues yo debo de ser ese,
Que tiemblo al ver tu presencia.

Gig. Todos habeis de temblar
Á puto el postre; que empieza
Mi cólera á enfurecerse.
[*Da tras ellos.*

Ros. Huye, Tabaco! Qué esperas? [*Vase.*

Cap. Huye, Pastel! [*Vase.*

Flor. Pasquin, huye! [*Vase.*

Ant. Para el diablo que le tenga. [*Vase.*

Past. Qué es huir? Á defendernos!

Tab. No huyen hombres de mis prendas.

Gig. Llevado por cortesía,
Soy gigante de la legua;
Y asi, á Dios, hasta mas ver.

Los dos. Pues á Dios, hasta la vuelta. [*Vanse.*

Salen Pócris *y* Fílis.

Poc. El Rey á palacio vino,
Y sin ver nuestros regalos,
Se fue.

Fil. Sabes, qué imagino?
Que al ánsar de Cantimpalos
Le sale el lobo al camino;

Y sin duda á él le salió,
Pues sin vernos se volvió.

Poc. Aunque esa es razon aguda,
Quien se muda, Dios le ayuda;
Y él asi como llegó,
No viendo la puerta abierta,
À volverse se resuelve,
Por no hacer, es cosa cierta,
Mas que el diablo, pues á puerta
Cerrada el diablo se vuelve.

Fil. Con todo eso, que él ahora
Sin vernos se vaya, es bien
Sentir.

Poc.   Por qué?

Fil.   Eso se ignora?
Porque á ojos, que no ven,
Hay corazon, que no llora.

Poc. Yo me holgara, que informado
Fuera, que al enamorado
De Aura zurré la badana,
Pues que vino aqui por lana,
Para volver trasquilado.

Fil. Yo sintiera, que á saber
Llegara su proceder.

Poc. Yo me holgara.

Fil.   Por qué, necia?

Poc. Porque en quien de Rey se precia,
Mas vale saber, que haber.

Fil. ¿Luego tú de aquesta historia
Mal contenta estás?

Poc.   Es cierto;
Porque al principio es notoria
Cosa, que se hace el pan tuerto.

Fil. Y al fin se canta la gloria.
Yo estoy triste desa estraña
Tragedia.

Poc.   Hablemos las dos.

Fil. Callar toca á la maraña.

Poc. Á quien no habla no oye Dios.

Fil. Quien calla piedras apaña.

Poc. Pues, aunque ocultos estan
Tus pesares, se sabrán.

Fil. No harán, si mi llanto enjugo.

Poc. Yo ví azotar al verdugo.

Fil. Yo enterrar al sacristan.

Salen Clori, Lesbia, Nise *y* Flora.

Clor. El Rey, señora, ha venido.

Lesb. El Rey, señora, ha llegado.

Nis. El Rey aqui se ha metido.

Flor. El Rey hasta aqui se ha entrado.

Poc. Catorce de Reyes pido.

Clor. El Rey viene á verte hoy.

Lesb. El Rey por nuevas te doy
Que llega.

Flor.   El Rey está aqui.

Nis. El Rey......

Lesb.   Calla; que, sin tí,
À treinta con Rey estoy.

Sale el Rey *con* Céfalo *vendado el rostro.*

Cef. O yo estoy sin juicio y loco
Dentro de alguna espelunca.

Rey. Tarde estos umbrales toco.

Poc. Mas vale tarde, que nunca.

Fil. Nunca mucho costó poco.

Rey. Cómo estais las dos?

Poc.   Señor,
Con salud, y sin dolor.

Fil. Claro está, con vuestro amparo.

Rey. Pues como todo esté claro,
Dos higas para el doctor.

Cef. Aunque ciego aqueste lazo,
Me tiene con embarazo,

Bien veo donde estoy yo;
Que harto ciego es el que no
Vé por tela de cedazo.

Poc. ¿Qué intento ha sido traer
Vendado este hombre contigo?

Fil. ¿No lo podemos saber?

Rey. De ver y creer soy amigo;
Y asi, hijas, ver y creer.
Viendo, que Carnestoléndas
Son, para que se hagan rajas
Estas tocas reverendas,
Por quitarlas de barajas,
Y meterlas en contiendas,
Que le corran á carreras,
Como á gallo destas eras,
Quiero......

Todas.   Nosotras?

Rey.   Vosotras;
Pero entre aquestas ni esotras,
Hijas, ni en burlas ni en veras,
Le veais las dos. Con osado
Brio jugad; que retirado
Yo espero.

Fil.   ¿Qué solicita
Tu intento?

Rey.   Ver, que quien quita
La ocasion, quita el pecado.

Poc. No te entendemos, señor.

Rey. Vencer pretende mi amor
De vuestro hado los influjos.
No os metais ahora en dibujos,
Y manos á la labor.

[*Vase el* Rey, *toman todas reguiletes, y dan carreras.*

Lesb. Tomad las dos, y dejada
La altivez, de fiesta va.

Poc. Va, aunque estoy algo estropeada.

Tod. Al gallo, al gallo!

Cef.   Eso es á
Moro muerto gran lanzada.

Clor. La que tú puedas coger,
Llegándola á conocer,
Se quedará en tu lugar.

Cef. Pues esta quiero agarrar.

Nis. Quién soy.

Cef.   Déjamelo ver.

Poc. Por señas ha de ser eso.

Cef. Pues que ya lo sé confieso.
Dueña es.

Lesb.   ¿Qué razon te enseña,
Si estás vendado, que es dueña?

Cef. Las tocas. Qué hay para eso?

Poc. Hombre, verte determino.

Fil. Yo tambien, aunque seas feo.

Poc. ¿Sabes quién somos, mezquino?
[*Quítase la venda del rostro.*

Cef. Lo que con los ojos veo,
Con el indicio lo adivino.

Poc. ¿Qué es lo que llego á mirar?
¿No eres el que hice matar
Anoche?

Cef.   No, Reina mia;
Que no es para cada dia
Morir y resucitar.

Fil. ¿Luego asi (ventura rara!)
No te dieron en la cholla,
Volviendo aqui á ver mi cara?

Cef. No; porque cada dia olla,
Señora, el caldo amargara.

Poc. Tu vista me causa horrores.

Fil. A mí gustos.

Cef.   Los cuidados
Templad; que hacer son errores
De un camino dos mandados,
Ni servir á dos señores.

Si la una al verme se muere,
Y si la otra me quiere,
Repartid el bien y el mal,
Y tome cada una al
Pecador como viniere.

Sale el R E Y.

Rey. Ya le han visto, y él las vió.
¿Cómo, habiendo dicho yo,
Que no le veais?
Fil.   Oye.
Rey.   Di.
Fil. Amor me dice que sí,
Y tú me dices que no.
Rey. Esto es lo que pretendí; [*aparte.*
Mas reñirélo. — ¿Qué asi
Guardais lo que mando yo?
Poc. Pues el amor me engañó,
Duélete, mi hien, de mí.
Rey. Dolerme quiero, y venir
Podeis conmigo á llorar;
Pero quiéroos advertir,
Que una cosa es el salir,
Y otra cosa es el entrar.
Á que os den los aires vamos.
Poc. Qué contento!
Fil.   Qué pesar!
Rey. Cantad.
Lesb.   Mucho oiros holgamos.
Clar. ¿Pues qué habemos de cantar?
Rey. Aquel tono de los gamos.
   [*Vanse el* R e y *y los demas, y cantan dentro.*
Music. Madre, la mi madre,
Guardas me poneis;
Que si yo no me guardo,
Mal me guardareis.

Salen A N T Í S T E S, *el Capitan,* R O S I C L E R,
       P A S T E L *y* T A B A C O.

Ant. ¿Cuando esperábamos llantos,
Cantos se oyen en las rocas?
Ros. Aqueso no os cause espantos;
Deben de salir las locas,
Pues salen tirando cantos.
Cap. Ya el Rey y sus hijas bellas
Se ven.
Past.   Si serán doncellas?
Tab. Su confesor lo sabrá.
Past. Mi amo tambien; porque está
Hecho siempre un perro entre ellas.
Ros. ¿Cómo, alma, no solemnizas
Ver la que pudo abrasarme,
Hecho el corazon cenizas?
Pero para declararme
Mas dias hay, que longanizas.

Vuelve el R E Y *y todos.*

Rey. Vasallos, deudos y amigos,
Cuya lealtad y virtud
Canta el sol por fa, mi, re,
La fama por ce, fa, ut;
Ilustre nobleza y plebe,
Que al bríndis de mi salud
Agotárades ahora
Aun la cuba de Sahagun:
Pócris y Fílis, mis hijas,
Son estas dos, cuya luz
Hoy se sale á dar un verde
Con todo ese cielo azul.
La causa por que las tuvo
Mi doctísimo testuz
Encerradas hasta ahora
En aquesa esclavitud,
Escuchad todos atentos,

Con silencio y con quietud,
Sin hablar y sin chistar,
Y sin decir tus ni mus.
Ya sabeis, que yo inclinado
Fui desde mi juventud
Á las letras, estudiando
Todo el ban, ben, bin, bon, bun,
Hasta el arte de Nebrija
Y las tablas del Talmud,
Sin dejar astro con quien
No anduviese á tú por tú.
Esa república hermosa
De estrellas, patria comun,
Obediente á mis preceptos,
Hace á mis lineas el buz,
Sin quedarme estrella en todo
Ese azulado betun,
Que, al andar las suertes, no
Me tenga por su tahur.
Pues siendo asi, el infelice
Dia que nacieron de un
Parto aquestas doncellitas,
Entre mí dije: ahora sus;
Sepamos, qué es de su vida.
Y con gran solicitud,
Por levantar la figura
Mayor, que mi ingenio sup,
Me levanté de la cama,
Y fuime á caza al Poul,
En cuya gran soledad,
Al pie de un almoradux,
Que á su sombra alimentaba
Juncias, berros y orozuz,
Me aproveché de mis ciencias,
Que con grande prontitud
Me dijeron todo esto:
(Memoria, ayúdame tú!)
Esas dos bellezas raras,
Ó han de morir presto, ú
Por ellas sucederán
Grandes daños en Irun;
Porque la una al primero
Hombre, que en su juventud
Vea, le ha dar las llaves
De su viviente baul;
Y la otra al primero, que á ella
La vea, con su inquietud
Amorosa, le ha de hacer,
Que hable el buey, y diga mu.
No parando aqui el agüero,
Pues pasa su ingratitud
Á que, siendo una Jarifa,
Muerte la dé su Gazul;
Y Angélica la otra, mate
Su Medoro Ferragus.
Yo pues viendo, que nacia
Tan fatal su dinguindux,
Que era su vista primera
Para sus designios flux,
Dije, como jugador
De manos: quirlinquinpuz,
Veisla? Pues ya no las veis;
Y en las orillas del Sur
Las hice de cal y canto
Ese dorado ataud;
Porque en fin es menor daño
De mis desdichas y sus
Influjos, que mueran vivas,
Que no que en mi senectud,
Diciendo el cuervo cras, cras,
Diga el cuquillo cu, cu.
Con este intento guardadas
Las tuvo mi rectitud,
Donde nada las faltó.

Dígalo la prontitud
De su servicio. ¡Qué tortas
No las traje de Gandul!
¡Qué melones de Guadix!
¡Qué conejos de Adamuz!
¡Qué perdices de Berfox!
¡Qué miel de Calatayud!
¡Qué esperiegas de Aranjuez!
¡Ni qué pimienta de Ormuz!
Hasta traerlas de Argel
Alcotanes y alcuzcuz.
Pero ya que la fortuna,
Deidad sin consejo algun,
Ha dispuesto los acasos
De suerte, que ese avestruz
Digirió á mi hijo, quedando
Tendido como un atun,
Al convertirle en jazmin,
Sin poder en altramuz,
Quiero los inconvenientes
De las dos sanear, segun
Buen arte de medicina.
Y es, que pues vino aqui á espul-
Garse este hombre, y vió á las dos,
Le demos ahora una zur;
Pues muerto él, las dos se quedan
Seguras de no ser pu-
Ercas. Pero tente, lengua,
Que en lo infiel eres Dragut.

Cef. ¿Y es justo, señor, que muera
Un inocente por un
Galante capricho?

Rey.   Sí.

Cef. Jurado á Dios?

Rey.   Y á esta cruz. —
Llevadle de aqui.

Fil.   Esperad! —
Señor, fia en mi virtud,
Que, sin que cueste una vida,
Aseguras tu quietud.
Seré desde aqui una santa.

Rey. Ya te conozco, que tú
Lo dices, mas no lo haces.
Á perro viejo no hay tus.

Poc. Bien dices, muera, señor. —
Despeñadle, multitud,
Adonde se haga pedazos,
Pero no otro daño algun.

Cef. ¿En fin me han de dar la muerte?

Rey. ¿Preguntara mas Artus?
¿Pues qué queríais que os dieran?
Alfajores y alajú?
Idos á morir, si no
Quereis, que os maten.

Cef.   Voy, pus
No tengo quien me defienda.

Ros. Sí tienes. — Plebe comun,
Dejadle!

Rey.   ¿Quién es aquel
Que se me opone?

Ros.   Ego sum.

Rey. ¿Pues quién te mete á tí en eso?

Ros. Haber nacido Andaluz,
Y estar en mí todo Osuna.

Cef. Pues con ese archilaud,
Entonando por natura,
Cantando por ce, fa, ut,
Mueran estos, que no son
Gigantes.

Rey.   Jesus, Jesus!
Qué bobería! Matadlos!

Todos. Mueran los dos!

Cef.   Poco tus
Baraundas nos dan pena.   [*Llévanlos.*

Past. Señor, mira, que este albur,
Que salió á tierra del mar
En un delfin ó laud,
Es el Rey de Trapobana.

Rey. Pues no los mateis.

Fil.   Ve tú
Á socorrerlos.

Rey.   Ya voy.

Poc. No vayas.

Rey.   No voy aun.

Fil. Dales vida.

Poc.   Dales muerte.

Rey. Conformaos; que estoy un sus
De creer, que sois las dos
Dos hijas de Bercebú.

JORNADA III.

Salen el REY, CÉFALO, PÓCRIS, FÍLIS, RO-
SICLER *y los criados.*

Rey. Ya que el pasado alboroto
Á paces se ha reducido,
Pues ando rotivestido,
Andar quiero manirroto
Con vos; y aunque el ser, creed,
Piadoso, es virtud moral,
Hoy quiero hacerla peral;
Como en peras, escoged
Entre esas dos hijas bellas;
Y dando al amor tributo,
Vaya el diablo para puto,
Y casaos con una dellas.

Cef. Con eso todo el enojo
Me quitais, andando franco;
Pero mi discurso es manco
Con aquella que no es-cojo.
Y asi, porque de mi arrobo
No se quejen, ni de vos,
Ad invicem con las dos
Me casaré.

Rey.   Como bobo.

Cef. Para que ninguna caiga
En el desaire que tray
Dejarla.

Rey.   Para eso no hay
Dispensacion.

Cef.   Que la haiga.

Rey. No es posible. Una en rigor,
Y brevemente, escoger
Podeis.

Cef.   ¿Y no podrá ser
Especialmènte, señor?
¿Qué hombre compra una tinaja,
Que antes de dar lo que vale,
No la mire si se sale?
¿Qué hombre á una bodega baja
Á concertar algun vino,
Que antes que á casa le lleve,
Si es bueno ó malo no pruebe?
Melon compra, y es pepino,
El que calarle no quiera.
Y en fin, ¿quién da su dinero
Por un potro, que primero
No repase la carrera?

Rey. Decís bien; despacio vellas
Es acertado consejo.
Vamos de aqui. Ahí os las dejo;
Avenios bien con ellas.   [*Vase.*

Ros. Antes que escojas, contigo
Tengo un empeño.

Cef. Cuál es?
Ros. Yo te lo diré despues.
Cef. Tu Ines soy.
Ros. Eres mi amigo. [*Vase.*
Cef. Á veros me quedo, y
Digo, que nadie se enoje.
Poc. ¡Ay de mí, si á mí me escoge! [*aparte.*
Fil. ¡Ay, si no me escoge á mí! [*aparte.*
Cef. Segun la razon me enseña,
En una duda tan honda,
Filis es cariredonda,
Pócris es cariaguileña.
Y si el moño, que tal vez
Suele engañar, no me engaña,
Filis es pelicastaña,
Y Pócris es pelinuez.
En sus barnizados mapas
Tienen los ojos ingratos,
La una de arrebatagatos,
La otra de arrebatacapas.
Uno mismo es el barniz,
Que la superficie toca,
Cada una tiene su boca,
Y cada otra su nariz.
Los talles ambos son buenos,
Chico con grande; tú estás
Diciendo del bien el mas,
Tú dices del mal el menos.
Esto está visto. Hola, aqui
Ropa fuera.
Poc. Error cruel!
Fil. ¿Pues qué es lo que intentas? di.
Cef. Regatearos hasta el
Último maravedí.
Poc. No puede eso hacerse.
Fil. Yo
Digo, que se puede hacer.
Cef. ¿Ó me dan, ó no, á escoger?
¿Ó me he de casar, ó no?
Los adornos mas nocivos
Siempre de la voluntad
Son mentira, y la verdad
Ha de andar en cueros vivos.
La verdad quiero saber.
Fil. Yo te la diré.
Poc. No yo.
Cef. ¿Ó me he de casar, ó no?
¿Ó me dan, ó no, á escoger?
Poc. Desde el punto, que te ví,
Te aborrecí de manera,
Que, porque es blanca, no diera
Mi mano por todo tí.
Filis es mas cariñosa,
Ella la duda concluya;
Que para ser cosa tuya
Es buena; mas ya no es cosa.
Fil. Basta, basta, Pócris bella;
Que no está en corte ni en villa
Mi hermosura en la capilla,
Para demandar por ella.
Que si el alma, como boba,
Le dí á Céfalo, sabré
Quitársela ahora, aunque
Me naciese una corcova.
Poc. Yo no quiero que me quiera.
Fil. Yo sí quererle, que es mas.
Poc. Para mí es un Fierabras.
Fil. Para mí es un Bras sin fiera.
Poc. Pócris soy, y porqueria
Será el elegirme hoy.
Fil. Por eso que Fílis soy,
Y será filatería.
Cef. ¿No miran vuestros pesares,
Que entre damas de copetes

No hubo dimes y diretes,
Sino dares y tomares?
Arañaos, y no os hableis
Las dos de tales maneras,
Que pareceis verduleras.
Poc. Decís bien.
Fil. Razon teneis.
Poc. Hoy tengo de ser tu Parca.
Fil. Veámoslo.
Cef. Esperad; que quiero
Medir las armas primero.
Estas son uñas de marca,
Estas algo mas garduñas.
Fil. Presto á cortarlas me obligo.
Poc. Con quién?
Fil. Contigo.
Poc. Conmigo
Nadie se corta las uñas.
Y esa es otra nueva queja,
Ya el dolor las mias aguza.
Cef. ¡Ea, Pócris, zuza, zuza!
¡Ea, Fílis, á la oreja!
Fil. Llega pues.
Poc. Llegaré pues.
[*Repélanse, quitándose los moños.*

Sale PASTEL.

Past. ¿Dos Infantas se han de asir?
Cef. Déjalas; que esto es reñir
Cada uno como quien es.
Poc. Aqueste es tu moño, Infanta.
Fil. Este es el tuyo, Princesa.
Cef. Mucho de veros me pesa
Á las dos en Calva-Danta.
Poc. Pues reñimos en cuartel,
Los prisioneros volvamos.
Fil. Alaffa dellos hagamos.
Poc. Pues tal por tal.
Fil. Él por él. [*Truécanlos.*
Poc. ¿Y ahora qué hemos de hacer?
Fil. Pues que bien hemos quedado,
Cada una irse por su lado.
Poc. Á Dios.
Fil. Á Dios. [*Vanse.*
Cef. Á mas ver.
Past. ¿De qué son las confusiones?
Cef. ¿Bastantes causas no son
Tener hoy el corazon
Pasado de dos arpones?
Tanto, que, si un fraile pasa
De San Agustin, sospecho,
Que se entre, al ver en mi pecho
El escudo de su casa.
Past. Pues qué hay ahora?
Cef. Hay que Fílis
Me quiere, hay que no la quiero,
Hay que yo por Pócris muero,
Hay que Pócris es busílis
Para mí cruel é ingrato,
Y hay que anda el ciego Dios
Hoy conmigo y con las dos,
Como tres con un zapato.
Past. Señor, quiere á quien te quiere,
Cef. En eso hay que hacer,
Lo primoroso es querer
Á la que me aborreciere.
Viva Pócris!
Past. Bobería!
Cef. Pues si tú por tal la sientes,
Viva Fílis! Hay mas?
Past. Mientes.
Cef. Tú mentirás otro dia,
Y te lo diré yo á tí.
Poc. Que me has vencido confieso.

Sale R O S I C L E R.

Ros. Queda solo.
Past. Segun eso,
Yo me escurro.
Ros. Escucha.
Cef. Di.
Ros. En la grande Trapobana......
Cef. ¿Con un romance os venis?
Ros. ¿Pues si es viejo el ser romance,
Hay mas de que sea latin?
In Trapobana mea patria
Rex illustris natus fui,
Et amor unam sagittam
Tiravit mihi, vel mi.
Non sagitta fuit vulgaris,
Attamen sagitta fuit,
Quae penetravit ad almam,
Cum verbo illo volo vis.
Vidi calceamentum unum
Filidis......
Cef. Tened, oid!
Veis cuanto decis? Pues no
Entiendo cuanto decis.
Ros. ¿En qué idioma os he de hablar,
Si el romance y el latin
No os agradan?
Cef. Mal por mal,
En romance lo decid.
Ros. Digo, que de Filis bella
Un dia un zapato ví;
El como llegó á mis manos,
Es muy largo de decir.
Que le ví basta saber,
Y que á su breve y sutil
Aliño me rindió amor,
En solo un cerrar y abrir
De ojo, el alma á zapatazos;
Que como suelen decir,
Zas candil con vaina y todo,
Con la vaina del jazmin
De su pie, me dió el rapaz
Á traicion el zas candil.
[*Saca un zapato muy grande.*
¿Mas para qué os lo encarezco,
Si en menos que hacer asi
Podeis verlo? Esta es la concha
De aquella perla; advertid
Como la perla será,
Cuando la concha es asi;
Y si asi huele el zapato,
Como olerá el escarpin.
Desta alhaja enamorado,
De mi patria me salí
En busca suya, y llegué
Á este encantado pais,
Con ánimo de sacarla
Por el vicario de alli;
¿Pues qué cédula mayor,
Que este zapato? Y en fin,
Viendo que hoy está mi vida
De vos pendiente en un tris,
Vengo á valerme de vos,
Y á suplicaros, que, si
Vos no la habeis menester,
Que me la dejeis á mí,
Porque la he menester yo
Para cierta cosa. Y
Si, habiéndooslo suplicado
Con las ternezas que ois,
De bien á bien no lo haceis,
Os lo tengo de pedir
De mal á mal; porque un hombre,
Que viene buscando aqui

La horma de su zapato,
Fuera desaire muy vil,
Que se volviera sin ella.
No seais pues para mí,
Céfalo, mi hazme llorar,
Pudiendo mi hazme reir.
Cef. Yo confieso, caballero,
Que os estoy muy obligado,
Que la vida me habeis dado,
Que tal cual, asi la quiero;
Pero esto de voluntad,
Ya sabeis, que no está en mano
De un católico Cristiano,
Aunque tenga caridad.
Á Filis no he de elegir,
Porque quiere que la quiera
Mi criado, de manera,
Que yo no os puedo servir
Con ella.
Ros. Pues fuerza es,
Siendo eso asi, que riñamos.
Cef. Riñamos; pero que estamos
Borrachos dirán despues,
Viendo una lid tan reñida
Por Princesa semejante;
Pues ella hallará otro amante,
Y nosotros no otra vida.
Ros. Mirad, bien decis, y yo
He hallado en mis pareceres
Gusto en reñir con mugeres,
Pero por mugeres no;
Y asi mi cólera brava
Otro medio elegir quiere;
Déla amor á quien quisiere;
Juguémosla.
Cef. Á qué?
Ros. Á la taba.
Cef. Traéisla vos?
Ros. Y bien raida,
Aunque es de hoy, que el despensero
En gigote de carnero
Me la sirvió á la comida.
Cef. Vaya pues. No es esa?
Ros. Espera, [*Saca una tabaquera.*
Yo la sacaré. ¿No ves,
Que esta es la taba que es,
Y esotra la tabaquera?
Cef. ¡O, gane yo una vez sola! [*Juegan.*
Ros. Por mano echo.
Cef. Tira, acaba.
Mas hola, alza bien la taba,
No tengamos tabaola.
Ros. Carne.
Cef. Chuca.
Ros. Mia es
La mano.
Cef. ¿Pues quién trabuca,
Que es mejor carne que chuca?
Un cuarto te paro pues
De Filis.
Ros. Un cuarto?
Cef. Es llano.
Ros. Á parar mas te acomoda.
Cef. ¿Qué quieres, que pare toda
Una Infanta en una mano?
¿No será razon, que atiendas,
Que, aunque amantes somos tiernos,
Jugamos á entretenernos,
Y no á perder las haciendas?
Un cuarto paro.
Ros. Yo topo;
Pero asentemos primero,
Si es trasero ú delantero.
Cef. Esa es fábula de Isopo.

Ros. ¿Toda no se ha de jugar?

Ros. Podrá ser, que el juego pare,
Y el cuarto que yo ganare
Se le he de descuartizar.   [*Juegan.*
Taba, un cuarto gano.

Cef.   ¡O cuánta
Es mi desdicha! Otro paro.

Ros. Taba, otro gano.

Cef.   Era claro.

Ros. Ya es mia la media Infanta.

Cef. Es verdad; pero ya he dicho,
Que bornea poco ó nada
La taba.

Ros.   Muy bien horneada
Está, y sobre ese capricho
Me mataré.

Cef.   Yo tambien;
Que una cosa es no reñir
Por Filis, y otra sufrir,
Que tragantonas me den.

Ros. Acabemos de jugar
Como quien somos, que hacemos
Mil bajezas.

Cef.   Acabemos,
Y pelitos á la mar.

Sale AURA.

Aur. Pues en aire convertida   [*aparte.*
Me han hecho creer que estoy,
Sin que estos me vean, voy
Buscando la prevenida
Venganza de Pócris. Puesta
Está Filis en aprieto,
Y he de embarazar su efeto.

Cef. Paro.

Ros.   Topo.

Aur.   Voyla á esta.
[*Quítales la taba, y desaparece.*

Cef. ¿Adónde echásteis la taba?

Ros. Fuerza es que tambien lo ignore,
Pues nos la quitó en el aire
El mismo aire.

Cef.   Buenas noches.

Ros. Aquí hay misterio mayor,
Pues los Dioses nos la esconden.

Cef. Sin duda alguna Deidad
Pretenden jugar los Dioses,
Y la llevaron; que como
Ellos carnero no comen,
Valdrá un ojo de la cara
Cualquiera taba en los orbes.

Ros. Bien que dos cuartos de Infanta
Ganando estoy, y quien ose
Mirarla de medio arriba,
Le hará este acero gigote.

Cef. Ganais mucha calabaza.

Ros. Yo he ganado, como noble,
Media Infanta, y esa media
Ha de ser mia esta noche.

Cef. Mas nonada.

Dentro AURA.

Aur.   Oídos ahí;
Chiton! no deis tantas voces!

Ros. ¿Qué portero del consejo
Nos notifica chitones?

Cef. No veo á nadie.

Ros.   Yo tampoco.

Cef. Gran misterio aqui se esconde. —
Deidad auxiliar de Filis,
Ya que el juego nos estorbes,
Di tú, ¿quién quieres que viva
En mi pecho?

Mus.   Viva Pócris!

Ros. Los cielos quieren que sea
Pócris tuya; no los oyes?

Cef. ¿Pues hay mas de que sea mia?
Nunca peores cepos tope,
Adonde echar la limosna.
Pócris viva!

Tod.   Viva Pócris!

Salen todos.

Rey. ¿Resolvióse la postema
De tu duda?

Cef.   Antes se rompe,
Y da materia á la fama,
Para que diga su bronce,
Que Pócris es la hermosura
Á quien he de dar de coces.

Rey. Dale antes, si te parece,
La mano, que el pie.

Cef.   Á sus soles
Tengo que hablar á mis solas.

Poc. Eternos años me goces. —
Filis, amor te consuele.

Fil. Sí hará. Diablos sois los hombres!

Cef. No me culpes.

Fil.   Calla; no
Me digas oste, ni moste.

Rey. Supuesto que estais casados,
No es bien que nadie os estorbe;
Que en bulla y conversacion
No suenan bien los amores.
Vamos á hacerles la causa
Á esta dama y á este jóven.

Flor. Qué es la causa?

Rey.   ¿No entendeis
Metáforas? Legos hombres,
¿Hacer la cama no dicen
Procesales escritores
Al hacer la causa?

Tod.   Sí.

Rey. Pues yo digo, ignorantones,
Hacer la causa á la cama,
Que es metáfora *in utroque.* —
Caballeros, despiojad.

Ant. Bien importante es el órden.

Fil. Muriéndome voy.

Lesb.   ¿De qué,
Señora?

Fil.   De zelos, Lopez.

Clor. ¿Diré, que doblen por tí?

Fil. No, amiga; di, que desdoblen.

Ros. Señora Filis, á falta
De un picardesco consorte,
Aqui está otro trapobano.

Fil. Nada me hableis.

Ros.   Por qué?

Fil.   Porque
Estoy hecha de mil hieles.

Ros. Pues no me hableis con rigores;
Que tengo en vos de vivienda
Dos cuartos.

Fil.   Pues quién los dióte?

Ros. Mi suerte. Un alto y un bajo,
Porque acomodado more,
En el alto cuando enere,
En el bajo cuando agoste.

Fil. Pues cuando tenga la suerte
Libro de aposentadores,
Este es hecho á la malicia,
Y ningun huésped acoge.   [*Vase.*

Ros. Llore amor, pues no á mejillas
Enjutas Filis se cogen.   [*Vase.*

Cef. Pues solos hemos quedado,
Hermosa divina Pócris,
Para entretener el dia,

Mientras se llega la noche,
Digámonos uno á otro
Tantísimos de favores.

Poc. Nunca en tal me ví. Mas vaya,
Dirélos á troche y moche.

Cef. ¿Ves esta fragrante rosa,
Vestida de nieve y grana,
Que estrella de la mañana,
Brilla ardiente, y luce airosa,
Á quien las flores por diosa
Aclaman, viéndola aqui,
Ya esmeralda, ó ya rubí,
De aljófares coronada?
Pues contigo comparada,
No se le da esta de tí.

Poc. ¿Ves aquel bello narciso,
Que en el márgen desa fuente
Parece que aun ahora siente
El amor con que se quiso,
Pues sin cordura ni aviso
Se está requebrando alli,
Enamorado de sí,
Galan esplendor del prado?
Pues contigo comparado,
No se le da esto de tí.

Cef. ¿Ves esas parleras aves,
Que, cantando dulcemente,
Al compas desa corriente,
Ya bulliciosas, ya graves
Cláusulas forman suaves?
Pues á la aurora, que dora
Estos campos, su canora
Música, sus celestiales
Ecos van, porque no vales
Tú un comino para aurora.

Poc. ¿Ves esos sauces, del viento
Movidos, dar á su tropa
Un órgano en cada copa,
En cada hoja un instrumento?
Pues su harmonioso acento,
Que añade en cada renuevo
Un verde ruiseñor nuevo,
Á Febo aclaman iguales,
No á tí; porque tú no vales
Un rábano para Febo.

Cef. ¡Qué dulce gloria es oir
Encarecidos amores
Un hombre de lo que adora!

Sale AURA tapada.

Aur. Ce, caballero!

Cef. Ceceóme
Alli una muger tapada.

Aur. Véngase conmigo.

Cef. Adónde?

Aur. Eso es mucho preguntar.
Donde dicen esas voces:

Mus. [*dent.*] Deja, deja el regazo
De tu consorte,
Pues que no dejas nada,
Porquis por Porquis.

Cef. Escucha, Deidad, aguarda.

Poc. Con quién hablas?

Cef. ¿Tú no oyes
Una suave pandorga,
Que dulce los aires rompe?

Poc. Yo no.

Cef. Yo sí; y eso basta
Á que del todo me informe,
Que alguna Deidad su juicio
Pierde por mí; y asi voyme.

Poc. Dónde?

Cef. Por ahí.

Poc. Eso dices?

Cef. Pues por qué no?

Poc. Es gran desórden.

Cef. Ya eres mi propia muger,
Contigo fueran errores
Tener cumplimientos, pues
Del matrimonio los toques
Nunca llegan á ser cabes,
Porque van con condiciones;
Y mas cuando una Deidad
Me llama, diciendo á voces:

Él y mus. Deja, deja el regazo
De tu consorte,
Pues que no dejas nada,
Porquis por Porquis.

[*Vase con AURA, y si pareciere vuelen.*

Poc. ¡Hay tan gran maridería!
Tenedle, si sabeis, flores,
Tened algo de provecho;
Poneos delante, montes,
Si os sabeis poner delante
Alguna vez, que no estorbe.

Salen FÍLIS y las DUEÑAS.

Fil. De qué te quejas?

Poc. De que
Amor conmigo anda á coces.
De mis mismísimos brazos
Huyó Céfalo. No llores,
Que no te eligiese á tí,
Porque es, hermana, un ruin hombre,
Que no sabe tener fe
Con mugeres de mi porte.
Pensé, que no le queria,
Y cátame aqui (¡o rigores
Tiranos!) con unos zelos,
Que me han venido de molde.
De quien los tengo no sé;
Mas sé, que con pies veloces
La he de seguir. Y asi Dios
Mis graves culpas perdone;
Que si encuentro á esta picaña
Deidad, que me le concome,
Que tal golpe la he de dar,
Que no parezca que es golpe.

Fil. Estás loca?

Poc. Claro está.

Lesb. Mira!

Poc. Miren los mirones.

Clor. Tente!

Poc. Tengan los tenientes.

Nis. Oye!

Poc. Oigan los oidores.
Dejadme todas; que estoy
Por ir á hacerme gigote. [*Vase.*

Fil. ¡Cuál estaré yo, ay de mí!
Porque, si ella vé visiones,
Yo á las visiones y á ella;
Con que son mis zelos dobles.
¡Ay Céfalo, que dos veces
Ultrajes mis pundonores,
Mis altiveces sobajes,
Y con espada y estoque
Á Pócris pases de punta,
Y á mí me tires de corte!

Laur. Tú tambien?

Fil. ¿Pues soy yo menos,
Que la otra, para dar voces?

Lesb. Considera!

Fil. Consideren
Los necios murmuradores.

Clor. Repara!

Fil. Repare el que
Esgrime.

Nis. Nota!

Poc.   Que noten
Los curiosos.
Lis.   Vé!
Fil.   Vea el que
Por esquinas y cantones
Á ciegas anda; que estoy
Del amor á los virotes,
De enojos hasta el gollete,
De zelos de bote en bote.   *[Vanse.*

Salen CÉFALO *y* AURA.

Cef. ¿Dónde me llevas tras tí,
Tapadísima Deidad?
Aur. Á perder.
Cef.   Á perder?
Aur.   ¿Pues
Dónde llevan las demas?
¿Habeis oido, que alguna
Tapada lleve á ganar?
Cef. No; mas temo que se diga,
Al ver que vos me sacais
De los brazos de mi esposa,
Que por esta soledad
Á caza sale el Marques
Danes Urgel el leal.
Aur. Escuchad, sabreis quien soy,
Y mi intento.
Cef.   Comenzad.
Aur. Oid aparte, no nos oigan.
        [Retíranse á hablar.

Sale PÓCRIS.

Poc. Hablando los dos estan *[aparte.*
En secreto, aunque hasta ahora
No es secreto natural.
En la espesura se meten,
Guiando ella, y él detras,
Allá va á buscar la caza
Á las orillas del mar.
Aur. Habeisme entendido?
Cef.   Sí.
Aur. Pues dadla sin mas ni mas
Muerte á esa fiera.
Cef.   Con qué?
Aur. Esta ballesta tomad   *[Dásela.*
De bodoques, que os envia
Diana. Á Dios.
Cef.   Esperad!
Aur. Tengo otras cosas que hacer. *[Vase.*
Cef. ¡Con cuanta velocidad
Por las riberas del Po
La caza buscando va! —
Airosa Ninfa, detente!
Poc. Él se queda, ella se va,
Sin comerlo ni beberlo,
Aunque en aqueste lugar,
Estando los dos á solas,
Ella dama y él galan,
Viandas aparejadas
Traian para yantar.
Cef. ¿Por qué tan solo me dejas
En este monte? ¿No hay mas
De decir: mata una fiera?
¿Tan fáciles de matar
Son?
Poc.   Aqui quiero esconderme
De aqueste jazmin detras,
Para saber en qué para.
Cef. Ó lo hace Barrabas,
Ó mis oidos lo fingen,
Ó al pie de aquel arrayan,
En la espesura del monte,

Poc. Gran ruido oyeron sonar.
Tiro.
Poc.   No tires.
Cef.   Por qué?
Poc. Hijo, porque me darás.
Cef. Pues quién eres?
Poc.   Tu muger.
Cef. Y qué haces aqui?
Poc.   Acechar.
Cef. ¿Mugercita acechadora
Tengo? Por eso verás,
Que apunto mejor.
Poc.   Qué haces?
Cef. Tirar.
Poc.   Tirar? Á qué?
Cef.   Á dar.
Poc. Tira, y mira no me yerres.
Cef. Yo procuraré acertar.
   [Tira, y ella, fingiéndose herida, cae.
Poc. Ay infeliz! que me has muerto!
Cef. Como ella diga verdad,
Y no se queje de vicio,
Sin duda la hice mal. —
Pócris! señora! mi bien!
Poc. Céfalo? señor? mi mal?
Cef. Dite?
Poc.   Y como que me diste
Un bodocazo fatal
Veintidoseno, porque,
Ya delante y ya detras,
Veinte y dos heridas tengo,
Que cada una es mortal.
Cef. ¡O mal haya la ballesta!
Mas puédeste consolar,
Mi bien; que esta es la primera
Cosa, que acerté jamas.
Poc. ¡Buen consuelo nos dé Dios!
Cef. ¿Para qué veniste acá?
Poc. Para apurar mis rezelos.
Cef. ¿Y es justo, por apurar
Rezelos, aguar venturas?
¡Qué condicion infernal
De muger!
Poc.   Ríñeme ahora,
Que no me faltaba mas.
Cef. Pues muérete, si no quieres
Que te riña.
Poc.   Desta va   *[Muere.*
El alma por esos cerros.
Cef. Espiró el mayor fanal
Del dia; vino la noche.
¡República celestial,
Aves, peces, fieras, hombres,
Montes, riscos, peñas, mar,
Plantas, flores, yerbas, prados,
Venid todos á llorar!
¡Coches, albardas, pollinos,
Con todo vivo animal,
Pavos, perdices, gallinas,
Morcillas, manos, cuajar,
Pócris murió! Decid pues:
Su moño descanse en paz.
Tod. Que descanse en paz, decimos.

Salen el REY, FÍLIS, *las* DUEÑAS *y todos
los demas.*

Rey. Pócris bella, dónde estás?
Dueñ. ¿Dónde estás, señora mia,
Que no te duele mi mal?
Cef. Señor, si buscando vienes
Tu hija, vesla ahí donde está.
Rey. No la disperteis.
Past.   No duerme.
Rey. Qué hace?

Ant.   Está muerta.

Rey.   Eso mas?

   Quién la mató?

Cef.   Yo.

Rey.   Por qué?

Cef.   Porque me vino á acechar.

Rey.   ¿Quién la metió en ser curiosa?

   Muy bien empleado está.

Fil.   Eso dices?

Rey.   Esto digo.

Ros.   Muera quien muerte la da.

Rey.   No le mateis; que antes quiero,

   Que esté conmigo de hoy mas,

   Porque me vaya matando

   Á toda mi vecindad,

   Pues que mata á los que acechan. —

   Ese cadáver llevad,   [*Llévanla.*

   Y á su merecida muerte

   Sea pompa funeral

   Una grande mogiganga;

   Que no se ha de celebrar

   Esta infelice tragedia

   Como todas las demas.

Todos. Mogiganga?

Rey.   Mogiganga.

   Y yo la he de comenzar,

   Por daros ejemplo á todos.

   Una guitarra me dad.

Ros.   Guitarra aqui?

Rey.   Por qué no?

Ant.   Porque no la hay.

Rey.   Sí la hay.

Fil.   Dónde?

Rey.   Colgada de un sauce

   Ó de otro árbol estará;

   Que cada dia las cuelgan

   Los pastores.

Cef.   Es verdad;

   Que aqui hay guitarra.

Rey.   Ahora bien,

   Todos de aqui os retirad,

   Y como os vaya llamando,

   Os id arrojando acá.

[*Éntranse todos, quedan F i l i s y A n t i s t e s, y el R e y toma la guitarra.*

Fil.   Que esto hagas?

Rey.   Esto hago;

   Y porque todos veais,

   Cuanto me remoza esto,

   En un instante mirad,

   Cuantas canas se me quitan

   En comenzando á cantar.

[*Empieza á cantar, y por un arambre le quitan las barbas y cabellera cana al R e y.*

   [*cant.*] Vaya, vaya de mogiganga, ·

   De alegría y de pesar;

   Que quien llora con placer,

   Siente cualquiera mal.

Toda la mus. Vaya, vaya, etc.

Rey. [*cant.*] El Gigante con las Dueñas

   Salga el Guinea á bailar.

     Salen las D u e ñ a s y el G i g a n t e.

Dueñ. Mejor fuera una endiablada.

Rey.   Pues bailen con Barrabas.

         Salen todos.

Tod.   Para eso bailemos todos.

Rey.   Pues repitan á compas:

Tod.   Vaya, vaya de mogiganga, etc.

[*Hacen un torneo en forma de matachines, y dan fin.*

CVI.

EL CASTILLO DE LINDABRÍDIS.

PERSONAS.

El Rey Licanor.	Fauno.	Arminda.
Febo.	Malandrin, *criado.*	Claridiana.
Rosicler.	Lindabrídis.	*Coros de Música.*
Meridian.	Sirene.	*Acompañamiento de Damas.*
Floriseo.		*Acompañamiento de Criados.*

JORNADA I.

Dentro Rosicler, Floriseo, Fauno
y criados.

Ros.   ¡Talad deste horizonte
La rústica cerviz!
Flor.   Al valle!
Otro.   Al monte!
Flor.   Á la cumbre!
Otro.   Á lo llano!
Faun. Muchos cobardes sois. Pero es en vano
Temer yo tanto número de gente;
Que mil cobardes no hacen un valiente,
Para lidiar conmigo.

Sale Fauno, *vestido de pieles, y con un baston
grande y nudoso, lo mas extraño y feroz que
pueda, y tras él* Don Rosicler *con espada
desnuda.*

Ros.   Yo solamente, bárbaro, te sigo;
Porque tengo tu vida
Á mi fama ofrecida,
Y he de quitar deste gitano imperio
La esclavitud, que todo su hemisferio
Padece, á tus rigores enseñado.
Faun. ¿Sabes, que soy el Fauno endemoniado,
Hijo feroz, como mi ser lo avisa,
De un espíritu y de una Fitonisa,
Compuesto de hombre, de demonio y fiera,
Escándalo del mar y de la esfera,
Vivo horror desta lóbrega montaña,
Y escollo vivo desa azul campaña?
Ros.   Sé, que son tus prodigios singulares
Peligro destos montes y estos mares.
Faun. Si tanto aliento tienes,
Que ya lo sabes, y á matarme vienes,
Atrévete, infelice caballero,
Á hacer campo conmigo. Yo te espero
En esta cueva obscura,
Donde partida, no la lumbre pura
Del sol, que hermoso alumbra,
Sino la obscuridad, sino la sombra
De la noche importuna,
Geroglifico ya de la fortuna,
Harás campo conmigo.
Ros.   Qué esperas? Ya te sigo.

Faun. Pues ya la infausta boca,
De quien mordaza fue una dura roca,
Está abierta, entra pues. — Asi pretendo, [*ap.*
Que entren todos tras él, porque, saliendo
Yo por la gruta, que desotra parte
Obró naturaleza sin el arte,
Se pierdan todos dentro,
Y sea su sepulcro el triste centro
Desta bóveda obscura,
Tendrán á un tiempo muerte y sepultura. [*Vase.*
Ros.   Hoy sabrás, que no puedo
Ver yo el semblante pálido del miedo.

Sale Don Floriseo.

Flor. ¿Dónde vas desa suerte?
Ros.   Á dar al Fauno en esa cueva muerte.
Flor. Entremos pues.
Ros.   Yo solo le haré guerra.
Flor. Sin mí tú no has de entrar.
[*Luchan los dos sobre cual ha de entrar, suenan den-
tro cajas, clarines y voces, y los dos, al oirlo, se
suspenden.*
Tod. [*dent.*]   Á tierra! á tierra!
Ros.   ¿Qué repetidas voces
Desacordadas suenan, y veloces?
Flor. Tierra dicen; mas es en la montaña,
Que á ser la parte, que Neptuno baña,
Ser bajel era cierto,
Que aportaba á la paz deste desierto.
Ros.   Pues sea lo que fuere,
Déjame entrar.   [*Vuelven á luchar.*
Flor.   Sin mí jamas lo espere
Osado tu valor; y mas si creo
El gran prodigio, que en el aire veo.
[*Descúbrese el castillo.*
Ros.   ¡Gran maravilla encierra!
Santos cielos! qué es esto?
Tod. [*dent.*]   Á tierra! á tierra!
Ros.   Con mas causa me admiro,
Cuando el horror, que no encareces, miro;
Pues la estacion vacia,
Claraboya diáfana del dia,
Es mar, que con asombros
Sufre un bajel de piedra, y en sus hombros
Á errar tan veloz llega,
Que sobre golfos de átomos navega.
Flor. Un castillo eminente
Es la proa del cubo de la frente,

Ondas de vidrio corre,
Árbol mayor es una excelsa torre,
Jarcias son las almenas,
De banderolas y estandartes llenas,
Popa una cristalina galería,
Hermoso espejo, en que se toca el dia.
El farol es un sol, que en arreboles
Duplica rayos, multiplica soles;
Y en fin, todo portento,
Es pájaro del mar y pez del viento.
Mas por dejar la admiracion pasmada,
Sin plumas vuela, sin escamas nada,
Con presuncion tan grave,
Que atendido mejor, ni es pez, ni es ave.

Ros. ¡O tú, ciudad movible,
Si eres tu dueño tú, ó inaccesible
El timon te gobierna ó el piloto,
Que halló camino en rumbo tan remoto,
Abate, abate el vuelo,
Y déte abrigo este gitano suelo,
Si ya el mar no te espera,
Que tú tendrás el mar por tu ribera!
¿Pues quien sulca en el viento,
Quién duda, que en el mar tendrá su asiento?

Flor. Á tus voces parece   [*Baja el castillo.*
Que el castillo se humilla ó se agradece,
Pues posado en la roca,
Que á la cueva del Fauno abrió la boca,
Le deja sepultado,
Seguro el monte ya, y á tí vengado.

[*Asiéntase en tierra el castillo, y abren la puerta.*

Ros. Un pasmo á otro sucede, pues, abiertas
Del castillo veloz las altas puertas,
Un escuadron de Ninfas se me ofrece.

Flor. La isla del Fauno isla del sol parece.

Salen todas las Damas que puedan, SIRENE,
ARMINDA *y* LINDABRÍDIS, *vestidas ricamente,*
y traerá Arminda *a una rodela, y en ella*
un cartel.

Lind. Si una muger peregrina
Hallar piedad es posible,
Por peregrina y muger,
En vuestros pechos, decidme,
¿Qué tierra es esta que toco?
¿Qué montes los que se miden
Con las estrellas? ¿qué mares
Los que su esmeralda ciñen?
Porque me importa saber,
Antes que su arena pise,
Qué clima es, y quién la habita,
Qué tierra es, y quién la rige.

Ros. Huéspeda hermosa del aire,
Porque mis voces te obliguen
A pagar tambien en voces
Esa deuda que me pides,
Escúchame. Este caduco
Homenage, que resiste
Embates de mar y viento,
Con dos enemigos firme,
Es el Cáucaso eminente.
Esta isla, donde asiste
El endemoniado Fauno,
Albergue fue obscuro y triste,
A quien ese muro ya
De monumento le sirve.
La corona deste imperio
Es Ménfis, y quien la rige
Es el Magno Tolomeo,
Dueño del alma de Euclídes.
Yo soy Rosicler de Tracia,
Hermano soy invencible
Del caballero del Febo.
El que á tu deidad se rinde,

Don Floriseo es de Persia.
Á tan remotos paises
Nos trajo ambicion de honor;
Que este en nuestros pechos vive.
Á vencer vine un prodigio,
Á cuya empresa me sigue
Floriseo; que los dos
Profesamos las insignes
Leyes de caballería;
Y si mi intento consigue
Vencer la duda, que ya
Dentro del alma reside,
Con mayor causa diré,
Agradecido y humilde,
Venciendo mis confusiones,
Que á vencer prodigios vine.

Lind. Tartaria, aquella provincia,
Que sobre las dos cervices
De África y Asia se sienta,
Rica, hermosa y apacible,
Aquella que dos mitades
Del orbe abraza y divide
Linea de plata el Oróntes,
Pauta de cristal el Tigris,
Es mi patria. Hija soy noble
De Brutamonte, felice
Rey de Tartaria. Mi nombre,
En ofensa de Floripes,
De Ángelica y Bradamante,
Es, la sin par Lindabrídis;
Heredera de su imperio,
Si el bado no me lo impide;
Pues á esta instancia discurro
El orbe. Y porque os admire
El oirme, como el verme,
Con mas atencion oidme.
Es de mi patria heredada
Costumbre, que no apellide
El pueblo Príncipe augusto,
Ni le adore, ni se humille
Al hijo mayor del Rey;
Que solo hereda y preside
El que él en su testamento
Á la hora del morirse
Deja en sus hijos nombrado;
Que asi el imperio consigue
Altos Reyes, porque todos,
Por llegar á preferirse
Á sus hermanos, se crían
Magnánimos y sutiles,
Doctos en ciencias y en armas;
Sin que ley tan sola olvide
Las hembras, pues no lo es,
Que el ser mugeres nos quite
La accion de reinar. En fin,
Atentos á la sublime
Dignidad, yo y Meridian
Mi hermano, segundo Ulíses,
Nos criamos en Tartaria.
Bien os acordais, que dije,
Que la eleccion heredaba,
Porque el nacer era libre;
Pues rendido Brutamonte,
Humano sol, á su eclipse,
(¡O violencia, qué no postras!
¡O humanidad, qué no rindes!)
Llegó el caso de nombrar
Sucesor (lance terrible!)
Entre mí é Meridian;
Y al tiempo que herede, dice,
Este imperio; perdió el habla;
Dejando confuso y triste
El reino; y pasando entonces
A mejor vida, pues vive

Al lado del sol, adonde
Lucero añadido asiste,
Dejó en duda la eleccion,
Y en bandos parcial y libre
La plebe, que alborotada
Por las calles se divide,
Diciendo unos: Meridian
Viva; y otros: Lindabrídis.
Llegó la pasion á extremos
Tales, que en guerras civiles
La Tartaria ardió. Ya eran
Las campañas apacibles
De Flora selvas de Marte;
Pues variados los matices,
Tal vez murieron claveles
Los que nacieron jazmines.
Un dia, que frente á frente
Los dos campos se compiten,
Haciendo aceros y plumas
De un Abril muchos Abriles,
Delante yo de mi gente,
Ocupaba la invencible
Espalda á una turca alfana,
Que entre el copete y las crines
Se ocultaba de tal forma,
Que con las ondas, que finge,
Dió á entender, que sus espumas
Iba cortando en un cisne.
En otra parte mi hermano
Un persa hipogrifo oprime,
Tan fiero, que despreciando
Su especie, osado y terrible,
Se manchó de espuma y sangre;
Gustando él que le salpiquen,
Por desmentirse caballo,
Con los remiendos de tigre.
Ya con el marcial estruendo
Aun no dejaban oírse
Lo robusto de las cajas,
Lo dulce de los clarines,
Cuando mi hermano, arbolando
Un blanco estandarte, pide
Licencia de hablar; y asi
Á dos ejércitos dice:
Tártaros fuertes, si acaso
La cólera se permite
Á la razon, y el orgullo
Os deja el discurso libre,
Paréntesis de la muerte
Sean mis voces; oidme.
Lidie la razon, primero
Que la sinrazon hoy lidie.
Las heredadas costumbres
Deste imperio se dirigen
Á que su Príncipe sea
En letras y armas insigne.
Pues si en mí los dos extremos
De ingenio y valor se miden,
¿Por qué me desheredais
Tiranamente insufribles?
Mas porque de mi persona
Los méritos se examinen,
Rindámonos á un partido,
Para todos apacible.
Halle mi hermana un esposo,
Que, si me excede ó compite
En valor, ingenio y gala,
Desde aqui quiero rendirme
Á sus plantas, y que él ciña
La corona, que me quiten;
Con calidad, que, si ella,
En el tiempo que describe
El sol un círculo entero,
Plateando de perfiles

Los vellones del Aríete,
Y las escamas del Píscis,
No le hallare, quede yo
Quieto, pacifico y libre
En la posesion. Con esto
Vuestros deseos consiguen
Á menos riesgo mas Rey;
Y yo cuantos ella envíe
Esperaré en Babilonia,
Para que en entrambas lides
Viva, Tártaros, quien venza,
Pues siempre quien vence vive.
Dijo Meridian; y yo,
Aunque responderle quise,
No pude, porque las voces
Entre los aplausos viles
Se perdieron. En efecto
Las condiciones le admiten,
Volviendo yo á mi palacio
Confusa, afligida y triste.
Aqui pues contando el caso
Al docto, al mágico Antistes,
Ayo mio, y de los cielos
El prodigio mas sublime,
Aquel, cuya voz el sol
Respeta, y en los viriles
De once cuadernos azules
Leyó letras de rubies,
Me dijo: si has de buscar
Un Príncipe, que te libre
Dese empeño, que discurras
El orbe es fuerza, y que animes
Con tu hermosura el valor;
Que no hay cosa que le incite
Tanto; y porque mas segura
Todo el mundo peregrines,
Hoy quiero lograr en tí
Los mas admirables fines
De mis mágicos estudios.
Este castillo, en que asistes,
Alcázar portátil sea,
Sea palacio movible,
Que á obediencia de tus voces,
Ya se eleve, ó ya se incline.
Parte en él, porque en él lleves
Las grandezas con que vives,
Las galas que te hermosean,
Y las damas que te sirven;
Pronunció el acento apenas
Último, cuando ya gime
La torre, ya tiembla y ya
De la tierra se divide;
Y elevados en el viento
Muros, campos y jardines,
De tan nueva Babilonia
Todos éramos pensiles.
Ese pájaro, que, cuando
Vuela, los aires aflige;
Ese pez, que, cuando nada,
Los crespos mares oprime;
Ese monstruo, que los montes,
Cuando los habita, rinde;
Ese escollo, que navega,
Ese monte, que describe,
Esa fábrica, que nada,
Ese en fin portento horrible,
Que mirais, es el famoso
Castillo de Lindabrídis.
Si sois, como lo mostrais,
Y vuestras personas dicen,
Príncipes, que de trofeos
Habeis de orlar vuestros timbres;
Si en defensa de las damas
Vuestros aceros se visten,

Ya con la espada en la mano,
Ya con la lanza en el ristre,
Buena ocasion se os ofrece.
Á vuestras plantas se rinde
Una hermosura, que os ame,
Un reino, que os apellide,
Una empresa, que os ilustre,
Una lid, que os acredite,
Una muger, que os adore,
Y un honor, que os eternice.   [*Vase.*

Ros.   Espera, muger.
Sir.   Detente;
Estos umbrales no pises,
Aunque la ocasion te llame,
Aunque tu valor te anime,
Si la accion perder no quieres
De las empresas que sigues.   [*Vase.*

Flor.   Escucha......
Arm.   Si estos aplausos
Deseas, firma invencible
Ese cartel, y no intentes
Violar su muro, aunque mires
Arderse el castillo en fuego.
Esto importa.
[*Vase, dejando fijo el cartel.*

Flor.   Que le firme
No dudes. Este puñal
Mi nombre en bronce describe.

Ros.   No harás; porque estas empresas
Son mias.

Flor.   Contigo vine
Á vencer un monstruo, á quien
Ya todo ese monte oprime,
No á dejar tan alto empleo.

Ros.   ¿Pues tú conmigo compites?
Flor.   Desistir un hombre noble
Á tal causa, es imposible.
No compito á quien excedo.

Ros.   Como la lengua lo dice,
¿No lo dijera el acero?
Flor.   Sí hiciera.
Ros.   Pues calla, y riñe.
[*Sacan las espadas y riñen.*

Dentro CLARIDIANA.

Clar.   Ten el caballo, que al pie
De aquel castillo arrogante,
Que en competencia de Atlante,
Coluna del cielo fue,
Los repetidos aceros
De dos jóvenes valientes
Me llaman.

Dentro MALANDRIN.

Mal.   Señor, no intentes
Meter paces.

Sale CLARIDIANA *en trage de hombre.*

Clar.   Caballeros,
Si del duelo comenzado
Tiene acaso en mi valor
Apelacion el favor,
Lógrese el haber llegado
En una ocasion tan fuerte
Quien vuestros riesgos impida.

Flor.   No podreis; porque una vida
Vive á costa de otra muerte.
Ros.   Viviendo yo, no pudiera
Vivir quien me compitió;
Y para que viva yo,
Es forzoso que otro muera.
Y asi, jóven, cuyo brio
Mostrais bien, pues no podeis
Ser nuestro adalid, sereis

Juez de nuestro desafío.
Vednos pues; y ya que advierto
En vos valor tan altivo,
Dad luego un caballo al vivo,
Y una sepultura al muerto.

Flor.   Esto los dos os pedimos;
Y sin esperar respuesta,
Que no admite mas ley que esta,
La causa por que reñimos.   [*Riñen.*

Clar.   Cuanto me pedis haré.

Salen á la ventana del castillo LINDABRÍDIS,
SIRENE *y* ARMINDA.

Sir.   Grande estruendo de armas suena.
Lind.   Desde esta dorada almena
Del castillo los veré.

Clar.   ¡Qué bien mostrais, que es de amor
Lance tan duro y cruel!
Y asi os presido, porque él
No admite medio mejor,
Que morir matando. Ea pues,
Reñid los dos igualmente;
Que habiendo de estar presente
Yo á este duelo, cierto es,
Que no habrá engaño ó traicion,
Ventaja ó alevosía.
Yo os hago seguro el dia,
El campo y la ejecucion.   [*Riñen.*

Arm.   Los dos riñen, que testigos
De tus relaciones fueron.
Lind.   ¿Tan presto pasar pudieron
Desde amigos á enemigos?
Flor.   No has de ser conquistador
Desta aventura, viviendo
Este brazo.

Ros.   Yo defiendo,
Que la merezco mejor.
Flor.   Que la merezcas, ó no,
Yo he de firmar el cartel.
Sir.   Por tí es el campo cruel.
Lind.   Pues remediarélo yo. —
Ha del monte!   [*Dejan de reñir.*

Flor.   Alma y accion
Son ya despojos del viento.
Ros.   En su mismo movimiento
Se ha helado la ejecucion.
Clar.   Bella muger!
Lind.   Si el trofeo
De la encantada aventura
Hoy vuestro esfuerzo procura,
Que asi del aire lo creo,
Y sobre firmar aqui
El cartel, habeis reñido,
Seña es de no haber leido
Su condicion.

Ros.   Es asi.
Lind.   ¿Pues quién por firmar se mata,
Sin ver lo que ha de firmar?
Flor.   Quien de solo conquistar
Tan nuevos aplausos trata;
Que el que lee la condicion
De la dicha que pretende,
Su mismo valor ofende,
Y agravia su estimacion;
Pues da á entender, que, no siendo
La condicion á su gusto,
No admite la dicha injusto
Temor. Y como pretendo
Yo esta dicha conquistar,
Con cualquiera desta suerte,
Por firmar, me doy la muerte,
Sin ver lo que he de firmar.

Ros.   Yo, desa voz advertido,
Confieso, que pude errar

En atreverme á firmar
Condicion, que no he leido;
Y asi he de leer el cartel,
Para aumentar mis blasones,
Sabiendo las condiciones
Con que cae mi firma en él;
Pues mas valor muestra quien
Á reñir osa salir,
Sabiendo que va á reñir,
Que no, aunque riña tambien,
El que en la ocasion se halló,
Pues uno y otro valiente,
Aquel vé el inconveniente
Que atropella, y este no.
Veamos en duda tan grave
Cual mas valor muestra ahora,
Quien firma riesgos que ignora,
Ó quien firma los que sabe.
[*Lee el cartel.*] ,,El caballero diestro y animoso,
   Que en el certámen muestre la osadía,
   Y á Meridian prefiera generoso
   En la gala, el ingenio y valentía,
   Será Rey de Tartaria, será esposo
   De Lindabrídis, cuya monarquia
   Le aclama en posesion quieta y segura,
   Rey de un imperio, Dios de una hermosura.''
,,Aquel empero, que, al amor rendido,
   Al castillo los términos profane,
   En cuanto de los zéfiros movido,
   Montes pise, ondas sulque, aires allane,
   Quedará de la accion desposeído,
   Ni consiga laurel, ni precio gane,
   Que ha de vagar, deste peligro esento,
   Páramos de cristal, golfos de viento.''
,,Aquel tambien osado caballero,
   Que por zelos, por ira y por venganza,
   En los términos dél saque el acero,
   Pierda el triunfo, el laurel y la esperanza.
   Y no, porque á firmar llegue primero,
   Impida que otro firme, pues alcanza
   Mas aplauso, mas fama, mas victoria,
   Quien corona de méritos la gloria.''
[*repr.*] No leo mas; y pues no impide
Mi fe otro competidor,
Porque veais, que mi amor
Con mi obediencia se mide,
Vuelvo á la vaina el acero;
Que no tengo yo de hacer
Hazañas para perder
Dichas, que ganar espero.
Flor. Cese entre los dos aqui
La lid, pues asi tendrás
Tú en mí una victoria mas,
Y yo un triunfo mas en tí.
Y en tan firme competencia,
Siendo la pluma un puñal,
Que en el papel de metal
Escriba con resistencia,
Firma tu nombre.
Ros.   Sí haré.
Flor. Y yo al cielo haré testigo
De pleitear y ser tu amigo.
Ros. Eso no hago yo.
Flor.   Por qué?
Ros. Porque en pleitos de aficion
Es vil la conformidad,
Y zelos, sobre amistad,
Muy infames zelos son.
Ni sé yo, que honor y fama
Puedan acabar conmigo,
Que tenga yo por amigo
Á quien pretende á mi dama.
Y asi hemos de ser los dos
Contrarios desde este dia;

Que en amor no hay cortesía.
Flor. Dices bien; á Dios.
Ros.   Á Dios. [*Vanse los dos.*
Arm. Bizarros han procedido.
Sir. Valiente es el Rosicler
De Tracia.
Arm.   Pudiera ser
Habérmelo parecido,
Si el competidor no fuera
El persiano Floriseo.
Lind. Ninguno á mis ojos creo
Que ese afecto les debiera,
Mientras tuviesen delante
Al gallardo caballero,
Que, llegando á ser tercero,
Tan cortes, como arrogante,
Fue primero en el valor,
El brío y el desenfado.
Sir. ¡Qué suspenso se ha quedado,
Estatua viva de amor!

     Sale MALANDRIN.

Mal. Ya, señor, que se ausentaron
Los dos, que á reñir vinieron,
Y que, si no lo riñeron,
Por lo menos lo parlaron,
Me atrevo á llegar aquí;
Que, si la cuestion durara,
En mi vida no llegara;
Porque yo en mi vida fui
Amigo de meter paz,
Desde un dia, que llegué,
Riñendo dos, y el que fue
El riñon mas pertinaz,
Me abrió un geme de cabeza,
Por abrirla á su enemigo;
Y luego cortes conmigo,
Me dijo con gran tristeza:
(Cuando ya estaba en poder
De la quirurga impiedad)
Caballero, perdonad;
Que yo no lo quise hacer.
Clar. ¿Qué de burlas, Malandrin,
Vienes á darme la muerte?
Mal. Pues qué tenemos?
Clar.   Advierte,
Que hoy es de mi vida el fin.
Aquesa fábrica bella,
Que escalar al cielo ves,
La de Lindabrídis es,
Y Lindabrídis aquella,
Que con hermoso arrebol
Da á los campos alegría,
Sin que le haga falta al dia,
Irse ya poniendo el sol.
Qué hermosa es! Valedme, cielos!
Pero mirola zelosa;
Que quizá no es tan hermosa,
Á quien la mira sin zelos.
Válgame el cielo! ¿Esta es
Aquella ligera torre,
Que en el mundo vuela y corre,
Sin tener alas ni piés?
¿Y esta la que dia y noche
(De verla me maravillo)
Dice: pónganme el castillo;
Como si dijera, el coche;
Cuya caja es cal y canto,
Que por un encanto rueda?
Aunque en esto á otros no exceda,
Pues no hay coche sin encanto,
Diciendo muy sin cuidado:
Anda al reino del Mogor,
Como á la calle mayor,

[*Firma.*] *Mal.*

[*Firma.*

Á las vistillas ó al prado.
Y caminando ligero,
Que el sol no puede igualallo,
Ni se le manca un caballo,
Ni se emborracha un cochero.

Clar.   Este......   Calla ya.
Mal.   Ay de mí!
No hablaré mas que un jumento.

Clar. Dame, amor, atrevimiento, [*aparte.*
Y empiece tu engaño aqui. —
Si el respeto ó el temor,
Con que á los umbrales llego
Deste encantado prodigio,
Fábula hermosa del tiempo,
Puede merecer, señora,
Cortes aplauso en un pecho,
Que labró amor de diamante,
Dad licencia á un caballero,
Que cortesano del mar,
Que ciudadano del viento,
Batió, hasta llegar á verte,
Las alas de sus deseos.
Sagrado voto de amor
(Mejor dijera de zelos) [*aparte.*
Á su templo me trae, donde
Rendido, humilde y sujeto,
Os sacrifico en sus aras
Un alma y mil pensamientos;
Y aun son pocos, cuando á vos
Os adoro y os respeto
Por ídolo de su altar,
Por imágen de su templo.
No sé, si el voto cumplí,
Hermoso encanto, con esto;
Pues quien va á cumplir un voto,
Se suele tener por cierto,
Que va á dejar las prisiones,
Y yo por prisiones vengo.
El Príncipe Claridiano
Soy, de Trinacria heredero;
Mis vasallos son el Etna,
El Volcan y el Mongibelo.
¿Veis cuanto fuego os he dicho?
Pues muy poco os lo encarezco;
Que es bien que un Príncipe amante
Vasallos tenga de fuego.
Para creencia los traigo
Conmigo, el Etna en el pecho,
El Mongibelo en el alma,
Y el Volcan en el aliento.
Dad pues licencia á que escriba
Con el buril deste acero
Mi nombre; no porque entienda,
Que galan, valiente y cuerdo
Pueda merecer, señora,
Desa hermosura el imperio,
Sino porque entienda solo,
Que morir amando puedo;
Pues yo con morir amando,
Cumpliré con mis afectos.
Mirad á cuan poco aspiro,
Mirad cuan poco me atrevo,
Pues licencia de morir
Os pido de cumplimiento.
Y esta solo porque diga
En mi sepulcro un letrero:
Aqui yace aquel amante,
Que quiso morir primero,
Que ver al dueño, que amó,
En los brazos de otro dueño.
Y es verdad; (pues á estorbarlo [*aparte.*
Desde la Trinacria vengo;)
Que si tengo de morir

De estorbarlo ú de saberlo,
Mejor será de estorbarlo;
Que es muy cobarde ó muy necio
El que se deja morir
Del mal, y no del remedio.
No me entendereis; no importa;
Que soy un enigma ciego,
Tal, que apostando conmigo,
Aun yo mismo no me entiendo.
Mas porque nunca os quejeis
De que os engañé, os advierto,
Que en todo cuanto os he dicho,
Os digo verdad, y os miento.

Lind. Príncipe Trinacrio ilustre,
Cuyo valor, cuyo ingenio
Dirán bien espada y pluma,
Competidas á su tiempo,
Licencia para firmar
Las condiciones del duelo
Teneis, que en pública lid
Á ningun aventurero
Se ha negado. Á lo demas;
Ni respondo, ni me atrevo;
Que si vos no os entendeis,
En mí no será defecto
El no entenderos á vos.
Mas por hablar en el mesmo
Estilo vuestro, os respondo,
Que el venir os agradezco,
Pero no el haber venido,
Pues lo estimo y lo aborrezco;
Porque tambien soy enigma
Yo, que á dos sentidos tengo
Dos luces. Si no entendeis,
No importa; que yo me entiendo. —
¡Válgate el cielo por jóven, [*aparte.*
En qué confusion me has puesto!
            [*Entranse las Damas.*

Mal. ¡Cielos, qué de disparates
Atinados y compuestos
Os habeis dicho! Y habrá
Quien diga, que son conceptos,
Sin haberlos entendido.

Clar. ¡O qué cansado y qué necio
Estás, riyendo y burlando,
Cuando yo amando y muriendo!

Mal. Ya los dos estamos solos,
Nadie nos oye; bien puedo
Hablar contigo, señora.
Si vienes con este intento
Determinada á estorbar
El amor ó los deseos
De aquel descortes amante,
El caballero del Febo,
Que á estas aventuras vino,
Y hallaste para este efecto
Ese arrogante caballo
Tan desbocado y soberbio,
Que, cuanto mas le corrige
La disciplina del freno,
Tanto mas corre, y se para
Cuando siente sobre el cuello
Suelta la rienda; si en fin,
Volando en él tanto viento,
Tanta tierra y tanto mar,
Has dado en este desierto
Con el castillo, si en él
Ha empezado tu deseo
Tan felizmente, qué temes?

Clar. Que soy desdichada temo.
Á competir he venido
(Es verdad, yo lo confieso)
Al Febo en esta aventura,
Porque en ciencias y armas tengo

Experiencias y noticias,
Con que aventurarme puedo
Á salir con la victoria;
Y siendo yo sola dueño
De Lindabrídis, dejar
Burlados sus pensamientos;
Pero cuanto (ay de mí triste!)
Atrevida vine, luego
Que la ví, quedé cobarde;
Que este es natural secreto,
Que trae consigo el temor.
Bien en los campos del viento
Lo dice la garza, aquella
Nave de pluma, que, haciendo
Proa el pico, vela el ala,
Timon la cola, el pie remo,
Sulca grave, vuela altiva,
Hasta que se pasa al fuego,
Á ser mariposa en él,
Por vivir otro elemento;
Pues aunque al paso le salgan
Mil pájaros bandoleros,
Que son ladrones del aire,
De ninguno tiene miedo,
Sino de aquel solamente
De quien ha de ser trofeo;
Y así, erizada la pluma,
Y el copete descompuesto,
Tiembla y huye, hasta que deja
La vida á sus manos, siendo
Flor despues de haber caido,
La que fue estrella cayendo.

Mal. Sobre los afectos reina
La razon.

Clar.　　　　Bien dices; quiero
Firmar el cartel, y dar
Principio al fin. Mas qué es esto?
La primera firma dice:
El caballero del Febo.
¡Dadme paciencia, cielos,
Si puede haber paciencia donde hay zelos!
Ay ingrato! ¿Para mí
Firmas en arena fueron
Tus palabras, que duraron
Á la discrecion del viento?
¿Para Lindabridis bella
Firmas en bronce y acero,
Que vivirán inmortales
Á la duracion del tiempo?
¿Para mí escribiste en agua
Tantos perdidos requiebros?
¿Y para ella en bronce escribes
La constancia de tu pecho?
¿Á ella fineza, á mí olvido?
¿Á ella agrado, á mí desprecio?
¿Á ella firme, á mí mudable?
¿Á ella apacible, á mí fiero?
¡Dadme paciencia, cielos,
Si puede haber paciencia!

Dentro FEBO.

Feb.　　　　　　Fuego, fuego!
Clar. ¿Qué voz es tan temerosa
La que en repetidos ecos
Quitó el impulso á mi accion,
Hurtó el número á mi acento?
Mal. Sobre el campo de Neptuno
Un Etna, señora, veo,
Que, brotando llamas, hace
Guerra de dos elementos.
Clar ¿Quién vió jamas (o que horror!)
En campos de nieve ardiendo
Montañas de humo? ¿Quién vió
Abortar el agua fuego?

Mal. Bajel es.
Clar.　　　　No dices bien;
Porque alumbrando su incendio,
Todo el bajel es farol,
Antorcha ya de sí mesmo.
O Neptuno, si eres Dios,
¿Cómo sufres, que en tu reino
Jurisdiccion de otra esfera
Esté abrasando, en desprecio
De tus ondas? ¿No te corres,
Que tu contrario soberbio
Entre en los términos tuyos,
Tiranizando tu imperio?
Mal. Norte vocal sean mis voces.
Á tierra!

　　　　Sale FEBO *cayendo.*

Feb.　　　　Valedme, cielos!　　　[*Se desmaya.*
Clar. Mísero aborto, que el mar,
Por despojo desa guerra,
Dió de barato á la tierra,
Ya bien puedes respirar.
Vuelve en tí, vuelve á alentar.
Mas ay! que sangrienta y dura
El agua su fin procura;
Y así á la tierra la advierte;
Pues que yo le dí la muerte,
Dale tú la sepultura.

[*Pónese* Claridiana *una banda al rostro, y llega
á* Febo.

Mal. Es verdad; que yerto y frío
Yace.
Clar.　　　Y yo, de asombros lleno,
Tropiezo en el mal ageno,
Y voy cayendo en el mio.
De mi muerte desconfio,
Porque mi vida me asombre,
Y porque infeliz me nombre.
Detente, no espires, sol;
Deja, deja un arrebol
Compadecido á tu nombre.
Que Febo (mísera suerte!)
Es (tragedia lastimosa!)
El que (pena rigurosa!)
Arrojado (trance fuerte!)
Del mar (miserable muerte!)
Llegó (tirano rigor!)
Á mis pies, (fiero dolor!)
Porque así, (valedme, cielos!)
Cuando él me mata de zelos,
Le vea yo muerto de amor.
Bien digo; pues sus rigores
Es razon que yo presuma,
Que los castigó la espuma,
Que es madre de los amores.
Ya son mis penas mayores.
Llorad, ojos, sentid, labios,
No os acordeis poco sabios
De ofensas hechas y dichas;
Que es vil quien en las desdichas
Se acuerda de los agravios.
Cesen pues venganzas fieras,
Y haga finezas mi fe.
Vivieras, o Febo, aunque
En otros brazos vivieras.
Estas son las verdaderas
Muestras de quien quiere y ama.
¡O mar, o bajel, o llama,
Ya es occidente cruel
Tu teatro, pues en él
Murió Febo!
Feb.　　　　Quién me llama? [*Vuelve en sí.*
¿Dónde estoy, piadosos cielos?
Clar. Albricias, alma! Mas no; [*aparte.*

Que si él vuelve á vivir, yo
Volveré á morir de zelos.
Mas viva él, y mis desvelos
Vivan, si en tan breves plazos,
O amor, ataste sus lazos,
Y mi fe milagros labra,
No me tomes la palabra
De que viva en otros brazos.

Feb. ¿Quién eres tú, que con llanto
La voz en el aire quiebras,
Y mis exequias celebras?

Clar. Quien sintió tu muerte, cuanto
Siente ya tu vida, tanto
Es mi asombro duro y fuerte,
Que en tu vida y muerte advierte
Una pena dividida,
Pues muerto te diera vida,
Quien vivo te dará muerte.
Y asi, pues pasó el severo
Rigor, y pues vivo estás,
No tengo que esperar mas;
Cobra ese perdido acero;
Que cuerpo á cuerpo te espero,
Donde á mi honor dé esta palma.

Feb. Hombre, que en tan triste calma
Para mi desdicha has sido
Un enigma con sentido,
Un laberinto con alma,
¿Cómo mi muerte sentiste,
Si de darme muerte tratas?
¿Cómo viviendo me matas,
Si muriendo no lo hiciste?
Si piadoso entonces fuiste,
¿Cómo ahora eres tirano,
Y tienes, cruel é inhumano,
Siendo amigo y enemigo,
En una mano el castigo,
Y el favor en otra mano?

Clar. Como, cuando muerto estabas,
Tu muerte, Febo, sentia;
Cuando estás vivo, la mia,
Que tú la muerte me dabas.
Muerto lástima causabas;
Vivo causas pena; asi
Puedes argüir aqui
Mis desdichas, pues es cierto,
Que tú, ni vivo, ni muerto,
No eres bueno para mí.

Feb. Si vivo ni muerto espero
Vencer rigor tan esquivo,
Si te he de enojar si vivo,
Si te he de ofender si muero,
Defender mi vida quiero.
Siente el verme vivo, pues
Medio para los dos es,
Hacer que el rigor dilates,
Y que ahora no me mates,
Si me has de llorar despúes.
Una herida, que he sacado
Del mar, no importa.

Clar.   Ay de mí!
Herido estás, Febo?

Feb.   Sí.
¿Mas qué cuidado te ha dado?

Clar. Lo que es piedad, no es cuidado.

Feb. Pues si piedad sola ha sido,
Riñe.

Clar.   Soy tan atrevido,
Que con ventaja no quiero.
Cúrate, y cobra primero
Sangre y fuerza, que has perdido;
Que yo te buscaré.

Feb.   Pues

Guíame á esa torre bella.

Clar. Eso no; no has de ir á ella.

Feb. Por qué?

Clar.   Porque el sitio es
De Lindabrídis.

Feb.   Tus pies
Mil veces me da á besar.
Piadosos son fuego y mar.

Clar. Mucho?

Feb.   Sí.

Clar.   Pues el acero
Esgrime; que ya no quiero
Que te vayas á curar.

Feb. Pues ya no quiero reñir
Yo; que á su vista, es perder
Las esperanzas de ser
Su dueño; y pues argüir
Puedo, á medio discurrir,
Que zelos la causa son
De tu pena y tu pasion,
No me puedes obligar
Á reñir, hasta llegar
Del duelo la ejecucion;
Que cuando hay tiempo aplazado,
No es mengua de un caballero
Tener cortes el acero.

Clar. Bien en la ocasion has dado
De mi pena y mi cuidado,
Porque zelos me han traido
Amante y favorecido
De Lindabrídis,......

Feb.   Ay cielos! [aparte.

Clar. Tenga zelos quien da zelos. — [aparte.
Á estorbar que tú atrevido
Intentes esta aventura.

Feb. ¿Doyte yo mas que temer
Que todos?

Clar.   Tú no has de ser
El dueño de su hermosura.

Feb. ¿Pues tu temor qué asegura?

Clar. Tantos favores lograr,
Como tengo.

Feb.   O qué pesar!
Muchos?

Clar.   Sí.

Feb.   Pues el acero
Sacaré; que ya no quiero
Yo tampoco irme á curar.

Clar. Ni yo reñir; que advertido,
No he de perder la esperanza.

Feb. Pues tiempo habrá á tu venganza.

Clar. Por estar aquí, y herido,
Hoy la dilato, y te pido,
Tomes ese bruto, en quien
Irte á curar; porque es bien
Cuidar, Febo, desa herida.

Feb. ¿Qué te importa á tí mi vida?

Clar. Mucho.

Feb.   Y mi muerte?

Clar.   Tambien.

Feb. No te entiendo.

Clar.   Yo me entiendo.
Toma el caballo.

Feb.   Sí haré.

Clar. Mis zelos estorbaré; [aparte.
Pues en el bruto corriendo,
De aquí ausentarle pretendo;
Deje el campo á mi dolor.

Feb. O qué rabia!

Clar.   O qué rigor!

Feb. Qué desdicha!

Clar.   Qué desvelos!
Vete ya.

Feb.   Á morir de zelos.
    Quédate.
Clar.   Á morir de amor.

JORNADA II.

Suena dentro Música, y sale MALANDRIN.

Mal. Despues de la salpicada,
Mil instrumentos oí.
Si fuera comedia, aqui
Acabara mi jornada.
Mas puesto que no lo es,
Y que prosiguiendo va,
La música suplirá
Ausencias del entremes.
Por lo menos extrañeza
Será de ingenio saber,
Que hoy todo cuanto hay que ver,
Es cortado de una pieza.
Y esto aparte. Vive Dios,
Que él se ha puesto en el caballo,
(Ya nunca podrá parallo)
Y á un mismo tiempo los dos,
Y el sol me dejan á obscuras
En un monte. Ya qué espero?
No fuera andante escudero,
Á no verme en aventuras.

Sale FLORISEO *y un Coro de Música.*

Flor. Pues que ya la noche fria
Temerosamente asombra,
Y baja la negra sombra
Pisando la falda al dia,
Cantad. Tenga una vez salva
La negra noche al bajar;
Que no siempre ha de envidiar
Á los músicos del alba.
Decid al segundo sol,
Que da al primero desmayos,
Que, en ausencia de sus rayos,
Soy humano girasol.

Sale ROSICLER *y un Coro de Música por el otro lado.*

Bos. Pues Lindabrídis permite,
Hasta el fin de tanto empleo,
Ló que es cortes galanteo,
Y estas licencias admite,
Mientras yo digo llorando
Mi mal, pues yo lo sentí,
Quien no le siente, por mí
Le podrá decir cantando.
Cor.1. Bellísima Lindabrídis,
¿Para qué tus ojos buscan
Nuevos encantos, teniendo
El mayor en la hermosura?
Cor.2. ¿Para qué buscas mas rayos,
Si sale la aurora tuya
Compitiendo con las selvas,
Cuando las flores madrugan?
Flor. Desotra parte del monte
Sonoras voces se escuchan.
Ros. Este es Floriseo, que asi
Dichas, que yo pierdo, busca.
Mal. Vísperas son á dos coros;
No será muy mala industria,
En tanto que cantan ellos
La copla, hacer yo la fuga.
    [Vase hácia ROSICLER.
Cor.1. Despojos son de tu planta

Bellas flores, fuentes puras,
Porque ambicioso el Abril
Para tu adorno las junta.
Cor.2. Y porque el aire no esté
Zeloso de su ventura,
Los pájaros en el viento
Forman Abriles de pluma.
Ros. Bajeza es, que un hombre noble
Declarados zelos sufra;
Mas es nueva ley de amor;
La obediencia me disculpa.
Mal. Por esta parte se acerca *[aparte.*
Á mí un bulto ó una bulta,
Que no sé, si es hembra ó macho;
Y solo sé, que se junta
Mas de lo que yo quisiera.
Ánimo, todo es fortuna;
Quizá será otro gallina
Como yo, y en esta duda
Seamos valientes de miedo. —
Caballero, á mí me injurian
Esas voces, que al aurora
Destas montañas saludan;
Y asi mandadles que callen.
Ros. Este hombre viene sin duda *[aparte.*
Á reconocerme y darme
Ocasion con que mi furia
Pierda el derecho de ser
Acreedor desta aventura.
Venceréle con callar,
Vengando mi pena injusta
En que canten, pues le ofenden.
De cuantos una hermosura
Hizo valientes, á mí
Me hizo cobarde, no hay duda;
Pues por no perderla siempre,
Hago lo que no hice nunca.
Cor.1. ¡Ay Lindabrídis bella, hermosa y pura,
Milagro del amor y la hermosura!
Cor.2. ¡Ay Lindabrídis pura, hermosa y bella,
Que eres del cielo flor, del campo estrella!
    [Retírase ROSICLER.
Mal. ¡Vive Apolo, que se vuelve! *[aparte.*
¿Esto es ser valiente á obscuras?
No hay cosa mas fácil. Otro
Desta parte está; pues dura
El susto, dure el remedio. —
Esas voces, que se escuchan,
Á un zeloso amante ofenden,
Caballero, y le disgustan;
Callen, si acaso hay remedio
Para que callen en bulla
Músicos, que cantan mal.
Flor. Esta es cautela ó industria *[aparte.*
De Rosicler, que ocasiona
Mi valor, porque desnuda
La espada, y las esperanzas
Pierda de dicha tan suma;
Pues no ha de lograr su intento.
Hoy amor al valor supla,
Que huir de amante en la ocasion,
Mas, que bajeza, es cordura. *[Retírase.*
Mal. ¡Viven los cielos, que son
Gallinas, sin duda alguna!
Que si esperaran un poco
Sin huir, (hay tal locura!)
Huyera yo.
Flor.   Cantad siempre. *[Vase.*
Ros. No dejeis de cantar nunca. *[Vase.*
Cor.1. Suspiros son de un amante
Cuantos el eco pronuncia;
Lágrimas son de un zeloso
Cuantas las flores inundan.
Cor.2. Porque asi fuentes y flores

Con' sonora voz, y muda,
De su belleza engañados,
Por aurora la saludan.
Toda la mus. Ay Lindabrídis! etc.
Mal. ¿Dueño yo de la campaña
Y músicos? Hay tal burla?
Ó está todo el mundo loco,
Ó borracha la fortuna.
Si me valiera la hazaña
En esta ocasion alguna
Alhaja manducativa,
Fuera notable ventura. —
Ha del castillo! Si non
Yace la Infanta desnuda,
Catadla, que á un agujero
Asome su fermosura.
Malandrin de Trapobana
Soy, de allen que vengo en fucia,
Si ella es la vana, é yo el trapo,
De facer dos almas una.
Si non cuida de salir,
Salga cual que dama suya,
É si non dama pulgare,
Menina su ausencia supla,
Ya de la cámara sea,
Magüer que non de la ayuda.
Non la hay? Pues sea mondonga;
¿Que á quién mondongas no escuchan?
Ó si no, salga una dueña;
Que dueñas non faltan nunca.
Non hay dueña? Yo dichoso,
Iréme por la espesura
A buscar quien me socorra,
Fablando vegadas muchas,
[*cant.*] Quien no tiene ventura,
Aun dueñas no hallará, si dueñas busca. [*Vase.*

*Ábrese el castillo, y salen como á un jardin, que
estará fingido dentro dél,* LINDABRÍDIS *y las
Damas, dejando abierta la cueva del* FAUNO.
Cor. 1. Amorosos sacrilegios
Esta novedad disculpan,
Porque en su misma belleza
Estan la culpa y disculpa.
Cor. 2. Pues cuando deidad la adoran,
Y cuando beldad la juran,
Mirando sus ojos bellos,
Quedan vanos de su culpa.
Toda la mus. Ay Lindabrídis! etc.
Sir. Bien los dos competidores
Cortesanamente usan
De la licencia de amantes,
Celebrando tu hermosura
En dulces versos.
Lind. Bien dices;
Pero yo no supe nunca,
Que gallardos caballeros,
Que andan buscando aventuras,
Con músicos caminasen.
Sir. Quien de hacer obsequios gusta,
Jamas le falta ocasion,
En cualquier parte la busca;
Cerca está Constantinopla.
Y como las leyes tuyas
Les dan licencia de amarte
Y no de verte, procuran,
Que donde no entran sus ojos,
Entren sus penas ocultas
Y disfrazadas.
Lind. ¡Qué bien
Al compas suyo murmuran
Las fuentes destos jardines,
Que el canto á las aguas hurtan!
Sir. Esta alfombra, que tejió

De mastranzos y de juncia
El Abril, formando en ella
Un florido catre, á cuya
Belleza corona es
El pabellon de una murta,
Trono será de la aurora,
Si tú su dosel ocupas.
Lind. Desde aqui se oyen mejor
Dulces canciones, que anuncian
Anticipada la aurora.
[*Siéntase, y queda como dormida.*
Sir. Y ella por verte madruga.
Arm. Pues la Princesa se queda
Aqui, Sirene, segura,
Ven donde oigas tono y letra
Mejor.
Sir. Vamos, si tú gustas. [*Vanse.*
Toda la mus. Ay Lindabrídis! etc.

Sale FAUNO *por la cueva.*

Faun. Cuando de la opuesta boca,
Por quien bosteza esta gruta,
Aborto fui, con intento
De que la cobarde turba,
Siguiéndome, se quedara
Sepultada en las obscuras
Entrañas de aqueste monte,
Que los sirviese de tumba,
Y vuelvo á escuchar gemidos,
Penas, lástimas y angustias,
Me informan voces sonoras,
Que á la obscuridad nocturna,
Como si ella fuera el alba,
Alegremente saludan.
Y aun no paran mis sentidos,
Contentos con una duda;
Pues extrañan lo que ven
Mucho mas, que lo que escuchan.
¿Á la boca de mi albergue
Fábricas de arquitectura
Tan hermosa, que las piedras,
Aun mas que la luz, alumbran?
¿Aqui fuentes y jardines,
Espejos, cuadros, pinturas?
Duermo, ó velo? sueño, ó vivo?
¿Mas qué dudo, que en confusas
Imágenes haga el sueño
Estas sombras y figuras? —
Bárbaros Dioses de un Fauno,
Que á las sangrientas y duras
Aras vuestras consagró
Cuantos mortales la inculta
Playa desta isla tocaron,
Dadme favor, dadme ayuda;
Que una admiracion me ciega,
Que una deidad me deslumbra,
Una beldad me suspende,
Y todo un cielo me turba.
¿Si es la Diosa, que este templo
Habita? Sí; ¿quién lo duda?
No en vano pues la adurmieron
Voces, que los vientos sulcan,
Fuentes, que las flores mojan,
Arroyos, que el prado cruzan,
Copas, que el aire detienen,
Auras, que mansas murmuran,
Hojas, que apacibles suenan,
Flores, que sus plantas buscan;
Pues voces, fuentes, arroyos,
Copas, vientos y hojas mudas,
Todos dicen, que esta es
La Diosa de la hermosura.
Mas otra duda me queda,
Si es viva, ó si es escultura,

Adorno destos jardines;
Que para todo hay disculpa;
Para estar viva, en dar muerte
Á quien á su luz se junta;
Para estar muerta, en dar vida
Á quien sus milagros busca.
Luego si da vida y mata,
Si da muerte y asegura,
Para dar vida y dar muerte,
Estará viva y difunta.
    [*Llega á tomarla la mano.*
¿Atreveréme á tocar
La blanca mano, que injuria
La nieve? Sí. Mas, ay cielos!
Que me abrasa su blancura.
Muger, Deidad, ó quien eres,
¿Qué veneno es el que oculta
Este áspid de jazmin?

Lind.   ¿Quién   [*Despierta.*
Me llama? Ay de mí!

Faun.   No huyas.

Lind. No podré; porque el temor
Con prision de hielo anuda
Mis pasos. Fiera ú hombre
Silvestre, Deidad inculta,
¿Cómo te atreviste, cómo,
Á profanar la clausura
De un castillo, donde el sol,
Si entra, entra con la disculpa
De que viene á traer el dia,
Y entra en él, porque le alumbra?

Faun. Como yo soy mas que el sol
Atrevido; y si él se excusa
De tu enojo, por traer
La luz, yo con menos culpa,
Porque vengo á traer la sombra;
Que esa bóveda profunda
Es el seno de la noche,
Y yo quien su seno ocupa.

Lind. Arminda! Sirene! Flora!

    Salen ARMINDA *y* SIRENE.

Sir. Qué das voces? Suerte injusta!
Arm. Qué mandas? Horror extraño!
Sir. Grave mal!
Arm.   Desdicha suma!
Faun. ¿Son estas las que han de darte
El favor? Porque la duda
Queda en pie, ¿quién ha de darles
Favor á ellas? Llama, junta
Muchos enemigos destos,
Será mejor la fortuna
De morir á tales manos,
Aunque ya lo esté á las tuyas.
Todas son bellas; mas tú
Te avienes con su hermosura,
Como el clavel con las flores,
Como las estrellas puras
Con los claveles, los signos
Con las estrellas, la luna
Con los signos, y con ella
El sol, que á todos sepulta.
Deja, deja, que á beber
Vuelva la sed, que me angustia
Este tósigo de nieve.

Lind. Antes seré de tu furia
Breve despojo. — Dad voces!
Sir. Yo estoy turbada.
Arm.   Yo muda.
Lind. ¡Caballeros, al castillo!
Que á manos de la sañuda
Fiera destos montes muero.
Dadme favor! dadme ayuda!
Sir. ¡Al castillo, caballeros!

Que vuestra gloria difunta
Á manos de un monstruo yace.

    Dentro ROSICLER *y* FLORISEO.

Ros. Sirena, las voces tuyas
No me engañarán, que atado,
Al árbol de la fortuna
Estoy.
Flor.   Cocodrilo aleve,
Que voz humana pronuncias,
No me vencerá tu encanto.
Lind. ¡Ha leyes de honor injustas!
¿Cuál es la dama, que ver
Cobarde á su amante gusta?
Flor. Responded cantando siempre.
Ros. No dejeis de cantar nunca.
Arm. ¡Al castillo, caballeros!
Faun. Escaparte no presumas.
Lind. ¿Cómo estan sordos los cielos
Á mi voz?
Faun.   Como en mi injuria
Los cielos no oyen.
Lind.   ¿Los montes
Cómo no se descoyuntan?
Faun. Son los montes mis vasallos.
Lind. Las fieras?
Faun.   Temen mi furia.
Lind. Los hombres?
Faun.   No se me atreven.
Lind. Los rayos?
Faun.   Mi voz los turba;
Que soy rayo, muerte y fiera.
Lind. Yo rabia, veneno y furia. —
¡Caballeros, al castillo!
Romped las leyes injustas.
¡Al castillo, caballeros!
    [*Éntranse todas y síguelas* FAUNO.

    Sale CLARIDIANA.

Clar. ¿Mi valor qué dificulta,
Que no entra á ver, qué ocasion
El monte de horror ocupa?
¿Qué aventuro en esto yo?
¿Las esperanzas futuras
De Lindabrídis qué importan,
Si yo no las tuve nunca?   [*Vase.*

    Vuelven á salir el FAUNO, LINDABRÍDIS,
      CLARIDIANA *y las Damas.*

Lind. ¡Que esten sordos los cielos!
¿Qué mucho, si el amor lo está, y los zelos?
Clar. No asi al amor ofendas,
Ni deslucir su vanidad pretendas;
Que yo por él satisfacerte espero.
Faun. Qué bello jóven! [*aparte.*
Clar.   Qué galan tan fiero! [*ap.*
Lind. ¡Qué desdichada suerte, [*aparte.*
Si mi vida redimo con su muerte!
Faun. No sé qué nuevas ansias he sentido [*aparte.*
Que dan este en su favor haya venido,
Que de un veneno tengo el pecho lleno,
Y se hace mas lugar otro veneno.
Clar. Semidios destos montes,
Que, llenando de horror sus horizontes,
Por no ser fiera y hombre en una esfera,
Dejaste de ser hombre, y no eres fiera:
Esa belleza vive
Á cuenta deste acero. Asi apercibe
El nudoso baston, que partir quiero
Contigo el sol.
Faun.   Pues yo llevarle entero;
Que si es sol la belleza
Desta excelsa deidad, fuera bajeza
Partirle, ni aun un rayo; y mas contigo,

Que eres, puesto conmigo,
Átomo comparado
Al sol, cardeno lirio cotejado
Al ciprés eminente,
Mendigo arroyo al rápido corriente
Del Nilo, sombra pálida y pequeña
Á la inmensa estatura desta peña.

Clar. No, bárbaro, blasones,
Ni de agenos aplausos te corones;
Que, si eres sol, soy luna,
A cuyo eclipse mengua tu fortuna;
Si ciprés, soy la muerte,
Que en fúnebre arrebol hoy le convierte;
Si Nilo, mar sediento, que le bebe,
Si montaña, homenage soy de nieve,
Que su eminencia inclina,
Cuando á rayos de hielo le fulmina.

Faun. Acis, mancebo desta Galatea,
Si soy el Polifemo vuestro, sea
Este baston, ya que no aquella roca,
Urna mucha, pirámide no poca.

[*Riñen, dale con el baston á C l a r i d i a n a, y cae.*

Clar. Muerto soy!
Lind. Ay de mí!
Faun.   De qué te espantas?
Mira, mira á tus plantas,
Flor, arroyo, cristal, jardin y fuente,
Salpicados de púrpura caliente;
Y si fiero y sangriento no te obligo,
Cortes amante quiero ser contigo.
Cuanto metal se encierra
En las pardas entrañas de la tierra,
Y cuantas piedras cria
Ese luciente aparador del dia,
Pondré á tu pie de nieve,
Que hidrópica esa cueva se las bebe,
Porque registro fue del peregrino,
Que hallando puerto aqui, perdió camino.
Un breve instante espera,
Y en tanto ese cadáver considera,
Porque admires, teméndole delante,
Valiente y rico á este tu nuevo amante. [*Vase.*

Lind. Muda, cobarde, helada,
Confusa y admirada,
No sé lo que hacer puedo,
Que no me deja qué elegir el miedo.
Aqui (o qué horror!) un triste me suspende,
Alli (o qué pena!) un bárbaro me ofende,
Aqui (qué pasmo!) un jóven agoniza,
Alli (qué llanto!) un monstruo atemoriza,
Aqui (qué desconsuelo!)
Deshojado un clavel, salpica el suelo,
Alli (qué desventura!)
Amante un bruto (ay Dios!) mi fin procura,
Y yo, sin quien me valga en este abismo,
Á manos muero de mi encanto mismo.
¿Qué haré, piadosos cielos?
Pero apelen á mí mis desconsuelos.
Fuera está del castillo, y en su cueva
La fiera horrible; pues eleva, eleva
(O espíritu oprimido
Del mágico conjuro) el atrevido
Vuelo, mi amparo y mi sagrado sea
El viento, que esta fábrica posea;
Llevemos deste bárbaro desierto
Un alma viva en un cadáver muerto.

[*Entra, y cierra el castillo, que desaparece, y queda
el teatro como antes estaba.*

Sale M A L A N D R I N.

Mal. Ha volador castillo! Espera, espera!
No hay mas hablar? se va desa manera?
Que se lleva á mi amo;
Sea cortes, y responda, pues le llamo.

Sale F A U N O *con algunas cajas de joyas.*

Faun. Ya, Lindabrídis bella,
Que eres del cielo flor, del campo estrella,
Podrás llenar las manos y los ojos
En estos...... Ay de mí! Ricos despojos,
Iba á decir, y mudo,
Con ser desdichas, las desdichas dudo.

Mal. ¡Qué salvage tan fiero es el que veo! [*ap.*
Con ser desdichas, las desdichas creo.

Faun. ¿Adónde, adónde tanto alcázar sube?
Ó fábrica eminente, si eres nube,
Que bajaste del trono de Faetonte
Por granizos de piedras á este monte,
Mira, que son prodigios, que me elevan,
Ser tú la nube, y que mis ojos lluevan;
Aguarda, aguarda!

Mal.   Si de noche fuera, [*ap.*
Fuera valiente yo.

Faun.   Detente, espera!
¿Mas quién está testigo á mis ultrajes?

Mal. Un servidor de todos los salvages,
Que por su devocion los ha buscado,
Para servir.

Faun.   Quién eres?
Mal.   Un menguado.
Faun. ¿Viste......
Mal.   La cueva? Sí, y estuve en ella.
Faun. Aquel alma feliz, que á ser estrella
Sube á mejor esfera?
Mal. Y cómo que la ví!
Faun.   Pues di, quién era?
Mal. Lindabrídis se llama,
Que anda buscando al hombre de mas fama,
Al mas valiente y de mejor persona;
Que, aunque es Infanta, ha dado en ser buscona.
Pero esto á nadie espanta;
¿Porque ya que buscona no es Infanta?

Faun. Pues si al de mas valor viene buscando,
Dile que yo lo soy.
Mal.   Si va volando,
Decírselo no puedo.

Faun. Sí podrás; porque yo, (no tengas miedo)
Asiéndote de un brazo,
Te haré volar del aire tanto plazo,
Que, cayendo del mar á esotro cabo,
Llegues primero que ella.
Mal.   El saque alabo.
¿Pero quién hará luego
Conmigo desde allá otro pasajuego,
Que me vuelva á la losa
Con la respuesta? ¿No es mas fácil cosa,
Que paso á paso á Babilonia vamos,
Donde en la lid á todos los venzamos?
Que yo con este escudo y esta espada
Á tu lado me ofrezco á no hacer nada.

Faun. Bien dices, una balsa, bागel breve,
Á los dos ese piélago nos lleve,
Con violencia tan suma,
Que aun no aje los rizos de la espuma.
Desde hoy serás mi guia; ven conmigo. —
Lindabrídis, espero; ya te sigo.

Mal. Venme aqui en un instante
Hecho escudero de un salvage andante;
Y aun con él mas contento la siguiera,
Si Lindabrídis lindo-bríndis fuera. [*Vanse.*

Baja F E B O *en un caballo, atravesando el teatro
de un lado á otro.*

Feb. Hipogrifo desbocado,
Parto disforme del viento,
¿Dónde te cupo el aliento,

Para haber atravesado,
Ya en la carrera, ya á nado,
Tanta tierra y tanto mar?
Hijo ó monstruo singular
Del tiempo debes de ser,
Pues que te enseñó á correr,
Y no te enseñó á parar.
Mas no; que si tu ambicion,
Cuando las riendas te dí,
Haciéndote dueño á tí
De mi desesperacion,
Se paró, no fue esta accion
Del tiempo; ya tu violencia
De la fortuna fue herencia,
Pues pudo en tanto fracaso
Contigo mas el acaso,
Que pudo la diligencia.
¿Qué escuela, di, te ha instruido?
¿Qué leccion, di, te ha enseñado,
Que te desboques llamado,
Y te detengas herido?·
Mas si en un concepto has sido
Tiempo, y en otro despues
Fortuna, ya mejor es
Hacer dos sentencias una,
Pues eres tiempo y fortuna
En andar siempre al reves.
¿Cuál fue tu dueño, me di,
Que con mi vida fiel,
Y con mis desdichas cruel,
Me quiso ausentar asi?
¿Mas qué discurro, (ay de mí!)
Cuando me llego á mirar
En tan remoto lugar,
Lleno de penas y enojos,
Con los míseros despojos,
Que escapé de fuego y mar?
Dónde iré? Pero qué veo!   [Cajas.
Al caer desta montaña,
Que el mar proceloso baña,
Una vega fértil veo,
Que adorna el marcial trofeo,
Pues en varios resplandores
Al monte hacen sus colores
Una hermosa emulacion,
Las tiendas las peñas son,
Y las plumas son las flores.
De la mayor (que es esfera
En los rasgos y bosquejos,
En la luz y los reflejos
Del sol y la primavera)
Sale un jóven, que pudiera
Dar cuidado á Vénus, pues
En solo un sugeto es
Bello Adónis, Marte fiero.
Aqui retirado espero
Saberlo todo despues.

[Escóndese con el caballo entre los bastidores.

*Se descubre una tienda de campaña, de donde
sale* MERIDIAN *armado, con acompañamiento,
y por otro lado el* REY LICANOR, *viejo, y hacen al salir unos y otros salva de caja y clarin.*

Mer. Invicto Licanor, á quien aclama
Gran Rey de Babilonia su fortuna,
Y en cuanto el sol midió con veloz llama,
Siendo una vez sepulcro y otra cuna,
No compitió ninguna con tu fama,
Con tu deidad no compitió ninguna,
Atiende, atiende, y en tu real presencia
Hoy para protestar me da licencia.
Rey. Prosigue, Meridian.
Mer.   Azul esfera,
Rápido Eufrátes, áspera·montaña,

Sagrado muro, bárbara ribera,
Gente, ya propia sea, ya sea extraña,
Testigos sed, que Meridian espera
De sol á sol armado en la campaña,
Tomando testimonio cada dia
De que á sus enemigos desafia.
Sed testigos de como no ha faltado,
Desde que se fijó el cartel del duelo,
De la tela, y el sitio señalado,
Constante al sol, al agua, nieve y hielo;
Que á caballo ó á pie, desnudo ó armado,
Con armas ó sin ellas, hoy al cielo,
Puesta la mano sobre el pomo, jura,
Que Licanor las armas le asegura.
Testigos sed tambien, que tiene armada
Tienda y familia á todo aventurero;
Y que desde que entrare en la estacada,
Le proveerá de armas y dinero;
Y que en defensa de la celebrada
Lindabrídis, no ha entrado un caballero
Á presentarse, y que por tantos dias
Tartaria y la campaña estan por mias.

Tocan cajas, y sale FEBO *á pie.*

Feb. Ínclito Rey del babilonio muro,
Que fue de tanto idioma primer fuente,
Cuando aquel edificio mal seguro
Empinó al orbe de zafir la frente,
Hoy, que la novedad deste seguro
Á tu patria conduce tanta gente,
Que parece, segun la que á ella corre,
Que aun la fábrica dura de la torre:
Da licencia, que un pobre aventurero
Á Meridian en tu presencia diga,   .
Que tiene Lindabrídis caballero,
Que su justicia á defender se obliga;
Y que, si no se presentó primero,
Fue, porque el precio del honor consiga
El tiempo que ha tardado; pues entiendo,
Que el que es César de amor, llegue venciendo.
Rey. Si dese aventurero generoso
Sois escudero, y por seguro envia
Para entrar en la tela, licencioso
Habeis andado en la presencia mia.
Mer. No te enojes, señor, porque animoso
Vuelva á su dueño, y tenga yo este dia
Á quien vencer.
Feb.   Quién vió fortunas tantas? [*ap.*
Rey. Decid que llegue pues.
Feb.   Ya está á tus plantas. [*Arrodillase.*
Rey. Quién es?
Feb.   Yo
Rey.   Loco estás, sin duda alguna.
Feb. Nada al varon magnánimo le asombre,
Que de los accidentes de la luna
Desigualdades participa el hombre.
Al honor acrisola la fortuna,
No le consume. Asi os diré yo el nombre,
Que el trage os ha callado. Yo soy Febo,
Que al sol el nombre como el lustre debo.
De Rosicler hermano······ Mas no es justo,
Que piense yo, que me ignorais, pues creo,
Que ya de mi valor y esfuerzo augusto
Lenguas y plumas son vulgar trofeo·
Supe el campo que haces, y á disgusto
De una dama, que adoro, mi deseo,
Eclipse desde entonces de tu gloria,
Anhelo fue en la sed desta victoria.
En África alcancé aquel prodigioso
Castillo, que á su arbitrio se pasea,
Porque los elementos litigioso
Pleito tuvieron, sobre cuyo sea.
El fuego le examina luminoso,
La tierra sus campañas hermosea,

En su estancia le ven mares y vientos;
Y asi le traen por lid cuatro elementos.
En sus planchas de bronce fui el primero,
Que su nombre imprimió; asi le imprimiera
En un pecho de cera dulce y fiero.
¿Mas quién dudara nunca, ó quién creyera,
Que á los arpones dos de oro y acero
Se enterneciese el bronce, y no la cera?
Yo lo dudara, pues á mi despecho
Va mi nombre en el bronce, y no en el pecho.
Seguirle quise, y sobre riza espuma,
Huésped ya del cerúleo pavimento,
Viví un bajel, que, sin escama y pluma,
Águila fue del mar, delfin del viento.
Mas porque Amor de ciego no presuma,
Á la venganza Júpiter atento,
Fuego introdujo ardiente en nieve fria,
Y el bajel Volcan de agua parecia.
Los marineros, viendo que Neptuno
No tomaba el desprecio con enojos,
Á llorar empezaron, cada uno
Por valerse del agua de sus ojos.
Pero lo que apagó el llanto importuno,
De la voz encendieron los despojos.
¡O cuánto el riesgo en su favor ignora!
¿Pero quién no suspira cuando llora?
Con tanto enojo sus venganzas fragua
El flamígero Dios, que osado y ciego,
Ni al fuego pudo mitigar el agua,
Ni al agua pudo consumir el fuego.
El que el bajel, ya roto, al mar desagua,
Vuelve á la llama á socorrerse, y luego
Que vé la llama, vuelve al mar, de suerte,
Que dió esta vez en que escoger la muerte.
Tan uno el humo con el mar se via,
Tan uno el viento con el mar estaba,
Que, si el incendio ahogaba, el mar ardia;
Y si el agua encendia, el viento ahogaba.
Dígalo aquel que el fuego se bebia,
Dígalo aquel que llamas respiraba,
Ú yo lo diga, pues á todo atento,
Á la sala apelé de otro elemento.
Rompí, pasé y vencí la ardiente llama;
Vencí, pasé y rompí la espuma luego;
Y logrando opinion, ventura y fama,
La amada tierra mido, toco y llego.
Tomé, tuve, logré sepulcro y cama,
Donde confuso, absorto, helado y ciego,
Ira y amor, piedad y rigor hallo
En el dueño feliz dese caballo.
En él vine hasta aqui. Y si haber perdido
Por fortuna en el mar armas y hacienda,
Causa bastante á mi desprecio ha sido,
Yo haré, que el mundo el desengaño entienda.
Haz sin armas el campo que te pido,
Porque no me hagan falta, y yo defienda,
Que ser merece Lindabrídis bella
Reina en el mundo, y en el cielo estrella.

Rey. Febo, de vuestro valor
No dudo, y es bien se crea
De un osado caballero
Mayores fortunas, que estas.
Sucesos tristes ó alegres,
Suertes prósperas ó adversas,
Ni deslucen, ni dan fama;
Que el sol no de serlo deja
Por nieblas que se le opongan,
Por nubes que se le atrevan.
Pero esto aparte, os respondo,
Que yo soy quien hace buena
Esta campaña, y no puedo
Alterar las leyes della.
Caballero, que perdió
(En buena ó en mala guerra,

En buena ó mala fortuna)
El escudo, que es su empresa,
Hasta que por su persona
Otro gane, el duelo excepta.
Y asi, aunque yo sea el primero
Que vuestras desdichas crea,
Seré el primero tambien,
Que guarde á la ley la fuerza.
Fuera desto, no se admite
Caballero, que no entrega
Testimonio de que es él
El mismo que se presenta.
Este es pleito, yo soy juez,
Y no basta que lo sepa
Yo, si vos no lo probais.
Y asi, Febo invicto, es fuerza
Que yo, conforme á lo visto,
Haya de dar la sentencia.
Ganad armas, y volved
Con testimonio y certeza
De que sois el que decis;
Que Meridian os espera,
Y yo os haré bueno el dia,
Partiendo con vos la tierra,
El aire, el polvo y el sol.   [*Vase.*

Feb. Sí haré; y porque no padezca
Ese escrúpulo mi fama,
Mi opinion sea sospecha,
Un breve instante, un minuto,
Y solo con una empresa
Dé el testimonio de mí,
Y gane las armas, sean
Estas las de Meridian,
Porque digan él y ellas,
Que soy yo, y que las gané.
Salga donde......
                    Sí saliera,

Mer. Si me tocara el salir;
Mas quien tiene á su defensa
Un duelo, ó está llamado,
No hay nueva causa, que pueda
Hacerle acudir á otro;
Y asi no respondo. Intenta
Ganar armas y volver;
Que aqui me hallarás. No temas,
Que falte de aqui; porque,
Aunque todo el mundo venga,
No me hará dejar el puesto;
Y asi en él, o Febo, es fuerza,
Pues quedo cuando te vas,
Que aqui me halles cuando vuelvas.
[*Vase, y ocúltase la tienda de campaña.*

Feb. ¿Hay hombre mas infeliz?
¿Aun no bastó la tormenta
Del mar, sino que tambien
La he de correr en la tierra?
¿Yo exceptuado del honor,
Que ilustró tantas empresas?
¿Yo excluido de la fama,
Que dió mas plumas y lenguas
Á los tiempos, que quedaron
Destas fábricas? ¿Yo fuera
Del número de los nobles,
Porque en batalla sangrienta
Perdí de dos elementos
Mi escudo? Mas justa es esta
Infamia, este deshonor;
Pues que no cuidé, que fuera
Menor defecto morir
Con las armas, que perderlas.
Bien nos lo enseña el decreto
Del honor, bien nos lo enseña
La ley de caballería,
Pues en sus fueros ordena,

Que para morir se arme
El caballero, y que muera
De todas armas guarnido,
Y el manto mortaja sea,
Dando á entender, que primero
Pierda la vida, que pierda
Las armas, que del cadáver
Aun son adorno en la huesa.
Pues vive Dios, que esta injuria,
Este enojo, esta violencia
Del mar, del viento y del fuego
Hoy me ha de pagar la tierra,
Pues hoy de sangre manchada
Se ha de mirar de manera,
Que este monte y aquel muro
Ciudad fundada parezca
Sobre el rubio mar; el sol
Ha de mirar su belleza
En espejo de escarlata,
Que el sangriento humor le ofrezca;
Tal que, dejando al morir
Llena de flores la selva,
Y hallándola de corales
Al nacer, piense, que yerra
El dia, y le yerre entonces,
Dando á otra parte la vuelta.
Dos montañas, que columnas
Son de las nubes, estrechan
Este paso, que es por donde
Se ha de pasar á las telas.
No ha de entrar aventurero
Alguno desde hoy en ellas,
Sin hacer campo conmigo,
Y dejar su escudo. Sea
Esta línea pues la valla,
Que el paso á todos defienda.
Verá Licanor, verá
Meridian, verá la esfera
Superior, el sol, la luna,
Los astros, signos y estrellas,
Hombres, brutos, flores, plantas,
Agua, viento, fuego y tierra,
Que el caballero del Febo
Asi sus desprecios venga.
   [Baja el castillo.
Mas qué es esto? ¡Vive el cielo,
Que entre los dos montes cierra
El paso otro monte hermoso,
Que hace á los dos competencia!
Sin duda el orbe de Marte
De sus polos se despeña,
De sus quicios se trastorna,
Murado cielo de almenas,
Porque no gane otras armas,
Que las suyas; bien lo muestra
La máquina desasida,
Y desplomada la esfera,
Que aun no pronunció el gemido
De los ejes y las ruedas.
Pero ay de mí! ¡Ciego estoy,
Pues no percibo las señas
Deste encantado castillo,
Á cuya frente soberbia
Se abolla el viril del cielo,
Por no decir que se quiebra!
Como del año fatal
Está el número tan cerca,
Los campos de Babilonia
Serán su estancia primera.
   [Abren las puertas del castillo.
Solo este testigo (ay triste!)
Les faltaba á mis ofensas,
Les sobraba á mis desdichas,
Para que...... Pero las puertas

Se abren. Qué he de hacer? Dejar
Este puesto, ya es bajeza,
Habiendo jurado en él
Mi venganza. Que me vea
Lindabrídis, es desaire.
Pues de irme y quedarme sea
Medio el esconderme; asi
Ni ella me vé, ni hago ausencia.
Retirado esperaré,
Hasta que el primero venga.
Haz breve sepulcro á un vivo,
O monte, de hojas y peñas. *[Escóndese.*

Salen LINDABRÍDIS *y* SIRENE *como acechando.*

Lind. Pues sin estruendo ni ruido
El castillo tomó tierra
En Babilonia, Sirene,
Con intento de que pueda
(Antes que la novedad
Despierte las gentes della)
Salir ese hermoso jóven,
Que la piedad y clemencia
Del cielo restituyó
Á la vida, considera,
Si hay en este inculto monte
Gente alguna que le vea.
Sir. Solo son mudos testigos
Estos troncos y estas selvas
De nuestra venida.
Lind.   Pues
Sal, Claridiano; qué esperas?

Sale CLARIDIANA.

Clar. La sentencia de mi muerte;
Que es de mi muerte sentencia
Notificarme, señora,
Tu voz, tu llanto ó tu lengua,
Que me ausente de tus ojos.
¡O nunca, o nunca volviera
Yo á vivir, pues alli viva
El alma y la vida muerta,
No daba tiempo de estar
Sin tí, y es feliz quien llega
Á morirse de una dicha,
Sin el temor de perderla!
La ausencia es muerte del alma,
Muerte del cuerpo la pena;
Pues si alli el cuerpo moria,
Y aqui el alma, considera,
Que lo que hay del cuerpo al alma,
Hay de la muerte á la ausencia.
Lind. Si, para morir de ausente,
Viviste de amante, déja
El necio argumento, pues
Tambien quien muere se ausenta.
Y ya que, por no dejarte
(Despues que amor, á mis quejas
Movido, te dió la vida)
En una playa desierta
Solo, triste y mal curado,
Te traje hasta aqui, no quieras,
Rebelde á leyes de honor,
Usar mal de mis finezas.
Ya estamos en Babilonia;
Valor tienes, armas llevas,
Y si dan dicha favores,
(¡Turbada estoy y suspensa!) *[aparte.*
Favores llevas tambien;
Las campañas son aquellas,
Tribunal de Amor y Marte;
Armadas estan las tiendas,
Precio soy de la victoria,
Hazte tu fortuna mesma,
Lábrate tu misma dicha;

Y á Dios, que con bien te vuelva.
Él te libre y él te guarde,
Claridiano, en su violencia.
Á Dios, á Dios. Vete pues.

Clar. No (ay cielos!) con tanta priesa
Me despidas. ¿No darás
Siquiera al dolor licencia
Para saber que se parte?

Lind. Temo,......

Clar.   Aqui ya qué hay que temas?

Lind. Que te vean......

Clar.   Di.

Lind.   Salir
Del castillo, y que no pierdas
Las esperanzas......

Clar.   Prosigue.

Lind. Esto basta.

Clar.   No, no quieras
Dejar pendiente la voz.

Lind. No dudo yo, que me entiendas.

Clar. Ni yo dudo, que te entiendo.

Lind. Pues si me entiendes, qué esperas?

Clar. Que me lo digas.

Lind.   Por qué?

Clar. Porque hay una diferencia
Entre el saber y el oir
Uno las dichas que espera;
Que es dicha aparte el oírlas,
Mucho despues de saberlas.

Lind. Pues temo, si eso te agrada,
Que las esperanzas pierdas
De ser mi dueño, por verte
En el castillo.

Clar.   No quieras
Mas afecto de mi fe,
Sino que otra vez lo oyera.

Lind. Dices bien; porque si amor
No tuviera preeminencia
De hacer nuevas cada vez
Las razones, ¿qué tuviera
Que hablar al segundo dia
Con su dama? Mas qué esperas?
Vete, vete.

Clar.   ¿Acordaráste
De mí, señora, en mi ausencia?

Lind. No; que no me olvidaré.

Clar. Serás mia?

Lind.   Amor lo quiera.

Clar. Porque veas de mi fe
Las mas declaradas muestras,
Solo con que no seas de otro,
Me contento.

Lind.   Esa promesa
Cumpliré con darme muerte,
El dia que tú me pierdas.

Clar. Quién lo asegura?

Lind.   Mi fe.

Clar. Será firme?

Lind.   Será eterna.

Clar. Pues á Dios.

Lind.   Á Dios.

Clar.   Conmigo
Vas.

Lind.   Y tú conmigo quedas. —
¡Qué ardiente el rayo es de amor!
       [*Éntrase, y cierra el castillo.*

Clar. ¡Qué frias son las finezas,
Que se dicen sin el alma!

Sale FEBO.

Feb. ¡Qué riguroso es la fuerza, [*aparte.*
De los zelos, pues se hace
Lugar entre tantas penas!
Este es el dueño (sí, él es)

De la desbocada bestia,
Que aqui me trajo. No en vano
Me dijo entonces, que él era
El dueño de Lindabrídis;
Bien el efecto lo muestra.
Pues ofendido y zeloso
Hoy vengaré dos ofensas.
Mis zelos me den valor,
Y mis desdichas paciencia.

Clar. O Babilonia! tus muros
Saludo, y beso la tierra,
Que ha de ser teatro donde
La fortuna representa
Del poder y del amor
La mayor de sus tragedias.
Á tí vengo.   [*Pónese la banda.*

Feb.   Caballero,
El de la blanca cimera,
Que mariposa de plumas,
En el sol las alas quema,
No des otro paso mas;
No te arrojes, no te atrevas
Á pisar aquesa raya,
Porque su linea postrera
Es línea que hizo la muerte,
Como quien dice: aqui tengan
Término y coto las vidas,
Que osaren pasar por ella.

Clar. Válgame el cielo! Este es Febo. [*aparte.*
¿Qué nueva fortuna es esta? —
Disfrazado aventurero,
Albricias darte pudiera
De los riesgos, que me avisas,
Pues me alegraré, que sea
Ley de la muerte esta linea,
Y que rompida su fuerza
Por mí, cuantos amenaza,
Vivan despues á mi cuenta.

Feb. Pues con dejar ese escudo
Vivirán, porque asi cesa
Mi rigor, y tu piedad
Consigue lo que desea.
De ganar escudo tengo
Á mi honor hecha promesa
Al primer aventurero.

Clar. Mucho ofreces, mucho intentas,
Porque la tengo hecha yo
De defenderle.

Feb.   Pues sea
Esta una lid á dos luces;
Que, si no mienten las señas,
Eres el que ya otra vez
Solicitaste esta empresa.

Clar. Bien dices, ingrato Febo.
¿Pero cómo se te acuerda
Esa ofensa, y se te olvida
El beneficio y la deuda
De haberte dado un caballo,
En que á estas campañas vengas?
Pero dirás, que es defecto
De nuestra naturaleza,
Dar el beneficio al agua,
Y dar al bronce la queja.

Feb. No presumo yo, ni creo,
Que hay piedad, que te agradezca
En darme el caballo á mí,
Pues no hubiste (es cosa cierta)
Menester para volar
Entonces su ligereza:
Luego, sin que ya de ingrato
Puedas argüirme, es fuerza
Ganar tu escudo.

Clar.   Tambien
Lo es en mí, que le defienda;

Pero no ha de ser á vista
Del castillo, si te acuerdas,
Que es ley, que pierda la accion
El que á desnudar se atreve
Su acero aqui.

Feb.   Ley tambien
Es suya, que la accion pierda
Quien entrare en el castillo,
Y tú, sin temerla, entras:
Luego tú solo eres quien
Rompes la ley, y la quiebras;
Rómpela en tu daño, y no
Jurista del amor seas,
Que en su daño y su provecho
Una ley misma interpreta.

Clar. Pues si estás desengañado
(¡Qué buena ocasion es esta!)   [*aparte.*
De que favores, que entonces
Te dije, son ciertos, deja
La pretension desta dama;
Pues es ruindad y bajeza
Reñir por dama, que á otro
Quiere, estima, adora y precia.

Feb. Hoy no riñe aqui el amor,
Riñe el honor, porque entiendas,
Que el que en la ocasion se halla,
Aunque á la dama no quiera,
Debe por ella reñir,
Si le da la ocasion ella.

Clar. Pues yo no quiero de tí
Mas satisfaccion, que esa.

Feb. Esta no es satisfaccion,
Ni yo á ninguno la diera,
Sino decir solamente,
Que es obligacion primera
La obligacion del honor.
Ya estoy restado á esta empresa
Por empeños de mi honra,
Ganando armas, con que vuelva
A vista de Licanor.
Mira, advierte y considera,
Si ya una vez declarado,
Que estoy sin honor......

Clar.   ¡La lengua
Suspende! (¡ay de mí!) ¿Qué escucho?
¿Tu honor, Febo, en contingencia?
¿Tu opinion en opiniones?
Calla, calla; no te atrevas
A pronunciarlo; que el alma
Con cada accion me penetras,
Con cada acento me hieres,
Con cada voz me atraviesas.

Feb. Suspenso otra vez me tiene,
Absorto otra vez me deja
Ver, que aumentes mis desdichas,
Y que mis desdichas sientas.

Clar. Ya, cielo, este es otro caso;   [*aparte.*
Ya es, cielo, otra duda esta.
A Febo le va el honor
En que yo ahora le pierda;
En que yo no tenga vida
Me va el que Febo la tenga;
Si le doy las armas, doy
Armas contra mí, pues ellas
Le darán á Lindabrídis;
Si las defiendo, me dejan
La pena de su opinion.
¡Denme los cielos paciencia!
Mas si al fin he de quererle,
Que le gane, ó que le pierda,
En tan grandes confusiones
Su honor viva, y mi amor muera. —
Febo, si la obligacion
De tu honor es la primera, .

La mia tambien; y asi
Ganarme el escudo intenta,
Que yo le arrojo en el suelo,
Porque le lleve el que venza.

[*Echa el escudo en el suelo, y sacan las espadas.*

Feb. Por no errar en lo que diga,
Con la espada (que es la lengua
De un caballero) respondo.   [*Riñen.*

Clar. ¡Qué gran ventaja me llevas,
Febo!

Feb. Di, en qué?

Clar.   En que, si tú
Aqui matarme deseas,
Yo deseo que me mates;
Y es la primera pendencia
En que se ha visto reñir
Dos sobre una cosa mesma.

Feb. No ví mas templado pulso.

Clar. No ví mas notable fuerza.
La banda se me ha caido
Del rostro.   [*Cáesele la banda.*

Feb.   Y á mí con ella
Las alas del corazon,
Y en su ejecucion suspensa
El alma, no determino
Si está viva, ó si está muerta.

Clar. Pues en tanto que lo dudas,
Que lo imaginas y piensas,
Vive honrado, y muera yo.
Ahí el escudo te queda,
Que, á costa del honor mio,
Quiero, Febo, que le tengas.   [*Vase.*

Feb. Espera, espera!

Clar. [*dent.*]   Soy rayo.

Feb. Oye, oye!

Clar.   Soy cometa.

Feb. Seguiréte, aunque á las nubes
Subas.

      Dentro el Rey L I C A N O R.

Rey.   Qué voces son estas?

    Salen L I C A N O R, M E R I D I A N *y gente.*

Feb. Guardar mis penas importa,   [*aparte.*
Si hay lugar adonde quepan. —
Son llamar á un caballero,
Que en buena guerra ha dejado
Este escudo; y pues ganado
Hoy por mi espada le adquiero,
Ya en la tela entrar podré,
Libre del baldon injusto.

Rey. De vuestro valor augusto
Yo nunca, Febo, dudé.
Dadme los brazos, y luego
Ved, que llegan Rosicler
Y Floriseo á vencer
(Cada cual de amores ciego)
Esta empresa.

Feb.   Fuerza es
Lidiar, hermanos los dos.

Mer. Dadme ahora los brazos vos,
Que han de vencerme despues.

Feb. Yo callo, por no ofenderte.

Rey. Ya que tanta bizarría
Disfraza en la cortesía
Los semblantes de la muerte,
Y tan conformes extremos
Hoy en todos maravillo,
Vamos todos al castillo,
Porque juntos visitemos
A Lindabrídis; veamos
Este encanto, que ha tenido
Todo el mundo suspendido

Con admiraciones.

Todos.   Vamos.   [*Vanse.*

*Suena Música, ábrese el castillo, como primero,
y salen* LINDABRÍDIS *y las Damas.*

Lind. Pues mi hermano y Licanor
Aquí á visitarme vienen,
Hoy manifestar se tienen
Las pompas de mi valor.
Vean todas las riquezas
Con que el orbe discurrí,
No diga el tiempo de mí
Nunca menores grandezas.
Haced pues, que se prevengan
Músicas, saraos, festines,
Para que aqui con dos fines
Dos admiraciones tengan.

Salen el Rey LICANOR, MERIDIAN, ROSI-
CLER, FEBO *y todos.*

Rey. Como saludarte dudo,
Prodigio hermoso, y no sé
Si (con un sabio) diré,
Que la copia me hace mudo.
Ven en felice ocasion
Á honrar el suelo en que estás;
Yo enmudecí, lo demas
Te diga la admiracion.

Lind. Si una suspension forzosa
Es en el que se turbó,
Dos habré de tener yo,
De turbada y de dichosa.

Mer. Dadme vuestra mano, hermana,
Y seais muy bien venida
Á dar muerte y á dar vida
Á quien os pierde ú os gana.
Y pues el gusto de veros
Todos esperando estan,
Y á mí licencia me dan
De hablar estos caballeros,
Todos por vos han venido
En alas de sus cuidados,
Muchos fueron los llamados,
Dichoso del escogido.

Lind. Á todos responderé
Con el alma, que quisiera,
Que capaz de un cielo fuera,
Para agradecer su fe. —
Sentaos, señor, y tomad
Todos lugares.   [*Vanse sentando.*

Flor.   Aquí,   [*junto á Sirene.*
Sirene, me toca á mí.

Sir. Pidiólo mi voluntad.

Ros. Yo junto á vos, dama bella,   [*á Arminda.*
Me abrasaré á su arrebol.

Arm. Ya que no me cupo el sol,
Por lo menos sois su estrella.

Uno. Como á luz de aquella esfera,   [*á una Dama.*
Gozaré este resplandor.

Otro. Yo os adoro, como á flor   [*á otra.*
Que sois de otra primavera.

Feb. Yo el mas dichoso en efeto,   [*á Lindabrídis.*
Por mí aqueste lugar gano.

Lind. ¿No veis, que es favor en vano?

Feb. Si quereis, que del conceto
Me aproveche, bien sé yo
Quien es la que en vano quiere,
Pues por una sombra muere.

Lind. Yo no os he entendido.

Feb.   No?

Sale CLARIDIANA.

Clar. Aquí me traen mis desvelos   [*aparte.*
Otra vez á morir. Sí,

Pues mis zelos miro allí,
Y aun no conozco mis zelos.

Lind. Ya Claridiano se ofrece.   [*aparte.*
¡O quién excusar pudiera
Sus zelos! o si entendiera! —
Hola! La música empiece,
Porque yo logre el deseo
De festejar en mis reales
Palacios huéspedes tales.

Rey. Maravillas dudo y creo.

Clar. Esto ya es morir. — Si alcanza
Tal licencia un caballero,
Empezar el festin quiero,
Por hacer una mudanza.
Tocad. — ¡O si á ver lograda   [*aparte.*
Llego la accion que emprendí!

Sir. Atencion! que desde aquí
Empieza la otra jornada.

[*Puso el autor aquí este sarao, para que dilatándose
en las mudanzas lo que pareciere, sirva de sainete, en
lugar del que se estila hacer entre las dos jornadas.*

JORNADA III.

*Dividida la Música en coros, canta, saliendo á
danzar Caballeros y Damas, como lo dicen
los versos.*

Cor. 1. Dama divina,
Danza conmigo,
Que no vivo, no,
Si agena te miro.

Cor. 2. Mirad á otra parte,
Galan caballero,
Que todos verán
Lo mucho que os quiero.

Clar. Si en esta amorosa calma
Se deja tratar el cielo,
Merezca tan alta palma,
Pues la rodilla en el suelo,
Reverencia os hace el alma.

Lind. Logre vuestro atrevimiento   [*á Claridiana.*
Su deseo en la fe mia. —
Dadme vos licencia, atento   [*á Febo.*
Á que en mí es la cortesía
Reina de mi pensamiento.   [*Sale.*

Feb. Salid, señora, á danzar.
Muy poco envidio el favor,
Porque sé, que es adorar
Una sombra del amor,
Por idolo de su altar.

Mer. Mientras en pie la contemplo,
Respetaré su luz pura.
[*Pónense estos en pie.*

Rey. Reverénciela á mi ejemplo,
Si es templo este de hermosura,
Por imágen de su templo.

Cor. 1. Cuando entráredes, caballero,
En mi castillo inmortal,
Vestido de blanco acero,
Bien dirán, que mucho os quiero,
Cuantos conozcan mi mal.
[*Danzan los dos.*

Cor. 2. Cuando entráredes, dama hermosa,
En el templo del amor,
Deidad de jazmin y rosa,
Bien dirán, que sois mi diosa,
Cuantos vean mi dolor.

Flor. ¿Qué mas ocasion aguarda   [*aparte.*
Mi pena? qué me acobarda? —
Dadme otro lugar á mí,

Pues yo tambien vine aqui
Por vos, Princesa gallarda.
[*Ase de la mano á Lindabrídis.*
Cor. 1. Si quisiéredes ser mi amante,
Caballero, yo os querré,
Como cortes y galante
Me mostreis siempre constante
Dulce amor y firme fe.
[*Cógele de la mano á Floriseo Sirene, y vuelven á danzar Claridiana y Lindabrídis.*
Sir. Ya la venganza prevengo [*aparte.*
Del que necio me dejó;
Asi mis desaires vengo. —
Si fe buscais de amor, yo
La fe verdadera tengo.
Cor. 2. Si os quejáredes, dama bella,
Que no supe agradecer,
Culpad á sola mi estrella,
Pues que solamente es ella
La que me enseñó á querer.
Uno. No introducirme, es error, [*aparte.*
Para dar de mi ardimiento
Muestras. — Perdonad, señor,
Que para este atrevimiento
Licencia ha dado el amor.
[*Toma de la mano á Lindabrídis.*
Cor. 1. Cuando entráredes, caballero,
En mi castillo, etc.
Arm. Si amor da licencia, quiero
Tomarla yo en tu presencia;
Que esto podrá (bien lo infiero)
Una dama, si hay licencia
De que pueda un caballero......
[*Tómale la mano Arminda á él.*
Cor. 2. Cuando entráredes, dama, etc.
Ros. Pues si en la opinion ó fama
De quien mas estima y ama
Esta ocasion toca, ya
Hablar cualquiera podrá
En el sarao á su dama.
[*Pónese á una punta del tablado.*
Feb. Yo desde esta parte intento,
Adorando esa hermosura,
Siempre á la ocasion atento,
Pues que cada cual procura
Decirla su pensamiento.
[*Pónese á la otra punta.*
Cor. 1. Si quisiéredes ser mi amante,
Caballero, etc.
Cor. 2. Si os quejáredes, dama bella,
Que no supe, etc.
[*Estarán trabados los lazos, danzando en medio los mas que puedan, y en las cuatro esquinas Rosicler, Febo, Meridian y el Rey en pie; y empiezan todos otra diferencia de tañido.*
Cor. 1. Á la sombra de un monte eminente,
Que es pira inmortal,
Se desangra un arroyo por venas
De plata torcida y hilado cristal.
Cor. 2. Sierpecilla escamada de flores,
Intenta correr,
Cuando luego detienen sus pasos
Prisiones suaves de rosa y clavel.
Cor. 1. Detenido en los troncos, suspende
El curso veloz,
Y adquiriendo caudales de nieve,
Malogra la rosa y tronca la flor.
Cor. 2. Á las ondas del Nilo furioso
Se arroja á morir,
Y parece que espuma una linea,
Que labra dibujos de plata y marfil.
Cor. 1. Ay de las lágrimas mias,
Que, siendo tú arroyo y fuente,
Las entregué á tus cristales,

Y en el mar de amor se pierden.
Cor. 2. Lindabrídis, Lindabrídis,
Que deidad humana eres,
Atiende á mis voces, ya
Que á mis lágrimas no atiendes.
Toda la mus. Por ti, dama hermosa,
Por tí, bella Fénix,
Por tí, dulce encanto,
Amor vive y muere.
Cor. 1. Suspiros son de un amante
Cuantos los aires suspenden,
Lágrimas son de un zeloso
Cuantas los cristales beben.
Cor. 2. Quejas son de un ofendido
Cuantas las flores divierten,
Voces son de un desdichado
Cuantas al eco enmudecen.
Toda la mus. Por tí, nuevo encanto,
Por tí, bella Fénix, etc.
Lind. [*cant.*] Muera de amor el que adora,
Muera el que suspira y llora.
[*Llega hácia donde está Febo.*
Feb. Quereis que yo muera?
Lind. No.
Feb. ¡Qué dichoso fuera yo,
Si quisiésedes, señora!
[*Repiteto todo la música.*
Music. Muera de amor etc.
Lind. [*cant.*] Amor, el mejor maestro,
Muriendo enseña á servir.
[*Llega hácia donde está Rosicler.*
Ros. Mi obediencia en eso muestro;
¿Pues qué mas dulce morir,
Que por el servicio vuestro?
Mus. Amor, el mejor etc.
Lind. ¿Cómo, si de amor sentis,
Siempre muriendo vivis?
[*Llega hácia otro de los que danzan.*
Uno. Quiere amor, que me perdone
La muerte, hasta que os corone
En la plaza de Paris.
Mus. ¿Cómo, si de amor sentis, etc.
Lind. [*cant.*] Precio, laurel y trofeo
De vuestra victoria soy.
[*Llega hácia donde está Claridiana.*
Clar. Para lograr mi deseo,
Pluguiese al amor, que hoy
Se celebrase el torneo.
Mus. Precio, laurel y trofeo, etc.

Dentro golpes y ruido, y dicen FAUNO *y* MALANDRIN.

Faun. Rompe con un pie el castillo.
Mal. No soy nada rompedor;
Que solo rompen mis pies
Zapatos, castillos no.
Mer. ¿Qué alboroto es este, cielos?
Lind. Qué asombro!
Clar. Qué confusion!
Feb. Qué atrevimiento!
Flor. Qué furia!
Rey. Quién da aquellas voces?

Salen FAUNO *y* MALANDRIN, *vestido de pieles ridículo.*

Faun. Yo.
Y me espanto, que no haya,
Generoso Licanor,
Dicho en el eco mi acento,
Dicho en el aire mi voz,
Que es trueno, hijo deste rayo,
Que es rayo, hijo deste sol,
Pues con mi voz y mi vista
Trueno, llama y rayo soy.

87 ·

Esa divina hermosura,
Norte felice de amor,
Buscando vengo, porque
Es mia, y su dueño soy,
Desde que fui de su amante,
Á leyes deste baston,
Homicida y heredero.
Jóven, á quien trasladó,
Nuevo Adónis, en estrella
La magestad de algun Dios,
Porque era hecho ya otra vez
Lo de convertirle en flor.

Mal. Y todo cuanto dijere
El salvage, mi señor,
Está bien dicho; que al fin
Con quien vengo vengo.

Ros.   Horror
De la gitana ribera,
Á cuya inmensa ambicion
Sepulcro fue, y monumento,
Que el cielo te destinó,
Todo este castillo, cuando,
Huyendo de mi valor,
Urna funesta fue el centro,
Que engendra miedo y pavor,
¿Qué fiera segunda vez
De sus senos te abortó?
Si ya no de tus cenizas
Renaciste, si ya no
Moriste, y á vivir vuelves
Á ruegos de mi valor,
Para que vuelva á matarte.

Flor. ¡O tú, inculto Semidios
De las orillas del Nilo,
De cuyo engaño aprendió
El cocodrilo traiciones,
Remedo de humana voz!
Si tanto sentiste, tanto,
Que no te matase yo,
Que me vienes á buscar,
Por lograr este blason,
Hazte al campo; en él te espero.

Feb. Hombre, ó fiera, ó lo que sois,
Si morir á nobles manos
Fue ya vuestra pretension,
Yo soy quien os ha de hacer
Esa lisonja, pues soy
Febo, y podrá la soberbia
(Si de gigante intentó
Blasonar) decir despues,
Que fue vencida del sol.

Mer. Á nadie le toca aqui
Hablar, sino á mí, pues yo
Mantengo este paso, y debo,
Como al fin mantenedor,
Responder á todo trance;
Y asi en respuesta te doy
La vida, hasta que te mate.
Vive, siquiera por hoy.

Faun. Si tanta ilustre soberbia,
Tanta noble presuncion
Sucede al acero, como
Á la lengua sucedió,
No dudaré, que en venceros
Adquiera yo algun blason.
Pero tampoco creeré,
Que darme pueda temor
Quien con instrumentos dulces
Ensaya guerras de amor,
Cuando de cajas y trompas
Les está llamando el son.
Si sois enemigos todos,
Si competidores sois
De una dama, ¿cómo estais

Conformes? Bien que desde hoy
Á cualquiera, que intentare
Mirar solo un arrebol
Desa luz, le daré muerte;
Que mal sufrirá el valor
Mio, que otro esté logrando
Lo que esté adorando yo.
Porque, aunque partir las dichas
Es la mas ilustre accion,
Las dichas del amor tienen
Privilegio de que no
Se partan; y esto se prueba
Por una razon de dos,
Ó porque amor es avaro,
Ó porque dichas no son.

Mal. Y á todo cuanto dijere
El salvage, mi señor,......

Rey. Bárbaro, la mayor muestra
Es de constancia y valor
La estimacion con que debe
Tratarse al competidor.
¿Qué mas nobleza, qué mas
Grandeza, qué mas blason,
Que darse muerte mañana
Los que se festejan hoy?
Á tu política ruda
Esta respuesta le doy;
Y en cuanto á la lid, que aplazas,
No ha lugar tu pretension;
Que este no es circo de fieras,
Ni aquesas campañas son
Anfiteatros, que muestran
Espectáculos de horror,
Haciendo duelo los brutos
Y los hombres.

Faun.   Cómo no?
Vive Lindabrídis, viven
Sus ojos, que el tornasol
Del mayor planeta agravian,
Que he de ser conquistador
De su hermosura. Si noble
Debo ser, tan noble soy,
Que en la maga Fitonisa
Espíritu me engendró
Angelical. Á ese monte
Á esperar á todos voy;
Aunque el ver, que no osarán
Á salir, es mi dolor,
Como ya otra vez no osaron
Á entrar. ¡Ay de uno que entró,
Pues que, rendido á mis manos,
La saña y furia probó
De otra fiera, aunque haya sido
Civil castigo de un Dios!   [*Vase.*

Mal. Y á todo cuanto dijere
El salvage, mi señor,......   [*Vase.*

Flor. Espérame, ya te sigo.   [*Vase.*

Feb. Aguarda, que tras tí voy.   [*Vase.*

Ros. En alas de mis deseos
He de correr mas veloz.   [*Vase.*

Rey. Remediaré tantos daños.   [*Vase.*

Mer. De toda esta confusion
La causa fue tu hermosura;
No te lo perdone amor.   [*Vase.*

Clar. Á toda esta novedad   [*aparte.*
No me he declarado yo,
Porque no dijese el Fauno,
Que á quien dió la muerte soy.
¿Qué he de hacer, ya conocida
De Febo una vez? Mejor
Será mudar de consejo,
Dejando la pretension
De la guerra, y acudiendo
Á las lágrimas, que son

Las armas de las mugeres,
Pues que ya no puedo, no,
Conseguir el fin que traje.
Vamos á otro caso, amor.
[*Vanse las Damas, y quedan solas Claridiana y Lindabrídis.*

Lind. Aqui se quedó. Mirad
Esas puertas. — Gracias doy
Á mi dicha, o Claridiano,
De haberme dado ocasion
Para hablarte.

Clar. Ay enemiga!
La primera, que ofendió
Amando, eres tú.

Lind. ¿Qué es esto,
Mi bien, mi dueño y señor?

Clar. Qué ha de ser? Morir de zelos.
Qué ha de ser? Morir de amor.

Lind. Qué tienes?

Clar. Qué he de tener?
¿No es bastante ver (ay Dios!)
Á Febo contigo?

Lind. Dime,
¿Pudiera pensarlo yo?

Clar. Sí pudieras.

Lind. Cómo?

Clar. Cómo?
No haciendo á Febo favor.

Lind. Yo, Claridiano, por vida......
(Tuya iba á decir, mas no
Me atrevo) que no hice tal;
Porque él fue el que pretendió
Aquel lugar junto á mí.

Clar. Él mismo?

Lind. Él mismo.

Clar. Ha traidor! —
¿Y habiéndome conocido? [*aparte.*

Lind. Él fue el que solicitó
Hablarme.

Clar. Calla.

Lind. Por qué?
No es satisfacerte?

Clar. No,
No es sino darme la muerte.

Lind. Qué dices?

Clar. No sé.

Lind. Ni yo
Sé de cual tienes los zelos,
Dél, ó de mí.

Clar. De los dos;
Porque, aunque un bárbaro dijo,
Que él tuviera por error
Sufrir, que otro esté mirando
Lo que esté queriendo yo,
No siento tanto el que te ame,
Como el perderte mi amor.

Lind. Sí; pero sientes que él dé
La causa.

Clar. Oye la razon.
Si tú me dieras la causa,
Dejara de amarte yo;
Porque amar sobre un agravio
Es desaire del valor;
Pues yo sufriera un desden,
Un enojo y un rigor,
Mas no un agravio; que agravios
Tocan á la estimacion.
Y asi, si él te busca á tí,
No es causa bastante, no,
Para olvidarte, y lo es
Para sentir mi pasion:
Luego si, amándote él,
Tengo de sentirlo yo,
Y no tengo de dejarte,

Es la desdicha mayor,
Que tú no me des los zelos,
Y él sí, pues entre los dos
Nunca quitada la causa,
Siempre durará el dolor.
Y asi quédate......

Lind. Detente!

Clar. Donde él te sirva.

Lind. Es rigor.

Clar. Solicitando......

Lind. Es agravio.

Clar. De hablarte y verte ocasion.

Lind. Plegue á Dios, si no aborrezco
Su vista, porque es feroz
Á mis ojos su presencia.

Clar. Tampoco no quiero, no,
Que digas dél mal.

Lind. Por qué?

Clar. Porque es mi competidor.
Suelta.

Lind. No has de irte.

Clar. Es en vano.
[*Ásele de la banda, y quédase con ella Lindabrídis.*

Lind. Preso estás.

Clar. Limaré yo
La cadena.

Lind. Al fin me dejas
Prenda.

Clar. Es violento. — Ay rigor!
Vamos á probar fortuna
En otra trasformacion.
Qué ha de ser? Morir de zelos?
Qué ha de ser? Morir de amor? [*Vase.*

Lind. El primer amante ha sido,
Que huye la satisfaccion,
Pues muchos agradecieran,
Aunque supieran que son
Mentirosas, escucharlas.
Corrida y confusa estoy.
No en vano pues me dijiste
La primera vez que yo
Te vi, que eras un enigma,
Pues mil sentidos te doy,
Y no pueden descifrarte
Oido, vista ni voz.
Mas no ha de quedarse asi;
Despéñeme mi pasion,
Porque amor sin desatinos,
Es muy descortes amor.
Iréme tras él.

Sale SIRENE.

Sir. Señora,
Advierte......

Lind. Es, Sirene, error
Aconsejar á quien corre
Tras la desesperacion.

Sir. Y es razon?

Lind. No; ¿pero cuándo
Hay pena puesta en razon?
Yo le tengo de seguir.

Sir. Piensa otro medio mejor.

Lind. Qué medio?

Sir. Pues que tenemos
Para todo prevencion,
Con algun disfraz, señora,
Encubriendo rostro y voz,
Para salir del castillo,
El medio busca mejor,
Pues estando la campaña
De diversas gentes hoy
Cubierta, no hay qué temer.

Lind. Dices bien; y en mi favor
Llevaré esta banda, siendo

Metamórfosis de amor.
Ven á vestirme, Sirene.
Sir. ¿Qué es esto en tu presuncion?
Lind. Qué ha de ser? Morir de zelos.
Qué ha de ser? Morir de amor.   [*Vanse.*

Salen por un lado el Fauno *y* Malandrin,
y siguenlos Febo, Meridian, Rosicler *y*
Florisbo, *y el* Rey *deteniéndolos.*

Faun. Yo no entiendo, yo no sé
Las políticas del duelo;
Solo sé manchar el suelo
De humana sangre, porque
Sedienta no haya una flor.
Sígame el que verlo quiere.   [*Vase.*
Mal. Y en todo cuanto dijere
El salvage, mi señor,......
Rey. Ninguno pase de aqui,
Ni siga ese monstruo ya.
Mer. Tened á este.
Mal.   ¿Cuanto va
Que esto llueve sobre mí?
Uno. Llegad.
Rey.   Quién sois?
Mal.   Haga tregua
Tu enojo, y muda consejo;
Que soy un Fauno de viejo,
Un Semidios de la legua,
Una fiera del castillo,
Un Sátiro remendon,
Un bruto del bodegon,
Y un monstruo del baratillo;
Que viendo, señor, un dia
La madre que me parió,
Que era tan salvage yo,
Que aun el serlo no sabia,
Como el que aprende á fullero,
Que dice, bueno es saber;
Asi la buena muger
Me dijo: ponerte quiero
De un salvage al pupilage,
Porque, si en decir y hacer
Al fin salvage has de ser,
Aprendas á ser salvage.
Feb. No es Malandrin este? Sí.   [*aparte.*
¿Qué discurro ni imagino?
Él con Claridiana vino.
Rey. Llevadle luego de aqui,
Y ahórquenle á un árbol, porque
Á ese bruto horrible y fuerte
Le dé escándalo su muerte.
Mal. No, señor, no hay para qué;
Vivo se le daré yo,
Y ahorraré de ahorcarme aqui
La costa.
Feb.   Señor, á mí
De escudero me sirvió
Este hombre, y es un loco;
Suplícote le perdones.
Rey. Basta, Febo, que le abones.
Feb. Libre estás.
Mal.   Mil veces toco
La tierra que pisas. Ya
Siempre he de andar á tu lado
De salvage reformado.
Rey. Pues cubierto el campo está
Hoy de tanto aventurero,
Que á esta empresa concurrió,
Ya no hay mas que esperar, yo
Asistir al duelo quiero
Luego; no la bizarría

De tanto jóven valiente
Con nuevos riesgos aumente
Ocasiones cada dia.
Idos á prevenir pues,
Porque luego el campo sea.   [*Vase.*
Mal. Yo haré allá, que el mundo vea,
Quien mayor salvage es.
Mer. Ya, Príncipes, la ocasion,
Que pide nuestra esperanza,
Se cumple hoy, pues hoy alcanza
El premio tanta opinion.
Valiente, bizarro y sabio
El vencedor ha de ser;
De tres tiempos ha de hacer
Muestra sin pasion ni agravio;
Sabio en la empresa que escriba;
Galan en la luz que aumente
Rayos al sol; y valiente,
Cuando á tantos riesgos viva.
Hoy en efecto es el dia
De mostrar vuestro valor;
La fortuna y el amor
Á campaña os desafia.
Generosa es la aventura,
Sus esperanzas pregona
El precio de una corona,
Y el laurel de una hermosura.
Con esto asi animar quiero
El valor, que he de vencer;
Que bien lo habreis menester,
Pues yo soy el que os espero.   [*Vase.*
Flor. Muy poco podrá vivir
Con aplauso ni opinion
Esa altiva presuncion,
Si soy yo el que ha de salir.   [*Vase.*
Ros. Ya que á este trance la suerte,
O Febo, nos ha traido,
Sola una cosa te pido,
Antes que me des la muerte.
Feb. Y es?
Ros.   Que enemigos seamos,
Y hermanos.
Feb.   Cómo?
Ros.   Los dos
Al mundo, al cielo y á Dios
Jura y homenage hagamos,
Que el que perdiere la empresa,
Desistido della ya,
Luego al otro ayudará
Con sus armas.
Feb.   Siendo esa
Tan justa accion, este dia
Asi lo prometo y juro.
Ros. Pues si de tí estoy seguro,
Lindabrídis será mia.   [*Vase.*
Feb. Malandrin, ya que he quedado
Contigo en esta ocasion,
Rescata mi confusion
De las manos de un cuidado.
¿Qué fortuna os ha traido
Aqui, Malandrin? Qué es esto?
¿Quién en tal lance os ha puesto?
Mal. De tu razon he inferido,
Que sabes ya, que está aqui
Claridiana.
Feb.   Sí lo sé,
Y en una ocasion, que fue
Bien apretada, la vi;
Pero quedé tan turbado
De verla, que no llegó
El desengaño. Alli yo
Ciego, confuso, admirado
La siguiera despechado,
Si al paso no me saliera

Gente. En efecto no fue
Posible, y disimulé,
Porque ella entonces no fuera
Conocida. En el festin
Otra vez me ocasionó
A' descubrirla, si yo
No me reportara alli.
Desde entonces no he podido
Hablarla, aunque lo deseo.
Llévame á verla; que creo
He de perder el sentido,
Hasta saber qué es su intento.

Mal. Eso yo te lo diré;
Competirte aqui, porque
Dándola su atrevimiento
A Lindabrídis, no sea
Tuya; y en cuanto á que yo
Te lleve á verla, eso no
Podré, aunque amor lo desea;
Porque no sé donde esté;
Que yo no vine con ella
Aqui, ni aqui pude vella,
Porque tan tirana fue
Conmigo, que me dejó
Aprendiz de monstruo fiero,
Y en el castillo ligero
De Lindabrídis voló.

Feb. ¿Qué harémos para buscarla?

Mal. Ir el campo discurriendo.

Feb. Ven; que por aqui pretendo,
Aunque se disfrace, hallarla.

Sale LINDABRÍDIS *en trage de hombre, con la
banda de Claridiana.*

Lind. Desta suerte me he atrevido
De mi castillo á salir
Disfrazada, para ir,
Sin ley, razon ni sentido,
A buscar á Claridiano,
Y á darle satisfaccion.
De que vanos zelos son
Los que le afligen en vano.
Gente hay aqui. No parece
Que me mira nadie hoy;
Que ya no sepa quien soy,
Sombras que el temor ofrece.

Feb. Malandrin, di, ¿será aquella
Claridiana, ó son mis ojos
Cómplices destos antojos?

Mal. No, señor, sino que es ella;
Porque la bordada banda
Yo la conozco muy bien;
Y fuera deso tambien
El cuidado con que anda
Lo dice; que aunque haya estado
Tan disimulada, ha sido
Porque (á buena fe) no ha habido
Quien la mire con cuidado
Las paticas. No la ves?
Llega á hablarla, mas no esperes;
Que demonios y mugeres
Se conocen por los pies.

Feb. Caballero rebozado,
Quitar la banda podeis
Al rostro; porque si es ciego
Amor, no la ha menester.
Ya estais conocido, ya
Por demas el disfraz es,
Que embozado el sol descubre
Los rayos de rosicler.

Lind. Yo estoy muerta! Conocióme [*aparte.*
Febo. Pero callaré
A todo, porque la voz
No lo confirme.

Feb. No esteis
Tan falso conmigo ya,
Caballero, pues sabeis,
Que os conozco; y si gustais
De que mas señas os dé,
Sois una enigma de amor,
Que una cosa pareceis,
Y sois otra, dos sentidos
Entre el favor y el desden.
Disfraz de zelos (si zelos
Pueden disfrazarse) es
El trage; á un dueño buscais,
Que, porque amado se vé,
Trata tan mal el favor.
¿Mas quién en el mundo, quién
No trata sus dichas mal,
Si las vé logradas bien?

Lind. Ya qué hay que dudar? Las señas [*aparte.*
Bien claro dan á entender
Quien soy; mas con todo intento
Fingir callando, porque
Lo que hay de callar á hablar,
Hay de dudar á creer.

Feb. No os vais; porque si no bastan
Tantas señas como veis,
Para mayor desengaño,
Las del amante os diré.

Lind. Claridiano ya sin duda [*aparte.*
Se ha declarado con él,
Sí, pues dice mis amores.

Feb. De su misma boca sé,
Que el amar á Lindabrídis
Bizarría y valor es,......

Lind. Qué escucho?

Feb. Pero no amor;
Porque fuera injusta ley
De su ardimiento faltar
Su firma deste cartel;
Y que otro en el mundo fuera
Dueño de tanto interes,
Y le ganase por armas,
Viviendo en el mundo él.
Esto me ha dicho, que ha sido
Causa de venir á ver
Y servir á Lindabrídis,
Pero no el quererla bien.

Lind. ¿Desprecios de mí le ha dicho? [*aparte.*
¡Ha Claridiano cruel!
¿Bizarría fue tu amor,
Y bizarría tu fe?

Sale CLARIDIANA *en trage de dama.*

Clar. Con nuevo disfraz de amor, [*aparte.*
Ya que posible no fue
Llevar el intento mio
Tan al fin como pensé,
A Febo vengo buscando;
Que conocida una vez,
No es justo, no, que me vea
En trage indecente, á quien
Como á su dueño le mira,
Como á su esposo le vé.
No me ha de quedar fineza
Alguna. Mas no es aquel?
Sí. Hablando está con un hombre;
Que esté solo esperaré.

Feb. ¿Para qué, señora, andamos
Por rodeos? para qué?
Hablemos claro, mi dueño,
Mi cielo, mi gloria y bien;
Destas finezas deudor,
Humilde busco á tus pies.
Sabe el cielo, que te adoro;
Cese ya, cese el desden.

Lind. Él se declara conmigo [*aparte.*
Ya, porque sola me vé,
De Claridiano ofendida.
Válgame amor! Qué he de hacer?
Clar. ¿Ya qué esperan mis desdichas? [*aparte.*
¡Vive el cielo, que es muger!
Y si en la banda reparo,
Lindabrídis (ay Dios!) es.
Feb. Yo te adoro, tú eres sola,
Dueño mio; siempre fiel
Pagaré tan gran fineza.
Y si me has venido á ver
En este trage hasta aqui,
¿Por qué me tratas, por qué,
Desta suerte?
Lind.   Peor es esto; [*aparte.*
Juzga, que vine por él.
Clar. Buenas andamos las dos; [*aparte.*
Una se empieza á poner
El trage, que la otra deja.
Saldré furiosa, saldré,
Y entre mis brazos...... Mas no;
Que no hace una muger bien,
Que se pone á pedir zelos
Delante de otra muger.
Su conversacion (ay triste!)
Con industria estorbaré,
Y á cada uno de por sí
Sabré matarle despues.   [*Vase.*
Feb. Si no es posible negar
Ya quien eres, si te ves
Declarada, ¿por qué dura
Tu rigor? Cese el desden,
Quítate la banda, y deba
Una palabra á tu fe.
Clar. [*dent.*] Febo! Febo!
Feb.   Quién me llama?
Clar. [*dent.*] Que me dan la muerte! Ven
Á socorrerme.
Mal.   Qué es esto?
Feb. ¿Aquella voz cuya es,
Malandrin?
Mal.   Pues qué sé yo?
Feb. ¡Vive Dios, que juraré,
Que es la misma que está aqui!
Mal. Pues si á eso va, yo tambien.
Clar. [*dent.*] Mira, que me dan la muerte,
Febo, por quererte bien.
Feb. Qué es esto, cielos? ¿Aqui
El cuerpo hermoso se vé,
Y alli la lengua pronuncia?
¿Aqui la forma fiel
Calla, y alli habla la voz?
¿Que la vida aqui se esté,
Y que alli el alma se escuche?
Qué es esto?
Mal.   Pues yo qué sé?
Clar. [*dent.*] Acude á darme la vida.
Feb. Alma sin cuerpo, sí haré. —
Perdona, cuerpo sin alma; [*á Lindabrídis.*
Porque en dos riesgos es bien
Acudir á quien me llama;
Y esto no es ser descortes,
Pues te dejo á tí por tí.   [*Vase.*
Mal. Pues tambien yo acudiré
Á mí por mí en este caso,
Huyendo de aqui, porque
Alguno destos encantos
Á mí por mí no me dé.   [*Vase.*
Lind. ¿Qué confusiones son estas?
¿Pero qué pregunto, qué,
Si estamos en Babilonia,
Que patria de todas fue?

Sale CLARIDIANA.

Clar. Mejor dijeras, si estamos
Donde una fácil muger,
Aunque no está en Babilonia,
Tiene en el alma un Babel.
Lind. Claridiano?
Clar.   Lindabrídis?
Lind. ¿Qué trage, qué disfraz es
Ese?
Clar.   ¿Qué disfraz, qué trage
Es esotro?
Lind.   Ya lo sé.
Clar. Como uno que dicta á dos,
Con sola una voz que dé,
Escriben dos un concepto,
Asi hizo el amor tambien;
Mas con una diferencia,
Á mí para entrarte á ver,
Y á tí (ay Dios!) para salir
Á ver á Febo.
Lind.   Di, á quién?
Clar. Á Febo. Yo no lo he visto?
Que eres falsa, eres cruel,
Eres mudable, eres fiera,
Eres (dirélo) muger;
Pues con tener hoy prestado
El trage, yo estoy en él
Tan mudada en un instante,
Que no has de volverme á ver.
Lind. Bien te curas en salud
De traiciones tuyas, bien
Ganas de mano á la queja,
Pues fiero y mudable, pues
Ingrato y desconocido
Tratas mi amor. Ya lo sé,
Que es vanidad solamente
Dese fijado cartel,
Lo que te obliga á engañarme,
Y que eres traidor, sin fe,
Sin respeto, sin decoro,
Sin honor, sin Dios, sin ley;
Hombre al fin, que aqueste trage
Prestado un instante es,
Y me enseña á ser traidor;
Tanto, que estoy por creer,
Que es verdad, que soy mudable
Despues que me adorna él.
Pero basta que te diga,
Que no has de volverme á ver.
Clar. Ni yo quiero que me veas
En tu vida; porque quien
Vino á buscar á otro asi,
¿Para qué, di, para qué
Quiero yo verla, ni oírla,
Si ha de engañarme cruel?
Lind. Buena disculpa has hallado
Á un término descortes.
Clar. No es disculpa, sino queja.
Lind. Á tí te venia yo á ver,
Aunque estaba con él.
Clar.   Mira,
Lindabrídis, otra vez,
Si á uno buscas, y á otro hablas,
Trueca á los dos del papel,
Estáte hablando conmigo,
Y veule á buscar á él.
Lind. Y tú otra vez que á una dama
Hayas de servir, y hacer
Alarde de tu valor,
Acude solo al cartel,
Y no al engaño.
Clar.   Yo ví
Esto.

Lind.   Yo estotro escuché.
                Ay traidor!
Clar.   Ay enemiga!
Lind. Eres falso.
Clar.   Eres infiel.
Lind. Eres ingrato.
Clar.   Eres fiera.
Lind. Eres hombre.
Clar.   Eres muger.
Lind. Yo......
Clar.   Yo......
Lind.   No te digo mas.
Clar. Ni yo, porque no podré.

Sale FEBO.

Feb. No hallé en el monte del eco
El dueño. ¿Pero qué ven
Mis ojos? Tú en este trage?
Tú en esotro? Decid, qué es?
Lind. Dese galan disfrazado,   [*Vase.*
Febo, lo podrás saber.
Clar. Esa dama disfrazada,
Febo, os lo dirá mas bien.   [*Vase.*
Feb. ¡Oye, aguarda, escucha, espera!
¿Cuál de las dos seguiré?
Deten, Claridiana, el paso;
Que ya voy tras tí. Deten
El curso tú, Linbabrídis,
Ya te sigo. Qué he de hacer?
Que por alcanzar á dos,
No sigo á ninguna; bien
Como el acero entre imanes,
Que, si llamado se vé
De dos impulsos, se queda
En solo el aire despues.
Y asi yo, que entre dos soles
Me siento abrasar y arder,
Ni sé á quien le dé la vida,
Ni á quien el alma le dé.
Oye tú, prodigio hermoso;
Oye tú, asombro cruel.

Sale el FAUNO.

Faun. ¿Asombro y prodigio dijo?
Yo soy. — Quién me llama?
Feb.   Quien
Diligenciara su muerte
En tus brazos, á tener
Licencia para morir;
Mas no lo quiere el desden
De mi fortuna; y asi
Á mi pesar viviré,
Huyendo de tí. ¡Mal baya
Tan necia é injusta ley!
¿Cuándo fue el amor cobarde,
Ni temió el que quiso bien?   [*Vase.*
Faun. Buena disculpa es esa,
Cuando el temor á voces se confiesa.
No os habeis atrevido
Nunca á salir, y lo que miedo ha sido,
Lo teneis á valor; mas no me espanto,
Que tanto tema quien se atreve á tanto,
Cuando al brazo fuerte
Licencia de matar pidió la muerte.

Sale CLARIDIANA.

Clar. Apenas me resuelvo
Á ausentarme de aqui, cuando aqui vuelvo.

Sale LINDABRÍDIS.

Lind. ¡Cuanto, o cielo divino,
Arrastra á un desdichado su destino!
Clar. Aqui quedó.
Lind.   Que aqui he de hallarle creo.

Faun. Muger es peregrina
La que hácia mí los pasos encamina.
Muerto de amor de una beldad me veo,
Y he de curar con otra mi deseo,
Aunque aplicarle una al que otra ama,
Será matarle el humo, no la llama. —
Muger,......
Clar.   Ay de mí triste!
Faun. En tu favor......
Lind.   Qué miro alli!
Faun.   Consiste
Mi vida.
Lind.   Ya qué espero?
Con esta obligacion ceñí el acero.
Fiera,......
Faun.   Qué es lo que veo?
Verdades dudo, si ilusiones creo.
¿Tú, hermosa sombra fuerte,
No eres aquella á quien le dí la muerte?
¿Y tú, deidad fingida,
No·eres aquella á quien le dí mi vida?
¿Pues cómo tú mudanzas del ser haces?
¿Tú mueres jóven, y muger renaces?
Tú, dime, ¿entre mis brazos
(Nudos de Vénus, y de Marte lazos)
Entonces no te viste?
¿Tú en su defensa entonces no moriste?
¿Pues cómo aqui, con una accion trocada,
Ciñes tú la hermosura, y tú la espada?
¿Y yo confuso ignoro
A quien la muerte doy, y á quien adoro?
No sé lo que hacer debo,
Ni encantos tales á apurar me atrevo,
Si trocando la suerte,
Á tí te adoro, á tí te doy la muerte.
Adoraré una sombra
En tí, que viva admira, y muerta asombra;
Y daré en tí la muerte á una luz pura,
Que mañana será nueva hermosura.
Y asi, sombras fingidas,
Que á trueco os dais las muertes y las vidas,
Confusas ilusiones,
Que os prestais las bellezas y blasones,
Huyendo os venceré, porque pretendo
El primer monstruo ser, que venza huyendo.
Vivid, vivid, y máteme á desmayos
El Dios de los relámpagos y rayos.
Qué pena! qué dolor! qué horror tan fuerte!
Qué vida tan cruel! qué hermosa muerte!
[*Éntrase, y tocan caja y clarin.*
Clar. Aunque el caso pudiera
Darme ocasion á que el ingenio hiciera
Varios discursos, cuantos solicita
Esta ocasion, la brevedad me quita
Del tiempo, que me llama
Con voces de metal á ganar fama.
Quédate á Dios; que, aunque tu amor lo impida,
Voy á ganarte á precio de mi vida.   [*Vase.*
Lind. Y yo á tu lado quiero
Acreditar este valiente acero,
Que no le ceñí en vano;
Y ganándome á mí mi propia mano,
Darme yo á mi albedrío.
¡Vive amor, que ha de ser mi imperio mio! [*Vase.*

_____

Tocan cajas y trompetas, y salen SIRENE, AR-
MINDA *y las Damas.*

Sir. Pues no vuelve Lindabrídis
Al castillo, y excusada
Está de acudir al duelo,
Por decir, que en esta causa
Lidia su sangre y su amor,

Y que fuera accion ingrata
Mirar ella á quien por ella
Hoy con su hermano se mata:
Salgamos todas á ver
Las telas y la campaña;
Que es morir, vivir sin ver
Una muger lo que pasa.

Sale MALANDRIN.

Mal. ¡O quién tuviera boleta,
Para ver de una ventana
Toda la fiesta! Aunque á mí
Muy poco de ver me falta.
Sir. Soldado!
Mal. ¿Qué me mandais,
Las bellísimas madamas?
Sir. Que nos digais, si por dicha
Se extiende á esta voz la fama,
Quién son los aventureros,
Que han de entrar en la estacada?
Mal. Habeis hallado con quien,
Sin que falte una palabra,
Os lo diga; porque he andado,
Ya que no de rama en rama,
De tienda en tienda, mirando
Quien son, y qué empresas sacan;
Porque soy relacionero,
Y esta he de imprimir mañana,
Si la tinta no me miente,
Ó si el papel no me falta.
Y para que me creais
Cuanto os diga, breves Gracias,
Va de relacion; que es fuerza,
Entre tanto que se arman,
Dar tiempo al tiempo. En efecto
Amaneció esta mañana
Cubierto el sitio de tiendas
De damasco, tela y grana;
Era un monte levadizo,
Que para engañar al alba,
Nieve y flores le vestían
Las plumas sobre las armas.
Listadas de azul y oro
Se vieron todas las vallas,
Que presumió el sol, que era
La eclíptica, que él abrasa.
No la hicieron salva, no,
Los músicos, que la aguardan;
Que otros pájaros canoros
De metal la hicieron salva.
El mantenedor valiente,
Al son de trompas y cajas,
Dió un paseo, y por empresa
Pintó una horrible borrasca.
Y asi, en medio de las olas,
Y combatido de cuantas
Iban y venian, á todas
Resistia en las espaldas
De un delfin, que hasta la orilla
Le aportó, bajel de escama.
La letra en su nombre dice,
Como que al delfin le habla:
Temeroso voy del-fin;
Que brevemente declara,
Que en tempestades de honor,
Donde le combaten tantas,
Resistiendo á todas él,
No sabe el fin que le aguarda.
El segundo, que yo ví,
Era Rosicler de Tracia,
Jóven valiente. En su escudo
Sacó una áncora pintada,
Geroglifico é insignia
Que le dan á la esperanza.

Bien pareció grosería,
Que espere nadie que ama;
Mas la letra le disculpa,
Pues dice en breves palabras:
Llevo esperanza; porque
Es fuerza que en mal tan grave,
Ó me acabe á mí, ó se acabe.
Floriseo, arpon de amor,
Que disparó de su aljaba,
Persa ilustre, jóven fuerte,
Acreedor de su alabanza,
Sacó por divisa un muerto;
Empresa desesperada
Pareció; pero fue cuerda,
Pues escribió en la mortaja:
Por no temer,
Voy cual sé que he de volver.
El caballero del Febo,
Aquel fénix, que la fama
Renace á instantes la vida,
Emulacion del de Arabia,
Dando á entender, que entre dos
Pretensiones tiene un alma,
Y que no sabe de cual
Ha de decir su esperanza,
Un camaleon sacó,
Que sobre la verde grama
Era verde, y sobre el mar
Azul, colores contrarias,
Pues nunca comieron juntos
Los zelos y la esperanza.
La letra lo significa
Mejor, breve, aguda y clara:
No sé cual color es mia;
Que no la tiene
Quien del aire se mantiene.
Síguese un gran personage,
Que quiere entrar en la danza,
Á fuer de caballería,
Viendo que ha de dar las armas
A Lindabrídis. Este es
El Fauno. Mas, lengua, calla;
Que es el Fauno tu señor,
Su yerba has comido, y basta.
Es la empresa como suya;
En una grosera tabla
Pintado trae un demonio,
Que en el infierno se abrasa,
Y dice la letra luego,
Que está escrita entre las llamas:
Mas penado, mas perdido,
Y menos arrepentido.
El Príncipe Claridiano
De Sicilia (en su alabanza
Quisiera gastar dos coplas,
Si es que las coplas se gastan;
Pero es tarde, voy al caso)
Sacó un barco sobre el agua,
Que siempre se está moviendo
Con tormenta y con bonanza;
Y significando, que él
Ni sosiega ni descansa,
Dice la letra, mostrando,
Que aun no hay quietud en la calma:
Este ni yo no podemos
Descansar,
Por placer, ni por pesar.
Otro aventurero hay,
A quien nadie vió la cara,
Ni sabe quien es; yo solo
Sé, que en su tallé y sus galas
Excede á todos, supuesto
Que en competencia ó venganza
Adónis le dió el despejo,

Y Marte le dió las armas.
Este una víbora fiera
Pintó, que, cuando le cansa
Su veneno, á sí se muerde,
Y esto diciendo, se mata:
¡O qué veneno tan fuerte!
Por vivir me doy la muerte.
Muchos pudiera contaros,   *[Tocan.*
Mas los clarines y cajas
Dicen, que ya llega al puesto
El mantenedor, y armadas
Estan las damas, por quien
Hice relacion tan larga.
Todo valiente esté alerta;
Que si ellas una vez bajan
Armadas, será peor
Que Inglaterra y Holanda.   *[Tocan.*
Ya vuelve otra vez el son,
Y si la vista no engaña,
El Rey, en su sitio ya,
Preside al duelo y las armas.
Esto es hecho; yo no puedo
Esperar mas; que si falta
De allá mi persona, entiendo,
Que será la fiesta aguada,
Porque yo las hago puras.
Á Dios, bellísimas damas,
Aunque si quereis venir,
No nos faltará en la plaza
Un sitio en que nos dé el sol,
Y en que nos vacíen el agua
De cantimploras de otros,
Ó una tudesca alabarda,
Que las costillas nos muela,
Que en ninguna fiesta faltan.   *[Vase.*

Descúbrese el REY *en un trono; sale* MERIDIAN *de su tienda, y hacen la entrada por el palenque* FEBO, FLORISEO, *el* FAUNO, ROSICLER, CLARIDIANA *y* LINDABRÍDIS, *todos con armas, y delante Criados con los escudos, como han dicho los versos; y en llegando delante del Rey, hacen reverencia, y ocupan sus puestos.*

Rey. Tantos á tantos el duelo
Se ha de hacer, y al que su fama

Dejare solo en el puesto
Por señor de la campaña,
Á un golpe de pica solo,
Y luego á muchos de espada,
Hoy será de Lindabrídis
Esposo, y Rey de Tartaria.
Mer. Qué esperais? Ya Meridian,
Aventureros, aguarda.
[Repártense á un lado Lindabrídis, Claridiana *y* Meridian; *á otro* Rosicler, Febo *y* Floriseo, *y el* Fauno *en medio.*
Faun. La victoria está por mia.
[Llega Claridiana, *y derriba el* Fauno *á sus pies.*
Clar. No está, pues que ya á mis plantas
Caiste.
Faun.   ¿Quién me venciera,
Si amor no me derribara?   *[Cae.*
Todos. El Príncipe Claridiano
Viva, pues al Fauno mata.
Rey. Tuya ha de ser Lindabrídis;
Cese el duelo, que esto basta.
   [Baja el Rey del trono.
Clar. ¡Dichoso yo, que merezco
Su hermosura celebrada!
Lind. Ahora me descubriré,
Si Claridiano me gana.
Feb. No hace; porque Claridiano
Es la hermosa Claridiana,
Esposa mia, y señora
De los estados de Francia.
Lind. Burlóme el amor.
Clar.   Supuesto
Que eres mia, tu esperanza
Lograrás con Rosicler
Mi hermano, y Fénix de Tracia,
Porque siendo yo señora
De Francia, á Febo le basta,
Y quédese Meridian
Por Rey invicto en Tartaria.
Mal. Porque asi todos contentos
Digamos, que aqui se acaba
El encantado castillo
De Lindabrídis. Sus faltas
Perdonad; porque el ingenio
Lo ruega humilde á esas plantas.

CVII.

BIEN VENGAS, MAL, SI VIENES SOLO.

PERSONAS.

Don Luis.	Don Bernardo, *viejo*.	Doña María, *dama*.
Don Juan de Lara } *galanes.*	Guzman } *criados.*	Ines } *criadas.*
Don Diego de Silva }	Espinel }	Juana }
	Doña Ana, *dama*.	

JORNADA I.

Salen Don Luis *y* Guzman *en trage de noche.*

Guz. Al amor, tiempo y fortuna
Todo es posible, señor.
No hay cosa, que á su rigo
Se defienda.

Luis.   Si no es una;
Una sola es imposible.

Guz. Y cuál juzgas?

Luis.   La muger,
Cuando da en aborrecer,
Que es su condicion terrible;
Si ya con fuerza suprema
El gusto y la bizarría
Hace del rigor porfía,
Y hace del agravio tema.

Guz. A la opinion respondiera,
Defendiendo las que son
De aquesa regla excepcion,
Si ya tan tarde no fuera.
Éntrate á acostar; que el alba,
En los brazos de la aurora,
Aljófar y perlas llora,
Y los pájaros con salva
Despiertan al sol.

Luis.   ¡Qué poco
Descansará mi dolor!

Guz. Siempre duerme poco amor.

Luis. Por lo que tiene de loco.

Guz. Entremos en casa presto;
Que yo, como no he querido,
Estoy al sueño rendido.

      [*Cuchilladas dentro.*

Luis. Vamos pues. Pero qué es esto?

Guz. El ruido adelante pasa.

Luis. Es dentro de casa?

Guz.   Sí.

Luis. ¿Cuchilladas (ay de mí!)
A estas horas, y en mi casa?
Quien son tengo de mirar.

Guz. Ya ellos nos dicen, que son
Hombres de honra y de opinion.

Luis. Por qué?

Guz.   Riñen sin hablar.

Luis. Entra conmigo.

Guz.   Sí haré;
Mas ya á la calle han salido.

      Salen riñendo Don Juan *y otro.*

Luis. Cubierto y desconocido, [*aparte.*
Mejor la ocasion sabré
De mi agravio y mi deshonra. —
Por caballeros, si acaso [*á ellos.*
Un hombre, que sale al paso,
Con obligaciones de honra,
Algunas treguas previene
Á vuestro acero......

      [*Cae el uno dentro del vestuario.*

Uno.   Ay de mí!
Muerto soy!

Juan.   Y á mí de aqui
Ausentarme me conviene.

Luis. Caballero, á mí tambien
Me conviene el deteneros,
Hablaros y conoceros,
Que en esta calle no es bien
Que nos dejeis empeñados
Á un notable desconcierto,
En poder de un hombre muerto.

Juan. Caballeros embozados,
Si el advertir, si el mirar
Á un hombre ya tan restado
En vuestro necio cuidado
No ha merecido lugar,
Dádmele por mí, pues no
Os va nada en conocerme,
Ó el lugar habré de hacerme
Con aquesta espada yo;
Que, aunque sois dos, vive Dios,
Que aqui no me dais cuidado;
Que un hombre de bien, restado
Una vez, vale por dos.

Luis. Si restado en un teatro
Sangriento el hombre de bien
Importa por dos, tambien
Los dos valdremos por cuatro;
Tambien estamos los dos
Restados, tambien tenemos
Los dos valor, y os habemos
De conocer, vive Dios!

Juan. Justicia debeis de ser,
Que tanto esfuerzo habeis puesto
En conocerme; y supuesto

Que ello, hidalgos, no ha de ser,
Y que yo lo he de estorbar
Como pueda, ya que aqui
No habeis de pensar de mí,
Que lo haré por excusar
La pendencia, sino solo
Por guardarme y encubrirme,
Disponeos á seguirme;
Que desde este al otro polo
Mi aliento llegar desea,
Si asi me puedo encubrir;
Que, quien me ha visto reñir,
Poco importa que me vea
Correr; pues haciendo alarde
De valiente y recatado,
Verá, que huye de alentado
Quien no huyera de cobarde.   [*Vase.*
Luis. Síguele, Guzman.
Guz.   Apenas
      El viento podrá.
Luis.   ¿Qué haremos
En tan dudosos extremos
De desdichas y de penas?
Guz. Señor, si el riesgo miramos,
Que en esta calle tenemos
Muerto un hombre, mal hacemos
En estar en ella. Vamos
Á casa; pues lo que aqui
Puede detenernos, es
Saber quien es, y despues
Ello se sabrá; que asi
Encubrirse no es posible;
Y al fin seguros sabremos
Lo que ahora no podemos,
Sin la evidencia infalible
De encontrarnos aqui (y mas
Si amanece) alguien que oyó,
Que de tu caça salió
La pendencia.
Luis.   Tú me das,
Guzman, el mejor consejo,
Si mi pena y rabia fiera
Para admitirle estuviera.
Guz. Al tiempo tus dudas dejo.
Luis. No me determino en esto;
Porque en grande riesgo estoy,
Si me quedo y si me voy.
¡Ay hermana, en qué me has puesto!

Sale ESPINEL.

Esp. Ya la calle sosegada
De la pendencia se vé;
Ahora salir podré,
Sin rezelarme de nada.
Guz. Otro hombre solo ha salido
De casa.
Luis.   Ay rigor cruel!
Guz. Qué hemos de hacer?
Luis.   Saber dél
Lo que habemos pretendido. —
Quién va?
Esp.   Si ese acero ya
Ocupado el paso tiene,
Pregunte: quién se detiene?
Y no pregunte: quién va?
Pues no va un hombre, que aqui
No tiene por donde pueda;
Y mas, que se va, se queda.
Luis. Diga quien es.
Esp.   Eso sí;
Ahora que ha preguntado
En forma, responderé
Quien fui, quien soy y seré.
Luis. Decid presto.

Esp.   Soy criado
De un honrado caballero
Andaluz y Granadino,
Que á la corte á un pleito vino,
Con mas amor, que dinero.
Este aqui gastando pasa
La vida; y fue de su llama
Causa, señor, una dama,
Que vive en aquesta casa.
Hoy que en ella hemos entrado
Á acechar por una reja
Dese patio, que no deja
Mayor lugar el cuidado
De un caballero, que es
Su hermano, un hombre se entró
Tras nosotros, que obligó,
Ó atrevido ú descortes,
Á decir, que qué esperaba.
Él, ó galan ó zeloso
De la dama, muy brioso
Le respondió, que alli estaba,
Porque en el mundo no habria
Quien del puesto le quitase,
Estorbase, ó no estorbase.
Entonces la bizarría
De mi amo respondió
Con el acero. Riñeron,
Y hasta la calle salieron.
Lo demas no lo ví yo;
Porque entre el confuso ruido,
Entre el rigor impaciente,
Yo, como no soy valiente,
Me quedé en casa escondido;
Porque fuera cobardía
Reñir con quien solo estaba
Dos, y donde yo me hallaba,
Hubiese superchería.
Esta es la trágica historia.
Y pues habreis entendido
Quien yo soy, seré y he sido,
Aqui paz, y despues gloria.
Luis. Válgame el cielo! qué haré?
Mi duda en tus manos dejo,
Guzman.
Guz.   Señor, mi consejo
Es ahora el que antes fue.
Retirémonos del daño,
Que aqui tan preciso ves;
Te satisfarás despues,
Si como te desengaño,
Te pudiera consolar;
Pues si este hombre mas supiera,
Mas dijera.
Esp.   Sí dijera.
Mirad, si hay qué preguntar;
Que yo no me atrevo á ir
Sin licencia de los dos.
Luis. Estoy por matar, por Dios,
Á este hombre.
Guz.   Eso es decir
Quien eres; y mejor es
No darte por entendido,
Sino cuerdo y atrevido
Salir á todo despues.
Luis. El nombre al punto declara
De tu amo.
Esp.   Eso al instante;
Que soy doncel de Clarante.
Llámase Don Juan de Lara.
Luis. No le conozco.
Esp.   Es favor
Del cielo. Al mismo pluguiera,
Que yo no le conociera.
¿Pero no me dais, señor,

Licencia?

Luis.   De mala gana.
Esp. Yo tan obediente soy,
Que de muy buena me voy.   [*Vase.*
Luis. Ay honra mia! ay hermana!
Mas tu acuerdo he de tomar.
Á la fortuna dejemos
Este suceso, y entremos
En casa á disimular
Las penas y los enojos,
Haciendo á nuestros agravios
Estrecha cárcel los labios,
Última línea los ojos.
Yo fingiré mis desvelos,
Porque es un despertador
De las horas del amor
El hombre que pide zelos;
Y asi en callar y fingir
Mas el valor se acrisola,
Que zelos de la honra sola
Una vez se han de pedir.   [*Vanse.*

Salen D O Ñ A   A N A *é* I N E S.

Ines. ¡Qué hermosa te has levantado!
Esta vez sola, señora,
No hiciera falta la aurora,
Cuando en su cristal nevado
Dormida hubiera quedado,
Pues tu luz correr pudiera
La cortina lisonjera
Al sol, siendo sumiller
De uno y otro rosicler,
Deidad de una y otra esfera.
Bien el concepto español
Dijera, viéndote ahora,......
Ana. Qué?
Ines.   Que en tus ojos, señora,
Madrugaba el claro sol.
Dijera, al ver tu arrebol,
Quien á tu rigor se ofrece,
Quien tus desdenes padece,
Don Luis......
Ana.   La lengua deten;
Que eres la primera en quien
La alabanza desmerece.
Tu discurso, dando igual,
Ines, el gusto y enfado,
Fue caballo desbocado;
Corrió bien, y paró mal.
Ines. No te precies de leal
Tanto; porque no ofendió
Á quien tu amor mereció
Mi voz. ¿Qué muger se enfada,
Señora, de ser amada?
Ana. Yo sola, Ines; porque yo
Temo en pensarlo, que ha sido
Ofendido aqui el honor.
Ines. Las ceremonias de amor
Ese escrúpulo han tenido
En el pecho del marido,
Pero en el galan no es justo;
Que uno es honor, y otro es gusto;
Y no advertir, es error,
Lo que hay del gusto al honor.
Ana. ¡Qué argumento tan injusto!
Ofender, Ines, no es bien
Lo que ha de quererse, y piensa,
Que quien al gusto hace ofensa,
Se le hará al honor tambien.
Que si en el alma se ven
Gusto y honor, quien provoca
Su ofensa atrevida y loca,
Al alma ofende; y no es justo;

Porque el agravio del gusto
Tambien al alma le toca.
Yo (bien lo sabes) ya oí
Á Don Diego, ya le amé;
Eleccion y fuerza fue;
Fuerza, porque me rendí;
Y eleccion, porque me ví
Con sus prendas estimadas
Gustosa; y asi me enfadas,
Y es tiranía pensar,
Que hayan las amas de amar
Al gusto de sus criadas.

Salen D O Ñ A   M A R Í A *y* J U A N A.

Mar. ¡Qué descuidada estarias
De tener, bella Doña Ana,
Visita tan de mañana!
Déte Dios muy buenos dias.
Ana. Si tú los rayos envias
Del dia al amanecer,
Es fuerza que hayan de ser
Muy buenos. Dame los brazos.
Mar. Serán nudos, serán lazos,
Á quien no pueda romper
La muerte.
Ana.   Ven al estrado.
Mar. No; bien estamos aqui.
Siéntate, porque de tí   [*Toman sillas.*
Vengo á fiar un cuidado
Tan grande, que me ha dejado
Con vida; porque no fuera
Gran cuidado el que pudiera
Darme á mí la muerte, pues
La pena, que mata, es
La pena mas lisonjera.
Ana. Que es el rostro, oí decir,
En el gusto ó la pasion,
Un papel del corazon,
Donde se suele escribir
La pena; y si yo argüir
Puedo de tí alguna cosa,
Sin duda es pena dichosa
La que tu pecho recibe,
Pues en tu rostro se escribe
Con jazmin, clavel y rosa.
Mar. Ay amiga, muerta vengo,
Y solamente de tí
Me atrevo á fiar aqui
Un gran disgusto, que tengo.
Ana. Ya para oir me prevengo.
Prosigue.
Mar.   Conmigo lucha
La vergüenza, porque es mucha,
Y muchas las ansias mias.
Ana. Bien sabes de quien te fias.
Di; no temas.
Mar.   Pues escucha.
Yo, bellísima Doña Ana;
Que ya negarte no es bien
Secretos, que tantas veces
Á mí misma me negué;
Yo...... No sé por donde empiece;
¿Pero qué importa, si sé
Por donde acabe? (Ay de mí!)
Yo ví, yo quise, yo amé.
Ya no tengo que dudar,
Ni tú tienes que saber,
Pues en que yo amé se cifran,
Por decirlas de una vez,
Cuantas desdichas pudiera
Repetir y encarecer.
No fue la mayor de todas,
Con ser tan grande, el querer,
Sino las que se siguieron

Á la primera; porque
Nunca viene solo un mal;
Y asi en el mundo se vé,
Que del mal, que viene solo,
Se debe dar parabien.
El favor, que mereció
De mí un caballero, fue,
Dar licencia á ojos y oídos,
Para oir y para ver
Lo turbado de la voz,
Lo advertido de un papel.
Mirábale pues de dia,
De noche le hablaba pues
Por una reja, á las horas,
Que mi hermano, amante fiel
De tu hermosura, rondaba
Tu calle; que ya lo sé
Todo, pues hasta esto debo
Agradecerte tambien.
Anoche, estando conmigo,
Sentimos, Doña Ana, que
Á la reja se acercaba
Con lento y turbado pie
Un hombre. Causó á los dos
Grande novedad, por ser
Dentro de casa la reja
Donde hablábamos; si bien
Á mí me dió al corazon,
Que era un caballero, á quien
(Y fue la verdad) habia
Muchos años mi desden
Desengañado. Don Juan,
En viéndole, se fue á él.
Pocas razones se hablaron,
Que yo apenas escuché,
Cuando al acero los dos
De la causa hicieron juez.
Mira tú, valido este,
Mira tú, zeloso aquel,
Como los dos reñirían.
Y bien se deja entender;
Que con zelos y favores
Dicen que se riñe bien.
Salieron pues á la calle,
Dohde (ay amiga! no sé
Como prosiga) cayó
Muerto el uno. Echa de ver,
Pues que yo quedé con vida,
Que el aborrecido fue;
Si bien es fuerza que sienta
El caso por mí y por él;
Que al fin le costó el quererme
La vida, y no fuera ley
Humana, que hasta las aras
Le acompañase cruel.
Vino mi hermano á este tiempo;
Lo que vió, yo no lo sé;
Lo que ha sospechado, sí;
Pues aunque se quiso hacer
Desentendido, me dió
Con acciones á entender
Su sentimiento; que agravios
No se disimulan bien.
Con esto apenas el dia
Empezaba á amanecer,
Cuando vine á darte parte
De mi desdicha, y tambien
Á fiar de tí mi alma,
Mi honor, mi vida y mi ser.
Lo que tú has de hacer por mí,
Lo que de tí quiero, es,
Que con secreto me guardes
Estos papeles, que ven
Tus ojos, y este retrato;

Que no es bien, que en mi poder
Esten prendas, que descubran
Los extremos de mi fe,
Cuando zeloso mi hermano
Dellos pudiera saber
Su agravio, porque hablan mucho
Una pluma y un pincel.
Secretario de mi amor
Tu pecho, amiga, ha de ser,
Archivo tu corazon;
Guárdame secreto en él,
Y no leas por tu vida,
Aunque en tu poder esten,
Los papeles, que te doy;
Porque, aunque discreto es
Su dueño, á una necedad
La da la estimacion tal vez
La ocasion en que se dice,
Y no es discreto un papel,
Sino en manos de su dueño;
Que á quien desde afuera vé,
Como ignorante de amor,
Nada le parece bien.

Ana.   Bien pudiera, amiga hermosa,
Tu pena en la condicion
Mas dura hacer impresion,
Por tuya y por amorosa.
Mira lo que hará en un pecho,
Que te quiere, y finalmente,
Que ya por tan propia siente
Tu desdicha, satisfecho
De que perderá por fiel
La vida y alma por tí;
Mira, qué quieres de mí,
Mira lo que quieres dél;
Porque guardarte un retrato,
Dos papeles y un secreto,
Son acciones, te prometo,
Á que el pecho mas ingrato
No se pudiera negar,
Cuanto mas, amiga, el mio,
Que sin razon, ni albedrío,
Tan obediente ha de estar
Á tu gusto; y pues que sabes,
Que esta es sencilla verdad,
No fio la voluntad
Á juramentos mas graves.
Y dime, para que yo,
Sin temer ni dudar nada,
De todo quede informada,
¿Qué escándalo se causó
En la calle, y qué se dice
Del muerto, y qué hicieron dél?

Mar.   Aquel asombro cruel,
Aquel estrago infelice
En una silla llevaron
Á su casa, y solo sé,
Que la voz entonces fue
De que acaso le mataron
En la calle, sin que alguno
Dijese como, ni quien;
Que no se sabe.

Ana.   Está bien;
Y ya el fracaso importuno
Sucedido, dicha ha sido
No darte la culpa á tí,
Y haberse callado asi,
Que de tu casa ha salido
La pendencia.

Mar.   En este estado
Está mi pena hasta hoy.
Y porque es tarde, me voy;
Que no me deja el cuidado,
Que he traido, sosegar.

Ana. Pésame de que haya sido
Cuidado el que te ha traido,
Y con tanta causa, á honrar
Mi casa. Solo te pido
En noble satisfaccion
De la amistad y aficion,
Con que siempre te he servido,
Me avises de cuanto pase;
Que ya ves, como me dejas.
Mar. Mis lágrimas y mis quejas
Quiso amor que mitigase
Á tus umbrales; y asi
Á consolarme vendré
De todo á ellos.
Ana.   Ya sé,
Que me dejas prenda aqui,
Que te traerá alguna vez;
Porque, estando el dueño ausente,
Podrá el retrato......
Mar.   Detente;
Porque hago al cielo juez,
Que, aunque le estimo y le quiero,
Y pudiera traerme, ya
Tu amor, Doña Ana, será
El que me traiga primero.   [*Vanse.*
Ana. Ines!
Ines.   Señora?
Ana.   ¿Has oido
Todo lo que pasa?
Ines.   Sí;
Y dudar eso de mí,
Pregunta excusada ha sido,
Por dos razones.
Ana.   Y son?
Ines. La una, porque, sirviendo,
Era forzoso, que, viendo
Á mi ama en conversacion,
Yo me llegase á escuchar
Lo que hablaba; que esta es
Ley nuestra, porque despues
Tuviese que murmurar.
Ana. Hablando quedo, decia
Una dama, que llamaba
Su criada, y no mentia;
Que lo que mas quedo hablaba,
Éra lo que mas sentia.
Ines. Es la segunda razon
Para haberlo yo sabido,
Haber con Juana tenido
Aparte conversacion;
Y nosotras no tenemos
Otra cosa de que hablar,
Sino solo de contar
Todo aquello que sabemos
De nuestras amas; y asi
Por dos partes lo supiera;
Pues Juana me lo dijera,
Cuando no lo oyera aqui.
Ana. Pues ya que todo lo sabes,
¿No miraremos, Ines,
Quien aquel Adónis es,
Que causa extremos tan graves
En condicion tan altiva?
Ines. El retrato lo dirá.
Ana. Ten los papeles allá.
      [*Dale unos papeles, y vé el retrato.*
Ines. Descubre esa imágen viva,
Á quien pincel y color
Dan alma, para que aqui
Sepa hablar. Mas ay de mí!
Ana. Qué ha sido eso?
Ines.   Mi señor.
Ana. Ten; guarda el retrato luego.
Ines. Cóbrate; que te has turbado.

Ana. No estoy en mí. Ten cuidado.
Ines. Entre bobos anda el juego.
Mas leyendo un papel viene;
No trae rezelo de nada.

   Sale D o n B e r n a r d o *leyendo un papel,*
      y E s p i n e l.
Ana. Parece, que no le agrada   [*aparte.*
Lo que la letra contiene.
Bern. [*lee*] ,,La vida me va el hablaros con secreto,
    ,,y no me importa menos. Esperadme en
    ,,vuestra casa, y procurad estar solo en
    ,,ella."   ,,D. Juan de Lara."
[*repr.*] En extraña confusion
Me ha dejado este papel.
¿Qué querrá decirme en él
Don Juan? Que la prevencion
Y la brevedad declara
Gran secreto y gran cuidado. —
Decidme vos, ¿sois criado [*á Espinel.*
Del señor Don Juan de Lara?
Pero no me respondais,
Hasta que solos estemos,
Porque temo los extremos,
Que él escribe, y vos mostrais. —
Ana, tú estabas aqui?
Ana. Que acabases de leer
Esperé, para saber
De tu salud y de tí.
Bern. Yo estoy bueno. Vete ahora;
Porque me importa quedar
Solo; que tengo que hablar
Con este hidalgo.
Ines.   Ay, señora! [*aparte.*
Qué haré del retrato?
Ana.   Ines,
Esperar adentro un rato
Á mi padre; que el retrato
Ya le veremos despues.   [*Vanse.*
Bern. Decidme ahora, soldado,
¿Sois criado de Don Juan?
Esp. Mis desdichas lo dirán.
Bern. ¿Qué es esto que le ha pasado,
Que con tantas prevenciones
Me escribe?
Esp.   Yo no lo sé;
Porque á esas horas me hallé
Rezando mis devociones.
Anoche le sucedió
Allá no sé qué desman.
Bern. Mocedades de Don Juan
Serian.
Esp.   Mas pienso yo
Que vejeces.
Bern.   ¿Fue de amor
La causa?
Esp.   Si te confieso
La verdad, amor fue.
Bern.   ¿Y eso
No es mocedad?
Esp.   No, señor,
Sino vejez.
Bern.   Qué pasó?
Esp. No lo sé; pero yo infiero,
Que dió muerte á un caballero.
Bern. Qué decis?
Esp.   Lo que él contó.
Bern. Muerte á un caballero?
Esp.   Sí.
Bern. ¿Y esta no fue mocedad?
Esp. Heregía es en verdad
Creer eso.
Bern.   Cómo así?
Esp. Á Cain traigo por juez,

La fe en la Escritura advierte,
Que no es mocedad dar muerte,
Sino la mayor vejez.

Bern. ¡Qué gracias, señor, tan frias!
Dejadlas ya, porque son,
Para quien habla en razon,
Necias las bufonerías,
Y decidme, donde queda
Don Juan.

Esp.   En San Sebastian
Espera un coche Don Juan
De un amigo, donde pueda
Venir acá; que no quiso,
Porque no os canseis, por Dios,
Que fuésedes allá vos;
Y asi criado de aviso
Vine yo.

Bern.   Pues vamos presto;
Que no quiero que de alli
Salga, y suceda por mí
Un disgusto.

Esp.   Ya es en esto
La diligencia excusada;
Que Don Juan del cóche sale.

Sale DON JUAN.

Juan. Bésoos la mano, señor
Don Bernardo.

Bern.   Dios os guarde,
Señor Don Juan.

Juan.   Novedad
Os habrá hecho muy grande
El papel y la visita.

Bern. Estilo extraño y lenguage;
Pero dispuesto á serviros
Con mi hacienda, con mi sangre,
Con mi honor y con mi vida.

Juan. Tomad silla, y escuchadme.   [*Siéntanse.*
Ya sabeis el amistad,
Que profesais con mi padre,
Señor Don Bernardo, y ya
Sabeis, que es fuerza ampararme,
Por él, por vos y por mí,
En cualquier desdicha ó trance,
Que me suceda; por él,
Por las grandes amistades,
Que los dos teneis cursadas
En las escuelas de Marte,
Donde á ser buenos amigos
Aprenden los que las saben;
Por mí, porque hoy en la corte
No tengo en mi amparo á nadie;
Por vos, porque sois quien sois,
Y es fuerza que pechos tales
Amparen y favorezcan
Á quien humilde se vale
De su favor; y asentado
Que habeis, señor, de ayudarme,
Por él, por vos y por mí,
Voy con el caso adelante.
Anoche, por no cansaros,
Con ocasiones bien grandes
Á las puertas de una dama
Principal, ilustre y grave,
Á un caballero, señor,
Dí la muerte en una calle.
Deste suceso, no sé
Si se ignora, ó si se sabe
El agresor; y asi estoy
En este caso cobarde;
Porque hay criados, que fueron
De mi amor participantes.
Si me estoy en mi posada,
Es muy posible buscarme,

Hallarme en ella y prenderme;
Si pretendo que me aguarde
Iglesia ó Embajador,
Es darme luego por parte,
Y culparme yo á mí mismo;
Y asi quisiera á una parte,
Ni público, ni secreto,
Unos dias retirarme.
Con esto estaré á la mira,
Seguro, que no me hallen,
Si me buscan, y si no
Me buscan, aventurarse
Puede poco en esconderme;
Que, aunque pudiera indiciarme
La fuga, no es en la corte
Caso posible, ni fácil
Á un forastero echar menos.
No tengo de quien fiarme,
Sino de vos; ved ahora
Donde podré estar, y amparen
Vuestros años á un rendido
Huésped, que de vos se vale,
Amigo, criado y esclavo,
Que llega á vuestros umbrales,
Que en vuestras manos se pone,
Y que á vuestras plantas yace.

Bern. Vos discurristeis tan bien
Á riesgos y hostilidades,
Que á mi discurso, Don Juan,
Poco ó nada le dejásteis
Que hacer por vos. Bien decis;
Pues estando en una parte
Retirado, podré yo
Secretamente informarme
De todo lo que se dice,
Ó se imagina, ó se sabe;
Y conforme esto veremos
Lo que convenga; y pues tales
Discursos no me dejaron
Lugar á mí de mostrarme
En esta parte advertido,
Liberal en esta parte,
Quiero hacer algo por vos;
Y asi, en tanto que ahora pase
La furia, ha de ser mi casa,
Don Juan, la que os tenga y guarde.
No teneis que disculparos;
Que fuera necio desaire
Venir á mí por consejo,
Y volveros sin tomarle.

Juan. Dadme mil veces los brazos.

Bern. Solo ahora falta, (escuchadme)
Que los criados, que os vieron
Ahora entrar, se desengañen
De que os volvisteis; y asi
Es el desvelo importante.
Despedid ese cochero,
Demos la vuelta á otra calle,
Y entraremos sin que os vean.

Juan. Para todo es bien que halle
Favor el que en vos le busca.   [*Vase.*

Bern. Ya os sigo; salid delante. —
Ana!

Sale DOÑA ANA.

Ana.   Señor?

Bern.   Ese cuarto
Bajo, que á esta cuadra sale,
Se aderece; que tenemos
Huésped. Á Dios.

Ana.   Él te guarde.

Sale INES.

Ines. Se fue señor?

Ana.   Ya se ha ido.

Ines. Puesto que solas estamos,
Este retrato veamos
De aquel Adónis, porque
Muero por verle.

Ana.   ¿Y en eso
Qué te va?

Ines.   Graciosa estás;
Saber una cosa mas,
Que contar despues.

Ana.   Confieso,
Que es curiosidad, que á mí
Me ha movido. Muestra pues
Ese retrato.

Ines.   Este es.   [*Ruido.*

Ana. Mas mira quien anda alli.

Ines. Ay señora!

Ana.   Qué?

Ines.   Don Diego,
Que, como á tu padre vió
Salir fuera, en casa entró.

Ana. Ahora á mas penas llego;
Pues de verme á mí con él,
Gran disgusto me prometo,
Ó he de romper el secreto.
Lance será mas cruel,
Si le vé, que si le viera
Mi padre.

Ines.   Aun bien que sabemos
La escapatoria.

Ana.   Qué haremos?

Ines. Lo mismo que antes.

Ana.   Espera;
Que ahora yo le esconderé.   [*Cáesele.*
Mas ay!

Ines.   Qué fue?

Ana.   Cayó al suelo.
Si le alzo, daré rezelo.

Ines. Pondréle yo encima el pie.

Ana. Pues no te apartes de ahí.

Ines. El pisarle no dilato.

Ana. ¡Válgate Dios por retrato!

      Sale Don Diego.

Dieg. Luego que á tu padre ví,
Ana hermosa, me atreví
Á entrar á verte; y no ha sido
Poco, pues me ha sucedido
Una desdicha tan fuerte,
Que á mi primo han dado muerte.
Ya verás, si lo he sentido.
¿Pero cómo me recibes
Tan cruel? ¿Qué novedad
Divierte tu voluntad?
¿Ó por qué enojada vives?
Que en tu rostro hermoso escribes
Penas y enojos; turbada
Estás, al color negada
De tus mejillas. Qué ha sido?
Qué tienes? qué ha sucedido?

Ana. Engáñaste; porque nada
Me suspende ni divierte.
¿Qué novedad es en mí
Turbarme de verte aqui,
Con el riesgo que se advierte,
Si mi padre......?

Dieg.   De otra suerte,
Doña Ana, me recibias
Otras veces, y tenias
El mismo riesgo que ahora.
¡O cómo el alma no ignora......

Ana. Prosigue.

Dieg.   Desdichas mias!

Ana. ¿Qué ves tú de que lo arguyas?

Dieg. La lengua aqui pronunció

Desdichas mias, por no
Decir......

Ana.   Qué?

Dieg.   Mudanzas tuyas.
Y para qué al fin concluyas
De una vez en darme muerte,
Quédate con Dios, y advierte,
Que en sentimiento tan justo,
Para no verte con gusto,
Tengo por mejor no verte.

Ana. ¿Asi, Don Diego, te vas?
Espera.

Dieg.   Ó me tengo de ir,
Doña Ana, ó me has de decir,
De qué tan turbada estás;
Que en tu semblante me das
Muestras de gran sentimiento.

Ines. Yo te lo diré; oye atento.

Ana. ¿Qué has de decirle, si aqui
No hay nada?

Ines.   Fia de mí;
Que hablarle verdad intento. —
Está triste mi señora,
Y es muy justa su querella.

Dieg. Calla, Ines; el labio sella. —
Ya que mi vida no ignora,
Que has tenido causa ahora
De estar triste, di, qué es? —
Retírate tú allá, Ines,
Y dirásme luego á mí
Esa ocasion, porque asi,
Si no conforman despues
Los dos dichos, sabré yo,
Que me tratas con engaño. —
Para ver un desengaño,   [*aparte.*
Esta industria me enseñó
La justicia.

Ana.   Pues llegó
Á ese exámen tu cuidado,
Retírate aqui á este lado,
Y diréte lo que ha sido. —
Oyes, Ines?   [*ap. d ella.*

Ines.   Ya he entendido.
[*Lleva d D. Diego hácia delante, y hace señas á Ines.*

Dieg. Qué la dices?

Ana.   Yo la he hablado?
Porque no pienses de mí
Eso, antes digo, que, cuando
Contigo esté aparte hablando,
No se quite ella de alli. —
Clavada has de estar ahí,
Ines.
    [*Pónese Ines sobre el retrato.*

Dieg.   Pues dime en secreto,
¿Quién ocasionó este efeto
De tu tristeza?

Ana.   Aqui ha sido
Un enfado, que he tenido
Con mi padre, y te prometo,
Que, porque son niñerías
Caseras, he resistido
El que tú lo hayas sabido;
Porque fueran boberías
Contarte á tí demasías
Del que á ser viejo llegó,
Si se gastó, ó no gastó,
Cosa que, si en casa pasa,
Es buena dentro de casa,
Mas para contada no.

Dieg. Ya tú has dicho. — Ines!
   [*Aparta d Dª. Ana, y llama á Ines.*

Ines.   No puedo
Dar paso adelante yo.
Mi señora me mandó,

Que me estuviese á pie quedo;
Tengo á sus preceptos miedo.
De aqui no me he de quitar,
Como Tudesco he de estar
Resistiendo hielo y fuego.
Lléguese el señor Don Diego,
Si tiene que preguntar.

Ana.   Vete.

Ines.   Quieres tú?

Ana.   Pues no? —
Y si sospecha tuviste,
Donde Ines estaba (ay triste!)
Me quedaré ahora yo.
Háblala allá.

Dieg.   ¿Quién causó
La tristeza de Doña Ana?

Ines. Qué le diré? — Esta mañana......

*[Vuelve Dª. Ana al puesto de Ines, quiere coger el
retrato, y vélo D. Diego.*

Ana. ¡O si yo coger pudiera   [aparte.
El papel, sin que me viera!

Dieg. Aguarda; que no fue vana
Mi sospecha. ¿Qué papel
Es este, que está en el suelo?

Ines. Papel?

Dieg.   Sí.

Ana.   Válgame el cielo!
¡Qué sospecha tan cruel!

Dieg. Pero si saberlo dél
Puedo, por qué á dudar llego?

Ines. Dimos con todo en el fuego.   [aparte.

Ana. Temor, el alma me roba.   [aparte.

Ines. Paréceme, que entre bobas   [aparte.
Anduvo esta vez el juego.

Dieg. Retrato es, y dice asi
El papel en que está envuelto:
Enviándole á su dama
Con un retrato, soneto.

Cuando sutil pincel me repetia,
Yo en vos, hermoso dueño, imaginaba;
Y tanto en vos mi amor me trasformaba,
Que en vos el alma mas, que en mí, vivia.
Y. asi, cuando volver quiso á la mia,
Ya en dos mitades dividida estaba,
Y ella entre dos semblantes ignoraba,
Á cual de aquellos dos asistiría.
Asi el retrato, á quien el alma muestro,
(Partiéndole mi amante desvarío)
Por parecerse mio, vá á ser vuestro;
Y por ser vuestro, ya parece mio;
Porque el pincel le iluminó tan diestro,
Que retrató tambien el albedrío.

El castellano epigrama
Es docto, elegante y cuerdo,
Y de conceptos y voces
Florido, elegante y crespo.
Abrió con llave de plata,
Para cerrar el concepto
Con llave de oro. Advertido,
Guardó rigor y precepto.
En retrato y en papel
Iguales se compitieron
Pincel y pluma. Retrata
El pincel gala en el cuerpo,
Brio y perfeccion; la pluma
Pinta en el alma el ingenio.
Tomad soneto y retrato,
Y gocéisle, ruego al cielo,
En vida del nuevo amante,
Por muchos años, y buenos.
Y á Dios; las quejas fueran
Buenas sobre amor y zelos;
Pero sobre agravios no;

Y estos son agravios ciertos.

Ana. ¿Ha dicho vuesa merced?
Pues escuche ahora atento,
Diré yo.

Dieg.   Qué has de decir?

Ana. Mis disculpas, con que puedo
Satisfacerte.

Dieg.   Podrás
Poco, ó mal; y asi no quiero
Escuchar satisfacciones,
Que me maten.

Ana.   Yo me acuerdo
De que otra vez me dijiste,
Don Diego, en un caso destos:
Dame una satisfaccion;
Que, aunque sepa yo de cierto,
Que es mentira, la creeré,
Engañándome á mí mesmo,
Porque te disculpes tú.

Dieg. Es verdad; yo lo confieso.
¿Mas sabes tú lo que va
Desde sospechas de zelos
Á evidencias?

Ana.   Cuáles son?

Dieg. Turbarte tú lo primero,
Engañarme lo segundo,
Hallar el retrato puesto
Á tus pies, que, aunque pintado,
Te reconoció por dueño.

Ana. Turbarme yo no fue culpa.

Dieg. Pues qué pudo ser?

Ana.   Respeto,
Que debes agradecerme;
Ponerle á mis pies, trofeo
De tu amor; pues, porque entrabas,
Hice dél tanto desprecio.

Dieg. Á todo has de hallar razones.
Yo me rindo, y desde luego,
Si quieres satisfacerme,
Me daré por satisfecho,
Á trueco de que me dejes
Ir.

Ana.   Pues oye, y vete luego.

Dieg. Qué querrás decirme? Que este
Retrato es de un caballero,
Que vino á ver á tu padre,
Que se le cayó en el suelo.
Querrás decirme, que ha sido
Un tratado casamiento,
Y que tu padre le trajo,
Quizá porque es forastero.
Querrás decirme, que fue
De una amiga, que por miedo
De su padre ó su marido
Te le trajo á tí en secreto.
¿Cuál destas cosas eliges
Por disculpa? Dila presto;
Que, porque me dejes ir,
La que tú escogieres creo.
Quieres mas?

Ana.   No quiero mas;
Que ya solamente quiero,
Que te vayas.

Dieg.   Que me vaya?

Ana. Que te vayas; pues fue cierto,
Que, si te detuve, fue,
Por decirte de secreto
La verdad; ya tú la sabes;
Una es de las que has propuesto;
Y asi ni tú que saber,
Ni yo que decirte tengo.

Dieg. Ya que yo he dado las armas,
Doña Ana, contra mí mesmo,
Sola una cosa te pido,

Ana.   Y es......
No temas; dila presto.
Dieg. Que, pues tienes tres disculpas
En que escoger, y yo creo,
Que es lo mismo una que otra,
Que elijas el casamiento,
Que es de los tres menor mal.
Ana. ¿Pues no fuera mas mal, siendo
El galan que le perdió?
Dieg. No; porque es claro argumento,
Que una muger principal
Nunca dijo, galan tengo,
Y tengo marido sí.
Con que son mayores zelos
De marido, cuanto va
De ser dudoso á ser cierto;
Pues aquesto es sospechoso,
Y esotro fuera saberlo.
Ana. Pues ni zelos de marido,
Ni de galan son, ni fueron;
Que una amiga me le dió.
Dieg. Tomaste el mejor consejo.
Ana. Sí; que es decir la verdad.
Dieg. Pues dime, cual es, supuesto
Que ya lo sé.
Ana.   Es imposible.
Dieg. Por qué?
Ana.   Impórtame el secreto.
Dieg. ¿Importa mas que mi vida?
Ana. Baste decir, que no puedo
Decirlo.
Dieg.   No es grande amor
Amor, que guarda silencio.
Ana. Importan honras y vidas
Los secretos.
Dieg.   Yo lo creo;
Mas honras y vidas saben
Aventurarse queriendo.
Ana. Las propias sí.
Dieg.   ¿Y es agena
La mia?
Ana. No; mas por eso
Te desengañé.
Dieg.   No hicieras,
Si yo no diera el remedio.
Ú dime, quien es la amiga,
Ó no lo creeré.
Ana.   No puedo.
Dieg. Muger eres, poco importa,
Que descubras un secreto.
No aspires, Doña Ana, á ser
El prodigio destos tiempos.
Ana. Quien fue prodigio de amor,
Sabrá serlo del silencio.
Dieg. No quiere la que á su amante
No descubre todo el pecho.
Ana. No es noble quien le descubre,
Cuando va una vida en ello.
Dieg. ¿En fin no lo has de decir?
Ana. No.
Dieg.   Pues en nada te creo.
Ana. ¡Válgate Dios por retrato,
En qué confusion me has puesto!

JORNADA II.

Salen DON BERNARDO y DOÑA ANA.

Bern. No lo he podido excusar,
Y hospedarle me conviene.
Ana. Un hombre, que en casa tiene

Una hija por casar,
Bien excusarse pudiera
Á huésped, que es tan galan.
Bern. Tengo al padre de Don Juan
Obligaciones, y fuera
El hombre de mas vil trato
Del mundo, si lo negara
Yo, y en su ausencia faltara
Á honras y deudas, ingrato.
Acuérdome, que le debo
La vida; un traidor cruel
Me mata, si no es por él.
Mira, si en vano me muevo.

Sale DON JUAN.

Juan. De mi aposento salí
Con ánimo de llegar
Á vuestros pies á pagar
La merced, que recibí,
Con razones solamente;
Que con obras no podré,
Y en mirándoos, me turbé.
Confieso, que dignamente;
Porque al dar satisfaccion
De dicha y merced tan alta,
Falta voz á la voz, falta
Á la razon la razon.
Y ya que gracias no puedo
Dar, daré quejas de vos,
Señores, pues de los dos
Con causa ofendido quedo;
Pues al temor que me indicia
Huyo persona y hacienda,
Que la justicia me prenda,
Y entrambos, sin ser justicia,
Me prendeis. Y no es, sospecho,
Sino verdad lo que veis;
Pues hoy los dos me poneis
En obligacion, que el pecho
Satisfacer no pudiera,
Si con la vida pagara;
Y esta á pagar no llegara
Con mil vidas que tuviera.
Bern. Señor Don Juan, cumplimientos
De ociosas urbanidades
Ofenden las amistades
Sencillas, sin fingimientos.
Esta es vuestra casa; en ella
Os servirán. No la hagais
Prision; pues tan libre estais,
Que teneis las llaves della.
Ana. No, señor, no digas tal.
Deja, que en esta ocasion
Haga la casa prision,
Pues le va en ella tan mal.
Muy bien se lo ha parecido,
Razon debe de tener,
Pues que prision viene á ser
Donde está tan mal servido.
Juan. Que es prision, yo lo confieso
Otra vez, y con razon,
Donde vive el corazon
Y el entendimiento preso.
Bern. Bien es que yo entre los dos
Ponga paz.
Juan.   Y yo la pido;
Que me confieso rendido. —

Sale ESPINEL.

Espinel?
Esp.   Gracias á Dios,
Señor, que he llegado á verte
Con vida.
Juan.   Qué ha sucedido?

Esp. Todo el caso se ha sabido.
Juan. De qué suerte?
Esp. Desta suerte.
Para coger los caminos,
Y saber lo que pasó,
De aquella calle prendió
La justicia á los vecinos.
No faltó quien con verdad
Diese el punto al desengaño.
¡O bien haya un ermitaño,
Que vive sin vecindad!
Y aquesta noche pasada
La justicia nos rondó
La posada; al fin entró
En ella de mano armada.
Preguntó por tu aposento,
Y diciéndole, que habías
Faltado dél muchos dias,
Le mandó abrir al momento.
Y viendo, que era un estrago,
La ropa desenvolvieron
Muy corridos, porque dieron,
Como dicen, golpe en vago.
Bern. Esperadme; que yo iré
Á informarme con buen modo
En la Provincia de todo;
Que yo sé, que lo sabré. —
Tú no te salgas de aqui,
Espinel; que fuera error.
Preso, como tu señor,
Has de estar; porque, si alli
Hoy te hubieran conocido,
Buen descuido habíamos hecho,
Confiando de tu pecho
Lo que callar se ha querido.
Esta es la hora que ya
Te hubieran dado tormento.
Esp. Tormento á mí? Lindo cuento!
Bern. Pues no?
Esp. El tormento se da
Á hombrecillos de no nada;
Porque á mí, aunque me cogieran,
Sé bien que no me le dieran.
Bern. Por qué?
Esp. Es cosa averiguada;
No tienes que preguntarme.
Bern. Eres hidalgo?
Esp. Sí soy.
Mas sin esa causa hoy
Sé yo otra para librarme
Mejor.
Bern. Cuál es?
Esp. Yo la sé;
Y baste decir, que á mí
No me le dieran.
Bern. Asi?
Eso sabes?
Esp. Sí.
Bern. Por qué?
Esp. Pues tanto aprietas, lo digo;
Confesara yo al momento,
Y no me dieran tormento.
Bern. Buen criado y buen amigo.
Esp. No hay amigo ni criado;
Que en llegándome á doler,
Vive Dios, que han de saber
Papa y Rey cuanto ha pasado.
Juan. No hagais caso desto vos;
Que, si en la ocasion se viera,
Diferentemente hiciera.
Esp. No hiciera tal, vive Dios!
Bern. Ahora bien, quedad aqui,
En tanto que mi cuidado
Vuelve de todo informado. [*Vase.*

Ana. Mucho me pesa, que asi
Esta posada os reciba,
Y halleis lo primero en ella
Tal pesar.
Juan. Doña Ana bella,
Antes fue bien que aqui viva
Tan vecino del consuelo,
Pues en esta casa he hallado
Á mis desdichas sagrado.
Ana. Guárdeos Dios. [*Vase.*
Juan. Guárdeos el cielo.
Esp. ¿Pues asi la dejas ir?
Juan. Qué he de hacer?
Esp. Qué? Detenella,
Enamorarla, y con ella
Engañar y divertir
El retiro y la prision.
Desconsolado viviera
En ella yo, si no hubiera
Mugeril conversacion.
Donde hay muger, no hay pesar.
Juan. Sí; ¿pero no echas de ver,
Que esta muger no es muger?
Esp. Yo no, si á considerar
Me pongo su talle y cara.
Vuelve, y echarás de ver,
Que es muger, y muy muger.
Juan. Espinel, mira y repara
En que es muger, en quien vive
De un grande amigo del honor,
Que me ofrece su favor,
Que en su casa me recibe,
Que sus espaldas me fia,
Que su hacienda no me niega,
Que sus secretos me entrega,
Que su opinion me confia;
Conocerás luego aqui,
Que esta muger no es muger,
Pues que nunca lo ha de ser,
Á lo menos para mí.
Esp. Aun bien, que en leyes de honor
No llegan á los criados
Titulillos tan honrados,
Y podrán tener amor
En la casa del Sofi,
Del Persa y del Preste Juan.
Juan. No podrán.
Esp. No?
Juan. No podrán;
Y por Dios, que, si de tí,
Que miras en casa, sé,
Una esclava, que te mate.
Esp. Fuera grande disparate;
Pero no la miraré,
Si es eso cuanto procuras,
Pues puedo, sin ofenderte,
Enamorar.
Juan. De qué suerte?
Dilo.
Esp. Enamorando á obscuras.
Mochuelo seré de amor.
Juan. Mi amistad sirva de ejemplo;
Que esta casa ha de ser templo
De las aras del honor.
Esp. ¡Si ese decoro tuviera
Gonzalo Bustos de Lara
En su prision, cuánto errara!
Pues Arlaja no le oyera;
No oyéndole, no se hallara,
Si mejor se considera,
Preñada la Mora arriera;
No estándolo, no llegara
Á parir; y no pariendo
La enamorada Morilla,

No naciera Mudarrilla,
Y su ilustre sangre entiendo
Que por vengar se quedara;
No vengándose tambien,
No hubiera en el mundo quien
Á Ruy Velazquez matara;
No matándole, viviera
Con vida y alma traidora
Aquel bellaco; asi ahora
Mira tú, qué bueno fuera?
Atrévete tú tambien,
Galantea en lance igual;
Que tal vez un grande mal
Viene por un grande bien.

Juan. Hoy de la opinion te sales
De todos; no digas tal;
Porque un mal fiero y fatal
Es nuncio de muchos males;
Y asi no llego á sentir
Tan rendido á mi destino
El mal, Espinel, que vino.

Esp. Pues cuál?

Juan.   El que ha de venir.   [*Vanse.*

Sale Don Diego.

Dieg. Amante, que ha de volver
Con mas sentimiento y quejas,
Á pedir satisfacciones,
¿Para qué se va sin ellas?
¿Para qué, quien ha de verse
Humilde, tiene soberbia,
Quien ha de buscar, se esconde,
Quien ha de rogar, desprecia?
Y alfin, alfin, ¿para qué,
Quien ha de volver, se ausenta?
¿Para qué en estos umbrales
Juré con lágrimas tiernas
De no volver á pisarlos,
Si apenas lo dije, apenas
Lo pronunció, cuando al punto
El juramento quisiera
Quebrantar? Y es la verdad;
Pues al tiempo que la lengua
Dice, que no ha de volver
Á esta calle y á estas rejas,
Sin saber quien me ha traido,
Me vuelvo á mirar en ellas.
¿Con qué ocasion entraré
A hablarla, porque no vea
En mí tanto rendimiento?
¿Diré, que vengo á dar quejas
De que......? Pero no; que amante,
Que llega á quejarse, muestra
Sentimientos. ¿Pues diré
No mas de que vengo á verla?
Sí; que en hombres como yo,
Y en mugeres de sus prendas,
La correspondencia es bien
Que viva, aunque el gusto muera.
Pero es achaque á lo antiguo;
Que nadie hay ya, que no sepa
Las amistades que tienen
En pie las correspondencias.
Mas ella viene; yo quiero
Hablarla aqui, sin que entienda,
(Ocasion me da el retrato)
Que siento tanto su ausencia.
Corazon, esto se llama
Sacar fuerzas de flaqueza. [*Retírase á un lado.*

Salen Doña Ana *é* Ines.

Ines. Digo, que Don Diego entró
En casa.

Ana.   Albricias te diera,
Si no fuera poco precio,
El alma de tales nuevas.
¡Qué gusto me has hecho, Ines!

Ines. Si tú misma lo confiesas,
¿Por qué, di, no le llamaste,
Puesto que él quejoso era,
Y con razon?

Ana.   Necia estás,
Ines; que la gracia es esa,
Que, teniendo él la razon,
Yo tiranice la queja,
Y él sin queja y con razon,
Sin que le llame, se venga.

Dieg. Novedad os habrá hecho   [*Llega.*
La visita; mas es fuerza
Venir ahora á cansaros;
Que, á no serlo, no viniera;
Y asi os ruego, que me oigais.

Ana. Hola, Ines!

Ines.   Señora?

Ana.   Llega
Silla á aqueste caballero;
Que visitas como estas
De tan grande cumplimiento,
Y que al fin se hacen por deuda,
(Pagarme tiene la entrada) [*aparte.*
No se reciben sin ellas. —
Sentaos, y decid ahora,
Qué mandais; que, si no yerran
Ideas; de haberos visto
Alguna vez se me acuerda.

Dieg. Si habeis visto; y no me espanto,
Que no conozcais las señas;
Porque me vísteis dichoso,
Y ya los favores truecan
Las desdichas.

Ana.   Deso mismo
He visto yo una comedia.
Pero en efecto, señor,
¿Qué buena venida es esta?

Dieg. Un recado, que os traia
De un caballero, quisiera
Que me oigais.

Ana.   Pues ya os escucho;
Proseguid.

Dieg.   Estadme atenta.

Ana. Decid.

Dieg.   Don Diego de Silva......

Ana. Tened un poco la lengua.
¿Quién es ese caballero?

Dieg. No os puedo yo dar respuesta;
Que no sé quien es. Si vos
Me preguntárais quien era,
Yo lo dijera.

Ana.   Está bien.
Don Diego? Ya se me acuerda.
¿Y qué dice el tal Don Diego?

Dieg. Dice, señora, que besa
Vuestras manos. — Vive Dios, [*aparte.*
Que estoy mudo.

Ana.   Yo estoy muerta. [*aparte.*
Pero beberá el veneno
De quien visita por fuerza.

Dieg. Y que viendo, que el amor
Con alas de fuego vuela
Tan veloz, que deja atras
Al tiempo, y esto se prueba
Por muchos años de afecto,
De amor y correspondencia,
(Aun este instante de tiempo
Quiere el cielo que se pierda)
Olvidado de su agravio,

Dejando aparte las quejas,
(Miente la voz, si lo dice, [*aparte.*
Miente el alma, si lo piensa)
Este retrato os envia,
Este soneto os entrega,
Lámina y papel, que amor
Obró con tal sutileza,
Que excedió el ingenio y arte;
Porque no es razon, que tenga
Prendas él de vuestro gusto
En depósitos de ausencia;
Y dice mas, que os lo envia
Para testimonio y prueba
De que ya no sentirá,
Que vuestras manos le tengan;
Que el tiempo, que dilató
Remitir la tal presea,
Fue, porque entonces temia,
Que le diera alguna pena
Saber, que en vuestro poder
Estuviese; mas hoy llega
Á tan grande desengaño,
Viendo la mudanza vuestra,
Que él os le da, y yo le traigo;
Porque muger, que asi deja
Acreditada su culpa
En manos de la sospecha,
Que no da satisfacciones
Á justificadas quejas,
Que estima el honor en poco,
Que no teme sus ofensas,
Que hace de la presuncion
Determinada evidencia,
Y que no busca culpada
Á quien con rigor se ausenta,
Ni quiere bien, ni ha querido;
Y asi la olvida y la deja;
Porque muger sin amor
¿Qué se pierde en que se pierda? [*Levántase.*

Ana. Eso mismo, sin quitar
Y sin poner una letra,
Le dijo en cierto romance
Bras á su querida Menga.
Mas, Don Diego, ya que es tiempo
Que hablemos todos de veras,
Volved á tomar la silla;
Y cuando por mí no sea,
Á quien el recado trae,
Toca llevar la respuesta.
Yo soy quien soy; vos teneis
De mí muy bastantes muestras,
Pues sabeis un favor mio
Cuantos desvelos os cuesta.
Pésame, que en tanto tiempo
De amor y correspondencia,
Como vos decis, no hayais
Conocido por las señas
Mi condicion, tan altiva,
Que en sus presunciones llega
Á competir rayo á rayo
Con el sol y las estrellas,
Á quien en número y luces
Han vencido mis finezas.
Y ya que tan al principio
Está la voluntad nuestra,
En esta parte no mas
Volveré á informaros della.
Yo os dije, que ese retrato
Me dió una amiga, y que es fuerza
Callar el nombre. No hice
En esto mas diligencias,
Para que vos lo creyéseis,
Porque la verdad se prueba,
Sin mas testigos de abono,

Que con ser la verdad mesma.
Dadme, que hubiera mentido
En la disculpa primera,
Que yo os hubiera buscado,
Y con extremos hubiera
Acreditado el engaño;
Que, como mentira fuera,
La misma desconfianza
No me dejara tan quieta,
Hasta que la hubiéseis vos
Creído; y es verdad tan cierta,
Que tenemos las mugeres
Tanto gusto de que crean
Nuestras mentiras los hombres,
Que solamente por esta
Ocasion hubiera hecho
Yo mayores diligencias.
La verdad es la que os dije;
Si vos no quereis creerla,
Parte es tambien de verdad
El haber dudado della;
Porque, si fuera mentira,
Con mas ventura naciera;
Mas como no las usamos,
No me espanto, que os parezca
Imposible en mí el decirlas,
Como en vos el conocerlas.

Dieg. Decidme quien es la amiga,
Y os creeré.

Ana.   Sí lo dijera,
Si os importara el saberlo;
Mas quien viere aqui, que es fuerza
Que me olvide quien no siente,
Que yo este retrato tenga,
¿Pará qué ha de saber nada?

Dieg. Por esa razon, por esa
Merezco mas la disculpa.

Ana. No entiendo como ser pueda.

Dieg. Amante, que dice agravios,
Zeloso, que dice quejas,
Olvidado, que baldona,
Aborrecido, que afrenta,
Desesperado, que injuria,
Y triste, que desespera,
Ese siente, ese se abrasa,
Ese estima, ese desea,
Ese obliga, ese pretende,
Ese se rinde, ese ruega,
Porque á la lengua los zelos
Les dieron esta licencia.

Ana. Cobardes deben de ser,
Pues se valen de la lengua.
Mas dama, que satisface,
Y ofendida no se queja,
Agraviada no se enoja,
Baldonada no se venga,
Despreciada no aborrece,
Aborrecida no deja,
Esa perdona, esa admite,
Esa disimula ó zela,
Esa adora y esa estima,
Esa quiere y esa precia,
Que es vil muger la que á un hombre
Descubiertamente ruega;
Porque tiene la muger
Tan altiva preeminencia,
Que han de buscarla quejosos,
Y entonces con mas finezas;
Y aun plegue á Dios que nos hallen
De la suerte que nos dejan.

Dieg. ¿Y si volviera á buscaros
Al instante la fineza
De un amante, ¿de qué suerte
Os hallara?

Ana.   Con mil quejas
De que de mí se creyesen
Tan declaradas bajezas.
Dieg. Quien quiere teme.
Ana.   Es verdad;
Y es bien que quien quiere tema
Perder el bien; pero no
Mudanzas tan manifiestas.
Dieg. ¿Pudiera desenojaros,
Cuando rendido volviera?
Ana. No volverá quien me dijo......
Dieg. No lo digas; cierra, cierra
Los labios. Mas si volviese?
Ana. No sé entonces lo que hiciera.
Dieg. ¿Diérasle una blanca mano,
Para que jurase en ella,
Con homenage de amor,
De no hacerte mas ofensa?
Ana. Para que jurase, sí.
Dieg. Qué mano le dieras?
Ana.   Esta.
Dieg. Qué dicha!   [*Toma la mano.*
Ines.   Gracias á Dios,
Que llegamos á la venta.
Dieg. Y el retrato?
Ana.   Tenle tú,
Hasta que al dueño le vuelva.
Dieg. Eso no; porque llevarle,
Fuera durar la sospecha
En mí; quédate con él,
Y á Dios; que temo, que venga
Tu padre.
Ana.   Guárdete el cielo,
Como mi vida desea.
Dieg. ¿Podré fiarlo á sus ruegos?
Ana. Sí; que entonces fuera eterna.
Dieg. Y aun será para adorarte
Poco tiempo, aunque lo sea.
Á Dios. — O qué dulces paces!   [*Vase.*
Ana. Á Dios. — O qué dulces guerras!
Ines. Gracias á Dios, que ya estamos
En paz; y gracias á Dios,
Llegó el tiempo, en que las dos
Ese retrato veamos.
Descubre este encanto, esta
Sombra; sepamos quien fue
Quien, sin qué ni para qué,
Tantos disgustos nos cuesta.
Ana. Bien dices. Ay Dios!   [*Mirando el retrato.*
Ines.   Qué ves?
Ana. ¿Cómo decirlo dilato?
Ines, dime, ¿este retrato
De nuestro huésped no es?
Ines. Sí, señora; y el estar
Por una muerte escondido,
Conviene con haber sido
El que en aqueste lugar
Nos contó Doña María.
Ana. Si esto acaso se escuchara
En una farsa, ¿faltara
Quien dijese, que no habia
Sido posible causar
Tantas cosas un sugeto?
Que estoy rendida, prometo,
Á un pesar y otro pesar.
Ines, ¿qué tengo de hacer,
Viéndome en esta ocasion,
En tan grande confusion,
Sin elegir, sin saber,
Qué camino es el que siga,
Que seguro puerto halle,
Pues es forzoso que calle,
Lo que es forzoso que diga?
Si callo á Don Diego yo,

Que está en mi casa escondido
Un hombre, que retraido
Vive en ella, ¿cómo no
Se ha de ofender con razon,
Cuando lo llegue á saber,
De que yo pude tener
Alma, vida y corazon,
Para guardar un secreto,
Cuando en pecho enamorado
No hay secreto reservado?
Si con diferente efeto
Se lo digo, ¿quién podrá
Satisfacerle de mí,
Sabiendo, que un hombre aqui
Á todas horas está;
Y mas si adelante pasa
El temor, y llega á ver
El retrato en mi poder,
Y el caballero en mi casa?
Callar aqui, no es amar;
Y este yerro vendrá á ser
El primero, que muger
Haya hecho por callar.
Hablar aqui, (triste quedo!)
Es advertirle; y no es justo;
Porque es de mi padre gusto,
Que yo remediar no puedo.
Despertar estos desvelos,
Es hacer de noche y dia
Una continua porfía
De agravios, penas y zelos.
Hablar y callar temí,
Y hablar y callar deseo.
Conmigo misma peleo;
Defiéndame Dios de mí.
Ines. Pues, señora, el desengaño
Viva donde hay voluntad;
La verdad siempre es verdad,
Y el engaño siempre engaño.
Ana. Que la verdad es verdad
Confieso; pero tambien
Con la verdad yerra quien
Castiga la voluntad.
Ines. Calla; que viene el señor
Huésped de espadilla alli.
Ana. ¿Por qué le llamas asi?
Ines. Porque es huésped matador.

Salen DON JUAN y ESPINEL.

Juan. Un cuidado os vengo á dar.
Ana. No será el primer cuidado,
Que vos, Don Juan, me habeis dado.
Juan. Pesárame de llegar
Á ser tan necio, que fuese
Causa yo; porque no es justo
Dar cuidado ni disgusto
En esta casa.
Ana.   No os pese
Deso á vos; porque no ha habido
Causa para haberos dado
Este cuidado cuidado,
Aunque para mí lo ha sido.
¿Y qué mandais en efeto?
Juan. Solo os quisiera pedir,
Porque me importa salir
Aquesta noche en secreto
A ver una hermosa dama,
(Perdonad, que la licencia
Ha dado en vuestra presencia
La disculpa de quien ama)
Que vos se la deis á Ines
De abrir la puerta.
Ana.   ¿Tan grave

Cuidado es ese? — La llave [*á Ines.*
Da al señor Don Juan despues,
Para que pueda salir; —
Que yo sé en fineza tal,
No de buen original,
Como se suele decir,
Empero de buen retrato,
Que hareis, en verla, muy bien;
Porque sé, que os quiere bien,
Y hareis mal en ser ingrato.
¿Y al fin hoy quereis salir?

Juan. Al punto que espire el dia.

Ana. ¿Solo vos, ó en compañía?

Juan. Espinel conmigo ha de ir,
Porque, delante de mí,
Si acaso acierto á encontrar
La ronda, pueda escapar.

Esp. ¿Mientras me prenden á mí?
¡Muy buena piedad, por Dios!

Juan. Y tambien quiero llevalle,
Porque se quede en la calle,
Mientras hablamos los dos.

Esp. Yo en la calle? ¿Quién te ha dicho,
Que soy valiente? Detente;
Que tenerme por valiente
Es un galante capricho.

Juan. ¿Qué valentía es estar,
Para avisar, si alguien viene?

Esp. Pues vamos; que ya previene
Una industria singular
Mi ingenio. No solo quiero
Avisarte diligente,
Mas de un escuadron de gente
Guardar aquel barrio entero.
Un alma no ha de pasar
Por la calle, no, señor,
Ni otras diez al rededor;
Que yo las quiero guardar
Con mi capa y con mi espada
No mas; venza á la fortuna
La industria; y hoy para una,
Que yo tengo fabricada,
Convido á vuesas mercedes.
Hombre no me pasará,
Porque yo haré...... Pero allá,
Dijo Agrájes, lo veredes.
[*Ruido dentro.*

Juan. La puerta abrieron, por Dios!

Ana. Es verdad, y pasos siento.

Juan. Espinel, á este aposento
Nos retiremos los dos. [*Vanse.*

Ines. Doña María es.

Ana. Leal
Vendrá este instante, este rato,
Á solo ver un retrato,
Donde está el original.

Ines. ¿Y piensas decir, que aqui
Está Don Juan?

Ana. Para qué?
En decírselo no sé
Si acierto, en callarlo sí;
Porque, si su gusto es,
Que ella sepa donde está,
Puesto que ha de verla allá,
Podrá decirlo despues.

Ines. ¿Y le has de callar tambien
De su retrato el suceso?

Ana. ¿Para qué ha de saber eso?

Ines. Parecióme á mí, que quien
Te fió su amor aquí,
Saber el tuyo podia.

Ana. Siempre fue doctrina mia,
Que nadie tenga de mí
Que callar, con que asi yo,

Que á saber secretos vengo
De todas, que callar tengo;
Mas ellas de mí, eso no.

Salen DOÑA MARÍA *y* JUANA.

Mar. Las visitas de amigas
Dan mas gusto y contento,
Sin mayor cumplimiento.

Ana. Mas en eso me obligas;
Porque las amistades
Han de ser sin urbanas vanidades.
Cómo estás?

Mar. Estoy buena,
Y siempre á tu servicio.

Ana. Tu hermosura da indicio
De que acabó la pena.
Cómo va? qué hay de nuevo?

Mar. Apenas á contártelo me atrevo
Dos amantes tenia
Á un tiempo juntamente,
Y uno muerto, otro ausente,
Los dos perdí en un dia.

Ana. En nosotras es cierto,
Que el ausente contamos por el muerto.

Mar. No, porque de mi olvido
Se queje el del retrato,
Mas porque tan ingrato
Conmigo ha procedido,
Que á mí tambien se esconde,
Sin avisarme cuando, como ú donde.

Ana. Él quizá lo desea,
Alentarte procura;
Podrá ser, por ventura,
Que aqui te escuche y vea
Él mismo del retrato.

Mar. Sin él me iré, por no mirarle ingrato.

Ana. ¿Qué, nada dél supiste?

Mar. No, amiga, ni aun noticia del criado,
Que aqui se había quedado,
Con quien la ausencia triste
Á ratos divertía,
Ya tampoco sé dél.

Ana. Qué tiranía!

Mar. Busquéle, pero en vano.
Esto hay en esta parte,
De que pueda avisarte.

Ana. Y dime, ¿ de tu hermano
Cómo estan los rezelos?

Mar. Muy malos.

Ana. Cómo asi?

Mar. Mátame á zelos.
Si supiera, que habia
Llegado aqui, no hubiera
Quien en casa cupiera.

Ana. ¿Pues él de mí podia
Tener sospecha alguna?

Mar. Como á eso me ha traido mi fortuna.
De tí no sospechara
Cosa, que indigna fuera;
Pero de mí tuviera
Queja evidente, y clara,
Sabiendo, que he salido
Á la calle mayor, y aquí he venido.

Ana. Pues no estás muy segura
Aquí de que te vea, y tendrá queja.

Ines. Aunque es cosa muy vieja
Decir, cuando la voz ocasion toma,
Esto del ruin de Roma,
Y el lobo en la conseja,
Tu hermano en casa ha entrado.

Mar. Escóndame este cuarto.

Ana. Está cerrado;
No entres en él.

Mar.   Abierto está.

Ana.   Detente!

Mar.   ¿Pues sálesme al encuentro?

Ana.   Sí; porque es entrar dentro
Mayor inconveniente,
Que verte aqui tu hermano.

Mar.   Mayor inconveniente?

Ana.   Sí; y es llano.

Mar.   Poco de mí confias.

Ana.   Es mucho lo que guardo.

Mar.   Ya en esconderme tardo-

Ana.   Pues en corto venias,
Cúbrete con el manto,
Que no ha de conocerte.

Mar.   Ay cielo santo!
[*Tápanse D*ª *María y Juana, y retiranse.*

        Sale D O N L U I S.

Ana.   Señor Don Luis, qué es esto?

Luis.   Es la ocasion en que un rigor me ha puesto
No dudo yo, señora
Doña Ana, que tengais esta locura
Á atrevimiento ahora;
Pero mi amor examinar procura,
Si á la osadía sigue la ventura.
Si me he atrevido á veros,
Sin temer enojaros, y que airada
Me hableis, fue, por saber, que en ofenderos
Poco aventuro, ó nada,
Pues que siempre conmigo os ví enojada.

Ana.   Señor Don Luis, ya vuestro estilo pasa
De galan á grosero. ¿Con qué intento
Entrais en esta casa,
Donde aun veloz el viento
Rezela introducir un pensamiento?
¿Qué dirá esta señora
Amiga, que ha venido á visitarme,
Viéndoos entrar tan atrevido ahora
En mi casa?

Luis.   Que quise aventurarme
Á morir. Ya esa dama recatada
Sabrá lo que es amor.

Mar.   Estoy turbada! [*ap.*

        Sale D O N D I E G O *á la puerta.*

Dieg.   Seguí á Don Luis, zeloso de miralle [*ap.*
Estar en esta calle,
Y á tanto el temor pasa,
Que despues le ví entrar dentro de casa;
Y asi, desesperado,
Sin reparar en nada, aqui he llegado.

Ines.   Don Diego!

Ana.   Ay triste! [*aparte.*

Mar.   La ventura mia [*ap.*
Le trajo.

Dieg.   Aunque no ha sido cortesía
Introducirse, cuando
Dos en conversacion estan hablando,
Esta vez fuera necio, si no fuera
Descortes.

Ana.   Muerta estoy! [*aparte.*

Dieg.   Y de manera
Mi poco ingenio precio,
Que he de ser descortes, por no ser necio.
Vaya pues adelante
La plática; mi vista no la espante.

Luis.   Señor Don Diego, que llegueis ahora
(¡De cólera estoy loco!)
Á la conversacion, importa poco,
Pues lo público della no se ignora;
Mas que llegueis, pensando
Que haceis disgusto en el llegar,......

Ana.   Temblando [*ap.*

Luis.   Estoy.

Luis.   Importa mucho;
Y asi......

Mar.   Cielos, qué escucho! [*aparte.*

Luis.   Á quien imaginare,
Que á mí me hace pesar, cuando llegare
Á ver el sol, en solo un pensamiento,
Un átomo, un intento,
Una imaginacion, sabré......

Dieg.   Salgamos
De aqui; porque no estamos
Bien entre damas, para responderos.

Luis.   Calle la lengua, y hablen los aceros.

Ana.   Ha Don Diego! Ha señor!

Luis.   Venios conmigo. [*Vase.*

Dieg.   Guiad vos, donde ya os sigo.

Ana.   No seguirás; detente.

Dieg.   Suelta, ó harás, que alguna accion intente
Contra tanto respeto.
Suelta, Doña Ana.

Ana.   Ya ningun efeto
Que ha de ofenderme espero,
Como tú no le sigas.

Mar.   Si es que acaso te obligas   [*Llega.*
De ruegos de muger, por caballero,
Por noble y por amante,
Detenga tu furor el ver delante
Una muger.

Dieg.   Solicitais en vano
Tenerme todas ya.

Mar.   Ved, que es mi hermano.

Ines.   Pues nada le detiene, [*aparte.*
Esto le detendrá. — Mi señor viene.

Ana.   Ya no puedes salir sin riesgo mio.

Dieg.   Pues en este aposento me desvio,
Hasta que salir pueda,
Y la ocasion el cielo me conceda
De vengar mis agravios y mis zelos.

Ana.   ¡Aun mayor confusion es esta, cielos! — [*ap.*
No entres aqui; detente, espera, aguarda.

Dieg.   Todo te aflige, todo te acobarda.
Temores te concedo,
Si me voy, ú me escondo y si me quedo.
Si me voy, te parece
Que á la muerte mi cólera me ofrece;
Si me estoy, que me encuentra
Tu padre, que ya entra;
Si me escondo, tambien. ¿Qué ha de ser esto,
Cuando en tres confusiones estoy puesto?

Ines.   Bien puedes sosegarte;
Que yo, por detenerte y reportarte,
Y porque no salieses, he fingido,
Que mi señor venia; pero ha sido
Engaño.

Ana.   Bien has hecho,
Ines, que el alma le volviste al pecho. —
Ya para ir tras Don Luis, señor, es tarde.
Sosiega.

Dieg.   Con indicios de cobarde,
¿Cómo un hombre pudiera
Sosegar, si otra causa no tuviera,
Que aqui le detuviese?
Yo he de saber, aunque al honor le pese,
Qué inconveniente habia
De entrar á este aposento; quién temia,
Que tu padre le hallase.

Ana.   ¡Que á tal extremo mi desdicha pase! [*ap.*

Dieg.   Porque el pecho turbado,
Torpe la lengua, el corazon helado,
El labio temeroso,
Suspensa el alma, el ánimo dudoso,
No sé si es mayor daño ·
Seguir mi muerte, ó ver el desengaño

Desta sospecha vil. Valedme, cielos!
Porque mi agravio aflige mas mis zelos;
Y asi, de dudas lleno,
Tántalo de veneno,
Teniendo, á mi despecho,
Al cuello un lazo, y un puñal al pecho,
Ignoro en mal tan fuerte,
Habiendo de morir, cual es mi muerte.

Ana. Don Diego, si me estimas,
Si á obligarme te animas,
Cree de mí, que te adoro,
Que siento tu dolor, tu pena lloro,
Que agradarte pretendo,
Que no puedo agraviarte, ni te ofendo;
Y no quieras saber, por qué he tenido
Reservado ese cuarto, pues no ha sido
Ofensa tuya.

Dieg. Dasme mas rezelo
Con tantas prevenciones. ¡Vive el cielo,
Que he de saber quien el retrete esconde!

Mar. A mi gusto su enojo corresponde,
Porque saber deseo,
Qué encanto es el que aqui......

Ana. Mi muerte veo! — [*ap.*
Mi bien, señor, Don Diego,
Mira,......

Dieg. Todo soy rabia y todo fuego!
Ana. Que me pierdo, y te pierdes dese modo.
Dieg. Donde me pierdo yo, piérdase todo;
Que he de entrar á apurar en dudas tales
Mis penas, mis desdichas y mis males,
Publicando mi voz en tanto dolo,
Que con bien vengas, mal, si vienes solo.

JORNADA III.

Salen DON JUAN *embozado y* DON DIEGO, *las*
espadas desnudas, y tras ellos DOÑA MARÍA
tapada y DOÑA ANA, *y las criadas.*

Dieg. No os encubrais, caballero;
Que es en vano, vive Dios!
Porque á riesgo de mi vida
Tengo de saber quien sois.

Juan. En vano lo solicita
Osado vuestro valor,
Porque de mi vida al riesgo
Tengo de callarlo yo.

Mar. Llega presto.
Ana. Caballeros,
Tened las armas por Dios;
Mirad, que está de por medio
Poniendo paces mi honor.
¿Asi atropellais mi fama?
¿Asi mi reputacion?
¿Asi á una ilustre muger
Quereis destruir los dos?
Por lo que puede acabar
Mansamente la razon,
Sin perder nadie, ¿quereis,
Que todo lo pierda yo?
Don Diego, escucha, si pueden
Las alas del corazon
Enviar desalentadas
Algun socorro á la voz.
Y vos, ilustre Don Juan,
Generoso huésped, vos
No tengais á liviandad
Dar esta satisfaccion
Á quien aun no es mi marido.

Y pues noble y cuerdo sois,
Ya habreis visto, que esto es,
No sé si lo diga, amor,
Amor tan sin esperanza,
Que es verdad, que no llegó
Á tener de los deseos
Zelos siquiera el honor;
Mas cuando se vé culpada
Una muger como yo,
Siendo un átomo de ofensa
Sombra de una presuncion,
Todo lo ha de aventurar;
Que para aquesto nació
La que es principal muger,
Con honra y obligacion,
Para tener qué perder,
Cuando llegue la ocasion.
Defendiendo yo esta puerta,
Y estando encerrado vos
Dentro del cuarto, mirad,
Mirad, si tendrá razon
De tener de mí Don Diego,
No rezelo ni temor,
Sino evidencia y certeza
De que he afrentado á quien soy.
Volved por mí, pues vos fuisteis
La causa. Esta obligacion
Tiene á cualquiera muger
El hombre mas inferior,
Cuanto mas el caballero,
Que parece que nació
(Es verdad, no lo parece)
Para defensa y favor,
Para amparo, para guarda,
Para columna y blason
Del honor de una muger,
Y esto le importa á mi honor.

Juan. ¿En dudas tan imposibles [*aparte.*
Quién en el mundo se vió,
Cercado de tantos males,
Viendo en mí, cuando llegó
El primero, los que habian
De seguirle, porque son
Eslabones unos de otros?
Qué duda! qué confusion!
Si me descubro, es el riesgo
De mi ausencia ó mi prision
Evidente; si porfio
En encubrirme, es error;
Pues la opinion desta dama
Padece sin ocasion;
Pues si lo callo, él de amante,
Desesperado y feroz
Ha de querer conocerme,
Y es el peligro mayor.

Ana. Señor Don Juan, qué dudais?
Hablad; que si vos quien sois
No decís, pues yo lo sé,
Habré de decirlo yo.

Juan. De dos daños ya rendido
Aquí, siendo este el menor,
Me descubro.   [*Descúbrese.*

Dieg. Ay Dios! qué veo?
Mar. Qué miro? Válgame Dios!
Dieg. Donde busco desengaños,
Desdichas hallando voy.
Mar. Aquel no es Don Juan?   Señora,
Jua. Puede eso dudarse?   No.
Mar. ¿Encubierto en esta casa
Don Juan, y me lo negó
Doña Ana, viendo el retrato?
Dieg. ¿Qué es esto que viendo estoy?

Este el dueño es del retrato
Que ví. Qué agravio mayor?
¿El escondido en su casa,
El retrato en ella, y yo
Dispuesto á esperar disculpas?
Puede haberlas? Plegue á Dios!

Juan. Caballero, antes que os hable,
Importa una prevencion.

Dieg. Decid.

Juan.   Si vos me pidiéseis
Aquesta satisfaccion,
No os la diera; que no saben
Caballeros como yo   .
Dar satisfaccion á quien
Tiene con tanto valor
La espada en la mano, y es
Bien el prevenir, que vos
No me la pedis. Por eso   [*Envaina.*
(Guardad la espada) os la doy.
Yo soy desta casa huésped;
En ella escondido estoy
Por una desgracia, huyendo
Á la fortuna el rigor,
Porque el deudo ó la amistad
De Don Bernardo llegó,
Yo á fiar mi vida dél,
Y él de mi ausencia su honor.
No le ofendiera por esto
Mi amistad, no, vive Dios,
Si me quitase la vida
Con mis propias manos yo.
Esto es verdad, y pensad,
Sí, Don Diego, que hombre soy
Que la trata; y si tuviera
Sola una imaginacion
Ocupada en su belleza,
(Cuando discurra mi amor,
En esta parte atrevido,
Fuera de mi obligacion)
Lo dijera; porque tengo
Por hombre de poco honor,
De abatidos pensamientos,
De baja reputacion,
Á quien disimula dama,
Que sola una vez miró
Un deseo; qué es deseo?
Una pasion; qué es pasion?
Un cuidado; qué es cuidado?
Una sombra, una aprehension,
Un átomo, un pensamiento
De otro gusto y de otro amor,
Cuanto mas un desengaño,
Como el que os he dado á vos.

Jua. ¿Qué te parece, señora,   [*aparte.*
La disculpa?

Mar.   Qué sé yo?
De todo tiene; volvamos
Á callar y á oir las dos.

Dieg. Señor Don Juan, yo no dudo
Una verdad, pues en vos,
En vuestro estilo y persona
Se descubre bien quien sois;
Pero un hombre enamorado
De todo tiene temor,
Todo le asombra y espanta;
Y zelos dicen que son
Anteojos de aumento, que hacen
Cualquiera cosa mayor.
No os pese de que los tenga
En esta parte de vos,
Pues bien puede una persona
Dar zelos al mismo amor.
En cuanto á mí, yo confieso,
Que ya satisfecho estoy;

En cuanto á mi amor, no puedo;
Que es mas descortes, que yo.
Y asi el amor es quien pide
Otra disculpa mayor.
Decidme, ¿vuestro retrato
Qué delito cometió,
Que se vino á retirar
Á aquesta casa con vos?

Juan. Qué retrato?

Dieg.   Uno que tiene
Doña Ana vuestro.

Juan.   Eso no;
Porque yo no se le he dado.

Ana. Una amiga me le dió,
Que yo no digo quien es,
Porque de mí se fió,
Pues si ella quiere decirlo,
Puede tan bien como yo.

Dieg. Para que me satisfaga,
Don Juan, muchas cosas son,
Y mientras yo no os conozca,
Fuera necedad y error
Fiarme de vos. Decidme
Abiertamente quien sois,
Y os creeré, y vos me tendreis
Para mandarme desde hoy;
Que hallareis en mí un amigo
De alguna satisfaccion.

Juan. Hombre enamorado tiene
Disculpa en cualquiera accion;
Y asi, lo que os digo ahora,
Tampoco os lo digo á vos,
Sino á vuestro amor, teniendo
Lástima de su pasion.
Mi nombre es Don Juan de Lara;
Caballero Andaluz soy,
Dí la muerte á un caballero,
Porque ocasiones me dió.
Llamábase Don Fadrique
De Silva.

Dieg.   Válgame Dios!

Juan. Pues qué os suspende? ¿qué os turba
Y niega al rostro el color?

Dieg. Ninguna cosa. — ¡Ya tengo,   [*aparte.*
Cielos, otra confusion!
Don Fadrique era mi primo
Y mi amigo; el matador
Está en mi mano, fiado
Su secreto á mi valor.
No hay aqui ya mas remedio,
Alma, vida y corazon,
Que callar; porque, si aqui
Por entendido me doy,
Me toca satisfacerme;
Y no sabiéndolo, no. —
Señor Don Juan, satisfecho
De vuestra verdad estoy,
Por ser hijo dese aliento,
Por ser rayo dese sol;
Y asi de vos no me quejo,
Porque, de quien debo yo
Quejarme, me quejaré
Á su tiempo. Guárdeos Dios.

Juan. Tampoco eso me está bien;
Porque, puesto en daros yo
Satisfaccion, por lo propio
Que aqui le toca al honor
De Doña Ana, vos no habeis
De dejar la obligacion
Que teneis, pues corre ya
Por mi cuenta; y la razon
Es esta. Escuchadme ahora.
Ó me habeis creido, ó no;
Si me habeis creido, hareis

Mal en durar al dolor,
Pues cesó la pesadumbre,
Donde la causa cesó ;
Si es que no me habeis creido,
Clara mi ofensa se vió,
Pues teneis por sospechosa
Mi verdad.

Dieg.   Es gran rigor
Querer tasar de mi pecho
Los sentimientos , señor.
Si no os hubiera creido,
De aqui no me fuera yo,
Ni os dejara. No querais
Saber mas desta ocasion,
Para saber, que os creí,
Sino que os dejo, y me voy.

Juan. Y cuando en tanta sospecha
Tuviéreis algun rencor
Y escrúpulo en vuestro pecho,
Aqui me hallareis, y yo
Os daré donde querais
Cualquiera satisfaccion.

Dieg. Si la hubiere menester,
La pedirá mi valor ;
Que la que yo he de tomar
En algun tiempo de vos,
En otra parte ha de ser.

Juan. Á todo dispuesto estoy,
Y aqui me hallareis, repito.

Dieg. Pues aquí os buscaré. Á Dios.   [*Vase.*

Ana. Tenle, Ines ; porque de casa
No ha de salir, sin que yo
Le desenoje. — Ha Don Diego !
Mi bien ! esposo ! señor !   [*Vanse las dos.*

        Sale E s p i n e l.

Esp. ¿ En qué ha parado este caso ?
Que yo, porque no me viesen,
Y por mí te conociesen,
Me retiré paso á paso,
Con lindo compas de pies,
Adonde he estado escondido.

Juan. Eres· tú muy prevenido
En tales casos.

Esp.   Di pues,
Qué hubo ?

Juan.   Dudas y cuestiones
Retóricas y molestas,
Mil demandas y respuestas,
Quejas y satisfacciones ;
Y en efecto se acabó
Mejor, que yo habia pensado.
    [*Llega Dª. M a r i a , y descúbrese.*

Mar. No, Don Juan, muy acabado ;
Porque ahora falto yo,
Que aqui dudé el descubrirme,
Hasta ahora , por no echar
Á perder en tal lugar,
Mas ofendida ó mas firme,
La satisfaccion, que vos
Dísteis á aquel necio amante ;
Pues estando yo delante,
Y padeciendo los dos
Una fortuna de zelos,
Si á mí ofendida me viera,
Él no se satisfaciera
Tampoco de sus rezelos ;
Y asi estuve retirada,
Porque es peligrosa mengua,
Que haya mugeres con lengua,
Donde hay hombres con espada.

Esp. Válgame Dios ! Es tramoya ?

Juan. Hermosa Doña María,

Luciente blason del dia,......

Mar. Tenté, tente.

Esp.   Aqui fue Troya.

Juan. ¿ Pues por qué desden tan fiero ?
¿ Ha de cobrar la hermosura
Pensiones de mi ventura ?

Mar. Ingrato , mal caballero,
Descortes , villano , ¿ es bien
Que , despues de aventurar
Mi opinion , os venga á hallar
Donde mis ojos os ven ?
¿ Es bien , cuando tanta pena
Mi vida y mi suerte pasa,
Vos me perdais en mi casa,
Y yo os halle en el agena ?
¿ Es bien , desagradecido,
Que en un peligro tan cierto
Ande mi honor descubierto,
Y vos esteis escondido ;
Pues para saber adonde
Estábais, fue menester,
Que otro viniese á romper
Esta prision, que os esconde ?
Pero yo tuve la culpa,
Pues vuestro retrato dí
Á la que me ofende asi.

Juan. Mi ignorancia me disculpa.
¿ Supe yo, que érades vos
Su amiga ? No. Y por pensar,
Que era imposible llegar
Á vernos aqui los dos,
No lo dije.

Mar.   Y ya sabido
Que era su amiga, ¿ por qué
Ella me calló,......

Juan.   No sé.

Mar. Que aqui estábais escondido ?
Estadlo pues.

Juan.   No ha de ser,
Quedando con tal cuidado.

        Sale D o ñ a   A n a.

Ana. Fuesè Don Diego enojado ;
No le pude detener.
Mas qué es esto ?

Juan.   Es un rigor
De dos luceros crueles.
Troquemos los dos papeles
En esta farsa de amor,
Y di tú, como pedía,
Que me mandases abrir
Hoy la puerta, para ir
Á ver á Doña María.

Mar. No, Don Juan, no he menester
Satisfaccion tan liviana
Yo, porque ántes á Doña Ana
La tengo que agradecer,
Que no culpar ; pues su trato
Conmigo es tan liberal,
Que me da un original
En réditos de un retrato.
Y es alcaidesa muy bella
La que os tiene por confianza
En la prision, y sin fianza
No os dejará salir della.
Y pues la puerta guardó,
Porque no entrase tambien,
No querrá que salgais, quien
No quiso que entrase yo.

Ana. Escucha ahora á los dos
Satisfaccion.

Mar.   No ha de ser.
Si la hubiere menester,

Yo vendré por ella. Á Dios.

[Vanse Dª. María y Juana.

Esp. Buenos habemos quedado,
Mi Doña Ana y mi Don Juan,
Sin la dama y el galan.

Ana. Perdí un dueño, que he adorado.

Juan. Perdí una amada beldad.
Aqui murió mi esperanza.

Esp. Dios la perdone.

Ana.   Aqui alcanza
Sepulcro mi voluntad.

Esp. Un remedio prodigioso
Dar quiero á vuestros cuidados.

Juan. Cuál es?

Esp.   De dos desdichados
Se suele hacer un dichoso.
Doña Ana perdió por tí
Á su amante, tú por ella
Á tu dama hermosa y bella;
Entrambos jugais aqui
La pretina; y pues engaños
Os ponen en tal rigor,
Quien hizo burros de amor,
Que pague al otro los daños.

Juan. Necio remedio será.

Ana. Yo á lo menos no podré
Aplicarle.

Esp.   ¿No? por qué?

Ana. Porque no sale de acá.   *[Vase.*

Juan. Ven conmigo; que hemos de ir
Á desenojarla.

Esp.   Vamos.   *[Vanse.*

Salen Doña María *y* Juana.

Mar. Toma allá ese manto, Juana.

Jua. Triste vienes.

Mar.   Vengo muerta.

Jua. No tienes razon, pues viste
Satisfacciones tan ciertas.

Mar. No admite satisfacciones
Quien está tan loca y ciega.

Jua. Pues tu hermano viene aquí;
Riñe con él ahora.

Mar.   Necia
Estás. ¿Á qué muger quieres
Que le falte una pendencia,
Cuando la haya menester?

Sale Don Luis.

Luis. Hermana, escúchame atenta,
Porque vengo á darte parte
De mis desdichas y penas.
Yendo en casa de Doña Ana......

Mar. Ay Juana! Mas que nos cuenta *[aparte.*
Lo mismo que habemos visto.

Luis. A visitarla y á verla,
Entró tras mí un caballero,
Que puede ser que en las seña
Conozcas; en fin se llama
Don Diego de Silva.

Mar.   Espera;
Que no lo he entendido bien.
¿Quién estaba allí con ella?

Jua. Bien disimula. *[aparte.*

Luis. No sé;
Una señora encubierta.

Mar. Conocístela?

Luis.   No tuve
Ni cuidado ni advertencia.
Pero no es esto del caso.

Mar. Pues yo juzgué que pudieras.
En fin qué pasó?

Luis.   Él entró
Con la capa descompuesta,
Perdido el color, la voz
Turbada, torpe la lengua;
No sé lo que dijo.

Mar.   Ay Dios! — *[aparte.*
Reñiste con él?

Luis.   Afuera,
Le dije, que le esperaba,
Y estuve un rato á la puerta
Esperando.

Mar.   Y él salió? —
Que de imaginarlo tiembla *[aparte.*
El corazon.

Luis.   No salió.

Mar. ¡Ay Jesus, que estaba muerta! *[aparte.*
¡Buenas nuevas te dé Dios!

Luis. La verdad, hermana, es esta.

Mar. ¿Y en fin qué quieres ahora?

Luis. ¿Qué quieres que un hombre quiera
Zeloso? Trazas y engaños,
Que amor cauteloso intenta.
Fingir, que estás disgustada,
Y que de mí tienes quejas;
Y vete en cas de Doña Ana;
Que, siendo huéspeda en ella,
Podrás saber de su amor
El estado. Esta fineza
Has de hacer, hermana mia;
No habrá cosa que agradezca,
Como que á su casa vayas,
Y con arte y con cautela
El estado deste amante
Y deste zeloso sepas.

Mar. Por la mano me ha ganado *[aparte.*
Mi hermano.

Luis.   Qué estás suspensa?

Mar. Estoy pensando, qué quieres,
Que en una muger parezca
De mi honor y obligaciones,
Dejar su casa por quejas
De su hermano?

Luis.   ¿Aconsejara
Cosa yo, que indigna fuera
Á tu honor? Con una amiga
De su calidad y prendas
Debiera hacerlo hoy el gusto,
Cuando el disgusto no fuera.

Mar. El gusto pudiera hacerlo
Por su misma conveniencia;
Pero el disgusto......

Luis.   No vayas,
Si eso te da tanta pena.
¿Cuándo has de hacer una cosa
Que te pida?

Mar.   Espera, espera;
No te disgustes tan presto;
Yo iré.

Luis.   Porque no te deba
Nada, no quiero que vayas.

Mar. Pues yo quiero, aunque no quieras.
¿Cuándo ha de ser la partida?

Luis. Luego.

Mar.   Luego?

Luis.   Pues qué esperas?

Mar. ¿No ves que es de noche ya?

Luis. Así tendrán por mas cierta,
Siendo á deshora la ida,
La causa, que allá te lleva.

Mar. ¡O cuánto, hermano, me agradas, *[aparte.*
Cuando mi gusto me ruegas! *[Vanse.*

Salen Don Juan *y* Espinel.

Juan. Quédate aqui, mientras yo
Hago en la calle la seña,
Por no entrar dentro de casa.

Esp. Bien puedes; seguro entra;
Porque no me ha de parar
En la calle ni en la puerta
Hombre humano ni viviente,
Aunque un ejército venga.

Juan. ¿De cuándo acá tan valiente?

Esp. Cuando esto verdad no sea,
Quéjate de mí.

Juan.   ¿Qué armas
Traes para tan grande empresa?

Esp. Una daga y una espada.
Ves tú mas?

Juan.   Aqui me espera;
Que con esa confianza
He de entrar. Esta es la reja
Del patio, donde otras veces
Hablamos.   [*Vase.*

Esp.   Sea norabuena.
Ya estamos, señor Don miedo,
En la estacada y palestra,
De donde hemos de salir
Con la buena diligencia.
Juego de manos parece,
Y será la vez primera,
Que el miedo juegue de manos,
Pues siempre las tuvo quedas.
Salga de la guarnicion
De la daga, en que está puesta,
Luego una cuerda encendida;
Que en la guarnicion revuelta
De la espada, nadie duda
Que aqui á lo obscuro parezca
Un mosquete, que cargado
Tiene calada la cuerda.
La vaina venga tambien,
Para que la horquilla sea
Deste mosquete mental.
Y puesto desta manera
Á lo tudesco plantado,
Daré á todas partes vuelta.
Mosqueteros de la paz,
Árbitros de la comedia,
Todos somos de la carda,
Y á todos pido clemencia.

Sale Don Diego.

Dieg. Salgo á buscar á Don Luis
Á su casa, porque entienda,
Que hoy no dejé de seguirle
Por temor de sus bravezas,
Sino por otras desdichas,
Que siguieron la primera;
Y bien se conoce; pues,
Si se mira con mas fuerza,
No le viniera á buscar
Solo á su casa, y quisiera
Hallarle presto, por dar
Desocupado la vuelta
Á ver, qué quiere Doña Ana,
Que por un papel desea
Con grande encarecimiento,
Que vaya esta noche á verla,
Diciéndome, que esta noche
Me tendrá la puerta abierta.

Esp. Vuesa merced, caballero,
En cortesía se vuelva,
Y pase por otra calle;
Que hay inconveniente en esta,

Y emboscada, que le hará,
Que luego al punto se vuelva,
Ó la boca de un mosquete
Lo dirá de otra manera,
Asestando con dos balas,
Que son de su boca lengua
Elegante.

Dieg.   Caballero,
Mucha prevencion es esa
Para que un hombre os responda,
Que acaso á esta parte llega
Con su capa y con su espada;
Y si me importara en ella
Entrar, vive Dios, entrara
Por aquesa causa mesma;
Y si queréis ver, si tengo
Ánimo y valor, depuesta
La ventaja, con la espada
Defended la entrada della.

Esp. Para haber de deponer
La ventaja, no viniera
Cargado desde mi casa
Con un mosquete, que pesa
Cien arrobas. Vuesarced,
Pues habla tan bien, se vuelva,
Ya que no aventura nada.

Dieg. Yo lo haré, como se entienda,
Que me voy, por no importarme
Pasar por aqui, y aquesta
Accion tan aventajada
No la tengais á flaqueza.

Esp. No tendré sino á gordura.

Dieg. ¿Con mosquetes á la puerta   [*aparte.*
De Don Luis la misma noche
Que ha tenido una pendencia?
Miedo gasta; mas de dia
Le buscaré, porque vea,
Como se ha de recatar
De los hombres de mis prendas.   [*Vase.*

Esp. Lumbre ha dado la invencion,
Sin poder dar lumbre; buena
Es la industria.

Sale Don Luis.

Luis.   Ya mi hermana
Con Doña Ana en casa queda.
Yo vengo ahora á mudarme,
Por volver á dar la vuelta
Á la calle, á ver, si encuentro
Á aquel caballero en ella,
Que hoy no salió de cobarde.

Esp. Hidalgo, sea quien sea,
Por otra calle habrá paso;
Que está muy cerrada esta.

Luis. Quién lo dice?

Esp.   Á la pregunta,
Si quiere llevar respuesta,
La de un mosquete lo dice.

Luis. Tened, no caleis la cuerda;
Que para un hombre no mas
Ya es mucha ventaja esa.

Esp. Si un hombre no mas estorba,
Un hombre no mas se vuelva;
Que un hombre no mas lo pide.

Luis. Es demasiada llaneza
Querer, que un hombre no entre
En su casa.

Esp.   Quizá es esa
La causa, que aqui me tiene.

Luis. Obedeceros es fuerza.
Mas ya sé quien os envia.

Esp. Sabed muy enhorabuena.

Luis. Que quien no tuvo valor

Hoy para salir afuera,
Y se quedó entre mugeres,
No es mucho que temor tenga
Tan grande, que con mosquetes
Me venga á rondar las puertas.
Pero yo le buscaré
De dia, y haré que sepa
Lo que ha de hacer. — ¡ Que esto, cielos, [*ap.*
En la corte se consienta!   [*Vase.*

Esp. Viendo un mosquete á la vista,
El mas alentado tiembla.

     Sale D o n J u a n.

Juan. ¡Que no haya Doña María
Querido escuchar siquiera
Disculpas! Con Juana estuve
Hablando por esas rejas,
Y dice, que no está en casa
Su ama. En fin ella se niega.
Don Luis sin duda me ha visto
En su casa; y asi intenta
Darme muerte, pues restado
Muera yo, y matando muera.

Esp. Quién viene?
Juan.   Quién va? Es Don Luis?
Esp. Señor!
Juan.   Espinel, qué intentas?
Esp. Guardarte la calle.
Juan.   Necio!
Qué es esto?
Esp.   Un mosquete en pena,
Pues fantástico no mas,
Tiene solo la apariencia.

Juan. ¿Pues con escándalo tal
Me destruyes? ¡Loco, bestia,
Vil, cobarde! ¡Vive Dios,
Que tengo mucha paciencia,
Si por tan necia locura
No te rompo la cabeza!
No me sigas; que no quiero
Verte en mi vida.   [*Vase.*

Esp.   No sea.
Vuelvan todas mis alhajas
Á su forma y su materia.
Iré tras él, y, aunque tarde,
Á casa daré la vuelta.   [*Vase.*

     Salen D o ñ a A n a *y* D o ñ a M a r í a.

Ana. ¿Quién dijera, que podía
Rodearse de manera
El suceso, que viniera
Yo á agradecerte en un dia
Pesares tuyos, María?
Y aqueste te he agradecido,
Por haber la causa sido
De haberte visto otra vez,
Donde al amor hago juez,
Que en nada te he deservido;
Porque callarte, que estaba
Don Juan escondido aqui,
Fue, por ver, que á mí de mí
Él su secreto fiaba;
Y como Don Juan callaba,
Que tú el retrato me diste,
Porque tú me lo dijiste,
Asi te callé tambien
Lo que él me dijo.

Mar.   Está bien;
Mas piensa, que no consiste
El sentimiento en razon,

Pues un zeloso sin ella,
Por todo, amiga, atropella.

Ana. No quieras otra ocasion
De mayor satisfaccion,
De que Don Juan ha salido
De casa; á buscarte ha ido,
Quejoso, ofendido y loco;
Y no me tengo en tan poco,
Que lo hubiera consentido,
Si una palabra siquiera
De amor le hubiera escuchado,
Ni él, si lo hubiera pensado,
Tan libremente se viera,
Que á buscar otra se fuera.

Mar. Mas satisfaccion no espero.

Ana. Sí; que al dominio primero
No volviera, aunque huyó esquivo,
De cautivo fugitivo,
Voluntario prisionero.

     Salen D o n D i e g o *é* I n e s.

Ines. Aqui mi señora está.
Entra; no tengas temor.
Don Bernardo mi señor
Está recogido ya,
La noche tiempo te da,
Y ella el lugar te procura.
Tiempo y lugar asegura.

Dieg. ¿Y qué me vendrá á importar
El tener tiempo y lugar,
Si me falta la ventura?

     [*Vase Ines.*

Ana. Ya estamos, señor Don Diego,
Solos; que Doña María
Es mitad del alma mia.
Escuchadme atento; y luego,
Ya que á tanto extremo llego,
Me respondereis; y asi
Saldremos los dos de aqui,
Ó satisfechos, ó no.
¿En qué os he ofendido yo?
¿Qué queja teneis de mí?
¿No os habeis asegurado
De una vana presuncion,
Viendo la satisfaccion,
Que á vuestros zelos he dado?

Dieg. Doña Ana, yo no he quedado,
Yo lo confieso, zeloso;
Mas de vuestro amor quejoso
Sí, con bastante ocasion.

Ana. Poned la queja en razon.

Dieg. Escuchad. Un cauteloso
Pecho ha tenido un secreto
Tan recatado de mí,
Que jamas capaz me ví
De su causa ni su efeto;
Y amor, que guardó secreto,
Ni fue amor, ni serlo pudo;
Y asi esas finezas dudo,
Cuando á ver, Doña Ana, llego,
Que amor, que en todos fue ciego,
En tí solo ha sido mudo.

Ana. Don Diego, mayor fineza
Fue callar una muger
Lo que te pudo ofender,
Causándote mas tristeza.
Y asi el callar fue firmeza
De mi amor, por excusar
Tu tristeza y tu pesar.
Saca pues deste conceto,
Que, quien te calló el secreto,
Es quien mas te supo amar.

Dieg. No es; que la que me calló

El secreto, afirmo y digo,
Que ha sido doble conmigo,
Aunque el pesar me excusó;
Pues quien el pesar me dió,
De toda traicion desnudo,
Yo no ignoro ni lo dudo,
Que á la amistad satisfizo,
Pues en no callarlo hizo
De su parte cuanto pudo.

Ana. Mas fácil es el hablar,
Que el callar, en la muger;
Y pues yo llegué á escoger,
Donde hay razon de dudar,
Lo difícil, que es callar,
De mi parte hice (no dudo)
Mas; pues si, el pecho desnudo,
Hizo entonces el que habló
Lo que pudo, el que calló
Hizo mas de lo que pudo.

Sale INES alborotada.

Ines. Ay señora! Muerta vengo!
Ana. Ines, qué dices? qué tienes?
Ines. Vino de fuera Don Juan
Ahora, y me dijo: advierte,
Que Espinel se queda fuera,
Porque lejos de mí viene;
Baja á abrirle de aqui á un rato.
Yo bajé.

Ana.   Y bien, qué sucede?
Ines. Estaba embozado un hombre
En la calle; (¡mal hubiesen
Las comedias, que enseñaron
Engaños tan aparentes!)
Dijele, si era Espinel;
Dijo que sí; entró, y halléme,
Que no era Espinel.

Dieg.   ¿Y adónde
Está el hombre?
Ines.   Escucha, advierte;
Que hay mas desdichas. Dí voces;
Y el mayor daño es aqueste,
Que despertó mi señor,
Y al escuchar, que anda gente,
Se levantó de la cama,
Y á la luz escasa y breve,
Que entraba á este cuarto, ví......
¿Mas qué he de decir, si él viene?
Ana. Don Diego, procura (ay Dios!)
Retirarte y esconderte,
Porque, hallándonos mi padre
Sosegadas desta suerte
Hablando á las dos, verá
Que éramos nosotras; vete.
Dieg. Mal sé la casa; mas ya
Miré en el cuarto de enfrente
Una luz, y allí podré
Retirarme y esconderme.
Solo me resta saber,
Cielos, qué embozado es este.   [*Retírase.*

Sale DON BERNARDO con espada desnuda.

Bern. ¿Quién estaba ahora aquí?
Ana. Doña María, que viene
Á estar conmigo.
Bern.   Ya sé
Cuanto en eso decir puedes.
Mas no era Doña María
La que estaba solamente;
Que un hombre salió de aqui.
Ana. Señor, qué dices? Advierte,
Que nosotras dos no mas......

Bern. Dadme aquesa luz;......
Ana.   Detente!
Bern. Que desta suerte he de ver
Mi desengaño, ó mi muerte.

[*Toma una de dos luces que habrá, y vase.*

Ana. Ay triste de mí!
Mar.   Qué haremos?
Ana. ¡Qué de males me suceden!
Pero viniendo el primero,
¿Cuándo menos que estos vienen? [*Éntranse.*

—————

Sale DON LUIS.

Luis. Las voces de la criada
Toda la casa revuelven.
Mal hice en aventurarme.
Mas ya estoy dentro, no puede
Excusarse. Aquí me escondo,
Y venga lo que viniere.   [*Vase.*

Salen DON DIEGO y DON JUAN.

Dieg. Señor Don Juan, pues que sois
Un caballero, que tiene
Obligaciones, y sabe
Las que en tal caso se deben
Á un hombre, que en vuestras manos,
Pone su vida, valedme
En esta ocasion; que yo
Os doy palabra, que puede
Mi amistad favoreceros
En otra no menos fuerte.
Con Doña Ana estaba hablando,
Cuando su padre nos siente;
Quise esconderme, y hallé
Abierta esta puerta; entréme
Donde estais; mi dicha ha sido,
Si esa piedad me concede
Algun lugar, donde esté
Escondido.
Juan.   Detras dese
Pavellon podeis estar;
Y presto, que siento gente;
Que en ocasiones de amor,
Cuando excusarse no pueden
Los lances, sé yo muy bien
El amparo, que se debe
Á un amante y á una dama.
[*Escóndese D. Diego.*

Sale DON BERNARDO.

Juan. Señor, pues vos desta suerte?
Dónde vais?
Bern.   Buscando un hombre,
Que, corriendo velozmente,
Desde mi cuarto se vino
Huyendo, y se ha entrado en este.
Juan. Aquí ningun hombre ha entrado;
Solo estoy; no me parece
Que sentí ruido.
Bern.   Yo sí,
Que seguí sus pasos leves,
Y á la vislumbre ví el bulto.
Juan. Pues yo os afirmo, que en este
Cuarto estoy solo.
Bern.   Me dais
Ocasion en que sospeche,
Don Juan, que érais vos.
Juan.   Señor,......
Bern. Porque veros desa suerte
Á tales horas vestido,

Negando lo que no puede
Dejar de ser, pues yo mismo
Le ví entrar, claro me ofrece,
Que érais vos.

Juan.   Yo vengo ahora
De fuera, y por evidente
Seña, no vino Espinel
Conmigo, para que llegue
Á haber testigos de todo;
Y con esto solamente
Respondo á las dos preguntas
De estar vestido, y de verme
Entrar. Y cuando yo fuera,
Decidme, ¿qué inconveniente
Fuera decir, que era yo?

Bern. El daño, Don Juan, es ese,
En negarlo; y pues negais
Lo mismo que claramente
Ven mis ojos, mayor daño
Hay aquí del que parece.
Yo os ví salir de mi cuarto.

Juan. Pues muera yo infamemente
Á manos del mas amigo,
Si yo fui quien os parece.

Bern. Pues otro fue, y está aqui,
Y sois de cualquiera suerte,
Ya encubridor y ya reo,
Á mi honor ingrato huésped.

Juan. Reportaos; porque yo
En todo cuañto se debe
Á vuestro honor y respeto,
Sé cuerda y honradamente
Cumplir mis obligaciones.

Bern. Pues perdonadme, que entre
Á ver aqueste aposento;
Que mi agravio no consiente
Menores satisfacciones.

Juan. ¡Hay mas desdichada suerte! [*aparte.*
¿Quién en tal lance se ha visto?
Si le defiendo que llegue,
Me hago cómplice en su agravio;
Si le permito que entre,
Falto al amparo y palabra,
Que dí de favorecerle.

Bern. Qué pensais? ¿Son casos estos
Para admitir pareceres?
¡Vive Dios, que le he de ver!

Juan. Detente, señor, detente;
No has de verlo, vive Dios;
Qué á tí tambien te conviene.

Bern. ¿Vos me defendeis la entrada
En mi casa?

Salen DOÑA ANA *y* DOÑA MARÍA.

Ana.   Si suceden [*aparte.*
Dos daños, es el menor
El que ha de elegirse siempre.
Una industria con mi padre
Este peligro remedie. —
Señor, si quieres saber
Quien estaba en mi retrete,
Don Juan era.

Juan.   Yo?

Ana.   Don Juan,
No es tiempo de que lo niegues.
Él es de Doña María
Amante, y por eso viene
Ella á mi casa, cual ves,
Por poder hablarle y verle.
Por ella le sucedió
La desgracia, que le tiene
Retraido. — No es verdad?

Mar. ¿Eso quién negarlo puede,
Si yo misma lo confieso?

Sale DON LUIS.

Luis. Ya disimular no puede
Mas mi sufrimiento, cielos!
Nadie se admire de verme;
Que yo diré, como estoy
Escondido desta suerte.
Yo he venido, Don Bernardo,
Por mi hermana, que presente
Está, y faltando de casa,
No supe donde estuviese,
Y por saber si aquí estaba,
Rondé la calle mil veces.
Estando en ella, bajó
Una criada, y lleguéme
Diciéndola, que era un hombre,
Que esperaba; y asi entréme
Hasta aquí, donde ya he visto
Mis desdichas claramente,
Pues he visto á un hombre aquí,
Por quien mi opinion padece,
Causando en mi misma casa
Mil escándalos y muertes,
Y aunque ahora esté en la vuestra,
Tengo de satisfacerme.

[*Empuña la espada, y detiénele* BERNARDO.

Bern. Tened la espada, Don Luis;
Que si vuestro agravio es ese,
Os estará á vos muy bien
La satisfaccion que tiene,
Si le da á Doña María
Mano de esposo.

Luis.   Aunque fuese
Asi, yo estoy ofendido,
Pues mi hermana á verle viene
Hoy á tu casa.

Mar.   Tú mismo
Me rogaste que viniese;
Que yo no quería venir.
Y para satisfacerte,
Le doy la mano de esposa.

Luis. Ya el callar es conveniente.
Y pues por vos, Don Bernardo,
Quiero que mi agravio cese,
Cese tambien la ocasion,
Que tan confusos nos tiene.
Dadme, pues sabeis de mí
Quien soy, y que la merece
Mi sangre, á Doña Ana.

Bern.   Yo
Gano en eso.

Sale DON DIEGO.

Dieg.   Pues quien pierde
Se descubra; que ya aquí
No es mayor daño la muerte,
Que todos me podeis dar,
Que casarse.

Luis.   Si viniese
Con vos aquel gentilhombre
Cargado con el mosquete,
Pudiera ser vuestro amor
Que con eso se saliese.

Dieg. Eso es achacarme á mí
Los temores, que tú tienes.

[*Van á acometerse, y embarázalo D.* BERNARDO.

Bern. Dentro de mi misma casa
(¿Qué encanto, cielos, es este?)
Una pendencia, y un hombre
De cada razon procede.

Sale ESPINEL.

Esp. Si quieres, que yo te saque

De todo, oye atentamente.
El mosquetero fui yo,
Que burló á Vuesas Mercedes.
Don Juan y Doña María
Ha mil años que se quieren;
Ya estan casados, á Dios.
Don Diego y Don Luis pretenden
Á tu hija; elija ella
El que mejor le parece.

Ana. Esto conviene á mi honor;
Y asi Don Diego merece
Mi mano.

Dieg.   Dichoso soy!
Y por pagar lo que debe
Hoy á Don Juan mi amistad,
Yo le perdono la muerte
De Don Fadrique, pues soy
La parte á quien le compete.

Esp. Ahora entro yo con Ines,
Porque vean desta suerte,
Que no viene solo un mal,
Pues tantos juntos nos vienen
El dia que nos casamos.
Perdonen Vuesas Mercedes.

CVIII.

CADA UNO PARA SÍ.

PERSONAS.

Don Felix
Don Cárlos } galanes.
Don Enrique
Don Luis, *viejo*.

Don Diego, *viejo*.
Hernando } *criados.*
Simon
Tres Alguaciles.

Violante } *damas.*
Leonor
Juana } *criadas.*
Ines

JORNADA I.

Salen Don Felix *y* Hernando, *vestidos de camino.*

Fel. Di al mozo, que trate, Hernando,
De dar un bocado presto;
Porque no he de detenerme
Mas, que solo cuanto llego
De aqui á la iglesia; que fuera
Poco católico zelo,
Sin visitar su Sagrario,
Pasar uno por Toledo.
Hern. Ya el mozo queda avisado.
Asi avisara al infierno,
Que cargara con él.
Fel. ¿Pues
Qué te ha dicho, ó qué te ha hecho,
Que vienes con él tan mal?
Hern. Tú lo sabrás á su tiempo, —
Si antes no lo enmienda Juana. — [*aparte.*
Mas que me digas, te ruego,
Siendo ya casi de noche,
Adónde quieres ir?
Fel. Necio,
Á amanecer á Madrid;
Porque la hora no veo
(Dejo aparte á Don Enrique,
Amigo tan verdadero,
Que por su gusto me espera,
Y voy á lo que mas siento)
De ver á Leonor, y ver,
Si tratados sus afectos
Son tan bellos, como escritos.
¿Mas quién lo duda, teniendo
Tantas prendas en sus cartas,
Que califican su pecho
De firme en ausencia?
Hern. Yo
Lo dudo y redudo, viendo,
Que para duda y reduda
Hay dos fuertes argumentos;
Muger, firmeza y Madrid;
De su parte es el primero;
Y de la tuya el segundo,
Amor y pobreza; extremos,
Que implican contradiccion.

Y mas hoy, perdido el pleito,
En que fundado tenías
El pedirla en casamiento.
Fel. Uno y otro puede amor
Facilitar, cuando veo,
Que en las cartas, que me escribe,
Una y mil palabras tengo
De que seria mi esposa.
Hern. ¿Y qué haremos del proverbio
De que palabras y plumas
Todas se las lleva el viento?
Fel. Dejársele á las comunes
Hermosuras; que sugetos
Soberanos no se dan
Á tan vil partido.

Dentro Violante.

Viol. Cielos!
¿No hay quien ampare una vida?
Fel. ¿No es de muger este acento?
Hern. Si no es de algun semitiple,
Que á esta hora está componiendo
Alguna lamentacion,
De muger parece. Pero
Que lo sea, ó no, qué importa?
Fel. Eso dices? ¿Cómo puedo
Excusarme de no ir
Á socorrerla? [*Dentro espadas.*
Hern. No yendo;
Y mas cuando sigue el ruido
De espadas á su lamento.
Uno [*dent.*] Muere, tirano!

Dentro Don Cárlos.

Carl. Ha traidores!
Hern. Tente!
Fel. Aparta!

Salen Violante *é* Ines *tapadas.*

Viol. Caballero,
Amparad á una muger,
Que de vos se vale, haciendo
El acaso, lo que hiciera
La eleccion. [*Dentro espadas.*
Fel. Cobrad aliento,
Y decid, qué me mandais?
Viol. Que favorezcais el riesgo
De un hombre, á quien tres embisten,

No tanto (ay de mí!) por esto,
Cuanto porque yo os lo pido,
Valida del privilegio
De muger.

Fel.　　Á entrambas causas
Respondo con un efecto. —
Traidores! tres para uno?
　　[*Entra sacando la espada.*
Hern. Lo mismo dijo un enfermo,
Mirando entrar juntos tres
Doctores en su aposento.
Viol. ¿Por qué vos tambien no vais?
Hern. Porque yo ni voy ni vengo.
Ines. ¿Al lado de vuestro amo
No os poneis?
Hern.　　Fuera mal hecho
Tomar yo el lado á mi amo;
Que en todo acontecimiento
Parecen bien los criados
Encogidos y modestos,
Sin ladearse con sus amos.
Uno [*dent.*] Ya que esta ocasion perdemos,
Retirémonos; que otra
No faltará.

Salen con espadas desnudas DON FELIX *y*
　　DON CÁRLOS.
Fel.　　Deteneos;
Porque seguir al que huye
Mas es bajeza, que esfuerzo.
Carl. Por no empeñaros á vos,
Á quien hoy la vida debo,　[*Envainan.*
Me detendré. Mas qué miro!
Don Felix?
Fel.　　Qué es lo que veo!
Don Cárlos?
Carl.　　¿Quién, sino vos,
Llegar pudiera á este tiempo?
Hern. Don Cárlos era? ¿Pues cómo
No voy volando tras ellos,
Y los hago mil añicos?
Fel. Tente, loco!
Ines.　　Bien por cierto!
Ahora cólera?
Hern.　　Cada uno
Se encoleriza en pudiendo;
Que al fin en mano del hombre
No está el primer movimiento.
Carl. Á admirar tan nuevo caso
Otra vez y otras mil vuelvo.
Fel. Pues no me lo agradezcais
Á mí; que, sin conoceros,
Claro está que no lo hice
Por vos, sino por mí mesmo,
Empeñado desta dama,
Á cuyo rendido extremo
Debeis el amparo mio.
Carl. Estáme á mí tan bien eso,
Que equivocado en los dos,
Neutral mi agradecimiento,
Por ir (perdonad) al suyo,
Habré de faltar al vuestro. —
¿En fin, Violante, por mas
Que temerarios tus zelos
De los pasados favores
Hagan presentes desprecios,
Te dió cuidado mi vida?
Viol. Yo, Don Cárlos, lo confieso.
Pero una cosa es sentir
La hidalguia de mi pecho
Vuestro peligro, y es otra
La fe de mis sentimientos
Vuestras traiciones. Y asi,
Pues que ya con vida os dejo,

Y tan bien acompañado,
Que pueda aquel noble miedo
Dejarme en pie lo quejoso,
Que no me sigais os ruego
Segunda vez.
Fel.　　Yo, señora,
De aquesta sentencia apelo;
Que hasta que quedeis segura,
Y deste alboroto lejos,
No os tengo de dejar sola.
Viol. La atencion os agradezco;
Porque quizá habreis pensado,
No con poco fundamento,
Ser yo del empeño causa.
No lo soy; porque viniendo
Tras mí, bien á mi disgusto,
Cárlos, ví que le embistieron
Tres hombres, por otras cosas,
Que allá tienen entre ellos;
Y sobresaltada, á cuenta
De no sé qué inútil tiempo
Que creí sus falsedades,
Os empeñé. Y pues no tengo
Riesgo en ir sola, os suplico,
Sobre lo bizarro, atento,
Á que siempre agradecida
Confesaré lo que os debo,
Os quedeis, y hagais, que él
No me siga; que no quiero,
Que, como dije, atribuya
Á favor del susto, puesto
Que fue por lo que le quise,
Mas no por lo que le quiero.
　　[*Vanse las dos.*
Fel. ¡Extraña resolucion!
Carl. No os espanteis, que unos zelos
Tal vez truecan los cariños
En rigores.
Fel.　　Pues volviendo
Al lance, si no os importa
El mantener este puesto,
Me parece, que no es bien
Durar en él, con rezelo
De que la justicia acuda
Al ruido.
Carl.　　Prevenis cuerdo;
Y asi por esotra calle
Demos vuelta; que deseo,
Pensando otra cosa, hacer
Queja el agradecimiento.
　　[*Entran por una puerta, y salen por otra.*
Hern. ¿Cuándo, señor, será el dia,
Que me saqueis de escudero
Andante, y me hagais por arte
Lacayo de un cura viejo,
Que no sepa, que en el mundo
Hay mas duelo, que los duelos
De su pecho, su estangurria,
Y su tos?
Carl.　　¿Vos en Toledo,
Y no en mi casa, Don Felix?
Fel. Bastante disculpa tengo;
Pues cuando pasé á Granada,
Por vos pregunté, y sabiendo,
Que estábais por un disgusto
Ausente, no previniendo,
Que pudo haberse acabado,
Juzgué, que no hubiérais vuelto.
Carl. Por lo bien que á mi amistad
Le está la disculpa, acepto;
Y para que no la hayamos
Menester mas, ve al momento,
Hernandillo, y trae la ropa
Á mi casa.

Hern.   ¿Cómo es eso
De Hernandillo? ¿Todavía
Dura el hablar con desprecio?

Carl. No juzgué yo que lo era,
Sino cariño.

Hern.   No quiero
Cariños diminutivos.

Fel. ¿Pues qué va de uno á otro?

Hern.   Bueno;
De Hernando á Hernandillo va,
Si bien se mide, lo mesmo
Que va, mira si es muy poco,
De Madrid á Madrilejos.

Fel. Ea, deja esas locuras. —
Si no es, Don Cárlos, que tengo
Mas en que serviros, no
Me detengais, porque llevo
Cierto cuidado á Madrid,
Que me importa llegar presto.

Carl. Pues siendo de noche ya,
Dónde habeis de ir?

Fel.   Os prometo,
Que es de género el cuidado,
Que en nada mira.

Carl.   Yo os ruego,
Siquiera por esta noche,
Os merezcan mis deseos
Huésped; que ha infinitos días
Que ningun alivio tengo:
Muchas peñas sí, Don Felix.
Y será extraño despego
Quitarme uno, que mi dicha
Da por último consuelo,
Desahogándome con vos.

Fel. Hernando, ve, y dile á Pedro,
Que no me espere esta noche;
Que hacer este gusto quiero,
A costa del mio, á Don Cárlos;
Pero que en amaneciendo
Me he de ir.

Carl.   Vaya usted, señor
Don Hernando, y vuelva presto;
Que quiero que sea tambien
Mi huésped.

Hern.   Tan malo es eso,
Como esotro. ¿Pero dónde
He de volver? que en Toledo
De dia me pierdo yo,
Cuanto mas de noche.

Carl.   Yendo
Á la puerta del Perdon,
Entre ella y Ayuntamiento
Te esperamos.

    [*Vase Hernando.*

Fel.   Pues porque
No pierdan este pequeño
Espacio en la dilacion
Vuestro alivio y mi deseo,
Mientras vamos y esperamos,
Os pido me vais diciendo,
¿Qué lance es este en que os hallo,
Entre un favor y un desprecio,
Tan cercado de enemigos?

Carl. Son tan raros mis sucesos,
Que habeis de juzgar, que estais
Alguna novela oyendo.

Fel. Con eso avivais el gusto
De escucharos.

Carl.   Oid atento.
Despues que de Barcelona
Partimos juntos, habiendo
El señor Don Juan logrado,
Con el valor y el consejo

De sus nobles Generales,
Las esperanzas de un cerco,
En que concurrieron todos
Los aplausos y trofeos
De la tierra y de la mar,
Del asalto y del asedio,
Nos dividimos, si es
Que se dividen dos cuerpos,
En quien solo un alma vive,
Á tratar nuestros aumentos,
Yo de un hábito, con que
Su Magestad, que los cielos
Guarden, honró mis servicios;
Y vos no sé de qué pleito
De un mayorazgo, á que sois
Llamado, en muerte de un deudo.
Con este cuidado pues
Llegué, Felix, á Toledo.
Y en tanto que disponía
Diligencias y dineros,
Que no siempre los soldados
Solemos estar con ellos,
La ociosidad cortesana,
Entre mugeres y juego,
Libre me vió, hasta que amor,
Ofendido del despego
Con que su imperio trataba,
Sin dar tributo á su imperio,
Quiso vengarse de mí,
Flechando contra mi pecho
El arpon de una hermosura,
Cuya beldad no encarezco,
Porque he menester para otra
Parte el encarecimiento.
Y asi bastará decir,
Que, aunque juntó en un sugeto
Lustre y belleza, mezclando
Sobre lo noble y lo bello,
Con el garbo cortesano,
Todo el toledano ingenio,
No le bastó para verme
Tributario, mas que aquello,
Que bien hallado de amor,
Llaman los que entienden desto.
En aqueste estado en fin
De despenado y contento
Holgazan de amor vivia,
Cuando en la casa del juego,
Sobre juzgar una mano,
Tuve, Felix, un encuentro
Con un hidalgo, á quien dió
Mas vanidad su dinero,
Que su sangre. Contradijo
Lo que yo juzgué. No quiero
Bizarrear con vos; pues basta
Saber por fin del suceso,
Que, siendo yo el contradicho,
Él fue quien quedó mal puesto.
Mientras que nos componian
Los amigos y los deudos,
Les pareció, que era bien
Ausentarme; y previniendo,
Que en ninguna parte estaba
Un hombre mas encubierto,
Que descubierto en Madrid,
Pues en su piélago inmenso
Nadie es conocido, y mas
Un hombre tan forastero,
Que aun es huésped en su patria,
Me fui á la casa de un deudo,
Donde retirado estuve
Unos dias; y advirtiendo,
Que solo dirían de mí
Las cartas, si de Toledo

Con mi nombre me escribiesen,
El nombre mudé. Solo esto
Me debió de mi enemigo,
No el temor, sino el rezelo.
Dejo de contar ahora,
Que vino en este intermedio
Á Toledo mi informante;
Y que vilmente su pecho,
Valiéndose de la lengua,
Aun antes que del acero,
Intentó contra mi honor
Sembrar no sé qué libelo,
Dando con esto ocasion
Á que espere por momentos
Un nuevo informante mio,
De que ya hubiera mi esfuerzo
Satisféchose, si no
Mirara, (con muchos cuerdos)
Que no hay cosa en estos casos,
Como dar al sufrimiento
La razon, hasta salir
Con el principal intento;
Pues donde honor es lo mas,
Todo lo demas es menos.
Direis ahora, Don Felix,
Que siendo asi, cómo vuelvo,
Contra lo mismo que digo,
Á irritar los sentimientos
Deste hidalgo con mi vista,
Dando á sus atrevimientos
Ocasion de que me busque
Ventajoso, cuando vuelvo
En alcance de una dama,
Pues fuera mejor acuerdo
Tratar ausente de todo,
Buscando á la amistad medio,
Y medio á la conveniencia.
Mas habré de responderos,
Que no es siempre lo mejor
En nuestra eleccion, pues vemos,
Que hay superiores motivos,
Que predominan los nuestros.
Y para que lo veais,
Oid; que ahora entra el mas nuevo,
El mas raro, el mas extraño
Suceso de mis sucesos.
Ofendido amor de ver,
Que logró mal el primero
Arpon, arboló el segundo,
Tan dulcemente violento,
Que salió del arco flecha,
Ave corrió por el viento,
Rayo llegó al corazon,
Donde hoy se alimenta incendio.
Para pintar la hermosura
Deste no esperado dueño
De mi vida, reservé,
Si bien ahora me acuerdo,
De la pasada beldad
Todo el encarecimiento.
Mas con tenerle guardado
Desde entonces, no me atrevo
Á entrar en sus perfecciones;
Porque, aunque me dé sus bellos
Rayos el sol para hebras
De su trenzado cabello,
Nieve el Alpe para el campo
De su frente, el Abril fresco
Rosas para los matices
De su tez, y el Mayo ameno
Claveles para sus labios,
Mayo, Abril, Alpe y sol creo,
Que habrán de quedarse atras;
Pues al hacer el cotejo,

Rosa, clavel, nieve y rayo,
Nada es mas, y todo es menos.

Sale HERNANDO.

Hern. Señor?
Fel. Sí.
Hern. Ya......
Fel.   No prosigas,
Sino calla. — Id vos diciendo,
Que en toda mi vida he estado
Mas divertido y suspenso.
Carl. La primer vez que la vi,
(Porque vivia frontero
De la casa en que yo estaba)
Fue una mañana; solo esto
Pudiera excusar, pues nunca
Se vió la aurora á otro tiempo.
Detras de una reja estaba,
Fiada al público secreto
De una zelosía, que hizo
Mas bachiller mi deseo;
Porque tiene el acechar
Un no sé qué de argumento,
Que logra ingenioso, ya
Negando, y ya concediendo;
Pero si la llamé aurora,
¿Qué mucho que entre reflejos,
Confusamente distintos,
Y distintamente ciegos,
Adivinando el cuidado,
Si la veo ó no la veo,
Crepúsculo fuese para
La brújula del acecho,
No juzgando que era vista
De nadie? porque yo atento
Á no ahuyentarla, cerré
La ventana, y me entré dentro.
Púsose á leer un papel,
Y empezando con risueño
Semblante, á no mucho espacio
Sacó de la manga un lienzo,
Para enjugarse los ojos.
No digo, que tuve zelos
De la risa ni del llanto,
Pues para todo era presto;
Pero digo, que no sé
Qué linage de veneno,
Qué género de ponzoña,
Qué ira, qué rabia, qué fuego
Introdujo á mis sentidos
El verla reír primero,
Y el verla llorar despues,
Que dije entre mí: ¿ qué afecto
Es este tan desigual,
Que está de uno en otro extremo,
Con la risa mal hallado,
Con el llanto mal contento?
¿ Cómo quereis á esta dama,
Les dije á mis sentimientos,
Si no os está bien que esté,
Ni llorando ni riyendo?
No asi aquella flor amante,
Que de los rayos de Febo
Es vegetativo iman,
Vive, su norte siguiendo,
Como yo, (ay de mí!) Don Felix,
Humano girasol hecho
Á los hierros de su reja,
De la mia á los aciertos,
De dia y de noche estaba
Siempre á sus luces atento.
Para decirla mi amor,
Busqué trazas, busqué medios;
Mas no me valió ninguno;

Hubo de valerme el tiempo;'
Porque á pocos dias de amor,
En el tranquilo silencio
De una noche de verano,
Estando en su reja al fresco,
Quise acercarme á decirla
Algo de paso, temiendo,
Que llegasen mis suspiros
Cansados desde tan lejos.
Pero apenas pronuncié
Del aire el primer acento,
Cuando salió del portal
De otra casa un caballero,
Que conozco solo en ser
Del hábito que pretendo;
Y con la espada en la mano,
Quiso Dios que pude verlo
Con tal dicha, que llegó
Antes mi punta á su pecho,
Que mi voz á sus oídos,
Aunque en desmayado aliento
Muy presto dijo: ¡ha traidor,
Que de dos veces me has muerto!
Cerró la reja la dama,
Y alborotada al estruendo
De las espadas la calle,
Lo mismo que ahora, temiendo
Que no llegase al ruido......

Salgan tres Alguaciles *y los que pudieren
de ronda.*

Uno. La justicia, caballeros.
Hern. Parece que este Alguacil
    Viene jugando proverbios.
Carl. Hablad vos, no me conozcan
    Á mí.
Otro.   Quién va?
Fel.   Un forastero,
    Que ahora acaba de apearse.
Otro. ¿Y quién son los dos, que vemos
    Con vos?
Fel.   Dos criados mios.
Otro. Fuerza será conocerlos;
    Que venimos informados
    De que estaba en este puesto
    Á quien buscamos.
Fel.   La luz
    Apartad, que es mucho exceso;
    Pues basta que yo lo diga.
Otro. No basta; y mas cuando llego
    Á conocer, que es Don Cárlos.
Carl. Yo soy, qué quereis?
Uno.   Que preso
    Con nosotros os vengais,
    Por los pasados encuentros
    Y las cuchilladas de hoy.
Carl. Desta suerte será eso.   [*Riñen.*
Otro. Favor al Rey! Resistencia!
Hern. ¡Que llegase yo á este tiempo!
Uno. Ay que me hán muerto!   [*Vase.*
Hern.   Á Dios, uno!
Fel. Huid, cobardes!
Hern.   Buen consejo!
Otro. Señor Secretario, escriba
    La cabeza del proceso,
    Mientras yo al Corregidor
    Le voy á llamar corriendo.   [*Vase.*
Hern. Este á un llamamiento va,
    Por no ir á otro llamamiento.
Otro. El demonio, que aquí aguarde.   [*Vase.*
Carl. Pues ya, Felix, no podemos
    Ir á mi casa, venid
    Conmigo.
Fel.   Seguiros debo.

Hern. ¿Á quién se habrá convidado
    En el mundo para esto?
Carl. Vamos á vuestra posada;
    Que habiendo herido, no quiero
    Que aqui pareis un instante.
Fel. Asi lo haré, si dispuesto
    Á iros conmigo en la mula
    Del mozo os venis.
Carl.   Mal puedo
    Ir yo á Madrid, si ya oísteis,
    Que allá otro enemigo tengo
    De mas peligro en su vida,
    Y de mas parte en mi riesgo,
    Que fue causa de volverme
    Á Toledo antes de tiempo.
Fel. ¿Pues cómo puedo dejaros
    Yo, Cárlos, en este empeño?
Carl. Yo sabré ponerme en salvo,
    Retirándome á un convento.
Fel. Pues en quedandoos en él vos,
    Me iré yo.
Hern.   ¿Ahora cumplimientos,
    Cuando estan sobre nosotros
    Mil almas?
Voz [*dent.*]   Por aqui fueron.
Carl. Dónde es la posada?
Fel.   Al Cármen.
Carl. Pues vamos juntos, y á un tiempo
    Tomareis vos el camino,
    Y yo la iglesia.
Fel.   Ven presto.
Hern. No es fácil por estas calles.
Carl. Qué temes?
Hern.   Que, si tropiezo,
    No he de parar hasta el rio.
Carl. ¡Quién vió tan raro suceso!
Fel. ¡Quién vió tan extraño caso!
Hern. ¡Quién vió huésped tan sangriento!   [*Vanse.*

Sale Don Enrique *con hábito de Santiago,
banda y trage de color, y* Simon *tras él.*

Sim. Señor, qué tienes?
Enr.   Simon,
    En nuestra humana desdicha
    No alivia tanto una dicha,
    Como aflige una pasion.
    Yo amo á Leonor, y ella ingrata
    Me desprecia y aborrece;
    Pues veo que favorece
    Á quien dos veces me mata;
    Que, sin gozar su favor,
    No la hablara por la reja;
    Deja, que viva la queja
    Las edades del dolor.
    ¡Que Felix no haya llegado,
    Y dure la dilacion!

Sale Juana *tapada.*

Jua. ¿Si está por aquí Simon? [*aparte.*
Enr. ¿Quién en la sala se ha entrado?
Sim. Es una muger tapada.
Enr. Muger en casa?
Jua.   Ay de mí! [*aparte.*
    Que está Don Enrique aquí.
Enr. ¿Por qué, al parecer, turbada,
    Con rezelo é inquietud
    Volveis, al ver, que aquí estamos?
Jua. Pues ya es forzoso que hagamos [*aparte.*
    La necesidad virtud. —
    Ni es inquietud, ni rezelo;
    Vuestra vida mi cuidado
    Era; y viéndoos levantado,

	Con salud, que aumente el cielo
	Muchos años, me volvia.
Enr.	Mucho me admiro de que
	Haya muger á quien dé
	Cuidado la salud mia.
	Y asi, como maravilla,
	Ver deseo quien la muestra.
Jua.	Quien es muy criada vuestra. [*Descúbrese.*
Sim.	¡Vive el cielo, que es Juanilla!
Enr.	Juana, ¿pues tú en esta casa?
Jua.	Envióme mi ama á un recado;
	Y habiendo hasta aqui llegado,
	Porque por aqui se pasa,
	Quise preguntar por vos;
	Y habiendo vos mismo sido
	El que me habeis respondido,
	No hay mas que saber. Á Dios.
Enr.	Espera por vida tuya,
	Juana, y dime por la mia,
	¿Es tu ama quien te envia?
Jua.	Para la cólera suya
	Es bueno eso. Si supiera,
	Que llegué aqui, es cosa clara,
	Que primero me matara.
Enr.	Tanto rigor?
Jua.	De manera
	Está contigo ofendida,
	Que aun nuevas no la daré
	De tu salud.
Enr.	Yo pensé,
	Que estuviera agradecida,
	Al ver, cuanto ha desmentido
	Por la suya mi opinion,
	Que ella fuese la ocasion;
	Pues prudente y advertido
	Á nadie hasta hoy he contado,
	Ni en mi vida contaré,
	Que por ella el lance fue.
	Y este principio asentado,
	¿El soldado caballero
	Ha vuelto á la calle?
Jua.	Yo
	Desde aquella noche no
	Le ví mas, y antes infiero,
	Que se volvió al otro dia
	Á su tierra; de manera,
	Que no hay verle.
Enr.	De dónde era?
Jua.	Juzgo que de Andalucía.
Enr.	El nombre?
Jua.	Don Juan de Lara.
Enr.	¿Y siente mucho Leonor
	Su ausencia?
Jua.	Fuera un error
	Notable, que se pensara,
	Que ella pudo dar jamas
	Á su osadía licencia;
	Y no sintiera su ausencia,
	Si no importara otra mas.
Enr.	Su ausencia siente?
Jua.	Ay de mí! [*aparte.*
	¡Por Dios, que me descuidé!
	Pero yo lo enmendaré. —
	El haberse de ir de aqui.
Enr.	Pues cómo? ¿Dónde previene
	Irse?
Jua.	Su padre desea......
Enr.	Qué?
Jua.	Retirarse á una aldea
	De Toledo, donde tiene
	Su hacienda, y ella lo llora,
	Porque va de mala gana.
Enr.	Y cuándo es?
Jua.	De hoy á mañana.

Enr.	No siento el oírte ahora,
	Que se ausenta, pues tambien
	Yo me tengo de ausentar,
	Como oir que sea, sin dar
	Mis quejas á su desden;
	Que si yo (ay de mí!) llegara
	Á desahogar mi pasion,
	Descansando el corazon,
	Con que solo me escuchara
	Dos razones, me parece
	Que quedara despicado.
	¿Qué haremos deste cuidado,
	Juana? porque si me ofrece
	Tu ingenio de hablarla modo,
	Este diamante será
	El que menos te dirá,
	Que has de ser dueño de todo
	Cuanto valgo y cuanto soy. [*Dale un anillo.*
Jua.	No es menester el diamante;
	Pues servirte á tí es bastante
	Premio. Y asi podrás hoy,
	En anocheciendo, ir
	Á la calle; yo abriré
	La ventana, y te diré,
	Si habrá modo de subir
	Al cuarto, habiendo dejado,
	Como al descuido, la puerta
	Cerrada en falso y abierta.
Enr.	Segunda vida me has dado.
	Yo estaré en la calle, y cuando
	Sintiere abrir la ventana,
	Á hablarte llegaré, Juana. [*Ruido.*
	Dentro DON FELIX.
Fel.	Para, para! Sabe, Hernando,
	Si está Don Enrique en casa.
Enr.	Este es un huésped que espero;
	Llevarle á su cuarto quiero.
	Juana, á Dios. [*Vase.*
Jua.	Qué es lo que pasa [*ap.*
	Don Felix y Hernando son.
	Si me conocen aqui,
	Perdida soy. Ay de mí!
Sim.	Juana, asi te vas?
Jua.	Simon,
	Puesto que á verte venia,
	Y á tí y á tu amo encontré,
	Y que con los dos gasté
	Mas de la mitad del dia,
	No me detengas.
Sim.	Espera;
	Que solo quiero saber,
	Si la sortija ha de ser
	Partida.
Jua.	No, sino entera.
Sim.	Cómo entera? Nuestro empleo
	Bienes gananciales son.
Jua.	Aunque te quiero, Simon,
	No te quiero Cirineo.
	Á Dios; pues ya ves, que es hora
	Que vaya á casa volando,
	Y de que no me vea Hernando.

Al entrar sale HERNANDO *con unos cogines.*

Hern.	Dígame usarced, señora,
	(¡Ó quién con la bulla hiciera,
	Que menos mi amo no echara
	Su maleta, hasta que hallara
	Á Juana, que lo supiera!)
	¿Dónde nuestro cuarto es?
	[*Juana responde por señas, y vase tapada.*
	¿Que calle, y eche hácia alli?
	No habla usted? Es muda? Sí?
	Pues veámonos despues;

Que dama muda es sin duda,
Que en mi vida la he tenido.

Sim. Pues tenga usted entendido,
Que es de soliman la muda,
Y quemará al que la toca.

Hern. Con solo ese aviso ya
Ella la muda será,
Y yo seré el punto en boca;
Que muda de otro galan,
No haya miedo que la quiera,
Aunque de Albayaldos fuera,
Cuanto mas de Soliman.

Sim. Con eso me ha cautivado.
Hern. Usted á mí redimido.
Sim. Toque, y sea bien venido.
Hern. Toque, y sea bien hallado.

Dentro DON ENRIQUE *y* DON FELIX.

Enr. Simon!
Fel.   Hernando!
Sim.   Á los dos
Los amos llaman.

Hern.   Pues vamos
Á ver, qué quieren los amos,
Siquiera una vez. Á Dios.   [*Vanse.*

Sale JUANA *quitándose el manto.*

Jua. Gracias á Dios, que, sin ser
Vista ni oida, he llegado.
No es bueno que me he cansado
De solamente correr.
¿Pero quién se ha entrado alli?
Hernando es. Escondo el manto,
(Que una dama hizo otro tanto)
Y finjo, que no le ví.

Sale HERNANDO.

Hern. Juana mia, á mi alegría
Perdona el cariño, fuera
De que siendo de cualquiera,
Soy cualquiera, y serás mia.

Jua. Para frialdad ya está bien.
Como vienes saber quiero.

Hern. Con amor y sin dinero;
Mira con quien y sin quien
Y pues habemos de hablar
En nuestras cosas primero,
Que en las de los amos, quiero
Comunicarte un pesar;
Que es, Juana, el que me ha obligado
Á adelantarme; porque,
Aunque de mi amo fue
La fineza y el cuidado
De que á avisar á Leonor,
Como ha llegado, viniera,
Por si por dicha pudiera
Entrar á hablarla en su amor,
No ha sido esto solamente
Lo que veloz me ha traido,
Sino el haber presumido,
Que de un grande inconveniente,
En que me va honor y vida,
Tú sola me sacarás.

Jua. Qué inconveniente?
Hern.   Sabrás,
Que en Granada á la partida
Una letra de mil reales
Me dió mi amo, que cobrara,
Para que dellos gastara
En el camino. Cabales

En la bolsa los eché
Del arzon todos los mil,
Y el demonio, que es sutil,
Una infausta noche, que
Me vió dormir á placer,
Tan descuidado y grosero,
Como si amor y dinero
Durmieran en un poder,
Me persuadió á que seria
Posible, que, si jugara
Con el mozo, le ganara
Las mulas, y que podria
Poner un trato, con que,
Casándonos, sustentarte.
¿Pero cuándo el adorarte
Mi ruina mayor no fue?
Empecé de dos y dos,
Y en parada tan sútil
Me fue quitando los mil,
Por las mil horas de Dios.
¿En qué me ví, que me diera
Para tener que gastar,
Juana mia, hasta llegar,
Sin que mi amo lo supiera?
Prestóme; pero en llegando,
Con las maletas cargó,
Y al meson se las llevó,
El desempeño esperando.
Mira qué haré, cuando arranca
Con todo lo que se topa,
Y en cuanto á dinero y ropa,
Mi amo y yo estamos sin blanca.
Y pues el verte adorada
Fue la causa deste azar,
Y nos hemos de casar
En la tercera jornada,
Por cuenta del dote sea
El socorro, que me hicieres,
Y veré lo que me quieres.

Jua. Hernando, Dios te provea;
Que, aunque yo de buena gana
Tu pérdida socorriera,
Mal hoy de prestarte hiciera
Quien se ha de ausentar mañana.

Hern. Cómo ausentarte?
Jua.   ¿No ves
La casa revuelta?

Hern.   Sí;
Pero mudarse creí
Á otro barrio tu amo.

Jua.   No es,
Sino que ahora el viejo ha dado
En que nos hemos de ir
Desde mañana á vivir
Á una aldea; que cansado
De pretensiones, no quiere
Mas corte, sino cuidar
De su hacienda, y de pasar
Con ella como pudiere.
Y pues en tanto rigor
Se está cumpliendo el refran,
Que unos vienen, y otros van,
No que le preste á tu amor
Mi dinero me aconseje;
Pues en esta triste calma
Basta, que te deje un alma,
Sin que dos almas te deje.

Hern. No quiero, que mi fortuna
Dos te deba; pero quiero,
Que sea la del dinero,
Ya que haya de ser alguna.
Duélete de mí, tirana.

Jua. Porque me duela, no es bien
Dar sobre dolor.

Sale LEONOR.

Leon.   ¿Con quién
Es tanta plática, Juana? —
Hernando? seas bien venido.
Hern. Forzoso que lo sea es
Quien llega á besar tus pies.
Leon. ¿Cómo en Granada te ha ido?
Hern. Mal; pues el pleito perdimos,
Sobre lo que en él gastamos,
Con que es fuerza que volvamos
Aun mas pobres, que nos fuimos.
Leon. Como traiga tu señor
Salud, lo demas no importa;
Que el caudal ni da ni acorta
Méritos á un noble amor.
Si bueno viene, y constante,
No hay oro, que no le sobre.
Hern. Quien dice que viene pobre,
Ya muestra que viene amante.
Leon. Cómo?
Hern.   Como es fuerza estar
Fino el pobre; que á mi ver
Tiene mucho que querer
Quien tiene poco que dar.
Leon. En mugeres como yo
Esa regla no se da.
¿Adónde Felix está?
Hern. En esa esquina quedó
Esperando, si podia
Verte, y que yo le avisara.
Leon. Pues ya del sol la luz clara
Va acabando con el dia,
Y mi padre no está aqui,
Ni tan apriesa vendrá,
Que, como de ausencia está,
Anda ocupado, ve y di,
Que entre.
Hern.   Sí haré. — ¿ En fin mis daños [*á Juana.*
No te dan cuidado ya?
Jua. Hernando, en muger, que da,
Ó hay busilis, ó hay engaños.   [*Vanse.*
Leon. ¡Cuan de otra suerte esperaba
Mi fe el gusto deste dia!
¿Pero cuándo una alegría
Adonde empieza no acaba?
¡Qué breve es la edad del bien!
¿Quién en el mundo creyera,
Que el dia del placer fuera
Víspera del pesar?

Sale DON FELIX.

Fel.   Quien,
Hallado y perdido, ver
Pesar y placer juzgar
Pueda juntos, al mirar,
Que en mí solo pudo ser,
Sin tener cuerpo el placer,
Que tenga sombra el pesar.
Que te vas, me ha dicho Hernando;
Y qué pueda ser, no entiendo,
Si otros se despiden yendo,
Despedirme yo llegando.
Qué es esto, Leonor?
Leon.   Dudando
Como responderte, llena
De ansia estoy; que gozo y pena
Tambien solo en mí han hallado
El pésame disfrazado
En trage de enhorabuena.
Fel. Dime, ¿en qué, Leonor, consiste
Esta novedad?
Leon.   Sí haré,
Si es que yo (ay de mí!) la sé.

Ya de mis voces supiste,
Que mi padre, (ay de mí triste!)
Por su sangre persuadido,
Que algun premio ha merecido,
Se llevó desta confianza,
En cuya noble esperanza,
Desde Toledo ha traido
Su casa á la corte.
Fel.   Yo
Fiel testigo fui ese dia,
Pues quiso la suerte mia
Que, como el coche llegó
Á la puente, y zozobró,
Roto del agua en la esfera,
Estando yo en la ribera,
Á socorrerte llegara,
Y en mis brazos te sacara,
Porque, dando vida, muera.
Leon. Vino en efecto á vivir
Mi padre á Madrid, y hallando,
Que, asistiendo y porfiando,
Nada pudo conseguir,
Dispuso......

Salen JUANA *y* HERNANDO.

Hern.   Señor!
Jua.   Señora!
Fel. Qué traes, Hernando?
Leon.   Qué hay, Juana?
Jua. Que tu padre,......
Hern.   Que tu suegro,......
Jua. Á fuer de padre de farsa,......
Hern. Bien asi como otras veces,......
Jua. Está á la puerta de casa.
Hern. Sube ya por la escalera.
Fel. Sin vida estoy!
Leon.   Yo sin alma!
Jua. Ya atraviesa el corredor.
Hern. Ya entra en la primer sala.
Fel. Qué hemos de hacer?
Leon.   Retirarte
Al hueco desta ventana.
Y mientras yo la cortina
Corro, tú unas luces saca.   [*á Juana.*
                              [*Vase Juana.*
Fel. Ven, Hernando.
Hern.   ¿Que sea fuerza,
Que luego escondites haya
Al primer paso?
Fel.   Entra, loco.   [*Escóndense.*

Sale DON DIEGO, *y saca luces* JUANA.

Dieg. Leonor, qué haces?
Leon.   Cielos! haga [*aparte.*
Mi turbacion la deshecha,
Dando otro efecto á la causa. —
¿Qué quieres que haga, señor?
Sola y triste imaginaba
En el poco fundamento,
Con que haces estas mudanzas.
Dieg. Ya querrás volver, Leonor,
Á aquella tema pasada
De no dejar á Madrid.
Bien dijo uno, que su planta,
Aunque al parecer está
Eminente, está fundada
En un hoyo, pues á cuantos
Miran su fácil entrada,
Se hace cuesta abajo el verla,
Y cuesta arriba el dejarla.
No apures mi sufrimiento,
Pues ya sabes, que me cansas,
Hablando en esta materia. —
Una desas luces, Juana,

Toma; que buscar me importa
Un papel, que me ha hecho falta,
Para ajustar una cuenta,
Á que es preciso que salga
De casa otra vez.   [*Vanse.*
Fel.   Prosigue,   [*al paño.*
Aunque parezcas porfiada,
Leonor, en tu pretension;
Podrá ser, que le persuadas,
Y mude intento.
Leon.   Sí haré.
Hern. No hagas tal, pese á mi alma!   [*al paño.*
Sjno déjale ir, señora,
Una vez que hay que se vaya,
De cuantas hay que se viene.

Vuelve Don Diego *á salir con un papel.*

Dieg. Esta puerta esté cerrada
Hasta que vuelva, y tú piensa,
Que al amanecer mañana
Has de partir.
Leon.   ¿ En efecto
Que mi consejo no basta,
Siendo de muger, que suele
Ser á veces de importancia,
Á obligarte?
Dieg.   No, Leonor;
Que antes tu consejo es causa
De que parta mas apriesa.
Leon. Por qué, ó cómo?
Dieg.   No me hagas
Que diga como y por que;
Que ha mil dias que lo calla,
Á instancias de mi respeto,
Mi cordura. Y si no tratas
De obedecer y callar,
Creciendo tu repugnancia
El deseo de mi ausencia,
Quizá romperé la instancia,
Y te diré, que no es
Mi despecho el que me saca
De Madrid, sino...... No quiero
Proseguir, porque mis ansias
No me obliguen á que diga,
Bien que á su pesar, ingrata,
De mi fama y de mi honor,
Que ellas, mi honor y mi fama
Son quien me llevan. Qué he dicho?
Pero ya es tarde. Mal haya
Quien tira palabra ó piedra,
Cuando no es posible que haya
Modo de poder cobrar
La piedra ni la palabra.
Leon. Qué escucho!   [*aparte.*
Jua.   Malo va esto!   [*aparte.*
Hern. Sin duda á saber alcanza   [*aparte.*
Algo de tí.
Fel.   Echada está   [*aparte.*
La suerte.
Hern.   Sí; pero echada
Á perder.
Dieg.   Pues ya, Leonor,
Que mi cólera me arrastra
Á decir lo que jamas
Decir pensé, todo salga.
Hern. Aqui es ello!
Fel.   Hasta que él
Se declare, escucha y calla.
Leon. Sin duda que vió á Don Felix.   [*aparte.*
Dieg. Salte tú allá fuera, Juana.
Jua. ¡Y cómo que me saldré!   [*Vase.*
Dieg. ¿Juzgas, que no sé, tirana,
Quienes fueron, y por qué,
Los dos de las cuchilladas

De la otra noche?
Fel.   Qué he oido!
Hern. Aun peor está que estaba.
Dieg. Pues bien lo sé; que no menos
Cuidado les da á mis canas
Saberlo, que no saberlo.
Y estés ó no estés culpada,
Yo no quiero ver, Leonor,
Á mis umbrales espadas,
En mis zaguanes embozos,
Ni en mis esquinas fantasmas.
No mas corte; y si á Toledo
Vuelvo, solo es á la casa
De tu prima cuatro dias,
Mientras se dispone y traza
La vivienda del aldea,
Donde has de estar retirada,
Hasta que tomes estado.
Y advierte, si mi constancia
Obras y palabras tuvo
Hasta este instante guardadas,
Que ya las unas salieron,
Rompiendo leyes y guardas,
De la cárcel del silencio,
Y solo las otras faltan
De salir. Y asi, Leonor,
Obedece, sufre y calla;
No hagas que vayan las obras
Donde fueron las palabras.   [*Vase.*
Fel. Cielos, qué escucho!
Leon.   Fortuna,
¿ Qué es esto que por mí pasa?
Fel. Muerto estoy!
Leon.   Estoy perdida!
Hern. Miren aqui, que dos caras
Para un retablo de duelos.
Fel. ¿Por dónde podrán mis ansias,
Ingrato, tirano dueño
De mi vida y de mi alma,
Introducirte las quejas?
Mas donde acometen tantas,
Para no errar á elegirlas,
Lo mejor será dejarlas. —
Hernando, mira, si ya
Ha salido, porque salga
Yo tambien.
Leon.   Hernando, tente.
Hern. Para hacer lo que ambos mandan,
Voy y téngome.
Fel.   Á qué efecto?
Leon. Á efecto que no te vayas,
Sin oírme.
Fel.   Ya te he oido.
Leon. Antes de hablar?
Fel.   Sí, tirana;
Pues antes de hablar, sé ya,
Que vas á mentir, y es vana
La disculpa. No me importa,
Para saberla, escucharla;
Pues ya sé, antes de saberla,
Que ha de ser, como tú, falsa.
Leon. Quizá no lo es.
Fel.   ¿Cómo puede
No haber habido en tu casa
Y en tu calle los embozos,
Los ruidos y cuchilladas,
Si el testigo, que lo dice,
No puede padecer tacha,
Pues le importa mas que á mí?
Leon. No padeciendo en mi causa
Tacha, como dices, puede
Padecer engaño.
Fel.   Aguarda;
Si le padece, ¿por qué

A él no le dijiste nada,
Y me lo dices á mí?
¿Es mejor que satisfagas
Al que está desengañado,
Que al que está engañado?

Leon.   Tanta
Fue mi pena, que no pude
Encontrar con las palabras;
Fuera de que ni aun lugar
Tuve, pues volvió la espalda,
Cuando á responderle iba.

Fel. Dices bien; y cuando hayas
Satisféchole á él, á mí
Me satisfarás. — Ea, acaba,
Hernando; mira, si. ya
Salió.

Leon.   No muevas las plantas.

Hern. Voy y téngome.

Fel.   ¿Qué importa
Tenerle? Yo no iré?

Jua.   Aguarda;
Que no es posible.

Fel.   Por qué?

Jua. Porque la llave, que estaba
En la puerta por afuera,
Echó, y no hay por donde salgas.

Fel. Mira, fiera, si ya, como
Á mal segura, te guardan.

Hern. Debe de ser zagaleja.

Jua. Calla, Hernando.

Hern.   Calla, Juana.

Leon. Aunque contra mí resulte
Tan nueva desconfianza,
Me alegro, porque me oigas.

Fel. Tormentos, ya es cosa usada
Darlos para que uno hable;
Mas porque calle, no se halla
Otro tormento, que el mio.

Leon. Mira, que me voy mañana,
Y que no es mucho tormento
Dejarte antes que me vaya
Desengañado.

Fel.   Con qué?

Leon. Con mi disculpa.

Fel.   Pues hayla?

Leon. Sí.

Fel. Plegue á Dios! Qué disculpa?

Leon. Por no empeñarle, (qué ansia!) [*aparte.*
En darle dos enemigos,
Que decir no sé.

Fel.   Ahora callas?
Piensas la disculpa?

Leon.   No.

Fel. Pues di, cuál es?

Leon.   Que se engaña
Mi padre en pensar, que fue
Por mí no sé qué desgracia,
Que en la calle sucedió,
Habiendo en el barrio damas
Por quien pudo ser.

Fel.   Hay otra?

Leon. No.

Fel. Pues aquesa es muy vana;
Que no templará á tu padre,
Que sabe eres tú la causa;
Y á no saberlo, no hiciera
Una novedad tan rara,
Sin mas fundamento, que ese.

Leon. Quizá es honestar la gana
De retirarse.

Fel.   Ninguno
Á costa de su honor trata
Sus conveniencias. Y asi
Piensa otra salida, traza

Otra traicion; porque esa
De vecina, amiga, hermana,
Á quien echarle la culpa,
Es muy necia, muy usada,
Muy frívola y muy inútil.

Leon. Pues vaya otra que mas valga.

Fel. Qué es?

Leon.   Que soy quien soy.

Fel.   Qué mas?

Leon. No mas.

Fel.   Tampoco eso basta,
Pues eres, siendo quien eres,
Tan traidoramente falsa,
Que á uno empeñas y á otro escribes;
Y no quiero mas venganza
De tí, que tan convencida
En este lance te hallas,
Pues aun en las que te sobran,
Una mentira te falta
Para engañarme siquiera.
Quiero enseñarte las cartas,
Para correrte con ellas.
Mira, aleve, mira, ingrata,
Cuando en la calle hay empeños,
Embozos y cuchilladas,
Lo que me escribes á mí;
Verás quien eres, tirana;
Y si basta ser quien eres
Para no serlo.

Leon.   Sí basta;
Pues me basta ser quien soy,
Para ser tan desdichada,
Que, por proceder atenta,
Quiera parecer culpada.   [*Llora.*

Fel. ¿Lloras, al ver los testigos,
Que te convencen? ¡Mal haya
Quien los creyó, y quien en ellos,
Pues no puede en tí, su saña
No ejecute. — Mas ay triste! [*aparte.*
Que está en cada letra un alma. —
Hernando, ¿tienes ahí [*ap. á él.*
Algun papel?

Hern.   Sí.
[*Dale un papel, esconde los otros, y rasga este.*

Fel.   Pues daca! —
Toma, aleve; toma, fiera,......

Hern. Rasga, que tu hacienda rasgas. [*aparte.*
El cielo ha venido á verme.

Fel. De aquella encendida llama
Estas últimas centellas.

Leon. Felix mio.

Fel.   Leonor falsa.

Leon. Mi bien, mi señor, mi dueño.

Fel. Mi mal, mi muerte, mi rabia.

Leon. No los rompas, hasta que
El tiempo te satisfaga
De que son verdad.

Fel.   Ya es tarde;
Y porque aun ruinas no haya,
Ni pedazo alguno dellos,
(Déme el ingenio una traza [*aparte.*
Con que no los reconozca)
Aun no han de quedar migajas,
Que el viento no lleve, puesto
Que el viento ha sido su patria.
[*Abre la ventana D. Felix.*

Leon. Qué haces?

Fel.   Echar, como dicen,
De una vez por la ventana
Tus traiciones y mis quejas,
Tu favor y mi esperanza.

Dentro DON ENRIQUE.

Enr. ¿Es hora ya de que pueda

Entrar?
Leon. El cielo me valga! [*aparte.*
[*Al oir á D. Enrique, deja D. Felix caer
los papeles.*
Fel. Responde; mira si es hora
De que entre quien aguarda
Que lo sea.
Leon. Qué es aquesto?
Fel. ¿Lo dudas, oyes y callas?
Jua. Enrique cree, que soy yo. [*aparte.*
Enr. [*dent.*] Mas mira, que está cerrada
La puerta; baja ya á abrir,
Cumpliéndome la palabra,
Que hoy me diste.
Fel. ¡Que no pueda
Ser yo, ay de mí!......
Leon. Pena extraña! [*ap.*
Fel. Quien pueda bajarle á abrir!
Enr. [*dent.*] Mas espera, no la abras,
Hasta que yo me retire
De un hombre, que acaso pasa.
Fel. ¿Eres quien eres ahora?
Leon. Felix, el cielo......
Fel. Qué, aun hablas?
Leon. Me destruya,......
Fel. Qué, aun porfias?
Leon. Si sé esto qué es.
Fel. Qué, aun me engañas?
¡Que hubiese esta de ser reja,
Y estar la puerta cerrada,
Para no poder salir
Y matarle! [*Dentro riñen.*
Hern. Cuchilladas
Hay en la calle.
Leon. ¿Quién, cielos,
Se vió en confusiones tantas?
Enr. [*dent.*] Ninguno de aquesta puerta
Tiene llave, que á mi fama
No le importe conocerle,
Para tomar la venganza.

Dentro DON DIEGO.

Dieg. ¿Qué es esto de que no puedo
Tener llave yo en mi casa?
Leon. La voz de mi padre esta.
Fel. Si abrió, á defenderle salga.
Leon. ¿Dónde has de ir, si con lo mismo,
Que le defiendes, le agravias?
Jua. Qué extraño empeño!
Hern. Qué pena!
Fel. Qué confusion!
Leon. Qué desgracia!
Enr. [*dent.*] Don Diego es. Aqui no hay mas,
Sino volver las espaldas.
Dieg. [*dent.*] Ha cobardes! como veis,
Que las manos no me faltan,......
Leon. Retírate; que ya sube.
Fel. Por lástima de sus canas
Lo haré, no por tí.
[*Escóndense él y Hernando.*

Sale DON DIEGO *envainando la espada.*

Dieg. Os valeis
De lo veloz de las plantas,
Que es de lo que yo no puedo.
Leon. Señor, qué es aquesto?
Dieg. Nada.
Mientras una maestra llave
Busco, que ha de haber guardada,
Toma una luz, y á la puerta
Á buscar esotra vayan,
Que.alli se me cayó abriendo,
Al ir á sacar la espada.
Leon. Tú la espada? ¿Cómo, cuándo,

Ó por qué?
Dieg. Calla ya, calla.
Quítateme de delante;
No me obligues á que haga
Un desatino contigo;
Ó yo me quitaré, para
Que en tanto que con mi ausencia
Se enmiendan desdichas tantas,
Halle consuelo en llorar
Mis penas y tus infamias. [*Vase.*
Fel. Entróse en su cuarto?
Hern. Sí.
Fel. Pues la puerta, por la falta
De la llave, quedó abierta,
Qué espero? Amor quiera que haya
En la calle en quien vengar
Mis zelos y tus mudanzas.
Hern. ¡O quiera el cielo que no!
[*Vanse D. Felix y Hernando.*
Leon. Señor, oye, espera, aguarda.
Felix, oye, aguarda, espera.
De dos afectos llevada,
Ninguno elijo, ay de mí! —
Ayúdame á coger, Juana;
Estos papeles; no sea
Que mi padre á cerrar salga,
Y haciendo reparo en ellos,
Mi letra vea, y añada
Mas indicios contra mí. —
Rotos pedazos del alma,
Que, siendo verdades todas,
Como mentiras os tratan,
Bien sabeis, que son finezas,
No hay en vosotros palabras,
No hay letras, pues aqui dije:
[*lee*] „Mas en aquesta posada
Cuatro reales á las mozas.”
[*repr.*] Qué es esto?
Jua. Mozas baratas.
Leon. Pues atiende, que aqui dice:
[*lee*] „Mas de paja y de cebada.”
[*repr.*] Cuenta del camino es esta.
Pues aunque todos me agravian,
Don Enrique, que me ofende,
La ausencia, que me amenaza,
Mi padre, que cree sus penas,
Felix, que cree mis mudanzas,
Contra todos mi mirar,
Me ha dejado consolada,
Que no rasga mis memorias
Quien mis papeles no rasga.

JORNADA II.

Salen DON ENRIQUE *y* DON FELIX.

Enr. ¿Á quién, sino á mí, en el mundo
Tan gran yerro sucediera?
Fel. ¿En quién, sino en mí, se hallaran
Juntas, cielos, tantas penas?
Enr. ¡Que hubiese de ser su padre
El que fuese á abrir la puerta!
Fel. ¡Que abriese yo la ventana,
Para afirmar mis ofensas!
Enr. ¿Don Felix, tan de mañana?
¿Pues qué madrugada es esta?
¿Es haberos maltratado
La posada?
Fel. Mal pudieran
Resultar en inquietudes
Dichas mias y honras vuestras.

Acá son nuevos pesares
Los que mis sueños desvelan,
Tan anticipados, que,
Antes de dormir, despiertan.
Pero vos, que extrañais verme
Desvelado, dad licencia
Á que os pregunte lo mismo.
¿Qué es lo que os desasosiega,
Que á estas horas levantado
Estais?

Enr.   ¡Al cielo pluguiera,
Fuera mi pena, Don Felix,
Del linage de la vuestra!

Fel.   Cómo?

Enr.   Como nunca yo
Debí á mi fortuna adversa
Favor alguno; y es mas
Dolor, que uno no merezca,
Que perder lo merecido.
Cada uno siente sus penas,
Cada uno siente sus males.

Fel.   Aunque yo en esta materia
Hice estudio de no hablaros,
Enrique, por no moverla
Sin vuestro gusto, podré
Preguntaros, ¿qué pendencia
Fue aquella, de cuya herida
Dura hoy la convalecencia?

Enr.   Malicia trae la pregunta.

Fel.   En qué?

Enr.   En que, cuando se queja
Mi amor de poco dichoso,
Vais haciendo consecuencia
De que él fuese de la herida
Causa.

Fel.   Confesarlo es fuerza.

Enr.   Pues no, Felix, no lo fue. —
Solo esto, Leonor, me deba [*aparte.*
Tu honor, ó me deba el mio;
Porque no hay tan gran bajeza,
Como vengar los desdenes
De la dama con la lengua. —
Viniendo tarde una noche,
Me embistieron á esa puerta,
Ó por tenerme por otro,
Ó robarme; de manera
Que me ocasionó el disgusto.

Fel.   Desvelóse mi sospecha, [*aparte.*
Que del hábito y la herida
Habia formado, en que fuera
Este el disgusto de Cárlos.
¡Pero qué cosa tan necia,
Querer reducir á un punto
De Madrid las contingencias!

Enr.   Y ya que en aquesta parte
He dejado satisfecha
Vuestra duda, va otra mia,
Porque me importa saberla.
¿En el ejército acaso
Sabréisme decir quien sea
Un caballero andaluz,
Que el nombre, si se me acuerda,
Es Don Juan de Lara?

Fel.   No.

Enr.   ¡Que no halle indicio ni seña
De encontrar á mi enemigo!

Sale S I M O N.

Sim.   Señor!

Enr.   Qué hay?

Sim.   Que está á la puerta
Un oficial del Consejo,
Que quiere hablarte.

Enr.   Licencia

Me dad. — Dile tú que entre [*á Simon.*
En esa sala de afuera.

[*Vanse él y Simon.*

Fel.   ¿Dónde iré yo, que no halle,
Amor, pisada tu senda?

Sale H E R N A N D O.

Hernando, qué hay?

Hern.   Ya se ha ido
Leonor.

Fel.   Vaya enhorabuena!
Vístela tú partir?

Hern.   Sí.

Fel.   Cómo iba?

Hern.   Desta manera:
Como mandaste, á su calle
Pasé antes que amaneciera;
Mas por presto que llegué,
Ya estaba el coche á la puerta.
Despues que le compusieron
Dos trasportines de seda,
Y sobre una alfombra turca,
Una cristiana baqueta,
Con no sé qué cofrecillo
De carey, que en India lengua
Iba diciendo: aqui va
La mitad desta belleza;
Bajó Leonor muy mohina,
Segun daba dello muestra,
En lo encendido del ceño
Y en lo bajo de la tela,
Dos capotes, ambos rojos,
Y ninguno de vergüenza.
Una toca rebozada,
Desmarañadas las trenzas,
Los ojos como dos cielos,
(Que es muy poco dos estrellas)
Los labios como un clavel,
Su garganta, o qué azucena!
Sus manos, o qué jazmines!
Su talle gentil belleza,
Sus pies dos átomos bellos,
Mucha plata en la pollera,
Mucha pluma en el sombrero,
Y mucho aire en la cabeza.
De medio perfil el padre
La acompañaba, muy sesga
La faz, como quien queria
Mirarla, señor, sin verla.
Para tomar el estribo,
Con aire caló resuelta
El capote hasta el capote,
Y el castor hasta las cejas.
En mi vida mas hermosa
La ví.

Fel.   Villano, no mientas;
Que no es hermosa Leonor.

Hern.   Animas que no lo fuera.

Fel.   Claro está, pues su hermosura
La hermosura es de la hiena,
Bello el rostro con traiciones,
Dulce la voz con cautelas;
Y no hay perfecta hermosura,
Donde no hay alma perfecta.

Hern.   Pues digo, que va fea, y......

Fel.   Mientes;
Que no es posible, que pueda
Ir fea, quien arrastrando
Va cuantas almas encuentra.

Hern.   ¿Pues cómo quieres que vaya,
Si no va hermosa ni fea?

Fel.   Ni fea ni hermosa, Hernando.
Y en tu vida le encarezcas
Perfecciones ni defectos

Al que ama; que es muy necia,
Sobre zelos, la alabanza,
Y sobre pasion, la ofensa.
Hern. Pues digo, que iba asi, asi.
Partamos la diferencia; .
Pues entre lindo y no lindo
Es esta la frase media.
Y vuelto al caso, subiendo,
Llenó toda la testera,
Y de coche de camino
Le hizo carroza.
Fel.   Qué cuentas?
Hern. Lo que es verdad.
Fel.   Cómo?
Hern.   Como
Le añadió sus dos aletas,
Rebosando el guardainfante
Por una y otra compuerta.
Yo, que como acaso estaba
Alli entre otros, llegué cerca;
Y apenas Leonor me vió,
Cuando ví, que me vió á penas;
Pues con lágrimas, que amor,
Una vez por detenerlas,
Y otra vez por derramarlas,
Iba temblando con ellas,
Como quien lleva algun vaso
Con miedo de que se vierta,
Me dijo, haciendo un puchero:
Hernando, á Dios·
Fel.   Oye, espera!
Luego te habló?
Hern.   No me habló.
¿Pero quién quita, que entiendan
Alguna vez los picaños
El idioma de las perlas?
Por señas me habló su llanto,
Y si interpreto las señas,
Prosiguió: di á tu señor,......
Fel. Prosigue tú; que, aunque sean
Locuras tuyas, un loco
Tal vez con otro se templa.
¿Qué te parece, ay Hernando!
Que te dijo me dijeras?
Hern. Di á tu amo, que á Toledo
Voy; y pues está tan cerca,
Que yo le enviaré á su tiempo......
Fel. Mis desdichas lisonjeas,
Y aunque veo, que me engañas,
Engáñame enhorabuena.
Qué me enviará?
Hern.   Albaricoques,
Membrillos y damascenas.
Fel. ¡Mal hayas tú, que no sabes
Distinguir burlas ni veras!
Hern. ¿Pues qué quieres que te envie?
¿Para una pobre doncella
No es harto? ¿Hate de enviar
Del alcázar la escalera,
La puente de San Martin,
Ó la torre de la iglesia?
Fel. Calla, calla; que eres necio,
Y mas necio el que en tí piensa
Hallar alivio.

Sale Don Enrique.

Enr.   Don Felix,
Mucho el deciros me pesa
Lo que el hombre me queria.
Fel. Pues bien, qué es?
Enr.   Que á toda priesa
Me manda el Consejo parta
A hacer una diligencia.
Fel. ¿Y de qué nace el pesar?

Enr. De que asistiros no pueda.
Mas quedareis en mi casa,
Y lo poco que hay en ella,
Siempre es vuestro.
Fel.   Bien conozco
De aquese· afecto la deuda;
Mas yo me iré á una posada.
Enr. Sola esa razon pudiera
Obligar á que me excuse,
Aunque me importa esta ausencia
Por no sé qué circunstancia,
Que viene escondida en ella,
Mas que pensais; y si vos
Hiciérais una fineza
Por mí, me importara mas.
Fel. Qué es?
Enr.   Que, dando al tomar treguas,
Os vengais conmigo.
Fel.   ¿Cómo
Quereis, que yo espaldas vuelva
Á mis pretensiones, cuando,
Perdido el pleito, me es fuerza
El volver á la campaña?
Enr. Siendo poco tiempo, y cerca
La jornada, no es faltar
Á lo mas. ¡Por vida vuestra,
Que os vengais conmigo!
Fel.   ¿Y dónde,
Don Enrique, son las pruebas?
Enr. En Toledo.
Hern.   Ya se ablanda. [*aparte.*
Fel. En Toledo?
Hern.   Ya se alegra. [*aparte.*
Fel. ¿Y quién es, podreis decirme,
Él informado?
Enr.   Aunque quiera
Decíroslo, no lo sé;
Que debe de ser secreta
La diligencia á que voy.
Cerrado el pliego me entregan,
Con órden de que en Toledo
Le abra, y desde allí dé cuenta
De lo que hubiere.
Fel.   Mirad,
Á Toledo yo bien fuera
Con vos; pero embarazaros
Temo.
Enr.   Antes será fineza,
Que estimaré; que voy solo,
Porque el compañero espera
Ya en Toledo, segun dicen.
Pensadlo, Don Felix, mientras
Respondo á mi tio. [*Vase.*
Hern.   Ya
Pensado está.
Fel.   ¿En qué lo echas
De ver?
Hern.   En que no querrás
Que gaste Leonor su hacienda
En legumbres toledanas,
Sino irte tú allá á comerlas,
Porque en la huerta del Rey,
Señor, como en una huerta,
Te holgarás, sin pagar portes.
Fel. Mira, cuando me resuelva,
No iré por Leonor; porque
Ni he de hablarla, ni he de verla,......
Hern. Claro está.
Fel.   Sino por Cárlos.
Parte tú al instante, y merca,
Porque de tantos caminos
Estan ya, Hernando, no buenas
Las botas que traje, otras
Por la medida de aquellas.

Hern. Con qué dinero?
Fel.   No tienes?
Hern. Yo tener? Blanca ni media.
Fel. ¿Desde Granada has gastado
Mil reales? Aunque parezca
Civilidad, esta vez
Lo he de ver; dame la cuenta.
Hern. Ya no te la he dado?
Fel.   Á mí?
     Cuándo?
Hern.   Anoche.
Fel.   Hernando, sueñas?
     Tú á mí cuenta?
Hern.   ¿No te dí
     Un papel?
Fel.   Sí.
Hern.   Pues aquella
Era la cuenta, señor,
Y me estás debiendo en ella
Mucho dinero, que yo
Puse de mi faltriquera.
Fel. No es posible.
Hern.   ¿Pues hay mas......
Fel. De qué?
Hern.   De sacarla y verla?
Fel. ¿Cómo, si la hice pedazos?
Hern. Pese á mi alma! ¿Luego era
La cuenta la que rompiste?
Fel. Sí.
Hern.   Pues tú de qué te quejas?
Déjame quejar á mí,
Que me has rompido mi hacienda.
Fel. Qué hacienda?
Hern.   La que yo puse.
Fel. Vuélvela á hacer.
Hern.   Buena es esa!
Al de la feliz memoria
No fuera fácil hacerla,
Cuanto mas á mí, que soy
El de la infeliz.
Fel.   No quieras
Que por aquesto nos oigan;
Calla.
Hern.   ¿Cómo,......
Fel.   Ten la lengua.
Hern. He de callar, si me va......
Fel. No me apures la paciencia.
Hern. La honra y el dinero?
Fel.   Calla.

    Salen DON ENRIQUE *y* SIMON.

Enr. Felix, qué cólera es esa?
Vos con Hernando?
Fel.   No es nada.
Hern. Sí es, y mucho. La sentencia
Has de dar. ¿Debe un criado,
Cuando de ser fiel se precia,
Mas de dar cuenta á su amo
De todo lo que le entrega?
Enr. No.
Hern.   ¿Luego, si yo le he dado
La cuenta en su mano mesma,
No me queda que hacer mas?
Enr. Claro está.
Fel.   Locuras deja;
Que eso no es bueno para donde
Nadie oiga.
Enr.   ¿Teneis resuelta
Ya mi pretension?
Fel.   Sí, Enrique;
Mas con una diferencia.
Enr. Qué es?
Fel.   Que en vez de ser yo el huésped,
Lo seais vos.

Enr. De qué manera?
Fel. Tengo un amigo en Toledo,
En cuya casa me es fuerza
Posar, si allá voy; porque
Fuera lo demas ofensa
De una amistad tan segura,
Que casi iguala á la vuestra;
Y asi conmigo á su casa
Habeis de ir. — ¡O si pudiera [*aparte.*
Empeñarle en que obligado
Se halle dél!
Enr.   Bien me estuviera,
Siendo secreto al que voy,
Llegar secreto; mas esa
No es cosa, sin conocerle,
Que á mí me está bien hacerla.
Fel. ¿Pusiéraos yo en un desaire,
Á no tener experiencia
De que Don Cárlos de Silva
Es hombre de tales prendas,
Por su sangre y su valor,
Que sabrá estimar las vuestras,
Siendo él en el hospedage
El agradecido? Fuera
De que al pasar le dejé
Retraido en una iglesia,
Por no sé qué disgustillo,
Con que, sin estar en ella,
Podrá dejarnos su casa.
Enr. Aun siendo desa manera,
Fuera mas fácil.
Fel.   Despues
Se ajustará esa materia. —
Y asi, pues vuelvo á ausentarme, [*á Hernando.*
Vuelve á poner las maletas.
Hern. Qué maletas?
Fel.   Las que traje.
Hern. Y dónde estan?
Fel.   Otra es esa.
Pues no estan en casa?
Hern.   No.
Fel. Dónde estan?
Hern.   Venga la cuenta,
Y por ella verás donde
Y como estan por la resta
De las mulas empeñadas.
Fel. ¡Hay tan grande desvergüenza!
Mi ropa empeñada?
Hern.   ¿Pues
Qué habia de hacer, si moneda
De Rey no llegó conmigo?
Fel. ¡Vive Dios, que si no fuera......!
Ahora bien, vete con Dios,
Hernando.
Hern.   Venga la cuenta,
Y el que debiere, que pague.
Fel. No es cosa de juego esta.
Hern. Por Dios, que no es otra cosa.
Enr. Decidme, por vida vuestra,
No os dió la cuenta?
Fel.   Dejadme
Por Dios; que es civil bajeza
Hablar en esto.
Hern.   Sí dí,
Y en su mano, por mas señas
De que, rompiéndola, dijo:
Toma, ingrata, toma, fiera.
Y era la fiera y la ingrata
Á quien le daba mi hacienda.
Enr. Ahora bien, de todo esto
Á mí me toca la enmienda. —
Ve tú, Simon, y á mi tio
Aqueste papel le lleva,
Y que en su obediencia quedo

Calzándome las espuelas. —
Ven tú, te daré con que   [á Hernando.
Desempeñes esas prendas. —
Y vos, Don Felix, pensad
De mi amor y mi fineza,
En que siempre agradecido
Me tendreis.

Fel.   La amistad nuestra
Permita, que ahora no os dé,
Mas que el color, la respuesta,
Que estoy corrido.

Enr.   ¿Conmigo
Cumplimientos? — ¡Leonor bella,   [aparte.
Tras tí me arrastra un acaso;
Pero con tal influencia
De mi estrella prevenido,
Que presumo, que mi estrella
Es quien quiere que te siga!   [Vase.

Fel. ¡Ay, Leonor, aunque me veas,   [aparte.
No es quien me lleva tu amor,
El de un amigo me lleva!   [Vase.

Sim. Hernando, á Toledo vamos,
Y te convido á que seas
Testigo de que hay allá
Cierta hermosura risueña,
Que cuida de la persona.

Hern. Yo tambien tengo mi prenda
En Toledo, y has de ver
Una infanta ojimorena,
Que, aunque presta para amada,
Para lo demas no presta.
Hermosa es; pero el querella
No nace de la hermosura;
Que en mugeres es locura,
Que las queramos por ella;
Pues antes de envidia llenos
Nuestros sentidos, verás,
Que á la que luce algo mas,
La queremos mucho menos.   [Vanse.

Salen DON LUIS, VIOLANTE é INES.

Luís. Ya poco puede tardar
Tu tio, pues ha llegado
Con el aviso un criado;
Y asi manda aderezar
El cuarto, mientras yo voy
Á recibirle, siquiera
De aqui al Hospital de afuera,
Pues hubo de faltar hoy
Coche, por venir anoche
Quebrada una rueda.   [Vase.

Ines.   Ya
Se sabe, que nunca está
A tiempo música y coche;
Pues el dia que apetece
Lograrlos quien los celebra,
Es el que el coche se quiebra,
Y que el músico enronquece.

Voz [dent.] Para, para!

Ines.   Ya han llegado
Tu tio y tu prima.

Viol.   Pues
Á recibirlos, Ines,
Saldré á la puerta.

Salen DON LUIS, DON DIEGO, LEONOR
y JUANA.

Luís.   Cuidado
Me daba vuestra tardanza.

Dieg. Nadie tan á tiempo llega,
Como quisiera.

Viol.   No niega

Esa razon mi esperanza,
Pues la que en verte tenia,
Ya de mí en lo que tardó,
Leonor, la pension cobró.

Leon. Guárdete Dios, prima mia;
Que bien merecido tengo
De tu amor y tu belleza
El cuidado y la fineza,
Con cuyo alborozo vengo
Muy gustosa á recibir
Tus favores.

Viol.   Bien quisiera
Que esta casa alcázar fuera
Capaz, Leonor, de admitir
Huéspeda tal; mas si es tuya,
Á tí la culpa te da
De no serlo; y pues que ya
No es bien que mia se arguya,
Á tu cuenta desde hoy
Corran los defectos della.

Leon. Aunque vengo, prima bella,
De Madrid, todavía soy
Toledana; y asi son,
Y mas entre las dos, vanos
Cumplimientos ciudadanos.

Luis. Yo compondré la cuestion,
Poniendo paz, con decir,
Que os entreis á descansar.

Dieg. Licencia me habeis de dar,
Porque primero he de ir......

Luis. Á qué?

Dieg.   Á cierta diligencia,
Que á un amigo le ofrecí
Hacer, en llegando aqui.

Luis. No solo os doy la licencia,
Pero acompañándoos yo
Iré, si vos me la dais.

Dieg. De todas suertes me honrais. —
Leonor!   [ap. á ella.

Leon.   Qué me mandas?

Dieg.   No
Demos, aunque propia sea,
En casa agena cuidado.
Ya lo pasado pasado,
Nadie imagine ni crea,
Que hay disgusto entre los dos,
Ve á la mano en tus extremos. —
Luego al instante volvemos.
Hija, á Dios; sobrina, á Dios.   [Vanse.

Viol. Mucho, Leonor, me ha pesado
Haber tan presto entendido,......

Leon. Qué?

Viol.   Que á mi casa has venido,
Ó sin gusto, ó con enfado.

Leon. En qué lo has visto?

Viol.   En los ojos,
Que, haciendo fuerza al pesar,
Llorando, estan por llorar,
Y no acaban.

Leon.   Mis enojos,
Si yo los traigo, Violante,
Conmigo, cierto será
Que no los he hallado acá;
Y asi, pues que semejante
Extremo á tí no te toca,
No sientas, que mis enojos
Me hayan salido á los ojos,
Si no pueden á la boca.

Jua. Dígame usted, reina mia,   [á Ines.
¿El cuarto de mi señora
Adónde cae á esta hora?
Porque acomodar querria
Ciertos trastillos.

Ines.   Conmigo

	Venga usted, y lo sabrá.
Jua.	Por su amiga me tendrá. [*Vanse las dos.*
Viol.	Yo he de descansar contigo;
	Aunque no descanse el pecho,
	Descanse el trabajo dél. —
	¿Mas no es Don Cárlos aquel [*aparte.*
	Que en casa ha entrado?
Leon.	Sospecho, [*ap.*
	Cielos, que es Don Juan de Lara,
	Aquel mi necio vecino.
	Tras mí á Toledo se vino.
Viol.	Leonor mia, si repara
	Tu atencion en ver pasar
	Desde el patio al corredor
	Un hombre, y eso el color
	Pudo á tu rostro robar,
	Porque veas, que no viene
	De mi amor favorecido,
	Sino antes aborrecido
	Y despreciado, conviene
	Que veas, que mi honor fiel
	Enmienda un pasado error;
	Y asi á esta puerta, Leonor,
	Oye lo que hablo con él.
Leon.	Yo haré lo que solicitas,
	Para ver, cual vale mas,
	La disculpa que me das,
	Ó el rezelo que me quitas. [*Escóndese.*

Sale DON CÁRLOS.

Carl.	Habiendo, hermosa Violante,
	Pasar á tu padre visto,
	Vengo á saber, hasta cuando
	Ha de durar el castigo
	De un no delito, tratado
	Como si fuera delito.
Viol.	Señor Don Cárlos de Silva,.....
Leon.	¿Don Cárlos de Silva dijo? [*al paño.*
	¿Cómo, si es Don Juan de Lara?
Viol.	Muchas veces os he dicho
	Me hagais merced de entregar
	Mis memorias al olvido.
Carl.	No solicito, Violante,
	Hacer fuerza á tu albedrío;
	Apurar tus sinrazones
	Solamente solicito.
Viol.	Ni eso tampoco, Don Cárlos;.....
Leon.	Cárlos otra vez ha dicho.
	Á mí me mintió, ó á ella.
Viol.	Que quien ya de una vez hizo
	Resolucion de cerrar
	Á razones los oidos,
	Mal podrá querer ahora
	Á sinrazones abrirlos.
Carl.	Pues yo no me he de ir, Violante,
	Sin que antes me hayas oido.
Viol.	Eso va muy á lo largo,
	Cuando volver es preciso
	Mi padre.
Carl.	Escucha; porque,
	Ó vuelva ó no, he de decirlo.
	¿Qué desprecio, qué traicion,
	Qué agravio en un hombre ha sido,
	Por mas que rendido adore,
	Por mas que idolatre fino,
	Que á otra dama, en el ausencia
	De la que mas ha querido,
	No buscando él la ocasion,
	Sino porque ella se vino,
	Hallándola á todas horas
	Hecha un objeto continuo
	De sus ventanas,.....
Leon.	Aqui
	Entro yo.

Carl.	Sin mas motivo,
	Sin mas intencion, sin mas
	Amor y sin mas designio,
	Que parecer cortesano,
	Tal vez hiciese fingido
	Una seña, en que formase
	Con falsedad un suspiro?
Leon.	Que habia mentido á Violante,
	Ó á mí, hasta aqui habia entendido;
	Pero ya voy comprehendiendo,
	Que á entrambas nos ha mentido.
Carl.	La pendencia, que tambien
	Aquel pícaro te dijo,
	No es argumento de amor,
	Sino de valor indicio.
	No siempre por lo que importa
	Se riñe; pues tal vez vimos,
	Que empeña tanto un acaso,
	Como un amor noble y fino.
	Y cuando fuera verdad
	El que yo la hubiera escrito,
	Poco hiciera al caso. ¿Pues
	Qué muger hasta hoy ha habido,
	Que, volviendo apesarado
	Quien un agravio la hizo,
	No le perdone?
Viol.	Yo, Cárlos,
	He de estrenar ese estilo;
	Que quiero, que las mugeres
	Tengan este ejemplo mio,
	Para que no crean los hombres,
	Que al desenojo mas tibio
	Nos pasamos fácilmente
	Desde el agravio al cariño.
	Y asi, pues ya desahogado
	Está vuestro pecho, idos,
	Ó yo me iré, que es mas fácil.
Carl.	Oye,.....
Viol.	No tengo de oiros.
Carl.	Advierte,.....
Viol.	No hay que advertir.
Carl.	Mira,.....
Viol.	Ya todo lo he visto.
Carl.	Que yo, Violante,.....
Viol.	Es en vano.
Carl.	Deseo,.....
Viol.	Es tiempo perdido.
Carl.	Que conozcas,.....
Viol.	Es error.
Carl.	Que tú sola,.....
Viol.	Es desatino.
Carl.	Eres el dueño.....
Viol.	Es engaño.
Carl.	De mi vida.
Viol.	No atrevido
	Me tengais.
Carl.	Tras tí.....
Viol.	Es locura.
Carl.	Tengo de entrar. [*Vase Violante.*

Sale LEONOR.

Leon.	Es delirio;
	Que, habiéndose ido ella, yo
	Quedo á deciros lo mismo.
Carl.	Cielos, qué es esto! [*aparte.*
Leon.	Y supuesto,
	Que yo en su lugar asisto,
	Diré lo que no dijo ella,
	Puesto que la verdad dijo.
	Señor Don Juan ó Don Cárlos,
	Aqui ingrato, allá atrevido,
	Id con Dios, y agradeced.....
	Mas nada agradezcais; idos,
	Y pagadme en callar vos

Todo lo que yo no os digo.   [*Vase.*

Carl. ¡Cielos, qué es esto que veo!
¡Qué es esto, cielos, que miro!
Sin duda amor tropelías
Anda jugando conmigo;
Pues sin que yo entienda como,
Ó cuando, ó por donde vino,
Encuentro aqui con Leonor,
Cuando aqui á Violante sigo.
De confuso y de turbado,
Por no decir de corrido,
Sin atreverme á pasar
Adelante en mis designios,
No veo la hora de salir
Deste ciego laberinto
De amor, donde á cada paso
Luces toco y sombras piso.
Y ya que estoy en la calle,
Donde ni una ni otra miro,
Veamos, si puedo, cobrado,
Dejar de hallarme perdido.
Qué dudas son estas?

    Sale HERNANDO.

Hern.   Gracias
Á Dios, que he dado contigo.
Carl. ¿Qué venida es esta, Hernando?
Hern. Este pliego ha de decirlo.
Carl. Hagan treguas, si no paces,
Por un rato mis sentidos,
Mientras veo' qué contiene.
Dice: [*lee*] ,,Amigo y señor mio;
Aunque tan presto he de veros,
Me parece preveniros
De que llegará á Toledo
Un caballero conmigo,
Que va á cierta diligencia,
En que el secreto es preciso;
Y porque puede importaros,
Si es á lo que yo imagino,
Convendrá le agasajeis;
Y cuando no, yo os suplico
Lo hagais por mí solamente.
Y asi, si estais retraido,
Donde os dejé todavía,
Dad órden de recibirnos
En vuestra casa; y si acaso
Hubiere modo ó camino,
Procurad estar en ella,
Que os importa. Vuestro amigo.''
[*repr.*] ¿Qué querrá decir en esto?
Pero en vano discursivo
Me embarazo, cuando él
Tan presto podrá decirlo. —
Ven, Hernando, pues que cerca
De casa me halla el aviso,
Esperarás un instante,
Mientras á Felix escribo,
Que venga muy norabuena,
Y ese caballero amigo;
Que para todos, si no
Hubiere hospedage digno,
Habrá digna voluntad
Por lo menos de servirlos.
Hern. ¿Pues para qué escribir quieres?
Carl. Para que tú en el camino
Les salgas con la respuesta.
Hern. Que es excusado te digo;
Que de Cabañas aqui
La ventaja, que he podido
Ganar, mientras un bocado
Tomaban, ya la he perdido
En lo que tardé en hablarte.
Carl. Permitidme, desvaríos,

Que acuda á esta obligacion;
Pues por ella determino
No volver al retraimiento
Por ahora. ¿Mas qué ruido
Es este?   [*Dentro ruido.*
Hern.   Mira si yo
Dije bien.

Salen DON ENRIQUE, DON FELIX *y* SIMON.

Fel.   Ten ese estribo. —
Cárlos, seais bien hallado.
Carl. Y vos, Felix, bien venido.
Fel. No me direis, que esta vez
Á pagar no me anticipo
El hospedage, trayéndoos
En galardon un amigo,
Que habeis de grangear por mí.
Carl. Por vos y por mí lo estimo;
Pues basta que lo sea vuestro,
Para ser muy señor mio.

[*Al irse á abrazar, se reconocen, sacan las espadas,*
      y D. Felix se pone en medio.

Enr. Los brazos...... Pero qué veo?
Carl. Vos seais...... Pero qué miro?
Enr. Traidor, tú eres? Desta suerte
Mi venganza solicito.
Carl. Y yo acabaré el desaire
De ver, que quedaste vivo.
Fel. Qué es esto, Cárlos? Enrique,
Qué es esto?
Sim.   Cuerpo de Cristo!
¿Qué hospedage es este, Hernando?
Hern. De uno, que tiene por vicio
Convidar á cuchilladas.
Enr. Muere, aleve!   [*Riñen.*
Carl.   Muere, impío!
Fel. Enrique! Cárlos! qué es esto?
Enr. Vengar los agravios mios.
Carl. Satisfacer mis ofensas.
Fel. Reportaos, teneos, digo.
Y mirad antes, Don Cárlos,
Que viene Enrique conmigo.
Carl. Es en balde.
Fel.   Ved, Enrique,
Que á su casa os he traido.
Enr. Perdonad, Felix, que yo,
Habiendo un contrario visto,
No he de vencerme á razones,
Ni me he de dar á partido.
Carl. Pues yo sí, que á la razon
De Felix, no á vos, me rindo.
Y asi, señor Don Enrique,
Procurando hacer altivo
Siempre lo mejor; aunque
Habiendo en Toledo visto
Á alguien, sé á lo que venis,
Y es contra mí, solicito,
Á pesar de mi dolor,
Que nunca digan los siglos,
Que al que se entró por las puertas
Al lado de tal amigo,
Del hospedage la ley
No le valió. Y así afirmo,
Que para todo aquel tiempo,
Que della querais serviros,
Dejándoos por dueño della,
Y volviéndome á un retiro,
Paréntesis al dolor
Haré, procurando fino,
Aun mas con vos, que con Felix,
Hospedaros y asistiros.
Mi casa, hacienda y criados
Quedan en vuestro servicio.
Válgaos la fe, que trajisteis

De mí contra mí, advertido
De que el dia, que se acabe
La inmunidad del hospicio,
Hemos de quedar los dos,
Como de antes, enemigos.   [*Vase.*]

Enr. Oid, esperad.
Fel.   Teneos,
Si ya no es que, agradecido
Á tan noble accion, querais,
Para abrazarlo, seguirlo.

Enr. No es sino para enseñarle,
Felix, que yo no recibo
De mi enemigo jamas
Favores ni beneficios.

Sim. ¿Es esta la cena, Hernando,
Que habia de prevenirnos?

Hern. Simon, sí; aquesta es la cena,
Y scena de un poeta, amigo
De cuchilladas, adonde
No hay tapada ni escondido.

Fel. Eso es querer,......
Enr.   Qué?
Fel.   Que él quede
Mas galante y mas lucido
Que vos.

Enr.   El que ventajoso
Se vé en algun desafio
Puede estar galante, Felix,
No el que se mira ofendido;
Porque en el uno es loable
Lo que en el otro es indigno.
Yo lo estoy deste Don Cárlos,
Que es el que está aqui tenido
Por Don Juan de Lara, y él,
Si aqui la verdad os digo,
Fue quien me hirió; á cuya causa,
Si yo de mi ira desisto,
Lo que en él es andar noble,
Es andar en mí remiso.
Y asi, pues no corre igual
La razon, irme es preciso
Á una posada. — Simon,
Trae la ropa, y ven conmigo;
Que no he de recibir hoy
Como amigo beneficios
Del que es fuerza que mañana
Le mate como á enemigo.   [*Vase.*]

Fel. Oid, esperad. — ¿Quién, cielos,
En igual duda se ha visto?
Mi amigo es Enrique, Cárlos
Lo es tambien. Cuando los miro
Enemigos, ¿qué me toca
Hacer, pues á un tiempo mismo
Uno me trae de su casa,
Y al otro en la suya aviso,
Que me espere; de manera
Que á uno busco, y á otro asisto?
Mas bien sé lo que me toca,
Que es procurar advertido,
Que no se encuentren, sin que
Me halle yo para impedirlo,
Procurando componerlos,
Informado del principio
De sus empeños. Y pues,
Siguiendo al uno, consigo,
Que no se vean los dos,
Sin que yo esté por testigo
Del lance, seguir al uno
Fuerza es. No sé á cual me inclino.
Pero sí sé, pues que sé,
Que la ley del duelo dijo,
Que yo con quien vengo vengo.
Y asi á Don Enrique sigo.
Por dónde fue?

Sim.   En esta esquina
Esperándome, imagino,
Que está parado.

Hern.   Y abriendo
Un pliego.

Fel.   Venid conmigo. —
Enrique!

          Sale DON ENRIQUE.

Enr.   ¿Pues dónde bueno,
Felix?

Fel.   Tras vos.
Enr.   ¿Al amigo
Dejais?

Fel.   No dejo, pues vos
Lo sois; que una cosa ha sido,
Cuando entre los dos me veo,
Solicitar conveniros,
Y otra, viniendo con vos,
Quedar sin vos.

Enr.   Yo os estimo
La fineza.

Fel.   No hagais tal;
Que lo que á mí me es debido,
No me lo ha de estimar nadie,
Sino solo......

Enr.   Quién?
Fel.   Yo mismo.
Qué haceis?

Enr.   Mientras á Simon
Esperar era preciso,
Abriendo este pliego estaba.

Fel. Leed pues; que yo me retiro,
Para que despues veamos
Adonde habemos de irnos.

Enr. [*lee*] „Memorial, Genealogía,
Instruccion.” — Aquesta miro.
[*lee*] „Llegará Don Enrique de Mendoza á To-
„ledo, y procurará, con todo recato, hacer
„secreta informacion de si Don Cárlos de
„Silva tiene algun enemigo declarado.”
[*repr.*] Hasta aqui la diligencia
Bien fácil para mí ha sido;
Que claro está que le tiene,
Pues yo lo soy. Mas prosigo.
[*lee*] „Y en habiéndolo averiguado con todas las
„circunstancias que hubo en las enemista-
„des, dará cuenta, y proseguirá con sus
„pruebas al tenor de la Genealogía y Me-
„morial incluso.”
[*repr.*] Cielos, qué es esto? ¿Pues cuando
De Don Cárlos ofendido
Estoy, poneis en mi mano
Su honor?

Fel.   Qué os ha suspendido?
Enr. El soborno mas mañoso,
Que jamas ha sucedido
Á nadie.

Fel.   Qué es?
Enr.   Escuchad;
Que ya no importa decirlo.

          Sale DON CÁRLOS.

Carl. Señor Don Enrique, bésoos
Las manos.

Enr.   Seais bien venido.
Carl. Yo os dije, que todo el tiempo,
Que fuésedes huésped mio,
Daria tregua el hospedage
Al duelo; y habiendo oido,
Que no quereis admitir
Este pequeño servicio,
Y que para una posada
De mi casa habeis salido,

Porque, siendo forastero,
Y estando yo retraido,
Podrá ser que no sepais
Adonde hallarme, he querido
Que sepais, que es en el Cármen,
Y que está cerca el castillo
De San Cervántes. Á Dios.

Enr. La puntualidad estimo.

Fel. Yo no; que, estando yo en medio,
Es ya mucho duelo, y......

Enr.   Oidos;
Señor Don Cárlos, aunque
Hayais con causa creido
Me ha traido vuestro agravio,
Vuestra honra me ha traido.
Ved lo que va de uno á otro.

Fel. No mintió el discurso mio;
Pero mintió mi deseo.

Carl. ¿Qué es esto, cielos, que he oido?
Mi honra? Cómo ó cuándo es esto?

Enr. Atended; que ya os lo digo.
Vuestras pruebas son, Don Cárlos,
Que hasta ahora no he sabido
Á lo que vengo á Toledo;
Y como yo siempre aspiro
Á hacer lo mejor, quisiera,
Imitándoos, conseguirlo;
Y asi, pues de una hidalguía
Os soy deudor, solicito
Desempeñarme con otra,
Antes de ver ese sitio;
Que si, al verme en vuestra casa,
Andais galante conmigo,
Cuando en mi jurisdiccion
Os veo, he de hacer lo mismo.
Otro enemigo teneis,
Y soy yo mucho enemigo
Para darme acompañado.
Y asi mi queja remito,
Hasta que os deshagais dél,
Á cuyo efecto confirmo
La tregua, con fe y palabra
De ayudaros y asistiros
En todo cuanto yo pueda.
Y para que veais si os sirvo,
Enviadme con Don Felix,
Pues en treguas es estilo
El que haya mensageros,
Todos aquellos avisos
Ó papeles que os importen,
Memoriales y testigos;
Advirtiendo, que al instante
Que vuestro honor puro y limpio
Quede, se acabará en mí
La inmunidad de ministro,
Sabré donde es San Cervántes,
Y en San Cervántes de oiros
Doy palabra, como noble,
Y vereis que alli confirmo,
Que hemos quedado los dos
Como de antes enemigos.   [*Vase.*

Sim. Hernando, qué dices desto?

Hern. Que son del duelo muy hijos;
Tanto, que de puro honrados
Ni cenamos ni reñimos.   [*Vase Simon.*

Fel. Presto vuestra bizarría
Os ha pagado.

Carl.   Corrido
Estoy de ser el primero,
Que en el mundo ha recibido
Su informante á cuchilladas.

Hern. Si se introduce el estilo,
Habrá menos pretendientes.

Fel. Por haber yo presumido
Á lo que venia, trayendo
Cerrado el pliego, os dí aviso,
Y quise su amigo fuéseis.

Carl. ¿Qué importa, si no lo quiso
Mi desdicha?

Fel.   Por lo menos
Va abriendo el cielo camino.
Qué fue el disgusto?

Carl.   Estar yo
Á una reja, como he dicho,
Llegar él, reñir los dos,
De lo cual salió él herido.

Fel. Hubo palabras?

Carl.   Ninguna.

Fel. Pues esto fácil ha sido
De componerse. Quedaos;
Que, porque importa, le sigo
Á él, y no á vos.

Carl.   Esperad;
Que cabiendo en el partido
De la tregua el mensagero,
Tengo de que preveniros.
¿Os acordais que á una dama......?

Fel. Sí.

Carl.   Pues su padre ha entendido
Algo de mi galanteo,
Y es solamente el testigo,
Que hoy tengo. Id en eso vos,
Por si importare decirlo.

Fel. Cómo se llama?

Carl.   Don Luis
De Acuña.

Fel.   Voy advertido.

Carl. Á Dios.

Fel.   Á Dios.

Carl.   Esperad.

Hern. ¿Aun queda otro pecadito?   [*aparte.*

Carl. ¿Paréceos, que le hable yo,
Y que, á sus plantas rendido,
Ponga en sus manos mi honor?

Fel. Qué hombre es?

Carl.   De los mas castizos
Caballeros de Castilla.

Fel. Siendo asi, que lo hagais, digo;
Porque jamas con la lengua
Se vengó hombre bien nacido.

Carl. Pues porque al verme en su casa
No lo extrañe, persuadido,
Que es achaque para entrar
En ella, al punto le escribo
Un papel, de que en el Cármen
Me vea.

Fel.   Bien habeis dicho.
Y porque aquestas materias
Son mas dadas á un amigo,
He de ir á llevarle yo.

Carl. Fineza y amor estimo.
Venid; que aqui escribiré.

Fel. Siempre deseo serviros.   [*Vanse.*

Salen LEONOR *y* VIOLANTE.

Viol. Ya, prima, que informada
Quedaste por mayor, al verme airada
Con aquel caballero,
De que pudo el favor ser desden, quiero
Disculparme contigo,
Por descansar, haciéndote hoy testigo
De la razon, que tuvo mi mudanza;
Que no es facilidad lo que es venganza.
Pensando, que seria,......

Leon. Di.

Viol. Conveniencia de mi padre y mia,
Por su sangre, de Cárlos el empleo,
Al principio admití su galanteo,
Con aquellos favores,
Que en lícitos amores
Goza á dos luces quien favorecido
Pisa galan la senda de marido.
Llegó á Madrid, mudado
El nombre,......
Leon.   Ya he salido de un cuidado.[*ap.*
Viol. Adonde divertido......
Leon. Ya voy entrando en otro. [*aparte.*
Viol.   Dió al olvido
Mi amor.
Leon. .   O no le dió! [*aparte.*
Viol.   Alli pues vivia
(Segun contó un criado,
Que, de mi amor pagado,
Me dijo siempre cuanto á su amo pasa)
No sé qué dama enfrente de su casa,
Que á la vista primera
Rindió su libertad. Pues luego era
Hermosa, segun dijo.
Leon. Seria fea.
Viol.   Aun deso hasta hoy me aflijo;
Que no sé haya consuelo que lo sea,
Para verse dejar por una fea.
Lo bueno que tenia......
Leon. Qué era? di.
Viol.   Otro galan, que al primer dia,
Que en una reja se dispuso á hablalle,
Pretendiendo matalle,
Mal herido quedó de una estocada.
Leon. Ay qué mala muger! ¿Pues empeñada
Con uno, á otro admitían sus extremos?
Viol. Y aun estos son, sin los que no sabemos.
Leon. Si esto de mí se cuenta, [*aparte.*
Con razon, Felix, tu razon me afrenta. —
Y en fin, en qué paró?
Viol.   En que al noble miedo
De la justicia se volvió á Toledo,
Haciendo del muy fino y del constante.
Mas nada en su disculpa fue bastante,
Su amor encareciendo de mil modos,
Y su lealtad. Fuego de Dios en todos!
Y aunque le aborrecia,
Sentí no sé qué riesgo que tenia.
Si ya no fue querer mi desvarío
Salvar el suyo, y condenar el mio;
Pues empeñando en él á un caballero,
Que galan forastero
Pasaba acaso, no me ví en mi vida
Mas obligada ó mas agradecida.
¡Si le vieras, qué airoso
Por mí sacó la espada! ¡qué brioso,
Poniéndose á su lado,
La calle despejó! ¡qué reportado
Me volvió á asegurar! Diera porque ahora
Fuera posible el verle tú......

Sale INES.

Ines.   Señora!
Viol. Qué traes, Ines? ¿qué tienes,
Que tan alegre vienes?
Ines. Decir,......
Viol.   Qué?
Ines.   Que el hidalgo forastero
De la pendencia......
Viol. Darte albricias quiero;
Porque hablando ahora dél, encarecia
Á Leonor su valor, su bizarría;
Y me alegro, que sea
De mi voz desempeño el que le vea.
Ponte, Leonor, conmigo á la ventana.

Ines. Esa, señora, es diligencia vana;
Por tu padre pregunta,
Y está dentro de casa.
Viol.   El cielo junta
Desiguales extremos,
De que mi ofensa algun despique encuentre.
Ya que busca á mi padre, dile que entre. —
Y tú repara en él. [*á Leonor.*
Leon.   Sí haré. — ¡Qué poca [*ap.*
Constancia! Pero cuándo no fue loca?

Salen DON FELIX *y* HERNANDO.

Ines. No está en casa mi señor;
Pero si quereis dejarle
Papel ó recado, ó es
Negocio tan importante,
Que no se fia de mí,
Aqui está Doña Violante,
Mi señora, que le oirá,
Y se le dirá á su padre.
Fel. Mejór será que yo espere
Al señor Don Luis; que hablarle
Á boca me importa.
Viol.   Pues
Si habeis, señor, de esperarle,
No está en el corredor bien
Un hombre de vuestras partes.
Entrad, y en aquesta sala
Esperareis.
Fel.   De cobarde,
Señora, no me atrevia;
Que debo aquestos umbrales
Pisar con sumo respeto.
¿Mas qué mucho que le causen,
Si con presuncion de cielo,
Tienen á su puerta un ángel? —
Hernando! [*aparte á él.*
Hern.   Qué hay?
Fel.   No es Leonor?
Ó miente el amor su imágen.
Hern. Leonor es, sino que está
Mal tocada.
Leon.   ¡Cielos, dadme [*aparte.*
Valor para ver, que es Felix
El que encarece Violante.
Viol. Aunque de aquesa lisonja
Tan poca parte me cabe,
Pues no lo direis por mí,
Estando, señor, delante
Mi prima, con todo eso,
Lo agradezco de mi parte.
Fel. Por vos lo dije; que aun no
Habia visto (extraño lance!)
Hasta ahora á esa mi señora;
Que á saberlo un poco antes,
Quizá no entrara hasta aqui.
Hern. Señas ha hecho de que calles. [*aparte.*
Fel. No sé si podré; porque
Fuera temeridad grande
Atreverse uno á dos riesgos
Tan hermosamente iguales,
Si uno para matar sobra.
Que haya dicho, no os espante,
Que huyera de lo atrevido;
Porque no hay valor, que iguale
Al que de puro valiente
Parece tal vez cobarde.
Viol. ¿Qué te parece, Leonor, [*aparte á ella.*
Lo discreto, lo galante
Y cortesano?
Leon.   Muy mal,
Que conmigo te declares
Tanto, cuanto mas con él.
Viol. Tú, como de amor no sabes,......

Leon. Pluguiera al cielo! [aparte.
Viol.   Te espantas
De cualquier cosa.
Ines.   Tu padre.

          Sale Don Luis.

Luis. ¿Á quién buscais, caballero?
Viol. Ahora llegó en este instante
Por tí preguntando.
Luis.   ¿Pues
Qué me mandais?
Fel.   Escuchadme,
Por no fiar de un criado
Materia, que quizá es grave.
Don Cárlos de Silva os ruega
Por este, y yo de su parte,
Porque él no puede venir,
Le hagais merced de escucharle
Un negocio, que con vos
Tiene.
Luis.   Dónde está?
Fel.   En el Cármen.
Luis. ¿Don Cárlos de Silva á mí? [aparte.
¿Qué fuera, que á declararse
Se atreviera, y me pidiese
En casamiento á Violante?
No porque no se la diera
Por su calidad y sangre,
Sino por haber primero,
Loco y declarado amante,
Puesto medios tan indignos,
Como embozo, esquina y calle;
Y no quiero que presuma,
Viendo sus locuras, nadie,
Que fue fuerza, y no eleccion.
Él es mozo y arrogante;
Dejar de hablarle no es bien;
Pero tampoco ir á hablarle
Sin espada, porque no
(Pues sé que voy á negarle
Lo que pide) se me atreva,
Y que, de uno en otro lance,
Nos perdamos los respetos. —
Ya soy con vos, esperadme
Un instante; que ya vuelvo.   [Vase.
Viol. Disgustado va mi padre,
Y habiendo sido el papel
De Cárlos, asegurarle
Me importa, que nada sé. —
Quédate tú, mientras sale, [ap. á Leonor.
Y díle á ese caballero,
Leonor, asi Dios te guarde,
Como que nace de tí,
No como que de mí nace,
Que trate sus conveniencias,
Y las agenas no trate,
Porque tiene agradecida
Una dama, que tú sabes,
Que le estima y favorece.
No tienes que mesurarte;
Que cuando lo hagas por mí,
Por una prima lo haces.   [Vase.
Leon. ¡Buena comision me queda! [aparte.
Fel. Mira, si nos oye alguien. [á Hernando.
Estarás, Leonor, muy vana,
Creyendo, que es á buscarte
Esta venida á Toledo;
Pues no, ó el cielo me falte,
Si supe, que aqui vivias;
Y si, como dije antes,
Creyera hablarte ni verte,
Ni entrara á verte ni hablarte.
Leon. No tienes que maldecirte,
Felix, por asegurarme,

Que no es por mí la venida.
Ya lo sé, que es por Violante,
Á quien, para verla, habrás
Buscado aquesos achaques.
Fel. Yo por Violante?
Leon.   Sí, ingrato;
Que es muy justo que te pague
Las cuchilladas, que ya
Por ella has tenido.
Hern.   Tate; [aparte.
Todo se sabe, señor.
Fel. Solo faltaba, (ha mudable!)
Que tú fueses la quejosa,
Y yo el que me disculpase.
Hern. Esto es lo que cada dia [aparte.
Las mozas gallegas hacen,
Reñir, porque no las riñan.
Leon. Claro está, pues de mi parte
Está la razon.
Fel.   No poco,
Dice el adagio, que sabe
El que á otro la culpa echa.
Leon. ¿Qué culpa, si vengo á hablarte
Donde me han hecho tercera,
Para que á saber alcances,
Que una dama agradecida
Tienes en Toledo?
Fel.   Baste,
Leonor, pues que no me quejo
De los zelos de tu parte,
De la venida á Toledo,
De la ventana á la calle,
No te quejes tú de que......

    Dentro Violante *y* Don Luis.

Viol. No has de salir.
Luis.   De delante
Te quita.
Leon.   Qué será aquello?

      Sale Juana.

Jua. Viendo tu prima á su padre
Tomar la espada, le tiene,
Imaginando que sale
Á algun disgusto.
Fel.   ¿Á qué efecto
Espada, si no la trae?
Jua. ¿Qué milagro, seor Hernando?
Leon. Calla, Juana; no te espantes
De verlos aqui, si vienen
Á ver á esta puerta un ángel.
Fel. Por Dios, Leonor, no me apures
Mi sufrimiento, y que baste
No quejarme, para que
No te quejes; que es exámen
Riguroso el que en tu risa
De mis sentimientos haces.
Leon. Tú lo dijiste, y dijeras
Mas, á no estar yo delante.
Fel. Lo que dijera no sé;
Mas lo que digo es mas fácil.
Yo te volví tus papeles,
Para que todo se acabe,
Y no tenga á tu volver,
Ni por tí, ni por Violante.
Vuélveme los mios.
Leon.   Sí haré. —
Juana!
Jua.   Qué me mandas?
Leon.   Dale
La cuenta de mi camino,
Si es que contigo la traes,
Para que en eso tambien
Quedemos los dos iguales.

lern. ¡Dios vuelve por la inocencia!
Mira si es ella.

el.   ¡Ha mudable,
Cómo te vales de todo!

eon. ¡Ha traidor, cómo te vales
Tú tambien de lo que quieres!

el. Eres fiera.

eon.   Tú inconstante.

el. Eres aleve.

eon.   Tú ingrato.

el. Eres tirana.

eon.   Tú fácil.

el. Eres falsa.

eon.   Tú traidor.

       Sale DON DIEGO.

ieg. Qué es esto?

eon.   Ay de mí! mi padre! [*ap.*

el. ¿Quién se vió en igual empeño? [*aparte.*

ta. Fuerte caso!

'ern.   Extraño lance!

el. Muerto estoy!

eon.   Estoy sin vida!

ieg. ¿Quién asi pudo obligarte
Á que tú,......

eon.   Ay de mí!

ieg.   Leonor,
Llamases traidor á nadie?

eon. Sabrás, señor,......

el.   Qué dirá? [*aparte.*

eon. ¡Con bien el amor me saque! — [*aparte.*
Que ese caballero, á quien
No conozco,......

ieg.   Ve adelante.

eon. Trajo un papel á mi tio,
Y és para desafiarle;
Porque, en leyéndole, entró
Por espada. Yo en tal lance
Iba á decir: ¿tú, traidor,
Buscas en su casa á nadie
Para pesadumbres? cuando
Al oir traidor contraste.
Y porque veas si es cierto,
Mira teniendo á su padre
Á Violante.

   Sale VIOLANTE *asida de* DON LUIS.

ol.   No has de ir.

tis. Quítateme de delante. —
Vamos de aqui, caballero.

el. Sin razon os asustásteis;
Que yo de paz he venido.

tis. La que se asustó es Violante,
No yo.

eg.   Con vos he de ir.

tl. Venid, porque os desengañe
El efecto, que no es
Pendencia, señor, pues antes
Juzgo que es materia mas
De gustos, que de pesares.

eg. Sea lo que fuere, vamos.

tl. ¿Quién vió empeño mas notable? [*aparte.*

es. ¿Quién vió disculpa mejor? [*aparte.*

ern. ¿Quién vió embuste semejante? [*aparte.*

      [*Vanse los hombres.*

ol. ¿Dijístele algo, Leonor?

on. Mucho mas me encargaste.

ol. Y volverá á verme?

on.   Sí.

ol. Amor la piedad te pague.

on. Y á tí te paguen los cielos
El disgusto que me haces. .

JORNADA III.

    Salen DON FELIX *y* HERNANDO.

Fel. Qué hace Enrique?

Hern.   En su aposento
Está escribiendo encerrado.

Fel. Gran gana de acabar tiene
Estas pruebas.

Hern.   No me espanto,
Si espera en regalo un duelo;
Pues debe de ser regalo,
Como á otros que algo les den,
El que á él le den con algo.

Fel. Ayer á su compañero
Ví de camino á caballo.

Hern. Adónde irá?

Fel.   Qué sé yo?
Estamos solos?

Hern.   Sí estamos.

Fel. Pues en lo que me sucede
Discurramos.

Hern.   Discurramos.
Mas con una condicion.

Fel. Qué es?

Hern.   Que yo he de empezar, dando
Prólogo á la historia.

Fel.   Cómo?

Hern. Como ni entiendo ni alcanzo,
Despues que Don Luis salió,
De Don Diego acompañado,
Con espada, que fue oliva
Para nuestro sobresalto,
Lo que allá en su retraimiento
Le sucedió con Don Cárlos.

Fel. Alborotóse Don Luis
Sin necesidad, juzgando,
Que Don Cárlos le queria
Otra cosa; y en llegando
Á ver, que era, á sus pies puesto,
Poner su honor en sus manos,
Y que le honrase en sus pruebas,
Noblemente cortesano
Ofreció, no solo hacerlo,
Pero á Don Diego de paso
Ganó tambien; y aun con mas
Efecto, porque le ha dado
Palabra de hacer las paces
De aquel su primer contrario,
Que creo fue criado suyo;
Y asi despedirse entrambos
Amigos viste.

Hern.   Pues ya
Que yo de mis dudas salgo,
Entra tú en las tuyas, y
Discurramos.

Fel.   Discurramos.
¿Qué será, que, cuando yo
Voy solo á Don Luis buscando,
Tan sin saber, ni querer
Saber de Leonor, me hallo
Con Leonor?

Hern.   Ser su sobrina,
Y estar en su casa acaso.

Fel. No es esa la duda.

Hern.   ¿Pues
Qué es la duda?

Fel.   Haberla hallado
De su prima tan zelosa.

Hern. Será haberla ella contado
El empeño, que por ella
Tuviste.

Fel.   ¿Pues cómo ó cuándo
Pudo saber, que era yo?
Hern. En aquel pequeño espacio
Que estuviste detenido
Á la puerta de su cuarto;
Que para decir, aqueste
Conmigo anduvo bizarro
En esta ocasion ó aquella,
No es menester mucho espacio.
Fel. Ay de mí! que aunque conozco
Sus traiciones, sus engaños,
No puedo acabar conmigo
De acabar con ella, dando
Á mi olvido su memoria,
Á mi memoria su agravio;
Á cuyo efecto has de ver,
Que ni la veo, ni hablo,
Ni he de atravesar sus puertas,
Si me llevan arrastrando.
Hern. Yo no dudo que es mejor;
Que lo hagas dudo; y pues vamos
Tocando de un lance en otro,
Discurramos.
Fel.   Discurramos.
Hern. ¿Cómo componer el duelo
Juzgas?
Fel.   Donde no hay agravio,
Y hay hidalguías de una
Á otra parte, que está llano
El camino me parece;
Pues con la espada en la mano
Se compone cualquier queja
Airosamente. No hallo
Mas que una dificultad.
Hern. Qué es?
Fel.   La dama, que, en llegando
Á composicion, es fuerza
Que la hayan de dejar ambos;
Y no sé yo cada uno
Como se halla, ni en qué estado
Tiene su amor.
Hern.   ¿Quién será
Esta Ninfa del Parnaso,
Esta Infanta del Catay,
Que los dos recatan tanto?
Fel. No sé, y diera por saberlo
Cualquier cosa. No he deseado
Mas en mi vida.
Hern.   ¿Pues qué
Te aflige?
Fel.   No mas, Hernando,
Que necia curiosidad
De ver, qué nuevo milagro
De hermosura y discrecion
Es la Circe deste encanto,
Que á todos nos trae tan brutos;
Y tengo de procurarlo
En la primera ocasion,
Haciendo......

Salen D O N   E N R I Q U E *y* S I M O N.

Enr.   Bésoos las manos,
Don Felix.
Fel.   ¿Era hora, Enrique,
De descansar algun rato?
Enr. No veo la hora de acabar,
En servicio de Don Cárlos,
Con esta ocupacion.
Fel.   ¿Es
Fineza ó rencor?
Enr.   Dejadlo,
Que ello dirá lo que fuere,
Y presto, pues con cuidado
Mi compañero y yo hacemos

Las diligencias; y es tanto
Mi deseo, que, porque él
Partió con unos despachos,
Voy á firmar otro yo
De un dicho, que quedó en blanco.
Fel. ¿Quién es, si puede saberse?
Enr. Don Luis de Acuña, ya hablado
Está, y ayer se me dió
Por muy amigo. Buscando
Voy su casa, y vos presumo
Que la sabeis.
Fel.   Sí.
Enr.   Pues vamos
Hácia allá, si no teneis
Otra cosa que hacer.
Fel.   Cuando
La tuviera, la dejara.
Hern. Si me llevan arrastrando, [*ap. á él.*
No he de atravesar sus puertas.
Fel. Déjame por Dios, Hernando;
Que yo no voy por Leonor.
Enr. Es lejos?
Fel.   Cerca es el barrio,
Y en Toledo nada hay lejos.
Hern. Es cierto; pero no es llano.
Fel. Aquella es la casa.
Enr.   Llega,
Simon, y sabe, si acaso
Licencia el señor Don Luis
Da de besarle la mano.
Fel. Por si no está en casa, aqui
Le esperemos retirados.
    [*Llama* S i m o n.

Sale J U A N A.

Jua. ¿Quién es quien llama á la puerta?
Sim. Abra vuesarced, verálo.
Jua. O mi Simon!
Sim.   Juana mia!
Jua. ¿Pues no me das un abrazo?
Sim. Te daré cuarenta mil.
Jua. ¡Mas ay, que lo ha visto Hernando! [*ap.*
[*Llega* H e r n a n d o, *y dale un golpe en un brazo*
á J u a n a.
Hern. Ha ingrata! [*aparte á ella.*
Jua.   Ay de mí!
Sim.   Qué tienes?
Jua. Un dolor en este brazo.
Sim. Vos, qué haceis?
Hern.   Acá entre dientes
Traigo un humor de que rabio.
Sim. Dirásle al señor Don Luis,
Que Don Enrique mi amo
Está aqui, y que hablarle quiere.
Jua. Voy á avisarle volando. [*Vase.*
Sim. Hernando, aquesta es la moza.
Hern. Usted la goce mil años;
Que á fe que ella lo merece.
Qué talle! qué aire! qué garbo! —
Ha! fuego de Dios en ella! [*aparte.*

Sale D O N   L u i s.

Luis. Señor Don Enrique, agravio
Haceis á mi buen deseo
De serviros, en quedaros
Á estos umbrales, cuando ellos
Y el dueño suyo esperando
Os estan, para lograr
La suma dicha de honrarlos
Vuestra persona.
Enr.   Los cielos
Os guarden; que yo he esperado
Licencia, porque sin ella
No me atreviera á pisarlos.

Luis. Muy mal me tratais, habiéndoos
Dicho ayer, Enrique, cuando
Nos dimos á conocer,
La deuda en que estoy, y cuanto
De vuestro padre fui amigo,
Y hoy del señor Don Fernando,
Vuestro tio, lo soy.
Enr. Ya
Sé lo que tratais de honrarlos.
Bien sabeis á lo que vengo.
Luis. Sí; pues lo mismo que hablamos
En la santa iglesia ayer
En voz, mi dicho tomando,
Quereis que ahora por escrito
Firme.
Enr. Es asi.
Luis. Pues no estamos
Bien aqui; acá dentro entrad;
Y perdonad á un anciano
Una impertinencia, que es
El leerlo, para firmarlo;
Porque en mi vida firmé
Sin leer.
Enr. Es justo reparo,
Y lo estimo, por si no
Viene á vuestro gusto.
Luis. Dadnos [*á D. Felix.*
Vos licencia, y esperad
En ese primero cuarto.
Fel. Ya sé, que habeis de estar solos,
Y el haber aqui llegado,
Fue á enseñar la casa á Enrique.
Luís. Vos sois amigo de Cárlos,
Y haceis bien en asistirle;
Mas si andais solicitando,
Que yo diga lo que dije,
Y es haber desconfiado
De la palabra que dí,
Decidle, que me hace agravio;
Que soy quien soy, y que tenga
Entendido, (esto mas bajo)
Que sabré guardar mi honor,
Puesto que el ageno guardo.
[*Vanse D. Luis y D. Enrique.*
Fel. Con muchos sentidos habla.
Sim. Salgámonos fuera, Hernando,
Por si á Juana vuelvo á ver
En el corredor ó patio;
Que quiero que te conozca.
Hern. Con conocerla yo hay harto.
Sim. Bien. Y pues que me dijiste,
Que vive aqui tu cuidado,
Parte tus dichas conmigo.
Hern. Yo por entero las parto.
Infame, viven los cielos,
Que si averiguo ó alcanzo
Mas el que ella es cosas suyas,
El mundo ha de ser teatro
De la venganza mayor
Y del mayor desagravio,
Que vió el sol. No ha de quedarme
Dueña, ni perro, ni gato,
Ni sabandija viviente,
Desde el mono al papagayo,
·Que no le pase á cuchillo;
Siendo al padron de los años
Yo el Veinticinco de honor,
Si el otro fue el Veinticuatro. [*Vanse.*
Fel. ¿Quién me dijera, (ay de mí!)
Que en la casa, que ha hospedado
Á Leonor, me hallara yo
Tan violento y tan extraño,
Que tomara por partido
El no haber en ella entrado?

Pues, vive Dios, que he de ver,
Conmigo esta vez luchando,
Si puedo acabar conmigo,
Ya que aqui solo me hallo,
No mirar por esta puerta
Adonde caerá el estrado,
Por si en él verla pudiese.
Mas ay infeliz! ¿Qué hago,
Si el no procurarlo es
El medio de procurarlo?

Salen VIOLANTE *é* INES.

Viol. Ines, á esta cuadra trae
La labor. ¿Mas quién al paso
Está?
Fel. Buena ocasion era [*aparte.*
De hacer lo que dijo Hernando;
Mas no he de echar á perder
Mi queja. — Quien esperando
Al señor Don Luis está.
Viol. ¿Cómo no le han avisado?
Fel. Como ya no es menester;
Que la pretension, que traigo,
No consta de hablar, sino
De esperar.
Viol. Eso no alcanzo.
Buscarle en su casa, y no
Tener que hablarle, contrario
Parece que es uno de otro.
Fel. Pues no lo es, señora, cuando
Lo que pretendo consigo
Con no mas de lo que aguardo.
Viol. Menos lo entiendo.

Sale LEONOR *al paño.*

Leon. ¿Con quién
Estará mi prima hablando?
Mas ay de mí! Felix es.
Fel. Me alegro, por excusarnos,
Vos la duda, y yo el informe.
¿Mas qué es lo que habeis pensado?
Viol. Amor y venganza, hablemos. [*aparte.*
Leon. Amor y zelos, oigamos. [*aparte.*
Viol. Que como mi prima os dijo,
Porque yo se lo he contado,
Lo agradecida que estoy
De la deuda en que me hallo
Desde el empeño en que os puse,
Vos noble, atento y bizarro,
Vendreis á satisfaceros
De mí, ocupándome en algo
De vuestro servicio; y como
Para aquesto habreis pensado
Alguna excusa, por si
Mi padre os encuentra acaso,
Decís, que mientras no os vea,
Es el hablar excusado;
Pues á vuestra pretension
Basta esperarle.
Fel. En extraño
Lance me habeis puesto.
Viol. Cómo?
Fel. De traidor, grosero ó vano
No puedo escapar.
Viol. Por qué?
Fel. Porque, si me persuado,
Que teneis que agradecerme,
Será vanidad pensarlo;
Si niego que vine á eso,
Será groseria; si paso,
Sin negarlo, á concederlo,
Será traicion á Don Cárlos;
De suerte, que entre tres líneas,
De una en otra peligrando,

Ni bien me está el concederlo,
Ni me está bien el negarlo.

Viol. Pues si de los tres peligros
Es preciso declararos
Hoy por el vuestro......

Leon.   Ha traidora!

Viol. De menos,......

Fel.   Decid.

Leon.   Ha falso!

Viol. Es la vanidad.

Leon.   Ha fiera!

Fel. Cómo los graduais?

Leon.   Ha ingrato!

Viol. Oid, lo sabreis.

       Sale LEONOR.

Leon.   No oirá;
Que eso va muy á lo largo. —
¿Cómo te atreves, Violante,
En casa tu padre estando,
Á tanta conversacion?

Viol. Como sé, que está ocupado
Con una visita.

Leon.   Mira,
Que pienso, que levantados
Estan ya.

Viol.   Veré qué hacen. —
Esperad, que al punto salgo.   [*Vase.*

Leon. Niégame ahora, que vienes
Por Violante.

Fel.   Cielo santo!   [*aparte.*
¿Habrá dolor en el mundo,
Como verse uno obligado
Á desenojar quejoso? —
Leonor mia,...... Mas qué hablo!
Leonor fiera,...... Mas qué digo!
Ningun atributo te hallo;
Para mia, te aborrezco,
Y para fiera, te amo.
Leonor, (que basta Leonor)
La vida me quite un rayo,
Si á Violante á buscar vengo.
El hombre estoy esperando,
Que está con Don Luis. Si no
Lo crees, dime tú otro tanto
En tu disculpa, y verás
Como yo lo creo. Y cuando
Tú me enseñas á ofender,
Si es que te ofendo, partamos
El camino; aprende tú
Á desenojar, buscando
Alguna satisfaccion;
Que yo, rendido y postrado,
Doy palabra de creerla.

Leon. Una sola es la que alcanzo,
Ya que á ser casamenteros
Se pasan los zelos de ambos;
Y es, que acabemos con todo;
Que gran remedio á gran daño
Se suele decir. Yo tengo
Hacienda con que vivamos,
Ya de mi madre heredada.
Intenta por el agrado
Pedirme, para no dar
Que decir; y de negarlo
Mi padre, palabras tienes,
Y firmas. Ya he dicho harto.

Fel. No, Leonor; que mientras yo
Antes no me satisfago
De un no es hora de que entre?
Tan ciego y tan temerario,
Que embiste á tu padre mismo,
Porque abrió la puerta, es vano
El remedio; porque no

Soy hombre tan vil, tan bajo,
Que desde amante á marido
Tengo de pasar, llevando
Los escrúpulos de amante
Á ser de marido agravios.

Leon. Felix mio,...... Mas qué digo!
Traidor Felix,...... Mas qué hablo!
Que yo tampoco no encuentro
Tu atributo, si reparo,
Que como mio te pierdo,
Y como traidor te amo.
Si yo tuviera otro empeño,
Hiciera este?

Fel.   No sé tanto;
Pero sepa yo quien era;
Quizá con eso, apurando,
Inquiriendo y asistiendo,
Podrá ser descubrir algo,
Que me asegure.

Leon.   Si en eso
Estriba, porque hagas cuantos
Exámenes quieras, era
Un caballero tirano,
Que á precio de mis desdenes
Porfió libre, sobornando
Mis criados, cuyo nombre......

Fel. ¡Gracias á Dios, desengaño,
Que ya empiezo á conocerte!

Leon. Es......

    Dentro DON LUIS *y* DON ENRIQUE.

Luis. Don Enrique, es cansaros;
Que os tengo de acompañar
Hasta la puerta.

Enr.   Quedaos
Aqui, os suplico.

Leon.   Esta voz
Su nombre quitó á mis labios.

       Sale VIOLANTE.

Viol. Prima mia, bien dijiste,......

Leon. Ahí verás, que no te engaño.

Viol. En que ya mi padre sale.
Y asi, Felix, retiraos;
Que como solas quedemos,
Poco importa estar al paso;
Y yo buscaré ocasion
En otra parte de hablaros.

Fel. ¡Que por sola una voz mas   [*aparte.*
Deje yo, zelos tiranos,
De llevar mil penas menos!

   Salen DON LUIS *y* DON ENRIQUE.

Enr. Hasta aqui basta.

Luis.   Es cansaros,
Vuelvo á decir; que he de ir
Sirviéndoos y acompañándoos. —
Leonor, Violante, aqui estais?

Viol. Que saliérais, no pensamos,
Por aqui.

Enr.   Cielos, qué veo! [*aparte.*

Leon. Cielos, qué miro! [*aparte.*

Enr.   Es encanto?

Leon. Es ilusion?

Enr.   ¡Quién pudiera, [*aparte.*
Sin dar nota, examinarlo!

Leon. ¿Quién creyera, aqui me hallaran [*aparte.*
Enrique, Felix y Cárlos?

Luis. Son mi sobrina y mi hija.

Enr. Bésoos, señoras, las manos.

Las dos. El cielo os guarde.

Luis.   Venid.

Enr. Basta haberla visto. — Vamos,
Ya que quereis que esto sea.

Sale DON DIEGO.

Dieg. ¿Dónde, Don Luis, tan temprano
Vais?

Luis.   Al señor Don Enrique
Sirviendo y acompañando.

Dieg. ¿Pues qué el señor Don Enrique
Aquí quiere?

Luis.   Hame buscado
Para las pruebas que hace;
Informante es de Don Cárlos,
É hijo del mayor amigo
Que tuve. — Y si verdad hablo,   [*aparte.*
Por su sangre es noble, y es
Rico por un mayorazgo,
Que goza, y Violante...... Pero
Esto es para mas despacio;
Despues hablaremos dello.

Dieg. De cólera estoy temblando.   [*aparte.*
Mas disimular importa. —
Todos es bien le sirvamos.
Vamos todos.

Enr.   Yo, señor,
(De confuso y de turbado,   [*aparte.*
No acierto á hablar) no merezco
Tantas honras.

Dieg.   Cielos santos! [*aparte.*
¡Hasta aquí hubo de seguirme
Esta sombra! Honor tirano,
Si la memoria me sueltas,
¿Para qué me atas las manos?

   [*Vanse D. Luis, D. Diego y D. Enrique.*

Viol. ¿Vuelve mi padre, Leonor?

Leon. No; los dos la calle abajo
Van, desotros despedidos.

Viol. Dame, prima mia, los brazos;
Que con mil almas, mil vidas,
Lo que te debo no pago.
Lo que de mí le dijiste
Á este caballero, es claro
Que le ha puesto en esperanza
De buscarme, con que aguardo,
Mejorándome de empleo,
Vengarme de aquel ingrato,
Que por una mugercilla
Mi amor arriesgó, trocando
La seguridad á empeños,
Y las finezas á engaños.

Leon. Mucho temo, que esta necia [*aparte.*
Me ponga con sus enfados
En ocasion de perderme.

Viol. Hola!

Sale INES.

Ines.   Señora?

Viol.   Á un criado
Desos forasteros llama,
Ines, y procura acaso
Saber su casa.

   [*Vase Ines.*

Leon.   Qué intentas?

Viol. Escribirle un papel trato,
En que diga, que esta tarde,
Junto al caduco palacio
De Galiana, que es donde,
De troncos el rio cuajado,
El muelle es una tijera,
Á su embarcacion descanso,
Le espera, donde por señas
Tendrá un pañuelo en la mano,
Que la siga, para que,
Dejando el concurso á un lado,
Pueda hablarle, á cuyo efecto
Disfrazadas las dos......

Leon.   Paso,
Violante; no, no prosigas;
Que yo no me atrevo á tanto.
¿Yo cómplice en tus papeles?
Yo disfraces?

Viol.   Buen recato.

Leon. Qué quieres? Mi condicion
Es esta.

Viol.   Pues sin espantos,
Que estotra es tambien la mia;
Y aunque no vayas tú, en vano
Es persuadirme, que yo
Deje de ir.

Salen INES *y* JUANA.

Ines.   Ya me he informado.

Viol. Pues ven; darásle un papel.

   [*Vanse Violante é Ines.*

Leon. Ya que yo á impedir no basto
Tan ciega resolucion,
Tampoco (ha tirana! ha falso!)
Á quedarme con mis zelos;
Y mas cuando importa tanto
El que no pueda negar
Sus traiciones. — Trayme el manto,
Y ponte tambien el tuyo.

Jua. Pues qué hay? Anda el mar por alto?

Leon. Hay una aleve, de quien
Con sus mismas armas trato
Vengarme. Viven los cielos,
Que su misma seña el lazo
Ha de ser adonde venga,
Si della sale llamado,
Tropezando en sus favores,
Á caer en mis agravios.   [*Vanse.*

Sale HERNANDO.

Hern. Como digo de mi cuento,
Empezando finalmente,
¿Es mas ser uno valiente,
Que darle en el pensamiento,
Que lo es? No. Pues ea, desvelos,
Tratemos de envalentar,
Manos á la obra, y dar
Heróico fin á mis zelos.
Salga Simon á campaña;
Que esto, sin que el refran tuerza,
Mas quiere maña, que fuerza.

Sale DON FELIX.

Fel. ¿Para qué es fuerza ni maña?

Hern. La maña para poder,
Viendo á una aleve, dejarla;
Y la fuerza para darla
Dos mogicones.

Fel.   Saber
Quiero, con quien enojado,
Hablando á tus solas vas?

Hern. Conmigo, sin mas ni mas,
De unos zelos, que me han dado.

Fel. Zelos tú?

Hern.   Y de amor y honor.

Fel. Deja tan locos desvelos;
Que no hay pícaros con zelos.

Hern. Ni señores con amor.

Fel. Dime, si acaso ha venido
Don Enrique.

Hern.   ¿No quedó
Contigo?

Fel.   Un propio le halló,
Que de Madrid ha tenido,
Y díjome, que tenia

Que hacer, que aqui le esperara.

Hern. Pues no ha llegado.

Fel.   ¡No es rara,
Cielos, la desdicha mia,
Que por una voz ó dos
Me vuelva con mi cruel
Duda!

Sale INES *tapada.*

Ines.   Leed ese papel,
Lo que dice haced; y á Dios.

Fel. Deten aquesa muger.

Ines. No hagas tal, ó llevará
Desta forma.   [*Pégale y vase.*

Hern.   Bueno está,
Detente.

Fel.   Llego á leer:
[*lce*] „ De Galiana esta tarde
Solo á la orilla salid,
Y á quien os llame, seguid,
Con un lienzo. Dios os guarde.'' —
[*rcpr.*] Sepa cuyo es. ¿Dónde está
La que el papel trajo?

Hern.   Luego
Que á tí te dió solo un pliego,
Y á mí una mano me da,
Corriendo se fue.

Fel.   ¿Pues no
Te mandé yo detenella?

Hern. Mandástelo tú; mas ella
A bofetadas mandó,
Que la dejase; y ya ves,
Cual mas bien servido está
El que da, que el que no da.

Fel. Notable mi duda es.
La letra no es de Leonor.
Violante sin duda fue
La que escribió el papel. ¿Qué
Tengo de hacer? Pero error
Es dudarlo; que, aunque sea
Violante, con ella irá
Leonor, adonde verá,
Que solo mi amor desea
Oir sus desengaños; pues
Para quedar con Violante
Airoso, causa es bastante,
Que dama de Cárlos es. —
Ven conmigo.

Hern.   Adónde vas?

Fel. ¿Adónde quieres que vaya
Aquestas tardes, que haya
Ni mas concurso, ni mas
Festejo? Pues á la orilla,
Que llaman de Galiana,
La gente acude, con gana
De ver esa maravilla,
Con que de ageno horizonte
Al suyo, por cristalinos
Golfos, en barcos de pinos
Viene navegando un monte.

Hern. Segun la priesa que llevas,
En vez de festejo, mas
Parece, señor, que vas
Á dar unas malas nuevas.

Fel. No muy buenas para mí
Son las que llevo; pues hoy
Tras dos desengaños voy.

Salen INES *y* VIOLANTE *con mantos, y el
lienzo en la mano.*

Ines. Ya Don Felix viene alli.

Viol. Pasa por delante dél,
Sin reparar en mi accion.

Fel. Aquellas las señas son

De que me avisa el papel.
Tras ella á lo largo iré,
Hasta que algo mas se ausente
Del concurso de la gente.

Salen JUANA *y* LEONOR *con mantos, y el
lienzo en la mano.*

Jua. Ya Felix alli se vé.

Leon. Dicha será haber llegado
Yo la primera.

Jua.   No sé;
Que una tapada se vé,
Y Felix está parado;
Mas si no ha dado con él,
Poco importa haber venido
Primero.

Fel.   ¿Cómo, si ha sido
De una no mas el papel,
Es de dos la seña? Ya
Presumir que sea, es error,
De Violante; pues Leonor
No es la que con ella va,
Ni de Leonor, pues no es
Suya la letra. Entre dos
No sé cual siga por Dios.

Hern. Qué es lo que tienes?

Fel.   Despues
Lo sabrás; y baste ahora,
Que, por seguir mi fortuna
Dos señas, no va á ninguna.

Viol. Ines, viene?

Ines.   No, señora.

Leon. Di, Juana, nos sigue?

Jua.   No.

Viol. Pues volvamos á pasar,
Por si fue no reparar.

Leon. Por si la seña no vió,
Volver será lo mejor,
Juana, á pasar por delante.
Mas ay! que aquella es Violante.

Viol. Mas ay! que aquella es Leonor;
Pues no es posible supiera
Otra, que yo le escribí.

Leon. Mal me ha salido (ay de mí!)
El intento. ¿Quién creyera
Haber á un tiempo venido?

Viol. No os adelanteis, rezelos,
Á presumir, que son zelos
Quienes tras mí la han traido.

Fel. Esta se burla, y lo mejor
Será gala della hacer,
Puesto que no puede ser
Ni Violante ni Leonor. —
Señoras doñas tapadas,
Si el ingenio toledano,
Por burlar de un cortesano
Forastero, conjuradas
Os trae contra él, ved por Dios,
Que en buen duelo es importuna
Traicion, llamándole una,
Estarle esperando dos.

Hern. No eso temas, pues aqui,
Si á tí una dama te llama,
Y vienen dos, la otra dama
Habrá de tocarme á mí.

Fel. Quita, loco. — Y puesto que es,
Ya que al peligro me atrevo,
Fuerza saber á quien debo
Responder, decidme pues,
¿Cuál me envió un papel?

Viol.   Yo.

Leon.   Yo.

Fel. Y á cuál he de creer?

Las dos.   Á mí.

el. Ambas le escribisteis?

as dos.   Sí.

el. Y no he de dudarlo?

as dos.   No.

el. Pues declarémonos ya.
¿Á qué una y otra me llama?

eon. Eso os lo dirá esa dama.

iol. Esa dama os lo dirá.

el. Sin declarármelo una,
Vos no habeis de iros, ni vos;
Que no es bien verme con dos,
Y quedarme sin alguna.

eon. Venid tras mí; os lo diré.

iol. Y yo tambien, si tras mí
Venis.

el.   Cómo puedo? si......

      Sale S I M O N.

im. ¡Gracias á Dios, que te hallé!

el. Qué hay, Simon?

im.   Mi amo y Don Cárlos,
Mandándome á mí quedar,
Han salido del lugar.
Á reñir van. Alcanzarlos
Procura.

el.   Cielos! ¿pudiera
Á peor tiempo haber venido
Su empeño? Y pues fuerza ha sido
Ir primero á la primera
Obligacion, de las dos
Á apartarme me resuelvo. —
Confórmense, mientras vuelvo,
Vuesas mercedes. Y á Dios.

[*Vanse D. Felix, Hernando y Simon.*

iol. Bien ves, Leonor, que no ha sido
Accion de prima y amiga,
Que yo mi intento te diga,
Y haberte tras mí venido
Á quitarme la ocasion,
Que ya no tendré jamas.

eon. ¿Y cuándo me pagarás
El mirar por tu opinion,
Pues viéndote hoy empeñada
En cometer un error
Tan contra tu pundonor,
Vine tras tí disfrazada
Solo á embarazarle?

iol.   Bien
Pudiera ser, que creyera
Eso, si no presumiera
El que te debe tambien
De tocar á tí el cuidado,
Con que á Felix escribí.

eon. ¿Eso has pensado de mí?

iol. No tan solo esto he pensado,
Mas, cuádrete, ó no te cuadre,
Lo he creido.

eon.   Tú de mí?

iol. De tí yo.

eon.   Pues y......

iol.   Pues y......

eon. Yo......

iol.   Yo......

ua.   Tu padre.

nes.   Tu padre.

eon. Fuerza es que á entender les demos,
Pues á tan buen tiempo ha sido,
Que juntas hemos venido,
Que allá en casa nos veremos.

iol. Dices bien.

      Salen DON LUIS *y* DON DIEGO.

ieg.   Leonor!

uis.   Violánte!

Dieg. Haber salido, supimos,
Al Tajo; y asi venimos
Uno y otro, á fuer de amante,
Buscando su dama.

Leon.   Bien
Os merece esa fineza
Nuestro amor.

Viol.   De la tristeza
El riguroso desden,
Que padece, me obligó.
Á divertir á mi prima.

Leon. Es mucho lo que me estima.

Luis. Eso le agradezco yo.
Y pues ya es tarde, venid,
Acompañándoos iremos.

Viol. ¡Rezelos, disimulemos! [*aparte.*

Leon. ¡Ansias, callad y sufrid! [*aparte.*

Ines. Juana! [*ap. las dos.*

Jua.   Qué dices, Ines?

Ines. Buenas nuestras amas van.

Jua. Pregúntaselo al refran
De, un poco te quiero, Ines. [*Vanse todos.*

      Salen DON ENRIQUE *y* DON CÁRLOS.

Enr. Señor Don Cárlos, porque
Veais, si un forastero aprende
Bien las señas, el castillo
De San Cervántes es este.

Carl. Dias ha que le conozco,
Y si el buscarme y traerme
Á él, es decirme, que es tiempo
De que las treguas se quiebren,
Qué aguardais? Solos estamos,
Y apartados de la gente.
Y asi la espada sacad.

Enr. Atended antes.

Carl.   Sea breve;
Que en el campo, cuanto menos
Se habla, es cuanto mas se atiende.

      Sale DON FELIX *al paño.*

Fel. Entre las deshechas ruinas [*aparte.*
Destas caducas paredes
Aguardaré á que la espada
Saquen primero que llegue;
Porque despues que ellos cumplan,
Entra mejor, que yo medie.

Enr. De vuestro despacho, Cárlos,
Es el testimonio este.
Ya el Consejo aprobó vuestras
Pruebas, cuya luz desmienten
Infames nubes, que el sol
De la verdad desvanece,
Para que en vuestra nobleza
Ningun cobarde se vengue;
Y para que entre los dos
De aqueste lance no quede
Dependencia, este es recibo
De lo que me pertenece
Por mis salarios, de que
Os hago corto presente;
Que un caballero soldado
No halla á mano todas veces
Dinero, y para el camino
Importará, si sucede
Ser yo, Cárlos, el que muera,
Y ser vos el que se ausente.
Ahora sacad la espada.

Carl. Esperad; porque pendiente
Á tan noble accion, primero
Es bien que á esos pies me eche.
Honrado de vos me hallo;

Y asi, Enrique, concededme
Espacio para pensar
Lo que hacer un noble debe.

Enr. Agradecido y llamado,
Pensadlo pues, y sea breve;
Que en el campo mejor es
Que se obre, que el que se piense.

Carl. Si en la ciudad, cuando fuísteis
En mi retraimiento á verme,
Me dijérais lo que aqui,
Á vuestras plantas mil veces
Me arrojara, y de la causa,
Que nos empeñó imprudentes,
Desistiera, dándoos cuantas
Satisfacciones hoy fuesen
Desenojo de una herida,
Dada en un lance corriente.
Lo que aqui, para no hacerlo,
Atadas mis manos tiene,
Es el sitio; puesto que
Hoy de vos mi fama pende,
De vos mi honor, dadme vos
El medio con que yo quede
Airoso, y vos satisfecho,
Pues en cualquiera accidente
Dejar airoso al vencido
Es lustre del que le vence.

Enr. Yo no vengo á aconsejaros,
Cárlos; lo que vos hiciéreis
Siempre será lo mejor.

Carl. Mas no lo mas cuerdo siempre.
Y asi sacaré la espada
Contra vos; pero de suerte
En la ejecucion remisa,
Y en la resistencia débil,
Que sin mi defensa, Enrique,
Os desenoje mi muerte.
[*Saca la espada, y pone la punta en el suelo.*
Llegad pues, llegad; que el pecho
Descubierto está; ponedme
El hábito, que me dais,
Tan de una vez, que aproveche
De roja insignia el esmalte
De su púrpura caliente.

Fel. Ya iba á salir; mas con esta [*aparte.*
Accion tiempo no se pierde.

Enr. Eso es pagarme, Don Cárlos,
Muy mal, puesto que es ponerme
En ocasion de que yo
Ni os embista, ni me vengue.
Y asi la espada esgrimid
Como sabeis; no se cuente
De vos, si acaso sin mí
Mi cólera os acomete,
Que una infamia en premio dísteis
De un honor.

Carl. Yo solamente
Con sacar aqui la espada,
Puesto que aqui llego á verme,
Quedo bien. Si desde aqui
Corre á cuenta de la suerte
El suceso, vengaos vos;
Que cuando muerto me encuentren,
Dirán, que fui desgraciado,
Mas no dirán, que fui aleve.

Enr. Hiciéraislo vos?

Carl. No sé.
Vos hareis lo mejor siempre;
Que yo á aconsejar no vengo.

Enr. Pues ya que nos acontece
Tal lance, que con la espada
En la mano, al que nos viere,
Pareceremos cobardes,
Cárlos, de puro valientes,

Escuchad un solo medio,
Que á mi discurso se ofrece.

Carl. Qué es?

Fel. Aquesto importa oir, [*aparte.*
Para que yo el medio tercie.

Enr. Yo soy aqui el no gustoso,
Y para que no me quede
Escrúpulo en no llevar
Un algo, que contrapese
Aquel casual desaire,
Me es fuerza......

Carl. Decid.

Enr. Que intente,
Que una pequeña ventaja
Mis desdichas lisonjee.
Yo me he de partir mañana;
Y habiendo de estar ausente
De...... (su nombre iba á decir)
Desta dama, sea quien fuere,......

Fel. ¡Válgate el diablo por dama, [*aparte.*
Cuando he de saber quien eres!

Enr. Supuesto que mis desdichas
Dispusieron, que viniese
Donde estais vos, no será
Bien que mis zelos me lleve
Tan cabales, que con vos
En Toledo la deje,
Sin algun resguardo, que
Ó me alivie, ó me consuele.

Fel. En Toledo está la dama; [*aparte.*
Tras Cárlos sin duda viene.

Enr. Palabra me habeis de dar
De que no la galantee
Vuestro amor, y......

Carl. Suspended
La voz; porque no es decente
Pedir palabra en el campo
Á nadie, ni nadie debe
Darla; que si de mi vida
Soy dueño, para ponerme
Á vuestros pies, de mi honor
No lo soy, ni á vos os puede
Estar bien, que de vos digan,
Que le dais para volverle
Á quitar, pues una mano
Apenas me le concede,
Cuando la otra solicita,
Que sin lo dado me quede.
Confieso, que hiciera poco
Hoy por vos en resolverme
Á dejar el galanteo,
Porque despreciado siempre
Amé, sin haber mis ansias
Visto ni oido eternamente,
Ni sus cejas sin rigores,
Ni sus labios sin desdenes;
Porque aquello de la reja
Acaso fue solamente,
Que licenciosa la noche
Permitió, sin que le diese
Á mi osadía y á vuestro
Arrojo el aire mas leve.
Y asi fiad de mí, que quedo
De vos obligado á verme
Hoy agradecido, y della
Aborrecido. Esto puede
Consolar vuestros favores
En su ausencia, sin que llegue
Yo á dar palabra, porque
No he de darla aqui, si fuese
El pedirme que la ame,
Como el pedir que la deje.

Fel. Si es Cárlos el despreciado, [*aparte.*
Y es Enrique tras quien viene

Dispara una pistola á él y otra á ella, y cayendo los dos, vienen á parar, ella en los brazos de DON PEDRO, y él en los de DON LUIS, que salen al ruido, y PORCIA.

Alv. Ay de mí!
Ser. Válgame el cielo!
Juan. Ahora mas que me maten,
Que ya no estimo la vida.
Todos. El ruido se oyó á esta parte.
Luís. Entrad todos.
Ped. Qué ha sido esto?
Ser. Llegar, infelice padre,
Muerta á tus brazos, porque
No tengas tú que matarme.
Alv. Yo á tus plantas, porque en ellas
Mi vida infeliz acabe.
Ped. Serafina!
Luis. Alvaro!
Porc. Cielos!
¿Quién vió tragedia tan grande?

Sale el PRÍNCIPE *y* JUANETE.

Jua. Sin duda le han descubierto.
Prin. Al que pretenda injuriarle
Le quitaré yo mil vidas,
Puesto que está en esta parte
En mi confianza. ¿Pero
Qué espectáculo notable
Es aqueste?
Juan. Un cuadro es,
Que ha dibujado con sangre
El pintor de su deshonra.
Don Juan Roca soy. Matadme
Todos, pues todos teneis

Vuestras injurias delante;
Tú, Don Pedro, pues te vuelvo
Triste y sangriento cadáver
Una beldad, que me diste;
Tú, Don Luis, pues muerto yace
Tu hijo á mis manos; y tú,
Príncipe, pues me mandaste
Hacer un retrato, que
Pinté con su rojo esmalte.
Qué esperais? Matadme todos!
Prin. Ninguno intente injuriarle,
Que empeñado en defenderle
Estoy. — Esas puertas abre.
[*Abre la puerta, que cerró* Belardo, *y sale D. Juan.*
Ponte en un caballo ahora,
Y escapa bebiendo el aire.
Ped. De quién ha de huir? Que á mí,
Aunque mi sangre derrame,
Mas, que ofendido, obligado
Me deja, y he de ampararle.
Luis. Lo mismo digo yo, puesto
Que, aunque á mi hijo me mate,
Quien venga su honor, no ofende.
Juan. Yo estimo valor tan grande;
Mas por no irritar la ira,
Me quitaré de delante. [*Vase.*
Prin. Honrados proceden todos;
Y para que en mí no falte
Tambien otra ilustre accion,
La mano á Porcia he de darle
De esposo.
Porc. Dichosa he sido.
Jua. Porque en boda y muerte acabe
El pintor de su deshonra.
Perdonad yerros tan grandes.

EL ALCALDE DE ZALAMEA.

PERSONAS.

El Rey FELIPE SEGUNDO.	PEDRO CRESPO, labrador, viejo.	INES, prima de Isabel.
DON LOPE DE FIGUEROA.	JUAN, su hijo.	CHISPA.
DON ALVARO DE ATAIDE, Capitan.	DON MENDO, hidalgo.	Soldados.
Un Sargento.	NUÑO, su criado.	Labradores.
REBOLLEDO, soldado.	Un Escribano.	Acompañamiento.
	ISABEL, hija de Crespo.	

JORNADA I.

Salen REBOLLEDO, CHISPA *y Soldados.*

Reb. ¡Cuerpo de Cristo con quien
Desta suerte hace marchar
De un lugar á otro lugar,
Sin dar un refresco!
Todos.   Amen!
Reb. ¿Somos gitanos aqui,
Para andar desta manera?
¿Una arrollada bandera
Nos ha de llevar tras sí
Con una caja?
Sold.1.   Ya empiezas?
Reb. Que este rato que calló
Nos hizo merced de no
Rompernos estas cabezas.
Sold.2. No muestres deso pesar,
Si ha de olvidarse, imagino,
El cansancio del camino
Á la entrada del lugar.
Reb. ¿Á qué entrada, si voy muerto?
Y aunque llegue vivo allá,
Sabe mi Dios, si será
Para alojar; pues es cierto
Llegar luego al Comisario
Los Alcaldes á decir,
Que si es que se pueden ir,
Que darán lo necesario.
Responderles lo primero,
Que es imposible, que viene
La gente muerta; y si tiene
El concejo algun dinero,
Decir: señores soldados,
Órden hay, que no paremos;
Luego al instante marchemos.
Y nosotros, muy menguados,
Á obedecer al instante
Órden, que es en caso tal
Para él órden monacal,
Y para mí mendicante.
Pues voto á Dios, que si llego
Esta tarde á Zalamea,
Y pasar de alli desea
Por diligencia ó por ruego,
Que ha de ser sin mí la ida;

Pues no, con desembarazo,
Será el primer tornillazo,
Que habré yo dado en mi vida.
Sold.1. Tampoco será el primero,
Que haya la vida costado
Á un miserable soldado;
Y mas hoy, si considero,
Que es el cabo desta gente
Don Lope de Figueroa,
Que, si tiene fama y loa
De animoso y de valiente,
La tiene tambien de ser
El hombre mas desalmado,
Jurador y renegado
Del mundo, y que sabe hacer
Justicia del mas amigo,
Sin fulminar el proceso.
Reb. ¿Ven ustedes todo eso?
Pues yo haré lo que yo digo.
Sold.2. ¿Deso un soldado blasona?
Reb. Por mí muy poco me inquieta;
Pero por esa pobreta,
Que viene tras la persona.
Chis. Seor Rebolledo, por mí
Voacé no se aflija, no;
Que, como ya sabe, yo
Barbada el alma nací;
Y ese temor me deshonra,
Pues no vengo yo á servir
Menos, que para sufrir
Trabajos con mucha honra;
Que para estarme en rigor
Regalada, no dejara
En mi vida, cosa es clara,
La casa del Regidor,
Donde todo sobra, pues
Al mes mil regalos vienen;
Que hay Regidores, que tienen
Menos cuenta con el mes;
Y pues á venir aqui
Á marchar y padecer
Con Rebolledo, sin ser
Postema, me resolví,
¿Por mí en qué duda ó repara?
Reb. ¡Viven los cielos, que eres
Corona de las mugeres!
Sold. Aquesa es verdad bien clara.
Viva la Chispa!

Hoy esta dama á Toledo,
¿Cómo sin ella se vuelve?

Enr. Si yo tuviera, Don Cárlos,
Como vuestro engaño siente,
Favores suyos, ya fuera
Posible que ellos me hiciesen
Engañar la confianza,
Que della y de vos me diesen,
Ó vuestro agradecimiento,
Ó su amor, sin que quisiese
•Llevar mas premio, que estar
Favorecido y ausente.
Mas si della despreciado
Vivo, á sus iras crueles
Tan sujeto, que jamas
La merecí el rostro alegre,......

Fel. ¿Á quién querrá aquesta dama,   [*aparte.*
Si á entrambos los aborrece?

Enr. Y tanto, que despechado,
No ese arrojo solamente
Me costaron sus crueldades,
Sino otros, tan imprudentes,
Que pensando, que érais vos,
Tal vez que esperé me abriese
Sobornada una criada,
Embestí á su...... Mas no es este
Tiempo de contar errores.

Fel. ¡O qué de cosas revuelve   [*aparte.*
Mi imaginacion!

Enr. Pues basta
Saber, Cárlos, finalmente,
Que yo he de llevar de vos
Esta palabra, ó volverme
Al primer duelo.

Carl. Mirad,
Que el que un beneficio suele
Hacer, si un agravio hace,
Las gracias del favor pierde.

Enr. Yo quiero perder las gracias;
Nada vuestro amor me debe;
Pues no os debo, que una dama
Por mí dejeis.

Carl. Defenderme
Haré no mas; mas no dar
Palabra, que á Leonor deje.

      Sale D O N   F E L I X.

Fel. ¿Cómo es eso de Leonor?
Falso amigo! amigo aleve!
¡Tú eres por quien mis desdichas   [*á D. Cárlos.*
Á tanto número crecen!
¡Tú por quien Leonor hermosa   [*á D. Enrique.*
Tantos agravios padece!

Carl. Qué es esto, Felix? ¿pues vos
Airado?

Enr. Qué es esto, Felix?
Con quién reñis?

Fel. Con entrambos.
Carl. Pues qué os obliga?
Enr. Qué os mueve?
Fel. Ser Leonor á quien yo adoro.
Enr. ¿Ahora con eso vienes?
Carl. ¿Ahora con eso sales?
Fel. Sí, ingratos, dobles, infieles
Amigos, que contra mí
De mí os valísteis, las veces,
Que, cómplice en vuestro amor,
Fui en el mio delincuente.
Y pues vuestro duelo ya
No es vuestro, sino mio, empiece
Por aqui. Aquella palabra,
Que dar á Enrique no quieres,
Cárlos, me has de dar á mí.

Carl. Quien á Enrique la defiende,

Á vos la defenderá.

Fel. Será á riesgo de mil muertes.

Enr. Eso no; yo le he sacado
Al campo, conmigo viene,
Y no ha de reñir con otro,
Ni otro con él, mientras tiene
Pendiente mi duelo.

Fel. Yo
Me alegro, Enrique, de verte
Á su lado, porque asi
De ambos á un tiempo me vengue,
Pues la palabra, que pides,
Me has de dar.

Carl. Pues no te alegres,
Que yo dejaré su lado,
Porque tu duelo no empiece,
Hasta fenecer el mio.

Fel. Pondréme yo á defenderle,
Porque antes á mí, que á él,
Siempre tu espada me encuentre.

Enr. Yo no he menester que nadie
Me defienda. ¿Qué resuelves,
Cárlos?

Carl. No dar la palabra.
Enr. Sin ella no he de volverme.
Fel. Yo sin la tuya y la suya;
Que, aunque mi dolor os debe
El desengaño de que
Á ambos Leonor aborrece,
Ninguno desde hoy á amarla,
Ni aun á verla ha de atreverse.

Enr. Cada uno dos enemigos
Á un tiempo mira presentes.

Carl. ¿Una pretension de tres,
Cómo podrá mantenerse?

Fel. Riñendo los tres á un tiempo,
Ya que excusar no se puede,
Cada uno para sí.

Los dos. De qué suerte?
Fel. Desta suerte:
Muera quien á Leonor ama,
Muera quien á Leonor quiere.

Todos [*dent.*] Alli son las cuchilladas.

Salen D O N   D I E G O, D O N   L U I S, L E O N O R,
     V I O L A N T E *y los criados.*

Dieg. Pues llegad todos tras mí,
Para ponerlos en paz. —
Qué es esto? Apartad! Decid,
¿Qué causa á reñir os mueve?

Fel. Nadie se empeñe,......
Las dos. Ay de mí!
Fel. En quitarme mi venganza.
Los dos. Ni en mí lo han de conseguir.
Dieg. Qué es esto? ¿Pues no bastó
Llegar el señor Don Luis
Y yo, para reportaros?

Fel. Para reportarme sí,
Mas no para que no quede
Pendiente ahora la lid;
Que en mí hay razon á este duelo
Para adelante.

Carl. Y en mí
Hay el mismo inconveniente.

Enr. Lo mismo os puedo decir.

Dieg. Eso no; que de los dos
Nunca se ha de presumir,
Que llegamos á ocasion,
Que pudimos impedir
Un duelo, y que le dejamos
Sin acabarle. Decid
La causa; que dar, como haya
Composicion, acudir
Sabremos á ella de suerte,

Que, sin el desdoro vil
De uno, quedeis todos bien.
Y á no conseguirse el fin
De quedar bien todos, él
Y yo os veremos reñir.

Luis. Sepamos la causa pues.

Fel. Yo no la he de decir.

Carl. Tampoco yo.

Enr. Yo tampoco.

Dieg. ¿Tan reservada es, que á mí
Y á Don Luis no la fiais?

Los tres. No.

Dieg. Pues yo á vosotros sí.
Y ya que no bastó, Enrique,
El echarme de Madrid,
Y en desdoro de mi honor,
En Toledo me seguis,
Donde vuestra calidad
Me ha encarecido Don Luis,
Dad la mano á Leonor.

Luis. ¿Cómo,
Si yo de mi intento os dí
Parte, quereis para vos
Lo que elegí para mí?

Dieg. Como en rezelos de honor
Es necio, es cobarde, es ruin
El que esperando á saber,
No le basta el presumir;
Mayormente cuando vos,
Que es lo mejor, me decis,
Y lo mejor lo apetece
Cada uno para sí. —
Dale la mano, Leonor.

Enr. Supuesto que, cuanto oí
A Felix, es, que la ama,
Sin llegar á conseguir
Mas favor, y que me ruega
Con lo que yo pretendí,
Qué espero? Aquesta es mi mano.

Leon. La mia no, ni han de decir,
Que yo me casé por fuerza.

Dieg. Leonor, no hay que resistir.
Dale la mano.

Leon. No puedo.

Dieg. No puedes? ¿Cómo, hija vil,
Si yo te lo mando?

Fel. Como
Me la tiene dada á mí.

Dieg. Qué es esto?

Fel. Esto es procurar
Cada uno para sí.

Dieg. A ella y á tí os daré antes
Muerte.

Luis. Don Diego, advertid,
Que á tanta resolucion
No hay cosa como rendir
La razon y el gusto.

Enr. Y yo,
Pues ya tanto extremo ví,
Me pondré á su lado.

Luis. Enrique,
Bien como quien sois cumplis.
Y si esa prenda perdeis,
Pensad,......

Enr. Qué?

Luis. Que otra adquiris,
Si no igual en la hermosura,
En todo lo demas sí,
En Violante.

Enr. Por vengarme
De una vez, y persuadir
Á Leonor, si ella me deja,
Que hay quien me estime, una y mil
Veces á esos pies me arrojo.

Luis. Dale la mano.

Viol. De mí
No se ha de decir, señor,
Que faltas de otra suplí.

Luis. Este es mi gusto; la mano
Le da.

Viol. No puedo.

Luis. Qué oí?
Por qué no puedes?

Carl. Porque
Me la tiene dada á mí;
Que esto es tambien procurar
Cada uno para sí.

Luis. De tí y della con la muerte
Me sabré vengar.

Enr. Ya aqui [*aparte.*
Con el valor el desaire
De una y otra he de suplir. —
Teneos, Don Luis; que á su lado
Me habeis de hallar.

Dieg. Advertid,
Que á tanta resolucion
No hay cosa como rendir
La razon y el gusto.

Luis. Es fuerza,
Que el consejo, que á otro dí,
Para mí le tome yo.

Leon. Llegó de mi pena el fin.

Fel. Dichoso yo, que he logrado...,
Tu desengaño.

Carl. Feliz
Fue siempre el primer amor.

Viol. En todo dichosa fui.

Fel. Pues yo en nombre del que atento
Siempre os desea servir,......

Todos. ¿Es el perdon de las faltas,
Felix, ese que pedis?

Fel. Sí.

Todos. Pues ese ha de pedirle
Cada uno para sí.

INDICE GENERAL.

I.	LA VIDA ES SUEÑO	Tomo Primero. Pag.	1.
II.	CASA CON DOS PUERTAS MALA ES DE GUARDAR	– – –	26.
III.	EL PURGATORIO DE SAN PATRICIO	– – –	50.
IV.	LA GRAN CENOBIA	– – –	74.
V.	LA DEVOCION DE LA CRUZ	– – –	97.
VI.	LA PUENTE DE MANTIBLE	– – –	117.
VII.	SABER DEL MAL Y DEL BIEN	– – –	141.
VIII.	LANCES DE AMOR Y FORTUNA	– – –	163.
IX.	LA DAMA DUENDE	– – –	187.
X.	PEOR ESTÁ QUE ESTABA	– – –	212.
XI.	EL SITIO DE BREDÁ	– – –	235.
XII.	EL PRÍNCIPE CONSTANTE	– – –	260.
XIII.	EL MAYOR ENCANTO AMOR	– – –	282.
XIV.	EL GALAN FANTASMA	– – –	307.
XV.	JUDAS MACABEO	– – –	332.
XVI.	EL MÉDICO DE SU HONRA	– – –	353.
XVII.	ARGENIS Y POLIARCO	– – –	377.
XVIII.	LA VÍRGEN DEL SACRARIO.	– – –	404.
XIX.	EL MAYOR MONSTRUO LOS ZELOS	– – –	425.
XX.	HOMBRE POBRE TODO ES TRAZAS	– – –	452.
XXI.	Á SECRETO AGRAVIO SECRETA VENGANZA	– – –	474.
XXII.	EL ASTRÓLOGO FINGIDO	– – –	495.
XXIII.	AMOR, HONOR Y PODER	– – –	518.
XXIV.	LOS TRES MAYORES PRODIGIOS, CON LOA	– – –	540.
XXV.	EN ESTA VIDA TODO ES VERDAD Y TODO MENTIRA	– – –	575.
XXVI.	EL MAESTRO DE DANZAR	– – –	606.
XXVII.	MAÑANAS DE ABRIL Y MAYO	– – –	631.
XXVIII.	LOS HIJOS DE LA FORTUNA	Tomo Segundo. Pag.	1.
XXIX.	AFECTOS DE ODIO Y AMOR	– – –	32.
XXX.	LA HIJA DEL AIRE. PARTE I.	– – –	62.
XXXI.	LA HIJA DEL AIRE. PARTE II.	– – –	88.
XXXII.	NI AMOR SE LIBRA DE AMOR	– – –	115.
XXXIII.	EL LAUREL DE APOLO	– – –	142.
XXXIV.	LA PÚRPURA DE LA ROSA, CON LOA	– – –	162.
XXXV.	LA FIERA, EL RAYO Y LA PIEDRA	– – –	179.
XXXVI.	TAMBIEN HAY DUELO EN LAS DAMAS	– – –	212.
XXXVII.	EL POSTRER DUELO DE ESPAÑA	– – –	244.
XXXVIII.	ECO Y NARCISO	– – –	273.
XXXIX.	EL MONSTRUO DE LOS JARDINES	– – –	298.
XL.	EL GRAN PRÍNCIPE DE FEZ	– – –	325.
XLI.	EL ENCANTO SIN ENCANTO	– – –	358.
XLII.	LA NIÑA DE GOMEZ ARIAS	– – –	388.
XLIII.	EL HIJO DEL SOL FAETON.	– – –	414.
XLIV.	LA AURORA EN COPACABANA	– – –	443.
XLV.	EL CONDE LUCANOR	– – –	477.
XLVI.	APOLO Y CLIMENE	– – –	509.
XLVII.	EL GOLFO DE LAS SIRENAS	– – –	541.
XLVIII.	FINEZA CONTRA FINEZA	– – –	557.
XLIX.	HADO Y DIVISA.	– – –	584.
L.	LOS DOS AMANTES DEL CIELO	– – –	622.
LI.	MUGER, LLORA, Y VENCERÁS	– – –	648.

LII.	AGRADECER Y NO AMAR	Tomo Tercero. Pag.	1.
LIII.	DE UNA CAUSA DOS EFECTOS	— — —	27.
LIV.	¿CUÁL ES MAYOR PERFECCION?	— — —	50.
LV.	EL JARDIN DE FALERINA	— — —	80.
LVI.	NO HAY BURLAS CON EL AMOR	— — —	97
LVII.	GUSTOS Y DISGUSTOS SON NO MAS QUE IMAGINACION	— — —	120
LVIII.	AMIGO, AMANTE Y LEAL	— — —	147
LIX.	BASTA CALLAR	— — —	172
LX.	LA SIBILA DEL ORIENTE	— — —	200
LXI.	FORTUNAS DE ANDRÓMEDA Y PERSEO	— — —	219
LXII.	EL JOSEF DE LAS MUGERES	— — —	248
LXIII.	LOS EMPEÑOS DE UN ACASO	— — —	271
LXIV.	PRIMERO SOY YO	— — —	296
LXV.	LA ESTATUA DE PROMETEO	— — —	321
LXVI.	EL SECRETO Á VOCES	— — —	343
LXVII.	DAR TIEMPO AL TIEMPO	— — —	371
LXVIII.	EL MÁGICO PRODIGIOSO	— — —	398
LXIX.	MEJOR ESTÁ QUE ESTABA	— — —	423
LXX.	FIERAS AFEMINA AMOR, CON LOA	— — —	447
LXXI.	DICHA Y DESDICHA DEL NOMBRE	— — —	479
LXXII.	PARA VENCER Á AMOR, QUERER VENCERLE	— — —	512
LXXIII.	AURISTELA Y LISIDANTE	— — —	538
LXXIV.	FUEGO DE DIOS EN EL QUERER BIEN	— — —	572
LXXV.	EL SEGUNDO SCIPION	— — —	600
LXXVI.	LA EXALTACION DE LA CRUZ	— — —	632
LXXVII.	NO HAY COSA COMO CALLAR	— — —	657
LXXVIII.	ZELOS AUN DEL AIRE MATAN	— — —	685
LXXIX.	MAÑANA SERÁ OTRO DIA	— — —	705
LXXX.	DARLO TODO, Y NO DAR NADA	Tomo Cuarto. Pag.	1
LXXXI.	LA DESDICHA DE LA VOZ	— — —	
LXXXII.	EL PINTOR DE SU DESHONRA	— — —	4
LXXXIII.	EL ALCALDE DE ZALAMEA	— — —	9
LXXXIV.	EL ESCONDIDO Y LA TAPADA	— — —	111
LXXXV.	LA CISMA DE INGLATERRA	— — —	136
LXXXVI.	LAS MANOS BLANCAS NO OFENDEN	— — —	159
LXXXVII.	LOS CABELLOS DE ABSALON	— — —	193
LXXXVIII.	NO SIEMPRE LO PEOR ES CIERTO	— — —	218
LXXXIX.	LAS CADENAS DEL DEMONIO	— — —	243
XC.	LOS TRES AFECTOS DE AMOR	— — —	264
XCI.	LA BANDA Y LA FLOR	— — —	29
XCII.	CON QUIEN VENGO VENGO	— — —	31
XCIII.	GUÁRDATE DE LA AGUA MANSA	— — —	34
XCIV.	EL ALCAIDE DE SÍ MISMO	— — —	37
XCV.	LUIS PEREZ EL GALLEGO	— — —	
XCVI.	ANTES QUE TODO ES MI DAMA	— — —	
XCVII.	LAS ARMAS DE LA HERMOSURA	— — —	44
XCVIII.	AMADO Y ABORRECIDO	— — —	47
XCIX.	LA SEÑORA Y LA CRIADA	— — —	50
C.	NADIE FIE SU SECRETO	— — —	52
CI.	LAS TRES JUSTICIAS EN UNA	— — —	55
CII.	AMAR DESPUES DE LA MUERTE	— — —	57
CIII.	UN CASTIGO EN TRES VENGANZAS	— — —	59
CIV.	DUELOS DE AMOR Y LEALTAD	— — —	62
CV.	CÉFALO Y PÓCRIS	— — —	65
CVI.	EL CASTILLO DE LINDABRÍDIS	— — —	67
CVII.	BIEN VENGAS, MAL, SI VIENES SOLO	— — —	70
CVIII.	CADA UNO PARA SÍ	— — —	72

CPSIA information can be obtained
at www.ICGtesting.com
Printed in the USA
BVHW080140211118
533619BV00015B/2428/P